HARRAP'S COMPACT

FRENCH DICTIONARY

French-English
Anglais/Français

Edited by
Patricia Forbes
Muriel Holland Smith

Revised by
Helen Knox
Richard Northcott

French Consultant
Fabrice Antoine

HARRAP
Distributed in the United States by
MACMILLAN • USA

First published in Great Britain as *Harrap's French-English Paperback Dictionary* by Chambers Harrap Publishers Ltd., 43-45 Annandale Street, Edinburgh, Scotland EH7 4AZ

First United States edition 1996

Macmillan General Reference
A Simon & Schuster Macmillan Company
1633 Broadway
New York, NY 10019-6785

ISBN: 0-02-861419-4

Manufactured in the United States of America

10 9 8 7 6 5 4 3 2 1

Preface

This dictionary is a revised and enlarged edition of *Harrap's Concise French and English Dictionary* published in 1984. The aim of this dictionary is to provide the user, whether student, businessman or -woman or tourist with an up-to-date practical work of reference giving translations of modern English and French vocabulary. The word list, including scientific, technical and computer vocabulary, has been greatly extended in both parts of the dictionary and many more examples have been added. The user will also find many more Americanisms. British English spellings have been used throughout the dictionary, but American differences in spelling are given in the text. The user's attention is also drawn to a useful device which was introduced in the 1984 edition: where an English word such as **sweet** has an American equivalent, the Americanism is given in brackets, e.g. **sweet** *n* (*NAm:* = **candy**). Similarly, under **candy** the user will find the English equivalent (*Br* = **sweet**).

The phonetics of both French and English words, and Americanisms where applicable, are given according to the International Phonetic Association, with some modifications. A table of phonetic symbols is given at the beginning of each part of the dictionary.

The layout of the dictionary remains the same: all headwords and derivatives are printed in a large, clear typeface, allowing for easier reference. In order to save space and include as many examples as possible, when a headword appears in an example in exactly the same form, it is represented by the initial, e.g. **fail** *vi* **to f. in one's duty**, manquer à son devoir.

The section 'How to use the dictionary' gives a detailed guide to the layout.

In the French–English part all derivatives are written in full and given a translation, e.g. **faible** *a* feeble, weak. **faiblement** *adv* feebly, weakly. All French nouns and verbs are entered as separate headwords and are followed by their derivatives (where applicable), e.g. **fidèle** and **fidèlement** are shown together under **fidélité, accommodant** is under **accommoder**. Where a word is both adjective and noun, it will be found under the word from which it derives, e.g. **accidenté, -ée** *a & n* is under **accident** *nm*.

In the English–French part, nouns, verbs, adjectives and adverbs which have the same form are shown together under one headword with the divisions **I., II., III.** etc. e.g. **part I.** *n*, **II.** *adv*, **III.** *v*. Where an article is shorter and contains fewer sections, the divisions **1., 2., 3.** etc. have been used, e.g. **pain 1.** *n* **2.** *vtr*. Derivatives are listed under the main headword and are shown in full with a stress mark, e.g. **identify** *vtr* **1.** identifier . . . **i'dentical** *a* identique. **identifi'cation** *n* identification *f*. If a derivative is pronounced somewhat differently from the main headword, the phonetics are given, e.g. **immobile** [i'moubail] *a* . . . **immobili'zation** [-bilai-] *n* . . .

Irregular plurals of nouns, irregular feminine forms of adjectives and irregular conjugations of verbs are indicated in both parts, and on the English–French part irregular comparatives and superlatives of adjectives are also shown. The user is advised to consult the French or English headword for information on irregular forms.

Common abbreviations, which have previously been listed at the end of each part of the dictionary are now included in the text in their alphabetical place. Thus, **FF** *abbr* **1.** *frères* **2.** *Franc français* will be found after **février** and before **fi**.

We should like to thank Monsieur F. Antoine for his advice and help in preparing this edition and Mr. J.-L. Barbanneau for his support and encouragement.

TRADEMARKS

Words considered to be trademarks have been designated in this dictionary by the abbreviation *Rtm:*. However, no judgment is implied concerning the legal status of any trademark by virtue of the presence or absence of this abbreviation.

The Editors
London, 1989

Préface

Ce dictionnaire est une édition refondue et augmentée du *Harrap's Concise French and English Dictionary* publié en 1984. La présente édition a pour objet de mettre à la disposition de son utilisateur – étudiant, homme ou femme d'affaires ou touriste – un ouvrage de référence pratique et à jour donnant les traductions du vocabulaire moderne anglais et français. Le vocabulaire, y compris les mots scientifiques, techniques et d'informatique, a été considérablement enrichi dans les deux parties du dictionnaire et beaucoup d'exemples ont été ajoutés. L'utilisateur trouvera également un plus grand nombre d'américanismes. L'orthographe des mots anglais respecte l'usage britannique, mais les variantes américaines sont signalées. Nous attirons l'attention de l'utilisateur sur un principe de présentation utile qui fut introduit dans l'édition de 1984: lorsqu'un mot anglais tel que **sweet** possède un équivalent américain, l'américanisme est donné entre parenthèses; ex. **sweet** *n* (*NAm:* = **candy**). Inversement, au mot **candy** l'utilisateur trouvera l'équivalent britannique (*Br* = **sweet**).

La transcription phonétique des mots français et anglais, et des américanismes le cas échéant, respecte les signes de l'Association Phonétique Internationale, mais avec quelques modifications. Un tableau des signes phonétiques est donné au début de chaque partie.

La présentation du dictionnaire reste la même: tous les mots-vedettes et leurs dérivés sont imprimés dans un corps gros et clair, ce qui facilite la consultation. Pour gagner de la place et donner le plus grand nombre d'exemples, la règle suivante a été adoptée: lorsqu'un mot-vedette figure exactement sous la même forme dans un exemple, il est représenté par sa première lettre; ex. **fail** *vi* **to f. in one's duty,** manquer à son devoir.

La rubrique intitulée 'Comment utiliser le dictionnaire' donne une explication détaillée de la présentation.

Dans la partie français–anglais, tous les dérivés sont écrits intégralement avec leur traduction; ex. **faible** *a* feeble, weak. **faiblement** *adv* feebly, weakly. Tous les noms et verbes français sont indiqués sous la forme de mots-vedettes et suivis de leurs dérivés (s'il y a lieu); ex. **fidèle** et **fidèlement** sont indiqués ensemble sous **fidélité,** et **accommodant** sous **accommoder.**

Dans la partie anglais–français, les noms, verbes, adjectifs et adverbes ayant la même forme sont groupés sous le même mot-vedette et séparés par les sous-titres **I., II., III.** etc.; ex. **part I.** *n*, **II.** *adv*, **III.** *v*. Lorsqu'un article est plus court et comporte moins de parties, les sous-titres **1., 2., 3.** etc. sont utilisés, ex. **pain 1.** *n* **2.** *vtr*. Les dérivés suivent le mot-vedette et sont écrits en toutes lettres avec indication de l'accentuation; ex. **identify** *vtr* **1.** identifier . . . **i'dentical** *a* identique. **identifi'cation** *n* identification *f*. Si la prononciation d'un dérivé est légèrement différente de celle du mot-vedette, la différence phonétique est signalée; ex. **immobile** (i'moubail) *a* . . . **immobili'zation** [-bilai-] *n* . . .

Lorsqu'un mot est à la fois adjectif et nom, il apparaît sous le mot dont il dérive; ainsi, **accidenté, -ée** *a & n* figure sous **accident** *nm.*

Les pluriels irréguliers des noms, les formes féminines irrégulières des adjectifs, et les conjugaisons irrégulières des verbes sont indiqués dans les deux parties, et dans la partie anglais–français, les comparatifs et superlatifs irréguliers des adjectifs sont également indiqués. Pour les formes irrégulières, l'utilisateur est prié de consulter le mot-vedette français ou anglais.

Les abréviations courantes, qui dans l'édition précédente étaient données à la fin de chaque partie du dictionnaire, sont désormais mises à leur place alphabétique dans le texte. Ainsi, **FF** *abbr* **1.** *frères* **2.** *Franc français* est placé entre **février** et **fi**.

Nous tenons à remercier Monsieur F. Antoine pour ses conseils et sa collaboration pendant la préparation de cette édition et Monsieur J.-L. Barbanneau pour son soutien et ses encouragements.

MARQUES DÉPOSÉES

Les termes considérés comme des marques déposées sont signalés dans ce dictionnaire par l'abréviation *Rtm:*. Cependant, la présence ou l'absence de cette abréviation ne constitue nullement une indication quant à la valeur juridique de ces termes.

Les rédacteurs
Londres, 1989

Abbreviations used in the dictionary
Abréviations utilisées dans le dictionnaire

a	*adjective*	adjectif
A:	*archaism*	désuet
abbr	*abbreviation*	abréviation
acc	*accusative*	accusatif
adj	*adjective*	adjectif
adj phr	*adjectival phrase*	locution adjective
Adm:	*administration; civil service*	administration
adv	*adverb*	adverbe
adv phr	*adverbial phrase*	locution adverbiale
Aer:	*aeronautics*	aéronautique
Agr:	*agriculture*	agriculture
am	*masculine adjective*	adjectif masculin
Anat:	*anatomy*	anatomie
approx	*approximately*	sens approché
Arach:	*arachnida*	arachnides
Arch:	*architecture*	architecture
Archeol:	*archaeology*	archéologie
Arms:	*arms; armaments*	armes, armements
Art:	*art*	beaux-arts
Artil:	*artillery*	artillerie
Astr:	*astronomy*	astronomie
Astrol:	*astrology*	astrologie
AtomPh:	*nuclear physics*	sciences nucléaires
Austr:	*Australia; Australian, Australianism*	Australie; australien, expression australienne
Aut:	*motoring; automobile industry*	automobilisme, industrie automobile
aux	*auxiliary*	auxiliaire
Av:	*aviation; aircraft*	aviation; avions
B:	*Bible; biblical*	Bible; biblique
Bank:	*banking*	opérations bancaires
Belg:	*Belgium; Belgian*	Belgique; belge
BHist:	*Bible history*	histoire sainte
Bill:	*billiards*	jeu de billard
BioCh:	*biochemistry*	biochimie
Biol:	*biology*	biologie
Bookb:	*bookbinding*	reliure
Book-k:	*book-keeping*	comptabilité
Bootm:	*boot and shoe industry*	industrie de la chaussure
Bot:	*botany*	botanique
Box:	*boxing*	boxe
Br	*British*	britannique
Breed:	*breeding*	élevage
Can:	*Canada; Canadian(ism)*	Canada; canadien, canadianisme
Cards:	*card games*	jeux de cartes
Carp:	*carpentry*	charpenterie; menuiserie du bâtiment
Cer:	*ceramics*	céramique
Ch:	*chemistry*	chimie

Chess:	*chess*	jeu d'échecs
Cin:	*cinema*	cinéma
CivE:	*civil engineering*	génie civil
Cl:	*clothing*	vêtements
Cmptr:	*computers; data processing*	ordinateurs; informatique
cogn acc	*cognate accusative*	accusatif de l'objet interne
coll	*collective*	collectif
Com:	*commerce*	commerce
comp	*comparative*	comparatif
condit	*conditional*	conditionnel
conj	*conjunction*	conjonction
conj like	*conjugated like*	se conjugue comme
Const:	*construction, building industry*	industrie du bâtiment
Corr:	*correspondence, letters*	correspondance, lettres
Cr:	*cricket*	cricket
Crust:	*crustacea*	crustacés
Cu:	*culinary; cooking*	culinaire; cuisine
Cust:	*customs*	douane
Cy:	*bicycles; cycling*	bicyclettes; cyclisme
Danc:	*dancing*	danse
dat	*dative*	datif
def	(i) *definite* (ii) *defective* (*verb*)	(i) défini (ii) (verbe) défectif
dem	*demonstrative*	démonstratif
Dent:	*dentistry*	art dentaire
Dipl:	*diplomacy; diplomatic*	diplomatie; diplomatique
DomEc:	*domestic economy; household equipment*	économie domestique; équipement ménager
Dressm:	*dressmaking*	couture (mode)
Dy:	*dyeing*	teinture
Ecc:	*ecclesiastical*	église et clergé
eg	*for example*	par exemple
El:	*electricity; electrical*	électricité, électrique
Elcs:	*electronics*	électronique
Eng	*England, English*	Angleterre, anglais
Engr:	*engraving*	gravure
Ent:	*entomology*	entomologie
Equit:	*equitation; riding*	équitation
esp	*especially*	surtout
etc (etc, **etc**)	*et cetera*	et caetera
Ethn:	*ethnology*	ethnologie
Exp:	*explosives*	explosifs
f	*feminine*	féminin
F:	*colloquial(ism)*	familier, style de la conversation

Fb:	*football*	football
Fenc:	*fencing*	escrime
Fig:	*figurative*	sens figuré
Fin:	*finance*	finances
Fish:	*fishing*	pêche
For:	*forestry*	forêts
Fort:	*fortification*	fortification
Fr	*France; French*	France; français
FrC:	*French Canadian*	canadien français
fu	*future*	futur
Fung:	*fungi*	champignons
Furn:	*furniture*	mobilier
Games:	*games*	jeux
Gaming:	*gaming, gambling*	le jeu, jeux d'argent
Geog:	*geography*	géographie
Geol:	*geology*	géologie
Golf:	*golf*	golf
Gram:	*grammar*	grammaire
Gym:	*gymnastics*	gymnastique
Hairdr:	*hairdressing*	coiffure
Harn:	*harness; saddlery*	harnais, sellerie
Hatm:	*hatmaking*	chapellerie
Hist:	*history; historical*	histoire; historique
Hort:	*horticulture*	horticulture
Hum:	*humorous*	humoristique
HydE:	*hydraulic engineering*	hydromécanique
ICE:	*internal combustion engines*	moteurs à combustion interne
Ich:	*ichthyology; fish*	ichtyologie; poissons
imp	*imperative*	impératif
impers	*impersonal*	impersonnel
impf	*imperfect tense*	imparfait
ind	*indicative*	indicatif
Ind:	*industry; industrial*	industrie; industriel
indef	*indefinite*	indéfini
ind tr	*indirectly transitive*	transitif avec régime indirect
inf	*infinitive*	infinitif
Ins:	*insurance*	assurance
int	*interjection*	interjection
interr	*interrogative*	interrogatif
inv	*invariable*	invariable
Iron:	*ironic(ally)*	ironique(ment)
Jewel:	*jewellery*	bijouterie
JewRel:	*Jewish Religion*	religion juive
Journ:	*journalism; journalistic*	journalisme, style journalistique
Jur:	*jurisprudence, legal term*	droit; terme de palais
Knit:	*knitting*	tricot
Ling:	*linguistics; language*	linguistique; langue
Lit:	*literary use; literature, literary*	forme littéraire; littérature, littéraire
Log:	*logic*	logique
m	*masculine*	masculin
Mch:	*machines; machinery*	machines; mécanisme

Meas:	*weights and measures*	poids et mesures
Mec:	*mechanics*	mécanique
MecE:	*mechanical engineering*	industries mécaniques
Med:	*medicine; illnesses; medical*	médecine; maladies; médical
Metall:	*metallurgy*	métallurgie
Metalw:	*metalworking*	travail des métaux
Meteor:	*meteorology*	météorologie
Mil:	*military; army*	militaire; armée de terre
Min:	*mining*	exploitation des mines
Miner:	*mineralogy*	minéralogie
Moll:	*molluscs*	mollusques
Mount:	*mountaineering*	alpinisme
Mth:	*mathematics*	mathématiques
Mus:	*music*	musique
Myth:	*mythology*	mythologie
n	*noun*	nom commun
n.	(we)	nous
NAm:	*North American*	nord-américain
NArch:	*naval architecture*	architecture navale
Nau:	*nautical*	terme de marine
Navy	*Navy*	marine militaire
Needlew:	*needlework*	couture (travaux d'aiguille)
neg	*negative*	négatif
nf	*feminine noun*	non féminin
nfpl	*plural feminine noun*	nom féminin pluriel
nm	*masculine noun*	nom masculin
nmpl	*plural masculine noun*	nom masculin pluriel
Num:	*numismatics*	numismatique
num a	*numeral adjective*	adjectif numéral
O:	*obsolescent*	vieilli
occ	*occasionally*	parfois
onomat	*onomatopoeia*	onomatopée
Opt:	*optics*	optique
Orn:	*ornithology; birds*	ornithologie; oiseaux
P:	*uneducated speech; slang*	expression populaire; argot
Paint:	*painting trade*	peinture en bâtiment
Paleont:	*paleontology*	paléontologie
Parl:	*parliament*	parlement
Pej:	*pejorative*	péjoratif
pers (pers)	*person(s); personal*	personne(s); personnel
ph	*past historic, past definite (tense)*	passé historique, passé simple
Ph:	*physics*	physique
Pharm:	*pharmacy*	pharmacie
Phil:	*philosophy*	philosophie
Phot:	*photography*	photographie
phr	*phrase*	locution
Physiol:	*physiology*	physiologie
pl	*plural*	pluriel
Plumb:	*plumbing*	plomberie
PN:	*public notice*	affichage; avis au public

Poet:	*poetical*	poétique
Pol:	*politics; political*	politique
PolEc:	*political economy; economics*	économie politique
poss	*possessive*	possessif
Post:	*postal services*	postes et télécommunications
pp	*past participle*	participe passé
pref	*prefix*	préfixe
prep	*preposition*	préposition
prep phr	*prepositional phrase*	locution prépositive
pr ind	*present indicative*	présent de l'indicatif
Prn	*proper name*	nom propre
pron	*pronoun*	pronom
Prov	*proverb*	proverbe
prp	*present participle*	participe présent
pr sub	*present subjective*	présent du subjonctif
Psy:	*psychology, psychiatry*	psychologie, psychiatrie
Psychics:	*psychics*	métapsychisme
pt	*past tense*	passé défini
Publ:	*publishing*	édition
Pyr:	*pyrotechnics*	pyrotechnie
qch (**qch**)	(something)	quelque chose
qn (**qn**)	(someone)	quelqu'un
qv	*which see*	se rapporter à ce mot
Rac:	*racing*	courses
Rad:	*radar*	radar
Rail:	*railways*	chemins de fer
RCCh:	*Roman Catholic Church*	Église catholique
Rec:	*tape recorders; record players*	magnétophones; tourne-disques
rel	*relative*	relatif
Rel:	*religion(s)*	religion(s)
Rept:	*reptiles*	reptiles
Rtm:	*registered trademark*	marque déposée
Rugby Fb:	*rugby*	rugby
Sch:	*schools and universities; students' (slang, etc)*	écoles; universités; (argot, etc) scolaire
Scot:	*Scotland; Scottish*	Écosse; écossais
Scout:	*scout and guide movements*	scoutisme
Sculp:	*sculpture*	sculpture
sg, sing	*singular*	singulier
Ski:	*skiing*	le ski
Sma:	*small arms*	armes portatives
s.o. (**s.o.**)	*someone*	(quelqu'un)
Sp:	*sport*	sport
Space:	*astronautics; space travel*	astronautique; voyages interplanétaires
St Exch:	*Stock Exchange*	terme de Bourse
sth (**sth**)	*something*	(quelque chose)
sub	*subjunctive*	subjonctif
Surg:	*surg:*	chirurgie
Surv:	*surveying*	géodésie et levé de plans
SwFr:	*Swiss French*	mot utilisé en Suisse
Swim:	*swimming*	natation
Tail:	*tailoring*	mode masculine
Tchn:	*technical*	terme technique, terme de métier
Telecom:	*telecommunications*	télécommunications
Ten:	*tennis*	tennis
Tex:	*textiles; textile industry*	industries textiles
Th:	*theatre, theatrical*	théâtre
Theol:	*theology*	théologie
thg	*thing(s)*	(chose(s))
Tls:	*tools*	outils
Toil:	*toilet, makeup*	toilette; maquillage
Toys:	*toys*	jouets
Tp:	*telephone*	téléphone
Trans	*transport*	transport
Turf:	*turf, horse racing*	turf, courses
TV:	*television*	télévision
Typ:	*typography*	typographie
Typw:	*typing; typewriters*	dactylographie; machines à écrire
US:	*United States; American*	États-Unis; américain
usu	*usually*	d'ordinaire
usu with sg const	*usually with singular construction*	verbe généralement au singulier
v	*verb*	verbe
v.	(you)	vous
V:	*vulgar: not in polite use*	trivial
var	*variable*	variable
Veh:	*vehicles*	véhicules
Ven:	*venery; hunting*	chasse
Vet:	*veterinary science*	art vétérinaire
vi	*intransitive verb*	verbe intransitif
v ind tr	*indirectly transitive verb*	verbe transitif indirect
Vit:	*viticulture*	viticulture
vpr	*pronominal verb*	verbe pronominal
vtr	*transitive verb*	verbe transitif
Wr:	*wrestling*	lutte
WTel:	*wireless telegraphy; radio*	télégraphie sans fils; radio
Y:	*yachting*	yachting
Z:	*zoology; mammals*	zoologie; mammifères
=	*nearest equivalent (of an institution, an office, etc, when systems vary in the different countries)*	équivalent le plus proche (d'un terme désignant une institution, une charge, etc, dans les cas où les systèmes varient dans les différents pays)

How to use the dictionary

headword in bold sans serif
mot vedette en linéales grasses

chop [tʃɔp] **1.** *n* (*a*) coup *m* (de hache, de couperet); *F:* **to get the c.,** être flanqué à la porte (*b*) *Cu:* côtelette *f* (*c*) **to lick one's chops,** s'en lécher les babines **2.** *vtr* **(chopped)** (*a*) couper (à la hache); fendre; *Cu:* hacher; **chopping board,** planche à hacher (*b*) **to c. and change,** changer constamment d'idées, de projets, etc.

phrasal verb in sans serif
verbe à particule en linéales grasses

chop 'down *vtr* abattre (un arbre). **chop 'off** *vtr* trancher, couper. **'chopper** *n* (*a*) hachoir *m*, couperet *m* (*b*) *P:* hélicoptère *m*. **'choppy** *a* (*of sea*) agité. **'chopsticks** *npl* baguettes *fpl*. **chop 'up** *vtr* couper en morceaux; *Cu:* hacher (menu).

phonetics in IPA
transcription phonétique selon l'API

choral ['kɔːrəl] *a* choral; **c. society,** chorale *f*. **cho'ral(e)** *n* choral *m*.

chord [kɔːd] *n Mus:* accord *m*; *Fig:* **to strike a c.,** faire vibrer la corde sensible.

chore [tʃɔːr] *n* corvée *f*; travail (routinier); *pl* travaux *mpl* du ménage.

choreography [kɔri'ɔgrəfi] *n* chorégraphie *f*. **chore'ographer** *n* chorégraphe *mf*.

chorister ['kɔristər] *n* choriste *mf*.

main divisions **I.** & **II.**: noun and verb
divisions principales **I.** & **II.**: nom commun et verbe

chortle ['tʃɔːrtl] **I.** *n* gloussement *m*. **II.** *vi* glousser.

chorus ['kɔːrəs] *n* (*a*) chœur *m*; *Th:* (*dancers*) troupe *f*; **c. of praise,** concert *m* de louanges; **in c.,** en chœur; **c. girl,** girl *f* (*b*) refrain *m* (d'une chanson); **to join in the c.,** chanter le refrain en chœur.

chose, chosen [tʃouz, 'tʃouzn] *see* **choose**.

American word
américanisme

chowder ['tʃaudər] *n Cu: NAm:* soupe *f* aux poissons; **clam c.,** soupe aux praires.

Christ [kraist] *Prn* Christ *m*; Jésus-Christ *m*.

christen ['krisn] *vtr* baptiser; **he was christened after his grandfather,** on lui a donné le nom de son grand-père. **'christening** *n* baptême *m*.

derivative in sans serif
dérivé en linéales grasses

Christian ['kristiən] *a & n* chrétien, -ienne; **C. name,** prénom *m*; **C. Scientist,** scientiste chrétien. **Chris-ti'anity** *n* christianisme *m*.

nearest equivalent
équivalent le plus proche

Christmas ['krisməs] *n* Noël *m*; **at C. (time),** à (la) Noël; **merry C.!** joyeux Noël! **C. card, tree,** carte, arbre, de Noël; **C. Day,** le jour de Noël; **C. Eve,** la veille de Noël; **C. stocking** = sabot *m* de Noël; **c. box,** étrennes *fpl*; **Father C.,** le père Noël.

chrome [kroum] *n* chrome *m*; **c. steel,** acier chromé; **c. yellow,** jaune de chrome. **'chromium** *n* chrome; **c. plating,** chromage *m*. **'chromium-'plated** *a* chromé.

field labels in italics
champs sémantique en italiques

chromosome ['krouməsoum] *n Biol:* chromosome *m*.

colloquialism
expression familière

chronic ['krɔnik] *a* (*a*) *Med:* chronique; **c. ill health,** invalidité *f* (*b*) *F:* atroce. **'chronically** *adv* chroniquement.

chronicle ['krɔnikl] **1.** *n* chronique *f*; suite *f* (d'événements) **2.** *vtr* faire la chronique de. **'chronicler** *n* chroniqueur, -euse.

chronology [krə'nɔlədʒi] *n* chronologie *f*. **chrono'logical** *a* chronologique; **in c. order,** par ordre chronologique. **chrono'logically** *adv* chronologiquement.

genders of French noun translations
indication du genre dans la traduction

chronometer [krə'nɔmitər] *n* chronomètre *m*.

chrysalis ['krisəlis] *n* (*pl* **chrysalises**) chrysalide *f*.

chrysanthemum [kri'sænθiməm] *n Bot:* chrysanthème *m*.

irregular comparative and superlative of adjective
comparatif et superlatif irréguliers de l'adjectif

chubby ['tʃʌbi] *a* **(-ier, -iest)** potelé, dodu; (visage) joufflu; **c. cheeks,** joues rebondies.

Comment utiliser le dictionnaire

division **1., 2.,** etc., with abbreviation showing grammatical categories

subdivision (*a*), (*b*), etc., showing different senses of the word

conjugation of irregular verbs

superscript numbers to distinguish between homographs

proper name (feminine)

bracketed indicator showing typical usage

American translation

headword abbreviated to initial letter in examples

plural of compound nouns

noun genders

liquide [likid] **1.** *a* liquid; **la soupe est trop l.,** the soup is too watery, too thin; **argent l.,** cash; ready money **2.** *nm* (*a*) liquid, fluid (*b*) (ready) cash, ready money.
liquider [likide] *vtr* (*a*) to liquidate; to wind up (a business); to settle (account); *F:* to liquidate, eliminate (s.o.); **c'est liquidé,** it's (all) over (*b*) to sell off (stock).
liquidité [likidite] *nf* liquidity; **liquidités,** liquid assets.
liquoreux, -euse [likɔrø, -øz] *a* liqueur-like, syrupy (wine).
lire¹ [lir] *vtr* (*prp* **lisant;** *pp* **lu;** *pr ind* **je lis, il lit;** *impf* **je lisais;** *fu* **je lirai**) to read; **l. tout haut, à haute voix,** to read aloud; **l. dans la pensée de qn,** to read s.o.'s thoughts; **l. dans le jeu de qn,** to know s.o.'s game; **elle a voulu me l. les lignes de la main,** she wanted to read my hand; **la peur se lisait sur son visage,** fear was written on her face; *Corr:* **dans l'attente de vous l.,** hoping to hear from you.
lire² *nf* lira.
lis [lis] *nm* lily.
Lisbonne [lizbɔn] *Prnf Geog:* Lisbon.
liseron [lizrɔ̃] *nm Bot:* bindweed, convolvulus.
liseur, -euse [lizœr, -øz] **1.** *n* reader **2.** *nf* (*a*) book cover (*b*) (*in train*) overhead reading light (*c*) bed jacket.
lisibilité [lizibilite] *nf* legibility. **lisible** *a* (*a*) legible (writing) (*b*) readable; worth reading. **lisiblement** *adv* legibly.
lisière [lizjɛr] *nf* **1.** selvage, selvedge (of cloth) **2.** edge, border (of field, forest).
lisser [lise] *vtr* to smooth, polish (stone); to smooth down (hair); to smooth out (crease); (*of bird*) **se l. les plumes,** to preen its feathers. **lisse** *a* smooth, polished; sleek.
liste [list] *nf* list, roll; *Mil:* roster; **l. électorale,** electoral roll; **l. noire,** blacklist; *Tp:* **sur la l. rouge,** ex-directory, *NAm:* unlisted.
lit [li] *nm* **1.** bed; **l. pour deux personnes, grand l.,** double bed; **lits jumeaux,** twin beds; **l. de camp,** camp bed; **l. d'enfant,** cot, *NAm:* crib; **au l. les enfants!** time for bed, children! **aller au l.,** to go to bed; **se mettre au l.,** to get into bed; **être au l., garder le l.,** to be, to stay, in bed; to be laid up; **cloué au l.,** bedridden; **faire les lits,** to make the beds; **faire l. à part,** to sleep apart, in separate beds; **l. de mort,** deathbed; **enfant du second l.,** child of the second marriage **2.** bed, layer (of soil, sand); bed (of river) **3.** set (of the tide); **être dans le l. de la marée,** to be in the tideway; **dans le l. du vent,** in the wind's eye.
litanie [litani] *nf* **1.** litany (of complaints, etc); **c'est toujours la même l.,** it's the same old story **2.** *pl Rel:* litany.
lit-cage [likaʒ] *nm* folding bed; *pl lits-cages.*
literie [litri] *nf* bedding.
lithographie [litɔgrafi] *nf* (*a*) lithography (*b*) lithograph.
litière [litjɛr] *nf* litter.
litige [litiʒ] *nm Jur:* litigation; dispute; lawsuit; **point en l.,** point of contention. **litigieux, -euse** *a* litigious; contentious.
litre [litr̥] *nm* (*a*) *Meas:* litre (*b*) litre bottle.

division **1., 2.,** etc., avec indication de la catégorie grammaticale

subdivision (*a*), (*b*), etc., pour indiquer les différents sens du mot

conjugaison des verbes irréguliers

chiffres en exposant pour différencier les homographes

nom propre féminin

indicateur entre parenthèses pour montrer les usages communs

traduction en anglais américain

mot vedette représenté par sa première lettre dans les exemples

pluriel des noms composés

indication du genre

PART ONE

FRENCH–ENGLISH

Tableau des signes phonétiques

Consonnes et semi-consonnes

[p]	pain [pɛ̃]; tape [tap]
[b]	beau [bo]; abbé [abe]; robe [rɔb]
[m]	mon [mɔ̃]; flamme [flam]
[f]	feu [fø]; bref [brɛf]; phrase [fraz]
[v]	voir [vwar]; vie [vi]; wagon [vagɔ̃]
[t]	table [tabl̥]; nette [nɛt]; théâtre [teɑtr̥]
[d]	donner [dɔne]; sud [syd]
[n]	né [ne]; canne [kan]; automne [otɔn]
[s]	sou [su]; rébus [rebys]; cire [sir]; scène [sɛn]; six [sis]
[z]	cousin [kuzɛ̃]; zéro [zero]; deuxième [døzjɛm]
[l]	lait [lɛ]; aile [ɛl]; facile [fasil]
[l̥]	table [tabl̥]; sensible [sɑ̃sibl̥]; noble [nɔbl̥]
[ʃ]	chose [ʃoz]; chercher [ʃɛrʃe]
[ʒ]	gilet [ʒilɛ]; manger [mɑ̃ʒe]; âge [ɑʒ]
[k]	camp [kɑ̃]; képi [kepi]; quatre [katr̥]; écho [eko]
[g]	garde [gard]; guerre [gɛr]; second [səgɔ̃]
[ɲ]	campagne [kɑ̃paɲ]; gnaule [ɲol]
[ŋ]	(*in words of foreign origin*) parking [parkiŋ]; smoking [smɔkiŋ]
[r]	rare [rar]; arbre [arbr̥]; rhume [rym]
[r̥]	être [ɛtr̥]; marbre [marbr̥]; neutre [nøtr̥]
[ks]	accident [aksidɑ̃]; action [aksjɔ̃]; xylophone [ksilɔfɔn]
[gz]	exister [egziste]; examen [egzamɛ̃]
[j]	yacht [jɔt, jat]; piano [pjano]; ration [rasjɔ̃]; voyage [vwajaʒ]; travailler [travaje]; cahier [kaje]
[w]	ouate [wat]; ouest [west]; noir [nwar]; (*also in words of foreign origin*) tramway [tramwɛ]; watt [wat]
[ɥ]	muet [mɥɛ]; huit [ɥit]; luire [lɥir]; aiguille [egɥij]

Voyelles

[i]	vite [vit]; signe [siɲ]; sortie [sɔrti]
[e]	été [ete]; donner, donné [dɔne]; légal [legal]
[ɛ]	elle [ɛl; très [trɛ]; terre [tɛr]; rêve [rɛv]; père [pɛr]
[a]	chat [ʃa]; tache [taʃ]; toit [twa]; phare [far]
[ɑ]	âge [ɑʒ]; âgé [ɑʒe]; tâche [tɑʃ]
[ɔ]	donner [dɔne]; album [albɔm]; fort [fɔr]
[o]	dos [do]; impôt [ɛ̃po]; chaud [ʃo]
[u]	tout [tu]; goût [gu]; août [u]; cour [kur]
[y]	cru [kry]; ciguë [sigy]; mur [myr]
[ø]	feu [fø]; nœud [nø]; heureuse [ørøz]
[œ]	seul [sœl]; œuf [œf]; sœur [sœr]; cueillir [kœjir]
[ə]*	le [lə]; ce [sə]; entremets [ɑ̃trəmɛ]
[ɛ̃]	vin [vɛ̃]; plein [plɛ̃]; thym [tɛ̃]; prince [prɛ̃s]; plainte [plɛ̃t]
[ɑ̃]	enfant [ɑ̃fɑ̃]; temps [tɑ̃]; paon [pɑ̃]; centre [sɑ̃tr̥]; branche [brɑ̃ʃ]
[ɔ̃]	mon [mɔ̃]; plomb [plɔ̃]; longe [lɔ̃ʒ]; comte [kɔ̃t]
[œ̃]	un [œ̃]; lundi [lœ̃di]; humble [œ̃bl̥]

* The symbol (ə) (in brackets) indicates that the mute *e* is pronounced in careful speech but not in rapid speech.

A, a [ɑ] *nm* (the letter) A, a.

à [a] *prep* (*contracts with* **le** *into* **au,** *with* **les** *into* **aux**) **1.** (*a*) (*direction*) **aller à l'église, au cinéma,** to go to church, to the cinema; **son voyage à Paris,** his journey to Paris; **au feu!** fire! **au voleur!** stop thief! (*b*) **(de) 20 à 30 personnes,** between 20 and thirty people **2.** (*position*) **au bureau,** at, in, the office; **à la ferme,** on, at, the farm; **à l'horizon,** on the horizon; **au jardin,** in the garden; **à l'ombre,** in the shade; **à la maison,** at home; **à deux kilomètres d'ici,** two kilometres from here **3.** (*direction in time*) **du matin au soir,** from morning to night; **à jamais,** for ever; **à jeudi!** see you (on) Thursday! **4. à deux heures,** at two o'clock; **à mon arrivée,** on my arrival; **au vingtième siècle,** in the twentieth century; **à l'avenir,** in future **5. deux à deux,** two by two; **se battre homme à homme,** to fight man to man; *Ten:* **quinze à,** fifteen all **6.** (*introducing indirect object of many verbs*) **attacher un cheval à un arbre,** to tie a horse to a tree; **donner qch à qn,** to give sth to s.o., give s.o. sth; **penser à qn,** to think of s.o. **7.** (*possession*) **c'est (son livre) à lui,** it's his (book); **un ami à moi,** a friend of mine; **c'est à vous de décider,** it's up to you to decide; **c'est à toi (de jouer),** it's your turn (to play) **8. verre à liqueur,** liqueur glass; **moulin à vent,** windmill; **chambre à deux lits,** twin-bedded room; **homme aux cheveux noirs,** man with dark hair, dark haired man **9.** (*a*) (*manner*) **à bicyclette,** by bicycle; **à pied,** on foot; **à la main,** by hand; **au crayon,** with a pencil, in pencil **10. vendre au kilo,** to sell by the kilo; **à la française,** in the French manner; **manger à sa faim,** to eat one's fill; **recevoir qn à bras ouverts,** to receive s.o. with open arms (*b*) **à mon avis,** in my opinion; **à ce qu'il dit,** according to him; **à cette condition,** on this condition (*c*) **un timbre à deux francs,** a two-franc stamp **11. parallèle à,** parallel to; **c'est gentil à lui,** it's kind of him **12.** (*introducing verb in infinitive*) (*a*) **penser à faire qch,** to think of doing sth (*b*) **il ne me reste qu'à vous remercier,** it only remains for me to thank you (*c*) **apprendre à lire,** to learn to read (*d*) **il est à plaindre,** he is to be pitied; **travail à faire,** work to do; **maison à vendre,** house for sale; **machine à coudre,** sewing machine (*e*) **laid à faire peur,** frightfully ugly; **un bruit à tout casser,** an ear-splitting noise (*f*) **je suis prêt à vous écouter,** I'm ready to listen to you; **facile à comprendre,** easy to understand (*g*) **il est le seul à le faire,** he's the only one to do it (*h*) **à les en croire,** if they are to be believed; **à en juger par les résultats,** judging by the results.

A2 *abbr TV: Antenne 2* = BBC 2.

abaissement [abɛsmɑ̃] *nm* **1.** lowering (of blind); reduction, reducing (of prices) **2.** fall, drop (in temperature) **3.** *Lit:* abasement, humiliation.

abaisser [abese] **1.** *vtr* (*a*) to lower; to pull down (blind) (*b*) to lower, reduce (prices, temperature) (*c*) *Lit:* to humiliate (s.o.) **2. s'a.** (*a*) to fall away, to dip, to slope down; (*b*) to demean oneself; **s'a. à faire qch,** to stoop to doing sth.

abandon [abɑ̃dɔ̃] *nm* **1.** (*a*) surrender, renunciation (*b*) *Sp:* retirement, withdrawal **2.** desertion (of children, duty) **3. à l'a.,** neglected; (*of garden, children*) running wild **4. parler avec a.,** to speak freely.

abandonner [abɑ̃dɔne] *vtr* **1.** (*a*) to desert, abandon; to leave; **mes forces m'abandonnent,** my strength is failing me; **enfant abandonné,** abandoned child; **a. la partie,** to throw in one's hand (*b*) *vi Sp:* to retire (*c*) to surrender, renounce, give up **2. s'a.** (*a*) to neglect oneself (*b*) to give way to despair (*c*) to be unconstrained; to let oneself go (*d*) **s'a. à (qch),** to give oneself up to (sth); to become addicted to (vice); **s'a. au sommeil,** to give way to sleep.

abasourdir [abazurdir] *vtr* to astound, stun. **abasourdissant** *a* astounding, stunning, staggering.

abat-jour [abaʒur] *nm inv* lampshade.

abats [aba] *nmpl* offal; **a. de volaille,** giblets.

abattage [abataʒ] *nm* **1.** (*a*) felling (of trees) (*b*) *Min:* cutting **2.** slaughtering; *F:* **avoir de l'a.,** to have a lot of pizzazz.

abattant [abatɑ̃] *nm* flap (of table, counter).

abattement [abatmɑ̃] *nm* **1.** (*a*) exhaustion (*b*) despondency, depression **2.** *Fin:* abatement; allowance (against tax).

abattis [abati] *nmpl* (*a*) *Cu:* giblets (*b*) *P:* limbs.

abattoir [abatwar] *nm* slaughterhouse.

abattre [abatr̥] *vtr* (*conj like* BATTRE) **1.** (*a*) to knock down, pull down; **a. de la besogne,** to get through a lot of work (*b*) to fell, cut down (trees) (*c*) to cut off (*d*) to slaughter, kill, destroy (*e*) to bring down; to shoot down (aircraft) (*f*) (*of wind*) to blow down, beat down (*g*) to dishearten, depress (s.o.); **ne vous laissez pas a.!** don't let it get you down! (*h*) **a. ses cartes,** to lay one's cards on the table **2. s'a.** (*a*) to fall, to crash down, to collapse (*b*) **s'a. sur qch,** to pounce, swoop down, on sth. **abattu** *a* dejected, depressed, demoralized.

abbatiale [abasjal] *nf* abbey church.

abbaye [abei] *nf* abbey.

abbé [abe] *nm* **1.** abbot **2.** *RCCh:* priest.

abbesse [abɛs] *nf* abbess.

abc [ɑbese] *nm inv* **1.** alphabet **2.** rudiments (of a science).

abcès [apsɛ] *nm* abscess; **a. à la gencive,** gumboil.

abdication [abdikasjɔ̃] *nf* (*a*) abdication (*b*) renunciation, surrender (of authority).

abdiquer [abdike] *vtr & i* to abdicate (throne); to renounce, surrender (rights).

abdomen [abdɔmɛn] *nm* abdomen. **abdominal, -aux** *a* abdominal; *nmpl* **abdominaux,** stomach muscles.

abeille [abɛj] *nf* bee; **a. mâle,** drone.

aberration [abɛrasjɔ̃] *nf* aberration. **aberrant** *a* aberrant; absurd.

abêtir [abɛtir] **1.** *vtr* to make stupid **2. s'a.,** to become stupid.

abhorrer [abɔre] *vtr* to abhor, to loathe.

abîme [abim] *nm* abyss, chasm, gulf, depth(s).

abîmer [abime] **1.** *vtr* to spoil, damage, injure **2. s'a.** (*a*) **s'a. dans ses pensées,** to be lost in thought (*b*) to get spoiled.

abjection [abʒɛksjɔ̃] *nf* abjectness. **abject** *a* abject, contemptible, despicable (person, conduct).

abjuration [abʒyrasjɔ̃] *nf* abjuration, recantation.

abjurer [abʒyre] *vtr & vi* to abjure, recant.

ablation [ablasjɔ̃] *nf Med:* removal.

ablutions [ablysjɔ̃] *nfpl* ablutions.

abnégation [abnegasjɔ̃] *nf* abnegation, self-sacrifice.

aboi [abwa] *nm* **aux abois,** at bay.

aboiement [abwamɑ̃] *nm* bark, barking.

abolir [abɔlir] *vtr* to abolish, do away with.

abolition [abɔlisjɔ̃] *nf* abolition.

abolitionnisme [abɔlisjɔnism] *nm* abolitionism. **abolitionniste** *a & n* abolitionist.

abominable [abɔminabl] *a* abominable, foul; frightful. **abominablement** *adv* abominably; frightfully.

abomination [abɔminasjɔ̃] *nf* abomination; **avoir qch en a.,** to loathe sth; **ce café est une a.,** this coffee is abominable.

abominer [abɔmine] *vtr* to abominate, loathe.

abondamment [abɔ̃damɑ̃] *adv* abundantly.

abondance [abɔ̃dɑ̃s] *nf* **1.** abundance, plenty **2.** wealth (of details, ideas); **parler avec a.,** to have a great flow of words. **abondant** *a* abundant, plentiful; rich (style); lush (foliage); copious (meal, tears).

abonder [abɔ̃de] *vi* **1.** to abound (**en,** in); to be plentiful **2. a. dans le sens de qn,** to be entirely of s.o.'s opinion

abonné, -ée [abɔne] **1.** *a* **être a. à,** to subscribe to (paper); to have (gas, electricity) **2.** *n* (*a*) subscriber (to paper) (*b*) (telephone) subscriber (*c*) *Th:* season-ticket holder (*d*) **abonnés du gaz,** gas consumers.

abonnement [abɔnmɑ̃] *nm* **1.** subscription **2. (carte d')a.,** season ticket **3.** *Adm:* (water) rate; (telephone) rental.

abonner [abɔne] **1.** *vtr* to take out a subscription for (s.o.) **2.** (*a*) **s'a.,** to take out a subscription (to a paper) (*b*) to buy a season ticket (for a theatre).

abord [abɔr] *nm* **1.** access, approach (to land); **île d'un a. difficile,** island difficult of access **2.** *pl* approaches (**d'un endroit,** to a place); surroundings, outskirts **3.** (*of pers*) **d'un a. facile, difficile,** approachable, unapproachable **4.** *adv phr* **d'a.,** first; at first; **tout d'a.,** at first, initially; **dès l'a.,** from the outset; **au premier a.,** at first sight, to begin with. **abordable** *a* **1.** accessible; (*of prices*) reasonable **2.** (*of pers*) approachable.

abordage [abɔrdaʒ] *nm Nau:* **1.** boarding (as act of war) **2.** collision.

aborder [abɔrde] **1.** *vi* to land; **a. à port,** to reach a port **2.** *vtr* (*a*) to accost, approach (s.o.) (*b*) to approach, tackle (a question) (*c*) to board (ship in a fight) (*d*) to collide with (ship).

aborigène [abɔriʒɛn] **1.** *a* aboriginal **2.** *n* aborigine, native.

aboutir [abutir] *vi* **1. a. à, dans, en, qch,** to end at, in, sth; to lead to sth; **n'a. à rien,** to come to nothing **2.** (*of plan*) to succeed; **faire a. qch,** to bring sth to a successful conclusion.

aboutissement [abutismɑ̃] *nm* outcome; success.

aboyer [abwaje] *vi* **(j'aboie)** (*of dog*) to bark; (*of pers*) to shout.

abracadabrant [abrakadabrɑ̃] *a* incredible, preposterous.

abrasif, -ive [abrazif, -iv] *a & nm* abrasive.

abrégé [abreʒe] *nm* précis, summary; **en a.,** in abbreviated form; in brief, in a nutshell.

abréger [abreʒe] *vtr* **(j'abrège; n. abrégeons) 1.** to shorten, to cut short; **abrégeons! au fait!,** cut it short! come to the point! **2.** to abridge, cut down (article); to abbreviate (word).

abreuver [abrœve] *vtr* **1.** to water (horses, cattle) **2.** *Fig:* **a. qn d'injures,** to shower s.o. with insults **3. s'a.,** to drink.

abreuvoir [abrœvwar] *nm* (*a*) watering place (in river) (*b*) drinking trough.

abréviation [abrevjasjɔ̃] *nf* abbreviation.

abri [abri] *nm* shelter, cover; **a. antiatomique,** nuclear shelter; **à l'a.,** sheltered, under cover; **se mettre à l'a. (de la pluie),** to take shelter (from the rain); **à l'a. de qch,** sheltered from sth; **a. contre le vent,** windscreen; **les sans a.,** the homeless.

abribus [abribys] *nm* bus shelter.

abricot [abriko] *nm* apricot.

abricotier [abrikɔtje] *nm* apricot tree.

abriter [abrite] *vtr* **1.** to shelter, screen, shield (**de,** from) **2.** to house, to accommodate **3. s'a.,** to (take) shelter.

abrogation [abrɔgasjɔ̃] *nf* abrogation, repeal (of law).

abroger [abrɔʒe] *vtr* **(n. abrogeons)** to abrogate, repeal (law).

abrupt [abrypt] *a* **1.** abrupt, steep (descent) **2.** (*pers*) abrupt, blunt. **abruptement** *adv* steeply; abruptly.

abruti [abryti] *nm F:* fool, idiot, moron.

abrutir [abrytir] *vtr* **1.** (*a*) to stupefy (*b*) to exhaust; **ce travail m'abrutit,** this work is wearing me out. **2. s'a.,** to wear oneself out (**de,** with). **abrutissant** *a* exhausting; mind-destroying.

abrutissement [abrytismɑ̃] *nm* exhaustion; mindless state.

absence [apsɑ̃s] *nf* **1.** absence; **en l'a. de ma secrétaire,** while my secretary is away **2.** (*a*) **a. d'imagination,** lack of imagination (*b*) **avoir des absences,** to have lapses of memory. **absent 1.** *a* (*a*) absent; away (*b*) missing (*c*) absent, vacant **2.** *n* absentee.

absentéisme [apsɑ̃teism] *nm* absenteeism.

absenter (s') [sapsɑ̃te] *vpr* to go away (**de,** from).

abside [apsid] *nf Arch:* apse.

absinthe [apsɛ̃t] *nf* absinth(e).

absolu [apsɔly] **1.** *a* (*a*) absolute; **règle absolue,** hard and fast rule; **refus a.,** flat refusal; (*b*) **pouvoir a.,** absolute power; (*c*) uncompromising, categorical (pers) **2.** *nm* **l'a.,** the absolute. **absolument** *adv* absolutely; entirely (unnecessary); utterly (impossible); strictly (forbidden); **vous devez a. y aller!** you simply *must* go there!

absolution [apsɔlysjɔ̃] *nf Theol:* absolution.

absorber [apsɔrbe] *vtr* **1.** to absorb, soak up **2.** to take (food, medicine); to drink (sth) **3.** to absorb, engross; **son travail l'absorbe,** he's completely wrapped up in his work **4. s'a.,** to become absorbed, engrossed (**dans,** in); **être absorbé dans ses pensées,** to be lost in thought. **absorbant** *a* absorbent (tissue); absorbing (work).

absorption [apsɔrpsjɔ̃] *nf* absorption.

absoudre [apsudr̥] *vtr* (*prp* **absolvant;** *pp* **absous, absoute;** *pr ind* **j'absous**) (*a*) to forgive (s.o. sth) (*b*) to absolve (s.o. from a sin).

abstenir (s') [sapstənir] *vpr* (*conj like* TENIR) to abstain from voting; **s'a. de qch,** to abstain from sth; to forgo sth; **s'a. de faire qch,** to refrain from doing sth.

abstention [apstɑ̃sjɔ̃] *nf* abstention.

abstentionnisme [apstɑ̃sjɔnism] *nm Pol:* abstention. **abstentionniste** *a & n* abstentionist.

abstinence [apstinɑ̃s] *nf* **1.** abstinence; **faire a. (le vendredi),** to abstain from meat (on Fridays). **abstinent, -ente** *a* abstinent, abstemious.

abstraction [apstraksjɔ̃] *nf* abstraction; **faire a. de qch,** to disregard sth; **a. faite de,** leaving aside.

abstraire [apstrɛr] (*conj like* TRAIRE) **1.** *vtr* to abstract; to separate **2. s'a.,** to cut oneself off. **abstrait** *a* **1.** abstracted **2.** abstract (idea, art); abstruse (question). **abstraitement** *adv* in the abstract.

absurdité [apsyrdite] *nf* **1.** absurdity **2. dire des absurdités,** to talk nonsense. **absurde** *a* absurd.

abus [aby] *nm* **1.** (*a*) abuse, misuse (**de,** of); **a. de pouvoir,** misuse of power (*b*) over-indulgence (**de,** in); excess (*c*) **a. de confiance,** breach of trust **2.** abuse; corrupt practice **3.** error, mistake **4.** *F:* **il y a de l'a.!** that's going too far!

abuser [abyze] **1.** *vi* **a. de qch** (i) to misuse sth (ii) to take (an unfair) advantage of sth; **vous abusez de vos forces,** you are overtaxing yourself; **j'abuse de votre temps,** I am wasting your time; **a. de l'alcool,** to drink too much; **vous abusez!** that's a bit much! **2.** *vtr* to deceive **3. s'a.,** to delude oneself; **si je ne m'abuse,** if I'm not mistaken.

abusif, -ive [abyzif, -iv] *a* **1.** incorrect, improper; **emploi a.,** misuse **2.** excessive; **mère abusive,** over-possessive mother. **abusivement** *adv* incorrectly, improperly.

acabit [akabi] *nm Pej:* **du même a.,** of the same type, stripe; **de cet a.,** of that type, ilk.

acacia [akasja] *nm Bot:* acacia.

académicien [akademisjɛ̃] *nm* academician; member of the *Académie française*.

académie [akademi] *nf* **1.** (*a*) academy (*b*) educational district (of France) **2.** society (of letters, science, art); **l'A. (française),** the (French) Academy **3.** (*a*) riding school (*b*) school (of music); (art) school. **académique** *a* academic.

acajou [akaʒu] *nm* mahogany; **cheveux a.,** auburn hair.

acalorique [akalɔrik] *a* calorie-free.

acariâtre [akarjɑtr̥] *a* bad-tempered, cantankerous.

accablement [akɑbləmɑ̃] *nm* dejection, despondency; exhaustion.

accabler [akɑble] *vtr* to overwhelm; **a. qn d'injures,** to heap abuse on s.o. **accablant** *a* overwhelming; overpowering (heat).

accalmie [akalmi] *nf* lull.

accaparer [akapare] *vtr* to monopolize (power, conversation); **le travail l'accapare,** the work takes up all his time. **accaparant** *a* demanding. **accapareur, -euse 1.** *a* monopolizing **2.** *n* monopolizer.

accéder [aksede] *vi* (**j'accède; j'accéderai**) **1.** to have access (**à,** to); **cette porte accède au salon,** this door leads to the drawing room **2. a. à une condition,** to agree to a condition **3. a. au trône,** to accede to the throne.

accélérateur [akseleratœr] *nm* accelerator.

accélération [akselerasjɔ̃] *nf* (*a*) acceleration (*b*) speeding up (of work).

accélérer [akselere] *v* (**j'accélère; j'accélérerai**) **1.** *vi Aut:* to accelerate **2.** to speed up (work) **3. s'a.,** to quicken.

accent [aksɑ̃] *nm* **1.** accent; stress; **sans a.,** unstressed; **mettre l'a. sur,** to stress **2. a. aigu, grave,** acute, grave, accent **3.** pronunciation, accent.

accentuation [aksɑ̃tɥasjɔ̃] *nf* **1.** stressing (of syllable) **2.** accentuation.

accentuer [aksɑ̃tɥe] *vtr* **1.** to stress (syllable) **2.** to mark (vowel) with an accent; to accentuate **3.** to emphasize; **traits fortement accentués,** pronounced features; **a. le chômage,** to increase unemployment **4. s'a.,** to become accentuated, more pronounced.

acceptation [aksɛptasjɔ̃] *nf* acceptance.

accepter [aksɛpte] *vtr* to accept; to agree to (condition); **a. de faire qch,** to agree to do sth; **il accepte tout d'elle,** he puts up with anything from her. **acceptable** *a* acceptable, reasonable.

acception [aksɛpsjɔ̃] *nf* meaning, sense.

accès [aksɛ] *nm* **1.** access, approach; **avoir, donner, a. à qch,** to have, to give, access to sth; **d'a. facile,** easily accessible; *PN:* **a. interdit,** no entry, no admittance; **a. aux quais,** to the trains **2.** fit, attack; outburst; **a. de fièvre,** bout of fever; **a. d'enthousiasme,** burst of enthusiasm.

accessible [aksɛsibl̥] *a* **1.** accessible; attainable **2.** (*pers*) approachable.

accession [aksɛsjɔ̃] *nf* **1.** accession (to power, to the throne) **2.** attainment (of independence) **3. a. à la propriété,** home ownership.

accessoire [aksɛswar] **1.** *a* accessory; secondary; **frais accessoires,** incidental expenses **2.** *nm* accessory; *pl Th:* props; **accessoires de toilette,** toilet requisites.

accessoiriste [aksɛswarist] *n* **1.** *Th: etc:* property man, girl **2.** car accessories dealer.

accident [aksidɑ̃] *nm* **1** (*a*) accident; **par a.,** accidentally, by accident (*b*) mishap; accident; **a. mortel,** fatality; **a. d'avion,** air crash; **nous sommes arrivés sans a.,** we arrived safely **2.** *Mus:* accidental **3.** unevenness (of the ground). **accidenté, -ée 1.** *a* uneven (ground) *F:* damaged (car) **2.** *n* victim of an accident; **les accidentés,** the injured, the casualties. **accidentel, -elle** *a* accidental. **accidentellement** *adv* accidentally; by accident, by chance; (to die) in an accident.

accidenter [aksidɑ̃te] *vtr* to injure (pers); to damage (car).

acclamation [aklamasjɔ̃] *nf* acclamation, cheering, cheers.

acclamer [aklame] *vtr* to acclaim, applaud, cheer.

acclimatation [aklimatasjɔ̃] *nf* acclimatization; **jardin d'a.**, zoological gardens.
acclimater [aklimate] *vtr* **1.** to acclimatize (**à**, to) **2. s'a.**, to become acclimatized.
accointances [akwɛ̃tɑ̃s] *nf pl Pej:* **avoir des a.**, to have contacts.
accointer (s') [sakwɛ̃te] *F: Pej:* to be in cahoots (**avec**, with).
accolade [akɔlad] *nf* **1.** embrace **2.** accolade; **recevoir l'a.**, to be knighted **3.** *Typ:* brace, bracket.
accoler [akɔle] *vtr* to join side by side; *Typ:* to brace, to bracket.
accommodation [akɔmɔdasjɔ̃] *nf* **1.** adapting, adaptation **2.** accommodation (of the eye).
accommodement [akɔmɔdmɑ̃] *nm* compromise, arrangement.
accommoder [akɔmɔde] **1.** *vtr* (*a*) to suit (s.o.); **difficile à a.**, difficult to please (*b*) to cook, prepare (food) (*c*) **a. qch à qch**, to fit, adapt, sth to sth **2.** *vi* **a. sur, à, qch**, to focus on sth **3. s'a.** (*a*) **il s'accommode partout**, he is very adaptable (*b*) **s'a. de qch**, to make the best of sth (*c*) **s'a. à qch**, to adapt oneself to sth (*d*) **s'a. avec qn**, to come to an agreement with s.o. **accommodant** *a* accommodating, good-natured, easy-going.
accompagnateur, -trice [akɔ̃paɲatœr, -tris] *n* **1.** *Mus:* accompanist **2.** (tour) guide; courier.
accompagnement [akɔ̃paɲmɑ̃] *nm* **1.** *Mus:* accompaniment; **sans a.**, unaccompanied **2.** *Cu:* garnish; vegetables (served with meat).
accompagner [akɔ̃paɲe] **1.** *vtr* (*a*) to go, come, with (s.o.) (*b*) **a. qch de qch**, to accompany sth with sth; **accompagné de sa femme**, accompanied by his wife (*c*) **a. qn au piano**, to accompany s.o. on the piano **2. s'a. de**, to be accompanied by.
accomplir [akɔ̃plir] *vtr* **1.** to accomplish, achieve (purpose); to carry out, fulfil (order, promise) **2.** to complete, finish. **accompli** *a* accomplished.
accomplissement [akɔ̃plismɑ̃] *nm* **1.** accomplishment, carrying out (of duty); fulfilment (of wish) **2.** completion.
accord [akɔr] *nm* **1.** agreement, understanding; bargain; settlement **2.** agreement (**sur**, on); **d'a.**, in agreement, in accordance (**avec**, with); **se mettre d'a. avec qn**, to come to an agreement with s.o.; **être d'a. avec qn**, to agree with s.o.; **ils ne sont pas d'a.**, they disagree; **d'a.!** agreed! **d'un commun a.**, by mutual consent **3.** *Gram:* agreement, concordance; **les règles d'a.**, the concords **4.** *Mus:* chord; **a. parfait**, perfect chord.
accordéon [akɔrdeɔ̃] *nm* accordion; **en a.**, (i) pleated (skirt) (ii) *F:* wrinkled (trousers); **voiture en a.**, crumpled car.
accorder [akɔrde] **1.** *vtr* (*a*) to give, attribute (importance) (*b*) *Gram:* **a. le verbe avec le sujet**, to make the verb agree with the subject (*c*) *Mus:* to tune (*d*) to grant (favour); to award (damages); to allow (discount); **pouvez-vous m'a. quelques minutes?** can you spare me a few minutes? **2. s'a.** (*a*) to agree, come to an agreement; (*b*) **s'a. (bien, mal) avec qn**, to get on (well, badly) with s.o. (*c*) to correspond, harmonize, fit in (**avec**, with); to be in keeping (*d*) *Gram:* to agree (*e*) (*of dress*) to go (**avec**, with) (*f*) *Mus:* to tune (up).
accordeur [akɔrdœr] *nm* tuner.
accoster [akɔste] *vtr* **1.** to accost (s.o.) **2.** to berth (a boat); *vi* to berth.
accotement [akɔtmɑ̃] *nm* shoulder, verge (of road); *Rail:* shoulder.
accoter [akɔte] *vtr* to lean; **s'a. à, contre, un mur**, to lean against a wall.
accouchée [akuʃe] *nf* mother (of newborn child).
accouchement [akuʃmɑ̃] *nm* delivery, childbirth; **a. prématuré**, premature delivery.
accoucher [akuʃe] **1.** *vi* (*a*) to give birth; **a. d'un garçon**, to give birth to a boy (*b*) *F:* **accouche!** come out with it! **2.** *vtr* **a. qn**, to deliver s.o.'s baby.
accoucheur, -euse [akuʃœr, -øz] *n* (*a*) **(médecin) a.**, obstetrician (*b*) *nf* midwife.
accouder (s') [sakude] *vpr* **s'a. à, sur**, to lean on (with one's elbows).
accoudoir [akudwar] *nm* armrest.
accouplement [akupləmɑ̃] *nm* **1.** coupling, linking; yoking (of oxen); *El:* connecting **2.** pairing, mating.
accoupler [akuple] *vtr* **1.** (*a*) to couple; to yoke (oxen) (*b*) to mate (animals) (*c*) to couple (up) (parts) (*d*) *El:* to connect (batteries) **2. s'a.**, to mate.
accourir [akurir] *vi* (*conj like* COURIR; *aux* **avoir** *or* **être**) to come running.
accoutrement [akutrəmɑ̃] *nm Pej:* outfit.
accoutrer (s') [sakutre] *vpr Pej:* to rig (oneself) out.
accoutumance [akutymɑ̃s] *nf* (*a*) familiarization (**à**, with) (*b*) *Med:* **a. (à une drogue)**, tolerance (for a drug); **cette drogue n'a pas d'effet d'a.**, this drug is nonaddictive.
accoutumer [akutyme] *vtr* **1. a. qn à qch**, to accustom s.o. to sth; **être accoutumé à qch**, to be used to sth **2. s'a. à qch**, to get accustomed, used, to sth. **accoutumé** *a* usual; **comme à l'accoutumée**, as usual.
accréditer [akredite] *vtr* **1.** to accredit (an ambassador) **2.** to lend credence to, accredit (rumour) **3.** (*of rumour*) **s'a.**, to gain ground.
accro [akro] *F:* **1.** *a* hooked **2.** *n* junkie; *Fig* **un a. du rock**, a rock freak.
accroc [akro] *nm* **1.** tear, rent (in clothes) **2.** hitch, difficulty, snag.
accrochage [akrɔʃaʒ] *nm* **1.** *Aut:* scraping, knocking (of vehicle against another); (small) collision; **2.** (*dispute*) row; *Mil:* brush, skirmish.
accroche [akrɔʃ] *nf* hook; catch phrase.
accrocher [akrɔʃe] **1.** *vtr* (*a*) to hook, catch (sth); **a. sa robe à un clou**, to catch one's dress on a nail; **a. une voiture**, to hit a car (*b*) to fasten (belt) (*c*) to hang up (coat, picture) **2.** *vi* (*a*) **les négotiations ont accroché**, there's been a hitch in the negotiations (*b*) **une publicité qui accroche**, an advertisement which catches the attention **3. s'a.** (*a*) **s'a. à qch, qn**, to cling to, sth, s.o. (*b*) *F:* to have a row. **accrocheur, -euse** *a* (*a*) tenacious (*b*) eye-catching (poster); catchy (slogan).
accroire [akrwar] *vtr* (*used only in*) **en faire a. à qn**, to dupe s.o.
accroissement [akrwasmɑ̃] *nm* (*a*) growth (*b*) increase.
accroître [akrwatr] *vtr* (*prp* **accroissant**; *pp* **accru**; *pr ind* **j'accrois, il accroît**) to increase; **s'a.**, to increase, grow.

accroupir (s') [sakrupir] *vpr* to squat, to crouch (down); **accroupi,** squatting, crouching.

accu [aky] *nm Aut: etc: F:* battery.

accueil [akœj] *nm* reception, welcome; **faire bon a. à qn,** to welcome s.o.

accueillir [akœjir] *vtr* (*conj like* CUEILLIR) to receive, welcome, greet (s.o.); **bien, mal, a. qn,** to give s.o. a good, a bad, reception. **accueillant** *a* welcoming.

acculer [akyle] *vtr* **a. qn à qch,** to drive s.o. to, against, sth.

accumulateur [akymylatœr] *nm* (*a*) *El:* accumulator; battery (*b*) *Cmptr:* accumulator.

accumulation [akymylasjɔ̃] *n* **1.** accumulating; storage (of energy) **2.** accumulation.

accumuler [akymyle] *vtr* to accumulate, amass; **s'a.,** to pile up, accumulate.

accusateur, -trice [akyzatœr, -tris] **1.** *a* accusatory, incriminating **2.** *n* accuser.

accusatif [akyzatif] *a & nm Gram:* accusative.

accusation [akyzasjɔ̃] *nf* **1.** accusation, charge **2.** *Jur:* **mettre qn en a.,** to commit s.o. for trial.

accuser [akyze] *vtr* **1. a. qn de qch,** to accuse s.o. of sth **2. elle accuse 50 ans,** you can tell she's 50 **3.** to define, show up, accentuate; **a. le coup,** to stagger under the blow **4. a. réception de qch,** to acknowledge (receipt of) sth. **accusé, -ée 1.** *a* prominent, pronounced; marked **2.** *n* accused; (*in court*) defendant **3.** *nm* **a. de réception,** acknowledgement (of receipt).

acerbe [asɛrb] *a* bitter, caustic.

acéré [asere] *a* (*a*) sharp(-pointed) (*b*) sharp, stinging (tongue).

acétate [asetat] *nm Ch:* acetate.

acétique [asetik] *a Ch:* acetic.

acétone [asetɔn] *nf Ch:* acetone.

acétylène [asetilɛn] *nm* acetylene.

achalandé [aʃalɑ̃de] *a* **magasin bien a.,** well stocked shop.

acharné [aʃarne] *a* fierce (opponent), relentless (efforts); **joueur a.,** inveterate gambler; **lutte acharnée,** desperate struggle.

acharnement [aʃarnəmɑ̃] *nm* relentlessness; **a. au travail,** passion for work; **avec a.,** relentlessly.

acharner (s') [saʃarne] *vpr* **s'a. sur,** to set upon, lay into; to pursue (relentlessly); **s'a. à, sur, qch,** to work desperately hard at sth; **s'a. à faire,** to struggle to do, try desperately to do.

achat [aʃa] *nm* purchase; *pl* shopping; **faire l'a. de qch,** to buy sth; **faire des achats,** to shop, to go shopping; **prix d'a.,** purchase price.

acheminement [aʃminmɑ̃] *nm* forwarding, despatch (of goods).

acheminer [aʃmine] *vtr* **1.** to forward, to despatch (goods) **2. s'a. vers sa maison,** to set out for, to make one's way, home.

acheter [aʃte] *vtr* **(j'achète, n. achetons)** (*a*) **a. qch,** to buy, purchase, sth (*b*) **a. qch à qn,** to buy sth from s.o. (*c*) **je vais lui a. un livre,** I am going to buy him a book (*d*) *F:* to bribe (s.o.), to buy (s.o.) off.

acheteur, -euse [aʃtœr, -øz] *n* buyer, purchaser.

achèvement [aʃɛvmɑ̃] *nm* completion (of work).

achever [aʃve] *v* **(j'achève) 1.** *vtr* (*a*) to end, conclude, finish (off), complete; **a. de faire qch,** to finish doing sth (*b*) **a.qn,** to finish s.o. off; **cette perte l'a achevé,** this loss was the end of him **2. s'a.** (*a*) to draw to a close; to end (*b*) (*of work*) to reach completion. **achevé** *a* (*a*) accomplished (artist); perfect (piece of work) (*b*) downright (liar); utter (fool).

acide [asid] **1.** *a* acid, tart, sour **2.** *nm* (*a*) acid (*b*) *F:* acid, LSD.

acidité [asidite] *nf* acidity, sourness, tartness.

acidulé [asidyle] *a* slightly sour.

acier [asje] *nm* steel; **lame d'a., en a.,** steel blade; **regard d'a.,** steely look.

aciérie [asjeri] *nf* steelworks.

acné [akne] *nf* acne.

acolyte [akɔlit] *nm* (*a*) *Pej:* confederate, associate (*b*) *RCCh* acolyte.

acompte [akɔ̃t] *nm* instalment, down payment; deposit; advance (on salary).

aconit [akɔnit] *nm Bot:* aconite.

Açores (les) [lɛzasɔr] *Prnfpl Geog:* the Azores.

à-côté [akote] *nm* **1.** aside (remark) **2.** (*a*) *usu pl* side issues (of a question) (*b*) *F:* extras; **avoir des à-côtés,** to make a bit on the side.

à-coup [aku] *nm* jerk; jolt; **par à-coups,** in fits and starts; **sans à-coups,** smoothly.

acoustique [akustik] **1.** *a* acoustic **2.** *nf* acoustics.

acquéreur [akerœr] *nm* buyer, purchaser.

acquérir [akerir] *vtr* (*prp* **acquérant;** *pp* **acquis;** *pr ind* **j'acquiers, n. acquérons, ils acquièrent;** *pr sub* **j'acquière, n. acquérions;** *impf* **j'acquérais;** *ph* **j'acquis;** *fu* **j'acquerrai) 1.** to acquire, obtain, gain **2.** to purchase, to buy.

acquiescement [akjɛsmɑ̃] *nm* acquiescence, assent.

acquiescer [akjese] *v ind tr* **(n. acquiesçons) a. à qch,** to acquiesce in sth, to agree, to assent, to sth.

acquis [aki] **1.** *a* (*a*) acquired (knowledge) (*b*) established, accepted (fact); **tenir pour a.,** to take for granted **2.** *nm* acquired knowledge; experience.

acquisition [akizisjɔ̃] *nf* acquisition; purchase.

acquit [aki] *nm* **1.** *Com:* receipt, acquittance; **pour a.,** received (with thanks) **2. par a. de conscience,** for conscience sake.

acquittement [akitmɑ̃] *nm* **1.** discharge, payment (of debt) **2.** *Jur:* acquittal.

acquitter [akite] **1.** *vtr* (*a*) **a. qn (d'une obligation),** to release s.o. (from an obligation) (*b*) **a. un accusé,** to acquit an accused person (*c*) to fulfil (an obligation); **a. une dette,** to discharge a debt (*d*) **a. une facture,** to receipt a bill **2. s'a.** (*a*) **s'a. d'une obligation,** to fulfil (an obligation); **s'a. de son devoir,** to do one's duty (*b*) **se bien a.,** to acquit oneself well.

âcreté [ɑkrəte] *nf* acridity, bitterness, pungency. **âcre** *a* acrid, bitter, pungent.

acrimonie [akrimɔni] *nf* acrimony. **acrimonieux, -euse** *a* acrimonious.

acrobate [akrɔbat] *n* acrobat.

acrobatie [akrɔbasi] *nf* (*a*) acrobatic feat (*b*) (*virtuosity*) acrobatics (*c*) *Av:* **a. aérienne,** aerobatics. **acrobatique** *a* acrobatic.

acrylique [akrilik] *a & nm* acrylic.

acte [akt] *nm* **1.** (*a*) action, act, deed; **a. de courage,** brave action; **faire a. de bonne volonté,** to show willing (*b*) **a. de foi,** act of faith **2.** *Jur:* (*a*) deed, title; **a. de vente,** bill of sale (*b*) **a. judiciaire,**

writ; **a. d'accusation,** bill of indictment (*c*) record; **a. de naissance, de décès,** birth, death, certificate; **prendre a. de qch,** to record, to take note of, sth; **donner a. de qch,** to admit sth (*d*) *pl* proceedings (of learned society, etc) **3.** *Th:* act.

acteur, -trice [aktœr, -tris] *nm* actor, actress.

actif, -ive [aktif, -iv] **1.** *a* (*a*) active; regular (army); *PolEc:* **population active,** working population (*b*) active, brisk, alert **2.** *nm* (*a*) *Com:* assets (*b*) *Gram:* **verbe à l'a.,** verb in the active voice. **activement** *adv* actively, briskly.

action [aksjɔ̃] *nf* **1.** (*a*) action, act; **homme d'a.,** man of action (*b*) action, deed, exploit; **bonne a.,** good deed **2.** (*a*) (i) **a. sur qch,** effect on sth (ii) **a. sur qn,** influence over s.o.; **être sans a. sur,** to have no effect on (*b*) **sous l'a. de l'eau,** under the effect of water **3.** (*a*) *Th:* action (*b*) plot (of play, novel) **4.** *Fin:* share; **a. ordinaire,** ordinary share; **société par actions,** joint stock company **5.** *Jur:* action, lawsuit **6.** *Mil:* action.

actionnaire [aksjɔnɛr] *n* shareholder.

actionnement [aksjɔnmɑ̃] *nm* activation.

actionner [aksjɔne] *vtr* **1.** *Jur:* to sue **2.** to set in motion, activate (machine); to turn (handle); **actionné à la main,** hand operated.

activer [aktive] *vtr* **1.** (*a*) to speed up (work) (*b*) to fan (fire) **2. s'a.,** to be busy; *F:* to get a move on.

activiste [aktivist] *n* activist.

activité [aktivite] *nf* activity; **activités de plein air,** outdoor activities; **en a.,** (*of pers*) fully active; (*of factory*) working in production; (*of volcano*) active.

actrice *see* **acteur.**

actuaire [aktɥɛr] *nm Ins:* actuary.

actualité [aktɥalite] *nf* topicality; **l'a.,** current events; **d'a.,** topical; **les actualités,** the news. **actuel, -elle** *a* present (time, circumstances); current (president, government); topical (subject); **le monde a.,** today's world. **actuellement** *adv* (just) at present.

acuité [akɥite] *nf* acuteness (of pain, problem); acuity (of intellect, vision); sharpness, shrillness (of sound).

acupuncteur -trice [akypɔ̃ktœr, -tris] *nm* acupuncturist.

acupuncture [akypɔ̃ktyr] *nf* acupuncture.

adage [adaʒ] *nm* adage.

adaptation [adaptasjɔ̃] *nf* adaptation.

adapter [adapte] **1.** *vtr* (*a*) to fit (**à,** to) (*b*) to adapt, adjust (behaviour, etc) (*c*) to adapt (novel) **2. s'a. à qch,** (*of tap etc*) to fit sth; (*of pers*) to adapt (oneself) to sth. **adaptable** *a* adaptable.

addition [adisjɔ̃] *nf* **1.** addition, adding (to); adding up **2.** (*a*) *Mth:* addition (*b*) (*in restaurant*) bill, *NAm:* check. **additionnel, -elle** *a* additional.

additionner [adisjɔne] **1.** *vtr* to add up (numbers); to add (ingredient); **lait additionné d'eau,** watered down milk **2. s'a. à,** to be added to.

adepte [adɛpt] *n* follower.

adéquat [adekwa] *a* adequate, appropriate.

adhérence [aderɑ̃s] *nf* adhesion; adherence; grip (of tyre on road). **adhérent, -ente 1.** *a* adherent (**à,** to); adhesive, sticking **2.** *n* member (of a party).

adhérer [adere] *vi* **(j'adhère, j'adhérerai) 1.** to adhere, stick; (*of wheels*) **a. à la route,** to grip the road **2.** to adhere (to opinion) **3. a. à un parti,** to join (a party).

adhésion [adezjɔ̃] *nf* **1.** adhesion, sticking **2.** adhesion, adherence (**à,** to); membership (of a party). **adhésif, -ive** *a & nm* adhesive.

adieu, *pl* **-eux** [adjø] **1.** *int* good-bye! farewell! **2.** *nm* farewell; **faire ses adieux à qn,** to say goodbye to s.o.

adipeux, -euse [adipø, -øz] *a* adipose, fatty (tissue); fat (face).

adjacent [adʒasɑ̃] *a* adjacent (**à,** to); adjoining.

adjectif, -ive [adʒɛktif, -iv] **1.** *a* adjectival **2.** *nm* adjective.

adjoindre [adʒwɛ̃dr] *vtr* (*conj like* JOINDRE) **1.** to add; to attach **2. a. un collaborateur,** to appoint an assistant (**à qn,** for s.o.); **s'a. qn,** to appoint s.o. **adjoint, -ointe** *a & n* assistant; **a. au maire,** deputy mayor.

adjonction [adʒɔ̃ksjɔ̃] *nf* **1.** adding; attaching **2.** appointment.

adjudant [adʒydɑ̃] *nm Mil:* warrant officer class II.

adjudication [adʒydikasjɔ̃] *nf* (*a*) adjudication, award; allocation (of contract) (*b*) (i) sale by auction (ii) invitation to tender; **par voie d'a.,** (i) by tender (ii) by auction.

adjuger [adʒuʒe] *vtr* **(n. adjugeons) a. qch à qn,** (i) to award, allocate, sth to s.o. (ii) (*at auction*) to knock down sth to s.o.; **une fois! deux fois! adjugé!** going! going! gone! *F:* **s'a. qch,** to grab sth for oneself.

adjurer [adʒyre] *vtr* **a. qn de faire qch,** to implore, entreat, s.o. to do sth.

admettre [admɛtr] *vtr* (*conj like* METTRE) **1.** to admit; to let (s.o.) in; **il fut admis dans le salon,** he was shown into the drawing room; **se faire a. dans un club,** to gain admittance to a club **2.** (*a*) to allow, permit (sth); to accept (excuses); **l'usage admis,** the accepted custom (*b*) to admit, to acknowledge (sth); **admettons que j'ai tort,** assuming, supposing, (that) I'm wrong **3.** *Sch:* **être admis à un examen,** to have passed an exam.

administrateur, -trice [administratœr, -tris] *n* **1.** administrator **2.** director (of bank, company) **3.** trustee.

administration [administrasjɔ̃] *nf* **1.** administering (of justice) **2.** (*a*) administration, management (of business); **mauvaise a.,** mismanagement; **conseil d'a.,** board of directors (*b*) governing (of country) **3.** government service; **l'A.** = the Civil Service. **administratif, -ive** *a* administrative. **administrativement** *adv* administratively.

administrer [administre] *vtr* **1.** to administer, manage, run (business); to govern (country) **2.** to dispense (justice); to administer (medicine) **3.** *Jur:* to produce (proof).

admirateur, -trice [admiratœr, -tris] *n* admirer.

admiration [admirasjɔ̃] *nf* admiration; **faire l'a. de qn,** to fill s.o. with admiration. **admiratif, -ive** *a* admiring. **admirativement** *adv* admiringly.

admirer [admire] *vtr* to admire. **admirable** *a* admirable, wonderful. **admirablement** *a* admirably, wonderfully.

admissibilité [admisibilite] *nf* admissibility; eligibility. **admissible** *a* admissible; eligible; *n* eligible candidate.

admission [admisjɔ̃] *nf* **1.** admission, entry; (**à, dans,** to); *Sch:* entrance (**à,** to) **2.** *Mch: ICE:* intake; **période d'a.,** induction stroke.

ADN *abbr acide désoxyribonucléique,* DNA.

adolescence [adɔlɛsɑ̃s] *nf* adolescence. **adolescent, -ente 1.** *a* adolescent **2.** *n* adolescent; teenager.

adonner (s') [sadɔne] *vpr* (*a*) **s'a. à qch,** to devote oneself to sth (*b*) **s'a. à la boisson,** to take to drink.

adopter [adɔpte] *vtr* **1. a. un enfant,** to adopt a child **2. a. un projet de loi,** to pass a bill. **adoptif, -ive** *a* adopted (child); adoptive (parents).

adoption [adɔpsjɔ̃] *nf* **1.** adoption (of child); *Parl:* passage, carrying (of bill) **2. d'a.,** by adoption.

adorateur, -trice [adɔratœr, -tris] *n* adorer, worshipper.

adoration [adɔrasjɔ̃] *nf* adoration; worship.

adorer [adɔre] *vtr* to adore, worship (s.o., sth). **adorable** *a* adorable; delightful. **adorablement** *adv* adorably; delightfully.

adosser [adose] *vtr* **1.** to place (two things) back to back **2. a. qch à, contre, qch,** to lean, to rest, sth against sth **3. s'a. à, contre, qch,** to lean against sth. **adossé** *a* (*a*) back to back (*b*) **a. à qch,** with one's back against sth.

adoucir [adusir] *vtr* **1.** (*a*) to soften (voice, water); to tone down (colour); to subdue (light); to sweeten (drink) (*b*) to alleviate, relieve (pain, sorrow) (*c*) to pacify, mollify **2. s'a.** (*a*) (*of voice*) to grow softer; to soften (*b*) (*of weather*) to grow milder (*c*) (*of pain*) to decrease (*d*) (*of character*) to mellow.

adoucissant [adusisɑ̃] **1.** *a* soothing **2.** *nm* (*a*) water softener (*b*) fabric softener.

adoucissement [adusismɑ̃] *nm* **1.** softening (of voice) **2.** alleviation (of pain) **3.** sweetening; softening.

adoucisseur [adusisœr] *nm* (water) softener.

adrénaline [adrenalin] *nf* adrenalin.

adresse [adrɛs] *nf* **1.** (*a*) address; **carnet d'adresses,** address book (*b*) **une observation à votre a.,** a remark meant for you (*c*) *Cmptr:* address **2.** (*a*) skill, dexterity; **tour d'a.,** sleight of hand (*b*) tact, diplomacy.

adresser [adrɛse] *vtr* **1.** (*a*) to address (letter) (*b*) **on m'a adressé à vous,** I have been referred to you (*c*) to aim, address (remarks); **cette remarque lui est adressée,** this remark is meant for him; **a. la parole à qn,** to speak to s.o. **2. s'a.** (*a*) **s'a. à qn,** to apply to s.o.; **s'a. ici,** enquire here (*b*) **s'a. à qn,** to speak to s.o. (*c*) **le livre s'adresse aux enfants,** the book is meant for children.

adroit [adrwa] *a* **1.** dexterous, skilful; **a. de ses mains,** clever with one's hands **2.** shrewd, adroit (answer). **adroitement** *adv* skilfully; cleverly; shrewdly, adroitly.

adulateur, -trice [adylatœr, -tris] *n* adulator, flatterer.

adulation [adylasjɔ̃] *nf* adulation.

adulte [adylt] *a & n* adult, grown-up.

adultère [adultɛr] **1.** *a* adulterous **2.** *n* adulterer, *f* adulteress **3.** *nm* adultery.

advenir [advənir] *v* (*conj like* VENIR; *used only in the 3rd pers*) **1.** *vi* to occur, happen; to come (about); **je ne sais ce qui en adviendra,** I don't know what will come of it **2.** *v impers* **quoi qu'il advienne, advienne que pourra,** come what may.

adverbe [advɛrb] *nm* adverb. **adverbial, -aux** *a* adverbial; **locution adverbiale,** adverbial phrase.

adversaire [advɛrsɛr] *nm* adversary, opponent.

adverse [advɛrs] *a* opposing (party); adverse (fortune).

adversité [advɛrsite] *nf* adversity.

aération [aerasjɔ̃] *nf* **1.** ventilation, airing (of room) **2.** aeration (of water).

aérateur [aeratœr] *nm* ventilator.

aérer [aere] *vtr* (**j'aère, j'aérerai**) **1.** to ventilate; to air (room, clothes) **2.** to aerate (water). **aéré** *a* airy.

aérien, -ienne [aerjɛ̃, -jɛn] *a* **1.** aerial, atmospheric (phenomenon); aerial (plant); **défense aérienne,** air defence; **ligne aérienne,** airline **2.** (light and) airy (footstep) **3.** overhead (cable); elevated (railway).

aérobic [aerɔbik] *nm* aerobics.

aéro-club [aerɔklyb, -klœb] *nm* flying club; *pl aéro-clubs.*

aérodrome [aerɔdrom] *nm* aerodrome, airfield.

aérodynamique [aerɔdinamik] **1.** *a* aerodynamic; streamlined **2.** *nf* aerodynamics.

aérofrein [aerɔfrɛ̃] *nm* air brake.

aérogare [aerɔgar] *nf* air terminal.

aéroglisseur [aerɔglisœr] *nm* hovercraft.

aérographe [aerɔgraf] *nm Rtm*: airbrush.

aérogramme [aerɔgram] *nm* air letter.

aéromodélisme [aerɔmɔdelism] *nm* model aircraft building and flying.

aéronautique [aerɔnotik] **1.** *a* aeronautical **2.** *nf* aeronautics.

aéronaval, -ale, -als [aerɔnaval] **1.** *a* air and sea (forces) **2.** *nf* **l'aéronavale** = the Fleet Air Arm, *US:* the Naval Air Force.

aéroport [aerɔpɔr] *nm* airport. **aéroporté** *a* airborne (troops); air-lifted (equipment).

aérosol [aerɔsɔl] *nm* aerosol.

aérospatial, -aux [aerɔspasjal, -o] *a* aerospace.

affabilité [afabilite] *nf* affability. **affable** *a* affable. **affablement** *adv* affably.

affaiblir [afɛblir] *vtr* **1.** to weaken **2. s'a.,** to weaken; to lose one's strength; (*of sound*) to become fainter; (*of storm*) to abate, to die down.

affaiblissement [afɛblismɑ̃] *nm* weakening.

affaire [afɛr] *nf* **1.** (*a*) business, concern; **ce n'est pas votre a.,** it's none of your business; **occupez-vous de vos affaires,** mind your own business; **ça c'est mon a.,** (i) that's my business (ii) (you can) leave it to me (*b*) **a. d'argent,** money matter; **a. de cœur,** love affair; **c'est une a. de goût,** it's a question of taste; **ce n'est que l'a. d'un instant,** it won't take a minute (*c*) (*things, pers, required*); **ça fait mon a.,** that's just what I need; **cela ne fera pas l'a.,** that won't do (*d*) (difficult) business; **c'est une sale a.,** it's a nasty business; **ce n'est pas une a.,** it's nothing serious; **la belle a.!** is that all? so what? **en voilà une a.!** what a lot of fuss about nothing! **se tirer d'a.,** to manage **2.** (*a*) (business) transaction, deal; **une bonne a.,** a good deal; **faire des affaires,** to do business; **chiffre d'affaires,** turnover; **homme d'affaires,** businessman; **voyage d'affaires,** business trip; **parler affaires,** to talk business (*b*) bargain; **faire une a.,** to get a bargain (*c*) **avoir a. à qn,** to have to deal with s.o.; to be dealing with s.o.; **vous aurez a. à moi!** you'll be hearing from me! (*d*) business, firm **3.** *pl* (*a*) things, belongings; **ranger ses affaires,** to put one's things away; to tidy up (*b*) **les affaires de l'État,** affairs of State; **le Ministère des affaires étrangères** = the Foreign (and Commonwealth) Office; *NAm:* the State Department **4.** *Jur:* case, lawsuit.

affairer (s') [safere] *vpr* to bustle about; **s'a. autour de qn,** to fuss around s.o. **affairé** *a* busy.

affaissement [afɛsmɑ̃] *nm* subsidence; sinking; sagging (of floor).

affaisser (s') [safɛse] *vpr* (*a*) (*of ground*) to subside; (*of beam*) to sag; (*of floor*) to cave in (*b*) (*of pers*) to collapse.

affaler (s') [safale] *vpr* to collapse; **s'a. dans un fauteuil,** to sink into an armchair.

affamer [afame] *vtr* to starve (s.o.). **affamé** *a* starving, famished; *Fig:* **a. de,** hungry for.

affectation [afɛktasjɔ̃] *nf* **1.** (*a*) affectation; affectedness; **sans a.,** unaffectedly (*b*) pretence; show (of generosity) **2.** (*a*) assignment (of sth); appropriation (of funds) (*b*) appointment; posting.

affecter [afɛkte] *vtr* **1.** to assign, allocate (**à,** to, for); to appropriate (funds) **2.** to pretend (to do sth) **3.** to assume, take on (shape) **4.** (*a*) to affect, move, touch (s.o.) (*b*) to affect (career, health) **5.** to appoint, post (s.o.) (**à,** to). **affecté** *a* affected (manners).

affectif, -ive [afɛktif, -iv] *a* affective, emotional.

affection [afɛksjɔ̃] *nf* **1.** affection; fondness (**pour,** for); **avoir de l'a. pour qn,** to be fond of s.o. **2.** *Med:* ailment; affection.

affectionner [afɛksjɔne] *vtr* to be fond of (s.o., sth). **affectionné** *a* affectionate, loving.

affectueux, -euse [afɛktɥø, -øz] *a* affectionate, loving. **affectueusement** *adv* affectionately.

affermir [afɛrmir] *vtr* **1.** to strengthen, make firm **2.** to strengthen, consolidate (power, belief) **3. s'a.,** to become stronger, firmer.

affermissement [afɛrmismɑ̃] *nm* strengthening.

affichage [afiʃaʒ] *nm* **1.** billsticking, billposting **2. a. numérique,** digital display.

affiche [afiʃ] *nf* poster; (*of play*) **tenir l'a., rester à l'a.,** to run.

afficher [afiʃe] *vtr* **1.** (*a*) to stick, post (up) (bills, notices); **a. une vente,** to advertise a sale; *PN:* **défense d'a.,** stick no bills (*b*) to display, show (on a screen) **2.** (*a*) to display, to show off (sth) (*b*) **s'a. qn,** to appear in public with s.o.

affilée (d') [dafile] *adv phr* in a row; **cinq heures d'a.,** five hours at a stretch.

affiler [afile] *vtr* to sharpen (blade).

affiliation [afiljasjɔ̃] *nf* affiliation.

affilier [afilje] *vtr* **1.** to affiliate (**à,** to, with) **2. s'a. à un parti,** to join a party. **affilié, -ée** *a & n* affiliated (member).

affinage [afinaʒ] *nm* refining; maturing.

affinement [afinmɑ̃] *nm* refinement.

affiner [afine] *vtr* **1.** (*a*) to refine; to ripen (cheese) (*b*) to sharpen (the senses) **2. s'a.,** (*of pers*) to become more refined; (*of features*) to become finer.

affinité [afinite] *nf* affinity.

affirmatif, -ive [afirmatif, -iv] **1.** *a* (*a*) affirmative; **signe a.,** nod (*b*) positive (person) **2.** *nf* **répondre par l'a.,** to answer in the affirmative, to answer yes; **dans l'a.,** if so. **affirmativement** *adv* in the affirmative.

affirmation [afirmasjɔ̃] *nf* affirmation; assertion.

affirmer [afirme] *vtr* **1.** (*a*) to affirm; to insist, to maintain; **pouvez-vous l'a.?** can you swear to it? (*b*) to assert (one's authority) **2. s'a.,** to assert oneself.

affleurer [aflœre] **1.** *vtr Carp:* to make flush **2.** *vi* (*a*) to be level, flush (*b*) *Geol:* (*of lode*) to outcrop.

affliction [afliksjɔ̃] *nf* affliction, sorrow.

affliger [afliʒe] *vtr* (**n. affligeons**) **1.** to afflict (**de,** with); to pain, distress, grieve **2. s'a.,** to be grieved, distressed (about sth). **affligé de,** afflicted with. **affligeant** *a* distressing, sad.

affluence [aflyɑ̃s] *nf* crowd; **heures d'a.,** rush hour.

affluent [aflyɑ̃] *nm* tributary (of river).

affluer [aflye] *vi* (*of liquid*) to flow; (*of blood*) to rush; **a. à, dans, un endroit,** to crowd, to flock, to a place.

afflux [afly] *nm* rush, flow; influx (of people).

affolement [afɔlmɑ̃] *nm* panic; **pas d'a.!** don't panic!

affoler [afɔle] *vtr* **1.** to drive (s.o.) crazy, to throw (s.o.) into a panic **2. s'a.,** to panic, to get into a panic. **affolant** *a* alarming. **affolé** *a* panic-stricken.

affranchir [afrɑ̃ʃir] *vtr* **1.** to free; to set free; to emancipate (slave) **2.** to pay the postage on (letter); to frank; to stamp (letter); **colis affranchi,** pre-paid parcel **3. s'a. de qch,** to free oneself of sth.

affranchissement [afrɑ̃ʃismɑ̃] *nm* **1.** emancipation, freeing (of slave) **2.** (*a*) stamping, franking (*b*) postage (of letter).

affres [afr] *nfpl* anguish, spasm; **les a. de la mort,** the pangs, the throes, of death.

affrètement [afrɛtmɑ̃] *nm* chartering.

affréter [afrete] *vtr* (**j'affrète; j'affréterai**) to charter.

affreux, -euse [afrø, -øz] *a* hideous, ghastly, dreadful. **affreusement** *adv* dreadfully, frightfully.

affriolant [afrijɔlɑ̃] *a* tempting, enticing.

affront [afrɔ̃] *nm* affront, insult; **faire un a. à qn,** to insult s.o.

affrontement [afrɔ̃tmɑ̃] *nm* confronting, confrontation.

affronter [afrɔ̃te] *vtr* **1.** to face, confront (s.o.); to encounter (enemy); to brave (the cold) **2. s'a.,** (*of enemies*) to confront each other; (*of theories*) to conflict.

affubler [afyble] *Pej:* **1.** *vtr* **a. qn de qch,** to rig s.o. out, dress s.o. up, in sth; **2. s'a.,** to be rigged out.

affût [afy] *nm* **1.** hide; **chasser un animal à l'a.,** to stalk an animal; **être, se mettre, à l'a. de qn,** to lie in wait for s.o.; **à l'a. de nouvelles,** on the look-out for news **2.** gun carriage.

affûtage [afytaʒ] *nm* sharpening (of tool).

affûter [afyte] *vtr* to sharpen (tool).

afin [afɛ̃] *adv* **1. a. de (faire qch),** to, in order to, so as to (do sth) **2. a. que** + *sub,* so that, in order that.

Afrique [afrik] *Prnf* Africa. **africain, -aine** *a & n* African.

AG *abbr assemblée générale.*

afro [afro] *a inv* **coiffure a.,** Afro.

agacement [agasmɑ̃] *nm* irritation, annoyance.

agacer [agase] *vtr* (**n. agaçons**) to annoy, to irritate (s.o.); **tu m'agaces!** you're getting on my nerves! **a. un chien,** to tease a dog. **agaçant** *a* annoying, irritating.

agate [agat] *nf Miner:* agate.

âge [ɑʒ] *nm* **1.** (*a*) age; **quel â. avez-vous?** how old are you? **d'un â. avancé,** elderly; **être d'â. légal,** to be of age; **être d'â. à faire qch,** to be old enough to do sth (*b*) **enfant en bas â.,** infant; **d'un certain â.,** middle-aged; **entre deux âges,** neither young nor old; **l'â. de raison,** the age of discretion (*c*) old age; **le troisième â.,** the over sixties **2.** age, period, epoch; **l'â. de bronze,** the bronze age; *Hist:* **le moyen â.,** the Middle Ages; **l'â. d'or,** the golden age. **âgé** *a* old, aged; **â. de dix ans,** ten years old; **dame âgée,** elderly lady; **les personnes âgées,** the elderly.

agence [aʒɑ̃s] *nf* (*a*) agency; **a. de placement,** employment bureau; **a. de presse,** press agency; **a. de voyages,** travel agency (*b*) branch (of bank).

agencement [aʒɑ̃smɑ̃] *nm* **1.** arrangement **2.** *pl* fixtures, fittings.

agencer [aʒɑ̃se] *vtr* (**n. agençons**) to arrange (house); **local bien agencé,** well designed, well equipped, premises.

agenda [aʒɛ̃da] *nm* diary, *NAm:* datebook.

agenouiller (s') [saʒnuje] *vpr* to kneel (down).

agent [aʒɑ̃] *nm* **1.** agent, agency **2.** (*a*) agent; **a. d'assurances,** insurance agent; **a. immobilier,** estate agent; **a. du gouvernement,** government official; **a. (de police),** policeman (*b*) **a. de change,** stockbroker **3.** *Mil:* **a. de liaison,** liaison officer; **a. secret,** secret agent.

agglomération [aglɔmerasjɔ̃] *nf* agglomeration; built-up area; **l'a. londonienne,** the London area.

aggloméré [aglɔmere] *nm* (*a*) *Const:* conglomerate (*b*) briquette (*c*) chipboard, fibreboard.

agglomérer [aglɔmere] *vtr* (**j'agglomère, n. agglomérons**) **1.** to agglomerate **2. s'a.,** to agglomerate; to cohere.

agglutination [aglytinasjɔ̃] *nf* agglutination.

agglutiner [aglytine] *vtr* **1.** to stick together **2. s'a.,** (*of pers*) to gather.

aggravation [agravasjɔ̃] *nf* worsening.

aggraver [agrave] *vtr* (*a*) to aggravate (disease); to worsen (*b*) **s'a.,** to worsen; **son état s'est aggravé,** he has taken a turn for the worse.

agilité [aʒilite] *nf* agility, nimbleness. **agile** *a* agile, nimble; active; quick (mind). **agilement** *adv* nimbly.

agir [aʒir] *vi* **1.** to act; **c'est le moment d'a.,** it's time to act, to take action; **faire a. qn,** to get s.o. to act; **bien, mal, a. envers qn,** to behave well, badly, towards s.o.; **est-ce ainsi que vous agissez envers moi?** is that how you treat me? **2. a. sur qn,** to exercise an influence on s.o. **3.** *Jur:* to take proceedings. **s'agir de** *v impers* (*a*) to concern, be a question of; **de quoi s'agit-il?** what's the matter? what is it all about? **il ne s'agit pas d'argent,** it's not a question of money; **il s'agit de lui,** it concerns him; **il ne s'agit pas de cela,** that is not the point (*b*) **il s'agit de se dépêcher,** we've got to hurry. **agissant** *a* **1.** active **2.** effective.

agissements [aʒismɑ̃] *nmpl Pej:* dealings; machinations.

agitateur, -trice [aʒitatœr, -tris] *n* agitator.

agitation [aʒitasjɔ̃] *nf* (*a*) agitation; restlessness, fidgetiness (*b*) commotion, agitation; (social) unrest (*c*) choppiness (of sea).

agiter [aʒite] *vtr* **1.** (*a*) to wave (handkerchief); **le chien agite sa queue,** the dog is wagging his tail (*b*) to shake (tree, bottle); to flutter (wings); to sway (branches) (*c*) to stir (mixture) **2.** (*a*) to agitate; to excite patient; **agité par la fièvre,** restless with fever (*b*) to trouble; to stir up (the masses) **3.** to debate (question) **4. s'a.** (*a*) to be agitated; to bustle around; to fidget; **s'a. dans l'eau,** to splash about in the water; **s'a. dans son sommeil,** to toss (about) in one's sleep (*b*) to become agitated, excited; (*of sea*) to get rough. **agité** *a* **1.** choppy, rough (sea) **2.** restless (night, patient); fitful (sleep) **3.** (*a*) excited; fidgety (*b*) troubled (mind) (*c*) **vie agitée,** hectic life.

agneau, -eaux [aɲo] *nm* (*a*) lamb (*b*) lambskin.

agonie [agɔni] *nf* death agony; throes of death; **être à l'a.,** to be at one's last gasp.

agoniser [agɔnize] *vi* to be dying. **agonisant, -ante** *a* dying.

agrafe [agraf] *nf* hook, fastener; clasp; buckle (of strap); staple (for paper).

agrafer [agrafe] *vtr* (*a*) to fasten, to clip, together; to hook (up); to staple (*b*) *F:* to nab.

agrafeuse [agraføz] *nf* stapler.

agraire [agrɛr] *a* agrarian; **réforme a.,** land reform.

agrandir [agrɑ̃dir] *vtr* **1.** (*a*) to make (sth) larger; to enlarge; to extend (house); **a. en long, en large,** to lengthen, to widen (*b*) to magnify **2. s'a.,** to grow larger; to become greater; to get bigger, wider; to expand.

agrandissement [agrɑ̃dismɑ̃] *nm* (*a*) enlarging, extending (*b*) extension (of house); *Phot:* enlargement (*c*) expansion.

agréable [agreabl̥] *a* agreeable, pleasant, nice; **si cela peut vous être a.,** if you like; **a. au goût,** pleasant to the taste; **peu a.,** disagreeable; **pour vous être a.,** to oblige you. **agréablement** *adv* agreeably, pleasantly.

agréer [agree] **1.** *vtr* (*a*) to accept, recognize, agree to (sth); **a. un contrat,** to approve an agreement; *Corr:* **veuillez a. l'assurance de mes salutations distinguées,** yours faithfully, yours sincerely (*b*) **fournisseur agréé,** registered dealer **2.** *v ind tr* to please; **si cela lui agrée,** if that suits him.

agrégat [agrega] *nm* aggregate.

agrégation [agregasjɔ̃] *nf* competitive examination for recruitment of *lycée* teachers.

agrégé, -ée [agreʒe] *a & n Sch:* teacher who has passed the *agrégation.*

agréger [agreʒe] *vtr* (*a*) to aggregate (*b*) to incorporate (s.o. into group).

agrément [agremɑ̃] *nm* **1.** (*a*) pleasure, amusement; **voyage d'a.,** pleasure trip (*b*) attractiveness, charm **2.** *usu pl* amenities (of place); charm (of person) **3.** approval; consent.

agrémenter [agremɑ̃te] *vtr* to embellish.

agrès [agrɛ] *nmpl Gym:* apparatus.

agresser [agrɛse] *vtr* to attack, to mug.

agresseur [agrɛsœr] *nm* aggressor.

agression [agrɛsjɔ̃] *nf* aggression; attack. **agressif, -ive** *a* aggressive. **agressivement** *adv* aggressively.

agricole [agrikɔl] *a* agricultural, farm (produce); farming (population).
agriculteur [agrikyltœr] *nm* farmer.
agriculture [agrikyltyr] *nf* agriculture, farming.
agripper [agripe] *vtr* to clutch (at), grip; **s'a. à qch,** to cling to sth.
agronome [agrɔnɔm] *nm* agronomist.
agronomie [agrɔnɔmi] *nf Agr:* agronomy. **agronomique** *a* agronomical.
agrumes [agrym] *nmpl* citrus fruits.
aguerrir [agerir] *vtr* **1.** to harden (s.o) (to war) **2. s'a.,** to become hardened.
aguets [agɛ] *nmpl* **aux a.,** watchful, on the lookout.
aguiche [agiʃ] *nf* teaser.
aguicher [agiʃe] *vtr* to tease, excite. **aguichant** *a* enticing.
ah [ɑ] *int* ah! oh! **ah bon?** (i) really? (ii) oh, well.
ahurir [ayrir] *vtr* to astound, bewilder, dumbfound. **ahuri, -ie 1.** *a* stunned, dumbfounded **2.** *n* idiot. **ahurissant** *a* bewildering, staggering.
ahurissement [ayrismɑ̃] *nm* stupefaction.
aide[1] [ɛd] *nf* help, assistance, aid; **venir en a. à qn,** to help s.o.; **appeler à l'a.,** to call for help; **à l'a.!** help! **à l'a. de qch,** with the help of sth; **sans a.,** unaided, without help.
aide[2] *nm & f* assistant, helper; **a. de camp,** aide-de-camp; **a. familiale,** home help, mother's help.
aide-comptable [ɛdkɔ̃tabl̩] *nm & f* assistant accountant; *pl aides-comptables.*
aide-mémoire [ɛdmemwar] *nm inv* manual; memorandum.
aider [ɛde] **1.** *vtr* to help, assist, aid (s.o.); **je me suis fait a. par un ami,** I got a friend to help me, to give me a hand; **a. qn à monter, à descendre,** to help s.o. up, down; **Dieu aidant,** with God's help **2.** *vi* **a. à qch,** to contribute towards sth **3. s'a.** (*a*) **s'a. de qch,** to use, to make use of, sth (*b*) **s'a. les uns les autres,** to help one another
aïe [aj] *int* (*indicating twinge of pain*) ow! ouch! **a. a. a.!** oh dear!
aïeul [ajœl] *nm* **1.** (*pl* **aïeuls**) grandfather **2.** (*pl* **aïeux** [ajø]) ancestor.
aïeule [ajœl] *nf* **1.** grandmother **2.** ancestress.
aigle [ɛgl̩] (*a*) *nm & f Orn:* eagle; **a. royal,** golden eagle; **regard d'a.,** penetrating glance; **aux yeux d'a.,** eagle-eyed (*b*) *nm* **ce n'est pas un a.,** he's no genius.
aiglefin [ɛgləfɛ̃] *nm Ich:* haddock.
aigre [ɛgr̩] *a* (*a*) sour, acid, tart; *nm* **tourner à l'a.,** (i) to turn sour (ii) (*of quarrel*) to turn nasty (*b*) bitter, keen (wind). **aigrement** *adv* bitterly. **aigre-doux, -douce** *a* sweet and sour (sauce); bitter-sweet (fruit); catty (remark).
aigrefin [ɛgrəfɛ̃] *nm* swindler, crook.
aigrelet, -ette [ɛgrəlɛ, -ɛt] *a* sourish, tart.
aigrette [ɛgrɛt] *nf* **1.** aigrette, plume **2.** *Orn:* egret.
aigreur [ɛgrœr] *nf* (*a*) sourness, tartness (*b*) harshness (of tone) (*c*) *Med:* **aigreurs,** acidity.
aigrir [ɛgrir] **1.** *vtr* (*a*) to turn (sth) sour (*b*) to embitter (pers) **2.** *vi* to turn sour **3. s'a.** (*a*) to turn sour (*b*) (*of pers*) to become embittered. **aigri** *a* bitter, embittered.
aigu, -uë [egy] *a* **1.** sharp, pointed (instrument); **angle a.,** acute angle **2.** acute, sharp (pain); keen (intelligence) **3.** shrill, high-pitched **4. accent a.,** acute accent.
aiguillage [egɥijaʒ] *nm Rail:* points, *NAm:* switches.
aiguille [egɥij] *nf* **1.** needle; **travail à l'a.,** needlework **2.** (*a*) **a. de glace,** icicle; **a. de pin,** pine needle (*b*) *Rail:* **a. de raccordement,** points **3.** needle, point (of peak); (church) spire **4.** needle (of compass); pointer (of balance); hand (of clock); **petite a.,** hour hand; **grande a.,** minute hand; **a. trotteuse,** second hand.
aiguiller [egɥije] *vtr Rail:* to shunt, *NAm:* to switch.
aiguilleur [egɥijœr] *nm Rail:* pointsman, *NAm:* switchman; *Av:* **a. du ciel,** air traffic controller.
aiguillon [egɥijɔ̃] *nm* **1.** (*a*) goad (*b*) spur, incentive **2.** (*a*) *Bot:* prickle, thorn (*b*) sting (of wasp).
aiguillonner [egɥijɔne] *vtr* **1.** to goad **2.** to spur on.
aiguiser [egize] *vtr* **1.** to sharpen **2.** to stimulate (wits); to whet (appetite).
aïkido [ajkido] *nm* aikido.
ail, *pl* **ails, aux** [aj,o] *nm* garlic.
aile [ɛl] *nf* **1.** wing; **battre de l'a.,** to flutter; *Fig:* to be in trouble, to run into difficulties; **la peur lui donnait des ailes,** fear lent him wings **2.** (*a*) wing (of aeroplane); sail (of windmill); blade (of propeller); wing (of nose) (*b*) *Aut:* wing, *NAm:* fender (*c*) *Fb:* wing **3. a. libre,** hang-glider.
aileron [ɛlrɔ̃] *nm* **1.** (*a*) pinion (of bird) (*b*) fin (of shark) **2.** *Av:* aileron, wing tip.
ailette [ɛlɛt] *nf* fin; blade.
ailier [ɛlje] *nm Fb:* winger.
ailleurs [ajœr] *adv* **1.** elsewhere, somewhere else; **partout a.,** everywhere else; **nulle part a.,** nowhere else **2.** (*a*) **d'a.,** besides, anyway (*b*) **par a.,** (i) moreover (ii) otherwise.
aimable [ɛmabl̩] *a* amiable; kind; nice; **vous êtes bien a., c'est très a. de votre part,** it's very kind of you; **peu a.,** disagreeable. **aimablement** *adv* kindly, nicely.
aimant [ɛmɑ̃] *nm* magnet.
aimanter [ɛmɑ̃te] *vtr* to magnetize; **champ aimanté,** magnetic field.
aimer [ɛme] *vtr* **1.** (*a*) **a. (bien),** to like, to be fond of (s.o., sth); **j'aurais aimé le voir,** I would have liked to have seen him; **il aime faire du ski,** he likes skiing (*b*) **j'aime(rais) autant rester ici,** I would just as soon stay here (*c*) **a. mieux,** to prefer; **j'aime mieux rester ici,** I'd rather stay here **2. a. qn (d'amour),** to love s.o.; **se faire a. de qn,** to win s.o.'s affection; **ils s'aiment,** they are in love (with each other).
aine [ɛn] *nf Anat:* groin.
aîné [ɛne] *a* elder, older (of two); eldest, older (of more than two); *n* **il est mon a. de 3 ans,** he is 3 years older than me, he is 3 years my senior.
aînesse [ɛnɛs] *nf* primogeniture; **droit d'a.,** (i) law of primogeniture (ii) birthright.
ainsi [ɛ̃si] **1.** *adv* (*a*) like this, like that; in this, in that, way; **s'il en est a.,** if that is the case, if (it is) so; **puisqu'il en est a.,** under the circumstances; **et a. de suite,** and so on; **pour a. dire,** so to speak, as it were (*b*) **a. soit-il,** (i) so be it (ii) *Ecc:* amen (*c*) for example, for instance **2.** *conj* (*a*) so; **a. vous ne venez pas?** so you're not coming? (*b*) **a. que,** as well as.
air[1] [ɛr] *nm* **1.** (*a*) air, atmosphere; **sans a.,** airless; **cela manque d'a.,** it's close, stuffy, in here; **donner de l'a. à,** to ventilate, to air; **prendre l'a.,** to enjoy the fresh air; **à a. conditionné,** air-conditioned; **vivre de**

l'a. du temps, to live on (next to) nothing, on air; **au grand a., en plein a.,** in the open air; **vie de plein a.,** outdoor life; **concert en plein a.,** open-air concert (*b*) (*of aircraft*) **prendre l'a.,** to take off; **Armée de l'A.** = Air Force (*c*) **en l'a.,** in the air; **être en l'a.,** to be in a state of confusion; **paroles en l'a.,** idle talk; *F:* **tout flanquer en l'a.,** (i) to abandon, to chuck up, everything (ii) to mess everything up **2.** wind; **courant d'a.,** draught; **il fait de l'a.,** it's breezy.

air² *nm* **1.** (*a*) appearance, look; **avoir bon a.,** (i) to look distinguished (ii) (*of dress*) to be smart; **a. de famille,** family likeness; **avoir un a. de fête,** to look festive (*b*) **avoir l'a.,** to look, to seem; **elle a l'a. intelligent(e),** she looks intelligent; **cela en a tout l'a.,** it looks like it; **n'avoir l'a. de rien,** (i) to appear insignificant (ii) (*of house*) to look like nothing much (iii) (*of job*) to look (deceptively) easy; **le temps a l'a. d'être à la pluie,** it looks like rain **2.** manner, way; **se donner des airs,** to give oneself airs, to look important.

air³ *nm* tune, air, melody; (*in opera*) aria.

airain [ɛrɛ̃] *nm Lit:* bronze.

aire [ɛr] *nf* **1.** (*a*) surface; floor; **a. (d'une grange),** threshing floor (*b*) (*on motorway*) parking area; *Av:* **a. de stationnement,** tarmac; *Space:* **a. de lancement,** launching site **2.** area (of field, triangle) **3.** eyrie (of eagle).

airelle [ɛrɛl] *nf Bot:* bilberry; *NAm:* blueberry.

aisance [ɛzɑ̃s] *nf* (*a*) ease; freedom (of movement) (*b*) **vivre dans l'a.,** to be comfortably well off.

aise [ɛz] **1.** *nf* ease, comfort; **être à l'a., à son a.,** (i) to be comfortable (ii) to be well-off; **ne pas être à son a., se sentir mal à l'a.,** (i) to feel uncomfortable (ii) to feel off colour; **mettez-vous à votre a.,** make yourself comfortable; **aimer ses aises,** to like one's comforts; **à votre a.!** please yourself! **2.** *a Lit:* **bien a.,** very pleased. **aisé** *a* **1.** (*a*) easy, free (manner) (*b*) well-to-do, well off **2.** easy (task). **aisément** *adv* easily.

aisselle [ɛsɛl] *nf* armpit.

ajonc [aʒɔ̃] *nm Bot:* furze, gorse.

ajouré [aʒure] *a* perforated; openwork (design); **travail a.,** (i) *Carp:* fretwork (ii) *Needlew:* hemstitched work.

ajournement [aʒurnəmɑ̃] *nm* postponement, adjournment; *Sch:* referring; *Mil:* deferment.

ajourner [aʒurne] *vtr* (*a*) to postpone, put off, adjourn, defer (meeting, decision) (*b*) *Sch:* to fail (candidate); *Mil:* to grant deferment to (conscript).

ajouter [aʒute] *vtr* **1.** to add; **a. des chiffres,** to add up figures; **a. à qch,** to add to sth **2. a. foi à qch,** to believe sth **3. s'a.,** to be added (**à,** to).

ajustage [aʒystaʒ] *nm MecE:* fitting.

ajustement [aʒystəmɑ̃] *nm* adjustment.

ajuster [aʒyste] *vtr* **1.** (*a*) to adjust, set (tool) (*b*) to true up (sth) (*c*) to fit (dress); **robe ajustée,** tight fitting dress (*d*) **a. son fusil,** to aim one's gun (*e*) **a. qch à qch,** to fit, adapt, sth to sth **2. s'a. à qch,** to fit sth.

ajusteur [aʒystœr] *nm* fitter.

alambic [alɑ̃bik] *nm Ch:* still.

alanguir [alɑ̃gir] **1.** *vtr* to wear out **2. s'a.,** to grow weary.

alanguissement [alɑ̃gismɑ̃] *nm* languor, weariness

alarme [alarm] *nf* alarm; **donner, sonner, l'a.,** to give, sound, the alarm; *Rail:* **tirer la sonnette d'a.,** to pull the communication cord.

alarmer [alarme] *vtr* **1.** to alarm, frighten, startle (s.o.) **2. s'a.,** to get alarmed. **alarmant** *a* alarming, frightening.

alarmiste [alarmist] *a & n* alarmist.

Albanie [albani] *Prnf* Albania. **albanais, -aise** *a & n* Albanian.

albâtre [albatr] *nm* alabaster.

albatros [albatrɔs] *nm Orn:* albatross.

albinos [albinos] *n & a inv* albino.

album [albɔm] *nm* album.

albumine [albymin] *nf Ch:* albumin.

alcali [alkali] *nm Ch:* alkali. **alcalin** *a* alkaline.

alchimie [alʃimi] *nf* alchemy.

alchimiste [alʃimist] *nm* alchemist.

alcool [alkɔl] *nm* (*a*) alcohol; **a. à brûler,** methylated spirit; **a. à 90°** = surgical spirit (*b*) alcohol, spirits; **a. de poire** = pear brandy. **alcoolique** *a & n* alcoholic. **alcoolisé** *a* alcoholic.

alcoolisme [alkɔlism] *nm* alcoholism.

alcootest [alkotest] *nm* Breathalyzer *Rtm, NAm* drunkometer.

alcôve [alkov] *nf* alcove.

aléa [alea] *nm* risk, hazard. **aléatoire** *a* risky; **variable a.,** random, variable.

alêne [alɛn] *nf Tls:* awl; **a. plate,** bradawl.

alentour [alɑ̃tur] **1.** *adv* around, round about; **le pays d'a.,** the neighbouring country **2.** *nmpl* **aux alentours de la ville,** in the vicinity of the town; **aux alentours de 3 heures,** round about 3 o'clock.

alerte [alɛrt] **1.** *int* look out! **2.** *nf* alarm, warning; **a. aérienne,** air-raid warning; **fin d'a.,** all clear; **fausse a.,** false alarm **3.** *a* alert, brisk, quick.

alerter [alɛrte] *vtr* to alert, warn.

alexandrin [alɛksɑ̃drɛ̃] *nm* alexandrine.

alezan, -ane [alzɑ̃, -an] *a & n* chestnut (horse).

algèbre [alʒɛbr] *nf* algebra; **par l'a.,** algebraically. **algébrique** *a* algebraic.

Alger [alʒe] *Prn* Algiers.

Algérie [alʒeri] *Prnf* Algeria. **algérien, -ienne** *a & n* Algerian.

algol [algɔl] *nm Cmptr:* ALGOL.

algorithme [algɔritm(ə)] *nm Cmptr Mth:* algorithm, algorism.

algue [alg] *nf Bot:* seaweed.

alias [aljɑs] *adv* alias, a.k.a.

alibi [alibi] *nm* alibi.

aliénation [aljenasjɔ̃] *nf* **1.** alienation; estrangement **2. a. mentale,** insanity.

aliéné, -ée [aljene] **1.** *a* alienated **2.** *n* mental patient.

aliéner [aljene] *vtr* **(j'aliène; j'aliénerai) 1.** (*a*) *Jur:* to alienate (property) (*b*) to give up (one's freedom) **2.** to alienate, estrange (affections); **s'a. un ami,** to alienate a friend.

alignement [aliɲmɑ̃] *nm* **1.** alignment; aligning **2.** alignment, line (of wall).

aligner [aliɲe] *vtr* **1.** to align, draw up, line up; to put (thgs) in a line **2. s'a.,** to be in line with; to fall into line; **s'a. sur,** to conform to.

aliment [alimɑ̃] *nm* food. **alimentaire** *a* **1. régime a.,** diet; *Jur:* **pension a.,** alimony **2.** nutritious (food); **denrées, produits, alimentaires,** food (products).

alimentation [alimɑ̃tasjɔ̃] *nf* **1.** (*a*) feeding; supply (of market) (*b*) groceries; **magasin d'a.,** grocer's shop (*c*) food, nourishment **2.** *Tchn:* feed(ing).

alimenter [alimɑ̃te] *vtr* **1.** to feed, nourish (s.o.); to supply (market) with food **2. s'a.,** to feed oneself.

alinéa [alinea] *nm Typ:* **1.** first line of paragraph; **en a.,** indented **2.** paragraph.

aliter [alite] *vtr* to keep (s.o.) in bed; **s'a.,** to take to one's bed. **alité** *a* confined to bed.

alizé [alize] *a & nm* **les (vents) alizés,** the trade winds.

allaitement [alɛtmɑ̃] *nm* suckling, breastfeeding; **a. au biberon, a. naturel,** bottle feeding, breastfeeding.

allaiter [alɛte] *vtr* to suckle, to (breast)feed (child).

allant [alɑ̃] **1.** *a* active, lively **2.** *nm* drive, energy.

allécher [aleʃe] *vtr* **(j'allèche; j'allécherai)** to allure, entice, tempt. **alléchant** *a* enticing, tempting.

allée [ale] *nf* **1. allées et venues,** comings and goings **2.** (*a*) walk (*esp* lined with trees); avenue; drive (*b*) path (in garden).

allégation [alegasjɔ̃] *nf* allegation.

allégeance [aleʒɑ̃s] *nf* allegiance.

allégement [aleʒmɑ̃] *nm* lightening; alleviation; reduction.

alléger [aleʒe] *vtr* **(j'allège, n. allégeons; j'allégerai)** (*a*) to lighten; to reduce (taxes) (*b*) to alleviate, relieve (pain).

allégorie [alegɔri] *nf* allegory. **allégorique** *a* allegorical.

allègre [alɛgr̥] *a* lively, cheerful, lighthearted. **allégrement** *adv* cheerfully, lightheartedly.

allégresse [alegrɛs] *nf* gladness, rejoicing.

alléguer [alege] *vtr* **(j'allègue; j'alléguerai) 1.** to put forward (excuse) **2.** to quote (author).

Allemagne [almaɲ] *Prnf* Germany. **allemand, -ande 1.** *a & n* German **2.** *nm* **l'a.,** (the) German (language).

aller¹ [ale] *vi* (*pr ind* **je vais, tu vas, il va, n. allons, ils vont;** *pr sub* **j'aille;** *imp* **va (vas-y), allons;** *impf* **j'allais;** *fu* **j'irai;** *aux* **être) 1.** (*a*) to go; **a. chez qn,** to call on s.o., to go and see s.o.; **ne faire qu'a. et venir,** to be always on the go; **je ne ferai qu'a. et venir,** I shall come straight back; **il va sur ses quarante ans,** he is getting on for forty; **il ira loin,** he will go far; **vous n'irez pas loin avec 50 francs,** 50 francs won't get you very far; **nous irons jusqu'au bout,** we shall carry on to the end (*b*) **a. à pied,** to go on foot, to walk; **a. en vélo,** to go by bike, to cycle; **a. en voiture,** to go by car, to drive (*c*) *with adv acc* **a. bon train,** to go at a good pace; *with cogn acc* **a. son (petit bonhomme de) chemin,** to go one's way (*d*) **allez, je vous écoute,** go on, I'm listening (*e*) **chemin qui va à la gare,** road leading to the station (*f*) **plat allant au four,** ovenproof dish **2.** (*a*) to go, be going (well, badly); **les affaires vont bien,** business is good; **ça ira!** we'll manage! **il y a qch qui ne va pas,** there's sth wrong; **je vous en offre 100 francs—va pour 100 francs!** I'll give you 100 francs for it—all right, 100 francs! **cela va sans dire, cela va de soi,** that goes without saying (*b*) (*of machine*) to go, work, run; **la pendule va bien,** (i) the clock's right (ii) the clock keeps good time (*c*) (*of clothes*) to fit (*d*) **ça n'ira pas dans le panier,** it won't go into the basket (*e*) **comment allez-vous?** how are you? **je vais bien,** *F:* **ça va,** I'm well, I'm all right; **ça va mieux,** I'm better; **ça va mal,** things aren't going too well; **ça va mal a.!** there's going to be trouble! **3. a. à qn,** (i) (*of colours*) to suit s.o. (ii) (*of clothes*) to fit s.o. (iii) (*of climate, food*) to agree with s.o. (iv) (*of plan*) to suit s.o.; **ça me va!** agreed! *F:* **ça va!** all right! O.K.! **4.** (*of colours*) **a. avec qch,** to go well with sth, to match sth **5.** (*a*) **a. voir qn,** to go and see s.o.; to call on s.o.; **a. trouver qn,** to go and find s.o.; **a. se promener,** to go for a walk; **n'allez pas vous imaginer que,** don't imagine that; **allez donc savoir!** how is one to know? (*b*) to be going, to be about (to do sth); **il va s'en occuper,** he is going to see about it; **elle allait tout avouer,** she was going to confess everything; **a. en augmentant,** to increase **6.** (*a*) **j'y vais! on y va!** coming! (*b*) **allez-y doucement!** easy does it! **y a. de tout son cœur,** to put one's heart and soul into it; **allons-y!** well, here goes! **vas-y! allez-y!** go! (*c*) *F:* **y a. de sa personne,** (i) to take a hand in it oneself (ii) to do one's bit **7.** *v impers* **il va de soi,** it stands to reason, it goes without saying; **il en va de même pour lui,** it's the same with him; **il y va de sa vie,** it's a matter of life and death to him **8.** *int* **allons, dépêchez-vous!** come on, hurry up! **allons donc!** (i) come along! (ii) nonsense! **allons bon!** there now! bother! **mais va donc!** get on with it! **j'ai bien souffert, allez!** I've been through a lot, believe me! **s'en aller** *vpr* (*pr ind* **je m'en vais;** *imp* **va-t'en, allons nous-en) 1.** to go away; to leave; **les voisins s'en vont,** the neighbours are moving; **les taches ne s'en vont pas,** the stains won't come off; **allez-vous-en!** go away! **s'en a. en fumée,** to go up in smoke **2. je m'en vais vous raconter ça,** I'll tell you all about it.

aller² *nm* **1.** going; outward journey; **à l'a.,** on the way there; **a.-retour,** journey there and back; **billet a.-retour, d'a. et retour,** return ticket, *NAm:* round trip ticket; *F:* **un a.,** a single (ticket) **2. pis a.,** last resort; **au pis a.,** if the worst comes to the worst.

allergie [alɛrʒi] *nf Med:* allergy. **allergique** *a* allergic (**à,** to).

alliage [aljaʒ] *nm* alloy.

alliance [aljɑ̃s] *nf* **1.** (*a*) alliance; marriage, union; **parent par a.,** relation by marriage (*b*) **traité d'a.,** treaty of alliance **2.** wedding ring.

allier [alje] *v* (*impf & pr sub* **n. alliions) 1.** *vtr* (*a*) to ally, unite (*b*) to alloy, mix (metals); to match (colours) (**à,** with) (*c*) to combine (qualities) (**à,** with) **2. s'a.** (*a*) to form an alliance; to ally (*b*) **s'a. à une famille,** to marry into a family. **allié, -ée 1.** *a* (*a*) allied (nation) (*b*) related (by marriage) **2.** *n* (*a*) ally (*b*) relation by marriage.

alligator [aligatɔr] *nm Rept:* alligator.

allô, allo [alo] *int Tp:* hullo! hallo! hello!

allocation [alɔkasjɔ̃] *nf* **1.** allocation, granting (of money, supplies); *Fin:* allotment (of shares) **2.** allowance, grant; **allocations familiales,** family allowance; **a. (de) chômage,** unemployment benefit.

allocution [alɔkysjɔ̃] *nf* short speech.

allongement [alɔ̃ʒmɑ̃] *nm* lengthening, extension; elongation.

allonger [alɔ̃ʒe] *vtr* **(n. allongeons) 1.** (*a*) to lengthen; to let down (garment) (*b*) to stretch out (one's arm); to crane (one's neck) (*c*) **a. qn,** to lay s.o. down; *F:* to lay s.o. out; **a. l'argent,** to fork out the money;

les jours allongent, the days are getting longer **2. s'a.,** to get longer; **son visage s'allongea,** his face fell (*b*) to lie down at full length; *F:* **s'a. (par terre),** to fall flat on the ground (*c*) to stretch out, to extend. **allongé** *a* **1.** lying down, **2.** elongated (shape).

allouer [alwe] *vtr* (*a*) to allocate (salary) (*b*) grant (indemnity) (*c*) to allocate (shares, rations) (*d*) to allot, allocate (time).

allumage [alymaʒ] *nm* (*a*) lighting; switching on (*b*) *Aut:* ignition.

allume-cigare(s) [alymsigar] *nm* cigarette lighter.

allume-gaz [alymgaz] *nm inv* gas lighter (for cooker).

allumer [alyme] *vtr* **1.** to light; *abs* to switch on the light(s); to light up (room) **2.** to inflame, excite (passion); to fire (the imagination) **3.** *F:* to switch on (television, etc) **4. s'a.,** to take fire, to catch fire; (*of eyes, windows*) to light up; **ça ne s'allume pas,** the light's not working.

allumette [alymɛt] *nf* **1.** match; **a. de sûreté,** safety match **2.** *Cu:* **a. au fromage,** cheese straw; **pommes allumettes,** French fries.

allumeur, -euse [alymœr, -øz] *n* **1.** (*pers*) lighter **2.** *nm* (*a*) igniting device (*b*) *Aut:* distributor **3.** *nf P:* **allumeuse,** teaser.

allure [alyr] *nf* **1.** (*a*) walk, bearing; (*of pers*) **avoir de l'a.,** to have style (*b*) pace; **à vive a.,** at a brisk pace (*c*) speed; **à toute a.,** at full speed **2.** (*a*) behaviour **prendre des allures de qn,** to behave like s.o. (*b*) aspect, look; **avoir bonne a.,** to look good.

allusion [alyzjɔ̃] *nf* allusion; **faire a. à qch,** to refer to sth. **allusif, -ive** *a* allusive.

alluvions [alyvjɔ̃] *nmpl Geol:* alluvium. **alluvial, -iaux** *a* alluvial.

almanach [almana] *nm* almanac.

aloi [alwa] *nm* worthy; **de bon a.,** genuine.

alors [alɔr] *adv* **1.** then; at that, at the, time **2.** (*a*) then; in that case; **a. vous viendrez?** well then, you're coming? **et a.?** (i) and what then? (ii) so what? (*b*) therefore, so; **il n'était pas là, a. je suis revenu,** he wasn't there, so I came back **3.** *conj phr* **a. (même) que,** (at the very time) when, even when; even though.

alouette [alwɛt] *nf Orn:* lark.

alourdir [alurdir] *vtr* **1.** (*a*) to make (sth) heavy (*b*) to weight (sth) down. **2. s'a.,** to grow heavy.

alourdissement [alurdismɑ̃] *nm* increased heaviness.

aloyau [alwajo] *nm* sirloin (of beef).

alpaga [alpaga] *nm Z: Tex:* alpaca.

alpage [alpaʒ] *nm* mountain pasture.

alpe [alp] *nf* **1.** alp, mountain **2.** *Geog:* **les Alpes,** the Alps. **alpestre** *a* alpine. **alpin** *a* alpine.

alphabet [alfabɛ] *nm* **1.** alphabet **2.** *Sch:* spelling book. **alphabétique** *a* alphabetical; **par ordre a.,** alphabetically, in alphabetical order.

alphabétiser [alfabetize] *vtr* to teach (s.o.) to read and write.

alphanumérique [alfanymerik] *a* alphanumeric.

alpinisme [alpinism] *nm* mountaineering.

alpiniste [alpinist] *n* mountaineer, climber.

alsacien, -ienne [alzasjɛ̃, -jɛn] *a & n* Alsatian.

altérant [alterɑ̃] *a* thirst producing.

altération [alterasjɔ̃] *nf* **1.** change; impairing (of health); deterioration (of food); breaking (of the voice) **2.** adulteration (of food); falsification (of document) **3.** great thirst.

altercation [altɛrkasjɔ̃] *nf* altercation, dispute.

altérer [altere] *vtr* **(j'altère; j'altérerai) 1.** (*a*) to change (for the worse); to impair (health); to spoil (food); **voix altérée,** broken voice (*b*) **s'a.,** to deteriorate **2.** to tamper with (sth); to adulterate (food); to falsify (document); to twist (the truth) **3.** to make (s.o.) thirsty.

alternance [altɛrnɑ̃s] *nf* alternance; alternation; **en a.,** alternately.

alternateur [altɛrnatœr] *nm El:* alternator.

alternatif, -ive [altɛrnatif, -iv] **1.** *a* (*a*) alternate (*b*) *El:* alternating (current) **2.** *a* alternative (plan) **3.** *nf* **alternative,** alternative. **alternativement** *adv* alternately, in turn.

alterner [altɛrne] **1. vi** (*a*) to alternate (**avec,** with) **2.** *vtr* to rotate (crops).

altesse [altɛs] *nf* (*title*) Highness.

altier, -ière [altje, -jɛr] *a* haughty.

altitude [altityd] *nf* altitude, height; **à 100 mètres d'a.,** at an altitude of 100 metres; **en a.,** at a high altitude; **mal de l'a.,** mountain sickness; **prendre de l'a.,** to gain altitude; *Av:* to climb.

alto [alto] *nm Mus:* **1.** alto (voice) **2.** viola.

altruisme [altryism] *nm* altruism. **altruiste 1.** *a* altruistic **2.** *n* altruist.

aluminium [alyminjɔm] *nm* aluminium.

alun [alœ̃] *nm* alum.

alunir [alynir] *vi* to land on the moon.

alunissage [alynisaʒ] *nm* moon landing.

alvéole [alveɔl] *nm or f* **1.** alveolus; **alvéoles dentaires,** alveoli, sockets **2.** cavity (in stone).

amabilité [amabilite] *nf* kindness; **ayez l'a. de,** would you be kind enough to; **faire des amabilités à qn,** to be polite to s.o.

amadouer [amadwe] *vtr* (*a*) to coax, wheedle, persuade (*b*) to soften.

amaigrir [amɛgrir] *vtr* to make thin; **s'a.,** to grow thin. **amaigrissant** *a* slimming. **amaigri** *a* thin, emaciated.

amaigrissement [amɛgrismɑ̃] *nm* thinness, loss of weight.

amalgame [amalgam] *nm* (*a*) amalgam (*b*) mixture, medley.

amalgamer [amalgame] **1.** *vtr* to amalgamate; to combine **2. s'a.,** to amalgamate.

amande [amɑ̃d] *nf* almond.

amandier [amɑ̃dje] *nm* almond tree.

amant [amɑ̃] *nm* lover.

amarrage [amaraʒ] *nm* mooring.

amarre [amar] *nf* (mooring) rope; *pl* moorings.

amarrer [amare] *vtr* to moor; to make fast.

amas [amɑ] *nm* (*a*) heap, pile, accumulation (*b*) store (of provisions) (*c*) mass (of papers, of ideas) (*d*) *Astr:* cluster (*e*) *Min:* lode.

amasser [amase] **1.** to amass (riches, provisions); to collect (memories) **2. s'a.,** to pile up, accumulate; (*of crowd*) to gather.

amateur [amatœr] *nm* **1.** (*a*) lover (of sth); **a. d'art,** art lover; **être a. de qch,** to be fond of sth (*b*) bidder (at sale); **est-ce qu'il y a des amateurs?** any takers? **2.** amateur; *Pej:* dilettante; **championnat d'a.,** amateur championship; **travail d'a.,** amateurish work.

amateurisme [amatœrism] *nm* amateurism.
amazone [amaʒɔn] *nf* (*a*) *Myth:* Amazon; *Geog:* l'A., the (river) Amazon (*b*) horsewoman; **monter en a.,** to ride sidesaddle.
ambages [ɑ̃baʒ] *nfpl* **parler sans a.,** to speak in plain language, without beating about the bush.
ambassade [ɑ̃basad] *nf* **1.** embassy **2.** ambassadorship.
ambassadeur [ɑ̃basadœr] *nm* ambassador.
ambassadrice [ɑ̃basadris] *nf* ambassadress.
ambiance [ɑ̃bjɑ̃s] *nf* **1.** atmosphere. **2.** *F:* **il y a de l'a.,** there's a lot of atmosphere; **mettre de l'a.,** to hot things up. **ambiant** *a* surrounding; **température ambiante,** room temperature.
ambidextre [ɑ̃bidekstr̥] *a* ambidextrous.
ambiguïté [ɑ̃bigɥite] *nf* ambiguity. **ambigu, -uë** *a* ambiguous.
ambition [ɑ̃bisjɔ̃] *nf* ambition; **avoir l'a de faire,** to have an ambition to do. **ambitieux, -euse 1.** *a* ambitious **2.** *n* ambitious person; careerist. **ambitieusement** *adv* ambitiously.
ambitionner [ɑ̃bisjɔne] *vtr* to be ambitious of; **il ambitionne de,** his ambition is to.
ambivalence [ɑ̃bivalɑ̃s] *nf* ambivalence. **ambivalent** *a* ambivalent.
amble [ɑ̃bl̥] *nm Equit:* amble; **aller à l'a.,** to amble.
ambre [ɑ̃br̥] *nm & a inv* amber; **a. gris,** ambergris. **ambré** *a* amber-coloured; warm (complexion).
ambulance [ɑ̃bylɑ̃s] *nf* ambulance.
ambulancier, -ière [ɑ̃bylɑ̃sje, -jɛr] *n* ambulance man, ambulance woman.
ambulant [ɑ̃bylɑ̃] *a* strolling, travelling; **marchand a.,** hawker; *F:* **c'est un cadavre a.,** he's a walking corpse.
âme [ɑm] *nf* **1.** (*a*) soul; **rendre l'â.,** to give up the ghost; **bonne â.,** kind soul (*b*) (departed) soul, spirit; **errer comme une â. en peine,** to wander about like a lost soul (*c*) heart, feeling; **â. sœur,** kindred spirit; **en mon â. et conscience,** in all conscience (*d*) moving spirit (of an undertaking) (*e*) **ne pas rencontrer â. qui vive,** not to meet a (living) soul **2.** (*a*) bore (of gun) (*b*) soundpost (of violin).
amélioration [ameljɔrasjɔ̃] *nf* improvement.
améliorer [ameljɔre] *vtr* to improve; **s'a.,** to get better; to improve.
amen [amɛn] *int & nm inv* amen.
aménagement [amenaʒmɑ̃] *nm* (*a*) fitting out (of house) (*b*) *pl* fittings; fixtures, installations.
aménager [amenaʒe] *vtr* **(n. aménageons)** to fit out (house); to fit up (bedroom); **étable aménagée,** converted cowshed; **route aménagée,** made-up road.
amende [amɑ̃d] *nf* **1.** fine; **être condamné à une a.,** to be fined; **mettre à l'a.,** to penalize **2. faire a. honorable,** to make amends.
amendement [amɑ̃dmɑ̃] *nm* **1.** improvement (of the soil) **2.** *Pol:* amendment (to a bill).
amender [amɑ̃de] *vtr* (*a*) to improve (soil) (*b*) *Pol:* to amend (bill) (*c*) (*of pers*) **s'a.,** to turn over a new leaf.
amener [amne] *vtr* **(j'amène, n. amenons) 1.** to bring; to lay on (water, gas); **amenez votre ami,** bring your friend along; **a. qn à faire qch,** to get, induce, s.o. to do sth; **a. qn à son opinion,** to bring s.o. round to one's point of view; **a. la conversation sur un sujet,** to lead the conversation on to a subject **2.** *P:* **s'a.,** to turn up, come.
aménité [amenite] *nf* **1.** charm (of manners); grace (of style) **2.** *pl Iron:* uncomplimentary remarks.
amenuiser (s') [samənɥize] *vpr* to dwindle, to lessen; to run low.
amer, -ère [amɛr] *a* bitter. **amèrement** *adv* bitterly.
américain, -aine [amerikɛ̃, -kɛn] **1.** *a & n* American **2.** *nm* **l'a.,** American (English).
américaniser [amerikanize] *vtr* to Americanize.
américanisme [amerikanism] *nm* Americanism.
Amérique [amerik] *Prnf* America.
amerlo(t) [amɛrlo] **amerloque** [amɛrlɔk] *nm & f P* yank.
amerrir [amerir] *vi Av:* to make a sea landing; (*of space capsule*) to splash down.
amerrissage [amerisaʒ] *nm Av:* (sea) landing; splashdown (*of space capsule*).
amertume [amɛrtym] *nf* bitterness.
améthyste [ametist] *nf* amethyst.
ameublement [amœbləmɑ̃] *nm* **1.** furnishing (of house) **2.** furniture; **tissu d'a.,** furnishing fabric.
ameublir [amœblir] *vtr* to loosen (soil).
ameuter [amøte] *vtr* to stir up, to rouse (a mob); **s'a.,** to form a mob.
ami [ami] **1.** *n* (*a*) friend; **a. intime,** close friend; **a. d'enfance,** childhood friend; **mon a.,** (i) (*between friends*) my dear fellow (ii) (*from wife to husband*) my dear; **mon amie,** my dear, my love; **sans amis,** friendless (*b*) **son a.,** her boyfriend; **son amie,** his girlfriend (*c*) (*of words*) **faux amis,** false friends **2.** *a* friendly **(de,** to).
amiable [amjabl̥] *a Jur:* amicable; **à l'a.,** amicably; **arranger une affaire à l'a.,** to settle a difference out of court; **vente à l'a.,** private sale.
amiante [amjɑ̃t] *nm* asbestos.
amibe [amib] *nf* amoeba.
amical, -aux [amikal, -o] *a* friendly; **peu a.,** unfriendly; *nf* **amicale,** (professional) association. **amicalement** *adv* in a friendly way; *Corr:* **bien a.,** best wishes; yours.
amidon [amidɔ̃] *nm* starch.
amidonner [amidɔne] *vtr* to starch.
amincir [amɛ̃sir] *vtr* **1.** to make (sth) thinner; to thin down **2. s'a.,** to get thinner. **amincissant** *a* slimming (cream, etc); **ton pull est a.,** your pullover makes you look thinner.
amincissement [amɛ̃sismɑ̃] *nm* thinning (down); (*of pers*) growing thinner; slimming.
aminoacide [aminɔasid] *nm* amino acid.
amiral, -aux [amiral, -o] **1.** *nm* admiral. **2.** *a* **(vaisseau) a.,** flagship.
amirale [amiral] *nf* admiral's wife.
amirauté [amirote] *nf* Admiralty.
amitié [amitje] *nf* **1.** friendship; **prendre qn en a.,** to take (a liking) to s.o.; **se lier d'a. avec qn,** to make friends with s.o.; **par a.,** out of friendship **2.** (*a*) kindness, favour (*b*) *Corr:* **mes amitiés à,** my best regards to; **sincères amitiés de,** with best wishes from.
ammoniac, ammoniaque [amɔnjak] *nf Ch:* ammonia.
amnésie [amnezi] *nf Med:* amnesia. **amnésique 1.** *a* amnesic **2.** *n* amnesiac.

amnistie [amnisti] *nf* amnesty.
amnistier [amnistje] *vtr* (*pr sub & impf* **n. amnistiions**) to amnesty.
amocher [amɔʃe] *vtr F:* to damage (sth); *P:* to beat (s.o.) up; **se faire a.,** to get beaten up.
amoindrir [amwɛ̃drir] **1.** *vtr* to lessen, diminish; to weaken **2.** *vi & pr* to diminish, decrease.
amoindrissement [amwɛ̃drismɑ̃] *nm* reduction, decrease, diminution.
amollir [amɔlir] *vtr* **1.** to soften; to weaken **2. s'a.,** to soften, to become soft; (*of courage*) to weaken.
amollissement [amɔlismɑ̃] *nm* softening; weakening.
amonceler [amɔ̃sle] *vtr* **(j'amoncelle) 1.** to pile up, heap up; to accumulate **2. s'a.,** to pile up; (*of snow*) to drift.
amoncellement [amɔ̃sɛlmɑ̃] *nm* **1.** heaping (up), piling (up), accumulation **2.** heap, pile; **a. de neige,** snowdrift.
amont [amɔ̃] *nm* (*a*) upper waters (of river); **en a.,** upstream; up river (*b*) uphill slope.
amoral, -aux [amɔral, -o] *a* amoral.
amorçage [amɔrsaʒ] *nm* **1.** beginning; priming (of pump) **2.** baiting.
amorce [amɔrs] *nf* **1.** beginning, start (of negotiations, reform) **2.** (*a*) *Exp:* detonator (*b*) *Sma:* percussion cap (*c*) priming (of pump) **3.** bait.
amorcer [amɔrse] *vtr* **(n. amorçons) 1.** (*a*) to begin (building, negotiations) (*b*) to prime (pump); to cap (shell) **2.** to bait (trap); to decoy, entice (pers, animal) **3. s'a.,** to begin; **une baisse des cours s'amorce,** shares are showing a downward trend.
amorphe [amɔrf] *a* (*a*) amorphous (*b*) flabby.
amortir [amɔrtir] *vtr* **1.** to deaden, muffle (sound); to dull (pain); to break (fall); to absorb (shock) **2.** to slake (lime) **3.** (*a*) to redeem, pay off (debt); **cela s'amortira tout seul,** it will pay for itself (*b*) to write off (equipment). **amortissable** *a Fin:* redeemable.
amortissement [amɔrtismɑ̃] *nm* **1.** breaking (of fall); absorption (of shock) **2.** (*a*) redemption, paying off (of debt) (*b*) depreciation.
amortisseur [amɔrtisœr] *nm Aut:* shock absorber.
amour [amur] *nm* (*occ f in poetry, often f in pl in* **1, 2**) **1.** (*a*) love, affection, passion; **avec a.,** lovingly; **marriage d'a.,** love match; **faire l'a.,** to make love (*b*) *pl* love affairs; **les premières amours,** first love, calf love **2. mon a.,** my love, my darling; **l'a. de la famille,** the idol of the family **3. quel a. d'enfant!** what a darling child! **quel a. de bijou!** what a lovely jewel! **tu es un a.!** you're an angel! **amoureux, -euse 1.** *a* (*a*) loving (look); **être a. de qn,** to be in love with s.o. (*b*) amorous (gesture) **2.** *n* lover, suitor. **amoureusement** *adv* lovingly; amorously.
amour-propre [amurprɔpr̥] *nm* (*a*) self-respect; pride (*b*) self-esteem, vanity, conceit.
amovible [amɔvibl̥] *a* **1.** (*of official*) removable **2.** (*of parts of machine*) detachable; interchangeable.
ampère [ɑ̃pɛr] *nm El:* ampere, amp.
ampèremètre [ɑ̃pɛrmɛtr̥] *nm El:* ammeter.
amphi [ɑ̃fi] *nm F: Sch:* lecture theatre.
amphibie [ɑ̃fibi] **1.** *a* amphibious **2.** *nm* amphibian.
amphithéâtre [ɑ̃fiteatr̥] *nm* **1.** amphitheatre **2.** lecture theatre **3.** *Th:* upper gallery.
amphore [ɑ̃fɔr] *nf* **1.** amphora **2.** jar.
ampleur [ɑ̃plœr] *nf* width, fullness (of garment); copiousness (of meal); volume (of voice); extent (of disaster); **prendre de l'a.,** to grow. **ample** *a* **1.** ample, full (dress) **2.** roomy, spacious **3.** full (account); plentiful, ample (supply). **amplement** *adv* amply, fully; **a. suffisant,** ample; **nous avons a. le temps,** we have plenty of time.
ampli [ɑ̃pli] *nm F:* amplifier.
amplificateur [ɑ̃plifikatœr] *nm* amplifier.
amplification [ɑ̃plifikasjɔ̃] *nf* **1.** (*a*) amplification, development (*b*) exaggeration **2.** magnification; *WTel:* amplification.
amplifier [ɑ̃plifje] *vtr* (*impf & pr sub* **n. amplifiions**) **1.** (*a*) to amplify, to develop (subject) (*b*) to exaggerate **2.** to magnify; to amplify (sound). **3. s'a.,** to increase.
amplitude [ɑ̃plityd] *nf* **1.** amplitude **2.** range (of temperature).
ampoule [ɑ̃pul] *nf* **1.** phial **2.** (light) bulb **3.** blister.
ampoulé [ɑ̃pule] *a* turgid.
amputation [ɑ̃pytasjɔ̃] *nf* (*a*) amputation (*b*) *F:* cut (in article).
amputer [ɑ̃pyte] *vtr* (*a*) to amputate (limb); **a. qn de la jambe,** to amputate s.o.'s leg (*b*) to cut (article).
amulette [amylɛt] *nf* amulet, charm.
amuse-gueule [amyzgœl] *nm* cocktail snack; *pl amuse-gueules.*
amuser [amyze] *vtr* **1.** to amuse, entertain; **si tu penses que ça m'amuse!** if you think I enjoy (doing) that! **2. s'a.** (*a*) to enjoy oneself; to have a good time; **ils s'amusent dans le jardin,** they're playing in the garden; **amusez-vous bien!** enjoy yourselves! (*b*) **s'a. avec qch,** to play with sth; **s'a. à faire qch,** to amuse oneself doing sth; *F:* **ne t'amuse pas à recommencer,** don't you dare do that again (*c*) **s'a. de qn,** to make a fool of s.o. **amusant** *a* amusing, funny.
amuseur, -euse [amyzœr, -øz] *n* entertainer.
amygdale [amidal] *nf* tonsil.
amygdalite [amidalit] *nf Med:* tonsillitis.
an [ɑ̃] *nm* year; **tous les ans,** every year; **dans quatre ans,** in four years' time; **avoir dix ans,** to be ten (years old); **le jour de l'an, le nouvel an,** New Year's day; **en l'an 2000,** in the year 2000.
anachronisme [anakrɔnism] *nm* anachronism. **anachronique** *a* anachronistic.
anagramme [anagram] *nf* anagram.
analogie [analɔʒi] *nf* analogy. **analogique** *a* analogical. **analogue 1.** *n* analogous, similar (**à,** to) **2.** *nm* analogue.
analphabétisme [analfabetism] *nm* illiteracy. **analphabète** *a & n* illiterate.
analyse [analiz] *nf* (*a*) analysis; **en dernière a.,** in the last analysis; **a. grammaticale,** parsing; **a. logique,** analysis (*b*) (blood, urine) test; **il s'est fait faire des analyses,** he had some tests done. **analytique** *a* analytical.
analyser [analize] *vtr* to analyse; **a. une phrase,** to parse a sentence.
analyste [analist] *n* analyst.
ananas [anana(s)] *nm* pineapple.
anar [anar] *F:* **1.** *n* anarchist **2.** *a* anarchic.
anarchie [anarʃi] *nf* anarchy. **anarchique** *a* anarchic.

anarchisme [anarʃism] *nm* anarchism. **anarchiste** *a & n* anarchist.

anathème [anatɛm] *nm* anathema.

anatomie [anatɔmi] *nf* anatomy. **anatomique** *a* anatomical.

ancestral, -aux [ɑ̃sɛstral, -o] *a* ancestral.

ancêtre [ɑ̃sɛtr̥] *n* (*a*) ancestor; forerunner (*b*) *F:* old man.

anche [ɑ̃ʃ] *nf Mus:* reed.

anchois [ɑ̃ʃwa] *nm* anchovy.

ancien, -ienne [ɑ̃sjɛ̃, -jɛn] *a* **1.** ancient, old; antique (furniture) **2.** ancient, old(en), early; past; **les peuples anciens,** people of antiquity; l'A. **Testament,** the Old Testament **3.** former, old; ex-; **a. élève,** old pupil (of a school); **anciens combattants,** ex-servicemen, *NAm:* veterans **4.** senior (officer); **les (élèves) anciens,** the senior pupils; **il est votre a.,** he is senior to you **5.** *nm* (*a*) **les anciens,** the ancients (*b*) *F:* **l'a.,** the old man (*c*) **l'a.,** antiques. **anciennement** *adv* formerly.

ancienneté [ɑ̃sjɛnte] *nf* **1.** age, antiquity (of monument) **2.** seniority; length of service.

ancrage [ɑ̃kraʒ] *nm* anchorage.

ancre [ɑ̃kr̥] *nf* anchor; **jeter l'a.,** to cast anchor; **lever l'a.,** to weigh anchor.

ancrer [ɑ̃kre] *vtr* **1.** to anchor (ship); **idée bien ancrée,** firmly rooted idea **2. s'a.,** to become fixed.

Andorre [ɑ̃dɔr] *Prn* Andorra.

andouille [ɑ̃duj] *nf* (*a*) *Cu:* sausage (made from chitterlings) (*b*) *F:* clot; **faire l'a.,** to play the fool.

âne [ɑn] *nm* **1.** (*a*) ass; donkey; **promenade à dos d'â.,** donkey ride (*b*) **dos d'â.,** bump (on the road); **en dos d'â.,** ridged; **pont en dos d'â.,** humpback bridge **2.** fool, ass; **bonnet d'â.,** dunce's cap.

anéantir [aneɑ̃tir] *vtr* **1.** to annihilate, to destroy; to dash (s.o.'s hopes); **2. s'a.,** to vanish. **anéanti** *a* staggered.

anéantissement [aneɑ̃tismɑ̃] *nm* annihilation, destruction; (state of) prostration, exhaustion.

anecdote [anɛkdɔt] *nf* anecdote. **anecdotique** *a* anecdotal.

anémie [anemi] *nf Med:* anaemia. **anémique** *a* anaemic.

anémier [anemje] *vtr* to make (s.o.) anaemic; **s'a.,** to become anaemic.

anémone [anemɔn] *nf* **1.** anemone **2. a. de mer,** sea anemone.

ânerie [ɑnri] *nf F:* (*a*) stupidity (*b*) foolish remark; **dire des âneries,** to talk tripe.

ânesse [ɑnɛs] *nf* she ass.

anesthésie [anɛstezi] *nf Med:* anaesthesia; **a. générale,** general anaesthetic. **anesthésique** *a & nm* anaesthetic.

anesthésier [anɛstezje] *vtr Med:* to anaesthetize.

anesthésiste [anɛstezist] *n Med:* anaesthetist.

anfractuosité [ɑ̃fraktyɔzite] *nf* crevice, cleft.

ange [ɑ̃ʒ] *nm* **1.** angel; **a. gardien,** guardian angel; **a. déchu,** fallen angel; **être aux anges,** to be in (the) seventh heaven; **sois un a.!** be an angel, be a darling! **un a. passa,** there was a silence **2. a. (de mer),** angel fish.

angélique [ɑ̃ʒelik] **1.** *a* angelic **2.** *nf Cu:* angelica. **angéliquement** *adv* angelically.

angelet, angelot [ɑ̃ʒlɛ, ɑ̃ʒlo] *nm* cherub.

angélus [ɑ̃ʒelys] *nm* angelus (bell).

angine [ɑ̃ʒin] *nf Med:* sore throat; **a. de poitrine,** angina (pectoris).

anglais, -aise [ɑ̃glɛ, -ɛz] **1.** *a* English; *F:* **filer à l'anglaise,** to take French leave **2.** *n* Englishman, Englishwoman **3.** *nm* English (language).

angle [ɑ̃gl̥] *nm* **1.** angle; **a. droit,** right angle; **à angles droits,** rectangular **2.** corner, angle (of wall); **a. de la rue,** street corner **3. sous cet a.,** from that angle.

Angleterre [ɑ̃glətɛr] *Prnf* England.

anglican, -ane [ɑ̃glikɑ̃, -an] *a & n Rel:* Anglican; **l'église anglicane,** the Church of England.

angliciser [ɑ̃glisize] *vtr* to anglicize (word).

anglicisme [ɑ̃glisism] *nm* anglicism.

angliciste [ɑ̃glisist] *n* (*a*) Anglicist (*b*) student of English.

anglo-américain [ɑ̃glɔamerikɛ̃] *a* Anglo-American.

anglo-normand, -ande [ɑ̃glɔnɔrmɑ̃, -ɑ̃d] *a & n* Anglo-Norman; **les îles Anglo-Normandes,** the Channel Islands.

anglophilie [ɑ̃glɔfili] *nf* anglophilia. **anglophile** *a & n* anglophil(e).

anglophobie [ɑ̃glɔfɔbi] *nf* anglophobia. **anglophobe 1.** *a* anglophobic **2.** *n* anglophobe.

anglophone [ɑ̃glɔfɔn] **1.** *a* English-speaking **2.** *n* English speaker.

anglo-saxon, -onne [ɑ̃glɔsaksɔ̃, -ɔn] *a & n* Anglo-Saxon; English-speaking (country).

angoisse [ɑ̃gwas] *nf* anguish; distress; **vivre dans l'a. d'un accident,** to live in fear and dread of an accident.

angoisser [ɑ̃gwase] *vtr* to make anxious, frighten. **angoissant** *a* distressing; agonizing; tense, anxious (moment). **angoissé** *a* anguished, distressed.

angora [ɑ̃gɔra] *a & n* angora.

anguille [ɑ̃gij] *nf Ich:* (*a*) eel; **il y a a. sous roche,** there's something in the wind (*b*) **a. de mer,** conger eel.

angulaire [ɑ̃gylɛr] *a* angular; **pierre a.,** cornerstone.

anguleux, -euse [ɑ̃gylø, -øz] *a* angular, bony.

anicroche [anikrɔʃ] *nf* hitch, snag; **sans a.,** smoothly, without a hitch.

aniline [anilin] *nf Dy:* aniline.

animal, -aux [animal, -o] **1.** *a* animal (kingdom, instinct) **2.** *nm* animal; *F:* **quel a.!** what a brute!

animalier, -ière [animalje, -jɛr] **1.** *a* animal (sculpture, etc); **parc a.,** wildlife park **2.** *n* (*a*) animal artist (*b*) (animal) keeper.

animateur, -trice [animatœr, -tris] *n* (*a*) life and soul (of an enterprise) (*b*) *TV: etc:* compère (*c*) *Cin:* animator (*d*) leader, organizer.

animation [animasjɔ̃] *nf* **1.** animation, liveliness; **plein d'a.,** full of life **2.** *Cin:* animation.

animer [anime] *vtr* **1.** to animate; to give life to (s.o., sth); **animé par un nouvel espoir,** buoyed up with new hope; **son visage s'anima,** his face lit up **2.** to move, propel; **animé par un sentiment de jalousie,** prompted by a feeling of jealousy **3.** to enliven (conversation); to stir up (feelings); **la conversation s'anime,** the conversation is getting more lively; **la rue s'anime,** the street is coming to life. **animé** *a* **1.** lively; busy **2.** *Cin:* **dessin a.,** cartoon.

animosité [animɔzite] *nf* animosity, spite (**contre,** against).

anis [ani(s)] *nm* (*a*) *Bot:* anise (*b*) **(graine d')a.,** aniseed.
ankyloser [ɑ̃kiloze] *vtr* (*a*) to ankylose; **être ankylosé,** to be stiff (*b*) **s'a.,** to stiffen up.
annales [anal] *nfpl* annals; (public) records.
anneau, -eaux [ano] *nm* **1.** ring; *Gym:* **anneaux,** rings **2.** (*a*) link (of chain) (*b*) coil (of snake).
année [ane] *nf* year; **bonne a.!,** Happy New Year!; **a. civile,** calendar year; **pendant toute une a.,** for a whole year; **à l'a.,** annually; **étudiant de première a.,** first year student; **les années trente,** the thirties; **d'a. en a.,** from year to year.
année-lumière [anelymjɛr] *nf* light year; *pl années-lumière.*
annexe [anɛks] *nf* **1.** annex(e) (to building) **2.** (*a*) rider; schedule; appendix (*b*) enclosure (with letter) **3.** *a* **établissement a.,** annex(e); **lettre a.,** covering letter; **industries annexes,** subsidiary industries.
annexer [anɛkse] *vtr* **1.** to annex (territory) **2.** to append, attach (document); **pièces annexées,** enclosures.
annexion [anɛksjɔ̃] *nf* annexation.
annihilation [aniilasjɔ̃] *nf* annihilation.
annihiler [aniile] *vtr* to annihilate, to destroy.
anniversaire [anivɛrsɛr] **1.** *nm* (*a*) anniversary (*b*) birthday **2.** *a* anniversary.
annonce [anɔ̃s] *nf* **1.** (*a*) announcement, notice (*b*) (*at cards*) declaration; bid (*c*) sign, indication **2.** advertisement; **petites annonces,** classified advertisements, small ads.
annoncer [anɔ̃se] *vtr* **(n. annonçons) 1.** to announce, give notice of, give out; **a. une mauvaise nouvelle à qn,** to break bad news to s.o. **2.** to advertise **3.** (*a*) to promise, foretell; to point to (success); **cela n'annonce rien de bon,** it doesn't look promising (*b*) to give proof of (sth); to show (sth) **4.** to announce (s.o.) **5. s'a.** (*a*) to announce oneself (*b*) **le temps s'annonce beau,** the weather promises to be fine.
annonceur, -euse [anɔ̃sœr, -øz] *n* **1.** advertiser **2.** *WTel: TV:* announcer.
annonciateur, -trice [anɔ̃sjatœr, -tris] **1.** *nm Tp:* indicator board **2.** *a* **signes annonciateurs du printemps,** signs that spring is on its way.
annonciation [anɔ̃sjasjɔ̃] *nf* **(fête de) l'A.,** (Feast of the) Annunciation; Lady day.
annotation [anɔtasjɔ̃] *nf* annotation, note.
annoter [anɔte] *vtr* to annotate (text); to write notes.
annuaire [anɥɛr] *nm* annual, yearbook; **a. (du téléphone),** (telephone) directory.
annuel, -elle [anɥɛl] *a* annual, yearly. **annuellement** *adv* annually.
annuité [anɥite] *nf* **1.** annual instalment (in repayment of debt) **2.** (terminable) annuity.
annulaire [anylɛr] *nm* ring finger, third finger.
annulation [anylasjɔ̃] *nf* annulment; cancellation.
annuler [anyle] *vtr* **1.** (*a*) to annul (marriage); to quash (judgment) (*b*) to cancel (visit, etc) **2. s'a.,** to cancel each other out.
anoblir [anɔblir] *vtr* to ennoble.
anoblissement [anɔblismɑ̃] *nm* ennoblement.
anode [anɔd] *nf El:* anode.
anodin [anɔdɛ̃] *a* harmless; innocuous; insignificant.
anomalie [anɔmali] *nf* anomaly; *Biol:* abnormality.
ânon [ɑnɔ̃] *nm* ass's foal.
ânonner [ɑnɔne] *vtr* to stumble through (speech); to hum and haw; to mumble.
anonymat [anɔnima] *nm* anonymity; **sous l'a.,** anonymously; **garder l'a.,** to remain anonymous. **anonyme** *a* (*a*) anonymous (letter) (*b*) *Com:* **société a.,** limited(-liability) company. **anonymement** *adv* anonymously.
anorak [anɔrak] *nm* anorak.
anorexie [anɔrɛksi] *nf* anorexia. **anorexique** *a & n* anorexic.
anormal, -aux [anɔrmal, -o] *a* abnormal; **enfant a.,** educationally subnormal child. **anormalement** *adv* abnormally.
ANPE *abbr Agence nationale pour l'emploi* = Job Centre.
anse [ɑ̃s] *nf* **1.** handle (of jug, basket) **2.** *Geog:* cove.
antagonisme [ɑ̃tagɔnism] *nm* antagonism. **antagoniste 1.** *a* antagonistic, opposed **2.** *n* antagonist, opponent.
antan [ɑ̃tɑ̃] *adv Lit:* **d'a.,** of yesteryear.
antarctique [ɑ̃tarktik] **1.** *a* Antarctic **2.** *Prnm Geog:* **l'A.,** Antarctica, the Antarctic.
antécédent [ɑ̃tesedɑ̃] *nm* (*a*) *Gram:* antecedent (*b*) *pl* previous history; antecedents.
antédiluvien, -ienne [ɑ̃tedilyvjɛ̃, -jɛn] *a* antedeluvian.
antenne [ɑ̃tɛn] *nf* **1.** *Rad: TV: etc:* aerial, *NAm* antenna; (*of reporter*) **à l'a.,** on the air; **garder l'a.,** to stay on the air **2.** (*a*) antenna, feeler (of insect); *Fig:* **avoir des antennes au ministère,** to have contacts in the ministry (*b*) *Mil:* outpost; (surgical) unit.
antérieur [ɑ̃terjœr] *a* **1.** former (period); earlier (date); previous (year); **a. à,** prior to; **a. d'un an à,** a year earlier than **2.** fore (limb); front (side). **antérieurement** *adv* previously, earlier; before.
antériorité [ɑ̃terjɔrite] *nf* precedence.
anthologie [ɑ̃tɔlɔʒi] *nf* anthology.
anthracite [ɑ̃trasit] **1.** *nm* anthracite **2.** *a inv* charcoal grey.
anthropoïde [ɑ̃trɔpɔid] *a & nm* anthropoid.
anthropologie [ɑ̃trɔpɔlɔʒi] *nf* anthropology. **anthropologique** *a* anthropological.
anthropologiste, anthropologue [ɑ̃trɔpɔlɔʒist, -lɔg] *n* anthropologist.
antiaérien, -ienne [ɑ̃tiaerjɛ̃, -jɛn] *a* anti-aircraft (gun); **albri a.,** air-raid shelter.
antialcoolique [ɑ̃tialkɔlik] *a* anti-alcohol; **campagne a.,** campaign against alcohol.
antiatomique [ɑ̃tiatɔmik] *a* antinuclear; **abri a.,** (nuclear) fall-out shelter.
antibiotique [ɑ̃tibjɔtik] *a & nm* antibiotic.
antibrouillard [ɑ̃tibrujar] *a & nm Aut:* **(phare) a.,** fog lamp.
anticancéreux, -euse [ɑ̃tikɑ̃serø, -øz] *a* **centre a.,** cancer hospital.
antichambre [ɑ̃tiʃɑ̃mbr] *nf* antechamber, anteroom.
antichoc [ɑ̃tiʃɔk] *a inv* shockproof.
anticipation [ɑ̃tisipasjɔ̃] *nf* anticipation; **par a.,** in advance; **roman d'a.,** science fiction novel.
anticiper [ɑ̃tisipe] **1.** *vtr* to anticipate (sth); to forestall (s.o.'s action); **paiement anticipé,** payment in advance; **avec mes remerciements anticipés,** thanking you in advance **2.** *vi* **a. sur les événements,** to anticipate events.

anticlérical, -aux [ɑ̃tiklerikal, -o] *a* anticlerical.
anticonformisme [ɑ̃tikɔ̃fɔrmism] *nm* nonconformism.
anticonstitutionnel, -elle [ɑ̃tikɔ̃stitysjɔnɛl] *a* unconstitutional.
anticorps [ɑ̃tikɔr] *nm* antibody.
anticyclone [ɑ̃tisiklon] *nm* anticyclone.
antidater [ɑ̃tidate] *vtr* to backdate.
antidémocratique [ɑ̃tidemɔkratik] *a* undemocratic.
antidépresseur [ɑ̃tideprɛsœr] *am & nm* antidepressant.
antidérapant [ɑ̃tiderapɑ̃] *a Aut:* non-skid (tyre).
antidiphtérique [ɑ̃tidifterik] *a* **vaccin a.,** diphtheria vaccine.
antidote [ɑ̃tidɔt] *nm* antidote.
antigel [ɑ̃tiʒɛl] *nm* antifreeze.
Antilles [ɑ̃tij] *Prnfpl* **les A.,** the West Indies; **la mer des A.,** the Caribbean. **antillais, -aise** *a & n* West Indian.
antilope [ɑ̃tilɔp] *nf Z:* antelope.
antimilitariste [ɑ̃timilitarist] *n* antimilitarist.
antimite(s) [ɑ̃timit] (*a*) *a* mothproof (*b*) *a* moth destroying; *nm* mothkiller; mothballs.
antimoine [ɑ̃timwan] *nm Ch:* antimony.
antiparasite [ɑ̃tiparazit] *a & nm WTel: Aut:* **(dispositif) a.,** suppressor.
antipathie [ɑ̃tipati] *nf* antipathy. **antipathique** *a* unpleasant.
antipodes [ɑ̃tipɔd] *nmpl* **les a.,** the antipodes; **aux a. de,** (i) on the other side of the world (ii) *Fig:* poles apart from.
antiquaire [ɑ̃tikɛr] *nm* antique dealer.
antique [ɑ̃tik] *a* (*a*) ancient (*b*) antique (furniture) (*c*) antiquated.
antiquité [ɑ̃tikite] *nf* **1.** antiquity **2.** ancient times, antiquity **3. l'a. grecque,** ancient Greek civilization **4.** (*a*) *pl* antiquities (*b*) antiques; **magasin d'antiquités,** antique shop.
antirabique [ɑ̃tirabik] *a* (anti-)rabies.
antirouille [ɑ̃tiruj] *nm* rust preventative.
antisèche [ɑ̃tisɛʃ] *nm or f F:* crib.
antisémitisme [ɑ̃tisemitism] *nm* antisemitism.
antisepsie [ɑ̃tisɛpsi] *nf Med:* antisepsis. **antiseptique** *a* antiseptic.
antisudoral, -aux [ɑ̃tisydɔral, -o] *nm* antiperspirant.
antitétanique [ɑ̃titetanik] *a* antitetanus (serum).
antithèse [ɑ̃titɛz] *nf* antithesis.
antitoxine [ɑ̃titɔksin] *nf Med:* antitoxin. **antitoxique** *a & nm* antitoxic.
antivenimeux, -euse [ɑ̃tivənimø, -øz] *a* **sérum a.,** antivenom.
antivol [ɑ̃tivɔl] *nm* anti-theft device.
antonyme [ɑ̃tɔnim] *nm* antonym.
antre [ɑ̃tr̥] *nm* den, lair.
anus [anys] *nm* anus.
Anvers [ɑ̃vɛr(s)] *Prnm Geog:* Antwerp.
anxiété [ɑ̃ksjete] *nf* anxiety. **anxieux, -euse** *a* anxious, worried. **anxieusement** *adv* anxiously.
aorte [aɔrt] *nf Anat:* aorta.
août [u, ut] *nm* August; **au mois d'a., en a.,** in (the month of) August; **le premier, le sept, a.,** (on) the first, the seventh, of August.
aoûtien, -ienne [ausjɛ̃, -jen] *n* August holidaymaker, *NAm:* vacationer.
apaisement [apɛzmɑ̃] *nm* (*a*) appeasement; calming (down); relief (*b*) *pl* reassurances.
apaiser [apɛze] *vtr* **1.** to appease, pacify, calm (s.o.) **2.** to soothe (pain); to satisfy (hunger); to quench (thirst); to calm (fears). **apaisant** *a* appeasing, soothing **3. s'a.,** (*of storm, anger*) to abate; (*of waves*) to become calm.
apanage [apanaʒ] *nm* privilege, monopoly.
aparté [aparte] *nm* **1.** *Th:* aside **2.** private conversation; **en a.,** in private.
apatheid [apartɛd] *nm* apartheid.
apathie [apati] *nf* apathy. **apathique** *a* apathetic.
apatride [apatrid] *n Jur:* stateless person.
apercevoir [apɛrsəvwar] *vtr* (*conj like* RECEVOIR) **1.** to perceive, see; (*briefly*) to catch sight of, to catch a glimpse of (s.o., sth); **cela ne s'aperçoit pas,** it isn't visible; it doesn't show **2. s'a. de qch,** to realize, notice, sth; to become aware of sth; **sans s'en a.,** without noticing it.
aperçu [apɛrsy] *nm* **1.** glimpse **2.** general idea; outline, summary; **par a.,** at a rough estimate.
apéritif [aperitif] *nm* aperitif.
apéro [apero] *nm F:* aperitif.
apesanteur [apəzɑ̃tœr] *nf* weightlessness.
à-peu-près [apøprɛ] *nm inv* approximation.
apeuré [apœre] *a* scared, frightened.
aphone [afɔn] *a* voiceless.
aphorisme [afɔrism] *nm* aphorism.
aphrodisiaque [afrɔdizjak] *a & nm* aphrodisiac.
aphte [aft] *nm* (mouth) ulcer. **aphteuse** *af* **fièvre a.,** foot-and-mouth disease.
à-pic [apik] *nm inv* cliff, bluff.
apiculteur [apikyltœr] *nm* bee keeper.
apiculture [apikyltyr] *nf* bee keeping.
apitoiement [apitwamɑ̃] *nm* pity, compassion.
apitoyer [apitwaje] *vtr* **(j'apitoie)** to move to pity; **il essaie de m'a.,** he's trying to make me feel sorry for him; **s'a. sur qn,** to pity s.o.
aplanir [aplanir] *vtr* to flatten (surface); to plane (wood); to level (road); to smooth away, to iron out (difficulties).
aplatir [aplatir] *vtr* **1.** to make (sth) flat; to flatten (surface); **a. qch à coups de marteau,** to beat sth flat **2. s'a.** (*a*) to become flat, to flatten out (*b*) **s'a. (par terre),** (i) to lie flat on the ground (ii) *F:* to fall down flat; **s'a. devant qn,** to grovel before s.o. **aplati** *a* flat.
aplatissement [aplatismɑ̃] *nm* **1.** flatness **2.** *Fig:* humiliation.
aplomb [aplɔ̃] *nm* **1.** perpendicularity; balance; **d'a.,** vertical(ly); plumb; *F:* **je ne suis pas d'a. aujourd'hui,** I'm out of sorts today; **voilà qui vous remettra d'a.,** that will get you back on your feet **2.** (self-)assurance; **perdre son a.,** to lose one's nerve.
apocalypse [apɔkalips] *nf* apocalypse; *B:* **l'A.,** the Book of Revelation, the Apocalypse. **apocalyptique** *a* apocalyptic.
apocryphe [apɔkrif] **1.** *a* apocryphal **2.** *nmpl* **les Apocryphes,** the Apocrypha.
apogée [apɔʒe] *nm Astr:* apogee; *Fig:* height, zenith.
apolitique [apɔlitik] *a* apolitical.
Apollon [apɔlɔ̃] *nm* Apollo.
apologie [apɔlɔʒi] *nf* defence, vindication (**de,** of).

apoplexie [apɔplɛksi] *nf Med:* apoplexy. **apoplectique** *a* apoplectic.

apostat, -ate [apɔsta, -at] *a & n* apostate.

apostolique [apɔstɔlik] *a* apostolic.

apostrophe [apɔstrɔf] *nf* (*a*) apostrophe (*b*) reproach.

apostropher [apɔstrɔfe] *vtr* to shout at.

apothéose [apɔteoz] *nf* **1.** apotheosis **2.** *Th:* grand finale.

apôtre [apotr̥] *nm* apostle.

apparaître [aparɛtr̥] *vi* (*conj like* PARAÎTRE; *aux usu* **être,** *occ* **avoir**) to appear; to become visible; **il apparaît que,** it appears that.

apparat [apara] *nm* state, pomp, display; **dîner d'a.,** formal dinner, banquet.

appareil [aparɛj] *nm* **1. l'a. de la justice,** the machinery of the law **2.** (*a*) apparatus, equipment; **l'a. digestif,** the digestive system (*b*) device; **a. électrique,** electrical appliance; (*c*) machine (i) *Tp:* telephone; **qui est à l'a.?** who's speaking? (ii) *Av:* aircraft (iii) *Phot:* **a. (photographique),** camera; **a. (auditif),** hearing aid (iv) *Dent:* brace. **3.** *Med:* splint.

appareillage [aparɛjaʒ] *nm Nau:* casting off.

appareiller [aparɛje] *vtr* **1.** to match (up) **2.** *Nau:* (*a*) **a. une voile,** to trim a sail (*b*) *vi* to cast off.

apparence [aparɑ̃s] *nf* **1.** (*a*) appearance; look; **une a. de vérité,** a semblance of truth; **juger sur les apparences,** to judge by appearances (*b*) **sous l'a. de,** under the guise of; **en a.,** outwardly; on the surface **2. sauver les apparences,** to keep up appearances. **apparent** *a* **1.** (*a*) visible, apparent; **peu a.,** hardly noticeable (*b*) obvious, evident **2.** apparent, not real. **apparemment** *adv* apparently.

apparenter (s') [saparɑ̃te] *vpr* **1.** to marry (into a family) **2.** to have sth in common (**à,** with). **apparenté** *a* related (by marriage); closely connected.

apparier [aparje] *vtr* (*impf & pr sub* **n. appariions**) to match (socks); to mate (birds).

appariteur [aparitœr] *nm Sch:* porter.

apparition [aparisjɔ̃] *nf* **1.** appearance; coming out; publication (of book) **2.** apparition, ghost.

appartement [apartəmɑ̃] *nm* flat, *NAm:* apartment; (hotel) suite.

appartenance [apartənɑ̃s] *nf* **1.** membership (**à,** of) **2.** property.

appartenir [apartənir] *vi* (*conj like* TENIR) **1.** (*a*) to belong (**à,** to); to be owned (**à,** by); **cela n'appartient pas à mes fonctions,** this does not come within the scope of my duties (*b*) **s'a.,** to be one's own master **2.** *v impers* **il ne m'appartient pas de le critiquer,** it's not for me to criticize him.

appât [apɑ] *nm* (*a*) bait; **mordre à l'a.,** to take the bait (*b*) lure (of success).

appâter [apɑte] *vtr* to lure, to entice.

appauvrir [apovrir] **1.** *vtr* to impoverish; to weaken **2. s'a.,** to become impoverished, poorer.

appauvrissement [apovrismɑ̃] *nm* impoverishment.

appel [apɛl] *nm* **1.** (*a*) appeal; **faire a. à qn,** to appeal to s.o., to send for s.o.; **faire a. à son courage,** to summon up one's courage (*b*) *Jur:* appeal; **faire a. d'une décision,** to appeal against a decision; **jugement sans a.,** final judgment **2.** call; **cri d'a.,** call for help; **a. d'incendie,** fire alarm; *Fin:* **faire un a. de fonds,** to call up capital; *Com:* **a. d'offres,** invitation to tender; *Aut:* **faire un a. de phares,** to flash one's headlights; *Tp:* **a. téléphonique,** phone call; **a. avec préavis,** personal call **3. faire l'a.,** *Mil:* to have a roll call; *Sch:* to take the register **4.** *Mil:* call-up.

appelant, -ante [aplɑ̃, -ɑ̃t] *Jur:* (*a*) *a* appealing (party) (*b*) *n* appellant (against a judgment).

appeler [aple] *vtr* (**j'appelle, n. appelons**) **1.** (*a*) to call, to call to (s.o.); **a. au secours,** to call for help (*b*) to call, hail (a taxi); **a. qn de la main,** to beckon (to) s.o. (*c*) *Tp:* **a. qn,** to phone s.o., to ring s.o. up; **a. un médecin,** to phone for a doctor **2.** (*a*) to call in, send for, summon; **faire a. un médecin,** to send for a doctor; *Mil:* **a. une classe,** to call up a class; *Jur:* **a. qn en justice,** to summon(s) s.o., to sue s.o. (*b*) **être appelé à qch,** to be destined for sth **3.** to call (by name); to name; **a. les choses par leur nom,** to call a spade a spade; **vous appelez ça danser?** do you call that dancing? **4.** (*a*) to appeal to, call on (s.o., sth) (*b*) to call for; to invite (criticism); **ce problème appelle une solution immédiate,** the problem calls for an immediate solution **5.** to provoke, arouse **6.** *vi* (*a*) *Jur:* **a. d'un jugement,** to appeal against a sentence (*b*) **en a. à,** to appeal to **5. s'a.,** to be called; **comment vous appelez-vous?** what is your name? *F:* **voilà qui s'appelle parler,** now that's what I call talking.

appellation [apɛlasjɔ̃] *nf* (*a*) appellation; name; term (*b*) designation; trade name (*c*) *Vit:* **a. contrôlée,** guaranteed vintage.

appendice [apɛ̃dis] *nm* **1.** appendix (of book) **2.** *Anat:* appendix.

appendicite [apɛ̃disit] *nf Med:* appendicitis.

appentis [apɑ̃ti] *nm* lean-to.

appesantir(s') [sapəzɑ̃tir] *vpr* **1.** become heavier; **yeux appesantis par le sommeil,** eyes heavy with sleep **2. s'a. sur un sujet,** to dwell on a subject.

appétit [apeti] *nm* **1.** appetite; **manger avec a.,** to eat heartily; **avoir de l'a.,** to have a hearty appetite; **cela m'a coupé l'a.,** that has made me lose my appetite; **mettre qn en a.,** to whet s.o.'s appetite; *Prov:* **l'a. vient en mangeant,** eating whets the appetite **2.** desire, craving (**de,** for). **appétissant** *a* appetizing.

applaudimètre [apodimɛtr̥] *nm* clapometer.

applaudir [aplodir] **1.** *vtr* to applaud (s.o., sth); *F:* **se faire a. à tout casser,** to bring the house down **2.** *vi* to clap, to applaud **3. s'a. (de qch),** to congratulate oneself (for having done sth).

applaudissement [aplodismɑ̃] *nm usu pl* applause, clapping.

applicable [aplikabl̥] *a* applicable; suitable (word).

applicateur [aplikatœr] *nm* applicator.

application [aplikasjɔ̃] *nf* **1.** application; applying; **a. de peinture,** coat of paint **2.** application (of a rule); enforcement (of a law); **mettre une théorie en a.,** to put a theory into practice **3.** application (to one's work); **avec a.,** industriously.

applique [aplik] *nf* wall lamp.

appliquer [aplike] *vtr* **1.** to apply (sth to sth) **2.** to enforce (a law); **a. une loi à un cas particulier,** to apply a law to a special case **3. a. son esprit à qch,** to apply one's mind to sth **4. s'a.** (*a*) **s'a. à qch,** to apply oneself to sth; to take pains over sth (*b*)

à qui s'applique cette remarque? to whom does this remark apply? **appliqué** *a* **1.** studious, hard-working (pers) **2. sciences appliquées,** applied sciences.

appoint [apwɛ̃] *nm* **1.** *Com:* balance, odd money; **faire l'a.,** to give the right change **2. chauffage d'a.,** extra heating.

appointements [apwɛ̃tmɑ̃] *nmpl* salary.

appontement [apɔ̃tmɑ̃] *nm* landing stage.

apponter [apɔ̃te] *vi Av:* to land (on aircraft carrier).

apport [apɔr] *nm* **1.** contribution (of capital) **2.** *Fin:* (*a*) initial share (in undertaking) (*b*) supply, input (of heat) (*c*) contribution; **l'a. des fruits en vitamines,** the vitamins provided by fruit.

apporter [apɔrte] *vtr* **1.** to bring; **a. des nouvelles,** to bring news (**à,** to); **apporte-lui ce dossier,** take this file to him; **a. des preuves,** to provide proof **2. a. du soin à faire qch,** to do sth carefully **3.** to bring in (capital) **4.** to cause, to bring about (changes).

apposer [apoze] *vtr* to affix, put; to append (signature).

apposition [apɔzisjɔ̃] *nf* fixing, placing; *Gram:* apposition.

appréciation [apresjasjɔ̃] *nf* **1.** valuation, estimate; **faire l'a. des marchandises,** to value goods **2.** judgement; opinion; appreciation (of work of art) **3.** rise in value, appreciation.

apprécier [apresje] *vtr* (*pr sub & impf* **n. appréciions**) **1.** (*a*) to appraise; to estimate the value of (sth); to value (sth) (*b*) to determine, estimate (distance); **2.** to appreciate, value (s.o., sth); **je n'apprécie pas beaucoup ses plaisanteries,** I don't much care for his, her, jokes. **appréciable** *a* appreciable. **appréciateur, -trice** *a* appreciative. **appréciatif, -ive** *a* **devis a.,** estimate.

appréhender [apreɑ̃de] *vtr* **1. a. qn,** apprehend s.o. **2.** to dread, fear (sth).

appréhension [apreɑ̃sjɔ̃] *nf* apprehension (**de,** of).

apprendre [aprɑ̃dr̥] *vtr* (*conj like* PRENDRE) **1.** (*a*) to learn (lesson); **a. à faire qch,** to learn (how) to do sth (*b*) to learn; hear of, get to know of (sth); **je l'ai appris de bonne part,** I have it on good authority **2. a. qch à qn** (*a*) to teach s.o. sth; **ça t'apprendra!** that will teach you! (*b*) to inform, to tell, s.o. of sth.

apprenti, -ie [aprɑ̃ti] *n* (*a*) apprentice; **l'a. sorcier,** the sorcerer's apprentice (*b*) novice, beginner.

apprentissage [aprɑ̃tisaʒ] *nm* apprenticeship; **être en a.,** to be apprenticed (to s.o.); **faire l'a. de qch,** to serve one's apprenticeship in sth.

apprêt [aprɛ] *nm* **1.** affectation **2.** (*a*) **apprêt(s),** preparation (of materials) (*b*) *Paint:* size.

apprêter [aprɛte] *vtr* **1.** to prepare (s.o., material) **2.** *Paint:* to size (surface) **3. s'a.** (*a*) to get ready (to go out); to get dressed (*b*) (*of storm, trouble*) to be brewing. **apprêté** *a* affected (manner).

apprivoisement [aprivwazmɑ̃] *nm* taming, domestication.

apprivoiser [aprivwaze] *vtr* **1.** to tame (animal) **2. s'a.,** to become tame. **apprivoisable** *a* tameable. **apprivoisé** *a* tame.

approbation [aprɔbasjɔ̃] *nf* approval. **approbateur, -trice** *a* approving.

approche [aprɔʃ] *nf* **1.** (*a*) approach; **à l'a. de l'hiver,** as winter draws near; **à son a.,** as he came up; **d'une a. difficile,** difficult of access; **d'a. facile,** (i) easily accessible (ii) easy to understand (*b*) **travaux d'a.,** manoeuvres; **chasser à l'a.,** to stalk (game). **2.** *pl* **approches,** approaches, surrounding area (of a town).

approcher [aprɔʃe] **1.** *vtr* (*a*) **a. qch de qn, de qch,** to bring, draw, sth near (to) s.o., sth; **approchez votre chaise,** pull up your chair (*b*) to approach, come near; to come close to (s.o., sth); **on ne peut pas l'a.,** (i) you can never see him (ii) he's unapprochable **2.** *vi* (*a*) to approach, draw near; **la nuit approchait,** night was falling; **approche!** come closer! (*b*) **a. de qn,** to approach s.o.; **nous approchons de Paris,** we are getting near Paris (*c*) **a. de qch,** to resemble sth; **cela approche de la folie,** that borders on insanity **3. s'a. de,** to come closer to, approach; **approche-toi!** come closer! **approchable** *a* approachable, accessible. **approchant** *a* approximative; **offre approchante,** near offer; **quelque chose d'a.,** something like it.

approfondir [aprɔfɔ̃dir] *vtr* **1.** (*a*) to deepen, excavate (river bed) (*b*) to increase (one's sadness) **2.** to go deeply, thoroughly, into (sth); **3. s'a.,** to grow deeper; to deepen. **approfondi** *a* extensive (research); thorough, deep (knowledge).

approfondissement [aprɔfɔ̃dismɑ̃] *nm* deepening.

appropriation [aprɔprijasjɔ̃] *nf* appropriation; embezzlement (of funds).

approprier [aprɔprie] *vtr* (*pr sub & impf* **n. appropriions**) **1.** to adapt (sth) to (sth) **2. s'a. qch,** to appropriate sth. **approprié** *a* appropriate.

approuver [apruve] *vtr* **1.** (*a*) **a. qch,** to approve of, be pleased with, sth (*b*) **a. qn,** to commend s.o. (**d'avoir fait qch,** for doing sth); **je n'approuve pas que tu y ailles,** I don't approve of your going there **2.** to consent to, to agree to (sth); **a. un contrat,** to ratify a contract; **lu et approuvé,** read and approved.

approvisionnement [aprɔvizjɔnmɑ̃] *nm* **1.** supplying **2.** supplies, stock, provisions.

approvisionner [aprɔvizjɔne] **1.** *vtr* to supply (**de,** with); to cater for (s.o.); to stock (shop); to deposit money in (bank account) **2. s'a.,** to stock up (**en,** with); **s'a. au marché,** to shop at the market.

approximation [aprɔksimasjɔ̃] *nf* approximation, rough estimate. **approximatif, -ive** *a* approximate; rough (estimate). **approximativement** *adv* approximately; roughly.

appui [apɥi] *nm* **1.** support, rest; **a. de fenêtre,** window ledge, window sill; **mur d'a.,** supporting wall; **barre d'a.,** handrail; **prendre a. sur,** to lean on **2.** *Fig:* **a. moral,** moral support; **être sans a.,** to be without support.

appui(e)-bras [apɥibra] *nm* armrest; *pl appuis-bras, appuie-bras.*

appui(e)-tête [apɥitɛt] *nm* head-rest; *pl appuis-tête, appuie-tête.*

appuyer [apɥije] *v* (**j'appuie, n. appuyons**) **1.** *vtr* (*a*) to support; to prop (up) (*b*) to support (a candidate) **2.** *vtr* (*a*) **a. qch contre qch,** to lean, to rest, sth against sth; **a. son opinion sur qch,** to base one's opinion on sth; **théorie appuyée sur des faits,** theory supported by facts (*b*) to press (sth on sth); *Mus:* **a. (sur) une note,** to sustain a note **3.** *vi* (*a*) to lean, rest (**sur,** on) (*b*) **a. sur le bouton,** to press the button; **a. le pied sur la pédale d'accélérateur,** to press down the accelerator; **a. sur une syllabe,** to stress a syllable **4. s'a.** (*a*) **s'a. sur, contre, à, qch,** to lean, rest, on, against, sth; **s'a. sur qn,** to depend on s.o., to rely on s.o. (*b*) *F:* to put up with (sth, s.o.).

âpre [ɑpr̥] *a* **1.** rough, harsh; tart (taste) **2.** biting, sharp (rebuke); **temps â.,** raw weather **3.** keen (competition); **â. au gain,** grasping. **âprement** *adv* bitterly, harshly, roughly.

après [aprɛ] *a* **1.** *prep* (*order in time, space*) (*a*) after; **a. tout,** after all; **jour a. jour,** day after day; **a. quoi,** after which (*b*) **courir a. qn,** to run after s.o.; **il est toujours a. moi,** he is always nagging at me (*d*) *prep phr* **d'a.,** according to; after; from; **d'a. ce qu'il dit,** according to what he said; **peint d'a. nature,** painted from nature; **paysage d'a. Turner,** landscape after Turner; **d'a. l'article 12,** under article 12; **d'a. vos instructions,** in accordance with your instructions (*e*) **a. avoir dîné,** after dinner **2.** *adv* (*a*) afterwards, later; **le jour (d')a.,** the next day; the day after; *F:* **et puis a.?** what of it? **et a.?** what then? (*b*) *conj phr* **a. que,** after, when (*c*) *F:* **tout le monde leur court a.,** everybody runs after them.

après-demain [aprɛdmɛ̃] *adv & nm inv* the day after tomorrow.

après-guerre [aprɛgɛr] *nm* post-war period, years; **d'a.-g.,** post-war; *pl après-guerres.*

après-midi [aprɛmidi] *nm or f inv* afternoon.

après-rasage [aprɛrazaʒ] *a inv & nm* after-shave; *pl après-rasages.*

après-ski [aprɛski] *nm inv* **des après-skis** snowboots; **tenue d'a.-s.,** après-ski outfit.

âpreté [ɑprəte] *nf* roughness, harshness; tartness; sharpness, bitterness.

a priori [aprijori] **1.** *adv* at the very outset **2.** *nm inv* (*a*) premiss (*b*) prejudice.

à-propos [apropo] *nm* **1.** aptness, appropriateness (of an expression); **manquer d'à-p.,** to be irrelevant **2.** opportuneness; **manque d'à-p.,** untimeliness.

apte [apt] *a* **1. a. à qch,** fitted, qualified, for sth; **a. au service,** fit for military service **2.** apt, suitable (example).

aptitude [aptityd] *nf* aptitude, fitness (**à, pour,** for); **avoir une a. à (faire qch),** to have a gift (for sth), to have the ability (to do sth).

aquaplane [akwaplan] *nm Sp:* aquaplane.

aquarelle [akwarɛl] *nf* watercolour.

aquarium [akwarjɔm] *nm* aquarium.

aquatique [akwatik] *a* aquatic (bird, sport).

aqueduc [ak(ə)dyk] *nm* aqueduct.

aquilin [akilɛ̃] *a* aquiline.

ara [ara] *nm Orn:* macaw.

arabe [arab] **1.** (*a*) *a & n* Arab (person, horse) (*b*) *a* Arabian (customs) **2.** *a & nm Ling: etc:* Arabic (language, numerals).

arabesque [arabɛsk] *nf* arabesque.

Arabie [arabi] *Prnf Geog:* Arabia; **A. séoudite, saoudite,** Saudi Arabia.

arable [arabl] *a* arable (land).

arachide [araʃid] *nf* peanut, groundnut.

araignée [arɛɲe] *nf* spider; **a. de mer,** spider crab.

aratoire [aratwar] *a* agricultural.

arbalète [arbalɛt] *nf* crossbow.

arbitrage [arbitraʒ] *nm* arbitration; *Sp:* refereeing, umpiring.

arbitraire [arbitrɛr] **1.** *a* arbitrary **2.** *nm* arbitrariness; arbitrary nature (of sth). **arbitrairement** *adv* arbitrarily.

arbitre [arbitr̥] *nm* (*a*) *Jur:* arbitrator (*b*) *Sp:* referee, umpire (*c*) arbiter (of fashion) (*d*) **libre a.,** free will.

arbitrer [arbitre] *vtr* (*a*) *Jur:* to arbitrate (*b*) *Sp:* to referee, umpire (match).

arborer [arbɔre] *vtr* to wear, sport.

arboriculture [arbɔrikyltyr] *nf* arboriculture.

arbre [arbr̥] *nm* **1.** (*a*) tree; **a. fruitier,** fruit tree; **a. vert,** evergreen (tree); **les arbres cachent la forêt,** you can't see the wood for the trees (*b*) **a. généalogique,** family tree (*c*) **a. de Noël,** Christmas tree **2.** *MecE:* shaft, axle; **a. à cames,** camshaft.

arbrisseau, -eaux [arbriso] *nm* shrub.

arbuste [arbyst] *nm* bush; shrub.

arc [ark] *nm* **1.** bow; **tir à l'a.,** archery **2.** *Arch: Anat:* arch **3.** *Mth: El:* arc.

arcade [arkad] *nf* **1.** (*a*) archway (*b*) **arcades,** arcade **2.** *Anat:* **a. sourcilière,** arch of the eyebrows.

arc-boutant [arkbutɑ̃] *nm Arch:* flying buttress; *pl arcs-boutants.*

arc-bouter (s') [arkbute] *vpr* to brace oneself (**à, contre,** against).

arceau [arso] *nm* **1.** arch (of vault) **2.** ring bow (of padlock); (croquet) hoop.

arc-en-ciel [arkɑ̃sjɛl] *nm* rainbow; *pl arcs-en-ciel.*

archaïsme [arkaism] *nm* archaism. **archaïque** *a* archaic.

archange [arkɑ̃ʒ] *nm* archangel.

arche[1] [arʃ] *nf* **l'a. de Noé,** Noah's ark.

arche[2] *nf* arch (of bridge).

archéologie [arkeɔlɔʒi] *nf* archaeology. **archéologique** *a* archaeological.

archéologue [arkeɔlɔg] *n* archaeologist.

archer [arʃe] *nm* archer, bowman.

archet [arʃɛ] *nm Mus:* bow.

archétype [arʃetip] *nm* archetype.

archevêché [arʃəveʃe] *nm* **1.** archbishopric **2.** archbishop's palace.

archevêque [arʃəvɛk] *nm* archbishop.

archi- [arʃi] *pref* (*a*) enormously, tremendously; **archicomble, archiplein,** chock-a-block (*b*) (*title*) arch-; **archidiacre,** archdeacon.

archiduc [arʃidyk] *nm* archduke.

archipel [arʃipɛl] *nm Geog:* archipelago.

architecte [arʃitɛkt] *nm* architect; **a. urbaniste,** townplanner.

architecture [arʃitɛktyr] *nf* architecture. **architectural, -aux** *a* architectural.

archives [arʃiv] *nfpl* archives; records.

archiviste [arʃivist] *n* archivist.

arçon [arsɔ̃] *nm Harn:* saddle bow.

arctique [arktik] (*a*) *a* arctic (*b*) *Prnm Geog:* **l'A.,** the Arctic.

ardent [ardɑ̃] *a* burning hot, scorching; blazing (fire) **2.** ardent, passionate, eager, fervent. **ardemment** *adv* ardently, fervently.

ardeur [ardœr] *nf* **1.** heat **2.** ardour, fervour.

ardoise [ardwaz] *nf* **1.** slate; **(couleur) gris a.,** grey (colour) **2.** (*credit*) slate.

ardu [ardy] *a* arduous, difficult.
are [ar] *nm* 100 square metres.
arène [arɛn] *nf* arena; bullring; **les arènes d'Arles,** the amphitheatre of Arles.
arête [arɛt] *nf* **1.** (fish)bone; **grande a.,** backbone (of fish) **2.** (*a*) line; edge (*b*) *Geog:* arête, (serrated) ridge **3.** bridge (of the nose).
argent [arʒɑ̃] *nm* **1.** silver; **vaisselle d'a.,** (silver) plate **2.** money; **a. complant, a. liquide,** cash; **homme d'a.,** man who likes money; **en avoir pour son a.,** to have good value for money. **argenté** *a* **1.** silver(y); **gris a.,** silver-grey **2.** silver-plated **3.** *F:* rich, well-off. **argentin¹, -ine** *a* silvery (waves); silver-toned (voice).
argenter [arʒɑ̃te] *vtr* to silver.
argenterie [arʒɑ̃tri] *nf* (silver) plate; silverware.
Argentine [arʒɑ̃tin] *Prnf Geog:* Argentina, the Argentine (Republic). **argentin², -ine** *a & n* Argentinian.
argile [arʒil] *nf* (*a*) clay (*b*) **a. cuite,** terracotta, earthenware. **argileux, -euse** *a* clayey.
argot [argo] *nm* slang. **argotique** *a* slangy.
arguer [argɥe] *v* **(j'arguë)** *vi* **a. de qch,** to assert sth; **a. que,** to protest that.
argument [argymɑ] *nm* **1.** argument; **tirer a. de qch,** to argue from sth **2.** outline, summary (of book).
argumentation [argymɑ̃tasjɔ̃] *nf* argumentation.
argumenter [argymɑ̃te] *vi* to argue (**contre,** against).
argus [argys] *nm* guide to secondhand cars.
argutie [argysi] *nf* specious argument, quibble.
aridité [aridite] *nf* aridity, bare. **aride** *a* arid, barrenness, barren.
aristocrate [aristɔkrat] *n* aristocrat. **aristocratique** *a* aristocratic.
aristocratie [aristɔkrasi] *nf* aristocracy.
arithméticien, -ienne [aritmetisjɛ̃, -jen] *n* arithmetician.
arithmétique [aritmetik] **1.** *a* arithmetical **2.** *nf* arithmetic.
arlequin [arlɔkɛ̃] *nm* Harlequin.
armateur [armatœr] *nm Nau:* (ship)owner.
armature [armatyr] *nf* **1.** frame (of window); reinforcement (of concrete work); truss (of girder) **2.** *El: Sculp:* armature **3.** *Mus:* key signature.
arme [arm] *nf* **1.** arm, weapon; **armes à feu,** firearms; **armes portatives,** small arms; **a. nucléaire,** nuclear weapon; **en armes,** in arms; **faire des armes,** to fence; **prendre les armes,** to take up arms (**contre,** against); **aux armes!** shoulder arms; **place d'armes,** parade-ground; **passer qn par les armes,** to have s.o. (court-martialled and) shot; **à armes égales,** on equal terms; **avec armes et bagages,** (with) bag and baggage **2.** arm (as a branch of the army) **3.** *pl Her:* (coat of) arms.
armée [arme] *nf* army; **a. active,** regular army; **l'a. de terre,** the army, the land forces; **l'a. de l'air,** the air force; **l'a. de métier,** professional army; **l'A. du salut,** the Salvation Army.
armement [armɔmɑ̃] *nm* **1.** (*a*) arming, equipping (of army) (*b*) armament, equipment (*c*) *pl* armaments; weaponry; **course aux armements,** arms race **2.** strengthening **3.** *Nau:* commissioning, fitting out; **port d'a.,** port of registry **4.** (*a*) loading (of gun) (*b*) setting (of camera shutter) **5.** mounting gear (of machine).
Arménie [armeni] *Prnf Geog:* Armenia. **arménien, -ienne** *a & n* Armenian.
armer [arme] **1.** *vtr* (*a*) to arm (**de,** with) (*b*) to fortify; to strengthen (*c*) *Nau:* to equip, commission (ship) (*d*) to arm (a fuse); to wind on (camera); to cock (firearm) **2. s'a.** (*a*) to arm oneself; to take up arms (*b*) **s'a. de courage,** to summon up (one's) courage. **armé** *a* (*a*) armed (*b*) fortified, strengthened (*c*) cocked; **pistolet à l'a.,** pistol at full cock.
armistice [armistis] *nm* armistice.
armoire [armwar] *nf* (*a*) cupboard (*b*) wardrobe; *NAm* closet; **a. à pharmacie,** medicine cabinet
armoiries [armwari] *nfpl Her:* (coat of) arms.
armure [armyr] *nf* (*a*) armour (*b*) defence.
armurier [armyrje] *nm* **1.** arms manufacturer; gunsmith **2.** armourer.
arnaquer [arnake] *vtr P:* to swindle.
arnaqueur, -euse [arnakœr, -øz] *n P:* swindler, hustler. **arnaque** *nm P:* swindle.
arnica [arnika] *nf Bot: Pharm:* arnica.
aromate [arɔmat] *nm* aromatic; spice. **aromatique** *a* aromatic.
aromatiser [arɔmatize] *vtr* to flavour.
arôme [arom] *nm* aroma.
arpège [arpɛʒ] *nm Mus:* arpeggio.
arpentage [arpɑ̃taʒ] *nm* surveying.
arpenter [arpɑ̃te] *vtr* **1.** to survey, measure (land) **2. a. le quai,** to pace up and down the platform.
arpenteur [arpɑ̃tœr] *nm* (land) surveyor.
arquer [arke] **1.** *vtr* to bend, curve (wood); **a. le dos,** to arch one's back **2.** *vi* to bend **3.** *F:* to walk **4. s'a.,** to bend, to curve. **arqué** *a* arched, curved; **avoir les jambes arquées,** to be bow-legged.
arrachage [araʃaʒ] *nm* pulling up, rooting up (of plants); pulling out, drawing, extraction (of tooth).
arraché [araʃe] *nm Sp:* (*weightlifting*) snatch; **gagner à l'a.,** to snatch a win.
arrachement [araʃmɑ̃] *nm* (*a*) parting (*b*) wrench.
arrache-pied (d') [daraʃpje] *adv phr* without interruption; relentlessly.
arracher [araʃe] *vtr* to tear (out, up, away); to pull (up, out, away); to draw (nail); to uproot (tree); to lift (potatoes); to pull out (tooth); to tear down (poster); to extract (promise); **a. qch à qn,** to snatch sth from s.o.; **se faire a. une dent,** to have a tooth out; **a. les yeux à qn,** to scratch s.o.'s eyes out; **s'a. les cheveux,** to tear one's hair; **cela m'arrache le cœur,** it breaks my heart.
arraisonner [arɛzɔne] *vtr* to inspect (ship).
arrangement [arɑ̃ʒmɑ̃] *nm* **1.** (*a*) arranging (*b*) arrangement; layout (*c*) *Mus:* arrangement **2.** agreement, settlement, understanding.
arranger [arɑ̃ʒe] *vtr* **(n. arrangeons) 1.** (*a*) to arrange; to put in order; to tidy (up) (room); to straighten (one's tie) (*b*) *F:* **a. qn,** to sort s.o. out (*c*) to arrange (a piece of music) **2.** to repair, to mend **3.** to organize (concert); to plan (sth) **4.** to settle (quarrel); **a. les choses,** to put things right; **cela n'arrange rien,** that's not much help **5. cela m'arrange,** it's better for me, it suits me better. **s'arranger** *vpr* **1.** (*a*) to manage; **arrangez-vous pour être là,** you must make sure to be there; **il s'arrange de tout,** he is very adaptable (*b*) to tidy oneself up; to get dressed **2.** (*a*) **s'a. avec qn,** to come to an agreement with s.o.; **arrangez-vous comme vous l'entendez,** arrange it as

you think best (*b*) **ça s'arrangera,** things will turn out all right. **arrangeant** *a* accommodating.

arrérages [areraʒ] *nmpl* arrears.

arrestation [arɛstasjɔ̃] *nf* arrest; **en état d'a.,** under arrest.

arrêt [arɛ] *nm* **1.** (*a*) stop; stopping; **à l'a.,** stationary; **point d'a.,** stopping place; **a. en cours de route,** break of journey; **sans a.,** non-stop, continuously; **dix minutes d'a.,** ten minutes' stop, break; **temps d'a.,** pause; **a. de travail,** stoppage; sick leave; *Med:* **a. de cœur,** cardiac arrest; heart failure; *Rail:* **signal d'a.,** stop signal (*b*) (bus) stop; **a. facultatif,** request stop (*c*) catch (of door); **cran d'a.,** safety catch **2.** (*a*) decree (*b*) *Jur:* judgment; **a. de mort,** death sentence **3.** arrest; **mandat d'a.,** warrant (for arrest) **4. chien d'a.,** setter, pointer.

arrêté [arɛte] **1.** *a* fixed, decided (ideas); **dessein a.,** settled plan **2.** *nm* (*a*) order, decree; **a. municipal,** by(e)-law (*b*) *Com:* **a. de compte,** settlement of an account.

arrêter [arɛte] **1.** *vtr* (*a*) to stop (s.o., sth); to arrest (growth); *Fb:* **a. un but,** to save a goal (*b*) to fix, fasten (shutter); **a. l'attention,** to arrest attention (*c*) to arrest (suspect); **faire a. qn,** to have s.o. arrested (*d*) to decide; **a. un jour,** to fix a day (*e*) *Com:* to close, to settle (account) **2.** *vi* to stop; **elle n'arrête pas de parler,** she never stops talking; **arrête! arrêtez!** stop (it)! **s'arrêter** *vpr* **1.** to stop; to come to a stop, to a standstill; **s'a. en route,** to break one's journey; **s'a. de fumer,** to give up smoking **2.** to fix one's attention (on sth); to dwell (on sth); **s'a. aux apparences,** to pay too much attention to appearances.

arrhes [ar] *nfpl* (*money*) deposit.

arrière [arjɛr] **1.** *adv* (*a*) **(en) a.,** behind; **rester en a.,** to lag behind; **en a. de son temps,** behind the times (*b*) **marcher en a.,** to walk backwards; **a.,** back! **faire marche a.,** to back; *Aut:* to reverse **2.** *a inv* back; *Aut:* **feu a.,** rear light; **siège a.,** (i) *Aut:* back seat (ii) (*motorbike*) pillion seat **3.** *nm* (*a*) back (part), rear (of house) (*b*) stern (of ship) **4.** *nm Fb:* (full) back.

arriéré [arjere] **1.** *a* (*a*) in arrears; overdue (payment) (*b*) backward (child), out-of-date (ideas); (*of pers*) **être a.,** to be behind the times; **pays arriérés,** underdeveloped countries **2.** *nm* arrears (of account); backlog; **a. du loyer,** arrears of rent.

NOTE. *In all the following compounds* **arrière** *is inv, the noun takes the plural.*

arrière-boutique [arjɛrbutik] *nf* back of the shop.

arrière-cour [arjɛrkur] *nf* backyard.

arrière-cuisine [arjɛrkɥizin] *nf* scullery.

arrière-garde [arjɛrgard] *nf* **1.** *Mil:* rearguard **2.** *Navy:* rear squadron.

arrière-goût [arjɛrgu] *nm* aftertaste.

arrière-grand-mère, -grand-père [arjɛrgrɑ̃mɛr, -grɑ̃pɛr] *n* great-grandmother, -grandfather.

arrière-grands-parents [arjɛrgrɑ̃parɑ̃] *nmpl* great-grandparents.

arrière-pays [arjɛrpei] *nm inv* hinterland.

arrière-pensée [arjɛrpɑ̃se] *nf* (*a*) mental reservation (*b*) ulterior motive.

arrière-petit-fils, -petite-fille [arjɛrpətifis, -pətitfij] *n* great-grandson, -granddaughter.

arrière-plan [arjɛrplɑ̃] *nm* background; **à l'a.-p.,** at the back, *Th:* upstage.

arrière-saison [arjɛrsɛzɔ̃] *nf* late season, late autumn.

arrière-train [arjɛrtrɛ̃] *nm* (*a*) hindquarters (of animal) (*b*) rear (of vehicle).

arrimage [arimaʒ] *nm Nau:* (*a*) stowing (*b*) stowage.

arrimer [arime] *vtr Nau:* (*a*) to stow (cargo) (*b*) to trim (ship).

arrivage [arivaʒ] *nm* arrival; consignment (of goods).

arrivant [arivɑ̃] *nm* (*pers*) new arrival, newcomer.

arrivée [arive] *nf* **1.** arrival, coming; **à mon a.,** when I arrived **2.** *Mch:* inlet; intake **3.** *Sp:* (winning) post, finish.

arriver [arive] *vi* (*aux* **être**) **1.** (*a*) to arrive, come; **il est arrivé en courant,** he came running up; **il arrive de voyage,** he's just back from a trip; **a. à temps,** to arrive, be on time; **a. en retard,** to be late; **l'avion devait a. à midi,** the plane was due (to arrive) at midday; **arrive!** come on! (*b*) **a. à bon port,** to arrive safely; **l'eau m'arrivait aux genoux,** the water came up to my knees (*c*) **il faudra bien en a. là,** it must come to that **2.** (*a*) **a. à ses fins,** to achieve one's ends (*b*) **a. à faire qch,** to succeed in doing sth; **je n'arrive pas à y croire,** I just can't believe it **3.** to happen; **cela arrive tous les jours,** it happens every day; *impers* **il lui est arrivé un accident,** he had an accident; **faire a. un accident,** to cause an accident; **quoi qu'il arrive,** whatever happens; **il m'arrive d'oublier,** I sometimes forget.

arrivisme [arivism] *nm* unscrupulous ambition.

arriviste [arivist] *n* climber, go-getter.

arrogance [arɔgɑ̃s] *nf* arrogance. **arrogant** *a* arrogant.

arroger (s') [sarɔʒe] *vpr* **(n. n. arrogeons) s'a. un droit,** to assume a right.

arrondir [arɔ̃dir] **1.** *vtr* (*a*) to round (sth) (off); to make (sth) round; **a. sa fortune,** to increase one's fortune; **les yeux arrondis par l'étonnement,** in wide-eyed astonishment (*b*) **a. les angles,** to smooth things over; *Ling:* **a. une voyelle,** to round a vowel (*c*) to round off (number) **(à,** to) **2. s'a.,** to become rounded; to round out, fill out. **arrondi 1.** *a* rounded, round **2.** *nm* (*a*) round; rounded form (*b*) hemline (of skirt).

arrondissement [arɔ̃dismɑ̃] *nm Adm:* district.

arrosage [arozaʒ] *nm* (*a*) watering; irrigation (*b*) *F:* booze-up, celebration.

arroser [aroze] *vtr* (*a*) to water (plants); *Cu:* to baste (a joint); **j'ai été bien arrosé,** I got absolutely soaked; *F:* to celebrate, drink to (promotion, etc); **a. un repas,** to wash down a meal (with wine); **ça s'arrose!** we must drink to that! (*b*) to irrigate (meadow).

arroseur *nm,* **arroseuse** *nf* [arozœr, -øz] **1.** *nm* sprinkler **2.** *nf* water cart.

arrosoir [arozwar] *nm* watering can.

arsenal, -aux [arsənal, -o] *nm* (*a*) *Mil:* arsenal; **a. de la marine,** naval dockyard (*b*) *F:* **un a. de,** a collection of.

arsenic [arsənik] *nm* arsenic.

art [ar] *nm* **1.** (*a*) art; craft; **arts ménagers,** domestic science (*b*) art; **beaux-arts,** fine arts; **œuvre d'a.,** work of art **2. avec a.,** with skill, artistry.

artère [artɛr] *nf* **1.** *Anat:* artery **2.** main road; thoroughfare. **artériel, -elle** *a* arterial; **tension artérielle,** blood pressure.

arthrite [artrit] *nf Med:* arthritis. **arthritique** *a & n* arthritic (patient).

arthrose [artroz] *nf Med:* osteoarthritis.

artichaut [artiʃo] *nm* (globe) artichoke.

article [artikl] *nm* **1.** critical point; **à l'a. de la mort,** at the point of death **2.** (*a*) article, clause (of treaty); **a. de foi,** article of faith (*b*) items (of bill); **articles divers,** sundries (*c*) article (in newspaper) **3.** *Com:* article, commodity; **faire l'a.,** to cry one's wares; to promote (s.o., sth); **a. (en) réclame,** special offer; **articles de voyage,** travel goods; **articles de bureau,** office accessories **4.** *Gram:* article.

articulation [artikylasjɔ̃] *nf* **1.** (*a*) *Anat:* articulation, joint; **a. du doigt,** knuckle (*b*) connection, joint **2.** speech, articulation.

articuler [artikyle] *vtr* **1.** to articulate, to joint **2.** to articulate; to pronounce distinctly; **articulez!** speak clearly! **3. s'a.,** *Anat:* to articulate, *Fig:* to connect. **articulé** *a* (*a*) articulated; jointed (*b*) articulate (speech).

artifice [artifis] *nm* **1.** artifice; contrivance, trick **2. feu d'a.,** fireworks (display). **artificiel, -elle** *a* **1.** (*a*) artificial (*b*) forced (laugh) **2.** imitation (pearl). **artificiellement** *adv* artificially. **artificieux, -euse** *a* crafty, cunning.

artillerie [artijri] *nf* **1.** artillery; **a. navale,** naval guns **2.** gunnery.

artilleur [artijœr] *nm* artilleryman, gunner.

artisan [artizɑ̃] *nm* **1.** artisan, craftsman **2.** architect, author. **artisanal, -aux** *a* craftsman's; **métier a.,** craft; **fabrication artisanale,** small-scale production by craftsmen.

artisanat [artizana] *nm* **1.** craftsmen **2.** craftsman's trade.

artiste [artist] **1.** *n* (*a*) artist; **a. peintre,** painter (*b*) *Th: Mus:* performer, artist; **entrée des artistes,** stage door **2.** *a* artistic. **artistique** *a* artistic. **artistiquement** *adv* artistically.

aryen, -yenne [arjɛ̃, -jɛn] *a & n* Aryan.

as [ɑs] *nm* **1.** ace; **as de pique,** ace of spades; *P:* **être (plein) aux as,** to be rolling (in it) **2.** *Av:* ace; *Games:* crack player, star; *Aut:* **as du volant,** crack (racing) driver.

ascendance [asɑ̃dɑ̃s] *nf* ancestry, lineage.

ascendant [asɑ̃dɑ̃] **1.** *a* ascending; upward; *Av:* **vol a.,** climbing flight **2.** *nm* (*a*) *Astr:* ascendant (*b*) ascendancy, influence (*c*) *pl* **ascendants,** ancestry.

ascenseur [asɑ̃sœr] *nm* lift; *NAm:* elevator; *F:* **renvoyer l'a.,** to return the favour.

ascension [asɑ̃sjɔ̃] *nf* (*a*) ascent, ascension; **faire l'a. d'une montagne,** to climb a mountain; *Ecc:* **Fête de l'A.,** Ascension Day (*b*) progress; rise. **ascensionnel, -elle** *a* ascensional; upward (motion); *Av:* **force ascensionnelle,** lift; **vitesse ascensionnelle,** climbing speed.

ascète [asɛt] *n* ascetic. **ascétique** [asetik] *a & n* ascetic.

ascétisme [asetism] *nm* asceticism.

ascorbique [askɔrbik] *a* ascorbic (acid).

asepsie [asɛpsi] *nf Med:* asepsis. **aseptique** *a* aseptic.

aseptiser [asɛptize] *vi* to sterilize; to disinfect.

aseptisé *a Fig:* clinical.

Asie [azi] *Prnf Geog:* Asia. **asiatique** *a & n* Asiatic, asian.

asile [azil] *nm* **1.** (*a*) sanctuary (*b*) **a. politique,** political asylum **2.** shelter, refuge, retreat; **sans a.,** homeless; **a. de vieillards,** old people's home; **a. (d'aliénés),** (lunatic) asylum; *Lit:* **a. de paix,** haven of peace.

asocial, -aux [asosjal, -o] *a* asocial.

aspect [aspɛ] *nm* **1.** sight, aspect **2.** aspect, appearance; **avoir un a. imposant,** to look imposing; **considérer qch sous tous ses aspects,** to look at sth from all points of view.

asperge [aspɛrʒ] *nf* **1.** asparagus **2.** *F:* (*pers*) beanpole.

asperger [aspɛrʒe] *vtr* **(n. aspergeons)** to sprinkle, to spray, to splash (with water).

aspérité [asperite] *nf* rough edge, bump.

asphalte [asfalt] *nm* asphalt.

asphalter [asfalte] *vtr* to asphalt.

asphyxie [asfiksi] *nf* asphyxiation, suffocation.

asphyxier [asfiksje] *vtr* (*pr sub & impf* **n. asphyxiions**) **1.** to asphyxiate, suffocate; *Min:* to gas **2.** to stifle.

aspic [aspik] *nm* **1.** *Rept:* asp **2.** *Cu:* **a. de poisson, etc,** fish, etc in aspic.

aspirant, -ante [aspirɑ̃, -ɑ̃t] **1.** *a* sucking; **pompe aspirante,** suction pump **2.** *n* (*a*) candidate (*b*) *Navy:* midshipman (*c*) *Mil:* officer cadet.

aspirateur [aspiratœr] *nm* vacuum cleaner, hoover *Rtm*; **passer (à) l'a.,** to vacuum, hoover.

aspiration [aspirasjɔ̃] *nf* **1.** aspiration, yearning (**à, vers,** for, after) **2.** *Ling:* aspiration **3.** (*a*) inhaling (of air) (*b*) suction, sucking up.

aspirer [aspire] **1.** *v ind tr* to aspire (**à,** to, after); to yearn for **2.** *vtr* (*a*) to inhale, breathe in (*b*) to suck up (water) (*c*) *Ling:* to aspirate (a sound).

aspirine [aspirin] *nf Pharm:* aspirin.

assagir [asaʒir] *vtr* to make (s.o.) wiser; to sober (s.o.) (down); **s'a.,** to become wiser.

assaillant [asajɑ̃] *nm* assailant.

assaillir [asajir) *vtr* (*prp* **assaillant;** *pr ind* **j'assaille**) to assail, assault, attack.

assainir [asɛnir] *vtr* to cleanse, purify (atmosphere); to stabilize (currency).

assainissement [asɛnismɑ̃] *nm* cleansing, purifying; stabilization.

assaisonnement [asɛzɔnmɑ̃] *nm* dressing; seasoning.

assaisonner [asɛzɔne] *vtr* to season (food) (**de,** with); to dress (salad).

assassin, -ine [asasɛ̃, -in] **1.** *n* assassin; murderer, murderess; **à l'a.!** murder! **2.** *a* provocative (smile).

assassinat [asasina] *nm* assassination, murder.

assassiner [asasine] *vtr* **1.** to assassinate, murder **2.** *F:* to bleed (s.o.) white.

assaut [aso] *nm* **1.** assault, attack, onslaught; **donner l'a.,** to attack; **prendre d'a.,** to (take by) storm; **troupes d'a.,** storm troops **2.** *Sp:* match, bout.

assèchement [asɛʃmɑ̃] *nm* drying, drainage.

assécher [aseʃe] *v* **(j'assèche; j'assécherai) 1.** *vtr* to dry, drain (marsh) **2. s'a.,** to dry up.

assemblage [asɑ̃blaʒ] *nm* **1.** collection **2.** assembling, assembly, putting together (of parts).

assemblée [asɑ̃ble] *nf* (*a*) assembly; meeting; (family) gathering (*b*) *Pol:* assembly.

assembler [asɑ̃ble] *vtr* **1.** (*a*) to assemble; to convene (committee); to collect, gather (*b*) to assemble, fit together (machine) **2. s'a.,** to assemble, meet, gather.

assener, asséner [asene] *vtr* **(j'assène, n. assenons, n. assénons)** to deal, strike (blow).

assentiment [asɑ̃timɑ̃] *nm* assent, consent.

asseoir [aswar] *v* (*prp* **asseyant;** *pp* **assis;** *pr ind* **j'assieds, ils asseyent,** *or* **j'assois, ils assoient;** *pr sub* **j'asseye,** *or* **j'assoie;** *impf* **j'asseyais** *or* **j'assoyais;** *ph* **j'assis;** *fu* **j'assoirai) 1.** *vtr* (*a*) to set, seat; **asseyez-le sur le gazon,** sit him down on the lawn; **faire a. qn,** to ask s.o. to sit down (*b*) to lay (foundations); **a. une théorie sur des faits,** to base a theory on facts; **a. son autorité,** to establish one's authority **2. s'a.,** to sit down; *F:* **les ordres du patron, je m'assois dessus!** I don't care a damn about the boss's orders!

assermenté [asɛrmɑ̃te] *a* sworn.

assertion [asɛrsjɔ̃] *nf* assertion.

asservir [asɛrvir] *vtr* to enslave, to subjugate.

asservissement [asɛrvismɑ̃] *nm* enslavement; subservience, slavery.

assesseur [asɛsœr] *nm* assessor.

assez [ase] *adv* **1.** (*a*) enough; **elle parle a. bien l'anglais,** she speaks English quite well (*b*) **avez-vous a. d'argent?** have you enough money? **j'en ai a.!** I've had enough of it! **en voilà a.!** that's enough of that! (*c*) **c'est a. parler,** enough said (*d*) **être a. près pour voir,** to be near enough to see (*e*) *int* **a.!** that's enough! stop (it)! **2.** rather, fairly; **elle est a. jolie,** she is quite pretty; **je suis a. de votre avis,** I'm rather inclined to agree with you; **il parle a. peu,** he doesn't talk much.

assidu [asidy] *a* (*a*) assiduous, diligent; **travailleur a.,** hard worker (*b*) unremitting, unceasing (care, efforts, etc) (*c*) **a. auprès de,** attentive to. **assidûment** *adv* assiduously.

assiduité [asidɥite] *nf* **1.** (*a*) assiduousness, diligence; **avec a.,** constantly (*b*) *Sch:* regular attendance **2.** *pl* constant attention(s), care.

assiégeant, -ante [asjeʒɑ̃, -ɑ̃t] *n* besieger.

assiéger [asjeʒe] *vtr* **(j'assiége, n. assiégeons; j'assiégerai) 1.** (*a*) to besiege, lay siege to (a town); to mob, crowd round (door, etc) (*b*) **a. qn de demandes,** to pester s.o. with requests; **assiégé de,** besieged with (requests); beset by (problems).

assiette [asjɛt] *nf* **1.** (*a*) plate; **a. plate,** dinner plate; **a. creuse,** soup plate; *F:* **a. au beurre,** cushy job (*b*) **a. anglaise,** assorted cold meats **2.** (*a*) seat (on horse); trim (of boat); *F:* **ne pas être dans son a.,** to be out of sorts (*b*) position; site (of building) **3.** foundation (of road); basis (of a tax).

assiettée [asjɛte] *nf* plateful.

assignation [asiɲasjɔ̃] *nf* **1.** allocation (of shares, funds) **2.** *Jur:* (*a*) serving of writ, summons (*b*) subpoena.

assigner [asiɲe] *vtr* **1.** (*a*) to fix, appoint (time) (*b*) **a. qch à qn,** to assign, allocate, sth to s.o. **2.** *Jur:* (*a*) to summon, subpoena (witness) (*b*) to serve a writ against (s.o.).

assimilation [asimilasjɔ̃] *nf* (*a*) assimilation; (*b*) comparison.

assimiler [asimile] *vtr* **1.** to assimilate **2. a. à,** to compare with, to put in the same category as **3. s'a.,** to be, become, assimilated (**à,** with).

assis [asi] *a* (*a*) seated; **il était a. près du feu,** he was sitting by the fire (*b*) *Rail: Th:* **places assises,** seats (*c*) **situation bien assise,** secure position.

assise [asiz] *nf* **1.** (*a*) seating, foundation (*b*) *Geol:* bed, stratum **2.** *Constr:* course (of masonry) **3.** (*a*) *Jur:* **les assises,** the assizes; **cour d'assises,** Assize Court (*b*) **assises d'un congrès,** sittings of a congress.

assistanat [asistana] *nm Sch:* assistantship.

assistance [asistɑ̃s] *nf* **1.** presence, attendance (of magistrate) **2.** (*a*) audience; *Ecc:* congregation (*b*) spectators, onlookers **3.** assistance, help; **a. sociale,** welfare work.

assistant, -ante [asistɑ̃, -ɑ̃t] *n* **1.** *usu pl* (*a*) bystander, onlooker (*b*) member of the audience **2.** (*a*) assistant (*b*) foreign assistant (in school) (*c*) laboratory assistant (*d*) **assistante sociale,** social worker.

assister [asiste] **1.** *vi* **a. à qch,** to attend sth; to be (present) at sth; to witness sth **2.** *vtr* to help, assist; **a. qn dans son travail,** to help s.o. with his, her work. **assisté, -ée 1.** *a* on welfare **2.** *n* person on welfare.

association [asɔsjasjɔ̃] *nf* **1.** association (of words, ideas) **2.** (*a*) society, company; association (*b*) *Com:* partnership.

associé, -ée [asɔsje] *n* partner, associate.

associer [asɔsje] *v* (*pr sub & impf* **n. associions) 1.** *vtr* to associate, unite, join; **a. des idées,** to associate ideas **2. s'a.** (*a*) **s'a. à qch,** to share in, participate in, join in, sth; **s'a. à un crime,** to be a party to a crime (*b*) **s'a. à, avec, qn,** (i) to enter into partnership with s.o. (ii) to join forces with s.o.

assoiffé [aswafe] *a* thirsty; *Fig:* **a. de,** thirsty for.

assolement [asɔlmɑ̃] *nm* rotation (of crops).

assombrir [asɔ̃brir] *vtr* **1.** (*a*) to darken, obscure; **ciel assombri,** overcast sky (*b*) to cast a gloom over (s.o., sth); **visage assombri,** gloomy face **2. s'a.,** to cloud over, become gloomy.

assommer [asɔme] *vtr* **1.** (*a*) to fell (an ox); to brain (s.o.), to club (s.o.) to death (*b*) to knock (s.o.) out, to stun (s.o.) **2.** *F:* to bore (s.o.) (to death). **assommant** *a F:* boring, tedious, deadly dull.

Assomption [asɔ̃psjɔ̃] *nf Ecc:* Assumption.

assonance [asɔnɑ̃s] *nf* assonance.

assortiment [asɔrtimɑ̃] *nm* **1.** match(ing) (of colours) **2.** (*a*) assortment (of cheeses, etc) (*b*) set (of tools).

assortir [asɔrtir] *v* **(j'assortis, n. assortissons) 1.** *vtr.* to match (colours); **a. son style à la matière,** to suit one's style to the subject **2. s'a.,** to match, go (well) together. **assorti** *a* **1.** matched, paired; **pull avec jupe assortie,** jumper with matching skirt **2.** *pl* assorted, mixed (sweets); **fromages assortis,** assortment of cheeses **3. bien, mal, a.,** well, badly, stocked (shop).

assoupi [asupi] *a* **1.** dozing **2.** dormant.

assoupir [asupir] *vtr* **1.** (*a*) to make (s.o.) drowsy, to send (s.o.) to sleep (*b*) to calm (pain), to dull (the senses) **2. s'a.,** to drop off to sleep; to doze off; (*of pain*) to die down. **assoupissant** *a* soporific.

assoupissement [asupismɑ̃] *nm* **1.** calming, lulling **2.** drowsiness.

assouplir [asuplir] **1.** *vtr* (*a*) to make supple (*b*) to ease (regulations) (*c*) to soften (character) **2. s'a.**, to become supple: (*of character*) to soften: **s'a les muscles**, to limber up.

assouplissement [asuplismɑ̃] *nm* suppling; easing (of regulations); **exercises d'a.**, limbering up exercises.

assourdir [asurdir] *vtr* **1.** to make (s.o.) deaf; to deafen **2.** to deaden, muffle (sound). **assourdissant** *a* deafening.

assouvir [asuvir] *vtr* to appease, to satisfy (hunger).

assouvissement [asuvismɑ̃] *nm* satisfaction.

assujetti, -ie [asyʒeti] *a* subject (**à**, to).

assujettir [asyʒetir] *vtr* **1.** to subdue, subjugate (province); to subject (s.o. to a rule) **2. s'a.**, to submit to (sth). **assujettissant** *a* exacting, demanding.

assujettissement [asyʒetismɑ̃] *nm* (*a*) subjection, subjugation; subservience (*b*) obligation.

assumer [asyme] **1.** *vtr* to assume, take on (duties); to take on (risk); **il assume mal son handicap,** he can't accept his handicap **2. s'a.**, (*a*) to take oneself in hand (*b*) to accept oneself (for what one is).

assurance [asyrɑ̃s] *nf* **1.** (*a*) assurance; (self) confidence; self assurance (*b*) *Corr:* **veuillez agréer l'a. de mes sentiments distingués** = yours faithfully **2.** security, pledge, assurance **3.** (*a*) making sure, safe (*b*) *Ins:* insurance, assurance; **police d'a.**, insurance policy; **a. sur la vie, a.-vie,** life insurance; **a. aux tiers, tous risques,** third-party, comprehensive, insurance (*c*) **assurances sociales,** national insurance.

assuré [asyre] **1.** *a* firm, sure (step); assured, confident (air); certain (cure); safe (retreat); **voix mal assurée,** unsteady voice **2.** *n* (*a*) *Ins:* policy holder; **a. social,** national insurance contributor. **assurément** *adv* assuredly, certainly.

assurer [asyre] *vtr* **1.** (*a*) to make (sth) firm; to fix, secure (sth) (*b*) to ensure (result); to consolidate (one's fortune); **un service régulier est assuré entre Paris et Londres,** there is a regular service between Paris and London **2. a. qn de son affection,** to assure s.o. of one's affection **3.** *Ins:* to insure; **se faire a. sur la vie,** to take out a life insurance (policy). **s'assurer** *vpr* **1. s'a. sur ses pieds,** to steady oneself on one's feet **2. s'a. qch, de qch,** to make sure, certain, of sth; **s'a. que,** to make sure that; **je vais m'en a.**, I'll go and check **3.** to take out an insurance (**contre**, against).

assureur [asyrœr] *nm Ins:* (*a*) insurer (*b*) underwriter.

astérisque [asterisk] *nm* asterisk.

asthme [asm] *nm* asthma. **asthmatique** *a & n* asthmatic.

asticot [astiko] *nm* maggot.

asticoter [astikɔte] *vtr F:* to tease, to needle.

astiquer [astike] *vtr* to polish.

astre [astr̥] *nm* star. **astral, -aux** *a* astral (body).

astreindre [astrɛ̃dr̥] *vtr* (*conj like* PEINDRE) to compel, oblige; to tie down (**à un devoir,** to a duty); **s'a. à un régime sévère,** to keep to a strict diet. **astreignant** *a* exacting, demanding.

astreinte [astrɛ̃t] *nf Jur:* penalty.

astringent [astrɛ̃ʒɑ̃] *a & nm* astringent.

astrologie [astrɔlɔʒi] *nf* astrology. **astrologique** *a* astrological.

astrologue [astrɔlɔg] *nm* astrologer.

astronaute [astrɔnot] *n* astronaut.

astronautique [astrɔnotik] *nf* astronautics.

astronome [astrɔnɔm] *nm* astronomer.

astronomie [astrɔnɔmi] *nf* astronomy. **astronomique** *a* astronomical.

astuce [astys] *nf* **1.** trick; **les astuces du métier,** the tricks of the trade; **trouver l'a.**, to find out how it's done **2.** astuteness **3.** *F:* joke. **astucieux, -euse** *a* astute, shrewd, clever. **astucieusement** *adv* astutely, shrewdly, cleverly.

asymétrique [asimetrik] *a* asymmetrical.

atavisme [atavism] *nm* atavism. **atavique** *a* atavistic.

atelier [atəlje] *nm* **1.** (*a*) (work)shop, workroom (*b*) studio (of artist) **2.** staff (of shop, workroom).

atermoiements [atɛrmwamɑ̃] *nmpl* procrastination.

atermoyer [atɛrmwaje] *vi* to procrastinate.

athée [ate] **1.** *a* atheistic **2.** *n* atheist.

athéisme [ateism] *nm* atheism.

Athènes [atɛn] *Prnf Geog:* Athens.

athlète [atlɛt] *n* athlete. **athlétique** *a* athletic.

athlétisme [atletism] *nm* athletics.

atlantique [atlɑ̃tik] *a* **l'océan A.**, *nm* **l'A.**, the Atlantic (Ocean).

atlas [atlɑs] *nm* atlas.

atmosphère [atmɔsfɛr] *nf* atmosphere. **atmosphérique** *a* atmospheric.

atoll [atɔl] *nm Geog:* atoll.

atome [atom] *nm Ph:* atom; *F:* **avoir des atomes crochus avec qn,** to hit it off with s.o. **atomique** *a* atomic; **bombe a.**, atom(ic) bomb.

atomiseur [atɔmizœr] *nm* atomizer, spray.

atomiste [atɔmist] *nm* atomic physicist.

atonalité [atɔnalite] *nf Mus:* atonality.

atone [atɔn] *a* **1.** dull, vacant (look) **2.** *Ling:* unstressed.

atout [atu] *nm Cards:* trump.

âtre [ɑtr̥] *nm* hearth.

atrocité [atrɔsite] *nf* **1.** atrociousness **2.** atrocity; **dire des atrocités,** to say dreadful things. **atroce** *a* atrocious, heinous (crime); excruciating, agonizing (pain). **atrocement** *adv* atrociously; terribly.

atrophie [atrɔfi] *nf* atrophy.

atrophier [atrɔfje] *vtr* to atrophy; **s'a.**, to atrophy; to waste (away).

attabler (s') [satable] *vpr* to sit down to table.

attachant [ataʃɑ̃] *a* engaging, appealing.

attache [ataʃ] *nf* **1.** fastening; tying up; *Nau:* **port d'a.**, home port **2.** (*a*) tie, fastener, fastening; head rope (of horse); leash (of dog); **mettre un cheval à l'a.**, to tether a horse (*b*) **attaches,** close ties, links, connections (*c*) *Anat:* **a. de la main, du pied,** wrist joint, ankle joint.

attachement [ataʃmɑ̃] *nm* attachment, affection.

attacher [ataʃe] **1.** *vtr* (*a*) to attach; to fasten, bind; to tie (up), to do up; to tether (horse); **a. avec une corde,** to rope (together); **a. avec des épingles,** to pin (on, together) (*b*) **a. de l'importance à qch,** to attach importance to sth **2.** *vi* (*of food*) to catch, stick. **s'attacher** *vpr* **1.** to attach oneself, to cling, to stick (**à**, to); to be fastened, tied (**à**, on, to); to fasten (**à**, on) **2. s'a. à qn,** to become attached to, fond of, s.o. **attaché 1.** *a* (*a*) fastened, tied up (*b*) **être a. à**

qn, to be attached to s.o. **2.** *nm Dipl: etc:* attaché; **a. de presse,** press officer.

attaquant, -ante [atakɑ̃, -ɑ̃t] *n* attacker.

attaque [atak] *nf* (*a*) attack, assault, onslaught; **passer à l'a.,** to take the offensive; **a. aérienne,** air raid (*b*) **être d'a.,** to be on top form; **il est toujours d'a.,** he is still going strong (*c*) *Med:* attack (of gout); bout (of fever); **a. d'épilepsie,** epileptic fit; **a. (d'apoplexie),** stroke.

attaquer [atake] *vtr* **1.** (*a*) to attack, to assault (*b*) to attack, criticize; *Jur:* **a. qn en justice,** to bring an action against s.o. **2.** (*a*) to tackle (subject); to tuck into (a meal) (*b*) *Mus:* to strike up **3. s'a. à qn,** to attack s.o.; **s'a. à un problème,** to grapple with a problem.

attarder (s') [satarde] *vpr* (*a*) to be delayed (*b*) to stay (too) late (*c*) to linger; to lag behind; to dawdle. **attardé** *a* (*a*) late (*b*) behind the times (*c*) backward (child).

atteindre [atɛ̃dr̥] *v* (*conj like* PEINDRE) **1.** *vtr* (*a*) to reach; to attain; **a. qn,** to catch s.o. up, to catch up with s.o.; **comment puis-je vous a.?** how can I get in touch with you? **a. son but,** to achieve one's end (*b*) **a. le but,** to hit the target; **atteint d'une maladie,** suffering from an illness; **le poumon est atteint,** the lung is affected; *Fig:* **leurs critiques m'ont beaucoup atteint,** their criticisms affected me greatly **2.** *v ind tr* **a. à qch,** to reach, attain, achieve, sth.

atteinte [atɛ̃t] *nf* **1.** reach; **hors d'a.,** out of reach **2. a. à,** undermining of, attack on; **porter a. à,** to undermine.

attelage [atlaʒ] *nm* **1.** harnessing **2.** (*a*) team; yoke (of oxen) (*b*) carriage (and horses) **3.** *Rail:* coupling.

atteler [atle] *vtr* **(j'attelle, n. attelons) 1.** to harness (horses); to yoke (oxen) **2. a. une voiture,** to put horses to a carriage **3.** *Rail:* **a. des wagons,** to couple (up) wagons **4. s'a. à une tâche,** to settle down to a job.

attelle [atɛl] *nf Med:* splint.

attenant [atnɑ̃] *a* **a. à,** adjoining.

attendre [atɑ̃dr̥] *vtr* **1.** (*a*) to wait for, to await (s.o., sth); **le déjeuner nous attend,** lunch is ready; **faire a. qn,** to keep s.o. waiting; **se faire a.,** to make people wait; **attendez voir,** (i) wait and see (ii) let me see (*b*) *vi* **a. jusqu'à demain,** to wait until tomorrow; **attendez!** wait a bit! just a minute! **sans plus a.,** without waiting any longer; **il ne perd rien pour a.,** he's got it coming to him (*c*) **en attendant,** meanwhile, in the meantime; **en attendant de vous voir,** until I see you (*d*) *F:* **a. après qn, qch,** to wait for, to want, s.o., sth **2.** to expect; **elle attend un bébé,** she's expecting a baby **3. s'a. à qch,** to expect sth; **il faut s'a. à tout,** one must be ready for anything; **je m'y attendais,** I expected as much.

attendrir [atɑ̃drir] *vtr* **1.** to tenderize (meat) **2.** to soften (s.o.'s heart); to move, to touch (s.o.) **3. s'a. sur qch,** to be moved by sth; **il s'attendrit facilement,** he is very emotional. **attendri** *a* fond, compassionate. **attendrissant** *a* touching, moving.

attendrissement [atɑ̃drismɑ̃] *nm* pity, emotion.

attendu [atɑ̃dy] **1.** *a* expected **2.** *prep* given, considering (the circumstances); *conj phr* **a. que** + *ind,* considering that; seeing that.

attentat [atɑ̃ta] *nm* murder, assassination, attempt; **a. à la bombe,** bomb attack; **a. aux droits,** violation of rights; **a. aux mœurs,** indecent behaviour.

attente [atɑ̃t] *nf* **1.** wait(ing); **salle d'a.,** waiting room; **laisser un travail en a.,** to leave a piece of work until later **2.** expectation(s), anticipation; **être dans l'a. de qch,** to be waiting for sth; *Corr:* **dans l'a. de vos nouvelles,** looking forward to hearing from you.

attenter [atɑ̃te] *v ind tr* **a. à,** to make an attempt on (s.o.'s life); to violate (s.o.'s rights).

attention [atɑ̃sjɔ̃] *nf* (*a*) attention, care; **attirer l'a.,** to catch the eye; to be conspicuous; **ne prêter aucune a. à qch,** to take no notice of sth; **(faites) a.!** take care! look out! watch it! **a. à la peinture,** wet paint; **a. à la marche,** mind the step; **faites a. de ne pas vous perdre,** be careful not to get lost; **faire a. à ce que,** to make sure that (*b*) **être plein d'attention(s) pour qn,** to be full of attention for s.o. (*c*) **il a eu l'a. de m'avertir,** he was considerate enough to warn me. **attentif, -ive** *a* attentive (**à,** to); careful; **être a.,** to pay attention. **attentionné** *a* thoughtful, considerate. **attentivement** *adv* attentively, carefully.

atténuation [atenɥasjɔ̃] *nf* attenuation, lessening, reducing; toning down; mitigation (of punishment); extenuation (of crime).

atténuer [atenɥe] *vtr* **1.** (*a*) to attenuate, lessen, reduce; to tone down; to subdue (light): to mitigate (punishment); **a. une chute,** to break a fall (*b*) *Phot:* to reduce (negative) **2.** to extenuate (offence) **3. s'a.,** to lessen; to diminish; to fade. **atténuant** *a Jur:* extenuating (circumstances).

atterrer [atere] *vtr* to overwhelm, astound; to shatter. **atterré** *a* stunned; **d'un air a.,** with a look of consternation.

atterrir [aterir] *vi Av:* to land, to touch down; *F:* **a. en prison,** to land up in prison.

atterrissage [aterisaʒ] *nm Av:* landing, touchdown.

attestation [atɛstasjɔ̃] *nf* declaration, certificate.

attester [atɛste] *vtr* **1. a. qch,** to attest, to certify, sth; to testify to sth **2. a. qn (de qch),** to call s.o. to witness (to sth).

attiédir [atjedir] *vtr* **1.** *Lit:* to warm **2. s'a.,** to grow lukewarm, to cool (off, down).

attifer [atife] *F: vtr* **1.** to dress (s.o.) up **2. s'a.,** to be dressed up.

attirail [atiraj] *nm* (*a*) gear (*b*) *F:* paraphernalia.

attirance [atirɑ̃s] *nf* attraction (**pour,** for).

attirer [atire] *vtr* **1.** (*a*) (*of magnet*) to attract, draw; **a. qn dans un coin,** to draw s.o. into a corner (*b*) **a. qch à, sur, qn,** to bring sth on s.o.; **a. l'attention,** to attract attention; **s'a. des reproches,** to come in for criticism; **s'a. des ennuis,** to cause trouble for oneself **2. a. qn dans un piège,** to lure s.o. into a trap. **attirant** *a* attractive.

attiser [atize] *vtr* to poke (up) (fire); *Fig:* to stir up (trouble).

attitré [atitre] *a* regular, appointed, recognized.

attitude [atityd] *nf* **1.** attitude, posture; bearing **2.** behaviour.

attraction [atraksjɔ̃] *nf* **1.** attraction **2. attractions,** attractions; sideshows.

attrait [atrɛ] *nm* (*a*) attraction, lure; appeal; **dépourvu d'a.,** unattractive (*b*) **attraits,** charms (of woman).

attrape [atrap] *nf F:* trick, hoax.
attrape-mouche [atrapmuʃ] *nm Bot:* flytrap; *pl attrape-mouche(s).*
attrape-nigaud [atrapnigo] *nm F:* trick; con; *pl attrape-nigaud(s).*
attraper [atrape] *vtr* **1.** (*a*) to catch; to trap, (en)snare (*b*) **a. qn,** to trick, cheat, s.o. **2.** (*a*) to catch (ball, thief, bus) (*b*) **une pierre l'a attrapé au front,** a stone hit him on the forehead (*c*) to catch (disease); **a. froid,** to catch cold (*d*) *F:* **a. qn,** to tell s.o. off.
attrape-tout [atraptu] *a inv* catch-all.
attrayant [atrɛjɑ̃] *a* attractive, engaging, alluring; **peu a.,** unattractive.
attribuer [atribɥe] *vtr* **1.** to assign, to allocate (**à,** to); to confer (**à,** on); to award; *Th:* **a. un rôle à qn,** to cast s.o. for a part **2.** to attribute (success, painting); ascribe (fact); to impute (crime); to attach (importance) (**à,** to) **3. s'a. qch,** to claim sth. **attribuable** *a* attributable (**à,** to).
attribut [atriby] *nm* attribute.
attribution [atribysjɔ̃] *nf* awarding, allocation; *pl* power(s).
attrister [atriste] *vtr* **1.** to sadden **2. s'a. de qch,** to be saddened by sth.
attroupement [atrupmɑ̃] *nm* crowd; mob.
attrouper (s') [satrupe] *vpr* to gather.
au [o] *see* **à** *and* **le.**
aubade [obad] *nf* dawn serenade.
aubaine [obɛn] *nf* windfall, godsend.
aube¹ [ob] *nf* **1.** dawn **2.** *Ecc:* alb.
aube² *nf* (*a*) paddle, blade (of wheel); **roue à aubes,** paddle wheel (*b*) vane (of turbine).
aubépine [obepin] *nf* hawthorn, may (tree).
auberge [obɛrʒ] *nf* inn; **a. de jeunesse,** youth hostel; *F:* **on n'est pas sorti de l'a.,** we're not out of the wood yet.
aubergine [obɛrʒin] **1.** *nf* (*a*) *Bot:* aubergine, egg-plant (*b*) *F:* (woman) traffic warden (in Paris) **2.** *a inv* aubergine-coloured.
aubergiste [obɛrʒist] *n* innkeeper.
aucun, -une [okœ̃, -yn] **1.** *pron* (*a*) anyone, any (*b*) (*with negation expressed or understood, with* **ne** *or* **sans**) (i) no one, nobody (ii) none, not any; **je n'ai a. soupçon,** I haven't the slightest suspicion; **a. des deux ne viendra,** neither of them will come (iii) not one (*c*) *pl Lit:* **d'aucuns,** some, some people **2.** *a* (*a*) any (*b*) (*with implied negation*) **avez-vous aucune intention de le faire?** do you have any intention of doing it? (*c*) **sans a. bénéfice,** without any profit; **le fait n'a aucune importance,** the fact is of no importance. **aucunement** *adv* (*with negation expressed or understood*) in no way, not at all; by no means; not in the slightest; not in the least; **je ne le connais a.,** I don't know him at all.
audace [odas] *nf* **1.** audacity; boldness, daring **2.** impudence; audacity; **elle ne manque pas d'a.,** she's got a nerve. **audacieux, -euse** *a* **1.** audacious; bold, daring **2.** impudent; brazen (lie). **audacieusement** *adv* audaciously, boldly, daringly; impudently.
au-dedans, au-dehors, au-delà *see* **dedans, dehors, delà.**
au-dessous [odsu] *adv* **1.** (*a*) below, under (it); underneath, beneath; **les locataires a.-d.,** the tenants below (*b*) **les enfants âgés de sept ans et a.-d.,** children of seven years and under **2.** *prep phr* **a.-d. de** (*a*) below, under(neath), beneath; **a.-d. du genou,** below the knee; **15 degrés a.-d. de zéro,** 15 degrees below zero (*b*) **a.-d. de cinq ans,** under five (years of age); **a.-d. de 30 kilos,** less than 30 kilos (*c*) **a.-d. de sa tâche,** not up to one's task; **c'est a.-d. de tout,** it's worse than useless.
au-dessus [odsy] *adv* **1.** (*a*) above (it), over, on top (*b*) **le salon est a.-d.,** the drawing room is upstairs (*c*) **mille francs et a.-d.,** a thousand francs and upwards **2.** *prep phr* **a.-d. de** (*a*) above, over; **les avions volent a.-d. de nos têtes,** the planes are flying overhead; **2 degrés a.-d. de zéro,** 2 degrees above zero; **a.-d. de 50 francs,** over 50 francs (*b*) **a.-d. de cinq ans,** over five (years of age) (*c*) **vivre a.-d. de ses moyens,** to live beyond one's means.
au-devant [odvɑ̃] *prep phr* **a.-d. de** (*a*) **aller a.-d. de qn,** to go to meet s.o.; **aller a.-d. des désirs de qn,** to anticipate s.o.'s wishes (*b*) **aller a.-d. du danger,** to court danger.
audibilité [odibilite] *nf* audibility. **audible** *a* **1.** audible **2.** pleasant to listen to.
audience [odjɑ̃s] *nf* (*a*) audience (*b*) *Jur:* hearing; **lever l'a.,** to adjourn the hearing.
audiovisuel, -elle [odjovizɥɛl] **1.** *a* audiovisual **2.** *nm* audiovisual methods.
audit¹ [odit] *nm Book-k:* audit.
audit² [odi] *see* **ledit.**
auditeur, -trice [oditœr, -tris] *n* **1.** listener; **les auditeurs,** the audience **2.** *Book-k:* auditor **3.** *Sch:* **a. libre,** student allowed to attend classes but not to sit exams, *NAm:* auditor. **auditif, -ive** *a* auditory.
audition [odisjɔ̃] *nf* **1.** hearing (of sounds) **2.** (*a*) **a. (musicale),** recital (*b*) *Th etc:* audition; **passer une a.,** to go for an audition, be auditioned; *Jur:* **a. des témoins,** hearing, examination, of the witnesses.
auditionner [odisjɔne] *vtr & i* to audition.
auditoire [oditwar] *nm* **1.** auditorium **2.** audience.
auditorium [oditɔrjɔm] *nm* (broadcasting) studio.
auge [oʒ] *nf* trough.
augmentation [ɔgmɑ̃tasjɔ̃] *nf* **1.** increase, rise (**de,** in) **2. a. (de salaire),** (pay) increase, rise, *NAm:* raise.
augmenter [ɔgmɑ̃te] **1.** *vtr* to increase, augment; **édition augmentée,** enlarged edition; **a. qn,** to raise s.o.'s salary (**de,** by); **a. les prix,** to raise prices **2.** *vi* to increase; **le crime augmente,** crime is on the increase; **la valeur a augmenté de 10%,** the value has gone up 10%.
augure [ogyr] *nm* augury, omen; **de bon a.,** auspicious; **oiseau de mauvais a.,** bird of ill omen.
augurer [ogyre] *vtr* to augur, forecast, foresee.
auguste [ogyst] *a* august, majestic.
aujourd'hui [oʒurdɥi] *adv* today; **cela ne se pratique plus a.,** this is not done nowadays; **d'a. en huit,** today week; **il y a a. huit jours,** a week ago today.
au(l)ne [on] *nm Bot:* alder.
aumône [ɔmon] *nf* alms; **faire l'a. à,** to give alms to; **vivre d'a.,** to live on charity.
aumônier [ɔmonje] *nm* chaplain.
auparavant [oparavɑ̃] *adv* before(hand), previously; first; **comme a.,** as before.
auprès de [oprɛdə] *adv* **1.** close to, near to **2.** *prep*

phr (*a*) close to; by, close by, beside, near; **il a toujours qn a. de lui,** he always has s.o. with him; **ambassadeur a. de,** ambassador to (*b*) **agir a. de qn,** to use one's influence with s.o.; **être bien a. de qn,** to be in favour with s.o.; **solliciter qch a. de qn,** to request sth from s.o. (*c*) compared with.

auquel [okɛl] *see* **lequel**.

auréole [ɔreɔl] *nf* (*a*) halo (of saint) (*b*) halo (of moon) (*c*) (*stain*) ring.

auréoler [ɔreɔle] *vtr* to exalt, to glorify.

auriculaire [ɔrikylɛr] **1.** *a* auricular (confession) **2.** *nm* little finger.

Aurigny [ɔriɲi] *Prnm Geog:* Alderney.

aurore [ɔrɔr] *nf* (*a*) dawn, daybreak; break of day (*b*) **a. boréale,** aurora borealis, northern lights.

auscultation [ɔskyltasjɔ̃] *nf Med:* auscultation.

ausculter [ɔskylte] *vtr Med:* to sound (patient).

auspices [ɔspis] *nmpl* auspices; **sous de favorables a.,** auspiciously; **sous les a. de,** under the auspices of.

aussi [osi] **1.** *adv* (*a*) (*in comparisons*) as; **il est a. grand que son frère,** he is as tall as his brother; **c'est tout a. bon,** it's just as good (*b*) so; **après avoir attendu a. longtemps,** after waiting for such a long time; **il est a. travailleur que vous,** he is as hard-working as you (*c*) (i) also, too; **gardez a. celui-là,** keep this one as well (ii) so; **j'ai froid—moi a.,** I'm cold—so am I (*d*) *conj phr* **a. bien que,** as well as; **lui a. bien qu'elle,** both him and her (*e*) **a. bizarre qu'il soit,** strange as it may be **2.** *conj* (*a*) therefore, consequently, so (*b*) **a. bien,** moreover, for that matter, besides.

aussitôt [osito] (*a*) *adv* immediately, directly; **a. levé, il partit,** as soon as he was up, he left; **a. dit, a. fait,** no sooner said than done (*b*) *conj phr* **a. que** + *ind*, as soon as (*c*) **a.** + *pp* **a. l'argent reçu je vous paierai,** as soon as I get the money I'll pay you.

austérité [ɔsterite] *nf* austerity. **austère** *a* austere. **austèrement** *adv* austerely.

austral, -als, -aux [ɔstral, -o] *a* southern.

Australie [ɔstrali] *Prnf* Australia. **australien, -ienne** *a & n* Australian.

autant [otɑ̃] *adv* **1.** (*a*) as much, so much; as many, so many; **a. vous l'aimez, a. il vous hait,** he hates you as much as you love him; **tout a.,** quite as much, quite as many; **encore a.,** twice as much; **une fois a.,** as much again; **j'aimerais a. aller au cinéma,** I would just as soon go to the cinema; **il se leva, j'en fis a.,** he got up and I did the same (*b*) (i) **le travail est fini ou a. vaut,** the work is as good as finished; **a. vaut rester ici,** we may as well stay here (ii) **a. dire mille francs,** we might as well say a thousand francs; **la bataille était a. dire perdue,** the battle was as good as lost; **a. dire la vérité,** it's as well to tell the truth **2. a. que** (*a*) as much as, as many as; **j'en sais a. que toi,** your guess is as good as mine; *F:* **a. ça qu'autre chose,** it's all the same to me (*b*) as far as, as near as; **(pour) a. que je sache,** as far as I know **3. a. de,** as much, as many, so much, so many; **ils ont a. d'amis que vous,** they have as many friends as you; **c'est a. de gagné,** that's so much gained; so much to the good **4. d'a.,** accordingly; **d'a. plus, moins, que,** all the more, less, so as; **c'est d'a. plus facile que,** it's all the easier as **5. pour a.,** for all that.

autel [otɛl] *nm* altar.

auteur [otœr] *nm* **1.** author, originator; perpetrator (of crime); **a. d'un accident,** party at fault in an accident; person who caused an accident **2.** author, writer; composer (of music); painter; **droit d'a.,** copyright; **droits d'a.,** royalties.

authenticité [ɔtɑ̃tisite] *nf* authenticity. **authentique** *a* authentic; sincere (feeling, personality). **authentiquement** *adv* authentically.

authentification [ɔtɑ̃tifikasjɔ̃] *nf* authentification.

authentifier [ɔtɑ̃tifje] *vtr* to authenticate.

autisme [otism] *nm Psy:* autism. **autiste** *a & n* autistic.

auto [ɔto] *nf* car; **a. tamponneuse,** bumper car, Dodgem *Rtm*.

auto- [ɔto] *pref* **1.** auto- **2.** self- **3.** motor.

autoallumage [ɔtoalymaʒ] *nm Aut:* pre-ignition.

autobiographie [ɔtobjɔgrafi] *nf* autobiography. **autobiographique** *a* autobiographical.

autobus [ɔtobys] *nm* bus.

autocar [ɔtokar] *nm* coach; *NAm:* bus.

autochtone [ɔtoktɔn] *a & n* native.

autoclave [ɔtoklav] *nm* autoclave.

autocollant [ɔtokɔlɑ̃] **1.** *a* self-adhesive **2.** *nm* sticker.

autocratie [ɔtokrasi] *nf* autocracy. **autocrate 1.** *nm* autocrat **2.** *a* autocratic. **autocratique** *a* autocratic.

autocritique [ɔtokritik] *nf* self criticism.

autocuiseur [ɔtokɥizœr] *nm Cu:* pressure cooker.

autodafé [ɔtodafe] *nm Hist:* auto-da-fé.

autodéfense [ɔtodefɑ̃s] *nf* self-defence.

autodidacte [ɔtodidakt] *a* self-taught.

autodrome [ɔtodrom] *nm* motor-racing track.

auto-école [ɔtoekɔl] *nf* school of motoring, driving school; *pl auto-écoles*.

autographe [ɔtograf] *a & n* autograph.

automate [ɔtomat] *nm* automaton.

automation [ɔtomasjɔ̃] *nf* automation.

automatique [ɔtomatik] **1.** *a* automatic **2.** *nm* (*a*) *Tp:* = subscriber trunk dialling, STD (*b*) automatic (pistol). **automatiquement** *adv* automatically.

automatisation [ɔtomatizasjɔ̃] *nf* automation.

automitrailleuse [ɔtomitrajøz] *nf* armoured car.

automne [ɔtɔn] *nm* autumn; *NAm:* fall. **automnal, -aux** *a* autumnal.

automobile [ɔtomɔbil] **1.** *a* (*a*) self-propelled; **voiture a.,** motor vehicle; **canot a.,** motor boat (*b*) automobile (club); car, motor (insurance) **2.** *nf* (motor) car, *NAm:* automobile.

automobilisme [ɔtomɔbilism] *nm* motoring.

automobiliste [ɔtomɔbilist] *n* motorist.

autonomie [ɔtɔnɔmi] *nf* autonomy; self-government. **autonome** *a* autonomous, self-governing.

autonomiste [ɔtɔnɔmist] *n* autonomist.

autoportrait [ɔtopɔrtrɛ] *nm* self-portrait.

autopsie [ɔtɔpsje] *nf* autopsy.

autopsier [ɔtɔpsje] *vtr* to perform an autopsy on.

autoradio [ɔtoradjo] *nm* car radio.

autorail [ɔtoraj] *nm* railcar.

autorisation [ɔtɔrizasjɔ̃] *nf* authorization; permission; permit.

autoriser [ɔtɔrize] *vtr* **1. a. qn à faire qch,** to authorize s.o. to do sth **2.** to sanction (an action) **3.** to allow, permit, give permission (to do sth) **4. s'a. de**

qch pour faire, to use sth as an excuse for doing. **autorisé** *a* authorized; authoritative (source); permitted, allowed.

autoritarisme [ɔtɔritarism] *nm* authoritarianism.

autorité [ɔtɔrite] *nf* **1.** (*a*) authority; **il n'a pas d'a. sur ses élèves,** he can't keep order; **faire qch d'a.,** to take it upon oneself to do sth (*b*) **avoir de l'a. sur qn,** to have influence over s.o.; **faire a. en qch,** to be an authority on sth; **sa parole a de l'a.,** his word carries weight **2. les autorités,** the authorities. **autoritaire 1.** *a* authoritative **2.** *n* authoritarian. **autoritairement** *adv* authoritatively.

autoroute [ɔtɔrut] *nf* motorway, *NAm:* highway, freeway. **autoroutier, -ière** *a* motorway (network).

auto-stop [ɔtɔstɔp] *nm* hitch-hiking; **faire de l'a.-s.,** to hitch-hike; to hitch a lift; **en a.-s.,** by hitch-hiking.

auto-stoppeur, -euse [ɔtɔstɔpœr, -øz] *n* hitch-hiker.

autour [otur] **1.** *adv* (a)round (it, them) **2.** *prep phr* **a. de,** (*a*) (a)round; **assis a. de la table,** sitting (a)round the table; **tourner a. du pot,** to beat about the bush (*b*) **a. de 50,** about 50.

autre [otr̥] *a & pron* **1.** (*a*) other, further; **un a. jour,** another day; **une a. fois,** later; another time; **un jour ou l'a.,** one day; **d'autres vous diront que,** others will tell you that; **l'a. monde,** the next world; **sans faire d'a. observation,** without making any further remark (*b*) **nous autres Anglais,** we English; **vous autres,** all of you (*c*) **cela peut arriver d'un jour à l'a.,** it may happen any day; **je le vois de temps à a.,** I see him now and then (*d*) **l'un et l'a.,** both; **les uns et les autres,** (i) all (and sundry) (ii) both parties (*e*) **l'un ou l'a.,** either; **ni l'un ni l'a.,** neither (*f*) **l'un dit ceci, l'a. dit cela,** one says this and the other says that; **les uns par ci les autres par là,** some one way, some another (*g*) **l'un l'a.,** each other, one another; **elles se moquent les unes des autres,** they make fun of each other (*h*) **l'un dans l'a., on se fait mille francs,** one thing with another, on an average, we earn a thousand francs **2.** (*a*) other, different; **c'est un a. homme,** he's a new man; **une tout a. femme,** quite a different woman; **j'ai d'autres idées,** I have different ideas; *F:* **j'en ai vu bien d'autres,** that's nothing, I've been through worse than that (*b*) someone, something, else; **adressez-vous à quelqu'un d'a.,** ask someone else; **personne d'a. ne l'a vu,** no one else, nobody else, saw him; **que pouvait-il faire d'a.!** what else could he do? **(dites cela) à d'autres!** nonsense! tell that to the marines! (*c*) *indef pron m* (i) **a. chose,** something else; something different; **as-tu a. chose à faire?** have you anything else to do? (ii) **a. chose,** and another thing; not only that, but; **c'est tout a. chose!** that's quite a different matter!

autrefois [otrəfwa] *adv* formerly; in the past; **c'était l'usage a.,** it was the custom in former times; **sa vie d'a.,** his past life.

autrement [otrəmɑ̃] *adv* **1.** (*a*) otherwise; differently; in another way; **nous ne pouvons faire a.,** we cannot do otherwise; **a. dit,** in other words (*b*) **c'est bien a. sérieux,** that is far more serious **2.** otherwise.

Autriche [otriʃ] *Prnf Geog:* Austria. **autrichien, -ienne** *a & n* Austrian.

autruche [otryʃ] *nf Orn:* ostrich; **faire l'a., pratiquer la politique de l'a.,** to bury one's head in the sand.

autrui [otrɥi] *pron indef* others; other people.

auvent [ovɑ̃] *nm* (*a*) open shed (*b*) porch roof (*c*) canopy.

aux [o] *see* **à** *and* **le**.

auxiliaire [ɔksiljɛr] **1.** *a* auxiliary (verb, troops); **bureau a.,** sub-office **2.** *n* (*a*) auxiliary (*b*) helper, assistant (*c*) *nmpl* auxiliaries.

auxquels, -elles [okɛl] *see* **lequel**.

avachir (s') [savaʃir] *vpr* (i) (*of shoes, clothes*) to get out of shape (ii) (*of pers*) to become limp; to let oneself go. **avachi** *a* shapeless (shoes); **se sentir tout a.,** to feel completely limp; **a. sur la table,** slumped over the table.

aval¹ [aval] *nm Fin:* endorsement (on bill); **donneur d'a.,** guarantor (of bill).

aval² *nm* **1.** downstream side; **en a.,** downstream **2.** down slope.

avalanche [avalɑ̃ʃ] *nf* avalanche; flood (of compliments).

avaler [avale] *vtr* to swallow; **ça s'avale facilement,** it goes down easily; **a. son repas,** to bolt one's meal; **a. la fumée,** to inhale; **a. un roman,** to race through a novel; **j'ai avalé de travers,** it went down the wrong way; **a. ses mots,** to mumble; *F:* **tu as avalé ta langue?** have you lost your tongue?

avaliser [avalize] *vtr Com:* to endorse, to guarantee (bill).

avance [avɑ̃s] *nf* **1.** advance, lead; **avoir de l'a. sur qn,** to be ahead of s.o.; to have a lead over s.o.; **ma montre prend de l'a.,** my watch is fast; **arriver avec cinq minutes d'a.,** to arrive with five minutes to spare; **le train a 10 minutes d'a.,** the train is 10 minutes early; *ICE:* **mettre de l'a. à l'allumage,** to advance the ignition **2.** projection; **balcon qui forme a.,** balcony that juts out **3.** (*a*) **a. (de fonds),** advance, loan (*b*) *pl* **faire des avances à qn,** to make advances to s.o. **4.** *adv phr* (*a*) **d'a., à l'a., par a.,** in advance; **jouir d'a. de qch,** to look forward to sth; **payé d'a.,** prepaid; **c'est décidé à l'a.,** it's a foregone conclusion (*b*) **l'horloge est en a.,** the clock is fast; **en a.,** early; **en a. sur,** ahead of, in advance of.

avancé [avɑ̃se] *a* (*a*) **position avancée,** advanced position (*b*) **opinions avancées,** progressive ideas (*c*) **élève a.,** pupil ahead of his class (*d*) **à une heure avancée de la nuit,** late in the night; **à une heure peu avancée,** quite early on; **l'été est bien a.,** summer is nearly over (*e*) **a. en âge,** getting on (in years); **à un âge a.,** late in life (*f*) *F:* **vous voilà bien a.!** a lot of good that's done you!

avancée [avɑ̃se] *nf* projection, overhang.

avancement [avɑ̃smɑ̃] *nm* **1.** promotion **2.** advance(ment), progress.

avancer [avɑ̃se] *v* **(n. avançons) 1.** *vtr* (*a*) to advance, put forward; to hold out, stretch out (one's hand); to pull forward (a chair) (*b*) **a. une proposition,** to put forward a proposal (*c*) to make (sth) earlier; to hasten (sth) on; to bring forward (meeting); **a. une montre,** to put forward a watch (*d*) **a. de l'argent à qn,** to advance money to s.o. (*e*) to promote, to further (science, s.o.'s interests); **à quoi cela vous avancera-t-il?** what good will that do you? **2.** *vi* (*a*) to advance; to move, to step, to go, forward; **a. d'un**

pas, to take one step forward; **faire a. qn,** to make s.o. move on; **a. en âge,** to be getting on in years; **ma montre avance d'une minute par jour,** my watch gains a minute a day (*b*) to progress; to make headway (*c*) to be ahead of time; **l'horloge avance,** the clock is fast; **j'avance de 5 minutes,** I'm, my watch is, 5 minutes fast (*d*) to jut out, to project **3. s'a.** (*a*) to move forward, to advance; **s'a. vers qch,** to head towards sth (*b*) to progress (*c*) to jut out.

avant [avɑ̃] **1.** *prep* before; **a. J.-C.,** B.C.; **a. une heure,** (i) by one o'clock (ii) within an hour; **pas a. de nombreuses années,** not for many years to come; **(surtout et) a. tout,** first of all; above all; **a. toute chose,** in the first place **2.** (*a*) *prep phr* **a. de** + *inf*; **je vous reverrai a. de partir,** I shall see you before I leave (*b*) *conj phr* **a. que** + *sub*; **je vous reverrai a. que vous (ne) partiez,** I shall see you again before you leave; **a. que vous ayez fini,** by the time you have finished (*c*) **pas a. de, que,** not before, not until **3.** (= **auparavant)** *adv* (*a*) **il était arrivé quelques mois a.,** he had arrived some months before (*b*) **réfléchis a.,** think first (*c*) **il l'a mentionné a.,** he mentioned it earlier **4.** *adv Lit:* (*a*) far, deep; **pénétrer très a. dans les terres,** to penetrate far inland (*b*) far, late; **bien a. dans la nuit,** far into the night **5.** *adv phr* **en a.,** in front; before; forward; *Mil:* **en a., marche!** forward march! **envoyer qn en a.,** to send s.o. ahead; **regarder en a.,** to look ahead; **faire deux pas en a.,** to move forward two steps; *Nau:* **en a. à toute vitesse,** full steam ahead; *prep phr* **il est en a. de son siècle,** he's ahead of his time; **en a. de nous,** ahead of us **6.** (*in adj relation to n*) (*a*) fore, forward, front; *Aut:* **traction a.,** front-wheel drive (*b*) **d'a.,** previous; **la nuit d'a.,** the night before **7.** *nm* (*a*) *Nau:* bow; **le logement de l'équipage est à l'a.,** the crew's quarters are forward; **aller de l'a.,** to go ahead (*b*) front; nose (of aircraft) (*c*) *Fb:* forward.

avantage [avɑ̃taʒ] *nm* **1.** advantage; **a. pécuniaire,** monetary gain; **a. en nature,** perquisite; **c'est un a. précieux,** it's a great asset; **tirer a. de qch.,** to turn sth to advantage **2.** (*a*) *Sp:* **donner l'a. à qn,** to give s.o. odds (*b*) *Ten:* (ad)vantage (*c*) **avoir l'a. sur qn,** to have the advantage of s.o.; **tu as a. à le faire,** it's worth your while to do it; **il y a a. à** + *inf*, it is best to + *inf*.

avantager [avɑ̃taʒe] *vtr* **(n. avantageons)** (*a*) to favour; to give an advantage (*b*) **l'uniforme l'avantage,** he looks well in uniform. **avantageux, -euse** *a* **1.** advantageous, favourable; **cet article est très a.,** this article is very good value; **prix a.,** reasonable price **2.** *Pej:* conceited. **avantageusement** *adv* advantageously.

NOTE. *In all the following compounds* AVANT *is inv, the noun or adj takes the plural.*

avant-bras [avɑ̃bra] *nm inv* forearm.

avant-centre [avɑ̃sɑ̃tr] *Fb:* centre-forward.

avant-coureur [avɑ̃kurœr] **1.** *nm* forerunner **2.** *am* premonitory (symptom).

avant-dernier, -ière [avɑ̃dɛrnje, -jɛr] *a & n* last but one.

avant-garde [avɑ̃gard] *nf* (*a*) advance(d) guard (*b*) avant-garde; **théâtre d'a.-g.,** avant-garde theatre.

avant-goût [avɑ̃gu] *nm* foretaste.

avant-guerre [avɑ̃gɛr] *nm or f* pre-war period; **d'a.-g.,** pre-war.

avant-hier [avɑ̃tjɛr] *adv* the day before yesterday.

avant-plan [avɑ̃plɑ̃] *nm* foreground.

avant-port [avɑ̃pɔr] *nm Nau:* outer harbour.

avant-poste [avɑ̃pɔst] *nm Mil:* outpost.

avant-première [avɑ̃prəmjɛr] *nf Cin: etc:* preview.

avant-propos [avɑ̃prɔpo] *nm inv* preface, foreword.

avant-scène [avɑ̃sɛn] *nf Th:* (*a*) apron (*b*) stage box.

avant-train [avɑ̃trɛ̃] *nm* forequarters (of animal).

avant-veille [avɑ̃vɛj] *nf* **l'a.-v. (de),** two days before.

avare [avar] **1.** *a* miserly, avaricious; **être a. de son argent,** to be mean with one's money **2.** *n* miser.

avarice [avaris] *nf* avarice. **avaricieux, -ieuse** *a* avaricious, miserly.

avarie [avari] *nf* damage.

avarier [avarje] *vpr* to damage, spoil.

avatar [avatar] *nm* (*a*) *Hindu Rel:* avatar (*b*) transformation (*c*) *F:* misadventure.

avec [avɛk] **1.** *prep* (*a*) with; **déjeuner a. qn,** to have lunch with s.o.; **le public est a. nous,** the public is behind us (*b*) *Com:* **et a. cela, madame?** anything else, madam? (*c*) **se lever a. le soleil,** to get up at sunrise **2.** (*a*) (*suggesting cause*) **on n'y arrive plus a. cette vie chère,** it is becoming impossible to manage with the cost of living as high as it is (*b*) **je l'aime a. tous ses défauts,** I love him in spite of all his faults **3. a. courage,** with courage; courageously **4. cela viendra a. le temps,** that will come in time; **a. l'aide de qn,** with s.o.'s help **5. se marier a. qn,** to marry s.o.; **lier conversation a. qn,** to get into conversation with s.o. **6. être d'accord a. qn,** to agree with s.o. **7. en comparaison a. qch,** in comparison with sth **8. se battre a. qn,** to fight s.o. **9. être sévère a. qn,** to be hard on s.o. **10. a. elle on ne sait jamais,** you never can tell with her **11.** *F:* **elle est grande et a. ça mince,** she's tall and slim as well; **a. ça qu'il n'a pas triché!** don't say he didn't cheat! **12.** *prep phr* **d'a.,** from; **séparer le bon d'a. le mauvais,** to separate the good from the bad **13.** *adv F:* with it, with them.

aven [avɛn] *nm Geol:* swallowhole.

avenant [avnɑ̃] **1.** *a* (*a*) pleasing, prepossessing (*b*) **à l'a.,** in keeping **(de,** with) **2.** *nm Ins:* additional clause.

avènement [avɛnmɑ̃] *nm* (*a*) advent, coming (of Christ) (*b*) accession (to the throne).

avenir [avnir] *nm* future; **jeune homme d'un grand a.,** youth of great promise; **homme d'a.,** man with a future; **dans l'a.,** at some future date; **à l'a.,** in future.

Avent [avɑ̃] *nm Ecc:* Advent.

aventure [avɑ̃tyr] *nf* **1.** (*a*) adventure; **a. effrayante,** terrifying experience (*b*) (love) affair **2.** chance, luck, venture; **tenter l'a.,** to try one's luck; **errer à l'a.,** to wander about aimlessly; **par a., d'a.,** by chance; **dire la bonne a. à qn,** to tell s.o.'s fortune.

aventurer [avɑ̃tyre] *vtr* **1.** to venture (a remark); to risk (one's life) **2. s'a.,** to venture **(dans,** into); to take risks. **aventuré** *a* risky. **aventureux, -euse** *a* adventurous; risky. **aventureusement** *adv* adventurously; riskily.

aventurier, -ière [avɑ̃tyrje, -jɛr] *n* adventurer, adventuress.

avenue [avny] *nf* avenue; drive.

avérer (s') [savere] *vpr* to be proved correct; to be

confirmed; **il s'avère que,** it turns out that; **s'a. faux,** to be proved false. **avéré** *a* established.

averse [avɛrs] *nf* (sudden) shower; downpour.

aversion [avɛrsjɔ̃] *nf* aversion (**pour,** to, for); dislike (**pour,** to, for, of); **avoir qch en a.,** to loathe sth.

avertir [avɛrtir] *vtr* **a. qn de qch,** to warn, notify, inform, s.o. of sth; **je vous en avertis!** I give you fair warning! **averti** *a* informed, aware; well-informed; experienced.

avertissement [avɛrtismɑ̃] *nm* (*a*) warning (*b*) reprimand; *Sp:* warning (*c*) **a. (au lecteur),** foreword.

avertisseur, -euse [avɛrtisœr, -øz] **1.** *a* warning **2.** *nm* warning signal; *Aut:* horn; **coup d'a.,** honk; **a. d'incendie,** fire alarm.

aveu, -eux [avø] *nm* avowal, confession; **de l'a. de tout le monde,** by common consent.

aveugle [avœgl] **1.** (*a*) *a* blind, sightless; **devenir a.,** to go blind; **a. d'un œil,** blind in one eye (*b*) *n* **un, une, a.,** a blind man, woman; **les aveugles,** the blind **2.** *a* blind, unreasoning (hatred); implicit (trust); **être a. aux défauts de qn,** to be blind to s.o.'s faults. **aveuglément** *adv* blindly.

aveuglement [avœgləmɑ̃] *nm* blinding; blindness.

aveugle-né, -née [avœglәne] *a & n* (man, woman) blind from birth.

aveugler [avœgle] *vtr* (*a*) to blind (s.o.) (*b*) to dazzle, blind (*c*) **s'a. sur les défauts de qn,** to turn a blind eye to s.o.'s faults. **aveuglant** blinding, dazzling.

aveuglette (à l') [alavœglɛt] *adv phr* blindly; **avancer à l'a.,** to grope one's way along.

aviateur, -trice [avjatœr, -tris] *n* aviator; airman, -woman.

aviation [avjasjɔ̃] *nf* aviation; flying; air travel; **compagnie d'a.,** airline; **terrain d'a.,** airfield; **usine d'a.,** aircraft factory.

avicole [avikɔl] *a* poultry (farm, farming).

aviculteur, -trice [avikyltœr, -tris] *n* poultry farmer.

aviculture [avikyltyr] *nf* poultry farming.

avidité [avidite] *nf* avidity; eagerness; greed(iness); **avec a.,** (i) greedily (ii) eagerly. **avide** *a* avid, eager, greedy; **a. de qch,** (i) greedy for sth (ii) eager for sth. **avidement** *adv* avidly, eagerly, greedily.

avilir [avilir] *vtr* **1.** to degrade **2. s'a.,** to demean oneself. **avilissant** *a* degrading.

avilissement [avilismɑ̃] *nm* degradation.

avion [avjɔ̃] *nm* aircraft, aeroplane, *F:* plane; *NAm:* airplane; **aller à Paris en a.,** to fly to Paris; **par a.,** (by) air mail; **a. de chasse,** fighter; **a. de ligne,** airliner.

avion-taxi [avjɔ̃taksi] *nm* charter plane; air taxi; *pl avions-taxis.*

aviron [avirɔ̃] *nm* **1.** oar **2.** rowing; **faire de l'a.,** to row.

avis [avi] *nm* **1.** (*a*) opinion, judgment; **ils ne sont pas du même a.,** they disagree; **à, selon, mon a.,** in my opinion; **de l'a. de tous,** in the opinion of all; **je suis de votre a.,** I agree with you; **j'ai changé d'a.,** I've changed my mind; **je suis d'a. qu'il vienne,** in my opinion he ought to come (*b*) advice, counsel; **demander l'a. de qn,** to ask s.o.'s advice **2.** notice, notification, announcement; **a. (au public),** notice (to the public); **a. au lecteur,** foreword (to book); **jusqu'à nouvel a.,** until further notice; **sauf a. contraire,** unless otherwise informed; *Com:* **a. de crédit,** credit advice.

aviser [avize] **1.** *vtr* (*a*) to perceive, to catch sight of (s.o.) (*b*) **a. qn de qch,** to inform, to advise, s.o. of sth **2.** *vi* **a. à qch,** to decide what to do about (a situation); **il est temps d'a.,** it is time to make a decision **3. s'a. de qch,** to think of sth; **s'a. de faire qch,** to venture to do sth. **avisé** *a* prudent, sensible; **bien a.,** well advised.

avitaminose [avitaminoz] *nf* vitamin deficiency.

aviver [avive] *vtr* to revive, brighten (colours); to irritate (wound); to stir up, excite (passion); to revive, stir up (fire); to sharpen (appetite).

avocat[1], -ate [avɔka, -at] *n* **1.** barrister; counsel; *NAm:* attorney; **a. général,** assistant public prosecutor (in court of appeal); **être reçu a.,** to be called to the bar **2.** advocate; **a. du diable,** devil's advocate.

avocat[2] *nm Bot:* avocado (pear).

avoine [avwan] *nf* oat(s); **farine d'a.,** oatmeal.

avoir[1] [avwar] *vtr* (*prp* **ayant;** *pp* **eu;** *pr ind* **j'ai, tu as, il a, n. avons, v. avez, ils ont;** *pr sub* **j'aie, il ait;** *impf* **j'avais;** *fu* **j'aurai; avoir** *is the aux of all transitive and many intransitive vbs*) **1.** (*a*) to have, possess; to run (a car); to keep (chickens); to hold (opinion); **il a encore son père,** his father is still alive (*b*) **qu'est-ce que vous avez là?** what have you got there? **elle avait une robe bleue,** she was wearing a blue dress (*c*) **a. les yeux bleus,** to have blue eyes; **a. qch en horreur,** to have a horror of sth (*d*) **a. dix ans,** to be ten (years old) **2.** (*a*) to get, obtain (sth); **j'ai eu mon train,** I caught my train (*b*) **a. un enfant,** to have a child **3.** *F:* to get the better of (s.o.); **on vous a eu!** you've been had! **4.** *Lit:* = **faire,** *etc, chiefly in ph;* **il eut un mouvement brusque,** he made a sudden movement **5. qu'avez-vous? qu'est-ce que vous avez?** what's the matter with you? **a. la grippe,** to have flu **6. en a.** (*a*) **nous en avons pour deux heures,** it will take us two hours; **j'en ai assez,** I've had enough; I'm sick of it (*b*) **en a. à, contre, qn,** to have a grudge against s.o. **7.** (*a*) **a. qch à faire,** to have sth to do; **vous n'avez pas à vous inquiéter,** you have no need to worry (*b*) **je n'ai que faire de cela,** I don't need that **8.** *impers* (*a*) **il y a.,** there is, there are; **il y en a un qui va être surpris,** someone is in for a surprise; **il n'y a pas de quoi,** please! don't mention it (*b*) **qu'est-ce qu'il y a?** what's the matter? (*c*) **il y a deux ans,** two years ago; **il y avait six mois que j'attendais,** I had been waiting for the last six months (*d*) **combien y a-t-il d'ici à Londres?** how far is it (from here) to London? **9.** *aux use* **j'ai fini,** I've finished; **je l'ai vue hier,** I saw her yesterday; **quand il eut fini de parler,** when he had finished speaking; **j'aurai bientôt fini,** I shall soon have finished.

avoir[2] *nm* property; **tout mon a.,** all I possess; *Com:* **doit et a.,** debit and credit.

avoisiner [avwazine] *vtr* **a. qch,** to be near sth, close, adjacent, to sth; to border on sth. **avoisinant** *a* neighbouring; nearby.

avortement [avɔrtәmɑ̃] *nm* **1.** (*a*) **a. (spontané),** miscarriage (*b*) **a. (provoqué),** abortion; **a. libre,** abortion on demand **2.** *Fig:* failure.

avorter [avɔrte] *vi* **1.** to miscarry, to abort; **se faire a.,** to have an abortion **2.** *Fig:* **le projet a avorté,** the plan proved abortive.

avorteur, -euse [avɔrtœr, -ɔz] *n* abortionist.
avorton [avɔrtɔ̃] *nm* puny shrimp; runt; stunted plant.
avoué [avwe] *nm Jur:* = solicitor, *NAm:* attorney.
avouer [avwe] *vtr* **1.** to acknowledge; **s'a. coupable,** to admit one's guilt; **s'a. vaincu,** to admit defeat **2.** to confess, to own up to (a fault); **ceci me surprend, je l'avoue,** I must say this surprises me.
avril [avril] *nm* April; **en a.,** in April; **au mois d'a.,** in the month of April; **le sept a.,** (on) April the seventh; **le premier a.** (i) the first of April (ii) April Fool's day; **poisson d'a.!** April fool!
axe [aks] *nm* **1.** axis (of ellipse); **a. d'une route,** centre line of a road; **grands axes de circulation,** major routes **2.** axle, spindle. **axial, -aux** *a* axial (line).
axer [akse] *vtr* to centre; **elle est axée sur,** she is drawn towards.
axiome [aksjom] *nm* axiom. **axiomatique** *a* axiomatic.
ayant [ɛjɑ̃] **1.** *see* **avoir**. **2.** *nm Jur:* **a. droit,** rightful claimant or owner; interested party; beneficiary; *pl ayants droit.*
azalée [azale] *nf Bot:* azalea.
azimut [azimyt] *nm* azimuth; *F:* **dans tous les azimuts,** all over the place; *F:* **publicité tous azimuts,** all-out advertising .
azotate [azɔtat] *nm Ch:* nitrate.
azote [azɔt] *nm Ch:* nitrogen. **azoté** *a* nitrogenous.
aztèque [aztɛk] *a & n Ethn:* Aztec.
azur [azyr] *nm* azure, blue; *Geog:* **la Côte d'A.,** the (French) Riviera.
azuré [azyre] *a* azure, (sky-)blue.
azyme [azim] *a* unleavened (bread).

B

B, b [be] *nm* (the letter) B, b.
baba [baba] **1.** *nm Cu:* baba **2.** *a inv F:* dumbfounded.
baba (cool) [baba(kul)] *n* hippy.
babillage [babijaʒ] *nm* prattle, babble.
babiller [babije] *vi* to prattle; to babble.
babines [babin] *nfpl Z: Fig:* chops.
babiole [babjɔl] *nf* knick-knack, trinket.
bâbord [babɔr] *nm Nau:* port (side).
babouche [babuʃ] *nf* Turkish slipper.
babouin [babwɛ̃] *nm* baboon.
baby-foot [babifut] *nm inv* table football.
bac¹ [bak] *nm* **1.** ferry(boat); pontoon; **b. à voitures,** car ferry **2.** tank, vat; container (for food); **b. à glace,** ice tray.
bac² *nm F:* = **baccalauréat.**
baccalauréat [bakalɔrea] *nm* = General Certificate of Education, GCE A levels.
bâche [bɑʃ] *nf* canvas cover; **b. goudronnée,** tarpaulin.
bachelier, -ière [baʃəlje, -jɛr] *n Sch:* one who has passed the baccalauréat.
bâcher [bɑʃe] *vtr* to cover with a tarpaulin.
bachot [baʃo] *nm F:* = **baccalauréat; boîte à b.,** crammer.
bachotage [baʃɔtaʒ] *nm Sch: F:* cramming.
bachoter [baʃɔte] *vi Sch: F:* to cram.
bacille [basil] *nm Biol:* bacillus, germ.
bâcler [bɑkle] *vtr F:* to scamp, to botch (work); **travail bâclé,** slapdash work.
bactérie [bakteri] *nf* bacterium, *pl* -ia. **bactérien, -ienne** *a* bacterial.
bactériologie [bakterjɔlɔʒi] *nf* bacteriology. **bactériologique** *a* bacteriological.
bactériologiste [bakterjɔlɔʒist] *n* bacteriologist.
badaboum [badabum] *onomat* crash.
badaud, -aude [bado, -od] *n* stroller, idler.
baderne [badɛrn] *nf F: Pej:* **vieille b.,** old fogey.
badigeon [badiʒɔ̃] *nm* distemper; **b. à la chaux,** whitewash.
badigeonner [badiʒɔne] *vtr* to distemper, to whitewash (a wall).
badinage [badinaʒ] *nm* joking, banter.
badine [badin] *nf* cane, switch.
badiner [badine] *vi* to jest, to joke (**avec,** with; **sur,** about).
baffe [baf] *nf P:* slap, clout.
baffle [bafl] *nm* (hi-fi) speaker.
bafouer [bafwe] *vtr* to ridicule, jeer at (s.o.).
bafouiller [bafuje] *vtr & i F:* (*a*) to splutter, stammer (*b*) to talk nonsense.
bafouilleur, -euse [bafujœr, -øz] *n* stammerer.
bâfrer [bɑfre] *F: vi & vtr* to guzzle.
bagage [bagaʒ] *nm* **1. plier b.,** (i) to pack up one's bags, *Mil:* one's kit (ii) *F:* to clear out **2** *esp pl* luggage; **bagages à main,** hand luggage; **voyager avec peu de b.,** to travel light.
bagagiste [bagaʒist] *nm* luggage handler.
bagarre [bagar] *nf* fight, brawl; quarrel; **chercher la b.,** to look for a fight.
bagarrer [bagare] *vi F:* **1.** to fight (**pour,** for) **2. se b.,** to fight, to brawl; to quarrel. **bagarreur, -euse** *a & n* quarrelsome, violent (person); *n* brawler.
bagatelle [bagatɛl] *nf* trifle; **acheter qch pour une b.,** to buy sth for a song.
bagnard [baɲar] *nm* convict.
bagne [baɲ] *nm* (*a*) *A:* convict prison (*b*) **condamné à 5 ans de b.,** sentenced to 5 years' penal servitude; *F:* **quel b.!** what a grind!
bagnole [baɲɔl] *nf F:* car; **vieille b.,** old banger.
bagou(t) [bagu] *nm F:* glibness (of tongue); **avoir du b.,** to have the gift of the gab.
bague [bag] *nf* (*a*) (jewelled) ring (*b*) band (*c*) *MecE:* **b. d'assemblage,** collar.
baguenauder [bagnode] *vi & pr F:* to mooch about, to loaf around.
baguette [bagɛt] *nf* rod, wand, stick; (conductor's) baton; long thin loaf of French bread; **baguettes,** chopsticks; **b. magique,** magic wand; **baguettes de tambour,** drumsticks; **marcher à la b.,** to follow orders.
bah [bɑ] *int* bah! pooh!
bahut [bay] *nm* (*a*) chest (*b*) sideboard (*c*) *P:* school.
bai [bɛ] *a* bay (horse); **b. châtain,** chestnut bay.
baie¹ [bɛ] *nf Geog:* bay.
baie² *nf Arch:* bay, opening; **fenêtre en b.,** bay window.
baie³ *nf Bot:* berry.
baignade [bɛɲad] *nf* **1.** bathe **2.** bathing place.
baigner [beɲe] **1.** *vtr* (*a*) to bathe; to steep; **baigné de sueur,** dripping with sweat (*b*) (*of sea*) to wash (coast); (*of river*) to water (a district) (*c*) to bath (baby) **2.** *vi* to soak, steep (in sth) **3. se b.** (*a*) to take a bath (*b*) to bathe; to have a bathe, a swim.
baigneur, -euse [bɛɲœr, -øz] (*a*) *n* bather (*b*) *nm* (*toy*) baby doll.
baignoire [bɛɲwar] *nf* **1.** bath; (bath)tub **2.** *Th:* ground-floor box.
bail, *pl* **baux** [baj, bo] *nm* lease (to tenant); **prendre à b.,** to take a lease on (a house); **donner à b.,** to lease (out).
bâillement [bɑjmɑ̃] *nm* yawn(ing).
bâiller [bɑje] *vi* **1.** to yawn; **b. à se décrocher la mâchoire,** to yawn one's head off **2.** (*of seams*) to gape; (*of door*) to be ajar.
bailleur, -eresse [bajœr, bajrɛs] *n* **1.** lessor **2. b. de fonds,** financial backer.
bâillon [bɑjɔ̃] *nm* gag.
bâillonner [bɑjɔne] *vtr* to gag.
bain [bɛ̃] *nm* **1.** (*a*) bath; **b. moussant,** bubble bath; **b. à remous,** whirlpool bath; **prendre un b. de soleil,** to sunbathe; **salle de bain(s),** bathroom; *Fig:* **être dans le b.,** to be in the know; **se mettre dans le b.,** to get

into the swing of things; **ils sont dans le même b.,** they're in the same boat (*b*) bath(tub) (*c*) **bains publics,** public baths (*d*) *pl* watering place; spa (*e*) swim; bathing; **bains de mer** (i) sea bathing (ii) seaside resort **2.** *Ch: Phot:* bath.

bain-marie [bɛ̃mari] *nm Cu:* double saucepan; double boiler; *pl bains-marie.*

baïonnette [bajɔnɛt] *nf* bayonet.

baisemain [bɛzmɛ̃] *nm* hand kissing.

baiser[1] [beze] *vtr* (*a*) to kiss (*b*) *V:* to fuck; **se faire b.,** to be had.

baiser[2] *nm* kiss.

baisse [bɛs] *nf* **1.** subsidence (of water); ebb (of tide) **2.** fall, drop (in prices).

baisser [bɛse] **1.** *vtr* to lower (curtain, blind); to open, let down (car window); **b. la tête,** to hang one's head; **donner tête baissée dans un piège,** to fall headlong into a trap; **b. les yeux,** to look down; **b. la voix,** to lower one's voice; **b. la radio,** to turn down the radio; **b. les prix,** to lower, reduce, prices **2.** *vi* (*a*) to be on the decline; (*of tide*) to ebb; **la température baisse,** it's getting colder; **le jour baisse,** it's getting dark; **sa vue baisse,** his sight is failing; **le malade baisse,** the patient is sinking; **il a baissé dans mon estime,** he has gone down in my estimation (*b*) (*of prices*) to fall, to come down **3. se b.,** to stoop; to bend down.

bajoues [baʒu] *nfpl Z:* chops; (*of pers*) flabby cheeks.

bakchich [*bak*ʃiʃ] *nm F:* **1.** tip **2.** bribe.

bal, *pl* **bals** [bal] *nm* **1.** ball, dance; **b. masqué,** fancy dress, masked, ball **2.** ballroom, dance hall.

balade [balad] *nf F:* walk, stroll; **b. en voiture,** run in the car.

balader [balade] *F:* **1.** *vtr* (*a*) to take (s.o., dog) for a walk; to drag (sth) (*b*) **envoyer b. qn,** to send s.o. packing **2. se b.,** to go for a walk; to stroll, saunter; **se b. en voiture,** to go for a drive.

baladeur [baladœr] *nm* personal stereo.

baladeuse [baladøz] *nf* (*a*) trailer (of car) (*b*) inspection lamp, portable lamp.

balafre [balafr] *nf* **1.** slash, gash (*esp* in face) **2.** scar.

balafrer [balafre] *vtr* **1.** to gash, slash (*esp* the face) **2.** to scar.

balai [balɛ] *nm* **1.** broom; (long-handled) brush; **b. mécanique,** carpet sweeper; **manche à b.,** broom stick; *Av:* joystick; **passer le b.,** to give the floor a sweep **2.** *Aut:* blade (of windscreen wiper) **3.** *P:* **elle a bien quarante balais,** she's easily forty.

balai-brosse [balɛbrɔs] *nm* garden brush; broom (for scrubbing paving stones); *pl balais-brosses.*

balaise [balɛz] *a P:* hefty.

balance [balɑ̃s] *nf* **1.** (*a*) balance; (pair of) scales; weighing machine; **faire pencher la b.,** to tip the scales; **mettre en b.,** to weigh up (*b*) *Astr:* **la B.,** Libra **2. b. d'un compte,** balancing of an account; **faire la b.,** to make up the balance (sheet).

balancement [balɑ̃smɑ̃] *nm* **1.** swing(ing), sway(ing), rocking **2.** balance.

balancer [balɑ̃se] *v* **(n. balançons) 1.** *vtr* (*a*) to balance; **b. un compte,** to balance an account; **b. le pour et le contre,** to weigh up the pros and cons (*b*) to swing (one's arms); to rock (baby); to sway (one's hips) (*c*) *F:* to fling, to chuck (stones); to throw (sth) out; to fire (employee); to give (sth) up **2.** *vi* (*a*) *Lit:* to waver (*b*) to swing **3. se b.** (*a*) to swing; to sway, rock; **se b. sur sa chaise,** to rock backwards and forwards on one's chair (*b*) to see-saw, to swing (*c*) *P:* **je m'en balance,** I couldn't care less!

balancé *a* **1.** well-balanced **2.** *F:* well-built.

balancier [balɑ̃sje] *nm* **1.** balancing pole (of tightrope walker) **2.** pendulum.

balançoire [balɑ̃swar] *nf* (*a*) see-saw (*b*) (child's) swing.

balayage [balɛjaʒ] *nm* **1.** sweeping **2.** *Rad: Elcs:* scanning.

balayer [balɛje] *vtr* **(je balaie, je balaye) 1.** to sweep (out) (room); to sweep up (dirt); **le vent a balayé les nuages,** the wind has chased away the clouds **2.** *Fig:* to sweep away (resistance, etc) **3.** *Rad: Elcs:* to scan.

balayette [balɛjɛt] *nf* (hand) brush.

balayeur, -euse [balɛjœr, -øz] *n* (road) sweeper.

balbutiement [balbysimɑ̃] *nm* stuttering, stammering; mumbling.

balbutier [balbysje] (*pr sub & impf* **n. balbutiions**) *vtr & i* to stutter, to stammer; to mumble (sth).

balcon [balkɔ̃] *nm* **1.** balcony **2.** *Th:* **premier, deuxième, b.,** dress circle, upper circle.

baldaquin [baldakɛ̃] *nm* canopy (of bed).

Bâle [bɑl] *Prnf Geog:* Basel, Basle.

baléare [balear] *a & n Geog:* **les (îles) Baléares,** the Balearic Islands.

baleine [balɛn] *nf* **1.** whale; **blanc de b.,** spermaceti **2.** (whale)bone (of corset); *pl* ribs (of umbrella).

baleinier, -ière 1. *a* whaling (industry) **2.** *nm* whaler **3.** *nf* whaleboat.

balèze [balɛz] *a P:* hefty.

balisage [balizaʒ] *nm* (*a*) *Nau:* buoys; *Av: etc:* beacons (*b*) *Aut:* signposting.

balise [baliz] *nf* (*a*) *Nau:* beacon; **b. flottante,** buoy (*b*) *Av:* (approach) light; beacon (*c*) *Aut:* (road) sign.

baliser [balize] *vtr* to mark out (with beacons).

balistique [balistik] **1.** *a* ballistic **2.** *nf* ballistics.

baliverne [balivɛrn] *nf* nonsense; **débiter des balivernes,** to talk nonsense.

ballade [balad] *nf* ballad; *Mus:* ballade.

ballant [balɑ̃] **1.** *a* swinging, dangling (arms) **2.** *nm* (*a*) swing, roll, sway (*b*) slack (in rope).

ballast [balast] *nm* **1.** *CivE: etc:* ballast (of road, railway track) **2.** *Nau:* ballast tank (of submarine).

balle[1] [bal] *nf* **1.** ball; **b. de tennis,** tennis ball; **jouer à la b.,** to play ball; *Ten:* **faire des balles,** to have a knock-up; **b. de match,** match point **2.** bullet; shot; **b. perdue,** stray bullet **3.** *pl F:* francs **4.** *Com:* bale (of cotton).

balle[2] *nf* husk, chaff (of wheat).

baller [bale] *vi* to hang (down); to be slack; **laisser b. ses bras,** to let one's arms dangle.

ballerine [balrin] *nf* **1.** *Th:* ballerina, ballet-dancer **2.** ballet shoe.

ballet [balɛ] *nm Th:* ballet.

ballon [balɔ̃] *nm* **1.** (*a*) balloon; **b. dirigeable,** airship; **b. d'enfant,** toy balloon (*b*) *Med:* (oxygen) bottle **2.** ball; **b. de football, de rugby,** football, rugby ball **3.** (*a*) *Ch:* balloon flask (*b*) **(verre) b.,** brandy glass, balloon glass.

ballonnement [balɔnmɑ̃] *nm* distending (of stomach).
ballonner [balɔne] *vtr* to distend (stomach).
ballot [balo] *nm* **1.** bundle **2.** *F:* nit(wit), clot; *a* **c'est b.,** it's crazy.
ballottage [balɔtaʒ] *nm Pol:* failure to gain absolute majority; **scrutin de b.,** second ballot.
ballotter [balɔte] **1.** *vtr* to toss, to shake (about); **b. qn (de l'un à l'autre),** to drive s.o. from pillar to post **2.** *vi* to roll around; to swing to and fro; (*of ship*) to toss.
bal(l)uchon [balyʃɔ̃] *nm* bundle (of clothes); **faire son b.,** to pack up.
balnéaire [balneɛr] *a* **station b.,** seaside resort.
balourdise [balurdiz] *nf* (*a*) clumsiness (*b*) stupid blunder. **balourd, -ourde** *a & n* awkward, clumsy (person).
baltique [baltik] *a & Prnf Geog:* **la (mer) B.,** the Baltic (Sea). **balte** *a* Baltic.
balustrade [balystrad] *nf* **1.** balustrade **2.** (hand)-rail; railing.
balustre [balystr] *nm* (*a*) baluster (*b*) *pl* banister.
bambin, -ine [bɑ̃bɛ̃, -in] *n F:* tiny tot, toddler.
bambocher [bɑ̃bɔʃe] *vi F:* to live it up.
bambou [bɑ̃bu] *nm Bot:* bamboo (cane).
ban [bɑ̃] *nm* **1.** (*a*) *A:* proclamation (*b*) (round of) applause; **un b. pour M. le maire!** three cheers for the mayor! (*c*) *pl* banns (of marriage) **2. être au b. de la société,** to be outlawed by society **3. le b. et l'arrière-b.,** the whole lot.
banal, -als [banal] *a* commonplace, ordinary, trite; **pas b.,** unusual, out of the ordinary.
banaliser [banalize] *vtr* to make (sth) commonplace; **voiture banalisée,** unmarked police car.
banalité [banalite] *nf* **1.** banality, triteness **2.** *pl* small talk; clichés, platitudes.
banane [banan] *nf* banana.
bananier [bananje] *nm* **1.** banana tree **2.** banana boat.
banc [bɑ̃] *nm* **1.** bench, seat; **b. d'église,** pew; **b. des ministres** = government front bench; *Jur:* **b. des accusés,** dock; **b. des témoins,** witness box **2.** (work)-bench; **b. d'essai,** testing ground **3.** (*a*) layer (of rock) (*b*) **b. de sable,** sandbank; **b. de roches,** reef; **b. d'huîtres,** oyster bed **4.** shoal (of fish).
bancaire [bɑ̃kɛr] *a* banking; **chèque b.,** bank cheque.
bancal, -als [bɑ̃kal] *a* (*a*) (*of pers*) limping (*b*) wobbly, rickety (furniture).
bandage [bɑ̃daʒ] *nm* (*a*) bandaging (*b*) bandage; **b. herniaire,** truss.
bande[1] [bɑ̃d] *nf* **1.** (*a*) band, strip (of cloth, paper, metal); stretch (of land); stripe (on material); wrapper (round newspaper); **b. dessinée,** strip cartoon, comic strip (*b*) (surgical) bandage; (adhesive) tape (*c*) (reel of) (cine)film; **b. sonore,** sound track; **b. magnétique,** magnetic tape (*d*) *Bill:* cushion; **par la b.,** in a roundabout way (*e*) *WTel:* **b. de fréquences,** frequency band (*f*) (ammunition) belt (of machine gun) **2.** *Nau:* keel, list(ing); **donner de la b.,** to list.
bande[2] *nf* **1.** band, party, troop; **faire b. à part,** to keep oneself to oneself; **toute la b.,** the whole crowd; **b. d'imbéciles!** bunch of idiots! **2.** flock (of birds); pack (of wolves); pride (of lions).
bande-annonce [bɑ̃danɔ̃s] *nf Cin:* trailer; *pl bandes-annonces.*
bandeau, -eaux [bɑ̃do] *nm* **1.** headband **2.** bandage (on head); **mettre un b. à qn,** to blindfold s.o.
bandelettes [bɑ̃dlɛt] *nfpl* bandages, wrappings (of mummies).
bander [bɑ̃de] **1.** *vtr* (*a*) to bandage, bind (up) (wound); **b. les yeux à qn,** to blindfold s.o. (*b*) to stretch, to tighten; **b. un arc,** (i) to bend (ii) to string, a bow **2.** *vi V:* to get a hard on.
banderole [bɑ̃drɔl] *nf* banderole, streamer.
bande-vidéo [bɑ̃dvideo] *nf* video tape; *pl bandes-vidéo.*
bandit [bɑ̃di] *nm* (*a*) bandit; brigand, highwayman (*b*) crook, swindler.
bandoulière [bɑ̃duljɛr] *nf* shoulderstrap; **porter qch en b.,** to carry sth across one's shoulder.
banjo [bɑ̃ʒo] *nm* banjo.
banlieue [bɑ̃ljø] *nf* suburbs; **de b.,** suburban; **grande b.,** outer suburbs.
banlieusard, -arde [bɑ̃ljøzar, -ard] *n* suburbanite.
banne [ban] *nf* awning (of shop).
banni, -e [bani] *n* exile, outlaw.
bannière [banjɛr] *nf* banner.
bannir [banir] *vtr* to banish; to exile; to outlaw.
bannissement [banismɑ̃] *nm* banishment.
banque [bɑ̃k] *nf* **1.** (*a*) bank (*b*) banking (*c*) *Med:* **b. du sang,** blood bank **2.** *Cards:* bank; **faire sauter la b.,** to break the bank.
banqueroute [bɑ̃krut] *nf* bankruptcy; **faire b.,** to go bankrupt.
banquet [bɑ̃kɛ] *nm* banquet, feast.
banquette [bɑ̃kɛt] *nf* bench, seat; *Aut:* **b. arrière,** back seat; *Th:* **jouer devant les banquettes,** to play to an empty house.
banquier [bɑ̃kje] *nm Fin: Cards:* banker.
banquise [bɑ̃kiz] *nf* ice floe, ice pack.
baptême [batɛm] *nm* **1.** baptism, christening; **recevoir le b.,** to be baptised; **nom de b.,** Christian name **2.** blessing (of bell); naming (of ship); **b. de l'air,** first flight.
baptiser [batize] *vtr* (*a*) to baptize; to christen (s.o., ship); to bless (bell) (*b*) to name, to nickname, to dub. **baptismal, -aux** *a* baptismal.
baptiste [batist] *a & n Ecc:* Baptist.
baptistère [batistɛr] *nm* baptistry.
baquet [bakɛ] *nm* tub, bucket.
bar [bar] *nm* **1.** bar **2.** *Ich:* bass.
baragouin [baragwɛ̃] *nm* gibberish.
baragouiner [baragwine] *vtr & i F:* (*a*) to speak a language badly; **b. l'anglais,** to speak broken English (*b*) to talk gibberish.
baraque [barak] *nf* (*a*) hut, shack, shed (*b*) *F:* house, place; *Pej:* hole, dump (*c*) stall (at fair).
baraqué [barake] *a P:* well-built.
baraquement [barakmɑ̃] *nm usu pl* shacks; *Mil:* hutted camp.
baratin [baratɛ̃] *nm F:* (*a*) chatter; (sales) patter (*b*) smooth talk.
baratiner [baratine] *vtr & i F:* (*a*) to chatter (*b*) to shoot a line; to make sales talk.
baratineur, -euse [baratinœr, -øz] *n F:* (*a*) gasbag (*b*) smooth talker.
baratte [barat] *nf* churn.
Barbade [barbad] *Prnf Geog:* Barbados.

barbare [barbar] **1.** *a* (*a*) barbaric (*b*) barbarous **2.** *n* barbarian.
barbarie [barbari] *nf* **1.** barbarism **2.** barbarity, cruelty.
barbarisme [barbarism] *nm Gram:* barbarism.
barbe [barb] *nf* (*a*) beard; **sans b.,** cleanshaven; **b. de 8 jours,** a week's growth; **se faire la b.,** to shave; **rire dans sa b.,** to laugh up one's sleeve; **b. à papa,** candy floss (*b*) *F:* **quelle b.!** what a drag! **la b.!** shut up! (*c*) beard (of goat); wattle (of bird); barb (of feather).
barbeau, -eaux [barbo] *nm* cornflower.
Barbe-Bleue [barbəblø] *Prnm* Bluebeard.
barbecue [barbəky] *nm* barbecue.
barbelé [barbəle] *a* barbed; **fil de fer b.,** *nm* **b.,** barbed wire.
barber [barbe] *F:* **1.** *vtr* to bore (s.o.) (stiff) **2. se b.,** to be bored (stiff). **barbant** *a F:* boring.
barbiche [barbiʃ] *nf* goatee (beard).
barbier [barbje] *nm A: & FrC:* barber.
barbiturique [barbityrik] (*a*) *a* barbituric (*b*) *nm* barbiturate.
barboter [barbɔte] **1.** *vi* to paddle, splash (about) **2.** *vtr F:* to pinch.
barboteuse [barbɔtøz] *nf Cl:* rompers.
barbouillage [barbujaʒ] *nm* **1.** daubing; scrawling, scribbling **2.** daub; scrawl, scribble.
barbouiller [barbuje] *vtr* **1.** (*a*) to daub; to smear (**de,** with) (*b*) to smear (one's face) **2.** to scrawl, to scribble **3.** *F:* **avoir l'estomac barbouillé,** to feel sick, queasy.
barbouilleur, -euse [barbujer, -øz] *n* dauber; scribbler.
barbu [barby] **1.** *a* bearded **2.** *nf Ich:* **barbue,** brill.
barda [barda] *nm P:* kit, gear.
barde¹ [bard] *nf Cu:* bard, bacon (put over roast).
barde² *nm* (*poet*) bard.
barder¹ [barde] *vtr* **1.** *Hist:* to bard; **bardé de fer,** armour-clad, steel-clad; **bardé de,** covered with **2.** *Cu:* to bard (roast).
barder² *v impers F:* **ça va b.!** there'll be fireworks!
barème [barɛm] *nm* (*a*) scale (of salaries) (*b*) (printed) table, schedule (of fares); (price) list (*c*) *Sch:* scale (of marks).
baril [bari(l)] *nm* barrel, cask, keg.
barillet [barijɛ] *nm* cylinder (of revolver).
barioler [barjɔle] *vtr* to variegate; to paint (sth) in gaudy colours. **bariolé** *a* brightly-coloured.
bariolure [barjɔlyr] *nf* splashes (of colour).
barjo(t) [barʒo] *a P:* crazy.
baromètre [barɔmɛtr] *nm* barometer. **barométrique** *a* barometric.
baron, -onne [barɔ̃, -ɔn] *n* baron, baroness.
baroque [barɔk] *a* odd, strange, weird; baroque (style).
baroud [baru] *nm* **b. d'honneur,** last stand.
barque [bark] *nf* (small) boat.
barrage [baraʒ] *nm* (*a*) barrier, obstruction; **b. routier,** roadblock (*b*) dam, weir (*c*) *Mil:* barrage.
barre [bar] *nf* **1.** (*a*) bar, rod (of metal); bar (of chocolate); *F:* **avoir le coup de b.,** to feel tired (all of a sudden) (*b*) bar, barrier; *Danc:* barre; **b. d'appui,** handrail; *Gym:* **b. fixe,** horizontal bar (*c*) *Nau:* tiller; helm; **homme de b.,** helmsman (*d*) *Jur:* bar (of a lawcourt); **b. des témoins** = witness box; **paraître à la b.,** to appear before the court, at the bar **2.** (sand)bar (of river); (harbour) boom; **b. d'eau,** (tidal) bore **3.** (*a*) line, dash, stroke; **b. de soustraction,** minus sign; **b. d'un t,** cross of a t (*b*) *Mus:* **b. de mesure,** bar (line).
barreau, -eaux [baro] *nm* **1.** small bar; rail; rung (of ladder) **2.** *Jur:* bar; **être reçu au b.,** to be called to the bar.
barrer [bare] *vtr* **1.** (*a*) to bar (door) (*b*) to bar, obstruct; to dam; to block, to close (road) **2.** to cross (a t, an A); **b. un chèque,** to cross a cheque **3.** to cross out (word) **4.** *Nau:* to steer; to cox **5.** *P:* **se b.,** to clear off.
barrette [barɛt] *nf* **1.** *Ecc:* biretta **2.** (hair) slide.
barreur [barœr] *nm* helmsman; cox; **sans b.,** coxless.
barricade [barikad] *nf* barricade.
barricader [barikade] *vtr* to barricade; **se b.,** (i) to barricade oneself (**dans,** in) (ii) to shut oneself up (**dans sa chambre,** in one's room).
barrière [barjɛr] *nf* barrier; fence; (ticket collector's) gate; gate (of level crossing).
barrique [barik] *nf* large barrel; cask.
barrir [barir] *vi* (*of elephant*) to trumpet.
barrissement [barismɑ̃] *nm* trumpeting (of elephant).
baryton [baritɔ̃] *a & nm* baritone (voice).
baryum [barjɔm] *nm Ch:* barium.
bas, basse [bɑ, bɑs] **1.** *a* (*a*) low; **maison basse de toit,** house with a low roof; **b. sur pattes,** short-legged; **en b. âge,** young; **voix basse,** deep voice; **acheter qch à b. prix,** to buy sth cheap; **basse mer,** low tide; **la tête basse,** with one's head down (*b*) mean, base, low (*c*) low(er); *Cu:* **b. morceaux,** cheap cuts (of meat); **les b. quartiers,** the poor quarters (of a town); **ce b. monde,** here below; **au b. mot,** at the lowest estimate **2.** *adv* (*a*) low (down); **plus b.,** further down, lower down; **voler b.,** to fly low; **voir plus b.,** see below; **traiter qn plus b. que terre,** to humiliate s.o. (*b*) *F:* **b. les pattes!** hands off! (*c*) (*of animals*) **mettre b.,** to give birth to, to drop (young); **mettre b. les armes,** to lay down one's arms (*d*) **parler (tout) b.,** to (speak in a) whisper **3.** *nm* (*a*) lower part (of sth); bottom, foot (of ladder, of page); **b. du dos,** small of the back; **de haut en b.,** from top to bottom (*b*) *adv phr* **en b.,** (down) below; **aller en b.,** to go down(stairs); **les gens d'en b.,** the people below, downstairs; **tomber la tête en b.,** to fall head first; *prep phr* **en b. de,** at the foot of, at the bottom of; **en b. de l'escalier,** downstairs; **à b. les dictateurs!** down with dictators! **sauter à b. du lit,** to jump out of bed (*c*) **les hauts et les b.,** the ups and downs (*d*) stocking; *Fig:* **b. de laine,** nest egg **4.** *nf Mus:* **basse,** bass (part). **bassement** *adv* basely, meanly.
basalte [bazalt] *nm* basalt.
basané [bazane] *a* sunburnt, (sun)tanned; swarthy.
bas-bleu [bɑblø] *nm* bluestocking; *pl bas-bleus.*
bas-côté [bɑkote] *nm* **1.** (side) aisle (of church) **2.** shoulder, side (of road).
bascule [baskyl] *nf* rocker; **(jeu de) b.,** seesaw(ing); **fauteuil à b.,** rocking chair; **wagon à b.,** tipwagon.
basculer [baskyle] *vtr & i* **1.** (*a*) to rock, swing; to seesaw (*b*) to tip (up); **(faire) b. une charrette,** to tip

a cart (*c*) *Pol:* **b. à droite**, to swing to the right **2.** to fall over, to overbalance; topple over.

base [bɑz] *nf* **1.** foot, bottom (of mountain); foundations (of building); *Toil:* **b. de maquillage**, foundation cream, makeup base **2.** *Mil: etc:* base (of operations); **b. aérienne**, air base; **b. de lancement**, launching site **3.** basis, foundation; grounds (for suspicion); **sans b.**, without foundation; **l'anglais de b.**, basic English; **produits à b. d'amidon**, starch products; **boisson à b. de gin**, gin-based drink, gin cocktail **4.** radix, root, basis (of logarithm) **5.** *Ch:* base.

base-ball [bɛzbol] *nm Sp:* baseball.

baser [bɑze] **1.** *vtr* to base, ground, found (opinion) (**sur**, on) **2. se b. sur qch**, to base one's argument on sth.

bas-fond [bafɔ̃] *nm* **1.** low ground, hollow; **les b.-fonds de la société**, the dregs of society **2.** shallow, shoal; *pl bas-fonds*.

basic [bazik] *nm Cmptr:* BASIC.

basilic [bazilik] *nm Bot:* basil.

basilique [bazilik] *nf Arch:* basilica.

basket [baskɛt] *nm ou f* basketball boot; *F:* **lâche-moi les baskets!** leave me alone! *F:* **être bien, à l'aise, dans ses baskets,** to feel good about oneself.

basket(-ball) [baskɛt(bol)] *nm Sp:* basketball.

basketteur, -euse [baskɛtœr, -øz] *n* basketball player.

basque[1] [bask] *a & n Ethn:* Basque. **basquais, -aise** *a* Basque.

basque[2] *nf* skirt, tail (of jacket); *Fig:* **être toujours (pendu) aux basques de qn,** to be for ever hanging around s.o.

bas-relief [barəljɛf] *nm* bas relief, low relief; *pl bas-reliefs*.

basse *see* **bas**.

basse-cour [baskur] *nf* (*a*) farmyard (*b*) poultry; *pl basses-cours*.

basse-fosse [basfos] *nf* dungeon; *pl basses-fosses*.

bassesse [basɛs] *nf* **1.** baseness, lowness **2.** low, mean, contemptible, action.

basset [basɛ] *nm* basset (hound).

bassin [basɛ̃] *nm* **1.** basin, bowl, pan **2.** (*a*) ornamental lake; pond, pool (*b*) reservoir, tank **3.** dock, basin **4.** (*a*) *Geol:* basin (*b*) (river) basin (*c*) **b. houiller,** coal basin **5.** *Anat:* pelvis.

bassine [basin] *nf* pan; basin; bowl.

bassiner [basine] *vtr* (*a*) to bathe (wound) (*b*) *F:* to bore.

bassiste [basist] *n* (double) bass player.

basson [basɔ̃] *nm Mus:* **1.** bassoon **2.** bassoonist.

bastingage [bastɛ̃gaʒ] *nm Nau:* (*a*) bulwark, topside (*b*) (hand)rail; **accoudé aux bastingages,** leaning over the rails.

bastion [bastjɔ̃] *nm* bastion.

bastringue [bastrɛ̃g] *nm P:* **1.** row, din **2. tout ton b.,** all your stuff.

bas-ventre [bavɑ̃tr] *nm* lower abdomen; *pl bas-ventres*.

bât [bɑ] *nm* pack(saddle); **cheval de b.,** packhorse; *F:* **c'est là que le b. (le) blesse,** that's his weak point.

bataclan [bataklɑ̃] *nm F:* stuff, paraphernalia; **et tout le b.,** and all the rest.

bataille [bataj] *nf* **1.** battle, fight; **champ de b.,** battlefield; **b. navale,** battleships **2. cheveux en b.,** dishevelled hair **3.** *Cards:* beggar-my-neighbour.

batailler [bataje] *vi* to fight, battle. **batailleur, -euse** *a* aggressive.

bataillon [batajɔ̃] *nm Mil:* battalion.

bâtard, -arde [bɑtar, -ard] **1.** *a & n* (*a*) **(enfant) b.,** bastard (child), illegitimate (child) (*b*) **(chien) b.,** mongrel **2.** (type of) French loaf.

bâtardise [bɑtardiz] *nf* illegitimacy; bastardy.

batavia [batavja] *nf* = Webb lettuce.

bateau, -eaux [bato] **1.** *nm* (*a*) boat; vessel; craft; **b. à vapeur,** steamer, steamboat; **b. à voiles,** sailing boat; **b. de sauvetage,** lifeboat; **faire du b. à voiles, à rames,** to go sailing, boating (*b*) entrance to drive (where pavement curves) **2.** *a inv F:* hackneyed (subject, etc).

bateau-citerne [batositɛrn] *nm* tanker; *pl bateaux-citernes*.

bateau-mouche [batomuʃ] *nm* river boat (in Paris); water bus; *pl bateaux-mouches*.

bateleur, -euse [batlœr, -øz] *n A:* juggler, tumbler.

batelier, -ière [batəlje, -jɛr] *n* boatman, -woman; ferryman, -woman.

bâti [bɑti] *nm* **1.** frame(work), structure, support **2.** *Needlew:* tacking, basting.

batifoler [batifɔle] *vi F:* to romp; to lark, to play about.

bâtiment [bɑtimɑ̃] *nm* **1. le b.,** the building trade **2.** building **3.** ship, vessel; **b. de guerre,** warship.

bâtir [bɑtir] *vtr* **1.** (*a*) to build, to construct; **(se) faire b. une maison,** to have a house built; **terrain à b.,** building site (*b*) to build up (a fortune); to develop (theory) (*c*) **homme bien bâti,** well-built man **2.** *Needlew:* to tack, to baste.

bâtisse [bɑtis] *nf* (large) building.

bâtisseur, -euse [bɑtisœr, -øz] *n* builder.

batiste [batist] *nf Tex:* batiste, lawn, cambric.

bâton [bɑtɔ̃] *nm* **1.** (*a*) stick, staff, rod; (policeman's) truncheon; rung (of chair); **b. de vieillesse,** support, prop, of old age; **mettre des bâtons dans les roues,** to put a spoke in s.o.'s wheel; to throw a spanner in the works (*b*) **parler à bâtons rompus,** to ramble from one subject to another (*c*) staff, pole; **b. de pavillon,** flagstaff (*d*) (*wand of office*) **b. pastoral,** pastoral staff, crozier **2.** stick, roll; **b. de rouge (à lèvres),** lipstick **3.** vertical stroke (of the pen) **4.** *F:* **un b.,** 10,000 francs.

batracien [batrasjɛ̃] *nm Z:* batrachian.

battage [bataʒ] *nm* **1.** beating; threshing **2.** *F:* publicity; hard sell; hype.

battant [batɑ̃] **1.** *a* beating; **pluie battante,** driving rain; downpour; **mener les choses tambour b.,** to hustle things on **2.** *nm* (*a*) clapper, tongue (of bell) (*b*) leaf, flap (of table); **porte à deux battants,** folding doors (*c*) door (of cupboard) (*d*) (*pers*) fighter.

batte [bat] *nf* (cricket) bat.

battement [batmɑ̃] *nm* **1.** (*a*) beat(ing); tap(ping); flap(ping); bang(ing); blinking (of eyelids) (*b*) throb(bing); **b. de cœur,** heartbeat; **avoir des battements de cœur,** to have palpitations **2.** interval; **20 minutes de b.,** 20 minutes' break; 20 minutes' wait; 20 minutes to spare.

batterie [batri] *nf* **1.** *Mus:* (*a*) beat (of drum) (*b*) drums **2.** *Artil:* battery; **pièces en b.,** guns in action

3. (*a*) set, collection; **b. de cuisine,** (set of) kitchen utensils; pots and pans (*b*) *Aut: Elcs:* battery.

batteur, -euse [batœr, -øz] *n* **1.** *nm* (*pers*) (*a*) **b. en grange,** thresher (*b*) *Ven:* beater (*c*) *F:* **b. de pavé,** loafer, idler (*d*) *Cr:* batsman (*e*) *Mus:* drummer **2.** *nm* (egg) whisk **3.** *nf* **batteuse,** threshing machine.

battoir [batwar] *nm* (*a*) (carpet) beater (*b*) (washerwoman's) beetle (*c*) *F:* (large) hand; paw.

battre [batr̥] *v* (*pr ind* **je bats, il bat**) **1.** *vtr* (*a*) to beat, thrash, flog (s.o.); to beat (a carpet); **b. le tambour,** to beat the drum; **b. du blé,** to thresh wheat; **b. des œufs,** to beat (up), to whisk, eggs (*b*) to hammer (iron); *Prov:* **b. le fer pendant qu'il est chaud,** to strike while the iron is hot (*c*) to beat, defeat; **b. qn à plate(s) couture(s),** to beat s.o. hollow (*d*) **b. la campagne,** (i) to scour the country (ii) *F:* to be delirious; *Ven:* **b. un bois,** to beat a wood (*e*) *Nau:* **b. pavillon,** to fly a flag (*f*) **b. les cartes,** to shuffle the cards **2.** *vtr & i* (*a*) **b. la mesure,** to beat time (*b*) **b. le réveil,** to sound the reveille; **le cœur lui battait,** his heart was beating (*c*) **la pluie bat (contre) la fenêtre,** the rain lashes the window; **battu par les vagues,** buffeted by the waves; **porte qui bat,** banging door; **le vent fait b. les volets,** the shutters are banging in the wind (*d*) (*of bird*) **b. des ailes,** to flap its wings; **b. des mains,** to clap one's hands; **b. du pied,** (i) to stamp one's foot (ii) to tap one's foot; **b. des paupières,** to blink **3. se b.,** to fight (**avec, contre,** with, against). **battu** *a* **chemin, sentier, b.,** beaten track; **elle a les yeux battus,** she has shadows under her eyes.

battue [baty] *nf Ven:* beat.

baudet [bodɛ] *nm* donkey, ass.

baudrier [bodrije] *nm* crossbelt, shoulder belt.

baume [bom] *nm* balm, balsam.

baux *see* **bail.**

bauxite [boksit] *nf Miner:* bauxite.

bavardage [bavardaʒ] *nm* (*a*) chattering; gossiping (*b*) chatter; gossip. **bavard, -arde 1.** *a* talkative **2.** *n* chatterbox; gossip.

bavarder [bavarde] *vi* (*a*) to chatter (*b*) to gossip (*c*) to talk, to blab.

bavarois, -oise [bavarwa, -waz] *a & n* Bavarian.

bave [bav] *nf* slaver, dribble; slime (of snail); foam (of horse); spittle (of toad).

baver [bave] *vi* (*a*) to slaver; to dribble; to foam at the mouth (*b*) *P:* **en b.,** to have a rough time of it (*c*) (*of pen*) to run. **baveux, -euse** *a* dribbling (mouth); runny (omelette).

bavette [bavɛt] *nf* **1.** bib **2.** *Cu:* undercut of the sirloin.

Bavière [bavjɛr] *Prnf Geog:* Bavaria.

bavoir [bavwar] *nm* bib.

bavure [bavyr] *nf* (*a*) smudge; **sans b.,** faultless(ly) (*b*) mistake.

bayer [bɑje] *vi* (**je baye, baie, n. bayons**) **b. aux corneilles,** to stand stargazing.

bazar [bazar] *nm* **1.** (oriental) bazaar **2.** (*a*) general store (*b*) *F:* clutter, shambles (*c*) *F:* gear; **tout le b.,** the whole caboodle.

bazarder [bazarde] *vtr F:* to chuck (sth) out; to flog (sth).

bazooka [bazuka] *nm* bazooka.

BCBG [besebeʒe] (*abbr bon chic bon genre*) *F:* **1.** *a inv* preppy, *Br* Sloaney **2.** *n* preppy, *Br* Sloane (Ranger).

BCG *nm abbr* (*vaccin*) *bilié* (*de*) *Calmette et Guérin.*

BD [bede] *nf* (*abbr bande dessinée*) strip cartoon, comic strip, comic book.

béant [beɑ̃] *a* gaping.

béat, -ate [bea, -at] *a* (*a*) *Ecc:* blessed (*b*) self-satisfied, smug; **sourire b.,** beatific smile. **béatement** *adv* smugly.

béatification [beatifikasjɔ̃] *nf* beatification. **béatifique** *a* beatific.

béatifier [beatifje] *vtr* (*pr sub & impf* **n. béatifiions**) *Ecc:* to beatify.

béatitude [beatityd] *nf* (*a*) beatitude (*b*) bliss.

beau [bo], **bel, belle** [bɛl] *pl* **beaux, belles** (*the form* **bel** *is used before m sg ns beginning with a vowel or a mute* **h**) **1.** *a* (*a*) beautiful, handsome; lovely; **un bel homme,** a good-looking man; **le b. sexe,** the fair sex; **de beaux arbres,** beautiful, fine, trees (*b*) fine; **de beaux sentiments,** fine, noble, feelings; **une belle mort,** a glorious death (*c*) **b. danseur,** excellent dancer; **belle santé,** good health; **bel âge,** ripe old age; **belle occasion,** fine opportunity; **belle situation,** excellent job; **c'est trop b. pour être vrai,** it's too good to be true; *Cards:* **avoir (un) b. jeu,** to have a good hand; **b. joueur,** good loser; **voir tout du b. côté,** to see the bright side of everything (*d*) smart, spruce; **le b. monde,** (high) society; **se faire b.,** to smarten oneself up (*e*) **b. temps,** fine weather; **un b. jour,** one (fine) day (*f*) *Iron:* **tout cela est bien b. mais,** that's all very well, but; **vous avez fait du b. travail!** well *done*! **il en a fait de belles,** the things he's been up to! **vous en avez fait une belle!** you *have* put your foot in it! (*g*) **j'ai eu une belle peur!** I got an awful fright! **au b. milieu de la rue,** right in the middle of the street; **un b. gâchis,** a fine mess; *P:* **un b. salaud,** an absolute bastard **2.** *adv phrs* **bel et bien,** entirely, well and truly; **il est bel et bien venu,** he really, actually, came; **de plus belle,** all the more; (even) more, worse, than ever **3.** *v phrs* (*a*) **l'échapper belle,** to have a narrow escape (*b*) **il ferait b. voir cela,** that would be a fine thing to see (*c*) **il fait b. (temps),** it is fine (weather) (*d*) **avoir b. faire qch,** to do sth in vain; **j'avais b. chercher, je ne trouvais rien,** however hard I looked, I found nothing **4.** *n* (*a*) **une belle,** a beauty; **la Belle au bois dormant,** the Sleeping Beauty (*b*) (*of dog*) **faire le b.,** to sit up and beg **5.** *nm* (*a*) **le b.,** the beautiful; beauty (*b*) **le plus b. de l'histoire c'est que,** the best part of the story is that (*c*) fine weather; **le temps est au b. (fixe),** the weather is set fair **6.** *nf* (*a*) **jouer la belle,** to play the deciding game (*b*) **se faire la belle,** to escape; to break out (of prison).

beaucoup [boku] **1.** *as noun* (*a*) much, a great deal; a lot; **c'est déjà b. s'il veut bien vous parler,** it's something that he condescended to speak to you (*b*) (a great) many; a lot **2.** *adv* (*a*) **b. de,** much; (a great) many; a great deal of; **avec b. de soin,** very carefully; **il y est pour b.,** he's had a great deal to do with it; **b. d'entre nous,** many of us (*b*) **de b.,** much, by far, by a great deal; **c'est de b. le meilleur,** it is far and away the best (*c*) much; **elle parle b.,** she talks a lot; **il est b. plus âgé,** he is much older; **il a b. voyagé,** he's travelled a great deal.

beauf [bof] *nm F:* **1.** brother-in-law **2.** *Péj:* archetypal average Frenchman.
beau-fils [bofis] *nm* **1.** stepson **2.** *occ* son-in-law; *pl beaux-fils.*
beau-frère [bofrɛr] *nm* brother-in-law; *pl beaux-frères.*
beau-père [bopɛr] *nm* **1.** father-in-law **2.** stepfather; *pl beaux-pères.*
beaupré [bopre] *nm Nau:* bowsprit.
beauté [bote] *nf* **1.** beauty; **être en b.,** to be looking one's best; **finir en b.,** to end with a flourish; **grain de b.,** beauty spot; **de toute b.,** extremely beautiful; *F:* **se (re)faire une b.,** to put one's makeup on **2.** beauty; beautiful woman; **les beautés touristiques,** the sights.
beaux-arts [bozar] *nmpl* fine arts; **école des b.-a., les B.-A.,** art school.
beaux-parents [boparɑ̃] *nmpl* parents-in-law, *F:* in-laws.
bébé [bebe] *nm* baby; **b. phoque,** seal pup, baby seal.
bébête [bebɛt] *a F:* silly.
bec [bɛk] *nm* **1.** beak; bill (of bird); **coup de b.,** peck **2.** *F:* mouth; **clouer le b. à qn,** to shut s.o. up; **fin b.,** gourmet; **être, rester, le b. dans l'eau,** to be left in the lurch; **prise de b.,** quarrel, slanging match **3.** *(a)* nose (of tool); lip (of jug); spout (of coffee pot); **b. de plume,** pen nib *(b)* **b. de gaz,** gaslamp; **b. Bunsen,** Bunsen burner; *P:* **tomber sur un b.,** to come up against a serious snag.
bécane [bekan] *nf F:* bicycle; bike.
bécarre [bekar] *a & nm Mus:* natural (sign).
bécasse [bekas] *nf* **1.** *Orn:* woodcock **2.** *F:* simpleton.
bec-de-cane [bɛkdəkan] *nm* door handle; *pl becs-de-cane.*
bec-de-lièvre [bɛkdəljɛvr̥] *nm* harelip; *pl becs-de-lièvre.*
bêche [bɛʃ] *nf* spade.
bêcheur, -euse [bɛʃœr, -øz] *n* **1.** backbiter **2.** *F:* snob.
bêcher [bɛʃe] *vtr* **1.** to dig **2.** *F:* to criticize; to look down one's nose at.
bécot [beko] *nm F:* kiss.
bécoter [bekɔte] *vtr F:* to give (s.o.) a kiss.
becquée [bɛke] *nf* beakful; **donner la b. à,** to feed.
becquetance, bectance [bɛktɑ̃s] *nf P:* grub.
becqueter, béqueter, becter [bɛkte] *vtr* **(je becquète, béquète, becte)** *(of bird)* *(a)* to peck at (sth) *(b)* *P:* *(of pers)* to eat.
bedaine [bədɛn] *nf F:* potbelly, paunch.
bedeau, -eaux [bədo] *nm Ecc:* verger.
bedon [bədɔ̃] *nm F:* paunch.
bedonnant [bədɔnɑ̃] *a F:* pot-bellied.
bédouin, -ine [bedwɛ, -win] *a & n* bedouin.
bée [be] *af* **rester bouche b.,** to stand open-mouthed.
beffroi [bɛfrwa] *nm* belfry.
bégaiement [begɛmɑ̃] *nm* stammering, stuttering.
bégayer [begɛje] *v* **(je bégaye, bégaie) 1.** *vi* to stutter, stammer **2.** *vtr* to stammer out (an excuse).
bégonia [begɔnja] *nm* begonia.
bègue [bɛg] *n* stammerer, stutterer; **être b.,** to stammer, to stutter.
béguin [begɛ̃] *nm F:* passing fancy; **avoir le b. pour qn,** to fancy s.o.
beige [bɛʒ] *a* beige.
beignet [bɛɲɛ] *nm Cu:* *(a)* fritter *(b)* doughnut.
bel [bɛl] *see* **beau.**
bêlement [bɛlmɑ̃] *nm* bleating.
bêler [bɛle] *vi* to bleat.
belette [bəlɛt] *nf* weasel.
Belgique [bɛlʒik] *Prnf Geog:* Belgium. **belge** *a & n* Belgian.
bélier [belje] *nm* **1.** *Z:* ram **2.** *Astr:* **le B.,** Aries.
belladone [bɛladɔn] *nf Bot:* belladonna, deadly nightshade.
belle [bɛl] *see* **beau.**
belle-doche [bɛldɔʃ] *nf P:* mother-in-law.
belle-famille [bɛlfamij] *nf F:* wife's, husband's, family; in-laws; *pl belles-familles.*
belle-fille [bɛlfij] *nf* **1.** daughter-in-law **2.** stepdaughter; *pl belles-filles.*
belle-mère [bɛlmɛr] *nf* **1.** mother-in-law **2.** stepmother; *pl belles-mères.*
belle-sœur [bɛlsœr] *nf* sister-in-law; *pl belles- sœurs.*
belligérance [bɛliʒerɑ̃s] *nf* belligerence. **belligérant, -ante** *a & nm* belligerent.
belliqueux, -euse [bɛlikø, -øz] *a* warlike, bellicose; quarrelsome.
belote [bəlɔt] *nf Cards:* = pinocle.
belvédère [bɛlvedɛr] *nm* **1.** belvedere **2.** viewpoint.
bémol [bemɔl] *nm Mus:* flat.
bénédicité [benedisite] *nm* grace (before meal).
bénédictin, -ine [benediktɛ̃, -in] *a & n Ecc:* Benedictine.
bénédiction [benediksjɔ̃] *nf* blessing, benediction; **quelle b.!** what a godsend!
bénéfice [benefis] *nm* **1.** profit, gain; **vendre à b.,** to sell at a profit **2.** benefit; **concert donné au b. de,** concert given in aid of; **b. du doute,** benefit of the doubt **3.** *Ecc:* living, benefice.
bénéficiaire [benefisjɛr] *n* recipient; beneficiary.
bénéficier [benefisje] *v ind tr* (*pr sub & impf* **n. bénéficiions)** to profit **(de,** by); to have the advantage **(de,** of); to gain **(de,** by, from); **faire b. qn d'une remise,** to give, allow, s.o. a discount. **bénéfique** *a* beneficial.
Bénélux [benelyks] *Prnm* Benelux
benêt [bənɛ] **1.** *nm* simpleton **2.** *am* simple-minded.
bénévolat [benevɔla] *nm* voluntary service.
bénévole [benevɔl] *a* **1.** benevolent; kindly; indulgent **2.** unpaid (service); voluntary. **bénévolement** *adv* benevolently; voluntarily.
béni-oui-oui [beniwiwi] *nm inv F:* yes man.
bénin, -igne [benɛ̃, -iɲ] *a* *(a)* benign, kindly *(b)* slight (accident); mild (disease); benign (tumour).
bénir [benir] *vtr* **1.** *(a)* to bless; **(que) Dieu vous bénisse!** God bless you! *(b)* to bless, to ask God's blessing on (s.o.) *(c)* to glorify (God); **le ciel en soit béni!** thank heaven! **2.** to consecrate (church, bread). **bénit** *a* consecrated, blessed; **eau bénite,** holy water.
bénitier [benitje] *nm Ecc:* stoop, stoup; font.
benjamin, -ine [bɛ̃ʒamɛ̃, -in] *n* youngest child.
benne [bɛn] *nf* *(a)* *Min:* skip, truck, tub *(b)* scoop (of crane); bucket (of dredger) *(c)* dumper (lorry); tipper wagon *(d)* (cable)car.
benzène [bɛ̃zɛn] *nf* benzene.
béotien, -ienne [beɔsjɛ̃, -jɛn] *n a & n Fig:* philistine.

BEPC *abbr Sch: brevet d'études du premier cycle.*
béquille [bekij] *nf* **1.** crutch **2.** (motorcycle) stand.
berbère [bɛrbɛr] *a & n* Berber.
berceau, -eaux [bɛrso] *nm* **1.** cradle, cot; *NAm:* crib; *Fig:* **b. de la civilisation,** cradle of civilisation **2.** *Hort:* arbour, bower.
bercement [bɛrsəmɑ̃] *nm* rocking; swaying.
bercer [bɛrse] *vtr* (**n. berçons**) **1.** to rock **2.** (*a*) to soothe (*b*) **b. qn de promesses,** to delude s.o. with promises **3. se b. d'illusions,** to delude oneself.
berceuse [bɛrsøz] *nf* lullaby, cradle song.
béret [berɛ] *nm* beret.
berge[1] [bɛrʒ] *nf* (steep) bank (of river).
berge[2] *nf P:* year; **il a 40 berges,** he's 40 (years old).
berger, -ère [bɛrʒe, -ɛr] *n* **1.** shepherd, shepherdess; **chien de b.,** sheepdog; **b. allemand,** Alsatian, German shepherd (dog) **2.** *nf* **bergère,** easy-chair.
bergerie [bɛrʒəri] *nf* sheepfold.
bergeronnette [bɛrʒərɔnɛt] *nf Orn:* wagtail.
berk [bɛrk] *int* yuck!
berline [bɛrlin] *nf* (*a*) *Aut:* saloon, *NAm:* sedan (*b*) *Min:* truck.
berlingot [bɛrlɛ̃go] *nm* **1.** (boiled) sweet **2.** carton.
berlinois, -oise [bɛrlinwa, -waz] **1.** *a* of Berlin **2.** *n* Berliner.
berlue [bɛrly] *nf* **avoir la b.,** to be seeing things.
bermuda(s) [bɛrmyda] *nm Cl:* Bermuda shorts.
Bermudes [bɛrmyd] *Prnfpl Geog:* **les (îles) B.,** Bermuda.
bernard-l'(h)ermite [bɛrnarlɛrmit] *nm inv* hermit crab.
berne [bɛrn] *nf Nau:* **pavillon en b.,** flag at half mast.
berner [bɛrne] *vtr* to fool (s.o.); to hoax (s.o.).
bernique [bɛrnik] **1.** *nf* limpet **2.** *int F:* no go! nothing doing!
besace [bəzas] *nf A:* beggar's bag.
besicles [bəzikl] *nfpl A:* spectacles; *F:* specs.
besogne [b(ə)zɔɲ] *nf* work; task, job. **besogneux, -euse** *a* needy.
besoin [bəzwɛ̃] *nm* **1.** (*a*) necessity, want, need; requirement; **pourvoir aux besoins de qn,** to provide for s.o.'s needs; *F:* **faire ses besoins,** to relieve oneself; **au b.,** if necessary; if need(s) be; **en cas de b.,** in case of necessity (*b*) **avoir b. de qch,** to need, want, sth; **il n'a pas b. de venir,** he needn't come; **pas b. de dire que,** needless to say, it goes without saying that; *Iron:* **vous aviez bien b. d'y aller!** of course, you *had* to go there! (*c*) *impers* **il n'est pas b.,** there is no need; **si b. est,** if need(s) be **2.** poverty, indigence; **être dans le b.,** to be in need.
bestialité [bɛstjalite] *nf* bestiality; brutishness. **bestial, -aux**[1] *a* bestial, beastly, brutish. **bestialement** *adv* bestially, brutishly.
bestiaux[2] [bɛstjo] *nmpl* livestock, cattle.
bestiole [bɛstjɔl] *nf* (*insect*) creepy-crawly, bug.
bêta, -asse [bɛta, -as] *F:* (*a*) *a* silly, stupid (*b*) *n* idiot.
bétail [betaj] *nm coll:* (*no pl*) livestock; cattle.
bête [bɛt] *nf* **1.** *n* (*a*) beast, animal; **b. à cornes,** horned beast (*b*) creature; bug; **petites bêtes,** (i) insects (ii) vermin; **b. à bon Dieu,** ladybird, *NAm:* ladybug; **chercher la petite b.,** to be over-critical **2.** *F:* (*a*) *n* idiot, fool (*b*) *a* silly, stupid, foolish; **pas si b.!** I'm not such a fool! **il est b. comme ses pieds,** he's a real idiot (*c*) **c'est b. comme chou, c'est tout b.,** it's dead simple (*d*) **b. à concours,** *Br* swot, *NAm:* grind. **bêtement** *adv* stupidly, foolishly; **tout b.,** purely and simply.
Bethléem [bɛtleɛm] *Prnm BHist:* Bethlehem.
bêtise [betiz] *nf* **1.** stupidity, silliness **2.** nonsense, absurdity; **dire des bêtises,** to talk nonsense; **faire des bêtises,** to play the fool **3.** blunder; stupid mistake **4.** trifle **5. bêtises de Cambrai** = mint humbugs.
béton [betɔ̃] *nm* concrete; **en béton,** concrete; **b. armé,** reinforced concrete.
bétonnière [betɔnjɛr] *nf* concrete mixer.
bette [bɛt] *nf Bot:* (spinach) beet; Swiss chard.
betterave [bɛtrav] *nf* beet(root); **b. sucrière,** sugar beet; **b. fourragère,** mangel-wurzel, fodder beet.
beuglement [bøgləmɑ̃] *nm* lowing; bellowing.
beugler [bøgle] *vi* to low; to bellow.
beur [bœr] *n F:* young Maghrebin, second generation Maghrebin immigrant.
beurk [bœrk] *int* yuck!
beurre [bœr] *nm* **1.** butter; *Cu:* **au b.,** cooked in butter; **b. d'anchois,** anchovy paste; **b. noir,** brown butter; *F:* **avoir un œil au b. noir,** to have a black eye; **entrer comme dans du b.,** to get in with the greatest of ease; **faire son b.,** to make a packet; **ça mettra du b. dans les épinards,** that will ease the situation **2. b. de cacahuètes,** peanut butter.
beurrer [bœre] *vtr* to butter. **beurré** *a* **1.** buttered **2.** *P:* (*drunk*) pissed, smashed.
beurrier [bœrje] *nm* butter dish.
beuverie [bøvri] *nf* drinking session; booze-up.
bévue [bevy] *nf* blunder, mistake.
biais [bjɛ] **1.** *a* oblique, slanting **2.** *nm* (*a*) slant (of wall); **en b.,** on the slant; aslant; askew; **tailler un tissu dans le b.,** to cut material on the bias; **regarder qn de b.,** to look sideways at s.o.; **traverser en b.,** to cross at an angle (*b*) indirect manner, means; expedient; **aborder une question de b.,** to approach a question in a roundabout way; **considérer qch par deux b.,** to look at sth from two angles.
biaiser [bjɛze] *vi* **1.** to be on the slant; to turn away (towards sth) **2.** to prevaricate; to dodge the issue.
bibelot [biblo] *nm* curio; trinket.
biberon [bibrɔ̃] *nm* (baby's feeding) bottle; **nourrir au b.,** to bottle-feed.
bibine [bibin] *nf P:* weak beer.
Bible [bibl] *nf* Bible.
bibliobus [bibliɔbys] *nm* mobile library.
bibliographe [bibliɔgraf] *n* bibliographer.
bibliographie [bibliɔgrafi] *nf* bibliography. **bibliographique** *a* bibliographical.
bibliophile [bibliɔfil] *n* bibliophile, book lover.
bibliothécaire [bibliɔtekɛr] *n* librarian.
bibliothèque [bibliɔtɛk] *nf* **1.** (*a*) (*building, room*) library; **b. de gare,** bookstall **2.** bookcase **3.** library; collection of books.
biblique [biblik] *a* biblical.
bic [bik] *nm Rtm:* Biro *Rtm.*
bicarbonate [bikarbɔnat] *nm Ch:* bicarbonate; **b. de soude,** bicarbonate of soda.
bicentenaire [bisɑ̃tnɛr] **1.** *nm* bicentenary **2.** *a* 200-year-old.
bicéphale [bisefal] *a* two-headed.

biceps [bisɛps] *nm Anat:* biceps; *F:* **avoir des b.,** to be muscular.
biche [biʃ] *nf* **1.** *Z:* doe **2.** *F:* **ma b.,** my darling.
bichonner [biʃɔne] *vtr* **1.** (*a*) to doll up (child, car) (*b*) to pamper (s.o.) **2. se b.,** to doll oneself up.
bicolore [bikɔlɔr] *a* bicolour(ed).
bicoque [bikɔk] *nf F:* shack, hovel.
bicorne [bikɔrn] *nm* cocked hat.
bicyclette [bisiklɛt] *nf* bicycle, cycle, bike; **aller à b.,** to cycle; **faire de la b.,** to go cycling.
bide [bid] *nm* **1.** *P:* belly **2.** *F: Th:* flop; **faire un b.,** to be a flop.
bidet [bidɛ] *nm* **1.** nag; pony **2.** *Hyg:* bidet.
bidon [bidɔ̃] **1.** *nm* (*a*) can, drum (for oil); (milk) churn (*b*) *Mil:* water bottle (*c*) *P:* belly (*d*) *P:* rubbish **2.** *a inv P:* fake, phoney.
bidonville [bidɔ̃vil] *nm* shantytown.
bidule [bidyl] *nm P:* thingummy, whatsit.
bief [bjɛf] *nm* **1.** (canal) reach, level **2.** millrace.
bielle [bjɛl] *nf* (*a*) (tie) rod; push rod; crank arm (*b*) **tête de b.,** crank head; *ICE:* big end.
bien [bjɛ̃] **1.** *adv* (*a*) well; **il parle b.,** he is a good speaker; **écoutez b.,** listen carefully; **il faut b. les soigner,** they must be well looked after; **vous avez b. fait,** you did the right thing; **c'est b. fait (pour lui),** it serves him right; **tout va b.,** everything's fine, O.K.; **aller, se porter, b.,** to be well, in good health; *Iron:* **ça commence b.!** that's a good start! **b.!** (i) good! (ii) that's enough! (iii) all right! **très b.!** very good! well done! (*b*) right, proper; **ce n'est pas b. de vous moquer de lui,** it's not kind of you to make fun of him (*c*) comfortable; **vous ne savez pas quand vous êtes b.,** you don't know when you're well off (*d*) **je ne me sens pas b.,** I don't feel well (*e*) **être b. avec qn,** to be on good terms with s.o. (*f*) of good appearance, position, quality; **il est très b.,** he is very gentlemanly; **ce sont des gens b.,** they are respectable people; **tu es très b. dans cette robe,** that dress suits you perfectly (*g*) indeed, really, quite; **c'est b. cela,** that's right; **je l'ai regardé b. en face,** I looked him full in the face; **je veux b. le croire,** I can well believe it, him; **qu'est-ce ça peut b. être?** what on earth can it be? **c'est b. lui,** it really *is* him; *F:* **c'est b. à moi ça?** you're sure that's mine? **je l'avais b. dit!** didn't I say so! **b. entendu,** of course; **il est b. venu, mais j'étais occupé,** he *did* come, but I was busy (*h*) very; **b. malheureux,** very unhappy; **c'est b. simple,** it's quite simple (*i*) much, many, a great deal, a great many; **je l'ai vu b. des fois,** I have seen him many times; **b. d'autres,** many others (*j*) **je suis b. obligé,** I have to; **je voudrais b. mais . . .,** I'd like to, but . . . **2.** *adv phr* (*a*) **aussi b.,** in any case, anyway; just as well (*b*) **tant b. que mal,** somehow (or other) **3.** *conj phr* (*a*) **b. que** + *sub*, though, although (*b*) **si b. que** + *ind*, so that, and so; with the result that (*c*) **ou b.,** or else, otherwise **4.** *int* **eh b.!** (oh) well! **eh b. ça alors!** well, I'm damned! **5.** *nm* (*a*) good; **le b. et le mal,** good and evil; right and wrong; **homme de b.,** good, upright, man (*b*) **c'est pour votre b.,** it is for your own good; **grand b. vous fasse!** much good may it do you! **vouloir du b. à qn,** to wish s.o. well; **tout le monde dit du b. de lui,** everyone speaks well of him (*c*) possession, property, wealth; **avoir du b. (au soleil),** to be a man of property (*d*) *Jur:* **biens mobiliers,** personal estate; **biens immobiliers,** real estate (*e*) **biens de consommation,** consumer goods; **biens de production,** capital goods (*f*) *adv phr* **il a changé en b.,** he has changed for the better; **mener une affaire à b.,** to bring a matter to a satisfactory conclusion.
bien-aimé [bjɛ̃nɛme] *a & n* beloved; *pl bien-aimés.*
bien-être [bjɛ̃nɛtr̥] *nm inv* (*a*) well-being (*b*) comfort; welfare.
bienfaisance [bjɛ̃fəzɑ̃s] *nf* charity; **œuvre de b.,** charitable organisation. **bienfaisant** *a* **1.** beneficent, charitable **2.** beneficial, salutary.
bienfait [bjɛ̃fɛ] *nm* **1.** benefit, kindness, service **2.** gift, blessing, boon.
bienfaiteur, -trice [bjɛ̃fɛtœr, -tris] *n* benefactor, benefactress.
bien-fondé [bjɛ̃fɔ̃de] *nm no pl* validity, merits; *Jur:* cogency.
bienheureux, -euse [bjɛ̃nœrø, -øz] *a* **1.** blissful, happy **2.** *Ecc:* blessed; **les b.,** the blest.
biennale [biɛnal] *nf* biennial event.
bien-pensant, -ante [bjɛ̃pɑ̃sɑ̃(t)] *a & n* right-minded (person).
bienséance [bjɛ̃seɑ̃s] *nf* propriety. **bienséant** *a* proper.
bientôt [bjɛ̃to] *adv* (very) soon; before long; *F:* **à b.!** good-bye, see you (again) soon! **il est b. 10 heures,** it's nearly 10 o'clock.
bienveillance [bjɛ̃vɛjɑ̃s] *nf* benevolence, kindness (**envers,** to). **bienveillant** *a* kind, kindly, benevolent.
bienvenu, -e [bjɛ̃vəny] **1.** *a* well-timed, apposite (remark) **2.** *n* **soyez le b., la bienvenue!** welcome! **3.** *nf* welcome; **souhaiter la bienvenue à qn,** to welcome s.o.
bière[1] [bjɛr] *nf* beer; **b. blonde,** lager, light ale; **b. brune,** brown ale; **b. pression,** draught beer.
bière[2] *nf* coffin.
biffer [bife] *vtr* to cross out (word).
bifteck [biftɛk] *nm* (beef)steak; *F:* **gagner son b.,** to earn one's (daily) bread.
bifurcation [bifyrkasjɔ̃] *nf* fork (of road).
bifurquer [bifyrke] *vtr & i* to fork; to branch off, to turn off.
bigamie [bigami] *nf* bigamy. **bigame 1.** *a* bigamous **2.** *n* bigamist.
bigarré [bigare] *a* (*a*) variegated, multicoloured (*b*) motley, mixed (crowd).
bigarreau, -eaux [bigaro] *nm* whiteheart (cherry).
bigarrure [bigaryr] *nf* medley, mixture (of colours).
bigorneau, -eaux [bigɔrno] *nm Moll:* winkle.
bigoterie [bigɔtri] *nf* bigotry. **bigot, -ote 1.** *a* (over-)devout **2.** *n* bigot.
bigoudi [bigudi] *nm* (hair) curler, roller.
bigre [bigr̥] *int F:* gosh! **bigrement** *adv F:* **b. froid,** awfully cold; **vous avez b. raison!** you're dead right!
bijou, -oux [biʒu] *nm* jewel, gem; *pl* jewellery; *F:* **mon b.!** my pet!
bijouterie [biʒutri] *nf* (*a*) jeweller's trade (*b*) jeweller's (shop).
bijoutier, -ière [biʒutje, -jɛr] *n* jeweller.
bikini [bikini] *nm* bikini.
bilan [bilɑ̃] *nm* **1.** *Fin:* (*a*) balance sheet (*b*) **déposer son b.,** to file for bankruptcy **2.** (*a*) results (of a

situation); assessment (of facts); **faire le b.** to take stock (**de,** of) (*b*) **b. de santé,** (medical) check-up.

bilatéral, -aux [bilateral, -o] *a* bilateral, two-sided (contract).

bilboquet [bilbɔkɛ] *nm* cup-and-ball.

bile [bil] *nf* **1.** bile **2.** (*a*) bad temper (*b*) *F:* **se faire de la b.,** to worry, to fret. **bileux, -euse** *a F:* easily upset. **bilieux, -euse** *a* **1.** bilious **2.** irritable, irascible.

bilingue [bilɛ̃g] *a* bilingual.

billard [bijar] *nm* **1.** (game of) billiards; **faire un b.,** to play a game of billiards; **b. électrique,** pinball machine **2.** billiard table; *F:* **passer sur le b.,** to have an operation **3.** *F:* **c'est du b.,** it's a cinch.

bille [bij] *nf* **1.** (*a*) billiard ball (*b*) *P:* face, mug **2.** marble **3.** *MecE: etc:* ball; **roulement à billes,** ball bearing(s); **stylo (à) b.,** ballpoint pen **4.** (saw)log.

billet [bijɛ] *nm* **1.** *esp Lit:* note, short letter; **b. doux,** love letter **2.** notice, invitation; **b. de faire-part,** card announcing a family event (birth, marriage, death) **3.** ticket; **b. simple, b. d'aller,** single ticket; **b. d'aller (et) retour,** return ticket; *NAm:* round trip ticket; **b. circulaire,** round trip ticket; **b. de faveur,** complimentary ticket **4.** *Com:* (*a*) promissory note, bill (*b*) **b. (de banque),** (bank)note, *NAm:* bill **5. b. de santé,** health certificate **6.** permit, permission; *Sch:* **b. de sortie,** exeat **7.** *Mil:* **b. de logement,** billet.

billetterie [bijɛtri] *nf* **1.** cash dispenser **2.** ticket distribution.

billion [biljɔ̃] *nm* billion; *NAm:* trillion.

billot [bijo] *nm* block (of wood).

bimensuel, -elle [bimɑ̃sɥɛl] *a* fortnightly, bimonthly.

bimoteur [bimɔtœr] *a & nm* twin-engine(d) (aircraft).

binaire [binɛr] *a Mth:* binary.

biner [bine] *vtr Agr:* to hoe; to harrow.

binette [binɛt] *nf* **1.** hoe **2.** *P:* face, mug.

biniou [binju] *nm* Breton bagpipes.

binôme [binom] *nm* binomial.

biochimie [bjɔʃimi] *nf* biochemistry.

biodégradable [bjɔdegradabl̩] *a* biodegradable.

biographe [bjɔgraf] *n* biographer.

biographie [bjɔgrafi] *nf* biography. **biographique** *a* biographical.

biologie [bjɔlɔʒi] *nf* biology. **biologique** *a* biological.

biologiste [bjɔlɔʒist] *n* biologist.

biorythme [bjɔritm] *nm* biorhythm.

bioxyde [biɔksid] *nm Ch:* dioxide.

bipartite [bipartit] *a* bipartite.

bip-bip [bipbip] *nm* pip(s); *pl bips-bips.*

bipède [bipɛd] *a & nm* biped.

biphasé [bifaze] *a El:* two-phase (current).

biplace [biplas] *a & nm Aut: Av:* two-seater.

biplan [biplɑ̃] *nm* biplane.

bique [bik] *nf F:* **1.** nanny goat **2.** (*woman*) old hag.

biquet, -ette [bikɛ, -ɛt] *n Z:* kid.

Birmanie [birmani] *Prnf Geog:* Burma. **birman, -ane** *a & n* Burmese.

bis[1], bise[2] [bi, biz] *a* greyish-brown.

bis[2] [bis] *adv* twice **1.** *adv & nm* (*a*) *Th:* encore (*b*) *Mus:* repeat **2.** *adv* (*in address*) **10 b.,** (i) 10A (ii) 10B.

bisaïeul, -eule [bizajœl] *n* great-grandfather, great-grandmother.

bisannuel, -elle [bizanɥɛl] *a* biennial.

bisbille [bisbij] *nf F:* squabble; **en b. avec,** at loggerheads with.

biscornu [biskɔrny] *a F:* **1.** mis-shapen; crooked **2.** bizarre, queer (ideas); illogical (argument).

biscotte [biskɔt] *nf* **1.** (*bread*) Melba toast **2.** (*biscuit*) rusk, *NAm:* zwieback.

biscuit [biskɥi] *nm* biscuit, *NAm:* cookie; **b. de Savoie,** sponge cake; **b. à la cuiller,** sponge finger.

biscuiterie [biskɥitri] *nf* biscuit factory.

bise[2] [biz] *nf* north wind.

bise[3] *nf P:* kiss; **faire la bise (à qn),** to kiss (s.o.); *Corr:* **grosses bises,** love and (kisses).

biseau, -eaux [bizo] *nm* **1.** chamfer, bevel; **taillé en b.,** bevelled, chamfered **2.** *Tls:* bevel.

bismuth [bismyt] *nm Ch:* bismuth.

bison [bizɔ̃] *nm Z:* bison; *esp NAm:* buffalo.

bisou [bizu] *nm F:* kiss; *Corr:* **gros bisous,** love (and kisses).

bissecteur, -trice [bisɛktœr, -tris] **1.** *a* bisecting **2.** *nf* **bissectrice,** bisector.

bisser [bise] *vtr* to encore (performer).

bissextile [bisɛkstil] *af* **année b.,** leap year.

bistouri [bisturi] *nm Surg:* lancet.

bistre [bistr̩] *a & nm* bistre; **teint b.,** swarthy complexion.

bistro(t) [bistro] *nm F:* café, bar, pub, **b. à vins,** wine bar.

bit [bit] *nm Cmptr:* bit.

bit(t)e [bit] *nf V:* cock, prick.

bitume [bitym] *nm Miner:* **1.** bitumen, asphalt **2.** pitch, tar.

bitum(in)er [bitum(in)e] *vtr* to asphalt (road). **bitum(in)eux, -euse** *a* bituminous.

bivouac [bivwak] *nm Mil:* bivouac.

bivouaquer [bivwake] *vi* to bivouac.

bizarrerie [bizarri] *nf* **1.** peculiarity, oddness **2.** whimsicalness; eccentricity, oddity. **bizarre** *a* peculiar, strange, bizarre; **le b. de l'affaire, c'est que,** the funny thing is that. **bizarrement** *adv* peculiarly, strangely.

bizuter [bizyte] *vtr Sch: F:* to rag.

bizut(h) [bizy] *nm Sch: F:* freshman, fresher.

blabla(bla) [blabla(bla)] *nm F:* claptrap.

blackbouler [blakbule] *vtr* to blackball; *F:* to fail (candidate).

black-out [blakaut] *nm* blackout; **faire le b.-o. sur qch,** to hush sth up.

blafard, -arde [blafar, -ard] *a* pale, wan.

blague [blag] *nf* **1. b. (à tabac),** (tobacco) pouch **2.** *F:* (*a*) tall story; bunkum; **b. à part,** joking apart; seriously; **sans b.!** you're joking! (*b*) joke; hoax; **quelle b.!** what a joke! **une sale b.,** a dirty trick **3.** mistake, blunder.

blaguer [blage] *F:* **1.** *vi* to joke, to kid **2.** *vtr* to tease. **blagueur, -euse 1.** *a* teasing **2.** *n* joker.

blair [blɛr] *nm P:* snout, conk.

blaireau, -eaux [blɛro] *nm* **1.** *Z:* badger **2.** shaving brush.

blairer [blere] *vtr P:* **je ne peux pas le b.,** I can't stand him.

blâme [blɑm] *nm* **1.** blame, disapproval **2.** *Adm:* reprimand; **donner un b.,** to reprimand.
blâmer [blɑme] *vtr* **1.** to blame **2.** *Adm:* to reprimand. **blâmable** *a* blameworthy.
blanc, blanche [blɑ̃, blɑ̃ʃ] **1.** *a (a)* white; **vieillard à cheveux blancs,** white-haired old man *(b)* light-coloured; pale; **b. comme un linge,** as white as a sheet; **verre b.,** colourless glass *(c)* innocent, pure *(d)* blank (page); plain (paper); **nuit blanche,** sleepless night; **examen b.,** mock exam; **voix blanche,** toneless voice; **vers blancs,** blank verse **2.** *nm (a)* white; **robe d'un b. sale,** dingy white dress; **b. cassé,** off white; **mariage en b.,** white wedding *(b)* **le b. des yeux,** the white of the eyes; **regarder qn dans le b. des yeux,** to look s.o. straight in the eye *(c)* **b. d'une cible,** bull's eye of a target *(d)* blank, gap, space; **chèque en b.,** blank cheque *(e)* white (man) *(f)* **saigner qn à b.,** to bleed s.o. white; **chauffé à b.,** white hot *(g)* **cartouche à b.,** blank cartridge; **tirer à b.,** to fire a blank, blanks *(h)* **b. de poulet,** breast of chicken; **b. d'œuf,** egg white *(i)* **b. de chaux,** whitewash *(j)* **(articles de) b.,** linen; **magasin de b.,** linen shop *(k)* white wine **3.** *nf* **blanche** *(a)* white (woman) *(b) Mus:* minim, *NAm:* half-note. **blanchâtre** *a* whitish.
blanc-bec [blɑ̃bɛk] *nm* greenhorn; *pl blancs-becs.*
blanchaille [blɑ̃ʃɑj] *nf* **1.** *Fish:* small fry **2.** *Cu:* whitebait.
Blanche-Neige [blɑ̃ʃnɛʒ] *Prnf* Snow White.
blancheur [blɑ̃ʃœr] *nf* whiteness.
blanchir [blɑ̃ʃir] **1.** *vtr (a)* to whiten; to make white *(b) Tex:* to bleach *(c)* to wash, launder; **donner du linge à b.,** to send clothes to the wash *(d)* to exonerate (s.o.); **b. de l'argent, des capitaux,** to launder money, funds *(e)* **b. (à la chaux),** to whitewash *(f) Cu:* to blanch **2.** *vi* to whiten; to turn white; **il commence à b.,** he is going white **3. se b.,** to clear one's name.
blanchissage [blɑ̃ʃisaʒ] *nm* laundering.
blanchissement [blɑ̃ʃismɑ̃] *nm* whitening.
blanchisserie [blɑ̃ʃisri] *nf* laundry.
blanchisseur, -euse [blɑ̃ʃisœr, -øz] *n* launderer, laundress.
blanquette [blɑ̃kɛt] *nf Cu:* blanquette (of veal).
blaser [blɑze] *vtr* to make (s.o.) blasé, indifferent. **blasé** *a* blasé, indifferent.
blason [blazɔ̃] *nm* coat of arms.
blasphémateur, -trice [blasfematœr, -tris] *n* blasphemer.
blasphème [blasfɛm] *nm* blasphemy. **blasphématoire** *a* blasphemous.
blasphémer [blasfeme] *vtr & i* **(je blasphème; je blasphémerai)** to blaspheme.
blatte [blat] *nf Ent:* cockroach.
blazer [blazœr] *nm* blazer.
blé [ble] *nm* **1.** wheat; **b. dur,** hard wheat, durum wheat; **b. noir,** buckwheat **2.** *P:* cash.
bled [blɛd] *nm F:* village, place; **b. perdu,** god-forsaken place; dump.
blême [blɛm] *a* **1.** livid, ghastly **2.** pale, wan.
blêmir [blemir] *vi* to turn pale.
blessé, -ée [blɛse] *n* wounded, injured, person; casualty.
blesser [blese] **1.** *vtr (a)* to wound, injure, hurt *(b)* to offend, hurt (s.o.); **b. la vue,** to offend the eye **2. se b.** *(a)* to injure, hurt, oneself **(avec,** with); **se b. le bras,** to hurt one's arm *(b)* **il se blesse pour un rien,** he's very quick to take offence. **blessant** *a* hurtful.
blessure [blesyr]] *nf* wound, injury.
blet, blette[1] [blɛ, blɛt] *a* overripe (fruit).
blette[2] *nf see* **bette.**
bleu, *pl* **bleus** [blø] **1.** *a* blue; **aux yeux bleus,** blue-eyed; **colère bleue,** towering rage; **bifteck b.,** very rare steak **2.** *nm (a)* blue (colour); **b. ciel,** sky blue; **b. marine, b. roi,** navy blue, royal blue; **b.-noir,** blue-black *(b)* bruise; **mon bras est couvert de bleus,** my arm is all black and blue *(c)* greenhorn, novice; *Mil:* raw recruit *(d)* blue cheese *(e) Cu:* **poisson au b.,** fish *au bleu (f) pl* **bleu(s) de travail,** overalls, dungarees, boiler suit *(g) Tchn:* blueprint. **bleuâtre** *a* bluish.
bleuet [bløɛ] *nm Bot:* cornflower.
bleuir [bløir] *vtr & i* to make (sth) blue; to become blue **b. de froid,** to go blue with cold. **bleuté** *a* bluish; blue-tinted (glass).
blindage [blɛ̃daʒ] *nm* (armour) plating.
blinder [blɛ̃de] *vtr* **1.** to armour (plate); to plate (ship, tank, car) **2.** to harden (s.o.), to make (s.o.) immune **(contre qch,** to sth). **blindé 1.** *a* armoured, armour-plated; **porte blindée,** reinforced door **2.** *nm* armoured vehicle.
bloc [blɔk] *nm* **1.** block, lump (of wood); **tout d'un b.,** in one go; **coulé en b.,** cast in one piece; **acheter qch en b.,** to buy sth en bloc; **visser qch à b.,** to screw sth up tight **2.** *Pol: etc:* group; coalition; **faire b.,** to unite **3.** pad (of paper); **b. à dessin,** sketch pad **4.** unit; *Cin:* **b. sonore,** sound unit **5.** *F:* prison, clink.
blocage [blɔkaʒ] *nm (a)* sticking, jamming; locking on (of brakes) *(b) PolEc:* **b. des prix, salaires,** price, wage, freeze *(c) Psy:* mental block.
bloc-cuisine [blɔkɥizin] *nm* kitchen unit; *pl blocs-cuisines.*
bloc-évier [blɔkevje] *nm* sink unit; *pl blocs-éviers.*
bloc-moteur [blɔkmɔtœr] *nm* engine block; *pl blocs-moteurs.*
bloc-notes [blɔknɔt] *nm* writing pad; *pl blocs-notes.*
blocus [blɔkys] *nm* blockade.
blond, -onde [blɔ̃, -ɔ̃d] **1.** *a* fair, blond (hair, pers); fair-haired (person); **bière blonde,** lager; pale ale; **(cigarette) blonde,** Virginia cigarette **2.** *n* fair(-haired) man, woman; blond(e) **3.** *nm* **cheveux (d'un) b. doré,** golden hair; **b. cendré,** ash blond.
blondinet, -ette [blɔ̃dinɛ, -ɛt] *n* fair haired child.
blondir [blɔ̃dir] *vi (of hair)* to get fairer.
bloquer [blɔke] **1.** *vtr (a)* to combine; to group together *(b)* to jam (piece of machinery); to lock (wheels); **b. les freins,** to jam on the brakes; **bloqué par la neige,** snowbound *(c)* to stop (cheque); to freeze (prices) *(d)* to block, obstruct (road) **2. se b.,** to jam; to get jammed.
blottir (se) [səblɔtir] *vpr* to curl up, to crouch; **blotti dans un coin,** huddled in a corner.
blouse [bluz] *nf* overall, smock; (surgeon's) gown.
blouson [bluzɔ̃] *nm* blouson, (waist-length) jacket; *F: O:* **b. noir,** hoodlum.
blue-jean(s) [blu(d)ʒin(z)] *nm Cl:* jeans; *pl blue-jeans.*

blues [bluz] *nm Mus:* blues.
bluff [blœf] *nm F:* bluff; **c'est du b.,** he's bluffing.
bluffer [blœfe] *vtr & i (a) Cards:* to bluff (s.o.) *(b) F:* trick (s.o.); to bluff.
bluffeur, -euse [blœfœr, -øz] *n* bluffer.
BN *abbr Bibliothèque Nationale.*
boa [bɔa] *nm Rept: Cl:* boa.
bob [bɔb] *nm* bob(sleigh).
bobard [bɔbar] *nm F:* tall story; fib.
bobine [bɔbin] *nf* **1.** *(a)* bobbin, spool, reel; roll (of film) *(b) El:* coil **2.** *P:* face, mug.
bobo [bobo] *nm F: (child's language)* pain, sore, cut; **ça fait b.?** does it hurt?
bobonne [bɔbɔn] *nf* **1.** *P:* missis **2.** *Pej:* little wifey.
bocage [bɔkaʒ] *nm* **1.** copse **2.** *Geog:* bocage.
bocal, -aux [bɔkal, -o] *nm (a)* (wide-mouthed) bottle, jar; **mettre des fruits en bocaux,** to bottle *(b)* goldfish bowl.
bock [bɔk] *nm (a)* beer glass *(b)* glass of beer.
bœuf, *pl* **bœufs** [bœf, bø] *nm* **1.** ox, bullock; **jeune b.,** steer; **bœufs de boucherie,** beef cattle **2.** beef; **b. (à la) mode,** stewed beef **3.** *a inv F:* amazing; **c'est b.,** it's fantastic.
bof [bɔf] *int* so what!; **la b. génération,** the apathetic young.
bohème [bɔɛm] *a & n* Bohemian; **mener une vie de b.,** to lead a free and easy life. **bohémien, -ienne** *a & n* **1.** *Geog:* Bohemian **2.** gipsy.
boire¹ [bwar] *vtr (prp* **buvant;** *pp* **bu;** *pr ind* **je bois, ils boivent;** *pr sub* **je boive;** *impf* **je buvais;** *fu* **je boirai) 1.** to drink; **b. qch à petits coups,** to sip sth; **b. qch d'un trait,** to drink sth at one gulp; **b. à sa soif,** to drink one's fill; *F:* **b. un coup,** to have a drink; **ce vin se laisse b.,** this wine is very drinkable; **b. les paroles de qn,** to drink in s.o.'s every word; *F:* **b. la tasse,** to get a mouthful (when swimming); **il y a à b. et à manger,** it's got its pros and cons **2.** to drink (alcohol); **il a (trop) bu,** he's had one too many; **il boit comme un trou,** he drinks like a fish **3.** *(of plants, paper)* to soak up, to absorb (moisture).
boire² *nm* drink, drinking; **le b. et le manger,** food and drink.
bois [bwa] *nm* **1.** wood, forest; **petit b.,** thicket **2.** timber (trees); **abattre le b.,** to fell timber **3.** wood, timber, lumber; **b. de chauffage,** firewood; **petit b.,** kindling; **chantier de b.,** timber yard; **en b.,** wooden; **b. (d'œuvre) de feuillu,** hardwood; **b. (d'œuvre) de résineux,** softwood; **b. de sapin, b. blanc,** deal, whitewood; **je leur ferai voir de quel b. je me chauffe,** I'll show them (what I'm made of); *F:* **touchez du bois!** touch wood! **4.** *(a)* woodcut *(b)* **b. de lit,** bedstead *(c) Mus:* **les b.,** the woodwind **5.** *pl* antlers. **boisé** *a* wooded.
boiserie [bwazri] *nf* woodwork, panelling.
boisson [bwasɔ̃] *nf* drink, beverage; **pris de b.,** under the influence of drink; **la b.,** drink, alcohol.
boîte [bwat] *nf* **1.** box; **b. en fer,** tin, can; canister; **conserves en b.,** tinned, canned food; **mettre en b.,** to can (food); **b. aux lettres,** letterbox, pillarbox, postbox, *NAm:* mailbox; **b. postale 260,** Post Office box 260; **b. d'allumettes,** box of matches; **b. à outils,** toolbox; **b. à musique,** musical box; *Anat:* **b. crânienne,** brainpan **2.** *Aut:* **b. de vitesses,** gearbox; *El:* **b. à fusible,** fusebox **3.** *P: (a)* one's office, shop, school; **sale b.,** rotten hole *(b)* **b. (de nuit),** nightclub.
boitement [bwatmɑ̃] *nm* limping.
boiter [bwate] *vi* to limp; to walk with a limp; **b. d'un pied,** to be lame in one foot. **boiteux, -euse 1.** *a (a)* lame, limping *(b)* wobbly, rickety, shaky (furniture, argument); clumsy (lines) **2.** *n* lame man, woman.
boîtier [bwatje] *nm* case; **b. de montre,** watch case.
boitiller [bwatije] *vi* to limp slightly.
bol [bɔl] *nm (a)* bowl, basin *(b) P:* luck; **avoir du b.,** to be lucky.
bolée [bɔle] *nf* bowlful.
boléro [bɔlero] *nm* bolero.
bolide [bɔlid] *nm (a)* meteor *(b)* racing car; **lancé comme un b. sur la route,** hurtling along the road.
Bolivie [bɔlivi] *Prnf Geog:* Bolivia. **bolivien, -ienne** *a & n* Bolivian.
bombage [bɔ̃baʒ] *nm* spray-can writing, painting.
bombance [bɔ̃bɑ̃s] *nf F:* feast(ing); carousing; **faire b.,** to go on a binge.
bombardement [bɔ̃bardəmɑ̃] *nm* **1.** bombardment; shelling; pelting **2.** *Av:* bombing; **b. aérien,** air raid.
bombarder [bɔ̃barde] *vtr* **1.** to bombard, bomb, shell; **b. de pierres,** to pelt with stones; **b. qn de questions,** to fire questions at s.o. **2.** *F:* **on l'a bombardé ministre,** he's been made a minister out of the blue.
bombardier [bɔ̃bardje] *nm (aircraft)* bomber.
bombe [bɔ̃b] *nf* **1.** bomb; **b. à retardement,** time bomb; **cela a fait l'effet d'une b.,** it was a real bombshell **2.** *(a) Cu:* **b. glacée,** ice pudding *(b)* aerosol, spray **3.** *Equit:* riding hat **4.** *F:* **faire la b.,** to go on a binge.
bomber [bɔ̃be] *vtr (a)* to cause (sth) to bulge; **b. la poitrine,** to throw out one's chest; **b. le torse,** to swagger *(b)* to bend, arch (one's back). **bombé** *a* convex, curved, rounded, bulging; cambered (road).
bon¹, bonne¹ [bɔ̃, bɔn] **1.** *a (a)* good, upright, honest (person) *(b)* good (book, smell); pleasant (evening); comfortable (armchair); **la bonne société,** polite society; *F:* **cela est b. à dire,** it's easier said than done *(c) (of pers)* clever, capable; **b. en anglais,** good at English *(d)* good, right, correct, proper; **si j'ai bonne mémoire,** if my memory is reliable; **en b. état,** in working order *(e)* good, kind **(pour, envers,** to); **vous êtes bien b. de m'inviter,** it is very kind of you to invite me *(f)* good, profitable, advantageous; **c'est b. à savoir,** it's worth knowing; **acheter qch à b. marché,** to buy sth cheap(ly); **à quoi b.?** what's the good of it? what's the point, the use? *(g)* good; fit, suitable; **b. à manger,** (i) good to eat (ii) safe to eat; *Mil:* **b. pour le service,** fit for duty; **il n'est b. à rien,** he's useless; **si b. vous semble,** if you think it advisable *(h)* good, favourable; **souhaiter la bonne année à qn,** to wish s.o. a happy New Year; **b. week-end!** have a good weekend! *(i)* good, sound, safe; **billet b. pour trois mois,** ticket valid for three months; *F:* **son compte est b.!** he's in for it! *(j)* good, full; **un b. rhume,** a bad cold; **j'ai attendu deux bonnes heures,** I waited two solid hours; **arriver b. premier,** to come in an easy first *(k)* **pour de b.,** seriously, really, in earnest; **est-ce pour de b.?** are you serious? **c'est b.!** good! enough said! *(l) int* **b.!** good! fine! right! **b., je viens,** all right, I'm coming **2.**

adv **tenir b.**, to stand fast, to hold one's own; **tenez b.!** hold tight! **sentir b.**, to smell nice; **il fait b. vivre,** it's good to be alive **3.** *n (a)* **les bons,** the good; *F:* the goodies *(b)* **cela a du b.**, it has its good points *(c)* **en voilà une bonne!** that's a good one!

bon² *nm* **1.** order, voucher, ticket; coupon; **b. de caisse,** cash voucher; **b. de livraison,** delivery note **2.** *Fin:* bond, bill, draft; **b. du Trésor,** treasury bond.

bonbon [bɔ̃bɔ̃] *nm* sweet, *NAm:* candy; **b. acidulé,** acid drop.

bonbonne [bɔ̃bɔn] *nf (a) Ind:* carboy *(b)* demijohn.

bonbonnière [bɔ̃bɔnjɛr] *nf* **1.** sweetbox **2.** bijou flat.

bond [bɔ̃] *nm* **1.** bound, leap, jump, spring; **faire un b.**, to leap; **les prix ont fait un b.**, prices have shot up; **franchir qch d'un b.**, to clear sth at one jump; **se lever d'un b.**, to spring, to leap, to one's feet **2.** *(of ball)* bounce; **faire faux b. à qn,** to stand s.o. up.

bonde [bɔ̃d] *nf* **1.** *(a)* bung (of cask) *(b)* plug (of sink) *(c) HydE:* sluice gate **2.** bunghole; plughole.

bondé [bɔ̃de] *a* chock-full, crammed, packed.

bondir [bɔ̃dir] *vi (a)* to leap, bound; to spring up, jump up; **b. sur qch,** to spring at, pounce on, sth; **b. de joie,** to jump for joy; *F:* **cela me fait b.**, it makes me hopping mad *(b)* to gambol, skip.

bondissement [bɔ̃dismɑ̃] *nm* bound, leap.

bon enfant [bɔnɑ̃fɑ̃] *a inv* sweet.

bonheur [bɔnœr] *nm* **1.** good fortune, good luck, success; **porter b.**, to bring (good) luck; **par b.**, luckily, fortunately; **au petit b. (la chance),** haphazardly **2.** happiness; **faire le b. de qn,** to make s.o. happy; **quel b.!** what bliss! what a delight!

bonhomie [bɔnɔmi] *nf* simple good-heartedness; good nature.

bonhomme [bɔnɔm] *nm F:* fellow, chap, bloke, *NAm:* guy; **un vilain b.**, nasty piece of work; **pourquoi pleures-tu, mon b.?** why are you crying sonny? **il va son petit b. de chemin,** he's jogging quietly along; *(in car)* he's bumbling along; **dessiner des bonshommes,** to draw funny people; **b. en pain d'épice,** gingerbread man; **b. de neige,** snowman; *pl bonshommes* [bɔ̃zɔm].

bonification [bɔnifikasjɔ̃] *nf* **1.** improvement (of land) **2.** *(a) Com:* bonus *(b) Sp:* advantage.

bonifier (se) [səbɔnifje] *vpr* to improve.

boniment [bɔnimɑ̃] *nm (a)* sales talk; patter *(b) F:* tall story, fib.

bonjour [bɔ̃ʒur] *nm* good day, good morning, good afternoon; hello; how d'you do? **donnez-lui le b. de ma part,** give him my regards.

bon marché [bɔ̃marʃe] *a inv* cheap.

bonne² [bɔn] *nf* maid; **b. à tout faire,** general help; maid of all work; **b. d'enfants,** nanny.

Bonne-Espérance [bɔnɛsperɑ̃s] *Prnf Geog:* **le Cap de B.-E.,** the Cape of Good Hope.

bonne-maman [bɔnmamɑ̃] *nf F:* grandma(ma); gran(ny); *pl bonnes-mamans.*

bonnement [bɔnmɑ̃] *adv* **tout b.**, quite simply.

bonnet [bɔnɛ] *nm (a)* brimless cap, hat; (woman's, child's) bonnet; **c'est b. blanc et blanc b.**, it's six of one and half a dozen of the other; **b. de nuit,** nightcap; **b. de bain,** bathing cap; **b. à poil,** bearskin; *F:* **gros b.**, bigwig, big shot *(b)* cup (of brassière).

bonneterie [bɔntri] *nf* **1.** hosiery **2.** hosiery trade; hosier's shop.

bonnetier, -ière [bɔntje, -jɛr] *n* hosier.

bon-papa [bɔ̃papa] *nm F:* grandpa(pa), grandad; *pl bons-papas.*

bonsaï [bɔnzaj] *nm* bonsai.

bonsoir [bɔ̃swar] *nm* good evening, good night; *F:* **b.!** nothing doing!

bonté [bɔ̃te] *nf (a)* goodness, kindness; **b. divine!** good heavens! **ayez la b. de,** please be so kind as to *(b) pl* kindnesses, kind actions.

bonus [bɔnys] *nm inv Ins:* no-claims bonus.

bonze [bɔ̃z] *nm* **1.** bonze, Buddhist monk **2.** *F:* big shot **3.** *F:* **vieux b.**, old fogey.

boomerang [bumrɑ̃g] *nm* boomerang.

borax [bɔraks] *nm Ch:* borax.

borborygme [bɔrbɔrigm(ə)] *nm* stomach rumble; *pl* stomach rumblings.

bord [bɔr] *nm* **1.** *Nau: (a)* side (of ship); **par-dessus b.**, overboard; **moteur hors b.**, outboard (motor); **b. du vent, sous le vent,** weather side; lee side; **faux b.**, list; **le long du b.**, alongside *(b)* tack, leg; **courir un b.**, to make a tack *(c)* **les hommes du b.**, the ship's company, the crew; **journal de b.**, ship's log; logbook; **à b. d'un navire,** on board a ship; **à b.**, on board (ship); aboard **2.** *(a)* edge; border, hem; brink, verge; rim, brim; lip (of cup); **b. du trottoir,** kerb, *NAm:* curb; **au b. des larmes,** on the verge of tears; **remplir un verre jusqu'au b., à ras b.**, to fill a glass to the brim; **b. de la rivière,** river bank; **b. de la route,** roadside; **aller au b. de la mer,** to go to the seaside *(b)* brim (of hat); **chapeau à larges bords,** wide-brimmed hat *(c) F:* **un peu bête sur les bords,** a bit stupid, a bit on the stupid side.

bordeaux [bɔrdo] **1.** *nm* Bordeaux (wine); **b. rouge,** claret **2.** *a inv* maroon, burgundy.

bordée [bɔrde] *nf Nau:* **1.** broadside; **b. de jurons,** torrent of abuse **2.** tack; **tirer des bordées,** to tack; to beat up to windward **3.** watch; **b. de tribord, de bâbord,** starboard watch, port watch.

bordel [bɔrdɛl] *nm P:* **1.** brothel **2.** mess; **ranger son b.**, to clear up one's mess; **quel b.!** what a shambles!

bordelais, -aise [bɔrdəlɛ, -ɛz] *a & n* (native, inhabitant) of Bordeaux.

bordélique [bɔrdelik] *a P:* untidy, messy.

border [bɔrde] *vtr* to border; to edge, fringe, sth with sth; *(of trees)* to line (road); **b. un lit,** to tuck in the bedclothes; **b. qn,** to tuck s.o. in.

bordereau, -eaux [bɔrdəro] *nm* statement; invoice; note; **b. de paie,** wage(s) slip; salary advice (note); **b. de crédit,** credit note.

bordure [bɔrdyr] *nf* **1.** border, rim; edge; fringe; **en b. de,** alongside, along the side of **2.** frame.

boréal, -aux [bɔreal, -o] *a* boreal, north(ern).

borgne [bɔrɲ] *a* **1.** one-eyed; blind in one eye **2.** disreputable, shady (house).

borique [bɔrik] *a* boric, boracic (acid).

borne [bɔrn] *nf* **1.** *(a)* boundary mark, stone, post *(b)* **b. kilométrique** = milestone *(c) F:* kilometre *(d) pl* boundaries, limits; **cela dépasse les bornes,** that's going too far; **sans bornes,** limitless **2.** *El:* terminal.

borner [bɔrne] *vtr* **1.** *(a)* to mark (out) the boundary of (field); to stake (claim) *(b)* to form the boundary of (country); **le chemin qui borne la forêt,** the path bordering the forest *(c)* to limit, restrict (view, power); to set limits, bounds, to (ambition) **2. se b.** (*a*) to restrict oneself, to exercise self-restraint; **je me borne au strict nécessaire,** I confine myself to the absolute essentials (*b*) to be limited, restricted (**à qch,** to sth); **leur science se borne à cela,** this is the extent of their knowledge. **borné** *a* limited; (*pers*) narrow-minded.

bosquet [bɔskɛ] *nm* grove, thicket, copse.

bosse [bɔs] *nf* **1.** hump (of camel) **2.** (*a*) bump, swelling, lump (*b*) unevenness, bump; **avoir la b. du commerce,** to have a good head for business.

bosseler [bɔsle] *vtr* **(je bosselle) 1.** to emboss (plate) **2.** to dent; **casserole toute bosselée,** battered saucepan.

bosser [bɔse] *vi P:* to work hard, to slog.

bosseur, -euse [bɔsœr, -øz] *n P:* hard worker, slogger.

bossu, -ue [bɔsy] **1.** *a* hunchbacked **2.** *n* hunchback; *F:* **rire comme un b.,** to laugh one's head off.

bot [bo] *a* **pied b.,** club foot.

botanique [bɔtanik] **1.** *a* botanical **2.** *nf* botany.

botaniste [bɔtanist] *n* botanist.

botte[1] [bɔt] *nf* bunch (of carrots); sheaf, bale (of hay).

botte[2] *nf* (high) boot; **bottes à l'écuyère,** riding boots; **bottes cuissardes,** waders; **bottes en caoutchouc,** wellingtons, gumboots; **sous la b. de l'envahisseur,** under the invader's jackboot.

botte[3] *nf Fenc:* thrust.

botter [bɔte] *vtr* **1.** (*a*) to put boots, shoes, on (s.o.); **bien botté,** well shod (*b*) to kick (ball); *F:* **il lui a botté les fesses,** he gave him a kick up the backside (*c*) *F:* **ça me botte,** I like that **2. se b.,** to put one's boots on.

bottier [bɔtje] *nm* bootmaker.

bottillon [bɔtijɔ̃] *nm* ankle boot.

Bottin [bɔtɛ̃] *nm Rtm:* telephone book.

bottine [bɔtin] *nf* ankle boot.

bouc [buk] *nm* (billy) goat; **(barbe de) b.,** goatee (beard); **b. émissaire,** scapegoat.

boucan [bukɑ̃] *nm P:* row, din, racket.

bouche [buʃ] *nf* **1.** mouth; **parler la b. pleine,** to talk with one's mouth full; **garder qch pour la bonne b.,** to keep something as a titbit; **faire la fine b.,** to turn one's nose up; **c'est une fine b.,** he's a gourmet; **b. cousue!** mum's the word! *F:* **il en avait plein la b.,** he was full of it, he could talk of nothing else; **de b. à oreille,** by word of mouth **2.** mouth (of horse, fish) **3.** mouth (of river); opening, aperture (of well); muzzle (of gun); **b. de métro,** underground entrance; **b. d'accès,** manhole; **b. d'égout,** drain; **b. d'incendie,** fire hydrant; **b. d'aération,** air vent.

bouche-à-bouche [buʃabuʃ] *nm inv* mouth-to-mouth resuscitation; kiss of life.

bouchée [buʃe] *nf* **1.** mouthful; **mettre les bouchées doubles,** to do a job in double quick time; **ne faire qu'une b. de qch,** to make short work of sth **2.** *Cu:* **b. à la reine,** chicken vol-au-vent.

boucher[1] [buʃe] **1.** *vtr* to fill up (gap); to block (up), choke (up), clog; to block (view); **b. un trou,** to plug a hole; **cela servira à b. un trou,** it will serve as a stopgap; **b. une bouteille,** to cork a bottle; **b. le passage à qn,** to stand in s.o.'s way **2. se b.,** to get blocked (up), clogged; **se b. le nez,** to hold one's nose; **se b. les oreilles,** to put one's fingers in one's ears. **bouché** *a* blocked; (*of weather*) overcast; **avoir l'esprit b.,** to be thick.

boucher[2] *nm* butcher.

bouchère [buʃɛr] *nf* (*a*) butcher's wife (*b*) (woman) butcher.

boucherie [buʃri] *nf* **1.** (*a*) butcher's (shop) (*b*) butchery **2.** *Fig:* slaughter, butchery.

bouche-trou [buʃtru] *nm* stopgap; *pl bouche-trous.*

bouchon [buʃɔ̃] *nm* **1.** wisp, handful (of straw) **2.** (*a*) stopper, plug, bung; cap, top (of bottle); cork; (radiator) cap (*b*) traffic jam; holdup.

bouchonné [buʃɔne] *a* **vin b.,** corked wine.

bouclage [buklaʒ] *nm* (*a*) *F:* locking up (*b*) sealing off.

boucle [bukl] *nf* **1.** buckle **2.** (*a*) loop, bow (of ribbon) (*b*) loop (of river); bend (of road) (*c*) *Av: Cmptr:* loop **3.** ring; **boucles d'oreilles,** earrings **4.** curl, ringlet (of hair) **5.** *Sp:* lap.

boucler [bukle] **1.** *vtr* (*a*) to buckle (belt); to fasten (strap); *P:* **boucle-la! tu vas la b.!** (will you) belt up! *F:* **b. une affaire,** to clinch a matter; **b. sa valise,** to pack one's bags (*b*) to loop, tie up, knot (ribbon); *Av: & Fig:* **b. la boucle,** to loop the loop (*c*) *F:* to lock up, imprison (*d*) to seal off (area) (*e*) *Sp:* to lap (competitor) **2.** *vi* (*of hair*) to curl, to be curly. **bouclé** *a* curly.

bouclier [bukli(j)e] *nm* shield.

Bouddha [buda] *Prnm* Buddha.

bouddhisme [budism] *nm* Buddhism. **bouddhique** *a* Buddhist(ic). **bouddhiste** *a & n* Buddhist.

bouder [bude] **1.** *vi* to sulk **2.** *vtr* **b. qn,** to refuse to have anything to do with s.o.; **ils se boudent,** they're not on speaking terms.

bouderie [budri] *nf* sulkiness; sulk. **boudeur, -euse** *a* sulky.

boudin [budɛ̃] *nm* **1.** (*a*) *Cu:* **b. (noir),** black pudding; **b. blanc,** white pudding (*b*) *F:* **boudins,** fat, podgy, fingers **2.** corkscrew curl; roll, twist (of tobacco). **boudiné** *a* (*a*) **b. dans,** squeezed into, bulging out of (*b*) podgy (fingers).

boudoir [budwar] *nm* (*a*) boudoir (*b*) *Comest:* (trifle) sponge, sponge finger.

boue [bu] *nf* **1.** mud, slush **2.** sediment, mud, sludge. **boueux, -euse 1.** *a* muddy **2.** *nm* = **boueur.**

bouée [bue] *nf Nau:* **1.** buoy, rubber ring (for non-swimmer); **b. à cloche,** bell buoy **2. b. de sauvetage,** lifebuoy.

boueur [buœr] *nm* dustman, *NAm:* garbage collector.

bouffe [buf] *nf F:* food, grub.

bouffée [bufe] *nf* **1.** puff (of smoke); whiff (of scent); **b. de chaleur,** blast of hot air; *Med:* hot flush **2.** outburst (of anger); fit (of pride).

bouffer [bufe] **1.** *vi* (*of dress*) to puff (out), swell out **2.** *F:* (*a*) *vi* to gobble, to scoff (*b*) *vtr & i* to eat (sth); **on n'a rien à b.,** there's no grub (*c*) **se b. le nez,** to have a row. **bouffant** *a* puffed (sleeve); full (skirt); baggy (trousers).

bouffir [bufir] **1.** *vtr* to swell, puff up, out **2.** *vi* to become swollen, bloated; to puff up. **bouffi** *a* puffy, swollen (eyes); bloated (face).

bouffissure [bufisyr] *nf* swelling, puffiness.

bouffon, -onne [bufɔ̃, -ɔn] **1.** *a* farcical, comical **2.** *nm* buffoon, clown, jester.

bouffonnerie [bufɔnri] *nf* buffoonery, clowning.
bougeoir [buʒwar] *nm* (flat) candlestick; candle holder.
bougeotte [buʒɔt] *nf F:* **avoir la b.**, to be fidgety; to have itchy feet.
bouger [buʒe] *v* **(n. bougeons) 1.** *vi (a)* to move, budge, stir; **rester sans b.**, to stand still; **ne bougez pas**, don't move *(b)* **les prix ne bougent pas**, prices are steady *(c) Pol:* to stir **2.** *vtr F:* **il ne faut rien b.**, you must not move anything **3.** *F:* **se b.**, to move; to shift (oneself).
bougie [buʒi] *nf* **1.** candle; **à la b.**, by candlelight **2.** *El:* watt **3.** *ICE:* **b. (d'allumage)**, spark plug **4.** *P:* face, mug.
bougonnement [bugɔnmɑ̃] *nm* grumbling, grousing. **bougon, -onne 1.** *n* grumbler, grouser **2.** *a* grumpy.
bougonner [bugɔne] *vi* to grumble.
bougre [bugr̥] *nm F:* **1.** chap, bloke; **pauvre b.**, poor devil **2.** *(a)* **b. d'imbécile**, bloody idiot *(b) int* blast! **bougrement** *adv F:* damned.
bouillabaisse [bujabɛs] *nf* Provençal fish soup; bouillabaisse.
bouillie [buji] *nf* porridge, baby food; **réduire en b.**, to crush to a pulp.
bouillir [bujir] *vi (prp* **bouillant;** *pr ind* **je bous, n. bouillons;** *impf* **je bouillais)** to boil; **faire b. qch**, to boil sth; **b. de colère**, to seethe with anger; **ça me fait b.**, it makes my blood boil. **bouillant** *a* **1.** boiling **2.** fiery (temper).
bouilloire [bujwar] *nf* kettle.
bouillon [bujɔ̃] *nm* **1.** bubble; **le sang coulait à gros bouillons**, the blood was gushing out **2.** *(a) Cu:* (meat, vegetable) stock; **b. gras**, clear (meat) soup; beef tea; **b. cube**, stock cube; **boire un b.**, (i) to get a mouthful (when swimming) (ii) to suffer a heavy loss (in business) *(b) Biol:* **b. de culture**, culture medium.
bouillonnement [bujɔnmɑ̃] *nm* bubbling, foaming, frothing.
bouillonner [bujɔne] *vi* to bubble, seethe, foam, froth up.
bouillotte [bujɔt] *nf* hot water bottle.
boulanger [bulɑ̃ʒe] *nm* baker.
boulangère [bulɑ̃ʒɛr] *nf (a)* baker's wife *(b)* (woman) baker.
boulangerie [bulɑ̃ʒri] *nf* **1.** bakery trade **2.** *(a)* bakery *(b)* baker's (shop).
boule [bul] *nf* **1.** *(a)* ball, sphere, globe; *F:* **se mettre en b.**, to get angry; **b. dans la gorge**, lump in one's throat *(b) F:* **perdre la b.**, to go off one's head, to go nuts *P:* **avoir les boules**, to be uptight *(c)* **b. de scrutin**, ballot (ball) **2.** *Games:* (croquet, hockey) ball; bowl; **jouer aux boules**, to play bowls; **jeu de boules**, (game of) bowls.
bouleau, -eaux [bulo] *nm* (silver) birch (tree).
bouledogue [buldɔg] *nm* bulldog.
boulet [bulɛ] *nm* **1.** *(a)* **b. (de canon)**, cannonball *(b)* ball and chain; *Fig:* **traîner un b.**, to have a millstone round one's neck **2.** (coal) nut.
boulette [bulɛt] *nf* **1.** pellet (of paper) **2.** *Cu:* meatball **3.** *F:* **faire une b.**, to drop a brick.
boulevard [bulvar] *nm* boulevard; **pièce de b.**, light comedy; **théâtre de b.**, light-comedy house.
bouleversant [bulvɛrsɑ̃] *a* upsetting, bewildering.
bouleversement [bulvɛrsəmɑ̃] *nm (a)* upheaval; disruption *(b)* distress, anxiety.
bouleverser [bulvɛrse] *vtr (a)* to upset, overthrow; to disrupt *(b)* to upset, to distress (s.o.). **bouleversant** *a* distressing; staggering.
boulier [bulje] *nm* **b. (compteur)**, abacus.
boulimie [bulimi] *nf Psy:* bulimia.
boulon [bulɔ̃] *nm* bolt.
boulonner [bulɔne] **1.** *vtr* to bolt (down) **2.** *vi F:* to work hard, to slog.
boulot, -otte [bulo, -ɔt] **1.** *a & n* plump, tubby (person) **2.** *nm F:* work, job.
boum [bum] **1.** *int & nm* bang! boom! **2.** *nm Com:* boom; **en plein b.**, in full swing **3.** *nf* party.
bouquet [bukɛ] *nm* **1.** *(a)* bunch of flowers, posy, bouquet *(b)* cluster, clump (of trees) **2.** bouquet (of wine) **3.** *Pyr:* crowning piece; *F:* **ça, c'est le b.!** that takes the biscuit! **4.** prawn.
bouquin [bukɛ̃] *nm F:* book.
bouquiner [bukine] *vi F:* to read.
bouquiniste [bukinist] *nm* second-hand bookseller.
bourbier [burbje] *nm* slough, (quag)mire; mess.
bourde [burd] *nf F:* blunder, bloomer.
bourdon [burdɔ̃] *nm* **1.** *Mus:* drone (of bagpipes) **2.** great bell **3.** *(a) Ent:* bumble-bee; **faux b.**, drone *(b) P:* **avoir le b.**, to be down in the dumps.
bourdonnement [burdɔnmɑ̃] *nm* buzz(ing); drone, droning; *Med:* buzzing in the ears.
bourdonner [burdɔne] *vi* to buzz.
bourg [bur] *nm* small market town.
bourgade [burgad] *nf* large village, township.
bourgeois, -oise [burʒwa, -waz] *a & n* **1.** *n (a)* burgess; citizen *(b)* commoner **2.** *a & n (a)* middle-class (person); **cuisine bourgeoise**, home cooking *(b) Pej:* bourgeois *(c) P:* **la bourgeoise**, the wife, the missus. **bourgeoisement** *adv* conventionally; comfortably.
bourgeoisie [burʒwazi] *nf* the middle class(es); **la haute, petite, b.**, the upper, lower, middle class.
bourgeon [burʒɔ̃] *nm Bot:* bud.
bourgeonner [burʒɔne] *vi Bot:* to (come into) bud; to b(o)urgeon.
bourgmestre [burgmɛstr̥] *nm* burgomaster.
Bourgogne [burgɔɲ] **1.** *Prnf Geog:* Burgundy **2.** *nm* **(vin de) B.**, Burgundy (wine).
bourguignon, -onne [burgiɲɔ̃, -ɔn] **1.** *a & n* Burgundian **2.** *nm Cu:* beef bourguignon.
bourlinguer [burlɛ̃ge] *vi (a)* to sail *(b) F:* **b. de par le monde**, to knock about the world.
bourrade [burad] *nf* blow; thump; poke (in the ribs).
bourrage [buraʒ] *nm Sch:* cramming; *F:* **b. de crâne**, brainwashing.
bourrasque [burask] *nf* squall; gust of wind; (snow) flurry.
bourratif [buratif] *a* stodgy, filling (food).
bourre [bur] *nf* **1.** padding, wadding; *Fig:* **de première b.**, first rate **2.** wad (of firearm).
bourreau [buro] *nm* **1.** executioner; hangman **2.** torturer, tormentor; **b. de travail**, glutton for work, workaholic; **b. des cœurs**, ladykiller.
bourrelet [burlɛ] *nm* **1.** *(a)* pad, wad, cushion *(b)* draught excluder **2. b. de graisse**, roll of fat; *F:* spare tyre.

bourrer [bure] *vtr* **1.** to stuff, pad (cushion); to cram (cupboard); to fill (pipe with tobacco); *F:* **b. un élève,** to cram a pupil; *F:* **b. le crâne à qn,** to stuff s.o.'s head with nonsense; **aliment qui bourre,** filling food; **b. qn (de coups),** to beat s.o. **2. se b.,** to stuff oneself (with food). **bourré** *a* (*a*) stuffed, crammed (**de,** with) (*b*) *P:* drunk, plastered.

bourrique [burik] *nf* (*a*) she ass; donkey (*b*) *F:* dunce, ass; **têtu comme une b.,** as stubborn as a mule; **faire tourner qn en b.,** to drive s.o. mad.

bourru [bury] *a* surly.

bourse [burs] *nf* **1.** purse, pouch; **la b. ou la vie!** your money or your life! **sans b. délier,** without spending a penny; **faire b. commune,** to pool resources **2.** *Sch:* **b. (d'études),** grant; scholarship **3. la B.,** the Stock Exchange; **jouer à la B.,** to speculate; **b. de commerce,** commodities exchange; **b. de l'emploi,** job centre **4.** *pl* scrotum. **boursier, -ière 1.** *a* Stock Exchange (transactions) **2.** *n* grant, scholarship, holder.

boursouflé [bursufle] *a* swollen, bloated; **style b.,** inflated, turgid, style.

boursoufler [bursufle] *vtr* **1.** to puff up, swell (face); to blister (paint) **2.** (*of paint*) **se b.,** to blister.

boursouflure [bursuflyr] *nf* swelling, puffiness (of face); blister (of paint).

bousculade [buskylad] *nf* jostle; crush; rush.

bousculer [buskyle] *vtr* **1. b. qn,** to jostle, hustle, s.o.; to knock into s.o. **2. b. qn,** to rush s.o.; **il est toujours bousculé,** he's always in a rush **3. se b.,** to jostle one another.

bouse [buz] *nf* **b. de vache,** cowpat.

bousiller [buzije] *vtr F:* to bungle, botch (up) a piece of work; to wreck, to smash up (a car); **b. qn,** to bump s.o. off.

boussole [busɔl] *nf* compass; *F:* **perdre la b.,** to go off one's head.

bout [bu] *nm* **1.** end; extremity; **au b. de la rue,** at the end, at the bottom, of the street; **le haut b. de la table,** the head of the table; **b. à b.,** end to end, end on; **joindre les deux bouts,** to make ends meet; **au b. du compte,** after all; in the end; *adv phr* **de b. en b.,** from beginning to end, from end to end; **d'un b. à l'autre,** from one end to the other, from end to end; **c'est le b. du monde,** (i) it's a dump (ii) it's the outside limit; **au b. d'une heure,** after an hour; **aller jusqu'au b.,** to go on to the bitter end; to see it through; **être à b.,** to be exhausted; **pousser qn à b.,** to exasperate s.o.; **à b. de patience,** at the end of one's tether; **être au b. de son rouleau,** (i) to have run out of resources (ii) to be at the end of one's tether; **venir à b. de (faire) qch,** to succeed in doing sth **2.** end, tip, end-piece; **b. du doigt, de la langue,** fingertip; tip of the tongue; **b. de pied,** toecap; **à b. portant,** (at) point blank (range); **b. filtre,** filter tip (of cigarette); **on ne sait jamais par quel b. le prendre,** one never knows how to approach him **3.** bit, fragment; scrap (of paper); piece (of string); **un b. de jardin,** a bit of garden; **un b. de temps,** a (little) while; **un bon b. de temps,** quite a while; **cela fait un b. de chemin,** it's quite a long way.

boutade [butad] *nf* **1.** whim, caprice **2.** sally; flash of wit.

boute-en-train [butɑ̃trɛ̃] *nm inv* live wire; the life and soul of a party.

bouteille [butɛj] *nf* (*a*) bottle; **b. isolante,** vacuum flask; **mettre en bouteilles,** to bottle; *F:* **prendre de la b.,** to get long in the tooth (*b*) (gas) cylinder.

bouteur [butœr] *nm* bulldozer.

boutique [butik] *nf* shop; (small) store; **fermer b.,** to shut up shop; to close down; *F:* **parler b.,** to talk shop; *F:* **c'est une sale b.!** it's a rotten dump!

boutiquier, -ière [butikje, -jɛr] *n* shopkeeper.

bouton [butɔ̃] *nm* **1.** bud; **b. de rose,** rosebud; **en b.,** budding, in bud **2.** button; **b. de plastron,** stud; **b. de col,** collar stud; **boutons de manchettes,** cuff links **3.** knob (of door, radio); handle (of door); (push) button; *El:* switch; **b. de sonnerie,** bellpush **4.** spot, pimple (on face). **boutonneux, -euse** *a* spotty, pimply.

bouton-d'or [butɔ̃dɔr] *nm* buttercup.

boutonner [butɔne] **1.** *vtr* to button (up) (coat, dress) **2. se b.,** to button (up); to button oneself up.

boutonnière [butɔnjɛr] *nf* buttonhole.

bouton-pression [butɔ̃presjɔ̃] *nm* press-stud, *NAm:* snap; *pl boutons-pression.*

bouture [butyr] *nf Hort:* cutting.

bouturer [butyre] *vtr* to propagate by cuttings.

bouvier [buvje] *nm* herdsman.

bouvreuil [buvrœj] *nm Orn:* bullfinch.

bovin [bɔvɛ̃] **1.** *a* bovine **2.** *nmpl* cattle.

bowling [buliŋ] *nm* **1.** (tenpin) bowling **2.** bowling alley.

box [bɔks] *nm* **1.** horse-box, loose box **2.** (*a*) cubicle (in dormitory) (*b*) *Jur:* **b. des accusés,** dock **3.** lock-up (garage); *pl boxes.*

boxe [bɔks] *nf* boxing.

boxer[1] [bɔkse] *vtr & i* to box.

boxer[2] [bɔksɛr] *nm* boxer (dog).

boxeur [bɔksœr] *nm* boxer.

boyau, -aux [bwajo] *nm* **1.** bowel, gut; **(corde de) b.,** (cat)gut **2.** (*a*) hosepipe (*b*) *Cy:* tubular tyre **3.** narrow passage.

boycott(age) [bɔjkɔt(aʒ)] *nm* boycott, boycotting.

boycotter [bɔjkɔte] *vtr* to boycott.

BP *abbr Boîte postale.*

brabançon, -onne [brabɑ̃sɔ̃, -ɔn] *a & n* Brabantine; **la Brabançonne,** the Belgian national anthem.

bracelet [braslɛ] *nm* **1.** bracelet, bangle; strap (of wristwatch) **2.** metal band, ring.

bracelet-montre [braslɛmɔ̃tr] *nm* wristwatch; *pl bracelets-montres.*

braconnage [brakɔnaʒ] *nm* poaching.

braconner [brakɔne] *vi* to poach.

braconnier [brakɔnje] *nm* poacher.

brader [brade] *vtr* to sell, to get rid of.

braderie [bradri] *nf* jumble sale; clearance sale.

braguette [bragɛt] *nf* flies, fly (of trousers).

braille [braj] *nm* **le b.,** Braille.

braillement [brɑjmɑ̃] *nm* bawling.

brailler [brɑje] **1.** *vi* to bawl **2.** *vtr* to bawl out (a song). **braillard, -arde 1.** *a* bawling **2.** *n* bawler.

braire [brɛr] *vi* to bray.

braise [brɛz] *nf* (glowing) embers; **yeux de b.,** glowing eyes.

braiser [brɛze] *vtr Cu:* to braise.

bramer [brame] *vi* (*a*) (*of stag*) to bell (*b*) to howl.

brancard [brɑ̃kar] *nm* (*a*) shaft (of stretcher) (*b*) stretcher.
brancardier [brɑ̃kardje] *nm* stretcher bearer.
branchage [brɑ̃ʃaʒ] *nm* (*a*) *coll* branches, boughs (of trees) (*b*) *pl* cut, fallen, branches.
branche [brɑ̃ʃ] *nf* **1.** (*a*) branch, bough; **céleri en branches,** sticks of celery (*b*) branch (of family); **la b. maternelle,** the mother's side (*c*) branch (of river, nerve, industry) **2.** leg (of compasses); side (of spectacle frame); blade (of propeller).
branchement [brɑ̃ʃmɑ̃] *nm* plugging in, connecting (up); branch; connection.
brancher [brɑ̃ʃe] *vtr* **1.** *El:* to plug in; **b. qch sur qch,** to plug sth into sth **2.** *F:* **ça me branche.** I'm really into that **3. se b. sur,** (i) to be tuned into (ii) *F:* to be into. **branché** *a F:* in the know; hip.
branchies [brɑ̃ʃi] *nfpl* gills (of fish).
brandir [brɑ̃dir] *vtr* to brandish, flourish.
branle [brɑ̃l] *nm* (*a*) oscillation, swing (motion) (*b*) impulse, impetus; **mettre qch en b.,** to set sth going; **se mettre en b.,** to get going.
branle-bas [brɑ̃lbɑ] *nm inv* **1.** *Navy:* **b.-b. de combat!** action stations! **2.** commotion, confusion.
branler [brɑ̃le] **1.** *vtr* to shake, nod (one's head) **2.** *vi* to shake, to move; to be loose; **dent qui branle,** loose tooth **3.** *V:* **se b.,** to wank.
braquer [brake] *vtr* **1.** (*a*) **b. un fusil sur qch,** to aim, to point, a gun at sth (*b*) **b. les yeux sur qn,** to fix one's eye(s) on s.o. (*c*) *Aut:* to manoeuvre, to turn (car) (*d*) to antagonize (s.o.); **b. qn contre qn,** to turn s.o. against s.o. **2.** *vi Aut:* to turn the wheel; **la voiture braque bien, mal,** the car has a good, a poor, lock.
braquet [brakɛ] *nm Cy:* gear ratio.
bras [bra] *nm* **1.** (*a*) arm; *Fig:* **avoir le b. long,** to have a lot of influence; **offrir le b. à qn,** to offer s.o. one's arm; **b. dessus b. dessous,** arm in arm; **les b. m'en tombent,** I'm astounded; **rester les b. croisés,** to twiddle one's thumbs; **ouvrir les b. à qn,** to receive s.o. with open arms; **avoir qn sur les b.,** to have s.o. on one's hands; **voiture à b.,** handcart; **à bout de b.,** at arm's length; **saisir qn à b.-le-corps,** to grapple with s.o.; **en b. de chemise,** in one's shirtsleeves (*b*) *pl* hands, workmen; **manquer de b.,** to be short-handed **2.** arm(rest) (of chair); arm (of lever); jib (of crane); limb (of cross); handle (of pump); (pickup) arm; **b. d'un fleuve,** arm of a river.
brasier [brɑzje] *nm* glowing fire; *Fig:* inferno.
brassage [brasaʒ] *nm* **1.** brewing (of beer) **2.** mixing, stirring.
brassard [brasar] *nm* armband.
brasse [bras] *nf* **1.** *Swim:* breast stroke; **b. papillon,** butterfly stroke **2.** *Nau:* fathom.
brassée [brase] *nf* armful.
brasser [brase] *vtr* **1.** to brew (beer) **2.** to mix, stir (up); **b. des affaires,** to be doing good business.
brasserie [brasri] *nf* **1.** brewery **2.** brewing **3.** restaurant (with bar); brasserie.
brasseur, -euse [brasœr, -øz] *n* **1.** brewer **2.** big businessman; **b. d'affaires,** tycoon.
brassière [brasjɛr] *nf* **1.** (baby's) (sleeved) vest **2.** *FrC:* brassiere.
bravade [bravad] *nf* bravado.
brave [brav] *a* **1.** brave, courageous **2.** good, honest, worthy; **c'est un b. homme,** *F:* **un b. type,** he's a good sort **3.** *Pej:* **elle est bien b.,** she's nice enough. **bravement** *adv* bravely.
braver [brave] *vtr* **1.** to brave; to face (sth) bravely **2.** to defy (authorities, etc).
bravo [bravo] **1.** *int* bravo! well done! hear, hear! **2.** *nmpl* **des bravos,** applause, cheers.
bravoure [bravur] *nf* bravery.
break [brɛk] *nm Aut:* estate car, *NAm:* station wagon.
brebis [brəbi] *nf* **1.** ewe **2.** sheep; **b. égarée,** lost sheep; **b. galeuse,** black sheep.
brèche [brɛʃ] *nf* breach, opening, gap, break (in hedge, wall); **être toujours sur la b.,** to be always on the go.
bredouille [brəduj] *a inv* **rentrer, revenir, b.,** to come back empty handed.
bredouillement [brədujmɑ̃] *nm* mumbling.
bredouiller [brəduje] **1.** *vi* to mumble **2.** *vtr* **b. une excuse,** to mumble an excuse.
bref, brève [brɛf, brɛv] **1.** *a* brief, short; **soyez b.,** be brief; **raconter qch en b.,** to relate sth in a few words **2.** *adv* briefly, in short.
brelan [brəlɑ̃] *nm Cards:* three of a kind; **b. d'as,** three aces.
breloque [brəlɔk] *nf* charm (on bracelet).
brème [brɛm] *nf Ich:* bream.
Brême [brɛm] *Prnf Geog:* Bremen.
Brésil [brezil] *Prnm Geog:* Brazil. **brésilien, -ienne** *a & n* Brazilian.
Bretagne [brətaɲ] *Prnf Geog:* Brittany.
bretelle [brətɛl] *nf* **1.** strap; (rifle) sling **2.** *Cl:* (*a*) shoulder strap (*b*) **(paire de) bretelles,** (pair of) braces, *NAm:* suspenders **3.** (*a*) *Rail:* crossover (*b*) access road; (motorway) sliproad.
breton, -onne [brətɔ̃, -ɔn] *a & n* Breton.
breuvage [brœvaʒ] *nm* beverage, drink.
brève [brɛv] *a see* **bref.**
brevet [brəvɛ] *nm* **1. b. (d'invention),** (letters) patent **2.** (*a*) diploma, certificate; *Sch:* = (GCE) O-level; *Nau:* **b. de capitaine,** master's certificate, *F:* master's ticket; *Av:* **b. de pilote,** pilot's licence (*b*) guarantee.
breveter [brəvte] *vtr* **(je brevète)** to patent (invention). **brevetable** *a* patentable. **breveté** *a* (*a*) patented (*b*) qualified.
bréviaire [brevjɛr] *nm Ecc:* breviary.
bribe [brib] *nf usu pl* **des bribes,** bits, scraps; **bribes de conversation,** snatches of conversation; **par bribes,** piecemeal; bit by bit.
bric [brik] *nm used in:* **de b. et de broc,** haphazardly; *F:* any old how.
bric-à-brac [brikabrak] *nm inv* (*a*) odds and ends, bric-a-brac (*b*) junk shop.
brick [brik] *nm Nau:* brig.
bricolage [brikɔlaʒ] *nm* **1.** tinkering about; odd jobs; **mordu du b.,** do-it-yourself, DIY, enthusiast **2.** *Pej:* **c'est du b.,** it's shoddy work.
bricole [brikɔl] *nf usu pl* odd jobs; trifles, odds and ends; **s'occuper à des bricoles,** to potter about.
bricoler [brikɔle] **1.** *vtr* (*a*) to do a quick repair job on **2.** *vi* (*b*) to tinker (about), to do odd jobs.
bricoleur, -euse [brikɔlœr, -øz] *n* handyman; do-it-yourself enthusiast.
bride [brid] *nf* (*a*) bridle (*b*) rein(s); **aller à b. abattue,** to ride at full speed, *F:* to ride hell for leather; **laisser**

la b. sur le cou à un cheval, à qn, to give a horse his head; to give s.o. a free hand; **tenir un cheval en b.,** to curb a horse; **tenir qn en b.,** to keep a tight rein on s.o.

brider [bride] *vtr* **1.** (*a*) to bridle (horse) (*b*) **b. ses passions,** to curb one's passions **2.** to tie up, fasten (up); *Cu:* to truss (fowl). **bridé** *a* tied up, constricted; **yeux bridés,** slanting eyes.

bridge [bridʒ] *nm Cards: Dent:* bridge.

bridger [bridʒe] *vi* **(je bridgeais)** to play bridge.

bridgeur, -euse [bridʒœr, -øz] *n* bridge player.

brièveté [briɛvte] *nf* shortness, brevity. **brièvement** *adv* briefly.

brigade [brigad] *nf* **1.** *Mil:* brigade; *Av:* **b. aérienne,** group, *NAm:* wing **2.** squad, detachment (of policemen); team (of workmen).

brigadier [brigadje] *nm* (*a*) *Mil:* corporal (*b*) **b. (de police),** (police) sergeant.

brigand [brigɑ̃] *nm* brigand; crook; ruffian.

brigandage [brigɑ̃daʒ] *nm* robbery, brigandage.

briguer [brige] *vtr* to solicit, to canvass for (sth); **b. des voix,** to canvass (for votes).

brillant [brijɑ̃] **1.** *a* (*a*) brilliant; sparkling, glittering (gem); shiny, glossy (*b*) splendid, striking; brilliant (pupil, speaker) (*c*) **je ne suis pas b.,** I'm not feeling too well **2.** *nm* (*a*) brilliancy, brilliance, brightness; sparkle, glitter; glossiness (*b*) polish, shine (on shoes) **3.** *nm* brilliant (diamond). **brillamment** *adv* brilliantly.

briller [brije] *vi* **1.** to shine; to glisten, gleam, glint; (*of stars*) to twinkle, sparkle; (*of headlights*) to glare **2.** (*of pers*) to shine, to be successful; **b. dans la conversation,** to be a brilliant conversationalist; **b. par son absence,** to be conspicuous by one's absence.

brimade [brimad] *nf* **1.** rough joke **2.** *pl* bullying.

brimer [brime] *vtr* (*a*) to rag (*b*) to bully; **je me sens brimé,** (I feel) I'm being got at.

brin [brɛ̃] *nm* **1.** blade (of grass); sprig, twig (of myrtle); wisp (of straw); **un beau b. de fille,** a gorgeous girl **2.** *F:* bit, fragment; **un b. d'air,** a breath of air; **un b. d'envie,** a touch of envy; **un b. de toilette,** a quick wash (and brush-up) **3.** strand (of rope); ply (of wool) **4.** *adv* **il est un b. ennuyeux,** he's a bit of a bore.

brindille [brɛ̃dij] *nf* twig, sprig.

bringue [brɛ̃g] *nf P:* **1. grande b.,** gangling girl **2.** binge; **faire la b.,** to go on a binge.

bringuebaler [brɛ̃gbale] *F:* **1.** *vi* to swing, to joggle, to shake about **2.** *vtr* to cart about.

brio [brijo] *nm* (*a*) *Mus:* brio (*b*) **avec b.,** brilliantly.

brioche [briɔʃ] *nf Cu:* brioche; *F:* paunch.

brique [brik] **1.** *nf* (*a*) brick (*b*) *P:* **une b.,** 10,000 Francs **2.** *a inv* brick-red.

briquet [brikɛ] *nm* (cigarette) lighter.

bris [bri] *nm* **1.** breaking (of glass) **2.** *Jur:* **b. de clôture,** breach of close.

brisant [brizɑ̃] *nm* (*a*) reef (*b*) breaker.

brise [briz] *nf* breeze.

brisé [brize] *a* **b. de fatigue,** tired out.

brise-fer [brizfɛr] *nm inv* walking disaster area.

brise-glace [brizglas] *nm inv* (*ship*) icebreaker.

brise-lames [brizlam] *nm inv* breakwater.

brise-tout [briztu] *nm inv* walking disaster area.

briser [brize] *vtr* **1.** (*a*) to break, smash; **b. une porte,** to break open a door; **b. qch en éclats,** to smash sth to smithereens (*b*) to crush (ore) (*c*) to break (treaty); to break down (opposition); to wear (s.o.) out; to break (s.o.'s heart); **brisé par la douleur,** crushed by grief (*d*) to break off (conversation) **2.** *vi & pr* (*a*) to break (with s.o.) (*b*) (*of waves*) **(se) b.,** to break (*c*) **se b.,** (*of glass*) to break; to be smashed; (*of hopes*) to be shattered, dashed.

briseur, -euse [brizœr, -øz] *n* breaker; **b. de grève,** strike breaker; blackleg.

brise-vent [brizvɑ̃] *nm inv* windbreak.

brisure [brizyr] *nf* break.

britannique [britanik] **1.** *a* British **2.** *n* Briton, British subject; *pl* the British.

broc [bro] *nm* pitcher; (large) jug.

brocante [brɔkɑ̃t] *nf* antiques, secondhand goods (trade).

brocanter [brɔkɑ̃te] *vi* to deal in, to sell, antiques; to deal in, to sell, secondhand goods.

brocanteur, -euse [brɔkɑ̃tœr, -øz] *n* dealer in antiques, in secondhand goods.

brocart [brɔkar] *nm Tex:* brocade.

broche [brɔʃ] *nf* **1.** *Cu:* (*a*) spit (*b*) meat skewer **2.** peg, pin **3.** *Tex:* spindle **4.** brooch.

brocher [brɔʃe] *vtr Bookb:* to stitch, sew (book); **livre broché,** paperback (book).

brochet [brɔʃɛ] *nm Ich:* pike.

brochette [brɔʃɛt] *nf* **1.** (*a*) skewer (*b*) *Cu:* kebab **2. b. de décorations,** row of medals.

brochure [brɔʃyr] *nf* **1.** stitching (of books) **2.** brochure, pamphlet.

broder [brɔde] *vtr* to embroider (cloth, story).

broderie [brɔdri] *nf* embroidery.

brome [brom] *nm Ch:* bromine.

bromure [brɔmyr] *nm Ch:* bromide.

bronche [brɔ̃ʃ] *nf Anat:* bronchus, *pl* bronchi; bronchial tube.

broncher [brɔ̃ʃe] *vi* **1.** (*of horse*) (*a*) to stumble (*b*) to shy **2.** *F:* (*a*) to flinch; **sans b.,** without turning a hair (*b*) *F:* to budge, to move.

bronchite [brɔ̃ʃit] *nf Med:* bronchitis.

bronzage [brɔ̃zaʒ] *nm* suntan.

bronze [brɔ̃z] *nm* (*metal, object*) bronze.

bronzer [brɔ̃ze] **1.** *vtr* to tan (skin); **teint bronzé,** suntanned complexion **2.** *vi & pr* **(se) b.,** to (get a) tan, to go brown; to sunbathe.

brossage [brɔsaʒ] *nm* brushing.

brosse [brɔs] *nf* (*a*) brush; **b. à cheveux, à habits,** hairbrush, clothes brush; **b. à dents,** toothbrush; **b. métallique,** wire brush; **donner un coup de b. à qch,** to give sth a brush; *Hairdr:* **cheveux en b.,** crew cut (*b*) (paint) brush; **passer la b. sur qch,** to paint sth out.

brosser [brɔse] *vtr* **1.** to brush; to scrub (floor); **se b.,** to brush oneself down; **se b. les dents,** to brush one's teeth; *F:* **tu peux te b.!** you can whistle for it! **2.** to paint (boldly).

brouette [bruɛt] *nf* wheelbarrow.

brouhaha [bruaa] *nm F:* hubbub; uproar; hum (of conversation).

brouillage [brujaʒ] *nm WTel: Elcs:* jamming; interference.

brouillard [brujar] *nm* fog; mist, haze; **il y a du b.,** it's foggy; **je suis dans le b.,** I'm in a fog.

brouille [bruj] *nf* quarrel; tiff.

brouiller [bruje] *vtr* **1.** to mix up, jumble; to muddle (s.o.); **b. des œufs,** to scramble eggs; **b. les cartes,** (i) to shuffle the cards (ii) to spread confusion **2.** to cause a misunderstanding between (people) **3.** *WTel: Elcs:* to jam (transmission) **4. se b.** (*a*) to become mixed, confused; **le temps se brouille,** the weather is breaking up (*b*) **yeux brouillés de larmes,** eyes blurred with tears (*c*) to quarrel, to fall out.

brouillon, -onne [brujɔ̃, -ɔn] **1.** *a* disorganized; muddleheaded **2.** *n* muddler **3.** *nm* (rough) draft; *Sch:* rough work; **(papier) b.,** scrap paper.

broussaille [brusɑj] *nf usu pl* brushwood; undergrowth, scrub; **cheveux en b.,** unkempt hair. **broussailleux, -euse** *a* bushy.

brousse [brus] *nf Geog:* (i) the bush (ii) *Austr:* the outback (iii) *F:* the back of beyond.

brouter [brute] **1.** *vtr & i* **b. (l'herbe),** to browse, to graze (on the grass) **2.** *vi* (*of brake*) to judder.

broyage [brwajaʒ] *nm* crushing, grinding.

broyer [brwaje] *vtr* **(je broie, n. broyons)** to pound, crush, grind; *F:* **b. du noir,** to be down in the dumps. **broyeur, -euse 1.** *a* grinding **2.** *nm* grinder.

bru [bry] *nf* daughter-in-law.

brugnon [bryɲɔ̃] *nm* nectarine.

bruine [brɥin] *nf* fine rain; drizzle.

bruiner [brɥine] *v impers* to drizzle.

bruire [brɥir] *vi def* (*prp* **bruissant;** *pr ind* **il bruit, ils bruissent;** *impf* **il bruissait**) to rustle; to rumble; (*of machinery*) to hum; (*of brook*) to murmur; (*of bees*) to buzz.

bruissement [brɥismɑ̃] *nm* rumbling; hum(ming) (of machinery); murmuring (of brook); buzzing (of bees).

bruit [brɥi] *nm* **1.** (*a*) noise; sound; clatter (of dishes); **b. métallique,** clang; **b. de pas,** (sound of) footsteps; **b. sourd,** thud, thump; **faire du b.,** to make a noise, to be noisy; **quel b.!** what a row, a racket! **b. de fond,** background noise (*b*) noise, fuss; **beaucoup de b. pour rien,** much ado about nothing; **faire grand b. de qch,** to make a great to-do about sth; **sans b.,** silently, quietly **2.** rumour; **c'est un b. qui court,** it's a rumour.

bruitage [brɥitaʒ] *nm Th: Cin: TV:* sound effects.

bruiteur [brɥitœr] *nm Th: Cin: TV:* sound effects man.

brûlé [bryle] **1.** *a* burnt; *Cu:* **crème brûlée,** caramel custard; crème brûlée; **cerveau b.,** daredevil **2.** *nm* **odeur de b.,** smell of burning; **ça sent le b.,** there's trouble brewing.

brûle-parfum(s) [brylparfœ̃] *nm inv* perfume burner.

brûle-pourpoint (à) [abrylpurpwɛ̃] *adv phr* point-blank.

brûler [bryle] **1.** *vtr* (*a*) to burn; to burn (down) (house); to burn (up) (rubbish) (*b*) to use, consume, burn (fuel, electricity) (*c*) (*of acid*) to corrode (*d*) to scorch; to burn (toast); to roast (coffee); **le lait est brûlé,** the milk has caught; **terre brûlée par le soleil,** sun-scorched earth; **b. le pavé, la route,** to tear along the road (*e*) *Aut:* **b. les feux, un feu rouge,** to jump the lights, to go through a red light; **b. un concurrent,** to race past a competitor (*f*) (*of frost*) to nip (buds); **la fumée me brûlait les yeux,** the smoke made my eyes smart (*g*) *F:* **b. un espion,** to uncover a spy **2.** *vi* (*a*) to burn; to be on fire; *Med:* to be feverish; **b. lentement,** to smoulder; *F:* **on brûle ici,** it's baking here; *Games:* **tu brûles,** you're getting hot (*b*) **b. de curiosité,** to be consumed with curiosity; **b. d'indignation,** to seethe with indignation; **b. (du désir) de faire qch,** to be burning, dying, to do sth; **les mains lui brûlent,** he's itching to get on with the job (*c*) (*of meat*) to burn; (*of milk*) to catch **3. se b.,** to burn oneself; **se b. les doigts, la langue,** to burn one's fingers, one's tongue. **brûlant** *a* (*a*) burning; boiling (hot), scalding (hot); scorching (sun); **question brûlante,** burning question (*b*) fiery, passionate (words).

brûlerie [brylri] *nf* **b. de café,** coffee shop.

brûleur [brylœr] *nm* burner.

brûlure [brylyr] *nf* **1.** burn, scald; **(sensation de) b.,** burning sensation; **b. d'estomac,** heartburn **2.** frost nip.

brume [brym] *nf* haze, mist, fog. **brumeux, -euse** *a* misty, hazy, foggy; hazy (ideas).

brumisateur [brymizatœr] *nm Toil:* atomizer, spray.

brun, *f* **brune** [brœ̃, bryn] **1.** *a* brown; dark (complexion); (sun)tanned (complexion); **elle est brune,** she's dark-haired **2.** *nm* brown (colour) **3.** *nf* **brune,** brown ale. **brunâtre** *a* brownish.

brunette [brynɛt] *nf* brunette.

brunir [brynir] **1.** *vi* (*of hair*) to darken; to become dark, (sun)tanned; to go brown **2.** *vtr* to darken (hair); to tan (skin).

brushing [brœʃiŋ] *nm Hairdr:* blow-dry.

brusquer [bryske] *vtr* **1.** to be brusque, curt with (s.o.); to treat s.o. harshly **2. b. les choses,** to rush things; **attaque brusquée,** surprise attack. **brusque** *a* abrupt, off-hand, curt, brusque; sudden (stop); sharp (bend). **brusquement** *adv* abruptly, curtly; suddenly; sharply.

brusquerie [bryskəri] *nf* abruptness.

brut [bryt] *a* **1.** unpolished (marble); unrefined (sugar); crude (oil); rough, uncut (diamond); extra-dry (champagne); **produit b.,** primary product; **matières brutes,** raw materials **2.** *Com:* gross (weight) **3.** *nm* crude oil; crude.

brutaliser [brytalize] *vtr* to ill-treat, to maltreat; to bully. **brutal, -aux** *a* (*a*) brutal, savage (*b*) coarse, rough; **force brutale,** brute force; **vérité brutale,** plain truth; **arrêt b.,** sudden stop, abrupt stop. **brutalement** *adv* brutally, savagely; roughly; plainly; suddenly, abruptly.

brutalité [brytalite] *nf* **1.** (*a*) brutality, brutishness (*b*) brutality, savage cruelty (*c*) roughness, coarseness **2.** brutal act.

brute [bryt] *nf* brute; boor; bully; **sale b.!** filthy beast! **frapper comme une b.,** to hit out violently.

Bruxelles [brysɛl] *Prnf* Brussels.

bruyant [brɥijɑ̃] *a* **1.** noisy; resounding (success) **2.** loud; boisterous (laughter). **bruyamment** *adv* noisily, loudly.

bruyère [brɥijɛr] *nf* **1.** (*a*) heather (*b*) heath(land) **2.** briar; **pipe de b.,** briar pipe.

BT(S) *abbr Brevet de technicien* (*supérieur*).

bu, -e [by] *see* **boire.**

buanderie [bɥɑ̃dri] *nf* wash house, laundry.

bûche [byʃ] *nf* (*a*) log; **b. de Noël,** yule log; *F:* **ramasser une b.,** to come a cropper (*b*) *F:* blockhead.

bûcher¹ [byʃe] *nm* **1.** woodshed **2.** (*a*) stake (*b*) (funeral) pyre.
bûcher² *vtr & i F:* to work hard; to swot (up).
bûcheron [byʃrɔ̃] *nm* (*a*) woodcutter (*b*) lumberjack.
bûcheur, -euse [byʃœr, -øz] *n F:* hard worker, swot.
bucolique [bykɔlik] *a & nf* bucolic.
budget [bydʒɛ] *nm* budget. **budgétaire** *a* budgetary; fiscal, financial (year).
buée [bɥe] *nf* steam, vapour, condensation; mist, moisture (on mirror).
buffet [byfɛ] *nm* **1.** sideboard; **b. de cuisine,** (kitchen) dresser **2.** buffet (meal); **b. de gare,** station buffet.
buffle [byfl] *nm Z:* buffalo.
buis [bɥi] *nm* **1.** *Bot:* box(tree) **2.** box(wood).
buisson [bɥisɔ̃] *nm* bush.
bulbe [bylb] *nm* **1.** *Bot:* bulb **2.** *Anat:* bulb **3.** *Arch:* onion-shaped dome. **bulbeux, -euse** *a* bulbous.
Bulgarie [bylgari] *Prnf* Bulgaria. **bulgare** *a & n* Bulgarian.
bulldozer [buldɔzɛr] *nm* bulldozer.
bulle [byl] *nf* **1.** *EccHist:* (papal) bull **2.** (*a*) bubble (of air); **faire des bulles,** to blow bubbles (*b*) balloon (in comic strip).
bulletin [byltɛ̃] *nm* **1.** (news) bulletin; **b. météorologique,** weather report; *Sch:* **b. trimestriel,** end-of-term report **2.** ticket, receipt; certificate; form; **b. de salaire,** pay slip; **b. de vote,** ballot paper; **b. de commande,** order form.
bulletin-réponse [byltɛ̃repɔ̃s] *nm* reply coupon; *pl bulletins-réponse.*
buraliste [byralist] *n* (*a*) clerk (in post office) (*b*) receiver of taxes (*c*) tobacconist.
bureau, -eaux [byro] *nm* **1.** desk; bureau **2.** (*a*) office; study; **b. d'études,** planning department; **b. de poste,** post office; **b. de location,** box office; **b. de placement,** employment agency; **b. de tabac,** tobacconist's (shop) (*b*) (office) staff **3.** board, committee **4.** department, division.
bureaucrate [byrɔkrat] *n* bureaucrat. **bureaucratique** *a* bureaucratic.
bureaucratie [byrɔkrasi] *nf* bureaucracy; *F:* red tape.
bureautique [byrotik] *nf* office automation.
burette [byrɛt] *nf* **1.** cruet **2.** oilcan.
burin [byrɛ̃] *nm* **1.** burin, etcher's needle **2.** (cold) chisel.
burlesque [byrlɛsk] *a* **1.** burlesque **2.** comical, ludicrous.
bus [bys] *nm F:* bus.
buse [byz] *nf* **1.** *Orn:* buzzard **2.** *F:* fool.
busqué [byske] *a* aquiline, hooked (nose).
buste [byst] *nm* (*a*) chest (of pers) (*b*) bust.
bustier [bystje] *nm* long-line (strapless) bra(ssiere).
but [by(t)] *nm* **1.** mark (to aim at); target; objective; **coup au b.,** direct hit **2.** *Fb: etc:* goal; **marquer un b.,** to score a goal **3.** object, aim, purpose; **dans le b. de faire qch,** with the intention of doing sth; **dans ce b.,** with this end in view; **aller droit au b.,** to go straight to the point; **errer sans b.,** to wander about aimlessly **4.** *adv phr* (*a*) **b. à b.,** even; without any advantage to either party (*b*) **tirer de b. en blanc,** to fire point-blank; **faire qch de b. en blanc,** to do sth on the spur of the moment.
butane [bytan] *nm Ch:* butane; calor gas.
butée [byte] *nf MecE:* **b. (d'arrêt),** stop.
buter [byte] **1.** *vi* (*a*) **b. contre qch,** to strike, knock against sth; to bump into sth; to stumble over sth; **b. contre un problème,** to come up against a problem (*b*) (*of beams*) to abut, rest (**contre,** against) **2.** *vtr* (*a*) to antagonize (s.o.) (*b*) *P:* to bump (s.o.) off **3.** (*a*) **se b. à un obstacle,** to come up against an obstacle (*b*) **se b. à faire qch,** to be set on doing sth. **buté** *a* stubborn, obstinate.
buteur [bytœr] *nm Sp:* (goal) scorer.
butin [bytɛ̃] *nm* booty, spoils; loot.
butiner [bytine] *vi* (*of bees*) to gather pollen.
butoir [bytwar] *nm Tchn:* stop; **b. de porte,** door stop(per).
butor [bytɔr] *nm* lout, oaf.
butte [byt] *nf* **1.** hillock, mound **2. b. (de tir),** butts; **être en b. à,** to be exposed to.
buvable [byvabl] *a* **1.** drinkable; *Med:* to be taken orally **2.** *F:* **il n'est pas b.,** he's insufferable.
buvard [byvar] **1.** *a & nm* **(papier) b.,** blotting paper **2.** *nm* blotter; blotting pad.
buvette [byvɛt] *nf* refreshment bar.
buveur, -euse [byvœr, -øz] *n* drinker.
byzantin, -ine [bizɑ̃tɛ̃, -in] *a & n* Byzantine.

C

C, c [se] *nm* (the letter) C, c.
C *abbr Celsius, centigrade.*
c. *abbr centime.*
c' *see* **ce**[1].
ça *see* **cela**.
çà [sa] *adv* **çà et là,** here and there.
cabale [kabal] *nf* cabal. **cabalistique** *a* cabalistic.
caban [kabɑ̃] *nm Nau:* peajacket, reefer (jacket).
cabane [kaban] *nf* (*a*) hut, shanty; *Pej:* shack; (log) cabin; (rabbit) hutch (*b*) *P:* jail, nick, clink.
cabanon [kabanɔ̃] *nm* (*a*) hut, shed (*b*) (country) cottage.
cabaret [kabarɛ] *nm* (*a*) *A:* tavern, inn (*b*) night club; cabaret.
cabaretier, -ière [kabartje, -jɛr] *n A:* innkeeper.
cabas [kaba] *nm* shopping bag.
cabestan [kabɛstɑ̃] *nm* capstan.
cabillaud [kabijo] *nm* (fresh) cod.
cabine [kabin] *nf* (*a*) cabin; *Av:* **c. de pilotage,** cockpit (*b*) hut; **c. de bain,** bathing hut; **c. téléphonique,** phone box; *Rail:* **c. d'aiguillage,** signal box; *Cin:* **c. de projection,** projection room (*c*) cage (of lift); cab (of locomotive, crane).
cabinet [kabinɛ] *nm* **1.** closet; small room; **c. de toilette** = dressing room; **les cabinets,** the toilet, the loo; **c. de travail,** study **2.** (*a*) office; (doctor's) consulting room, surgery (*b*) practice (of doctor, lawyer) **3.** (*in museum*) **c. d'estampes,** print room **4.** (*a*) *Pol:* cabinet (*b*) **c. (d'un ministre),** (minister's) departmental staff; **chef de c.** = principal private secretary **5.** *Furn:* cabinet.
câblage [kɑblaʒ] *nm* cabling; *El:* wiring.
câble [kɑbl] *nm* (*a*) cable, rope; **c. d'amarrage,** mooring line (*b*) *El:* cable, lead, flex.
câbler [kɑble] *vtr* to cable. **câblé** *a* **1.** *F:* hip; with it **2.** *TV:* **ville câblée,** town that is on a cable--television network.
caboche [kabɔʃ] *nf F:* head, nut. **cabochard, -arde** *a* pigheaded.
cabosser [kabɔse] *vtr F:* to dent (metal).
cabot [kabo] *nm* dog; *Pej:* tyke.
cabotage [kabɔtaʒ] *nm* coastal trade.
caboteur [kabɔtœr] *nm* coaster.
cabotin, -ine [kabɔtɛ̃, -in] *a & n F:* third-rate actor, actress; ham (actor); show-off.
cabotinage [kabɔtinaʒ] *nm* ham acting; showing off.
cabotiner [kabɔtine] *vi F:* to show off.
cabrer [kabre] **1.** *vtr* (*a*) to rear up (horse); **c. qn contre qn,** to turn s.o. against s.o. (*b*) **c. un avion,** to nose up **2. se c.,** (*of horse*) to rear; *F:* (*of pers*) to jib (at sth).
cabri [kabri] *nm Z:* kid.
cabriole [kabrijɔl] *nf* **1.** (*a*) caper (*b*) somersault **2. faire des cabrioles,** to cavort, to caper.
cabrioler [kabrijɔle] *vi* to caper (about).
cabriolet [kabrijɔlɛ] *nm* (*a*) *A:* cabriolet (*b*) *Aut:* convertible.
caca [kaka] *nm* (*child's word*) pooh; (*to child*) **as-tu fait c.?** have you done a pooh? **c. d'oie,** yellowish green.
cacah(o)uète [kakawɛt] *nf* peanut.
cacao [kakao] *nm* cocoa.
cacarder [kakarde] *vi* (*of goose*) to honk.
cacatoès [kakatɔɛs] *nm Orn:* cockatoo.
cachalot [kaʃalo] *nm Z:* sperm whale.
cache [kaʃ] **1.** *nf A:* hiding place; cache **2.** *nm* (*a*) *Phot:* mask (*b*) cover, guard.
cache-cache [kaʃkaʃ] *nm inv* hide-and-seek, *NAm:* hide-and-go-seek.
cache-col [kaʃkɔl] *nm inv Cl:* scarf, muffler.
Cachemire [kaʃmir] **1.** *Prnm Geog:* Kashmir **2.** *nm Tex:* (*a*) cashmere (*b*) Paisley pattern.
cache-nez [kaʃne] *nm inv* scarf, muffler.
cache-pot [kaʃpo] *nm inv* flowerpot holder.
cacher [kaʃe] **1.** *vtr* (*a*) to hide, conceal, secrete (*b*) to hide (one's face) from view; to cover up (picture); to mask (one's feelings); **c. qch à qn,** to hide sth from s.o.; **il ne cache pas que,** he makes no secret of the fact that; **il me cache la lumière,** he's in my light **2. se c.,** to hide, to be hidden, to lie in hiding; **se c. de qn,** to keep out of s.o.'s sight; **je ne m'en cache pas,** I make no secret of it; **sans se c.,** openly.
cache-radiateur [kaʃradjatœr] *nm inv* radiator cover.
cache-sexe [kaʃsɛks] *nm inv* G-string.
cachet [kaʃɛ] *nm* **1.** (*a*) seal (*b*) mark, stamp; **c. de la poste,** postmark; **il a beaucoup de c.,** he has style; **manteau qui a du c.,** stylish coat **2.** tablet, pill **3.** fee (of consultant, artiste).
cache-tampon [kaʃtɑ̃pɔ̃] *nm inv* hunt-the-thimble.
cacheter [kaʃte] *vtr* (**je cachette**) to seal (up).
cachette [kaʃɛt] *nf* hiding place; hideout; **en c.,** in secret.
cachot [kaʃo] *nm* (*a*) dungeon (*b*) solitary confinement.
cachotterie [kaʃɔtri] *nf* mystery; **faire des cachotteries,** to keep things secret. **cachottier, -ière** *a* secretive.
cacophonie [kakɔfɔni] *nf* cacophony.
cactus [kaktys] *nm Bot:* cactus.
c.-à-d. *abbr c'est-à-dire.*
cadastre [kadastr̥] *nm* cadastral survey; cadastre. **cadastral, -aux** *a* cadastral.
cadavre [kadɑvr̥] *nm* (*a*) corpse; (dead) body (*b*) *P:* empty (bottle); dead soldier. **cadavérique** *a* deathly; deadly pale.
caddie [kadi] *nm* **1.** *Rtm:* supermarket trolley, *NAm:* cart **2.** *Golf:* caddie.
cadeau, -eaux [kado] *nm* present; gift; **faire un c. à**

qn, to give s.o. a present; *F:* **il ne lui a pas fait de c.,** he didn't spare him.

cadenas [kadna] *nm* padlock.

cadenasser [kadnase] *vtr* to padlock.

cadence [kadɑ̃s] *nf* cadence, rhythm (of verse); **en c.,** rhythmically, in time; **à la c. de,** at the rate of; **forcer la c.,** to force the pace.

cadencer [kadɑ̃se] *vtr* **(je cadençai(s))** to give rhythm to (one's style). **cadencé** *a* rhythmic(al).

cadet, -ette [kadɛ, -ɛt] **1.** *a & n* (*a*) **la (sœur) cadette,** the younger, the youngest, sister; **il est mon c. de deux ans,** he's two years younger than me, he's two years my junior; **c'est le c. de mes soucis,** that's the least of my worries (*b*) *Sp:* junior **2.** *nm Mil:* cadet.

cadrage [kadraʒ] *nm Phot:* centring (of image).

cadran [kadrɑ̃] *nm* dial; face; **c. solaire,** sundial.

cadre [kɑdr̥] *nm* **1.** (*a*) frame (of picture, door) (*b*) (*on form*) space, box (*c*) border (of map) (*d*) setting (of scene) (*e*) compass, limits, framework; **sortir du c. de ses fonctions,** to go beyond one's duties; **dans le c. de ce programme,** as part of this programme (*f*) crate, case, container (*g*) *WTel:* frame aerial **2.** frame (of bicycle) **3.** (*a*) *Mil:* **les cadres,** officers (*b*) executive; manager; **c. supérieur,** senior executive (*c*) books (of company); **être mis hors c.,** to be seconded; **rayé des cadres,** dismissed.

cadrer [kadre] **1.** *vi* to tally, to conform (**avec,** with) **2.** *vtr* to centre (photograph).

cadreur [kadrœr] *nm Cin: TV:* cameraman.

caduc, -uque [kadyk] *a* **1.** out of date; oldfashioned **2.** *Bot:* deciduous **3.** null and void (legacy).

CAF *abbr Caisse d'allocations familiales.*

cafard [kafar] **1.** *nm* (*a*) cockroach (*b*) *F:* **avoir le cafard,** to be depressed, to have the blues **2.** sneak. **cafardeux, -euse** *a* depressed; feeling blue.

cafarder [kafarde] *vi* to sneak.

cafardeur, -euse [kafardœr, -øz] *n* sneak.

café [kafe] *nm* **1.** (*a*) coffee; **grain de c.,** coffee bean (*b*) **c. au lait, c. crème,** white coffee; **c. soluble, c. en poudre, c. instantané,** instant coffee; **glace au c.,** coffee ice cream; **c. complet,** continental breakfast (*c*) *a inv* coffee-coloured **2.** café.

caféier [kafeje] *nm* coffee tree.

caféine [kafein] *nf Ch:* caffein(e).

cafétéria [kafeterja] *nf* cafeteria.

café-théâtre [kafeteatr̥] *nm* fringe theatre; *pl cafés-théâtres.*

cafetier, -ière [kaftje, -jɛr] **1.** *n* café owner **2.** *nf* (*a*) coffee pot (*b*) coffee maker.

cafouillage [kafujaʒ] *nm F:* mess, muddle; misfiring (of engine).

cafouiller [kafuje] *vi F:* to get into a muddle; (*of engine*) to misfire; (*of TV set*) to be on the blink. **cafouilleur, -euse** *a & n* muddle-headed (pers); *n* muddler.

cafter [kafte] (*child's word*) **1.** *vi* to tell tales **2.** *vtr* to tell tales about. **cafteur, -euse** *n* telltale.

cage [kaʒ] *nf* **1.** (*a*) cage; (rabbit) hutch (*b*) cage (of mine shaft) **2.** (protective) cover; casing **3.** (stair) well; (lift) shaft **4.** *esp Fb:* goal.

cageot [kaʒo] *nm* crate.

cagibi [kaʒibi] *nm F:* box room.

cagneux, -euse [kaɲø, -øz] *a* knock-kneed; **jambes cagneuses,** knock knees.

cagnotte [kaɲɔt] *nf* kitty.

cagoule [kagul] *nf* (*a*) (monk's) cowl (*b*) hood (of penitent, robber) (*c*) balaclava.

cahier [kaje] *nm* notebook, exercise book.

cahin-caha [kaɛ̃kaa] *adv F:* **aller c.-c.,** to jog along; (*of health*) to be so-so.

cahot [kao] *nm* jolt; bump.

cahoter [kaɔte] *vtr & i* to bump along (in cart). **cahotant** *a* rough, bumpy (road); jolting (car).

cahute [kayt] *nf* shack.

caïd [kaid] *nm P:* gang leader; big boss.

caillasse [kajas] *nf* loose stones.

caille [kɑj] *nf Orn:* quail.

cailler [kɑje] *vtr, i & pr* **1.** (*of milk, blood*) to clot, curdle **2.** *P:* **ça caille, on se caille,** it's bloody cold, it's freezing.

caillot [kajo] *nm* (blood) clot.

caillou, *pl* **-oux** [kaju] *nm* **1.** (*a*) pebble; stone (*b*) boulder (*c*) (*diamond*) rock, stone **2.** *P:* head, nut. **caillouteux, -euse** *a* stony, pebbly.

cailloutis [kajuti] *nm* gravel; road metal.

caïman [kaimɑ̃] *nm Rept:* cayman, caiman.

Caire (le) [lɔkɛr] *Prnm* Cairo.

caisse [kɛs] *nf* **1.** (*a*) (packing) case; crate (*b*) box; chest **2.** case (of clock); body(work) (of vehicle) **3.** *Com:* (*a*) cash box; till; **c. (enregistreuse),** cash register; **les caisses de l'État,** the coffers of the State (*b*) cashdesk; check-out; **tenir la c.,** to be cashier; **faire la c.,** to do the till; **livre de c.,** cashbook (*d*) fund; **c. noire,** slush fund (*e*) bank; **c. d'épargne,** savings bank **4.** *Mus:* drum.

caissette [kɛsɛt] *nf* small box; **c. (en papier),** cake case.

caissier, -ière [kɛsje, -jɛr] *n* cashier.

caisson [kɛsɔ̃] *nm Mil: CivE:* caisson; *Med:* **mal, maladie, des caissons,** caisson disease; *F:* the bends.

cajoler [kaʒɔle] *vtr* to cuddle, pet (child).

cajolerie [kaʒɔlri] *nf* cuddle.

cajou [kaʒu] *nm* **(noix de) c.,** cashew (nut).

cake [kɛk] *nm* fruit cake.

calage [kalaʒ] *nm* wedging (of chair); chocking (of wheel).

calamité [kalamite] *nf* calamity, disaster. **calamiteux, -euse** *a* calamitous.

calandre [kalɑ̃dr̥] *nf* (*a*) calender (*b*) *Aut:* radiator grille.

calcaire [kalkɛr] **1.** *a* chalky (soil); **eau c.,** hard water **2.** *nm* (*a*) limestone (*b*) fur (in kettle).

calciner [kalsine] *vtr* to char; **rôti calciné,** joint burnt to a cinder; **calciné par le soleil,** scorched by the sun.

calcium [kalsjɔm] *nm Ch:* calcium.

calcul [kalkyl] *nm* **1.** (*a*) calculation, reckoning; **erreur de c.,** miscalculation; **tout c. fait,** taking everything into account (*b*) arithmetic; **c. différentiel,** differential calculus; **c. des probabilités,** probability theory **2.** *Med:* stone, calculus.

calculateur, -trice [kalkylatœr, -tris] **1.** *a* calculating **2.** *n* (*pers*) calculator **3.** *nm* computer **4.** *nf* calculator.

calculer [kalkyle] *vtr* (*a*) to calculate, compute, reckon; to work out (a price); **tout bien calculé,** taking everything into account (*b*) to plan (one's move); to weigh (up) (consequences).

calculette [kalkylɛt] *nf* pocket calculator.

cale [kal] *nf* **1.** (*a*) hold (of ship) (*b*) **c. de lancement,** slip(way) (*c*) **c. sèche, c. de radoub,** dry dock **2.** (*a*) wedge, chock (*b*) prop, strut.

calé [kale] *a F:* (*a*) bright (person); **calé en maths,** good at maths (*b*) difficult (problem); **ça c'est c.!** that's clever!

calebasse [kalbɑs] *nf* calabash.

calèche [kalɛʃ] *A Veh:* barouche.

caleçon [kalsɔ̃] *nm* boxer shorts.

calembour [kalɑ̃bur] *nm* pun.

calendrier [kalɑ̃dri(j)e] *nm* (*a*) calendar (*b*) timetable.

cale-pied [kalpje] *nm inv Cy:* toe clip; *pl cale-pieds.*

calepin [kalpɛ̃] *nm* notebook.

caler [kale] **1.** *vtr* (*a*) to wedge (furniture); to chock (up) (wheel) (*b*) to prop up (books, patient) (*c*) *F:* **ça cale l'estomac,** it fills you up (*d*) *Aut:* to stall (engine); *vi* (*of engine*) to stall (*e*) *vi F:* to give up; (*of person eating*) to be full up **2. se c.,** to settle (oneself) comfortably (in armchair).

calfeutrage [kalføtraʒ] *nm* draughtproofing.

calfeutrer [kalføtre] **1.** *vtr* to block up (gaps); to make (room) draughtproof **2. se c.,** (*a*) to make oneself snug (*b*) **se c. (chez soi),** to shut oneself up (indoors).

calibre [kalibr̥] *nm* **1.** (*a*) calibre, bore (of firearm) (*b*) size, diameter (of bullet); grade (of eggs) (*c*) *Fig:* calibre **2.** *Tls:* gauge.

calibrer [kalibre] *vtr* to gauge; to grade (eggs).

calice [kalis] *nm* **1.** chalice **2.** *Bot:* calyx.

calicot [kaliko] *nm* (*a*) *Tex:* calico (*b*) banner.

califourchon (à) [akalifurʃɔ̃] *adv phr* astride.

câlin, -ine [kalɛ̃, -in] **1.** *a* caressing, winning (ways); tender, loving **2.** *n* (*pers*) cuddler **3.** *nm* hug; **faire un c. à qn,** to give s.o. a hug.

câliner [kaline] *vtr* to caress, cuddle.

câlinerie [kalinri] *nf* (*a*) tenderness (*b*) cuddle.

calleux, -euse [kalø, -øz] *a* horny, callous.

calligraphie [kaligrafi] *nf* calligraphy.

calligraphier [kaligrafje] *vtr* (*pr sub & impf* **n. calligraphiions**) to write (letter) ornamentally.

callosité [kalozite] *nf* callosity.

calmant [kalmɑ̃] **1.** *a* calming; soothing; *Med:* tranquillizing; painkilling **2.** *nm Med:* tranquillizer; painkiller; sedative.

calmar [kalmar] *nm* squid.

calme [kalm] **1.** *nm* calm(ness); stillness (of night); peace (of mind); quietness, peacefulness; **garder son c.,** to keep one's head; **du c.!** (i) keep cool! (ii) quieten down! *Nau:* **c. plat,** dead calm **2.** *a* calm; still, quiet; cool, composed (pers); smooth (sea). **calmement** *adv* calmly, quietly, coolly.

calmer [kalme] **1.** *vtr* to calm (down); to quieten (down); to allay (fears); to soothe (pain); to quench (thirst); to cool (ardour); to pacify (child, mob); to appease (hunger) **2. se c.,** to become calm; to calm (down), to quieten (down); (*of storm*) to abate; (*of wind*) to drop.

calomniateur, -trice [kalɔmnjatœr, -tris] *n* slanderer, libeller.

calomnie [kalɔmni] *nf* calumny, slander, libel.

calomnier [kalɔmnje] *vtr* to slander, libel. **calomnieux, -euse** *a* slanderous, libellous.

calorie [kalori] *nf PhMeas:* calorie. **calorifique** *a* calorific.

calorifugeage [kalɔrifyʒaʒ] *nm* (heat) insulation, lagging. **calorifuge** *a* (heat-)insulating.

calorifuger [kalɔrifyʒe] *vtr* (**n. calorifugeons**) to insulate, lag (pipe).

calot [kalo] *nm Mil:* forage cap.

calotte [kalɔt] *nf* (*a*) skullcap; crown (of hat) (*b*) **c. glaciaire,** icecap.

calque [kalk] *nm* (*a*) tracing; **(papier) c.,** tracing paper (*b*) exact copy (*c*) *Ling:* calque.

calquer [kalke] *vtr* (*a*) to trace; to make a tracing of (drawing) (*b*) to copy exactly.

calumet [kalymɛ] *nm* calumet; **le c. de la paix,** the pipe of peace.

calvaire [kalvɛr] *nm* **1.** *Rel:* calvary **2.** *Fig:* agony.

calvinisme [kalvinism] *nm Ecc:* Calvinism. **calviniste** *a & n* Calvinist.

calvitie [kalvisi] *nf* baldness.

camaïeu, -eux [kamajø] *nm* monochrome (painting).

camarade [kamarad] *n* friend; mate; *Pol:* comrade; **c. d'école,** schoolfriend.

camaraderie [kamaradri] *nf* companionship, good-fellowship.

Cambodge [kɑ̃bɔdʒ] *Prnm Hist: Geog:* Cambodia. **cambodgien, -ienne** *a & n* Cambodian.

cambouis [kɑ̃bwi] *nm* dirty oil, dirty grease.

cambrer [kɑ̃bre] **1.** *vtr* to bend; to arch (foot, back); to curve (wood) **2. se c.,** to arch one's back. **cambré** *a* arched (back); **pied c.,** foot with a high instep.

cambriolage [kɑ̃brijɔlaʒ] *nm* burglary.

cambrioler [kɑ̃briɔle] *vtr* to break into (house); to burgle; *NAm:* to burglarize.

cambrioleur, -euse [kɑ̃brijɔlœr, -øz] *n* burglar.

cambrousse [kɑ̃brus] *nf F:* country; **en pleine c.,** (out) in the sticks.

cambrure [kɑ̃bryr] *nf* (*a*) camber (of wood, of road); arch (of foot); curve (of back) (*b*) **c. du pied,** instep; **c. des reins,** small of the back.

came [kam] *nf* **1.** *MecE:* cam, lifter **2.** *P:* dope.

camé, -ée[1] [kame] *n P:* drug addict, junkie.

camée[2] *nm* cameo.

caméléon [kameleɔ̃] *nm Rept:* chameleon.

camélia [kamelja] *nm Bot:* camellia.

camelot [kamlo] *nm F:* street hawker.

camelote [kamlɔt] *nf* (*a*) *F:* cheap goods; junk; trash (*b*) *P:* goods; stuff.

camembert [kamɑ̃bɛr] *nm* **1.** Camembert (cheese) **2.** *F:* pie chart.

camer (se) [səkame] *upr P:* to take drugs.

caméra [kamera] *nf* film camera; cinecamera; *TV:* camera.

Cameroun [kamrun] *Prnm Geog:* Cameroon. **camerounais, -aise** *a & n* Cameroonian.

Caméscope [kameskɔp] *nm Rtm:* video camera.

camion [kamjɔ̃] *nm* lorry, *NAm:* truck; **c. de déménagement,** removal van.

camion-citerne [kamjɔ̃sitɛrn] *nm* tanker (lorry); *NAm:* tank truck; *pl camions-citernes.*

camionnage [kamjɔnaʒ] *nm* haulage.

camionnette [kamjɔnɛt] *nf* (delivery) van.

camionneur [kamjɔnœr] *nm* (*a*) lorry driver, *NAm:* truck driver (*b*) haulage contractor.

camisole [kamizɔl] *nf* **c. de force,** strait jacket.
camomille [kamɔmij] *nf* camomile.
camouflage [kamuflaʒ] *nm* camouflaging; camouflage.
camoufler [kamufle] **1.** *vtr* to camouflage; to conceal; to disguise (truth) **2. se c.,** to hide.
camp [kɑ̃] *nm* **1.** camp; **lever le c.,** to strike camp; **c. de vacances,** holiday camp; **c. de concentration,** concentration camp; *F:* **ficher le c.,** to clear off **2.** (*a*) party, faction (*b*) *Games:* side.
campagne [kɑ̃paɲ] *nf* **1.** (*a*) plain; open country; **en pleine c.,** in the open country (*b*) country(side) **2.** *Mil:* (the) field; **en c.,** in the field **3.** *Mil: Pol:* campaign; **faire c.,** to campaign. **campagnard, -arde 1.** *a* country **2.** *n* countryman, countrywoman.
campanule [kɑ̃panyl] *nf Bot:* campanula.
campement [kɑ̃pmɑ̃] *nm* camp, encampment.
camper [kɑ̃pe] **1.** *vi* to camp **2.** *vtr* (*a*) to encamp (troops) (*b*) to place, fix, put (*c*) to construct (story); to portray (character) **3. se c.,** to stand firmly; **se c. devant qn,** to plant oneself in front of s.o.
campeur, -euse [kɑ̃pœr, -øz] *n* camper.
camphre [kɑ̃fr̥] *nm* camphor.
camping [kɑ̃piŋ] *nm* **1.** camping **2.** camp site **camping-car** *nm* camper; *pl camping-cars.* **camping-gaz** *nm inv Rtm:* camping stove.
campus [kɑ̃pys] *nm* campus.
camus [kamy] *a* flat-, snub-nosed (person).
Canada [kanada] *Prnm* Canada. **canadien, -ienne** *a & n* **1.** Canadian **2.** *nf* fur-lined lumber jacket.
canadianisme [kanadjanizm] *nm* Canadianism.
canaille [kanɑj] *nf* (*a*) *coll* rabble (*b*) scoundrel, rogue; rascal.
canaillerie [kanɑjri] *nf* **1.** low(-down) trick **2.** crookedness (of action).
canal, -aux [kanal, -o] *nm* **1.** channel; **par le c. de la poste,** through the post **2.** canal **3.** (*a*) conduit, tube, duct (*b*) *Anat:* canal, duct (*c*) *TV:* channel.
canalisation [kanalizasjɔ̃] *nf* piping, pipes; mains ducting; (electric) cable.
canaliser [kanalize] *vtr* **1.** to canalize (river) **2.** to channel (resources); to direct (crowd).
canapé [kanape] *nm* **1.** sofa, couch, settee **2.** *Cu:* (cocktail) canapé.
canapé-lit [kanapeli] *nm* sofa bed; *pl canapés-lits.*
canaque [kanak] *a & n* New Caledonian.
canard [kanar] *nm* **1.** duck; (*male bird*) drake; **c. de Barbarie,** Muscovy duck; drake; **c. sauvage,** wild duck; *F:* **mon petit c.,** ducky, pet **2.** *F:* (*a*) false report, hoax (*b*) newspaper, rag **3.** *Mus:* false note.
canarder [kanarde] *vtr* to snipe at (s.o.).
canari [kanari] *nm Orn:* canary.
Canaries [kanari] *Prnf pl Geog:* **les (îles) C.,** the Canary Islands, the Canaries.
cancan [kɑ̃kɑ̃] *nm* **1.** *F: pl* gossip **2.** cancan (dance). **cancanier, -ière** *a* gossipy.
cancaner [kɑ̃kane] *vi* to gossip, to tittle-tattle.
cancer [kɑ̃sɛr] *nm* **1.** *Med:* cancer **2.** *Astr:* **le C.,** Cancer. **cancéreux, -euse** *a* cancerous; cancer (patient). **cancérigène** *a* carcinogenic.
cancérologie [kɑ̃serɔlɔʒi] *nf* cancer research.
cancérologue [kɑ̃serɔlɔg] *n* cancerologist.
cancre [kɑ̃kr̥] *nm F:* dunce.
cancrelat [kɑ̃krəla] *nm* cockroach.
candélabre [kɑ̃delabr̥] *nm* candelabra.
candeur [kɑ̃dœr] *nf* ingenuousness, artlessness.
candidat, -ate [kɑ̃dida, -at] *n* candidate; applicant (**à une place,** for a place); examinee.
candidature [kɑ̃didatyr] *nf* application; *Pol:* candidacy; **poser sa c. à un poste,** to apply for a post.
candide [kɑ̃did] *a* ingenuous, artless. **candidement** *adv* ingenuously.
cane [kan] *nf* (female) duck.
caneton [kantɔ̃] *nm* (male) duckling.
canette[1] [kanɛt] *nf* (female) duckling.
canette[2] *nf* beer bottle.
canevas [kanvɑ] *nm* (*a*) canvas (*b*) outline, framework (of novel).
caniche [kaniʃ] *nm* poodle.
canicule [kanikyl] *nf* heatwave; **la c.,** the dog days. **caniculaire** *a* scorching (heat).
canif [kanif] *nm* penknife.
canin, -ine [kanɛ̃, -in] **1.** *a* canine; **exposition canine,** dog show **2.** *nf* **canine,** canine (tooth).
caniveau, -eaux [kanivo] *nm* gutter (in street).
cannabis [kanabis] *nm* cannabis.
cannage [kanaʒ] *nm* (*a*) caning (of chairs) (*b*) canework.
canne [kan] *nf* **1.** cane, reed; **c. à sucre,** sugar cane **2.** walking stick; cane **3. c. à pêche,** fishing rod.
canne-épée [kanepe] *nf* swordstick; *pl cannes-épées.*
cannelé [kanle] *a* fluted.
cannelle [kanɛl] *nf* cinnamon.
cannelure [kanlyr] *nf* groove; *Arch:* fluting.
canner [kane] *vtr* to cane (chair).
cannibale [kanibal] *a & n* cannibal.
cannibaliser [kanibalize] *vtr* to cannibalize.
cannibalisme [kanibalism] *nm* cannibalism.
canoë [kanɔe] *nm* canoe; **faire du c.,** to canoe. **canoë-kayak** *nm* kayak; *pl canoës-kayaks.*
canoéiste [kanɔeist] *n* canoeist.
canon[1] [kanɔ̃] *nm* **1.** gun, cannon **2.** barrel (of rifle).
canon[2] *nm* **1.** *Ecc:* canon, rule (of an order) **2.** *Mus:* canon, round, catch **3.** *P:* glass of wine.
cañon [kaɲɔ̃] *nm Geog:* canyon.
canoniser [kanɔnize] *vtr Rel:* to canonize.
canonnade [kanɔnad] *nf* cannonade, gunfire.
canonnier [kanɔnje] *nm* gunner.
canonnière [kanɔnjɛr] *nf* gunboat.
canot [kano] *nm* (open) boat; dinghy; **c. automobile,** motorboat.
canotage [kanɔtaʒ] *nm* boating.
canotier [kanɔtje] *nm* (*hat*) boater.
cantate [kɑ̃tat] *nf Mus:* cantata.
cantatrice [kɑ̃tatris] *nf* (opera) singer.
cantine [kɑ̃tin] *nf* canteen; *Sch:* dining hall; *Sch:* **déjeuner à la c.,** to have school meals.
cantique [kɑ̃tik] *nm* hymn.
canton [kɑ̃tɔ̃] *nm* canton, district. **cantonal, -aux** *a* cantonal; district.
cantonade [kɑ̃tɔnad] *nf* **parler à la c.,** to speak to the company at large.
cantonnement [kɑ̃tɔnmɑ̃] *nm Mil:* (*a*) quartering, billeting (of troops) (*b*) quarters, billet, cantonment.
cantonner [kɑ̃tɔne] *vtr* **1.** to quarter, billet (troops);

to confine (**dans qch,** in sth) **2. se c.,** to confine oneself (to sth).

cantonnier [kɑ̃tɔnje] *nm* roadman.

canular [kanylar] *nm F:* hoax.

caoutchouc [kautʃu] *nm* **1.** rubber; *Rtm:* **c. mousse,** foam rubber **2.** elastic band, rubber band. **3.** *pl* galoshes. **caoutchouteux, -euse** *a* rubbery.

caoutchouter [kautʃute] *vtr* to rubberize (sth).

cap [kap] *nm* **1.** cape, headland; **le c. Horn,** Cape Horn; **le C.,** Capetown; **doubler un c.,** to round a cape **2.** *Fig:* **passer le c.,** to get over the worst; **franchir le c. de la quarantaine,** to turn forty; **garder le c.,** to stay the course **3.** *Nau: Av:* course, heading; **changement de c.,** change of course; **mettre le c. sur,** to head for.

CAP *abbr Certificat d'aptitude professionnelle.*

capable [kapabl̩] *a* capable; **c. de qch, de faire qch,** capable of sth, of doing sth; **il est c. de tout,** he's liable to do anything; **cette maladie est c. de le tuer,** this illness might well kill him.

capacité [kapasite] *nf* **1.** capacity (of vessel) **2.** (*a*) capacity, ability, capability (*b*) *Jur:* capacity; **avoir c. pour faire qch,** to be (legally) entitled to do sth.

caparaçonner [kaparasɔne] *vtr* to caparison (horse).

cape [kap] *nf* (hooded) cape, cloak; **film de c. et d'épée,** swashbuckling film; **rire sous c.,** to laugh up one's sleeve.

CAPES [kapɛs] *abbr Certificat d'aptitude pédagogique à l'enseignement secondaire.*

capharnaüm [kafarnaɔm] *nm* shambles.

capillaire [kapilɛr] **1.** *a* capillary; **lotion c.,** hair lotion **2.** *nm Anat:* capillary.

capitaine [kapitɛn] *nm* (*a*) *Mil: Nau: Sp:* captain; *Nau: MilAv:* **c. (d'aviation)** = flight lieutenant; *NAm:* (air) captain; **c. de port,** harbour master; **c. au long cours,** master mariner (*b*) chief, leader; **un grand c.,** a great (military) leader; **c. d'industrie,** captain of industry.

capital, -aux [kapital, -o] **1.** *a* (*a*) capital (punishment) (*b*) fundamental, essential, principal; **décision capitale,** major decision; **d'une importance capitale,** of paramount importance (*c*) **lettre capitale,** *nf* **capitale,** capital (letter); **en capitales d'imprimerie,** in block capitals **2.** *nm* capital, assets; **c. et intérêt,** principal and interest; **c. social,** registered capital **3.** *nf* **capitale,** capital (city).

capitalisation [kapitalizasjɔ̃] *nf* capitalization (of interest).

capitaliser [kapitalize] **1.** *vtr* to capitalize (interest) **2.** *vi* to save.

capitalisme [kapitalism] *nm* capitalism. **capitaliste** *a & n* capitalist.

capiteux, -euse [kapitø, -øz] *a* heady (perfume, wine); sensuous (charm).

capitonnage [kapitɔnaʒ] *nm* padding.

capitonner [kapitɔne] *vtr* to pad.

capitulation [kapitylasjɔ̃] *nf* capitulation, surrender.

capituler [kapityle] *vi* to capitulate; to surrender.

caporal, -aux [kapɔral, -o] *nm Mil: etc:* corporal.

capot [kapo] *nm* cover, hood, casing; *Aut:* bonnet (of car), *NAm:* hood.

capote [kapɔt] *nf* **1.** *Mil:* greatcoat **2.** *Aut:* adjustable hood, *NAm:* top **3.** *F:* **c. anglaise,** French letter.

capoter [kapɔte] *vi* **1.** *Nau:* to capsize; to turn turtle **2.** *Aut:* to overturn.

câpre [kɑpr̩] *nf Bot: Cu:* caper.

caprice [kapris] *nm* caprice, whim, freak; **faire des caprices,** to be temperamental, moody; (*of child*) **faire un c.,** to throw a tantrum; **caprices de la mode,** vagaries of fashion. **capricieux, -ieuse** *a* capricious, whimsical; temperamental. **capricieusement** *adv* capriciously, whimsically.

Capricorne [kaprikɔrn] *Prnm Astr:* Capricorn.

capsule [kapsyl] *nf Pharm:* capsule; cap, capsule (of bottle); (space) capsule.

capsuler [kapsyle] *vtr* to cap, to put a capsule on (a bottle).

capter [kapte] *vtr* **1.** to win (s.o.) over, to win (s.o.'s confidence) **2.** *WTel: Tp:* to pick up (transmission); to intercept (messages); to tap (a line).

captif, -ive [kaptif, -iv] *a & n* captive.

captiver [kaptive] *vtr* to captivate, charm. **captivant** *a* captivating, charming.

captivité [kaptivite] *nf* captivity.

capture [kaptyr] *nf* **1.** capture, seizure (of ship) **2.** capture, prize, catch.

capturer [kaptyre] *vtr* to capture, to seize, to catch.

capuche [kapyʃ] *nf* hood.

capuchon [kapyʃɔ̃] *nm* **1.** (*a*) hood; (monk's) cowl (*b*) hooded cloak **2.** cap, top (of pen).

capucine [kapysin] *nf Bot:* nasturtium.

caquet [kakɛ] *nm* **1.** cackle, cackling (of hens) **2.** (noisy) chatter; **elle lui a rabattu le c.,** she shut him up.

caqueter [kakte] *vi* **(je caquète, je caquette) 1.** (*of hen*) to cackle **2.** *F:* to chatter.

car¹ [kar] *conj* for, because.

car² *nm* (*a*) coach; bus (*b*) **c. de police,** police van.

carabine [karabin] *nf* rifle.

carabiné [karabine] *a F:* heavy (cold); violent, raging (fever).

carabinier [karabinje] *nm* (*in Italy*) police officer; carabiniere; (*in Spain*) frontier guard; carabinero.

caracoler [karakɔle] *vi Equit:* to caracole.

caractère [karaktɛr] *nm* **1.** character, letter; graphic sign; *Typ:* (metal) type; **caractères d'imprimerie,** block capitals; **en gros, en petits, caractères,** in large, in small, type **2.** characteristic, feature; **l'affaire a pris un c. grave,** the matter has taken a serious turn; **de c. officiel,** of an official nature **3.** (*a*) character, nature, disposition; **avoir (un) mauvais c., (un) bon c.,** to be bad-tempered, good-tempered (*b*) personality, character; **manquer de c.,** to lack strength of character. **caractériel, -ielle** *a* of character; emotional (disorder); **enfant c.,** emotionally disturbed child.

caractériser [karakterize] **1.** *vtr* to characterize, to be characteristic of **2. se c.,** to be characterized, to be distinguished (**par,** by). **caractérisé** *a* typical, unquestionable, indisputable. **caractéristique** *a & nf* characteristic.

carafe [karaf] *nf* **1.** decanter; carafe **2.** *F:* **rester en c.,** to hang around; **tomber en c.,** to break down.

caraïbe [karaib] *a & n Geog:* Caribbean; **les Caraïbes,** the Caribbean.

carambolage [karɑ̃bɔlaʒ] *nm F:* pile-up (of cars).

caramboler [karɑ̃bɔle] *vtr* **1. c. une voiture,** to run into a car **2. se c.,** to collide.

caramel [karamɛl] *nm* caramel; **c. au beurre,** butterscotch, toffee.
caraméliser [karamelize] *vtr* to caramelize (sugar); to mix caramel with (sth); to coat (sth) with caramel.
carapace [karapas] *nf* shell (of lobster).
carat [kara] *nm* carat.
caravane [karavan] *nf* **1.** (*a*) caravan (*b*) procession, stream (of tourists) **2.** caravan, *NAm:* (house) trailer. **caravanier 1.** *a* caravan (route) **2.** *nm Aut:* caravan(n)er.
caravan(n)ing [karavaniŋ] *nm* caravan(n)ing.
caravansérail [karavɑ̃seraj] *nm* caravanserai.
carbonate [karbɔnat] *nm Ch:* carbonate; **c. de soude,** sodium carbonate, *Com:* washing soda.
carbone [karbɔn] *nm* carbon; **(papier) c.,** carbon (paper). **carbonique** *a* carbonic.
carboniser [karbɔnize] *vtr* to carbonize; to char (wood); to burn (meat) to a cinder; **mort carbonisé,** burnt to death.
carburant [karbyrɑ̃] *nm* fuel.
carburateur [karbyratœr] *nm* carburettor, *NAm:* carburetor.
carburation [karbyrasjɔ̃] *nf* carburation.
carbure [karbyr] *nm Ch:* carbide.
carburer [karbyre] *vi* (*a*) to vaporize (fuel); **le moteur carbure mal,** the engine is badly tuned; the mixture is wrong (*b*) *F:* to work, to go well (*c*) *P:* **il carbure au whisky,** he's a heavy whisky drinker.
carcan [karkɑ̃] *nm* (*a*) *Hist:* iron collar (*b*) yoke, restraint.
carcasse [karkas] *nf* **1.** carcass **2.** frame(work); shell, skeleton (of house, ship).
cardan [kardɑ̃] *nm MecE:* universal joint.
carder [karde] *vtr* to card (wool).
cardiaque [kardjak] **1.** *a* cardiac (murmur); **crise c.,** heart attack; **être c.,** to have heart trouble **2.** *n* heart patient.
cardinal, -aux [kardinal, -o] **1.** *a* cardinal (number) **2.** *nm Ecc:* cardinal.
cardiologie [kardjɔlɔʒi] *nf Med:* cardiology.
cardiologue [kardjɔlɔg] *n* cardiologist.
Carême [karɛm] *nf* (*a*) Lent (*b*) (Lenten) fast(ing); **faire c.,** to fast for Lent.
carence [karɑ̃s] *nf* **1.** inadequacy, incompetence **2.** *Med:* deficiency.
carène [karɛn] *nf* hull (of ship).
caréner [karene] *vtr* **(je carène, je carénerai) 1.** to careen (ship) **2.** *Av: Aut:* to streamline.
caresse [karɛs] *nf* caress.
caresser [karese] *vtr* **1.** to caress, stroke; **c. qn du regard,** to look affectionately at s.o. **2.** to cherish (hope); to toy with (idea). **caressant** *a* affectionate; tender; soft, gentle (wind).
cargaison [kargɛzɔ̃] *nf* cargo, freight; load.
cargo [kargo] *nm* cargo boat; freighter.
caricatural, -aux [karikatyral, -o] *a* ludicrous; exaggerated.
caricature [karikatyr] *nf* (*a*) caricature; cartoon (*b*) *F:* (*pers*) fright.
caricaturer [karikatyre] *vtr* to caricature.
caricaturiste [karikatyrist] *n* caricaturist; cartoonist.
carie [kari] *nf* **c. dentaire,** tooth decay; **une c.,** a cavity.
carier (se) [səkarje] *vpr* to decay. **carie** *a* decayed, bad (tooth).
carillon [karijɔ̃] *nm* (*a*) chime(s); **(horloge à) c.,** chiming clock (*b*) peal of bells (*c*) (door) chime.
carillonner [karijɔne] **1.** *vi* (*a*) to ring a peal (*b*) to chime (*c*) **c. à la porte,** to ring the (door)bell very loudly **2.** *vtr* to chime (air); to broadcast (news).
carlingue [karlɛ̃g] *nf Av:* cabin.
carmin [karmɛ̃] *nm* carmine (colour).
carnage [karnaʒ] *nm* carnage, slaughter.
carnassier, -ière [karnasje, -jɛr] **1.** *a* carnivorous **2.** *nm* carnivore.
carnaval, *pl* **-als** [karnaval] *nm* carnival. **carnavalesque** *a* carnivalesque.
carne [karn] *nf F:* **1.** tough meat **2.** (*man*) swine; (*woman*) bitch.
carnet [karnɛ] *nm* notebook; book (of stamps); **c. de chèques,** cheque book; *Sch:* **c. (de notes),** school report; **c. de route,** logbook.
carnivore [karnivɔr] **1.** *a* carnivorous **2.** *nm* carnivore.
carotide [karɔtid] *a & nf Anat:* carotid (artery).
carotte [karɔt] *nf* **1.** *Bot:* carrot; *a inv F:* **cheveux (rouge) c.,** carroty, ginger, hair; *F:* **les carottes sont cuites,** the game's up **2.** (*a*) plug (of tobacco) (*b*) *Min:* core (sample).
carotter [karɔte] *vtr F:* to wangle, cadge (**à qn,** from s.o.).
carpe [karp] **1.** *nf Ich:* carp **2.** *nm Anat:* carpus.
carpette [karpɛt] *nf* rug; *Fig: Pej:* doormat.
carquois [karkwa] *nm* quiver.
carre [kɑr] *nf* edge (of ski).
carré, -ée [kare] **1.** *a* (*a*) square; **mètre c.,** square metre; *Mth:* **nombre c.,** square number; **partie carrée,** foursome; *F:* **tête carrée,** (i) level-headed man (ii) stubborn man (*b*) plain, straight(forward), blunt (answer, pers) **2.** *nm* (*a*) *Mth:* square; **mettre au c.,** to square; **6 au c.,** 6 squared (*b*) slip (of paper); (silk) square; **c. de choux,** cabbage patch; *Navy:* **c. (des officiers),** wardroom **3.** *nf F:* **carrée,** room, digs. **carrément** *adv* bluntly, straight out; **y aller c.,** to go right ahead; **elle est c. impossible,** she's just impossible (to deal with).
carreau, -eaux [karo] *nm* **1.** small square; **tissu à carreaux,** check(ed) material **2.** (*a*) (floor) tile; (wall) tile (*b*) window (pane) (*c*) *F:* **carreaux,** glasses, specs **3.** (*a*) (tiled) floor (of room); **rester sur le c.,** (i) to be killed on the spot (ii) to be out of the running (*b*) **c. de mine,** pit head **4.** *Cards:* diamond; **se garder, se tenir, à c.,** to take every precaution.
carrefour [karfur] *nm* crossroads.
carrelage [karlaʒ] *nm* **1.** tiling **2.** tiled floor.
carreler [karle] *vtr* **(je carrelle)** to tile (floor, wall).
carrelet [karlɛ] *nm Ich:* plaice; *NAm:* flounder.
carreleur [karlœr] *nm* tiler.
carrer (se) [səkare] *vpr* to settle oneself (in an armchair).
carrière[1] [karjɛr] *nf* **1.** course (of life); **la c. du succès,** the road to success **2. donner libre c. à son imagination,** to give free rein to one's imagination **3.** career; **la C.,** the diplomatic service.
carrière[2] *nf* (stone) quarry.
carriériste [karjerist] *n* careerist.
carriole [karjɔl] *nf* light cart.

carrossable [karɔsabḷ] *a* **route c.**, road suitable for motor vehicles.

carrosse [karɔs] *nm* (horse drawn) coach.

carrosserie [karɔsri] *nf Aut:* **1.** coachbuilding **2.** body, coachwork (of car).

carrossier [karɔsje] *nm Aut:* coach builder.

carrousel [karuzɛl] *nm* **1.** *Equit:* carousel **2.** merry-go-round (of cars).

carrure [karyr] *nf* **1.** breadth across the shoulders; **homme d'une forte c.**, well-built man **2.** *Fig:* calibre, stature.

cartable [kartabḷ] *nm* school satchel.

carte [kart] *nf* **1.** map; chart; **c. d'état-major** = Ordnance Survey map; **c. routière**, road map **2.** (*a*) (piece of) card(board); **c. (à jouer)**, (playing) card; **jouer cartes sur table**, to put one's cards on the table (*b*) **c. de visite**, visiting card; **c. postale**, postcard; **c. de vœux**, greetings card (*c*) **c. d'identité**, identity card; **c. d'abonnement**, season ticket; **c. de crédit**, credit card; **c. de paiement**, charge card; **c. de lecteur**, library ticket; **c. à mémoire**, intelligent card, *NAm:* smart card; *Aut:* **c. grise** = (vehicle) registration document (*d*) **donner c. blanche à qn**, to give s.o. carte blanche, a free hand (*e*) **c. (de restaurant)**, menu; **c. des vins**, winelist; **manger à la c.**, to eat à la carte.

cartel [kartɛl] *nm* **1.** wall clock **2.** *Pol:* coalition, cartel.

carter [kartɛr] *nm Mch:* casing, housing (of gear); (bicycle) chain guard; *Aut:* crankcase.

Carterie [kartri] *nf Rtm:* post-card shop.

cartilage [kartilaʒ] *nm Anat:* cartilage; (*in meat*) gristle.

cartographe [kartɔgraf] *n* cartographer.

cartographie [kartɔgrafi] *nf* cartography.

cartomancie [kartɔmɑ̃si] *nf* fortune telling (by cards).

cartomancien, -ienne [kartɔmɑ̃sjɛ̃, -jɛn] *n* fortune teller (by cards).

carton [kartɔ̃] *nm* **1.** cardboard; pasteboard; **c. ondulé**, corrugated paper **2.** (*a*) (cardboard) box; carton (*b*) (cardboard) file; **c. à dessin**, folder, portfolio **3.** *Art:* sketch **4. faire un c. sur**, to shoot at; **faire un bon c.**, to make a good score.

cartonnage [kartɔnaʒ] *nm* **1.** (cardboard) packing **2.** *Bookb:* boarding, casing.

carton-pâte [kartɔ̃pɑt] *nm* papier mâché; *Pej:* **en c.-p.**, pasteboard; *pl cartons-pâtes.*

cartouche [kartuʃ] **1.** *nm Arch:* cartouche **2.** *nf* (*a*) cartridge (*b*) carton (of cigarettes).

cartouchière [kartuʃjɛr] *nf* (*a*) cartridge pouch (*b*) cartridge belt.

carvi [karvi] *nm Bot:* **(graines de) c.**, caraway (seeds).

cas [kɑ] *nm* **1.** case, instance; **c. limite**, borderline case; **c. imprévu**, unforseen event; emergency; **c'est bien le c. de le dire**, the expression is just right **2.** case, matter, affair; **ce n'est pas le c.**, that is not the case; **c. de conscience**, matter of conscience **3. faire (grand) c. de qch**, to value sth (highly) **4.** *Gram:* case **5. c. social**, underprivileged person, child **6.** *F:* **c'est un c., celui-là**, he's a real case **7. en c. de besoin**, if need be; **en c. d'urgence**, in (case of) emergency; **en ce c.**, in that case; **en aucun c.**, under no circumstances, on no account; **en tout c.**, **dans tous les c.**, in any case, at any rate; anyhow, anyway; **le c. échéant**, should the occasion arise; **selon le c.**, as the case may be; **au c. où il viendrait**, if he comes.

casanier, -ière [kazanje, -jɛr] *a & n* stay-at-home.

casaque [kazak] *nf* (jockey's) blouse.

cascade [kaskad] *nf* (*a*) cascade (*b*) *Fig:* spate; **en c.**, in succession (*c*) *Cin:* stunt.

cascadeur, -euse [kaskadœr, -øz] *n Cin:* stunt man, stunt girl.

case [kɑz] *nf* **1.** hut, cabin **2.** (*a*) compartment; pigeonhole (*b*) division, space (on printed form) (*c*) square (on chessboard); *Fig:* **revenir à la c. de départ**, to go back to square one; *F:* **il a une c. vide**, he's got a screw loose.

casemate [kazmat] *nf* blockhouse.

caser [kɑze] **1.** *vtr* to put away; to file (papers); *F:* **c. qn**, to find a job for s.o.; **être bien casé**, to have (i) a good job (ii) a good home; **elle a 3 filles à c.**, she has 3 daughters to marry off **2.** *F:* **se c.**, to (get married and) settle down; to find a job; to find somewhere to live.

caserne [kazɛrn] *nf* (*a*) barracks (*b*) **c. de pompiers**, fire station.

casernement [kazɛrnəmɑ̃] *nm* **1.** barracking, quartering (of troops) **2.** barrack block.

caserner [kazɛrne] *vtr* to barrack (troops).

cash [kaʃ] *adv F:* **payer c.**, to pay cash down.

casier [kɑzje] *nm* **1.** (*a*) pigeonhole, locker (*b*) **c. judiciaire**, police record **2.** (*a*) (wine)bin, rack; **c. à bouteilles**, bottle rack (*b*) **c. (à homards)**, lobsterpot.

casino [kazino] *nm* casino.

caspien, -ienne [kaspjɛ̃, -jɛn] *a* **la mer Caspienne**, the Caspian (Sea).

casque [kask] *nm* (*a*) helmet; crash helmet (of motorcyclist); **Casques bleus**, United Nations peacekeeping troops; (*b*) **c. (à écouteurs)**, headphones, headset (*c*) (hair) drier. **casqué** *a* wearing a helmet; helmeted.

casquer [kaske] *vi P:* to pay (up), to fork out.

casquette [kaskɛt] *nf* (peaked) cap.

cassable [kasabḷ] *a* breakable.

cassant [kasɑ̃] *a* **1.** brittle **2.** curt, abrupt (tone of voice) **3.** *P:* **c'est pas c.**, it won't break your back.

cassation [kasasjɔ̃] *nf* **1.** *Jur:* cassation; **Cour de c.**, supreme court of appeal **2.** *Mil:* demotion.

casse [kas] **1.** *nf* (*a*) breakage, damage; *F:* **il y aura de la c.**, there will be trouble (*b*) breakages (*c*) **vendre à la c.**, to sell for scrap **2.** *nm P:* break-in.

cassé [kɑse] *a* broken; worn out (person); cracked (voice); **blanc c.**, off-white.

casse-cou [kasku] *nm inv* daredevil.

casse-croûte [kaskrut] *nm inv* snack.

casse-noisettes [kasnwazɛt], **casse-noix** [kasnwa] *nm inv* (pair of) nutcrackers.

casse-pieds [kaspje] *a & nm inv F:* **ce qu'il est c.-p., quel c.-p.**, what a bore, what a pain in the neck; **un film c.-p.**, a boring film.

casse-pipes [kaspip] *nm inv P:* war; front (line).

casser [kɑse] **1.** *vtr* (*a*) to break; to snap; to crack (nuts); to crack (voice); *F:* **c. la tête, les oreilles à qn**, to deafen s.o.; *F:* **c. les pieds à (qn)**, to bore s.o. stiff; to get on s.o.'s nerves; *F:* **c. la figure à qn**, to smash s.o.'s face in; **c. sa pipe**, to kick the bucket; *F:* **ça ne casse rien**, it's nothing special, it's no great shakes; **un spectacle à tout c.**, a fantastic show (*b*) to cashier, to break (officer); to demote (employee) (*c*) *Jur:* to annul, to quash (verdict) **2.** *vi* to break, to snap, to give way **3. se c.**, to break, snap, give way; **se c. la jambe**, to break one's leg; *F:* **se c. la figure**, (i) to fall flat on one's face (ii) to kill oneself (iii) to fail, to come a cropper; **se c. la tête**, to rack one's brains; *P:* **te casse pas la tête!** don't overdo it! **se c. le nez**, to find nobody in.

casserole [kasrɔl] *nf* **1.** (*a*) (sauce)pan (*b*) *P:* **passer à la c.**, to get bumped off **2.** tinny piano; **il chante comme une c.**, he can't sing in tune.

casse-tête [kastɛt] *nm inv* **1.** club **2.** puzzle; *F:* headache.

cassette [kasɛt] *nf* (*a*) casket (*b*) moneybox (*c*) *Rec:* cassette.

casseur [kasœr] *nm* (*a*) aggressive person; troublemaker (*b*) scrap (metal) dealer (*c*) *P:* burglar.

cassis [kasis] *nm* **1.** (*a*) blackcurrant (fruit, bush) (*b*) blackcurrant liqueur **2.** *P:* head, nut **3.** *CivE:* cross-drain (across road).

cassoulet [kasulɛ] *nm Cu:* stew of beans, pork, goose (made in Languedoc).

cassure [kasyr] *nf* (*a*) break, fracture, crack (*b*) *Geol:* fault (*c*) fold mark, crease.

castagnettes [kastaɲɛt] *nfpl* castanets.

caste [kast] *nf* caste; **esprit de c.**, class consciousness; **hors c.**, outcaste.

casting [kastiŋ] *nm Cin: Th:* casting.

castor [kastɔr] *nm Z: Com:* beaver.

castration [kastrasjɔ̃] *nf* castration; gelding; neutering.

castrer [kastre] *vtr* to castrate; to geld; to neuter.

cataclysme [kataklism] *nm* cataclysm, disaster.

catacombes [katakɔ̃b] *nfpl* catacombs.

catadioptre [katadiɔptr̥] *nm* reflector; (*on road*) cat's eye.

catafalque [katafalk] *nm* catafalque.

catalan, -ane [katalɑ̃, -an] **1.** *a & n* Catalan, Catalonian **2.** *nm Ling:* Catalan.

catalepsie [katalɛpsi] *nf Med:* catalepsy. **cataleptique** *a* cataleptic.

Catalogne [katalɔɲ] *Prnf Geog:* Catalonia.

catalogue [katalɔg] *nm* catalogue, list.

cataloguer [katalɔge] *vtr* (*a*) to catalogue; to list (*b*) to label (s.o.).

catalyse [kataliz] *nf Ch:* catalysis. **catalytique** *a* catalytic.

catalyser [katalize] *vtr* **1.** *Ch:* to catalyse, *NAm:* to catalyze **2.** *Fig:* to act as a catalyst for.

catalyseur [katalizœr] *nm* catalyst.

cataphote [katafɔt] *nm Rtm:* reflector.

cataplasme [kataplasm] *nm* poultice.

catapulte [katapylt] *nf* catapult.

catapulter [katapylte] *vtr* to catapult.

cataracte [katarakt] *nf* **1.** cataract, falls **2.** *Med:* cataract.

catarrhe [katar] *nm Med:* catarrh.

catastrophe [katastrɔf] *nf* catastrophe, disaster; **atterrir en c.**, to make a crash landing; **partir en c.**, to go off in a mad rush. **catastrophé** *a* dumbfounded, shattered, stunned. **catastrophique** *a* catastrophic, disastrous.

catch [katʃ] *nm* (all-in) wrestling.

catcheur, -euse [katʃœr, -øz] *n* (all-in) wrestler.

catéchiser [kateʃize] *vtr* (*a*) *Ecc:* to catechize (*b*) *F:* to tell (s.o.) what to say; to lecture (s.o.).

catéchisme [kateʃism] *nm* catechism.

catéchiste [kateʃist] *n* catechist.

catégorie [kategɔri] *nf* category; type, grade; class. **catégorique** *a* categorical; **refus c.**, flat refusal. **catégoriquement** *adv* categorically; flatly.

catégorisation [kategɔrizasjɔ̃] *nf* categorization, classification.

catégoriser [kategɔrize] *vtr* to categorize.

cathédrale [katedral] *nf* cathedral.

cathode [katɔd] *nf El:* cathode. **cathodique** *a* cathodic; **rayons cathodiques**, cathode rays; **tube c.**, cathode-ray tube.

catholicisme [katɔlisism] *nm* (Roman) Catholicism.

catholique [katɔlik] **1.** *a* catholic, universal; *F:* **ce n'est pas très c.**, it's a bit dubious **2.** *a & n* (Roman) Catholic.

catimini [katimini] *adv* **en c.**, on the sly; in secret.

cation [katjɔ̃] *nm El:* cation.

Caucase [kokaz] *Prnm Geog:* the Caucasus.

cauchemar [kɔʃmar, ko-] *nm* nightmare. **cauchemardesque** *a* nightmarish.

causalité [kozalite] *nf* causality.

cause [koz] *nf* **1.** cause; **être la c. de qch**, to be the cause of sth; **et pour c.**, and for a very good reason; **pour c. de**, owing to; **absent pour c. de santé**, absent on medical grounds; **à c. de**, because of, on account of; owing to; **c'est à c. de toi!** it's all your fault! **2.** (*a*) *Jur:* cause, (law) suit; action; **avocat sans c.**, briefless barrister; **affaire en c.**, case before the court; **la c. est entendue**, there's nothing more to add; **être en c.**, (i) to be a party to a suit (ii) *F:* to be concerned in sth; **mettre en c. la probité de qn**, to question s.o.'s honesty; **cela est hors de c.**, that's irrelevant; **mettre qn hors de c.**, to exonerate s.o.; **en connaissance de c.**, with full knowledge of the facts (*b*) **faire c. commune avec qn**, to make common cause with s.o.; to side with s.o.

causer¹ [koze] *vtr* to cause; to bring about; **c. des ennuis à qn**, to get s.o. into trouble.

causer² *vi* to talk, to chat (**avec**, with; **de, sur**, about); **cause toujours**, you can talk as much as you like (I'm not listening). **causant** *a* chatty, talkative.

causerie [kozri] *nf* talk, chat.

causette [kozɛt] *nf F:* **faire la c.**, to have a chat, a natter; **faire un brin de c.**, to have a little chat.

causeur, -euse [kozœr, -øz] *n* talker.

causticité [kostisite] *nf* causticity. **caustique** *a* caustic.

cautère [kotɛr] *nm Med:* cautery.

cautérisation [koterizasjɔ̃] *nf* cauterization.

cautériser [koterize] *vtr* to cauterize (wound).

caution [kosjɔ̃] *nf* **1.** security, guarantee; bail (bond); **se porter c. pour qn**, to bail s.o. out; **sous c.**, on bail; *Com:* **verser une c.**, to pay a deposit; **sujet à c.**, unreliable, unconfirmed (news) **2.** surety, guaranty; *Com:* **se porter c. pour qn**, to stand surety for s.o.

cautionnement [kosjɔnmɑ̃] *nm Com:* (*a*) surety bond, guarantee (*b*) security, guaranty.

cautionner [kosjɔne] *vtr* to stand as guarantor for (s.o.); to guarantee (sth).

cavalcade [kavalkad] *nf* **1.** cavalcade **2.** *F:* herd, troop.

cavale [kaval] *nf P:* **en c.,** on the run.

cavaler [kavale] *P:* **1.** *vi & pr* **(se) c.,** to run (at full speed); to scarper **2.** *vtr* **c. qn,** to get on s.o.'s nerves.

cavalerie [kavalri] *nf* (*a*) cavalry (*b*) stable (of horses).

cavalier, -ière [kavalje, -jɛr] **1.** *n* rider; horseman, horsewoman; *a* **piste, allée, cavalière,** riding track, bridle path **2.** (*a*) *Mil:* trooper; cavalryman (*b*) *nm Chess:* knight (*c*) *nm* escort (to a lady) (*d*) *n* partner (at dance); **faire c. seul,** to go it alone **3.** *a* cavalier, offhand (manner). **cavalièrement** *adv* in a cavalier manner, offhandedly.

cave [kav] **1.** *nf* cellar **2.** *a* hollow, sunken (cheeks).

caveau, -eaux [kavo] *nm* (*a*) (burial) vault (*b*) small (wine) cellar.

caverne [kavɛrn] *nf* cave, cavern; **homme des cavernes,** caveman. **caverneux, -euse** *a* cavernous, hollow (voice).

caviar [kavjar] *nm* caviar; **c. rouge,** salmon roe.

caviste [kavist] *nm* cellarman.

cavité [kavite] *nf* cavity, hollow.

CC *abbr Corps consulaire.*

CCP *abbr Compte courant postal.*

CD *abbr Corps diplomatique.*

CDN *abbr Comité de désarmement nucléaire,* Campaign for Nuclear Disarmament, CND.

ce¹ [s(ə)] *dem pron neut* (**c'** *before parts of* **être** *beginning with a vowel*) **1.** (*as neuter subject of* **être, devoir être, pouvoir être**) (*a*) (*with adj or adv complement*) **c'est faux!** it's not true! **ce n'est pas trop tôt!** and about time too! **est-ce** [ɛs] **assez?** is that enough? (*b*) (*with n or pron as complement; with a 3rd pers pl complement, colloquial usage allows the sing*) **c'est moi, c'est nous, ce sont eux,** *F:* **c'est eux,** it is I, we, they, *F:* it's me, us, them; **c'est un bon soldat,** he's a good soldier; **ce ne sont pas mes chaussures,** these are not my shoes; *inv phr* **si ce n'est,** except, unless (*c*) **ce ... ici** = **ceci**; **ce n'est pas un hôtel ici!** this is not a hotel! (*d*) **ce ... là** = **cela**; **est-ce que ce sont là vos enfants?** are those your children? (*e*) (*subject isolated for the sake of stress*) **Paris, c'est bien loin!** it's a long way to Paris! (*f*) (*anticipating the subject*) **c'est demain dimanche,** tomorrow's Sunday (*g*) (i) *F:* (*as temporary subject when an adj is followed by a noun clause or an inf subject*) **c'était inutile de sonner,** you need not have rung (ii) **c'est à vous de vous en occuper,** it's up to you to see to it (*h*) **c'est ... qui, c'est ... que** (*used to bring a word into prominence*) **c'est un bon petit garçon que Jean!** what a fine little chap John is! **c'est moi qui lui ai écrit,** it was I, *F:* me, who wrote to him (*i*) **c'est que** (*introducing a statement*) **c'est que maman est malade,** the point is, mummy's ill; **c'est qu'il fait froid!** it's cold and no mistake! **ce n'est pas qu'il n'y tienne pas,** it's not that he's not keen on it (*j*) **est-ce que** [ɛskə] (*introducing a question*) **est-ce que je peux entrer?** may I come in? **2.** (*used as object to* **dire, faire,** *etc*) **ce faisant,** in so doing; **pour ce faire,** in order to do this; **ce disant,** so saying **3.** (*used as neuter antecedent to a rel pron*) (*a*) **ce qui, ce que,** *etc* = what; **je sais ce qui est arrivé,** I know what's happened; **voilà ce que c'est que mentir,** that's what comes of telling lies; **voici ce dont il s'agit,** this is what it's all about; **à ce qu'on dit,** according to what they say (*b*) **ce qui, ce que,** *etc* = which; **il est parti, ce que je ne savais pas,** he has gone, (a fact) which I didn't know (*c*) **tout ce qui, que,** everything, all (that); **faites tout ce que vous voudrez,** do whatever you like (*d*) *F:* **ce que** = how; **(qu'est-)ce qu'elle a changé!** how she has changed! **4.** (= **cela**) **on l'a attaqué et ce en plein jour,** he was attacked and in broad daylight; **sur ce,** thereupon **5.** *conj phr* **tenez-vous beaucoup à ce qu'il vienne?** are you very anxious for him to come? **6.** *prep phr* **pour ce qui est de la qualité,** as regards quality.

ce² (cet), cette, ces [sə, (sɛt), sɛt, se] *dem a* (*the form* **cet** *is used before a noun or adj beginning with a vowel or* **h** *mute*) **1.** this, that, *pl* these, those; **un de ces jours,** one of these days; **j'ai mal dormi cette nuit,** I slept badly last night **2.** (*a*) that, these; **c'est une de ces personnes,** he's, she's, one of these people (*b*) the; **rien de ce genre,** nothing of the kind **3.** (*a*) **ce dernier,** the latter (*b*) *F:* **mais laissez-la donc, cette enfant!** do leave the child alone! **4.** *pl* **ces dames sont au salon,** the ladies are in the drawing-room **5. ce ... -ci,** this; **ce ... -là,** that; **prenez cette tasse-ci,** take this cup; **je le verrai ces jours-ci,** I'll see him in a day or two **6.** *F:* (*a*) **cette question!** what an absurd question! (*b*) **j'ai une de ces faims!** I'm ravenous!

ceci [səsi] *dem pron neut inv* this (thing, fact); **écoutez bien c.,** (now) listen to this; **le cas offre c. de particulier, que,** the case is peculiar in this, that.

cécité [sesite] *nf* blindness.

céder [sede] *v* **(je cède; je céderai) 1.** *vtr* (*a*) to give up, yield (**à,** to); to surrender (right); **c. le pas à qn,** to give way to s.o. (*b*) *Jur:* to transfer, make over, assign (**à,** to); to sell (lease); **maison à c.,** business for sale (*c*) **le c. à qn en qch,** to be inferior to s.o. in sth; **pour l'intelligence elle ne (le) cède à personne,** in intelligence she's second to none **2.** *vi* (*a*) to yield, give way (under pressure); **le câble a cédé sous l'effort,** the rope parted under the strain; **c. au sommeil,** to succumb to sleep (*b*) to give in (**à,** to).

CEDEX [sedɛks] *abbr Post: Courrier d'entreprise à distribution exceptionnelle.*

cédille [sedij] *nf Gram:* cedilla.

cèdre [sɛdr] *nm* cedar (tree, wood).

CEE *abbr Communauté économique européenne,* EEC.

ceindre [sɛ̃dr] *vtr* (*conj like* PEINDRE) *Lit:* **1.** (*a*) to gird; to buckle on (sword); to put on (sash); **tête ceinte d'une couronne,** wearing a crown (*b*) **c. qn de qch,** to gird, encircle, s.o. with sth **2.** to encircle (a town with walls).

ceinture [sɛ̃tyr] *nf* **1.** (*a*) belt; girdle; sash; waistband; **c. de sauvetage,** lifebelt; *Aut: Av:* **c. de sécurité,** seat belt, safety belt; (*judo*) **c. noire,** black belt; *F:* **se serrer la c.,** to tighten one's belt (*b*) waist, middle (of the body); **au-dessous de la c.,** below the belt **2.** enclosure; circle (of walls); belt (of hills) **3.** *Rail:* circle line.

ceinturer [sɛ̃tyre] *vtr* **1.** to girdle, surround **2.** to seize (s.o.) round the waist.

ceinturon [sɛ̃tyrɔ̃] *nm Mil:* belt.

cela [səla, sla] *F:* **ça** [sa] *dem pron neut* (*a*) that (thing, fact); **qu'est-ce que c'est que c.,** *F:* **que ça?** what is that? **il y a deux ans de c.,** that was two years ago;

sans c. je ne serais pas venu, otherwise I wouldn't have come; **à part c.,** with that one exception, except on that point; **s'il n'y a que ça de nouveau,** if that's all that's new (*b*) that, it (**cela** *is the pron used as neuter subject to all vbs other than* **être,** *and may be used with* **être** *as more emphatic than* **ce**) **c. ne vous regarde pas,** it's no business of yours; **ça y est!** that's that! that's it! (*c*) *F:* (*disparagingly of people and things*) **c'est ça les hommes!** that's men for you! (*d*) *F:* **ceci . . . cela; il m'a dit ceci et c.,** he told me this, that and the other; **comment allez-vous?—comme (ci comme) ça,** how are you?—so-so; (*e*) *F:* **ça alors!** you don't say! well I'll be damned! **c'est ça,** that's it, that's right; **ce n'est plus ça,** it's not the same anymore; **il n'y a que ça,** there's nothing like it; **et avec c., madame?** anything else, madam? **je suis comme ça,** I'm like that; *F:* **comme ça, vous partez?** so you're going are you? **allons, pas de ça!** hey! none of that! **où ça?** where? **comment ça?** how?

célébration [selebrasjɔ̃] *nf* celebration.

célébrer [selebre] *vtr* **(je célèbre; je célébrerai) 1.** to celebrate (mass, Christmas) (i) to solemnize (rite) (ii) to observe, keep (feast) **2.** to praise (s.o.); **c. les louanges de qn,** to sing s.o.'s praises. **célébrant** *a & nm Ecc:* celebrant. **célèbre** *a* celebrated, famous (**par,** for).

célébrité [selebrite] *nf* (*a*) celebrity, fame (*b*) (*pers*) celebrity.

céleri [selri] *nm* **c. (en branche(s)),** celery.

céleri-rave [selrirav] *nm* celeriac; *pl céleris-raves.*

célérité [selerite] *nf* speed, rapidity.

céleste [selɛst] *a* celestial, heavenly.

célibat [seliba] *nm* celibacy, single life.

célibataire [selibatɛr] *a & n* unmarried, single, celibate (man, woman); *nm* bachelor; *nf* spinster.

celle, celle-ci, celle-là *see* **celui.**

cellier [selje] *nm* storeroom (for wine, food).

cellophane [selɔfan] *nf Rtm:* cellophane.

cellule [sɛlyl] *nf* **1.** cell **2.** *Rec:* cartridge. **cellulaire** *a* cellular; **fourgon c.,** prison van, *F:* Black Maria.

cellulite [selylit] *nf Med:* cellulitis.

celluloïd [sɛlylɔid] *nm Rtm:* celluloid.

cellulose [sɛlyloz] *nf Ch:* cellulose.

celte [sɛlt] **1.** *a* Celtic **2.** *n* Celt. **celtique** *a* Celtic.

celui, celle, *pl* **ceux, celles** [səlɥi, sɛl, sø, sɛl] *dem pron* **1.** (*a*) (*completed by an adj clause*) the one, *pl* those; **c. qui était parti le dernier,** the one who started last (*b*) he, she, *pl* those; **c. qui mange peu dort bien,** he who eats little sleeps well; **celle à qui j'ai écrit,** the woman I wrote to **2.** (*followed by* **de**) **mes livres et ceux de Jean,** my books and John's **3. tous ceux ayant la même idée,** all those with the same idea **4. celui-ci, ceux-ci,** this (one), these; the latter; **celui-là, ceux-là,** that (one), those; the former; **ah celui-là, quel idiot!** oh him! what an idiot!

cénacle [senakl] *nm* **1.** cenacle **2.** (literary) club, coterie.

cendre [sɑ̃dr̥] *nf* (*a*) ash(es), cinders; **mercredi des Cendres,** Ash Wednesday; **visage couleur de c.,** ashen face (*b*) *pl* (mortal) remains, ashes (*c*) **cendres volcaniques,** volcanic ash. **cendré, cendreux, -euse** *a* ash-grey, ashen, ashy.

cendrée [sɑ̃dre] *nf Sp:* cinder track; dirt track.

cendrier [sɑ̃drije] *nm* (*a*) ashpan (*b*) ashtray.

Cendrillon [sɑ̃drijɔ̃] **1.** *Prnf* Cinderella **2.** *nf* drudge.

Cène [sɛn] *nf* **la C.,** the Last Supper.

cénotaphe [senɔtaf] *nm* cenotaph.

cens [sɑ̃s] *nm Adm:* **c. électoral,** property qualification (for the franchise).

censé [sɑ̃se] *a* **être c. faire qch,** to be supposed to do sth; **je ne suis pas c. le savoir,** I am not required to know that. **censément** *adv* supposedly; practically.

censeur [sɑ̃sœr] *nm* **1.** critic **2.** *Adm:* censor **3.** *Sch:* vice-principal, deputy headmaster, -mistress (of *lycée*).

censure [sɑ̃syr] *nf* **1.** (*a*) censorship (*b*) *Cin: etc:* (board of) censors (*c*) *Psy:* (the) censor **2.** censure.

censurer [sɑ̃syre] *vtr* **1.** to censure, to find fault with (sth) **2.** to censor (film).

cent[1] [sɑ̃] **1.** (*a*) *num a* (*takes a pl* **s** *when multiplied by a preceding numeral but not when followed by another numeral; inv when used as an ordinal*) (a, one) hundred; **c. élèves,** a hundred pupils; **deux cents hommes,** two hundred men; **deux c. cinquante hommes,** two hundred and fifty men; **page deux c.,** page two hundred; **vous avez c. fois raison,** you're absolutely right; **c. fois mieux,** a hundred times better; *F:* **je ne vais pas t'attendre (pendant) c. sept ans,** I'm not going to wait for you for ever; **faire les c. pas,** to pace up and down; *F:* **faire les quatre cents coups,** (i) to kick up a hell of a racket (ii) to be up to all sorts of tricks; *F:* **être aux c. coups,** to be desperate; *F:* **je vous le donne en c.,** you'll never guess (*b*) *nm inv* a hundred; **sept pour c.,** seven per cent; **il y a c. à parier contre un que,** it's a hundred to one that; **c. pour c.,** a hundred per cent **2.** *nm var Sp:* **le c. mètres,** the hundred metres.

cent[2] [sɛnt] *nm esp FrC:* (*coin*) cent.

centaine [sɑ̃tɛn] *nf* (approximate) hundred; **une c. de francs,** a hundred francs or so; **des centaines de livres,** hundreds of books; **atteindre la c.,** to live to be a hundred.

centaure [sɑ̃tɔr] *nm Myth:* centaur.

centenaire [sɑ̃tnɛr] **1.** *a* age-old; **chêne c.,** ancient oak **2.** *n* centenarian **3.** *nm* centenary (anniversary).

centième [sɑ̃tjɛm] **1.** *num a & n* hundredth **2.** *nm* hundredth (part) **3.** *nf Th:* hundredth performance.

centigrade [sɑ̃tigrad] *a* centigrade.

centigramme [sɑ̃tigram] *nm* centigramme.

centilitre [sɑ̃tilitr̥] *nm* centilitre.

centime [sɑ̃tim] *nm* centime; **je n'ai pas un c.,** I haven't got a penny.

centimètre [sɑ̃timɛtr̥] *nm* **1.** centimetre **2.** tape measure.

centrafricain, -aine [sɑ̃trafrikɛ̃, -ɛn] *a & n* Central African.

centrage [sɑ̃traʒ] *nm* centring, centering.

central, -aux [sɑ̃tral, -o] **1.** *a* (*a*) central; middle (point); **quartier c. d'une ville,** town centre (*b*) principal, main, head (office) **2.** *nm* **c. téléphonique,** telephone exchange **3.** *nf* (*a*) **centrale (électrique),** power station (*b*) **centrale (syndicale),** group of affiliated trade unions (*c*) (central) prison.

centralisation [sɑ̃tralizasjɔ̃] *nf* centralization. **centralisateur, -trice** *a* centralizing (force).

centraliser [sɑ̃tralize] *vtr* to centralize.

centre [sɑ̃tr̥] *nm* (*a*) centre; middle central point;

c. commercial, shopping centre, shopping precinct; **c. hospitalier,** hospital complex (*b*) *Pol:* centre (*c*) *Fb: etc:* centre (player).

centrer [sɑ̃tre] *vtr* (*a*) to centre (**sur,** on); **c. l'attention de qn sur qch,** to focus s.o.'s attention on sth (*b*) to centre the ball.

centre-ville [sɑ̃trvil] *nm* town centre, city centre; *pl centres-villes.*

centrifuger [sɑ̃trifyʒe] *vtr* to centrifuge. **centrifuge** *a* centrifugal (force).

centrifugeuse [sɑ̃trifyʒøz] *nf* liquidizer, juice extractor.

centripète [sɑ̃tripɛt] *a* centripetal.

centuple [sɑ̃typl] *a & nm* centuple; hundredfold; **le c. de 10,** a hundred times 10.

centupler [sɑ̃typle] *vtr & i* to increase a hundred times, a hundredfold.

cep [sɛp] *nm* **c. de vigne,** vine stock.

cépage [sepaʒ] *nm* vine (plant).

cèpe [sɛp] *nm Bot:* boletus, cepe.

cependant [s(ə)pɑ̃dɑ̃] **1.** *adv* meanwhile; in the meantime; **c. que,** while **2.** *conj* yet, still, nevertheless, however.

céramique [seramik] *nf* ceramic; pottery; **la c.,** ceramics; **dalles en c.,** ceramic tiles.

cerceau, -eaux [sɛrso] *nm* hoop.

cercle [sɛrkl] *nm* **1.** (*a*) circle; **faire c.,** to make a circle, a ring (**autour de qch,** around sth); **c. vicieux,** vicious circle; **c. d'activités,** sphere of activities (*b*) circle, set (of friends); **c. littéraire,** literary circle, society (*c*) club **2.** (binding) hoop, ring; metal rim (of wheel) **3.** (*a*) dial (*b*) **quart de c.,** quadrant.

cercler [sɛrkle] *vtr* **1.** to encircle, to ring; **lunettes cerclées d'or,** gold-rimmed spectacles **2.** to hoop (barrel); to rim (**de,** with).

cercueil [sɛrkœj] *nm* coffin, *NAm:* casket.

céréale [sereal] *nf* cereal.

cérébral, -ale, -aux [serebral, -o] *a* cerebral; intellectual, mental (work).

cérémonial, -als [seremɔnjal] *nm* ceremonial.

cérémonie [seremɔni] *nf* ceremony; **habit de c.,** formal dress; **sans c.,** informal(ly); **faire des cérémonies,** to stand on ceremony. **cérémonieux, -ieuse** *a* ceremonious, formal. **cérémonieusement** *adv* ceremoniously, formally.

cerf [sɛr, sɛrf, *pl* sɛr] *nm* stag.

cerfeuil [sɛrfœj] *nm Bot:* chervil.

cerf-volant [sɛrvɔlɑ̃] *nm* kite; *pl cerfs-volants.*

cerise [s(ə)riz] **1.** *nf* cherry **2.** *nm & a inv* cherry-red, cerise.

cerisier [s(ə)rizje] *nm* cherry tree.

cerne [sɛrn] *nm* ring (round moon, under eyes).

cerner [sɛrne] *vtr* (*a*) to encircle, surround; **avoir les yeux cernés,** to have rings under one's eyes (*b*) to grasp, determine (argument).

certain, -aine [sɛrtɛ̃, -ɛn] **1.** *a* (*a*) certain, sure; **il est c. qu'il viendra,** he will definitely come (*b*) **il est c. de réussir,** he is sure to succeed; **je n'en suis pas bien c.,** I'm not entirely convinced (*c*) fixed, stated (date, price) **2.** *indef a & pron* (*a*) some, certain; **certains affirment que,** some people maintain that; **après un c. temps,** after a certain time; **jusqu'à un c. point,** up to a point; **d'un c. âge,** middle-aged; elderly; **dans un c. sens,** in a sense, in a way (*b*) *Pej:* **un c. M. Martin,** a certain Mr Martin.

certainement *adv* certainly, undoubtedly; **vous l'avez c. lu,** I'm sure you've read it; **c.!** of course!

certes [sɛrt] *adv* **(oui) c.!** yes indeed!

certificat [sɛrtifika] *nm* certificate; testimonial; attestation; diploma.

certification [sɛrtifikasjɔ̃] *nf* certification, attestation; witnessing.

certifier [sɛrtifje] *vtr* to certify, attest; to witness (signature); **c. qch à qn,** to assure s.o. of sth. **certifié** *a* qualified (teacher).

certitude [sɛrtityd] *nf* certainty; **j'en ai la c.,** I am sure of it.

cerveau, -eaux [sɛrvo] *nm* (*a*) brain; **rhume de c.,** cold in the head (*b*) mind, intellect, brains; **fuite des cerveaux,** brain drain; *F:* **avoir le c. dérangé,** to be cracked (*c*) brain(s), mastermind (of plan).

cervelas [sɛrvəla] *nm Cu:* saveloy.

cervelet [sɛrvəlɛ] *nm Anat:* cerebellum.

cervelle [sɛrvɛl] *nf* (*a*) *Anat:* brain(s); **brûler la c. à qn,** to blow s.o.'s brains out; *Cu:* **c. de veau,** calves' brains (*b*) mind, brains; **se creuser la c.,** to rack one's brains (**pour,** to); *F:* **c'est une petite c.,** he, she, is bird-brained.

cervical, -aux [sɛrvikal, -o] *a Anat:* cervical.

ces [se] *see* **ce**[2] **1.**

CES *abbr Collège d'enseignement secondaire* = comprehensive school, *NAm:* high school.

césarienne [sezarjɛn] *af & nf Med:* caesarean (section).

cessation [sɛsasjɔ̃] *nf* cessation, ceasing; suspension (of payments).

cesse [sɛs] *nf* **sans c.,** unceasingly; constantly, incessantly, continuously; **il n'aura de c. que . . .,** he won't stop until . . .

cesser [sese] **1.** *vi* to cease, leave off, stop; **faire c. (qch),** to put a stop to (sth); **c. de fumer,** to give up smoking **2.** *vtr* to stop, leave off (work); to give up (business); to discontinue (payments); **c. toutes relations avec qn,** to break off all relations with s.o.

cessez-le-feu [seselfø] *nm inv* ceasefire.

cession [sɛsjɔ̃] *nf Jur:* transfer, assignment; **faire c. de,** to transfer.

c'est-à-dire [sɛtadir] *conj phr* **1.** that is (to say) **2. c'est-à-dire que** + *ind,* the fact is that; the thing is that.

cet, cette [sɛt] *see* **ce**[2].

CET *abbr Collège d'enseignement technique.*

ceux [sø] *see* **celui.**

Ceylan [sɛlɑ̃] *Prnm Geog: Hist:* Ceylon.

CFDT *abbr Confédération française démocratique du travail.*

CFTC *abbr Confédération française des travailleurs chrétiens.*

CGC *abbr Confédération générale des cadres.*

CGT *abbr Confédération générale du travail.*

chacal, -als [ʃakal] *nm Z:* jackal.

chacun, -une [ʃakœ̃, -yn] *indef pron* **1.** each (one), every one; **trois francs c.,** three francs each; **ils sont partis c. de son côté, de leur côté,** they went their separate ways **2.** everybody, everyone; **c. (a) son goût,** every man to his taste; **c. son tour,** each in turn.

chagrin [ʃagrɛ̃] **1.** *a Lit:* sad, troubled; morose **2.** *nm* grief, sorrow, trouble; **avoir du c.,** to be upset; **faire du c. à qn,** to grieve, to distress, s.o.

chagriner [ʃagrine] *vtr* to grieve, distress, upset.

chah [ʃa] *nm* shah.

chahut [ʃay] *nm* noise, din; **faire du c.,** to make a din, a racket.

chahuter [ʃayte] **1.** *vi* to kick up a racket, to make a din **2.** *vtr* (*a*) to knock (things) about (*b*) to rag (s.o.).

chahuteur, -euse [ʃaytœr, -øz] *F:* (*a*) *a* rowdy, unruly (*b*) *n* rowdy.

chai [ʃɛ] *nm* wine and spirits storehouse.

chaîne [ʃɛn] *nf* **1.** (*a*) chain (*b*) *pl* shackles, fetters, bonds (*c*) *Surv:* **c. d'arpenteur,** chain measure (*d*) *Nau:* cable (*e*) **c. de montage, de fabrication,** assembly line, production line; **travail à la c.,** production-line work **2.** (*a*) **c. de montagnes,** mountain range; **c. d'idées,** train of thought; *Aut:* **collision en c.,** multiple collision (*b*) chain (of hotels) **3.** (hi-fi) system; *WTel: TV:* network; *TV:* channel **4.** *Tex:* warp.

chaînette [ʃɛnɛt] *nf* small chain.

chaînon [ʃɛnɔ̃] *nm* (*a*) link (of chain); *Fig:* **c. manquant,** missing link (*b*) secondary chain (of mountains).

chair [ʃɛr] *nf* **1.** flesh; **en c. et en os,** in the flesh; **être (bien) en c.,** to be plump, *F:* tubby **2.** (*a*) **c. (à saucisse),** sausagemeat (*b*) flesh, pulp (of fruit) **3. la c. de poule,** goose pimples, gooseflesh; *a inv* **(couleur) c.,** flesh-coloured **4. sa propre c.,** his own flesh and blood.

chaire [ʃɛr] *nf* **1.** (bishop's) throne **2.** pulpit **3.** (*a*) chair, desk, rostrum (of lecturer) (*b*) professorship, chair.

chaise [ʃɛz] *nf* **1.** chair, seat; **c. d'enfant,** highchair; **c. longue,** deckchair; **c. électrique,** (electric) chair **2.** *Hist:* **c. à porteurs,** sedan chair.

chaisier, -ière [ʃɛzje, -jɛr] *n* chair attendant (in park).

chaland [ʃalɑ̃] *nm* barge, lighter.

châle [ʃɑl] *nm* shawl.

chalet [ʃalɛ] *nm* chalet.

chaleur [ʃalœr] *nf* **1.** (*a*) heat, warmth; **vague de c.,** heatwave; (*on label*) **craint la c.,** store in a cool place; *Med:* **avoir des chaleurs,** to have hot flushes (*b*) **les (grandes) chaleurs,** the hot weather, the hot season (*c*) ardour, zeal; **parler avec c.,** to speak warmly **2.** heat, rut (of animals); **en c.,** on heat. **chaleureux, -euse** *a* warm. **chaleureusement** *adv* warmly.

challenge [ʃalɑ̃ʒ] *nm Sp:* (*a*) contest, tournament (*b*) trophy.

chaloupe [ʃalup] *nf* launch, long boat; **c. de sauvetage,** lifeboat.

chalumeau, -eaux [ʃalymo] *nm* **1.** *Mus:* pipe **2.** blowlamp, *NAm:* blowtorch.

chalut [ʃaly] *nm Fish:* trawl; **pêcher au c.,** to trawl.

chalutier [ʃalytje] *nm* (*a*) (*boat*) trawler (*b*) trawlerman.

chamailler (se) [səʃamaje] *vpr F:* to squabble, to bicker. **chamailleur, -euse** *a & n* quarrelsome (pers); *n* squabbler.

chamaillerie [ʃamajəri] *nf F:* squabble.

chamarrer [ʃamare] *vtr Lit:* to bedeck, adorn.

chambard [ʃɑ̃bar] *nm F:* (*a*) shambles, mess; upheaval (*b*) din, racket.

chambardement [ʃɑ̃bardəmɑ̃] *nm F:* upheaval.

chambarder [ʃɑ̃barde] *vtr F:* (*a*) to upset, to ransack (room) (*b*) to rearrange, reorganize.

chambellan [ʃɑ̃belɑ̃] *nm* chamberlain.

chambouler [ʃɑ̃bule] *vtr F:* to ruin, mess up (plans); **tout c.,** to turn everything upside down.

chambranle [ʃɑ̃brɑ̃l] *nm* frame (of door); mantelpiece.

chambre [ʃɑ̃bʀ] *nf* **1.** (*a*) **c. (à coucher),** bedroom; **c. à grand lit,** double room; **c. à deux lits,** twin-bedded room; **c. d'ami,** spare (bed)room; **c. d'enfants,** nursery; **faire c. à part,** to sleep in separate rooms; **faire sa c.,** to clean (out), tidy, one's room; **c. forte,** strongroom; **c. froide,** cold store; **travailler en c.,** to work at home (*b*) **c. à gaz,** gas chamber **2.** *Adm:* chamber, house; division of a court of justice; **c. de commerce,** chamber of commerce; **c. des députés,** Chamber of Deputies **3.** *Tchn:* chamber; cavity, space; **c. à air,** inner tube (of tyre); *Phot:* **c. noire,** (i) camera (body) (ii) darkroom.

chambrée [ʃɑ̃bre] *nf Mil:* barrack-room.

chambrer [ʃɑ̃bre] *vtr* to bring (wine) to room temperature.

chameau, -eaux [ʃamo] *nm* (*a*) *Z:* camel (*b*) *F:* (*of man*) brute; (*of woman*) cow.

chamelier [ʃaməlje] *nm* camel driver.

chamelle [ʃamɛl] *nf* she-camel.

chamois [ʃamwa] *nm Z:* chamois; **(peau de) c.,** washleather, chamois leather, shammy.

champ [ʃɑ̃] *nm* **1.** (*a*) field; **fleur des champs,** wild flower; **prendre, couper, à travers champs,** to go, cut, across country; **prendre la clef des champs,** to decamp, run off; **à tout bout de c.,** repeatedly; at any moment (*b*) **c. de foire,** fairground; **c. d'aviation,** airfield; **c. de courses,** racecourse, *NAm:* racetrack (*c*) **c. de bataille,** battlefield; **mort au c. d'honneur,** killed in action; **c. de tir,** (i) shooting range, rifle range (ii) field of fire **2.** (*a*) field of action; range, scope; **avoir du c.,** to have (elbow) room; **laisser le c. libre à qn,** to leave s.o. a clear field; **le c. est libre,** the coast is clear (*b*) *Cin: etc:* shot, picture; field (of telescope); *Phot:* **profondeur de c.,** depth of focus; **hors c.,** off camera; out of shot (*c*) **c. magnétique,** magnetic field.

Champagne [ʃɑ̃paɲ] **1.** *Prnf Geog:* Champagne **2.** *nm* (*also* **vin de C.**) champagne **3.** *nf* **fine c.,** liqueur brandy.

champêtre [ʃɑ̃pɛtʀ] *a* rustic, rural; **garde c.,** country policeman.

champignon [ʃɑ̃piɲɔ̃] *nm* **1. c. (comestible),** mushroom; edible fungus; **c. vénéneux,** poisonous fungus; toadstool; *Fig:* **c. atomique,** mushroom cloud **2.** *Aut: F:* accelerator (pedal).

champion, -ionne [ʃɑ̃pjɔ̃, -jɔn] **1.** *n* champion **2.** *a F:* first-rate.

championnat [ʃɑ̃pjɔna] *nm* championship.

chance [ʃɑ̃s] *nf* **1.** chance, likelihood; **il a peu de chances de réussir,** he has little chance of succeeding; **il y a une c.,** it's just possible; **il y a une c. sur cent qu'elle le voie,** it's a hundred to one against her seeing him **2.** (good) luck, fortune; **tenter sa c.,** to try one's luck; **souhaiter bonne c. à qn,** to wish s.o. (good) luck; **pas de c.!** hard luck! **avoir de la c.,** to be lucky; **c'est bien ma c.!** just my luck! **par c.,** luckily, fortunately. **chanceux, -euse** *a* lucky.

chanceler [ʃɑ̃sle] *vi* (**je chancelle**) to stagger, to totter, to wobble; to waver, to falter (in one's resolution). **chancelant** *a* staggering, tottering; wavering; delicate (health).

chancelier [ʃɑ̃səlje] *nm* chancellor; (*in Britain*) **Grand C.**, Lord Chancellor; **C. de l'Échiquier**, Chancellor of the Exchequer.

chancellerie [ʃɑ̃sɛlri] *nf* chancellery; chancery (of embassy).

chancre [ʃɑ̃kr] *nm Med: & Fig:* canker.

chandail [ʃɑ̃daj] *nm Cl:* sweater, pullover.

Chandeleur [ʃɑ̃dlœr] *nf* **la C.**, Candlemas.

chandelier [ʃɑ̃dəlje] *nm* candlestick; candelabra.

chandelle [ʃɑ̃dɛl] *nf* **1.** (*a*) (tallow) candle; **économies de bouts de c.**, cheeseparing economy; **tenir la c.**, to play gooseberry; **en voir trente-six chandelles**, to see stars (*b*) (church) candle, taper; **je vous dois une fière c.**, I owe you more than I can repay **2.** *P:* dewdrop, snot (on the end of the nose) **3.** (*a*) **c. romaine**, Roman candle (*b*) *Av:* chandelle (*c*) *Ten:* lob; *Fb:* high kick (*d*) *Gym:* shoulder stand.

change [ʃɑ̃ʒ] *nm* **1.** *Fin:* exchange; **gagner, perdre, au c.**, to gain, to lose, on the deal; **lettre de c.**, bill of exchange; **cours du c.**, exchange rate; **contrôle des changes**, exchange control **2. donner le c. à qn**, to deceive s.o.

changeant [ʃɑ̃ʒɑ̃] *a* changing; altering; changeable, variable; fickle; unsettled (weather).

changement [ʃɑ̃ʒmɑ̃] *nm* change; changing; alteration; *Adm:* transfer; **il vous faut un c. d'air**, you need a change; **sans c.**, unchanged, unaltered; *PN:* **c. de propriétaire**, under new management; **c. en mieux**, change for the better; **c. de vitesse**, (i) gears, gear lever (ii) gear change.

changer [ʃɑ̃ʒe] *v* (**n. changeons**) **1.** *vtr* to change, to exchange; **c. les draps**, to change the sheets **2.** *vtr* (*a*) to change, alter; **cette robe vous change**, that dress makes you look different (*b*) **la campagne me changera**, the country will be a (good) change for me; **ça me changera les idées**, it will take my mind off things **3.** *vi* (*a*) to (undergo a) change; **le temps va c.**, the weather is going to change; **c. de visage**, to alter one's expression; *Iron:* **pour c.**, for a change (*b*) **c. de train**, to change (trains); **c. de place avec qn**, to change places with s.o., to change seats with s.o.; **c. de domicile**, to move (house); **c. de vêtements, se c.**, to change (one's clothes); to get changed; **c. d'avis**, to change one's mind; **c. de route**, to take another road; *Nau:* to alter course; **c. de sujet**, to change the subject; **c. de vitesse**, to change gear; **c. de ton**, to change one's tune.

changeur, -euse [ʃɑ̃ʒœr, -øz] **1.** *n* (*pers*) moneychanger **2.** *nm* (*a*) **c. (de disques)**, record changer (*b*) **c. de monnaie**, change machine.

chanoine [ʃanwan] *nm Ecc:* canon.

chanson [ʃɑ̃sɔ̃] *nf* song; **c. folklorique**, folk song; *F:* **c'est toujours la même c.!** it's the same old story.

chansonnette [ʃɑ̃sɔnɛt] *nf* ditty.

chant [ʃɑ̃] *nm* **1.** singing; song; **leçon de c.**, singing lesson; **c. du cygne**, swan song; **au c. du coq**, at cockcrow **2.** (*a*) song; **c. de Noël**, Christmas carol (*b*) melody, air; **c. funèbre**, dirge; **c. grégorien**, Gregorian chant **3.** canto (of long poem).

chantage [ʃɑ̃taʒ] *nm* blackmail; **faire du c.**, to blackmail.

chanter [ʃɑ̃te] **1.** *vtr* to sing; **c. victoire**, to crow; **c. toujours la même chanson**, to be always harping on the same string; **qu'est-ce que vous me chantez là?** what are you telling me? **2.** *vi* (*of birds*) to sing; (*of cock*) to crow; (*of cricket*) to chirp; *F:* **c'est comme si je chantais**, I'm wasting my breath; **faire c. qn**, to blackmail s.o.; **si ça me chante**, if it appeals to me. **chantant** *a* sing-song, lilting (voice); tuneful (air).

chanteur, -euse [ʃɑ̃tœr, -øz] *n* singer.

chantier [ʃɑ̃tje] *nm* **1.** (*a*) yard, site; depot; **c. (de construction)**, (i) building site (ii) builder's yard (iii) road works; **mettre un travail en c.**, to get a task under way; **quel c.!** what a mess! what a shambles! **2. c. naval**, shipyard.

chantonner [ʃɑ̃tɔne] *vtr & i* to hum; to sing softly.

chantre [ʃɑ̃tr̥] *nm* **1.** *Ecc:* cantor; chorister; **grand c.**, precentor **2.** poet.

chanvre [ʃɑ̃vr̥] *nm* hemp; **c. indien**, cannabis.

chaos [kao] *nm* chaos. **chaotique** *a* chaotic.

chapardage [ʃapardaʒ] *nm F:* (petty) thieving, pilfering.

chaparder [ʃaparde] *vtr F:* to steal, to pinch, to pilfer. **chapardeur, -euse 1.** *a* thieving, pilfering **2.** *n* thief, pilferer.

chapeau, -eaux [ʃapo] *nm* **1.** (*a*) hat; **c. mou**, trilby, *NAm:* fedora; **saluer qn d'un coup de c.**, to raise one's hat to s.o.; **tirer son c. à qn**, to take off one's hat to s.o.; **c.!** well done! bravo! (*b*) *Bot:* cap **2.** cover, lid; *Cu:* piecrust; cap (of pen); *Aut:* **c. de roue**, hub cap.

chapeauter [ʃapote] *vtr* to be in charge, to oversee.

chapelet [ʃaplɛ] *nm* rosary; **dire son c.**, to tell one's beads; *F:* **défiler son c.**, to speak one's mind; **c. d'oignons, de saucisses**, string of onions, sausages; **c. de bombes**, stick of bombs; **c. d'injures**, stream of insults.

chapelier, -ière [ʃapəlje, -jɛr] *n* hatter.

chapelle [ʃapɛl] *nf* (*a*) chapel; **c. de la Vierge**, Lady chapel; **c. ardente**, chapel of rest (*b*) *Ecc:* **maître de c.**, choir master (*c*) *Lit:* clique, coterie.

chapelure [ʃaplyr] *nf Cu:* breadcrumbs.

chaperon [ʃaprɔ̃] *nm* **1.** hood; *Lit:* **le Petit C. rouge**, Little Red Riding Hood **2.** chaperon.

chaperonner [ʃaprɔne] *vtr* to chaperon.

chapiteau, -eaux [ʃapito] *nm* **1.** *Arch:* capital (of column) **2.** big top (of circus).

chapitre [ʃapitr̥] *nm* **1.** *Ecc:* chapter (of canons) **2.** (*a*) chapter (of book) (*b*) head(ing); item (of expenditure); **sur ce c.**, on that subject, on that score.

chapitrer [ʃapitre] *vtr* to scold, to lecture.

chapon [ʃapɔ̃] *nm Cu:* capon.

chaque [ʃak] **1.** *a* each, every; **c. chose à sa place**, everything in its place; **c. fois qu'il vient**, whenever he comes **2.** *pron F:* (= **chacun**) **100 francs c.**, 100 francs each.

char [ʃar] *nm* **1.** (*a*) chariot (*b*) waggon; **c. à bœufs**, ox cart; **c. funèbre**, hearse (*c*) **c. (de carnaval)**, float **2.** *Mil:* **c. (d'assaut)**, tank.

charabia [ʃarabja] *nm F:* gibberish, gobbledygook.

charade [ʃarad] *nf* (*a*) riddle (*b*) charade.

charbon [ʃarbɔ̃] *nm* **1.** (*a*) coal (*b*) **c. (de bois)**, charcoal; **être sur des charbons ardents**, to be on tenterhooks (*c*) *Ch:* carbon **2.** *Med: Vet:* anthrax.

charbonnage [ʃarbɔnaʒ] *nm* **1.** coal mining **2.** *pl* collieries, coalmines.

charbonnier [ʃarbɔnje] **1.** *nm Nau:* collier **2.** *n* coalman.

charcuter [ʃarkyte] *vtr F: Pej:* to hack up (meat); to butcher (s.o.).

charcuterie [ʃarkytri] *nf* **1.** pork butchery; delicatessen trade **2.** pork butcher's shop; = delicatessen (shop) **3.** pork meat(s); delicatessen.

charcutier, -ière [ʃarkytje, -jɛr] *n* **1.** pork butcher **2.** *F:* butcher.

chardon [ʃardɔ̃] *nm* thistle.

chardonneret [ʃardɔnrɛ] *nm Orn:* goldfinch.

charge [ʃarʒ] *nf* **1.** load, burden; (*on ship*) cargo; **c. utile,** carrying capacity; (*of taxi*) **prise en c.,** minimum fare; **être à c. à qn,** to be a burden to s.o. **2.** *Tchn:* (*a*) load; stress; **c. admissible,** safe load (*b*) (*of furnace, gun*) **c. d'explosif,** explosive charge (*c*) *El:* charge; **mettre une batterie en c.,** to put a battery on charge **3.** (*a*) charge, responsibility, trust; **prendre en c.,** to take charge (of s.o., sth); **enfants confiés à ma c.,** children in my care; **femme de c.,** housekeeper (*b*) office; **charges publiques,** public offices **4.** charge, expense; **les réparations sont à votre c.,** you are responsible for repairs; **charges sociales,** national insurance contributions, *US:* Social Security contributions; **être à la c. de qn,** to be dependent on s.o.; **charges de famille,** dependents; **enfants à c.,** dependent children; **loyer plus les charges,** rent plus service charge (and maintenance costs); **à c. de revanche,** on condition that I may do as much for you **5.** *Art:* caricature **6.** *Mil:* charge **7.** *Jur:* charge, indictment; **témoin à c.,** witness for the prosecution.

chargé [ʃarʒe] **1.** *a* loaded, laden; crowded (train); **conscience chargée,** guilty conscience; **jour c.,** busy day; **temps c.,** heavy, overcast, weather **2.** (*a*) *nm* **c. d'affaires,** chargé d'affaires (*b*) *n Sch:* **chargé(e) de cours** = (university) lecturer.

chargement [ʃarʒəmɑ̃] *nm* (*a*) loading, lading (*b*) load, freight, cargo.

charger [ʃarʒe] *vtr* (**n. chargeons**) **1.** (*a*) to load; **c. des marchandises,** to load goods; *F:* (*of taxi driver*) **c. un client,** to pick up a fare (*b*) to weigh (down); **chargé de paquets,** weighed down with parcels; **nourriture qui charge l'estomac,** food that lies heavy on the stomach (*c*) **c. qn de reproches,** to heap reproaches on s.o. (*d*) to load (gun, camera); to fill (pipe); to refill (pen); to charge (battery) **2.** (*a*) to entrust (s.o. with sth); to instruct (s.o. to do sth); **être chargé de qch,** to be in charge of sth (*b*) **se c. de faire qch,** to undertake to do sth; **je m'en chargerai,** I'll see to it, I'll take care of it **3.** to caricature (s.o.); to turn (portrait) into a caricature **4.** (*of troops, bull*) to charge **5.** *Jur:* to indict, to charge (s.o.).

chargeur [ʃarʒœr] *nm* **1.** (*pers*) loader; *Nau:* shipper **2.** (*a*) *Sma:* magazine; (cartridge) clip (*b*) *Phot:* cartridge (*c*) (battery) charger.

chariot [ʃarjo] *nm* **1.** (*a*) waggon; cart (*b*) truck, trolley (*c*) *Cin:* dolly **2.** (*a*) carriage (of typewriter) (*b*) *Av:* **c. d'atterrissage,** undercarriage; landing gear.

charité [ʃarite] *nf* **1.** charity, love; *Prov:* **c. bien ordonnée commence par soi-même,** charity begins at home **2.** act of charity; **faire la c. à qn,** to give money to s.o. **charitable** *a* charitable, kindly (**envers,** to, towards). **charitablement** *adv* charitably, kindly.

charivari [ʃarivari] *nm* row, racket; hullabaloo.

charlatan [ʃarlatɑ̃] *nm* charlatan, quack; mountebank. **charlatanesque** *a* quack (remedy).

charlatanisme [ʃarlatanism] *nm* charlatanism.

charlot [ʃarlo] *nm F:* clown, incompetent.

charme¹ [ʃarm] *nm* **1.** charm, spell; **tenir qn sous le c.,** to hold s.o. spellbound; **se porter comme un c.,** to be as fit as a fiddle **2.** charm, attraction; **elle a beaucoup de c.,** she's absolutely charming; **c'est ce qui en fait le c.,** that's what makes it so attractive; **faire du c.,** to turn on the charm.

charme² *nm Bot:* hornbeam.

charmer [ʃarme] *vtr* **1.** to charm, bewitch **2.** to charm, delight; **être charmé de faire qch,** to be delighted to do sth. **charmant** *a* charming; delightful. **charmeur, -euse 1.** *a* charming **2.** *n* (*a*) (snake) charmer (*b*) charming person.

charnel, -elle [ʃarnɛl] *a* (*a*) carnal (*b*) worldly. **charnellement** *adv* carnally.

charnier [ʃarnje] *nm* mass grave.

charnière [ʃarnjɛr] *nf* (*a*) hinge; *F:* **nom à c.,** double-barrelled name (*b*) turning point (**de,** between).

charnu [ʃarny] *a* fleshy.

charognard [ʃarɔɲar] *nm Orn: Fig:* vulture.

charogne [ʃarɔɲ] *nf* **1.** carrion **2.** *P:* (*pers*) swine.

charpente [ʃarpɑ̃t] *nf* frame(work), framing; **bois de c.,** timber; (*of pers*) **avoir la c. solide,** to be solidly built. **charpenté** *a* built, constructed; **homme solidement c.,** well built man.

charpenterie [ʃarpɑ̃tri] *nf* carpentry.

charpentier [ʃarpɑ̃tje] *nm* carpenter.

charpie [ʃarpi] *nf* shredded linen; **mettre qch en c.,** to tear sth to shreds.

charretée [ʃarte] *nf* cartload, cartful.

charretier [ʃartje] *nm* carter; **jurer comme un c.,** to swear like a trooper.

charrette [ʃarɛt] *nf* cart; **c. à bras,** handcart; barrow.

charrier [ʃarje] (*impf & pr sub* **n. charriions**) **1.** *vtr* (*a*) to cart, carry, transport (*b*) to carry along, wash down, drift; **rivière qui charrie du sable,** river that carries sand (*c*) *P:* to poke fun at (s.o.) **2.** *vi P:* to exaggerate; to pile it on.

charron [ʃarɔ̃] *nm* cartwright; wheelwright.

charrue [ʃary] *nf* plough, *NAm:* plow; *F:* **mettre la c. devant les bœufs,** to put the cart before the horse.

charte [ʃart] *nf* **1.** charter **2.** (ancient) deed; title.

charter [ʃartɛr] **1.** *nm* charter(ed) aircraft; charter flight **2.** *a* charter (ticket); chartered (aircraft).

chartreux, -euse [ʃartrø, -øz] **1.** *n* Carthusian (monk, nun) **2.** *nf* **chartreuse,** Carthusian monastery; charterhouse.

chas [ʃa] *nm* eye (of needle).

chasse [ʃas] *nf* **1.** (*a*) hunting; **c. à courre,** (stag)-hunting, (fox)hunting; **c. au daim (à l'affût),** deer-stalking; **c. à l'homme,** manhunt; **c. sous-marine,** underwater fishing; **c. aux appartements,** flat hunting; **aller à la c.,** to go hunting, shooting; **la c. est ouverte,** the shooting season has begun; **la c. vient de passer,** the hunt has just gone by; **faire bonne c.,** to make a good bag (*b*) **c. gardée,** private game preserve; *Fig:* **ah non, c. gardée!** hands off! **louer une c.,** to rent a shoot (*c*) chase; **donner c. à qch,** to chase, to pursue, sth; **faire la c. à qch,** to hunt sth down, out (*d*) *MilAv:* **la c.,** the fighters **2. c. d'eau,** flushing system, flush; **tirer la c. (d'eau),** to flush the toilet.

châsse [ʃɑs] *nf* **1.** reliquary, shrine **2.** mounting; frame (of spectacles).

chasse-clou(s) [ʃasklu] *nm* nail punch; *pl chasse-clous.*

chassé-croisé [ʃasekrwaze] *nm* (*a*) *Danc:* set to partners (*b*) *Fig:* crisscrossing; *pl chassés-croisés.*

chasse-neige [ʃasnɛʒ] *nm inv* snowplough, *NAm:* snowplow.

chasser [ʃase] **1.** *vtr* (*a*) to chase, hunt; **c. la perdrix,** to go partridge shooting; **c. à courre,** to ride to hounds; to hunt; **c. au fusil,** to shoot (*b*) to drive, to chase, (s.o.) out, away; to expel; to dismiss (employee); to dispel (fog); to drive in (nail); **c. une mouche (du revers de la main),** to brush away a fly; **c. une odeur,** to get rid of a smell **2.** *vi* (*a*) to hunt, to go hunting; to go shooting; **c. au lion,** to hunt lions (*b*) to drive; **nuages qui chassent du nord,** clouds driving from the north (*c*) *Aut:* to skid; *Nau:* (*of anchor*) to drag.

chasseur [ʃasœr] *nm* **1.** hunter; huntsman; **c. de têtes,** headhunter; **c. d'images,** keen photographer **2.** (*in hotel*) messenger; porter; pageboy, *NAm:* bellboy, bellhop **3.** *Mil:* **c. à pied,** infantryman **4.** *Av:* fighter; **c. bombardier,** fighter-bomber; *Navy:* **c. de sous-marins,** submarine chaser.

châssis [ʃɑsi] *nm* (*a*) frame; **c. de porte, de fenêtre,** door frame, window frame (*b*) *Hort:* (cold) frame (*c*) *Aut:* chassis; **faux c.,** subframe.

chasteté [ʃastəte] *nf* chastity. **chaste** *a* chaste, pure. **chastement** *adv* chastely, purely.

chasuble [ʃazybl] *nf Cl:* (*a*) chasuble (*b*) **robe c.,** pinafore dress.

chat, chatte [ʃa, ʃat] *n* **1.** cat; *m* tom(cat), *f* queen; **le C. botté,** Puss in Boots; *F:* **mon petit c., ma petite chatte,** my darling; **il n'y a pas un c.,** there isn't a soul (here); **avoir un c. dans la gorge,** to have a frog in one's throat; **d'autres chats à fouetter,** other fish to fry; *Prov:* **c. échaudé craint l'eau froide,** once bitten twice shy **2.** *Games:* (*a*) **jouer au c.,** to play tig, tag (*b*) **c'est toi le c.,** you're it, he.

châtaigne [ʃɑtɛɲ] *nf* (*a*) *Bot:* (sweet) chestnut (*b*) *P:* blow, clout.

châtaignier [ʃɑtɛnje] *nm* chestnut (tree).

châtain [ʃɑtɛ̃] *a usu inv in f* (chestnut-)brown; brown-haired (pers); **cheveux c. clair,** light brown hair.

château, -eaux [ʃɑto] *nm* **1. c. (fort),** (fortified) castle; **bâtir des châteaux en Espagne,** to build castles in the air; **c. de cartes,** house of cards **2.** (*a*) country seat; mansion; manor; chateau (*b*) (royal) palace **3. c. d'eau,** water tower; *Rail:* tank.

châteaubriand, -briant [ʃɑtobriɑ̃] *nm Cu:* thick piece of filet steak.

châtelain [ʃɑtlɛ̃] *n* **1.** *Hist:* lord (of the manor) **2.** owner, tenant, of a château.

châtelaine [ʃɑtlɛn] *nf* **1.** *Hist:* lady (of the manor) **2.** (woman) owner, tenant, of a château.

chat-huant [ʃaɥɑ̃] *nm* tawny owl, brown owl; *pl chats-huants.*

châtier [ʃɑtje] *vtr* to punish; to polish (style).

châtiment [ʃɑtimɑ̃] *nm* punishment.

chatoiement [ʃatwamɑ̃] *nm* shimmer(ing); sheen; glistening.

chaton [ʃatɔ̃] *n* **1.** kitten **2.** *nm Bot:* catkin **3.** *Jewel:* (*a*) setting (of stone) (*b*) stone.

chatouille [ʃatuj] *nf F:* tickle; **craindre la c., les chatouilles,** to be ticklish.

chatouillement [ʃatujmɑ̃] *nm* tickling; tickle (in one's throat, nose).

chatouiller [ʃatuje] *vtr* to tickle; **c. la vanité de qn,** to flatter s.o.'s pride. **chatouilleux, -euse** *a* (*a*) ticklish (*b*) sensitive, touchy.

chatoyer [ʃatwaje] *vi* **(il chatoie)** (*a*) to shimmer (*b*) to glisten, sparkle.

châtrer [ʃɑtre] *vtr* to castrate; to geld (stallion); to neuter (cat).

chatterie [ʃatri] *nf* **1.** *pl* cuddles **2.** titbit, dainty.

chatterton [ʃatɛrtɔn] *nm* (adhesive) insulating tape.

chaud, chaude [ʃo, -od] **1.** *a* warm; hot; **tout c.,** piping hot; **guerre chaude,** shooting war; **chaude dispute,** heated discussion; **à sang c.,** warm-blooded; **pleurer à chaudes larmes,** to weep bitterly; **il n'est pas c. pour le projet,** he's not keen on the project; **voix chaude,** sultry voice; *Art:* **tons chauds,** warm tints; *v phr* **il fait c.,** it's warm (weather) **2.** *nm* heat, warmth; (*on label*) **tenir au c.,** to be kept in a warm place; **cela ne me fait ni c. ni froid,** it's all the same to me; **attraper un c. et froid,** to catch a chill; **avoir c.,** (*of pers*) to be warm; *F:* **il a eu c.,** he got a real fright. **chaudement** *adv* warmly; (to protest) hotly.

chaudière [ʃodjɛr] *nf* boiler.

chaudron [ʃodrɔ̃] *nm* cauldron.

chaudronnerie [ʃodrɔnri] *nf* **1.** boiler-making **2.** boiler works; coppersmith's works.

chaudronnier [ʃodrɔnje] *nm* boiler maker; coppersmith.

chauffage [ʃofaʒ] *nm* (*a*) warming, heating (of room) (*b*) heating system; *Aut:* (car) heater; **c. central,** central heating; **c. au mazout,** oil(-fired) heating.

chauffard [ʃofar] *nm F:* (*a*) roadhog (*b*) hit-and-run driver.

chauffe-bain [ʃofbɛ̃] *nm* water heater; *pl chauffe-bains.*

chauffe-eau [ʃofo] *nm inv* water heater; immersion heater.

chauffe-plats [ʃofpla] *nm inv* plate warmer, hot plate.

chauffer [ʃofe] **1.** *vtr* (*a*) to heat (up), to warm (up); **c. une maison au gaz,** to heat a house with gas (*b*) **chauffé au rouge, à blanc,** red-hot, white-hot; **c. une chaudière,** to stoke up a boiler (*c*) *F:* to cram (s.o.) for an exam; **c. qn à blanc,** to incite s.o. **2.** *vi* (*a*) to get, become, warm, hot (*b*) *F:* **ça va c.,** things are getting hot (*c*) to overheat **3. se c.,** to warm oneself; **se c. au mazout,** to have oil-fired (central) heating.

chaufferie [ʃofri] *nf* boiler room; *Nau:* stokehold.

chauffeur [ʃofœr] *nm* **1.** stoker, fireman **2.** *Aut:* driver; chauffeur; **elle est c. de taxi,** she's a taxi-driver; **voiture sans c.,** self-drive car.

chaume [ʃom] *nm* (*a*) straw (*b*) thatch; **toit de c.,** thatched roof (*c*) stubble.

chaumière [ʃomjɛr] *nf* thatched cottage.

chaussée [ʃose] *nf* **1.** causeway (across marsh) **2.**

roadway; carriageway, *NAm:* pavement; **c. bombée,** cambered road; **c. déformée,** uneven road surface.

chausse-pied [ʃospje] *nm* shoehorn; *pl chausse-pieds.*

chausser [ʃose] *vtr* **1.** to put on one's (shoes); to put on one's (spectacles); **chaussé de pantoufles,** wearing slippers **2.** (*a*) to put shoes on (s.o.); **se c.,** to put one's shoes on (*b*) to supply, fit, (s.o.) with footwear; **ces chaussures chaussent étroit,** these are narrow-fitting shoes; **combien chaussez-vous?** what size do you take?; **c. du 40,** to take a size 40 shoe.

chaussette [ʃosɛt] *nf* sock.

chausseur [ʃosœr] *nm* shoemaker.

chausson [ʃosɔ̃] *nm* **1.** (*a*) slipper (*b*) ballet shoe (*c*) (baby's) bootee **2.** *Cu:* **c. aux pommes,** apple turnover.

chaussure [ʃosyr] *nf* **1.** (*a*) footwear (*b*) (boot and) shoe industry, trade **2.** shoe.

chauve [ʃov] *a* (*a*) bald; bald-headed; **c. comme un œuf,** as bald as a coot (*b*) bare, denuded (mountain).

chauve-souris [ʃovsuri] *nf Z:* bat; *pl chauves-souris.*

chauvin, -ine [ʃovɛ̃, -in] **1.** *n* chauvinist **2.** *a* chauvinist(ic).

chauvinisme [ʃovinism] *nm* chauvinism.

chaux [ʃo] *nf* lime; **c. vive,** quicklime; **c. éteinte,** slaked lime; **blanchir à la c.,** to whitewash.

chavirer [ʃavire] **1.** *vi* (*a*) (*of boat*) to capsize, turn turtle, overturn (*b*) to sway, to reel, to spin (round) **2.** *vtr* (*a*) to upset, capsize (boat) (*b*) to overturn (sth) (*c*) *F:* **j'en suis tout chaviré,** it's completely upset me.

chef [ʃɛf] *nm* **1.** *Lit:* **faire qch de son propre c.,** to do sth on one's own initiative **2.** head (of family); chief (of tribe); leader (of political party); principal, head (of business); **c. de famille,** head of the family; **c. d'État,** head of state; **c. (cuisinier),** chef; **c. d'orchestre,** conductor; *Sp:* **c. d'équipe,** captain; **c. de bureau,** chief clerk; **c. de service,** head of department, section head; **c. d'atelier,** (shop) foreman; **ingénieur en c.,** chief engineer; *Rail:* **c. de gare,** stationmaster; **c. de train,** guard; *Mil:* **c. de bataillon,** major **3.** *Jur:* **c. d'accusation,** charge.

chef-d'œuvre [ʃedœvr̥] *nm* masterpiece; *pl chefs-d'œuvre.*

chef-lieu [ʃɛfljø] *nm* chief town (of department); *pl chefs-lieux.*

cheftaine [ʃɛftɛn] *nf Scout:* captain; Brown Owl; (woman) cubmaster.

cheik(h) [ʃɛk] *nm* sheik(h).

chelem [ʃlɛm] *nm Cards: Ten:* **grand, petit, c.,** grand, little, slam.

chemin [ʃ(ə)mɛ̃] *nm* **1.** (*a*) way, road; *F:* **c. des écoliers,** long way round; **il y a dix minutes de c.,** it is ten minutes away; **faire son c.,** to make one's way; **c. faisant,** on the way; **faire un bout de c. avec qn,** to accompany s.o. a little way; **montrer le c.,** to lead the way; **être sur le bon c.,** to be on the right track; **à mi-c., à moitié c.,** half way; **se mettre en c.,** to set out; **il est dans mon c.,** he's in my way; **ne pas y aller par quatre chemins,** to go straight to the point; **s'arrêter en c.,** to stop on the way (*b*) road, path, track; **c. vicinal,** by-road; **c. piéton(nier),** footpath; **c. creux,** sunken lane; **c. de halage,** tow path **2. c. de fer,** railway, *NAm:* railroad; **en, par, c. de fer,** by rail.

chemineau, -eaux [ʃ(ə)mino] *nm* tramp, vagrant.

cheminée [ʃ(ə)mine] *nf* **1.** (*a*) fireplace; **pierre de c.,** hearthstone (*b*) **(manteau de) c.,** mantelpiece, chimney-piece **2.** (*a*) chimney (stack) (*b*) funnel (of locomotive) **3. c. d'aération,** ventilation shaft.

cheminement [ʃ(ə)minmɑ̃] *nm* (*a*) progress, advance (*b*) development (of thought).

cheminer [ʃ(ə)mine] *vi* to walk; to proceed, to advance.

cheminot [ʃ(ə)mino] *nm* railwayman, *NAm:* railroader.

chemise [ʃ(ə)miz] *nf* **1.** shirt; **en bras, en manches, de c.,** in one's shirtsleeves; **c. de nuit,** nightshirt; (woman's) nightdress; **c. américaine,** (woman's) vest; **je m'en moque comme de ma première c.,** I don't give a damn **2.** folder; portfolio.

chemiserie [ʃ(ə)mizri] *nf* (*a*) shirt (making) trade (*b*) shirt (and underwear) shop.

chemisette [ʃ(ə)mizɛt] *nf* short-sleeved shirt.

chemisier [ʃ(ə)mizje] *nm* **1.** shirt-maker **2.** blouse.

chenal, -aux [ʃ(ə)nal, -o] *nm* **1.** channel, fairway (of river) **2.** millrace.

chenapan [ʃ(ə)napɑ̃] *nm Hum:* rogue, scoundrel.

chêne [ʃɛn] *nm* oak; **c. vert,** holm oak.

chêne-liège [ʃɛnljɛʒ] *nm* cork-oak; *pl chênes-lièges.*

chenet [ʃ(ə)nɛ] *nm* firedog; andiron.

chènevis [ʃɛnvi] *nm* hempseed.

chenil [ʃ(ə)ni(l)] *nm* kennels.

chenille [ʃ(ə)nij] *nf* (*a*) caterpillar (*b*) tracks (of caterpillar tractor); **véhicule, tracteur, à chenilles,** caterpillar.

cheptel [ʃɛptɛl] *nm* livestock.

chèque [ʃɛk] *nm* cheque, *NAm:* check; **c. de £60,** cheque for £60; **c. barré,** crossed cheque; **c. en blanc,** blank cheque; **c. sans provision,** *F:* **c. en bois,** dud cheque; **c. postal** = Girocheque; **c. de voyage,** traveller's cheque.

chèque-cadeau [ʃɛkkado] *nm* gift token; *pl chèques-cadeau.*

chèque-déjeuner [ʃɛkdeʒœne], **chèque-repas** [ʃɛkrəpa], **chèque-restaurant** [ʃɛkrɛstɔrɑ̃] *nm* luncheon voucher; *pl chèques-déjeuner, chèques-repas, chèques-restaurant.*

chéquier [ʃekje] *nm* cheque book, *NAm:* checkbook.

cher, chère [ʃɛr] *a & adv* **1.** dear, beloved; **tout ce qui m'est c.,** all that I hold dear; **mon vœu le plus c.,** my dearest wish; *Corr:* **C. Monsieur,** Dear Mr X; *n* **mon c.,** my dear (fellow); **ma chère,** my dear (girl) **2.** (*a*) dear, expensive, costly; **la vie chère,** the high cost of living; **c'est trop c. pour moi,** I can't afford it (*b*) *adv* **payer qch c.,** to pay a high price for sth; **cela ne vaut pas c.,** it's not worth much; **vendre c.,** to charge high prices; **il me le payera c.,** I will make him pay dearly for it; *F:* **je l'ai eu pour pas c.,** I got it cheap.

chercher [ʃɛrʃe] *vtr* (*a*) to search for, look for; to seek; **c. aventure,** to seek adventure; **c. un mot dans le dictionnaire,** to look up a word in the dictionary; *F:* **tu l'as cherché,** you've asked for it; **tu me cherches, là,** you're asking for it (*b*) **aller c. qn, qch,** to (go and) fetch s.o., sth; **envoyer c. qn,** to send for s.o.; **je suis allé le c. à la gare,** I went to meet him at the station; *F:* **ça va c. dans les 10,000 francs,** it will fetch about 10.000 francs (*c*) **c. à faire qch,** to try to do sth.

chercheur, -euse [ʃɛrʃœr, -øz] **1.** *a* **esprit c.,** enquiring mind **2.** *n* seeker; researcher; research worker; **c. d'or,** gold digger.

chèrement [ʃɛrmɑ̃] *adv* **1.** dearly, lovingly **2.** dearly; at a high price.

chérir [ʃerir] *vtr* to cherish; to love (s.o.) dearly. **chéri, -ie 1.** *a* cherished, dear **2.** *n* darling.

chérot [ʃero] *a P:* pricey.

cherté [ʃɛrte] *nf* high cost, expensiveness.

chérubin [ʃerybɛ̃] *nm* cherub.

chétif, -ive [ʃetif, -iv] *a* **1.** weak, puny, sickly (person) **2.** poor, miserable, wretched; paltry. **chétivement** *adv* weakly, punily; poorly, miserably.

cheval, -aux [ʃ(ə)val, -o] *nm* **1.** (*a*) horse; **faire du c.,** to go (horse) riding; **c. de trait,** draught horse; **c. de labour,** plough horse; **c. de selle,** saddle horse; **c. de chasse,** hunter; **c. de course,** racehorse; **à c.,** on horseback; **monter à c.,** to ride; **monter sur ses grands chevaux,** to get excited; **être à c. sur qch,** to sit astride sth; *Fig:* **être à c. sur les principes,** to be a stickler for principle; *F:* **c'est un c. à l'ouvrage,** he works like a Trojan; **remède de c.,** drastic remedy; **fièvre de c.,** raging fever; **c. de bataille,** hobbyhorse; **c. de retour,** old lag; habitual offender (*b*) *Ich:* **c. marin,** seahorse **2. c. d'arçons, c.-arçons,** vaulting horse; **c. à bascule,** rocking horse; **chevaux de bois,** roundabout, merry-go-round **3.** *Mch:* (= **cheval-vapeur**) horsepower.

chevalerie [ʃ(ə)valri] *nf* **1.** knighthood **2.** chivalry. **chevaleresque** *a* chivalrous, knightly.

chevalet [ʃ(ə)valɛ] *nm* (*a*) support, stand; trestle, frame; **c. de peintre,** easel (*b*) bridge (of violin).

chevalier [ʃ(ə)valje] *nm* (*a*) knight; **c. errant,** knight errant; **c. d'industrie,** adventurer; **c. servant,** faithful admirer; **faire qn c.,** to dub s.o. knight (*b*) Chevalier (of the Legion of Honour).

chevalière [ʃ(ə)valjɛr] *nf* signet ring.

chevalin [ʃəvalɛ̃] *a* equine; horsy (face); **boucherie chevaline,** horse-butcher's (shop).

cheval-vapeur [ʃəvalvapœr] *nm Mec:* (French) horsepower; *pl chevaux-vapeur.*

chevauchée [ʃ(ə)voʃe] *nf* **1.** ride **2.** cavalcade.

chevauchement [ʃ(ə)voʃmɑ̃] *nm* overlapping.

chevaucher [ʃ(ə)voʃe] **1.** *vi* (*a*) to ride (on horseback) (*b*) to overlap **2.** *vtr* (*a*) to ride (on horse); to straddle, to be astride (a horse) (*b*) to span (gap) **3. se c.,** to overlap.

chevelure [ʃəvlyr] *nf* (*a*) (head of) hair (*b*) tail (of comet). **chevelu** *a* long-haired; hairy.

chevet [ʃ(ə)vɛ] *nm* bedhead; **table de c.,** bedside table; **au c. de qn,** at s.o.'s bedside.

cheveu, -eux [ʃ(ə)vø] *nm* **1.** (a single) hair; **être à un c. de la ruine,** to be within a hair's breadth of ruin; **arriver comme un c. sur la soupe,** to arrive at an awkward moment; **2.** *pl* hair; **couper les cheveux en quatre,** to split hairs; **tiré par les cheveux,** far-fetched; *F:* **avoir mal aux cheveux,** to have a hangover; **cheveux d'ange,** (i) (*Christmas decoration*) angel hair (ii) (type of) vermicelli.

cheville [ʃ(ə)vij] *nf* **1.** peg, pin; **c. en fer,** bolt; **c. ouvrière,** king pin (of vehicle, of enterprise); **être en c. avec qn,** to be in cahoots with s.o. **2.** peg, plug **3.** *Anat:* ankle; **il ne vous arrive pas à la c.,** he can't hold a candle to you.

cheviller [ʃəvije] *vtr Carp:* to pin, peg, together.

chèvre [ʃɛvr] **1.** *nf* goat, *esp* she goat, *F:* nanny goat; **barbe de c.,** goatee; **ménager la c. et le chou,** to sit on the fence **2.** *nm* goat('s) cheese.

chevreau, -eaux [ʃəvro] *nm* kid.

chèvrefeuille [ʃɛvrəfœj] *nm Bot:* honeysuckle.

chevreuil [ʃəvrœj] *nm* roe deer; *Cu:* venison.

chevron [ʃəvrɔ̃] *nm* **1.** rafter (of roof) **2.** *Tex:* **tissu à c.,** herringbone pattern material **3.** *Mil:* chevron, stripe.

chevronné [ʃəvrɔne] *a* senior, experienced.

chevrotement [ʃəvrɔtmɑ̃] *nm* quaver(ing).

chevroter [ʃəvrɔte] *vtr & i* to sing, speak, in a quavering voice; to quaver.

chevrotine [ʃəvrɔtin] *nf* buckshot.

chez [ʃe] *prep* **1.** (*a*) **c. qn,** at s.o.'s house, home; **il n'est pas c. lui,** he's not at home, not in; **je vais c. moi,** I'm going home; **il habite c. nous,** he lives with us; **acheter qch c. l'épicier,** to buy sth at the grocer's; (*on letters*) **c. . . .,** care of, c/o . . .; **faites comme c. vous,** make yourself at home (*b*) **son c.-soi,** one's home, one's house; **derrière c. moi,** behind my house **2.** with; **c'est une habitude c. moi,** it's a habit with me; **c. les jeunes,** among young people; **c. l'homme,** in man; **c. les animaux,** in the animal kingdom.

chez-soi [ʃeswa] *nm inv* **un c.-s.,** a home (of one's own).

chiader [ʃjade] *P:* **1.** *vi* to swot **2.** *vtr* to swot (up) for (an exam); **c. qch,** to fuss over sth.

chialer [ʃjale] *vi P:* to snivel, to blubber.

chiant [ʃjɑ̃] *a V:* **c'est c.,** it's a pain in the arse.

chiasse [ʃjas] *nf P:* **avoir la c.,** (i) to have diarrhoea, the runs (ii) to have the wind up.

chic [ʃik] **1.** *nm* (*a*) **il a le c. pour (faire) cela,** he has the knack of doing that (*b*) smartness, stylishness; **il a du c.,** he has style; **femme qui a du c.,** chic woman **2.** *a inv* (*a*) smart, stylish, chic (*b*) *F:* **on a passé une c. soirée,** we had a great evening; **un c. type,** a good bloke, *NAm:* a swell guy; **c'est c. de ta part,** that's really good of you **3.** *int F:* **c. (alors)!** great!

chicane [ʃikan] *nf* **1.** (*a*) chicanery, pettifogging (*b*) quibbling, wrangling **2.** zigzag (in road).

chicaner [ʃikane] **1.** *vi* to chicane; to quibble; to haggle **2.** *vtr* **c. qn,** to wrangle with s.o. (**sur,** about). **chicanier, -ière 1.** *a* quibbling **2.** *n* quibbler.

chiche[1] [ʃiʃ] *a* **1.** (*a*) (*of thg*) scanty, poor (*b*) (*of pers*) stingy, niggardly **2.** *F:* **être c. de faire qch,** to dare to do sth; **c. (que je le fais)!** bet you I will! **c.!** I dare you! **chichement** *adv* stingily, meanly.

chiche[2] *a Bot:* **pois c.,** chick pea.

chichis [ʃiʃi] *nmpl F:* **faire des c.,** to make a fuss.

chicorée [ʃikɔre] *nf* **1.** chicory (for coffee) **2.** endive.

chicot [ʃiko] *nm* stump (of tree, tooth).

chien, *f* **chienne** [ʃjɛ̃, ʃjɛn] *n* **1.** dog; *f* bitch; **jeune c.,** puppy; **c. berger,** sheepdog; **c. de garde,** guard dog, watchdog; **c. de chasse,** gundog; retriever; **c. courant,** hound; **c. d'arrêt,** pointer; **c. couchant,** setter; **faire le c. couchant,** to fawn on, to toady; **c. d'aveugle,** guide dog; **c. policier,** police dog; **un mal de c.,** a hell of a job; **vivre comme c. et chat,** to lead a cat and dog life; **se regarder en chiens de faïence,** to glare at one another; **entre c. et loup,** in the twilight; *F:* **vie de c.,** dog's life; **quel temps de c.!** what filthy weather! **2.** *F:* *(a)* **avoir du c.,** to have charm *(b)* *a* **être c.,** to be mean, stingy **3.** hammer (of gun).

chiendent [ʃjɛ̃dɑ̃] *nm Bot:* couch grass.

chien-loup [ʃjɛ̃lu] *nm* wolfhound, Alsatian; *pl chiens-loups.*

chier [ʃje] *vi V:* to shit, to crap; **tu me fais c.,** you're a pain in the arse.

chiffe [ʃif] *nf F:* spineless individual; drip, weed; **mou comme une c.,** like a wet rag.

chiffon [ʃifɔ̃] *nm* **1.** rag; **c. à poussière,** duster; **coup de c.,** wipe (with a rag); *F:* **parler chiffons,** to talk (about) clothes **2. mettre ses vêtements en c.,** to leave one's clothes in a heap; **c. de papier,** scrap of paper.

chiffonner [ʃifɔne] **1.** *vtr* *(a)* to rumple, to crease (dress); to crumple (piece of paper) *(b)* to annoy, bother (s.o.) **2. se c.,** to crease, to crumple.

chiffonnier [ʃifɔnje] *nm* **1.** ragman **2.** *Furn:* chiffonier.

chiffrage [ʃifraʒ] *nm* *(a)* numbering (of pages) *(b)* calculating *(c)* ciphering, coding *(d)* marking *(e)* *Mus:* figuring.

chiffre [ʃifr] *nm* **1.** *(a)* figure, number, numeral, digit; **c. arabe,** Arabic numeral; **nombre de 3 chiffres,** 3-figure number *(b)* amount, total; *Com:* **c. d'affaires,** turnover **2.** *(a)* cipher, code *(b)* combination (of safe) **3.** *(a)* monogram *(b)* *Typ:* colophon.

chiffrer [ʃifre] **1.** *vtr* *(a)* to number (pages of book) *(b)* to calculate (amount); **détails chiffrés,** figures (of scheme) *(c)* to cipher; to code; to write (dispatch) in code; **message chiffré,** code message *(d)* to mark (linen) *(e)* *Mus:* to figure (bass) **2.** *vi & pr* **ça doit c.,** it must add up; **à combien cela se chiffre-t-il?** how much does it work out at?

chignole [ʃiɲɔl] *nf* drill.

chignon [ʃiɲɔ̃] *nm* chignon, bun.

Chili [ʃili] *Prnm Geog:* Chile. **chilien, -ienne** *a & n* Chilean.

chimère [ʃimɛr] *nf* dream, (idle) fancy; chim(a)era. **chimérique** *a* *(a)* visionary, fanciful *(b)* chimerical.

chimie [ʃimi] *nf* chemistry. **chimique** *a* chemical; **produit c.,** chemical. **chimiquement** *adv* chemically.

chimiste [ʃimist] *n* (research) chemist.

chimpanzé [ʃɛ̃pɑ̃ze] *nm Z:* chimpanzee.

Chine [ʃin] **1.** *Prnf Geog:* China; **encre de C.,** Indian ink **2.** *nm* rice paper.

chiné [ʃine] *a Tex:* chiné (fabric).

chiner [ʃine] *vi F:* to hunt for bargains.

chinois, -oise [ʃinwa, -waz] **1.** *a* *(a)* Chinese *(b)* *F:* complicated, fussy **2.** *n* Chinese **3.** *nm Ling:* Chinese; **c'est du c.,** it's all Greek to me.

chinoiser [ʃinwaze] *vi* to quibble.

chinoiserie [ʃinwazri] *nf* **1.** Chinese curio **2.** *F:* unnecessary complication; **les chinoiseries administratives,** red tape.

chiot [ʃjo] *nm* puppy.

chiottes [ʃjɔt] *nfpl P:* lavatory, bog, *NAm:* john.

chiper [ʃipe] *vtr F:* *(a)* to pinch, to swipe (sth) *(b)* to catch (cold).

chipie [ʃipi] *nf Pej:* vixen, minx.

chips [ʃips] *nmpl Cu:* (potato) crisps, *NAm:* chips.

chipoter [ʃipɔte] *vi* *(a)* to pick at one's food *(b)* to waste time *(c)* to haggle, to quibble. **chipoteur, -euse 1.** *a* haggling, quibbling **2.** *n* haggler, quibbler.

chique [ʃik] *nf* *(a)* quid (of tobacco) *(b)* *F:* swelling (on cheek).

chiqué [ʃike] *nm F:* sham, pretence; **c'est du c.,** it's all bluff; **faire du c.,** to put on an act.

chiquement [ʃikmɑ̃] *adv F:* **1.** smartly, stylishly **2.** splendidly, (damn) well.

chiquenaude [ʃiknod] *nf* flick (of the finger).

chiquer [ʃike] *vtr & i* to chew (tobacco).

chiromancie [kirɔmɑ̃si] *nf* palmistry.

chiromancien, -ienne [kirɔmɑ̃sjɛ̃, -jɛn] *n* palmist.

chiropracteur [kirɔpraktœr] *nm* chiropractor.

chiropraxie [kirɔpraksi] *nf* chiropractic.

chirurgie [ʃiryrʒi] *nf* surgery. **chirurgical, -aux** *a* surgical.

chirurgien, -ienne [ʃiryrʒjɛ̃, -jɛn] *n* surgeon; **c. dentiste,** dental surgeon.

chiure [ʃjyr] *nf* fly speck.

chlore [klɔr] *nm Ch:* chlorine.

chlorer [klɔre] *vtr* to chlorinate.

chlorhydrique [klɔridrik] *a Ch:* hydrochloric (acid).

chloroforme [klɔrɔfɔrm] *nm* chloroform.

chloroformer [klɔrɔfɔrme] *vtr* to chloroform.

chlorophylle [klɔrɔfil] *nf* chlorophyll.

chlorure [klɔryr] *nm Ch:* chloride.

choc [ʃɔk] *nm* **1.** shock, impact, bump; **résistant aux chocs,** shock-proof; **c. sourd,** thud; **c. des verres,** clink of glasses; **c. des opinions,** clash of opinions; *Com:* **prix c.,** drastic reductions **2.** shock (to nervous system); *Med:* **c. opératoire,** post-operative shock.

chocolat [ʃɔkɔla] *nm* chocolate; **c. à croquer,** plain chocolate; **c. chaud,** drinking chocolate; **c. au lait,** milk chocolate. **chocolaté** *a* chocolate-flavoured. **chocolatier, -ière 1.** *a* chocolate (industry) **2.** *n* chocolate maker.

chocolaterie [ʃɔkɔlatri] *nf* chocolate factory.

chocottes [ʃɔkɔt] *nfpl P:* **avoir les c.,** to have the jitters.

chœur [kœr] *nm* **1.** chorus; **chanter en c.,** to sing in chorus; **tous en c.!** all together! **2.** *(a)* choir *(b)* *Arch:* choir, chancel.

choir [ʃwar] *vi* (*pp* **chu;** *pr ind* **je chois;** *fu* **je choirai, je cherrai;** *the aux is* **être**) *(a)* *A:* to fall *(b)* **se laisser c. (dans un fauteuil),** to sink, to flop (into an armchair); **laisser c. qn, qch,** to drop s.o., to give sth up.

choisir [ʃwazir] *vtr* to choose, select, pick; **c. de partir,** to choose to leave. **choisi** *a* *(a)* selected *(b)* select, choice.

choix [ʃwa] *nm* choice, selection; **l'embarras du c.,** the difficulty of choosing; **faites votre c.,** take your pick; **je vous laisse le c.,** choose for yourself; **nous n'avons pas le c.,** we have no choice; **viande ou poisson au c.,** choice of meat or fish; **de premier c.,** first-class, best quality; grade one; **de c.,** choice, selected.

choléra [kɔlera] *nm Med:* cholera. **cholérique 1.** *a* choleraic **2.** *n* cholera patient.

cholestérol [kɔlɛsterɔl] *nm Med:* cholesterol.

chômage [ʃomaʒ] *nm* unemployment; **être en c., au c.,** to be unemployed, out of work, jobless; **s'inscrire**

au c., to sign on (the dole); **c. partiel**, short-time working; **c. technique**, redundancy.
chômer [ʃome] *vi* **1.** to have a holiday; **jour chômé**, public holiday **2.** to be idle; to be unemployed; **les usines chôment**, the works are at a standstill.
chomeur, -euse [ʃomœr, -øz] *n* unemployed person; **les chômeurs**, the unemployed, the jobless.
chope [ʃɔp] *nf* (*a*) tankard (*b*) mugful; pint.
choper [ʃɔpe] *vtr P:* **1.** to steal, to pinch **2.** to arrest, to nab **3.** to catch (cold).
chopine [ʃɔpin] *nf* half-litre bottle.
choquer [ʃɔke] **1.** *vtr* (*a*) to stroke, knock (sth against sth); **c. les verres**, to clink glasses (*b*) to shock; to displease, offend; **être choqué de qch**, to be scandalized by sth; **mot qui choque**, offensive word (*c*) to distress **2. se c.**, to be shocked, scandalized; to take offence (**de**, at). **choquant** *a* shocking, offensive.
choral, *pl* **-als** [kɔral] **1.** *a* choral **2.** *nm* choral(e) **3.** *nf* **chorale**, choral society, choir.
chorégraphe [kɔregraf] *n* choreographer.
chorégraphie [kɔregrafi] *nf* choreography. **chorégraphique** *a* choreographic.
choriste [kɔrist] *nm* chorus singer (in opera); choir member; (church) chorister.
chorus [kɔrys] *nm* **faire c.**, to voice one's agreement.
chose [ʃoz] **1.** *nf* thing; **j'ai un tas de choses à faire**, I have masses of things to do; **de deux choses l'une**, it's a choice of two things; **dites bien des choses de ma part à Marie**, give my regards to Mary; **j'ai bien des choses à te dire**, I have lots to tell you; **la c. en question**, the case in point; **il a très bien pris la c.**, he took it very well; **c'est tout autre c.**, this is quite a different matter; **avant toute c.**, first of all, above all; **dans l'état actuel des choses**, as things stand; **il fait bien les choses**, he does things in style **2.** *n* (*a*) **Monsieur C., Madame C.**, Mr What's-his-name, Mrs What's-her-name (*b*) whatsit; thingummy **3.** *a inv F:* **être, se sentir, tout c.**, to feel peculiar; to be out of sorts; to feel funny.
chou, *pl* **-oux** [ʃu] *nm* **1.** cabbage; **c. de Bruxelles**, Brussels sprout; **c. rouge**, red cabbage; **planter ses choux**, to retire to the country; **faire c. blanc**, to draw a blank; **être dans les choux**, (i) to be in a fix (ii) to get nowhere, to lose; **mon petit c.**, my darling **2.** rosette **3.** *Cu:* **c. à la crème**, cream bun, cream puff **4.** *a inv F:* pretty, lovely.
choucas [ʃuka] *nm* jackdaw.
chouchou, -oute [ʃuʃu, -ut] *n F:* pet, darling.
chouchouter [ʃuʃute] *vtr F:* to pet, coddle (child).
choucroute [ʃukrut] *nf Cu:* sauerkraut.
chouette[1] [ʃwɛt] *nf* owl; **c. effraie**, barn owl; **c. hulotte**, tawny owl.
chouette[2] *a & int F:* terrific, great; **c. (alors)!** great! fantastic!
chou-fleur [ʃuflœr] *nm* cauliflower; *pl choux-fleurs.*
chow-chow [ʃuʃu] *nm* chow (dog); *pl chows-chows.*
choyer [ʃwaje] *vtr* (**je choie**) to pet, to coddle; to cherish (hope).
chrétienté [kretjɛ̃te] *nf* Christendom. **chrétien, -ienne** *a & n* Christian. **chrétiennement** *adv* as a, like a, Christian.
Christ [krist] *nm* **1. le Christ**, Christ; **Jésus-C.** [ʒezykri] Jesus Christ **2.** crucifix.
christianisation [kristjanizasjɔ̃] *nf* christianization.
christianiser [kristjanize] *vtr* to christianize.
christianisme [kristjanism] *nm* Christianity.
chromatique [krɔmatik] *a* (*a*) *Mus: Opt:* chromatic (*b*) *Biol:* chromosomal.
chrome [krom] *nm Ch:* chromium; *F:* **faire les chromes**, to polish the chrome (of a car).
chromer [krome] *vtr* to chromium-plate (metal).
chromo [krɔmo] *nm F:* chromo(lithograph).
chronique [krɔnik] **1.** *a* chronic (disease) **2.** *nf* (*a*) chronicle; *Journ:* news, report, column. **chroniquement** *adv* chronically.
chroniqueur, -euse [krɔnikœr, -øz] *n* **1.** chronicler **2.** *Journ:* columnist; (sports) editor.
chrono [krɔno] *nm F:* stopwatch; **du 220 (km/h) (au) c.**, recorded speed of 220 (km/h).
chronologie [krɔnɔlɔʒi] *nf* chronology. **chronologique** *a* chronological; time. **chronologiquement** *adv* chronologically.
chronométrage [krɔnɔmetraʒ] *nm* timing.
chronomètre [krɔnɔmɛtr̥] *nm* (*a*) chronometer (*b*) stopwatch. **chronométrique** *a* chronometric.
chronométrer [krɔnɔmetre] *vtr* (**je chronomètre, je chronométrerai**) *Sp:* to time (race).
chronométreur [krɔnɔmetrœr] *nm* timekeeper.
chrysalide [krizalid] *nf Ent:* chrysalis, pupa.
chrysanthème [krizɑ̃tɛm] *nm Bot:* chrysanthemum.
chuchotement [ʃyʃɔtmɑ̃] *nm* whisper(ing).
chuchoter [ʃyʃɔte] *vtr & i* to whisper. **chuchoteries** *nfpl F:* whispering.
chuintement [ʃɥɛ̃tmɑ̃] *nm* hiss(ing).
chuinter [ʃɥɛ̃te] *vi* to hiss.
chut [ʃyt, ʃt] *int* hush! sh!
chute [ʃyt] *nf* **1.** (*a*) fall; **faire une c. (de cheval)**, to have a fall; to fall off one's horse; **c. libre**, free fall; *PN:* **attention, c. de pierres**, danger! falling stones; **c. de pluie, de neige**, rainfall, snowfall; **c. du jour**, nightfall; **c. d'eau**, waterfall; **c. des cheveux**, hair loss; **c. des prix**, fall, drop, in prices (*b*) (down)fall, collapse (of ministry); **il m'a entraîné dans sa c.**, he dragged me down with him; *Th:* **c. d'une pièce**, failure of a play **2. c. des reins**, small of the back **3.** (*a*) off-cut (of wood) (*b*) snippet, clipping (of material).
chuter [ʃute] *vi* (*a*) *F:* to fall; to come a cropper (*b*) *Th:* to flop.
Chypre [ʃipr̥] *Prnf* Cyprus. **chypriote** *a & n* Cypriot.
ci[1] [si] *adv* **de ci, de là**, here and there; **ci-gît**, here lies; *see also* **ce**[2] **5.**
ci[2] *dem pron neut inv F:* **faire ci et ça**, to do this, that and the other; **comme ci, comme ça**, so so.
ci-après [siaprɛ] *adv* below; here(in)after.
cible [sibl̥] *nf* target.
ciboire [sibwar] *nm Ecc:* ciborium.
ciboule [sibul] *nf Bot: Cu:* spring onion.
ciboulette [sibulɛt] *nf Bot: Cu:* chives.
cicatrice [sikatris] *nf* scar.
cicatrisation [sikatrizasjɔ̃] *nf* healing.
cicatriser [sikatrize] **1.** *vtr* to heal (wound) **2.** *vi & pr* (*of wound*) to heal (up).
ci-contre [sikɔ̃tr̥] *adv* opposite; in the margin; *Book-k:* **porté ci-c.**, as per contra.
ci-dessous [sidsu] *adv* below, hereunder; undermentioned.
ci-dessus [sidsy] *adv* above(-mentioned).

cidre [sidr̥] *nm* cider.
Cie *abbr Compagnie*, Co.
ciel, *pl* **ciels**, **cieux** [sjɛl, sjø] *nm* **1.** (*a*) sky, heaven; **à c. ouvert**, open, open-air; out of doors; **(couleur) bleu c.**, sky-blue; **entre c. et terre**, in mid-air (*b*) (*pl often* **ciels**) climate; **les ciels de l'Italie**, the skies of Italy **2.** heaven; *F:* **tomber du c.**, to come out of the blue; **(juste) c.!** (good) heavens! **3.** *Furn:* (bed) tester.
cierge [sjɛrʒ] *nm Rel:* candle.
cieux [sjø] *see* **ciel**.
cigale [sigal] *nf Ent:* cicada.
cigare [sigar] *nm* (*a*) cigar (*b*) *P:* head, nut.
cigarette [sigarɛt] *nf* cigarette.
cigogne [sigɔɲ] *nf Orn:* stork.
ciguë [sigy] *nf Bot:* hemlock.
ci-inclus [siɛ̃kly] *a & adv* (*inv when it precedes the noun*) **la copie ci-incluse**, the enclosed copy; **ci-i. copie de votre lettre**, herewith, enclosed, a copy of your letter.
ci-joint [siʒwɛ̃] *a & adv* (*inv when it precedes the noun*) attached, herewith; **les pièces ci-jointes**, the enclosed documents.
cil [sil] *nm* (eye)lash.
ciller [sije] *vi* to blink.
cime [sim] *nf* summit (of hill); top (of tree); peak (of mountain).
ciment [simɑ̃] *nm* cement.
cimenter [simɑ̃te] *vtr* to cement.
cimenterie [simɑ̃tri] *nf* cement works.
cimetière [simtjɛr] *nm* cemetery, graveyard; **c. de voitures**, scrapyard, breaker's yard, *NAm:* auto graveyard.
ciné [sine] *nm F:* cinema, *NAm:* movies.
cinéaste [sineast] *nm* film director; film maker.
ciné-club [sineklœb] *nm* film club; *pl ciné-clubs*.
cinéma [sinema] *nm* (*a*) cinema, *NAm:* movies; **faire du c.**, to be a film actor; **acteur de c.**, film actor; **c. muet**, silent films; **il est dans le c.**, he's in the film business; *F:* **quel c.!** what a performance! what a fuss!; *F:* **arrête (de faire) ton c.!** stop making such a fuss! stop acting up! (*b*) cinema, film theatre.
cinémascope [sinemaskɔp] *nm Rtm:* Cinemascope.
cinémathèque [sinematɛk] *nf* film library.
cinématographique [sinematɔgrafik] *a* cinematographic; film (production).
cinéphile [sinefil] *n* film enthusiast, *F:* film buff.
cinérama [sinerama] *nm Rtm:* Cinerama.
cingler [sɛ̃gle] **1.** *vi Nau:* to steer a given course **2.** *vtr* to lash, cut (horse) with a whip; to lash out at (s.o.); **la grêle lui cinglait le visage**, the hail stung his face. **cinglant** *a* lashing (rain); biting, cutting (wind); bitter (cold); scathing, cutting (remark). **cinglé, -ée** *F:* **1.** *a* nuts, cracked **2.** *n* crackpot.
cinoche [sinɔʃ] *nm P:* cinema, *NAm:* movies.
cinq [sɛ̃k] *num a inv & nm inv* (*as card a before a noun or adj beginning with a consonnant sound*) [sɛ̃]) five; **c. garçons** [sɛ̃garsɔ̃] five boys; **c. hommes** [sɛ̃kɔm] five men; **le c. mars** [ləsɛ̃(k)mars] the fifth of March; *F:* **il était moins c.**, it was a near thing; **en c. sec**, in two ticks. **cinquième** *num a & n* fifth. **cinquièmement** *adv* fifthly, in the fifth place.
cinquantaine [sɛ̃kɑ̃tɛn] *nf* (about) fifty; **avoir passé la c.**, to be in one's fifties.
cinquante [sɛ̃kɑ̃t] *num a inv & nm inv* fifty. **cinquantième** *num a & n* fiftieth.
cinquantenaire [sɛ̃kɑ̃tnɛr] *nm* fiftieth anniversary; golden jubilee.
cintre [sɛ̃tr̥] *nm* **1.** curve, bend **2.** arch (of tunnel) **3.** coathanger **4.** *Th:* **les cintres**, the flies. **cintré** *a* (*a*) arched (window) (*b*) bent, curved (*c*) waisted; **taille cintrée**, nipped-in waist.
cirage [siraʒ] *nm* (*a*) polishing (*b*) (wax, shoe) polish; *F:* **être dans le c.**, to be all at sea.
circoncire [sirkɔ̃sir] *vtr* (*prp* **circoncisant;** *pp* **circoncis;** *ph* **je circoncis;** *pr sub* **je circoncise**) to circumcise.
circoncision [sirkɔ̃sizjɔ̃] *nf* circumcision.
circonférence [sirkɔ̃ferɑ̃s] *nf* circumference.
circonflexe [sirkɔ̃flɛks] *a* circumflex (accent).
circonlocution [sirkɔ̃lɔkysjɔ̃] *nf* circumlocution.
circonscription [sirkɔ̃skripsjɔ̃] *nf* division, district, area; **c. électorale**, constituency.
circonscrire [sirkɔ̃skrir] (*conj like* ÉCRIRE) **1.** *vtr* (*a*) to circumscribe; to surround, encircle (**par**, with, by) (*b*) to limit, bound; **c. son sujet**, to define the scope of one's subject; **c. un incendie**, to bring a fire under control **2. se c.**, to be limited.
circonspection [sirkɔ̃spɛksjɔ̃] *nf* circumspection, caution, wariness. **circonspect** *a* circumspect, cautious, wary.
circonstance [sirkɔ̃stɑ̃s] *nf* **1.** circumstance; **pour, en, la c.**, for, on, this occasion; **en pareille c.**, in such a case; **étant donné les circonstances**, in the circumstances; **vers de c.**, occasional verse; **paroles de c.**, appropriate words **2.** *Jur:* **circonstances atténuantes**, extenuating circumstances. **circonstancié** *a* detailed (account). **circonstanciel, -ielle** (*a*) circumstantial (*b*) *Gram:* adverbial (complement).
circonvenir [sirkɔ̃vnir] *vtr* (*conj like* VENIR) to circumvent, thwart; to outwit (s.o.).
circonvolution [sirkɔ̃vɔlysjɔ̃] *nf Anat:* convolution.
circuit [sirkɥi] *nm* **1.** (*a*) circumference (of a town) (*b*) *Sp:* lap; circuit (*c*) **c. (touristique)**, organized tour (*d*) **circuits commerciaux**, commercial channels **2.** deviation; circuitous route; detour **3.** *El:* circuit; **mettre en c.**, to connect, to switch on; **couper le c.**, to switch off; **c. fermé**, closed circuit; *Elcs:* **c. imprimé, intégré**, printed, integrated, circuit.
circulation [sirkylasjɔ̃] *nf* **1.** circulation (of blood, air); **mettre en c.**, to put into circulation; to put (book) on the market **2.** traffic; **accident de la c.**, road accident; *Rail:* **c. des trains**, running of trains **3.** movement (of workers, goods). **circulaire** *a & nf* circular. **circulatoire** *adv* circulatory.
circuler [sirkyle] *vi* **1.** (*of blood, air*) to circulate, flow; **faire c. l'air**, to circulate the air; **faire c. la bouteille**, to pass the bottle round **2.** to circulate, move about; **circulez!** move along! **les autobus circulent jour et nuit**, the buses run day and night; **faire c. une nouvelle**, to spread a piece of news.
cire [sir] *nf* (*a*) wax; (ear)wax; **c. d'abeilles**, beeswax; **c. à cacheter**, sealing wax (*b*) (wax) polish.
ciré [sire] *nm* oilskin.
cirer [sire] *vtr* to wax; to polish (floors, shoes). **cireux, -euse** *a* waxy; waxen.
cireur, -euse [sirœr, -øz] **1.** *n* shoeblack **2.** *nf* (*machine*) (electric) (floor) polisher.

cirque [sirk] *nm* **1.** (*a*) (floor) circus (*b*) amphitheatre **2.** *Geol:* cirque.
cirrhose [siroz] *nf Med:* cirrhosis.
cisaille(s) [sizɑj] *nf sg or pl* shears; wirecutters.
cisailler [sizɑje] *vtr* to cut, to shear (metal); to prune (branches).
ciseau, -eaux [sizo] *nm* **1.** chisel; **c. à froid,** cold chisel **2.** *pl* (*a*) **(paire de) ciseaux,** (pair of) scissors (*b*) shears (*c*) *Wr:* scissors (hold).
ciseler [sizle] *vtr* **(je cisèle, je ciselle)** to chase (gold); to chisel, carve (wood).
ciselure [sizlyr] *nf* chasing, engraving; chiselling, carving.
citadelle [sitadɛl] *nf* citadel.
citadin, -ine [sitadɛ̃, -in] **1.** *n* city dweller **2.** *a* urban.
citation [sitasjɔ̃] *nf* **1.** quotation, citation **2.** *Jur:* citation, summons; **c. des témoins,** subpoena of witnesses **3.** *Mil:* **c. à l'ordre du jour** = mention in dispatches.
cité [site] *nf* (*a*) city; large town (*b*) **c. (ouvrière),** housing estate; **c. universitaire,** hall(s) of residence.
cité-dortoir [sitedɔrtwar] *nf* dormitory town; *pl cités-dortoirs.*
cité-jardin [siteʒardɛ̃] *nf* garden city; *pl cités-jardins.*
citer [site] *vtr* **1.** to quote, cite; **c. qn en exemple,** to hold s.o. up as an example **2.** *Jur:* to summon; to subpoena (witness) **3.** *Mil:* **c. qn (à l'ordre du jour)** = to mention s.o. in dispatches.
citerne [sitɛrn] *nf* cistern, tank.
citoyen, -enne [sitwajɛ̃, -ɛn] *n* citizen.
citoyenneté [sitwajɛnte] *nf* citizenship.
citrique [sitrik] *a Ch:* citric (acid).
citron [sitrɔ̃] *nm* (*a*) lemon; **c. vert,** lime (*b*) *a inv* lemon-yellow, lemon(-coloured) (*c*) *P:* head, nut.
citronnade [sitrɔnad] *nf* lemon squash.
citronnier [sitrɔnje] *nm* lemon tree.
citrouille [sitruj] *nf* (*a*) pumpkin (*b*) *P:* head, nut.
civet [sivɛ] *nm Cu:* stew; **c. de lièvre** = jugged hare.
civière [sivjɛr] *nf* stretcher.
civil [sivil] *a* **1.** (*a*) civil (rights); **guerre civile,** civil war (*b*) *Jur:* **droit c.,** civil law (*c*) lay, secular; civilian; civil (marriage); *nm* **un c.,** a civilian; **en c.,** (i) in plain clothes (ii) *Mil:* in civilian clothes; **dans le c.,** in civilian life **2.** *A:* polite, courteous. **civilement** *adv* **1. se marier c.,** to contract a civil marriage; *Jur:* **c. responsable,** liable for damages **2.** politely, courteously.
civilisation [sivilizasjɔ̃] *nf* civilization.
civiliser [sivilize] **1.** *vtr* to civilize **2. se c.,** to become civilized.
civilité [sivilite] *nf* **1.** civility, courtesy **2.** *pl* **civilités,** compliments.
civisme [sivism] *nm* good citizenship. **civique** *a* civic (duties); civil (rights).
clair [klɛr] **1.** *a* (*a*) clear; unclouded, limpid (*b*) clear, obvious, plain (meaning); **c. comme le jour,** crystal clear (*c*) bright, light (room); **il fait c.,** it's light, bright; (*d*) light, pale (colour); **robe bleu c.,** pale blue dress (*e*) thin (soup); light (fabric) **2.** *adv* plainly, clearly; **je commence à y voir c.,** I'm beginning to understand **3.** *nm* (*a*) light; **au c. de (la) lune,** in the moonlight (*b*) **en c.,** in plain language; **message en c.,** message in clear (*ie* not in code) (*c*) **tirer qch au c.,** to clear sth up (*d*) **passer le plus c. de son temps à dormir,** to spend most of one's time sleeping. **clairement** *adv* clearly, plainly.
claire-voie [klɛrvwa] *nf* open-work, lattice(-work); **clôture à c.-v.,** fence, paling; *pl claires-voies.*
clairière [klɛrjɛr] *nf* clearing, glade.
clairon [klɛrɔ̃] *nm* (*a*) bugle (*b*) bugler.
claironner [klɛrɔne] *vtr* to trumpet (piece of news). **claironnant** *a* loud, brassy (sound); resonant (voice).
clairsemé [klɛrsəme] *a* scattered, sparse (vegetation); thin (hair).
clairvoyance [klɛrvwajɑ̃s] *nf* perspicacity, clear-sightedness. **clairvoyant, -ante** *a* perceptive, clear-sighted.
clamer [klame] *vtr* **c. son innocence,** to protest one's innocence.
clameur [klamœr] *nf* clamour; outcry.
clamser [klamse] *vi P:* to snuff it, to croak.
clan [klɑ̃] *nm* clan, clique, set.
clandestinité [klɑ̃dɛstinite] *nf* clandestineness; **dans la c.,** in secret; **passer dans la c.,** to go under ground. **clandestin, -ine** *a* clandestine; secret; underground; illicit; **passager c.,** stowaway. **clandestinement** *adv* clandestinely; secretly, illicitly.
clapet [klapɛ] *nm* (*a*) valve (*b*) *P:* trap.
clapier [klapje] *nm* rabbit hutch; **(lapin de) c.,** tame rabbit.
clapotement [klapɔtmɑ̃] *nm* lapping (of waves).
clapoter [klapɔte] *vi* (*of waves*) to lap.
clapotis [klapɔti] *nm* lap(ping) (of waves).
clapper [klape] *vi* **c. de la langue,** to click one's tongue.
claquage [klakaʒ] *nm* straining (of ligament); strained ligaments.
claque [klak] *nf* **1.** smack, slap **2.** *Th:* hired clappers; claque **3.** *P:* **en avoir sa c.,** to be fed up to the back teeth **(de,** with) **4.** *a & nm* **(chapeau) c.,** opera hat.
claqué [klake] *a F:* worn out, dog-tired.
claquement [klakmɑ̃] *nm* slam(ming), bang(ing); crack(ing); snap(ping); click(ing).
claquer [klake] **1.** *vi* (*a*) (*of door*) to slam, to bang; (*of flag*) to flap; (*of tongue*) to click; **il claque des dents,** his teeth are chattering (*b*) *P:* to die; to snuff it; (*of business*) to go bust; (*of machinery*) to go phut; (*of light bulb*) to go **2.** *vtr & i* **(faire) c.,** to slam, to bang (the door); to crack (a whip); to snap (one's fingers); to click (one's heels) **3.** *vtr* (*a*) to slap (child) (*b*) *F:* to wear (s.o.) out (*c*) *F:* to squander, to blow (one's money) **4. se c. un muscle,** to pull a muscle.
claquemurer (se) [səklakmyre] *vpr* to shut oneself up, to hole up.
claquettes [klakɛt] *nfpl* tap dancing.
clarification [klarifikasjɔ̃] *nf* clarification.
clarifier [klarifje] *vtr* to clarify; **se c.,** to become clear.
clarinette [klarinɛt] *nf* clarinet.
clarinettiste [klarinɛtist] *n* clarinettist.
clarté [klarte] *nf* **1.** (*a*) clearness, clarity; limpidity (of water); transparency (of glass) (*b*) lucidity (of style); **c. d'esprit,** clear thinking (*c*) **avoir des clartés sur un sujet,** to have some knowledge of a subject **2.** light, brightness (of sun, moon).
classe [klas] *nf* **1.** class, division, category; *Adm:*

rank, grade; **c. d'âge,** age group; **la c. moyenne, ouvrière,** the middle, working, class; **la c. politique,** the political world; **de première c.,** first-class; top quality (product); **c. touriste,** tourist class; **billet de première c.,** first-class ticket; *F:* **avoir de la c.,** to have class, to have style **2.** *Sch:* (*a*) class, form; **classes supérieures,** upper forms (*b*) **aller en c.,** to go to school; **être en c.,** to be at school; **livre de c.,** schoolbook; **(salle de) c.,** classroom; **M. Martin leur fait la c.,** Mr Martin is their teacher **3.** *Mil:* (*a*) annual contingent (of recruits); **la c. 1965,** the class of 1965; **faire ses classes,** to undergo basic training (*b*) (*rank*) **(soldat de) deuxième c.,** private; **(soldat de) première c.,** lance-corporal.

classement [klasmɑ̃] *nm* **1.** classification; position, place (in class, in race); *Sch:* **c. trimestriel,** end of term list; **donner le c.,** to give the results (of a competition) **2.** (*a*) sorting out (of articles) (*b*) filing (of documents).

classer [klase] *vtr* **1.** to class(ify); **monument classé,** listed monument **2.** (*a*) to sort out (articles) (*b*) to file (documents); **c. une affaire,** to consider a matter closed **3. se c. troisième,** to come in third; **il se classe parmi les meilleurs,** he ranks among the best.

classeur [klasœr] *nm* (*a*) filing cabinet (*b*) (looseleaf) file, binder.

classification [klasifikasjɔ̃] *nf* classification.

classifier [klasifje] *vtr* (*impf & pr sub* **n. classifiions**) to classify (plant).

classique [klasik] **1.** *a* (*a*) classical (music); classic (beauty) (*b*) standard (work); classic (joke); *F:* **c'est le coup c.,** it's an old trick, it's an old one **2.** *nm* (*a*) classical author (*b*) (Greek, Latin) classic (*c*) classical music.

clause [kloz] *nf* clause.

claustrophobie [klostrɔfɔbi] *nf* claustrophobia.

clavecin [klavsɛ̃] *nm Mus:* harpsichord.

clavicule [klavikyl] *nf* collarbone.

clavier [klavje] *nm* **1.** keyboard (of piano, typewriter); manual (of organ) **2.** range.

clé, clef [kle] *nf* **1.** (*a*) key; **fermer une porte à c.,** to lock a door; **tenir qch sous c.,** to keep sth under lock and key; **louer une maison clés en main,** to rent a house with vacant possession; **voiture clés en main,** fully fitted car; *Aut:* **prix clés en main,** on the road price; **mettre la c. sous la porte,** to do a moonlight flit (*b*) **position c.,** key position; **industrie c.,** key industry (*c*) key (to a code); clue (to a puzzle) **2.** *Mus:* (*a*) clef (*b*) key signature **3.** *Arch:* **c. de voûte,** keystone **4.** *Tls:* wrench, spanner; **c. anglaise,** adjustable spanner; monkey wrench **5.** peg (of stringed instrument).

clématite [klematit] *nf Bot:* clematis.

clémence [klemɑ̃s] *nf* **1.** clemency, leniency (**pour, envers,** to(wards)) **2.** mildness (of the weather). **clément** *a* **1.** clement, lenient (**pour, envers,** to(wards)) **2.** mild (weather).

clémentine [klemɑ̃tin] *nf* clementine.

clenche [klɑ̃ʃ] *nf* latch (of door lock).

cleptomane [klɛptoman] *n* kleptomaniac.

cleptomanie [klɛptomani] *nf* kleptomania.

clerc [klɛr] *nm* **1.** (*a*) *Ecc:* cleric (*b*) *Hist:* scholar (*c*) **être grand c. en la matière,** to be an expert on the subject **2.** clerk (in office).

clergé [klɛrʒe] *nm* clergy.

clérical, *pl* **-aux** [klerikal, -o] *a & n* clerical.

clic [klik] *nm* click(ing); **c.-clac,** click-clack, clickety-clack.

cliché [kliʃe] *nm* **1.** *Typ:* plate **2.** *Phot:* negative **3.** cliché.

client, -ente [kliɑ̃, -ɑ̃t] *n* client, customer; (doctor's) patient; (taxi driver's) fare; (hotel) guest, patron; *F:* **un drôle de c.,** a queer customer.

clientèle [kliɑ̃tɛl] *nf* (*a*) (doctor's, lawyer's) practice; customers, clientele (of shop) (*b*) custom; **accorder sa c. à un magasin,** to patronize a shop.

clignement [kliɲmɑ̃] *nm* blinking, winking; **faire un c. d'œil,** to wink.

cligner [kliɲe] *vtr & i* **c. les yeux, des yeux,** to screw up one's eyes; to blink; **c. de l'œil à qn,** to wink at s.o.

clignotant [kliɲɔtɑ̃] *nm Aut:* indicator, *NAm:* directional signal.

clignotement [kliɲɔtmɑ̃] *nm* blinking; flickering, flashing, winking, twinkling.

clignoter [kliɲɔte] *vi* (*a*) **c. des yeux,** to blink (*b*) (*of light*) to flicker; (*of star*) to twinkle; *Aut:* to flash.

climat [klima] *nm* **1.** climate **2.** *Fig:* atmosphere. **climatique** *a* climatic (conditions).

climatisation [klimatizasjɔ̃] *nf* air conditioning.

climatiser [klimatize] *vtr* to air-condition.

climatiseur [klimatizœr] *nm* air conditioner.

clin d'œil [klɛ̃dœj] *nm* wink; **faire un c. d'œil,** to wink; **en un c. d'œil,** in the twinkling of an eye.

clinique [klinik] **1.** *a* clinical **2.** *nf* clinic; nursing home.

clinquant [klɛ̃kɑ̃] **1.** *nm* tinsel; **(bijoux de) c.,** imitation jewelry **2.** *a* flashy, tawdry.

clip [klip] *nm* pop video.

clique [klik] *nf* **1.** clique, gang, set **2.** *Mil:* band **3.** *pl F:* **prendre ses cliques et ses claques,** to pack up and go.

cliquet [klikɛ] *nm Mec:* catch, pawl.

cliqueter [klikte] *vi* **(il cliquette)** (*of chains*) to rattle; (*of swords*) to clash; (*of glasses*) to clink, to chink; (*of keys*) to jingle.

cliquetis [klikti] *nm* rattling, clashing, clinking, clanking, jingling.

clivage [klivaʒ] *nm* **1.** cleaving (of diamonds) **2.** cleavage (of rocks) **3.** *Fig:* rift, divide.

cloaque [klɔak] *nm* cesspool, cesspit.

clochard [klɔʃar] *nm F:* tramp, *NAm:* hobo.

cloche [klɔʃ] *nf* **1.** bell **2.** *Ch:* belljar; *Hort:* cloche; *DomEc:* dish cover; **c. à plongeur,** diving bell; **(chapeau) c.,** cloche (hat) **3.** *P:* imbecile, idiot; **avoir l'air c.,** to look stupid.

cloche-pied (à) [aklɔʃpje] *adv phr* **sauter à c.-p.,** to hop on one foot.

clocher¹ [klɔʃe] *nm* belfry, bell tower; steeple; church tower; **esprit de c.,** parochialism.

clocher² *vi F:* **il y a quelque chose qui cloche,** there's something wrong (somewhere).

clochette [klɔʃɛt] *nf* small bell; handbell.

cloison [klwazɔ̃] *nf* **1.** partition, division; **mur de c.,** dividing wall **2.** *Nau:* bulkhead.

cloisonnement [klwazɔnmɑ̃] *nm* partitioning (off) (of room).

cloisonner [klwazɔne] *vtr* to partition (off) (room).

cloître [klwatr̥] *nm* cloister(s).
cloîtrer [klwatre] *vtr* **1.** to cloister (s.o.); to shut (s.o.) away; **religieuse cloîtrée,** enclosed nun **2. se c.,** to shut oneself up, to cloister oneself.
clone [klɔn] *nm Biol: Cmptr: & Fig:* clone.
cloner [klɔn] *vtr Biol:* to clone. **clonage** *nm* cloning.
clopin-clopant [klɔpɛ̃klɔpɑ̃] *adv F:* **aller c.-c.,** to limp along, hobble along.
clopiner [klɔpine] *vi* to hobble, limp (along).
cloque [klɔk] *nf* **1.** blister **2.** *F: Pej:* **en c.,** pregnant.
cloquer [klɔke] *vi* to blister.
clore [klɔr] *vtr def* (*pp* **clos;** *pr ind* **je clos, ils closent**) (*a*) *A: & Lit:* to close, to shut (up) (*b*) to end (discussion); to close (meeting) (*c*) *A:* to enclose (park).
clos [klo] **1.** *a* (*a*) closed, shut; **à la nuit close,** after dark (*b*) concluded **2.** *nm* enclosure; **c. de vigne,** vineyard.
clôture [klotyr] *nf* **1.** enclosure, fence, fencing; **mur de c.,** enclosing wall **2.** (*a*) closing, closure (of offices) (*b*) conclusion (of sitting); *StExch:* **cours en c.,** closing price **3.** *Com:* winding up (of account).
clôturer [klotyre] *vtr* **1.** to enclose (field) **2.** to close, conclude, end (session) **3.** *Com:* to wind up, close (accounts).
clou [klu] *nm* **1.** (*a*) nail; **chaussures à clous,** hobnailed boots; *F:* **des clous!** nothing at all! (*b*) stud (of pedestrian crossing); **traverser dans les clous,** to cross at a pedestrian crossing (*c*) **c. cavalier,** staple (*d*) star turn, chief attraction (of show) **2.** *Med:* boil **3. c. de girofle,** clove **4.** *P:* **(vieux) c.,** ancient car, old banger.
clouer [klue] *vtr* **1.** to nail (sth); *F:* **c. le bec à qn,** to shut s.o. up **2.** to pin (s.o., sth) down; **rester cloué sur place,** to stand rooted to the spot; **être cloué au lit,** to be bedridden, confined to bed.
clouté [klute] *a* studded (shoes); **passage clouté,** pedestrian crossing, *NAm:* crosswalk.
clown [klun] *nm* clown; buffoon.
club [klœb] *nm* club.
cm *abbr centimètre.*
CNPF *abbr Conseil national du patronat français.*
CNRS *abbr Centre national de la recherche scientifique.*
coaccusé, -ée [kɔakyze] *n Jur:* co-defendant.
coacquéreur [kɔakerœr] *nm* joint purchaser.
coagulation [kɔagylasjɔ̃] *nf* coagulation.
coaguler (se) [səkɔagyle] *vpr* to coagulate, to clot; to curdle. **coagulant** *a & nm* coagulant.
coaliser (se) [səkɔalize] *vpr* to form a coalition; to unite.
coalition [kɔalisjɔ̃] *nf* coalition.
coassement [kɔasmɑ̃] *nm* croak(ing) (of frog).
coasser [kɔase] *vi* (*of frog*) to croak.
cobalt [kɔbalt] *nm* cobalt.
cobaye [kɔbaj] *nm Z:* guinea pig; **servir de c.,** to act as a guinea pig.
Coblence [kɔblɑ̃s] *Prnm Geog:* Koblentz, Coblentz.
cobra [kɔbra] *nm Rept:* cobra.
coca [kɔka] *nm* coke, *Rtm:* Coca-Cola.
cocagne [kɔkaɲ] *nf* **pays de c.,** dreamland, land of plenty.
cocaïne [kɔkain] *nf Pharm:* cocaine.
cocarde [kɔkard] *nf* cockade, rosette; *Av:* roundel, *Aut:* sticker. **cocardier, -ière** *a Pej:* flag-waving.
cocasse [kɔkas] *a F:* comical, laughable.
cocasserie [kɔkasri] *nf* drollery.
coccinelle [kɔksinɛl] *nf Ent:* ladybird, *NAm:* ladybug.
coccyx [kɔksis] *nm Anat:* coccyx.
cocher[1] [kɔʃe] *nm* coachman; **c. de fiacre,** cabman.
cocher[2] *vtr* (*a*) to notch; to mark off (*b*) to tick (off) (names); **c. la case,** to put a tick in the box.
cochère [kɔʃɛr] *af* **porte c.,** carriage gateway.
cochon [kɔʃɔ̃] **1.** *nm* (*a*) pig, hog; **c. de lait,** suck(l)ing pig; *F:* **un c. n'y retrouverait pas ses petits,** what a pigsty! (*b*) **c. d'Inde,** guinea pig **2.** *a & n P:* (*a*) *a* indecent, dirty (story); swinish (pers, trick) (*b*) *n* dirty pig; swine.
cochonnaille [kɔʃɔnaj] *nf F:* (i) pork (ii) cooked meats; delicatessen.
cochonnerie [kɔʃɔnri] *nf P:* **1. dire des cochonneries,** to tell dirty jokes, dirty stories **2.** (*a*) filth, rubbish (*b*) revolting food **3.** dirty trick.
cochonnet [kɔʃɔne] *nm* (*a*) piglet (*b*) (*bowls*) jack.
cocktail [kɔktɛl] *nm* (*a*) cocktail (*b*) cocktail party.
coco [koko, kɔ-] *nm* **1. noix de c.,** coconut **2.** liquorice water **3.** *F:* egg **4.** *F:* (*a*) fellow, bloke; **drôle de c.,** queer stick (*b*) **mon petit c.,** my darling (*c*) *Pej:* commie, red.
cocon [kɔkɔ̃] *nm* cocoon; *Fig:* shell.
cocorico [kɔkɔriko] *onomat & nm* cock-a-doodle-doo!
cocotier [kɔkɔtje] *nm* coconut palm.
cocotte [kɔkɔt] *nf* **1.** *F:* hen, chicken **2.** *F:* (*a*) **ma c.,** (my) darling (*b*) prostitute, tart **3.** *Cu:* casserole (dish) **4. hue c.!** gee up!
cocotte-minute [kɔkɔtminyt] *nf Rtm:* pressure-cooker; *pl cocottes-minute.*
cocu, -e [kɔky] *a & n F:* cuckold.
codage [kɔdaʒ] *nm* coding.
code [kɔd] *nm* **1.** statute book; **c. civil** = Common Law; **c. pénal,** penal code; *Aut:* **C. de la route,** Highway Code; **se mettre en c.,** to dip one's headlights; **(phares) c.,** dipped headlights, *NAm:* low beams **2.** code, cipher; **c. à barres,** bar code; **c. télégraphique,** telegraphic code.
coder [kɔde] *vtr* to code (message).
codétenu, -ue [kɔdetny] *n* fellow prisoner.
codification [kɔdifikasjɔ̃] *nf* codification.
codifier [kɔdifje] *vtr* to codify (laws).
codirecteur, -trice [kɔdirɛktœr, -tris] *n* codirector; joint manager, joint manageress.
coefficient [kɔefisjɑ̃] *nm* coefficient; *Ind:* **c. de sécurité,** safety factor.
coéquipier [kɔekipje] *nm Sp:* team mate.
coercition [kɔɛrsisjɔ̃] *nf* coercion.
cœur [kœr] *nm* **1.** (*a*) heart; **maladie de c.,** heart disease; **opération à c. ouvert,** open-heart surgery; **en (forme de) c.,** heart-shaped (*b*) **avoir mal au c.,** to feel sick; **cela soulève le c.,** it's sickening, nauseating; *F:* **avoir le c. bien accroché,** to have a strong stomach **2.** (*a*) soul, feelings, mind; **avoir qch sur le c.,** to have sth on one's mind; **en avoir le c. net,** to be clear in one's mind (about it); **avoir la rage au c.,** to be seething with anger; **parler à c. ouvert,** to have a heart to heart talk; **remercier qn du fond du c.,** to thank s.o. wholeheartedly, from the bottom of one's heart; **avoir le c. gros,** to be sad at heart; **avoir le c.**

sur la main, to be generous; **homme de c.,** good-hearted man; **si le c. vous en dit,** if you feel like it; **je n'ai pas le c. à faire cela,** I am not in the mood to do that; **prendre qch à c.,** to take sth to heart; **avoir à c. de faire qch,** to set one's heart on doing sth (*b*) **apprendre qch par c.,** to learn sth by heart **3.** courage, spirit, pluck; **donner du c. à qn,** to give s.o. courage; *F:* **avoir du c. au ventre,** to have plenty of guts; **faire contre mauvaise fortune bon c.,** to make the best of a bad job **4.** (*a*) **avoir le c. à l'ouvrage,** to have one's heart in one's work; **faire qch de bon c.,** to do sth willingly; **rire de bon c.,** to laugh heartily; **y aller de bon c.,** to get down to it; **le c. n'y est pas,** my heart isn't in it (*b*) **aimer qn de tout son c.,** to love s.o. with all one's heart (*c*) **il a bon c.,** he's kind-hearted; **il n'a pas de c.,** he's heartless **5.** middle, midst; centre (of town); heart (of palm, of artichoke); **au c. de l'hiver,** in the depth of winter **6.** *Cards:* heart(s).

coexistence [kɔɛgzistɑ̃s] *nf* coexistence.

coexister [kɔɛgziste] *vi* to coexist (**avec,** with).

coffrage [kɔfraʒ] *nm* framing, formwork, casing.

coffre [kɔfr̥] *nm* **1.** (*a*) chest, bin (*b*) *Anat: F:* chest (*c*) safe (deposit box); coffer (*d*) boot, *NAm:* trunk (of car) **2.** case (of piano, lock).

coffre-fort [kɔfrəfɔr] *nm* safe; *pl coffres-forts.*

coffrer [kɔfre] *vtr F:* to put (s.o.) in prison, inside.

coffret [kɔfrɛ] *nm* small box; casket; **c. à bijoux,** jewel case; **c. de disques,** boxed set of records.

cogérant, -ante [kɔʒerɑ̃, -ɑ̃t] *n* joint manager, joint manageress.

cognac [kɔɲak] *nm* cognac; brandy.

cognée [kɔɲe] *nf* axe.

cognement [kɔɲmɑ̃] *nm* knocking; thump(ing), banging.

cogner [kɔɲe] **1.** *vtr* (*a*) to drive in, hammer in (nail) (*b*) to knock, beat, thump (s.o., sth); to hit (s.o.); **c. qn en passant,** to bump into s.o. (in passing) (*c*) *P:* to beat (s.o.) up **2.** *vi* to knock, thump (**sur,** on); to bump (**contre,** against); (*of engine*) to knock **3. se c. contre, à, qch,** to knock against sth; **se c. la tête,** to bump one's head; **c'est à se c. la tête contre les murs,** it's enough to drive you up the wall.

cogneur [kɔɲœr] *nm F:* (*pers*) bruiser.

cohabitation [kɔabitasjɔ̃] *nf* cohabitation, living together; *Pol: F:* power sharing.

cohabiter [kɔabite] *vi* to cohabit (**avec,** with).

cohérence [kɔerɑ̃s] *nf* coherence. **cohérent** *a* coherent.

cohésion [kɔezjɔ̃] *nf* cohesion, cohesiveness.

cohorte [kɔɔrt] *nf* **1.** *Hist:* cohort **2.** *F:* mob, band.

cohue [kɔy] *nf* (*a*) crowd, throng (*b*) crush.

coi, coite [kwa, kwat] *a* silent; **se tenir c.,** to keep quiet.

coiffe [kwaf] *nf* headdress.

coiffer [kwafe] **1.** *vtr* (*a*) to cover (the head); **ce chapeau vous coiffe bien,** that hat suits you; **montagne coiffée de neige,** snow-capped mountain (*b*) **c. un chapeau,** to put on a hat (*c*) **c. qn,** to do s.o.'s hair; **se faire c.,** to have one's hair done (*d*) *Sp: F:* to overtake; **se faire c. (au poteau),** to be beaten at the post (*e*) *F:* to control (an organization) **2.** (*a*) **se c. d'une casquette,** to wear a cap (*b*) **se c.,** to do one's hair. **coiffé** *a* **elle est bien coiffée,** her hair is done nicely.

coiffeur, -euse [kwafœr, -øz] *n* **1.** hairdresser **2.** *nf* dressing table.

coiffure [kwafyr] *nf* **1.** headdress **2.** hairstyle **3.** hairdressing.

coin [kwɛ̃] *nm* **1.** (*a*) corner; **maison du c.,** corner house; **l'épicier du c.,** the local grocer; **dans le c.,** in the neighbourhood; **c. repas,** dining area; **regard en c.,** side glance; **du c. de l'œil,** out of the corner of one's eye (*b*) (retired) spot, nook; **un petit c. pas cher,** a cheap little place; *F:* **le petit c.,** the loo, *NAm:* the john; **coins et recoins,** nooks and crannies; **chercher qch dans tous les coins,** to look high and low for sth (*c*) **c. du feu,** inglenook; **au c. du feu,** by the fireside (*d*) patch (of land); **c. de ciel,** patch of blue sky **2.** wedge **3.** stamp, die; hallmark.

coincer [kwɛ̃se] *v* (**n. coinçons**) **1.** *vtr* (*a*) to wedge (up), chock (up) (rails) (*b*) to jam (drawer); **voiture coincée entre deux camions,** car stuck between two lorries (*c*) *F:* to corner (s.o.); **vous êtes coincé,** you're stymied (*d*) *F:* to arrest s.o., to nab s.o. **2. se c.,** to jam, to stick; to bind. **coincé** *a F:* timid, inhibited.

coïncidence [kɔɛ̃sidɑ̃s] *nf* coincidence. **coïncident** *a* coincident.

coïncider [kɔɛ̃side] *vi* to coincide (**avec,** with).

coin-coin [kwɛ̃kwɛ̃] *nm inv* quack (of duck); **faire c.-c.,** to quack.

coing [kwɛ̃] *nm Bot:* quince.

coke [kɔk] *nm* coke.

col [kɔl] *nm* **1.** (*a*) *A: & Lit:* neck (of pers) (*b*) neck (of bottle) **2.** collar; **faux c.,** detachable collar; **c. raide, mou,** stiff, soft, collar **3. c. bleu, blanc,** blue-collar worker; white-collar worker **4.** *Geog:* pass, col.

colchique [kɔlʃik] *nf Bot:* autumn crocus.

coléoptère [kɔleɔptɛr] *nm* beetle.

colère [kɔlɛr] **1.** *nf* anger; **c. bleue,** towering rage; **être, se mettre, en c.,** to be angry, to get angry (**contre qn,** with s.o.); to lose one's temper; **avoir des colères,** to have fits of anger **2.** *a* angry (voice); irascible (pers). **coléreux, -euse, colérique** *a* quick-tempered (pers).

colibacille [kɔlibasil] *nm* colon bacillus.

colibri [kɔlibri] *nm Orn:* humming bird.

colifichet [kɔlifiʃɛ] *nm* trinket.

colimaçon [kɔlimasɔ̃] *nm* snail; **escalier en c.,** spiral staircase.

colin [kɔlɛ̃] *nm Ich:* hake.

colin-maillard [kɔlɛ̃majar] *nm Games:* blind man's buff.

colique [kɔlik] *nf* colic; severe stomach pains; **avoir la c.,** (i) to have stomach ache (ii) to have diarrhoea.

colis [kɔli] *nm* parcel, package; **par c. postal,** by parcel post.

collaborateur, -trice [kɔlabɔratœr, -tris] *n* (*a*) collaborator; fellow worker, associate; contributor (to magazine) (*b*) *Hist:* collaborator.

collaboration [kɔlabɔrasjɔ̃] *nf* collaboration (**avec,** with).

collaborer [kɔlabɔre] *vi* to collaborate (**avec,** with); to contribute (to newspaper).

collage [kɔlaʒ] *nm* gluing, sticking; pasting; *Art:* collage; **c. du papier peint,** paper hanging.

collant [kɔlɑ̃] **1.** *a* (*a*) sticky (*b*) close-fitting, skin-tight (garment) (*c*) *F:* **être c.,** to be a pest **2.** *nm* (*a*) (pair of) tights (*b*) leotard.

collatéral, *pl* **-aux** [kɔlateral, -o] *a* collateral.
collation [kɔlasjɔ̃] *nf* snack.
colle [kɔl] *nf* **1.** adhesive; paste; glue; size **2.** *Sch: F:* (*a*) poser (*b*) oral exam (*c*) detention.
collecte [kɔlɛkt] *nf* collection (for the poor).
collecter [kɔlɛkte] *vtr* to collect.
collecteur, -trice [kɔlɛktœr, -tris] **1.** *n* collector **2.** *a & nm* **(égout) c.,** main sewer.
collectif, -ive [kɔlɛktif, -iv] **1.** *a* collective, joint (action); **billet c.,** group ticket **2.** *nm* (*a*) *Gram:* collective noun (*b*) *Fin:* **c. budgétaire,** bill of supply. **collectivement** *adv* collectively.
collection [kɔlɛksjɔ̃] *nf* collection (of stamps); line (of samples); **présentation de collections,** fashion show.
collectionner [kɔlɛksjɔne] *vtr* to collect (stamps).
collectionneur, -euse [kɔlɛksjɔnœr, -øz] *n* collector.
collectiviser [kɔlɛktivize] *vtr* to collectivize.
collectivité [kɔlɛktivite] *nf* **1.** collectivity; community; organization; **vivre en c.,** to lead a communal life **2.** collective ownership.
collège [kɔlɛʒ] *nm* **1.** college; **c. électoral,** electoral body **2.** school; **c. d'enseignement secondaire** = secondary school, *NAm:* high school; **c. technique,** technical college; **c. libre,** private school. **collégial, -iale, -iaux** *a* collegiate.
collégien, -ienne [kɔleʒjɛ̃, -jɛn] *n* schoolboy, schoolgirl.
collègue [kɔlɛg] *n* colleague.
coller [kɔle] **1.** *vtr* (*a*) to paste, stick, glue (**à, sur,** to, on); **c. du papier peint sur un mur,** to paper a wall; **c. son oreille à la porte,** to press one's ear to the door; *F:* **c. une gifle à qn,** to slap s.o.'s face (*b*) *F:* to put; **colle ça dans un coin,** stick it in a corner; **c. un élève,** (i) to keep a pupil in (ii) to catch out a pupil (with a difficult question); **c. un candidat,** to fail a candidate; **il me colle!** he sticks to me like glue! **2.** *vi* to stick, adhere, cling (**à,** to); **robe qui colle au corps,** clinging dress; *F:* **ça ne colle pas entre eux,** they don't hit it off; *F:* **ça colle?** how's things? O.K.? *F:* **ça ne colle pas,** there's something wrong, it doesn't work **3. se c.,** to stick, adhere closely; **se c. contre un mur,** to stand close to a wall; **elle s'est collée contre lui,** she clung to him; *F:* **se c. devant la télé,** to be glued to the telly.
collet [kɔlɛ] *nm* **1.** collar (of coat); **saisir qn au c.,** to seize s.o. by the collar; *a inv* **elle est très c. monté,** she is very prim (and proper), very formal **2.** neck (of tooth) **3.** flange, collar (of pipe) **4.** snare, noose.
colleter (se) [sakɔlte] *vpr* **(je me collette, n. n. colletons) 1.** to fight **2.** *Fig:* to grapple (**avec,** with).
colleur, -euse [kɔlœr, -øz] *n* gluer, paster; **c. d'affiches,** billsticker.
collier [kɔlje] *nm* **1.** necklace **2.** (*a*) chain (of mayor) (*b*) **c. de chien,** dog collar; **donner un coup de c.,** to put one's back into it (*c*) **c. de barbe,** narrow beard (following line of jaw) **3.** *MecE:* collar, ring.
collimateur [kɔlimatœr] *nm Astr: Surv:* collimator, laying prism; **avoir qn dans le c.,** to have s.o. in one's sights.
colline [kɔlin] *nf* hill.
collision [kɔlizjɔ̃] *nf* collision; **entrer en c. avec qch,** to collide with sth; to run into (car); **c. des intérêts,** clash of interests.
colloque [kɔlɔk] *nm* conference; symposium.
collusion [kɔlyzjɔ̃] *nf Jur:* collusion.
collyre [kɔlir] *nm* eye lotion.
colmater [kɔlmate] *vtr* to fill in, to plug up (hole); to seal off (leak).
colombe [kɔlɔ̃b] *nf Orn:* dove.
Colombie [kɔlɔ̃bi] *Prnf Geog:* **1.** Colombia **2. C. britannique,** British Columbia. **colombien, -ienne** *a & n* Colombian.
colombier [kɔlɔ̃bje] *nm* dovecot.
colon [kɔlɔ̃] *nm* **1.** colonist, settler **2.** child at holiday camp **3.** *Mil: P:* colonel.
côlon [kolɔ̃] *nm Anat:* colon.
colonel [kɔlɔnɛl] *nm* colonel; *Mil: Av:* group captain.
colonialisme [kɔlɔnjalism] *nm Pol:* colonialism. **colonialiste** *a & n* colonialist.
colonie [kɔlɔni] *nf* colony, settlement; **c. de vacances,** children's holiday camp; *NAm:* summer camp. **colonial, -iaux** *a & nm* colonial.
colonisation [kɔlɔnizasjɔ̃] *nf* colonization.
coloniser [kɔlɔnize] *vtr* to colonize. **colonisateur, -trice 1.** *a* colonizing **2.** *n* colonizer.
colonnade [kɔlɔnad] *nf Arch:* colonnade.
colonne [kɔlɔn] *nf* **1.** (*a*) column, pillar (*b*) *Anat:* **c. vertébrale,** spine, spinal column **2. c. montante,** rising main **3.** (*a*) *Mil:* column; **c. de secours,** relief (column) (*b*) *Pol:* **cinquième c.,** fifth column.
coloration [kɔlɔrasjɔ̃] *nf* **1.** colouring, colouration; staining **2.** colour, colouring (of skin).
colorer [kɔlɔre] **1.** *vtr* to colour, tinge, tint; to stain (wood); **c. qch en vert,** to colour sth green **2. se c.,** (*of fruit*) to colour; (*of face*) to become flushed. **colorant** *a & nm* colouring. **coloré** *a* coloured; ruddy (complexion); colourful (style).
coloriage [kɔlɔrjaʒ] *nm* (*a*) colouring (*b*) coloured drawing.
colorier [kɔlɔrje] *vtr* (*impf & pr sub* **n. coloriions**) to colour (drawing).
coloris [kɔlɔri] *nm* colour(ing) (of painting); shade; *Com:* **carte de c.,** shade card.
colosse [kɔlɔs] *nm* colossus; giant. **colossal, -aux** *a* colossal, gigantic, huge.
colportage [kɔlpɔrtaʒ] *nm* hawking, peddling.
colporter [kɔlpɔrte] *vtr* to hawk, to peddle.
colporteur, -euse [kɔlpɔrtœr, -øz] *n* (*a*) hawker, pedlar (*b*) **c. de fausses nouvelles,** newsmonger.
coltiner [kɔltine] **1.** *vtr* to carry (load) on one's back, *F:* to hump **2. se c.,** *F:* to take on, to tackle (task).
colza [kɔlza] *nm Bot:* rape (seed), coleseed.
coma [kɔma] *nm* coma; **dans le c.,** in a coma. **comateux, -euse** *a* comatose.
combat [kɔ̃ba] *nm* **1.** (*a*) combat, fight, battle, action; **c. terrestre,** land operation; **c. de rue,** street fight(ing); **engager le c.,** to go into action; **hors de c.,** (i) (*pers*) disabled (ii) (*machinery*) out of action (*b*) **c. de boxe,** boxing match **2.** conflict; struggle; battle (of wits).
combattant [kɔ̃batɑ̃] **1.** *a* combatant, fighting (unit) **2.** *nm* combatant; fighter; **anciens combattants,** ex-servicemen.
combattre [kɔ̃batr̥] *v* (*conj like* BATTRE) **1.** *vtr* to combat, to fight (against) (enemy, temptation) **2.** *vi*

to fight, strive, struggle. **combatif, -ive** *a* combative, pugnacious; **esprit c.,** fighting spirit.

combien [kɔ̃bjɛ̃] *adv* (*& conj when introducing a clause*) **1.** (*exclamative*) (*a*) how (much)! **si vous saviez c. je l'aime!** if you knew how much I love him! (*b*) how (many)! **c. de gens!** what a lot of people! **2.** (*interrogative*) (*a*) how much? **c. vous dois-je?** how much do I owe you? **(c'est) c.?** *F:* **ça fait c.?** how much is it? **depuis c. de temps est-il ici?** how long has he been here? **à c. sommes-nous de Paris?** how far are we from Paris? (*b*) **c. de fois?** how many times? how often? (*c*) *nm inv F:* **le c. sommes-nous?** what's the date? **il y a un car tous les c.?** how often does the bus run?

combinaison [kɔ̃binɛzɔ̃] *nf* **1.** (*a*) combination, arrangement; grouping (of letters); (colour) scheme (*b*) plan, scheme (*c*) *Ch: Mth:* combination **2.** *Cl:* (*a*) overalls, boiler suit; flying suit; **c. de ski,** ski suit (*b*) (woman's) slip.

combinard, -arde [kɔ̃binar, -ard] *a & n P:* schemer.

combine [kɔ̃bin] *nf* scheme, trick; fiddle; **il a une c. pour entrer sans payer,** he knows a way of getting in without paying.

combiné [kɔ̃bine] *nm* (*a*) *Ch:* combination (*b*) (telephone) receiver (*c*) *Sp:* combination.

combiner [kɔ̃bine] **1.** *vtr* (*a*) to combine, unite (forces); to arrange (ideas) (*b*) *Ch:* to combine (*c*) to contrive, devise (plan) **2. se c.,** to combine, to unite **(à, avec,** with).

comble [kɔ̃bl] **1.** *nm* **pour c. de malheur,** to cap it all; **ça, c'est le c.!** that's the limit, the last straw! **2.** *nm* (*a*) roof (timbers); **loger sous les combles,** to live in an attic; **de fond en c.,** from top to bottom (*b*) highest point; height (of happiness); **être au c. de la joie,** to be overjoyed **3.** *a* (*of hall*) packed; **salle c.,** house filled to capacity.

combler [kɔ̃ble] *vtr* **1.** to fill in (ditch); to make good (a loss); to fill (gap) **2.** to overwhelm (s.o., sth); to fulfil (s.o.'s desires); **vous me comblez,** you are too kind; **il est comblé,** he has everything he could wish for.

combustible [kɔ̃bystibl] **1.** *a* combustible **2.** *nm* fuel; (*rockets*) propellant.

combustion [kɔ̃bystjɔ̃] *nf* combustion.

comédie [kɔmedi] *nf* (*a*) comedy; **c. musicale,** musical (comedy) (*b*) **jouer la c.,** (i) to act in a play (ii) to put on an act (*c*) **quelle c.!,** what a fuss! what a palaver!

comédien, -ienne [kɔmedjɛ̃, -jɛn] *n* (*a*) actor, actress (*b*) *Pej:* play-actor.

comestible [kɔmɛstibl] **1.** *a* edible, eatable **2.** *nmpl* food(s).

comète [kɔmɛt] *nf* comet.

comice [kɔmis] *nm* **c. agricole,** agricultural association; **comices agricoles,** agricultural show.

comique [kɔmik] **1.** *Th: Lit:* (*a*) *a* comic (actor, part); **le genre c.,** comedy (*b*) *nm* (i) comedy (ii) comic; comedian **2.** (*a*) *a* comica(l), funny (*b*) *nm* **le c. de l'histoire c'est que,** the funny part, the joke, is that. **comiquement** *adv* comically.

comité [kɔmite] *nm* committee, board; **c. d'entreprise,** staff committee; **c. de gestion,** board of management; **être en petit c.,** to be an informal gathering.

commandant [kɔmɑ̃dɑ̃] **1.** *a* commanding, in command of **2.** *nm* (*a*) commander, commanding officer; *Nau:* captain (of ship); *Navy:* executive officer; *Av:* **c. de bord,** captain (*b*) (*rank*) *Mil:* Major; *MilAv:* squadron leader.

commande [kɔmɑ̃d] *nf* **1.** (*a*) *Com:* order; **passer une c.,** to place an order; **fait sur c.,** made to order; **ouvrage écrit sur c.,** commissioned work (*b*) **sourire de c.,** forced smile **2.** *MecE:* (*a*) control, operation; **levier de c.,** (i) operating lever (ii) *Av:* control column; **à c. vocale,** voice-activated; **prendre les commandes,** to take the controls (*b*) drive, driving (gear).

commandement [kɔmɑ̃dmɑ̃] *nm* **1.** command, order; *Rel:* commandment **2.** command; authority; **prendre le c.,** to take command.

commander [kɔmɑ̃de] **1.** *vtr* (*a*) to command; to order (sth); **c. un dîner,** to order a dinner; **c. à qn de faire qch,** to order s.o. to do sth; **apprendre à se c.,** to learn to control oneself; **ces choses-là ne se commandent pas,** these things are beyond our control (*b*) to command (respect) (*c*) *Mil:* to command, to order; to be in command (of) (*d*) (*of fort*) to command, dominate (town) (*e*) *MecE:* to control, operate (valve); to drive (machine) **2.** *vi* (*a*) **je lui ai commandé de se taire,** I ordered him to be quiet; **c. à son impatience,** to control one's impatience (*b*) **qui est-ce qui commande ici?** who's in charge here?

commandeur [kɔmɑ̃dœr] *nm* commander (of the *Légion d'Honneur*).

commanditaire [kɔmɑ̃ditɛr] *nm Com:* sleeping partner.

commanditer [kɔmɑ̃dite] *vtr* to finance (enterprise).

commando [kɔmɑ̃do] *nm Mil:* commando (unit).

comme¹ [kɔm] *adv* **1.** (*a*) as, like; **faites c. moi,** do as I do; **se conduire c. un fou,** to behave like a madman; **tout c. un autre,** (just) like anyone else; *F:* **j'ai c. une idée que,** I have a sort of idea that; **(alors) c. ça vous venez de Paris?** and so you come from Paris? (*b*) **doux c. un agneau,** (as) gentle as a lamb; **blanc c. neige,** snow-white; *F:* **drôle c. tout,** terribly funny (*c*) **c. (si),** as if, as though; **il faisait c. si rien ne s'était passé,** he acted as if nothing had happened; **il leva la main c. pour me frapper,** he lifted his hand as if to strike me; *F:* **c'est tout c.,** it amounts to the same thing; **c. quoi il ne fallait pas le faire,** which goes to show you shouldn't have done it (*d*) **les bois durs c. le chêne,** hard woods such as oak **2.** (*before finite verbs*) (*a*) as; **faites c. il vous plaira,** do as you please (*b*) *adj & adv phr* **c. il faut,** proper(ly); *F.* **il est très c. il faut,** he's well-bred; **tiens-toi c. il faut,** don't slouch; sit up properly **3.** as; in the way of; **qu'est-ce que vous avez c. légumes?** what have you got in the way of vegetables? **4.** (*exclamative*) how! **c. il est maigre!** how thin he is!

comme² *conj* **1.** as; seeing that; **c. vous êtes là,** since you are here **2.** (just) as; **c. il allait frapper, il fut arrêté,** (just) as he was about to strike he was arrested.

commémoration [kɔmemɔrasjɔ̃] *nf* commemoration. **commémoratif, -ive** *a* commemorative **(de,** of).

commémorer [kɔmemɔre] *vtr* to commemorate.

commencement [kɔmɑ̃smɑ̃] *nm* (*a*) beginning, start; **au c.**, at the beginning, at the outset; **du c. jusqu'à la fin,** from start to finish (*b*) *pl* beginnings.

commencer [kɔmɑ̃se] **(n. commençons) 1.** (*a*) *vtr* to begin, start (*b*) *vi* **il commence à pleuvoir,** it's beginning to rain; **c. par faire qch,** to begin by doing sth; *F:* **ça commence bien!** that's a good start! *F:* **je commence à en avoir assez!** I've had just about enough! **2.** *vi* **ça vient de c.**, it's just started. **commençant -ante 1.** *a* beginning **2.** *n* beginner.

comment [kɔmɑ̃] *adv* **1.** *interr* how; **c. allez-vous?** how are you? **c. (dites-vous)?** what (did you say)? **c. faire?** what's to be done? **c. est-il?** what's he like? **2.** *excl* what! why! **c.! vous n'êtes pas encore parti!** what, haven't you gone yet! **mais c. donc!** why, of course! *F:* **ça t'a plu?—et c.!** did you like it?—and how! **3.** *nm inv* **les pourquoi et les c.**, the whys and wherefores.

commentaire [kɔmɑ̃tɛr] *nm* **1.** commentary (**sur**, on) **2.** comment, remark; *F:* **ça se passe de c.**, it speaks for itself; *F:* **pas de commentaires!** that's final!

commentateur, -trice [kɔmɑ̃tatœr, -tris] *n* commentator.

commenter [kɔmɑ̃te] *vtr* **1.** to comment on, annotate (text) **2.** to comment on, criticize (s.o., sth).

commérage [kɔmeraʒ] *nm* **commérage(s),** gossip.

commerçant, -ante [kɔmɛrsɑ̃, -ɑ̃t] **1.** *a* commercial; business (district); **rue commerçante,** shopping street; **peu c.**, bad at business **2.** *n* dealer; tradesman; shopkeeper; **c. en gros, en détail,** wholesaler, retailer.

commerce [kɔmɛrs] *nm* **1.** commerce; trade; **c. en gros, en détail,** wholesale, retail, trade; **le petit c.**, (i) small traders (ii) shopkeeping; **hors c.**, not on sale to the general public; **faire du c.**, to trade **2.** *A: & Lit:* intercourse, dealings; **être en c. avec qn,** to be in touch with s.o. **commercial,** *pl* **-iaux 1.** *a* commercial; **et c.**, ampersand **2.** *nf Aut:* estate (car), *NAm:* station wagon.

commercer [kɔmɛrse] *vi* **(je commerçai(s))** to trade **(avec,** with).

commercialisation [kɔmɛrsjalizasjɔ̃] *nf* marketing.

commercialiser [kɔmɛrsjalize] *vtr* to market.

commère [kɔmɛr] *nf (pers)* gossip.

commettre [kɔmɛtr̥] *vtr* (*conj like* METTRE) **1. c. qn à qch,** to put s.o. in charge of sth **2.** to commit (crime); to make (a mistake) **3. se c. avec qn,** to associate with s.o.

commis [kɔmi] *nm O:* **1.** clerk **2.** (*a*) shop assistant, *NAm:* clerk (*b*) **c. voyageur,** commercial traveller.

commisération [kɔmizerasjɔ̃] *nf* commiseration.

commissaire [kɔmisɛr] *nm* (*a*) commissioner; (government) representative (*b*) **c. (de police)** = (police) superintendent (*c*) *Nau:* **c. du bord,** purser (*d*) *Sp:* steward.

commissaire-priseur [kɔmisɛrprizœr] *nm* auctioneer; *pl commissaires-priseurs.*

commissariat [kɔmisarja] *nm* (*a*) **c. (de police),** police station (*b*) department (of ministry).

commission [kɔmisjɔ̃] *nf* **1.** commission; **vente à c.**, sale on commission; **c. de deux pour cent,** commission of two per cent **2.** message, errand; **faire les commissions,** to do the shopping, **je lui ferai la c.**, I'll pass the message on to him, her **3.** committee, board; **c. d'enquête,** board of inquiry.

commissionnaire [kɔmisjɔnɛr] *nm* **1.** *Com:* commission agent; broker **2.** messenger.

commissionner [kɔmisjɔne] *vtr* to commission.

commissure [kɔmisyr] *nf* corner (of mouth).

commode [kɔmɔd] **1.** *a* (*a*) convenient, suitable (moment); handy (tool); convenient, comfortable (house) (*b*) **ce n'est pas c.**, it isn't easy (*c*) **c. à vivre,** easy to live with; *F:* **il n'est pas c.**, he's an awkward customer **2.** *nf* chest of drawers. **commodément** *adv* comfortably.

commodité [kɔmɔdite] *nf* convenience.

commotion [kɔmosjɔ̃] *nf* **1.** commotion; upheaval; *Med:* **c. cérébrale,** concussion **2.** shock.

commotionner [kɔmosjɔne] *vtr* (*a*) *Med:* **être fortement commotionné,** to have severe concussion (*b*) to give (s.o.) a shock.

commuer [kɔmɥe] *vtr Jur:* to commute (sentence).

commun [kɔmœ̃] **1.** *a* (*a*) common (**à**, to); **jardin c.**, shared garden; **amis communs,** mutual friends; **vie commune,** community life; **d'un c. accord,** with one accord; **en c.**, in common; **vivre en c.**, to live communally (*b*) common; universal, general (custom); usual, everyday (occurrence); **le sens c.**, common sense; *Gram:* **nom c.**, noun (*c*) vulgar, common **2.** *nm* (*a*) common run (of persons); **hors du c.**, out of the ordinary (*b*) *pl* **les communs,** outbuildings. **communément** *adv* commonly.

communauté [kɔmynote] *nf* **1.** (*a*) community (of interests) (*b*) *Jur:* joint estate (of married couple) **2.** (*a*) community, society (*b*) (religious) community, order (*c*) *Pol:* community. **communautaire** *a* community (centre).

commune [kɔmyn] *nf* **1.** (*in Eng*) **la Chambre des Communes, les Communes,** the (House of) Commons **2.** *FrAdm:* (*smallest territorial division*) commune, approx = (i) parish (ii) municipality. **communal, -aux** *a* common (land); communal; council (property).

communiant, -ante [kɔmynjɑ̃, -ɑ̃t] *n Ecc:* communicant; **premier c., première communiante,** child taking his, her, first communion.

communication [kɔmynikasjɔ̃] *nf* **1.** (*a*) communication; communicating; **entrer, se mettre, en c. avec qn,** to get into contact with s.o.; **portes de c.**, communicating doors (*b*) *Tp:* **c. téléphonique,** (telephone) call; **c. en PCV,** reverse, transferred, charge call, *NAm:* collect call; **vous avez la c.**, you're through; **la c. est mauvaise,** the line is bad **2.** (*a*) communication, message (*b*) (scientific) paper. **communicatif, -ive** *a* communicative, talkative; infectious (laughter).

communier [kɔmynje] *vi Ecc:* (*impf & pr sub* **n. communiions)** to receive Holy Communion.

communion [kɔmynjɔ̃] *nf* communion; **faire sa première c.**, to take one's first communion; **être en c. avec qn,** to be in communion with s.o.

communiqué [kɔmynike] *nm* communiqué; **c. de presse,** press release.

communiquer [kɔmynike] **1.** *vtr* to communicate; to impart, convey (information); **c. qch par écrit,** to report in writing; **c. une maladie à qn,** to pass on an illness to s.o. **2.** *vi* to be in communication, to communicate; **porte qui communique au, avec le, jardin,** door that leads into the garden **3.** (*of fire*) **se c.**, to spread (**à**, to). **communicant** *a* communicating (rooms).

communisme [kɔmynism] *nm* communism. **com-**

munisant, -ante 1. *a* communistic **2.** *n* communist sympathizer.
communiste [kɔmynist] *n* communist.
commutateur [kɔmytatœr] *nm El:* switch.
commutation [kɔmytasjɔ̃] *nf* commutation.
commuter [kɔmyte] *vtr Jur:* to commute.
compact [kɔ̃pakt] **1.** *a* compact, dense; solid (majority); **disque c.**, compact disc **2.** *nm* (*a*) compact disc, CD (*b*) compact camera.
compagne [kɔ̃paɲ] *nf* (female) companion; partner (in life); (*of animals*) mate; **c. de classe,** classmate.
compagnie [kɔ̃paɲi] *nf* **1.** company; **tenir c. à qn,** to keep s.o. company; **fausser c. à qn,** to give s.o. the slip **2.** company; party; **toute la c.,** everybody; all of them, of us; **fréquenter la mauvaise c.,** to keep bad company **3.** *Com: Mil: Th:* company; **c. aérienne,** airline; **la maison Thomas et C.** (*usu* **et Cie**), the firm of Thomas and Company (*usu* & Co).
compagnon [kɔ̃paɲɔ̃] *nm* companion; comrade; **c. d'études,** fellow student; **c. de jeu,** playmate; **c. de travail,** workmate; **c. de voyage,** travelling companion; **c. d'infortune,** fellow sufferer.
comparaison [kɔ̃parɛzɔ̃] *nf* **1.** comparison; **en c. de qch,** in comparison with sth; **sans c. le plus grand,** by far the tallest **2.** simile.
comparaître [kɔ̃parɛtr̥] *vi* (*conj like* PARAÎTRE) *Jur:* **c. (en justice),** to appear (before a court of justice).
comparer [kɔ̃pare] **1.** *vtr* to compare (**à, avec,** to, with). **2. se c.,** to be compared. **comparable** *a* comparable. **comparatif, -ive** *a* comparative. **comparativement** *adv* comparatively. **comparé** *a* comparative.
comparse [kɔ̃pars] *n* minor accomplice, stooge.
compartiment [kɔ̃partimɑ̃] *nm* compartment.
compartimentage [kɔ̃partimɑ̃taʒ] *nm* compartmentalization.
compartimenter [kɔ̃partimɑ̃te] *vtr* (*a*) to divide into compartments (*b*) to compartmentalize.
comparution [kɔ̃parysjɔ̃] *nf Jur:* appearance.
compas [kɔ̃pa] *nm* **1.** (pair of) compasses; **c. à pointes sèches,** dividers; **avoir le c. dans l'œil,** to have an accurate eye **2. c. (de mer),** (mariner's) compass.
compassé [kɔ̃pase] *a* starchy, stiff.
compassion [kɔ̃pasjɔ̃] *nf* compassion.
compatibilité [kɔ̃patibilite] *nf* compatibility. **compatible** *a* compatible.
compatir [kɔ̃patir] *vi* **c. au chagrin de qn,** to sympathize with, to feel for, s.o. in his grief. **compatissant** *a* compassionate, sympathetic (**à,** to, towards).
compatriote [kɔ̃patriɔt] *n* compatriot.
compensation [kɔ̃pɑ̃sasjɔ̃] *nf* (*a*) compensation; set-off; offset (of losses); **en c. de,** in compensation for; **il y a c.,** that makes up for it (*b*) equalization, balancing (of forces). **compensatoire** *a* compensatory.
compenser [kɔ̃pɑ̃se] *vtr* (*a*) to compensate; to offset (a fault); to make up for (sth.); **c. une perte,** to make good a loss (*b*) to compensate, set off (debts). **compensé** *a* compensated; **semelle compensée,** platform sole.
compère [kɔ̃pɛr] *nm* accomplice.
compétence [kɔ̃petɑ̃s] *nf* **1.** competence, jurisdiction (of court); **cela ne rentre pas dans sa c.,** that does not come within his province; **sortir de sa c.,** to exceed one's powers **2.** competence, ability; proficiency, skill. **compétent** *a* competent; **l'autorité compétente,** the authority concerned.
compétition [kɔ̃petisjɔ̃] *nf* (*a*) competition, rivalry; **esprit de c.,** competitive spirit (*b*) *Sp:* contest, match; **c. sportive,** sporting event. **compétitif, -ive** competitive. **compétitivité** *nf* competitiveness.
compilateur, -trice [kɔ̃pilatœr, -tris] *n* compiler.
compilation [kɔ̃pilasjɔ̃] *nf* compilation.
compiler [kɔ̃pile] *vtr* to compile.
complainte [kɔ̃plɛ̃t] *nf Mus: Lit:* lament.
complaire [kɔ̃plɛr] *v ind tr* (*conj like* PLAIRE) **1.** *Lit:* **c. à qn,** to please, humour, s.o. **2. se c. à faire qch,** to take pleasure in doing sth.
complaisance [kɔ̃plɛzɑ̃s] *nf* **1.** obligingness; **auriez-vous la c. de** + *inf*, would you be so kind as to + *inf* **2.** complacency, (self-)satisfaction. **complaisant** *a* (*a*) obliging (*b*) indulgent (*c*) complacent, self-satisfied. **complaisamment** *adv* obligingly; complacently, with satisfaction.
complément [kɔ̃plemɑ̃] *nm* (*a*) complement; rest, remainder; **un c. d'information,** additional information (*b*) *Gram:* complement; **c. (d'objet),** object (of verb). **complémentaire** *a* complementary; further (information).
complet, -ète [kɔ̃plɛ, -ɛt] **1.** *a* (*a*) complete, entire, whole; full (report); thorough (examination); **athlète c.,** all-round athlete; **échec c.,** total, utter, failure; *F:* **c'est c.!** that's the limit! (*b*) full (bus, *Th:* house); *PN:* **c.,** full (up); (*outside hotel*) no vacancies **2.** *nm* (*a*) **c.(-veston),** suit (*b*) **au c.,** full, complete; **nous étions au grand c.,** we turned up in full force. **complètement** *adv* completely, wholly, fully; utterly (ruined).
compléter [kɔ̃plete] *vtr* (**je complète; je compléterai**) (*a*) to complete; to make up (a sum of money) (*b*) **ils se complètent,** they complement each other.
complexe [kɔ̃plɛks] **1.** *a* complex; complicated; intricate; **nombre c.,** compound number **2.** *nm* (*a*) *Psy:* complex; **avoir des complexes,** to be inhibited; **sans complexes,** uninhibited (*b*) (industrial) complex.
complexer [kɔ̃plɛkse] *vtr* to give (s.o.) a complex. **complexé** *a F:* hung up, inhibited.
complexité [kɔ̃plɛksite] *nf* complexity.
complication [kɔ̃plikasjɔ̃] *nf* **1.** complication **2.** complexity **3.** *Med:* complication(s).
complice [kɔ̃plis] *a & n* accessory (**de,** to); accomplice, abettor (**de,** of); **c. en adultère,** co-respondent.
complicité [kɔ̃plisite] *nf* complicity.
compliment [kɔ̃plimɑ̃] *nm* **1.** compliment **2.** *pl* compliments, greetings; **faites-lui mes compliments,** give him my regards **3.** congratulation; **je te fais mes compliments,** I congratulate you.
complimenter [kɔ̃plimɑ̃te] *vtr* to compliment; to congratulate (**de, sur,** on).
compliquer [kɔ̃plike] **1.** *vtr* to complicate **2. se c.,** to become complicated; (*of plot*) to thicken; **se c. l'existence,** to make life difficult for oneself. **compliqué** *a* complicated, elaborate; intricate (mechanism); *Med:* compound (fracture).
complot [kɔ̃plo] *nm* plot, conspiracy.
comploter [kɔ̃plɔte] *vi* to plot (**contre,** against).

comploteur [kɔ̃plɔtœr] *nm* plotter.

componction [kɔ̃pɔ̃ksjɔ̃] *nf* **1.** gravity, solemnity **2.** *Rel:* compunction.

comportement [kɔ̃pɔrtəmɑ̃] *nm* behaviour.

comporter [kɔ̃pɔrte] *vtr* **1.** to allow (of), to admit of (sth) **2.** to call for, require (sth) **3.** to comprise, include (sth); **les inconvénients que cela comporte,** the difficulties which this involves, entails **4. se c.,** (*a*) to behave (**envers,** towards) (*b*) (*of car*) to perform.

composer [kɔ̃poze] **1.** *vtr* (*a*) to compose (symphony); *vi Mus:* to compose; *vi Sch:* to sit an exam (*b*) to set (type); *Tp:* **c. un numéro,** to dial a number (*c*) **les personnes qui composent notre famille,** the people who make up our family (*d*) **c. son visage,** to compose one's features **2.** *vi* to compromise, come to terms (**avec,** with) **3. se c. (de),** to consist (of). **composant** *a & nm* component, constituent (part). **composé 1.** *a* compound; composed (attitude) **2.** *nm* compound.

compositeur, -trice [kɔ̃pozitœr, -tris] *n* **1.** *Mus:* composer **2.** *Typ:* compositor, typesetter.

composition [kɔ̃pozisjɔ̃] *nf* **1.** (*a*) composing, composition (of sonata); construction (of novel); composition (of water) (*b*) *Typ:* typesetting **2.** (*a*) composition, compound (*b*) *Lit: Mus:* composition; *Sch:* (i) essay (ii) test, paper **3.** arrangement, compromise; **entrer en c. avec qn,** to come to terms with s.o.

compost [kɔ̃pɔst] *nm* compost.

composter [kɔ̃pɔste] *vtr* to (date) stamp, to punch (ticket).

compote [kɔ̃pɔt] *nf* stewed fruit; **c. de pommes,** stewed apples, apple sauce; *F:* **j'ai les jambes en c.,** my legs feel like jelly.

compotier [kɔ̃pɔtje] *nm* fruit dish.

compréhension [kɔ̃preɑ̃sjɔ̃] *nf* comprehension, understanding. **compréhensible** *a* comprehensible, understandable. **compréhensif, -ive** *a* comprehensive; understanding.

comprendre [kɔ̃prɑ̃dr̥] *vtr* (*conj like* PRENDRE) **1.** to comprise, include; **y compris,** including; **tout compris,** (all) inclusive **2.** to understand; **je n'arrive pas à c. cette phrase,** I can't make sense of this sentence; **ai-je bien compris que tu pars?** do you mean to say that you're going? **je n'y comprends rien,** I can't make it out; **je lui ai fait c. que** + *ind,* I made it clear to him that; **se faire c.,** to make oneself understood; **cela se comprend,** of course, that's understandable; **je comprends bien!** I can well imagine it!

compresse [kɔ̃prɛs] *nf* compress.

compresseur [kɔ̃prɛsœr] *nm* compressor.

compression [kɔ̃prɛsjɔ̃] *nf* **1.** compression **2.** restriction, cutback; reduction (of staff). **compressible** *a* compressible; reducible.

comprimer [kɔ̃prime] *vtr* **1.** to compress **2.** to repress, restrain (one's feelings); to hold back (tears). **comprimé 1.** *a* compressed (air); **outil à air c.,** pneumatic tool **2.** *nm Pharm:* tablet.

compromettre [kɔ̃prɔmɛtr̥] *v* (*conj like* METTRE) **1.** *vtr* (*a*) to compromise (s.o.); **être compromis,** to be implicated (*b*) to endanger (life) **2.** *vi* to compromise **3. se c.,** to compromise oneself; to commit oneself. **compromettant** *a* compromising.

compromis [kɔ̃prɔmi] *nm* compromise.

compromission [kɔ̃prɔmisjɔ̃] *nf Pej:* compromising; surrender (of principle).

comptabiliser [kɔ̃tabilize] *vtr* to enter (sth) in the accounts.

comptabilité [kɔ̃tabilite] *nf* **1.** book-keeping; accountancy; **tenir la c.,** to keep the books **2.** accounts department.

comptable [kɔ̃tabl̥] **1.** *a* book-keeping **2.** *nm* accountant; book-keeper; **expert c.** = chartered accountant.

comptant [kɔ̃tɑ̃] **1.** *a* **argent c.,** ready money **2.** *adv* **payer c.,** to pay (in) cash **3.** *nm* **vente au c.,** cash sale.

compte [kɔ̃t] *nm* (*a*) reckoning, calculation; **faire le c. des dépenses,** to add up expenses; **cela fait mon c.,** it's just the thing for me; **y trouver son c.,** to get sth out of it; **le c. y est,** it's the right amount, the right number; *F:* **il a son c.,** (i) he's done for (ii) he's drunk; **son c. est bon,** he's for it; **en fin de c., tout c. fait,** all things considered; after all; **tenir c. de qch,** to take sth into account; **ne tenir aucun c. de qch,** to ignore, to disregard, sth; **c. tenu de,** considering; **entrer en ligne de c.,** to be taken into account; **acheter qch à bon c.,** to buy sth cheap; **s'en tirer à bon c.,** to get off lightly (*b*) count; **c. à rebours,** countdown (*c*) account; **tenir les comptes,** to keep the accounts; *F:* **régler son c. à qn,** to settle s.o.'s hash; **c. en banque,** bank account; **c. chèque,** cheque account, *NAm:* checking account; **apprendre qch sur le c. de qn,** to learn sth about s.o.; **mettre qch sur le c. de qn,** to attribute sth to s.o.; **s'installer à son c.,** to set up one's own business; **prendre qch à son c.,** to accept responsibility for sth; **pour mon c.,** for my part (*d*) **rendre c. de qch,** to account for sth; **c. rendu,** report; review; **se rendre c. de qch,** to realize sth.

compte-gouttes [kɔ̃tgut] *nm inv Pharm: etc:* dropper, pipette; **au c.-g.,** sparingly.

compter [kɔ̃te] **1.** *vtr* (*a*) to count (up), reckon (up); **dix-neuf tous comptés,** nineteen in all, all told; **ses jours sont comptés,** his days are numbered; **sans c. que,** not to mention that; **il faut c. une heure,** it will take an hour; *Adm:* **à c. du 1er janvier,** with effect from 1st January (*b*) **c. cent francs à qn,** to pay s.o. a hundred francs (*c*) *Com:* to charge; **on ne compte pas l'emballage,** there is no charge for packing (*d*) to value; **c. sa vie pour rien,** to hold one's life of no account (*e*) **c. faire qch,** to intend to do sth; to reckon on doing sth **2.** *vi* (*a*) **c. sur qn,** to count, depend, rely, on s.o.; **comptez sur moi,** you can depend on me; **j'y compte bien,** I hope so (*b*) **c. avec qn,** to reckon with s.o. (*c*) **c. parmi les meilleurs,** to rank among the best (*d*) to count; **cela ne compte pas,** that doesn't count; **ce qui compte c'est de réussir,** the main thing is to succeed.

compte-tours [kɔ̃ttur] *nm inv Aut:* rev counter.

compteur [kɔ̃tœr] *nm* meter; **c. kilométrique** = mil(e)ometer; **c. de vitesse,** speedometer; **c. (de) Geiger,** Geiger counter.

comptoir [kɔ̃twar] *nm* **1.** *Com:* counter; bar; **garçon de c.,** bartender **2.** trading post **3.** branch (of bank).

compulser [kɔ̃pylse] *vtr* to examine.

computer [kɔ̃pyte] *vtr* to compute.

comte [kɔ̃t] *nm* count; (*in Eng*) earl.
comté [kɔ̃te] *nm* (*a*) *Hist:* earldom (*b*) county.
comtesse [kɔ̃tɛs] *nf* countess.
con, conne [kɔ̃, kɔn] *n* **1.** *a F:* bloody stupid **2.** *F:* bloody idiot; cretin; **faire le c.,** to fool about **3.** *nm V:* cunt.
concassage [kɔ̃kasaʒ] *nm* crushing, grinding.
concasser [kɔ̃kase] *vtr* to crush, grind.
concasseur [kɔ̃kasœr] *nm* crusher.
concavité [kɔ̃kavite] *nf* (*a*) concavity (*b*) cavity. **concave** *a* concave.
concéder [kɔ̃sede] *vtr* **(je concède; je concéderai) 1.** to concede, to grant (privilege) **2. c. qu'on a tort,** to admit that one is wrong.
concentration [kɔ̃sɑ̃trasjɔ̃] *nf* (*a*) concentration (*b*) **c. urbaine,** urban agglomeration (*c*) integration (of businesses).
concentrer [kɔ̃sɑ̃tre] **1.** *vtr* to concentrate; to focus (rays); to centre **2. se c. (sur),** to concentrate (on). **concentré 1.** *a* concentrated; condensed (milk); concentrating (mind) **2.** *nm* extract, concentrate; **c. de tomates,** tomato purée.
concentrique [kɔ̃sɑ̃trik] *a* concentric.
concept [kɔ̃sɛpt] *nm* concept.
conception [kɔ̃sɛpsjɔ̃] *nf* **1.** conception, conceiving **2.** conception, idea **3.** *Med:* conception.
concerner [kɔ̃sɛrne] *vtr* (*used in third pers only*) to concern, affect; **en ce qui concerne,** as regards; **en ce qui vous concerne,** as far as you are concerned; **est-ce que cela vous concerne?** is it any business of yours?
concert [kɔ̃sɛr] *nm* **1.** entente, agreement; **de c.,** together, in concert **2.** (*a*) concert; **salle de c.,** concert hall (*b*) chorus (of approval).
concertation [kɔ̃sɛrtasjɔ̃] *nf Pol:* dialogue.
concerter [kɔ̃sɛrte] **1.** *vtr* to devise (plan) **2. se c. (avec qn),** to take counsel, to consult (with s.o.). **concerté** *a* concerted.
concertiste [kɔ̃sɛrtist] *n* concert performer.
concerto [kɔ̃sɛrto] *nm Mus:* concerto.
concession [kɔ̃sɛsjɔ̃] *nf* concession; plot (of land).
concessionnaire [kɔ̃sɛsjɔnɛr] *nm Com:* agent, dealer.
concevoir [kɔ̃səvwar] *vtr* (*conj like* RECEVOIR) **1.** to conceive (child) **2.** (*a*) to conceive, imagine (idea); to form (plan); **c. de l'amitié pour qn,** to take a liking to s.o.; **la maison est bien conçue,** the house is well designed (*b*) to understand; **cela se conçoit facilement,** that's easily understood (*c*) **ainsi conçu,** (letter) worded as follows. **concevable** *a* conceivable.
concierge [kɔ̃sjɛrʒ] *n* caretaker, *NAm:* janitor.
concile [kɔ̃sil] *nm Ecc:* council.
conciliabule [kɔ̃siljabyl] *nm F:* confabulation.
conciliateur, -trice [kɔ̃siljatœr, -tris] *n* conciliator.
conciliation [kɔ̃siljasjɔ̃] *nf* conciliation; reconciliation.
concilier [kɔ̃silje] *vtr* (*impf & pr sub* **n. conciliions) 1.** to conciliate, reconcile (two parties) **2.** (*a*) to win, gain (esteem) (*b*) **se c. l'amitié de qn,** to win s.o.'s friendship. **conciliable** *a* reconcilable. **conciliant** *a* conciliating, conciliatory.
concision [kɔ̃sizjɔ̃] *nf* concision; conciseness. **concis** *a* concise, terse.
concitoyen, -enne [kɔ̃sitwajɛ̃, -ɛn] *n* fellow citizen.
conclave [kɔ̃klav] *nm Ecc:* conclave.
conclure [kɔ̃klyr] *v* (*pp* **conclu;** *pr ind* **je conclus;** *impf* **je concluais) 1.** (*a*) *vtr* to conclude; to end, finish (*b*) *vtr* to arrive at (an understanding); **c. un marché,** to drive a bargain; **c'est une affaire conclue,** (i) that's settled (ii) it's a deal (*c*) *vi* to come to a conclusion **2.** (*a*) *vtr* to decide (*b*) *vi* **c. à qch,** to come to a conclusion about sth; **le jury a conclu au suicide,** the jury returned a verdict of suicide. **concluant** *a* conclusive, decisive.
conclusion [kɔ̃klyzjɔ̃] *nf* (*a*) conclusion; close (of speech); **en c.,** in conclusion (*b*) *Jur:* finding, decision; *pl* submissions.
concombre [kɔ̃kɔ̃bṛ] *nm* cucumber.
concordance [kɔ̃kɔrdɑ̃s] *nf* concordance, agreement; *Gram:* sequence (of tenses). **concordant** *a* concordant, in agreement.
concordat [kɔ̃kɔrda] *nm Ecc:* concordat.
concorde [kɔ̃kɔrd] *nf* concord, harmony.
concorder [kɔ̃kɔrde] *vi* to agree, to tally **(avec,** with).
concourir [kɔ̃kurir] *vi* (*conj like* COURIR) **1.** (*of lines*) to converge, to concur **2.** to combine, unite; **c. à (faire) qch,** to work towards (doing) sth **3.** to compete.
concours [kɔ̃kur] *nm* **1.** (*a*) *A: & Lit:* concourse (of people) (*b*) coincidence (of events); **c. de circonstances,** combination of circumstances **2.** co-operation, help; (financial) aid **3.** (*a*) competition; competitive exam; *Sp:* field events (*b*) **c. hippique,** horse show; **c. de beauté,** beauty contest.
concret, -ète [kɔ̃krɛ, -ɛt] *a* concrete, solid; **cas c.,** actual case, concrete example. **concrètement** *adv* in concrete terms.
concrétiser [kɔ̃kretize] *vtr* to put (idea) in concrete form; **se c.,** to take shape.
concubinage [kɔ̃kybinaʒ] *nm* cohabitation; **en c.,** as husband and wife.
concubine [kɔ̃kybin] *nf* concubine.
concupiscence [kɔ̃kypisɑ̃s] *nf* concupiscence.
concurremment [kɔ̃kyramɑ̃] *adv* concurrently, jointly.
concurrence [kɔ̃kyrɑ̃s] *nf* **1.** *Com: etc:* **jusqu'à c. de,** to the amount of, not exceeding **2.** competition, rivalry; **faire c.,** to compete **(à qn,** with s.o.).
concurrencer [kɔ̃kyrɑ̃se] *vtr* **(je concurrençai(s))** to compete with (s.o., sth).
concurrent, -ente [kɔ̃kyrɑ̃, -ɑ̃t] *n* competitor; *Sch:* candidate. **concurrentiel, -ielle** *a* competitive.
condamnation [kɔ̃danasjɔ̃] *nf* **1.** *Jur:* conviction, judgment, sentence; **c. à mort,** death sentence **2.** condemnation; blame.
condamné, -ée [kɔ̃dane] *n* convict; sentenced, condemned, person.
condamner [kɔ̃dane] *vtr* **1.** (*a*) *Jur:* to convict, sentence; **c. qn à 10,000 francs d'amende,** to fine s.o. 10,000 francs; **le médecin l'a condamné,** the doctor has given up hope for him (*b*) to forbid (*c*) **c. une porte,** to block up a door (*d*) **c. sa porte,** to bar one's door to visitors **2.** to blame, censure, reprove (s.o.). **condamnable** *a* reprehensible.
condensateur [kɔ̃dɑ̃satœr] *nm* condenser.

condensation [kɔ̃dɑ̃sasjɔ̃] *nf* condensation.
condenser [kɔ̃dɑ̃se] *vtr & vpr* to condense. **condensé 1.** *a* condensed **2.** *nm* résumé; digest.
condescendance [kɔ̃desɑ̃dɑ̃s] *nf* condescension. **condescendant** *a* condescending.
condescendre [kɔ̃desɑ̃dr] *vi* to condescend (**à faire qch,** to do sth).
condiment [kɔ̃dimɑ̃] *nm* condiment, seasoning.
condisciple [kɔ̃disipl] *nm* fellow student, school mate.
condition [kɔ̃disjɔ̃] *nf* **1.** (*a*) condition; state; **en c.,** in good condition (*b*) *pl* conditions, circumstances; **dans ces conditions,** in that case (*c*) rank, station, position **2.** condition, stipulation; *pl* terms; **conditions de faveur,** preferential terms; **sans condition(s),** unconditional(ly); **acheter qch sous c.,** to buy on approval; **à c. de me prévenir,** provided (that) you let me know. **conditionnel, -elle** *a & nm* conditional. **conditionnellement** *adv* conditionally.
conditionnement [kɔ̃disjɔnmɑ̃] *nm* conditioning; *Com:* packaging.
conditionner [kɔ̃disjɔne] *vtr* **1.** to condition (air, textiles) **2.** to govern **3.** *Com:* to package.
condoléances [kɔ̃dɔleɑ̃s] *nfpl* condolences; **présenter ses c.,** to offer one's sympathy.
conducteur, -trice [kɔ̃dyktœr, -tris] **1.** *n* (*a*) leader, guide (*b*) driver (*c*) (machine) operator **2.** *a Ph: El:* conducting, conductive **3.** *nm El: Ph:* (*a*) conductor (of heat) (*b*) *El:* lead (wire); main.
conductibilité [kɔ̃dyktibilite] *nf Ph: El:* conductivity. **conductible** *a* conductive.
conduction [kɔ̃dyksjɔ̃] *nf Ph: etc:* conduction.
conduire [kɔ̃dɥir] *vtr* (*prp* **conduisant;** *pp* **conduit;** *ph* **je conduisis**) **1.** (*a*) to conduct, escort (party); to lead; to guide; **c. qn à la gare,** to take, to drive, s.o. to the station; **c. qn à sa chambre,** to show s.o. to his room (*b*) **c. qn à faire qch,** to prevail on s.o. to do sth **2.** to drive (car); to steer (boat); *vi* **il conduit bien,** he's a good driver **3.** to convey, conduct (water, electricity) **4.** to conduct, manage, run (sth); **c. un orchestre,** to conduct an orchestra **5. se c.,** to behave; **se c. mal,** to behave badly.
conduit [kɔ̃dɥi] *nm* conduit, duct, passage, pipe; **c. d'aération,** air duct; **c. de ventilation,** ventilation shaft.
conduite [kɔ̃dɥit] *nf* **1.** (*a*) conducting, leading, escorting (of s.o.) (*b*) driving (of car); navigation (of boat); **c. à gauche,** left-hand drive; **leçon de c.,** driving lesson **2.** direction, management, control (of affairs); **sous la c. de qn,** under s.o.'s leadership **3.** conduct, behaviour; **c'est ma seule ligne de c.,** it's the only course open to me; **mauvaise c.,** misbehaviour **4.** pipe, conduit, duct; piping, tubing; **c. d'eau,** water main(s).
cône [kon] *nm* cone; **c. de pin,** pine cone.
confection [kɔ̃fɛksjɔ̃] *nf* **1.** making, preparation **2.** (*a*) ready-to-wear clothing industry (*b*) **magasin de c.,** ready-made clothing shop; **robe de c.,** ready-made dress; **vêtements de c.,** off-the-peg clothes.
confectionner [kɔ̃fɛksjɔne] *vtr* to make (up) (dress); to prepare (dish).
confédération [kɔ̃federasjɔ̃] *nf* confederation, confederacy. **confédéré** *a & n* confederate.
conférence [kɔ̃ferɑ̃s] *nf* **1.** conference, discussion; **être en c.,** to be in a meeting **2.** lecture.
conférencier, -ière [kɔ̃ferɑ̃sje, -jɛr] *n* lecturer.
conférer [kɔ̃fere] *v* (**je confère; je conférerai**) **1.** *vtr* to confer (**à,** on) **2.** *vi* to confer (**avec,** with).
confesse [kɔ̃fɛs] *nf* **aller à c.,** to go to confession.
confesser [kɔ̃fese] *vtr* **1.** to confess; to own (up) to (sth) **2.** to confess (one's sins) **3.** (*of priest*) to confess (penitent) **4. se c.,** to confess.
confesseur [kɔ̃fesœr] *nm Ecc:* confessor.
confession [kɔ̃fesjɔ̃] *nf* (*a*) confession (*b*) religious persuasion. **confessionnel, -elle** *a* denominational.
confessional, -aux [kɔ̃fesjɔnal, -o] *nm Ecc:* confessional.
confetti [kɔ̃feti] *nmpl* confetti.
confiance [kɔ̃fjɑ̃s] *nf* **1.** confidence, faith, trust; **avoir c. en qn, faire c. à qn,** to rely on s.o., to trust s.o.; **acheter qch de c.,** to buy sth. on trust; **digne de c.,** trustworthy; **homme de c.,** reliable man; **maison de c.,** reliable firm; **avec c.,** (i) confidently (ii) trustingly; *Pol:* **vote de c.,** vote of confidence **2.** confidence, sense of security; **c. en soi,** self confidence, self assurance. **confiant** *a* **1.** confiding, trustful (**dans,** in) **2.** confident **3.** self-confident (manner).
confidence [kɔ̃fidɑ̃s] *nf* confidence; **faire une c. à qn,** to tell s.o. a secret; **faire c. de qch à qn,** to confide sth to s.o.; **en c.,** in confidence.
confident, -ente [kɔ̃fidɑ̃, -ɑ̃t] *n* confidant, *f* confidante. **confidentiel, -ielle** *a* confidential. **confidentiellement** *adv* confidentially.
confier [kɔ̃fje] *vtr* (*impf & pr sub* **n. confiions**) **1.** to trust, entrust (s.o. with sth) **2.** to confide, disclose; **c. qch à qn,** to tell s.o. sth in confidence **3. se c. à qn,** (i) to put one's trust in s.o. (ii) to confide in s.o.
configuration [kɔ̃figyrasjɔ̃] *nf* configuration; shape; lie (of the land).
confinement [kɔ̃finmɑ̃] *nm* confinement, confining.
confiner [kɔ̃fine] **1.** *vi* **c. à un pays,** to border on a country **2.** (*a*) *vtr* to confine (s.o.) (*b*) **se c.,** to confine oneself (**dans,** to). **confiné** *a* enclosed (atmosphere); stale (air).
confins [kɔ̃fɛ̃] *nmpl* confines, borders (of country); limits (of science).
confire [kɔ̃fir] *vtr* (*pp* **confit;** *pr ind* **je confis;** *impf* **je confisais**) to preserve (fruit); to candy (peel); **c. au vinaigre,** to pickle.
confirmation [kɔ̃firmasjɔ̃] *nf* confirmation; **il m'en a donné c.,** he gave me confirmation of it.
confirmer [kɔ̃firme] *vtr* to confirm (news); to ratify (treaty); **le bruit ne s'est pas confirmé,** the news proved false.
confiscation [kɔ̃fiskasjɔ̃] *nf* confiscation.
confiserie [kɔ̃fizri] *nf* (*a*) confectioner's shop (*b*) confectionery, sweets, *NAm:* candy.
confiseur, -euse [kɔ̃fizœr, -øz] *n* confectioner.
confisquer [kɔ̃fiske] *vt* to confiscate (**à qn,** from s.o.).
confit [kɔ̃fi] **1.** *a* crystallized (fruit) **2.** *nm* conserve (of goose).
confiture [kɔ̃fityr] *nf* jam; **c. d'oranges,** (orange) marmalade.
conflictuel, -elle [kɔ̃fliktuel] *a Psy:* conflict-provoking.

conflit [kɔ̃fli] *nm* conflict; clash (of interests); **entrer en c.**, to clash (**avec**, with).

confluent [kɔ̃flyɑ̃] *nm* confluence (of rivers).

confondre [kɔ̃fɔ̃dr] **1.** *vtr* (*a*) to confound; to mingle (*b*) to mistake, confuse; **je les confonds toujours**, I always get them mixed up (*c*) to astound, stagger (s.o.) (*d*) **c. un menteur**, to show up a liar **2. se c.** (*a*) (*of colours*) to blend (**en**, into) (*b*) (*of streams*) to intermingle (*c*) (*of interests*) to be identical (*d*) **se c. en excuses**, to apologize profusely. **confondu** *a* **1.** disconcerted **2.** dumbfounded, astounded (**de**, at).

conforme [kɔ̃fɔrm] *a* conformable, true (**à**, to); consistent (**à**, with); identical; **copie c. à l'original**, exact copy; **il mène une vie c. à ses moyens**, he lives according to his means. **conformément** *adv* in accordance (**à**, with).

conformer [kɔ̃fɔrme] **1.** *vtr* to model (**à**, on); **c. sa vie à certains principes**, to shape one's life according to certain principles **2. se c. à qch**, to conform to sth; to comply with, to abide by, sth.

conformisme [kɔ̃fɔrmism] *nm* conformism, conformity.

conformiste [kɔ̃fɔrmist] *n* conformist.

conformité [kɔ̃fɔrmite] *nf* conformity, similarity; **en c. avec**, in accordance with.

confort [kɔ̃fɔr] *nm* comfort; **tout c. moderne**, all modern conveniences, *F:* all mod cons. **confortable** *a* comfortable, snug, cosy. **confortablement** *adv* comfortably; in comfort.

confrère [kɔ̃frɛr] *nm* colleague, fellow member (of profession, society).

confrérie [kɔ̃freri] *nf* (religious) brotherhood.

confrontation [kɔ̃frɔ̃tasjɔ̃] *nf* (*a*) confrontation (*b*) comparison.

confronter [kɔ̃frɔ̃te] *vtr* (*a*) to confront (**avec**, with) (*b*) to compare.

confusion [kɔ̃fyzjɔ̃] *nf* **1.** (*a*) confusion; disorder, muddle; **mettre la c. dans l'assemblée**, to throw the audience into confusion; *Med:* **c. mentale**, mental aberration (*b*) mistake, error; **c. de dates**, confusion of dates **2.** confusion, embarrassment. **confus** *a* **1.** confused, chaotic; indistinct (noise); obscure (style) **2.** embarrassed, ashamed. **confusément** *adv* confusedly; vaguely.

congé [kɔ̃ʒe] *nm* **1.** (*a*) **prendre c. de qn**, to take (one's) leave of s.o. (*b*) leave (of absence); **en c.**, on leave; **c. de maladie**, sick leave (*c*) holiday, *NAm:* vacation; **trois jours de c.**, three days off; **c. payé**, paid holiday **2.** (*a*) (notice of) dismissal; **donner son c. à qn**, to give s.o. his, her, notice; **demander son c.**, to give in one's notice (*b*) **donner c. à un locataire**, to give a tenant notice to quit **3.** authorization; release (of wine from bond); **c. de navigation**, clearance certificate.

congédier [kɔ̃ʒedje] *vtr* (*impf & pr sub* **n. congédiions**) to dismiss (s.o.).

congélateur [kɔ̃ʒelatœr] *nm* freezer, deep-freeze.

congélation [kɔ̃ʒelasjɔ̃] *nf* freezing.

congeler [kɔ̃ʒle] (**il congèle**) to freeze (water); to deep-freeze (food); **viande congelée**, frozen meat **2. se c.**, to freeze.

congénère [kɔ̃ʒenɛr] *nm* fellow creature.

congénital, -aux [kɔʒenital, -o] *a* congenital.

congère [kɔ̃ʒɛr] *nf* snowdrift.

congestion [kɔ̃ʒɛstjɔ̃] *nf Med:* congestion; **c. cérébrale**, stroke.

congestionner [kɔ̃ʒɛstjɔne] *vtr* **1.** to flush (face); **être congestionné**, to be flushed **2.** (*of cars*) to block, to congest (the street).

Congo [kɔ̃go] *Prnm Geog:* the Congo. **congolais, -aise** *a & n* Congolese.

congratuler [kɔ̃gratyle] *vtr Iron:* to congratulate.

congre [kɔ̃gr] *nm* conger (eel).

congrégation [kɔ̃gregasjɔ̃] *nf* congregation.

congrès [kɔ̃grɛ] *nm* congress.

congressiste [kɔ̃grɛsist] *n* delegate.

conifère [kɔnifɛr] *nm Bot:* conifer.

conique [kɔnik] *a* cone-shaped, conical.

conjecture [kɔ̃ʒɛktyr] *nf* conjecture. **conjectural, -aux** *a* conjectural.

conjecturer [kɔ̃ʒɛktyre] *vtr* to conjecture.

conjoint [kɔ̃ʒwɛ̃] *a* **1.** united, joint **2.** married; *nm* spouse; **les conjoints**, husband and wife. **conjointement** *adv* (con)jointly.

conjonction [kɔ̃ʒɔ̃ksjɔ̃] *nf* conjunction. **conjonctif, -ive** *a* conjunctive.

conjoncture [kɔ̃ʒɔ̃ktyr] *nf* circumstances; **la c. actuelle**, the current situation.

conjugaison [kɔ̃ʒygɛzɔ̃] *nf* conjugation.

conjugal, -aux [kɔ̃ʒygal, -o] *a* conjugal; **vie conjugale**, married life. **conjugalement** *adv* **vivre c.**, to live as a married couple.

conjuguer [kɔ̃ʒyge] *vtr* **1.** *Gram:* to conjugate **2.** to combine (efforts).

conjuration [kɔ̃ʒyrasjɔ̃] *nf* conspiracy.

conjuré, -ée [kɔ̃ʒyre] *n* conspirator.

conjurer [kɔ̃ʒyre] *vtr & i* **1.** (*a*) to exorcise (demon) (*b*) to ward off (danger) **2. c. qn de faire qch**, to entreat, to beg, s.o. to do sth.

connaissance [kɔnɛsɑ̃s] *nf* **1.** (*a*) acquaintance, knowledge; **prendre c. de qch**, to study, to enquire into, sth; **avoir c. de qch**, to be aware of sth; **pas à ma c.**, not to my knowledge; **en c. de cause**, with full knowledge of the facts (*b*) **une personne de ma c.**, someone I know; an acquaintance; **faire c. avec qn, faire la c. de qn**, to meet s.o.; **en pays de c.**, (i) among familiar faces (ii) on familiar ground (*c*) **c'est une de mes connaissances**, he is an acquaintance of mine **2.** (*a*) knowledge, understanding; **avoir la c. de plusieurs langues**, to know several languages (*b*) *pl* learning, attainments; **il a des connaissances**, he's very knowledgeable **3.** consciousness; **perdre c.**, to faint; **sans c.**, unconscious; **reprendre c.**, to regain consciousness, to come round.

connaissement [kɔnɛsmɑ̃] *nm Com:* bill of lading.

connaisseur, -euse [kɔnɛsœr, -øz] **1.** *a* expert; knowledgeable **2.** *n* expert, connoisseur.

connaître [kɔnɛtr] *vtr* (*prp* **connaissant;** *pp* **connu;** *pr ind* **je connais, il connaît;** *impf* **je connaissais;** *fu* **je connaîtrai**) **1.** to know; to be acquainted with (sth); to be familiar with (sth); to be aware of (the circumstances); **il ne connaît pas l'amour**, he has no experience of love; **faire c. qch**, to make sth known; **cette région connaît actuellement une famine**, the region is now experiencing a famine; **connaissez-vous la nouvelle?** have you heard the news? **ni vu ni connu**, no one will be any the wiser; **il en connaît bien d'autres**, he has plenty more tricks up his sleeve **2.** (*a*) to be acquainted with (s.o.); **c. qn de vue,** to know s.o. by sight; **c'est connu!** I've heard that one before! *F:* **ça me connaît, le foot,** I know all there is to know about football (*b*) to make (s.o.'s) acquaintance; **ils se sont connus en 1970,** they met in 1970; **je vous le ferai c.,** I'll introduce him to you **3.** to be versed in, to have a thorough knowledge of (sth); **il n'y connaît rien,** he doesn't know a thing about it, *F:* he hasn't a clue about it **4.** (*a*) **se c. en qch,** to know all about sth; *F:* **il s'y connaît,** he's an expert (*b*) **il ne se connaît plus,** he has lost control of himself; **il ne se connaît plus de joie,** he is beside himself with joy.

connecter [kɔnɛkte] *vtr El:* to connect.

connerie [kɔnri] *nf P:* stupidity; stupid thing; *pl* stupid nonsense.

connétable [kɔnetabl] *nm Hist:* High Constable.

connexion [kɔnɛksjɔ̃] *nf* connection.

connivence [kɔnivɑ̃s] *nf* connivance, complicity.

connotation [kɔnɔtasjɔ̃] *nf* connotation.

connu [kɔny] **1.** *a* well-known; famous **2.** *nm* **le c. et l'inconnu,** the known and the unknown.

conquérir [kɔ̃kerir] *vtr* (*conj like* ACQUÉRIR) (*a*) to conquer, subdue (country) (*b*) to win (over) (s.o.). **conquérant, -ante** *a* **1.** conquering; swaggering (air) **2.** *n* conqueror.

conquête [kɔ̃kɛt] *nf* **1.** (act of) conquest; **faire la c. d'un pays,** to conquer a country; **faire la c. de qn,** to win s.o. over **2.** conquered territory.

consacrer [kɔ̃sakre] *vtr* **1.** (*a*) to consecrate (altar); to ordain (priest) (*b*) to dedicate (one's life to God); to devote (one's time); **combien de temps pouvez-vous me c.?** how much time can you spare me? **2.** to establish, to sanction **3. se c. à,** to devote oneself to. **consacré** *a* sanctioned, established (custom); accepted (phrase).

conscience [kɔ̃sjɑ̃s] *nf* **1.** consciousness; *Phil:* self-consciousness; **perdre c.,** to lose consciousness; **avoir c. de qch.,** to be aware of sth; **prendre c. de qch,** to realize sth **2.** (*a*) conscience; **mauvaise c.,** guilty conscience; **avoir qch sur la c.,** to have sth on one's conscience; **faire qch par acquit de c.,** to do sth for conscience' sake (*b*) conscientiousness; **c. professionnelle,** professional integrity; **avec c.,** conscientiously. **consciencieux, -ieuse** *a* conscientious. **consciencieusement** *adv* conscientiously. **conscient** *a* conscious; **c. de,** (fully) aware of. **consciemment** *adv* consciously, knowingly.

conscription [kɔ̃skripsjɔ̃] *nf Mil:* conscription, *NAm:* draft.

conscrit [kɔ̃skri] *nm Mil:* conscript, *NAm:* draftee.

consécration [kɔ̃sekrasjɔ̃] *nf* consecration; ratification; establishing (of custom).

consécutif, -ive [kɔ̃sekytif, -iv] *a* consecutive; **c. à,** following on. **consécutivement** *adv* consecutively.

conseil [kɔ̃sɛj] *nm* **1. un c.,** a piece of advice; **des conseils,** advice; **donner c. à qn,** to advise s.o.; **demander c. à qn,** to consult s.o.; **quelques conseils,** a few tips **2. avocat-c.,** legal consultant; **ingénieur-c.,** consulting engineer **3.** council, committee; **tenir c.,** to hold (a) council; **le c. des ministres,** the Cabinet; **c. municipal** = borough council; town council; *Com:* **c. d'administration,** board of directors; **c. de classe,** end-of-term meeting (of teachers) **c. de guerre,** (i) council of war (ii) court-martial; **c. de discipline,** disciplinary committee; **c. de sécurité,** Security Council.

conseiller[1] [kɔ̃sɛje] *vtr* to advise; to recommend; **il est conseillé de,** it is advisable to; **il est conseillé aux parents de,** parents are advised to.

conseiller[2], **-ère** [kɔ̃sɛje, -jɛr] *n* **1.** counsellor, adviser; **c. fiscal,** tax consultant **2. c. municipal,** town councillor; **c. général** = county councillor.

consentement [kɔ̃sɑ̃tmɑ̃] *nm* consent.

consentir [kɔ̃sɑ̃tir] *v* (*conj like* MENTIR) **1.** *vi* to consent, agree **2.** *vtr* **c. un prêt,** to grant a loan. **consentant** *a* consenting; willing.

conséquence [kɔ̃sekɑ̃s] *nf* (*a*) consequence, outcome, result; **qu'est-ce que cela aura pour c.?** what will be the effect of it? **cela ne tire pas à c.,** it's of no consequence; *adv phr* **en c.,** accordingly; *prep phr* **en c. de,** in consequence of (*b*) inference; **tirer une c. de qch,** to draw an inference from sth (*c*) importance; **personne sans c.,** person of no importance. **conséquent** *a* consistent; consequent; important; **par c.,** consequently, therefore.

conservateur, -trice [kɔ̃sɛrvatœr, -tris] **1.** *n* (*a*) keeper, warden; **c. d'un musée,** curator, keeper, of a museum; **c. de bibliothèque,** librarian (*b*) *Pol:* Conservative **2.** *nm Cu:* preservative **3.** *a* (*a*) conservative (*b*) preserving (process).

conservation [kɔ̃sɛrvasjɔ̃] *nf* (*a*) conserving; preserving (*b*) preservation (of buildings); **en état de parfaite c.,** in a perfect state of preservation; **instinct de c.,** survival instinct.

conservatisme [kɔ̃sɛrvatism] *nm* conservatism.

conservatoire [kɔ̃sɛrvatwar] *nm* school, academy (of music, of drama); **le C. (de Paris),** the Paris conservatoire.

conserve [kɔ̃sɛrv] *nf* **1.** preserve; preserved, tinned, canned, food; **boîte de c.,** tin, can; **conserves au vinaigre,** pickles; **de c., en c.,** tinned, canned; **bœuf de c.,** corned beef; **mettre en c.,** to tin, to can **2.** *Nau:* consort; **naviguer de c.,** to sail in company.

conserver [kɔ̃sɛrve] *vtr* **1.** (*a*) to preserve, to conserve (fruit, meat) (*b*) to preserve (building) **2.** to keep, retain (rights); **c. sa tête,** to keep one's head, to remain cool **3. se c.,** (*of goods*) to keep.

conserverie [kɔ̃sɛrvəri] *nf* canning factory.

considérable [kɔ̃siderabl] *a* **1.** eminent **2.** considerable; extensive (property); significant (change). **considérablement** *adv* considerably, significantly.

considération [kɔ̃siderasjɔ̃] *nf* **1.** (*a*) consideration; attention, thought; **avec, sans, c.,** considerately, inconsiderately; **prendre qch en c.,** to take sth into consideration, into account; **en c. de,** on account of, because of; **sans c. de,** regardless of (*b*) *pl* reflexions **2.** reason, motive, consideration **3.** regard, esteem, consideration.

considérer [kɔ̃sidere] *vtr* (**je considère; je considérerai**) **1.** to consider; **tout bien considéré,** all things considered; **considérant que,** considering that **2.** to contemplate, gaze on **3.** to regard, to deem; **on le considère beaucoup,** he is highly thought of; **se c. comme responsable,** to hold oneself responsible.

consignataire [kɔ̃siɲatɛr] *n Com:* consignee.

consigne [kɔ̃siɲ] *nf* **1.** order(s), instructions **2.** *Mil:* confinement (to barracks); *Sch:* detention **3.** left-luggage (office); **c. automatique,** left-luggage lockers, *NAm:* baggage lockers **4.** deposit (on bottle).

consigner [kɔ̃siɲe] *vtr* **1.** to charge a deposit (on a bottle) **2.** to record (fact) **3.** (*a*) to confine (soldier) to barracks; to keep in (pupil) (*b*) to refuse admittance to (s.o.); **c. sa porte à qn,** to bar one's door to s.o. **4.** to put (luggage) in the left-luggage office.

consistance [kɔ̃sistɑ̃s] *nf* **1.** (*a*) consistency; **prendre c.,** to thicken (*b*) stability (of mind); **sans c.,** irresolute **2. bruit sans c.,** unfounded, groundless, rumour. **consistant** *a* firm; thick (paint); substantial (meal).

consister [kɔ̃siste] *vi* **c. en qch,** to consist of sth; **c. dans qch,** to consist in sth; **c. à faire qch,** to consist in doing sth.

consistoire [kɔ̃sistwar] *nm Rel:* council.

consolation [kɔ̃sɔlasjɔ̃] *nf* consolation, comfort.

console [kɔ̃sɔl] *nf Tchn: El:* console.

consoler [kɔ̃sɔle] *vtr* **1.** to console, comfort **2. se c. d'une perte,** to get over a loss. **consolant** *a* consoling, comforting.

consolidation [kɔ̃sɔlidasjɔ̃] *nf* consolidation, strengthening.

consolider [kɔ̃sɔlide] *vtr* **1.** to consolidate, strengthen **2.** to fund (debt) **3. se c.,** to consolidate, to strengthen.

consommateur, -trice [kɔ̃sɔmatœr, -tris] *n* consumer; customer (in café).

consommation [kɔ̃sɔmasjɔ̃] *nf* **1.** consummation (of work, marriage); perpetration (of crime) **2.** consumption (of petrol, electricity); use; **faire une grande c. de papier,** to go through a lot of paper; **biens de c.,** consumer goods; **société de c.,** consumer society **3.** drink (in café).

consommé [kɔ̃sɔme] **1.** *a* consummate (skill); accomplished (writer) **2.** *nm Cu:* clear soup, consommé.

consommer [kɔ̃sɔme] *vtr* **1.** to consummate, accomplish; to perpetrate (crime); to consummate (marriage) **2.** to consume, use up (petrol, electricity); to eat (food) **3.** (*a*) **voiture qui consomme,** car heavy on petrol (*b*) *vi* **c. au bar,** to have a drink in, at, the bar **4. ce plat se consomme froid,** this dish is eaten cold.

consonance [kɔ̃sɔnɑ̃s] *nf* **1.** *Mus:* consonance **2.** *pl* sounds.

consonne [kɔ̃sɔn] *nf Ling:* consonant.

consortium [kɔ̃sɔrsjɔm] *nm* consortium.

consorts [kɔ̃sɔr] *nmpl Pej:* **et c.,** and people of that ilk.

conspiration [kɔ̃spirasjɔ̃] *nf* conspiracy, plot.

conspirer [kɔ̃spire] *vi* to conspire, plot (**contre,** against); **c. à faire qch,** to conspire to do sth. **conspirateur, -trice 1.** *a* conspiring, conspiratorial **2.** *n* conspirator, conspirer.

conspuer [kɔ̃spɥe] *vtr* to boo (play, speaker).

constance [kɔ̃stɑ̃s] *nf* constancy; steadfastness. **constant, -ante 1.** *a* (*a*) constant (*b*) firm, unshaken **2.** *nf Mth: etc:* constant. **constamment** *adv* constantly.

constat [kɔ̃sta] *nm* official statement; **c. à l'amiable,** unofficial account (of accident); **c. d'huissier,** affidavit (made by a process server); **dresser un c. d'échec,** to acknowledge one's failure.

constatation [kɔ̃statasjɔ̃] *nf* **1.** verification, establishment (of fact); noting; recording **2.** *pl* findings (of an enquiry).

constater [kɔ̃state] *vtr* **1.** to establish, note (fact); **je ne fais que c.,** I am merely stating a fact; **vous pouvez c. vous-même,** you can see for yourself **2.** to state, record (sth); to certify (a death).

constellation [kɔ̃stɛlasjɔ̃] *nf* constellation. **constellé** *a* spangled, studded (**de,** with).

consternation [kɔ̃stɛrnasjɔ̃] *nf* consternation, dismay.

consterner [kɔ̃stɛrne] *vtr* to dismay; to distress.

constipation [kɔ̃stipasjɔ̃] *nf* constipation.

constiper [kɔ̃stipe] *vtr* to constipate. **constipé** *a* (*a*) *Med:* constipated (*b*) *F:* stiff, ill at ease.

constituer [kɔ̃stitɥe] *vtr* **1.** (*a*) to constitute; to form, make (up) (*b*) to set up, institute (committee); to incorporate (a society); to form (ministry) **2.** (*a*) to constitute, to appoint; **c. qn son héritier,** to make s.o. one's heir; **se c. prisonnier,** to give oneself up (to the police) (*b*) **c. une rente à qn,** to settle an annuity on s.o. **constituant** *a* constituent. **constitué** *a* **bien c.,** of sound constitution; healthy. **constitutif, -ive** *a* constituent, component.

constitution [kɔ̃stitysjɔ̃] *nf* **1.** constituting, establishing; forming (of committee); settlement (of dowry) **2.** *Med: Pol:* constitution **3.** composition (of air, water). **constitutionnel, -elle** *a* constitutional.

constructeur, -trice [kɔ̃stryktœr, -tris] *n* constructor, maker; builder; (car) manufacturer.

construction [kɔ̃stryksjɔ̃] *nf* **1.** construction; constructing, building, erecting; **matériaux de c.,** building materials; **c. navale,** shipbuilding **2.** building. **constructif, -ive** *a* constructive.

construire [kɔ̃strɥir] *vtr* (*conj like* CONDUIRE) **1.** to construct; to build; to make **2.** to assemble (machine); to construct (sentence, theory).

consul [kɔ̃syl] *nm* consul. **consulaire** *a* consular.

consulat [kɔ̃syla] *nm* consulate.

consultation [kɔ̃syltasjɔ̃] *nf* (*a*) consultation, conference; **entrer en c. avec qn,** to consult with s.o. (*b*) advice, opinion (*c*) *Med:* visit to a doctor; **cabinet de c.,** surgery, *NAm:* office; **heures de c.,** surgery hours, *NAm:* office hours. **consultatif, -ive** *a* consultative, advisory.

consulter [kɔ̃sylte] **1.** *vtr* to consult; **c. un médecin,** to take medical advice; **ouvrage à c.,** work of reference **2. se c.,** to consult (each other), to confer **3.** *vi Med:* to hold surgery, *NAm:* to hold office hours.

consumer [kɔ̃syme] *vtr* **1.** to consume; to burn; **consumé par l'ambition,** eaten up with ambition **2.** to waste (time, fortune) **3. se c.,** to waste away; to burn.

contact [kɔ̃takt] *nm* **1.** contact, touch; **être en c. avec,** to be in touch with; **prendre c. avec qn,** to get in touch with s.o., to contact s.o.; **prise de c.,** preliminary contact; first meeting; **lentille, verre, de c.,** contact lens **2.** *El:* (*a*) connection, contact; *Aut:* **clef de c.,** ignition key; **mettre le c.,** to switch on; **couper le c.,** to switch off (*b*) switch.

contacter [kɔ̃takte] *vtr* to contact (s.o.).

contagion [kɔ̃taʒjɔ̃] *nf* contagion; *Fig:* infectiousness (of laughter). **contagieux, -ieuse** *a* contagious; *Fig:* infectious (laugh).

contamination [kɔ̃taminasjɔ̃] *nf* contamination.

contaminer [kɔ̃tamine] *vtr* to contaminate.
conte [kɔ̃t] *nm* story, tale; **c. de fée,** fairytale.
contemplation [kɔ̃tɑ̃plasjɔ̃] *nf* contemplation. **contemplatif, -ive** *a* contemplative.
contempler [kɔ̃tɑ̃ple] *vtr* to contemplate, to gaze at (sth).
contemporain, -aine [kɔ̃tɑ̃pɔrɛ̃, -ɛn] **1.** *a* (*a*) contemporary (*b*) contemporaneous (**de,** with) **2.** *n* contemporary.
contenance [kɔ̃tnɑ̃s] *nf* **1.** capacity, content (of bottle) **2.** countenance, bearing; **faire bonne c.,** to show a bold front; **perdre c.,** to lose face.
contenant [kɔ̃tnɑ̃] *nm*, **conteneur** [kɔ̃tnœr] *nm* container.
contenir [kɔ̃tnir] *vtr* (*conj like* TENIR) **1.** to contain; to hold (quantity, number); (*of theatre*) to seat; **lettre contenant chèque,** letter enclosing cheque **2.** to restrain; to hold (crowd) in check; to suppress (anger); to hold back (tears) **3. se c.,** to contain oneself; to control one's emotions.
content [kɔ̃tɑ̃] **1.** *a* (*a*) content (*b*) satisfied, pleased (**de,** with); **il est très c. ici,** he's very happy here (*c*) pleased; **je suis très c. de vous voir,** I am very pleased to see you; **non c. d'avoir fait,** not content with having done (*d*) glad **2.** *nm* **avoir son c.,** to have had one's fill (**de,** of); **manger tout son c.,** to eat one's fill.
contentement [kɔ̃tɑ̃tmɑ̃] *nm* (*a*) contentment (*b*) satisfaction (**de,** at, with).
contenter [kɔ̃tɑ̃te] **1.** *vtr* to content, satisfy (s.o.); to gratify (curiosity) **2. se c. de (faire) qch,** to be satisfied with (doing) sth.
contentieux, -ieuse [kɔ̃tɑ̃sjø, -jøz] **1.** *a* contentious **2.** *nm Adm:* (*a*) matters in dispute; litigation (*b*) legal department.
contenu [kɔ̃tny] **1.** *a* restrained, suppressed (passion, style) **2.** *nm* contents (of parcel); content (of letter).
conter [kɔ̃te] *vtr* to tell, relate; **en c. de belles à qn,** to take s.o. in; **elle ne s'en laisse pas c.,** you can't fool her.
contestation [kɔ̃tɛstasjɔ̃] *nf* **1.** contesting, dispute **2.** *Pol:* protest; **faire de la c.,** to protest (against the establishment).
contester [kɔ̃tɛste] **1.** *vtr* to contest, dispute (point, right); **point contesté,** controversial point; **je lui conteste le droit,** I question his right **2.** *vi* to take issue (**sur,** over); *Pol:* to protest. **contestable** *a* debatable. **contestataire 1.** *a* protesting **2.** *n* protester. **conteste** *adv phr* **sans c.,** indisputably, unquestionably.
conteur, -euse [kɔ̃tœr, -øz] *n* **1.** narrator **2.** storywriter.
contexte [kɔ̃tɛkst] *nm* context.
contiguïté [kɔ̃tigɥite] *nf* close proximity **contigu, -uë** *a* adjacent (**à,** to); related (ideas).
continence [kɔ̃tinɑ̃s] *nf* continence. **continent[1]** *a* continent.
continent[2] [kɔ̃tinɑ̃] *nm* **1.** continent **2.** mainland. **continental, -aux** *a* continental.
contingence [kɔ̃tɛ̃ʒɑ̃s] *nf Phil:* contingency. **contingent 1.** *a* contingent **2.** *nm* (*a*) *Mil:* contingent; **le c. annuel,** the annual intake (*b*) quota (*c*) share.
contingenter [kɔ̃tɛ̃ʒɑ̃te] *vtr* **1.** to fix quotas for (imports) **2.** to distribute (films) according to a quota.
continuation [kɔ̃tinɥasjɔ̃] *nf* continuation; **bonne c.!** carry on having fun!, keep up the good work!.
continuer [kɔ̃tinɥe] *vtr & i* (*a*) to continue; to carry on (tradition); to go on (doing sth); **c. sa route,** to continue on one's way; **continuez!** go on! (*b*) to extend. **continu** *a* continuous, unceasing. **continuel, -elle** *a* continual, unceasing. **continuellement** *adv* continually. **continûment** *adv* continuously.
continuité [kɔ̃tinɥite] *nf* continuity; continuation.
contondant [kɔ̃tɔ̃dɑ̃] *a Jur:* **instrument c.,** blunt instrument.
contorsion [kɔ̃tɔrsjɔ̃] *nf* contortion.
contorsionner (se) [səkɔ̃tɔrsjɔne] *vpr* to contort oneself.
contorsionniste [kɔ̃tɔrsjɔnist] *n* contortionist.
contour [kɔ̃tur] *nm* **1.** outline **2.** contour (line); **les contours de la route,** the twists in the road.
contourner [kɔ̃turne] *vtr* to pass round, skirt, bypass (hill, wood); **c. la loi,** to get round the law.
contraception [kɔ̃trasɛpsjɔ̃] *nf* contraception. **contraceptif, -ive 1.** *a* contraceptive **2.** *nm* contraceptive.
contracter[1] [kɔ̃trakte] *vtr* **1.** (*a*) to contract (alliance) (*b*) to incur (debt) (*c*) **c. une assurance,** to take out an insurance policy **2.** to acquire (habit); to catch (disease).
contracter[2] *vtr* **1.** to contract, to draw together; **traits contractés par la douleur,** features drawn with pain **2. se c.,** (*of heart*) to contract; (*of muscle*) to tense up, to contract. **contracté** *a* (*a*) *Gram:* contracted (*b*) tense (muscles).
contraction [kɔ̃traksjɔ̃] *nf* contraction.
contractuel, -elle [kɔ̃traktɥɛl] *n* **1.** contract employee; traffic warden; *nf NAm:* meter maid.
contradiction [kɔ̃tradiksjɔ̃] *nf* **1.** contradiction; **être en c.,** to contradict; **esprit de c.,** contrariness **2.** inconsistency, contradiction. **contradictoire** *a* contradictory (**à,** to); inconsistent (**à,** with); **débat c.,** debate.
contraindre [kɔ̃trɛ̃dr] *vtr* (*conj like* CRAINDRE) **1.** to constrain; to restrain **2.** to compel, to force, to constrain; **je fus contraint d'obéir,** I was obliged to obey **3. se c.,** (*a*) to force oneself (*b*) to restrain oneself. **contraignant** *a* restricting, constraining. **contraint** *a* constrained; forced (smile); stiff (manner); **c. et forcé,** under duress.
contrainte [kɔ̃trɛ̃t] *nf* **1.** constraint; restraint; **parler sans c.,** to speak freely **2.** compulsion, coercion; **agir sous la c.,** to act under duress.
contraire [kɔ̃trɛr] **1.** *a* contrary; opposite (direction); conflicting (interest); **sauf avis c.,** unless you hear to the contrary; **c. au règlement,** against the rule **2.** *a* adverse; **le sort lui est c.,** fate is against him; **le climat lui est c.,** the climate does not agree with him **3.** *nm* opposite, contrary; **c'est le c.,** it's the other way round; **je ne vous dis pas le c.,** I'm not denying it; **au c.,** on the contrary; **au c. des autres,** unlike the others. **contrairement** *adv* **c. à,** contrary to; unlike.
contrarier [kɔ̃trarje] *vtr* (*impf & pr sub* **n. contrariions**) **1.** to thwart, oppose (plans) **2.** to annoy, bother. **contrariant** *a* annoying; perverse.
contrariété [kɔ̃trarjete] *nf* annoyance.

contraste [kɔ̃trast] *nm* contrast; **mettre en c.**, to contrast; **en c. avec**, in contrast to.
contraster [kɔ̃traste] *vtr & i* to contrast. **contrasté** *a* contrasted, contrasting.
contrat [kɔ̃tra] *nm* contract, agreement; **c. de mariage**, marriage settlement.
contravention [kɔ̃travɑ̃sjɔ̃] *nf* (*a*) contravention, infringement (of law); **en c.**, contravening the law (*b*) police offence (*c*) *Aut:* fine; (parking) ticket.
contre [kɔ̃tr̥] **1.** *prep* (*a*) against; **se fâcher c. qn**, to get angry with s.o.; **c. son habitude**, contrary to his usual practice; **l'Angleterre c. l'Irlande**, England versus Ireland; **je n'ai rien c.**, I have nothing against it, him, etc (*b*) from; **s'abriter c. la pluie**, to shelter from the rain; **sirop c. la toux**, cough mixture (*c*) (in exchange) for; **livraison c. remboursement**, cash on delivery (*d*) to; **parier à cinq c. un**, to bet five to one (*e*) close to, by; **s'appuyer c. un mur**, to lean against a wall; **sa maison est tout c. la mienne**, his house adjoins mine **2.** *adv* against; **parler pour et c.**, to speak for and against; **la maison est tout c.**, the house is close by **3.** *nm* (*a*) **disputer le pour et le c.**, to argue the pros and cons; *adv phr* **par c.**, on the other hand (*b*) *Cards:* double; *Sp:* counter.
NOTE: *In the hyphenated nouns and adjectives below,* **contre** *remains inv; for irreg pl forms consult the second component.*
contre-allée [kɔ̃trale] *nf* side path; service road.
contre-amiral [kɔ̃tramiral] *nm* rear-admiral.
contre-attaque [kɔ̃tratak] *nf* counter attack.
contre-attaquer [kɔ̃tratake] *vtr & i* to counter-attack.
contrebalancer [kɔ̃trəbalɑ̃se] *vtr* (**n. contrebalançons**) to counterbalance, offset.
contrebande [kɔ̃trəbɑ̃d] *nf* contraband, smuggling; **marchandises de c.**, smuggled merchandise; **faire de la c.**, to smuggle.
contrebandier, -ière [kɔ̃trəbɑ̃dje, -jɛr] *n* smuggler.
contrebas (en) [ɑ̃kɔ̃trəbɑ] *adv phr* (lower) down; below; **le café est en c. de la rue**, the café is below street level.
contrebasse [kɔ̃trəbas] *nf Mus:* (*a*) (double) bass (*b*) (double) bass player.
contrebasson [kɔ̃trəbasɔ̃] *nm Mus:* contrabassoon.
contrecarrer [kɔ̃trəkare] *vtr* to thwart (s.o.).
contrecœur (à) [akɔ̃trəkœr] *adv phr* unwillingly, reluctantly, grudgingly.
contrecoup [kɔ̃trəku] *nm* consequence (of action); repercussion; **par c.**, as an indirect consequence.
contre-courant (à) [akɔ̃trəkurɑ̃] *adv phr* against the current.
contredanse [kɔ̃tradɑ̃s] *nf F: Aut:* ticket.
contredire [kɔ̃trədir] *vtr* (*pr ind* v. **contredisez;** *otherwise like* DIRE) to contradict.
contredit [kɔ̃trədi] *adv phr* **sans c.**, indisputably, unquestionably.
contrée [kɔ̃tre] *nf* (geographical) region.
contre-espionnage [kɔ̃trɛspjɔnaʒ] *nm* counter-espionage.
contre-expertise [kɔ̃trɛkspɛrtiz] *nf* counter-valuation.
contrefaçon [kɔ̃trəfasɔ̃] *nf* **1.** counterfeiting **2.** counterfeit, forgery.
contrefaire [kɔ̃trəfɛr] *vtr* (*conj like* FAIRE) **1.** (*a*) to imitate (*b*) *O:* to feign (*c*) to disguise (one's voice) **2.** to counterfeit, forge (coin).
contrefort [kɔ̃trəfɔr] *nm* **1.** *Arch:* (close) buttress **2.** *Geog:* spur (of mountain); *pl* foot-hills **3.** stiffening (of shoe).
contre-indication [kɔ̃trɛ̃dikasjɔ̃] *nf Med:* contra-indication.
contre-indiquer [kɔ̃trɛ̃dike] *vtr Med:* to contra-indicate; **c'est contre-indiqué**, it's inadvisable.
contre-interrogatoire [kɔ̃trɛ̃tɛrɔgatwar] *nm* cross-examination.
contre-jour (à) [akɔ̃trəʒur] *adv phr* against the light; **assis à c.-j.**, sitting with one's back to the light.
contremaître [kɔ̃trəmɛtr̥] *nm* foreman.
contrepartie [kɔ̃trəparti] *nf* compensation; **en c.**, in return.
contre-performance [kɔ̃trəpɛrfɔrmɑ̃s] *nf* sub-standard performance.
contre-pied [kɔ̃trəpje] *nm* **1. prendre le c.-p.**, to take the opposite course (**de**, to); **il prend toujours le c.-p. de ce qu'on lui dit**, he always does the opposite of what he's told **2.** *Sp:* **à c.-p.**, on the wrong foot.
contre(-)plaqué [kɔ̃trəplake] *nm* plywood.
contrepoids [kɔ̃trəpwa] *nm* (*a*) counterbalance, counterweight; **faire c. (à)**, to counterbalance (*b*) balancing pole (of rope dancer).
contre-poil (à) [akɔ̃trəpwal] *adv phr F:* **prendre qn à c.-p.**, to rub s.o. up the wrong way.
contrepoint [kɔ̃trəpwɛ̃] *nm Mus:* counterpoint.
contrepoison [kɔ̃trəpwazɔ̃] *nm* antidote.
contrer [kɔ̃tre] **1.** *vtr* to counter **2.** *vtr & i Cards:* to double.
contre-révolution [kɔ̃trərevɔlysjɔ̃] *nf* counter-revolution.
contresens [kɔ̃trəsɑ̃s] *nm* **1.** misinterpretation; mistranslation **2.** wrong way (of material) **3. à c.**, in the wrong way, direction; **à c. de**, in the opposite direction to.
contresigner [kɔ̃trəsiɲe] *vtr* to countersign.
contretemps [kɔ̃trətɑ̃] *nm* **1.** mishap, hitch **2.** *adv phr* **arriver à c.**, to arrive at the wrong moment; **jouer à c.**, to play out of time.
contre-torpilleur [kɔ̃tratɔrpijœr] *nm Navy:* destroyer, torpedo boat.
contre-ut [kɔ̃tryt] *nm Mus:* top C.
contre-valeur [kɔ̃trəvalœr] *nf Fin:* exchange value.
contrevenant, -ante [kɔ̃trəvənɑ̃, -ɑ̃t] *n* offender.
contrevenir [kɔ̃trəvnir] *v ind tr* (*conj like* VENIR) **c. à**, to contravene, infringe.
contrevent [kɔ̃trəvɑ̃] *nm* (outside) shutter.
contre(-)vérité [kɔ̃trəverite] *nf* untruth, falsehood.
contre-visite [kɔ̃trəvizit] *nf* second (medical) opinion.
contribuable [kɔ̃tribɥabl̥] *n* taxpayer.
contribuer [kɔ̃tribɥe] *vi* **1.** to contribute **2.** to contribute, conduce.
contribution [kɔ̃tribysjɔ̃] *nf* **1.** tax; rate; **(bureau des) contributions**, tax office **2.** contribution, share **3. mettre qn à c.**, to use s.o.'s services.
contrit [kɔ̃tri] *a* contrite, penitent.

contrition [kɔ̃trisjɔ̃] *nf* contrition, penitence.
contrôle [kɔ̃trol] *nm* **1.** *Mil: etc:* roll, list, register **2.** (*a*) checking (of information) (*b*) *Adm:* inspection, checking (of passports) **3.** *Sch:* assessment; test; **c. continu,** continuous assessment **4.** (*a*) authority (*b*) **c. de soi-même,** self-control (*c*) **c. des naissances,** birth control.
contrôler [kɔ̃trole] *vtr* **1.** to inspect (work); to check (tickets); to examine (passport); to verify, check (up) (information) **2.** (*a*) to control, supervise (operations) (*b*) to control (s.o.); **se c.,** to control oneself.
contrôleur, -euse [kɔ̃trolœr, -øz] *n* inspector.
contrordre [kɔ̃trɔrdr̥] *nm* counterorder.
controverse [kɔ̃trɔvɛrs] *nf* controversy. **controversé** *a* much debated.
contumace [kɔ̃tymas] *nf Jur:* **par c.,** in one's absence, in absentia.
contusion [kɔ̃tyzjɔ̃] *nf* contusion, bruise.
contusionner [kɔ̃tyzjɔne] *vtr* to bruise.
convaincre [kɔ̃vɛ̃kr̥] *vtr* (*conj like* VAINCRE) **1.** to convince (**de,** of); **c. qn de faire qch,** to persuade s.o. to do sth; **se laisser c.,** to let oneself be persuaded **2.** to convict (s.o.), to prove (s.o.) guilty (**de,** of). **convaincant** *a* convincing. **convaincu** *a* convinced; **d'un ton c.,** with conviction.
convalescence [kɔ̃valɛsɑ̃s] *nf* convalescence; **être en c.,** to be convalescing; **maison de c.,** convalescent home. **convalescent, -ente** *a & n* convalescent.
convection [kɔ̃vɛksjɔ̃] *nf Ph:* convection.
convenable [kɔ̃vnabl̥] *a* **1.** suitable, fitting, appropriate, proper **2.** decent, respectable; **peu c.,** unacceptable **3.** *F:* adequate (salary). **convenablement** *adv* suitably, appropriately; correctly, properly; adequately.
convenance [kɔ̃vnɑ̃s] *nf* **1.** suitability, fitness; appropriateness; **mariage de c.,** marriage of convenience; **trouver qch à sa c.,** to find sth suitable **2. les convenances,** proprieties, etiquette.
convenir [kɔ̃vnir] *vi* (*conj like* VENIR) **1.** (*conj with* **avoir**) (*a*) to suit, fit; **si cela vous convient,** if that suits you; **c'est exactement ce qui me convient,** it's just what I need (*b*) *impers* **il convient de,** it is advisable to; **ce qu'il convient de faire,** the right thing to do **2.** (*conj with* **avoir,** *and with* **être** *to denote a state of agreement*) (*a*) to agree; **c. de qch,** to agree on, about, sth; **ils sont convenus,** they are agreed; *impers* **il fut convenu que,** it was agreed that; **comme convenu,** as agreed (*b*) **c. de qch,** to admit sth; **j'ai eu tort, j'en conviens,** I admit I was wrong. **convenu** *a* agreed (price); appointed (time); **c'est c.!** that's settled!
convention [kɔ̃vɑ̃sjɔ̃] *nf* **1.** convention; covenant, agreement; **c. collective,** collective bargaining **2. les conventions (sociales),** the social conventions; **de c.,** conventional. **conventionné** *a* regulated (price); **médecin c.** = National Health Service doctor. **conventionnel, -elle** *a* conventional.
convergence [kɔ̃vɛrʒɑ̃s] *nf* convergence. **convergent, -ente** *a* convergent.
converger [kɔ̃vɛrʒe] *vi* (**convergeant; ils convergeaient**) to converge.
conversation [kɔ̃vɛrsasjɔ̃] *nf* conversation, talk; **faire la c. à qn,** to chat with s.o.; **avoir de la c.,** to be a good conversationalist; **langage de la c.,** colloquial language.
converser [kɔ̃vɛrse] *vi* to converse (**avec,** with).
conversion [kɔ̃vɛrsjɔ̃] *nf* **1.** conversion (to a faith) **2.** conversion, change (**en,** into).
convertir [kɔ̃vɛrtir] *vtr* **1.** to convert **2.** to convert (sth into sth) **3. se c.,** to become converted (to a faith). **converti, -ie 1.** *a* converted **2.** *n* convert. **convertible 1.** *a* convertible (**en,** into) **2.** *nm* sofa bed.
convertisseur [kɔ̃vɛrtisœr] *nm El:* converter.
convexité [kɔ̃vɛksite] *nf* convexity. **convexe** *a* convex.
conviction [kɔ̃viksjɔ̃] *nf* conviction.
convier [kɔ̃vje] *vtr* (*impf & pr sub* **n. conviions**) to invite (**à,** to).
convive [kɔ̃viv] *n* guest (at table).
convivial, -aux [kɔ̃vivjal, -o] *a* **1.** convivial **2.** *Cmptr:* user-friendly.
convivialité [kɔ̃vivjalite] *nf* **1.** conviviality **2.** *Cmptr:* user-friendliness.
convocation [kɔ̃vɔkasjɔ̃] *nf* (*a*) convocation; inviting; convening (of assembly); *Jur:* summons (*b*) (letter of) notification to attend.
convoi [kɔ̃vwa] *nm* **1.** convoy; **c. exceptionnel,** long load **2. c. (funèbre),** funeral procession **3.** train, convoy; *Rail:* **c. de marchandises,** goods freight.
convoiter [kɔ̃vwate] *vtr* to covet, desire.
convoitise [kɔ̃vwatiz] *nf* covetousness; envy; **regard de c.,** covetous look.
convoquer [kɔ̃vɔke] *vtr* **1.** to summon, convoke (assembly); to convene (meeting) **2.** to invite (s.o.) to an interview; **le patron m'a convoqué dans son bureau,** the boss called me to his office.
convoyer [kɔ̃vwaje] *vtr* (**je convoie, n. convoyons**) to convoy, to escort (train, fleet).
convoyeur [kɔ̃vwajœr] *nm* (*a*) *Mil:* officer in charge of convoy; escort (*b*) escort, convoy (ship) (*c*) **c. des fonds,** security guard.
convulser [kɔ̃vylse] *vtr* to convulse. **convulsif, -ive** convulsive. **convulsivement** *adv* convulsively.
convulsion [kɔ̃vylsjɔ̃] *nf* convulsion.
convulsionner [kɔ̃vylsjɔne] *vtr* to convulse.
coopérateur, -trice [kɔɔperatœr, -tris] *n* cooperator.
coopération [kɔɔperasjɔ̃] *nf* (*a*) cooperation (*b*) = Voluntary Service Overseas.
coopérer [kɔɔpere] *vi* (**je coopère; je coopérerai**) to cooperate; to work together. **coopératif, -ive 1.** *a* cooperative **2.** *nf* cooperative (stores).
cooptation [kɔɔptasjɔ̃] *nf* co-option.
coopter [kɔɔpte] *vtr* to co-opt.
coordination [kɔɔrdinasjɔ̃] *nf* coordination.
coordonner [kɔɔrdɔne] *vtr* to coordinate. **coordonnateur, -trice 1.** *a* coordinating **2.** *n* (*pers*) coordinator. **coordonné, -ée 1.** *a* coordinated (movement); coordinate (clause) **2.** *nfpl* (*a*) *Mth:* coordinates (*b*) address and telephone number.
copain [kɔpɛ̃] *nm F:* friend, pal; **être c. avec,** to be pally with.
copeau [kɔpo] *nm* (wood) shaving; (metal) chip.
Copenhague [kɔpɛnag] *Prnf* Copenhagen.
copie [kɔpi] *nf* **1.** (*a*) copy; *Adm:* **pour c. conforme,** certified true copy (*b*) *Jour: Typ:* manuscript; copy (*c*)

Sch: (i) fair copy (of exercise) (ii) (candidate's) paper (iii) double sheet (of paper) **2.** copy, reproduction (of picture); imitation (of style) **3.** *Cin:* (print) copy; print.

copier [kɔpje] *vtr* (*impf & pr sub* **n. copiions**) **1.** to copy, transcribe; **c. qch au propre,** to make a fair copy of sth **2.** to copy (picture); to imitate (style); *Sch:* to copy, to crib (**sur,** from).

copieux, -ieuse [kɔpjø, -jøz] *a* copious; hearty (meal); generous (portion). **copieusement** *adv* copiously, heartily, generously.

copilote [kopilɔt] *nm Av:* co-pilot.

copine [kɔpin] *nf F:* (girl) friend; *cf* **copain.**

copiste [kɔpist] *n* copyist.

copropriété [kɔprɔpriete] *nf* **1.** joint ownership **2.** **(immeuble en) c.,** block of flats in joint ownership, *NAm:* condominium.

copulation [kɔpylasjɔ̃] *nf* copulation.

copuler [kɔpyle] *vtr* to copulate.

coq[1] [kɔk] *nm* (*a*) cock; **jeune c.,** cockerel; **le c. gaulois,** the French cockerel; **au chant du c.,** at cockcrow; **jambes de c.,** spindly legs; **passer du c. à l'âne,** to jump from one subject to another; **vivre comme un c. en pâte,** to live in clover; **c. du village,** cock of the walk; *Box:* **poids c.,** bantam weight (*b*) cock, male (of birds); **c. faisan,** cock pheasant; **c. de bruyère,** capercaillie; wood grouse.

coq[2] *nm Nau:* **(maître-)c.,** (ship's) cook.

coq-à-l'âne [kɔkalɑn] *nm inv* sudden change of subject.

coque [kɔk] *nf* **1.** (*a*) shell (of egg); **œuf à la c.,** (soft-)-boiled egg (*b*) shell, husk (of nut) (*c*) *Moll:* cockle **2.** hull (of ship); *Av:* fuselage; body (of car).

coquelet [kɔklɛ] *nm Cu:* cockerel.

coquelicot [kɔkliko] *nm Bot:* red poppy.

coqueluche [kɔklyʃ] *nf* whooping cough; **être la c. des femmes,** to be the ladies' idol.

coquet, -ette [kɔkɛ, -ɛt] **1.** *a* (*a*) coquettish, flirtatious (woman, smile) (*b*) smart, stylish (clothes); **elle est coquette,** (i) she likes pretty clothes (ii) she likes to look attractive (*c*) **la coquette somme de cinq mille francs,** a mere five thousand francs; **fortune assez coquette,** tidy fortune **2.** *nf* **coquette,** flirt. **coquettement** *adv* smartly, stylishly (dressed).

coquetier [kɔktje] *nm* egg cup.

coquetterie [kɔkɛtri] *nf* **1.** (*a*) coquetry, flirtatiousness (*b*) affectation (*c*) **avoir de la c. pour sa tenue,** to be fastidious about one's appearance **2.** smartness (of dress).

coquillage [kɔkijaʒ] *nm* **1.** shellfish **2.** (empty) shell (of shellfish).

coquille [kɔkij] *nf* **1.** shell (of snail, oyster); **rentrer dans sa c.,** to retire into one's shell; **sortir de sa c.,** to come out of one's shell **2.** (*a*) **c. Saint-Jacques,** (i) scallop (ii) scallop shell (*b*) (scallop-shaped) dish **3.** (*a*) shell (of egg, nut); (*of boat*) **c. de noix,** cockleshell (*b*) **c. de beurre,** whorl of butter (*c*) *Typ:* misprint, literal (*d*) *Med:* spinal plaster.

coquillettes [kɔkijɛt] *nfpl* pasta shells.

coquin, -ine [kɔkɛ̃, -in] **1.** *n* rogue; *f* hussy; (*in Provence*) **c. de sort!** damn it! **petit c.! petite coquine!** you little rascal! **2.** *a* naughty.

cor [kɔr] *nm* **1.** tine (of antler) **2.** (*a*) **c. (de chasse),** (hunting) horn; **réclamer qch à c. et à cri,** to clamour for sth (*b*) *Mus:* **c. d'harmonie,** French horn; **c. anglais,** cor anglais **3. c. (au pied),** corn.

corail, *pl* **-aux** [kɔraj, -o] *nm* coral.

Coran (le) [ləkɔrɑ̃] *nm* the Koran.

corbeau, -eaux [kɔrbo] *nm Orn:* crow; **grand c.,** raven.

corbeille [kɔrbɛj] *nf* **1.** (open) basket; **c. à papier,** waste paper basket; **c. de mariage,** wedding presents **2.** *Th:* dress circle.

corbillard [kɔrbijar] *nm* hearse.

cordage [kɔrdaʒ] *nm* rope(s), gear, rigging.

corde [kɔrd] *nf* **1.** (*a*) rope, cord, line; **c. à linge,** clothes line; **c. raide,** tightrope; **c. à nœuds,** knotted climbing rope; **c. à sauter,** skipping rope, *NAm:* jump rope; **sauter à la c.,** to skip; **trop tirer sur la c.,** to go too far; *F:* **il pleut des cordes,** it's raining cats and dogs (*b*) string; **c. à piano,** piano wire; **c. de boyau,** catgut; **instrument à cordes,** stringed instrument (*c*) halter, hangman's rope; **se mettre la c. au cou,** to put a noose round one's own neck (*d*) *Rac:* **la c.,** the rails; **tenir la c.,** to be on the inside (lane); *Aut:* **prendre un virage à la c.,** to cut a corner close; *Tex:* thread **2.** *Mth:* chord **3.** *Anat:* **cordes vocales,** vocal cords; **ce n'est pas dans mes cordes,** it's not in my line.

cordeau, -eaux [kɔrdo] *nm* **1.** line, string; **tiré au c.,** perfectly straight **2.** *Exp:* fuse, match.

cordée [kɔrde] *nf Mount:* roped party.

cordelette [kɔrdəlɛt] *nf* fine cord.

cordialité [kɔrdjalite] *nf* cordiality. **cordial,** *pl* **-iaux 1.** *nm* cordial; tonic **2.** *a* cordial, warm (welcome). **cordialement** *adv* cordially, warmly; *Corr:* **c. vôtre,** yours ever.

cordillère [kɔrdijɛr] *nf Geog:* cordillera.

cordon [kɔrdɔ̃] *nm* **1.** (*a*) cord; string; **c. de sonnette,** bellpull; **c. de chaussure,** shoelace (*b*) ribbon (of an order) (*c*) **c. ombilical,** umbilical cord (*d*) *El:* cord, flex **2.** row, line; cordon (of police); **c. sanitaire,** quarantine line **3.** *Geog:* **c. littoral,** offshore bar.

cordon-bleu [kɔrdɔ̃blø] *nm* cordon bleu (cook), first class cook; *pl cordons-bleus.*

cordonnerie [kɔrdɔnri] *nf* (*a*) shoemending (*b*) shoemender's shop.

cordonnier, -ière [kɔrdɔnje, -jɛr] *nm* shoemaker, cobbler.

Corée [kɔre] *Prnf* **C. (du Nord, du Sud),** (North, South) Korea. **coréen, -enne** *a & n* Korean.

coriace [kɔrjas] *a* tough (meat, person).

coriandre [kɔrjɑ̃dr] *nm Bot:* coriander.

Corinthe [kɔrɛ̃t] *Prnf Geog:* Corinth; **raisins de C.,** currants.

cormoran [kɔrmɔrɑ̃] *nm Orn:* cormorant.

corne [kɔrn] *nf* **1.** (*a*) horn; **à cornes,** horned; **donner un coup de c. à qn,** to gore s.o.; **faire les cornes à qn,** to jeer at s.o.; **c. à chaussure,** shoehorn (*b*) horn (of snail); (beetle's) antenna **2.** (*a*) *Mus: etc* horn; **c. de brume,** foghorn (*b*) dog-ear (of page); **faire une c. à une page,** to fold down the corner of a page **3. c. d'abondance,** cornucopia, horn of plenty.

cornée [kɔrne] *nf Anat:* cornea.

corneille [kɔrnɛj] *nf Orn:* crow; rook.

cornemuse [kɔrnəmyz] *nf Mus:* bagpipe(s).

corner[1] [kɔrne] **1.** *vtr* (*a*) to blare (sth) out (*b*) to turn down the corner of (page); **page cornée,** dog-eared page **2.** *vi Aut:* to sound the horn; to hoot.

corner² [kɔrnɛr] *nm Fb:* corner.
cornet [kɔrnɛ] *nm* **1.** *Mus:* (i) **c. à pistons,** cornet (ii) cornet stop (of organ) **2. c. acoustique,** ear trumpet; **c. à dés,** dice box; **c. de glace,** ice-cream cone.
corniaud [kɔrnjo] *nm* **1.** (mongrel) dog **2.** *F:* idiot, twit.
corniche [kɔrniʃ] *nf* **1.** cornice **2.** ledge (of rock); **(route en) c.,** corniche.
cornichon [kɔrniʃɔ̃] *nm* **1.** gherkin **2.** *F:* idiot, twit.
Cornouailles [kɔrnwaj] *Prnf Geog:* Cornwall.
cornu [kɔrny] *a* horned.
cornue [kɔrny] *nf Ch:* retort.
corollaire [kɔrɔlɛr] *nm* corollary.
corolle [kɔrɔl] *nf Bot:* corolla.
coronaire [kɔrɔnɛr] *a* coronary.
corporation [kɔrpɔrasjɔ̃] *nf* (*a*) corporate body (*b*) *Hist:* (trade) guild. **corporatif, -ive** *a* corporate.
corporel, -elle [kɔrpɔrɛl] *a* corporeal (being); corporal (punishment); bodily (needs).
corps [kɔr] *nm* **1.** body; **c. robuste,** strong frame; **je me demande ce qu'il a dans le c.,** I wonder what stuff he's made of; **avoir le diable au c.,** (i) to be very excited (ii) to be angry; **donner c. à,** to give substance to (rumour); **prendre c.,** to take shape; **il n'a rien dans le c.,** (i) he hasn't eaten anything (ii) he has no energy; **garde du c.,** bodyguard; **à son c. défendant,** under protest; *adv phr* **saisir qn à bras-le-c.,** to seize s.o. round the waist; **lutter c. à c.,** to fight hand to hand **2.** corpse, body **3.** *Ch:* body, substance; **c. simple,** element; **c. composé,** compound; *Med:* **c. étranger,** foreign body **4.** (*a*) main part (of sth); **faire c. avec qch,** to be an integral part of sth (*b*) *Nau:* **perdu c. et biens,** lost with all hands **5. le c. diplomatique,** the diplomatic corps; **le c. électoral,** the electorate; **le c. enseignant, médical,** the teaching, the medical, profession; **c. d'armée,** (army) corps; **c. de garde,** guardroom.
corpulence [kɔrpylɑ̃s] *nf* stoutness, corpulence. **corpulent** *a* stout, corpulent.
corpuscule [kɔrpyskyl] *nm* corpuscle.
correct [kɔrɛkt] *a* (*a*) correct, proper (language); accurate (copy); (*of pers*) conventional; **être c. avec qn,** to behave properly towards s.o. (*b*) *F:* adequate, acceptable. **correctement** *adv* correctly; properly; accurately. **correcteur, -trice 1.** *a* correcting; corrective **2.** *n* marker (of exam papers); proofreader. **correctif, -ive 1.** *a* corrective **2.** *nm* qualifying statement.
correction [kɔrɛksjɔ̃] *nf* **1.** correction, correcting; proofreading; correction (of proofs); marking (of exam paper) **2.** punishment, thrashing **3.** correctness (of speech, dress); propriety (of behaviour). **correctionnel, -elle** *a* **tribunal c.,** *nf F:* **correctionnelle,** magistrates' court, *NAm:* police court.
corrélation [kɔrelasjɔ̃] *nf* correlation.
correspondance [kɔrɛspɔ̃dɑ̃s] *nf* **1.** correspondence, agreement **2.** connection (between trains); *Av:* connecting flight; (*of train, boat*) **assurer la c.,** to connect with **3.** (*a*) (business) dealings (*b*) correspondence (by letter); **être en c. avec qn,** to be in correspondence with s.o.; **enseignement par c.,** correspondence course (*c*) mail.
correspondant, -ante [kɔrɛspɔ̃dɑ̃, -ɑ̃t] **1.** *a* corresponding (**à,** to, with) **2.** *n* (*a*) correspondent (*b*) penfriend.
correspondre [kɔrɛspɔ̃dr̥] *vi* **1.** to tally, agree, fit (**à,** with); to correspond (**à,** to, with) **2.** (*of rooms*) **(se) c.,** to communicate (with one another) **3. c. avec qn,** to correspond with s.o.
corrida [kɔrida] *nf* **1.** bullfight **2.** *F:* carry-on.
corridor [kɔridɔr] *nm* corridor, passage.
corrigé [kɔriʒe] *nm Sch:* model answer, correct version.
corriger [kɔriʒe] *vtr* (**n. corrigeons**) **1.** to correct, mark (exercise); to proofread; to correct (proofs); to rectify (mistake); **c. qn d'une habitude,** to cure s.o. of a habit **2.** to give (s.o.) a thrashing **3. se c.,** to mend one's ways; **se c. d'une habitude,** to break oneself of a habit.
corroborer [kɔrɔbɔre] *vtr* to corroborate.
corroder [kɔrɔde] *vtr* to corrode.
corrompre [kɔrɔ̃pr̥] *vtr* **1.** (*a*) to corrupt; to deprave; to debase (language) (*b*) to bribe (s.o.) (*c*) to taint (meat) **2. se c.** (*a*) to become corrupt (*b*) (*of meat*) to become tainted.
corrosion [kɔrozjɔ̃] *nf* corrosion. **corrosif, -ive** *a & nm* corrosive.
corruption [kɔrypsjɔ̃] *nf* corruption. **corrupteur, -trice 1.** *a* corrupt(ing) **2.** *n* corrupter, briber. **corruptible** *a* corruptible.
corsage [kɔrsaʒ] *nm* (*a*) bodice (of dress) (*b*) blouse, *NAm:* waist.
corsaire [kɔrsɛr] *nm Hist:* privateer.
Corse [kɔrs] *Prnf* Corsica. **corse** *a & n* Corsican.
corser [kɔrse] *vtr* to give body, flavour, to (sth); to strengthen (wine); to liven (sth) up; **l'affaire se corse,** (i) the plot thickens (ii) things are getting serious. **corsé** *a* full-bodied (wine); spicy (sauce, story).
corset [kɔrsɛ] *nm* corset.
cortège [kɔrtɛʒ] *nm* **1.** train, retinue **2.** procession; **c. officiel,** motorcade.
corvée [kɔrve] *nf* **1.** *Mil: etc:* fatigue (duty); **être de c.,** to be on fatigue **2.** chore; **quelle c.!** what a drag!
corvette [kɔrvɛt] *nf Navy:* corvette.
coryza [kɔriza] *nm Med:* head cold, coryza.
cosaque [kɔzak] *nm* cossack.
cosmétique [kɔsmetik] **1.** *a* cosmetic **2.** *nm* hair oil.
cosmonaute [kɔsmɔnot] *n* cosmonaut.
cosmopolite [kɔsmɔpɔlit] *a* cosmopolitan.
cosmos [kɔsmɔs] *nm* cosmos; outer space. **cosmique** *a* cosmic.
cosse [kɔs] *nf* **1.** pod, husk **2.** *El:* cable terminal **3.** *P:* **quelle c.!** lazy blighter!
cossu [kɔsy] *a* well-off (person); fancy (house).
costaud, -aude [kɔsto, -od] *F:* **1.** *a* tough; beefy **2.** *nm* toughie; **c'est du c.,** it's made to last.
costume [kɔstym] *nm* (*a*) costume, dress; **c. de bain,** bathing costume (*b*) (man's) suit.
costumer [kɔstyme] *vtr* **1.** to dress (s.o.) (up) (**en,** as) **2. se c.,** to dress up. **costumé** *a* **bal c.,** fancy-dress ball.
cotation [kɔtasjɔ̃] *nf Fin:* quotation.
cote [kɔt] *nf* **1.** (*a*) quota, share; **c. mal taillée,** rough and ready settlement (*b*) *Adm:* assessment **2.** (*a*) (indication of) dimensions (*b*) *Surv:* altitude; elevation (above sea level); **c. d'alerte,** (i) flood level (ii) danger point; *Mil:* **la c. 304,** hill 304 **3.** (classification) mark, number (of document); (library) shelf

mark **4.** (*a*) *StExch: Com:* quotation; **c. des prix,** list of prices (*b*) quoted value (of secondhand car) (*c*) *F:* **avoir la c.,** to be popular (*d*) odds on (a horse) (*e*) *Sch:* mark (*f*) (film) rating.

côte [kot] *nf* **1.** rib; **se tenir les côtes,** to split one's sides laughing; **c. à c.,** side by side; *Cu:* **c. de bœuf,** rib of beef; **c. de porc,** pork chop; **c. première,** loin chop **2.** (*a*) slope (of hill); *CivE:* gradient; *Aut:* **démarrage en c.,** hill start (*b*) hill; **à mi-côte,** half-way up, down, the hill **3.** coast, coastline; **la c. d'Azur,** the (French) Riviera.

côté [kote] *nm* **1.** side; **assis à mes côtés,** sitting by my side **2.** (*a*) side (of mountain, road, table); **aller de l'autre c. de la rue,** to cross the street; **appartement c. jardin,** flat overlooking the garden; **pencher d'un c.,** to lean to one side, to lean sideways (*b*) **le c. scientifique,** the scientific aspect; **il a un c. méchant,** there's a mean streak in him; **le bon c. de cette affaire,** the bright side of this business; **le vent vient du bon c.,** the wind is in the right quarter; **prendre qch du bon c.,** to take sth well; **d'un c.,** on the one hand; **d'un autre c.,** on the other hand; **de mon c.,** for my part; **il n'y a rien à craindre de ce c.,** there's nothing to worry about on that score (*c*) side, direction, way; **de tous (les) côtés,** on all sides; **de c. et d'autre,** here and there; **du c. de Paris,** towards Paris; **il habite du c. de la rivière,** he lives near the river; **se mettre du c. du plus fort,** to take sides with the strongest; **de quel c.?** which way? (*d*) *F:* **(du) c. argent,** moneywise, as far as money is concerned **3.** *adv phr* (*a*) **de c.,** on one side; sideways; **mettre qch de c.,** to put sth aside; **regard de c.,** sidelong glance (*b*) **à c.,** to one side; near; **il habite à c.,** he lives next door; **tirer à c.,** to miss (the mark); **à c. de,** by the side of; next to; beside; **passer à c. de qch,** to avoid sth; **il n'est rien à c. de vous,** he's nothing compared to you.

coteau [kɔto] *nm* (*a*) hillside (*b*) hill.

côtelé [kotle] *a* ribbed (material); **velours c.,** corduroy.

côtelette [kotlɛt] *nf Cu:* cutlet; chop.

coter [kɔte] *vtr* **1.** *Surv: etc:* to mark the dimensions on (drawing); to put references on (map); **point coté,** spot height (on map) **2.** to classify, number (document) **3.** (*a*) *StExch: Com:* to quote (price); **ma voiture n'est pas cotée (à l'Argus),** my car is not listed in the car buyer's guide (*b*) **très coté,** (i) (*of horse*) well backed (ii) highly considered.

coterie [kɔtri] *nf* (political, literary) set, clique.

côtier, -ière [kotje, -jɛr] *a* coastal (trade); inshore (fishery).

cotisation [kɔtizasjɔ̃] *nf* (*a*) contribution (*b*) subscription.

cotiser [kɔtize] *vi* **1.** (*a*) to contribute (*b*) to subscribe **2. se c.,** to club together (**pour acheter,** to buy).

côtoiement [kotwamɑ̃] *nm* association (with others); encounter (with a situation).

coton [kɔtɔ̃] **1.** *nm* cotton; **fil de c.,** sewing cotton; **c. à repriser,** darning thread **2.** *nm* **c. (hydrophile),** cotton wool; *F:* **j'ai les jambes en c.,** my legs feel like jelly **3.** *a F:* difficult. **cotonneux, -euse** *a* woolly (clouds); thick (fog).

cotonnade [kɔtɔnad] *nf* cotton fabric.

cotonnier, -ière [kɔtɔnje, -jɛr] **1.** *a* cotton (industry) **2.** *nm* cotton plant.

côtoyer [kotwaje] *vtr* **(je côtoie) 1.** to coast along, to keep close to (shore); to skirt (forest) **2.** to border on (river); **c. le ridicule,** to verge on the ridiculous **3. c. qn,** to rub shoulders with s.o.

cotte [kɔt] *nf Cl:* (*a*) *Mil:* **c. d'armes,** tunic (worn over armour); **c. de mailles,** coat of mail (*b*) overalls, dungarees.

cou [ku] *nm* neck; **la peau du c.,** the scruff of the neck; **se jeter au c. de qn,** to throw one's arms around s.o.'s neck; **endetté jusqu'au c.,** up to one's eyes in debt; **prendre ses jambes à son c.,** to take to one's heels.

couac [kwak] *nm Mus:* squeak (on instrument); false note.

couchage [kuʃaʒ] *nm* **(matériel de) c.,** bedding; **sac de c.,** sleeping bag.

couchant [kuʃɑ̃] **1.** *a* **soleil c.,** setting sun **2.** *nm* (*a*) sunset (*b*) west.

couche [kuʃ] *nf* **1.** (*a*) *Lit:* bed (*b*) *usu pl* confinement, labour; **mourir en couches,** to die in childbirth; **fausse c.,** miscarriage (*c*) **c. (de bébé),** (baby's) nappy, *NAm:* diaper **2.** (*a*) *Geol:* bed, layer (*b*) *Hort:* **c. de fumier,** hotbed (*c*) **couches sociales,** social strata (*d*) coat (of paint); layer (of dirt) (*e*) *P:* **il en tient une c.!** he's really thick!

coucher[1] [kuʃe] **1.** *vtr* (*a*) to put (child) to bed (*b*) to put (s.o.) up (for the night) (*c*) to lay (sth) down; **la pluie a couché les blés,** the rain has flattened the wheat; **c. un fusil en joue,** to aim a gun; **c. qn en joue,** to aim at s.o. (*d*) to put (sth) down in writing **2.** *vi* (*a*) **c. à l'hôtel,** to sleep at the hotel (*b*) to sleep **(avec,** with) **3. se c.** (*a*) to go to bed (*b*) to lie down (*c*) (*of sun*) to set, go down (*d*) (*of ship*) to heel over. **couché** *a* **être c.,** (*a*) to be in bed (*b*) to be lying down.

coucher[2] *nm* **1. l'heure du c.,** bedtime **2. au c. du soleil,** at sunset.

couchette [kuʃɛt] *nf* berth, bunk (on ship); couchette (on train).

couci-couça [kusikusa] *adv F:* so-so.

coucou [kuku] *nm* **1.** (*a*) *Orn:* cuckoo; **(pendule à) c.,** cuckoo clock (*b*) *int* **c.! (me voilà!),** peek-a-boo! **2.** *Bot:* cowslip **3.** *P:* old plane, old crate.

coude [kud] *nm* **1.** elbow; **c. à c.,** side by side; shoulder to shoulder; **coup de c.,** nudge; **pousser du c.,** to nudge; **se serrer les coudes,** to stick together **2.** (*a*) bend (in road) (*b*) bend, elbow (of pipe).

coudées [kude] *nfpl* **avoir ses c. franches,** (i) to have elbow room (ii) to have a free hand.

cou-de-pied [kudpje] *nm* instep; *pl cous-de-pied.*

coudoiement [kudwamɑ̃] *nm* contact, association.

coudoyer [kudwaje] *vtr* **(je coudoie)** to rub shoulders with (s.o.); to be in contact with (s.o.).

coudre [kudr̥] *vtr* (*prp* **cousant;** *pp* **cousu;** *pr ind* **ils cousent;** *impf* **je cousais**) to sew, stitch; to sew on (button); to sew up (wound).

coudrier [kudrije] *nm* hazel (tree).

couenne [kwan] *nf* (*a*) (thick) skin (*b*) (bacon) rind.

couette [kwɛt] *nf* **1.** duvet; continental quilt **2.** *pl Hairdr:* bunches.

couffin [kufɛ̃] *nm* Moses basket, *NAm:* bassinet.

couic! [kwik] *int* eek! squeak!

couille [kuj] *nf V:* ball.

couillon [kujɔ̃] *nm P:* twit, jerk.

couiner [kwine] *vi* to squeak, to squeal.
coulée [kule] *nf* **1.** running, flow(ing) (of liquid); **c. de lave,** lava flow; **c. de boue,** mud slide **2.** *Metall:* casting.
couler [kule] **1.** *vtr* (*a*) to run, pour (liquid) (*b*) to cast (molten metal) (*c*) *ICE:* **c. une bielle,** to burn out a connecting rod (*d*) to sink (a ship); **c. qn,** to discredit s.o.; **c. une vie heureuse,** to lead a happy life; *F:* **se la c. douce,** to have an easy time of it **2.** *vi* (*a*) (*of liquids*) to flow, run; **faire c. l'eau,** to turn the water on; **faire c. un bain,** to run a bath; **faire c. le sang,** to cause bloodshed (*b*) (*of pen*) to leak; (*of nose*) to run (*c*) (*of ship*) to sink **3. se c.,** to glide, slip; **se c. entre les draps,** to slip into bed; **se c. le long du mur,** to hug the wall. **coulant 1.** *a* running, flowing (liquid); flowing (style); easy-going (pers) **2.** *nm* sliding ring.
couleur [kulœr] *nf* **1.** (*a*) colour; tint; **gens de c.,** coloured people; **télévision en couleurs,** colour television; **sous c. de me rendre service,** while pretending to help me; *F:* **il en a vu de toutes les couleurs,** he's been through a lot (*b*) colour, complexion; **reprendre des couleurs,** to get back one's colour; **sans c.,** colourless (*c*) *pl Mil: etc:* colours, flag (*d*) **c. paille, c. chair,** straw coloured, flesh coloured **2.** colour, paint; **boîte de couleurs,** box of paints **3.** *Cards:* suit.
couleuvre [kulœvr̥] *nf* grass snake; **paresseux comme une c.,** bone-idle.
coulisse [kulis] *nf* **1.** groove, runner; **porte à c.,** sliding door; **regard en c.,** sidelong glance **2.** *Th:* **les coulisses,** the wings; **les coulisses de la politique,** behind the scenes in politics.
coulisser [kulise] *vi* to slide.
couloir [kulwar] *nm* **1.** (*a*) corridor, passage (*b*) (*athletics*) lane **2.** *Geog:* channel, gully; gorge.
coup [ku] *nm* **1.** (*a*) knock, blow; rap, tap (on door); **donner de grands coups dans la porte,** to bang at the door; **se donner un c. à la tête,** to hit one's head; **c. de bec,** peck; **c. de bâton,** blow (with a stick); **c. de poing, c. de pied,** punch; kick; **c. bas,** hit below the belt; **c. de couteau,** stab; **ça m'a donné, fichu, un c.!** it gave me a shock! *F:* **tenir le c.,** to hold out; to stick it; *F:* **faire les quatre cents coups,** to lead a reckless life; **corps couvert de coups,** body covered with bruises; **enfoncer un clou à coups de marteau,** to hammer a nail in (*b*) **c. de feu,** shot; **il fut tué d'un c. de fusil,** he was shot dead (*c*) **c. de vent,** gust of wind; **entrer en c. de vent,** to burst in; *Med:* **c. de froid,** chill, cold **2.** (*normal action of sth*) (*a*) **c. d'aile,** stroke of the wing; **c. de dents,** bite; **boire qch à petits coups,** to sip sth; *F:* **boire un c.,** to have a drink; **c. de crayon,** pencil stroke; **sur le c. de midi,** on the stroke of twelve; **c. de filet,** haul (of a net) (*b*) *Sp:* (i) stroke (ii) *Fb:* kick; **c. d'envoi,** kickoff; **c. franc,** free kick (iii) *Box:* blow, punch (iv) *Cards:* hand (v) *Chess:* move (*c*) **c. de chance,** stroke of luck; **c. d'État,** coup (d'état); **c. d'éclat,** distinguished action, glorious deed (*d*) **c. de tonnerre,** clap, peal, of thunder; **c. de sifflet,** (blast of a) whistle; **c. de sonnette,** ring of the bell; **c. de téléphone,** telephone call **3.** influence; **agir sous le c. de la peur,** to act out of fear; **tomber sous le c. de la loi,** to come within the provisions of the law **4.** (*a*) attempt; **c. d'essai,** trial shot; **marquer le c.,** to celebrate the occasion; *F:* **ça vaut le c.,** it's worth it; **c. de tête,** impulsive act; **il prépare un mauvais c.,** he's up to no good; **sale c.,** dirty trick; *F:* **il est dans le c.,** he's in on it (*b*) *adv phr* **d'un seul c.,** at one go; **du premier c.,** at the first attempt; straight off; **du (même) c.,** (i) at the same time (ii) as a result; and so; **il fut tué sur le c.,** he was killed outright; **pour le c.,** this time; **après c.,** after the event; **tout à c.,** suddenly; **c. sur c.,** in rapid succession; **à c. sûr,** definitely.
coupable [kupabl̥] **1.** *a* (*a*) guilty (person) (*b*) culpable (act) **2.** *n* culprit.
coupage [kupaʒ] *nm* (*a*) blending (of wines) (*b*) diluting (of wine with water).
coupant [kupɑ̃] *a* cutting, sharp.
coup-de-poing [kudpwɛ̃] *nm* **c.-de-p. américain,** knuckle-duster; *pl coups-de-poing.*
coupe[1] [kup] *nf* (*a*) cup; (*contents*) cup(ful); (champagne) glass; (fruit) dish, bowl (*b*) *Sp:* cup.
coupe[2] *nf* **1.** (*a*) cutting (of hay); felling (of trees); cutting-out (of material); **c. de cheveux,** haircut; *F:* **mettre qn en c. réglée,** to exploit s.o.; **c. sombre,** drastic cut (*b*) cut (of a coat) (*c*) section: **c. transversale,** cross-section **2.** *Cards:* cut, cutting; **être sous la c. de qn,** to be under s.o.'s thumb.
coupé [kupe] *nm Aut:* coupé; *Danc:* coupée.
coupe-circuit [kupsirkɥi] *nm inv El:* cutout, circuit breaker.
coupe-coupe [kupkup] *nm inv* machete.
coupe-feu [kupfø] *nm inv* firebreak.
coupe-file [kupfil] *nm inv* official pass.
coupe-gorge [kupgɔrʒ] *nm inv* cut-throat alley.
coupe-ongles [kupɔ̃gl] *nm inv* nail clippers.
coupe-papier [kuppapje] *nm inv* paper knife.
couper [kupe] *vtr & i* **1.** (*a*) to cut; **c. (qch) en morceaux,** to cut (sth) up; **c. la tête à qn,** to cut off s.o.'s head; **c. bras et jambes à qn,** to discourage s.o.; **c. l'herbe sous les pieds de qn,** to cut the ground from under s.o.'s feet; **se faire c. les cheveux,** to get one's hair cut; **accent à c. au couteau,** accent you could cut with a knife; **c. une robe,** to cut out a dress (*b*) *Cards:* (i) to cut (ii) to trump **2.** (*a*) to cut, to cross; **c. à travers champs,** to cut across country; **c. par le plus court,** to take a short cut (*b*) *Aut:* **c. la route à qn,** to cut in **3.** (*a*) to cut off, interrupt, stop; **c. l'appétit à qn,** to take s.o.'s appetite away; **c. la parole à qn,** to interrupt s.o.; **c. le souffle à qn,** to take s.o.'s breath away; *P:* **c. le sifflet à qn,** to shut s.o. up; *Tp:* **c. la communication,** to ring off; *abs* **ne coupez pas,** hold the line; **on a été coupé,** we were cut off (*b*) **c. l'eau,** to turn off the water; *El:* **c. le courant,** to switch off the current; *Aut:* **c. le contact,** to switch off the ignition **4. c. du vin,** (i) to blend (ii) to dilute, wine **5.** *ind tr F:* **c. à une corvée,** to shirk an unpleasant job; **il n'y coupera pas,** he won't get out of it **6. se c.** (*a*) to cut oneself; **se c. au doigt,** to cut one's finger (*b*) (*of roads*) to intersect (*c*) *F:* to give oneself away.
couperet [kuprɛ] *nm* **1.** meat cleaver **2.** (guillotine) blade.
couperosé [kuproze] *a* blotchy (face).
couple [kupl̥] *nm* **1.** pair, (married) couple **2.** *MecE: etc:* **c. moteur, c. (de torsion),** torque.
coupler [kuple] *vtr* to couple (together).
couplet [kuplɛ] *nm* verse (of song).

coupole [kupɔl] *nf* cupola, dome.

coupon [kupɔ̃] *nm* **1.** *Com:* remnant (of material) **2.** *Fin:* coupon.

coupon-réponse [kupɔ̃repɔ̃s] *nm Post:* reply coupon; *pl coupons-réponse.*

coupure [kupyr] *nf* **1.** cut (on finger) **2.** *(a)* cutting, piece cut out; **c. de journal,** newspaper cutting, clipping *(b)* cut (in book, film) *(c) El:* **c. (de courant),** power cut *(d) Fig:* gap, gulf **3.** *Fin:* (bank)-note.

cour [kur] *nf* **1.** *(a)* court; **à la c.,** at court; **être bien, mal, en c.,** to be in favour, out of favour *(b)* courtship; **faire la c. à qn,** to court s.o. **2. c. de justice,** court of justice **3.** courtyard; forecourt (of station); **c. de ferme,** farmyard; **c. de récréation,** school playground; schoolyard; *Mil:* **c. de quartier,** barrack square.

courage [kuraʒ] *nm* courage; bravery; **perdre, reprendre, c.,** to lose, to take, heart; **bon c.!** all the best! **il ne se sent pas le c.,** he doesn't feel up to it; **vous n'auriez pas le c. de les renvoyer!** you wouldn't have the heart to dismiss them! **courageux, -euse** *a* **1.** courageous, brave **2.** energetic. **courageusement** *adv* courageously, bravely; with energy.

couramment [kuramɑ̃] *adv* **1.** easily, readily; fluently **2.** generally, usually; **ce mot s'emploie c.,** this word is in current use.

courant, -ante [kurɑ̃, -ɑ̃t] **1.** *a (a)* running; **chien c.,** hound *(b)* flowing; running (water) *(c)* current (account); **le cinq c.,** the fifth inst; **mot d'usage c.,** word in general use; **de taille courante,** of standard size **2.** *nm (a)* current, stream; trend (of public opinion); **c. d'air,** draught *(b) El:* **c. (électrique),** electric current *(c)* course; **dans le c. de l'année,** in the course of the year; **être au c. de qch,** to know all about sth; **mettre qn au c. d'une décision,** to inform s.o. of a decision; **il est au c.,** he knows about it.

courbature [kurbatyr] *nf* stiffness, tiredness; **être plein de courbatures,** to be aching all over. **courbaturé** *a* aching.

courbe [kurb] **1.** *a* curved **2.** *nf* curve; graph; **c. de niveau,** contour (line); **c. de température,** temperature graph.

courber [kurbe] **1.** *vtr* to bend, curve; **courbé par l'âge,** bent with age; **c. la tête,** (i) to bow one's head (ii) to submit **2.** *vi* to bend **3. se c.,** to bow, bend, stoop.

courbette [kurbɛt] *nf* (low) bow; **faire des courbettes à qn,** to bow and scrape to s.o.

courbure [kurbyr] *nf* curve.

courette [kurɛt] *nf* small (court)yard.

coureur, -euse [kurœr, -øz] *n* **1.** *nm* runner; racer; **c. de fond,** long-distance runner; **c. cycliste,** racing cyclist; **c. automobile,** racing driver **2.** *nm* gadabout; **c'est un c. de cafés,** he's always in cafés; **c. (de filles),** womanizer **3.** *nf* man hunter.

courge [kurʒ] *nf Bot:* marrow; *NAm:* squash.

courgette [kurʒɛt] *nf* courgette, *NAm:* zucchini.

courir [kurir] *v (prp* **courant;** *pp* **couru;** *pr ind* **je cours;** *fu* **je courrai;** *the aux is* **avoir) 1.** *vi (a)* to run; **c. après qn,** to run after s.o.; **je cours l'appeler,** I'll run and get him; **arriver en courant,** to come running up; **faire qch en courant,** to do sth in a hurry; *F:* **tu peux toujours c.!** you can whistle for it! *(b) Sp:* to race; to run (in a race); **faire c. un cheval,** to race a horse *(c) (of ship)* to sail; **c. au large,** to stand out to sea *(d)* to be current; **le bruit court que,** rumour has it that; **faire c. un bruit,** to spread a rumour *(e) (of blood)* to flow; *(of clouds)* to float; *(of water)* to rush *(f)* **par les temps qui courent,** nowadays; as things are at present; *Fin:* **intérêts qui courent,** accruing interest **2.** *vtr* to run after (sth); to pursue, chase; to hunt (animal); **c. un risque,** to run a risk; **c. sa chance,** to try one's luck **3.** *with cogn acc (a)* **c. une course,** to run a race *(b)* **c. le monde,** to roam the world; **c. les magasins,** to go round the shops; **c. les filles,** to chase girls.

couronne [kurɔn] *nf* **1.** wreath (of flowers); **c. funéraire,** (funeral) wreath **2.** (king's) crown; (ducal) coronet **3.** ring; *Bot:* corona; *Anat:* crown (of tooth).

couronnement [kurɔnmɑ̃] *nm (a)* crowning, coronation (of king) *(b) Fig:* crowning achievement.

couronner [kurɔne] *vtr* **1.** to crown (s.o. king); to award a prize (to author, candidate); **efforts couronnés de succès,** efforts crowned with success **2.** to crown (a tooth) **3. se c. le genou,** to graze one's knee.

courrier [kurje] *nm* **1.** *(a)* mail, post; **par retour du c.,** by return of post *(b)* (i) mail boat (ii) aircraft; *Mil:* courier **2.** *Journ:* column; **c. des lecteurs,** letters to the Editor; **c. du cœur,** problem page; *F:* agony column.

courroie [kurwa] *nf* strap; *Tch:* belt; **c. de transmission,** driving belt; *Fig:* link.

courroucer [kuruse] *vtr Lit:* **(je courrouçai(s))** to anger, to incense (s.o.).

courroux [kuru] *nm Lit:* anger, wrath.

cours [kur] *nm* **1.** *(a)* course (of river); course, path (of sun, moon); **c. d'eau,** river, waterway, stream; **donner libre c. à son imagination,** to give free rein to one's imagination; **année en c.,** current year; **travail en c.,** work in progress, on hand; **en c. de route,** during the journey; on the way; **au c. de,** in the course of *(b)* **voyage au long c.,** ocean voyage **2.** circulation, currency (of money); **avoir c.,** (i) to be legal tender (ii) to be current **3. c. du change,** rate of exchange **4.** *(a)* course (of lectures); lecture; lesson; **c. par correspondance,** correspondence course; **faire un c.,** to give a class *(b)* textbook, coursebook.

course [kurs] *nf* **1.** run, running; **au pas de c.,** at a run; **prendre sa c.,** to start running **2.** race, racing; **c. de fond,** long-distance (i) running (ii) race; **c. de vitesse,** sprint; **c. de taureaux,** bullfight; *F:* **être dans la c.,** to be in the know **3.** *(a)* excursion, outing; hike; climb *(b)* journey; *(in taxi)* **payer (le prix de) la c.,** to pay the fare *(c)* (business) errand; **faire une c.,** to run an errand; **faire des courses,** to go shopping **4.** *(a)* path, course (of planet); **poursuivre sa c.,** to go on one's way; *F:* **être à bout de c.,** to be exhausted, worn out *(b) MecE:* movement, travel (of tool); stroke (of piston).

coursier, -ière [kursje, -jɛr] **1.** *nm Lit:* steed, horse **2.** *n* messenger.

court¹ [kur] **1.** *a (a)* short; **avoir le souffle c.,** to be short of breath; **100 francs c'est un peu c.,** 100 francs is a bit mean *(b) (in time)* **c. intervalle,** short interval; **de courte durée,** brief; short-lived **2.** *adv* short; **s'arrêter c.,** to stop suddenly; **couper c. à qn,**

à qch, to cut s.o., sth, short **3.** (*a*) *adv phr* **tout c.,** simply, only (*b*) **prendre qn de c.,** to catch s.o. unawares (*c*) *prep phr* **à c. d'argent,** short of money; **être à c.,** to be at a loss for words, for sth to do.

court² *nm* (tennis) court.

courtage [kurtaʒ] *nm Com: Fin:* brokerage.

courtaud, -aude [kurto, -od] *a* dumpy, squat.

court-bouillon [kurbujɔ̃] *nm Cu:* court-bouillon; *pl courts-bouillons.*

court-circuit [kursirkɥi] *nm El:* short circuit; *pl courts-circuits.*

court-circuiter [kursirkɥite] *vtr El:* to short-circuit *F:* **c.-c. qn,** to bypass s.o.

courtier, -ière [kurtje, -jɛr] *n Com: Fin:* broker.

courtisan [kurtizɑ̃] *nm* (*a*) courtier (*b*) sycophant.

courtisane [kurtizan] *nf Hist:* courtesan.

courtiser [kurtize] *vtr* to pay court to (s.o.).

court(-)métrage [kurmetraʒ] *nm Cin:* short (film).

courtoisie [kurtwazi] *nf* courtesy. **courtois** *a* courteous. **courtoisement** *adv* courteously.

couru [kury] *a* **1.** sought after; popular (event) **2.** *F:* **c'est c. (d'avance),** it's a cert, a sure thing.

couscous [kuskus] *nm Cu:* couscous.

cousin¹, -ine [kuzɛ̃, -in] *n* cousin; **c. germain,** first cousin.

cousin² *nm Ent:* gnat, midge; daddy longlegs.

coussin [kusɛ̃] *nm* cushion.

coussinet [kusinɛ] *nm* **1.** small cushion; pad **2.** *MecE:* bearing.

cousu [kuzy] *a* sewn; **c. main,** hand sewn; *F:* **c'est du c. main,** it's first rate; **garder bouche cousue,** to keep one's mouth shut; **c. de fil blanc,** obvious.

coût [ku] *nm* cost; **c. de la vie,** cost of living. **coûtant** *a* **à prix c.,** at cost price.

couteau, -eaux [kuto] *nm* **1.** (*a*) knife; **c. de poche,** pocket knife; **c. à cran d'arrêt,** flick knife, *NAm:* switchblade; **c. à découper,** carving knife; **coup de c.,** stab; **visage en lame de c.,** hatchet face; **ils sont à couteaux tirés,** they are at daggers drawn; **mettre le c. sous la gorge à qn,** to hold a pistol to s.o.'s head (*b*) *Ph:* knife edge **2.** *Moll:* razor shell.

coutellerie [kutɛlri] *nf* **1.** (*industry, wares*) cutlery **2.** cutlery shop.

coûter [kute] *vi* **1.** to cost; **c. cher,** to be expensive; **cela vous coûtera cher,** you shall pay dearly for this; **coûte que coûte,** at all costs; **cela lui a coûté la vie,** it cost him his life; *impers* **j'ai voulu l'aider; il m'en coûta,** I tried to help him, to my cost **2. ça ne coûte rien d'essayer,** there's no harm in trying; **cela m'en coûte de le dire,** it pains me to have to say this. **coûteux, -euse** *a* costly, expensive.

coutume [kutym] *nf* custom, habit; **avoir c. de faire qch,** to be in the habit of doing sth; **comme de c.,** as usual; **plus que de c.,** more than usual. **coutumier, -ière** *a* customary; usual; *Pej:* **il est c. du fait,** it's not the first time he's done that.

couture [kutyr] *nf* **1.** sewing, needlework; dressmaking; **maison de haute c.,** fashion house **2.** seam (in dress); **sans c.,** seamless; **sous toutes les coutures,** from every angle.

couturier, -ière [kutyrje, -jɛr] (*a*) *n* dressmaker, couturier, fashion designer (*b*) *nf* seamstress.

couvée [kuve] *nf* **1.** clutch (of eggs) **2.** brood (of chicks).

couvent [kuvɑ̃] *nm* (*a*) convent (*b*) convent school (*c*) monastery.

couver [kuve] **1.** *vtr* (*a*) (*of hen*) to sit on (eggs); *abs* to brood, to sit (*b*) to incubate, hatch (eggs) (*c*) to hatch (plot); to plot (vengeance); to be sickening for (an illness); **couver qn des yeux,** to look fondly at s.o. **2.** *vi* (*of fire*) to smoulder; (*of riot*) to brew.

couvercle [kuvɛrkl] *nm* lid, cover.

couvert¹ [kuvɛr] *a* **1.** covered; **allée couverte,** shady walk; **ciel c.,** overcast sky **2. rester c.,** to keep one's hat on **3. chaudement c.,** warmly dressed.

couvert² *nm* **1.** cover(ing), shelter; **le vivre et le c.,** board and lodging; **être à c.,** to be under cover; **se mettre à c.,** to take cover; **à c. de la pluie,** sheltering from the rain; **mettre ses intérêts à c.,** to safeguard one's interests; **sous le c. de,** under the cover, the pretence, of **2.** (*a*) cutlery (*b*) place setting (at table); **mettre, dresser, le c.,** to lay, set, the table; **mettre trois couverts,** to lay for three (*c*) (*in restaurant*) cover charge.

couverture [kuvɛrtyr] *nf* **1.** covering, cover; **c. de voyage,** (travelling) rug; **c. (de lit),** blanket; **c. chauffante,** electric blanket; **tirer la c. à soi,** to take the lion's share; **c. d'un livre,** (dust) cover of a book **2.** roofing **3.** *Com: StExch:* cover.

couveuse [kuvøz] *nf Agr:* sitting hen; brooder; **c. (artificielle),** incubator.

couvre-chef [kuvrəʃɛf] *nm Hum:* headgear; *pl couvre-chefs.*

couvre-feu [kuvrəfø] *nm inv* curfew.

couvre-lit [kuvrəli] *nm* bedspread; **c.-l. piqué,** quilt; *pl couvre-lits.*

couvre-pied(s) [kuvrəpje] *nm* coverlet; bedspread; *pl couvre-pieds.*

couvreur [kuvrœr] *nm* roofer.

couvrir [kuvrir] *v* (*prp* **couvrant;** *pp* **couvert;** *pr ind* **je couvre**) **1.** *vtr* (*a*) to cover (**de,** with); **c. qn de cadeaux,** to shower s.o. with gifts; *Fig:* **c. qn,** to cover up for s.o.; *Ins:* **c. les risques,** to insure against risks; **c. les voix,** to drown the sound of voices; **c. son jeu,** to keep sth secret; **c. 50 kilomètres,** to cover 50 kilometres; **c. les frais,** to cover the cost (*b*) **c. un toit de tuiles, de chaume,** to tile, to thatch, a roof **2. se c.** (*a*) to put on one's (outdoor) clothes (*b*) to put on one's hat (*c*) to cover oneself (with glory, shame) (*d*) *Sp:* to cover, protect, oneself (*e*) (*of weather*) to become overcast (*f*) **se c. de taches,** to get covered in stains.

cow-boy [kɔbɔj] *nm* cowboy; *pl cow-boys.*

coyote [kɔjɔt] *nm Z:* coyote, prairie wolf.

crabe [krab] *nm* crab; **marcher en c.,** to walk crabwise.

crac [krak] *int & nm* crack, snap, rip; bang.

crachat [kraʃa] *nm* spittle, spit.

crachement [kraʃmɑ̃] *nm* (*a*) spitting (*b*) crackle (of radio); shower (of sparks).

cracher [kraʃe] **1.** *vi* (*a*) to spit; **il ne crache pas sur le champagne,** he doesn't turn up his nose at champagne (*b*) (*of pen*) to splutter (*c*) (*of radio*) to crackle **2.** *vtr* (*a*) to spit (out); **c. des injures,** to hurl abuse; *F:* **j'ai dû c. mille francs,** I had to cough up a thousand francs (*b*) (*of chimney, volcano*) to belch out. **craché** *a* **c'est son père tout c.,** he's the spitting image of his father; **c'est elle tout c.,** it's exactly like her.

crachin [kraʃɛ̃] *nm* (fine) drizzle.

crack [krak] *nm* (*a*) crack horse (*b*) *F:* genius; ace.

Cracovie [krakɔvi] *Prnf Geog:* Cracow.

cradingue [kradɛ̃g], **crado(t)** [krado] *a inv F:* filthy, dirty.

craie [krɛ] *nf* chalk.

craindre [krɛ̃dr̥] *vtr* (*prp* **craignant;** *pp* **craint;** *pr ind* **je crains;** *ph* **je craignis**) (*a*) to fear, dread; to be afraid of (sth); **ne craignez rien!** don't be alarmed! **je crains qu'il (ne) soit mort,** I am afraid he is dead; **il n'y a rien à c.,** there's nothing to fear; **c. pour qn,** to be afraid for s.o. (*b*) **c. le froid,** to be easily damaged by the cold; **je crains la chaleur,** I can't stand the heat; *Com:* **craint l'humidité,** to be kept in a dry place; **ça ne craint rien ta porte ouverte?** is it OK to leave your door open? (*c*) *P:* **ça craint,** (i) it could get nasty (ii) it's lousy.

crainte [krɛ̃t] *nf* fear, dread; **de c. de tomber,** for fear of falling; **de c. qu'on ne les entende,** for fear of their being overheard; **sans c.,** fearless(ly); **soyez sans c.,** have no fear. **craintif, -ive** *a* timid, timorous. **craintivement** *adv* timidly, timorously.

cramoisi [kramwazi] *a & nm* crimson.

crampe [krɑ̃p] *nf Med:* cramp.

crampon [krɑ̃pɔ̃] *nm* **1.** cramp (iron); clamp **2.** climbing iron; stud (on boot); **c. à glace,** crampon **3.** *F:* (*of pers*) leech.

cramponner (se) [səkrɑ̃pɔne] *vpr* **se c. à qch,** to hold on to sth; to cling to, to clutch, sth.

cran [krɑ̃] *nm* **1.** (*a*) notch; tooth (of ratchet); cog (of wheel); **c. d'arrêt,** catch; **c. de sûreté,** safety catch; *F:* **être à c.,** to be very edgy (*b*) hole (in belt, in strap); **descendre d'un c.,** to come down a peg **2.** *F:* **avoir du c.,** to have guts.

crâne [krɑn] **1.** *nm* skull; head **2.** *a* swaggering, jaunty (air). **crânien, -ienne** *a* cranial; **boîte crânienne,** cranium, brain pan.

crâner [krɑne] *vi F:* to show off; to swagger.

crâneur, -euse [krɑnœr, -øz] *n F:* show-off, swanker.

crapaud [krapo] *nm* toad.

crapule [krapyl] *nf* scoundrel. **crapuleux, -euse** *a* sordid, loathsome.

craqueler [krakle] *vtr* (**je craquelle**) to crack; **se c.,** to crack.

craquelure [kraklyr] *nf* crack.

craquement [krakmɑ̃] *nm* cracking (sound); crack, snap; crackle, crunch; creak(ing), squeaking.

craquer [krake] **1.** *vi* (*a*) to crack; to crackle; (*of hard snow*) to crunch (under the feet); (*of shoes*) to creak, to squeak (*b*) (*of seam*) to split (*c*) (*of pers*) to crack up; **son affaire craque,** his business is on the verge of collapse **2.** *vtr* **c. une allumette,** to strike a match.

crasse [kras] **1.** *af* crass (ignorance) **2.** *nf* (*a*) dirt, filth; **vivre dans la c.,** to live in squalor (*b*) *F:* dirty trick. **crasseux, -euse** *a* grimy, filthy; squalid.

cratère [kratɛr] *nm* crater.

cravache [kravaʃ] *nf* horsewhip, riding crop.

cravacher [kravaʃe] (*a*) *vtr* to flog (horse); to horsewhip (pers) (*b*) *vi F:* to slog (to finish sth).

cravate [kravat] *nf* (*a*) (i) tie (ii) scarf, cravat (*b*) (*decoration*) ribbon.

cravater [kravate] *vtr* to put a tie on (s.o.); **se c.,** to put on one's tie. **cravaté** *a* wearing a tie.

crawl [krol] *nm Swim:* crawl. **crawlé** *a Swim:* **dos c.,** backstroke.

crayeux, -euse [krɛjø, -øz] *a* chalky.

crayon [krɛjɔ̃] *nm* **1.** (*a*) pencil; **c. de couleur,** coloured pencil, crayon; **écrit au c.,** pencilled; **c. à mine (de plomb),** lead pencil; **c. à bille,** ballpoint pen (*b*) pencil drawing, pencil sketch **2.** *Toil:* **c. noir,** (i) eyebrow (ii) eye(liner), pencil.

crayonner [krɛjɔne] *vtr* **1.** to make a pencil sketch of (sth) **2.** to make a pencil note of (sth).

créance [kreɑ̃s] *nf* **1.** belief, credence; **trouver c.,** to be believed **2.** debt; *Jur:* claim.

créancier, -ière [kreɑ̃sje, -jɛr] *n* creditor.

créateur, -trice [kreatœr, -tris] **1.** *a* creative (power) **2.** *n* creator.

création [kreasjɔ̃] *nf* **1.** (*a*) creation, creating (*b*) founding (of institution); creation (of work of art); *Com:* invention (of new product); *Th:* first production **2.** *Com:* new product.

créativité [kreativite] *nf* creativity. **créatif, -ive** *a* creative.

créature [kreatyr] *nf* creature.

crécelle [kresɛl] *nf* rattle; **voix de c.,** rasping voice.

crèche [krɛʃ] *nf* **1.** *Rel:* manger, crib **2.** day nursery, crèche.

crécher [kreʃe] *vi P:* to bed down, hang out.

crédibilité [kredibilite] *nf* credibility.

crédit [kredi] *nm* **1.** credit, repute, influence **2.** *Fin: Com:* credit; **vendre qch à c.,** to sell sth (i) on credit (ii) on hire purchase; **faire c. à qn,** (i) to give s.o. credit (ii) to trust s.o.; **c. permanent,** revolving credit **3.** credit side (of ledger); **porter une somme au c. de qn,** to credit s.o. with a sum.

créditer [kredite] *vtr* (*a*) **c. qn du montant d'une somme,** to credit s.o. with a sum (*b*) **c. qn de qch,** to give s.o. credit for sth.

créditeur, -trice [kreditœr, -tris] **1.** *n* creditor **2.** *a* **mon compte est c.,** my account is in credit; **solde c.,** credit balance.

credo [kredo] *nm* creed.

crédulité [kredylite] *nf* credulity. **crédule** *a* credulous.

créer [kree] *vtr* (*a*) to create; **se c. une clientèle,** to build up a clientele; **le pouvoir de c.,** the power of creation; **c. des ennuis,** to cause problems (*b*) *Th:* to create (role); to produce (a play) for the first time.

crémaillère [kremajɛr] *nf* **1.** pothanger; trammel; **pendre la c.,** to have a house warming party **2.** *Rail:* rack rail.

crémation [kremasjɔ̃] *nf* cremation. **crématoire** **1.** *a* crematory **2.** *nm* crematorium.

crématorium [krematɔrjɔm] *nm* crematorium.

crème [krɛm] *nf* **1.** (*a*) cream; (*on milk*) skin; **c. fouettée, c. Chantilly,** whipped cream; **gâteau à la c.,** cream cake; *nm* **un c.,** a white coffee (*b*) *F:* (*pers*) **la c.,** the cream (*c*) *Cu:* **c. anglaise,** (egg) custard; **c. pâtissière,** confectioner's custard; **c. glacée,** ice cream **2. c. de beauté,** face cream, beauty cream; **c. à raser,** shaving cream **3.** *a inv* cream(-coloured). **crémeux, -euse** *a* creamy.

crémerie [krɛmri] *nf* dairy.

crémier, -ière [kremje, -jɛr] *n* dairyman, dairy-woman.

crémone [kremɔn] *nf* espagnolette (bolt).

créneau, -eaux [kreno] *nm* **1.** *Fort:* crenel; **les créneaux,** the battlements **2.** *(a)* gap, space; *Aut:* **faire un c.,** to reverse into a parking space *(b) Com:* opening, niche *(c) WTel: TV:* slot. **crénelé** *a* crenellated.

créole [kreɔl] *a & n Ethn:* Creole.

créosote [kreɔzɔt] *nf* creosote.

crêpe [krɛp] **1.** *nf Cu:* pancake **2.** *nm (a) Tex:* crepe; **c. satin,** satin crepe *(b)* black mourning crepe *(c)* crepe-rubber.

crêper [krepe] *vtr* to backcomb (hair); *F:* **se c. le chignon,** to fight, to have a set-to.

crêperie [krɛpri] *nf* pancake bar.

crépir [krepir] *vtr* to roughcast (wall). **crépi** *a & nm* roughcast.

crépissage [krepisaʒ] *nm* roughcasting.

crépitement [krepitmɑ̃] *nm* crackling; pattering; sputtering.

crépiter [krepite] *vi* to crackle; *(of rain)* to patter; *(of candle)* to sputter.

crépu [krepy] *a* frizzy (hair).

crépuscule [krepyskyl] *nm* twilight; dusk. **crépusculaire** *a* twilight (glow).

crescendo [kreʃɛndo] *adv & nm inv* crescendo.

cresson [krɛsɔ̃] *nm Bot:* cress; **c. de fontaine,** watercress.

Crète [krɛt] *Prnf Geog:* Crete.

crête [krɛt] *nf* **1.** comb, crest (of bird); **c. de coq,** cockscomb **2.** crest (of wave); crest, ridge (of mountain, roof) **3.** *El:* peak.

crétin, -ine [kretɛ̃, -in] **1.** *n (a) Med:* cretin *(b) F:* idiot, cretin **2.** *a F:* cretinous, idiotic, moronic.

crétinerie [kretinri] *nf* idiocy.

creusement [krøzmɑ̃] *nm* digging.

creuser [krøze] *vtr* **1.** to hollow (out); to plough (a furrow); to dig; **front creusé de rides,** brow furrowed with wrinkles; **ça creuse (l'estomac),** it whets the appetite **2.** *(a)* to excavate; to dig (out) (trench); to cut (canal); to sink, to bore (well); *Fig:* **c. un abîme,** to create a gulf (between two people) *(b)* to examine (a problem); to go thoroughly into (a question) **3. se c.,** to grow hollow; **se c. la tête,** to rack one's brains.

creuset [krøzɛ] *nm* crucible; *Fig:* melting pot.

creux, -euse [krø, -øz] **1.** *a* hollow; **assiette creuse,** soup plate; **yeux c.,** deep-set eyes; **voix creuse,** deep voice; **avoir l'estomac c.,** to be ravenous; **période creuse,** slack season; **heures creuses,** off-peak hours; **paroles creuses,** empty words **2.** *adv* **sonner c.,** to sound hollow **3.** *nm* hollow; hole; trough (of wave); belly (of sail); pit (of stomach); **le c. des reins,** the small of the back; **c. de la main,** hollow of one's hand; **avoir un c. (dans l'estomac),** to be ravenous.

crevaison [krəvɛzɔ̃] *nf Aut:* puncture, *NAm:* flat.

crevasse [krəvas] *nf* crack (in skin); crevice (in wall); crevasse (in glacier).

crevasser (se) [səkrəvase] *vpr* to crack; *(of skin)* to chap.

crève [krɛv] *nf F:* **avoir la c.,** to have a bad cold.

crève-cœur [krɛvkœr] *nm inv* heartbreak.

crève-la-faim [krɛvlafɛ̃] *nm inv* down-and-out.

crever [krəve] *v* **(je crève) 1.** *vi (a)* to burst, split; **mon pneu a crevé, j'ai crevé,** I've got a puncture, *NAm:* a flat; **c. d'orgueil,** to be bursting with pride; **c. de rire,** to split (one's sides) laughing *(b) (of animals), P: (of people)* to die; *F:* **c. de faim,** (i) to starve to death (ii) to be starving; **on crève de chaleur ici,** it's boiling in here **2.** *vtr (a)* to burst (balloon, dam); to puncture (tyre); **c. le cœur à qn,** to break s.o.'s heart; **c. un œil à qn,** (i) to put out s.o.'s eye (ii) *(accidentally)* to blind s.o. in one eye; *F:* **ça vous crève les yeux,** it's staring you in the face *(b)* **c. qn,** to work s.o. to death; **se c. au travail,** to work oneself to death. **crevant** *a P:* killing; exhausting. **crevé** *a (a)* burst; punctured *(b) F:* dead *(c) P:* worn out.

crevette [krəvɛt] *nf* **c. grise,** shrimp; **c. (rose),** prawn.

cri [kri] *nm (a)* cry (of animal, person); squeal (of animal); chirp (of bird, insect) *(b)* shout, call; scream; **c. du cœur,** cri de cœur; **c. de guerre,** war cry; **c. d'horreur,** shriek of horror; **pousser un c. aigu,** to scream *(c) F:* **le dernier c.,** the latest fashion; the latest thing.

criailler [krijɑje] *vi* **1.** to cry out, bawl **2.** to whine, complain, *F:* grouse; **c. après qn,** to nag s.o.

criailleries [krijɑjri] *nfpl* whining, *F:* grousing.

criard [kriar] *a (a)* bawling *(b)* **voix criarde,** shrill, piercing, voice; **couleur criarde,** loud colour.

criblage [kriblaʒ] *nm* sifting; riddling; screening.

crible [kribl̩] *nm* sieve, riddle; screen; **passer qch au c.,** (i) to screen sth (ii) to examine sth closely.

cribler [krible] *vtr* **1.** to sift, riddle; to screen **2. c. qn de balles,** to riddle s.o. with bullets; **c. qn de questions,** to bombard s.o. with questions. **criblé** *a* riddled (with holes); **c. de dettes,** up to one's eyes in debt.

cric [krik] *nm Aut:* jack.

criée [krije] *nf* **(vente à la) c.,** (sale by) auction.

crier [krije] **1.** *vi (a)* to cry; to call out, to shout; to scream, to shriek; to yell; **c. de douleur,** to cry out in pain; **c. après qn,** to shout at s.o.; **c. au secours,** to shout for help *(b) (of mouse)* to squeak; *(of cricket)* to chirp; *(of birds)* to call *(c) (of door)* to creak *(d) (of colours)* to clash **2.** *vtr* to cry, hawk (vegetables); **c. qch sur les toits,** to shout sth from the rooftops; **c. un ordre,** to shout an order; **c. famine,** to cry famine; **c. vengeance,** to call for vengeance.

crieur, -euse [krijœr, -øz] *n* (street) hawker; **c. de journaux,** newspaper seller; *Hist:* **c. public,** town crier.

crime [krim] *nm (a)* crime; *Jur:* felony *(b)* murder.

Crimée [krime] *Prnf Geog:* Crimea.

criminalité [kriminalite] *nf* criminality. **criminel, -elle 1.** *a* criminal **2.** *n* criminal; murderer; **voilà le c.,** there's the culprit. **criminellement** *adv* criminally.

crin [krɛ̃] *nm* horsehair; **les crins,** the mane and tail; **c. végétal,** vegetable fibre; **à tous crins,** out-and-out.

crinière [krinjɛr] *nf* mane; *F: (of pers)* mop of hair.

crique [krik] *nf* creek, cove.

crise [kriz] *nf* **1.** crisis; emergency; **c. économique,** economic crisis; slump; **c. du logement,** housing shortage **2.** *Med:* attack; (epileptic) fit; **c. de foie, c. cardiaque,** bilious attack; heart attack; **c. de nerfs,** fit of hysterics; **piquer une c.,** to throw a tantrum.

crispation [krispasjɔ̃] *nf (a)* tensing; nervous twitching *(b)* exasperation.

crisper [krispe] *vtr (a)* to contract; to clench; **visage**

crispé par la douleur, face contorted with pain; **cela me crispe,** it gets on my nerves (*b*) **se c.,** to contract; to become tense; **ses mains se crispaient sur le volant,** his hands tightened on the wheel. **crispant** *a* irritating. **crispé** *a* nervous; tense.

crissement [krismɑ̃] *nm* grinding (of teeth); squeaking (of chalk); screeching (of brakes); crunching (of gravel).

crisser [krise] *vtr & i* to grate; to make a grinding sound; (*of brakes*) to screech; (*of gravel*) to crunch.

cristal, -aux [kristal, -o] *nm* **1.** crystal; **c. de roche,** rock crystal **2.** crystal (glass) **3. cristaux (de soude),** washing soda. **cristallin, -ine 1.** *a* crystalline; crystal-clear **2.** *nm Anat:* crystalline lens.

cristallerie [kristalri] *nf* (crystal) glassworks.

cristallisation [kristalizasjɔ̃] *nf* crystallization.

cristalliser [kristalize] **1.** *vtr & i* to crystallize **2. se c.,** to crystallize.

critère [kritɛr] *nm* criterion.

critérium [kriterjɔm] *nm Sp:* (eliminating) heat.

critique [kritik] **1.** *a* (*a*) critical; crucial (*b*) critical; **esprit c.,** critical mind **2.** *nm* critic; **c. d'art,** art critic **3.** *nf* (*a*) criticism (*b*) critical article; review; **faire la c. d'une pièce,** to review a play (*c*) censure.

critiquer [kritike] *vtr* (*a*) to criticize; to examine (sth) critically (*b*) to censure; to find fault with (s.o., sth). **critiquable** *a* open to criticism.

croassement [krɔasmɑ̃] *nm* caw(ing), croak(ing).

croasser [krɔase] *vi* to caw; to croak.

croc [kro] *nm* **1.** hook **2.** canine tooth; fang (of wolf); **montrer ses crocs,** to show one's teeth.

croc-en-jambe [krɔkɑ̃ʒɑ̃b] *nm* **faire un c.-en-j. à qn,** to trip s.o. up; *pl crocs-en-jambe.*

croche [krɔʃ] *nf Mus:* quaver; *NAm:* eighth note.

croche-pied [krɔʃpje] *nm* = **croc-en-jambe;** *pl croche-pieds.*

crochet [krɔʃɛ] *nm* **1.** (*a*) hook; **c. à boutons,** buttonhook; **vivre aux crochets de qn,** to live off s.o. (*b*) crochet hook; **faire qch au c.,** to crochet sth **2. c. de serrurier,** picklock **3.** fang (of snake) **4.** *Typ:* square bracket **5. faire un c.,** (*of road*) to take a sudden turn; (*of pers*) to make a detour **6.** *Box:* hook.

crocheter [krɔʃte] *vtr* (**je crochète, n. crochetons**) to pick (lock).

crochu [krɔʃy] *a* hooked (nose); claw-like (fingers).

crocodile [krɔkɔdil] *nm* crocodile.

crocus [krɔkys] *nm Bot:* crocus.

croire [krwar] *v* (*prp* **croyant;** *pp* **cru**) **1.** *vtr* (*a*) **c. qch,** to believe sth; **il est à c. que** + *ind,* it is probable that; **tout porte à c. que,** there is every indication that; *F:* **faut pas c.!** don't you believe it! **je ne crois pas que cela suffise,** I don't think that will be enough; **je crois que oui,** I believe so; **n'en croyez rien!** don't you believe it! **à ce que je crois,** in my opinion; **on se croirait en octobre,** it feels like October; **je vous croyais anglais,** I thought you were English; **j'ai cru bien faire,** I thought I was doing the right thing; **il ne croyait pas si bien dire,** he didn't know how right he was; **il se croit tout permis,** he thinks he can get away with anything; **il se croit malin,** he thinks he's clever (*b*) **c. qn,** to believe s.o.; **me croira qui voudra, mais,** believe me or not, but; **vous pouvez m'en c.,** you can take it from me; **à l'en c., s'il faut l'en c., ce n'est pas difficile,** according to him, it's not difficult; **je ne pouvais en c. mes yeux,** I couldn't believe my eyes **2.** *vi* (*a*) to believe in (the existence of sth); **c'est à ne pas y c.,** it is beyond belief; it's unbelievable; **le médecin crut à une rougeole,** the doctor thought it was measles; *Corr:* **veuillez c. à mes sentiments distingués** = yours sincerely (*b*) to believe, have faith (**à, en,** in); **il ne croit plus,** he has lost his faith (in God).

croisade [krwazad] *nf Hist:* crusade.

croisé [krwaze] **1.** *a* (*a*) crossed; **mots croisés,** crossword; *Agr:* **race croisée,** crossbreed (*b*) double-breasted (coat) **2.** *nm* crusader.

croisée [krwaze] *nf* **1.** crossing; **à la c. de chemins,** at the crossroads, at the parting of the ways **2.** casement.

croisement [krwazmɑ̃] *nm* **1.** crossing, passing **2.** crossing (of roads); **c. (de routes),** crossroads **3.** (*a*) crossbreeding (*b*) crossbreed; cross.

croiser [krwaze] **1.** *vtr* (*a*) to cross to intersect; **c. les bras,** (i) to fold one's arms (ii) to refuse to work; **c. qn dans l'escalier,** to pass s.o. on the stairs; **nos lettres se sont croisées,** our letters have crossed in the post (*b*) to cross (animals, plants) **2.** *vi* (*a*) (*of garment*) to lap, fold over (*b*) *Nau:* to cruise **3. se c.** (*a*) to cross, to intersect; **leurs regards se sont croisés,** their eyes met (*b*) **le cheval peut se c. avec l'âne,** the horse can be crossed with the donkey.

croiseur [krwazœr] *nm Nau:* cruiser.

croisière [krwazjɛr] *nf* cruise; **allure, vitesse, de c.,** cruising speed.

croissance [krwasɑ̃s] *nf* growth, development.

croissant [krwasɑ̃] *nm* **1.** crescent (of moon) **2.** *Cu:* croissant.

croissanterie [krwasɑ̃tri] *nf* croissant shop.

croître [krwatr̥] *vi* (*prp* **croissant;** *pp* **crû,** *f* **crue;** *pr ind* **je croîs, il croît**) to grow, increase (in size); (*of moon*) to wax; (*of river*) to rise; (*of heat*) to get more and more intense; (*of days*) to get longer.

croix [krwa] *nf* **1.** (*a*) cross; **la Sainte C.,** the Holy Cross; **mettre en c.,** to crucify; **mise en c.,** crucifixion; **faire le signe de (la) c.,** to cross oneself (*b*) **c'est la c. et la bannière pour faire,** it's the devil of a job to do; **la C. Rouge,** the Red Cross; *Mil:* **la C. de Guerre,** the Military Cross **2.** (*a*) **mettre les bras en c.,** to stretch one's arms out sideways; **marquer qch d'une c.,** to mark sth with a cross; *F:* **faire une c. sur qch,** to give sth up for good (*b*) **c. gammée,** swastika.

croquemitaine [krɔkmitɛn] *nm* bogeyman; *pl croquemitaines.*

croque-monsieur [krɔkməsjø] *nm inv* toasted cheese and ham sandwich.

croque-mort [krɔkmɔr] *nm F:* undertaker; *pl croque-morts.*

croquer [krɔke] **1.** *vi* (*a*) (*of fruit*) to crunch (between the teeth) (*b*) **c. dans une pomme,** to bite into an apple **2.** *vtr* (*a*) to crunch, munch; **chocolat à c.,** plain chocolate (*b*) to sketch; *F:* **elle est jolie à c.,** she's as pretty as a picture. **croquant** *a* crisp, crunchy.

croquet [krɔkɛ] *nm Games:* croquet.

croquette [krɔkɛt] *nf Cu:* rissole, croquette.

croquis [krɔki] *nm* sketch.

crosse [krɔs] *nf* **1.** (bishop's) crook, crozier **2.** *Sp:* (hockey) stick; (golf) club; *F:* **chercher des crosses à**

qn, to pick a quarrel with s.o. **3.** butt (of rifle); grip (of pistol).

crotale [krɔtal] *nm* rattlesnake.

crotte [krɔt] *nf* (*a*) dung; dropping; **c. de chien,** dog's dirt (*b*) **c. de chocolat,** chocolate (*c*) *O:* mud.

crotter [krɔte] *vtr* to dirty; to cover in mud. **crotté** *a* muddy.

crottin [krɔtɛ̃] *nm* (horse) dung, manure.

crouler [krule] *vi* (*a*) to totter (*b*) to collapse; *Th:* **faire c. la salle,** to bring the house down. **croulant 1.** *a* tumbledown, ramshackle (building); tottering (empire) **2.** *nm P:* **les croulants,** the old folk.

croup [krup] *nm Med:* croup.

croupe [krup] *nf* **1.** croup, rump (of horse); **monter en c.,** to ride pillion **2.** brow (of hill).

croupier [krupje] *nm* croupier (at casino).

croupir [krupir] *vi* **1.** to wallow (in filth, in vice) **2.** (*of water*) to stagnate. **croupi** *a* stagnant.

CROUS [krus] *abbr Centre régional des œuvres universitaires et scolaires.*

croustiller [krustije] *vi* (*of food*) to be crunchy; to be crisp, crusty. **croustillant** *a* crisp, crusty; *Fig:* spicy, juicy (details).

croûte [krut] *nf* **1.** crust (of bread, pie); (cheese) rind; **la c. terrestre,** the earth's crust; *F:* **casser la c.,** to eat; *F:* **à la c.!** grub's up! *F:* **gagner sa c.,** to earn one's bread and butter **2.** scab (on wound) **3.** undressed leather; hide **4.** *F: Pej:* (*a*) **vieille c.,** old stick-in-the-mud (*b*) (*painting*) daub.

croûton [krutɔ̃] *nm* **1.** crust (of loaf) **2.** *Cu:* croûton **3.** *P:* old fossil.

croyance [krwajɑ̃s] *nf* belief (**à, en,** in). **croyable** *a* believable, credible; **pas c.,** unbelievable, incredible.

croyant, -ante [krwajɑ̃, -ɑ̃t] *n* believer.

CRS *abbr Compagnie républicaine de sûreté* = riot police.

cru¹ [kry] *a* raw, uncooked (food); raw (material); harsh, crude (colour); blunt (answer); crude, coarse (joke); **monter à c.,** to ride bareback. **crûment** *adv* crudely; bluntly; coarsely.

cru² *nm* vineyard; **vin du c.,** local wine; **un grand c.,** a great wine; a vintage wine; **une histoire de son (propre) c.,** a story of his own invention.

cruauté [kryote] *nf* cruelty (**envers,** to).

cruche [kryʃ] *nf* (*a*) pitcher, jug (*b*) *F:* idiot, ass.

crucial, -iaux [krysjal, -jo] *a* crucial.

crucifier [krysifje] *vtr* to crucify.

crucifix [krysifi] *nm inv* crucifix.

crucifixion [krysifiksjɔ̃] *nf* crucifixion.

crudité [krydite] *nf* **1. crudités,** raw vegetable hors d'œuvres **2.** (*a*) crudity (of colours); glare (of light) (*b*) coarseness (of expression).

crue [kry] *nf* rising (of river); flood; **rivière en c.,** river in spate.

cruel, -elle [kryɛl] *a* cruel (**envers,** to); bitter (experience). **cruellement** *adv* cruelly; bitterly.

crûment [krymɑ̃] *adv see* **cru¹**.

crustacé [krystase] *nm* shellfish; **crustacés,** seafood, shellfish.

crypte [kript] *nf* crypt.

crypté [kripte] *a* **télévision cryptée,** pay television.

Cuba [kyba] *Prnf* Cuba. **cubain, -aine** *a & n* Cuban.

cube [kyb] **1.** *nm* (*a*) *Mth:* cube; **élever au c.,** to cube (a number) (*b*) *Toys:* (wooden) brick **2.** *a* **mètre c.,** cubic metre. **cubique** *a* cubic.

cuber [kybe] **1.** *vtr Mth:* to cube (number) **2.** *vi* (*a*) **c. 20 litres,** to have a cubic capacity of 20 litres (*b*) *F:* to mount up.

cubisme [kybizm] *nm Art:* cubism. **cubiste** *a & n* cubist.

cubitus [kybitys] *nf Anat:* ulna.

cueillette [kœjɛt] *nf* (*a*) gathering, picking (of fruit, flowers) (*b*) crop, harvest.

cueillir [kœjir] *vtr* (*prp* **cueillant;** *pr ind* **je cueille;** *fu* **je cueillerai**) to pick, pluck, gather (flowers, fruit); to steal (a kiss); **c. des lauriers,** to win laurels; *F:* **c. qn,** (i) to pick s.o. up (ii) to arrest, nab, s.o.

cuiller, cuillère [kɥijɛr] *nf* **1.** (*a*) spoon; **c. à soupe,** soup spoon; **c. à café,** (i) coffee spoon (ii) teaspoon (*b*) spoonful (*c*) *Fish:* spoon bait **2.** *P:* hand, paw.

cuillerée [kɥijre] *nf* spoonful.

cuir [kɥir] *nm* **1.** (*a*) *Anat:* **c. chevelu,** scalp (*b*) hide **2.** leather; **c. vert, brut,** raw hide; **c. verni,** patent leather.

cuirasse [kɥiras] *nf* **1.** cuirass **2.** armour (of warship, tank).

cuirassé [kɥirase] *nm* battleship.

cuirasser [kɥirase] *vtr* **1.** to put a cuirass on (soldier); **se c. contre qch,** to steel oneself against sth **2.** to armour(-plate) ship.

cuirassier [kɥirasje] *nm Mil:* cuirassier.

cuire [kɥir] *v* (*prp* **cuisant;** *pp* **cuit;** *pr ind* **je cuis, n. cuisons;** *fu* **je cuirai**) **1.** *vtr* (*a*) to cook; **c. à l'eau,** to boil; **c. au four,** to bake, to roast (*b*) to fire (bricks) **2.** *vi* (*a*) (*of food*) to cook; **c. à petit feu,** to cook slowly; to simmer; **chocolat à c.,** cooking chocolate; *F:* **on cuit dans cette salle,** the room's like an oven; **se c. au soleil,** to roast in the sun (*b*) to burn, smart; **les yeux me cuisent,** my eyes are stinging; *impers* **il vous en cuira,** you'll regret it.

cuisant [kɥizɑ̃] *a* stinging, burning (pain); biting (cold); caustic (remark); bitter (disappointment).

cuisine [kɥizin] *nf* **1.** kitchen; **batterie de c.,** cooking utensils **2.** (*a*) (art of) cooking; cookery; **faire la c.,** (i) to do the cooking (ii) to be cooking a meal; **livre de c.,** cook(ery) book (*b*) *F:* scheming **3.** (cooked) food.

cuisiner [kɥizine] **1.** *vi* to cook **2.** *vtr* (*a*) to cook (meat) (*b*) *F:* to grill (s.o.).

cuisinier, -ière [kɥizinje, -jɛr] **1.** *n* cook **2.** *nf* cooker, *NAm:* cookstove.

cuissardes [kɥisard] *nfpl* (i) thigh boots (ii) waders.

cuisse [kɥis] *nf* thigh; *Cu:* **c. de poulet,** chicken leg, *F:* drumstick; **se croire sorti de la c. de Jupiter,** to think a lot of oneself.

cuisson [kɥisɔ̃] *nf* (*a*) cooking (*b*) burning, firing (of bricks).

cuistot [kɥisto] *nm F:* cook.

cuit [kɥi] *a* (*a*) cooked; **bien c.,** well done; **c. à point,** done to a turn; **trop c.,** overdone, overcooked; **pas assez c.,** underdone (*b*) *F:* **il est c.,** he's had it (*c*) *F:* **c'est du tout c.,** it's a cinch.

cuite [kɥit] *nf F:* **prendre une c.,** to get drunk, plastered.

cuivre [kɥivr̥] *nm* **c. (rouge),** copper; **c. jaune,** brass; *Mus:* **les cuivres,** the brass. **cuivré** *a* **1.** copper coloured; coppery; **teint c.,** bronzed complexion. **2.** *Mus:* **sons cuivrés,** brassy tones.

cul [ky] *nm* **1.** (*a*) *P:* backside, bottom (of pers); *P:* **quel c.!, ce qu'il est c.!** what a bloody fool! (*b*) *V:* **histoire de c.,** smutty, dirty, story **2.** bottom, base (of bottle).

culasse [kylas] *nf* **1.** breech (of gun) **2.** *ICE:* cylinder head.

culbute [kylbyt] *nf* (*a*) somersault (*b*) tumble; heavy fall (*c*) **faire une c.,** to somersault; to tumble; *F:* **faire la c.,** (*of ministry*) to fall; (*of business*) to collapse.

culbuter [kylbyte] **1.** *vi* to turn a somersault; (*of car*) to overturn; (*of thing*) to topple over **2.** *vtr* to knock over (sth); to overwhelm (enemy); to topple (ministry).

cul-de-jatte [kydʒat] *nm* legless cripple; *pl culs-de-jatte.*

cul-de-sac [kydsak] *nm* dead end, cul-de-sac; *pl culs-de-sac.*

culinaire [kylinɛr] *a* culinary.

culminer [kylmine] *vi* to culminate; to reach its peak. **culminant** *a* **point c.,** highest point; height, climax.

culot [kylo] *nm* (*a*) *Sma:* base (of cartridge case, shell); head (of cartridge); *El:* base (of bulb) (*b*) *F:* cheek, nerve.

culotte [kylɔt] *nf* **1.** *Cu:* rump (of beef) **2.** (*a*) **une c.,** knee breeches; **culottes courtes,** short trousers, *NAm:* short pants; **c. longue,** trousers; **c. de cheval,** riding breeches; jodhpurs; **c. de golf,** plus fours; *F:* **c'est la femme qui porte la c.,** it's the wife who wears the trousers (*b*) (child's, woman's) panties, pants.

culotté [kylɔte] *a* **1.** (*of pipe*) seasoned **2.** *F:* full of nerve; cheeky.

culpabilité [kylpabilite] *nf* culpability, guilt.

culte [kylt] *nm* **1.** worship; **avoir le c. de l'argent,** to worship money **2.** form of worship; cult; religion; **liberté de c.,** freedom of worship.

cultivateur, -trice [kyltivatœr, -tris] *n* farmer.

cultiver [kyltive] *vtr* **1.** to cultivate, farm (land) **2.** (*a*) to cultivate, grow (plants) (*b*) to cultivate (s.o.'s friendship) **3. se c.,** to broaden one's mind. **cultivable** *a* suitable for cultivation. **cultivé** *a* cultured, educated (pers).

culture [kyltyr] *nf* **1.** (*a*) cultivation (of the soil); **c. fruitière,** fruit farming (*b*) *pl* land under cultivation **2.** cultivation (of plants) **3.** culture; education; **c. générale,** general knowledge; **c. physique,** physical training. **culturel, -elle** *a* cultural; educational.

culturisme [kyltyrism] *nm* body building.

cumin [kymɛ̃] *nm Bot:* (*a*) cum(m)in (*b*) *Cu:* caraway seeds.

cumul [kymyl] *nm* plurality (of offices); **c. des traitements,** concurrent drawing of salary.

cumuler [kymyle] *vtr & i* **c. des fonctions,** to hold a plurality of offices; **c. deux traitements,** to draw two (separate) salaries.

cupidité [kypidite] *nf* greed. **cupide** *a* greedy.

curage [kyraʒ] *nm* cleaning out.

cure [kyr] *nf* **1. n'avoir c. de qch,** not to care about sth **2.** *Ecc:* (*a*) office of parish priest (*b*) parish (*c*) presbytery **3.** *Med:* (course of) treatment; cure; **c. d'amaigrissement,** slimming cure; **faire une c.,** to undergo a course of treatment; **faire une c. de sommeil,** to get lots of sleep. **curable** *a* curable. **curatif, -ive** curative.

curé [kyre] *nm* parish priest.

cure-dent(s) [kyrdɑ̃] *nm inv* toothpick; *pl cure-dents.*

curée [kyre] *nf* (*a*) part of stag given to hounds (*b*) scramble.

cure-ongles [kyrɔ̃gl] *nm inv* nail cleaner.

cure-pipe [kyrpip] *nm* pipe cleaner; *pl cure-pipes.*

curer [kyre] *vtr* to clean out (drain, river); **se c. les dents, les ongles,** to pick one's teeth; to clean one's nails.

curieux, -ieuse [kyrjø, -jøz] *a* **1.** (*a*) inquiring (mind) (*b*) curious, interested; **je serai c. de voir cela,** I shall be interested to see it (*c*) curious, inquisitive (*d*) *n* inquisitive person; *F:* busybody; **attroupement de c.,** crowd of bystanders, onlookers **2.** (*a*) (*of thing*) odd, peculiar, funny (*b*) *nm* **le c. dans cette affaire,** the curious thing about this business. **curieusement** *adv* curiously, strangely.

curiosité [kyrjɔzite] *nf* **1.** (*a*) curiosity; interest (*b*) inquisitiveness **2.** curio; **curiosités d'une ville,** sights of a town.

curiste [kyrist] *n* patient taking the waters at a spa.

curriculum vitae [kyrikylɔmvite] *nm inv* curriculum vitae, *NAm:* résumé.

curry [kyri] *nm Cu:* curry.

curseur [kyrsœr] *nm* cursor.

cutané [kytane] *a* cutaneous; skin (disease).

cutiréaction [kytireaksjɔ̃] *nf Med:* skin test.

cuve [kyv] *nf* (*a*) vat (*b*) tank; *Phot:* **c. de dévelopment,** developing tank.

cuvée [kyve] *nf* vintage.

cuver [kyve] **1.** *vi* (*of wine*) to ferment **2.** *vtr F:* **c. son vin,** to sleep it off.

cuvette [kyvɛt] *nf* **1.** basin, bowl; **c. (de lavabo),** washbasin **2.** pan (of WC) **3.** *Geog:* basin.

cyanure [sjanyr] *nm Ch:* cyanide.

cybernétique [sibernetik] **1.** *a* cybernetic **2.** *nf* cybernetics.

cyclable [sikabl] *a* **piste c.,** cycle track.

cyclamen [siklamɛn] *nm Bot:* cyclamen.

cycle [sikl] *nm* **1.** cycle (of events); *Sch:* **premier c., second c.,** first, second, stage of (secondary) education **2.** bicycle; cycle. **cyclique** *a* cyclical.

cyclisme [siklism] *nm* cycling. **cycliste 1.** *a* cycle (race); **coureur c.,** racing cyclist **2.** *n* cyclist.

cyclomoteur [siklɔmɔtœr] *nm* moped.

cyclomotoriste [siklɔmɔtɔrist] *n* moped rider.

cyclone [siklon] *nm* cyclone; *Fig:* whirlwind.

cyclope [siklɔp] *nm* cyclops.

cygne [siɲ] *nm* swan; **jeune c.,** cygnet.

cylindre [silɛ̃dr] *nm* (*a*) cylinder (*b*) roller. **cylindrique** *a* cylindrical.

cylindrée [silɛ̃dre] *nf Mch: ICE:* cubic capacity.

cymbale [sɛ̃bal] *nf Mus:* cymbal.

cynique [sinik] **1.** *a* cynical **2.** *nm* cynic. **cyniquement** *adv* cynically.

cynisme [sinism] *nm* cynicism.

cyprès [siprɛ] *nm Bot:* cypress.

cypriote [siprijɔt] *a & n Geog:* Cypriot.

cytise [sitiz] *nm Bot:* laburnum.

D

D¹, d [de] *nm* (the letter) D, d.

D² *abbr* (*route*) *départementale*.

DAB *abbr Distributeur automatique de billets*, cash dispenser.

dac, d'ac [dak] *int F:* OK.

dactylo [daktilo] *nf* (*a*) typist (*b*) typing.

dactylographie [daktilɔgrafi] *nf* typing.

dactylographier [daktilɔgrafje] *vtr* to type.

dada [dada] *nm F:* **1.** (*child's language*) gee-gee **2.** hobby horse, pet subject.

dadais [dadɛ] *nm F:* **grand d.,** great oaf.

dague [dag] *nf* dagger.

dahlia [dalja] *nm Bot:* dahlia.

daigner [deɲe] *vtr* to deign, condescend; **elle n'a même pas daigné me voir,** she wouldn't even see me.

daim [dɛ̃] *nm* (fallow) deer; buck; **(peau de) d.,** (i) buckskin (ii) suede.

dais [dɛ] *nm* canopy.

dallage [dalaʒ] *nm* paving; flagging.

dalle [dal] *nf* (*a*) flag(stone); paving stone (*b*) slab (of marble) (*c*) *P:* **je n'y vois que d.,** I can't see a damned thing (*d*) *P:* **avoir la d.,** to be starving (hungry).

daller [dale] *vtr* to pave.

daltonisme [daltɔnism] *nm* colour blindness. **daltonien, -ienne** *a & n* colour blind (person).

dam [dɑ̃] *nm* **au grand d. de qn,** to s.o.'s great displeasure.

dame¹ [dam] *nf* **1.** (*a*) lady (*b*) married woman; *P:* **votre d.,** your missus (*c*) **d. d'honneur,** lady-in-waiting; **d. de compagnie,** lady's companion **2.** (*a*) **jeu de dames,** (game of) draughts, *NAm:* checkers (*b*) (*at draughts*) king; *Chess: Cards:* queen; **aller à d.,** (i) (*at draughts*) to make a king (ii) *Chess:* to queen (a pawn).

dame² *int A:* **d. oui!** well, yes! rather!

damer [dame] *vtr* **1.** (*at draughts*) to crown (a piece); *Fig:* **d. le pion à qn,** to outsmart s.o. **2.** to tamp (earth).

damier [damje] *nm* draughtboard, *NAm:* checkerboard; **tissu en damier,** chequered material.

damnation [dɑnasjɔ̃] *nf* damnation.

damner [dɑne] *vtr* **1.** to damn **2. se d.,** to be damned. **damné, -ée** *a & n* damned.

dancing [dɑ̃siŋ] *nm* dance hall.

dandinement [dɑ̃dinmɑ̃] *nm* waddle.

dandiner (se) [sədɑ̃dine] *vpr* to waddle.

dandy [dɑ̃di] *nm* dandy.

Danemark [danmark] *Prnm Geog:* Denmark.

danger [dɑ̃ʒe] *nm* danger, peril; **à l'abri du d.,** out of harm's way; **courir un d.,** to be in danger; to run a risk; **il n'y a pas de d.,** it's quite safe; **mettre en d.,** to endanger; **sans d.,** safe(ly); securely; *F:* **pas de d.!** not likely! no fear! *Med:* **hors de d.,** off the danger list; **d. public,** public menace. **dangereux, -euse** *a* dangerous (**pour,** to, for). **dangereusement** *adv* dangerously.

danois, -oise [danwa, -waz] **1.** *a* Danish **2.** *n* (*cap* D) Dane; *Z:* **grand D.,** Great Dane **3.** *nm Ling:* Danish.

dans [dɑ̃] *prep* **1.** (*of position*) (*a*) in; **d. une boîte,** in(side) a box; **lire qch d. un journal,** to read sth in a newspaper (*b*) within; **d. un rayon de dix kilomètres,** within a radius of ten kilometres (*c*) into; **mettre qch d. une boîte,** to put sth in(to) a box; **tomber d. l'oubli,** to sink into oblivion (*d*) out of; **boire d. un verre,** to drink out of a glass; **copier qch d. un livre,** to copy sth out of a book **2.** (*of time*) (*a*) in, within; during; **d. le temps,** long ago, formerly; **je serai prêt à partir d. cinq minutes,** I shall be ready to go in five minutes; **payer d. les dix jours,** to pay within ten days (*b*) **cela coûte d. les 10 francs,** it costs about 10 francs **3.** (*a*) **être d. le commerce,** to be in trade (*b*) **d. les circonstances,** in, under, the circumstances; **être d. la nécessité de,** to be obliged to; **d. ce but,** with this aim in view.

danse [dɑ̃s] *nf* dance, dancing; *Med:* **d. de Saint-Guy,** St Vitus's dance; **professeur de d.,** dance teacher.

danser [dɑ̃se] *vi* to dance; **faire d. qn,** (i) to dance with s.o. (ii) *F:* to lead s.o. a dance; **faire d. l'anse du panier,** to fiddle on the shopping money. **dansant** *a* dancing; springy (step); lively (tune); **soirée dansante,** dance.

danseur, -euse [dɑ̃sœr, -øz] *n* (*a*) dancer (*b*) partner (*c*) *Cy:* **en danseuse,** standing on the pedals.

dard [dar] *nm* (*a*) sting (of insect) (*b*) tongue (of flame).

darder [darde] *vtr* **1.** to hurl, dart (pointed object); to shoot forth; **il a dardé sur moi un regard chargé de haine,** he shot a glance of hatred at me **2.** (*of thorn*) to point.

dare-dare [dardar] *adv F:* double-quick.

datation [datasjɔ̃] *nf* dating.

date [dat] *nf* date; **sans d.,** undated; **en d. du . . .,** dated the . . . ; **prendre d. pour qch,** to fix a date for sth; (*of event*) **faire d.,** to mark an epoch; **être le premier en d.,** to come first; **je le connais de longue d.,** I've known him for a long time; **d. limite,** deadline.

dater [date] **1.** *vtr* to date (letter); **non daté,** undated **2.** *vi* to date (**de,** from); **à d. de ce jour,** from today; **de quand date votre dernier repas?** when did you last eat? **qui date,** (i) memorable (event) (ii) dated, old-fashioned (dress).

dateur [datœr] **1.** *nm* date indicator (on a watch) **2.** *a & nm* **(tampon) d.,** date stamp.

datif, -ive [datif, -iv] *a & nm* dative (case).

datte [dat] *nf Bot:* date.

dattier [datje] *nm* date palm.

daube [dob] *nf* stew, casserole; **bœuf en d.,** beef stew.

dauphin [dofɛ̃] *nm* **1.** *Z:* dolphin **2.** (*a*) Dauphin (*b*) heir apparent.

davantage [davɑ̃taʒ] *adv* (*a*) more; **il m'en faut d.,** I need still more; **je n'en dis pas d.,** I shall say no more; **nous ne resterons pas d.,** we will not stay any longer; **se baisser d.,** to stoop lower; **chaque jour d.,** more and more every day (*b*) **elle en a d. que lui,** she's got more than him.

DCA *abbr Défence contre avions.*

DDT *abbr dichloro-diphényl-trichloréthane,* DDT.

de [də] (*before vowels and h 'mute'* **d'; de** + *def art* **le, les,** *are contracted into* **du, des**) **1.** *prep* (*a*) from; **l'idée est de moi,** the idea is mine; **il l'a oublié? c'est bien de lui!** did he forget it? that's just like him!, he would! **du matin au soir,** from morning till night; **de vous à moi,** between ourselves; **de 20 à 30 personnes,** between 20 and 30 people; **de jour en jour,** from day to day (*b*) (*time*) **il partit de nuit,** he left by night; **de mon temps,** in my day; **six heures du matin,** six o'clock in the morning (*c*) (*agent*) **accompagné de ses amis,** accompanied by his friends; **la statue est de Rodin,** the statue is by Rodin; **j'ai fait cela de ma propre main,** it's all my own work (*d*) (*manner*) **regarder qn d'un air amusé,** to look at s.o. with an amused expression (*e*) (*cause*) **sauter de joie,** to jump for joy; **je tombais de fatigue,** I was dropping with exhaustion; **mourir de faim,** to die of hunger; **de soi-même,** of one's own accord (*f*) (*measure*) **âgé de seize ans,** sixteen years old; **homme de trente ans,** thirty-year-old man; **ma montre retarde de dix minutes,** my watch is ten minutes slow; **la terrasse a 20 mètres de long,** the terrace is 20 metres long; **cheque de 1000 F,** cheque for 1000 F; **gagner cent francs de l'heure,** to earn one hundred francs an hour (*g*) (*introducing complement of adj*) **digne d'éloges,** worthy of praise; **heureux de partir,** happy to leave; **content de qch,** pleased with sth **2.** *prep* (*a*) **le livre de Pierre,** Peter's book; **le toit de la maison,** the roof of the house; **la conférence de Berlin,** the Berlin conference (*b*) (*material*) **un pont de fer,** an iron bridge (*c*) (*distinguishing mark*) **le professeur de français,** the French teacher; **le journal d'hier,** yesterday's paper (*d*) (*partitive*) **un verre de vin,** a glass of wine; **quelque chose de bon,** something good; **je ne l'ai pas vu de la soirée,** I haven't seen him all evening (*e*) (*forming compound prepositions*) **près de la maison,** near the house; **autour du jardin,** round the garden; **à partir de ce jour-là,** from that day onward (*f*) (*connecting vb and object*) **approcher de Paris,** to get near Paris; **manquer de courage,** to lack courage; **convenir d'une erreur,** to admit an error; **se souvenir de qch,** to remember sth **3.** *serving as a link word* (*a*) **le mieux était de rire,** it was best to laugh; **je crains d'être en retard,** I'm afraid of being late (*b*) **la ville de Paris,** the city of Paris; **un drôle de type,** a funny chap; **il y eut trois hommes de tués,** three men were killed; *F:* **c'est d'un réussi!** it's *such* a success! **4.** *partitive article* (*used also as pl of* **un, une**) **il faut acheter du pain,** we must buy (some) bread; **n'avez-vous pas d'amis?** haven't you got any friends? **sans faire de fautes,** without making any mistakes; **donnez-nous de vos nouvelles,** let us hear from you; **avez-vous du pain?** have you any bread? (*intensive*) **mettre des heures à faire qch,** to spend hours over sth.

dé¹ [de] *nm* (*a*) *Gaming:* die; *pl* dice; **dés pipés,** loaded dice; **les dés sont jetés,** the die is cast (*b*) *Cu:* **couper en dés,** to dice (vegetables).

dé² *nm* **dé (à coudre),** thimble.

DEA *abbr Diplôme d'études approfondies.*

déambulateur [deɑ̃bylatœr] *nm* walker, walking frame.

déambuler [deɑ̃byle] *vi* to stroll (about).

débâcle [debɑkl] *nf* **1.** break(ing) up (of drift ice) **2.** *Fig:* downfall **3.** *Mil: etc:* rout.

déballage [debalaʒ] *nm* (*a*) unpacking (*b*) display (of goods).

déballer [debale] *vtr* **1.** to unpack **2.** to display.

débandade [debɑ̃dad] *nf* rout (of army); stampede (of horses); **à la d.,** in confusion; **tout va à la d.,** everything is going to rack and ruin.

débander [debɑ̃de] *vtr* **1.** to remove a bandage from (a wound) **2. se d.,** to disperse.

débaptiser [debatize] *vtr* to rename.

débarbouiller [debarbuje] *vtr* **1. d. qn,** to wash s.o.'s face **2. se d.,** to wash one's face.

débarcadère [debarkadɛr] *nm* landing stage, wharf.

débardeur [debardœr] *nm* **1.** docker **2.** *Cl:* slipover, *NAm:* (sweater) vest.

débarquement [debarkəmɑ̃] *nm* unloading (of cargo); landing (of passengers).

débarquer [debarke] **1.** *vtr* (*a*) to unload (cargo); to disembark, land (passengers); to drop (pilot) (*b*) *F:* **d. qn,** to get rid of s.o. **2.** *vi* (*a*) to land, disembark (from boat); to alight (from train); *F:* **elle a débarqué hier soir,** she turned up last night (*b*) *F:* **explique-moi – je débarque,** explain it to me – I'm not quite with it.

débarras [debara] *nm* (*a*) riddance; **bon d.!** good riddance! (*b*) **(chambre de) d.,** boxroom.

débarrasser [debarase] *vtr* **1.** to disencumber; to clear (table); **d. qn de,** to rid s.o. of (worries); to relieve s.o. of (coat); *F:* **d. le plancher,** to clear out **2. se d. de qch,** to get rid of sth.

débat [deba] *nm* **1.** discussion; debate **2.** dispute.

débattre [debatr] *vtr* (*conj like* BATTRE) **1.** to debate, discuss; **prix à d.,** price by arrangement **2. se d.,** to struggle.

débauchage [deboʃaʒ] *nm* laying off (of workmen).

débauche [deboʃ] *nf* debauchery, dissolute living. **débauché, -ée 1.** *a* debauched **2.** *n* debauchee.

débaucher [deboʃe] *vtr* **1.** (*a*) to lead (s.o.) astray; **d. la jeunesse,** to corrupt the young (*b*) *Ind:* to lay off (workers) **2.** *F:* to entice (s.o.) away from his work.

débilité [debilite] *nf* debility; *pl F:* sheer nonsense; **d. mentale,** mental deficiency. **débile 1.** *a* (*a*) weakly (child); weak, feeble (*b*) *F: Pej:* idiotic **2.** *n* **un(e) d. mental(e),** a mental defective.

débiliter [debilite] *vtr* to debilitate, weaken.

débiner [debine] *vtr F:* **1.** to run (s.o.) down **2. se d.,** to clear off.

débit¹ [debi] *nm* **1.** (*a*) (retail) sale (*b*) (retail) shop; *esp* **d. de tabac,** tobacconist's (shop), *NAm:* tobacco store; **d. de boissons,** bar, café **2.** (*a*) discharge (of pump); flow (of river) (*b*) *Ind:* output; *El:* power supplied **3.** delivery (of orator).

débit² *nm Com:* debit.

débitant,-ante[debitɑ̃,-ɑ̃t]*n***d.detabac,**tobacconist.

débiter¹ [debite] *vtr* **1.** to retail; to sell (goods) retail

2. to cut up (meat) 3. to discharge, to yield; *Ind:* to produce 4. **d. des sottises,** to talk rubbish.

débiter² *vtr Com:* to debit.

débiteur, -trice [debitœr, -tris] **1.** *n* debtor **2.** *a* **compte d.,** debit account.

déblais [deblɛ] *nmpl* **1.** earth **2.** rubble.

déblaiement [deblɛmɑ̃] *nm* clearing (of ground).

déblayer [deblɛje] *vtr* (**je déblaye, je déblaie**) **1.** to clear away (earth); to shovel away (snow) **2. d. un terrain,** (i) to clear a piece of ground (ii) to clear the way (for negotiations).

déblocage [deblɔkaʒ] *nm* freeing, releasing; unjamming; unfreezing (of prices).

débloquer [deblɔke] *vtr* **1.** to unjam (machine) **2.** to free, to release; *Fin:* to unfreeze (prices). **3.** *vi F:* to talk through one's hat, talk nonsense.

déboire [debwar] *nm* disappointment; setback.

déboisement [debwazmɑ̃] *nm* deforestation.

déboiser [debwaze] *vtr* to deforest (land).

déboîtement [debwatmɑ̃] *nm* dislocation (of limb).

déboîter [debwate] *vtr* **1.** to disconnect (pipe) **2.** to dislocate (joint); **se d. l'épaule,** to put one's shoulder out **3.** *vi Aut:* to pull out; to change lanes.

débonnaire [debɔnɛr] *a* good-natured, easy-going.

débordement [debɔrdəmɑ̃] *nm* **1.** (*a*) overflowing; **d. d'injures,** outburst, torrent, of abuse (*b*) *pl* excesses **2.** *Mil:* outflanking (of enemy).

déborder [debɔrde] **1.** *vtr & i* to overflow, run over; **plein à d.,** full to overflowing; **elle déborde de vie,** she's bubbling over with vitality **2.** *vtr* (*a*) to project, stick out, beyond (sth); to overlap (sth) (*b*) to overwhelm (s.o.) (*c*) to untuck (bed). **débordant** *a* **1.** overflowing, brimming over; bursting (with health) **2.** projecting; overlapping. **débordé** *a* **1.** overflowing **2.** snowed under (with work).

débouchage [debuʃaʒ] *nm* uncorking; unblocking.

débouché [debuʃe] *nm* **1.** outlet (of passage) **2.** opening; opportunity; *Com:* outlet.

déboucher¹ [debuʃe] *vtr* **1.** to clear (choked pipe) **2.** to uncork (bottle).

déboucher² *vi* to emerge, come out; (*of road*) **d. sur,** to lead out onto, lead into.

déboucler [debukle] *vtr* to unbuckle (belt).

débouler [debule] *vi* **1.** to roll **2.** *F:* **d. chez qn,** to turn up at s.o.'s house.

déboulonner [debulɔne] *vtr* to unbolt; *F:* **d. qn,** to sack, fire, s.o.

débours [debur] *nm* disbursement; expenses; outlay.

débourser [deburse] *vtr* to spend, lay out (money).

debout [dəbu] *adv* (*a*) (*of thg*) upright, on end; (*of pers*) standing; **mettre qch d.,** to stand sth up; **tenir d.,** to be kept upright; **se tenir d.,** to stand; **places d. seulement,** standing room only; **ça ne tient pas d.,** that doesn't hold water; **se remettre d.,** to stand up; **rester d.,** to remain standing; **conte à dormir d.,** tall story (*b*) (*of pers*) **être d.,** to be up; **allons, d.!** come on, get up!

déboutonner [debutɔne] *vtr* **1.** to unbutton **2. se d.,** to undo one's buttons; (*of jacket*) to come undone.

débraillé [debrɑje] **1.** *a* untidy, slovenly (person); sloppy (appearance); rude (manners) **2.** *nm* untidiness, slovenliness.

débrancher [debrɑ̃ʃe] *vtr El: etc:* to disconnect; to unplug.

débrayage [debrɛjaʒ] *nm* **1.** *Aut:* clutch **2.** *Ind:* strike.

débrayer [debrɛje] *vi* (**je débraye, je débraie**) **1.** *Aut:* to release the clutch **2.** *Ind:* to go on strike.

débridé [debride] *a* unbridled.

débris [debri] *nmpl* remains, debris, fragments, scraps.

débrouiller [debruje] *vtr* **1.** to unravel (thread); **d. une affaire,** to straighten out matters **2. se d.,** to extricate oneself (from difficulties); to manage; **qu'il se débrouille,** he'll have to sort it out himself; **débrouillez-vous!** that's your lookout! **débrouillard, -arde 1.** *a* resourceful, smart **2.** *n* resourceful person. **débrouillardise** *nf* resourcefulness, smartness.

débroussailler [debrusaje] *vtr* **1.** to clear (ground) of undergrowth **2.** to clarify (matter).

débusquer [debyske] *vtr* to drive out, to dislodge.

début [deby] *nm* **1.** first appearance (of actor); **faire ses début,** to make one's début; **société à ses débuts,** association in its infancy **2.** beginning, start, outset; **dès le d.,** right at the start; **au d. des hostilités,** at the outbreak of hostilities; **appointements de d.,** starting salary.

débutant, -ante [debytɑ̃, -ɑ̃t] **1.** *n* beginner, novice; debutant actor, actress **2.** *a* novice.

débuter [debyte] *vi* **1.** to make one's first appearance, one's debut (on the stage) **2.** to begin, start.

deçà [dəsa] (*a*) *adv A:* **d. et delà,** here and there (*b*) *prep phr* **en d. de qch,** (on) this side of sth; **rester en d. de la vérité,** to be short of the truth.

décachetage [dekaʃtaʒ] *nm* unsealing, opening.

décacheter [dekaʃte] *vtr* (*conj like* CACHETER) to unseal, break open (letter).

décade [dekad] *nf* (*a*) period of ten days (*b*) (*ten years*) decade.

décadence [dekadɑ̃s] *nf* decadence, decline. **décadent** *a* decadent; declining; *nm* decadent.

décaféiner [dekafeine] *vtr* to decaffeinate; **un café décaféiné,** *n* **un décaféiné,** *F:* **un déca,** a (cup of) decaffeinated coffee.

décalage [dekalaʒ] *nm* (*a*) **d. horaire,** time difference, time lag (*b*) (amount of) shift.

décalaminer [dekalamine] *vtr ICE:* to dechoke, to decarbonize.

décalcomanie [dekalkɔmani] *nf* transfer, decal.

décaler [dekale] *vtr* **1.** to unwedge **2.** to move forward, to move back; to shift; **d. l'heure,** to alter the time.

décalque [dekalk] *nm* transfer; tracing.

décalquer [dekalke] *vtr* to transfer (design); to trace (drawing).

décamper [dekɑ̃pe] *vi F:* to clear off.

décanter [dekɑ̃te] *vtr* **1.** to allow (liquid) to settle; *Fig:* **d. ses idées,** to clarify one's thoughts **2. se d.,** (*of situation, ideas*) to become clearer; **ce vin se décante,** this wine should be allowed to settle.

décapant [dekapɑ̃] *nm* cleaning agent.

décaper [dekape] *vtr* to scour, to clean (metal); to pickle (metal object); to scrub, to sand.

décapeur [dekapœr] *nm* **d. thermique,** hot-air paint-stripper.

décapitation [dekapitasjɔ̃] *nf* beheading, decapitation.

décapiter [dekapite] *vtr* to decapitate, behead.

décapotable [dekapɔtabl] *a & nf Aut:* convertible.

décapsuler [dekapsyle] *vtr* to open, to take the top off (a bottle).
décapsuleur [dekapsylœr] *nm* bottle opener.
décarcasser (se) [sədekarkase] *vpr F:* to wear oneself out (doing sth).
décathlon [dekatlɔ̃] *nm Sp:* decathlon.
décati [dekati] *a* worn out, decrepit.
décavé [dekave] *a* **1.** exhausted **2.** ruined.
décéder [desede] *vi* (*conj like* CÉDER *aux* **être**) to die. **décédé** *a* deceased.
déceler [desle] *vtr* (**je décèle**) to disclose (fraud); to divulge, betray (secret); to detect (sth).
décembre [desɑ̃br̥] *nm* December; **au mois de d., en d.**, in (the month of) December.
décence [desɑ̃s] *nf* decency. **décent** *a* decent. **décemment** *adv* decently.
décennie [deseni] *nf* decade.
décentralisation [desɑ̃tralizasjɔ̃] *nf* decentralization.
décentraliser [desɑ̃tralize] *vtr* to decentralize.
déception [desɛpsjɔ̃] *nf* disappointment.
décerner [desɛrne] *vtr* to award (a prize); *Jur:* to issue (summons, etc).
décès [desɛ] *nm* death.
décevoir [desəvwar] *vtr* (*conj like* RECEVOIR) to disappoint. **décevant** *a* disappointing.
déchaînement [deʃɛnmɑ̃] *nm* (*a*) breaking loose (*b*) outburst (of passion); (outburst of) fury.
déchaîner [deʃɛne] *vtr* **1.** to unchain, to let loose **2.** to unleash (passions, anger); to provoke (laughter) **3.** (*a*) **se d.**, to break out; **la tempête s'est déchaînée,** the storm broke (*b*) **se d. contre qn,** to fly into a rage against s.o. **déchaîné** *a* wild, raging.
déchanter [deʃɑ̃te] *vi F:* **1.** to come down a peg (or two) **2.** to become disillusioned.
décharge [deʃarʒ] *nf* **1.** (*a*) unloading (of cart); unlading (of cargo) (*b*) discharge (of gunfire) (*c*) *El:* discharge; **d. électrique,** electric shock **2.** (*a*) relief, easing (*b*) (tax) rebate (*c*) **témoin à d.,** witness for the defence (*d*) release (of accused person) **3.** discharge, outlet; **tuyau de d.,** waste-pipe **4. d. publique,** rubbish dump, rubbish tip, *NAm:* (garbage) dump.
déchargement [deʃarʒəmɑ̃] *nm* unloading; discharging.
décharger [deʃarʒe] *vtr* (**n. déchargeons**) **1.** (*a*) to unload (cart); to unlade, to discharge (cargo) (*b*) to unload (firearm) (*c*) **d. sa conscience,** to ease one's mind (**de,** of) (*d*) **d. son fusil sur qn,** to fire one's gun at s.o. **2.** (*a*) to lighten (ship) (*b*) **d. qn d'une accusation,** to acquit s.o. of a charge; **d. qn d'une dette,** to remit a debt **3.** (*a*) **se d.,** (*of gun*) to go off; (*of battery*) to run down; (*of anger*) to vent itself (**sur,** on) (*b*) **d. qn,** to relieve s.o. (of sth); **se d. d'un fardeau,** to put down a load; **se d. de ses responsabilités,** to pass off one's responsibilities (onto s.o.).
décharné [deʃarne] *a* skinny, bony.
déchausser [deʃose] *vtr* **1.** to take off (s.o.'s) shoes **2. se d.,** to take off one's shoes; (*of teeth*) to get loose. **déchaussé** *a* barefoot(ed).
déchéance [deʃeɑ̃s] *nf* **1.** downfall; decline **2.** forfeiture (of rights); expiration (of insurance policy).
dèche [dɛʃ] *nf P:* poverty; **être dans la d.,** to be flat broke; **c'est la d.!** we, they, are flat broke.
déchet [deʃɛ] *nm* (*a*) *usu pl* waste, refuse; **déchets radioactifs,** radioactive waste; **déchets de viande,** scraps (*b*) (*pers*) failure; (social) outcast.
déchiffrage [deʃifraʒ] *nm* sightreading (of music).
déchiffrement [deʃifrəmɑ̃] *nm* deciphering.
déchiffrer [deʃifre] *vtr* to decipher, make out (inscription); to decode (message); to sightread (music). **déchiffrable** *a* decipherable.
déchiqueter [deʃikte] *vtr* (**je déchiquette**) to cut, slash, tear, into strips, into shreds. **déchiqueté** *a* jagged (edge); cut to bits, to shreds.
déchirement [deʃirmɑ̃] *nm* tearing; **d. de cœur,** wrench, heartbreak.
déchirer [deʃire] *vtr* **1.** to tear (garment); to tear up (paper); to tear open (envelope); **sons qui déchirent les oreilles,** ear-splitting sounds; **cris qui déchiraient le cœur,** heartrending cries; **se d. un muscle,** to tear a muscle **2. se d.,** to tear. **déchirant** *a* **1.** heartrending, harrowing **2.** ear-splitting.
déchirure [deʃiryr] *nf* tear, rent, slit, rip.
déchoir [deʃwar] *vi* (*pp* **déchu;** *pr ind* **je déchois, n. déchoyons;** *aux* **être** *or* **avoir**) to lose prestige; **sa popularité déchoit,** his popularity is declining. **déchu** *a* fallen; dethroned (king); expired (policy); **être déchu de ses droits,** to have forfeited one's rights.
décibel [desibɛl] *nm* decibel.
décider [deside] *vtr* **1.** (*a*) to decide, settle (question, dispute); **voilà qui décide tout!** that settles it! (*b*) **l'assemblée décida la guerre,** the assembly decided on war **2. d. qn à faire qch,** to persuade, induce, s.o. to do sth **3.** *vi* (*a*) **il faut que je décide,** I must make a decision (*b*) **d. de qch,** to decide, to determine, sth **4. d. de +** *inf,* to decide to (do sth); **d. que +** *ind,* to decide, settle, that **5. se d.** (*a*) to make up one's mind; to come to a decision (*b*) **je ne puis pas me d. à le faire,** I cannot bring myself to do it; **allons, décidez-vous,** come on, make up your mind (*c*) **se d. pour qn,** to decide in favour of s.o. **décidé** *a* **1.** settled (matter) **2.** resolute, confident (person); determined (character); **d'un ton d.,** decisively **3. être d. à faire qch,** to be determined to do sth **4. avoir une supériorité décidée sur qn,** to have a decided superiority over s.o. **décidément** *adv* decidedly, positively, definitely; **d. je n'ai pas de chance!** I really don't have much luck!
décilitre [desilitr̥] *nm* decilitre.
décimale [desimal] *nf* decimal. **décimal,** *pl* **-aux** *a* decimal.
décimation [desimasjɔ̃] *nf* decimation.
décimer [desime] *vtr* to decimate.
décimètre [desimɛtr̥] *nm* decimetre; **double d.,** ruler.
décision [desizjɔ̃] *nf* **1.** (*a*) decision; **forcer une d.,** to bring matters to a head (*b*) *Jur:* ruling; award **2.** resolution, determination. **décisif, -ive** *a* **1.** decisive (battle); conclusive (evidence); critical, crucial (moment) **2.** peremptory (tone).
déclamation [deklamasjɔ̃] *nf* (*a*) declamation (*b*) *Pej:* ranting.
déclamer [deklame] *vtr* to declaim (speech); *Pej:* to spout; **d. contre qn,** to inveigh against s.o. **déclamatoire** *a* declamatory; ranting.
déclaration [deklarasjɔ̃] *nf* (*a*) declaration; proclamation, announcement (*b*) notification (of birth, death) (*c*) statement; **d. sous serment,** affidavit (*d*) **d.**

(d'amour), declaration of love (*e*) **d. en douane,** customs declaration; **d. de revenus,** tax return.

déclarer [deklare] *vtr* **1.** (*a*) to declare, make known (one's intentions) (*b*) *Cards:* **d. trèfle,** to declare, call, clubs **2.** (*a*) to declare, proclaim, announce; **déclaré coupable,** found guilty (*b*) to notify (birth, death) (*c*) **d. la guerre à qn,** to declare war on s.o. (*d*) *Cust:* to declare **3. se d.,** (i) to speak one's mind (ii) to declare one's love (iii) (*of fire, disease*) to break out; **se d. contre qch,** to come out against sth.

déclassement [deklasmɑ̃] *nm* change of class; *Sp:* relegation.

déclasser [deklase] *vtr* **1.** to downgrade (hotel, employee) **2.** *Sp:* to relegate **3.** to jumble, to mix up (papers, etc).

déclenchement [deklɑ̃ʃmɑ̃] *nm* **1.** *MecE:* (*a*) releasing (of part) (*b*) trigger action; *Phot:* (shutter) release **2.** starting; setting in motion.

déclencher [deklɑ̃ʃe] *vtr* **1.** to set off (mechanism); to set (machine) in motion **2.** to trigger off, spark off (conflict, crisis); to launch (attack) **3. se d.,** (*of mechanism*) to release itself; (*of bell*) to go off; (*of strike*) to start.

déclencheur [deklɑ̃ʃœr] *nm Phot:* shutter release.

déclic [deklik] *nm* **1.** catch, trigger **2.** (*noise*) click **3.** *Fig:* **il y a eu un d. entre eux,** something clicked between them.

déclin [deklɛ̃] *nm* decline, close (of day); waning (of moon); falling off; **au d. de sa vie,** in his declining years.

déclinaison [deklinɛzɔ̃] *nf* **1.** *Astr:* declination **2.** *Gram:* declension.

décliner [dekline] **1.** *vi* (*of moon*) to wane; (*of star*) to decline; (*of day*) to draw to a close **2.** *vtr* to decline, refuse (offer) **3.** *vtr* (*a*) *Gram:* to decline (noun) (*b*) to state, to give (one's name). **déclinable** *a Gram:* declinable.

déclivité [deklivite] *nf* declivity, slope, incline.

décocher [dekɔʃe] *vtr* to shoot, fire (arrow); **d. un coup à qn,** to hit out at s.o.; **d. une remarque,** to fire a comment; **d. une œillade,** to flash a glance.

décoder [dekɔde] *vt* to decode. **décodeur** *nm* decoder.

décoiffer [dekwafe] *vtr* **d. qn,** to mess up s.o.'s hair; to ruffle s.o.'s hair; **j'étais décoiffé,** my hair was ruffled; my hair was in a mess.

décoincer [dekwɛ̃se] *vtr* to unjam, to unwedge.

décolérer [dekɔlere] *vi* **(je décolère; je décolérerai)** to calm down; (*used esp in the neg*) **il ne décolérait pas,** he was still fuming.

décollage [dekɔlaʒ] *nm Av:* takeoff.

décoller [dekɔle] **1.** *vtr* to unstick, unglue **2.** *vi* (*a*) (*of aircraft*) to take off (*b*) *F:* to budge **3. se d.,** to come unstuck.

décolleté [dekɔlte] **1.** *a* low-cut (dress); **d. dans le dos,** cut low at the back **2.** *nm* neckline (of dress); **d. carré, en pointe,** square neck, V neck.

décolonisation [dekɔlɔnizasjɔ̃] *nf* decolonization.

décoloniser [dekɔlɔnize] *vtr* to decolonize.

décolorant [dekɔlɔrɑ̃] *nm* bleach.

décoloration [dekɔlɔrasjɔ̃] *nf* discolouration.

décolorer [dekɔlɔre] *vtr* **1.** to discolour; to fade; to bleach (hair) **2. se d.,** to lose colour, to fade.

décombres [dekɔ̃br] *nmpl* rubbish, debris (of building);-ruins.

décommander [dekɔmɑ̃de] *vtr* **1.** to cancel (meeting); to put off (guest); **d. un livre,** to cancel one's order for a book **2. se d.,** to cancel (one's appointment).

décomposer [dekɔ̃poze] *vtr* **1.** *Ph: Ch:* to decompose; to split (light) **2.** to decompose, to rot (organic matter) **3.** to contort, distort (features) **4. se d.** (*a*) to decompose, to rot (*b*) (*of face*) to become contorted.

décomposition [dekɔ̃pozisjɔ̃] *nf* decomposition.

décompresser [dekɔ̃prese] *vi Psy: F:* to unwind.

décompression [dekɔ̃prɛsjɔ̃] *nf* **1.** *Ph:* decompression **2.** *Psy: F:* unwinding.

décompte [dekɔ̃t] *nm* (*a*) deduction (*b*) detailed account; breakdown.

décompter [dekɔ̃te] *vtr* to deduct.

déconcerter [dekɔ̃sɛrte] *vtr* to disconcert (s.o.).

déconfit [dekɔ̃fi] *a* crestfallen, discomfited.

déconfiture [dekɔ̃fityr] *nf* collapse, failure, downfall.

décongeler [dekɔ̃ʒle] *vtr* **(je décongèle)** to thaw, defrost, defreeze.

décongestionner [dekɔ̃ʒɛstjɔne] *vtr* (*a*) *Med:* to relieve congestion in (lungs) (*b*) to clear street (of traffic).

déconnecter [dekɔnɛkte] *vtr El:* to disconnect.

déconner [dekɔne] *vi F:* **1.** to mess about **2.** to talk nonsense.

déconseiller [dekɔseje] *vtr* **d. qch à qn,** to advise s.o. against sth; **c'est déconseillé, c'est à d.,** it's inadvisable; it's not recommended; **le jogging m'est déconseillé,** I have been advised against jogging.

déconsidérer [dekɔ̃sidere] *vtr* to discredit.

décontaminer [dekɔ̃tamine] *vtr* to decontaminate.

décontenancer [dekɔ̃tnɑ̃se] **1.** *vtr* **(n. décontenançons)** to put (s.o.) out of countenance; to disconcert **2. se d.,** to lose one's composure, to become flustered.

décontracter [dekɔ̃trakte] *vtr & vpr* to relax.

décontraction [dekɔ̃traksjɔ̃] *nf* relaxation.

déconvenue [dekɔ̃vny] *nf* disappointment.

décor [dekɔr] *nm* **1.** decoration (of house) **2.** *Th: Cin: TV:* setting (of stage); set; *pl* scenery **3.** *F: Aut:* **entrer dans le d.,** to run off the road (into sth).

décorateur, -trice [dekɔratœr, -tris] *n* (*a*) interior decorator (*b*) *Th:* stage designer; *Cin:* set designer.

décoration [dekɔrasjɔ̃] *nf* decoration. **décoratif, -ive** *a* decorative.

décorer [dekɔre] *vtr* **1.** to decorate, ornament; to do up (house) **2.** to decorate (s.o.).

décortiquer [dekɔrtike] *vtr* to husk (rice); to hull (barley); to shell (nuts); *Fig:* **d. un texte,** to dissect a text.

décorum [dekɔrɔm] *nm* decorum.

découcher [dekuʃe] *vi* to stay out all night.

découdre [dekudr] *vtr* (*conj like* COUDRE) **1.** (*a*) to unpick, unstitch (garment) (*b*) **en d.,** to fight **2. se d.,** to come unstitched.

découler [dekule] *vi* to ensue, follow (**de,** from).

découpage [dekupaʒ] *nm* (*a*) cutting up (of paper); carving (of meat); cutting out (of patterns) (*b*) cutout.

découper [dekupe] *vtr* **1.** to cut up (paper); to carve (meat); **couteau à d.,** carving knife **2.** to cut out (design); **d. un article dans un journal,** to cut an article out of a newspaper; **scie à d.,** fretsaw **3. se d.,** to stand out, to show up (**sur,** on, against). **découpé** *a* jagged (edge).

découplé [dekuple] *a* **bien d.,** well-built, strapping.

découpure [dekupyr] *nf* **1.** (*a*) cutting out (*b*) fretwork **2.** (*a*) piece cut out (*b*) cutting **3.** indentation (in coastline).

découragement [dekuraʒmɑ̃] *nm* discouragement.

décourager [dekuraʒe] *vtr* (**n. décourageons**) **1.** to discourage, dishearten; **d. qn de faire qch,** to discourage s.o. from doing sth **2. d. le vol,** to discourage theft **3. se d.,** to become discouraged, disheartened; to lose heart. **décourageant** *a* discouraging, disheartening.

décousu [dekuzy] *a* (*a*) unsewn, unstitched (seam) (*b*) disconnected, disjointed (words, ideas); rambling (remarks, conversation).

découvert [dekuvɛr] **1.** *a* (*a*) uncovered; bare (head) (*b*) open (country) (*c*) exposed, unprotected (*d*) overdrawn (account) **2.** *nm Bank:* overdraft **3.** *adv phr* **à d.,** uncovered, unprotected; **parler à d.,** to speak openly; **mettre qch à d.,** to expose sth to view; **compte à d.,** overdrawn account; **tirer à d.,** to overdraw (one's account).

découverte [dekuvɛrt] *nf* **1.** discovery (of land); **aller à la d.,** to explore **2.** (*a*) discovery, exposure (of plot) (*b*) (scientific) discovery.

découvrir [dekuvrir] *vtr* (*conj like* COUVRIR) **1.** (*a*) to uncover, take the cover off (dish) (*b*) to expose, to lay bare; to unveil (statue); to disclose, reveal (secret) **2.** to perceive, discern **3.** (*a*) to discover (plot); to detect (error, criminal); to find out (sth); **d. que,** to discover that, find out that (*b*) to discover (treasure, virus) **4. se d.** (*a*) to take off one's hat; to take off one's clothes (*b*) (*of sky*) to clear (up) (*c*) **se d. à qn,** to reveal oneself to s.o. (*d*) **se d. un don pour,** to find one has a gift for.

décrassage [dekrasaʒ] *nm* cleaning, scouring.

décrasser [dekrase] *vtr* **1.** to clean, scour; to scale (boiler) **2.** *F:* **d. qn,** to take the rough edges of s.o. **3. se d.,** to clean oneself up.

décrépitude [dekrepityd] *nf* decrepitude, decay. **décrépit** *a* decrepit.

décret [dekrɛ] *nm* decree.

décréter [dekrete] *vtr* (**je décrète; je décréterai**) to decree; to enact (law).

décrier [dekrie] *vtr* to disparage, discredit (s.o.); to run (s.o., sth) down.

décrire [dekrir] *vtr* (*conj like* ÉCRIRE) to describe.

décrisper [dekrispe] *vtr* to ease, to take the strain out of (relations, situation, etc).

décrocher [dekrɔʃe] **1.** *vtr* to unhook, to take down (coat from peg); to disconnect (railway carriages); *Tp:* to pick up, lift (receiver); (*to stop it from ringing*) to take (the phone) off the hook; **se d. la mâchoire,** to dislocate one's jaw **2.** *F:* to get, land; **d. le grand succès,** to make a big hit **3.** *vi* (*a*) *Mil:* to withdraw (*b*) *Av:* to stall (*c*) *F:* to give up, to drop out. **décroché** *a* (*of telephone*) off the hook.

décroiser [dekrwaze] *vtr* to uncross.

décroissance [dekrwasɑ̃s] *nf* decrease; diminution; decline (**en,** in, of); **être en d.,** to decrease.

décroître [dekrwatr̥] *vi* (*conj like* CROÎTRE, *except pp* **décru**) to decrease, decline, diminish; (*of moon*) to wane; (*of days*) to get shorter; **aller (en) décroissant,** to decrease.

décrotter [dekrɔte] *vtr* to clean, scrape (the mud off).

décrottoir [dekrɔtwar] *nm* shoe scraper.

décrue [dekry] *nf* fall, subsidence (of river).

décrypter [dekripte] *vtr* to decipher, to decode.

déçu [desy] *a* disappointed.

déculottée [dekylɔte] *nf F:* thrashing.

déculotter [dekylɔte] **1.** *vtr* **d. qn,** to take s.o.'s trousers, pants, off **2. se d.,** to take off one's trousers, pants; *Fig:* to grovel.

décupler [dekyple] *vtr & i* to increase tenfold.

dédaigner [dedɛɲe] *vtr* to scorn, disdain; **cette offre n'est pas à d.,** this offer is not to be sneezed at. **dédaigneux, -euse** *a* disdainful; scornful. **dédaigneusement** *adv* disdainfully, scornfully.

dédain [dedɛ̃] *nm* disdain, scorn; **avec d.,** disdainfully.

dédale [dedal] *nm* maze (of streets).

dedans [dədɑ̃] **1.** *adv* inside; within; in (it); *F:* **mettre qn d.,** to put s.o. inside; **donner d.,** to fall into the trap; **en d.,** (on the) inside; within; **il est calme en d.,** inwardly he is calm; **en d. de,** within **2.** *nm* inside, interior (of house); **au d.,** (on the) inside; within; **au d. de,** inside, within.

dédicace [dedikas] *nf* dedication.

dédicacer [dedikase] *vtr* (**je dédicaçai(s)**) to dedicate (book); to autograph (book).

dédier [dedje] *vtr* to dedicate.

dédire (se) [sədedir] *vpr* (*conj like* DIRE, *except pr ind* **v. v. dédisez**) to retract (a statement); **se d. d'une promesse,** to go back on one's word.

dédit [dedi] *nm* **1.** retraction, withdrawal **2.** breaking (of promise) **3.** forfeit, penalty (for breaking contract).

dédommagement [dedɔmaʒmɑ̃] *nm* indemnity, compensation, damages.

dédommager [dedɔmaʒe] *vtr* (**n. dédommageons**) to compensate (s.o.) (**de,** for); **se faire d.,** to receive compensation.

dédouanement [dedwanmɑ̃] *nm* customs clearance.

dédouaner [dedwane] *vtr* **1.** to clear (goods) through customs **2. d. qn,** to restore s.o.'s prestige.

dédoublement [dedubləmɑ̃] *nm* **faire un d. de la personnalité,** to have a split personality.

dédoubler [deduble] *vtr* **1.** (*a*) to divide into two (*b*) to run (train) in two portions **2. se d.,** to split; **je ne peux pas me d.,** I can't be in two places at once.

déduction [dedyksjɔ̃] *nf* **1.** deduction, inference **2.** *Com:* deduction, allowance; **sans d.,** terms net cash. **déductible** *a* deductible; **non d.,** nondeductible. **déductif, -ive** *a* deductive (reasoning).

déduire [deduir] *vtr* (*conj like* CONDUIRE) **1.** to deduce, infer **2.** to deduct.

déesse [deɛs] *nf* goddess.

défaillance [defajɑ̃s] *nf* (*a*) (moral, physical) lapse; failing; failure (to do sth); **sans d.,** without flinching;

moment de d., weak moment; **d. de mémoire**, lapse of memory; **d. cardiaque**, heart failure (*b*) fainting fit; blackout; **tomber en d.**, to faint. **défaillant, -ante** *a* (*a*) failing; declining; weak (heart) (*b*) **d. de fatigue**, exhausted (*c*) (*pers*) faint (*d*) *Jur:* **témoin d.**, defaulting witness.

défaillir [defajir] *vi* (*prp* **défaillant;** *pr ind* **je défaille**) (*a*) to lose strength; **sa mémoire commence à d.**, his memory is beginning to fail (*b*) to flinch; **sans d.**, without flinching (*c*) to faint.

défaire [defɛr] *vtr* (*conj like* FAIRE) **1.** (*a*) to undo (knot, tie); to unwrap (parcel); to unpack (case); to strip (bed); **d. ses cheveux**, to let one's hair down (*b*) *A: & Lit:* **d. qn de qn**, to rid s.o. of s.o. **2.** to take down (decorations); to dismantle (machine, etc) **3.** to defeat (army) **4. se d.** (*a*) to come undone; to come apart; (*of hair*) to come down (*b*) **se d. de qn**, to get rid of s.o., *F:* to bump s.o off; (*c*) **se d. de qch**, to get rid of sth; **je ne veux pas m'en d.**, I don't want to part with it. **défait** *a* (*a*) drawn (features) (*b*) dishevelled (hair) (*c*) defeated (army).

défaite [defɛt] *nf* defeat.

défaitisme [defɛtism] *nm* defeatism. **défaitiste** *a & n* defeatist.

défalcation [defalkasjɔ̃] *nf* deduction.

défalquer [defalke] *vtr* to deduct.

défaut [defo] *nm* **1.** (*a*) absence, (total) lack (of sth); **d. de paiement**, non-payment; **le temps me fait d.**, I can't spare the time; **les provisions font d.**, there's a shortage of supplies; **la mémoire lui fait d.**, his memory fails him; **à d. de qch**, for lack of, failing, sth; **ou, à d. . . .** or, failing that . . . (*b*) **le d. de la cuirasse**, the chink in the armour (*c*) *Jur:* default; **faire d.**, to fail to appear; **jugement par d.**, judgment by default **2.** (*a*) fault, shortcoming (*b*) defect, flaw; **sans d.**, faultless, flawless (*c*) **en d.**, at fault; **mettre qn en d.**, to put s.o. on the wrong track; **prendre qn en d.**, to catch s.o. out.

défaveur [defavœr] *nf* disfavour, discredit. **défavorable** *a* unfavourable (**à**, to). **défavorablement** *adv* unfavourably.

défavoriser [defavɔrize] *vtr* to put (s.o.) at a disadvantage, to be unfair to (s.o.); **candidat défavorisé**, candidate put at an unfair disadvantage.

défectif, -ive [defɛktif, -iv] *a* defective (verb).

défection [defɛksjɔ̃] *nf* defection; desertion; **faire d.**, to desert.

défectuosité [defɛktɥɔzite] *nf* (*a*) defectiveness (*b*) defect, flaw (**de**, in). **défectueux, -euse** *a* defective, faulty.

défendable [defɑ̃dabl] *a* defensible.

défendeur, -eresse [defɑ̃dœr, -(ə)rɛs] *n Jur:* defendant.

défendre [defɑ̃dr] *vtr* **1.** (*a*) to defend (**contre,** against from); **à son corps défendant**, in spite of oneself (*b*) to protect (**de,** against, from) **2. d. à qn de faire qch,** to forbid s.o. to do sth; to prohibit s.o. from doing sth; **d. qch à qn,** to forbid s.o. sth; **il m'est défendu de fumer, le tabac m'est défendu,** I'm not allowed to smoke **3. se d.** (*a*) to defend oneself; **il se défend bien en affaires,** he holds his own in business; **elle s'est bien défendue,** she held her own, she managed very well (*b*) **se d. d'avoir fait qch,** to deny having done sth (*c*) **se d. de, contre, qch,** to protect oneself from sth (*d*) **il ne put se d. de sourire,** he could not refrain from smiling.

défense [defɑ̃s] *nf* **1.** *Mil: Jur:* defence; **prendre la d. de qn,** to stand up for s.o.; **pour sa d.,** in one's defense; **sans d.,** unprotected, defenceless; *F:* **elle a de la d.,** she can stand up for herself **2.** prohibition; *PN:* **d. d'entrer, de fumer,** no admittance, no smoking **3.** tusk (of elephant).

défenseur [defɑ̃sœr] *nm* **1.** (*a*) protector, defender (*b*) supporter, upholder (of a cause) **2.** *Jur:* counsel for the defence.

défensif, -ive [defɑ̃sif, -iv] **1.** *a* defensive **2.** *nf* **se tenir sur la défensive,** to be on the defensive.

déférence [deferɑ̃s] *nf* deference, respect. **déférent, -ente** *a* deferential.

déférer [defere] *v* (**je défère; je déférerai**) **1.** *vtr* (*a*) *Jur:* to refer (a case to a court) (*b*) **d. qn à la justice,** to hand s.o. over to justice **2.** *vi Lit:* **d. à l'avis de qn,** to defer to s.o.'s opinion

déferlement [defɛrləmɑ̃] *nm* breaking (of waves); flood (of tourists, cars); wave (of enthusiasm).

déferler [defɛrle] **1.** *vtr Nau:* to unfurl (sail) **2.** *vi* (*of waves*) to break; (*of hatred, etc*) to break out; **la foule déferle dans la rue,** the crowd is surging down the street.

défi [defi] *nm* (*a*) challenge; **lancer un d. à qn,** to challenge s.o.; **relever un d.,** to take up a challenge (*b*) defiance; **d'un air de d.,** defiantly.

défiance [defjɑ̃s] *nf* mistrust, distrust; **mettre qn en d.,** to put s.o. on his, her, guard. **défiant** *a* mistrustful, distrustful.

déficience [defisjɑ̃s] *nf* deficiency. **déficient** *a* deficient; **enfant d.,** mentally deficient child.

déficit [defisit] *nm* deficit; shortage. **déficitaire** *a* (budget) showing a deficit; **récolte d.,** short crop.

défier [defje] *vtr* **1.** (*a*) to challenge (*b*) to defy (s.o., sth) (*c*) to brave, to face (danger) **2. se d. de qn,** to mistrust, distrust, s.o.

défigurer [defigyre] *vtr* to disfigure (s.o., sth); to deface (statue); to distort (the truth).

défilé [defile] *nm* **1.** (mountain) pass **2.** procession; *Mil:* march past; *Av:* flypast; **d. de modes,** fashion parade; **d. de visiteurs,** stream of visitors.

défiler [defile] *vi* **1.** (*a*) *Mil:* to march past (*b*) to walk in procession (*c*) (*of images*) to flash (before one's eyes) (*d*) **les voitures défilent vers la côte,** the cars are streaming towards the coast **2.** *F:* **se d.,** to slip off on the quiet.

définir [definir] *vtr* to define. **défini** *a* definite. **définissable** *a* definable.

définitif, -ive [definitif, -iv] *a* definitive; final; permanent; *adv phr* **en définitive,** finally, when all is said and done. **définitivement** *adv* definitively; for good.

définition [definisjɔ̃] *nf* **1.** definition; **par d.,** by that very fact; logically **2.** clue (of crossword).

déflagration [deflagrasjɔ̃] *nf* (*a*) combustion (*b*) explosion.

déflation [deflasjɔ̃] *nf* deflation.

déflorer [deflɔre] *vtr* to spoil the freshness of (subject).

défoncer [defɔ̃se] *vtr* (**n. défonçons**) **1.** to stave in (boat); to smash in (box); to knock down (wall) **2.** to break (sth) up **3. se d.,** to get high (on drug).

défoncé *a* **1.** (*of road*) full of potholes, bumpy. **2.** *F:* high, as high as a kite.

déformation [defɔrmasjɔ̃] *nf* **1.** (*a*) deformation; **c'est de la d. professionnelle,** it's an occupational hazard; it's a case of being conditioned by one's job (*b*) distortion (of ideas) **2. d. (physique),** (physical) deformity.

déformer [defɔrme] *vtr* **1.** to deform; to put (sth) out of shape; to distort (image); *PN:* **chaussée déformée,** uneven road surface **2. se d.,** to get out of shape; (*of metal*) to warp.

défoulement [defulmɑ̃] *nm* release (from pent-up feelings).

défouler (se) [sədefule] *vpr* to unwind, *F:* to let off steam.

défraîchir (se) [sədefrɛʃir] *vpr* to lose its freshness; to fade. **défraîchi** *a* (shop)soiled, *NAm:* shop-worn (goods); faded (flowers).

défrayer [defrɛje] *vtr* **(je défraie, je défraye) 1. d. qn,** to pay s.o.'s expenses **2. d. la conversation, la chronique,** to dominate the conversation, the news.

défrichage [defriʃaʒ] *nm* clearing (of land).

défricher [defriʃe] *vtr* to clear, reclaim (land for cultivation); to break (new ground); **d. un sujet,** to do pioneer work in a subject.

défriser defrize] *vtr* to straighten (hair).

défroisser [defrwase] *vtr* to take the creases out of (dress).

defroqué [defrɔke] *a* defrocked (priest).

défunt, -unte [defœ̃, -œ̃t] **1.** *a* defunct; **mon d. père,** my late father **2.** *n* deceased.

dégagé [degaʒe] *a* (*a*) free (movements); **allure dégagée,** swinging stride (*b*) free and easy (manner) (*c*) clear (road, sky); **vue dégagée,** open view.

dégagement [degaʒmɑ̃] *nm* **1.** redemption (of pledge) **2.** (*a*) release (*b*) relieving of congestion; clearing (of road); **voie de d.,** slip road; **porte de d.,** (side) exit (*c*) private passage (in suite of rooms) (*d*) *Fb:* clearance **3.** (*a*) escape, release (of steam, gas) (*b*) emission (of heat, smell) **4.** clearing (in front of house).

dégager [degaʒe] *vtr* **(n. dégageons) 1.** to redeem (pledge); to release (securities, funds); to take (sth) out of pawn **2.** (*a*) to disengage; to release; **d. qn d'une promesse,** to release s.o. from a promise; **d. sa responsabilité d'une affaire,** to disclaim responsibility in a matter (*b*) to clear (road); **dégagez!** clear the way! (*c*) **robe qui dégage les épaules,** dress that leaves the shoulders bare (*d*) to bring out (sense, idea) (*e*) to loosen, to slacken (sth) (*f*) *Fb: etc:* **d. son camp, d. son but,** to clear the ball (down the pitch) **3.** to emit, to give off (vapour, smell); to give out (heat) **4. se d.** (*a*) to free oneself, to get free; to get clear (**de,** of); to break loose (**de,** from); **le ciel se d.,** the sky is clearing; **se d. d'une promesse,** to go back on a promise (*b*) (*of gas, smell*) to be given off (**de,** by), to escape; **il se dégage de l'oxygène,** oxygen is given off (*c*) (*of truth, etc*) to emerge, come out.

dégainer [degene] *vtr* to draw (sword, gun).

dégarnir [degarnir] *vtr* **1.** to clear (table); to empty (box); *Mil:* to withdraw troops from (town); **d. un compte en banque,** to take all the money out of a bank account **2. se d.** (*a*) to become bald; (*of tree*) to lose its leaves (*b*) (*of room*) to empty. **dégarni** *a* (*a*) empty; bare (room) (*b*) bare (tree) (*c*) bald (head); **front d.,** receding hairline.

dégât [degɑ] *nm usu pl* damage; **limiter les dégâts,** to reduce the damage.

dégel [deʒɛl] *nm* thaw.

dégeler [deʒle] *vtr & i, v impers* **(il dégèle) 1.** to thaw; to unfreeze (assets); to warm up (audience) **2. se d.,** to thaw (out); (*of audience*) to warm up.

dégénérer [deʒenere] *vi* **(je dégénère; je dégénérerai)** to degenerate (**en,** into). **dégénéré** *a & n* degenerate.

dégénérescence [deʒeneresɑ̃s] *nf* degeneration.

dégingandé [deʒɛ̃gɑ̃de] *a F:* (*pers*) gangling.

dégivrage [deʒivraʒ] *nm* de-icing; defrosting.

dégivrer [deʒivre] *vtr* **1.** *Aut: Av:* to de-ice **2.** to defrost (refrigerator).

déglinguer [deglɛ̃ge] *vtr F:* to smash up. **déglingué** *a F:* falling to bits, in bits.

dégobiller [degɔbije] *vtr F:* to spew up.

dégonflage [degɔ̃flaʒ], **dégonflement** [degɔ̃fləmɑ̃] *nm* deflating; deflation.

dégonfler [degɔ̃fle] *vtr* **1.** to deflate (balloon, tyre) **2.** to reduce (swelling) **3.** *F:* to debunk (hero) **4. se d.** (*a*) (*of tyre, balloon*) to collapse, to go flat (*b*) (*of swelling*) to subside, to go down (*c*) *F:* to chicken out. **dégonflé 1.** *a* (*a*) flat (tyre) (*b*) *F:* chicken, yellow **2.** *n F:* yellow belly.

dégorger [degɔrʒe] *v* **(n. dégorgeons) 1.** *vtr* (*a*) to disgorge, to pour out (*b*) to clear (pipe) **2.** *vi & pr* (*a*) (*of pond*) to flow out, to discharge (**dans,** into); (*of stream*) to overflow (*b*) *Cu:* **faire d. des concombres,** to salt cucumbers (to make them sweat).

dégot(t)er [degɔte] *vtr F:* to find, to turn up.

dégouliner [deguline] *vi* to trickle, to drip.

dégourdir [degurdir] *vtr* **1.** to remove stiffness from (the limbs); to revive (by warmth, movement); **se d. les jambes,** to stretch one's legs a bit; *Fig:* **Paris l'a dégourdi,** Paris has taught him a thing or two **2. se d.** (*a*) to restore the circulation; to lose one's numb, stiff, feeling; to stretch one's limbs (*b*) to smarten up, to wise up. **dégourdi, -ie** *a* smart, bright (pers).

dégoût [degu] *nm* disgust, distaste (**de,** for).

dégoûter [degute] *vtr* (*a*) to disgust; **d. qn de qch,** to put s.o. off sth; **tout cela me dégoûte,** I'm sick of it all (*b*) **se d. de qch,** to take a dislike to sth; to get sick of sth. **dégoûtant** *a* disgusting, revolting. **dégoûté** *a* disgusted (**de,** with); sick (**de,** of); **il n'est pas d.,** he's not too fussy; **faire le d.,** to be fussy.

dégoutter [degute] *vi* to drip, trickle.

dégradation [degradasjɔ̃] *nf* degradation; deterioration; dilapidation.

dégradé [degrade] *nm* (*colours*) gradation; *Hairdr:* layering.

dégrader [degrade] *vtr* **1.** to degrade (s.o.) (from rank) **2.** to debase, to degrade (s.o.) **3.** to deface, damage (sth) **4. se d.** (*a*) to degrade, to demean, oneself (*b*) to fall into disrepair; to deteriorate. **dégradant** *a* degrading, lowering.

dégrafer [degrafe] *vtr* to unfasten, undo (dress); **se d.,** to come undone.

dégraisser [degrese] *vtr* **1.** to remove the fat from (meat); to skim the fat off (stock) **2.** to remove grease marks from (garment) **3.** *F:* to rationalize (company).

degré [dəgre] *nm* **1.** (*a*) step (of stair, ladder); degree (of musical scale) (*b*) degree (of heat) (*c*) **vin de douze degrés,** twelve per cent proof wine **2.** degree (of relationship); **cousins au second d.,** second cousins; **d. de parenté,** degree of kinship; *Med:* **brûlure du troisième d.,** third degree burn; *Sch:* **enseignement du premier, second, d.,** primary, secondary, education; **jusqu'à un certain d.,** to some degree, up to a point; **au plus haut d.,** in the extreme; **par degré(s),** by degrees, gradually; *Mth:* **il faut prendre ce film au deuxième d.,** one should not take this film at face value; **équation du second d.,** quadratic equation.

dégressif, -ive [degrɛsif, -iv] *a* degressive.

dégrèvement [degrɛvmɑ̃] *nm* tax reduction.

dégrever [degrəve] *vtr* **(je dégrève)** to grant tax relief to.

dégriffé [degrife] *a & nm* **(vêtement) d.,** unlabelled designer garment.

dégringolade [degrɛ̃gɔlad] *nf* (*a*) tumble (*b*) collapse.

dégringoler [degrɛ̃gɔle] *vtr & i* (*a*) to tumble down; **d. l'escalier,** to rush down the stairs (*b*) *F:* (*of business*) to collapse.

dégriser [degrize] *vtr* to sober (s.o.) up.

dégrossir [degrosir] *vtr* to trim (timber); to rough-hew (stone); to rough out (design); *F:* **d. qn,** to lick s.o. into shape; **il est mal dégrossi,** he's unrefined.

déguenillé [degnije] *a* ragged, tattered.

déguerpir [degɛrpir] *vi* to clear out, decamp.

dégueulasse [degœlas] *a P:* disgusting, revolting.

dégueuler [degœle] *vi P:* to puke, to throw up.

déguisement [degizmɑ̃] *nm* (*a*) disguise (*b*) fancy dress.

déguiser [degize] *vtr* **1.** to disguise; to dress (s.o.) up **(en,** as sth) **2.** to disguise, conceal (truth) **3. se d.** (*a*) to disguise oneself (*b*) to dress up.

dégustateur, -trice [degystatœr, -tris] *n* wine taster.

dégustation [degystasjɔ̃] *nf* tasting, sampling.

déguster [degyste] *vtr* **1.** to taste, to sample (wine, food); to enjoy, savour (meal) **2.** to enjoy one's food. **3.** *P:* **qu'est-ce qu'on a dégusté!** we didn't half catch it!

déhancher (se) [sədeɑ̃ʃe] *vpr* **1.** to wriggle one's hips **2.** to limp.

dehors [dəɔr] **1.** *adv* (*a*) out, outside; **coucher d.,** to sleep (i) out of doors (ii) away from home; **mettre qn d.,** to throw s.o. out (*b*) **de d.,** from outside; **en d.,** (on the) outside; **en d. de,** outside; **en d. de cela,** apart from that; **cela s'est fait en d. de moi,** (i) it was done without my knowledge (ii) without my participation (*c*) **au d.,** on the outside; **ne pas se pencher au d.!** do not lean out of the window! **2.** *nm* (*a*) outside, exterior (*b*) *usu pl* (outward) appearance.

déifier [deifje] *vtr* to deify.

déité [deite] *nf* deity.

déjà [deʒa] *adv* **1.** already; **il est d. parti,** he has already left; **d. en 1900,** as early as 1900 **2.** before, previously; **je vous ai d. vu,** I have seen you before **3.** yet; **faut-il d. partir?** need we go just yet? **d. trop de travail,** too much work as it is; **qu'est-ce que vous faites d.?** what did you say your job was?

déjeuner [deʒœne] **1.** *vi* (*a*) to (have) breakfast (*b*) to (have) lunch **2.** *nm* (*a*) lunch; **petit d.,** breakfast; **d. sur l'herbe,** picnic (lunch); **d. d'affaires,** business lunch (*b*) breakfast cup and saucer.

déjouer [deʒwe] *vtr* to thwart, to foil (plan).

déjuger (se) [sədeʒyʒe] *vpr* (*conj like* JUGER) to go back on one's decision.

delà [d(ə)la] **1.** *prep phr* **par d. les mers,** beyond the seas **2.** *adv* **au-d.,** beyond; *nm* **l'au-d.,** the next world; *prep phr* **au d. de,** beyond; **n'allez pas au d. de 300 francs,** don't go above 300 francs; **il est allé au d. de ses promesses,** he was better than his word.

délabrement [delabrəmɑ̃] *nm* dilapidation; disrepair, decay.

délabrer [delabre] *vtr* to wreck, ruin (house, fortune, health) **2. se d.,** (*of house*) to become dilapidated; to fall into decay; (*of health*) to become impaired. **délabré** *a* dilapidated; broken down; impaired (health).

délacer [delase] *vtr* **(n. délaçons)** to unlace.

délai [delɛ] *nm* **1.** delay; **sans d.,** without delay; immediately **2.** respite, time allowed; **à bref d.,** at short notice; **dans les délais,** within the agreed time; in time; **dans le d. prescrit,** within the allotted time; **dans le plus bref d., dans les délais les plus brefs,** as soon as possible; *Com:* **d. de paiement,** term of payment; **dans un d. de 3 jours,** within 3 days; at 3 days' notice.

délaissement [delɛsmɑ̃] *nm* desertion, abandonment, neglect; loneliness.

délaisser [delɛse] *vtr* to forsake, desert, abandon.

délassement [delɑsmɑ̃] *nm* relaxation.

délasser [delɑse] *vtr* **1.** to rest, refresh (s.o.) **2. se d.,** to relax.

délateur, -trice [delatœr, -tris] *n* informer.

délation [delasjɔ̃] *nf* informing; denouncement.

délavé [delave] *a* (*a*) washed out, faded (colour) (*b*) waterlogged, sodden (earth) (*c*) *Fig:* (*pers*) characterless.

délayage [delɛjaʒ] *nm* thinning out; mixing.

délayer [delɛje] *vtr* **(je délaie, délaye)** to add water to (a powder); to thin out; to mix; to water (liquid); **d. un discours,** to pad a speech.

Delco [dɛlko] *nm Aut: Rtm:* distributor.

délecter (se) [sədelɛkte] *vpr* to take delight, to revel **(à, de,** in; **à faire,** in doing). **délectable** *a* delectable. **délectation** *nf* delight.

délégation [delegasjɔ̃] *nf* delegation.

délégué, -ée [delege] *a & n* (*a*) delegate (*b*) deputy.

déléguer [delege] *vtr* **(je délègue; je déléguerai) 1. d. qn,** to delegate s.o. **(à,** to) **2.** to delegate (powers).

délestage [delɛstaʒ] *nm* (*a*) unballasting (*b*) *El:* power cut.

délester [delɛste] *vtr* (*a*) to unballast (ship) (*b*) *El:* to cut off the power (*c*) to close (road, railway line) (*d*) *F:* (*steal*) **d. qn de qch,** to relieve s.o. of sth (*e*) **se d. de qch,** to jettison sth; to unload sth.

délibération [deliberasjɔ̃] *nf* deliberation; **mettre une question en d.,** to discuss a question.

délibérer [delibere] *vi* **1.** to deliberate, to confer; **d. sur qch,** to discuss a matter; **le jury s'est retiré pour d.,** the jury retired to consider its verdict **2. d. de qch,** to deliberate about sth. **délibéré** *a* deliberate; resolute; intentional. **délibérément** *adv* deliberately.

délicat [delika] *a* **1.** delicate; gentle (touch); refined, discerning (taste, person); tactful (behaviour) **2.** sensitive; delicate (health) **3.** tricky (job); delicate (problem, situation) **4.** scrupulous, particular (conscience) **5.** fussy. **délicatement** *adv* delicately; tactfully.

délicatesse [delikatɛs] *nf* **1.** delicacy (of texture, gesture, touch); refinement (of taste); tactfulness (of behaviour); **avec d.**, tactfully **2.** fragility; tenderness (of skin); difficulty, awkwardness (of situation); **avoir des délicatesses pour qn,** to treat s.o. considerately.

délice [delis] *nm* **1.** delight; *F:* **ce saumon est un d.**, this salmon is delicious; **faire ses délices de qch,** to take delight in sth. **délicieux, -euse** *a* delicious; delightful. **délicieusement** *adv* deliciously; delightfully.

délier [delje] *vtr* to untie, undo; **le vin délie la langue,** wine loosens the tongue; **d. qn de qch,** to release s.o. from sth. **délié 1.** *a* slender, fine; nimble, agile (fingers); **avoir la langue déliée,** to be a good talker **2.** *nm Typ:* thin stroke.

délimiter [delimite] *vtr* to delimit, demarcate (territory); to define (powers). **délimitation** *nf* delimitation, demarcation; definition.

délinquance [delɛ̃kɑ̃s] *nf* delinquency; **d. juvénile,** juvenile delinquency. **délinquant, -ante** *a & n* deliquent; **d. primaire,** first offender.

déliquescence [delikɛsɑ̃s] *nf* deliquescence; *Fig:* decay. **déliquescent** *a* deliquescent; *Fig:* decaying.

délire [delir] *nm* **1.** delirium **2.** frenzy; **foule en d.**, ecstatic crowd.

délirer [delire] *vi* to be delirious; to rave. **délirant** *a* delirious; frenzied, wild; utterly absurd.

délit [deli] *nm* offence.

délivrance [delivrɑ̃s] *nf* **1.** deliverance, rescue, release **2.** delivery; issue (of tickets) **3. quelle d.!** what a relief!

délivrer [delivre] *vtr* **1.** to deliver; to rescue (captive); to release (prisoner); **d. qn de,** to rid s.o. of (fear, etc) **2.** to deliver (goods); to issue (tickets); to give (diploma) **3. se d. de qch,** to get rid of sth.

déloger [delɔʒe] *v* (*conj like* LOGER) **1.** *vi* to go off, move away **2.** *vtr* to evict (tenant); to drive (s.o.) out; *Mil:* to dislodge.

déloyauté [delwajote] *nf* disloyalty, perfidy. **déloyal,** *pl* **-aux** *a* disloyal (friend); unfair (practice). **déloyalement** *adv* disloyally.

delta [dɛlta] *nm* delta.

deltaplane [dɛltaplan] *nm Rtm:* hang-glider; **faire du d.**, to go hang-gliding.

déluge [delyʒ] *nm* (*a*) deluge, flood; torrent (of abuse); **cela remonte au d.**, it's as old as the hills (*b*) downpour (of rain).

déluré [delyre] *a* smart, sharp; *Pej:* brazen.

démagogie [demagɔʒi] *nf* demagogy. **démagogique** *a* demagogic.

démagogue [demagɔg] *nm* demagogue.

démailler (se) [sədemaje] *vpr* (*of tights*) to ladder.

demain [dəmɛ̃] *adv & nm* tomorrow; **à d.!** see you tomorrow! *F:* **c'est pas d. la veille,** it's not for a long time yet; **d. il fera jour,** tomorrow is another day.

demande [dəmɑ̃d] *nf* **1.** (*a*) request, application; **faire une d.**, to apply; **d. d'emploi,** job application; **d. (en mariage),** proposal (of marriage); **sur la d. de qn,** at s.o.'s request; **d. de remboursement,** claim; (*b*) *Com:* demand; **l'offre et la d.**, supply and demand (*c*) **d. en divorce,** divorce petition **2.** question, enquiry.

demander [dəmɑ̃de] *vtr* **1.** (*a*) to ask (for), to request; to claim (damages); **je vous demande pardon,** I beg your pardon; **d. qn en mariage,** to propose to s.o., to ask for s.o.'s hand; **on vous demande,** you're wanted; somebody wants to see you; **d. qch à qn,** to ask s.o. for sth; **combien demandez-vous de l'heure?** how much do you charge an hour? (*b*) **je demande à parler,** I demand to be heard **2.** to desire, want, need, require; **c'est très demandé,** it's in great demand; **3.** to demand, expect; **ne lui en demandez pas trop,** don't expect too much from him **4.** to ask, enquire; **d. à qn son avis,** to ask s.o.'s opinion; *F:* **je ne t'ai rien demandé!** mind your own business! **je vous demande un peu!** I ask you! **5. se d.**, to wonder; **on se demande pourquoi,** it's hard to see why.

demandeur[1], -deresse [dəmɑ̃dœr, -drɛs] *n Jur:* plaintiff.

demandeur[2], -euse [dəmɑ̃dœr, -øz] *n* (*a*) *Com:* buyer (*b*) **d. d'emploi,** job seeker.

démangeaison [demɑ̃ʒɛzɔ̃] *nf* itching; **avoir des démangeaisons,** to be itching; **j'ai une d. au bras,** my arm is itching; **d. de faire qch,** urge, longing, to do sth.

démanger [demɑ̃ʒe] *vi* (**il démangea(it)** to itch; **l'épaule me démange,** my shoulder's itching; *Fig:* **la main, le, lui démange,** he's itching for a fight; **ça me démange de . . .**, I'm itching to . . .

démantèlement [demɑ̃tɛlmɑ̃] *nm* demolition; breaking up; bringing down.

démanteler [demɑ̃tle] *vtr* (**je démantèle**) to demolish (fortifications); to break up (organization).

démantibuler [demɑ̃tibyle] *vtr F:* to break up.

démaquillage [demakijaʒ] *nm* removal of make-up.

démaquillant [demakijɑ̃] *nm* make-up remover.

démaquiller [demakije] **1.** *vtr* **d. qn,** to take off s.o.'s make-up **2. se d.**, to take off one's make-up.

démarcation [demarkasjɔ̃] *nf* demarcation; **ligne de d.**, dividing line.

démarchage [demarʃaʒ] *nm* door-to-door selling; **d. par téléphone,** telesales, telephone selling.

démarche [demarʃ] *nf* **1.** gait, walk **2.** step; **faire une d. auprès de qn,** to approach s.o.; **faire les démarches nécessaires,** to take the necessary steps.

démarcheur, -euse [demarʃœr, -øz] *n Com:* door-to-door salesman, saleswoman; *Pol:* canvasser.

démarquer [demarke] *vtr* **1.** *Com:* to mark down (goods) **2.** to plagiarize (book) **3.** *Sp:* to leave opponent unmarked **4. se d. de,** to dissociate oneself from. **démarqué** *a Sp:* unmarked.

démarrage [demaraʒ] *nm* (*a*) starting (of engine); moving off (of car); start (of business); **d. en côte,** hill start (*b*) *Sp:* (sudden) spurt.

démarrer [demare] **1.** *vtr* to start (car) **2.** *vi* (*a*) (*of vehicle*) to start, to move off; (*of ship*) to cast off; (*of pers*) to drive off; **faire d.**, to start (car) (*b*) (*of business*) to begin to get going (*c*) *Sp:* to put on a spurt.

démarreur [demarœr] *nm Aut:* starter (motor).

démasquer [demaske] *vtr* (*a*) to unmask; to expose (*b*) *Fig:* **se d.**, to drop the mask.

démêlant [demelɑ̃] *nm* (hair) conditioner.

démêlé [demele] *nm usu pl* contention; **il a eu des démêlés avec la police,** he's been in trouble with the police.

démêler [demele] *vtr* (*a*) to disentangle, unravel (string); to untangle (hair); to sort out (problem); to clear up (misunderstanding) (*b*) **se d.,** to extricate oneself (from difficulty).

démembrer [demɑ̃bre] *vtr* to dismember; to carve up (estate).

déménagement [demenaʒmɑ̃] *nm* moving (house); move; removal; **voiture de d.,** removal van, *NAm:* moving van.

déménager [demenaʒe] *vtr & i* (**n. déménageons**) **d. (ses meubles),** to remove (one's furniture); to move (house); *F:* **d. à la cloche de bois,** to do a moonlight flit; **il déménage,** he's off his rocker! *F:* **allez! déménagez!** scram!

déménageur [demenaʒœr] *nm* removal man; *NAm:* (furniture) mover.

démence [demɑ̃s] *nf* insanity, madness. **dément, -ente** *a* insane, mad; **c'est d.!** it's unbelievable! **démentiel, -elle** *a* insane.

démener (se) [sədemne] *vpr* (*conj like* MENER) **1.** to thrash about; to struggle **2.** to exert oneself; to make a great effort.

démenti [demɑ̃ti] *nm* denial, contradiction; refutation.

démentir [demɑ̃tir] *vtr* (*conj like* MENTIR) **1.** to contradict (s.o.); to deny, refute (fact) **2.** to belie; to disappoint (hopes) **3. se d.,** to contradict oneself; to go back on one's word.

démerder (se) [sədemɛrde] *vpr P:* to manage (by oneself).

démesure [deməzyr] *nf* excess. **démesuré** *a* excessive, inordinate; beyond measure. **démesurément** *adv* excessively; inordinately.

démettre [demɛtr̩] *vtr* (*conj like* METTRE) **1.** to dislocate; **se d. l'épaule,** to dislocate one's shoulder **2.** (*a*) **d. qn de ses fonctions,** to deprive s.o. of his office (*b*) **se d. de ses fonctions,** to resign one's office.

demeurant (au) [odəmœrɑ̃] *adv* for all that, after all.

demeure [dəmœr] *nf* **1.** (*a*) **mettre qn en d. de payer,** to give s.o. notice to pay (*b*) stay; **à d.,** fixed, permanent, permanently **2.** (place of) residence.

demeurer [dəmœre] *vi* **1.** (*aux* **être**) to remain; to stay (in a place); **demeurons-en là,** let's leave it at that; **ne pouvoir d. en place,** to be unable to keep still **2.** (*aux* **avoir**) to live, reside. **demeuré, -ée** *F:* **1.** *a* halfwitted **2.** *n* halfwit.

demi [dəmi] **1.** *a* (*a*) half; **deux heures et demie,** (i) two and a half hours (ii) half past two; **une d.-heure,** half an hour (*b*) semi-; **d.-cercle,** semicircle (*c*) demi-; **d.-dieu,** demigod (*d*) **d.-cuit,** half cooked **2.** *nm* (*a*) **un d.,** a half; (*beer*) **un d.,** a (half-pint) glass of beer (*b*) *Sp:* **les demis,** the half-backs (*c*) **à d.,** half; **à d. mort,** half-dead; **faire les choses à d.,** to do things by halves; **à d. transparent,** semi-transparent; **ouvrir à d.,** to open halfway **3.** *nf* **demie,** half hour; **il est la demie,** its half past.

NOTE: *In all the following compounds* DEMI *is inv; the second component takes the plural.*

demi-cercle [-sɛrkl] *nm* semicircle, half circle.

demi-circulaire [-sirkylɛr] *a* semicircular.

demi-douzaine [-duzɛn] *nf* **une d.-d. (de),** a half-dozen, half a dozen.

demi-finale [-final] *nf Sp:* semifinal.

demi-fond [-fɔ̃] *nm inv Sp:* **(course de) d.-f.,** middle distance race.

demi-frère [-frɛr] *nm* stepbrother.

demi-gros [-gro] *nm Com:* wholesale trade (in small quantities); cash and carry.

demi-heure [dəmiœr] *nf* **une d.-h.,** half an hour.

démilitarisation [demilitarizasjɔ̃] *nf* demilitarization.

démilitariser [demilitarize] *vtr* to demilitarize.

demi-mal [-mal] *nm* **il n'y a que d.-m.,** it might have been worse.

demi-mesure [dəmimzyr] *nf* half-measure.

demi-mot (à) [ad(ə)mimo] *adv phr* **tu comprendras à d.-m.,** you'll understand without my having to spell it out.

demi-pension [-pɑ̃sjɔ̃] *nf* half board.

demi-pensionnaire [-pɑ̃sjɔnɛr] *n Sch:* day boarder; *NAm:* day student.

demi-saison [-sɛzɔ̃] *nf* **les demi-saisons,** spring and autumn; **vêtement de d.-s.,** light outdoor garment.

demi-sel [-sɛl] **1.** *nm* (slightly salted) cream cheese **2.** *a inv* slightly salted (butter).

demi-sœur [-sœr] *nf* stepsister.

démission [demisjɔ̃] *nf* resignation; **donner sa d.,** to resign.

démissionnaire [dɛmisjɔnɛr] *a* outgoing (minister, etc).

démissionner [demisjɔne] *vi* to resign; *F:* to give up.

demi-tarif [-tarif] *nm* half price; **billet (à) d.-t.,** half price (ticket).

demi-ton [-tɔ̃] *nm Mus:* semitone.

demi-tour [-tur] *nm* about turn; *NAm:* about face; *Aut:* U turn; **faire d.-t.,** to go back.

demi-voix (à) [ad(ə)mivwa] *adv phr* in an undertone; under one's breath.

démobilisation [deməbilizasjɔ̃] *nf* demobilization.

démobiliser [deməbilize] *vtr* to demobilize.

démocrate [deməkrat] **1.** *a* democratic **2.** *n* democrat.

démocratie [deməkrasi] *nf* democracy. **démocratique** *a* democratic. **démocratiquement** *adv* democratically.

démoder (se) [sədeməde] *vpr* to go out of fashion, to become old fashioned. **démodé** *a* old-fashioned, out of date.

démographie [deməgrafi] *nf* demography. **démographique** *a* demographic; **poussée d.,** population growth.

demoiselle [dəmwazɛl] *nf* **1.** (*a*) spinster; single woman (*b*) **d. d'honneur,** (i) maid of honour (ii) bridesmaid **2.** young lady **3.** dragon fly.

démolir [deməlir] *vtr* **1.** to demolish, pull down (building) **2.** to overthrow (authority); to demolish (argument); to ruin (reputation) **3. d. qn,** (i) *F:* to beat s.o. up (ii) to discredit s.o. (iii) to shatter s.o.

démolisseur [deməlisœr] *nm* demolition worker; demolition contractor.

démolition [deməlisjɔ̃] *nf* demolition; **en d.,** being demolished.

démon [demɔ̃] *nm* **1.** *Myth:* genius **2.** demon, devil, fiend; **le d.**, the Devil; **cette femme est un d.**, she's a wicked woman; **c'est un vrai petit d.**, he, she, is a little devil. **démoniaque** *a* devilish.

démonstrateur, -trice [demɔ̃stratœr, -tris] *n* demonstrator.

démonstration [demɔ̃strasjɔ̃] *nf* **1.** demonstration; *Com:* **appareil de d.**, demonstration model **2.** show (of friendship, force). **démonstratif, -ive** *a* demonstrative.

démonte-pneu [demɔ̃tpnø] *nm* tyre lever; *pl démonte-pneus.*

démonter [demɔ̃te] *vtr* **1.** to throw off (rider) **2. se laisser d.**, to get upset; **la nouvelle m'a démonté**, I was put out by the news **3.** to take down, to take apart, to dismantle; to remove (tyre) **4. se d.** (*a*) (*of mechanism*) to come apart (*b*) (*of pers*) to be put out. **démonté** *a* stormy, raging (sea); (*of pers*) disconcerted.

démontrer [demɔ̃tre] *vtr* **1.** to demonstrate, to prove (sth) **2.** to indicate, show (sth) clearly. **démontrable** *a* demonstrable.

démoralisation [demɔralizasjɔ̃] *nf* demoralization.

démoraliser [demɔralize] *vtr* to demoralize; to dishearten; **se d.**, to become demoralized. **démoralisant** *a* demoralizing.

démordre [demɔrdr̥] *vi* **d. de**, to budge from; **ne pas d. de ses opinions**, to stick to one's opinions; **il ne veut pas en d.**, he's sticking to his guns.

démoulage [demulaʒ] *nm* removal (of statue, etc) from its mould; turning out (of cake).

démouler [demule] *vtr* to remove (statue, etc) from its mould; to turn out (cake).

démultiplication [demyltiplikasjɔ̃] *nf MecE:* (*a*) reduction (*b*) reduction ratio.

démultiplier [demyltiplije] *vtr MecE:* to reduce the gear ratio, to gear down.

démunir [demynir] *vtr* **1.** to deprive (s.o. of sth) **2. se d. de qch**, to part with sth. **démuni** *a* **être d. de qch**, to be out of sth; **d. (d'argent)**, penniless; *Com:* **être d. de qch**, to have sold out of sth.

démystifier [demistifje] *vtr* (*impf & pr sub* **n. démystifiions**) to disabuse (s.o); to take the mystery out of (idea).

dénatalité [denatalite] *nf* fall in the birthrate.

dénationaliser [denasjɔnalize] to privatize, to denationalize (a company).

dénaturer [denatyre] *vtr* (*a*) to change (taste, smell) (*b*) to misrepresent, distort (words). **dénaturé** *a* unnatural.

dénégation [denegasjɔ̃] *nf* denial.

déneiger [deneʒe] *vtr* to clear (road, etc) of snow.

déni [deni] *nm* **d. de justice**, denial of justice.

dénicher [deniʃe] *vtr* (*a*) to find, discover, unearth; *F:* to get hold of; **comment m'avez-vous déniché?** how did you discover my whereabouts? (*b*) to drive (animal) out of hiding.

denier [dənje] *nm* **1.** (*a*) (*Roman*) denarius (*b*) *A:* (*Fr*) denier **2. les deniers publics**, public funds; **de mes deniers**, out of my own pocket; **pas un d.**, not a farthing **3.** (*hosiery*) denier.

dénier [denje] *vtr* to deny (crime); to disclaim (responsibility); **d. qch à qn**, to refuse s.o. sth.

dénigrement [denigrəmɑ̃] *nm* denigration.

dénigrer [denigre] *vtr* to denigrate, to disparage.

dénivellation [denivɛlasjɔ̃] *nf* difference in level; change of level.

dénombrement [denɔ̃brəmɑ̃] *nm* counting.

dénombrer [denɔ̃bre] *vtr* to count.

dénominateur [denɔminatœr] *nm* denominator.

dénomination [denɔminasjɔ̃] *nf* denomination, designation, name.

dénommer [denɔme] *vtr* to name; **un dénommé Charles**, a man called Charles; **le dénommé Untel**, Mr So-and-so.

dénoncer [denɔ̃se] *vtr* (**n. dénonçons**) **1.** to denounce, to reveal (injustice, etc) **2.** (*a*) to denounce (s.o.); to inform against (s.o.); **se d.**, to give oneself up.

dénonciation [denɔ̃sjasjɔ̃] *nf* denunciation.

dénonciateur, -trice [denɔ̃sjatœr, -tris] **1.** *n* denouncer, informer; exposer **2.** *a* accusatory.

dénoter [denɔte] *vtr* to denote.

dénouement [denumɑ̃] *nm* result, outcome; *Th:* dénouement.

dénouer [denwe] *vtr* **1.** to unknot; to untie, undo; **d. une intrigue**, to unravel a plot **2. se d.** (*a*) to come undone (*b*) (*of plot*) to be resolved.

dénoyauter [denwajote] *vtr* to stone, *NAm:* to pit (fruit).

denrée [dɑ̃re] *nf usu pl* commodity; *esp* foodstuff, produce; **denrées alimentaires**, food products.

densité [dɑ̃site] *nf* denseness, density. **dense** *a* dense, crowded; thick; condensed.

dent [dɑ̃] *nf* **1.** tooth; **d. de lait, de sagesse**, milk tooth, wisdom tooth; **faire, percer, ses dents**, to cut one's teeth; to teethe; **rage de dents**, toothache; **n'avoir rien à se mettre sous la d.**, to have nothing to eat; **manger du bout des dents**, to pick at one's food; **rire du bout des dents**, to force a laugh; **avoir les dents longues**, (i) to be very hungry (ii) to be grasping; **avoir une d. contre qn**, to have a grudge against s.o.; **être sur les dents**, (i) to be worn out (ii) to be overworked **2.** tooth (of comb, saw); cog (of wheel); prong (of fork); (jagged) peak (of mountain); **en dents de scie**, serrated, jagged. **dentaire** *a* dental. **denté** *a* toothed (animal); dentate (leaf); **roue dentée**, cogwheel.

dentelé [dɑ̃tle] *a* jagged (edge); dentate (leaf).

dentelle [dɑ̃tɛl] *nf* lace.

dentellière [dɑ̃tɛljɛr] *nf* (*a*) lacemaker (*b*) lacemaking machine.

dentelure [dɑ̃tlyr] *nf* jagged outline (of coast); serration; perforation (on stamp).

dentier [dɑ̃tje] *nm* set of false teeth, denture.

dentifrice [dɑ̃tifris] *nm* toothpaste, toothpowder.

dentiste [dɑ̃tist] *n* dentist.

dentition [dɑ̃tisjɔ̃] *nf* (set of) teeth; *Dent:* dentition; **avoir une belle d.**, to have beautiful teeth.

denture [dɑ̃tyr] *nf* (set of) teeth.

dénuder [denyde] *vtr* **1.** to denude, to lay bare, strip **2. se d.**, to become bare; (*of pers*) to strip (naked). **dénudé** *a* bare; bald (head).

dénué [denɥe] *a* **d. de**, devoid of, without.

dénuement [denymɑ̃] *nm* destitution, penury; **être dans le d.**, to be destitute.

déodorant [deɔdɔrɑ̃] *a & nm Toil:* deodorant.

dépannage [depanaʒ] *nm* (*a*) repairing; (emergency) repairs; **service de d.**, breakdown service (*b*) helping out.

dépanner [depane] *vtr* (*a*) to repair, to do running repairs on (car) (*b*) to help (s.o.) out.
dépanneur [depanœr] *nm* repairman. *NAm:* breakdown mechanic.
dépanneuse [depanøz] *nf* breakdown lorry. *NAm:* wrecker, tow truck.
dépareillé [depareje] *a* odd, incomplete; **articles dépareillés,** oddments.
déparer [depare] *vtr* to mar, to spoil.
départ¹ [depar] *nm* departure; start (of race); **dès son d.,** as soon as he had gone; **point de d.,** starting point; **être sur le d.,** to be on the point of leaving; **produit de d.,** original material; **au d.,** at the outset, at the start; **excursions au d. de Chamonix,** trips (leaving) from Chamonix; *Sp:* **faux d.,** false start; **donner le d.,** to start the race; *Com:* **prix d. usine,** price ex works.
départ² *nm* **faire le d. entre,** to distinguish between.
départager [departaʒe] *vtr* (*conj* like PARTAGER) to decide between (opinions); **d. les votes,** to give the casting vote.
département [departəmɑ̃] *nm Adm:* department. **departemental, -aux** *a* departmental; **route départementale,** secondary road.
départir [departir] *vpr* (*conj like* MENTIR) **se d. de,** to depart from, to abandon.
dépassé [depase] *a* out-of-date.
dépassement [depasmɑ̃] *nm* (*a*) *Lit:* surpassing (of oneself) (*b*) *Aut:* overtaking.
dépasser [depase] *vtr* **1.** (*a*) to pass, to go, beyond; **d. le but,** to overshoot the mark; **d. les bornes,** (i) to overstep the bounds (ii) to be beyond all bounds; **d. la trentaine,** to be over thirty (*b*) *Aut:* to overtake; **il est interdit de d.,** no overtaking **2. d. qch en hauteur,** to top sth; **d. qn de la tête,** to stand a head taller than s.o.; **son jupon dépasse,** her petticoat is showing; **cela dépasse ma compétence,** it's outside my competence; **cela me dépasse,** it's beyond me; **je suis dépassé par les événements,** things are getting too much for me **3.** to exceed; **d. la limite de vitesse,** to exceed the speed limit **4. se d.,** to surpass oneself.
dépaysement [depeizmɑ̃] *nm* **1.** disorientation **2.** change from the old routine.
dépayser [depeize] *vtr* to disorientate. **depaysé** *a* out of one's element; **je me sens d.,** I don't feel at home.
dépeçage [depəsaʒ] *nm* cutting up; jointing; carving (up).
dépecer [depəse] *vtr* (**je dépèce**) to cut up (carcass); to joint; to carve (meat).
dépêche [depɛʃ] *nf* (*a*) (official) despatch (*b*) **d. (télégraphique),** telegram.
dépêcher [depɛʃe] *vtr* **1.** to dispatch **2. se d.,** to hurry, to be quick; **dépêchez-vous!** hurry up! get a move on! **se d. de faire qch,** to hurry to do sth.
dépeigner [depeɲe] *vtr* to make (s.o.'s) hair untidy; **être dépeigné,** to have untidy hair.
dépeindre [depɛ̃dr] *vtr* (*conj like* PEINDRE) to depict, picture, describe (s.o., sth).
dépenaillé [depnaje] *a* ragged, tattered.
dépendance [depɑ̃dɑ̃s] *nf* **1.** dependence **2.** (*a*) dependency (of a country) (*b*) *pl* outbuildings **3.** subjection; **être sous la d. de qn,** to be under s.o.'s domination. **dépendant** *a* dependent (**de,** on).
dépendre¹ [depɑ̃dr] *vtr* to take down (hanging object).
dépendre² *vi* **1.** to depend (**de,** on); **ça ne dépend pas de nous,** it's not up to us; **il dépend de vous de le faire,** it is up to you to do it; **cela dépend,** that depends; we shall see **2.** (*of land*) to belong (**de,** to) **3.** to be subordinate (**de,** to); **ne d. que de soi,** to be one's own boss.
dépens [depɑ̃] *nmpl* **1.** *Jur:* costs; *Com:* cost, expenses **2.** *prep phr* **aux d. de qn,** at s.o.'s expense; **il apprit à ses d. que,** he learnt to his cost that.
dépense [depɑ̃s] *nf* **1.** expenditure, outlay, expense; **dépenses courantes,** current expenditures, expenses; **je n'aurai pas dû faire cette d.,** I shouldn't have spent that money; **dépenses publiques,** public spending; **d. physique,** physical exertion **2.** (petrol, electricity) consumption.
dépenser [depɑ̃se] *vtr* **1.** to spend, to lay out (money); **d. sans compter,** to be free with one's money **2.** to spend, consume (energy) **3. se d.,** to exert oneself. **dépensier, -ière 1.** *a* extravagant **2.** *n* spendthrift.
déperdition [depɛrdisjɔ̃] *nf* waste; loss (of heat, energy).
dépérir [deperir] *vi* to waste away; (*of plant*) to wither; (*of business*) to go downhill.
dépérissement [deperismɑ̃] *nm* wasting away; withering; decline.
dépêtrer [depetre] *vtr* **1.** to extricate (s.o.) **2. se d.,** to extricate oneself (**de,** from)
dépeuplement [depœpləmɑ̃] *nm* depopulation (of country).
dépeupler [depœple] *vtr* to depopulate (country).
dépilatoire [depilatwar] **1.** *a* depilatory; hair removing (cream) **2.** *nm* hair-remover.
dépistage [depistaʒ] *nm* tracking down (of criminal); (early) detection, screening (of disease).
dépister [depiste] *vtr* **1.** to track down; to detect (disease) **2.** to put (s.o.) off the scent.
dépit [depi] *nm* **1.** spite, resentment; **par d.,** out of spite **2. en d. de,** in spite of; **en d. du bon sens,** contrary to common sense.
dépiter [depite] *vtr* to vex, to spite (s.o.).
déplacement [deplasmɑ̃] *nm* **1.** displacement, moving, shifting **2.** (*a*) change of location (*b*) travelling; moving, movement; journey; **être en d.,** to be away on business; **frais de d.,** travelling expenses.
déplacer [deplase] *vtr* (**n. déplaçons**) **1.** to displace, to shift (object); to change the place of (sth); **d. un fonctionnaire,** to transfer a civil servant **2. se d.** (*a*) to move (around); to walk (*b*) to move about, to travel. **déplacé** *a* out of place; uncalled-for; **personne déplacée,** displaced person.
déplaire [deplɛr] *vi* (*conj like* PLAIRE) **1.** (*a*) **d. à qn,** to displease s.o.; **tu lui déplais,** he dislikes you; **cela ne me déplairait pas,** I wouldn't mind it (*b*) *impers* **n'en déplaise à,** with all due respect to; **il me déplaît de faire,** I dislike doing **2. se d.,** to be displeased, dissatisfied; **il se déplaît à Paris,** he doesn't like (living in) Paris. **déplaisant** *a* unpleasant, disagreeable.
déplaisir [deplezir] *nm* displeasure.
déplâtrer [deplatre] *vtr* to take (limb) out of plaster.
déplier [deplije] *vtr* to unfold, open out, spread out

(newspaper, sheet). **dépliant 1.** *a* extendable **2.** *nm* folder, leaflet.

déploiement [deplwamɑ̃] *nm* (*a*) spreading out; unfurling; deployment (*b*) display (of forces).

déplorer [deplɔre] *vtr* to deplore, lament; to regret; **d. qn,** to mourn (for) s.o.; **d. que** + *sub*, to deplore the fact that, to regret that. **déplorable** *a* deplorable, regrettable. **déplorablement** *adv* deplorably.

déployer [deplwaje] *vtr* (**je déploie**) **1.** to unfold, spread out; to unfurl (flag); to deploy (troops) **2.** to display (goods) **3. se d.** (*a*) (*of flag*) to unfurl (*b*) *Mil:* to deploy.

déplumer (se) [sədeplyme] *vpr* **1.** to moult **2.** *F:* (*of pers*) to go bald.

dépoli [depɔli] *a* **verre d.,** frosted glass.

dépopulation [depɔpylasjɔ̃] *nf* depopulation.

déportation [depɔrtasjɔ̃] *nf* (*a*) deportation (*b*) internment (in concentration camp).

déporté, -ée [depɔrte] *n* (*a*) deportee (*b*) prisoner (in concentration camp).

déporter [depɔrte] *vtr* **1.** (*a*) to deport (*b*) to send (prisoner) to a concentration camp **2.** (*of wind*) to carry off course.

déposer [depoze] *vtr* **1.** (*a*) to set, put, lay (sth) down; to lay down (one's arms); **ma voiture vous déposera à l'hôtel,** my car will drop you at the hotel; **d. sa valise à la consigne,** to leave one's suitcase at the left-luggage office (*b*) (*of liquid*) to deposit (sediment); *vi* **laisser d.,** to leave to settle **2.** (*a*) **d. son argent à la banque,** to deposit one's money at the bank (*b*) *Com:* to register (trademark) (*c*) *Jur:* **d. une plainte,** to lodge a complaint; *Com:* **d. son bilan,** to go into liquidation, to file for bankruptcy (*d*) to table (a bill) (*e*) *vi* **d. (en justice),** to give evidence (**contre,** against) **3.** to depose (king) **4.** (*of dust*) **se d.,** to settle.

dépositaire [depozitɛr] *n* (*a*) depositary, trustee; *Fig:* custodian (of secret, etc) (*b*) *Com:* sole agent.

déposition [depozisjɔ̃] *nf* **1.** *Jur:* deposition; statement **2.** deposing (of king).

déposséder [depɔsede] *vtr* (**je dépossède**) to dispossess (**de,** of); to deprive (s.o.) of (sth).

dépossession [depɔsɛsjɔ̃] *nf* dispossession; deprivation.

dépôt [depo] *nm* **1.** (*a*) depositing; laying (of wreath); registration (of trademark); tabling (of bill) (*b*) deposit; **d. bancaire,** bank deposit; **compte de d.,** cheque account, *NAm:* checking account (*c*) **avoir qch en d.,** to hold sth in trust; **marchandises en d.,** (i) *Cust:* goods in bond (ii) goods on sale or return; **laisser qch à qn en d.,** to give sth to s.o. for safekeeping **2.** (*a*) depository, depot; **d. de marchandises,** warehouse; **d. des bagages,** left-luggage office (*b*) **d. d'ordures,** rubbish tip **3.** deposit, sediment; **d. (calcaire)** fur (in kettle); scale (in boiler).

dépotoir [depɔtwar] *nm* rubbish dump, *NAm:* garbage dump.

dépouille [depuj] *nf* **1.** skin, hide (taken from animal); **d. (mortelle),** (mortal) remains **2.** *usu pl* spoils, booty.

dépouillement [depujmɑ̃] *nm* **1.** deprivation **2.** examining (of report); counting (of votes).

dépouiller [depuje] *vtr* **1.** (*a*) to skin (animal); (*of wind*) to strip (tree) (of its leaves) (*b*) to cast off, to lay aside **2.** to deprive (**de,** of); to strip; to plunder (a country) **3.** to analyse, to go through; **d. le scrutin,** to count the votes **4. se d.** (*a*) (*of snake*) to cast its skin; (*of tree*) to shed its leaves (*b*) **se d. de qch,** to rid oneself of sth; **se d. de ses vêtements,** to strip off one's clothes. **dépouillé** *a* bare; bald (style); **d. de,** deprived of, lacking in.

dépourvu [depurvy] *a* devoid (**de,** of); **d. d'argent,** penniless; **être pris au d.,** to be caught off one's guard.

dépravation [depravasjɔ̃] *nf* depravity.

dépraver [deprave] *vtr* to deprave. **dépravé, -ée 1.** *a* depraved **2.** *n* degenerate.

dépréciation [depresjasjɔ̃] *nf* depreciation.

déprécier [depresje] *vtr* **1.** to depreciate **2.** (*a*) to underrate (*b*) to disparage **3. se d.,** to depreciate (in value). **dépréciatif, -ive** *a* pejorative; derogatory.

déprédations [depredasjɔ̃] *nfpl* damage, ravages.

dépression [deprɛsjɔ̃] *nf* **1.** depression, hollow, dip **2. d. économique,** economic depression; slump **3.** *Meteor:* depression; trough (of low pressure) **4.** *Psy:* depression; **d. nerveuse,** nervous breakdown. **dépressif, -ive** *a* depressive.

déprime [deprim] *nf F:* **la d.,** the blues; **être en pleine d.,** to be really down.

déprimer [deprime] *vtr* to depress; to debilitate. **déprimant** *a* depressing. **déprimé** *a* depressed.

depuis [dəpɥi] *prep* **1.** (*a*) (*of time*) since; **d. lundi,** since Monday: **d. trois mois,** for three months; **d. quand êtes-vous ici?** how long have you been here? **d. son enfance,** from childhood; **d. toujours,** always (*b*) *adv* since (then); ever since (*c*) **d. que** + *ind*, since **2.** (*a*) (*time, place*) from; **d. le matin jusqu'au soir,** from morning till night (*b*) (*order, quantity*) **d. 30F jusqu'à 150F,** from 30 to 150 francs **3. concert transmis d. Londres,** concert broadcast from London.

députation [depytasjɔ̃] *nf* (*a*) deputation, delegation (*b*) **candidat à la d.,** parliamentary candidate.

député [depyte] *nm* **1.** delegate **2.** *Pol:* deputy, = *Br* MP, *US:* congressman, congresswoman.

députer [depyte] *vtr* to delegate (s.o.); to appoint (s.o.) as representative.

déracinement [derasinmɑ̃] *nm* uprooting; eradication.

déraciner [derasine] *vtr* **1.** to uproot (tree, pers) **2.** to eradicate (fault).

déraillement [derajmɑ̃] *nm Rail:* derailment.

dérailler [deraje] *vi* (*a*) (*of train*) to be derailed; **faire d.,** to derail (*b*) (*of machine*) to go wrong; (*of voice*) to waver (*c*) *F:* (*of pers*) to talk drivel.

dérailleur [derajœr] *nm Cy:* derailleur (gears).

déraisonner [derɛzɔne] *vi* to talk nonsense. **déraisonnable** *a* unreasonable.

dérangement [derɑ̃ʒmɑ̃] *nm* (*a*) disturbance, trouble (*b*) disorder; (mental) derangement (*c*) **en d.,** out of order.

déranger [derɑ̃ʒe] *vtr* (**n. dérangeons**) **1.** (*a*) to disturb, to upset (papers) (*b*) to disturb, trouble; **si cela ne vous dérange pas,** if you don't mind (*c*) to upset (plans, s.o.) **2. se d.,** to move; **se d. (pour faire**

qch), to go to a lot of trouble (to do); **ne vous dérangez pas,** (i) please don't move (ii) please don't put yourself out on my account. **dérangé** *a* **1.** disturbed (mind) **2. être d.,** to have a stomach upset; to have diarrhoea.

dérapage [derapaʒ] *nm Aut:* skid.

déraper [derape] *vi Aut:* to skid; *Fig:* (*of prices, etc*) to go out of control.

dératé [derate] *nm* **courir comme un d.,** to run like mad.

dérèglement [derɛgləmɑ̃] *nm* **1.** disordered, unsettled, state; irregularity (of pulse) **2.** dissoluteness.

dérégler [deregle] *vtr* **(je dérègle; je déréglerai) 1.** to upset; to unsettle **2. se d.,** (*of clock*) to go wrong; (*of pulse*) to become irregular. **déréglé** *a* out of order; upset; unsettled; dissolute (life).

dérider [deride] *vtr & vpr* to cheer up.

dérision [derizjɔ̃] *nf* derision, mockery; **par d.,** derisively, mockingly; **tourner en d.,** to ridicule.

dérisoire [derizwar] *a* derisory; ridiculous, laughable (offer); absurdly low, high (price).

dérivatif, -ive [derivatif, -iv] **1.** *a* derivative **2.** *nm* distraction.

dérivation [derivasjɔ̃] *nf* **1.** diversion (of watercourse) **2.** *Mth: Ling:* derivation **3.** *El:* shunt **4.** *Nau: Av:* drifting.

dérive [deriv] *nf* (*a*) *Nau:* leeway, drift; **à la d.,** adrift; **aller à la d.,** to drift (*b*) **(quille de) d.,** (i) centre board (ii) *Av:* fin.

dériver [derive] **1.** *vtr* (*a*) to divert (stream); *El:* to shunt (current) (*b*) *Mth: Ling:* to derive **2.** *vi* to be derived (from a source) **3.** *vi Av: Nau:* to drift; **d. de,** to derive from, to be derived from. **dérivé, -ée 1.** *a* derived **2.** (*a*) *nm Ling: Ch:* derivative; byproduct (*b*) *nf Mth:* derivative.

dériveur [derivœr] *nm* (sailing) dinghy.

dermatologie [dɛrmatɔlɔʒi] *nf* dermatology.

dermatologue [dɛrmatɔlɔg] *n* dermatologist.

dernier, -ière [dɛrnje, -jɛr] *a & n* **1.** (*a*) last; **mettre la dernière main,** to put the finishing touches (to sth); **jusqu'à sa dernière heure,** to his dying day; **il est arrivé bon d., le d.,** he arrived last; **dernières nouvelles,** latest news; *F:* **vous connaissez la dernière?** have you heard the latest? **la dernière mode, le d. cri,** the latest fashion (*b*) **le mois d.,** last month; **ces derniers temps,** lately; **c'est notre petit d.,** he's our youngest (child); **être le d. de la classe,** to be bottom of the class; **venir en d.,** to come last; **le d. rang,** the back row (*c*) **ce d. répondit,** the latter answered **2.** (*a*) utmost, highest; **au d. degré,** to the highest degree; (*b*) lowest, worst; **de d. ordre,** very inferior; **le d. de mes soucis,** the least of my worries; **on le traite comme le d. des derniers,** they treat him like dirt. **dernièrement** *adv* lately, of late, recently.

dernier-né [dɛrnjene] *nm* last-born child; *pl derniers-nés.*

dérobade [derɔbad] *nf* dodge, evasion.

dérober [derɔbe] *vtr* **1.** (*a*) to steal, to make away with (sth) (*b*) **d. qn au danger,** to save s.o. from danger **2.** to hide, conceal **3. se d.** (*a*) to escape, steal away, slip away (**à,** from); **se d. aux regards,** to avoid notice; **je lui ai demandé, mais il s'est dérobé,** I asked him but he avoided, dodged, the issue (*b*) **ses jambes se sont dérobées sous lui,** his legs gave way beneath him. **dérobé** *a* hidden, concealed; *adv phr* **à la dérobée,** stealthily, on the sly.

dérogation [derɔgasjɔ̃] *nf* **1.** derogation (**à une loi,** of a law) **2.** exemption, (special) dispensation. **dérogatoire** *a* derogatory (clause).

déroger [derɔʒe] *vi* **(je dérogeai(s))** (*a*) **d. à une loi,** to depart from the law (*b*) *Lit:* **d. à son rang,** to demean oneself.

dérouiller [deruje] **1.** *vtr* (*a*) to take the rust off (*b*) *F:* to stretch (one's legs) **2.** *vi F:* to cop it, to get it in the neck **3. se d. les jambes,** to stretch one's legs.

déroulement [derulmɑ̃] *nm* (*a*) unrolling; unwinding, uncoiling (*b*) unfolding, development (of plot, events).

dérouler [derule] *vtr* **1.** to unroll; to unwind, to uncoil **2. se d.** (*a*) to unroll, to uncoil (*b*) to unfold; **le paysage se déroule devant nous,** the landscape stretches out before us; **les événements qui se déroulent,** the events which are taking place.

déroute [derut] *nf* rout; **en d.,** in (full) flight, routed.

dérouter [derute] *vtr* **1.** (*a*) to lead (s.o.) astray; **d. les soupçons,** to throw people off the scent (*b*) to divert, to reroute (ship, aircraft) **2.** to confuse, to disconcert. **déroutant** *a* disconcerting.

derrick [dɛrik] *nm* derrick.

derrière [dɛrjɛr] **1.** *prep* behind **2.** *adv* (*a*) behind, at the back, in the rear; **assis d.,** (*in car*) sitting in the back; **attaquer qn par d.,** to attack s.o. from behind; **passer par d.,** to go round the back; **roue de d.,** back wheel, rear wheel; **pattes de d.,** hind legs **3.** *nm* (*a*) back; rear (of building) (*b*) behind, backside, bottom; (*of animal*) hindquarters.

derviche [dɛrviʃ] *nm* dervish; **d. tourneur,** whirling dervish.

des [de, dɛ] = **de les;** *see* **de** *and* **le.**

DES *abbr Diplôme d'études supérieures.*

dès [dɛ] *prep* since, from; as early as; **d. sa jeunesse,** from childhood; **d. l'abord,** from the outset; **d. maintenant,** from now on; **d. 1840,** as far back as 1840; **d. l'aube,** at the crack of dawn; **d. mon retour,** immediately on my return; *conj phr* **d. que** + *ind* as soon as; *adv phr* **d. lors,** (i) ever since (then) (ii) consequently, therefore; **d. lors que,** (i) since (ii) seeing that.

désabusé [dezabyze] *a* disillusioned, disenchanted.

désaccord [dezakɔr] *nm* (*a*) disagreement, dissension; **être en d.,** to disagree; **sujet de d.,** bone of contention (*b*) clash (of interests); **d. entre la théorie et les faits,** discrepancy between the theory and the facts.

désaccordé [dezakɔrde] *a* out of tune.

désaccoutumer [dezakutyme] *vtr* to get (s.o.) out of the habit (of sth); **se d. de qch,** to lose the habit of sth.

désaffecter [dezafɛkte] *vtr* to close down (building). **désaffecté** *a* disused.

désaffection [dezafɛksjɔ̃] *nf* loss of affection, disaffection (**pour,** for).

désagréable [dezagreabl̩] *a* disagreeable, unpleasant. **désagréablement** *adv* disagreeably, unpleasantly.

désagrégation [dezagregasjɔ̃] *nf* disintegration; breaking up.

désagréger [dezagreʒe] *vtr* (**je désagrège, n. désagrégeons; je désagrégerai**) to disintegrate; to break up.

désagrément [dezagremɑ̃] *nm* (source of) annoyance; unpleasant occurrence; trouble.

désaltérer [dezaltere] *vtr* (**je désaltère**) to quench (s.o.'s) thirst; **se d.**, to quench one's thirst. **désaltérant** *a* thirst-quenching.

désamorcer [dezamɔrse] *vtr* (**je désamorçai(s)**) to unprime (fuse, cartridge); to defuse (bomb); to drain (pump); *Fig:* to defuse (situation).

désappointement [dezapwɛ̃tmɑ̃] *nm* disappointment.

désappointer [dezapwɛ̃te] *vtr* to disappoint.

désapprobation [dezaprɔbasjɔ̃] *nf* disapproval, disapprobation. **désapprobateur, -trice** *a* disapproving.

désapprouver [dezapruve] *vtr* to disapprove of, object to (sth).

désarçonner [dezarsɔne] *vtr* **1.** (*of horse*) to unseat (rider) **2.** *F:* to nonpluss, to throw (s.o.).

désargenté [dezarʒɑ̃te] *a F:* broke.

désarmement [dezarməmɑ̃] *nm* disarming; disarmament; laying up (of ship).

désarmer [dezarme] **1.** *vtr* (*a*) to disarm (s.o.) (*b*) to unload (gun) (*c*) to lay up (ship) **2.** *vi* (*a*) to disarm (*b*) to relent. **désarmant** *a* disarming. **désarmé** *a* (*a*) disarmed (*b*) unarmed; defenceless.

désarroi [dezarwa] *nm* disarray; confusion.

désarticuler [dezartikyle] *vtr* to dislocate (limb).

désastre [dezastr̥] *nm* disaster, calamity. **désastreux, -euse** *a* disastrous, calamitous.

désavantage [dezavɑ̃taʒ] *nm* disadvantage, drawback; handicap; **se montrer à son d.**, to show oneself to disadvantage. **désavantageux, -euse** *a* disadvantageous, unfavourable. **désavantageusement** *adv* disadvantageously, unfavourably.

désavantager [dezavɑ̃taʒe] *vtr* (**je désavantageai(s)**) to put (s.o.) at a disadvantage, to handicap (s.o.).

désaveu [dezavø] *nm* disavowal, denial; repudiation.

désavouer [dezavwe] *vtr* to disavow, disown; to repudiate.

désaxer [dezakse] *vtr* to unbalance, unhinge (mind). **désaxé -ée 1.** *a* unbalanced **2.** *n* unbalanced person.

desceller [desele] **1.** *vtr* to loosen, to pull free (stone) **2. se d.**, to come loose.

descendance [desɑ̃dɑ̃s] *nf* (*a*) descent (*b*) descendants.

descendant, -ante [desɑ̃dɑ̃, -ɑ̃t] **1.** *a* (*a*) descending; downward (motion) (*b*) (*of train, line*) down; (*of tide*) outgoing (*c*) *Mus:* descending (scale) **2.** *n* descendant.

descendre [desɑ̃dr̥] **1.** *vi* (*aux* **être**, *occ* **avoir**) (*a*) to descend; to come, go, down; to get off (a train); to get out (of a car); **d. d'un arbre**, to come down from a tree; **d. en glissant**, to slide down; **la marée descend**, the tide is going out; **le baromètre descend**, the glass is falling; **la police est descendue dans l'immeuble**, the police raided the building (*b*) to come, go, downstairs; **il n'est pas encore descendu**, he is not down yet; **faites le d.**, (i) send him down (ii) call him down; *Fig:* **d. dans la rue**, to demonstrate; **d. jusqu'au mensonge**, to stoop to lying (*d*) to alight; to get off (bus, train); **d. de cheval**, to dismount (*e*) **d. à un hôtel**, to stay at a hotel (*f*) to extend downwards; (*of road*) to go downhill; **ses cheveux descendent jusqu'à la taille**, her hair comes down to her waist (*g*) (*of family*) to be descended (from) **2.** *vtr* (*aux* **avoir**) (*a*) **d. les marches, la rue**, to go down the steps, the street (*b*) to take, bring, (sth) down; **d. les bagages**, to bring down the luggage (*c*) *F:* to shoot down, kill (partridge, man); **il s'est fait d. par la police**, he was shot down by the police; **les critiques l'ont descendu en flamme**, the critics shot him down in flames (*d*) to put down, to drop (passengers).

descente [desɑ̃t] *nf* **1.** (*a*) descent; coming down, going down (from height); *Ski:* run; **d. de cheval**, dismounting; **d. en parachute**, parachute drop (*b*) **accueillir qn à la d. du train**, to meet s.o. off the train (*c*) raid; incursion; *Jur:* **d. sur les lieux**, visit to the scene (of a crime); **d. de police**, police raid **2.** taking down, letting down, lowering; *Art:* **D. de Croix**, Deposition **3.** (*a*) slope; **d. rapide**, steep slope; **d. dangereuse**, dangerous hill (*b*) **d. de lit**, bedside rug.

description [dɛskripsjɔ̃] *nf* description; **faire une d. de qch**, to describe sth. **descriptif, -ive** *a* descriptive.

déségrégation [desegregasjɔ̃] *nf* desegregation.

désembuer [dezɑ̃bɥe] *vtr* to demist.

désemparé [dezɑ̃pare] *a* (*a*) crippled (ship, aircraft) (*b*) distraught, bewildered.

désemparer [dezɑ̃pare] *vi* **sans d.**, without stopping.

désemplir [dezɑ̃plir] *vi usu in neg* **son magasin ne désemplit pas**, his shop is always full.

désenchantement [dezɑ̃ʃɑ̃tmɑ̃] *nm* disenchantment; disillusion. **désenchanté** *a* disenchanted; disillusioned.

désencombrer [dezɑ̃kɔ̃bre] *vtr* to clear (passage, etc).

désenfler [dezɑ̃fle] *vi* to become less swollen.

déséquilibre [dezekilibr̥] *nm* (*a*) imbalance; **en d.**, unsteady (*b*) *Psy:* (mental) instability.

déséquilibrer [dezekilibre] *vtr* to unbalance; to throw off balance. **déséquilibré, -ée 1.** *a* unbalanced **2.** *n* unbalanced person.

désert [dezɛr] **1.** *a* deserted; uninhabited (place); lonely (spot) **2.** *nm* desert, wilderness. **désertique** *a* desert (region).

déserter [dezɛrte] *vtr* to desert.

déserteur [dezɛrtœr] *nm* deserter.

désertion [dezɛrsjɔ̃] *nf* desertion.

désespérer [dezɛspere] (**je désespère; je désespérerai**) **1.** *vi* to despair; to lose hope; **d. de qn**, to despair of s.o. **2.** *vtr* to drive (s.o.) to despair **3. se d.**, to be in despair. **désespérant** *a* appalling; maddening; heartbreaking. **désespéré, -ée 1.** *a* desperate; hopeless **2.** *n* (*a*) desperate person (*b*) (*pers*) suicide. **désespérément** *adv* despairingly; desperately.

désespoir [dezɛspwar] *nm* **1.** despair; **être au d.**, to be in despair; **faire le d. de qn**, to be the despair of s.o., to drive s.o. to despair **2.** desperation; **en d. de cause**, in desperation; as a last resort.

déshabillé [dezabije] *nm Cl:* negligé.
déshabiller [dezabije] *vtr* to undress (s.o.); **se d.**, to undress; to take off one's coat.
déshabituer [dezabitɥe] *vtr* (*a*) **d. qn de qch**, to break s.o. of the habit of sth (*b*) **se d.**, to lose the habit (**de**, of).
désherbage [dezɛrbaʒ] *nm* weeding.
désherbant [dezɛrbɑ̃] *nm* weedkiller.
désherber [dezɛrbe] *vtr* to weed.
déshériter [dezerite] *vtr* to disinherit (s.o.). **déshérité** *a* **1.** disinherited **2.** underprivileged, deprived.
déshonneur [dezɔnœr] *nm* dishonour, disgrace.
déshonorer [dezɔnɔre] *vtr* to dishonour, to disgrace. **déshonorant** *a* dishonourable, discreditable.
déshydratation [dezidratasjɔ̃] *nf* dehydration.
déshydrater [dezidrate] *vtr* to dehydrate.
désignation [deziɲasjɔ̃] *nf* designation.
désigner [deziɲe] *vtr* **1.** to designate, show, indicate, point out; **d. qn par son nom,** to refer to s.o. by name **2.** (*a*) to appoint, fix (day, date); **être désigné pour faire qch,** to be cut out for sth (*b*) **d. qn à, pour, un poste,** to appoint s.o. to a post; **il a été désigné pour nous représenter,** he was chosen to represent us.
désillusion [dezilyzjɔ̃] *nf* disillusion.
désillusionner [dezilyzjɔne] *vtr* to disillusion.
désincarné [dezɛ̃karne] *a* disembodied (soul, etc).
désinence [dezinɑ̃s] *nf Gram:* ending.
désinfecter [dezɛ̃fɛkte] *vtr* to disinfect. **désinfectant** *a & nm* disinfectant.
désinfection [dezɛ̃fɛksjɔ̃] *nf* disinfection.
désinformation [dezɛ̃fɔrmasjɔ̃] *nf Pol:* misinformation.
désintégration [dezɛ̃tegrasjɔ̃] *nf* **1.** disintegration, breaking up **2.** *Atom Ph:* disintegration.
désintégrer [dezɛ̃tegre] *vtr* (**je désintègre**) **1.** to disintegrate **2. se d.**, to disintegrate.
désintéressement [dezɛ̃terɛsmɑ̃] *nm* disinterestedness.
désintéresser [dezɛ̃terɛse] *vtr* **1.** to pay off (creditor) **2. se d. de qch,** to take (i) no further interest (ii) no part, in sth. **désintéressé** *a* disinterested.
désintérêt [dezɛ̃tere] *nm* lack of interest.
désintoxication [dezɛ̃tɔksikasjɔ̃] *nf* treatment for alcoholism, for drug addiction; drying-out.
désintoxiquer [dezɛ̃tɔksike] *vtr Med:* to treat (s.o.) for alcoholism, for drug addiction; to dry (s.o.) out.
désinvolture [dezɛ̃vɔltyr] *nf* casualness, offhandedness; **avec d.**, in an offhand way. **désinvolte** *a* casual, offhand.
désir [dezir] *nm* desire, wish (**de**, for); **d. ardent,** craving; **tu prends tes désirs pour des réalités,** it's wishful thinking.
désirer [dezire] *vtr* to desire, want; to wish for (sth); **je désire qu'il vienne,** I would like him to come; **cela laisse à d.**, it leaves something to be desired; **que désirez-vous?** what would you like? what can I do for you? **désirable** *a* desirable; **peu d.**, undesirable. **désireux, -euse** *a* anxious (**de**, to).
désistement [dezistəmɑ̃] *nm* withdrawal.
désister (se) [sədeziste] *vpr* to withdraw.
désobéir [dezɔbeir] *vi* **d. (à qn, à un ordre),** to disobey (s.o., an order).
désobéissance [dezɔbeisɑ̃s] *nf* disobedience. **désobéissant** *a* disobedient.
désobliger [dezɔbliʒe] *vtr* (**n. désobligeons**) to offend. **désobligeant** *a* disagreeable, offensive.
désodoriser [dezɔdɔrize] *vtr* to deodorize. **désodorisant** *nm* air freshener.
désœuvré [dezœvre] *a* (*of pers*) unoccupied, idle; at a loose end.
désœuvrement [dezœvrəmɑ̃] *nm* idleness; **par d.**, to kill time, for want of something to do.
désolation [dezɔlasjɔ̃] *nf* (*a*) desolation, devastation (*b*) grief, distress.
désoler [dezɔle] *vtr* **1.** to distress, upset (s.o.) **2. se d.**, to be upset (**de**, at). **désolant** *a* distressing, disappointing. **désolé** *a* (*a*) desolate (region) (*b*) distressed; **je suis désolé de vous avoir fait attendre,** I am so sorry to have kept you waiting.
désolidariser (se) [sədesɔlidarize] *vpr* **se d. de,** to dissociate oneself from, to break one's ties with.
désopilant [dezɔpilɑ̃] *a* hilarious.
désordonné [dezɔrdɔne] *a* (*a*) disordered; disorganized, disorderly (life); uncoordinated (movements) (*b*) untidy (room) (*c*) (*pers*) (i) disorganized (ii) untidy.
désordre [dezɔrdr̥] *nm* **1.** (*a*) disorder, confusion; untidiness; chaos; **quel d.!** what a mess! **cheveux en d.**, untidy hair (*b*) *Med:* **d. nerveux,** nervous disorder **2.** disorderliness **3.** *pl* disturbances, riots.
désorganisation [dezɔrganizasjɔ̃] *nf* disorganization.
désorganiser [dezɔrganize] *vtr* to disorganize.
désorienter [dezɔrjɑ̃te] *vtr* to disorientate, *NAm:* to disorient. **désorienté** *a* bewildered; **je suis tout d.**, I don't know where I am.
désormais [dezɔrmɛ] *adv* henceforth; from now on; in future.
désosser [dezɔse] *vtr* to bone (meat).
despote [dɛspɔt] *nm* despot. **despotique** *a* despotic.
despotisme [dɛspɔtism] *nm* despotism.
desquels, desquelles [dekɛl] *see* **lequel.**
dessaisir [desezir] *vtr* **1. d. un tribunal d'une affaire,** to remove a case from a court **2. se d. de qch,** to part with sth.
dessaler [desale] *vtr* **1.** to put (meat, fish) to soak (to remove salt) **2.** *F:* **d. qn,** to sharpen s.o.'s wits.
dessécher [deseʃe] *vtr* (**je dessèche; je dessécherai**) **1.** to dry up **2.** to season (wood) **3.** (*a*) to wither (plant); to dry (skin) (*b*) to harden (s.o.'s heart) **4. se d.** (*a*) to dry up (*b*) to become parched (*c*) to wither. **desséché** *a* **fruits desséchés,** dried fruit, dessicated fruit.
dessein [desɛ̃] *nm* **1.** design, plan, project **2.** intention, purpose; **dans le d. de faire,** with the aim of doing; **à d.**, on purpose, intentionally; deliberately.
desseller [desele] *vtr* to unsaddle (horse).
desserrer [desere] *vtr* **1.** to loosen (screw); to slacken (belt, knot); to unscrew (nut); to unclench (fist, teeth); to release (brake); **d. son étreinte,** to relax one's hold; **je n'ai pas desserré les dents,** I didn't open my mouth **2. se d.**, to work loose; (*of grip*) to relax.
dessert [desɛr] *nm* dessert, sweet.
desserte [desɛrt] *nf* **1.** *Trans:* service; **d. d'un port**

par voie ferrée, railway service to a port **2.** sideboard.

desservir[1] [desɛrvir] *vtr* (*conj like* SERVIR) (*a*) (*of train, bus*) to serve, to stop at; **ce quartier est bien desservi,** this district is well served by public transport (*b*) to lead into (a room).

desservir[2] *vtr* (*conj like* SERVIR) **1.** to clear (the table); *vi* to clear away **2. d. qn,** to harm s.o.; to do s.o. a disservice.

dessin [desɛ̃] *nm* **1.** (*a*) (art of) drawing, sketching (*b*) drawing, sketch; **d. à la plume,** pen-and-ink sketch; *Cin:* **dessin(s) animé(s),** cartoon; **d. humoristique,** cartoon; **planche à d.,** drawing board **2.** design, pattern; **d. de mode,** fashion design **3.** draughtsmanship **4.** outline.

dessinateur, -trice [desinatœr, -tris] *n* **1.** (*a*) sketcher, drawer (*b*) cartoonist **2.** designer; dress designer, fashion designer **3.** draughtsman, draughtswoman, *NAm:* draftsman, draftswoman.

dessiner [desine] *vtr* **1.** to draw, sketch; **d. qch d'après nature,** to draw sth from nature; **d. à l'encre,** to draw in ink **2.** to design (wallpaper, material) **3.** to show, outline (sth); **robe qui dessine la taille,** dress that shows off the figure; **visage bien dessiné,** finely chiselled face **4. se d.,** to stand out, take form; to be outlined.

dessoûler [desule] *vtr & i F:* to sober up.

dessous [dəsu] **1.** *adv* under(neath), below, beneath; **marcher bras dessus bras d.,** to walk arm in arm; **en d.,** underneath; **regarder qn en d.,** to give s.o. a shifty look; **agir en d.,** to act in an underhand way **2.** *nm* (*a*) lower part; underside, bottom; **les gens du d.,** the people on the floor below (us); **d. de bouteille,** coaster; **d. de table,** backhander, bribe; **avoir le d.,** to get the worst of it; *Cl:* **d. de robe,** slip; petticoat (*b*) **les d. de la politique,** the shady side of politics.

dessous-de-plat [d(ə)sudpla] *nm inv* table mat.

dessus [dəsy] **1.** *adv* above, over; (up)on (it, them); **il a marché d.,** he trod on it; **j'ai failli lui tirer d.,** I nearly shot him; **mettre la main d.,** to lay hands on it, on them; **en d.,** on top; above **2.** *nm* (*a*) top, upper part; **d. de cheminée,** mantelpiece; **le d. du panier,** (i) the pick of the bunch (ii) the upper crust (*b*) **avoir le d.,** to have the upper hand; **reprendre le d.,** to get over it; **les gens du d.,** the people upstairs **3. de d.,** from, off; **tomber de d. sa chaise,** to fall off one's chair.

dessus-de-lit [dəsydli] *nm inv* bedspread.

déstabiliser [destabilize] *vtr* to destabilize.

destin [dɛstɛ̃] *nm* fate, destiny.

destinataire [dɛstinatɛr] *n* addressee (of letter); consignee (of goods); payee (of money order).

destination [dɛstinasjɔ̃] *nf* **1.** destination; **trains à d. de Paris,** trains for Paris; **passagers à d. de Londres,** passengers travelling to London **2.** purpose.

destinée [dɛstine] *nf* destiny; fate.

destiner [dɛstine] *vtr* **1.** to destine **2.** (*a*) **d. qch à qn,** to intend, mean, sth for s.o.; **d. qn à,** to intend, destine, s.o. for (*b*) **d. une somme d'argent à un achat,** to allot a sum of money to a purchase **3. il se destine à la médecine,** he intends to take up medicine.

destituer [dɛstitɥe] *vtr* to dismiss, discharge (s.o.); to remove (official) from office.

destitution [dɛstitysjɔ̃] *nf* dismissal.

destruction [dɛstryksjɔ̃] *nf* destruction. **destructeur, -trice 1.** *a* destructive **2.** *n* destroyer. **destructible** *a* destructible. **destructif, -ive** *a* destructive.

désuet, -ète [desɥɛ, -ɛt] *a* obsolete (word); out-of-date (theory).

désuétude [desɥetyd] *nf* disuse; **tomber en d.,** to fall into disuse; (*of law*) to fall into abeyance; **mot tombé en d.,** obsolete word.

désunion [dezynjɔ̃] *nf* disunity, dissension.

désunir [dezynir] *vtr* to disunite, divide.

détachage [detaʃaʒ] *nm* removal of stains.

détachant [detaʃɑ̃] *nm* stain remover.

détachement [detaʃmɑ̃] *nm* **1.** detachment; indifference (**de,** to) **2.** (*a*) transfer, secondment (*b*) *Mil:* detachment.

détacher[1] [detaʃe] *vtr* **1.** (*a*) to detach; to loose, unfasten, untie; to unhook (curtain); **il ne peut pas en d. ses yeux,** he can't take his eyes off it (*b*) to separate; to cut off, pull off, break off, tear off (*c*) *Fig:* **d. qn de ses mauvaises habitudes,** to break s.o. of his bad habits (*d*) *Mil: etc:* to detach, second (s.o) (*e*) to bring out; *Mus:* to detach (the notes) **2. se d.** (*a*) (*of knot*) to come undone (*b*) to break loose (*c*) to break off; to separate; to come apart; (*of paint*) to flake off; **un bouton s'est détaché,** a button has come off (*d*) **se d. de la famille,** to break away from the family (*e*) **se d. sur le fond,** to stand out against the background. **détaché** *a* **1.** loose, detached; **pièces détachées,** spare parts **2.** indifferent, detached.

détacher[2] *vtr* to remove stains from (sth).

détail [detaj] *nm* **1.** *Com:* retail; **marchand au d.,** retailer; **vendre au d.,** to sell retail; **prix de d.,** retail price **2.** detail; **en d.,** in detail; **donner tous les détails,** to go into all the details; **d. d'une facture,** breakdown of an invoice.

détaillant, -ante [detajɑ̃, -ɑ̃t] *n* retailer.

détailler [detaje] *vtr* **1.** *Com:* to retail **2.** to detail; to relate (sth) in detail; to itemize (account). **détaillé** *a* detailed.

détaler [detale] *vi F:* to run off, to make tracks.

détartrer [detartre] *vtr* to descale (boiler); to scale (teeth).

détaxe [detaks] *nf* **1.** tax rebate **2.** decontrolling.

détaxer [detakse] *vtr* to take the tax off; to reduce the tax on; **produit détaxé,** duty-free article.

détecter [detɛkte] *vtr* to detect. **détecteur, -trice 1.** *a* detecting **2.** *nm* detector.

détection [detɛksjɔ̃] *nf* detection.

détective [detɛktiv] *nm* detective; **d. privé,** private detective; *F:* private eye.

déteindre [detɛ̃dr̥] (*conj like* TEINDRE) **1.** *vtr* to take the colour out of (sth) **2.** *vi* (*a*) to fade, to lose colour (*b*) (*of colour*) to run; **d. sur,** to come off on (*c*) *Fig:* **cela déteint sur eux,** it rubs off on them.

dételer [detle] *vtr* (**je dételle, n. dételons**) (*a*) to unharness (*b*) to unhitch (horse(s)) (*c*) *vi F:* to ease off.

détendre [detɑ̃dr̥] *vtr* **1.** to slacken, relax; to relax (the mind); to steady (the nerves) **2. se d.,** (*of rope etc*) to slacken; (*of pers*) to relax; **la situation se détend,** the situation is easing. **détendu** *a* relaxed (pers, atmosphere).

détenir [detnir] *vtr* (*conj like* TENIR) **1.** to hold, to be in possession of; **d. le record,** to hold the record **2.** to detain (s.o.); to keep (s.o.) prisoner.

détente [detɑ̃t] *nf* **1.** (*a*) relaxation, slackening (*b*) easing (of situation); *Pol:* détente (*c*) relaxation **2.** trigger (of gun).

détenteur, -trice [detɑ̃tœr, -tris] *n* holder.

détention [detɑ̃sjɔ̃] *nf* (*a*) holding (of securities); possession (of firearms) (*b*) detention; imprisonment; *Jur:* **d. préventive,** custody.

détenu, -e [detny] *n* prisoner.

détergent [detɛrʒɑ̃] *a & nm* detergent.

détérioration [deterjɔrasjɔ̃] *nf* deterioration; damage.

détériorer [deterjɔre] *vtr* **1.** to spoil, damage **2. se d.,** to deteriorate.

détermination [detɛrminasjɔ̃] *nf* determination; resolution; resolve.

déterminer [detɛrmine] *vtr* **1.** to determine (value, area); to fix (meeting place) **2.** to cause; to give rise to (sth); to determine (one's actions) **3. d. qn à faire qch,** to induce s.o. to do sth; **qu'est-ce qui vous a déterminé à partir?** what made you leave? **4. se d. à faire qch,** to resolve, determine, to do sth. **déterminant** *a* determining. **déterminé** *a* determined, resolute; definite, well-defined (purpose); specific (quantity, aim).

déterrer [detɛre] *vtr* to dig up, unearth; to disinter; **avoir une mine de déterré,** to look like death warmed up.

détersif, -ive [detɛrsif, -iv] *a & nm* detergent.

détester [detɛste] *vtr* to detest, hate; **d. faire qch,** to detest, hate, doing sth; to hate to do sth; **il ne déteste pas les bonbons,** he rather likes sweets. **détestable** *a* awful, hateful, foul. **détestablement** *adv* appallingly.

détonateur [detɔnatœr] *nm* detonator.

détonation [detɔnasjɔ̃] *nf* detonation, explosion; blast (of firearm).

détoner [detɔne] *vi* to detonate, explode.

détonner [detɔne] *vi* **1.** *Mus:* to be out of tune **2.** *Fig:* to jar, to be out of place.

détour [detur] *nm* **1.** detour, deviation; **faire un long d.,** to go a long way round **2. parler sans d.,** to speak without beating about the bush **3.** turn, curve, bend (in road, river).

détournement [deturnəmɑ̃] *nm* **1.** diversion (of river, of traffic); **d. d'avion,** hijacking **2.** (*a*) **d. (de fonds)** (*a*) misappropriation (of funds), embezzlement (*b*) **d. de mineur,** seduction of a minor.

détourner [deturne] *vtr* **1.** (*a*) to divert (traffic, river); to turn (weapon) aside; to distract (s.o.'s attention); **d. la conversation,** to change the conversation; **d. les soupçons,** to avert suspicion (*b*) to turn away; to avert (one's eyes) **2.** to misappropriate, embezzle (funds) **3. d. un avion,** to hijack a plane **4. se d.,** to turn away, aside. **détourné** *a* roundabout (route, means).

détraquement [detrakmɑ̃] *nm* breakdown (of mechanism, health).

détraquer [detrake] *vtr* (*a*) to put (machine) out of order; **son intervention a tout détraqué,** his intervention has upset everything; **se d. l'estomac, les nerfs,** to wreck one's digestion, one's nerves (*b*) **se d.,** (*of mechanism*) to go out of order; (*of health*) to break down; (*of nerves*) to be upset. **détraqué, -ée 1.** *a* (*a*) out of order (*b*) deranged (mind) **2.** *n* crazy person, deranged person.

détremper [detrɑ̃pe] *vtr* to soak, saturate.

détresse [detrɛs] *nf* **1.** distress; grief, anguish **2.** (*a*) (financial) straits, difficulties (*b*) *Nau:* **navire en d.,** ship in distress; **signal de d.,** distress signal; SOS.

détriment [detrimɑ̃] *nm* detriment, loss; **au d. de,** to the detriment of.

détritus [detritys] *nm* rubbish; refuse.

détroit [detrwa] *nm Geog:* strait(s).

détromper [detrɔ̃pe] *vtr* to undeceive (s.o.), to put (s.o.) right; **détrompe-toi!,** don't be fooled!

détrôner [detrone] *vtr* to dethrone (king); *Fig:* to supersede.

détrousser [detruse] *vtr Lit: & Hum:* to rob (s.o.).

détruire [detrɥir] *vtr* (*prp* **détruisant;** *pp* **détruit;** *pr ind* **je détruis**) **1.** to demolish (building) **2.** to destroy, ruin; to dash (s.o.'s hopes) **3. critiques qui se détruisent,** criticisms that cancel each other out.

dette [dɛt] *nf* debt; **faire des dettes,** to run into debt; **avoir des dettes,** to be in debt; **être en d. envers qn,** to be indebted to s.o.

DEUG [dœg] *abbr Diplôme d'études universitaires générales.*

deuil [dœj] *nm* **1.** (*a*) mourning, sorrow (*b*) bereavement **2.** mourning (clothes); **grand d.,** deep mourning; **porter le d., être en d.,** to be in mourning.

deux [dø; *before a vowel sound in the same word group,* døz] *num a inv & nm* (*a*) two; **d. enfants** [døzɑ̃fɑ̃] two children; **Charles D.,** Charles the Second (*b*) **chapitre d.,** chapter two; **d. fois,** twice; **tous (les) d.,** both; **tous les d. jours,** every other day; **entre d. âges,** middle-aged; *F:* **en moins de d.,** in no time; *Ten:* **à d.,** deuce. **deuxième** *num a & n* second; **appartement au d. (étage),** flat on the second, *NAm:* third, floor. **deuxièmement** *adv* secondly.

deux-pièces [døpjɛs] *nm inv* **1.** (*a*) two-piece swimsuit; bikini (*b*) two-piece (suit) **2.** two-roomed flat.

deux-points [døpwɛ̃] *nm Typ:* colon.

deux-roues [døru] *nm inv* two-wheeled vehicle.

deux-temps [døtɑ̃] *nm inv* two-stroke (engine).

dévaler [devale] **1.** *vi* to descend, go down; (*of stream*) to rush down; (*of garden*) to slope down **2.** *vtr* **d. l'escalier,** to rush down the stairs.

dévaliser [devalize] *vtr* to clean out, to strip, to rob (of everything).

dévalorisation [devalɔrizasjɔ̃] *nf* depreciation.

dévaloriser [devalɔrize] **1.** *vtr* to devalue (currency); to depreciate, to disparage (s.o.) **2. se d.,** (*of currency*) to depreciate; (*of pers*) to demean oneself.

dévaluation [devalɥasjɔ̃] *nf* devaluation.

dévaluer [devalɥe] *vtr* to devalue (currency).

devancer [dəvɑ̃se] *vtr* (**n. devançons**) **1.** to precede **2.** to leave behind; to overtake, to outstrip; to forestall **3. d. les désirs de qn,** to anticipate s.o.'s wishes.

devancier, -ière [dəvɑ̃sje, -jɛr] *n* precursor.

devant [dəvɑ̃] **1.** *prep* before, in front of; **je passais d. l'église,** I was going past the church; **assis d.,** (*in car*) sitting in the front; **marchez tout droit d. vous,** go straight ahead, straight on; **d. un verre de vin,** over a glass of wine; **d. le danger,** in the face of danger; **égaux d. la loi,** equal in the eyes of the law **2.** *adv* before, in front; **aller d.,** to go in front; **sens d. derrière,** back to front; **ça se boutonne (par) d.,** it buttons up at the front **3.** *nm* front (part), forepart; **d. (de chemise),** (shirt) front; **chambre sur le d.,** front room; **pattes de d.,** forelegs, front paws; **prendre les devants,** to make the first move; **gagner les devants,** to take the lead.

devanture [dəvɑ̃tyr] *nf* (*a*) front (of building) (*b*) **d. de magasin,** shopfront, shop window.

dévastation [devastasjɔ̃] *nf* devastation.

dévaster [devaste] *vtr* to devastate. **dévastateur, -trice** *a* devastating.

déveine [devɛn] *nf F:* (run of) bad luck.

développement [devlɔpmɑ̃] *nm* development; expansion; growth; *Phot:* developing, processing; **les pays en voie de d.,** the developing countries.

développer [devlɔpe] *vtr* **1.** to develop (muscles); to evolve (theory); *Phot:* to develop, to process (film); **d. un projet,** to work out a plan **2. se d.** (*a*) to spread out, to expand (*b*) to develop.

devenir [dəvnir] *v pred* (*conj like* VENIR; *aux* **être**) (*a*) to become; **qu'est-il devenu?** what has become of him? **que devient votre fils?** how is your son getting on? (*b*) to grow into; **d. homme,** to grow into a man (*c*) **d. grand,** (i) to grow tall (ii) to grow up; **d. vieux,** to grow old; **c'est à d. fou!** it is enough to drive one mad!

dévergonder (se) [sədevɛrgɔ̃de] *vpr* to fall into dissolute ways. **dévergondé** *a* dissolute, shameless.

déverser [devɛrse] **1.** *vtr* to pour (water); to tip, to dump (rubbish); **le train les déversa sur le quai,** the train deposited them on the platform **2.** *vi & pr* (*of river*) to flow (**dans,** into).

dévêtir (se) [sədevetir] *vpr* (*conj like* VÊTIR) *Lit:* to undress.

déviation [devjasjɔ̃] *nf* deviation; curvature (of spine); *Aut:* diversion.

dévider [devide] *vtr* to unwind (spool); *F:* to reel off (story).

dévidoir [devidwar] *nm* reel.

dévier [devje] *v* (*pr sub & impf* **n. déviions**) **1.** *vi* to deviate, swerve, diverge; to veer (off course); **faire d. une balle,** to deflect a bullet; **d. de ses principes,** to depart from one's principles **2.** *vtr* to divert (traffic, conversation); to deflect (blow, beam).

devin, devineresse [dəvɛ̃, dəvinrɛs] *n* soothsayer; *F:* **je ne suis pas d.,** I can't see into the future.

deviner [d(ə)vine] *vtr* to guess; to predict (the future); to solve (a mystery) .

devinette [dəvinɛt] *nf* riddle.

devis [dəvi] *nm* estimate; **faire faire un d.,** to get an estimate.

dévisager [devizaʒe] *vtr* (**n. dévisageons**) to stare, look hard, at (s.o.).

devise [dəviz] *nf* **1.** (*a*) motto (*b*) slogan **2.** *pl Fin:* currency; **devises étrangères,** foreign currency.

dévisser [devise] **1.** *vtr* to unscrew, to undo **2. se d.,** to come undone.

dévoiler [devwale] *vtr* **1.** to unveil (statue) **2.** to reveal, disclose (secret) **3. se d.,** to be revealed.

devoir¹ [dəvwar] *vtr* (*prp* **devant;** *pp* **dû,** *f* **due;** *pr ind* **je dois, ils doivent;** *ph* **je dus;** *fu* **je devrai**) **1.** (*duty*) should, ought (*a*) (*general precept*) **tu dois honorer tes parents,** you should honour your parents (*b*) (*command*) **vous devez vous trouver à votre poste à trois heures,** you must be at your post at three o'clock (*c*) **je ne savais pas ce que je devais faire,** I didn't know what I should do; **il aurait dû m'avertir,** he should have warned me; **il a cru d. refuser,** he thought he should refuse **2.** (*compulsion*) must, have to; **enfin j'ai dû céder,** finally I had to give in **3.** (*futurity*) (*a*) **je dois partir demain,** I am to, I have to, leave tomorrow; **je devais le recontrer à Paris,** I was to meet him in Paris; **le train doit arriver à midi,** the train is due to arrive at twelve o'clock (*b*) **il ne devait plus les revoir,** he was (destined) never to see them again; **ça devait arriver!** it was bound to happen! **4.** (*opinion expressed*) must; **vous devez avoir faim,** you must be hungry; **il ne doit pas avoir plus de 40 ans,** he can't be more than 40 **5. d. qch à qn,** to owe s.o. sth; **vous me devez 1000 francs,** you owe me 1000 francs; **je lui dois la vie,** I owe my life to him; **je lui dois bien cela,** it's the least I can do for him; **sa réussite est due à ses parents,** it's thanks to his parents that he's so successful **6.** (*a*) **se d. à qch,** to have to devote oneself to sth (*b*) **comme il se doit,** as is right and proper.

devoir² *nm* **1.** (*a*) duty; **manquer à son d.,** to fail in one's duty; **se faire un d. de,** to make a point of; **se mettre en d. de faire qch,** to prepare to do sth; **il est de mon d. de vous le dire,** it is my duty to tell you; **faire qch par d.,** to do sth from a sense of duty (*b*) obligation (*c*) *Sch:* exercise; *pl* homework **2.** *pl* **présenter ses devoirs à qn,** to pay one's respects to s.o.

dévolu [devɔly] **1.** *a Jur:* (*of inheritance*) devolved; devolving, which devolves (**à,** to, upon) **2.** *nm* **jeter son d. sur,** to set one's heart on (s.o., sth).

dévorer [devɔre] *vtr* to devour; **d. qn des yeux,** to gaze intently on s.o.; **d. sa fortune,** to squander one's fortune; **dévoré par les moustiques,** eaten alive by mosquitoes; **dévoré par l'angoisse,** sick with worry; **d. la route,** to eat up the miles. **dévorant** *a* (*a*) ravenous; gnawing (hunger) (*b*) consuming (fire); devouring (passion).

dévot, -ote [devo, -ɔt] **1.** *a* devout, religious **2.** *a & n* sanctimonious (person); *Pej:* bigot. **dévotement** *adv* devoutly.

dévotion [devosjɔ̃] *nf* devotion; devoutness, piety.

dévouement [devumɑ̃] *nm* devotion (to duty); dedication; **avec d.,** devotedly.

dévouer (se) [sədevwe] *vpr* **1.** to devote oneself (to a cause) **2. se d. pour qn,** to sacrifice oneself for s.o. **dévoué** *a* devoted, loyal; *Corr:* **votre tout d.** = yours sincerely.

dévoyé -ée [devwaje] *a & n* delinquent.

dextérité [dɛksterite] *nf* dexterity, skill.

diabète [djabɛt] *nm Med:* diabetes. **diabétique** *a & n* diabetic.

diable [djɑbl̩] *nm* **1.** devil; **tirer le d. par la queue,** to be hard up; **c'est bien le d. si,** it would be most surprising if; **que le d. l'emporte!** the devil take him! **au d. vauvert, au d. vert,** miles from anywhere, at the back of beyond; **ce n'est pas le d.,** (i) it's not so very difficult (ii) it's nothing to worry about; **où d. est-il allé,** where the devil has he gone? *int* **d.!** heavens! **bruit de tous les diables,** hell of a din; **pauvre**

d.! poor beggar! **un grand d.**, a big fellow; **c'est un bon d.**, he's not a bad type; **un d. de temps, un temps du d.**, wretched weather; *a* **il est très d.**, he's a real little devil **2.** (*a*) (two-wheeled) trolley (*b*) (*toy*) Jack-in-the-box. **diablement** *adv F:* devilish(ly), hellishly.

diablerie [djabləri] *nf* devilment, mischief.

diablesse [djablɛs] *nf F:* she-devil.

diablotin [djablɔtɛ̃] *nm* imp, little devil.

diabolique [djabɔlik] *a* diabolical, fiendish. **diaboliquement** *adv* diabolically, fiendishly.

diabolo [djabɔlo] *nm* **1.** *Games:* diabolo **2. d. menthe,** mint and lemonade.

diacre [djakr] *nm Ecc:* deacon.

diadème [djadɛm] *nm* diadem; tiara.

diagnostic [djagnɔstik] *nm Med:* diagnosis.

diagnostiquer [djagnɔstike] *vtr Med:* to diagnose.

diagonal, *pl* **-aux** [djagɔnal, -o] **1.** *a* diagonal **2.** *nf* **diagonale,** diagonal (line); **en diagonale,** diagonally.

diagramme [djagram] *nm* diagram; chart; graph.

dialecte [djalɛkt] *nm* dialect. **dialectique 1.** *a* dialectic **2.** *nf* dialectics.

dialogue [djalɔg] *nm* conversation; *Pol: Cin: Th:* **c'est un d. de sourds,** they're not on the same wavelength.

dialoguer [djalɔge] *vi* to hold a dialogue, to converse.

dialyse [djaliz] *nf Med:* dialysis.

diamant [djamɑ̃] *nm* **1.** diamond **2.** *Rec:* diamond stylus.

diamantaire [djamɑ̃tɛr] *nm* diamond (i) cutter (ii) merchant.

diamètre [djamɛtr] *nm* diameter. **diamétralement** *adv* diametrically.

diantre [djɑ̃tr] *int A: & Lit:* **que d. veut-il?** what the devil does he want? **d.!** hell!

diapason [djapazɔ̃] *nm Mus:* **1.** diapason, pitch; *Fig:* **être au d. de,** to be in tune with **2.** tuning fork.

diaphane [djafan] *a* diaphanous; translucent.

diaphragme [djafragm] *nm* diaphragm.

diapositive, *F:* **diapo** [djapɔzitiv, djapo] *nf Phot:* slide, transparency.

diarrhée [djare] *nf Med:* diarr(h)oea.

diatribe [djatrib] *nf* diatribe.

dichotomie [dikɔtɔmi] *nf* dichotomy.

dictaphone [diktafɔn] *nm Rtm:* dictaphone.

dictateur [diktatœr] *nm* dictator. **dictatorial, -aux** *a* dictatorial.

dictature [diktatyr] *nf* dictatorship.

dictée [dikte] *nf* dictation; **écrire sous la d. de qn,** to take down s.o.'s dictation.

dicter [dikte] *vtr* to dictate; to impose (one's will).

diction [diksjɔ̃] *nf* diction, elocution; **professeur de d.,** elocution teacher.

dictionnaire [diksjɔnɛr] *nm* dictionary.

dicton [diktɔ̃] *nm* (common) saying, dictum.

didactique [didaktik] *a* didactic.

dièse [diɛz] *nm Mus:* sharp; **fa d.,** F sharp.

diesel [djezɛl] *a & nm* **(moteur) d.,** diesel engine.

diète [djɛt] *nf* (starvation) diet; **à la d.,** on a starvation diet.

diététicien, -ienne [djetetisjɛ̃, -jɛn] *n* dietician.

diététique [djetetik] **1.** *a* dietetic; **aliments diététiques,** health food **2.** *nf* dietetics.

dieu, -ieux [djø] *nm* **1.** god; **grands dieux!** heavens! **2.** (*a*) God; **un homme de D.,** a holy man; **D. merci!** thank god! (*b*) **le bon D.,** God; **on lui donnerait le bon D. sans confession,** he looks as if butter wouldn't melt in his mouth (*c*) **D. merci!** thank goodness! **pour l'amour de D.,** for goodness' sake; **D. sait si j'ai travaillé,** heaven knows, God knows, I've worked hard enough **3.** (*a*) *int* **mon D.!** good heavens! heavens above! (*b*) (*profane*) **bon D.! (sacré) nom de D.!** for Christ's sake! God almighty!

diffamateur, -trice [difamatœr, -tris] *n* slanderer, libeller.

diffamation [difamasjɔ̃] *nf* slander, libel. **diffamatoire** *a* slanderous, libellous.

diffamer [difame] *vtr* to slander, libel.

différé [difere] *a WTel: TV:* **en d.,** (pre-)recorded.

différemment [diferamɑ̃] *adv* differently.

différence [diferɑ̃s] *nf* difference; **il n'y a pas de d. entre eux,** there is no difference between them; **quelle d. avec l'autre!** what a difference from the other one! **à la d. de,** unlike; **à la d. que,** with this difference that; **faire la d. entre,** to make a distinction between. **différent** *a* (*a*) different; unlike; **d. de,** different from, to; unlike (*b*) various; different; **à différentes reprises,** at various times.

différenciation [diferɑ̃sjasjɔ̃] *nf* differentiation.

différencier [diferɑ̃sje] *vtr* **1.** to differentiate (**de,** from); to distinguish (**entre . . . et . . .,** between . . . and . . .) **2. se d.** to differ (**de,** from).

différend [diferɑ̃] *nm* difference, dispute, disagreement (**entre,** between).

différentiel, -elle [diferɑ̃sjɛl] *a & nm & f* differential.

différer [difere] *v* (**je diffère; je différerai**) **1.** *vtr* to defer; to postpone; to put off (payment) **2.** *vi* to differ; to be different (**de,** from; **en, par,** in); **d. d'opinion,** to differ in opinion.

difficile [difisil] *a* **1.** difficult; hard; **circonstances difficiles,** trying circumstances; **les temps sont difficiles,** times are hard **2.** difficult to get on with; particular, choosy; **enfant d.,** problem child; **d. sur la nourriture,** fussy about food; *n* **faire le d.,** to be hard to please. **difficilement** *adv* with difficulty; **d. lisible,** difficult to read.

difficulté [difikylte] *nf* difficulty; **être en d.,** to be in trouble; **faire, élever, des difficultés,** to raise objections, to make difficulties; **avoir de la d. à faire qch,** to have difficulty, trouble, doing sth.

difformité [difɔrmite] *nf* deformity. **difforme** *a* deformed, misshapen.

diffuser [difyze] *vtr* **1.** to diffuse (light) **2.** (*a*) *WTel:* to broadcast (programme) (*b*) to distribute (book, information). **diffus** *a* diffuse.

diffuseur [difyzœr] *nm* **1.** *Tchn:* diffuser **2.** distributor (of books).

diffusion [difyzjɔ̃] *nf* (*a*) diffusion (*b*) *WTel:* broadcasting (*c*) distribution (of books).

digérer [diʒere] *vtr* (**je digère; je digérerai**) to digest; *F:* to stomach, to put up with (insult); **je digère mal,** I have a bad digestion.

digestion [diʒɛstjɔ̃] *nf* digestion. **digeste** *a*, **digestible** *a* digestible. **digestif, -ive 1.** *a* digestive; **tube d.,** alimentary canal **2.** *nm* liqueur.

digital, -aux [diʒital, -o] **1.** *a* digital; **empreinte digitale,** fingerprint **2.** *nf Bot:* **digitale,** digitalis.

digne [diɲ] *a* **1.** deserving, worthy (**de,** of); **d. d'éloges,** praiseworthy; **d. de foi,** reliable; **il n'est pas d. de vivre,** he is not fit to live **2.** dignified. **dignement** *adv* with dignity.

dignitaire [diɲitɛr] *nm* dignitary.

dignité [diɲite] *nf* **1.** dignity; **air de d.,** dignified air **2.** high position; dignity.

digression [digrɛsjɔ̃] *nf* digression; **faire une d.,** to digress.

digue [dig] *nf* (*a*) dike, dam; embankment (of waterway) (*b*) breakwater; sea wall.

dilapidation [dilapidasjɔ̃] *nf* wasting, squandering.

dilapider [dilapide] *vtr* to waste, squander.

dilatation [dilatasjɔ̃] *nf* dilation, expansion.

dilater [dilate] *vtr* to dilate, to expand; **se d.,** to dilate, to expand.

dilatoire [dilatwar] *a* dilatory; **manœuvre d., moyen d.,** delaying tactic.

dilemme [dilɛm] *nm* dilemma.

dilettante [diletɑ̃t] *n* dilettante, amateur; **faire son travail en d.,** to do one's work amateurishly.

diligence [diliʒɑ̃s] *nf* **1.** (*a*) diligence, application (*b*) haste, dispatch; **faire d.,** to make haste **2.** (stage)-coach. **diligent** *a* diligent; speedy, prompt.

diluant [dilɥɑ̃] *nm* thinner(s).

diluer [dilɥe] *vtr* to dilute (**de,** with); to thin down.

dilution [dilysjɔ̃] *nf* dilution; thinning down.

diluvienne [dilyvjɛn] *af* **pluie d.,** torrential rain.

dimanche [dimɑ̃ʃ] *nm* Sunday; **d. de Pâques,** Easter Sunday; **il vient le d.,** he comes on Sundays; *F:* **conducteur du d.,** Sunday driver.

dîme [dim] *nf Hist:* tithe.

dimension [dimɑ̃sjɔ̃] *nf* dimension, size; **à deux, à trois, dimensions,** two-dimensional, three-dimensional; **prendre les dimensions de qch,** (i) to take the measurements of sth (ii) *Fig:* to weigh up sth; **ce travail n'est pas à la d. de son talent,** this work is not equal to his talent.

diminué [diminɥe] *a* **1.** *Mus:* diminished (interval) **2. il est bien d. depuis l'accident,** the accident has brought him down a lot **3.** tapering (column) **4.** *nm* **un d. physique,** a physically handicapped person.

diminuer [diminɥe] **1.** *vtr* to lessen; to diminish; to reduce; to shorten; to decrease; **cela vous diminuerait aux yeux du public,** it would lower you in the eyes of the public **2.** *vi* to diminish, decrease, lessen; (*of fever*) to abate; (*of prices*) to fall; **d. de vitesse,** to slow down; **ses forces ont diminué,** his strength has declined. **diminutif, -ive** *a & nm* diminutive.

diminution [diminysjɔ̃] *nf* diminution, reduction, decrease, lowering, lessening; abatement.

dinde [dɛ̃d] *nf* turkey (hen); *Cu:* turkey.

dindon [dɛ̃dɔ̃] *nm* turkey (cock); **être le d. de la farce,** to be made a fool of.

dindonneau, -eaux [dɛ̃dɔno] *nm* young turkey.

dîner [dine] **1.** *vi* to dine, to have dinner; *Belg: Can:* to have lunch; **avoir qn à d.,** to have s.o. to dinner **2.** *nm* dinner; dinner party.

dînette [dinɛt] *nf* (*a*) doll's tea party (*b*) informal meal (between friends).

dîneur, -euse [dinœr, -øz] *n* diner.

dingue [dɛ̃g] *F:* (*a*) *a* crazy, nuts (*b*) *n* idiot, nutcase.

dinosaure [dinɔsɔr] *nm* dinosaur.

diocèse [djɔsɛz] *nm Ecc:* diocese.

diphtérie [difteri] *nf Med:* diphtheria. **diphtérique** *a* diphtherial.

diphtongue [diftɔ̃g] *nf Ling:* diphthong.

diplomate [diplɔmat] *nm* **1.** diplomat; diplomatist; *a* diplomatic **2.** *Cu:* = trifle.

diplomatie [diplɔmasi] *nf* **1.** diplomacy; **user de d.,** to be diplomatic **2. entrer dans la d.,** to enter the diplomatic service. **diplomatique** *a* diplomatic.

diplôme [diplom] *nm* diploma. **diplômé, -ée 1.** *a* qualified **2.** *n* qualified person; **elle est diplômée de la Sorbonne,** she is a graduate of the Sorbonne.

dire[1] [dir] *vtr* (*prp* **disant;** *pp* **dit;** *pr ind* **vous dites, ils disent) 1.** (*a*) to say, tell; **d. qch à qn,** to tell s.o. sth; to say sth to s.o.; **vous ne m'en avez jamais rien dit,** you never mentioned it (to me); **envoyer d. à qn que,** to send word to s.o. that; **ceci dit,** having said that; **qu'en dira-t-on?** what will people say? **d. ce qu'on pense,** to speak one's mind; **je vous l'avais bien dit!** what did I tell you! I told you so! **d. bonjour,** to say hello; **comme on dit,** as the saying goes; **cela ne se dit pas,** that isn't said; **qui vous dit qu'il viendra?** how do you know he'll come? *F:* **à qui le dites-vous?** you're telling me! **dites toujours!** go on! say it! **je ne sais comment d.,** I don't know how to put it; **je me disais que tout était fini,** I thought it was all over; **qu'en dites-vous?** what do you think of it? **à vrai d.,** to tell the truth; **pour ainsi d.,** so to speak; *F:* **vous l'avez dit,** exactly! you said it! **cela va sans d.,** that goes without saying; **on dit que c'est lui le coupable,** he is said to be the culprit; **on dirait qu'il va pleuvoir,** it looks like rain; **on aurait dit que,** it seemed as though; **il n'y a pas à d.,** there's no denying it; **dites donc,** look here, I say! *P:* **non, mais dis!** do you mind? **d. qu'il n'a que 20 ans!** to think he's only 20! **c'est beaucoup d.,** that's going rather far; **on dirait du Mozart,** it sounds like Mozart (*b*) **on le dit mort,** he is reported (to be) dead **2.** (*a*) **d. à qn de faire qch,** to tell s.o. to do sth (*b*) **dites qu'on le fasse entrer,** tell them to show him in **3. d. des vers,** to recite poetry; **d. son chapelet,** to tell one's beads; **d. des bêtises,** to talk nonsense **4.** (*a*) to show, express; **d. l'heure,** to tell the time; **cela en dit long sur son courage,** it speaks volumes for his courage; **ce nom ne me dit rien,** the name doesn't ring a bell; **ça ne me dit rien de bon,** I don't like the look of it (*b*) to suit, to appeal to (s.o.); **cette musique ne me dit rien,** I don't care for this music; **si cela te dit,** if you feel like it **5.** (*a*) **vouloir d.,** to mean (*b*) **qu'est-ce à d.?** what does this mean? (*c*) **je lui ai fait d. de venir,** I sent for him; **il ne se le fit pas d. deux fois,** he didn't wait to be told twice (*d*) *F:* **je ne vous le fais pas d.,** I'm not telling you anything you don't know (already) (*e*) **faire d. qch par qn,** to send word of sth through s.o. (*f*) *with inf* **vous m'avez dit adorer la musique,** you told me you loved music.

dire[2] *nm* statement; assertion; **au d. de,** according to.

direct [dirɛkt] (*a*) *a* direct, straight; **personne directe,** straightforward person; **être en rapport d. avec qn,** to be in direct contact with s.o.; *Rail:* **train d.,** fast train (*b*) *nm* **émission en d.,** live broadcast; *Box:* **un d. du gauche,** a straight left. **directement** *adv* direct(ly), straight; **il est venu d. vers nous,** he came straight towards us; **d. contraire,** completely contrary.

directeur, -trice [dirɛktœr, -tris] **1.** *n* director, manager, manageress; headmaster, -mistress, principal (of school); editor (of paper); head (of firm); **(président-)d. général,** general manager; **d. gérant,** managing director **2.** *a* directing, controlling; guiding (principle); **idées directrices, lignes directrices,** guidelines.

direction [dirɛksjɔ̃] *nf* **1.** (*a*) guidance, direction; management (of firm); editorship (of newspaper); headship (of school); leadership (of party); **avoir la d. de,** to be in charge of (*b*) (i) board of directors (ii) administrative staff; management (*c*) (i) manager's office (ii) head office (of firm) **2.** direction, driving; *Aut: Nau:* steering; **d. assistée,** power (assisted) steering **3.** direction, course; **quelle d. ont-ils prise?** which way did they go? **train en d. de Bordeaux,** train for Bordeaux **4.** advice; guidance. **directorial, -aux** *a* directorial, managerial.

directive [dirɛktiv] *nf* directive.

dirigeable [diriʒabl] **1.** *a* dirigible **2.** *nm* airship.

diriger [diriʒe] *vtr* **(n. dirigeons) 1.** to direct, control, manage; to run (business, school); to edit (newspaper); to conduct (orchestra, proceedings) **2.** (*a*) to direct, guide, lead (sth, s.o.); to steer (car, ship) (*b*) **d. ses pas vers,** to go, to move, towards; **d. son attention sur qch,** to turn one's attention to sth (*c*) to aim (gun) **(sur,** at); to level, point (telescope) **(sur,** at) **3. se d.** (*a*) **se d. au radar,** to navigate by radar (*b*) **se diriger vers un endroit,** to make one's way towards a place; to head for a place (*c*) **se d. vers qn,** to go up to s.o. **dirigeant, -ante 1.** *a* directing, guiding (power, principle); ruling (class) **2.** *n* leader; ruler. **dirigé** *a* controlled; planned (economy).

dirigisme [diriʒism] *nm Pol:* state control.

discernement [disɛrnəmɑ̃] *nm* discernment, discrimination.

discerner [disɛrne] *vtr* (*a*) to discern, distinguish, make out (sth) (*b*) to discriminate (between sth and sth); **d. le bien du mal,** to tell right from wrong. **discernable** *a* discernible, visible.

disciple [disipl] *nm* disciple; follower.

discipline [disiplin] *nf* (*a*) discipline (*b*) subject.

discipliner [disipline] *vtr* to discipline; to control; **se d.,** to discipline oneself. **disciplinaire** *a* disciplinary. **discipliné** *a* disciplined.

disco [disko] *nf F:* disco; **aller en d.,** to go to a disco.

discontinuer [diskɔ̃tinɥe] *vi* **sans d.,** without stopping. **discontinu** *a* discontinuous.

discontinuité [diskɔtinɥite] *nf* discontinuity.

disconvenir [diskɔ̃vnir] *vi* (*conj like* VENIR; *aux* **avoir) je n'en disconviens pas,** I don't deny it.

discordance [diskɔrdɑ̃s] *nf* discordance, dissonance (of sounds); clash(ing) (of colours); conflict (of opinions); clash (of personalities). **discordant** *a* discordant, dissonant (sound); clashing (colours); conflicting (opinions).

discorde [diskɔrd] *nf* discord, dissension; **semer la d.,** to make trouble.

discothèque [diskɔtɛk] *nf* (*a*) record library (*b*) record collection (*c*) record cabinet (*d*) discothèque.

discourir [diskurir] *vi* (*conj like* COURIR) *usu Pej:* to discourse; to hold forth **(sur, de,** on).

discours [diskur] *nm* **1.** talk **2.** discourse **3.** speech, address **4.** *Gram:* **parties du d.,** parts of speech.

discourtois [diskurtwa] *a* discourteous.

discrédit [diskredi] *nm* discredit; disrepute.

discréditer [diskredite] *vtr* **1.** to disparage; to discredit **2. se d.,** to become discredited.

discret, -ète [diskrɛ, -ɛt] *a* (*a*) discreet, cautious; *Post:* **sous pli d.,** under plain cover (*b*) quiet, unobtrusive, unassuming; simple, plain (clothes); modest (request); quiet, secluded (place). **discrètement** *adv* discreetly; quietly, unobtrusively.

discrétion [diskresjɔ̃] *nf* **1.** discretion; **avoir de la d.,** to be discreet **2.** *adv phr* **à d.,** (i) at one's own discretion (ii) unconditionally; **vin à d.,** unlimited (amounts of) wine.

discrimination [diskriminasjɔ̃] *nf* discrimination. **discriminatoire** *a* discriminatory.

discriminer [diskrimine] *vtr* to discriminate.

disculper [diskylpe] **1.** *vtr* to exonerate **(de,** from) **2. se d.,** to exonerate oneself **(de,** from).

discussion [diskysjɔ̃] *nf* discussion, debate; **la question en d.,** the question at issue; **sans d. possible,** indisputably; **entrer en d. avec qn,** to enter into an argument with s.o; **pas de d.!,** no argument!

discuter [diskyte] **1.** *vtr* (*a*) to discuss, debate; to examine (a problem); **discutons la chose,** let's talk it over; *F:* **d. le coup,** to have a chat (*b*) to question, dispute **2.** *vi* **d. avec qn,** to argue with s.o.; **d. politique,** to discuss politics **3. ça se discute, ça peut se d.,** that's debatable. **discutable** *a* debatable, questionable. **discuté** *a* much discussed, much debated.

disette [dizɛt] *nf* scarcity, dearth; shortage.

diseur, -euse [dizœr, -øz] *n* **d., diseuse, de bonne aventure,** fortune teller.

disgrâce [disgrɑs] *nf* disfavour, disgrace.

disgracier [disgrasje] *vtr* to disgrace. **disgracié** *a* disgraced, out of favour.

disgracieux, -euse [disgrasjø, -øz] *a* **1.** awkward, ungraceful **2.** ungracious **3.** plain (face).

disjoindre [disʒwɛ̃dr] *vtr* (*conj like* JOINDRE) **1.** to separate **2. se d.,** to come apart. **disjoint** *a* separate; unrelated (questions).

disjoncteur [disʒɔ̃ktœr] *nm El:* circuit breaker.

dislocation [dislɔkasjɔ̃] *nf* dislocation.

disloquer [dislɔke] **1.** *vtr* to dislocate (limb); to break up (machine) **2. se d.,** to break up, to come apart; **son bras s'est disloqué,** he's dislocated his arm.

disparaître [disparɛtr] *vi* (*conj like* CONNAÎTRE) to disappear; to vanish; **le soleil a disparu à l'horizon,** the sun sank below the horizon; **faire d. une tache,** to remove a stain; **faire d. la douleur,** to relieve the pain; **cette mode disparaît,** this fashion is going out.

disparate [disparat] *a* (*a*) dissimilar (*b*) ill-matched; clashing (colours).

disparité [disparite] *nf* disparity.

disparition [disparisjɔ̃] *nf* disappearance.

disparu, -ue [dispary] **1.** *a* (*a*) missing; **être porté d.,** to be reported missing; **marin d. en mer,** sailor lost at sea (*b*) extinct (race); vanished (world) **2.** *n* missing person; **notre cher d.,** our dear departed.

dispendieux, -euse [dispɑ̃djø, -øz] *a* expensive, costly.

dispensaire [dispɑ̃sɛr] *nm* health centre.

dispense [dispɑ̃s] *nf (a)* exemption; **d. d'âge,** waiving of the age limit *(b) Ecc:* dispensation.

dispenser [dispɑ̃se] *vtr* **1.** to exempt (s.o. from sth); **dispensez-moi de ce voyage,** spare me this journey; **je vous dispense de vos commentaires,** I can do without your comments **2.** to dispense, distribute **3. se d. de qch, de faire qch,** to get out of (doing) sth.

disperser [dispɛrse] *vtr* **1.** to disperse, scatter; to spread; to break up (crowd) **2. se d.,** to disperse, scatter; *(of clouds, crowd)* to break up; **elle se disperse trop,** she tries to do too many things at once. **dispersé** *a* scattered (leaves); disorganized (work).

dispersion [dispɛrsjɔ̃] *nf* dispersion, scattering; breaking up.

disponibilité [disponibilite] *nf* **1.** availability (of seats) **2.** *pl (a)* available time *(b) Fin:* liquid assets. **disponible** *a* available; **êtes-vous d. ce soir?** are you free tonight?

dispos [dispo] *am* fit, well, in good form; **frais et d.,** refreshed.

disposer [dispoze] **1.** *vtr (a)* to dispose, arrange *(b)* **d. qn à faire qch,** to dispose, incline, s.o. to do sth **2.** *vi* **d. de qch,** to have sth at one's disposal; to make use of sth; **d. de qn,** to take advantage of s.o.; **disposez de moi,** I am at your service; **les renseignements dont je dispose,** the information in my possession; **vous pouvez en d.,** you may use it; **vous pouvez d.,** you may go **3. se d. à faire qch,** to get ready to do sth. **disposé** *a* **bien, mal, d.,** in a good, bad, mood; **bien d. envers,** well-disposed towards; **d. à faire qch,** prepared to do sth.

dispositif [dispozitif] *nm* **1.** *Jur:* purview, enacting terms **2.** plan of action; **d. de défence,** defence system; **d. policier,** police presence **3.** apparatus, device, mechanism; **d. de sûreté,** safety device.

disposition [dispozisjɔ̃] *nf* **1.** disposition; arrangement (of house); layout (of garden); **d. du terrain,** lie of the land **2.** *(a)* state (of mind); frame of mind; **être en bonne d. pour faire qch,** to be in the mood to do sth; **être dans de bonnes dispositions à l'égard de qn,** to be favourably disposed towards s.o. *(b)* predisposition, tendency *(c) pl* natural aptitude; **cet enfant a des dispositions,** he, she, is a (naturally) gifted child **3.** *pl (a)* arrangements; **prendre des dispositions,** to make arrangements *(b)* provisions (of will); clauses (of law) **4.** disposal; **libre d. de soi-même,** self-determination; **fonds à ma d.,** funds at my disposal; **je suis à votre d.,** I am at your service.

disproportion [disprɔpɔrsjɔ̃] *nf* disproportion. **disproportionné** *a* disproportionate (**à, avec,** to); out of proportion (**à, avec,** with).

dispute [dispyt] *nf* quarrel, argument.

disputer [dispyte] *vtr* **1.** *(a)* **d. qch,** to dispute, contest, sth; **d. un match,** to play a match; **d. qch à qn,** to fight, contend, with s.o. for sth *(b) F:* **d. qn,** to tell s.o. off; **se faire d.,** to get told off **2. se d.,** to quarrel, argue (**pour,** over, about; **avec,** with); *(of match)* to take place; **se d. qch,** to fight over sth.

disquaire [diskɛr] *nm* record dealer.

disqualification [diskalifikasjɔ̃] *nf* disqualification.

disqualifier [diskalifje] **1.** *vtr (a) Sp:* to disqualify *(b)* to discredit (s.o.) **2. se d.,** *Fig:* to become discredited.

disque [disk] *nm* **1.** *Sp:* discus **2.** *(a) Tchn:* disc, plate *(b) Rec:* record; **d. microsillon, de longue durée,** long-playing record, *F:* LP; **d. compact,** compact disc *(c) Anat:* **d. intervertébral,** (intervertebral) disc *(d) Cmptr:* disk; **d. dur, souple,** hard, floppy, disk.

disquette [diskɛt] *nf Cmptr:* (floppy) disk.

dissection [disɛksjɔ̃] *nf* dissection.

dissemblance [disɑ̃blɑ̃s] *nf* dissimilarity. **dissemblable** *a* dissimilar (**à,** to).

dissémination [diseminasjɔ̃] *nf* scattering, spreading; *Fig:* dissemination (of ideas).

disséminer [disemine] *vtr* to scatter (seeds); to spread (germs); to disseminate (ideas).

dissension [disɑ̃sjɔ̃] *nf* dissension, discord.

dissentiment [disɑ̃timɑ̃] *nm* disagreement.

disséquer [diseke] *vtr* (**je dissèque; je disséquerai**) to dissect.

dissertation [disɛrtasjɔ̃] *nf Sch:* essay.

disserter [disɛrte] *vi* to discourse (on a subject); to talk at length.

dissidence [disidɑ̃s] *nf* dissidence; dissent. **dissident, -ente 1.** *a* dissident, dissenting **2.** *n Pol:* dissident; *Ecc:* dissenter.

dissimilitude [disimilityd] *nf* dissimilarity.

dissimulation [disimylasjɔ̃] *nf* dissimulation; concealment. **dissimulateur, -trice 1.** *a* dissembling **2.** *n* dissembler.

dissimuler [disimyle] *vtr* **1.** to dissemble, dissimulate, conceal (feelings); **je ne vous dissimule pas qu'il en est ainsi,** I cannot hide the fact that it is like this **2. se d.,** to hide. **dissimulé** *a* secretive.

dissipation [disipasjɔ̃] *nf* **1.** *(a)* dissipation, dispersion (of clouds) *(b)* wasting (of time), squandering (of money) **2.** *(a) Lit:* dissipation, dissolute living *(b)* misbehaviour, inattention (in school).

dissiper [disipe] *vtr* **1.** *(a)* to disperse, scatter (clouds); to clear up (misunderstanding); to dispel (fears) *(b)* to waste (time); to squander (money); to ruin (health) *(c)* **d. qn,** to lead s.o. astray, to distract s.o. **2. se d.** *(a) (of suspicions)* to vanish; *(of fog)* to lift, to clear; *(of doubts)* to fade *(b)* to be inattentive, to misbehave (in school). **dissipé** *a (a)* dissolute *(b)* inattentive (pupil, etc).

dissociation [disɔsjasjɔ̃] *nf* dissociation.

dissocier [disɔsje] *vtr* to dissociate; to separate. **dissociable** *a* dissociable, separable.

dissolu [disɔly] *a* dissolute.

dissolution [disɔlysjɔ̃] *nf* **1.** disintegration, dissolution **2.** dissolving **3.** dissolution (of parliament); breaking up (of meeting).

dissolvant [disɔlvɑ̃] *a & nm* solvent; **d. (pour ongles),** nail varnish remover.

dissonance [disɔnɑ̃s] *nf* **1.** dissonance **2.** *Mus:* discord. **dissonant** *a* dissonant, discordant.

dissoudre [disudr] *vtr (prp* **dissolvant;** *pp* **dissous,** *f* **dissoute;** *pr ind* **je dissous, il dissout;** *impf* **je dissolvais) 1.** to dissolve; to melt (substance) in a liquid **2.** to dissolve (parliament); to break up; to dissolve (partnership) **3. se d.** *(a)* **se d. dans l'eau,** to dissolve in water *(b) (of assembly)* to break up.

dissuader [disɥade] *vtr* **d. qn de qch, de faire qch,** to dissuade s.o. from (doing) sth.

dissuasion [disɥazjɔ̃] *nf* dissuasion; **force de d.,** (nuclear) deterrent. **dissuasif, -ive** *a* deterrent (effect); *Fig:* **être d.,** to be a deterrent.

dissymétrie [disimetri] *nf* dissymmetry. **dissymétrique** *a* dissymetrical.

distance [distɑ̃s] *nf* distance; **suivre qn à d.,** to follow s.o. at a distance; **à quelle d. sommes-nous de la ville?** how far are we from the town? **à une courte d.,** within easy reach (**de,** of); **à une grande d.,** far away (**de,** from); **à dix ans de d. il s'en souvient encore,** ten years later he can still remember it; **de d. en d.,** at intervals; **tenir qn à d.,** to keep s.o. at a distance; **garder ses distances, se tenir à d.,** to keep one's distance; to keep aloof; **d. focale,** focal length. **distant** *a* (*a*) distant; **maisons distantes d'un kilomètre,** (i) houses one kilometre away (ii) houses one kilometre apart (*b*) distant, aloof.

distancer [distɑ̃se] *vtr* (**n. distançons**) to outdistance, outrun, outstrip; **se laisser d.,** to fall behind.

distendre [distɑ̃dr] *vtr* **1.** to distend **2.** to strain (muscle) **3. se d.,** to become distended; to slacken.

distension [distɑ̃sjɔ̃] *nf* distension; slackening.

distillateur [distilatœr] *nm* distiller.

distillation [distilasjɔ̃] *nf* distillation, distilling.

distiller [distile] *vtr* **1.** to exude (poison, moisture, anger) **2.** to distil (spirits).

distillerie [distilri] *nf* (*a*) distillery (*b*) distilling.

distinction [distɛ̃ksjɔ̃] *nf* **1.** distinction; **faire la d. entre deux choses,** to distinguish between two things; **sans d.,** indiscriminately **2.** (*a*) distinction, honour (*b*) decoration **3.** distinction, eminence. **distinct** *a* (*a*) distinct, separate (**de,** from) (*b*) clear, distinct. **distinctement** *adv* distinctly. **distinctif, -ive** *a* distinctive.

distinguer [distɛ̃ge] *vtr* **1.** to distinguish; to mark (off), characterize **2.** to honour **3. d. entre deux choses,** to distinguish between two things; **d. qch de qch,** to distinguish, to tell, sth from sth **4.** to discern; to make out (features); **il fait trop noir pour bien d.,** it's too dark to see clearly **5. se d.** (*a*) to distinguish oneself (*b*) **se d. des autres,** to be distinguishable from others (*c*) to be noticeable, conspicuous; to stand out. **distinguable** *a* distinguishable. **distingué** *a* distinguished; *Corr:* **veuillez agréer mes sentiments distingués,** yours faithfully.

distorsion [distɔrsjɔ̃] *nf* distortion; imbalance.

distraction [distraksjɔ̃] *nf* **1.** absent-mindedness **2.** diversion, amusement, distraction.

distraire [distrɛr] *vtr* (*conj like* TRAIRE) **1. d. qn (de),** to distract s.o. (from) **2.** to divert, entertain, amuse **3. se d.,** to amuse oneself, to enjoy oneself. **distrait** *a* absent-minded; inattentive, abstracted. **distraitement** *adv* absentmindedly, abstractedly. **distrayant** *a* entertaining.

distribuer [distribɥe] *vtr* to distribute, hand out (orders, prizes); to supply (water); to deal (out) (cards); to deliver (letters); *Th:* **d. les rôles,** to assign, cast, the parts (in a play); to cast a play.

distributeur, -trice [distribytœr, -tris] **1.** *n* distributor **2.** *nm Tchn:* distributor; *Aut:* alternator; **d. automatique,** vending machine; **d. de billets,** (i) ticket machine (ii) cash dispenser.

distribution [distribysjɔ̃] *nf* (*a*) distribution; allotment (of duties); issue (of rations); delivery (of letters); arrangement (of furniture); *Com:* handling; *ICE: Aut:* distribution; *Sch:* **d. des prix,** prize giving (*b*) *Th:* cast; casting (*c*) **d. des eaux,** water supply.

district [distrik(t)] *nm* district.

dit [di] *a* (*a*) settled, fixed; **prendre qch pour d.,** to take sth for granted; **à l'heure dite,** at the appointed time (*b*) (so-)called; **la zone dite tempérée,** the so-called temperate zone.

dithyrambique [ditirɑ̃bik] *a* eulogistic.

diurétique [djyretik] *a & nm Med:* diuretic.

diurne [djyrn] *a* diurnal.

divagation [divagasjɔ̃] *nf* raving, rambling.

divaguer [divage] *vi* to rave, to ramble.

divan [divɑ̃] *nm* divan; couch.

divergence [divɛrʒɑ̃s] *nf* divergence. **divergent** *a* diverging, divergent.

diverger [divɛrʒe] *vi* (**n. divergeons**) to diverge (**de,** from).

divers [divɛr] *a pl* (*a*) diverse, varied; **opinions très diverses,** very different opinions; **(frais) d.,** sundry expenses; *Journ:* **faits d.,** news items (*b*) *indef adj always preceding the n* various; sundry; **en diverses occasions,** on various occasions. **diversement** *adv* in various ways.

diversifier [divɛrsifje] (*pr sub & impf* **n. diversifiions**) *vtr* **1.** to diversify, vary **2. se d.,** to change; to vary.

diversion [divɛrsjɔ̃] *nf* diversion; change.

diversité [divɛrsite] *nf* diversity; variety.

divertir [divɛrtir] *vtr* **1.** (*a*) *A:* to divert (attention) (*b*) to misappropriate (funds) **2.** to divert, entertain, amuse **3. se d.,** to amuse oneself, to enjoy oneself. **divertissant** *a* entertaining.

divertissement [divɛrtismɑ̃] *nm* **1.** misappropriation (of funds) **2.** (*a*) entertainment, amusement; recreation (*b*) *Mus:* divertimento.

dividende [dividɑ̃d] *nm* dividend.

divinité [divinite] *nf* divinity. **divin** *a* divine; holy; sacred. **divinement** *adv* divinely.

diviser [divize] *vtr* **1.** to divide; to share (out); to part, separate; **d. pour régner,** divide and rule **2. se d.,** to divide, to break up (**en,** into). **divisible** *a* divisible.

diviseur [divizœr] *nm Mth:* divisor.

division [divizjɔ̃] *nf* **1.** division; partition; *Mth:* division; **d. du travail,** division of labour **2.** discord; disagreement.

divorce [divɔrs] *nm* divorce.

divorcer [divɔrse] *vi* (**je divorçai(s)**) to get divorced; **d. d'avec qn,** to divorce s.o. **divorcé, -ée 1.** *a* divorced (**d'avec,** from) **2.** *n* divorcee.

divulguer [divylge] *vtr* to divulge, disclose, reveal.

dix [di, dis, diz] *num a inv & nm inv* **1.** *card a* (*at the end of the word group* [dis]; *before n or adj beginning with a vowel sound* [diz]; *before n or adj beginning with a consonant* [di]) ten; **il est dix heures** [dizœr], it's ten o'clock; **j'en ai dix** [dis], I have ten **2.** *nm inv* (*usu* [dis]) (*a*) **dix et demi,** ten and a half (*b*) (*ordinal uses*) **le d. mai** [lədimɛ] the tenth of May; **le numéro d.,** number ten. **dixième** *num a & nm & f* tenth.

dix-huit [dizɥi(t)] *num a & nm inv* **1.** eighteen **2. le dix-huit mai,** the eighteenth of May. **dix-huitième** *num a & nm & f* eighteenth.

dix-neuf [diznœf] *num a & nm inv* **1.** nineteen **2. le dix-neuf mai,** the nineteenth of May. **dix-neuvième** *nm a & nm & f* nineteenth.

dix-sept [dis(s)ɛt] *num a & nm inv* **1.** seventeen **2. le dix-sept mai,** the seventeenth of May. **dix-septième** *num a & nm & f* seventeenth.

dizaine [dizɛn] *nf* (about) ten; **une d. de personnes,** about ten people.

do [do] *nf inv Mus:* **1.** (*the note*) C **2.** (*in tonic sol-fa*) doh.

docilité [dɔsilite] *nf* docility. **docile** *a* docile. **docilement** *adv* submissively, docilely.

dock [dɔk] *nm* (*a*) *Nau:* dock; dockyard (*b*) *Com:* warehouse.

docker [dɔkɛr] *nm* docker.

docteur [dɔktœr] *nm* **1. d. (en médecine),** doctor (of medicine), MD; **leur fille est d.,** their daughter is a doctor; **le d. Thomas,** Dr Thomas **2.** *Sch:* **d. ès lettres** = Doctor of Literature.

doctorat [dɔktɔra] *nm* doctorate = PhD (**ès, en,** ...).

doctoresse [dɔktɔrɛs] *nf* woman doctor.

doctrine [dɔktrin] *nf* doctrine, tenet. **doctrinaire 1.** *a* doctrinaire **2.** *nm* doctrinarian. **doctrinal, -aux** *a* doctrinal.

document [dɔkymɑ̃] *nm* document. **documentaire 1.** *a* documentary **2.** *nm Cin:* documentary.

documentaliste [dɔkymɑ̃talist] *n* information officer.

documentation [dɔkymɑ̃tasjɔ̃] *nf* documentation; *Com:* literature; information.

documenter [dɔkymɑ̃te] *vtr* **1. d. qn,** to brief s.o. **2. se d.,** to gather material (for book). **documenté** *a* well-informed, well-documented.

dodeliner [dɔdline] *vi* **d. de la tête,** to nod one's head.

dodo [dodo] *nm* (*child's word*) bye-byes; **aller au d.,** to go to bye-byes; **faire d.,** to sleep.

dodu [dɔdy] *a* plump; chubby.

doge [dɔʒ] *nm Hist:* doge.

dogme [dɔgm] *nm* dogma. **dogmatique** *a* dogmatic.

dogue [dɔg] *nm* mastiff.

doigt [dwa] *nm* (*a*) finger; **mon petit d. me l'a dit,** a little bird told me so; **il n'a pas levé le d.,** he didn't lift a finger; **promener ses doigts sur qch,** to finger, feel, sth; **avoir des doigts de fée,** to have nimble fingers; **montrer qch du d.,** to point (to sth); **mettre le d. dans l'engrenage,** to get involved in sth; **vous avez mis le d. dessus,** you've hit the nail on the head; **savoir qch sur le bout du d.,** to have sth at one's fingertips (*b*) finger's breadth; **un d. de cognac,** a spot of brandy; **être à deux doigts de,** to be within an ace of (*c*) **d. de pied,** toe.

doigté [dwate] *nm* **1.** *Mus:* fingering **2.** touch. **3.** tact.

doigtier [dwatje] *nm* fingerstall.

doléances [dɔleɑ̃s] *nfpl* complaints; grievances.

dollar [dɔlar] *nm* dollar.

domaine [dɔmɛn] *nm* **1.** domain; estate, property; **d. public,** public property; (*of book, etc*) **tomber dans le d. public,** to be out of copyright **2.** field, scope, sphere.

dôme [dom] *nm* (*a*) *Arch:* dome, cupola (*b*) *Lit:* canopy (of trees).

domesticité [dɔmɛstisite] *nf coll* domestic staff; household. **domestique 1.** *a* domestic; household **2.** *n* (domestic) servant.

domestiquer [dɔmɛstike] *vtr* to domesticate (animal); to harness (atomic energy).

domicile [dɔmisil] *nm* (place of) residence; home; *Jur:* abode; **sans d. fixe,** of no fixed address; **à d.,** at home; **travailleur à d.,** homeworker; **livrer à d.,** to deliver (to the house); **franco à d.,** carriage paid.

domiciliation [dɔmisiljasjɔ̃] *nf Com:* domiciliation.

domicilier [dɔmisilje] *vtr* (*pr sub & impf* **n. domiciliions**) *Com:* to domicile (bill at bank). **domicilié** *a* resident (**à,** at).

domination [dɔminasjɔ̃] *nf* domination, rule; (moral) influence; **d. de soi-même,** self-control. **dominateur, -trice** *a* dominating, ruling; domineering.

dominer [dɔmine] **1.** *vi* to dominate; **couleur qui domine,** predominating colour **2.** *vtr* (*a*) to dominate; to rule; to master, overcome (shyness); **sa voix dominait toutes les autres,** his voice rose above all others; *Sp:* **d. la partie,** to have the best of the game (*b*) to tower above (sth); to overlook **3. se d.,** to control oneself. **dominant 1.** *a* dominating, dominant, ruling; prevailing; outstanding **2.** *nf* **dominante** (*a*) *Mus:* dominant (*b*) chief characteristic.

dominicain, -aine [dɔminikɛ̃, -ɛn] *a & n* **1.** *Ecc:* dominican **2.** *Geog:* Dominican; **la République Dominicaine,** the Dominican Republic.

dominical, -aux [dɔminikal, -o] *a* **promenade dominicale,** Sunday walk; **repos d.,** Sunday rest.

domino [dɔmino] *nm* domino.

dommage [dɔmaʒ] *nm* **1.** (*a*) damage, injury (*b*) **quel d.!** what a pity! what a shame! **2.** *usu pl* (*a*) damage (to property) (*b*) *Jur:* **dommages et intérêts, dommages-intérêts,** damages.

domptage [dɔ̃taʒ] *nm* taming (of animals).

dompter [dɔ̃te] *vtr* to tame (animal); to break in (horse); to subdue, overcome (one's feelings). **domptable** *a* tamable.

dompteur, -euse [dɔ̃tœr, -øz] *n* tamer, trainer; **d. de chevaux,** horsebreaker.

DOM(TOM) *abbr Départements* (*et territoires*) *d'outre-mer.*

don [dɔ̃] *nm* **1.** giving; **le d. du sang,** (the) giving of blood **2.** (*a*) gift, present; donation; **faire d. de,** to give (*b*) gift, talent.

donataire [dɔnatɛr] *n Jur:* donee.

donateur, -trice [dɔnatœr, -tris] *n* donor.

donation [dɔnasjɔ̃] *nf* donation, gift.

donc 1. *conj* [dɔ̃k] therefore, hence, consequently, so **2.** *adv* [dɔ̃, *but in oratory often* dɔ̃k] (*a*) (*emphatic*) **te voilà d. de retour,** so you're back; **mais taisez-vous d.!** do be quiet! **allons d.!** nonsense! come on! **comment d.?** how do you mean? **pensez d.!** (i) just think! (ii) that's what you think! (*b*) (*after interruption or digression*) **d.** [dɔ̃k] **pour en revenir à notre sujet,** so, to come back to our subject.

donjon [dɔ̃ʒɔ̃] *nm* keep (of castle).

donnant [dɔnɑ̃] *a* **d. d.,** give and take; tit for tat.

donne [dɔn] *nf Cards:* deal; **fausse d.,** misdeal.

donnée [dɔne] *nf* **1.** datum, given information **2.** *pl* data; facts.

donner [dɔne] **1.** *vtr* (*a*) to give; **d. un bal,** to give a ball; *abs* **d. aux pauvres,** to give to the poor; **d. des conseils,** to give advice; **d. à boire à qn,** to give s.o. something to drink; **cela me donne à croire que,** it leads me to believe that; **je vous le donne en mille,** you'll never guess; **il n'est pas donné à tout le monde d'être écrivain,** it isn't given to everyone to be a writer; **d. du sang,** to give blood (*b*) **d. à qn qch à garder,** to entrust s.o. with sth; **d. qch à réparer,** to take sth to be repaired; **d. la main à qn,** to shake hands with s.o. (*c*) **d. les cartes,** to deal the cards (*d*) to provide, furnish; (*of crops*) to yield; to furnish (proof); **d. du souci,** to cause anxiety; **cela donne à réfléchir,** this gives food for thought; **d. un bon exemple,** to set a good example; **qu'est-ce qu'on donne au cinéma?** what's on at the cinema? *F:* **ça n'a rien donné,** nothing came of it; it didn't work out (*e*) **d. faim à qn,** to make s.o. hungry (*f*) to attribute (sth to s.o.); **je lui donne trente ans,** I reckon she's about thirty; **d. raison à qn,** to agree with s.o. **2.** *vi* (*a*) **fenêtre qui donne sur la cour,** window that looks out on the yard; **la porte donne sur le jardin,** the door leads out into the garden; **le soleil donne dans la pièce,** the sun is shining into the room (*b*) **d. de la tête contre qch,** to knock one's head against sth; *F:* **il ne sait pas où d. de la tête,** he doesn't know which way to turn; **d. dans le piège,** *F:* **dans le panneau,** to fall into the trap (*c*) (*of material*) to stretch; to give **3. se d.** (*a*) to devote oneself (**à,** to); **se d. des airs,** to give oneself airs (*b*) *Hamlet* **se donne ce soir,** they are playing *Hamlet* tonight (*c*) **se d. du souci,** to worry; **se d. du mal,** (i) to work hard (ii) to take (great) trouble (over sth); **s'en d. à cœur joie,** to have a whale of a time, to enjoy oneself to the full. **donné** *a & pp* given; fixed; **étant d. la situation,** in view of, considering, the situation; **étant d. qu'il est mineur,** since he is under age; **à un moment d.,** at some stage; *F:* **c'est d.,** it's dirt cheap.

donneur, -euse [dɔnœr, -øz] *n* (*a*) giver; donor; *Med:* donor; **d. de sang,** blood donor (*b*) *Cards:* dealer (*c*) *P:* (police) informer; squealer.

dont [dɔ̃] *rel pron* (= **de qui, duquel, desquels,** etc) (*a*) from, by, with, whom or which; **la famille d. je suis descendu,** the family from which I am descended; **la femme d. il est amoureux,** the woman he is in love with; **la façon d. il me regardait,** the way he looked at me (*b*) whom, which; **le livre d. j'ai besoin,** the book (that) I want; **voici ce d. il s'agit,** this is what it's all about (*c*) whose; **la dame d. je connais le fils,** the lady whose son I know; **la chambre d. la porte est fermée,** the room with the closed door (*d*) **quelques-uns étaient là, d. votre frère,** there were a few people there, including your brother.

doping [dɔpiŋ] *nm,* **dopage** [dɔpaʒ] *nm* doping.

doper [dɔpe] *vtr* **1.** to dope (racehorse) **2. se d.,** to dope oneself.

dorénavant [dɔrenavɑ̃] *adv* henceforth, from now on.

dorer [dɔre] *vtr* **1.** to gild; *Fig:* **d. la pilule,** to sugar the pill **2.** *Cu:* to glaze (cake); to brown (meat) **3. se d. au soleil,** to sunbathe. **doré** *a* gilded; gilt; golden (hair).

dorique [dɔrik] *a Arch:* Doric.

dorloter [dɔrlɔte] *vtr* to pamper, to coddle.

dormeur, -euse [dɔrmœr, -øz] *n* sleeper.

dormir [dɔrmir] *vi* (*prp* **dormant;** *pr. ind* **je dors**) **1.** to sleep; to be asleep; **d. profondément,** to be fast asleep; **d. d'un sommeil léger,** to be a light sleeper; **le café m'empêche de d.,** coffee keeps me awake; **d. trop longtemps,** to oversleep; **d. comme un loir,** to sleep like a log; **ne d. que d'un œil,** to sleep with one eye open; **vous pouvez d. sur les deux oreilles,** (you can) rest assured; **avoir envie de d.,** to feel sleepy; **il dort debout,** he can't keep his eyes open; **une histoire à d. debout,** a cock-and-bull story **2.** to remain inactive; to lie dormant; **eau qui dort,** stagnant, still, water. **dormant 1.** *a* still (water); fixed (frame) **2.** *nm* frame (of door, window).

dorsal, -aux [dɔrsal, -o] *a* dorsal.

dortoir [dɔrtwar] *nm* dormitory; **cité-d., ville-d.,** dormitory town.

dorure [dɔryr] *nf* **1.** gilding **2.** gilt, gilding.

doryphore [dɔrifɔr] *nm Ent:* Colorado beetle.

dos [do] *nm* **1.** back; **avoir le d. voûté,** to be round-shouldered; **vu de d.,** seen from behind, from the back; **robe décolletée dans le d.,** low-backed dress; **il me tombe toujours sur le d.,** he's always jumping down my throat; (*of cat*) **faire le gros d.,** to arch its back; **voyager à d. d'âne,** to travel on a donkey; **d. à d.,** back to back; **je n'ai rien à me mettre sur le d.,** I haven't a thing to wear; *Fig:* **mettre un crime sur le d. de qn,** to pin a crime on s.o.; *F:* **avoir qn sur le d.,** to be saddled with s.o.; **il a bon d.,** he can take the strain; *F:* **j'en ai plein le d.,** I'm fed up with it **2.** back (of chair); **voir au d.,** (please) turn over.

dosage [dozaʒ] *nm* measuring out (of dose); **faire le d. de,** to measure out.

dose [doz] *nf* dose (of medicine); **par petites doses,** in small quantities; **forcer la d.,** to overdo it.

doser [doze] *vtr* to measure out.

doseur [dozœr] *nm* measure; **bouchon d.,** measuring cap.

dossard [dɔsar] *nm Sp:* number (on a runner's back).

dossier [dosje] *nm* **1.** back (of seat) **2.** (*a*) documents, file; record (*b*) folder, file.

dot [dɔt] *nf* dowry.

dotation [dɔtasjɔ̃] *nf* endowment.

doter [dɔte] *vtr* (*a*) to provide with a dowry (*b*) to endow (hospital) (*c*) *Ind:* **d. une usine d'un matériel neuf,** to equip a factory with new plant.

douairière [dwɛrjɛr] *nf* dowager.

douane [dwan] *nf Adm:* customs; **passer à la d.,** to go through customs; **marchandises en d.,** bonded goods; **(bureau de) d.,** customs house. **douanier, -ière 1.** *a* **tarif d.,** customs tariff; **union douanière,** customs union **2.** *nm* customs officer.

doublage [dublaʒ] *nm* doubling; *Cin:* dubbing.

double [dubl] **1.** *a* double, twofold; **valise à d. fond,** suitcase with a false bottom; **mot à d. sens,** ambiguous word; **jouer un d. jeu,** to play a double game; **faire qch en d. exemplaire,** to make two copies of sth; **faire coup d.,** to kill two birds with one stone; **le prix est d. de ce qu'il était,** the price is twice what it was; **fermer à d. tour,** to double-lock; **à d. usage,** dual-purpose **2.** *adv* **voir d.,** to see double **3.** *nm* (*a*) double; **ça ma coûté le d.,** it cost me twice as much; *Ten:* **d. mixte,** mixed doubles (*b*) duplicate, counterpart; copy. **doublement 1.** *adv* doubly **2.** *nm* doubling; *Aut:* overtaking.

double-commande [dubləkɔmɑ̃d] *nf Av: Aut:* dual controls; *pl doubles-commandes.*

double-décimètre [dubladesimetr] *nm* = ruler, foot rule; *pl doubles-décimètres.*

doubler [duble] **1.** *vtr* (*a*) to double (size, amount) (*b*) to fold in two; to double; *Th:* to understudy; *Cin:* to stand in for (s.o.); *Nau:* **d. un cap,** to round a cape; **d. le pas,** to quicken one's pace; **d. une voiture,** *vi* **d.,** to overtake (a car); *Aut:* **défense de d.,** no overtaking, *NAm:* no passing (*c*) to line (coat) (*d*) *Cin:* to dub (film) **2.** *vi* to double, to increase twofold **3. se d. de,** to be coupled with.

doublure [dublyr] *nf* **1.** lining (of garment) **2.** *Th:* understudy; *Cin:* stand-in; *occ* stuntman.

douce *see* **doux.**

douceur [dusœr] *nf* **1.** (*a*) sweetness (of honey, etc) (*b*) *pl* sweet things, sweets; **aimer les douceurs,** to have a sweet tooth **2.** softness; mildness (of climate) **3.** pleasantness; **les douceurs de l'amitié,** the pleasures of friendship **4.** gentleness; sweetness (of smile); **en d.,** gently; **démarrer en d.,** to start smoothly. **douceâtre** *a* sickly sweet. **doucereux, -euse** *a* sickly (sweet); smooth(-tongued) (pers); sugary (voice).

douche [duʃ] *nf* (*a*) shower; **d. écossaise,** succession of good and bad news; ups and downs (*b*) soaking, drenching; **d. (froide),** let-down (*c*) shower unit.

doucher [duʃe] *vtr* to give (s.o.) a shower; **se d.,** to take a shower.

doué [dwe] *a* gifted; **être d. pour,** to have a gift for.

douille [duj] *nf* (*a*) lamp socket (of electric lightbulb) (*b*) case (of cartridge).

douillet, -ette [dujɛ, -jɛt] *a* (*a*) cosy (bed) (*b*) (*pers*) soft; over-sensitive. **douillettement** *adv* softly, delicately; **élever d.,** to coddle (s.o.).

douleur [dulœr] *nf* **1.** pain, ache **2.** sorrow, grief. **douloureux, -euse** *a* **1.** painful; aching; sore **2.** sad, distressing. **douloureusement** *adv* painfully; distressingly.

doute [dut] *nm* doubt, uncertainty, misgiving; **mettre en d.,** to cast doubt on; **être dans le d.,** to be doubtful (**sur,** about); **cela ne fait plus aucun d.,** there is no longer any doubt about it; **sans d.,** no doubt, probably; **sans aucun d.,** without a doubt.

douter [dute] **1.** *vi* to doubt; **d. du zèle de qn,** to doubt, to question, s.o.'s enthusiasm; **j'en doute,** I doubt it; **d. que** + *sub,* to doubt whether, that **2. se d. de qch,** to suspect sth; **je m'en doutais (bien),** I thought as much; **je m'en doute,** I can well believe it; **je ne me doutais pas qu'il fût là,** I had no idea that he was there. **douteux, -euse** *a* doubtful, uncertain, questionable; dubious (company).

douves [duv] *nfpl* moat (of castle).

Douvres [duvr] *Prnf Geog:* Dover.

doux, douce [du, dus] *a* (*a*) sweet; smooth, soft; **eau douce,** (i) fresh (ii) soft, water (*b*) pleasant, agreeable (feeling) (*c*) gentle; mild (climate); soft (light); gentle (slope) (*d*) gentle; meek (nature) (*e*) *adv* **tout d.!** gently! *F:* **filer d.,** to give in; **en douce,** discreetly, on the quiet. **doucement** *adv* gently, softly; smoothly; **allez-y d.!** gently does it!

douzaine [duzɛn] *nf* dozen; **une d. de personnes,** about a dozen people; **à la d.,** by the dozen.

douze [duz] *num a inv & nm inv* twelve; **le d. mai,** the twelfth of May. **douzième** *num a & n* twelfth. **douzièmement** *adv* twelfthly, in the twelfth place.

doyen, -enne [dwajɛ̃, -ɛn] *n* **1.** (*a*) *Ecc: Sch:* dean (*b*) doyen (of diplomatic corps) **2.** senior; **d. d'âge,** oldest person.

Dr *abbr Docteur.*

draconien, -ienne [drakɔnjɛ̃, -jɛn] *a* Draconian, harsh, drastic (measures).

dragée [draʒe] *nf* sugar(ed) almond; **tenir la d. haute à qn,** to stand up to s.o. **dragéifié** *a* sugar-coated.

dragon [dragɔ̃] *nm* **1.** dragon **2.** *Mil:* dragoon.

drague [drag] *nf* dredger; *Fish:* dredge, dragnet.

draguer [drage] *vtr* **1.** to dredge **2.** to drag (pond); to sweep (channel) **3.** *vtr & i P:* to try and pick up; to chat up, *NAm:* to smooth-talk.

dragueur [dragœr] *nm* **1.** dredger; **d. de mines,** minesweeper **2.** *P:* (*pers*) skirt chaser.

drain [drɛ̃] *nm* drain(pipe).

drainage [drɛnaʒ] *nm* drainage.

drainer [drene] *vtr* to drain (soil, abscess).

dramatisation [dramatizasjɔ̃] *nf* dramatization.

dramatiser [dramatize] *vtr* to dramatize.

dramaturge [dramatyrʒ] *n* dramatist, playwright.

drame [dram] *nm* **1.** (*a*) (*literary genre*) drama (*b*) play (of a serious nature); tragedy **2.** tragedy; **il ne faut pas en faire un d.,** there's no need to dramatize it. **dramatique 1.** *a* dramatic; tragic; **auteur d.,** playwright **2.** *nf* television play. **dramatiquement** *adv* dramatically; tragically.

drap [dra] *nm* **1.** sheet; **d. de dessous, dessus,** bottom, top, sheet; **être dans de beaux draps,** to be in a fine mess **2. d. de bain,** bath towel.

drapeau, -eaux [drapo] *nm* flag; *Mil:* colour; **être sous les drapeaux,** to serve in the (armed) forces.

draper [drape] *vtr* to drape (**de,** with); **se d.,** to drape oneself (**dans, de,** in); **se d. dans sa dignité,** to stand on one's dignity.

draperie [drapri] *nf* drapery.

drapier, -ière [drapje, -jɛr] *n* draper; cloth manufacturer.

dressage [drɛsaʒ] *nm* training.

dresser [drɛse] *vtr* **1.** to erect, put up (monument); to put up (ladder); to set (trap); to pitch (tent); **d. les oreilles,** to prick up one's ears **2.** to prepare, to draw up (plan, report, list) **3. d. qn contre qn,** to set s.o. against s.o. **4.** (*a*) to train (animal); to break in (horse) (*b*) *F:* to discipline (s.o.); **ça le dressera!** that'll teach him! **5. se d.** (*a*) to stand up, rise; to sit up, straighten up; **se d. sur la pointe des pieds,** to stand on tiptoe; **ses cheveux se dressaient,** his hair stood on end (*b*) **se d. contre qch,** to rise up against sth.

dresseur, -euse [drɛsœr, -øz] *n* trainer; **d. de fauves,** wild animal tamer.

dressoir [drɛswar] *nm* dresser, sideboard.

dribbler [drible] *vtr Fb:* to dribble.

dribbleur [driblœr] *nm Fb:* dribbler.

drille [drij] *nm F:* **un joyeux d.,** a cheerful character.

drogue [drɔg] *nf* (*a*) drug (*b*) **la d.,** drugs, dope.

drogué, -ée [drɔge] *n* drug addict.

droguer [drɔge] *vtr* **1.** (*a*) to dose (with medicine) (*b*) to drug (victim) **2. se d.,** to take drugs; **il se drogue,** he's a drug addict.

droguerie [drɔgri] *nf* (*a*) = hardware store (*b*) = hardware trade.

droguiste [drɔgist] *nm* owner of a *droguerie*.

droit¹, droite [drwa, drwat] **1.** *a* (*a*) straight, upright; **se tenir d.,** to stand up straight, to sit up straight; **angle d.,** right angle (*b*) direct, straight; **ligne droite,** *nf* **droite,** straight line; **en ligne droite,** as the crow flies (*c*) upright, honest (pers) (*d*) right (hand, side); **être le bras d. de qn,** to be s.o.'s right-hand man **2.** *adv* (in a) straight (line), directly; **c'est d. devant vous, c'est tout d.,** it's straight ahead (of you) **3.** *nf* **la droite,** the right, the right(-hand) side; *Pol:* the right (wing); **de droite,** right-hand (window, etc); *Pol:* right-wing (candidate, etc); *Aut:* **rouler à d.,** to drive on the right; **tenir la droite,** to keep to the right.

droit² *nm* **1.** right; **droits civils,** civil rights; **d. d'aînesse,** birthright; **d. d'auteur,** copyright; **avoir d. à qch,** to have a right to sth; *F: Iron:* **il a eu d. à une bonne fessée,** he earned himself a good spanking; **avoir le d. de faire qch,** to be entitled to do sth; to be allowed to do sth; **à bon d.,** with good reason; **de quel d. est-il entré?** what right had he to come in? **2.** charge, fee, due; **droits d'auteur,** royalties; **d. de douane,** duty; **d. d'entrée,** entrance fee **3.** law; **faire son d.,** to study law.

droitier, -ière [drwatje, -jɛr] **1.** *a* right-handed **2.** right-handed person.

droiture [drwatyr] *nf* uprightness.

drôle [drol] *a* (*a*) funny, amusing (*b*) strange, funny, odd; *F:* **se sentir tout d.,** to feel peculiar (*c*) *F:* **un d. de type,** a funny chap; **quelle d. d'idée!** what a funny idea! (*intensive*) **il faut une d. de patience,** it needs a hell of a lot of patience (*d*) *adv P:* **ça m'a fait tout d.,** it gave me an odd feeling. **drôlement** *adv* funnily; strangely; *F:* excessively, awfully; **il fait d. froid,** it's terribly cold.

drôlerie [drolri] *nf* funny remark.

dromadaire [drɔmadɛr] *nm Z:* dromedary.

dru [dry] **1.** *a* thick, dense (grass, hair); heavy (rain) **2.** *adv* thickly, heavily; **tomber d.,** to fall thick and fast; **pousser d.,** to grow thick(ly).

druide [drɥid] *nm* druid.

du [dy] = **de le;** *see* **de** *and* **le.**

dû, due [dy] **1.** *a* (*a*) due; owing; **d. à,** due to, caused by; **en port dû,** carriage forward (*b*) proper; **en bonne et due forme,** in due form **2.** *nm* due; **à chacun son dû,** give the devil his due. **dûment** *adv* duly.

dualité [dɥalite] *nf* duality.

dubitatif, -ive [dybitatif, -iv] *a* dubious.

duc [dyk] *nm* duke. **ducal, -aux** *a* ducal.

duché [dyʃe] *nm* duchy, dukedom.

duchesse [dyʃɛs] *nf* duchess.

duel [dɥɛl] *nm* duel; **se battre en d.,** to fight a duel.

duelliste [dɥelist] *nm* duellist.

dune [dyn] *nf* (sand) dune.

Dunkerque [dœ̃kɛrk] *Prnf Geog:* Dunkirk.

duo [dɥo] *nm Mus:* duet.

duodénum [dɥɔdenɔm] *nm Anat:* duodenum.

dupe [dyp] *nf* dupe, *F:* sucker; *a* **je ne suis pas d.,** I'm not taken in by it; **d. de,** fooled by, duped by.

duper [dype] *vtr* to dupe, to deceive, to fool (s.o.); **se d.,** to deceive oneself.

duperie [dypri] *nf* deception.

duplex [dyplɛks] (*a*) *a inv & nm WTel: TV:* **(émission en) d.,** link-up (*b*) *nm* split-level flat, *NAm:* duplex.

duplicata [dyplikata] *nm inv* duplicate (copy).

duplicateur [dyplikatœr] *nm* duplicator.

duplicité [dyplisite] *nf* duplicity.

dur [dyr] *a* **1.** hard; tough (meat, wood); **œuf d.,** hard-boiled egg; (*of pers*) **être d. à cuire,** to be a tough nut **2.** hard, difficult; **rendre la vie dure à qn,** to make s.o.'s life a misery **3.** (*a*) **être d. d'oreille,** to be hard of hearing (*b*) hard, harsh; **avoir le cœur d.,** to be hard-hearted; **être d. avec qn,** to be hard on s.o.; **hiver d.,** hard winter **4.** *adv* **travailler d.,** to work hard; **élevé à la dure,** brought up the hard way **5.** *nm P:* tough guy, a hard nut; **un d. à cuire,** a hard nut to crack **6.** *nf* (*a*) **coucher sur la dure,** to sleep rough (*b*) *F:* **en voir de dures,** to have a hard time of it. **durement** *adv* hard, vigorously; severely; harshly.

durabilité [dyrabilite] *nf* durability. **durable** *a* durable, lasting. **durablement** *adv* durably.

durant [dyrɑ̃] *prep* during; **sa vie d.,** during his lifetime; **parler des heures d.,** to talk for hours on end; **d. quelques instants,** for a few moments.

durcir [dyrsir] **1.** *vtr* to harden **2.** *vi & pr* to grow hard, to harden.

durcissement [dyrsismɑ̃] *nm* hardening.

durée [dyre] *nf* **1.** lasting quality; wear; life (of light bulb) **2.** duration; **de courte d.,** short; short-lived; **de longue d.,** (i) long-lasting (ii) long-playing (record).

durer [dyre] *vi* to last; to continue; **voilà 3 ans que ça dure,** it's been going on for 3 years; **ça ne peut pas d.,** this (i) can't go on (ii) can't last long.

dureté [dyrte] *nf* **1.** hardness; toughness **2.** difficulty (of task) **3.** harshness, callousness; severity; **d. de cœur,** hard-heartedness.

durillon [dyrijɔ̃] *nm* callosity, callus; corn (on foot).

duvet [dyvɛ] *nm* **1.** down (on chin, young bird, peach); **d. du cygne,** swansdown **2.** sleeping bag. **duveté** *a*, **duveteux, -euse** *a* downy.

dynamique [dinamik] **1.** *a* dynamic. **2.** *nf* (*a*) **la d.,** dynamics (*b*) force, thrust (of idea, movement).

dynamisme [dinamism] *nm* dynamism.

dynamite [dinamit] *nf* dynamite.

dynamiter [dinamite] *vtr* to dynamite.

dynamo [dinamo] *nf El:* dynamo.

dynastie [dinasti] *nf* dynasty. **dynastique** *a* dynastic.

dysenterie [disɑ̃tri] *nf Med:* dysentery.

dyslexie [dislɛksi] *nf Med:* dyslexia. **dyslexique** *a* dyslexic, dyslectic.

dyspepsie [dispɛpsi] *nf Med:* dyspepsia.

E

E, e [ə] *nm* (the letter) E, e.

E. *abbr est.*

eau [o] *nf* **1.** water; **e. douce,** (i) fresh (ii) soft, water; **passer à l'e.,** to rinse; **e. grasse,** washing-up water; **mettre de l'e. dans son vin,** (i) to reduce one's expenses (ii) to draw in one's horns; **ville d'eau(x),** spa; **prendre les eaux,** to take, drink, the waters **2.** (*a*) **e. de pluie,** rainwater (*b*) **cours d'e.,** waterway; stream; river; **jet d'e.,** fountain; **pièce d'e.,** (ornamental) lake; **tomber à l'e.,** (i) to fall into the water (ii) (*of plan*) to fall through (*c*) (*of ship*) **faire e.,** to (spring a) leak; **chaussures qui prennent l'e.,** shoes that let in water (*d*) **service des eaux,** water supplies; = Water Board; **château d'e.,** water tower; **conduite d'e.,** water mains; **e. courante,** running water **3.** (*a*) **j'en avais l'e. à la bouche,** it made my mouth water (*b*) **diamant de la première e.,** diamond of the first water **4. e. de Cologne,** eau de cologne; **e. de toilette,** toilet water; **e. oxygénée,** hydrogen peroxide; **e. de Javel,** = bleach; *AtomPh:* **e. lourde,** heavy water.

eau-de-vie [odvi] *nf* (plum, etc) brandy; *pl eaux-de-vie.*

eau-forte [ofɔrt] *nf* **1.** *Ch:* nitric acid **2.** etching; *pl eaux-fortes.*

ébahir [ebair] *vtr* to amaze, astound.

ébahissement [ebaismɑ̃] *nm* amazement, astonishment.

ébats [eba] *nmpl* revels, frolics.

ébattre (s') [sebatr̥] *vpr* (*conj like* BATTRE) to gambol; to frolic.

ébauchage [eboʃaʒ] *nm* roughing out; sketching out; outlining.

ébauche [eboʃ] *nf* rough sketch (of picture); outline (of a novel); **é. d'un sourire,** ghost of a smile.

ébaucher [eboʃe] *vtr* to rough out; to sketch out, outline (plan); **é. un sourire,** to give a faint smile.

ébène [ebɛn] *nf* ebony; **(d'un noir) d'é.,** jet-black.

ébéniste [ebenist] *nm* cabinet maker.

ébénisterie [ebenist(ə)ri] *nf* (*a*) cabinet making (*b*) cabinet work.

éberlué [ebɛrlɥe] *a F:* dumbfounded.

éblouir [ebluir] *vtr* to dazzle.

éblouissement [ebluismɑ̃] *nm* **1.** (*a*) dazzle, glare (*b*) *Med:* (fit of) dizziness **2.** dazzling sight.

éborgner [ebɔrɲe] *vtr* **é. qn,** to blind s.o. in one eye, to put s.o.'s eye out.

éboueur [ebuœr] *nm* dustman, *NAm:* garbage collector.

ébouillanter [ebujɑ̃te] **1.** *vtr* to scald **2. s'é.,** to scald oneself.

éboulement [ebulmɑ̃] *nm* **1.** falling in, crumbling; caving in, collapsing **2.** rock fall; fallen rock; **é. de terre,** landslide, landslip.

ébouler (s') [sebule] *vpr* to crumble, cave in, collapse.

éboulis [ebuli] *nm* mass of fallen earth; debris.

ébouriffer [eburife] *vtr* **1.** to dishevel, ruffle (s.o.'s hair) **2.** *F:* to startle (s.o.). **ébouriffant** *a F:* breathtaking, startling.

ébranlement [ebrɑ̃lmɑ̃] *nm* shaking; shock.

ébranler [ebrɑ̃le] *vtr* **1.** to shake; to loosen; to rock (building) **2. s'é.,** to start (moving); (*of train*) to start; (*of procession*) to move off.

ébrécher [ebreʃe] *vtr* **(j'ébrèche; j'ébrécherai)** to notch; to make a notch in (sth); to chip (a plate); to break (a tooth); to make a hole in (one's capital).

ébréchure [ebreʃyr] *nf* nick, chip.

ébriété [ebriete] *nf* inebriation, intoxication.

ébrouer (s') [sebrue] *vpr* (*of horse*) to snort; (*of dog, pers*) to shake oneself.

ébruitement [ebrɥitmɑ̃] *nm* spreading (of rumour).

ébruiter [ebrɥite] *vtr* **1.** to spread (rumour) **2.** (*of news, rumour*) **s'é.,** to spread, *F:* to get around; to become known, to spread.

ébullition [ebylisjɔ̃] *nf* (*a*) boiling; **porter à é.,** to bring to the boil; *Fig:* **être en é.,** to be in turmoil.

écaille [ekaj] *nf* **1.** (*a*) scale (of fish) (*b*) flake (of paint); chip (of enamel); splinter (of wood) **2.** shell (of tortoise); **lunettes à monture d'é.,** tortoiseshell-rimmed spectacles.

écailler [ekaje] *vtr* **1.** (*a*) to scale (fish); to open (oyster) (*b*) to flake off (paint) **2. s'é.,** to flake off.

écarlate [ekarlat] *nf & a* scarlet.

écarquiller [ekarkije] *vtr* **é. les yeux,** to open one's eyes wide; to stare.

écart [ekar] *nm* **1.** (*a*) distance, gap; **é. entre le prix de vente et le coût,** margin between selling price and cost price; **é. entre deux lectures,** difference between readings (*b*) separation, spreading out; **faire le grand é.,** to do the splits **2.** (*a*) deviation; **faire un é.,** to step aside; (*of horse*) to shy; **écarts de jeunesse,** youthful indiscretions (*b*) digression (in speech) **3. à l'é.,** aside, on one side, apart; **se tenir à l'é.,** to keep in the background, to keep oneself apart, aloof; **mettre à l'é. tout sentiment personnel,** to set aside any personal feeling.

écarteler [ekartəle] *vtr* **(j'écartèle)** to quarter (criminal). **écartelé** *a Fig:* **é. entre,** torn between.

écartement [ekartəmɑ̃] *nm* space, gap; *Rail:* gauge (of track).

écarter [ekarte] *vtr* **1.** (*a*) to separate, part; to draw aside (curtains); to open (one's arms); to spread (one's legs) (*b*) to move (s.o., sth) aside; to brush aside (obstacles); **é. un coup, un danger,** to ward off a blow, a danger (*c*) to divert (suspicion) **2. s'é.** (*a*) to move, step, stand, aside (*b*) to move apart, diverge (*c*) to deviate, stray **(de,** from); **s'é. du sujet,** to stray from the subject. **écarté** *a* **1.** isolated, remote (house, spot) **2.** (far) apart; **se tenir les jambes écartées,** to stand with one's legs apart.

ecchymose [ekimoz] *nf* bruise.

ecclésiastique [eklezjastik] **1.** *a* ecclesiastical; clerical **2.** *nm* ecclesiastic, clergyman.

écervelé [eservəle] **1.** *a* scatterbrained **2.** *n* scatterbrain.

échafaud [eʃafo] *nm* scaffold.

échafaudage [eʃafodaʒ] *nm* **1.** building up, construction **2.** (*a*) scaffolding (*b*) pile (of objects).

échafauder [eʃafode] **1.** *vtr* (*a*) to pile up (objects) (*b*) to build up, construct (argument, plan) **2.** *vi* to put up scaffolding.

échalas [eʃala] *nm* **grand é.,** tall skinny person.

échalote [eʃalɔt] *nf Bot:* shallot.

échancrure [eʃɑ̃kryr] *nf* opening (in neckline); notch, nick (in wood); indentation (in coastline). **échancré** *a* V-shaped, scooped (neckline); indented (plank, coastline).

échange [eʃɑ̃ʒ] *nm* exchange; **en é.,** in exchange (**de,** for); **faire un é. de qch pour, contre, qch,** to exchange, to swap, sth for sth.

échanger [eʃɑ̃ʒe] *vtr* (**n. échangeons**) to exchange, to swap (sth for sth).

échangeur [eʃɑ̃ʒœr] *nm* (*on motorway*) intersection.

échantillon [eʃɑ̃tijɔ̃] *nm* sample; specimen.

échantillonnage [eʃɑ̃tijɔnaʒ] *nm* **1.** sampling **2.** range of samples.

échappatoire [eʃapatwar] *nf* way out, loophole.

échappé, -ée [eʃape] *n* escapee.

échappée [eʃape] *nf* **1.** *Sp:* sudden spurt (in race) **2.** space, interval; **é.** (**de vue**), vista (**sur,** over); **é. de soleil,** burst of sunshine.

échappement [eʃapmɑ̃] *nm* **1.** escape, leakage (of gas, water); **(tuyau d')é.,** *Aut:* exhaust (pipe); **pot d'é.,** silencer, *NAm:* muffler; **é. libre,** cutout (to silencer) **2.** (*of clock*) escapement.

échapper [eʃape] *vi* **1.** (*aux* **être** *or* **avoir**) (*a*) to escape; **é. à qn,** to escape s.o.; **il nous a échappé,** he got away; **ce propos m'a échappé,** I didn't catch this remark; **la vérité lui échappe parfois,** he sometimes blurts out the truth; **son nom m'échappe,** his, her, name escapes me; **é. à toute définition,** to defy definition (*b*) (*aux* **avoir**) *F:* **vous l'avez échappé belle,** you have had a narrow escape (*c*) **laisser é.,** to let (s.o., sth) escape; to set free; to let out (secret); to let fall (a tear); **laisser é. l'occasion,** to miss one's chance (*d*) to escape (**de,** from, out of); **é. d'une maladie,** to survive an illness **2. s'é.,** to escape; to break free; (*of gas*) to leak; **un cri s'échappa de ses lèvres,** a cry burst from his lips.

écharde [eʃard] *nf* splinter, thorn.

écharpe [eʃarp] *nf* (*a*) (*of mayor*) sash (*b*) scarf (*c*) (arm) sling; **bras en é.,** arm in a sling.

écharper [eʃarpe] *vtr* to hack up; to tear to pieces.

échasse [eʃas] *nf* stilt.

échassier [eʃasje] *nm Orn:* wader.

échauder [eʃode] *vtr* to scald; *F:* **être échaudé, se faire é.,** to be taught a lesson.

échauffement [eʃofmɑ̃] *nm* **1.** overheating (of engine **2.** (over)excitement **3.** *Sp:* warm-up.

échauffer [eʃofe] *vtr* **1.** to overheat; **é. les oreilles de qn,** to irritate s.o. **2. s'é.** (*a*) to become overheated; **ne vous échauffez pas,** don't get excited (*b*) (*of athlete, debate*) to warm up.

échauffourée [eʃofure] *nf* scuffle; clash; *Mil:* skirmish.

échéance [eʃeɑ̃s] *nf* (*a*) falling due (of bill); date of payment; expiry date; **venir à é.,** to fall due; **à trois mois d'é.,** at three months' date; **billet à longue, à courte, é.,** long-dated, short-dated, bill; **à longue é.,** in the long run (*b*) bill (falling due); **faire face à une é.,** to meet a bill.

échéant (le cas) [ləkazeʃeɑ̃] *adv* if the occasion should arise; possibly.

échec [eʃɛk] *nm* **1.** (*a*) *Chess:* check; **é. et mat,** checkmate; **tenir qn en é.,** to hold s.o. back (*b*) failure, setback; **faire é. à qch,** to hold sth in check; **voué à l'é.,** bound to fail; **se solder par un é.,** to end in failure **2.** *pl* chess; **partie d'échecs,** game of chess; **jeu d'échecs,** (i) chessboard (ii) chessmen.

échelle [eʃɛl] *nf* **1.** (*a*) ladder; **é. d'incendie, é. de sauvetage,** fire escape; **faire la courte é. à qn,** to give s.o. (i) a leg up (ii) a helping hand; **il faut, il n'y a plus qu'à, tirer l'é.,** we may as well give up (*b*) ladder, run (in tights) **2.** (*a*) **é. sociale,** social scale (*b*) **é. des traitements,** salary scale; **é. mobile,** sliding scale (of prices) **3.** scale (of map, plan); **à petite, à grande, é.,** small-scale, large-scale.

échelon [eʃlɔ̃] *nm* (*a*) rung (of ladder) (*b*) step, grade, echelon; **monter par échelons,** to rise by degrees; **à l'é. ministériel,** at ministerial level.

échelonnement [eʃlɔnmɑ̃] *nm* spreading out (of payments); staggering (of holidays).

échelonner [eʃlɔne] **1.** *vtr* to space out (objects); to spread out (payments); to stagger (holidays) **2. s'é.,** to be spread out (**sur,** over).

écheveau, -eaux [eʃvo] *nm* (*a*) hank, skein (of yarn) (*b*) maze (of streets); intricacies (of plot).

échevelé [eʃəvle] *a* (*a*) dishevelled (pers); tousled (hair) (*b*) wild, frenzied (dance, rhythm).

échine [eʃin] *nf* **1.** spine, backbone; **courber l'é.,** to kowtow **2.** *Cu:* loin (of pork).

échiner (s') [seʃine] *vpr* to tire oneself out (doing sth); to slog (at sth).

échiquier [eʃikje] *nm* **1.** chessboard; **en é.,** chequered **2.** (*in Eng*) **l'É.,** the Exchequer.

écho [eko] *nm* **1.** echo; **se faire l'é. des opinions de qn,** to echo, to repeat, s.o.'s opinions; **avoir des échos de,** to hear some news about **2.** *Journ:* **échos,** gossip items, local news.

échographie [ekografi] *nf* (ultrasound) scan(ning); **passer une é.,** to have a scan.

échoir [eʃwar] *vi* (*prp* **échéant;** *pp* **échu;** *pr ind* **il échoit, ils échoient;** *impf* **il échoyait;** *fu* **il échoira;** *aux usu* **être**) **1. é. (en partage) à qn,** to fall to s.o.'s lot **2.** (*a*) *Fin:* to mature, to fall due (*b*) (*of tenancy*) to expire.

échotier, -ière [ekɔtje, -jɛr] *n Journ:* gossip columnist.

échouer [eʃwe] *vi* **1.** (*a*) *Nau:* to run aground, to ground; **échoué à sec,** high and dry (*b*) to fail; **le projet a échoué,** the plan fell through; **é. à un examen,** to fail an exam; **faire é. un projet,** to wreck a plan **2. s'é.,** to run aground.

éclabousser [eklabuse] *vtr* (*a*) to splash, spatter (**de,** with) (*b*) to damage, to smear, (s.o.'s) reputation.

éclaboussure [eklabusyr] *nf* (*a*) splash, spatter (of mud) (*b*) blot, smear (on reputation).

éclair [eklɛr] *nm* **1.** flash of lightning; *pl* lightning; **rapide comme l'é.,** quick as lightning, as a flash;

passer comme un é., to flash by **2.** flash (of gun); flash, spark (of genius) **3.** *Cu:* éclair.

éclairage [eklɛraʒ] *nm (a)* lighting; illumination; **é. par projecteurs,** floodlighting; **heure d'é.**, lighting-up time *(b) Fig:* **dans, sous, cet é.**, in this light.

éclairagiste [eklɛraʒist] *nm* lighting technician.

éclaircie [eklɛrsi] *nf* **1.** break (in clouds); *Meteor:* bright interval **2.** clearing (in forest).

éclaircir [eklɛrsir] *vtr* **1.** *(a)* to clear (fog); **s'é. la voix,** to clear one's throat *(b)* to lighten; to (make) clear *(c)* to throw light on, to clear up, to solve (mystery); to clarify (situation) *(d)* to thin (forest, sauce); to thin out (plants) **2. s'é.**, *(a) (of the weather)* to clear (up); *(of complexion, voice)* to become clearer, to clear; **sa figure s'éclaircit,** his face lit up *(b)* **s'é.**, to get clear (**sur qch,** on sth) *(c) (of hair, plant)* to become thin, to thin (out).

éclaircissement [eklɛrsismɑ̃] *nm* clarification, explanation; **demander des éclaircissements,** to ask for an explanation.

éclairé [eklere] *a (a)* lit, illuminated *(b)* enlightened; well-informed.

éclairer [eklere] **1.** *vtr (a)* to light, illuminate; to light the way for (s.o.) *(b)* to shed, to throw, light on (sth) *(c)* to enlighten (s.o.) *(d) Mil:* **é. le terrain,** to reconnoitre the ground **2.** *vi* **cette lampe éclaire mal,** this lamp gives a poor light **3. s'é.**, *(of street)* to be lit; *(of face)* to light up, to brighten; *(of situation)* to become clearer. **éclairant** *a* lighting, illuminating. **éclairé** *a* enlightened (pers).

éclaireur, -euse [eklɛrœr, -øz] *(a) nm Mil:* scout *(b) n* (boy) scout; (girl) guide.

éclat [ekla] *nm* **1.** splinter, chip; **voler en éclats,** to fly into pieces; **briser qch en éclats,** to smash sth to pieces; **é. d'obus,** shrapnel; **éclats de verre,** (i) broken glass (ii) flying glass **2.** burst (of noise, laughter); **éclats de voix,** shouts; **rire aux éclats,** to burst out laughing; **faire (de l')é.**, to create a stir; **sans é.**, quietly **3.** *(a)* flash (of light); *(b)* glare (of the sun); glitter; brilliancy; **l'é. de ses yeux,** the sparkle in her eyes; **l'é. de la jeunesse,** the bloom of youth *(c)* brilliance (of style); glamour; **aimer l'é.**, to be fond of show.

éclatement [eklatmɑ̃] *nm* bursting, explosion (of shell, gun); blow-out (of tyre); shattering (of glass).

éclater [eklate] **1.** *vtr* to split (branch); to burst (tyre) **2.** *vi (a) (of bomb)* to explode, to go off; *(of tyre)* to burst; *(of glass)* to shatter *(b) (of war, epidemic)* to break out; *(of storm)* to break; *(of anger)* to burst out; **quand la guerre a éclaté,** at the outbreak of war; **é. de rire,** to burst out laughing; **é. en sanglots,** to burst into tears; **é. de colère,** to fly into a rage **3.** *vi (of jewels)* to sparkle; **l'indignation éclate dans ses yeux,** his eyes are blazing with indignation. **éclatant** *a* **1.** loud, ringing (sound, laughter); piercing (shriek) **2.** glaring, dazzling (light, colour); sparkling (jewels).

éclectique [eklɛktik] *a* eclectic.

éclipse [eklips] *nf* eclipse.

éclipser [eklipse] **1.** *vtr* to eclipse **2. s'é.**, *(a) (of sun)* to be eclipsed *(b) F:* to slip away.

éclopé, -ée [eklɔpe] **1.** *a* lame **2.** *n* slightly injured person.

éclore [eklɔr] *vi def (pp* **éclos;** *pr ind* **il éclot, ils éclosent;** *impf* **il éclosait;** no *ph; aux usu* **être,** *occ* **avoir) 1.** *(of eggs, chicks)* to hatch (out) **2.** *(of flowers)* to open; *(of day)* to dawn.

éclosion [eklozjɔ̃] *nf* **1.** hatching (of eggs, chicks) **2.** opening, blossoming (of flowers).

écluse [eklyz] *nf* (canal) lock; **(porte d')é.**, sluice(gate).

éclusier, -ière [eklyzje, -jɛr] *n* lock keeper.

écœurement [ekœrmɑ̃] *nm (a)* nausea *(b)* disgust *(c)* discouragement.

écœurer [ekœre] *vtr (a) (of food)* to make (s.o.) feel sick *(b)* to nauseate; to disgust *(c)* to dishearten. **écœurant** *a (a)* nauseating, disgusting *(b)* disheartening.

école [ekɔl] *nf (a)* school; **é. maternelle,** nursery school, kindergarten; **é. primaire,** primary school; **é. libre** = independent school; **é. mixte,** co-educational school; **aller à l'é.**, to go to school; **faire é.**, to gain a following; **faire l'é. buissonnière,** to play truant; **vous êtes à bonne é.**, you're in good hands *(b)* **les grandes écoles,** colleges of university level specializing in professional training; **é. normale,** college of education; = teacher training college *(c)* **é. d'équitation,** riding school.

écolier, -ière [ekɔlje, -jɛr] *n (a)* (primary) schoolboy, schoolgirl *(b)* novice.

écologie [ekɔlɔʒi] *nf* ecology. **écologique** *a* ecological.

écologiste [ekɔlɔʒist] *n* ecologist.

éconduire [ekɔ̃dɥir] *vtr (conj like* CONDUIRE) **1.** to reject (suitor) **2.** to show (s.o.) the door; to get rid of (s.o.) (politely); to dismiss (s.o.).

économat [ekɔnɔma] *nm (a)* bursarship *(b)* bursar's office *(c)* staff (discount) store.

économe [ekɔnɔm] **1.** *n* bursar (of college); steward **2.** *a* economical, thrifty, sparing.

économie [ekɔnɔmi] *nf* **1.** economy; **é. politique,** political economy **2.** economy, thrift; **faire une é. de temps,** to save time **3.** *pl* savings; **faire des économies,** to save money; **économies de bouts de chandelles,** penny-pinching. **économique** *a* **1.** economic (doctrine); **sciences économiques,** economics **2.** economical, inexpensive. **économiquement** *adv* economically; **les é. faibles,** the underprivileged.

économiser [ekɔnɔmize] *vtr & i* to economize, save (**sur,** on).

économiste [ekɔnɔmist] *n* economist.

écope [ekɔp] *nf Nau:* bailer.

écoper [ekɔpe] **1.** *vtr Nau:* to bail (out) **2.** *vi F:* to catch it, cop it; **il a écopé de deux ans de prison,** he got two years.

écorce [ekɔrs] *nf* bark (of tree); rind, peel (of orange); **l'é. terrestre,** the earth's crust.

écorcher [ekɔrʃe] *vtr* **1.** to flay; to skin; *F:* **é. une langue,** to murder a language; **é. le client,** to fleece the customer **2.** *(a)* to graze, chafe (the skin) *(b)* to scrape; **son qui écorche l'oreille,** sound that grates on the ear **3. s'é.**, to graze oneself.

écorchure [ekɔrʃyr] *nf* scratch, graze.

écorner [ekɔrne] *vtr (a)* to dog-ear (book); **livre écorné par l'usage,** book dog-eared with use *(b)* **é. son capital,** to break into one's capital.

Écosse [ekɔs] *Prnf Geog:* Scotland. **écossais, -aise 1.** *a* Scottish, Scots **2.** *n* Scot; Scotsman, Scotswoman **3.** *a & nm* **(tissu) é.**, tartan **4.** *nm Ling:* Scots.

écosser [ekɔse] *vtr* to shell (peas).

écot [eko] *nm* **payer son é.**, to pay one's share.

écoulement [ekulmɑ̃] *nm* **1.** (*a*) (out)flow; drainage; **fossé d'é.**, drain; **(tube d')é.**, waste pipe (*b*) *Med:* discharge (*c*) dispersal (of crowd); flow (of traffic) **2.** sale (of goods).

écouler [ekule] *vtr* **1.** to sell (off) (goods); to clear (stock); **é. de faux billets**, to put forged banknotes into circulation **2. s'é.** (*a*) (*of liquid*) to flow out, run out; (*of crowd*) to disperse; (*of money*) to melt away (*b*) (*of time*) to pass, to slip away. **écoulé** *a* past (years, etc).

écourter [ekurte] *vtr* to shorten; to cut short (visit); to cut down (text).

écoute [ekut] *nf* **1. être aux écoutes**, (i) to eavesdrop (ii) to keep one's ears open **2.** *WTel:* **à l'é.**, tuned in, listening in; **é. de contrôle**, monitoring; **heures de grande é.**, peak listening time; *TV:* peak viewing time; *Tp:* **restez à l'é.**, hold the line, please; **écoutes téléphoniques**, (phone) tapping **3. avoir une bonne é.**, to be a good listener.

écouter [ekute] *vtr* **1.** (*a*) to listen to (s.o., sth); **é. qn jusqu'au bout**, to hear s.o. out; **se faire é.**, to get a hearing; **é. aux portes**, to eavesdrop; **écoutez!** look (here)! (*b*) *WTel:* to listen in **2.** to pay attention to (s.o.); **si je m'écoutais**, if I did as I feel I should **3. il s'écoute trop**, he coddles himself.

écouteur, -euse [ekutœr, -øz] *n* **1.** (*a*) listener; **é. (aux portes)**, eavesdropper (*b*) *WTel:* listener-in **2.** *nm* (i) ear-piece (of telephone) (ii) *pl WTel:* earphones, headphones.

écrabouiller [ekrabuje] *vtr F:* to crush; to squash.

écran [ekrɑ̃] *nm* screen; *Cin:* **é. (de projection)**, screen; **le grand é.**, the cinema; **le petit é.**, television; **vedette de l'é.**, film star, movie star; **porter à l'é.**, to film (sth).

écrasement [ekrɑzmɑ̃] *nm* crushing, squashing.

écraser [ekrɑze] **1.** *vtr* (*a*) to crush; to squash; to flatten out; to swat (fly); **se faire é.**, to get run over; **écrasé d'impôts**, overburdened with taxes; **écrasé de travail**, overwhelmed with work (*b*) *P:* **en é.**, to sleep like a log **2.** *vi* **écrase!** drop it! **3. s'é.**, to collapse, crumple up; **s'é. sur le sol**, (*of pers*) to crash, to fall, to the ground; **s'é. au sol**, (*of aircraft*) to crash; **s'é. contre un arbre**, to crash into a tree. **écrasant** *a* crushing (defeat); overwhelming (proof, majority). **écrasé** *a* crushed, squashed; flat (nose).

écrémer [ekreme] *vtr* (**j'écrème; j'écrémerai**) to skim (milk); *Fig:* **é. une collection**, to cream off the best from a collection.

écrevisse [ekrəvis] *nf* (freshwater) crayfish.

écrier (s') [sekrije] *vpr* to cry (out); to exclaim.

écrin [ekrɛ̃] *nm* (jewel) case.

écrire [ekrir] *vtr* (*prp* **écrivant;** *pp* **écrit;** *pr ind* **j'écris, n. écrivons;** *fu* **j'écrirai,** *ph* **j'écrivis**) **1.** (*a*) to write; **il écrit bien**, (i) he has good (hand)writing (ii) he's a good writer; **machine à é.**, typewriter; **é. une lettre à la machine**, to type a letter (*b*) to write (sth) down; **il est écrit que je n'irai pas**, I am fated not to go there; **c'est écrit**, it is, was, bound to happen (*c*) to write (book, song) **2. s'é.**, (*of word*) to be spelt.

écrit [ekri] *nm* (*a*) writing; **par é.**, in writing (*b*) written document (*c*) *pl* works (of an author) (*d*) *Sch:* written exam(ination).

écriteau, -eaux [ekrito] *nm* placard; notice, sign.

écriture [ekrityr] *nf* **1.** (*a*) writing script (*b*) (hand)-writing; **é. à la machine**, typing **2.** (*a*) *pl* (legal, commercial) papers, documents (*b*) *Book-k:* entry, item; **tenir les écritures**, to keep the accounts (*c*) **l'É. sainte, les Sainte Écritures**, Holy Scripture.

écrivain [ekrivɛ̃] *nm* author, writer; **femme é.**, woman writer; authoress.

écrou [ekru] *nm* **1.** *Tchn:* nut **2. levée d'é.**, release (of prisoner).

écrouer [ekrue] *vtr* to imprison.

écroulement [ekrulmɑ̃] *nm* collapse, downfall.

écrouler (s') [sekrule] *vpr* to collapse, give way, fall in; (*of pers*) (i) to collapse (ii) to break down; *F:* **s'é. sur une chaise**, to drop onto a chair.

écru [ekry] *a* (*of material*) unbleached, natural-coloured; **soie écrue**, raw silk.

écu[1] [eky] *nm* **1.** shield **2.** *Num: A:* crown.

ECU, écu[2] *nm abbr European Currency Unit*, ECU.

écueil [ekœj] *nm* (*a*) reef, shelf; (*of ship*) **donner sur les écueils**, to strike the rocks (*b*) *Fig:* snag, stumbling block.

écuelle [ekɥɛl] *nf* bowl.

éculé [ekyle] *a* (*a*) (*of shoe*) down-at-heel (*b*) *Fig:* hackneyed (joke, etc).

écume [ekym] *nf* **1.** (*a*) froth; foam (*b*) scum (on jam); **é. de la société**, dregs of society **2. é. (de mer)**, meerschaum. **écumeux, -euse** *a* foamy.

écumer [ekyme] **1.** *vtr* (*a*) to skim (soup) (*b*) to scour, pillage (countryside); **é. les mers**, to scour the seas **2.** *vi* to foam, froth; **é. (de rage)**, to foam with rage.

écumoire [ekymwar] *nf* skimmer, skimming ladle.

écureuil [ekyrœj] *nm* squirrel.

écurie [ekyri] *nf* stable; **mettre un cheval à l'é.**, to stable a horse; **é. (de courses)**, (racing) stable.

écusson [ekysɔ̃] *nm* **1.** shield, coat of arms **2.** badge.

écuyer, -ère [ekɥije, -ɛr] *n* **1.** *nm* (*a*) squire (*b*) equerry **2.** *n* rider, horseman, horsewoman.

eczéma [ɛgzema] *nm* eczema.

édenté [edɑ̃te] *a* toothless.

édicter [edikte] *vtr* to decree.

édification [edifikasjɔ̃] *nf* **1.** construction, erection (of monument) **2.** edification, enlightenment.

édifice [edifis] *nm* building, edifice; *Fig:* structure, fabric (of society).

édifier [edifje] *vtr* **1.** to erect, build **2.** (*a*) to edify (*b*) to enlighten, instruct (s.o.).

Édimbourg [edɛ̃bur] *Prnm Geog:* Edinburgh.

édit [edi] *nm* edict.

éditer [edite] *vtr* **1.** to edit (text) **2.** to publish (book).

éditeur, -trice [editœr, -tris] *n* (chief) editor; publisher.

édition [edisjɔ̃] *nf* **1.** edition **2.** publishing; **maison d'é.**, publishing house.

éditorial, -aux [editɔrjal, -o] **1.** *a* editorial **2.** *nm* leading article, leader; editorial.

éditorialiste [editɔrjalist] *n* leader writer.

édredon [edrədɔ̃] *nm* eiderdown.

éducation [edykasjɔ̃] *nf* (*a*) education; **faire l'é. de qn**, to educate s.o.; **é. physique**, physical training (*b*) training (of animals) (*c*) upbringing, breeding; **sans é.**, ill bred; **avoir de l'é.**, to have good manners; **il manque d'é.**, he has no manners. **éducateur, -trice** **1.** *a* educational **2.** *n* educator. **éducatif, -ive** *a* educative, educational.

édulcorer [edylkɔre] *vtr* **1.** to sweeten (medicine) **2.** to tone down, water down (report).

éduquer [edyke] *vtr* to bring up, to educate (child); **mal éduqué,** ill-bred.

effacement [efasmɑ̃] *nm* **1.** obliteration (of word); wearing away (of inscription); wiping (of tape) **2.** self-effacement.

effacer [efase] *vtr* (**n. effaçons**) **1.** (*a*) to efface, obliterate, delete, erase; **e. un mot,** to rub out a word; **e. une tache,** to wash out, wipe out, a stain; **e. une bande magnétique,** to wipe a tape; **e. des imperfections,** to smooth out imperfections; **e. qch de sa mémoire,** to blot sth out of one's memory (*b*) **e. le corps,** to stand sideways; **e. les épaules,** to throw back the shoulders **2. s'e.** (*a*) to become obliterated; to wear away; to fade (away); **s'e. à l'eau,** to wash off (*b*) to stand aside; to keep in the background. **effacé** *a* self-effacing (pers, manner).

effarement [efarmɑ̃] *nm* fright; dismay.

effarer [efare] *vtr* to frighten, scare; to dismay; to bewilder. **effarant** *a* bewildering.

effaroucher [efaruʃe] *vtr* **1.** to startle, scare away **2. s'e.** (*a*) to be frightened away (**de,** at, by); to take fright (**de,** at) (*b*) (*of pers*) to be shocked.

effectif, -ive [efɛktif, -iv] **1.** *a* (*a*) effective, efficacious (*b*) effective, actual; **valeur effective,** real value **2.** *nm* (*a*) *Mil:* strength; manpower; **à e. réduit,** under strength; *Sch:* **l'e. des classes,** the size of classes (*b*) *Mil:* **les effectifs,** the total strength; **crise d'effectifs,** shortage of manpower. **effectivement** *adv* **1.** effectively **2.** actually, in reality, really **3.** (*as answer*) that is so.

effectuer [efɛktɥe] *vtr* **1.** to effect, carry out, accomplish; to execute (operation); to make (payment); to accomplish (journey) **2. s'e.,** to be made.

efféminé [efemine] *a* effeminate.

effervescence [efɛrvɛsɑ̃s] *nf* **1.** effervescence **2.** agitation; **être en e.,** to be seething with excitement. **effervescent** *a* effervescent.

effet [efɛ] *nm* **1.** effect, result; **faire de l'e.,** (*of remedy*) to be effective; **à cet e.,** for this purpose; with this end in view; **sans e.,** ineffective, ineffectual **2.** (*a*) action, operation, working; **mettre un projet à e.,** to put a plan into action; **prendre e.,** to become effective, come into effect (*b*) *Cr: Ten:* spin, break (*c*) *MecE:* **e. utile,** efficiency; **à simple, à double, e.,** single-action, double-action (*d*) **en e.,** as a matter of fact; indeed; **vous oubliez vos paquets!—en e.!** you are forgetting your parcels!—so I am! **3.** (*a*) impression; **voilà l'e. que cela m'a produit,** that is how it struck me; *F:* **ça m'a fait un e.,** it gave me quite a turn; **faire de l'e.,** to attract attention; **cela fait bon e.,** it looks well; **manquer son e.,** to fall flat; to misfire (*b*) *Art:* **e. de lune,** moonlight effect; *Cin: etc:* **effets sonores,** sound effects **4.** *Com:* **e. de commerce,** bill (of exchange); **e. à vue,** sight draft; **effets publics,** government stock, securities **5.** *pl* possessions, belongings; clothes, things; **effets mobiliers,** personal effects.

efficacité [efikasite] *nf* effectiveness; efficiency. **efficace** *a* effective (measure, etc); efficient (pers). **efficacement** *adv* efficaciously; effectively; efficiently.

effigie [efiʒi] *nf* effigy.

effiler [efile] *vtr* **1.** *Tex:* to unravel, to fray **2.** to thin (hair) **3. s'e.** to taper. **effilé** *a* **1.** frayed **2.** tapered; tapering (fingers), slender (figure).

effilocher (s') [sefilɔʃe] *vpr* to fray.

efflanqué [eflɑ̃ke] *a* emaciated.

effleurement [eflœrmɑ̃] *nm* (light) touch; skimming.

effleurer [eflœre] *vtr* to touch lightly; to skim; to graze (skin); **e. un sujet,** to touch on a subject; **quelques soupçons l'avaient effleuré,** some misgivings had crossed his mind.

effluve [eflyv] *nm* emanation; **e. électrique,** glow.

effondrement [efɔ̃drəmɑ̃] *nm* breaking down; collapse; slump (in prices); **il est dans un état d'e. complet,** he's in a state of total collapse.

effondrer (s') [sefɔ̃dre] *vpr* to fall in; to break down; to collapse; (*of prices*) to slump; **s'e. dans un fauteuil,** to sink into an armchair.

efforcer (s') [sefɔrse] *vpr* (**n. n. efforçons**) **s'e. de faire qch,** to strive, to do one's best, to make every effort, to do sth.

effort [efɔr] *nm* **1.** effort, exertion; **faire un e. sur soi-même,** to exercise self-control; **faire tous ses efforts,** to do one's utmost; **e. financier,** financial outlay; **sans e.,** effortlessly, easily; **faire un e. de mémoire,** to rack one's brains **2.** *Mec:* strain, stress.

effraction [efraksjɔ̃] *nf Jur:* break-in; house breaking; **vol avec e.,** burglary.

effranger [efrɑ̃ʒe] **1.** *vtr* to fray (out) (edges of material) **2. s'e.,** to fray.

effrayer [efrɛje] *vtr* (**j'effraie, j'effraye**) **1.** (*a*) to frighten, scare, startle (s.o.) (*b*) to appal **2. s'e.,** to take fright; to get frightened. **effrayant** *a* (*a*) terrifying, frightening, appalling (*b*) *F:* tremendous, terrific (heat, appetite).

effréné [efrene] *a* unbridled; frantic.

effritement [efritmɑ̃] *nm* crumbling (away), disintegration.

effriter [efrite] *vtr* **1.** to cause to crumble, to disintegrate **2. s'e.,** to crumble (away).

effroi [efrwa] *nm* fright, terror, fear, dread.

effronté [efrɔ̃te] *a* shameless, brazen; impudent; cheeky. **effrontément** *adv* shamelessly, brazenly, impudently; cheekily.

effronterie [efrɔ̃tri] *nf* effrontery, insolence, impudence; cheek.

effroyable [efrwajabl̩] *a* frightful, dreadful, appalling. **effroyablement** *adv* dreadfully.

effusion [efyzjɔ̃] *nf* **1.** effusion, outpouring; **e. de sang,** bloodshed **2.** effusiveness; **avec e.,** effusively.

égailler (s') [segaje] *vpr* to disperse.

égal, -aux [egal, -o] *a* **1.** (*a*) equal; **de force égale,** evenly matched; **à écartement é., à égale distance,** equidistant; *n* **traiter qn d'é. à é.,** to treat s.o. as an equal; **sans é.,** matchless; **à l'é. de,** as much as, equally with (*b*) level, even; steady (pace); **d'humeur égale,** even-tempered **2.** (all) the same; **cela m'est (bien) é.,** it's all the same to me; I don't mind; I don't care; **c'est é., il aurait pu venir,** all the same, he could have come. **également** *adv* equally; also; **j'en veux é.,** I want some too.

égaler [egale] *vtr* **1.** *Mth:* to equal **2.** to equal, match (**en,** in).

égalisation [egalizasjɔ̃] *nf* **1.** equalization **2.** levelling. **égalisateur, -trice** *a* equalizing; *Sp:* **but, point, é.,** equalizer.

égaliser [egalize] *vtr* **1.** to equalize **2.** to level **3.** *vi Sp:* to equalize.

égalité [egalite] *nf* **1.** equality; **sur un pied d'é.,** on an equal footing, on equal terms; *Sp:* **être à é. de points,** to be equal (on points); *Ten:* **é. à 40, 40 é.,** deuce **2.** evenness, regularity (of surface, breathing). **égalitaire** *a & n* egalitarian.

égard [egar] *nm* (*a*) consideration, respect; **avoir é. à qch,** to take sth into consideration; **eu é. à,** in consideration of; **sans é. à,** regardless of, irrespective of; **à tous les égards,** in every respect; **à cet é.,** in this respect; **à l'é. de,** with regard to, regarding; **être injuste à l'é. de qn,** to be unjust to(wards) s.o. (*b*) **faire qch par é. pour qn,** to do sth (i) out of consideration for s.o. (ii) for s.o.'s sake; **sans é. pour qn,** with no consideration for s.o.

égarement [egarmɑ̃] *nm Lit:* (mental) aberration.

égarer [egare] *vtr* **1.** (*a*) to lead (s.o.) astray; to mislead, misguide (s.o.) (*b*) to mislay, lose (sth) **2. s'é.** (*a*) to lose one's way; to go astray; **colis qui s'est égaré,** parcel that has got lost (*b*) **son esprit s'égare,** his mind is wandering. **égaré** *a* lost; stray (bullet); remote (village); distraught (mind).

égayer [egɛje] *vtr* (**j'égaie, j'égaye; j'égaierai, j'égayerai**) **1.** to cheer (s.o.) up; to brighten up (room, etc) **2. s'é.,** to be amused; **s'é. aux dépens de qn,** to make fun of s.o.

égide [eʒid] *nf* **sous l'é. de,** under the aegis of.

églantier [eglɑ̃tje] *nm* wild rose, dog rose (bush).

églantine [eglɑ̃tin] *nf* wild rose, dog rose.

église [egliz] *nf* church.

égoïsme [egɔism] *nm* selfishness, egoism. **égoïste 1.** *n* egoist **2.** *a* selfish, egoistic. **égoïstement** *adv* selfishly, egoistically.

égorger [egɔrʒe] *vtr* (**n. égorgeons**) to cut the throat of (s.o., animal).

égout [egu] *nm* sewer; drain; **eaux d'é.,** sewage.

égoutier [egutje] *nm* sewerman, sewer worker.

égoutter [egute] **1.** *vtr* to drain (cheese, lettuce); to strain (vegetables) **2.** *vi* **faire é.,** to drain off (water); to hang up (washing) to drip **3. s'é.,** to drain, drip.

égouttoir [egutwar] *nm* (*a*) draining board, *NAm:* drainboard (*b*) draining rack, drainer.

égratigner [egratiɲe] *vtr* **1.** to scratch **2.** to nettle, ruffle (s.o.).

égratignure [egratiɲyr] *nf* **1.** scratch **2.** gibe; dig (at s.o.).

égrener [egrəne] *vtr* (**j'égrène, n. égrenons**) (*a*) to shell (peas); to pick off (grapes from the bunch); to gin (cotton) (*b*) **é. son chapelet,** to tell one's beads.

égrillard [egrijar] *a* ribald.

Égypte [eʒipt] *Prnf Geog:* Egypt. **égyptien, -ienne** *a & n* Egyptian.

eh [e] *int* hey! **eh bien!** well! now then!

éhonté [eɔ̃te] *a* shameless; **mensonge é.,** barefaced lie.

éjaculation [eʒakylasjɔ̃] *nf* ejaculation.

éjaculer [eʒakyle] *vtr & i* to ejaculate.

éjectable [eʒɛktabl] *a Av:* **siège é.,** ejector seat.

éjecter [eʒɛkte] *vtr* to eject; *F:* to throw (s.o.) out.

éjection [eʒɛksjɔ̃] *nf* ejection.

élaboration [elabɔrasjɔ̃] *nf* elaboration.

élaborer [elabɔre] *vtr* to elaborate; to work out (plan).

élagage [elagaʒ] *nm* pruning (of tree, text, etc).

élaguer [elage] *vtr* to prune (tree, text, etc).

élan[1] [elɑ̃] *nm* **1.** (*a*) spring, bound, dash; *Sp:* **prendre son é.,** to take a run up; **saut sans é., avec é.,** standing jump, running jump (*b*) **travailler avec é.,** to work enthusiastically (*c*) impetus; **perdre son é.,** to lose momentum **2.** burst, outburst (of feeling); impulse; **é. de tendresse,** tender impulse.

élan[2] *nm Z:* (*a*) (Scandinavian) elk (*b*) **é. du Canada,** moose.

élancé [elɑ̃se] *a* tall and slim; slender.

élancement [elɑ̃smɑ̃] *nm* shooting pain.

élancer [elɑ̃se] *v* (**j'élançai(s), n. élançons**) **1.** *vi* (*of finger*) to throb, to shoot (with pain) **2. s'é.,** (*a*) to rush forward; **s'é. sur qn,** to rush at s.o.; *F:* to go for s.o.; **s'é. à l'assaut,** to throw oneself into the fray (*b*) (*of child, plant*) to shoot up (*c*) **s'é. vers le ciel,** to soar skyward.

élargir [elarʒir] *vtr* **1.** (*a*) to widen (road); to stretch (shoes); to let out (dress); to enlarge (hole) (*b*) to enlarge, extend (one's ideas, one's property); to widen (horizon) (*c*) to set (prisoner) free **2. s'é.** (*a*) to widen (out); to broaden (out); (*of shoes*) to stretch (*b*) (*of ideas*) to grow, extend.

élargissement [elarʒismɑ̃] *nm* **1.** widening, broadening **2.** release (of prisoner).

élasticité [elastisite] *nf* elasticity; suppleness (of limb); flexibility (of pers, rule). **élastique 1.** *a* elastic; supple (movement); flexible (rule) **2.** *nm* (*a*) elastic; **en é.,** elastic(ated) (*b*) elastic band, rubber band.

Elbe [ɛlb] *Geog:* **1.** *Prnf* (the island of) Elba **2.** *Prnm* **l'E.,** the (river) Elbe.

électeur, -trice [elɛktœr, -tris] *n* **1.** *Hist:* Elector, Electress **2.** elector, voter.

élection [elɛksjɔ̃] *nf* **1.** *Pol:* election, polling; **élections législatives,** (parliamentary) elections; **é. partielle,** by-election **2.** election, choice, preference; **mon pays d'é.,** the country of my choice. **électoral, -aux** *a* electoral; election (committee).

électorat [elɛktɔra] *nm* electorate, voters.

électricien [elɛktrisjɛ̃] *nm* electrician.

électricité [elɛktrisite] *nf* electricity.

électrification [elɛktrifikasjɔ̃] *nf* electrification.

électrifier [elɛktrifje] *vtr* to electrify.

électrique [elɛktrik] *a* electric (appliance, shock); electrical (unit, industry). **électriquement** *adv* electrically.

électriser [elɛktrize] *vtr* to electrify.

électro-aimant [elɛktrɔɛmɑ̃] *nm* electromagnet; *pl électro-aimants.*

électrocardiogramme [elɛktrɔkardjɔgram] *nm* electrocardiogram.

électrochoc [elɛktrɔʃɔk] *nm* **traitement par électrochocs,** electric shock treatment.

électrocuter [elɛktrɔkyte] *vtr* to electrocute.

électrocution [elɛktrɔkysjɔ] *nf* electrocution.

électrode [elɛktrɔd] *nf* electrode.

électrogène [elɛktrɔʒɛn] *a El:* electricity-generating; **groupe e.,** generator.

électroménager [elɛktrɔmenaʒe] *a* **appareil é.,** household electrical appliance; *nm* **l'électroménager,** electric household appliances.

électron [elɛktrɔ̃] *nm Ph:* electron.

électronicien, -ienne [elɛktrɔnisjɛ̃, -jɛn] *n* electronic engineer.

électronique [elɛktrɔnik] **1.** *a* electronic; **microscope e.,** electron microscope **2.** *nf* electronics.

électrophone [elɛktrɔfɔn] *nm* record player.

élégance [elegɑ̃s] *nf* elegance. **élégant** *a* elegant; smart, fashionable. **élégamment** *adv* elegantly.

élégie [eleʒi] *nf* elegy.

élément [elemɑ̃] *nm* **1.** *Ch: Ph: etc:* element **2.** (*a*) component; ingredient (of medicine); **é. décisif,** deciding factor; *Tchn:* **é. chauffant,** heating element; **éléments de cuisine,** kitchen units; **cet élève est un bon é.,** this pupil is an assest to the class; **être dans son é.,** to be in one's element; **lutter contre les éléments,** to fight against the elements (*b*) *El:* cell (of battery) **3.** *pl* rudiments, first principles (of a science). **élémentaire** *a* elementary.

éléphant [elefɑ̃] *nm* elephant; **é. de mer,** elephant seal; **avoir une mémoire d'é.,** to have a memory like an elephant's.

éléphantesque [elefɑ̃tɛsk] *a F:* elephantine.

élevage [elvaʒ] *nm* **1.** breeding (of stock); stock farming; **faire de l'é.,** to breed; **poulet d'é.,** battery chicken **2.** (stock) farm; *NAm:* ranch.

élévateur [elevatœr] *am* **chariot é.,** forklift truck.

élévation [elevasjɔ̃] *nf* **1.** (*a*) elevation, lifting, raising; *Ecc:* elevation (*b*) erection, setting up (of statue) **2.** rise (in temperature, price) **3.** grandeur (of style) **4.** *Arch:* elevation, vertical section **5.** rise in the ground; height.

élève [elɛv] *n* pupil; student; **é. pilote,** student pilot.

élever [elve] *vtr* (**j'élève, n. élevons**) **1.** (*a*) to raise (height, temperature, one's voice, prices); to lift up (load) (*b*) to promote (employee) (*c*) to elevate (the mind) **2.** (*a*) to erect, set up (machine, statue) (*b*) to raise (objection) **3.** to bring up, rear (child); to rear (stock); to breed (cattle, horses); to keep (bees); to grow (plants); **bébé élevé au biberon,** bottle-fed baby **4. s'é.** (*a*) to rise (up); **le château s'élève sur la colline,** the castle stands on the hill (*b*) (*of doubts, objection*) to arise (*c*) **le vent s'élève,** the wind is rising (*d*) **s'é. contre qch,** to protest, to make a stand, against sth (*e*) to raise oneself; (*of bird*) to rise up (*f*) (*in society*) to rise; **s'é. à force de travail,** to work one's way up (*g*) (*of temperature, prices*) to rise; **la facture s'élève à mille francs,** the bill comes, amounts, to a thousand francs. **élevé** *a* **1.** high (mountain, price); noble, elevated (style, mind); exalted (position) **2. bien é.,** well brought up, well-mannered; **mal é.,** ill-mannered; rude.

éleveur, -euse [elvœr, -øz] *n* breeder.

elfe [ɛlf] *nm* elf.

élider [elide] *vt Ling:* to elide.

éligibilité [eliʒibilite] *nf* eligibility. **éligible** *a* eligible (**à,** for).

élimé [elime] *a* threadbare, worn.

élimination [eliminasjɔ̃] *nf* elimination. **éliminatoire** *a* eliminatory; *Sp:* **épreuve é.,** *nf* **é.,** (eliminating) heat.

éliminer [elimine] *vtr* to eliminate (candidate, suspect); to get rid of (body wastes); to rule out (theory); *Sp:* **être éliminé,** to be knocked out (in a tournament).

élire [elir] *vtr* (*conj like* LIRE) *Pol:* to elect (**à,** to).

élite [elit] *nf* élite; first-class; **régiment d'é.,** crack regiment.

élitisme [elitism] *nm* elitism.

élixir [eliksir] *nm* elixir.

elle, elles [ɛl] *pers pron f* **1.** (*unstressed*) (*of pers*) she, they; (*of thg*) it, they; **qu'elle est jolie, cette broche!** how pretty that brooch is! **2.** (*stressed*) (*a*) (*subject*) she, it, they; **c'est elle, ce sont elles,** it is she, they; *F:* it's her, it's them; **je fais comme e.,** I do what she does; **e.-même,** herself (*b*) (*object*) her, it; them; **je suis content d'e.,** I'm pleased with her; **il aimait sa patrie et mourut pour e.,** he loved his country and died for it; **la voiture est à e.,** the car belongs to her, is hers.

élocution [elɔkysjɔ̃] *nf* elocution.

éloge [elɔʒ] *nm* **1.** eulogy; **é. funèbre,** funeral oration **2.** praise; **faire l'é. de qn,** to speak highly of s.o., to praise s.o. **élogieux, -euse** *a* eulogistic, laudatory.

éloigné [elwaɲe] *a* far (away), distant, remote (place, time); **é. de 5 km,** 5 km away; **maison éloignée de la gare,** house a long way from the station; **date plus éloignée,** later date; **parent é.,** distant relative; **rien n'est plus é. de ma pensée,** nothing is further from my thoughts; **se tenir é.,** to hold (oneself) aloof.

éloignement [elwaɲmɑ̃] *nm* **1.** removal; postponement; deferment (of payment) **2.** (*a*) absence (*b*) distance, remoteness.

éloigner [elwaɲe] *vtr* **1.** (*a*) to (re)move, to move away (s.o., sth) to a distance, further off; to get (sth) out of the way; **ils sont éloignés d'un kilomètre,** they are one kilometre apart; **é. une pensée,** to dismiss a thought (*b*) to postpone, put off (departure), to defer (payment) (*c*) to alienate, to estrange (s.o.) **2. s'é.** (*a*) to move off, withdraw; **ne vous éloignez pas!** don't go far away! **s'é. du sujet,** to wander from the subject (*b*) **éloignez-vous un peu,** stand further back.

élongation [elɔ̃gasjɔ̃] *nf* pulled muscle.

éloquence [elɔkɑ̃s] *nf* eloquence. **éloquent** *a* eloquent; **ces chiffres sont éloquents,** these figures speak volumes. **éloquemment** *adv* eloquently.

élu, -e [ely] **1.** *a* chosen; elected; successful (candidate) **2.** *n* (*a*) *Ecc:* **les élus,** the chosen, the elect (*b*) elected member.

élucidation [elysidasjɔ̃] *nf* elucidation.

élucider [elyside] *vtr* to elucidate, to clear up.

éluder [elyde] *vtr* to elude, evade; to dodge (question).

émaciation [emasjasjɔ̃] *nf* emaciation. **émacié** *a* emaciated.

émail, émaux [emaj, emo] *nm* enamel.

émailler [emaje] *vtr* **1.** to enamel **2.** *Cer:* to glaze **3.** *Lit:* (*of flowers*) to fleck, spangle (the fields) **4.** to embellish (**de,** with); *Pej:* to pepper (text) (with mistakes).

émanation [emanasjɔ̃] *nf* emanation; *Fig:* **une é. de,** a product of.

émancipation [emɑ̃sipasjɔ̃] *nf* emancipation.

émanciper [emɑ̃sipe] *vtr* **1.** to emancipate **2. s'é.,** to free oneself (**de,** from); to become emancipated.

émaner [emane] *vi* (*a*) (*of fumes*) to emanate (**de,** from) (*b*) **ordres émanant de qn,** orders (coming) from s.o.

émargement [emarʒəmɑ̃] *nm* initialling in the margin; **feuille d'é.,** pay sheet.

émarger [emarʒe] *vtr* (**j'émargeai(s)**) (*a*) **é. un compte,** to initial an account (in the margin) (*b*) *vi* to be paid, to draw a salary (**à,** from).
emballage [ɑ̃balaʒ] *nm* (*a*) packing, wrapping (of parcels) (*b*) packing material; boxes, crates; package; **e. perdu,** (i) throwaway container (ii) non-returnable bottle.
emballement [ɑ̃balmɑ̃] *nm* **1.** (*of engine*) racing **2.** burst of enthusiasm.
emballer [ɑ̃bale] *vtr* **1.** (*a*) to pack (goods); to wrap (sth) up; *P:* **e. qn,** (*arrest*) to run s.o. in (*b*) (i) to race (the engine) (ii) *vi Sp:* to put on a spurt (*c*) *F:* to excite (s.o.); **être emballé par qch,** to be (mad) keen on sth **2. s'e.** (*a*) (*of horse*) to bolt (*b*) (*of engine*) to race (*c*) *F:* to get away.
embarcadère [ɑ̃barkadɛr] *nm* landing stage; wharf, quay.
embarcation [ɑ̃barkasjɔ̃] *nf* boat; small craft.
embardée [ɑ̃barde] *nf Nau:* yaw, lurch; *Aut:* swerve; **faire une e.,** to swerve (across the road).
embargo [ɑ̃bargo] *nm* embargo.
embarquement [ɑ̃barkəmɑ̃] *nm* **1.** embarcation (of passengers); loading (of goods) **2.** boarding (ship, aircraft).
embarquer [ɑ̃barke] **1.** *vtr* to embark (passengers); to put (passengers) on (train, bus); to ship (goods); *F:* to pinch, to walk off with; *Fig:* **e. qn dans un procès,** to involve s.o. in a lawsuit; *F:* **e. un voleur,** to run in a thief **2.** *vi & pr* (*a*) to embark; **(s')e. (sur un navire),** to board (ship) (*b*) **s'e. dans une entreprise,** to embark on an undertaking.
embarras [ɑ̃bara] *nm* **1.** (*a*) **e. de voitures,** traffic block (*b*) **e. gastrique,** stomach upset; bilious attack **2.** (*a*) difficulty, trouble; **se trouver dans l'e.,** to be in (financial) difficulties; **tirer qn d'e.,** to help s.o. out of a difficulty (*b*) *F:* **faire des e.,** to make a fuss **3.** (*a*) embarrassment; hesitation; **n'avoir que l'e. du choix,** to have too much to choose from; **je suis dans l'e.,** I'm in a fix (*b*) embarrassment, confusion.
embarrassant [ɑ̃barasɑ̃] *a* **1.** cumbersome **2.** (*a*) perplexing (*b*) embarrassing, awkward.
embarrasser [ɑ̃barase] *vtr* **1.** (*a*) to encumber, hamper (s.o.); to obstruct; **est-ce que ma valise vous embarrasse?** is my case in your, in the, way? (*b*) to embarrass; (i) to trouble, bother (s.o.) (ii) to perplex, puzzle (s.o.) (iii) to make (s.o.) feel awkward **2. s'e.** (*a*) to burden, encumber, oneself (with sth) (*b*) (i) to trouble oneself (about sth) (ii) to feel embarrassed. **embarrassant** *a* **1.** cumbersome; awkward **2.** (*a*) puzzling (*b*) embarrassing. **embarrassé** *a* **1.** hampered (movements); **avoir les mains embarrassées,** to have one's hands full; **avoir l'estomac embarrassé,** to have an upset stomach **2.** (*a*) puzzled (*b*) embarrassed.
embauchage [ɑ̃boʃaʒ] *nm* engaging, taking on, hiring (of workmen).
embauche [ɑ̃boʃ] *nf* **1.** = **embauchage 2. chercher de l'e.,** to look for a job.
embaucher [ɑ̃boʃe] **1.** *vtr* to engage, take on, sign on, to hire **2.** *vi F:* to look for staff, to recruit.
embaumement [ɑ̃bommɑ̃] *nm* embalming.
embaumer [ɑ̃bome] *vtr* **1.** to embalm (corpse) **2.** (*a*) to perfume, scent; **air embaumé,** balmy air (*b*) *vi* to be fragrant (*c*) to smell of (sth).
embellir [ɑ̃bɛlir] **1.** *vtr* to embellish; to improve (s.o.'s) looks **2.** to improve (in looks).
embellissement [ɑ̃bɛlismɑ̃] *nm* **1.** embellishing, improving **2.** improvement (in looks) **3.** embellishment.
embêtement [ɑ̃bɛtmɑ̃] *nm F:* annoyance; **j'ai des embêtements,** I'm in difficulties.
embêter [ɑ̃bete] *vtr F:* **1.** to annoy; **ça m'embête d'y aller,** (i) I can't be bothered to go there (ii) it's a nuisance having to go there **2. s'e.,** to be, to get, bored. **embêtant** *a F:* (*a*) annoying (*b*) tiresome; boring.
emblée (d') [dɑ̃ble] *adv phr* directly; right away; straight off.
emblème [ɑ̃blɛm] *nm* **1.** (*a*) emblem, device (*b*) badge, crest **2.** symbol, sign.
embobiner [ɑ̃bɔbine] *vtr F:* to hoodwink (s.o.).
emboîter [ɑ̃bwate] *vtr* (*a*) to encase; (*of shoe*) to fit (*b*) to fit (things) together; to joint; **les pièces s'emboîtent,** the pieces fit together (*c*) **e. le pas à qn,** (i) to follow in, to dog, s.o.'s footsteps (ii) to follow suit.
embonpoint [ɑ̃bɔ̃pwɛ̃] *nm* stoutness; **prendre de l'e.,** to get fat.
embouchure [ɑ̃buʃyr] *nf* **1.** *Mus:* mouthpiece **2.** mouth (of river).
embourber (s') [sɑ̃burbe] *vpr* **1.** to stick, to get stuck, in the mud **2.** *Fig:* to get bogged down (**dans,** in).
embourgeoiser (s') [sɑ̃burʒwaze] *vpr Pej:* to become middle class.
embout [ɑ̃bu] *nm* tip (of umbrella, stick); nozzle (of hose).
embouteillage [ɑ̃butɛjaʒ] *nm* traffic jam; hold up; **pris dans un e.,** stuck, caught, in a traffic jam.
embouteiller [ɑ̃butɛje] *vtr Aut:* to block, to jam; **circulation embouteillée,** congested traffic.
emboutir [ɑ̃butir] *vtr* **1.** to stamp (metal); to emboss **2.** to bash (sth) in; **e. un arbre,** to crash (one's car) into a tree.
embranchement [ɑ̃brɑ̃ʃmɑ̃] *nm* **1.** branching (off) **2.** (road) junction **3.** (*a*) side road (*b*) *Rail:* branch line (*c*) *NatHist:* sub-kingdom.
embrancher [ɑ̃brɑ̃ʃe] **1.** *vtr* (*of road, etc*) to connect, link (**à,** to) **2.** *vpr* to join; **s'e. sur,** to join up with.
embrasement [ɑ̃brazmɑ̃] *nm* blaze (of fire); glow (of setting sun).
embraser [ɑ̃braze] *vtr* **1.** (*a*) to set (sth) ablaze (*b*) (*of sun*) to scorch (ground) (*c*) (*of sunset*) to set aglow **2. s'e.** (*a*) to catch fire (*b*) to glow.
embrassade [ɑ̃brasad] *nf* embrace; hug.
embrasser [ɑ̃brase] *vtr* **1.** (*a*) to embrace (s.o.); to hug (s.o.) (*b*) to kiss; **ils se sont embrassés,** they kissed; *Corr:* **je t'embrasse de tout mon cœur,** with much love (*c*) to take up (career); to seize (opportunity) **2.** to contain, include, take in; to cover (facts of a case).
embrasure [ɑ̃brazyr] *nf* embrasure; window, door, recess.
embrayage [ɑ̃brɛjaʒ] *nm Aut:* **1.** engaging (of the clutch) **2.** clutch.
embrayer [ɑ̃brɛje] *vtr* (**j'embraie, j'embraye**) *MecE:* to connect, couple, engage; *vi* (i) to engage the gear (ii) *Aut:* to let in the clutch.
embrigader [ɑ̃brigade] *vtr* to enrol, to recruit.
embrocher [ɑ̃brɔʃe] *vtr Cu: & Fig:* to skewer.

embrouillamini [ɑ̃brujamini] *nm F:* muddle, mix-up.

embrouillement [ɑ̃brujmɑ̃] *nm* **1.** entanglement **2.** confusion (of ideas); jumbled state (of things).

embrouiller [ɑ̃bruje] *vtr* **1.** (*a*) to tangle (thread) (*b*) to confuse, muddle; **e. la question,** to cloud, confuse, the issue **2. s'e.** (*a*) (*of threads*) to get tangled (*b*) (*of pers*) to get muddled, confused.

embroussaillé [ɑ̃brusaje] *a* bushy, covered with bushes; *F:* tousled (hair).

embrumer [ɑ̃bryme] *vtr* **1.** to cover (landscape) with mist, haze, fog; *Fig:* to cloud, confuse **2. s'e.,** to mist over. **embrumé** *a* misty; clouded.

embrun [ɑ̃brœ̃] *nm usu pl* spray, spindrift.

embryon [ɑ̃briɔ̃] *nm Biol:* embryo. **embryonnaire** *a* embryonic.

embûche [ɑ̃byʃ] *nf usu pl* pitfall; trap.

embuer [ɑ̃bɥe] *vtr* (*of steam*) to mist up, over; to cloud (glass).

embuscade [ɑ̃byskad] *nf* ambush; **se tenir en e.,** to lie in ambush.

embusquer (s') [sɑ̃byske] *vpr* to lie in ambush.

éméché [emeʃe] *a F:* (a bit) tipsy.

émeraude [ɛmrod] **1.** *nf* emerald **2.** *a inv & nf* emerald green.

émergence [emɛrʒɑ̃s] *nf* emergence.

émerger [emɛrʒe] *vi* (**n. émergeons**) to emerge.

émeri [ɛmri] *nm* emery; **toile (d')é.,** emery cloth.

émerveillement [emɛrvɛjmɑ̃] *nm* amazement, wonder; **c'était un é.,** it was wonderful.

émerveiller [emɛrvɛje] *vtr* **1.** to amaze; to fill (s.o.) with (i) wonder (ii) admiration **2. s'é.,** to marvel, to be filled with wonder (**de,** at).

émétique [emetik] *a & nm* emetic.

émetteur, -trice [emɛtœr, -tris] **1.** *a* (*a*) issuing (banker) (*b*) *WTel:* **poste é.,** transmitter **2.** *nm WTel:* transmitter.

émetteur-récepteur [emɛtœresɛptœr] *nm WTel:* transmitter-receiver; *pl émetteurs-récepteurs.*

émettre [emɛtr] *vtr* (*conj like* METTRE) **1.** (*a*) to emit (sound, heat); to give off (fumes); to give out (heat) (*b*) to express (opinion, wishes) (*c*) *WTel:* (i) to transmit, broadcast **2.** to issue banknotes; to draw (cheque).

émeute [emøt] *nf* riot; **chef d'é.,** ringleader.

émeutier, -ière [emøtje, -jɛr] *n* rioter.

émietter [emjɛte] *vtr* **1.** (*a*) to crumble (up) (bread) (*b*) to fritter away (a fortune) **2. s'é.,** (*of biscuit*) & *Fig:* to crumble.

émigrant, -ante [emigrɑ̃, -ɑ̃t] **1.** *a* emigrating **2.** *n* emigrant.

émigration [emigrasjɔ̃] *nf* emigration.

émigré, -ée [emigre] *n* (*a*) *Hist:* émigré (*b*) (political) exile, refugee.

émigrer [emigre] *vi* to emigrate.

émincer [emɛ̃se] *vtr* (**j'éminçai(s)**) to slice finely, thinly; to shred (vegetables). **émincé** *nm* thin slice; (*dish*) émincé.

éminence [eminɑ̃s] *nf* (*a*) rise, hill, height (*b*) eminence, distinction; *Ecc:* (*cardinal*) Eminence; **l'é. grise,** the power behind the throne. **éminent** *a* eminent; distinguished. **éminemment** *adv* eminently.

émissaire [emisɛr] *nm* emissary; *a* **bouc é.,** scapegoat.

émission [emisjɔ̃] *nf* **1.** (*a*) emission; utterance (of sound); sending out (of signals) (*b*) *WTel:* (i) transmission (ii) broadcasting **2.** issue (of tickets, banknotes) **3.** *TV:* broadcast, programme.

emmagasinage [ɑ̃magazinaʒ] *nm* storage; accumulation.

emmagasiner [ɑ̃magazine] *vtr* **1.** to store, warehouse **2.** to accumulate (energy).

emmailloter [ɑ̃majɔte] *vtr* to swaddle (baby); to bind up, wrap up (limb).

emmanchure [ɑ̃mɑ̃ʃyr] *nf Cl:* arm hole.

emmêlement [ɑ̃mɛlmɑ̃] *nm* **1.** tangling **2.** tangle, muddle.

emmêler [ɑ̃mɛle] *vtr* **1.** (*a*) to tangle (*b*) to mix up (facts); to muddle (story) **2. s'e.,** to become tangled, mixed up; to get into a tangle, a muddle.

emménagement [ɑ̃menaʒmɑ̃] *nm* moving in.

emménager [ɑ̃menaʒe] *vi* (**j'emménageai(s)**) to move in; **e. dans,** to move into.

emmener [ɑ̃mne] *vtr* (**j'emmène**) to take (s.o.) away, out; **je vous emmène avec moi,** I am taking you with me; **emmenez-le!** take him away! **e. qn au théâtre,** to take s.o. to the theatre.

emmerdement [ɑ̃mɛrdəmɑ̃] *nm P:* trouble, problem.

emmerder [ɑ̃mɛrde] *P:* **1.** *vtr* (*a*) to annoy, bug (s.o.); to bore (s.o.) stiff (*b*) **je l'emmerde,** he can go and get stuffed **2. s'e.** (*a*) to be, get, bored stiff (*b*) **s'e. à faire qch,** to bother to do sth.

emmerdeur, -euse [ɑ̃mɛrdœr, -øz] *n P:* pain in the neck; bloody nuisance.

emmitoufler [ɑ̃mitufle] *vtr* to wrap (s.o.) up; **s'e.,** to wrap (oneself) up.

emmurer [ɑ̃myre] *vtr* to immure, wall in.

émoi [emwa] *nm* emotion, agitation; **en é.,** agog, excited.

émoluments [emɔlymɑ̃] *nmpl* emoluments, salary.

émotion [emosjɔ̃] *nf* emotion; **vive é.,** excitement; thrill; **j'ai eu une é.,** I've had a shock. **émotif, -ive** *a* emotive. **émotionnel, -elle** *a* emotional.

émotionner [emosjɔne] *vtr P:* to touch, move, upset, s.o.; **s'é.,** to get excited.

émotivité [emɔtivite] *nf* emotionalism.

émoulu [emuly] *a F:* **frais é. (du collège),** fresh out of school.

émousser [emuse] *vtr* (*a*) to blunt (edge, pencil) (*b*) to dull, deaden (senses); to take the edge off (appetite).

émoustiller [emustije] *vtr* (*of wine, etc*) to loosen up; to make (s.o.) merry.

émouvoir [emuvwar] *vtr* (*pp* **ému;** *otherwise conj like* MOUVOIR) **1.** to move, touch; **facile à é.,** emotional **2. s'é.** (*a*) to get, excited (*b*) to be touched, moved; **sans s'é.,** calmly. **émouvant** *a* moving, touching.

empailler [ɑ̃pɑje] *vtr* to stuff (animal).

empailleur, -euse [ɑ̃pɑjœr, -øz] *n* taxidermist.

empaler [ɑ̃pale] **1.** *vtr* to impale **2. s'e.,** to impale oneself (**sur,** on).

empaqueter [ɑ̃pakte] *vtr* (**j'empaquette**) to pack (sth) up; to wrap (sth) up.

emparer (s') [sɑ̃pare] *vpr* **s'e. de qch.,** to seize, take hold of sth.

empâter [ɑ̃pɑte] *vtr* **1.** to thicken **2. s'e.,** to get fatter. **empâté** *a* fleshy, fat.

empêchement [ɑ̃pɛʃmɑ̃] *nm* obstacle, hindrance; hitch; **j'ai eu un e.,** I was detained.

empêcher [ɑ̃peʃe] *vtr* **1.** to prevent, hinder, impede; **e. qn de faire qch,** to prevent s.o. from doing sth; *impers* **(il) n'empêche que cela nous a coûté cher,** all the same, it has cost us a lot; *F:* **n'empêche,** (i) all the same (ii) so what? **2. s'e.,** (*usu neg*) to refrain **(de,** from); **je ne pouvais m'e. de rire,** I couldn't help laughing. **empêché** *a* held up, detained.

empereur [ɑ̃prœr] *nm* emperor.

empeser [ɑ̃pəze] *vtr* **(j'empèse)** to starch (linen). **empesé** *a* starched (collar); stiff, starchy, formal (manner, style).

empester [ɑ̃pɛste] **1.** *vtr* to make (place) stink; **air empesté par le tabac,** air reeking of tobacco **2.** *vi* to stink; **e. le tabac,** to stink of tobacco.

empêtrer (s') [sɑ̃pɛtre] *vpr* to become entangled, to get tangled up; **s'e. dans une mauvaise affaire,** to get mixed up in a bad business.

emphase [ɑ̃faz] *nf* bombast; pomposity. **emphatique** *a* bombastic; pompous.

empiétement [ɑ̃pjɛtmɑ̃] *nm* encroachment, trespass **(sur,** on).

empiéter [ɑ̃pjete] *vi* **(j'empiète; j'empiéterai) e. sur le terrain de qn,** to encroach (up)on s.o.'s land; **e. sur les droits de qn,** to infringe s.o.'s rights; **e. sur le domaine de qn,** to trespass on s.o.'s domain.

empiffrer (s') [sɑ̃pifre] *vpr P:* to stuff, gorge, oneself **(de,** with).

empilement [ɑ̃pilmɑ̃] *nm* (*a*) stacking, piling (up) (*b*) stack, pile.

empiler [ɑ̃pile] *vtr* **1.** to stack, to pile (up) **2.** (*of books*) **s'e.,** to pile up; **s'e. dans un ascenseur,** to pile, crowd, into a lift.

empire [ɑ̃pir] *nm* **1.** (*a*) dominion; sway; **sous l'e. d'un tyran,** under the rule of a tyrant (*b*) influence, control; **e. sur soi-même,** self-control; **sous l'e. de la colère,** in a fit of anger **2.** empire.

empirer [ɑ̃pire] *vi* to grow worse, to worsen.

empirisme [ɑ̃pirism] *nm* empiricism. **empirique** *a* empirical.

emplacement [ɑ̃plasmɑ̃] *nm* **1.** site, location **2.** parking place.

emplâtre [ɑ̃plɑtr̥] *nm* (*a*) *Pharm:* plaster (*b*) *F:* **c'est un e.,** he's completely spineless (*c*) *F:* (*food*) stodge.

emplette [ɑ̃plɛt] *nf* purchase; **aller faire ses emplettes,** to go shopping.

emplir [ɑ̃plir] *vtr* **1.** to fill (up) **2. s'e.,** to fill up.

emploi [ɑ̃plwa] *nm* **1.** use, employment (of sth); usage (of word); **mode d'e.,** directions for use; **e. du temps,** timetable (of work); **faire double e.,** to be superfluous **2.** employment, post; job; **être sans e.,** to be unemployed.

employé, -ée [ɑ̃plwaje] *n* employee; **e. de magasin,** shop assistant, *NAm:* sales clerk; **e. de banque,** bank clerk; **e. (de bureau),** office worker.

employer [ɑ̃plwaje] *vtr* **(j'emploie) 1.** (*a*) to employ, use (sth); **bien e. son temps,** to make the most of one's time; **ne savoir à quoi e. son temps,** to have no idea how to spend one's time (*b*) (i) to employ (workmen, staff) (ii) **e. qn,** to make use of s.o.'s services **2.** (*a*) **s'e. à faire qch,** to occupy oneself, to spend one's time, (in) doing sth (*b*) **mot qui s'emploie au figuré,** word used in the figurative.

employeur, -euse [ɑ̃plwajœr, -øz] *n* employer.

empocher [ɑ̃pɔʃe] *vtr* to pocket (money).

empoignade [ɑ̃pwaɲad] *nf* quarrel, row.

empoigner [ɑ̃pwaɲe] *vtr* **1.** (*a*) to grasp, seize, grip (*b*) **ils se sont empoignés,** they had a set-to **2.** to thrill, grip (reader).

empoisonnement [ɑ̃pwazɔnmɑ̃] *nm* (*a*) poisoning (*b*) *F:* **quel e.!** what a nuisance!

empoisonner [ɑ̃pwazɔne] *vtr* **1.** to poison (s.o.); *vi* (*of plant*) to be poisonous **2.** to poison (food); to infect (the air) **3.** *F:* to bore (s.o.) stiff; to pester (s.o.) **4. s'e.** (*a*) to take poison; to get food poisoning (*b*) *F:* to get bored. **empoisonnant** *a F:* annoying.

emporté [ɑ̃pɔrte] *a* quick-tempered, hot-headed.

emportement [ɑ̃pɔrtəmɑ̃] *nm* (fit of) anger; **répondre avec e.,** to reply angrily.

emporte-pièce [ɑ̃pɔrtəpjɛs] *nm inv Tls:* punch; *Cu:* pastry cutter; **mots à l'e.-p.,** cutting words.

emporter [ɑ̃pɔrte] *vtr* **1.** to carry, take, away; **ils ont emporté de quoi manger,** they took some food with them; **plats à e.,** take-away food **2.** (*a*) to carry, tear, sweep (s.o., sth) away; (*of illness*) to carry off; **le vent emporta son chapeau,** the wind blew off his hat; **cette moutarde vous emporte la bouche,** this mustard takes the roof off your mouth (*b*) to take (a fort) (by assault); **e. la journée,** to win the day **3. se laisser e. par la colère,** to give way to anger **4. l'e. sur qn,** to get the better of s.o. **5. s'e.** (*a*) to lose one's temper (*b*) (*of horse*) to bolt.

empoté [ɑ̃pɔte] *a & n F:* awkward, clumsy (person).

empourprer (s') [sɑ̃purpre] *vpr* to turn crimson; (*of pers*) to flush.

empreindre (s') [sɑ̃prɛ̃dr̥] *vpr* (*conj like* PEINDRE) to be stamped **(de,** with); **empreint de,** stamped with.

empreinte [ɑ̃prɛ̃t] *nf* impression, (im)print, stamp; **e. des roues,** track of the wheels; **e. de pas,** footprint; **e. digitale,** fingerprint; **e. du génie,** stamp of genius.

empressement [ɑ̃prɛsmɑ̃] *nm* (*a*) eagerness, readiness, willingness; **mettre beaucoup d'e. à faire qch,** to show great keenness in doing sth (*b*) **témoigner de l'e. auprès de qn,** to pay marked attention to s.o.

empresser (s') [sɑ̃prese] *vpr* **s'e. de faire qch,** to hasten to do sth; **s'e. auprès de qn,** (i) to dance attendance on s.o. (ii) to pay marked attention to s.o. **empressé** *a* eager, attentive; *n* **faire l'e.,** to be very eager, attentive.

emprise [ɑ̃priz] *nf* ascendancy (over pers, mind); hold (on s.o.); **sous l'e. de,** under the influence of.

emprisonnement [ɑ̃prizɔnmɑ̃] *nm* imprisonment; **5 ans d'e.,** 5 years in prison.

emprisonner [ɑ̃prizɔne] *vtr* to imprison.

emprunt [ɑ̃prœ̃] *nm* **1.** borrowing; **faire un e. à qn,** to borrow (money) from s.o.; **nom d'e.,** assumed name **2.** *Com:* loan **3.** *Ling:* borrowed word; **un e. à l'anglais,** a borrowing from English.

emprunter [ɑ̃prœ̃te] *vtr* to borrow **(à,** from); **e. un nom,** to assume a name; **le cortège emprunta la rue de Rivoli,** the procession took, went down, the Rue de Rivoli. **emprunté** *a* selfconscious, stiff (manner).

emprunteur, -euse [ɑ̃prœ̃tœr, -øz] *n* borrower.

empuantir [ɑ̃pɥɑ̃tir] *vtr* to infect (the air); to make (sth) stink.

ému [emy] *a* moved, touched; **il était tout é.,** he was quite overcome; **se sentir un peu é.,** to feel a bit nervous; **d'une voix émue,** in a voice charged with emotion.

émulation [emylasjɔ̃] *nf* emulation, rivalry.

émule [emyl] *n* emulator, rival.

émulsion [emylsjɔ̃] *nf* emulsion.

en[1] [ɑ̃] *prep* **1.** (*place*) (*a*) (*without def art*) **aller en ville,** to go (in)to town; **en ville,** in town; **partir en mer,** to go to sea; **venir en avion,** to come by air; **en tête,** at the head; **la suite en quatrième page,** continued on page four; (*with f names of countries*) **aller en France,** to go to France (*b*) (*with pers pron*) **il y a quelque chose en lui que j'admire,** there is something I admire about him; **un homme en qui j'ai confiance,** a man whom I trust (*c*) **en votre honneur,** in your honour; **regarder en l'air,** to look up at the sky; **le mariage aura lieu en l'église Saint-Jean,** the marriage will be celebrated at St John's church **2.** (*time*) (*a*) **en été,** in summer; **né en 1945,** born in 1945; **d'aujourd'hui en huit,** today week (*b*) **on peut y aller en 5 heures,** you can get there in 5 hours (*c*) **en l'an 1800,** in (the year) 1800; **en ce temps-là,** in those days; **en son absence,** during his absence **3.** (*a*) (*state*) **être en deuil,** to be in mourning; **en vacances,** on holiday; **peindre qch en bleu,** to paint sth blue; **en réparation,** under repair (*b*) (*material*) **montre en or,** gold watch (*c*) (*manner*) **escalier en spirale,** spiral staircase; **docteur en médecine,** doctor of medicine; **fort en maths,** good at maths (*d*) (*change, division*) into; **briser qch en morceaux,** to break sth (in)to bits; **traduire une lettre en français,** to translate a letter into French (*e*) **de mal en pis,** from bad to worse; **d'année en année,** year by year **4. envoyer qch en cadeau,** to send sth as a present; **agir en honnête homme,** to act like an honest man; **déguisé en cow-boy,** dressed as a cowboy; **prendre la chose en philosophe,** to take the thing philosophically **5.** (*with gerund*) **il marchait en lisant son journal,** he walked along reading his paper; **en ne disant rien,** by saying nothing; **elle sortit en dansant,** she danced out of the room; **en arrivant à Paris,** on arriving in Paris; **en attendant,** in the meantime.

en[2] *unstressed adv and pron* **1.** *adv* (*a*) from there; **vous avez été à Londres?—oui, j'en arrive,** you've been to London?—yes, I've just come from there (*b*) on that account; **si vous étiez riche, en seriez-vous plus heureux?** if you were rich, would you be happier for it, any the happier? **2.** *pron inv* (*a*) (*standing for n governed by* **de**) of (from, by, with, about) him, her, it, them; **j'aime mieux ne pas en parler,** I would rather not talk about it; **les rues en sont pleines,** the streets are full of it, of them; **qu'en pensez-vous?** what do you think about it, them? **elle en est morte,** she died of, from, it (*b*) (*quantity*) **combien avez-vous de chevaux?—j'en ai trois,** how many horses have you got?—I have three; **combien en voulez-vous?** how many, much, do you want? (*c*) (*replacing the possessive, of thgs*) **j'ai la valise, mais je n'en ai pas la clef,** I have the suitcase but I haven't got the key for it (*d*) (*standing for a clause*) **il ne l'a pas fait, mais il en est capable,** he didn't do it but he's quite capable of it (*e*) some, any; **j'en ai,** I have some; **je n'en ai pas,** I have none, I haven't any (*f*) (*indeterminate use*) **si le cœur vous en dit,** if you feel so inclined; **il en est ainsi,** that's the way it is (*g*) (*after imperative*) **prenez-en dix,** take ten (of them); **va-t'en,** go away.

ENA [ena] *abbr École nationale d'administration.*

enamourer (s') [sɑ̃namure] *vpr* to fall in love (**de,** with).

encadrement [ɑ̃kadrəmɑ̃] *nm* **1.** framing **2.** framework; frame; **dans l'e. de la porte,** in the doorway.

encadré [ɑ̃kadre] *nm* boxed insert.

encadrer [ɑ̃kadre] *vtr* **1.** to frame (picture); to surround; **prévenu encadré par deux gendarmes,** accused man flanked by two policemen; *F:* **il a encadré un arbre,** he wrapped his car round a tree **2.** to supervise, train (students, etc) **3.** *F:* **je ne peux pas l'e.,** I can't stand him.

encaissement [ɑ̃kɛsmɑ̃] *nm* cashing (of cheque); receipt, collection (of money).

encaisser [ɑ̃kɛse] *vtr* (*a*) to cash; to receive, collect (money) (*b*) *F:* **e. un coup,** to take a blow; **il sait e.,** he can take it; **je ne peux pas l'e.,** I can't stand him. **encaissé** *a* boxed in; deeply embanked (river); sunken (road).

encaisseur [ɑ̃kɛsœr] *nm* collector (of money); payee (of cheque); (bank) cashier.

encan (à l') [alɑ̃kɑ̃] *adv Litt:* **vendre qch à l'e.,** to sell sth at public auction.

encapuchonner [ɑ̃kapyʃɔne] to put a hood on (s.o., sth). **encapuchonné** *a* hooded.

encart [ɑ̃kar] *nm* insert.

encarter [ɑ̃karte] *vtr* to insert (leaflet, etc).

en-cas [ɑ̃ka] *nm inv* snack.

encastrable [ɑ̃kastrabl̩] *a* that can be built-in.

encastrer [ɑ̃kastre] *vtr* **1.** to embed; to fit (**dans,** into) **2. s'e.,** to fit (**dans,** into). **encastré** *a* built-in (furniture, oven, etc).

encaustique [ɑ̃kɔstik] *nf* wax, polish.

encaustiquer [ɑ̃kɔstike] *vtr* to wax, to polish.

enceindre [ɑ̃sɛ̃dr̩] *vtr* (*conj like* PEINDRE) to surround, encircle.

enceinte[1] [ɑ̃sɛ̃t] *nf* **1.** surrounding wall; fence **2.** enclosure **3. e. (acoustique),** loudspeaker(s).

enceinte[2] *af* pregnant; **e. de 5 mois,** 5 months pregnant.

encens [ɑ̃sɑ̃] *nm* incense.

encenser [ɑ̃sɑ̃se] *vtr* to cense (altar); to burn incense to (idol); *Fig:* to idolize.

encensoir [ɑ̃sɑ̃swar] *nm Ecc:* censer.

encerclement [ɑ̃sɛrkləmɑ̃] *nm* encircling.

encercler [ɑ̃sɛrkle] *vtr* to encircle; to shut in.

enchaînement [ɑ̃ʃɛnmɑ̃] *nm* chain, series, train (of ideas, events).

enchaîner [ɑ̃ʃɛne] *vtr* **1.** to chain up (s.o., dog); *Fig:* to curb (passions) **2.** (*a*) to link (up), connect (machinery, ideas); **e. la conversation,** to resume the conversation (*b*) *vi* (*in conversation*) to carry on, resume (*c*) *Cin:* to fade in **3. s'e.,** to link up; (*of events*) to follow on from each other.

enchantement [ɑ̃ʃɑ̃tmɑ̃] *nm* **1.** enchantment; **comme par e.,** as if by magic **2.** delight.

enchanter [ɑ̃ʃɑ̃te] *vtr* **1.** to enchant, bewitch **2.** to charm, delight; **cette idée ne l'enchante pas,** he's not taken with the idea. **enchanté** *a* **1.** enchanted, bewitched **2.** delighted (**de,** with); **e. (de faire votre connaissance),** delighted to meet you.

enchanteur, -eresse [ɑ̃ʃɑ̃tœr, -rɛs] **1.** *n* enchanter, enchantress **2.** *a* bewitching; enchanting.
enchâsser [ɑ̃ʃɑse] *vtr* **1.** to set (diamond, etc) **2.** to insert (sentence, etc).
enchère [ɑ̃ʃɛr] *nf* **une e.,** a bid; **les enchères, l'e.,** the bidding; **mettre aux enchères,** to auction, to put (sth) up for auction; **vente aux enchères,** auction.
enchérir [ɑ̃ʃerir] *vi* to make a higher bid; **e. sur qn,** (i) to outbid s.o. (ii) to go one better than s.o.
enchevêtrement [ɑ̃ʃ(ə)vɛtrəmɑ̃] *nm* (*a*) entanglement (*b*) tangle.
enchevêtrer [ɑ̃ʃvɛtre] *vtr* **1.** to mix up, confuse, tangle (up) **2. s'e.,** to get tangled up, mixed up.
enclave [ɑ̃klav] *nf* enclave.
enclaver [ɑ̃klave] *vtr* to enclose.
enclencher [ɑ̃klɑ̃ʃe] *vtr MecE:* to engage; to throw into gear; *Fig:* to set in motion.
enclin [ɑ̃klɛ̃] *a* inclined, disposed; prone (**à,** to).
enclore [ɑ̃klɔr] *vtr* (*conj like* CLORE) to enclose, fence in.
enclos [ɑ̃klo] *nm* enclosure; paddock.
enclume [ɑ̃klym] *nf* anvil; **être entre l'e. et le marteau,** to be between the devil and the deep blue sea.
encoche [ɑ̃kɔʃ] *nf* notch, nick (**à,** in).
encoignure [ɑ̃kɔɲyr] *nf* corner, angle (of room).
encoller [ɑ̃kɔle] *vtr* to paste (paper); to glue (wood).
encolure [ɑ̃kɔlyr] *nf* **1.** neck **2.** collar size.
encombre [ɑ̃kɔ̃bʀ] *nm* **sans e.,** without mishap, without difficulty.
encombrement [ɑ̃kɔ̃brəmɑ̃] *nm* (*a*) congestion; traffic jam; blocking (of telephone lines) (*b*) space (required); bulk.
encombrer [ɑ̃kɔ̃bre] *vtr* **1.** to encumber; to clutter up; to congest (the streets); **table encombrée de papiers,** table littered with papers; **e. qn,** to hamper s.o.; **e. le marché,** to glut the market **2. s'e.,** to burden oneself, to saddle oneself (**de,** with). **encombrant** *a* cumbersome; bulky; **il est e.,** he's always in the way. **encombré** *a* overcrowded (profession); saturated (market).
encontre (à l') [alɑ̃kɔ̃tʀ] *prep phr* **à l'e. de,** against; in opposition to, contrary to; **aller à l'e. de la loi,** to run counter to the law.
encore [ɑ̃kɔr] *adv* **1.** (*a*) still; **il court e.,** he's still at large (*b*) yet; **pas e.,** not yet; **un homme que je n'avais e. jamais vu,** a man I had never seen before (*c*) more, again; **e. une tasse de café,** another cup of coffee; **quoi e.?** what else? **pendant e. trois mois,** for three months longer; **réduire e. le prix,** to reduce the price still further; **e. une fois,** once more; **e. autant,** as much again; **e. pire,** still worse; **e. vous!** (what,) you again! **2.** moreover, furthermore; **non seulement stupide, mais e. têtu,** not only stupid, but also pigheaded **3.** (*restrictive*) (*a*) **hier e.,** only yesterday; **e. si on pouvait lui parler,** if only one could speak to him (*b*) (*with inversion*) **je n'ai qu'un ciseau, e. est-il émoussé,** I have only one chisel and even that is blunt; **e. vous aurait-il fallu me prévenir,** all the same you should have let me know (*c*) **il vous en donnera 10 francs, et e.!** he'll give you 10 francs for it, if that! (*d*) *conj phr* **e. (bien) que** + *sub,* (al)though; even though; **temps agréable e. qu'un peu froid,** pleasant weather if rather cold.
encouragement [ɑ̃kuraʒmɑ̃] *nm* encouragement.
encourager [ɑ̃kuraʒe] *vtr* (**n. encourageons**) to encourage (**à faire qch,** to do sth). **encourageant** *a* encouraging.
encourir [ɑ̃kurir] *vtr* (*conj like* COURIR) to incur.
encrassement [ɑ̃krasmɑ̃] *nm* dirtying; fouling, sooting (up); clogging.
encrasser [ɑ̃krase] **1.** *vtr* to clog up **2. s'e.,** to get clogged up.
encre [ɑ̃kʀ] *nf* ink; **e. de Chine,** Indian ink; **e. sympathique,** invisible ink; **écrit à l'e.,** written in ink.
encrier [ɑ̃krije] *nm* inkpot; inkstand; inkwell.
encroûter (s') [sɑ̃krute] *vpr Pej:* to get into a rut; to become fossilized.
encyclique [ɑ̃siklik] *a & nf* encyclical (letter).
encyclopédie [ɑ̃siklɔpedi] *nf* encyclop(a)edia. **encyclopédique** *a* encyclop(a)edic.
endémique [ɑ̃demik] *a* endemic (disease).
endettement [ɑ̃dɛtmɑ̃] *nm* **1.** running into debt **2.** debts.
endetter (s') [sɑ̃dɛte] *vpr* to get, run, into debt. **endetté** *a* in debt.
endeuiller [ɑ̃dœje] *vtr* to plunge into mourning; to cast gloom over (event).
endiablé [ɑ̃djable] *a* reckless, devil-may-care; wild, frenzied (music).
endiguer [ɑ̃dige] *vtr* **1.** to dam up (river) **2.** to (em)bank (river); to dyke (land) **3.** to hold back, contain (invasion).
endimancher (s') [sɑ̃dimɑ̃ʃe] *vpr* to put on one's Sunday best.
endive [ɑ̃div] *nf* chicory, *NAm:* endive.
endoctrinement [ɑ̃dɔktrinmɑ̃] *nm* indoctrination.
endoctriner [ɑ̃dɔktrine] *vtr* to indoctrinate.
endolori [ɑ̃dɔlɔri] *a* painful, sore; tender.
endommagement [ɑ̃dɔmaʒmɑ̃] *nm* damage, injury (**de,** to).
endommager [ɑ̃dɔmaʒe] *vtr* (**n. endommageons**) to damage, injure.
endormir [ɑ̃dɔrmir] *vtr* (*conj like* DORMIR) **1.** (*a*) to put, send, (s.o.) to sleep; to anaesthetize (patient); to bore (s.o.) (*b*) to deaden (pain) (*c*) **e. les soupçons,** to allay suspicion **2. s'e.,** to fall asleep. **endormant** *a F:* boring. **endormi** *a* **1.** (*a*) asleep, sleeping (*b*) sleepy **2.** (*of limb*) numb **3.** *F:* sluggish.
endossement [ɑ̃dosmɑ̃] *nm* (*a*) endorsing (*b*) endorsement.
endosser [ɑ̃dose] *vtr* **1.** to put on (clothes); **e. une responsabilité,** to shoulder, to assume, a responsibility **2.** to endorse (cheque).
endroit [ɑ̃drwa] *nm* **1.** place, spot; **par endroits,** here and there, in places; **à quel e.?** where? whereabouts? **il s'est arrêté de lire à cet e.,** he stopped reading at that point **2.** right side (of material); **à l'e.,** right way round, right way up; *Knit:* **une maille à l'e.,** knit one.
enduire [ɑ̃dɥir] *vtr* (*pp* **enduit;** *pr ind* **j'enduis;** *impf* **j'enduisais;** *fu* **j'enduirai**) to smear, cover, coat (**de,** with).
enduit [ɑ̃dɥi] *nm* coating; *Const:* plaster, render(ing).
endurance [ɑ̃dyrɑ̃s] *nf* endurance. **endurant** *a* resistant; tough.
endurcir [ɑ̃dyrsir] *vtr* **1.** to harden; **être endurci à la**

fatigue, to be inured to fatigue **2. s'e.** (*a*) to harden; to become hard (*b*) to become hardened (**à,** to). **endurci** *a* hardened (criminal); confirmed (batchelor).

endurcissement [ɑ̃dyrsismɑ̃] *nm* hardening; toughening (up); hardness, toughness.

endurer [ɑ̃dyre] *vtr* to endure, bear.

énergétique [enɛrʒetik] *a* (*a*) energizing (*b*) **dépense é.,** expenditure of energy.

énergie [enɛrʒi] *nf* **1.** energy; force, vigour; **avec é.,** forcefully; **sans é.,** listless(ly) **2.** (*a*) **é. atomique,** atomic energy, nuclear power (*b*) *Ind:* energy, (fuel and) power. **énergique** *a* (*a*) energetic (*b*) strong, drastic (measures); emphatic (gesture); forceful (kick). **énergiquement** *adv* energetically; forcefully; **s'y mettre é.,** to put one's back into it.

énergumène [enɛrgymɛn] *nm* fanatic; ranter.

énervement [enɛrvəmɑ̃] *nm* irritation; nervousness.

énerver [enɛrve] *vtr* **1.** (*a*) to enervate, weaken (*b*) **é. qn,** to get on s.o.'s nerves; to irritate s.o. **2. s'é.,** to become irritable, fidgety, nervy; to get worked up. **énervant** *a* irritating; nerve-racking; *F:* annoying, aggravating. **énervé** *a* irritated; on edge.

enfance [ɑ̃fɑ̃s] *nf* **1.** (*a*) childhood; *Fig:* infancy; **première e.,** infancy; **c'est l'e. de l'art,** it's child's play (*b*) boyhood; girlhood **2.** childishness; **retomber en e.,** to sink into one's second childhood, one's dotage.

enfant [ɑ̃fɑ̃] *n* **1.** (*a*) child; boy; girl; **e. trouvé,** foundling; **faire l'e.,** to behave childishly (*b*) *a* childlike; babyish (smile) (*c*) *F:* lad, fellow; **allons-y, mes enfants!** come on folks! (*d*) **manière bon e.,** good-natured manner **2.** (*a*) offspring; *F:* **c'est son e.,** it's his baby, his brainchild (*b*) **un e. de Paris,** a native of Paris. **enfantin** *a* **1.** childish **2.** elementary; **c'est e.,** it's child's play.

enfantement [ɑ̃fɑ̃tmɑ̃] *nm* **1.** childbirth **2.** giving birth (to literary work).

enfanter [ɑ̃fɑ̃te] *vtr & i* to give birth (to).

enfantillage [ɑ̃fɑ̃tijaʒ] *nm* childishness.

enfer [ɑ̃fɛr] *nm* hell; *F:* **aller à un train d'e.,** to go hell for leather; **bruit d'e.,** infernal noise.

enfermer [ɑ̃fɛrme] *vtr* **1.** (*a*) to shut (sth, s.o.) up; **e. qn à clef,** to lock s.o. up; **tenir qn enfermé,** to keep s.o. in confinement; *F:* **il est bon à e.,** he ought to be locked up (*b*) to shut, hem, in; to enclose **2. s'e.,** to lock oneself in; **s'e. dans le silence,** to maintain a stubborn silence.

enfiévrer [ɑ̃fievre] *vtr* (**j'enfièvre; j'enfiévrerai**) *Lit:* to excite, fire (imagination, etc).

enfilade [ɑ̃filad] *nf* **1.** succession (of doors); **maisons en e.,** row of houses **2.** *Mil:* enfilade.

enfiler [ɑ̃file] *vtr* **1.** (*a*) to thread (needle); to string (beads) (*b*) to go along (a street) (*c*) *F:* to slip on (clothes); to pull on (trousers, tights) **2. s'e.** (*a*) *F:* to down (a drink, food) (*b*) *F:* to be stuck with (a task).

enfin [ɑ̃fɛ̃] **1.** *adv* (*a*) finally, lastly, after all; **e. et surtout,** last but not least (*b*) in fact, in a word, in short (*c*) at last **2.** *int* (*a*) that's that! (*b*) **mais e., s'il acceptait!** but still, if he did accept! (*c*) **e.! ce qui est fait est fait,** anyhow, what's done is done.

enflammer [ɑ̃flame] *vtr* **1.** (*a*) to inflame; to ignite; to set (sth) on fire (*b*) to inflame (wound) (*c*) to excite, fire (s.o.) **2. s'e.** (*a*) to catch fire (*b*) (*of wound*) to become inflamed (*c*) (*of pers*) to be stirred up, to get excited; **s'e. de colère,** to flare up. **enflammé** *a* burning, blazing; fiery; glowing (cheeks); inflamed (wound); impassioned (speech).

enflé, -ée [ɑ̃fle] **1.** *a* swollen **2.** *n F:* idiot, twit.

enfler [ɑ̃fle] **1.** *vtr* to swell; **e. les joues,** to puff out one's cheeks **2.** *vi & pr* to swell; (*of river*) to rise.

enflure [ɑ̃flyr] *nf* swelling.

enfoncement [ɑ̃fɔ̃smɑ̃] *nm* **1.** driving in (of nail); breaking down (of door); sinking (in) **2.** hollow, depression; *Arch:* alcove, recess.

enfoncer [ɑ̃fɔ̃se] *v* (**n. enfonçons**) **1.** *vtr* (*a*) to drive (in) (nail); **e. la main dans sa poche,** to thrust one's hand into one's pocket; **e. son chapeau sur la tête,** to cram one's hat on one's head; *F:* **je ne peux pas lui e. ça dans la tête,** I can't get that into his head (*b*) to break open, break down (a door); *Fig:* **e. une porte ouverte,** to flog a dead horse (*c*) *F:* to get the better of s.o. **2.** *vi* to sink into (mud) **3. s'e.** (*a*) to penetrate, go deep (into sth); (*of floor*) to subside; to give way; **s'e. sous les couvertures,** to snuggle down under the bedclothes; **s'e. dans le crime,** to sink deeper into crime (*b*) **s'e. une aiguille dans le doigt,** to stick a needle in one's finger. **enfoncé** *a* sunken, deep (cavity); deep-set (eyes).

enfouir [ɑ̃fwir] *vtr* **1.** to bury **2. s'e.,** to hide oneself; to bury oneself.

enfouissement [ɑ̃fwismɑ̃] *nm* burying.

enfourcher [ɑ̃furʃe] *vtr* to mount (horse, bicycle); *F:* **e. son dada,** to get on one's hobby horse.

enfourchure [ɑ̃furʃyr] *nf* fork; crotch (of tree).

enfourner [ɑ̃furne] *vtr* to put (bread) in the oven, (pottery) in a kiln; *F:* to gobble (sth) up.

enfreindre [ɑ̃frɛ̃dr] *vtr* (*conj like* PEINDRE) to infringe.

enfuir (s') [sɑ̃fɥir] *vpr* (*conj like* FUIR) **1.** to flee, fly; to run away; to escape **2.** (*of liquid*) to run out.

enfumer [ɑ̃fyme] *vtr* to fill (room) with smoke; to smoke out (bees); **pièce enfumée,** smoky room.

engagé, -ée [ɑ̃gaʒe] **1.** *a* (*of writer*) committed **2.** *n Mil:* **e. (volontaire),** volunteer.

engagement [ɑ̃gaʒmɑ̃] *nm* **1.** (*a*) pawning (of object) (*b*) tying up (of capital) **2.** (*a*) promise, contract; commitment; **tenir ses engagements,** to meet one's obligations; **prendre un e.,** to enter into an engagement; **sans e.,** without obligation (*b*) engagement, appointment (of employee) (*c*) *Sp:* (i) entry (for event) (ii) fixture **3.** *Mil:* engagement **4.** commitment (to), alignment (with) (a cause).

engager [ɑ̃gaʒe] *vtr* (**n. engageons**) **1.** to pawn; **e. sa parole,** to pledge one's word **2.** to engage (worker, artiste) **3.** (*a*) to catch, entangle (rope); **e. qn dans une querelle,** to involve s.o. in a quarrel (*b*) to tie up (money) (*c*) to put (machinery) into gear (*d*) **e. la clef dans la serrure,** to fit, insert, the key in the lock **4.** to begin, start; to open (conversation); to enter (negotiations); **e. le combat,** to join battle; to engage **5. e. qn à faire qch,** to invite, urge, s.o. to do sth; **le beau temps nous engage à sortir,** the good weather makes us go out **6.** *vi* (*of machinery*) to come into gear. **s'engager** *vpr* **1. s'e. à faire qch,** to undertake, commit oneself, to do sth; **je suis trop engagé pour reculer,** I have gone too far to draw back **2.** (*a*) **s'e. chez qn,** to enter s.o.'s service (*b*) *Mil:* to enlist, to join up (*c*) **s'e. pour une course,** to enter for a race **3.** (*of rope*) to foul **4.** (*a*) **le tube s'engage dans l'ouverture,** the tube fits into the opening (*b*) **s'e. dans une rue,** to turn into a street (*c*) (*of battle*) to begin. **engageant** *a* engaging, prepossessing (manner).

engelure [ɑ̃ʒlyr] *nf* chilblain.

engendrer [ɑ̃ʒɑ̃dre] *vtr* **1.** to beget, father (child) **2.** to engender (strife); to generate (heat); to breed (disease).

engin [ɑ̃ʒɛ̃] *nm* **1.** engine, machine; device; **engins de pêche,** fishing tackle **2. e. amphibie,** amphibious craft; **e. balistique, téléguidé,** ballistic, guided, missile.

englober [ɑ̃glɔbe] *vtr* to include; to take in.

engloutir [ɑ̃glutir] *vtr* **1.** (*a*) to swallow, to gulp down (food) (*b*) to engulf; to swallow up (ship, fortune) **2.** (*of ship*) **s'e.,** to be engulfed.

engloutissement [ɑ̃glutismɑ̃] *nm* swallowing; gulping down; engulfing.

engorgement [ɑ̃gɔrʒəmɑ̃] *nm* (*a*) choking, blocking (*b*) obstruction.

engorger [ɑ̃gɔrʒe] *vtr* (**n. engorgeons**) to choke (up), stop (up); to block, clog.

engouement [ɑ̃gumɑ̃] *nm* infatuation, craze (**pour qn, qch,** for s.o., sth).

engouer (s') [sɑ̃gwe] *vpr* **s'e. de qn, de qch,** to become infatuated with s.o., to go crazy over sth.

engouffrer [ɑ̃gufre] *vtr* **1.** to engulf, swallow up **2. s'e.,** to be engulfed, swallowed up; **le train s'engouffra dans le tunnel,** the train plunged into the tunnel.

engourdir [ɑ̃gurdir] *vtr* **1.** to numb (limb); to dull (mind); to make (s.o.) sleepy **2. s'e.** (*a*) (*of limb*) to grow numb; to go to sleep (*b*) (*of mind*) to become dull.

engourdissement [ɑ̃gurdismɑ̃] *nm* numbness; dullness, sluggishness.

engrais [ɑ̃grɛ] *nm* (*a*) *Husb:* fattening food; **mettre à l'e.,** to fatten up (cattle) (*b*) manure; **e. chimique,** (chemical) fertilizer.

engraissement [ɑ̃grɛsmɑ̃] *nm* fattening (of animals).

engraisser [ɑ̃grɛse] **1.** *vtr* (*a*) to fatten (*b*) to fertilize (land) **2.** *vi* to get fat; to put on weight.

engrenage [ɑ̃grənaʒ] *nm* gearing; gear; mesh (of circumstances); **être pris dans l'e.,** to get caught up in the system.

engueulade [ɑ̃gœlad] *nf P:* slanging match; row; **recevoir une e. de qn,** to get a severe talking-to from s.o.

engueuler [ɑ̃gœle] *vtr P:* to abuse, slang (s.o.); to blow (s.o.) up; **ils se sont engueulés,** they had a row.

enguirlander [ɑ̃girlɑ̃de] *vtr* **1.** to hang (room) with garlands **2.** *F:* to tell (s.o.) off.

enhardir [ɑ̃ardir] *vtr* (*a*) to make bolder; to give (s.o.) courage (*b*) **s'e.,** to pluck up courage.

énième [ɛnjɛm] *a F:* umpteenth, nth [ɛnθ].

énigme [enigm] *nf* enigma, riddle. **énigmatique** *a* enigmatic. **énigmatiquement** *adv* enigmatically.

enivrement [ɑ̃nivrəmɑ̃] *nm* intoxication, inebriation.

enivrer [ɑ̃nivre] **1.** *vtr* to intoxicate; to inebriate; to make (s.o.) drunk **2. s'e.,** to get drunk (**de,** on). **enivrant** *a* intoxicating.

enjambée [ɑ̃ʒɑ̃be] *nf* stride.

enjamber [ɑ̃ʒɑ̃be] *vtr* to step over, stride over (obstacle); (*of bridge*) to span (river).

enjeu, -eux [ɑ̃ʒø] *nm Gaming:* stake.

enjoindre [ɑ̃ʒwɛ̃dr] *vtr* (*conj like* JOINDRE) to enjoin (**à qn de faire qch,** s.o. to do sth).

enjôler [ɑ̃ʒole] *vtr* to coax, wheedle. **enjôleur, -euse 1.** *a* coaxing, wheedling **2.** *n* coaxer, wheedler.

enjoliver [ɑ̃ʒɔlive] *vtr* to beautify, embellish; to embroider (story).

enjoliveur [ɑ̃ʒɔlivœr] *nm Aut:* hubcap.

enjoué [ɑ̃ʒwe] *a* lively, sprightly.

enjouement [ɑ̃ʒumɑ̃] *nm* sprightliness.

enlacement [ɑ̃lasmɑ̃] *nm* **1.** intertwining **2.** embracing, clasping.

enlacer [ɑ̃lase] *vtr* (**n. enlaçons**) **1.** to intertwine **2.** to clasp (s.o.) in one's arms; to embrace, to hug (s.o.).

enlaidir [ɑ̃ledir] **1.** *vtr* to make (s.o.) ugly; to disfigure (landscape) **2.** *vi* to grow ugly.

enlèvement [ɑ̃lɛvmɑ̃] *nm* **1.** removal; carrying away; clearing away **2.** kidnapping; carrying off; *Jur:* abduction **3.** *Mil:* storming (of position).

enlever [ɑ̃lve] *vtr* (**j'enlève**) **1.** (*a*) to remove; to take off (clothes); to carry, take (away); **e. le couvert,** to clear the table; **e. une tache,** to remove, take out, a stain; **enlevé par la mer,** carried away, washed away, by the sea; **la mort l'a enlevé à 20 ans,** death carried him off at 20 (*b*) **e. qch à qn,** to take sth (away) from s.o. (*c*) to carry off; to kidnap; to abduct; **e. une course,** to win a race (*d*) *Mil:* to storm (position) (*e*) to raise; **e. le couvercle,** to take off the lid **2. s'e.** (*a*) (*of stain*) to come off (*b*) (*of goods*) to sell quickly, to be snapped up. **enlevé** *a* (*of sketch, music*) lively.

enlisement [ɑ̃lizmɑ̃] *nm* sinking (into quicksand).

enliser [ɑ̃lize] *vtr* **1.** (*of quicksand, mud*) to suck in, swallow up **2. s'e.,** to sink (into quicksand, bog); **s'e. dans les détails,** to get bogged down in details.

enneigement [ɑ̃nɛʒmɑ̃] *nm* snowing up; **bulletin d'e.,** snow report. **enneigé** *a* snow-covered.

ennemi [ɛnmi] **1.** *n* enemy; **se faire un e. de qn,** to make an enemy of s.o. **2.** *a* enemy (country); hostile (**de,** to).

ennui [ɑ̃nɥi] *nm* **1.** worry, anxiety; **créer des ennuis à qn,** to make trouble for s.o.; **quel e.!** what a nuisance!; **l'e., c'est que . . .** the annoying thing is that . . . **2.** boredom, tedium.

ennuyer [ɑ̃nɥije] *vtr* (**j'ennuie**) **1.** (*a*) to annoy, worry (s.o.); **cela vous ennuierait-il d'attendre?** would you mind waiting? (*b*) to bore (s.o.) **2. s'e.** (*a*) to be bored (*b*) **s'e. de qn,** to miss s.o. **ennuyeux, -euse** *a* (*a*) boring, tedious, tiresome, dull (*b*) annoying; **comme c'est e.!** what a nuisance!

énoncé [enɔ̃se] *nm* statement (of facts); terms (of a problem); text, wording (of an act); *Ling:* utterance.

énoncer [enɔ̃se] *vtr* (**n. énonçons**) to state (opinion, fact); to express (ideas).

énonciation [enɔ̃sjasjɔ̃] *nf* stating, statement (of fact).

enorgueillir (s') [sɑ̃nɔrgœjir] *vpr* **s'e. de qch,** to pride oneself on sth.

énormité [enɔrmite] *nf* **1.** (*a*) enormity; outrageousness (of demand) (*b*) enormousness, vastness, hugeness **2.** *F:* **commettre une é.,** to put one's foot in it badly; **dire des énormités,** to say the most awful things. **énorme** *a* enormous, huge; tremendous; outrageous; **ça m'a fait un bien é.**, it did me a power of good. **énormément** *adv* **1.** enormously, hugely; tremendously **2. é. de**, an enormous amount of; **é. de gens**, a great many people.

enquérir (s') [sãkerir] *vpr* (*conj like* ACQUÉRIR) to enquire, make enquiries (**de**, about); **s'e. du prix**, to enquire about the price.

enquête [ãkɛt] *nf* inquiry, investigation; (coroner's) inquest; **e. par sondage**, sample survey.

enquêter [ãkete] *vi* to make investigations; **e. sur une affaire**, to investigate a matter.

enquêteur, -euse [ãketœr, -øz] **1.** *a Jur:* **commissaire e.**, investigating commissioner **2.** *n* investigator; *Journ:* interviewer.

enquiquiner [ãkikine] *vtr F:* to infuriate, annoy.

enraciner [ãrasine] *vtr* **1.** to root (tree); to establish (principles) **2. s'e.**, to take root; (*of habit*) to become established. **enraciné** *a* deep-rooted, deep-seated.

enrager [ãraʒe] (**n. enrageons**) *vi* to fume, to be furious (**de faire**, about doing); **faire e. qn**, to make s.o. wild. **enragé 1.** *a* (*a*) mad, rabid (dog) (*b*) *F:* fanatical (**de**, about) (*c*) furious **2.** *n* **un e. de motos**, a motorbike fanatic.

enrayer [ãreje] *vtr* **1.** (*a*) to arrest, stop (disease) (*b*) to jam (machine) **2. s'e.**, to jam.

enrégimenter [ãreʒimãte] *vtr* (*a*) to enrol (helpers) (*b*) to regiment (staff).

enregistrement [ãr(ə)ʒistrəmã] *nm* **1.** registration, registry; recording; entering (up) (of an order); **e. des bagages**, luggage registration, *NAm:* checking; **bureau d'e.**, (i) registry office (ii) booking office (for luggage) **2.** (sound) recording; **e. sur bande**, tape recording.

enregistrer [ãr(ə)ʒistre] *vtr* **1.** (*a*) to record (facts); to register (a birth); to enter (up) (an order); **(faire) e.**, to register, to check in (luggage) (*b*) *F:* to memorize **2.** *Rec: TV: etc* to record; **e. sur bande**, to tape, to record on tape. **enregistreur, -euse 1.** *a* recording (device); **caisse enregistreuse**, cash register **2.** *nm* recorder; recording machine, instrument.

enrhumer [ãryme] *vtr* **1.** to give (s.o.) a cold; **être enrhumé**, to have a cold **2. s'e.**, to catch (a) cold.

enrichir [ãriʃir] *vtr* **1.** to enrich (**de**, with) **2. s'e.** (*a*) to grow rich (*b*) to grow, become, richer (**de**, with; **en**, in).

enrichissement [ãriʃismã] *nm* enriching; enrichment.

enrobage [ãrɔbaʒ] *nm Cu:* coating, covering.

enrober [ãrɔbe] *vtr Cu:* to coat, cover (**de**, in). **enrobé** *a F:* plump.

enrôlement [ãrolmã] *nm* enrolment; enlistment.

enrôler [ãrole] *vtr & vpr* to enrol; to enlist.

enrouement [ãrumã] *nm* hoarseness, huskiness.

enrouer [ãrwe] *vtr* **1.** to make hoarse **2. s'e.**, to get hoarse; **s'e. à force de crier**, to shout oneself hoarse. **enroué** *a* hoarse.

enrouler [ãrule] *vtr* **1.** (*a*) to roll up (map); to wind (cable) (*b*) to wrap (sth) up (**dans**, in) **2. s'e.**, (*a*) to wind, coil; to be wound (**autour de**, round) (*b*) **s'e. dans**, to roll, wrap, oneself up in.

ensabler (s') [sãsable] *vpr* (*of harbour, river*) to silt up; (*of car*) to get stuck in the sand.

ENSAM *abbr École nationale supérieure d'arts et métiers.*

ensanglanter [ãsãglãte] *vtr* to cover with blood; **mains ensanglantées**, bloodstained hands.

enseignant, -ante [ãsɛɲã, -ãt] **1.** *a* teaching **2.** *n* teacher.

enseigne [ãsɛɲ] **1.** *nf* (*a*) sign, token (of quality) (*b*) sign(board), shop sign; **e. au néon, lumineuse**, neon sign; *F:* **nous sommes tous logés à la même e.**, we're all in the same boat (*c*) *Mil:* ensign, colour **2.** *nm* (*a*) *Mil: Hist:* ensign (*b*) *Navy:* **e. (de vaisseau)**, lieutenant, *US:* ensign.

enseignement [ãsɛɲmã] *nm* (*a*) teaching; **il est dans l'e.**, he's a teacher; he teaches (*b*) **e. supérieur**, higher education; **e. par correspondance**, teaching by correspondence course.

enseigner [ãsɛɲe] *vtr* **1.** (*a*) to teach; **e. à qn à faire qch**, to teach s.o. to do sth; **e. l'anglais**, to teach English (*b*) **e. les enfants**, to teach children; **il enseigne**, he's a teacher.

ensemble [ãsãbl] **1.** *adv* (*a*) together; **aller bien e.**, to go well together; **on est bien e.**, we suit each other; **agir d'e.**, to act in concert, as a body (*b*) at the same time, at once **2.** *nm* (*a*) whole, entirety; **l'e. du travail**, the work as a whole; **vue d'e.**, general view; overall picture; **dans l'e.**, on the whole, by and large (*b*) cohesion, unity; **avec e.**, harmoniously; as one (*c*) **e. vocal**, vocal ensemble; **e. de couleurs**, harmonious (group of) colours (*d*) set (of tools); suite (of furniture); *Cl:* suit, outfit; **grand e.**, (i) housing development (ii) new town, *NAm:* planned community.

ensemblier [ãsãblije] *nm* interior decorator.

ensemencement [ãsmãsmã] *nm* sowing.

ensemencer [ãsmãse] *vtr* (**j'ensemençai(s)**) to sow (field).

ensevelir [ãsəvlir] *vtr* to bury; to shroud (corpse).

ensevelissement [ãsəvlismã] *nm* burial; shrouding (of corpse).

ensoleiller [ãsɔleje] *vtr* (*a*) to give sunlight to (sth); to shine on (sth) (*b*) to brighten (s.o.'s life). **ensoleillé** *a* sunny.

ensommeillé [ãsɔmeje] *a* sleepy, drowsy.

ensorceler [ãsɔrsəle] *vtr* (**j'ensorcelle**) (*a*) to bewitch (*b*) to captivate (s.o.).

ensorcellement [ãsɔrsɛlmã] *nm* **1.** sorcery, witchcraft **2.** *Fig:* **l'e. de Paris**, the spell of Paris.

ensuite [ãsɥit] *adv* after(wards), then; next, after that; **et e.?** what then? what next? **e. de quoi**, after which.

ensuivre (s') [sãsɥivr̥] *vpr* (*conj like* SUIVRE; *used only in the third pers*) to follow, ensue, result; **il s'ensuit que**, it follows that; *F:* **et tout ce qui s'ensuit**, and what not, and whatever, and all the rest of it.

entacher [ãtaʃe] *vtr Lit:* to sully (honour, etc).

entaille [ãtaj] *nf* (*a*) notch, nick; groove; slot; **à entailles**, notched (*b*) gash, cut, slash.

entailler [ãtaje] *vtr* (*a*) to notch, nick; to groove; to slot (*b*) to gash, cut, slash.

entame [ãtam] *nf* first cut, first slice.

entamer [ãtame] *vtr* **1.** to cut into (loaf); to open (bottle); to eat into (stone, metal); to damage (reputation); **e. son capital**, to break into one's capital **2.** to begin, start (conversation); **e. des relations avec qn**, to enter into relations with s.o.; **e. un sujet**, to broach a subject; *Cards:* **e. trèfles**, to open clubs.

entartrage [ãtartraʒ] *nm* furring (of boiler, etc).

entartrer [ãtartre] *vtr* to fur up.

entassement [ãtɑsmã] *nm* **1.** piling (up); crowding (in); packing together, cramming **2.** pile, heap.

entasser [ãtɑse] *vtr* **1.** (*a*) to accumulate; to pile, heap, (up); to stack (up) (cases); to amass (money) (*b*) to pack, crowd, cram (passengers, cattle) together **2. s'e.** (*a*) (*of thgs*) to pile up, to accumulate (*b*) (*of people*) to crowd together.

entendement [ãtãdmã] *nm* understanding.

entendeur [ãtãdœr] *nm used only in the phr* **à bon e. salut!** a word to the wise is enough.

entendre [ãtãdr] *vtr* **1.** to intend, mean; **e. faire qch,** to intend, mean, to do sth; **qu'entendez-vous par là?** what do you mean by that? **faites comme vous l'entendez,** do as you think best **2.** (*a*) to hear; **se faire e.,** to make oneself heard; **on ne s'entend plus ici,** one can't hear oneself speak here; **e. parler de qch,** to hear of sth; **je ne veux plus e. parler de lui,** I don't want to hear him mentioned again; **e. dire que** + *ind*, to hear it said that; **e. dire qch à qn,** to hear s.o. say sth; *vi* **il entend mal,** he is hard of hearing (*b*) to listen to (s.o., sth); **à vous e.,** judging from what you say; according to you; **il n'a rien voulu e.,** he would not listen **3.** (*a*) to understand; **il ne l'entend pas ainsi,** he doesn't see it that way; **donner à e. à qn,** (i) to lead s.o. to believe sth (ii) to give s.o. to understand sth; **laisser e. qch,** to imply, insinuate, sth; **il n'entend pas la plaisanterie,** he can't take a joke; **c'est entendu,** agreed; all right; **bien entendu!** of course! **entendu!** all right! OK! (*b*) to know all about (sth); **je n'y entends rien,** I don't know the first thing about it. **s'entendre** *vpr* **1.** to agree; to understand one another; **ils s'entendent bien,** they get on (well); **ils ne sont pas fait pour s'e.,** they are not suited to each other; **ils s'entendent comme larrons en foire,** they are as thick as thieves **2.** to be skilled (**à,** in); **s'e. aux affaires,** to be a good businessman, businesswoman.

entente [ãtãt] *nf* **1.** (*a*) understanding (**de,** of) (*b*) **mot à double e.,** word with a double meaning **2.** agreement, understanding (**entre,** between); **(bonne) e.,** good relationship; harmony; **e. cordiale,** friendly understanding.

entériner [ãterine] *vtr Jur:* to ratify, confirm.

entérite [ãterit] *nf Med:* enteritis.

enterrement [ãtɛrmã] *nm* (*a*) burial (*b*) funeral; *F:* **tête d'e.,** gloomy, funereal, expression.

enterrer [ãtɛre] *vtr* to bury; *Fig:* to scrap (a project); *F:* **il nous enterrera tous,** he will outlive us all.

en-tête [ãtɛt] *nm* (*a*) heading (of letter); **papier à en-t.,** headed notepaper (*b*) *Typ:* headline (of page), *NAm:* caption; *pl en-têtes.*

entêtement [ãtɛtmã] *nm* obstinacy, stubbornness.

entêter [ãtɛte] *vtr* **1.** (*of smell*) to give (s.o.) a headache **2. s'e. dans une opinion,** to persist in an opinion. **entêté** *a* stubborn, obstinate.

enthousiasme [ãtuzjasm] *nm* enthusiasm.

enthousiasmer [ãtuzjasme] *vtr* **1.** to fire (s.o.) with enthusiasm; **être enthousiasmé,** to be enthusiastic (**par,** about) **2. s'e.,** to become enthusiastic; **s'e. pour, de, sur,** to be enthusiastic about. **enthousiaste** *a* enthusiastic.

enticher (s') [sãtiʃe] *vpr* **s'e. de qn, de qch,** to become infatuated with s.o., sth; to have a passion for s.o., sth.

entier, -ière [ãtje, -jɛr] *a* **1.** entire, whole; **lait e.,** full-cream milk; **la France entière,** the whole of France; **pendant des heures entières,** for hours on end; **nombre e.,** *nm* **e.,** integer, whole number; **payer place entière,** to pay full fare **2.** complete, full (authority); **l'entière direction de qch,** the sole management of sth; **elle est toute entière à ce qu'elle fait,** she is intent on what she is doing **3.** *nm* entirety; **en e.,** entirely, in full, fully. **entièrement** *adv* entirely, wholly.

entité [ãtite] *nf* entity.

entomologie [ãtɔmɔlɔʒi] *nf* entomology. **entomologique** *a* entomological.

entonner [ãtɔne] *vtr* to strike up (song); **e. les louanges de qn,** to sing s.o.'s praises.

entonnoir [ãtɔnwar] *nm* funnel; **en (forme d')e.,** funnel-shaped.

entorse [ãtɔrs] *nf* sprain, wrench, strain (*esp* of the ankle); **faire une e. à la loi,** to infringe the law.

entortiller [ãtɔrtije] *vtr* **1.** (*a*) **e. qch dans qch,** to wind, twist, wrap, sth in sth, sth round sth (*b*) to wheedle; to get round (s.o.) **2. s'e.,** to wind, twist. **entortillé** *a* convoluted (explanation, etc).

entour [ãtur] *nm* **a l'e.,** around, round about.

entourage [ãturaʒ] *nm* **1.** setting, framework **2.** set, circle (of friends); attendants; entourage (of monarch).

entourer [ãture] *vtr* to surround (**de,** with); to fence in (field); to encircle (army); **s'e. d'amis,** to surround oneself with friends; **elle est bien entourée,** she has a good circle of friends; **il était très entouré,** he was the centre of attraction; **e. qn de soins,** to lavish attention on s.o.

entourloupette [ãturlupɛt] *nf F:* nasty trick.

entracte [ãtrakt] *nm Th:* **1.** interval; intermission **2.** interlude.

entraide [ãtrɛd] *nf* (*no pl*) mutual aid.

entraider (s') [sãtrede] *vpr* to help one another.

entrailles [ãtrɑj] *nfpl* **1.** entrails; bowels (of the earth) **2.** compassion; **être sans e.,** to be heartless.

entrain [ãtrɛ̃] *nm* liveliness, briskness; high spirits; drive; **plein d'e.,** lively; **manger avec e.,** to eat with gusto; **travailler avec e.,** to work with a will; **sans e.,** half-heartedly.

entraînement [ãtrɛnmã] *nm* **1.** (*a*) dragging (*b*) drive (of machine) **2.** training; coaching (of team); **être à l'e.,** to be in training.

entraîner [ãtrɛne] *vtr* **1.** (*a*) to drag, carry, along; (*of river*) to carry away; **il m'a entraîné chez lui,** he took me along to his home; **entraîné par le courant,** swept along by the current (*b*) to drive (part of machine) **2.** to seduce, inveigle (s.o.); **être entraîné dans un piège,** to be lured into a trap; **se laisser e.,** to allow oneself to be led astray **3.** to result in (sth); to entail, involve; **cela peut e. des inconvénients,** this could land one in difficulties **4.** *Sp:* to train (horse, athlete); to coach (team) **5. s'e.,** to train (**à, pour,** for); **s'e. à faire qch,** to practise doing sth. **entraînant** *a* captivating.

entraîneur [ãtrɛnœr] *nm* trainer; coach.

entrave [ãtrav] *nf* **1.** shackle, fetter **2.** hindrance, impediment (**à,** to).

entraver [ãtrave] *vtr* **1.** to shackle, fetter **2.** to hinder, impede; **e. la circulation,** to hold up the traffic.

entre [ɑ̃tr̥] *prep* **1.** between; **e. les arbres,** (in) between the trees; **e. les deux,** betwixt and between **2.** (*a*) among(st); **nous dînerons e. nous,** there won't be anyone else at dinner; **(soit dit) e. nous,** between you and me; **un homme dangereux e. tous,** a most dangerous man; **il l'admirait e. tous,** he admired him above all others; **ce jour e. tous,** this day of all days (*b*) **tomber e. les mains de l'ennemi,** to fall into the enemy's hands; **tenir qch e. les mains,** to hold sth in one's hands (*c*) **d'e.,** (from) among; **l'un d'e. eux,** one of them **3. ils s'accordent e. eux,** they agree among themselves.

entrebâillement [ɑ̃trəbɑjmɑ̃] *nm* narrow opening, chink (of door).

entrebâiller [ɑ̃trəbɑje] *vtr* to half-open (door); **la porte était entrebâillée,** the door was ajar.

entrebaîlleur [ɑ̃trəbajœr] *nm* door chain.

entrechoquer (s') [sɑ̃trəʃɔke] *vpr* (*a*) to collide (*b*) to knock against one another; (*of glasses*) to chink.

entrecôte [ɑ̃trəkot] *nf Cu:* steak cut from ribs; entrecote steak, rib steak.

entrecouper [ɑ̃trəkupe] *vtr* **1.** to punctuate, intersperse **(de,** with). **entrecoupé** *a* occasional (replies); faltering (voice).

entrecroiser [ɑ̃trəkrwaze] *vtr* **1.** to intersect, cross (lines) **2. s'e.,** to intersect, interlace; to criss-cross.

entre-deux [ɑ̃trədø] *nm inv* **1.** *Dressm:* insert **2.** *Sp:* jump ball **3. dans l'e.-d.,** in between.

entre-deux-guerres [ɑ̃trədøgɛr] *nm inv* inter-war period.

entrée [ɑ̃tre] *nf* **1.** entry, entering; **faire son e.,** to make one's entrance **2.** (*a*) admission, admittance (to club); **avoir son e., ses entrées, dans un lieu,** to have the run of a place; **e. interdite,** no admittance; **e. libre,** open to the public; *Com:* no obligation to buy (*b*) *Com:* import; *Cust:* entry; **droit d'e.,** import duty **3.** (*a*) way in; entrance; (entrance) hall; lobby (*b*) *Mch:* admission, inlet; *ICE:* **e. d'air,** air intake **4.** *Cu:* entrée **5.** headword (in dictionary).

entrefaite [ɑ̃trəfɛt] *nf* **sur ces entrefaites,** meanwhile, while all this was going on.

entrefilet [ɑ̃trəfilɛ] *nm Journ:* small item, insert.

entrejambes [ɑ̃trəʒɑ̃b] *nm Tail:* (*a*) crutch (*b*) **(longueur d')e.,** inside leg measurement.

entrelacement [ɑ̃trəlasmɑ̃] *nm* intertwining, interlacing; network (of branches).

entrelacer [ɑ̃trəlase] *vtr* **1.** (*conj like* LACER) to intertwine, interlace **2. s'e.,** to intertwine.

entremêler [ɑ̃trəmɛle] *vtr* **1.** to (inter)mix, (inter)mingle; to blend (colours) **2. s'e.,** to (inter)mix, (inter)mingle.

entremets [ɑ̃trəmɛ] *nm* **e. (sucré),** sweet, dessert (as dinner course).

entremetteur, -euse [ɑ̃trəmɛtœr, -øz] *n* go-between; mediator.

entremettre (s') [sɑ̃trəmɛtr̥] *vpr* (*conj like* METTRE) to mediate; to act as go-between.

entremise [ɑ̃trəmiz] *nf* (*a*) intervention (*b*) mediation; **agir par l'e. de qn,** to act through s.o.

entreposer [ɑ̃trəpoze] *vtr* to warehouse, to store.

entrepôt [ɑ̃trəpo] *nm* warehouse, store.

entreprenant [ɑ̃trəprənɑ̃] *a* enterprising.

entreprendre [ɑ̃trəprɑ̃dr̥] *vtr* (*conj like* PRENDRE) **1.** to undertake; to take (sth) in hand **2.** to contract for (piece of work).

entrepreneur [ɑ̃trəprənœr] *n* contractor; **e. (en bâtiment),** building contractor; **e. de transports,** carrier, forwarding agent; **e. de pompes funèbres,** undertaker.

entreprise [ɑ̃trəpriz] *nf* **1.** (*a*) enterprise; undertaking; venture (*b*) *Com: Ind:* firm; **e. commerciale,** business corporation **2.** contracting; **travail à l'e.,** work on, by, contract.

entrer [ɑ̃tre] *vi* (*aux* **être**) **1.** (*a*) to enter; to go in, to come in; **entrez!** come in! *PN:* **défense d'e.,** no admittance; **faire e. qn,** (i) to show s.o. in (ii) to call s.o. in; **e. en passant,** to drop in (on s.o.); **je ne fais qu'e. et sortir,** I just dropped in for a moment; **empêcher qn d'e.,** to keep s.o. out; **faire e. qch dans qch,** to insert sth in sth; *Th:* **Hamlet entre,** enter Hamlet; **e. en courant,** to run in (*b*) **e. dans l'armée, dans une carrière,** to join the army, to take up a career; **e. en fonction,** to take up one's duties (*c*) **e. en colère,** to get angry; **e. en ébullition,** to come to the boil **2.** to enter into, take part in (sth); **je n'entrerai pas dans l'affaire,** I will have nothing to do with the matter; **e. dans les idées de qn,** to agree with s.o.; **e. dans une catégorie,** to fall into a category **3.** *vtr* (*aux* **avoir**) to bring, let, put (sth) in; **e. des merchandises en fraude,** to smuggle in goods.

entresol [ɑ̃trəsɔl] *nm* mezzanine (floor).

entre-temps [ɑ̃trətɑ̃] *adv* meanwhile, in the meantime.

entretenir [ɑ̃trətnir] *vtr* (*conj like* TENIR) **1.** to maintain; to keep (sth) up; **e. une route,** to keep a road in repair; **e. son français,** to keep up one's French; **e. le feu,** to keep the fire going **2.** (*a*) to maintain, support (family) (*b*) **e. des soupçons,** to entertain, harbour, suspicions **3. e. qn (de qch),** to talk to s.o. (about sth) **4. s'e.,** to talk, converse **(avec,** with; **de,** about). **entretenu** *a* **1.** kept (woman) **2. jardin bien e.,** well-kept garden.

entretien [ɑ̃trətjɛ̃] *nm* **1.** upkeep, maintenance; servicing (of car, radio); **manuel d'e.,** service manual; **produits d'e.,** (household) cleaning materials **2.** support, maintenance (of family) **3.** conversation; interview; **j'ai eu un e. avec lui,** I had a talk with him.

entre-tuer (s') [sɑ̃trətɥe] *vpr* to kill each other.

entrevoir [ɑ̃trəvwar] *vtr* (*conj like* VOIR) to catch sight, catch a glimpse, of (s.o., sth); **j'entrevois des difficultés,** I foresee difficulties.

entrevue [ɑ̃trəvy] *nf* interview.

entrouvert [ɑ̃truvɛr] *a* ajar, half-open.

entrouvrir [ɑ̃truvrir] *vtr* (*conj like* OUVRIR) **1.** to half-open; to set (door) ajar **2. s'e.,** to half-open.

énumérer [enymere] *vtr* **(j'énumère; j'énumérerai)** to enumerate; to list.

envahir [ɑ̃vair] *vtr* **1.** to invade, to overrun (country); **envahi par les mauvaises herbes,** overgrown with weeds; **quand le doute nous envahit,** when we are seized with doubt **2.** to encroach on (s.o.'s territory). **envahissant** *a* intruding; invasive.

envahissement [ɑ̃vaismɑ̃] *nm* invasion.

envahisseur, -euse [ɑ̃vaisœr, -øz] *n* invader.

enveloppe [ɑ̃vlɔp] *nf* **1.** (*a*) envelope; **mettre qch sous e.,** to put something into an envelope (*b*) wrapper, wrapping (of parcel) **2.** exterior, external appearance **3.** sheathing, casing, jacket (of boiler); outer cover (of tyre).

envelopper [ɑ̃vlɔpe] *vtr* (*a*) to envelop; to wrap (sth) up; **enveloppé de brume, de mystère,** shrouded in mist, in mystery (*b*) to cover; to jacket, lag (boiler) (*c*) to surround; **la nuit nous enveloppa,** darkness closed in on us.

envenimer [ɑ̃vnime] *vtr* **1.** (*a*) to make (a wound) septic (*b*) to aggravate, to inflame (quarrel) **2.** (*of wound*) **s'e.,** to turn septic; **la discussion s'envenimait,** the discussion was growing acrimonious.

envergure [ɑ̃vɛrgyr] *nf* wingspan (of bird, aircraft); calibre (of pers, mind); scope, importance (of action); **de grande e.,** far-reaching; on a large scale; **prendre de l'e.,** to increase in scope.

envers¹ [ɑ̃vɛr] *nm* wrong side, reverse, back (of material); **l'e. du décor,** the other side of the picture; **à l'e.,** (i) inside out (ii) wrong way up, upside down (iii) back to front.

envers² *prep* to, towards; **e. et contre tous,** in spite of all opposition.

envie [ɑ̃vi] *nf* **1.** desire, longing; **avoir e. de qch,** to want sth; **j'ai envie de faire,** I feel like doing, I would like to do; **j'avais e. de dormir,** I felt sleepy; **tu meurs d'envie de le faire,** you're dying, longing, to do it; **avec e.,** longingly **2.** envy; **faire e. à qn,** to make s.o. envious **3.** *usu pl* hangnail. **enviable** *a* enviable.

envier [ɑ̃vje] *vtr* (*impf & pr sub* **n. enviions**) **1.** to covet, hanker after (sth); to wish for (sth) **2.** to envy; to be envious of (s.o.). **envieux, -euse** *a* envious (**de,** of). **envieusement** *adv* enviously.

environ [ɑ̃virɔ̃] **1.** *adv* about **2.** *nmpl* surroundings, outskirts, neighbourhood; **habiter aux environs de Paris,** to live near Paris.

environnement [ɑ̃virɔnmɑ̃] *nm* surroundings; environment.

environner [ɑ̃virɔne] *vtr* to surround. **environnant** *a* surrounding (country).

envisageable [ɑ̃vizaʒabl] *a* thinkable.

envisager [ɑ̃vizaʒe] *vtr* (**n. envisageons**) to envisage, to consider, to contemplate (possibility); **e. l'avenir,** to look to the future; **il n'envisageait pas de partir,** he wasn't thinking of leaving.

envoi [ɑ̃vwa] *nm* **1.** sending, dispatch, consignment (of goods); **e. par mer,** shipment; **e. de fonds,** remittance of funds; *Fb:* **coup d'e.,** kick-off **2.** consignment, parcel.

envol [ɑ̃vɔl] *nm* (*a*) (*of birds*) taking flight (*b*) (*of aircraft*) takeoff; **piste d'e.,** runway; **pont d'e.,** flight deck.

envolée [ɑ̃vɔle] *nf* **e. d'éloquence,** flight of oratory.

envoler (s') [sɑ̃vɔle] *vpr* (*a*) (*of bird*) to fly away, to fly off; to take flight (*b*) (*of aircraft*) to take off (*c*) (*of hat*) to blow off; (*of papers*) to blow away.

envoûtement [ɑ̃vutmɑ̃] *nm* magic, bewitchment.

envoûter [ɑ̃vute] *vtr* to bewitch; **envoûté,** bewitched, spellbound.

envoyé [ɑ̃vwaje] *nm* messenger, representative; (government) envoy; *Journ:* correspondent.

envoyer [ɑ̃vwaje] *vtr* (**j'envoie; n. envoyons;** *fu* **j'enverrai**) **1.** to send; to despatch (goods); to throw (stone, etc); **envoyez-moi un petit mot,** drop me a line; **e. un baiser à qn,** to blow s.o. a kiss; **e. chercher qn,** to send for s.o.; *F:* **je ne le lui ai pas envoyé dire,** I told him straight; *F:* **e. promener qn,** to send s.o. packing **2.** *P:* **s'e. un verre de vin,** to knock back a glass of wine.

envoyeur, -euse [ɑ̃vwajœr, -øz] *n* sender.

épagneul, -eule [epaɲœl] *n* spaniel.

épais, -aisse [epɛ, -ɛs] **1.** *a* thick (hair, wall); dense (foliage); bulky (book); thick-set (pers); **é. de deux metres,** two metres thick; **avoir l'esprit é.,** to be thick(headed), dense **2.** *adv* thick(ly); **semer é.,** to sow thick.

épaisseur [epɛsœr] *nf* **1.** thickness; depth; **avoir deux mètres d'é.,** to be two metres thick **2.** density, thickness (of fog, foliage).

épaissir [epɛsir] *vtr* **1.** to thicken **2. s'é.,** to thicken, become thick; (*of pers*) to put on weight; (*of darkness*) to deepen.

épaississement [epɛsismɑ̃] *nm* thickening.

épanchement [epɑ̃ʃmɑ̃] *nm* effusion (of blood); outpouring (of feelings).

épancher [epɑ̃ʃe] *vtr* **1.** to pour out (liquid, one's secrets) **2. s'é.,** to pour out one's heart, to unbosom oneself.

épandre [epɑ̃dr] *vtr* **1.** to spread **2. s'é.,** to spread.

épanouir (s') [sepanwir] *vpr* **1.** (*of flower*) to open out, bloom **2.** (*of face*) to beam, to light up **3.** to fulful oneself, blossom out. **épanoui** *a* (*of flower, pers*) in full bloom; beaming (face).

épanouissement [epanwismɑ̃] *nm* **1.** (*a*) opening out, blooming (of flowers) (*b*) brightening up (of face) **2.** (full) bloom **3.** fulfillment (of pers).

épargnant, -ante [eparɲɑ̃, -ɑ̃t] *n* saver.

épargne [eparɲ] *nf* saving, economy; **caisse d'é.,** savings bank.

épargner [eparɲe] *vtr* **1.** to save (up), to put by (money, provisions); to economize; to be sparing with (sth) **2.** to save (energy, time); **é. qch à qn,** to spare s.o. sth **3.** to spare, have mercy on (prisoner).

éparpillement [eparpijmɑ̃] *nm* scattering, dispersal.

éparpiller [eparpije] *vtr* **1.** to disperse, scatter **2.** (*of crowd*) **s'é.,** to scatter, disperse.

épars [epar] *a* scattered (houses); straggly (hair).

épatant [epatɑ̃] *a F:* wonderful; stunning; fine; splendid; **c'est un type é.,** he's a great chap.

épaté [epate] *a* flat (nose).

épater [epate] *vtr F:* to astound, flabbergast, amaze; to bowl (s.o.) over.

épaule [epol] *nf* shoulder.

épauler [epole] *vtr* **1.** to bring (gun) to the shoulder; *vi* to take aim **2.** to back (s.o.) up.

épaulette [epolɛt] *nf Cl:* (*a*) shoulder strap (*b*) *Mil:* epaulette.

épave [epav] *nf* **1.** *Nau:* wreck; **épaves d'un naufrage,** wreckage **2.** *Fig:* (*pers, car*) wreck.

épée [epe] *nf* sword; rapier; **coup d'é.,** swordthrust; **coup d'é. dans l'eau,** wasted effort.

épeler [eple] *vtr* (**j'épelle**) to spell.

épépiner [epepine] *vtr* to remove seeds, pips, from (fruit).

éperdu [epɛrdy] *a* distracted, bewildered; desperate (resistance); **é. de joie,** wild with delight. **éperdument** *adv* distractedly, madly; **je m'en moque é.,** I couldn't care less.

éperon [eprɔ̃] *nm* spur.

éperonner [eprɔne] *vtr* to spur (horse); to urge (s.o.) on.

épervier [epɛrvje] *nm* **1.** *Orn:* sparrowhawk **2.** *Fish:* castnet.
éphémère [efemɛr] **1.** *a* ephemeral, fleeting, short-lived **2.** *nm Ent:* mayfly.
épi [epi] *nm* **1.** ear (of grain); spike (of flower) **2.** tuft of hair.
épice [epis] *nf* spice; **pain d'é.,** gingerbread.
épicer [epise] *vtr* **(n. épiçons)** to spice. **épicé** *a* spicy (dish, story).
épicerie [episri] *nf* (*a*) groceries (*b*) grocer's shop; grocery; **é. fine,** delicatessen.
épicier, -ière [episje, -jɛr] *n* grocer.
épidémie [epidemi] *nf* epidemic. **épidémique** *a* epidemic.
épiderme [epidɛrm] *nm* epidermis, skin. **épidermique** *a* **1.** *Anat: Med:* epidermal, epidermic **2.** superficial (anger); **avoir une reaction é.,** to flare up.
épier [epje] *vtr* (*impf & pr sub* **n. épiions) 1.** to watch; to spy on (s.o.) **2.** to be on the lookout for (opportunity).
épilation [epilasjɔ̃] *nf* depilation; plucking (of eyebrows).
épilepsie [epilɛpsi] *nf* epilepsy. **épileptique** *a & n* epileptic.
épiler [epile] *vtr* to depilate; to pluck (eyebrows).
épilogue [epilɔg] *nm* epilogue.
épinard [epinar] *nm* **épinard(s),** spinach.
épine [epin] *nf* **1.** thornbush; **é. blanche,** hawthorn **2.** (*a*) thorn, prickle; **tirer à qn une é. du pied,** to get s.o. out of a mess (*b*) spine (of hedgehog) **3. é. dorsale,** spine. **épineux, -euse** *a* thorny, prickly; **situation épineuse,** ticklish situation.
épingle [epɛ̃gl] *nf* pin; **é. de sûreté, é. de nourrice, é. anglaise,** safety pin; **é. à linge,** clothes peg, *NAm:* clothes pin; **é. à cheveux,** hairpin; **tiré à quatre épingles,** spick and span; **tirer son é. du jeu,** to get out of a tricky situation; **coups d'é.,** pinpricks, petty annoyances.
épingler [epɛ̃gle] *vtr* **1.** to pin; to pin (up) **2.** *F:* to arrest, to nick (s.o.).
Épiphanie [epifani] *nf* Epiphany.
épique [epik] *a* epic.
épiscopat [episkɔpa] *nm* episcopate. **épiscopal, -aux** *a* episcopal.
épisode [epizɔd] *nm* episode; instalment; **film à épisodes,** serial. **épisodique** *a* episodic; occasional.
épitaphe [epitaf] *nf* epitaph.
épithète [epitɛt] *nf* epithet; *Gram:* attribute.
épître [epitr] *nf* epistle.
éploré [eplɔre] *a* tearful, weeping.
épluchage [eplyʃaʒ] *nm* **1.** cleaning; picking (over); peeling **2.** examination (of work).
éplucher [eplyʃe] *vtr* **1.** to clean, pick (salad); to peel (potatoes) **2.** to examine (work) in detail.
épluchure [eplyʃyr] *nf usu pl* peeling(s).
éponge [epɔ̃ʒ] *nf* **1.** sponge; **é. métallique,** (pot) scourer; **passons l'é. là-dessus,** let's forget it **2.** *F:* (*alcoholic*) soak, lush.
éponger [epɔ̃ʒe] *vtr* **(n. épongeons)** to sponge up, mop up (liquid); to sponge, mop (surface); *Fin:* to absorb (debt); **s'é. le front,** to mop one's brow.
épopée [epɔpe] *nf* epic.
époque [epɔk] *nf* **1.** epoch, era, age; **faire é.,** to mark an epoch; **meubles d'é.,** period, (genuine) antique, furniture **2.** date, period; **à l'é. de sa naissance,** at the time of his birth.
époumoner (s') [sepumɔne] *vpr* to shout, talk, oneself hoarse.
épouse [epuz] *nf see* **époux.**
épouser [epuze] *vtr* **1.** to marry, wed **2.** to take up, adopt (cause) **3. é. la forme de qch,** to take the exact shape of sth; to fit exactly.
épousseter [epuste] *vtr* **(j'époussette)** to dust.
époustoufler [epustufle] *vtr F:* to astound, to flabbergast.
épouvantail, -ails [epuvɑ̃taj] *nm* **1.** scarecrow **2.** bugbear, bogy.
épouvante [epuvɑ̃t] *nf* terror, fright; **saisi d'é.,** terror-stricken; **film d'é.,** horror film.
épouvanter [epuvɑ̃te] *vtr* to terrify. **épouvantable** *a* dreadful, frightful; appalling. **épouvantablement** *adv* dreadfully, frightfully; appallingly.
époux, -ouse [epu, -uz] *n* husband, wife; *Jur:* spouse; **les é.,** the husband and wife.
éprendre (s') [seprɑ̃dr] *vpr* (*conj. like* PRENDRE) to fall in love (**de qn,** with s.o.); to take a fancy (**de qch,** to sth).
épreuve [eprœv] *nf* **1.** (*a*) proof, test, trial; **mettre qch à l'é.,** to test sth; to put sth to the test; **à l'é. du feu,** fireproof; **bonté à toute é.,** never-failing kindness (*b*) *Sch:* (examination) paper (*c*) *Sp:* event; **é. (éliminatoire),** (preliminary) heat **2.** trial, affliction, ordeal **3.** *Typ:* proof; *Phot:* print.
épris [epri] *a* in love (**de,** with).
éprouver [epruve] *vtr* **1.** to test, try (sth); to put (s.o., sth) to the test **2.** (*a*) to feel, experience (sensation) (*b*) to sustain, suffer (a loss); to meet with (difficulties). **éprouvant** *a* trying, testing. **éprouvé** *a* tried, tested, well-tried; stricken (area).
éprouvette [epruvɛt] *nf* test tube; **bébé é.,** test tube baby.
épuisement [epɥizmɑ̃] *nm* exhaustion; *Com:* **jusqu'à é. des stocks,** as long as supplies last.
épuiser [epɥize] *vtr* **1.** (*a*) to exhaust; to use up, consume; to drain, empty (tank) (*b*) to exhaust (s.o.); to wear, tire, (s.o.) out **2. s'é.** (*a*) to become exhausted; (*of spring*) to run dry, to dry up; (*of stock, money*) (i) to run out (ii) to run low (*b*) to wear, tire, oneself out. **épuisant** *a* exhausting. **épuisé** *a* exhausted; (*of edition*) out of print; (*of article*) sold out.
épuisette [epɥizɛt] *nf* fishing net.
épuration [epyrasjɔ̃] *nf* (*a*) purification, purging (*b*) *Pol:* purge.
épurer [epyre] *vtr* to purify; *Pol:* to purge.
équateur [ekwatœr] **1.** *nm* equator; **sous l'é.,** at, on, the equator **2.** *Prnm Geog:* **É.,** Ecuador. **équatorial, -aux** *a* equatorial.
équation [ekwasjɔ̃] *nf Mth:* equation.
équerre [ekɛr] *nf* **1.** *Tls:* square; **é. à dessiner,** set square; *NAm:* triangle **2. en é., d'é.,** at right angles; **mettre d'é.,** to square.
équestre [ekɛstr] *a* equestrian (statue, competition, etc).
équeuter [ekøte] *vtr* to stalk, tail (fruit).
équidistant [ekɥidistɑ̃] *a* equidistant.
équilibrage [ekilibraʒ] *nm* counterbalancing; balancing.
équilibre [ekilibr] *nm* balance, equilibrium; stability; **mettre qch en é.,** to balance sth; **budget en é.,** balanced budget; **se tenir en é.,** to balance, to keep

one's balance; **perdre l'é.,** to lose one's balance; **é. (mental),** (mental) equilibrium.

équilibrer [ekilibre] *vtr* **1.** to balance; to counterbalance **2. s'é.,** to counterbalance each other; (*of accounts*) to balance. **équilibré** *a* balanced; **esprit bien é.,** well-balanced mind.

équilibriste [ekilibrist] *n* tightrope walker.

équinoxe [ekinɔks] *nm* equinox.

équipage [ekipaʒ] *nm* **1.** *Nau:* crew; ship's company; *Av:* aircrew **2.** equipage; retinue **3.** pack of hounds; hunt; **maître d'é.,** master of hounds.

équipe [ekip] *nf* **1.** gang (of workmen); *Mil:* working party; **é. de nuit,** night shift; **travailler par équipes,** to work in shifts; **chef d'é.,** foreman; **é. de secours,** rescue squad; **faire é. avec,** to team up with **2.** *Sp:* team; side.

équipée [ekipe] *nf* **1.** jaunt, walk **2.** escapade, lark.

équipement [ekipmɑ̃] *nm* **1.** (*a*) equipment; fitting out (*b*) **é. electrique,** electrical fittings **2.** outfit, gear; equipment, kit.

équiper [ekipe] *vtr* **1.** to equip; to fit out (**de,** with) **2. s'é.,** to equip oneself.

équipier, -ière [ekipje, -jɛr] *n* team member, team mate.

équitable [ekitabl̩] *a* (*a*) equitable, fair (*b*) impartial, fair-minded (pers). **équitablement** *adv* equitably, fairly, impartially.

équitation [ekitasjɔ̃] *nf* (horse)riding; **école d'é.,** riding school.

équité [ekite] *nf* equity, fairness.

équivalence [ekivalɑ̃s] *nf* equivalence. **équivalent** *a & nm* equivalent (**à,** to).

équivaloir [ekivalwar] *vi* (*conj like* VALOIR) to be equivalent, equal in value (**à,** to); **cela équivaut à un refus,** that amounts to a refusal.

équivoque [ekivɔk] **1.** *a* (*a*) equivocal, ambiguous (words) (*b*) questionable, dubious (conduct) **2.** *nf* (*a*) ambiguity (of expression); **sans é.,** unequivocal(ly) (*b*) misunderstanding.

érable [erabl̩] *nm Bot:* maple (tree, wood).

érafler [erɑfle] *vtr* to scratch, graze.

éraflure [erɑflyr] *nf* scratch, graze.

éraillé [erɑje] *a* scratched (surface); rasping (voice).

ère [ɛr] *nf* era; epoch; **en l'an 1550 de notre è.,** in 1550 AD.

érection [erɛksjɔ̃] *nf* erection; setting up.

éreintement [erɛ̃tmɑ̃] *nm* **1.** exhaustion **2.** savage criticism.

éreinter [erɛ̃te] *vtr* **1.** to exhaust; to tire (s.o.) out **2.** to pull (s.o.) to pieces, to slate, to slam. **éreintant** *a* exhausting, back-breaking. **éreinté** *a* exhausted, worn out.

ergot [ɛrgo] *nm* **1.** spur (of cock) **2.** *Agr:* ergot.

ergotage [ɛrgɔtaʒ] *nm* quibbling.

ergoter [ɛrgɔte] *vi* to quibble (**sur,** about).

ergoteur, -euse [ɛrgɔtœr, -øz] *n* quibbler.

ériger [eriʒe] *vtr* **n. (érigeons) 1.** to erect, set up, raise (statue) **2.** to establish, set up (office, tribunal) **3. s'é. en,** to set oneself up as.

ermitage [ɛrmitaʒ] *nm* hermitage.

ermite [ɛrmit] *nm* hermit.

éroder [erɔde] *vtr* to erode, wear away; to eat away, corrode (metal).

érosion [erozjɔ] *nf* erosion; wearing away.

érotisme [erɔtism] *nm* eroticism. **érotique** *a* erotic.

errer [ɛre] *vi* to roam, rove, wander (about); **laisser e. ses pensées,** to let one's thoughts wander. **errant** *a* roaming, roving, wandering; **chien e.,** stray dog.

erreur [ɛrœr] *nf* **1.** error; mistake, blunder; **e. judiciaire,** miscarriage of justice; **e. typographique,** misprint; **e. de sens,** wrong meaning; **par e.,** by mistake; **sauf e.,** unless there has been a mistake; **faire e.,** to be mistaken **2.** error; delusion; **induire qn en e.,** to mislead s.o. **3. erreurs de jeunesse,** errors of youth.

erroné [ɛrɔne] *a* erroneous, wrong, mistaken.

ersatz [ɛrzats] *nm inv* substitute; **e. de café,** coffee substitute.

éructer [erykte] *vi Lit:* to belch.

érudit, -te [erydi, -it] **1.** *a* erudite, scholarly **2.** *n* scholar.

érudition [erydisjɔ̃] *nf* erudition, scholarship.

éruption [erypsjɔ̃] *nf* **1.** eruption; **entrer en e.,** to erupt **2.** *Med:* rash.

ès [ɛs] *contracted article* = **en les; licencié(e) ès lettres** = Bachelor of Arts (BA).

escabeau, -eaux [ɛskabo] *nm* **1.** (wooden) stool **2.** stepladder.

escadre [ɛskadr̩] *nf Nau:* squadron; *Av:* wing.

escadrille [ɛskadrij] *nf Nau:* flotilla; *Av:* flight.

escadron [ɛskadrɔ̃] *nm* (*a*) *Mil:* squadron; *Av:* squadron (*b*) group, crowd.

escalade [ɛskalad] *nf* **1.** (*a*) scaling, climbing (*b*) climb **2.** escalation (of prices, etc).

escalader [ɛskalade] *vtr* to scale, climb (wall).

escale [ɛskal] *nf* **1.** *Nau:* port of call **2.** call; *Av:* stop(over); **faire e.,** (i) *Nau:* to put into port (ii) *Av:* to touch down; **vol sans e.,** non-stop flight.

escalier [ɛskalje] *nm* staircase; (flight of) stairs; **e. de service,** backstairs; **e. de secours,** fire escape; **e. mécanique, roulant,** escalator.

escalope [ɛskalɔp] *nf* escalope (of veal).

escamotage [ɛskamɔtaʒ] *nm* (*a*) conjuring away; (*b*) *Av:* retraction (of undercarriage).

escamoter [ɛskamɔte] *vtr* (*a*) to conjure (sth) away; to make (sth) vanish (*b*) to skip (job); to dodge (the issue) (*c*) *Av:* to retract (undercarriage) (*d*) to steal, pinch. **escamotable** *a* retractable (undercarriage); fold-away (bed).

escamoteur [ɛskamɔtœr] *nm* conjuror, conjurer.

escapade [ɛskapad] *nf* escapade; jaunt; **faire une e.,** to run off.

escargot [ɛskargo] *nm* snail.

escarmouche [ɛskarmuʃ] *nf* skirmish.

escarpement [ɛskarpəmɑ̃] *nm* steep slope; *Geog:* escarpment. **escarpé** *a* steep; precipitous, abrupt (slope); sheer (cliff).

escarpin [ɛskarpɛ̃] *nm* (*a*) dancing shoe (*b*) court shoe.

escient [ɛsjɑ̃] *nm* **à bon e.,** discerningly, wisely; **à mauvais e.,** undiscerningly, wrongly.

esclaffer (s') [sɛsklafe] *vpr* to burst out laughing; to roar with laughter; to guffaw.

esclandre [ɛsklɑ̃dr̩] *nm* scene, row.

esclavage [ɛsklavaʒ] *nm* slavery.

esclavagiste [ɛsklavaʒist] *nm NAm: Hist:* advocate of negro slavery.

esclave [ɛsklav] *n* slave; **vendu comme e.,** sold into slavery; *Fig:* **être l'e. de qch,** to be a slave to sth.

escompte [ɛskɔ̃t] *nm Com:* discount; *Fin:* **taux de l'e.,** bank rate.

escompter [ɛskɔ̃te] *vtr* **1.** *Com:* to discount (bill) **2. e. un succès,** to anticipate success; **e. faire qch,** to anticipate doing sth, to expect to do sth.

escorte [ɛskɔrt] *nf* escort; **faire e.,** to escort.

escorter [ɛskɔrte] *vtr* to escort; to convoy.

escouade [ɛskwad] *nf* squad, gang (of workmen).

escrime [ɛskrim] *nf* fencing; **faire de l'e.,** to fence.

escrimer (s') [sɛskrime] *vpr* to fight, struggle; **s'e. à faire qch,** to try hard to do sth.

escrimeur, -euse [ɛskrimœr, -øz] *n* fencer.

escroc [ɛskro] *nm* swindler, sharper; crook.

escroquer [ɛskrɔke] *vtr* **1. e. qch à qn,** to cheat s.o. of sth **2. e. qn,** to swindle s.o.

escroquerie [ɛskrɔkri] *nf* swindling; swindle, fraud.

ésotérique [ezɔterik] *a* esoteric.

espace [ɛspas] *nm* **1.** (*a*) space; room; *TownP:* **espaces verts,** open spaces, parks (*b*) **un e. de deux mètres entre deux choses,** a distance of two metres between two things (*c*) **e. de temps,** space of time; **en l'e. d'un an,** within a year **2.** (*void*) **regarder dans l'e.,** to stare into space; **e. atmosphérique,** outer space; **vol dans l'e.,** space flight.

espacement [ɛspasmɑ̃] *nm* spacing (out).

espacer [ɛspase] *vtr* **(n. espaçons) 1.** to space (out) **2. s'e.,** to become less frequent; **espacez-vous,** spread out. **espacé** *a* **1.** spaced out; **espacés d'un mètre,** one metre apart **2.** infrequent.

espace-temps [ɛspastɑ̃] *nm Mth: Ph:* space-time; *pl espaces-temps.*

espadon [ɛspadɔ̃] *nm Ich:* swordfish.

espadrille [ɛspadrij] *nf* rope-soled sandal.

Espagne [ɛspaɲ] *Prnf Geog:* Spain. **espagnol, -ole 1.** *a* Spanish **2.** *n* Spaniard **3.** *nm Ling:* Spanish.

espèce [ɛspɛs] *nf* **1.** (*a*) kind, sort; **de toute e.,** of every description; *F:* **cet e. d'idiot, cette e. d'idiote,** that silly fool (*b*) *pl* specie, coin; **payer en espèces,** to pay in cash **2.** species (of plant, animal).

espérance [ɛsperɑ̃s] *nf* hope; **vivre dans l'e.,** to live in hope; **l'affaire n'a pas répondu à nos espérances,** the business did not come up to our expectations; **e. de vie,** life expectancy.

espérer [ɛspere] *vtr* **(j'espère; j'espérerai) 1.** to hope; **j'espère vous revoir,** I hope to see you again; *vi* **e. en Dieu,** to trust in God **2.** to expect (s.o., sth); **je ne vous espérais plus,** I had given you up.

espièglerie [ɛspjɛgləri] *nf* **1.** mischievousness **2.** prank. **espiègle** *a & n* mischievous, roguish (child).

espion, -onne [ɛspjɔ̃, -ɔn] *n* spy.

espionnage [ɛspjɔnaʒ] *nm* espionage, spying; **film d'e.,** spy film.

espionner [ɛspjɔne] *vtr* to spy on; *vi* to spy.

esplanade [ɛsplanad] *nf* esplanade.

espoir [ɛspwar] *nm* hope; **dans l'e. de vous revoir,** in the hope of seeing you again; **avoir bon e.,** to be full of hope; **cas sans e.,** hopeless case.

esprit [ɛspri] *nm* **1.** (*a*) **le Saint-E.,** the Holy Ghost; **rendre l'e.,** to give up the ghost; **l'E. malin,** the Evil One (*b*) ghost, phantom; spirit (of the dead) **2.** (*a*) *Lit:* **perdre ses esprits,** to lose consciousness (*b*) *Ch:* (volatile) spirit; **e. de vin,** spirit(s) of wine **3.** (*a*) mind; **à l'e. lent,** slow-witted; **avoir l'e. tranquille,** to be easy in one's mind; **perdre l'e.,** to go out of one's mind; **elle avait l'e. ailleurs,** her thoughts were elsewhere; **où aviez-vous l'e.?** what were you thinking of? **présence d'e.,** presence of mind; **une pareille idée ne me serait jamais venue à l'e.,** such an idea would never have occurred to me; **les grands esprits se rencontrent,** great minds think alike (*b*) wit; **avoir de l'e.,** to be witty; **traits d'e.,** witty remarks **4.** spirit; **e. d'équipe,** team spirit; **e. de famille,** family feeling **5. e. fort,** freethinker; **un e. dangereux,** a dangerous man.

Esquimau, -aude, -aux [ɛskimo, -od, -o] *n & a* (*occ inv in f*) **1.** (*a*) Eskimo (*b*) **chien e.,** husky **2.** *nm* chocolate ice (stick); *F:* choc-ice.

esquinter [ɛskɛ̃te] *vtr F:* **1.** to exhaust, to tire (s.o.) out **2.** to spoil, damage (sth); to slam, pan (film, etc); **s'e. la santé,** to ruin one's health **3. s'e. à faire qch,** to wear oneself out doing sth.

esquisse [ɛskis] *nf* sketch; draft; outline; rough plan.

esquisser [ɛskise] *vtr* to sketch, outline; **e. un sourire,** to give the ghost of a smile.

esquive [ɛskiv] *nf* dodge; evasion.

esquiver [ɛskive] *vtr* **1.** to avoid, dodge, evade (blow, question); *vi Box:* **e. de la tête,** to duck **2. s'e.,** to slip away; to make oneself scarce.

essai [esɛ] *nm* **1.** (*a*) trial, test(ing); **faire l'e. de qch,** to test sth, to try sth out; **prendre qch à l'e.,** to take sth on trial, on approval; **à titre d'e.,** experimentally; **pilote d'e.,** test pilot; **e. de vitesse,** speed trial (*b*) *Metall:* assay(ing) (of ore) **2.** (*a*) attempt, try; **coup d'e.,** trial shot (*b*) *Lit:* essay (*c*) *Rugby Fb:* try.

essaim [esɛ̃] *nm* swarm (of bees).

essaimer [eseme] *vi* (*of bees*) to swarm; (*of population*) to hive off.

essayage [esɛjaʒ] *nm* trying on, fitting (of clothes).

essayer [eseje] *vtr* **(j'essaie, j'essaye) 1.** (*a*) to test, try; to try on (garment); *Metall:* to assay (*b*) **e. de qch,** to try, taste, sth (*c*) **e. de faire qch,** to try to do sth **2. s'e. à faire qch,** to try one's hand at doing sth.

essence [esɑ̃s] *nf* **1.** (*a*) petrol, *NAm:* gas(oline); **poste d'e.,** filling, petrol, station, *NAm:* gas station (*b*) *Ch: Cu:* essence, extract **2.** *Phil:* essence **3.** species (of tree).

essentiel, -elle [esɑ̃sjɛl] **1.** *a* (*a*) essential; vital (organ) (*b*) essential, necessary **2.** *nm* **l'e.,** the essential thing, the main point; **l'e. de son temps,** the main part of one's time. **essentiellement** *adv* (*a*) essentially (*b*) primarily.

essieu, -ieux [esjø] *nm* axle(-tree).

essor [esɔr] *nm* flight (of bird); **prendre son e.,** (i) to take wing, to soar (ii) to spring into life; **e. d'une industrie,** rise of an industry; **en plein e.,** booming (industry, etc).

essorage [esɔraʒ] *nm* wringing; spin drying.

essorer [esɔre] *vtr* to wring (washing) dry, to spin dry.

essoreuse [esɔrøz] *nf* spin drier; **e. à rouleaux,** mangle; **e. à salade,** salad spinner.

essoufflement [esufləmɑ̃] *nm* shortness of breath; breathlessness.

essouffler [esufle] *vtr* **1.** to wind (horse, man) **2. s'e.,** to get out of breath. **essoufflé** *a* out of breath.

essuie-glace [esɥiglas] *nm Aut:* windscreen, *NAm:* windshield, wiper; *pl essuie-glaces.*

essuie-main(s) [esɥimɛ̃] *nm inv* hand towel.

essuyer [esɥije] *vtr* **(j'essuie) 1.** to wipe, dry (dishes); to wipe (sth) clean; to wipe up **2.** to suffer, endure (defeat, insult); **e. un refus,** to meet with a refusal.

est¹ [ɛ] *see* **être.**

est² [ɛst] **1.** *nm no pl* east; **vent d'e.,** (i) easterly wind (ii) east wind; **à l'e.,** eastwards, to the east **(de,** of); **de l'e.,** eastern; **Allemagne de l'E.,** East Germany **2.** *a inv* **les régions e. de la France,** the eastern parts of France.

estafette [ɛstafɛt] *nf Mil:* liaison officer; dispatch rider.

estafilade [ɛstafilad] *nf* gash, slash.

est-allemand, -ande [ɛstalmɑ̃, -ɑ̃d] *a & n* East German.

estaminet [ɛstaminɛ] *nm (esp in N Fr)* (small) café.

estampe [ɛstɑ̃p] *nf* **1.** *Tls:* punch **2.** print, engraving.

estamper [ɛstɑ̃pe] *vtr* **1.** to stamp, emboss (silver, coin) **2.** *F:* to swindle (s.o.).

estampille [ɛstɑ̃pij] *nf* (official) stamp.

esthète [ɛstɛt] *n* (a)esthete.

esthéticien, -ienne [ɛstetisjɛ̃, -jɛn] *n* beautician.

esthétisme [ɛstetism] *nm* (a)estheticism. **esthétique 1.** *a* (a)esthetic; **chirurgie e.,** plastic surgery; **soins esthétiques,** beauty care **2.** *nf* (a)esthetics. **esthétiquement** *adv* (a)esthetically.

estimation [ɛstimasjɔ̃] *nf (a)* estimation; valuing, appraising; assessment *(b)* estimate, valuation.

estime [ɛstim] *nf* **1.** guesswork; **à l'e.,** at a guess; *Nau:* by dead-reckoning **2.** *(a)* estimation, opinion *(b)* esteem, regard; **témoigner de l'e. pour qn,** to show regard for s.o.

estimer [ɛstime] *vtr* **1.** *(a)* to estimate; to value, to appraise (goods); to assess (damage) *(b)* to calculate (distance); *Nau:* to reckon **2.** *(a)* to consider **(que,** that); **s'e. heureux,** to count oneself lucky *(b)* to have a high opinion of (s.o.); to prize (sth). **estimable** *a* **1.** estimable **2.** fairly good.

estivant, -ante [ɛstivɑ̃, -ɑ̃t] *n* summer visitor; (summer) holiday maker, *NAm:* vacationer. **estival, -aux** *a* summer.

estomac [ɛstɔma] *nm* stomach; **avoir de l'e.,** to have plenty of (i) pluck (ii) cheek.

estomaquer [ɛstɔmake] *vtr F:* to stagger, astound.

estomper [ɛstɔ̃pe] *vtr* **1.** to shade off (drawing); to blur (landscape) **2. s'e.,** to become blurred.

estourbir [ɛsturbir] *vtr F: (a)* to kill (s.o.), to do (s.o.) in *(b)* to knock (s.o.) flat.

estrade [ɛstrad] *nf* platform; rostrum; stage.

estragon [ɛstragɔ̃] *nm Bot:* tarragon.

estropier [ɛstrɔpje] *vtr (impf & pr sub* **n. estropiions)** *(a)* to cripple, maim *(b)* to murder (music); to mutilate (text). **estropié, -ée 1.** *a* crippled, maimed **2.** *n* cripple.

estuaire [ɛstɥɛr] *nm* estuary.

estudiantin [ɛstydjɑ̃tɛ̃] *a* student (life, etc).

esturgeon [ɛstyrʒɔ̃] *nm Ich:* sturgeon.

et [e] **1.** *conj* and; **et son frère et sa sœur,** both his brother and his sister; **j'aime le café; et vous?** I like coffee; do you? (NOTE: *there is no 'liaison' with* **et: j'ai écrit et écrit** [ʒeekrieekri]) **2.** *nm* **et commercial,** ampersand.

étable [etabl] *nf* cowshed.

établi [etabli] *nm* (work)bench.

établir [etablir] *vtr* **1.** *(a)* to establish (business, peace); to set up (agency); to fix, settle (place of residence); to quote, fix (price); to pitch (a camp); **é. un record,** to set a record *(b)* to establish, prove (fact); to substantiate (charge) *(c)* to work out, to draw up (plan); **é. un devis,** to make an estimate; **é. un compte,** to draw up an account *(d)* to institute, create (tribunal); to lay down (rule); to set (s.o.) up in business **2. s'é.** *(a)* to settle (in a place); to set up (house) *(b)* **s'é. épicier,** to set up as a grocer *(c) (of custom)* to become established.

établissement [etablismɑ̃] *nm* **1.** *(a)* establishment; setting up (of business, institution) *(b)* establishment, proving (of innocence) **2.** working out; drawing up **3.** instituting, forming (of government); laying down (of rules); founding (of industry); **frais d'é.,** initial outlay **5.** *(a)* institution; **é. scolaire,** educational establishment *(b) Hist:* (colonial) trading centre; settlement *(c)* factory; business; firm; **les établissements Martin,** Martin & Co.

étage [etaʒ] *nm* **1.** stor(e)y, floor (of building); **à deux étages,** two-storeyed; **au troisième é.,** on the third floor; *NAm:* on the fourth story **2.** tier, step.

étagement [etaʒmɑ̃] *nm* terracing (of vines on hillsides).

étager [etaʒe] *vtr* **(j'étageai(s))** to lay out in tiers.

étagère [etaʒɛr] *nf (a)* rack; shelf; (set of) shelves *(b)* shelf.

étai [etɛ] *nm* stay, prop.

étain [etɛ̃] *nm* **1.** tin **2.** pewter; **vaisselle d'é.,** pewter (plate).

étal, -als [etal] *nm* stall.

étalage [etalaʒ] *nm (a)* display, show (of goods); **mettre qch à l'é.,** (i) to display sth for sale (ii) to put sth in the window; **article qui a fait l'é.,** shop-soiled article *(b)* showing off; **faire é. de,** to show off.

étalagiste [etalaʒist] *n* window dresser.

étale [etal] *a* slack (sea, tide).

étalement [etalmɑ̃] *nm (a)* displaying (of goods) *(b)* spreading (out) *(c)* staggering (of holidays).

étaler [etale] *vtr* **1.** *(a)* to display (goods) *(b)* to spread out (linen to dry); to spread (butter) *(c)* to flaunt, show off (one's wealth) *(d)* to stagger (holidays, payments) **2. s'é.** *(a) (of village)* to spread out; *(of holidays, payments)* to be spread out **(sur,** over) *(b)* to stretch oneself out; to sprawl; **s'é. par terre,** (i) to lie down (full length) on the ground (ii) to come a cropper; to fall flat on one's face.

étalon¹ [etalɔ̃] *nm* stallion.

étalon² *nm* standard (of measures); **l'é. or,** the gold standard.

étamine [etamin] *nf Bot:* stamen.

étanchéité [etɑ̃ʃeite] *nf* **é. à l'eau, à l'air,** watertightness, airtightness. **étanche** *a* watertight, waterproof (watch).

étancher [etɑ̃ʃe] *vtr* **1.** *(a)* to check the flow of (liquid); to sta(u)nch (blood); to stop (a leak) *(b)* to quench, slake (one's thirst) **2.** *Tchn:* to make (container) watertight.

étang [etɑ̃] *nm* pond, pool.

étape [etap] *nf (a)* stopping place; **faire é.,** to stop *(b)* day's run, march; **à, par, petites étapes,** by easy stages; **nous avons fait une é. de 500 kilomètres,** we covered 500 kilometres *(c)* **d'é. en é.,** stage by stage.

état [eta] *nm* **1.** state, condition; **dans l'é. actuel des choses,** in the present circumstances; **mettre ses affaires en é.,** to put one's affairs in order; **en bon é.,** in good condition; undamaged; (*house*) in good repair; **en mauvais é., hors d'é.,** out of order; in need of repair; in poor condition; **remettre en é.,** to overhaul, to recondition; **en é. d'ivresse,** in a drunken state; **é. d'âme,** mood; **é. d'esprit,** state, frame, of mind; **être en é. de faire qch,** (i) to be in a fit state to do sth (ii) to be able, in a position, to do sth; **hors d'é. de nuire,** harmless; *F:* **être dans tous ses états,** to be upset **2.** (*a*) statement, report, return; **é. néant,** nil return; **é. de compte,** statement of account; **é. des lieux,** inventory of fixtures (in rented premises); **é. périodique,** progress report (*b*) **faire é. de qch,** to take sth into account; **faire grand é. de qn,** to think highly of s.o. (*c*) *Adm:* **é. civil,** (i) civil status (ii) registry office **3.** profession, trade; **épicier de son é.,** grocer by trade **4.** *Pol:* (*a*) estate (of the realm) (*b*) state, body politic, (form of) government; **homme d'É.,** statesman.

étatiser [etatize] *vtr* to nationalize. **étatisé** *a* state-controlled.

étatisme [etatism] *nm* state control; state socialism.

état-major [etamaʒɔr] *nm* **1.** *Mil:* (*a*) (general) staff; **officier d'é.-m.,** staff officer; **carte d'é.-m.** = ordnance survey map (*b*) headquarters **2.** senior staff (of firm); *pl états-majors.*

États-Unis [etazyni] *Prnm pl* **É.-U. (d'Amérique),** the United States (of America); *F:* the States.

étau, -aux [eto] *nm Tls:* vice, *NAm:* vise.

étayer [eteje] *vtr* **(j'étaie, j'étaye)** to stay, shore up, prop (up); to support (statement).

été [ete] *nm* summer; **en é.,** in summer; **é. de la Saint-Martin,** Indian Summer.

éteindre [etɛ̃dr̥] *vtr* (*conj like* TEINDRE) **1.** (*a*) to extinguish, put out (fire); to turn off (gas); to switch off (light); **laisser é. le feu,** to let the fire go out; *vi* **éteignez,** switch off the light (*b*) to kill (ambition, desire); to quench (thirst); to subdue (passions) **2. s'é.** (*a*) (*of fire*) to die out, to go out (*b*) (*of colour*) to fade; (*of sound*) to die away (*c*) (*of pers*) to die; (*of race, family*) to die out. **éteint** *a* (*a*) extinguished; **le feu est é.,** the fire is out (*b*) extinct (race, volcano) (*c*) dull (colour); faint (voice).

étendard [etɑ̃dar] *nm* standard.

étendre [etɑ̃dr̥] *vtr* **1.** (*a*) to spread, extend; to stretch; to lay (tablecloth); to spread (butter on bread); to hang out (washing); **é. le bras,** to stretch out one's arm; **é. qn (par terre),** to knock s.o. down; *F:* **se faire é. à un examen,** to fail an exam (*b*) to stretch (sth) out; **é. la pâte,** to roll out the dough; **é. ses connaissances,** to extend one's knowledge (*c*) to dilute (wine) **2. s'é.** (*a*) to stretch oneself out, to lie down (at full length); **s'é. sur un sujet,** to dwell, enlarge, on a subject (*b*) (*of forest, etc*) to extend, stretch; (*c*) to expand, grow larger; (*of fire*) to spread. **étendu, -ue 1.** *a* (*a*) extensive (knowledge); far-reaching (influence); wide (plain) (*b*) outstretched (hands) **2.** *nf* **étendue,** extent, size, dimensions, area; scale (of disaster); stretch (of water); sweep (of country); expanse (of sea); range (of voice); extent (of knowledge).

éternel, -elle [etɛrnɛl] *a* (*a*) eternal; everlasting (*b*) perpetual, endless; **fumant son éternelle cigarette,** always smoking a cigarette. **éternellement** *adv* eternally; everlastingly.

éterniser [etɛrnize] *vtr* **1.** to eternalize; to drag on (discussion) **2. s'é.,** to last for ever; to drag on; (*of visitor*) to stay for ever.

éternité [etɛrnite] *nf* eternity; **de toute é.,** from time immemorial; **il y a des éternités que je ne t'ai vu,** I haven't seen you for ages.

éternuement [etɛrnymɑ̃] *nm* **1.** sneezing **2.** sneeze.

éternuer [etɛrnɥe] *vi* to sneeze.

éther [etɛr] *nm Ch: Med:* ether.

Éthiopie [etjɔpi] *Prnf Geog:* Ethiopia. **éthiopien, -ienne** *a & n* Ethiopian.

éthique [etik] **1.** *a* ethical **2.** *nf* ethics.

ethnie [ɛtni] *nf* ethnic group. **ethnique** *a* ethnic.

ethnologie [ɛtnɔlɔʒi] *nf* ethnology. **ethnologique** *a* ethnological.

ethnologue [ɛtnɔlɔg] *n* ethnologist.

étinceler [etɛ̃sle] *vi* **(il étincelle) 1.** to throw out sparks **2.** (*of diamond, stars*) to sparkle, glitter, gleam; **ses yeux étincelaient de colère,** his eyes flashed with anger.

étincelle [etɛ̃sɛl] *nf* spark; **jeter, lancer, des étincelles,** to throw out sparks, to sparkle; **faire des étincelles,** (*of pers*) to sparkle; **cela fera des étincelles,** sparks will fly; **é. de génie,** flash of genius.

étiolement [etjɔlmɑ̃] *nm* (*a*) *Bot: Med:* chlorosis; *Hort:* blanching (*b*) atrophy (of the mind); weakening (of the intellect).

étioler [etjɔle] *vtr* **1.** (*a*) to wither (plant) (*b*) to make (s.o.) pale **2. s'é.,** to wilt, wither.

étiquetage [etiktaʒ] *nm* labelling.

étiqueter [etikte] *vtr* **(j'étiquète)** to label (luggage).

étiquette [etikɛt] *nf* **1.** label **2.** etiquette.

étirer [etire] *vtr* **1.** to stretch; to draw out; to draw (wire) **2. s'é.** (*a*) to stretch (oneself, one's limbs) (*b*) (*of jumper*) to stretch.

étoffe [etɔf] *nf* material; fabric; **avoir de l'é.,** to have plenty of grit; **l'é. dont sont faits les héros,** the stuff of heroes; **il a l'é. d'un bon chef,** he has the makings of a good leader.

étoffer [etɔfe] *vtr & pr* to fill out.

étoile [etwal] *nf* **1.** star; **é. filante,** shooting star; **coucher à la belle é.,** to sleep in the open; **né sous une bonne, une mauvaise, é.,** born under a lucky, an unlucky, star **2.** (*a*) star (of a decoration) (*b*) *Typ:* asterisk, star; **hôtel (à) cinq étoiles,** five-star hotel (*c*) **é. de mer,** starfish **3.** (film) star. **étoilé** *a* starry, starlit (sky); **la Bannière étoilée,** the Star-spangled Banner.

étole [etɔl] *nf Ecc:* stole.

étonnement [etɔnmɑ̃] *nm* astonishment, surprise; wonder, amazement.

étonner [etɔne] *vtr* **1.** to astonish, amaze, surprise; **cela ne m'étonnerait pas,** I shouldn't be surprised **2. s'é.,** to be astonished, surprised, to wonder **(de,** at); **je m'étonne qu'il ne voie pas le danger,** I'm astonished that he does not see the danger. **étonnant** *a* astonishing, surprising; **rien d'é. (à cela),** (that's) no wonder; *n* **l'é. est qu'il soit venu,** the surprising thing is that he came. **étonnamment** *adv* astonishingly, surprisingly.

étouffe-chrétien [etufkretjɛ̃] *nm inv F:* stodgy (lump of) cake.

étouffée [etufe] *nf Cu:* **cuire à l'é.**, to steam (vegetables); to braise (meat).

étouffement [etufmɑ̃] *nm* **1.** suffocation, stifling (of s.o.); smothering (of fire); hushing-up (of scandal) **2.** choking sensation.

étouffer [etufe] **1.** *vtr* (*a*) to suffocate, smother (s.o.) (*b*) to stifle (cry); to smother (fire); to suppress (revolt); to muffle (sound); **é. une affaire**, to hush up a matter; **é. un sanglot**, to choke back a sob **2.** *vi & pr* (*a*) to suffocate, choke (*b*) **on étouffe ici**, it's stifling in here. **étouffant** *a* stifling, suffocating, stuffy; oppressive (heat).

étoupe [etup] *nf* **é. blanche**, tow; **e. noire**, oakum.

étourderie [eturdəri] *nf* **1.** thoughtlessness; **par é.**, inadvertently **2.** thoughtless action; careless mistake.

étourdir [eturdir] *vtr* **1.** (*a*) to stun, daze; to make (s.o.) dizzy (*b*) to ease, to deaden (pain) **2. s'é.**, to try to forget; **s'é. dans la boisson**, to drown one's sorrows. **étourdi, -ie 1.** *a* thoughtless, scatterbrained; foolish **2.** *n* scatterbrain. **étourdiment** *adv* thoughtlessly. **étourdissant** *a* deafening (noise); staggering, astounding (news).

étourdissement [eturdismɑ̃] *nm* giddiness, dizziness; **avoir un é.**, to feel giddy; **cela me donne des étourdissements**, it makes my head swim.

étourneau, -eaux [eturno] *nm* **1.** *Orn:* starling **2.** *F:* scatterbrain.

étrange [etrɑ̃ʒ] *a* strange, peculiar, odd; **chose é., il est revenu**, strange to say, he came back. **étrangement** *adv* strangely, oddly, peculiarly; **cela ressemble é. à la rougeole**, it looks suspiciously like measles.

étranger, -ère [etrɑ̃ʒe, -ɛr] **1.** (*a*) *a* foreign (*b*) *n* foreigner, alien (*c*) *nm* **vivre à l'é.**, to live abroad **2.** (*a*) *a* strange, unknown; **il m'est é.**, he's unknown to me (*b*) *n* stranger; **société fermée aux étrangers**, society not open to outsiders **3.** *a* extraneous, foreign; not belonging (to sth); irrelevant (**à**, to); **c'est é. à la question**, it's beside the point; **il est é. à la musique**, he is a stranger to music.

étrangeté [etrɑ̃ʒte] *nf* strangeness, peculiarity, oddness (of conduct, style).

étranglement [etrɑ̃gləmɑ̃] *nm* **1.** (*a*) strangling, strangulation (of s.o.) (*b*) constriction; *Mch:* throttling **2.** bottleneck (in road); narrows (of river).

étrangler [etrɑ̃gle] *vtr* **1.** (*a*) to strangle, throttle (s.o.); **sa cravate l'étrangle**, his tie is choking him; *vi* **é. de soif**, to be parched with thirst (*b*) to constrict, compress; to throttle (steam) **2. s'é.**, to choke, suffocate; **s'é. avec une arête de poisson**, to choke on a fishbone; **s'é. de rire**, to choke with laughter. **étranglé** *a* choking (voice); constricted (passage, etc).

étrangleur, -euse [etrɑ̃glœr, -øz] *n* strangler.

être[1] [ɛtr] *vi & pred* (*prp* **étant**; *pp* **été**; *pr ind* **je suis, tu es, il est, n. sommes, v. êtes, ils sont**; *pr sub* **je sois, n. soyons, ils soient**; *imp* **sois, soyons**; *impf* **j'étais**; *ph* **je fus**; *fu* **je serai**) **1.** to be, to exist; **je pense, donc je suis**, I think, therefore I am; **elle n'est plus**, she is no more, she is dead; **cela étant**, that being the case; **eh bien, soit!** well, so be it! **ainsi soit-il**, so be it; *Ecc:* amen; **on ne peut pas ê. et avoir été**, you can't have your cake and eat it **2.** (*a*) **il est chef de gare**, he is a stationmaster; **c'est le chef de gare**, he's the stationmaster; **soit un triangle ABC**, given a triangle ABC (*b*) **l'homme est mortel**, man is mortal; **nous étions trois**, there were three of us (*c*) **ê. bien avec qn**, to be on good terms with s.o.; **nous sommes le dix**, it's the tenth (today) (*d*) **ê. à l'agonie**, to be dying; **il est tout à son travail**, he is entirely engrossed in his work (*e*) **ce tableau est de Gauguin**, this picture is by Gauguin; **il est de Londres**, he is from London; **il n'est pas des nôtres**, he isn't a member of our party; he isn't one of us; **être de service**, to be on duty (*f*) **j'étais là à l'attendre**, I was there waiting for her (*g*) (*with* **ce** *as neuter subject*) **est-ce vrai?** is it true? **vous venez, n'est-ce pas?** you're coming aren't you? **n'est-ce pas qu'il a de la chance?** isn't he lucky? (*h*) *impers uses* (i) **il est midi**, it is twelve o'clock; **comme si de rien n'était**, as if nothing had happened; **soit dit sans offense**, if you don't mind my saying so (ii) **il était une fois . . .** once upon a time there was . . . (*i*) (*with indeterminate* **en**) (i) **où en sommes-nous?** how far have we got? where are we? **vous n'en êtes pas encore là!** you haven't come to that yet! **je ne sais plus où j'en suis**, I don't know where I am (ii) **j'en suis pour mon argent**, I've spent my money to no purpose (iii) **il est pour le changement**, he's all for change (iv) **j'en suis!** count me in! I'm on! (v) **c'en est trop!** this is too much! (vi) (*impers*) **puisqu'il en est ainsi**, since that is how things are; **il n'en est rien!** nothing of the kind! (*j*) (*with indeterminate* **y**) **il y est pour quelque chose**, he's got something to do with it; **ça y est!** that's it! **vous y êtes?** are you with me? have you got it? **3.** (*a*) **ê. à qn**, to belong to s.o.; **je suis à vous dans un instant**, I'll be with you in a moment (*b*) **c'est à vous de jouer**, it's your turn to play **4.** (*aux use*) (*a*) (*with vi denoting change of place or state*) **il est arrivé**, he has arrived; **elle est née en 1950**, she was born in 1950 (*b*) (*with vpr*) **nous nous sommes trompés**, we (have) made a mistake **5.** (*as aux of the passive voice*) **il fut puni par son père**, he was punished by his father; **j'entends ê. obéi**, I mean to be obeyed **6.** (*a*) = **aller** (*in compound tenses and ph*) **j'avais été à Paris**, I had been to Paris (*b*) = **s'en aller** (*in ph only*) **il s'en fut ouvrir la porte**, he went off to open the door.

être[2] *nm* (*a*) being, existence (*b*) being, individual; **ê. humain**, human being; **un ê. cher**, a loved one.

étreindre [etrɛ̃dr] *vtr* (*conj like* PEINDRE) to embrace, hug; to clasp (s.o.) in one's arms; **é. la main de qn**, to wring s.o.'s hand; **la peur l'étreignait**, he was in the grip of fear.

étreinte [etrɛ̃t] *nf* (*a*) embrace, hug; clutch; grasp, grip (*b*) (exertion of) pressure.

étrennes [etrɛn] *nf pl* New Year's gift; **les é. du facteur** = the postman's Christmas box.

étrenner [etrene] *vtr* to use (sth), to wear (dress), for the first time; to christen (object).

étrier [etrije] *nm* stirrup; **vider les étriers**, to fall off (a horse).

étriper [etripe] *vtr* **1.** to draw (animal) (for cooking) **2.** to gore **3.** *F:* **s'é.**, to slice each other up; to fight to the death.

étriqué [etrike] *a* (*a*) skimpy, tight (garment) (*b*) narrow, limited (outlook, life).

étroit [etrwa] *a* **1.** narrow; confined (space); **à l'esprit**

é., narrow-minded 2. tight, close (knot, bond); tight(-fitting) (coat); **le sens é. d'un mot,** the strict meaning of a word 3. *adv phr* **être à l'é.,** to be cramped for room. **étroitement** *adv* tightly, closely; **ils sont é. liés d'amitié,** they are close friends.

étroitesse [etrwatɛs] *nf* 1. narrowness; **é. d'esprit,** narrow-mindedness 2. tightness, closeness.

étude [etyd] *nf* 1. (*a*) study, studying; **programme d'études,** curriculum; syllabus; **faire des études de français,** to study French; **faire ses études à,** to be educated at; *Sch:* **l'é. du soir,** evening study period; **(salle d')é.,** general study room (*b*) research (work); *CivE:* survey; **bureau d'études,** research department; **é. d'un canal,** project for a canal; **ingénieur d'études,** design engineer; **comité d'é.,** committee of enquiry; **mettre une question à l'é.,** to study a question 2. *Mus:* study 3. (*a*) office (of solicitor) (*b*) chambers (of barrister); (lawyer's) practice.

étudiant, -ante [etydjɑ̃, -ɑ̃t] *n* student; undergraduate; **é. en médecine,** medical student.

étudier [etydje] (*impf & pr sub* **n. étudiions**) *vtr* (*a*) to study; to prepare (lessons); to read (law); **é. son piano,** to practise the piano (*b*) to investigate, look into (a question); to devise (process); to design (machine) (*c*) to study (gestures). **étudié** *a* studied (calm); elaborate, deliberate (effect); keen (prices); **machine très étudiée,** carefully designed machine.

étui [etɥi] *nm* case, box; **é. à lunettes,** spectacle case; **é. de revolver,** holster.

étuve [etyv] *nf* 1. steam room 2. *Ch: Ind:* drying oven; *Med:* sterilizer; *F:* **quelle é.!** what an oven!

étuvée [étyve] *nf Cu:* **à l'é.,** steamed (vegetables); braised (meat).

étymologie [etimɔlɔʒi] *nf* etymology. **étymologique** *a* etymological.

eucalyptus [økaliptys] *nm* eucalyptus.

Eucharistie [økaristi] *nf Ecc:* Eucharist.

euh [ø] *int* er!

eunuque [ønyk] *nm* eunuch.

euphémisme [øfemism] *nm* euphemism. **euphémique** *a* euphemistic.

euphorie [øfɔri] *nf* euphoria. **euphorique** *a* euphoric.

euphorisant [øfɔrizɑ̃] *a & nm* antidepressant, euphoriant.

eurocrate [ørɔkrat] *n F:* Eurocrat.

eurodevise [ørɔdəviz] *nf* Eurocurrency.

eurodollar [ørɔdɔlar] *nm* Eurodollar.

Europe [ørɔp] *Prnf Geog:* Europe. **européen, -enne** *a & n* European.

européaniser [ørɔpeanize] *vtr* to Europeanize.

euthanasie [øtanazi] *nf* euthanasia.

eux [ø] *see* **lui²**.

évacuation [evakɥasjɔ̃] *nf* evacuation.

évacué, -ée [evakɥe] *n* evacuee.

évacuer [evakɥe] *vtr* to evacuate.

évadé, -ée [evade] *n* escaped prisoner.

évader (s') [sevade] *vpr* to escape (**de,** from).

évaluation [evalɥasjɔ̃] *nf* valuation, appraisement; assessment; estimate.

évaluer [evalɥe] *vtr* to value, appraise; to assess; to estimate.

évangéliser [evɑ̃ʒelize] *vtr* to evangelize. **évangélique** *a* evangelical.

évangéliste [evɑ̃ʒelist] *nm* evangelist.

évangile [evɑ̃ʒil] *nm* **l'É.,** the Gospel; **prendre qch pour parole d'é.,** to take sth for gospel (truth).

évanouir (s') [sevanwir] *vpr* 1. to vanish, disappear; (*of sound*) to die away 2. *Med:* to faint, to black out. **évanoui** *a Med:* unconscious.

évanouissement [evanwismɑ̃] *nm* 1. vanishing, disappearance; dying away (of sound) 2. blackout, fainting fit; faint.

évaporation [evapɔrasjɔ̃] *nf* evaporation.

évaporer(s') [sevapɔre] *vpr* (*a*) to evaporate; **faire é. un liquide,** to evaporate a liquid (*b*) to vanish (into thin air). **évaporé, -ée** 1. *a* featherbrained 2. *n* featherbrain.

évasement [evɑzmɑ̃] *nm* widening out, splaying; flare.

évaser(s') [sevɑze] *vpr* to widen, open out; to flare out. **évasé** *a* wide (vase); flared (skirt).

évasif, -ive [evazif, -iv] *a* evasive. **évasivement** *adv* evasively.

évasion [evazjɔ̃] *nf* 1. escape (from prison); **é. des capitaux,** flight of capital; **é. fiscale,** tax avoidance 2. escapism.

évêché [evɛʃe] *nm* 1. bishopric, see; diocese 2. bishop's palace.

éveil [evɛj] *nm* 1. (*a*) awakening (*b*) **être en é.,** to be wide awake; to be on the alert 2. warning; **donner l'é.,** to raise the alarm.

éveiller [evɛje] *vtr* 1. to awake(n); to wake (s.o.) up; to arouse (curiosity, suspicion) 2. **s'é.,** to wake (up); to awaken; (*of curiosity*) to be aroused. **éveillé** *a* 1. awake 2. wide awake; alert.

événement [evɛnmɑ̃] *nm* 1. event 2. occurrence, incident; **faire é.,** to cause a stir; **semaine pleine d'événements,** eventful week.

éventail, -ails [evɑ̃taj] *nm* 1. fan; **en é.,** fan-shaped 2. range (of goods).

éventaire [evɑ̃tɛr] *nm* (*a*) hawker's tray (*b*) (street) stall.

éventer [evɑ̃te] *vtr* 1. (*a*) to air (*b*) to fan (s.o.) 2. **s'é.,** (*of food*) to spoil; (*of beer*) to go flat, stale.

éventrer [evɑ̃tre] *vtr* to disembowel; to rip open, to slit open.

éventualité [evɑ̃tɥalite] *nf* possibility, eventuality, contingency. **éventuel, -elle** 1. *a* (*a*) possible; **à titre é.,** as a possible event; **client é.,** potential customer (*b*) eventual (profits) 2. *nm* eventuality, contingency. **éventuellement** *adv* possible; if necessary; should the occasion arise.

évêque [evɛk] *nm* bishop.

évertuer (s') [sevɛrtɥe] *vpr* **s'é. à faire,** to do one's utmost, to do; to struggle to do.

éviction [eviksjɔ̃] *nf* ousting, expulsion.

évidence [evidɑ̃s] *nf* (*a*) obviousness, clearness (of fact); **se rendre à l'é.,** to yield to the facts; **se refuser à l'é.,** to deny the facts; **de toute é.,** clearly, obviously (*b*) conspicuousness; **être en é.,** to be in a prominent position; **mettre en é.,** to bring to the fore; to put in a prominent position. **évident** *a* obvious, evident, plain. **évidemment** *adv* obviously; of course, certainly; naturally.

évider [evide] *vtr* to hollow out.

évier [evje] *nm* (kitchen) sink.

évincer [evɛ̃se] *vtr* (**n. évinçons**) to oust, supplant.

évitement [evitmɑ̃] *nm* **1.** avoidance (of s.o., sth) **2.** (*a*) *Rail:* shunting (of train); **voie, gare, d'é.,** siding (*b*) **route d'é.,** bypass.

éviter [evite] *vtr* (*a*) to avoid, shun; **é. un coup,** to dodge a blow; **é. de la tête,** to duck; **é. de faire qch,** to avoid doing sth (*b*) **é. qch à qn,** to spare, save, s.o. sth. **évitable** *a* avoidable, preventable.

évocation [evɔkasjɔ̃] *nf* evocation. **évocateur, -trice** *a* evocative.

évoluer [evɔlɥe] *vi* **1.** (*a*) (*of troops*) to manoeuvre, *NAm:* maneuver (*b*) (i) to move around (ii) to move in society **2.** to evolve, develop; (*of science*) to advance; (*of illness*) to make progress. **évolué** *a* (highly) developed, advanced; mature, broadminded (person).

évolution [evɔlysjɔ̃] *nf* **1.** movement (of troops) **2.** evolution; development; evolvement (of plan); course (of disease).

évoquer [evɔke] *vtr* (*a*) to evoke; to conjure up (*b*) to call to mind, to recall.

ex [ɛks] **1.** *pref* **ex-mari, -femme,** ex-husband, -wife **2.** *n F:* **mon, son, ex,** my, his, her, ex-husband, -wife; **un(e) de mes ex,** one of my old flames.

ex. *abbr exemple.*

exacerber [ɛgzasɛrbe] *vtr* to exacerbate, aggravate.

exact [ɛgzakt] *a* (*a*) exact; accurate, true, right, correct; **c'est e.,** that is correct; quite right (*b*) strict; rigorous (*c*) punctual. **exactement** *adv* (*a*) exactly; accurately, correctly; just, precisely; **effet e. contraire,** directly opposite effect (*b*) punctually.

exaction [ɛgzaksjɔ̃] *nf* **1.** exaction **2.** extortion.

exactitude [ɛgzaktityd] *nf* (*a*) exactness, accuracy, exactitude (*b*) punctuality.

ex aequo [ɛgzeko] *adj phr* of equal merit; **classés ex ae.,** placed equal.

exagération [ɛgzaʒerasjɔ̃] *nf* exaggeration.

exagérer [ɛgzaʒere] *vtr* (**j'exagère**) to exaggerate; **tu exagères!** you're going too far! **exagéré** *a* exaggerated; excessive. **exagérément** *adv* exaggeratedly.

exaltation [ɛgzaltasjɔ̃] *nf* **1.** exaltation; exalting, extolling **2.** (*a*) exaltation, elation (*b*) *Med:* over-excitement.

exalter [ɛgzalte] *vtr* **1.** (*a*) to exalt, glorify, extol (*b*) to excite, inflame (imagination) (*c*) to exalt, dignify **2. s'e.,** to grow excited; to enthuse. **exaltant** *a* exciting, stirring. **exalté, -ée 1.** *a* excited, impassioned; hotheaded (pers); uplifted (state of mind) **2.** *n* hothead; fanatic.

examen [ɛgzamɛ̃] *nm* (*a*) examination; **e. de la vue,** sight testing; **question à l'e.,** matter under consideration; **e. de conscience,** self examination (*b*) *Sch:* exam(ination); **e. blanc,** mock examination; **être reçu, refusé, à un e.,** to pass, to fail, an exam; **e. du permis de conduire,** driving test; **jury d'e.,** the examiners.

examinateur, -trice [ɛgzaminatœr, -tris] *n* examiner.

examiner [ɛgzamine] *vtr* to examine; **e. si . . .** to look carefully to see if . . .; **se faire e. par un médecin,** to have oneself examined by a doctor; **e. une question,** to look into a question; **s'e. dans un miroir,** to examine oneself in a mirror.

exaspération [ɛgzasperasjɔ̃] *nf* exasperation.

exaspérer [ɛgzaspere] *vt* (**j'exaspère; j'exaspérerai**) **1.** to aggravate (pain) **2.** to exasperate, irritate.

exaucement [ɛgzosmɑ̃] *nm* granting, fulfilment (of wish).

exaucer [ɛgzose] *vtr* (**n. exauçons**) to grant, fulfil (wish); **e. qn,** to grant s.o.'s wishes.

excavation [ɛkskavasjɔ̃] *nf* **1.** excavation, excavating **2.** excavation, hollow, pit.

excédent [ɛksedɑ̃] *nm* excess, surplus; **e. de poids,** excess weight. **excédentaire** *a* excess, surplus.

excéder [ɛksede] *vtr* (**j'excède; j'excéderai**) **1.** to exceed, go beyond **2.** (*a*) to tire (s.o.) out; **excédé de fatigue,** worn out (*b*) to exasperate (s.o.).

excellence [ɛksɛlɑ̃s] *nf* **1.** excellence, pre-eminence; **par e.,** (i) par excellence, pre-eminently (ii) supremely, above all **2. votre E.,** your Excellency. **excellent** *a* excellent. **excellemment** *adv* excellently.

exceller [ɛksele] *vi* to excel (**à faire qch,** in doing sth).

excentricité [ɛksɑ̃trisite] *nf* eccentricity. **excentrique 1.** *a* (*a*) eccentric (*b*) outlying (suburb) (*c*) eccentric, odd (person) **2.** *n* eccentric.

excepter [ɛksɛpte] *vtr* to except, exclude (s.o., sth) (**de,** from); **les femmes exceptées,** apart from, except, the women. **excepté** *prep* except(ing), besides, but, with the exception of.

exception [ɛksɛpsjɔ̃] *nf* exception; **faire e. à une règle,** to be an exception to a rule; **tous à l'e. du docteur, e. faite du docteur,** all except the doctor. **exceptionnel, -elle** *a* exceptional; (i) special (leave) (ii) uncommon, out of the ordinary; outstanding (talent). **exceptionnellement** *adv* exceptionally.

excès [ɛksɛ] *nm* (*a*) excess; **pécher par e. de zèle,** to be overzealous; *Aut:* **e. de vitesse,** speeding; **manger avec e.,** to eat too much; **(jusqu')à l'e.,** to excess; too much; **scrupuleux à l'e.,** scrupulous to a fault; over-scrupulous (*b*) *pl* **commettre des e.,** to go too far; **e. de table,** overeating. **excessif, -ive** *a* excessive; **d'une excessive gentillesse,** extremely kind. **excessivement** *adv* excessively.

excitation [ɛksitasjɔ̃] *nf* **1.** excitation (of the senses); **e. à la révolte,** incitement to rebellion **2.** (state of) excitement.

exciter [eksite] *vtr* **1.** (*a*) to excite; to arouse, stir up; **e. la pitié de qn,** to move s.o. to pity (*b*) to urge (s.o.) on; to incite (s.o.) (to revolt); **e. qn contre qn,** to set s.o. against s.o. (*c*) to stimulate (nerve) **2. s'e.,** to get excited, worked up. **excitable** *a* excitable. **excitant 1.** *a* exciting **2.** *nm* stimulant. **excité, -ée 1.** *a* excited **2.** *n* hothead.

exclamatif, -ive [ɛksklamatif, -ive] *a* exclamatory.

exclamation [ɛksklamasjɔ̃] *nf* exclamation.

exclamer (s') [sɛksklame] *vpr* to exclaim.

exclure [ɛksklyr] *vtr* (*ph* **j'exclus**) (*a*) to exclude, shut out, leave out; **candidat exclu,** unsuccessful candidate; **le mois d'août jusqu'au 31 exclu,** the month of August excluding 31st (*b*) to preclude, to rule out (possibility); **il n'est pas exclu que,** one cannot rule out the possibility that (*c*) **les deux solutions s'excluent l'une l'autre,** the two solutions rule each other out.

exclusion [ɛksklyzjɔ̃] *nf* exclusion; **à l'e. de,** to the exclusion of.

exclusivité [ɛksklyzivite] *nf* sole, exclusive, rights; **film en e.,** exclusive film; **article en e.,** exclusive. **exclusif, -ive** *a* exclusive, sole (rights, agent). **exclusivement** *adv* exclusively, solely; **depuis lundi jusqu'à vendredi e.,** from Monday to Friday exclusive.

excommunication [ɛkskɔmynikasjɔ̃] *nf* excommunication.

excommunier [ɛkskɔmynje] *vtr (impf & pr sub* **n. excomuniions)** to excommunicate.

excrément [ɛkskremɑ̃] *nm often pl* **excrément(s),** excrement.

excrétion [ɛkskresjɔ̃] *nf* excretion.

excroissance [ɛkskrwasɑ̃s] *nf* excrescence.

excursion [ɛkskyrsjɔ̃] *nf* excursion; tour; trip; outing; **e. à pied,** walking tour; hike.

excursionniste [ɛkskyrsjɔnist] *n* excursionist; tourist, tripper; hiker.

excuse [ɛkskyz] *nf* **1.** excuse **2.** *pl* apology; **faire ses excuses à qn,** to apologize to s.o.

excuser [ɛkskyze] *vtr* **1.** *(a)* to make excuses, to apologize, for (s.o.) *(b)* to excuse, pardon (s.o.); **e. qn de faire qch,** to excuse s.o. (i) for doing sth (ii) from doing sth; **l'ignorance n'excuse personne,** ignorance is no excuse **2. s'e.,** to apologize (**de,** for); **s'e. auprès de qn,** to apologize to s.o.; *F:* **je m'excuse,** excuse me. **excusable** *a* excusable, pardonable.

exécration [ɛgzekrasjɔ̃, ɛks-] *nf* execration, loathing.

exécrer [ɛgzekre, ɛks-] *vtr* **(j'exècre; j'exécrerai)** to loathe, execrate, detest. **execrable** *a* loathsome, abominable. **execrablement** *adv* execrably, abominably.

exécutant, -ante [ɛgzekytɑ̃, -ɑ̃t] *n* executant; *Mus:* performer.

exécuter [ɛgzekyte] *vtr* **1.** *(a)* to execute; to carry out, achieve (plan); to perform, fulfill (promise); to play (piece of music); to perform (dance) *(b)* (i) to execute; to put to death (ii) *Jur:* to distrain upon (debtor) **2. s'e.,** to submit, to comply. **exécutif, -ive** *a* executive; **le pouvoir e.,** *nm* **l'e.,** the Executive.

exécuteur, -trice [ɛgzekytœr, -tris] *n* **e. testamentaire,** executor, -trix.

exécution [ɛgzekysjɔ̃] *nf* **1.** execution, performance; carrying out (of plan); fulfilment (of promise); enforcement (of law); performance (of piece of music); **mettre un projet à e.,** to put a plan into execution; **en voie d'e.,** in progress **2.** *(a)* **e. capitale,** execution; **ordre d'e.,** death warrant *(b) Jur:* distraint.

exemplaire [ɛgzɑ̃plɛr] **1.** *a* exemplary **2.** *nm (a)* specimen (of work) *(b)* copy (of book); **en double e.,** in duplicate.

exemple [ɛgzɑ̃pl] *nm* example; **à l'e. de,** following the example of; **donner l'e.,** to set an example; **prendre e. sur qn,** to follow s.o.'s example; **faire un e. de qn,** to make an example of s.o.; **par e.,** for instance; **par e.!** well! who'd have thought it! **ah non, par e.!** I should think not!

exemplifier [ɛgzɑ̃plifje] *vtr* to exemplify.

exempter [ɛgzɑ̃te] *vtr* **e. qn (de qch),** to exempt, excuse, s.o. (from sth).

exemption [ɛgzɑ̃psjɔ̃] *nf* exemption (**de,** from); freedom (from anxiety). **exempt** *a* exempt, free; **e. de tout souci,** completely carefree; **e. de droits,** duty-free.

exercer [ɛgzɛrse] *vtr* **(n. exerçons) 1.** *(a)* (i) to exercise (ii) *Mil:* to drill; **e. qn à faire qch,** to train s.o. to do sth *(b)* to exercise; **e. son influence sur qn,** to exert one's influence on s.o.; **e. une pression sur qch,** to exert pressure on sth *(c)* **médicament qui exerce une action sur le foie,** medicine that acts upon the liver *(d)* to exercise, practise (profession); to carry on (business, trade); *vi* **notre médecin n'exerce plus,** our doctor is no longer in practice **2. s'e.** *(a)* to drill; to do exercises *(b)* to practise; **s'e. à qch,** to practise sth. **exercé** *a* experienced, practised, trained.

exercice [ɛgzɛrsis] *nm* **1.** *(a)* exercise; **prendre de l'e.,** to take exercise *(b) Mil:* drill(ing), training *(c)* (school) exercises **2.** *(a)* exercise (of power, privilege); practice (of profession); **dans l'e. de ses fonctions,** exercising one's duties; **avocat en e.,** practising barrister *(b)* **l'e. du culte,** public worship **3.** financial year; year's trading.

exergue [ɛgzɛrg] *nm* inscription; *Fig:* **mettre qch en e.,** to highlight, bring out, sth.

exhalaison [ɛgzalɛzɔ̃] *nf* exhalation.

exhaler [ɛgzale] *vtr* **1.** to exhale, emit (smell); to breathe (a sigh) **2.** *(of gas, vapour)* to be given off.

exhaustif, -ive [ɛgzostif, -iv] *a* exhaustive. **exhaustivement** *adv* exhaustively.

exhiber [ɛgzibe] *vtr* **1.** *(a)* to produce (documents); to present, show (passport) *(b)* to show, exhibit (animals); to display, show off (knowledge) **2. s'e.,** to make an exhibition of oneself; to show off.

exhibitionnisme [ɛgzibisjɔnism] *nm* exhibitionism.

exhibitionniste [ɛgzibisjɔnist] *n* exhibitionist.

exhortation [ɛgzɔrtasjɔ̃] *nf* exhortation.

exhorter [ɛgzɔrte] *vtr* to exhort, urge.

exhumation [ɛgzymasjɔ̃] *nf* exhumation, disinterment; unearthing (of old documents).

exhumer [ɛgzyme] *vtr (a)* to exhume, disinter (body); to dig up (treasure) *(b)* to rake up (memories, etc).

exigeant [ɛgziʒɑ̃] *a* exacting; hard to please.

exigence [ɛgziʒɑ̃s] *nf* **1. elle est d'une e. insupportable,** she's intolerably demanding **2.** *(a)* (unreasonable) demand *(b)* requirement, demand.

exiger [ɛgziʒe] *vtr* **(n. exigeons) 1.** to exact; to demand, require (**de,** from); to insist on (sth) **2.** to require, call for, necessitate (care). **exigeant** *a* exacting, demanding; **être trop e.,** to expect too much.

exigible [ɛgziʒibl] *a* exactable; (payment) due.

exiguïté [ɛgzigɥite] *nf* smallness; scantiness; slenderness (of income). **exigu, -uë** *a* tiny (flat); scanty (resources); slender (income).

exil [ɛgzil] *nm* exile, banishment.

exilé, -ée [ɛgzile] *n* exile.

exiler [ɛgzile] *vtr* **1.** to exile, banish **2. s'e.,** to go into exile; **s'e. du monde,** to withdraw from the world.

existence [ɛgzistɑ̃s] *nf (a)* existence *(b)* life.

existentialisme [ɛgzistɑ̃sjalism] *nm* existentialism. **existentialiste** *a & n* existentialist.

exister [ɛgziste] *vi* to exist, be; to live; **la maison existe toujours,** the house is still standing; **rien n'existe pour lui que l'art,** nothing but art matters to him; **il existe trois solutions,** there are three solutions. **existant** *a* existing.

exode [ɛgzɔd] *nm* exodus; **e. rural,** rural depopulation.

exonération [ɛgzɔnerasjɔ̃] *nf* exoneration; exemption; **e. d'impôts,** tax relief.

exonérer [ɛgzɔnere] *vtr* **(j'exonère; j'exonérerai)** to exonerate; to exempt (s.o. from income tax).

exorbitant [ɛgzɔrbitɑ̃] *a* exorbitant.

exorciser [ɛgzɔrsize] *vtr* to exorcise.

exorcisme [ɛgzɔrsism] *nm* exorcism.

exorciste [ɛgzɔrsist] *n* exorcist.

exotisme [ɛgzɔtism] *nm* exoticism. **exotique** *a* exotic.

expansé [ɛspɑ̃se] *a* **polystyrène e.,** expanded polystyrene.

expansion [ɛkspɑ̃sjɔ̃] *nf* **1.** (*a*) expansion; **en e.,** booming; (fast) expanding (*b*) spread (of ideas); **taux d'e. économique,** economic growth rate **2.** expansiveness; **avec e.,** effusively.

expansivité [ɛkspɑ̃sivite] *nf* expansiveness. **expansif, -ive** *a* expansive; (*of pers*) effusive.

expatriation [ɛkspatrijɑsjɔ̃] *nf* expatriation.

expatrié, -ée [ɛkspatrije] *n* expatriate.

expatrier [ɛkspatrije] *vtr* (*impf & pr sub* **n. expatriions) 1.** to expatriate **2. s'e.,** to settle abroad.

expectative [ɛkspɛktativ] *nf* expectation, expectancy; **rester dans l'e.,** to wait and see.

expectoration [ɛkspɛktɔrasjɔ̃] *nf* expectoration.

expectorer [ɛkspɛktɔre] *vtr* to expectorate. **expectorant** *a & nm* expectorant.

expédient [ɛkspedjɑ̃] **1.** *a* expedient **2.** *nm* expedient, device; **vivre d'expédients,** to live by one's wits.

expédier [ɛkspedje] *vtr* (*impf & pr sub* **n. expédiions) 1.** to dispatch; to get rid of, dispose of (s.o.) **2.** (*a*) to dispatch; to expedite, hurry along (business); **e. son déjeuner,** to polish off one's lunch (*b*) *Cust:* to clear (goods) **3.** *Jur:* to draw up (contract) **4.** to dispatch; to forward, send off (letter); to ship (goods); **e. par la poste,** to post, to mail. **expéditeur, -trice 1.** *n* sender **2.** *a* dispatching. **expéditif, -ive** *a* expeditious, quick.

expédition [ɛkspedisjɔ̃] *nf* **1.** (*a*) expedition, dispatch (*b*) (customs) clearance **2.** (*a*) dispatch(ing), forwarding, sending (*b*) consignment **3.** (military, scientific) expedition. **expéditionnaire 1.** *a* expeditionary (force) **2.** *n* shipping clerk.

expérience [ɛksperjɑ̃s] *nf* **1.** experience; **avoir l'e. de qch,** to be experienced in sth; **faire l'e. de qch,** to experience sth; **connaître qch par e.,** to know sth from experience; **sans e.,** inexperienced (**de,** in) **2.** experiment, test; **faire une e.,** to carry out an experiment.

expérimentateur, -trice [ɛksperimɑ̃tatœr, -tris] *n* experimenter.

expérimentation [ɛksperimɑ̃tasjɔ̃] *nf* experimentation, experimenting.

expérimenter [ɛksperimɑ̃te] *vtr* to test, try (remedy); *abs* to make experiments. **expérimental, -aux** *a* experimental. **expérimentalement** *adv* experimentally. **expérimenté** *a* experienced; skilled.

expert, -erte [ɛkspɛr, -ɛrt] **1.** *a* expert, skilled (**en, dans,** in) **2.** *nm* (*a*) expert; connoisseur (*b*) valuer, appraiser. **expertement** *adv* expertly.

expert-comptable [ɛkspɛrkɔ̃tabl] *nm* = chartered accountant, = *NAm:* certified public accountant; *pl experts-comptables.*

expertise [ɛkspɛrtiz] *nf* **1.** expert appraisal; valuation **2.** expert's report **3.** expertise.

expertiser [ɛkspɛrtize] *vtr* to value, estimate, appraise, assess; **faire e. qch,** to have sth valued.

expiation [ɛkspjɑsjɔ̃] *nf* expiation; atonement.

expier [ɛkspje] *vtr* (*impf & pr sub* **n. expiions**) to expiate, atone for (sin).

expiration [ɛkspirasjɔ̃] *nf* **1.** expiration; breathing out **2.** expiry, *NAm:* expiration (of lease).

expirer [ɛkspire] **1.** *vtr* to expire; to breathe out (air) **2.** *vi* (*a*) to die (*b*) to come to an end; (*of lease*) to run out.

explétif, -ive [ɛkspletif, -iv] *a & nm* expletive.

explication [ɛksplikasjɔ̃] *nf* explanation; **donner l'e. de qch,** to explain sth; *Sch:* **e. de textes,** literary appreciation (of texts).

expliciter [ɛksplisite] *vtr* to clarify, to make explicit. **explicite** *a* explicit, clear, plain. **explicitement** *adv* explicitly, clearly, plainly.

expliquer [ɛksplike] *vtr* **1.** (*a*) to explain, make clear (*b*) to explain, expound, elucidate (doctrine); to account for (action); **je ne m'explique pas pourquoi,** I can't understand why **2. s'e.,** to explain oneself; **je m'explique,** this is what I mean; **s'e. avec qn,** to have it out with s.o.; **ça ne s'explique pas,** it can't be explained. **explicable** *a* explicable, explainable. **explicatif, -ive** *a* explanatory.

exploit [ɛksplwa] *nm* exploit; feat; achievement.

exploitant [ɛksplwatɑ̃] *nm* farmer.

exploitation [ɛksplwatasjɔ̃] *nf* **1.** (*a*) exploitation; working (of mine); running (of railway, newspaper); utilization (of invention); tapping (of natural resources); **société d'e.,** development company; **e. agricole,** farming (*b*) exploitation, taking advantage of (tourists) **2.** (*a*) mine; works (*b*) farm (estate); holding.

exploiter [ɛksplwate] *vtr* to exploit; to work (mine); to operate (railway); to farm (land); to run (farm).

exploiteur, -euse [ɛksplwatœr, -øz] *n* exploiter.

explorateur, -trice [ɛksplɔratœr, -tris] **1.** *n* explorer **2.** *a* exploratory.

exploration [ɛksplɔrasjɔ̃] *nf* exploration.

explorer [ɛksplɔre] *vtr* to explore.

exploser [ɛksploze] *vi* to explode, to blow up; (*of anger*) to burst out, to explode. **explosif, -ive** *a & nm* explosive.

explosion [ɛksplozjɔ̃] *nf* explosion; outburst (of fury); **faire e.,** to explode, blow up.

exportation [ɛkspɔrtasjɔ̃] *nf* export. **exportateur, -trice 1.** *a* exporting **2.** *n* exporter.

exporter [ɛkspɔrte] *vtr* to export. **exportable** *a* exportable.

exposant, -ante [ɛkspozɑ̃, -ɑ̃t] **1.** *n* exhibitor **2.** *nm Mth:* exponent.

exposé [ɛkspoze] *nm* statement, account, report, exposition (of facts); **faire un e.,** to read a paper.

exposer [ɛkspoze] *vtr* **1.** (*a*) to exhibit, show, display (goods, works of art); **objet exposé,** exhibit (*b*) to set out (plans); **je leur ai exposé ma situation,** I explained to them how I was placed **2.** to expose; to lay open; **maison exposée au nord,** house facing north; **e. sa vie,** to imperil one's life; **s'e. à des critiques,** to lay oneself open to criticism.

exposition [ɛkspozisjɔ̃] *nf* **1.** (*a*) exhibition, show (*b*) exposure (to danger) (*c*) exposition, statement; *Lit:* introduction (*d*) *Mus:* exposition **2.** aspect, exposure (of house) **3.** *Phot:* exposure.

exprès¹, -esse [ɛksprɛs] **1.** *a* express, explicit (order); **défense expresse de fumer,** smoking strictly prohibited **2.** *a inv & nm* express (letter). **expressément** *adv* **1.** expressly, explicitly **2.** especially, on purpose.

exprès² [ɛksprɛ] *adv* on purpose, intentionally, deliberately; **il fait e. de nous bousculer,** he's jostling us on purpose; **je suis venu tout e. pour te voir,** I came specially to see you.

express [ɛksprɛs] *a & nm* **1.** express (train) **2.** espresso (coffee).

expression [ɛksprɛsjɔ̃] *nf* **1.** expression; voicing; show (of feelings); **au delà de toute e.,** inexpressible; **sans e.,** expressionless **2.** expression, term, phrase. **expressif, -ive** *a* expressive. **expressivement** *adv* expressively.

exprimer¹ [ɛksprime] *vtr* **1.** to express **2. s'e.,** to express oneself; **si je peux m'e. ainsi,** if I may say so. **exprimable** *a* expressible.

exprimer² *vtr* to squeeze out (juice, etc).

expropriation [ɛksprɔprijasjɔ̃] *nf* expropriation.

exproprier [ɛksprɔprije] *vtr* (*impf & pr sub* **n. expropriions**) to expropriate.

expulser [ɛkspylse] *vtr* to expel; to eject; to turn (s.o.) out; to evict (tenant); to deport (alien); to expel (pupil).

expulsion [ɛkspylsjɔ̃] *nf* expulsion; deportation; ejection, eviction.

expurger [ɛkspyrʒe] *vtr* **(j'expurgeai(s))** to expurgate.

exquis [ɛkski] *a* exquisite.

exsangue [ɛgzɑ̃g, ɛksɑ̃g] *a* bloodless, exsanguine.

extase [ɛkstɑz] *nf* ecstasy; rapture; **être en e. devant qch,** to be in ecstasies over sth. **extatique** *a* ecstatic.

extasier (s') [sɛkstɑzje] *vpr* (*impf & pr sub* **n. n. extasiions**) to go into ecstasies.

extenseur [ɛkstɑ̃sœr] *nm* chest expander.

extensible [ɛkstɑ̃sibl] *a* extending; expanding (bracelet).

extension [ɛkstɑ̃sjɔ̃] *nf* **1.** (*a*) extension; stretching (*b*) spreading, enlargement; spread (of disease); **prendre de l'e.,** to spread **2.** extended meaning (of word); **par e.,** in a wider sense. **extensible** *a* extensible; extending (table); expanding (bracelet). **extensif, -ive** *a* extensive.

exténuer [ɛkstenɥe] *vtr* **1.** to exhaust; **être exténué,** to be tired out **2. s'e.,** to tire oneself out.

extérieur [ɛksterjœr] **1.** *a* (*a*) exterior, outer, external; outside (staircase, interests); **le monde e.,** the outside world (*b*) foreign (trade) **2.** *nm* (*a*) exterior, outside; **vu de l'e.,** seen from the outside; **à l'e.** (i) out of doors (ii) (on the) outside (iii) abroad (*b*) abroad (*c*) (outward) appearance; looks (*d*) *Cin:* location shot. **extérieurement** *adv* **1.** externally, on the outside, outwardly **2.** on the surface, in appearance.

extérioriser [ɛksterjɔrize] *vtr* **1.** to show (one's feelings) **2. s'e.,** (*a*) (*of pers*) to show one's feelings; to express oneself (*b*) (*of anger, etc*) to express itself.

extermination [ɛkstɛrminasjɔ̃] *nf* extermination.

exterminer [ɛkstɛrmine] *vtr* to exterminate.

externat [ɛkstɛrna] *nm* **1.** day school **2.** *Med:* non-resident medical studentship. **externe 1.** *a* (*a*) external, outside, outer; **angle e.,** exterior angle; *Pharm:* **à usage e.,** for external use (*b*) **élève e.,** day pupil **2.** *n* (*a*) day pupil (*b*) non-resident medical student.

extincteur [ɛkstɛ̃ktœr] *nm* fire extinguisher.

extinction [ɛkstɛ̃ksjɔ̃] *nf* **1.** (*a*) extinction; extinguishing, putting out (*b*) abolition; paying off (of debt) **2.** (*a*) extinction, dying out (of species); **espèce en voie d'e.,** endangered species (*b*) **e. de voix,** loss of voice.

extirpation [ɛkstirpasjɔ̃] *nf* eradication.

extirper [ɛkstirpe] *vtr* **1.** to eradicate, to root out; *F:* **e. qn de son lit,** to drag s.o. out of bed **2. s'e.,** to get oneself out (**de,** of).

extorquer [ɛkstɔrke] *vtr* to extort, wring (money, promise) (**à qn,** from s.o.).

extorqueur, -euse [ɛkstɔrkœr, -øz] *n* extortioner.

extorsion [ɛkstɔrsjɔ̃] *nf* extortion.

extra [ɛkstra] **1.** *nm inv* (*a*) something extra; extra dish; **faire un e.,** to do something special (*b*) occasional job; extra help **2.** *a inv F:* extra-special; first-class; **c'est e.!** it's great! **3.** *adv* extra-.

extractible [ɛkstraktibl] *a* removable; extractable.

extraction [ɛkstraksjɔ̃] *nf* **1.** extraction; extracting; mining, quarrying **2.** extraction, birth.

extrader [ɛkstrade] *vtr Jur:* to extradite.

extradition [ɛkstradisjɔ̃] *nf* extradition.

extra-fin [ɛkstrafɛ̃] *a* superfine.

extra-fort [ɛkstrafɔr] *a* extra strong.

extraire [ɛkstrɛr] *vtr* (*conj like* TRAIRE) to extract, draw out, take out, pull out; to extract (tooth, coal); **s'e. d'une situation difficile,** to get out of an awkward situation.

extrait [ɛkstrɛ] *nm* **1.** extract; **e. de viande,** meat extract **2.** extract, excerpt (from book); abstract (from deed, account); **e. de naissance,** birth certificate.

extraordinaire [ɛkstraɔrdinɛr] **1.** *a* (*a*) extraordinary; special (messenger) (*b*) extraordinary, unusual; **cela n'a rien d'e.,** that's nothing out of the ordinary (*c*) remarkable, outstanding **2.** *adv phr* **par e.,** exceptionally; strange to say; strangely enough. **extraordinairement** *adv* extraordinarily.

extrapolation [ɛkstrapɔlasjɔ̃] *nf* extrapolation.

extrapoler [ɛkstrapɔle] *vtr & i* to extrapolate.

extra-scolaire [ɛkstraskɔlɛr] *a* out-of-school (activities).

extravagance [ɛkstravagɑ̃s] *nf* extravagance; absurdity; exorbitance (of price). **extravagant** *a* extravagant; absurd; wild (idea); exorbitant (demand, price).

extraverti [ɛkstravɛrti] *a & n* extrovert.

extraterrestre [ɛkstratɛrɛstr] *a & n* extraterrestrial.

extrême [ɛkstrɛm] **1.** *a* (*a*) extreme; farthest, utmost (point); *Pol:* **l'e. droite, gauche,** the extreme Right, Left (*b*) intense, excessive (cold) (*c*) drastic, severe (measure) **2.** *nm* extreme limit; **pousser les choses à l'e.,** to carry matters to extremes. **extrêmement** *adv* extremely, exceedingly.

extrême-onction [ɛkstrɛmɔ̃ksjɔ̃] *nf Ecc:* extreme unction.

Extrême-Orient [ɛkstrɛmɔrjɑ̃] *Prnm Geog:* Far East.

extrémisme [ɛkstremism] *nm* extremism.

extrémiste [ɛkstremist] *n* extremist.

extrémité [ɛkstremite] *nf* (*a*) extremity, end; tip, point; *Anat:* **les extrémités,** the extremities (*b*) extremity, extreme (of misery); **pousser qch à l'e.,** to carry sth to extremes; **réduit à l'e.,** in dire distress.

exubérance [ɛgzyberɑ̃s] *nf* exuberance. **exubérant** *a* exuberant.

exultation [ɛgzyltasjɔ̃] *nf* exultation.

exulter [ɛgzylte] *vi* to exult, rejoice.

exutoire [ɛgzytwar] *nm* outlet (**à,** for).

ex-voto [ɛksvɔto] *nm inv* ex-voto; votive offering.

F

F¹, f [ɛf] *nm & f* (the letter) F, f.

F² *abbr Franc(s).*

fa [fɑ] *nm inv Mus:* **1.** (the note) F; **clef de fa,** bass clef **2.** (*in the Fixed Do system*) fa.

fable [fɑbl̩] *nf* (*a*) fable (*b*) story; invention; **être la f. de la ville,** to be the laughing stock of the town.

fabricant, -ante [fabrikɑ̃, -ɑ̃t] *n* maker, manufacturer.

fabrication [fabrikasjɔ̃] *nf* **1.** manufacture, making; **article de f. française,** article made in France **2.** forging.

fabrique [fabrik] *nf* **1.** manufacture; **prix de f.,** manufacturer's price; **marque de f.,** trademark **2.** factory, works; **f. de papier,** paper mill.

fabriquer [fabrike] *vtr* **1.** to manufacture; **qu'est-ce que vous fabriquez?** (i) what are you making? (ii) *F:* what on earth are you up to? **2.** to fabricate (story).

fabuleux, -euse [fabylø, -øz] *a* **1.** fabulous **2.** incredible; prodigious. **fabuleusement** *adv* fabulously.

fac [fak] *nf F:* (**faculté**) university.

façade [fasad] *nf* façade, front(age) (of house); **patriotisme de f.,** sham patriotism; *F:* **se refaire la f.,** to make up one's face.

face [fas] *nf* **1.** face; **sauver, perdre, la f.,** to save, lose, face **2.** flat (of sword blade); side (of lens, gramophone record); head side (of coin); **f. avant, arrière,** front, back **3.** (*a*) **sa maison fait f. à l'église,** his house faces the church; **faire f. à des difficultés, à qn,** to cope with difficulties, with s.o. (*b*) **portrait de f.,** full-face portrait; **vue de f.,** front view; **la maison (d')en f.,** the house opposite; **regarder qn (bien) en f.,** to look s.o. full in the face; **regarder les choses en f.,** to face facts; **f. à f.,** face to face (**avec,** with) **4.** *prep phr* **f. à,** facing; **en f. de,** opposite; **en f. l'un de l'autre,** opposite each other.

facétie [fasesi] *nf* facetious remark; **dire des facéties,** to crack jokes. **facétieux, -euse** *a* facetious.

facette [fasɛt] *nf* facet.

fâcher [fɑʃe] *vtr* **1.** (*a*) to grieve (*b*) to anger; to make (s.o.) angry; to annoy **2. se f.** (*a*) to get angry; to lose one's temper; to take offence (*b*) **se f. avec qn,** to quarrel with s.o. **fâché** *a* **1.** sorry **2.** angry; **être f. contre qn,** to be annoyed with s.o. **3. être f. avec qn,** to have fallen out with s.o.

fâcherie [fɑʃri] *nf* quarrel.

fâcheux, -euse [fɑʃø, -øz] *a* troublesome, tiresome, annoying; awkward (position); distressing (news). **fâcheusement** *adv* annoyingly; awkwardly.

facho [faʃo] *a & n F:* fascist.

facile [fasil] *a* **1.** (*a*) easy; **c'est f. à dire,** it's more easily said than done (*b*) (i) easy-going; **f. à vivre,** easy to get on with (ii) pliable, easily influenced **2.** facile; fluent (style); ready, quick (writer); **je n'ai pas la parole f.,** words don't come easily to me; **elle a les larmes faciles,** she is easily moved to tears. **facilement** *adv* easily, readily.

facilité [fasilite] *nf* **1.** (*a*) easiness (of task); **avec f.,** with ease, easily (*b*) **avoir la f. de faire qch.,** to enjoy the opportunity of doing sth; **facilités de paiement,** easy terms; *Bank:* **facilités de caisse,** overdraft facilities **2.** aptitude, talent (**pour qch,** for sth); **f. de parole,** fluency **3.** pliancy.

faciliter [fasilite] *vtr* to facilitate; to make (sth) easier, easy.

façon [fasɔ̃] *nf* **1.** (*a*) (i) making, fashioning; workmanship (ii) style; **f. d'un manteau,** (i) making (up) (ii) cut, of a coat; **tailleur à f.,** bespoke tailor; **on travaille à f.,** customers' own materials made up (*b*) **cuir f. porc,** imitation pigskin **2.** (*a*) manner, mode, way; **vivre à la f. des sauvages,** to live like savages; **je le ferai à ma f.,** I shall do it (in) my own way; **f. de parler,** manner of speaking; **de la bonne f.,** properly (*b*) *pl* manners; **en voilà des façons!** what a way to behave! (*c*) **sans façons** (i) (*of pers*) free-and-easy; unceremonious (ii) (*of manners*) rough and ready; **traiter qn sans f.,** to treat s.o. in an offhand manner; **sans plus de façons,** without any more ado (*d*) **de cette f.,** thus, in this way; **de f. ou d'autre,** (i) in one way or another (ii) by hook or by crook; **de toute f. j'irai,** anyhow, I shall go; **en aucune f.!** by no means! **3. de f. à,** so as to; **de (telle) f. que,** so that; **parler de f. qu'on vous comprenne,** speak so as to be understood.

faconde [fakɔ̃d] *nf* fluency (of speech); *F:* gift of the gab.

façonner [fasɔne] *vtr* to work, shape; to make (up) (dress).

fac-similé [faksimile] *nm* facsimile; exact copy; *pl fac-similés.*

facteur, -trice [faktœr, -tris] *n* **1.** (musical) instrument maker **2.** postman, *f* postwoman **3.** *Com:* agent, middleman **4.** *nm Mth:* factor; **le f. humain,** the human factor.

factice [faktis] *a* artificial, imitation; dummy (parcel); feigned (emotion).

factieux, -euse [faksjø, -jøz] **1.** *a* factious **2.** *n* troublemaker.

faction [faksjɔ̃] *nf* **1.** sentry duty, guard; **être de, en, f.,** to be on guard **2.** faction; factious party.

factionnaire [faksjɔnɛr] *nm* sentry.

facture [faktyr] *nf* invoice; bill (of sale).

facturer [faktyre] *vtr* to invoice.

facultatif, -ive [fakyltatif, -iv] *a* optional; **arrêt f.,** request stop.

faculté [fakylte] *nf* **1.** (*a*) option, right (*b*) faculty, ability; **facultés de l'esprit,** intellectual faculties (*c*) *pl* resources, means **2.** *Sch:* faculty (of arts, law, medicine).

fadaise [fadɛz] *nf* (piece of) nonsense; **débiter des fadaises,** to talk rot.

fadasse [fadas] *a F:* wishy-washy.

fadeur [fadœr] *nf* insipidity; tastelessness; dullness

(of colour); **dire des fadeurs,** to make uninspired remarks. **fade** *a* insipid; tasteless; dull, drab (colour); tame (joke).

fading [fediŋ] *nm WTel:* fading (effect).

fagot [fago] *nm* faggot; bundle of firewood.

fagoter [fagɔte] *vtr F:* **1.** to rig (s.o.) out; **mal fagoté,** dowdy **2. se f.,** to rig oneself out.

faible [fɛbl] **1.** *a* (*a*) feeble, weak; **f. d'esprit,** feeble-minded; **points faibles,** shortcomings (**chez qn,** in s.o.); **c'est là son point f.,** that's his weakness (*b*) weak, thin (coffee, wine); faint (sound, smell); weak (voice); poor, slender (chance); **prix f.,** low price; **boisson f. en alcool,** drink with a low alcoholic content; **f. quantité,** small quantity (*c*) **élève f. en chimie,** pupil weak in chemistry **2.** *nm* weakness, failing; **avoir un f. pour qch, pour qn,** to have a weakness, a soft spot, for sth, s.o. **3.** *n* weakling; **les économiquement faibles,** the badly off; **les faibles d'esprit,** the feeble-minded. **faiblement** *adv* feebly, weakly.

faiblesse [fɛblɛs] *nf* **1.** (*a*) feebleness, weakness; **tomber de f.,** to drop with exhaustion (*b*) faintness (*c*) **la f. humaine,** human frailty (*d*) smallness (of sum) **2. je l'aime avec toutes ses faiblesses,** I love him in spite of all his failings.

faiblir [fɛblir] *vi* to weaken; to grow weak(er); (*of sight*) to fail; (*of wind*) to drop; (*of courage*) to fail.

faïence [fajɑ̃s] *nf* crockery; earthenware.

faille [faj] *nf* (*a*) *Geol:* break (in lode) (*b*) flaw (in argument).

faillible [fajibl] *a* fallible.

faillir [fajir] *vi* (*prp* **faillant;** *pp* **failli;** *pr ind* **je faux, n. faillons;** *ph* **je faillis**) *used mostly in ph and compound tenses*) **1.** to fail; **f. à une promesse,** to fail to keep a promise **2. j'ai failli manquer le train,** I nearly missed the train. **failli, -ie** *a & n* bankrupt.

faillite [fajit] *nf* **1.** *Com:* bankruptcy, insolvency; **en f.,** bankrupt; **faire f.,** to go bankrupt **2.** failure.

faim [fɛ̃] *nf* hunger; **avoir f.,** to be hungry; **avoir une f. de loup,** to be ravenous; **manger à sa f.,** to eat one's fill; **avoir f. de gloire,** to hunger for glory.

fainéanter [fɛneɑ̃te] *vi* to idle about. **fainéant, -ante 1.** *a* idle, lazy **2.** *n* idler, lazybones.

fainéantise [fɛneɑ̃tiz] *nf* idleness, laziness.

faire [fɛr] *vtr* (*prp* **faisant** [fəzɑ̃]; *pp* **fait** [fɛ]; *pr ind* **je fais; n. faisons** [fəzɔ̃], **v. faites** [fɛt], **ils font;** *pr sub* **je fasse;** *imp* **fais, faisons, faites;** *ph* **je fis;** *fu* **je ferai**) **1.** to make (*a*) **Dieu a fait l'homme à son image,** God created man in his own image; **comment est-il fait?** (i) what is he like? (ii) what does he look like? **il n'est pas fait pour cela,** he is not the man, he is not cut out, for that; **jambe bien faite,** shapely leg (*b*) **f. un gâteau,** to make, bake, a cake; **statue faite en, de, marbre,** statue made of marble; **vêtements tout faits,** ready-made clothes; **phrases toutes faites,** set phrases; **f. un tableau,** to paint a picture; **f. un chèque,** to write a cheque; **f. la guerre,** to wage war; **f. un miracle,** to work a miracle; **ferme où on fait de la betterave,** farm that grows beet (*c*) **f. un geste,** to make a gesture; **f. de l'œil à qn,** to ogle s.o. (*d*) **f. sa fortune,** to make one's fortune; **se f. des amis,** to make friends; (*e*) **f. des provisions,** to lay in provisions; (*f*) *P:* **tu es fait, mon vieux,** you've had it, chum! **2.** to do (*a*) **qu'est-que vous faites?** what are you doing? **il n'y a rien à f.,** there's nothing to be done; **je n'ai rien à f. avec eux,** I have nothing to do with them; **il n'a rien à f. ici,** he has no business (being) here; **que f.?** what's to be done? what can I, we, do? **je le regardais f.,** I watched him do it; **faites vite!** look sharp! **avoir fort à f.,** to be hard put to it; **vous allez avoir de quoi f.,** you have your work cut out; **c'est bien fait!** it serves you right! **voilà qui est fait,** that's settled (*b*) to say; **'vous partez demain!' fit-il,** 'you leave tomorrow!' he said (*c*) **f. la ronde,** to go one's rounds; **f. son devoir,** to do one's duty; **f. ses besoins,** to relieve oneself; to go to the toilet (*d*) **f. un métier,** to practise a trade; **f. la laine,** to deal in wool (*e*) **f. du sport,** to go in for sport; **il fait son droit,** he's reading law; **f. son apprentissage,** to serve one's apprenticeship; **f. les magasins,** to go round the shops (*f*) **f. une promenade,** to go for a walk; *F:* **f. du 100 à l'heure,** to do 100 kilometres an hour (*g*) **f. pitié, peur,** to arouse pity; to frighten (*h*) to amount to; **combien cela fait-il?** how much does that come to? **deux et deux font quatre,** two and two are four; **ça fait trois jours qu'il est parti,** it's three days since he left; **ce poulet fait trois kilos,** this chicken weighs three kilos (*i*) to be, constitute; **f. l'admiration de tous,** to be the admiration of all; **cela fera mon affaire,** (i) that will suit me (ii) that's just what I'm looking for; **quel taquin vous faites!** what a tease you are! (*j*) to matter; **qu'est-ce que ça fait?** what does it matter? **si cela ne vous fait rien,** if you don't mind; **cela ne fait rien,** never mind, it doesn't matter (*k*) **pourquoi agir comme vous le faites?** why do you act as you do? **3.** (*a*) to form; **ce professeur fait de bons élèves,** this teacher turns out good pupils; **se f. une opinion sur qch,** to form an opinion on sth (*b*) to arrange; **f. la chambre,** to clean, do, the bedroom; **f. sa valise,** to pack one's suitcase; **f. ses ongles,** to do one's nails; **f. les cartes,** to deal the cards; **à qui de f.?** whose deal is it? (*c*) **qu'allez-vous f. de votre fils?** what are you going to do with your son? **je n'ai que f. de ça,** I have no use for this; *F:* **ça fait riche,** it looks expensive; **il ne fait pas quarante ans,** he doesn't look forty (*d*) **f. le malade,** to sham illness, to pretend to be ill; **f. l'imbécile,** to play the fool **4. en f.** (*a*) **il n'en fait qu'à sa tête,** he does (just) what he likes; **n'en faites rien,** do no such thing (*b*) **c'en est fait de lui,** it's all up with him; he's done for (*c*) *P:* **(ne) t'en fais pas,** don't worry (*d*) **y f.; rien n'y fit,** it was all to no avail; **que voulez-vous que j'y fasse?** what do you expect me to do? (*e*) *F:* **la f. à qn,** to take s.o. in; **on ne me la fait pas!** nothing doing! I'm not going to be had! **5.** *v impers* (*a*) **quel temps fait-il?** what is the weather like? **il fait du soleil,** it's sunny; **par le froid qu'il fait,** in this cold weather (*b*) **il fait mauvais voyager par ces routes,** it is hard travelling on these roads **6.** (*syntactical constructions*) (*a*) **il ne fait que lire toute la journée,** he does nothing but read all day; **je n'ai fait que le toucher,** I only touched it (*b*) **je ne fais que d'arriver,** I have only just arrived (*c*) **vous n'aviez que f. de parler,** you had no business to speak (*d*) **c'est ce qui fait que je suis venu si vite,** that's why I came so quickly (*e*) **faites qu'il vienne demain,** see to it that he comes tomorrow **7.** *causative* (*the noun or pron object is the subject of* *the inf*) (*a*) **je le fis chanter,** I made him sing; **il nous a fait venir,** he sent for us; **faites-le entrer,** show him in; **f. attendre qn,** to keep s.o. waiting (*b*) *with vpr* (i) (*reflexive pron omitted*) **f. asseoir qn,** to make s.o. sit down; (ii) (*reflexive pron retained*) **je le fis s'arrêter,** I made him stop (*c*) (*the noun or pron is the object of the inf*) (i) **f. f. deux exemplaires,** to have two copies made; (ii) **se f.** + *inf*; **se f. entendre,** (*of pers*) to make oneself heard; **un bruit se fit entendre,** a noise was heard; **il ne se le fit pas dire deux fois,** he didn't need to be told twice (*d*) **f. f. qch à qn,** to cause, get, s.o. to do sth; **faites-lui lire cette lettre,** get him to read this letter; **faites-lui comprendre que,** make him understand that **8. se f.** (*a*) to become; to develop, mature; **son style se fait,** his style is forming; **ce fromage se fera,** this cheese will ripen (*b*) to become; **se f. vieux,** to grow old; **se f. soldat,** to become a soldier (*c*) to adapt oneself; **se f. à qch,** to get used to sth (*d*) *impers* (i) **il se fait tard,** it is getting late; (ii) **il se fit un long silence,** a long silence followed; **comment se fait-il que vous soyez en retard?** why are you late?; **comment cela se fait-il?** why is that the case? (*e*) **cela ne se fait plus,** it's no longer done; **le miracle s'est fait tout seul,** the miracle came about by itself; **le mariage ne se fera pas,** the marriage will not take place.

faire-part [fɛrpar] *nm inv* card, notice (announcing birth, death, marriage); **f.-p. de mariage,** wedding card.

faisable [fəzabl] *a* feasible, practicable.

faisan [fəzɑ̃] *nm* **(coq) f.,** (cock) pheasant. **faisandé** *a* (*a*) high, gamy (meat) (*b*) *F:* decadent.

faisceau, -eaux [fɛso] *nm* **1.** bundle (of sticks); **f. de preuves,** body of proof **2.** beam, searchlight; **f. hertzien,** radio beam; *TV:* **f. cathodique explorateur,** scanning electron beam; **f. électronique,** electron beam; **f. de lumière,** pencil of rays.

fait¹ [fɛ] *a* fully developed; **homme f.,** (i) grown man (ii) experienced man; **fromage f.,** ripe cheese.

fait² [fɛ *and sometimes* fɛt] *nm* (*a*) act, deed, feat; **faits et dits,** sayings and doings; **prendre qn sur le f.,** to catch s.o. in the act; **dire son f. à qn,** to talk straight to s.o. (*b*) fact; **f. accompli,** accomplished fact; fait accompli; **prendre f. et cause pour qn,** to stand up for s.o.; **aller droit au f.,** to go straight to the point; **en venir au f.,** to come to the point; **être au f. de la question,** to know how things stand; **mettre qn au f.,** to make s.o. acquainted with the facts; **au f., que venez-vous faire ici?** by the way, what have you come here for? **en f.,** as a matter of fact; in actual fact; actually; **de ce f.,** thereby, on that account; **du f., par le f., qu'il boite,** because he's lame; **en f. de,** as regards; **qu'est-ce que vous avez en f. de rôti?** what have you in the way of a joint? (*c*) occurrence, happening; *Journ:* **faits divers,** news in brief; **f. divers,** news item.

faîte [fɛt] *nm* **1.** *Const:* ridge (of roof) **2.** top (of tree, house); pinnacle (of glory).

faitout [fɛtu] *nm* stewing pot, casserole.

falaise [falɛz] *nf* cliff.

fallacieux, -euse [falasjø, -øz] *a* fallacious, deceptive, misleading. **fallacieusement** *adv* fallaciously.

falloir [falwar] *v impers def* (*no prp; pp* **fallu;** *pr ind* **il faut;** *pr sub* **il faille;** *impf* **il fallait;** *fu* **il faudra) 1.** (*a*) to be necessary, required; **il lui faut un nouveau pardessus,** he needs a new overcoat; **avez-vous tout ce qu'il (vous) faut?** have you everything you need? **c'est juste ce qu'il faut,** that's just the right thing; **il m'a fallu trois jours pour le faire,** it took me three days to do it (*b*) **s'en f.,** to be lacking, wanting; **je ne suis pas satisfait, tant s'en faut,** I am not satisfied, far from it; **peu s'en faut,** very nearly; **100 francs ou peu s'en faut,** the best part of 100 francs; **il s'en faut de peu qu'il accepte,** he is more than half inclined to accept (*c*) **comme il faut,** proper(ly); **se conduire comme il faut,** to behave in a civilized manner; **ce sont des gens très comme il faut,** they are very decent people **2.** (*a*) to be necessary; **il faut partir,** I, we, you, etc must go; **il faut dire que,** I am bound to say that; **il nous faut le voir, il faut que nous le voyions,** we must see him; **il faudra marcher plus vite,** we shall have to walk faster; **il fallait le dire!** why didn't you say so! *F:* **c'est ce qu'il faudra voir!** we must see about that! *P:* **faut voir!** you should see it! **c'est simple mais il fallait y penser,** it's simple once you've thought of it; **il a fallu qu'elle le lui dise!** she *had* to tell him, she *would* tell him! (*b*) (*with* **le** = *noun clause*) **il viendra s'il le faut,** he will come if necessary; **vous êtes revenu à pied?—il (l')a bien fallu,** you walked back?—there was nothing else for it.

falot¹ [falo] *nm* (hand) lantern.

falot², -otte [falo, -ɔt] *a* insignificant, dim (pers).

falsification [falsifikasjɔ̃] *nf* falsification; forgery, faking.

falsifier [falsifje] *vtr* to falsify; to forge, fake (document); to adulterate (wine).

famé (mal) [malfame] *a* of ill repute.

famélique [famelik] *a* famished; half-starved.

fameux, -euse [famø, -øz] *a* **1.** famous **2.** *F:* **fameuse idée,** splendid idea; **vous êtes un f. menteur!** you're a heck of a liar! **ce n'est pas f.,** it isn't up to much. **fameusement** *adv* famously; splendidly.

familial, -aux [familjal, -o] *a* **1.** family (life); **pot f.,** family-size jar; **allocation familiale,** family allowance **2.** *Aut: nf* **familiale,** estate car, *NAm:* station wagon.

familiariser [familjarize] *vtr* **1.** to familiarize **2. se f.** (*a*) to familiarize oneself (**avec,** with); to get accustomed (**avec,** to) (*b*) to grow familiar (in manner).

familiarité [familjarite] *nf* familiarity.

familier, -ère [familje, -ɛr] *a* **1.** domestic **2.** (*a*) familiar; **être f. avec qn,** to be on familiar terms with s.o.; **expression familière,** colloquialism; colloquial expression; **animal f.,** pet; *nm* **un des familiers de la maison,** a friend of the family (*b*) **visage qui lui est f.,** face which is well-known to him; **le mensonge lui est f.,** he is a habitual liar. **familièrement** *adv* familiarly.

famille [famij] *nf* family; household; **chef de f.,** (i) head of the family (ii) householder; **dîner en f.,** to dine at home with one's family; **avec eux je me sens en f.,** I feel quite at home with them; **cela tient de f.,** it runs in the family; **j'ai de la f. à Paris,** I have relatives in Paris.

famine [famin] *nf* famine, starvation.

fan [fɑ̃] *nm F:* fan.

fana [fana] *n F:* fanatic; **un f. du cinéma**, a cinema fanatic; **être f. de,** to be crazy about.

fanal, -aux [fanal, -o] *nm* lantern, lamp; *Rail:* headlight; (ship's) navigation light.

fanatisme [fanatism] *nm* fanaticism. **fanatique** **1.** *a* fanatic(al) **2.** *n* fanatic. **fanatiquement** *adv* fanatically.

fane [fan] *nf* haulm (of potatoes); (carrot) top.

faner [fane] **1.** *vi* to make hay **2.** *vtr* (*a*) to toss (hay) (*b*) to fade **3. se f.**, to wilt, to fade. **fané** *a* faded.

fanfare [fɑ̃far] *nf* **1.** flourish, fanfare (of trumpets) **2.** brass band.

fanfaronnade [fɑ̃farɔnad] *nf* boasting, bragging.

fanfaronner [fɑ̃farɔne] *vi* to boast, brag. **fanfaron, -onne 1.** *a* boasting, bragging **2.** *n* boaster.

fange [fɑ̃ʒ] *nf Lit:* mud, mire.

fanion [fanjɔ̃] *nm* lance pennon.

fantaisie]fɑ̃tezi] *nf* **1.** (*a*) imagination, fancy, fantasy; **de f.**, imaginary (*b*) *Mus:* fantasia **2.** (*a*) fancy, desire; **il lui a pris la f. de se baigner,** he had a sudden idea he'd like a swim; **chacun s'amusait à sa f.**, everyone amused himself as he pleased; **articles de f.**, fancy goods; **bijoux de f.**, costume jewellery (*b*) whim. **fantaisiste 1.** *a* whimsical, fanciful; eccentric **2.** *n* entertainer; cabaret artiste.

fantasme [fɑ̃tasm] *nm* fantasy.

fantasmer [fɑ̃tasme] *vi* to fantasize (**sur**, about)

fantasque [fɑ̃task] *a* odd, whimsical.

fantassin [fɑ̃tasɛ̃] *nm* foot soldier, infantryman.

fantastique [fɑ̃tastik] *a* fantastic; fanciful; weird; **film, roman, f.**, fantasy film, novel. **fantastiquement** *adv* fantastically.

fantoche [fɑ̃tɔʃ] *nm* puppet; *a* **gouvernement f.**, puppet government.

fantôme [fɑ̃tom] *nm* phantom, ghost; **ville, train, f.**, ghost train, town; **cabinet f.**, shadow cabinet.

faon [fɑ̃] *nm Z:* fawn.

faramineux, -euse [faraminø, -øz] *a F:* phenomenal, colossal; astronomical.

farce [fars] *nf* **1.** *Cu:* stuffing **2.** (*a*) *Th:* farce (*b*) practical joke; **magasin de farces et attrapes,** joke shop.

farceur, -euse [farsœr, -øz] *n* **1.** practical joker **2.** joker, wag.

farcir [farsir] *vtr* **1.** *Cu:* to stuff (poultry) **2.** to cram; **farci de fautes,** crammed with mistakes **3.** *P:* **se f. qch,** to put up with sth.

fard [far] *nm* makeup; rouge; greasepaint; **la vérité sans f.**, the plain unvarnished truth.

fardeau, -eaux [fardo] *nm* burden, load.

farder [farde] *vtr* **1.** to paint; to make (s.o., one's face) up; to gloss over (the truth) **2. se f.**, to make up, put on one's make-up.

farfelu, -ue [farfəly] *F:* **1.** *a* crazy, bizarre **2.** *n* weirdo.

farfouiller [farfuje] *vi F:* to rummage (about).

farine [farin] *nf* flour, meal; **f. de maïs,** cornflour; **f. d'avoine,** oatmeal. **farineux, -euse 1.** *a* floury, powdery, mealy **2.** *nm* farinaceous plant.

fariner [farine] *vtr Cu:* to coat (sth) with flour; to flour.

farouche [faruʃ] *a* **1.** fierce (warrior, resistance, etc) **2.** (*a*) shy, timid (*b*) unsociable. **farouchement** *adv* fiercely.

fart [far(t)] *nm* (ski) wax.

farter [farte] *vtr* to wax (skis).

fascicule [fasikyl] *nm* **1.** instalment **2.** booklet.

fascination [fasinasjɔ̃] *nf* fascination; charm.

fasciner [fasine] *vtr* to fascinate; to entrance, bewitch.

fascisme [faʃism] *nm Pol:* fascism. **fasciste** *n* fascist.

faste¹ [fast] *nm no pl* ostentation, display.

faste² *a* **jour f.**, lucky day.

fastidieux, -euse [fastidjø, -øz] *a* dull, tedious, boring. **fastidieusement** *adv* tediously, boringly.

fastueux, -euse [fastɥø, -øz] *a* ostentatious; sumptuous. **fastueusement** *adv* ostentatiously.

fatal, -als [fatal] *a* **1.** fatal; **coup f.**, fatal blow; **f. à qn,** fatal to s.o. **2.** fated, inevitable; **c'était f.**, it was bound to happen. **fatalement** *adv* inevitably.

fatalisme [fatalism] *nm* fatalism. **fataliste 1.** *n* fatalist **2.** *a* fatalistic.

fatalité [fatalite] *nf* **1.** fate, fatality **2.** mischance, misfortune.

fatidique [fatidik] *a* fateful.

fatigant [fatigɑ̃] *a* **1.** tiring, fatiguing **2.** tiresome; tedious, boring.

fatigue [fatig] *nf* (*a*) fatigue, tiredness, weariness; **tomber de f.**, to be tired out; **la f. des affaires,** the strain of business (*b*) (metal) fatigue (*c*) wear and tear (of machines, clothes).

fatiguer [fatige] **1.** *vtr* (*a*) to tire (s.o.); **se f. les yeux,** to strain one's eyes; *F:* **il me fatigue!** he bores me! (*b*) to overwork (animal); to impose a strain on (machine) **2.** *vi* (*of engine*) to labour **3. se f.**, to tire; to get tired. **fatigué** *a* tired; jaded; weary; strained (heart); **f. par le voyage,** travel worn.

fatras [fatra] *nm* (*a*) jumble (*b*) rubbish.

fatuité [fatɥite] *nf* self-conceit, self-complacency.

faubourg [fobur] *nm* suburb. **faubourien, -ienne** *a* suburban; working-class (accent).

fauchaison [foʃɛzɔ̃] *nf* mowing, reaping.

fauche [foʃ] *nf P:* petty theft; pinching.

fauché, -ée [foʃe] *F:* **1.** *a* broke; **f. comme les blés,** *Br* stony-broke, *NAm:* stone broke **2.** *n* **c'est un f.,** he's broke.

faucher [foʃe] *vtr* **1.** (*a*) to mow, cut, reap (grass); **la voiture a fauché le poteau télégraphique,** the car knocked down the telegraph pole (*b*) *P:* to steal, pinch (sth) **2.** to mow down (troops).

faucheur, -euse [foʃœr, -øz] *n* **1.** (*pers*) mower, reaper **2.** *nf* (mechanical) reaper.

faucille [fosij] *nf* sickle.

faucon [fokɔ̃] *nm Orn:* falcon, hawk.

faufiler [fofile] *vtr* **1.** to tack, baste (seam) **2. se f.**, to thread, pick, one's way; **il s'est faufilé avec les invités,** he sneaked in among the guests; **se f. entre les voitures,** to nip in and out of the traffic.

faune¹ [fon] *nm Myth:* faun.

faune² *nf* fauna, animal life; **la f. des boîtes de nuit,** the regular night club set.

faussaire [fosɛr] *n* forger.

faussement [fosmɑ̃] falsely.

fausser [fose] *vtr* **1.** to falsify; to pervert (truth), distort (meaning); to alter (facts); **esprit faussé,** warped mind; **f. compagnie à qn,** to give s.o. the slip

2. to force (lock); to bend, to buckle; to wrench (key).

fausseté [foste] *nf* **1.** falseness, falsity **2.** falsehood, untruth **3.** duplicity; **f. de conduite,** double dealing.

faute [fot] *nf* **1.** lack, need, want; **faire f.,** to be lacking; **ne se faire f. de rien,** to deny oneself nothing; **sans f.,** without fail; **f. de,** for want of; failing; **f. de quoi,** failing which; otherwise; **f. de paiement,** non-payment **2.** (*a*) fault, mistake; **prendre qn en f.,** to catch s.o. out; **ce n'est pas (de) ma f.,** it's not my fault; **à qui la f.?** whose fault is it? **c'est une peu de ma f.,** I'm partly to blame; **f. d'orthographe,** spelling mistake; **f. d'impression,** misprint (*b*) misconduct; transgression, offence (*c*) *Fb:* foul; *Ten:* fault.

fauteuil [fotœj] *nm* **1.** armchair, easy chair; **f. à bascule,** rocking chair; **f. roulant,** wheelchair; *Th:* **f. d'orchestre,** orchestra stall; **arriver dans un f.,** to win hands down **2.** (*a*) chair (at meeting); **occuper le f.,** to be in the chair (*b*) seat (in the French Academy).

fauteur, -trice [fotœr, -tris] *n* **f. de guerre,** warmonger; **f. de troubles,** troublemaker.

fautif, -ive [fotif, -iv] *a* **1.** faulty, incorrect; defective (memory); **calcul f.,** miscalculation **2.** offending, at fault; (*child*) naughty; *n* **c'est moi le f.,** I'm the culprit. **fautivement** *adv* incorrectly, by mistake.

fauve [fov] **1.** *a* fawn-coloured, tawny **2.** *nm* (*a*) fawn (colour) (*b*) **les (grands) fauves,** big game.

fauvette [fovɛt] *nf Orn:* warbler.

faux[1], fausse [fo, fos] *a* **1.** (*a*) false; untrue (*b*) not genuine; false (hair, teeth, jewellery); **f. témoin,** false, lying, witness; **fausse monnaie,** counterfeit coin(age); **fausse clef,** skeleton key; **fausse fenêtre,** blind window; **f. chèque,** forged cheque; *Anat:* **fausses côtes,** floating ribs (*c*) treacherous; **c'est un f. jeton,** he's a hypocrite, *F:* a phoney (*d*) wrong, mistaken; **fausse date,** wrong date; **raisonnement f.,** unsound reasoning; **présenter la conduite de qn sous un f. jour,** to misrepresent s.o.'s conduct; **faire un f. pas,** to blunder; **faire fausse route,** to be on the wrong track; **f. calcul,** miscalculation; *Mus:* **fausse note,** wrong note **2.** (*a*) *adv* falsely, wrongly; **chanter f.,** to sing out of tune; **cela sonne f.,** that doesn't sound right; **rire qui sonne f.,** hollow laughter (*b*) *adv phr* **à f.,** wrongly; **accuser qn à f.,** to make a false accusation against s.o.; **porter à f.,** to be out of true **3.** *nm* (*a*) **le f.,** the false; **distinguer le vrai du f.,** to distinguish truth from falsehood (*b*) **(bijouterie en) f.,** costume jewellery (*c*) forgery.

faux[2] *nf* scythe.

faux-filet [fofilɛ] *nm Cu:* sirloin; *pl faux-filets.*

faux-fuyant [fofɥijɑ̃] *nm* subterfuge, evasion, dodge; **chercher des f.-fuyants,** to hedge.

faux-monnayeur [fomɔnɛjœr] *nm* coiner; counterfeiter; *pl faux-monnayeurs.*

faveur [favœr] *nf* **1.** (*a*) favour; **gagner la f. de qn,** to win s.o.'s favour; **perdre la f. de qn,** to fall out of favour with s.o.; **prix de f.,** preferential price; **billet de f.,** complimentary ticket; **à la f. de,** by the help of; **à la f. de la nuit,** under cover of darkness; **plaider en f. de qn,** to plead on s.o.'s behalf; **en f. de,** (i) in aid of (ii) in consideration of (*b*) **faire une f. à qn,** to do s.o. a kindness **2.** ribbon. **favorable** *a* **1.** favourable; **être f. à,** to be in favour of **2.** favourable, propitious; auspicious (occasion). **favorablement** *adv* favourably.

favoriser [favɔrize] *vtr* to favour (s.o., sth); **f. les arts,** to patronize the arts; **les événements l'ont favorisé,** events were in his favour. **favori, -ite 1.** *a & n* favourite **2.** *nmpl* side whiskers.

favoritisme [favɔritism] *nm* favouritism.

fayot [fajo] *nm P:* **1.** kidney bean **2.** *Pej:* crawler.

FB *abbr Franc belge.*

fébrilité [febrilite] *nf* feverishness. **fébrile** *a* feverish. **fébrilement** *adv* feverishly.

fécondation [fekɔ̃dasjɔ̃] *nf Biol:* fertilization; impregnation.

féconder [fekɔ̃de] *vtr* to fertilize; to impregnate. **fécond** *a* fertile; fruitful (earth); fertile, rich (imagination); prolific (author).

fécondité [fekɔ̃dite] *nf* **1.** fruitfulness **2.** fertility.

fécule [fekyl] *nf* starch. **féculent 1.** *a* starchy **2.** *nmpl* carbohydrates.

fédéraliser [federalize] *vtr* to federalite. **fédéral, -aux** *a* federal.

fédéralisme [federalism] *nm* federalism. **fédéraliste** *a & n* federalist.

fédération [federasjɔ̃] *nf* federation.

fée [fe] *nf* fairy; **conte de fées,** fairy tale.

féerie [fe(ə)ri] *nf* **1.** enchantment **2.** fairyland **3.** *Th:* fantasy extravaganza; *Fig:* **une f. de couleurs,** a marvellous show of colours. **féerique** *a* (*a*) fairy, magic (castle) (*b*) fairylike, enchanting.

feindre [fɛ̃dr] *vtr & i* (*conj like* ATTEINDRE) to feign, simulate, sham; **f. de faire qch,** to pretend to do sth; **f. la maladie,** to malinger, to pretend to be ill. **feint** *a* feigned.

feinte [fɛ̃t] *nf* (*a*) faint, sham, pretence (*b*) *Box:* feint.

feinter [fɛ̃te] **1.** *vi Box:* to feint **2.** *vtr* to deceive (s.o.).

fêler [fɛle] *vtr* **1.** to crack (glass, china) **2. se f.,** to crack. **fêlé, -ée** *F:* **1.** *a* crazy **2.** *n* crackpot.

félicitations [felisitasjɔ̃] *nfpl* congratulations.

félicité [felisite] *nf* felicity, bliss(fulness).

féliciter [felisite] *vtr* **1.** to congratulate (s.o.) **2. se f. de qch,** to congratulate oneself on sth.

félin, -ine [felɛ̃, -in] *a* (*a*) feline; cat (family); *n* **les grands félins,** the big cats (*b*) catlike.

félonie [felɔni] *nf A:* disloyalty.

fêlure [felyr] *nf* crack (in china); split (in wood).

femelle [fəmɛl] **1.** *a* female (animal); she (animal); cow (elephant); hen (bird) **2.** *nf* female.

féminin [feminɛ̃] **1.** *a* feminine; **le sexe f.,** the female sex; **vêtements féminins,** women's clothes **2.** *nm Gram:* feminine (gender).

féminiser [feminize] *vtr* **1.** to feminize **2. se f.** (*of profession, etc*) to include (more) women.

féminisme [feminism] *nm* feminism. **féministe** *a & n* feminist.

féminité [feminite] *nf* femininity.

femme [fam] *nf* **1.** woman; **elle est très f.,** she's very feminine; **f. auteur,** authoress; woman author; **f. médecin,** woman doctor; **f. d'affaires,** businesswoman **2.** wife **3. f. de chambre,** (i) housemaid (ii) chambermaid; **f. de ménage,** daily help, cleaning lady; **f. de charge,** housekeeper **4.** *F:* **bonne f.,** woman; wife; **remèdes de bonne f.,** old wives remedies.

fémur [femyr] *nm Anat:* femur, thighbone.
FEN *abbr Fédération de l'éducation nationale.*
fenaison [fənɛzɔ̃] *nf* **1.** haymaking; hay-harvest **2.** haymaking season.
fendiller (se) [səfɑ̃dije] *vpr* (*of wood, paint*) to crack.
fendre [fɑ̃dr̥] *vtr* **1.** (*a*) to split (*b*) to fissure; to crack; **f. l'air,** to cleave the air; **f. la foule,** to force one's way through the crowd; **il gèle à pierre f.,** it is freezing hard; **c'était à f. l'âme,** it was heartrending; **bruit à vous f. les oreilles,** ear-splitting noise **2. se f.** (*a*) (*of wood*) to split, crack (*b*) *Fenc:* to lunge.
fenêtre [f(ə)nɛtr̥] *nf* window; **f. à guillotine,** sash window; **f. à battants,** casement window; **regarder par la f.,** to look out of the window.
fenouil [fənuj] *nm Bot:* fennel.
fente [fɑ̃t] *nf* (*a*) crack, crevice, slit, chink (*b*) slot; **f. de poche,** pocket hole.
féodalisme [feɔdalism] *nm* feudalism. **féodal, -aux** *a* feudal.
fer [fɛr] *nm* **1.** iron; **f. forgé,** wrought iron **2.** (*a*) head (of axe, arrow); **f. de lance,** spearhead; **f. de rabot,** plane iron (*b*) sword; **croiser le f. avec qn,** to cross swords with s.o. **3. f. à souder,** soldering iron; **marquer au f., rouge,** to brand; **f. à repasser,** iron; **f. à friser,** curling tongs **4.** *pl* (*a*) irons, chains, fetters; **être aux fers,** to be in irons (*b*) *Obst:* forceps **5. f. à cheval,** horseshoe; *F:* (*of pers*) **tomber les quatre fers en l'air,** to go sprawling.
fer-blanc [fɛrblɑ̃] *nm* tinplate; **boîte en f.-b.,** tin, (tin) can; *pl fers-blancs.*
férié [ferje] *a* **jour f.,** (public) holiday; *Br* bank holiday.
ferme¹ [fɛrm] **1.** *a* (*a*) firm, steady; **terre f.,** (i) firm ground (ii) mainland, terra firma; **répondre d'une voix f.,** to reply in a firm voice; **le marché reste très f.,** the market continues very strong; **attendre qn de pied f.,** to be quite ready for s.o. (*b*) **offre f.,** firm, definite, offer **2.** *adv* firmly; **frapper f.,** to hit hard; **tenir f.,** (i) to stand fast (ii) (*of nail*) to hold fast; **j'y travaille f.,** I am hard at it. **fermement** *adv* firmly, steadily.
ferme² *nf* farm; farmhouse.
ferment [fɛrmɑ̃] *nm* ferment.
fermentation [fɛrmɑ̃tasjɔ̃] *nf* fermentation; agitation, ferment.
fermenter [fɛrmɑ̃te] *vi* to ferment.
fermer [fɛrme] **1.** *vtr* (*a*) to close, shut; **f. violemment la porte,** to slam the door; **f. sa porte à qn,** to close one's door to s.o.; **f. à clef,** to lock (a door); **f. les rideaux,** to draw the curtains; **f. boutique,** to shut up shop; **on ferme!** closing time! **f. un trou,** to block up a hole; **f. un robinet,** to turn off a tap; **f. l'électricité,** to switch off the light; *P:* **ferme ta gueule! ferme-la!** shut up! shut your trap! (*b*) **f. la marche,** to bring up the rear **2.** *vi* (*of door*) to close, shut **3. se f.,** (*of door*) to close, shut; (*of eyes*) to close, (*of wound*) to heal, to close up. **fermé** *a* **1.** closed; **les yeux fermés,** blindfold, with eyes shut; **il a l'esprit fermé aux mathématiques,** mathematics are a closed book to him **2.** irresponsive; impassive (expression) **3.** exclusive (society).
fermeté [fɛrməte] *nf* firmness; steadiness (of voice, gesture, etc).
fermette [fɛrmɛt] *nf* (*small farm*) (country) weekend cottage.
fermeture [fɛrmətyr] *nf* **1.** closing, shutting; closure; **f. à clef,** locking; **f. de la pêche,** close of the fishing season; **heure de f.,** (i) closing time (ii) knocking-off time; **f. d'un compte,** closing of an account **2. f. éclair** (*Rtm*), **à glissière,** zip (fastener); zipper.
fermier, -ière [fɛrmje, -jɛr] *n* farmer; *f* (woman) farmer; farmer's wife; *a* **poulet f.,** farm, free-range, chicken.
fermoir [fɛrmwar] *nm* clasp, catch, fastener.
férocité [ferɔsite] *nf* ferocity, ferociousness; savagery. **féroce** *a* ferocious, savage, fierce; ravenous (appetite). **férocement** *adv* ferociously, savagely.
ferraille [fɛrɑj] *nf* (*a*) old iron, scrap iron; **mettre qch à la f.,** to put sth on the scrap heap, to scrap sth; **faire un bruit de f.,** to rattle, to clank (*b*) *F:* small change.
ferrailleur [fɛrɑjœr] *nm* scrap merchant.
ferrer [fɛre] *vtr* **1.** to fit, mount, (sth) with iron; to shoe (horse) **2.** to strike (fish). **ferré** *a* iron-shod; **souliers ferrés,** hob-nailed shoes; **voie ferrée** (i) (railway) track (ii) railway (line); *F:* **être f. sur un sujet,** to be well up in a subject.
ferreux, -euse [fɛrø, -øz] *a* ferrous.
ferronnerie [fɛrɔnri] *nf* **1.** ironworks **2.** ironmongery; ironwork; **f. (d'art),** art metalwork.
ferronnier, -ière [fɛrɔnje, -jɛr] *n* **1.** ironworker; **f. (d'art),** art metalworker **2.** ironmonger.
ferroviaire [fɛrɔvjɛr] *a* rail(way), *NAm:* railroad (company, etc).
ferrugineux, -euse [fɛryʒinø, -øz] *a* ferruginous.
ferry-boat [fɛribot] *nm* ferry; *pl ferry-boats.*
fertile [fɛrtil] *a* fertile, fruitful; *Fig:* **f. en,** rich in.
fertilisation [fɛrtilizasjɔ̃] *nf* fertilization.
fertiliser [fɛrtilize] *vtr* to fertilize.
fertilité [fɛrtilite] *nf* fertility.
fervent, -ente [fɛrvɑ̃, -ɑ̃t] **1.** *a* fervent; enthusiastic **2.** *n* devotee (**de,** of)
ferveur [fɛrvœr] *nf* fervour.
fesse [fɛs] *nf* buttock; **les fesses,** one's behind; **coûter la peau des fesses,** to cost a fortune; *P:* **histoire de fesses,** dirty story, joke.
fessée [fɛse] *nf* spanking.
fesser [fɛse] *vtr* to spank (s.o.).
festin [fɛstɛ̃] *nm* feast, banquet.
festival, -als [fɛstival] *nm* festival.
festivités [fɛstivite] *nfpl* festivities.
festoyer [fɛstwaje] *vi* (**je festoie**) to feast.
fêtard, -arde [fɛtar, -ard] *n F:* reveller, roisterer.
fête [fɛt] *nf* **1.** (*a*) feast, festival; **f. légale,** = public holiday; **ce n'est pas tous les jours f.,** Christmas comes but once a year; **f. des Mères,** Mother's Day; **souhaiter une bonne f. à qn,** to wish s.o. many happy returns (*b*) saint's day; *P:* **ce sera ta fête!** you'll be for it! **2.** (*a*) fête, fete; fair; **f. foraine,** fun fair; **f. de charité,** charity bazaar; **f. d'aviation,** air display, show (*b*) entertainment; **une petite f.,** a party **3.** festivity; **le village était en f.,** the village was on holiday; **air de f.,** festive air; **faire la f.,** to live it up; **faire f. à qn,** to welcome s.o. with open arms; **être de la f.,** to be one of the party; **se faire une f. de faire qch,** to look forward to doing sth.

Fête-Dieu [fɛtdjø] *nf Ecc:* Corpus Christi; *pl Fêtes-Dieu.*

fêter [fɛte] *vtr* **1.** to celebrate (birthday, etc) **2. f. qn,** to welcome s.o.

fétiche [fetiʃ] *nm* fetish; *Aut:* mascot.

fétichisme [fetiʃism] *nm* fetichism. **fétichiste** *a & n* fetichist.

fétide [fetid] *a* fetid, stinking.

fétu [fety] *nm* straw.

feu¹, feux [fø] *nm* **1.** (*a*) fire; **il fait f. de tout bois,** he can turn anything to account; *F:* **avoir le f. au derrière,** to be in a tearing hurry; **mettre le f. à qch,** to set fire to sth, to set sth on fire; **en f.,** on fire; **avoir le visage en f.,** to have a flushed face; **prendre f.,** (i) to catch fire (ii) to fly into a rage; **au f.!** fire! *F:* **il n'y a pas le f. (à la maison, au lac),** there's no panic; **est-ce que vous avez du f.?** have you got a light, a match? *a inv* **rouge f.,** flame-coloured (*b*) heat, ardour; **tout f. tout flamme,** heart and soul **2.** (*a*) **faire du f.,** to light a fire; **f. d'artifice,** fireworks; **f. de joie,** bonfire; **ça ne fera pas long f.,** it won't last long (*b*) **j'en mettrais la main au f.,** I would swear to it; **faire mourir qn à petit f.,** (i) to kill s.o. by inches (ii) to keep s.o. on tenterhooks (*c*) *Cu:* **faire cuire à f. doux, à petit f.,** to cook gently, over a slow heat, in a slow oven; **à f. vif,** over a strong heat, in a hot oven; **cuisinière à quatre feux,** four-burner, four-ring cooker **3. armes à f.,** firearms; **faire f. sur qn,** to fire on s.o.; **ouvrir le f.,** to open fire; **f.!** fire! (*of plan*) **faire long f.,** to hang fire **4.** (*a*) *Nau:* light (of lighthouse); **feux de route,** navigation lights (*b*) *Av:* **feux de balisage,** boundary lights; *Av:* **feux de bord,** navigation lights (*c*) *Adm:* **feux de circulation,** *F:* **f. rouge,** traffic lights; **donner le f. vert à qn,** to give s.o. the green light, the go-ahead; *Aut:* **feux de position, de stationnement,** sidelights, parking lights; **feux de route,** headlights; **feux de croisement,** dipped headlights; **feux de détresse,** hazard warning lights (*d*) sparkle (of diamond); **n'y voir que du f.,** (i) to be dazzled (ii) to make neither head nor tail of sth.

feu² *a* (*inv if preceding article or poss adj*) late; **la feue reine, f. la reine,** the late queen.

feuillage [fœjaʒ] *nm* foliage.

feuille [fœj] *nf* **1.** leaf (of plant); **f. de chou,** (i) cabbage leaf (ii) *F:* (*newspaper*) rag **2. f. de métal,** sheet of metal **3.** sheet (of paper); **f. de route,** *Mil:* travel warrant; **f. (quotidienne),** daily paper; *Adm:* **f. d'impôt,** (i) tax return (ii) notice of assessment; **f. de paie,** pay slip; **f. de température,** temperature chart.

feuillet [fœjɛ] *nm* leaf (of book).

feuilleter [fœjte] *vtr* (**je feuillette**) (*a*) to flip through (a book) (*b*) *Cu:* **pâte feuilletée,** flaky pastry.

feuilleton [fœjtɔ̃] *nm Journ: WTel: TV:* (i) instalment (of serial) (ii) serial (story).

feuillu [fœjy] *a* leafy; broad-leaved (tree).

feutre [føtr̥] *nm* **1.** felt **2.** (*a*) felt hat (*b*) felt(-tip) pen. **feutré** *a* lined with felt; muffled (sound); **à pas feutrés,** with noiseless tread; **ambiance feutrée,** intimate atmosphere.

fève [fɛv] *nf* bean; **f. (des marais),** broad bean.

février [fevrije] *nm* February; **au mois de f., en f.,** in (the month of) February; **le sept f.,** (on) the seventh of February.

FF *abbr* **1.** *frères* **2.** *Franc français.*

fi [fi] *int* (*a*) *O:* fie! for shame (*b*) **faire fi de qch,** to despise, scorn, sth.

fiabilité [fjabilite] *nf* reliability. **fiable** *a* reliable.

fiacre [fjakr̥] *nm* hackney carriage.

fiançailles [f(i)jɑ̃sɑj] *nfpl* engagement.

fiancer (se) [səfjɑ̃se] *vpr* to become, to get, engaged (**avec,** to).

fiasco [fjasko] *nm inv* fiasco; **faire f.,** (*of plan*) to come to nothing; (*of film*) to be a flop.

fibre [fibr̥] *nf* (*a*) fibre; grain (of wood); **fibres (alimentaires),** roughage, (dietary) fibre; **f. de verre,** glass fibre, fibreglass (*b*) **la fibre paternelle,** fatherly feeling. **fibreux, -euse** *a* fibrous; stringy (meat).

ficeler [fisle] *vtr* (**je ficelle**) to tie up, do up (with string).

ficelle [fisɛl] *nf* **1.** (i) string, twine (ii) pack thread; **tirer les ficelles,** to pull the strings; **connaître les ficelles,** to know the ropes **2.** thin stick of French bread.

fiche [fiʃ] *nf* **1.** (*a*) peg, pin (*b*) *El:* plug **2.** (*a*) slip (of paper); memorandum slip; voucher; **f. scolaire,** school record chart; **f. dentaire,** dental chart; *Ind:* **f. de contrôle,** docket (*b*) (index) card; **jeu de fiches,** card index (*c*) tie-on label.

ficher [fiʃe] *vtr* **1.** to drive in (nail); **f. une épingle dans qch,** to stick a pin into sth **2.** to card-index **3.** *F:* (*pp* **fichu;** *inf usu* **fiche**) (*a*) (= **mettre**) **fiche(r) qn à la porte,** to throw s.o. out (*b*) (= **faire**) **il n'a rien fichu de la journée,** he hasn't done a stroke all day (*c*) (= **donner**) **fichez-moi la paix!** shut up! (*d*) **fichez(-moi) le camp! va te faire fiche!** get the hell out of here! scram! **3. se f.** *F:* (*a*) **se f. par terre,** to fall (*b*) **se f. dedans,** to make a mistake; to put one's foot in it (*c*) **se f. de qn,** to make fun of s.o. (*d*) **je m'en fiche (pas mal)!** I couldn't care less!

fichier [fiʃje] *nm* (*a*) card-index; *Cmptr:* file (*b*) card-index cabinet.

fichu¹ [fiʃy] *a F:* **1.** lousy, rotten **2. il est f.,** he's had it, he's finished; **ma robe est fichue,** my dress is ruined **3. être bien f.,** to have a good body; **être mal f.,** to be off colour **4. il n'est pas f. de le faire,** he's not capable of doing it.

fichu² *nm* small shawl; headscarf.

fiction [fiksjɔ̃] *nf* fiction. **fictif, -ive** *a* fictitious, imaginary. **fictivement** *adv* fictitiously.

fidélité [fidelite] *nf* (*a*) fidelity; faithfulness; **serment de f.,** oath of allegiance (*b*) accuracy (of translation); reliability; *Rec:* **haute f.,** high fidelity, hi-fi. **fidèle 1.** *a* (*a*) faithful, loyal; staunch; **rester f. à une promesse,** to stand by a promise (*b*) accurate (copy); reliable (memory) **2.** *n* (loyal) supporter; regular customer; *Ecc:* **les fidèles,** (i) the faithful (ii) the congregation. **fidèlement** *adv* faithfully; loyally; accurately.

fief [fjɛf] *nm* (*a*) *Jur: A:* fief (*b*) **f. électoral,** (loyal) constituency.

fiel [fjɛl] *nm* (*a*) gall (*b*) bitterness, malice.

fier¹, -ère [fjɛr] *a* **1.** proud **2.** proud, haughty; **il n'y a pas (là) de quoi être f.,** that's nothing to boast about; **f. comme Artaban,** as proud as a peacock **3.** *F:* **tu m'as fait une fière peur,** a fine fright you gave me; **je te dois une fière chandelle,** I owe you more than I can repay. **fièrement** *adv* proudly.

fier² (se) [səfje] *vpr* (*impf & pr sub* **n. n. fiions**) to trust; **se f. à qn,** to rely on s.o.; **fiez-vous à moi,** leave it to me; **ne vous y fiez pas,** (i) beware! (ii) don't count on it.

fierté [fjɛrte] *nf* **1.** pride, self-respect **2.** pride, haughtiness.

fièvre [fjɛvr̥] *nf* **1.** fever; **avoir une f. de cheval,** to have a raging fever; **avoir (de) la f.,** to have a temperature **2.** excitement, restlessness; **dans la f. de la campagne électorale,** in the heat of the electoral campaign. **fiévreux, -euse** *a* feverish. **fiévreusement** *adv* feverishly.

fifre [fifr̥] *nm* **1.** fife **2.** fife player.

figer [fiʒe] *vtr* **(figeant, il figeait) 1.** to coagulate, congeal; **figé sur place,** rooted to the spot **2. se f.,** to coagulate, congeal; to clot; (*of features*) to set; (*of pers*) to freeze; **son sang se figea,** his blood ran cold. **figé** *a* congealed (oil, etc); fixed, set (expression); fixed, frozen (look).

fignoler [fiɲɔle] *vtr F:* to fiddle, to be finicky, over (a job).

figue [fig] *nf* (*a*) fig (*b*) **f. de Barbarie,** prickly pear.

figuier [figje] *nm* (*a*) fig tree (*b*) **f. de Barbarie,** prickly pear (tree).

figurant, -ante [figyrɑ̃, -ɑ̃t] *n Th: Cin:* walker-on, extra; **rôle de f.,** walk-on part.

figuratif, -ive [figyratif, -iv] *a* figurative; representational (art).

figuration [figyrasjɔ̃] *nf* **1.** figuration, representation **2.** *Th: Cin:* walkers-on, extras.

figure [figyr] *nf* **1.** (*a*) figure; **figures de cire,** waxworks; **f. de proue,** figurehead (of ship); *Cards:* **les figures,** the court cards; **prendre f.,** to take shape; **faire piètre f.,** to look a sorry sight; **faire grande f. dans une entreprise,** to play an important role in a business (*b*) (geometrical) figure **2.** face; **faire bonne f. à qn,** to give s.o. a warm welcome; **faire longue f.,** to pull a long face.

figurer [figyre] **1.** *vtr* to represent **2.** *vi* to appear, figure; *Th:* **f. sur la scène,** to walk on **3. se f. qch,** to imagine sth; **figurez-vous la situation,** picture the situation to yourself; **figure-toi que,** would you believe that. **figuré** *a* figurative; **au f.,** in the figurative sense; figuratively.

figurine [figyrin] *nf* figurine.

fil [fil] *nm* **1.** (*a*) thread; **f. à coudre,** sewing thread; cotton; **de f. en aiguille,** little by little; gradually; **brouiller les fils,** to muddle things up (*b*) strand (of cable, rope); **sa vie ne tenait qu'à un f.,** his life hung by a thread; *F:* **avoir un f. à la patte,** to be tied up (with s.o.) **2. f. de fer,** wire; *F:* **il n'a pas inventé le f. à couper le beurre** = he'll never set the Thames on fire; *Tp:* **donner,** *F:* **passer, un coup de f. à qn,** to ring s.o. up; to call s.o.; **être au bout du f.,** to be on the phone, on the line (*c*) **haricots sans fils,** stringless beans **3.** grain (of wood) **4.** (*a*) **au f. de l'eau,** with the current; downstream; **au f. des jours,** day after day (*b*) **perdre le f. de la conversation,** to lose the thread of the conversation **5.** edge (of knife, razor).

filament [filamɑ̃] *nm* filament; fibre (of plant).

filandreux, -euse [filɑ̃drø, -øz] *a* **1.** stringy (meat) **2.** long-winded (explanation, etc).

filant (filɑ̃] *a* **1.** runny (liquid); weak (pulse) **2. étoile filante,** shooting star.

filasse [filas] *nf* tow; **aux cheveux blond f.,** tow-headed.

filature [filatyr] *nf* **1.** spinning **2.** (spinning) mill **3.** shadowing (by detective); **prendre en f.,** to shadow (s.o.).

file [fil] *nf* file (of soldiers); **entrer à la f.,** to file in; **en f. indienne,** in single file; **deux heures à la f.,** two hours on end; **prendre la f.,** to queue up; **se garer en double f.,** to double-park; **f. de voitures,** line of cars.

filer [file] **1.** *vtr* (*a*) to spin (cotton) (*b*) *Nau:* to pay out (cable) (*c*) to prolong, spin out (story) (*d*) (*of detective*) to shadow, tail (s.o.) (*e*) *F:* **f. qch à qn,** to slip s.o. sth **2.** *vi* (*a*) to flow smoothly (*b*) *F:* **f. doux,** to sing small (*c*) (*of stitch*) to run; (*of stockings*) to ladder (*d*) to slip by; **le temps file,** time flies; **f. à toute vitesse,** to rush along at full speed; **les voitures filaient sur la route,** cars were speeding along the road (*e*) **il a filé,** he hopped it; **f. (en vitesse),** to cut and run; **allez, filez!** buzz off! scram! **f. à l'anglaise,** to take French leave.

filet¹ [filɛ] *nm* **1.** (*a*) fine thread; thin streak (of light); thin trickle (of water) (*b*) **ajoutez un f. de citron,** add a dash of lemon **2.** *Cu:* fillet (of beef, fish).

filet² *nm* net(ting); (*in circus*) safety net; (*trap*) snare; **f. de pêche,** fishing net; **f. (à provisions),** string bag; **f. (à cheveux),** hairnet; *Rail:* **f. à bagages,** luggage rack.

filial, -aux [filjal, -o] **1.** *a* filial **2.** *nf* **filiale** (*a*) *Com:* subsidiary company; (*b*) provincial branch (of association).

filiation [filiasjɔ̃] *nf* **1.** relationship **2.** chain, succession (of ideas, events).

filière [filjɛr] *nf* **f. administrative,** official channels; **il a passé par la f.,** he's worked his way up.

filiforme [filifɔrm] *a* threadlike.

filigrane [filigran] *nm* **1.** filigree (work) **2.** watermark (of banknotes).

filin [filɛ̃] *nm* rope.

fille [fij] *nf* **1.** daughter **2.** (*a*) girl; **jeune f.,** girl; young woman; **nom de jeune f.,** maiden name; **vieille f.,** old maid, spinster; **rester f.,** to remain single (*b*) **f. d'honneur,** maid of honour (*c*) **f. de joie,** *F:* **f.,** prostitute **3. f. de cuisine,** kitchen maid; **f. de salle,** waitress; **f. de comptoir,** barmaid.

fille-mère [fijmɛr] *nf O:* unmarried mother; *pl filles-mères.*

fillette [fijɛt] *nf* little girl.

filleul, -eule [fijœl] *n* godchild; godson, goddaughter.

film [film] *nm Phot:* film; *Cin:* film, *NAm:* movie; **f. d'actualité,** news film, newsreel; **f. annonce,** trailer; **le f. des événements,** the sequence of events.

filmer [filme] *vtr Cin:* to film, shoot (scene).

filmothèque [filmɔtɛk] *nf* film library.

filon [filɔ̃] *nm* (*a*) *Min:* vein (of metal) (*b*) *F:* cushy job; **il a trouvé le bon f.,** he's struck lucky.

filou, -ous [filu] *nm* (*a*) pickpocket, thief (*b*) rogue, swindler.

filouter [filute] *vtr* to swindle, cheat (s.o.).

fils [fis] *nm* son; **f. à papa,** daddy's boy; **c'est bien le f. de son père,** he's a chip off the old block; **être le f. de ses œuvres,** to be a self-made man; **M. Duval f.,** Mr Duval junior; **le f. Duval,** young Duval.

filtrage [filtraʒ] *nm* filtering, straining.

filtre [filtr̥] *nm* filter; strainer; **(bout) f.,** filter tip (of cigarette); **f. à café,** coffee filter; **(café) f.,** filter coffee; **papier f.,** filter paper.

filtrer [filtre] **1.** *vtr* to filter, strain **2.** *vi & pr* **(se) f.,** to filter, percolate (**à travers,** through). **filtrant** *a* filtering.

fin[1] [fɛ̃] *nf* **1.** end, close, termination; expiration (of contract); close (of day); **f. de semaine,** weekend; *Com:* **f. de mois,** monthly statement; **en f. de soirée,** towards the end of the evening; **il est venu vers la f. de l'après-midi,** he came late in the afternoon; **tirer à sa f.,** to draw to a close; **à la f. du livre,** at the back of the book; **vis sans f.,** endless screw; **il parle sans f.,** he never stops talking; **f. prématurée,** untimely death; **mettre f. à qch,** to put an end to, to stop, sth; **prendre f.,** to come to an end; **mener qch à bonne f.,** to bring sth to a successful conclusion; **à la f. il répondit,** in the end, finally, at last, he answered; *F:* **tu es stupide à la f.!** you really are very stupid! **en f. de compte,** in the end; to sum up; *F:* **à la f. des fins,** when all is said and done **2.** end, aim, purpose; **la f. justifie les moyens,** the end justifies the means; **en venir à ses fins,** to achieve one's aim(s); to get what one wants; **à quelle f.?** for what purpose? **à deux fins,** dual-purpose; **à toutes fins utiles,** (i) for whatever purpose it may serve (ii) to whom it may concern. **final, -als 1.** *a* final; last **2.** *(a) nf Sp:* **finale,** final *(b) nm Mus:* finale (of opera). **finalement** *adv* finally, in the end.

fin[2]**, fine** [fɛ̃, fin] **1.** *a* **dans le f. fond du panier,** right at the bottom of the basket; **au f. fond de la campagne,** in the depths of the country **2.** *a (a)* fine, first-class; **vins fins,** choice wines *(b)* fine, subtle; **f. tireur,** crack shot; **avoir l'oreille fine,** to have an acute ear; **f. comme l'ambre,** sharp as a needle; **bien f. qui le prendra,** it would take a smart person to catch him *(c)* fine, small, slender; **traits fins,** delicate features **3.** *nm (a)* **le f. de l'affaire,** the crux of the matter; **le f. du f.,** the ultimate *(b)* **jouer au plus f.,** to have a battle of wits **4.** *nf* **fine,** liqueur brandy **5.** *adv* finely; **café moulu f.,** finely ground coffee. **finement** *adv* **1.** finely, delicately (executed) **2.** smartly, subtly.

finaliste [finalist] *n Sp:* finalist.

finalité [finalite] *nf* finality.

finance [finɑ̃s] *nf* **1.** finance; **la haute f.,** (i) high finance (ii) the financiers **2.** *pl* finances, resources; **ministre des Finances** = Chancellor of the Exchequer; **le Ministère des Finances** = the Treasury. **financier, -ière 1.** *a* financial **2.** *nm* financier. **financièrement** *adv* financially.

financement [finɑ̃smɑ̃] *nm* financing.

financer [finɑ̃se] *vtr* (**n. finançons**) to finance (undertaking).

finesse [finɛs] *nf* **1.** fineness (of material); delicacy (of execution) **2.** *(a)* subtlety, shrewdness; **f. d'ouïe,** acuteness of hearing; **f. d'esprit,** shrewdness; **finesses d'une langue,** niceties of a language *(b)* cunning, guile *(c)* trick **3.** fineness (of dust); slimness (of waist); sharpness (of point).

fini [fini] **1.** *a (a)* finished, over, done with; *F:* **il est f.,** he's done for *(b)* accomplished (actor); well finished (piece of work); complete (idiot); utter (crook) *(c)* finite (space, tense) **2.** *nm* finish.

finir [finir] **1.** *vtr* to finish, end **2.** *vi* to come to an end, finish; **il finira mal,** he'll come to a bad end; **en f. avec qch,** to have done with sth; **je voudrais en f.,** I want to get it over with; **cela n'en finit pas,** there is no end to it; **pour en f.,** to cut the matter short; **la justice finit par triompher,** justice triumphs in the end.

finish [finiʃ] *nm Sp:* finish.

finition [finisjɔ̃] *nf* finish; finishing.

Finlande [fɛ̃lɑ̃d] *Prnf Geog:* Finland. **finlandais, -aise 1.** *a* Finnish **2.** *n* Finn. **finnois, -oise 1.** *a* Finnish **2.** *nm Ling:* Finnish.

fiole [fjɔl] *nf* phial.

fioriture [fjɔrityr] *nf* flourish, embellishment.

fioul [fjul] *nm* fuel oil.

firmament [firmamɑ̃] *nm* firmament, sky.

firme [firm] *nf* firm.

fisc [fisk] *nm (a)* tax authorities, = *Br* Inland Revenue, = *US* Internal Revenue. **fiscal, -aux** *a* fiscal; tax.

fiscalité [fiskalite] *nf* tax system; tax laws.

fission [fisjɔ̃] *nf* splitting, fission; **f. de l'atome,** nuclear fission.

fissionner [fisjɔne] *vtr & i* to split.

fissure [fisyr] *nf* fissure, crack.

fissurer [fisyre] *vtr & pr* to split, to crack.

fiston [fistɔ̃] *nm F:* son, sonny.

fixateur [fiksatœr] *nm* fixer (for dyes); *Phot:* fixing solution; *Hairdr:* setting lotion.

fixation [fiksasjɔ̃] *nf* **1.** fixing; attaching; *Ch:* fixation (of nitrogen) **2.** attachment; (ski) binding **3.** *Psy:* fixation; **f. au père,** father fixation; **faire une f. sur,** to have a fixation about.

fixe [fiks] *a* **1.** fixed, firm; stationary; **idée f.,** obsession; **regard f.,** intent gaze **2.** fixed, regular, settled; **traitement f.,** *nm* **f.,** fixed salary; **beau (temps) f.,** set fair; *PN:* **arrêt f.,** all buses stop here. **fixement** *adv* fixedly; **regarder f. qch,** to stare at sth.

fixer [fikse] *vtr* **1.** *(a)* to fix; to make (sth) firm, fast; to fasten; **f. l'attention de qn,** to hold s.o.'s attention; **f. qn,** to stare at s.o. *(b)* to fix, determine; to set, to appoint (time); to lay down (conditions, rules) **2. se f.,** to settle (down).

fixité [fiksite] *nf* fixity; steadiness (of gaze).

fjord [fjɔr] *nm Geog:* fjord.

flac [flak] *nm & int* plop, splash.

flacon [flakɔ̃] *nm* bottle; flask.

flageller [flaʒɛle] *vtr* to scourge, flog.

flageoler [flaʒɔle] *vi* to shake, tremble.

flageolet [flaʒɔlɛ] *nm Hort: Cu:* flageolet, (dwarf) kidney bean.

flagrant [flagrɑ̃] *a* flagrant, glaring; **pris en f. délit,** caught in the act, red-handed.

flair [flɛr] *nm (a) (of dogs)* scent, (sense of) smell *(b) (of pers)* flair, intuition.

flairer [flɛre] *vtr (a) (of dog)* to scent, to nose out (game); **f. le danger,** to sense danger *(b)* to smell, sniff (at) (flower).

flamand, -ande [flamɑ̃, -ɑ̃d] **1.** *a* Flemish **2.** *n* Fleming **3.** *nm Ling:* Flemish.

flamant [flamɑ̃] *nm Orn:* flamingo.

flambant [flɑ̃bɑ̃] *adv* **f. neuf,** brand new.

flambeau, -eaux [flɑ̃bo] *nm* **1.** torch; **retraite aux flambeaux,** torchlight tattoo **2.** candlestick.

flamber [flɑ̃be] **1.** *vi* (*a*) to flame, blaze (*b*) *P:* to gamble for big money **2.** *vtr* to singe (fowl, hair); *Cu:* to flambé (pancake). **flambé 1.** *a* (*a*) *Cu:* flambé (*b*) *F:* **il est f.,** he's done for **2.** *nf* **flambée** (*a*) blaze (*b*) outbreak (of violence); rocketing (of prices).

flambeur, -euse [flɑ̃bœr, -øz] *n P:* big gambler.

flamboiement [flɑ̃bwamɑ̃] *nm* flaming; blazing, blaze.

flamboyer [flɑ̃bwaje] *vi* (**il flamboie**) to blaze; (*of eyes*) **f. de colère,** to flash with anger. **flamboyant** *a Arch:* flamboyant.

flamme [flam] *nf* **1.** (*a*) flame; **en flammes,** on fire, ablaze; **par le fer et la f.,** with fire and sword (*b*) fire, enthusiasm **2.** pennant, streamer.

flammèche [flamɛʃ] *nf* spark.

flan [flɑ̃] *nm Cu:* baked custard (tart).

flanc [flɑ̃] *nm* flank, side; **f. de coteau,** hillside; **battre des flancs,** to heave, pant; **prêter le f. à la critique,** to lay oneself open to criticism; *P:* **tirer au f.,** to shirk, idle.

flancher [flɑ̃ʃe] *vi F:* **1.** (*a*) to flinch, give in; (*of heart*) to pack up (*b*) to quit **2. j'ai flanché en histoire,** I funked in history.

Flandre [flɑ̃dr] *Prnf Geog:* Flanders.

flanelle [flanɛl] *nf* flannel; **f. de coton,** flannelette.

flâner [flɑne] *vi* to stroll; to dawdle; to saunter; *F:* to hang about.

flânerie [flɑnri] *nf* dawdling, strolling; idling.

flâneur, -euse [flɑnœr, -øz] *n* stroller; idler.

flanquer [flɑ̃ke] *vtr* **1.** to flank (building, the enemy) **2.** *F:* to throw, chuck; **f. un coup de pied à qn,** to land s.o. a kick; **f. qn à la porte,** to throw s.o. out **3. se f. par terre,** to fall flat on one's face.

flaque [flak] *nf* puddle, pool.

flash [flaʃ] *nm* **1.** *Phot:* flash **2.** newsflash; *pl flashes.*

flasque [flask] *a* floppy, limp.

flatter [flate] *vtr* **1.** (*a*) to stroke, caress, pat (an animal) (*b*) to delight; **spectacle qui flatte les yeux,** sight that is pleasant to the eyes; **f. les caprices de qn,** to humour s.o.'s fancies (*c*) to flatter **2. se f.,** to flatter oneself, delude oneself; **se f. d'avoir fait qch,** to take the credit for having done sth.

flatterie [flatri] *nf* flattery. **flatteur, -euse 1.** *a* flattering **2.** *n* flatterer.

flatulence [flatylɑ̃s] *nf Med:* flatulence, *F:* wind.

fléau, -aux [fleo] *nm* **1.** flail **2.** scourge; curse; plague **3.** beam, arm (of balance).

flèche [flɛʃ] *nf* **1.** (*a*) arrow; **partir comme une f.,** to shoot off; **monter en f.,** (*of aircraft*) to shoot (straight) up; (*of prices*) to rocket (*b*) direction sign, arrow **2.** spire (of church).

flécher [fleʃe] *vtr* to arrow (route, direction).

fléchette [fleʃɛt] *nf Games:* dart; **jouer aux fléchettes,** to play darts.

fléchir [fleʃir] **1.** *vtr* (*a*) to bend, flex (*b*) to move (s.o.) (to pity); **se laisser f.,** to let oneself be swayed **2.** *vi* (*a*) to give way; to sag (*b*) to grow weaker.

fléchissement [fleʃismɑ̃] *nm* bending; falling (of prices).

flegme [flɛgm] *nm* phlegm; imperturbability. **flegmatique** *a* phlegmatic, imperturbable, stolid. **flegmatiquement** *adv* phlegmatically, imperturbably.

flemme [flɛm] *nf F:* laziness; **j'ai la f. de le faire,** I can't be bothered to do it. **flemmard, -arde** *F:* **1.** *a* idle, lazy **2.** *n.* idler, slacker, lazybones.

flétan [fletɑ̃] *nm Ich:* halibut.

flétrir¹ [fletrir] *vtr* **1.** to fade, wilt; to wither (up) (plants) **2. se f.,** (*of colours*) to fade; (*of flowers*) to wither.

flétrir² *vtr* **1.** to brand (criminal) **2.** to condemn (injustice); to cast a slur on (s.o.'s name).

fleur [flœr] *nf* **1.** (*a*) flower; blossom, bloom; **arbre en fleur(s),** tree in flower; **faire une f. à qn,** to do s.o. a favour (*b*) **dans la f. de l'âge,** in the prime of life (*c*) bloom (on peach) **2. à f. de,** on the surface of; **à f. d'eau,** at water level; **voler à f. d'eau,** to skim the water; **émotions à f. de peau,** skin-deep emotions; **avoir les nerfs à f. de peau,** to be on edge.

fleuret [flœrɛ] *nm* (fencing) foil.

fleurir [flœrir] **1.** *vi* (*a*) (*of plants*) to flower, bloom, blossom (*b*) (*prp* **florissant**) to flourish, prosper **2.** *vtr* to decorate (table) with flowers; to deck with flowers. **fleuri** *a* **1.** in bloom, in flower **2.** flowery (path); florid (complexion, style).

fleuriste [flœrist] *n* florist; florist's shop.

fleuron [flœrɔ̃] *nm* **1.** *Bot:* floret **2.** rosette; *Arch:* finial **3.** flagship (of a company, etc).

fleuve [flœv] *nm* river; *a* **roman f.,** saga; **discours f.,** lengthy speech.

flexibilité [flɛksibilite] *nf* flexibility. **flexible 1.** *a* flexible, pliable; adaptable (mind) **2.** *nm* flexible lead, flex.

flexion [flɛksjɔ̃] *nf* **1.** flexion, bending **2.** *Ling:* inflexion (of word).

flibustier [flibystje] *nm* (*a*) *A:* freebooter (*b*) privateer (*c*) gun runner.

flic [flik] *nm F:* policeman, cop.

flic flac [flikflak] *onomat* splash! plop!

flingue [flɛ̃g] *nm P:* gun.

flinguer [flɛ̃ge] *vtr P:* **1.** to gun (s.o.) down **2. se f.,** to shoot oneself.

flipper [flipœr] *nm* pin-ball machine.

flirt [flœrt] *nm* **1.** flirtation, flirting **2. mon f.,** my boyfriend, my girlfriend.

flirter [flœrte] *vi* to flirt.

flirteur, -euse [flœrtœr, -øz] **1.** *a* flirtatious **2.** *n* flirt.

floc [flɔk] *int* plop! flop!

flocon [flɔkɔ̃] *nm* **1.** flake (of snow, foam, cereal); flock (of wool, cotton) **2. flocons de pomme de terre,** powdered, instant, mashed potato. **floconneux, -euse** *a* fleecy, fluffy.

floraison [flɔrɛzɔ̃] *nf* flowering; blossoming (time).

floral, -aux [flɔral, -o] *a* floral; flower (show).

floralies [flɔrali] *nfpl* flower show.

flore [flɔr] *nf Bot:* flora.

florilège [flɔrilɛʒ] *nm* anthology of verse.

florissant [flɔrisɑ̃] *a* flourishing, prosperous.

flot [flo] *nm* **1.** (*a*) wave (*b*) floods (of tears); torrent, stream (of abuse); crowd (of people); **entrer à flots,** to stream in; **couler à flots,** to pour out **2.** (*of ship*) **à f.,** afloat; (*of pers*) solvent; **mettre à f.,** to launch (ship); **remettre à f.,** to refloat (ship); **remettre qn à f.,** to make s.o. solvent.

flottaison [flɔtɛzɔ̃] *nf* (**ligne de**) **f.,** waterline.

flotte¹ [flɔt] *nf* **1.** fleet **2.** *F:* water, rain.

flotte² *nf* float (of net).
flottement [flɔtmɑ̃] *nm* wavering, swaying, flapping (of flag); fluctuation (of floating currency); hesitation.
flotter [flɔte] **1.** *vi* (*a*) to float (*b*) to wave (in the wind); (*of hair, clothes*) to hang loosely (*c*) to waver, hesitate; (*of thoughts*) to wander; (*of prices*) to fluctuate (*d*) *F:* **il flotte,** it's raining **2.** *vtr* **f. du bois,** to float timber.
flotteur [flɔtœr] *nm* **1.** float (of fishing line) **2.** ball (of ball tap); **robinet à f.,** ballcock.
flottille [flɔtij] *nf Nau:* flotilla; *Av:* squadron.
flou [flu] **1.** *a* blurred (outline); fuzzy (image); hazy (horizon); vague (idea); fluffy (hair) **2.** *nm* blur, fuzziness, softness, fluffiness.
fluctuation [flyktɥasjɔ̃] *nf* fluctuation.
fluctuer [flyktɥe] *vi* to fluctuate.
fluet, -ette [flyɛ, -ɛt] *a* thin slender.
fluidité [flɥidite] *nf* fluidity; steady flow (of traffic). **fluide 1.** *a* fluid; **la circulation était f.,** the traffic kept moving **2.** *nm* fluid.
fluor [flyɔr] *nm Ch:* fluorine.
fluorescence [flyɔrɛsɑ̃s] *nf* fluorescence. **fluorescent** *a* fluorescent; **éclairage f.,** strip lighting.
flûte [flyt] *nf* **1.** flute; **petite f.,** piccolo; **f. à bec,** recorder **2.** (*a*) long thin loaf (of French bread) (*b*) tall champagne glass; flute **3.** *int F:* damn!
flutiste [flytist] *n* flautist, *NAm:* flutist.
fluvial, -aux [flyvjal, -o] *a* fluvial; river (police); **voie fluviale,** waterway.
flux [fly] *nm* (*a*) flow; flood; **le f. et reflux,** the ebb and flow (*b*) *Med: Ph:* flux.
fluxion [flyksjɔ̃] *nf Med:* inflammation; **f. de la gencive,** gumboil; **f. de poitrine,** pneumonia.
FMI *abbr Fonds monétaire international.*
FNAC [fnak] *abbr Fédération nationale des associations de cadres.*
FO *abbr Force ouvrière.*
foc [fɔk] *nm Nau:* jib.
focal, -aux [fɔkal, -o] *a* focal.
fœtus [fetys] *nm* foetus, *NAm:* fetus.
foi [fwa] *nf* **1.** faith; **il est de bonne f.,** he is completely sincere; **mauvaise f.,** dishonesty; **manque de f.,** breach of faith; **ma f.,** well; **ma f., oui!** yes indeed! **f. d'honnête homme,** on my word as a gentleman **2.** belief, trust; **avoir f. en qn,** to have faith in s.o.; **texte qui fait f.,** authentic text **3.** (religious) faith, belief; **il n'a ni f. ni loi,** he fears neither God nor man.
foie [fwa] *nm* liver.
foin [fwɛ̃] *nm* **1.** hay; **faire les foins,** to make hay; **tas de f.,** haycock; **rhume des foins,** hay fever **2.** choke (of artichoke).
foire [fwar] *nf* fair; fun fair; **champ de f.,** fairground; **c'est la, une, f. ici,** this place is a bear garden; *F:* **faire la f.,** to have a ball; to go on a binge.
foirer [fware] *vi* **1.** *P:* to fail, to flop **2.** (*of screw*) to slip.
foireux, -euse [fwarø, -øz] *a P:* disastrous, hopeless.
fois [fwa] *nf* **1.** time, occasion; **une f.,** once; **deux f.,** twice; **encore une f.,** once more; **une (bonne) f. pour toutes,** once (and) for all; **en une f.,** at one go; **pour une f. tu as raison,** you're right for once; **à la f.,** at one and the same time **2.** *P:* **des f.,** sometimes, now and then; **des f. qu'il viendrait,** in case he should come; **non, mais des f.!** that's a bit thick!
foison [fwazɔ̃] *nf* **à f.,** plentifully; in abundance; **des pommes à f.,** plenty of apples.
foisonner [fwazɔne] *vi* to abound (**de,** in, with). **foisonnant** *a* teeming (**de,** with).
folâtrer [fɔlatre] *vi* to romp, to frolic. **folâtre** *a* playful, frisky.
folichon, -onne [fɔliʃɔ̃, -ɔn] *a* **pas f.,** not very funny, not much fun.
folie [fɔli] *nf* **1.** madness; **être pris de f.,** to go mad; **aimer qn à la f.,** to be madly in love with s.o.; **aimer qch à la f.,** to have a mania for sth **2.** folly; **dire des folies,** to talk wildly; **faire des folies,** (i) to act irrationally (ii) to be extravagant; **il a eu la f. de céder,** he was mad enough to give in.
folklore [fɔlklɔr] *nm* folklore; *F:* **c'est du f.,** it's not to be taken seriously. **folklorique** *n* traditional (costume); folk (dancing); *F: Pej:* lightweight, trivial.
folle [fɔl] *see* **fou.**
follement [fɔlmɑ̃] *adv* **1.** madly; foolishly, rashly **2.** extravagantly; **on s'est f. amusé,** we had a fantastic time.
fomenter [fɔmɑ̃te] *vtr* to forment; to stir up (trouble).
foncer [fɔ̃se] *v* (**n. fonçons**) **1.** *vtr* to deepen, darken (the colour of sth) **2.** *vi* (*a*) **f. sur qn,** to rush at, swoop (down) on, s.o.; (*of bull, footballer*) to charge s.o. (*b*) *F:* to speed along; to forge ahead (*c*) to darken (colour). **foncé** *a* dark (colour); **bleu f.,** dark blue.
fonceur, -euse [fɔ̃sœr, -øz] *F:* **1.** *a* bold, unhesitating **2.** *n* **c'est un f.,** he rushes straight into things.
foncier, -ière [fɔ̃sje, -jɛr] *a* **1.** of the land; **propriété foncière,** landed property; **impôt f.,** land tax **2.** fundamental (commonsense). **foncièrement** *adv* fundamentally.
fonction [fɔ̃ksjɔ̃] *nf* **1.** (*a*) function, office; **entrer en fonctions,** to take up one's duties; **faire f. de gérant,** to act as manager (*b*) **fonctions de l'estomac, du cœur,** functions of the stomach, of the heart **2.** *Mth: etc:* function; **les prix varient en f. de la demande,** prices may vary in accordance with demand. **fonctionnel** *a* functional.
fontionnaire [fɔ̃ksjɔnɛr] *nm* civil servant; *Pej:* bureaucrat.
fonctionnement [fɔ̃ksjɔnmɑ̃] *nm* functioning (of government, plan); operation, running, working (of machine); **en (bon) état de f.,** in (good) working order; **mauvais f. du moteur,** fault in the engine.
fonctionner [fɔ̃ksjɔne] *vi* **1.** to function **2.** to act, work; **les trains ne fonctionnent plus,** the trains are no longer running; **faire f. une machine,** to operate a machine.
fond [fɔ̃] *nm* **1.** (*a*) bottom; seat (of trousers, chair); heart (of artichoke); back (of the throat); **f. de cale,** bilge; **f. de bouteille,** dregs; **au f. il était très flatté,** in his heart of hearts he was extremely gratified (*b*) bottom, bed (of the ocean); **grands fonds,** ocean deeps; **hauts, petits, fonds,** shallows; **le grand, le petit, f.,** the deep, the shallow, end (of swimming pool); **à f.,** thoroughly; **visser une pièce à f.,** to screw a piece home; **connaître un sujet à f.,** to have a

thorough knowledge of a subject; **à f. (de train),** at top speed 2. foundation; **rebâtir une maison de f. en comble,** to rebuild a house from top to bottom; **f. de teint,** (make-up) foundation cream; **accusation sans f.,** unfounded accusation; **faire f. sur qch,** to rely on sth; **cheval qui a du f.,** horse with staying power; **course de f.,** long-distance race; *Ski:* cross-country race; **coureur de f.,** long-distance runner; *Journ:* **article de f.,** leading article; **bruit de f.,** background noise; **au f., dans le f.,** basically, fundamentally; at bottom 3. back, far end; background (of picture); **fonds de boutique,** oddments; old stock; **au fin f. du désert,** in the heart of the desert.

fondamental, -aux [fɔ̃damɑ̃tal, -o] *a* fundamental; basic; **couleurs fondamentales,** primary colours. **fondamentalement** *adv* fundamentally, basically.

fondateur, -trice [fɔ̃datœr, -tris] *n* founder.

fondation [fɔ̃dasjɔ̃] *nf* 1. founding, foundation 2. *Const:* foundation (of house).

fondement [fɔ̃dmɑ̃] *nm* foundation; **soupçons sans f.,** groundless, unfounded, suspicions.

fonder [fɔ̃de] *vtr* 1. to found (business); to start, set up (newspaper, business); to float (company); to base, build (one's hopes) (**sur,** on) 2. **se f. sur qch,** to place one's reliance on sth; **je me fonde sur ce que vous venez de me dire,** I'm basing myself on what you've just told me. **fondé** 1. *a* founded, grounded, justified; **mal f.,** groundless, unjustified (suspicions) 2. *nm* **f. de pouvoir,** (i) *Jur:* proxy (ii) manager.

fonderie [fɔ̃dri] *nf* (*a*) smelting works (*b*) foundry.

fondre [fɔ̃dr̥] 1. *vtr* (*a*) to smelt (ore) (*b*) to melt (snow, wax); to melt down (metal) (*c*) to cast (bell) (*d*) to dissolve, melt (sugar) (*e*) to blend (colours) 2. *vi* (*a*) to melt, dissolve; **l'argent lui fond entre les mains,** he spends money like water (*b*) (*of sugar*) to melt, dissolve; **f. en larmes,** to burst in(to) tears 3. *vi* to swoop down (**sur,** upon) 4. **se f.,** to merge; (*of companies*) to amalgamate.

fondrière [fɔ̃drijɛr] *nf* (*a*) bog, quagmire (*b*) muddy hole (in road).

fonds [fɔ̃] *nm* 1. (*a*) **f. de commerce,** business (*b*) stock(-in-trade) 2. (*a*) funds; **mise de f.,** (i) putting up of capital (ii) paid-in capital; **rentrer dans ses f.,** to recover one's outlay; to get one's money back (*b*) fund (for special purpose); **f. commun,** pool; **F. monétaire international,** International Monetary Fund (*c*) means, resources; cash; **placer son argent à f. perdu,** to purchase a life annuity; **prêter à f. perdu,** to lend money without security; **être en f.,** to be in funds (*d*) *Fin:* stocks, securities.

fondu [fɔ̃dy] 1. *a* melted (butter); molten (lead) 2. *nf* *Cu:* **fondue,** (cheese) fondue; **f. bourguignonne,** meat fondue.

fontaine [fɔ̃tɛn] *nf* 1. spring; pool (of running water) 2. fountain.

fonte [fɔ̃t] *nf* 1. melting; thawing (of snow) 2. (*a*) smelting (of ore) (*b*) casting, founding 3. cast iron; **poêle en f.,** cast-iron stove.

fonts [fɔ̃] *nmpl Ecc:* **f. (baptismaux),** font.

football, *F:* **foot** [fut(bol)] *nm* (association) football, *F: & NAm:* soccer.

footballeur [futbolœr] *nm* footballer.

footing [futiŋ] *nm* jogging; **faire du f.,** to go jogging.

forage [fɔraʒ] *nm* 1. drilling, boring; sinking (of well) 2. borehole; drill hole.

forain [fɔrɛ̃] *a & n* itinerant; **spectacle f.,** travelling show; **(marchand) f.,** stallkeeper; **fête foraine,** funfair.

forban [fɔrbɑ̃] *nm* corsair, pirate; *Fig:* rogue, shark.

forçat [fɔrsa] *nm* 1. *A:* galley slave 2. convict.

force [fɔrs] *nf* 1. (*a*) strength, force, vigour; **dans la f. de l'âge,** in the prime of life; **être à bout de f.,** to be exhausted; **elle n'avait plus la f. de répondre,** she had no strength to answer; **tour de f.,** feat of strength, of skill; **travailleur de f.,** heavy worker (*b*) **ils sont de f. (égale),** they are well matched; **je ne me sens pas de f. à faire cela,** I don't feel up to (doing) it (*c*) force, violence; **f. majeure,** circumstances outside one's control; **entrer de f. dans une maison,** to force one's way into a house; **f. lui fut d'obéir,** he had no alternative, no option, but to obey; **de gré ou de f.,** willy-nilly; **de toute f. il nous faut y assister,** we absolutely must be present; **à toute f.,** in spite of all opposition; **il veut à toute f. entrer,** he's determined to get in 2. (*a*) force (of blow, wind, argument); **par la f. des choses,** through the force of circumstances (*b*) **f. motrice,** motive power (*c*) **f. (électrique),** electric power 3. **la f. armée,** the military; the troops; **les forces armées,** the armed forces; **f. d'intervention,** task force; **nous étions là en force(s),** we turned out in (full) force 4. *a inv A: & Lit:* **f. gens,** many people 5. **à f. de,** by (dint of), by means of; **à f. de volonté,** by sheer force of will; **à f. de répéter,** by constant repetition.

forcé [fɔrse] *a* 1. forced; compulsory; *Av:* **atterrissage f.,** forced landing 2. forced, unnatural (laugh) 3 *F:* **c'est f.!** it's inevitable! **forcément** *adv* inevitably; **pas f.,** not necessarily.

forcené, -ée [fɔrsəne] 1. *a* frantic, mad, frenzied 2. *n* madman, madwoman.

forceps [fɔrsɛps] *nm* forceps.

forcer [fɔrse] *vtr* (**n. forçons**) 1. (*a*) to force, to compel; **être forcé de faire qch,** to be forced to do sth (*b*) **f. qn, qch,** to deal violently with s.o., to do violence to sth; **f. la consigne,** to force one's way in; **f. une serrure,** to force a lock; **f. la caisse,** to break into the till; **f. une porte,** to break open a door; **f. sa prison,** to break jail (*c*) to force (voice, pace); to force (plants); *F:* **f. la note,** to overdo it (*d*) **f. la dose d'un médicament,** to take, give, too large a dose of medicine 2. *vi* to strain; to overdo it; to force it 3. **se f.,** to force oneself (**pour faire qch,** to do sth).

forcing [fɔrsiŋ] *nm* sustained pressure.

forcir [fɔrsir] *vi* to get fat; to fill out.

forer [fɔre] *vtr* to drill, bore; to sink (a well).

foret [fɔrɛ] *nm Tls:* drill.

forêt [fɔrɛ] *nf* forest. **forestier, -ière** 1. *a* forest (region); forested (area); **exploitation forestière,** lumbering 2. *nm* forester, *NAm:* (forest) ranger.

forfait[1] [fɔrfɛ] *nm Lit:* heinous crime.

forfait[2] *nm* (contract for a) fixed price; flat rate; lump sum; **travail à f.,** (i) contract work (ii) job work; **voyage à f.,** (all-)inclusive, package, holiday, tour; **vente à f.,** outright sale. **forfaitaire** *a* **prix f.,** all-inclusive price; flat rate; contract price; **voyage à prix f.,** package holiday, tour.

forfait[3] *nm Sp: etc:* **déclarer f.,** to scratch (a horse from a race), to withdraw from a competition.

forge [fɔrʒ] *nm* **1.** smithy, forge **2.** *usu pl* ironworks.

forger [fɔrʒe] *vtr* (**n. forgeons**) **1.** to forge; **fer forgé,** wrought iron **2.** to fabricate (story); to make up (excuse); to coin (word); to conjure up (vision).

forgeron [fɔrʒərɔ̃] *nm* blacksmith.

formaliser [fɔrmalize] *vtr* **1.** to formalize **2. se f.,** to take offence (**de,** at).

formalisme [fɔrmalism] *nm* formalism. **formaliste 1.** *a* formalistic, punctilious **2.** *n* formalist.

formalité [fɔrmalite] *nf* **1.** formality; **sans autre f.,** without further ado **2. sans formalité(s),** without ceremony.

format [fɔrma] *nm* format (of book); size; **f. de poche,** pocket size.

formation [fɔrmasjɔ̃] *nf* **1.** (*a*) formation, forming (*b*) education, training; **f. permanente, f. continue,** in-house training **2.** (*a*) makeup; structure; formation (*b*) *Mus:* group. **formateur, -trice** *a* formative.

forme [fɔrm] *nf* **1.** form, shape; (*of pers*) build, figure; **en f. de,** in the shape of a; **en f. d'œuf,** egg-shaped; **sans f.,** shapeless; **prendre f.,** to take shape; to materialize **2.** (*a*) form; method of procedure; **quittance en bonne (et due) f.,** receipt in order; **faire qch dans les formes,** to do sth in the accepted way; **pour la f.,** as a matter of form; **de pure f.,** purely formal (*b*) *pl* manners; tact (*c*) **être en f.,** to be on form, to be fit **3.** *Ind:* mould; *Bootm:* last; *Hatm:* block; *Typ:* form(e).

formel, -elle [fɔrmɛl] *a* **1.** formal, express, precise (order); flat, categorical (denial); absolute (veto); strict (prohibition) **2.** formal. **formellement** *adv* formally; strictly, expressly.

former [fɔrme] *vtr* **1.** (*a*) to form; to make, create; to draw up (plan); to raise (objections) (*b*) to shape, fashion (*c*) to school (horse, child); to train (apprentice, etc); to mould (s.o.'s character) **2. se f.,** to form, develop; (*of plan*) to take shape; **se f. aux affaires,** to acquire a business training. **formé** *a* fully-formed.

formidable [fɔrmidabl̩] *a* (*a*) fearsome, formidable (*b*) *F:* tremendous, wonderful, terrific, fantastic. **formidablement** *adv F:* tremendously, fantastically.

formol [fɔrmɔl] *nm Ch:* formalin.

formulaire [fɔrmylɛr] *nm* (printed) form.

formulation [fɔrmylasjɔ̃] *nf* formulation; expression.

formule [fɔrmyl] *nf* **1.** (*a*) formula; **une nouvelle f. de,** a new form of (*b*) (set) expression; **f. de politesse,** polite expression; *Corr:* letter ending **2.** *Adm:* (printed) form.

formuler [fɔrmyle] *vtr* to formulate; to draw up (document); to express (wish).

fornication [fɔrnikasjɔ̃] *nf* fornication.

fort[1] [fɔr] **1.** *a* (*a*) strong; **trouver plus f. que soi,** to meet one's match; **c'est une forte tête,** (i) he has a good head on his shoulders (ii) he is very independent; **être f. en maths,** to be good at maths (*b*) strong (rope, drink); high (fever, wind); intense (heat); heavy (rain); loud (voice); **c'est plus f. que moi!** I can't help it! **c'est trop f.!** that's a bit thick!; **ce qu'il y a de plus f., c'est que,** the worst of it is that (*c*) **ville, place, forte,** fortified town (*d*) **se faire f. de faire qch,** to undertake to do sth (*e*) large, stout (pers); **elle est forte des hanches,** she's big round the hips; **forte somme,** large sum of money; **forte pente,** steep gradient; *Com:* **prix f.,** full price **2.** *adv* (*a*) strongly; **frapper f.,** to strike hard; **y aller f.,** (i) to go hard at it (ii) to exaggerate; **crier f.,** to shout at the top of one's voice; **sentir f.,** to smell strong (*b*) very, extremely; **j'ai f. à faire,** I have a great deal to do.

fort[2] *nm* **1.** strong part; **au f. de l'hiver,** in the depth of winter; **au (plus) f. du combat,** in the thick of the fight; **ce n'est pas son f.,** it's not his strong point, his forte **2.** strong man **3.** fort, stronghold.

forteresse [fɔrtərɛs] *nf* fortress; stronghold.

fortification [fɔrtifikasjɔ̃] *nf* fortification.

fortifier [fɔrtifje] *vtr* to fortify; to strengthen. **fortifiant 1.** *a* fortifying; invigorating, bracing **2.** *nm* tonic.

fortuit [fɔrtɥi] *a* fortuitous; chance, casual (meeting); **cas f.,** accident. **fortuitement** *adv* fortuitously, by chance.

fortune [fɔrtyn] *nf* **1.** fortune, chance, luck; **venez dîner à la f. du pot,** come and take pot luck; **de f.,** makeshift **2.** (*a*) **il n'a pas de f.,** he's unlucky (*b*) **mauvaise f.,** misfortune; **avoir la bonne f. de rencontrer qn,** to have the good luck to meet s.o. **3.** fortune, wealth; **faire f.,** to make one's, a, fortune; **avoir de la f.,** to be well off. **fortuné** *a* (*a*) *A:* fortunate (*b*) wealthy, well off.

forum [fɔrɔm] *nm* forum.

fosse [fos] *nf* **1.** pit, hole; *Sp:* (jumping) pit; *Aut:* **f. (de réparation),** inspection pit; **f. d'aisances,** cesspool; **f. septique,** septic tank; **f. d'orchestre,** orchestra pit; **f. aux lions,** lion's den **2.** grave.

fossé [fose] *nm* ditch, trench; *Fig:* gulf, gap, rift.

fossette [fosɛt] *nf* dimple.

fossile [fɔsil] *a & nm* fossil.

fossiliser (se) [səfɔsilize] *vpr* to fossilize.

fossoyeur [foswajœr] *nm* gravedigger.

fou, fol, folle [fu, fɔl] (*the form* **fol,** *used in the m before a vowel or* **h** *mute*) **1.** *a* (*a*) mad, insane; **f. à lier,** raving mad; **il y a de quoi devenir f.,** it's enough to drive you mad; **f. de joie,** beside oneself with joy; **être f. de,** to be crazy about (*b*) foolish, silly; **un fol espoir,** a mad hope (*c*) excessive, enormous; **succès f.,** tremendous success; **il gagne un argent f.,** he makes a mint, a fortune; **à une allure folle,** at breakneck speed; **il y avait un monde f.,** there was an enormous crowd; **prix f.,** exorbitant price; *F:* **c'est f. ce que c'est cher!** it's madly expensive! (*d*) out of control; loose (lock of hair); **f. rire,** uncontrollable laughter; **j'avais une crise de f. rire,** I couldn't stop laughing; **herbes folles,** rank weeds; *Bot:* **folle avoine,** wild oats **2.** *n* (*a*) madman, madwoman; lunatic; **f. furieux,** raving lunatic; *F:* **maison de fous,** madhouse (*b*) fool; jester; **plus on est de fous plus on rit,** the more the merrier **3.** *nm Chess:* bishop **4.** *nf P:* **folle,** (*homosexual*) queen.

foudre [fudr̥] **1.** *nf* thunderbolt, lightning; **coup de f.,** (i) *A:* unexpected event; bolt from the blue (ii) love at first sight **2.** *nmpl* wrath.

foudroyer [fudrwaje] *vtr* (**je foudroie**) to strike (down) (by lightning); to blast; to crush (one's opponents); **arbre foudroyé,** blasted tree; **cette**

nouvelle m'a foudroyé, I was thunderstruck at the news; **elle le foudroya du regard,** she gave him a withering look; she looked daggers at him. **foudroyant** *a* crushing (attack, news); withering (look); staggering (success); lightning (speed).

fouet [fwɛ] *nm* (*a*) whip; **coup de f.,** (i) cut (of whip); (i) stimulus; **collision de plein f.,** head-on collision (*b*) *DomEc:* whisk.

fouetter [fwɛte] (*a*) to whip, flog; to whisk, beat (eggs); to whip (cream); **il n'y a pas là de quoi f. un chat,** there's nothing to make such a fuss about; **avoir d'autres chats à f.,** to have other fish to fry (*b*) *vtr & i* **la pluie fouette (contre) les vitres,** the rain is lashing against the panes.

fougère [fuʒɛr] *nf Bot:* fern.

fougue [fug] *nf* fire, ardour, spirit; **plein de f.,** fiery. **fougueux, -euse** *a* fiery, ardent, spirited. **fougueusement** *adv* ardently.

fouille [fuj] *nf* **1.** (*a*) excavation (*b*) *usu pl Archeol:* dig, excavation **2.** search(ing) (of person, luggage, etc) **3.** *P:* pocket.

fouiller [fuje] **1.** *vtr* (*a*) to dig, excavate (*b*) to search (house, luggage); to search, frisk (suspect) **2.** *vi* **f. dans une armoire,** to rummage in a cupboard; **f. dans le passé,** to rake up the past **3. se f.,** to go through one's pockets. **fouillé** *a* well researched (work).

fouillis [fuji] *nm* jumble, mess, muddle.

fouine [fwin] *nf Z:* stone marten; **à tête de f.,** weasel-faced. **fouineur, -euse 1.** *a* inquisitive, nosy **2.** *n* snooper, nosy parker.

fouiner [fwine] *vi F:* to ferret, to nose about.

fouir [fwir] *vtr* to dig (underground).

foulant [fulɑ̃] *a P:* exhausting, killing.

foulard [fular] *nm* **1.** *Tex:* foulard **2.** silk scarf; head-scarf.

foule [ful] *nf* crowd; host (of ideas); **entrer en f.,** to crowd in, to come crowding in; **ils sont venus en f. pour voir la reine,** they flocked to see the queen; **un bain de f.,** a walkabout.

foulée [fule] *nf usu pl* stride; *Rac:* **rester dans la f. d'un concurrent,** to follow close behind another competitor; *F:* **dans la f.,** at one and the same time.

fouler [fule] *vtr* **1.** to trample (down) (grass); to press, tread, crush (grapes); **f. qch aux pieds,** to trample sth underfoot **2.** (*a*) **se f. la cheville,** to sprain, twist, one's ankle (*b*) *F:* **se f. (la rate),** (i) to take a lot of trouble (ii) to flog oneself to death; **ne pas se f. (la rate),** to take it easy.

foulure [fulyr] *nf* sprain; **se faire une f. à la cheville,** to sprain one's ankle.

four [fur] *nm* **1.** (*a*) oven; **faire cuire au f.,** to bake; to roast (meat); **plat allant au f.,** ovenproof dish (*b*) *Cu:* **petits fours,** petits fours **2.** kiln, furnace **3.** *Th:* **faire (un) f.,** to be a flop.

fourberie [furbəri] *nf* deceit, cheating. **fourbe** *a* deceitful, cheating.

fourbi [furbi] *nm F:* kit, gear; paraphernalia; **tout le f.,** the whole caboodle.

fourbu [furby] *a* tired out, dead beat.

fourche [furʃ] *nf* **1.** pitchfork; (garden) fork **2.** fork(ing) (of road); **la route fait une f.,** the road forks. **fourchu** *a* forked; **pied f.,** cloven hoof.

fourcher [furʃe] *vi* **la langue lui a fourché,** he made a slip of the tongue.

fourchette [furʃɛt] *nf* (table) fork; *Stat:* bracket.

fourgon [furgɔ̃] *nm* **1.** *Aut:* van, wag(g)on; **f. mortuaire,** hearse **2.** *Rail:* luggage van, *NAm:* baggage car.

fourgonnette [furgɔnɛt] *nf Aut:* small van.

fourmi [furmi] *nf Ent:* ant; **avoir des fourmis dans les jambes,** to have pins and needles in one's legs.

fourmilière [furmiljɛr] *nf* anthill, ant's nest.

fourmillement [furmijmɑ̃] *nm* **1.** swarming (of ants) **2.** pricking, tingling, sensation; pins and needles.

fourmiller [furmije] *vi* **1.** to swarm; to teem (**de,** with) **2. le pied me fourmille,** I've got pins and needles in my foot.

fournaise [furnɛz] *nf* furnace; **cette chambre est une f.,** this room's like an oven.

fourneau, -eaux [furno] *nm* (*a*) furnace (of boiler); bowl (of pipe) (*b*) **f. de cuisine,** (kitchen) range; **f. à gaz,** gas stove, cooker (*c*) **haut f.,** blast furnace.

fournée [furne] *nf* batch (of loaves, *F:* of people).

fournil [furni] *nm* bakehouse.

fournir [furnir] *vtr* **1.** (*a*) to supply, furnish, provide; **magasin bien fourni,** well stocked shop (*b*) to yield, produce **2.** *v ind tr* **f. aux dépenses,** to defray the expenses; **f. aux besoins de qn,** to supply s.o.'s wants **3. se f.,** to provide oneself (**de,** with); to get supplies (**chez,** from). **fourni** *a* **1.** well stocked (shop) **2.** thick (hair).

fournisseur, -euse [furnisœr, -øz] *n* (*a*) supplier, stockist (*b*) **les fournisseurs,** tradesmen.

fourniture [furnityr] *nf* **1.** supplying, providing **2.** *pl* supplies; **fournitures de bureau,** office equipment, supplies; stationery.

fourrage [furaʒ] *nm* forage, fodder.

fourrager [furaʒe] *vi* to forage, rummage.

fourré[1] [fure] *nm* thicket.

fourré[2] *a* **1.** lined; fur-lined **2. chocolats fourrés à la crème,** chocolate creams; **bonbon f.,** soft centre **3. coup f.,** stab in the back.

fourreau, -eaux [furo] *nm* sheath, cover, case; scabbard (of sword); *MecE:* sleeve.

fourrer [fure] *vtr* **1.** (*a*) to cover, line, with fur (*b*) *F:* to stuff, cram; **f. ses mains dans ses poches,** to stuff one's hands in one's pockets; **f. son nez partout,** to poke one's nose into everything **2. se f. dans un coin,** to hide in a corner; **où est-il allé se f.?** where on earth has he hidden himself? **il ne sait plus où se f.,** he doesn't know where to put himself.

fourre-tout [furtu] *nm inv* **1.** lumber room **2.** holdall, *NAm:* carryall.

fourreur [furœr] *nm* furrier.

fourrière [furjɛr] *nf* (animal, car) pound; **mettre une voiture en f.,** to impound, tow away, a car.

fourrure [furyr] *nf* (*a*) fur, skin; **manteau de f.,** fur coat (*b*) hair, coat (of animal).

fourvoyer [furvwaje] *vtr* (**je fourvoie**) **1.** to lead (s.o.) astray **2. se f.,** to lose one's way, to go astray.

foutaise [futɛz] *nf P:* rubbish, rot.

foutre [futr] *vtr* (*pp* **foutu;** *pr ind* **je fous, n. foutons**) *P:* **1.** (*a*) **f. qch par terre,** to fling, chuck, sth on the ground (*b*) **il ne fout rien,** he does damn all; **fous le camp! fous-moi la paix!** clear off, bugger off! **2.** (*a*) **se f. de qn, qch,** to take the mickey out of s.o., sth; **je m'en fous,** I don't give a damn (*b*) **se f. dedans,** to boob. **foutu** *a* (*a*) bloody awful (*b*) ruined, done for; **il est f.**, he's had it (*c*) **elle est bien foutue,** she's got a good body (*d*) (*of machine, device*) **mal f.**, hopeless; **je me sens mal f.**, I feel terrible.

fox(-terrier) [fɔks(terje)] *nm* fox terrier.

foyer [fwaje] *nm* **1.** fire(place), hearth, grate **2.** source (of heat); centre (of learning, infection) **3.** (*a*) hearth, home; **f. d'étudiants,** students' union, club; **fonder un f.**, to start a family; **femme au f.**, housewife (*b*) *Th:* foyer; **f. des artistes,** green room **4.** focus (of lens); **verres à double f.**, bifocal lenses, bifocals.

FR3 *abbr TV: France Régions 3.*

fracas [fraka] *nm* din; crash.

fracasser [frakase] *vtr* **1.** to smash (sth); to shatter (sth) **2. se f.**, to be smashed.

fraction [fraksjɔ̃] *nf* (*a*) fraction (*b*) part, portion.

fractionnement [fraksjɔnmɑ̃] *nm* dividing up, splitting up.

fractionner [fraksjɔne] *vtr & pr* to divide up, to split up.

fracture [fraktyr] *nf Geol: Med:* fracture.

fracturer [fraktyre] *vtr* **1.** to force (lock) **2. se f. la jambe,** to fracture one's leg.

fragilité [fraʒilite] *nf* **1.** fragility; brittleness **2.** frailty, weakness. **fragile** *a* **1.** fragile; brittle **2.** frail; weak; precarious.

fragment [fragmɑ̃] *nm* fragment; chip (of stone); snatch (of conversation, song); extract (from book). **fragmentaire** *a* fragmentary.

fragmentation [fragmɑ̃tasjɔ̃] *nf* fragmentation.

fragmenter [fragmɑ̃te] *vtr* to fragment, split up.

fraîchement [frɛʃmɑ̃] *adv* **1.** coolly **2.** freshly, recently.

fraîcheur [frɛʃœr] *nf* **1.** freshness, coolness, chilliness; **la f. du soir,** the cool of the evening **2.** freshness; bloom (of youth).

fraîchir [freʃir] *vi* (*of weather*) to get cooler, chillier; to freshen.

frais¹, fraîche [frɛ, frɛʃ] **1.** *a* (*a*) fresh; cool; chilly (breeze, reception); **il fait f.**, it's cool (*b*) new, recent; **œufs f.**, new-laid eggs; **peinture fraîche,** wet paint (*c*) **teint f.**, fresh complexion; **f. et dispos,** ready for anything; *P:* **me voilà f.!** I'm in a nice mess now! **2.** (*a*) *nm* **prendre le f.**, to take the air; **tenir au f.**, keep in a cool place; **peint de f.**, freshly painted (*b*) *nf* **à la fraîche,** in the cool (of the day).

frais² *nmpl* expenses, cost; **faux f.**, incidental expenses; **f. généraux,** running expenses, overheads; **faire les f. de qch,** to bear the cost of sth; **faire qch à ses f.**, to do sth at one's own expense; **rentrer dans ses f.**, to get one's money back; **faire les f. de la conversation,** to keep the conversation going; **à grands f.**, **à peu de f.**, at great, at little, cost; **se mettre en f. pour qn,** to put oneself out for s.o.; **j'en suis pour mes f.**, I've had all my trouble for nothing; I've wasted my time; *F:* **aux f. de la princesse,** at the government's, the firm's, expense.

fraise [frɛz] *nf* **1.** strawberry; **f. de bois,** wild strawberry **2.** *MecE:* (*a*) milling cutter (*b*) *Dent:* drill.

fraiser [freze] *vtr* (*a*) *MecE:* (i) to mill (ii) to countersink (hole) (*b*) *Dent:* to drill.

fraisier [frezje] *nm* strawberry plant.

framboise [frɑ̃bwaz] *nf* raspberry.

framboisier [frɑ̃bwazje] *nm* raspberry cane, bush.

franc¹ [frɑ̃] *nm* franc.

franc², franche [frɑ̃, frɑ̃ʃ] *a* **1.** free; **f. de port,** post-free; carriage paid; *Fb:* **coup f.**, free kick **2.** (*a*) frank; open, candid; **avoir son f. parler,** to speak one's mind; **y aller (de) f. jeu,** to be quite straightforward about it; **jouer f. jeu (avec qn),** (i) to play a straightforward game (ii) to play fair (with s.o.); *adv* **pour parler f.**, frankly speaking (*b*) real, true; pure (colour, wine); downright (scoundrel); **terre franche,** loam (*c*) **huits jours francs,** eight clear days. **franchement** *adv* **1.** frankly, candidly, openly **2.** really, quite; **c'était f. stupide,** it was sheer stupidity; **f.!** really! honestly! **c'est f. laid,** it's plain ugly.

France [frɑ̃s] *Prnf Geog:* France; **en F.**, in France; **les vins de F.**, French wines. **français, -aise 1.** *a* French **2.** *n* Frenchman, -woman; **les F.**, the French **3.** *nm Ling:* French.

Francfort [frɑ̃kfɔr] *Prn Geog:* Frankfurt; **saucisse de F.**, frankfurter.

franchir [frɑ̃ʃir] *vtr* (*a*) to clear (obstacle); to jump (over); to get over (*b*) to pass through; to cross (river, threshold); **f. le mur du son,** to break the sound barrier.

franchise [frɑ̃ʃiz] *nf* **1.** frankness, openness; **en toute f.**, quite frankly **2.** (*a*) *Hist:* **charte de f.**, charter (of freedom) (of city) (*b*) exemption; **en f.**, (to import sth) duty free; **bagages en f.**, baggage allowance; '**f. postale**', 'official paid' (*c*) *Ins:* accidental damage excess.

franchissable [frɑ̃ʃisabl̩] *a* passable; **f. en barque,** passable by boat.

franchissement [frɑ̃ʃismɑ̃] *nm* clearing (of obstacle); crossing (of river).

franc-maçon [frɑ̃masɔ̃] *nm* freemason; *pl francs-maçons.*

franc-maçonnerie [frɑ̃masɔnri] *nf* freemasonry.

franco [frɑ̃ko] *adv* (*a*) free, carriage free; **f. (de port),** carriage paid (*b*) *F:* readily; **vas-y f.!** go ahead!

franco-canadien [frɑ̃kokanadjɛ̃] *a & nm* French Canadian.

francophile [frɑ̃kɔfil] *a & n* francophile.

francophobie [frɑ̃kɔfɔbi] *nf* francophobia. **francophobe** *a & n* francophobe.

francophone [frɑ̃kɔfɔn] *a* French-speaking; *n* French speaker. **francophonie** *nf* **la f.**, the French-speaking world.

franc-parler [frɑ̃parle] *nm* frankness, candour; plain speaking; outspokenness.

franc-tireur [frɑ̃tirœr] *nm Mil:* irregular (soldier); *Fig:* freelance; *pl francs-tireurs.*

frange [frɑ̃ʒ] *nf* fringe.

franger [frɑ̃ʒe] *vtr* to fringe.

frangin, -ine [frɑ̃ʒɛ̃, -in] *n P:* brother, sister.

franquette [frɑ̃kɛt] *nf used only in* **à la bonne f.**, simply, without ceremony.

frappant [frapɑ̃] *a* striking (likeness).

frappe [frap] *nf* (*a*) striking (of coins) (*b*) *Typew:* striking (of keys); **faute de f.**, typing error (*c*) *Mil:* **force de f.**, strike force.

frapper [frape] **1.** *vtr* (*a*) to strike, hit; **f. légèrement,** to tap; **f. la table du poing,** to bang one's fist on the table; **f. un coup,** to strike a blow; **f. des marchandises d'un droit,** to impose a duty on goods; **frappé de,** stricken with (horror, etc); **frappé de panique,** panic-stricken; **être frappé d'une maladie,** to be struck down by an illness; **ce qui m'a le plus frappé c'est son sang-froid,** what impressed me most was his coolness (*b*) to stamp; to strike coin (*c*) to type (letter) (*d*) to ice; to chill (wine) **2.** *vi* **f. à la porte,** to knock at the door; **on frappe,** there's a knock (at the door); **f. du pied,** to stamp (one's foot) **3.** *F:* **se f.,** to get demoralized; to get panicky. **frappant** *a* striking. **frappé** *a* chilled (wine).

frasque [frask] *nf* prank, escapade.

fraternel, -elle [fraternɛl] *a* fraternal, brotherly. **fraternellement** *adv* fraternally.

fraternisation [fraternizasjɔ̃] *nf* fraternization.

fraterniser [fraternize] *vi* to fraternize.

fraternité [fraternite] *nf* fraternity, brotherhood.

fraude [frod] *nf* **1.** fraud, deception; **f. fiscale,** tax evasion; **passer qch en f.,** to smuggle sth **2.** fraudulence, deceit; **par f.,** under false pretences.

frauder [frode] **1.** *vtr* to defraud, cheat **2.** *vi* to cheat.

fraudeur, -euse [frodœr, -øz] *n* defrauder, cheat; *Cust:* smuggler.

frauduleux, -euse [frodylø, -øz] *a* fraudulent. **frauduleusement** *adv* fraudulently.

frayer [frɛje] *vtr* **(je fraye, je fraie) f. un chemin,** to clear a path; **se f. un passage,** to clear a way (for oneself); **se f. un chemin dans la foule,** to force one's way through the crowd.

frayeur [frɛjœr] *nf* fright; fear, dread.

fredaine [frədɛn] *nf* prank, escapade.

fredonner [frədɔne] *vtr* to hum (tune).

freezer [frizœr] *nm* freezer.

frégate [fregat] *nf* frigate; **capitaine de f.,** commander.

frein [frɛ̃] *nm* **1.** (horse's) bit; *Fig:* **mettre un f. à,** to curb; **curiosité sans f.,** unbridled curiosity **2.** brake; *Aut:* **f. à main,** handbrake; **f. à disque, à tambour,** disc, drum, brake; **mettre le f.,** to apply the brake(s); to brake.

freinage [frɛnaʒ] *nm* braking.

freiner [frɛne] **1.** *vtr* (*a*) to brake (vehicle) (*b*) to curb (inflation); to check (production) **2.** *vi* to brake, to apply the brake(s).

frelaté [frəlate] *a* adulterated (wine, etc); *Fig:* corrupt.

frêle [frɛl] *a* frail, weak.

frelon [frəlɔ̃] *nm Ent:* hornet.

frémir [fremir] *vi* **1.** to vibrate, to quiver; (*of leaves*) to rustle; (*of hot water*) to simmer **2.** to tremble, shake, shudder (**de,** with).

frémissement [fremismɑ̃] *nm* **1.** rustle (of leaves); simmering (of water) **2.** (*a*) shuddering, quivering (*b*) shudder, tremor, quiver.

frêne [frɛn] *nm* ash (tree, timber).

frénésie [frenezi] *nf* frenzy, agitation; **applaudir avec f.,** to applaud frantically. **frénétique** *a* frantic, frenzied. **frénétiquement** *adv* frantically, frenetically.

fréquence [frekɑ̃s] *nf* frequency; *Med:* **f. du pouls,** pulse rate; *Ph: WTel:* **haute, basse, f.,** high, low frequency, current. **fréquent** *a* frequent. **fréquemment** *adv* frequently.

fréquentable [frekɑ̃tabl] *a* respectable, acceptable; **peu f.,** dubious, undesirable.

fréquentation [frekɑ̃tasjɔ̃] *nf* (*a*) frequenting (*b*) association (**de,** with); **mauvaises fréquentations,** bad company.

fréquenter [frekɑ̃te] *vtr* (*a*) to frequent; to visit (place) frequently (*b*) **f. qn,** (i) to associate with s.o. (ii) to see s.o. regularly. **fréquenté** *a* much visited; popular (place); **endroit mal f.,** place with a bad reputation.

frère [frɛr] *nm* **1.** brother; **frères d'armes,** brothers-in-arms; *F:* **vieux f.,** old chap **2.** *Ecc:* friar; **f. lai,** lay brother.

fresque [frɛsk] *nf Art:* fresco.

fret [frɛ] *nm* **1.** freight; freightage **2.** chartering **3.** load, cargo; freight.

fréter [frete] *vtr* **(je frète) 1.** to freight (out) (ship) **2.** to fit out, equip (ship).

frétillement [fretijmɑ̃] *nm* **1.** wriggling (of fish) **2.** quivering, fidgeting.

frétiller [fretije] *vi* (*of fish*) to wriggle; (*of dog*) **f. de la queue,** to wag its tail; **f. d'impatience,** to quiver with impatience.

friable [frijabl] *a* crumbly.

friandise [frijɑ̃diz] *nf* delicacy, titbit. **friand, -ande** *a* fond of delicacies; **être f. de sucreries,** to have a sweet tooth.

fric [frik] *nm P:* cash, dough.

fric-frac [frikfrak] *nm P:* burglary, break-in; *pl fric-frac(s).*

friche [friʃ] *nf* waste land; fallow land; **f. industrielle,** industrial development site; **être en f.,** to lie fallow.

fricot [friko] *nm F:* made-up dish; stew; *O:* **faire le f.,** to do the cooking.

fricoter [frikɔte] *vtr F:* **1.** to stew; to cook **2.** to plot; **je me demande ce qu'il fricote,** I wonder what he's up to.

friction [friksjɔ̃] *nf* friction; *Sp:* rub down; *Hairdr:* scalp massage.

frictionner [friksjɔne] *vtr* to rub.

frigidaire [friʒidɛr] *nm Rtm:* refrigerator, fridge.

frigide [friʒid] *a* frigid. **frigidité** *nf* frigidity.

frigo [frigo] *nm F:* fridge.

frigorifier [frigɔrifje] *vtr* to refrigerate. **frigorifié** *a* frozen; *F:* (*pers*) frozen stiff. **frigorifique** *a* refrigerated; **wagon f.,** refrigerator van.

frileux, -euse [frilø, -øz] *a* sensitive to the cold; chilly (pers). **frileusement** *adv* with a shiver.

frime [frim] *nf F:* sham, pretence; **tout ça c'est de la f.,** it's all eyewash.

frimer [frime] *vi F:* **1.** to show off **2.** to bluff. **frimeur, -euse** *n F:* show-off.

frimousse [frimus] *nf F:* (sweet, pretty little) face.

fringale [frɛ̃gal] *nf F:* hunger; **avoir la f.,** to be ravenous.

fringant [frɛ̃gɑ̃] *a* spirited, frisky (horse); dashing (pers).

fringuer (se) [səfrɛ̃ge] *vpr* to get dressed.

fringues [frɛ̃g] *nfpl P:* clothes, togs.

friper (se) [səfripe] *vpr* (*of garment*) to crumple, to get crumpled.

friperie [fripri] *nf* (*a*) secondhand clothes (*b*) rubbish, frippery.

fripes [frip] *nfpl F:* secondhand clothes.

fripier, -ière [fripje, -jɛr] *n* secondhand clothes dealer.

fripon, -onne [fripɔ̃, -ɔn] **1.** *a* roguish **2.** *n* rogue, rascal.

fripouille [fripuj] *nf F:* rogue; cad.
frire [frir] *vtr & i* (*pp* **frit**) to fry; **faire f.,** to fry.
frise [friz] *nf Arch:* frieze.
friser [frize] **1.** (*a*) *vtr* to curl, wave; **fer à f.,** curling tongs (*b*) *vi* (*of hair*) to curl **2.** *vtr* to touch, skim; **f. la soixantaine,** to be close on sixty. **frisé** *a* curly; **laitue frisée,** curly lettuce.
frisette [frizɛt] *nf* ringlet, small curl.
frisquet [friskɛ] *a F:* chilly.
frisson [frisɔ̃] *nm* (*a*) shiver (from cold) (*b*) shudder, thrill (of fear, pleasure); **j'en ai le f.,** it gives me the shivers.
frissonnement [frisɔnmɑ̃] *nm* **1.** shivering, shuddering **2.** shiver, shudder.
frissonner [frisɔne] *vi* (*a*) to shiver, shudder (*b*) to be thrilled (with delight); to quiver (with impatience) (*c*) (*of leaves*) to quiver.
frit [fri] *a* fried; **pommes de terre frites,** *nfpl* **frites,** chips; *NAm:* French fries.
friteuse [fritøz] *nf DomEc:* deep fryer; chip pan.
friture [frityr] *nf* **1.** (*a*) frying (*b*) *WTel:* crackling (noise) **2.** fried food, *esp* fried fish **3.** *Cu:* (deep) fat.
frivolité [frivɔlite] *nf* frivolity. **frivole** *a* frivolous. **frivolement** *adv* frivolously.
froc [frɔk] *nm* (*a*) (monk's) frock, gown (*b*) *P:* trousers.
froid [frwa] **1.** *a* (*a*) cold; **chambre froide,** cold room (*b*) cold (person); chilly (manner); **être f. avec qn,** to treat s.o. coldly; **garder la tête froide,** to keep cool (and collected) **2.** *adv phr* **à f.,** in the cold state; *Aut:* **démarrer à f.,** to start from cold **3.** *nm* (*a*) cold; **coup de f.,** cold snap; *Med:* chill; **prendre f.,** to catch a chill; **il fait f.,** it's cold; **il fait un f. de loup,** it's bitterly cold; **avoir f. aux mains,** to have cold hands; **ça m'a fait f. dans le dos,** it sent cold shivers down my spine; **elle n'a pas f. aux yeux,** she's very determined; she's got plenty of nerve (*b*) **l'industrie du f.,** (the) refrigerating (industry) (*c*) coldness; **ils sont en f.,** they're on bad terms. **froidement** *adv* coldly; coolly.
froideur [frwadœr] *nf* coldness; **avec f.,** coldly.
froissement [frwasmɑ̃] *nm* (*a*) crumpling, creasing (*b*) rustle, rustling (of silk).
froisser [frwase] *vtr* **1.** (*a*) to crease; to crumple (*b*) **f. qn,** to offend, to give offence to, s.o. **2. se f.,** to take offence.
frôlement [frolmɑ̃] *nm* (*a*) slight rubbing, brushing (**contre,** against) (*b*) rustle (of silk).
frôler [frole] *vtr* to touch lightly; to brush; to skim (tree tops); **il a frôlé la mort,** he came close to death.
fromage [frɔmaʒ] *nm* **1.** cheese; **f. blanc,** cream cheese; **un gentil petit f.,** a nice easy job **2.** *Cu:* **f. de tête,** brawn. **fromager, -ère 1.** *a* cheese **2.** *n* cheesemonger.
fromagerie [frɔmaʒri] *nf* cheese dairy.
froment [frɔmɑ̃] *nm* wheat.
fronce [frɔ̃s] *nf* gather, fold.
froncement [frɔ̃smɑ̃] *nm* **f. de(s) sourcils,** frown.
froncer [frɔ̃se] *vtr* **(n. fronçons) 1. f. les sourcils,** to knit one's brows; to frown **2.** (*needlework*) to gather.
fronde [frɔ̃d] *nf* (*a*) sling (*b*) (toy) catapult. **frondeur, -euse** *a & n* dissident.
front [frɔ̃] *nm* **1.** forehead, brow; **marcher le f. haut,** to walk with one's head up high; **et vous avez le f. de me dire cela!** you have the face, the impudence, to tell me that! **2.** face, front (of building); *Pol:* front; **f. de bataille,** battle front; **le f.,** the front (line); **f. de mer,** sea front; **faire f. à qch,** to face sth; **faire f.,** to stand fast **3.** (*a*) **de f.,** abreast (*b*) **attaque de f.,** frontal attack; **heurter qch de f.,** to run headlong into sth. **frontal, -aux** *a* frontal, front.
frontière [frɔ̃tjɛr] *nf* frontier (line); border (line); boundary. **frontalier, -ière 1.** *a* border, frontier (region) **2.** *n* inhabitant of frontier zone.
frontispice [frɔ̃tispis] *nm* frontispiece.
fronton [frɔ̃tɔ̃] *nm Arch:* pediment.
frottement [frɔtmɑ̃] *nm* (*a*) rubbing (*b*) friction.
frotter [frɔte] **1.** *vtr* to rub; **se f. les mains,** to rub one's hands; **f. le parquet,** to polish the floor; **f. une allumette,** to strike a match **2.** *vi* to rub **3.** (*a*) **se f. contre qch,** to rub against sth (*b*) **se f. à qn, qch,** to come up against s.o., sth.
froufrou(s) [frufru] *nm(pl)* (*noise*) rustling.
froufrouter [frufrute] *vi* to rustle.
froussard, -arde [frusar, -ard] *n P:* coward, chicken.
frousse [frus] *nf P:* funk, fear, fright; **avoir la f.,** to be scared stiff.
fructifier [fryktifje] *vi* to bear fruit; *Fin:* to yield a profit.
fructueux, -euse [fryktɥø, -øz] *a* fruitful; profitable. **fructueusement** *adv* fruitfully, profitably.
frugalité [frygalite] *nf* frugality. **frugal, -aux** *a* frugal. **frugalement** *adv* frugally.
fruit [frɥi] *nm* fruit; **porter (ses) fruits,** to bear fruit; **étudier avec f.,** to study to good purpose; **sans f.,** fruitlessly; **fruits de mer,** seafood. **fruité** *a* fruity. **fruitier, -ière 1.** *a* fruit **2.** *n* fruiterer, greengrocer.
frusques [frysk] *nfpl P:* clothes, togs.
fruste [fryst] *a* worn (coin); rough, coarse, unrefined (style, manners).
frustration [frystrasjɔ̃] *nf* **1.** frustration **2.** defrauding.
frustrer [frystre] *vtr* **1.** to frustrate, disappoint **2.** to defraud (s.o.) (**de qch,** of sth).
FS *abbr Franc suisse.*
fuel(-oil) [fjul(ɔjl)] *nm* fuel oil.
fugace [fygas] *a* fleeting.
fugitif, -ive [fyʒitif, -iv] **1.** *a & n* fugitive, runaway **2.** *a* fleeting, transitory; passing (desire).
fugue [fyg] *nf* **1.** *Mus:* fugue **2. faire une f.,** to run away.
fuir [fɥir] *v* (*prp* **fuyant**) **1.** *vi* (*a*) to flee, run away; **faire f.,** to put to flight; **le temps fuit,** time flies, is slipping by (*b*) (*of horizon, forehead*) to recede (*c*) (*of tap, water, pen, etc*) to leak **2.** *vtr* to shun, avoid (s.o., sth).
fuite [fɥit] *nf* **1.** (*a*) flight, running away; **prendre la f.,** to take to flight; **être en f.,** to be on the run; **voleur en f.,** runaway thief (*b*) passage (of time) **2.** leak; escape (of gas); *Pol: etc:* leak.
fulgurant [fylgyrɑ̃] *a* lightning (speed, remark); searing (pain); **lancer un regard f. à qn,** to look daggers at s.o.
fulminer [fylmine] *vi* **f. contre qn,** to fulminate against s.o.

fume-cigarette [fymsigarɛt] *nm inv* cigarette holder.

fumée [fyme] *nf* (*a*) smoke; **rideau de f.**, smokescreen; **sans f.**, smokeless; **partir en f.**, to go up in smoke; *Prov:* **il n'y a pas de f. sans feu,** there's no smoke without fire (*b*) steam (of soup); fumes (of wine).

fumer¹ [fyme] *vtr* to manure (land).

fumer² **1.** *vi* (*a*) to smoke (*b*) (*of soup*) to steam; **f. de colère,** to fume, to rage **2.** *vtr* (*a*) to smoke; to smoke-cure (fish) (*b*) to smoke (a cigarette, a pipe); **défense de f.**, no smoking. **fumeux, -euse¹** *a* smoky, smoking; hazy (sky).

fumet [fymɛ] *nm* aroma; (pleasant) smell (of cooked food).

fumeur, -euse² [fymœr, -øz] *n* smoker; **compartiment fumeurs,** smoking compartment.

fumier [fymje] *nm* **1.** manure, dung **2.** dunghill; manure heap **3.** *P:* bastard.

fumiste [fymist] *nm* **1.** heating engineer **2.** *F:* (*a*) practical joker (*b*) time-waster, good-for-nothing.

fumisterie [fymistəri] *nf F:* farce, con.

fumure [fymyr] *nf* manuring (of field).

funambule [fynɑ̃byl] *n* tightrope walker.

funèbre [fynɛbr̥] *a* **1.** funereal (ceremony); **marche f.**, funeral march **2.** funereal, gloomy.

funérailles [fynerɑj] *nfpl* funeral (ceremony).

funéraire [fynerɛr] *a* funeral, funerary; **pierre f.**, tombstone.

funeste [fynɛst] *a* (*a*) *Lit:* deadly, fatal (*b*) fatal, catastrophic; **influence f.**, disastrous influence.

funiculaire [fynikylɛr] *a & nm* funicular (railway).

fur [fyr] *nm used in the adv phr* **au f. et à mesure,** (in proportion) as, progressively; **au f. et à mesure des besoins,** as and when required; **payer qn au f. et à mesure,** to pay s.o. by instalments (as the work proceeds).

furax [fyraks] *a inv F:* hopping mad.

furet [fyrɛ] *nm* (*a*) *Z:* ferret; **jeu du f.**, hunt-the-slipper (*b*) inquisitive person, nosy parker.

fureter [fyrte] *vi* (**je furette**) (*a*) to ferret, go ferreting (*b*) to pry, to nose about. **fureteur, -euse** *a* prying, *F:* nosy.

fureur [fyrœr] *nf* **1.** fury, rage, wrath **2.** fury, passion; **aimer qch avec f.**, to be passionately fond of sth; **avoir la f. de bâtir,** to have a craze for building; **chanson qui fait f.**, song that's all the rage; hit.

furibond [fyribɔ̃] *a* furious; full of fury.

furie [fyri] *nf* **1.** *Myth:* **les Furies,** the Furies; **c'est une f.**, she's a termagant **2.** fury, rage; **avec f.**, furiously; **en f.**, infuriated; **se mettre en f.**, to fly into a rage. **furieux, -euse** *a* (*a*) furious; in a passion; **rendre qn f.**, to enrage s.o. (*b*) *F:* tremendous (desire). **furieusement** *adv* furiously; tremendously.

furoncle [fyrɔ̃kl̥] *nm Med:* boil.

furtif, -ive [fyrtif, -iv] *a* furtive, stealthy. **furtivement** *adv* furtively, stealthily.

fusain [fyzɛ̃] *nm* **1.** spindle tree **2.** (*a*) charcoal pencil (*b*) charcoal drawing.

fuseau, -eaux [fyzo] *nm* **1.** spindle; **en f.**, tapered, tapering; **jambes en f.**, spindly legs **2. f. horaire,** time zone **3.** *Cl:* **(pantalon) f., fuseaux,** tapered trousers, *esp* ski pants.

fusée [fyze] *nf* (*a*) rocket; **f. éclairante,** flare; **f. spatiale,** space rocket; **avion (à) f.**, rocket-propelled aircraft (*b*) fuse (of bomb).

fuselage [fyzlaʒ] *nm Av:* fuselage.

fuselé [fyzle] *a* tapering; *Aut:* streamlined.

fuser [fyze] *vi* **1.** (*of colours*) to spread, run; (*of light*) to stream in, out **2.** (*a*) to fuse, melt (*b*) *Ch:* to crackle **3.** *Pyr:* (*of fuse*) to burn slowly.

fusible [fyzibl̥] *nm El:* fuse.

fusil [fyzi] *nm* (*a*) gun; **f. de chasse,** shotgun; **f. à air comprimé,** air gun; **f. harpon,** harpoon gun; **f. rayé,** rifle; **coup de f.**, gun shot, rifle shot; *Fig:* **changer son f. d'épaule,** to change one's opinions (*b*) **un bon f.**, a good shot.

fusilier [fyzilje] *nm* fusilier; **f. marin** = marine.

fusillade [fyzijad] *nf* fusillade, rifle fire.

fusiller [fyzije] *vtr* (*a*) to execute (by shooting); to shoot; **f. qn du regard,** to look daggers at s.o. (*b*) *P:* to mess up, ruin (sth).

fusil-mitrailleur [fyzimitrajœr] *nm* automatic rifle; light machine gun; *pl fusils-mitrailleurs.*

fusion [fyzjɔ̃] *nf* **1.** fusion, melting **2.** coalescing (of ideas); merger, merging (of companies).

fusionner [fyzjɔne] *vtr & i Com:* (*of companies*) to merge.

fût [fy] *nm* **1.** stock (of rifle) **2.** (*a*) shaft (of column) (*b*) bole (of tree) **3.** cask, barrel.

futaie [fytɛ] *nf* wood, forest; **arbre de haute f.**, timber tree.

futé [fyte] *a* sharp, smart, acute, crafty.

futilité [fytilite] *nf* futility; *pl* **futilités,** trivialities. **futile** *a* futile, trifling; frivolous (pers); idle (pretext).

futur [fytyr] **1.** *a* future; **future mère,** mother-to-be **2.** *n* **mon f., ma future,** my fiancé(e), my husband, wife, to be **3.** *nm* (*a*) future; **dans un f. proche,** in the near future (*b*) *Gram:* future.

fuyant [fɥijɑ̃] *a* **1.** fleeing; fleeting (moment) **2.** receding (forehead) **3.** (*of pers*) evasive.

fuyard, -arde [fɥijar, -ard] *n* fugitive; runaway; *Mil:* deserter.

G

G, g [ʒe] *nm* (the letter) G, g.
g *abbr gramme(s).*
gabardine [gabardin] *nf* **1.** *Tex:* gabardine **2.** (gabardine) raincoat.
gabarit [gabari] *nm* **1.** model (of ship); mould (of ship's part) **2.** size, dimension (of vehicle, etc); *Fig:* stature.
Gabon [gabɔ̃] *Prnm Geog:* **le G.,** the Gabon. **gabonais, -aise** *a & n* Gabonese.
gâcher [gɑʃe] *vtr* **1.** to mix (plaster) **2.** (*a*) to spoil (sheet of paper); to bungle, botch, mess up (job) (*b*) to waste; **g. sa vie,** (i) to waste (ii) to make a mess of, one's life. **gâcheur, -euse 1.** *a* (*a*) wasteful (*b*) bungling **2.** *n* (*a*) wasteful person (*b*) bungler.
gâchette [gɑʃɛt] *nf* trigger; *F:* **avoir la g. facile,** to be trigger-happy; *Fig:* **une fine g.,** a marksman.
gâchis [gɑʃi] *nm* **1.** waste **2.** mess; **être en plein g.,** to be in a real mess.
gadget [gadʒɛt] *nm F:* gadget.
gadoue [gadu] *nf* mud, slush, slime.
gaffe [gaf] *nf* **1.** (*a*) boathook (*b*) *Fish:* gaff **2.** *F:* blunder; **faire une g.,** to put one's foot in it **3.** *P:* **faire g.,** to be careful, to watch out.
gaffer [gafe] **1.** *vtr* (*a*) to hook (*b*) to gaff (salmon) **2.** *vi F:* to blunder; to put one's foot in it.
gaffeur, -euse [gafœr, -øz] *n F:* blunderer.
gag [gag] *nm Th: Cin:* gag.
gaga [gaga] *a F:* gaga, senile.
gage [gaʒ] *nm* **1.** pledge, security; **mettre qch en g.,** to pawn sth; **prêteur sur gages,** pawnbroker **2.** token sign **3.** forfeit **4.** *pl* wages, pay; **tueur à gages,** hired killer.
gager [gaʒe] *vtr* **(n. gageons)** *Lit:* to wager, bet.
gageure [gaʒyr,gaʒœr] *nf* wager.
gagne-pain [gɑɲpɛ̃] *nm inv* job, living, livelihood.
gagner [gɑɲe] *vtr* **1.** (*a*) to earn; **g. sa vie,** to earn, make, one's living (*b*) to gain; to benefit, profit (**à,** by); **g. du temps,** (i) to save time (ii) to gain time; **c'est toujours ça de gagné,** it is so much to the good; **et moi, qu'est-ce que j'y gagne?** and what do I get out of it? what's in it for me? **il gagne à être connu,** he improves on acquaintance **2.** (*a*) to win, gain (a victory) (*b*) **g. la partie,** to win the game; *vi* **tu as gagné!** you've won! (*c*) **g. la confiance de qn,** to win s.o.'s confidence (*d*) to catch (cold) **3.** to reach, arrive at (a place) **4.** to gain on, overtake; *vi* (*of fire*) to spread; **g. du terrain,** to gain ground; **gagné par le sommeil,** overcome by sleep **5.** *vi* (*of fire, epidemic*) to spread. **gagnant, -ante 1.** *a* winning (ticket) **2.** *n* winner.
gaieté [gete] *nf* gaiety, cheerfulness; **de g. de cœur,** lightheartedly.
gaillard, -arde [gajar, -ard] **1.** *a* (*a*) strong, vigorous (*b*) spicy (story) **2.** *nm* **grand g.,** (great) strapping fellow **3.** *nm Nau:* **g. d'avant,** forecastle; **g. d'arrière,** poop. **4.** *nf* **gaillarde,** brazen hussy **gaillardement** *adv* boldly, bravely; vigorously.
gain [gɛ̃] *nm* **1.** (*a*) gain, profit; **un g. de temps,** a saving of time (*b*) earnings **2.** (*a*) winning (of contest); **avoir g. de cause,** to win one's case (*b*) winnings.
gaine [gɛn] *nf* (*a*) casing (*b*) *Anat: Bot:* sheath (*c*) *Cl:* girdle, roll-on (*d*) (ventilation) shaft.
gala [gala] *nm* official reception; gala.
galanterie [galɑ̃tri] *nf* gallantry; **dire des galanteries,** to pay compliments. **galant 1.** *a* (*a*) gallant (*b*) **g. homme,** man of honour, gentleman **2.** *nm* suitor. **galamment** *adv* gallantly; courteously.
galaxie [galaksi] *nf* galaxy.
galbe [galb] *nm* curve (of furniture); curve(s), contour (of human figure). **galbé** *a* curved; shapely.
gale [gal] *nf* **1.** *Med:* scabies; *Vet:* mange **2.** *F:* **une (mauvaise) g.,** (*pers*) a pest.
galère [galɛr] *nf* **1.** *Nau:* galley; *Fig:* **que diable allait-il faire dans cette g.?** but what the hell was he doing there? **2.** *F:* (*work*) grind; (*situation*) torture.
galérer [galere] *vi* **(je galère; je galérerai)** *F:* **1.** to work hard **2.** to struggle along, struggle to get by.
galerie [galri] *nf* **1.** (*a*) gallery; **g. de portraits,** portrait (*b*) **g. marchande,** shopping arcade **2.** *Th:* balcony, gallery; **première g.,** dress circle; **seconde g.,** upper circle; **troisième g.,** gallery; *F:* the gods; **parler pour la g.,** to play to the gallery **3.** *Min:* gallery **4.** *Aut:* roof rack.
galérien [galerjɛ̃] *nm* galley slave; *Fig:* **mener une vie de g.,** to work like a slave; to lead a dog's life.
galet [galɛ] *nm* (*a*) pebble (*b*) *pl* shingle; **plage de galets,** shingle beach.
galette [galɛt] *nf* (*a*) girdle cake; **g. des Rois,** Twelfth Night cake (*b*) buckwheat pancake (*c*) *P:* (*money*), dough, bread.
galeux, -euse [galø, -øz] mangy (dog, etc)
galimatias [galimatja] *nm* gibberish.
galipette [galipɛt] *nf F:* somersault.
Galles [gal] *Prnf Geog:* **le pays de G.,** Wales. **gallois, -oise 1.** *a* Welsh **2.** *n* Welshman, -woman; **les G.,** the Welsh **3.** *nm Ling:* Welsh.
gallicisme [galisism] *nm Ling:* gallicism.
gallon [galɔ̃] *nm Meas:* gallon.
gallo-romain [galɔrɔmɛ̃] *a* Gallo-Roman.
galoche [galɔʃ] *nf* clog.
galon [galɔ̃] *nm* **1.** braid **2.** *pl* (NCO's) stripes; (officer's) gold braid; *F:* **prendre du g.,** to get promoted.
galop [galo] *nm* gallop; **petit g.,** canter; **prendre le g.,** to break into a gallop; **aller au g.,** to gallop.
galopade [galɔpad] *nf* galloping, gallop; *Fig:* rush.
galoper [galɔpe] *vi* to gallop; to rush around; (*of child*) to run. **galopant** *a* galloping (inflation).
galopin [galɔpɛ̃] *nm* urchin; young scamp.
galvanisation [galvanizasjɔ̃] *nf* galvanization.
galvaniser [galvanize] *vtr* **1.** to galvanize; to stimulate (s.o., a crowd) **2.** *Metall:* to galvanize.

galvanomètre [galvanɔmɛtr̥] *nm El:* galvanometer.

galvauder [galvode] *vtr* **1.** to bring into disrepute; to misuse (one's talents) **2. se g.,** to demean oneself.

gambade [gɑ̃bad] *nf* leap, gambol, caper.

gambader [gɑ̃bade] *vi* to leap; to gambol, caper.

gambas [gɑ̃bas] *nfpl* scampi.

Gambie [gɑ̃bi] *Prnf Geog:* the Gambia.

gamelle [gamɛl] *nf* **1.** mess tin **2.** billy(can) **3.** *P:* **ramasser une g.,** to come a cropper.

gaminerie [gaminri] *nf* childish prank; childish behaviour. **gamin, -ine 1.** *n* child, *F:* kid **2.** *a* lively, mischievous.

gamme [gam] *nf* **1.** *Mus:* scale; **faire des gammes,** to practise scales **2.** range, series (of colours); **bas, haut, de g.,** bottom, top, of the market; **un produit bas, haut, de g.,** *Br* a downmarket, an upmarket product, *NAm:* a downscale, an upscale, product.

gammée [game] *af* **croix g.,** swastika.

Gand [gɑ̃] *Prnm Geog:* Ghent.

gang [gɑ̃g] *nm* gang.

ganglion [gɑ̃glijɔ̃] *nm Anat:* ganglion.

gangrène [gɑ̃grɛn] *nf* **1.** gangrene **2.** *Fig:* cancer. **se gangrener** *vpr Med:* to be come gangrenous.

gangster [gɑ̃gstɛr] *nm* gangster; crook.

gangue [gɑ̃g] *nf* **1.** *Miner:* gangue **2.** *Fig: Pej:* outer crust.

gant [gɑ̃] *nm* (*a*) glove; **cela vous va comme un g.,** it fits you like a glove; **il faut prendre des gants pour l'approcher,** one has to handle him with kid gloves; **jeter le g. à qn,** to throw down the gauntlet; **relever le g.,** to accept the challenge (*b*) **g. de toilette** = (face-)flannel.

ganter [gɑ̃te] *vtr* **1.** to glove; **g. du sept,** to take sevens in gloves **2. se g.,** to put on one's gloves. **ganté** *a* gloved (hand); **homme g.,** man wearing gloves.

garage [garaʒ] *nm* **1.** *Rail:* shunting; **voie de g.,** siding **2.** (*a*) garage; **g. de canots,** boathouse; **g. d'avions,** hangar (*b*) passing place (on narrow road).

garagiste [garaʒist] *nm Aut:* (*a*) garage owner, proprietor (*b*) garage mechanic.

garant, -ante [garɑ̃, -ɑ̃t] *n* (*a*) guarantor, surety, bail; **se porter g. de qn,** to answer for s.o.; **je m'en porte g.,** I can vouch for it (*b*) *nm* authority, guarantee.

garantie [garɑ̃ti] *nf* (*a*) guarantee, safeguard (**contre,** against) (*b*) guarantee, pledge; guaranty (of payment); **verser une somme en g.,** to leave a deposit; **donner une g. pour qn,** to stand security for s.o. (*c*) *Com:* warranty, guarantee.

garantir [garɑ̃tir] *vtr* **1.** to warrant, guarantee; **g. un fait,** to vouch for a fact; **je vous garantis qu'il viendra,** I guarantee that he'll come **2.** to shelter, protect **3.** *Jur:* **g. qn contre qch,** to indemnify s.o. from, against, sth.

garce [gars] *nf F: Pej:* bitch.

garçon [garsɔ̃] *nm* **1.** (*a*) boy; **école de garçons,** boys' school; **c'est un g. manqué,** she's a tomboy (*b*) son **2.** young man; **g. d'honneur,** best man; **brave g., bon g.,** decent chap; **beau g.,** handsome young man **3.** bachelor; **vieux g.,** confirmed bachelor; **enterrer sa vie de g.,** to have one's stag night **4. g. de bureau,** office boy, messenger; **g. de courses,** errand boy, messenger; **g. (de café, de restaurant),** waiter; **g. d'écurie,** groom; **g. d'étage,** floor waiter.

garçonnet [garsɔnɛ] *nm* little boy; **rayon g.,** children's department; **taille g.,** child's size.

garçonnière [garsɔnjɛr] *nf* bachelor flat, *NAm:* bachelor apartment.

garde¹ [gard] *n* (*a*) keeper; *Adm:* **G. des Sceaux,** Justice Minister (*b*) guard, watchman; **g. champêtre,** rural policeman; **g. forestier,** ranger, forest warden; **g. du corps,** bodyguard (*c*) *nf* nurse; **g. d'enfant,** child minder (*d*) *Mil:* guardsman.

garde² *nf* **1.** (*a*) guardianship, care, custody; **chien de g.,** watchdog; **être sous bonne g.,** to be in safe custody, safe keeping; **avoir qch en g.,** to have charge of sth; *Jur:* **g. des enfants,** custody of the children (after divorce) (*b*) guarding, protection **2.** (*a*) watch(ing); **faire la g.,** to keep watch (*b*) care, guard; **en g.!** on guard! **être, se tenir, sur ses gardes,** to be on one's guard; **mettre en g.,** to warn (**contre,** against) **3.** (*a*) **prendre g. à qch,** to beware of sth; **prenez g.!** look out! (*b*) **prendre g. à qch,** to attend to sth; **faire qch sans y prendre g.,** to do sth inadvertently (*c*) **prendre g. à faire qch,** to be careful to do sth; **prenez g. de ne pas vous perdre,** mind you don't get lost (*d*) **prendre g. de faire qch,** to be careful not to do sth; **prenez g. de tomber,** mind you don't fall (*e*) **prendre g. que ... (ne)** + *sub,* to be careful that (sth does not happen); **prenez g. qu'il ne vous voie,** take care he doesn't see you **4.** guard (*a*) **être de g.,** to be on guard; (*of doctor*) to be on call; (*of chemist's*) to be open; *Jur:* **g. à vue,** (police) custody (*b*) **la g.,** the Guards (*c*) **(salle de) g.,** guardroom **5.** hilt (of sword); **jusqu'à la g.,** up to the hilt **6. page de g.,** endpaper.

garde-à-vous [gardavu] *nm inv Mil:* attention; **être au g.-à-v.,** to stand to attention; **g.-à-v.!** attention!

garde-barrière [gardbarjɛr] *n* gate-keeper (at level-crossing); *pl gardes-barrière(s).*

garde-boue [gard(ə)bu] *nm inv* mudguard.

garde-chasse [gardʃas] *nm* gamekeeper; *pl gardes-chasse(s).*

garde-chiourme [gard(ə)ʃjurm] *nm* martinet, slavedriver; *pl garde(s)-chiourme(s).*

garde-côte [gard(ə)kot] *nm* **1.** coastguard **2.** (*a*) coastguard vessel (*b*) coast-defence ship; *pl garde-côte(s).*

garde-feu [gard(ə)fø] *nm inv* (*a*) fender (*b*) fireguard (*c*) fire screen.

garde-fou [gard(ə)fu] *nm* **1.** parapet **2.** railing, handrail (of bridge); *pl garde-fous.*

garde-malade [gardmalad] *n* nurse; *pl gardes-malade(s).*

garde-manger [gardmɑ̃ʒe] *nm inv* larder, pantry; (meat) safe.

garde-meuble [gard(ə)mœbl̥] *nm* furniture store; *pl garde-meuble(s).*

garde-pêche [gard(ə)pɛʃ] *nm* **1.** water bailiff; *pl gardes-pêche* **2.** *inv* fishery protection vessel.

garder [garde] *vtr* **1.** to guard, protect; to keep watch over (s.o., sth); **g. les enfants, la boutique,** to mind the children, the shop; **g. qn à vue,** to keep a close watch on s.o. **2.** (*a*) to keep, to retain; **g. un vêtement,** (i) to keep a garment (ii) to keep on a garment; **g. qn en otage,** to detain, keep, s.o. as hostage (*b*) to preserve; **g. une poire pour la soif,** to put something by for a rainy day; **g. les apparences,** to keep up appearances; **g. son sang-froid,** to keep cool, calm; **g. rancune à qn,** to bear a grudge against s.o.; **g. son sérieux,** to keep a straight face **3.** to remain in (a place); **g. le lit, la chambre,** to be laid up, to stay in bed, in one's room **4.** to observe, respect; **g. un secret, sa parole,** to keep a secret, one's word **5. se g.** (*a*) to protect oneself; **garde-toi!** look out (for yourself)! (*b*) **se g. de qch,** to beware of sth (*c*) **se g. de faire qch,** to take care not to do sth; **je m'en garderai bien!** I shall do no such thing! (*d*) **viande qui ne se garde pas bien,** meat that does not keep well.

garderie [gard(ə)ri] *nf* **g. (d'enfants),** day nursery.

garde-robe [gard(ə)rɔb] *nf* wardrobe; *pl garde-robes.*

gardien, -ienne [gardjɛ̃, -jɛn] *n* **1.** keeper; watchman; caretaker; (museum) warder; (car park) attendant; (prison) warder; **g. de la paix,** policeman; *Sp:* **g. (de but),** goalkeeper **2.** *Fig:* guardian (of traditions, etc).

gare[1] [gar] *int* look out! out of the way! mind yourself!; **g. à la peinture,** mind the paint; **g. à lui si,** woe betide him if; **g. à tes fesses!** just watch it!; **sans crier g.,** without warning.

gare[2] *nf* (railway) station; **g. maritime,** harbour station; **g. de marchandises,** goods station, depot; **g. de triage,** marshalling yard; **g. routière,** bus, coach, station; **g. aérienne,** air terminal.

garenne [garɛn] *nf* (rabbit) warren; **lapin de g.,** wild rabbit.

garer [gare] *vtr* **1.** to moor (boat) **2.** (*a*) to garage (car) (*b*) to park (car); **mal garé,** badly parked; **garé en double-file,** double-parked **3. se g.** (*a*) to park (*b*) **se g. de qch,** to get out of the way of sth.

gargariser (se) [səgargarize] *vpr* to gargle.

gargarisme [gargarism] *nm* (*a*) gargle (*b*) gargling.

gargote [gargɔt] *nf* cheap restaurant.

gargouille [garguj] *nf* (*a*) (water)spout (of roof gutter) (*b*) *Arch:* gargoyle.

gargouillement [gargujmɑ̃] *nm* gurgling; rumbling (of stomach).

gargouiller [garguje] *vi* to gurgle; (*of stomach*) to rumble.

gargouillis [garguji] *nm* = **gargouillement.**

garnement [garnəmɑ̃] *nm* **(mauvais) g.,** scamp; rascal.

garnir [garnir] *vtr* **1.** to furnish, provide (**de,** with); **g. qch à l'intérieur,** to line sth **2.** to trim (dress, hat); to garnish (a dish) **3.** to pack (piston); to line (brake); *Fish:* to bait (hook). **garni 1.** a well-lined (purse); (*dish*) garnished; *Cu:* **plat g.,** meat with vegetables **2.** *nm O:* furnished room(s).

garnison [garnizɔ̃] *nf* garrison; **ville de g.,** garrison town; **être en g. à,** to be garrisoned at.

garniture [garnityr] *nf* **1.** fittings; **g. de lit,** bedding; **g. intérieure d'une voiture,** upholstery of a car **2.** trimming(s) **3.** set; **g. de bureau,** desk set; **g. de toilette,** toilet set **4.** *Cu:* garnish(ing) (of dish) **5.** (*a*) packing, stuffing (*b*) (brake) lining.

garrot [garo] *nm* **1.** *Med:* tourniquet **2.** gar(r)otte **3.** withers (of horse).

garrotter [garɔte] *vtr* to tie up (prisoner).

gars [gɑ] *nm F:* boy; (young) man; **allons-y, les g.!** come on, boys!

Gascogne (la) [lagaskɔɲ] *Prnf Geog:* Gascony; **le Golfe de G.,** the Bay of Biscay. **gascon, -onne** *a & n* Gascon.

gas(-)oil [gɑzwal, -ɔjl] *nm* diesel oil.

gaspillage [gaspijaʒ] *nm* waste; **c'est du g.,** it's a waste.

gaspiller [gaspije] *vtr* to squander; to waste. **gaspilleur, -euse 1.** *a* wasteful **2.** *n* waster, squanderer.

gastrite [gastrit] *nf Med:* gastritis. **gastrique** *a* gastric.

gastronome [gastrɔnɔm] *nm* gastronome.

gastronomie [gastrɔnɔmi] *nf* gastronomy. **gastronomique** *a* gastronomic.

gâteau, -eaux [gɑto] *nm* **1.** cake; (open) tart; **g. sec,** (i) (sweet) biscuit (ii) plain cake; **g. de riz** = rice pudding; *F:* **papa g.,** indulgent father; *F:* **c'est du g.,** it's a piece of cake; **partager le g.,** to have one's slice of the cake **2. g. de miel,** honeycomb.

gâter [gɑte] *vtr* **1.** (*a*) to spoil; to damage; **cela ne gâte rien,** that won't do any harm (*b*) to pamper, spoil (child) **2. se g.,** to deteriorate; **le temps se gâte,** the weather's breaking up. **gâté** *a* spoilt; tainted (meat); rotten (fruit); decayed (teeth); **enfant g.,** spoilt child; *Iron:* **on est g.,** aren't we lucky?

gâterie [gɑtri] *nf* treat; *pl* goodies.

gâteux, -euse [gɑtø, -øz] **1.** *a* senile, gaga **2.** *n* dotard.

gâtisme [gɑtism] *nm* senility.

gauche [goʃ] *a* **1.** warped, crooked **2.** awkward, clumsy **3.** (*a*) **main g.,** left hand; **rive g.,** left bank (of river) (*b*) *nf* **assis à ma g.,** seated on my left; **tiroir de g.,** left-hand drawer (*c*) *nm Box:* left (*d*) *nf Pol:* **la g.,** the left **4. à gauche,** on the left(hand side), to the left (**de,** of); **tournez à g.,** turn left. **gauchement** *adv* awkwardly, clumsily. **gaucher, -ère** *a* left-handed.

gaucherie [goʃri] *nf* **1.** left-handedness **2.** awkwardness, clumsiness.

gauchir [goʃir] **1.** *vpr & i* (*of wood*) to warp **2.** *vtr* to warp, twist.

gauchisant, -e [goʃizɑ̃, -ɑ̃t] *a & n Pol:* leftist.

gauchisme [goʃism] *nm Pol:* leftism. **gauchiste** *a & n* leftist.

gauchissement [goʃismɑ̃] *nm* warping, twisting.

gaufre [gofr̥] *nf* **1.** *Cu:* waffle; **moule à gaufres,** waffle iron **2. g. de miel,** honeycomb.

gaufrette [gofrɛt] *nf Cu:* wafer (biscuit).

gaufrier [gofrije] *nm Cu:* waffle iron.

gaule [gol] *nf* (long thin) pole.

gaullisme [golism] *nm Hist: Pol:* Gaullism. **gaulliste** *a & n* Gaullist.

gaulois, -oise [golwa, -waz] **1.** *a* Gallic, of Gaul; **esprit g.,** (broad) Gallic humour **2.** *n* **les G.,** the Gauls **3.** *nf Rtm:* **Gauloise,** (*cigarette*) Gauloise.

gavage [gavaʒ] *nm* cramming, force-feeding (of geese).

gaver [gave] *vtr* **1.** to cram, force-feed (geese) **2.** to stuff (s.o.) (**de,** with) (food, ideas, etc) **3. se g.,** to gorge oneself (**de,** on)

gaz [gɑz] *nm* gas; **g. de ville,** town gas; **faire la cuisine au g.,** to cook with gas; **g. toxique,** poison gas; **g. délétère, g. lacrymogène,** tear gas; *F:* **mettre les g.,** to step on the gas; **à pleins g.,** flat out; **g. d'échappe-**

ment, exhaust fumes; *Med:* **avoir des g.,** to have wind. **gazeux, -euse** *a* (*a*) gaseous (*b*) fizzy (drink).

gaze [gɑz] *nf* gauze; **g. métallique,** wire gauze.

gazelle [gazɛl] *nf Z:* gazelle.

gazer [gaze] **1.** *vtr Mil:* to gas **2.** *vi F:* **ça gaze!** everything's OK! **ça gaze?** how's things, OK?

gazinière [gazinjɛr] *nf* gas cooker, *NAm:* gas stove.

gazoduc [gazɔdyk] *nm* gas pipeline.

gazogène [gazɔʒɛn] *nm* gas producer.

gazole [gazɔl] *nm* diesel oil.

gazomètre [gazɔmɛtr̥] *nm* gasometer.

gazon [gɑzɔ̃] *nm* (*a*) (short) grass; turf (*b*) lawn (*c*) **motte de g.,** turf.

gazouillement [gazujmɑ̃] *nm* twittering, chirping; babbling.

gazouiller [gazuje] *vi* (*of bird*) to twitter, to chirp; (*of child*) to babble.

gazouillis [gazuji] *nm* = **gazouillement.**

GDF *abbr Gaz de France.*

geai [ʒɛ] *nm Orn:* jay.

géant, -ante [ʒeɑ̃, -ɑ̃t] **1.** *n* giant, *f* giantess **2.** *a* (*a*) gigantic; *Com:* giant, jumbo (size) (*b*) *F:* fantastic, great.

Geiger [ʒeʒɛr] *nm* **compteur G.,** Geiger counter.

geignard, -arde [ʒɛɲar, -ard] *n* moaner, whiner.

geignement [ʒɛɲəmɑ̃] *nm* moaning, whining.

geindre [ʒɛ̃dr̥] *vi* (*conj like* ATTEINDRE) to moan, whine.

gel [ʒɛl] *nm* (*a*) frost, freezing; *Fig:* **g. des crédits,** credit freeze (*b*) *Ch: Toil:* gel.

gélatine [ʒelatin] *nf* gelatin(e). **gélatineux, -euse** *a* gelatinous.

gelée [ʒ(ə)le] *nf* **1.** frost; **g. blanche,** hoar frost **2.** *Cu:* jelly, *NAm:* jello.

geler [ʒ(ə)le] *v* **(je gèle) 1.** *vtr* to freeze **2.** *vi* (*a*) to become frozen; to freeze; **l'étang a gelé,** the pond has frozen over; **on gèle ici,** it's freezing in here (*b*) *impers* **il gèle,** it freezes, it is freezing; **il gèle à pierre fendre,** it's freezing hard. **gelé** *a* **1.** frozen **2.** frost-bitten.

gélule [ʒelyl] *nf Pharm:* capsule.

gelure [ʒəlyr] *nf Med:* frostbite.

Gémeaux [ʒemo] *nmpl Astr:* Gemini.

gémir [ʒemir] *vi* to groan, moan; to wail.

gémissement [ʒemismɑ̃] *nm* groan(ing), moan(ing); wail(ing).

gemme [ʒɛm] *nf* **1.** (*a*) gem; precious stone (*b*) *a* **sel g.,** rock salt **2.** pine resin.

gencive [ʒɑ̃siv] *nf Anat:* gum.

gendarme [ʒɑ̃darm] *nm* gendarme, policeman.

gendarmerie [ʒɑ̃darməri] *nf* **1.** (*a*) (*in Fr*) state police force (*b*) **la G. royale du Canada,** the Royal Canadian Mounted Police **2.** (local) police headquarters.

gendre [ʒɑ̃dr̥] *nm* son-in-law.

gène [ʒɛn] *nm Biol:* gene.

gêne [ʒɛn] *nf* **1.** discomfort, embarrassment; **sans g.,** free and easy **2. être dans la g.,** to be in financial difficulties. **gênant** *a* **1.** cumbersome; in the way **2.** embarrassing, awkward; (*of pers*) annoying.

généalogie [ʒenealɔʒi] *nf* genealogy; pedigree. **généalogique** *a* genealogical; **arbre g.,** family tree; pedigree.

gêner [ʒene] *vtr* **1.** to constrict, cramp; **mes souliers me gênent,** my shoes pinch, are too tight **2.** to hinder, obstruct, impede; to be in (s.o.'s) way; **g. la circulation,** to hold up the traffic **3.** to inconvenience, embarrass; **cela vous gênerait-il que je revienne demain?** do you mind, will it bother you, if I come back tomorrow? **la fumée ne vous gêne pas?** do you mind my smoking? **4. se g.,** to put oneself out; **je ne me suis pas gêné pour le lui dire,** I made no bones about telling him so; **ne te gêne pas pour moi!** don't mind me! **gêné** *a* (*a*) embarrassed, ill at ease (*b*) hard up, short of money.

général, -aux [ʒeneral, -o] **1.** *a* general; **en règle générale,** as a general rule; **d'une façon générale,** broadly speaking; *Th:* **répétition générale,** *nf* **générale,** dress rehearsal; **quartier g.,** headquarters **2.** *nm Mil:* general; **g. de brigade,** brigadier **3.** *nf* (*a*) **madame la générale,** the general's wife (*b*) alarm call (*c*) *Th:* dress rehearsal. **généralement** *adv* generally; **g. parlant,** generally, broadly speaking.

généralisation [ʒeneralizasjɔ̃] *nf* generalization.

généraliser [ʒeneralize] *vtr* **1.** to generalize **2. se g.,** to become widespread.

généraliste [ʒeneralist] *n Med:* general practitioner, GP.

généralité [ʒeneralite] *nf* generality; **dans la g. des cas,** in the majority of, in most, cases.

générateur, -trice [ʒeneratœr, -tris] **1.** *a* generating, generative; producing, inducing **2.** *nm* generator.

génération [ʒenerasjɔ̃] *nf* generation.

générer [ʒenere] *vtr* **(je génère; je générerai)** to generate.

généreux, -euse [ʒenerø, -øz] *a* (*a*) noble, generous (soul); warm (heart) (*b*) generous, openhanded. **généreusement** *adv* generously.

générique [ʒenerik] **1.** *a* generic (term, name, drug); **produit g.,** own-brand product **2.** *nm Cin:* credit titles, credits.

générosité [ʒenerɔzite] *nf* (*a*) generosity (*b*) *pl* acts of generosity.

Gênes [ʒɛn] *Prnf Geog:* Genoa.

genèse [ʒənɛz] *nf* genesis, origin; *B:* **la G.,** (the Book of) Genesis.

genêt [ʒ(ə)nɛ] *nm Bot:* broom.

génétique [ʒenetik] **1.** *a* genetic **2.** *nf* genetics.

gêneur, -euse [ʒɛnœr, -øz] *n* intruder; spoilsport.

Genève [ʒ(ə)nɛv] *Prnf Geog:* Geneva.

genévrier [ʒ(ə)nevrije] *nm Bot:* juniper (tree).

génial, -aux [ʒenjal, -o] *a* brilliant; *F:* fantastic, great. **génialement** *adv* brilliantly.

génie [ʒeni] *nm* **1.** (*a*) (guardian) spirit; (presiding) genius (*b*) genie, jinn **2.** (*a*) (*quality*) genius; **homme de g.,** man of genius (*b*) (*pers*) genius (*c*) **g. d'une langue,** essence, spirit, of a language **3.** (*a*) **g. civil,** (i) civil engineering (ii) civil engineers (as a body) (*b*) **g. militaire,** engineering corps.

genièvre [ʒənjɛvr̥] *nm* **1.** *Bot:* (*a*) juniper berry (*b*) juniper (tree) **2.** gin.

génisse [ʒenis] *nf* heifer.

génital, -aux [ʒenital, -o] *a* genital; **organes génitaux,** genital organs, genitals.

génitif [ʒenitif] *nm Gram:* genitive (case).

génocide [ʒenɔsid] *nm* genocide.

génois, -ois[illegible]nwa, -waz] **1.** *a & n* Genoese **2.** *nf* **génoise,** G[illegible]oese cake.

genou[illegible]**oux** [ʒ(ə)nu] *nm* knee; **enfoncé jusqu'aux genoux dans la boue,** knee-deep in mud; **se mettre à genoux,** to kneel (down); **à genou(x),** kneeling, on one's knees; **demander qch à genoux,** to ask for sth on bended knee; **être sur les genoux,** to be exhausted; **tenir qn sur ses genoux,** to hold s.o. on one's lap.

genouillère [ʒ(ə)nujɛr] *nf Fb: etc:* knee-pad.

genre [ʒɑ̃r] *nm* **1.** genus, kind; **le g. humain,** the human race, mankind **2.** kind, sort, type; **g. de vie,** way of life; **c'est plus dans son g.,** that's more in his line; **c'est un artiste dans son g.,** he is an artist in his way; **c'est dans le g. de,** it's like; **ce n'est pas mon g.,** (i) he, she, is not my type; it's not the sort of thing I like (ii) it's just not me; **ce n'est pas son g.,** that's not like him, her; **il n'est pas du g. à se plaindre,** he's not the sort, type, to complain **3.** (artistic) style, manner **4.** manners, taste; **avoir bon, mauvais, g.,** to have good, bad, manners; **faire du g.,** to be affected **5.** *Gram:* gender.

gens [ʒɑ̃] *nmpl* (*was originally feminine and most attrib adjectives preceding* **gens** *take the feminine form, but the word group is felt as masculine;* **ces bonnes gens sont venus me trouver; quels sont ces gens? quels** *or* **quelles sont ces bonnes gens? tout** *varies according as the attrib adjective has a distinctive feminine ending or not:* **toutes ces bonnes gens,** *but* **tous ces pauvres gens.**) **1.** people, folk, men and women; **peu de g.,** few people; **qui sont ces g.-là?** who are these people? **ils ne sont pas g. à se plaindre,** they are not ones to complain **2.** (*a*) **jeunes g.,** (i) young people (ii) young men (*b*) **g. du monde,** society people; **les g. du pays,** the locals (*c*) *O:* servants.

gentilhomme [ʒɑ̃tijɔm] *nm Hist: & Lit:* gentleman; *pl gentilshommes* [ʒɑ̃tizɔm].

gentilhommière [ʒɑ̃tijɔmjɛr] *nf* manor house.

gentillesse [ʒɑ̃tijɛs] *nf* **1.** (*a*) graciousness, engaging manner (*b*) kindness; **auriez-vous la g. de,** would you be so very kind as to **2.** *pl* **dire des gentillesses,** to say nice things.

gentil, -ille [ʒɑ̃ti, -ij] *a* (*a*) kind, nice; **c'est g. à vous de m'écrire,** it is very kind of you to write to me (*b*) **un g. petit chaton,** a dear little kitten (*c*) good, well-behaved (*d*) **c'est bien g. mais . . .,** that's all very well but . . .; **c'est g., sans plus,** it's all right as far as it goes. **gentiment** *adv* nicely; kindly.

génuflexion [ʒenyflɛksjɔ̃] *nf* genuflexion.

géodésie [ʒeɔdezi] *nf* geodesy, surveying.

géographe [ʒeɔgraf] *n* geographer.

géographie [ʒeɔgrafi] *nf* geography. **géographique** *a* geographic(al).

geôle [ʒol] *nf A: & Lit:* gaol, jail.

geôlier, -ière [ʒolje, -jɛr] *n A: & Lit:* gaoler, jailer.

géologie [ʒeɔlɔʒi] *nf* geology. **géologique** *a* geological.

géologue [ʒeɔlɔg] *n* geologist.

géomètre [ʒeɔmɛtr] *nm* **(arpenteur) g.,** surveyor.

géométrie [ʒeɔmetri] *nf* geometry; **avion à g. variable,** swing-wing (aircraft). **géométrique** *a* geometric(al).

géothermique [ʒeɔtɛrmik] *a* geothermal.

gérance [ʒerɑ̃s] *nf* management; **mettre qch en g.,** to appoint a manager for sth; **g. libre,** tenancy.

géranium [ʒeranjɔm] *nm Bot:* geranium.

gérant, -ante [ʒerɑ̃, -ɑ̃t] *n* manager, *f* manageress; director; **g. d'immeuble,** landlord's agent; *a Journ:* **rédacteur g.,** managing editor.

gerbe [ʒɛrb] *nf* sheaf (of wheat); **g. de fleurs,** bouquet of flowers; **g. d'étincelles,** shower of sparks; **g. d'eau,** spray of water.

gerber [ʒɛrbe] **1.** *vtr* to put into sheaves **2.** *vi* (*a*) to spray out (*b*) *P:* to throw up.

gercer [ʒɛrse] *vtr & i* **(il gerçait; il gerça) 1.** to crack (soil); to chap (hands) **2. se g.,** (*of hands*) to chap; (*of lips*) to crack. **gercé** *a* chapped (hands); cracked (lips).

gerçure [ʒɛrsyr] *nf* crack, cleft; chap (in skin).

gérer [ʒere] *vtr* **(je gère;** *fu* **je gérerai)** to manage, run (business, hotel); **mal g.,** to mismanage.

gériatrie [ʒerjatri] *nf Med:* geriatrics.

germain, -aine [ʒɛrmɛ̃, -ɛn] *a* **cousin g.,** first cousin.

germanique [ʒɛrmanik] *a* Germanic.

germaniste [ʒɛrmanist] German specialist.

germe [ʒɛrm] *nm Biol:* germ; eye (of potato); **pousser des germes,** to sprout; **les germes de la corruption,** the seeds of corruption.

germer [ʒɛrme] *vi* to germinate; to shoot; to sprout.

germination [ʒɛrminasjɔ̃] *nf* germination.

gérondif [ʒerɔ̃dif] *nm Gram:* **1.** gerund **2.** gerundive.

gérontologie [ʒerɔ̃tɔlɔʒi] *nf Med:* gerontology. **gérontologique** *a* gerontological.

gérontologue [ʒerɔ̃tɔlɔg] *n* gerontologist.

gésier [ʒezje] *nm* gizzard.

gésir [ʒezir] *vi def* (*used only in the following forms: prp* **gisant;** *pr ind* **il gît, n. gisons**) to lie; (*on gravestones*) **ci-gît,** here lies.

gestation [ʒɛstasjɔ̃] *nf* (period of) gestation; pregnancy.

geste [ʒɛst] *nm* gesture, motion, movement; **d'un g. de la main,** with a wave of the hand; **écarter qn d'un g.,** to wave s.o. aside; **faire un g.,** to make a gesture; **joindre le g. à la parole,** to suit the action to the word.

gesticulation [ʒɛstikylasjɔ̃] *nf* gesticulating, gesticulation.

gesticuler [ʒɛstikyle] *vi* to gesticulate.

gestion [ʒɛstjɔ̃] *nf* management (of business, factory); administration, control; **mauvaise g.,** maladministration, mismanagement. **gestionnaire 1.** *a* administrative; **compte g.,** management account **2.** *n* administrator; manager.

geyser [ʒezɛr] *nm Geol:* geyser.

Ghana [gana] *Prnm Geog:* Ghana. **ghanéen, -éenne** *a & n* Ghanaian.

ghetto [gɛto] *nm* ghetto.

gibecière [ʒibsjɛr] *nf* game bag; shoulder bag.

gibet [ʒibɛ] *nm* gibbet, gallows.

gibier [ʒibje] *nm* game; **gros g.,** big game; **g. à poil,** game animals; **g. à plumes,** game birds; **g. d'eau,** wildfowl; **g. de potence,** gallows bird.

giboulée [ʒibule] *nf* sudden shower (*usu* with snow or hail); **g. de mars** = April shower.

giboyeux, -euse [ʒibwajø, -øz] *a* well stocked with game.

giclée [ʒikle] *nf* spurt (of water, blood).

gicler [ʒikle] *vi* to squirt out; (*of water, blood*) to spurt (out); (*of mud*) to splash.
gicleur [ʒiklœr] *nm ICE:* jet.
gifle [ʒifl] *nf* slap (in the face).
gifler [ʒifle] *vtr* to slap, smack (s.o.'s) face.
gigantesque [ʒigɑ̃tɛsk] *a* gigantic; huge.
gigogne [ʒigɔɲ] *a* **lits gigognes,** bunk beds; **table g.,** nest of tables.
gigolo [ʒigɔlo] *nm* gigolo.
gigot [ʒigo] *nm Cu:* leg of lamb.
gigoter [ʒigɔte] *vi F:* to wriggle, fidget.
gilet [ʒilɛ] *nm* (*a*) waistcoat, *NAm:* vest (*b*) **g. pare-balles,** bulletproof jacket, *NAm:* vest; **g. de sauvetage,** life jacket (*c*) **g. (de corps),** singlet, vest, *NAm:* undershirt (*d*) cardigan.
gin [dʒin] *nm* gin.
gingembre [ʒɛ̃ʒɑ̃br] *nm* ginger.
girafe [ʒiraf] *nm* (*a*) *Z:* giraffe (*b*) (*pers*) beanpole.
giration [ʒirasjɔ̃] *nf* gyration. **giratoire** *a* gyratory; gyrating; **sens g.,** roundabout, *NAm:* traffic circle.
girl [gœrl] *nf* chorus girl; showgirl.
girofle [ʒirɔfl] *nm Bot:* clove; **clou de g.,** clove.
giroflée [ʒirɔfle] *nf Bot:* stock; **g. des murailles,** wall-flower.
girolle [ʒirɔl] *nf Fung:* chanterelle (mushroom).
giron [ʒirɔ̃] *nm* lap; bosom; *Fig:* **rentrer dans le g. de,** to return to the bosom of; **ne viens pas pleurer dans mon g.,** don't come crying to me.
girouette [ʒirwɛt] *nf* weathercock; vane.
gisement [ʒizmɑ̃] *nm* (*a*) *Geol:* layer, bed; deposit; **g. pétrolifère,** oilfield (*b*) *Min:* lode, vein (*c*) **g. préhistorique,** prehistoric site (*d*) *Com:* target.
gitan, -ane [ʒitɑ̃, -an] *a & n* gipsy.
gîte [ʒit] *nm* **1.** (*a*) resting place; lodging; **g. (rural),** gîte (*b*) form (of hare) **2.** stratum, deposit (of ore) **3.** leg of beef; **g. à la noix,** silverside.
gîter [ʒite] *vi Nau:* to list.
givre [ʒivr] *nm* hoarfrost, rime.
givrer [ʒivre] **1.** *vtr* (*a*) to cover with hoarfrost (*b*) to frost (cake) **2.** *vtr & pr* to ice up. **givré** *a* **1.** frosty **2.** (*of cake*) frosted; **orange givrée,** orange filled with sorbet **3.** *P:* (*a*) drunk, canned (*b*) nuts.
glabre [glabr] *a* smooth (chin, face, etc).
glaçage [glasaʒ] *nm* glazing; icing.
glace [glas] *nf* **1.** ice; **g. flottante,** drift ice; **retenu, pris, par les glaces,** icebound; **un accueil de g.,** an icy reception; **rester de g.,** to remain unmoved **2.** (*a*) (plate) glass (*b*) (looking) glass, mirror; **g. à main,** hand mirror (*c*) *Aut: etc:* window **3.** *Cu:* ice cream.
glacer [glase] *vtr* **(n. glaçons) 1.** (*a*) to freeze; **cela me glace le sang,** it makes my blood run cold (*b*) to ice (water) (*c*) to ice (cake) (*d*) to glaze (pastry); to surface (paper) **2.** (*of water*) **se g.,** to freeze (over). **glacé** *a* **1.** (*a*) frozen (river) (*b*) freezing, icy, cold; **j'ai les pieds glacés,** my feet are frozen; **g. jusqu'aux os,** chilled to the bone (*c*) iced (coffee) **2.** glazed, glossy (paper); *Cu:* **cerises glacées,** glacé cherries.
glaciaire [glasjɛr] *a Geol:* glacial (erosion); **période g.,** ice age.
glacial, -als, *or* **-aux** [glasjal, -o] (*pl rarely used*) *a* icy; frosty; **zone glaciale,** arctic region; **accueil g.,** icy welcome. **glacialement** *adv* icily; frostily.
glaciation [glasjasjɔ̃] *nf* glaciation.

glacier[1] [glasje] *nm Geol:* g[illegible]
glacier[2] *nm* ice cream (i) manufa[illegible] (ii) man[illegible]
glacière [glasjɛr] *nf* (*a*) ice box (*b*) *F:* [illegible]frigerator, fridge (*c*) insulated picnic box.
glaçon [glasɔ̃] *nm* (*a*) *Geol:* block of ice; ice floe (*b*) icicle (*c*) *Cu:* ice cube; **whisky aux glaçons,** whisky on the rocks (*d*) *F:* **c'est un g.!** he's a cold fish!
gladiateur [gladjatœr] *nm* gladiator.
glaïeul [glajœl] *nm Bot:* gladiolus.
glaire [glɛr] *nf* (*a*) white of an egg, egg white (*b*) mucus, phlegm.
glaise [glɛz] *nf* **(terre) g.,** clay. **glaiseux, -euse** *a* clayey.
gland [glɑ̃] *nm* **1.** acorn **2.** tassel.
glande [glɑ̃d] *nf* gland. **glandulaire** *a* glandular.
glander [glɑ̃de], **glandouiller** [glɑ̃duje] *vi F:* to laze around; to fritter away one's time.
glaner [glane] *vtr* to glean.
glaneur, -euse [glanœr, -øz] *n* gleaner.
glapir [glapir] *vi* to yelp, yap; (*of pers*) to bark.
glapissement [glapismɑ̃] *nm* yap, yelp; yapping, yelping.
glas [glɑ] *nm* knell; **sonner le g.,** to toll the knell.
glasnost [glaznɔst] *nf Pol:* glasnost.
glaucome [glokom] *nm Med:* glaucoma.
glauque [glok] *a* sea-green.
glissade [glisad] *nf* **1.** slip; *Av:* **g. sur l'aile, sur la queue,** side slip, tail dive **2.** (*a*) sliding; **faire une g.,** to slide (*b*) *Danc:* glissade **3.** slide, skid (on ice).
glissement [glismɑ̃] *nm* **g. de terrain,** landslide; **g. de sens,** shift in meaning; *Pol:* **g. à gauche,** shift to the left.
glisser [glise] **1.** *vi* (*a*) to slip; **le couteau lui a glissé des mains,** the knife slipped from his hands (*b*) (*of wheel*) to skid; *Av:* **g. sur l'aile,** to sideslip (*c*) to slide (on ice); **attention! ça glisse,** mind out! it's slippery; **se laisser g. le long d'une corde,** to slide down a rope (*d*) to glide (over the water) (*e*) *Fig:* **g. sur qch,** (i) to make little impression on sth (ii) to touch lightly on (a subject) **2.** *vtr* (*a*) **g. qch dans la poche de qn,** to slip sth into s.o.'s pocket; **g. un mot à l'oreille de qn,** to drop a word in s.o.'s ear (*b*) *Knit:* to slip (a stitch) **3. se g.,** to creep, steal (**dans,** into); **se g. dans son lit,** to slip into bed; **quelques erreurs se sont glissées dans vos calculs,** a few mistakes have slipped into your calculations. **glissant** *a* slippery.
glissière [glisjɛr] *nf* (*a*) groove; **porte à glissières,** sliding door (*b*) **g. de sécurité,** crash barrier.
global, -aux [glɔbal, -o] *a* total, global; lump (payment); **vue globale,** overall view. **globalement** *adv* globally; in the aggregate.
globe [glɔb] *nm* **1.** globe, sphere; **le g. terrestre,** the globe **2.** *Anat:* **g. de l'œil,** eyeball. **globuleux, -euse** *a* globular; **yeux g.,** protruding eyes.
globulaire [glɔbylɛr] *a* (*a*) globular (*b*) *Med:* **numération g.,** blood count.
globule [glɔbyl] *nf* (*a*) globule (*b*) *Med:* corpuscle; **g. blanc, rouge,** white, red, corpuscle.
gloire [glwar] *nf* **1.** glory; **g. à Dieu!** glory (be) to God! **se couvrir de g.,** to cover oneself with glory; **pour la g.,** for the glory of it **2.** boast, pride; **s'attribuer toute la g. de qch,** to take all the credit for sth; **se faire g. de qch,** to glory in sth, to pride

oneself on sth. **glorieux, -euse** *a* 1. glorious 2. proud. **glorieusement** *adv* gloriously.
gloriette [glɔrjɛt] *nf* gazebo.
glorification [glɔrifikasjɔ̃] *nf* glorification.
glorifier [glɔrifje] (*impf & pr sub* **n. glorifiions**) *vtr* 1. to praise, glorify 2. **se g.**, to boast; **se g. de qch**, to take pride in sth.
gloriole [glɔrjɔl] *nf* vainglory.
glose [gloz] *nf* 1. gloss, commentary 2. comment, criticism.
glossaire [glɔsɛr] *nm* 1. glossary 2. vocabulary.
glotte [glɔt] *nf Anat:* glottis; *Ling:* **coup de g.**, glottal stop.
glouglou [gluglu] *nm* 1. gurgle, gurgling 2. gobble (of turkey).
gloussement [glusmɑ̃] *nm* clucking, cluck (of hen); gobble (of turkey); chuckle, chortle (of pers).
glousser [gluse] *vi* (*of hen*) to cluck; (*of turkey*) to gobble; (*of pers*) to chuckle, chortle.
gloutonnerie [glutɔnri] *nf* gluttony. **glouton, -onne** 1. *a* greedy, gluttonous 2. *n* glutton. **gloutonnement** *adv* greedily, ravenously, gluttonously.
glu [gly] *nf* gum, glue. **gluant** *a* sticky.
glucose [glykoz] *nm* glucose; **g. sanguin**, blood sugar.
glutineux, -euse [glytinø, -øz] *a* glutinous.
glycérine [gliserin] *nf* glycerin(e).
glycine [glisin] *nf Bot:* wisteria.
gnangnan [ɲɑ̃ɲɑ̃] *F:* 1. *a* soppy, wet 2. *n* (*pers*) drip, wet.
gnognot(t)e [ɲɔɲɔt] *nf F:* **c'est de la g.**, it's rubbish; **ce n'est pas de la g.**, it's really tricky.
gnolle, gnôle [ɲol] *nf P:* brandy, rotgut, hooch.
gnome [gnom] *nm* gnome.
gnon [ɲɔ̃] *nm P:* blow, punch.
go [go] *used in the adv phr F:* **tout de go**, just like that.
GO *abbr WTel: Grandes ondes.*
goal [gol] *nm Fb:* goalkeeper.
gobelet [gɔblɛ] *nm* cup, goblet; **(verre) g.**, tumbler.
gober [gɔbe] *vtr* 1. to gulp down; *F:* **g. des mouches**, to stand gaping 2. *F:* **il gobe tout ce qu'on lui dit**, he swallows everything he's told 3. *F:* **je ne peux pas le g.**, I can't stand (the sight of) him.
godasse [gɔdas] *nf P:* shoe.
godet [gɔdɛ] *nm* pot; (drinking) cup; *P:* drink.
godiche [gɔdiʃ] *F:* 1. *a* silly; clumsy 2. *n* clot, dope; lump.
godille [gɔdij] *nf* stern oar; scull; **(faire qch) à la g.**, (to do sth) badly.
godillot [gɔdijo] *nm* (military) boot.
goéland [gɔelɑ̃] *nm Orn:* (sea)gull.
goélette [gɔelɛt] *nf* schooner.
goémon [gɔemɔ̃] *nm* seaweed; wrack.
gogo¹ (à) [agogo] *adv phr F:* galore.
gogo² *nm F:* sucker.
goguenard, -arde [gɔgnar, -ard] 1. *a* mocking; bantering, jeering, sarcastic 2. *n* joker; facetious, sarcastic, person.
goinfre [gwɛ̃fr̥] *nm F:* pig, guzzler.
goinfrer (se) [səgwɛ̃fre] *vpr F:* to stuff oneself (**de**, with).
goitre [gwatr̥] *nm* goitre.
golden [gɔldɛn] *nf inv* Golden Delicious (apple).
golf [gɔlf] *nm* golf; **terrain de g.**, golf links, golf course.
golfe [gɔlf] *nm* gulf, bay.
gomme [gɔm] *nf* 1. (*a*) gum; **g. arabique**, gum arabic; **g. laque**, shellac (*b*) *Comest:* **boule de g.**, gum; **g. à mâcher**, chewing gum 2. (*a*) **g. (à effacer)**, rubber, *NAm:* eraser (*b*) *F:* **à la g.**, useless, pointless 3. *F:* **mettre la g.**, to go all out; *Aut:* to put one's foot down.
gommer [gɔme] *vtr* 1. to gum 2. to erase, to rub out 3. *vi MecE:* to stick, jam; **piston gommé**, gummed piston.
gond [gɔ̃] *nm* hinge (pin) (of door); *F:* **sortir de ses gonds**, to lose one's temper.
gondole [gɔ̃dɔl] *nf* gondola; *Com:* shelf-unit, gondola.
gondoler [gɔ̃dɔle] 1. *vi & pr* (*of wood*) to warp; (*of paper*) to curl; (*of sheet iron*) to buckle 2. *F:* **se g.**, to split one's sides laughing. **gondolant** *a F:* side-splitting, hilarious.
gondolier, -ière [gɔ̃dɔlje, -jɛr] *n* 1. gondolier 2. shelf-stacker (in supermarket, etc)
gonflable [gɔ̃flabl̥] *a* inflatable.
gonflage [gɔ̃flaʒ] *nm Aut:* inflation.
gonflement [gɔ̃fləmɑ̃] *nm* inflating, inflation; distension (of stomach); swelling.
gonfler [gɔ̃fle] 1. *vtr* (*a*) to inflate, distend; to blow up, pump up (tyre); to puff out (one's cheeks); **le vent gonfle les voiles**, the wind fills the sails (*b*) to swell (*c*) *F:* to hot up, soup up (car engine) 2. *vi & pr* to swell (up); (*of stomach*) to become distended. **gonflé** *a* 1. (*of sail*) full 2. swollen, puffy (eyes); puffed (rice); **g. d'orgueil**, puffed up with pride; **avoir le cœur g.**, to be sad 3. sure, full, of oneself; *F:* **t'es g.**, you've got a nerve; **g. à bloc**, keyed up; raring to go.
gonflette [gɔ̃flɛt] *nf F: Pej:* body building; **faire de la g.**, to pump iron.
gonfleur [gɔ̃flœr] *nm* (air) pump.
gong [gɔ̃(g)] *nm* 1. gong 2. *Box:* bell.
gonzesse [gɔ̃zɛs] *nf P:* (*woman*) chick, *Br* bird.
gorge [gɔrʒ] *nf* 1. (*a*) throat, neck (*b*) bosom, bust (of woman); breast (of pigeon) 2. throat; **mal de g.**, throat infection; **avoir mal à la g.**, to have a sore throat; **avoir la g. serrée**, to have a lump in one's throat; **crier à pleine g.**, to shout at the top of one's voice; **rire à g. déployée**, to roar with laughter; **une arête est restée en travers de ma g.**, a fish bone got stuck in my throat; *Fig:* **cela m'est resté en travers de la g.**, I couldn't take that, I wasn't having that; *F:* **faire des gorges chaudes de qn, qch**, to mock s.o., sth, openly 3. *Geog:* gorge 4. *Tchn:* groove; tumbler (of lock).
gorgée [gɔrʒe] *nf* mouthful; gulp; **boire à petites gorgées**, to sip; **avaler d'une g.**, to gulp.
gorger [gɔrʒe] *vtr* (**n. gorgeons**) 1. to stuff, gorge; **gorgé d'eau**, saturated with water 2. **se g. (de qch)**, to stuff oneself (full of sth). **gorgé** *a* **g. de**, gorged with.
gorille [gɔrij] *nm* (*a*) *Z:* gorilla (*b*) *F:* bodyguard.
gosier [gozje] *nm* throat; gullet.
gosse [gɔs] *n F:* 1. youngster, kid 2. **un beau, une belle, g.**, a good-looking guy, girl.
gothique [gɔtik] *a* Gothic.
gouache [gwaʃ] *nf Art:* gouache.

goudron [gudrɔ̃] *nm* tar.
goudronner [gudrɔne] *vtr* to tar.
gouffre [gufr] *nm* gulf, pit, abyss; *Geol:* swallow hole.
gouine [gwin] *nf P: (lesbian)* dyke.
goujat [guʒa] *nm* boor, lout.
goujaterie [guʒatri] *nf* boorishness.
goujon [guʒɔ̃] *nm Ich: Const:* gudgeon.
goulag [gulag] *nm* Gulag.
goulée [gule] *nf F:* gulp.
goulet [gulɛ] *nm* gully (in mountains); *Nau:* narrows.
goulot [gulo] *nm* neck (of bottle); **boire au g.,** to drink (straight) from the bottle.
goulu, -ue [guly] **1.** *a* greedy; gluttonous **2.** *n* glutton. **goulûment** *adv* greedily.
goupille [gupij] *nf* (linch)pin.
goupiller [gupije] *vtr* **1.** *Tchn:* to pin, key **2.** *F:* to contrive, wangle (sth).
goupillon [gupijɔ̃] *nm* **1.** sprinkler (for holy water) **2.** brush (for gum, bottle).
gourde [gurd] **1.** *nf (a) Bot:* gourd *(b)* calabash, water bottle, flask *(c) F:* chump, oaf **2.** *a F:* thick.
gourdin [gurdɛ̃] *nm* club, cudgel.
gourer (se) [səgure] *vpr P:* to make a mistake, to boob.
gourmandise [gurmɑ̃diz] *nf* **1.** good eating; *Pej:* greediness, gluttony; **manger avec g.,** to eat greedily **2.** *pl* sweetmeats, dainties. **gourmand, -ande 1.** *a* fond of eating; *Pej:* greedy; **g. de,** fond of **2.** *n (a)* gourmand; *Pej:* glutton *(b) nm Hort:* sucker.
gourmet [gurmɛ] *nm* gourmet, epicure.
gourmette [gurmɛt] *nf* chain bracelet.
gousse [gus] *nf* pod, shell, husk (of peas, beans); **g. d'ail,** garlic clove.
gousset [gusɛ] *nm (a)* gusset *(b)* fob (pocket); waistcoat pocket.
goût [gu] *nm* **1.** (sense of) taste **2.** flavour, taste; bouquet (of wine); **g. du terroir,** local flavour, native tang; **cela a le g. de,** it tastes like; **sans g.,** tasteless(ly) **3.** liking, preference, taste; **le g. des affaires,** a liking for business; **avoir du g. pour qch,** to have a taste for sth; **chacun (à) son g., à chacun son g.,** each to his own; **une maison à mon g.,** a house to my liking; **ce n'est pas à mon g.,** I don't care for it; **prendre g. à qch,** to develop a taste for sth **4. avoir du g.,** to have good taste; **mauvais g.,** (i) bad taste (ii) lack of taste; **s'habiller avec g.,** to dress well **5.** style, manner; **quelque chose dans ce g.-là,** something of that sort.
goûter[1] [gute] *vtr* **1.** *(a)* to taste (food) *(b)* to try, sample, taste (food) **2. g. de qch,** (i) to taste sth (for the first time) (ii) to enjoy (s.o.'s hospitality) **3. g. à qch,** to take a little of sth, to taste sth **4.** *vi* to have tea; **faire g. qn,** to give s.o. his, her, tea.
goûter[2] *nm* = (afternoon) tea; tea party.
goutte [gut] *nf* **1.** drop (of liquid); **tomber g. à g.,** to drip; **il suait à grosses gouttes,** sweat was pouring off him; **il tombait quelques gouttes,** it was spitting with rain; *F:* **avoir la g. au nez,** to have a runny nose **2.** spot, splash (of colour); speck; fleck **3.** *F:* **prendre la g.,** to have a nip **4.** *adv phr A: & Hum:* **je n'y vois g.,** (i) I can't see a thing (ii) I can't make anything of it **5.** *Med:* gout.
goutte-à-goutte [gutagut] *nm inv Med:* drip.
gouttelette [gutlɛt] *nf* droplet.
goutter [gute] *vi* to drip.
gouttière [gutjɛr] *nf* **1.** *Const:* gutter, guttering **2.** spout, rainpipe **3.** *Med:* cradle, splint.
gouvernail [guvɛrnaj] *nm Nau:* rudder, helm; *Fig:* **tenir le g.,** to be at the helm.
gouvernante [guvɛrnɑ̃t] *nf* **1.** housekeeper **2.** governess.
gouvernants [guvɛrnɑ̃] *nmpl* the party in power; the executive.
gouverne [guvɛrn] *nf* **pour votre g.,** for your guidance.
gouvernement [guvɛrnəmɑ̃] *nm* **1.** *(a)* government, management *(b)* governorship *(c)* steering, handling (of boat) **2.** (the) government; (the) Cabinet. **gouvernemental, -aux** *a* governmental; governing; **le parti g.,** the party in office.
gouverner [guvɛrne] *vtr* **1.** *Nau:* to steer (ship) **2.** *(a)* to govern, rule, control, direct *(b)* to manage, administer; **bien g. ses resources,** to make the most of one's ressources *(c)* to govern (country) **3.** *Gram:* to govern, to take.
gouverneur [guvɛrnœr] *nm* governor.
grabat [graba] *nm* litter (of straw); pallet.
grabuge [grabyʒ] *nm F:* quarrel, row, rumpus; **il y aura du g.,** there'll be ructions.
grâce [grɑs] *nf* **1.** *(a)* grace, charm; **avoir de la g.,** to be graceful; **avec g.,** gracefully *(b)* **de bonne g.,** willingly; **de mauvaise g.,** unwillingly; **il serait de mauvaise g. de refuser,** it would be ungracious to refuse **2.** favour; **se mettre dans les bonnes grâces de qn,** to get into s.o.'s favour, into s.o.'s good books; **de g.!** for pity's sake! **g.!** mercy! **3.** (act of) grace; **coup de g.,** finishing stroke, coup de grâce; **demander une g. à qn,** to ask a favour of s.o.; **c'est trop de grâces que vous me faites!** you really are too kind! **4.** *(a) Jur:* free pardon; **je vous fais g. cette fois-ci,** I'll let you off this time *(b)* **demander g.,** to cry for mercy; **je vous fais g. du reste,** (i) you needn't do any more (ii) I'll spare you the rest **5.** *(a)* thanks; *(at meal)* **dire les grâces,** to say grace; *pl* **action de grâces,** thanksgiving *(b)* **g. à,** thanks to.
gracier [grasje] *vtr (impf & pr sub* **n. graciions)** to pardon, reprieve.
gracieux, -euse [grasjø, -øz] *a* **1.** graceful **2.** *(a)* gracious *(b)* **à titre g.,** gratis; free of charge; **exemplaire envoyé à titre g.,** complimentary copy. **gracieusement** *adv* **1.** gracefully **2.** graciously, kindly **3.** gratuitously, free of charge.
gracile [grasil] *a* slender.
gradation [gradasjɔ̃] *nf* gradation.
grade [grad] *nm* **1.** rank; dignity; grade **2.** (university) degree **3.** *Mil:* rank; **monter en g.,** to be promoted; *F:* **en prendre pour son g.,** to be hauled over the coals **4.** *Mth:* grade.
gradé [grade] *nm Mil:* non-commissioned officer, NCO.
gradin [gradɛ̃] *nm* row of seats, tier.
graduation [gradɥasjɔ̃] *nf* **1.** graduation **2.** scale.
graduel, -elle [gradɥɛl] *a* gradual, progressive. **graduellement** *adv* gradually.
graduer [gradɥe] *vtr* **1.** to graduate (thermometer) **2.** to grade (studies). **gradué** *a (a)* graduated;

verre g., measuring glass (*b*) graded, progressive (exercises).

graffiti [grafiti] *nmpl* graffiti.

grain[1] [grɛ] *nm* **1.** (*a*) grain; **g. de blé,** grain of wheat (*b*) cereals, grain, corn **2. g. de café,** coffee bean; **g. de poivre,** peppercorn; **g. de raisin,** grape; **g. de beauté,** beauty spot; mole **3.** (*a*) particle, atom; grain (of salt); speck (of dust); **mettre son g. de sel,** to poke one's oar in (*b*) **g. de jalousie,** hint of jealousy; **pas un g. de bon sens,** not an ounce of common sense; **il a un g.,** he's a bit touched, he's not all there **4.** bead **5.** grain, texture (of wood, leather); **contre le g.,** against the grain; **à gros grains,** coarse-grained.

grain[2] *nm Meteor:* squall; gust of wind.

graine [grɛn] *nf* seed; **g. de lin,** linseed; **monter en g.,** to run to seed; *F:* (*of child*) to shoot up; *Fig:* **c'est de la mauvaise g.,** he's a bad lot.

graineterie [grɛntri] *nf* seed trade, shop.

grainetier, -ière [grɛntje, -jɛr] *n* seed merchant.

graissage [grɛsaʒ] *nm* greasing, oiling, lubrication.

graisse [grɛs] *nf* (*a*) grease, fat; **g. de rôti,** dripping; **g. de porc,** lard (*b*) grease, lubricant.

graisser [grɛse] *vtr* to grease, oil, lubricate; **g. la patte à qn,** to grease s.o.'s palm. **graisseux, -euse** *a* greasy; fatty.

grammaire [gramɛr] *nf* grammar; **faute de g.,** grammatical error; **(livre de) g.,** grammar book. **grammatical, -aux** *a* grammatical. **grammaticalement** *adv* grammatically.

grammairien, -ienne [gramɛrjɛ̃, -jɛn] *n* grammarian.

gramme [gram] *nm Meas:* gram(me).

grand, grande [grɑ̃, grɑ̃d] *a* **1.** (*a*) tall (in stature); large, big (in size); **homme g.,** tall man; **pas plus g. que ça,** only so high; **grands bras,** long arms; **grands pieds,** big feet; **grande distance,** great distance; **plus g. que nature,** larger than life; *Opt:* **objectif g. angle,** wide angle lens; **g. A.,** capital A (*b*) chief, main; **g. chemin,** main road; *Nau:* **le g. mât,** the mainmast; **g. ressort,** mainspring; **les grandes vacances,** the summer holidays, the long vacation (*c*) **quand tu seras g.,** when you are grown up; **elle se fait grande,** (i) she's growing up (ii) she's growing tall; **les grandes personnes,** the grown-ups; *Sch:* **les grandes classes,** the upper forms (*d*) *adv* **voir g.,** to have big ideas; **ouvrir la fenêtre toute grande,** to open the window wide; **porte grande ouverte,** wide-open door; *adv phr* **en g.,** (i) on a large scale (ii) full size; **reproduction en g.,** enlarged copy; **ouvrir un robinet en g.,** to turn a tap full on **2. pas g. monde,** not many people; **le g. public,** the general public; **en grande partie,** to a great extent **3. les grands hommes,** great men; **le g. monde,** (high) society; **grands vins,** vintage wines; **se donner de grands airs,** to give oneself airs **4. grandes pensées,** great, noble, thoughts **5.** great; **ce sont de grands amis,** they are great friends; **avec le plus g. plaisir,** with the greatest pleasure; **g. froid,** severe cold; **il fait g. jour,** it is broad daylight; **il est g. temps de partir,** it is high time we left; **g. bruit,** loud noise; **les grands blessés,** the seriously wounded; *Tex:* **couleur g. teint,** fast dye **6.** *nm* (*a*) **grands et petits,** old and young; *Sch:* **les grand(e)s,** the senior boys, girls (*b*) *Pol:* **les Grands,** the Great Powers; **les Quatre Grands,** the Big Four. **grandement** *adv* **1.** grandly, nobly **2.** greatly, largely; **se tromper g.,** to be greatly mistaken.

grand-angulaire [grɑ̃tɑ̃gylɛr] *Phot:* **1.** *a* wide-angle **2.** *nm* wide-angle lens.

grand-chose [grɑ̃ʃoz] *indef pron m inv* (*usu coupled with* **pas**) **ça ne vaut pas g.-c.,** it's not worth much; **il ne fait pas g.-c.,** he doesn't do much; **il ne fera jamais g.-c.,** he'll never amount to much.

grand-duc [grɑ̃dyk] *nm* **1.** grand duke **2.** *Orn:* eagle owl; *pl grands-ducs.*

Grande-Bretagne [grɑ̃dbrətaɲ] *Prnf Geog:* Great Britain.

grandeur [grɑ̃dœr] *nf* **1.** (*a*) size; height (of tree); **échelle de grandeurs,** scale of sizes; **g. nature,** full-size(d); life-size(d) (*b*) extent; scale **2.** greatness (*a*) importance; magnitude; grandeur (*b*) majesty, splendour (*c*) nobility.

grandiloquent [grɑ̃dilɔkɑ̃] *a* grandiloquent.

grandiose [grɑ̃djoz] *a* grand, imposing; grandiose.

grandir [grɑ̃dir] **1.** *vi* (*a*) (i) to grow tall (ii) to grow up; **il a grandi,** he is taller (*b*) **son influence grandit,** his influence is increasing **2.** *vtr* (*a*) to make (sth) greater; to increase; **ses talons la grandissent,** her heels make her look taller (*b*) to magnify, to exaggerate (an incident).

grand(-)livre [grɑ̃livr̥] *nm Com:* ledger; *pl grands-livres.*

grand-maman [grɑ̃mamɑ̃] *nf F:* grandma, granny; *pl grand(s)-mamans.*

grand-mère [grɑ̃mɛr] *nf* (*a*) grandmother (*b*) *F:* old woman, granny; *pl grand(s)-mères.*

grand-messe [grɑ̃mɛs] *nf Ecc:* high mass; *pl grand(s)-messes.*

grand-oncle [grɑ̃tɔ̃kl̥] *nm* great uncle; *pl grands-oncles.*

grand-papa [grɑ̃papa] *nm F:* grandpa, grandad; *pl grands-papas.*

grand-peine (à) [agrɑ̃pɛn] *adv phr* with great difficulty.

grand-père [grɑ̃pɛr] *nm* grandfather; *pl grands-pères.*

grand-route [grɑ̃rut] *nf* highway, high road, main road; *pl grand-routes.*

grand-rue [grɑ̃ry] *nf* high street, main street; *pl grand-rues.*

grands-parents [grɑ̃parɑ̃] *nmpl* grandparents.

grand-tante [grɑ̃tɑ̃t] *nf* great-aunt; *pl grand(s)-tantes.*

grand-voile [grɑ̃vwal] *nf Nau:* mainsail; *pl grand(s)-voiles.*

grange [grɑ̃ʒ] *nf* barn.

granit(e) [granit] *nm* granite.

granulé [granyle] *nm* granule. **granuleux, -euse** *a* granulous, granular.

granuler [granyle] *vtr* to granulate.

graphique [grafik] **1.** *a* graphic (sign, method) **2.** *nm* diagram, graph.

graphite [grafit] *nm* graphite.

graphologie [grafɔlɔʒi] *nf* graphology.

grappe [grap] *nf* cluster, bunch (of grapes, people).

grappin [grapɛ̃] *nm Nau:* grapnel, hook; *F:* **mettre le g. sur qch,** to get hold of, to grab, sth.

gras, grasse [gra, gras] *a* **1.** (*a*) fat; fatty; **matières grasses,** fats (*b*) rich (food); **faire g.,** to eat meat (*esp* on a fast day); **fromage g.,** full cream cheese (*c*) *nm* fat (of meat) **2.** (*a*) fat, stout (pers) (*b*) fatted, fat (animal); (plump chicken) **3.** greasy, oily (rag, hair); **eaux grasses,** swill **4.** (*a*) thick; **boue grasse,** thick, slimy, mud; **toux grasse,** loose cough; **voix grasse,** oily voice (*b*) **plante grasse,** succulent (plant); *Typ:* **caractères g.,** heavy, bold, type; *P:* **il n'y en a pas g.,** there's not much of it; **le g. de la jambe,** the calf of the leg. **grassement** *adv* **1. rire g.,** to give a deep chuckle **2. récompenser qn g.,** to reward s.o. handsomely, generously. **grassouillet, -ette** *a* plump, chubby.

gras-double [gradubl] *nm Cu:* tripe.

gratification [gratifikasjɔ̃] *nf* (*a*) gratuity; tip (*b*) bonus.

gratifier [gratifje] *vtr* (*impf & pr sub* **n. gratifiions**) **1.** to present (**qn de qch,** s.o. with sth); *Iron:* **être gratifié d'une amende,** to be landed with a fine **2.** to gratify.

gratin [gratɛ̃] *nm* **1.** *Cu:* (*a*) cheese topping; **au g.,** (cooked) with grated cheese (*b*) dish cooked *au gratin* **2.** *F:* upper crust (of society).

gratiner [gratine] *vtr Cu:* to cook (sth) *au gratin.* **gratiné, -ée 1.** *a* (*a*) *Cu: au gratin* (*b*) *F:* astonishing, outrageous **2.** *nf Cu:* onion soup *au gratin.*

gratis [gratis] **1.** *adv* gratis; free of charge **2.** *a* free.

gratitude [gratityd] *nf* gratitude, gratefulness.

gratte [grat] *nf F:* pickings, perks, rake-off.

gratte-ciel [gratsjɛl] *nm inv* skyscraper.

grattement [gratmɑ̃] *nm* scratching.

gratte-papier [gratpapje] *nm inv Pej:* pen-pusher.

gratte-pieds [gratpje] *nm inv* (metal) doormat.

gratter [grate] **1.** *vtr* (*a*) to scrape, scratch; **se g. l'oreille,** to scratch one's ear; **ça me gratte** it makes me itch; *F:* **g. les fonds de tiroir,** to scrape the (bottom of the) barrel (*b*) to erase (a word) **2.** *vi* (*a*) **g. à la porte,** to scratch at the door (*b*) **g. du violon,** to scrape on the fiddle (*c*) **plume qui gratte,** scratchy nib (*d*) *P:* to work.

grattoir [gratwar] *nm* scraper.

gratuité [gratɥite] *nf* (*a*) **la g. de l'enseignement,** free education (*b*) gratuitousness. **gratuit** *a* (*a*) free (of charge) (*b*) gratuitous (insult). **gratuitement** *adv* (*a*) free of charge (*b*) gratuitously.

gravats [grava] *nmpl* rubble.

grave [grav] *a* **1.** serious **2.** deep (voice); **sons graves,** bass tones **3.** *Gram:* **accent g.,** grave accent. **gravement** *adv* gravely, solemnly, seriously.

graver [grave] *vtr* to engrave, carve; to cut (record); **g. à l'eau-forte,** to etch; *Fig:* **c'est gravé dans ma mémoire,** it's engraved on my memory.

graves [grav] *nmpl Mus:* **les g.,** the low notes, the lower register.

graveur [gravœr] *nm* engraver; carver; **g. à l'eau-forte,** etcher.

gravier [gravje] *nm* gravel, grit.

gravillon [gravijɔ̃] *nm* fine gravel; *PN:* **gravillons,** loose chippings.

gravir [gravir] *vtr* to climb (mountain).

gravité [gravite] *nf* **1.** *Ph:* gravity **2.** gravity, seriousness; **blessure sans g.,** slight wound.

graviter [gravite] *vi* **1.** to gravitate **2.** to revolve; (*of planet*) to orbit.

gravure [gravyr] *nf* **1.** engraving; **g. sur bois,** woodcutting; **g. à l'eau-forte,** etching **2.** print; engraving; etching; **g. en couleurs,** colour print; **g. hors texte,** full-page plate **3.** carving (of stone) **4.** cutting (of record).

gré [gre] *nm* **1.** liking, taste; **à mon g.,** to my taste **2.** will, pleasure; **contre le g. de qn,** against s.o.'s wishes; **de mon plein g.,** of my own free will, my own accord; **de bon g.,** willingly; **bon g. mal g.,** whether we like it or not; willy-nilly; **de g. ou de force,** by fair means or foul; **au g. des flots,** at the mercy of the waves **3. savoir (bon) g. à qn de qch,** to be grateful to s.o. for sth.

Grèce [grɛs] *Prnf Geog:* Greece. **grec, grecque 1.** *a* Greek; Grecian **2.** *n* Greek **3.** *nm Ling:* Greek.

gredin [grədɛ̃] *n* rogue; rascal.

gréement [gremɑ̃] *nm Nau:* rigging.

gréer [gree] *vtr Nau:* to rig.

greffage [grɛfaʒ] *nm* grafting.

greffe¹ [grɛf] *nm* **1.** *Hort:* graft, slip; *Surg:* graft; transplant (of organ); **g. du cœur,** heart transplant **2.** grafting.

greffe² *nf Jur:* office of the clerk of the court.

greffer [grefe] *vtr Hort: Surg:* to graft (**à,** on to); *Surg:* to transplant (organ). **greffé** *n* transplant patient; **g. cardiaque, g. du cœur,** heart-transplant patient.

greffier [grefje] *nm* **1.** *Jur:* clerk (of the court) **2.** *Adm:* registrar.

greffon [grɛfɔ̃] *nm Hort:* graft; *Surg:* transplant, graft.

grégaire [gregɛr] *a* gregarious.

grêle¹ [grɛl] *a* slender, thin (leg); high-pitched (voice).

grêle² *nf* hail; **averse de g.,** hailstorm; **g. de coups,** shower of blows.

grêlé [grele] *a* pockmarked (face, etc).

grêler [grele] **1.** *v impers* **il grêle,** it's hailing **2.** *vtr* to damage (crops) by hail.

grêlon [grɛlɔ̃] *nm* hailstone.

grelot [grəlo] *nm* (small round) bell; sleigh bell.

grelotter [grəlɔte] *vi* to tremble, shake, shiver (with cold, fear).

grenade [grənad] *nf* **1.** *Bot:* pomegranate **2.** *Mil:* (*a*) grenade (*b*) **g. sous-marine,** depth charge.

grenadine [grənadin] *nf* pomegranate syrup; grenadine.

grenat [grəna] **1.** *nm* garnet **2.** *a inv* garnet-red.

grenier [grənje] *nm* **1.** granary, storehouse; **g. à foin,** hay loft **2.** attic, garret.

grenouille [grənuj] *nf* **1.** frog; *F:* **g. de bénitier,** church hen **2.** *F:* money box; **manger la g.,** to raid the piggy bank.

grenouillère [grənujɛr] *nf* jumpsuit; babygro (*Rtm*).

grès [grɛ] *nm* **1.** sandstone **2. poterie de g.,** stoneware; **pot de g.,** stone(ware) pot.

grésil [grezi(l)] *nm* sleet; hail; frozen rain.

grésillement [grezijmɑ̃] *nm* crackling (of fire); sizzling (of frying pan).

grésiller [grezije] *vi* to crackle; (*of frying pan*) to sizzle.

grève [grɛv] *nf* **1.** (*a*) (sea)shore; (sandy) beach (*b*) (sand)bank **2.** strike; walkout; **se mettre en g.,** to go, to come out, on strike; to strike; to take strike action; **g. perlée,** go-slow, *NAm:* slow-down (strike) **g. sauvage,** wildcat strike; **g. sur le tas,** sit-down strike; **g. tournante,** strike by rota; **g. du zèle,** work(ing) to rule; **g. de la faim,** hunger strike.

grever [grəve] *vtr* **(je grève, n. grevons)** to burden (estate); **grevé d'impôts,** crippled by taxes.

gréviste [grevist] *n* striker.

gribouillage [gribujaʒ] *nm* scrawl, scribble; doodle.

gribouiller [gribuje] *vtr & i* to scrawl, scribble; to doodle.

gribouilleur, -euse [gribujœr, -øz] *n* scribbler.

gribouillis [gribuji] *nm* = **gribouillage**.

grief [gri(j)ɛf] *nm* grievance; **faire g. à qn de qch,** to hold sth against s.o.

grièvement [grijɛvmɑ̃] *adv* seriously, severely (wounded).

griffe [grif] *nf* **1.** claw; talon (of hawk); (*of cat*) **faire ses griffes,** to sharpen its claws; **coup de g.,** scratch; **tomber sous les griffes de qn,** to fall into s.o.'s clutches **2.** (*a*) stamped signature (*b*) (signature) stamp (*c*) (*on clothes*) label.

griffé [grife] *a* designer (clothes, etc).

griffer [grife] *vtr* to scratch; to claw.

griffonnage [grifɔnaʒ] *nm* scribble, scrawl; doodle.

griffonner [grifɔne] *vtr & i* to scrawl, scribble (off) (letter); to scrawl; to doodle.

grignotement [griɲɔtmɑ̃] *nm* nibbling.

grignoter [griɲɔte] *vtr* to nibble (sth); to pick at (food); to eat away at (sth).

gril [gri(l)] *nm Cu:* grid(iron), grill; *F:* **être sur le g.,** to be on tenterhooks.

grillade [grijad] *nf* grill, grilled meat.

grillage [grijaʒ] *nm* (metal) grating; wire netting.

grillager [grijaʒe] *vtr* **(je grillageai(s))** to surround (sth) with wire netting, wire fencing.

grille [grij] *nf* (*a*) (iron) bars; grille (of convent parlour); grating, grid; screen; (prison) bars (*b*) iron gate (*c*) railings (*d*) fire grate (*e*) (crossword) grid (*f*) scale (of salaries); timetable, schedule.

grille-pain [grijpɛ̃] *nm inv* toaster.

griller [grije] **1.** *vtr* to grill (meat); to toast (bread); to roast (coffee) **2.** *vtr* (*a*) to burn, scorch; to singe (one's hair); *F:* **g. une cigarette,** to smoke a cigarette (*b*) *El:* to burn out (bulb) (*c*) (*of sun, frost*) to scorch (vegetation); *Sp: F:* **g. un concurrent,** to race past a competitor; *Aut:* **g. un feu rouge,** to jump the lights; **g. une étape,** to miss out a stop **3.** *vi* (*a*) *Cu:* (*of meat*) to grill; (*of bread*) to toast; (*of coffee*) to roast (*b*) **g. d'impatience,** to be burning with impatience; **g. d'envie de faire qch,** to be itching to do sth.

grillon [grijɔ̃] *nm Ent:* cricket.

grimace [grimas] *nf* grimace, wry face; **faire la g.,** to pull a face; **faire une g. de douleur,** to wince; **faire des grimaces,** to pull faces.

grimacer [grimase] *vi* **(n. grimaçons)** to grimace; to make faces; to pull a face; **g. de douleur,** to wince.

grimer [grime] *vtr & pr Th:* to make up.

grimoire [grimwar] *nm* **1.** wizard's book of spells **2.** illegible scrawl.

grimper [grɛ̃pe] (*a*) *vi* to climb (up) (*b*) *vtr* to climb (a mountain); **g. l'escalier,** to go up the stairs. **grimpant** *a* climbing (plant, animal).

grimpette [grɛ̃pɛt] *nf F:* steep climb.

grincement [grɛ̃smɑ̃] *nm* grinding; creaking; grating.

grincer [grɛ̃se] *vi* **(n. grinçons)** to grate; to grind; to creak; **g. des dents,** to grind one's teeth; **cela fait g. les dents,** it sets one's teeth on edge. **grinçant** *a* grating, creaking.

grincheux, -euse [grɛ̃ʃø, -øz] **1.** *a* grumpy, bad-tempered **2.** *n* grumbler, grouser.

gringalet [grɛ̃galɛ] *nm Pej:* weed, weakling.

grippe [grip] *nf* **1. prendre qn en g.,** to take a dislike to s.o. **2.** *Med:* influenza, *F:* flu; **g. gastro-intestinale,** gastric flu. **grippé** *a* **être g.,** to have (the) flu.

gripper [gripe] *vtr & i MecE:* to seize up.

grippe-sou [gripsu] *nm* skinflint, miser; *pl grippe-sou(s)*.

gris [gri] **1.** *a* (*a*) grey, *NAm:* gray; **g. perle,** pearl grey; **g.-bleu,** blue grey; **aux cheveux g.,** grey-haired (*b*) cloudy, dull (weather) (*c*) **faire grise mine,** to look anything but pleased; **faire g. mine à qn,** to give s.o. the cold shoulder (*d*) *F:* (slightly) drunk, tipsy **2.** *nm* (*a*) grey (colour) (*b*) (= **tabac g.**) = shag. **grisâtre** *a* greyish.

grisant [grizɑ̃] *a* intoxicating.

griser [grize] *vtr* **1.** to make (s.o.) tipsy; **grisé par le succès,** intoxicated with success **2. se g.,** to get drunk, tipsy.

griserie [grizri] *nf* **1.** tipsiness **2.** intoxication, exhilaration.

grisonner [grizɔne] *vi* (*of pers, hair*) to go, to be going, grey. **grisonnant** *a* greying.

grisou [grizu] *nm Min:* firedamp.

grive [griv] *nf Orn:* thrush.

grivoiserie [grivwazri] *nf* **1.** bawdiness **2.** bawdy talk, gesture. **grivois, -oise** *a* bawdy.

Groenland [grɔɛnlɑ̃(d)] *Prnm Geog:* Greenland.

grog [grɔg] *nm* grog; toddy.

grognement [grɔɲmɑ̃] *nm* grunt; growl; snort.

grogner [grɔɲe] *vi* **1.** to grunt; to growl; to snort **2.** *F:* (*of pers*) to grumble; to grouse. **grognon 1.** *n* grumbler, grouser **2.** *a* (*f* **grognon** *or* **grognonne**), grumbling, peevish.

groin [grwɛ̃] *nm* snout (of pig).

grommeler [grɔmle] **1.** *vi* **(je grommelle)** to grumble, mutter **2.** *vtr* to mutter (an oath).

grommellement [grɔmɛlmɑ̃] *nm* grumbling, muttering.

grondement [grɔ̃dmɑ̃] *nm* **1.** growl(ing), snarling (of dog) **2.** rumble, rumbling (of thunder); roar (of torrent, engine); booming (of waves, guns).

gronder [grɔ̃de] **1.** *vi* (*a*) to growl, snarl (*b*) to rumble; (*of waves*) to roar; (*of guns*) to boom (*c*) *Lit:* **g. contre qn,** to grumble at s.o. **2.** *vtr* to scold (s.o.), to tell (s.o.) off. **grondeur, -euse** *a* grumbling.

gronderie [grɔ̃dri] *nf* scolding.

groom [grum] *nm* (*in hotel*) bellboy.

gros, grosse [gro, gros] **1.** (*a*) *a* big, bulky, large; stout; **grosse corde,** thick rope; **g. pullover,** chunky sweater; **g. bout,** thick end (of stick); **grosse toile,** coarse linen; **g. sel,** cooking salt; **c'est un peu g.!** that's a bit much! **g. rire** (i) loud (ii) coarse, laugh; **grosse voix,** gruff voice; **g. mot,** coarse expression, swearword; **grosse somme,** large sum (of money); **ce**

n'est pas une grosse affaire, (i) it's only a small business (ii) it's not very difficult; *Cards: etc:* **jouer g. (jeu),** to play for high stakes; **g. mangeur,** big eater; **g. buveur,** heavy, hard, drinker; **g. rhume,** heavy cold; **grosse fièvre,** high fever; **grosse faute,** serious mistake; **grosse mer,** heavy sea; **g. temps,** stormy, bad, weather; *F:* **les g. bonnets,** the bigwigs; **avoir le cœur g.,** to be sad at heart; *(of woman)* **grosse de trois mois,** three months pregnant *(b) adv* **gagner g.,** to earn a great deal; **risquer g.,** to take a big risk; **il y a g. à parier que,** a hundred to one (that); **écrire g.,** to write in big letters **2.** *n* large, fat, person **3.** *nm (a)* bulk, chief part; **le plus g. est fait,** the hardest part of the job is done; **g. de l'été,** height of summer *(b)* **en g.,** roughly, broadly; on the whole; **évaluation en g.,** rough estimate *(c) Com:* wholesale trade; **acheter, vendre, en g.,** to buy, sell, (i) wholesale (ii) in bulk; **boucher en g.,** wholesale butcher **4.** *nf Com:* **grosse,** gross; twelve dozen.

groseille [grozɛj] *nf* **1. g. (rouge),** redcurrant **2. g. à maquereau,** gooseberry.

groseillier [grozeje] *nm* **1.** (red)currant bush **2. g. à maquereau,** gooseberry bush.

grossesse [grosɛs] *nf* pregnancy; **g. nerveuse,** phantom pregnancy; **robe de g.,** maternity dress.

grosseur [grosœr] *nf* **1.** size, bulk, volume; weight, fatness (of pers) **2.** *Med:* swelling, growth.

grossièreté [grosjɛrte] *nf (a)* coarseness, roughness (of object) *(b)* rudeness, vulgarity, coarseness (of manner); **dire des grossièretés,** to say rude things, to use coarse language *(c)* grossness (of mistake). **grossier, -ière** *a (a)* coarse, rough *(b)* **ignorance grossière,** crass ignorance; **faute grossière,** gross blunder *(c)* rude, unmannerly **(envers,** to); vulgar, coarse; illmannered, rude. **grossièrement** *adv* roughly, coarsely; crudely; rudely.

grossir [grosir] **1.** *vtr* to enlarge, to swell, to magnify; **torrent grossi par les pluies,** torrent swollen by the rain; **grossi trois fois,** magnified three times; **g. sa voix,** to raise one's voice **2.** *vi* to increase, swell; to grow bigger, larger; *(of pers)* to put on weight; **j'ai grossi de cinq kilos,** I've put on five kilos.

grossissement [grosismã] *nm* **1.** increase (in size) **2.** *(a)* magnifying, enlargement *(b)* magnification.

grossiste [grosist] *nm* wholesaler.

grosso modo [grosomɔdo] *adv* roughly (speaking).

grotesque [grɔtɛsk] *a (a)* grotesque *(b)* ludicrous, absurd.

grotte [grɔt] *nf* (underground) cave; grotto.

grouillement [grujmã] *nm* swarming, crawling.

grouiller [gruje] *vi* **1.** to be crawling, swarming **(de,** with) **2.** *P:* **se g.,** to get a move on.

groupe [grup] *nm* **1.** *(a)* group (of people); clump (of trees); cluster (of stars); party (of people); **par groupes de deux ou trois,** in twos and threes; **g. de travail,** working party; *Pol:* **g. de pression,** pressure group; *Med:* **g. sanguin,** blood group *(b)* **g. scolaire,** school block **2.** *El:* set; **g. électrogène,** generating set **3.** *Mil: etc:* **g. de combat,** squad; **g. d'artillerie,** battery; **g. d'aviation,** squadron.

groupement [grupmã] *nm* **1.** grouping **2.** group.

grouper [grupe] *vtr* **1.** to group; to arrange (in groups); *Com:* to bulk (parcels) **2. se g.,** to form a group; **se g. autour du feu,** to gather round the fire.

groupie [grupi] *n* **1.** groupie **2.** *F:* fan, supporter.

groupuscule [grupyskyl] *nm F: Pej:* (small) group.

gruau [gryo] *nm* **1. (farine de) g.,** (finest) wheat flour **2.** *Cu:* gruel.

grue [gry] *nf* **1.** *Orn:* crane; **faire le pied de g.,** to cool one's heels **2.** *P:* prostitute, tart **3.** *MecE:* crane.

grumeau, -eaux [grymo] *nm* lump (in sauce).

gruyère [gryjɛr] *nm* gruyere (cheese).

gué [ge] *nm* ford; **passer une rivière à g.,** to ford a river. **guéable** *a* fordable.

guenille [gənij] *nf* tattered garment, old rag; **en guenilles,** in rags (and tatters).

guenon [gənɔ̃] *nf* she-monkey.

guépard [gepar] *nm Z:* cheetah.

guêpe [gɛp] *nf Ent:* wasp.

guêpier [gepje] *nm* **1.** wasps' nest; **tomber dans un g.,** to stir up a hornets' nest **2.** *Orn:* bee eater.

guère [gɛr] *adv (always with neg expressed or understood)* hardly (any), not much, not many, only a little, only a few; **je ne l'aime g.,** I don't much care for him; **cet appel n'a eu g. de succès,** the appeal met with very little success; **il ne mange g. que du pain,** he eats hardly anything but bread; **il ne tardera g. à venir,** he won't be long in coming; **il n'y a g. plus de six ans,** hardly more than six years ago; **il ne s'en faut (de) g.,** it's not far short.

guéridon [geridɔ̃] *nm* pedestal table.

guérilla [gerija] *nf* **1.** guer(r)illa warfare **2.** band of guer(r)illas.

guérillero [gerijero] *nm* guer(r)illa.

guérir [gerir] **1.** *vtr* to cure (pers, illness); heal (wound) **2.** *vi (a)* to be cured; to recover *(b) (of wound)* to heal **3. se g.,** to get better, to be cured; **se g. d'une habitude,** to break a habit. **guérissable** *a* curable.

guérison [gerizɔ̃] *nf* **1.** recovery **2.** *(a)* cure (of disease) *(b)* healing (of wound).

guérisseur, -euse [gerisœr, -øz] *n (a)* healer *(b)* quack (doctor) *(c)* faith healer.

guérite [gerit] *nf* **1.** sentry box **2.** cabin, shelter (for watchman).

Guernesey [gɛrnəzɛ] *Prnm Geog:* Guernsey.

guerre [gɛr] *nf* **1.** *(a)* war, warfare; **g. sur mer,** naval warfare; **g. atomique,** atomic warfare; **g. froide,** cold war; **g. des étoiles,** star wars; **se mettre en g.,** to go to war; **en temps de g.,** in wartime; **faire la g. à un pays,** to wage war on a country; **faire la g. avec qn,** to be in the war with s.o.; **à la g. comme à la g.,** one must take the rough with the smooth *(b)* **la première, seconde, g. mondiale,** the first, second, world war; **la drôle de g.,** the phoney war **2.** strife, feud; **être en g. ouverte avec qn,** to be openly at war with s.o.; **de g. lasse,** for the sake of peace and quiet. **guerrier, -ière 1.** *a* warlike; war (dance) **2.** *nm* warrior.

guet [gɛ] *nm* **1.** watch(ing); lookout; **avoir l'œil au g.,** to keep a sharp lookout **2.** *Hist:* watch.

guet-apens [gɛtapã] *nm* ambush, snare; *pl guets-apens.*

guêtre [gɛtr] *nf* gaiter.

guetter [gete] *vtr* to lie in wait for, to be on the lookout for, to watch for (s.o.).

guetteur [gɛtœr] *nm Mil:* lookout (man).

gueule [gœl] *nf* **1.** *(a)* mouth (of carnivorous animal *(b) P:* mouth (of pers); **fine g.,** gourmet; **(ferme) ta**

g.! shut up! **avoir la g. de bois,** to have a hangover (*c*) *P:* face, mug; **casser la g. à qn,** to beat someone up; **se casser la g.,** to come a cropper; **avoir une sale g.,** to look nasty; **faire la g.,** to sulk, to look sulky (*d*) *F:* **ça a une drôle de g.,** it looks weird **2.** mouth (of tunnel); muzzle (of gun).

gueule-de-loup [gœldəlu] *nf Bot:* snapdragon; *pl gueules-de-loup.*

gueulement [gœlmɑ̃] *nm F:* shout, yell.

gueuler [gœle] *vtr & i P:* to bawl, shout; to bawl out (song); **faire g. la radio,** to turn the radio on full blast.

gueuleton [gœltɔ̃] *nm P:* blowout.

gueux, -euse [gø, -øz] *n* (*a*) beggar; tramp (*b*) rascal, rogue.

gui [gi] *nm Bot:* mistletoe.

guibol(l)e [gibɔl] *nf P:* leg, pin.

guichet [giʃɛ] *nm* **1.** (*a*) wicket (gate) (*b*) spy hole, grille, grating (in door); (service) hatch (in restaurant) **2.** (*a*) *Bank: Post:* position; **g. fermé,** position closed (*b*) booking office; *Th:* box office.

guichetier, -ière [giʃtje, -jɛr] *nm* booking clerk; counter clerk.

guidage [gidaʒ] *nm* guiding; *Av:* guidance.

guide[1] [gid] *nm* **1.** (*a*) (tourist, museum) guide; conductor (*b*) *nf* (girl) guide **2.** guide (book).

guide[2] *nf* rein.

guider [gide] *vtr* to guide, conduct, direct, lead.

guidon [gidɔ̃] *nm* handlebar(s) (of bicycle).

guigne [giɲ] *nf F:* bad luck; **avoir la g.,** to be out of luck.

guigner [giɲe] *vtr* to give a surreptitious glance at, to eye (sth).

guignol [giɲɔl] *nm* (*a*) = Punch; **faire le g.,** to act the fool (*b*) = Punch and Judy show; puppet show.

guillemets [gijmɛ] *nmpl* inverted commas, quotation marks; (*when dictating*) **ouvrez, fermez, les g.,** quote; unquote.

guilleret, -ette [gijrɛ, -ɛt] *a* lively (pers); brisk (tune); risqué (joke).

guillotine [gijɔtin] *nf* guillotine; **fenêtre à g.,** sash window.

guillotiner [gijɔtine] *vtr* to guillotine.

guimauve [gimov] *nf Comest:* marshmallow.

guimbarde [gɛ̃bard] *nf* **1.** Jew's harp **2.** *F:* old banger; jalopy.

guincher [gɛ̃ʃe] *vi P:* to dance.

guindé [gɛ̃de] *a* stiff, stilted; starchy (person); stilted (style).

Guinée [gine] *Prnf Geog:* Guinea.

guingois [gɛ̃gwa] *adv phr* **de g.,** askew, lopsided.

guinguette [gɛ̃gɛt] *nf* (suburban) café (with music and dancing, *usu* in the open).

guirlande [girlɑ̃d] *nf* garland, wreath, festoon.

guise [giz] *nf* manner, way, fashion; **faire à sa g.,** to do as one pleases; **en g. de,** (i) by way of (ii) instead of.

guitare [gitar] *nf Mus:* guitar.

guitariste [gitarist] *n* guitarist.

guitoune [gitun] *nf F:* tent; **coucher sous la g.,** to sleep under canvas.

guttural, -aux [gytyral, -o] **1.** *a* guttural; throaty **2.** *nf Ling:* **gutturale,** guttural.

Guyane [gɥijan] *Prnf Geog: Pol:* Guyana; **G. française,** French Guiana.

gym [ʒim] *nf F:* gymnastics.

gymkhana [ʒimkana] *nm* gymkhana.

gymnase [ʒimnaz] *nm* gymnasium.

gymnaste [ʒimnast] *n* gymnast.

gymnastique [ʒimnastik] **1.** *a* gymnastic **2.** *nf* gymnastics; **g. corrective,** remedial gymnastics; **g. intellectuelle,** mental gymnastics; *F:* **g. matinale,** morning exercises.

gynécologie [ʒinekɔlɔʒi] *nf* gyn(a)ecology. **gynécologique** *a* gyn(a)ecological.

gynécologue [ʒinekɔlɔg] *n* gyn(a)ecologist.

gyroscope [ʒirɔskɔp] *nm* gyroscope.

gyrostat [ʒirɔsta] *nm* gyrostat.

H

Words beginning with an aspirate h *are shown by an asterisk.*

H, h [aʃ] *nm & f* (the letter) H, h; **h muet(te), aspiré(e),** mute h, aspirate h; **l'heure H,** zero hour; **bombe H,** H-bomb.

ha *abbr hectare.*

habileté [abilte] *nf* (*a*) ability, skill, skilfulness (*b*) cleverness, smartness. **habile** *a* clever, skilful (**à qch,** at sth; **à faire qch,** at doing sth); **mains habiles,** skilled hands. **habilement** *adv* cleverly, skilfully.

habillement [abijmɑ̃] *nm* **1.** clothing, dressing **2.** clothes, dress.

habiller [abije] *vtr* **1.** (*a*) to dress (s.o.) (**de,** in) (*b*) to clothe, to provide (s.o.) with clothes (*c*) to cover (furniture) **2. s'h.,** (*a*) to dress (oneself); to get dressed; **s'h. en femme,** to dress up as a woman; **elle ne sait pas s'h.,** she has no taste in clothes (*b*) **s'h. chez un tailleur,** to get one's clothes made by a tailor. **habillé** *a* **1.** dressed (**de,** in) **2.** (*of clothes*) smart, dressy.

habilleur, -euse [abijœr, -øz] *n Th:* dresser.

habit [abi] *nm* **1.** dress, costume; *pl* clothes; **h. du dimanche,** Sunday best; **h. de cour,** court dress **2.** (*a*) *A:* coat (*b*) tails; **être en h.,** to be in evening dress **3.** (monk's, nun's) habit.

habitable [abitabl̩] *a* (in)habitable, fit for habitation.

habitacle [abitakl̩] *nm Aut:* interior; *Nau:* binnacle; *Av:* cockpit.

habitant, -ante [abitɑ̃, -ɑ̃t] *n* (*a*) inhabitant (of country, etc) (*b*) occupant (of flat, house).

habitat [abita] *nm* **1.** habitat (of animal, plant) **2.** housing, living conditions.

habitation [abitasjɔ̃] *nf* **1.** habitation; inhabiting **2.** dwelling (place), residence; house; **h. à loyer modéré (HLM)** = *Br* council house, council flat; *US:* low-rent apartment building.

habiter [abite] **1.** *vtr* (*a*) to inhabit, to live in (a place); **cette pièce n'a jamais été habitée,** this room has never been lived in (*b*) to occupy (house) **2.** *vi* to live, reside (**à, en, dans,** in). **habité** *a* inhabited (region); occupied (house).

habitude [abityd] *nf* (*a*) habit, custom; **prendre l'h. de faire qch,** to get into the habit of doing sth; **se faire une h. de,** to make a habit of; **avoir l'h. de faire qch,** to be in the habit of doing sth; **mauvaises habitudes,** bad habits; **il en a l'h.,** he's used to it; **faire perdre une h. à qn,** to break s.o. of a habit; **d'h.,** usually, ordinarily; **comme d'h.,** as usual (*b*) knack; **je n'en ai plus l'h.,** I'm out of practice.

habitué, -ée [abitɥe] *n* frequenter; regular visitor, customer; habitué.

habituer [abitɥe] *vtr* **1.** to accustom, make familiar; **h. qn à qch,** to get s.o. used to sth; **être habitué à,** to be used, accustomed, to **2. s'h.,** to get used, to get accustomed (**à,** to). **habituel, -elle** *a* usual, customary, regular; habitual. **habituellement** *adv* habitually, usually, regularly.

***hache** [aʃ] *nf* axe, *NAm:* ax; **h. de guerre,** tomahawk; *Fig:* **enterrer la h. de guerre,** to bury the hatchet.

***hache-légumes** [aʃlegym] *nm inv Cu:* vegetable cutter, chopper.

***hacher** [aʃe] *vtr* (*a*) to chop (up); to mince (meat); **h. menu,** to mince finely, to chop finely; **se faire h.,** to be cut to pieces (*b*) to hack (up), mangle; to interrupt (speech). **haché 1.** *a* (*a*) minced, chopped (*b*) jerky, staccato (style) **2.** *nm Cu:* minced meat, minced beef, *NAm:* ground meat.

***hachette** [aʃɛt] *nf* hatchet.

***hache-viande** [aʃvjɑ̃d] *nm inv Cu:* mincer.

***hachis** [aʃi] *nm Cu:* minced meat; mince, *NAm:* ground meat; **h. Parmentier** = cottage pie, shepherd's pie.

***hachisch** [aʃiʃ] *nm* hashish.

***hachoir** [aʃwar] *nm* **1.** (*a*) chopper (*b*) chopping board **2.** mincer, mincing machine, *NAm:* grinder.

***haddock** [adɔk] *nm* smoked haddock.

***hagard** [agar] *a* haggard, wild(-looking); drawn (face).

***haie** [ɛ] *nf* (*a*) hedge; **h. vive,** quickset hedge (*b*) *Sp:* hurdle; *Turf:* fence; **course de haies,** (i) hurdle race (ii) steeplechase; **400 mètres haies,** 400 metres hurdles (*c*) line, row (of trees, people).

***haillon** [ɑjɔ̃] *nm* rag; **en haillons,** in rags and tatters.

***haine** [ɛn] *nf* hatred; hate; **avoir de la h. pour qch, qn,** to hate, detest, sth, s.o. **haineux, -euse** *a* full of hatred, hate. **haineusement** *adv* with hatred.

***haïr** [air] *vtr* (**je hais, n. haïssons;** *imp* **hais**) to hate, detest, loathe. **haïssable** *a* hateful, detestable.

***halage** [alaʒ] *nm* towing; **chemin de h.,** towpath.

***hâle** [ɑl] *nm* (sun)tan, sunburn. **hâlé** *a* (sun)tanned, sunburnt; weather-beaten.

haleine [alɛn] *nf* breath; **avoir mauvaise h.,** to have bad breath; **perdre h.,** to get out of breath; **courir à perdre h.,** to run until one is out of breath; **discuter à perdre h.,** to argue nonstop; **reprendre h.,** to get one's breath back; **hors d'h.,** out of breath; **travail de longue h.,** long and exacting task; **tenir qn en h.,** to keep s.o. in suspense.

***haler** [ale] *vtr* to tow; to haul (in).

***hâler** [ɑle] *vtr* (*of sun*) to tan, burn, brown.

***halètement** [alɛtmɑ̃] *nm* panting; gasping (for breath); puffing.

***haleter** [alte] *vi* **(je halète)** to pant; to gasp (for breath); to puff. **haletant** *a* panting, breathless, out of breath; gasping (for breath).

***hall** [ɔl] *nm* (entrance) hall; (hotel) foyer; **h. de gare,** arrival, departure, hall.

***halle** [al] *nf* (covered) market; **les halles,** the central food market.

***hallier** [alje] *nm* thicket, copse, brake.

hallucination [alysinasjɔ̃] *nf* hallucination, delusion. **hallucinant** *a* staggering.

hallucinogène [al(l)ysinɔʒɛn] **1.** *a* hallucinogenic **2.** *nm* hallucinogen.

***halo** [alo] *nm* **1.** *Meteor:* halo **2.** *Phot:* halation.

halogène [alɔʒɛn] *nm* **lampe (à) h., h.,** halogen lamp.

***halte** [alt] *nf* **1.** stop, halt; **faire h.,** to make a halt, to (come to a) stop **2.** stopping place, resting place; *Rail:* halt.

haltère [altɛr] *nm* dumbbell; barbell; **faire des haltères,** to do weightlifting.

haltérophilie [alterɔfili] *nf* weightlifting.

***hamac** [amak] *nm* hammock.

***Hambourg** [ɑ̃bur] *Prnm Geog:* Hamburg. **'hambourgeois, -oise** *a & n* native, inhabitant, of Hamburg; Hamburger.

***hameau, -eaux** [amo] *nm* hamlet.

hameçon [amsɔ̃] *nm* (fish) hook; *Fish: & Fig:* **mordre à l'h.,** to rise to the bait.

***hampe** [ɑ̃p] *nf* **1.** staff, pole (of flag); shaft (of spear) **2.** *Cu:* (*a*) thin flank (of beef) (*b*) breast (of venison).

***hamster** [amstɛr] *nm Z:* hamster.

***hanche** [ɑ̃ʃ] *nf* **1.** hip; **les (deux) poings sur les hanches,** with arms akimbo **2.** haunch (of horse); *pl* hindquarters.

***hand(-)ball** [ɑ̃dbal] *nm* handball.

***handicap** [ɑ̃dikap] *nm* handicap.

***handicapant** (ɑ̃dikapɑ̃] *a* disabling (illness, etc).

***handicaper** [ɑ̃dikape] *vtr* to handicap. **handicapé, -ée** *a & n* handicapped (person); **les handicapés,** the disabled; **h. moteur,** spastic.

***hangar** [ɑ̃gar] *nm* **1.** (open) shed; shelter; depot; **h. à bateaux,** boathouse **2.** *Av:* hangar.

***hanneton** [antɔ̃] *nm Ent:* cockchafer, maybug.

***hanter** [ɑ̃te] *vtr* (*of ghost*) to haunt; **être hanté par une idée,** to be obsessed by an idea.

***hantise** [ɑ̃tiz] *nf* haunting memory; obsession; **avoir la h. de,** to have an obsession with.

***happer** [ape] *vtr* (*of birds*) to snap up, snatch, seize, catch (insects); **la voiture a été happée par un train,** the car was hit by a train.

***harangue** [arɑ̃g] *nf* harangue, speech.

***haranguer** [arɑ̃ge] *vtr* (*a*) to harangue (*b*) to lecture (s.o.).

***haras** [arɑ] *nm* stud farm.

***harassement** [arasmɑ̃] *nm* fatigue, exhaustion.

***harasser** [arase] *vtr* to tire (out), exhaust.

***harcèlement** [arsɛlmɑ̃] *nm* harassment, harassing; **h. sexuel,** sexual harassment.

***harceler** [arsəle] *vtr* **(je harcèle)** to harass, torment; **h. qn de questions,** to pester, plague, s.o. with questions.

***hardes** [ard] *nfpl* (worn) clothes.

***hardiesse** [ardjɛs] *nf* (*a*) boldness, daring; *Lit:* **une h.,** an audacity (*b*) impudence, effrontery; **il a eu la h. de me tourner le dos,** he had the audacity, the cheek, to turn his back on me. **hardi** *a* (*a*) bold; daring, fearless (*b*) rash (*c*) impudent (*d*) **h. les gars!** come on lads! **hardiment** *adv* boldly; daringly; rashly; impudently.

***harem** [arɛm] *nm* harem.

***hareng** [arɑ̃] *nm* herring; **h. bouffi,** bloater; **h. saur,** smoked herring; **h. (salé et) fumé,** kipper.

***hargne** [arɲ] *nf* bad temper, surliness; aggressiveness. **hargneux, -euse** *a* bad tempered, cantankerous, aggressive. **hargneusement** *adv* viciously, aggressively.

***haricot** [ariko] *nm* **1.** *Cu:* **h. de mouton,** Irish stew **2. h. blanc,** (haricot) bean; **h. vert,** French bean; **h. à rames,** runner bean; *P:* **c'est la fin des haricots,** it's the bloody limit.

harmonica [armɔnika] *nm Mus:* harmonica, mouth organ.

harmonie [armɔni] *nf* **1.** (*a*) harmony; agreement; **en h. avec,** in harmony with (*b*) harmoniousness **2.** *Mus:* harmony. **harmonieux, -euse** *a* (*a*) harmonious, tuneful (sound) (*b*) harmonious (family); (*of colours*) well matched. **harmonieusement** *adv* harmoniously.

harmonisation [armɔnizasjɔ̃] *nf* harmonization.

harmoniser [armɔnize] *vtr* **1.** to harmonize; to match (colours) **2. s'h.,** to harmonize, agree (**avec,** with); (*of colours*) to tone in (**avec,** with), to match.

harmonium [armɔnjɔm] *nm Mus:* harmonium.

***harnachement** [arnaʃmɑ̃] *nm* **1.** harnessing (of horse) **2.** (*a*) harness (*b*) saddlery **3.** *F:* rig-out.

***harnacher** [arnaʃe] *vtr* to harness; *Fig:* **être harnaché** (*of pers*) to be rigged out (**de,** in).

***harnais** [arnɛ] *nm* harness.

***harpe** [arp] *nf Mus:* harp.

***harpie** [arpi] *nf Myth: Fig:* harpy.

***harpiste** [arpist] *n* harpist.

***harpon** [arpɔ̃] *nm* harpoon; **pêche au h.,** spear fishing.

***harponner** [arpɔne] *vtr* **1.** to harpoon **2.** *P:* (*a*) to arrest, collar (s.o.) (*b*) to stop, corner (s.o.).

***hasard** [azar] *nm* (*a*) chance, luck, accident; **coup de h.,** (i) stroke of luck (ii) fluke; **jeu de h.,** game of chance; **ne rien laisser au h.,** to leave nothing to chance; **le h. a voulu que,** as luck would have it; **au h.,** haphazardly, at random; **par h.,** by accident, by chance; **si par h.,** if by any chance (*b*) risk, danger; **à tout h.,** on the off chance; just in case; **les hasards de la guerre,** the hazards of war.

***hasarder** [azarde] *vtr* **1.** to risk; to venture, hazard (one's life, a guess) **2. se h.,** to take risks; **se h. dans,** to venture into; **se h. à faire qch,** to venture to do sth. **hasardé, hasardeux, -euse** *a* hazardous, perilous, risky.

***haschisch** [aʃiʃ] *nm* hashish.

***hâte** [ɑt] *nf* haste, hurry; **avoir h. de faire qch.,** (i) to be in a hurry to do sth (ii) to be eager to do sth; **en h., à la h.,** in haste, hastily; **en toute h.,** with all possible speed, posthaste; **sans h.,** deliberately, in a leisurely way.

***hâter** [ɑte] *vtr* **1.** to hasten; to hurry (sth) on; to accelerate (proceedings); **h. le pas,** to quicken one's pace **2. se h.,** to hasten, hurry. **hâtif, -ive** *a* (*a*) forward, early (spring, fruit); premature (decision); precocious (fruit) (*b*) hasty, hurried, ill-considered (plan). **hâtivement** *adv* hastily, hurriedly.

***hausse** [os] *nf* rise, rising; increase (in prices); **être en h.,** to be rising; *Fig:* **les affaires sont en h.,** things are looking up.

***haussement** [osmɑ̃] *nm* **h. d'épaules,** shrug.

***hausser** [ose] *vtr* **1.** to raise, lift; to heighten (wall); **h. les épaules,** to shrug (one's shoulders) **2. se h. sur la pointe des pieds,** to stand on tiptoe; **se h. jusqu'à qn,** to raise oneself to s.o.'s level.

***haut** [o] **1.** *a (a)* high; **homme de haute taille,** tall man; **mur h. de six mètres,** wall six metres high; **haute mer,** high seas, open sea; **à mer haute,** at high tide *(b)* important, great; **de h. rang,** of high rank; **h. fonctionnaire,** high-ranking official; **haute finance,** high finance; **haute cuisine,** haute cuisine *(c)* raised; **marcher la tête haute,** to carry one's head high; **voix haute,** (i) loud voice (ii) high(-pitched) voice; **lire à haute voix,** to read aloud *(d)* **haute trahison,** high treason; **être h. en couleur,** (i) to have a high colour (ii) to be colourful; *WTel:* **haute fréquence,** high frequency *(e)* upper, higher; **le plus h. étage,** the top floor; **la plus haute branche,** the topmost branch; **les hautes classes,** the upper classes; *P:* **la haute,** the upper crust; *Geog:* **le h. Rhin,** the upper Rhine **2.** *adv (a)* high (up), above, up; **h. les mains!** hands up! **parler h.,** to speak loudly; **parlez plus h.!** speak up! **penser tout h.,** to think aloud, out loud; **viser h.,** to aim high; **h. placé,** in a high position; in high places *(b)* back; **voir plus h.,** see above; **remonter plus h.,** to go further back (in time) **3.** *nm (a)* height; **avoir deux mètres de h.,** to be two metres tall, high; **tomber de h.,** (i) to fall from a high position (ii) to be taken aback *(b)* top; upper part; **h. de la table,** head of the table; **les hauts et les bas,** the ups and downs (of life); **l'étage du h.,** the top floor; **du h. de la falaise,** down from the cliff; **de h. en bas,** (i) downwards (ii) from top to bottom; **regarder qn de h. en bas,** to look s.o. up and down; **traiter qn de h.,** to patronize s.o.; to look down on s.o.; **du h. en bas,** from top to bottom; **en h.,** (i) above (ii) upstairs; **au h., en h., d'une échelle,** at the top of a ladder; **d'en h.,** (i) from above (ii) from upstairs. **hautement** *adv (a)* highly (esteemed) *(b)* openly, boldly.

***hautain** [otɛ̃] *a* haughty.

***hautbois** [obwɑ] *nm Mus:* oboe.

***haut-de-forme** [odfɔrm] *nm* top hat; *pl hauts-de-forme.*

***haute-contre** [otkɔ̃tr̥] *Mus:* **1.** *nf (voice)* countertenor, alto **2.** *nm (singer)* countertenor; *pl hautes-contre.*

***haute-fidélité** [otfidelite] *nf Rec:* high fidelity; *pl hautes-fidélités.*

***hauteur** [otœr] *nf* **1.** *(a)* height, elevation; altitude; *Av:* **prendre de la h.,** to climb; **à la h. de qch,** abreast of, level with, sth; **arriver à la h. de qch,** to draw level with sth; **à la h. des yeux,** at eye level; **être, se montrer, à la h. d'une tâche,** to be equal to a task; *F:* **être à la h.,** to be up to it; *Sp:* **saut en h.,** high jump *(b)* depth; **h. libre, de passage,** headroom (of bridge); clearance *(c) Mus:* pitch (of note) *(d)* loftiness (of ideas) **2.** haughtiness **3.** height; hilltop.

***haut-fond** [ofɔ̃] *nm* shoal, shallow (in sea, river); *pl hauts-fonds.*

***haut(-)fourneau** [ofurno] *nm* blast furnace; *pl hauts-fourneaux.*

***haut-le-cœur** [olkœr] *nm inv* heave (of stomach); **avoir des h.-le-c.,** to retch.

***haut-le-corps** [olkɔr] *nm inv* sudden start, jump.

***haut-parleur** [oparlœr] *nm Rec: WTel:* (loud)-speaker; **h.-p. d'aigus,** tweeter; **h.-p. de graves,** woofer; *pl haut-parleurs.*

***Havane** [avan] **1.** *prnf Geog:* Havana **2.** *nm* Havana (cigar).

***hâve** [ɑv] *a* haggard, gaunt; sunken (cheeks).

***havre** [ɑvr̥] *nm Lit:* haven, port; harbour.

***havresac** [avrəsak] *nm* haversack; (workman's) tool bag.

Hawaï [awaj(i)] *Prnm Geog:* Hawaii. **hawaïen, -ïenne** *a & n Geog:* Hawaiian.

***Haye (la)** [laɛ] *Prnf Geog:* the Hague.

***hayon** [ajɔ̃] *nm (a)* tailgate, rear door (of van) *(b)* hatchback (of car).

***hé** [e] *int* **1.** hey! **2.** well! **hé oui!** yes indeed!

hebdomadaire [ɛbdɔmadɛr] *a & nm* weekly.

hébergement [ebɛrʒəmɑ̃] *nm* lodging, sheltering; putting up, taking-in; **centre d'h.,** shelter.

héberger [ebɛrʒe] *vtr* **(n. hébergeons)** to lodge, shelter; to put (s.o.) up, to take (s.o.) in.

hébétement [ebɛtmɑ̃] *nm* stupefaction.

hébéter [ebete] *vtr* **(j'hébète; j'hébéterai)** to stupefy; to daze. **hébété** *a* dazed, vacant; bewildered.

hébraïque [ebraik] *a* Hebraic, Hebrew.

hébreu, -eux [ebrø] **1.** *am & nm* **(hébraïque** *is used for the f)* Hebrew **2.** *nm Ling:* Hebrew; *F:* **c'est de l'h. pour moi,** it's all Greek to me.

HEC *abbr Hautes études commerciales.*

hécatombe [ekatɔ̃b] *nf* slaughter.

hectare [ɛktar] *nm* hectare (= 2.47 acres).

hectolitre [ɛktɔlitr̥] *nm* hectolitre.

hectomètre [ɛktɔmɛtr̥] *nm* hectometre.

hégémonie [eʒemɔni] *nf* hegemony, supremacy.

***hein** [ɛ̃] *int (a) (surprise)* eh! *(b)* **h.? tu peux m'expliquer?** well? can you explain?

hélas [elɑs] *int* alas! **h. non,** I'm afraid not.

***héler** [ele] *vtr* **(je hèle; je hélerai)** to hail (a taxi, etc).

hélice [elis] *nf Nau: Av:* propeller, screw.

hélicoptère [elikɔptɛr] *nm* helicopter.

héligare [eligar] *nf* heliport.

héliport [elipɔr] *nm* heliport. **héliporté** *a* transported by helicopter.

hélium [eliɔm] *nm Ch:* helium.

hellénique [elenik] *a* Hellenic; Greek.

helvétique [ɛlvetik] *a* Swiss.

***hem** [ɛm] *int* (a)hem! hm!

hématie [emati] *nf* red blood corpuscle.

hématome [ematom] *nm Med:* h(a)ematoma, bruise.

hémicycle [emisikl̥] *nm Arch:* hemicycle; **l'h. de la Chambre,** the floor of the Chamber (of Deputies).

hémisphère [emisfɛr] *nm* hemisphere; **l'h. nord, sud,** the northern, southern, hemisphere. **hémisphérique** *a* hemispheric(al).

hémoglobine [emɔglɔbin] *nf* h(a)emoglobin.

hémophilie [emɔfili] *nf Med:* h(a)emophilia. **hémophile 1.** *a* h(a)emophilic **2.** *n* h(a)emophiliac.

hémorragie [emɔraʒi] *nf Med:* h(a)emorrhage; bleeding.

hémorroïdes [emɔrɔid] *nfpl Med:* h(a)emorrhoids, piles.

hémostatique [emɔstatik] *a & nm* h(a)emostatic.

***hennir** [ɛnir] *vi* to whinny; to neigh.

hennissement [ɛnismɑ̃] *nm* whinny(ing), neigh(ing).

***hep** [ɛp] *int* hey (there)!

hépatite [epatit] *nf Med:* hepatitis. **hépatique 1.**

a hepatic **2.** *n* person suffering from a liver complaint.

héraldique [eraldik] **1.** *a* heraldic **2.** *nf* heraldry.

***héraut** [ero] *nm Hist: Fig:* herald.

herbacé [ɛrbase] *a Bot:* herbaceous.

herbage [ɛrbaʒ] *nm* **1.** grassland; pasture **2.** grass, herbage.

herbe [ɛrb] *nf* **1.** herb, plant; **fines herbes,** herbs (for seasoning); mixed herbs; **mauvaise h.,** weed **2.** grass; **couper l'h. sous le pied de qn,** to cut the ground from under s.o.'s feet **3. en h.,** (i) unripe (wheat) (ii) budding (poet). **herbeux, -euse** *a* grassy.

herbicide [ɛrbisid] *nm* weed killer.

herbier [ɛrbje] *nm* herbarium.

herbivore [ɛrbivɔr] **1.** *a* grass-eating, herbivorous **2.** *nm* herbivore.

herboriste [ɛrbɔrist] *n* herbalist.

herboristerie [ɛrbɔristəri] *nf* **1.** herbalist's shop **2.** herb trade.

herbu [ɛrby] *a* grassy.

Hercule [ɛrkyl] *Prnm* Hercules; **travail d'H.,** Herculean task; **h. de foire,** strong man. **herculéen, -enne** *a* Herculean.

hérédité [eredite] *nf* **1.** *Biol:* heredity **2.** *Jur:* right of inheritance. **héréditaire** *a* hereditary.

hérésie [erezi] *nf* heresy. **hérétique 1.** *a* heretical **2.** *n* heretic.

***hérisser** [erise] *vtr* **1.** (*a*) to bristle (up); (*of bird*) to ruffle (feathers) (*b*) to make (sth) bristle; to cover (sth) with spikes; **ce bruit hérisse le poil,** that noise makes one's hair stand on end; **planche hérissée de clous,** plank spiked with nails; **h. un texte de citations,** to fill a text with quotations; **h. qn,** to get s.o.'s back up **2. se h.,** to bristle (up); (*of hair*) to stand on end; (*of pers*) to get one's back up. **hérissé** *a* **1.** bristling (**de,** with) **2.** (*of hair*) standing on end; spiky, bristly; prickly.

***hérisson** [erisɔ̃] *nm Z:* hedgehog.

héritage [eritaʒ] *nm* inheritance, heritage; **faire un h.,** to receive a legacy; **laisser qch en h. à qn,** to leave sth to s.o.

hériter [erite] **1.** *vi* **h. d'une fortune,** to inherit a fortune **2.** *vtr* **h. qch de qn,** to inherit sth from s.o.

héritier, -ière [eritje, -jɛr] *n* heir, *f* heiress.

hermétisme [ɛrmetism] *nm* **1.** hermetism **2.** abstruseness, obscurity (of text). **hermétique** *a* **1.** tight (closed), hermetically sealed; hermetic (seal); airtight, watertight (joint) **2.** abstruse, obscure (text). **hermétiquement** *adv* hermetically.

hermine [ɛrmin] *nf* **1.** *Z:* stoat, ermine **2.** *Com:* ermine (fur).

***hernie** [ɛrni] *nf* **1.** *Med:* hernia, rupture; **h. discale,** slipped disc **2.** *Aut:* bulge, swelling (in tyre).

héroïne[1] [erɔin] *nf* heroine.

héroïne[2] *nf* (*drug*) heroin.

héroïnomane [erɔinɔman] *n* heroin addict.

héroïsme [erɔism] *nm* heroism. **héroïque** *a* heroic. **héroïquement** *adv* heroically.

***héron** [erɔ̃] *nm Orn:* heron.

***héros** [ero] *nm* hero.

herpès [ɛrpɛs] *nm Med:* herpes.

***herse** [ɛrs] *nf* **1.** *Agr:* harrow **2.** portcullis.

***herser** [ɛrse] *vtr Agr:* to harrow.

hertz [ɛrts] *nm El:* hertz. **hertzien, -ienne** *a* Hertzian.

hésitation [ezitasjɔ̃] *nf* hesitation; **avec h.,** hesitantly; **sans h.,** unhesitatingly, without faltering.

hésiter [ezite] *vi* **1.** to hesitate (**sur,** over, about; **à faire,** to do); **il n'y a pas à h.,** there's no time for hesitation **2.** to falter (in speaking). **hésitant** *a* hesitant, wavering, faltering.

hétéroclite [eterɔklit] *a* heterogeneous, ill-assorted (collection).

hétérogène [eterɔʒɛn] *a* (*a*) heterogeneous, dissimilar (*b*) incongruous (collection); mixed (society).

hétérosexualité [eterosɛksɥalite] *nf* heterosexuality. **hétérosexuel, -elle** *a & n* heterosexual.

***hêtre** [ɛtr] *nm* beech (tree, wood).

***heu** [ø] *int* (*hesitation*) er!

heure [œr] *nf* (*a*) hour; **heures d'affluence, de pointe,** rush hour, peak period; **heures creuses,** off-peak hours; *Journ:* **la dernière h.,** stop press (news); **cent kilomètres à l'h.,** a hundred kilometres an hour; **payé à l'h.,** paid by the hour; **30 francs l'h.,** *F:* **de l'h.,** 30 francs an hour; **semaine de 40 heures,** 40-hour week; **heures supplémentaires,** overtime (*b*) (*time of day*) **h. légale,** standard time; **h. d'été,** summer time; **quelle h. est-il?** what time is it? **quelle h. avez-vous?** what time do you make it? **cinq heures moins dix,** ten (minutes) to five; **dix-huit heures,** eighteen hundred (hours); six p.m.; **le train de neuf heures,** the nine o'clock train; **à une h. avancée,** at a late hour; late at night; **mettre sa montre à l'h.,** to put one's watch right (*c*) (*appointed time*) **l'heure d'aller se coucher,** bedtime; **l'h. du dîner,** dinner time; **h. d'éclairage,** lighting-up time; **à l'h. dite,** at the appointed time; **être à l'h.,** to be on time; **à ses heures, il était charmant,** when he felt like it he could be charming; **il est, c'est, l'h.,** (i) it's time (ii) time is up (*d*) (*present time*) **pour l'h.,** for the present; for the time being; **la question de l'h.,** the question of the moment; **à l'h. qu'il est,** (i) by this time, by now (ii) nowadays, now; currently (*e*) time, period; *Sch:* **h. de cours,** period; **cette mode a eu son h.,** this fashion has had its day; **j'attends mon h.,** I'm biding my time (*f*) **de bonne h.,** early; **de meilleure h.,** earlier; **faire qch sur l'h.,** to do sth right away; **à toute h.,** at any time; at all hours of the day; **tout à l'h.,** (i) just now, a few minutes ago (ii) soon, presently, directly; **à tout à l'h.!** so long! see you later! (*g*) *int* **à la bonne h.!** well done! good (for you)! fine!

heureux, -euse [œrø, -øz] *a* **1.** happy; **h. comme un poisson dans l'eau,** (as) happy as a sandboy; **vivre h.,** to live happily; **je suis très h. de ce cadeau,** I'm very pleased with this present; **nous serions h. que vous acceptiez,** we should be glad if you would accept **2.** (*a*) successful; **l'issue heureuse des négociations,** the happy outcome of the negotiations (*b*) fortunate (pers); **h. au jeu,** lucky at cards **3.** (*a*) favourable; lucky, fortunate; **par un h. hasard,** by a fortunate coincidence; *Iron:* **(c'est) encore h.!** thank goodness for that! it's just as well! (*b*) **début h.,** auspicious beginning **4.** felicitous, happy, apt (phrase). **heureusement** *adv* happily; successfully; luckily, fortunately; **il est venu, h.!** thank goodness he came!; **h. que tu es là,** thank goodness you are here.

***heurt** [œr] *nm* shock, knock; collision; clash; **tout s'est fait sans h.,** everything went smoothly.

***heurter** [œrte] *vtr & i* **1.** (*a*) to knock (against), run into, bump into, bang into (s.o., sth); to collide with (s.o.) (*b*) **h. à la porte,** to knock on the door (*c*) to shock, offend (s.o.); to go against (conventions) **2. se h.** (*a*) **se h. à, contre, qch,** to run into, to collide with, sth; **se h. la tête contre qch,** to bump, bang, one's head against sth; **se h. à une difficulté,** to come up against a difficulty (*b*) (*of vehicles*) to collide; (*of colours*) to clash. **heurté** *a* clashing (colours); jerky (style).

***heurtoir** [œrtwar] *nm* (door) knocker.

hexagone [ɛgzagɔn] *nm* (*a*) hexagon (*b*) *Fig:* **l'H.,** (mainland) France. **hexagonal, -aux** *a* (*a*) hexagonal (*b*) *F: Fig:* French.

HF *abbr haute fréquence.*

hibernation [ibɛrnasjɔ̃] *nf* hibernation.

hiberner [ibɛrne] *vi* to hibernate.

***hibou, -oux** [ibu] *nm Orn:* owl; **jeune h.,** owlet.

***hic** [ik] *nm F:* **voilà le h.,** that's the snag.

***hideur** [idœr] *nf Lit:* hideousness. **hideux, -euse** *a* hideous. **hideusement** *adv* hideously.

hier [jɛr] **1.** *adv* yesterday; **h. (au) soir,** last night, yesterday evening; *F:* **je ne suis pas né d'h.,** I wasn't born yesterday **2.** *nm* **toute la journée d'h.,** all day yesterday.

***hiérarchie** [jerarʃi] *nf* hierarchy. **hiérarchique** *a* hierarchical; **par (la) voie h.,** through (the) official channels. **hiérarchiquement** *adv* hierarchically.

***hierarchiser** [jerarʃize] *vtr* to grade; **société hierarchisée,** hierarchical society.

***hiéroglyphe** [jerɔglif] *nm* hieroglyph.

***hi-fi** [ifi] *a & nf WTel: etc: F:* hi-fi, high-fidelity.

hilarité [ilarite] *nf* (sudden) laughter, hilarity. **hilare** *a* merry.

hindouisme [ɛ̃duism] *nm* Hinduism. **hindou, -e** *a & n* Hindu.

***hippie** [ipi] *a & n F:* hippie, hippy.

hippique [ipik] *a* **concours h.,** horse show; **sport h.,** equestrian sport.

hippocampe [ipɔkɑ̃p] *nm Ich:* sea horse.

hippodrome [ipɔdrom] *nm* racecourse.

hippopotame [ipɔpɔtam] *nm Z:* hippopotamus.

hirondelle [irɔ̃dɛl] *nf Orn:* swallow; **h. de fenêtre,** house martin.

hirsute [irsyt] *a* unkempt, shaggy.

hispanique [ispanik] *a* Hispanic.

***hisser** [ise] *vtr* **1.** to hoist (up), pull up **2. se h. jusqu'à la fenêtre,** to pull oneself up to the window; **se h. sur la pointe des pieds,** to stand on tiptoe.

histoire [istwar] *nf* **1.** (*a*) history; **l'H. sainte,** Bible history; **la petite h.,** sidelights on history (*b*) **h. naturelle,** natural history (*c*) *Sch:* history book **2.** story, tale; **livre d'histoires,** story book; **h. de fous,** shaggy dog story; **c'est toujours la même h.,** it's always the same old story; *F:* **il est sorti, h. de prendre l'air,** he went out just to get some air; *F:* **h. de rire,** for a joke; *F:* **en voilà une h.!** what a lot of fuss! **c'est toute une h.,** (i) it's a long story (ii) it's no end of a job **3.** *F:* fib, story; **tout ça c'est des histoires,** that's all bunkum **4.** *F:* **faire des histoires,** to make a fuss; **il faut éviter d'avoir des histoires,** we must keep out of trouble; **pas d'histoires!** no fuss! **5.** *F:* thing(ummy). **historique 1.** *a* historic(al); **monument h.,** ancient monument **2.** *nm* historical record; history; **faire l'h. des événements,** to give a chronological account of events. **historiquement** *adv* historically.

historien, -ienne [istɔrjɛ̃, -jɛn] *n* historian.

hiver [ivɛr] *nm* winter; **en h.,** in winter; **temps d'h.,** wintry weather; **vêtements, sports, d'h.,** winter clothes, sports.

hivernage [ivɛrnaʒ] *nm* **1.** wintering (of cattle) **2.** winter season.

hiverner [ivɛrne] *vi* to winter. **hivernal, -aux** *a* winter (cold); wintry (weather).

HLM *abbr Habitation à loyer modéré.*

***hochement** [ɔʃmɑ̃] *nm* **h. de tête,** (i) shake of the head (ii) nod.

***hocher** [ɔʃe] *vtr & i* **h. la tête,** (i) to shake one's head (ii) to nod.

***hochet** [ɔʃɛ] *nm* (child's) rattle.

***hockey** [ɔkɛ] *nm Sp:* **h. (sur gazon),** hockey, *NAm:* field hockey; **h. sur glace,** ice hockey, *NAm:* hockey.

***holà** [ola] *int* **1.** hallo! **2.** stop! hold on! whoa! **mettre le h. à qch,** to put a stop to sth.

***holding** [ɔldiŋ] *nm Fin:* holding company.

***hold-up** [ɔldœp] *nm inv F:* hold-up.

***Hollande** [ɔlɑ̃d] **1.** *Prnf Geog:* Holland **2.** *nm* **(fromage de) h.,** Dutch cheese. **hollandais, -aise 1.** *a* Dutch **2.** *n* Dutchman, -woman; **les H.,** the Dutch **3.** *nm Ling:* Dutch.

holocauste [ɔlɔkost] *nm* holocaust.

hologramme [ɔlɔgram] *nm* hologram.

holographie [ɔlɔgrafi] *nf* holography.

***homard** [ɔmar] *nm* lobster.

homélie [ɔmeli] *nm* homily.

homéopathe [ɔmeɔpat] *n* hom(o)eopath.

homéopathie [ɔmeɔpati] *nf* hom(o)eopathy. **homéopathique** *a* hom(o)eopathic.

homérique [ɔmerik] *a* Homeric.

homicide [ɔmisid] *nm* homicide; **h. volontaire,** murder; **h. involontaire, par imprudence,** manslaughter.

hommage [ɔmaʒ] *nm* **1.** homage; **rendre h. à qn,** to pay homage, tribute, to s.o. **2.** *pl* respects, compliments; **présenter ses hommages à une dame,** to pay one's respects to a lady **3.** tribute, token (of respect); **faire h. d'un livre,** to present a book; **h. de l'éditeur,** complimentary copy; **h. de l'auteur,** with the author's compliments.

homme [ɔm] *nm* (*a*) man; mankind; **de mémoire d'h.,** within living memory; **les droits de l'h.,** human rights (*b*) (*as opposed to woman or boy*) **parler à qn d'h. à h.,** to speak to s.o. man to man; *P:* **mon h.,** my husband; **h. à femmes,** ladykiller; *Com:* **rayon hommes,** menswear (department), men's department (*c*) (*individual*) **ce n'est pas l'h. qu'il me faut,** he is not the man for me; **trouver son h.,** to meet one's match; **h. d'État,** statesman; **h. d'affaires,** businessman; **h. de peine,** labourer; work hand; *Nau:* **h. d'équipage,** member of a ship's crew (*d*) **l'abominable h. des neiges,** the abominable snowman.

homme-grenouille [ɔmgrənuj] *nm Nau:* frogman; *pl hommes-grenouilles.*

homme-orchestre [ɔmɔrkɛstr] *nm* one-man band; *Fig:* all-rounder; *pl hommes-orchestres.*

homme-sandwich [ɔmsɑ̃dwitʃ] *nm* sandwich-man; *pl hommes-sandwich(e)s.*
homogène [ɔmɔʒɛn] *a* homogeneous.
homogénéisation [ɔmɔʒeneizasjɔ̃] *nf* homogenization.
homogénéiser [ɔmɔʒeneize] *vtr* to homogenize.
homogénéité [ɔmɔʒeneite] *nf* homogeneity.
homologation [ɔmɔlɔgasjɔ̃] *nf* (official) approval (of record, appliance).
homologue [ɔmɔlɔg] 1. *a* homologous 2. (*a*) *nm* homologue (*b*) *n* opposite number.
homologuer [ɔmɔlɔge] *vtr* 1. (*a*) *Jur:* to confirm, endorse (deed); ratify (decision); to grant probate of (will) (*b*) to approve (record, appliance) 2. (*a*) *Jur:* to prove (will) (*b*) **prix homologués,** authorized charges 3. *Sp:* to ratify (record); **record homologué,** official record.
homonyme [ɔmɔnim] 1. *a* homonymous 2. *nm* (*a*) *Ling:* homonym (*b*) namesake.
homosexualité [ɔmɔsɛksɥalite] *nf* homosexuality. **homosexuel, -elle** *a* homosexual.
***Hongrie** [ɔ̃gri] *Prnf Geog:* Hungary. **hongrois, -oise** *a & n* Hungarian.
honnêteté [ɔnɛtte] *nf* 1. honesty, integrity 2. courtesy 3. decency 4. fairness. **honnête** *a* 1. honest, honourable, upright 2. courteous (**envers,** to); **h. homme,** gentleman 3. decent, becoming 4. reasonable, fair. **honnêtement** *adv* honestly; courteously; decently; fairly.
honneur [ɔnœr] *nm* 1. honour; **mettre son h. à faire qch,** to be in honour bound, to make it a point of honour, to do sth; **(ma) parole d'h.!** (on) my word of honour! **se faire h. de qch,** to be proud of sth; **cour d'h.,** main quadrangle 2. **réception en l'h. de qn,** reception in honour of s.o.; **invité d'h.,** guest of honour; **président d'h.,** honorary president; **avoir la place d'h.,** to have pride of place; to have the place of honour; **faire h. à qch.,** to be worthy of sth; **faire h. au dîner,** to do justice to the dinner; **à qui ai-je l'h. (de parler)?** to whom do I have the honour of speaking? **j'ai l'h. de vous faire savoir que,** I beg to inform you that; *Games:* **à vous l'h.,** after you; **jouer pour l'h.,** to play for love 3. *pl* (*marks of esteem*) **rendre les derniers honneurs à qn,** to pay the last tribute to s.o.; **faire (à qn) les honneurs de la maison,** to do (s.o.) the honours of the house 4. **faire h. à sa signature,** to honour one's signature 5. *Cards:* **les honneurs,** honours.
honorabilité [ɔnɔrabilite] *nf* respectability. **honorable** *a* (*a*) honourable; **vieillesse h.,** respected old age (*b*) respectable; reputable; creditable (performance). **honorablement** *adv* honourably; creditably.
honoraire [ɔnɔrɛr] 1. *a* honorary; **professeur h.,** emeritus professor 2. *nmpl* fee(s) (of lawyer, etc).
honorer [ɔnɔre] *vtr* 1. (*a*) to honour; to respect; **mon honoré confrère,** my respected colleague (*b*) to do honour to (s.o.); **h. qn, qch, de,** to honour s.o., sth, with (*c*) *Com:* to honour, respect (contract, promise, etc) (*d*) to do credit to (s.o.) 2. **s'h. de qch,** to be proud of sth.
honorifique [ɔnɔrifik] *a* honorary (title, rank).
***honte** [ɔ̃t] *nf* 1. (*a*) (sense of) shame; **sans h.,** shamelessly; **à ma grande h.,** to my shame; **avoir h.,** to be ashamed (**de,** of); **faire h. à qn,** to put s.o. to shame (*b*) **fausse h.,** bashfulness, self-consciousness 2. (cause of) shame, disgrace; **couvrir qn de h.,** to bring shame, disgrace, on s.o.; **quelle h.! c'est une h.!** what a disgrace! it's disgraceful! **honteux, -euse** *a* 1. ashamed (**de,** of) 2. bashful, shamefaced 3. shameful, disgraceful; **c'est h.!** it's a disgrace, it's disgraceful! **honteusement** *adv* shamefully, disgracefully.
***hop** [ɔp] *int* **allez, h.!,** jump to it!
hôpital, -aux [ɔpital, -o] *nm* hospital; **à l'h.,** in hospital, *NAm:* in the hospital; **salle d'h.,** ward.
***hoquet** [ɔkɛ] *nm* hiccup, hiccough; **avoir le h.,** to have (the) hiccups.
***hoqueter** [ɔkte] *vi* **(je hoquette, n. hoquetons)** to hiccup, hiccough.
horaire [ɔrɛr] 1. *a* (*a*) **signal h.,** time signal (*b*) hourly; **débit h.,** output per hour 2. *nm* timetable; schedule; **h. flexible, h. mobile, h. à la carte,** flexitime; **quels sont vos horaires?** what hours do you work?
***horde** [ɔrd] *nf* horde.
horizon [ɔrizɔ̃] *nm* horizon, skyline; **la ligne d'h.,** the horizon; **à l'h.,** (i) on the horizon (ii) below the horizon; **tour d'h. politique,** political survey. **horizontal, -aux** 1. *a* horizontal 2. *nf* **horizontale** (*a*) horizontal; **à l'h.,** in the horizontal position (*b*) horizontal line. **horizontalement** *adv* horizontally.
horloge [ɔrlɔʒ] *nf* clock; **h. normande,** grandfather clock; **l'h. parlante,** the speaking clock; **il est deux heures à l'h.,** it's two by the clock. **horloger, -ère** 1. *a* watchmaking (industry) 2. *n* clockmaker; watchmaker.
horlogerie [ɔrlɔʒri] *nf* 1. clockmaking; watchmaking; **mouvement d'h.,** clockwork 2. watchmaker's, clockmaker's (shop).
***hormis** [ɔrmi] *prep* except, save.
hormone [ɔrmɔn] *nf* hormone. **hormonal, -aux** *a* hormonal, hormone.
hormonothérapie [ɔrmɔnɔterapi] *nf* hormonotherapy, hormone treatment.
horodateur [ɔrɔdatœr] *nm* date-stamping machine; (parking) ticket machine.
horoscope [ɔrɔskɔp] *nm* horoscope.
horreur [ɔrœr] *nf* 1. horror; **frappé d'h.,** horror-stricken 2. horror, repugnance, disgust; **faire h. à qn,** to horrify s.o.; **avoir h. de,** to hate, loathe; **avoir qch en h.,** to have a horror of sth 3. horror, awfulness 4. (*a*) horror, hideousness; **quelle h.!** (i) how revolting! (ii) what a frightful object! (*b*) **les horreurs de la guerre,** the horrors of war; **commettre des horreurs,** to commit atrocities.
horrible [ɔribl] *a* horrible, awful; dreadful; horrid; hideous (sight). **horriblement** *adv* horribly, awfully, dreadfully.
horrifier [ɔrifje] *vtr* (*imp & pr sub* **n. horrifiions, v. horrifiiez)** to horrify. **horrifique** *adv* horrific, hair-raising.
horripilant [ɔripilɑ̃] *a* exasperating, maddening.
horripiler [ɔripile] *vtr* to exasperate, madden.
***hors** [ɔr] *prep* (*liaison with* **r: hors elle** [ɔrɛl]) 1. **h. service,** out of order; **longueur h. tout,** overall length; **h. taxe,** exclusive of tax; tax free; duty-free;

h. d'usage, out of action, unserviceable **2. h. de,** out of, outside (of); **h. d'ici!** get out (of here)! **être h. d'affaire,** to have got through one's difficulties; *(of sick pers)* to be out of danger; **h. de portée,** out of reach; **h. de là,** apart from that, otherwise; **il est h. de lui,** he's beside himself; **c'est h. de prix,** it's prohibitive, exorbitant.

***hors-bord** [ɔrbɔr] *nm inv* speedboat; **moteur h.-b.,** outboard motor.

***hors-concours** [ɔrkɔ̃kur] **1.** *adv* non-competing; hors concours **2.** *a inv* ineligible to compete.

***hors-dœuvre** [ɔrdœvr̥] *nm inv Cu:* hors d'œuvre; starter.

***hors-jeu** [ɔrʒø] *a & nm inv Fb:* offside.

***hors-la-loi** [ɔrlalwa] *nm inv* outlaw.

***hors-texte** [ɔrtɛkst] *nm inv* (inset) plate (in book).

hortensia [ɔrtɑ̃sja] *nm Bot:* hydrangea.

horticulteur, -trice [ɔrtikyltœr -tris] *nm* horticulturist.

horticulture [ɔrtikyltyr] *nf* horticulture; gardening. **horticole** *a* horticultural.

hospice [ɔspis] *nm* **1.** hospice **2.** old people's home; children's home.

hospitalier, -ière [ɔspitalje, -jɛr] *a* **1.** hospitable **2. personnel h.,** hospital staff.

hospitalisation [ɔspitalizasjɔ̃] *nf* hospitalization.

hospitaliser [ɔspitalize] *vtr* to send (s.o.) to hospital; to hospitalize (s.o.).

hospitalité [ɔspitalite] *nf* hospitality.

hostie [ɔsti] *nf Rel:* host.

hostilité [ɔstilite] *nf* **1.** hostility **(contre, envers,** to(wards)); enmity, ill-will **2.** *pl Mil:* hostilities. **hostile** *a* hostile; unfriendly **(à,** to, towards).

hôte, hôtesse [ot, otɛs] *n* **1.** host, *f* hostess; landlord, landlady (of tavern); **hôtesse de l'air,** air hostess **2.** *(f* **hôte)** guest, visitor; **h. payant,** paying guest.

hôtel [otɛl] *nm* **1. h. (particulier),** mansion, town house **2. h. de ville,** town hall; **l'h. des Monnaies** = the Mint; **h. des ventes,** salerooms **3.** *(a)* hotel *(b)* **h. meublé,** residential hotel (providing lodging but not board). **hôtelier, -ière 1.** *n* innkeeper; hotel keeper **2.** *a* **l'industrie hôtelière,** the hotel trade.

hôtellerie [otɛlri] *nf (a)* hostelry, inn, hotel *(b)* **l'h.,** the hotel trade.

hôtesse *see* **hôte.**

***hotte** [ɔt] *nf* **1.** basket (carried on back); (bricklayer's) hod **2.** (cooker) hood.

hou [u] *int* **1.** boo! **2. h. la vilaine!** tut-tut, you naughty girl!

***houblon** [ublɔ̃] *nm Bot:* hop(s).

***houe** [u] *nf Tls:* hoe.

***houille** [uj] *nf* **1.** coal **2. h. blanche,** hydroelectric power. **houiller, -ère 1.** *a* coal; coal-bearing **2.** *nf* **houillère,** coalmine; colliery.

***houle** [ul] *nf* swell, surge (of sea); **grosse h.,** heavy swell. **houleux, -euse** *a* heavy, swelling (sea); tumultuous (crowd); **réunion houleuse,** stormy meeting.

***houppe** [up] *nf (a)* tuft; pompon *(b)* tassel *(c)* tuft (of hair).

***houppette** [upɛt] *nf* powder puff.

***hourra** [ura] *int & nm* hurrah(!).

***houspiller** [uspije] *vtr* to scold (s.o.), to tell (s.o.) off.

***housse** [us] *nf (a)* loose cover; *Aut:* seat cover; **drap h.,** fitted sheet *(b)* dust sheet.

***houx** [u] *nm Bot:* holly.

HT *abbr* **1.** *El: haute tension* **2.** *hors taxe.*

***hublot** [yblo] *nm Nau:* porthole, scuttle.

***huche** [yʃ] *nf (a)* bin; **h. à pain,** bread bin *(b)* hopper (of flour mill).

***hue** [y] *int (to horse)* gee up!

***huée** [ɥe] *nf* **1.** boo, hoot **2.** *pl* booing; jeering, jeers.

***huer** [ɥe] **1.** *vi (of owl)* to hoot **2.** *vtr* to boo (actor); **se faire h.,** to be booed.

huile [ɥil] *nf* oil; **h. comestible, de table,** edible oil, salad oil; **h. de tournesol,** sunflower (seed) oil; **h. de lin,** linseed oil; **h. de foie de morue,** cod liver oil; **h. solaire,** suntan oil; **h. minérale,** mineral oil; **peinture à l'h.,** oil painting; **portrait à l'h.,** portrait in oils; **jeter de l'h. sur le feu,** to add fuel to the fire; *P:* **les huiles,** the big shots.

huiler [ɥile] *vtr* to oil; to lubricate, grease. **huileux, -euse** *a* oily, greasy.

huis [ɥi] *nm A:* door; *Jur:* **à h. clos,** in camera.

huissier [ɥisje] *nm Jur: (a)* process server; = bailiff *(b)* **h. audiencier,** court usher.

***huit** [ɥit] *num a inv & nm inv (as card adj before n or adj beginning with a consonant sound* [ɥi]) eight; **h. jours,** a week; **(d')aujourd'hui en h.,** today week; **donner ses h. jours à qn,** to give s.o. (a week's) notice. **huitième** *num a & n* eighth. **huitièmement** *adv* eighthly.

***huitaine** [ɥitɛn] *nf* **1.** (about) eight **2.** week; **dans une h. (de jours),** in a week or so.

***huitante** [ɥitɑ̃t] *num a inv SwFr:* eighty.

huître [ɥitr̥] *nf* oyster.

***hululement** [ylylmɑ̃] *nm* hoot(ing) (of owl).

***hululer** [ylyle] *vi (of owl)* to hoot.

humain [ymɛ̃] **1.** *a & nm* human; **le genre h.,** human beings; mankind **2.** *a* humane. **humainement** *adv* **1.** humanly **2.** humanely.

humaniser [ymanize] *vtr* to humanize; to make (s.o., sth) more humane.

humanisme [ymanism] *nm* humanism. **humaniste 1.** *a* humanistic **2.** *n* humanist.

humanitaire [ymanitɛr] *a* humanitarian.

humanité [ymanite] *nf (a)* humanity; human nature *(b)* mankind *(c)* humaneness.

humble [œ̃bl] *a* humble. **humblement** *adv* humbly.

humecter [ymɛkte] *vtr* to damp(en), moisten.

***humer** [yme] *vtr* **h. le parfum d'une fleur,** to smell a flower; **h. l'air frais,** to inhale, breathe in, the fresh air.

humérus [ymerys] *nm Anat:* humerus.

humeur [ymœr] *nf* **1.** *Anat:* **h. aqueuse,** aqueous humour (of the eye) **2.** *(a)* humour, mood; **être de bonne h.,** to be in a good mood, in high spirits; **de mauvaise h.,** in a bad mood; **de méchante h.,** in a (bad) temper *(b)* temper; temperament; **avoir l'h. vive,** to be quick-tempered *(c) Lit:* bad mood; **mouvement d'h.,** outburst of temper; **avec h.,** irritably.

humide [ymid] *a* damp, moist, humid; wet; dank (cellar); **temps h. et chaud,** muggy weather; **temps h. et froid,** raw weather.

humidificateur [ymidifikatœr] *nm* humidifier.

humidification [ymidifikasjɔ̃] *nf* humidification.
humidifier [ymidifje] *vtr* to humidify; to dampen, moisten.
humidité [ymidite] *nf* humidity, damp(ness), moisture; **craint l'h.,** to be kept dry; keep in a dry place; **taches d'h.,** damp patches.
humiliation [ymiljasjɔ̃] *nf* humiliation.
humilier [ymilje] *vtr* **1.** to humiliate **2. s'h.,** to humble oneself. **humiliant** *a* humiliating.
humilité [ymilite] *nf* humility.
humoriste [ymɔrist] *n* humorist. **humoristique** *a* humorous; **dessin h.,** cartoon.
humour [ymur] *nm* humour; **avoir (le sens) de l'h.,** to have a (good) sense of humour; **h. noir,** sick humour.
humus [ymys] *nm* humus.
***hune** [yn] *nf Nau:* top.
***huppe** [yp] *nf* tuft, crest (of bird).
***huppé** [ype] *a F:* **1.** smart; high-class **2.** well-heeled.
***hurlement** [yrləmɑ̃] *nm* howl(ing); yell(ing); roar(ing).
***hurler** [yrle] **1.** *vi* to howl; to roar; to yell; **h. de douleur,** to scream with pain **2.** *vtr* to bawl out (song).
hurluberlu [yrlybɛrly] *nm* eccentric, crank.
***hutte** [yt] *nf* hut, shed, shanty.
hybridation [ibridasjɔ̃] *nf Biol:* hybridization.
hybride [ibrid] *a & nm* hybrid.
hybrider [ibride] *vtr Biol:* to hybridize, to cross.
hybridité [ibridite] *nf* hybridity.
hydratation [idratasjɔ̃] *nf Ch:* hydration.
hydrate [idrat] *nm Ch:* hydrate; **h. de carbone,** carbohydrate.
hydrater [idrate] *vtr Ch:* to hydrate, to moisturize. **hydratant 1.** *a* moisturizing **2.** *nm* moisturizer.
hydraulique [idrolik] **1.** *a* hydraulic; **énergie h.,** hydroelectric power **2.** *nf* (*a*) hydraulics (*b*) hydraulic engineering.
hydravion [idravjɔ̃] *nm* seaplane, hydroplane.
hydrocarbure [idrɔkarbyr] *nm Ch:* hydrocarbon.
hydro-electricité [idrɔelɛktrisite] *nf* hydroelectricity. **hydro-électrique** *a* hydro-electric.
hydrofoil [idrɔfɔil] *nm Nau:* hydrofoil.
hydrogène [idrɔʒɛn] *nm Ch:* hydrogen.
hydroglisseur [idrɔglisœr] *nm* hydroplane (speedboat).
hydrolyse [idrɔliz] *nf Ch:* hydrolysis.
hydromel [idrɔmɛl] *nm* mead.
hydrophile [idrɔfil] *a* absorbent; **coton h.,** cotton wool.
hydropisie [idrɔpizi] *nf Med:* dropsy.
hydroptère [idrɔptɛr] *nm* hydrofoil.
hydroxyde [idrɔksid] *nm Ch:* hydroxide.
hyène [jɛn] *nf Z:* hyena.
Hygiaphone [iʒjafɔn] *nm Rtm:* speaking panel; grille.
hygiène [iʒjɛn] *nf* hygiene; **h. publique,** public health. **hygiénique** *a* hygienic; healthy; sanitary; **papier h.,** toilet paper; **serviette h.,** sanitary towel.
hymne [imn] **1.** *nm* hymn; **h. national,** national anthem **2.** *nm & f Ecc:* hymn.
hyper- [ipɛr] *pref* hyper-; *F:* really, very.
hyperbole [ipɛrbɔl] *nf* **1.** hyperbole **2.** *Mth:* hyperbola.
hypercritique [ipɛrkritik] *a* hypercritical, over-critical.
hyperémotivité [ipɛremɔtivite] *nf* hyperemotivity.
hyperfréquence [ipɛrfrekɑ̃s] *nf* ultra high frequency, UHF.
hypermarché [ipɛrmarʃe] *nm* hypermarket.
hypermétropie [ipɛrmetrɔpi] *nf* long-sightedness. **hypermétrope** *a* long-sighted.
hypernerveux, -euse [ipɛrnɛrvø, -øz] *a* highly strung.
hypersensible [ipɛrsɑ̃sibl] *a* hypersensitive.
hypertension [ipɛrtɑ̃sjɔ̃] *nf* hypertension, high blood pressure. **hypertendu** *a* suffering from high blood pressure.
hypnose [ipnoz] *nf* hypnosis.
hypnotiser [ipnɔtize] *vtr* to hypnotize. **hypnotique** *a* hypnotic.
hypnotiseur [ipnɔtizœr] *nm* hypnotist.
hypnotisme [ipnɔtism] *nm* hypnotism.
hypocrisie [ipɔkrizi] *nf* hypocrisy. **hypocrite 1.** *a* hypocritical **2.** *n* hypocrite. **hypocritement** *adv* hypocritically.
hypodermique [ipɔdɛrmik] *a* hypodermic.
hypotension [ipɔtɑ̃sjɔ̃] *nf* low blood pressure.
hypoténuse [ipɔtenyz] *nf* hypotenuse.
hypothèque [ipɔtɛk] *nf* mortgage. **hypothécaire** *a* **prêt h.,** mortgage (loan).
hypothéquer [ipɔteke] *vtr* **(j'hypothèque; j'hypothéquerai)** to mortgage; to secure (debt) by mortgage.
hypothèse [ipɔtɛz] *nf* hypothesis; **dans l'h. où . . .** supposing (that) . . . **hypothétique** *a* hypothetical.
hystérie [isteri] *nf Med:* hysteria. **hystérique 1.** *a* hysterical **2.** *n* hysteric; hysterical person.

I

I, i [i] *nm* **1.** (the letter) I, i **2. i grec,** (the letter) Y, y.

ibérique [iberik] *a Geog:* Iberian; **la péninsule i.,** the Iberian peninsula.

iceberg [isbɛrg] *nm* iceberg.

ici [isi] *adv* **1.** here; **les gens d'i.,** the local people, the locals; **je ne suis pas d'i.,** I'm a stranger here; **il y a 20 kilomètres d'i. à Paris,** it's 20 kilometres from here to Paris; **passez par i.,** this way please; **c'est i.,** this is the place; it's here; *Tp:* **i. Jean,** John speaking **2. jusqu'i.,** until now; up to now; **d'i. lundi,** between now and Monday, by Monday; **d'i. là,** by that time, by then; **d'i. peu,** before long.

ici-bas [isiba] *adv* here below; on earth.

icône [ikon] *nf* icon.

iconoclaste [ikɔnɔklast] **1.** *nm* iconoclast **2.** *a* iconoclastic.

idéal, -als, -aux [ideal, -o] *a & nm* ideal; **le beau i.,** the ideal of beauty. **idéalement** *adv* ideally.

idéaliser [idealize] *vtr* to idealize.

idéalisme [idealism] *nm* idealism. **idéaliste 1.** *a* idealistic **2.** *n* idealist.

idée [ide] *nf* **1.** (*a*) idea; notion; **je n'en ai pas la moindre i.,** I haven't the faintest idea; I haven't a clue; **on n'a pas i. de cela,** you can't imagine it; **quelle i.!** what an idea! **i. de génie, i. lumineuse,** brainwave; **j'ai i. que,** I have an idea, a feeling, that (*b*) imagination; **se faire des idées,** to imagine things; **i. fixe,** obsession (*c*) view, opinion; **(en) faire à son i.,** to do just what one likes; **changer d'i.,** to change one's mind (*d*) whim, fancy; **comme l'i. m'en prend,** just as the fancy takes me; **avoir des idées noires,** to be worried, depressed **2.** mind; **j'ai dans l'i. que,** I have a notion that; **il me vient à l'i. que,** it occurs to me that; **cela m'est sorti de l'i.,** it's gone clean out of my head.

idem [idem] *adv* ditto.

identification [idɑ̃tifikasjɔ̃] *nf* identification.

identifier [idɑ̃tifje] *vtr* **1.** to identify **2. s'i.,** to identify (**à, avec,** with). **identifiable** *a* identifiable. **identique** *a* identical (**à,** with). **identiquement** *adv* identically.

identité [idɑ̃tite] *nf* identity; **pièce d'i.,** identification; proof of identity; **crise d'i.,** identity crisis.

idéologie [ideɔlɔʒi] *nf* ideology. **idéologique** *a* ideological.

idiome [idjom] *nm* idiom. **idiomatique** *a* idiomatic; **expression i.,** idiom.

idiotie [idjɔsi] *nf* **1.** *Med:* (*a*) idiocy, imbecility (*b*) mental deficiency **2.** stupidity; **faire une i.,** to do sth stupid. **idiot, -ote 1.** *a* (*a*) *Med:* idiot (child) (*b*) idiotic, absurd; senseless (joke); stupid (pers) **2.** *n* (*a*) *Med:* idiot, imbecile (*b*) idiot, fool; **faire l'i.,** to play the fool **3.** *adv Hum:* like an idiot; **bronzer i.,** to lie about in the sun. **idiotement** *adv* idiotically, stupidly.

idiotisme [idjɔtism] *nm* idiom.

idolâtrer [idɔlatre] *vtr* to idolize.

idolâtrie [idɔlatri] *nf* idolatry. **idolâtre** *a* idolatrous.

idole [idɔl] *nf* idol; **faire une i. de qn,** to idolize s.o.

idylle [idil] *nf* idyll; romance. **idyllique** *a* idyllic.

if [if] *nm* yew (tree).

IFOP [ifɔp] *abbr Institut français de l'opinion publique.*

igloo [iglu] *nm* igloo.

ignare [iɲar] **1.** *a* ignorant **2.** *n* ignoramus.

ignifuger [ignifyʒe] *vtr* **(j'ignifugeai(s); n. ignifugeons)** to fireproof. **ignifuge 1.** *a* fireproof **2.** *nm* fireproof(ing) material.

ignoble [iɲɔbl] *a* (*a*) ignoble, disgraceful (behaviour, individual) (*b*) disgusting, revolting (food, place).

ignominie [iɲɔmini] *nf* ignominy, shame, disgrace; **une i.,** a shameful act, thing. **ignominieux, -euse** *a* ignominious, shameful, disgraceful.

ignorance [iɲɔrɑ̃s] *nf* ignorance; **tenir qn dans l'i. de qch,** to keep s.o. in the dark about sth; **dans l'i. de,** ignorant of. **ignorant, -ante 1.** *a* (*a*) ignorant (*b*) ignorant, unaware (**de,** of) **2.** *n* ignoramus. **ignoré** *a* unknown.

ignorer [iɲɔre] *vtr* **1.** (*a*) not to know (about) (sth); to be ignorant, unaware, of (sth); **je n'ignore pas les difficultés,** I am aware of the difficulties; **il ignore qui je suis,** he doesn't know who I am (*b*) **i. qn,** to ignore s.o. (*c*) **i. que** + *sub or ind,* not to know, to be unaware, that **2. s'i.,** not to know oneself; **charme qui s'ignore,** unconscious charm.

iguane [igwan] *nm Rept:* iguana.

il, ils [il] **1.** *pers pron nom m* (*of pers*) he, they; (*of thg*) it, they; **il est écrivain,** he's a writer **2.** *inv* it, there (*a*) **il est vrai que j'étais là,** it's true that I was there; **il est six heures,** it's six o'clock; **il était une fois,** once upon a time there was (*b*) (*with impers vbs*) **il pleut,** it's raining; **il faut partir,** we must go; you must go; **il y a quelqu'un à la porte,** there's someone at the door.

île [il] *nf* island, isle; **habiter dans une î.,** to live on an island; **les îles Britanniques,** the British Isles.

illégalité [ilegalite] *nf* illegality. **illégal, -aux** *a* illegal, unlawful. **illégalement** *adv* illegally, unlawfully.

illégitimité [ileʒitimite] *nf* illegitimacy (of child); unlawfulness (of marriage). **illégitime** *a* illegitimate; unlawful. **illégitimement** *adv* illegitimately; unlawfully.

illettré [ilɛtre] *a & n* illiterate.

illicite [ilisit] *a* illicit, unlawful. **illicitement** *adv* illicitly, unlawfully.

illico [iliko] *adv F:* at once; pronto.

illimité [ilimite] *a* unlimited, boundless.

illisibilité [ilizibilite] *nf* illegibility. **illisible** *a* illegible; *Pej:* unreadable. **illisiblement** *adv* illegibly.

illogisme [ilɔʒism] *nm* illogicality. **illogique** *a* illogical. **illogiquement** *adv* illogically.

illumination [ilyminasjɔ̃] *nf* **1.** (*a*) illumination; lighting; **i. (par projecteurs),** floodlighting (*b*) *pl* illuminations, lights **2.** inspiration.

illuminé[1] [ilymine] *n* visionary, crank.

illuminer [ilymine] *vtr* **1.** to illuminate; to light up **2. s'i.,** to light up (**de,** with). **illuminé**[2] *a* floodlit (monument, etc).

illusion [ilyzjɔ̃] *nf* **1.** illusion; **i. d'optique,** optical illusion; **se faire des illusions,** to delude oneself **2.** delusion; **faire i.,** to deceive everyone. **illusoire** *a* illusory.

illusionner (s') [silyzjɔne] *vpr* to delude oneself.

illusionniste [ilyzjɔnist] *n* conjurer.

illustrateur [ilystratœr] *nm* illustrator.

illustration [ilystrasjɔ̃] *nf* illustration; picture.

illustre [ilystr̥] *a* illustrious, famous, renowned.

illustrer [ilystre] *vtr* to illustrate (book). **illustré** **1.** *a* illustrated **2.** *nm* illustrated magazine.

îlot [ilo] *nm* **1.** islet, small island **2.** (*a*) block (of houses) (*b*) **i. de résistance,** pocket of resistance.

îlotage [ilotaʒ] *nm* = community policing.

îlotier [ilotje] *nm* local policeman.

image [imaʒ] *nf* **1.** (*a*) reflection (*b*) *Cin: TV:* frame; **i. de télévision,** television picture **2.** (*a*) **l'i. de son père,** the image of his father (*b*) picture, figure; **livre d'images,** picture book **3.** (*a*) mental picture, impression (*b*) **i. de marque,** (i) brand image (of product) (ii) (public) image (of politician) **4.** *Lit:* image; simile, metaphor; *pl* imagery. **imagé** *a* (*of style*) vivid; full of imagery.

imagerie [imaʒri] *nf Lit:* imagery.

imagination [imaʒinasjɔ̃] *nf* (*a*) imagination; **voir qch en i.,** to see sth in one's mind's eye (*b*) invention, fancy; **de pure i.,** unfounded.

imaginer [imaʒine] *vtr* **1.** (*a*) to imagine; to conceive, invent, devise; **i. un projet,** to think out a plan; **bien imaginé,** well thought out (*b*) to picture; **imaginez un peu,** just imagine; **tout ce qu'on peut i. de plus beau,** the finest thing imaginable **2. s'i.** (*a*) to imagine; **je me l'imagine facilement,** I can easily imagine (it) (*b*) **il s'imagine être un grand artiste,** he imagines he's a great artist. **imaginable** *a* imaginable, conceivable. **imaginaire** *a* imaginary. **imaginatif, -ive** *a* imaginative.

imbattable [ɛ̃batabl̥] *a* unbeatable.

imbécile [ɛ̃besil] **1.** *a* (*a*) *Med:* imbecile (*b*) silly, idiotic **2.** *n* (*a*) *Med:* imbecile (*b*) idiot, fool; **faire l'i.,** to play the fool.

imbécillité [ɛ̃besilite] *nf* **1.** (*a*) imbecility (*b*) silliness, stupidity **2.** silly, idiotic, thing; **dire des imbécillités,** to talk nonsense.

imberbe [ɛ̃bɛrb] *a* beardless.

imbiber [ɛ̃bibe] *vtr* **1. i. qch de qch,** to soak sth in sth; to saturate, moisten, sth (with sth); **imbibé d'eau,** waterlogged, wet; saturated (with water) **2. s'i.** (*a*) to become saturated (**de,** with) (*b*) *F:* **s'i. d'alcool, de vin,** to soak up alcohol, wine.

imbrication [ɛ̃brikasjɔ̃] *nf* overlap(ping) (of tiles).

imbriquer (s') [sɛ̃brike] *vpr* to overlap, fit in.

imbroglio [ɛ̃brɔljo] *nm* imbroglio.

imbu [ɛ̃by] *a* **i. de,** full of, steeped in; **être i. de soi-même,** to be full of oneself.

imbuvable [ɛ̃byvabl̥] *a* (*a*) undrinkable (*b*) *F:* (*of pers*) insufferable.

imitation [imitasjɔ̃] *nf* **1.** (*a*) imitation (*b*) mimicry; *Th:* impersonation (*c*) forgery **2.** copy; **manteau en i. cuir,** imitation leather coat.

imiter [imite] *vtr* (*a*) to imitate; to copy; to model (**de, on**); **il leva son verre et tout le monde l'imita,** he raised his glass and everyone followed suit (*b*) to mimic; to take (s.o.) off; *Th:* to impersonate (s.o.) (*c*) to forge (signature). **imitateur, -trice 1.** *a* imitative **2.** *n* imitator; *Th:* impersonator. **imitatif, -ive** *a* imitative.

immaculé [imakyle] *a* immaculate; spotless.

immangeable [ɛ̃mɑ̃ʒabl̥] *a* inedible.

immanquable [ɛ̃mɑ̃kabl̥] *a* (target) that cannot be missed; certain, inevitable (event). **immanquablement** *adv* inevitably.

immatérialité [imaterjalite] *nf* immateriality. **immatériel, -ielle** *a* **1.** immaterial, unsubstantial **2.** intangible (assets).

immatriculation [imatrikylasjɔ̃] *nf* registration; *Aut:* **plaque, numéro, d'i.,** number, *NAm:* license, plate; registration, *NAm:* license, number.

immatriculer [imatrikyle] *vtr* to register (s.o., car, document); **voiture immatriculée SPF 342T,** car with registration, *NAm:* license, number SPF 342T; **se faire i.,** to register.

immaturité [imatyrite] *nf* immaturity.

immédiat [imedja(t)] **1.** *a* (*a*) immediate, direct (cause) (*b*) immediate; close (proximity); near **2.** *a* without delay; **changement i.,** instant change **3.** *nm* **dans l'i.,** for the time being. **immédiatement** *adv* immediately.

immémorial, -iaux [imemɔrjal, -jo] *a* immemorial; **de temps i.,** from time immemorial.

immensité [imɑ̃site] *nf* immensity, vastness. **immense** *a* immense, vast. **immensément** *adv* immensely.

immensurable [imɑ̃syrabl̥] *a* immeasurable.

immerger [imɛrʒe] *vtr* (**n. immergeons**) **1.** (*a*) to immerse, plunge, dip; to submerge; to lay (cable) underwater; to dump (waste) in sea (*b*) to bury (s.o.) at sea **2. s'i.,** (*of submarine*) to submerge.

immérité [imerite] *a* unmerited, undeserved.

immersion [imɛrsjɔ̃] *nf* (*a*) immersion; laying (of cable) underwater; dumping (of waste) in the sea (*b*) submersion (*c*) burial at sea.

immettable [ɛ̃mɛtabl̥] *a* unwearable.

immeuble [imœbl̥] *nm* (*a*) block of flats, *NAm:* apartment building; office block (*b*) *Jur:* real estate.

immigration [imigrasjɔ̃] *nf* immigration. **immigrant, -ante** *a & n* immigrant. **immigré, -ée** *a & n* immigrant.

immigrer [imigre] *vi* to immigrate.

imminence [iminɑ̃s] *nf* imminence. **imminent, -ente** *a* imminent, impending.

immiscer (s') [simise] *vpr* (**n. n. immisçons**) to interfere, meddle (**dans,** in).

immixtion [imikstjɔ̃] *nf* interference, meddling.

immobile [imɔbil] *a* **1.** motionless, still, unmoved; set (face); **rester i.,** to stay still **2.** immovable; firm.

immobilier, -ière [imɔbilje, -jɛr] *a* **biens immobiliers,** *nm* **immobilier,** real estate; **société im-**

mobilière, building society; **agence immobilière,** estate agency; **agent i.,** estate agent, *NAm:* realtor.

immobilisation [imɔbilizasjɔ̃] *nf* immobilization; standstill.

immobiliser [imɔbilize] *vtr* **1.** (*a*) to immobilize, bring to a standstill (*b*) to fix (sth) in position; (*pers*) **immobilisé à domicile,** housebound **2. s'i.,** to come to a standstill; to stop.

immobilisme [imɔbilism] *nm Pol: etc:* complacency.

immobilité [imɔbilite] *nf* immobility; motionlessness; fixity.

immodéré [imɔdere] *a* immoderate, inordinate. **immodérément** *adv* immoderately, inordinately.

immolation [imɔlasjɔ̃] *nf* immolation, sacrifice.

immoler [imɔle] *vtr* to immolate, sacrifice.

immondices [imɔ̃dis] *nfpl* refuse; rubbish. **immonde** *a* filthy; squalid; vile.

immoralité [imɔralite] *nf* immorality. **immoral, -aux** *a* immoral.

immortaliser [imɔrtalize] *vtr* **1.** to immortalize **2. s'i.,** to win everlasting fame.

immortalité [imɔrtalite] *nf* immortality. **immortel, -elle 1.** *a* immortal; undying **2.** immortal **3.** *nm* member of the Académie Française **4.** *nf* **immortelle,** everlasting flower.

immotivé [imɔtive] *a* unmotivated, groundless.

immuable [imɥabl] *a* immutable, unalterable; fixed, unchanging. **immuablement** *adv* immutably.

immunisation [imynizasjɔ̃] *nf Med:* immunization.

immuniser [imynize] *vtr Med:* to immunize; *Med: & Fig:* **être immunisé contre qch,** to be immune to sth.

immunitaire [imynitɛr] *a Med:* **réaction i.,** immune reaction.

immunité [imynite] *nf* immunity; **i. parlementaire,** parliamentary privilege.

immunologie [imynɔlɔʒi] *nf* immunology.

immutabilité [imytabilite] *nf* immutability.

impact [ɛ̃pakt] *nm* impact (**sur,** on); **cela n'a pas eu d'i.,** it had no impact.

impair [ɛ̃pɛr] **1.** *a* odd, uneven (number) **2.** *nm* blunder; **commettre un i.,** to drop a brick.

impalpable [ɛ̃palpabl] *a* impalpable, intangible.

imparable [ɛ̃parabl] *a* unavoidable.

impardonnable [ɛ̃pardɔnabl] *a* unpardonable, unforgivable.

imparfait [ɛ̃parfɛ] **1.** *a* (*a*) unfinished, uncompleted (*b*) imperfect, defective **2.** *nm Gram:* imperfect (tense). **imparfaitement** *adv* imperfectly.

impartialité [ɛparsjalite] *nf* impartiality. **impartial, -aux** *a* impartial, unbiased. **impartialement** *adv* impartially.

impasse [ɛ̃pɑs] *nf* **1.** blind alley, dead end; cul-de-sac; *PN:* no through road **2.** *Fig:* impasse; **i. budgétaire,** budget deficit **3.** *Cards:* finesse.

impassibilité [ɛ̃pasibilite] *nf* impassiveness. **impassible** *a* impassive. **impassiblement** *adv* impassively.

impatience [ɛ̃pasjɑ̃s] *nf* impatience; **être dans l'i. de faire qch,** to be eager to do sth. **impatient** *a* impatient; **être i. de faire qch,** to be eager to do sth. **impatiemment** *adv* impatiently.

impatienter [ɛ̃pasjɑ̃te] *vtr* **1.** to annoy (s.o.), make (s.o.) impatient **2. s'i.,** to get impatient.

impayable [ɛ̃pɛjabl] *a F:* priceless; killingly funny.

impayé [ɛ̃peje] *a* unpaid.

impeccable [ɛ̃pɛkabl] *a* impeccable. **impeccablement** *adv* impeccably.

impénétrabilité [ɛ̃penetrabilite] *nf* **1.** impenetrability **2.** inscrutability. **impénétrable** *a* impenetrable, inscrutable.

impénitent [ɛ̃penitɑ̃] *a* unrepentant.

impensable [ɛ̃pɑ̃sabl] *a* unthinkable.

imper [ɛ̃pɛr] *nm Cl: F:* mac.

impératif, -ive [ɛ̃peratif, -iv] **1.** *a* imperious, imperative; peremptory (tone) **2.** *nm* (*a*) imperative; requirement (*b*) *Gram:* imperative (mood). **impérativement** *adv* imperatively.

impératrice [ɛ̃peratris] *nf* empress.

imperceptible [ɛ̃pɛrsɛptibl] *a* imperceptible. **imperceptiblement** *adv* imperceptibly.

imperfection [ɛ̃pɛrfɛksjɔ̃] *nf* imperfection; defect, flaw.

impérial, -aux [ɛ̃perjal, -o] **1.** *a* imperial **2.** *nf* **impériale,** top (deck) (of bus); **autobus à i.,** double-decker (bus).

impérialisme [ɛ̃perjalism] *nm* imperialism. **impérialiste** *a & n* imperialist.

impérieux, -euse [ɛ̃perjø, -øz] *a* (*a*) imperious (*b*) urgent, pressing (need, etc). **impérieusement** *adv* imperiously; urgently.

impérissable [ɛ̃perisabl] *a* imperishable, undying.

imperméabiliser [ɛ̃pɛrmeabilize] *vtr* to (water)-proof (cloth); **manteau imperméabilisé,** waterproof coat. **imperméable 1.** *a* impermeable (substance); waterproof (cloth); **i. à l'air,** airtight **2.** *nm Cl:* raincoat.

imperméabilité [ɛ̃pɛrmeabilite] *nf* impermeability.

impersonnel, -elle [ɛ̃pɛrsɔnɛl] *a* impersonal.

impertinence [ɛ̃pɛrtinɑ̃s] *nf* impertinence; rudeness. **impertinent** *a* impertinent; rude.

imperturbabilité [ɛ̃pɛrtyrbabilite] *nf* imperturbability. **imperturbable** *a* imperturbable. **imperturbablement** *adv* imperturbably.

impétigo [ɛ̃petigo] *nm Med:* impetigo.

impétuosité [ɛ̃petɥozite] *nf* impetuosity; impulsiveness. **impétueux, -euse** *a* impetuous; impulsive; raging (torrent). **impétueusement** *adv* impetuously.

impiété [ɛ̃pjete] *nf* impiety, ungodliness. **impie** *a* impious; ungodly.

impitoyable [ɛ̃pitwajabl] *a* pitiless, ruthless, merciless. **impitoyablement** *adv* ruthlessly, pitilessly, mercilessly.

implacabilité [ɛ̃plakabilite] *nf* implacability. **implacable** *a* implacable, relentless. **implacablement** *adv* implacably, relentlessly.

implant [ɛ̃plɑ̃] *nm Med:* implant.

implantation [ɛ̃plɑ̃tasjɔ̃] *nf* **1.** establishment (of factory) **2.** *Med:* implantation.

implanter [ɛ̃plɑ̃te] *vtr* **1.** to establish (industry, fashion) **2. s'i.,** to become established.

implication [ɛ̃plikasjɔ̃] *nf* (*a*) implication (*b*) involvement.

implicite [ɛ̃plisit] *a* implicit, implied. **implicitement** *adv* implicitly.

impliquer [ɛ̃plike] *vtr* **1.** to implicate, involve **2. i. (que),** to imply (that).

imploration [ɛ̃plɔrasjɔ̃] *nf* entreaty.
implorer [ɛ̃plɔre] *vtr* to implore, beseech, entreat (**qn de faire qch**, s.o. to do sth).
imploser [ɛ̃ploze] *vi* to implode. **implosion** *nf* implosion.
impolitesse [ɛ̃pɔlitɛs] *nf* **1.** impoliteness; rudeness **2.** act of rudeness; impolite remark. **impoli** *a* impolite, rude (**envers, avec**, to). **impoliment** *adv* impolitely, rudely.
impolitique [ɛ̃pɔlitik] *a* impolitic, ill-advised.
impondérable [ɛ̃pɔ̃derabl] *a & nm* imponderable.
impopularité [ɛ̃pɔpylarite] *nf* unpopularity. **impopulaire** *a* unpopular.
importance [ɛ̃pɔrtɑ̃s] *nf* (*a*) importance; **affaire d'i.**, important matter; **sans i.**, unimportant; **avoir de l'i.**, to be important; **cela n'a aucune i.**, it's of no importance (whatsoever); **prendre de l'i.**, to gain in importance (*b*) size (of town); extent (of damage); gravity (of wound) (*c*) social importance, position (*d*) **se donner de l'i.**, to put on self-important airs. **important, -ante 1.** *a* (*a*) important, significant; **peu i.**, unimportant (*b*) large (town); considerable (sum, delay) **2.** *a & n* important (person); *Pej:* **faire l'i.**, to put on airs **3.** *nm* **l'i.**, the important thing (**c'est que**, is that; **c'est de faire**, is to do).
importation [ɛ̃pɔrtasjɔ̃] *nf* **1.** importation; **articles d'i.**, imports **2.** (*thg*) import.
importer[1] [ɛ̃pɔrte] *vtr* to import (goods). **importateur, -trice 1.** *a* importing (firm) **2.** *n* importer.
importer[2] *vi* (*used only in the third pers, participles and inf*) **1.** to matter, to be important (**à**, to) **2.** *impers* **il importe que** + *sub*, it is important that; **peu importe! n'importe!** it doesn't matter! **peu importe que**, it doesn't matter much whether; **peu m'importe (que)**, it doesn't matter much to me (whether); **qu'importe?** what does it matter? **qu'importe le prix?** what does the price matter? who cares about the price? **n'importe comment, où, quand**, anyhow, anywhere, any time; **n'importe qui, quoi**, anyone, anything; **venez n'importe quel jour**, come any day; *F:* **ce n'est pas n'importe qui**, he isn't just anybody.
import-export [ɛ̃pɔrɛkspɔr] *nm Com:* import-export business; *pl imports-exports.*
importun, -une [ɛ̃pɔrtœ̃, -yn] **1.** *a* tiresome; unwelcome; ill-timed, inopportune; **je crains de vous être i.**, I'm afraid I'm disturbing you **2.** *n* intruder; nuisance.
importuner [ɛ̃pɔrtyne] *vtr* to inconvenience, trouble (s.o.).
importunité [ɛ̃pɔrtynite] *nf* importunity.
imposable [ɛ̃pozabl] *a Adm:* taxable.
imposer [ɛ̃poze] **1.** *vtr* (*a*) to impose (**qch à qn**, sth on s.o.); **i. le respect**, to command respect; **i. à qn de faire qch**, to oblige s.o. to do sth (*b*) *Adm:* to tax (person, commodity) **2.** *vi* **en i. à qn**, to impress s.o., command respect from s.o. **3. s'i.** (*a*) to assert oneself (*b*) **s'i. à qn**, to foist, thrust, oneself on s.o.; to impose on s.o. (*c*) to be indispensable; **une visite au Louvre s'impose**, we, you, must visit the Louvre. **imposant** imposing; impressive. **imposé, -ée 1.** *a Com:* **prix i.**, fixed price; **revenus imposés**, taxable income **2.** *n* taxpayer.
imposition [ɛ̃pozisjɔ̃] *nf* **1.** imposing (of conditions) **2.** imposition (of tax).
impossibilité [ɛ̃pɔsibilite] *nf* **1.** impossibility; **être dans l'i. de faire qch**, to be unable to do sth **2. se heurter à des impossibilités**, to come up against unsurmountable obstacles. **impossible 1.** *a* impossible; **il m'est i. de le faire**, it's impossible for me to do it; *F:* **il a fallu nous lever à une heure i.**, we had to get up at an unearthly hour **2.** *nm* **l'i.**, the impossible; **il a fait l'i. pour nous aider**, he did his utmost to help us.
imposteur [ɛ̃pɔstœr] *nm* impostor.
imposture [ɛ̃pɔstyr] *nf* imposture; deception, trickery.
impôt [ɛ̃po] *nm* **1.** tax; **impôts locaux**, rates; **i. sur le revenu**, income tax; **i. sur les plus-values**, capital gains tax **2.** *pl* taxes, taxation.
impotence [ɛ̃pɔtɑ̃s] *nf* disability, infirmity. **impotent, -ente 1.** *a* disabled; crippled **2.** *n* invalid; cripple.
impraticable [ɛ̃pratikabl] *a* **1.** impracticable, unworkable **2.** (*a*) (*road*) impassable (*b*) *Sp:* (*of ground*) unfit for play.
imprécation [ɛ̃prekasjɔ̃] *nf* imprecation, curse.
imprécision [ɛ̃presizjɔ̃] *nf* imprecision; inaccuracy. **imprécis** *a* vague, imprecise, inaccurate.
imprégnation [ɛ̃preɲasjɔ̃] *nf* impregnation; permeation.
imprégner [ɛ̃preɲe] *vtr* **(j'imprègne; j'imprégnerai) 1.** to impregnate (**de**, with); to permeate; *Fig:* **i. qn d'idées**, to fill s.o. with ideas **2. s'i.**, to become impregnated (**de**, with); **s'i. d'eau**, to become soaked with water.
imprenable [ɛ̃prənabl] *a* impregnable; **vue i.**, view that cannot be obstructed.
imprésario [ɛ̃presarjo] *nm Th: etc:* impresario; manager (of actor, etc).
impression [ɛ̃prɛsjɔ̃] *nf* **1.** (*a*) *Typ:* printing; **faute d'i.**, misprint; **i. en couleurs**, colour printing; **nouvelle i. d'un livre**, reprint of a book (*b*) *Phot:* exposure **2.** (*a*) priming coat, undercoat (of paint) (*b*) pattern (of material) **3.** impression; **avoir l'i. que**, to have the impression that; **faire i.**, to make a great impression.
impressionner [ɛ̃prɛsjɔne] *vtr* **1.** to impress, affect; to make an impression on (s.o.); to upset **2.** *Phot:* to produce an image on (sensitized paper); to expose (film). **impressionnable** *a* impressionable. **impressionnant** *a* impressive; upsetting.
imprévisibilité [ɛ̃previzibilite] *nf* unpredictability. **imprévisible** *a* unpredictable.
imprévoyance [ɛ̃prevwajɑ̃s] *nf* lack of foresight; improvidence. **imprévoyant** *a* shortsighted; improvident.
imprévu [ɛ̃prevy] **1.** *a* unforeseen, unexpected (event) **2.** *nm* (*a*) **l'i.**, the unexpected (*b*) unforeseen event; **sauf i.**, barring accidents; **en cas d'i.**, in case of an emergency; unless something unforseen happens; **plein d'i.**, full of surprises.
imprimer [ɛ̃prime] *vtr* **1. i. le mouvement à un corps**, to transmit motion to a body **2.** (*a*) to imprint, stamp (sth on sth) (*b*) *Tex:* to print (material) **3.** (*a*) *Typ:* to print (*b*) to publish (book). **imprimé 1.** *a* printed **2.** *nm* printed paper, book; (printed) form; *Post:* **imprimés**, printed matter **3.** *nm Tex:* print.

imprimerie [ɛ̃primri] *nf* **1.** printing **2.** printing house, printing works; *NAm:* printery.

imprimeur [ɛ̃primœr] *nm* printer.

improbabilité [ɛ̃prɔbabilite] *nf* improbability, unlikelihood. **improbable** *a* improbable, unlikely.

improductif, -ive [ɛ̃prɔdyktif, -iv] *a* unproductive.

impromptu [ɛ̃prɔ̃pty] **1.** *adv* without preparation; impromptu **2.** *a* impromptu **3.** *nm Mus:* impromptu.

imprononçable [ɛ̃prɔnɔ̃sabl] *a* unpronounceable.

impropriété [ɛ̃prɔprijete] *nf* improper usage. **impropre** *a* (*a*) inappropriate, incorrect (term) (*b*) **i. à qch,** unsuitable for sth; **i. à la consommation,** unfit for human consumption.

improvisation [ɛ̃prɔvizasjɔ̃] *nf* improvisation.

improviser [ɛ̃prɔvize] *vtr* **1.** to improvise; **discours improvisé,** impromptu speech **2. on m'a improvisé cuisinier,** they made, appointed, me cook.

improviste (à l') [alɛ̃prɔvist] *adv phr* unexpectedly, without warning; **prendre qn à l'i.,** to take s.o. unawares.

imprudence [ɛprydɑ̃s] *nf* imprudence; carelessness; rashness. **imprudent, -ente 1.** *a* imprudent, careless, rash; unwise (action) **2.** *n* imprudent, careless, person. **imprudemment** *adv* imprudently, carelessly, rashly, unwisely.

impudence [ɛ̃pydɑ̃s] *nf* **1.** impudence **2. une i.,** a piece of impudence. **impudent** *a* impudent.

impudeur [ɛ̃pydœr] *nf* indecency, immodesty. **impudique** *a* indecent, immodest.

impuissance [ɛ̃pɥisɑ̃s] *nf* **1.** impotence, powerlessness, helplessness **2.** *Med:* **i. (sexuelle),** impotence. **impuissant** *a* powerless, *Med:* impotent.

impulsion [ɛ̃pylsjɔ̃] *nf* **1.** (*a*) *Mec:* impulse; **i. de courant,** current impulse (*b*) impetus, impulse, boost; **les affaires ont reçu une nouvelle i.,** business shows renewed activity **2. céder à ses impulsions,** to yield to one's impulses; **sous l'i. du moment,** on the spur of the moment. **impulsif, -ive** *a* impulsive.

impunité [ɛ̃pynite] *nf* impunity. **impuni** *a* unpunished. **impunément** *adv* with impunity.

impureté [ɛ̃pyrte] *nf* impurity. **impur** *a* impure.

imputation [ɛ̃pytasjɔ̃] *nf* **1.** imputation, charge **2.** *Com:* charging (of expenses); **i. d'une dépense, i. de frais,** cost allocation.

imputer [ɛ̃pyte] *vtr* **1.** to impute, attribute (crime) (**à,** to) **2.** *Com;* **i. des frais sur un compte,** to charge expenses to an account. **imputable** *a* **1.** attributable (**à,** to) **2.** *Com:* **frais i. sur un compte,** expenses chargeable to an account.

inabordable [inabɔrdabl] *a* unapproachable, inaccessible; prohibitive (price).

inaccentué [inaksɑ̃tɥe] *a* unstressed (syllable).

inacceptable [inaksɛptabl] *a* unacceptable, inadmissible.

inaccessible [inaksɛsibl] *a* inaccessible; **région i.,** out-of-the-way place; **i. à la flatterie,** insensitive to flattery.

inaccoutumé [inakutyme] *a* **1.** unaccustomed; unused (**à,** to) **2.** unusual.

inachèvement [inaʃɛvmɑ̃] *nm* incompletion. **inachevé** *a* unfinished, incomplete.

inaction [inaksjɔ̃] *nf* inaction, idleness.

inactivité [inaktivite] *nf* inactivity. **inactif, -ive** *a* inactive; **population inactive,** non-working population.

inadaptation [inadaptasjɔ̃] *nf* maladjustment. **inadapté, -ée** *a & n* maladjusted (person); **il est i.,** he's a (social) misfit; **solution inadaptée au problème,** solution ill-adapted to the problem.

inadéquat [inadekwa] *a* inadequate.

inadmissible [inadmisibl] *a* inadmissible (request).

inadvertance [inadvɛrtɑ̃s] *nf* **par i.,** inadvertently.

inaliénable [inaljenabl] *a Jur:* inalienable.

inaltérable [inalterabl] *a* **1.** fast (colour); durable (material); **i. à l'air,** unaffected by air **2.** unfailing, unvarying (good humour); enduring (friendship).

inamical, -aux [inamikal, -o] *a* unfriendly.

inamovible [inamɔvibl] *a* (*a*) irremovable; fixed; permanent (fixture) (*b*) (post) held for life.

inanimé [inanime] *a* (*a*) inanimate (object) (*b*) lifeless, unconscious; **tomber i.** to fall lifeless to the ground.

inanité [inanite] *nf* futility.

inanition [inanisjɔ̃] *nf* starvation; **tomber d'i.,** to faint with hunger.

inapaisable [inapɛzabl] *a* inappeasable; unquenchable (thirst). **inapaisé** *a* unappeased.

inaperçu [inapɛrsy] *a* unseen, unperceived, unobserved; unnoticed; **passer i.,** to go unnoticed.

inapplicable [inaplikabl] *a* inapplicable.

inapplication [inaplikasjɔ̃] *nf* lack of application. **inappliqué** *a* unapplied, careless (pers).

inappréciable [inapresjabl] *a* inestimable, invaluable. **inapprécié** *a* unappreciated.

inaptitude [inaptityd] *nf* inaptitude; unfitness (**à,** for); incapacity (for work). **inapte** *a* inapt; unfit (**à,** for); unsuited (**à,** to); unfit (for military service).

inarticulé [inartikyle] *a* inarticulate.

inassouvi [inasuvi] *a Lit:* unsatisfied (desire, etc).

inattaquable [inatakabl] *a* unassailable (position); unquestionable (right); irrefutable (proof); **i. par les acides,** acid-proof.

inattendu [inatɑ̃dy] *a* unexpected, unforeseen.

inattention [inatɑ̃sjɔ̃] *nf* inattention; **faute d'i.,** careless mistake; **par i.,** out of carelessness. **inattentif, -ive** *a* inattentive (**à,** to).

inaudible [inodibl] *a* inaudible; *Pej:* unpleasant to listen to.

inauguration [inogyrasjɔ̃] *nf* inauguration; opening; unveiling (of plaque, statue); **discours d'i.,** inaugural speech. **inaugural, -aux** *a* inaugural; **voyage i.,** maiden voyage.

inaugurer [inogyre] *vtr* to inaugurate; to open (building, etc); to unveil (plaque, statue).

inavouable [inavwabl] *a* shameful. **inavoué** *a* unconfessed.

incalculable [ɛ̃kalkylabl] *a* incalculable.

incandescence [ɛ̃kɑ̃dɛsɑ̃s] *nf* incandescence. **incandescent** *a* incandescent.

incantation [ɛ̃kɑ̃tasjɔ̃] *nf* incantation. **incantatoire** *a* incantatory.

incapable [ɛ̃kapabl] **1.** *a* incapable (**de,** of); **i. de faire qch,** incapable of doing sth, unable to do sth **2.** *n Pej:* incompetent.

incapacité [ɛ̃kapasite] *nf* **1.** inability; **i. de faire qch,**

inability to do sth **2.** *Pej:* incompetence **3.** disability; *Adm:* **i. permanente,** permanent disablement; **i. de travail,** industrial disablement.

incarcération [ɛ̃karserasjɔ̃] *nf* incarceration.

incarcérer [ɛ̃karsere] *vtr* **(j'incarcère; j'incarcérerai)** to incarcerate (s.o.).

incarnation [ɛ̃karnasjɔ̃] *nf* incarnation.

incarner [ɛ̃karne] *vtr* **1.** *Rel:* to incarnate; *Fig:* to embody (idea, etc); *Cin: Th:* **i. un personnage,** to portray a character **2. s'i.,** *Rel:* to be incarnated; *Fig:* (*of idea, etc*) to be embodied. **incarné** *a* **1.** *Rel:* incarnate; *Fig:* **c'est la vertu incarnée,** he, she, is virtue personified; *F:* **c'est le diable i.,** he, she, is the devil incarnate **2.** *Med:* **ongle incarné,** ingrowing toenail.

incartade [ɛ̃kartad] *nf* prank.

incassable [ɛ̃kasabl̩] *a* unbreakable.

incendie [ɛ̃sɑ̃di] *nm* (outbreak of) fire; **i. de forêt,** forest fire; **pompe à i.,** fire engine; **i. volontaire,** arson.

incendier [ɛ̃sɑ̃dje] *vtr* (*impf & pr sub* **n. incendiions)** (*a*) to set (house, forest) on fire; to set fire to (sth); to burn (sth) down (*b*) to fire imagination (*c*) *P:* to tell s.o. off. **incendiaire 1.** *a* incendiary (bomb); inflammatory (speech) **2.** *n* arsonist.

incertain [ɛ̃sɛrtɛ̃] *a* uncertain, doubtful; unsettled (weather); unreliable (memory); **i. de qch,** (i) unsure (ii) undecided, about sth.

incertitude [ɛ̃sɛrtityd] *nf* uncertainty; doubt; **être dans l'i.,** to be uncertain **(quant à, sur,** as to).

incessamment [ɛ̃sesamɑ̃] *adv* without delay, shortly.

incessant [ɛ̃sɛsɑ̃] *a* unceasing, incessant; ceaseless; unremitting.

inceste [ɛ̃sɛst] *nm* incest. **incestueux, -euse** *a* incestuous.

inchangeable [ɛ̃ʃɑ̃ʒabl̩] *a* unchangeable. **inchangé** *a* unchanged.

incidemment [ɛ̃sidamɑ̃] *adv* in passing; incidentally.

incidence [ɛ̃sidɑ̃s] *nf* **1.** *Tchn:* incidence **2.** effect, impact.

incident [ɛ̃sidɑ̃] *nm* (*a*) incident; occurrence, happening; **arriver sans i.,** to arrive without mishap (*b*) difficulty, hitch; **i. de parcours,** setback; **i. technique,** technical fault.

incinérateur [ɛ̃sineratœr] *nm* incinerator.

incinération [ɛ̃sinerasjɔ̃] *nf* (*a*) incineration (*b*) cremation.

incinérer [ɛ̃sinere] *vtr* **(j'incinère; j'incinérerai)** (*a*) to incinerate (*b*) to cremate.

inciser [ɛ̃size] *vtr* to make an incision in. **incisif, -ive 1.** *a* incisive, sharp, cutting (remark) **2.** *nf* **incisive,** incisor.

incision [ɛ̃sizjɔ̃] *nf* incision.

incitation [ɛ̃sitasjɔ̃] *nf* incitement **(à,** to).

inciter [ɛ̃site] *vtr* to incite; to urge (on).

incivilité [ɛ̃sivilite] *nf* **1.** incivility, rudeness **2.** rude remark. **incivil** *a* uncivil, rude.

inclassable [ɛ̃klasabl̩] *a* unclassifiable.

inclinaison [ɛ̃klinɛzɔ̃] *nf* incline, gradient, slope; pitch, slant (of roof); tilt (of head, hat); list (of ship); angle (of trajectory); **comble à forte, à faible, i.,** high-pitched, low-pitched, roof.

inclination [ɛ̃klinasjɔ̃] *nf* **1.** inclination; bow(ing) (of body); nod (of head) **2.** *Fig:* inclination, tendency **(à,** towards); **il a une i. à la paresse,** he's inclined to be lazy; **avoir de l'i. pour qch,** to have a liking for sth.

incliner [ɛ̃kline] **1.** *vtr* (*a*) to incline; to slant, slope (*b*) to tip up; to tilt (*c*) to bend, bow, incline (the head); **i. la tête,** to nod (one's head) (*d*) **i. qn à faire qch,** to make s.o. inclined to do sth **2.** *vi* (*a*) (*of wall*) to lean, slope; (*of ship*) to list (*b*) **i. à la pitié,** to incline, be disposed, to pity **3. s'i.** (*a*) (*of road*) to slant, slope; (*of ship*) to list (*b*) (*of pers*) to bend over, down; to bow (down) **(devant,** before); **s'i. devant qn,** to yield to s.o.; **j'ai dû m'i.,** I had to give in. **incliné** *a* **1.** sloping, tilting, tilted; **plan i.,** inclined plane **2. i. à qch,** inclined towards sth.

inclure [ɛ̃klyr] *vtr* (*conj like* CONCLURE except *pp* **inclus)** to enclose; to include. **inclus** *a* included; **la lettre ci-incluse,** the enclosed letter; **jusqu'à la page 5 incluse,** up to and including page 5. **inclusif, -ive** *a* inclusive. **inclusivement** *adv* inclusively; **du vendredi au mardi i.,** from Friday to Tuesday inclusive.

inclusion [ɛ̃klyzjɔ̃] *nf* inclusion.

incognito [ɛ̃kɔɲito] **1.** *adv* incognito **2.** *nm* **garder l'i.,** to remain incognito.

incohérence [ɛ̃kɔerɑ̃s] *nf* incoherence; inconsistency. **incohérent** *a* incoherent; inconsistent.

incolore [ɛ̃kɔlɔr] *a* colourless; clear (glass).

incomber [ɛ̃kɔ̃be] *vi* (*used only in third pers*) **i. à qn,** to fall to s.o.; **il nous incombe de,** it falls to us to; **la responsabilité incombe à l'auteur,** the responsibility lies with the author.

incombustible [ɛ̃kɔ̃bystibl̩] *a* incombustible; fireproof.

incommoder [ɛ̃kɔmɔde] *vtr* to bother, upset (s.o.); *Lit:* **être incommodé,** to feel unwell. **incommodant** *a* unpleasant; annoying.

incommodité [ɛ̃kɔmɔdite] *nf* (*a*) inconvenience (*b*) discomfort; awkwardness (of situation). **incommode** *a* inconvenient; awkward. **incommodément** *adv* inconveniently; awkwardly.

incomparable [ɛ̃kɔ̃parabl̩] *a* incomparable. **incomparablement** *adv* incomparably.

incompatibilité [ɛ̃kɔ̃patibilite] *nf* incompatibility. **incompatible** *a* incompatible **(avec,** with).

incompétence [ɛ̃kɔ̃petɑ̃s] *nf* incompetence. **incompétent** *a* incompetent.

incomplet, -ète [ɛ̃kɔ̃plɛ, -ɛt] *a* incomplete. **incomplètement** *adv* incompletely; **i. guéri,** not completely cured.

incompréhension [ɛ̃kɔ̃preɑ̃sjɔ̃] *nf* incomprehension, lack of understanding. **incompréhensible** *a* incomprehensible. **incompréhensif, -ive** *a* uncomprehending; unsympathetic.

incompris [ɛ̃kɔ̃pri] *a* (*of pers*) misunderstood; unappreciated.

inconcevable [ɛ̃kɔ̃svabl̩] *a* inconceivable, unthinkable, unimaginable.

inconciliable [ɛ̃kɔ̃siljabl̩] *a* irreconcilable, incompatible **(avec,** with).

inconditionnel, -elle [ɛ̃kɔ̃disjɔnɛl] *a* unconditional; unquestioning (obedience).

inconduite [ɛ̃kɔ̃dɥit] *nf* loose living; *Jur:* misconduct.

inconfort [ɛ̃kɔ̃fɔr] *nm* discomfort. **inconfortable** *a* uncomfortable.

incongruité [ɛ̃kɔ̃grɥite] *nf* (*a*) incongruity, absurdity (*b*) impropriety (of behaviour) (*c*) improper remark, action. **incongru** *a* (*a*) incongruous; out of place (*b*) improper (question).

inconnu, -ue [ɛ̃kɔny] **1.** *a* unknown (**de, à,** to); **il m'était i.,** I didn't know him; **visages inconnus,** strange faces **2.** *n* (*a*) unknown person (i) stranger (ii) (mere) nobody (*b*) *nm* **l'i.,** the unknown; **saut dans l'i.,** leap in the dark **3.** *nf Mth:* **inconnue,** unknown (quantity).

inconscience [ɛ̃kɔ̃sjɑ̃s] *nf* **1.** unconsciousness **2.** unawareness; **c'est de l'i. pure,** it's sheer thoughtlessness, madness. **inconscient 1.** *a* (*a*) unconscious (*b*) unconscious, unaware (**de,** of) **2.** *nm Psy:* **l'i.,** the unconscious. **inconsciemment** *adv* unconsciously, unknowingly; thoughtlessly.

inconséquence [ɛ̃kɔ̃sekɑ̃s] *nf* inconsistency. **inconséquent** *a* (*a*) inconsistent, inconsequent(ial); thoughtless (*b*) irresponsible, rash (decision, etc).

inconsidéré [ɛ̃kɔ̃sidere] *a* ill-considered, rash (act). **inconsidérément** *adv* inconsiderately, thoughtlessly, rashly.

inconsistance [ɛ̃kɔ̃sistɑ̃s] *nf* **1.** insubstantiality; looseness (of soil); weakness (of nature) **2.** inconsistency (of pers, act). **inconsistant** *a* inconsistent; fickle, erratic; runny (cream).

inconsolable [ɛ̃kɔ̃sɔlabl̩] *a* inconsolable.

inconstance [ɛ̃kɔ̃stɑ̃s] *nf* inconstancy, inconsistency; fickleness. **inconstant** *a* inconstant, inconsistent; fickle.

inconstitutionnel, -elle [ɛ̃kɔ̃stitysjɔnɛl] *a* unconstitutional.

inconstructible [ɛkɔ̃struktibl̩] *a* that cannot be developed.

incontestable [ɛ̃kɔ̃tɛstabl̩] *a* incontestable, indisputable; undeniable. **incontestablement** *adv* incontestably, indisputably; undeniably. **incontesté** *a* uncontested, undisputed.

incontinence [ɛ̃kɔ̃tinɑ̃s] *nf* incontinence. **incontinent** *a* incontinent.

incontournable [ɛ̃kɔ̃turnabl̩] *a* undeniable; irrefutable (argument); inevitable (consequence).

incontrôlable [ɛ̃kɔ̃trolabl̩] *a* unverifiable; uncontrollable. **incontrôlé** *a* unverified; uncontrolled.

inconvenance [ɛ̃kɔ̃vnɑ̃s] *nf* (*a*) impropriety, unseemliness (*b*) **dire des inconvenances,** to make improper remarks. **inconvenant** *a* improper, unseemly; ill-mannered; indiscreet (remarks).

inconvénient [ɛ̃kɔ̃venjɑ̃] *nm* disadvantage, drawback; inconvenience; **je n'y vois pas d'i.,** I can't see any objection(s) (to it); I've got nothing against it; **peut-on le faire sans i.?** is there a risk in doing it?

incorporation [ɛ̃kɔrpɔrasjɔ̃] *nf* (*a*) incorporation, blending (*b*) *Mil:* conscription.

incorporer [ɛ̃kɔrpɔre] *vtr* (*a*) to incorporate; to blend (ingredient) (**à, dans,** into) (*b*) *Mil:* to draft (conscripts).

incorrection [ɛ̃kɔrɛksjɔ̃] *nf* **1.** (*a*) incorrectness, inaccuracy (*b*) incorrectness, slovenliness; unsuitability (of clothes) (*c*) impoliteness, rudeness **2.** impolite action, rude remark. **incorrect** *a* (*a*) incorrect; inaccurate, wrong (*b*) defective, faulty (*c*) **tenue incorrecte,** (i) slovenly (ii) unsuitable, clothes (*d*) (*of pers*) impolite, rude. **incorrectement** *adv* (*a*) incorrectly; inaccurately, wrongly (*b*) defectively (*c*) in a slovenly manner; unsuitably (dressed) (*d*) impolitely, rudely.

incorrigible [ɛ̃kɔriʒibl̩] *a* incorrigible.

incorruptible [ɛ̃kɔryptibl̩] *a* incorruptible.

incrédibilité [ɛ̃kredibilite] *nf* incredibility.

incrédulité [ɛ̃kredylite] *nf* incredulity. **incrédule 1.** *a* incredulous; *Theol:* unbelieving **2.** *n* unbeliever.

increvable [ɛ̃krəvabl̩] *a* puncture-proof (tyre); *P:* tireless (pers).

incriminer [ɛ̃krimine] *vtr* to incriminate (s.o.).

incrochetable [ɛ̃krɔʃtabl̩] *a* burglar-proof (lock).

incroyable [ɛ̃krwajabl̩] *a* incredible, unbelievable. **incroyablement** *adv* incredibly, unbelievably.

incroyance [ɛ̃krwajɑ̃s] *nf* unbelief. **incroyant, -ante 1.** *a* unbelieving **2.** *n* non-believer.

incrustation [ɛ̃krystasjɔ̃] *nf* **1.** inlay(ing); inlay work; **incrustations d'ivoire,** ivory inlay **2.** scale, fur (on pipes, etc).

incruster [ɛ̃kryste] *vtr* **1.** (*a*) to encrust; to scale, fur (up) (pipes); **incrusté de tartre,** furred up (*b*) to inlay (**de,** with) **2. s'i.** (*a*) to become encrusted; (*of pipes, etc*) to scale, fur, up (**de,** with) (*b*) *F:* **s'i. chez qn,** to be, stay, for ever at s.o.'s house; **qu'est-ce qu'il peut s'i.!** you can't get rid of him!

incubateur [ɛ̃kybatœr] *nm* incubator.

incubation [ɛ̃kybasjɔ̃] *nf* incubation.

incuber [ɛ̃kybe] *vtr* to incubate.

inculpation [ɛ̃kylpasjɔ̃] *nf* indictment, charge.

inculpé, -ee [ɛ̃kylpe] *n* **l'i.,** the accused.

inculper [ɛ̃kylpe] *vtr* to indict (**de,** for), charge (**de,** with).

inculquer [ɛ̃kylke] *vtr* to instil (**à,** into).

inculte [ɛ̃kylt] *a* uncultivated, wild; waste (land); unkempt (beard); uneducated (pers).

incurable [ɛ̃kyrabl̩] *a & n* incurable.

incursion [ɛ̃kyrsjɔ̃] *nf* inroad, incursion (**dans,** into).

incurver (s') [(s)ɛ̃kyrve] *vtr & pr* to bend, curve.

Inde [ɛ̃d] *Prnf Geog:* (*a*) India (*b*) **les Indes,** the Indies.

indécence [ɛ̃desɑ̃s] *nf* indecency. **indécent** *a* indecent. **indécemment** *adv* indecently.

indéchiffrable [ɛ̃deʃifrabl̩] *a* (*a*) indecipherable (writing) (*b*) *Fig:* incomprehensible; inscrutable (pers).

indéchirable [ɛ̃deʃirabl̩] *a* tearproof.

indécision [ɛ̃desizjɔ̃] *nf* indecision, indecisiveness. **indécis** *a* **1.** unsettled, undecided (question); indecisive, doubtful; vague **2.** (*of pers*) (*a*) undecided, in two minds (*b*) indecisive, irresolute.

indéfectible [ɛ̃defɛktibl̩] *a* unfailing.

indéfendable [ɛ̃defɑ̃dabl̩] *a* indefensible.

indéfini [ɛ̃defini] *a* **1.** indefinite; undefined **2.** *Gram:* **pronom i.,** indefinite pronoun. **indéfiniment** *adv* indefinitely. **indéfinissable** *a* indefinable.

indéformable [ɛ̃defɔrmabl̩] *a* **vêtement i.,** garment which keeps its shape.

indélébile [ɛ̃delebil] *a* indelible.

indélicatesse [ɛ̃delikatɛs] *nf* (*a*) indelicacy, tactlessness (*b*) unscrupulousness. **indélicat** *a* (*a*) indelicate, coarse; tactless (*b*) dishonest, unscrupulous. **indélicatement** *adv* (*a*) indelicately (*b*) unscrupulously.

indémaillable [ɛ̃demajabl̩] *a* ladderproof, runresist (tights).

indemne [ɛ̃dɛmn] *a* undamaged; uninjured, unharmed, unscathed.

indemnisation [ɛ̃dɛmnizasjɔ̃] *nf* indemnification; compensation; indemnity.

indemniser [ɛ̃dɛmnize] *vtr* to indemnify; compensate (**de,** for).

indemnité [ɛ̃dɛmnite] *nf* (*a*) indemnity, indemnification, compensation (*b*) penalty (for delay) (*c*) allowance, grant; **i. de déplacement,** travelling expenses; **i. parlementaire** = MP's salary.

indémontable [ɛ̃demɔ̃tabl̩] *a* that cannot be taken apart.

indéniable [ɛ̃denjabl̩] *a* undeniable. **indéniablement** *adv* undeniably.

indépendance [ɛ̃depɑ̃dɑ̃s] *nf* independence. **indépendant** *a* (*a*) independent (**de,** of); **raisons indépendantes de notre volonté,** reasons beyond our control (*b*) self-contained (flat). **indépendamment** *adv* independently (**de,** of); **i. de cela,** apart from that.

indescriptible [ɛ̃dɛskriptibl̩] *a* indescribable.

indésirable [ɛ̃dezirabl̩] *a & n* undesirable.

indestructible [ɛ̃dɛstryktibl̩] *a* indestructible.

indétermination [ɛ̃detɛrminasjɔ̃] *nf* vagueness; indecision, irresolution. **indéterminé** *a* **1.** undetermined; indeterminate, indefinite, vague (ideas) **2.** (*of pers*) irresolute, undecided.

index [ɛ̃dɛks] *nm inv* **1.** (*a*) forefinger; index finger (*b*) pointer (of balance); indicator **2.** index (of book) **3. mettre à l'i.,** to blacklist.

indexation [ɛ̃dɛksasjɔ̃] *nf* (*a*) indexing (*b*) *PolEc:* index linking.

indexer [ɛ̃dɛkse] *vtr* **1.** to index **2.** *PolEc:* to index-link, tie (**sur,** to).

indic [ɛ̃dik] *nm P:* (*police informer*) grass, *NAm:* fink.

indicateur, -trice [ɛ̃dikatœr, -tris] **1.** *a* indicatory; **poteau i.,** signpost; **panneau i. (de route),** road sign **2.** *n* (police) informer **3.** *nm* (railway) timetable; (street) directory **4.** *nm* indicator; gauge; **i. de vitesse,** *Aut:* speedometer; *Av:* airspeed indicator; **i. d'altitude,** altimeter.

indicatif, -ive [ɛ̃dikatif, -iv] **1.** *a* indicative (**de,** of) **2.** *a & nm Gram:* indicative (mood) **3.** *nm* (*a*) *Tp:* dialling code (*b*) *WTel: etc:* **i. d'appel,** call sign; **i. (musical),** signature tune, theme tune.

indication [ɛ̃dikasjɔ̃] *nf* **1.** indication; indicating **2.** (*a*) (piece of) information (*b*) sign, token; clue (*c*) notice **3.** *esp pl* instruction(s); **indications du mode d'emploi,** directions for use; **sauf i. contraire,** unless otherwise stated; *Th:* **indications scéniques,** stage directions.

indice [ɛ̃dis] *nm* **1.** indication, sign; mark, token; *Jur:* clue **2.** *Mth: etc:* (i) index (number) (ii) factor; **i. inférieur,** subscript; **i. du coût de la vie,** cost of living index; **i. des prix (de détail),** (retail) price index.

indicible [ɛ̃disibl̩] *a* inexpressible, indescribable.

indien, -ienne [ɛ̃djɛ̃, -jɛn] **1.** (*a*) *a & n* Indian (of India, America) (*b*) *a* **en file indienne,** in single file **2.** *nf Tex:* **indienne,** printed calico, cotton print.

indifférence [ɛ̃diferɑ̃s] *nf* indifference (**envers,** to(wards)). **indifférent** *a* **1.** indifferent (**à,** to) **2.** immaterial, unimportant; **cela m'est i.,** it's all the same to me; **causer de choses indifférentes,** to chat of this and that. **indifféremment** *adv* (*a*) indifferently (*b*) equally, indiscriminately.

indifférer [ɛ̃difere] *vtr def used in 3rd pers sing & pl with pronoun complement only* (**il indiffère, il indifférera**) *F:* **cela m'indiffère,** I'm indifferent, I couldn't care less about it.

indigence [ɛ̃diʒɑ̃s] *nf* poverty; destitution. **indigent** **1.** *a* poor, destitute **2.** *n* pauper.

indigène [ɛ̃diʒɛn] **1.** *a* indigenous; native **2.** *n* native.

indigestion [ɛ̃diʒɛstjɔ̃] *nf* indigestion; **avoir une i.,** to have indigestion; *F:* **j'en ai une i.,** I'm sick of it. **indigeste** *a* indigestible.

indignation [ɛ̃diɲasjɔ̃] *nf* indignation; **avec i.,** indignantly.

indigner [ɛ̃diɲe] *vtr* **1.** to make (s.o.) indignant **2.** **s'i.,** to become, to be, indignant (**de, contre,** about). **indigné** *a* indignant (**de,** for).

indignité [ɛ̃diɲite] *nf* **1.** *Lit:* unworthiness, shame **2.** **une i.,** an indignity. **indigne** *a* **1.** (*a*) unworthy; undeserving (*b*) **ce travail est i. de lui,** this work is unworthy of him **2.** shameful (action, conduct). **indignement** *adv* **1.** unworthily **2.** shamefully.

indigo [ɛ̃digo] *nm & a inv* indigo(-blue).

indiquer [ɛ̃dike] *vtr* (*a*) to indicate; to point (out); **i. qch du doigt,** to point to sth, to point sth out (with one's finger); **i. le chemin à qn,** to show s.o. the way (*b*) to show, mark, indicate; **le compteur indique cent,** the meter reads one hundred; **la somme indiquée sur la facture,** the sum mentioned on the invoice (*c*) to show, tell; **i. un médecin à qn,** to tell s.o. of a doctor (*d*) to point to, to show (*e*) to appoint, name (a day); **à l'heure indiquée,** at the appointed time (*f*) to draw up (procedure); to prescribe (line of action); **c'était indiqué,** it was the obvious thing to do; **il est tout à fait indiqué pour ce poste,** he's just the man for the job; **ce n'est pas très indiqué,** it's not very advisable, suitable.

indirect [ɛ̃dirɛkt] *a* (*a*) indirect; roundabout (way); **éclairage i.,** concealed lighting; **contributions indirectes,** excise revenue (*b*) *Jur:* circumstantial (evidence). **indirectement** *adv* indirectly; in a roundabout way.

indiscipline [ɛ̃disiplin] *nf* lack of discipline. **indiscipliné** *a* undisciplined, unruly.

indiscrétion [ɛ̃diskresjɔ̃] *nf* (*a*) indiscretion; indiscreetness; **sans i.,** if you don't mind my asking (*b*) indiscreet action, remark; indiscretion. **indiscret, -ète** **1.** *a* indiscreet, tactless (pers); **à l'abri des regards indiscrets,** safe from prying eyes **2.** *n* indiscreet person. **indiscrètement** *adv* indiscreetly.

indiscutable [ɛ̃diskytabl̩] *a* indisputable, unquestionable. **indiscutablement** *adv* indisputably, unquestionable. **indiscuté** *a* undisputed, unquestioned.

indispensable [ɛ̃dispɑ̃sabl̩] **1.** *a* indispensable (à

qn, to s.o., **à, pour, qch,** for sth) **2.** *nm* **ne prenez que l'i.,** take only what is essential, the essentials.

indisponible [ɛ̃dispɔnibl] *a* unavailable.

indisposer [ɛ̃dispoze] *vtr* **1.** to make (s.o.) unwell; (*of food*) to upset, disagree with (s.o.) **2.** to antagonize (s.o.). **indisposé** *a* (*a*) indisposed, unwell (*b*) (*of woman*) **être indisposée,** to have one's period.

indisposition [ɛ̃dispozisjɔ̃] *nf* (*a*) indisposition, (slight) illness (*b*) (*of woman*) (monthly) period.

indissociable [ɛ̃disɔsjabl] *a* indissociable.

indissoluble [ɛ̃disɔlybl] *a* indissoluble (bond, friendship).

indistinct [ɛ̃distɛ̃(kt)] *a* indistinct, faint. **indistinctement** *adv* (*a*) indistinctly (*b*) **tout le monde i.,** everybody without distinction.

individu [ɛ̃dividy] *nm* **1.** individual **2.** *usu Pej:* person, individual; **quel est cet i.?** who's that fellow? **i. louche,** shady customer.

individualiser [ɛ̃dividɥalize] *vtr* **1.** to individualize; to specify, particularize (case) **2. s'i.,** (*of pers*) to become an individual; (*of style, etc*) to become more individual.

individualisme [ɛ̃dividɥalism] *nm* individualism. **individualiste 1.** *a* individualistic **2.** *n* individualist.

individualité [ɛ̃dividɥalite] *nf* individuality. **individuel, -elle** *a* individual; personal (liberty); private (property). **individuellement** *adv* individually, personally.

indivisibilité [ɛ̃divizibilite] *nf* indivisibility. **indivisible** *a* indivisible.

Indochine [ɛ̃dɔʃin] *Prnf Geog: Hist:* Indochina.

indo-européen, -enne [ɛ̃doørɔpeɛ̃, -ɛn] *a & n Ethn: Ling:* Indo-European; *pl indo-européens, -ennes.*

indolence [ɛ̃dɔlɑ̃s] *nf* indolence. **indolent** *a* indolent.

indolore [ɛ̃dɔlɔr] *a* painless.

indomptable [ɛ̃dɔ̃tabl] *a* untam(e)able (animal); indomitable (personality, will, etc). **indompté** *a* untamed (animal); unrestrained (pride, etc).

Indonésie [ɛ̃dɔnezi] *Prnf Geog:* Indonesia. **indonésien, -ienne** *a & n* Indonesian.

indou, -oue [ɛ̃du] *a & n Ethn: Rel:* Hindu.

indu [ɛ̃dy] *a* undue; unwarranted; **à une heure indue,** at an ungodly hour. **indûment** *adv* unduly, improperly.

indubitable [ɛ̃dybitabl] *a* beyond doubt, indubitable. **indubitablement** *adv* indubitably, undoubtedly.

induction [ɛ̃dyksjɔ̃] *nf* induction; *El:* **courant d'i.,** induced current; **bobine d'i.,** induction coil.

induire [ɛ̃dɥir] *vtr* (*pr* **j'induis, n. induisons;** *ph* **j'induisis;** *pp* **induit**) **1. i. qn en erreur,** to lead s.o. astray, to mislead s.o. **2.** to infer, induce (conclusion).

indulgence [ɛ̃dylʒɑ̃s] *nf* indulgence, leniency. **indulgent** *a* indulgent, lenient.

industrialisation [ɛ̃dystrijalizasjɔ̃] *nf* industrialization.

industrialiser [ɛ̃dystrijalize] *vtr* **1.** to industrialize **2. s'i.,** to become industrialized.

industrie [ɛ̃dystri] *nf* industry, manufacturing; **l'i. automobile, cinématographique,** the car, film, industry; **l'i. du bâtiment,** the building trade; **l'i. du spectacle,** showbusiness. **industriel, -elle 1.** *a* industrial; *F:* **quantité industrielle,** vast quantity **2.** *nm* manufacturer, industrialist. **industriellement** *adv* industrially.

industrieux, -euse [ɛ̃dystrijø, -øz] *a Lit:* skilful, *NAm:* skillful.

inébranlable [inebrɑ̃labl] *a* unshak(e)able, unwavering.

inédit [inedi] *a* **1.** unpublished (book) **2.** new, original (plan).

ineffable [inefabl] *a* ineffable, unutterable.

ineffaçable [inefasabl] *a* ineffaceable (memory); indelible (stain); non-erasable.

inefficace [inefikas] *a* ineffective, ineffectual (means, remedy); inefficient (pers).

inégalité [inegalite] *nf* **1.** inequality, disparity (**entre,** between) **2.** unevenness (of ground); **les inégalités du chemin,** the bumps in the road. **inégal, -aux** *a* **1.** unequal **2.** uneven; irregular. **inégalable** *a* matchless, incomparable. **inégalement** *adv* **1.** unequally **2.** unevenly. **inégalé** *a* unequalled.

inélégant [inelegɑ̃] *a* inelegant. **inélégamment** *adv* inelegantly.

inéligibilité [ineliʒibilite] *nf* ineligibility. **inéligible** *a* ineligible.

inéluctable [inelyktabl] *a* inescapable. **inéluctablement** *adv* inescapably.

inénarrable [inenarabl] *a* hilarious; priceless.

ineptie [inɛpsi] *nf* ineptitude; **dire des inepties,** to talk nonsense. **inepte** *a* inept, foolish.

inépuisable [inepɥizabl] *a* inexhaustible.

inéquitable [inekitabl] *a* inequitable, unfair.

inertie [inɛrsi] *nf* (*a*) inertia (*b*) sluggishness; passivity. **inerte** *a* inert; sluggish (nature); dull (intelligence); passive (pers).

inespéré [inɛspere] *a* unhoped-for, unexpected.

inestimable [inɛstimabl] *a* inestimable, invaluable.

inévitable [inevitabl] *a* inevitable, unavoidable; *Hum:* **il y a eu l'i. discours d'accueil,** there was the inevitable speech of welcome. **inévitablement** *adv* inevitably.

inexactitude [inɛgzaktityd] *nf* **1.** inaccuracy, inexactitude; mistake **2.** unpunctuality. **inexact** *a* **1.** inexact, inaccurate, incorrect; wrong **2.** unpunctual.

inexcusable [inɛkskyzabl] *a* inexcusable.

inexistant [inɛgzistɑ̃] *a* non-existent.

inexorable [inɛgzɔrabl] *a* inexorable, unrelenting. **inexorablement** *adv* inexorably.

inexpérience [inɛksperjɑ̃s] *nf* inexperience. **inexpérimenté** *a* inexperienced; untested (process).

inexplicable [inɛksplikabl] *a* inexplicable. **inexplicablement** *adv* inexplicably. **inexpliqué** *a* unexplained.

inexploitable [inɛksplwatabl] *a* unexploitable; unworkable (mine). **inexploité** *a* unexploited; unworked (mine).

inexploré [inɛksplɔre] *a* unexplored.

inexpressif, -ive [inɛksprɛsif, -iv] *a* expressionless.

inexprimable [inɛksprimabl] *a* inexpressible.

inextinguible [inɛkstɛ̃g(ɥ)ibl] *a Lit:* uncontrollable (laughter); unquenchable (thirst).

in extremis [inɛkstremis] **1.** *Lt adv phr* in extremis, at the last minute **2.** *adj phr* last-minute (will).

inextricable [inɛkstrikabl̩] *a* inextricable. **inextricablement** *adv* inextricably.

infaillibilité [ɛ̃fajibilite] *nf* infallibility. **infaillible** *a* infallible. **infailliblement** *adv* infallibly.

infaisable [ɛ̃fəzabl̩] *a* impossible, impracticable.

infamie [ɛ̃fami] *nf* **1.** infamy **2.** infamous action; foul deed; **dire des infamies à qn,** to slander s.o. **infamant** *a* defamatory. **infâme** *a* infamous; foul (deed); disgusting (smell, etc).

infanterie [ɛ̃fɑ̃tri] *nf* infantry.

infantilisme [ɛ̃fɑ̃tilism] *nm* (*a*) *Med:* infantilism; retarded development (*b*) **c'est de l'i.,** how infantile, childish! **infantile** *a* (*a*) infantile; **psychiatrie i.,** child psychiatry (*b*) *Pej:* infantile, childish.

infarctus [ɛ̃farktys] *nm Med:* **i. (du myocarde),** coronary thrombosis.

infatigable [ɛ̃fatigabl̩] *a* indefatigable, untiring, tireless. **infatigablement** *adv* indefatigably, untiringly, tirelessly.

infatuation [ɛ̃fatɥasjɔ̃] *nf* self-conceit.

infatuer (s') [sɛ̃fatɥe] *vpr* to be conceited. **infatué** *a* conceited; **i. de soi-même,** full of one's own importance.

infect [ɛ̃fɛkt] *a* (*a*) stinking; foul; **odeur infecte,** stench (*b*) filthy (hovel); **temps i.,** filthy, foul, weather; **repas i.,** revolting meal (*c*) vile, horrible (pers).

infecter [ɛ̃fɛkte] *vtr* **1.** (*a*) to infect (**de,** with) (*b*) to poison (atmosphere); to contaminate (water) **2. s'i.,** to become infected, to go septic.

infection [ɛ̃fɛksjɔ̃] *nf* **1.** infection **2.** stench. **infectieux, -euse** *a* infectious.

inférer [ɛ̃fere] *vtr* (**j'infère;** *fu* **j'inférerai**) to infer, gather (**de,** from).

infériorité [ɛ̃ferjɔrite] *nf* inferiority; **i. en nombre,** inferiority in numbers; *Psy:* **complexe d'i.,** inferiority complex. **inférieur, -eure** *a* **1.** inferior; lower; **lèvre inférieure,** lower, bottom, lip; (*of temperature*) **i. à la normale,** below normal **2.** (*a*) inferior; **d'un rang i.,** lower in rank (*b*) inferior, poor (quality) (*c*) **6 est i. à 8,** 6 is less than 8 **3.** *n* inferior.

infernal, -aux [ɛ̃fɛrnal, -o] *a* infernal; **un vacarme i.,** an infernal racket, a hell of a racket; **enfant in.,** dreadful child.

infertile [ɛ̃fɛrtil] *a* infertile.

infester [ɛ̃fɛste] *vtr* to infest, overrun.

infidélité [ɛ̃fidelite] *nf* (*a*) infidelity, unfaithfulness, disloyalty (**à,** to) (*b*) inaccuracy (of translation). **infidèle 1.** *a* (*a*) unfaithful, faithless, disloyal (**à,** to) (*b*) inaccurate; unreliable (memory) **2.** *a & n Rel:* infidel.

infiltration [ɛ̃filtrasjɔ̃] *nf* infiltration; percolation.

infiltrer (s') [sɛ̃filtre] *vpr* **1.** to percolate, seep (**dans,** into; **à travers,** through); to filter, soak, in, through **2.** *Fig:* **s'i. dans,** to infiltrate (group, mind, etc).

infime [ɛ̃fim] *a* tiny, minute.

infinité [ɛ̃finite] *nf* (*a*) *Mth: etc:* infinity (*b*) **l'i. de l'espace,** the boundlessness of space; **une i. de gens,** an infinite number of people. **infini 1.** *a* infinite; **mettre un temps i.,** to take ages. **2.** *nm* **l'i.,** the infinite; *Phot:* **mettre au point sur l'i.,** to focus on infinity; **à l'i.,** to infinity, ad infinitum. **infiniment** *adv* infinitely; **se donner i. de peine,** to give oneself no end of trouble, an infinite amount of trouble; **je regrette i.,** I'm terribly sorry. **infinitésimal, -aux** *a* infinitesimal.

infinitif, -ive [ɛ̃finitif, -iv] *a & nm Gram:* infinitive.

infirmer [ɛ̃firme] *vtr* to invalidate.

infirmerie [ɛ̃firməri] *nf* infirmary; (*school, ship*) sick bay.

infirmier, -ière [ɛ̃firmje, -jɛr] **1.** *nm* male nurse **2.** *nf* nurse.

infirmité [ɛ̃firmite] *nf* (*a*) infirmity (*b*) physical disability. **infirme 1.** *a* (*a*) infirm (*b*) disabled, crippled **2.** *n* (*a*) invalid (*b*) cripple; disabled person.

inflammable [ɛ̃flamabl̩] *a* inflammable; *Tchn: & NAm:* flammable.

inflammation [ɛ̃flamasjɔ̃] *nf Med:* inflammation. **inflammatoire** *a* inflammatory.

inflation [ɛ̃flasjɔ̃] *nf PolEc:* inflation; **i. galopante, rampante,** galloping, creeping, inflation. **inflationniste 1.** *a* inflationary **2.** *n* inflationist.

infléchir [ɛ̃fleʃir] *vtr* **1.** to bend, inflect (ray) **2. s'i.,** to bend, curve.

inflexibilité [ɛ̃flɛksibilite] *nf* inflexibility. **inflexible** *a* inflexible.

inflexion [ɛ̃flɛksjɔ̃] *nf* **1.** (*a*) inflexion; bend(ing) (*b*) bending (of body); nod (of head); **légère i. du corps,** slight bow **2.** inflexion, modulation (of voice).

infliger [ɛ̃fliʒe] *vtr* (**n. infligeons**) to inflict; to impose (penalty) (**à,** on).

influence [ɛ̃flyɑ̃s] *nf* influence; **il a beaucoup d'i.,** he's very influential. **influençable** *a* easily influenced. **influent** *a* influential.

influencer [ɛ̃flyɑ̃se] *vtr* (**n. influençons**) to influence.

influer [ɛ̃flye] *vi* **i. sur,** to influence, to have an influence on.

influx [ɛ̃fly] *nm* **i. nerveux,** nerve impulse.

infos [ɛ̃fo] *nfpl F:* **les i.,** the news.

informateur, -trice [ɛ̃fɔrmatœr, -tris] *n* informer.

informaticien, -ienne [ɛ̃fɔrmatisjɛ̃, -jɛn] *n* computer scientist.

information [ɛ̃fɔrmasjɔ̃] *nf* **1. une i.,** a piece of information; information (*no pl*); news (item); **prendre des informations (sur qn),** to make inquiries (about s.o.); **je vous envoie, pour votre i.,** I am sending you for your information; *TV: Journ: etc:* **les informations,** the news; **bulletin d'informations de la radio,** radio news bulletin; **les informations télévisées,** television, TV, news (*c*) *Cmptr:* data; **traitement de l'i.,** data processing **2.** *Jur:* inquiry; **ouvrir une i.,** to instigate legal proceedings.

informatique [ɛ̃fɔrmatik] **1.** *nf* data processing; computer science **2.** *a* **système i.,** computer system.

informatiser [ɛ̃fɔrmatize] *vtr* to computerize. **informatisation** *nf* computerization.

informe [ɛ̃fɔrm] *a* (*a*) formless, shapeless (*b*) ill-formed; misshapen.

informer [ɛ̃fɔrme] **1.** *vtr* **i. qn de qch,** to inform s.o. of sth; **bien informé,** well-informed; **mal informé,** misinformed **2.** *vi Jur:* (*a*) **i. sur un crime,** to investigate a crime (*b*) **i. contre qn,** to inform against s.o. **3. s'i.**, to inquire, to find out (**de, sur**, about; **si**, if, whether). **informatif, -ive** *a* informative.

infortune [ɛ̃fɔrtyn] *nf* misfortune. **infortuné, -ée 1.** *a* unfortunate, ill-fated **2.** *n* wretched person; poor wretch.

infraction [ɛ̃fraksjɔ̃] *nf* **1.** infringement (**à**, of) **2.** offence; breath (of law); **commettre une i.**, to commit an offence; **être en i.**, to be at fault.

infranchissable [ɛ̃frɑ̃ʃisabl̩] *a* impassable; *Fig:* insurmountable, insuperable (difficulty).

infrarouge [ɛ̃fraruʒ] *a & nm* infrared.

infrastructure [ɛ̃frastryktyr] *nf CivE:* substructure; *PolEc: Tchn:* infrastructure.

infréquentable [ɛ̃frekɑ̃tabl̩] *a* undesirable.

infroissable [ɛ̃frwasabl̩] *a Tex: etc:* crease-resistant.

infructueux, -euse [ɛ̃fryktɥø, -øz] *a* unfruitful; fruitless.

infuser [ɛ̃fyze] **1.** *vtr* (*a*) to instil (**à**, into) (*b*) to steep, macerate (herbs) **2.** *vi* **faire i. le thé**, to infuse, brew, the tea.

infusion [ɛ̃fyzjɔ̃] *nf* infusion; herb tea; **i. de tilleul**, lime tea.

ingénierie [ɛ̃ʒeniri] *nf* engineering.

ingénier (s') [sɛ̃ʒenje] *vpr* **s'i. à faire qch**, to contrive, make an effort, to do sth.

ingénieur [ɛ̃ʒenjœr] *nm* engineer; **i. des travaux publics**, civil engineer; **i. du son**, sound engineer.

ingéniosité [ɛ̃ʒenjɔzite] *nf* ingenuity; cleverness. **ingénieux, -euse** *a* ingenious, clever. **ingénieusement** *adv* ingeniously, cleverly.

ingénuité [ɛ̃ʒenɥite] *nf* ingenuousness, artlessness, naïvety, simplicity. **ingénu** *a & n* ingenuous, artless, naïve (person); **faire l'i.**, to affect simplicity. **ingénument** *adv* ingenuously, artlessly, naïvely.

ingérer (s') [sɛ̃ʒere] *vpr* (**je m'ingère, n.n. ingérons**) **s'i. dans une affaire**, to interfere in, meddle with, a matter.

ingouvernable [ɛ̃guvɛrnabl̩] *a* ungovernable.

ingratitude [ɛ̃gratityd] *nf* ingratitude, ungratefulness. **ingrat, -ate 1.** *a* (*a*) ungrateful (**envers**, to, towards) (*b*) barren, unproductive (soil); thankless (task, work) (*c*) unattractive (appearance); **l'âge i.**, the awkward age **2.** *n* ungrateful, heartless, person.

ingrédient [ɛ̃gredjɑ̃] *nm* ingredient.

inguérissable [ɛ̃gerisabl̩] *a* (*a*) incurable (*b*) inconsolable (grief).

ingurgiter [ɛ̃gyrʒite] *vtr* to gulp down.

inhabileté [inabilte] *nf* lack of skill; clumsiness. **inhabile** *a* unskilled, clumsy; incompetent.

inhabilité [inabilite] *nf Jur:* incapacity, disability.

inhabitable [inabitabl̩] *a* uninhabitable. **inhabité** *a* uninhabited.

inhabituel, -elle [inabitɥel] *a* unusual.

inhalateur [inalatœr] *nm Med:* inhaler.

inhalation [inalasjɔ̃] *nf* inhalation; **faire des inhalations**, to inhale.

inhaler [inale] *vtr* to inhale.

inhérent [inerɑ̃] *a* inherent (**à**, in).

inhiber [inibe] *vtr* to inhibit. **inhibé, -e 1.** *a* inhibited **2.** *n* inhibited person.

inhibition [inibisjɔ̃] *nf* inhibition.

inhospitalier, -ière [inɔspitalje, -jɛr] *a* inhospitable.

inhumain [inymɛ̃] *a* inhuman; unfeeling.

inhumation [inymasjɔ̃] *nf* interment, burial.

inhumer [inyme] *vtr* to inter, bury.

inimaginable [inimaʒinabl̩] *a* unimaginable; unthinkable.

inimitable [inimitabl̩] *a* inimitable.

inimitié [inimitje] *nf* enmity, hostility, ill-feeling.

ininflammable [inɛ̃flamabl̩] *a* non-(in)flammable.

inintelligent [inɛ̃teliʒɑ̃] *a* unintelligent.

inintelligibilité [inɛ̃teliʒibilite] *nf* unintelligibility. **inintelligible** *a* unintelligible.

inintéressant [inɛ̃terɛsɑ̃] *a* uninteresting.

ininterrompu [inɛ̃tɛrɔ̃py] *a* uninterrupted; unbroken; steady (progress).

iniquité [inikite] *nf* iniquity. **inique** *a* iniquitous.

initial, -aux [inisjal, -o] **1.** *a* initial (letter); starting (price) **2.** *nf* initial (letter). **initialement** *adv* initially.

initiation [inisjasjɔ̃] *nf* (*a*) initiation (**à**, into); **i. à la musique**, introduction to music (*b*) **i. à la gestion des stocks**, inventory control primer. **initiateur, -trice 1.** *a* initiatory **2.** *n* initiator; pioneer (of scheme).

initiative [inisjativ] *nf* initiative; **prendre l'i. de faire qch**, to take the initiative in doing sth; **il n'a aucune i.**, he has no initiative; **syndicat d'i.**, tourist information bureau; **i. de défense stratégique**, strategic defence initiative.

initier [inisje] *vtr* **1.** to initiate (s.o.) (**à**, in); to introduce (s.o.) (to sth) **2. s'i. à qch**, to learn sth; to get to know sth. **initié, -ée 1.** *a* initiated **2.** *n* initiate; **les initiés**, the initiated; *Fin:* **délit d'i.**, insider dealing.

injecter [ɛ̃ʒɛkte] *vtr* to inject; **injecté (de sang)**, bloodshot. **injectable** *a* injectable.

injection [ɛ̃ʒɛksjɔ̃] *nf* injection; **moteur à i.**, injection engine.

injoignable [ɛ̃ʒwaɲabl̩] *a* impossible to reach, impossible to get in touch with.

injonction [ɛ̃ʒɔ̃ksjɔ̃] *nf* injunction; *Jur:* order.

injure [ɛ̃ʒyr] *nf* (*a*) insult; *pl* abuse (*b*) **faire i. à qn**, to insult s.o.

injurier [ɛ̃ʒyrje] *vtr* to abuse, insult, swear at (s.o.). **injurieux, -euse** *a* abusive, insulting. **injurieusement** *adv* abusively, insultingly.

injustice [ɛ̃ʒystis] *nf* (*a*) injustice, unfairness (**envers**, towards) (*b*) (*action*) injustice. **injuste** *a* unjust, unfair. **injustement** *adv* unjustly.

injustifiable [ɛ̃ʒystifjabl̩] *a* unjustifiable. **injustifié** *a* unjustified, unwarranted.

inlassable [ɛ̃lɑsabl̩] *a* untiring, unflagging; tireless (person). **inlassablement** *adv* untiringly, tirelessly; unflaggingly.

inné [ine] *a* innate, inborn.

innocence [inɔsɑ̃s] *nf* innocence (*a*) guiltlessness (*b*) naïvety (*c*) harmlessness. **innocent, -ente 1.** *a* (*a*) innocent (*b*) pure, innocent (*c*) naïve (*d*) harmless **2.** *n* (*a*) *Jur:* innocent person (*b*) simpleton; **l'i. du village**, the village idiot. **innocemment** *adv* innocently.

innocenter [inɔsɑ̃te] *vtr* **i. qn**, to clear s.o. (**de**, of).

innombrable [inɔ̃brabl̩] *a* innumerable, countless; vast (crowd).

innommable [inɔmabl] *a* unspeakable, foul.
innovation [inɔvasjɔ̃] *nf* innovation. **innovateur, -trice 1.** *a* innovative **2.** *n* innovator.
innover [inɔve] **1.** *vi* to innovate; to break new ground **2.** *vtr* to introduce, invent (sth new).
inoccupé [inɔkype] *a* **1.** unoccupied; idle **2.** unoccupied; vacant (seat); uninhabited (house).
inoculation [inɔkylasjɔ̃] *nf* inoculation.
inoculer [inɔkyle] *vtr* **i. qch à qn,** (i) *Med:* to infect, inoculate, s.o. with sth (ii) *Fig:* to pass sth on to s.o.; **i. qn,** to inoculate s.o. (**contre,** against).
inodore [inɔdɔr] *a* odourless.
inoffensif, -ive [inɔfɑ̃sif, -iv] *a* inoffensive; harmless, innocuous.
inondation (inɔ̃dasjɔ̃] *nf* (*a*) inundation, flooding (*b*) flood.
inonder [inɔ̃de] *vtr* (*a*) to inundate, flood (fields); to glut (market); *Fig:* **être inondé de lettres,** to be inundated with letters (*b*) to soak, drench.
inopérable [inɔperabl] *a* inoperable.
inopérant [inɔperɑ̃] *a* inoperative.
inopiné [inɔpine] *a* sudden, unexpected. **inopinément** *adv* unexpected.
inopportun, -une [inɔpɔrtœ̃, -yn] *a* inopportune; untimely; unseasonable, ill-timed. **inopportunément** *adv* inopportunely.
inorganique [inɔrganik] *a* inorganic.
inorganisé [inɔrganize] *a* (*a*) inorganic (*b*) unaffiliated.
inoubliable [inublijabl] *a* unforgettable.
inouï [inui, inwi] *a* unheard of; extraordinary, outrageous; *F:* **il est i.,** he's incredible.
inox [inɔks] *a & nm F:* **(acier) i.,** stainless (steel).
inoxydable [inɔksidabl] *a* rustproof; stainless steel (cutlery, etc); **acier i.,** *nm* **i.,** stainless steel.
inqualifiable [ɛ̃kalifjabl] *a* unspeakable (behaviour).
inquiéter [ɛ̃kjete] *vtr* **(j'inquiète; j'inquiéterai) 1.** to worry, disturb (s.o.) **2. s'i.,** to worry (**de,** about). **inquiet, -iète 1.** *a* (*a*) restless; **sommeil i.,** troubled sleep (*b*) anxious; uneasy; worried **2.** *n* worrier. **inquiétant** *a* disturbing, worrying.
inquiétude [ɛ̃kjetyd] *nf* anxiety; concern, worry; **soyez sans i.,** don't worry.
inquisition [ɛ̃kizisjɔ̃] *nf* inquisition. **inquisiteur, -trice 1.** *a* inquisitive **2.** *n* inquisitor.
insaisissable [ɛ̃sɛzisabl] *a* (*a*) elusive (*b*) imperceptible.
insalubre [ɛ̃salybr] *a* insalubrious; unhealthy.
insanité [ɛ̃sanite] *nf* **1.** insanity; madness **2.** *pl* absurdities.
insatiable [ɛ̃sasjabl] *a* insatiable. **insatiablement** *adv* insatiably.
insatisfaction [ɛ̃satisfaksjɔ̃] *nf* dissatisfaction. **insatisfait** *a* (*a*) dissatisfied (*b*) unsatisfied (desire).
inscription [ɛ̃skripsjɔ̃] *nf* **1.** (*a*) entering, recording (in diary) (*b*) registration, enrolment; **feuille d'i.,** entry form; **prendre son i.,** to enter one's name **2.** (*a*) inscription (on tomb); entry (in account book) (*b*) directions (on signpost); notice.
inscrire [ɛ̃skrir] *vtr* (*prp* **inscrivant;** *pp* **inscrit;** *pr ind* **j'inscris, n. inscrivons;** *ph* **j'inscrivis;** *fu* **j'inscrirai) 1.** (*a*) to inscribe, write down; to enter, take down, note (down) (details) (*b*) to register (marriage); to enrol (s.o.); to enter (s.o.'s) name; **se faire i. à un cours,** to put one's name down for a course; to enrol on a course (*c*) to inscribe, engrave (epitaph) **2. s'i.** (*a*) to put one's name down; to register, enrol (*b*) *Jur:* **s'i. en faux contre qch,** to deny sth (*c*) **ça s'inscrit dans (le cadre de),** it's part of.
insecte [ɛ̃sɛkt] *nm* insect.
insecticide [ɛ̃sɛktisid] *nm* insecticide.
insécurité [ɛ̃sekyrite] *nf* insecurity.
INSEE [inse] *abbr Institut national de la statistique et des études économiques.*
insémination [ɛ̃seminasjɔ̃] *nf* insemination.
inséminer [ɛ̃semine] *vtr* to inseminate.
insensé, -ée [ɛ̃sɑ̃se] *a* (*a*) mad, insane; *n* madman, -woman (*b*) senseless, foolish (*c*) extravagant, wild (scheme).
insensibilisation [ɛ̃sɑ̃sibilizasjɔ̃] *nf* anaesthetization.
insensibiliser [ɛ̃sɑ̃sibilize] *vtr Med:* to anaesthetize.
insensibilité [ɛ̃sɑ̃sibilite] *nf* insensitiveness, insensitivity (**à,** to). **insensible** *a* (*a*) insensitive (*b*) imperceptible. **insensiblement** *adv* imperceptibly.
inséparable [ɛ̃separabl] **1.** *a* inseparable **2.** *nmpl Orn:* lovebirds.
insérer [ɛ̃sere] *vtr* **(j'insère; j'insérerai) 1.** to insert **2. s'i.,** to fit (**dans,** into).
insertion [ɛ̃sɛrsjɔ̃] *nf* insertion.
insidieux, -euse [ɛ̃sidjø, -øz] *a* insidious. **insidieusement** *adv* insidiously.
insigne[1] [ɛ̃siɲ] *a* **1.** distinguished, remarkable (**par,** for); **faveur i.,** signal favour **2.** *Pej:* notorious; arrant (liar).
insigne[2] *nm* distinguishing mark; badge; *pl* insignia.
insignifiance [ɛ̃siɲifjɑ̃s] *nf* insignificance, unimportance. **insignifiant** *a* insignificant (person); trifling (detail, sum).
insinuation [ɛ̃sinɥasjɔ̃] *nf* insinuation; innuendo.
insinuer [ɛ̃sinɥe] *vtr* **1.** to insinuate; to suggest, hint at (sth); **que voulez-vous i.?** what are you hinting, getting, at? **2. s'i.,** to penetrate; to creep (in); to worm one's way (into).
insipide [ɛ̃sipid] *a* (*a*) insipid; tasteless (*b*) dull, flat; tame (story).
insistance [ɛ̃sistɑ̃s] *nf* insistance (**à faire qch,** on doing sth); **avec i.,** insistently.
insister [ɛ̃siste] *vi* to insist; **i. sur un fait,** to dwell, lay stress, on a fact; **i. pour faire qch,** to insist on doing sth; *F:* **elle ne veut pas de toi - pas la peine d'i.,** she doesn't want you – it's not worth persevering. **insistant** *a* insistent.
insociable [ɛ̃sɔsjabl] *a* unsociable.
insolation [ɛ̃sɔlasjɔ̃] *nf* (*a*) exposure (to the sun) (*b*) sunstroke; **attraper une i.,** to get sunstroke.
insolence [ɛ̃sɔlɑ̃s] *nf* (*a*) insolence, impertinence (*b*) insolent remark. **insolent** *a* (*a*) insolent, impertinent (*b*) extraordinary (success); **luxe i.,** unashamed luxury. **insolemment** *adv* insolently.
insolite [ɛ̃sɔlit] *a* unusual; strange, odd.
insoluble [ɛ̃sɔlybl] *a* insoluble (substance); insoluble, insolvable (problem).
insolvabilité [ɛ̃sɔlvabilite] *nf Com:* insolvency. **insolvable** *a* insolvent.

insomniaque [ɛ̃sɔmnjak] *n* insomniac.
insomnie [ɛ̃sɔmni] *nf* insomnia, sleeplessness; **nuit d'i.**, sleepless night.
insondable [ɛ̃sɔ̃dabl̩] *a* unfathomable.
insonorisation [ɛ̃sɔnɔrizasjɔ̃] *nf* soundproofing. **insonore** *a* soundproof.
insonoriser [ɛ̃sɔnɔrize] *vtr* to soundproof.
insouciance [ɛ̃susjɑ̃s] *nf* (*a*) unconcern; lack of concern (*b*) thoughtlessness. **insouciant** *a* (*a*) unconcerned (*b*) thoughtless; happy-go-lucky. **insoucieux, -euse** *a* carefree; heedless (**de,** of).
insoumission [ɛ̃sumisjɔ̃] *nf* rebelliousness; *Mil:* failure to rejoin one's unit. **insoumis, -ise 1.** *a & n* unruly, rebellious (person) **2.** *a & nm Mil:* absentee (soldier).
insoupçonnable [ɛ̃supsɔnabl̩] *a* above suspicion. **insoupçonné** *a* unsuspected (**de,** by).
insoutenable [ɛ̃sutnabl̩] *a* **1.** untenable (opinion) **2.** unbearable (pain).
inspecter [ɛ̃spɛkte] *vtr* to inspect.
inspecteur, -trice [ɛ̃spɛktœr, -tris] *n* inspector; overseer (of works); surveyor (of mines); **i. de la sûreté,** detective inspector.
inspection [ɛ̃spɛksjɔ̃] *nf* **1.** inspection; **faire l'i. de,** to inspect **2.** inspectorship, inspectorate.
inspirateur, -trice [ɛ̃spiratœr, -tris] *n* inspirer; instigator (of plot).
inspiration [ɛ̃spirasjɔ̃] *nf* **1.** *Physiol:* inspiration; breathing in **2.** (*a*) prompting; **sous l'i. de qn,** at s.o.'s instigation (*b*) inspiration; **i. soudaine,** brainwave.
inspirer [ɛ̃spire] *vtr* **1.** (*a*) **i. le respect,** to inspire respect; **inspiré par la jalousie,** prompted by jealousy (*b*) to inhale, to breathe in **2. s'i. de qn, de qch,** to draw one's inspiration from, to be inspired by, s.o., sth.
instabilité [ɛ̃stabilite] *nf* instability; unsteadiness. **instable** *a* unstable; shaky; unsteady; unreliable; changeable (weather).
installateur [ɛ̃stalatœr] *nm* fitter, installer.
installation [ɛ̃stalasjɔ̃] *nf* **1.** installation; installing; setting up (of machine, house); fitting out (of workshop) **2.** (*a*) arrangements (of house); fittings, equipment; **i. électrique,** wiring (*b*) *Ind:* plant.
installer [ɛ̃stale] *vtr* **1.** (*a*) to settle (s.o.); **je l'ai installé confortablement,** I made him comfortable (*b*) to install (telephone, electricity, etc); to fit out, equip (factory, kitchen) (c) to establish, settle (one's family) **2. s'i.,** to settle (in the country, in an armchair, etc); (*of doctor, etc*) to set up in practice.
instamment [ɛ̃stamɑ̃] *adv* insistently, earnestly.
instance [ɛ̃stɑ̃s] *nf* **1.** (*a*) **demander qch avec i.,** to beg s.o. for sth (*b*) *pl* requests, entreaties (*c*) *Jur:* process, suit; **introduire une i.,** to institute an action; **ils sont en i. de divorce,** their divorce proceedings are taking place; **tribunal d'i.** = magistrate's court; **tribunal de grande i.** = county court; **en seconde i.,** on appeal (*d*) authority **2. être en i. de départ,** to be about to leave.
instant¹ [ɛ̃stɑ̃] *a Lit:* pressing, urgent.
instant² *nm* moment, instant; **à chaque i., à tout i.,** continually; at any moment, minute; **par instants,** now and then; **un i.!** wait a moment! **à l'i.,** (i) a moment ago (ii) immediately; **pour l'i.,** for the time being; **en un i.,** in no time; **soin de tous les instants,** ceaseless care.
instantané [ɛ̃stɑ̃tane] **1.** *a* instantaneous; **café i.,** instant coffee **2.** *nm Phot:* snapshot. **instantanément** *adv* instantaneously.
instauration [ɛ̃stɔrasjɔ̃] *nf* founding, institution.
instaurer [ɛ̃stɔre] *vtr* **1.** to found, institute **2. s'i.,** to be established, created.
instigateur, -trice [ɛ̃stigatœr, -tris] *n* instigator.
instigation [ɛ̃stigasjɔ̃] *nf* instigation.
instinct [ɛ̃stɛ̃] *nm* instinct; **d'i.,** instinctively. **instinctif, -ive** *a* instinctive. **instinctivement** *adv* instinctively.
instituer [ɛ̃stitɥe] *vtr* **1.** (*a*) to institute; to establish, set up, found (an institution) (*b*) to appoint (official) **2. s'i.,** to become established.
institut [ɛ̃stity] *nm* **1.** institute, institution; **l'I. (de France),** the Institute (composed of the five Academies) **2.** (*a*) institute, college (*b*) **i. de beauté,** beauty salon.
instituteur, -trice [ɛ̃stitytœr, -tris] *n* primary school teacher.
institution [ɛ̃stitysjɔ̃] *nf* (*a*) institution (*b*) (educational) establishment; independent school. **institutionnel, -elle** *a* institutional.
instructeur [ɛ̃stryktœr] *nm* instructor.
instructif, -ive [ɛ̃stryktif, -iv] *a* instructive.
instruction [ɛ̃stryksjɔ̃] *nf* **1.** *pl* instructions, directions, orders **2.** education; schooling; instruction; **i. professionnelle,** vocational training; **avoir de l'i.,** to be well-educated **3.** *Jur:* preliminary investigation (of case); **juge d'i.,** examining magistrate **4.** (official) memo, circular.
instruire [ɛ̃strɥir] *vtr* (*prp* **instruisant;** *pp* **instruit;** *pr ind* **j'instruis;** *ph* **j'instruisis**) **1.** (*a*) **i. qn de qch,** to inform s.o. of sth (*b*) to teach, educate, instruct (*c*) to train, drill (troops) (*d*) *Jur:* to examine (case) **2. s'i.** (*a*) to educate oneself (*b*) **s'i. de qch,** to get information about sth. **instruit** *a* educated; well-read.
instrument [ɛ̃strymɑ̃] *nm* (*a*) instrument, implement; **i. de travail,** tool; **être l'i. de qn,** to be s.o.'s tool (*b*) (musical) instrument (*c*) (legal) instrument. **instrumental, -aux** *a* instrumental.
instrumentation [ɛ̃strymɑ̃tasjɔ̃] *nf Mus:* scoring, instrumentation, orchestration.
instrumenter [ɛ̃strymɑ̃te] *vtr Mus:* to score, orchestrate (opera).
instrumentiste [ɛ̃strymɑ̃tist] *n* instrumentalist.
insu [ɛ̃sy] *nm used in the phr* **à l'i. de qn,** without s.o.'s knowledge, without s.o. knowing; **à mon i.,** without my knowing.
insubmersible [ɛ̃sybmɛrsibl̩] *a* unsinkable.
insubordination [ɛ̃sybɔrdinasjɔ̃] *nf* insubordination. **insubordonné** *a* insubordinate.
insuccès [ɛ̃syksɛ] *nm* failure.
insuffisance [ɛ̃syfizɑ̃s] *nf* **1.** insufficiency, deficiency; shortage (of staff); inadequacy (of means) **2.** incompetence, inefficiency. **insuffisant** *a* **1.** insufficient; inadequate **2.** incompetent.
insuffler [ɛ̃syfle] *vtr* to blow (into sth).
insulaire [ɛ̃sylɛr] **1.** *a* insular **2.** *n* islander.
insuline [ɛ̃sylin] *nf* insulin.
insulte [ɛ̃sylt] *nf* insult.

insulter [ɛ̃sylte] *vtr* to insult (s.o.). **insultant** *a* insulting, offensive.

insupportable [ɛ̃sypɔrtabl̩] *a* unbearable; intolerable; insufferable.

insurger (s') [sɛsyrʒe] *vpr* **(n. n. insurgeons)** to rise up; to rebel. **insurgé, -ée** *a & n* insurgent, rebel.

insurmontable [ɛ̃syrmɔ̃tabl̩] *a* insurmountable, insuperable (obstacle); unconquerable (aversion).

insurrection [ɛ̃syrɛksjɔ̃] *nf* insurrection, (up)rising, revolt. **insurrectionnel, -elle** *a* insurrectional, insurrectionary.

intact [ɛ̃takt] *a* (*a*) intact; untouched; undamaged (*b*) unsullied (reputation).

intangibilité [ɛ̃tɑ̃ʒibilite] *nf* (*a*) intangibility (*b*) inviolability. **intangible** *a* (*a*) intangible (*b*) inviolable.

intarissable [ɛ̃tarisabl̩] *a* inexhaustible. **intarissablement** *adv* inexhaustibly.

intégralité [ɛ̃tegralite] *nf* **l'i.**, the whole; **dans son i.**, in its entirety. **intégral, -als, -aux 1.** *a* (*a*) entire, complete, whole; **paiement i.**, payment in full; **texte i.**, full text; **édition intégrale**, unabridged edition (*b*) *Mth:* **calcul i.**, integral calculus **2.** *nf* (*a*) *Mth:* integral (*b*) complete works. **intégralement** *adv* wholly, entirely, in full.

intégration [ɛ̃tegrasjɔ̃] *nf* integration.

intégrer [ɛ̃tegre] *vtr* **(j'intègre; j'intégrerai) 1.** to integrate (**à, dans,** into) **2. s'i.,** to become integrated (**à, dans,** into, with). **intégrant** *a* integral (part); **faire partie intégrante de,** to be part and parcel of.

intégrité [ɛ̃tegrite] *nf* integrity; uprightness, honesty. **intègre** [ɛ̃tɛgr̩] *a* upright, honest.

intellect [ɛ̃telɛkt] *nm* intellect. **intellectuel, -elle** *a & n* intellectual. **intellectuellement** *adv* intellectually.

intelligence [ɛ̃teliʒɑ̃s] *nf* **1.** understanding, comprehension; **avoir l'i. de qch,** to have a good knowledge of, a good head for, sth **2.** intelligence, intellect **3.** (*a*) **vivre en bonne i. avec qn,** to be on good terms with s.o.; **être d'i. avec qn,** to have an understanding with s.o., to be in collusion with s.o. (*b*) *pl* **avoir des intelligences avec l'ennemi,** to have secret dealings with the enemy. **intelligent** *a* intelligent; clever, bright. **intelligemment** *adv* intelligently; cleverly.

intelligentsia [ɛ̃teliʒentsja] *nf* intelligentsia.

intelligibilité [ɛ̃teliʒibilite] *nf* intelligibility. **intelligible** *a* (*a*) intelligible, understandable (*b*) clear, distinct. **intelligiblement** *adv* intelligibly.

intello [ɛ̃telo] *n & a F: Pej:* intellectual.

intempérance [ɛ̃tɑ̃perɑ̃s] *nf* intemperance. **intempérant** *a* intemperate.

intempéries [ɛ̃tɑ̃peri] *nfpl* **les i.**, the elements; bad weather.

intempestif, -ive [ɛ̃tɑ̃pɛstif, -iv] *a* untimely; inopportune (remark).

intemporel, -elle [ɛ̃tɑ̃pɔrɛl] *a* timeless.

intenable [ɛ̃tnabl̩] *a* (*a*) untenable (position) (*b*) intolerable, unbearable (heat, etc) (*c*) uncontrollable (child, etc).

intendance [ɛ̃tɑ̃dɑ̃s] *nf* **1.** *Sch:* bursary **2.** *Mil:* the Commissariat.

intendant, -ente [ɛ̃tɑ̃dɑ̃, -ɑ̃t] **1.** *nm* (*a*) *Sch:* bursar (*b*) *Mil:* senior Commissariat officer (*c*) steward **2.** *nf* (*a*) *Sch:* (woman) bursar (*b*) steward.

intensifier [ɛ̃tɑ̃sifje] *vtr & pr* (*impf & pr sub* **n. intensifiions**) to step up; to intensify.

intensité [ɛ̃tɑ̃site] *nf* intensity; force (of wind); depth (of colour); severity (of cold); strength (of current). **intense** *a* intense; severe (pain, cold); deep (colour); heavy (traffic). **intensément** *adv* intensely. **intensif, -ive** *a* intensive.

intenter [ɛ̃tɑ̃te] *vtr Jur:* **i. un procès à,** to institute proceedings against.

intention [ɛ̃tɑ̃sjɔ̃] *nf* (*a*) intention; purpose, design; **sans mauvaise i.,** with no ill intent; **avoir l'i. de faire qch,** to intend to do sth; **avoir de bonnes intentions,** to mean well; **dans l'i. de,** with a view to (*b*) will, wish; **à l'i. de qn,** for s.o.; **je l'ai acheté à votre i.,** I bought it especially for you. **intentionné** *a* (*a*) **bien i., mal i.,** well, ill, disposed (**envers qn,** towards s.o.) (*b*) **personne bien intentionnée,** well intentioned, well meaning, person. **intentionnel, -elle** *a* intentional, deliberate. **intentionnellement** *adv* intentionally.

inter [ɛ̃tɛr] *nm Sp:* **i. droit, gauche,** inside right, left.

interactif, -ive [ɛ̃tɛraktif, -iv] *a Cmptr:* interactive.

interaction [ɛ̃tɛraksjɔ̃] *nf* interaction.

interallié [ɛ̃tɛralje] *a* interallied.

interarmes [ɛ̃tɛrarm] *a inv Mil:* combined (staff, operations).

interastral, -aux [ɛ̃tɛrastral, -o] *a* interstellar (space).

intercaler [ɛ̃tɛrkale] *vtr* to insert, inset; to intersperse. **intercalaire** *a* **feuillet i.,** inset.

intercéder [ɛ̃tɛrsede] *vi* **(j'intercède)** to intercede **(auprès de,** with).

intercepter [ɛ̃tɛrsɛpte] *vtr* to intercept; to cut, to shut, off.

interception [ɛ̃tɛrsɛpsjɔ̃] *nf* interception; **avion d'i.,** interceptor.

interchangeable [ɛ̃tɛrʃɑ̃ʒabl̩] *a* interchangeable.

interclasse [ɛ̃tɛrklas] *nm Sch:* (short) break (between classes).

intercontinental, -aux [ɛ̃tɛrkɔ̃tinɑ̃tal, -o] *a* intercontinental.

interdépendance [ɛ̃tɛrdepɑ̃dɑ̃s] *nf* interdependency. **interdépendant** *a* interdependent.

interdiction [ɛ̃tɛrdiksjɔ̃] *nf* prohibition; forbidding; ban (**de,** on); **i. de fumer,** no smoking; smoking prohibited.

interdire [ɛ̃tɛrdir] *vtr* (*conj like* DIRE, *except pr ind and imp* **interdisez**) **1.** (*a*) to forbid, prohibit; **la passerelle est interdite aux voyageurs,** passengers are not allowed on the bridge; **il est interdit de fumer,** no smoking; *PN:* **entrée interdite (au public),** no entry, no admittance; **passage interdit,** no thoroughfare; **i. à qn de faire qch,** to forbid s.o. to do sth (*b*) to suspend (s.o.) **2. s'i. qch,** to give sth up; to refrain from sth; **il s'interdit d'y penser,** he doesn't let himself think about it. **interdit, -ite 1.** *a* disconcerted; bewildered; taken aback **2.** *nm Ecc:* interdict.

intéressement [ɛ̃terɛsmɑ̃] *nm Com:* profit(-)sharing scheme.

intéresser [ɛ̃terese] *vtr* **1.** (*a*) **i. qn dans son commerce,** to give s.o. a financial interest in the business (*b*) to affect, concern, interest (*c*) to interest, to be interesting to (s.o.); **ceci peut vous i.,**

this may be of interest to you (*d*) **i. qn à une cause,** to interest s.o. in a cause **2. s'i.** (*a*) to put money (**dans,** into) (*b*) **s'i. à qn, qch,** to be interested in s.o., sth. **intéressant** *a* interesting; **prix intéressant,** attractive price; **il cherche à se rendre i.,** he's drawing attention to himself; **faire l'i.,** to show off. **intéressé** *a* **1.** interested, concerned; **le principal i.,** the person most closely concerned, affected **2.** selfish, self-interested.

intérêt [ɛ̃terɛ] *nm* **1.** interest; share, stake (in business) **2.** advantage, benefit; **par i.,** out of self-interest; **il y a i. à,** it is desirable to; **il y a i.!** I should hope so!; **j'ai i. à le faire,** it's in my interest to do it; **tu as tout i. à le faire,** you had better do it; **agir dans son i.,** to act in one's own interest; **il sait où se trouve son i.,** he knows which side his bread is buttered; *Rail:* **ligne d'i. local,** branch line. **3.** (feeling of) interest; **prendre de l'i. à qch,** to take an interest in sth; **livre sans i.,** uninteresting book **4.** *Fin:* **i. composé,** compound interest; **12% d'i.,** 12% interest.

interface [ɛ̃tɛrfas] *nf Cmptr:* interface.

interférence [ɛ̃tɛrferɑ̃s] *nf Ph:* interference.

interférer [ɛ̃tɛrfere] *vi* (**il interfère**) **1.** *Ph:* to interfere **2.** *Fig:* to interfere (**avec,** with); to intrude (**dans,** into).

intérieur [ɛ̃terjœr] **1.** *a* (*a*) interior; inner (room); inside (pocket); internal (part); inland (sea) (*b*) inward (feelings) (*c*) domestic (administration); **commerce i.,** home trade **2.** *nm* (*a*) interior, inside; **à l'i.,** inside, on the inside; indoors; **la porte était verrouillée à, de, l'i.,** the door was locked on the inside; **dans l'i. du pays,** inland (*b*) home, house; **vie d'i.,** home, domestic life; **femme d'i.,** home-loving woman; **vêtements d'i.,** indoor clothes (*c*) *Adm:* **le Ministère de l'I.** = the Home Office, = *US* Department of the Interior (*d*) *Sp:* **i. droit, gauche,** inside right, left. **intérieurement** *adv* inwardly; inside, within; **rire i.,** to laugh to oneself.

intérim [ɛ̃terim] *nm* **1.** interim; **dans l'i.,** in the meantime; **secrétaire par i.,** interim secretary; **assurer l'i. (de qn),** to deputize, stand in (for s.o.) **2.** temporary work, *F:* temping; **faire de l'i.,** to do temporary work, *F:* to temp. **intérimaire 1.** *a* temporary, provisional; interim; **directeur i.,** acting manager **2.** *n* deputy; locum (tenens); temporary secretary, *F:* temp.

intérioriser [ɛ̃terjɔrize] *vtr Psy:* to internalize.

interjection [ɛ̃tɛrʒɛksjɔ̃] *nf* interjection.

interligne [ɛ̃tɛrliɲ] *nm* space between two lines; *Typewr:* spacing; **double i.,** double spacing.

interlocuteur, -trice [ɛ̃tɛrlɔkytœr, -tris] *n* **1.** *Pol:* negotiator **2. mon i.,** the person I am, was, speaking to.

interlope [ɛ̃tɛrlɔp] *a* (*a*) illegal (*b*) suspect, shady.

interloquer [ɛ̃tɛrlɔke] *vtr* to disconcert (s.o.), to take (s.o.) aback.

interlude [ɛ̃tɛrlyd] *nm Mus: Th: TV:* interlude.

intermède [ɛ̃tɛrmɛd] *nm* **1.** interruption, interval **2.** *Th:* interlude.

intermédiaire [ɛ̃tɛrmedjɛr] **1.** *a* intermediate, intermediary, intervening (state, time) **2.** *n* agent, intermediary; go-between; *Com:* middleman **3.** *nm* intermediary, agency; **par l'i. de,** through; by means of; **sans i.,** directly.

interminable [ɛ̃tɛrminabl] *a* interminable; endless, never-ending. **interminablement** *adv* endlessly, interminably.

intermittence [ɛ̃tɛrmitɑ̃s] *nf* intermittence. **intermittent** *a* intermittent; irregular (pulse), casual (work).

internat [ɛ̃tɛrna] *nm* **1.** (*a*) living-in (system, period); *Sch:* boarding (*b*) resident medical studentship **2.** boarding school.

international, -aux [ɛ̃tɛrnasjɔnal, -o] **1.** *a* international **2.** *n Sp:* international (player).

interne [ɛ̃tɛrn] **1.** *a* internal; inner (ear); interior (angle) **2.** *n* (*a*) *Sch:* boarder (*b*) = house physician, houseman, *NAm:* intern.

internement [ɛ̃tɛrnəmɑ̃] *nm* internment; confinement (of the mentally ill).

interner [ɛ̃tɛrne] *vtr* to intern; to confine (the mentally ill).

interpellation [ɛ̃tɛrpelasjɔ̃] *nf* questioning; heckling.

interpeller [ɛ̃tɛrpele] *vtr* to call on (s.o.); to call out to (s.o.); to question (s.o.); to challenge (s.o.); to heckle (s.o.).

interphone [ɛ̃tɛrfɔn] *nm* intercom.

interplanétaire [ɛ̃tɛrplanetɛr] *a* interplanetary.

interpoler [ɛ̃tɛrpɔle] *vtr* to interpolate.

interposer [ɛ̃tɛrpoze] *vtr* **1.** to interpose **2. s'i.,** to intervene; **s'i. entre,** to come between.

interprétariat [ɛ̃tɛrpretarja] *nm* interpretership.

interprétation [ɛ̃tɛrpretasjɔ̃] *nf* interpretation.

interprète [ɛ̃tɛrprɛt] *n.* **1.** interpreter; **faire l'i.,** to interpret **2.** *Mus: Th:* interpreter, performer.

interpréter [ɛ̃tɛrprete] *vtr* (**j'interprète; j'interpréterai**) (*a*) to interpret; to explain; **mal i.,** to misinterpret (*b*) *Mus: Th:* to interpret, perform, play, sing.

interrogation [ɛ̃tɛrɔgasjɔ̃] *nf* **1.** interrogation; questioning; **point d'i.,** question mark **2.** question, query; **i. orale, écrite,** oral, written, test. **interrogateur, -trice 1.** *a* interrogatory, questioning, inquiring **2.** *n* interrogator, questioner; *Sch:* (oral) examiner. **interrogatif, -ive 1.** *a* inquiring, questioning **2.** *a & n Gram:* interrogative.

interrogatoire [ɛ̃tɛrɔgatwar] *nm* (*a*) interrogation; cross-examination (*b*) questioning.

interroger [ɛ̃tɛrɔʒe] *vtr* (**n. interrogeons**) **1.** (*a*) to cross-examine, interrogate, question (witness); to examine (candidate); **i. qn du regard,** to look at s.o. inquiringly (*b*) to consult (history book); to sound (one's conscience) **2. s'i.,** to question oneself; to wonder (**sur,** about; **si,** whether, if).

interrompre [ɛ̃tɛrɔ̃pr̥] *vtr* (*conj like* ROMPRE) **1.** (*a*) to interrupt; to cut in, break in (on conversation) (*b*) to intercept, inerrupt (*c*) to stop, suspend (traffic); to cut (s.o.) short; to break off (negotiations); to break (journey) **2. s'i.,** to break off; to stop (talking). **interrompu** *a* interrupted; **sommeil i.,** broken sleep.

interrupteur [ɛ̃tɛryptœr] *nm El:* switch.

interruption [ɛ̃tɛrypsjɔ̃] *nf* (*a*) interruption (*b*) stoppage; break; breaking off (of negotiations); *El:* disconnection; **sans i.,** unceasingly, uninterruptedly (*c*) termination (of pregnancy).

intersection [ɛ̃tɛrsɛksjɔ̃] *nf* intersection.

interstice [ɛ̃tɛrstis] *nm* interstice; chink.

interurbain [ɛ̃tɛryrbɛ̃] *Tp:* **1.** *a* long distance (call) **2.** *nm* **appeler l'i.**, to make a long distance call.

intervalle [ɛ̃tɛrval] *nm* **1.** distance, gap, space (**entre**, between) **2.** interval; period (of time); **par intervalles**, now and then; **dans l'i.**, in the meantime; **à deux mois d'i.**, at two month intervals.

intervenir [ɛ̃tɛrvənir] *vi* (*conj like* TENIR; *aux* **être**) **1.** (*a*) to intervene; to interpose, to step in; **faire i. la force armée**, to bring in the army (*b*) to interfere **2.** to happen, occur, arise; **un changement est intervenu**, a change has taken place **3.** *Med:* to operate.

intervention [ɛ̃tɛrvɑ̃sjɔ̃] *nf* intervention; *Med:* **i. chirurgicale**, operation; **offre d'i.**, offer of mediation.

intervertir [ɛ̃tɛrvɛrtir] *vtr* to invert.

interview [ɛ̃tɛrvju] *nf* interview.

interviewé, -ée [ɛ̃tɛrvjuve] *n* interviewee.

interviewer [ɛ̃tɛrvjuve] *vtr* to interview.

interviewe(u)r [ɛ̃tɛrvjuvœr] *nm* interviewer.

intestin [ɛ̃tɛstɛ̃] *nm Anat:* **intestin(s)**, intestine(s), bowel(s). **intestinal, -aux** *a* intestinal.

intime [ɛ̃tim] **1.** *a* (*a*) intimate; inward; deep-seated (fears); innermost (feelings) (*b*) close (friend); cosy (room, dinner) **2.** *n* intimate friend, close friend. **intimement** *adv* intimately.

intimer [ɛ̃time] *vtr* **1. i. à qn l'ordre de partir**, to give s.o. notice to go, to order s.o. to go. **2.** *Jur:* **i. qn**, to summons s.o.

intimidation [ɛ̃timidasjɔ̃] *nf* intimidation.

intimider [ɛ̃timide] *vtr* to intimidate; **nullement intimidé**, nothing daunted. **intimidant** *a* intimidating. **intimidateur, -trice** *a* intimidating.

intimité [ɛ̃timite] *nf* (*a*) intimacy; closeness (of friendship) (*b*) privacy; **dans l'i.**, in private (life); **le mariage a été célébré dans l'i.**, it was a quiet wedding.

intituler [ɛ̃tityle] *vtr* **1.** to entitle, to give a title to; **article intitulé**, article headed **2. s'i.**, to be called, entitled; *often Pej:* to call oneself.

intolérable [ɛ̃tɔlerabl] *a* intolerable, unbearable. **intolérablement** *adv* intolerably, unbearably.

intolérance [ɛ̃tɔlerɑ̃s] *nf* intolerance. **intolérant** *a* intolerant (**de**, of).

intonation [ɛ̃tɔnasjɔ̃] *nf* intonation.

intouchable [ɛ̃tuʃabl] *a* untouchable.

intoxication [ɛ̃tɔksikasjɔ̃] *nf Med:* intoxication, poisoning; *Pol: Psy:* brainwashing; **i. alimentaire**, food poisoning.

intoxiqué, -ée [ɛ̃tɔksike] *n* drug addict; alcoholic.

intoxiquer [ɛ̃tɔksike] *vtr* **1.** *Med:* to poison; *Pol: Psy:* brainwash **2. s'i.**, to poison oneself.

intraduisible [ɛ̃tradɥizibl] *a* untranslatable.

intraitable [ɛ̃trɛtabl] *a* intractable; uncompromising.

intramusculaire [ɛ̃tramyskylɛr] *a* intramuscular.

intransigeance [ɛ̃trɑ̃ziʒɑ̃s] *nf* intransigence. **intransigeant** *a* intransigent; uncompromising, strict (moral code); **sur ce point il est i.**, on this point he's adamant **2.** *n Pol:* intransigent.

intransitif, -ive [ɛ̃trɑ̃zitif, -iv] *a & nm Gram:* intransitive.

intransportable [ɛ̃trɑ̃spɔrtabl] *a* (*a*) untransportable (*b*) (*of patient*) unfit to travel.

intraveineux, -euse [ɛ̃travɛnø, -øz] *Med:* **1.** *a* intravenous **2.** *nf* intravenous injection.

intrépidité [ɛ̃trepidite] *nf* intrepidity, dauntlessness, fearlessness. **intrépide** *a* intrepid, dauntless, fearless; barefaced.

intrigue [ɛ̃trig] *nf* **1.** (*a*) intrigue; plot, scheme (*b*) (love) affair **2.** plot (of play).

intriguer [ɛ̃trige] **1.** *vtr* to puzzle, intrigue **2.** *vi* to scheme, plot, intrigue. **intrigant 1.** *a* scheming **2.** *n* schemer.

intrinsèque [ɛ̃trɛ̃sɛk] *a* intrinsic. **intrinsèquement** *adv* intrinsically.

introduction [ɛ̃trɔdyksjɔ̃] *nf* **1.** introduction; **lettre d'i.**, letter of introduction **2.** introductory chapter; **après quelques mots d'i.**, after a few introductory words.

introduire [ɛ̃trɔdɥir] *vtr* (*prp* **introduisant;** *pp* **introduit;** *ph* **j'introduisis**) **1.** (*a*) to introduce; to insert (key in lock) (*b*) to bring in; to admit, let in; to launch (a fashion) (*c*) to usher (s.o.) in, show (s.o.) in **2. s'i.**, to get in, enter; **s'i. dans qch**, to work, worm, one's way into sth; **l'eau s'introduit partout**, water gets in everywhere.

introniser [ɛ̃trɔnize] *vtr* to enthrone (king, bishop).

introuvable [ɛ̃truvabl] *a* rare, unobtainable (recording, etc); **il est, il reste, i.**, he, it, cannot be found.

introverti, -ie [ɛ̃trɔvɛrti] **1.** *a* introverted **2.** *n* introvert.

intrus, -use [ɛ̃try, -yz] *n* intruder.

intrusion [ɛ̃tryzjɔ̃] *nf* intrusion.

intuition [ɛ̃tɥisjɔ̃] *nf* intuition; **par i.**, intuitively. **intuitif, -ive** *a* intuitive. **intuitivement** *adv* intuitively.

inusable [inyzabl] *a* hard-wearing; everlasting.

inusité [inyzite] *a* (*a*) unusual (*b*) not in common use.

inutilisable [inytilizabl] *a* unusable; **rendre qch i.**, to wreck sth. **inutilisé** *a* unused.

inutilité [inytilite] *nf* (*a*) uselessness (*b*) needlessness. **inutile** *a* (*a*) useless, unavailing; vain (*b*) needless, unnecessary; **i. de dire que**, needless to say. **inutilement** *adv* (*a*) uselessly; in vain (*b*) needlessly, unnecessarily.

invaincu [ɛ̃vɛ̃ky] *a* unconquered; unbeaten.

invalider [ɛ̃valide] *vtr* to invalidate; to quash (election); to unseat (elected member).

invalidité [ɛ̃validite] *nf* (*a*) disablement, disability (*b*) chronic ill health. **invalide 1.** *a* invalid, infirm; disabled **2.** *n* invalid, disabled person.

invariable [ɛ̃varjabl] *a* invariable. **invariablement** *adv* invariably.

invasion [ɛ̃vazjɔ̃] *nf* invasion.

invective [ɛ̃vɛktiv] *nf* (*a*) invective (*b*) *pl* abuse.

invectiver [ɛ̃vɛktive] **1.** *vi* **i. contre qn**, to inveigh, rail, against s.o. **2.** *vtr* to abuse, to hurl abuse at (s.o.).

invendable [ɛ̃vɑ̃dabl] *a* unsaleable, unmarketable. **invendu 1.** *a* unsold **2.** *nmpl* **invendus**, unsold goods, articles.

inventaire [ɛ̃vɑ̃tɛr] *nm* (*a*) inventory; **faire, dresser, un i.**, to draw up an inventory (*b*) *Com:* stock list; stocktaking; **faire, dresser, l'i.**, to take stock (*c*) survey.

inventer [ɛ̃vɑ̃te] *vtr* (*a*) to invent; **il n'a pas inventé**

la poudre, he'll never set the Thames on fire (*b*) to invent; to devise; to dream up, to make up (story); **i. de faire qch,** to hit on the idea of doing sth. **inventif, -ive** *a* inventive.

inventeur, -trice [ɛ̃vɑ̃tœr, -tris] *n* inventor.

invention [ɛ̃vɑ̃sjɔ̃] *nf* **1.** (*a*) invention, inventing (*b*) imagination, inventiveness **2.** (*a*) (*thg invented*) invention; creation (*b*) **brevet d'i.,** patent (*c*) fabrication, lie; **pure i. tout cela!** that's sheer invention!

inventorier [ɛ̃vɑ̃tɔrje] *vtr* to make an inventory of; to take stock of.

invérifiable [ɛ̃verifjabl] *a* unverifiable.

inverser [ɛ̃vɛrse] *vtr* to reverse (current); to invert (order). **inverse 1.** *a* inverse, inverted, opposite; **en sens i.,** in the opposite direction **2.** *nm* opposite, reverse; **à l'i.,** on the other hand; **à l'i. de,** contrary to. **inversement** *adv* inversely; conversely. **inversé** *a* reversed; inverted.

inversion [ɛ̃vɛrsjɔ̃] *nf* **1.** inversion **2.** reversal (of electric current).

invertébré [ɛ̃vɛrtebre] *a & nm* invertebrate.

investigateur, -trice [ɛ̃vɛstigatœr, -tris] **1.** *a* investigative **2.** *n* investigator.

investigation [ɛ̃vɛstigasjɔ̃] *nf* investigation.

investir [ɛ̃vɛstir] *vtr* **1. i. qn d'une fonction,** to invest, vest, s.o. with an office; **i. qn d'une mission,** to entrust s.o. with a mission **2.** *Mil:* to besiege (town) **3.** to invest (money) **4. s'i. dans qch,** to put a lot into sth; to go to a lot of trouble over sth.

investissement [ɛ̃vɛstismɑ̃] *nm* **1.** *Fin:* investment; investing **2.** *Mil:* besieging.

invétéré [ɛ̃vetere] *a* inveterate.

invincible [ɛ̃vɛ̃sibl] *a* invincible, unconquerable. **invinciblement** *adv* invincibly.

inviolable [ɛ̃vjɔlabl] *a* inviolable; sacred.

invisibilité [ɛ̃vizibilite] *nf* invisibility. **invisible** *a* invisible; **il restait i.,** he stayed out of sight. **invisiblement** *adv* invisibly.

invitation [ɛ̃vitasjɔ̃] *nf* invitation; **venir sur l'i. de qn,** to come at s.o.'s invitation, request.

invite [ɛ̃vit] *nf* invitation, inducement.

invité, -ée [ɛ̃vite] **1.** *n* guest **2.** *a* **artiste i.,** guest artist.

inviter [ɛ̃vite] *vtr* **1.** to invite; **i. qn à entrer,** to ask s.o. in; **i. qn à dîner,** to invite s.o. to dinner **2. i. qn à faire qch,** (i) to invite, request, s.o. to do sth (ii) to tempt s.o. to do sth **3.** *vi* **c'est moi qui invite,** it's on me; I'm paying.

invivable [ɛ̃vivabl] *a* unbearable; *F:* (*of pers*) impossible (to live with).

invocation [ɛ̃vɔkasjɔ̃] *nf* invocation.

involontaire [ɛ̃vɔlɔ̃tɛr] *a* involuntary, unintentional. **involontairement** *adv* involuntarily, unintentionally.

invoquer [ɛ̃vɔke] *vtr* **1.** to call upon, to invoke (the Deity); **i. l'aide de qn,** to appeal to s.o. (for help) **2.** to call for, refer to (documents); **i. une raison,** to put forward a reason.

invraisemblance [ɛ̃vrɛsɑ̃blɑ̃s] *nf* unlikeliness, improbability; **plein d'invraisemblances,** full of improbabilities. **invraisemblable** *a* improbable; unlikely; **chapeau i.,** incredible hat.

invulnérabilité [ɛ̃vylnerabilite] *nf* invulnerability. **invulnérable** *a* invulnerable.

iode [jɔd] *nm* iodine; **teinture d'i.,** iodine.

iodler [jɔdle] *vtr & i* to yodel.

iodure [jɔdyr] *nm Ch:* iodide.

ion [jɔ̃] *nm Ph: Chem:* ion. **ionique** *a* ionic.

ionisation [jɔnizasjɔ̃] *nf* ionization.

ioniser [jɔnize] *vtr* to ionize.

Irak [irak] *Prnm Geog:* Iraq. **irakien, -ienne** *a & n* Iraqi.

Iran [irɑ̃] *Prnm Geog:* Iran. **iranien, -ienne** *a & n* Iranian.

Iraq [irak] *Prnm Geog:* Iraq. **iraquien, -ienne** *a & n* Iraqi.

irascible [irasibl] *a* irascible.

iris [iris] *nm Anat: Bot:* iris.

Irlande [irlɑ̃d] *Prnf Geog:* Ireland; **I. du Nord,** Northern Ireland. **irlandais, -aise 1.** *a* Irish **2.** *n* Irishman; Irishwoman **3.** *nm Ling:* Irish.

ironie [irɔni] *nf* irony. **ironique** *a* ironic(al). **ironiquement** *adv* ironically.

ironiser [irɔnize] *vi* to be ironical (**sur,** about).

irradier [iradje] **1.** *vi* to radiate; (*of pain*) to spread **2.** *vtr* to irradiate.

irraisonné [irɛzɔne] *a* irrational.

irrationalité [irasjɔnalite] *nf* irrationality. **irrationnel, -elle** *a* irrational. **irrationnellement** *adv* irrationally.

irréalisable [irealizabl] *a* unrealizable; impracticable, unworkable.

irrecevable [irəsəvabl] *a* inadmissible (evidence); unacceptable (theory).

irréconciliable [irekɔ̃siljabl] *a* irreconcilable.

irrécupérable [irekyperabl] *a* irreparable (loss); irretrievable; non-retrievable; irredeemable.

irrécusable [irekyzabl] *a* irrefutable.

irréductible [iredyktibl] *a* **1.** *Mth:* irreducible **2.** indomitable; relentless (opposition).

irréel, -elle [ireɛl] *a* unreal.

irréfléchi [irefleʃi] *a* **1.** unconsidered, thoughtless **2.** hasty, rash.

irréflexion [ireflɛksjɔ̃] *nf* thoughtlessness.

irréfutable [irefytabl] *a* irrefutable. **irréfutablement** *adv* irrefutably.

irrégularité [iregylarite] *nf* irregularity. **irrégulier, -ière** *a* irregular (pulse, situation, verb); uneven (ground, writing); fitful (sleep). **irrégulièrement** *adv* irregularly; unevenly; fitfully; erratically.

irrémédiable [iremedjabl] *a* irremediable; incurable (disease); irreparable (injury). **irrémédiablement** *adv* irremediably; incurably; irreparably.

irremplaçable [irɑ̃plasabl] *a* irreplaceable.

irréparable [ireparabl] *a* irreparable; beyond repair.

irrépressible [irepresibl] *a* irrepressible.

irréprochable [ireprɔʃabl] *a* irreproachable; beyond reproach.

irrésistible [irezistibl] *a* irresistible. **irrésistiblement** *adv* irresistibly.

irrésolution [irezɔlysjɔ̃] *nf* irresolution, irresoluteness, indecision. **irrésolu** *a* **1.** irresolute, indecisive **2.** unsolved (problem). **irrésolument** *adv* irresolutely.

irrespectueux, -euse [irɛspɛktɥø, -øz] *a* disrespectful.

irrespirable [irɛspirabl] *a* unbreathable; *Fig:* stifling.

irresponsabilité [irɛspɔ̃sabilite] *nf* irresponsibility. **irresponsable** *a* irresponsible.

irrévérence [ireverɑ̃s] *nf* irreverence. **irrévérencieux, -ieuse** *a* irreverent.

irréversible [ireversibl] *a* irreversible.

irrévocable [irevɔkabl] *a* irrevocable. **irrévocablement** *adv* irrevocably.

irrigation [irigasjɔ̃] *nf Agr: Med:* irrigation.

irriguer [irige] *vtr Agr: Med:* to irrigate.

irritabilité [iritabilite] *nf* irritability. **irritable** *a* irritable.

irritant [iritɑ̃] **1.** *a* irritating; *Med:* irritant **2.** *nm* irritant.

irritation [iritasjɔ̃] *nf* irritation.

irriter [irite] *vtr* **1.** (*a*) to irritate, annoy (*b*) *Med:* to irritate **2. s'i.** (*a*) to get angry, annoyed (with s.o., sth) (*b*) (*of sore*) to become irritated, inflamed.

irruption [irypsjɔ̃] *nf* irruption; **faire i. dans une salle,** to burst into a room.

Islam [islam] *nm Rel:* Islam. **islamique** *a* Islamic.

Islande [islɑ̃d] *Prnf Geog:* Iceland. **islandais, -aise 1.** *a* Icelandic **2.** *n* Icelander **3.** *nm Ling:* Icelandic.

isobare [izɔbar] *nf Meteor:* isobar.

isocèle [izɔsɛl] *a Mth:* isosceles (triangle).

isolation [izɔlasjɔ̃] *nf* insulation; **i. acoustique,** soundproofing; **i. thermique,** thermal insulation.

isolationnisme [izɔlasjɔnism] *nm* isolationism. **isolationniste** *a & n* isolationist.

isolement [izɔlmɑ̃] *nm* **1.** isolation **2.** *El:* insulation.

isoler [izɔle] *vtr* **1.** (*a*) to isolate (**de,** from) (*b*) *El:* to insulate (*c*) to soundproof **2. s'i.,** (*of pers*) to cut oneself off; to withdraw. **isolant 1.** *a* (*a*) isolating (*b*) insulating; **bouteille isolante,** vacuum flask; **cabine isolante,** soundproof box **2.** *nm* insulator; **i. thermique,** insulating material. **isolé** *a* **1.** isolated **2.** *El:* insulated. **isolément** *adv* separately; individually; in isolation.

isoloir [izɔlwar] *nm* polling booth.

Isorel [izɔrɛl] *nm Rtm:* hardboard.

isotherme [izɔtɛrm] *a* isothermal; refrigerated (lorry).

isotope [izɔtɔp] *nm Ch:* isotope.

Israël [israɛl] *Prnm Geog:* Israel. **israélien, -ienne** *a & n* Israeli. **Israélite 1.** *a* Jewish; *BHist:* Israelite **2.** *n* Jew, *f* Jewess; *BHist:* Israelite.

issu [isy] *a* **être i. de,** to come from.

issue [isy] *nf* **1.** exit, way out; **i. de secours,** emergency exit; **voie sans i.,** cul-de-sac, dead end; *PN:* no through road **2.** way out; **situation sans i.,** dead end **3.** conclusion, outcome; **à l'i. de,** following; at the end of.

isthme [ism] *nm Geog: Anat:* isthmus.

Italie [itali] *Prnf Geog:* Italy. **italien, -ienne 1.** *a & n* Italian **2.** *nm Ling:* Italian.

italique [italik] *a & nm Typ:* italic (type); italics; **en italique(s),** in italics.

itinéraire [itinerɛr] *nm* (*a*) itinerary; route, way (*b*) guide (book).

itinérant [itinerɑ̃] *a* itinerant; **ambassadeur i.,** roving, peripatetic, ambassador.

IUT *abbr Institut universitaire de technologie* = polytechnic; technical college.

IVG *abbr interruption volontaire de grossesse*, termination of pregnancy.

ivoire [ivwar] *nm* ivory.

ivresse [ivrɛs] *nf* (*a*) drunkenness; intoxication; **en état d'i.,** under the influence of drink (*b*) rapture, ecstasy. **ivre** *a* drunk, intoxicated; **i. de joie,** mad with joy.

ivrogne [ivrɔɲ] *nm* drunkard.

ivrognerie [ivrɔɲri] *nf* drunkenness.

J

J, j [ʒi] *nm* (the letter) J, j; *Mil: etc:* **le jour J,** D day.

jabot [ʒabo] *nm* **1.** crop (of bird) **2.** *Cl:* frill, ruffle, jabot.

jacassement [ʒakasmɑ̃] *nm* chatter(ing), jabber(ing).

jacasser [ʒakase] *vi* to chatter, jabber; **j. comme une pie (borgne),** to talk nineteen to the dozen.

jachère [ʒaʃɛr] *nf* **terre en j.,** fallow land.

jacinthe [ʒasɛ̃t] *nf Bot:* hyacinth; **j. des bois,** bluebell.

jacousi [ʒakuzi] *nm* jacuzzi.

Jacques [ʒɑk] *Prnm* James; *F:* **faire le J.,** to act dumb.

jacquet [ʒakɛ] *nm Games:* backgammon.

Jacquot [ʒɑko] **1.** *Prnm F:* Jim, Jimmy **2.** *nm* West African grey parrot, *F:* Poll (parrot), Polly.

jade [ʒad] *nm Miner:* jade.

jadis [ʒadis] *adv Lit:* formerly, once; **au temps j.,** in the olden days.

jaguar [ʒagwar] *nm Z:* jaguar.

jaillir [ʒajir] *vi* to spring (up); to shoot (out); to gush (out); to squirt (out); (*of blood*) to spurt; (*of sparks*) to fly.

jaillissement [ʒajismɑ̃] *nm* gush(ing), spouting, spurt(ing).

jais [ʒɛ] *nm Miner:* jet; **(noir) de j.,** jet-black.

jalon [ʒalɔ̃] *nm* (range) pole; *Fig:* **poser des jalons,** to pave the way; to blaze a trail (**de,** for).

jalonnement [ʒalɔnmɑ̃] *nm* marking out, off.

jalonner [ʒalɔne] *vtr* to stake out, mark out; *Fig:* to blaze (a trail).

jalouser [ʒaluze] *vtr* to envy (s.o.); to be jealous of (s.o.).

jalousie [ʒaluzi] *nf* **1.** jealousy; envy **2.** Venetian blind. **jaloux, -ouse** *a* (*a*) jealous (*b*) careful; **j. de sa réputation,** careful of one's reputation. **jalousement** *adv* jealously.

Jamaïque [ʒamaik] *Prnf Geog:* Jamaica. **jamaïquain, -aine, jamaïcain, -aine** *a & n* Jamaican.

jamais [ʒamɛ] **1.** *adv* ever; **si j. il revenait,** if he ever came back; **à j., pour j.,** for ever; **à tout j.,** for ever and ever; for evermore **2.** *adv* (*with neg expressed or understood*) never; **sans j. y avoir pensé,** without ever having thought of it; **c'est le moment ou j.,** now or never; **j. de la vie!** never! out of the question! *F:* not on your life! **3.** *nm* **j., au grand j.,** never, (repeat) never.

jambe [ʒɑ̃b] *nf* **1.** leg; **avoir de bonnes jambes,** to be a good walker; **aux longues jambes,** long-legged; **à toutes jambes,** as fast as one can; *F:* **prendre ses jambes à son cou,** to take to one's heels; **ça me fera une belle j.!** a fat lot of good that'll do me! **avoir les jambes rompues,** to be worn out; **n'avoir plus de jambes,** to be overcome; **je n'ai plus mes jambes de vingt ans,** I'm not as young as I was **2. j. de force,** strut, prop, brace.

jambon [ʒɑ̃bɔ̃] *nm* ham; **j. de pays, fumé,** smoked ham; **j. blanc,** boiled ham.

jambonneau, -eaux [ʒɑ̃bɔno] *nm* knuckle of ham.

jante [ʒɑ̃t] *nf* rim (of wheel).

janvier [ʒɑ̃vje] *nm* January; **au mois de j., en j.,** in (the month of) January; **le premier, le sept, j.,** (on) the first, the seventh, of January.

Japon [ʒapɔ̃] *Prnm Geog:* Japan; **au J.,** in, to, Japan. **japonais, -aise** *a & n* Japanese.

jappement [ʒapmɑ̃] *nm* yelp(ing), yap(ping).

japper [ʒape] *vi* (*of dog*) to yelp, yap.

jaquette [ʒakɛt] *nf* (*a*) (*man's*) morning coat (*b*) (*woman's*) jacket (*c*) (dust) jacket (of book).

jardin [ʒardɛ̃] *nm* garden; **j. potager,** kitchen garden, vegetable garden; **j. d'agrément,** pleasure garden; **j. des plantes,** botanical garden; **j. d'hiver,** conservatory; *Sch:* **j. d'enfants,** nursery school; *Th:* **côté j.,** stage right. **jardinier, -ière 1.** *a* **plantes jardinières,** garden plants **2.** *n* gardener **3.** *nf* **jardinière,** (i) window box (ii) jardinière; *Cu:* **jardinière (de légumes),** mixed vegetables; *Sch:* **jardinière d'enfants,** nursery school, kindergarten, mistress.

jardinage [ʒardinaʒ] *nm* gardening.

jardiner [ʒardine] *vi* to do the garden; to be gardening.

jardinerie [ʒardinri] *nf* garden centre.

jardinet [ʒardinɛ] *nm* small garden.

jargon [ʒargɔ̃] *nm* (*a*) jargon (*b*) slang (*c*) gibberish.

jarret [ʒarɛ] *nm* **1.** bend of the knee; ham (in man); hock (of horse); **avoir le j. solide,** to have a good pair of legs **2.** *Cu:* knuckle (of veal); shin (of beef).

jarretelle [ʒartɛl] *nf Cl:* suspender; *NAm:* garter.

jarretière [ʒartjɛr] *nf* garter.

jars [ʒar] *nm Orn:* gander.

jaser [ʒaze] *vi* (*a*) to chatter (**de,** about); to gossip (*b*) to blab; to tell tales. **jaseur, -euse 1.** *a* talkative **2.** *n* chatterbox; gossip.

jasmin [ʒasmɛ̃] *nm Bot:* jasmine.

jatte [ʒat] *nf* bowl; (milk) pan.

jauge [ʒoʒ] *nf* **1.** (*a*) gauge; capacity (of cask) (*b*) *Nau:* tonnage (of ship) **2.** *Tchn:* gauge; *Aut:* **j. de niveau d'huile,** dipstick.

jauger [ʒoʒe] *vtr* **(n. jaugeons) 1.** to gauge, measure, the capacity of (a cask), the tonnage of (a ship); **j. un homme,** to size up a man **2.** (*of ship*) **j. 3000 tonneaux,** to be of 300 tons burden.

jaune [ʒon] **1.** *a* (*a*) yellow (*b*) *a inv* **j. citron,** lemon yellow; *adv* **rire j.,** to give a sickly smile **2.** *nm* (*a*) yellow (colour); **ocre j.,** yellow ochre (*b*) **j. d'œuf,** (egg) yolk (*c*) *Ind: F:* blackleg, scab. **jaunâtre** *a* yellowish; sallow (complexion).

jaunir [ʒonir] *vi & tr* to grow, turn, yellow; to fade.

jaunisse [ʒonis] *nf Med:* jaundice; *F:* **il en ferait une j.,** he would be mad with jealousy, green with envy.

java [ʒava] *nf Danc:* Javanaise; *P:* **faire la j.,** to live it up.

Javel [ʒavɛl] *nm DomEc:* **eau de J.,** bleach.
javelliser [ʒavɛlize] *vtr* to chlorinate.
javelot [ʒavlo] *nm* javelin.
jazz [dʒaz] *nm Mus:* jazz.
J-C *abbr Jésus Christ.*
je, *before vowel* **j'** [ʒ(ə)] *pers pron nom* I.
Jean[1] [ʒɑ̃] *Prnm* John; **la Saint-J.,** Midsummer Day.
jean[2] [dʒin] *nm Cl:* (pair of) jeans.
jeep [(d)ʒip] *nf Aut:* jeep.
je-m'en-fichisme [ʒmɑ̃fiʃism] *nm.* **je-m'en-foutisme** [ʒmɑ̃futism] *nm P:* couldn't-care-less attitude. **je-m'en-fichiste, je-m'en-foutiste** *a P:* indifferent, apathetic.
je(-)ne(-)sais(-)quoi [ʒənsɛkwa] *nm inv* **un je-ne-s.-q.,** an indefinable something, a *je ne sais quoi.*
jérémiades [ʒeremjad] *nfpl* whining, complaining.
jerrycan [ʒerikan] *nm* jerrycan.
Jersey [ʒɛrzɛ] **1.** *Prnm Geog:* (Island of) Jersey **2.** *nm Cl:* **j.,** jersey; *Knit:* **point (de) j.,** stocking stitch.
jésuite [ʒezɥit] *nm Ecc:* Jesuit.
Jésus [ʒezy] (*a*) *Prnm* Jesus; **J.-Christ,** Jesus Christ; **l'an 44 avant J.-C., après J.-C.,** the year 44 BC, AD (*b*) *nm* statue of the infant Jesus (*c*) *F:* **mon j.,** my little pet.
jet[1] [ʒɛ] *nm* **1.** (*a*) throw, cast; **à un j. de pierre,** within a stone's throw; *Art: Lit:* **premier j.,** first sketch (*b*) *Metall;* cast, casting; **d'un seul j.,** in one go **2.** (*a*) jet, gush (of liquid); spurt (of blood); flash (of light); **j. d'eau,** fountain; spray (*b*) young shoot (of tree) **3.** jet (of nozzle); spout (of pump, watering can).
jet[2] [dʒɛt] *nm Av:* jet (aircraft).
jetable [ʒətabl̩] *a* disposable (razor, etc).
jeté [ʒəte] *nm* **1.** *Danc:* jeté **2.** *Sp:* snatch **3. j. de lit,** bedspread; **j. de table,** tablecloth.
jeté, -e [ʒte] *a P:* crazy, nuts.
jetée [ʒəte] *nf* jetty, pier.
jeter [ʒəte] *vtr* **(je jette, n. jetons) 1.** to throw, fling; to throw away; **j. son argent par les fenêtres,** to throw one's money down the drain; **j. qch par terre,** to throw sth down; **j. ses armes,** to throw down one's arms; **à j.,** (i) to be thrown away (ii) disposable; **le sort en est jeté,** the die is cast; **j. un cri,** to utter a cry; **j. un regard (sur qn),** to cast a glance (at s.o.); **j. les fondements d'un édifice,** to lay the foundations of a building; *Nau:* **j. la sonde,** to heave the lead; **j. l'ancre,** to cast anchor; *Fig:* **j. l'éponge,** to throw in the sponge **2. se j. par la fenêtre,** to throw oneself out of the window; **se j. sur qn,** to fall, pounce, on s.o.; **se j. à l'eau,** (i) to jump into the water (ii) to take the plunge; **se j. à corps perdu dans une entreprise,** to fling oneself into an undertaking.
jeton [ʒətɔ̃] *nm* (*a*) *Cards: etc:* counter; chip; *Tp:* token (*b*) **j. de présence,** director's fees (*c*) *P:* punch, blow; **avoir les jetons,** to have the jitters.
jeu, jeux [ʒø] *nm* **1.** (*a*) play; **salle de jeux,** playroom; **j. de mots,** play on words; pun; **j. d'esprit,** witticism; **j. de main,** horseplay; **c'est un j. d'enfant,** it's child's play; **se faire (un) j. de qch,** to make light of sth (*b*) (manner of) playing; acting (of actor); playing (of musician); **j. muet,** dumb show **2.** (*a*) **j. d'arcade,** video game; **jeux d'adresse,** games of skill; **jeux olympiques,** Olympic games; **jeux de société,** party games; **j. télévisé,** television quiz; **terrain de jeux,** sports ground; **aire de j.,** playground; **ce n'est pas du j.,** that's not fair; **jouer beau j., jouer le j.,** to play fair; **où en est le j.?** what's the score? *Cards:* **avoir un beau j., avoir du j.,** to have a good hand; *Ten:* **j. et partie,** game and set; **mettre la balle en j.,** to bring the ball into play (*b*) (*place*) **j. de boules,** bowling green; **j. de quilles,** skittle alley **3.** set; **j. d'échecs,** chess set; **j. de cartes,** pack, *NAm:* deck, of cards; **j. d'outils,** set of tools **4.** gaming, gambling; **maison de j.,** gaming house; **jouer gros j.,** to play for high stakes; **faites vos jeux!** place your bets! **mettre tout en j.,** to stake one's all; to risk everything; **les intérêts en j.,** the interests at issue, at stake; **montrer, cacher, son j.,** to show, hide, one's hand **5.** (*activity, action*) **les forces en j.,** the forces at work; **mettre qch en j.,** to bring sth into play; **j. d'un piston,** length of stroke of a piston; **j. d'une serrure,** action of a lock **6.** *MecE:* clearance, play; **trop de j.,** too much play; **prendre du j.,** to work loose.
jeudi [ʒødi] *nm* Thursday; **j. saint,** Maundy Thursday.
jeun (à) [aʒœ̃] *adj phr* **1.** fasting; *Med:* **à prendre à j.,** to be taken on an empty stomach; **être à j.,** to have eaten nothing **2.** sober.
jeune [ʒœn] **1.** *a* (*a*) young; youthful; **j. homme,** young man; **j. fille,** (young) girl, young woman; **jeunes gens,** (i) young people (ii) young men; **j. détenu,** young offender (*b*) younger; **M. Dupont J.,** Mr Dupont junior (*c*) **vin j.,** new wine **2.** *n* **les jeunes,** young people; the young.
jeûne [ʒøn] *nm* fast(ing).
jeûner [ʒøne] *vi* to fast.
jeunesse [ʒœnɛs] *nf* (*a*) youth; boyhood, girlhood; **dans sa première j.,** in his, her, early youth; **erreurs de j.,** youthful indiscretions (*b*) **avoir un air de j.,** to look young (*c*) **la j.,** the young; youth; **livres pour la j.,** children's books.
JO *abbr Journal officiel.*
joaillerie [ʒɔɑjri] *nf* **1.** jeweller's shop **2.** jewellery **3.** jewellery trade.
joaillier, -ière [ʒɔɑje, -jɛr] *n* jeweller.
jobard, -arde [ʒɔbar, -ard] **1.** *a* gullible **2.** *n* mug, sucker.
jockey [ʒɔkɛ] *nm* jockey.
joggeur [dʒɔgœr] *nm* jogger.
jogging [dʒɔgiŋ] *nm* **1. faire du j.,** to go jogging **2.** jogging suit.
joie [ʒwa] *nf* **1.** joy; delight; gladness; **sauter de j.,** to jump for joy; **à ma grande j.,** to my great delight; **faire la j. de qn,** to make s.o. happy; **se faire une j. de faire qch,** to (take a) delight in doing sth; **il se faisait une j. de vous voir,** he was looking forward (so much) to seeing you; **feu de j.,** bonfire; **j. de vivre,** joy of living; **à cœur j.,** to one's heart's content **2. fille de j.,** prostitute.
joignable [ʒwaɲabl̩] *a* easy to get in touch with; **elle est j. à partir de quelle heure?** when can I get in touch with her?
joindre [ʒwɛ̃dr̥] *v* (*prp* **joignant;** *pp* **joint;** *pr ind* **je joins, il joint, n. joignons;** *ph* **je joignis) 1.** *vtr* (*a*) to join; to bring together; **j. les deux bouts,** to make ends meet (*b*) to add (**à,** to); **j. le geste à la parole,** to suit the action to the word; **j. l'utile à l'agréable,** to combine business with pleasure; **j. sa voix aux protestations,** to join in the protests (*c*) to join (s.o.);

comment puis-je vous j.? how can I get in touch with you? **2.** *vi & pr* (*of boards*) to fit, to meet **3. se j.,** to join, unite; **voulez-vous vous j. à nous?** would you like to join us? **joint 1.** *a* joined, united; **pieds joints,** feet close together; **à mains jointes,** with clasped hands; *Com:* **pièces jointes,** enclosures **2.** *nm* (*a*) joint, join; washer (of tap); **trouver le j.,** to find a way; **j. de cardan,** universal joint; **j. à rotule,** ball(-and-socket) joint (*b*) *P:* (*drugs*) joint.

jointure [ʒwɛ̃tyr] *nf Anat: Tchn:* joint, join; **jointures (des doigts),** knuckles.

joker [ʒɔkɛr] *nm Cards:* joker.

joli [ʒɔli] **1.** *a* pretty; good-looking (girl); **jolie à croquer,** pretty as a picture; **il a une jolie fortune,** he has a tidy fortune **2.** *nm* **voilà du j.!** here's a fine mess! **joliment** *adv* pleasantly; nicely, attractively; **j. dit,** neatly put; *F:* **j. en retard,** awfully late.

jonc [ʒɔ̃] *nm* (*a*) *Bot:* rush (*b*) **(canne de) j.,** Malacca cane; **j. d'Inde,** rattan.

joncher [ʒɔ̃ʃe] *vtr* to cover, litter; **j. la terre de fleurs,** to strew the ground with flowers.

jonction [ʒɔ̃ksjɔ̃] *nf* junction, joining; **point de j.,** meeting point.

jongler [ʒɔ̃gle] *vi* to juggle (**avec,** with).

jonglerie [ʒɔ̃glәri] *nf* juggling.

jongleur, -euse [ʒɔ̃glœr, -øz] *n* juggler.

jonque [ʒɔ̃k] *nf* (Chinese) junk.

jonquille [ʒɔ̃kij] *nf Bot:* daffodil.

Jordanie [ʒɔrdani] *Prnf Geog:* Jordan. **jordanien, -ienne** *a & n* Jordanian.

joue [ʒu] *nf* cheek; **j. contre j.,** cheek to cheek; **coucher, mettre, qn en j.,** to aim (a gun) at s.o.

jouer [ʒwe] *v* **1.** *vi* (*a*) to play; **j. avec qn, avec qch,** to play with s.o.; to play, fiddle, with sth (*b*) **j. aux cartes, au tennis,** to play cards, tennis; **j. aux soldats,** to play (at) soldiers; **c'est à qui de j.?** whose turn is it (to play)? (*at draughts, chess*) whose move is it? (*c*) **j. du piano,** to play the piano; **j. des coudes,** to elbow one's way (through a crowd) (*d*) to gamble; **j. aux courses,** to bet on horses (*e*) *Fin:* to speculate (*f*) to come into play; to work; *Th:* to act; **faire j. (qch),** to bring (sth) into action; **faire j. un ressort,** to release a spring (*g*) to be(come) operative; to operate (*h*) (*of wood*) to warp (*i*) (*of part*) to fit loosely **2.** *vtr* (*a*) to stake; **j. gros jeu,** to play for high stakes (*b*) to play (card) (*c*) to act, play, perform (role); **j. un air au piano,** to play a tune on the piano; **qu'est-ce qui se joue actuellement?** what's on at the moment? **j. la surprise,** to feign surprise (*d*) to trick, fool (s.o.) **3. se j.** (*a*) **faire qch en se jouant,** to do sth easily (*b*) **se j. de qn,** to trifle with, to make fun of, s.o.

jouet [ʒwɛ] *nm* toy; *Fig:* (*pers*) plaything; **être le j. d'une illusion,** to be the victim of an illusion.

joueur, -euse [ʒwœr, -øz] *n* **1.** (*a*) player; **j. de golf,** golfer; **être beau j.,** to be a good loser; *a* **enfant j.,** playful child (*b*) *Mus:* performer, player **2.** gambler.

joufflu [ʒufly] *a* chubby(-cheeked).

joug [ʒu(g)] *nm* **1.** yoke **2.** beam (of balance).

jouir [ʒwir] *vi* (*a*) **j. de la vie,** to enjoy life (*b*) **j. de toutes ses facultés,** to be in full possession of all one's faculties; **j. d'une bonne réputation,** to have a good reputation (*c*) *F:* (*to have an orgasm*) to come.

jouissance [ʒwisɑ̃s] *nf* (*a*) pleasure, enjoyment (*b*) possession; use.

joujou, -oux [ʒuʒu] *nm F:* toy; **faire j. avec une poupée,** to play with a doll.

jour [ʒur] *nm* **1.** (*a*) (day)light; **le petit j.,** the morning twilight; **il fait j.,** it's (getting) light; **en plein j.,** (i) in broad daylight (ii) publicly; **voyager de j.,** to travel by day, in the day(time); **c'est le j. et la nuit,** they're as different as chalk and cheese (*b*) **donner le j. à un enfant,** to give birth to a child; **mettre qch au j.,** to bring sth to light; to publish (fact) (*c*) light(ing); **voir qch sous son vrai j.,** to see sth in its true light **2.** (*a*) aperture, opening; well (of staircase); **jours entre les planches,** gaps, chinks, between the planks (*b*) *Needlew:* **à j.,** hemstitched (*c*) (*of facts*) **se faire j.,** to come out; **la vérité se fait j. dans son esprit,** the truth is dawning on him **3.** (*a*) day; **huit jours, quinze jours,** a week, a fortnight; **quel j. sommes-nous?** what day is it (today)? (*b*) *Com:* **à ce j.,** to date; **je l'ai vu l'autre j.,** I saw him the other day; **un j. ou l'autre,** one day; **d'un j. à l'autre,** day by day; **nous l'attendons d'un j. à l'autre,** we're expecting him any day (now); **vêtements de tous les jours,** everyday clothes; **au j. le j.,** from day to day; **mettre (qch) à j.,** to bring (sth) up to date; to update (sth); **un de ces jours,** one of these days; *F:* **à un de ces jours!** I'll be seeing you! (*c*) *Mil: etc:* **service de j.,** day duty; **être de j.,** to be on (day) duty (*d*) **de nos jours,** nowadays; these days; (*in restaurant*) **plat du j.,** dish of the day, *F:* today's special; **vieux jours,** old age.

journal, -aux [ʒurnal, -o] *nm* **1.** journal, diary, record; *Av: Nau:* **j. de bord,** log book **2.** (news)paper; **les journaux,** the Press; **j. parlé, télévisé,** radio, television, news. **journalier, -ière 1.** *a* daily (task); everyday (occurrence) **2.** *nm* day labourer.

journalisme [ʒurnalism] *nm* journalism; **faire du j.,** to be a journalist.

journaliste [ʒurnalist] *n* journalist; reporter. **journalistique** *a* journalistic.

journée [ʒurne] *nf* **1.** day(time); **dans, pendant, la j.,** during the day; **toute la j.,** all day (long), the whole day; **à longueur de j.,** for days on end; **faire la j. continue,** to work through lunch; **il ne fait rien de la j.,** he does nothing all day long **2.** (*a*) day's work; **travailler à la j.,** to work by the day; **femme de j.,** daily help, char(woman); *F:* daily; **aller en j.,** to do daily work (for s.o.) (*b*) day's wages (*c*) day's march (*d*) day of battle; **gagner la j.,** to win the day.

journellement [ʒurnɛlmɑ̃] *adv* daily; every day.

joute [ʒut] *nf* (*a*) *Hist:* joust (*b*) **j. sur l'eau,** water tournament.

jouter [ʒute] *vi Hist:* to joust.

jovialité [ʒɔvjalite] *nf* joviality, jollity. **jovial, -aux** *a* jovial, jolly, merry. **jovialement** *adv* jovially.

joyau, -aux [ʒajo] *nm* jewel; gem; **les joyaux de la Couronne,** the regalia, the Crown jewels.

joyeux, -euse [ʒwajø, -øz] *a* happy, joyful; merry, joyous; cheerful; **j. Noël!** merry Christmas! **joyeusement** *adv* joyfully, merrily, cheerfully.

jubilation [ʒybilasjɔ̃] *nf* jubilation.

jubilé [ʒybile] *nm* (golden) jubilee.

jubiler [ʒybile] *vi F:* to rejoice; to gloat.

jucher (se) [səʒyʃe] *vpr* (*of birds*) to roost; to perch.

juchoir [ʒyʃwar] *nm* perch; hen roost.

judaïsme [ʒydaism] *nm* Judaism. **judaïque** *a* Judaic (law); Jewish.

judas [ʒyda] *nm* **1. J.**, Judas, traitor **2.** peephole, spy hole.

judéo-chrétien, -ienne [ʒydeokretjɛ̃, -jɛn] *a & n* Judaeo-Christian, *NAm:* Judeo-Christian.

judiciaire [ʒydisjɛr] *a* judicial, legal (inquiry, error).

judicieux, -euse [ʒydisjø, -øz] *a* judicious, discerning; **peu j.**, injudicious. **judicieusement** *adv* judiciously.

judo [ʒydo] *nm* judo.

judoka [ʒydɔka] *n* judo expert.

juge [ʒyʒ] *nm* judge; **j. d'instruction**, examining magistrate; **j. d'instance**, police court magistrate; **j. de paix**, Justice of the Peace; **les juges** = the bench; *Fb:* **j. de touche**, linesman; **je vous en fais j.**, judge for yourself.

juge [ʒyʒe] *nm* guesswork; **au j.**, by guesswork; **tirer au j.**, to fire blind.

jugement [ʒyʒmɑ̃] *nm* **1.** *Jur:* (*a*) trial (of case); **mettre, faire passer, qn en j.**, to bring s.o. to trial; **passer en j.**, to stand trial; **j. par défaut**, judgement by default; **le j. dernier**, the Last Judgement (*b*) decision, award; (*in criminal cases*) sentence **2.** opinion, estimation; verdict; **porter un j. sur qch**, to pass judgement in sth **3.** discernment, discrimination; **montrer du j.**, to show good sense; **erreur de j.**, error of judgment.

jugeote [ʒyʒɔt] *nf F:* common sense, gumption.

juger¹ [ʒyʒe] *vtr* **(n. jugeons) 1.** (*a*) to judge; to try (cases, prisoner); to pass sentence on; to adjudicate (claim) (*b*) to pass judgment on; to criticize **2.** (*a*) to think, believe; **on le jugeait fou**, people thought he was mad (*b*) **jugez de ma surprise**, imagine my surprise; **à en juger par**, judging by; **à vous de j.**, it's up to you to draw your own conclusions.

juger² *nm* = **jugé**.

jugulaire [ʒygylɛr] **1.** *a & nf* jugular (vein) **2.** *nf* chin strap (of helmet).

juguler [ʒygyle] *vtr* to suppress, stifle (revolt); to arrest (disease).

juif, juive [ʒɥif, ʒɥiv] **1.** *a* Jewish **2.** *n* Jew, *f* Jewess.

juillet [ʒɥijɛ] *nm* July; **au mois de j., en j.**, in (the month of) July; **le premier, le sept, j.**, (on) the first, the seventh, of July.

juin [ʒɥɛ̃] *nm* June; **au mois de j.**, in (the month of) June; **le premier, le sept, j.**, (on) the first, the seventh, of June.

jules [ʒyl] *nm F:* boyfriend, fellow.

jumeau, -elle, *pl* **-eaux** [ʒymo, -ɛl] **1.** *a & n* twin; **frères jumeaux, sœurs jumelles**, twin brothers, twin sisters; **maisons jumelles**, semidetached houses; **lits jumeaux**, twin beds **2.** *nfpl* binoculars; **jumelles de théâtre**, opera glasses.

jumelage [ʒymlaʒ] *nm* twinning.

jumeler [ʒymle] *vtr* **(je jumelle, n. jumelons)** to pair; to arrange in pairs; to twin (towns). **jumelé** *a* arranged in pairs; *Aut:* **pneus jumelés**, dual tyres; **textes jumelés**, bilingual texts; **villes jumelées**, twin(ned) towns; **pari j.**, *nm* **j.**, each-way bet.

jument [ʒymɑ̃] *nf* mare.

jungle [ʒɔ̃gl, ʒœ̃gl] *nf* jungle.

junior [ʒynjɔr] *a & n* junior.

junte [ʒœ̃t] *nf Pol:* junta.

jupe [ʒyp] *nf* skirt; **pendu aux jupes de sa mère**, tied to his mother's apron strings.

jupon [ʒypɔ̃] *nm* (*a*) waist petticoat, underskirt; slip (*b*) *P:* girl, woman, *P:* (bit of) skirt; **courir le j.**, to chase the girls.

jurer [ʒyre] **1.** *vtr* (*a*) **j. sa foi**, to pledge one's word (*b*) (*to promise*) to vow; **j. la fidélité à qn**, to swear, pledge, fidelity to s.o.; **faire j. le secret à qn**, to swear s.o. to secrecy; **j. de se venger**, to swear revenge (*c*) (*to assert*) **j'en jurerais**, I would swear to it **2.** *vi* (*a*) to swear (profanely); to curse (*b*) (*of colours*) to clash. **juré, -ée 1.** *a* sworn **2.** *n* juror; juryman, jurywoman; **les jurés**, the jury.

juridiction [ʒyridiksjɔ̃] *nf* jurisdiction.

juridique [ʒyridik] *a* judicial; legal; **conseiller j.**, legal adviser. **juridiquement** *adv* legally.

juriste [ʒyrist] *nm* jurist; legal expert.

juron [ʒyrɔ̃] *nm* oath; curse; swearword.

jury [ʒyri] *nm* **1.** *Jur:* jury; **chef, membre, du j.**, foreman, member, of the jury **2.** selection committee; panel of judges; **j. d'examen**, board of examiners.

jus [ʒy] *nm* **1.** juice; **j. de fruit**, fruit juice **2.** *Cu:* juice of meat; gravy **3.** *P:* (*a*) water (*b*) coffee; **j. de chaussettes**, dishwater (*c*) electric current.

jusant [ʒyzɑ̃] *nm* ebb (tide).

jusque [ʒysk(ə)] *prep* **1.** as far as; up to; **jusqu'ici**, up to here; so far; **j.-là**, thus far; up to there; **jusqu'ici c'est très bien**, so far so good; **jusqu'où?** how far? **depuis Londres jusqu'à Paris**, all the way from London to Paris; **juqu'à un certain point**, up to a certain point; **j. chez lui**, right up to his door; **compter jusqu'à dix**, to count up to ten **2.** (*a*) till, until; **jusqu'ici**, until now; to date; **jusqu'à présent**, till now; **jusqu'à mon dernier jour**, to my dying day; **jusqu'au jour où**, (i) until (such time as) (ii) until the time when (*b*) **remonter jusqu'en 1800**, to go back as far as 1800 **3.** (*intensive*) **il sait jusqu'à nos pensées**, he knows our very thoughts; **sévère jusqu'à mériter le reproche d'être cruel**, severe to the point of cruelty **4.** *conj phr* **jusqu'à ce que** *usu* + *sub*, till, until.

justaucorps [ʒystokɔr] *nm* leotard.

juste [ʒyst] **1.** *a* (*a*) just, right, fair; **rien de plus j.**, nothing could be fairer (*b*) **être j. envers qn**, to be fair to s.o.; *n* **les justes**, the just, the righteous **2.** *a* (*a*) right, exact, accurate; **le mot j.**, the exact word, the right word; **raisonnement j.**, sound reasoning; **avoir l'oreille j.**, to have a good ear (for music); **le piano n'est pas j.**, the piano is out of tune; **j. milieu**, happy medium; **votre réponse n'est pas j.**, you've given the wrong answer; **ma montre est j.**, my watch is right; **c'est j.**, that's so! that's right! **rien de plus j.**, you're perfectly right (*b*) scanty, bare (allowance); tight (shoes); tightfitting (dress); **c'est bien j.**, there's barely enough (food, etc) to go round; **c'est tout j. s'il sait lire**, he can barely read **3.** *adv* (*a*) rightly; **frapper j.**, to strike home; **chanter j.**, to sing in tune (*b*) exactly, precisely, just; **à dix heures j.**, at ten o'clock sharp; **j. à temps**, just in time; **c'est j. ce qu'il faut**, it's the very thing (*c*) barely; **vous avez tout j. le temps**, you have barely the time; you haven't a moment to lose; **échapper tout j.**, to escape by the skin of one's teeth; **je ne sais pas au juste si**, I don't exactly know whether; **comme de j.**, as is only fair. **justement** *adv* justly, rightly, deservedly; precisely, exactly; **voici j. la lettre que j'attendais**, here's the very letter I was waiting for.

justesse [ʒystɛs] *nf* **1.** exactness, precision, accuracy; **raisonner avec j.,** to argue soundly **2. de j.,** just; by the skin of one's teeth.

justice [ʒystis] *nf* **1.** justice; **c'est j. que** + *sub,* it is only right that; **en toute j.,** by rights; in all fairness; **avec j.,** justly; **rendre j. à qn,** to do justice to s.o.; **ce n'est que j.,** it's only fair; **se faire j.,** (i) to take the law into one's own hands (ii) to commit suicide **2.** law, legal proceedings; **aller en j.,** to go to law; **poursuivre qn en j.,** to take legal action against s.o.; to sue s.o.

justification [ʒystifikasjɔ̃] *nf* justification; proof. **justificatif, -ive** *a* justificatory; **pièce justificative,** written proof, evidence.

justifier [ʒystifje] *v* (*impf & pr sub* **n. justifiions**) **1.** *vtr* (*a*) to justify, vindicate (s.o.'s conduct); to bear out (statement); to warrant (action, expenditure) (*b*) to prove, make good (assertion) (*c*) *Typ:* to justify **2.** *v ind tr* **j. de,** to prove **3. se j.,** to clear oneself; to justify oneself.

jute [ʒyt] *nm Tex:* jute; **toile de j.,** hessian.

juter [ʒyte] *vi* to be juicy.

juteux, -euse [ʒytø, -øz] *a* juicy.

juvénile [ʒyvenil] *a* juvenile; youthful; *Jur:* **délinquence j.,** juvenile delinquency.

juxtaposer [ʒykstapoze] *vtr* to place side by side, to juxtapose.

juxtaposition [ʒykstapɔzisjɔ̃] *nf* juxtaposition.

K

K, k [ka] *nm* (the letter) K, k.

k. *abbr kilo.*

kaki¹ [kaki] *nm & a inv* khaki.

kaki² *nm Bot:* persimmon.

kaléidoscope [kaleidɔskɔp] *nm* kaleidoscope.

kamikaze [kamikaze] *nm* kamikaze.

kanak [kanak] *n & a* New Caledonian.

kangourou [kɑ̃guru] *nm* **1.** *Z:* kangaroo **2.** *Rtm:* baby sling.

kaolin [kaɔlɛ̃] *nm* kaolin.

kapok [kapɔk] *nm* kapok.

karaté [karate] *nm Sp:* karate.

kart [kart] *nm Sp:* (go-)kart. **karting** *nm Sp:* (go-)karting.

kascher [kaʃɛr] *a inv Rel:* kosher.

kayac, kayak [kajak] *nm* kayak; canoe.

kayakiste [kajakist] *n* canoeist.

képi [kepi] *nm* kepi; peaked cap.

kermesse [kɛrmɛs] *nf (a) Belg: etc:* village fair *(b)* (charity) fête; bazaar.

kérosène [kerɔzɛn] *nm* paraffin (oil); kerosene.

ketchup [kɛtʃœp] *nm Cu:* (tomato) ketchup.

kg. *abbr kilogramme.*

kibboutz [kibuts] *nm* kibbutz.

kick [kik] *nm* kick-starter.

kidnapper (kidnape] *vtr* to kidnap.

kidnappeur, -euse [kidnapœr, -øz] *n* kidnapper.

kif-kif [kifkif] *a inv F:* **c'est k.-k., c'est du kif,** it's all the same.

kilo(gramme) [kilo, kilɔgram] *nm* kilo(gramme).

kilométrage [kilɔmetraʒ] *nm Aut:* = mileage.

kilomètre [kilɔmɛtr̥] *nm* kilometre. **kilométrique** *a* **borne k.** = milestone.

kilowatt [kilɔwat] *nm* kilowatt.

kilowattheure [kilɔwatœr] *nm* kilowatt-hour.

kilt [kilt] *nm Cl:* kilt.

kimono [kimɔnɔ] *nm Cl:* kimono.

kinésithérapeute [kineziterapøt] *n* physiotherapist.

kinésithérapie [kineziterapi] *nf* physiotherapy.

kiosque [kjɔsk] *nm* **1.** *(a)* kiosk; **k. à musique,** bandstand; **k. de jardin,** summerhouse, gazebo *(b)* **k. à journaux,** newspaper stall **2.** *Nau:* conning tower (of submarine).

kirsch [kirʃ] *nm* kirsch.

kit [kit] *nm* kit; **en k.,** in kit form; ready to assemble.

kiwi [kiwi] *nm Orn:* kiwi.

klaxon [klaksɔ̃] *nm Aut: Rtm:* hooter, horn.

klaxonner [klaksɔne] *vi Aut:* to hoot, sound one's horn, *NAm:* to honk.

kleenex [klinɛks] *nm Rtm:* kleenex; tissue; paper hanky.

kleptomanie [klɛptɔmani] *nf* kleptomania. **kleptomane** *a & n* kleptomaniac.

km. *abbr kilomètre.*

knock-out [knɔkut, nɔkaut] **1.** *a inv Sp:* **mettre (qn) k.-o.,** to knock (s.o.) out; **être k.-o.,** to be knocked out **2.** *nm* knockout.

k.-o. [kao] *abbr Box:* knock-out; **mettre k.-o.,** to knock out.

koala [kɔala] *nm Z:* koala (bear).

krach [krak] *nm* (financial) crash.

Kremlin (le) [ləkrɛmlɛ̃] *nm* the Kremlin.

kyrielle [kirjɛl] *nf* long string (of words); stream (of requests).

kyste [kist] *nm Med:* cyst.

L

L, l [ɛl] *nm* (the letter) L.
l. *abbr litre.*
l', la¹ [la] *def art & pron f see* **le¹**
la² *sm inv Mus:* **1.** (the note) A; **donner le la,** (i) to give an A (ii) *Fig:* to set the tone **2.** la(h) (in tonic sol-fa).
là [la] *adv* **1.** (*of place*) there (*a*) **là où vous êtes,** where you are; **quand il n'est pas là,** when he's away; **est-ce qu'il est là?** is he in? **les choses en sont là,** this is the state of things at the moment; **la question n'est pas là,** that's not the point; **loin de là,** far from it; **à cinq pas de là,** five paces away; *F:* **ôtez-vous de là!** get out of there! **passez par là,** go that way; **viens là!** come here! **il est là,** he's here; *F:* **elle a 35 ans, par là,** she's about 35 (*b*) (*emphatic use*) **c'est là qu'il habite,** that's where he lives; **c'est là qu'elle a été interrompue,** it was at that moment that she was interrupted; **que dites-vous là?** what's that you're saying? **il est bête à ce point-là?** is he (really) that stupid? *see also* **ce¹ 1., ce² 5.**; **celui-là, celle-là,** *see* **celui 4.** (*c*) **comme menteur il est, il se pose, un peu là!** he's a pretty good liar! **2.** (*of time*) then; **d'ici là,** between now and then; in the meantime **3. qu'entendez-vous par là?** what do you mean by that? **de là on peut conclure que,** from this one can conclude that **4.** *int* **là! voilà qui est fait,** there now! that's done; **hé là! doucement!** gently does it! **là, là,** there now, there, there; **oh là là!** oh dear!; **alors là, ce n'est pas étonnant!** well, *that's* not surprising! **5. là-bas,** over there; **là-dedans,** in there; inside; in this; **là-dessous,** under that, under there, underneath; **là-dessus,** on that, on it; about that; **là-dessus, il est sorti,** with that, he went out; **là-haut,** up there, upstairs.
label [labɛl] *nm Com:* label, mark (of quality, origin, etc).
labeur [labœr] *nm Lit:* labour, toil, hard work.
labo [labo] *nm F:* lab.
laborantin, -ine [labɔrɑ̃tɛ̃, -in] *n* laboratory, *F:* lab, assistant.
laboratoire [labɔratwar] *nm* laboratory, *F:* lab; **l. de langue,** language laboratory.
laborieux, -euse [labɔrjø, -øz] *a* **1.** arduous, hard (work); laboured (style); *F:* **il n'a pas encore fini? c'est l.!** hasn't he finished yet? it's taking a long time! **2.** (*pers*) industrious, hard-working; **les classes laborieuses,** the working classes. **laborieusement** *adv* laboriously; hard.
labour [labur] *nm* ploughing, *NAm:* plowing; digging; *pl* ploughed land.
labourage [laburaʒ] *nm* ploughing, *NAm:* plowing; digging.
labourer [labure] *vtr* (*a*) to plough, *NAm:* to plow (*b*) **les ronces m'ont labouré les mains,** the brambles lacerated my hands; **visage labouré de rides,** face furrowed with wrinkles.
laboureur [laburœr] *nm* ploughman, *NAm:* plowman.
labrador [labradɔr] *nm Z:* Labrador (retriever).
labyrinthe [labirɛ̃t] *nm* labyrinth, maze.
lac [lak] *nm* lake; *F:* (*of project*) **c'est dans le l.,** it's fallen through.
lacer [lase] *vtr* **(n. laçons)** to lace (up), tie (up).
lacération [laserasjɔ̃] *nf* laceration; tearing up, ripping (up).
lacérer [lasere] *vtr* **(je lacère; je lacérerai)** to tear, lacerate; to rip to pieces.
lacet [lasɛ] *nm* **1.** (shoe)lace; **chaussures à lacets,** lace-up shoes, *F:* lace-ups **2.** (hairpin) bend; **route en l.,** winding, zigzag, road; **la route monte en lacets,** the road winds steeply up **3.** noose, snare (for rabbits).
lâche [lɑʃ] **1.** *a* (*a*) loose, slack; loosely fitting (clothes); lax (discipline) (*b*) cowardly; (*of behaviour*) low, despicable **2.** *n* coward. **lâchement** *adv* (*a*) loosely, slackly (*b*) in a cowardly manner.
lâcher [lɑʃe] **1.** *vtr* (*a*) to release; to slacken, loosen (spring); **l. un coup de fusil,** to fire a shot; (*b*) to let go; to release, to drop (bomb, parachutist); **lâchez-moi!** let me go! **l. ses études,** to give up one's studies; **l. pied,** to give way; to give in; **l. prise,** (i) to let go (ii) to give up; *F:* **l. qn,** to drop, ditch, s.o.; **il ne m'a pas lâché d'une semelle,** he stuck to me like a leech; *P:* **l. les sous, les l.,** to fork out, pay up (*c*) to set free; **l. un chien,** to let a dog loose; **l. un chien contre qn,** to set a dog on s.o.; *P:* **l. le paquet, le morceau,** to tell the truth, come clean **2.** *vi* to get loose; (*of spring*) to slacken; (*of rope*) to slip; **mes freins ont lâché,** my brakes failed; **ses nerfs ont lâché,** she lost her nerve.
lâcheté [lɑʃte] *nf* **1.** (*a*) cowardice (*b*) act of cowardice **2.** (*a*) despicableness; baseness (*b*) low, despicable, action.
lâcheur, -euse [lɑʃœr, -øz] *n F:* deserter.
laconisme [lakɔnism] *nm* laconism. **laconique** *a* laconic. **laconiquement** *adv* laconically.
lacrymogène [lakrimɔʒɛn] *a* **gaz l.,** tear gas.
lacté [lakte] *a* milky; **régime l.,** milk diet.
lacune [lakyn] *nf* gap, deficiency.
là-dedans, là-dessous, etc *see* **là 5.**
ladite [ladit] *see* **ledit.**
lagon [lagɔ̃] *nm,* **lagune** [lagyn] *nf* lagoon.
lai, -e [lɛ] *a Ecc:* lay; **frère l.,** lay brother.
laïciser [laisize] *vtr* to secularize.
laïcité [laisite] *nf* secularity.
laideron [lɛdrɔ̃] *nm* ugly girl, woman.
laideur [lɛdœr] *nf* **1.** ugliness; unattractiveness; plainness **2.** meanness, lowness; **les laideurs de la vie,** the ugly side of life. **laid** *a* (*a*) ugly; unsightly; unattractive; (*of face*) plain; **l. comme un pou,** as ugly as sin (*b*) mean, low (action); ugly (vice).
lainage [lɛnaʒ] *nm* (*a*) woollen fabric (*b*) woollen garment, article; *pl* woollens.
laine [lɛn] *nf* wool; **l. peignée,** worsted; **jupe en, de, l.,**

woollen skirt; **l. de verre,** glass wool. **laineux, -euse** *a* fleecy, woolly. **lainier, -ière** *a* woollen (trade); wool (industry).

laïque [laik] **1.** *a* laic; secular (education); lay (dress); **école l.** = state school **2.** *n* layman, laywoman; **les laïques,** the laity.

laisse [lɛs] *nf* lead, leash; **tenir en l.,** to keep on a lead.

laissé-pour-compte [lesepurkɔ̃t] **1.** *a* rejected (pers, article) **2.** (*a*) *nm Com:* reject, unsold article (*b*) *n* unwanted person; misfit; *pl laissé(e)s-pour-compte.*

laisser [lɛse] *vtr* **1.** to let, allow; **je les ai laissés dire,** I let them talk; **l. voir qch.,** to show, to reveal, sth; **l. tomber qch,** to drop sth; *F:* **laisse tomber!** leave it! forget it!; *F:* **laissez-moi rire!** don't make me laugh! **laisse faire,** never mind; leave it; **laissez-le faire!** leave it to him! **allons, laisse-toi faire!** go on, be a devil! **2.** (*a*) to leave (sth, s.o., somewhere); **allons, je vous laisse,** right, I'm going, I'm off; **partir sans l. d'adresse,** to go away without leaving any address; **l. qch de côté,** to leave sth out; to put sth aside; **c'est à prendre ou à l.,** take it or leave it (*b*) **l. la fenêtre ouverte,** to keep the window open; **je vous laisse libre d'agir,** I leave you free to act; **laissez-moi (tranquille)!** leave me alone! **laissez, c'est moi qui paie,** leave that, I'm paying; **laissez donc!** don't bother! don't worry! **vous pouvez nous l.,** you may leave us (*c*) **cela nous laisse le temps de,** that leaves us time to; **laissez-moi vos clefs,** leave me your keys; **je vous le laisserai à bon compte,** I will let you have it cheap; **cela laisse (beaucoup) à désirer,** it leaves much to be desired (*d*) *Lit:* **ne pas l. de faire qch.,** not to fail to do sth; **cela ne laisse pas de m'inquiéter,** I feel anxious all the same. **3. se l.** (*a*) **se l. tomber,** to let oneself fall (*b*) **se l. aller, se l. vivre,** to let oneself go (*c*) **se l. convaincre,** to let oneself be convinced; **se l. faire,** to give in (*d*) *F* **ce vin se laisse boire,** this wine is quite drinkable; **c'est un film qui se laisse voir,** it's quite a watchable film.

laisser-aller [lɛseale] *nm inv* **1.** casualness **2.** carelessness.

laisser-faire [lɛsefɛr] *nm* non-interference; laissez-faire.

laissez-passer [lɛsepɑse] *nm inv* pass, permit.

lait [lɛ] *nm* **1.** milk; **l. entier,** whole milk; **l. écrémé,** skimmed milk; **petit l.,** whey; **l. caillé,** curds; **l. concentré,** evaporated milk; **l. en poudre,** dried milk, powdered milk; **café au l.,** white coffee; **chocolat au l.,** milk chocolate; **l. de poule,** egg nog (without alcohol); **vache à l.,** milch cow; **l. maternel,** mother's milk; **frère, sœur, de l.,** foster brother, sister; **cochon de l.,** suck(l)ing pig; **dent de l.,** milk tooth **2.** (*a*) **l. de coco,** coconut milk; **l. de chaux,** limewater (*b*) *Toil:* **l. démaquillant,** cleansing milk. **laiteux, -euse** *a* milky. **laitier, -ière 1.** *a* **l'industrie laitière,** the milk industry; **produits laitiers,** dairy produce; **vache laitière,** *nf* **laitière,** milch cow; milker **2.** *n* (*a*) milkman; milkwoman (*b*) dairyman; dairywoman.

laitage [lɛtaʒ] *nm* dairy produce.

laitance [lɛtɑ̃s] *nf Ich:* milt; *Cu:* soft roe.

laiterie [lɛtri] *nf* (*a*) dairy (*b*) dairy-farming.

laiton [lɛtɔ̃] *nm* brass.

laitue [lɛty] *nf* lettuce; **l. romaine,** cos lettuce.

lama [lama] *nm* **1.** (Buddhist) lama **2.** *Z:* llama.

lambeau, -eaux [lɑ̃bo] *nm* scrap, bit, shred (of cloth, paper, flesh): **vêtements en lambeaux,** clothes in tatters; **mettre en lambeaux,** to tear to shreds; **tomber en lambeaux,** to fall to bits.

lambiner [lɑ̃bine] *vi F:* to dawdle. **lambin, -ine** *F:* **1.** *a* dawdling, slow **2.** *n* dawdler, slowcoach.

lambris [lɑ̃bri] *nm* panelling; (*on wall*) wainscoting.

lambrisser [lɑ̃brise] *vtr* to panel.

lame [lam] *nf* **1.** (*a*) lamina, thin plate, strip (of metal); leaf (of spring); (microscope) slide; slat (of Venetian blind); **l. de parquet,** floorboard (*b*) blade (of sword, knife); **l. de rasoir,** razor blade (*c*) *Lit:* (i) sword (ii) swordsman **2.** wave; **l. de fond,** ground swell; **l. de houle,** roller. **lamé** *a & nm* lamé.

lamelle [lamɛl] *nf* (*a*) (thin) strip; slat (of blind); gill (of mushroom) (*b*) (microscope) slide.

lamentable [lamɑ̃tabl] *a* (*a*) lamentable, deplorable (accident); **sort l.,** terrible fate (*b*) mournful (voice) (*c*) (*of result*) shockingly bad; awful, appalling; **orateur l.,** pitiful speaker. **lamentablement** *adv* lamentably.

lamentation [lamɑ̃tasjɔ̃] *nf* lamentation; wailing; lament; moaning.

lamenter (se) [səlamɑ̃te] *vpr* to moan, complain, lament; **se l. sur,** to lament (over); **se l. sur son propre sort,** to feel sorry for oneself.

laminage [laminaʒ] *nm* lamination.

laminer [lamine] *vtr* to laminate; *Fig:* to crush.

laminoir [laminwar] *nm* rolling mill.

lampadaire [lɑ̃padɛr] *nm* (*a*) standard lamp (*b*) street lamp.

lampe [lɑ̃p] *nf* (*a*) lamp; **l. à huile,** oil lamp (*b*) **l. de bureau,** reading lamp, desk light; **l. de chevet,** bedside light; **l. de poche,** (electric) torch; *NAm:* flashlight; **l. à alcool,** spirit lamp; **l. à bronzer,** sun lamp; **l. à souder,** blowlamp (*b*) (radio) valve, *NAm:* (vacuum) tube.

lampée [lɑ̃pe] *F:* gulp; **d'une seule l.,** at one gulp.

lampion [lɑ̃pjɔ̃] *nm* (*a*) fairylight (for illuminations) (*b*) Chinese lantern.

lance [lɑ̃s] *nf* **1.** (*a*) spear (*b*) lance **2.** nozzle (of pipe, hose); **l. d'incendie,** fire-hose.

lance-bombes [lɑ̃sbɔ̃b] *nm inv Av:* bomb thrower.

lancée [lɑ̃se] *nf* momentum, impetus; **continuer sur sa l.,** to keep going.

lance-flammes [lɑ̃sflam] *nm inv Mil:* flame-thrower.

lance-fusée [lɑ̃sfyze] *nm inv Mil:* rocket launcher.

lance-grenades [lɑ̃sgrənad] *nm inv Mil:* grenade launcher.

lancement [lɑ̃smɑ̃] *nm* (*a*) throwing; **l. du disque,** throwing the discus; **l. du poids,** putting the shot (*b*) launching (of missile, rocket, ship, new product); *Com:* floating (of company).

lance-missiles [lɑ̃smisil] *nm inv Mil:* missile launcher.

lance-pierre(s) [lɑ̃spjɛr] *nm inv* catapult.

lancer [lɑ̃se] *vtr* (**n. lançons**) **1.** (*a*) to throw, fling, hurl; to shoot (an arrow); to send up (a rocket); **l. des pierres à qn,** to throw stones at s.o.; **l. des bombes,** to throw bombs; **l. des étincelles,** to shoot out sparks; **l. qch en l'air,** to toss sth in the air; **l. un coup d'œil à qn,** to dart a glance at s.o. (*b*) *Sp:* to throw (a ball); **l. le disque,** to throw the discus; **l. le poids,** to put the shot 2. to start, set (s.o., sth) going (*a*) **l. un cheval,** to start a horse off at full gallop; **l. un chien contre qn,** to set a dog on s.o.; **si vous le lancez sur ce sujet il ne s'arrêtera plus,** if you start him on this subject he will never stop (*b*) to launch (ship, scheme, attack); to release (bomb); to float (company); to bring out (actor); to launch (new product); to launch, set (fashion); to start (up) (engine); **l. qn (dans les affaires),** to set s.o. up (in business); **cet acteur est lancé,** this actor has made a name for himself 3. **se l. en avant,** to rush forward; **se l. à la poursuite de qn,** to dash off in pursuit of s.o.; **se l. dans,** to launch into (business, discussion, etc); **elle veut se l.,** she wants to make a name for herself.

lance-roquettes [lɑ̃srɔkɛt] *nm inv* rocket launcher.

lance-torpilles [lɑ̃stɔrpij] *nm inv Navy:* **(tube) l.-t.,** torpedo tube.

lanceur, -euse [lɑ̃sœr, -øz] *n* (*a*) *Sp:* thrower (*b*) launcher (of spacecraft) (*c*) promoter (of company).

lanciner [lɑ̃sine] 1. *vi* (*of pain*) to shoot; (*of finger*) to throb 2. *vtr* to harass, trouble, torment. **lancinant** *a* shooting, throbbing (pain); haunting (memory); insistent (tune).

landau [lɑ̃do] *nm* 1. *Veh:* landau 2. pram; *NAm:* baby carriage.

lande [lɑ̃d] *nf* moor; heath.

langage [lɑ̃gaʒ] *nm* language; speech (of the individual); **tenir un l. grossier à qn,** to speak rudely to s.o.; **changer de l.,** to change one's tune; **en voilà un l.!** that's no way to talk! **l. argotique,** slang; **l. chiffré,** cipher, code; **l. machine,** computer language. **langagier, -ière** *a* linguistic.

lange [lɑ̃ʒ] *nm* baby blanket; **quand j'étais dans les langes,** when I was a babe in arms.

langer [lɑ̃ʒe] *vtr* to change (a baby); to wrap (a baby) in a blanket.

langoureux, -euse [lɑ̃gurø, -øz] *a* languorous.

langouste [lɑ̃gust] *nf Crust:* spiny lobster; crawfish, crayfish.

langoustine [lɑ̃gustin] *nf* (*a*) Norway lobster (*b*) Dublin Bay prawn; *Cu: pl* scampi.

langue [lɑ̃g] *nf* 1. tongue; **tirer la l.,** (i) to put out one's tongue (ii) *F:* to be very thirsty (iii) *F:* to go to a lot of trouble (iv) to be in dire need; **avoir la l. bien pendue,** to have a ready tongue; **elle a la l. trop longue,** she talks too much; **je donne ma l. au chat,** I give in; **mauvaise l.,** backbiter; **l. de vipère,** spiteful gossip; **j'ai le mot sur le bout de la l.,** I have the word on the tip of my tongue; *F:* **avoir un cheveu sur la l.,** to lisp 2. **langues de feu,** tongues of flame; **l. de terre,** spit of land 3. language (of a people); **professeur de langues vivantes,** modern language teacher; **pays de l. anglaise,** English-speaking country; **avoir le don des langues,** to be a good linguist; **l. de bois,** jargon, newspeak; **l. verte,** slang.

langue-de-chat [lɑ̃gdəʃa] *nf Cu:* finger biscuit; *pl langues-de-chat.*

languette [lɑ̃gɛt] *nf* small tongue (of wood); strip (of tinfoil); tongue (of shoe).

langueur [lɑ̃gœr] *nf* listlessness, languor.

languir [lɑ̃gir] *vi* to languish; to pine (**après,** for, after); *Lit:* to waste away; (*of plant*) to wilt; **l. d'amour,** to be lovesick; **l. après qch,** to long, pine, for sth; **ne nous faites pas l.,** don't keep us waiting; **la conversation languit,** the conversation is flagging. **languissant** *a* (*a*) *Lit: & Hum:* love-sick (*b*) flagging, listless (conversation, economy); wilting (flowers).

lanière [lanjɛr] *nf* strip (of material); thin strap; thong; lash (of whip).

lanterne [lɑ̃tɛrn] *nf* (*a*) lantern; **l. vénitienne,** Chinese lantern; **l. magique,** magic lantern (*b*) *Aut:* sidelight.

laper [lape] *vtr & i* (*of dog, etc*) to lap (up).

lapider [lapide] *vtr* to stone (s.o.).

lapin, -ine [lapɛ̃, -in] *n* (buck) rabbit, *f* doe; **l. de garenne,** wild rabbit; **l. domestique,** tame rabbit; *Com:* **peau de l.,** cony (skin); *P:* **poser un l. à qn,** to stand s.o. up; **mon petit l.,** my darling, my lamb.

Laponie [lapɔni] *Prnf Geog:* Lapland. **lapon, -one** 1. *a* Lapp, Lappish 2. (*a*) *n* Lapp, Laplander (*b*) *nm Ling:* Lapp(ish).

laps [laps] *nm* **un l. de temps,** a lapse of time.

lapsus [lapsys] *nm* slip (of the tongue); **l. révélateur,** Freudian slip.

laquais [lakɛ] *nm Hist: & Fig:* lackey.

laque [lak] 1. *nf* (hair) lacquer; hair spray 2. *nm or f* lacquer; **l. de Chine,** japan.

laquelle [lakɛl] *see* **lequel.**

laquer [lake] *vtr* to lacquer.

larbin [larbɛ̃] *nm F: Pej:* flunkey.

larcin [larsɛ̃] *nm* (*a*) *Jur:* larceny; petty theft (*b*) loot.

lard [lar] *nm* (*a*) fat (*esp* of pig) (*b*) bacon; **l. maigre,** streaky bacon; *P:* **gros l.,** fat slob; **tête de l.,** pigheaded idiot.

larder [larde] *vtr* to lard (piece of meat); **l. qn de coups de couteau,** to stab s.o. (all over) with a knife; *Fig:* **l. un discours de citations,** to lard a speech with quotations.

lardon [lardɔ̃] *nm Cu:* piece of larding bacon; lardon.

large [larʒ] 1. *a* broad, wide; **l. d'épaules,** broad-shouldered; **route l. de dix mètres,** road ten metres wide; **vêtements larges,** loose-fitting clothes; **d'un geste l.,** with a sweeping gesture; **dans un sens l.,** in a broad sense; **dans le sens l. du terme,** in the broadest sense of the word; **avoir l'esprit l.,** to be broad-minded; **il n'est pas très l.,** he's not very generous 2. *nm* (*a*) *Nau:* open sea; **brise du l.,** sea breeze; *F:* **prendre le l.,** to clear off, to beat it; **au l. de Cherbourg,** off Cherbourg; *Fig:* **se tenir au l. de qn,** to keep one's distance from s.o. (*b*) **être au l.,** (i) to have lots of room (ii) to be well off (*c*) breadth; **dix mètres de l.,** ten metres wide; **se promener de long en l.,** to walk up and down, to and fro 3. *adv* **calculer l.,** to calculate very roughly; **voir l.,** to think big. **largement** *adv* (*a*) broadly, widely; **services l. rétribués,** highly paid services (*b*) amply; **avoir l. le temps,** to have plenty of time; **il en a eu l. (assez),** he's had (more than) enough.

largesse [larʒɛs] *nf* largess(e); liberality; generosity; **faire des largesses,** to make generous gifts.

largeur [larʒœr] *nf* breadth, width; **avoir 3 mètres de l.,** to be three metres wide; **en l., dans la l.,** widthwise; **distance en l.,** distance across; **l. d'esprit, l. de vues,** broad-mindedness.

larguer [large] *vtr* (*a*) *Nau:* to loose (rope); **l. les**

amarres, to cast off the mooring ropes (*b*) to drop (bomb, parachutist) (*c*) *F:* get rid of (s.o., sth); to chuck (boyfriend, etc).

larme [larm] *nf* tear; **fondre en larmes,** to burst into tears; **pleurer à chaudes larmes,** to weep bitterly; **larmes de crocodile,** crocodile tears; *F:* **une l. de rhum,** a drop of rum.

larmichette [larmiʃɛt] *nf F:* (*a*) **verser une l. sur qn.** to shed a brief tear over s.o. (*b*) drop (of rum, etc).

larmoyer [larmwaje] *vi* **(je larmoie)** (*of the eyes*) to water; (*of pers*) to weep, to snivel. **larmoyant** *a* watery (eye); watery-eyed (old man, etc); tearful (voice); maudlin (story, etc).

larron [larɔ̃] *nm A:* thief; *F:* **s'entendre comme larrons en foire,** to be as thick as thieves.

larve [larv] *nf* larva; grub (of insect); *F: Pej:* wimp.

laryngite [larɛ̃ʒit] *nf Med:* laryngitis.

laryngologiste [larɛ̃gɔlɔʒist] *n Med:* throat specialist.

larynx [larɛ̃ks] *nm Anat:* larynx.

las, lasse [lɑ, lɑs] *a* tired, weary (**de,** of).

lasagne [lazaɲ] *nf* **l., lasagnes,** lasagne, lasagna.

lascar [laskar] *nm F:* (smart) character; rogue.

lasciveté [lasivte] *nf* lasciviousness. **lascif, -ive** *a* lascivious.

laser [lazɛr] *nm* **1.** *Ph:* laser; **faisceau l.,** laser beam **2.** *Rec:* **disque l.,** compact disc; CD; **chaîne l.,** compact-disc player, CD (player).

lasser [lase] *vtr* **1.** to tire, weary; to exhaust (s.o.'s patience) **2. se l.,** to get tired of (s.o., sth); **on ne se lasse pas de l'écouter,** one never tires of listening to him. **lassant** *a* wearisome, tedious.

lassitude [lasityd] *nf* lassitude, weariness.

lasso [laso] *nm* lasso; **prendre au l.,** to lasso.

latence [latɑ̃s] *nf* latency. **latent** *a* latent.

latéral, -aux [lateral, -o] *a* lateral; **rue latérale,** side street. **latéralement** *adv* laterally; on, at, the side.

latex [latɛks] *nm inv* latex.

latin, -ine [latɛ̃, -in] **1.** *a & nm* Latin; **le Quartier l.,** the Latin Quarter; **Amérique latine,** Latin America; **les Latins,** the Latin races **2.** *nm Ling:* Latin; *F:* **l. de cuisine,** dog Latin; **j'y perds mon l.,** I can't make head or tail of it. **latino-américain, -aine** *a & n* Latin-American; *pl latino-américain(e)s.*

latitude [latityd] *nf* (*a*) latitude; scope, freedom (*b*) *Geog:* latitude; **à 30° de l. nord,** at latitude 30° North.

latrines [latrin] *nfpl* latrines.

latte [lat] *nf* lath, batten, slat.

lauréat, -ate [lɔrea, -at] **1.** *a* prizewinning **2.** *n* prizewinner; **l. du prix Nobel,** Nobel prizewinner.

laurier [lɔrje] *nm Bot:* (bay) laurel; *Cu:* **du l.,** bay leaves.

laurier-rose [lɔrjeroz] *nm Bot:* oleander; *pl lauriers-roses.*

laurier-sauce [lɔrjesos] *nm Bot: Cu:* bay (tree); *pl lauriers-sauce.*

lavabo [lavabo] *nm* (*a*) washbasin (*b*) (*place for washing*) *pl* toilets, *NAm:* washroom.

lavage [lavaʒ] *nm* washing; wash; bathing (of wound); *Med:* **l. d'estomac,** stomach wash; **l. de cerveau,** brainwashing.

lavande [lavɑ̃d] *nf Bot:* lavender.

lavandière [lavɑ̃djɛr] *nf* **1.** washerwoman; laundress **2.** *Orn:* wagtail.

lavasse [lavas] *nf F: Pej:* dishwater.

lave [lav] *nf Geol:* lava.

lave-auto [lavoto] *nm* car wash; *pl lave-autos.*

lave-glace [lavglas] *nm Aut:* windscreen, *NAm:* windshield, washer; *pl lave-glaces.*

lave-linge [lavlɛ̃ʒ] *nm inv* washing machine.

lave-mains [lavmɛ̃] *nm inv* (small) washbasin.

laver [lave] *vtr* to wash; **l. à grande eau,** to swill down; **se l.,** to wash, to have a wash; **se l. les dents,** to clean one's teeth; *F:* **l. la tête à qn,** to haul s.o. over the coals; **se l. les mains,** to wash one's hands; *Fig:* **se l. les mains de,** to wash one's hands of; **l. la vaisselle,** to wash up, to do the washing-up; to wash the dishes; **ce tissu ne se lave pas,** this material isn't washable; *Fig:* **l. qn de,** to clear s.o. of (suspicion, etc). **lavable** *a* washable.

laverie [lavri] *nf* **l. automatique,** launderette, *NAm:* laundromat.

lavette [lavɛt] *nf* (*a*) (dish)mop; dishcloth (*b*) *F: Pej:* (*pers*) drip.

laveur, -euse [lavœr, -øz] *n* washer; **laveuse,** washerwoman; **l. de carreaux, de vitres,** window cleaner, *NAm:* washer.

lave-vaisselle [lavvɛsɛl] *nm inv* dishwasher.

lavoir [lavwar] *nm* (*a*) **l. (public),** (public) wash-house (*b*) washtub.

laxatif, -ive [laksatif, -iv] *a & nm Med:* laxative.

laxisme [laksism] *nm* permissiveness, laxity. **laxiste** *a* permissive, lax.

layette [lɛjɛt] *nf* (set of) baby clothes; layette; **rayon l.,** babywear department.

le¹, la¹, les¹ [lə, la, le] *def art* (**le** *and* **la** *are elided to* **l'** *before a vowel or h mute;* **le** *and* **les** *contract with* **à, de,** *into* **au, aux; du, des**) the (*a*) (particularizing) **ouvrez la porte,** open the door; **il est venu la semaine dernière,** he came last week; **j'apprends le français,** I am learning French; **l'un ... l'autre,** (the) one ... the other; **mon livre et le tien,** my book and yours; **il est arrivé le lundi 12,** he arrived on Monday the 12th; **oh! le beau chat!** what a beautiful cat! **debout, les enfants!** time to get up children! **la France,** France; **le Caire,** Cairo; **les Alpes,** the Alps; **le roi Édouard,** King Edward; **le cardinal Richelieu,** Cardinal Richelieu; **le Dante,** Dante; **la Callas,** Callas; (*with most feast days*) **la Toussaint,** All Saints' Day; (*parts of the body*) **hausser les épaules,** to shrug one's shoulders; **elle ferma les yeux,** she closed her eyes; **il s'est pincé le doigt,** he pinched his finger (*b*) (*forming superlatives*) **le meilleur vin de sa cave,** the best wine in his cellar; **mon ami le plus intime,** my most intimate friend; **c'est elle qui travaille le mieux,** she's the one who works best (*c*) (*generalizing*) **je préfère le café au thé,** I prefer coffee to tea (*d*) (*distributive*) **trois fois l'an,** three times a year; **cinq francs la livre,** five francs a pound; **il vient le jeudi,** he comes on Thursdays (*e*) (*rendered by indef art in Eng*) **donner l'exemple,** to set an example; **demander le divorce,** to sue for a divorce; **la belle excuse!** a fine excuse! **il n'a pas le sou,** he hasn't a penny.

le², la², les² *pers pron* **1.** (*replacing n*) him, her, it, them (*a*) **je ne le lui ai pas donné,** I did not give it to him; **tu le sais aussi bien que moi,** you know it as well as I do; **les voilà!** there they are! **ne l'abîmez pas,** don't spoil it (*b*) (*following the vb*) **donnez-le-lui,** give it to him; **regardez-les,** look at them **2.** *neut pron* **le** (*a*) (*replacing an adj or n used as an adj*) **son frère est médecin, il voudrait l'être aussi,** his brother is a doctor, he would like to be one too (*b*) (*replacing a clause*) **il me l'a dit,** he told me so; **est-il parti?—je me le demande,** has he gone?—that's what I'm wondering; **vous le devriez,** you ought to.

lèche [lɛʃ] *nf P:* bootlicking; **faire de la l.,** to be a bootlicker.

lèche-bottes [lɛʃbɔt] *n inv P:* bootlicker.

lécher [leʃe] *vtr* **(je lèche; je lécherai)** to lick; **se l. les doigts,** to lick one's fingers; *F:* **il s'en léchait les babines,** he licked his chops over it; **l. les bottes de qn,** to lick s.o.'s boots; **l. les vitrines,** to go window shopping.

lécheur, -euse [leʃœr, -øz] *n P:* bootlicker.

lèche-vitrines [lɛʃvitrin] *nm inv F:* **faire du l.-v.,** to go window shopping.

leçon [ləsɔ̃] *nf* lesson; **leçons particulières,** private lessons, tuition; **que cela vous serve de l.,** let that be a lesson to you; **faire la l. à qn,** (i) to give s.o. instructions (ii) to give s.o. a lecture.

lecteur, -trice [lɛktœr, -tris] **1.** *n* (*a*) reader; **le nombre de lecteurs,** the readership (*b*) foreign language assistant (at university) **2.** *nm* **l. de cassettes,** cassette player.

lectorat [lɛktɔra] *nm* readership (of a newspaper).

lecture [lɛktyr] *nf* reading; **il m'a apporté de la l.,** he brought me something to read; **l. à haute voix,** reading aloud; **faire la l. à qn,** to read aloud to s.o.; **l. pour la jeunesse,** children's books, books for children.

ledit, ladite, *pl* **lesdits, lesdites** [lədi, ladit, ledi, ledit] (*contracted with* **à** *and* **de** *to* **audit, auxdit(e)s, dudit, desdit(e)s**) *a* the (afore)said, the aforementioned.

légalisation [legalizasjɔ̃] *nf* legalization. **légal, -aux** *a* legal; **fête légale,** statutory holiday. **légalement** *adv* legally.

légaliser [legalize] *vtr* **1.** to legalize **2.** to attest, certify (signature).

légalité [legalite] *nf* legality; **respecter la l.,** to respect the law; **rester dans la l.,** to keep within the law.

légat [lega] *nm* (papal) legate.

légataire [legatɛr] *n Jur:* legatee, heir; **l. universel,** sole legatee.

légation [legasjɔ̃] *nf* legation.

légende [leʒɑ̃d] *nf* (*a*) (*story*) legend (*b*) inscription (on coin); caption (of illustration); list of references; key, legend (to diagram, map). **légendaire** *a* legendary.

légèreté [leʒɛrte] *nf* lightness; slightness (of injury); mildness; frivolousness (of conduct). **léger, -ère 1.** *a* (*a*) light; **avoir le sommeil l.,** to be a light sleeper; **avoir la main légère,** to be (i) gentle (ii) clever, with one's hands; *Fig:* to rule with a light hand; **conduite légère,** frivolous conduct; **femme légère,** woman of easy virtue; **propos légers,** idle talk; **repas l.,** light meal (*b*) slight (pain); faint (sound); mild (tobacco); light (breeze, wine); weak (tea); minor (injury, loss) **2.** *adv phr* **à la légère,** lightly; **parler à la l.,** to speak thoughtlessly; **traiter une affaire à la l.,** to make light of a matter.

légiférer [leʒifere] *vi* **(je légifère; je légiférerai)** to legislate.

légion [leʒjɔ̃] *nf* legion; **la L. (étrangère),** the Foreign Legion; **L. d'honneur,** Legion of Honour; **ils sont l.,** they are legion.

légionnaire [leʒjɔnɛr] *nm* (*a*) *Hist:* legionary (*b*) legionnaire; **maladie du l.,** legionnaire's disease (*c*) member of the Legion of Honour.

législateur, -trice [leʒislatœr, -tris] *n* legislator.

législation [leʒislasjɔ̃] *nf* legislation. **législatif, -ive** *a* legislative; **élection législative,** parliamentary election; **le pouvoir l.,** the legislature.

législature [leʒislatyr] *nf* **1.** legislature **2.** term of office.

légiste [leʒist] *nm* legist, jurist; **médecin l.,** forensic pathologist.

légitimer [leʒitime] *vtr* **1.** to legitimate, legitim(at)ize (child) **2.** to justify (action, claim) **3.** to recognize (title). **légitime** *a* legitimate (child, excuse, complaint); lawful (union, spouse); justifiable (anger); *Jur:* **en état de l. défense,** acting in self-defence. **légitimement** *adv* legitimately, lawfully, justifiably, rightfully.

légitimité [leʒitimite] *nf* legitimacy.

legs [lɛ, lɛg] *nm* legacy, bequest; **faire un l. à qn,** to make a bequest to s.o.

léguer [lege] *vtr* **(je lègue; je léguerai)** to bequeath; to hand down, pass on (tradition).

légume [legym] **1.** *nm* vegetable; **légumes verts,** greens; **légumes secs,** dried vegetables **2.** *nf P:* **grosse l.,** big shot, bigwig.

légumier [legymje] *nm* vegetable dish.

légumineuse [legyminøz] *nf* leguminous plant.

Léman [lemɑ̃] *Prnm Geog:* **le lac L.,** Lake Geneva.

L. en D. *abbr Licencié en Droit.*

lendemain [lɑ̃dmɛ̃] *nm* **le l.,** the next day; **le l. matin,** the next morning, the morning after; **penser au l.,** to think of the future; **il est devenu célèbre du jour au l.,** he became famous overnight; **au l. de son départ,** in the days following his departure; **des succès sans l.,** short-lived successes.

lenteur [lɑ̃tœr] *nf* (*a*) slowness (*b*) *pl* slow progress. **lent, lente**[1] *a* slow; slow-acting (poison); **avoir l'esprit l.,** to be slow-witted. **lentement** *adv* slowly.

lente[2] *nf Ent:* nit.

lentille [lɑ̃tij] *nf* **1.** *Cu:* lentil **2.** *Opt:* lens; **l. de contact,** contact lens.

léopard [leɔpar] *nm* (*a*) *Z:* leopard (*b*) **manteau de l.,** leopardskin coat.

lèpre [lɛpr] *nf Med:* leprosy. **lépreux, -euse 1.** *a* (*a*) leprous (*b*) peeling, scaly (wall) **2.** *n* leper.

lequel, laquelle, lesquels, lesquelles [ləkɛl, lakɛl, lekɛl] *pron* (*contracted with* **à** *and* **de** *to* **auquel, auxquel(le)s; duquel, desquel(le)s**) **1.** *rel pron* who, whom; which (*a*) (*of thgs after prep*) **l'adresse à laquelle il devait m'écrire,** the address at which he had to write to me; **décision par laquelle,** decision whereby (*b*) (*of pers*) **la dame avec laquelle elle était sortie,** the lady with whom she had gone out; **le monsieur chez lequel je vous ai rencontré,** the gentleman at whose house I met you (*c*) (*to avoid ambiguity*)

le père de cette jeune fille, lequel est très riche, the girl's father, who is very rich (*d*) (*adjectival*) **voici cent francs, laquelle somme vous était due,** here's a hundred francs, (which was) the sum owed to you; **il écrira peut-être, auquel cas,** perhaps he will write, in which case **2.** *interr pron* which (one)? **lequel (de ces chapeaux) préférez-vous?** which (of these hats) do you prefer? **lequel d'entre nous?** which one of us?

les *see* **le**[1,2].

lesbienne [lɛzbjɛn] *af & nf* lesbian.

lèse-majesté [lɛzmaʒɛste] *nf* high treason, lese-majesty.

léser [leze] *vtr* **(je lèse, n. lésons; je léserai)** to wrong (s.o.); to injure (s.o.); to encroach upon (s.o.'s rights); (*of action*) to endanger (s.o.'s interests); *Med:* to injure (organ).

lésiner [lezine] *vi* to skimp **(sur,** on).

lésion [lezjɔ̃] *nf Med: Jur:* lesion.

L. ès L. *abbr Licencié ès Lettres.*

lessivage [lesivaʒ] *nm* washing.

lessive [lesiv] *nf* (*a*) detergent; washing powder (*b*) (household) washing; wash; **faire la l.,** to do the washing.

lessiver [lesive] *vtr* **1.** (*a*) *Lit:* to wash (linen) (*b*) to scrub (floor) **2.** *P:* (*a*) (*at cards*) **se faire l.,** to be cleaned out (*b*) to lick (s.o.). **lessivé** *a P:* (*of pers*) exhausted, washed out.

lessiveuse [lesivøz] *nf* copper; (laundry) boiler.

lest [lɛst] (*nm no pl*) ballast.

leste [lɛst] *a* (*a*) light; nimble, agile; **avoir la main l.,** to be quick with one's hands (*b*) risqué (joke). **lestement** *adv* lightly; nimbly.

lester [leste] *vtr* (*a*) to ballast (*b*) *F:* to cram (pocket).

léthargie [letarʒi] *nf* lethargy; inactivity. **léthargique** *a* lethargic.

lettre [lɛtr̥] *nf* (*a*) letter; **écrire qch en toutes lettres,** to write sth out in full; **c'est écrit en toutes lettres,** it's all there in black and white; **à la l., au pied de la l.,** literally; **l. morte,** dead letter; **ce document est resté l. morte,** this document is now worthless (*b*) *Post:* letter; **l. d'amour,** love letter; **l. recommandée,** (i) recorded delivery letter (ii) registered letter; *F:* **c'est passé comme une l. à la poste,** it went off without a hitch; (*c*) *pl* literature; humanities; **homme de lettres,** man of letters; **lettres modernes,** French language and literature; **lettres classiques,** classics; *Sch:* **faculté des lettres,** faculty of arts. **lettré** *a* well-read.

leucémie [løsemi] *nf Med:* leuk(a)emia. **leucémique 1.** *a* leuk(a)emic **2.** *n* leuk(a)emia sufferer.

leur[1] [lœr] **1.** *poss a* their; **un de leurs amis,** a friend of theirs; **leurs père et mère,** their father and mother **2.** (*a*) *poss pron* **le leur, la leur, les leurs,** theirs (*b*) *nm* **ils n'y mettent pas du leur,** they don't pull their weight; **les leurs,** their own family, friends, etc; **j'étais des leurs,** I was with them; **ils ont encore fait des leurs,** they've been up to their old tricks again.

leur[2] *pers pron see* **lui**[1].

leurre [lœr] *nm* (*a*) *Fish:* bait (*b*) delusion; deception.

leurrer [lœre] *vtr* (*a*) to lure (*b*) to deceive, delude; **se l.,** to delude oneself.

levage [ləvaʒ] *nm* lifting, hoisting.

levain [ləvɛ̃] *nm* leaven; **sans l.,** unleavened.

levant [ləvɑ̃] **1.** *a* **soleil l.,** rising sun; **au soleil l.,** at sunrise **2.** *nm* (*a*) **le l.,** the east (*b*) *Geog:* **le L.,** the Levant.

levée [ləve] *nf* (*a*) raising, lifting (*b*) lifting (of embargo); **l. de boucliers,** public outcry (*b*) closing (of meeting); gathering (of crops); (i) collection (of letters); mail collected (*c*) embankment, sea wall (*d*) *Cards:* trick; **faire une l.,** to take a trick.

lever[1] [ləve] *vtr* **(je lève, n. levons; je lèverai) 1.** (*a*) to raise, to lift (up); to put up, to hold up; **l. les bras au ciel,** to throw up one's hands (in astonishment); **il ne veut pas l. le petit doigt,** he won't lift a finger; **l. la tête,** (i) to hold up one's head (ii) to raise one's head, to look up; **l. un enfant,** to help a child get up and dress; **l. les yeux,** to look up; **l. son verre,** to raise one's glass; to drink a toast; **l. l'ancre,** (i) to weigh anchor (ii) *F:* to leave; **l. un lièvre,** to start a hare (*b*) to raise (siege); to break (camp); to lift (embargo); to close (meeting) (*c*) **l. une difficulté,** to remove a difficulty **2.** to levy (troops, tax); to collect (letters); *Cards:* **l. (les cartes),** to pick up a trick **3. l. un plan,** to draw, get out, a plan **4.** *vi* (*of dough*) to rise; (*of plants*) to shoot **5. se l.,** to rise, to get up (*a*) (*of hands, curtain*) to go up (*b*) to stand up; **se l. de table,** to leave the table (*c*) to get up; **se l. du pied gauche,** to get out of bed on the wrong side (*d*) **le jour se lève,** day is breaking, dawning; **le soleil se lève,** the sun is rising; **le vent se lève,** the wind is rising, is getting up. **levé 1.** *a* (*a*) raised; **dessin à main levée,** freehand drawing; **voter à main levée,** to vote by a show of hands (*b*) (*of pers*) up; out of bed **2.** *nm* plan, survey (of a piece of land).

lever[2] *nm* **1.** (*a*) rising, getting up (from bed) (*b*) levee (*c*) **l. du soleil** sunrise, *NAm:* sunup; **l. du jour,** daybreak **2.** *Th:* **le l. du rideau,** curtain up; **au l. du rideau,** when the curtain goes up; **un l. de rideau,** a curtain raiser.

lève-tard [lɛvtar] *nm inv F:* late riser.

lève-tôt [lɛvto] *nm inv F:* early riser.

levier [ləvje] *nm* **1.** (*a*) lever; **force de l.,** leverage (*b*) *Tls:* crowbar **2.** lever, handle; *Aut:* **l. (de changement) de vitesse,** gear lever, gear stick; **être aux leviers de commande,** to be in control, in command.

levraut [ləvro] *nm* leveret; young hare.

lèvre [lɛvr̥] *nf* lip; rim (of crater); **avoir un sourire aux lèvres,** to have a smile on one's lips; **manger du bout des lèvres,** to pick at one's food; **rire du bout des lèvres,** to force a laugh; **pincer les lèvres,** to purse one's lips.

lévrier [levrije] *nm Z:* greyhound.

levure [ləvyr] *nf* yeast.

lexicographie [lɛksikɔgrafi] *nf* lexicography.

lexique [lɛksik] *nm* (*a*) lexicon (*b*) vocabulary; glossary.

lézard [lezar] *nm* (*a*) lizard; **faire le l.,** to bask in the sun (*b*) **sac à main en l.,** lizard handbag.

lézarde [lezard] *nf* crevice, crack.

lézarder [lezarde] **1.** *vi F:* to bask in the sun **2. se l.,** (*of wall*) to crack. **lézardé** *a* (*of wall*) cracked, full of cracks.

liaison [ljɛzɔ̃] *nf* **1.** (*a*) joining, binding; bonding (of bricks) (*b*) *Ling:* liaison (*c*) *Cu:* thickening (for sauce) (*d*) *Mil:* liaison, intercommunications; **être en l. avec,** to be in touch with; **établir une l. radio,** to establish radio contact (*e*) (air, sea, road, rail) link **2.** (*a*) (close) contact, relationship; **l. d'affaires,** business connection; **travailler en l. étroite avec qn,** to work in close collaboration with s.o. (*b*) **l. (amoureuse),** (love) affair.

liane [ljan] *nf Bot:* liana.

liant [ljɑ̃] *a* sociable; friendly.

liasse [ljas] *nf* bundle (of letters); wad (of banknotes); file (of papers).

Liban [libɑ̃] *Prnm Geog:* Lebanon. **libanais, -aise** *a & n* Lebanese.

libellé [libele] *nm* wording.

libeller [libele] *vtr* to draw up (document); to word (letter); to make out (cheque).

libellule [libɛlyl] *nf* dragonfly.

libéralisation [liberalizasjɔ̃] *nf* liberalization.

libéraliser [liberalize] *vtr* to liberalize.

libéralisme [liberalism] *nm* liberalism.

libéralité [liberalite] *nf* liberality; (generous) gift. **libéral, -alle, -aux** *a & n* liberal. **libéralement** *adv* liberally.

libération [liberasjɔ̃] *nf* liberation; freeing, releasing; discharge, release; *Jur:* **l. conditionnelle,** parole.

libérer [libere] *vtr* **(je libère; je libérerai) 1.** to release, to set free (prisoner); to liberate (country); **l. qn de,** to free s.o. from (chains); to release s.o. from (commitment); *Ch: Ph:* to release (gas, energy); **l. le passage,** to clear, to free, the way **2. se l.,** to free oneself (**de,** from); **se l. (d'une dette),** to redeem a debt; **se l. pour deux jours,** to get away for two days. **libéré** *a* free; liberated.

liberté [libɛrte] *nf* liberty, freedom; **animaux en l.,** animals in the wild; **mettre en l.,** to set free; to discharge (prisoner); **mise en l.,** release; **l'assassin est toujours en l.,** the murderer is still at large; *Jur:* **(mise en) l. provisoire, sous caution,** (release on) bail; **avoir pleine l. d'action,** to have a free hand; **parler en toute l.,** to speak freely; **mon jour de l.,** my day off; **j'ai pris la l. de dire,** I took the liberty of saying; **prendre des libertés avec qn,** to take liberties with s.o.

libertin, -ine [libɛrtɛ̃, -in] *a & n* libertine.

libido [libido] *nf Psy:* libido.

libraire [librɛr] *n* bookseller.

librairie [librɛri] *nf* (*a*) bookselling, book trade (*b*) bookshop.

libre [libr̥] *a* **1.** (*a*) free; **je suis l. de onze heures à midi,** I'm free between eleven and twelve; **être l. de faire qch,** to be free to do sth; **laisser qn l. d'agir,** to give s.o. a free hand; **l. à vous de le faire,** you are quite at liberty to do it; **l. à vous d'essayer,** you are welcome to try; **école l.,** independent (Catholic) school (*b*) (*of movement*) unrestrained; **elle laisse ses cheveux libres,** she wears her hair loose (*c*) **l. de soucis,** carefree (*d*) **être l. avec qn,** to treat s.o. in a familiar way; **manières libres,** free and easy manner **2.** (*a*) clear, open (space); vacant (seat); **avoir du temps l.,** to have some free, spare, time; **le lundi est mon jour l.,** Monday is my day off; **je vous laisse le champ l.,** I'll leave you to it; **la voie est l.,** the coast is clear; *Tp:* **la ligne n'est pas l.,** the line is engaged; (*taxi sign*) **l.,** for hire; **à l'air l.,** in the open air (*b*) *Aut: Cy:* **roue l.,** free wheel; **descendre une côte en roue l.,** to freewheel down a hill (*c*) *Sp:* **aile l.,** hang gliding. **librement** *adv* freely.

libre-échange [libreʃɑ̃ʒ] *nm* free trade.

libre(-)penseur, -euse [librəpɑ̃sœr, -øz] *n* freethinker; *pl libres(-)penseurs.*

libre-service [librəsɛrvis] *nm* self-service (shop, restaurant); *pl libres-services.*

Libye [libi] *Prnf Geog:* Libya. **libyen, -enne** *a & n* Libyan.

licence [lisɑ̃s] *nf* **1.** (*a*) leave, permission; *Adm:* **l. d'importation,** import licence (*b*) *Sp:* permit (*c*) *Sch:* bachelor's degree; **l. ès lettres, ès sciences,** bachelor's degree in arts, in science; **passer sa l.,** to take one's degree **2.** (*a*) licence, abuse of liberty; **l. poétique,** poetic licence (*b*) licentiousness.

licencié, -iée [lisɑ̃sje] *n* (*a*) *Sch:* **l. ès lettres, ès sciences,** bachelor of arts, of science, = BA, BSc, = *NAm:* BA, BS (*b*) *Sp:* permit holder.

licenciement [lisɑ̃simɑ̃] *nm* dismissal (of employee); **il y a eu beaucoup de licenciements,** there were many redundancies, lay-offs.

licencier [lisɑ̃sje] *vtr* (*pr sub & impf* **n. licenciions**) to dismiss (employee); to make (workers) redundant.

licencieux, -euse [lisɑ̃sjø, -øz] *a* licentious.

lichen [likɛn] *nm Bot:* lichen.

lichette [liʃɛt] *nf P:* small slice, nibble (of bread, cheese).

licite [lisit] *a* licit, lawful; permissible.

licorne [likɔrn] *nf* unicorn.

licou [liku] *nm* halter.

lie [li] *nf* dregs; **l. (de vin),** lees, sediment, of wine; **la l. de la société,** the dregs of society; *a inv* **l.(-)de(-)vin,** wine-coloured.

liège [ljɛʒ] *nm* cork.

lien [ljɛ̃] *nm* (*a*) tie, bond; **l. de parenté,** family relationship; **liens de famille,** family ties; **l. d'amitié,** bond of friendship (*b*) link, connection.

lier [lje] *vtr* (*pr sub & impf* **n. liions**) **1.** (*a*) to bind, fasten, tie, tie up; **on l'a lié à un arbre,** he was tied to a tree; **ce contrat vous lie,** you are bound by this agreement; **l'intérêt nous lie,** we have common interests; **l. des idées,** to link ideas; *Mus:* **l. deux notes,** (i) to slur (ii) to tie, two notes (*b*) *Cu:* **l. une sauce,** to thicken a sauce (*c*) **l. amitié avec qn,** to strike up a friendship with s.o.; **l. conversation avec qn,** to enter into conversation with s.o. **2.** (*a*) **se l. (d'amitié) avec qn,** to form a friendship with s.o.; to make friends with s.o.; **ils sont très liés,** they are very close friends (*b*) **le lait et le jaune d'œuf se lient facilement,** milk and egg yolk blend easily.

lierre [ljɛr] *nm Bot:* ivy.

lieu, -eux [ljø] *nm* **1.** (*a*) place; locality, spot; **mettre qch en l. sûr,** to put sth in a safe place; **en haut l.,** in high circles, places; **le l. du crime,** the scene of the crime; **en tous lieux,** everywhere; **j'étais sur les lieux,** I was on the spot; **l. de rendez-vous,** meeting place; **l. commun,** commonplace; **en premier l.,** in the first place, first of all; **en dernier l.,** last of all, lastly, finally; **en son l.,** in due course (*b*) *pl* premises **2.** (*a*) **avoir l.,** to take place; (*b*) **avoir lieu de faire qch,** to have reason to do sth; **vous n'avez pas l. de vous**

plaindre, you have no reason to complain; **il y a (tout) l. de supposer que** + *ind*, there is (every) reason to suppose, for supposing, that; **je vous écrirai s'il y a l.,** I shall write to you if necessary (*c*) **donner lieu à,** to give rise to; **tout donne l. à croire que,** everything leads one to believe that; **son retour a donné l. à une réunion de famille,** his return was the occasion for a family gathering (*d*) **tenir l. de qch.,** to take the place of sth; **au l. de,** instead of; **au l. que** + *ind*, whereas.

lieu(-)dit [ljødi] *nm* locality; *pl lieux(-)dits.*

lieue [ljø] *nf* league (=4 kilometres); **j'étais à cent lieues de penser que . . .,** I should never have dreamt that . . .

lieuse [ljøz] *nf Agr:* (mechanical) sheaf binder.

lieutenant [ljøtnɑ̃] *nm Mil:* lieutenant; *Merchant Navy:* mate; *Navy:* **l. de vaisseau,** lieutenant; *Av:* **l. (aviateur),** flying officer.

lieutenant-colonel [ljøtnɑ̃kɔlɔnɛl] *nm Mil:* lieutenant colonel; *Av:* wing commander; *pl lieutenants-colonels.*

lièvre [ljɛvr̥] *nm Z:* hare; **mémoire de l.,** memory like a sieve.

liftier [liftje] *nm* lift attendant, *NAm:* elevator operator.

lifting [liftiŋ] *nm Surg:* facelift; **se faire faire un l.,** to have a facelift.

ligament [ligamɑ̃] *nm* ligament.

ligature [ligatyr] *nf* ligature.

ligaturer [ligatyre] *vtr* to ligature.

ligne [liɲ] *nf* **1.** (*a*) line; cord; **l. de pêche,** fishing line; **l. de fond,** ledger line (*b*) **l. droite,** straight line; **l. brisée,** broken line; *Fb:* **l. de touche,** touchline; *Ten:* **l. de fond,** base line; *Aut:* **l. blanche,** white line (*c*) (out)line; **l. élégante d'une voiture,** good line of a car; **dans ses grandes lignes,** in outline; **soigner sa l.,** to watch one's figure, one's waistline; **garder la l.,** to stay slim (*d*) **l. de flottaison,** waterline (of ship); **l. de mire,** line of sight; **l. de tir,** line of fire; **descendre en l. directe de,** to be directly descended from (*e*) **l. de maisons,** row of houses; **se mettre en l.,** to line up; **question qui vient en première l.,** question of primary importance; **hors l.,** out of the ordinary; unrivalled, outstanding (artist, etc); **sur toute la l.,** completely, absolutely; **avoir raison sur toute la l.,** to be right all the way; **entrer en l. de compte,** to count; **faire entrer en l. de compte,** to take into account (*f*) **écris-moi deux lignes,** drop me a line; (*in dictating*) **à la l.,** new paragraph **2.** (*a*) *Rail:* line; **l. aérienne,** airline; **l. maritime,** shipping line; **l. d'autobus,** bus (i) service (ii) route (*b*) *El:* (power) line; **l. à haute tension,** high tension wire, line; **l. téléphonique,** telephone line; **la l. est occupée,** the line is engaged, *NAm:* busy; **vous êtes en l.,** you're connected, through; **le directeur est en l. en ce moment,** the manager is on the phone at the moment.

lignée [liɲe] *nf* (line of) descendants; line, lineage.

ligoter [ligɔte] *vtr* to tie (s.o.) up; *Fig:* **être ligoté par,** to be bound by (a contract, etc).

ligue [lig] *nf* league, confederacy.

liguer [lige] *vtr* **1.** to bond (nations) together; **être ligué avec qn,** to be in league with s.o. **2. se l.,** join together, to gang up (**avec, contre,** with, against).

lilas [lila] **1.** *nm Bot:* lilac **2.** *a inv* lilac.

limace [limas] *nf* (*a*) slug (*b*) *P:* slowcoach.

limaçon [limasɔ̃] *nm* **1.** *O:* snail **2.** *Anat:* cochlea.

limande [limɑ̃d] *nf Ich:* dab; **l.-sole,** lemon sole.

lime [lim] *nf* file; **l. à ongles,** nail file.

limer [lime] *vtr* to file; to file down, off.

limier [limje] *nm* bloodhound; *Fig:* sleuth.

limitation [limitasjɔ̃] *nf* limitation, restriction; **l. des naissances,** birth control; **l. des salaires,** wage restraint; **l. de vitesse,** speed limit; **il n'y a pas de l. de temps,** there's no time limit.

limite [limit] *nf* **1.** boundary; limit; **l. d'âge,** age limit; **dépasser les limites,** to go too far; **dans une certaine l.,** up to a point; **à la l.,** at most; **courir jusqu'à la l. de ses forces,** to run as fast, far, as one can; **il est à la l. de ses forces,** he's completely exhausted; **sans limites,** boundless, limitless; **ma patience a des limites!** there is a limit to my patience! **2. cas l.,** borderline case; **vitesse l.,** maximum speed; **date l.,** closing date, deadline; **date l. de vente,** sell-by date.

limiter [limite] *vtr* (*a*) to bound, to mark the bounds of (countries, property) (*b*) to limit; to restrict; to set bounds, limits, to (s.o.'s powers, rights); **se l. à,** (*a*) to limit oneself to (*b*) to be limited to. **limitatif, -ive** *a* limiting, restrictive, restricting.

limitrophe [limitrɔf] *a* adjacent (**de,** to); bordering (**de,** on).

limoger [limɔʒe] *vtr F:* to dismiss (s.o.).

limon¹ [limɔ̃] *nm* mud, silt.

limon² *nm Veh:* shaft.

limonade [limɔnad] *nf* (fizzy) lemonade.

limpidité [lɛ̃pidite] *nf* limpidity, clarity, clearness. **limpide** *a* limpid, clear.

lin [lɛ̃] *nm* (*a*) flax; **graine de l.,** linseed; **huile de l.,** linseed oil (*b*) **(toile de) l.,** linen.

linceul [lɛ̃sœl] *nm* shroud.

linéaire [lineɛr] *a* linear; **dessin l.,** line drawing.

linge [lɛ̃ʒ] *nm* (*a*) linen; **gros l.,** household linen; **l. de table,** table linen; **l. (de corps),** underwear (*b*) washing; **corde à l.,** clothesline (*c*) piece of linen; **essuyer qch avec un l.,** to wipe sth with a cloth; **blanc comme un l.,** as white as a sheet.

lingerie [lɛ̃ʒri] *nf* **1.** underwear; (*women's*) lingerie **2.** linen room.

lingot [lɛ̃go] *nm* ingot; **lingots d'or,** (gold) bullion.

linguiste [lɛ̃gɥist] *n* linguist. **linguistique 1.** *a* linguistic **2.** *nf* linguistics.

lino [lino] *nm F:* (=**linoléum**) lino.

linoléum [linɔleɔm] *nm* linoleum.

linotte [linɔt] *nf Orn:* linnet; *F:* **tête de l.,** scatterbrain.

linteau, -eaux [lɛ̃to] *nm Const:* lintel.

lion, -onne [ljɔ̃, -ɔn] *n* **1.** lion, lioness **2.** *Astr:* **le L.,** Leo.

lionceau, -eaux [ljɔ̃so] *nm* lion cub.

lippe [lip] *nf* (thick) lower lip. **lippu** *a* thick-lipped.

liquéfaction [likefaksjɔ̃] *nf* liquefaction.

liquéfier [likefje] (*pr sub & impf* **n. liquéfiions**) *vtr & pr* to liquefy.

liqueur [likœr] *nf* **1.** liqueur; **vin de l.,** dessert wine **2.** *Ch:* solution; **l. titrée,** standard solution.

liquidation [likidasjɔ̃] *nf* **1.** liquidation; clearing (of accounts); settlement; **entrer en l.,** to go into liquidation **2.** clearance sale.

liquide [likid] **1.** *a* liquid; **la soupe est trop l.,** the soup is too watery, too thin; **argent l.,** cash; ready money **2.** *nm* (*a*) liquid, fluid (*b*) (ready) cash, ready money.

liquider [likide] *vtr* (*a*) to liquidate; to wind up (a business); to settle (account); *F:* to liquidate, eliminate (s.o.); **c'est liquidé,** it's (all) over (*b*) to sell off (stock).

liquidité [likidite] *nf* liquidity; **liquidités,** liquid assets.

liquoreux, -euse [likɔrø, -øz] *a* liqueur-like, syrupy (wine).

lire[1] [lir] *vtr* (*prp* **lisant;** *pp* **lu;** *pr ind* **je lis, il lit;** *impf* **je lisais;** *fu* **je lirai**) to read; **l. tout haut, à haute voix,** to read aloud; **l. dans la pensée de qn,** to read s.o.'s thoughts; **l. dans le jeu de qn,** to know s.o.'s game; **elle a voulu me l. les lignes de la main,** she wanted to read my hand; **la peur se lisait sur son visage,** fear was written on her face; *Corr:* **dans l'attente de vous l.,** hoping to hear from you.

lire[2] *nf* lira.

lis [lis] *nm* lily.

Lisbonne [lizbɔn] *Prnf Geog:* Lisbon.

liseron [lizrɔ̃] *nm Bot:* bindweed, convolvulus.

liseur, -euse [lizœr, -øz] **1.** *n* reader **2.** *nf* (*a*) book cover (*b*) (*in train*) overhead reading light (*c*) bed jacket.

lisibilité [lizibilite] *nf* legibility. **lisible** *a* (*a*) legible (writing) (*b*) readable; worth reading. **lisiblement** *adv* legibly.

lisière [lizjɛr] *nf* **1.** selvage, selvedge (of cloth) **2.** edge, border (of field, forest).

lisser [lise] *vtr* to smooth, polish (stone); to smooth down (hair); to smooth out (crease); (*of bird*) **se l. les plumes,** to preen its feathers. **lisse** *a* smooth, polished; sleek.

liste [list] *nf* list, roll; *Mil:* roster; **l. électorale,** electoral roll; **l. noire,** blacklist; *Tp:* **sur la l. rouge,** ex-directory, *NAm:* unlisted.

lit [li] *nm* **1.** bed; **l. pour deux personnes, grand l.,** double bed; **lits jumeaux,** twin beds; **l. de camp,** camp bed; **l. d'enfant,** cot, *NAm:* crib; **au l. les enfants!** time for bed, children! **aller au l.,** to go to bed; **se mettre au l.,** to get into bed; **être au l., garder le l.,** to be, to stay, in bed; to be laid up; **cloué au l.,** bedridden; **faire les lits,** to make the beds; **faire l. à part,** to sleep apart, in separate beds; **l. de mort,** deathbed; **enfant du second l.,** child of the second marriage **2.** bed, layer (of soil, sand); bed (of river) **3.** set (of the tide); **être dans le l. de la marée,** to be in the tideway; **dans le l. du vent,** in the wind's eye.

litanie [litani] *nf* **1.** litany (of complaints, etc); **c'est toujours la même l.,** it's the same old story **2.** *pl Rel:* litany.

lit-cage [likaʒ] *nm* folding bed; *pl lits-cages.*

literie [litri] *nf* bedding.

lithographie [litɔgrafi] *nf* (*a*) lithography (*b*) lithograph.

litière [litjɛr] *nf* litter.

litige [litiʒ] *nm Jur:* litigation; dispute; lawsuit; **point en l.,** point of contention. **litigieux, -euse** *a* litigious; contentious.

litre [litr̥] *nm* (*a*) *Meas:* litre (*b*) litre bottle.

littéraire [literɛr] *a* literary.

littéral, -aux [literal, -o] *a* literal. **littéralement** *adv* literally.

littérateur [literatœr] *nm* man of letters; *Pej:* scribbler.

littérature [literatyr] *nf* literature; (*profession*) writing.

littoral, -aux [litɔral, -o] **1.** *a* littoral, coastal (region) **2.** *nm* coast(line); littoral.

liturgie [lityrʒi] *nf* liturgy. **liturgique** *a* liturgical.

livide [livid] *a* (*a*) livid (*b*) pallid; ghastly (pale).

livraison [livrɛzɔ̃] *nf* delivery (of goods); **payable à la l.,** payable on delivery; **prendre l. de qch,** to take delivery of sth; **l. à domicile,** home delivery.

livre[1] [livr̥] *nf* **1.** (*weight*) = pound; half a kilo **2.** (*money*) **l. (sterling),** pound (sterling).

livre[2] *nm* book; **le l.,** the book trade, industry; **l. de classe,** schoolbook; *Pol:* **l. blanc** = blue book; **l. de poche,** paperback; **l. d'or,** visitors' book; **tenir les livres,** to keep the accounts; **tenue des livres,** book-keeping.

livrée [livre] *nf* livery.

livrer [livre] *vtr* **1.** (*a*) to deliver, surrender; to give (s.o., sth) up; *Com:* to deliver (goods); **l. qn à la justice,** to hand s.o. over to justice; **l. qn à la mort,** to send s.o. to his death; **livré à soi-même,** left to oneself; **l. un secret,** to betray a secret; **l. ses secrets à qn,** to confide one's secrets to s.o.; **l. passage à qn,** to let s.o. pass (*b*) **l. bataille,** to join battle (**à,** with) **2. se l.** (*a*) **se l. à la justice,** to surrender to justice; to give oneself up; **se l. à qn, se l.,** to confide in s.o. (*b*) **se l. à la boisson,** to take to drink, to indulge in drink; **se l. au désespoir,** to give way to despair (*c*) to be engaged in (an occupation); to hold (an inquiry); **se l. à l'étude,** to devote oneself to study; **se l. à un sport,** to practise a sport.

livresque [livrɛsk] *a Pej:* bookish.

livret [livrɛ] *nm* **1.** small book; handbook; *Fin:* passbook, bank book; *Adm:* **l. de famille,** family record book; **l. scolaire,** school report book **2.** *Mus:* libretto.

livreur, -euse [livrœr, -øz] *n* delivery man, boy; delivery woman, girl.

lobe [lɔb] *nm Anat: Bot:* lobe.

local, -aux [lɔkal, -o] **1.** *a* local (authority, disease) **2.** *nm* premises, building; room; **l. d'habitation,** dwelling; **locaux,** offices. **localement** *adv* locally.

localisation [lɔkalizasjɔ̃] *nf* localization.

localiser [lɔkalize] *vtr* to localize; to confine (epidemic); to locate (noise).

localité [lɔkalite] *nf* locality.

locataire [lɔkatɛr] *n* (*a*) tenant (*b*) lodger.

location [lɔkasjɔ̃] *nf* (*a*) hire; (i) hiring (ii) letting out on hire; **prendre qch en l.,** to rent (a house); to hire (a car); **donner qch en l.,** to rent (out), to let (a house); to hire out (a car) (*b*) (i) renting, tenancy (ii) letting (of house); **prix de l.,** rent (*c*) *Th:* **(bureau de) l.,** box office, booking office. **locatif, -ive** *a* **valeur locative,** rental (value); **réparations locatives,** repairs incumbent upon the tenant.

lock-out [lɔkaut] *nm inv Ind:* lockout.

lock(-)outer [lɔkaute] *vtr Ind:* to lock out (the personnel).

locomotion [lɔkɔmɔsjɔ̃] *nf* locomotion.

locomotive [lɔkɔmɔtiv] *nf Rail:* locomotive, engine.
locution [lɔkysjɔ̃] *nf* expression, phrase; **l. figée,** set phrase.
loft [lɔft] *nm* converted warehouse, workshop, etc (used as flat, studio, etc).
logarithme [lɔgaritm] *nm* logarithm.
loge [lɔʒ] *nf* **1.** (porter's, freemason's) lodge **2.** *Th:* (*a*) box; *Fig:* **être aux premières loges,** to have a ringside seat (*b*) (artist's) dressing room.
logement [lɔʒmɑ̃] *nm* **1.** lodging, housing; **crise du l.,** housing shortage **2.** (*a*) accommodation; lodging; **assurer, donner, le l. à qn,** to lodge s.o.; **chercher un l.,** to look for accommodation, for somewhere to live (*b*) lodgings, flat, *NAm:* apartment.
loger [lɔʒe] *v* **(n. logeons) 1.** *vi* to lodge; **l. à un hôtel,** to stay at a hotel; **être logé et nourri,** to have board and lodging **2.** *vtr* (*a*) to lodge (s.o.); **l. qn pour la nuit,** to put s.o. up for the night; **être bien logé,** to be comfortable (*b*) to place, put; **l. une balle dans qch,** to lodge a bullet in sth **3. se l.** (*a*) to find accommodation, a house; **nous avons trouvé à nous l.,** we've found somewhere to live, to stay (*b*) (*of ball*) to get stuck (in a tree, on the roof); **la balle s'est logée dans le mur,** the bullet lodged itself in the wall. **logeable** *a* (*of house*) habitable.
logeur, -euse [lɔʒœr, -øz] *n* landlord, landlady.
loggia [lɔdʒja] *nf* loggia.
logiciel [lɔʒisjɛl] *nm Cmptr:* software.
logique [lɔʒik] **1.** *a* logical **2.** *nf* logic; **vous manquez de l.,** you're not being very logical. **logiquement** *adv* logically.
logis [lɔʒi] *nm Lit:* home, house, dwelling; **corps de l.,** main building.
logistique [lɔʒistik] **1.** *a* logistic **2.** *nf* logistics.
logo [lɔgo] *nm* logo.
loi [lwa] *nf* (*a*) law; **homme de l.,** lawyer; **faire la l. à qn,** to lay down the law to s.o.; **se faire une l. de faire qch,** to make a rule of doing sth; **mettre (qn) hors la l.,** to outlaw (s.o.) (*b*) act (of Parliament); law, statute; **projet de l.,** bill (*c*) law (of nature); **les lois de la pesanteur,** the laws of gravity.
loin [lwɛ̃] *adv* **1.** (*a*) (*of place*) far; **plus l.,** farther (on); further; **moins l.,** less far; **est-ce l. d'ici?** is it far from here? **la poste est l.,** the post office is a long way off; **il ira l.,** he'll go far; **l. derrière lui,** far behind him; **il y a l. d'ici à Paris,** it's a long way to Paris; **ne pas être l. d'une découverte,** to be on the brink of a discovery; **je ne suis pas fâché, l. de là!** I'm not angry, far from it! (*b*) **de l.,** (i) by far (ii) from afar, from a distance; **il est de l. plus intelligent que moi,** he is far more intelligent than I am (*c*) **je l'ai reconnu de l.,** I recognized him from a distance; *nm* **au l.,** in the distance; **apercevoir qn au l.,** to see s.o. a long way away **2.** (*of time*) (*a*) **la famille remonte l.,** the family goes back a long way; (*in text*) **voir plus l.,** see later, see following pages; **il n'est pas l. de midi,** it's not far off midday; **ce jour est encore l.,** that day is still far off (*b*) **voir l.,** to be far-sighted (*c*) **de l. en l.,** at long intervals, now and then (*d*) **d'aussi l. que, du plus l. que,** as soon as.
lointain [lwɛ̃tɛ̃] **1.** *a* distant, remote (country, period) **2.** *nm* **dans le l.,** in the distance, in the background.

loir [lwar] *nm Z:* dormouse.
loisible [lwazibl] *a* **il m'est l. de,** I am allowed to.
loisir [lwazir] *nm* **1.** leisure; **avoir des loisirs,** to have some spare time; **laisser à qn le l. de,** to give s.o. time to; **à l.,** at leisure **2.** *pl* leisure activities.
Londres [lɔ̃dr] *Prn usu f Geog:* London. **londonien, -ienne 1.** *a* London- **2.** *a* Londoner.
long, longue [lɔ̃, lɔ̃g] **1.** *a* long (*a*) (*of space*) **corde longue de cinq mètres,** rope five metres long; **le chemin le plus l.,** the longest way (round) (*b*) (*of time*) time-consuming; **l. discours,** lengthy speech; **je trouve le temps l.,** time seems to drag; **je ne serai pas l.,** I won't be long; **l. soupir,** long-drawn sigh; **c'est un travail l. à faire,** it's slow work; **elle fut longue à s'en remettre,** she was a long time getting over it; **projet à longue échéance,** long-term project; **disque (de) longue durée,** long-playing record; **à la longue,** in the long run, in the end **2.** *nm* (*a*) (*of space*) length; **table qui a 2 mètres de l.,** table 2 metres in length, 2 metres long; **en l.,** lengthwise; **de l. en large,** up and down, to and fro; **expliquer qch en l. et en large,** to explain sth in great detail; **étendu de tout son l.,** stretched out at full length; **tout le l. du rivage,** all along the shore; **tomber de tout son l.,** to fall flat on one's face; **le l. de,** along, alongside; **se faufiler le l. du mur,** to creep along the wall (*b*) (*of time*) **tout le l. du jour,** all day long **3.** *adv* (*a*) (*of amount*) **inutile d'en dire plus l.,** I need say no more; **regard qui en dit l.,** meaningful, eloquent, look; **cette action en dit l. sur,** this action speaks volumes for; **en savoir l.,** to know a lot (*b*) **s'habiller l.,** to wear long clothes. **longuement** *adv* for a long time; at (great) length. **longuet, -ette** *a F:* rather long.
long-courrier [lɔ̃kurje] *a & nm Nau: Av:* ocean-going (ship); ocean liner; *Av:* long-haul, long-range (aircraft); *pl long-courriers.*
longe [lɔ̃ʒ] *nf* leading rein, halter, tether.
longer [lɔ̃ʒe] *vtr* **(n. longeons)** to pass, go, along(side) (road); (*of path*) to border; **la route longe un bois,** the road skirts a wood; **l. la côte,** to hug the coast.
longévité [lɔ̃ʒevite] *nf* longevity, long life.
longitude [lɔ̃ʒityd] *nf* longitude; **par 10° de l. ouest,** at 10° longitude west. **longitudinal, -aux** *a* longitudinal.
long(-)métrage [lɔ̃metraʒ] *nm Cin:* feature-length film.
longtemps [lɔ̃tɑ̃] **1.** *adv* long; a long time; **attendre l.,** to wait for a long time; **aussi l. que,** as long as **2.** *nm* **il y a l.,** long ago; **il y a l. que je ne l'ai vu,** it's a long time since I last saw him; **depuis l.,** for a long time; **l. avant, après,** long before, after; **pendant l.,** for a long time; **avant l.,** before long; **je n'en ai pas pour l.,** it won't take me long; *F:* **il n'en a plus pour l.,** he hasn't much longer to live.
longueur [lɔ̃gœr] *nf* length; **jardin qui a cent mètres de l.,** garden a hundred metres long; **couper qch en l., dans le sens de la l.,** to cut sth lengthwise; (*of speech*) **traîner en l.,** to drag (on); **à l. de journée,** throughout the day; all day; **à l. de journées,** for days on end; **roman plein de longueurs,** novel full of tedious passages; *Sp:* **gagner d'une l.,** to win by a length.
longue-vue [lɔ̃gvy] *nf* telescope; *pl longues-vues.*

look [luk] *nm F:* look, style; image; **changer de l.,** to change one's look.
looké [luke] *a F:* **être l.,** to look good; to dress with style.
looping [lupiŋ] *nm Av:* loop; **faire un l., des loopings,** to loop the loop.
lopin [lɔpɛ̃] *nm* **l. de terre,** patch, plot of ground.
loquace [lɔkas] *a* talkative; garrulous.
loque [lɔk] *nf* rag; **être en loques,** to be in rags, in tatters; **tomber en loques,** to fall to pieces; **une l. humaine,** a human wreck.
loquet [lɔkɛ] *nm* latch (of door).
lorgner [lɔrɲe] *vtr* to eye, peer at (sth); to have one's eye on (money, inheritance).
lorgnette [lɔrɲɛt] *nf* spyglass.
lorgnon [lɔrɲɔ̃] *nm* pince-nez.
lors [lɔr] *adv (a)* **depuis l.,** ever since then *(b)* **l. ... que,** when; **l. de sa naissance,** when he was born.
lorsque [lɔrsk(ə)] *conj (becomes* **lorsqu'** *before a vowel)* (at the moment, at the time) when; **lorsqu'il sera parti,** when he's gone.
losange [lɔzɑ̃ʒ] *nm (a)* **en l.,** diamond-shaped *(b) Mth:* rhomb(us).
lot [lo] *nm (a)* share; portion; **l. (de terre),** plot (of land) *(b)* prize (at a lottery); **gros l.,** first prize; jackpot *(c)* batch (of goods); set (of towels); *(at auction)* lot.
loterie [lɔtri] *nf (a)* lottery *(b)* raffle, draw.
lotion [losjɔ̃] *nf* lotion.
lotir [lɔtir] *vtr* **1.** to divide (sth) into lots, plots, batches; to parcel out (estate, into building lots) **2. l. qn de qch,** to allot sth to s.o.; **être bien loti, mal loti,** to be well off, badly off.
lotissement [lɔtismɑ̃] *nm* **1.** *(a)* division (of goods) into lots; parcelling out (of land) *(b)* sale (by lots) **2.** *(a)* (building) plot *(b)* housing development.
loto [lɔto] *nm Games: (a)* lotto *(b)* = bingo *(c)* lotto set.
lotus [lɔtys] *nm Bot:* lotus.
louable [lwabl̩] *a* laudable, praiseworthy.
louage [lwaʒ] *nm* **contrat de l.,** rental agreement, contract; **voiture de l.,** rented, hire, car.
louange [lwɑ̃ʒ] *nf* praise; **à la l. de,** in praise of.
loubar(d) [lubar] *nm F:* yob; lout.
louche¹ [luʃ] *a* shady, suspicious, fishy; **c'est l.,** it's odd, strange; *nm* **il y a du l.,** there's something peculiar going on.
louche² *nf* (soup) ladle.
loucher [luʃe] *vi* to squint; **l. de l'œil gauche,** to have a squint in the left eye; *F:* **l. sur,** to eye.
louer¹ [lwe] *vtr* **1.** to hire, rent, let (out) (**à,** to); **maison à l.,** house to let **2.** to rent (house) (**à,** from); to reserve, book (seat).
louer² *vtr* **1.** to praise, commend; **l. qn de, pour, qch,** to praise s.o. for sth; **Dieu soit loué!** thank God! **2. se l. de qch,** to be pleased with sth; **se l. d'avoir fait qch,** to congratulate oneself on having done sth; **n'avoir qu'à se l. de qn,** to have nothing but praise for s.o.
loueur, -euse [lwœr, -øz] *n* hirer.
loufoque [lufɔk] *F: (a) a* crazy, barmy *(b) n* crackpot, *NAm:* screwball.
loukoum [lukum] *nm* Turkish delight.
loup [lu] *nm (a)* wolf; **marcher à pas de l.,** to walk stealthily; **avoir une faim de l.,** to be ravenous; **il fait un froid de l.,** it's bitterly cold; **jeune l.,** ambitious young man; go-getter; *F: (term of affection)* **mon petit l.,** my darling, my pet; *Ich:* **l. (de mer),** sea perch; *F:* **l. de mer,** (i) *(sailor)* old salt (ii) striped tee-shirt *(b)* black velvet mask (worn at masked ball).
loupe [lup] *nf* magnifying glass.
louper [lupe] *v F:* **1.** *vi* **ça n'a pas loupé,** that's what happened, sure enough **2.** *vtr* to botch, bungle; to make a mess of (sth); to miss (train, opportunity); to fail (exam); **la soirée est loupée,** the party's a flop.
loup-garou [lugaru] *nm (a)* werewolf *(b)* bogeyman; *pl loups-garous.*
loupiot, -iotte [lupjo, -jɔt] *n F:* kid.
lourdeur [lurdœr] *nf* heaviness; **l. d'esprit,** slow-wittedness; **j'ai des lourdeurs d'estomac,** I feel bloated. **lourd, lourde** *a (a)* heavy; ungainly; **yeux lourds de fatigue,** eyes heavy with tiredness; **j'ai la tête lourde,** I feel headachy; **avoir l'estomac l.,** to feel bloated; **avoir la main lourde,** to be heavy-handed; *adv* **peser l.,** to weigh, to be, heavy *(b)* clumsy; **avoir l'esprit l.,** to be slow-witted; **lourde erreur,** serious mistake; **lourde plaisanterie,** unsubtle joke; **incident l. de conséquences,** incident fraught with consequences; **silence l. de menaces,** ominous silence *(c)* close, sultry (weather); *F:* **il fait l.,** it's close, sultry *(d) F:* **il n'en reste pas l.,** there isn't much left; **il n'en fait pas l.,** he doesn't exactly overwork. **lourdaud, -aude 1.** *a* clumsy, oafish **2.** *n* oaf. **lourdement** *adv* heavily; **il insista l.,** he really insisted; **se tromper l.,** to make a serious mistake.
loustic [lustik] *nm* **c'est un drôle de l.,** he's a strange bloke.
loutre [lutr̩] *nf (a) Z:* otter *(b)* otterskin.
louve [luv] *nf Z:* she-wolf.
louveteau, -eaux [luvto] *nm Z:* wolf-cub; *Scout:* cub (scout).
louvoyer [luvwaje] *vi* **(je louvoie)** *(a) Nau:* to tack *(b)* to evade; to dodge the issue.
loyauté [lwajote] *nf (a)* honesty, fairness; **manque de l.,** dishonesty, unfairness *(b)* loyalty, fidelity. **loyal, -aux** *a* **1.** honest, fair; **jeu l.,** fair play **2.** loyal (friend) **3.** *P:* **à la loyale,** loyally; **se battre à la loyale,** to fight clean. **loyalement** *adv (a)* honestly, fairly *(b)* loyally, faithfully.
loyer [lwaje] *nm* rent.
LSD *abbr acide lysergique synthétique diéthylamide.*
lubie [lybi] *nf* whim, caprice.
lubrification [lybrifikasjɔ̃] *nf* lubrication.
lubrifier [lybrifje] *vtr* to lubricate; to grease, oil. **lubrifiant** *a & nm* lubricant.
lubrique [lybrik] *a* lewd.
lucarne [lykarn] *nf (a)* dormer window, attic window *(b)* skylight.
lucidité [lysidite] *nf* lucidity, clearness; clear-headedness; consciousness. **lucide** *a* lucid, clear. **lucidement** *adv* lucidly, clearly.
lucratif, -ive [lykratif, -iv] *a* lucrative, profitable; **à but l.,** profit-making; **à but non l.,** non-profit-making. **lucrativement** *adv* lucratively, profitably.

lueur [lyœr] *nf* gleam, glimmer; **à la l. d'une bougie,** by candlelight; **les premières lueurs de l'aube,** the first light of dawn.

luge [lyʒ] *nf* toboggan, sledge; **faire de la l.,** to go sledging.

lugubre [lygybr̥] *a* lugubrious, dismal, gloomy.

lui[1], *pl* **leur** [lɥi, lœr] *pers pron m & f* (to) him, her, it, them (*a*) (*unstressed*) **je le lui donne,** I give it (to) him, (to) her; **donnez-lui-en,** give him some; **cette maison leur appartient,** this house belongs to them; **je lui ai serré la main,** I shook his, her, hand; **il leur jeta une pierre,** he threw a stone at them (*b*) (*stressed in imp*) **montrez-le-leur,** show it to them.

lui[2], *pl* **eux** [lɥi, ø] *stressed pers pron m* (*a*) (*subject*) he, it, they; **c'est lui,** it's him; **ce sont eux,** *F:* **c'est eux,** it's them; **il a raison, lui,** he's the one who's right; **qu'est-ce qu'il a dit?—lui? rien,** what did he say?—him? nothing; **c'est lui-même qui me l'a dit,** he told me so himself; **eux deux,** the two of them (*b*) (*object*) him, it, them; **lui, je le connais,** I know *him*; **ce livre est à eux,** this book is theirs; **voilà une photo de lui,** here's a photograph of him; **j'ai confiance en lui,** I trust him; **ne fais pas comme lui,** don't do what he did; **un ami à lui,** a friend of his (*c*) (*refl*) him(self), it(self), them(selves); **ils ne pensent qu'à eux,** they think only of themselves.

luire [lɥir] *vi* (*prp* **luisant;** *pp* **lui** (*no f*); *pr ind* **il luit;** *fu* **il luira**) to shine; gleam, glow, glisten; (*of stars*) to glimmer. **luisant, -ante 1.** *a* shining, bright; shiny, glossy; gleaming (eyes); glowing (embers) **2.** *nm* gloss, sheen.

lumbago [lɔ̃bago] *nm Med:* lumbago.

lumière [lymjɛr] *nf* light; **à la l. de,** by the light of; **l. (du jour),** daylight; **l. du soleil,** sunlight; **donner de la l.,** to turn on the light, to switch the light on; **mettre qch en l.,** to bring sth to light; **faire (toute) la l. sur qch,** to clarify sth; *F:* **ce n'est pas une lumière,** he's not very bright; **avoir des lumières sur qch,** to have some knowledge about sth.

luminaire [luminɛr] *nm* (*a*) light; lamp (*b*) *coll* lights, lighting.

luminosité [lyminozite] *nf* luminosity, brightness. **lumineux, -euse** *a* luminous; **rayon l.,** ray of light; **idée lumineuse,** brilliant idea.

lump [lœ̃p] *nm* lumpfish; **œufs de l.,** lumpfish roe.

lunatique [lynatik] *a* quirky, temperamental.

lunch [lœ̃ʃ] *nm* buffet lunch; *pl lunch(e)s.*

lundi [lœ̃di] *nm* Monday.

lune [lyn] *nf* moon; **pleine l., nouvelle l.,** full moon, new moon; **l. de miel,** honeymoon; **demander la l.,** to ask for the moon; **être dans la l.,** to be in the clouds; **en forme de l.,** crescent-shaped; **pierre de l.,** moonstone. **lunaire** *a* lunar. **luné** *a* **être bien, mal, l.,** to be in a good, bad, mood.

lunette [lynɛt] *nf* **1. l. d'approche,** telescope **2.** *pl* **(paire de) lunettes,** (pair of) glasses, spectacles; **lunettes de soleil,** sunglasses; **lunettes de protection,** goggles **3.** *Aut:* **l. arrière,** rear window.

lurette [lyrɛt] *nf* **il y a belle l.,** a long time ago; **il y a belle l. qu'on ne se voit plus,** we haven't seen each other for ages.

luron [lyrɔ̃] *nm F:* lad; **un gai l.,** a bit of a lad.

lustre [lystr̥] *nm* **1.** lustre, polish, gloss **2.** chandelier **3. il y a des lustres,** a long time ago; **il y a des lustres qu'elle ne m'a pas écrit,** she hasn't written to me for a long time.

lustrer [lystre] *vtr* to glaze, polish (up), lustre. **lustré** *a* glossy; shiny (with wear).

luth [lyt] *nm Mus:* lute.

lutin [lytɛ̃] *nm* imp, elf.

lutrin [lytrɛ̃] *nm Ecc:* lectern.

lutte [lyt] *nf* **1.** wrestling; **l. libre,** all-in wrestling **2.** (*a*) fight; struggle, tussle; conflict; **l. à mort,** life and death struggle; **l. contre l'alcoolisme,** campaign against alcoholism; **l. d'intérêts,** clash of interests (*b*) strife; **la l. des classes,** the class struggle.

lutter [lyte] *vi* **1.** *Sp:* to wrestle **2.** to struggle, fight, compete; **l. contre la maladie,** to fight against disease; **l. contre le vent,** to battle with the wind; **l. contre un incendie,** to fight a fire; **l. de vitesse avec qn,** to race s.o.

lutteur, -euse [lytœr, -øz] *n* (*a*) wrestler (*b*) fighter.

luxation [lyksasjɔ̃] *nf Med:* dislocation (of joint).

luxe [lyks] *nm* (*a*) luxury; luxuriousness (of house); **se payer le l. d'un cigare,** to treat oneself to a cigar; **articles de l.,** luxury goods; **édition de l.,** de luxe edition; **gros l.,** ostentation (*b*) abundance (of food); wealth (of details). **luxueux, -euse** *a* luxurious. **luxueusement** *adv* luxuriously.

Luxembourg [lyksãbur] *Prnm Geog:* Luxembourg. **luxembourgeois, -oise** *a & n* (native, inhabitant) of Luxembourg.

luxer [lykse] *vtr* to dislocate (joint); **se l. l'épaule,** to dislocate one's shoulder.

luxure [lyksyr] *nf* lust.

luxuriance [lyksyriãs] *nf* luxuriance. **luxuriant** *a* luxuriant.

luzerne [lyzɛrn] *nf* lucern(e), alfalfa.

lycée [lise] *nm* secondary school, *NAm:* high school; **l. technique,** technical high school.

lycéen, -enne [liseɛ̃, -ɛn] *n* pupil (at a *lycée*).

lymphe [lɛ̃f] *nf* lymph. **lymphatique** *a* **1.** *Med:* lymphatic **2.** lethargic, sluggish.

lynchage [lɛ̃ʃaʒ] *nm* lynching.

lyncher [lɛ̃ʃe] *vtr* to lynch.

lynx [lɛ̃ks] *nm* lynx; *Fig:* **avoir des yeux de l.,** to be eagle-eyed.

lyophilisé [ljɔfilize] *a* freeze-dried (coffee).

lyre [lir] *nf Mus:* lyre.

lyrisme [lirism] *nm* lyricism. **lyrique** *a* lyric(al) (poem); **poète l.,** lyric poet; **drame l.,** opera; **artiste, théâtre, l.,** opera singer, house.

lysergique [lisɛrʒik] *a* lysergic.

M

M, m [ɛm] *nm* (the letter) M, m.

M. *abbr Monsieur.*

m' *see* **me.**

ma [ma] *poss af see* **mon.**

macabre [makɑbr̥] *a* macabre; gruesome (discovery); grim (humour).

macadam [makadam] *nm* **1.** macadam; **m. goudronné,** tarmac(adam) **2.** road.

macadamiser [makadamize] *vtr* to macadamize, to tarmac.

macaron [makarɔ̃] *nm* **1.** *Cu:* macaroon **2.** (*a*) (round) motif; badge (*b*) *F:* rosette (of decoration).

macaroni(s) [makarɔni] *nmpl Cu:* macaroni.

macchabée [makabe] *nm P:* corpse, stiff.

macédoine [masedwan] *nf* (*a*) **m. de fruits,** fruit salad; **m. de légumes,** mixed vegetables (*b*) medley; hotchpotch.

macération [maserasjɔ̃] *nf* maceration.

macérer [masere] *vtr* **(je macère; je macérerai)** to macerate.

Mach [mak] *nm Av:* **(nombre de) M.,** Mach number.

mâche [mɑʃ] *nf* corn salad, lamb's lettuce.

mâchefer [mɑʃfɛr] *nm* clinker, slag.

mâcher [mɑʃe] *vtr* to chew, masticate; **m. le mors,** *F:* (*of pers*) **m. son frein,** to champ at the bit; **je n'ai pas mâché mes mots,** I didn't mince words; **m. le travail à qn,** to do half the work for s.o.

machiavélique [makjavelik] *a* Machiavellian.

machin [maʃɛ̃] *n F:* **1. monsieur M.,** Mr What's his name **2.** *nm* thing(ummy); whatsit; **passe-moi le m.,** pass me the what's its name; **qu'est-ce que c'est que ce m.-là?** what's that gadget?

machination [maʃinasjɔ̃] *nf* plot.

machine [maʃin] *nf* **1.** (*a*) machine; **m. à coudre,** sewing machine; **m. à laver,** washing machine; **m. à laver la vaisselle,** dishwasher; **m. à écrire,** typewriter; **écrit à la m.,** typed, typewritten; **m. à calculer,** calculating machine, adding machine; **m. à sous,** (i) slot machine (ii) fruit machine; *Ind:* **les machines,** the machinery; **les grosses machines,** the heavy plant; **machines agricoles,** agricultural machinery; **fait à la m.,** machine-made; **la m. administrative,** the bureaucratic machinery (*b*) *F:* = (*vehicle, bicycle, motorcycle*) machine; **m. volante,** flying machine **2.** (*a*) engine; **m. à vapeur,** steam engine; **m. à pétrole, à gaz,** oil, gas, engine (*b*) *Rail:* locomotive. **machinal, -aux** *a* mechanical, unconscious (action). **machinalement** *adv* mechanically.

machine-outil [maʃinuti] *nf* machine-tool; *pl machines-outils.*

machiner [maʃine] *vtr* to scheme, plot; **affaire machinée d'avance,** put-up job.

machinisme [maʃinism] *nm* mechanization.

machiniste [maʃinist] *nm* **1.** driver (of bus) **2.** *Th:* stagehand.

machisme [ma(t)ʃism] *nm* machismo.

macho [ma(t)ʃo] *nm & a* (*f inv*) macho.

mâchoire [mɑʃwar] *nf* **1.** jaw **2. mâchoires d'un étau, d'un piège,** jaws of a vice, of a trap.

mâchonner [mɑʃɔne], *F:* **mâchouiller** [mɑʃuje] *vtr* to chew (away) (at sth).

maçon [masɔ̃] *nm* (*a*) (stone)mason; bricklayer (*b*) (free)mason.

maçonnerie [masɔnri] *nf* **1.** masonry; stonework; brickwork **2.** (free)masonry.

macrobiotique [makrɔbjɔtik] *a* macrobiotic.

macroéconomie [makrɔekɔnɔmi] *nf* macroeconomics. **macroéconomique** *a* macroeconomic.

maculer [makyle] *vtr* to stain, spot.

Madame, *pl* **Mesdames** [madam, medam] *nf* **1.** (*a*) **Madame, Mme, Dupont,** Mrs Dupont; **Mesdames, Mmes, Dupont,** the Mrs Dupont; **M. la marquise de X,** the Marchioness of X; **m. la directrice,** the manageress, the headmistress; **comment va m. votre mère?** how is your mother? (*b*) (*used alone*) (*pl* **ces dames) voici le chapeau de m.,** here is your hat, madam; **M. se plaint que,** this lady is complaining that **2.** (*a*) (*in address*) Madam; **entrez, mesdames,** please come in, ladies (*b*) *Corr:* (*always written in full*) (i) (*to stranger*) **Madame,** (Dear) Madam (ii) (*implying previous acquaintance*) **Chère Madame,** Dear Mrs X.

Mademoiselle, *pl* **Mesdemoiselles** [madmwazɛl, medmwazɛl] *nf* **1.** Miss; **Mademoiselle, Mlle, Smith,** Miss Smith; **Mesdemoiselles Smith,** the Misses Smith; **voici le chapeau de m.,** here's Miss X's hat; **comment va m. votre cousine?** how is your cousin? **voici m. la directrice,** here's the manageress, the headmistress **2.** (*a*) (*in address*) **merci, m.,** thank you, Miss (X) (*b*) (*pl* **ces demoiselles) m. est servie,** dinner is served, madam; **que prendront ces demoiselles?** what can I offer you, ladies? (*c*) *Corr:* (*always written in full*) **Mademoiselle,** (Dear) Madam; **Chère Mademoiselle,** Dear Miss X.

Madère [madɛr] **1.** *Prnf Geog:* Madeira **2.** *nm* Madeira (wine).

madone [madɔn] *nf* madonna.

madrier [madrije] *nm* (piece of) timber; beam; thick board, plank.

maestro [maɛstro] *nm Mus:* maestro.

magasin [magazɛ̃] *nm* **1.** (*a*) shop, store; **grand m.,** department store; **m. (à) libre service,** self-service store; **m. à succursales multiples,** chain store; **employé(e) de m.,** shop assistant; **courir, faire, les magasins,** to go shopping (*b*) store, warehouse **2.** magazine (of rifle, projector).

magasinage [magazinaʒ] *nm* warehousing, storing.

magasinier [magazinje] *nm* warehouseman, storekeeper.

magazine [magazin] *nm* (illustrated) magazine.

mage [maʒ] *nm* magus.

magicien, -ienne [maʒisjɛ̃, -jɛn] *n* magician, wizard; sorcerer, *f* sorceress.

magie [maʒi] *nf* magic. **magique** *a* magical, enchanting; **baguette, mot, m.,** magic wand, word. **magiquement** *adv* magically.

magistrat [maʒistra] *nm* magistrate; judge; **il est m.,** he sits on the Bench. **magistral, -aux** magisterial, authoritative; masterful (manner); masterly (work). **magistralement** *adv* authoritatively.

magistrature [maʒistratyr] *nf* magistrature; **la m. assise,** the judges, the Bench.

magnanimité [maɲanimite] *nf* magnanimity. **magnanime** *a* magnanimous.

magnat [magna] *nm* magnate, tycoon.

magner (se) [səmaɲe] *vpr P:* to get a move on.

magnésie [maɲezi] *nf Ch: Pharm:* **1.** magnesia **2. sulfate de m.,** Epsom salts.

magnésium [maɲezjɔm] *nm Ch:* magnesium.

magnétisation [maɲetizasjɔ̃] *nf* **1.** magnetisation **2.** mesmerizing, hypnotizing.

magnétiser [maɲetize] *vtr* **1.** to magnetize **2.** to mesmerize, to hypnotize. **magnétique** *a* magnetic.

magnétiseur, -euse [maɲetizœr, -øz] *n* mesmerizer, hypnotizer.

magnétisme [maɲetism] *nm* **1.** magnetism **2.** mesmerism, hypnotism.

magnéto [maɲeto] **1.** *nm F:* video (recorder) **2.** *nf ICE:* magneto.

magnétophone [maɲetɔfɔn] *nm* tape recorder.

magnétoscope [maɲetɔskɔp] *nm* video (cassette) recorder.

magnétoscoper [maɲetɔskɔpe] *vtr* to video.

magnificence [maɲifisɑ̃s] *nf* magnificence. **magnifique** *a* magnificent; grand; superb; glorious, wonderful. **magnifiquement** *adv* magnificently.

magot [mago] *nm F:* hoard (of money); pile.

magouille [maguj] *nf F:* fiddling; **une m.,** a fiddle; **magouilles électorales,** electoral fiddling.

magouiller [maguje] *vi F:* to scheme. **magouilleur, -euse** *F:* **1.** *n* schemer **2.** *a* scheming; **être très m.,** to be a real schemer.

mai [mɛ] *nm* **1.** May; **au mois de m., en m.,** in (the month of) May; **le premier m.,** (on) the first of May, (on) May day; **le sept m.,** (on) the seventh of May **2.** maypole.

MAIF [maif] *abbr Mutuelle assurance des instituteurs de France.*

maigreur [mɛgrœr] *nf* **1.** thinness, leanness **2.** poorness, meagreness. **maigre 1.** *a (a)* thin, skinny, lean; **m. comme un clou,** as thin as a rake; **homme grand et m.,** *n* **un grand m.,** a tall, thin man *(b)* lean (meat); scanty (vegetation); small (crop); poor (land); **m. repas,** frugal meal; **jour m.,** day of abstinence **2.** *nm* lean (part of meat). **maigrement** *adv* meagrely; poorly.

magret [magrɛ] *nm Cu:* **m. (de canard),** fillet of duck.

maigrir [mɛgrir] **1.** *vi* to get thin(ner); to lose weight; **elle essaie de m.,** she's slimming, dieting; **j'ai maigri de dix kilos,** I have lost ten kilos **2.** *vtr (a) (of illness)* to make (s.o.) thin(ner) *(b) (of dress)* to make (s.o.) look thin(ner).

mail [maj] *nm* **1.** avenue, promenade **2.** sledgehammer.

mailing [mɛliŋ] *nm Com:* direct mail; **faire un m.,** to send a mail shot.

maille [mɑj] *nf* **1.** *(a)* stitch (in knitting); **m. à l'endroit,** plain (stitch); knit; **m. à l'envers,** purl (stitch) *(b)* link (of chain) **2.** mesh (of net).

maillet [majɛ] *nm (a) Tls:* mallet; maul; beetle *(b)* croquet mallet.

mailloche [majɔʃ] *nf Tls:* beetle.

maillon [mɑjɔ̃] *nm* link (of a chain).

maillot [majo] *nm Cl: (a)* **m. de corps,** vest *(b)* **m. de bain,** swimming costume, swimsuit *(c) Sp:* jersey; singlet *(d) Th: etc:* tights; leotard.

main [mɛ̃] *nf* **1.** *(a)* hand; **serrer la m. à (qn),** to shake hands with (s.o.); **se donner la m.,** to hold hands; **la m. dans la m.,** hand in hand; **porter la m. sur qn,** to strike s.o.; **donner un coup de m. à (qn),** to lend (s.o.) a (helping) hand; **en venir aux mains,** to come to blows; **je n'en mettrais pas la m. au feu,** I shouldn't like to swear to it; **ne pas y aller de m. morte,** (i) to put one's back into it (ii) to exaggerate; **faire m. basse sur qch,** to help oneself to sth, to pinch sth; **haut les mains!** hands up! **sous la m.,** within reach; to hand; *F:* **passer la m. dans le dos à qn,** to flatter s.o.; **avoir le cœur sur la m.,** to be very generous, open-handed *(b)* **prendre un plateau, son courage, à deux mains,** to take a tray, one's courage, in both hands; **vol à m. armée,** armed robbery; **donner de l'argent à pleine(s) main(s),** to dish out money by the handful; **tenir le succès entre ses mains,** to have success within one's grasp; **passer aux mains de, tomber dans les mains de, qn,** to fall into s.o.'s hands; **être en bonne mains,** to be in good hands; **prendre une affaire en m.,** to take a matter in hand; **mettre la m. sur qch.,** to lay hands on sth; **article de seconde m.,** secondhand article; **renseignement de première m.,** firsthand information *(c)* **à la m.,** by hand; **écrit à la m.,** handwritten; **mettre la dernière m. à qch,** to put the finishing touches to sth; **se faire la m.,** to get one's hand in; **il a perdu la m.,** he's out of practice; **avoir le coup de m.,** to have the knack; **fait (à la) m.,** handmade *(d)* **avoir sa voiture bien en m.,** to have the feel of one's car; **tenez-vous en m.,** control yourself; **avoir la haute m. dans une affaire,** to be in control of a matter; **gagner haut la m.,** to win hands down *(e) adv phr* **de longue main,** for a long time (past); (friend) of long standing **2.** *(a)* hand(writing) *(b)* **m. courante,** handrail **3.** *Cards:* hand **4. m. de papier,** = *approx* quire of paper.

main-d'œuvre [mɛ̃dœvr] *nf* **1.** labour; manpower; **embaucher de la m.-d'œ.,** to take on hands **2.** cost of labour; *pl mains-d'œuvre.*

mainmise [mɛ̃miz] *nf* seizure **(sur,** of).

maint [mɛ̃] *a Lit:* many; **m. auteur,** many an author; **maintes et maintes fois,** time and (time) again.

maintenant [mɛ̃tnɑ̃] *adv* now; **vous devriez être prêt m.,** you ought to be ready by now; **à vous m.,** your turn (next).

maintenir [mɛ̃tnir] *vtr (conj like* TENIR) **1.** *(a)* to maintain; to keep, hold, (sth) in position; **m. la foule,** to hold back the crowd *(b)* to uphold, keep (the law); to preserve (peace); **m. sa position,** to hold one's own **2. se m.** *(a)* to last *(b)* to hold on; **les prix se maintiennent,** prices remain steady *(c)* to be maintained, to continue; **le temps se maintient,** the weather's holding.

maintien [mɛ̃tjɛ̃] *nm* **1.** maintenance, upholding, keeping (of law, order) **2.** bearing, carriage; **leçons de m.,** lessons in deportment.

maire [mɛr] *nm* mayor.

mairie [mɛri] *nf* (*a*) town hall (*b*) town council.

mais [mɛ] **1.** *adv* (*emphatic*) **m. oui!** why, certainly! *NAm:* sure! **m. non!** not at all! **m. qu'avez-vous donc?** whatever's the matter? **m. c'est vrai!** it really is true! **m. enfin!** well really! **2.** *conj* but **3.** *nm* **il y a un m.,** there's one snag; **il n'y a pas de m.,** there's no buts about it.

maïs [mais] *nm* **1.** *Agr:* maize, *NAm:* corn **2.** *Cu:* sweetcorn; **farine de m.,** cornflour.

maison [mɛzɔ̃] *nf* **1.** (*a*) house; **m. de ville, de campagne,** town, country, house; **m. de rapport,** (block of) flats, apartment house (*b*) home; **à la m.,** at home; **dans la m.,** in the house, indoors; **dépenses de la m.,** household expenses **2.** (*a*) **m. d'arrêt,** prison; **m. de santé,** (i) nursing home (ii) mental home; **m. de repos,** rest home, convalescent home; **m. de retraite,** old people's home; **m. des jeunes,** youth centre; **m. religieuse,** convent (*b*) firm; **m. de commerce,** business company; **m. mère,** head office **3.** (*a*) family; **être de la m.,** to be one of the family; **le fils de la m.,** the son of the house (*b*) **la m. des Bourbons,** the House of Bourbon (*c*) household, staff; **gens de m.,** domestic staff **4.** (*a*) (*on menu*) **pâté m.,** home-made pâté (*b*) *F:* first-rate, excellent.

maisonnée [mɛzɔne] *nf* household, family.

maisonnette [mɛzɔnɛt] *nf* small house.

maître, -esse [mɛtr̥, mɛtrɛs] *n* **1.** (*a*) master, *f* mistress; **maîtresse de maison,** mistress of the house; hostess; **parler en m.,** to speak authoritatively; **être m. de la situation,** to be master of the situation; **être m., maîtresse, de soi(-même),** to be self-possessed; **être m. de sa voiture,** to be in control of one's car; **se rendre m., maîtresse, de qch,** (i) to take possession of sth (ii) to gain control of sth (*b*) (school)teacher; **m., maîtresse, d'école,** primary school teacher; **m. assistant** = assistant lecturer (at university); **m. de chapelle,** choirmaster; **m. nageur,** swimming instructor (*c*) **m. charpentier,** master carpenter; **c'est fait de main de m.,** it is a masterpiece; **coup de m.,** master stroke; *Constr:* **m. d'œuvre,** project manager; *Constr:* **m. de l'ouvrage,** owner, client; **m. clerc,** clerk (in barrister's chambers); *Nau:* **m. d'équipage,** boatswain; **m. d'hôtel,** (i) butler (ii) head waiter (iii) *Nau:* chief steward (*d*) (*title given to member of legal profession*) Maître **2.** *attrib* (*a*) **maîtresse femme,** capable woman; **m. filou,** arrant scoundrel (*b*) chief, principal; **maîtresse poutre,** main girder **3.** *nf* **maîtresse,** mistress.

maître-chien [mɛtrəʃjɛ̃] *nm* dog handler; *pl maîtres-chiens.*

maîtrise [mɛtriz] *nf* **1.** (*a*) *Sch:* = master's degree (*b*) choir school (attached to a cathedral) **2.** mastery; **m. de soi,** self-control.

maîtriser [mɛtrize] *vtr* **1.** to master; to subdue; to control; to overcome (fears); to overpower (s.o.) **2. se m.,** to control oneself; **ne pas savoir se m.,** to have no self-control. **maîtrisable** *a* controllable.

majesté [maʒɛste] *nf* **1.** majesty; **sa M.,** His, Her, Majesty **2.** (*a*) stateliness (*b*) grandeur. **majestueux, -euse** *a* majestic; imposing. **majestueusement** *adv* majestically.

majeur [maʒœr] **1.** *a* (*a*) major, greater; **en majeure partie,** for the most part; *Geog:* **le lac M.,** Lake Maggiore (*b*) **être absent pour raison majeure,** to be unavoidably absent; **affaire majeure,** matter of great importance; **cas de force majeure,** case of absolute necessity (*c*) **devenir m.,** to come of age (*d*) *Mus:* major **2.** (*a*) *n* (*pers*) major (*b*) *nm* middle finger.

major [maʒɔr] *nm* **1.** *Mil:* **(médecin) m.,** medical officer **2.** *Sch:* candidate who came first in the entrance exam for admission to a *Grande École.*

majoration [maʒɔrasjɔ̃] *nf* (*a*) surcharge (*b*) increase (in price).

majordome [maʒɔrdɔm] *nm* butler.

majorer [maʒɔre] *vtr* **1.** to make an additional charge on (bill); **m. une facture de 10%,** to put (a) 10% (surcharge) on an invoice **2.** to raise, increase, the price of (sth).

majorette [maʒɔrɛt] *nf* majorette.

majorité [maʒɔrite] *nf* **1.** majority; **élu à la m. de dix voix,** elected by a majority of ten; **être en m., avoir la m.,** to be in a, in the, majority; **dans la m. des cas,** in most cases **2.** *Jur:* majority, coming of age; **atteindre sa m.,** to come of age. **majoritaire** *a* **vote m.,** majority vote; **ils sont majoritaires,** they are in the majority.

Majorque [maʒɔrk] *Prnf Geog:* Majorca.

majuscule [maʒyskyl] **1.** *a* capital (letter) **2.** *nf* capital letter; *Typ:* upper case letter.

mal¹, maux [mal, mo] *nm* **1.** (*a*) evil; hurt, harm; **faire du m.,** to do harm; **il fait plus de bruit que de m.,** his bark is worse than his bite; **s'en tirer sans aucun m.,** to escape uninjured, unhurt; **je ne lui veux pas de m.,** I mean him no harm; **il n'y a pas grand m.!** there's no great harm done! (*b*) **dire du m. de qn,** to speak ill of s.o.; **prendre qch en m.,** to take sth amiss; **tourner qch en m.,** to put the worst interpretation on sth (*c*) wrong(doing); **le bien et le m.,** right and wrong, good and evil; **il ne pense pas à m.,** he doesn't mean any harm **2.** (*a*) disorder; disease; ailment; pain; **prendre (du) m.,** to be taken ill; **m. de tête,** headache; **m. de dents,** toothache; **m. de gorge,** sore throat; **m. de cœur,** sickness, nausea; **m. de mer,** seasickness; **m. du siècle,** worldweariness; **où avez-vous m.?** where is the pain? where does it hurt? **vous me faites (du) m.,** you're hurting me; **mon genou me fait m.,** my knee's hurting; **avoir le m. du pays,** to be homesick (*b*) **non sans m.,** not without difficulty; **se donner du m. pour faire qch,** to take pains to do sth; **avoir du m. à faire qch,** to have difficulty in doing sth.

mal² *adv* **1.** (*a*) badly, ill; **m. à l'aise,** ill at ease; **m. agir,** to do wrong; **faire qch tant bien que m.,** to do sth after a fashion; **de m. en pis,** from bad to worse; **m. s'y prendre,** to go the wrong way about it; **m. comprendre,** to misunderstand; **on voit m.,** you can't see properly; **vous ne feriez pas m. de,** it wouldn't be a bad plan to (*b*) **aller, se porter, m.,** to be ill; **comment allez-vous?—pas m.!** how are you?—not bad! pretty well! **être au plus m.,** to be dangerously ill (*c*) *F:* **pas m. (de qch),** a fair amount (of sth); **pas m. de temps,** quite a (long) time; **pas m. de gens,** a good many people **2.** (*with adj function*) (*a*) not right; **c'est très m. à lui,** it's very unkind of him (*b*) uncomfortable, badly off; **nous ne sommes pas m. ici,** we are quite comfortable here (*c*) **ils sont m. ensemble,** they are on bad terms (*d*) **se sentir m.,** to feel ill, sick, faint; **se trouver m.,** to faint (*e*) **pas m.,** not bad, quite good; **il n'est pas m.,** he's quite good-looking.

maladie [maladi] *nf* illness, sickness; disease; complaint; **faire une m.,** to be ill; *F:* **il en fait une m.,** he's making a song and dance about it; **m. de peau,** skin disease; **m. de foie, de cœur,** liver, heart, complaint; **m. mentale,** mental illness; *Vet:* **m. des chiens, de Carré,** distemper. **malade 1.** *a* (*a*) ill, sick, unwell; **tomber m.,** to fall ill; **dent m.,** aching tooth; **jambe m.,** bad leg; **m. d'inquiétude,** sick with worry; **être m. du cœur,** to have heart trouble; **esprit m.,** disordered mind (*b*) mad, crazy **2.** *n* sick person; invalid; *Med:* patient; **les malades,** the sick. **maladif, -ive** *a* sickly; morbid, unhealthy.

maladresse [maladrɛs] *nf* **1.** (*a*) clumsiness, awkwardness (*b*) tactlessness **2.** blunder. **maladroit, -oite 1.** *a* (*a*) unskilled, clumsy, awkward (*b*) blundering; tactless **2.** *n* clumsy person. **maladroitement** *adv* clumsily.

malaise[1] [malɛz] *nm* **1.** uneasiness, discomfort **2.** indisposition; **avoir un m.,** to feel faint.

malaisé [malɛze] *a* difficult. **malaisément** *adv* with difficulty.

Malaisie [malɛzi] *Prnf Geog:* Malaysia, Malaya. **malais, -aise**[2] *a & n* Malay(an); Malaysian.

malappris, -ise [malapri, -iz] **1.** *a* uncouth, ill-bred **2.** *n* lout; **c'est un m.,** he has no manners.

malavisé [malavize] *a* ill-advised; injudicious.

malaxer [malakse] *vtr* **1.** to knead (dough); to work (butter); to mix (cement) **2.** to massage (leg).

malchance [malʃɑ̃s] *nf* **1.** bad luck; **par m.,** as ill luck would have it **2.** mishap, misfortune. **malchanceux, -euse** *a* unlucky.

malcommode [malkɔmɔd] *a* inconvenient; awkward.

maldonne [maldɔn] *nf* **1.** *Cards:* misdeal; **faire m.,** to misdeal **2.** *F:* **il y a m.,** there's been a mistake.

mâle [mɑl] *a & nm* **1.** male; cock (bird); buck (rabbit); dog (fox); bull (elephant); **un ours m.,** a he-bear; **héritier m.,** male heir **2.** manly (courage); virile (style).

malédiction [malediksjɔ̃] *nf* curse.

maléfice [malefis] *nm* evil spell. **maléfique** *a* evil.

malencontreux, -euse [malɑ̃kɔ̃trø, -øz] *a* awkward, unfortunate, untoward (event). **malencontreusement** *adv* unfortunately.

malentendant -ante [malɑ̃tɑ̃dɑ̃, -ɑ̃t] **1.** *a* hard of hearing **2.** *n* person who is hard of hearing; **les malentendants,** the hard of hearing.

malentendu [malɑ̃tɑ̃dy] *nm* misunderstanding.

malfaçon [malfasɔ̃] *nf* bad work(manship); defect.

malfaisant [malfəzɑ̃] *a* evil-minded; evil; harmful.

malfaiteur, -trice [malfɛtœr, -tris] *n* criminal; lawbreaker.

malformation [malfɔrmasjɔ̃] *nf* malformation.

malgache [malgaʃ] *a & n* Malagasy, Madagascan.

malgré [malgre] *prep* in spite of; notwithstanding; **m. cela, m. tout,** for all that, nevertheless; **je l'ai fait m. moi,** I did it in spite of myself.

malhabile [malabil] *a* unskilful; clumsy, awkward. **malhabilement** *adv* clumsily.

malheur [malœr] *nm* **1.** (*a*) misfortune; calamity; accident; **un m. n'arrive jamais seul,** it never rains but it pours; **quel m.!** what a tragedy! (*b*) *F:* **faire un m.,** (i) to do something desperate (ii) to make a hit **2.** misfortune, unhappiness; **il fait le m. de ses parents,** he brings sorrow to his parents **3.** (*a*) bad luck; **quel m.!** what a pity! **par m.,** unfortunately; **ça porte m.,** it's bad luck; **j'ai le m. de le connaître,** I am unfortunate enough to know him; **jouer de m.,** to be unlucky; *F:* **ces lettres de m.!** these blasted letters! **ne parle pas de m.,** don't tempt fate (*b*) *int* hell! **malheureux, -euse** *a* (*a*) unfortunate, unhappy, wretched (pers, business); poor, badly off (pers); sad, miserable (expression); *n* **les m.,** the unfortunate, the needy; **le m.!** poor man! (*b*) unlucky; **candidat m.,** unsuccessful candidate; **c'est bien m. pour vous!** it's hard luck on you! **il est bien m. que** + *sub,* it's a great pity that; **le voilà enfin, ce n'est pas m.!** here he comes at last, and a good job too! (*c*) *F:* paltry, wretched; **une malheureuse pièce de cinq francs,** a miserable five-franc piece. **malheureusement** *adv* unfortunately.

malhonnêteté [malɔnɛtte] *nf* **1.** dishonesty **2.** rudeness. **malhonnête** *a* (*a*) dishonest; crooked (*b*) rude, impolite. **malhonnêtement** *adv* (*a*) dishonestly (*b*) rudely.

malice [malis] *nf* **1.** (*a*) malice, maliciousness, spitefulness; **ne pas entendre m. à qch,** to see no harm in sth (*b*) mischievousness, naughtiness **2.** (*a*) *O:* smart remark (*b*) **boîte à m.,** box of tricks. **malicieux, -ieuse** *a* (*a*) mischievous, naughty (*b*) mocking (smile); joking, bantering (remark). **malicieusement** *adv* mischievously.

malin, -igne [malɛ̃, -iɲ] *a* **1.** (*a*) *nm* **le M.,** the Devil (*b*) malicious (*c*) **tumeur maligne,** malignant tumour **2.** (*a*) shrewd, cunning; **il est plus m. que ça,** he knows better; **elle n'est pas maligne,** she's not very bright (*b*) *n* **c'est un m.,** he knows a thing or two; **faire le m.,** to show off, to try to be smart (*c*) *F:* **c'est pas bien m.,** it's not very difficult.

malingre [malɛ̃gr] *a* sickly, puny.

malintentionné [malɛ̃tɑ̃sjɔne] *a & n* ill-intentioned, spiteful (person).

malle [mal] *nf* (*a*) trunk, box (*b*) *Aut:* boot, *NAm:* trunk.

malléabilité [maleabilite] *nf* malleability. **malléable** *a* malleable.

mallette [malɛt] *nf* small (suit)case.

malmener [malməne] *vtr* **(je malmène)** (*a*) to ill-treat; to mishandle, misuse (sth) (*b*) to abuse (s.o.).

malnutrition [malnytrisjɔ̃] *nf* malnutrition.

malodorant [malɔdɔrɑ̃] *a* evil-smelling, smelly, stinking.

malotru, -ue [malɔtry] *n* boor; uncouth person.

Malouines [malwin] *Prnf Geog:* **les (îles) M.,** the Falkland Islands; the Falklands.

malpoli [malpɔli] *a* impolite.

malpropreté [malprɔprəte] *nf* dirtiness. **malpropre** *a* (*a*) dirty, grubby; slovenly, untidy (*b*) smutty, indecent (story); unsavoury (business). **malproprement** *adv* in a slovenly manner.

malsain, -aine [malsɛ̃, -ɛn] *a* unhealthy.

malséant [malseɑ̃] *a* unseemly; unbecoming.

Malte [malt] *Prnf Geog:* Malta. **maltais, -aise** *a & n* Maltese.

maltraiter [maltrete] *vtr* to ill-treat, ill-use; to handle (s.o., sth) roughly; to manhandle (s.o.).

malus [malys] *nm inv Ins:* surcharge.

malveillance [malvɛjɑ̃s] *nf* malevolence; **avec m.,** malevolently. **malveillant** *a (a)* malevolent; malicious *(b)* spiteful.

malversation(s) [malvɛrsasjɔ̃] *nf(pl)* **1.** professional misconduct **2.** embezzlement.

maman [mamɑ̃] *nf* mummy, mum.

mamelle [mamɛl] *nf* breast; *Z:* udder; teat, dug.

mamelon [mamlɔ̃] *nm* **1.** *Anat:* nipple, teat **2.** *Geog:* hillock; knoll.

mamie [mami] *nf F:* granny, gran.

mammaire [mamɛr] *a Anat:* mammary.

mammifère [mamifɛr] *nm* mammal.

mammouth [mamut] *nm* mammoth.

manager [manadʒœr, manadʒɛr] *nm Com: Sp:* manager.

manager [manadʒe] *vtr Com: Sp:* to manage.

manche[1] [mɑ̃ʃ] *nf* **1.** *(a)* sleeve; **robe sans manches,** sleeveless dress; **avoir qn dans sa m.,** to have s.o. in one's pocket; *F:* **ça, c'est une autre paire de manches,** that's quite another matter *(b)* **m. à incendie,** fire hose; **m. à air,** (i) *Nau:* ventilator (ii) *Av:* wind sock **2.** *(a) Cards:* hand (played); single game *(b) Sp:* heat *(c) Ten:* set **3.** *Geog:* **la M.,** the (English) Channel.

manche[2] *nm (a)* handle; shaft; **m. à balai,** (i) broomstick (ii) *Av:* joystick *(b) F:* idiot, clot.

manche[3] *nf P:* **faire la m.,** to beg.

manchette [mɑ̃ʃɛt] *nf* **1.** *(a)* cuff *(b)* oversleeve *(c) Wr:* forearm smash **2.** (newspaper) headline.

manchon [mɑ̃ʃɔ̃] *nm* **1.** muff **2.** *MecE:* casing, sleeve; **m. d'accouplement,** coupling sleeve; *Aut:* **m. d'embrayage,** clutch.

manchot, -ote [mɑ̃ʃo, -ɔt] **1.** *a & n* one-armed, one-handed (person); *F:* **il n'est pas m.,** he's clever with his hands **2.** *nm Orn:* penguin.

mandarin [mɑ̃darɛ̃] *nm Hist:* mandarin; *Pej:* pedant.

mandarine [mɑ̃darin] *nf* mandarin(e) (orange); tangerine.

mandat [mɑ̃da] *nm* **1.** *(a)* mandate; commission; **territoire sous m.,** mandated territory *(b) Pol:* (electoral) mandate *(c) Jur:* power of attorney; proxy **2.** *Jur:* warrant; **m. de perquisition,** search warrant; **m. d'arrêt,** warrant for arrest; **m. de comparution,** summons (to appear); **m. de dépôt,** committal (of prisoner) **3.** order (to pay); money order; draft; **m. postal** = postal order.

mandataire [mɑ̃datɛr] *n* **1.** mandatory (of electors) **2.** *(pers)* proxy; representative **3.** *Jur:* authorized agent; attorney **4.** trustee.

mandater [mɑ̃date] *vtr* **1.** to elect, commission (representative) **2. m. des frais,** to pay expenses by money order, by draft.

mandat-poste [mɑ̃dapɔst] *nm* = postal order, money order; *pl mandats-poste.*

mandoline [mɑ̃dɔlin] *nf Mus:* mandolin(e).

manège [manɛʒ] *nm* **1.** *(a)* horsemanship, riding *(b)* **(salle de) m.,** riding school *(c)* **m. (de chevaux de bois),** merry-go-round; roundabout **2.** stratagem, trick; **j'observais leur m.,** I was watching their little game.

manette [manɛt] *nf* handle, hand lever.

mangeaille [mɑ̃ʒɑj] *nf F:* food, grub.

mangeoire [mɑ̃ʒwar] *nf* manger; (feeding) trough.

manger[1] [mɑ̃ʒe] *vtr* **(n. mangeons)** *(a)* to eat; **il mange de tout,** he'll eat anything; **m. dans une assiette,** to eat off a plate; **salle à m.,** dining room; **m. au restaurant,** to eat out; **donner à m. à qn, aux poules,** to give s.o. sth to eat; to feed the hens; **m. comme quatre,** to eat like a horse; **m. à sa faim,** to eat one's fill; **nous avons bien mangé,** we had a very good meal *(b)* **mangé par les mites,** motheaten; **m. ses mots,** to mumble; *P:* **m. le morceau,** to let out a secret; to spill the beans *(c)* **m. son argent,** to squander one's money. **mangeable** *a* edible, eatable.

manger[2] *nm* food.

mange-tout [mɑ̃ʒtu] *a inv & nm inv Hort: (a)* **(pois) m.-t.,** mangetout *(b)* **(haricot) m.-t.,** French bean, *NAm:* string bean.

mangeur, -euse [mɑ̃ʒœr, -øz] *n* eater.

mangouste [mɑ̃gust] *nf* mongoose.

mangue [mɑ̃g] *nf* mango (fruit).

maniabilité [manjabilite] *nf* handiness (of tool); manoeuvrability. **maniable** *a* manageable; easy to handle; handy (tool).

maniaque [manjak] *a & n* **1.** *Psy:* maniac **2.** finicky, faddy (pers); *n* fusspot, crank.

manie [mani] *nf (a) Psy:* mania, obsession; **m. de la persécution,** persecution mania *(b)* mania, craze; **avoir la m. de la propreté,** to be obsessed with cleanliness; **il a ses petites manies,** he has his little fads.

maniement [manimɑ̃] *nm* handling; *Mil:* **m. d'armes,** drill; arms' manual.

manier [manje] *vtr (impf & pr sub* **n. maniions) 1.** to handle (tool) **2.** to handle, manage, control (horse, business); **m. les avirons,** to ply the oars.

manière [manjɛr] *nf* **1.** *(a)* manner, way; **c'est sa m. d'être,** that's the way he is; **laissez-moi faire à ma m.,** let me do it my own way; **de cette m.,** thus; in this way; **d'une m. ou d'une autre, de m. ou d'autre,** somehow or other; **en quelque m.,** in a way; **d'une m. générale,** generally speaking; **en aucune m.,** under no circumstances; **de toute m.,** in any case; **de (telle) m. que,** so that *(b) Art:* style, manner **2.** *pl* manners; *F:* **qu'est-ce que c'est que ces manières?** that's no way to behave! *F:* **faire des manières,** (i) to be affected (ii) to affect reluctance. **maniéré** *a* affected (pers, behaviour).

maniérisme [manjerism] *nm* **1.** mannerism **2.** affectation.

manif [manif] *nf F:* (= **manifestation**) demo.

manifestant, -ante [manifɛstɑ̃, -ɑ̃t] *n* demonstrator.

manifestation [manifɛstasjɔ̃] *nf (a)* manifestation (of feeling) *(b)* demonstration *(c)* revelation *(d)* **m. sportive,** sporting event.

manifeste[1] [manifɛst] *a* manifest, obvious, evident. **manifestement** *adv* manifestly, obviously, evidently.

manifeste[2] *nm* **1.** manifesto, proclamation **2.** (ship's) manifest.

manifester [manifɛste] **1.** *vtr* to manifest; to reveal; to evince (opinion); to show, express (joy, grief); **m. sa volonté,** to make one's wishes clear **2.** *vi* to demonstrate **3. se m.,** to appear; to show itself.

manigance [manigɑ̃s] *nf* intrigue; *pl* underhand practices; fiddling, wire-pulling.

manigancer [manigɑ̃se] *vtr* (**n. manigançons**) to scheme, to plot; **qu'est-ce qu'ils manigancent?** what are they up to?

manipulateur, -trice [manipylatœr, -tris] *n* operator; technician.

manipulation [manipylasjɔ̃] *nf* **1.** (*a*) manipulation, handling (*b*) *Med:* manipulation **2.** *Sch:* practical work; *Ch: Ph:* experiment.

manipuler [manipyle] *vtr* **1.** to manipulate; to handle, operate (apparatus) **2.** to rig (accounts, election).

manitou [manitu] *nm F:* **grand m.,** big shot.

manivelle [manivɛl] *nf* crank; *Aut:* (starting) handle.

manne [man] *nf* manna.

mannequin [mankɛ̃] *nm* **1.** (*a*) (anatomical) manikin (*b*) *Dressm:* dummy **2.** (*pers*) model.

manœuvre [manœvr̥] **1.** *nf* (*a*) working, driving (of machine); manœuvring (*b*) *Nau:* handling (of ship); seamanship; **maître de m.,** boatswain (*c*) *Mil: etc:* (i) drill, exercise (ii) tactical exercise; manoeuvre; **grandes manœuvres,** army manoeuvres, exercises; **terrain de m.,** drill ground, parade ground (*d*) *Mil:* **m. d'encerclement,** encircling movement (*e*) *Rail:* shunting (*f*) scheme, manoeuvre, intrigue (*g*) *pl* scheming; **manœuvres frauduleuses,** swindling **2.** *nm* (unskilled) worker; labourer.

manœuvrer [manœvre] **1.** *vtr* (*a*) to work, operate (machine) (*b*) to manoeuvre, handle (vehicle) (*c*) *Rail:* to shunt **2.** *vi* to manœuvre.

manoir [manwar] *nm* manor house.

manomètre [manɔmɛtr̥] *nm* manometer, pressure gauge.

manquant [mɑ̃kɑ̃] *a* missing.

manque [mɑ̃k] *nm* (*a*) lack; deficiency; shortage; **m. de parole,** breach of faith; **m. de crédit,** credibility gap; **par m. de,** through lack of; **m. de chance!** bad luck! *Med:* **(crise de) m.,** withdrawal (symptoms) (*b*) *pl* shortcomings.

manquement [mɑ̃kmɑ̃] *nm* **m. à une règle,** violation of a rule; **m. à la discipline,** breach of discipline.

manquer [mɑ̃ke] **1.** *vi* (*a*) **m. de qch,** to lack, be short of, to be out of, sth; **m. de politesse,** to be impolite; **m. de courage,** to lack courage; **je ne manque de rien,** I have all I need (*b*) **il a manqué (de) tomber,** he nearly fell (*c*) *impers* **il s'en manque de beaucoup,** far from it (*d*) to be lacking, in short supply; **le mots me manquent,** words fail me; **les vivres commencent à m.,** provisions are running short; **la place me manque,** I haven't any room; *impers* **il ne manque pas de,** there's no shortage of; **il ne manquait plus que cela!** that's the last straw! **il manque quelques pages,** there are a few pages missing; **il lui manque un bras,** he has lost an arm; **il me manque 10 francs,** I'm 10 francs short (*e*) to give way; **le cœur lui manque,** his heart failed him (*f*) to be absent, missing; **m. à un rendez-vous,** to fail to keep an appointment; **m. à l'appel,** to be absent from rollcall; **m. à qn,** to be missed by s.o.; **ça me manque,** I miss it (*g*) to fall short; **m. à son devoir,** to fail in one's duty; **m. à sa parole,** to break one's word; **m. à une règle,** to violate a rule; **le coup a manqué,** the attempt failed (*h*) **ne manquez pas de nous écrire,** be sure to write to us **2.** *vtr* (*a*) to miss (target, train); **m. une occasion,** to lose, miss, an opportunity; **m. un coup,** to make an abortive attempt; to fail; *F:* **il n'en manque pas une,** he's always putting his foot in it (*b*) to be absent from, to miss (meeting) (*c*) **m. sa vie,** to make a mess of one's life. **manqué** *a* missed (opportunity); unsuccessful, abortive (attempt); **coup m.,** (i) miss (ii) failure; **garçon m.,** tomboy.

mansarde [mɑ̃sard] *nf Arch:* **(toit en) m.,** mansard roof **2.** attic.

mansuétude [mɑ̃sɥetyd] *nf* leniency.

mante [mɑ̃t] *nf* **m. religieuse,** praying mantis.

manteau, -eaux [mɑ̃to] *nm* **1.** coat; **m. de pluie,** raincoat; **sous le m. de la nuit,** under cover of darkness **2. m. de cheminée,** mantelpiece.

mantille [mɑ̃tij] *nf Cl:* mantilla.

manucure [manykyr] *n* manicurist.

manucurer [manykyre] *vtr* to manicure.

manuel, -elle [manɥɛl] **1.** *a* manual (work) **2.** *nm* manual, handbook.

manufacture [manyfaktyr] *nf* factory, plant.

manufacturer [manyfaktyre] *vtr* to manufacture.

manuscrit [manyskri] *a & nm* manuscript; **lettre manuscrite,** handwritten letter; **m. (dactylographié),** typescript.

manutention [manytɑ̃sjɔ̃] *nf* (*a*) handling (of goods) (*b*) storehouse; stores.

manutentionnaire [manytɑ̃sjɔnɛr] *n* warehouseman; packer.

maoïsme [maɔism] *nm Pol:* Maoism. **maoïste** *a & n Pol:* Maoist.

mappemonde [mapmɔ̃d] *nf* map of the world in two hemispheres; **m. céleste,** planisphere.

maquereau, -eaux [makro] *nm* **1.** *Ich:* mackerel **2.** *P:* pimp.

maquerelle [makrɛl] *nf P:* madam.

maquette [makɛt] *nf* **1.** *Sculp:* maquette **2.** model.

maquettiste [makɛtist] *n* model maker.

maquillage [makijaʒ] *nm* **1.** (*a*) making up (of face) (*b*) faking (of pictures) **2.** makeup; **produits de m.,** cosmetics.

maquiller [makije] *vtr* to make up (s.o.'s face) (*b*) to fake (pictures) **2. se m.,** to make up (one's face).

maquilleur, -euse [makijœr, -øz] cosmetician; *Cin: Th:* make-up man; make-up woman, girl.

maquis [maki] *nm* (*a*) *Geog:* maquis; scrub, bush (*b*) (*1939–45 war*) maquis; underground forces; **prendre le m.,** to go underground.

maquisard [makizar] *nm* (*1939–45 war*) maquis.

maraîchage [marɛʃaʒ] *nm* market gardening. **maraîcher, -ère** (*a*) *a* **jardin m.,** market garden; **produits maraîchers,** market garden produce (*b*) *n* market-gardener, *NAm:* truck farmer.

marais [marɛ] *nm* marsh(land); bog, fen; swamp; **m. salant,** saltmarsh.

marasme [marasm] *nm* (*a*) stagnation, slackness, slump (*b*) depression, dejection.

marathon [maratɔ̃] *nm Sp:* marathon; *Pol:* marathon debate.

marâtre [marɑtr̥] *nf* **la méchante m.**, the wicked stepmother.

maraude [marod] *nf* (*a*) pilfering, petty thieving (*b*) **taxi en m.**, cruising taxi.

marauder [marode] *vi* to thieve, pilfer.

maraudeur, -euse [marodœr, -øz] *n* (*a*) marauder (*b*) petty thief; prowler.

marbre [marbr̥] *nm* **1.** (*a*) marble (*b*) marble (statue) (*c*) marble top **2.** *Typ:* press stone. **marbré** *a* marbled; mottled; veined.

marbrier [marbrije] *nm* monumental mason.

marbrure [marbryr] *nf* marbling, veining; mottling.

marc [mar] *nm* **1.** marc (of grapes); **(eau de vie de) m.**, marc (brandy) **2. m. de café**, coffee grounds.

marcassin [markasɛ̃] *nm* young wild boar.

marchand, -ande [marʃɑ̃, -ɑ̃d] **1.** *n* merchant; dealer; shopkeeper; tradesman; **m. en gros, de détail**, wholesaler, retailer; **m. de légumes**, greengrocer; **m. de poisson**, fishmonger; **m. de tabac**, tobacconist; **m. ambulant**, hawker; **m. de quatre saisons**, costermonger **2.** *a* (*a*) commercial; saleable, marketable (article); market (price) (*b*) **marine marchande**, merchant navy.

marchandage [marʃɑ̃daʒ] *nm* bargaining, haggling.

marchander [marʃɑ̃de] *vtr* (*a*) to haggle, to bargain, over (sth) (*b*) **il ne marchande pas sa peine**, he spares no efforts (to do sth).

marchandise [marʃɑ̃diz] *nf* merchandise, goods; commodity; *Nau:* cargo; **train de marchandises**, freight train; **étaler sa m.**, to make the most of oneself.

marche [marʃ] *nf* **1.** step, stair **2.** (*a*) walking; **aimer la m.**, to be fond of walking; **ralentir sa m.**, to slacken one's pace; **se mettre en m.**, to set out, start off; **deux heures de m.**, two hours' walk (*b*) *Mil: etc:* march; **ordres de m.**, marching orders; **ouvrir la m.**, to lead the way; **fermer la m.**, to bring up the rear (*c*) *Mus:* **m. funèbre**, funeral march **3.** (*a*) running (of trains); sailing (of ships); **mettre en m. un service**, to start, run, a service (*b*) **en m.**, moving; **m. arrière**, reversing (of car); **entrer dans le garage en m. arrière**, to back into the garage **4.** (*a*) running, working (of machine); (*of machine*) **être en m.**, to be running, working; **mettre en m.**, to start (a machine) (*b*) course (of events); march (of time).

marché [marʃe] *nm* **1.** (*a*) dealing, buying; **m. noir, gris**, black, grey, market; **faire son m.**, to do one's shopping (*b*) deal, bargain; **conclure un m.**, to strike a bargain; **(c'est) m. conclu**, it's a bargain; *F:* done! **par-dessus le m.**, into the bargain (*c*) **acheter qch (à) bon m.**, to buy sth cheap(ly); **(à) meilleur m.**, cheaper; **articles bon m.**, low-priced goods; bargains **2.** market; **m. aux puces**, flea market; **lancer un article sur le m.**, to market an article; **le M. commun**, the Common Market.

marchepied [marʃəpje] *nm* (*a*) steps (of train) (*b*) *Aut:* runningboard.

marcher [marʃe] *vi* **1.** to tread; **m. sur les pieds de qn**, to tread on s.o.'s toes; **ne marchez pas sur les pelouses**, keep off the grass **2.** (*a*) to walk, go; **boiter en marchant**, to limp; **deux choses qui marchent toujours ensemble**, two things that always go together; **façon de m.**, gait (*b*) *F:* to obey orders; **faire m. qn**, (i) to order s.o. about (ii) to pull s.o.'s leg; **il marchera**, he'll do it; **je ne marche pas!** nothing doing! (*c*) *Mil: etc:* to march; **en avant, marche!** quick march! **3.** (*a*) (*of trains*) to move, travel, go; (*of ships*) to sail; (*of plans*) to progress; **le temps marche**, time goes on; **les affaires marchent**, business is brisk; **est-ce que ça marche?** are you getting on all right? **la répétition a bien marché**, the rehearsal went well (*b*) (*of machine*) to work, run, go; **ma montre ne marche plus**, my watch won't go.

marcheur, -euse [marʃœr, -øz] *n* walker.

mardi [mardi] *nm* Tuesday; **m. gras**, Shrove Tuesday.

mare [mar] *nf* (stagnant) pool; pond; **m. de sang**, pool of blood.

marécage [marekaʒ] *nm* marsh; bog, swamp. **marécageux, -euse** *a* marshy, boggy, swampy.

maréchal, -aux [mareʃal, -o] *nm* **1. m.-ferrant**, blacksmith; farrier **2.** marshal (of royal household) **3.** *Mil:* (*a*) **m. (de France)** = field marshal (*b*) **m. des logis**, sergeant (in mounted arms).

marée [mare] *nf* **1.** tide; **m. haute, basse**, high, low, water; high, low, tide; **m. montante, descendante**, flood tide, ebb tide; **port de m.**, tidal harbour; **m. humaine**, flood of people; **m. noire**, oil slick **2.** fresh (seawater) fish; **train de m.**, fish train; **arriver comme m. en carême**, to be inevitable.

marelle [marɛl] *nf* hopscotch.

margarine [margarin] *nf* margarine.

marge [marʒ] *nf* **1.** (*a*) border, edge (of ditch, road); **vivre en m. (de la société)**, (i) to lead a quiet life (ii) to live on the fringe of society (*b*) margin (of book); **note en m.**, marginal note **2. m. de sécurité**, safety margin; **m. d'erreur**, margin of error; **avoir de la m.**, to have plenty of (i) time (ii) scope; *Com:* **m. bénéficiaire**, profit margin. **marginal, -ale, -aux 1.** *a* (*a*) marginal (note); secondary (consideration) (*b*) *Com:* **prix m.**, marginal cost (*c*) nonconformist **2.** *n* misfit.

marguerite [margərit] *nf Bot:* **(petite) m.**, daisy; **grande m.**, oxeye daisy, marguerite.

mari [mari] *nm* husband.

mariage [marjaʒ] *nm* (*a*) marriage; matrimony; **m. d'amour**, love match (*b*) wedding; **m. religieux**, church wedding; **m. civil**, civil marriage = register office; **acte de m.**, marriage certificate; **demande en m.**, proposal (of marriage) (*c*) marriage, blend (of colours).

marié, -ée [marje] *a & n* married (person); **nouveau m., nouvelle mariée, le, la, marié(e)**, (the) bridegroom, (the) bride; **nouveaux mariés**, newlyweds; **robe de mariée**, wedding dress.

marier [marje] *vtr* (*impf & pr sub* **n. mariions**) **1.** (*a*) (*of priest*) to marry (a couple) (*b*) to marry off (daughter); **fille à m.**, marriageable daughter (*c*) to join, unite; to blend (colours) **2. se m.**, to marry, to get married; **se m. avec qn**, to marry s.o.; (*of colour*) **se m. avec qch**, to blend with sth.

marihuana [mariɥana], **marijuana** [mariʒɥana] *nf* marihuana, marijuana.

marin, -ine¹ [marɛ̃, -in] **1.** *a* marine (plant, engine); **carte marine**, sea chart; **mille m.**, nautical mile; **costume m.**, sailor suit; **avoir le pied m.**, to have one's sea legs **2.** *nm* sailor, seaman; **se faire m.**, to go to sea; **m. d'eau douce**, landlubber.

marina [marina] *nf* marina.
marinade [marinad] *nf Cu:* (*a*) pickle (*b*) marinade.
marine[2] [marin] *nf* **1.** seamanship; **terme de m.,** nautical term **2.** the sea service; **la m. marchande,** the merchant navy; **la m. de guerre,** the navy; **officier de m.,** naval officer **3.** *a inv* navy-blue **4.** *nm* (Royal) Marine.
mariner [marine] *vtr* (*a*) to pickle; to salt; to souse (*b*) *Cu:* to marinate, to marinade.
marionnette [marjɔnɛt] *nf* puppet; **m. à gaine,** glove puppet; **m. (à fil),** marionette; **(spectacle de) marionnettes,** puppet show.
marionnettiste [marjɔnɛtist] *n* puppeteer.
marital, -aux [marital, -o] *a* marital; husband's (authority). **maritalement** *adv* maritally; **vivre m.,** to cohabit.
maritime [maritim] *a* maritime; **ville m.,** seaboard town; **commerce m.,** seaborne trade; **assurance m.,** marine insurance; **agent m.,** shipping agent; **arsenal m.,** naval dockyard; *Rail:* **gare m.,** harbour station.
marjolaine [marʒɔlɛn] *nf Bot:* (sweet) marjoram.
marmaille [marmɑj] *nf coll F:* children; kids, brats.
marmelade [marməlad] *nf* (*a*) compote (of fruit); **m. de pommes,** stewed apples (*b*) **m. (d'oranges),** (orange) marmalade (*c*) *F:* **mettre en m.,** to reduce to a pulp.
marmite [marmit] *nf* (*a*) (cooking) pot; (stew)pan; **m. à conserves,** preserving pan; **m. autoclave,** pressure cooker (*b*) *Mil:* dixie, camp kettle.
marmonnement [marmɔnmɑ̃] *nm* mumbling, muttering.
marmonner [marmɔne] *vtr* to mumble, mutter.
marmot [marmo] *nm F:* child, brat.
marmotte [marmɔt] *nf Z:* marmot.
marmotter [marmɔte] *vtr* to mumble, mutter.
Maroc [marɔk] *Prnm Geog:* Morocco. **marocain, -aine** *a & n* Moroccan.
maroquin [marɔkɛ̃] *nm* (*a*) morocco (leather) (*b*) minister's portfolio.
maroquinerie [marɔkinri] *nf Com:* (*a*) fancy leather work (*b*) morocco-leather goods trade (*c*) (fancy) leather shop.
maroquinier [marɔkinje] *nm* dealer in fancy leather goods.
marotte [marɔt] *nf* fad, hobby.
marque [mark] *nf* **1.** mark; **m. (de fabrique),** trademark; brand; **m. déposée,** registered trademark; **produits de m.,** branded goods; **m. courante,** standard make; **personnage de m.,** distinguished, prominent, person; **porter la m. du génie,** to bear the stamp of genius; **marques d'amitié,** tokens of friendship **2.** marker; marking tool **3.** (*a*) *Games:* score (*b*) *Games:* counter (*c*) *Sp:* **à vos marques! prêts? partez!** on your marks! get set! go!
marquer [marke] **1.** *vtr* (*a*) to mark; to put a mark on (sth); *Com:* **prix marqué,** list price (*b*) to record, note; *Games:* **m. un but,** to score a goal; **m. les points,** to keep the score (*c*) to indicate, show; **la pendule marque dix heures,** the clock says ten o'clock; **m. le pas,** to mark time **2.** *vi* (*a*) (*of pencil*) to write (*b*) to stand out, make a mark; **notre famille n'a jamais marqué,** our family has never been outstanding. **marquant** *a* prominent, outstanding (incident, personality). **marqué** *a* marked, unmistakable (difference); pronounced (features); distinct (inclination).
marqueur [markœr] *nm* (felt-tip) marker (pen).
marquis [marki] *nm* marquis, marquess.
marquise [markiz] *nf* **1.** marchioness **2.** (*a*) awning (*b*) canopy; glass porch.
marraine [marɛn] *nf* godmother; sponsor (at baptism); christener (of ship).
marrant [marɑ̃] *a F:* funny; *Iron:* **tu n'es pas m.,** you're not much fun.
marre [mar] *adv P:* **en avoir m. de qch, de qn,** to be fed up with sth, s.o.; **j'en ai m.,** I've had enough.
marrer (se) [səmare] *vpr F:* to laugh, to kill oneself laughing; **tu me fais m.,** you make me laugh.
marron [marɔ̃] **1.** *nm* (*a*) (edible) chestnut; **m. glacé,** glacé chestnut (*b*) **m. d'Inde,** horse chestnut (*c*) *P:* blow, thump, clout **2.** *a inv & nm* chestnut (brown).
marronnier [marɔnje] *nm* chestnut tree; **m. d'Inde,** horse-chestnut tree.
Mars [mars] **1.** *Prnm Myth: Astr:* Mars **2.** *nm* **au mois de m., en m.,** in (the month of) March; **le premier m.,** (on) the first of March; **le sept m.,** (on) the seventh of March; **blé de m.,** spring wheat.
Marseille [marsɛj] *Prn Geog:* Marseille(s). **marseillais, -aise** *a & n Geog:* Marseillais; **la Marseillaise,** the Marseillaise.
marsouin [marswɛ̃] *nm Z:* porpoise.
marteau, -eaux [marto] **1.** *nm* (*a*) hammer; **m. pneumatique,** pneumatic drill; **m. piqueur,** hammer drill; **entre l'enclume et le m.,** between the devil and the deep blue sea (*b*) (door) knocker; striker (of clock) **2.** *a F:* crazy, round the bend.
marteau-pilon [martopilɔ̃] *nm* power hammer; *pl marteaux-pilons.*
martèlement [martɛlmɑ̃] *nm* hammering.
marteler [martəle] *vtr* **(je martèle)** to hammer; **m. à froid,** to cold-hammer; **m. ses mots,** to hammer out one's words.
martial, -aux [marsjal, -o] *a* martial; warlike; soldierly (bearing); **loi martiale,** martial law; **cour martiale,** court martial.
martien, -ienne [marsjɛ̃, -jɛn] *a & n* Martian.
martinet [martinɛ] *nm* **1.** strap **2.** *Orn:* swift.
martin-pêcheur [martɛ̃pɛʃœr] *nm Orn:* kingfisher; *pl martins-pêcheurs.*
martre [martr̥] *nf Z:* marten; **m. zibeline,** sable; **m. du Canada,** mink.
martyre[1] [martir] *nm* martyrdom; **souffrir le m.,** to suffer agonies; **mettre qn au m.,** to torture s.o. **martyr, -yre**[2] *a & n* martyr; **peuple m.,** martyred people.
martyriser [martirize] *vtr* **1.** to martyr (s.o.) **2.** to martyrize, to torture; to make a martyr of (s.o.).
marxisme [marksism] *nm Pol:* Marxism. **marxiste** *a & n* Marxist.
mas [ma(s)] *nm* farm, farmhouse (in Provence).
mascara [maskara] *nm Toil:* mascara.
mascarade [maskarad] *nf* masquerade.
mascaret [maskarɛ] *nm* bore, tidal wave (in estuary).
mascotte [maskɔt] *nf* mascot; charm.
masculin [maskylɛ̃] **1.** *a* (*a*) male (*b*) masculine **2.** *a & nm Gram:* masculine (gender); **au m.,** in the masculine.

maso [mazo] *F:* **1.** *a* masochistic **2.** *n* masochist.
masochisme [mazɔʃism] *nm* masochism. **masochiste 1.** *a* masochistic **2.** *n* masochist.
masque [mask] *nm* mask; **m. à gaz,** gas mask; **m. à oxygène,** oxygen mask; **m. de plongée,** (skin-diver's) mask; **m. (antirides, facial),** face pack; **m. mortuaire,** death mask.
masquer [maske] *vtr* **1.** (*a*) to mask; to put a mask on (s.o.); **bal masqué,** masked ball (*b*) to hide, screen, conceal (sth); to shade (light); to disguise (smell); *Aut:* **virage masqué,** blind corner **2. se m.,** to hide, to conceal oneself.
massacre [masakr̥] *nm* massacre, slaughter; butchery.
massacrer [masakre] *vtr* **1.** to massacre, slaughter, butcher **2.** *F:* to bungle, spoil (work); to murder (music); to ruin (clothes). **massacrante** *af* (*used in phr*) **être d'une humeur m.,** to be in a vile temper.
massacreur, -euse [masakrœr, -øz] *n F:* bungler.
massage [masaʒ] *nm* massage.
masse¹ [mas] *nf* **1.** (*a*) mass; **tomber comme une m.,** to fall heavily; **en m.,** (i) en masse (ii) as a whole; **exécutions en m.,** mass executions; *F:* **avoir des livres en m.,** to have masses of books; **taillé dans la m.,** carved in the block (*b*) mass, crowd; **les masses, la m.,** the masses; **la m. de,** the majority of; *F:* **il n'y en a pas des masses,** there aren't an awful lot **2.** *Fin:* **m. monétaire,** money supply **3.** *El:* earth; **mettre le courant à la m.,** to earth the current; *AtomPh:* **m. critique,** critical mass.
masse² *nf* **1.** sledgehammer **2.** (*a*) *AArms:* **m. (d'armes),** mace (*b*) (ceremonial) mace.
massepain [maspɛ̃] *nm* marzipan.
masser¹ [mase] *vtr* **1.** to mass (crowds) **2. se m.,** to mass; to form a crowd.
masser² *vtr* to massage.
masseur, -euse [masœr, -øz] *n* masseur, masseuse.
massif, -ive [masif, -iv] **1.** *a* (*a*) massive, bulky (*b*) solid (silver) (*c*) **action massive,** mass attack; **dose massive,** massive dose **2.** *nm* (*a*) clump (of shrubs) (*b*) *Geog:* mountain mass; massif. **massivement** *adv* en masse, in a body.
mass(-)media [masmedja] *nmpl* mass media.
massue [masy] *nf* club, bludgeon; **coup de m.,** staggering blow.
mastic [mastik] *nm* **1.** (*a*) mastic (resin) (*b*) cement, mastic compound; (*for windows*) putty; (*for wood*) filler **2.** *a inv* putty-coloured.
mastiquer [mastike] *vtr* **1.** to cement; to fill in (cracks); to putty (window) **2.** to masticate, chew.
mastodonte [mastɔdɔ̃t] *nm* **1.** *Paleont:* mastodon **2.** (*pers*) colossus.
masturbation [mastyrbasjɔ̃] *nf* masturbation.
masturber [mastyrbe] *vtr & pr* to masturbate.
m'as-tu-vu [matyvy] **1.** *a* conceited **2.** *n inv* show-off.
masure [mazyr] *nf* hovel, shanty.
mat¹ [mat] *a* mat(t), unpolished, dull; **son m.,** dull sound; thud.
mat² *Chess:* **1.** *a inv* checkmated **2.** *nm* (check)mate.
mât [mɑ] *nm* (*a*) mast, pole; **m. d'artimon,** mizzenmast; **m. de misaine,** foremast; **m. de charge,** cargo boom; derrick (*b*) **m. de tente,** tent pole; **m. de cocagne,** greasy pole.
match [matʃ] *nm Sp:* match; **m. prévu,** fixture; **faire m. nul,** to tie, draw; *pl matchs, matches* [matʃ].
matelas [matla] *nm* mattress; **m. pneumatique,** inflatable mattress; air mattress.
matelasser [matlase] *vtr* to pad, quilt, cushion, stuff (chair); **enveloppe matelassée,** padded envelope; Jiffy bag (*Rtm*).
matelot [matlo] *nm* sailor, seaman.
mater [mate] *vtr* (*a*) *Chess:* to (check)mate (*b*) to subdue, tame (s.o.); to bring (s.o.) to heel.
matérialisation [materjalizasjɔ̃] *nf* materialization.
matérialiser [materjalize] *vtr & pr* to materialize.
matérialisme [materjalism] *nm* materialism. **matérialiste 1.** *a* materialistic **2.** *n* materialist.
matériau [materjo] *nm CivE:* (building) material.
matériaux [materjo] *nmpl* material(s).
matériel, -elle [materjɛl] **1.** *a* (*a*) material, physical (body) (*b*) materialistic, sensual (pleasures, mind) (*c*) **besoins matériels,** bodily needs **2.** *nm* (*a*) equipment; material; plant; **m. agricole,** farm machinery, implements; *Rail:* **m. roulant,** rolling-stock; **m. de camping,** camping equipment; **m. scolaire,** school equipment (*b*) *Cmptr:* hardware. **matériellement** *adv* **1.** materially **2.** absolutely, literally (impossible, etc).
maternité [maternite] *nf* **1.** (*a*) maternity, motherhood (*b*) pregnancy **2.** maternity hospital. **maternel, -elle** *a* **1.** maternal; motherly (care); **école maternelle,** *nf* **la maternelle,** nursery school **2.** (*a*) **aïeul m.,** maternal grandfather (*b*) **langue maternelle,** mother tongue. **maternellement** *adv* maternally.
math(s) [mat] *nfpl Sch: F:* maths; **fort en m.,** good at maths.
mathématicien, -ienne [matematisjɛ̃, -jɛn] *n* mathematician.
mathématique [matematik] **1.** *a* mathematical **2.** *nfpl* mathematics. **matheux, -euse** *n F:* maths fiend.
matière [matjɛr] *nf* **1.** matter, material, substance; **matière(s) première(s),** raw material(s); **m. grasse,** fat; **m. plastique,** plastic **2.** subject (matter); (school) subject; topic, theme; **table des matières,** (table of) contents (of book); **entrer en m.,** to broach the subject; **il n'y a pas m. à rire,** it's no laughing matter; **en m. de musique,** as far as music is concerned.
matin [matɛ̃] *nm* morning; **quatre heures du m.,** four o'clock in the morning; **de grand m.,** early in the morning; **rentrer au petit m.,** to come home very early in the morning; **un de ces (quatre) matins,** one of these (fine) days. **matinal, -aux** *a* **1.** morning (breeze); **à cette heure matinale,** at this early hour **2. être m.,** to be an early riser.
matinée [matine] *nf* **1.** morning; **dans la m.,** in (the course of) the morning; **faire (la) grasse m.,** to sleep late, *F:* to have a lie-in **2.** *Th: etc:* matinée, afternoon performance.
matois, -oise [matwa, -waz] **1.** *a* sly, cunning, crafty **2.** *n* crafty person; **fin m.,** sly devil.
matou [matu] *nm* tom(cat).
matraquage [matrakaʒ] *nm* bludgeoning, beating

up; **m. publicitaire,** hype.

matraque [matrak] *nf* (*a*) (policeman's) truncheon, *NAm:* billy (club) (*b*) cosh; *F:* **coup de m.,** overcharging (in restaurant).

matraquer [matrake] *vtr* to club; *Fig:* to plug away at (piece of music, slogan, etc).

matrice [matris] *nf* (*a*) *Anat:* womb (*b*) *Metalw:* die; mould (*c*) *Mth:* matrix.

matricule [matrikyl] *a & nm* **(numéro) m.,** (regimental, administrative) number.

matrimonial, -aux [matrimɔnjal, -o] *a* matrimonial.

matrone [matrɔn] *nf* matron.

maturation [matyrasjɔ̃] *nf* maturing.

mâture [mɑtyr] *nf* masts; masts and spars; **dans la m.,** aloft.

maturité [matyrite] *nf* maturity; ripeness; **venir à m.,** to come to maturity.

maudire [modir] *vtr* (*prp* **maudissant;** *pp* **maudit;** *pr sub* **je maudisse;** *ph* **je maudis**) to curse. **maudit 1.** *a* (*a*) (ac)cursed (*b*) **quel m. temps!** what awful weather! **2.** *n* **le M.,** the Devil; **les maudits,** the damned.

maugréer [mogree] *vi* to curse, fume; to grumble **(contre,** at).

Maurice [mɔris] *Prnm* Maurice; *Geog:* **l'île M.,** Mauritius.

mausolée [mozɔle] *nm* mausoleum.

maussade [mosad] *a* (*a*) surly, sullen; sulky; disgruntled (*b*) **temps m.,** dull, gloomy, weather.

mauvais [mɔvɛ] *a* (*a*) evil, ill; wicked (person); **mauvaise action,** wrong(doing); **de plus en plus m.,** worse and worse; **le plus m.,** the worst; **avoir l'air m.,** to look (i) wicked (ii) vicious; **c'est un m. sujet,** he's a bad lot (*b*) ill-natured; **c'est une mauvaise langue,** she's a gossip (*c*) nasty, unpleasant; bad (breath, dream); rough (sea); **m. temps,** bad weather; **m. pas,** tight spot; **trouver qch m.,** to dislike sth; **prendre qch en mauvaise part,** to take offence at sth; *adv* **sentir m.,** to smell bad; **il fait m.,** the weather is bad (*d*) **m. pour la santé,** bad for the health (*e*) imperfect, inadequate; **mauvaise santé,** poor health; **il a fait une mauvaise bronchite,** he's had a bad attack of bronchitis; **faire de mauvaises affaires,** to be doing badly (in business); **m. frein,** defective brake (*f*) wrong; **c'est la mauvaise clef,** it's the wrong key; **rire au m. endroit,** to laugh in the wrong place.

mauve [mov] **1.** *nf Bot:* mallow **2.** *a & nm* mauve.

mauviette [movjɛt] *nf F: Pej:* weed.

maxi [maksi] **1.** *a inv* (*a*) **robe m.,** maxidress (*b*) *F:* maximum (speed, etc) **2.** *adv F:* at most; at the maximum.

maxillaire [maksilɛr] *a Anat:* maxillary; *a & nm* **(os) m.,** jawbone.

maxime [maksim] *nf* maxim.

maximum [maksimɔm] **1.** *nm* maximum; **porter la production au m.,** to raise production to a maximum; *pl maximums, maxima* **2.** *a usu inv* **rendement m.,** maximum output. **maximal, -aux** *a* maximal; maximum (effect).

mayonnaise [majɔnɛz] *nf Cu:* mayonnaise.

mazout [mazut] *nm* (fuel) oil; **chauffage central au m.,** oil-fired central heating.

M^e^ *abbr Jur: Maître.*

me [m(ə)] *before a vowel sound* **m',** *pers pron* (*a*) (*acc*) me; **il m'aime,** he loves me; **me voici,** here I am (*b*) (*with pr vbs*) myself; **je me suis dit que,** I said to myself that.

méandre [meɑ̃dr] *nm* meander (of river); winding (of road).

mec [mɛk] *nm P:* chap, guy, bloke.

mécanicien, -ienne [mekanisjɛ̃, -jɛn] **1.** *n* (*a*) (garage) mechanic; **m. dentiste,** dental mechanic (*b*) *Nau:* engineer; *Rail:* engine driver, *NAm:* engineer; *Av:* **m. de bord, m. navigant,** flight engineer **2.** *nf* **mécanicienne,** machinist (on sewing machine). **mécanique 1.** *a* mechanical; clockwork (toy); **industries mécaniques,** mechanical engineering industries **2.** *nf* (*a*) mechanics (*b*) engineering (*c*) mechanism, piece of machinery. **mécaniquement** *adv* mecanically.

mécanisation [mekanizasjɔ̃] *nf* mechanization.

mécaniser [mekanize] *vtr* to mechanize.

mécanisme [mekanism] *nm* **1.** mechanism, machinery; works **2.** working; technique.

mécanographie [mekanɔgrafi] *nf* (*a*) data processing (*b*) data processing department.

mécénat [mesena] *nm* arts sponsorship.

mécène [mesɛn] *nm* patron (of the arts).

méchanceté [meʃɑ̃ste] *nf* **1.** (*a*) wickedness, mischievousness (*b*) unkindness, spitefulness; **faire qch par m.,** to do sth out of spite **2.** spiteful act, remark; **quelle m.!** what a nasty thing to do, to say! **méchant, -ante** *a* (*a*) unpleasant, disagreeable; **être de méchante humeur,** to be in a (bad) temper (*b*) spiteful, malicious, unkind (pers); (*c*) (*of pers*) wicked, evil; (*of child*) naughty, mischievous; *n* **petit m.!** you naughty boy! **les méchants,** the wicked; (*in films*) the bad guys (*d*) vicious (animal); *PN:* **chien m.** = beware of the dog. **méchamment** *adv* (*a*) spitefully, maliciously (*b*) mischievously.

mèche¹ [mɛʃ] *nf* **1.** (*a*) wick (*b*) fuse (of mine); *F:* **vendre la m.,** to give the game away **2.** lock (of hair); **m. postiche,** hairpiece **3.** *Tls:* bit, drill.

mèche² *nf F:* **être de m. avec,** to be in cahoots with; **y a pas m.,** no way.

mécompte [mekɔ̃t] *nm* **1.** miscalculation; error **2.** mistaken judgment; disappointment; **il a eu un grave m.,** he's been badly let down.

méconnaissance [mekɔnɛsɑ̃s] *nf* failure to recognize (s.o.'s talent); misreading (of the facts); ignoring (one's obligations).

méconnaître [mekɔnɛtr] *vtr* (*conj like* CONNAÎTRE) to fail to recognize; to fail to appreciate (s.o.'s talent); to disregard (duty); **m. les faits,** to ignore the facts. **méconnaissable** *a* hardly recognizable, unrecognizable. **méconnu** *a* unrecognized, unappreciated; misunderstood.

mécontentement [mekɔ̃tɑ̃tmɑ̃] *nm* dissatisfaction **(de,** with); displeasure **(de,** at); discontent; annoyance. **mécontent, -ente 1.** *a* discontented, dissatisfied **(de,** with); **il est m. de ce que vous avez dit,** he's annoyed by what you said **2.** *n* malcontent.

mécontenter [mekɔ̃tɑ̃te] *vtr* to dissatisfy, displease, annoy (s.o.).

Mecque (la) [lamɛk] *Prnf Geog:* Mecca.

médaille [medaj] *nf* **1.** medal; **le revers de la m.,** the other side of the picture **2.** (official) badge. **médaillé, -ée 1.** *a* holding a medal **2.** *n* medal-holder.

médaillon [medajɔ̃] *nm* medallion; locket.

médecin [mɛdsɛ̃] *nm* doctor, physician; **femme m.,** woman doctor; **m. généraliste,** general practitioner; GP; **m. consultant,** consultant; **m. légiste,** forensic pathologist; **m. militaire,** army medical officer.

médecine [mɛdsin] *nf* (art of) medicine; **m. générale,** general practice; **m. légale,** forensic medicine; **m. du travail,** industrial medicine.

media [medja] *nmpl* media.

médiateur, -trice [medjatœr, -tris] *n* mediator; intermediary.

médiathèque [medjatɛk] *nf* media library.

médiation [medjasjɔ̃] *nf* mediation.

médiatique [medjatik] *a* media-.

médical, -aux [medikal, -o] *a* medical. **médicalement** *adv* medically.

médicament [medikamɑ̃] *nm* medicine, drug.

médicinal, -aux [medisinal, -o] *a* medicinal.

médiéval, -aux [medjeval, -o] *a* medi(a)eval.

médiocrité [medjɔkrite] *nf* mediocrity; **les médiocrités,** second-raters. **médiocre** *a* mediocre; second-rate, moderate (ability); **vin m.,** poor wine. **médiocrement** *adv* indifferently, poorly.

médire [medir] *vi* (*conj like* DIRE, *except pr ind and imp* **médisez) m. de qn,** to speak ill of s.o.; to slander s.o.; to run s.o. down.

médisance [medizɑ̃s] *nf* (*a*) slander; scandal-mongering (*b*) (piece of) scandal, slander. **médisant, -ante 1.** *a* slanderous **2.** *n* slanderer, scandal-monger.

méditation [meditasjɔ̃] *nf* meditation; **plongé dans la m.,** lost in thought. **méditatif, -ive** *a* meditative, thoughtful.

méditer [medite] **1.** *vi* to meditate, to muse **2.** *vtr* to contemplate, meditate (on) (sth); to have (an idea) in mind.

Méditerranée [meditɛrane] *Prnf Geog:* **la M.,** the Mediterranean. **méditerranéen, -enne** *a* Mediterranean.

médium [medjɔm] *nm Psychics:* medium.

méduse [medyz] *nf* jellyfish.

méduser [medyze] *vtr F:* to petrify; to paralyse, stupefy.

meeting [mitiŋ] *nm Pol: Sp:* meeting, rally; **m. aérien,** air show; **m. d'athlétisme,** athletics meeting.

méfait [mefɛ] *nm* misdeed; misdemeanour; **méfaits d'un orage,** storm damage.

méfiance [mefjɑ̃s] *nf* distrust; mistrust; suspicion; **avec m.,** distrustfully; **sans m.,** unsuspectingly. **méfiant, -ante** *a* distrustful, suspicious.

méfier (se) [səmefje] *vpr* (*impf & pr sub* **n. n. méfiions)** (*a*) **se m. de qn,** to distrust, mistrust, s.o.; **méfiez-vous des voleurs,** beware of pickpockets (*b*) to be on one's guard.

mégalo [megalo] *a F:* megalomaniac.

mégalomanie [megalɔmani] *nf* megalomania. **mégalomane** *a & n* megalomaniac.

mégalopole [megalopɔl] *nf* megalopolis.

mégarde (par) [parmegard] *adv phr* inadvertently; accidentally; by mistake.

mégère [meʒɛr] *nf* shrew, termagant.

mégot [mego] *nm F:* cigarette end; fag end; butt (of cigar).

mégoter [megɔte] *vi F:* to skimp (**sur,** on)

meilleur [mɛjœr] *a* **1.** (*comp of* **bon**) better; **rendre qch m.,** to improve sth; **je ne connais rien de m.,** I don't know anything better; **de meilleure heure,** earlier; **m. marché,** cheaper; *adv* **il fait m.,** the weather's better **2.** (*sup of* **bon**) (*a*) **le meilleur,** (i) the better (of two) (ii) the best; **m. ami,** best friend (*b*) *n* **que le m. gagne,** may the best man win; **pour le m. et pour le pire,** for better (or) for worse; *Sp:* **prendre le m. sur qn,** to get the better of s.o.

mélancolie [melɑ̃kɔli] *nf* melancholy, dejection, gloom. **mélancolique** *a* melancholy, gloomy.

mélange [melɑ̃ʒ] *nm* **1.** mixing; blending (of tea); crossing (of breeds) **2.** mixture; blend; cross (of breeds); miscellany; mix (of cement); **sans m.,** unmixed, unadulterated; **m. détonant,** explosive mixture.

mélanger [melɑ̃ʒe] *vtr* **(n. mélangeons) 1.** to mix, to mingle; to blend (teas); **m. tous les dossiers,** to mix up all the files **2. se m.,** to mix, mingle, blend.

mélasse [melas] *nf* molasses, treacle; **m. raffinée,** golden syrup; *F:* **être dans la m.,** to be in the soup, in a mess.

mêlée [mele] *nf* (*a*) conflict; fray, mêlée (*b*) *F:* scuffle, tussle, free-for-all (*c*) *Rugby Fb:* scrum.

mêler [mele] *vtr* **1.** (*a*) to mix, mingle, blend; **il est mêlé à tout,** he's got a finger in every pie (*b*) to mix up, jumble up, muddle (up) (papers); to tangle (hair); to confuse; to shuffle (cards); *F:* **vous avez bien mêlé les cartes!** a nice mess you've made of it! (*c*) **m. qn à qch,** to involve s.o. in sth; **m. qn à la conversation,** to bring s.o. into the conversation **2. se m.,** to mix, mingle, blend; **se m. à la foule,** to lose oneself in the crowd; **se m. à la conversation,** to join in the conversation; **mêlez-vous de ce qui vous regarde,** mind your own business; **se m. de politique,** to dabble in politics.

mélèze [melɛz] *nm* larch (tree).

méli-mélo [melimelo] *nm F:* muddle, jumble; hotchpotch.

mélo [melo] *F:* **1.** *nm* melodrama **2.** *a* melodramatic.

mélodie [melɔdi] *nf* melody, tune. **mélodieux, -euse** *a* melodious, tuneful. **mélodieusement** *adv* melodiously, tunefully. **mélodique** *a* melodic.

mélodrame [melɔdram] *nm* melodrama. **mélodramatique** *a* melodramatic.

mélomane [melɔman] **1.** *n* music lover **2.** *a* music-loving; **être m.,** to be fond of music.

melon [məlɔ̃] *nm* **1.** *Bot:* melon **2. (chapeau) m.,** bowler (hat).

membrane [mɑ̃bran] *nf* **1.** *Anat:* membrane **2.** *Rec:* diaphragm.

membre [mɑ̃br] *nm* **1.** (*a*) limb; member (*b*) member (of a club, a society, a family); *pl* membership **2.** *Ling: Mth:* member.

membrure [mɑ̃bryr] *nf* (*a*) *coll* limbs; **homme à forte m.,** powerfully built man (*b*) frame(work) (of building).

même [mɛm] **1.** *a* (*a*) same; **être du m. âge,** to be of the same age; **ce m. jour,** that same day; **en m. lieu,** in the same place; **en m. temps,** at the same time;

cela revient au m., it comes to the same thing (*b*) (*following the noun*) very; **aujourd'hui m.**, this very day; **c'est cela m.**, that's the very thing (*c*) self; **elle est la bonté m.**, she's kindness itself; **moi-m.**, myself; **lui-m.**, himself, itself; **elle-m.**, herself, itself; **vous-m.**, yourself; **vous-mêmes**, yourselves; **eux-mêmes, elles-mêmes**, themselves **2.** *adv* even; **m. si je le savais**, even if I knew **3. de m.**, in the same way; **faire de m.**, to do likewise; **il en est de m. des autres**, the same holds good for the others; **de m. que**, (just) as, like; **tout de m.**, all the same; for all that; **boire à m. la bouteille**, to drink straight out of the bottle; **des maisons bâties à m. le trottoir**, houses built flush with the pavement; **couché à m. la terre**, lying on the bare ground; **taillé à m. la pierre**, cut out of solid rock; **à m. la peau**, next to the skin; **être à m. de faire qch**, to be able to do sth; to be in a position to do sth; **il n'est pas à m. de faire ce voyage**, he's not up to making the journey.

mémé [meme] *nf F:* grandma, gran(ny).

mémère [memɛr] *nf F:* **1.** grandma, gran(ny) **2.** *Pej:* (blousy) middle-aged woman.

mémoire¹ [memwar] *nf* (*a*) memory; **il n'a pas de m.**, he's got a bad memory; **si j'ai bonne m.**, if I remember rightly (*b*) recollection, remembrance; **garder la m. de qch**, to keep sth in mind; **rappeler qch à la m. de qn**, to remind s.o. of sth; **j'ai eu un trou de m.**, my mind went blank; **réciter qch de m.**, to recite sth from memory; **de m. d'homme**, within living memory.

mémoire² *nm* **1.** (*a*) memorial; (written) statement; report (*b*) paper, thesis **2.** (contractor's) account; bill (of costs) **3.** *pl* (autobiographical) memoirs.

mémorable [memɔrabl] *a* memorable; eventful (year).

mémorandum [memɔrɑ̃dɔm] *nm* **1.** memorandum, note **2.** notebook.

mémoriser [memɔrize] *vtr* to memorize.

menace [mənas] *nf* threat, menace.

menacer [mənase] *vtr* **(n. menaçons)** to threaten, menace; **m. qn du poing**, to shake one's fist at s.o.; **m. de faire qch**, to threaten to do sth; **la tempête menace**, a storm is brewing. **menaçant** *a* threatening, menacing.

ménage [menaʒ] *nm* **1.** (*a*) housekeeping; **tenir le m.**, to keep house; **pain de m.**, large (homemade) loaf (*b*) **faire le m.**, to do the housework; **faire des ménages**, to go out cleaning; **femme de m.**, cleaner, daily (help) **2. monter son m.**, to furnish one's house **3.** household, family; **jeune m.**, young (married) couple; **se mettre en m.**, to set up house; **faire bon, mauvais, m. (ensemble)**, to live happily, unhappily, together; **scènes de m.**, domestic rows.

ménagement [menaʒmɑ̃] *nm* caution, care; consideration; **avec ménagement(s)**, carefully, cautiously; tactfully; **parler sans ménagement(s)**, to speak bluntly, tactlessly.

ménager¹ [menaʒe] *vtr* **(n. ménageons) 1.** (*a*) to save; to economize on (sth); to use (sth) sparingly; **m. sa santé**, to take care of one's health; **m. qn**, to deal tactfully with s.o.; **ne le ménagez pas**, don't spare him; **sans m. ses paroles**, without mincing one's words (*b*) to contrive, arrange; **m. une surprise à qn**, to prepare a surprise for s.o.; **m. une sortie**, to provide an exit **2. se m.**, to spare oneself, to take care of oneself.

ménager², -ère [menaʒe, -ɛr] **1.** *a* (*a*) household (equipment); **travaux ménagers**, housework; **arts ménagers**, domestic science; **eaux ménagères**, waste water; **Salon des Arts ménagers** = Ideal Home Exhibition (*b*) housewifely (virtues, duties) **2.** *nf* (*a*) housewife; **être bonne ménagère**, to be a good housekeeper (*b*) canteen of cutlery.

ménagerie [menaʒri] *nf* menagerie.

mendiant, -ante [mɑ̃djɑ̃, -ɑ̃t] *n* beggar.

mendicité [mɑ̃disite] *nf* begging.

mendier [mɑ̃dje] *v* (*impf & pr sub* **n. mendiions**) **1.** *vi* to beg **2.** *vtr* to beg (for) (sth).

menée [məne] *nf* intrigue; *pl* (political) schemings; **déjouer les menées de qn**, to outwit s.o.

mener [məne] *vtr* **(je mène) 1.** (*a*) to lead; **m. qn à sa chambre**, to take, show, s.o. to his room (*b*) to be, go, ahead (of); *Fig:* **m. la danse**, to call the tune; **m. le deuil**, to be chief mourner; *Games:* **m. par huit points**, to lead by eight points (*c*) **cela ne mène à rien**, this is getting us nowhere; **cela nous mène à croire que**, that leads us to believe that (*d*) to control, manage; **mari mené par sa femme**, henpecked husband **2.** to drive (horse); to steer (boat) **3.** to manage, conduct (business); **m. une campagne**, to conduct a campaign (**contre**, against); **m. qch à bien**, to bring sth to a successful conclusion; **m. une vie tranquille**, to lead a quiet life.

ménestrel [menɛstrɛl] *nm* minstrel.

meneur, -euse [mənœr, -øz] *n* (*a*) leader; **m. de jeu**, (i) moving spirit (ii) *TV:* quiz master; compère (*b*) ringleader; agitator.

menhir [menir] *nm* menhir; standing stone.

méninge [menɛ̃ʒ] *nf Anat:* meninx, *pl* meninges; *F:* **se torturer les méninges**, to rack one's brains.

méningite [menɛ̃ʒit] *nf Med:* meningitis.

ménopause [menɔpoz] *nf* menopause.

menotte [mənɔt] *nf* **1.** (*child's language*) little hand, handy **2.** *pl* handcuffs.

mensonge [mɑ̃sɔ̃ʒ] *nm* (*a*) lie; *F:* fib; **petit m., m. innocent**, white lie (*b*) lying. **mensonger, -ère** *a* lying; untrue, false; deceitful.

menstruation [mɑ̃stryasjɔ̃] *nf* menstruation.

mensualiser [mɑ̃sɥalize] *vtr* to pay (staff) monthly.

mensualité [mɑ̃sɥalite] *nf* monthly payment. **mensuel, -elle 1.** *a* monthly **2.** *nm* (*a*) monthly magazine (*b*) employee paid monthly. **mensuellement** *adv* monthly.

mensuration [mɑ̃syrasjɔ̃] *nf* measurement; measuring; *F:* (*of woman*) **mensurations**, vital statistics.

mentalité [mɑ̃talite] *nf* mentality. **mental, -aux** *a* mental. **mentalement** *adv* mentally.

menteur, -euse [mɑ̃tœr, -øz] **1.** *a* (*a*) lying (person) (*b*) false, deceptive (appearance) **2.** *n* liar.

menthe [mɑ̃t] *nf Bot:* mint; **m. verte**, spearmint, garden mint; **m. anglaise, poivrée**, peppermint; **pastilles de m.**, (pepper)mints.

mentholée [mɑ̃tɔle] *nf* **cigarette m.**, menthol cigarette.

mention [mɑ̃sjɔ̃] *nf* (*a*) mention; **faire m. de qn**, to refer to, to mention, s.o.; *Sch:* **reçu avec m.** = passed with distinction (*b*) *Post:* endorsement; **m.**

inconnu, endorsed *not known* (*c*) reference (at head of letter).

mentionner [mɑ̃sjɔne] *vtr* to mention.

mentir [mɑ̃tir] *vi* (*prp* **mentant**; *pr ind* **je mens**) to lie; to tell lies; **sans m.!** honestly! **m. à sa réputation,** to belie one's reputation.

menton [mɑ̃tɔ̃] *nm* chin.

menu [məny] **1.** *a* (*a*) small; fine (gravel); slender, slight (figure); tiny; **menue monnaie,** small change (*b*) trifling; petty; **menus détails,** minute, small, details; **menus frais,** minor expenses; **m. fretin,** small fry **2.** *adv* small, fine; **hacher m.,** to chop up small; to mince; **écrire m.,** to write small **3.** *nm* (*a*) **raconter qch par le m.,** to relate sth in detail (*b*) (*in restaurant*) menu.

menuiserie [mənɥizri] *nf* **1.** joinery, woodwork, carpentry **2.** joiner's shop.

menuisier [mənɥizje] *nm* joiner; **m. en meubles, m. ébéniste,** cabinet maker; **m. en bâtiments,** carpenter.

méprendre (se) [səmeprɑ̃dr̥] *vpr* (*conj like* PRENDRE) to be mistaken, to make a mistake (**sur, quant à,** about); **il n'y a pas à s'y m.,** there can be no mistake about it.

mépris [mepri] *nm* contempt, scorn; **avoir du m. pour qn,** to despise s.o.; **au m. de qch,** in defiance of sth; **avec m.,** scornfully, contemptuously.

méprise [mepriz] *nf* mistake, misapprehension.

mépriser [meprize] *vtr* to despise, scorn; to hold (s.o., sth) in contempt. **méprisable** *a* contemptible, despicable. **méprisant** *a* contemptuous, scornful.

mer [mɛr] *nf* (*a*) sea; **la haute m.,** the open sea; **en haute m., en pleine m.,** out at sea; **m. d'huile,** sea as smooth as a millpond; **au bord de la m.,** at the seaside; **gens de m.,** seamen; **partir à la m.,** to go to the seaside; **partir en m.,** to go to sea; **mal de m.,** seasickness; **grosse m.,** heavy sea; **un homme à la m.!** man overboard! **sur m.,** afloat; **prendre la m.,** to put (out) to sea; **mettre une embarcation à la m.,** to lower a boat; *F:* **ce n'est pas la m. à boire,** it's quite easy (*b*) **basse m.,** low water; **m. haute,** high tide.

mercenaire [mɛrsənɛr] *a & n* mercenary.

mercerie [mɛrsəri] *nf* (*a*) haberdashery, *NAm:* notions (*b*) haberdasher's shop, *NAm:* notions store.

merci [mɛrsi] **1.** *adv* (*a*) **m. (bien, beaucoup),** thank you (very much) (*b*) no thank you; **prenez-vous du thé?—(non) m.!** will you have some tea?—no, thank you **2.** *nm* thank(-)you **3.** *nf* mercy; **à la m. de qn,** at s.o.'s mercy; **sans m.,** merciless(ly).

mercier, -ière [mɛrsje, -jɛr] *n* haberdasher.

mercredi [mɛrkrədi] *nm* Wednesday; **le m. des Cendres,** Ash Wednesday.

mercure [mɛrkyr] *nm Ch:* mercury.

merde [mɛrd] *nf P:* **1.** (*excrement*) shit **2. il est dans la m.,** he's in a hell of a mess; **foutre la m.,** to cause chaos **2.** *int* shit! bloody hell!

mère [mɛr] *nf* **1.** (*a*) mother; **m. de famille,** mother, housewife; **m. célibataire,** unmarried mother (*b*) *F:* **la m. Dupont,** old Mrs Dupont (*c*) *Ecc:* **M. supérieure,** Mother Superior **2.** (*a*) **la reine m.,** the Queen Mother (*b*) *Com:* **société m.,** parent company.

mère-patrie [mɛrpatri] *nf* mother country; *pl mères-patries.*

merguez [mɛrgɛz] *nf* spiced sausage.

méridien, -ienne [meridjɛ̃, -jɛn] *a & nm* meridian.

méridional, -aux [meridjɔnal, -o] **1.** *a* south(ern); of, from, the south of France **2.** *n* southerner; southern Frenchman.

meringue [mərɛ̃g] *nf Cu:* meringue.

mérinos [merinos] *nm* (*sheep, cloth*) merino.

merise [məriz] *nf* wild cherry.

merisier [mərizje] *nm* wild cherry (tree).

méritant [meritɑ̃] *a* deserving.

mérite [merit] *nm* (*a*) merit; worth; **chose de peu de m.,** thing of little worth, value; **s'attribuer le m. de qch,** to take the credit for sth (*b*) excellence, talent; **homme de m.,** man of talent, of ability.

mériter [merite] *vtr* **1.** to deserve, merit; **il n'a que ce qu'il mérite,** he's got what he deserves; it serves him right; **cela mérite d'être vu,** it's worth seeing **2. voilà ce qui lui a mérité cette renommée,** that is what earned him this fame. **méritoire** *a* meritorious, deserving.

méritocratie [meritɔkrasi] *nf* meritocracy.

merlan [mɛrlɑ̃] *nm Ich:* whiting.

merle [mɛrl] *nm Orn:* blackbird.

merlu(s) [mɛrly] *nm Ich:* hake.

merluche [mɛrlyʃ] *nf* **1.** *Ich:* hake **2.** *Cu:* dried (unsalted) cod.

merveille [mɛrvɛj] *nf* marvel, wonder; **faire m., des merveilles,** to work wonders; **à m.,** excellently; **se porter à m.,** to be in excellent health. **merveilleux, -euse 1.** *a* marvellous, wonderful **2.** *nm* **le m.,** the supernatural. **merveilleusement** *adv* marvellously, wonderfully.

mes *see* **mon.**

mésalliance [mezaljɑ̃s] *nf* misalliance; **faire une m.,** to marry beneath oneself.

mésange [mezɑ̃ʒ] *nf Orn:* tit; **m. bleue,** bluetit.

mésaventure [mezavɑ̃tyr] *nf* misadventure, mishap.

mesdames, -demoiselles *see* **madame, mademoiselle.**

mésentente [mezɑ̃tɑ̃t] *nf* misunderstanding, disagreement.

mésestimer [mezɛstime] *vtr* **1.** to underestimate, undervalue, underrate **2.** to have a poor opinion of (s.o.).

mesquinerie [mɛskinri] *nf* **1.** meanness (*a*) pettiness (*b*) niggardliness **2.** mean trick. **mesquin** *a* (*a*) mean, shabby (appearance); paltry, petty (excuse) (*b*) (*of pers*) mean, stingy. **mesquinement** *adv* meanly.

mess [mɛs] *nm Mil:* mess.

message [mɛsaʒ] *nm* message.

messager, -ère [mɛsaʒe, -ɛr] *n* messenger.

messagerie [mɛsaʒri] *nf* **1.** carrying trade; **messageries maritimes,** (i) sea transport of goods (ii) shipping line **2. m. électronique,** message handling (service), electronic mail (service).

messe [mɛs] *nf Ecc:* mass.

messeigneurs *see* **monseigneur.**

Messie [mesi] *Prnm* Messiah.

messieurs *see* **monsieur.**

mesure [məzyr] *nf* **1.** (*a*) **prendre les mesures de qn,** to take s.o.'s measurements; **prendre la m. de qn,** to size s.o. up; **donner sa m.,** to show what one is capable of; **être à la m. de qn,** to measure up to s.o.;

dans une certaine m., to a certain degree; **dans la m. où,** insofar as; **dans la m. du possible, de mes moyens,** as far as possible, as best I can; **(au fur et) à m.**, in proportion; successively; one by one; **à m. que,** (in proportion) as; **à m. que je reculais il s'avançait,** as (fast as) I retreated he advanced (*b*) **prendre des mesures,** to take action; **prendre des mesures contre qch,** to make provision against sth; **prendre ses mesures,** to make one's arrangements; **par m. d'économie,** as a measure of economy **2.** (*a*) gauge, standard; **m. de longueur,** measure of length; **poids et mesures,** weights and measures (*b*) (*quantity measured out*) **une m. d'avoine,** a measure of oats **3.** required size, amount; **dépasser la m.**, to overstep the mark; **rester dans la juste m.**, to keep within bounds; **être en m. de faire qch,** to be in a position to do sth **4.** *Mus:* (*a*) bar (*b*) time; **battre la m.**, to beat time; **en m.**, in (strict) time. **mesurable** *a* measurable. **mesuré** *a* measured (tread); temperate, restrained, moderate (language).

mesurer [məzyre] *vtr* **1.** (*a*) to measure (dimensions, quantity); to measure out (wheat); to measure up (land); to measure off (cloth); **m. un client,** to take a customer's measurements; **m. qn des yeux,** to look s.o. up and down (*b*) (*of pers*) **m. deux mètres,** to be two metres tall; **la colonne mesure dix mètres,** the column is ten metres high (*c*) **m. la nourriture à qn,** to ration s.o.'s food (*d*) to calculate; to weigh (one's words); to size (s.o.) up; **m. la distance,** to judge, estimate, the distance **2. se m. avec, à, qn,** to measure one's strength against s.o.; to pit oneself against s.o.

métabolique [metabɔlik] *a* metabolic.

métabolisme [metabɔlism] *nm* metabolism.

métairie [meteri] *nf* small farm (held on a share-cropping agreement).

métal, -aux [metal, -o] *nm* metal. **métallique** *a* metal, steel (casing, structure, etc); metallic (appearance, sound); **détecteur d'objets métalliques,** metal detector. **métallisé** *a* metallic (paint).

métallurgie [metalyrʒi] *nf* metallurgy. **métallurgique** *a* metallurgic.

métallurgiste [metalyrʒist] *nm* (*a*) metallurgist (*b*) metalworker.

métamorphose [metamɔrfoz] *nf* metamorphosis.

métamorphoser [metamɔrfoze] *vtr* **1.** to metamorphose, transform **2. se m.**, to change completely; to be transformed.

métaphore [metafɔr] *nf* metaphor; figure of speech. **métaphorique** *a* metaphorical. **métaphoriquement** *adv* metaphorically.

métaphysique [metafizik] **1.** *a* metaphysical **2.** *nf* metaphysics.

métayage [metɛjaʒ] *nm Agr:* sharecropping.

météo [meteo] *F:* **1.** *nf* (*a*) weather forecast, report (*b*) met(eorological) office **2.** *nm* **Monsieur M.**, the weather man.

météore [meteɔr] *nm* meteor. **météorique** *a* meteoric.

météorite [meteɔrit] *nm or f* meteorite.

météorologie [meteɔrɔlɔʒi] *nf* meteorology. **météorologique** *a* meteorological; **bulletin m.**, weather report, forecast; **station, navire, m.**, weather station, ship.

météorologiste [meteɔrɔlɔʒist], **météorologue** [meteɔrɔlɔg] *n* meteorologist.

métèque [metɛk] *nm F: Pej:* foreigner; dago, wog.

méthane [metan] *nm Ch:* methane.

méthode [metɔd] *nf* **1.** method, system, way; **elle a sa m.**, she has her own way of doing things; **il a beaucoup de m.**, he's very methodical; **avec, sans, m.**, methodical(ly), unmethodical(ly) **2.** primer; **m. de piano,** piano tutor. **méthodique** *a* methodical, systematic. **méthodiquement** *adv* methodically, systematically.

méticuleux, -euse [metikylø, -øz] *a* meticulous. **méticuleusement** *adv* meticulously.

métier [metje] *nm* **1.** trade, profession, craft, occupation, business; **quel est votre m.?** what do you do (for a living)? what's your job? **gens de m.**, professionals, experts; **il est charpentier de son m.**, he's a carpenter by trade; **tours de m.**, tricks of the trade; **parler m.**, to talk shop; **terme de m.**, technical term; **risques du m.**, occupational hazards; *F:* **quel m.!** what a life! **2.** *Tex:* (*a*) **m. à tisser,** loom (*b*) **m. à tapisserie, à broder,** tapestry frame, embroidery frame.

métis, -isse [metis] **1.** *a* (*of pers*) halfcaste; *Pej:* halfbred; (*of animal*) crossbred; mongrel (dog); hybrid (plant) **2.** *n* (*of pers*) halfcaste; (*animal*) crossbreed; mongrel **3.** *a & nm* **(tissu) m.**, linen-cotton mixture.

métrage [metraʒ] *nm* **1.** measurement **2.** (metric) length; *Cin:* footage, length (of film).

mètre¹ [mɛtr̥] *nm Pros:* metre.

mètre² *nm* **1.** *Meas:* metre; **m. carré, cube,** square, cubic, metre **2.** (metre) rule; **m. pliant,** folding rule; **m. à ruban,** tape measure. **métrique** *a* metric.

métrer [metre] *vtr* **(je mètre) 1.** to measure (by the metre) **2.** *Const:* to survey (for quantities).

métreur, -euse [metrœr, -øz] *n* quantity surveyor.

métro [metro] *nm* **1.** underground (railway); *NAm:* subway **2.** (underground) train; *NAm:* subway (train).

métronome [metrɔnɔm] *nm Mus:* metronome.

métropole [metrɔpɔl] *nf* (*a*) capital city (*b*) mother country (*c*) (archbishop's) see.

mets [mɛ] *nm* dish (of food).

mettable [mɛtabl̥] *a* (*of clothes*) wearable.

metteur [mɛtœr] *nm Cin: Th:* **m. en scène,** director; *WTel:* **m. en ondes,** producer.

mettre [mɛtr̥] *vtr* (*pp* **mis;** *pr ind* **je mets, il met;** *ph* **je mis;** *fu* **je mettrai) 1.** (*a*) to put, lay, place, set; **m. la table, le couvert,** to lay the table; **m. qn à la porte,** (i) to throw s.o. out (ii) to sack s.o.; *Games:* **m. un enjeu,** to lay a stake; **m. dans le mille,** to get a bull's eye; **qu'est-ce qui vous a mis cela dans la tête?** what put that into your head? **m. le feu à qch,** to set sth on fire; **j'y mettrai tous mes soins,** I will give the matter my full attention; **m. du temps à faire qch,** to take time over sth (*b*) to put on (clothes); **qu'est-ce que je vais m.?** what shall I wear? **je n'ai rien à me m.**, I haven't got anything to wear; **j'ai du mal à m. mes chaussures,** I find it difficult to get my shoes on (*c*) **m. du linge à sécher,** to hang the washing out to dry; **m. de l'eau à chauffer,** to put some water on to heat **2.** to put on, turn on (gas, television); **m. une machine en mouvement,** to set a machine going; **m.**

la télé plus fort, to turn up the telly; **m. en vente une maison,** to put a house up for sale; **m. sa montre à l'heure,** to put one's watch right; **m. le réveil à cinq heures,** to set the alarm for five o'clock; **m. qn en colère,** to make s.o. angry; *Nau:* **m. à la voile,** to set sail **3.** (*a*) to admit, grant; **mettons que vous ayez raison,** suppose you're right; **mettons cent francs,** let's call it a hundred francs (*b*) **mettez que je n'ai rien dit,** consider that unsaid **4. se m.** (*a*) to go, get; **se m. au lit,** to go to, to get into, bed; **se m. à table,** to sit down at (the) table; **mettez-vous près du feu,** sit down by the fire; **je ne savais où me m.,** I didn't know where to (i) go, stand, sit (ii) *Fig:* put myself (*b*) **se m. à faire qch,** to begin, start, to do sth; to begin, start, doing sth; **se m. au travail,** to set to work; **il est temps de s'y m.,** we'd better get down to it, get on with it; **se m. à rire,** to start laughing; **se m. à boire,** to take to drink; **il s'est mis à pleuvoir,** it began to rain (*c*) to dress; **se m. en smoking,** to put on a dinner jacket (*d*) **se m. en rage,** to get into a rage; **se m. en route,** to set off (*e*) **le temps se met au beau, à la pluie,** the weather is turning out fine; it's turning to rain.

meuble [mœbl] **1.** *a* (*a*) movable (*b*) **terre m.,** light, loose, soil **2.** *nm* piece of furniture; *pl* furniture; **être dans ses meubles,** to have a home of one's own.

meubler [mœble] *vtr* **1.** to furnish; to stock (farm, cellar) **(de,** with); **m. ses loisirs,** to occupy, fill up, one's free time; **m. la conversation,** to stimulate the conversation **2. se m.,** to furnish one's home. **meublé 1.** *a* furnished (room); **non m.,** unfurnished; **cave bien meublée,** well stocked cellar **2.** *nm* furnished room, flat, apartment(s); **habiter en m.,** to live in a furnished flat.

meuglement [møgləmɑ̃] *nm* mooing (of cow).

meugler [møgle] *vi* (*of cow*) to moo.

meule [møl] *nf* **1.** (*a*) millstone (*b*) **m. à aiguiser,** grindstone; **m. à polir,** buff(ing) wheel (*c*) **m. de fromage,** round cheese **2.** stack, rick (of hay); **m. de foin,** haystack.

meunier, -ière [mønje, -jɛr] **1.** *nm* miller **2.** *nf* miller's wife **3.** *a* milling (plant).

meurtre [mœrtr̥] *nm Jur:* murder; **au m.!** murder! **meurtrier, -ière 1.** *a* murderous; deadly, lethal (weapon) **2.** *n* murderer, *f* murderess **3.** *nf Fort:* **meurtrière,** loophole.

meurtrir [mœrtrir] *vtr* to bruise; *Fig:* to wound.

meurtrissure [mœrtrisyr] *nf* bruise.

meute [møt] *nf* (*a*) pack (of hounds) (*b*) mob (of pursuers).

Mexico [mɛksiko] *Prn Geog:* Mexico City.

Mexique [mɛksik] *Prnm Geog:* Mexico (state). **mexicain, -aine** *a & n Geog:* Mexican.

mezzanine [mɛdzanin] *nf* **1.** mezzanine (floor) **2.** *Th:* first balcony, *NAm:* mezzanine.

mezzo-soprano [mɛdzosoprano] *nm or f Mus:* mezzo-soprano; *pl mezzo-sopranos.*

Mgr *abbr Monseigneur.*

mi¹ [mi] *adv* half, mid-, semi-; **la mi-avril,** mid-April; **à mi-hauteur,** halfway up, down.

mi² *nm inv Mus:* (*a*) (the note) E (*b*) mi (in the Fixed Do system).

miam-miam [mjammjam] *int F:* yum-yum; yummy.

miaou [mjau] *nm* miaow, mew (of cat).

miasmes [mjasm] *nmpl* **des m.,** a miasma.

miaulement [mjolmɑ̃] *nm* mewing, miaowing; caterwauling.

miauler [mjole] *vi* to mew, to miaow; to caterwaul.

mi-bas [miba] *nm inv* knee-length stocking, sock.

mica [mika] *nm* mica.

mi-carême [mikarɛm] *nf* mid-Lent; *pl mi-carêmes.*

miche [miʃ] *nf* round loaf, cob loaf.

micheline [miʃlin] *nf* railcar.

mi-chemin (à) [amiʃmɛ̃] *adv phr* halfway, midway.

mi-clos [miklo] *adv* half-closed, half-shut (eyes, shutters); *pl mi-clos(es).*

micmac [mikmak] *nm F:* scheming; intrigue.

mi-corps (à) [amikɔr] *adv phr* to the waist; **saisi à mi-c.,** caught round the waist; **portrait à mi-c.,** half-length portrait.

mi-côte (à) [amikot] *adv phr* halfway up, down, the hill.

micro [mikro] *nm F:* microphone, mike; **m. baladeur,** radio mike.

microbe [mikrɔb] *nm* microbe, germ. **microbien, -ienne** *a* microbial, microbic.

microbiologie [mikrɔbjɔlɔʒi] *nf* microbiology.

microbus [mikrɔbys] *nm* hopper.

microcircuit [mikrɔsirkyi] *nm Elcs:* microcircuit.

microclimat [mikrɔklima] *nm Meteor:* microclimate.

microcosme [mikrɔkɔsm] *nm* microcosm.

microéconomie [mikrɔekɔnɔmi] *nf* microeconomics. **microéconomique** *a* microeconomic.

microédition [mikrɔedisjɔ̃] *nf* desktop publishing.

microélectronique [mikrɔelɛktrɔnik] *nf* microelectronics.

microfiche [mikrɔfiʃ] *nf* microfiche.

microfilm [mikrɔfilm] *nm Phot:* microfilm.

microfilmer [mikrɔfilme] *vtr* to microfilm.

micro-onde [mikrɔɔ̃d] *nf* microwave; **four à micro-ondes,** microwave oven.

micro-ondes [mikrɔɔ̃d] *nm inv* microwave (oven).

micro-ordinateur [mikroordinatœr] microcomputer; *pl micro-ordinateurs.*

microphone [mikrɔfɔn] *nm O:* microphone

microphotographie [mikrɔfɔtɔgrafi] *nf* **1.** microphotography **2.** microphotograph.

micropoint [mikrɔpwɛ̃] *nm* microdot.

microprocesseur [mikrɔprɔsɛsœr] *nm* microprocessor.

microscope [mikrɔskɔp] *nm* microscope; **m. électronique,** electron microscope.

microscopie [mikrɔskɔpi] *nf* microscopy. **microscopique** *a* microscopic.

microsillon [mikrɔsijɔ̃] *nm Rec:* **1.** microgroove **2. (disque) m.,** long-playing record, L.P.

microtechnique [mikrɔtɛknik] *nf* microtechnology.

midi [midi] *nm no pl* **1.** midday, noon, twelve o'clock; **sur le m.,** *F:* **sur les m.,** about noon; **avant m.,** before noon; a.m.; **après m.,** after twelve; p.m.; **m. et demi,** half-past twelve; **chercher m. à quatorze heures,** to look for difficulties where there aren't any **2.** (*a*) south; **chambre au m.,** room facing south (*b*) southern part, south (of country); *esp* **le M. (de la France),** the South of France.

mi-distance (à) [amidistɑ̃s] *adv phr* halfway, midway.

mie [mi] *nf* soft bread; crumb.

miel [mjɛl] *nm* honey; **elle était tout sucre et tout m.,** she was all sweet and sugary; **paroles de m.,** honeyed words; **lune de m.,** honeymoon. **mielleux, -euse** *a Pej:* honeyed, sugary (words); bland (smile); unctuous (pers). **mielleusement** *adv* unctuously.

mien, mienne [mjɛ̃, mjɛn] (*a*) *poss pron* **le m., la mienne, les miens, les miennes,** mine; **un de vos amis et des miens,** a friend of yours and mine (*b*) *nm* (i) my own (property); mine; **le m. et le tien,** mine and yours (ii) *nmpl* **j'ai été renié par les miens,** I have been disowned by my own people.

miette [mjɛt] *nf* (*a*) crumb (of bread) (*b*) morsel, scrap; **mettre un vase en miettes,** to smash a vase to smithereens.

mieux [mjø] *adv* **1.** *comp* (*a*) better; **il faut m. les surveiller,** you must watch them more closely; **vous feriez m. de m'écouter,** you'd do better to listen to me; *Prov:* **m. vaut tard que jamais,** better late than never; **ça va m.,** (i) it's (getting) better (ii) I feel better; he, she, feels better; **pour m. dire,** to be more exact; **pour ne pas dire m.,** to say the least (of it); **de m. en m.,** better and better; **(faire qch) à qui m. m.,** to vie with one another (in doing sth) (*b*) (*with adj function*) (i) **c'est on ne peut m.,** it couldn't be better (ii) **vous serez m. dans ce fauteuil,** you will be more comfortable in this armchair (*c*) *nm* (i) **le m. est l'ennemi du bien,** leave well alone; **faute de m.,** for want of something better; **je ne demande pas m.,** I shall be delighted; **j'avais espéré m.,** I had hoped for better things (ii) *Med:* **un m.,** an improvement **2.** *sup* (*a*) **le m.,** (the) best; **la femme le m. habillée de Paris,** the best-dressed woman in Paris (*b*) (*with adj function*) (i) **ce qu'il y a de m. à faire, c'est de,** the best thing to do is to; **c'est tout ce qu'il y a de m.,** there's absolutely nothing better (ii) **être le m. du monde avec qn,** to be on the best of terms with s.o. (*c*) *nm* **agir pour le m.,** to act for the best; **au m.,** at best; **faire de son m.,** to do one's best.

mièvrerie [mjɛvrəri] *nf* insipidity; affectedness. **mièvre** *a Pej:* mannered; wishy-washy.

mi-figue, mi-raisin [mifigmirɛzɛ̃] *adj phr* neither good nor bad; lukewarm; mixed.

mignard [miɲar] *a* affected.

mignon, -onne [miɲɔ̃, -ɔn] **1.** *a* (*a*) cute, sweet (*b*) nice **2.** *n* pet, darling.

migraine [migrɛn] *nf* migraine.

migration [migrasjɔ̃] *nf* migration. **migrateur, -trice** *a* migrating. **migratoire** *a* migratory.

mijaurée [miʒɔre] *nf* conceited, affected, woman.

mijoter [miʒɔte] **1.** *vtr Cu:* to simmer (sth); **m. un projet,** to turn a scheme over in one's mind; **m. un complot,** to hatch a plot **2.** *vi Cu:* to simmer.

Mijoteuse [miʒɔtøz] *nf Rtm:* slow cooker.

mil [mil] *a* (*used only in writing out dates* A.D.) thousand; **l'an mil neuf cent trente,** the year 1930.

milice [milis] *nf* militia.

milicien, -ienne [milisjɛ̃, -jɛn] *n* member of a militia; *m* militiaman.

milieu, -eux [miljø] *nm* **1.** middle; **au m. de,** in the middle of; *Lit:* amid(st); **au beau m. de la rue,** right in the middle of the street; **au m. du courant,** in midstream; **la table du m.,** the middle table; *Fb:* **m. de terrain,** midfield player **2.** (*a*) *Ph:* medium (*b*) surroundings, environment; (social) sphere; **les gens de mon m.,** people in my set; **les milieux bien informés,** well informed people, quarters (*c*) **le m., les gens du m.,** the underworld **3.** middle course; mean; **le juste m.,** the happy medium.

militaire [militɛr] **1.** *a* military; **service m.,** military service; **camion m.,** army lorry, *NAm:* truck **2.** *nm* soldier; **les militaires,** the military, the armed forces.

militarisation [militarizasjɔ̃] *nf* militarization.

militariser [militarize] *vtr* to militarize.

militer [milite] *vi* to militate (**pour,** in favour of; **contre,** against). **militant, -ante** *a & n* militant.

mille¹ [mil] **1.** *num a inv & nm inv* (*a*) thousand; **m. hommes,** a thousand men; **deux m.,** two thousand; **m. un,** a thousand and one (*b*) countless, many; **je vous l'ai dit m. fois,** I've told you a thousand times; *F:* **ça ne coûte pas des m. et des cents,** it doesn't cost a fortune **2.** *nm* bull's eye.

mille² *nm* (*a*) mile (= 1.609m) (*b*) **m. (marin),** nautical mile.

mille(-)feuille [milfœj] *nm Cu:* millefeuille.

millénaire [milenɛr] **1.** *a* millennial **2.** *nm* millenium.

mille-pattes [milpat] *nm inv* centipede, millipede.

millésime [milezim] *nm* (*a*) date (on coin) (*b*) *Ind:* year of manufacture; (*of wine*) year, vintage.

millet [mijɛ] *nm Bot:* millet; **(grains de) m.,** birdseed.

milliard [miljar] *nm* one thousand million, *NAm:* billion. **milliardaire** *a & n* multi-millionaire. **milliardième** *num a & n* one thousand millionth, *NAm:* billionth.

millième [miljɛm] *num a & n* thousandth.

millier [milje] *nm* (about a) thousand; a thousand or so; **des milliers,** thousands.

milligramme [miligram] *nm* milligram.

millilitre [mililitr̥] *nm* millilitre, *NAm:* milliliter.

millimetre [militmɛtr̥] *nm* millimetre, *NAm:* millimeter.

million [miljɔ̃] *nm* million; **il est riche à millions,** he's a millionaire. **millionième** *num a & n* millionth. **millionnaire** *a & n* millionaire.

mime [mim] *nm* **1.** *Th:* mime **2.** *n* (*pers*) (*a*) *Th:* mime (*b*) mimic.

mimer [mime] *vtr* **1.** *Th:* to mime **2.** to mimic (s.o.).

mimique [mimik] *nf* (*a*) mimicry (*b*) mime; sign language.

mimosa [mimɔza] *nm* mimosa.

minable [minab̥l] *F:* **1.** *a* pathetic **2.** *n* mediocrity. **minablement** *adv F:* pathetically.

minauder [minode] *vi* to simper, mince.

minauderies [minodri] *nfpl* simpering manner.

mince [mɛ̃s] **1.** *a* thin; slender, slim (person); scanty (income) **2.** *int P:* **m. alors!** (i) well! good heavens! (ii) blast (it)! **3.** *adv* thinly.

minceur [mɛ̃sœr] *nf* thinness; slenderness, slimness; scantiness (of income); **cuisine m.,** cuisine minceur.

mine¹ [min] *nf* **1.** mine; **m. de houille, de charbon,** coalmine; colliery; pit; **m. d'or,** goldmine; **m. à ciel ouvert,** opencast mine; **ingénieur des Mines,** mining engineer **2. m. de plomb,** graphite, blacklead; **m. (de crayon),** (pencil) lead **3.** *Mil:* mine; **champ de mines,** minefield.

mine² *nf* **1.** appearance, look; **avoir bonne, mauvaise,**

m., to look well, unwell; **juger les gens sur la m.**, to judge people by appearances; **ça ne paie pas de m.**, it isn't much to look at; **il ne paie pas de m.**, his appearance goes against him; **faire m. d'être fâché**, to pretend to be angry; *P:* **m. de rien**, as if nothing had happened **2.** (*facial expression*) (*a*) **avoir bonne, mauvaise, m.**, to look well, ill; **vous avez meilleure m.**, you're looking better; **il a une sale m.**, he *does* look ill; **faire la m.**, to look sulky; **faire grise m. à qn**, to greet s.o. coldly (*b*) *pl* gestures, expressions (of a baby); *Pej:* **faire des mines**, to simper.

miner [mine] *vtr* **1.** (*of water, etc*) to eat away (rock, etc) **2.** *Mil:* to mine **3.** *Fig:* to undermine (pers, health); *F:* **se m.**, (*of pers*) to wear oneself down.

minerai [minrɛ] *nm* ore.

minéral, -aux [mineral, -o] **1.** *a* mineral; *Ch:* inorganic; **source minérale**, spa **2.** *nm* mineral.

minéralisé [mineralize] *a* mineralized; **eau faiblement minéralisée**, water with a low mineral content.

minéralogie [mineralɔʒi] *nf* mineralogy.

minéralogique [mineralɔʒik] *a* **1.** mineralogical **2.** *Adm:* **numéro m.**, registration number, *NAm:* licence number (of car); **plaque m.**, number plate, *NAm:* licence plate (of car).

minéralogiste [mineralɔʒist] *n* mineralogist.

minet, -ette [minɛ, -ɛt] *n F:* (*a*) pussy (cat) (*b*) (*pers*) love, darling (*c*) *Pej:* **m.**, trendy young man, pretty boy; **minette**, trendy, fashionable, young woman.

mineur¹ [minœr] *nm* (*a*) miner; **m. de houille**, coalminer; **m. de fond**, pitface worker (*b*) *Mil:* sapper.

mineur², -eure 1. *a* (*a*) minor, lesser (*b*) *Jur:* under age (*c*) *Mus:* minor (key); **en ut m.**, in C minor **2.** *n* minor **3.** *nm Mus:* minor key.

mini [mini] **1.** *pref* **m.-**, mini- **2.** *a inv F:* **c'est très m.**, it's very short **3.** *nm* (*a*) *Cl:* **le m.**, mini-skirts; high hemlines (*b*) *F:* minicomputer.

miniature [minjatyr] *nf* miniature; **en m.**, in miniature, on a small scale; **golf m.**, miniature golf.

minibus [minibys] *nm*, **minicar** [minikar] *nm* minibus.

minier, -ière [minje, -jɛr] *a* mining (industry, district).

minijupe [miniʒyp] *nf* miniskirt.

minimiser [minimize] *vtr* to minimize.

minimum [minimɔm] **1.** *nm* **réduire les frais au m.**, to reduce expenses to a minimum; **m. vital**, minimum living wage; **thermomètre à minima**, minimum thermometer; *pl minima, minimums* **2.** *a* **la largeur, les largeurs, minimum(s), minima**, the minimum width(s); **vitesse m.**, minimum speed. **minime** *a* small; trivial; trifling. **minimal, -aux** *a* minimal, minimum (effect).

mini-ordinateur [miniɔrdinatœr] *nm* minicomputer; *pl mini-ordinateurs.*

ministère [ministɛr] *nm* **1.** (*a*) *A: & Lit:* agency (*b*) *Ecc:* **le saint m.**, the ministry **2.** *Adm:* (*a*) ministry; office; **entrer au m.**, to take office (*b*) **former un m.**, to form a government (*c*) government department; **M. de l'Intérieur** = Home Office; **M. des Affaires étrangères** = Foreign Office, *U.S:* State Department (*d*) *Jur:* **le M. public** = the Director of Public Prosecutions. **ministériel, -elle** *a* ministerial; **crise ministérielle**, cabinet crisis.

ministre [ministr] *nm* **1.** (*a*) *A: & Lit:* servant, agent (*b*) *Ecc:* minister; clergyman **2.** minister; secretary (of State); **Premier M.**, Prime Minister; **M. de l'Intérieur** = Home Secretary; **M. des Affaires étrangères** = Foreign Secretary, *U.S:* Secretary of State; **M. des Finances** = Chancellor of the Exchequer.

Minitel [minitɛl] *nm* = videotext terminal.

minium [minjɔm] *nm* red lead paint.

minois [minwa] *nm* (pretty) face (of child).

minoration [minɔrasjɔ̃] *nf* decrease.

minorer [minɔre] *vtr* to decrease; to lower, reduce (figure).

minorité [minɔrite] *nf* **1.** *Jur:* minority **2. être en m.**, to be in the minority **minoritaire 1.** *a* minority (party); **ils sont minoritaires**, they are in the minority **2.** *n* member of a minority.

Minorque [minɔrk] *Prnf Geog:* Minorca.

minoterie [minɔtri] *nf* **1.** (large) flour mill **2.** flour-milling.

minotier [minɔtje] *nm* (flour) miller.

minou [minu] *nm F:* **1.** pussy (cat) **2.** (*pers*) **mon m.**, pet.

minuit [minɥi] *nm* midnight; **m. et demi**, half-past twelve at night.

minus [minys] *nm inv F:* nonentity.

minuscule [minyskyl] *a* (*a*) small, minute, tiny, minuscule (*b*) **lettre m.**, *nf* **m.**, small letter.

minutage [minytaʒ] *nm* timing.

minute [minyt] *nf* **1.** minute (of hour, degree); **faire qch à la m.**, to do sth at a moment's notice; **réparations à la m.**, repairs while you wait; *F:* **m. (papillon)!** just a minute! hold on! **2.** *Adm:* minute, draft; record (of deed).

minuter [minyte] *vtr* to time.

minuterie [minytri] *nf* (*a*) **m. d'enregistrement**, counting mechanism (of meter) (*b*) timer, automatic timeswitch.

minutie [minysi] *nf* **1.** meticulousness; attention to detail **2.** *pl* trifles, minutiae. **minutieux, -ieuse** *a* scrupulously careful, meticulous (person); minute, detailed (inspection, work). **minutieusement** *adv* minutely; meticulously.

mioche [mjɔʃ] *n F:* child; kid, brat.

mi-pente (à) [amipɑ̃t] *adv phr* halfway up, down, the hill.

mirabelle [mirabɛl] *nf* cherry plum.

miracle [mirɑkl] *nm* miracle; **faire un m.**, to perform, work, a miracle; **cela tient du m.**, it's miraculous; **par m.**, miraculously; *a inv* **produit m.**, miracle product. **miraculé, -ée** *a & n* miraculously cured (person). **miraculeux, -euse** *a* miraculous; wonderful; **remède m.**, miracle cure. **miraculeusement** *adv* miraculously.

mirador [miradɔr] *nm* watchtower.

mirage [miraʒ] *nm* mirage.

mire [mir] *nf* **1. ligne de m.**, line of sight; *Sma:* **point de m.**, aim **2.** *TV:* test card.

mirer (se) [səmire] *vpr* to look at, admire oneself; **les arbres se mirent dans l'eau**, the trees are reflected in the water.

mirifique [mirifik] *a F:* amazing, astounding.

mirliton [mirlitɔ̃] *nm* kazoo; *Fig:* **de m.**, grating (noise, music); **vers de m.**, doggerel.

mirobolant [mirɔbɔlɑ̃] *a F:* wonderful, fabulous, staggering.

miroir [mirwar] *nm* mirror, (looking) glass; **m. aux alouettes,** (i) *Ven:* lark mirror (ii) *Fig:* snare.

miroitement [mirwatmɑ̃] *nm* flashing, gleam(ing), glistening; shimmer.

miroiter [mirwate] *vi* to flash; to gleam, to glisten; (*of water*) to shimmer; (*of jewel, lights*) to sparkle.

miroiterie [mirwatri] *nf* mirror factory, trade, shop.

mis, mise[1] [mi, miz] *a* **bien m.,** well dressed.

misaine [mizɛn] *nf Nau:* **(voile de) m.,** (square) foresail.

misanthropie [mizɑ̃trɔpi] *nf* misanthropy. **misanthrope 1.** *nm* misanthrope **2.** *a* misanthropic.

mise[2] [miz] *nf* **1.** (*a*) placing; putting; **m. à l'eau,** launching (of ship); **m. en bouteilles,** bottling (of wine); **m. à terre,** landing (of goods) (*b*) **m. en pratique,** carrying out; putting into practice; **m. à jour,** updating; **m. à mort,** kill(ing); **m. en liberté,** release; **m. en retraite,** pensioning (off); **m. en garde,** warning, caution; **m. en marche,** starting (of engine); *WTel:* **m. en ondes,** production; **m. en plis,** setting (of hair) **2.** dress; **soigner sa m.,** to dress with care **3.** (*a*) *Gaming:* stake (*b*) bid (at auction); **m. à prix,** reserve price; upset price (*c*) **m. de fonds,** putting up of money; capital outlay.

miser [mize] *vtr* (*a*) to bet **(sur,** on) (*b*) *F:* to bank, count **(sur,** on).

misère [mizɛr] *nf* **1.** (*a*) misery (*b*) trouble; **misères domestiques,** domestic worries; **faire des misères à qn,** to tease s.o. unmercifully **2.** extreme poverty; destitution; **dans la m.,** poverty-stricken; **crier m.,** to plead poverty **3.** trifle; **cent francs? une m.!** a hundred francs? a mere nothing! **misérable 1.** *a* (*a*) miserable; unhappy; wretched; poor; **quartier m.,** poverty-stricken district (*b*) wretched, worthless; **pour un m. franc,** for a wretched franc **2.** *n* (*a*) poor wretch (*b*) *O:* scoundrel, wretch. **misérablement** *adv* miserably. **miséreux, -euse 1.** *a* poverty-stricken, destitute **2.** *n* down-and-out.

miséricorde [mizerikɔrd] *nf* mercy; **crier m.,** to cry for mercy. **miséricordieux, -ieuse** *a* merciful.

misogynie [mizɔʒini] *nf* misogyny. **misogyne 1.** *a* misogynous **2.** *n* misogynist.

missile [misil] *nm* (guided) missile.

mission [misjɔ̃] *nf* mission; **avoir m. de faire qch,** to be commissioned to do sth; *Mil:* **en m.,** on detached service; *Ecc:* **missions étrangères,** foreign missions. **missionnaire** *a & n* missionary.

missive [misiv] *nf* missive, letter.

mistral [mistral] *nm Meteor:* mistral.

mitaine [mitɛn] *nf* mitten.

mite [mit] *nf* **1.** mite; **m. du fromage,** cheese mite **2.** clothes moth. **mité** *a* motheaten.

mi-temps [mitɑ̃] *nf inv* **1.** *Fb: etc:* half-time **2.** **travail à mi-t.,** *nm inv* **m.-t.,** part-time job.

miteux, -euse [mitø, -øz] **1.** *a F:* shabby, tatty (clothes) **2.** *n F:* down-and out.

mitigé [mitiʒe] *a* mixed (welcome, feelings).

mitonner [mitɔne] **1.** *vtr* to simmer (soup) **2.** *vi* (*of soup*) to simmer.

mitoyen, -yenne [mitwajɛ̃, -jɛn] *a* **mur m.,** party wall.

mitraille [mitrɑj] *nf* (*a*) *AMil:* grapeshot (*b*) hail of bullets (*c*) *F:* loose change.

mitrailler [mitrɑje] *vtr* (*a*) to machine-gun (*b*) **m. qn de questions,** to fire questions at s.o.

mitraillette [mitrɑjɛt] *nf* submachine-gun.

mitrailleuse [mitrɑjøz] *nf* machine gun.

mitre [mitr̥] *nf* mitre.

mitron [mitrɔ̃] *nm* baker's boy.

mi-vitesse (à) [amivitɛs] *adv phr* at half speed.

mi-voix (à) [amivwa] *adv phr* in an undertone, under one's breath, in a subdued voice.

mixage [miksaʒ] *nm Cin: etc:* (sound) mixing.

mixe(u)r [miksœr] *nm DomEc:* **1.** mixer **2.** liquidizer.

mixité [miksite] *nf* co-education.

mixte [mikst] *a* **1.** mixed (race, bathing); **commission m.,** joint commission; **école m.,** co-educational school; *nm Ten:* **double m.,** mixed doubles **2.** dual-purpose; **train m.,** composite train (goods and passengers); **billet m.,** combined rail and road ticket.

mixture [mikstyr] *nf* mixture; concoction.

MLF *abbr Mouvement de libération des femmes,* Women's Liberation Movement.

Mlle *abbr Mademoiselle,* Miss.

Mme *abbr Madame,* Mrs.

mobile [mɔbil] **1.** *a* (*a*) mobile, movable (*b*) *O:* unstable, changeable, fickle (nature) (*c*) detachable; **album à feuillets mobiles,** loose-leaf album (*d*) moving (target); changing (expression); mobile (features) **2.** *nm* (*a*) moving body; body in motion (*b*) driving power; motive (of a crime) (*c*) *Art:* mobile.

mobilier, -ière [mɔbilje, -jɛr] **1.** *a Jur:* movable, personal; **biens mobiliers,** personal estate; *Fin:* **valeurs mobilières,** stocks and shares **2.** *nm* (*a*) furniture (*b*) suite of furniture.

mobilisation [mɔbilizasjɔ̃] *nf* mobilization.

mobiliser [mɔbilize] *vtr* to mobilize (troops); to liberate (capital); **m. toute son énergie,** to summon up all one's strength.

mobilité [mɔbilite] *nf* mobility.

Mobylette [mɔbilɛt] *nf Rtm:* moped.

mocassin [mɔkasɛ̃] *nm* moccasin.

moche [mɔʃ] *a F:* **1.** ugly **2.** lousy, rotten (film, goods, etc) **3.** mean; **être m. avec qn,** to be mean to s.o.

mocheté [mɔʃte] *nf F:* (*a*) ugliness (*b*) (*pers*) fright; (*object*) eyesore.

modalités [mɔdalite] *nfpl* **m. de paiement,** conditions of payment.

mode[1] [mɔd] *nf* **1.** fashion; **être à la m.,** to be in fashion, in vogue; **c'est la m. des chapeaux,** hats are in fashion; **à la m. de,** after the style of; **passé de m.,** out of fashion, out of date; **jupe très m.,** fashionable skirt; **la (haute) m.,** the fashion trade **2.** *pl Com:* (*a*) fashions (*b*) **(articles de) modes,** millinery.

mode[2] *nm* **1.** *Gram:* mood **2.** *Mus:* mode **3.** method; mode; **m. d'emploi,** directions for use; **m. de vie,** way of life.

modelage [mɔdlaʒ] *nm* **1.** modelling **2.** model.

modèle [mɔdɛl] **1.** *nm* (*a*) model, pattern; **bâti sur le même m.,** built to one pattern, on the same lines; **m. déposé,** registered pattern; **m. réduit,** scale model;

prendre qn pour m., to take s.o. as one's model; to model oneself on s.o.; **m. de vertu**, paragon of vertu (*b*) *Cl:* model dress, hat (*c*) (artist's) model; **servir de m. à un artiste**, to sit for an artist **2.** *a* **époux m.**, model, exemplary, husband.

modelé [mɔdle] *nm* (*a*) relief (*b*) contour (of body).

modeler [mɔdle] *vtr* **1. (je modèle)** to model; to mould; to shape (s.o.'s destiny) **2. se m. sur qn**, to model oneself on s.o.

modélisme [mɔdelism] *nm* model building.

modéliste [mɔdelist] *n* **1.** *Dressm:* dress designer **2.** model builder.

modération [mɔderasjɔ̃] *nf* **1.** moderation, restraint **2.** reduction (in price). **modérateur, -trice 1.** *a* moderating, restraining **2.** *n* moderator **3.** *nm* regulator.

modérer [mɔdere] *vtr* **(je modère; je modérerai) 1.** to moderate, restrain; to reduce (speed); to curb (one's impatience) **2.** to reduce (price) **3. se m.**, to control oneself, to keep calm. **modéré** *a* moderate. **modérément** *adv* moderately, in moderation.

modernisation [mɔdɛrnizasjɔ̃] *nf* modernization.

moderniser [mɔdɛrnize] *vtr* to modernize. **moderne** *a* modern.

modernisme [mɔdɛrnism] *nm* modernism. **moderniste** *a & n* modernist.

modestie [mɔdɛsti] *nf* modesty. **modeste** *a* modest, unassuming; simple, unpretentious; **d'origine m.**, of humble origin; *n* **ne faites pas le m.**, don't be (so) modest. **modestement** *adv* modestly.

modifiable [mɔdifjabl] *a* modifiable.

modification [mɔdifikasjɔ̃] *nf* modification, alteration.

modifier [mɔdifje] *vtr* (*pr sub & impf* **n. modifiions**) **1.** to modify (statement, penalty); to alter, change (plan) **2. se m.**, to be modified, to alter.

modique [mɔdik] *a* moderate, reasonable (cost); slender (income).

modiste [mɔdist] *nf* milliner.

modulaire [mɔdylɛr] *a* modular.

modulation [mɔdylasjɔ̃] *nf* modulation; *WTel:* **m. de fréquence**, frequency modulation.

module [mɔdyl] *nm* **1.** *Mth:* modulus **2.** *Space:* module.

moduler [mɔdyle] *vtr & i* to modulate.

moelle [mwal] *nf* **1.** marrow (of bone); **m. épinière**, spinal cord; **corrompu jusqu'à la m.**, rotten to the core **2.** *Bot:* pith.

moelleux, -euse [mwalø, -øz] *a* **1.** soft, velvety (to the touch); mellow (wine, voice); **tapis m.**, springy carpet; **couverture moelleuse**, luxurious blanket **2.** *nm* softness; mellowness (of voice). **moelleusement** *adv* softly, luxuriously.

mœurs [mœr(s)] *nfpl* morals, manners (of people); customs (of country); habits (of animals); **gens sans m.**, unprincipled people; *Adm:* **la police des m.** = the vice squad; **femme de m. légères**, woman of easy virtue.

moi [mwa] **1.** *stressed pers pron* (*a*) (*subject*) I; **c'est m.**, it is I; it's me; **il est plus âgé que m.**, he is older than me; **elle est invitée et m. aussi**, she is invited and so am I; **m., je veux bien**, for my part, I'm willing; **je l'ai fait m.-même**, I did it myself (*b*) (*object*) me; **à m.!** help! **ce livre est à m.**, this book is mine; **un ami à m.**, a friend of mine (*c*) (*after imp*) (i) *acc* **laissez-m. tranquille**, leave me alone (ii) *dat* **donnez-le-m.**, give it (to) me **2.** *nm* ego, self; **le culte du m.**, egoism.

moignon [mwaɲɔ̃] *nm* stump (of amputated limb, sawn-off branch).

moi-même [mwamɛm] *pers pron* myself; *see* **moi** *and* **même 1.** (*c*).

moindre [mwɛ̃dr] *a* **1.** *comp* less(er); lower (price); *n* **de deux maux choisir le m.**, to choose the lesser of two evils **2.** *sup* **le, la, m.**, the least; **pas la m. chance**, not the slightest, remotest, chance; **c'est la m. des choses**, it's the least I can do. **moindrement** *adv* **sans être le m. intéressé**, without being in the least bit interested.

moine [mwan] *nm* monk, friar.

moineau, -eaux [mwano] *nm Orn:* sparrow; *F:* **tête, cervelle, de m.**, half-wit.

moins [mwɛ̃] **1.** *adv* (*a*) *comp* less; **m. encore**, still less, even less; **elle est m. jolie que sa sœur**, she's not as pretty as her sister; **beaucoup m. long**, much shorter; **m. d'argent**, less money; **m. d'hommes**, fewer men; **plus on le punit m. il travaille**, the more he's punished the less he works; **de m. en m.**, less and less; **m. de dix francs**, less than ten francs; **en m. de dix minutes**, within, under, in less than, ten minutes; **en m. de rien**, in less than no time; **dix francs de m.**, (i) ten francs less (ii) ten francs short; **20% de visiteurs en m.**, 20% fewer visitors; **à moins de**, unless, barring; **à m. d'avis contraire**, unless I hear to the contrary; **à m. que** + *sub*, unless; **à m. que vous (ne) l'ordonniez**, unless you order it; **rien m. que**, (i) anything but (ii) nothing less than; **non m. que**, as well as; quite as much as (*b*) *sup* least; **les élèves les m. appliqués**, the least industrious pupils; **le m. de gens possible**, as few people as possible; **pas le m. du monde**, not in the least (degree); by no means; not in the slightest; *n* **c'est (bien) le m. (qu'il puisse faire)**, it's the least he can do; **du m.**, at least, that is to say, at all events; **au m.**, at least (= not less than); *F:* **tu as fait ton travail, au m.?** you've done your work I hope? **vous compterez cela en m.**, you may deduct that **2.** (*a*) *prep* minus, less; **six m. quatre égale deux**, six minus four, take away four, equals two; **une heure m. cinq**, five (minutes) to one; **il fait m. dix (degrés) (− 10°)**, it's minus ten (degrees) (*b*) *nm Mth:* minus (sign).

moire [mwar] *nf Tex:* moire, moiré. **moiré** *a Tex:* watered, moiré (silk).

mois [mwa] *nm* (*a*) month; **le m. en cours**, the current month; **louer qch au m.**, to hire sth by the month; **cent francs par m.**, a hundred francs a, per, month (*b*) month's wages, salary.

Moïse [mɔiz] **1.** *Prnm BHist:* Moses **2.** *nm* (*a*) wicker cradle; Moses basket (*b*) carrycot.

moisir [mwazir] **1.** *vtr* to mildew **2.** *vi* to mould; to go mouldy. **moisi 1.** *a* mouldy, mildewy, mildewed; musty **2.** *nm* mould, mildew; **sentir le m.**, to smell musty.

moisissure [mwazisyr] *nf* **1.** mildew, mould **2.** mouldiness.

moisson [mwasɔ̃] *nf* **1.** (*a*) harvest(ing) (of cereals); **faire la m.**, to harvest (*b*) harvest time **2.** (cereal) crop; **rentrer la m.**, to gather in the crops, the harvest.

moissonner [mwasɔne] *vtr* to reap; to harvest, gather (crops).

moissonneur, -euse [mwasɔnœr, -øz] **1.** *n (pers)* harvester, reaper **2.** *nf* **moissonneuse,** reaping machine; harvester.

moissonneuse-batteuse [mwasɔnøzbatøz] *nf* combine-harvester; *pl moissonneuses-batteuses.*

moiteur [mwatœr] *nf* moistness, sweatiness; **m. froide,** clamminess. **moite** *a* moist, sweaty (hands); muggy (weather); **(froid et) m.,** clammy.

moitié [mwatje] **1.** *nf* half; **la m. du temps,** half the time; **la bouteille était à m. pleine,** the bottle was half full; **couper qch par (la) m.,** to cut sth in half; **à m. prix,** at half price; **s'arrêter à m. chemin,** to stop halfway; **m. plus,** half as much again; **m.-m.,** fifty-fifty; half and half; **être de m. avec qn dans qch,** to share and share alike; **à m.,** half; **à m. mort,** half-dead; **à m. cuit,** half-cooked; **faire les choses à m.,** to do things by halves **2.** *adv* **m. riant, m. pleurant,** half laughing, half crying; **m. l'un, m. l'autre,** half and half.

moka [mɔka] *nm (a)* mocha (coffee) *(b) Cu:* mocha cake.

mol *see* **mou¹.**

molaire [mɔlɛr] *nf* molar (tooth).

môle [mol] *nm* mole; (harbour) breakwater.

molécule [mɔlekyl] *nf* molecule. **moléculaire** *a* molecular.

molester [mɔlɛste] *vtr* to treat (s.o.) roughly, to manhandle (s.o.).

molette [mɔlɛt] *nf* serrated roller, wheel; knurl; **clef à m.,** adjustable spanner; *NAm:* monkey wrench.

mollah [mɔla] *nm Rel:* mullah.

molle *see* **mou¹.**

mollement [mɔlmɑ̃] *adv (a)* indolently *(b)* half-heartedly.

mollesse [mɔlɛs] *nf (a)* softness (of cushion); flabbiness *(b)* weakness, lifelessness; laxity; **sans m.,** briskly.

mollet [mɔlɛ] **1.** *a* softish; **œuf m.,** soft-boiled egg **2.** *nm* calf (of leg).

molleton [mɔltɔ̃] *nm (a)* soft thick flannel *(b)* fleece *(c)* table felt.

molletonner [mɔltɔne] *vtr* to line with fleece.

mollir [mɔlir] *vi (a)* to soften; to become soft *(b) (of effort)* to slacken; *(of wind)* to die down, to abate; **mes jambes mollissent,** my legs are giving way.

mollusque [mɔlysk] *nm* **1.** mollusc **2.** *F: (pers)* great lump.

molosse [mɔlɔs] *nm* mastiff.

môme [mom] **1.** *n F: (child)* kid **2.** *nf P:* girl.

moment [mɔmɑ̃] *nm* **1.** *(a)* moment; **le m. venu,** when the time comes; **à ce m.-là,** at that moment, time; in those days; **à un m. donné,** at a given time; **au m. donné,** at the appointed time; **c'est le bon m. pour,** now is the time to; **un m.!** just a moment! **sur le m. je n'ai pas su que faire,** for a moment I was at a loss; **arriver au bon m.,** to arrive in the nick of time; **par moments,** at times, now and again; **à tout m., à tous moments,** constantly; **au m. de partir,** just as I was leaving, was about to leave; **du m. que,** seeing that *(b)* stage, point **2.** *Mec:* moment (of force, inertia); momentum. **momentané** *a* momentary (effort); temporary (absence). **momentanément** *adv* momentarily; temporarily.

momie [mɔmi] *nf* mummy.

momifier [mɔmifje] *vtr (impf & pr sub* **n. momifiions)** to mummify.

mon, ma, mes [mɔ̃, ma, mɛ] *poss a* **(mon** *is used instead of* **ma** *before f words beginning with vowel or* **h** *mute)* my; **mon ami, mon amie,** my friend; **un de mes amis,** a friend of mine; **c'est mon affaire à moi,** it's my own business; **non, mon colonel,** no, sir.

monarchie [mɔnarʃi] *nf* monarchy. **monarchique** *a* monarchical. **monarchiste** *a & n* monarchist.

monarque [mɔnark] *nm* monarch.

monastère [mɔnastɛr] *nm* monastery. **monastique** *a* monastic.

monceau, -eaux [mɔ̃so] *nm* heap, pile.

mondain, -aine [mɔ̃dɛ̃, -ɛn] **1.** *a (a)* mundane, worldly (pleasures) *(b)* fashionable (resort); **réunion mondaine,** society gathering *(c)* **la brigade mondaine** = the vice squad **2.** *n* socialite; society man, woman.

mondanités [mɔ̃danite] *nfpl* social events.

monde [mɔ̃d] *nm* **1.** world; **le m. entier,** the whole world; **dans le m. entier,** all over the world; **le Nouveau M.,** the New World; **le tiers m.,** the third world; **mettre un enfant au m.,** to give birth to a child; **venir au m.,** to be born; **être seul au m.,** to be alone in the world; **il est encore de ce m.,** he's still alive; **pour rien au m.,** not for the world, not on any account; **personne au m.,** no man alive; **le meilleur du m.,** the best in the world; **vieux comme le m.,** (as) old as the hills; **le bout du m.,** the ends of the earth; the back of beyond; **ainsi va le m.,** it's the way of the world **2.** *(a)* **le (beau) m.,** (fashionable) society; **le grand m.,** high society; **aller beaucoup dans le m.,** to move in fashionable circles; **homme du m.,** man of the world *(b)* milieu; **le m. de la haute finance,** the financial world **3.** people; **peu de m., pas grand m.,** not many people, not a large crowd; **avoir du m. à dîner,** to have people to dinner; **il connaît son m.,** he knows the people he has to deal with; **tout le m.,** everybody. **mondial, -aux** *a* worldwide; **guerre mondiale,** global warfare; **la première, deuxième, guerre mondiale,** World War One, Two, the First, Second, World War. **mondialement** *adv* throughout the world; universally.

monégasque [mɔnegask] *a & n* Monegasque.

monétaire [mɔnetɛr] *a* monetary; **unité m.,** currency.

monétarisme [mɔnetarism] *nm PolEc:* monetarism. **monétariste** *a & n* monetarist.

mongolisme [mɔ̃gɔlism] *nm Med:* Down's syndrome; mongolism. **mongolien, -ienne 1.** *a* Down's syndrome, mongol (child, etc); **être m.,** to have Down's syndrome **2.** *n* person with Down's syndrome; mongol.

moniteur¹, -trice [mɔnitœr, -tris] *n* instructor, instructress; *Sp:* coach; *Aut:* driving instructor; assistant (in holiday camp), *NAm:* (camp) counselor.

moniteur² *nm Cmptr:* monitor.

monnaie [mɔnɛ] *nf* **1.** money; **pièce de m.,** coin; **m.**

légale, legal tender; **(l'hôtel de) la M.** = the Mint; **payer qn en m. de singe,** to fob s.o. off with empty promises **2.** change; **petite m.,** small change; **rendre à qn la m. de sa pièce,** to pay s.o. back in his own coin.

monnayer [mɔnɛje] *vtr* **(je monnaie)** to coin, mint (money).

monnayeur [mɔnɛjœr] *nm* minter; **faux m.,** counterfeiter.

mono [mɔno] *a & nf Rec:* mono.

monochrome [mɔnɔkrɔm] *a* monochrome.

monocle [mɔnɔkl] *nm* monocle.

monocoque [mɔnɔkɔk] **1.** *a* monocoque (car, aircraft, boat) **2.** *nm Nau:* monohull.

monocorde [mɔnɔkɔrd] *a* monotonous (sound).

monoculture [mɔnɔkyltyr] *nf Agr:* monoculture.

monocycle [mɔnɔsikl] *nm* unicycle.

monogame [mɔnɔgam] *a* monogamous.

monogamie [mɔnɔgami] *nf* monogamy.

monogramme [mɔnɔgram] *nm* monogram.

monographie [mɔnɔgrafi] *nf* monograph.

monokini [mɔnɔkini] *nm* topless bathing suit.

monolingue [mɔnɔlɛ̃g] *a* monolingual.

monolithe [mɔnɔlit] **1.** *n* monolith **2.** *a* monolithic.

monologue [mɔnɔlɔg] *nm* monologue, soliloquy.

monologuer [mɔnɔlɔge] *vi* to soliloquize.

monomanie [mɔnɔmani] *nf* monomania.

monôme [mɔnom] *nm* **1.** *Mth:* monomial **2.** students' rag parade.

monomoteur [mɔnɔmɔtœr] **1.** *a* single-engined **2.** *nm* single-engined aircraft.

monophonique [mɔnɔfɔnik] *a* monophonic.

monoplace [mɔnɔplas] *a & n* single-seater (car, aircraft).

monopole [mɔnɔpɔl] *nm* monopoly.

monopolisation [mɔnɔpɔlizasjɔ̃] *nf* monopolization.

monopoliser [mɔnɔpɔlize] *vtr* to monopolize.

monorail [mɔnɔraj] *a & nm* monorail.

monoski [mɔnɔski] *nm* **1.** monoski **2.** monoskiing.

monosyllabe [mɔnɔsilab] **1.** *a* monosyllabic **2.** *nm* monosyllable; **répondre par monosyllabes,** to reply in monosyllables. **monosyllabique** *a* monosyllabic.

monotonie [mɔnɔtɔni] *nf* monotony. **monotone** *a* monotonous; dull, humdrum (life).

monseigneur [mɔ̃sɛɲœr] *nm (a) (referring to prince)* His Royal Highness; *(to cardinal)* his Eminence; *(to duke, archbishop)* his Grace; *(to bishop)* his Lordship; *pl nosseigneurs (b) (when speaking)* your Royal Highness; your Eminence; your Grace; your Lordship; *pl messeigneurs.*

monsieur, *pl* **messieurs** [məsjø, mɛsjø] *nm* **1.** *(a)* **M. Robert Martin,** Mr Robert Martin; **Messieurs, MM., Durand et Cie,** Messrs Durand and Co.; **m. le duc,** (i) the Duke (of) (ii) his, your, Grace *(b)* **m. Jean,** *(of adult)* Mr John, *(of small boy)* Master John *(c) (used alone)* **voici le chapeau de m.,** here is Mr X's hat; **m. n'est pas là,** Mr X is out **2.** *(a) (in address)* sir; **bonsoir, messieurs,** good evening, gentlemen; **m. a sonné?** did you ring, sir? **que prendront ces messieurs?** what will you have, gentlemen? *(b) Corr: (always written in full)* (i) *(to stranger)* **Monsieur,** Dear Sir (ii) *(implying previous acquaintance)* **Cher Monsieur,** Dear Mr X **3.** (gentle)man; **le m. qui vient de sortir,** the (gentle)man who has just gone out.

monstre [mɔ̃str] **1.** *nm* monster; **m. marin,** sea monster **2.** *(ugly pers)* monstrosity **3.** *a F:* huge; colossal; monster. **monstrueux, -euse** *a* monstrous; unnatural; colossal; shocking, scandalous. **monstrueusement** *adv* monstrously.

monstruosité [mɔ̃stryozite] *nf* **1.** monstrousness **2.** monstrosity.

mont [mɔ̃] *nm* mount, mountain; **il est toujours par monts et par vaux,** he's always on the move; **promettre monts et merveilles à qn,** to promise s.o. the earth.

montage [mɔ̃taʒ] *nm* **1.** assembling; putting together; **chaîne de m.,** assembly line **2.** *Phot:* montage **3.** *Cin: (a)* editing; **m. sonore,** sound editing *(b)* montage.

montagne [mɔ̃taɲ] *nf (a)* mountain; *Fig:* **une m. de,** a mountain of; **montagnes russes,** roller coaster *(b)* mountain region; **à la m.,** in the mountains. **montagnard, -arde** *(a) n* mountain dweller; highlander *(b) a* mountain, highland (people). **montagneux, -euse** *a* mountainous (country).

montant [mɔ̃tɑ̃] **1.** *a* rising, ascending; **chemin m.,** uphill road; **marée montante,** rising tide; **col m.,** stand-up collar; *Rail:* **train m.,** up train **2.** *nm* upright (of ladder); post, pillar; *Fb:* **les montants,** the goal-posts **3.** *nm* total amount.

mont-de-piété [mɔ̃d(ə)pjete] *nm A:* pawnshop; *pl monts-de-piété.*

monté [mɔ̃te] *a* **1.** mounted (man) **2. il était m., il avait la tête montée,** his blood was up, he was worked up **3.** set (jewel); **pièce mal montée,** badly produced play; **coup m.,** put-up job; frame-up.

monte-charge [mɔ̃tʃarʒ] *nm inv* hoist, goods lift, *NAm:* goods elevator.

montée [mɔ̃te] *nf* **1.** *(a)* rise, rising; **tuyau de m.,** uptake pipe *(b)* uphill pull, climb; *Aut:* **essai de m.,** climbing test; **vitesse en m.,** climbing speed **2.** gradient, slope (up).

monte-plats [mɔ̃tpla] *nm inv* service lift; hoist; dumb waiter.

monter [mɔ̃te] **1.** *vi (aux usu* **être,** *occ* **avoir)** *(a)* to go up; to climb (up), mount, ascend; to go upstairs; **m. à une échelle,** to climb (up) a ladder; **m. se coucher,** to go (up) to bed; **montez chez moi,** come up to my room *(b)* to climb on, into (sth); **m. à cheval,** (i) to mount (ii) to ride; **m. à bicyclette,** to ride a bicycle; **m. en voiture,** to get into a car; **m. à bord,** to go on board (ship) *(c)* to rise, to go up; **la somme monte à cent francs,** the total amounts to, comes to, a hundred francs; **faire m. les prix,** to raise prices; **le sang lui monte à la tête,** the blood rushes to his head; **faire m. les larmes aux yeux de qn,** to bring tears to s.o.'s eyes; **m. comme une soupe au lait,** to flare up, to go off the deep end *(d) (of road)* to climb *(e) (of pers)* **m. dans l'estime de qn,** to rise in s.o.'s estimation **2.** *vtr (a)* to mount; to climb (up), go up, come up (hill, stairs); **m. la rue en courant,** to run up the street *(b) Mil:* **m. la garde,** to mount guard *(c)* to ride (horse) *(d)* to command (ship); to man (boat) *(e)* to raise, carry up, take up; **m. du vin de la cave,** to bring up, fetch, wine from the cellar (*f*) **se m. la tête,** to get excited; **m. qn contre qn,** to set s.o. against s.o. (*g*) to set, mount (jewel); to mount (photo); to fit on (tyre); to erect (apparatus); to equip (workshop); to assemble (machine); *Th:* to set (scene); to stage (play); *Cin:* to edit (film); **m. un magasin,** to open a shop; **m. un coup,** to hatch a plot; to plan a job; *Knit:* **m. les mailles,** to cast on **3. se m.** (*a*) to amount, to add up, to come (**à,** to) (*b*) to equip oneself, to fit oneself out (**en,** with) (*c*) *F:* to lose one's temper.

monteur, -euse [mɔ̃tœr, -øz] *n Cin:* editor; *MecE: etc:* fitter.

montgolfière [mɔ̃gɔlfjɛr] *nf* (hot-air) balloon.

monticule [mɔ̃tikyl] *nm* hillock, mound.

montre[1] [mɔ̃tr̥] *nf* watch; **m.(-bracelet),** wristwatch; **m. numérique,** digital watch; **m. à quartz,** quartz watch; **à ma m. il est midi,** by my watch it's midday; **cela lui a pris dix minutes m. en main,** it took him ten minutes by the clock; **course contre la m.,** *Sp:* race against the clock; *Fig:* race against time.

montre[2] *nf* **pour la m.,** for show; **faire m. de,** to show, display.

montrer [mɔ̃tre] *vtr* **1.** (*a*) to show; to display, exhibit (*b*) to point out; **m. qn du doigt,** to point s.o. out (with one's finger); **m. le chemin à qn,** to show s.o. the way (*c*) **m. à qn comment faire qch,** to show s.o. how to do sth **2. se m.** (*a*) to appear; to show oneself (*b*) **il se montra prudent,** he showed prudence; **il s'est montré très courageux,** he displayed great courage.

monture [mɔ̃tyr] *nf* **1.** mount; (saddle) horse **2.** setting (of jewel); mount(ing) (of picture); frame (of spectacles); **lunettes sans m.,** rimless spectacles.

monument [mɔnymɑ̃] *nm* **1.** monument, memorial; **m. funéraire,** monument (over a tomb); **m. aux morts,** war memorial **2.** public, historic, building; **m. classé,** listed building. **monumental, -aux** *a* monumental.

moquer (se) [səmɔke] *vpr* **se m. de qn,** to make fun of s.o.; **vous vous moquez,** you're joking; **je m'en moque comme de l'an quarante,** I couldn't care less; **c'est se m. du monde!** it's the height of impertinence!

moquerie [mɔkri] *nf* mockery, jeering, scoffing; derision. **moqueur, -euse** *a* mocking. **moqueusement** *adv* mockingly.

moquette [mɔkɛt] *nf* fitted carpet.

moral, -aux [mɔral, -o] **1.** *a* (*a*) moral; ethical (*b*) mental, intellectual; **courage m.,** moral courage **2.** *nm* (state of) mind; morale; **remonter le m. de, à, qn,** to cheer s.o. up; **elle n'a pas le m.,** she's depressed.

morale [mɔral] *nf* **1.** (*a*) morals; **contraire à la m.,** immoral (*b*) ethics; moral science; **faire la m. à qn,** to lecture s.o. **2.** moral (of story). **moralement** *adv* morally.

moraliser [mɔralize] **1.** *vi* to moralize **2.** *vtr* to lecture (s.o.). **moralisateur, -trice 1.** *a* moralizing; edifying **2.** *n* moralizer. **moraliste 1.** *a* moralistic **2.** *n* moralist.

moralité [mɔralite] *nf* **1.** (*a*) morality; (good) moral conduct (*b*) morals; honesty **2.** moral (of a story).

moratoire [mɔratwar] *nm,* **moratorium** [mɔratɔrjɔm] *nm Jur: Pol:* moratorium.

morbidité [mɔrbidite] *nf* morbidity, morbidness. **morbide** *a* morbid.

morceau, -eaux [mɔrso] *nm* **1.** piece, bit (of food); **aimer les bons morceaux,** to like good things (to eat); *F:* **manger un m.,** to have a bite to eat, a snack; **lâcher le m.,** to give the game away **2.** piece (of soap, cloth, music); bit, scrap; lump (of sugar); patch (of land); **mettre qch en morceaux,** to pull sth to pieces, to bits; *Lit:* **morceaux choisis,** selected passages, extracts.

morceler [mɔrsəle] *vtr* **(je morcelle)** to cut up (sth) into small pieces; **m. une propriété,** to break up, to divide, an estate.

morcellement [mɔrsɛlmɑ̃] *nm* breaking up, division.

mordiller [mɔrdije] *vtr & i* to nibble.

mordoré [mɔrdɔre] *a & nm* bronze (colour).

mordre [mɔrdr̥] *vtr & ind tr* (*a*) to bite; **se m. la langue,** to bite one's tongue; **il s'en mord les doigts,** he bitterly regrets it; **m. la poussière,** to bite the dust (*b*) **lime qui mord,** file that bites; **acide qui mord (sur) les métaux,** acid that eats away metals; **m. dans une pomme,** to take a bite out of an apple; **m. sur qch,** to encroach on sth; **m. à l'hameçon,** to rise to the bait; *F:* **il mord au latin,** he's taken to latin; *Fish:* **ça mord,** I've got a bite (*c*) (*of cogwheels*) to catch, engage. **mordant 1.** *a* (*a*) mordant, biting, caustic, cutting (remark) (*b*) piercing (sound); biting (cold) **2.** *nm* (*a*) bite (of file) (*b*) mordancy; keenness, punch. **mordu, -e 1.** *a* (*a*) bitten (*b*) *F:* (*in love*) smitten **2.** *n* fan; **les mordus du football,** football fans.

morfondre (se) [səmɔrfɔ̃dr̥] *vpr* to be bored to death; to mope.

morgue [mɔrg] *nf* **1.** pride, arrogance **2.** mortuary, morgue.

moribond, -onde [mɔribɔ̃, -ɔ̃d] **1.** *a* dying **2.** *n* **un m.,** a dying man.

morille [mɔrij] *nf Fung: Cu:* morel.

mormon, -one [mɔrmɔ̃, -ɔn] *a & n* Mormon.

morne [mɔrn] *a* dejected; gloomy; dull (weather); dreary, dismal.

morosité [mɔrɔzite] *nf* moroseness, sullenness, gloominess. **morose** *a* morose, sullen, gloomy.

morphine [mɔrfin] *nf* morphine.

morphinomane [mɔrfinɔman] *n* morphine addict.

morphologie [mɔrfɔlɔʒi] *nf* morphology; **la m. d'un athlète,** an athlete's build. **morphologique** *a* morphological.

morpion [mɔrpjɔ̃] *nm* **1.** *P:* crab (louse) **2.** *F: Pej:* (*child*) brat **3.** *Games:* = *Br* noughts and crosses, *NAm:* tick-tack-toe.

mors [mɔr] *nm* **1.** *Tls:* jaw (of vice) **2.** *Harn:* bit; **prendre le m. aux dents,** (i) (*of horse*) to take the bit between its teeth (ii) to take the bit between one's teeth.

morse [mɔrs] *nm* **1.** *Z:* walrus **2. M.,** Morse (code).

morsure [mɔrsyr] *nf* bite.

mort[1], **morte** [mɔr, mɔrt] **1.** *a* (*a*) dead (pers, language); **m. et enterré,** dead and buried; **il est m.,** he's dead; **m. de peur,** frightened to death; **plus m. que vif,** half dead with fright (*b*) **temps m.,** (i) *Sp:* stoppage (in match) (ii) period of inactivity; *Mec:* **point m.,** neutral position (of lever); *Aut:* neutral gear (*c*) **eau morte,** stagnant water; *Art:* **nature morte,** still life (*d*) **balle morte,** spent bullet **2.** *n* dead person; **les morts,** the dead, the departed; *Ecc:* **jour, fête, des morts,** All Souls' day; **l'office des morts,** the burial service; **tête de m.,** skull; **faire le m.,** (i) to pretend to be dead (ii) to lie low; *Aut: F:* **la place du m.,** the front passenger seat **3.** *nm Cards:* dummy.

mort² *nf* death; **mettre qn à m.,** to put s.o. to death; **condamner à m.,** to condemn, *Jur:* to sentence, to death; **arrêt de m.,** death sentence; **à m. les traîtres!** death to the traitors! **blessé à m.,** mortally wounded; *F:* **freiner à m.,** to jam on the brakes; **se donner la m.,** to take one's own life; **mourir de sa belle m.,** to die a natural death; **être à l'article de la m.,** to be at death's door; **haïr qn à m.,** to hate s.o. like poison; **silence de m.,** dead silence; **il avait la m. dans l'âme,** he was sick at heart; **je m'en souviendrai jusqu'à la m.,** I'll remember it to my dying day.

mortadelle [mɔrtadɛl] *nf Comest:* mortadella.

mortalité [mɔrtalite] *nf* mortality; death rate; **m. infantile,** infant mortality.

mort-aux-rats [mɔrora] *nf inv* rat poison.

mortel, -elle [mɔrtɛl] *a* (*a*) mortal; destined to die; *n* **un m., une mortelle,** a mortal (*b*) fatal (wound); **coup m.,** mortal blow, death blow; **il a fait une chute mortelle,** he fell to his death (*c*) *F:* deadly dull (*d*) deadly; **ennemi m.,** mortal enemy; **d'une pâleur mortelle,** deathly pale. **mortellement** *adv* mortally, fatally; **m. pâle,** deathly pale; **m. ennuyeux,** deadly dull.

morte-saison [mɔrtsɛzɔ̃] *nf* slack period, off season; *pl mortes-saisons.*

mortier [mɔrtje] *nm* **1.** (*a*) mortar; **pilon et m.,** pestle and mortar (*b*) *Artil:* mortar **2.** *Const:* **m. ordinaire,** lime mortar.

mortification [mɔrtifikasjɔ̃] *nf* mortification; humiliation.

mortifier [mɔrtifje] *vtr* (*impf & pr sub* **n. mortifiions**) (*a*) to mortify (flesh, passions) (*b*) to mortify (s.o.); to hurt (s.o.'s) feelings.

mort-né, -née [mɔrne] *a & n* stillborn (child); **projet m.-né,** abortive plan; *pl mort-nés, -nées.*

mortuaire [mɔrtɥɛr] *a* mortuary (urn); **drap m.,** pall; **chambre m.,** death chamber; **la maison m.,** the house of the deceased.

morue [mɔry] *nf Ich:* (i) cod (ii) **m. (séchée),** salted (and dried) cod.

morve [mɔrv] *nf* **1.** mucus **2.** *Vet:* glanders. **morveux, -euse 1.** *a* (*a*) dirty-nosed, *F:* snotty(-nosed) (child); *F:* **se sentir m.,** to be embarrassed, ashamed (*b*) *Vet:* glandered **2.** *n F:* snotty-nosed kid.

mosaïque [mɔzaik] *nf Art:* mosaic.

Moscou [mɔsku] *Prn Geog:* Moscow. **moscovite** *a & n Geog:* Muscovite.

mosquée [mɔske] *nf* mosque.

mot [mo] *nm* word; **m. pour m.,** word for word; **prendre qn au m.,** to take s.o. at his word; **faire du m. à m.** [motamo] to translate word for word; **sans m. dire,** without (saying) a word; **dire deux mots à qn,** to have a word with s.o.; **avoir le dernier m.,** to have the last word; **ignorer le premier m., ne pas savoir un (traître) m., de la chimie,** not to know the first thing about chemistry; **à ces mots,** (i) so saying (ii) at these words; **en un m., en quelques mots,** briefly, in a word; **au bas m.,** at the lowest estimate; **gros m.,** coarse expression; swear word; **voilà le fin m. de l'affaire!** so that's what's at the bottom of it! **faire comprendre qch à qn à mots couverts, à demi-mots,** to give s.o. a hint of sth; **m. de passe,** password; **m. d'ordre,** watchword; **mots croisés,** crossword (puzzle); **écrire un m. à qn,** to drop s.o. a line; **placer un m., avoir son m. à dire,** to have one's say; **bon m.,** witty remark, witticism; **avoir toujours le m. pour rire,** to be always ready for a joke.

motard, arde [mɔtar, -ard] *F:* **1.** *n* biker **2.** *nm* motorcycle policeman; speed cop; **m. d'escorte,** police outrider.

motel [mɔtɛl] *nm* motel.

moteur, -trice [mɔtœr, -tris] **1.** *a* motive, propulsive, driving (power); *Cy:* **roue motrice,** back wheel; **voiture à roues avant motrices,** car with front-wheel drive; **force motrice,** driving force **2.** *nm* motor, engine; **m. à combustion interne, à explosion,** internal combustion engine; **m. à deux, à quatre temps,** two-stroke, four-stroke, engine; **m. électrique,** electric motor; **à m.,** power-driven, motor; **m. d'avion,** aero-engine **3.** *nf Rail:* **motrice,** motor coach.

motif [mɔtif] *nm* (*a*) motive, incentive; reason; **soupçons sans m.,** groundless suspicions (*b*) *Art:* motif; design; *Mus:* theme.

motion [mosjɔ̃] *nf* motion, proposal; **m. de censure,** censure motion.

motivation [mɔtivasjɔ̃] *nf* motivation.

motiver [mɔtive] *vtr* (*a*) to motivate (decision, employee, etc) (*b*) to justify, warrant; to state the reason for. **motivé** *a* (*a*) motivated (*b*) justified; **refus m.,** justifiable refusal.

moto [mɔto] *nf F:* motorbike.

motocross [mɔtɔkrɔs] *nm Sp:* motorcycle scramble; motocross.

motoculteur [mɔtɔkyltœr] *nm Agr:* motor cultivator.

motocyclette [mɔtɔsiklɛt] *nf* motor cycle, *F:* motorbike.

motocycliste [mɔtɔsiklist] *nm* motorcyclist.

motonautisme [mɔtɔnotism] *nm* motorboating.

motoneige [mɔtɔnɛʒ] *nf FrC:* snowmobile.

motopompe [mɔtɔpɔ̃p] *nf* motor(-driven) pump.

motorisation [mɔtɔrizasjɔ̃] *nf* motorization.

motoriser [mɔtɔrize] *vtr* to motorize.

motoski [mɔtɔski] *nf* snowmobile.

motrice *see* **moteur.**

motte [mɔt] *nf* clod, lump (of earth); **m. de gazon,** sod, turf; **m. de beurre,** pat, block, of butter.

motus [mɔtys] *int* **m. et bouche cousue!** mum's the word!

mou¹ mol, *f* **molle** [mu, mɔl] **1.** *a* (*the masc form* **mol** *is used before vowel or* **h** *mute*) (*a*) soft (butter, mattress, etc); gentle (undulation); **temps m.,** muggy weather; **avoir les jambes molles,** to have weak legs (*b*) *Pej:* lifeless, spineless (pers); half-hearted (resistance); lifeless (performance, drawing, etc) **2.** *nm* slack (of rope); **donner du m. à un cordage,** to slacken a rope.

mou² *nm* lights, lungs (of slaughtered animal).

mouchard [muʃar] *nm F:* (*a*) informer; police spy; grass; *Sch:* sneak (*b*) (mechanical) speed check (on vehicles) (*c*) watchman's clock (*d*) *Av:* observation plane.

moucharder [muʃarde] *vtr F:* to inform, grass, on (s.o.); *Sch:* to sneak on (s.o.).

mouche [muʃ] *nf* **1.** fly; **m. domestique,** housefly; **m. bleue,** bluebottle; **prendre la m.,** to take offence; **quelle m. vous pique?** what's the matter with you? *F:* **c'est une fine m.,** he's a sharp customer; *Box:* **poids m.,** flyweight **2.** bull's eye (of target); **faire m.,** to hit the bull's eye; to score a bull.

moucher [muʃe] *vtr* **1.** (*a*) to wipe, blow (child's) nose (*b*) *F:* to snub (s.o.), to tell (s.o.) off **2. se m.,** to wipe, blow, one's nose.

moucheron [muʃrɔ̃] *nm* midge; gnat.

moucheté [muʃte] *a* (*a*) spotty, speckled, flecked (*b*) *Fenc:* buttoned (sword).

mouchoir [muʃwar] *nm* handkerchief; **m. (de tête),** headscarf; **jardin grand comme un m. de poche,** garden as big as a pocket handkerchief.

moudre [mudr̥] *vtr* (*prp* **moulant;** *pp* **moulu;** *pr ind* **je mouds, n. moulons**) to grind.

moue [mu] *nf* pout; **faire la m.,** to purse one's lips, to pout, to look sulky; to pull a face.

mouette [mwɛt] *nf Orn:* (sea)gull.

mouffette [mufɛt] *nf Z:* skunk.

moufle [mufl̥] *nf* **1.** *Cl:* mitten **2.** *MecE: etc:* pulley block.

mouillage [mujaʒ] *nm* anchorage, moorage.

mouiller [muje] *vtr* **1.** (*a*) to wet, moisten, damp; **se m. les pieds,** to get one's feet wet (*b*) to dilute, water down (wine) (*c*) to cast, drop (anchor); to bring (ship) to anchor (*d*) *Nau:* to lay (mine) (*e*) to palatalize (consonant) **2.** *vi Nau:* to lie at anchor **3. se m.** (*a*) to get wet; (*of eyes*) to fill with tears (*b*) *F:* to get one's hands dirty. **mouillé** *a* **1.** moist, damp, wet; **m. jusqu'aux os,** wet through; *F:* **poule mouillée,** drip, wet **2.** (*of ship*) at anchor; moored.

moulage [mulaʒ] *nm* **1.** casting, moulding **2.** cast.

moulant [mulɑ̃] *a* tight-fitting (dress, etc).

moule¹ [mul] *nm* mould; matrix; **m. à gâteaux,** cake tin; **m. à tarte,** flan case.

moule² *nf* mussel.

mouler [mule] *vtr* (*a*) to cast (statue) (*b*) to mould; **robe qui moule la taille,** tight-fitting dress; **se m. sur qn,** to model oneself on s.o.

moulin [mulɛ̃] *nm* (*a*) mill; **m. à eau,** watermill; **m. à vent,** windmill; *F:* **faire venir l'eau au m.,** to bring grist to the mill; **on y entre comme dans un m.,** you can walk straight in (*b*) **m. à légumes,** mill; **m. à poivre,** pepper mill; **m. à café,** coffee grinder.

mouliner [muline] *vtr* **1.** *Fish:* to reel in (the line) **2.** *Cu:* to pass through a food mill.

moulinet [mulinɛ] *nm* **1.** (*a*) *Fish:* reel (*b*) turnstile **2. faire des moulinets (avec sa canne),** to twirl one's stick.

Moulinette [mulinɛt] *nf Rtm:* liquidizer.

moulu [muly] *a* (*a*) ground, powdered (*b*) dead-beat, *F:* fagged out; **m. (de coups),** black and blue; aching all over.

moulure [mulyr] *nf* (ornamental) moulding.

mourir [murir] *vi* (*prp* **mourant;** *pp* **mort;** *pr ind* **je meurs, ils meurent;** *pr sub* **je meure, nous mourions;** *ph* **il mourut;** *fu* **je mourrai;** *aux* **être**) (*a*) to die; **il est mort hier,** he died yesterday; **m. de faim,** (i) to die of starvation (ii) to be starving; **elle l'aimait à en m.,** she was desperately in love with him; **faire m. qn,** to put s.o. to death; *F:* **il me fera m.,** he will be the death of me; **m. d'envie de faire qch.,** to be dying to do sth; **m. de peur,** to be scared to death; **s'ennuyer à m.,** to be bored to death; **je mourais de rire,** I nearly died laughing; **c'est à m. de rire,** it's killingly funny (*b*) (*of fire*) to die out; (*of voice*) to trail off. **mourant, -ante 1.** *a* dying; faint (voice) **2.** *n* dying man, woman.

mouron [murɔ̃] *nm* **1.** *Bot:* pimpernel; **m. blanc,** chickweed **2.** *P:* **se faire du m.,** to worry (oneself), to fret.

mousquetaire [muskətɛr] *nm Hist:* musketeer.

mousse¹ [mus] *nf* **1.** moss; **couvert de m.,** moss-grown, mossy **2.** (*a*) froth, foam (of sea); head (on beer); lather (of soap) (*b*) *Cu:* mousse; **m. au chocolat,** chocolate mousse **3.** *Ind:* **m. de caoutchouc, caoutchouc m.,** foam rubber **4.** *Knit:* **point m.,** knit stitch.

mousse² *nm* ship's boy.

mousseline [muslin] *nf* (*a*) *Tex:* muslin; **m. de soie,** chiffon (*b*) **pommes (de terre) m.,** creamed potatoes.

mousser [muse] *vi* (*of soap*) to lather; (*of champagne*) to froth (up); *F:* **faire m. qch, qn,** to show off sth, s.o. **mousseux, -euse** *a* (*a*) mossy (*b*) foaming (*c*) *a & nm* sparkling (wine).

mousson [musɔ̃] *nf* monsoon.

moustache [mustaʃ] *nf* (*a*) moustache, *NAm:* mustache (*b*) *pl* whiskers (of cat).

moustachu [mustaʃy] *a* with a moustache; **être m.,** to have a moustache.

moustiquaire [mustikɛr] *nf* mosquito net.

moustique [mustik] *nm* **1.** *Ent:* (*a*) mosquito (*b*) gnat **2.** *F:* child, brat.

moutard [mutar] *nm P:* urchin; brat.

moutarde [mutard] *nf* mustard; **la m. lui monta au nez,** he lost his temper, he flared up.

moutardier [mutardje] *nm* mustard pot.

mouton [mutɔ̃] *nm* **1.** (*a*) sheep; **éleveur de moutons,** (i) sheep farmer (ii) wool grower; *Equit:* **saut de m.,** buck; *Fig:* **revenons à nos moutons,** let's get back to the point (*b*) *Cu:* mutton; **ragoût de m.,** mutton stew (*c*) **(peau de) m.,** sheepskin (*d*) *pl* white horses (on waves) (*e*) *pl* fluff (under bed) **2.** *CivE:* ram.

moutonner [mutɔne] *vi* **1.** (*of sea*) to break into white horses; to froth **2.** (*of sky*) **se m.,** to become covered with fleecy clouds. **moutonneux, -euse** *a* (*of sea*) flecked with white horses; (*of sky*) covered with fleecy clouds.

mouvement [muvmɑ̃] *nm* **1.** (*a*) movement; motion; **sans m.,** motionless; **faire un m.,** to move; **mettre qch en m.,** to put, set, sth in motion; **se mettre en m.,** to start off; to get going; **être toujours en m.,** to be always on the move; **le m. d'une grande ville,** the bustle of a large town; **ville sans m.,** lifeless, dull, town; *Mec:* **pièces en m.,** moving parts (of machine); **m. perpétuel,** perpetual motion (*b*) *Mus:* (i) movement (of symphony) (ii) **presser le m.,** to quicken the tempo **2.** (*a*) change, modification; *Geog:* fall, rise (in sea level); **m. de terrain,** undulation; **m. de personnel,** staff changes; **être dans le m.,** to be in the swim, up to date (*b*) **premier m.,** first impulse; **m. d'humeur,** outburst of temper; **de son propre m.,** of one's own accord; **m. de plaisir,** thrill of pleasure (*c*) *Pol: etc:*

movement; **m. insurrectionnel,** uprising 3. traffic; *Rail:* **mouvements des trains,** train arrivals and departures; *Journ:* **mouvements des navires,** shipping intelligence 4. works, action, movement; **m. d'horlogerie,** clockwork. **mouvementé** *a* 1. animated, lively; thrilling; full of incident; busy (street); eventful (life, evening, etc) 2. **terrain m.,** undulating ground.

mouvoir [muvwar] *v* (*prp* **mouvant;** *pp* **mû, mue;** *pr ind* **je meus, ils meuvent;** *pr sub* **je meuve, n. mouvions, ils meuvent;** *fu* **je mouvrai**) 1. to drive (machinery); to propel (ship); **mû à la vapeur,** steam-driven; **mû par la colère, l'intérêt,** moved by anger, prompted by interest 2. **se m.,** to move, stir. **mouvant** *a* moving, mobile; unstable, changeable; **sables mouvants,** quicksand.

moyen[1] -enne [mwajɛ̃, -ɛn] 1. *a* (*a*) middle; **les classes moyennes,** the middle class(es); **le m. âge** [mwajɛnɑʒ] the Middle Ages; *Sch:* **cours m.,** intermediate class (*b*) average, mean (speed, level, price); **le Français m.,** the average Frenchman; the man in the street (*c*) medium; **de taille moyenne,** medium-sized, middle-sized 2. *nf* **moyenne** (*a*) *Mth:* mean (*b*) average; **en moyenne,** on (an) average (*c*) *Sch:* passmark. **moyennement** *adv* moderately, fairly; fairly well.

moyen[2] *nm* (*a*) means; **par tous les moyens,** by fair means or foul; **employer les grands moyens,** to take extreme measures; **au m. de,** with the help of; **y a-t-il m. de le faire?** is it possible to do it? **il n'y a pas m.,** it can't be done; it's impossible; *F:* **pas m.!** no way! **trouver le m. de faire qch,** to find a way of doing sth; **faire qch par ses propres moyens,** to do sth on one's own; **dans la (pleine) mesure de mes moyens,** to the best, utmost, of my ability; **enfant qui a des moyens,** talented child; **enlever les moyens à qn,** to cramp s.o.'s style (*b*) **vivre au-dessus de ses moyens,** to live beyond one's means; **je n'en ai pas les moyens,** I can't afford it. **moyennant** *prep* on (a certain) condition; **faire qch m. finance,** to do sth for a consideration; **m. paiement de dix francs,** on payment of ten francs; **m. quoi,** in consideration of which.

moyenâgeux, -euse [mwajɛnɑʒø, -øz] *a* (*a*) medi(a)eval (*b*) oldfashioned.

moyen-courrier [mwajɛ̃kurje] *nm* medium-range aircraft; *pl moyens-courriers.*

Moyen-Orient [mwajɛ̃nɔrjɑ̃] *Prnm Geog:* (the) Middle East.

moyeu, -eux [mwajø] *nm* hub (of wheel).

mozzarelle [mɔzarel] *nf* mozzarella.

MST *abbr maladie sexuellement transmissible,* sexually transmitted disease, STD.

mû *see* **mouvoir.**

mucoviscidose [mykovisidoz] *nf Med:* cystic fibrosis.

mucus [mykys] *nm* mucus.

mue [my] *nf* 1. (*a*) moulting (of birds); shedding of the antlers; sloughing (of reptiles) (*b*) moulting season (*c*) feathers moulted; antlers, etc, shed; slough (of reptiles) 2. breaking of the voice.

muer [mɥe] *vi* 1. (*a*) (*of bird*) to moult; (*of stag*) to shed its antlers; (*of reptile*) to slough; to cast its skin (*b*) (*of voice*) to break 2. **se m. (en),** to change (oneself) (into).

muesli [mysli] *nm* muesli.

muet, -ette [mɥɛ, -ɛt] 1. *a* (*a*) dumb (*b*) **j'écoutais, m. d'étonnement,** I listened in mute astonishment; **m. de colère,** speechless with anger (*c*) dumb, mute; **rester m.,** to remain silent (*d*) silent (film); *Th:* **rôle m.,** silent part (*e*) *Ling:* silent (letter); **h m.,** mute h 2. (*a*) *n* dumb person (*b*) *nm* **le m.,** silent films, cinema.

mufle [myfl] *nm* 1. muzzle (of ox) 2. *F:* lout, boor.

muflerie [myflǝri] *nf* boorishness.

muflier [myflije] *nm Bot:* antirrhinum, snapdragon.

mugir [myʒir] *vi* (*a*) (*of cow*) to low, moo; to bellow (*b*) (*of sea, wind*) to roar; to boom; (*of wind*) to howl.

mugissement [myʒismɑ̃] *nm* (*a*) lowing, mooing (of cow); bellowing (*b*) roaring, booming (of sea, wind); howling (of wind).

muguet [mygɛ] *nm Bot:* lily of the valley.

mulâtre [mylɑtr] *a & n* mulatto, half-caste.

mule[1] [myl] *nf* (she-)mule.

mule[2] *nf* (*slipper*) mule.

mulet[1] [mylɛ] *nm* (he-)mule. **muletier, -ière** 1. *a* mule (track) 2. *nm* mule driver.

mulet[2] *nm Ich:* grey mullet.

mulot [mylo] *nm* field mouse.

multicolore [myltikɔlɔr] *a* multicoloured.

multicoque [myltikɔk] *nm Nav:* multihull.

multidisciplinaire [myltidisipliner] *a* multidisciplinary.

multilatéral, -aux [myltilateral, -o] *a* multilateral.

multilingue [myltilɛ̃g] *a* multilingual.

multimillionnaire [myltimiljɔnɛr] *a & n* multimillionaire.

multinational, -aux [myltinasjɔnal, -o] *a* multinational; **société multinationale,** *nf* **multinationale** multinational (company).

multiple [myltipl] 1. *a* multiple, manifold; multifarious (duties); **maison à succursales multiples,** chain store 2. *nm Mth:* multiple.

multiplication [myltiplikasjɔ̃] *nf* multiplication; increase (in the number of).

multiplicité [myltiplisite] *nf* multiplicity.

multiplier [myltiplije] *vtr* (*impf & pr sub* **n. multipliions**) 1. to multiply (**par,** by) 2. **se m.** (*a*) to multiply; **les crimes se multiplient,** crime is on the increase (*b*) to be in half a dozen places at once; to do one's utmost (to help s.o.).

multiposte [myltipɔst] *a & nm Cmptr:* multiple station.

multirisque [myltirisk] *a* multiple risk.

multisalles [myltisal] *a inv* **complexe m.,** cinema complex.

multitude [myltityd] *nf* multitude (**de,** of); crowd; multiplicity.

municipalité [mynisipalite] *nf* 1. municipality (*a*) local administrative area (*b*) local council 2. town hall. **municipal, -aux** *a* municipal; **conseil m.,** local council.

munir [mynir] *vtr* 1. supply, furnish, equip, provide (**de,** with) 2. **se m.,** to provide oneself (**de,** with).

munitions [mynisjɔ̃] *nfpl* ammunition.

muqueuse [mykøz] *nf* mucous membrane.

mur [myr] *nm* wall; **aux murs de briques,** brick(-built); **mettre qn au pied du m.,** to drive s.o. into a corner; **se taper la tête contre les murs,** to hit one's head

against a brick wall; **m. du son,** sound barrier.
mural, -aux *a* mural; wall.
mûr [myr] *a* ripe (fruit); mellow (wine); mature (mind, age); **après mûre réflexion,** after mature consideration; **m. pour qch,** ready for sth.
muraille [myrɑj] *nf* (high defensive) wall.
mûre [myr] *nf* **1.** mulberry **2. m. (sauvage, de ronce),** blackberry.
murer [myre] *vtr* **1.** to wall in; to wall up, brick up (doorway) **2. se m.,** to shut oneself away.
mûrier [myrje] *nm* (*a*) mulberry (tree, bush) (*b*) **m. (sauvage),** blackberry bush; bramble.
mûrir [myrir] *vtr & i* to ripen, mature.
murmure [myrmyr] *nm* murmur, murmuring; *pl* muttering; grumbling.
murmurer [myrmyre] *vtr & i* to murmur; to grumble, complain; **m. entre ses dents,** to mutter.
musaraigne [myzarɛɲ] *nf Z:* shrew.
musarder [myzarde] *vi F:* to waste (one's) time.
muscade [myskad] *nf* **(noix) m.,** nutmeg.
muscadier [myskadje] *nm* nutmeg tree.
muscat [myska] *a & nm Vit:* **(raisin) m.,** muscat grape, muscatel (grape); **(vin) m.,** muscatel (wine).
muscle [myskl̩] *nm* muscle. **musculaire** *a* muscular (system).
muscler [myskle] *vtr* **1. m. le ventre, les jambes,** to develop the stomach, leg, muscles **2. se m.,** to develop one's muscles. **musclé** *a* muscular.
musculation [myskylasjɔ̃] *nf* muscle building.
musculature [myskylatyr] *nf* musculature.
musculeux, -euse [myskylø, -øz] *a* muscular.
muse [myz] *nf* Muse.
museau, -eaux [myzo] *nm* (*a*) muzzle, snout (of animal) (*b*) *F:* face; **vilain m.,** ugly mug.
musée [myze] *nm* (*a*) museum (*b*) **m. (de peinture, d'art),** art gallery.
museler [myzle] *vtr* **(je muselle)** to muzzle (dog, the press).
muselière [myzəljɛr] *nf* muzzle.
musette [myzɛt] *nf* **1.** *Mus:* musette **2. bal m.,** popular dance (to accordion).
muséum [myzeɔm] *nm* natural history museum.
musical, -aux [myzikal, -o] **1.** *a* musical; **comédie musicale,** musical (comedy); **film m.,** musical. **musicalement** *adv* musically.
musicalité [myzikalite] *nf* musicality.
music-hall [myzikol] *nm* variety theatre; **aimer le m.-h.,** to like variety shows; **numéros de m.-h.,** variety turns; *pl music-halls.*
musicien, -ienne [myzisjɛ̃, -jɛn] *a & n* musician; **elle est bonne musicienne,** (i) she's very musical (ii) she's a good musician.
musicologie [myzikɔlɔʒi] *nf* musicology. **musicologue** *n* musicologist.
musique [myzik] *nf* **1.** (*a*) music; **mettre des paroles en m.,** to set words to music; **instrument de m.,** musical instrument; **m. de chambre,** chamber music; **m. d'ambiance, de fond,** background music; **faire de la m.,** (i) to make music (ii) to be a musician (*b*) *F:* **il connaît la m.,** he knows what's what **2.** band; **chef de m.,** bandmaster.
must [mœst] *nm F:* **un m.,** a must.
musulman, -ane [myzylmɑ̃, -an] *a & n* Moslem, Muslim.
mutation [mytasjɔ̃] *nf* (*a*) change, alteration; *Biol: Mus:* mutation (*b*) transfer (of personnel).
muter [myte] *vtr* to transfer (personnel).
mutilation [mytilasjɔ̃] *nf* mutilation.
mutiler [mytile] *vtr* (*a*) to mutilate, maim (*b*) to deface. **mutilé, -ée** *a & n* mutilated, maimed (pers); **m. de la face,** disfigured (person); **m. de guerre,** disabled ex-serviceman.
mutiner (se) [səmytine] *vpr* to rise in revolt; to rebel; to mutiny.
mutinerie [mytinri] *nf* rebellion; mutiny. **mutin, -ine 1.** *a & n* mischievous (child) **2.** *nm* mutineer. **mutiné 1.** *a* rebellious **2.** *nm* mutineer.
mutisme [mytism] *nm* dumbness, muteness; **s'enfermer dans le m.,** to maintain a stubborn silence.
mutualité [mytɥalite] *nf* **1.** reciprocity **2.** mutual insurance. **mutualiste** *a* **société m.,** friendly society. **mutuel, -elle** *a & nf* mutual; **(société d'assurance) mutuelle,** mutual insurance company. **mutuellement** *adv* mutually; **s'aider m.,** to help one another.
myopie [mjɔpi] *nf* short-sightedness; myopia. **myope** *a & n* shortsighted (person).
myosotis [mjɔzɔtis] *nm Bot:* forget-me-not.
myriade [mirjad] *nf* myriad.
myrte [mirt] *nm Bot:* myrtle.
myrtille [mirtij] *nf Bot:* bilberry.
mystère [mistɛr] *nm* mystery. **mystérieux, -euse** *a* mysterious. **mystérieusement** *adv* mysteriously.
mysticisme [mistisism] *nm* mysticism. **mystique 1.** *a* mystic(al) **2.** *n* mystic.
mystification [mistifikasjɔ̃] *nf* (*a*) mystification (*b*) hoax.
mystifier [mistifje] *vtr* (*impf & pr sub* **n. mystifiions**) (*a*) to mystify (*b*) to hoax; to pull (s.o.'s) leg. **mystificateur, -trice 1.** *a* mystifying **2.** *n* hoaxer.
mythe [mit] *nm* myth, legend. **mythique** *a* mythical. **mythomane** compulsive liar; mythomaniac.
mythologie [mitɔlɔʒi] *nf* mythology. **mythologique** *a* mythological.
myxomatose [miksɔmatoz] *nf* myxomatosis.

N

N, n [ɛn] *nm* (the letter) N, n.
N *abbr* **1.** *nord* **2.** (*route*) *nationale*.
nabot, -ote [nabo, -ɔt] *n Pej:* midget.
nacelle [nasɛl] *nf* basket, nacelle (of balloon); nacelle, gondola (of airship).
nacre [nakr] *nf* mother of pearl.
nacré [nakre] *a* pearly, nacreous.
nage [naʒ] *nf* **1.** rowing; **chef de n.,** stroke (oarsman) **2.** (*a*) swimming; **traverser une rivière à la n.,** to swim across a river (*b*) stroke (in swimming); **n. libre,** freestyle (*c*) **être en n.,** to be bathed in sweat.
nageoire [naʒwar] *nf* fin (of fish); flipper (of seal).
nager [naʒe] *vi* **(n. nageons) 1.** to row **2.** (*a*) to swim; (*with cogn acc*) **n. la brasse,** to swim (the) breaststroke; **n. entre deux eaux,** to swim under water (*b*) to float; to be submerged (in liquid); **le bois nage sur l'eau,** wood floats on water; **la viande nage dans la graisse,** the meat is swimming in fat; **il nage dans ses vêtements,** his clothes are far too big for him; *F:* **je nage complètement,** I'm all at sea, I'm lost; **n. dans l'opulence,** to be rolling in money.
nageur, -euse [naʒœr, -øz] *n* (*a*) swimmer (*b*) *Nau:* oarsman.
naguère [nagɛr] *adv* not long since, a short time ago; formerly.
naïf, -ïve [naif, -iv] *a* **1.** ingenuous, naïve **2.** credulous, gullible; *n* **un naïf,** a simpleton **3.** *Art:* naive, primitive (painter, art). **naïvement** *adv* naïvely.
nain, naine [nɛ̃, nɛn] **1.** *n* dwarf, midget **2.** *a* **être n.,** to be a dwarf; **arbre n.,** dwarf tree.
naissance [nɛsɑ̃s] *nf* (*a*) birth; **à la n.,** at birth; **de n.,** (blind, deaf) from birth; **lieu de n.,** birthplace; **donner n. à un enfant, une rumeur,** to give birth to a child, to give rise to a rumour; **contrôle des naissances,** birth control; *Adm:* **extrait de n.,** birth certificate; **être français de n.,** to be French by birth (*b*) root (of nail, hair); base (of neck); source (of river); **prendre n.,** to originate.
naissant [nɛsɑ̃] *a* nascent.
naître [nɛtr] *vi* (*prp* **naissant;** *pp* **né;** *pr ind* **je nais, ils naissent;** *ph* **je naquis;** *aux* **être**) (*a*) to be born; **il est né en 1880,** he was born in 1880; **il est né aveugle,** he was born blind; *F:* **je ne suis pas né d'hier,** I wasn't born yesterday; *impers* **il naît moins de garçons que de filles,** there are fewer boys born than girls; **il est né de parents allemands,** he was born of German parents (*b*) (*of hopes, fears*) to be born, to spring up; (*of day*) to dawn, break (*c*) (*of plant*) to spring up, come up (*d*) (*of plan, of river*) to originate, rise, arise; **faire n.,** to awaken, arouse (suspicion, etc).
naïveté [naivte] *nf* naïvety.
nana [nana] *nf P:* woman, bird, chick.
nanti [nɑ̃ti] **1.** *a* affluent **2.** *nmpl Pej:* **les nantis,** the affluent.
nantir [nɑ̃tir] *vtr* **1. n. qn de,** to provide s.o. with **2. se n. de qch,** to provide oneself with sth.
napalm [napalm] *nm* napalm.
naphtaline [naftalin] *nf* **(boules de) n.,** mothballs.
naphte [naft] *nm* naphtha; mineral oil.
napolitain, -aine [napolitɛ̃, -ɛn] *a & n* Neapolitan; *Cu:* **tranche napolitaine,** (slice of) Neapolitan ice cream.
nappe [nap] *nf* **1.** (*a*) tablecloth (*b*) cloth, cover; **n. d'autel,** altar cloth **2.** sheet (of ice, flame); layer (of gas, oil); blanket (of fog); **n. de mazout,** oil slick.
napper [nape] *vtr Cu:* to coat (**de,** with).
napperon [naprɔ̃] *nm* (small linen) cloth, mat.
narcisse [narsis] *nm Bot:* narcissus.
narcissisme [narsisism] *nm* narcissism. **narcissique** *a* narcissistic.
narcotique [narkɔtik] *a & nm* narcotic.
narguer [narge] *vtr* to flout, scoff at (sth, s.o.).
narine [narin] *nf* nostril.
narquois, -oise [narkwa, -waz] *a* mocking, sneering (tone, smile). **narquoisement** *adv* mockingly.
narrateur, -trice [naratœr, -tris] *n* narrator.
narration [narasjɔ̃] *nf* **1.** narrative; **faire une n. de,** to relate **2.** *Sch:* essay. **narratif, -ive** *a* narrative.
nasal, -aux [nazal, -o] *a* nasal.
nase [naz] *a F:* **1.** crazy, stupid **2.** dud; bust.
naseau, -eaux [nazo] *nm* nostril (of horse).
nasillard [nazijar] *a* nasal (voice).
nasillement [nazijmɑ̃] *nm* (nasal) twang.
nasiller [nazije] *vi* to speak through the nose.
nasse [nas] *nf* eel pot, lobster pot; hoop net.
natal, -als [natal] *a* (*rarely used in the pl*) native (land); **ville natale,** birthplace.
natalité [natalite] *nf* **(taux de) n.,** birthrate.
natation [natasjɔ̃] *nf* swimming.
natif, -ive [natif, -iv] **1.** *a* (*a*) **être n. de,** to be from; to be a native of (*b*) natural, innate **2.** *n* native.
nation [nasjɔ̃] *nf* nation; **l'Organisation des Nations Unies,** the United Nations Organization.
national, -aux [nasjɔnal, -o] **1.** *a* national; state (education) **2.** *nmpl* **nationaux,** nationals (of a country) **3.** *nf* **nationale,** main road = A road; *NAm:* state highway.
nationalisation [nasjɔnalizasjɔ̃] *nf* nationalization.
nationaliser [nasjɔnalize] *vtr* to nationalize.
nationalisme [nasjɔnalism] *nm* nationalism. **nationaliste** *a & n* nationalist.
nationalité [nasjɔnalite] *nf* nationality.
natte [nat] *nf* **1.** (straw) mat, matting **2.** (*hair*) plait, pigtail.
natter [nate] *vtr* to plait, *NAm:* to braid.
naturalisation [natyralizasjɔ̃] *nf* naturalization.
naturaliser [natyralize] *vtr Adm: etc:* to naturalize; **se faire n. français(e),** to take French nationality.

nature [natyr] *nf* **1.** nature; **plus grand que n.**, larger than life; **n. morte**, still life (painting); **d'après n.**, (to paint) from life; *F:* **il a disparu dans la n.**, he's vanished into thin air **2.** (*a*) kind, character; **de n. à**, likely to; **ce n'est pas dans sa n.**, it's not in his nature (*b*) character, disposition, temperament; **il est timide de n.**, he is naturally shy; **une n. violente**, a violent type **3. payer en n.**, to pay in kind **4.** *a inv Cu:* plain; **café n.**, black coffee; **whisky n.**, neat whisky.

naturel, -elle [natyrɛl] **1.** *a* (*a*) natural; bodily (needs); **enfant n.**, illegitimate child; **c'est n. chez elle**, it comes naturally to her; **mais c'est tout n.**, it was a pleasure; *esp NAm:* you're welcome (*b*) natural (gift); natural, unaffected (person); **soie naturelle**, pure silk **2.** *nm* (*a*) native (of country) (*b*) nature, disposition (*c*) naturalness (*d*) **au n.**, (i) in real life; in reality (ii) *Cu:* (served) plain. **naturellement** *adv* naturally; of course.

naufrage [nofraʒ] *nm* (ship)wreck; **faire n.**, to sink.

naufragé, -ée [nofraʒe] **1.** *a* (ship)wrecked **2.** *n* shipwrecked person; castaway.

nauséabond [nozeabɔ̃] *a* nauseating (smell).

nausée [noze] *nf* (*a*) nausea; **avoir la n., des nausées**, to feel sick (*b*) disgust; **ça me donne la n., j'en ai la n.**, it makes me sick.

nautique [notik] *a* nautical; **sports nautiques**, water sports; **fête n.**, water festival; **carte n.**, (sea) chart.

naval, -als [naval] *a* naval, nautical (terms); **construction navale**, shipbuilding; **chantier n.**, shipyard.

navarin [navarɛ̃] *nm Cu:* lamb stew, casserole.

navet [navɛ] *nm* **1.** turnip **2.** *F:* third-rate film, novel, etc; *NAm:* turkey; **c'est un n.**, it's third-rate.

navette [navɛt] *nf* (*a*) shuttle; **n. spatiale**, space shuttle; **faire la n.**, (*of vehicle*) to run a shuttle service, (*of pers*) to commute, (*of ship*) to ply (**entre**, between) (*b*) *Tex:* shuttle.

navigabilité [navigabilite] *nf* **1.** navigability (of river) **2.** seaworthiness; airworthiness. **navigable** *a* navigable (river).

navigant [navigɑ̃] *a* **personnel n.**, *nmpl* **les navigants**, (i) *Nau:* sea-going personnel (ii) *Av:* flying personnel.

navigateur [navigatœr] *nm* navigator.

navigation [navigasjɔ̃] *nf* navigation; sailing; **compagnie de n.**, shipping company; **compagnie de n. aérienne**, airline.

naviguer [navige] *vi* to sail; to navigate; *Av:* to fly; *F:* to travel around.

navire [navir] *nm* ship, vessel; **n. de guerre**, warship; **n. de commerce**, merchant ship.

navire-citerne [navirsitɛrn] *nm Nau:* tanker; *pl navires-citernes.*

navrer [navre] *vtr Lit:* to grieve (s.o.) deeply. **navrant** *a* distressing, upsetting. **navré** *a* sorry (**de**, to); distressed.

naze [naz] *a see* **nase**.

nazisme [nazism] *nm Pol:* nazism. **nazi, -ie** *a & n Pol:* Nazi.

ne, n' [n(ə)] *neg adv* **1.** not; (*forming neg verb with* **pas**) **je ne le connais pas**, I do not, I don't, know him; **il n'a pas d'argent**, he hasn't any money **2.** *used alone* (*ie with omission of* **pas**) *with* **cesser, oser, pouvoir, savoir, importer; je n'ose lui parler**, I dare not speak to him; **je ne saurais vous le dire**, I can't tell you **3.** *in the following constructions:* (*a*) **que ne ferait-il pour vous?** what would he not do for you? (*b*) **il n'a confiance qu'en elle**, he trusts only her; **il n'y a pas que ça!** that's not all! (*c*) **si je ne me trompe**, unless I am mistaken; **voilà six mois que je ne l'ai vu**, it is now six months since I (last) saw him; **qu'à cela ne tienne!** by all means! **je n'ai que faire de son aide**, I don't need his help **4.** *used with a vague negative connotation* (*a*) (*expressions of fear*) **je crains qu'il ne prenne froid**, I'm afraid he may catch cold (*b*) **évitez qu'on ne vous voie**, take care not to be seen; **à moins qu'on ne vous appelle**, unless they call you (*c*) (*comparison*) **il est plus fort qu'on ne pense**, he is stronger than you think.

né [ne] *a* born; **née Dupont**, née Dupont; **un vendeur-né**, a born salesman.

néanmoins [neɑ̃mwɛ̃] *adv* nevertheless, yet.

néant [neɑ̃] *nm* (*a*) nothingness; **réduire qch à n.**, to annihilate sth, to wipe sth out (*b*) (*on form*) none; nil.

nébuleux, -euse [nebylø, -øz] **1.** *a* (*a*) cloudy (sky) (*b*) obscure, nebulous (ideas) **2.** *nf* **nébuleuse** *Astr:* nebula.

nécessaire [nesɛsɛr] **1.** *a* necessary (**à**, to); **choses qu'il est n. de savoir**, things one should know; **il est n. qu'on en parle**, we must talk about it **2.** *nm* (*a*) necessities; **le strict n.**, the bare essentials; **je ferai le n.**, I'll see to it (*b*) **n. à couture**, sewing kit; **n. à ongles**, manicure set; **n. de toilette, de voyage**, toilet bag; grip. **nécessairement** *adv* necessarily; **doit-il n. partir?** must he go?

nécessité [nesesite] *nf* (*a*) necessity; **par n.**, out of necessity; **ce voyage est une n.**, this journey is essential; **être dans la n. de faire qch**, to be compelled to do sth (*b*) *pl* necessities (of life); requirements (of job); **de première n.**, indispensable.

nécessiter [nesesite] *vtr* to necessitate, require (sth). **nécessiteux, -euse** *a* needy.

nécrologie [nekrɔlɔʒi] *nf* obituary notice; *Journ:* deaths.

nécropole [nekrɔpɔl] *nf* necropolis.

nectar [nɛktar] *nm* nectar; **n. d'abricot**, apricot juice.

nectarine [nɛktarin] *nf* nectarine.

néerlandais, -aise [neɛrlɑ̃dɛ, -ɛz] **1.** *a* Dutch **2.** (*a*) *n* Dutchman, -woman (*b*) *nm Ling:* Dutch.

nef [nɛf] *nf* nave; **n. latérale**, side aisle.

néfaste [nefast] *a* ill-fated, unlucky; harmful (**à**, to); **influence n.**, pernicious influence.

négatif, -ive [negatif, -iv] **1.** *a* negative (answer, quantity); *Phot:* **épreuve négative**, *nm* **n.**, negative **2.** *nf* **négative**, negative; **dans la n.**, (to answer) in the negative. **négativement** *adv* negatively.

négation [negasjɔ̃] *nf* **1.** negation, denial **2.** *Gram:* negative.

négligé [negliʒe] **1.** *a* (*a*) neglected (wife) (*b*) slovenly (appearance); slipshod (work) **2.** *nm* (*a*) slovenliness (*b*) *Cl:* négligé, negligee.

négligence [negliʒɑ̃s] *nf* negligence, carelessness.

négliger [negliʒe] *vtr* (**n. négligeons**) **1.** to neglect (s.o., sth); **n. de faire qch**, to neglect to do sth **2.** to disregard (advice) **3. se n.**, to neglect oneself; to let oneself go. **négligeable** *a* negligible; insignificant. **négligent** *a* negligent, careless; casual. **négligemment** *adv* carelessly.

négoce [negɔs] *nm* trade, business.

négociant, -ante [negɔsjɑ̃, -ɑ̃t] *n* merchant dealer; **n. en gros,** wholesaler.

négociateur, -trice [negɔsjatœr, -tris] *n* negociator.

négociation [negɔsjasjɔ̃] *nf* negotiation.

négocier [negɔsje] *vtr* to negotiate. **négociable** *a* negotiable.

nègre, négresse [nɛgr, negrɛs] **1.** *n* (*a*) negro, negress; **travailler comme un n.,** to work like a slave; **parler petit n.,** to talk pidgin French (*b*) *F:* ghost writer **2.** *a* (*f* **nègre**) **la race nègre,** the negro race.

neige [nɛʒ] *nf* snow; **n. fondue,** (i) sleet (ii) slush; **boule de n.,** snowball; **faire boule de n.,** to snowball; *Fig:* **cheveux de n.,** snow-white hair; *Ind:* **n. carbonique,** dry ice; *Cu:* **blancs d'œufs battus en n.,** beaten egg whites.

neiger [neʒe] *v impers* (**il neigeait**) to snow. **neigeux, -euse** *a* snowy, snow-covered.

nénuphar [nenyfar] *nm Bot:* water lily.

néo-calédonien, -ienne [neokaledɔnjɛn, -jɛn] *a & n* New Caledonian; *pl néo-calédoniens, -iennes.*

néo-gallois, -oise [neogalwa, -waz] *a & n* (native, inhabitant) of New South Wales; *pl néo-gallois, -oises.*

néolithique [neɔlitik] *a* neolithic.

néologisme [neolɔʒism] *nm* neologism.

néon [neɔ̃] *nm* **1.** *Ch:* neon **2. éclairage au n.,** neon lighting; **un n.,** (neon) tube.

néophyte [neɔfit] *nm* (*a*) neophyte (*b*) beginner.

néo-zélandais, -aise [neozelɑ̃dɛ, -ɛz] **1.** *a* New Zealand (government, butter) **2.** *n* New Zealander; *pl néo-zélandais, -aises.*

népotisme [nepɔtism] *nm* nepotism.

nerf [nɛr] *nm* (*a*) *Anat:* nerve; **elle a les nerfs malades,** she suffers from nerves; **porter sur les nerfs à qn,** to get on s.o.'s nerves; **avoir les nerfs en boule,** to be on edge, to be nervy; **être sur les nerfs,** to be tense; **avoir ses nerfs,** to have a fit of nerves (*b*) **avoir du n.,** to have stamina; **mets-y du n.!** [nɛrf] put some guts into it! **allons, du n.!** come on, buck up!

nerveux, -euse [nɛrvø, -øz] *a* **1.** nervous (system, illness); nerve (centre) **2.** sinewy (hand); wiry (body); stringy (meat); **moteur n.,** responsive engine **3.** nervous, tense, highly strung, *F:* nervy (person). **nerveusement** *adv* nervously, tensely.

nervosité [nɛrvozite] *nf* nervousness, tension; irritability, edginess.

nervure [nɛrvyr] *nf* (*a*) nervure, vein (of leaf) (*b*) *Arch:* rib (of vault).

Nescafé [nɛskafe] *nm Rtm:* instant coffee; Nescafé (*Rtm*).

n'est-ce pas [nɛspa] *adv phr* (*inviting assent*) **vous venez, n'est-ce pas?** you're coming, aren't you? **il fait chaud, n'est-ce pas?** it's hot, isn't it? **il ne comprend pas, n'est-ce pas?** he doesn't understand, does he?

net, nette [nɛt] *a* **1.** clean; neat, tidy (house); clear (conscience); **n. d'impôt,** tax free; *nm* **mettre qch au n.,** to make a fair copy of sth **2.** (*a*) clear (idea); plain, straight (answer); distinct, marked (difference); **contours nets,** sharp outlines; *Phot:* **image nette,** sharp image (*b*) net (weight, price); net, clear (profit) **3.** *adv* plainly, outright; **refuser n.,** to refuse flatly; **parler n.,** to speak bluntly, frankly; **s'arrêter n.,** to stop dead; **se casser n.,** to break clean through. **nettement** *adv* clearly, distinctly; plainly, flatly; **parler n.,** to speak bluntly.

netteté [net(ə)te] *nf* **1.** cleanness (of break) **2.** neatness (of appearance, work); clearness, clarity (of thought); sharpness (of image).

nettoyage [nɛtwajaʒ] *nm* cleaning; *Mil:* mopping up; **n. à sec,** dry cleaning; **le grand n., n. de printemps,** spring cleaning.

nettoyant [nɛtwajɑ̃] **1.** *a* cleaning **2.** *nm* cleaner.

nettoyer [nɛtwaje] *vtr* (**je nettoie**) (*a*) to clean; **n. au chiffon,** to dust; **n. à sec,** to dry-clean (*b*) *Mil:* to mop up (*c*) *P:* to finish (s.o.) off; (*of burglar*) to strip (house).

neuf[1] [nœf, nœv] *num a inv & nm inv* nine **1.** *card a* (*at the end of the word-group* [nœf]; *before* **ans** *and* **heures** [nœv]; *otherwise before vowel sounds* [nœf]; *before a noun or adj beginning with a consonant usu* [nœ]; *often* [nœf]) **j'en ai n.** [nœf] I have nine; **il a n. ans** [nœvɑ̃] he's nine years old **2.** *ordinal and other uses* (*always* [nœf]) **le n. mai,** the ninth of May; **Louis N.,** Louis the Ninth.

neuf[2], neuve [nœf, nœv] **1.** *a* (*a*) new; fresh (idea); **à l'état n.,** as (good as) new (*b*) *F:* **quoi de n.?** what's new? **2.** *nm* **habillé de n.,** dressed in new clothes; **il y a du n.,** I have news for you; *adv phr* **remettre qch à n.,** to renovate sth, to do sth up (like new).

neurasthénie [nørasteni] *nf* depression. **neurasthénique** *a* depressive.

neurologie [nørɔlɔʒi] *nf Med:* neurology.

neurologue [nørɔlɔg] *n* neurologist.

neutralisation [nøtralizasjɔ̃] *nf* neutralization.

neutraliser [nøtralize] *vtr* to neutralize.

neutralité [nøtralite] *nf* neutrality.

neutre [nøtr] *a* **1.** neuter; *nm Ling:* **au n.,** in the neuter **2.** neutral.

neutron [nøtrɔ̃] *nm* neutron; **bombe à neutrons,** neutron bomb.

neuvième [nœvjɛm] **1.** *num a & n* ninth **2.** *nm* ninth (part). **neuvièmement** *adv* ninthly.

neveu, -eux [nəvø] *nm* nephew.

névralgie [nevralʒi] *nf* neuralgia. **névralgique** *a* neuralgic.

névrose [nevroz] *nf* neurosis. **névrosé, -ée** *a & n* neurotic.

new-yorkais, -aise [nujɔrke, -ɛz] **1.** *a* of, from, New York; **l'accent n.-y.,** the New York accent **2.** *n* New Yorker.

nez [ne] *nm* **1.** (*a*) nose; **parler du n.,** to speak through one's nose; **faire un pied de n. à qn,** to cock a snook at s.o. (*b*) **mettre le n. à la fenêtre,** to show one's face at the window; **n. à n.,** face to face; **baisser le n.,** to look ashamed; **faire un long n.,** to pull a face; **ça lui a passé sous le n.,** it slipped through his fingers; **fermer la porte au n. de qn,** to shut the door in s.o.'s face; **rire au n. de qn,** to laugh in s.o.'s face (*c*) **avoir du n.,** to have flair (*d*) **au n. et à la barbe de qn,** right under s.o.'s nose; *F:* **je l'ai dans le n.,** I can't stand him; **se bouffer le n.,** to quarrel **2.** bow (of ship); nose (of aircraft).

NF *abbr normes françaises* = British Standards.

ni [ni] *conj* (**ne** *is either expressed or implied*) (*a*) nor, or; **ni moi (non plus),** neither do I; **sans argent ni bagages,** without money or luggage (*b*) **sans manger ni boire,** without (either) eating or drinking; **il ne peut ni ne veut accepter,** he neither can nor wants to accept (*c*) **ni . . . ni,** neither . . . nor; **ni l'un ni l'autre,** neither (of them); **ni vu ni connu,** no one will know.

niais, -aise [njɛ, -ɛz] **1.** *a* simple, foolish (person); inane (laugh) **2.** *n* fool, simpleton. **niaisement** *adv* foolishly, inanely.

niaiserie [njɛzri] *nf* silliness, foolishness; **dire des niaiseries,** to talk nonsense.

niche [niʃ] *nf* **1.** niche, recess **2.** (dog) kennel, *NAm:* doghouse **3.** trick, prank.

nichée [niʃe] *nf* brood (of birds, children).

nicher [niʃe] **1.** *vi* (*of bird*) to build a nest; to nest; *F:* (*of pers*) to hang out **2. se n.,** (*of bird*) to nest; (*of village*) to nestle; **niché dans un fauteuil,** curled up in an armchair.

nichon [niʃɔ̃] *nm P:* (*breast*) tit.

nickel [nikɛl] **1.** *nm* nickel **2.** *a P:* spick and span; neat.

nickeler [nikle] *vtr* (**je nickelle**) to nickel-plate.

niçois, -oise [niswa, -waz] *a & n* (native) of Nice.

nicotine [nikɔtin] *nf* nicotine.

nid [ni] *nm* (*a*) nest; **n. de brigands,** robber's den; **n. à poussière,** dust trap; **n. de poule,** pothole (in road) (*b*) **n. de mitrailleuses,** nest of machine-guns; **n. de résistance,** centre of resistance.

nièce [njɛs] *nf* niece.

nier [nje] *vtr* (*impf & pr sub* **n. niions**) to deny (fact); *abs* **l'accusé nie,** the accused denies the charge.

nigaud, -aude [nigo, -od] (*a*) *n* simpleton, *F:* twit (*b*) *a* silly, simple.

Niger [niʒɛr] *Prnm Geog:* (*a*) the (river) Niger (*b*) (*state*) Niger. **Nigérien, -ienne** *a & n* (native, inhabitant) of Niger.

Nigéria [niʒɛrja] *Prnm Geog:* Nigeria. **Nigérian, -iane** *a & n* Nigerian.

Nil [nil] *Prnm* the (river) Nile; (*colour*) **(vert de) N.,** eau-de-nil.

nippes [nip] *nfpl F:* clothes, togs.

nipper [nipe] *vtr F:* to tog out; **se n.,** to get togged out.

nippon, -one [nipɔ̃, -ɔn] *a & n* Nipponese, Japanese.

nitrate [nitrat] *nm Ch:* nitrate. **nitrique** *a* nitric.

nitroglycérine [nitrɔgliserin] *nf* nitroglycerine.

niveau, -eaux [nivo] *nm* **1.** (*instruments*) **n. à bulle d'air,** spirit level; **n. d'huile, d'essence,** oil, petrol, gauge **2.** (*a*) **n. de bruit,** noise level (*b*) (ground, sea) level; **l'eau arrivait au n. des genoux,** the water was knee-deep; *Rail:* **passage à n.,** level, *NAm:* grade, crossing; **être au même n. que, de n. avec, qch,** to be level with sth (*c*) **n. de vie,** standard of living; **n. social,** social standing; **au n.,** up to standard; **être au n. de qch,** to be on a par with sth.

nivelage [nivlaʒ] *nm,* **nivellement** [nivɛlmɑ̃] *nm* levelling.

niveler [nivle] *vtr* (**je nivelle**) to level; **n. au plus bas,** to level down.

niveleur, -euse [nivɛlœr, -øz] **1.** *a* levelling **2.** *n* leveller **3.** *nf* **niveleuse** *Const:* grader.

noble [nɔbl̩] **1.** *a* noble **2.** *n* noble(man), noblewoman; **les nobles,** the nobility. **noblement** *adv* nobly.

noblesse [nɔblɛs] *nf* nobility; **petite n.,** gentry.

noce [nɔs] *nf* **1.** (*a*) wedding (*b*) wedding party (*c*) **voyage de noces,** honeymoon (trip); **noces d'or,** golden wedding; **épouser qn en secondes noces,** to marry for the second time **2.** *F:* **faire la n.,** to live it up; **je n'étais pas à la n.,** I was having a bad time.

noceur, -euse [nɔsœr, -øz] *n F:* reveller.

nocivité [nɔsivite] *nf* noxiousness, harmfulness. **nocif, -ive** *a* harmful, noxious (**à,** to).

noctambule [nɔktɑ̃byl] *n F:* night owl.

nocturne [nɔktyrn] **1.** *a* nocturnal; night (attack); (*of shop*) **n. le vendredi,** late night opening on Fridays **2.** *nm* (*a*) night bird (*b*) *Mus:* nocturne **3.** *nm or f Sp:* evening fixture.

Noël [nɔɛl] *nm* **1.** Christmas; **la nuit de N.,** Christmas Eve; **le Père N.,** Father Christmas **2.** (*a*) *Mus:* Christmas carol (*b*) *F:* **(petit) n.,** Christmas present.

nœud [nø] *nm* **1.** (*a*) knot; **faire son n. de cravate,** to knot one's tie; **les nœuds de l'amitié,** the bonds of friendship (*b*) crux (of problem) (*c*) *Cost:* bow; **faire un n.,** to tie a bow; **n. papillon,** bow tie **2.** (*a*) knot (in timber) (*b*) *Ph:* node **3. n. ferroviaire,** railway junction **4.** *NauMeas:* knot.

noir, noire [nwar] **1.** *a* (*a*) black; dark (eyes, hair); **race noire,** negro race (*b*) dark, swarthy (complexion); **être n. de coups,** to be black and blue (*c*) dark (night); gloomy (thoughts); utter (poverty); black (mood, humour); macabre (film); **il faisait n., nuit noire,** it was pitch-dark; **ma bête noire,** my pet aversion (*d*) dirty, grimy (hands) (*e*) **regarder qn d'un œil n.,** to give s.o. a black look (*f*) *P:* drunk, tight **2.** *n* black (man, woman) **3.** *nm* (*a*) black; **c'était écrit n. sur blanc,** it was there in black and white; **voir tout en n.,** to look at the dark side of everything; **être en n.,** to wear black; to be in mourning (*b*) mascara; eyeliner (*c*) bull's eye (of target) (*d*) dark, darkness; **j'ai peur du n., dans le n.,** I'm afraid of the dark (*e*) **acheter au n.,** to buy on the black market; **travail (au) n.,** moonlighting **4.** *nf Mus:* **noire,** crochet. **noirâtre** *a* blackish, darkish. **noiraud, -aude** *a & n* swarthy (man, woman).

noirceur [nwarsœr] *nf* (*a*) blackness, darkness (*b*) wickedness; *Lit:* **une n.,** a black deed.

noircir [nwarsir] **1.** *vi* to become black; to darken; (*of skin*) to tan **2.** *vtr* to blacken; **n. du papier,** to scribble; **n. la réputation de qn,** to blacken s.o.'s character **3. se n.,** to grow black; (*of sky*) to darken.

noircissement [nwarsismɑ̃] *nm* blackening.

noircissure [nwarsisyr] *nf* black spot, mark.

noise [nwaz] *nf* **chercher n. à qn,** to try to pick a quarrel with s.o.

noisetier [nwaztje] *nm* hazel tree.

noisette [nwazɛt] **1.** *nf* hazelnut; **n. de beurre,** knob of butter **2.** *a inv* (*colour*) hazel.

noix [nwa] *nf* **1.** walnut; **n. de beurre,** knob of butter **2.** nut; **n. de coco,** coconut; **n. de cajou,** cashew nut **3.** *P:* **à la n.,** useless; rubbishy.

nom [nɔ̃] *nm* **1.** name; **traiter qn de tous les noms,** to call s.o. names; **n. de famille,** surname; **n. de guerre,** assumed name; **n. de théâtre,** stage name; **n. et prénoms,** full name; surname and given names;

crime sans n., unspeakable crime; **n. de n.! n. d'une pipe!** hell! **au n. du ciel!** in heaven's name! *Com:* **n. déposé**, registered (trade) name; **se faire un n.**, to make a name for oneself; **connaître qn de n.**, to know s.o. by name; **au n. de la loi**, in the name of the law; **faire qch au n. de qn**, to do sth on s.o.'s behalf **2.** *Gram:* noun; **n. propre**, proper noun.

nomade [nɔmad] **1.** *a* nomadic **2.** *n* nomad.

nombre [nɔ̃br̥] *nm* **1.** number; **(un) bon n. de gens**, a good many people; **le plus grand n.**, the majority; **venir en n.**, to come in large numbers; **faire n.**, to make up the numbers; **ils ont vaincu par le n.**, they conquered by force of numbers; **surpasser en n.**, to outnumber; **ils sont au n. de huit**, there are eight of them; **mettre qn au n. de ses amis**, to number s.o. among one's friends **2.** *Gram:* number. **nombreux, -euse** *a* (*a*) numerous; (large) family; **réunion peu nombreuse**, small gathering (*b*) many (objects); **peu n.**, few.

nombril [nɔ̃bri] *nm* navel; *F:* **il se prend pour le n. du monde**, he thinks the whole world revolves round him.

nombrilisme [nɔ̃brilism] *nm F:* self-centredness, self-absorption. **nombrilique** *a F:* self-centred, self-absorbed.

nomenclature [nɔmɑ̃klatyr] *nf* nomenclature; list.

nominal, -aux [nɔminal, -o] *a* nominal; **appel n.**, roll call; **valeur nominale**, face value. **nominalement** *adv* nominally.

nominatif, -ive [nɔminatif, -iv] **1.** *a* nominal; **état n.**, list of names; *Fin:* **titres nominatifs**, registered securities **2.** *nm Gram:* nominative (case).

nomination [nɔminasjɔ̃] *nf* **1.** nomination (for a post) **2.** appointment; **recevoir sa n.**, to be appointed.

nommer [nɔme] *vtr* **1.** (*a*) to name (s.o.) (*b*) to mention by name; **qn que je ne nommerai pas**, s.o. who shall be nameless; **n. un jour**, to appoint a day (*c*) to appoint (to a post); to nominate (candidate); **être nommé au grade supérieur**, to be promoted **2. se n.** (*a*) to give one's name (*b*) to be called, named.

non [nɔ̃] *adv* (*no liaison with the following word except in compounds*) **1.** no, not; **le voulez-vous?—n.**, do you want it?—no (I don't); **répondre (par) n.**, to answer no; **c'est dégoûtant, n.?** it's disgusting isn't it? **mais n.!** oh no! **je pense que n.**, I don't think so; **faire signe que n.**, to shake one's head; **qu'il vienne ou n.**, whether he comes or not; **n. (pas) que je le craigne**, not that I fear him; *nm inv* **les n. l'emportent**, the noes have it **2. n. loin de la ville**, not far from the town; **n. sans raison**, not without reason; **n. seulement il pleut mais encore il fait froid**, not only is it raining but it's also cold.

non-agression [nɔnagresjɔ̃, nɔ̃-] *nf* non-aggression.

non-alcoolisé [nɔnalkɔlize, nɔ̃-] *a* non-alcoholic; **boisson non-alcoolisée**, soft drink.

non-alignement [nɔnaliɲmɑ̃, nɔ̃-] *a Pol:* non-alignment.

nonante [nɔnɑ̃t] *num a & nm inv Belg: SwFr:* ninety.

non-assistance [nɔnasistɑ̃s, nɔ̃-] *nf* **n.-a. à personne en danger**, failure to assist s.o. in danger.

nonce [nɔ̃s] *nm* **n. du Pape**, Papal Nuncio.

nonchalance [nɔ̃ʃalɑ̃s] *nf* nonchalance; indifference. **nonchalant** *a* nonchalant. **nonchalamment** *adv* nonchalantly.

non-combattant [nɔ̃kɔ̃batɑ̃] *a & nm* non-combatant; *pl non-combattants.*

non-conformisme [nɔ̃kɔ̃fɔrmizm] *nm* non-conformism. **non-conformiste** *a & n* non-conformist.

non-existant [nɔnegzistɑ̃, nɔ̃-] *a* non-existent.

non-ferreux, -euse [nɔ̃ferø, -øz] *a* non-ferrous.

non-fumeur, -euse [nɔ̃fymœr, -øz] *n* nonsmoker.

non-intervention [nɔnɛ̃tervɑ̃sjɔ̃] *nf* non-intervention.

non-livraison [nɔ̃livrɛzɔ̃] *nf Com:* non-delivery.

nonne [nɔn] *nf O:* nun.

nonobstant [nɔnɔbstɑ̃] **1.** *prep* notwithstanding **2.** *adv* nonetheless.

non-paiement [nɔ̃pɛmɑ̃] *nm* non-payment.

non-retour [nɔ̃rətur] *nm* **point de n.-r.**, point of no return.

non-sens [nɔ̃sɑ̃s] *nm inv* **c'est un n.-s.**, it's nonsense, meaningless.

non-valable [nɔ̃valabl̥] *a* **1.** *Jur:* invalid (clause) **2.** (*of ticket, passport*) not valid.

non-valeur [nɔ̃valœr] *nf* bad debt; worthless security; *pl non-valeurs.*

non-violence [nɔ̃vjɔlɑ̃s] *nf* non-violence.

nord [nɔr] **1.** *nm no pl* north; **au n. de**, (to the) north of; **vent du n.**, north, northerly, wind; **la mer du N.**, the North Sea; **l'Amérique du N.**, North America; *F:* **perdre le n.**, to lose one's head **2.** *a inv* north; **le Pôle N.**, the North Pole.

nord-africain, -aine [nɔrafrikɛ̃, -ɛn] *a & n* North African; *pl nord-africain(e)s.*

nord-américain, -aine [nɔramerikɛ̃, -ɛn] *a & n* North American; *pl nord-américain(e)s.*

nord-est [nɔrɛst] *nm* north-east.

nordique [nɔrdik] **1.** *a* Nordic **2.** *n* Scandinavian.

nordiste [nɔrdist] **1.** *a* northern **2.** *Hist:* Yankee.

nord-ouest [nɔrwɛst] *nm* north-west.

normal, -aux [nɔrmal, -o] **1.** *a* (*a*) normal; **c'est tout à fait n.!** it's quite usual, natural! **elle n'est pas normale**, there's sth wrong with her; **école normale**, college of education (*b*) standard (weight, size) **2.** *nf* **la normale**, the normal, the norm; **revenir à la n.**, to return to normality; **au-dessus de la n.**, above average. **normalement** *adv* normally, usually.

normaliser [nɔrmalize] *vtr* to normalize; to standardize.

Normandie [nɔrmɑ̃di] *Prnf Geog:* Normandy. **normand, -ande** *a & n* Norman; *F:* **réponse (à la) normande, r. de n.**, non-committal answer.

norme [nɔrm] *nf* norm, standard; **conforme à la n.**, up to standard.

Norvège [nɔrvɛʒ] *Prnf Geog:* Norway. **norvégien, -ienne** **1.** *a & n* Norwegian **2.** *nm Ling:* Norwegian.

nostalgie [nɔstalʒi] *nf* nostalgia; homesickness. **nostalgique** *a* nostalgic, homesick.

notabilité [nɔtabilite] *nf* notability. **notable** *a* notable. **notablement** *adv* notably.

notaire [nɔtɛr] *nm* notary, solicitor.

notamment [nɔtamɑ̃] *adv* notably; especially, in particular.

notation [nɔtasjɔ̃] *nf* notation; marking (of work).
note [nɔt] *nf* **1.** (*a*) note; **prendre des notes,** to take notes; **prendre n. de qch,** to make a note of sth; **n. de service,** memo(randum) (*b*) annotation; **n. en bas de page,** footnote **2.** *Sch:* mark; **bonne, mauvaise, n.,** good, bad, mark **3.** *Mus:* note; **cette remarque était dans la n.,** that remark struck the right note; **n. d'originalité,** touch of originality **4.** bill.
noter [nɔte] *vtr* **1.** to note; to take notice of (sth); **notez (bien) qu'il n'a rien dit,** he didn't say anything, mind you **2.** (*a*) to write, note, jot, down; **notez-le,** make a note of it (*b*) to mark (passage) (*c*) *Sch:* to mark (work).
notice [nɔtis] *nf* **1.** note **2.** instructions, directions; **n. d'emploi,** directions for use; **n. publicitaire,** advertisement.
notification [nɔtifikasjɔ̃] *nf* notification.
notifier [nɔtifje] *vtr* (*impf & pr sub* **n. notifiions**) to notify.
notion [nɔsjɔ̃] *nf* notion, idea; **perdre la n. du temps,** to lose all sense of time; **il a des notions de chimie,** he has a smattering of chemistry.
notoire [nɔtwar] *a* well-known (fact); notorious (criminal); **c'est n.,** it's common knowledge. **notoirement** *adv* notoriously.
notoriété [nɔtɔrjete] *nf* notoriety (of fact); fame; reputation (of pers).
notre, *pl* **nos** [nɔtr̥, no] *poss a* our.
nôtre [notr̥] **1.** *poss a* ours; **sa maison est n.,** his house is ours **2. le n., la n., les nôtres,** (*a*) *poss pron* ours; our own (*b*) *nm* (i) **le n.,** our own; **il faut y mettre du n.,** we must do our bit (ii) **les nôtres,** our own (friends); our family; **est-il des nôtres?** is he joining us?
nouba [nuba] *nf P:* **faire la n.,** to live it up.
nouer [nwe, nue] *vtr* **1.** (*a*) to tie, knot, fasten; to tie up, do up (parcel) (*b*) **avoir la gorge nouée,** to have a lump in one's throat (*c*) **n. conversation avec qn,** to start a conversation with s.o. **2. se n.** (*of cord*) to become knotty; (*of hands*) to join together. **noueux, -euse** *a* knotty, gnarled.
nougat [nuga] *nm Comest:* nougat.
nouille [nuj] *nf* **1.** *pl Cu:* noodles **2.** *F:* idiot, noodle; **c'est une n.,** he's a drip.
nounou [nunu] *nf* nanny.
nounours [nunurs] *nm* teddy (bear).
nourri [nuri] *a* **1.** nourished, fed; **bien n.,** well fed; **mal n.,** underfed **2.** heavy (fire); lively, sustained (conversation).
nourrice [nuris] *nf* (*a*) (wet) nurse; **mettre un enfant en n.,** to put out a child to nurse (*b*) *Aut:* spare can, jerrycan (of petrol).
nourrir [nurir] *vtr* **1.** to nurse (infant) **2.** to feed (people, animals, fire); to keep (one's family); **ça ne nourrit pas son homme,** it doesn't provide a living; **le lait nourrit,** milk is nourishing **3.** to foster (hatred); to harbour (thoughts); to cherish (hope) **4. se n. de (qch),** to eat, feed on, live on (sth). **nourrissant** *a* nourishing.
nourrisson [nurisɔ̃] *nm* infant.
nourriture [nurityr] *nf* food; **n. saine,** healthy diet.
nous [nu] *pers pron* **1.** (*a*) (*subject*) we (*b*) (*object*) us; to us; **il n. en a parlé,** he spoke to us about it (*c*) (*reflexive*) **n. n. chauffons,** we are warming ourselves; **n. n. connaissons,** we know each other **2. n. tous,** all of us; us all; **un ami à n.,** a friend of ours; **n. l'avons fait n.-mêmes,** we did it ourselves; **ce livre est à n.,** that book belongs to us.
nouveau, -el, -elle¹, -eaux [nuvo, -ɛl] *a* (**nouvel** *is used before m sing nouns beginning with a vowel or* **h** *'mute'*) **1.** new (*a*) (*usu follows noun*) **pommes de terre nouvelles,** new potatoes (*b*) **il n'y a rien de n.,** there's nothing new; *nm* **j'ai appris du n.,** I have some news; **c'est du n.,** that's news to me **2.** (*usu precedes noun*) new, fresh, another; **une nouvelle raison,** a further reason; **la nouvelle génération,** the rising generation; **jusqu'à nouvel ordre,** until further notice; **le nouvel an,** the new year; *nmpl* **les nouveaux,** the newcomers; *Sch:* the new boys, girls **3.** (*with adv function*) **le n. venu,** the newcomer **4. de n.,** again; **à n.,** afresh, (all over) again; *Book-k:* **solde à n.,** balance brought forward.
nouveau-né, -née [nuvone] *a & n* new-born (child); *pl nouveau-nés, -nées.*
nouveauté [nuvote] *nf* **1.** novelty **2.** change, innovation; **c'est une n.!** that's new! **3.** new thing; new invention, new publication **4.** *pl* **magasin de nouveautés,** fashion shop; **nouveautés de printemps,** (new) spring fashions.
nouvelle² *nf* **1.** *usu in pl* (*a*) (piece of) news; *Journ:* **dernières nouvelles,** late news (*b*) *pl* news (of, about, s.o., sth); **avez-vous de ses nouvelles?** have you heard from him? **prendre des nouvelles de qn,** to ask about s.o.; **goûtez ça, vous m'en direz des nouvelles,** taste this, I'm sure you'll like it; **vous aurez de mes nouvelles!** I'll give you what for! **2.** short story.
Nouvelle-Angleterre [nuvɛlɑ̃glətɛr] *Prnf Geog:* New England.
Nouvelle-Calédonie [nuvɛlkaledɔni] *Prnf Geog:* New Caledonia.
Nouvelle-Écosse [nuvɛlekɔs] *Prnf Geog:* Nova Scotia.
Nouvelle-Galles du Sud [nuvɛlgaldysyd] *Prnf Geog:* New South Wales.
Nouvelle-Guinée [nuvɛlgine] *Prnf Geog:* New Guinea.
nouvellement [nuvɛlmɑ̃] *adv* newly, lately, recently.
Nouvelle-Orléans [nuvɛlɔrleɑ̃] *Prnf Geog:* New Orleans.
Nouvelle-Zélande [nuvɛlzelɑ̃d] *Prnf Geog:* New Zealand.
novembre [nɔvɑ̃br̥] *nm* November; **au mois de n., en n.,** in (the month of) November.
novice [nɔvis] **1.** *n Rel:* novice; probationer (in profession); beginner, novice **2.** *a* inexperienced (**dans,** in).
noyade [nwajad] *nf* drowning (accident).
noyau, -aux [nwajo] *nm* **1.** stone, pit (of fruit) **2.** nucleus (of atom, cell); core (of the earth); group, circle (of people); **n. de résistance,** hard core of resistance.
noyautage [nwajotaʒ] *nm Pol:* infiltration.
noyauter [nwajote] *vtr Pol:* to infiltrate.
noyé, -ée [nwaje] **1.** *a* drowned; drowning; **être n.,** to be all at sea **2.** *n* drowned man, woman.
noyer¹ [nwaje] *nm* walnut (tree, wood).
noyer² (**je noie, n. noyons**) **1.** *vtr* (*a*) to drown; to

swamp, inundate (earth); **yeux noyés de larmes,** eyes brimming with tears; **noyé dans la foule,** lost in the crowd; **noyé dans l'obscurité,** shrouded in darkness (*b*) to flood (engine) (*c*) to countersink (screw) **2. se n.,** to drown; to drown oneself; **se n. dans les détails,** to get bogged down in details; **se n. dans un verre d'eau,** to make a mountain out of a molehill.

nu [ny] **1.** *a* (*a*) naked; bare; *Art:* nude; **nu comme un ver,** stark naked. NOTE: **nu** *before the noun it qualifies is invariable and is joined by a hyphen to the noun;* **aller pieds nus, aller nu-pieds,** to go barefoot(-ed) (*b*) uncovered, undisguised; **la vérité nue,** the plain, naked, truth (*c*) bare (room) **2.** *nm Art:* nude **3. à nu,** bare, naked; **mettre à nu,** to lay bare, expose; to strip (wire); to lay bare (one's heart).

NU *abbr Nations Unies,* UN

nuage [nɥaʒ] *nm* (*a*) cloud; **ciel couvert de nuages,** overcast sky; **sans nuages,** cloudless; unclouded (future) (*b*) gloom, shadow (*c*) **être dans les nuages,** to have one's head in the clouds (*d*) **n. de lait,** drop of milk. **nuageux, -euse** *a* cloudy, overcast (sky).

nuance [nɥɑ̃s] *nf* shade (of colour); hue, tinge (of bitterness); **je ne saisis pas la n.,** I don't see the difference.

nucléaire [nykleɛr] **1.** *a* nuclear **2.** *nm* **le n.,** nuclear power.

nudisme [nydism] *nm* nudism. **nudiste** *n* nudist.

nudité [nydite] *nf* (*a*) nudity, nakedness (*b*) bareness (of wall).

nuée [nye] *nf* cloud, swarm (of locusts, etc); crowd, swarm (of people).

nues [ny] *nfpl* skies; **porter qn aux n.,** to praise s.o. to the skies; **tomber des n.,** to be thunderstruck.

nuire [nɥir] *v ind tr* (*pp* **nui,** *otherwise conj like* CONDUIRE) **1. n. à qn,** to be harmful to s.o.; to harm s.o.; **cela nuira à sa réputation,** it will injure his reputation **2. se n.,** to do oneself a lot of harm.

nuisible [nɥizibl] *a* harmful, injurious (**à,** to); **animaux nuisibles,** pests.

nuit [nɥi] *nf* (*a*) night; **cette n.,** (i) tonight (ii) last night; **dans la n. de lundi,** during Monday night; **voyager de n., la n.,** to travel at night; **être de n.,** to be on night shift; **je n'ai pas dormi de la n.,** I didn't sleep a wink all night (*b*) darkness; **il se fait n.,** it's getting dark; **à la n. tombante,** at nightfall; **avant la n.,** before dark; **la n. des temps,** the dawn of time.

nul, nulle [nyl] **1.** (*with* **ne** *expressed or understood*) (*a*) *indef a* no; not one; **n. espoir,** no hope; **sans n. doute,** without any doubt (*b*) *indef pron* no one; nobody; **n. d'entre nous,** none of us **2.** *a* (*a*) worthless; useless; **il est n. en maths,** he's hopeless at maths (*b*) (*of result*) nil; (*of election*) null and void; *Jur:* **n. et non avenu,** null and void; *Sp:* **course nulle,** dead heat; **le score est n.,** it's a nil draw (*c*) non-existent (funds). **nullement** *adv* (*with* **ne,** *expressed or understood*) not at all, not in the least.

nullité [nulite] *nf* **1.** nullity, invalidity (of deed) **2.** incompetence; uselessness **3.** (*of pers*) nonentity; *F:* wash-out.

numéraire [nymerɛr] *nm* cash.

numération [nymerasjɔ̃] *nf* notation.

numérique [nymerik] *a* **1.** numerical; **supériorité n.,** superiority in numbers **2.** *Cmptr: WTel:* digital. **numériquement** *adv* numerically.

numéro [nymero] *nm* (*a*) number; **j'habite au n. 10,** I live at number 10; **n. d'appel,** telephone number; *Tp:* **faire, composer, un n.,** to dial a number (*b*) number, issue (of periodical); **ancien n.,** back number (*c*) *Th:* number, turn; **il a fait son petit n.,** he put on his little act (*d*) (*of pers*) **quel n.!** what a character! **numéral, -aux** *a & nm* numeral.

numéroter [nymerɔte] *vtr* to number.

numismate [nymismat] *n* numismatist. **numismatique 1.** *nf* numismatics **2.** *a* numismatic.

nu-pied [nypje] *nm* sandal; *pl nu-pieds.*

nuptial, -aux [nypsjal, -o] *a* nuptial, bridal; **cérémonie nuptiale,** wedding.

nuque [nyk] *nf* nape (of the neck).

nu-tête [nytɛt] *a inv* bareheaded.

nutrition [nytrisjɔ̃] *nf* nutrition. **nutritif, -ive** *a* nourishing, nutritious; nutritive; **valeur nutritive,** food value.

nylon [nilɔ̃] *nm Rtm:* nylon; **bas (de) n.,** nylon stockings, nylons.

nymphe [nɛ̃f] *nf* **1.** nymph **2.** *Biol:* pupa, chrysalis.

nymphomane [nɛ̃fɔman] *a & nf* nymphomaniac.

nymphomanie [nɛ̃fɔmani] *nf* nymphomania.

O

O, o [o] *nm* (the letter) O, o.
oasis [ɔazis] *nf* oasis.
obéir [ɔbeir] *v ind tr* (*a*) to obey; **o. à qn,** to obey s.o.; **se faire o.,** to enforce obedience; **o. à un ordre,** to comply with an order; **o. à une impulsion,** to act on an impulse. **obéissant** *a* obedient.
obéissance [ɔbeisɑ̃s] *nf* obedience (**à,** to).
obélisque [ɔbelisk] *nm* obelisk.
obésité [ɔbezite] *nf* obesity, corpulence. **obèse** *a* obese, fat (person).
objecter [ɔbʒɛkte] *vtr* to raise (sth) as an objection; **il n'a rien à o.,** he has no objection (to make); **o. la fatigue,** to plead tiredness; **on lui objecta son âge,** they took exception to his age.
objecteur [ɔbʒɛktœr] *nm* **o. de conscience,** conscientious objector.
objectif, -ive [ɔbʒɛktif, -iv] **1.** *a* objective; unbiased **2.** *nm* aim, object(ive), end **3.** *nm Phot:* lens. **objectivement** *adv* objectively.
objection [ɔbʒɛksjɔ̃] *nf* objection; **faire une o.,** to object.
objectivité [ɔbʒɛktivite] *nf* objectivity.
objet [ɔbʒɛ] *nm* **1.** (*a*) object, thing; **objets trouvés,** lost property (*b*) *Gram: Phil:* object **2.** (*a*) subject (of conversation); **o. de pitié,** object of pity; **faire, être, l'o. de,** to be the subject of (*b*) object, purpose (of action); **remplir son o.,** to attain one's end; **sans o.,** pointless.
obligation [ɔbligasjɔ̃] *nf* **1.** (moral) obligation; duty; **être dans l'o. de faire qch,** to be obliged to do sth **2.** *Jur:* obligation, bond **3.** *Com: Fin:* bond, debenture.
obligatoire [ɔbligatwar] *a* obligatory; compulsory; *F:* **c'était o.!** it *had* to happen! **obligatoirement** *adv* compulsorily; *F:* inevitably.
obligé, -ée [ɔbliʒe] **1.** *a* (*a*) obliged, compelled (**de faire qch,** to do sth) (*b*) inevitable; **c'est o. qu'il rate son examen,** he's bound to fail his exam (*c*) obliged, grateful (**de,** for) **2.** *n* person under obligation; *Jur:* obligee.
obligeance [ɔbliʒɑ̃s] *nf* **il a eu l'o. de m'accompagner,** he was kind enough to accompany me.
obliger [ɔbliʒe] *vtr* **(n. obligeons) 1.** to oblige, compel; **mon devoir m'y oblige,** I am in duty bound to do it; **o. qn à faire qch,** to force s.o. to do sth; **être obligé de faire qch,** to be obliged to do sth **2. o. qn,** to oblige s.o., to do s.o. a favour. **obligeant** *a* obliging, kind. **obligeamment** *adv* obligingly.
oblique [ɔblik] **1.** *a* oblique (line); **regard o.,** sidelong glance **2.** *nf* oblique line. **obliquement** *adv* obliquely.
obliquer [ɔblike] *vi* to take an oblique direction.
oblitération [ɔbliterasjɔ̃] *nf* cancellation (of stamp).
oblitérer [ɔblitere] *vtr* **(j'oblitère; j'oblitérerai)** to cancel (stamp).
oblong, -ongue [ɔblɔ̃, -ɔ̃g] *a* oblong.
obole [ɔbɔl] *nf* small offering.
obscénité [ɔpsenite] *nf* obscenity. **obscène** *a* obscene.
obscur [ɔpskyr] *a* **1.** dark; gloomy **2.** (*a*) obscure; difficult to understand; abstruse (subject) (*b*) vague, dim (foreboding); obscure, humble (birth); unknown (writer). **obscurément** *adv* obscurely.
obscurcir [ɔpskyrsir] **1.** *vtr* to obscure; to darken, cloud **2. s'o.,** to darken; to grow dark; (*of subject*) to become obscure.
obscurcissement [ɔpskyrsismɑ̃] *nm* obscuring, darkening.
obscurité [ɔpskyrite] *nf* darkness; obscurity; **dans l'o.,** in the dark.
obsédé, -ée [ɔpsede] *n* **o. sexuel,** sex maniac.
obséder [ɔpsede] *vtr* **(j'obsède; j'obsèderai)** to obsess, to haunt; **obsédé par une idée,** obsessed by an idea. **obsédant** *a* obsessive, haunting.
obsèques [ɔpsɛk] *nfpl* funeral.
obséquieux, -euse [ɔpsekjø, -øz] *a* obsequious.
observance [ɔpsɛrvɑ̃s] *nf* observance (of rule).
observateur, -trice [ɔpsɛrvatœr, -tris] **1.** *n* observer; *Mil: etc:* spotter **2.** *a* observant.
observation [ɔpsɛrvasjɔ̃] *nf* **1.** observance **2.** observation; **malade en o.,** patient under observation **3.** observation, remark; comment; **faire une o. à qn,** to criticize s.o.
observatoire [ɔpsɛrvatwar] *nm* (*a*) *Astr:* observatory (*b*) observation post.
observer [ɔpsɛrve] **1.** *vtr* (*a*) to observe, to keep (to) (rules, laws) (*b*) to watch (s.o., sth); **on nous observe,** we're being watched (*c*) to observe (stars); to examine (under microscope) (*d*) to note, notice; to point out (detail); **faire o. qch à qn,** to draw s.o.'s attention to sth **2. s'o.,** to watch oneself, to be careful.
obsession [ɔpsɛsjɔ̃] *nf* obsession. **obsessionnel** *a* obsessional.
obstacle [ɔpstakl] *nm* obstacle (**à,** to); *Equit:* jump, fence; **faire o. à qch,** to obstruct sth, to hinder sth.
obstétrique [ɔpstetrik] *nf* obstetrics.
obstination [ɔpstinasjɔ̃] *nf* obstinacy, stubbornness. **obstiné** *a* stubborn, obstinate. **obstinément** *adv* obstinately, stubbornly.
obstiner (s') [sɔpstine] *vpr* **s'o. à qch, à faire qch,** to persist in sth, in doing sth; **s'o. au silence,** to remain obstinately silent.
obstruction [ɔpstryksjɔ̃] *nf* obstruction; blockage; **faire de l'o.,** to obstruct.
obstruer [ɔpstrye] *vtr* to obstruct, to block.
obtenir [ɔptənir] *vtr* (*conj like* TENIR) to obtain, get (permission); to achieve (result); **j'ai obtenu de le voir,** I managed to see him.
obtention [ɔptɑ̃sjɔ̃] *nf* obtaining; **pour l'o. de qch,** to obtain sth.

obturateur [ɔptyratœr] *nm* obturator; *Phot:* shutter.

obturation [ɔptyrasjɔ̃] *nf* sealing; filling (of tooth); *Phot:* **vitesse d'o.,** shutter speed.

obturer [ɔptyre] *vtr* to seal; to fill (tooth).

obtus, -use [ɔpty, -yz] *a* obtuse.

obus [ɔby] *nm Artil:* shell.

OC *Ondes courtes.*

occasion [ɔkazjɔ̃] *nf* (*a*) opportunity, occasion, chance; **saisir une o.,** to seize an opportunity; **avoir l'o. de faire qch,** to have the chance to do sth; **à l'o.,** when the opportunity presents itself (*b*) bargain; **voiture d'o.,** secondhand car (*c*) **à l'o. de son mariage,** on the occasion of his marriage; **dans les grandes occasions,** on special occasions. **occasionnel, -elle** *a* occasional; chance (meeting); casual (help). **occasionnellement** *adv* occasionally.

occasionner [ɔkazjɔne] *vtr* to cause (delay); to bring about, give rise to (unpleasantness).

occident [ɔksidɑ̃] *nm* west. **occidental, -ale, -aux 1.** *a* west(ern) **2.** *n* Westerner.

occulte [ɔkylt] *a* occult (science).

occulter [ɔkylte] *vtr* to conceal: *Astr: Tech:* to occult.

occupant, -ante [ɔkypɑ̃, -ɑ̃t] (*a*) *a* occupying (forces) (*b*) *n* occupier; occupant; *Mil:* **l'o.,** the occupying power.

occupation [ɔkypasjɔ̃] *nf* **1.** occupation; occupancy (of house); occupation (of country) **2.** occupation, work, employment, job; **avoir de l'o.,** to be busy. **occupé** *a* (*of pers*) busy; (*of toilet, telephone*) engaged; (*of seat*) taken; (*of zone*) occupied.

occuper [ɔkype] *vtr* **1.** (*a*) to live in (house) (*b*) to occupy, fill, take up (time, space) (*c*) to hold, to have (job) (*d*) to give occupation to (s.o.); to employ (workmen); **son travail l'occupe beaucoup,** his work keeps him very busy (*e*) to occupy (country) **2. s'o.** (*a*) to keep oneself busy; **s'o. à faire qch,** to busy oneself with sth (*b*) **s'o. de,** to deal with; to be in charge of; to attend to; to be interested in; **je m'en occuperai,** I shall see to it; **occupe-toi de ce qui te regarde!** mind your own business! *Com:* **est-ce qu'on s'occupe de vous?** are you being served?

occurrence [ɔkyrɑ̃s] *nf* occurrence; instance; **en l'o.,** in this case; as it is.

OCDE *abbr Organisation de coopération et de développement économique,* OECD.

océan [ɔseɑ̃] *nm* ocean. **océanique** *a* oceanic.

Océanie [ɔseani] *Prnf Geog:* Oceania.

océanographe [ɔseanɔgraf] *n* oceanographer. **océanographie** *nf* oceanography.

océanologie [ɔseanɔlɔʒi] *nf* oceanology. **océanologue** *n* oceanologist.

ocre [ɔkr] *nf* ochre.

octane [ɔktan] *nm Ch:* octane.

octante [ɔktɑ̃t] *num A: & Dial:* eighty.

octave [ɔktav] *nf Mus: etc:* octave.

octobre [ɔktɔbr] *nm* October; **au mois d'o., en o.,** in (the month of) October.

octogénaire [ɔktɔʒenɛr] *a & n* octogenarian.

octogone [ɔktɔgɔn] *nm* octagon. **octogonal, -aux** *a* octagonal, eight-sided.

octroi [ɔktrwa] *nm* (*a*) concession, grant(ing) (*b*) *Hist:* city toll.

octroyer [ɔktrwaje] *vtr* **(j'octroie)** to grant, concede (**à,** to); **s'o.,** to allow oneself (sth).

oculaire [ɔkylɛr] **1.** *a* ocular; **témoin o.,** eyewitness. **2.** *nm Opt:* eyepiece.

oculiste [ɔkylist] *nm* oculist.

ode [ɔd] *nf Lit:* ode.

odeur [ɔdœr] *nf* odour, *NAm:* odor; smell, scent; **mauvaise o.,** bad smell; **ça a une bonne o.,** it smells nice; **sans o.,** odourless; **être en o. de sainteté,** to be in favour.

odieux, -euse [ɔdjø, -øz] *a* odious; abominable (crime); obnoxious (behaviour); **cet enfant est o.,** this child is unbearable. **odieusement** *adv* odiously.

odorant [ɔdɔrɑ̃] *a* sweet-smelling.

odorat [ɔdɔra] *nm* sense of smell.

œcuménique [økymenik] *a Rel:* ecumenical.

œdipe [ødip] *nm Psy:* **complexe d'œ., d'Œ.,** Oedipus complex

œil, *pl* **yeux** [œj, jø] *nm* **1.** eye; **il a les yeux bleus,** he has blue eyes; **une fille aux yeux bleus,** a blue-eyed girl; **visible à l'o. nu,** visible to the naked eye; **je n'ai pas fermé l'o. de la nuit,** I didn't sleep a wink all night; **faire qch les yeux fermés,** to do sth with one's eyes shut; **risquer un o.,** to take a peep; **ouvrir de grands yeux,** to open one's eyes wide; *P:* **mon o.!** my foot! **regarder qn dans les yeux,** to look s.o. straight in the eye; **d'un o. critique,** with a critical eye; **cela saute aux yeux,** it's obvious; **coûter les yeux de la tête,** to cost the earth; *F:* **à l'o.,** free, gratis **2.** sight; **avoir de bons, mauvais, yeux,** to have good, bad, eyesight; **d'un o. malin,** with a mischievous look; **chercher qn des yeux,** to look around for s.o.; **il n'a d'yeux que pour elle,** he has eyes only for her; **avoir l'o.,** to be observant, sharp-eyed; **avoir qn à l'o.,** to keep an eye on s.o.; **coup d'o.,** (i) view (ii) glance; **regarder qn d'un bon o.,** to look favourably on s.o.; **voir du même o. que qn,** to see eye to eye with s.o.; *F:* **faire de l'o. à qn,** to make eyes at s.o. **3.** (*a*) eye (of needle) (*b*) hole (in gruyère cheese); globule of fat (on soup) (*c*) eye (of cyclone).

œil-de-bœuf [œjdəbœf] *nm Arch:* round, oval, window; œil-de-bœuf; *pl œils-de-bœuf.*

œillade [œjad] *nf* glance; wink; **lancer des œillades à qn,** to make eyes at s.o.

œillère [œjɛr] *nf* (*on horse*) blinker; (*of pers*) **avoir des œillères,** to be narrow-minded, blinkered.

œillet [œjɛ] *nm Bot:* carnation; **o. mignardise,** pink; **o. de poète,** sweet william; **o. d'Inde,** French marigold.

œnologie [enɔlɔʒi] *nf* oenology, enology. **œnologue** *n* oenologist, enologist; wine expert.

œsophage [ezɔfaʒ] *nm Anat:* oesophagus.

œuf, *pl* **œufs** [œf, ø] *nm* (*a*) egg; **o. frais,** new-laid egg; *Cu:* **o. à la coque,** boiled egg; **o. dur,** hard-boiled egg; **o. sur le plat, au plat,** fried egg; **œufs brouillés,** scrambled eggs; **marcher sur des œufs,** to tread on thin ice; **tuer qch dans l'o.,** to nip sth in the bud (*b*) *Biol:* ovum; *pl* spawn (of frog, fish); hard roe (of fish) (*c*) *F:* idiot, blockhead.

œuvre [œvr] *nf* **1.** (*a*) work; **se mettre à l'o.,** to get down to work; **mettre en o.,** to implement (sth); **j'ai tout mis en o.,** I've done everything possible; **faire de bonnes œuvres,** to do charitable work; **faire o.**

utile, to do useful work; **l'incendie avait fait son o.,** the fire had done the damage (*b*) **o. de bienfaisance,** charitable institution (*c*) (finished) work, production; **œuvres complètes,** complete works **2.** *nm* **l'o. de Molière,** the works of Molière.

off [ɔf] *a inv* **1.** fringe (festival, etc) **2.** *Cin:* **voix o.,** overdubbed voice.

offense [ɔfɑ̃s] *nf* **1.** offence, *NAm:* offense; insult **2.** trespass, offence; *Ecc:* **pardonne-nous nos offenses,** forgive us our trespasses **3.** libel (against head of State).

offenser [ɔfɑ̃se] *vtr* **1.** (*a*) to offend, to give offence to (s.o.) (*b*) to offend against (good taste) **2. s'o.,** to take offence (**de,** at). **offensant, -ante** *a* offensive, insulting.

offensif, -ive [ɔfɑ̃sif, -iv] **1.** *a* offensive (war, weapon) **2.** *nf* offensive; **passer à l'offensive,** to go into the offensive; **offensive de l'hiver,** onset of winter.

office [ɔfis] **1.** *nm* (*a*) office, function, duty; **faire o. de secrétaire,** to act as secretary; **remplir son o.,** to fulfill its function; *adv phr* **d'o.** (i) officially (ii) automatically (*b*) service, (good) turn (*c*) *Ecc:* service (*d*) office, bureau **2.** *nf* pantry.

officiel, -elle [ɔfisjɛl] **1.** *a* official (statement); formal (call) **2.** *n* official. **officiellement** *adv* officially.

officier[1] [ɔfisje] *vi* (*impf & pr sub* **n. officiions**) to officiate.

officier[2] *nm* officer; **o. de marine,** naval officer; **o. ministériel,** member of the legal profession; **o. de l'état civil** = registrar.

officieux, -euse [ɔfisjø, -øz] *a* unofficial. **officieusement** *adv* unofficially.

offrande [ɔfrɑ̃d] *nf* offering.

offrant [ɔfrɑ̃] *nm* **le plus o.,** the highest bidder.

offre [ɔfr̥] *nf* offer, proposal; (*at auction*) bid; *PolEc:* **l'o. et la demande,** supply and demand; *Fin:* **o. publique d'achat,** takeover bid; *Journ:* **offres d'emploi,** situations vacant; *F:* job ads.

offrir [ɔfrir] *vtr* **(j'offre; j'offrirai)** (*a*) to give (present); **c'est pour o.,** it's for a present; **s'o. qch,** to treat oneself to sth; **o. un déjeuner à qn,** to invite s.o. to lunch; **on lui a offert un emploi,** he was offered a job; **o. de faire qch,** to offer to do sth (*b*) to present (advantage); to provide (explanation) **2. s'o.** (*a*) **s'o. à faire qch,** to offer to do sth (*b*) **s'o. qch,** to treat oneself to sth (*c*) (*of opportunity*) to present itself.

offusquer [ɔfyske] **1.** *vtr* to offend, shock (s.o.) **2. s'o.,** to take offence (**de,** at).

ogive [ɔʒiv] *nf* **1.** *Arch:* rib; **voûtes d'ogives,** ribbed vault **2.** nose cone (of rocket); **o. nucléaire,** nuclear warhead.

ogre, ogresse [ɔgr̥, ɔgrɛs] *n* ogre, ogress; **manger comme un o.,** to eat like a horse.

oh! [o] *int* oh!

ohé! [oe] *int* hey!

oie [wa] *nf* (*a*) goose (*b*) (*pers*) silly goose.

oignon [ɔɲɔ̃] *nm* **1.** (*a*) onion; **petits oignons,** pickling onions; *F:* **occupe-toi de tes oignons,** mind your own business (*b*) *Bot:* bulb **2.** *Med:* bunion.

oiseau, -eaux [wazo] *nm* **1.** bird; **oiseaux domestiques, de basse-cour,** poultry; **c'est l'o. rare,** he's one in a million; **drôle d'o.,** queer customer **2.** (bricklayer's) hod.

oiseau-mouche [wazomuʃ] *nm Orn:* hummingbird; *pl oiseaux-mouches.*

oiseleur [wazlœr] *nm* bird catcher.

oiselier, -ière [wazəlje, -jɛr] *n* bird seller.

oisellerie [wazɛlri] *nf* bird shop.

oiseux, -euse [wazø, -øz] *a* trivial, trifling (question); pointless (remark). **oiseusement** *adv* idly, unnecessarily.

oisif, -ive [wazif, -iv] **1.** *a* idle **2.** *n* (*a*) idler (*b*) person of leisure. **oisivement** *adv* idly, lazily.

oisiveté [wazivte] *nf* idleness.

oisillon [wazijɔ̃] *nm* fledgling.

oison [wazɔ̃] *nm* gosling.

oléagineux, -euse [ɔleaʒinø, -øz] **1.** *a* oleaginous **2.** *n* oleaginous plant.

oléoduc [ɔleɔdyk] *nm* (oil) pipeline.

olivâtre [ɔlivɑtr̥] *a* olive(-coloured); sallow (complexion).

olive [ɔliv] (*a*) *nf* olive; **huile d'o.,** olive oil (*b*) *a inv* olive-green.

oliveraie [ɔlivrɛ] *nf* olive grove.

olivier [ɔlivje] *nm* (*a*) olive tree (*b*) olive (wood).

olympiade [ɔlɛ̃pjad] *nf Sp:* Olympiad.

olympique [ɔlɛ̃pik] *a* olympic (games).

ombrage [ɔ̃braʒ] *nm* shade (of trees); **prendre o. de qch,** to take umbrage at sth.

ombrager [ɔ̃braʒe] *vtr* **(il ombrageait)** to shade. **ombragé** *a* shaded, shady.

ombrageux, -euse [ɔ̃braʒø, -øz] *a* **1.** nervous, shy (horse) **2.** (*of pers*) easily offended; touchy.

ombre [ɔ̃br̥] *nf* **1.** shadow; **ombres chinoises,** shadowgraph; shadow play **2.** shade; **se reposer à l'o.,** to rest in the shade; **30° à l'o.,** 30° in the shade; **tu me fais de l'o.,** you're in my light; **jeter une o. sur qch,** to cast a gloom over sth; *F:* **mettre qn à l'o.,** to put s.o. behind bars **3.** darkness; obscurity; **laisser dans l'o.,** to leave in the dark; **rester dans l'o.,** to remain in the background **4.** (*a*) ghost, shade, shadowy figure; **n'être plus que l'o. de soi-même,** to be a mere shadow of one's former self (*b*) **vous n'avez pas l'o. d'une chance,** you haven't the ghost of a chance **5.** *Art:* **l'o. et la lumière,** light and shade; **il y a une o. au tableau,** there's a fly in the ointment **6. o. à paupières,** eye shadow.

ombrelle [ɔ̃brɛl] *nf* parasol, sunshade.

omelette [ɔmlɛt] *nf Cu:* omelet(te).

omettre [ɔmɛtr̥] *vtr* (*conj. like* METTRE) to omit; to leave out; **o. de faire qch,** to fail to do sth.

omission [ɔmisjɔ̃] *nf* omission; oversight.

omnibus [ɔmnibys] **1.** *nm Hist:* omnibus **2.** *a inv* **train o.,** slow, stopping, train.

omnipotence [ɔmnipɔtɑ̃s] *nf* omnipotence. **omnipotent** *a* omnipotent.

omniprésent [ɔmniprezɑ̃] *a* omnipresent.

omniscient [ɔmnisjɑ̃] *a* omniscient.

omnisport(s) [ɔmnispɔr] *n inv* sports (club, hall, etc).

omnivore [ɔmnivɔr] *a* omnivorous.

omoplate [ɔmɔplat] *nf* shoulder blade.

OMS *abbr Organisation mondiale de la santé,* WHO.

on [ɔ̃] *indef pron nom* (*occ becomes* **l'on,** *esp after vowel sound*) **1.** (*indeterminate*) **on ne sait jamais,** one never knows; **on n'en sait rien,** nobody knows anything about it; **on dit qu'elle était folle,** they say she was mad; **on frappe,** someone's knocking; **on demande une bonne cuisinière,** wanted, a good cook **2.** (*specific pers or people; a following adj n or pp is masc, fem or pl as the sense requires*) **on parlait très peu,** we didn't talk much; **où va-t-on?** where are we going? **nous, on est tous égaux,** we're all equal.

once [ɔ̃s] *nf Meas:* ounce.

oncle [ɔ̃kl] *nm* uncle.

onctueux, -euse [ɔ̃ktɥø, -øz] *a* (*a*) creamy (*b*) *Fig:* unctuous, oily, smooth. **onctueusement** *adv* unctuously.

onde [ɔ̃d] *nf* **1.** *Lit:* wave; water **2.** *Ph:* (*a*) wave; *WTel:* **ondes moyennes, petites ondes,** medium waves; **ondes courtes,** short waves (*b*) **sur les ondes,** on the radio, on the air; **mettre en ondes,** to produce for radio; to adapt for broadcasting.

ondée [ɔ̃de] *nf* heavy shower.

on-dit [ɔ̃di] *nm inv* rumour, hearsay.

ondoyer [ɔ̃dwaje] *vi* **(j'ondoie)** to undulate, wave, ripple; to float on the breeze. **ondoyant** *a* undulating, wavy.

ondulation [ɔ̃dylasjɔ̃] *nf* undulation; (*in hair*) wave.

onduler [ɔ̃dyle] **1.** *vi* to undulate, ripple; (*of road*) to roll up and down; (*of hair*) to be wavy **2.** *vtr* to wave (the hair). **ondulant** *a* undulating, waving. **onduleux, -euse** *a* undulating; wavy (line); swaying (motion).

onéreux, -euse [ɔnerø, -øz] *a* costly; heavy (expenditure); **à titre o.,** subject to payment.

ongle [ɔ̃gl] *nm* (finger)nail; claw (of animal); **ongles des orteils,** toenails; **se faire les ongles,** to cut, to file, one's nails; **se ronger les ongles,** to bite one's nails.

onirique [ɔnirik] *n* dream-like, dreamy (atmosphere, etc).

ONU [ony] *abbr Organisation des Nations Unies,* UN.

onyx [ɔniks] *nm* onyx.

onze [ɔ̃z] *num a inv & nm inv* (*the* **e** *of* **le, de,** *is not, as a rule, elided before* **onze** *and its derivatives*) (*a*) eleven; **nous n'étions que o.** [kɛɔ̃z], **qu'o.,** there were only eleven of us; **le onze avril,** the eleventh of April (*b*) *Sp:* **le o. de France,** the French eleven, the French team.

onzième [ɔ̃zjɛm] *num a & n* eleventh. **onzièmement** *adv* in the eleventh place.

OPA *abbr offre publique d'achat,* takeover bid.

opacité [ɔpasite] *nf* opacity; opaqueness.

opale [ɔpal] *nf* opal. **opalin, -ine** *a* opalescent, opaline.

opaque [ɔpak] *a* opaque; thick (fog).

OPEP *abbr Organisation des pays exportateurs de pétrole,* OPEC.

opéra [ɔpera] *nm* **1.** opera; **o. bouffe,** comic opera; **o. comique,** light opera **2.** opera house.

opérable [ɔperabl] *a* operable.

opérateur, -trice [ɔperatœr, -tris] *n* (machine) operator; *Cin:* **o. (de prises de vue),** cameraman.

opération [ɔperasjɔ̃] *nf* **1.** operation; process; *Iron:* **par l'o. du Saint-Esprit,** by magic **2.** *Mil: Surg:* operation; **salle d'o.,** operating theatre **3.** (financial) deal; **opérations de Bourse,** Stock Exchange transactions. **opérationnel, -elle** *a* operational.

opératoire [ɔperatwar] *a Surg:* operative.

opéré, -ée [ɔpere] *n Med:* patient who has had an operation.

opérer [ɔpere] **(j'opère; j'opérerai) 1.** (*a*) *vtr* to bring about, to effect; **o. des miracles,** to work wonders (*b*) to operate on (patient) **(de,** for); **se faire o.,** to have an operation **2.** *vi* to act, to proceed; **comment faut-il o.?** what's the procedure? **3. s'o.,** to come about, to take place.

opérette [ɔperɛt] *nf* operetta; light opera.

ophtalmo [ɔftalmo] *n F:* ophthalmologist.

ophtalmologie [ɔftalmɔlɔʒi] *nf* ophthalmology. **ophtalmologique** *a* ophthalmological.

ophtalmologiste [ɔftalmɔlɔʒist] *n* ophthalmologist.

opiniâtreté [ɔpinjɑtrəte] *nf* obstinacy; perseverance. **opiniâtre** *a* obstinate; headstrong (person); unrelenting (hatred); persistent (efforts).

opinion [ɔpinjɔ̃] *nf* opinion **(de,** of; **sur,** on, about); view; **je partage votre o.,** I agree with you.

opium [ɔpjɔm] *nm* opium.

opportun, -une [ɔpɔrtœ̃, -yn] *a* (*a*) opportune, timely, convenient; **au moment o.,** at the right moment (*b*) advisable (decision). **opportunément** *adv* opportunely.

opportunisme [ɔpɔrtynism] *nm* opportunism. **opportuniste** *a & n* opportunist.

opportunité [ɔpɔrtynite] *nf* (*a*) opportuneness, timeliness (*b*) advisability.

opposé [ɔpoze] **1.** *a* opposing (armies); opposite (side); conflicting (interests); contrasting (colours); **o. à,** opposed to, against **2.** *nm* (*a*) the reverse, the opposite (of sth); **à l'o. de,** contrary to (*b*) **à l'o.,** on the opposite side.

opposer [ɔpoze] *vtr* **1.** (*a*) to oppose; to bring (rivals) into conflict; to bring together (teams); **o. qch à qch,** to set sth against sth; **je n'ai rien à o. à cela,** I have no objection to this (*b*) to put forward (arguments); to put up (resistance); **o. son refus,** to protest (*c*) to compare, to contrast **(à,** with) **2.** (*a*) **s'o. à,** to oppose (sth); to be opposed (to sth); to rebel against (parents); **rien ne s'o. à votre succès,** nothing stands between you and success (*b*) (*of rivals*) to clash; (*of teams*) to meet; **couleurs qui s'opposent,** contrasting colours.

opposition [ɔpozisjɔ̃] *nf* **1.** opposition; **mettre o. à qch,** to oppose sth; *Pol:* **l'o.,** the Opposition; *Com:* **faire o. à un chèque,** to stop (payment of) a cheque **2.** contrast; conflict (of ideas); **par o. à qch,** as opposed to sth.

oppresser [ɔprɛse] *vtr* to oppress; to cause (s.o.) difficulty in breathing; (*of guilt*) to weigh (s.o.) down. **oppressif, -ive** *a* oppressive.

oppresseur [ɔpresœr] *nm* oppressor.

oppression [ɔpresjɔ̃] *nf* oppression; difficulty in breathing.

opprimer [ɔprime] *vtr* (*a*) to oppress, crush (a people) (down); to suppress, stifle (opinion) (*b*) (*of heat*) to oppress.

opprobre [ɔprɔbr] *nm Lit:* shame, disgrace.

opter [ɔpte] *vi* **o. pour qch,** to opt for, decide on, sth.

opticien, -ienne [ɔptisjɛ, -jɛn] *n* optician.

optimisme [ɔptimism] *nm* optimism. **optimiste** **1.** *a* optimistic **2.** *n* optimist.

optimum [ɔptimɔm] *a & nm* optimum. **optimal** *a* optimum, optimal.

option [ɔpsjɔ̃] *nf* option, choice **(entre,** between); **o.**

d'achat, option of purchase; *Sch:* **matière à o.,** optional subject.

optique [ɔptik] **1.** *a* optic (nerve); optical **2.** *(a) nf* optics; **instruments d'o.,** optical instruments *(b)* point of view; **changer d'o.,** to change one's point of view; **dans cette o.,** looked at from that point of view.

opulence [ɔpylɑ̃s] *nf* opulence, wealth. **opulent** *a* opulent; rich, wealthy.

opuscule [ɔpyskyl] *nm* opuscule, pamphlet.

or[1] [ɔr] *nm* **1.** gold; **or noir,** oil; **montre en or,** gold watch; **j'ai une femme en or,** I have a wonderful wife; **affaire en o.,** excellent bargain; **affaire d'or,** gold mine **2.** gold (colour); **chevelure d'or,** golden hair.

or[2] *conj* now; but, yet.

oracle [ɔrɑkl] *nm* oracle.

orage [ɔraʒ] *nm* (thunder)storm; (political) row; **le temps est à l'o.,** there's thunder in the air. **orageux, -euse** *a* **1.** stormy (sky, life) **2.** thundery (weather, sky).

oraison [ɔrɛzɔ̃] *nf* **1. o. funèbre,** funeral oration **2.** prayer.

oral, -aux [ɔral, -o] **1.** *a* oral **2.** *nm* oral (examination). **oralement** *adv* orally.

orange [ɔrɑ̃ʒ] **1.** *nf* orange; **o. sanguine,** blood orange **2.** *nm* (*colour*) orange; *a inv* orange(-coloured).

orangeade [ɔrɑ̃ʒad] *nf* orangeade.

oranger [ɔrɑ̃ʒe] *nm* orange tree.

orangeraie [ɔrɑ̃ʒrɛ] *nf* orange grove.

orangerie [ɔrɑ̃ʒri] *nf* orangery.

orang-outan(g) [ɔrɑ̃utɑ̃] *nm* orang-utan, -outang; *pl orang-outan(g)s.*

orateur,-trice [ɔratœr, -tris] *nm* orator, speaker.

oratoire [ɔratwar] **1.** *a* oratorical **2.** *nm* oratory.

oratorio [ɔratɔrjo] *nm Mus:* oratorio.

orbite [ɔrbit] *nf* **1.** *Anat:* (eye) socket **2.** *(a)* orbit (of planet); **mettre sur o., en o.,** to put into orbit *(b)* sphere of influence. **orbital, -aux** *a* orbital.

Orcades [ɔrkad] *Pr nfpl* the Orkneys.

orchestration [ɔrkɛstrasjɔ̃] *nf* orchestration.

orchestre [ɔrkɛstr] *nm (a)* orchestra; (dance) band; **chef d'o.,** conductor *(b) Th:* (orchestra) stalls. **orchestral, -aux** *a* orchestral.

orchestrer [ɔrkɛstre] *vtr* to orchestrate.

orchidée [ɔrkide] *nf* orchid.

ordinaire [ɔrdinɛr] **1.** *a* ordinary, usual, common; everyday (clothes); standard (quality); **vin o.,** table wine; **peu o.,** unusual; *F:* incredible; *Fin:* **actions ordinaires,** ordinary shares **2.** *nm (a)* custom, usual practice; **d'o.,** usually, as a rule; **comme d'o.,** as usual *(b)* **cela sort de l'o.,** it's out of the ordinary. **ordinairement** *adv* usually, as a rule.

ordinal, -aux [ɔrdinal, -o] **1.** *a* ordinal **2.** *nm* ordinal number.

ordinateur [ɔrdinatœr] *nm* computer; **o. domestique,** home computer; **o. individuel, personnel,** personal computer; PC.

ordonnance [ɔrdɔnɑ̃s] *nf* **1.** order; disposition (of picture); layout (of building) **2.** *Jur:* statute, order **3.** *Mil:* **officier d'o.,** aide-de-camp; *Navy:* flag-lieutenant **4.** *Med:* prescription.

ordonné [ɔrdɔne] **1.** *a* orderly, well-ordered (life); tidy (person) **2.** *nf Mth:* ordinate.

ordonner [ɔrdɔne] *vtr* **1.** to arrange (sth) **2.** to order, command; **o. à qn de faire qch,** to order s.o. to do sth; **o. à qn de se taire,** to tell s.o. to be quiet; **o. un traitement à qn,** to prescribe a treatment for s.o. **3.** to ordain (priest).

ordre [ɔrdr] *nm* **1.** order; **o. alphabétique,** alphabetical order; **numéro d'o.,** serial number; **c'est dans l'o. des choses,** it's in the nature of things; **avoir de l'o.,** to be tidy; to be methodical; **sans o.,** untidy, untidily; **mettre de l'o. dans qch,** to put sth in order; to tidy up (room); **mettre ses affaires en o.,** to settle one's affairs; to set one's house in order; **en o. de marche,** in working order **2.** order, discipline; **o. public,** law and order; **service d'o.,** police patrol **3. o. du jour,** (i) agenda (of meeting) (ii) *Mil:* order of the day; *Mil:* **cité à l'o. (du jour)** = mentioned in despatches; **être à l'o. du jour,** to be topical **4.** *(a) Arch: Biol:* order; class, division, category; **de premier o.,** first-rate; first class; **d'o. privé,** of a private nature; **de l'o. de 3 millions,** of the order of 3 million; **dans le même o. d'idées,** in the same line of thought *(b)* order; **entrer dans les ordres,** to take holy orders; **o. des avocats** = the Bar; **o. de la Légion d'honneur,** Order of the Legion of Honour **5.** *(a)* order; command; **par o., sur l'o., de qn,** by order of s.o.; **être aux ordres de qn,** to be at s.o.'s disposal; **sous les ordres de qn,** under s.o.'s command; **jusqu'à nouvel o.,** until further notice *(b) Com:* **payez à l'o. de,** pay to the order of; **billet à o.,** bill of exchange payable to order.

ordure [ɔrdyr] *nf* **1.** *(a)* dirt, filth *(b)* excrement, dung *(c)* filth; **écrire des ordures,** to write obscenities **2.** *pl* rubbish, refuse, *NAm:* garbage; **jette ça aux ordures,** throw that in the dustbin. **ordurier, -ière** *a* filthy; obscene.

orée [ɔre] *nf* edge (of forest).

oreille [ɔrɛj] *nf* **1.** ear; **avoir mal à l'o., aux oreilles,** to have earache; **avoir l'o. basse,** to be crestfallen; **tirer les oreilles à qn,** to tweak s.o.'s ears; **il s'est fait tirer l'o.,** he took a lot of coaxing **2. n'écouter que d'une o.,** to listen with half an ear; **j'en ai les oreilles rebattues,** I'm sick of hearing it; **souffler qch à l'o. de qn,** to whisper sth to s.o.; **dresser l'o.,** to prick up one's ears; **faire la sourde o.,** to turn a deaf ear; **avoir de l'o.,** to have a good ear for music.

oreiller [ɔreje] *nm* pillow.

oreillons [ɔrejɔ̃] *nmpl Med:* mumps.

ores [ɔr] *adv* **d'o. et déjà,** henceforth.

orfèvre [ɔrfɛvr] *nm* goldsmith, silversmith; **être o. en la matière,** to be an expert on the subject.

orfèvrerie [ɔrfɛvrəri] *nf (a)* goldsmith's, silversmith's, trade; goldsmith's, silversmith's, shop *(b)* (gold, silver) plate.

organe [ɔrgan] *nm* **1.** *Anat:* organ **2.** part (of machine); **organes de transmission,** transmission gear **3.** *(a) Lit:* voice *(b)* spokesman *(c)* instrument (of government).

organigramme [ɔrganigram] *nm* organization chart.

organique [ɔrganik] *a Ch: Med: Jur:* organic.

organisateur, -trice [ɔrganizatœr, -tris] **1.** *a* organizing **2.** *n* organizer; **o. de voyages,** tour-operator.

organisation [ɔrganizasjɔ̃] *nf* organization; arrangement.

organiser [ɔrganize] **1.** *vtr* to organize; to arrange **2. s'o.,** to get organized.
organisme [ɔrganism] *nm* **1.** *Biol:* organism; *Anat:* **l'o.,** the system **2.** *Adm:* organization, body.
organiste [ɔrganist] *n Mus:* organist.
orgasme [ɔrgasm] *nm* orgasm, climax.
orge [ɔrʒ] *nf* barley.
orgelet [ɔrʒəlɛ] *nm* stye (on the eye).
orgie [ɔrʒi] *nf* orgy.
orgue [ɔrg] *nm* (*Ecc: nfpl* **orgues**) *Mus:* organ; **o. de Barbarie,** barrel organ.
orgueil [ɔrgœj] *nm* pride, arrogance. **orgueilleux, -euse** *a* arrogant, proud. **orgueilleusement** *adv* proudly, arrogantly.
orient [ɔrjɑ̃] *nm* orient; **l'O.,** the East; **le proche O.,** the Near East; **le moyen O.,** the Middle East; **l'extrême O.,** the Far East. **oriental, -aux 1.** *a* eastern; oriental **2.** *n* Oriental.
orientation [ɔrjɑ̃tasjɔ̃] *nf* **1.** (*a*) orientation; **table d'o.,** panoramic table; **sens de l'o.,** sense of direction (*b*) *Sch:* **o. professionnelle,** careers advice (*c*) positioning (of aerial) **2.** (*a*) aspect (of house) (*b*) trend (of politics).
orienté [ɔrjɑ̃te] *a* (*a*) **bien o.,** well-positioned (flat, etc); **o. au sud,** facing south (*b*) slanted (newspaper, etc); **o. à droite,** slanted towards the right.
orienter [ɔrjɑ̃te] *vtr* **1.** (*a*) to orient(ate) (building); **terrasse orientée au sud,** terrace facing south (*b*) to turn, direct (aerial) (*c*) to guide (student); to direct (traveller); **o. la conversation vers un autre sujet,** to turn the conversation (onto another subject) (*d*) to set (map) by compass **2. s'o.,** to find one's bearings; **s'o. vers qch,** to turn towards sth; to lean towards sth. **orientable** *a* adjustable; directional.
orifice [ɔrifis] *nm* opening, orifice; mouth.
origan [ɔrigɑ̃] *nm* oregano.
originaire [ɔriʒinɛr] *a* (*a*) originating (**de,** from, in); native (**de,** of) (*b*) original, first (owner). **originairement** *adv* originally.
original, -aux [ɔriʒinal, -o] *a & n* **1.** original (text); *Typew:* top copy **2.** (*a*) original, fresh (idea) (*b*) odd, eccentric; **c'est un o.,** he's an odd character. **originalement** *adv* originally.
originalité [ɔriʒinalite] *nf* (*a*) originality (*b*) eccentricity, oddity (*c*) original feature.
origine [ɔriʒin] *nf* **1.** origin, beginning; **à l'o.,** originally; **dès l'o.,** from the outset **2.** extraction, birth; **d'o. anglaise,** of English extraction **3.** source; derivation (of word); origin (of custom); **avoir son o. dans,** to originate in; **bureau d'o.,** office of dispatch; **pneus d'o.,** original tyres. **originel, - elle** *a* original. **originellement** *adv* originally; from the outset.
ORL *abbr oto-rhino-laryngologiste.*
orme [ɔrm] *nm* elm (tree, wood).
orné [ɔrne] *a* ornate, florid (style).
ornement [ɔrnəmɑ̃] *nm* ornament, adornment, embellishment; **sans o.,** unadorned, plain; **d'o.,** ornamental.
ornementation [ɔrnəmɑ̃tasjɔ̃] *nf* ornamentation.
ornementer [ɔrnəmɑ̃te] *vtr* to ornament, to decorate. **ornemental, -aux** *a* ornamental, decorative.
orner [ɔrne] *vtr* to ornament, decorate; **robe ornée de dentelle,** dress trimmed with lace.
ornière [ɔrnjɛr] *nf* rut; **sortir de l'o.,** (i) to get out of the rut (ii) to get out of trouble.
ornithologie [ɔrnitɔlɔʒi] *nf* ornithology. **ornithologique** *a* ornithological.
ornithologiste [ɔnitɔlɔʒist], **ornithologue** [ɔrnitɔlɔg] *n* ornithologist.
orphelin, -ine [ɔrfəlɛ̃, -in] *n* orphan; *a* orphan(ed); **o. de père, de mère,** fatherless, motherless.
orphelinat [ɔrfəlina] *nm* orphanage.
orteil [ɔrtɛj] *nm* toe; **gros o.,** big toe.
orthodoxie [ɔrtɔdɔksi] *nf* orthodoxy. **orthodoxe** *a & n* orthodox.
orthographe [ɔrtɔgraf] *nf* spelling; **avoir une bonne, mauvaise, o.,** to be a good, bad, speller. **orthographique** *a* orthographic(al).
orthographier [ɔrtɔgrafje] *vtr* to spell.
orthopédie [ɔrtɔpedi] *nf* orthop(a)edics. **orthopédique** *a* orthop(a)edic.
orthopédiste [ɔrtɔpedist] *n* orthop(a)edist.
ortie [ɔrti] *nf* (stinging) nettle; **o. blanche,** dead nettle.
os [ɔs; *pl* o] *nm* bone; **trempé jusqu'aux os,** soaked to the skin; **os à moelle,** marrow bone; **viande sans os,** boned meat; *F:* **il y a un os,** there's a snag, a hitch.
OS *abbr ouvrier spécialisé.*
oscillation [ɔsilasjɔ̃] *nf* oscillation; swing.
osciller [ɔsile] *vi* **1.** to oscillate; (*of pendulum*) to swing; (*of boat*) to rock; (*of flame*) to flicker **2.** to waver; (*of market*) to fluctuate. **oscillatoire** *a* oscillatory.
osé [oze] *a* bold, daring (attempt); risqué (joke); **être trop o.,** to go too far.
oseille [ozɛj] *nf* (*a*) *Bot:* sorrel (*b*) *P:* money, dough.
oser [oze] *vtr* to dare; **je n'ose pas le faire,** I daren't do it; **si j'ose dire,** if I may say so; **j'ose le croire,** I like to think so.
osier [ozje] *nm* (*a*) osier, willow (*b*) wicker(work); **panier d'o.,** wicker basket.
osmose [ɔsmoz] *nf* osmosis.
ossature [ɔsatyr] *nf* **1.** *Anat:* frame, bone structure **2.** frame(work) (of building); structure (of society).
osselet [ɔslɛ] *nm* **1.** small bone **2. jouer aux osselets,** to play jacks.
ossements [ɔsmɑ̃] *nmpl* bones.
osseux, -euse [ɔsø, -øz] *a* bony (hand); bone (structure).
ostensible [ɔstɑ̃sibl] *a* conspicuous. **ostensiblement** *adv* conspicuously.
ostentation [ɔstɑ̃tasjɔ̃] *nf* ostentation; **avec o.,** ostentatiously.
ostéopathe [ɔsteɔpat] *n* osteopath.
ostéopathie [ɔsteɔpati] *nf* osteopathy.
ostracisme [ɔstrasism] *nm* ostracism.
otage [ɔtaʒ] *nm* hostage.
OTAN [ɔtɑ̃] *abbr Organisation du traité de l'Atlantique Nord,* NATO.
otarie [ɔtari] *nf* sealion.
ôter [ote] **1.** *vtr* to remove; to take away; to take off (clothes); to take out (stain); **ô. qch à qn,** to take sth away from s.o.; **ô. ses forces à qn,** to deprive s.o. of his strength; **je ne peux pas me l'ô. de l'idée,** I can't get it out of my mind **2. s'ô.,** to move away; **ôtez-vous de là!** get out of here! **ô. le couvert,** to clear the table.

otite [ɔtit] *nf Med:* ear infection.

oto-rhino-laryngologie [ɔtɔrinɔlarɛ̃gɔlɔʒi] *nf* oto(rhino)laryngology.

oto-rhino-laryngologiste [ɔtɔrinɔlarɛ̃gɔlɔʒist] *n* ear, nose and throat specialist.

ou [u] *conj* or; **voulez-vous du bœuf ou du jambon?** would you like beef or ham? **qu'il le veuille ou non,** whether he likes it or not; **entrez ou sortez,** either come in or go out; **ou vous obéirez ou (bien) vous serez puni,** either you obey or (else) you will be punished.

où [u] *adv* **1.** *interr* where? **où en êtes-vous?** how far have you got (with it)? **par où?** which way? **d'où vient-il?** where does he come from? **jusqu'où?** how far? **déposez-le n'importe où,** put it down anywhere **2.** *rel* (*a*) where; **partout où il va,** wherever he goes; **c'est là où je l'ai laissé,** it's where I left it; **d'où on conclut qu'il est coupable,** from which one concludes that he is guilty (*b*) when; **le jour où je l'ai vu,** the day I saw him (*c*) in which, at which; **la maison où il demeure,** the house he lives in; **dans l'état où elle est,** in the state she's in **3.** (*concessive*) **où que vous soyez,** wherever you may be.

OUA *abbr Organisation de l'unité africaine*, OAU.

ouais [wɛ] *int F:* yeah.

ouate [wat] *nf* (*usu* **la ouate,** *occ* **l'ouate**) (*a*) padding (*b*) cotton wool. **ouaté 1.** padded; quilted **2.** muffled (sound); cosy (atmosphere).

ouater [wate] *vtr* to pad; to quilt.

oubli [ubli] *nm* **1.** (*a*) forgetting, neglect (of duty) (*b*) forgetfulness; **o. de soi(-même),** self-effacement (*c*) oblivion **2.** omission, oversight.

oublier [ublije] **1.** *vtr* (*a*) to forget; **o. de faire qch,** to forget to do sth; **se faire o.,** to keep out of the limelight; **on ne nous le laissera pas o.,** we shall never hear the last of it (*b*) to overlook; to neglect (duty); to leave (sth) out **2. s'o.,** to forget oneself; **ça ne s'oublie pas,** it's not easily forgotten.

oubliettes [ublijɛt] *nfpl F:* **tomber dans les o.,** to fall into oblivion.

ouest [wɛst] **1.** *nm no pl* west; **vent d'o.,** westerly wind; **à l'o.,** in the west; westwards; **à l'o. de qch,** (to the) west of sth **2.** *a inv* west (coast); westerly (wind); western (province).

ouf [uf] *int* phew! **il n'a pas eu le temps de dire o.,** he couldn't say a word.

Ouganda [ugɑ̃da] *Prnm Geog:* Uganda. **ougandais, -aise** *a & n* Ugandan.

oui [wi] **1.** *adv* yes; **je crois que o.,** *F:* **qu'o.,** I think so; **faire signe que o.,** to nod in agreement; **vient-il?—o.,** is he coming?—yes (he is); **mais o.,** (yes) of course; **tu viens, o. ou non?** are you coming or not? **2.** *nm inv* **deux cents oui,** two hundred ayes.

ouï-dire [widir] *nm inv* hearsay.

ouïe [wi] *nf* **1.** (sense of) hearing; **avoir l'o. fine,** to have sharp ears **2.** *pl* (*a*) sound holes (of violin) (*b*) gills (of fish).

ouille [uj] *int* ouch!

ouïr [wir] *vtr* (*pp* **ouï**) *Jur:* to hear; *Lit:* **j'ai ouï dire que . . .** I have heard tell that . . .

ouistiti [wistiti] *nm* marmoset; *F:* **un drôle de o.,** a queer fish.

ouragan [uragɑ̃] *nm* hurricane; (political) storm; **entrer en o. dans une pièce,** to burst into a room.

ourler [urle] *vtr Needlew:* to hem.

ourlet [urlɛ] *nm Needlew:* hem.

ours, -e [urs] *n* (*a*) *Z:* bear; she bear; **o. blanc, o. polaire,** polar bear; **o. brun,** brown bear (*b*) (*pers*) boor; **o. mal léché,** lout.

oursin [ursɛ̃] *nm* sea-urchin.

ourson [ursɔ̃] *nm Z:* bearcub.

oust(e) [ust] *int F:* **(allez) o.!** beat it! hop it!

outil [uti] *nm* tool; implement.

outillage [utijaʒ] *nm* (*a*) set of tools; kit (*b*) (factory) equipment.

outiller [utije] *vtr* to equip, supply (workman) with tools; to fit out (workshop).

outrage [utraʒ] *nm* outrage; flagrant insult; **faire o. à qch,** to insult, offend, sth; **o. à agent,** insulting a police officer; *Jur:* **o. à magistrat,** contempt of court; **o. à la pudeur,** indecent behaviour.

outrager [utraʒe] *vtr* (**n. outrageons**) **1.** to insult, to offend **2.** to outrage, violate (the truth, morals). **outrageant** *a* insulting; offensive. **outrageux, -euse** *a Lit:* outrageous, excessive. **outrageusement** *adv* outrageously, excessively.

outrance [utrɑ̃s] *nf* excess; **à o.,** to the utmost; in the extreme. **outrancier, -ière** *a* extreme.

outre [utr̥] **1.** *prep* (*a*) (*in a few set phrases*) beyond; **o. mesure,** to excess; overmuch; **se fatiguer o. mesure,** to overtire oneself (*b*) in addition to; **o. cela,** in addition to that; furthermore **2.** *adv* further, beyond; **passer o.,** to go on; **passer o. à qch,** to disregard sth; **en o.,** besides, moreover; **o. qu'il est riche,** apart from being rich.

outré [utre] *a* (*a*) exaggerated, excessive (praise) (*b*) indignant, outraged.

outre-Atlantique [utratlɑ̃tik] *adv phr* across the Atlantic.

outre-Manche [utrəmɑ̃ʃ] *adv phr* across the Channel.

outremer [utrəmɛr] *nm* **1.** lapis lazuli **2. (bleu d')o.,** ultramarine (blue).

outre-mer [utrəmɛr] *adv* overseas.

outrepasser [utrəpase] *vtr* to go beyond (limits); to exceed (orders).

outrer [utre] *vtr* **1.** to exaggerate **2.** to outrage.

outre-tombe (d') [dutrətɔ̃b] *adv phr* from beyond the grave.

ouvert [uvɛr] *a* (*a*) open; (*of tap*) on, running; (*of collar*) undone; **porte grande ouverte,** wide-open door; **plaie ouverte,** gaping wound; **à cœur o.,** open-heart (surgery); **à bras ouverts,** with open arms (*b*) **o. au public,** open to the public; **compte o.,** open account (*d*) **caractère o.,** frank, open, nature; **avoir l'esprit o.,** to be open-minded. **ouvertement** *adv* openly; overtly.

ouverture [uvɛrtyr] *nf* **1.** (*a*) opening, unlocking (of door); opening (of account) (*b*) **faire des ouvertures à qn,** to make overtures to s.o. (*c*) *Mus:* overture (*d*) **heures d'o.,** opening hours (of shop); visiting hours (of museum) **2.** opening (in wall); gap, break (in hedge); *Phot:* aperture; *Cards:* opening **3. o. d'esprit,** open-mindedness; *Pol:* **pratiquer une politique d'o.,** to take down political barriers.

ouvrable [uvrabl̥] *a* **jour o.,** weekday, working day; **heures ouvrables,** business hours.

ouvrage [uvraʒ] *nm* **1.** (*a*) work; **se mettre à l'o.,** to set to work (*b*) workmanship **2.** piece of work; product; book; *CivE:* **ouvrages d'art,** construction works; **boîte à o.,** workbox.

ouvragé [uvraʒe] *a* finely wrought.

ouvré [uvre] *a* **1.** finely worked; **fer o.,** wrought iron **2. jour o.,** working day.

ouvre-boîte(s) [uvrəbwat] *nm* tin opener; can opener; *pl ouvre-boîtes.*

ouvre-bouteille(s) [uvrəbutɛj] *nm* bottle opener; *pl ouvre-bouteilles.*

ouvreuse [uvrøz] *nf* usherette.

ouvrier, -ière [uvrije, -jɛr] **1.** *n* worker; workman; female worker; **o. agricole,** farm labourer; **o. qualifié,** skilled worker; **o. spécialisé,** semiskilled worker **2.** *a* working class; industrial, labour (unrest); **la classe ouvrière,** the working class; **syndicat o.,** trade union, *NAm:* labor union.

ouvrir [uvrir] *v* (*prp* **ouvrant;** *pp* **ouvert;** *pr ind* **j'ouvre**) **1.** *vtr* (*a*) to open (door, suitcase); to turn on (a tap); to switch on (electricity); **o. à qn,** to let s.o. in; **o. brusquement la porte,** to fling the door open; **va o.!** go and answer the door! **ça ouvre l'appétit,** it whets the appetite (*b*) to cut through, open up (canal, wall, mine); to cut open (stomach); to build (road); **s'o. un chemin à travers la foule,** to push one's way through the crowd (*c*) to begin; to open (ball); to open (up) (shop); **o. le feu,** to open fire; **o. le jeu,** to open play (*d*) to head (list); **o. la marche,** to lead the way, to take the lead **2.** *vi* to open (**sur,** on; **par,** with) **3. s'o.** (*a*) (*of door, shop*) to open; (*of flower*) to open out; **la porte s'ouvrit,** the door came open; **la vie qui s'ouvre devant moi,** the life opening before me (*b*) **s'o. à qn,** to open one's heart to s.o. (*c*) to gash (one's leg); **s'o. les veines,** to slash one's wrists.

ovaire [ɔvɛr] *nm* ovary.

ovale [ɔval] *a* oval, egg-shaped; *Sp: F:* **ballon o.,** (i) rugger ball (ii) rugger.

ovation [ɔvasjɔ̃] *nf* ovation.

overdose [ɔvərdoz] *nf F:* overdose.

OVNI [ɔvni] *abbr objet volant non identifié,* unidentified flying object, UFO.

ovin [ɔvɛ̃] **1.** *a* ovine **2.** *nmpl* **les ovins,** sheep.

ovulation [ɔvylasjɔ̃] *nf* ovulation.

ovule [ɔvyl] *nm* ovule, ovum.

ovuler [ɔvyle] *vi* to ovulate.

oxydation [ɔksidasjɔ̃] *nf Ch:* oxid(iz)ation.

oxyde [ɔksid] *nm Ch:* oxide.

oxyder [ɔkside] *vtr Ch:* to oxidize; **s'o.,** to become oxidized.

oxygène [ɔksiʒɛn] *nm Ch:* oxygen.

oxygéner [ɔksiʒene] (**il oxygène**) **1.** *vtr* to oxygenate; **eau oxygénée,** hydrogen peroxide **2. s'o.,** to take a breath of fresh air.

ozone [ɔzɔn] *nm Ch:* ozone; **couche d'o.,** ozone layer.

P

P, p [pe] *nm* (the letter) P, p.

p *abbr page*.

pacage [pakaʒ] *nm Agr:* pasture (land).

pacemaker [pesmekər] *nm Med:* pacemaker.

pacha [paʃa] *nm* pasha; **mener une vie de p.,** to live like a lord.

pachyderme [paʃidɛrm] *nm* elephant.

pacification [pasifikasjɔ̃] *nf* pacification.

pacifier [pasifje] *vtr* (*impf & pr sub.* **n. pacifiions**) to pacify (country); to appease, calm. **pacificateur, -trice 1.** *a* pacifying **2.** *n* peacemaker; pacifier. **pacifique** *a* (*a*) pacific; peaceable (person) (*b*) peaceful, quiet (*c*) **l'océan P.,** *n* **le P.,** the Pacific (Ocean). **pacifiquement** *adv* peaceably; peacefully.

pacifisme [pasifism] *nm Pol:* pacifism. **pacifiste** *a & n Pol:* pacifist.

pack [pak] *nm* carton (of milk, etc).

pacotille [pakɔtij] *nf* cheap and shoddy goods; **bijoux de p.,** paste jewellery.

pacte [pakt] *nm* pact, agreement.

pactiser [paktize] *vi* to take sides with (s.o.); to treat with (the enemy); to come to terms (with one's conscience).

paella [paelja, paɛla] *nf Cu:* paella.

paf [paf] **1.** *int* bang; crash **2.** *a inv P:* (*drunk*) smashed.

pagaie [pagɛ] *nf* paddle (for canoe).

pagaille, pagaïe [pagaj] *nf* disorder, muddle; mess; **quelle p.!** what a shambles! **il y en a en p.,** there are masses of them.

paganisme [paganism] *nm* paganism.

pagayer [pagɛje] *vtr & i* **(je pagaie)** to paddle (a canoe).

pagayeur, -euse [pagɛjœr, -øz] *n* paddler.

page¹ [paʒ] *nf* page (of book); *Fig:* chapter (of history); *Typ:* **mettre en pages,** to make up (into pages); **être à la p.,** to be up to date; to keep in touch.

page² *nm* page(boy).

pagne [paɲ] *nm* loincloth.

pagode [pagɔd] *nf* pagoda.

paie [pɛ] *nf* (*a*) pay, wages; **feuille de p.,** payslip; *F:* **il y a une p. qu'on ne t'a pas vu,** we haven't seen you for ages (*b*) payment; **jour de p.,** pay day.

paiement [pɛmɑ̃] *nm* payment.

païen, -ïenne [pajɛ̃, -jɛn] *a & n* pagan, heathen.

paillard [pajar] *a* bawdy, licentious.

paillasse [pajas] *nf* straw mattress.

paillasson [pajasɔ̃] *nm* doormat.

paille [pɑj] *nf* **1.** (*a*) straw; **chapeau de p.,** straw hat; **être sur la p.,** to be destitute; **tirer à la courte p.,** to draw lots; *P:* **il en demande mille livres: une p.!** he wants £1000 for it: peanuts! (*b*) (drinking) straw (*c*) *a inv* straw-coloured **2. p. de fer,** steel wool **3.** flaw (in glass). **paillé** *a* straw-bottomed (chair).

pailleter [pajte] *vtr* **(je paillette)** to spangle. **pailleté** *a* sequined; spangled.

paillette [pajɛt] *nf* (*a*) sequin; spangle (*b*) **savon en paillettes,** soap flakes (*c*) speck (of gold).

pain [pɛ̃] *nm* **1.** bread; **p. complet,** wholemeal bread; **p. frais, p. rassis,** fresh, stale, bread; **p. grillé,** toast; **p. d'épices** = gingerbread; **acheter qch pour une bouchée de p.,** to buy sth for a song; **avoir du p. sur la planche,** to have a lot on one's plate **2.** (*a*) loaf; **p. de mie,** sandwich loaf; **p. de campagne,** farmhouse loaf; **petit p.,** roll; **ça se vend comme des petits pains,** its selling like hot cakes; *Cu:* **p. de poisson,** fish loaf (*b*) bar, cake (of soap).

pair [pɛr] **1.** *a* even (number); **jours pairs,** even dates **2.** *nm* (*a*) equal, peer; **de p. (avec),** on a par (with); **hors (de) p.,** unrivalled; without equal (*b*) peer (of the realm) **3.** *nm* (state of) equality; par; *Fin:* **remboursable au p.,** repayable at par; **travailler au p.,** to work as an au pair girl; **jeune fille au p.,** au pair girl.

paire [pɛr] *nf* pair; brace (of birds); yoke (of oxen); **ça, c'est une autre p. de manches,** that's another story; **les deux font la p.,** they're two of a kind.

pairesse [pɛrɛs] *nf* peeress.

pairie [peri] *nf* peerage.

paisible [pɛzibl̩] *a* peaceful, quiet, peaceable. **paisiblement** *adv* peacefully, quietly; peaceably.

paître [pɛtr̩] *v* (*prp* **paissant;** *pr ind* **je pais, il paît) 1.** *vtr* **p. l'herbe,** to graze **2.** *vi* to graze; *F:* **je l'ai envoyé p.,** I sent him packing.

paix [pɛ] *nf* (*a*) peace; **faire la p. avec qn,** to make it up with s.o.; **signer la p.,** to sign a peace treaty; **en temps de p.,** in peacetime (*b*) peace, quiet; **avoir la p.,** to have a bit of peace and quiet; **dormir en p.,** to sleep peacefully; *P:* **fiche-moi la p.!** leave me alone! **la p.!** shut up!

Pakistan [pakistɑ̃] *Prnm Geog:* Pakistan. **Pakistanais, -aise** *a & n* Pakistani.

palabres [palabr̩] *nmpl* palaver.

palace [palas] *nm* luxury hotel.

palais¹ [palɛ] *nm* **1.** palace **2. P. de justice,** law courts; **p. des sports,** sports centre.

palais² *nm* (*a*) palate (*b*) (sense of) taste.

palan [palɑ̃] *nm* hoist.

pale [pal] *nf* blade (of oar); paddle (of water wheel).

pâle [pɑl] *a* pale; pallid; wan (smile); faint (light); poor (imitation); **p. comme un linge,** as white as a sheet.

palefrenier [palfrənje] *nm* groom, ostler.

paletot [palto] *nm* (knitted) cardigan.

palette [palɛt] *nf* **1.** paddle (of water wheel) **2.** (painter's) palette **3.** (*for transport*) pallet.

pâleur [pɑlœr] *nf* pallor, paleness.

palier [palje] *nm* **1.** (*a*) landing (of stairs); **nous sommes voisins de p.,** we live on the same floor (*b*) stage; **par paliers,** in stages; **l'inflation a atteint un**

nouveau p., inflation has reached a new level **2.** *Aut:* level stretch **3.** *MecE:* bearing.

pâlir [pɑlir] **1.** *vi* to (go, turn) pale; (*of star*) to grow dim; (*of light, colour*) to fade; **faire p. qn (d'envie),** to make s.o. green with envy **2.** *vtr* to turn (s.o.) pale. **pâlissant** *a* fading.

palissade [palisad] *nf* fence; hoarding.

pallier [palje] *vtr* (*impf & pres sub* **n. palliions**) to alleviate (difficulties, etc). **palliatif, -ive** *a & nm* palliative.

palmarès [palmarɛs] *nm Sch:* prize list; *Sp:* (list of) medal winners; **le p. (de la chanson),** the charts, the top thirty, the hit parade.

palme [palm] *nf* **1.** palm (leaf); (*symbol*) palm, victory; **remporter la p.**, to win; to carry off the prize; **palmes (académiques),** decoration given by the Ministry of Education **2.** *Sp: etc:* flipper (of frogman). **palmé** *a* **1.** *Bot:* palmate (leaf) **2.** *Orn:* webfooted; **patte palmée,** webbed foot.

palmeraie [palmərɛ] *nf* palm grove.

palmier [palmje] *nm* **1.** palm tree; **cœur de p.**, palm tree heart **2.** *Cu:* biscuit shaped like a palm leaf.

palombe [palɔ̃b] *nf* ringdove, wood pigeon.

pâlot, -otte [pɑlo, -ɔt] *a* pale, peaky.

palourde [palurd] *nf* clam.

palper [palpe] *vtr* to feel; to finger (sth); *Med:* to palpate; *F:* to make (money). **palpable** *a* palpable; tangible.

palpitation [palpitasjɔ̃] *nf* palpitation (of heart); quivering, fluttering (of eyelids, etc); **avoir des palpitations,** to have palpitations.

palpiter [palpite] *vi* (*of heart*) to pound, palpitate; (*of pulse, eyelid*) to flutter, to quiver. **palpitant** *a* thrilling, exciting (film, novel).

paludisme, *F:* **palu** [paly(dism)] *nm Med:* malaria.

pâmer (se) [səpame] *vpr* **se p. de,** to be paralysed, ecstatic, with (joy, etc).

pamphlet [pɑ̃flɛ] *nm* satirical tract; lampoon.

pamplemousse [pɑ̃pləmus] *nm* grapefruit.

pan¹ [pɑ̃] *nm* **1.** skirt, flap (of garment); tail (of shirt) **2.** section, piece; **p. de mur,** (section of) wall; **p. de bois,** timber framing; **p. de ciel,** patch of sky 3. face, side (of angular building).

pan² *int* **1.** bang! wham! **2.** *F:* (*to child*) **attention, p. p.!** watch it or you'll get a smacking!

pan- [pɑ̃, pan] *pref* Pan-.

panacée [panase] *nf* panacea.

panache [panaʃ] *nm* (*a*) plume; **p. de fumée,** trail of smoke (*b*) dashing air; **il a du p.**, he has panache.

panaché [panaʃe] **1.** *a* variegated, multicoloured; motley (crowd); **glace panachée,** mixed(-flavour) ice cream **2.** *nm* shandy.

panais [panɛ] *nm* parsnip.

Panama [panama] **1.** *Prnm Geog:* Panama **2.** *nm* **p.,** Panama hat.

panard [panar] *nm P:* foot.

panaris [panari] *nm Med:* whitlow.

pancarte [pɑ̃kart] *nf* sign, notice; placard.

pancréas [pɑ̃kreas] *nm Anat:* pancreas.

panda [pɑ̃da] *nm Z:* panda.

paner [pane] *vtr Cu:* to coat (meat, fish) with breadcrumbs. **pané** *a Cu:* breaded.

panier [panje] *nm* (*a*) basket; **jeter qch au p.,** to throw sth out, away; **p. à provisions,** shopping basket; **p. à salade,** (i) salad shaker (ii) *F:* Black Maria; **p. à bouteilles,** bottle carrier; *F:* **p. percé,** spendthrift; **p. de la ménagère,** shopping basket (*b*) basket(ful) (of fruit); **le dessus du p.**, the pick of the bunch; *Fig:* **p. de crabes,** nest of vipers (*c*) *Sp:* (*basketball*) basket.

panique [panik] *nf* panic, scare; **pris de p.,** panic-stricken.

paniquer [panike] **1.** *vtr* to get (s.o.) into a panic **2.** *vi* to panic **3.** *F:* **se p.,** to panic.

panne [pan] *nf* (*a*) (mechanical) breakdown; (electrical) failure, *NAm:* outage; **en p.,** out of order; *F:* **être en p. de qch,** to have run out of sth; **p. de courant,** power cut; **p. de moteur,** engine failure; **tomber en p. sèche,** to run out of petrol, *NAm:* gas; **tomber en p.,** to break down (*b*) (*of pers*) **rester en p. devant une difficulté,** to be stuck over a difficulty; **laisser qn en p.,** to let s.o. down.

panneau, -eaux [pano] *nm* **1.** panel, *pl* panelling; **p. vitré,** glass panel **2.** board; **p. d'affichage,** (i) noticeboard (ii) (advertisement) hoarding; *Aut:* **p. indicateur,** signpost; **p. de signalisation (routière),** roadsign; **tomber dans le p.,** to fall into the trap.

panonceau, -eaux [panɔ̃so] *nm* (*a*) plaque (*b*) sign.

panoplie [panɔpli] *nf* **1.** (wide) range, assortment **2.** *Toys:* **p. d'infirmière,** nurse's outfit; **p. de Robin des Bois,** Robin Hood costume.

panorama [panɔrama] *nm* panorama. **panoramique** *a* panoramic.

pansage [pɑ̃saʒ] *nm* grooming (of horse).

panse [pɑ̃s] (*a*) *F:* paunch, belly (*b*) first stomach (of ruminant).

pansement [pɑ̃smɑ̃] *nm* dressing; bandage; **p. (adhésif),** (sticking) plaster; **faire un p.,** to dress the wound.

panser [pɑ̃se] *vtr* **1.** to groom (horse) **2.** to dress (wound); to bandage (limb).

pansu [pɑ̃sy] *a* potbellied.

pantalon [pɑ̃talɔ̃] *nm* (pair of) trousers, *NAm:* pants.

pantelant [pɑ̃tlɑ̃] *a* panting; **laisser qn tout p.,** to leave s.o. gasping.

panthéon [pɑ̃teɔ̃] *nm* pantheon.

panthère [pɑ̃tɛr] *nf Z:* panther.

pantin [pɑ̃tɛ̃] *nm* (*a*) *Toys:* jumping jack (*b*) (*pers*) puppet, stooge.

pantomime [pɑ̃tɔmim] *nf* **1.** *Th:* (*a*) mime (*b*) mime show **2.** scene, fuss.

pantouflard, -arde [pɑ̃tuflar, -ard] *a & n F:* stay-at-home, *US:* homebody.

pantoufle [pɑ̃tufl] *nf* slipper.

paon [pɑ̃] *nm* peacock.

papa [papa] *nm F:* dad(dy); pa, *NAm:* pop; **fils à p.,** rich man's son; daddy's boy; *F:* **aller à la p.,** to potter, tootle, along; **musique de p.,** old-fashioned music.

papal, -aux [papal, -o] *a* papal.

papauté [papote] *nf* papacy.

pape [pap] *nm Ecc:* pope.

papelard [paplar] *nm F:* (piece of) paper.

paperasse [papras] *nf Pej* (*usu pl*) papers; forms.

paperasserie [paprasri] *nf* **1.** (accumulation of) papers; forms; *F:* bumf **2.** red tape; **il y a trop de p.,** there's too much paperwork.

papeterie [papetri] *nf* **1.** (*a*) paper manufacturing (*b*) paper mill **2.** (*a*) stationer's shop (*b*) stationery.

papetier, -ière [paptje, -jɛr] *n* (*a*) paper manufacturer (*b*) stationer.

papi [papi] *nm* (*child's word*) grand(d)ad.

papier [papje] *nm* **1.** (*a*) paper; **du p. journal,** (some) newspaper; **p. sulfurisé,** greaseproof paper; **p. à cigarettes,** cigarette paper; *Phot:* **p. sensible,** sensitized paper; **p. calque,** tracing paper; **p. à lettres,** writing paper, notepaper; **p. machine,** typing paper; **p. brouillon,** scrap paper; **p. à dessin,** drawing paper; **p. d'emballage,** wrapping paper; **p. hygiénique,** *P:* **p. cul,** toilet paper, loo paper; **p. peint,** wallpaper (*b*) **un p.,** a sheet of paper (*c*) **p. mâché,** papier-mâché; **avoir une mine de p. mâché,** to look washed out **2.** (*a*) document, paper; **être dans les petits papiers de qn,** to be in s.o.'s good books; *F:* **rayez cela de vos papiers!** (you can) forget it! (*b*) *Jur:* **p. timbré,** official paper (*c*) *Fin:* bill(s); **p.-monnaie,** paper money (*d*) *pl Adm:* **papiers (d'identité),** (identity) papers (*e*) *Journ:* article **3. p. d'aluminium, d'argent,** aluminium foil, silver foil; tinfoil.

papillon [papijɔ̃] *nm* **1.** butterfly; **p. de nuit,** moth; *Swim:* **nage p., brasse p.,** butterfly stroke **2.** (*a*) inset (in book) (*b*) sticker (*c*) *Aut:* (parking) ticket (*d*) *Tchn:* wing nut.

papillote [papijɔt] *nf* **1.** *A:* curlpaper (for hair) **2.** sweet paper; frill (for meat).

papillotement [papijɔtmɑ̃] *nm* twinkling; flickering; blinking.

papilloter [papijɔte] *vi* (*of eyes*) to flicker; (*of light*) to sparkle, twinkle; **p. des yeux,** to blink.

papotage(s) [papɔtaʒ] *nm*(*pl*) prattle.

papoter [papɔte] *vi* to prattle.

paprika [paprika] *nm Cu:* paprika.

papy [papi] *nm* (*child's word*) grand(d)ad.

paquebot [pakbo] *nm Nau:* liner.

pâquerette [pɑkrɛt] *nf Bot:* daisy.

Pâques [pɑk] **1.** *nfpl* Easter; **joyeuses P.,** happy Easter; **faire ses P.,** to take the sacrament at Easter **2.** *nm* (*contraction of* **jour de Pâques,** *used without article*) Easter; **remettre qch à P. ou à la Trinité,** to put sth off indefinitely.

paquet [pakɛ] *nm* (*a*) parcel, packet; package; bundle; **faire un p.,** to make up a parcel; **p. de café,** bag of coffee; **faire ses paquets,** to pack one's bags; *Fig:* **c'est un p. de nerfs,** he, she, is a bag of nerves (*b*) heap (of snow); sheet (of rain); **p. de mer,** heavy sea (*c*) wad (of notes); *F:* **il a touché un joli p.,** he made a fat sum; **mettre le p.,** to go all out (*d*) *Rugby:* **p. (d'avants),** pack.

par [par] *prep* **1.** (*a*) (*of place*) by; through; **regarder p. la fenêtre,** to look out of the window; **p. monts et p. vaux,** over hill and dale; **il court p. les rues,** he runs through the streets; **p. tout le pays,** throughout the country; **p. 10° de latitude nord,** at a latitude of 10° North; **passer p. Calais,** to go via Calais; **venez p. ici,** come this way (*b*) (*of time*) on; in; **p. le passé,** in the past; **p. un jour d'hiver,** on a winter's day; **p. cette chaleur,** in this heat **2.** (*a*) (*showing the agent*) **il a été puni p. son père,** he was punished by his father; **faire qch p. soi-même,** to do sth by oneself; **je l'ai appris p. les Martin,** I heard of it through, from, the Martins (*b*) (*showing the means, instrument*) **prendre qn p. la main,** to take s.o. by the hand; **envoyer qch p. la poste,** to send sth by post; **elle est remarquable p. sa beauté,** she is remarkable for her beauty (*c*) (*emphatic*) **vous êtes p. trop aimable,** you are far too kind **3.** (*cause, motive*) **j'ai fait cela p. amitié,** I did it out of friendship; **p. pitié!** for pity's sake! **4.** (*distributive*) **p. ordre alphabétique,** in alphabetical order; **trois fois p. jour,** three times a day; **1,000 francs p. semaine,** 1,000 francs per week **5. p.** + *inf*; **commencer p. faire qch,** to begin by doing sth; **commencez p.,** begin with; **tu vas finir p. m'agacer!** you'll end up annoying me! **6.** *adv phr* **p.-ci, p.-là,** hither and thither; here and there **7.** *prep phr* (*a*) **de p. le monde,** throughout the world (*b*) **de p. qn,** by order of s.o.; in the name of s.o.

para [para] *nm Mil: F:* para.

para- [para] *pref* para-.

parabole [parabɔl] *nf* **1.** parable **2.** *Mth:* parabola. **parabolique** *a Mth:* parabolic; **radiateur p.,** *nm* **p.,** electric fire.

parachèvement [paraʃɛvmɑ̃] *nm* completion; perfection.

parachever [paraʃve] *vtr* (*conj like* ACHEVER) to complete; to finish (sth) off; to perfect.

parachutage [paraʃytaʒ] *nm* parachuting.

parachute [paraʃyt] *nm* parachute.

parachuter [paraʃyte] (*a*) *vtr & i* to parachute (*b*) *vtr* to pitchfork (s.o. into a job).

parachutisme [paraʃytizm] *nm* parachuting; **p. ascensionnel,** parascending.

parachutiste [paraʃytist] *nm* parachutist; *Mil:* paratrooper.

parade [parad] *nf* **1.** *Mil:* parade **2.** parade, show; **faire p. de ses bijoux,** to show off one's jewels; **habits de p.,** ceremonial clothes **3.** *Fenc: Box:* parry; *Fig:* reply.

parader [parade] *vi* to make a display; to show off.

paradis [paradi] *nm* paradise; **le p. terrestre,** the garden of Eden; *Fig:* heaven on earth; *Orn:* **oiseau de p.,** bird of paradise. **paradisiaque** *a Fig:* heavenly (place, etc).

paradoxe [paradɔks] *nm* paradox. **paradoxal, -aux** *a* paradoxical. **paradoxalement** *adv* paradoxically.

parafe [paraf] *nm see* **paraphe. parafer** *vtr see* **parapher.**

paraffine [parafin] *nf* paraffin (wax).

parages [paraʒ] *nmpl* (*a*) *Nau:* sea area; waters; region(s) (*b*) **dans les p.,** in the vicinity, near; **dans ces p.,** in these parts.

paragraphe [paragraf] *nm* paragraph.

Paraguay [paragwɛ] *Prnm Geog:* Paraguay. **Paraguayen, -enne** *a & n* Paraguayan.

paraître [parɛtr̥] *vi* (**je parais, il paraît, n. paraissons**) **1.** (*a*) to appear (*b*) (*of book*) to be published; **faire p.,** to bring out **2.** (*a*) to be visible, to show; **laisser p. ses sentiments,** to show one's feelings (*b*) **p. en public,** to appear in public; **chercher à p.,** to show off (*c*) *impers* **je suis très mal.—il n'y paraît pas,** I'm very ill.—you don't look it **3.** (*a*) to seem, to look; **il paraît triste,** he looks sad; **il paraissait furieux,** he sounded furious (*b*) *impers* **il paraît qu'elle s'en va,** it appears, seems, that she's leaving; **à ce qu'il paraît,** apparently; it would seem so; **il paraît que si, que**

non, so it appears; it seems not.

parallèle [paralɛl] **1.** *a (a)* parallel (**à**, to, with) *(b)* similar *(c)* unofficial **2.** *nf Mth:* parallel (line) **3.** *nm (a)* parallel, comparison; **mettre qch en p. avec qch,** to compare sth with sth *(b) Geog:* parallel (of latitude). **parallèlement** *adv* parallel (**à**, to, with); concurrently.

parallélisme [paralelism] parallelism; *Aut:* (wheel) alignment.

parallélogramme [paralelɔgram] *nm* parallelogram.

paralyser [paralize] *vtr Med: & Fig:* to paralyse, *NAm:* paralyze.

paralysie [paralizi] *nf* paralysis.

paralytique [paralitik] *a & n* paralytic.

paramédical, -aux [paramedikal, -o] *a* paramedical.

paramètre [paramɛtr] *nm* parameter.

paramilitaire [paramilitɛr] *a* paramilitary.

parano [parano] *F:* **1.** *a inv* paranoid **2.** *n* paranoid.

paranoïa [paranɔja] *nf* paranoia.

paranoïaque [paranɔjak] *a & n* paranoiac, paranoid.

parapente [parapɑ̃t] *nf* paragliding.

parapet [parapɛ] *nm* parapet.

paraphe [paraf] *nm (a)* flourish (after signature) *(b)* initials (of one's name).

parapher [parafe] *vtr* to initial.

paraphrase [parafraz] *nf* paraphrase.

paraphraser [parafraze] *vtr* to paraphrase.

paraplégie [paraplеʒi] *nf Med:* paraplegia. **paraplégique** *a & n* paraplegic.

parapluie [paraplɥi] *nm* umbrella.

parasida [parasida] *nm Med:* AIDS-related illness.

parasite [parazit] **1.** *nm (a) Biol:* parasite *(b)* hanger-on, sponger *(c) pl WTel: TV:* interference, atmospherics **2.** *a* parasitic; **bruits parasites,** interference.

parasol [parasɔl] *nm* parasol, sunshade; beach umbrella.

paratonnerre [paratɔnɛr] *nm* lightning conductor.

paravent [paravɑ̃] *nm* (folding) screen.

parc [park] *nm* **1.** park; grounds (of castle); **p. naturel,** nature reserve **2.** *(a)* **p. de stationnement,** car park, *NAm:* parking lot; **p. d'attractions,** amusement park; **p. (pour enfants),** playpen; **p. à moutons,** sheepfold; **p. à huîtres,** oyster-bed *(b) Mil:* depot **3.** fleet (of buses, cars); **p. automobile,** number of vehicles on the road.

parcelle [parsɛl] *nf* fragment; particle (of gold); plot (of land); grain (of truth).

parce que [pars(ə)kə] *conj phr* because.

parchemin [parʃəmɛ̃] *nm* parchment; vellum.

parcimonie [parsimɔni] *nf* parcimony. **parcimonieux, -euse** *a* parcimonious. **parcimonieusement** *adv* parcimoniously.

par-ci par-là [parsiparla] *adv* here and there; now and then.

parcmètre [parkmɛtr] *nm* parking meter.

parcourir [parkurir] *vtr (conj like* COURIR) **1.** to travel through, go over (country); **p. plusieurs kilomètres,** to cover several kilometres; **p. les mers,** to sail the seas; **un frisson me parcourut,** a shiver went through me **2.** to examine (cursorily); **p. qch des yeux,** to glance at, over, sth; **p. un livre,** to skim through a book.

parcours [parkur] *nm* **1.** *(a)* distance covered; journey, run; **payer le p.,** to pay the fare *(b)* route (of bus); course (of river) *(c) Sp:* course.

par-delà [pardəla] *adv & prep* beyond.

par-dessous [pardəsu] *prep & adv* under, beneath, underneath.

pardessus [pardəsy] *nm* overcoat.

par-dessus [pardəsy] *prep & adv* over (the top of); **p.-d. bord,** overboard; **par-d. le marché,** into the bargain; **j'en ai p.-d. la tête,** I've had enough.

par-devant [pardəvɑ̃] *adv & prep* in front of; round the front; at the front; **p.-d. notaire,** in the presence of a lawyer.

pardon [pardɔ̃] *nm (a)* pardon; forgiveness (of an offence); *Jur:* (free) pardon; **(je vous demande) p.,** I beg your pardon; (I'm) sorry; **p. Monsieur, vous avez l'heure?** excuse me Sir, have you got the time? *F:* **et puis p.! elle ne fiche rien,** she doesn't do a thing I can tell you *(b) Ecc: (in Brittany)* pardon.

pardonner [pardɔne] *vtr* to pardon, forgive; **p. qch à qn,** to forgive s.o. for sth; **p. à qn d'avoir fait qch,** to forgive s.o. for doing sth; **pardonnez-moi,** excuse me; **je ne me le pardonnerai jamais,** I'll never forgive myself; **maladie qui ne pardonne pas,** fatal illness. **pardonnable** *a* forgivable.

paré [pare] *a* ready; prepared **(contre,** for); **vous voilà p.!** you're all set!

pare-balles [parbal] *a inv* **gilet p.-b.,** bulletproof jacket, *NAm:* vest.

pare-boue [parbu] *nm inv* mudflap (of car, bicycle).

pare-brise [parbriz] *nm inv Aut: etc:* windscreen, *NAm:* windshield.

pare-chocs [parʃɔk] *nm inv Aut:* bumper.

pareil, -eille [parɛj] **1.** *a (a)* like, alike; similar; **p. à,** the same as, just like *(b)* same, identical; **l'an dernier à pareille époque,** this time last year *(c)* such; like that; **en p. cas,** in such cases; **comment a-t-il pu faire une chose pareille!** how could he do such a thing! **2.** *n (a)* **lui et ses pareils,** he and people like him; **mes pareils,** my equals; people in my position *(b)* equal, fellow, match; **il n'a pas son p.,** he's second to none; **sans p.,** unequalled, unparalleled; *P:* **c'est du p. au même,** it comes to the same thing **3.** *nf* **rendre la pareille à qn,** to give s.o. tit for tat **4.** *adv F:* **faire p.,** to do the same (thing). **pareillement** *adv* in the same way; also, likewise; **à vous p.!** the same to you!

parement [parmɑ̃] *nm* facing (of jacket, stone).

parent, -ente [parɑ̃, -ɑ̃t] **1.** *nmpl (a)* parents; father and mother *(b) Lit:* forefathers **2.** *n (a)* (blood) relation, relative; **être p. avec, de, qn,** to be related to s.o.; **p. pauvre,** poor relation *(b) Biol:* parent **3.** *a* related; similar.

parenté [parɑ̃te] *nf* **1.** relationship; kinship; **il n'y a pas de p. entre eux,** they're not related **2.** *coll* relatives, relations.

parenthèse [parɑ̃tɛz] *nf* parenthesis, digression; *Typ:* bracket; **entre parenthèses,** (i) in brackets (ii) incidentally, by the way.

parer¹ [pare] *vtr* **1.** *(a)* to dress, trim (meat, leather, timber) *(b)* to adorn (s.o.) **(de,** with); *Fig:* **il la pare de toutes les vertus,** he endows her with every virtue

2. se p. de, to deck oneself out in; to adorn oneself with.

parer[2] **1.** *vtr* (*a*) to avoid, ward off; fend off (*b*) *Box: Fenc:* to parry, ward off (blow) **2.** *vi* **p. à (qch),** to provide, guard, against (sth); **p. à toute éventualité,** to be prepared for anything; **p. au plus pressé,** to attend to the most urgent things first.

pare-soleil [parsɔlɛj] *nm inv Aut:* sun visor.

paresse [parɛs] *nf* (*a*) laziness, idleness (*b*) sluggishness (of mind).

paresser [parese] *vi* to laze about, around. **paresseux, -euse** **1.** *a* (*a*) lazy, idle; **p. comme une couleuvre,** bone idle (*b*) sluggish (stomach, mind) **2.** *n* lazy person, *F:* lazybones **3.** *nm Z:* sloth. **paresseusement** *adv* lazily.

parfaire [parfɛr] *vtr* (*conj like* FAIRE) to perfect.

parfait [parfɛ] **1.** *a* (*a*) perfect; **(c'est) p.!** (that's) fine! (that's) perfect! (*b*) perfect (gentleman); absolute (idiot) **2.** *nm* (*a*) *Gram:* perfect (tense) (*b*) *Cu:* parfait. **parfaitement** *adv* perfectly; completely; totally; utterly; **tu l'as vu?—p.,** did you see him?—certainly.

parfois [parfwa] *adv* sometimes, at times.

parfum [parfœ̃] *nm* **1.** fragrance, scent (of flower); bouquet (of wine); aroma (of coffee) **2.** *Toil:* perfume, scent **3.** flavour (of ice cream).

parfumer [parfyme] *vtr* **1.** (*a*) to scent, to perfume (*b*) *Cu:* to flavour (**à,** with) **2. se p.,** to put on scent, perfume; **elle se parfume trop,** she wears too much scent, perfume. **parfumé, -ée** *a* scented; fragrant; **p. à la vanille,** vanilla-flavoured.

parfumerie [parfymri] *nf* perfumery; perfume shop.

parfumeur, -euse [parfymœr, -øz] *n* perfumer.

pari [pari] *nm* **1.** bet, wager; **p. mutuel urbain** = the tote, *NAm:* pari-mutuel; *Fig:* **les paris sont ouverts,** it's anyone's guess **2.** betting.

paria [parja] *nm* pariah.

parier [parje] *vtr* (*impf & pr sub* **n. pariions**) to bet (**sur,** on); **je te parie qu'il est là,** I bet you he's there; **il y a gros à p. qu'il ne viendra pas,** the odds are (that) he won't come; **je l'aurais parié,** I might have known it.

parigot, -ote [parigo, -ɔt] *a & n F:* Parisian.

parisien, -ienne [parizjɛ̃, -jɛn] *a & n* Parisian.

paritaire [paritɛr] *a* equal (representation); joint (commission).

parité [parite] *nf* parity.

parjure [parʒyr] **1.** (*a*) *nm* perjury (*b*) *n* perjurer **2.** *a* false (oath); faithless (person).

parjurer (se) [səparʒyre] *vpr* to perjure oneself.

parka [parka] *nm* parka.

parking [parkiŋ] *nm* (*a*) parking (*b*) carpark, *NAm:* parking lot.

parlant [parlɑ̃] *a* speaking; talking (film); lifelike (portrait); meaningful (gesture); vivid (description); *Tp:* **l'horloge parlante,** the speaking clock.

parlement [parləmɑ̃] *nm* parliament. **parlementaire** **1.** *a* parliamentary **2.** *n* member of Parliament.

parlementer [parləmɑ̃te] *vi* to parley; to negotiate.

parler[1] [parle] **1.** *vi* (*a*) to speak, talk; **p. haut, bas,** to speak loudly, quietly; **parlez plus fort!** speak up! **p. par gestes,** to use sign language (*b*) **parlez-vous sérieusement?** are you serious? do you really mean it? **p. pour ne rien dire,** to talk for the sake of talking; to make small talk; **je ne peux pas le faire p.,** I can't get a word out of him; **c'est une façon de p.,** (i) it's a way of speaking (ii) don't take it literally; **voilà qui est bien parlé!** well said! *P:* **tu parles!** (i) you're telling me! you bet! (ii) you must be joking! no way! (*c*) **p. à qn,** to talk to s.o.; **elle a trouvé à qui p.,** she has met her match; **nous ne nous parlons pas,** we're not on speaking terms (*d*) **p. de qn, de qch,** to mention, to speak of, s.o.; **il n'en parle jamais,** he never talks about it; **n'en parlons plus,** let's drop the subject; **sans p. de . . .** not to mention . . . ; **cela ne vaut pas la peine d'en p.,** it isn't worth mentioning; **il ne veut pas en entendre p.,** he won't hear of it; **p. mal de qn,** to speak ill of s.o.; **faire p. de soi,** to get talked about; **de quoi parle ce livre?** what's this book about? *P:* **tu parles d'un idiot!** talk about an idiot! (*e*) **p. à l'imagination,** to fire the imagination **2.** *vtr* **p. (le) français,** to speak French; **p. affaires,** to talk business; **p. boutique,** to talk shop. **3. se p.,** (*of language*) to be spoken.

parler[2] *nm* (*a*) speech (*b*) dialect.

parleur, -euse [parlœr, -øz] *n* talker.

parloir [parlwar] *nm* visiting room (of school, convent).

parlo(t)e [parlɔt] *nf* chitchat; **faire la p. avec qn,** to chat to, with, s.o.

parmesan [parməzɑ̃] *nm Cu:* Parmesan (cheese).

parmi [parmi] *prep* among, amongst; **p. nous,** with us.

parodie [parɔdi] *nf* parody; mockery.

parodier [parɔdje] *vtr* (*impf & pr sub* **n. parodiions**) to parody.

paroi [parwa] *nf* **1.** (*a*) partition (between rooms) (*b*) wall (of rock); (rock) face **2.** side (of car, ship); lining (of stomach).

paroisse [parwas] *nf* parish. **paroissial, -aux** *a* parish (hall).

paroissien, -ienne [parwasjɛ̃, -jɛn] *n* parishioner.

parole [parɔl] *nf* **1.** (spoken) word; *pl* lyrics (of song); **p. blessante,** hurtful remark; *Iron:* **belles paroles,** fine words **2.** promise, word; **tenir p.,** to keep one's word; **manquer à sa p.,** to break one's word; **je l'ai cru sur p.,** I took his word for it; **p. d'honneur!** you have my word (of honour)! **3.** (*a*) speech, speaking; delivery; **avoir la p. facile,** to be a fluent speaker; **perdre la p.,** to lose the power of speech (*b*) **adresser la p. à qn,** to speak to s.o.; **demander la p.,** to ask to speak; **prendre la p.,** to speak; to make a speech.

paroxysme [parɔksism] *nm* (*a*) *Med:* crisis (point) (*b*) paroxysm (of anger, pain); **être au p. de la joie,** to be ecstatically happy; **atteindre son p.,** to reach its height.

parpaing [parpɛ̃] *nm* concrete block; breezeblock.

parquer [parke] *vtr* **1.** to pen (cattle); to herd (people) together; to park (cars) **2. se p.,** to park.

parquet [parkɛ] *nm* **1.** *Jur:* public prosecutor's room **2.** (wooden, parquet) floor, flooring.

parrain [parɛ̃] *nm* godfather; sponsor.

parrainage [parɛnaʒ] *nm* sponsorship.

parrainer [parene] *vtr* to sponsor.

parsemer [parsəme] *vtr* (**je parsème, n. parsemons**) to strew, sprinkle, scatter (**de,** with); **ciel parsemé**

d'étoiles, sky studded with stars; **parsemé de difficultés,** riddled with difficulties.

part [par] *nf* **1.** (*a*) share, part, portion; **diviser qch en parts,** to divide sth into portions; **la p. du lion,** the lion's share (*b*) **pour ma p.,** as far as I'm concerned (*c*) **prendre qch en bonne, en mauvaise, p.,** to take sth in good part; to take offense at sth **2.** share, participation; **prendre p. à qch,** to take part in, to share in, sth; to join in (sth); **faire p. de qch à qn,** to inform s.o. of sth; **faire la p. de qch,** to take sth into consideration **3.** (*a*) **nulle p.,** nowhere; **autre p.,** elsewhere, somewhere else; **de p. et d'autre,** on both sides; **de toute(s) part(s),** on all sides; **de p. en p.,** through and through, right through; **d'autre p.,** moreover; **d'une p., d'autre part,** on the one hand, on the other hand (*b*) **de la p. de,** from; on behalf of; *Tp:* **c'est de la p. de qui?** who's speaking? **cela m'étonne de sa p.,** that surprises me, coming from him **4. à p.,** apart, separately; **prendre qn à p.,** to take s.o. aside; **plaisanterie à p.,** joking apart; **un cas à p.,** a special case; **une femme à p.,** an exceptional woman; **à p. cela,** apart from that.

partage [partaʒ] *nm* **1.** (*a*) division, dividing, sharing (out); **faire le p. de qch,** to divide sth up (*b*) **sans p.,** undivided; *Geog:* **ligne de p. des eaux,** watershed, *NAm:* divide **2.** share, portion, lot; **recevoir qch en p.,** to receive sth in a will.

partager [partaʒe] *vtr* **(n. partageons) 1.** (*a*) to divide (into shares); to share (out); to divide (one's time) (*b*) to divide (into groups, sections, portions); **les avis sont partagés, les opinions sont partagées,** opinions are divided **2.** to share; **p. l'avis de qn,** to share s.o.'s opinion **3. se p.,** to divide, to be divided; **ils se sont partagé les bénéfices,** they shared the profits between them; **se p. entre,** to share one's time between. **partagé** *a* divided; shared; **amour p.,** mutual love.

partance [partɑ̃s] *nf* **en p.,** (*of train*) due to leave; (*of aircraft*) outward bound; (*of ship*) (just) sailing; **en p. pour Londres,** (bound) for London.

partant [partɑ̃] **1.** *a* departing **2.** *nm* person leaving; departing traveller; *Sp: Turf:* starter; runner; **non p.,** non-runner.

partenaire [partənɛr] *n* partner.

parterre [partɛr] *nm* **1.** flower bed, border **2.** *Th:* (the) pit.

parti [parti] *nm* **1.** (political) party; **prendre le p. de qn, prendre p. pour qn,** to stand up for s.o.; to take sides with s.o. **2.** (*marriageable person*) match **3.** decision, choice; course (of action); **prendre le p. de faire qch,** to make up one's mind to do sth; **prendre son p. de qch,** to make the best of it; **p. pris,** prejudice, bias; **sans p. pris,** unbiased; objective; **être de p. pris,** to be prejudiced (**contre,** against) **4.** advantage, profit; **tirer p. de qch,** to take advantage of sth; to turn sth to (good) account.

partialité [parsjalite] *nf* bias (**contre,** against). **partial, -aux** *a* biased. **partialement** *adv* in a biased way.

participant, -ante [partisipɑ̃, -ɑ̃t] **1.** *a* participating **2.** *n* participant (**à, de,** in).

participation [partisipasjɔ̃] *nf* **1.** participation (**à,** in); (*in show*) appearance; **p. électorale,** turn-out; **p. (aux frais)** share (in the expenses) **2.** *Com:* share, interest; **p. aux bénéfices,** profit sharing; **p. ouvrière,** worker participation.

participe [partisip] *nm Gram:* participle.

participer [partisipe] *vi* **1. p. à** (*a*) to take part in (meeting, game); to participate in (discussion); (*of actor*) to appear in (show); to be involved in (plot); **p. à la joie de qn,** to share s.o.'s joy (*b*) **p. aux bénéfices,** to share the profits; **p. aux frais de,** to share the cost of **2.** *Lit:* **p. de,** to partake of (sth).

particulariser [partikylarize] *vtr* (*a*) to particularize (a case) (*b*) **se p.,** to be distinguished (**par,** by).

particularité [partikylarite] *nf* particularity; distinctive feature.

particule [partikyl] *nf* **1.** particle **2.** *Gram:* particle; **avoir un nom à p.,** to belong to the nobility.

particulier, -ière [partikylje, -jɛr] **1.** *a* (*a*) particular, special (*b*) peculiar, characteristic (*c*) unusual, uncommon; peculiar; **faire qch avec un soin p.,** to do sth with particular care (*d*) private; personal (account); **leçons particulières,** private lessons, private tuition **2.** *n* private citizen; private individual; **simple p.,** ordinary person; **que nous veut ce p.?** what does that character want? **3.** *nm* (*a*) **du p. au général,** from the specific to the general (*b*) *adv phr* **en p.,** in particular; **recevoir qn en p.,** to receive s.o. privately. **particulièrement** *adv* particularly; **tout p.,** especially.

partie [parti] *nf* **1.** (*a*) part (of a whole); **les parties du corps,** the parts of the body; **parties génitales,** genitals; private parts; *Gram:* **parties du discours,** parts of speech; **en grande p.,** to a great extent; **faire p. de,** to be part of; to belong to (club); to be among (the winners) (*b*) **comptabilité en p. simple, double,** single entry, double entry, book-keeping (*c*) field, subject; **je ne suis pas de la p.,** that's not (in) my line (*d*) *Mus:* part **2.** (*a*) party; **p. de chasse,** shooting party; **p. de campagne,** outing (in the country); **ce n'est pas une p. de plaisir!** it's no picnic! **voulez-vous être de la p.?** will you join us? (*b*) game (of cards, of chess); **la p. se trouve égale,** it's a close match **3.** *Jur:* party (to dispute); **avoir affaire à forte p.,** to have a powerful opponent to deal with; **prendre qn à p.,** to take s.o. to task; **p. civile,** plaintiff claiming damages (in criminal case).

partiel, -elle [parsjɛl] **1.** *a* partial; **paiment p.,** part payment **2.** *nm Sch:* term exam. **partiellement** *adv* partially, partly.

partir [partir] *vi* (*conj like* MENTIR, *aux* **être**) **1.** (*a*) to depart, leave, start; to set out, off; to go (away, off); (*of ship*) to sail; (*of aircraft*) to take off; **je pars à huit heures,** I'm leaving at eight o'clock; **p. pour, à, Paris,** to leave for, to set out for, Paris; **p. en vacances,** to go on holiday; **partez!** (i) get out! (ii) *Sp:* go! **p. comme une flèche,** to be off like a shot; *P:* **c'est parti mon kiki!** off we go! **le moteur est parti,** the engine started; **le fusil est parti,** the gun went off; **p. d'un éclat de rire,** to burst out laughing; **l'affaire est mal partie,** the business has got off to a bad start (*b*) to go; to give way; to break; (*of button*) to come off; (*of stain*) to come off (*c*) to emanate, spring (from); (*of road*) to start (from); **ça part du cœur,** it comes from the heart; **en partant du principe qu'il a raison,** assuming that he's right (*d*) **à p. d'aujourd'hui,** from today (onwards); **robes à p.**

de 200 francs, dresses from 200 francs **2. faire p.,** to remove (stain); to fire (gun); to let off (fireworks); to start (engine); **faire p. qn,** to send s.o. away.

partisan, -ane [partizɑ̃, -an] **1.** *n* partisan, follower **2.** *nm Mil:* guer(r)illa (soldier), partisan **3.** *a* (*a*) party, sectarian (*b*) **être p. de (faire) qch,** to be in favour of (doing) sth.

partitif, -ive [partitif, -iv] *a & nn Gram:* partitive.

partition [partisjɔ̃] *nf* **1.** partition, division **2.** *Mus:* score.

partout [partu] *adv* (*a*) everywhere; **p. où,** wherever; **j'ai mal p.,** I ache all over; **p. sur la table,** all over the table; **un peu p.,** all over the place (*b*) all; *Ten:* **30 p.,** 30 all; **40 p.,** deuce.

partouze [partuz] *nf P:* orgy.

parure [paryr] *nf* (*a*) costume, finery (*b*) jewels; set (of jewellery); **p. de table,** table linen.

parution [parysjɔ̃] *nf* publication.

parvenir [parvənir] *vi* (*conj like* VENIR, *aux* **être**) **1. p. à un endroit,** to reach a place; **votre lettre m'est parvenue,** I have received your letter; **faire p. qch à qn,** to send sth to s.o. **2.** (*a*) to reach (a great age); to succeed; to achieve (one's purpose); **p. à faire qch,** to manage to do sth (*b*) *abs* to succeed in life.

parvenu [parvəny] *n* parvenu, upstart.

parvis [parvi] *nm* square (in front of church).

pas[1] [pa] *nm* **1.** (*a*) step, pace, stride; footstep; **p. à p.,** step by step; little by little; **allonger le p.,** to step out; **marcher à grands p.,** to stride along; **d'un p. lourd,** with a heavy tread; **faire un p. en avant,** to step forward; **faux p.,** (i) slip, stumble (ii) (social) blunder; **j'y vais de ce p.,** I'm going at once; **c'est à deux p. d'ici,** it's just a stone's throw from here; **faire les cent p.,** to pace the floor (*b*) pace; *Mil: Danc:* step; **au p.,** (i) at a walking pace (ii) *Aut:* dead slow; **mettre son cheval au p.,** to walk one's horse; **au p. cadencé,** in time; **p. de gymnastique,** jog trot; **p. de l'oie,** goose step (*c*) precedence; **avoir le p. sur qn,** to rank before s.o. **2.** footprint, tracks; **arriver sur les p. de qn,** to follow close on s.o.'s heels **3. p. de la porte,** doorstep, doorway; **p. de porte,** key money **4.** passage; (mountain) pass; strait; **le P. de Calais,** the Straits of Dover; **sauter le p.,** to take the plunge **5.** *Tchn:* thread (of screw).

pas[2] *neg adv* **1.** (*a*) not; no; **je ne sais p.,** I don't know; **p. du tout,** not at all; **p. encore,** not yet; **qui l'a vu?—p. moi,** who saw him?—not me; I didn't; **tu es contente, p. vrai?** you're pleased, aren't you? (*b*) *F:* **c'est p. vrai!** you're kidding! **p. possible!** no! incredible! **2.** (*a*) **p. un mot ne fut dit,** not a word was spoken; **p. de pain, de café,** no bread, coffee (*b*) **fier comme p. un,** proud as anything.

pascal [paskal] *a* Easter (week, mass, etc).

passable [pasabl̩] *a* passable, tolerable; reasonable; *Sch:* **mention p.** = passmark. **passablement** *adv* tolerably, reasonably; rather (long); quite a lot.

passade [pasad] *nf* passing fancy.

passage [pasaʒ] *nm* **1.** (*a*) crossing (of sth); passing over, through, across; going past (a place); **guetter le p. de qn,** to watch for s.o.; **j'attend le p. de l'autobus,** I'm waiting for the bus to come; **on sourit sur son p.,** people smile as he goes by; **livrer p.,** to make way; **il est de p. à Paris,** (i) he's passing through Paris; (ii) he's in Paris for a few days (only); **il m'a saisi au p.,** he caught me as I went past; *PN:* **p. interdit,** no entry (*b*) *Nau:* **payer son p.,** to pay for one's passage (*c*) transition; **p. du jour à la nuit,** change from day to night **2.** (*a*) way, way through; alley(way); passage(way); **barrer le p. à qn,** to block s.o.'s way (*b*) *Rail:* **p. à niveau,** level crossing; **p. souterrain,** subway; *NAm:* underground passage; **p. clouté,** pedestrian crossing **3.** passage (in book, music).

passager, -ère [pasaʒe, -ɛr] **1.** *a* (*a*) passing, temporary (*b*) busy (street) **2.** *n* passenger; **p. clandestin,** stowaway. **passagèrement** *adv* temporarily.

passant, -ante [pasɑ̃, -ɑ̃t] **1.** *a* busy (street) **2.** *n* passer-by **3.** *nm Harn:* keeper.

passe [pas] **1.** *nf* (*a*) *Fb: etc:* pass; **p. en avant,** forward pass (*b*) *Fenc:* pass, thrust; **p. d'armes,** heated exchange (*c*) **mot de p.,** password (*d*) (*at roulette*) any number above 18 (*e*) *Nau:* pass; channel; **être en p. de faire qch,** to be on the way to doing sth; **être dans une mauvaise p.,** to be in a bad patch **2.** *nm F:* master key, pass key, skeleton key.

passé, -ée [pase] **1.** *a* (*a*) past, gone by; **la semaine passée,** last week; **il est quatre heures passées,** it's after four; **avoir vingt ans passés,** to be over twenty (*b*) over; **l'orage est p.,** the storm's over (*c*) faded (colour) **2.** *nm* (*a*) past; **comme par le p.,** as in the past (*b*) *Gram:* past (tense); **p. composé,** perfect (tense) **3.** *prep* beyond; **p. cette date,** after this date.

passe-droit [pasdrwa] *nm* (undeserved) privilege; *pl passe-droits.*

passementerie [pasmɑ̃tri] *nf* trimmings, braid (on clothes, furniture).

passe-montagne [pasmɔ̃taɲ] *nm* balaclava; *pl passe-montagnes.*

passe-partout [paspartu] *nm inv* master key, pass key, skeleton key; *a inv* all-purpose (phrase).

passe-passe [paspas] *nm no pl* **tour de p.-p.,** conjuring trick.

passe-plat [paspla] *nm inv* serving hatch.

passeport [paspɔr] *nm* passport.

passer [pase] **1.** *vi* (*aux* **avoir** *or* **être**) to pass; to go (on, by, along); to proceed; **p. sur un pont,** to cross (over) a bridge; **p. par-dessus, par-dessous, qch,** to get over, under, sth; **faire p. le plat,** to hand the dish round; **par où est-il, a-t-il, passé?** which way did he go? **je ne peux pas p.,** I can't get by; **laisser p.,** to let in (light, air); to let (s.o.) through; to overlook (mistake); **p. à l'ennemi,** to go over to the enemy; *Sch:* **p. dans la classe supérieure,** to be moved up (a form); **en passant,** by the way; **soit dit en passant,** by the way (*b*) *Aut:* **p. en seconde,** to go, to change, into second (gear) (*c*) **le mot est passé dans l'usage,** the word is in common use (*d*) **la route passe par le village,** the road runs through the village (*e*) to go through; **passez par la fenêtre,** go through the window (*f*) (*of film*) to be showing; (*of programme*) to be on (*g*) **p. son chemin,** to go one's way; (*aux* **être**) **p. chez qn,** to call on s.o.; **en passant, je suis entré dire bonjour,** I just dropped in on my way by; **est-ce que le facteur est passé?** has the postman been? (*h*) (*aux* **avoir**) to undergo, pass through (sorrow, sickness); **j'ai passé par là,** I've been through it; **tout le monde y passe,** it happens to us all; *F:* **il a failli y p.,** he nearly died (*i*) (*aux* **avoir**) to disappear, to cease; **la douleur a passé,** the pain has gone; **le vert est passé de mode,** green is out of fashion; **le plus dur est passé,** the worst is over; **ça lui passera,** he'll grow out of it; **couleurs qui passent,** colours that fade (*j*) (*of time*) to elapse, to go by; **comme le temps passe (vite)!** how time flies! **faire p. le temps,** to pass the time (*k*) (*aux* **avoir** *or* **être**) to become; **p. capitaine,** to be promoted (to) captain; (*l*) (*aux* **avoir**) **p. pour riche,** to be considered rich; **se faire p. pour,** to pass oneself off as (*m*) (*aux* **avoir**) to be accepted; **qu'il revienne demain, passe encore,** if he returns tomorrow, well and good; **ça ne passe pas,** that won't do; it won't wash **2.** *vtr* (*a*) to pass, cross, go over (bridge, sea); to go, pass, through (gate); to clear (customs); to cross (frontier); **p. une maison,** to go past a house (*b*) to carry across; to ferry (goods) over; **p. des marchandises en fraude,** to smuggle goods (*c*) **p. qch à qn,** to hand sth to s.o.; **il m'a passé son rhume,** I caught his cold; **p. une commande,** to place an order (**de qch,** for sth); *Tp:* **passez-moi M. X,** put me through to Mr X; **passe-moi un coup de fil,** give me a call; **p. sa colère sur qn,** to vent one's anger on s.o. (*d*) **p. le balai, le chiffon,** to sweep up; to dust; **(se) p. la main dans les cheveux,** to run one's fingers through one's hair; **p. sa tête par la fenêtre,** to put one's head out of the window; **p. une chemise,** to slip on a shirt; *Aut:* **p. la seconde,** to change into second (gear) (*e*) to show (film); to play (record) (*f*) to pass, spend (time) (*g*) to pass, exceed, go beyond; **il a passé la soixantaine,** he's over sixty; **cela passe les bornes,** that's going too far (*h*) to pass over; to excuse (fault); **on ne lui passe rien,** he doesn't get away with anything (*i*) to omit, leave out; **p. qch sous silence,** to keep quiet about sth; **et j'en passe!** and that's not all! (*j*) **p. une loi,** to pass a law (*k*) **p. un examen,** to sit (for) an exam(ination); to take an exam(ination) (*l*) to strain (liquid); to sift (flour); **p. le café,** to filter the coffee **3. se p.** (*a*) to happen; to take place; **que se passe-t-il?** what's going on? **tout s'est bien passé,** everything went (off) smoothly; *F:* **ça ne se passera pas comme ça,** I won't stand for it (*b*) to pass away, to cease; (*of time*) to elapse, go by; (*of pain*) to pass off (*c*) **se p. de qch,** to do without sth; **ces faits se passent de commentaires,** these facts need no comment.

passerelle [pasrɛl] *nf* **1.** footbridge **2.** (*a*) *Nau:* bridge (*b*) *Nau:* gangway; *Av:* jetway.

passe-temps [pastɑ̃] *nm inv* pastime.

passe-thé [paste] *nm inv* tea strainer.

passeur, -euse [pasœr, -øz] *n* (*a*) *Nau:* ferryman, -woman (*b*) frontier runner; smuggler.

passible [pasibl] *a* liable (**de,** to).

passif, -ive [pasif, -iv] **1.** *a* passive (obedience); *Gram:* **forme passive,** passive **2.** *nm* (*a*) *Gram:* passive (*b*) *Com:* liabilities. **passivement** *adv* passively.

passion [pasjɔ̃] *nf* **1.** passion; **avoir la p. des voitures,** to have a passion for cars; **parler avec, sans, p.,** to speak passionately, dispassionately **2.** *Rel: Mus:* **P.,** Passion **3. fruit de la p.,** passion fruit.

passionnant [pasjɔnɑ̃] *a* exciting, fascinating, gripping (story).

passionné, -ée [pasjɔne] (*a*) *a* passionate; impassioned; **p. de qch,** passionately fond of sth (*b*) *n* enthusiast, fanatic. **passionnément** *adv* passionately.

passionnel, -elle [pasjɔnɛl] *a* **crime p.,** crime of passion.

passionner [pasjɔne] *vtr* **1.** to thrill, fascinate **2. se p. de, pour, qch,** to have a passion for sth.

passoire [paswar] *nf Cu:* strainer; sieve; **p. à légumes,** colander.

pastel [pastɛl] *nm Art:* pastel.

pastèque [pastɛk] *nf* watermelon.

pasteur [pastœr] *nm Ecc:* pastor.

pasteurisation [pastœrizasjɔ̃] *nf* pasteurization.

pasteuriser [pastœrize] *vtr* to pasteurize.

pastiche [pastiʃ] *nm* pastiche.

pasticher [pastiʃe] *vtr* to do a pastiche of.

pastille [pastij] *nf* lozenge; **p. contre la toux,** cough drop, cough pastille; **p. de menthe,** mint.

pastis [pastis] *nm* aniseed aperitif; Pernod (*Rtm*).

pastoral, -aux [pastɔral, -o] **1.** *a* pastoral **2.** *nf* **pastorale,** *Lit:* pastoral; *Mus:* pastoral(e).

patate [patat] *nf* **1. p. (douce),** sweet potato **2.** *F:* (*a*) potato, spud (*b*) idiot, fathead.

patati [patati] *int F:* **et p. et patata,** and so on and so forth.

patatras [patatra] *int F:* crash!

pataud, -aude [pato, -od] *a F:* lumpish, clumsy.

patauger [patoʒe] *vi* **(n. pataugeons)** (*a*) to wade (in the mud); to paddle (in the water) (*b*) *Fig:* to flounder.

pataugeoire [patoʒwar] *nf* paddling pool.

patchwork [patʃwœrk] *nm* patchwork.

pâte [pɑt] *nf* **1.** (*a*) *Cu:* pastry; (cake) mixture; **p. à pain,** dough; **p. brisée,** short(crust) pastry; **p. feuilletée,** flaky pastry; **p. à frire,** batter; **pâtes (alimentaires),** pasta, noodles (*b*) (fruit) jelly; (almond) paste (*c*) (paper) pulp; **p. dentifrice,** toothpaste; **p. à modeler,** plasticine (*Rtm*).

pâté [pɑte] *nm* **1.** (*a*) *Cu:* **p. en croûte,** (meat) pie (*b*) pâté; **p. de foie,** liver pâté (*c*) **p. (de sable),** sand castle **2.** block (of houses) **3.** ink blot.

pâtée [pɑte] *nf* (*a*) mash, feed (*b*) *F:* thrashing.

patelin [patlɛ̃] *nm F:* village.

patent [patɑ̃] *a* obvious, evident.

patente [patɑ̃t] *nf* (trading) licence.

patère [patɛr] *nf* hat peg, coat peg.

paternalisme [patɛrnalism] *nm* paternalism. **paternaliste** *a* paternalistic.

paternel, -elle [patɛrnɛl] *a* paternal; fatherly; **le domicile p.,** (the family) home; **du côté p.,** on the father's side. **paternellement** *adv* paternally, in a fatherly way.

paternité [patɛrnite] *nf* (*a*) paternity, fatherhood (*b*) authorship.

pâteux, -euse [pɑtø, -øz] *a* (*a*) pasty; doughy (bread); coated (tongue) (*b*) thick (voice).

pathétique [patetik] **1.** *a* pathetic, moving; *Anat:* pathetic (muscle) **2.** *nm* pathos.

pathologie [patɔlɔʒi] *nf* pathology. **pathologique** *a* pathological.

pathologiste [patɔlɔʒist] *n* pathologist.

patibulaire [patibylɛr] *a* **une mine p.,** a sinister look.

patience [pasjɑ̃s] *nf* (*a*) patience; **prendre p.,** to be patient; **je suis à bout de p.,** my patience is exhausted (*b*) **jeu de p.,** jigsaw (puzzle).

patient, -ente [pasjɑ̃, -ɑ̃t] **1.** *a* patient **2.** *n Med:* patient. **patiemment** *adv* patiently.

patienter [pasjɑ̃te] *vi* to wait (patiently); **patientez une seconde!** one moment!

patin [patɛ̃] *nm* (*a*) cloth pad (for parquet floors) (*b*) skate; **patins à glace, à roulettes,** ice skates, roller skates (*c*) runner (of sledge); **p. (de frein),** brake block.

patinage [patinaʒ] *nm* skating; **p. artistique,** figure skating.

patine [patin] *nf* patina, sheen.

patiner [patine] *vi* **1.** to skate **2.** (*of wheel*) to spin; (*of clutch*) to slip **3.** to give a patina, a sheen, to.

patineur, -euse [patinœr, -øz] *n* skater.

patinoire [patinwar] *nf* skating rink, ice ring.

patio [patjo] *nm* patio.

pâtisserie [pɑtisri] *nf* **1.** pastry; (small) cake; *Com:* confectionery **2.** pastry making **3.** cake shop; confectioner's.

patissier, -ière [patisje, -jɛr] *n* pastrycook; confectioner.

patois [patwa] *nm* patois.

patraque [patrak] *a F:* out of sorts, peaky.

patriarche [patriarʃ] *nm* patriarch.

patricien, -ienne [patrisjɛ̃, -jɛn] *a & n* patrician.

patrie [patri] *nf* (*a*) homeland; fatherland (*b*) (*town*) birth place.

patrimoine [patrimwan] *nm* patrimony; heritage.

patriote [patriɔt] **1.** *a* patriotic. **2.** *n* patriot. **patriotique** *a* patriotic.

patriotisme [patrijɔtism] *nm* patriotism.

patron, -onne [patrɔ̃, -ɔn] *n* **1.** (*a*) employer; head (of firm); proprietor; owner, *F:* boss (*b*) *Nau:* skipper **2.** patron saint **3.** *nm* (sewing, knitting) pattern. **patronal, -aux** *a* of employers; employer's.

patronage [patrɔnaʒ] *nm* **1.** patronage **2.** youth club; *Pej:* **de p.,** amateurish.

patronat [patrɔna] *nm* (body of) employers.

patronner [patrɔne] *vtr* to support, to sponsor (s.o.).

patrouille [patruj] *nf* patrol.

patrouiller [patruje] *vi* to patrol, to be on patrol.

patrouilleur [patrujœr] *nm* (*a*) *Mil:* patroller (*b*) patrol boat.

patte [pat] *nf* **1.** paw; foot (of bird); leg (of insect); *F:* (*of pers*) hand, paw; **pattes de mouche,** spidery handwriting; **marcher à quatre pattes,** to go on all fours; **court sur pattes,** short-legged; **pattes de devant, de derrière,** forelegs, forefeet; hind legs, hind feet; (*of cat*) **faire p. de velours,** to draw in its claws; **tomber dans les pattes de qn,** to fall into s.o.'s clutches **2.** flap (of pocket); tongue (of shoe); fluke (of anchor); strap (on garment) **3.** *pl* sideboards, *NAm:* sideburns.

patte-d'oie [patdwa] *nf* **1.** crossroads **2.** (*wrinkle*) crow's-foot; *pl pattes-d'oie.*

pâturage [pɑtyraʒ] *nm* (*a*) grazing (*b*) pasture.

pâture [pɑtyr] *nf* **1.** food, fodder (of animals) **2.** pasture.

pâturer [pɑtyre] *vi* (*of cattle, etc*) to graze, to feed.

paume [pom] *nf* palm (of hand).

paumer [pome] *P:* **1.** *vtr* to lose **2. se p.,** to get lost. **paumé, -ée 1.** *a F:* lost; **il est p.,** he doesn't know where he is **2.** *n P:* down-and-out; loser.

paupière [popjɛr] *nf* eyelid.

paupiette [popjɛt] *nf Cu:* (meat) olive.

pause [poz] *nf* **1.** pause; *Fb: etc:* half time; *Ind: etc:* meal break; **faire la p.,** to have a break; **p. café,** coffee break **2.** *Mus:* semibreve rest.

pauvre [povr̥] **1.** *a* (*a*) poor; **p. d'esprit,** half-witted; **p. en,** low in (calories, etc); low on (supplies, etc) (*b*) poor, unfortunate; **p. de moi!** poor me! (*c*) shabby (dress, furniture); paltry (excuse); weak (argument); *F:* **c'est un p. type,** he's pathetic; **p. idiot!** silly fool! *n* **le p.!** poor chap! **mon p.,** my dear (friend) **2.** *n* poor man, poor woman; **les pauvres,** the poor. **pauvrement** *adv* poorly; **p. vêtu,** shabbily dressed.

pauvreté [povrəte] *nf* poverty; shabbiness.

pavage [pavaʒ] *nm* paving, cobblestones.

pavaner (se) [səpavane] *vpr* to strut (about).

pavé [pave] *nm* **1.** (*a*) paving stone, paving block; cobblestone; **un p. dans la mare,** a (nice) bit of scandal (*b*) **p. de viande,** thick piece of meat **2.** pavement; paving (*b*) the streets; **battre le p.,** to loaf about the streets; **être sur le p.,** (i) to be homeless (ii) to be out of a job; **mettre qn sur le p.,** to throw s.o. out **3.** *F:* (*book*) weighty tome.

paver [pave] *vtr* to pave; to cobble (street).

pavillon [pavijɔ̃] *nm* **1.** detached house; **p. de banlieue,** suburban house; **p. de jardin,** summerhouse; **p. de chasse,** shooting lodge; **p. d'hôpital,** ward **2.** horn (of hooter); bell (of brass instrument); pavilion (of ear) **3.** *Nau:* flag, colours; **p. de départ,** Blue Peter.

pavoiser [pavwaze] **1.** *vtr* (*a*) *Nau:* to dress (ship) (*b*) to deck with flags **2.** *vi* (*a*) *Nau:* to dress ship (*b*) to put out the flags (*c*) to rejoice.

pavot [pavo] *nm Bot:* poppy.

payer [pɛje] **1.** *vtr* **(je paye, je paie)** (*a*) **p. qn,** to pay s.o.; **combien vous a-t-il fait p.?** how much did he charge you? **bien, mal, payé,** well, badly, paid; **p. qn de qch,** to pay s.o. for sth; **p. qn de paroles,** to put s.o. off with fine words (*b*) to pay (price, bill, debt); *Com:* **p. un effet,** to honour a bill (*c*) to pay for (sth); **p. qch à qn,** to buy s.o. sth (*d*) **il l'a payé de sa vie,** it cost him his life; **vous me le paierez!** you'll pay for this! *F:* **je suis payé pour savoir que . . .,** I've learnt to my cost that . . . **2.** *vi* (*a*) **p. de sa personne,** to risk one's own skin; **p. d'audace,** to take the risk (*b*) (*of crime, business*) to pay **3. se p.** (*a*) **payez-vous!** take your money! take what I owe you! (*b*) **je me suis payé une glace,** I treated myself to an ice cream; **je me suis payé une contravention,** I got a fine; **se p. le tête de qn,** to make fun of s.o. (*c*) **cela ne se paie pas,** it's something money can't buy.

pays [pe(j)i] *nm* (*a*) country; land; **p. étranger,** foreign country; **voir du p.,** to travel around (a lot), to see the world (*b*) region, district, locality; **vous n'êtes pas du pays?** you're not from these parts? **être en p. de connaissance,** (i) to be among friends (ii) to be on home ground; **vin du p., de p.,** local wine (*c*) **p. de montagne(s),** hill country; *pl* **p. bas,** lowlands (*d*) native land; home; **avoir le mal du p.,** to be homesick.

paysage [peizaʒ] *nm* landscape; scenery.
paysagiste [peizaʒist] *n* landscape painter; **(jardinier) p.,** landscape gardener.
paysan, -anne [peizɑ̃, -an] **1.** *n (a)* (small) farmer *(b) Pej:* peasant **2.** *a* country (life, customs, etc).
Pays-Bas [peibɑ] *Pr nmpl* the Netherlands.
PC *abbr* **1.** *Parti communiste* **2.** *Poste de commandement* **3.** personal computer, PC.
PCC *abbr Pour copie conforme.*
PCV *abbr Tp: paiement contre vérification*; **téléphoner en PCV,** to reverse the charges, *NAm:* to call collect.
PDG *abbr président-directeur général.*
péage [peaʒ] *nm* **1.** toll; **autoroute à p.,** toll motorway **2.** toll house **3.** *TV:* **chaîne à p.,** subscription TV channel.
peau, -eaux [po] *nf* **1.** skin; **à fleur de p.,** skin-deep; **il n'a que la p. et les os,** he's nothing but skin and bones; **prendre qn par la p. du cou,** to take s.o. by the scruff of the neck; **faire p. neuve,** to turn over a new leaf; **risquer sa p.,** to risk one's neck; **sauver sa p.,** to save one's skin; *F:* **avoir qn dans la p.,** to be crazy about s.o.; **bien dans sa p.,** confident; at ease; **se sentir mal dans sa p.,** to feel uncomfortable; *P:* **j'aurai sa p.!** I'll get him! **2.** pelt, fur; hide, leather; **p. de mouton,** sheepskin; *P:* **p. de vache,** *(man)* bastard; *(woman)* cow; **se réduire comme une p. de chagrin,** to shrink away to nothing **3.** peel (of fruit); rind (of cheese).
Peau-Rouge [poruʒ] *a & n* Red Indian; redskin; *pl Peaux-Rouges.*
pébroc, pébroque [pebrɔk] *nm P:* umbrella, brolly.
peccadille [pekadij] *nf* peccadillo.
pêche[1] [pɛʃ] *nf* peach; *F:* **avoir la p.,** to be full of go; **se fendre la p.,** to split one's sides (laughing).
pêche[2] *nf* **1.** fishing; **p. (à la ligne),** angling; *(in sea)* line fishing; **p. à la mouche,** fly fishing; **aller à la p.,** to go fishing **2.** catch.
péché [peʃe] *nm* sin; transgression; **p. mortel,** mortal sin; **les septs péchés capitaux,** the seven deadly sins; **son p. mignon,** his weakness; **péchés de jeunesse,** youthful indiscretions.
pécher [peʃe] *vi* **(je pèche; je pécherai)** to sin; **p. par orgueil,** to be too proud; **p. par excès,** to exceed what is required.
pêcher[1] [peʃe] *nm* peach tree.
pêcher[2] *vtr* **1.** to fish for (trout); to catch (fish); to gather (mussels); **p. à la ligne,** to angle; **p. à la mouche,** to fly fish; **p. la baleine,** to go whaling **2.** *F:* **où avez-vous pêché cela?** where did you get hold of that?
pécheur, pécheresse [peʃœr, peʃrɛs] *n* sinner.
pêcheur, -euse [pɛʃœr, -øz] *n* fisher; fisherman, -woman; **p. à la ligne,** angler; **p. de perles,** pearl diver; *a* **bateau p.,** fishing smack.
pectoral, -aux [pɛktɔral, -o] *a* pectoral; **muscles pectoraux, pectoraux** *nmpl,* chest muscles.
pécule [pekyl] *nm* savings; earnings of convict (paid on discharge); *Mil: Navy:* gratuity (on discharge).
pécuniaire [pekynjɛr] *a* financial.
pédagogie [pedagɔʒi] *nf (a)* teaching methods *(b)* teaching skill. **pédagogique** *a* pedagogic(al); educational.
pédagogue [pedagɔg] *n* teacher.
pédale [pedal] *nf* **1.** pedal; **p. de frein,** footbrake; *F:* **perdre les pédales,** to lose one's thread; to get mixed up **2.** *F: Pej: (homosexual)* pansy, queer.
pédaler [pedale] *vi* to pedal.
pédalier [pedalje] *nm* crank gear.
pédalo [pedalo] *nm* pedal boat.
pédant, -ante [pedɑ̃, -ɑ̃t] **1.** *n* pedant **2.** *a* pedantic.
pédantisme [pedɑ̃tism] *nm* pedantry.
pédé [pede] *nm F: Pej: (homosexual)* queer.
pédéraste [pederast] *nm* pederast, homosexual.
pédestre [pedɛstr̥] *a* **randonnée p.,** hike.
pédiatre [pedjatr̥] *n* paediatrician.
pédiatrie [pedjatri] *nf Med:* paediatrics.
pédicure [pedikyr] *n* chiropodist.
pedigree [pedigre] *nm* pedigree.
pègre [pɛgr̥] *nf* **la p.,** the underworld.
peigne [pɛɲ] *nm* comb; *Tex:* card; **passer qch au p. fin,** to go through sth with a fine-tooth comb.
peigner [peɲe] *vtr* **1.** *(a)* to comb (out) (hair); **p. qn,** to comb s.o.'s hair; **mal peigné,** unkempt; tousled (hair) *(b) Tex:* to card (wool) **2. se p.,** to comb one's hair.
peignoir [pɛɲwar] *nm* dressing gown; bath robe.
peinard [pɛnar] *a P:* calm; cushy (job); **se tenir p.,** to take it easy. **peinardement** *adv P:* peacefully.
peindre [pɛ̃dr̥] *vtr (prp* **peignant;** *pp* **peint;** *pr ind* **je peins;** *ph* **je peignis) 1.** to paint; **p. qch en vert,** to paint sth green; **papier peint,** wallpaper; **se faire p.,** to have one's portrait painted; **p. à l'huile, à l'aquarelle,** to paint in oils, in water colours; **l'innocence est peinte sur son visage,** innocence is written on his face **2.** *Fig:* to depict, paint.
peine [pɛn] *nf* **1.** punishment, penalty; **p. capitale,** capital punishment; **sous p. de mort,** on pain of death; **défense d'entrer sous p. d'amende,** trespassers will be prosecuted **2.** *(a)* sorrow, affliction; **avoir de la p.,** to feel sad; **faire de la p. à qn,** to upset, distress, s.o.; **cela fait p. à voir,** it's painful to see *(b)* **être dans la p.,** to be in distress, in trouble **3.** pains, trouble; **se donner de la p. pour faire qch,** to take trouble to do sth; **donnez-vous la p. de vous asseoir,** please take a seat; **c'est p. perdue,** it's a waste of effort, of time; **ça ne vaut pas la p.,** it's not worth the trouble; **ce n'est pas la p.,** don't bother; **c'était bien la p. de venir!** it wasn't worth coming! **homme de p.,** odd-job man **4.** difficulty; **avoir de la p. à faire qch,** to find it difficult to do sth; **il n'est jamais en p. de trouver une excuse,** he's never at a loss for an excuse; *adv phr* **avec p., à grand-p.,** with (great) difficulty; **sans p.,** easily **5.** *adv phr* **à p.,** hardly, barely, scarcely; **il est à p. 3 heures,** it's only just 3 o'clock; **j'étais à p. sorti qu'il se mit à pleuvoir,** I had only just gone out when it started to rain.
peiner [pene] **1.** *vtr* to pain, distress, upset (s.o.) **2.** *vi* to toil, labour; **il peinait sur son travail,** he was struggling with his work; *Aut:* **le moteur peine,** the engine's labouring.
peintre [pɛ̃tr̥] *nm* painter; **(artiste) p.,** artist; **p. en bâtiment(s),** house painter.
peinture [pɛ̃tyr] *nf* **1.** *(a)* painting; **faire de la p.,** to paint; **p. à l'huile, à l'eau,** oil painting; water colour *(b)* **p. au pistolet,** spray painting **2.** picture, painting **3.** paint; *PN:* **attention à la p.!** wet paint.

peinturlurer [pɛ̃tyrlyre] *vtr F:* **1.** to daub with colour **2. se p. (le visage),** to paint one's face.

péjoratif, -ive [peʒɔratif, -iv] *a* pejorative.

Pékin [pekɛ̃] *Prnm Geog:* Peking. **pékinois, -oise** *(a) a & n* Pekinese *(b) nm (dog)* pekinese.

pelage [pəlaʒ] *nm* coat, wool, fur (of animal).

pelé [pəle] *(a) a* bald; hairless (skin); bare (countryside); threadbare (material) *(b) nm F:* **il n'y avait que trois pelés et un tondu,** there was hardly anyone there.

pêle-mêle [pɛlmɛl] *adv* higgledy-piggledy.

peler [p(ə)le] **(je pèle) 1.** *vtr* to peel, skin (fruit) **2.** *(of fruit)* **se p. facilement,** to peel easily **3.** *vi (of skin)* to peel.

pèlerin [pɛlrɛ̃] *n* pilgrim.

pèlerinage [pɛlrinaʒ] *nm* pilgrimage.

pèlerine [pɛlrin] *nf Cl:* cape.

pélican [pelikɑ̃] *nm Orn:* pelican.

pelisse [pəlis] *nf* fur-lined coat.

pelle [pɛl] *nf* **1.** shovel; **p. à poussière,** dustpan; **p. à tarte, à poisson,** tart, fish, slice; **remuer l'argent à la p.,** to be raking it in; *F:* **ramasser une p.,** to fall flat on one's face **2.** (child's) spade.

pelletée [pɛlte] *nf* shovelful, spadeful.

pelleteuse [pɛltøz] *nf* mechanical shovel.

pellicule [pelikyl] *nf* **1.** *Phot:* film **2.** film, layer **3.** *pl* dandruff.

pelote [p(ə)lɔt] *nf* **1.** ball (of wool, string); **p. à épingles,** pincushion; *F:* **faire sa p.,** to feather one's nest; **avoir les nerfs en p.,** to be a bundle of nerves **2.** *Sp:* **p. basque,** pelota.

peloter [p(ə)lɔte] *vtr P:* to pet, to paw.

peloton [p(ə)lɔtɔ̃] *nm* **1.** group (of people); *Sp:* **le p.,** the main body (of runners) **2.** *Mil:* *(a)* platoon *(b)* class, party; **p. d'exécution,** firing squad **3. p. de ficelle,** ball of string.

pelotonner (se) [səplɔtɔne] *vpr* to curl up (into a ball).

pelouse [p(ə)luz] *nf* lawn; *Sp:* green.

peluche [p(ə)lyʃ] *nf (a) Tex:* plush; **jouet en p.,** soft toy, cuddly toy; **ours en p.,** teddy bear *(b)* (bit of) fluff.

pelure [p(ə)lyr] *nf (a)* peel, skin (of apple, onion); peeling (of vegetables); **p. d'oignon,** dark rosé wine *(b) F:* (over)coat.

pénal, -aux [penal, -o] *a* penal (code).

pénaliser [penalize] *vtr Sp: Games:* to penalize (a competitor, a player).

pénalité [penalite] *nf Jur: Sp:* penalty.

penalty [penalti] *nm Fb:* penalty (kick); *pl penalties.*

penaud [pəno] *a* sheepish.

penchant [pɑ̃ʃɑ̃] *nm* propensity, tendency; leaning (towards sth); fondness (for sth); **avoir un p. pour la boisson,** to be partial to drink.

pencher [pɑ̃ʃe] **1.** *vtr* to bend, lean; **p. la tête en avant,** to lean forward **2.** *vi (a)* to lean (over); to tip (to one side); **faire p. la balance,** to tip the scales *(b)* **p. pour qch,** to incline towards, to prefer, sth **3. se p.** *(a)* to bend, stoop, lean; **se p. (en, au) dehors,** to lean out *(b)* **se p. sur un problème,** to look into a problem; **se p. sur qn,** to take care of s.o. **penché** *a* leaning; slanting; tilting; **p. sur ses livres,** bent over one's books.

pendaison [pɑ̃dɛzɔ̃] *nf* hanging; **p. de la crémaillère,** housewarming (party).

pendant¹ [pɑ̃dɑ̃] **1.** *a (a)* hanging, pendent; dangling (legs); drooping (branch); **oreilles pendantes,** flap ears, lop ears; **il avait la langue pendante,** his tongue was hanging out *(b)* pending (lawsuit); outstanding (question) **2.** *nm (a)* pendant; **p. (d'oreille),** drop earring *(b)* **le p. de,** the companion piece to; **ces deux tableaux (se) font p.,** these two pictures make a pair.

pendant² *prep* during; **p. trois jours,** for three days; **p. ce temps,** meanwhile, in the meantime; *conj phr* **p. que,** while, whilst; **p. que vous y êtes,** while you're about it.

pendentif [pɑ̃dɑ̃tif] *nm Jewel:* pendant.

penderie [pɑ̃dri] *nf* (hanging) cupboard, wardrobe.

pendre [pɑ̃dr̥] **1.** *vtr (a)* to hang (sth) (up); **p. le linge,** to hang out the washing; **p. la crémaillère,** to have a housewarming party *(b)* to hang (s.o.); *F:* **qu'il aille se faire p. ailleurs,** let him go hang **2.** *vi* to hang (down); *(of legs)* to dangle; *(of cheeks)* to sag; *F:* **ça lui pend au nez,** he's got it coming to him **3. se p.,** to hang oneself; **se p. à qch,** to hang on, cling on, to sth; **se p. au cou de qn,** to hang round s.o.'s neck.

pendu [pɑ̃dy] **1.** *a* hanged, hung; hanging; **p. aux jupes de sa mère,** clinging to his mother's skirts; **p. aux lèvres, paroles, de qn,** hanging on s.o.'s every word; **avoir la langue bien pendue,** to be a great talker **2.** *n* hanged man, hanged woman.

pendule [pɑ̃dyl] **1.** *nm* pendulum **2.** *nf* clock.

pendulette [pɑ̃dylɛt] *nf* small (travelling) clock.

pénétration [penetrasjɔ̃] *nf* penetration.

pénétrer [penetre] *v* **(je pénètre; je pénétrerai) 1.** *vi* to penetrate; to enter; **l'eau avait pénétré partout,** the water had got in everywhere **2.** *vtr (a)* **la balle a pénétré l'os,** the bullet penetrated, pierced, the bone; **p. la pensée de qn,** to see through s.o.; **p. un secret,** to fathom a secret *(b)* **être pénétré d'un sentiment,** to be imbued with a feeling **3. se p. d'une idée,** to let an idea sink in. **pénétrable** *a* penetrable. **pénétrant** *a* penetrating; sharp (object); piercing (cold); drenching (rain). **pénétré** *a* penetrated, imbued **(de,** with); earnest (tone, air).

pénible [penibl̥] *a* **1.** laborious, hard (task); difficult (life) **2.** painful, distressing (sight, news) **3.** *F:* tiresome, irritating; unbearable. **péniblement** *adv* with difficulty; painfully.

péniche [peniʃ] *nf* barge.

pénicilline [penisilin] *nf Med:* penicillin.

péninsule [penɛ̃syl] *nf* peninsula. **péninsulaire** *a* peninsular.

pénis [penis] *nm* penis.

pénitence [penitɑ̃s] *nf* **1.** penitence, repentance **2.** *(a)* penance *(b)* punishment; **mettre un enfant en p.,** to put a child in the corner. **pénitent, -ente** *a* penitent.

pénitencier [penitɑ̃sje] *nm* penitentiary. **pénitenciaire** *a* prison (system, etc); **colonie p.,** penal colony.

Pennsylvanie [pɑ̃silvani, pɛ̃-] *Prnf Geog:* Pennsylvania.

pénombre [penɔ̃br̥] *nf* half light, semi-darkness.

pensable [pɑ̃sabl̥] *a* thinkable.

pense-bête [pɑ̃sbɛt] *nm* reminder; *pl pense-bêtes.*

pensée¹ [pɑ̃se] *nf Bot:* pansy.

pensée² *nf* thought; **venir à la p. de qn,** to occur to s.o.; **saisir la p. de qn,** to grasp s.o.'s meaning; **libre p.,** free thinking.

penser [pɑ̃se] *v* **1.** *v ind tr* to think; **p. à qn, à qch,** to think of s.o., sth; **je l'ai fait sans y p.,** I did it without thinking; **pensez-vous!** don't you believe it! **vous n'y pensez pas!** you don't mean it! **ah, j'y pense!** by the way! **rien que d'y p.,** the mere thought (of it); **p. à faire qch,** to remember to do sth; **il me fait p. à mon frère,** he reminds me of my brother **2.** *vi* to think; **je pense comme vous,** I agree with you; **voilà ma façon de p.,** that's the way I see it; **pensez donc!** just fancy! **3.** *vtr* (*a*) **je le pensais bien,** I thought as much; **je pense que oui, que non,** I think so, I think not; **pensez si j'étais furieux,** you can imagine how angry I was (*b*) **je le pense fou,** I think he's mad (*c*) **p. du bien de qn,** to think well of s.o. (*d*) **p. faire qch,** to expect to do sth; to consider doing sth; **j'ai pensé mourir de rire,** I thought I would die laughing. **pensant** *a* thinking (man, woman); **bien pensant,** orthodox, right-thinking. **pensif, -ive** *a* pensive, thoughtful. **pensivement** *adv* thoughtfully.

penseur, -euse [pɑ̃sœr, -øz] *n* thinker.

pension [pɑ̃sjɔ̃] *nf* **1.** pension, allowance; **p. de retraite,** retirement, old age, pension; **p. alimentaire,** (i) living allowance (ii) maintenance allowance; alimony **2.** (*a*) (*payment for board and lodging*) **être en p. chez qn,** to board with s.o.; **p. complète,** full board; **demi-p.,** half board (*b*) **p. de famille,** boarding house **3.** (private) boarding school.

pensionnaire [pɑ̃sjɔnɛr] *n* boarder; lodger; resident (in hotel).

pensionnat [pɑ̃sjɔna] *nm* **1.** boarding school **2. le p.** (*pupils*) the boarders.

pensionné, -ée [pɑ̃sjɔne] *n* pensioner.

pensionner [pɑ̃sjɔne] *vtr* to pension (s.o.).

pentagone [pɛ̃tagɔn] *nm* pentagon.

pente [pɑ̃t] *nf* slope; **en p.,** sloping, shelving; **rue en p.,** steep street; *Fig:* **être sur une mauvaise p.,** to be going downhill; **remonter la p.,** to get back on one's feet.

Pentecôte [pɑ̃tkot] *nf* Whitsun, *NAm:* Pentecost.

pénultième [penyltjɛm] *a* penultimate.

pénurie [penyri] *nf* scarcity, shortage.

pépé [pepe] *nm F:* grandad, grandpa.

pépée [pepe] *nf P:* girl, bird, chick.

pépère [pepɛr] **1.** *nm* (*a*) **gros p.,** old fatty (*b*) grandad, granpa **2.** *a* quiet (spot); cushy (job).

pépiement [pepimɑ̃] *nm* cheep(ing), chirp(ing).

pépier [pepje] *vi* to cheep, chirp.

pépin¹ [pepɛ̃] *nm* **1.** pip (of apple, grape); **sans pépins,** seedless **2.** *F:* hitch; **avoir un p.,** to hit a snag.

pépin² *nm F:* umbrella, brolly.

pépinière [pepinjɛr] *nf* **1.** *Hort:* nursery (garden) **2.** *Fig:* **une p. de,** a cradle of.

pépiniériste [pepinjerist] *n* nursery gardener.

pépite [pepit] *nf* (gold) nugget.

péplum [peplɔm] *nm Cin:* (historical) epic.

péquenot [pɛkno] *n*, **péquenaud, -aude** [pɛkno, -od] *n P: Pej:* peasant, bumpkin; *US:* hick.

perçant [pɛrsɑ̃] *a* piercing; keen, sharp (eyes); shrill (voice).

perce [pɛrs] *nf* **mettre en p.,** to broach, tap (wine).

percée [pɛrse] *nf* **1.** (*a*) opening; glade, clearing (in forest) (*b*) breach, gap (in wall) **2.** *Mil: Sp: etc:* breakthrough.

percement [pɛrs(ə)mɑ̃] *nm* piercing; boring (of hole); opening (of street); driving (of tunnel); cutting (of canal).

perce-neige [pɛrs(ə)nɛʒ] *nm or f inv Bot:* snowdrop.

perce-oreille [pɛrsɔrɛj] *nm Ent:* earwig; *pl perce-oreilles.*

percepteur [pɛrseptœr] *nm* tax collector.

perceptible [pɛrsɛptibl] *a* **1.** perceptible (**à,** by, to) **2.** collectable (tax).

perceptif, -ive [pɛrsɛptif, -iv] *a* perceptive.

perception [pɛrsɛpsjɔ̃] *nf* **1.** perception **2.** collection (of taxes); **(bureau de) p.,** tax (collector's) office.

percer [pɛrse] *v* **(je perçai(s); n. perçons) 1.** *vtr* (*a*) to pierce, to go through (sth); to wear a hole in (sth); **p. un abcès,** to lance an abscess; **p. qch à jour,** to find sth out (*b*) to perforate; to make a hole in (sth); to drill, bore (hole); to drive (tunnel); to cut (canal); **p. une porte dans un mur,** to make a door in a wall; **se faire p. les oreilles,** to have one's ears pierced **2.** *vi* to pierce; to come, break, through; (*of emotion*) to show; (*of author, etc*) to make it; **ses dents percent,** he's cutting his teeth.

perceuse [pɛrsøz] *nf* drill.

percevoir [pɛrsəvwar] *vtr* (*conj like* RECEVOIR) **1.** to perceive, discern; to hear (sound) **2.** to collect (taxes) **3.** to receive (interest). **percevable** *a* perceivable; collectable (tax).

perche [pɛrʃ] *nf* **1.** (*a*) (thin) pole; *Sp:* **saut à la p.,** pole vaulting (*b*) *F:* (*pers*) beanpole **2.** *Ich:* perch.

percher [pɛrʃe] **1.** *vi* (*of birds*) to perch, roost; *F:* to live **2.** *vtr F:* to put, stick (sth somewhere) **3.** (*of bird*) **se p. sur une branche,** to perch on a branch.

perchoir [pɛrʃwar] *nm* **1.** perch **2.** *Pol:* President's seat (in French National Assembly).

percolateur [pɛrkɔlatœr] *nm* (coffee) percolator.

percussion [pɛrkysjɔ̃] *nf* percussion.

percussionniste [pɛrkysjɔnist] *n* percussionist.

percuter [pɛrkyte] **1.** *vtr* to strike; (*of car*) to hit, to crash into **2.** *vi* (*of missile*) to explode; (*of car*) **p. contre,** to crash into. **percutant** *a* forceful (speech).

percuteur [pɛrkytœr] *nm* firing pin.

perdant, -ante [pɛrdɑ̃, -ɑ̃t] **1.** *a* losing; **billet p.,** blank (ticket at lottery) **2.** *n* loser.

perdition [pɛrdisjɔ̃] *nf* (*a*) *Rel:* perdition; **lieu de p.,** den of iniquity (*b*) *Nau:* **en p.,** (i) in distress (ii) sinking.

perdre [pɛrdr̥] *vtr* **1.** to lose; **p. son père,** to lose one's father; **p. la partie,** to lose the game; **p. haleine,** to lose one's breath; **tu ne perds rien pour attendre!** just you wait! **p. son temps,** to waste (one's) time; **p. qn de vue,** to lose sight of s.o. **2.** to ruin, destroy (s.o.); **le jeu l'a perdu,** gambling was his undoing **3.** *vi* (*a*) **le fût perd,** the cask is leaking (*b*) **vous n'y perdez rien,** you haven't missed anything (by it) **4. se p.** (*a*) to be lost; **se p. dans la foule,** to vanish in the crowd (*b*) (*of power*) to be wasted; (*of food*) to go bad (*c*) to lose one's way; *F:* **je m'y perds,** I can't make head or tail of it; **il y a des fessées qui se perdent,** he, she, deserves a good spanking.

perdreau, -eaux [pɛrdro] *nm* young partridge.
perdrix [pɛrdri] *nf* partridge.
perdu [pɛrdy] *a* **1.** ruined; (*of patient*) done for; **âme perdue,** lost soul **2.** (*a*) lost; **à mes moments perdus,** in my spare time; **il habite un trou p.,** he lives at the back of beyond; **c'est peine perdue,** it's a waste of time (*b*) *Com:* non-returnable (packing) **3. à corps p.,** recklessly.
père [pɛr] *nm* **1.** father; **de p. en fils,** from father to son; **M. Martin p.,** Mr Martin senior; **le p. Jean,** old John; **p. de famille,** father; **nos pères,** our forefathers **2.** *Ecc:* father; **le (révérend) P. X,** Father X; (*form of address*) **mon p.,** father **3.** *Breed:* sire.
péremptoire [perɑ̃ptwar] *a* peremptory.
perestroïka [perɛstrɔika] *nf Pol:* perestroika.
perfection [pɛrfɛksjɔ̃] *nf* perfection; **à la p.,** to perfection, perfectly.
perfectionnement [pɛrfɛksjɔnmɑ̃] *nm* perfecting (**de,** of); improving; **cours de p.,** refresher course.
perfectionner [pɛrfɛksjɔne] **1.** *vtr* (*a*) to perfect (*b*) to improve (machine, method) **2. se p.,** to improve; **se p. en allemand,** to improve one's German. **perfectionné** *a* advanced.
perfectionniste [pɛrfɛksjɔnist] *a & n* perfectionist.
perfide [pɛrfid] *a* treacherous; perfidious.
perfidie [pɛrfidi] *nf* perfidy; treacherous act.
perforateur, -trice [pɛrfɔratœr, -tris] **1.** (*a*) *nm* perforator; punch; *Cmptr:* card punch (*b*) *n* punch card operator.
perforation [pɛrfɔrasjɔ̃] *nf* perforation; *Cmptr:* punch (hole).
perforer [pɛrfɔre] *vtr* to perforate; to bore (through), to drill; to punch; **carte perforée,** punch(ed) card; **bande perforée,** punch(ed) tape.
performance [pɛrfɔrmɑ̃s] *nf Sp: etc:* performance.
performant [pɛrfɔrmɑ̃] *a* (highly) efficient.
perfusion [pɛrfyzjɔ̃] *nf Med:* perfusion; **être sous p.,** to be on a drip.
péricliter [periklite] *vi* (*of business*) to collapse.
péril [peril] *nm* peril, danger; **mettre qch en p.,** to endanger sth; **au p. de sa vie,** at the risk of one's life.
périlleux, -euse [perijø, -øz] *a* perilous, dangerous; **saut p.,** somersault.
périmé [perime] *a* out-of-date; expired (passport); (ticket) no longer valid.
périmer (se) [səperime] *vpr* to expire.
périmètre [perimɛtr̥] *nm* perimeter; area.
période [perjɔd] *nf* period; age, era; **p. de beau temps,** spell of fine weather; **p. électorale,** election time; *Atom Ph:* **p. (radioactive),** (radioactive) half-life. **périodique 1.** *a* periodical, recurrent, intermittent; **classification p. des éléments,** periodic table of the elements **2.** *nm* periodical. **périodiquement** *adv* periodically.
péripatéticienne [peripatetisjɛn] *nf Lit: & Hum:* woman of the streets.
péripétie [peripesi] *nf* event; *pl* turns; ups and downs (of life); adventures.
périphérie [periferi] *nf* **1.** periphery **2.** outskirts (of town). **périphérique** *a* peripheral; **boulevard p.,** *nm* **p.,** ring road, *NAm:* beltway.
périphrase [perifraz] *nf* circumlocution.
périple [peripl̥] *nm* (*a*) sea voyage (*b*) journey.
périr [perir] *vi* to perish; to be destroyed; to die; **p. noyé,** to drown. **périssable** *a* perishable.
périscope [periskɔp] *nm* periscope.
péritonite [peritɔnit] *nf Med:* peritonitis.
perle [pɛrl] *nf* **1.** (*a*) pearl; **p. fine, de culture,** real, cultured, pearl (*b*) *Fig:* gem, treasure (*c*) *F:* howler **2.** bead (of glass, metal).
perler [pɛrle] *vi* to bead; **la sueur lui perlait au front,** his forehead was beaded with sweat. **perlé** *a* (*a*) pearly (teeth) (*b*) pearled (embroidery, etc) (*c*) **grève perlée,** go-slow, *NAm:* slow-down strike.
permagel [pɛrmaʒɛl] *nm* permafrost.
permanence [pɛrmanɑ̃s] *nf* **1.** permanence; **en p.,** permanently; continuously **2. être de p.,** to be on duty, on call; **la p. est assurée le dimanche,** there's someone on duty on Sundays **3.** (duty) office; *Sch:* = prep. room.
permanent [pɛrmanɑ̃] **1.** *a* permanent (court); standing (committee); continuous (performances); *Cin:* **p. de 2 heures à 11 heures,** continuous showings from 2 till 11 o'clock **2.** *nf Hairdr:* **permanente,** permanent wave, *F:* perm **3.** *nm Pol:* official.
perméable [pɛrmeabl̥] *a* permeable; *Fig:* **p. à,** receptive to.
permettre [pɛrmɛtr̥] *vtr* (*conj like* METTRE) to permit, allow; to enable; **p. qch à qn,** to allow s.o. sth; **p. à qn de faire qch,** to let s.o. do sth, to allow s.o. to do sth; **est-il permis d'entrer?** may I come in? **il se croit tout permis,** he thinks he can do anything he likes; **permettez-moi de vous dire,** may I say; **permettez!** excuse me! if you don't mind! **vous permettez?** may I? **2. se p. de faire qch,** to take the liberty of doing sth; **se p. un verre de vin,** to allow oneself a glass of wine.
permis [pɛrmi] **1.** *a* allowed, permitted, lawful, permissible **2.** *nm Adm:* permit, licence; **p. de séjour,** residence permit; **p. d'inhumer,** burial certificate; **p. de construire,** planning permission; *Aut:* **p. (de conduire),** (i) driving licence (ii) driving test.
permissif, -ive [pɛrmisif, -iv] *a* permissive (society); lax (pers).
permission [pɛrmisjɔ̃] *nf* (*a*) permission; **demander la p.,** to ask permission (**de faire qch,** to do sth) (*b*) *Mil: etc:* leave (of absence); (*certificate*) pass; **en p.,** on leave.
permissionnaire [pɛrmisjɔnɛr] *nm* soldier on leave.
permutation [pɛrmytasjɔ̃] *nf* permutation.
permuter [pɛrmyte] **1.** *vtr* to permutate **2.** *vi* to change, to swop (jobs).
pernicieux, -ieuse [pɛrnisjø, -jøz] *a* pernicious.
pérorer [perɔre] *vi* to hold forth; to speechify, to spout.
Pérou [peru] *Prnm Geog:* Peru; *F:* **ce n'est pas le P.,** it's no great catch.
perpendiculaire [pɛrpɑ̃dikylɛr] *a & nf* perpendicular (**à,** to). **perpendiculairement** *adv* perpendicularly; **p. à,** perpendicular to.
perpète (à) [apɛrpɛt] *adv phr F:* for ever.
perpétrer [pɛrpetre] *vtr* (**je perpètre; je perpétrerai**) to perpetrate (a crime).
perpette (à) [apɛrpɛt] *adv phr F:* for ever.
perpétuer [pɛrpetɥe] **1.** *vtr* to perpetuate; to carry on (name) **2. se p.,** to remain, to survive. **per-**

pétuel, -elle *a* perpetual; permanent. **perpétuellement** *adv* perpetually.

perpétuité [pɛrpetɥite] *nf* perpetuity; **à p.**, in perpetuity; (sentenced) for life.

perplexe [pɛrplɛks] *a* perplexed, puzzled.

perplexité [pɛrplɛksite] *nf* perplexity.

perquisition [pɛrkizisjɔ̃] *nf* (house) search; **mandat de p.**, search warrant.

perquisitionner [pɛrkizisjɔne] *vi Jur:* to carry out a search; **p. au domicile de qn**, to search s.o.'s house.

perron [pɛrɔ̃] *nm* steps (leading to entrance).

perroquet [pɛrɔkɛ] *nm Orn:* parrot.

perruche [pɛryʃ] *nf Orn:* (*a*) budgerigar, *F:* budgie (*b*) (*woman*) chatterbox.

perruque [pɛryk] *nf* wig.

persan, -ane [pɛrsɑ̃, -an] *a & n* Persian.

persécuter [pɛrsekyte] *vtr* to persecute.

persécuteur, -trice [pɛrsekytœr, -tris] *n* persecutor.

persécution [pɛrsekysjɔ̃] *nf* persecution; **délire de p.**, persecution complex.

persévérer [pɛrsevere] *vi* (**je persévère; je persévérerai**) to persevere (**dans,** in). **persévérant** *a* persevering.

persienne [pɛrsjɛn] *nf* (slatted) shutter.

persiflage [pɛrsiflaʒ] *nm* banter.

persil [pɛrsi] *nm Bot:* parsley.

persillé [pɛrsije] *a Cu:* (*a*) sprinkled with parsley (*b*) marbled (meat).

persistance [pɛrsistɑ̃s] *nf* persistence; **avec p.**, persistently.

persister [pɛrsiste] *vi* to persist; **p. à faire qch**, to persist in doing sth. **persistant** *a* persistent; **à feuilles persistantes,** evergreen (tree).

personnage [pɛrsɔnaʒ] *nm* (*a*) personage; (very) important person; **p. connu,** celebrity (*b*) person; individual (*c*) character (in play, novel) (*d*) figure (in painting).

personnaliser [pɛrsɔnalize] *vtr* to personalize; to give a personal note to (dish, etc); to customize (car).

personnalité [pɛrsɔnalite] *nf* **1.** personality; individuality **2.** personage; **c'est une p.**, he's an important person.

personne [pɛrsɔn] **1.** *nf* (*a*) person; individual; **300 personnes,** 300 people; **une tierce p.**, a third party; **100 francs par p.**, 100 francs a head; **grande p.**, grown-up, adult; **p. à charge,** dependant (*b*) **en p.**, in person; personally; **il est la bonté en p.**, he is kindness itself (*c*) **elle est bien de sa p.**, she's very attractive, good-looking; **exposer sa p.**, to expose oneself to danger (*d*) *Gram:* **à la troisième p.**, in the third person **2.** *pron indef m inv* (*a*) anyone, anybody; **il le sait mieux que p.**, nobody knows it better than he does; **je ne dois rien à p.**, I don't owe anything to anyone (*b*) (*with* **ne** *expressed or understood*) no one; nobody; **qui est là?—p.**, who's there?—nobody; **il n'y a p. de blessé,** nobody's been injured; **je n'ai vu p.**, I didn't see anyone; **sans nommer p.**, without naming anybody, naming no names.

personnel, -elle [pɛrsɔnɛl] **1.** *a* personal (letter, business, pronoun); not transferable (ticket); private (income) **2.** *nm* (*a*) personnel, staff; employees; **faire partie du p.**, to be on the staff (*b*) *Mil: etc:* manpower. **personellement** *adv* personally.

personnification [pɛrsɔnifikasjɔ̃] *nf* personification.

personnifier [pɛrsɔnifje] *vtr* (*impf & pr sub* **n. personnifiions**) to personify; **elle est la bonté personnifiée,** she is goodness itself.

perspective [pɛrspɛktiv] *nf* (*a*) *Art:* perspective (*b*) outlook, view, prospect; **avoir qch en p.**, to have sth in view (*c*) viewpoint.

perspicacité [pɛrspikasite] *nf* shrewdness, insight. **perspicace** *a* shrewd.

persuader [pɛrsɥade] *vtr* to persuade, convince (**qn de qch,** s.o. of sth); **j'en suis persuadé,** I'm sure of it; **se p. de qch,** to convince oneself of sth.

persuasion [pɛrsɥazjɔ̃] *nf* **1.** persuasion **2.** conviction, belief. **persuasif, -ive** *a* persuasive, convincing.

perte [pɛrt] *nf* **1.** ruin, destruction; **il court à sa p.**, he's heading for disaster **2.** loss; **vendre à p.**, to sell at a loss; **p. sèche,** dead loss; **à p. de vue,** as far as the eye can see; **p. de temps,** waste of time **3.** loss, leakage (of heat).

pertinence [pɛrtinɑ̃s] *nf* pertinence, relevance.

pertinent [pɛrtinɑ̃] *a* pertinent; relevant (**à,** to). **pertinemment** *adv* pertinently; to the point; **je le sais p.**, I know it for a fact.

perturbation [pɛrtyrbasjɔ̃] *nf* perturbation; disruption; disturbance; **p. (atmosphérique),** (atmospheric) disturbance.

perturber [pɛrtyrbe] *vtr* to disrupt (public services); to disturb (s.o.). **perturbateur, -trice** (*a*) *a* disruptive (*b*) *n* troublemaker.

pervenche [pɛrvɑ̃ʃ] *nf* **1.** *Bot:* periwinkle **2.** *F:* (lady) traffic warden (in Paris).

pervers, -erse [pɛrvɛr, -ɛrs] **1.** *a* perverse, perverted, depraved **2.** *n* depraved person; pervert.

perversion [pɛrvɛrsjɔ̃] *nf* perversion.

perversité [pɛrvɛrsite] *nf* perversity.

pervertir [pɛrvɛrtir] *vtr* to pervert; **se p.**, to become depraved. **perverti, -ie** *n* pervert.

pesage [pəzaʒ] *nm* weighing; *Rac:* weigh-in.

pesant [pəzɑ̃] **1.** *a* heavy, weighty; ponderous, clumsy (style, writer); deep (sleep) **2.** *nm* **ça vaut son p. d'or,** it's worth its weight in gold. **pesamment** *adv* heavily.

pesanteur [pəzɑ̃tœr] *nf* **1.** weight; *Ph:* gravity **2.** heaviness; weightiness.

pèse-bébé [pɛzbebe] *nm* baby scales; *pl pèse-bébés.*

pesée [pəze] *nf* (*a*) weighing; *Box:* weigh-in (*b*) force, effort.

pèse-lettre(s) [pɛzlɛtr̥] *nm* letter scales; *pl pèse-lettres.*

pèse-personne [pɛzpɛrsɔn] *nm* (bathroom) scales; *pl pèse-personnes.*

peser [pəze] *v* (**je pèse, nous pesons**) **1.** *vtr* to weigh (parcel, one's words); **réponse bien pesée,** considered answer; **se p.**, to weigh oneself **2.** *vi* to weigh; to be heavy; **p. sur,** to lie heavy on (stomach, conscience); **le temps lui pèse,** time hangs heavy on his hands; **la responsabilité pèse sur lui,** the responsibility rests on his shoulders.

pessimisme [pesimism] *nm* pessimism. **pessimiste 1.** *a* pessimistic **2.** *n* pessimist.

peste [pɛst] *nf* (*a*) plague, pestilence; **fuir qch comme la p.**, to avoid sth like plague (*b*) (*of child*) pest, nuisance.

pester [pɛste] *vi* **p. contre le mauvais temps**, to curse the (bad) weather.

pesticide [pɛstisid] *nm* pesticide.

pestilence [pɛstilɑ̃s] *nf* stench, stink. **pestilentiel, -elle** *a* stinking.

pet [pɛ] *nm F:* fart; **lâcher un p.**, to fart; **il a toujours un p. de travers**, he always finds something to moan about.

pétale [petal] *nm Bot:* petal.

pétanque [petɑ̃k] *nf* (*in the Midi*) game of bowls.

pétarades [petarad] *nfpl* backfiring. **pétarader** *vi* to backfire.

pétard [petar] *nm* **1.** (*a*) (*firework*) firecracker, banger (*b*) *P:* revolver, gat **2.** *F:* (*a*) din, racket; **faire du p.**, to raise a stink (*b*) **être en p.**, to be in a flaming temper **3.** *P:* backside, bum.

péter [pete] *v* **(je pète, n. pétons) 1.** *vi* (*a*) *F:* to fart (*b*) (*of burning wood*) to crackle; (*of string*) to snap; (*of balloon*) to burst **2.** *vtr F:* to break, bust (sth); **p. la forme**, to be bursting with health; **p. le feu**, to be full of beans.

pétillement [petijmɑ̃] *nm* crackling; bubbling; sparkling.

pétiller [petije] *vi* (*of burning wood*) to crackle; (*of drink*) to sparkle, fizz, bubble; (*of eyes*) to sparkle. **pétillant** *a* bubbly, fizzy; sparkling.

petit, -ite [pəti, -it] *a & n* **1.** *a* (*a*) small; little; **un p. homme**, a little man; **c'est un homme p.**, he's short; **une toute petite maison**, a tiny little house; **p. bois**, kindling wood; **en p.**, on a small scale, in miniature; **p. à p.**, little by little, gradually; *F:* **le p. coin**, the toilet, the loo; *NAm:* the john (*b*) **un p. coup de rouge**, a nice drop of red wine; **ma petite Louise**, my dear Louise; **p. ami, petite amie**, boyfriend, girlfriend (*c*) lesser, minor; **petite industrie**, light industry; *Com:* **petite caisse**, petty cash; **petits pois**, (garden) peas; **p. salé** = streaky bacon **2.** *a* (*a*) insignificant, petty; **p. commerçant**, small shopkeeper; **p. cousin**, second cousin (*b*) delicate; **il a une petite santé**, he's never really well **3.** mean, ungenerous; **c'est un p. esprit**, he's got a small mind **4.** (*a*) *a* **p. enfant**, little child; **les petits Anglais**, English children (*b*) *n* little boy; little girl; **pauvre petit(e)**, poor little things; (*term of affection*) **bonjour, mon p.**, hello, my dear (*c*) *nm* young (of animal); **faire des petits**, to have babies. **petitement** *adv* poorly; meanly, pettily; **être p. logé**, to live in cramped accommodation.

petit-bourgeois, petite-bougeoise [pətiburʒwa, pətitburʒwaz] **1.** *a* lower middle-class; *Pej:* petit bourgeois **2.** *n* member of the lower middle-class; *Pej:* petit bourgeois, *pl petits-bougeois, petites-bourgeoises*.

petite-fille [p(ə)titfij] *nf* grand-daughter; *pl petites-filles*.

petite-nièce [p(ə)titnjɛs] *nf* great-niece; *pl petites-nièces*.

petitesse [pətitɛs] *nf* (*a*) smallness, small size (of an object); slenderness (*b*) meanness, pettiness.

petit-fils [p(ə)tifis] *nm* grandson; *pl petits-fils*.

petit-suisse [pətisɥis] *nm* soft cheese; *pl* **petits-suisses**.

pétition [petisjɔ̃] *nf* petition; **adresser une p. à qn**, to petition s.o.

pétitionner [petisjɔne] *vi* to petition.

pétitionnaire [petisjɔnɛr] *n* petitioner.

petit-neveu [p(ə)tinvø] *nm* great nephew; *pl petits-neveux*.

petits-enfants [p(ə)tizɑ̃fɑ̃] *nmpl* grand-children.

pétrification [petrifikasjɔ̃] *nf* petrification.

pétrifier [petrifje] *vtr* to petrify; **pétrifié de, par la, peur**, paralysed with fear.

pétrin [petrɛ̃] *nm* kneading trough; *F:* **être dans le p.**, to be in a fix, in a jam.

pétrir [petrir] *vtr* to knead (dough).

pétrochimie [petroʃimi] *nf* petrochemistry.

pétrodollar [petrodɔlar] *nm* petrodollar.

pétrole [petrɔl] *nm* petroleum; (mineral) oil; **p. lampant**, paraffin oil, *NAm:* kerosene; **nappe de p.**, oil slick.

pétrolier, -ière [petrɔlje, -jɛr] **1.** *a* **l'industrie pétrolière**, the petroleum, oil, industry **2.** *nm* (*a*) (oil) tanker (*b*) oil magnate.

pétrolifère [petrɔlifɛr] *a* oil-bearing; **gisement p.**, oil-field.

pétulant [petylɑ̃] *a* exuberant.

pétunia [petynja] *nm Bot:* petunia.

peu [pø] **1.** *adv* (*a*) little; **p. ou point**, little or none, or nothing; **ce n'est pas p. dire**, that's saying a good deal; **quelque p. surpris**, somewhat surprised; **p. de chose**, (very) little; not much; **pour si p. de chose**, for so small a matter (*b*) few; **p. de gens**, few people; **p. d'entre eux**, few of them (*c*) not very; un-; **p. utile**, not very useful; useless; **p. intelligent**, unintelligent; **p. honnête**, dishonest; **p. profond**, shallow **2.** *nm* (*a*) little, bit; **son p. d'éducation**, (i) what little education he's had (ii) his lack of education; **un p. de vin**, a little wine; **un tout petit p.**, a tiny bit, a tiny drop; **encore un p.?** a little more? *F:* **ça, c'est un p. fort!** that's a bit much! **pour un p. je l'aurais jeté dehors**, I all but threw him out; **écoutez un p.**, just listen; *F:* **je vous demande un p.!** I ask you! **p. à p.**, gradually; little by little (*b*) **p. après**, shortly after(wards); not long after; **avant p., d'ici p., sous p.**, before long; **depuis p.**, lately; **il l'a manqué de peu**, he just missed it; **à p. près**, about; roughly.

peuplade [pœplad] *nf* tribe.

peuple [pœpl] *nm* **1.** people; nation **2.** (*a*) **le p.**, the masses; **les gens du p.**, the common people (*b*) crowd.

peuplement [pœpləmɑ̃] *nm* populating (of region); stocking; planting (with trees).

peupler [pœple] **1.** *vtr* to populate (country); to stock (fish pond); to plant (with trees); **rue peuplée de gens**, crowded street; **pays très peuplé**, densely populated country **2. se p.**, to become populated; (*of street*) to fill (up), to be filled (with).

peuplier [pœplije] *nm* poplar.

peur [pœr] *nf* **1.** fear, fright; **avoir p.**, to be frightened; **n'ayez pas p.!** don't be afraid; **j'ai p. qu'il (ne) soit en retard**, I'm afraid he may be late; **prendre p.**, to take fright; *F:* **avoir une p. bleue**, to be scared to death; **faire p. à qn**, to frighten, to scare, s.o.; *F:* **il m'a fait une de ces peurs!** he gave me such a fright! **laid à faire p.**, frightfully ugly; **sans p.**, fearless; fearlessly **2.** *prep phr* **de p. de**, for fear of (sth, doing sth).

peureux, -euse [pœrø, -øz] *a* fearful, easily frightened. **peureusement** *adv* in fear.
peut-être [pøtɛtr̥] *adv* perhaps, maybe, possibly; **il est p.-ê. rentré chez lui,** he may have gone home; **p.-ê. bien qu'il viendra,** he might well come.
phagocyter [fagɔsite] *vtr Fig:* to absorb.
phalange [falɑ̃ʒ] *nf* phalanx.
phalangiste [falɑ̃ʒist] *a & n* phalangist.
phallocrate [falɔkrat] *a & n* male chauvinist.
phallus [falys] *nm* phallus. **phallique** *a* phallic.
pharaon [faraɔ̃] *nm Hist:* Pharaoh.
phare [far] *nm* **1.** lighthouse; *Av:* beacon; **p. d'atterrissage,** landing light **2.** *Aut:* headlight; **phares code,** dipped headlights; **rouler pleins phares,** to drive on full beam; **p. anti-brouillard,** foglamp; **p. de recul,** reversing light; **faire un appel de phares,** to flash one's lights; **il m'a fait un appel de phares,** he flashed his lights at me, he flashed me.
pharmacie [farmasi] *nf* **1.** (*a*) (*science*) pharmacy (*b*) pharmacy, chemist's shop, *NAm:* drugstore (*c*) pharmaceuticals; medicines (*d*) **(armoire à) p.,** medicine cabinet; **p. portative,** first-aid kit. **pharmaceutique** *a* pharmaceutical.
pharmacien, -ienne [farmasjɛ̃, -jɛn] *n* (dispensing) chemist, pharmacist, *NAm:* druggist.
pharmocologie [farmakɔlɔʒi] *nf* pharmacology.
pharynx [farɛ̃ks] *nm* pharynx.
phase [fɑz] *nf* phase.
phénol [fenɔl] *nm* phenol.
phénomène [fenɔmɛn] *nm* (*a*) phenomenon (*b*) (*pers*) character; (*abnormal*) freak. **phénoménal, -aux** *a* phenomenal. **phénoménalement** *adv* phenomenally.
philanthrope [filɑ̃trɔp] *n* philanthropist.
philanthropie [filɑ̃trɔpi] *nf* philanthropy. **philanthropique** *a* philanthropic.
philatélie [filateli] *nf* stamp collecting, philately. **philatélique** *a* philatelic.
philatéliste [filatelist] *n* philatelist, stamp collector.
philharmonique [filarmɔnik] *a* philharmonic.
Philippines [filipin] *Prnfpl* **les P.,** the Philippines. **philippin, -ine** *a & n* Filipino.
philo [filo] *nf Sch:* philosophy.
philosophe [filɔzɔf] **1.** *n* philosopher **2.** *a* philosophical.
philosophie [filɔzɔfi] *nf* phylosophy. **philosophique** *a* philosophical. **philosophiquement** *adv* philosophically.
phlébite [flebit] *nf Med:* phlebitis.
phobie [fɔbi] *nf* phobia. **phobique** *a* phobic.
phonétique [fɔnetik] **1.** *a* phonetic **2.** *nf* phonetics. **phonétiquement** *adv* phonetically.
phonique [fɔnik] *a* phonic.
phonographe [fɔnɔgraf] *nm* gramophone; record player; *NAm:* phonograph.
phonologie [fɔnɔlɔʒi] *nf* phonology.
phonothèque [fɔnɔtɛk] *nf* sound archives.
phoque [fɔk] *nm* (*a*) *Z:* seal (*b*) *Com:* sealskin.
phosphate [fɔsfat] *nm Ch:* phosphate.
phosphore [fɔsfɔr] *nm Ch:* phosphorus.
photo [fɔto] *nf* photograph, photo; **prendre qn en p.,** to take a photograph of s.o.; *Sp:* **p. d'arrivée,** photo finish.
photocopie [fɔtɔkɔpi] *nf* photocopy.
photocopier [fɔtɔkɔpje] *vtr* to photocopy, xerox.
photocopieur [fɔtɔkɔpjœr] *nm*, **photocopieuse** [fɔtɔkɔpjøz] *nf* photocopier.
photo-électrique [fɔtɔelɛktrik] *a* photoelectric.
photogénique [fɔtɔʒenik] *a* photogenic.
photographe [fɔtɔgraf] *n* (*a*) photographer (*b*) camera dealer.
photographie [fɔtɔgrafi] *nf* **1.** photography; **faire de la p.,** to take photographs **2.** photograph. **photographique** *a* photographic.
photographier [fɔtɔgrafje] *vtr* to photograph; **se faire p.,** to have one's photograph taken.
photogravure [fɔtɔgravyr] *nf* photoengraving.
photomaton [fɔtɔmatɔ̃] *nm Rtm:* photo booth.
photomontage [fɔtɔmɔ̃taʒ] *nm* photomontage.
photo-roman [fɔtɔrɔmɑ̃] *nm* picture story; photo romance; *pl photos-romans.*
photosensible [fɔtɔsɑ̃sibl̩] *a* photosensitive.
photostyle [fɔtɔstil] *nm* light pen.
photosynthèse [fɔtɔsɛ̃tɛz] *nf Bot:* photosynthesis.
photothèque [fɔtɔtɛk] *nf* photographic archives; picture library.
phrase [frɑz] *nf* **1.** sentence; **p. toute faite,** stock phrase; **faire des phrases,** to speak in flowery language **2.** *Mus:* phrase.
physicien, -ienne [fizisjɛ̃, -jɛn] *n* physicist.
physiologie [fizjɔlɔʒi] *nf* physiology. **physiologique** *a* physiological.
physiologiste [fizjɔlɔʒist] *n* physiologist.
physionomie [fizjɔnɔmi] *nf* physiognomy; face; **il manque de p.,** his face lacks character.
physionomiste [fizjɔnɔmist] *n* **je ne suis pas p.,** I have no memory for faces.
physique [fizik] **1.** *a* physical; **douleur p.,** bodily pain; **culture p.,** physical training **2.** *nf* physics **3.** *nm* physique (of pers); **au p.,** physically; **il a le p. de l'emploi,** he looks the part. **physiquement** *adv* physically.
pi [pi] *nm Mth:* pi.
piaf [pjaf] *nm P:* sparrow.
piaffer [pjafe] *vi* (*of horse*) to stamp; **p. d'impatience,** to fidget.
piaillement [pjajmɑ̃] *nm* squawking.
piailler [pjaje] *vi* to squawk, to squeak.
pianiste [pjanist] *n* pianist.
piano [pjano] **1.** *nm* piano; **p. à queue,** grand piano; **p. droit,** upright piano **2.** *adv Mus:* piano, softly, *F:* gently, slowly; **p. p.,** little by little.
pianoter [pjanɔte] *vi* to pick out a tune (on the piano); to tap one's fingers; to tap away (on a computer, etc).
piaule [pjol] *nf P:* room, pad.
piauler [pjole] *vi* (*of bird*) to cheep; *F:* (*of child*) to whimper.
pic[1] [pik] *nm* **1.** pick, pickaxe, *NAm:* pickax **2.** (mountain) peak; *adv phr* **à p.,** sheer; **sentier à p.,** precipitous, steep, path; **couler à p.,** to sink like a stone; **arriver à p.,** to turn up in the nick of time.
pic[2] *nm Orn:* woodpecker; **pic vert** [pivɛr] green woodpecker.
pichet [piʃɛ] *nm* (small) jug; pitcher.
pickpocket [pikpɔkɛt] *nm* pickpocket.
pick-up [pikœp] *nm* **1.** record-player **2.** (*van*) pick-up (truck).

picoler [pikɔle] *vi P:* to tipple, to booze.

picorer [pikɔre] *vtr* (*of bird*) to peck; (*of pers*) to nibble.

picotement [pikɔtmɑ̃] *nm* pricking, tingling, smarting.

picoter [pikɔte] **1.** *vtr* (*a*) to prick (holes) (*b*) (*of bird*) to peck (at) (food) (*c*) to tickle (throat); to prickle (skin); **la fumée me picotait les yeux,** the smoke made my eyes sting, smart **2.** *vi* (*of eyes*) to sting, smart; (*of throat*) to tickle; (*of skin*) to prickle.

pictogramme [piktɔgram] *nm* pictograph.

pie [pi] **1.** *nf* (*a*) *Orn:* magpie (*b*) *F:* chatterbox **2.** *a inv* piebald (horse); **vache p.,** black and white cow.

pièce [pjɛs] *nf* **1.** (*a*) piece; **p. de musée,** museum piece; **p. de blé,** wheatfield; **p. de vin,** cask of wine; *Cu:* **p. montée,** tiered cake; **p. d'eau,** ornamental lake; **p. (de monnaie),** coin; **p. de dix francs,** ten-franc piece; **ils se vendent à la p.,** they are sold separately; **ils coûtent dix francs p.,** they cost ten francs each; **donner la p. à qn,** to give s.o. a tip; **travail à la p., aux pièces,** piecework; *F:* **on n'est pas aux pièces,** there's no hurry (*b*) *Jur: Adm:* document, paper; **p. à conviction,** exhibit (in criminal case) (*c*) *Mus: Lit:* piece; **p. (de théâtre),** play **2.** (*a*) piece; **p. de bœuf,** joint of beef; **histoire inventée de toutes pièces,** complete fabrication (*b*) *MecE:* part (of machine); component part; **pièces de rechange, pièces détachées,** replacement parts, spare parts; spares (*c*) *Needlw:* patch (*d*) room (in house); **un (appartement de) trois pièces,** a three-roomed flat, *NAm:* apartment (*e*) *Games:* (chess) piece; draughts-(man), *NAm:* checker **3.** fragment, bit; **mettre qch en pièces,** to break sth to pieces, to bits; to tear sth to pieces.

pied [pje] *nm* **1.** (*a*) foot; **p. plat,** flat foot; *F:* **être bête comme ses pieds,** to be unbelievably stupid; **avoir bon p. bon œil,** to be hale and hearty; **faire qch au p. levé,** to do sth at a moment's notice; **faire du p. à qn,** to play footsie with s.o.; **se lever du p. gauche,** to get out of bed on the wrong side; **de la tête aux pieds,** from head to foot; **faire des pieds et des mains pour faire qch,** to move heaven and earth to do sth; *F:* **ça lui fera les pieds!** that'll serve him right! *P:* **il me casse les pieds,** he gets on my nerves; **mettre p. à terre,** to dismount; **mettre les pieds chez qn,** to set foot in s.o.'s house; *F:* **mettre les pieds dans le plat,** to put one's foot in it; **marcher sur les pieds de qn,** to tread on s.o.'s toes; **frapper du pied,** to stamp one's foot (*b*) **coup de p.,** kick; **à p.,** on foot; **aller à p.,** to walk; **mettre une affaire sur p.,** to set up, to start, a business; **remettre qn sur p.,** to set s.o. on his feet again (*c*) *Cu:* (calf's) foot; (pig's) trotter (*d*) *P:* fool, idiot; **conduire comme un p.,** to be a lousy driver **2.** (*a*) footing, foothold; **perdre p.,** to get out of one's depth; **prendre p.,** to get a foothold, a footing; *P:* **prendre son p.,** to get off; *P:* **c'est le p.!** it's great! **sur un p. d'égalité,** on an equal footing; **vivre sur un grand p.,** to live on a grand scale **3.** (*a*) foot (of stocking, bed, mountain); base (of wall); *CivE:* **à p. d'œuvre,** on site (*b*) leg (of chair); stem, foot (of glass); **p. de lampe,** lampstand (*c*) stalk (of plant); **p. de céleri,** head of celery (*d*) stand, rest; tripod **4.** *Meas:* foot; **p. à p.,** step by step **5.** *Pros:* (metrical) foot.

pied-à-terre [pjetatɛr] *nm inv* pied-à-terre; small flat.

pied-bot [pjebo] *nm* man, woman, etc with a club foot; *pl pieds-bots.*

pied-d'alouette [pjedalwɛt] *nm* larkspur; *pl pieds-d'alouette.*

pied-de-biche [pjedbiʃ] *nm Tls:* claw; *pl pieds-de-biche.*

pied-de-poule [pjedpul] *a & nm Tex:* broken check, houndstooth (material); *pl pieds-de-poule.*

piédestal, -aux [pjedɛstal, -o] *nm* pedestal.

pied-noir [pjenwar] *n F:* Algerian-born Frenchman, -woman; *pl pieds-noirs.*

piège [pjɛʒ] *nm* trap, snare; **p. à loups,** mantrap; **tendre un p.,** to set a trap (**à,** for); **être pris à son propre p.,** to be caught in one's own trap; **dictée pleines de pièges,** dictation full of pitfalls.

piéger [pjeʒe] *vtr* **(je piège, n. piégeons) 1.** to trap (animal, s.o.) **2.** (*a*) to set a trap in (sth) (*b*) to booby-trap; **lettre, voiture, piégée,** letter, car, bomb.

pierraille [pjɛraj] *nf* loose stones; ballast.

pierre [pjɛr] *nf* (*a*) stone; **p. d'achoppement,** stumbling block; **cœur de p.,** heart of stone; *Prov:* **p. qui roule n'amasse pas mousse,** a rolling stone gathers no moss; **c'est une p. dans votre jardin,** that's a dig at you; **faire d'une p. deux coups,** to kill two birds with one stone (*b*) *Const:* **p. de taille,** ashlar, freestone; **poser la première p.,** to lay the foundation stone (*c*) gem; **p. précieuse,** precious stone (*d*) **p. à aiguiser,** whetstone; **p. à briquet,** (lighter) flint. **pierreux, -euse** *a* stony.

pierreries [pjɛr(ə)ri] *nfpl* precious stones, gems.

Pierrot [pjɛro] *nm* (*a*) *Th:* Pierrot, clown (*b*) *Orn: F:* sparrow.

piété [pjete] *nf* piety; **articles de p.,** devotional objects.

piétinement [pjetinmɑ̃] *nm* (*a*) stamping, trampling (with the feet) (*b*) lack of progress.

piétiner [pjetine] **1.** *vtr* to trample, stamp, on (sth); to tread (sth) under foot **2.** *vi* **p. d'impatience,** to stamp (one's feet) with impatience; **p. sur place,** to mark time; **cette affaire piétine,** this business is making no headway.

piéton [pjetɔ̃] *nm* pedestrian. **piéton, -onne, piétonnier, -ière** *a* pedestrian (street, etc).

piètre [pjɛtr̥] *a* wretched, poor; paltry (excuse); **p. consolation,** cold comfort; **il a p. allure,** he's a sorry sight.

pieu, *pl* **-eux** [pjø] *nm* (*a*) stake, post; *CivE:* pile (*b*) *P:* bed; **se mettre au p.,** to hit the sack.

pieuvre [pjœvr̥] *nf* octopus.

pieux, -euse [pjø, -øz] *a* pious, devout; **p. mensonge,** white lie. **pieusement** *adv* piously.

pif [pif] *nm P:* (*a*) nose, conk (*b*) **au p.,** at a rough guess.

pifomètre (au) [ɔpifɔmɛtr̥] *adv phr F:* at a rough guess.

pigeon, -onne [piʒɔ̃, -ɔn] *n* **1.** pigeon; **p. voyageur,** carrier pigeon, homing pigeon; **p. ramier,** wood pigeon **2.** *F:* (*pers*) sucker; mug.

pigeonner [piʒɔne] *vtr F:* to rip off; **se faire p.,** to get ripped off.

pigeonnier [piʒɔnje] *nm* dovecote.

piger [piʒe] *vtr* **(je pigeai(s); n. pigeons)** *P:* to understand, to twig; *vi* **tu piges?** get it?

pigment [pigmɑ̃] *nm* pigment.
pigmentation [pigmɑ̃tasjɔ̃] *nf* pigmentation.
pigmenter [pigmɑ̃te] *vtr* to pigment.
pignon [piɲɔ̃] *nm* **1.** gable (end) **2.** *MecE:* pinion; gear.
pile[1] [pil] *nf* **1.** pile; heap, stack **2.** pier (of bridge) **3.** *El:* battery; **p. de rechange,** spare battery; *AtomPh:* **p. atomique,** nuclear reactor.
pile[2] **1.** *nf* reverse (of coin); **p. ou face,** heads or tails. **2.** *adv F:* **s'arrêter p.,** to stop dead; **ça tombe p.,** that is just what I need; **à six heures p.,** at six on the dot.
piler [pile] **1.** *vtr (a)* to pound; to crush *(b) F:* to thrash (s.o.) **2.** *vi* **p. (net),** to stop dead.
pilier [pilje] *nm* pillar, column; *Rugby Fb:* prop forward; *Fig:* **p. de bar, de bistrot,** bar fly; **c'est un p. de cinéma,** he, she, is always at the cinema.
pillage [pijaʒ] *nm* looting, pillaging, ransacking; plagiarizing.
pillard, -arde [pijar, -ard] **1.** *a* pillaging, looting **2.** *n* looter.
piller [pije] *vtr* to pillage, loot, ransack; **p. un auteur,** to plagiarize an author.
pilon [pilɔ̃] *nm (a)* pestle; **mettre un livre au p.,** to pulp a book *(b)* (chicken) drumstick *(c) F:* wooden leg.
pilonnage [pilɔnaʒ] *nm* pounding; *Mil:* shelling, bombardment.
pilonner [pilɔne] *vtr* to pound; to pulp (book); *Mil:* to shell, to bombard.
pilori [pilɔri] *nm* pillory; **mettre qn au p.,** to pillory s.o.
pilotage [pilɔtaʒ] *nm Nau:* pilotage, piloting; *Av:* piloting, flying.
pilote [pilɔt] *nm (a) Nau:* pilot *(b) Av:* pilot; **p. de ligne,** airline pilot; **p. d'essai,** test pilot; **p. automatique,** automatic pilot *(c)* driver, pilot (of racing car).
piloter [pilɔte] *vtr* to pilot (ship, aircraft); to drive (racing car); **p. qn,** to show s.o. round.
pilotis [pilɔti] *nm CivE:* piling; pile.
pilule [pilyl] *nf Pharm:* pill; **prendre la p.,** to be on the pill; *Fig:* **avaler la p.,** to swallow the pill.
pimbêche [pɛ̃bɛʃ] *Pej:* **1.** *nf* stuck-up, snooty, thing **2.** *a* stuck-up, snooty.
piment [pimɑ̃] *nm Bot:* pepper, capsicum; *Cu:* **p. rouge** (i) red pepper (ii) chilli, pimento; **avoir du p.,** to be spicy. **pimenté** *a* hot; *Fig:* spicy (story).
pimpant [pɛ̃pɑ̃] *a* smart, spruce.
pin [pɛ̃] *nm (a)* pine (tree); **p. d'Écosse,** Scotch fir; **pomme de p.,** pine cone; fir cone *(b)* pine(wood).
pinailler [pinaje] *vi F:* to split hairs; to quibble **(sur,** over).
pinard [pinar] *nm P:* wine.
pince [pɛ̃s] *nf* **1** *(a)* pincers, pliers; tongs; *Surg:* forceps; **p. à épiler,** tweezers; **p. à sucre,** sugar tongs *(b)* clip; **p. à linge,** clothes peg; **p. crocodile,** crocodile clip *(c)* crowbar **2.** *(a)* claw (of crab); *P:* hand, paw *(b) P:* **aller à pinces,** to foot it **3.** *Dressm:* pleat; dart.
pincé [pɛ̃se] *a* affected; prim, stiff; **sourire p.,** wry smile; **avoir les lèvres pincées,** to have thin lips.
pinceau, -eaux [pɛ̃so] *nm (a)* (paint)brush *(b) P:* foot *(c)* **p. de lumière,** pencil of light.
pincée [pɛ̃se] *nf* pinch (of salt).
pincement [pɛ̃smɑ̃] *nm* pinching; pang, twinge (of regret).
pince-monseigneur [pɛ̃smɔ̃sɛɲœr] *nf* jemmy; *pl pinces-monseigneur.*
pincer [pɛ̃se] *vtr* **(n. pinçons) 1.** *(a)* to pinch, nip; **se p. le doigt dans la porte,** to catch one's finger in the door; **p. les lèvres,** to purse one's lips; **se p. le nez,** to hold one's nose; *abs F:* **ça pince dur!** it's freezing (cold)! *(b) Hort:* to nip off (buds) *(c) Mus:* to pluck (string) *(d) Dressm:* to put darts in **2.** to grip, hold fast; *F:* to catch, cop (thief); **en p. pour qn,** to be crazy about s.o.
pince-sans-rire [pɛ̃ssɑ̃rir] *nm inv* person of dry (and ironical) humour.
pincettes [pɛ̃sɛt] *nfpl (a)* tweezers *(b)* (fire)tongs; **il n'est pas à prendre avec des p.,** (i) he's filthy dirty (ii) he's like a bear with a sore head.
pinçon [pɛ̃sɔ̃] *nm* pinch (mark).
pinède [pinɛd] *nf (in S. of France)* pine forest.
pingouin [pɛ̃gwɛ̃] *nm Orn:* *(a)* auk *(b)* penguin.
ping-pong [piŋpɔ̃g] *nm Rtm:* table tennis.
pingre [pɛ̃gr] *F:* **1.** *a* mean, stingy. **2.** *nm & f* miser, skinflint.
pinson [pɛ̃sɔ̃] *nm Orn:* finch; chaffinch.
pintade [pɛ̃tad] *nf* guinea fowl.
pinter [pɛ̃te] *F:* **1.** *vi* to drink a lot **2. se p.,** to get plastered, smashed.
pin-up [pinœp] *nf inv* pinup.
pioche [pjɔʃ] *nf* pickaxe, pick, mattock.
piocher [pjɔʃe] **1.** *vtr (a)* to dig (with a pick) *(b) F:* to grind at, to swot up (sth); **p. son anglais,** to swot up one's English; **p. un concours,** to swot for an exam **2.** *vi (a)* **p. dans,** to fish around in; **piochez dans le tas!** fish around! *(b) Cards:* draw from the stock.
piolet [pjɔlɛ] *nm* ice axe.
pion [pjɔ̃] *nm* **1.** *Sch: F:* = monitor (paid to supervise pupils) **2.** *(a) Chess:* pawn *(b) Draughts:* piece, draughts(man), *NAm:* checker.
pioncer [pjɔ̃se] *vi* **(je pionçai(s))** *P:* to sleep, to have a snooze.
pionnier [pjɔnje] *nm* pioneer.
pipe [pip] *nf* pipe; **p. de bruyère,** briar pipe; **fumer la p.,** to smoke a pipe.
pipeau, -eaux [pipo] *nm Mus:* (reed)pipe.
pipe(-)line [piplin] *nm* pipeline; *pl pipe(-)lines.*
pipi [pipi] *nm F:* pee; wee(-wee); **aller faire p.,** to go for a pee.
pipistrelle [pipistrɛl] *nf Z:* pipistrelle.
piquant, -ante [pikɑ̃, -ɑ̃t] **1.** *a (a)* prickly; thorny (plant) *(b)* prickly (beard); biting (wind) *(c)* pungent (taste); hot (mustard); tart, sour (wine); *Cu:* **sauce piquante,** piquant sauce *(d)* cutting (remarks) **2.** *nm (a)* prickle, thorn; spine (of porcupine); barb (of barbed wire) *(b)* piquancy; **le changement donne du p. à la vie,** variety is the spice of life.
pique[1] [pik] *nm Cards:* spade(s).
pique[2] *nf* spiteful remark.
piqué [pike] *a* **1.** *(a)* quilted (coverlet); **p. à la machine,** machine-stitched *(b) nm* quilting; piqué **2.** *(a)* wormeaten (wood); damp-spotted (mirror); fly-spotted *(b) F:* barmy, loony **3.** sour (wine) **4.** *nm Av:* **descente en p.,** nose dive.
pique-assiette [pikasjɛt] *nm & f inv F:* scrounger, sponger.

pique-nique [piknik] *nm* picnic; *pl pique-niques.*
pique-niquer [piknike] *vi* to (have a) picnic.
piquer [pike] *vtr* **1.** (*a*) to prick, sting; (*of flea*) to bite; *abs* **ça pique,** it stings; (*of beard*) it's bristly; **moutarde qui pique,** hot mustard; **la fumée pique les yeux,** smoke makes the eyes smart (*b*) *Med:* to give (s.o.) an injection; **se faire p.,** to have an injection; **p. un chien,** to put a dog down (*c*) to pique, offend (s.o.) (*d*) to arouse (curiosity) **2.** to eat into, to pit (surface); to spot, to mark (sth); *P:* **se p. le nez,** to booze **3.** (*a*) to prick, puncture (sth); **p. (à la machine),** to (machine) stitch; **p. la viande,** to prick meat (*b*) *F:* to pinch, to swipe (**qch à qn,** sth from s.o.) **4.** to stick, insert (sth into sth); **p. une photo au mur,** to pin a photograph on the wall **5.** (*a*) **p. une tête,** to take a header, to dive (*b*) *vi Av:* to dive **6.** *F:* **p. un cent mètres,** to go into a sprint; **p. une crise,** to throw a fit; **p. une crise de larmes,** to burst into tears **7. se p.** (*a*) to prick oneself; to give oneself an injection (*b*) to take offence (*c*) **se p. de qch, de faire qch,** to pride oneself on sth, on doing sth (*d*) **se p. au jeu,** to get excited over a game (*e*) to become spotted (with rust); (*of metal*) to pit (*f*) (*of wine*) to turn sour.
piquet [pikɛ] *nm* **1.** stake, post; (tent) peg **2. p. de grève,** strike picket; *Sch:* **être au p.,** to stand in the corner.
piqueter [pikte] *vtr* **(je piquette; n. piquetons)** to spot, dot (**de,** with).
piquette [pikɛt] *nf* **1.** vinegary wine; plonk **2.** *P:* **prendre une p.,** to get a hammering.
piqueur, -euse [pikœr, -øz] *n Dressm:* machinist.
piqûre [pikyr] *nf* **1.** (*a*) prick, sting, bite (of insect) (*b*) *Med:* injection, *F:* shot **2.** (*a*) puncture; small hole; pit (in metal); wormhole (in wood) (*b*) stitching; quilting.
pirate [pirat] *nm* (*a*) pirate; **p. de l'air,** hijacker, skyjacker; **radio p.,** pirate radio (*b*) pirate, shark.
pirater [pirate] *vt* to pirate.
piraterie [piratri] *nf* (act of) piracy; **p. aérienne,** hijacking, skyjacking.
pire [pir] **1.** *comp a* worse; **cent fois p.,** a hundred times worse; **le remède est p. que le mal,** the cure is worse than the complaint **2.** *sup a* **le p., la p., les pires,** the worst (*a*) **nos pires erreurs,** our worst mistakes (*b*) *n* **le p. c'est que,** the worst is that; **s'attendre au p.,** to expect the worst.
pirogue [pirɔg] *nf* (dugout) canoe.
pirouette [pirwɛt] *nf* pirouette; *Fig:* **s'en tirer par une p.,** to dodge the issue; **faire la p.,** to change one's mind.
pis¹ [pi] *nm* udder (of cow).
pis² *adv* (*chiefly in certain set phrases; usu form is* **plus mal**) **1.** *comp* worse; **aller de mal en p.,** to go from bad to worse; **tant p.!** never mind! **2.** *sup* **le p.,** (the) worst; *nm* **en mettant les choses au p.,** if the worst comes to the worst.
pis-aller [pizale] *nm inv* last resort; stopgap; makeshift.
pisciculture [pisikyltyr] *nf* fish farming.
piscine [pisin] *nf* swimming pool.
pisse [pis] *nf P:* pee.
pissenlit [pisɑ̃li] *nm Bot:* dandelion.
pisser [pise] *vi P:* (*a*) to pee (*b*) to gush out (*c*) (*with cogn acc*) **p. du sang,** to pass blood with the urine; **p. le sang,** to bleed profusely.
pissotière [pisɔtjɛr] *nf F:* (public) urinal.
pistache [pistaʃ] *nf* pistachio (nut).
piste [pist] *nf* **1.** track, trail; (*police*) lead; **suivre une fausse p.,** to be on the wrong track **2.** *Sp: etc:* (*a*) racecourse (*b*) running track; racetrack; **tour de p.,** lap (*c*) (circus) ring; (skating) rink; (ski) run, piste; (dance) floor; **p. cyclable,** cycle track, *NAm:* bicycle path (*d*) *Av:* runway; **p. d'envol,** take-off strip; **p. d'atterrissage,** landing strip **3.** *Rec:* track; *Cin:* **p. sonore,** soundtrack.
pister [piste] *vtr* to track, to trail.
pistolet [pistɔlɛ] *nm* pistol, gun; **p. (à peinture),** spray gun; **p.-mitrailleur,** submachine gun.
piston [pistɔ̃] *nm* **1.** (*a*) *MecE:* piston (of machine, pump) (*b*) string-pulling **2.** *Mus:* valve (of cornet); **cornet à pistons,** cornet.
pistonner [pistɔne] *vtr* to pull strings for (s.o.).
piteux, -euse [pitø, -øz] *a* piteous, pitiable, miserable; **en p. état,** in a sorry state. **piteusement** *adv* piteously.
pitié [pitje] *nf* pity, compassion; **avoir p. de qn,** to have pity, mercy, on s.o.; **sans p.,** pitiless(ly), merciless(ly), ruthlessly; **il me faisait p.,** I felt sorry for him; **c'est à faire p.!** it's pitiful! it's pathetic!
piton [pitɔ̃] *nm* **1.** eye (bolt); piton, peg; **p. à vis,** screw eye **2.** peak (of mountain).
pitoyable [pitwajabl̩] *a* pitiable, pitiful.
pitre [pitr̥] *nm* (circus) clown; buffoon; **faire le p.,** to fool about.
pitrerie [pitrəri] *nf* clowning.
pittoresque [pitɔrɛsk] **1.** *a* picturesque; colourful (description, style) **2.** *nm* picturesqueness, vividness (of style).
pivert [pivɛr] *nm Orn:* green woodpecker.
pivoine [pivwan] *nf Bot:* peony.
pivot [pivo] *nm* pivot; pin, axis; *Dent:* post. **pivotant** *a* pivoting, revolving; swivel (chair).
pivoter [pivɔte] *vi* to pivot; to swivel, revolve; **p. sur ses talons,** to swing round on one's heels.
pizza [pidza] *nf* pizza.
pizzeria [pidzerja] *nf* pizzeria; pizza parlour.
PJ *abbr Police judiciaire.*
placage [plakaʒ] *nm* veneering (of wood); facing (of stone).
placard [plakar] *nm* **1.** (wall) cupboard **2.** poster; placard; notice; **p. publicitaire,** advertisement (in newspaper) **3.** *F:* thick layer.
placarder [plakarde] *vtr* to stick, put up (poster) (on wall); **p. un mur,** to placard a wall with posters.
place [plas] *nf* **1.** (*a*) place; position; **changer sa chaise de p.,** to shift one's chair; **remettre qch à sa p.,** to put sth away; **remettre qn à sa p.,** to put s.o. in his place; **à vos places!** take your seats! **il ne peut pas rester en p.,** he can't keep still (*b*) stead; **je viens à la p. de mon père,** I've come instead of my father; **à votre p.,** if I were you (*c*) **faire p. à qn,** to make way for s.o.; **occuper beaucoup de p.,** to take up a great deal of room; **(faites) p.!** stand aside! **2.** (*a*) seat; **louer deux places au théâtre,** to book two seats at the theatre; **voiture à deux, à quatre, places,** two-seater, four-seater; **prix des places** (i) fares (ii) prices of admission; **payer p. entière,** to pay (i) full fare (ii)

full price (*b*) situation, office, post; **perdre sa p.,** to lose one's job **3.** (*a*) locality, spot; square; **p. du marché,** market square; **sur p.,** on the spot; **faire du sur p.,** to mark time; **rester sur p.,** to stay put (*b*) **achats sur p.,** local purchases (*c*) *Mil:* **p. (forte),** fortified town.

placement [plasmɑ̃] *nm* **1. bureau de p.** (i) employment bureau, agency (ii) job centre **2.** investment.

placenta [plasɛ̃ta] *nm* placenta, afterbirth.

placer [plase] *vtr* **(je plaçai(s); n. plaçons) 1.** (*a*) to place; to put, set (in a certain place); to find a place for (a guest, a spectator); *Th: etc:* **p. qn,** to show s.o. to his seat; **vous êtes bien placé pour le savoir,** you're in a position to know; **je n'ai pas pu p. un mot,** I couldn't get a word in edgeways; **maison bien placée,** well situated house (*b*) to find a post, a job, for (s.o.); **p. un apprenti chez qn,** to apprentice s.o. to s.o.; **il a placé sa fille,** he's married off his daughter (*c*) to invest (money) (*d*) to sell (goods); **valeurs difficiles à p.,** shares difficult to negotiate **2. se p.** (*a*) to take one's seat, one's place (*b*) to obtain a situation, to find a job.

placide [plasid] *a* placid; calm.

plafond [plafɔ̃] *nm* **1.** ceiling; roof (of car) **2. prix p.,** maximum price; ceiling (price).

plafonner [plafɔne] **1.** *vtr* to put a ceiling in (room) **2.** *vi* (*of price*) to reach a ceiling, a maximum.

plafonnier [plafɔnje] *nm* ceiling light; *Aut:* courtesy light.

plage [plaʒ] *nf* **1.** (*a*) beach (*b*) seaside resort **2. p. arrière** (i) *Navy:* quarter deck (ii) *Aut:* window shelf **3.** (*a*) area (*b*) **p. de prix,** price range (*c*) track (of gramophone record).

plagiaire [plaʒjɛr] *n* plagiarist.

plagiat [plaʒja] *nm* plagiarism.

plagier [plaʒje] *vtr* to plagiarize.

plaid [plɛd] *nm* travelling rug.

plaider [plɛde] **1.** *vtr* to plead (a cause); **p. la folie,** to plead insanity; **la cause s'est plaidée hier,** the case was heard yesterday **2.** *vi* to plead (**pour,** for); to go to court; **p. pour qn,** to speak for s.o.

plaideur, -euse [plɛdœr, -øz] *n* litigant.

plaidoirie [plɛdwari] *nf* counsel's speech.

playdoyer [plɛdwaje] *nm* speech for the defence; defence, plea (for s.o., sth).

plaie [plɛ] *nf* (*a*) wound, sore; cut; **remuer le fer dans la p.,** to turn the knife in the wound (*b*) scourge (*c*) *F:* (*of pers*) **quelle p.!** what a pest!

plaignant, -ante [plɛɲɑ̃, -ɑ̃t] *a & n Jur:* plaintiff.

plaindre [plɛ̃dr̥] **(je plains; n. plaignons; je plaindrai) 1.** *vtr* (*a*) to pity; **elle n'est pas à p.,** (i) she has nothing to worry about (ii) she doesn't deserve any sympathy (*b*) *F:* to begrudge **2. se p.,** to complain; to moan, groan; **se p. de qch, de qn,** to complain of, about, s.o., sth.

plaine [plɛn] *nf* plain.

plain-pied [plɛ̃pje] *adv phr* **de p.-p.,** on one floor, on a level (**avec,** with).

plainte [plɛ̃t] *nf* **1.** moan, groan **2.** (*a*) complaint (*b*) *Jur:* indictment, complaint; **porter p. contre qn,** to lodge a complaint against s.o. **plaintif, -ive** *a* plaintive (tone). **plaintivement** *adv* plaintively.

plaire [plɛr] **1.** *v ind tr* (*prp* **plaisant;** *pp* **plu;** *pr ind* **il plaît) p. à qn,** to please s.o.; **ça me plaît,** I like it, I enjoy it; **ça devrait lui p.,** it should appeal to him; **chercher à p. à qn,** to try to please s.o.; **elle ne lui plaît pas,** he's not attracted to her; **je fais ce qui me plaît,** I do as I like; **quand ça me plaît,** when it suits me; when I feel like it; *impers* **s'il vous plaît,** please; **plaît-il?** I beg your pardon? **comme il vous plaira,** (just) as you like **2. se p. à faire qch,** to enjoy doing sth; **je me plais beaucoup à Paris,** I love being in Paris; **la vigne se plaît sur les coteaux,** the vine thrives, does well, on hillsides.

plaisance [plɛzɑ̃s] *nf* **bateau de p.,** pleasure boat; **(navigation de) p.,** yachting, sailing.

plaisancier [plɛzɑ̃sje] *nm* yachtsman.

plaisant [plɛzɑ̃] **1.** *a* (*a*) pleasant, agreeable (*b*) funny, amusing (*c*) (*always before the noun*) ridiculous, absurd **2.** *nm* (*a*) **le p.,** the funny side; **le p. de la chose, c'est que . . .** the funny thing (about it) is that . . . (*b*) **mauvais p.,** practical joker; clown. **plaisamment** *adv* pleasantly; amusingly; ridiculously.

plaisanter [plɛzɑ̃te] **1.** *vi* to joke; **dire qch en plaisantant,** to say sth as a joke; **vous plaisantez!** you're joking! you don't mean it! **il ne plaisante pas là-dessus,** he takes this seriously **2.** *vtr* to tease (**qn sur qch,** s.o. about sth).

plaisanterie [plɛzɑ̃tri] *nf* joke; joking; prank, practical joke; **mauvaise p.,** nasty trick.

plaisantin [plɛzɑ̃tɛ̃] *nm* practical joker.

plaisir [plɛzir] *nm* **1.** pleasure; delight; **faire p. à qn,** to please s.o.; **cela me fait grand p. de vous voir,** I'm delighted to see you; **cela fait p. à voir,** it's a pleasure to see; **faire à qn le p. de,** to do s.o. the favour of; **voulez-vous me faire le p. de vous taire!** will you *please* be quiet! **au p. de vous revoir,** goodbye; I hope we'll meet again; **j'ai le p. de vous dire que,** I am pleased to be able to tell you that; **prendre p. à faire qch,** to enjoy doing sth **2.** amusement, enjoyment; **partie de p.,** picnic, outing.

plan¹ [plɑ̃] **1.** *a* even, level, flat, plane (surface) **2.** *nm* (*a*) *Mth: etc:* plane; **p. d'eau,** stretch of water (*b*) *Art: etc:* **premier p.,** foreground; **second p.,** middle ground; **au second p.,** in the middle distance; **reléguer qn au second p.,** to push s.o. into the background; **sur le p. politique,** in the political sphere (*c*) *Cin:* shot; **gros p.,** close-up (*d*) *DomEc:* **p. de travail,** worktop.

plan² *nm* (*a*) plan; drawing; draft; **lever les plans d'une région,** to survey an area; **p. cadastral,** survey map (*b*) scheme, project; **p. de travail,** plan of work (*c*) *F:* **laisser qch, qn, en p.,** to abandon, to ditch, sth; to leave s.o. in the lurch.

planche [plɑ̃ʃ] *nf* **1.** (*a*) board, plank; shelf; **p. à dessin,** drawing board; **p. de salut,** last hope; **faire la p.,** to float on one's back (*b*) **p. à pain,** bread board; **p. à repasser,** ironing board; **p. (à roulettes),** skateboard; **p. (de surf),** surfboard; **p. (à voile),** sailboard; **faire de la p. (à voile),** to go windsurfing (*c*) *Nau:* gangplank (*d*) *Th:* **monter sur les planches,** to go on the stage **2.** *Art:* (printed) plate, engraving **3.** *Hort:* (flower) bed.

plancher [plɑ̃ʃe] *nm* floor; **prix p.,** bottom price.

planchiste [plɑ̃ʃist] *n* windsurfer.

plancton [plɑ̃ktɔ̃] *nm Biol:* plankton.

planer [plane] *vi* **1.** (*a*) (*of bird*) to soar; to hover (*b*)

Av: to glide; **vol plané,** gliding **2. p. sur qch,** to hang over sth **3.** *F:* (*a*) to be high (*b*) **tu planes complètement!** you're living in cloud-cuckoo-land.

planétarium [planetarjɔm] *nm* planetarium.

planète [planɛt] *nf Astr:* planet. **planétaire** *a* planetary.

planeur [planœr] *nm* glider.

planification [planifikasjɔ̃] *nf PolEc:* planning.

planifier [planifje] *vi Adm:* to plan.

planning [planiŋ] *nm* (*a*) *Ind:* work schedule (*b*) **p. familial,** family planning.

planque [plɑ̃k] *nf P:* (*a*) hideout (*b*) cushy job.

planquer [plɑ̃ke] *P:* **1.** to hide, to stash, away **2. se p.,** to hide, to take cover.

plant [plɑ̃] *nm* (*a*) seedling (*b*) plantation.

plantation [plɑ̃tasjɔ̃] *nf* **1.** planting (of trees, seeds) **2.** (tea, coffee) plantation; **p. d'oranges,** orange grove.

plante[1] [plɑ̃t] *nf* sole (of the foot).

plante[2] *nf* plant; **p. potagère,** vegetable; **p. à fleurs,** flowering plant; **p. d'appartement,** house plant; **p. de serre,** hothouse plant.

planter [plɑ̃te] *vtr* **1.** (*a*) to plant, set (seeds) (*b*) to fix, set (up); **p. un pieu,** to drive in a stake; **p. une échelle contre un mur,** to stand a ladder against a wall; **p. une tente,** to pitch a tent; **p. un baiser sur la joue de qn,** to plant a kiss on s.o.'s cheek; *F:* **p. là qn,** to leave s.o. in the lurch **2. se p.,** (i) to stand; **se p. devant qn,** to stand squarely in front of s.o. (ii) (*of car*) to get stuck (**dans,** in) (iii) *F:* to go wrong, to make a mistake.

planteur [plɑ̃tœr] *nm* planter.

plantoir [plɑ̃twar] *nm Hort:* dibble.

planton [plɑ̃tɔ̃] *nm Mil:* orderly; *F:* **faire le p.,** to stand around.

plantureux, -euse [plɑ̃tyrø, -øz] *a* **1.** copious (meal) **2.** rich, fertile (countryside).

plaque [plak] *nf* **1.** (*a*) plate, sheet (of metal); slab (of marble); block (of chocolate); patch (of ice, eczema); **p. dentaire,** plaque (*b*) *Rail:* **p. tournante,** turntable (*c*) *El:* plate (*d*) **p. photographique,** photographic plate **2.** (ornamental) plaque; **p. de porte,** door plate, name plate; **p. commémorative,** commemorative tablet **3.** badge; **p. d'identité,** identity disc; *Aut:* **p. d'immatriculation,** number plate, *NAm:* license plate **4.** *F:* **à côté de la p.,** off the mark.

plaqué [plake] *a & nm* **1. (métal) p.,** plated metal; (electro)plate; **p. or,** gold plate; **gourmette (en) p. or,** gold-plated bracelet **2. (bois) p.,** veneered wood.

plaquer [plake] *vtr* **1.** (*a*) to veneer (wood); to plate (metal); to plaster down (hair); **les épaules plaquées au mur,** shoulders pinned to the wall (*b*) *Rugby Fb:* to tackle (opponent) (*c*) *Mus:* to strike (and hold) a chord (*d*) *P:* to abandon, ditch, chuck (s.o.); **tout p.,** to chuck everything up **2. se p. au sol,** to lie flat on the ground.

plaquette [plakɛt] *nf* **1.** bar (of chocolate); (small) packet (of butter); sealed pack (of pills) **2.** (*book*) slim volume **3.** (commemorative) medal.

plasma [plasma] *nm Biol: Ph:* plasma.

plastic [plastik] *nm* plastic explosive.

plasticage [plastikaʒ] *nm* plastic bomb attack.

plasticien, -ienne [plastisjɛn] *n Surg:* plastic surgeon.

plastifier [plastifje] *vtr* to plasticize.

plastique [plastik] **1.** *a* plastic; **matière p.,** plastic **2.** *nf* plastic art **3.** *nm* (*a*) plastic (*b*) plastic explosive **4.** *nf* physique (of dancer, etc).

plastiquer [plastike] *vtr* to blow up.

plastron [plastrɔ̃] *nm* **1.** (fencer's) plastron **2.** shirt front.

plastronner [plastrɔne] *vi* to strut, to swagger.

plat [pla] **1.** *a* (*a*) flat, level; **cheveux plats,** straight hair; **chaussure à talon p.,** flat(-heeled) shoe; **mer plate,** smooth sea (*b*) flat, dull, insipid; **style p.,** commonplace style; **vin p.,** dull, flat, wine (*c*) *adv phr* **à p.,** flat; (*of joke*) **tomber à p.,** to fall flat; **tomber à p. ventre,** to fall flat on one's face; **être à p. ventre devant qn,** to grovel to s.o.; **pneu à p.,** flat tyre, *NAm:* tire; *F:* **être à p.,** (i) to be exhausted, all in (ii) *Aut:* to have a flat tyre **2.** *nm* (*a*) flat (part); *Sp:* **le p.,** flat racing; *F:* **faire du p. à qn,** (i) to grovel to s.o. (ii) to make advances to s.o. (*b*) *Cu:* (*container or contents*) dish; *F:* **mettre les petits plats dans les grands,** to lay on a great meal; **en faire tout un p.,** to make a great fuss about sth (*c*) *Cu:* course (at dinner); **p. de résistance,** main course, main dish.

platane [platan] *nm Bot:* plane tree.

plateau, -eaux [plato] *nm* **1.** (*a*) tray; **p. à, de, fromages,** cheeseboard (*b*) pan, scale (of balance); shelf (of oven); top (of table) **2.** *Geog:* plateau **3.** (*a*) platform; *Th:* floor (of the stage); *Cin:* set (*b*) *Rail:* flat truck **4.** (*a*) *Tchn:* disc, plate (*b*) turntable (of record deck).

plateau-repas [platorəpa] *nm* tray meal; *pl plateaux-repas.*

plate-bande [platbɑ̃d] *nf* flower bed; *F:* **ne marchez pas sur mes plates-bandes,** mind your own business.

plate-forme [platfɔrm] *nf* platform; *Rail:* flat truck; *pl plates-formes.*

platine [platin] **1.** *nm* platinum **2.** *nf Rec:* turntable, deck; **p. (disque-)laser,** CD (player).

platitude [platityd] *nf* **1.** dullness (of character, style) **2.** platitude.

platonique [platɔnik] *a* platonic.

plâtras [plɑtra] *nm* rubble.

plâtre [plɑtr̥] *nm* (*a*) plaster (*b*) *pl* plasterwork (*c*) plaster cast.

plâtrer [plɑtre] *vtr* to plaster (wall, ceiling); *Med:* to set (leg) in plaster.

plâtrier [plɑtrije] *nm* plasterer.

plausible [plozibl̥] *a* plausible.

play-back [plɛbak] *nm* **chanter en p.-b.,** to mime.

plébiscite [plebisit] *nm* plebiscite.

plébisciter [plebisite] *vtr* to vote for (s.o.) by plebiscite.

plein [plɛ̃] **1.** *a* (*a*) full (**de,** of); filled, replete (**de,** with); **bouteille pleine,** full bottle; **pleine bouteille,** bottleful; **salle pleine à craquer,** room full to bursting; *F:* **être p.,** to be drunk; **les doigts pleins d'encre,** fingers covered in ink (*b*) (*of animal*) pregnant; with lamb, in calf (*c*) complete, entire, whole; **pleine lune,** full moon; **p. pouvoir,** full power; **p. sud,** due south; **pleine mer,** (i) high tide (ii) the open sea; **de son p. gré,** of one's own free will (*c*) solid (tyre); continuous (line) (*d*) **en p. visage,** full in the face; **en p. hiver,** in the middle of winter; **en p. air,** in the open (air); **en p. jour,** (i) in broad daylight (ii) publicly; **en**

p. milieu, right in the middle; **en pleine saison,** at the height of the season; **en p. travail,** hard at work (*e*) **respirer à pleins poumons,** to breathe deep(ly); **travailler à p. temps,** to work full time (*f*) *adv* **il avait des larmes p. les yeux,** his eyes were full of tears; *F:* **il y avait p. de gens,** there were lots of people **2.** *nm* (*a*) *Aut:* **faire le p. (d'essence),** to fill up (with petrol); **le p. s'il vous plaît,** fill her up please! (*b*) full (extent); **la saison bat son p.,** the season is in full swing (*c*) **en p. dans le centre,** right in the middle. **pleinement** *adv* fully, entirely; wholly; to the full.

plein-emploi [plɛnɑ̃plwa] *nm inv Pol: Ind:* full employment.

plein-temps [plɛ̃tɑ̃] **1.** *a inv* full-time **2.** *nm* full-time job; *pl pleins-temps.*

plénipotentiaire [plenipɔtɑ̃sjɛr] *a & nm* plenipotentiary.

pléonasme [pleonasm] *nm* pleonasm.

pléthore [pletɔr] *nf* plethora. **pléthorique** *a* overabundant; overcrowded.

pleurage [plœraʒ] *nm Rec:* wow.

pleurer [plœre] **1.** *vtr* to weep for, mourn (for) (s.o.); to bemoan; **p. des larmes de joie,** to weep tears of joy; **p. toutes les larmes de son corps,** to cry one's eyes out **2.** *vi* (*a*) to cry, weep, shed tears (**sur,** over; **pour,** for); **p. de joie,** to weep for joy; **triste à p.,** terribly sad (*b*) (*of eyes*) to water, to run.

pleurésie [plœrezi] *nf Med:* pleurisy.

pleurnichard, -arde [plœrniʃar, -ard] **1.** *n* whiner, sniveller, crybaby **2.** *a* whining, snivelling.

pleurnichement [plœrniʃmɑ̃] *nm* whining, snivelling.

pleurnicher [plœrniʃe] *vi* to whine, snivel. **pleurnicherie** *nf* snivelling, whining.

pleurnicheur, -euse [plœrniʃœr, -øz] **1.** *n* whiner, sniveller, crybaby **2.** *a* whining, snivelling.

pleuvoir [pløvwar] *v* (*pp* **plu;** *pr ind* **il pleut, ils pleuvent;** *fu* **il pleuvra**) **1.** *v impers* to rain; **il pleut à petites gouttes,** it's drizzling; **il pleut à verse,** it's pouring (with rain); **il pleut des cordes,** it's raining cats and dogs **2.** *vi & tr* (*of blows*) to rain down; **les invitations pleuvent sur lui,** invitations are pouring in on him.

pleuvoter [plœvɔte] *v impers* to drizzle.

pli [pli] *nm* **1.** (*a*) pleat; fold (in curtains); *Hairdr:* **mise en plis,** set (*b*) wrinkle, pucker; *Geol:* fold (*c*) crease (in trousers); **faux p.,** crease (*d*) habit; **prendre le p. de faire qch,** to get into the habit of doing sth **2.** bend (of the arm, leg) **3.** cover, envelope (of letter); **sous p. séparé,** under separate cover **4.** *Cards:* trick; **faire un p.,** to take a trick.

plie [pli] *nf Ich:* plaice.

plier [plije] **1.** *vtr* (*impf & pr sub* **n. pliions**) (*a*) to fold (up); to turn down (page) (*b*) to bend (bough, knee); **plié en deux,** doubled up (with laughter, pain); **p. qn à la discipline,** to bring s.o. under discipline **2.** *vi* (*a*) to bend (over) (*b*) to submit, yield; (*of army*) to give way **3. se p.,** to fold up; **se p. aux circonstances,** to yield, to submit, to circumstances. **pliable** *a* foldable, flexible. **pliant 1.** *a* folding (chair); collapsible (table) **2.** *nm* folding chair; campstool.

plinthe [plɛ̃t] *nf* skirting (board); *NAm:* baseboard.

plissement [plismɑ̃] *nm* pleating (of material); creasing; *Geol:* fold.

plisser [plise] **1.** *vtr* (*a*) to pleat (skirt) (*b*) to crease, crumple; to wrinkle (face); to pucker (lips); **p. les yeux,** to screw up one's eyes **2.** *vi & pr* to crease, crumple; to wrinkle, pucker. **plissé 1.** *a* pleated **2.** *nm* pleating, pleats.

plissure [plisyr] *nf* pleats.

pliure [plijyr] *nf* fold; bend (of arm, leg).

plomb [plɔ̃] *nm* **1.** (*a*) lead; **de p.,** lead (pipe); leaden (sky); blazing (sun); deep (sleep); **sans p.,** lead-free; **n'avoir pas de p. dans la tête,** to be scatter-brained (*b*) *Typ:* type **2.** shot **3.** lead (weight); **fil à p.,** plumb line; **à p.,** upright, vertical(ly) **4.** *El:* fuse, cut-out; **faire sauter les plombs,** to blow the fuses.

plombage [plɔ̃baʒ] *nm Dent:* filling.

plomber [plɔ̃be] *vtr* (*a*) to cover (sth) with lead (*b*) to weight with lead (*c*) *Dent:* to fill (tooth) (*d*) to seal (parcel) (with lead). **plombé** *a* leaden(-coloured); filled (tooth).

plomberie [plɔ̃bri] *nf* (*a*) plumbing (*b*) plumber's shop.

plombier [plɔ̃bje] *nm* plumber.

plonge [plɔ̃ʒ] *nf* washing up (in restaurant).

plongeant [plɔ̃ʒɑ̃] *a* plunging (neckline); bird's-eye (view).

plongée [plɔ̃ʒe] *nf* (*a*) plunge, dive; **p. sous-marine,** skin diving (*b*) (*submarine*) submersion; **en p.,** submerged.

plongeoir [plɔ̃ʒwar] *nm* diving board.

plongeon [plɔ̃ʒɔ̃] *nm* dive.

plonger [plɔ̃ʒe] *v* (**je plongeai(s); n. plongeons**) **1.** *vi* (*a*) to dive; to plunge down (*b*) (*of submarine*) to submerge **2.** *vtr* to plunge, immerse (s.o., sth, in sth); **p. la main dans sa poche,** to thrust one's hand into one's pocket; **plongé dans ses pensées,** lost in thought **3. se p. dans,** to immerse oneself in.

plongeur, -euse [plɔ̃ʒœr, -øz] *n* (*a*) diver; **p. sous-marin,** skin diver (*b*) washer-up (in restaurant).

plouc, [pluk] *n P: Pej:* peasant, *US:* hick.

plouf [pluf] *int* plop! splash!

ployer [plwaje] *v* (**je ploie**) **1.** *vtr Lit:* to bend **2.** *vi* to bend, to sag; (*of army*) to yield.

pluie [plɥi] *nf* (*a*) rain, shower; **p. battante,** pouring rain, downpour; **p. fine,** drizzle; **temps de p.,** wet weather; **le temps est à la p.,** it looks like rain; **parler de la p. et du beau temps,** to talk about the weather; to make conversation; *F:* **il n'est pas tombé de la dernière p.,** he wasn't born yesterday; **faire la p. et le beau temps,** to rule the roost (*b*) shower (of blows); hail (of bullets).

plumage [plymaʒ] *nm* plumage, feathers.

plumard [plymar] *nm P:* bed.

plume [plym] *nf* **1.** feather; **gibier à plumes,** game birds; *F:* **il y a laissé des plumes,** he didn't get away unscathed; **léger comme une p.,** as light as a feather **2.** (pen) nib; **stylo à p.,** fountain pen; **dessin à la p.,** pen and ink drawing; **prendre la p.,** to put pen to paper.

plumeau [plymo] *nm* feather duster.

plumer [plyme] *vtr* to pluck (poultry); *F:* to fleece (s.o.).

plumet [plyme] *nm* plume.

plumier [plymje] *nm* pencil box, pencil case.

plupart (la) [laplypar] *nf* most; the greater, greatest, part; **la p. des hommes,** the majority of (the) men, most (of the) men; **la p. d'entre eux,** most of them; **la p. du temps,** most of the time; **pour la p.,** mostly.

pluralisme [plyralism] *nm Pol:* pluralism. **pluraliste** *a Pol:* pluralist.

pluralité [plyralite] *nf* plurality.

pluridisciplinaire [plyridisipliner] *a* multidisciplinary.

pluriel, -elle [plyrjɛl] *a & nm Gram:* plural.

plus [ply] (*often* [plys] *at the end of a word group*; [plyz] *before a vowel*) **1.** *adv* (*a*) more; **il est p. grand que moi,** he is taller than I (am), than me; **deux fois p. grand,** twice as big; **p. d'une fois,** more than once; **p. de dix hommes,** more than ten men; **il a p. de vingt ans,** he's over twenty; **p. loin,** farther on; **p. tôt,** sooner; **et qui p. est** [plyze], and what is more; moreover; **p. on est de fous, p. on rit,** the more the merrier; **trois fois p.,** three times as much; **il y en a tant et p.,** there's an awful lot (of it, of them) (*b*) **(le) p.,** most; **la p. longue rue, la rue la p. longue, de la ville,** the longest street in the town; **le p. de fautes,** the most mistakes; **(tout) au p.,** at the (very) most; at best; **c'est tout ce qu'il y a de p. simple,** nothing could be simpler (*c*) **je ne veux p. de cela,** I don't want any more of that; **p. jamais,** never again; **sans p. attendre,** without waiting any longer; **p. de doute,** there is no more doubt about it; **il n'y en a p.,** there's none left; **p. rien,** nothing more; **p. que dix minutes!** only ten minutes left! (*d*) **non p.,** (not) either; **ni moi non p.,** neither do I, neither did I, I don't, I didn't either (*e*) [plys] plus, also, besides, in addition; **p. 20 degrés,** plus 20 (degrees); **500 francs d'amende, p. les frais,** 500 francs fine with, plus, costs (*f*) **de p.,** more; **rien de p., merci,** nothing else, thank you; **de p. en p.,** more and more; **de p. en p. froid,** colder and colder; **en p.,** in addition; into the bargain; extra; **le vin est en p.,** wine is extra; **p. ou moins** [plyzumwɛ̃], more or less; **ni p. ni moins,** neither more nor less **2.** *nm* (*a*) more; **sans p.,** (just that and) nothing more (*b*) *Mth:* plus (sign).

plusieurs [plyzjœr] *a & pron pl* several; **p. personnes,** a number of people.

plus-que-parfait [plyskəparfɛ] *nm Gram:* pluperfect (tense); *pl plus-que-parfaits.*

plus-value [plyvaly] *nf* (*a*) increase in value; appreciation (of property); **impôt sur les p.-values,** capital gains tax (*b*) surplus; profit; *pl plus-values.*

plutonium [plytɔnjɔm] *nm* plutonium.

plutôt [plyto] *adv* (*a*) rather, sooner; **p. souffrir que mourir,** it is better to suffer than to die; **prend celui-là p. que l'autre,** take this one instead of that one (*b*) rather; quite; on the whole; **il faisait p. froid,** the weather was rather cold; **p. long,** on the long side.

pluviale [plyvjal] *af* **eau p.,** rainwater.

pluvieux, -ieuse [plyvjø, -jøz] *a* rainy (season); wet (weather).

PME *abbr Petites et moyennes entreprises.*

PMI *abbr Petites et moyennes industries.*

PMU *abbr Pari mutuel urbain,* =the tote, *NAm:* pari-mutuel.

PNB *abbr Produit national brut,* GNP.

pneu, *pl* **pneus** [pnø] *nm* tyre, *NAm:* tire. **pneumatique 1.** *a* pneumatic; air (pump); inflatable (mattress); **canot p.,** rubber dinghy **2.** *nm* (*in Paris*) express letter.

pneumonie [pnømɔni] *nf* pneumonia.

PO *abbr WTel: petites ondes.*

poche [pɔʃ] *nf* **1.** pocket; **p. intérieure, p. revolver,** inside (breast) pocket; hip pocket; **livre de p.,** paperback; **argent de p.,** pocket money; **j'en suis de ma p.,** I am out of pocket by it; **payer de sa p.,** to pay out of one's own money; **j'ai 100 francs en p.,** I've got 100 francs on me; **connaître qch comme sa p.,** to know sth like the back of one's hand; *F:* **faire les poches à qn,** to go through s.o.'s pockets; **c'est dans la p.,** it's in the bag **2.** (*a*) bag; **p. d'air,** (i) *Av:* air pocket (ii) airlock (*b*) (kangaroo) pouch (*c*) *Biol:* sac **3.** (*a*) (*of trousers*) **faire des poches,** to go baggy (at the knees) (*b*) bags (under the eyes).

pocher [pɔʃe] *vtr Cu:* to poach (eggs); *F:* **p. un œil à qn,** to give s.o. a black eye.

pochette [pɔʃɛt] *nf* (*a*) pouch; envelope (for papers); case (of instruments) (*b*) pocket handkerchief (*c*) **p. d'allumettes,** book of matches (*d*) sleeve (of record).

pochette-surprise [pɔʃɛtsyrpriz] *nf* lucky bag; *pl pochettes-surprises.*

pochoir [pɔʃwar] *nm* stencil.

podium [pɔdjɔm] *nm Sp:* rostrum, podium.

podologie [pɔdɔlɔʒi] *nf* chiropody, *NAm:* podiatry. **podologue** *n* chiropodist, *NAm:* podiatrist.

poêle[1] [pwal] *nf* frying pan.

poêle[2] *nm* stove.

poème [pɔɛm] *nm* poem; *F:* **c'est tout un p.,** it defies description.

poésie [pɔezi] *nf* **1.** poetry **2.** poem.

poète [pɔɛt] **1.** *nm* poet **2.** *a* (*a*) **femme p.,** poetess (*b*) poetic; **être p.,** to be a poet. **poétique** *a* poetic(al). **poétiquement** *adv* poetically.

pognon [pɔɲɔ̃] *nm P:* money, dough.

poids [pwa] *nm* **1.** (*a*) weight; heaviness; **perdre du p.,** to lose weight; **vendre au p.,** to sell by weight; **il ne fait pas le p.,** he's not up to the job; **p. lourd,** heavyweight (*b*) importance; **son opinion a du p.,** his opinion carries weight **2.** weight (in clock); *Sp:* **lancer le p.,** to put the shot **3.** load, burden; **p. utile,** live weight; *Av:* payload; **p. mort,** dead weight; *Aut:* **p. lourd,** heavy goods vehicle.

poignant [pwaɲɑ̃] *a* poignant; harrowing (experience).

poignard [pwaɲar] *nm* dagger; **coup de p.,** stab.

poignarder [pwaɲarde] *vtr* to stab (s.o.).

poigne [pwaɲ] *nf* grip, grasp; **avoir de la p.,** to be forceful, firm; **homme à p.,** forceful, firm, man.

poignée [pwaɲe] *nf* **1.** (*a*) handful; fistful; **à poignées,** in handfuls; by the handful (*b*) **p. de main,** handshake; **donner une p. de main à qn,** to shake hands with s.o. **2.** handle (of door); hilt (of sword); haft (of tool).

poignet [pwaɲɛ] *nm* **1.** wrist **2.** *Cl:* cuff.

poil [pwal] *nm* **1.** (*a*) (*of animal*) hair, fur; **à p. long,** long-haired, shaggy (*b*) coat (of animals); **cheval d'un beau p.,** sleek horse; **chien au p. rude, à p. dur,** wire-haired, rough-coated dog (*c*) nap (of cloth); pile (of velvet, of carpet) (*d*) bristle (of brush) **2.** (*of pers*) hair (on the body); *F:* **à p.,** naked; **se mettre à p.,** to strip off; **avoir un p. dans la main,** to be workshy; **être de mauvais, de bon, p.,** to be in a bad, a good, mood **3.** *F:* **à un p. près,** as near as dammit; **un p. plus vite,** a fraction faster; **au p.!** (i) great! fantastic! (ii) perfect! **poilu 1.** *a* hairy, shaggy **2.** *nm F:* French soldier (1914–18).

poil-de-carotte [pwald(ə)karɔt]] *a inv F:* carroty (hair).

poinçon [pwɛ̃sɔ̃] *nm* **1.** *(a)* (engraver's) point *(b)* awl **2.** *(a)* (perforating) punch *(b)* die, stamp *(c)* **p. de contrôle,** hallmark.

poinçonner [pwɛ̃sɔne] *vtr* **1.** to prick, bore; to punch **2.** *(a)* to punch, clip (ticket) *(b)* to stamp, hallmark.

poinçonneur, -euse [pwɛ̃sɔnœr, -øz] **1.** *n (pers)* ticket puncher **2.** *nf* **poinçonneuse,** *(machine)* punch.

poindre [pwɛ̃dr] *vi* **(il point; il poignait; il poindra;** *used esp in 3rd pers and in inf)* *(of daylight)* to dawn, break; *(of plants)* to come up, come out.

poing [pwɛ̃] *nm* fist; **serrer les poings,** to clench one's fists; **montrer le p.,** to shake one's fist (at s.o.); **coup de p.,** punch; **donner un coup de p. à qn,** to punch s.o.; **dormir à poings fermés,** to sleep soundly.

point¹ [pwɛ̃] *nm* **1.** *(a) Needlew:* stitch; **faire un p. à qch,** to put a few stitches in sth *(b)* **p. de côté,** stitch (in one's side); **avoir un p. au dos,** to have a stabbing pain in one's back **2.** *(a)* *(in time)* **le p. du jour,** daybreak; **être sur le p. de faire qch,** to be on the point of doing sth; **arriver (nommé) à p.,** to arrive at the right moment *(b)* *(in space)* **p. de départ,** starting point, place; **p. de vue,** (i) *(panorama)* view(point) (ii) point of view, viewpoint; **à tous les points de vue,** in every respect; **du, au, p. de vue international,** from the international point of view; *Mec:* **p. d'appui,** fulcrum (of lever); **p. chaud,** hot spot; **p. mort,** neutral (gear); *Com:* **p. de vente,** stockist; **faire le p. (d'une question),** to take stock (of a question); **mettre au p.,** to focus (camera); to perfect (design); to tune (engine); to finalize (arrangements); **recherche et mise ou p.,** research and development **3.** *(a)* point, dot; punctuation mark; **p. (final),** full stop, *NAm:* period; **deux points,** colon; **p.-virgule,** semicolon; **p. d'exclamation,** exclamation mark, *NAm:* exclamation point; *F:* **un p., c'est tout!** and that's that! *(b) Games:* point, score; **marquer les points,** to keep the score *(c) Sch:* mark *(d)* speck, spot, dot **4.** *(a)* point, stage, degree; **p. d'ébullition,** boiling point; **jusqu'à un certain p.,** to a certain extent; **à tel p. que,** so much so that; **vous n'êtes pas malade à ce p.-là,** you're not as ill as all that *(b)* **mal en p.,** in a bad way; ill *(c)* **à point,** in the right condition; *Cu:* done to a turn; *(of steak)* well done **5.** point, particular; **p. de droit,** point of law; **p. d'honneur,** point of honour; **n'ayez aucune crainte sur ce p.,** don't worry on that score; **en tout p.,** in every respect.

point² *adv A: Lit:* = PAS².

pointage [pwɛ̃taʒ] *nm* *(a)* checking, ticking off (names on list) *(b) Ind:* clocking in, out *(c)* aiming (of gun).

pointe [pwɛ̃t] *nf* **1.** *(a)* point (of pin); tip, head (of arrow); toe (of shoe); peak (of roof); **coup de p.,** thrust; **p. d'asperge,** asparagus tip; **en p.,** pointed; tapering; **sur la p. des pieds,** on tiptoe; *Danc:* **faire des pointes,** to dance on point(s) *(b)* peak; **heures de p.,** rush hour(s); peak period *(c) Mil:* point (of advanced guard); **nous avons fait une p. jusqu'à Paris,** we pressed on as far as Paris; *Fig:* **techniques de p.,** latest, most advanced, techniques *(d)* **p. du jour,** daybreak; **p. d'ironie,** touch of irony; **p. d'ail,** touch of garlic; *Sp:* **p. de vitesse,** spurt, sprint **2.** *Geog:* **p. (de terre),** spit (of land) **3.** *(a) Tls:* point *(b)* nail, tack *(c) Sp:* spike (on shoe).

pointer¹ [pwɛ̃te] **1.** *vtr* *(a)* to check, tick off (names on list); *Nau:* to plot (position) (on the map) *(b)* to point, level (telescope); to aim (gun); to train (searchlight) **(sur,** on) **2.** *vi & pr* *(a)* *(of bud, etc)* to appear; **p. vers,** to point upwards, towards *(b) Ind:* **(se) p. (à l'arrivée, à la sortie),** to clock in, out *(b) F:* **se p.,** to turn up.

pointer² **1.** *vtr* *(a)* to thrust, stab; to prick *(b)* *(of horse, dog)* **p. les oreilles,** to prick up its ears **2.** *vi* to appear; *(of plant)* to sprout; *(of day)* to dawn.

pointeuse [pwɛ̃tøz] *af & nf* **(horloge) p.,** clocking-in machine.

pointillé [pwɛ̃tije] **1.** *a* dotted (line) **2.** *nm* dotted line.

pointilleux, -euse [pwɛ̃tijø, -øz] *a* particular; fastidious; finicky, pernickety (person).

pointu [pwɛ̃ty] *a* pointed; shrill (voice).

pointure [pwɛ̃tyr] *nf* size (in shoes, gloves).

poire [pwar] *nf* **1.** pear; **couper la p. en deux,** to split the difference **2.** *El:* (pear-shaped) switch **3.** *P:* *(a)* face, mug *(b)* **(bonne) p.,** mug, sucker.

poireau, -eaux [pwaro] *nm* leek; *F:* **faire le p.,** to kick one's heels.

poireauter [pwarote] *vi F:* to kick one's heels.

poirier [pwarje] *nm* pear tree; **faire le p.,** to do a headstand.

pois [pwa] *nm* **1.** pea; **p. chiche,** chickpea; **p. de senteur,** sweet pea **2.** *Cu:* **petits p.,** garden peas; **p. cassés,** split peas **3. tissu à p.,** spotted, polka dot, material.

poison [pwazɔ̃] *nm* poison; *F:* *(pers)* **quel p.!** what a pest!

poisse [pwas] *nf F:* bad luck; **c'est la p.!** just my luck!

poisser [pwase] *vtr* *(a)* to make (hands) sticky *(b) P:* to catch, nab (s.o.); **se faire p.,** to get caught, nabbed. **poisseux, -euse** *a* sticky.

poisson [pwasɔ̃] *nm* fish; **p. rouge,** goldfish; **p. d'avril!** April fool! **être comme un p. dans l'eau,** to be in one's element; *Astr:* **les Poissons,** Pisces. **poissonneux, -euse** *a* *(of lake)* full of fish.

poissonnerie [pwasɔnri] *nf* fishmonger's (shop).

poissonnier, -ière [pwasɔnje, -jɛr] *n* fishmonger.

poitrine [pwatrin] *nf* *(a)* chest; **rhume de p.,** cold on the chest *(b)* breast; bosom; **tour de p.,** (i) chest measurement (ii) *(of woman)* bust measurement *(c) Cu:* breast (of veal); belly (of pork); **p. fumée** = streaky bacon.

poivre [pwavr] *nm* pepper; **grain de p.,** peppercorn; **p. et sel,** pepper-and-salt (colour).

poivrer [pwavre] *vtr* to pepper (food). **poivré** *a* peppery (food); spicy (story).

poivrier [pwavrije] *nm* **1.** pepper plant **2.** pepper pot, *NAm:* pepperbox.

poivrière [pwavrijɛr] *nf* pepper pot, *NAm:* pepperbox.

poivron [pwavrɔ̃] *nm* sweet pepper; capsicum; **p. vert, rouge,** green, red, pepper.

poivrot, -ote [pwavro, -ɔt] *n P:* drunkard.
poix [pwa] *nf* pitch.
poker [pɔkɛr] *nm Cards:* poker.
polaire [pɔlɛr] *a* polar; **l'étoile p.,** *n* **la p.,** the pole star.
polar [pɔlar] *nm F:* (*novel, film*) whodunit.
polariser [polarize] **1.** *vtr* to polarize; to focus (attention) **2.** *F:* to concentrate (solely) (**sur,** on).
Polaroid [pɔlarɔid] *nm Rtm:* Polaroid.
pôle [pol] *nm* (*a*) pole; **p. nord, sud,** north, south, pole (*b*) *Fig:* **p. d'attraction,** centre of attention.
polémique [polemik] **1.** *a* controversial **2.** *nf* polemic, controversy.
poli [pɔli] **1.** *a* (*a*) polished; bright (metal) (*b*) polite, courteous (**avec,** to) **2.** *nm* polish, gloss. **poliment** *adv* politely.
police[1] [pɔlis] *nf* **1.** policing; **faire la p.,** to maintain law and order; **numéro de p. d'un véhicule,** registration number of a vehicle. **2.** police (force); **p. de la route,** traffic police; **p. judiciaire (PJ)** = Criminal Investigations Department (CID); **p. des mœurs** = vice squad; **p. secours,** emergency services; **être dans, de, la p.,** to be in the police; **agent de p.,** police constable, policeman; **remettre qn entre les mains de la p.,** to give s.o. in charge. **policier, -ière 1.** *a* **chien p.,** police dog; **roman p.,** detective novel **2.** *nm* police officer; detective.
police[2] *nf* (insurance) policy; **p. d'assurance vie,** life insurance policy.
polichinelle [pɔliʃinɛl] *nm* **1.** Punch **2.** buffoon **3. secret de p.,** open secret.
polio [pɔljo] **1.** *nf* polio **2.** *nmf* (*pers*) polio victim.
poliomyélite [pɔljɔmjelit] *nf Med:* poliomyelitis.
polir [pɔlir] *vtr* **1.** to polish; to burnish (metal) **2.** to polish (up) (style); to refine manners.
polisson, -onne [pɔlisɔ̃, -ɔn] **1.** *n* naughty child; (little) devil **2.** *a* naughty (child, song, etc).
polissonnerie [pɔlisɔnri] *nf* naughty trick.
politesse [pɔlitɛs] *nf* politeness; **une p.,** (i) a polite word (ii) an act of politeness.
politicien, -ienne [pɔlitisjɛ̃, -jɛn] *n often Pej:* politician.
politique [pɔlitik] **1.** *a* (*a*) political; **(homme) p.,** politician; **économie p.,** economics (*b*) politic; diplomatic (answer) **2.** *nf* (*a*) policy; **p. extérieure,** foreign policy (*b*) politics. **politiquement** *adv* politically.
politiser [pɔlitize] *vtr* to politicize.
polka [pɔlka] *nf Danc: Mus:* polka.
pollen [pɔlɛn] *nm Bot:* pollen.
polluer [pɔlɥe] *vtr* to pollute (atmosphere). **polluant 1.** *a* polluting **2.** *nm* pollutant.
pollution [pɔlysjɔ̃] *nf* pollution; **p. par le bruit,** noise pollution.
polo [polo] *nm* **1.** *Sp:* polo **2.** *Cl:* sweat shirt.
polochon [pɔlɔʃɔ̃] *nm P:* bolster.
Pologne [pɔlɔɲ] *Prnf Geog:* Poland. **polonais, -aise 1.** (*a*) *a* Polish (*b*) *n* Pole **2.** *nm Ling:* Polish **3.** *nf Danc: Mus:* **polonaise,** polonaise.
poltronnerie [pɔltrɔnri] *nf* cowardice. **poltron, -onne 1.** *a* cowardly **2.** *n* coward.
polychrome [pɔlikrom] *a* polychrome, polychrom(at)ic.
polyclinique [pɔliklinik] *nf* polyclinic.
polycopié [pɔlikɔpje] *nm Sch:* mimeographed copy (of lecture, etc).
polycopier [pɔlikɔpje] *vtr* to mimeograph, duplicate.
polyculture [pɔlikyltyr] *nf* mixed farming.
polyester [pɔliɛstɛr] *nm* polyester.
polyéthylène [pɔlietilɛn] *nm* polythene.
polygamie [pɔligami] *nf* polygamy. **polygame 1.** *a* polygamous **2.** *n* polygamist.
polyglotte [pɔliglɔt] *a & n* polyglot.
polygone [pɔligɔn] *nm* (*a*) *Mth:* polygon (*b*) *Mil:* shooting range.
Polynésie [pɔlinezi] *Prnf Geog:* Polynesia. **polynésien, -ienne** *a & n* Polynesian.
polype [pɔlip] *nm Med:* polyp.
polysyllabe [pɔlisilab] *nm* polysyllable. **polysyllabique** *a* polysyllabic.
polyvalent [pɔlivalɑ̃] *a* (*a*) *Ch:* polyvalent (*b*) versatile, general-purpose (tool); versatile, all-round (teacher, etc).
pommade [pɔmad] *nf* pomade, cream (for hair); ointment (for skin); **passer de la p. à qn,** to butter s.o. up.
pomme [pɔm] *nf* **1.** (*a*) apple; **p. à cidre,** cider apple; *Anat:* **p. d'Adam,** Adam's apple (*b*) **p. de terre,** potato; **pommes frites,** chips, *NAm:* French fries; **pommes chips,** potato crisps, *NAm:* potato chips; *F:* **tomber dans les pommes,** to pass out, to faint (*c*) **p. de pin,** fir cone, pine cone **2.** knob (of walking stick); heart (of lettuce); rose (of watering can)
pommeau, -eaux [pɔmo] *nm* pommel (of sword); knob (of walking stick).
pommelé [pɔmle] *a* dappled, mottled; mackerel (sky); **gris p.,** dapple-grey.
pommette [pɔmɛt] *nf* cheekbone.
pommier [pɔmje] *nm* apple tree.
pompe[1] [pɔ̃p] *nf* pomp, ceremony; **entrepreneur de pompes funèbres,** undertaker, *NAm:* mortician.
pompe[2] *nf* **1.** pump; **p. à incendie,** fire engine; *Aut:* **p. à air,** air pump; **p. à vélo,** bicycle pump; **p. à essence,** (i) petrol pump, *NAm:* gas pump (ii) petrol station, *NAm:* gas station **2.** *Gym:* press-up; *NAm:* push-up **3.** *P:* shoe; **marcher, être, à côté de ses pompes,** to be a bit crazy **4.** *Sch:* **p. anti-sèche,** crib **5.** *F:* **avoir un coup de p.,** to be shattered, pooped.
pomper [pɔ̃pe] *vtr* (*a*) to pump; to suck up (liquid) (*b*) *Sch: F:* to copy (sth) (**sur** from) (*c*) *P:* to drink, to knock back (*d*) *F:* to wear (s.o.) out; to exhaust (s.o.).
pompeux, -euse [pɔ̃pø, -øz] *a* pompous. **pompeusement** *adv* pompously.
pompier [pɔ̃pje] *nm* fireman; *pl* fire brigade; **camion de pompiers,** fire engine.
pompiste [pɔ̃pist] *n Aut:* petrol, *NAm:* gas, pump attendant.
pompon [pɔ̃pɔ̃] *nm* pompon; bobble; **c'est le p.!** that's the last straw!
pomponner (se) [səpɔ̃pɔne] *vpr* to doll oneself up.
ponçage [pɔ̃saʒ] *nm* sanding, rubbing down.
ponce [pɔ̃s] *nf* **(pierre) p.,** pumice (stone).
poncer [pɔ̃se] *vtr* **(je ponçai(s))** to sand, to rub down.
ponceuse [pɔ̃søz] *nf* sander.
ponction [pɔ̃ksjɔ̃] *nf Med:* puncture; tapping (of lung).

ponctualité [pɔ̃ktɥalite] *nf* punctuality. **ponctuel, -elle** *a* punctual; *Fig:* (*unique*) one-off; *NAm:* one-of-a-kind. **ponctuellement** *adv* punctually.

ponctuation [pɔ̃ktyasjɔ̃] *nf* punctuation.

ponctuer [pɔ̃ktɥe] *vtr* to punctuate.

pondération [pɔ̃derasjɔ̃] *nf* levelheadedness; weighting.

pondérer [pɔ̃dere] *vtr* **(je pondère)** to balance (powers); to weight. **pondéré** *a* (*pers*) levelheaded.

pondre [pɔ̃dr̥] *vtr* (*a*) to lay (eggs); *abs* to lay; **œuf frais pondu,** new-laid egg (*b*) *F:* to produce (novel).

poney [pɔnɛ] *nm* pony.

pongiste [pɔ̃ʒist] *nm* table-tennis player; **équipe de pongistes,** table-tennis team.

pont [pɔ̃] *nm* **1.** (*a*) bridge; **p. tournant, basculant, suspendu,** swingbridge, bascule bridge, suspension bridge; *Adm:* **les ponts et chaussées** = the department of civil engineering; **faire le p.,** to take the intervening day(s) off (between two holidays); **faire un p. d'or à qn,** to offer s.o. a fortune to take on a job; **vivre sous les ponts,** to be a tramp; *Fig:* **couper, brûler, les ponts,** to burn one's boats; *Fig:* **couper les ponts avec qn,** to break off with s.o. (*b*) *Ind:* platform, stage, bridge; (*in garage*) **p. élévateur,** (repair) ramp; **p. roulant,** overhead crane (*c*) *Av:* **p. aérien,** airlift **2.** deck (of ship) **3.** *MecE:* live axle; *Aut:* **p. arrière,** back axle.

ponte[1] [pɔ̃t] *nf* (*a*) laying (of eggs) (*b*) eggs (laid).

ponte[2] *nm F:* big shot.

pontife [pɔ̃tif] *nm* **3. (souverain) p.,** pope, pontiff **2.** *F:* bigshot. **pontifical, -aux** *a* pontifical.

pontifier [pɔ̃tifje] *vi* to pontificate.

pont-levis [pɔ̃l(ə)vi] *nm* drawbridge; *pl ponts-levis.*

ponton [pɔ̃tɔ̃] *nm* **1.** *Mil:* pontoon **2.** landing stage.

pop [pɔp] *a inv* pop (music, art).

pop-corn [pɔpkɔrn] *nm* popcorn.

pope [pɔp] *nm* pope (of Orthodox church).

popeline [pɔplin] *nf Tex:* poplin.

popote [pɔpɔt] **1.** *nf F:* **faire la p.,** to do the cooking **2.** *a inv* domestic, stay-at-home (person).

populace [pɔpylas] *nf Pej:* rabble.

populaire [pɔpylɛr] *a* (*a*) popular; *Pol:* of, for, the people; **manifestation p.,** mass demonstration (*b*) **expression p.,** slang expression; **chanson p.,** (i) folk song (ii) popular song; **quartier p.,** working-class district (*c*) **se rendre p.,** to make oneself popular.

populariser [pɔpylarize] *vtr* to popularize.

popularité [pɔpylarite] *nf* popularity **(auprès de,** with).

population [pɔpylasjɔ̃] *nf* population. **populeux, -euse** *a* densely populated; crowded.

porc [pɔr] *nm* **1.** (*a*) pig, *NAm:* hog (*b*) pigskin (*c*) *F:* (*pers*) pig, swine **2.** *Cu:* pork.

porcelaine [pɔrsəlɛn] *nf* porcelain, china.

porcelet [pɔrsəlɛ] *nm* piglet.

porc-épic [pɔrkepik] *nm* porcupine; *pl porcs-épics.*

porche [pɔrʃ] *nm* porch.

porcherie [pɔrʃəri] *nf* pigsty.

pore [pɔr] *nm* pore. **poreux, -euse** *a* porous.

porno [pɔrno] *F:* **1.** *a* porn (magazine, etc) **2.** *nm* **le p.,** pornography.

pornographie [pɔrnɔgrafi] *nf* pornography. **pornographique** *a* pornographic.

port[1] [pɔr] *nm* harbour, port; **arriver à bon p.,** to come safe into port; to arrive safe and sound; **droits de p.,** harbour dues; **p. maritime,** seaport; **p. militaire,** naval base; **p. de pêche,** fishing port; **p. d'attache,** home port; **p. d'aéroglisseurs,** hoverport.

port[2] *nm* **1.** (*a*) (act of) carrying; **p. d'armes,** carrying of firearms (*b*) wearing (of uniform, of beard) **2.** cost of transport; postage; **franc(o) de p.,** carriage paid; **en p. dû,** carriage forward **3.** bearing, carriage (of person).

portable [pɔrtabl̥] *a* (*a*) wearable (*b*) portable.

portail, -ails [pɔrtaj] *nm* portal; gate.

portant [pɔrtɑ̃] *a* **être bien, mal, p.,** to be in good, poor, health; to be fit, to be unwell.

portatif, -ive [pɔrtatif, -iv] *a* portable.

porte [pɔrt] *nf* **1.** (*a*) gateway, doorway, entrance; **p. cochère,** carriage entrance; (*in airport*) **p. d'embarquement,** departure gate (*b*) *Ski:* gate **2.** door; doorstep; **p. battante,** swing door; **p. d'entrée,** front door; **p. de sortie,** (*also Fig:*) way out; **p. de service,** tradesmen's entrance; **à ma p.,** on my doorstep; **p. tournante,** revolving door; *F:* **je lui ai parlé entre deux portes,** I spoke to him briefly; **mettre qn à la p.,** (i) to throw s.o. out (ii) to sack s.o.; *nm* **faire du p.-à- p.,** to sell, to canvass, (from) door to door; **écouter aux portes,** to eavesdrop **3.** eye (of hook and eye).

porte-à-faux [pɔrtafo] *nm inv* **en p.-à-f.,** unstable; insecure.

porte-avions [pɔrtavjɔ̃] *nm inv* aircraft carrier.

porte-bagages [pɔrtbagaʒ] *nm inv* (*a*) luggage-rack (*b*) *Aut:* roofrack.

porte-bébé [pɔrtbebe] *nm* (*a*) carrycot; *NAm:* baby-basket (*b*) baby sling; *pl porte-bébé(s).*

porte-bonheur [pɔrtbɔnœr] *nm inv* (lucky) charm, mascot.

porte-cartes [pɔrtəkart] *nm inv* card holder, card case.

porte-clefs, porte-clés [pɔrt(ə)kle] *nm inv* key ring.

porte-conteneurs [pɔrtkɔ̃tənœr] *nm inv* container ship.

porte-couteau [pɔrt(ə)kuto] *nm* knife rest; *pl porte-couteaux.*

porte-documents [pɔrtdɔkymɑ̃] *nm inv* briefcase.

porte-drapeau [pɔrtdrapo] *nm* standard bearer; *pl porte-drapeau(x).*

portée [pɔrte] *nf* **1.** span (of roof, bridge); bearing (of beam) **2.** (*a*) litter (of animals) (*b*) *Mus:* stave; staff **3.** (*a*) reach (of arm); range, scope; compass (of voice); **canon à longue p., à courte p.,** long-range, short-range, gun; **à p. de voix,** within call; **à p. d'oreille,** within earshot; **à p. de (la) vue,** within sight; **hors de p.,** out of, beyond, reach; **à la p. de tout le monde,** (i) available to everybody (ii) that everyone can understand (*b*) bearing, (full) significance; implication (of words).

porte-fenêtre [pɔrt(ə)fənɛtr̥] *nf* French window; *pl portes-fenêtres.*

portefeuille [pɔrtəfœj] *nm* (*a*) wallet, *NAm:* bill-fold; **lit en p.,** apple pie bed; **jupe p.,** wrapover skirt (*b*) *Pol:* *Com:* portfolio (*c*) *Fin:* **effets en p.,** bills in hand.

porte-jarretelles [pɔrt(ə)ʒartɛl] *nm inv* suspender belt; *NAm:* garter belt.

portemanteau, -eaux [pɔrtmɑ̃to] *nm* coat rack, coat stand; hat stand.

porte(-)mine [pɔrt(ə)min] *nm* propelling pencil; *pl porte-mine(s).*

porte-monnaie [pɔrtmɔnɛ] *nm inv* purse.

porte-papier [pɔrtpapje] *nm inv* toilet-roll holder; toilet-paper dispenser.

porte-parole [pɔrtparɔl] *nm inv* spokesman, spokeswoman; mouthpiece.

porte-parapluies [pɔrtparaplɥi] *nm inv* umbrella stand.

porte-plume [pɔrtəplym] *nm inv* penholder.

porter [pɔrte] **1.** *vtr* (*a*) to carry; to bear (burden); **p. qn dans son cœur,** to have a great affection for s.o. (*b*) to produce; to bear (fruit); **cela vous portera bonheur,** that will bring you luck (*c*) to carry (sth) habitually; **p. du noir, une bague,** to wear black, a ring; **le bleu se porte beaucoup,** blue is very fashionable; **p. la tête haute,** to hold one's head high (*d*) to carry, convey, take (sth somewhere); **portez-lui ce livre,** take him this book; **il porta le verre à ses lèvres,** he raised the glass to his lips (*e*) **p. un coup à qn,** to strike s.o.; **p. ses regards sur qn,** to look at s.o.; **p. une accusation contre qn,** to bring a charge against s.o. (*f*) to inscribe, enter; **p. une somme au crédit de qn,** to credit a sum to s.o.; **se faire p. malade,** to report sick (*g*) to induce, incline, prompt; **tout me porte à croire que,** everything leads me to believe that (*h*) to raise, carry; **p. la température à 100°,** to raise the temperature to 100° (*i*) to show (interest, affection, for s.o., sth); **par la tendresse que je vous porte,** by the love I bear you (*j*) to declare, state; **la loi porte que,** the law provides that; **p. témoignage,** to bear witness **2.** *vi* (*a*) to rest, bear; (*discussion*) to turn on; (*action*) to focus on; **la perte a porté sur nous,** we had to stand the loss (*b*) to hit, reach; **aucun des coups n'a porté,** none of the blows took effect; **chaque mot a porté,** every word went home; **son discours a porté sur ses auditeurs,** his speech made an impact on his audience; **sa voix porte bien,** his voice carries well; **sa tête a porté sur le trottoir,** his head hit the pavement; **être porté sur,** to have a weakness for **3. se p.** (*a*) to go, proceed (to a place); (*of look, choice, suspicion*) **se p. sur,** to fall on; **se p. au secours de qn,** to go to s.o.'s help (*b*) **se p. bien, mal,** to be well, unwell (*c*) **se p. caution, candidat,** to stand as surety, as candidate.

porte-revues [pɔrtrəvy] *nm inv* magazine rack.

porte-savon [pɔrtsavɔ̃] *nm* soapdish; *pl porte-savons.*

porte-serviettes [pɔrtsɛrvjɛt] *nm inv* towel rail.

porteur, -euse [pɔrtœr, -øz] **1.** *n* (*a*) carrier, bearer (of message); **par p.,** by messenger (*b*) (railway) porter; **p. d'eau,** water carrier; **p. de germes,** (germ) carrier (*c*) *Fin:* payee (of cheque); **p. d'actions,** shareholder; **payable au p.,** payable to bearer **2.** *a* (*a*) bearing (axle); **câble p.,** suspension cable (*b*) *El:* carrier (wave, frequency) (*c*) **mère porteuse,** surrogate mother.

porte-voix [pɔrtəvwa] *nm inv* loudhailer; megaphone.

portier, -ière[1] [pɔrtje, -jɛr] *n* porter; commissionaire; janitor.

portière[2] *nf Rail: Aut:* door.

portillon [pɔrtijɔ̃] *nm* gate.

portion [pɔrsjɔ̃] *nf* portion, share, part; helping (of food); stretch (of road).

portique [pɔrtik] *nm* (*a*) portico, porch (*b*) *Gym:* crossbeam.

Porto [pɔrto] **1.** *Prnm Geog:* Oporto **2.** *nm* **p.,** (*wine*) port.

portrait [pɔrtrɛ] *nm* portrait; likeness; **faire le p. de qn,** to paint s.o.'s portrait; **c'est le p. vivant de son père,** he's the living image of his father.

portraitiste [pɔrtretist] *n* portrait painter.

portrait-robot [pɔrtrɛrɔbo] *nm* identikit (picture); *pl portraits-robots.*

portuaire [pɔrtyɛr] *a* harbour, port (installations).

Portugal [pɔrtygal] *Prnm Geog:* Portugal. **portugais, -aise 1.** *a & n* Portuguese **2.** *nm Ling:* Portuguese.

pose [poz] *nf* **1.** placing; hanging (of curtain, picture); laying (of bricks, carpet); installation (of electricity); fitting (of lock); **p. de câbles,** cable laying **2.** (*a*) pose, posture; attitude; **prendre une p.,** to strike a pose (*b*) posing, affectation **3.** *Phot:* (*a*) exposure (*b*) time exposure.

posé [poze] *a* calm, sedate (person); steady (bearing); sober (appearance). **posément** *adv* calmly, sedately.

poser [poze] **1.** *vi* (*a*) (*of beam*) to rest, lie (on sth) (*b*) to pose (as artist's model); to sit (for one's portrait) (*c*) to show off; to strike an attitude **2.** *vtr* (*a*) to place, put, lay, set, (down) (sth somewhere); **pose-le sur la table,** put it (down) on the table; **p. un avion,** to land an aircraft; **p. sa candidature,** to stand (as a candidate); to apply, put in one's application (**à,** for); **p. une question à qn,** to put a question to s.o.; to ask s.o. a question; **p. un problème à qn,** to set s.o. a problem; *Mth:* **p. un chiffre,** to put down a number (*b*) to put up, hang (curtain, picture); to lay (bricks, carpet); to install (electricity); to fit (lock) (*c*) to establish (s.o.'s reputation) (*d*) **posons que,** let's suppose, supposing, that **3. se p.** (*a*) (*of bird*) to settle, alight; (*of aircraft*) to land (*b*) **un problème se pose,** we are faced with a problem; **se p. des questions,** to wonder (*c*) **se p. comme prêtre,** to pose as a priest.

poseur, -euse [pozœr, -øz] **1.** *n Tchn:* layer (of pipes, cables); *Rail:* **p. de voie,** platelayer; *Navy:* **p. de mines,** minelayer **2.** *a & n* affected, posey (person); show-off, poseur.

positif, -ive [pozitif, -iv] (*a*) *a* positive (*b*) *nm Phot:* positive (print). **positivement** *adv* positively.

position [pozisjɔ̃] *nf* **1.** (*a*) position (of ship, aircraft); *Aut:* **feux de p.,** sidelights; **prendre p.,** to take a stand (*b*) *Mil: etc:* **p. de repli,** position to fall back on **2.** posture, attitude **3.** (*a*) condition, circumstances; **p. gênante,** embarrassing situation; **p. sociale,** social standing (*b*) *Fin:* **demander sa p.,** to ask for the balance of one's account.

posologie [pozɔlɔʒi] *nf Med:* dosage.

possédant, -ante [pɔsedɑ̃, -ɑ̃t] *a & n* propertied; **les possédants,** the wealthy.

possédé, -ée [pɔsede] **1.** *a* possessed (**de,** by, of); dominated (by passion) **2.** *n* person possessed; madman, madwoman, maniac.

posséder [pɔsede] *v* (**je possède; je posséderai**) **1.** *vtr* (*a*) to be in possession of (sth); to possess, own; to have (property); **p. un titre,** to hold a title (*b*) to have a thorough knowledge of (a language); to be master of (a subject) (*c*) (*of demon*) to possess (s.o.) (*d*) *F:* to fool (s.o.); **je me suis fait p.,** I've been had **2. se p.,** to control oneself, one's temper; **il ne se possédait plus de joie,** he was beside himself with joy.

possesseur [pɔsesœr] *nm* possessor, owner.

possession [pɔsɛsjɔ̃] *nf* **1.** possession; ownership; **être en p. de qch,** to be in possession of sth; *Com:* to be in receipt of sth; **avoir qch en sa p.,** to have sth in one's possession **2.** possession (by evil spirit); **p. de soi-même,** self-control. **possessif, -ive** *a & nm* possessive.

possibilité [pɔsibilite] *nf* possibility; feasibility; **si j'ai la p. de lui écrire,** if it's possible for me to write to him.

possible [pɔsibl̩] **1.** *a* possible; feasible; **c'est (bien) p.,** it's (quite) possible; it's quite likely; **ce n'est pas p.!** *F:* **pas p.!** it's not possible! you can't mean it! **est-il p. de faire des fautes pareilles?** how can people make such mistakes? **il ne m'est pas p. de le faire,** I can't possibly do it; **aussitôt que, dès que, p.,** as soon as possible; **si (c'est) p.,** if possible; **la boîte la plus grande p.,** the largest possible box **2.** *nm* **dans la mesure du p.,** as far as possible; **faire tout son p. pour,** to do one's utmost to; **il s'est montré aimable au p.,** he couldn't have been nicer.

post- [pɔst] *pref* post-.

postdater [pɔstdate] *vtr* to postdate (letter).

poste¹ [pɔst] *nf* (*a*) post, mail; **les Postes et Télécommunications,** the postal services = the Post Office; **p. aérienne,** airmail; **mettre une lettre à la p.,** to post, mail, a letter (*b*) **(bureau de) p.,** post office; **grande p.,** head, main, post office. **postal, -aux** *a* postal (service); **code p.,** postcode; *NAm:* zip code.

poste² *nm* **1.** (*a*) post, station; **être à son p.,** to be at one's post; **à vos postes!** to your posts! **p. de commandement,** headquarters; *Navy:* **p. d'équipage,** crew's quarters (*b*) **p. d'incendie,** fire station; **p. de police,** police station; **p. d'essence,** petrol station, *NAm:* gas station; **p. de contrôle,** checkpoint; *Av:* **p. de pilotage,** cockpit; *Rail:* **p. d'aiguillage,** signal box (*c*) (radio, television) set; **p. émetteur, récepteur,** transmitter, receiver (*d*) telephone; **p. 35,** extension 35 **2.** (*a*) post, appointment, job (*b*) *Ind:* shift **3.** *Book-k:* entry, item.

poster¹ [pɔste] **1.** *vtr* (*a*) to post, mail (letter) (*b*) to post (sentry); to station (men) **2. se p.,** to position oneself.

poster² [pɔstɛr] *nm* poster.

postérieur [pɔsterjœr] **1.** *a* (*a*) (*of time*) posterior; subsequent (**à,** to), later (*b*) (*of place*) hind, back **2.** *nm F:* posterior, behind. **postérieurement** *adv* subsequently; at a later date.

postérité [pɔsterite] *nf* posterity.

posthume [pɔstym] *a* posthumous.

postiche [pɔstiʃ] **1.** *a* false (hair) **2.** *nm* hairpiece.

postier, -ière [pɔstje, -jɛr] *n* post office employee.

postillon [pɔstijɔ̃] *nm* **1.** *Hist:* postilion **2. envoyer des postillons,** to sputter (whilst talking).

postillonner [pɔstijɔne] *vi* to sputter.

postopératoire [pɔstɔperatwar] *a Med:* post-operative (care).

postscolaire [pɔstskɔlɛr] *a Sch:* continuation (classes); **enseignement p.,** further education.

post-scriptum [pɔstskriptɔm] *nm inv* postscript.

postsynchroniser [pɔstsɛ̃krɔnize] *vtr Cin:* to dub (film).

postulant, -ante [pɔstylɑ̃, -ɑ̃t] *n* (*a*) applicant (*b*) *Ecc:* postulant.

postuler [pɔstyle] *vtr* (*a*) to apply for (post) (*b*) to postulate (principle).

posture [pɔstyr] *nf* **1.** posture, attitude (of the body) **2.** position (in society, business); **être en bonne, en mauvaise, p.,** to be well, badly, placed.

pot [po] *nm* **1.** pot, jug, can, jar; **p. de chambre,** chamber pot; (*for child*) **(petit) p.,** potty; **p. de fleurs,** pot of flowers; **p. à fleurs,** flowerpot; **p. à eau** [pɔtao] water jug; **p. à lait,** milk can, jug; *F:* **prendre un p.,** to have a drink; **avoir du p.,** to be lucky; **coup de p.,** stroke of luck; **manque de p.,** hard luck; **payer les pots cassés,** to carry the can **2.** *Aut:* **p. d'échappement,** exhaust pipe; silencer, *NAm:* muffler.

potable [pɔtabl̩] *a* **1.** drinkable; **eau p.,** drinking water **2.** *F:* fair; good enough.

potage [pɔtaʒ] *nm* soup.

potager, -ère [pɔtaʒe, -ɛr] **1.** *a Cu:* **herbes potagères,** pot herbs; **plante potagère,** vegetable **2.** *a & nm* **(jardin) p.,** vegetable garden.

potasser [pɔtase] *F:* **1.** *vi* to cram **2.** *vtr* to cram for (exam); to swot up (on maths, etc).

pot-au-feu [pɔtofø] *nm inv* (*a*) boiled beef with vegetables (*b*) stewing beef.

pot-de-vin [podvɛ̃] *nm* **1.** tip **2.** bribe; *pl pots-de-vin.*

pote [pɔt] *nm F:* pal, mate, *NAm:* buddy.

poteau, -eaux [pɔto] *nm* (*a*) post, pole, stake; *Sp:* goalpost; **p. indicateur,** signpost; **p. télégraphique,** telegraph pole; *Sp:* **p. de départ, d'arrivée,** starting post, winning post (*b*) **p. (d'exécution),** execution post; **au p.!** down with him!

potelé [pɔtle] *a* plump and dimpled; chubby (child).

potence [pɔtɑ̃s] *nf* **1.** gallows, gibbet **2.** support, arm, crosspiece, bracket.

potentiel, -elle [pɔtɑ̃sjɛl] *a & nm* potential. **potentiellement** *adv* potentially.

poterie [pɔtri] *nf* **1.** pottery (works) **2.** (piece of) pottery; **p. (de terre),** earthenware.

potiche [pɔtiʃ] *nf* **1.** (large) oriental vase **2.** *F:* figurehead; **jouer les potiches,** to act as a figurehead.

potier [pɔtje] *nm* potter.

potin [pɔtɛ̃] *nm F:* **1.** *pl* gossip **2.** noise, row, racket.

potion [posjɔ̃] *nf* potion.

potiron [pɔtirɔ̃] *nm* pumpkin.

pot-pourri [popuri] *nm Mus: etc:* pot pourri, medley; *pl pots-pourris.*

pou, *pl* **poux** [pu] *nm* louse; *pl* lice.

pouah [pwa] *int* ugh!

poubelle [pubɛl] *nf* dustbin, *NAm:* garbage can, trash can.

pouce [pus] *nm* **1.** (*a*) thumb; *F:* **donner un coup de p. à qn,** to pull strings for s.o.; **manger sur le p.,** to have a (quick) snack; **se tourner les pouces,** to twiddle one's thumbs; *Sch: P:* **p.!** pax! (*b*) *occ* big toe **2.** *Meas:* inch.

poudre [pudr̩] *nf* **1.** (*a*) powder; **réduire qch en p.,** to grind sth to a powder; **p. d'or,** gold dust; **p.**

dentifrice, tooth powder; **p. à récurer,** scouring powder; **sucre en p.,** caster sugar; **lait en p.,** powdered milk, dried milk (*b*) face powder **2. p. (à canon),** gunpowder; **la nouvelle s'est répandue comme une traînée de p.,** the news spread like wildfire.

poudrer [pudre] *vtr* to powder; to sprinkle with powder; **se p.,** to powder (one's face). **poudreux, -euse** *a* powdery; dusty; **neige poudreuse,** powdery snow.

poudrerie [pudrəri] *nf* (gun)powder factory.

poudrier [pudrije] *nm Toil:* (powder) compact.

poudrière [pudrijɛr] *nf* powder magazine; *Fig:* powder keg.

pouf [puf] **1.** *int* (*a*) wallop! bump! (*b*) phew! **2.** *nm Furn:* pouf(fe).

pouffer [pufe] *vi* **p. (de rire),** to burst out laughing, to guffaw.

pouffiasse [pufjas] *nf P: Pej:* (old) cow.

pouilleux, -euse [pujø, -øz] **1.** *a* lousy, verminous; filthy (person); squalid, seedy (part of town) **2.** *n* tramp.

poulailler [pulaje] *nm* (*a*) hen house (*b*) *Th: F:* the gallery; the gods.

poulain [pulɛ̃] *nm* colt, foal; *Sp: etc:* protégé.

poularde [pulard] *nf Cu:* fattened pullet.

poule [pul] *nf* (*a*) hen; *Cu:* (boiling) fowl; **p. au pot,** boiled chicken; **ma (petite) p.!** my pet! **lait de p.,** (non-alcoholic) egg flip, egg nog; **quand les poules auront des dents,** when pigs can fly; **être p. mouillée,** to be chicken (*b*) **p. d'eau,** moorhen; **p. faisane,** hen pheasant (*c*) *P: Pej:* tart.

poulet [pulɛ] *nm* (*a*) chicken (*b*) *F:* cop.

pouliche [puliʃ] *nf* filly.

poulie [puli] *nf* **1.** pulley; (i) sheave (ii) block **2.** (belt) pulley; driving wheel.

poulpe [pulp] *nm* octopus.

pouls [pu] *nm Med:* pulse; **prendre le p. à qn,** to take s.o.'s pulse.

poumon [pumɔ̃] *nm* lung; **p. d'acier,** iron lung; **respirer à pleins poumons,** to take a deep breath; **crier à pleins poumons,** to shout as loud as one can.

poupe [pup] *nf Nau:* stern, poop.

poupée [pupe] *nf* **1.** (*a*) doll; dolly (*b*) *F:* girl, bird, doll **2.** finger bandage.

poupin [pupɛ̃] *a* **visage p.,** baby face.

poupon [pupɔ̃] *n* **1.** (tiny) baby **2.** baby doll.

pouponner [pupɔne] *vi* to play the doting mother.

pouponnière [pupɔnjɛr] *nf* day nursery, crèche.

pour[1] [pur] *prep* **1.** (*a*) for; instead of; **allez-y p. moi,** go in my place; **mot p. mot,** word for word; **agir p. qn,** to act on s.o.'s behalf (*b*) **prendre qn p. un autre,** to take s.o. for someone else; **laisser qn p. mort,** to leave s.o. for dead; *F:* **c'est p. de vrai,** it's for real (*c*) (*direction*) **je pars p. la France,** I'm leaving for France; **le train p. Paris,** the Paris train (*d*) (*time*) **p. quinze jours,** for a fortnight; **p. toujours,** for ever; **p. le moment,** for the time being; **il sera ici p. quatre heures,** he'll be here (i) for four hours (ii) by four o'clock; **j'en ai p. une heure,** it'll take me an hour; **donnez-moi p. 100 francs d'essence,** give me 100 francs' worth of petrol; **être p. beaucoup,** to count for much (*e*) (*purpose*) **je suis ici p. affaires,** I'm here on business; **vêtements pour hommes,** menswear; **c'est p. cela qu'il est venu,** that's why he came; **il est venu p. le compteur,** he came about the meter (*f*) because of; **faites-le p. moi,** do it for my sake; **j'avais peur p. lui,** I was afraid for him; **p. la forme,** for form's sake (*g*) **parler p. qn,** to speak in favour of s.o.; *adv F:* **moi, je suis p.,** I'm in favour of it (*h*) **p. mon compte,** as far as I'm concerned; **il est grand p. son âge,** he's tall for his age; **p. ce qui est de nos vacances,** as for our holidays; **p. moi,** for my part; **p. moi c'est absurde,** in my opinion it's ridiculous; *F:* **p. de la chance, c'est de la chance,** that's lucky and no mistake! (*i*) **dix p. cent,** ten per cent (*j*) **bon, mauvais, p.,** good, bad, for **2. p.** + *inf* (*a*) (in order) to; **il faut manger p. vivre,** one must eat to live; **p. ainsi dire,** so to speak (*b*) **p. ne pas être en retard,** so as not to be late; **être trop faible p. marcher,** to be too weak to walk (*c*) although; **p. être petit il n'en est pas moins brave,** though small he is none the less brave (*d*) because of; **être puni p. avoir désobéi,** to be punished for disobeying; **je le sais p. l'avoir vu,** I know it from having seen it (*e*) of a nature to; **cela n'est pas p. me surprendre,** that does not come as a surprise to me (*f*) *F:* **être p. partir,** to be about to leave (*g*) **mourir p. mourir,** if we must die **3.** (*a*) **p. que** + *sub* in order that; **il est trop tard p. qu'elle sorte,** it is too late for her to go out (*b*) **p.** (+ *adj or n*) **que** + *sub* however, although; **cette situation, p. terrible qu'elle soit,** this situation, terrible though it may be (*c*) **p. peu que** + *sub,* if only, if ever; **p. peu que vous hésitiez, vous êtes fichu,** if you hesitate at all, you've had it.

pour[2] *nm* **peser le p. et le contre,** to weigh the pros and cons.

pourboire [purbwar] *nm* tip.

pourcentage [pursɑ̃taʒ] *nm* percentage; rate (of interest); commission.

pourchasser [purʃase] *vtr* to pursue; to hound (debtor); to hunt down (criminal).

pourparlers [purparle] *nmpl* talks; **entrer en p.,** to begin negotiations (**avec,** with).

pourpre [purpr̥] **1.** *nf* purple (dye) (of the ancients) **2.** *nm* crimson **3.** *a* crimson; (*of pers*) purple (with rage).

pourquoi [purkwa] **1.** *adv & conj* why; **p. faire?** what for? **p. cela?** why? **mais p. donc?** what on earth for? **voilà p.,** that's why; **p. pas?** why not? **2.** *nm inv* reason; **les p. et les comment,** the whys and wherefores.

pourrir [purir] **1.** *vi & pr* to rot, decay; to go rotten, to go bad; **p. en prison,** to rot in prison; **laisser p. la situation,** to let the situation deteriorate **2.** *vtr* to rot. **pourri 1.** *a* rotten (fruit, wood); bad (meat); wet (weather); corrupt (society) **2.** *nm* (*a*) rotten, bad, part (of fruit); **sentir le p.,** to smell of decay (*b*) *P:* (*pers*) swine.

pourrissement [purismɑ̃] *nm* deterioration.

pourriture [purityr] *nf* **1.** (*a*) rotting, rot (*b*) rottenness (of society) **2.** *F:* (*pers*) swine.

poursuite [pursɥit] *nf* **1.** (*a*) pursuit; chase; **se lancer à la p. de qn,** to set off in pursuit of s.o. (*b*) carrying out (of piece of work); *Com:* **p. du client,** follow-up system. **2.** *usu pl Jur:* **poursuites judiciaires,** legal proceedings; **engager des poursuites contre qn,** to take legal action against s.o.

poursuivant, -ante [pursɥivɑ̃, -ɑ̃t] *n* pursuer.

poursuivre [pursɥivr̥] *v* (*conj like* SUIVRE) **1.** *vtr* (*a*) to pursue; to go after, to chase, to hunt (s.o., animal); to hound (s.o.); **poursuivi par la guigne,** dogged by bad luck (*b*) **p. qn (en justice),** to prosecute s.o. (*c*) to pursue, continue, go on with (work, a story); *F:* **p. un but,** to work towards an end; **p. un avantage,** to follow up an advantage **2.** *vi* **poursuivez,** go on; continue (your story) **3. se p.,** to continue, to go on.

pourtant [purtɑ̃] *adv* nevertheless, however, still, (and) yet.

pourtour [purtur] *nm* periphery, circumference (of building); precincts (of a cathedral); **mur de p.,** enclosure wall.

pourvoir [purvwar] *v* (*prp* **pourvoyant;** *pp* **pourvu;** *pr ind* **je pourvois;** *pr sub* **je pourvoie**) **1.** *v ind tr* to provide; **p. aux besoins de qn,** to cater for, to attend to, s.o.'s needs; **p. aux frais,** to defray the cost; **p. à un emploi,** to fill a job **2.** *vtr* (*a*) **p. qn de qch,** to supply s.o. with sth (*b*) to equip, fit (**de,** with) **3. se p.,** to provide oneself (**de,** with).

pourvoyeur, -euse [purvwajœr -øz] *n* supplier.

pourvu que [purvykə] *conj phr* provided (that); so long as; **p. qu'il ne fasse pas de gaffes!** let's hope he doesn't put his foot in it!

pousse [pus] *nf* **1.** growth (of hair, leaves, feathers) **2.** (young) shoot, sprout.

poussé [puse] *a* advanced (studies); *Aut:* **moteur p.,** souped-up engine.

pousse-café [puskafe] *nm inv F:* (after dinner) liqueur.

poussée [puse] *nf* **1.** thrust; **centre de p.,** aerodynamic centre; **force de p.,** upward thrust; **p. du vent,** wind pressure **2.** pushing, pressure (of crowd) **3.** push, shove **4.** (*a*) growth; eruption, outbreak (of pimples); **p. de fièvre,** sudden rise in temperature (*b*) bulge (in profits).

pousser [puse] **1.** *vtr* (*a*) to push, shove, thrust; to wheel (bicycle); to slide (bolt); **p. qn du coude,** to nudge s.o.; **p. la porte,** (i) to push the door to (ii) to push the door open (*b*) to drive (on), impel, urge; **p. qn à faire qch.,** to push s.o. into doing sth (*c*) to push on; to pursue (studies); to urge on (horse); to drive (engine) hard; to push (pupil); **p. la plaisanterie un peu loin,** to carry a joke too far; **p. la vente,** to push the sale (*d*) to put forth, shoot out (leaves) (*e*) to utter (cry); to heave (sigh); to give (cheer); **p. un cri,** to shout, to scream **2.** *vi* (*a*) to push; **p. à la roue,** to put one's shoulder to the wheel (*b*) to push on, make one's way (to a place) (*c*) (*of plants*) to grow; (*of teeth*) to come through; **ses dents commencent à p.,** he's beginning to cut his teeth; **laisser p. sa barbe,** to grow a beard **3. se p.,** to move.

poussette [pusɛt] *nf* pushchair; *NAm:* stroller; **p. canne,** (baby) buggy; *NAm:* (collapsible) stroller; **p. de marché,** shopping trolley; *NAm:* shopping cart.

poussière [pusjɛr] *nf* (*a*) dust; **couvert de p.,** dusty; **tomber en p.,** to crumble into dust (*b*) speck of dust; *F:* **10 francs et des poussières,** 10 francs plus (a bit). **poussiéreux, -euse** *a* dusty.

poussif, -ive [pusif, -iv] *a* short-winded (person); puffing (engine).

poussin [pusɛ̃] *nm* (*a*) chick (*b*) *Cu:* spring chicken (*c*) *F:* **mon p.,** pet.

poussoir [puswar] *nm* (push) button.

poutre [putr̥] *nf* **1.** (wooden) beam **2.** (metal) girder.

poutrelle [putrɛl] *nf* small beam; girder.

pouvoir[1] [puvwar] *vtr* (*prp* **pouvant;** *pp* **pu;** *pr ind* **je peux, je puis** (*always* **puis-je**), **tu peux, il peut, ils peuvent;** *pr sub* **je puisse;** *fu* **je pourrai**) **1.** to be able; can; **je ne peux (pas) le faire,** I can't do it; **cela ne peut (pas) se faire,** it cannot, it can't, be done; **comment a-t-il pu dire cela?** how could he say that? **il aurait pu le faire s'il avait voulu,** he could have done it if he had wanted to; **faire tout ce qu'on peut,** to do all one can; **on n'y peut rien,** it can't be helped; **il travaille on ne peut mieux,** he couldn't work better; **il n'en peut plus (de fatigue),** he's worn out, tired out; **sauve qui peut,** every man for himself; **qu'est-ce qu'il peut bien me vouloir?** whatever can he want (from me)? **la loi ne peut rien contre lui,** the law can't touch him **2.** (*a*) to be allowed; may; **vous pouvez partir,** you may go; **puis-je entrer?** may I, can I, come in? (*b*) **puissiez-vous dire vrai!** let's hope you're right! **3.** to be possible, probable; *vpr* **cela se peut (bien),** it may be; it could well be; **la porte a pu se fermer seule,** the door could have closed on its own; **il pouvait avoir dix ans,** he may, might, have been ten; **advienne que pourra,** come what may; **il se peut qu'il vienne,** he may come.

pouvoir[2] *nm* **1.** power; force, means; **il n'est pas en mon p. de,** it is not within my power to **2.** influence, power; **être au p. de qn,** to be in s.o.'s power **3.** (*a*) **p. paternel,** paternal authority (*b*) competence, power; **abuser de ses pouvoirs,** to abuse one's authority (*c*) **p. politique,** political power; **prendre le p.,** to come into office; (*illegally*) to seize power; **le parti au p.,** the party in power; **les pouvoirs publics,** the authorities **4.** *Jur:* power of attorney; **avoir plein(s) pouvoir(s) pour agir,** to have full powers to act.

pragmatique [pragmatik] *a* pragmatic. **pragmatisme** *nm* pragmatism. **pragmatiste** *a & n* pragmatist.

praire [prɛr] *nf* clam.

prairie [prɛri] *nf* meadow; grassland, *NAm:* prairie.

praline [pralin] *nf* praline; sugared almond. **praliné** *a* praline-flavoured.

praticable [pratikabl̥] *a* practicable; feasible (plan); passable, negotiable (road, ford).

praticien, -ienne [pratisjɛ̃, -jɛn] *n* (legal, medical) practitioner.

pratique [pratik] **1.** *nf* (*a*) practice; application (of theory); **mettre qch en p.,** to put sth into practice; **en p.,** in practice (*b*) practice, experience; **p. d'un sport,** practice of a sport; **je n'ai pas la p.,** I'm not used to it; **avoir une longue p. de qch,** to have a long practical experience of sth (*c*) *Jur:* practice (of the law); **terme de p.,** legal term (*d*) **pratiques religieuses,** religious observances **2.** *a* practical, useful (method); handy (gadget); convenient (time); **sens p.,** practical common sense. **pratiquement** *adv* in practice; practically.

pratiquer [pratike] *vtr* **1.** to practise (rules, virtues); to employ, use; **il pratique le football,** he plays football; **elle pratique la natation,** she's a (keen) swimmer; *Med:* **p. une intervention,** to carry out an operation; *abs* **il ne p. pas,** (i) he doesn't go to church (ii) *Med:* he is not in practice; *Com:* **prix pratiqués,** current prices **2.** to make (opening); to bore (hole); to open (road). **pratiquant, -ante 1.** *a* practising **2.** *n* follower (of faith); regular churchgoer.

pré [pre] *nm* meadow.

préalable [prealabl] **1.** *a* (*a*) previous, prior (**à,** to) (*b*) preliminary (agreement) **2.** *nm* prerequisite, condition; **au p.,** first; beforehand. **préalablement** *adv* first (of all); beforehand; **p. à,** prior to.

préambule [preɑ̃byl] *nm* preamble (**de,** to); prelude.

préau, -aux [preo] *nm* (court)yard (of prison); (covered) playground.

préavis [preavi] *nm* (advance) notice; **sans p.,** without warning.

précaire [prekɛr] *a* precarious (tenure); delicate (health).

précaution [prekosjɔ̃] *nf* **1.** precaution; **prendre des précautions,** to take precautions; **par p.,** as a precaution **2.** caution, care; **avec p.,** cautiously.

précédent [presedɑ̃] **1.** *a* preceding, previous, former; **le jour p.,** the day before **2.** *nm* precedent; **sans p.,** unprecedented. **précédemment** *adv* previously, before.

précéder [presede] *vtr* (**je précède, n. précédons; je précéderai**) (*a*) to precede; to go, to come, before; **faire p. qch de qch,** to precede sth by sth; *abs* **la page qui précède,** the preceding page (*b*) to precede, get ahead of (s.o.).

précepte [presɛpt] *nm* precept.

précepteur [presɛptœr] *n* (private) tutor.

prêcher [preʃe] **1.** *vtr & i* to preach (gospel) (**à,** to); **p. l'économie,** to preach economy; **p. d'exemple,** to practise what one preaches **2.** *vtr* to preach to (s.o.); to lecture (s.o.).

précieux, -euse [presjø, -øz] *a* (*a*) precious; valuable; invaluable (*b*) precious; affected (style). **précieusement** *adv* very carefully.

précipice [presipis] *nm* chasm; abyss; precipice.

précipitation [presipitasjɔ̃] **1.** *nf* great haste; precipitation **2.** *nfpl Meteor:* precipitation.

précipiter [presipite] **1.** *vtr* (*a*) to throw down, hurl down; **p. qn dans le désespoir,** to plunge s.o. into despair (*b*) to hurry, hasten, rush; to precipitate (events); **il ne faut rien p.,** we musn't rush things **2.** *vi Ch:* to precipitate **3. se p.** (*a*) to dash, to rush (headlong); to make a rush (**sur,** at, upon) (*b*) to speed up; (*of pulse*) to quicken. **précipitamment** *adv* hastily; **sortir p.,** to rush out. **précipité 1.** *a* hasty, hurried; headlong (flight); racing (pulse) **2.** *nm Ch:* precipitate.

précis [presi] **1.** *a* precise, exact, accurate, definite; **à deux heures précises,** at two o'clock sharp; **en termes p.,** in distinct terms; **sans raison précise,** for no particular reason **2.** *nm* abstract, summary; précis (of document). **précisément** *adv* (*a*) precisely, exactly (*b*) as a matter of fact.

préciser [presize] **1.** *vtr* to specify; to state precisely; **p. les détails,** to go into further detail; **je tiens à p. que,** I wish to make it clear that; **p. la date,** to give the exact date **2.** *vi* to be precise, explicit **3.** (*of ideas*) **se p.,** to become clear; to take shape.

précision [presizjɔ̃] *nf* **1.** precision, exactness, accuracy; **instruments de p.,** precision instruments **2.** *pl* precise details; **demander des précisions sur qch,** to ask for more information about sth.

précoce [prekɔs] *a* precocious; early (fruit); premature (senility). **précocement** *adv* precociously.

préconçu [prekɔ̃sy] *a* preconceived.

préconiser [prekɔnize] *vtr* to recommend, advocate.

précurseur [prekyrsœr] **1.** *nm* precursor, forerunner **2.** *am* precursory; **signe p. de qch,** sign heralding sth.

prédécesseur [predesɛsœr] *nm* predecessor.

prédestination [predɛstinasjɔ̃] *nf* predestination.

prédestiner [predɛstine] *vtr* to predestine (**à,** to).

prédicateur [predikatœr] *nm* preacher.

prédiction [prediksjɔ̃] *nf* prediction.

prédilection [predilɛksjɔ̃] *nf* predilection, partiality; **de p.,** favourite.

prédire [predir] *vtr* (*conj. like* DIRE *except pr ind & imp* **v. prédisez**) to predict, foretell.

prédisposer [predispoze] *vtr* to predispose (**à,** to).

prédisposition [predispozisjɔ̃] *nf* predisposition (**à,** to).

prédominance [predɔminɑ̃s] *nf* predominance.

prédominer [predɔmine] *vi* to predominate. **prédominant** *a* predominant.

prééminence [preeminɑ̃s] *nf* pre-eminence (**sur,** over). **prééminent** *a* pre-eminent.

préexistence [preɛgzistɑ̃s] *nf* pre-existence.

préexister [preɛgziste] *vi* to pre-exist. **préexistant** *a* pre-existent.

préfabriqué [prefabrike] **1.** *a* prefabricated **2.** *nm* prefabricated house, material; prefab.

préface [prefas] *nf* preface, foreword.

préfacer [prefase] *vtr* to preface.

préfecture [prefɛktyr] *nf Fr Adm:* prefecture; **P. de police,** Paris police headquarters. **préfectoral, -aux** *a* prefectural.

préférable [preferabl] *a* preferable (**à,** to); **préférablement** *adv* preferably.

préférence [preferɑ̃s] *nf* preference; **de p.,** preferably; **de p. à,** in preference to; **il n'a pas de p.,** it's all the same to him. **préférentiel, -elle** *a* preferential.

préférer [prefere] *vtr* (**je préfère; je préférerai**) to prefer (**à,** to); to like better; **je préfère du thé,** I'd rather have tea. **préféré, -ée** *a & n* favourite.

préfet [prefɛ] *nm* prefect; *Fr Adm:* chief administrator (in a department); **p. de police,** prefect of police; Paris police chief.

préfigurer [prefigyre] *vtr* to foreshadow.

préfixe [prefiks] *nm* prefix.

préhistoire [preistwar] *nf* prehistory. **préhistorique** *a* prehistoric.

préjudice [preʒydis] *nm* prejudice, detriment; (moral) injury; wrong, damage; **porter p. à qn,** to prejudice, harm, s.o. **préjudiciable** *a* prejudicial, detrimental, harmful (**à,** to).

préjugé [preʒyʒe] *nm* prejudice, preconception; **avoir un p. contre,** to be prejudiced, biased, against (sth).

préjuger [preʒyʒe] *vtr* (*conj like* JUGER) **p. de qch,** to prejudge sth.

prélasser (se) [səprelase] *vpr* to lounge (about); to bask (in the sun).

prélat [prela] *nm* prelate.

prélèvement [prelɛvmɑ̃] *nm* **1.** deduction in advance; levying (of tax) **2.** (*a*) sample; **faire un p. de sang,** to take a sample of blood (*b*) amount deducted; *Bank:* = standing order.

prélever [prelve] *vtr* (*conj like* LEVER) to take (sample); to deduct (sum) (**sur,** from).

préliminaire [preliminɛr] **1.** *a* preliminary **2.** *nmpl* preliminaries.

prélude [prelyd] *nm* prelude (**de, à,** to).

préluder [prelyde] *vi* **p. à qch,** to be a prelude to sth.

prématuré, -ée [prematyre] **1.** *a* premature; untimely **2.** *n* premature baby. **prématurément** *adv* prematurely.

préméditation [premeditasjɔ̃] *nf* premeditation; **avec p.,** deliberately.

préméditer [premedite] *vtr* to premeditate; **p. de faire qch,** to plan to do sth; **insulte préméditée,** deliberate insult.

premier, -ière [prəmje, -jɛr] *a & n* **1.** (*a*) first; **le p. janvier,** the first of January; **le p. de l'an,** New Year's day; **premières difficultés,** initial difficulties; **dans les premiers temps,** at first; **en p. (lieu),** in the first place; firstly; **du, au, p. coup,** at the first attempt; **arriver le p., en p.,** to arrive first; **ce n'est pas le p. venu,** he isn't just anybody; *Aut:* **première (vitesse),** first (gear) (*b*) **sens p. d'un mot,** original meaning of a word; **vérité première,** basic truth; *Ind:* **matières premières,** raw materials **2. habiter au p. (étage),** to live on the first floor, *NAm:* the second floor; **p. plan,** foreground; *Fig:* forefront; **première marche,** bottom stair **3. au p. rang,** in the first rank; **le tout p.,** the foremost; **p. ministre,** Prime Minister, Premier; **p. choix,** best quality; **de première importance,** of the highest importance; **de première nécessité,** essential; *Rail:* **voyager en première,** to travel first class; *Mth:* **nombres premiers,** prime numbers; *Th:* **p. rôle,** leading part, lead; *Sch:* **(classe de) première** = lower sixth (form); **il est le p. de sa classe,** he's top of his form; *P:* **de première,** first-class **4.** *nf* (*a*) *Th:* **première,** first night; première (*b*) *Mount:* first ascent. **premièrement** *adv* first(ly), in the first place; for a start.

premier-né, première-née [prəmjene, prəmjɛrne] *a & n* firstborn; *pl premiers-nés, premières-nées.*

prémisse [premis] *nf* premiss.

prémonition [premɔnisjɔ̃] *nf* premonition.

prémunir [premynir] **1.** *vtr* **p. qn contre qch,** to caution s.o. against sth **2. se p. contre qch,** to protect oneself against sth.

prenant [prənɑ̃] *a* engaging (voice); fascinating (book); engrossing (film).

prendre [prɑ̃dr̥] *v* (*prp* **prenant;** *pp* **pris;** *pr ind* **ils prennent;** *pr sub* **je prenne;** *ph* **je pris;** *fu* **je prendrai**) **1.** *vtr* (*a*) to take (up), to take hold of (sth); **p. qn par les cheveux,** to grab s.o. by the hair; **aller p. son parapluie,** to get one's umbrella; **je sais comment le p.,** I know how to handle him; **p. qch sur la table, dans un tiroir,** to take sth from the table, out of a drawer; **où avez-vous pris cela?** (i) where did you get that from? (ii) where did you get that idea? (*b*) to take (in) (lodgers); **p. qch sur soi,** to take responsibility for sth; **il a très mal pris la chose,** he took it very badly (*c*) **p. qch à qn,** to take sth from s.o.; **cela me prend tout mon temps,** it takes up all my time (*d*) *F:* **il prend cher,** he charges a lot; **c'est à p. ou à laisser,** take it or leave it; **à tout p.,** on the whole; all in all; **à bien p. les choses,** rightly speaking (*e*) to take, capture; **p. un poisson,** to catch a fish; **se faire p.,** to get caught; **se laisser p.,** to let oneself be taken in; **p. qn à voler,** to catch s.o. stealing; **p. qn sur le fait,** to catch s.o. in the act; **que je vous y prenne!** let me catch you (at it)! **on ne m'y prendra pas!** I know better! **être pris,** to be stuck; **se p. le pied dans une racine,** to catch one's foot on a root (*f*) **l'envie lui a pris de partir,** he was seized with a desire to go away; **qu'est-ce qui lui prend?** what's come over him? **bien lui en a pris,** it was lucky for him that he did (*g*) to call for, collect (s.o.); (*of taxi*) to pick (s.o.) up; (*of boat*) tc take in (cargo) (*h*) to buy, book (tickets); **p. une chambre,** to take a room; **p. des vacances,** to take a holiday; **p. des renseignements,** to make enquiries; **p. des notes,** to take notes (*i*) to engage (staff); **p. qn comme exemple,** to take s.o. as an example (*j*) **p. qn pour,** to (mis)take s.o. for; **se faire p. pour,** to pass oneself off as (*k*) to take, eat (food); **qu'est-ce que vous pren(dr)ez?** what will you have (to drink)? *F:* **qu'est-ce que tu vas p.!** you're for it! (*l*) to acquire (habit); **p. froid,** to catch cold (*m*) to take on, assume (appearance); **p. un air innocent,** to put on an innocent air; **p. du poids,** to put on weight (*n*) to take, go, by (train, bus); **p. à travers champs,** to strike across country; *Aut:* **p. un virage,** to take a bend; *Nau:* **p. le large,** to take to the open sea **2.** *vi* (*a*) (*of cement, jelly*) to set; (*of engine*) to seize (up); (*of food*) to catch, to stick (in the pan) (*b*) (*of plant*) to take root; (*of fire*) to take, to catch; **le vaccin a pris,** the vaccine has taken (effect); **cette mode ne prendra pas,** this fashion won't catch on; **ça ne prend pas!** it won't wash! (*c*) **p. à gauche,** to bear (to the) left, to fork left **3. se p.** (*a*) to catch, to be caught; **son manteau s'est pris à un clou,** her coat (got) caught on a nail (*b*) **il se prend pour un héros,** he thinks he's a hero (*c*) **se p. d'amitié pour qn,** to take a liking to s.o. (*d*) to attack s.o.; **s'en p. à qn,** to lay the blame on s.o. (*e*) **il sait comment s'y p.,** he knows how to set about it; **vous vous y prenez mal,** you're going the wrong way about it; **s'y p. à deux fois,** to have two goes (at sth).

preneur, -euse [prənœr, -øz] *n* taker; *Fin: Com:* buyer; *Jur:* lessee.

prénom [prenɔ̃] *nm* Christian name; first name, *NAm:* given name.

prénommer [prenɔme] **1.** *vtr* to name (s.o.); **le prénommé Victor,** the man called Victor **2. il se prénomme Louis,** his first name is Louis.

préoccupation [preɔkypasjɔ̃] *nf* (*a*) preoccupation (**de,** with); concern (*b*) anxiety, worry.

préoccuper [preɔkype] **1.** *vtr* to preoccupy, engross (s.o.); **elle a l'air préoccupé,** she looks worried; **sa santé me préoccupe,** I'm anxious about his health **2. se p. de qch,** to concern oneself with sth; to worry about sth. **préoccupant** *a* worrying.

préparateur, -trice [preparatœr, -tris] *n* (laboratory) assistant.

préparatifs [preparatif] *nmpl* preparations (**de,** for).

préparation [preparasjɔ̃] *nf* preparation; preparing;

training; **annoncer qch sans p.**, to announce sth abruptly.

préparer [prepare] **1.** *vtr* (*a*) to prepare; to get ready; to make preparations for, to arrange (meeting); **elle prépare le déjeuner**, she's cooking, *NAm:* fixing, the lunch (*b*) **p. qn à qch**, (i) to prepare s.o. for sth (ii) to train s.o. for sth (*c*) to prepare, to study, for (exam) **2. se p.** (*a*) **un orage se prépare**, a storm is brewing; **il se prépare quelque chose**, there's something brewing, afoot (*b*) **se p. à qch, à faire qch**, to get ready for sth, to do sth. **préparatoire** *a* preparatory.

prépayer [prepeje] *vtr* to prepay. **prépayé** *a* prepaid.

prépondérance [prepɔ̃derɑ̃s] *nf* preponderance (**sur**, over). **prépondérant** *a* preponderant.

préposé, -ée [prepoze] *n Adm:* employee; attendant; **p. (des postes)**, postman; **p. des douanes**, customs officer.

préposer [prepoze] *vtr* **p. qn à**, to put s.o. in charge of.

préposition [prepozisjɔ̃] *nf Gram:* preposition.

préretraite [prerətrɛt] *nf* early retirement.

prérogative [prerɔgativ] *nf* prerogative.

près [prɛ] **1.** *adv* near; **tout p.**, nearby, close by; **plus p.**, nearer **2.** *adv phr* **à cela p.**, except on that point, with that one exception; **à cela p. que**, except that; **à 5 centimètres p.**, to within 5 centimetres; **on n'est pas au centime p.**, the odd centime doesn't matter; **à peu p.**, about; more or less; **ce n'est pas à beaucoup p. la somme qu'il me faut**, it's nowhere near the amount I need; **de p.**, close, near; (from) close to; **tirer de p.**, to fire at close range; **suivre qn de p.**, to follow s.o. closely **3.** *prep phr* **p. de qn**, near (to), close to, s.o.; **il est p. de midi**, it's nearly, almost twelve (o'clock); **p. de pleurer**, close to tears; **p. de partir**, about to leave; **je ne suis pas p. de le revoir**, it will be a long time before I see him again; *adv phr F:* **être p. de ses sous**, to be tight-fisted.

présage [prezaʒ] *nm* portent, sign; **mauvais p.**, bad omen.

présager [prezaʒe] *vtr* (**n. présageons**) **1.** to (fore)-bode, to portend **2.** to foresee, to foretell.

presbyte [prɛzbit] *a* long-sighted (person).

presbytère [prɛzbitɛr] *nm RCCh:* presbytery.

presbytie [prɛsbisi] *nf* long-sightedness.

prescience [presjɑ̃s] *nf* prescience, foreknowledge (**de**, of).

préscolaire [preskɔlɛr] *a* preschool (age, etc).

prescription [prɛskripsjɔ̃] *nf* prescription; stipulation.

prescrire [prɛskrir] *vtr* (*conj like* ÉCRIRE) to prescribe (treatment, etc); to lay down (law); **p. à qn de faire qch**, to require s.o. to do sth.

préséance [preseɑ̃s] *nf* precedence (**sur**, over).

présélection [preselɛksjɔ̃] *nf* preselection; **admis en p.**, shortlisted.

présélectionner [preselɛksjɔne] *vtr* (*a*) *Tch:* to preselect (*b*) to shortlist (candidate).

présence [prezɑ̃s] *nf* **1. avoir de la p.**, to have an imposing presence **2.** presence, attendance; *Sch:* **régularité de p.**, regular attendance; **feuille de p.**, attendance sheet; **en p.**, face to face; **mettre deux personnes en p.**, to bring two people together; **en p. de**, in the presence of (s.o.); faced with (sth); **en ma p.**, in my presence; **faire acte de p.**, to put in an appearance; **p. d'esprit**, presence of mind.

présent[1] [prezɑ̃] *a & n* (*a*) present; **les personnes présentes**, those present; **être p. à une cérémonie**, to attend a ceremony; **cela m'est toujours p. à l'esprit**, I never forget it; **le (temps) p.**, the present (time); *Gram:* the present (tense); **à p.**, just now; **jusqu'à p.**, until now, as yet; **dès à p.**, from now on; **à p. que**, now that.

présent[2] *nm Lit:* present, gift.

présentateur, -trice [prezɑ̃tatœr, -tris] *n TV:* announcer, presenter.

présentation [prezɑ̃tasjɔ̃] *nf* **1.** (*a*) presentation; *Com:* **payable à p.**, payable on demand (*b*) appearance **2.** introduction (**à qn**, to s.o.); **p. de collections**, fashion show.

présenter [prezɑ̃te] **1.** *vtr* (*a*) to present, offer; **p. la main**, to hold out one's hand; **p. ses excuses à qn**, to offer an apology to s.o.; **p. ses hommages à qn**, to pay one's respects to s.o.; **p. son passeport**, to show one's passport; *Mil:* **présentez armes!** present arms! (*b*) to table (motion); to put (resolution); *TV:* to compere (show); **p. les faits**, to present the facts; **bien présenté**, well presented (*c*) **p. qn à qn**, to introduce s.o. to s.o.; **je vous présente ...** I'd like you to meet . . .; **p. qn comme candidat**, to put s.o. up as candidate **2.** *vi F:* **il présente bien**, he's very presentable **3. se p.** (*a*) **une occasion se présente**, an opportunity presents itself; **si le cas se présente**, if the case arises; **attendre que qch se présente**, to wait for sth to turn up; **la chose se présente bien**, the matter looks promising; **se p. sous un jour nouveau**, to appear in a new light (*b*) to present oneself; to stand for, *NAm:* run for (elections); **se p. à qn**, to introduce oneself to s.o.; **se p. à un examen**, to sit (for) an exam.

préservation [prezɛrvasjɔ̃] *nf* preservation, protection.

préserver [prezɛrve] *vtr* to preserve, to protect (**de**, from). **préservatif, -ive 1.** *a & nm* preservative; protective **2.** *nm* (contraceptive) sheath.

présidence [prezidɑ̃s] *nf* (*a*) presidency; chairmanship (*b*) presidential residence.

président, -ente [prezidɑ̃, -ɑ̃t] *n* **1.** (*a*) president (of republic); **la Présidente**, the president's wife **2.** (*a*) chairman, chairwoman (of meeting) (*b*) *PolHist:* **p. du Conseil** = Prime Minister (*c*) **p. du jury**, (i) *Jur:* foreman of the jury (ii) *Sch:* chief examiner (*d*) **p.-directeur général**, chairman and managing director, *NAm:* chief executive officer. **présidentiel, -elle** *a* presidential.

présidentielle(s) [prezidɑ̃sjɛl] *nf(pl)* presidential election.

présider [prezide] **1.** *vtr* to preside over (council); to chair (meeting) **2.** *vi* to preside, to be in the chair; **p. à qch**, to govern sth.

présomption [prezɔ̃psjɔ̃] *nf* (*a*) presumption (*b*) presumptuousness. **présomptueux, -euse** *a* presumptuous.

presque [prɛsk] *adv* **1.** almost, nearly; **c'est p. de la folie**, it's little short of madness **2.** (*with negative*) scarcely, hardly; **p. jamais**, hardly ever; **p. rien**, hardly anything.

presqu'île [prɛskil] *nf* peninsula.

pressant [prɛsɑ̃] *a* pressing, urgent (need, danger); insistent (creditor).

presse [prɛs] *nf* **1.** press, pressing-machine; **p. à imprimer,** printing press; (*book*) **mettre sous p.,** to send to press **2. la p.,** the press; **service de p.,** publicity department; **campagne, conférence, de p.,** press campaign, conference; **agence de p.,** news agency **3.** urgency; **il n'y a pas de p.,** there's no hurry.

pressé [prɛse] *a* **1.** (*a*) pressed, compressed; **citron p.,** fresh lemon juice (*b*) crowded, close together **2.** in a hurry; **p. de partir,** in a hurry to go; **ce n'est pas p.,** it's not urgent; *nm* **parer au plus p.,** to attend to the most urgent things (first).

presse-citron [prɛssitrɔ̃] *nm inv* lemon squeezer.

pressentiment [presɑ̃timɑ̃] *nm* presentiment; premonition; **avoir un p. que,** to have a feeling that.

pressentir [presɑ̃tir] *vtr* (*conj like* MENTIR) **1.** to have a presentiment, a foreboding, of (sth); to sense (sth); **laisser p. qch,** to give forewarning of sth **2. p. qn,** to sound s.o. out.

presse-papier(s) [prɛspapje] *nm inv* paperweight.

presse-purée [prɛspyre] *nm inv* potato masher.

presser [prese] **1.** *vtr* (*a*) to press; to squeeze (lemon, sponge); to press (record, grapes); **p. qn contre soi,** to clasp s.o. in one's arms (*b*) to press, push (button) (*c*) **pressé par ses créanciers,** hard pressed by his creditors; **p. qn de questions,** to ply s.o. with questions; **p. qn,** to urge s.o. (*d*) to hurry (s.o.) (up, on); to speed up (work); **p. le pas,** to quicken one's pace; **qu'est-ce qui vous presse?** why are you in such a hurry? **2.** *vi* **le temps presse,** time is short; **l'affaire presse,** the matter is urgent; **rien ne presse,** there's no hurry **3. se p.** (*a*) to crowd, to throng; to crush (*b*) **se p. contre qn,** to snuggle (up) against s.o. (*c*) to hurry (up); **sans se p.,** without hurrying.

pressing [prɛsiŋ] *nm Com:* (*a*) steam pressing (*b*) (*shop*) dry-cleaners.

pression [prɛsjɔ̃] *nf* **1.** (*a*) pressure; **p. atmosphérique,** atmospheric pressure; **p. artérielle,** blood pressure; **bière (à la) p.,** draught beer; *Av:* **cabine sous p.,** pressurized cabin (*b*) **exercer une p. sur qn,** to have an influence on s.o.; **faire p. sur qn,** to put pressure on s.o. **2. bouton (à) p., un, une, p.,** press stud, snap fastener, *NAm:* snap.

pressoir [prɛswar] *nm* (*a*) (wine, oil) press (*b*) press house.

pressurisation [prɛsyrizasjɔ̃] *nf* pressurization.

pressuriser [prɛsyrize] *vtr* to pressurize.

prestance [prɛstɑ̃s] *nf* (imposing) presence.

prestation [prɛstasjɔ̃] *nf* **1.** benefit; allowance; **prestations sociales,** national insurance benefits **2.** fee; service **3.** (*of sportsman, artiste*) performance.

preste [prɛst] *a* quick, sharp, nimble; alert.

prestidigitateur, -trice [prɛstidiʒitatœr, -tris] *n* conjurer.

prestidigitation [prɛstidiʒitasjɔ̃] *nf* conjuring.

prestige [prɛstiʒ] *nm* prestige; glamour; **perdre de son p.,** to lose prestige; **publicité de p.,** prestige advertising. **prestigieux, -euse** *a* prestigious.

présumer [prezyme] *vtr* **1.** to presume; **p. qn innocent,** to assume s.o. to be innocent **2. p. de faire qch,** to presume to do sth; **trop p. de,** to overestimate.

présupposer [presypoze] *vtr* to presuppose.

prêt¹ [prɛ] *a* ready, prepared; **être p. à tout,** (i) to be game for anything (ii) to be prepared to do anything; **p. à rendre service,** willing to help.

prêt² *nm* lending; loan; **p. à court terme,** short(-term) loan; **p. hypothécaire,** mortgage loan.

prêt-à-porter [prɛtapɔrte] *nm coll* ready-to-wear clothes.

prétendant [pretɑ̃dɑ̃] *nm* suitor.

prétendre [pretɑ̃dr̥] *vtr* **1.** to claim **(que,** that); **p. être, savoir,** to claim to be, know **2. p. faire qch,** to intend to do sth **3. se p.; elle se prétend riche,** she claims to be rich **4.** *v ind tr* **p. à qch,** to lay claim to, to aspire to sth.

prétendu, -ue [pretɑ̃dy] *a* alleged, would-be. **prétendument** *adv* allegedly.

prétention [pretɑ̃sjɔ̃] *nf* (*a*) pretension, claim **(à,** to) (*b*) pretentiousness; **sans prétention(s),** unpretentious, simple. **prétentieux, -euse** *a & n* pretentious (person). **prétentieusement** *adv* pretentiously.

prêter [prɛte] **1.** *vtr* (*a*) to lend; *esp NAm:* to loan; **p. qch à qn,** to lend sth to s.o.; **p. sur gage(s),** to lend against security (*b*) to give, lend (support); **p. attention,** to pay attention; **p. l'oreille,** to listen; **p. serment,** to take an oath (*c*) to attribute, ascribe **(à,** to); **p. de généreux sentiments à qn,** to credit s.o. with generous feelings (*d*) *vi* **p. à qch,** to give rise to sth; **privilège qui prête aux abus,** privilege that lends itself to abuses **2. se p. à,** (i) (*of pers*) to consent, agree, to (ii) to lend itself to. **prêteur, -euse 1.** *a* ready, willing, to lend; **il n'est pas p.,** he doesn't believe in lending **2.** *n* lender; **p. sur gages,** pawnbroker.

prétérit [preterit] *nm* preterite (tense).

prétexte [pretɛkst] *nm* pretext, excuse; **sous p. de,** on the pretext of; **sous aucun p.,** on no account.

prétexter [pretɛkste] *vtr* **p. que,** to allege that; **p. la fatigue,** to plead fatigue.

prêt-logement [prɛlɔʒmɑ̃] *nm* mortgage; *pl prêts-logements.*

prêtre [prɛtr̥] *nm* priest.

prêtresse [prɛtrɛs] *nf* priestess.

prêtrise [prɛtriz] *nf* priesthood.

preuve [prœv] *nf* proof, evidence; **faire p. d'intelligence,** to show intelligence; **faire ses preuves,** to prove oneself; (*of technique*) to be well tried; **il a fait ses preuves,** he's experienced.

prévaloir [prevalwar] (*conj like* VALOIR, *except pr sub* **je prévale) 1.** *vi* to prevail **(sur, contre,** over, against); **faire p. ses droits,** to insist on one's rights **2. se p. (de qch),** to take advantage of sth; to presume on (one's birth).

prévenance [prevnɑ̃s] *nf* attention; kindness; thoughtfulness. **prévenant** *a* kind, attentive, considerate **(envers,** to); thoughtful.

prévenir [prevnir] *vtr* (*conj like* VENIR *but with aux* AVOIR) **1.** (*a*) to forestall, anticipate (s.o., s.o.'s wishes) (*b*) to prevent, ward off (illness, danger); to avert (accident); *Prov:* **mieux vaut p. que guérir,** prevention is better than cure **2.** to predispose, to bias (s.o. in favour of s.o.); **p. qn contre qn,** to prejudice s.o. against s.o. **3.** to inform, forewarn (s.o. of sth); **vous auriez dû me p.,** you should have told me.

préventif, -ive [prevɑ̃tif, -iv] *a* **1.** preventive (medicine); **à titre p.,** as a preventive **2.** *Jur:* **détention préventive,** detention awaiting trial. **préventivement** *adv* as a preventive measure.

prévention [prevɑ̃sjɔ̃] *nf* **1.** predisposition (**en faveur de,** in favour of); prejudice, bias (**contre,** against); **observateur sans p.,** unbias(s)ed observer **2.** *Jur:* **être en état de p.,** to be in custody **3.** prevention (of disease); **p. routière,** road safety.

prévenu, -ue [prevny] **1.** *a* (*a*) prejudiced; bias(s)ed (*b*) charged (**de,** with) **2.** *n Jur:* accused (person).

prévision [previzjɔ̃] *nf* anticipation; expectation; **en p. de qch.,** in expectation of sth; **p. du temps,** weather forecasting; **prévisions météorologiques,** weather forecast; *Fin:* **prévisions budgétaires,** budget estimates. **prévisible** *a* foreseeable.

prévoir [prevwar] *vtr* (*conj like* VOIR *except fu and condit* **je prévoirai, je prévoirais**) **1.** to foresee, forecast, anticipate (events); **tout laisse p.,** all signs point to; **rien ne fait p. un changement,** there is no prospect of a change **2.** to provide for (sth); to make provision for (sth); **la réunion est prévue pour demain,** the meeting is scheduled for tomorrow; **on ne peut pas tout p.,** one can't think of everything; **comme prévu,** as planned.

prévoyance [prevwajɑ̃s] *nf* foresight, forethought; precaution; **société de p.,** provident society. **prévoyant** *a* provident; far-sighted.

prier [prije] (*impf & pr sub*) **n. priions, v. priiez**) **1.** *vtr* (*a*) to pray to (God) (*b*) to beg, beseech, entreat; **se faire p.,** to wait to be asked; (*c*) to ask, request; **p. qn d'entrer,** to ask s.o. (to come) in; **je vous en prie,** (i) please do! (ii) please don't! (iii) (*when thanked for sth*) it's a pleasure **2.** *vi* to pray (**pour,** for).

prière [prijɛr] *nf* **1.** prayer; **être en prières,** to be praying **2.** request, entreaty; **à la p. de qn,** at s.o.'s request; **p. de ne pas fumer,** no smoking please.

primaire [primɛr] **1.** *a* (*a*) primary (school) (*b*) *Pej:* rudimentary (idea); limited (pers) **2.** *nm* (*a*) *Sch:* primary education (*b*) *Geol:* primary era.

prime[1] [prim] *a Lit:* **de p. abord,** to begin with; at first.

prime[2] *nf* **1.** *Fin: Ins:* premium **2.** *Com: Adm:* (*a*) subsidy, grant; bonus; **p. de rendement,** productivity bonus (*b*) free gift; **avec un style en p.,** with a free pen; *Hum:* **et en p. . . .** and what's more . . .

primer [prime] **1.** *vtr & i* to take precedence over (s.o., sth); to be of prime importance **2.** *vtr* to award a prize to (s.o., sth). **primé** *a* prize-winning (film, etc).

primesautier, -ière [primsotje, -jɛr] *a* spontaneous, impulsive.

primeur [primœr] *nf* **1. avoir la p. d'une nouvelle,** to be the first to hear a piece of news **2. cultiver des primeurs,** to grow early vegetables, fruit; **marchand de primeurs,** greengrocer.

primevère [primvɛr] *nf Bot:* primrose.

primitif, -ive [primitif, -iv] *a* (*a*) primitive, primeval, original, earliest; **couleurs primitives,** primary colours; *nm Art:* **les primitifs,** the primitives (*b*) first, original (*c*) primitive, crude (customs). **primitivement** *adv* originally.

primo [primo] *adv* firstly, first (of all).

primordial, -aux [primɔrdjal, -o] *a* vital (**de faire qch,** to do sth).

prince [prɛ̃s] *nm* prince; **p. héritier,** crown prince; **être bon p.,** to be generous. **princier, -ière** *a* princely.

princesse [prɛ̃sɛs] *nf* princess; *F:* **aux frais de la p.,** at the government's, at the firm's, expense; on the house.

principal, -aux [prɛ̃sipal, -o] **1.** *a* principal, chief, leading (person, thing); main (object); major (role); **associé p.,** senior partner **2.** *nm* (*a*) principal, chief; head(master); head clerk (*b*) **c'est le p.,** that's the main thing; **le p. est de vivre heureux,** the main thing is to be happy (*c*) *Com:* principal; capital sum. **principalement** *adv* principally, chiefly.

principauté [prɛ̃sipote] *nf* principality.

principe [prɛ̃sip] *nm* principle; **par p.,** on principle; **en p.,** theoretically; in principle; **avoir pour p. de,** to make it a matter of principle to; **partir du p. que,** to work on the assumption that.

printemps [prɛ̃tɑ̃] *nm* spring, springtime; **au p.,** in (the) spring. **printanier, -ière** *a* spring; spring-like.

priorité [priɔrite] *nf* priority; *Aut:* **p. (de passage),** right of way; *PN:* **p. à droite** = give way (to vehicles coming from the right); **route à p.,** major road. **prioritaire** *a* (*a*) priority (task, etc) (*b*) **être p.,** to have priority; *Aut:* to have right of way; *Aut:* **véhicules prioritaires,** vehicles having right of way.

pris [pri] *a* **1.** (*a*) (*of seat*) occupied; taken; **être (très) pris,** to be (very) busy; **avoir les mains prises,** to have one's hands full (*b*) (*of pers*) busy, occupied **2.** (*a*) **p. de peur,** panic-stricken; **p. de boisson,** under the influence of drink (*b*) blocked (nose); sore (throat) **3.** (*of jelly, cement*) set; (*of river*) frozen over.

prise [priz] *nf* **1.** (*a*) hold, grasp, grip; (*to lift*) purchase; **avoir p. sur qn,** to have a hold over s.o.; **lâcher p.,** to let go; **son attitude donne p. aux reproches,** his attitude lays him open to reproaches (*b*) **être aux prises avec qn,** to grapple with s.o. (*c*) *MecE:* engagement, mesh(ing); **en p.,** in gear; *Aut:* **en p. (directe),** in top gear; **p. directe,** direct drive **2.** congealing, setting **3.** taking; capture; **la p. de la Bastille,** the storming of the Bastille; **p. d'otages,** hostage taking; **p. de vues,** taking of photographs; *Cin: TV:* shooting; *Cin: TV:* **p. de vue,** shot; take; **p. de son,** sound recording **4.** (*thing taken*) catch (of fish); dose (of medicine); sample (of ore); *Med:* **p. de sang,** blood test **5.** *Mch: etc:* **p. d'air,** air inlet, air intake; **p. d'eau,** intake of water; *El:* **p. de courant,** plug; (power) point; **p. de terre,** earth, *NAm:* ground; **p. mâle,** plug; **p. femelle,** socket.

priser [prize] *vtr* to prize, to value (sth); **fort prisé,** highly valued.

prisme [prism] *nm* prism.

prison [prizɔ̃] *nf* **1.** prison, jail; **aller en p.,** to go to prison, to jail; **mettre en p.,** to imprison, to put in prison; **faire de la p.,** to serve a prison sentence. **prisonnier, -ière** [prizɔnje, -jɛr] *n* prisoner; **faire qn p.,** to take s.o. prisoner.

privation [privasjɔ̃] *nf* **1.** deprivation; **p. de la vue,** loss of sight **2.** privation, hardship.

privautés [privote] *nfpl* liberties.

privé [prive] **1.** *a* private (person, enterprise); inside (information); **à titre p.,** in an unofficial capacity **2.**

nm private life; *Ind:* **le p.,** the private sector; **en p.,** in private.

priver [prive] **1.** *vtr* to deprive (s.o. of sth); **je ne vous en prive pas?** can you spare it? **2. se p. de qch,** to do without, to go without, sth; to deprive oneself of sth; to deny oneself sth.

privilège [privilɛʒ] *nm* (*a*) privilege; prerogative (*b*) licence, grant; (bank) charter. **privilégié** *a* (*a*) privileged (*b*) licensed; *Fin:* **banque privilégiée,** chartered bank; **action privilégiée,** preference share.

privilégier [privileʒje] *vtr* (*pr sub & impf* **n. privilégiions**) to privilege.

prix [pri] *nm* **1.** (*a*) value, worth, cost; **à tout p.,** at all costs; **faire qch. à p. d'argent,** to do sth for money; **se vendre à p. d'or,** to fetch huge prices; **à aucun p.,** not at any price; **au p. de,** at the expense of (*b*) price; **p. courant,** market price; **p. de revient,** cost price; **je vous ferai un p. (d'ami),** I'll let you have it cheap; **repas à p. fixe,** set price meal; **articles de p.,** expensive goods; **hors de p.,** exhorbitant; **ça n'a pas de p.,** it's priceless; **mettre à p. la tête de qn,** to put a price on s.o.'s head; (*at auction*) **mise à p.,** reserve price (*c*) charge; **p. du voyage,** fare **2.** (*a*) prize; **le p. Nobel,** the Nobel Prize (*b*) (*pers*) prizewinner (*c*) prizewinning book (*d*) *Sp:* race; *Aut:* **grand p. (automobile),** grand prix.

pro- [pro] *pref* pro-.

probabilité [prɔbabilite] *nf* probability, likelihood.

probable [prɔbabl̩] *a* probable, likely; **peu p.,** unlikely. **probablement** *adv* probably.

probant [prɔbɑ̃] *a* convincing.

probité [prɔbite] *nf* probity, integrity.

problème [prɔblɛm] *nm* problem; issue; *Mth:* problem, sum; *F:* **(il n'y a) pas de p.,** no problem. **problématique** *a* problematical.

procédé [prɔsede] *nm* **1.** proceeding, dealing, conduct; **procédés honnêtes,** (i) courteous behaviour (ii) square dealing **2.** process; method (of working); **p. de fabrication,** manufacturing process.

procéder [prɔsede] *v* **(je procède, n. procédons) 1.** *vi* (*a*) to proceed **(de,** from); to originate **(de,** in) (*b*) to proceed, act **2.** *v ind tr* **p. à,** to carry out.

procédure [prɔsedyr] *nf Jur:* procedure; proceedings.

procès [prɔsɛ] *nm* (legal) proceedings; action; **p. civil,** lawsuit; **p. criminel,** (criminal) trial; **faire, intenter, un p. à qn,** to take s.o. to court, to sue s.o.; **gagner, perdre, son p.,** to win, to lose, one's case; **faire le p. de qn,** to criticize s.o.

procession [prɔsɛsjɔ̃] *nf* procession.

processus [prɔsesys] *nm* process; method.

procès-verbal [prɔsɛvɛrbal] *nm* **1.** (official) report; minute(s) (of meeting); record (of evidence) **2.** policeman's report (about an offence); **dresser un p.-v. contre qn,** to book s.o.; *pl procès-verbaux.*

prochain [prɔʃɛ̃] **1.** *a* (*a*) nearest (village) (*b*) next; **dimanche p.,** next Sunday; **le mois p.,** next month; **la p. fois,** next time; **à la prochaine fois!** *F:* **à la prochaine!** *nf* see you soon! (*c*) near; immediate; **dans un avenir p.,** in the near future **2.** *nm* neighbour, fellow being. **prochainement** *adv* soon, shortly.

proche [prɔʃ] **1.** *adv* **tout p.,** close by, nearby; close at hand; **de p. en p.,** gradually; step by step **2.** *a* near, close **(de,** to); neighbouring; **la ville la plus p.,** the nearest town; **ses proches (parents),** his close relations; **ils sont proches parents,** they are closely related.

Proche-Orient [prɔʃɔrjɑ̃] *Prnm Geog:* (the) Near East.

proclamation [prɔklamasjɔ̃] *nf* proclamation; declaration.

proclamer [prɔklame] *vtr* to proclaim, declare; to announce (results); **p. qn roi,** to proclaim s.o. king.

procréation [prɔkreasjɔ̃] *nf* procreation.

procréer [prɔkree] *vtr* to procreate.

procuration [prɔkyrasjɔ̃] *nf Com: Fin: Jur:* power of attorney; **par p.,** by proxy.

procurer [prɔkyre] *vtr & pr* **p. qch à qn,** to procure, obtain, get, sth for s.o.; **se p. de l'argent,** to raise, obtain, money; **où peut-on se p. ce livre?** where can one get this book?

procureur [prɔkyrœr] *nm* **p. de la République** = public prosecutor; *US:* district attorney.

prodigalité [prɔdigalite] *nf* prodigality; extravagance.

prodige [prɔdiʒ] **1.** *nm* prodigy, wonder, marvel; **faire des prodiges,** to work wonders; **tenir du p.,** to have a miraculous quality; **c'est un p.,** (i) he's a prodigy (ii) it's prodigious **2.** *a* **enfant p.,** infant prodigy. **prodigieux, -euse** *a* prodigious, extraordinary; phenomenal, stupendous. **prodigieusement** *adv* prodigiously; stupendously.

prodigue [prɔdig] **1.** *a* prodigal, wasteful **(de,** of); **être p. de son argent,** to be free with one's money; *B:* **l'enfant p.,** the prodigal son **2.** *n* spendthrift.

prodiguer [prɔdige] *vtr* (*a*) to be prodigal, lavish, of (sth); **p. qch à qn,** to lavish sth on s.o. (*b*) to waste, squander.

producteur, -trice [prɔdyktœr, -tris] **1.** *a* productive **(de,** of); producing; **pays p. de pétrole,** oil-producing country **2.** *n* producer.

productif, -ive [prɔdyktif, -iv] *a* productive.

production [prɔdyksjɔ̃] *nf* **1.** (*a*) production; exhibition (of documents) (*b*) producing; production; generation (of electricity); **augmenter la p.,** to increase production; *Cin:* **directeur de p.,** producer **2.** (*a*) product; **p. littéraire,** literary output (*b*) yield (of mine).

productivité [prɔdyktivite] *nf* productivity.

produire [prɔdɥir] (*conj like* CONDUIRE) **1.** *vtr* (*a*) to produce (*b*) to produce, bring about (result, effect) (*d*) to produce (film) **2. se p.** (*a*) to occur, happen; to take place (*b*) (*of actor*) to appear.

produit [prɔdɥi] *nm* **1.** (*a*) product; **produits agricoles,** farm produce; **produits chimiques,** chemicals; **produits de beauté,** cosmetics; *PolEc:* **p. national brut,** gross national product (*b*) yield; **p. d'une vente,** proceeds of a sale; **p. de la journée,** day's takings; **le p. de 10 ans de travail,** the result of 10 years' work **2.** *Mth:* product.

proéminent [prɔeminɑ̃] *a* prominent.

prof [prɔf] *n F:* = PROFESSEUR.

profanateur, -trice [prɔfanatœr, -tris] *n* profaner.

profanation [prɔfanasjɔ̃] *nf* profanation; desecration. **profane 1.** *a* profane; secular (music); unhallowed **2.** *n* uninitiated person; layman.

profaner [prɔfane] *vtr* **1.** to profane; to desecrate (church); to violate (grave) **2.** to misuse, degrade (talent).

proférer [prɔfere] *vtr* **(je profère; je proférerai)** to utter.

professer [prɔfɛse] *vtr* to profess (admiration, etc); **p. que,** to claim, profess, that.

professeur [prɔfɛsœr] *nm* (school)teacher; (school)-master, -mistress; (*at university*) (i) professor (ii) lecturer; **p. de piano,** piano teacher.

profession [prɔfɛsjɔ̃] *nf* **1.** profession (of faith); **faire p. de qch,** to profess sth; **p. de foi,** declaration of principles **2.** profession, occupation; business, trade; **p. libérale,** profession. **professionnel, -elle 1.** *a* professional; vocational (training); occupational (disease) **2.** *n* professional.

professorat [prɔfɛsɔra] *nm* **1.** teaching post; professorship **2.** *coll* teaching (profession). **professoral, -aux** *a* professorial.

profil [prɔfil] *nm* **1.** profile; **de p.,** in profile **2.** profile, contour, outline; section; **p. en travers,** cross section.

profiler [prɔfile] **1.** *vtr* (*a*) to profile; to draw (sth) in section (*b*) to shape (a piece) (*c*) to streamline (car) **2. se p.,** to be outlined, silhouetted **(à, sur, contre,** on, against).

profit [prɔfi] *nm* profit, benefit; **vendre à p.,** to sell at a profit; **mettre qch à p.,** to turn sth to good account; **tirer p. de qch,** (i) to take advantage of sth (ii) to make use of sth; **au p. des pauvres,** in aid of the poor.

profiter [prɔfite] *vi* **1. p. de qch,** to take advantage of sth; to turn sth to good account; **p. de l'occasion,** to take the opportunity **2. p. à qn,** to benefit s.o. **3.** (*of child, plant*) to thrive, grow. **profitable** *a* profitable; beneficial. **profitablement** *adv* profitably.

profiteur, -euse [prɔfitœr, -øz] *n Pej:* profiteer.

profond [prɔfɔ̃] **1.** *a* (*a*) deep (well, lake; voice); **peu p.,** shallow; **p. de deux mètres,** two metres deep; (*b*) deep-seated, underlying (cause) (*c*) profound; thorough (knowledge); deep (sleep); heavy (sigh) **2.** *adv* **creuser p.,** to dig deep **3.** *nm* **au plus p. de mon cœur,** in my heart of hearts; **au plus p. de la nuit,** at dead of night. **profondément** *a* deeply, profoundly; **dormir p.,** to sleep soundly; **s'incliner p.,** to make a low bow.

profondeur [prɔfɔ̃dœr] *nf* **1.** depth (of water); **en p.,** in depth; **peu de p.,** shallowness; **à six mètres de p.,** at a depth of six metres **2.** profoundness, profundity; depth (of feeling).

profusion [prɔfyzjɔ̃] *nf* profusion; abundance; wealth (of ideas); **à p.,** in profusion.

progéniture [prɔʒenityr] *nf* offspring.

progiciel [prɔʒisjɛl] *nm Comptr:* (software) package.

programmation [prɔgramasjɔ̃] *nf Cmptr:* programming.

programmeur, -euse [prɔgramœr, -øz] *n* (*pers*) (computer) programmer.

programme [prɔgram] *nm* (*a*) programme, *NAm:* program (*b*) *Sch:* **p. (d'études),** curriculum; syllabus; **au p.,** on the syllabus (*c*) *Cmptr:* program.

programmer [prɔgrame] *vtr Cmptr: TV: etc:* to programme, *NAm:* program.

progrès [prɔgrɛ] *nm* progress; improvement; **faire des p.,** to make (good) progress.

progresser [prɔgrɛse] *vi* to progress, advance; to make headway (*b*) to improve; to gain ground. **progressif, -ive** *a* progressive. **progressivement** *adv* progressively.

progression [prɔgrɛsjɔ̃] *nf* progress(ion); advance(ment).

prohiber [prɔibe] *vtr* to prohibit, forbid. **prohibitif, -ive** *a* prohibitory (law); prohibitive (price).

prohibition [prɔibisjɔ̃] *nf* prohibition.

proie [prwa] *nf* prey; *Ven:* quarry; **oiseau de p.,** bird of prey; **être la p. de qn, de qch,** to fall prey to s.o., to sth; **être en p. aux remords,** to be tormented by remorse.

projecteur [prɔʒɛktœr] *nm* (*a*) (film) projector (*b*) searchlight; floodlight; *Th:* spotlight.

projectile [prɔʒɛktil] *nm* missile; projectile.

projection [prɔʒɛksjɔ̃] *nf* **1.** (*a*) projection; throwing forward, up, out (*b*) *Cin:* projection; showing; **appareil de p.,** (slide, film) projector; **cabine de p.,** projection room; **conférence avec projections,** lecture (illustrated) with slides **2.** *Mth: Arch:* projection, plan; **p. horizontale,** ground plan.

projectionniste [prɔʒɛksjɔnist] *n Cin:* projectionist.

projet [prɔʒɛ] *nm* (*a*) plan, project; scheme; **former le p. de,** to plan to (*b*) plan (of building); draft (of novel); **p. de loi,** bill; **en p.,** at the planning stage.

projeter [prɔʒ(ə)te] *v* **(je projette, n. projetons) 1.** *vtr* (*a*) to project; to throw, to cast (shadow); to throw up, throw off; to send out (smoke) (*b*) to show, screen (film) (*e*) to plan (journey); **p. de faire qch,** to plan to do sth **2. se p.,** to project, stand out; (*of shadow*) to fall, to be cast **(sur,** on).

prolétaire [prɔletɛr] *a & n* proletarian.

prolétariat [prɔletarja] *nm* proletariat. **prolétarien, -ienne** *a* proletarian.

prolifération [prɔliferasjɔ̃] *nf* proliferation. **prolifique** *a* prolific.

proliférer [prɔlifere] *vi* **(il prolifère)** to proliferate.

prolixe [prɔliks] *a* verbose, wordy.

prolo [prɔlo] *a & n F:* = PROLÉTAIRE.

prologue [prɔlɔg] *nm* prologue **(de,** to).

prolongation [prɔlɔ̃gasjɔ̃] *nf* extension; **p. de congé,** holiday extension; *Fb:* **prolongations,** extra time.

prolongement [prɔlɔ̃ʒmɑ̃] *nm* (*a*) continuation; extension (of wall) (*b*) *pl* developments (of action).

prolonger [prɔlɔ̃ʒe] *v* **(n. prolongeons) 1.** *vtr* to prolong, extend; to protract, draw out, spin out (argument); **visite très prolongée,** protracted visit; *Mth:* **p. une droite,** to continue a line **2. se p.,** to be prolonged; to continue, extend. **prolongé** *a* prolonged.

promenade [prɔmnad] *nf* **1.** (*a*) walking (*b*) walk; stroll; outing (in car); **faire une p. (à pied),** to go for a walk; **faire une p. à cheval,** to go riding; **p. en vélo,** cycle ride; **p. en bateau,** row, sail; **p. en voiture,** drive **2.** promenade, (public) walk; parade.

promener [prɔmne] *v* **(je promène) 1.** *vtr* (*a*) to take (s.o.) (out) for a walk, a drive (*b*) to take, lead, (s.o.) about; to take (dog) for a walk; to exercise (horse); **cela vous promènera un peu,** that will get you out a bit (*c*) **p. sa main sur qch,** to pass, run, one's hand over sth; **p. ses yeux sur qch,** to run one's eye(s) over sth **2. se p.** (*a*) to walk; to go for a walk, for a drive; *F:* **envoyer p. qn,** to send s.o. packing (*b*) (*of eyes, thoughts*) to wander.

promeneur, -euse [prɔmnœr, -øz] *n* walker, stroller.

promesse [prɔmɛs] *nf* **1.** promise; **faire une p.,** to make a promise; **artiste plein de promesses,** very promising artist **2.** *Com:* **p. d'achat,** undertaking to buy.

prometteur, -euse [prɔmɛtœr, -øz] *a* promising.

promettre [prɔmɛtr̥] *v* (*conj like* METTRE) **1.** *vtr* (*a*) to promise; **p. qch à qn,** to promise s.o. to do sth; **p. de faire qch,** to promise to do sth (*b*) **le temps promet de la chaleur,** it looks as though it will be hot (*c*) *vi* **enfant qui promet,** promising child; *F:* **ça promet!** that's a good start! **2 se p. qch,** to promise oneself sth; **se p. de travailler,** to resolve to work.

promontoire [prɔmɔ̃twar] *nm Geog:* promontory; headland, cape.

promoteur, -trice [prɔmɔtœr, -tris] *n* (*a*) promoter, originator (**de,** of) (*b*) *Sp:* promoter, organizer (*c*) **p. (immobilier),** property developer.

promotion [prɔmosjɔ̃] *nf* **1.** promotion; **obtenir une p.,** to be promoted: **p. à l'ancienneté,** promotion by seniority **2.** *coll Sch:* (students of the same) year; *NAm:* = class **3.** *Com:* **(article en) p.,** (item on) special offer. **promotionnel, -elle** *a* promotional; on (special) offer.

promouvoir [prɔmuvwar] *vtr* (*conj like* MOUVOIR) to promote (**à,** to).

prompt [prɔ̃] *a* prompt, quick, ready; swift; hasty. **promptement** *adv* promptly, quickly.

promptitude [prɔ̃tityd] *nf* promptness; quickness; swiftness.

promu, -ue [prɔmy] *a & n* promoted (employee, etc).

promulguer [prɔmylge] *vtr* to promulgate.

prôner [prone] *vtr* (*a*) to extol (*b*) to recommend (sth).

pronom [prɔnɔ̃] *nm Gram:* pronoun. **pronominal, -aux** *a* pronominal.

prononcé [prɔnɔ̃se] *a* pronounced, marked (taste, feature); **nez p.,** large nose; **accent p.,** strong accent; **peu p.,** faint.

prononcer [prɔnɔ̃se] *vtr* **(je prononçai(s); n. prononçons) 1.** *vtr* to pronounce (word, letter); to deliver (speech); to announce (verdict, etc) **2. se p.** (*a*) to pronounce, decide (**en faveur de,** in favour of) (*b*) (*of word, letter*) to be pronounced **3.** *vi* to pronounce; (*of jury*) to give their verdict.

prononciation [prɔnɔ̃sjasjɔ̃] *nf* pronunciation; **défaut de p.,** speech impediment.

pronostic [prɔnɔstik] *nm* forecast.

pronostiquer [prɔnɔstike] *vtr* to forecast.

propagande [prɔpagɑ̃d] *nf* propaganda; publicity; **faire de la p.,** to put out propaganda.

propagateur, -trice [prɔpagatœr, -tris] *n* propagator; spreader.

propagation [prɔpagasjɔ̃] *nf* propagation (of beliefs, etc); spread(ing) (of epidemic, etc).

propager [prɔpaʒe] *v* **(n. propageons) 1.** *vtr* to propagate; to spread (abroad) **2. se p.** (*a*) (*of disease*) to spread (*b*) (*of light, sound*) to be propagated (*c*) (*of plant*) to propagate, reproduce.

propane [prɔpan] *nm* propane.

propension [prɔpɑ̃sjɔ̃] *nf* propensity, tendency, inclination (**à,** to).

propergol [prɔpɛrgɔl] *nm* (rocket) propellant.

prophète, prophétesse [prɔfɛt, prɔfetɛs] *n* prophet, *f* prophetess.

prophétie [prɔfesi] *nf* prophecy.

prophétiser [prɔfetize] *vtr* to prophesy; to foretell. **prophétique** *a* prophetic. **prophétiquement** *adv* prophetically.

propice [prɔpis] *a* favourable, *NAm:* favorable (**à,** to).

proportion [prɔpɔrsjɔ̃] *nf* **1.** proportion; **hors de p. avec,** out of proportion to **2.** *pl* size; **salle de vastes proportions,** hall of vast dimensions. **proportionnel, -elle** *a* proportional (**à,** to). **proportionnellement** *adv* proportionally, proportionately (**à,** to).

proportionné [prɔpɔrsjɔne] *a* **1. bien p.,** well-proportioned (body) **2.** proportionate, suited (**à,** to).

proportionner [prɔpɔrsjɔne] to proportion.

propos [prɔpo] *nm* **1.** purpose; intention; **de p. délibéré,** deliberately, on purpose **2.** subject, matter; **à (ce) p.,** while we're on the subject; **à tout p.,** at every turn; **dire qch à p.,** to say sth to the point; **arriver fort à p.,** to arrive at just the right moment; **à p. de,** in connection with, on the subject of; **à quel p.?** in what connection? what about? **juger à p. de,** to see fit to; **à p., où est-il?** by the way, where is he? **3.** *pl* remarks; **des p. en l'air,** passing remarks.

proposer [prɔpoze] **1.** *vtr* (*a*) to suggest, propose (**qch à qn,** sth to s.o.); **p. que** (+ *sub*) to propose, suggest that; **p. de faire qch,** (i) to suggest doing sth (ii) to offer to do sth; **je te propose de rester,** I suggest (that) you stay; **p. qn,** to put s.o. forward (*b*) to offer (prize, reward) **2. se p. de faire qch,** to propose, mean, to do sth; **se p. pour faire qch,** to offer to do sth; **se p. comme candidat,** to put oneself forward as a candidate.

proposition [prɔpozisjɔ̃] *nf* **1.** proposal, proposition **2.** *Mth:* proposition; *Gram:* clause.

propre¹ [prɔpr̥] *a* (*a*) clean; **p. comme un sou neuf,** clean as a new pin; *Iron:* **nous voilà propres!** we're in a fine mess! (*b*) neat (copy, writing, etc); **recopier qch au p.,** to make a fair copy of sth (*c*) honest, honourable; *Iron:* **c'est du p.!** charming!

propre² **1.** *a* (*a*) proper (meaning); *Gram:* **nom p.,** proper noun; **ce sont ses propres paroles,** those are his very words (*b*) peculiar (**à,** to); **une façon de marcher qui lui est p.,** his own special way of walking (*c*) own; **de mes propres yeux,** with my own eyes; **ses idées lui sont propres,** his ideas are his own; **remettre qch en main(s) propre(s),** to deliver sth personally (*d*) appropriate, suitable, proper; **p. à qch,** adapted, fitted, suited, to sth; **p. à tout,** fit for anything **2.** *nm* (*a*) property, attribute, nature, characteristic (of nation, pers) (*b*) **au p.,** in the literal sense, literally (*c*) **avoir qch en p.,** to possess sth in one's own right. **proprement** *adv* **1.** properly; in fact; *F:* well and truly; **à p. parler,** strictly speaking; **p. dit,** actual **2.** (*a*) cleanly; neatly (*b*) *F:* well; **assez p.,** tolerably well.

propre(-)à(-)rien [prɔprarjɛ̃] *n* good-for-nothing; *pl propres(-)à(-)rien.*

...cause, bring about (desired result); to ...rise to (comment); to produce (response); **p. la curiosité,** to arouse curiosity; **p. le sommeil,** to induce sleep. **provocant** *a* provocative.

proxénète [prɔksenɛt] *nm* procurer, pimp.

proximité [prɔksimite] *nf* proximity; nearness, closeness; **à p.,** near at hand, close by; **à p. de,** close to.

prude [pryd] **1.** *a* prudish **2.** *nf* prude.

prudence [prydɑ̃s] *nf* prudence; carefulness; caution; wisdom; **par p.,** as a precaution. **prudent** *a* prudent; careful, cautious; wise (decision); advisable. **prudemment** *adv* prudently; carefully, cautiously.

prune [pryn] **1.** *nf* plum; **p. de damas,** damson; **verre de p.,** glass of plum brandy; *P:* **pour des prunes,** for nothing; **des prunes!** no fear! not likely! **2.** *a inv* plum-coloured.

pruneau, -eaux [pryno] *nm* **1.** prune **2.** *P:* (rifle) bullet.

prunelle [prynɛl] *nf* **1.** *Bot:* sloe; **(liqueur de) p.,** sloe gin **2.** pupil (of the eye); *Fig:* **je tiens à ce livre comme la p. de mes yeux,** this book is very precious to me.

prunellier [prynelje] *nm* blackthorn.

prunier [prynje] *nm* plum tree.

PS *abbr* **1.** *post scriptum* **2.** *Pol: Parti socialiste.*

psalmodier [psalmɔdje] *vi* (*pr sub & impf* **n. psalmodiions**) to chant.

psaume [psom] *nm* psalm.

pseudo- [psødo] *pref* pseudo-.

pseudonyme [psødɔnim] *nm* pseudonym.

psi [psi] *n F:* psychiatrist; psychoanalyst; psychologist; *F:* shrink.

psychanalyse [psikanaliz] *nf* psychoanalysis. **psychanalytique** *a* psychoanalytic.

psychanalyser [psikanalize] *vtr* to psychoanalyse.

psychanalyste [psikanalist] *n* psychoanalyst.

psychiatre [psikjatr] *n* psychiatrist.

psychiatrie [psikjatri] *nf* psychiatry. **psychiatrique** *a* psychiatric; mental (hospital).

psychique [psiʃik] *a* psychic(al).

psychologie [psikɔlɔʒi] *nf* psychology. **psychologique** *a* psychological. **psychologiquement** *adv* psychologically.

psychologue [psikɔlɔg] *n* psychologist.

psychose [psikoz] *nf* **1.** *Med:* psychosis **2.** obsession; obsessive fear.

PTT *abbr Postes, Télégraphes, Téléphones;* **les PTT,** the Post Office.

puant [pɥɑ̃] *a* (*a*) stinking, foul-smelling (*b*) obnoxious (pers).

puanteur [pɥɑ̃tœr] *nf* stench; stink.

public, -ique [pyblik] **1.** *a* public; open (meeting); *Adm:* **ministère p.** = public prosecutor **2.** *nm* **le p.,** the public; the audience; **le grand p.,** the general public; the consumer; **en p.,** in public. **publiquement** *adv* publicly.

pub[1] [pyb] *nf* = PUBLICITÉ.

pub[2] [pœb] *nm* pub.

puberté [pybɛrte] *nf* puberty. **pubère** *a* pubescent.

pubis [pybis] *nm* pubes; **du p.,** pubic.

publication [pyblikasjɔ̃] *nf* publication.

publicité [pyblisite] *nf* (*a*) publicity; advertising; **faire de la p.,** to advertise (*b*) advertisement, *F:* ad(vert); *TV:* commercial. **publicitaire 1.** *a* publicity, advertising; **vente p.,** promotional sale **2.** *nm* advertising man.

publier [pyblije] *vtr* (*pr sub & impf* **n. publiions**) (*a*) to publish; proclaim (*b*) to publish (book).

puce [pys] *nf* **1.** flea; **le marché aux puces, les puces,** the flea market; **mettre la p. à l'oreille à qn,** to arouse s.o.'s suspicions; **jeu de puces,** tiddlywinks **2.** *Elcs:* chip, microchip.

puceron [pysrɔ̃] *nm* greenfly; **p. noir,** blackfly.

pudeur [pydœr] *nf* modesty; sense of decency; **sans p.,** shameless(ly); **rougir de p.,** to blush for shame.

pudibond [pydibɔ̃] *a* easily shocked; prudish.

pudique [pydik] *a* modest; chaste. **pudiquement** *adv* modestly.

puer [pɥe] *vi* to stink, smell; **p. l'ail,** to smell of garlic.

puéricultrice [pɥerikyltris] *nf* paediatric nurse.

puériculture [pɥerikyltyr] *nf* paediatric nursing; child care.

puérilité [pɥerilite] *nf* puerility, childishness. **puéril** *a* puerile, childish.

pugilat [pyʒila] *nm* fight, brawl.

puis [pɥi] *adv* then, afterwards, next; **et p.,** and besides; **et p. c'est tout,** and that's all (there is to it); **et p. après?** (i) what then? (ii) *F:* so what?

puisard [pɥizar] *nm* cesspool.

puiser [pɥize] *vtr* to draw (water) (**à, dans,** from); **p. dans son sac,** to dip into one's bag.

puisque [pɥisk(ə)] *conj* since, as, seeing that; **p. je te dis que je l'ai vu!** but I tell you I saw it!

puissance [pɥisɑ̃s] *nf* **1.** power; force (of habit); strength (of wind); power (of engine); **p. en chevaux,** horsepower; *Aut:* **p. fiscale,** engine rating **2.** *Mth:* **10 (à la) p. 4,** 10 to the power of 4, 10 to the 4th **3.** **avoir qn en sa p.,** to have s.o. in one's power; **p. paternelle,** parental authority **4.** *Pol:* **les grandes puissances,** the great powers **5.** **en p.,** potential(ly). **puissant 1.** *a* powerful, strong **2.** *nm* **les puissants,** the mighty.

puits [pɥi] *nm* **1.** well; hole; **p. à ciel ouvert,** open well; *Fig:* **p. de science,** mine of information **2.** shaft, pit (of mine); **p. d'aération,** ventilation shaft.

pull(-over) [pul(ɔvɛr)] *nm Cl:* pullover, jersey; *pl pull-overs.*

pulluler [pylyle] *vi* (*a*) to multiply rapidly (*b*) to abound; to swarm.

pulmonaire [pylmɔnɛr] *a* pulmonary; lung; **congestion p.,** congestion of the lungs.

pulpe [pylp] *nf* pulp.

pulsation [pylsasjɔ̃] *nf* (*a*) throbbing; beating (*b*) throb; (heart)beat.

pulsion [pylsjɔ̃] *nf Psy:* impulse; drive, urge.

pulvérisateur [pylverizatœr] *nm* spray; vaporizer.

pulvérisation [pylverizasjɔ̃] *nf* (*a*) pulverization (*b*) spray(ing), vaporizing.

pulvériser [pylverize] *vtr* (*a*) to pulverize; to grind (sth) to powder (*b*) to spray, vaporize (liquid).

puma [pyma] *nm Z:* puma.

punaise [pynɛz] *nf* **1.** *Ent:* bug **2.** drawing pin; *NAm:* thumbtack.

punaiser [pynɛze] *vtr* to pin (sth) up.

punch *nm* **1.** [pɔ̃ʃ] (*drink*) punch **2.** [pœnʃ] (*energy*) punch.

punching-ball [pœnʃiŋbol] *nm* punchball; *pl punching-balls.*

punir [pynir] *vtr* to punish; **puni par la loi;** punishable by law. **punissable** *a* punishable. **punitif, -ive** *a* punitive.

punition [pynisjɔ̃] *nf* punishment.

pupille[1] [pypil, pypij] *nm & f Jur:* ward; **p. de la Nation,** war orphan.

pupille[2] *nf* pupil (of the eye).

pupitre [pypitr] *nm* **1.** desk; **p. à musique,** music stand **2.** *Mus:* group (of instruments); **chef de p.,** leader (of a group).

pur [pyr] *a* **1.** pure; neat, straight (whisky); **la pure vérité,** the plain, the simple, truth; **en p. perte,** for nothing **2.** pure (air); **ciel p.,** clear sky. **purement** *adv* purely.

purée [pyre] **1.** *nf Cu:* **p. (de pommes de terre),** mashed potatoes; **p. de tomates,** tomato purée; *F:* **être dans la p.,** to be in the soup **2.** *int P:* **p.!** drat! darn!

pureté [pyrte] *nf* purity; pureness; clearness (of the sky).

purgatoire [pyrgatwar] *nm* purgatory.

purge [pyrʒ] *nf Med: Pol:* purge.

purger [pyrʒe] *v* (**n. purgeons**) **1.** *vtr* (*a*) to purge, cleanse, clear (*b*) *Jur:* to serve (sentence) (*c*) *MecE:* to drain (cylinder); to bleed (pipe) **2. se p.,** to take a purgative. **purgatif, -ive** *a & nm* purgative.

purification [pyrifikasjɔ̃] *nf* purification; cleansing.

purifier [pyrifje] *v* (*pr sub & impf* **n. purifiions**) **1.** *vtr* to purify, cleanse; to refine (metal) **2. se p.,** to become pure; to cleanse oneself.

purin [pyrɛ̃] *nm* liquid manure.

puritain, -aine [pyritɛ̃, -ɛn] **1.** *n* puritan **2.** *a* puritan(ical).

puritanisme [pyritanism] *nm* puritanism.

pur-sang [pyrsɑ̃] *nm inv* thoroughbred.

pus [py] *nm Med:* pus.

pustule [pystyl] *nf* pustule.

putain [pytɛ̃] *nf P:* whore; **p. de voiture!** bloody car!

putois [pytwa] *nm* polecat; **p. d'Amérique,** skunk.

putréfaction [pytrefaksjɔ̃] *nf* putrefaction.

putréfier (se) [səpytrefje] to putrefy.

PV *abbr procès-verbal.*

PVC *abbr polyvinyl chloride,* PVC.

puzzle [pœzl] *nm* jigsaw (puzzle).

pygmée [pigme] *nm* pygmy, pigmy.

pyjama [piʒama] *nm* pyjamas, *NAm:* pajamas; **un p.,** a pair of pyjamas; **pantalon, veste, de p.,** pyjama trousers, jacket.

pylône [pilon] *nm* pylon.

pyramide [piramid] *nf* pyramid.

Pyrénées (les) [lepirene] *Prnfpl Geog:* the Pyrenees. **pyrénéen, -enne** *a* Pyrenean.

pyromane [pirɔman] *n* pyromaniac.

python [pitɔ̃] *nm Rept:* python.

Q

Q, q [ky] *nm* (the letter) Q, q.
QG *abbr Mil: quartier général,* HQ.
QI *abbr quotient intellectuel,* IQ.
qu' = **que** *before a vowel or* **h** *mute.*
quadragénaire [kwadraʒenɛr] *a & n* quadragenarian, forty-year-old (pers).
quadrangulaire [kwadrɑ̃gylɛr] *a* quadrangular, four-cornered (building).
quadrilatère [k(w)adrilatɛr] *nm* quadrilateral.
quadrillage [kadrijaʒ] *nm* (*a*) squares; square pattern, grid pattern (*b*) *Mil: etc:* covering (of zone).
quadriller [kadrije] *vtr* (*a*) to rule in squares (*b*) to cover, to control (zone). **quadrillé** *a* squared.
quadrimoteur, -trice [k(w)adrimɔtœr, -tris] *a & nm Av:* four-engined (aircraft).
quadripartite [kwadripartit] *a* four-power (conference).
quadriréacteur [kwadrireaktœr] *nm Av:* four-engined jet aircraft.
quadrupède [k(w)adrypɛd] *a & nm* quadruped.
quadruple [k(w)adrypl̩] *a & nm* quadruple, fourfold; **être payé au q.,** to be repaid fourfold; **payer le q. du prix,** to pay four times the price.
quadrupler [k(w)adryple] *vtr & i* to quadruple, to increase fourfold.
quadruplés, -ées [k(w)adryple] *npl* quadruplets, *F:* quads.
quai [ke] *nm* (*a*) quay, warf; pier; **à q.,** alongside the quay (*b*) (river) embankment (*c*) *Rail:* platform; **le train est à q.,** the train's in; *P.N:* **accès aux quais** = to the trains.
qualification [kalifikasjɔ̃] *nf* (*a*) designation, title (*b*) qualification; *Sp:* **obtenir sa q.,** to qualify.
qualifier [kalifje] *v* (*impf & pr sub* **n. qualifiions**) **1.** *vtr* (*a*) to style, term, qualify; **acte qualifié de crime,** action termed a crime; **q. qn de menteur,** to call s.o. a liar (*b*) *Gram:* to qualify (*c*) **q. qn à faire qch,** to qualify s.o. to do sth **2. se q.** (*a*) **se q. colonel,** to call oneself colonel (*b*) *Sp:* to qualify (**pour,** for). **qualificatif, -ive** *Gram:* **1.** *a* qualifying **2.** *nm* qualifier. **qualifié** *a* (*a*) qualified; skilled (worker); **non q.,** unskilled (*b*) *Jur:* aggravated (offense).
qualité [kalite] *nf* **1.** (*a*) quality; **de bonne q.,** of good quality (*b*) (good) quality; **produit de q.,** high-quality product **2.** quality, property (of sth) **3.** qualification, capacity; profession, occupation; *Adm:* **nom, prénom et q.,** surname, first name and occupation or description; **agir en q. d'avocat,** to act (in one's capacity) as a barrister; **avoir les qualités requises pour un emploi,** to have the necessary qualifications for a job; **avoir q. pour agir,** to have authority to act. **qualitatif, -ive** *a* qualitative.
quand [kɑ̃] **1.** *conj* (*a*) when; **je lui en parlerai q. je le verrai,** I'll mention it to him when I see him; *F:* **q. je vous le disais!** didn't I tell you so! (*b*) **q. (même),** even if, even though, although; **q. bien même,** even if; **je le ferai q. même,** I'll do it all the same **2.** *adv* **q. viendra-t-il?** when will he come? **à q. le mariage?** when will the wedding be? **depuis q. êtes-vous à Paris?** how long, since when, have you been in Paris? **de q. est ce journal?** what is the date of this paper? **c'est pour q.?** when is it for?
quant à [kɑ̃ta] *adv phr* as for; **q. à cela,** as to that; as for that matter; **q. à l'avenir,** as for the future.
quantité [kɑ̃tite] *nf* quantity, amount; **en q.,** in bulk; **des fruits en q.,** plenty of fruit; **en grande q., en q. industrielle,** in large quantities; **une q., des quantités, de gens,** a great many, a great number, a lot, of people. **quantitatif, -ive** *a* quantitative.
quarantaine [karɑ̃tɛn] *nf* **1.** (about) forty, some forty; **approcher de la q.,** to be getting on for forty **2.** quarantine; **mettre en q.,** (i) to quarantine (ii) to send (s.o.) to Coventry; *NAm:* to give (s.o.) the silent treatment.
quarante [karɑ̃t] *num a inv & nm inv* forty; *F:* **je m'en fiche comme de l'an q.,** I don't care a damn. **quarantième** *num a & n* fortieth.
quart [kar] *nm* **1.** (*a*) quarter, fourth part; **donner un q. de tour à une vis,** to give a screw a quarter turn; *Aut:* **partir au q. de tour,** to start first time; *Com:* **remise du q.,** 25% discount; **q. d'heure,** quarter of an hour; **passer un mauvais q. d'heure,** to have a bad time of it; **il est deux heures et q., un q.,** it's a quarter past two; **trois quarts,** three quarters; **cinq heures moins le q.,** a quarter to five; *Sp:* **q. de finale,** quarter final (*b*) **un q. de beurre,** quarter of a kilo of butter (*c*) quarter litre, *NAm:* liter, bottle; *Mil:* quarter litre mug **2.** *Nau:* watch; **être de q.,** to be on watch.
quartette [kwartɛt] *nm* jazz quartet(te).
quartier [kartje] *nm* **1.** quarter, fourth part; *Cu:* quarter (of lamb, beef) **2.** part, piece, portion; segment (of orange); plot (of land); **mettre qch en quartiers,** to tear sth to pieces **3.** (*a*) district, neighbourhood; **q. des spectacles,** theatreland; **je ne suis pas du q.,** I don't live round here; **de q.,** local (*b*) *Mil:* **rentrer au q.,** to return to quarters, barracks; **Q. général,** headquarters **4. faire q. à qn,** to give s.o. quarter.
quartz [kwarts] *nm* quartz; **montre à q.,** quartz watch.
quasi [kazi] *adv* quasi, almost; **q. aveugle,** almost blind; **q.-obscurité,** near darkness; **j'en ai la q.-certitude,** I'm practically certain of it.
quasicollision [kazikɔlizjɔ̃] *nf Av:* near miss.
quasiment [kazimɑ̃] *adv* almost.
quatorze [katɔrz] *num a inv & nm inv* fourteen; **le q. juillet,** the fourteenth of July. **quatorzième** *num a & n* fourteenth.
quatrain [katrɛ̃] *nm* quatrain.
quatre [katr̥] *num a inv & nm inv* four; **le q. août,** the fourth of August; **habiter au (numéro) q.,** to live at

number four; **monter l'escalier q. à q.**, to rush upstairs four at a time; **un de ces q. matins,** *F:* **un de ces q.**, one of these days; **prendre son q. heures,** to have one's tea; **se mettre en q.**, to go out of one's way (**pour faire qch,** to do sth). **quatrième 1.** *num a & n* fourth; **habiter au q. (étage),** to live on the fourth, *NAm:* fifth, floor **2.** *nf Aut:* fourth gear; *Sch:* = *approx* third form (of secondary school).

Quatre-Cantons [katr(ə)kɑ̃tɔ̃] *Prnmpl Geog:* **lac des Q.-C.**, Lake Lucerne.

quatre-vingt-dix [katrəvɛ̃dis] *num inv a & nm inv* ninety. **quatre-vingt-dixième** *num a & n* ninetieth.

quatre-vingts [katrəvɛ̃] *num a & nm* (*omits the final* s *when followed by a num a or when used as an ordinal*) eighty; **page q.-vingt,** page eighty; **quatre-vingt-un,** eighty-one. **quatre-vingtième** *num a & n* eightieth.

quatuor [kwatɥɔr] *nm Mus:* quartet(te).

que¹ [k(ə)] *rel pron* **1.** (*of pers*) that, whom; (*of thg*) that, which; (*neut*) which, what; (*in Eng often omitted*) (*subject*) **advienne q. pourra,** come what may **2.** (*attrib*) **menteur q. tu es!** you liar! **couvert qu'il était de poussière,** covered with dust as he was; **purs mensonges q. tout cela!** that's all a pack of lies! **c'est une belle maison q. la vôtre,** yours is a beautiful house **3.** (*object*) **l'homme q. vous voyez,** the man (that) you see; **les livres q. vous avez achetés,** the books you have bought; **il n'est venu personne, q. je sache,** nobody came as far as I know **4. les jours qu'il fait chaud,** on hot days; **depuis 3 mois q. j'habite Paris,** for the three months I have been living in Paris.

que² *interr pron neut* **1.** what? **q. voulez-vous?** what do you want? **q. faire?** what shall I, we, do? what's to be done? what could one do? **q. dire?** what shall I say? **2. qu'est-il arrivé? q. s'est-il passé?** what (has) happened? **3.** (*a*) (*interr*) **que ne le disiez-vous?** why didn't you say so? (*b*) (*exclamatory*) **qu'il est beau!** how handsome he is! **que de gens!** what a lot of people!

que³ *conj* **1.** that (*often omitted in Eng*); **je désire qu'il vienne,** I want him to come; **je pense q. non,** I don't think so **2.** (*a*) (*imp or optative*) **qu'elle entre!** let her come in! **q. je vous y reprenne!** just let me catch you at it again! (*b*) (*hypothetical*) **qu'il pleuve ou qu'il fasse du vent,** whether it rains or blows; **q. tu le veuilles ou non,** whether you wish it or not **3. il l'affirmerait q. je ne le croirais pas,** even if he said it was true, I would not believe it **4.** (*a*) **approchez qu'on vous entende,** come nearer so that we can hear you; **à peine était-il rentré q. le téléphone sonna,** he had scarcely come in when the telephone rang; **il y a trois jours q. je ne l'ai vu,** it is three days since I saw him (*b*) **quand il entrera et qu'il vous trouvera ici,** when he comes in and finds you here **5.** (*in comparison*) **aussi grand q. moi,** as tall as me; **tout autre q. moi,** anyone but me **6. ne ... que,** only; **il n'a qu'une jambe,** he has only one leg; **il ne fit, n'a fait, qu'entrer et sortir,** he just slipped in and out again; **il n'y a pas q. lui qui le sache,** he's not the only one who knows; **il ne me reste plus q. vingt francs,** I have only twenty francs left; **je ne bois jamais q. de l'eau,** I never drink anything but water **7.** *F:* (*a*) **q. non! q. si! q. oui!** surely not! yes indeed! (*b*) **qu'il dit!** so he says, that's what he says!

Québec [kebɛk] *Prnm* Quebec. **québécois, -oise** *a & n* Quebecer; of Quebec; Quebec (accent, etc).

quel, quelle [kɛl] *a & pron* **1.** what, which; **q. que soit le résultat,** whatever the result may be; **quels que soient ces hommes,** whoever these men may be; **à n'importe quelle heure,** at any time **2.** (*interrogative*) **quelle heure est-il?** what's the time? **q. livre lisez-vous?** which book are you reading? **de ces deux projets q. est le plus sûr?** which is the safer of these two plans? **3.** (*exclamatory*) **q. homme!** what a man!

quelconque [kɛlkɔ̃k] *a* **1.** any (whatever); **trois points quelconques,** any three points **2. répondre d'une façon q.,** to make some sort of reply **3.** ordinary, commonplace; poor, indifferent; **il est très q.**, he's a very ordinary sort of man; **son travail est q.**, his work is mediocre.

quelque [kɛlk(ə)] **1.** *a* (*a*) some, any; **adressez-vous à q. autre,** apply to someone else (*b*) some, a few; **il y a quelques jours,** a few days ago; **cent et quelques mètres,** a hundred metres, *NAm:* meters, plus; **quarante et quelques,** forty odd (*c*) (*correlative to* **qui, que** + *sub*) **q. ambition qui l'agite,** whatever ambition moves him; **de q. côté que vous regardiez,** whichever way you look **2.** *adv* (*a*) some, about; **q. dix ans,** some ten years (*b*) (*correlative to* **que** + *sub*) **q. grandes que soient ses fautes,** however great his faults may be.

quelque chose [kɛlkəʃoz] *indef pron m inv* something, anything; **q. c. de nouveau,** something new; **il y a q. c.**, there's something the matter; **ça m'a fait q. c.**, I felt it a good deal; *F:* **ça alors, c'est q. c.!** that's really a bit much!

quelquefois [kɛlkəfwa] *adv* sometimes; occasionally; now and then.

quelque part [kɛlkəpar] *adv* somewhere.

quelqu'un, quelqu'une [kɛlkœ̃, kɛlkyn] *pl* **quelques-uns, -unes** [kɛlkəzœ̃, -yn] *indef pron* **1.** *m & f* one (or other); **quelques-uns des magasins,** some of the shops; **quelques-un(e)s d'entre nous,** a few of us, some of us **2.** *m* someone, somebody; anyone, anybody; **q. me l'a dit,** someone told me; **q. d'intelligent,** someone intelligent; **q. de trop,** one too many; **q. d'autre,** someone else; *F:* **est-il q.?** is he anybody important?

quémander [kemɑ̃de] *vtr* to beg for (sth).

qu'en-dira-t-on [kɑ̃diratɔ̃] *nm inv* gossip.

quenelle [kənɛl] *nf Cu:* quenelle; fish, meat, roll.

querelle [kərɛl] *nf* quarrel; **querelles de famille,** family squabbles; **q. d'amoureux,** lovers' tiff.

quereller [kərɛle] **1.** *vtr* to quarrel with (s.o.) **2. se q.**, to quarrel. **querelleur, -euse** *a* quarrelsome.

qu'est-ce que [kɛskə] *interr pron* what? **q. q. vous voulez?** what do you want? **q. q. c'est que ça?** what's that?

qu'est-ce qui [kɛski] *interr pron* what? **q. q. est arrivé?** what's happened?

question [kɛstjɔ̃] *nf* (*a*) question, query; **poser une q. à qn,** to ask s.o. a question; **(re)mettre qch en q.**, to call sth in question; to question sth (*b*) question, matter, point, issue; **questions d'actualité,** topics of the day; **la personne en q.**, the person in question;

hors de q., out of the question; **la q. n'est pas là**, that's not the point; **de quoi est-il q.?** what is it all about? **il est q. de lui élever une statue**, there's some talk of putting up a statue to him; **il n'en est pas q.**, there's no question of it; it's out of the question.

questionnaire [kestjɔnɛr] *nm* questionnaire.

questionner [kɛstjɔne] *vtr* to question (s.o.); to ask (s.o.) questions.

quête [kɛt] *nf* **1.** quest, search; **se mettre en q. de qch**, to go in search of sth **2.** collection; **faire la q.**, to take the collection; to make a collection (for sth).

quêter [kete] **1.** *vtr* to seek, beg, for **2.** *vi* to collect money.

quêteur, -euse [kɛtœr, -øz] *n* collector.

queue [kø] *nf* **1.** tail; **q. de renard**, fox's brush; **q. de cheval**, pony tail; **finir en q. de poisson**, to fizzle out; *Aut:* **faire une q. de poisson à qn**, to cut in front of s.o. **2.** tail (of comet); handle (of pan); stalk (of fruit, flower); pigtail; **habit à q.**, tail coat **3.** (tail) end (of procession); rear (of train); **venir en q.**, to bring up the rear; **marcher à la q. leu leu**, to walk in single file; **être à la q. de la classe**, to be at the bottom of the class; **histoire sans q. ni tête**, cock-and-bull story **4.** queue, *NAm:* line; **faire (la) q.**, to queue up; *NAm:* to stand in line **5.** (billiard) cue.

queue-de-pie [kødpi] *nf* tail coat, *F:* tails; *pl queues-de pie.*

qui[1] [ki] *rel pron m & f sg & pl* **1.** (*subject*) who, that; (*of thg*) which, that; **phrase q. n'est pas française**, sentence that is not French; **vous q. êtes libres**, you who are free; **je le vois q. vient**, I see him coming **2.** (*a*) (= **celui qui**) **sauve q. peut**, every man for himself; **adressez-vous à q. vous voudrez**, speak to anyone you like (*b*) (= **ce qui**) **voilà q. me plaît**, that's what I like; *see also* **ce[1] 3.** (*after prep*) whom, *occ* which; (*may be omitted in Eng*) **voilà l'homme à q. je pensais**, there is the man of whom I was thinking, there is the man I was thinking about **4.** *indef* **on se dispersa q. d'un côté, q. d'un autre**, we scattered, some going one way, some another **5. q. que**, who(so)ever, whom(so)ever; **q. que ce soit**, anyone (whatever).

qui[2] *interr pron m sg* who? whom? **q. a dit cela?** who said that? **q. désirez-vous voir?** who(m) do you wish to see? **à q. est ce couteau?** whose knife is this? **q. d'autre?** who else? **de q. parlez-vous?** who are you talking about? **c'est à q. rentrera le premier**, it's a question of who gets back first; *F:* **il est là—q. ça? q. donc?** he's there—who? **q. des deux a raison?** which of the two is right?

quiche [kiʃ] *nf Cu:* quiche.

quiconque [kikɔ̃k] *indef pron m sg* **1.** who(so)ever; anyone who **2.** (= **qui que ce soit**) anyone (else); anybody (else).

qui est-ce que [kiɛskə] *interr pron m sg* whom? **qui est-ce que vous désirez voir?** who(m) do you wish to see?

qui est-ce qui [kiɛski] *interr pron m sg* who?

quiétude [kjetyd] *nf* peace (of mind); **en toute q.**, with an easy mind.

quignon [kiɲɔ̃] *nm* chunk (of bread).

quille[1] [kij] *nf* (*a*) ninepin, skittle; **jeu de quilles**, (i) set of skittles (ii) skittle alley (*b*) *P:* leg, pin.

quille[2] *nf* keel (of ship).

quincaillerie [kɛ̃kɑjri] *nf* **1.** hardware, ironmongery **2.** hardware business; ironmonger's.

quincaillier, -ière [kɛ̃kɑje, -jɛr] *n* ironmonger.

quinine [kinin] *nf* quinine.

quinquagénaire [kɛ̃kaʒenɛr] *a & n* fifty-year-old (pers).

quinquennal, -aux [kɛ̃kɛnal, -o] *a* five-year (plan, etc).

quintal, -aux [kɛ̃tal, -o] *nm Meas:* quintal (= 100 kg).

quinte [kɛ̃t] *nf* **1.** *Mus:* fifth **2.** *Cards:* quint **3.** *Fenc:* quinte **4. q. (de toux)**, coughing fit.

quintessence [kɛ̃tɛsɑ̃s] *nf* quintessence.

quintette [kɛ̃tɛt] *nm* quintet(te).

quintuple [kɛ̃typl] *a & nm* quintuple; fivefold.

quintuplés, -ées [kɛ̃typle] *npl* quintuplets, *F:* quins.

quintupler [kɛ̃typle] *vtr & i* to quintuple, to increase fivefold.

quinzaine [kɛ̃zɛn] *nf* **1.** (about) fifteen, some fifteen **2.** fortnight, two weeks.

quinze [kɛ̃z] *num a inv & nm inv* **1.** fifteen; **Louis Q.**, Louis the Fifteenth; **le q. mai**, (on) the fifteenth of May; **habiter au (numéro) q.**, to live at number fifteen; *Ten:* **q. partout**, fifteen all; *Rugby Fb:* **le q. de France**, the French fifteen **2. q. jours**, a fortnight; **aujourd'hui en q.**, a fortnight (from) today; **tous les q. jours**, once a fortnight, once every two weeks.
quinzième *num a & n* fifteenth.

quiproquo [kiprɔko] *nm* misunderstanding.

quittance [kitɑ̃s] *nf* receipt.

quitte [kit] *a* **1.** free, quit, rid (**de**, of); **être q. de dettes**, to be out of debt; **nous sommes quittes**, we're quits; **tenir qn q. de qch**, to let s.o. off sth; **il en a été q. pour la peur**, he got off with nothing more than a fright; **q. ou double**, double or quits **2.** *inv* **je le ferai, q. à être grondé**, I'll do it even if I'm told off.

quitter [kite] *vtr* **1. q. la partie**, to give up; to throw up the sponge **2.** to leave (place, person); to take off (one's clothes); **ne le quittez pas des yeux**, don't let him out of your sight; *Tp:* **ne quittez pas!** hold the line! **3. se q.**, to part; **ils ne se quittent plus depuis un mois**, they've been inseparable for a month.

qui-vive [kiviv] *nm inv* **être sur le q.-v.**, to be on the alert.

quoi[1] [kwa] *rel pron* **1.** what; **c'est en q. vous vous trompez**, that is where you are wrong; **après q.**, after which; **sans q.**, otherwise **2. il a bien autre chose à q. penser!** he has something else to think about! **il a de q. vivre**, he has enough to live on; *F:* **il a de q.**, he's well off; **il y a de q. vous faire enrager**, it's enough to drive you mad; **il n'y a pas de q. être fier**, there's nothing to be proud of; **il n'y a pas de q.**, don't mention it; not at all; *NAm:* you're welcome! **avez-vous de q. écrire?** have you (got) anything to write with? **3.** (*correlative to* **qui, que** + *sub*) (*a*) **q. qu'il arrive**, whatever happens; **q. qu'il en soit**, be that as it may (*b*) **q. que ce soit**, anything (whatever).

quoi[2] *interr pron* what? **q. d'autre?** what else? **q. de nouveau?** what's new? **eh bien! q.?** well, what about it? **de q. parlez-vous?** what are you talking about? **en q. puis-je vous être utile?** can I help you? **c'est en q.?** what is it made of? **et puis q. encore!** what next!

quoique [kwak(ə)] *conj usu* + *sub* (al)though; **quoiqu'il soit pauvre**, although he's poor.

quolibet [kɔlibɛ] *nm* gibe, jeer.
quorum [k(w)ɔrɔm] *nm* quorum.
quota [k(w)ɔta] *nm* quota.
quote-part [kɔtpar] *nf* share, quota, portion; *pl quotes-parts.*
quotidien, -ienne [kɔtidjɛ̃, -jɛn] **1.** *a* daily, everyday; **la vie quotidienne,** everyday life **2.** *nm* daily (paper). **quotidiennement** *adv* daily, every day.
quotient [kɔsjã] *nm* **1.** *Mth:* quotient **2. q. intellectuel,** intelligence quotient, IQ.
quotité [kɔtite] *nf Fin:* quota.

R

R, r [ɛr] *nm* (the letter) R, r.
rab [rab] *nm F:* **en r.**, left over.
rabâcher [rabɑʃe] **1.** *vi* to repeat oneself **2.** *vtr* to repeat endlessly.
rabâcheur, -euse [rabaʃœr, -øz] *n* repetitive person.
rabais [rabɛ] *nm* reduction (in price); rebate, discount; **vendre qch au r.**, to sell sth at a discount; **vente au r.**, discount sale.
rabaisser [rabɛse] *vtr* **1.** (*a*) to lower (sth); to reduce (price) (*b*) to disparage, belittle (s.o., sth) **2. se r.**, to lower, disparage, oneself.
rabat [raba] *nm* flap (of table, pocket).
rabat-joie [rabaʒwa] *nm inv* killjoy, spoilsport.
rabattage [rabataʒ] *nm* beating (for game).
rabatteur, -euse [rabatœr, -øz] *n* (*a*) beater (*b*) *Com: Pol:* canvasser.
rabattre [rabatr̥] *v* (*conj like* BATTRE) **1.** *vtr* (*a*) to fold back; to shut down (lid); to lower (blind); to turn down (collar); to press down (seam); **porte rabattue contre le mur**, door folded back to the wall; **le vent rabat la fumée**, the wind drives down the smoke (*b*) to reduce, lessen; **r. 100 francs du prix**, to take 100 francs off the price; **r. l'orgueil de qn**, to humble s.o.'s pride; *Knit:* **r. les mailles**, to cast off (*c*) to drive (game) **2. se r.** (*a*) (*of table*) to fold (*b*) **se r. sur**, to fall back on (*c*) *Aut:* to cut in (after overtaking). **rabattable** *a* **siège r.**, folding seat.
rabbin [rabɛ̃] *nm Rel:* rabbi; **grand r.**, chief rabbi.
rabibocher [rabibɔʃe] *vtr F:* **1.** to patch up (house, etc) **2.** (*to reconcile*) to patch it up between **3. se r.**, to patch it up (**avec**, with).
rabiot [rabjo] *nm P:* (*a*) extra food (*b*) extra time.
râblé [rable] *a* broad-backed (rabbit); stocky (pers).
rabot [rabo] *nm Tls:* plane.
raboter [rabɔte] *vtr* (*a*) to plane (wood) (*b*) to scrape (surface). **raboteux, -euse** *a* rough, uneven (surface).
rabougri [rabugri] *a* stunted (person, plant).
rabrouer [rabrue] *vtr* to snub (s.o.), to brush (s.o.) off.
racaille [rakaj] *nf* rabble, riff-raff.
raccommodage [rakɔmɔdaʒ] *nm* (*a*) mending, repairing; darning (*b*) mend, repair; darn.
raccommoder [rakɔmɔde] *vtr* **1.** to mend, repair; to darn (sock) **2.** *F:* to reconcile (two persons); **ils se sont raccommodés**, they made it up.
raccord [rakɔr] *nm* **1.** join; **faire des raccords (de peinture)**, to touch up (the paintwork) **2.** (*a*) connection, coupling; joint (*b*) *Cin:* link.
raccordement [rakɔrdəmɑ̃] *nm* joining; linking up; connecting.
raccorder [rakɔrde] *vtr* to join (up), to connect; to link up.
raccourci [rakursi] *nm* (*a*) short cut (*b*) **en r.**, in a nutshell.
raccourcir [rakursir] **1.** *vtr* (*a*) to shorten; to take up (sleeve) (*b*) to abridge, curtail; to cut short **2.** *vi & pr* to grow shorter; **r. au lavage**, to shrink in the wash.
raccourcissement [rakursismɑ̃] *nm* shortening.
raccrocher [rakrɔʃe] **1.** *vtr* (*a*) to hook up, to hang (sth) up, again; *vi Tp:* to hang up, to ring off; **il m'a raccroché au nez**, he hung up on me (*b*) *F:* to get hold of (sth, s.o.) **2. se r. à qch**, to catch hold of, to grab hold of, sth; to cling to, to hang on to (pers, hope).
race [ras] *nf* **1.** race; descent, ancestry; **de r. noble**, of noble blood **2.** race, stock, breed; **chien de r.**, pedigree dog; **cheval de r.**, thoroughbred horse; (*of pers*) **avoir de la r.**, to be distinguished, aristocratic. **racé** *a* pure bred, thoroughbred; aristocratic (pers).
rachat [raʃa] *nm* (*a*) repurchase, buying back (*b*) *Ins:* surrender (of policy) (*c*) atonement (for a sin).
racheter [raʃte] *v* (*conj like* ACHETER) **1.** *vtr* (*a*) to repurchase; to buy back; to buy in (*b*) to redeem (debt, pledge); to ransom (prisoner); to atone (for one's sins) (*c*) *Ins:* to surrender (policy) (*d*) to buy some more of (sth) **2. se r.**, to redeem oneself; to make amends.
rachitisme [raʃitism] *nm Med:* rickets. **rachitique** *a* **enfant r.**, child with rickets.
racial, -aux [rasjal, -o] *a* racial.
racine [rasin] *nf* (*a*) root; **prendre r.**, to take root (*b*) *Mth:* **r. carrée**, square root.
racisme [rasism] *nm* racialism. **raciste** *a & n* rac(ial)ist.
rack [rak] *nm Rec:* rack.
racket [rakɛt] *nm* racket.
racketter [rakɛte] *vtr* **r. qn**, to extort money from s.o.; to rip s.o. off.
racketteur [rakɛtœr] *nm* racketeer.
raclée [rakle] *nf F:* hiding, thrashing, licking.
racler [rakle] *vtr* to scour; **se r. la gorge**, to clear one's throat.
racolage [rakɔlaʒ] *nm* soliciting.
racoler [rakɔle] *vtr* to tout for (customers); (*of prostitute*) to solicit.
racontar [rakɔ̃tar] *nm F:* story, piece of gossip.
raconter [rakɔ̃te] *vtr* to tell, relate, recount; **qu'est-ce qu'il raconte?** what's he talking about, what's he saying?
racorni [rakɔrni] *a* hardened; shrivelled.
radar [radar] *nm* radar.
rade [rad] *nf Nau:* roadstead, roads; **navire en r.**, ship in harbour; *F:* **laisser en r.**, to leave (s.o.) in the lurch, to ditch (sth).
radeau, -eaux [rado] *nm* raft.
radial, -aux [radjal, -o] *a* radial.
radiateur [radjatœr] *nm* (*a*) radiator; **r. électrique**, electric fire; **r. soufflant**, fan heater (*b*) *Aut: etc:* radiator.

radiation [radjasjɔ̃] *nf* **1.** *Ph:* radiation **2.** crossing out, crossing off; striking off.
radical, -aux [radikal, -o] *a & nm* radical. **radicalement** *adv* radically.
radier [radje] *vtr* (*impf & pr sub* **n. radiions**) to cross off, strike off; **r. qn de la liste,** to strike s.o. off the list.
radieux, -euse [radjø, -øz] *a* radiant; beaming; dazzling (sky); brilliant (sunshine).
radin [radɛ̃] *a & nm P:* mean, tightfisted.
radio [radjo] *F:* **1.** *nm* (*a*) radio(gram) (*b*) radio operator **2.** *nf* (*a*) radio, wireless; **à la r.,** on the radio; **passer à la r.,** to broadcast; to go on the air, on the radio (*b*) radiotelegraphy (*c*) radio (set) (*d*) X-ray; **passer à la r., passer une r.,** to be X-rayed.
radioactivité [radjɔaktivite] *nf* radioactivity. **radioactif, -ive** *a* radioactive.
radio(-)amateur [radjɔamatœr] *nm* radio ham.
radiocassette [radjɔkasɛt] *nf* radio cassette player.
radiodiffuser [radjɔdifyze] *vtr WTel:* to broadcast.
radiodiffusion [radjɔdifysjɔ̃] *nf WTel:* broadcasting.
radioélectricien, -ienne [radjɔelɛktrisjɛ̃, -jɛn] *n* radio (and television) technician.
radiogramme [radjɔgram] *nm* radiogram.
radiographie [radjɔgrafi] *nf* (*a*) radiography; X-ray photography (*b*) X-ray photograph.
radiographier [radjɔgrafje] *vtr* (*impf & pr sub* **n. radiographiions**) to X-ray.
radioguidage [radjɔgidaʒ] *nm Av: Nau:* radio control.
radiologie [radjɔlɔʒi] *nf* radiology.
radiologue [radjɔlɔg] *n* radiologist.
radiomessagerie [radjɔmɛsaʒri] *nf* paging.
radiophonie [radjɔfɔni] *nf* radiotelephony.
radiophonique [radjɔfɔnik] *a* radiophonic; **jeux, émission, r.,** radio games, programme.
radioreportage [radjɔrəpɔrtaʒ] *nm WTel:* broadcasting (of news); running commentary.
radioreporter [radjɔrəpɔrtɛr] *nm WTel:* reporter, commentator.
radioscopie [radjɔskɔpi] *nf* radioscopy.
radiotélévisé [radjɔtelevize] *a* broadcast on radio and television.
radis [radi] *nm* radish; **r. noir,** horseradish; *F:* **je n'ai plus un r.,** I haven't got a penny.
radium [radjɔm] *nm* radium.
radotage [radɔtaʒ] *nm* drivel.
radoter [radɔte] *vi* to (talk) drivel; to ramble on.
radoteur, -euse [radɔtœr, -øz] *n* dotard.
radoucir [radusir] **1.** *vtr* to calm, soften; to smooth (s.o.) down; to mollify (s.o.) **2. se r.,** to calm down; (*of weather*) to grow milder.
radoucissement [radysismɑ̃] *nm* (*a*) softening; calming down (*b*) milder spell (of weather).
rafale [rafal] *nf* (*a*) squall; strong gust (of wind) (*b*) burst (of gunfire); hail (of bullets).
raffermir [rafɛrmir] **1.** *vtr* to strengthen; to steady (nerves) **2. se r.,** to grow stronger; to grow steadier.
raffinage [rafinaʒ] *nm* (sugar, oil) refining.
raffinement [rafinmɑ̃] *nm* refinement; sophistication.
raffiner [rafine] *vtr* to refine (sugar, oil, manners). **raffiné** *a* refined.
raffinerie [rafinri] *nf* refinery.
raffineur, -euse [rafinœr, -øz] *n* (oil, sugar) refiner.
raffoler [rafɔle] *vi* **r. de qch,** to be excessively fond of, *F:* to adore, sth.
raffut [rafy] *nm F:* noise, row.
rafiot [rafjo] *nm Pej:* (*boat*) (old) tub.
rafistoler [rafistɔle] *vtr F:* to patch (sth) up.
rafle [rafl] *nf* (police) raid.
rafler [rafle] *vtr F:* to swipe.
rafraîchir [rafrɛʃir] **1.** *vtr* (*a*) to cool, refresh (*b*) to freshen up, to revive (colour); to do up, renovate; **r. la mémoire à qn,** to refresh s.o.'s memory **2.** *vi* **mettre le vin à r.,** to chill the wine **3. se r.** (*a*) (*of weather*) to grow cooler (*b*) (i) to freshen oneself up (ii) to refresh oneself. **rafraîchissant** *a* refreshing; cooling.
rafraîchissement [rafrɛʃismɑ̃] *nm* (*a*) cooling (of liquid) (*b*) cold drink; *pl* refreshments.
ragaillardir [ragajardir] *vtr* to buck (s.o.) up.
rage [raʒ] *nf* **1.** rabies **2.** (*a*) rage, fury; **la tempête fait r.,** the storm is raging (*b*) passion, mania (for sth); **r. d'écrire,** mania for writing (*c*) **r. de dents,** raging toothache.
rager [raʒe] *vi* (**n. rageons**) *F:* to rage; to be in a rage; to fume; **ça me fait r. de voir ça!** it makes me wild, mad, to see it! **rageant** *a F:* maddening, infuriating. **rageur, -euse** *a* violent-tempered (person); infuriated (tone). **rageusement** *adv* furiously.
ragots [rago] *nmpl F:* gossip, tittle-tattle.
ragoût [ragu] *nm Cu:* stew, ragout. **ragoûtant** *a* **peu r.,** unsavoury (dish, person).
raid [rɛd] *nm* **1.** *Mil:* raid **2.** *Sp:* long-distance rally.
raide [rɛd] **1.** *a* (*a*) stiff (limb, joints); taut, tight (cable); **corde raide,** tightrope; **cheveux raides,** straight hair; *F:* **r. (comme un passe-lacet),** (stony) broke (*b*) stiff (manner); inflexible, unbending (character) (*c*) steep (slope) (*d*) *F:* **ça, c'est un peu r.!** that's a bit steep! (*e*) *P:* **boire du r.,** to drink raw spirits **2.** *adv* (*a*) (to strike) hard (*b*) **ça monte r.,** it's a steep climb (*c*) **tomber r. mort,** to drop dead.
raideur [rɛdœr] *nf* **1.** stiffness (of limb, joints); tautness (of cable) **2.** stiffness (of manner); inflexibility **3.** steepness (of slope).
raidillon [rɛdijɔ̃] *nm* (short and steep) rise.
raidir [rɛdir] **1.** *vtr* to stiffen; to tighten (rope); to tense (muscle) **2. se r.** (*a*) to tense up; **se r. contre,** to steel oneself against (*b*) (*of negotiators, etc*) to take a hard line.
raidissement [rɛdismɑ̃] *nm* stiffening; tightening.
raie[1] [rɛ] *nf* **1.** line, stroke **2.** streak; stripe **3.** parting, *NAm:* part (in hair).
raie[2] *nf Ich:* ray, skate.
raifort [rɛfɔr] *nm* horseradish.
rail [rɑj] *nm* (*a*) rail; **r. conducteur,** live rail; (*of train*) **quitter les rails, sortir des rails,** to be derailed; **remettre sur les rails,** to put (s.o.) on the right track; to put (business, etc) back on its feet (*b*) railways, *NAm:* railroads.
railler [rɑje] *vtr* to laugh at, to make fun of (s.o.). **railleur, -euse** (i) *a* mocking, joking (ii) *n* scoffer; joker.

raillerie [rɑjri] *nf* jibe; mocking remark.
rainure [rɛnyr] *nf* groove, channel; slot.
raisin [rɛzɛ̃] *nm* **(grain de) r.,** grape; **grappe de r.,** bunch of grapes; **raisins secs,** raisins; **raisins de Corinthe,** (dried) currants; **raisins de Smyrne,** sultanas.
raison [rɛzɔ̃] *nf* **1.** reason, motive, ground (**de,** for); **ce n'est pas une r.!** that's no excuse! **pour quelle r.?** why? what for? **sans r.,** needlessly; **en r. de,** because of; **r. de plus,** all the more reason; **à plus forte r.,** all the more so; **r. d'être,** raison d'être **2.** (faculty of) reason; **il n'a pas toute sa r.,** he's not quite sane; **entendre r.,** to listen to reason **3. donner r. à qn,** to agree with s.o.; (*of event, etc*) to prove s.o. right; **avoir r.,** to be right; **se faire une r.,** to accept the inevitable; **avec r.,** rightly; **boire plus que de r.,** to drink too much; **comme de r.,** as one might expect **4.** satisfaction, reparation; **avoir r. de qn,** to get the better of s.o. **5** *Com:* **r. sociale,** name, style (of a firm) **6.** *Mth:* **r. directe, indirecte,** direct, inverse, ratio; **à r. de,** at the rate of; **en r. de,** according to. **raisonnable** *a* reasonable; sensible. **raisonnablement** *adv* reasonably; sensibly; moderately.
raisonnement [rɛzɔnmɑ̃] *nm* (*a*) reasoning (*b*) argument.
raisonner [rɛzɔne] **1.** *vi* to reason, to argue (**sur,** about) **2.** *vtr* **r. qn,** to reason with s.o. **3. se r.,** to be reasonable. **raisonné** *a* reasoned (argument). **raisonneur, -euse** (*a*) *a Pej:* argumentative (*b*) *n Pej:* arguer.
rajeunir [raʒœnir] **1.** *vtr* (*a*) to rejuvenate (s.o.); to make (s.o.) look younger, feel younger (*b*) to renovate; to update, to modernize **2.** *vi* get, feel, look, younger **3. se r.,** to make oneself out to be younger than one is. **rajeunissant** *a* rejuvenating (cream).
rajeunissement [raʒœnismɑ̃] *nm* rejuvenation; **le r. de la population,** the population getting younger.
rajout [raʒu] *nm* addition.
rajouter [raʒute] *vtr* to add (sth); to add more of (sth); *Fig:* **en r.,** to overdo it.
rajustement [raʒystəmɑ̃] *nm* readjustment.
rajuster [raʒyste] *vtr* to readjust (sth); to put (sth) straight; **se r.,** to tidy oneself up.
râle[1] [rɑl] *nm* groan; death rattle.
râle[2] *nm Orn:* rail.
ralenti [ralɑ̃ti] **1.** *a* slow(er); **au trot r.,** at a slow trot **2.** *nm* (*a*) slow motion; **au r.,** in slow motion; **travailler au r.,** to work at a slow pace (*b*) *Ind: Mch:* idling, slow running; (*of engine*) **tourner au r.,** to idle, to turn over.
ralentir [ralɑ̃tir] **1.** *vtr & i* to slow down; to slacken (speed); *PN:* **r.!** slow! **r. sa marche,** to reduce speed **2. se r.,** (*of movement*) to slow down; (*of enthusiasm*) to abate, to flag. **ralentissement** [ralɑ̃tismɑ̃] *nm* slowing down; flagging.
râler [rɑle] *vi* **1.** to groan; to give the death rattle **2.** *F:* to groan, to grouse (**contre,** about); **r. en silence,** to fume; **faire r. qn,** to infuriate s.o.
râleur, -euse [rɑlœr, -øz] *n F:* grouser, grumbler.
ralliement [ralimɑ̃] *nm* (*a*) rally(ing) (*b*) winning over (of adherents).
rallier [ralje] *v* (*pr sub & impf* **n. ralliions**) **1.** *vtr* (*a*) to rally, assemble (troops) (*b*) to rejoin (unit) (*c*) to win (s.o.) over; to bring (s.o.) round (to an opinion) **2. se r.** (*a*) (*of troops*) to rally (*b*) **se r. à,** to join (party); to come round to (an opinion).
rallonge [ralɔ̃ʒ] *nf* (*a*) extension piece; extension cord; (extra) leaf (of table) (*b*) additional payment.
rallonger [ralɔ̃ʒe] (**n. rallongeons**) (*a*) *vtr* to lengthen; to make (sth) longer (*b*) *vi F:* **les jours rallongent,** the days are getting longer.
rallumer [ralyme] **1.** *vtr* to relight (lamp, fire); to rekindle (fire); to switch on again; *Fig:* to revive (anger, hope) **2. se r.,** to light up again; (*of anger*) to revive.
rallye [rali] *nm Sp:* (car) rally.
ramage [ramaʒ] *nm* (*a*) floral design (*b*) song (of birds).
ramassage [ramɑsaʒ] *nm* gathering, collecting, picking up; **r. à la pelle,** shovelling up; **r. scolaire,** school bus service.
ramassé [ramase] *a* (*a*) **r. (sur soi-même),** curled up (*b*) squat, stocky (*c*) compact (style, etc).
ramasser [ramɑse] *vtr* **1.** (*a*) to gather (sth) together; **r. toutes ses forces,** to gather all one's strength (*b*) to collect, gather (several things); to gather (together); *F:* **r. un procès-verbal,** to get a ticket (*c*) to pick up, take up; **r. à la pelle,** to shovel up; *F:* **r. une bûche,** to come a cropper, *NAm:* to take a spill **2. se r.** (*a*) to gather oneself (for an effort); (*of tiger*) to crouch (for a spring) (*b*) to pick oneself up (after a fall); *F:* to go hopelessly wrong.
ramasseur, -euse [ramasœr, -øz] *n* gatherer, collector; *Ten:* **r. de balles,** ballboy, ballgirl.
ramassis [ramasi] *nm Pej:* heap, pile (of thgs); bunch (of people).
rambarde [rɑ̃bard] *nf Nau: etc:* (guard) rail.
rame[1] [ram] *nf Hort:* stake, stick.
rame[2] *nf* oar.
rame[3] *nf* **1.** ream (of paper) **2. r. (de Métro),** (underground) train.
rameau, -eaux [ramo] *nm* (small) branch, bough, twig; **le dimanche des Rameaux,** Palm Sunday.
ramener [ramne] *v* (*conj like* MENER) **1.** *vtr* (*a*) to bring (s.o., sth) back (again); **r. qn en voiture,** to drive s.o. home; **r. qn à la vie,** to bring s.o. back to life (*b*) to pull (back) (blanket); to draw in (one's legs); **r. son chapeau sur ses yeux,** to pull down one's hat over one's eyes **2. se r.** (*a*) *F:* (*of pers*) to arrive, to roll up (*b*) **se r. à,** to come down to, to boil down to.
ramer [rame] *vi* **1.** to row **2.** *P:* to struggle, to have a struggle (**pour faire qch,** to do sth).
rameur, -euse [ramœr, -øz] *n* rower; oarsman, oarswoman.
ramier [ramje] *am & nm Orn:* **(pigeon) r.,** wood pigeon.
ramification [ramifikasjɔ̃] *nf* ramification.
ramifier (se) [səramifje] *vtr & pr* to ramify, branch out.
ramollir [ramɔlir] **1.** *vtr* to soften **2. se r.,** to soften, to go soft. **ramolli** *a* **1.** soft **2.** *F:* soft(witted).
ramonage [ramɔnaʒ] *nm* chimney sweeping.
ramoner [ramɔne] *vtr* to sweep (chimney).
ramoneur [ramɔnœr] *nm* (chimney) sweep.
rampant [rɑ̃pɑ̃] *a* crawling, creeping; climbing (plant); *Pej:* slimy, obsequious.

rampe [rɑ̃p] *nf* **1.** slope, rise, incline **2.** ramp; **r. de lancement,** launching pad **3.** banisters, handrail **4.** *Th:* footlights; **cette pièce ne passe pas la r.,** this play doesn't get across.
ramper [rɑ̃pe] *vi* to creep, to crawl; (*of plant*) to creep, to trail; **r. devant qn,** to grovel before s.o.
ramure [ramyr] *nf* (*a*) branches, foliage (*b*) antlers (of stag).
rancard [rɑ̃kar] *nm P:* (*a*) information, tip (*b*) date, rendezvous.
rancart [rɑ̃kar] *nm* **mettre qch au r.,** to discard (sth); to shelve (project).
rance [rɑ̃s] *a* rancid, rank.
ranch [rɑ̃tʃ] *nm* ranch.
rancir [rɑ̃sir] *vi* to go rancid.
rancœur [rɑ̃kœr] *nf* rancour; resentment.
rançon [rɑ̃sɔ̃] *nf* ransom; **la r. du progrès,** the price of progress.
rançonner [rɑ̃sɔne] *vtr* to hold (s.o.) to ransom; *F:* to fleece (customer).
rancune [rɑ̃kyn] *nf* rancour, spite; **garder r. à qn,** to bear s.o. a grudge; **sans r.!** no hard feelings! **rancunier, -ière** *a* vindictive, spiteful (person).
randonnée [rɑ̃dɔne] *nf* outing, run, trip, excursion; **r. à pied,** hike; **r. en vélo,** (bike) ride; **r. en voiture,** drive.
rang [rɑ̃] *nm* **1.** (*a*) row, line; row (of onions, knitting); **r. de perles,** string of pearls; *Th: etc:* **dernier, premier, r.,** back, front, row (*b*) *Mil:* rank; **en rangs serrés,** in close order; **se mettre en rang(s),** to line up (**par trois, six,** in threes, sixes) **2.** rank, place; station; **avoir r. de colonel,** to hold the rank of colonel; **arriver au premier r.,** to come to the front; **par r. de,** in order of.
rangée [rɑ̃ʒe] *nf* row, line; tier (of seats).
rangement [rɑ̃ʒmɑ̃] *nm* (*a*) tidying (up), putting away; **volume de r.,** storage space (*b*) arrangement.
ranger [rɑ̃ʒe] *v* **(n. rangeons) 1.** *vtr* (*a*) to arrange (*b*) to put away; to tidy away; **r. une voiture,** to pull in to the side (*c*) to arrange, tidy (room) (*d*) **r. parmi,** to rank among **2. se r.** (*a*) to draw up, line up (*b*) **se r. du côté de qn,** to side with s.o. (*c*) **se r. (de côté),** to get out of the way (*d*) *F:* to settle down. **rangé** *a* (*a*) tidy, well-ordered (room) (*b*) settled (pers) (*c*) pitched (battle).
ranimer [ranime] **1.** *vtr* to revive; to rekindle (fire); *Fig:* to stir up (hatred, etc) **2. se r.,** to revive; (*of fire*) to burn up.
rapace [rapas] *a* **1.** predatory; **oiseau r.,** *nm* **r.,** bird of prey **2.** grasping (person).
rapacité [rapasite] *nf* rapacity.
rapatrié, -iée [rapatrije] *n* repatriate.
rapatriement [rapatrimɑ̃] *nm* repatriation.
rapatrier [rapatrije] *vtr* (*pr sub & impf* **n. rapatriions**) to repatriate; to send (s.o.) home (from abroad).
râpe [rɑp] *nf Carp:* rasp; *Cu:* grater.
râper [rɑpe] *vtr Carp:* to rasp; *Cu:* to grate. **râpé 1.** *a* (*a*) grated (cheese) (*b*) threadbare (clothes) **2.** *nm* grated cheese.
rapetisser [raptise] **1.** *vtr* to make (sth) smaller; to reduce **2.** *vi* to become shorter, smaller; **r. au lavage,** to shrink in the wash.
râpeux, -euse [rapø, -øz] *a* rough.
raphia [rafja] *nm* raffia.
rapiat, -ate [rapja, -at] **1.** *a* stingy, miserly **2.** *n* miser, skinflint.
rapide [rapid] **1.** *a* (*a*) rapid, swift, fast; speedy (recovery) (*b*) steep (slope) **2.** *nm* (*a*) rapid (in river); (*b*) express (train), fast train. **rapidement** *adv* (*a*) rapidly, swiftly (*b*) steeply.
rapidité [rapidite] *nf* rapidity, swiftness, speed.
rapiécer [rapjese] *vtr* **(je rapièce; je rapiécerai)** to patch (garment).
rappel [rapɛl] *nm* **1.** (*a*) recall (of ambassador) (*b*) **r. à l'ordre,** call(ing) to order (*c*) *Mil:* **r. sous les drapeaux,** recall to the colours (of reservists) (*d*) *Th:* curtain call **2.** reminder; **lettre de r.,** (letter of) reminder; *Com:* **r. de traitement,** back pay **3.** *Mec:* readjustment; **vis de r.,** adjusting screw **4.** *Med:* **(vaccination de) r.,** booster (injection).
rappeler [raple] (*conj like* APPELER) **1.** *vtr* (*a*) to call (s.o.) again; *WTel:* to call again, to call back (*b*) to recall (ambassador); to call (s.o.) back; **r. qn à l'ordre,** to call s.o. to order; **r. qn à la vie,** to bring s.o. back to life (*c*) **r. qch à qn,** to remind s.o. of sth; *Com:* **prière de r. ce numéro,** in reply please quote this number **2. se r. qch,** to recall, remember, sth.
rappliquer [raplike] *vi F:* to show up.
rapport [rapɔr] *nm* **1.** (*a*) return, yield; **immeuble de r.,** block of flats (for letting); **d'un bon r.,** profitable; that brings in a good return (*b*) account, report, statement (*c*) (official) report; return (of expenses) **2.** (*a*) relation, connection (**avec,** with); **sans r. avec le sujet,** without any bearing on the subject; **avoir r. à qch,** to relate to sth; **par r. à qch,** in comparison with sth; **sous tous les rapports,** in every respect (*b*) ratio, proportion; **r. de 1 à 3,** ratio of 1 to 3; **r. qualité-prix,** quality-price ratio; **être d'un bon r. qualité-prix,** to give good value for money (*c*) relations (between people); **mettre qn en r. avec qn,** to bring s.o. in contact, to put s.o. in touch, with s.o.; **avoir des rapports avec qn,** (i) to be in touch with s.o. (ii) to have sexual intercourse with s.o.
rapporter [rapɔrte] **1.** *vtr* (*a*) to bring back; to return (sth) (*b*) to add, to join, to put in (pieces to build a machine) (*c*) to bring in, yield; **cela ne rapporte rien,** it doesn't pay; *vi* **affaire qui rapporte,** profitable business (*d*) (i) to report, to give an account of (sth) (ii) *vi* to sneak; to tell tales; **r. sur qn,** to tell on s.o., to sneak (*e*) **r. qch à une cause,** to attribute, ascribe, sth to a cause (*f*) *Jur:* to revoke (decree); to cancel (order); **r. un ordre de grève,** to call off a strike **2. se r.** (*a*) to agree, tally (**avec,** with) (*b*) to refer, to relate (**à,** to) (*c*) **s'en r. à qn,** to rely on s.o.; **je m'en rapporte à vous,** (i) I take your word for it (ii) I leave it to you.
rapporteur, -euse [rapɔrtœr, -øz] *n* **1.** telltale **2.** *nm* reporter, recorder **3.** *nm Mth:* protractor.
rapprochement [raprɔʃmɑ̃] *nm* (*a*) bringing together (*b*) linking, comparing (of ideas) (*c*) reconciliation.
rapprocher [raprɔʃe] *vtr* **1.** (*a*) to bring (objects) nearer, closer together; **r. une chaise du feu,** to draw up a chair to the fire (*b*) to bring (two people) together; **un intérêt commun les rapproche,** a common interest brings, draws, them together (*c*) to put together, to compare (facts) **2. se r.** (*a*) **se r. de qch,** to draw near(er) to sth (*b*) **se r. de la vérité,**

to approximate to the truth (*c*) **se r. de qn,** to be reconciled, to make it up, with s.o. **rapproché** *a* near (in space, time) (**de,** to); close together; **yeux rapprochés,** close-set eyes.

rapsodie [rapsɔdi] *nf* rhapsody.

rapt [rapt] *nm Jur:* abduction; kidnapping.

raquette [rakɛt] *nf* **1.** *Games:* racket; (table tennis) bat **2.** snowshoe.

rare [rar] *a* **1.** rare; **les visites sont rares,** the visits are few and far between; **se faire r.,** to become rare; (*of pers*) to be seldom seen; **l'argent est r.,** money is scarce; **ça n'a rien de r.,** there's nothing unusual about it **2.** thin (hair); sparse (vegetation). **rarement** *adv* rarely, seldom.

raréfier (se) [səRarefje] *vpr* (*of food, etc*) to become scarce.

rareté [rarte] *nf* **1.** (*a*) rarity (*b*) scarcity, scarceness (of objects); infrequency (of visits) **2.** (*a*) (*object*) rarity (*b*) rare occurence.

ras [rɑ] **1.** *a* (*a*) close-cropped (hair); short-piled (carpet); **à poil r.,** short-haired (dog) (*b*) bare, blank; **en rase campagne,** in the open country; **faire table rase,** to make a clean sweep (*c*) **cuillerée rase,** level spoonful; **à r. bord,** to the brim (*d*) *F:* **en avoir r. le bol,** to be fed up (**de,** with) **2.** *prep phr* **au r. de,** (on a) level with, flush with; **voler au r. du sol,** to fly close to the ground; **pull (au) r. du cou, pull à col r.,** crew-neck(ed) pullover.

rasade [razad] *nf* brim-full glass; bumper.

rasage [razaʒ] *nm* shaving, shave; **après-r.,** after-shave.

rase-mottes [razmɔt] *nm Av:* **vol en r.-m.,** hedge hopping; **faire du r.-m.,** to skim the ground.

raser [raze] **1.** *vtr* (*a*) to shave (off) (*b*) *F:* to bore (s.o.) (*c*) to raze (building) to the ground (*d*) to graze, brush, skim (over); **r. les murs,** to hug the wall(s) **2. se r.** (*a*) to shave (*b*) *F:* to be bored. **rasant** *a F:* boring.

raseur, -euse [razœr, -øz] *n F:* bore.

rasoir [razwar] **1.** *nm* razor; **r. électrique,** electric shaver, razor **2.** *a inv F:* boring.

rassasier [rasazje] *v* (*pr sub & impf* **n. rassasiions**) **1.** *vtr* (*a*) to satisfy (hunger); **être rassasié,** to have had enough (**de,** of) (*b*) *Lit:* **r. sa vue, ses yeux, de,** to feast one's eyes upon **3. se r.,** to have had enough, **je ne m'en rassasie pas,** I never tire of it.

rassemblement [rasɑ̃bləmɑ̃] *nm* **1.** assembling, gathering; *Mil:* **r.!** fall in! **2.** crowd, gathering.

rassembler [rasɑ̃ble] **1.** *vtr* (*a*) to reassemble, to bring together again (*b*) to assemble; to gather together, collect together; to round up (cattle); to summon up (strength) **2. se r.,** to assemble, to gather.

rasseoir [raswar] *vtr* (*conj like* ASSEOIR) **1.** *vtr* to replace **2. se r.,** to sit down again.

rassir [rasir] *vi & pr* **(se) r.,** to go stale. **rassis** *a* stale.

rassurant [rasyrɑ̃] *a* reassuring, comforting.

rassurer [rasyre] **1.** *vtr* to reassure (s.o.), to put (s.o.'s) mind at rest **2. se r.,** to feel reassured; **rassurez-vous,** put your mind at rest.

rat [ra] *nm* **1.** (*a*) rat; **mort aux rats,** rat poison; **être fait comme un r.,** to be caught out (*b*) **r. des champs,** fieldmouse; **r. d'égout,** sewer rat **2. r. de bibliothèque,** bookworm; **r. d'hôtel,** hotel thief; **petit r. (de l'opéra),** young ballet pupil.

ratage [rataʒ] *nm F:* failure.

ratatiner [ratatine] *vtr* **1.** (*a*) to smash in (*b*) *F:* (*to beat*) to demolish (*c*) *P:* (*to kill*) to bump (s.o.) off **2. se r.** (*of old pers*) to become wizened. **ratatiné** *a* (*a*) shrivelled (apple, etc) (*b*) *F:* smashed in; written off.

ratatouille [ratatuj] *nf Cu:* ratatouille.

rate [rat] *nf Anat:* spleen.

raté, -ée [rate] *n* **1.** (*pers*) failure **2.** *nm Aut:* backfiring; **avoir des ratés,** to backfire.

râteau, -eaux [rɑto] *nm* rake.

râtelier [rɑtəlje] *nm* **1.** rack (in stable) **2. r. à pipes, à outils,** pipe rack, tool rack **3.** *F:* set of false teeth; denture.

rater [rate] **1.** *vi* (*of gun, engine*) to backfire; (*of enterprise*) to fail; to miscarry **2.** *vtr* (*a*) **r. son coup,** to miss the mark (*b*) *F:* **r. un coup,** to fail in an attempt; **r. son train,** to miss one's train; **r. un examen,** to fail an exam; **j'ai raté l'occasion,** I missed the chance.

ratiboiser [ratibwaze] *vtr P:* **1. r. qch à qn,** to do s.o. out of sth **2.** to rook (s.o.).

ratification [ratifikasjɔ̃] *nf* ratification.

ratifier [ratifje] *vtr* to ratify.

ration [rasjɔ̃] *nf* ration(s); *Fig:* **r. de,** share of.

rationaliser [rasjɔnalize] *vtr* to rationalize. **rationnel** *a* rational. **rationnellement** *adv* rationally.

rationnement [rasjɔnmɑ̃] *nm* rationing.

rationner [rasjɔne] *vtr* to ration.

ratissage [ratisaʒ] *nm* raking; combing.

ratisser [ratise] *vtr* **1.** to rake (path); to rake up (leaves) **2.** *F:* (*a*) to rook, to fleece (s.o.) (*b*) to comb (district).

RATP *abbr Trans: Régie autonome des transports parisiens.*

raton [ratɔ̃] *nm Z:* **r. laveur,** raccoon.

rattachement [rataʃmɑ̃] *nm* fastening, tying up; linking up.

rattacher [rataʃe] **1.** *vtr* (*a*) to fasten, to tie (up), (sth) again; to refasten (*b*) to bind (s.o. to his family) (*c*) **r. qch à qch,** to link up sth with sth **2. se r. à qch,** (i) to be fastened to sth (ii) to be connected with sth.

rattrapage [ratrapaʒ] *nm* making up (for lost time); *Sch:* **cours de r.,** remedial course (for backward children); **r. des prix, salaires,** adjustment of prices, wages (to the cost of living).

rattraper [ratrape] **1.** *vtr* (*a*) to recapture; to catch (s.o. sth) again; *F:* **on ne m'y rattrapera pas!** you won't catch me doing that again! (*b*) to catch up with (*c*) to recover (one's money); to make up for (lost time); to catch up on (sleep) **2. se r.** (*a*) **se r. à une branche,** to catch hold of a branch (*b*) to catch up.

rature [ratyr] *nf* erasure; crossing out (of word); deletion.

raturer [ratyre] *vtr* to erase; to cross out (a word).

rauque [rok] *a* hoarse, raucous, harsh (voice).

ravage [ravaʒ] *nm usu pl* devastation; **ravages du temps,** ravages of time; **faire des ravages,** to wreak havoc.

ravager [ravaʒe] *vtr* **(n. ravageons)** to ravage, devastate; to lay waste; (*of illness*) to ravage. **ravagé** *a F:* mad, nuts, bonkers. **ravageur, -euse** *a* devastating.

ravalement [ravalmɑ̃] *nm Const:* cleaning (and restoration).

ravaler [ravale] *vtr* (*a*) to swallow (sth) again; to choke back (sob) (*b*) to degrade, to lower (s.o.) (*c*) *Const:* to clean (and restore).

ravauder [ravode] *vtr* to mend; to darn (socks).

rave [rav] *nf Bot:* **1.** rape **2.** radish; **céleri r.,** celeriac.

ravi [ravi] *a* delighted (**de,** with).

ravier [ravje] *nm* hors-d'œuvre dish.

ravigoter [ravigɔte] *vtr F:* to buck (s.o.) up.

ravin [ravɛ̃] *nm* ravine, gully.

raviner [ravine] *vtr* to gully; to furrow.

ravioli [ravjɔli] *nmpl* ravioli.

ravir [ravir] *vtr* **1. r. qch à qn,** to rob s.o. of sth **2.** to delight (s.o.); **à r.,** delightfully.

raviser (se) [səravize] *vpr* to change one's mind; to think better of it.

ravissant [ravisɑ̃] *a* ravishing, delightful, lovely.

ravissement [ravismɑ̃] *nm* rapture.

ravisseur [ravisœr] *nm* abductor, kidnapper.

ravitaillement [ravitajmɑ̃] *nm* supplying; refuelling; supplies.

ravitailler [ravitaje] **1.** *vtr* to supply, provision (**en,** with); to feed (people); **r. un avion en vol,** to refuel an aircraft in flight **2. se r.,** to take in (fresh) supplies; to stock up; **se r. (en carburant),** to refuel.

raviver [ravive] *vtr* **1.** to revive (fire, memory) **2.** to brighten up (colour).

ravoir [ravwar] *vtr* (*only in inf*) **1.** to get (sth) back again **2.** *F:* (*in neg*) to get (sth) clean.

rayer [reje] *vtr* **(je raie, je raye) 1.** (*a*) to scratch; to score (*b*) to rule, line (paper) (*c*) to stripe (fabric) **2.** to strike out, delete (name). **rayé** *a* scratched; striped (cloth); lined, ruled (paper).

rayon¹ [rɛjɔ̃] *nm* **1.** ray (of light, hope); beam (of light); **r. de soleil,** sunbeam; **rayons X,** X-rays **2.** (*a*) radius (of circle) (*b*) range; **dans un r. de 2 km,** within a radius of 2 km; **r. d'action,** range; scope; **à grand r. d'action,** long-range **3.** spoke (of wheel).

rayon² *nm* **1. r. de miel,** honeycomb **2.** (*a*) shelf (of cupboard); *pl* set of shelves (*b*) (*in shop*) (i) department (ii) counter; **ce n'est pas mon r.,** (i) that's not my concern (ii) that's not in my line; **c'est son r.,** that's right up his street.

rayonnage [rɛjɔnaʒ] *nm* shelving; set of shelves.

rayonne [rɛjɔn] *nf Tex:* rayon.

rayonnement [rɛjɔnmɑ̃] *nm* (*a*) *Ph:* radiation (*b*) radiance (*c*) influence.

rayonner [rɛjɔne] *vi* (*a*) *Ph:* to radiate (*b*) to beam, shine; **il rayonnait de joie,** he was radiant, beaming, with joy (*c*) to radiate (from a centre); **r. autour d'Avignon,** to travel in the Avignon region. **rayonnant** *a* radiant.

rayure [rɛjyr] *nf* (*a*) stripe, streak; **à rayures,** striped (*b*) scratch.

raz [rɑ] *nm* strong current; race.

raz-de-marée [radmare] *nm inv* tidal wave; *Fig:* upheaval; **r.-de-m. électoral,** landslide.

razzia [razja] *nf* raid; **faire (une) r. sur qch,** to plunder sth.

RDA *abbr République Démocratique Allemande.*

re- [r(ə)] *pref* re-.

ré- [re] *pref* re-.

ré [re] *nm inv Mus:* **1.** (the note) D **2.** re (in the Fixed Do system).

réabonner (se) [səreabɔne] *vpr* to renew one's subscription (**à,** to). **réabonnement** *nm* renewal of subscription.

réaccoutumer [reakutyme] *vtr* to re-accustom (**à,** to); **se r.,** to re-accustom oneself.

réacteur [reaktœr] *nm* **1.** *AtomPh:* (atomic, nuclear) reactor **2.** jet engine.

réaction [reaksjɔ̃] *nf* reaction; **r. en chaîne,** chain reaction; **avion à r.,** jet (aircraft); **moteur à r.,** jet engine.

réactionnaire [reaksjɔnɛr] *a & n* reactionary.

réadaptation [readaptasjɔ̃] *nf* readjustment.

réadapter [readapte] *vtr* **1.** to readapt; to readjust (**à,** to) **2. se r.,** to readjust.

réaffirmer [reafirme] *vtr* to reaffirm.

réagir [reaʒir] *vi* to react.

réalisable [realizabl̩] *a* workable (plan); attainable (ambition).

réalisateur, -trice [realizatœr, -tris] *n Cin: TV: WTel:* producer; director (of play).

réalisation [realizasjɔ̃] *nf* (*a*) realization; carrying out (of plan); fulfilment, achievement (*b*) *Cin: TV: WTel:* production.

réaliser [realize] **1.** *vtr* (*a*) to realize; to achieve (ambition); to carry out (plan); to create (work of art); *Cin: etc:* to produce (film) (*b*) to convert (asset) into cash; to make (profit) (*c*) *F:* to understand (mistake) **2. se r.** (*a*) (*of projects*) to materialize; (*of prediction*) to come true (*b*) to fulfill oneself.

réalisme [realism] *nm* realism. **réaliste 1.** *a* realistic **2.** *n* realist.

réalité [realite] *nf* reality; **devenir une r.,** to come true; **en r.,** in (actual) fact, in reality.

réanimation [reanimasjɔ̃] *nf* resuscitation; **service de r.,** intensive care unit; **être en r.,** to be in intensive care.

réanimer [reanime] *vtr* to resuscitate (s.o.).

réapparaître [reaparɛtr̩] *vi* (*conj like* APPARAÎTRE, *aux usu* **être**) to reappear.

réapparition [reaparisjɔ̃] *nf* reappearance.

réarmement [rearməmɑ̃] *nm* rearmament.

réarmer [rearme] *vtr* **1.** (*a*) to rearm (*b*) to reload (gun); to reset (camera shutter) **2. se r.,** (*of country*) to rearm.

réassortir [reasɔrtir] *vtr* (*conj like* ASSORTIR) **1.** to match (up) (a set) **2.** to restock (shop); **se r.,** to restock.

rébarbatif, -ive [rebarbatif, -iv] *a* grim, forbidding, unprepossessing; repugnant.

rebâtir [rəbɑtir] *vtr* to rebuild.

rebattre [rəbatr̩] *vtr* (*conj like* BATTRE) (*a*) to reshuffle (cards) (*b*) *F:* **r. les oreilles à qn de qch,** to din sth into s.o.'s ears. **rebattu** *a* hackneyed (story).

rebelle [rəbɛl] **1.** *a* rebellious; stubborn, obstinate; unruly (hair); **troupes rebelles,** rebel troops; **r. à,** resistant to **2.** *n* rebel.

rebeller (se) [sərəbele] *vpr* to rebel, to revolt (**contre,** against).

rébellion [rebeljɔ̃] *nf* rebellion, revolt.
rebiffer (se) [sərəbife] *vpr F:* to dig one's heels in.
reboiser [rəbwaze] *vtr* to reafforest.
rebondir [rəbɔ̃dir] *vi (a)* to rebound; to bounce *(b) Fig:* to start off, to start up, again. **rebondi** *a* rounded, chubby (cheeks); plump (person); fat (belly).
rebondissement [rəbɔ̃dismɑ̃] *nm* new development (in a case).
rebord [rəbɔr] *nm* edge, border, rim; **r. d'une fenêtre,** window sill.
reboucher [rəbuʃe] *vtr* to stop, block, plug (sth) up again; to put the top back on, to recork (bottle).
rebours [rəbur] *nm* wrong way (of the grain), contrary, reverse; **à r.,** against the grain, the wrong way; **compter à r.,** to count backwards; **compte à r.,** countdown.
rebouteux, -euse [rəbutø, -øz] *n* bonesetter.
reboutonner [rəbutɔne] *vtr* to rebutton; to button up again.
rebrousse-poil (à) [arəbruspwal] *adv phr* **caresser un chat à r.-p.,** to stroke a cat the wrong way; **prendre qn à r.-p.,** to rub s.o. up the wrong way.
rebrousser [rəbruse] *vtr* **1.** to brush up (hair) **2. r. chemin,** to turn back; to retrace one's steps.
rebuffade [rəbyfad] *nf* rebuff; snub.
rébus [reby] *nm* rebus.
rebut [rəby] *nm* **(article de) r.,** reject; rubbish; *Ind:* **pièces de r.,** rejects; **mettre qch au r.,** to throw sth away; *Post:* **bureau des rebuts,** dead-letter office; *Pej:* **le r. de la société,** the dregs of society.
rebuter [rəbyte] **1.** *vtr (a)* to dishearten, discourage (s.o.) *(b)* to shock, disgust (s.o.) **2. se r.,** to lose heart, to be discouraged. **rebutant** *a* irksome; disheartening; repellent.
récalcitrant [rekalsitrɑ̃] *a* recalcitrant.
recaler [rəkale] *vtr F:* to fail (s.o. in an exam); **être recalé,** to fail.
récapitulation [rekapitylasjɔ̃] *nf* recapitulation. **récapitulatif, -ive** *a* summary.
récapituler [rekapityle] *vtr* to recapitulate.
recel [rəsɛl] *nm* receiving (and concealing) (of stolen goods); **r. de malfaiteur,** harbouring a criminal.
receler [rəs(ə)le] *vtr* **(je recèle; je recèlerai)** *Jur:* to receive (stolen goods); to harbour (criminal); to conceal.
receleur, -euse [rəslœr, -øz] *n* receiver, fence.
récemment [resamɑ̃] *adv* recently; lately.
recensement [rəsɑ̃smɑ̃] *nm (a)* census; counting (of votes); registration *(b) Com:* new inventory.
recenser [rəsɑ̃se] *vtr (a)* to take the census; to register *(b)* to make an inventory of.
recenseur, -euse [rəsɑ̃sœr, -øz] *n* census taker.
récent [resɑ̃] *a* recent.
récépissé [resepise] *nm* receipt.
récepteur, -trice [resɛptœr, -tris] **1.** *a* receiving (apparatus) **2.** *nm WTel:* receiver.
réception [resɛpsjɔ̃] *nf* **1.** *(a)* receipt (of letter) *(b)* taking delivery (of goods) **2.** *(a)* welcome; **faire une bonne r. à qn,** to welcome s.o. warmly *(b)* (official, court) reception; party; **salle de r.,** reception room *(c)* (hotel) reception desk, office; enquiry office **3.** *Tp: WTel: etc:* reception; **appareil, poste, de r.,** receiving set. **réceptif, -ive** *a* receptive.
réceptionnaire [resɛpsjɔnɛr] *n Com:* receiving clerk.
réceptionner [resɛpsjɔne] *vtr* to check and sign for (goods).
réceptionniste [resɛpsjɔnist] *n* receptionist.
réceptivité [resɛptivite] *nf* receptivity.
récession [resɛsjɔ̃] *nf* recession. **récessif, -ive** *a* recessive.
recette [rəsɛt] *nf* **1.** takings; *(of film)* **faire r.,** to be a (box office) success **2.** *pl Com:* receipts **3.** *Adm:* (tax) collector's office **4.** *Cu:* recipe.
recevable [rəsvabl] *a* admissible (excuse, etc).
receveur, -euse [rəsəvœr, -øz] *n* **1.** receiver, recipient (of blood) **2.** *(a)* collector (of taxes); **r. des postes,** postmaster, postmistress *(b)* (bus) conductor, conductress.
recevoir [rəsəvwar] *v (prp* **recevant;** *pp* **reçu;** *pr ind* **je reçois, ils reçoivent;** *pr sub* **je reçoive;** *fu* **je recevrai) 1.** *vtr (a)* to receive, get (letter); **r. un prix,** to win a prize; *Com:* **nous avons bien reçu votre lettre,** we are in receipt of your letter *(b)* to receive (punishment); to incur (blame) **2.** *(a)* to receive, welcome (s.o.) *(b)* to entertain (friends); **r. des amis à dîner,** to have friends to dinner; **le médecin reçoit à 6 heures,** the doctor's surgery is at 6 *(c)* to receive, admit; **elle reçoit des pensionnaires,** she takes in boarders *(d)* **être reçu à un examen,** to pass an exam; **être reçu premier,** to come out top; **être reçu médecin,** to qualify as a doctor *(e)* to receive, catch (water) **3.** *Sp:* **se r.,** to land.
rechange (de) [dər(ə)ʃɑ̃ʒ] *a* **vêtements de r.,** change of clothes; spare set of clothes; *Aut: etc:* **pièces de r.,** spare parts, spares.
rechapé [r(ə)ʃape] *a* **pneu r.,** retread.
réchapper [reʃape] *vi (aux* **avoir** *or* **être)** to escape **(de,** from) (disaster, accident).
recharge [rəʃarʒ] *nf* refill (for ballpoint pen); reload (of firearm); recharging (of battery).
rechargement [rəʃarʒəmɑ̃] *nm* refilling; reloading; recharging.
recharger [rəʃarʒe] *vtr (conj like* CHARGER) *(a)* to recharge (battery) *(b)* to reload (lorry, camera, gun) *(c)* to refill (pen).
réchaud [reʃo] *nm (a)* stove; **r. à gaz,** gas ring *(b)* hot plate.
réchauffé [reʃofe] *nm (a)* warmed-up food *(b) Fig: Pej:* **du r.,** old hat; **ça sent le r.,** that's hardly new.
réchauffement [reʃofmɑ̃] *nm* warming up.
réchauffer [reʃofe] **1.** *vtr (a)* to warm up (food, s.o.) *(b)* **r. le courage de qn,** to rekindle s.o.'s courage; **r. le cœur à qn,** to put new heart into s.o. **2. se r.,** to get warm; to warm oneself (up).
rêche [rɛʃ] *a* harsh, rough.
recherche [rəʃɛrʃ] *nf* **1.** *(a)* search, quest **(de,** for); **être à la r. de qn,** to be looking for, to be in search of, s.o.; **courir à la r. d'un médecin,** to run for a doctor *(b)* (scientific, medical) research; **faire des recherches sur qch,** (i) to do research on sth (ii) to enquire into sth; **r. documentaire,** desk research **2.** affectation, studied elegance; meticulous care.
rechercher [rəʃɛrʃe] *vtr (a)* to search for, seek (s.o., sth); to inquire into (causes); **il est recherché pour meurtre,** he's wanted for murder *(b)* to seek (after), to try to obtain (favours). **recherché** *a* **1.** sought after; in demand **2.** *(a)* choice; exquisite *(b)* affected.

rechigner [rəʃiɲe] *vi* to balk at, to jib at (work).
rechute [rəʃyt] *nf Med:* relapse.
rechuter [rəʃyte] *vi Med:* to have a relapse.
récidive [residiv] *nf* (*a*) further offence (*b*) recurrence (of a disease).
récidiver [residive] *vi* **1.** to commit a further offence **2.** (*of disease*) to recur.
récidiviste [residivist] *n* further offender.
récif [resif] *nm* reef.
récipient [resipjɑ̃] *nm* container, receptacle.
réciprocité [resiprɔsite] *nf* reciprocity.
réciproque [resiprɔk] **1.** *a* reciprocal, mutual (benefits, love) **2.** *nf* **la r.**, the reverse; **rendre la r. à qn,** to get even with s.o. **réciproquement** *adv* **1. ils s'aident r.,** they help one another **2. et r.,** and vice versa.
récit [resi] *nm* narrative; account; **faire le r. de,** to give an account of.
récital, *pl* **récitals** [resital] *nm* recital.
récitation [resitasjɔ̃] *nf* recitation; **apprendre une r.,** to learn a text by heart.
réciter [resite] *vtr* to recite (poem).
réclamation [reklamasjɔ̃] *nf* (*a*) complaint; objection (*b*) claim.
réclame [reklam] *nf* (*a*) advertising; **faire de la r.,** to advertise; **en r.,** on special offer (*b*) advertisement; **r. lumineuse,** illuminated sign.
réclamer [reklame] **1.** *vi* to complain; **r. contre qch,** to protest against, object to, sth **2.** *vtr* (*a*) to lay claim to, to claim (sth); to (re)claim (lost property); **r. son argent,** to ask for one's money back (*b*) to call for (s.o., sth); **r. qch à grands cris,** to clamour for sth; **plante qui réclame beaucoup de soins,** plant that demands constant care **3. se r. de qch,** to quote sth as one's authority.
reclasser [rəklase] *vtr* **1.** (*a*) to reclassify (*b*) to regrade (staff) **2.** to rehabilitate.
reclus, -use [rəkly, -yz] **1.** *a* secluded, cloistered **2.** *n* recluse.
réclusion [reklyzjɔ̃] *nf Jur:* imprisonment; **r. à perpétuité,** life imprisonment.
recoiffer [rəkwafe] *vtr* **r. qn,** to do s.o.'s hair (again); **se r.,** to do, comb, one's hair.
recoin [rəkwɛ̃] *nm* nook, recess.
récolte [rekɔlt] *nf* **1.** harvesting, gathering (of crops); vintaging (of grapes) **2.** harvest, crop(s); vintage.
récolter [rekɔlte] *vtr* (*a*) to harvest, to gather in (crop) (*b*) *F:* to get.
recommandation [rəkɔmɑ̃dasjɔ̃] *nf* (*a*) recommendation; **(lettre de) r.,** (i) letter of introduction (ii) testimonial (*b*) *Post:* registration.
recommander [rəkɔmɑ̃de] **1.** *vtr* (*a*) to recommend (product, s.o.) (*b*) **r. la prudence à qn,** to advise s.o. to be careful; **je vous recommande de rester,** I strongly advise you to stay (*c*) *Post:* to register (letter) **2.** (*a*) **se r. de qn,** to give s.o.'s name as a reference (*b*) **se r. de qch,** to merit consideration for sth. **recommandable** *a* commendable; **peu r.,** not very commendable. **recommandé** *a Post:* registered; *nm* **envoi en r., un r.,** registered letter, parcel.
recommencement [rəkɔmɑ̃smɑ̃] *nm* renewal.
recommencer [rəkɔmɑ̃se] *v* **(n. recommençons) 1.** *vtr* to begin, start (sth) again; **r. à faire qch,** to start doing sth again **2.** *vi* to do it again; to start afresh; **le voilà qui recommence!** he's at it again!
récompense [rekɔ̃pɑ̃s] *nf* (*a*) reward; **en r. de,** as a reward for (*b*) award, prize.
récompenser [rekɔ̃pɑ̃se] *vtr* to reward **(qn de qch,** s.o. for sth).
recompter [rəkɔ̃te] *vtr* to recount, to count again.
réconciliation [rekɔ̃siljasjɔ̃] *nf* reconciliation. .
réconcilier [rekɔ̃silje] *vtr* to reconcile (persons, inconsistencies); **se r. avec qn,** to make it up with s.o.
reconduction [rəkɔ̃dyksjɔ̃] *nf* renewal (of lease).
reconduire [rəkɔ̃dɥir] *vtr* (*conj like* CONDUIRE) (*a*) to see, to take, (s.o.) home; to take (s.o.) back (*b*) to see, to show, (s.o.) out (*c*) to renew (lease).
réconfort [rekɔ̃fɔr] *nm* consolation, comfort.
réconforter [rekɔ̃fɔrte] *vtr* **1.** to strengthen, to fortify (s.o.) **2.** to comfort (s.o.). **réconfortant** *a* comforting; fortifying (drink, etc).
reconnaissable [rəkɔnɛsabl] *a* recognizable **(à,** by).
reconnaissance [rəkɔnɛsɑ̃s] *nf* **1.** recognition (of s.o., sth) **2.** (*a*) recognition; acknowledgment; admission (*b*) **donner une r. à qn,** to give s.o. an i.o.u. **3.** *Mil:* reconnaissance; *F:* recce; **avion de r.,** reconnaissance aircraft **4.** gratitude.
reconnaissant [rəkɔnɛsɑ̃] *a* (*a*) grateful **(de,** for) (*b*) thankful **(de,** for).
reconnaître [rəkɔnɛtr] *vtr* (*conj like* CONNAÎTRE) **1.** (*a*) to recognize; **r. qn à sa démarche,** to know, tell, s.o. by his walk; **je vous reconnais bien là!** that's just like you! **je n'arrive pas à r. les deux jumeaux,** I can't tell the (two) twins apart **2.** (*a*) to recognize, acknowledge (truth); to admit (a mistake); **r. qn pour chef,** to acknowledge s.o. as leader; **reconnu pour incorrect,** admittedly incorrect **3.** to reconnoitre, explore **4. se r.** (*a*) **gaz qui se reconnaît à son odeur,** gas recognizable by its smell (*b*) **se r. vaincu,** to admit defeat (*c*) to get one's bearings; **je ne m'y reconnais plus,** I'm completely lost.
reconquérir [rəkɔ̃kerir] *vtr* (*conj like* CONQUÉRIR) to regain, recover, reconquer (province); to win back (freedom).
reconquête [rəkɔ̃kɛt] *nf* reconquest.
reconsidérer [rəkɔ̃sidere] *vtr* (*conj like* CONSIDÉRER) to reconsider.
reconstituer [rəkɔ̃stitɥe] *vtr* (*a*) to reconstitute; to reconstruct (a crime); to restore (damaged building); to piece together (facts). **reconstituant** *a & nm* tonic.
reconstitution [rəkɔ̃stitysjɔ̃] *nf* reconstitution, reconstruction; restoration (of building).
reconstruction [rəkɔ̃stryksjɔ̃] *nf* reconstruction.
reconstruire [rəkɔ̃strɥir] *vtr* (*conj like* CONSTRUIRE) to reconstruct, rebuild.
reconversion [rəkɔ̃vɛrsjɔ̃] *nf* (*a*) reconversion (*b*) redeployment (of workers).
reconvertir [rəkɔ̃vɛrtir] *vtr* (*a*) to reconvert (factory) (*b*) to redeploy (staff) (*c*) **se r.,** to change one's occupation.
recopier [rəkɔpje] *vtr* (*conj* like COPIER) to recopy, to copy out (again); to make a fair copy of (draft).
record [rəkɔr] *nm Sp: etc:* record; **en un temps r.,** in record time.

recordman [rəkɔr(d)man] *nm* record holder; *pl recordmen.*
recoucher [rəkuʃe] **1.** *vtr* to put (child) to bed again **2. se r.,** to go back to bed.
recoudre [rəkudr̥] *vtr (conj like* COUDRE) to sew back up; **r. un bouton,** to sew a button back on.
recoupement [rəkupmɑ̃] *nm* crosschecking; **faire un r. de,** to crosscheck.
recouper [rəkupe] *vtr (a)* to cut again; to cut more *(b)* to confirm; **se r.,** to tally.
recourbé [rəkurbe] *a* bent, curved.
recourir [rəkurir] *vi (conj like* COURIR) **r. à qn, à l'aide de qn,** to call on s.o. for help; to turn to s.o.; **r. à la justice,** to take legal proceedings; **r. à la violence,** to resort to violence.
recours [rəkur] *nm (a)* recourse, resort, resource; **en dernier r.,** as a last resort; **avoir r. à qch,** to resort to sth *(b) Jur:* **r. en cassation,** appeal; **r. en grâce,** petition for reprieve.
recouvrement [rəkuvrəmɑ̃] *nm* recovery; collection (of debts, bill, tax).
recouvrer [rəkuvre] *vtr* **1.** to recover, retrieve, get back (one's property); to regain (strength, freedom) **2.** to recover, collect (debts, taxes).
recouvrir [rəkuvrir] *v (conj like* COUVRIR) **1.** *vtr (a)* to re-cover *(b)* to cover (over), to overlay (**de,** with); **fauteuil recouvert de velours,** armchair covered in velvet *(c)* to cover up, hide (faults) *(d)* to overlap (slates) **2.** *(of sky)* **se r.,** to cloud over (again).
récréatif, -ive [rekreatif, -iv] *a* recreational.
récréation [rekreasjɔ̃] *nf (a)* recreation, relaxation *(b) Sch:* break, playtime; **cour de r.,** playground.
recréer [rəkree] *vtr* to recreate.
récrier (se) [sərekrije] *vpr (conj like* CRIER) to exclaim, cry out **2. se r. contre qch.,** to protest against sth.
récrimination [rekriminasjɔ̃] *nf* recrimination.
récriminer [rekrimine] *vi* to recriminate (**contre,** against).
récrire [rekrir] *vtr (conj like* ÉCRIRE) to rewrite; to write (sth) over again.
recroqueviller (se) [sərəkrɔkvije] *vpr (a)* to shrivel up, to curl up *(b)* to huddle up, to curl up (**dans un coin,** in a corner). **recroquevillé** *a* shrivelled (plant); *(of pers)* curled up.
recrudescence [rəkrydɛsɑ̃s] *nf* renewed outbreak, fresh outbreak.
recrue [rəkry] *nf* recruit.
recrutement [rəkrytmɑ̃] *nm* recruitment.
recruter [rəkryte] *vtr* to recruit.
rectangle [rɛktɑ̃gl̥] *nm* rectangle. **rectangulaire** *a* rectangular.
rectification [rɛktifikasjɔ̃] *nf* rectification; correction.
rectifier [rɛktifje] *vtr (pr sub & impf* **n. rectifiions)** *(a)* to rectify, correct (calculation, mistake); to amend (text, account) *(b)* to adjust (instrument) *(c)* to straighten (alignment).
rectiligne [rɛktiliɲ] *a* rectilinear.
rectitude [rɛktityd] *nf* **1.** straightness (of line) **2.** rectitude, uprightness, integrity.
recto [rɛkto] *nm* front; recto; **imprimé r. verso,** printed on both sides.
reçu [rəsy] **1.** *a* received, accepted, recognized (opinion, custom) **2.** *nm Com:* receipt.
recueil [rəkœj] *nm* collection (of poems); miscellany; anthology.
recueillement [rəkœjmɑ̃] *nm* self-communion, meditation, contemplation.
recueillir [rəkœjir] *(conj like* CUEILLIR) **1.** *vtr (a)* to collect, gather (anecdotes); to catch (rainwater); to pick up (information) *(b)* to gather, get in (crops); **r. un héritage,** to inherit *(c)* to take in, to shelter (s.o.) **2. se r.,** to collect oneself, one's thoughts; to meditate. **recueilli** *a* meditative.
recul [rəkyl] *nm* **1.** receding, recession; backward movement; retreat; **il eut un mouvement de r.,** he started back; *Aut:* **feu de r.,** reversing light. **2.** recoil (of cannon); kick (of rifle) **3.** room to move back; **prendre du r.,** to step back(wards).
reculade [rəkylad] *nf* retreat.
reculer [rəkyle] **1.** *vi* to move back, step back, draw back; to recede; to retreat; *(of car)* to back; *(of cannon)* to recoil; *(of rifle)* to kick; **faire r.,** to move back, to force back; **ne r. devant rien,** to shrink from nothing **2.** *vtr (a)* to move back; to back (horse) *(b)* to postpone, put off (decision) **3. se r.,** to draw back; to move back; to stand back. **reculé** *a* distant, remote.
reculons (à) [ar(ə)kylɔ̃] *adv phr* **marcher à r.,** to walk backwards; **sortir à r.,** to back out.
récupération [rekyperasjɔ̃] *nf* recovery; salvage; recuperation; rehabilitation.
récupérer [rekypere] *vtr* **(je récupère; je récupérerai) 1.** to recover; to get (sth) back; to collect, to pick up (s.o.); **r. ses forces,** *vi* **r.,** to recuperate; to recover one's strength **2.** *(a)* to recover, salvage (waste material) *(b)* to rehabilitate (s.o.) **3.** to recoup (a loss); to make up (lost time).
récurer [rekyre] *vtr* to scour (pan).
récusation [rekyzasjɔ̃] *nf Jur:* challenge.
récuser [rekyze] *Jur:* **1.** *vtr* to challenge (witness) **2. se r.,** to decline to give an opinion.
recyclage [rəsiklaʒ] *nm (a)* reorientation (of student); retraining (of staff) *(b)* recycling.
recycler [rəsikle] **1.** *vtr (a)* to reorientate (student's studies); to retrain (staff) *(b)* to recycle **2. se r.,** to retrain.
rédacteur, -trice [redaktœr, -tris] *n (a)* writer, drafter (of document) *(b) Journ:* member of editorial staff; sub-editor; **r. en chef,** (chief) editor; **r. politique,** political correspondent; **r. aux actualités,** news editor.
rédaction [redaksjɔ̃] *nf* **1.** *(a)* drafting (of document) *(b)* editing **2.** *(a)* editorial staff *(b)* editorial offices **3.** *Sch:* essay.
reddition [redisjɔ̃] *nf Mil:* surrender.
redemander [rədmɑ̃de] *vtr* to ask for more of (sth); **r. qch à qn,** to ask s.o. for sth back.
rédemption [redɑ̃psjɔ̃] *nf* redemption. **rédempteur, -trice 1.** *a* redeeming **2.** *n* redeemer.
redescendre [rədesɑ̃dr̥] **1.** *vi* to come, to go, down again **2.** *vtr (a)* to take (sth) down again *(b)* to come, to go, down (stairs) again.
redevable [rəd(ə)vabl̥] *a* **être r. de qch à qn,** to be indebted to s.o. for sth; to owe (one's life) to s.o.
redevance [rəd(ə)vɑ̃s] *nf (a)* dues; *Tp:* rental *(b)* royalties *(c)* (television) licence fee.
redevenir [rədəvnir] *vi (conj like* DEVENIR) **r. jeune,** to grow young again.

rédhibitoire [redibitwar] *a* prohibitive (price).

rédiger [rediʒe] *vtr* **(n. rédigeons) 1.** to draw up, to draft (agreement); to write (article) **2.** to edit.

redire [rədir] *vtr* (*conj like* DIRE) **1.** to tell, say, (sth) again; to repeat **2. trouver à r. à qch,** to take exception to sth; to find fault with sth; **il n'y a rien à r. à cela,** there's nothing to be said against that.

redite [rədit] *nf* (useless) repetition.

redondance [rədɔ̃dɑ̃s] *nf* redundance. **redondant** *a* redundant.

redonner [rədɔne] *vtr* to give (sth) back; to return (sth); to give more of (sth).

redoublant, -ante [rədublɑ̃, -ɑ̃t] *n Sch:* pupil who is repeating a year, *NAm:* a grade.

redoublement [rədubləmɑ̃] *nm* redoubling; increase; *Sch:* repeating a year, *NAm:* a grade.

redoubler [rəduble] **1.** *vtr* to redouble, increase (dose, efforts); **r. ses cris,** to shout louder than ever; *Sch:* **r. une classe,** to repeat a year, *NAm:* grade **2.** *vi* **la pluie redoubla,** the rain came on worse than ever; **r. d'efforts,** to redouble one's efforts.

redouter [rədute] *vtr* to dread, fear. **redoutable** *a* fearsome, formidable.

redoux [rədu] *nm Meteor:* rise in temperature.

redressement [rədrɛsmɑ̃] *nm* straightening; (economic) recovery; **r. fiscal,** back tax.

redresser [rədrɛse] **1.** *vtr* (*a*) to set (sth) upright again (*b*) to right (boat); to straighten up (aircraft) (*c*) *Opt:* to erect (inverted image) (*d*) to straighten (sth) (out) (*e*) **r. la tête,** to hold up one's head; to look up (*f*) *El:* to rectify (current) (*g*) to redress, to right (wrong, grievance); to rectify (mistake) **2. se r.** (*a*) to stand up (straight) again; **se r. sur son séant,** to sit up straight (again) (*b*) (*of economy*) to recover (*c*) to draw oneself up.

redresseur, -euse [rədrɛsœr, -øz] **1.** *n* righter (of wrongs) **2.** *nm El:* rectifier (of current).

réducteur [redyktœr] *nm Ch:* reducing agent; *Rec:* **r. de bruit,** noise reducer; *Tchn:* **r. de vitesse,** speed reducer.

réduction [redyksjɔ̃] *nf* **1.** (*a*) reduction; cutting down (of expenditure); stepping down (of voltage) (*b*) capture (of town) **2.** (*a*) **réductions de salaires,** wage cuts; **grandes réductions de prix,** great reductions (in price) (*b*) reduced copy, reduction; **en r.,** small-scale (copy, etc).

réduire [redɥir] *vtr* (*conj like* CONDUIRE) **1.** *vtr* (*a*) to reduce (pressure, amount, speed); to lower, to cut (price); to cut down (expenses); to step down (voltage); **billet à prix réduit,** cheap ticket; **édition réduite,** abridged edition; **modèle réduit,** scaled-down model; scale model (*b*) **r. qch en miettes,** to crumble sth up (*c*) *Cu:* **(faire) r. une sauce,** to reduce a sauce (*d*) *Ch:* to reduce (oxide) (*e*) **r. qn à la misère,** to reduce s.o. to poverty **2. se r.** (*a*) **se r. au strict nécessaire,** to confine oneself to what is strictly necessary; **ses bagages se réduisent au strict minimum,** he packs only the bare essentials (*b*) **les frais se réduisent à peu de chose,** the expenses come to very little; **se r. en poussière,** to crumble into dust.

réduit [redɥi] *nm* (*a*) small room; hovel (*b*) alcove, nook.

rééditer [reedite] *vtr* (*a*) to republish (book) (*b*) *F:* to repeat.

réédition [reedisjɔ̃] *nf* (*a*) new edition (*b*) *F:* repetition, repeat.

rééducation [reedykasjɔ̃] *nf Med:* re-education; rehabilitation; **r. de la parole,** speech therapy.

rééduquer [reedyke] *vtr Med:* to re-educate; to rehabilitate.

réel, -elle [reɛl] **1.** *a* (*a*) real, actual (fact, person); **salaire r.,** net earnings (*b*) (*before noun*) real, great (pleasure) **2.** *nm* **le r.,** reality. **réellement** *adv* really; in reality.

réélection [reelɛksjɔ̃] *nf* re-election.

réélire [reelir] *vtr* (*conj like* ÉLIRE) to re-elect.

réescompter [reɛskɔ̃te] *vtr Fin:* to rediscount.

réévaluation [reevalɥasjɔ̃] *nf* revaluation.

réévaluer [reevalɥe] *vtr* to revalue.

réexpédier [reɛkspedje] *vtr* (*conj like* EXPÉDIER) (*a*) to forward (letters) (*b*) to send back.

refaire [rəfɛr] (*conj like* FAIRE) **1.** *vtr* (*a*) to remake; to do again; **c'est à r.,** it will have to be done again (*b*) to repair; to do up (house); *F:* **elle se refait une beauté,** she's doing her face again (*c*) *F:* to diddle (s.o.); to take (s.o.) in; **on vous a refait,** you've been had **2. se r.** (*a*) to recuperate; to recover one's health (*b*) to change one's ways (*c*) to retrieve one's losses.

réfection [refɛksjɔ̃] *nf* repairing; repairs.

réfectoire [refɛktwar] *nm* refectory, dining hall, canteen.

référence [referɑ̃s] *nf* (*a*) reference, referring; **livre de r.,** reference book; **faire r. à,** to refer to; **r. en bas de page,** footnote (*b*) reference (on letter) (*c*) *pl* (employer's) reference, testimonial.

référendum [referɛ̃dɔm] *nm* referendum.

référer [refere] *v* **(je réfère; je référerai) 1.** *vi* **en r. à qn,** to refer a matter to s.o. **2. se r.** (*a*) **se r. à qch,** to refer to sth (*b*) **s'en r. à qn d'une question,** to refer the matter to s.o.

refermer [rəfɛrme] **1.** *vtr* to shut, to close (up) again **2. se r.** (*of door*) to close again; (*of wound*) to heal.

refiler [rəfile] *vtr P:* **r. qch à qn,** to palm sth off on s.o.; to pass on sth to s.o.

réfléchir [refleʃir] **1.** *vtr* to reflect (light) **2.** (*a*) *vi* **r. à, sur, qch,** to reflect, to ponder, on sth; **réfléchissez-y,** think it over; **donner à r. à qn,** to give s.o. food for thought; **parler sans r.,** to speak without thinking, hastily (*b*) **r. que,** to realize that **3. se r.,** (*of light, heat*) to be reflected; (*of sound*) to reverberate. **réfléchi** *a* (*a*) reflective, thoughtful (person); deliberate (action); considered (opinion); **tout bien r.,** everything considered (*b*) reflexive (verb).

réflecteur, -trice [reflɛktœr, -tris] **1.** *a* reflecting (mirror, panel) **2.** *nm* reflector.

reflet [rəflɛ] *nm* reflection; reflected light, image; **r. de l'eau,** gleam on the water; **chevelure à reflets d'or,** hair with glints of gold; **il n'est qu'un pâle r. de son père,** he's only a pale reflection of his father.

refléter [rəflete] *vtr* **(il reflète; il reflétera) 1.** to reflect (light) **2. se r.,** to be reflected.

réflexe [reflɛks] **1.** *a Ph: Physiol:* reflex (light, action) **2.** *nm* (*a*) *Physiol:* reflex (*b*) reflex, reaction; **avoir de bons réflexes,** to react quickly.

réflexif, -ive [reflɛksif, -iv] *a Mth:* reflexive.

réflexion [reflɛksjɔ̃] *nf* **1.** reflection, reflexion (of light) **2.** reflection, thought; **agir sans r.,** to act without thinking; **(toute) r. faite,** everything considered; **à la r.,** when you think about it; on second thoughts 3. remark; **une r. désobligeante,** an unpleasant remark.

refluer [rəflye] *vi* to flow back; (*of tide*) to ebb; (*of blood*) to rush back; (*of crowd*) to surge back.

reflux [rəfly] *nm* flowing back; backward surge; ebb tide.

refondre [rəfɔ̃dr̥] *vtr* to recast (bell, text).

refonte [rəfɔ̃t] *nf* recasting; re-organization.

réformation [refɔrmasjɔ̃] *nf* reform; *RelH:* **la R.,** the Reformation.

réforme [refɔrm] *nf* **1.** reform (of calendar); *RelH:* Reformation **2.** *Mil:* discharge (for physical unfitness); invaliding out; *Ind:* **matériel en r.,** scrapped plant.

réformé, -ée [refɔrme] *a & n* **1.** Protestant; *a* reformed (church) **2.** (serviceman, -woman) discharged for unfitness.

reformer [rəfɔrme] *vtr* to form again, to reform.

réformer [refɔrme] *vtr* **1.** to reform (law) **2.** (*a*) *Mil:* to discharge as unfit; to invalid out of service (*b*) *Ind:* to scrap (equipment). **réformateur, -trice** (*a*) *a* reforming (*b*) *n* reformer.

refoulement [rəfulmɑ̃] *nm* driving, forcing, back; *Psy:* repression.

refouler [rəfule] *vtr* to drive back, force back; to turn back (an alien); to suppress (feelings); to force back (tears); *Psy:* to repress (an instinct). **refoulé** *a Psy:* repressed.

réfractaire [refraktɛr] **1.** *a* (*a*) refractory, insubordinate (*b*) fireproof (clay, brick) (*c*) resistant (**à,** to); **r. aux acides,** acid-proof **2.** *n* rebel; conscientious objector.

réfracter [refrakte] *vtr* to refract.

réfraction [refraksjɔ̃] *nf Ph:* refraction.

refrain [rəfrɛ̃] *nm* **1.** refrain (of song); *F:* **c'est toujours le même r.,** it's always the same old story **2. r. en chœur,** chorus.

refréner [rəfrene] *vtr* (**je refrène; je refrénerai**) to curb, restrain.

réfrigérateur [refriʒeratœr] *nm* refrigerator, *F:* fridge.

réfrigération [refriʒerasjɔ̃] *nf* refrigeration.

réfrigérer [refriʒere] *vtr* (**je réfrigère; je réfrigérerai**) to refrigerate; **viande réfrigérée,** chilled meat. **réfrigérant** *a* refrigerating; frosty (reception).

refroidir [rəfrwadir] **1.** *vtr* (*a*) to cool, chill (air, water) (*b*) to cool (engine); *Ind:* **refroidi par (l')air, par (l')eau,** air-cooled, water-cooled (*c*) to cool (friendship); to damp (sympathy); to cool (off) enthusiasm (*d*) *P:* to kill (s.o.); to bump (s.o.) off **2.** *vi & pr* to grow cold; to cool down; **laisser r. son thé,** to let one's tea get cold; **le temps a refroidi, s'est refroidi,** it's turned colder; *Med:* **se r.,** to catch a chill.

refroidissement [rəfrwadismɑ̃] *nm* (*a*) cooling; **r. de la température,** fall in the temperature (*b*) *Med:* chill.

refuge [rəfyʒ] *nm* (*a*) refuge; shelter; (climber's) hut (*b*) traffic island.

réfugié, -ée [refyʒje] *n* refugee.

réfugier (se) [sərefyʒje] *vpr* to take refuge.

refus [rəfy] *nm* refusal; **ce n'est pas de r.,** I can't say no (to that).

refuser [rəfyze] **1.** *vtr* (*a*) to refuse, decline; to turn down (offer); **r. l'entrée à qn,** to deny s.o. entry; **r. toute qualité à qn,** to refuse to see any good in s.o.; **r. de faire qch,** to refuse to do sth (*b*) to reject (s.o.); to turn (s.o.) away; to fail (candidate); **être refusé,** to fail **2. se r.,** to deny oneself (a pleasure, etc); **se r. à qch,** to set one's face against sth; to shut one's eyes to sth; **se r. à faire qch,** to refuse to do sth.

réfutation [refytasjɔ̃] *nf* refutation.

réfuter [refyte] *vtr* to refute.

regagner [rəgaɲe] *vtr* **1.** to regain, recover, win back confidence; to get back (money); **r. le temps perdu,** to make up for lost time **2.** to get back to (a place).

regain [rəgɛ̃] *nm* **1.** second crop (of hay) **2.** renewal; revival (**de,** of).

régal -als [regal] *nm* (*a*) feast (*b*) treat.

régaler [regale] **1.** *vtr* (*a*) **r. qn de qch,** to treat s.o. to sth (*b*) *F:* to entertain, to treat (s.o.) to delicious meal **2. se r.,** *F:* to feast (**de,** on); to treat oneself (**de,** to); **on s'est bien régalé,** we had a slap-up meal.

regard [rəgar] *nm* **1.** (*a*) look, glance, gaze; **chercher qn du r.,** to look round for s.o.; **lancer un r. furieux à qn,** to glare at s.o.; **détourner le r.,** to look away; **attirer le(s) regard(s),** to attract attention (*b*) **en r. de qch,** (i) opposite, facing, sth (ii) compared with sth; **texte avec photos en r.,** text with photographs on the opposite page; **au r. de qch,** with regard to sth **2.** manhole; peephole.

regarder [rəgarde] *vtr* **1.** (*a*) to regard, consider (*b*) **ne r. que ses intérêts,** to consider only one's own interests (*c*) *vi* **r. à qch,** to pay attention to sth; **sans r. à la dépense,** regardless of expense; **à y bien r.,** on thinking it over; **je ne regarde pas à 2 francs,** 2 francs more or less makes no difference; **je n'y regarde pas de si près,** I am not as particular, as fussy, as all that (*d*) to concern (s.o.); **cela ne vous regarde pas,** that's no concern of yours; that's none of your business; **en ce qui me regarde,** as far as I'm concerned **2.** (*a*) to look at; to watch (game); **r. qn fixement,** to stare at s.o.; **r. qn de travers,** to look askance at s.o.; **r. qn avec méfiance,** to eye s.o. suspiciously; **se faire r.,** to attract attention; **r. qn faire qch,** to watch s.o. do sth; *F:* **regardez-moi ça!** just look at that! **non, mais tu ne m'as pas regardé!** what do you take me for! (*b*) *vi* **r. à la fenêtre,** to look in at the window; **r. par la fenêtre,** to look out of the window; **puis-je r.?** may I have a look? **3.** to look on to; to face (sth). **regardant** *a* close(-fisted), stingy (person).

régate [regat] *nf* regatta.

régence [reʒɑ̃s] **1.** *nf* regency **2.** *a inv* elegant.

régénération [reʒenerasjɔ̃] *nf* regeneration.

régénérer [reʒenere] *vtr* (**je régénère; je régénérerai**) **1.** to regenerate **2.** to reactivate.

régent [reʒɑ̃] *nm* regent.

régenter [reʒɑ̃te] *vtr* to domineer over, to dictate to (s.o.).

régie [reʒi] *nf* **1.** (*a*) administration; management, control (*b*) state-owned company **2.** *Th:* stage management; *Cin: TV:* production department.

regimber [rəʒɛ̃be] *vi* to baulk, to jib (**contre,** at).

régime [reʒim] *nm* **1.** regime; form of government, of administration; **le r. du travail,** the organization of labour; **r. parlementaire,** parliamentary system **2. r. (nominal),** rating (of engine); speed; **à plein r.,** (at) full speed **3.** *Med:* diet; **être au r.,** to be on a diet **4.** *Gram:* object **5.** bunch (of bananas, dates).

régiment [reʒimɑ̃] *nm* regiment; *F:* **être au r.,** to do (one's) military service.

région [reʒjɔ̃] *nf* region, area. **régional, -aux** *a* regional; local.

régionalisme [reʒjɔnalism] *nm* regionalism. **régionaliste 1.** *a* regional **2.** *n* regionalist.

régir [reʒir] *vtr* to govern, rule.

régisseur [reʒisœr] *nm* manager; steward; *Th:* stage manager; *Cin:* assistant director.

registre [rəʒistr̥] *nm* **1.** register; record; account book; minute book; *Adm:* **les registres de l'état civil,** the registers of births, marriages and deaths **2.** *Mus:* register **3. r. de cheminée,** register, damper (of chimney).

réglable [reglabl̥] *a* adjustable.

réglage [reglaʒ] *nm* (*a*) regulating, adjusting, adjustment (of apparatus); tuning (of engine) (*b*) *WTel: etc:* control tuning.

règle [rɛgl̥] *nf* **1.** rule, ruler; **r. à calcul,** slide rule **2.** rule (of conduct, art, grammar); **règles du jeu,** rules of the game; **en r.,** in order; according to the rules; **c'est de r.,** it's normal practice; **tout est en r.,** everything is in order; **bataille en r.,** proper fight; **en r. générale,** as a general rule; **dans les règles,** according to rule **3. prendre qn pour r.,** to take s.o. as an example **4.** *Physiol:* **avoir ses règles,** to have one's period.

réglé [regle] *a* ruled (paper); **papier non r.,** plain paper **2.** regular; well-ordered (life); steady, stable (person).

règlement [rɛgləmɑ̃] *nm* **1.** settlement, adjustment (of difficulty, account); payment; **faire un r. par chèque,** to pay by cheque; **r. de compte(s),** settling of scores **2.** regulation(s); rules (of society). **règlementaire** *a* regular, statutory; regulation (uniform); prescribed (time); **ce n'est pas r.,** it's against the rules.

réglementation [regləmɑ̃tasjɔ̃] *nf* **1.** regulation; control **2.** regulations, rules.

réglementer [regləmɑ̃te] *vtr* to regulate; to make rules for (sth); to control.

régler [regle] *vtr* (**je règle; je réglerai**) **1.** to rule (paper) **2.** (*a*) to regulate, order (one's life, conduct) (*b*) to regulate, adjust; **r. une montre,** to set a watch right; **r. le moteur,** to tune the engine **3.** (*a*) to settle (question); **r. ses affaires,** to put one's affairs in order (*b*) to settle (account); to pay (bill); **r. par chèque,** to pay by cheque; **r. un compte avec qn,** to settle a score with s.o.

réglisse [reglis] *nf* liquorice.

règne [rɛɲ] *nm* **1.** *Z: Bot:* kingdom **2.** reign; **sous le r. de Louis XIV,** in the reign of Louis XIV.

régner [reɲe] *vi* (**je règne; je régnerai**) (*of monarch*) to reign, rule; (*of conditions, opinion*) to prevail; to be prevalent; **faire r. l'ordre,** to maintain law and order.

regorger [rəgɔrʒe] *vi* (**je regorgeai(s); n. regorgeons**) (*a*) to overflow, run over (*b*) to abound (**de,** in); to be glutted (**de,** with); **les trains regorgent de gens,** the trains are packed (with people).

régresser [regrese] *vi* to regress.

régression [regresjɔ̃] *nf* regression; **en (voie de) r.,** on the decline. **régressif, -ive** *a* regressive.

regret [rəgrɛ] *nm* regret (**de,** for); **avoir r. d'avoir fait qch,** to regret having done sth; **j'ai le r. de vous annoncer que,** I am sorry to inform you that; **faire qch à r.,** to do sth reluctantly, regretfully.

regretter [rəgrɛte] *vtr* **1.** to regret (s.o., sth); **je regrette de vous avoir fait attendre,** I'm sorry I kept you waiting; **je regrette!** (I'm) sorry! **2.** to miss (s.o.). **regrettable** *a* regrettable; unfortunate (mistake).

regroupement [rəgrupmɑ̃] *nm* regrouping; round-up; amalgamation.

regrouper [rəgrupe] *vtr & pr* (*a*) to gather together; to assemble (*b*) to amalgamate.

régularisation [regylarizasjɔ̃] *nf* regularization; putting in order; regulation.

régulariser [regylarize] *vtr* (*a*) to regularize (sth); to put (document) into proper form; to put in order (*b*) to regulate.

régularité [regylarite] *nf* (*a*) regularity (*b*) steadiness, evenness (*c*) equability (*d*) punctuality.

régulation [regylasjɔ̃] *nf* regulation; (traffic, birth) control. **régulateur, -trice** (*a*) *a* regulating (*b*) *nm Tchn:* regulator.

régulier, -ière [regylje, -jɛr] **1.** *a* (*a*) regular; valid (passport) (*b*) steady (pulse); even (motion); regular (service); ordered (life); steady (work); **humeur régulière,** even temper **2.** *a & nm* regular (soldier, priest). **régulièrement** *adv* regularly; steadily, evenly.

réhabilitation [reabilitasjɔ̃] *nf* rehabilitation; reinstatement; renovation.

réhabiliter [reabilite] *vtr* **1.** to rehabilitate (s.o.); to discharge (bankrupt); to reinstate (s.o. in his rights) **2.** to renovate (old building).

réhabituer (se) [səreabitɥe] *vpr* **se r. à qch, à faire qch,** to get used to sth, to doing sth, again.

rehausser [rəose] *vtr* **1.** to raise, to heighten (wall); to make (sth) higher **2.** to enhance, set off (colour); to bring out, to emphasize (detail).

réimpression [reɛ̃prɛsjɔ̃] *nf* (*a*) reprinting (*b*) reprint.

réimprimer [reɛ̃prime] *vtr* to reprint.

Reims [rɛ̃s] *Prnm Geog:* Rheims.

rein [rɛ̃] *nm* **1.** *Anat:* kidney; **r. artificiel,** kidney machine **2.** *pl* loins, back; **la chute des reins,** the small of the back; **mal aux reins,** backache; **il a les reins solides,** he's a man of substance; **casser les reins à qn,** to ruin s.o.

réincarnation [reɛ̃karnasjɔ̃] *nf* reincarnation.

réincarner (se) [səreɛ̃karne] *vpr* to be reincarnated.

reine [rɛn] *nf* (*a*) queen; **r. mère,** queen mother (*b*) queen (bee) (*c*) **r. de beauté,** beauty queen.

reine-claude [rɛnklod] *nf* greengage; *pl reines-claudes.*

reine-marguerite [rɛnmargərit] *nf Bot:* China aster; *pl reines-marguerites.*

reinette [rɛnɛt] *nf* pippin (apple); **r. grise,** russet.

réinscrire [reɛ̃skrir] *vtr* (*conj like* INSCRIRE) to write down again; to re-register; **se r.,** to re-enrol, re-register.

réinstaller [reɛ̃stale] *vtr* to reinstall; **se r.,** to settle down again.

réintégration [reɛ̃tegrasjɔ̃] *nf* reinstatement; return (**de,** to).

réintégrer [reɛ̃tegre] *vtr* (*conj like* INTÉGRER) **1. r. qn (dans ses fonctions),** to reinstate s.o. **2. r. son domicile,** to return to one's home.

réitérer [reitere] *vtr* (**je réitère; je réitérerai**) to reiterate, repeat.

rejaillir [rəʒajir] *vi* (*a*) to spurt back, to gush out; to splash up, out (*b*) **tout cela rejaillit sur moi,** all this is a reflection on me.

rejet [rəʒɛ] *nm* **1.** (*a*) throwing out, up (*b*) material thrown out; spoil (earth) **2.** rejection (of proposal, *Med:* of transplant); dismissal (of an appeal) **3.** *Hort:* shoot.

rejeter [rəʒte] (*conj like* JETER) **1.** *vtr* (*a*) to throw, fling, (sth) back; to return (ball); **r. son chapeau en arrière,** to tilt one's hat back (*b*) to throw up (*c*) to transfer; **r. la faute sur d'autres,** to lay the blame on others (*d*) to reject, to turn down (offer); **r. un projet de loi,** to throw out a bill (*e*) *Knit:* **r. les mailles,** to cast off **2. se r.,** to fall back (**sur,** on).

rejeton [rəʒtɔ̃] *nm* **1.** *Hort:* shoot, sucker **2.** *F:* kid.

rejoindre [rəʒwɛ̃dr̥] (*conj like* ATTEINDRE) **1.** *vtr* (*a*) to rejoin, reunite, to join (together) again; to connect (streets); **sa pensée rejoint la mienne,** his ideas are akin to mine (*b*) **r. qn,** to rejoin s.o.; to overtake s.o.; to catch s.o. up (again); **il a évité de r. la route nationale,** he avoided joining the main road **2. se r.** (*a*) to meet (*b*) to meet again.

réjouir [reʒwir] *vtr* **1.** to delight, gladden, cheer (s.o.) **2. se r.** (*a*) to rejoice (**de,** at, in); to be glad (**de,** of); to be delighted (**de,** at); **je me réjouis de le revoir,** (i) I am looking forward to seeing him again (ii) I am delighted to see him again (*b*) to enjoy oneself. **réjoui** *a* jolly, cheerful.

réjouissance [reʒwisɑ̃s] *nf* rejoicing. **réjouissant** *a* (*a*) cheering, heartening (*b*) entertaining, amusing.

relâche [rəlɑʃ] **1.** *nm* (*a*) slackening (of rope) (*b*) relaxation, respite; rest; **travailler sans r.,** to work without a break (*c*) *Th:* closure; **faire r.,** to be closed **2.** *nf Nau:* (*a*) call; **faire r. dans un port,** to put into a port (*b*) port of call.

relâchement [relɑʃmɑ̃] *nm* relaxing, slackening; relaxation; laxity.

relâcher [rəlɑʃe] **1.** *vtr* (*a*) to loosen, slacken (cord); to relax (muscle, discipline) (*b*) to release, to let go (prisoner, caged bird) **2.** *vi Nau:* to put into port **3. se r.** (*a*) (*of rope*) to slacken; (*of muscle*) to relax; (*of pers*) to become slack; (*of zeal*) to flag; (*of discipline*) to get lax (*b*) (*of pers*) to relax, to take a rest.

relais [rəlɛ] *nm* **1.** (*a*) relay; *Ind:* shift; *Sp:* **course de r.,** relay race; **prendre le r.,** to take over (**de qn,** from s.o.) (*b*) coaching inn; post house; **r. gastronomique,** restaurant with a reputation for good food; *Aut:* **r. routier,** transport café; *NAm:* truck stop (café) **2.** *MecE:* relay (unit); *El:* relay; **r. de radio-diffusion,** relay broadcasting station.

relance [rəlɑ̃s] *nf* boost; fresh start; revival (of economy).

relancer [rəlɑ̃se] *vtr* (*conj like* LANCER) **1.** to throw (sth) back; *Ten:* to return (the ball) **2.** (*a*) to boost (trade); to revive (economy); to restart (motor, etc) (*c*) to badger (s.o.); to harass (debtor).

relater [rəlate] *vtr* to relate, state (facts).

relatif, -ive [rəlatif, -iv] *a* (*a*) relative (position, value, *Gram:* pronoun) (*b*) **questions relatives à un sujet,** questions related to a subject (*c*) comparative. **relativement** *adv* relatively; in relation (**à,** to); comparatively.

relation [rəlasjɔ̃] *nf* **1.** (*a*) relation, connection; **les relations humaines,** human relations; **se mettre en relations avec qn,** to get in touch with s.o.; **être en relations d'affaires avec qn,** to have business dealings with s.o.; **en relations d'amitié (avec qn),** on friendly terms (with s.o.); **r. étroite entre deux faits,** close connection between two facts (*b*) acquaintance; **avoir des relations,** (i) to be well connected (ii) to have influential friends **2.** account, report.

relativité [rəlativite] *nf* relativity.

relaxation [rəlaksasjɔ̃] *nf* relaxation.

relax(e) [rəlaks] **1.** *F:* (*a*) *a* relaxed; casual, informal; relaxing; **fauteuil relax(e),** reclining chair (*b*) *nm* relaxation, rest **2.** *nf* **relaxe** (*a*) relaxation (*b*) release, discharge (of accused person).

relaxer (se) [sərəlakse] *vpr* to relax.

relayer [rəleje] (**je relaie, je relaye**) **1.** *vtr* (*a*) to relay, relieve (s.o.), take turns with (s.o.); *Sp:* to take over from (s.o.) (*b*) to relay (broadcast) **2. se r.,** to take turns (**pour faire,** to do); *Sp:* to take over from one another.

relayeur [rəlejœr] *nm Sp:* relay runner.

reléguer [rəlege] *vtr* (*conj like* LÉGUER) to relegate (**à,** to).

relent [rəlɑ̃] *nm* stench, smell; *Fig:* **des relents de,** a whiff of (scandal, etc).

relève [rəlɛv] *nf* **1.** *Mil:* relief (of sentry); changing (of the guard); **prendre la r.,** to take over (**de,** from) **2.** relief (troops).

relevé [rəlve] **1.** *a* (*a*) raised, erect (head); turned up (collar); **pantalon à bords relevés,** turn-up trousers; turn-ups (*b*) exalted (position); noble (sentiment) (*c*) highly seasoned (sauce) **2** *nm* (*a*) summary; (gas, electricity) meter reading; *Com:* **r. de compte,** statement (of account); bank statement (*b*) survey.

relèvement [rəlɛvmɑ̃] *nm* **1.** recovery (of business); increase (in wages); raising (of tax) **2.** *Nau:* bearing; position.

relever [rəlve] *v* (*conj like* LEVER) **1.** *vtr* (*a*) (i) to raise, lift, set, up again; to set (s.o.) on his feet again; to rebuild (wall) (ii) to pick up (from the ground) (iii) to raise (higher); to turn up (collar); to roll up (sleeve); **r. la tête,** to hold up one's head; to look up; **r. les prix,** to increase prices (*b*) to call attention to (sth); to notice; to point out (defects); to pick up (mistake) (*c*) to enhance (colour); to season (sauce) (*d*) to relieve (sentry); to take (s.o.'s) place; **r. qn d'une promesse,** to release s.o. from a promise (*e*) to note; to take down (statement); to record (temperature); to make out (account); to read (meter) (*f*) *Nau:* to take the bearing(s) of (a place); *Surv:* to survey, plot, (piece of land) **2.** *vi* (*a*) **r. de maladie,** to be recovering from an illness (*b*) **r. de qn, de qch,** to be a matter for, to be the concern of, s.o., sth; to come under s.o., sth **3. se r.** (*a*) to rise to one's feet (again), to get up (again); to pick oneself up (*b*) (*of trade, courage*) to revive, to recover (*c*) **se r. de qch.,** to recover from sth; **il ne s'en relèvera pas,** he'll never get over it.

releveur, -euse [rəlvœr, -øz] *n* meter reader.

relief [rəljɛf] *nm* **1.** *Art: Geog:* relief; **carte en r.,** relief map; **photo en r.,** 3-dimensional photograph; **mettre qch en r.,** to bring (sth) out; to set (sth) off; **position très en r.,** prominent position **2.** *pl* scraps, left-overs.

relier [rəlje] *vtr* (*a*) to connect, link, join (*b*) to bind (book).

relieur [rəljœr] *nm* (book)binder.

religieux, -euse [rəliʒjø, -øz] **1.** *a* religious; sacred (music); church (wedding); scrupulous (care) **2.** *nm* monk; *nf* nun **3.** *nf Cu:* cream éclair. **religieusement** *adv* religiously.

religion [rəliʒjɔ̃] *nf* (*a*) religion; (religious) faith; **entrer en r.,** to take the vows (*b*) **se faire une r. de qch,** to make a religion of sth.

reliquaire [rəlikɛr] *nm* reliquary.

reliquat [rəlika] *nm* remainder; balance (of account).

relique [rəlik] *nf* relic; **garder qch comme une r.,** to treasure sth.

relire [rəlir] *vtr* (*conj like* LIRE) to re-read; to read (over) again.

reliure [rəljyr] *nf* **1.** bookbinding; **atelier de r.,** bindery **2.** binding.

relogement [rəlɔʒmɑ̃] *nm* rehousing.

reloger [rəlɔʒe] *vtr* (*conj like* LOGER) to rehouse.

reluire [rəlɥir] *vi* (*conj like* LUIRE) to shine; to glitter, glisten, gleam; **faire r. qch,** to polish sth up. **reluisant** *a* shining, gleaming (**de,** with); *Pej:* **c'est peu r.,** it's not brilliant.

reluquer [rəlyke] *vtr F:* to eye (s.o.) (up).

remâcher [rəmɑʃe] *vtr* to ruminate on (sth); to brood over (sth).

remake [rimɛk] *nm Cin: etc:* remake.

remanger [rəmɑ̃ʒe] *vtr* (*conj like* MANGER) to eat again; to eat more of (sth).

remaniement [rəmanimɑ̃] *nm* altering; reshaping, recasting; modification; reshuffle.

remanier [rəmanje] *vtr* (*impf & pr sub*) **n. remaniions**) to recast, reshape, alter, adapt; to reshuffle (cabinet).

remarier (se) [sərəmarje] *vpr* to remarry.

remarquable [rəmarkabl] *a* (*a*) remarkable, noteworthy (**par,** for); distinguished (**par,** by); outstanding (event) (*b*) strange, astonishing; **il est r. qu'il n'ait rien entendu,** it's a wonder that he heard nothing. **remarquablement** *adv* remarkably.

remarque [rəmark] *nf* remark; comment; **faire une r.,** (i) to make a remark (ii) to make a critical observation.

remarquer [rəmarke] *vtr* (*a*) to remark, notice, observe; **ça ne se remarque pas,** it doesn't show; **faire r. qch à qn,** to point sth out to s.o.; **se faire r.,** to attract attention (*c*) to remark, observe, say.

remballer [rɑ̃bale] *vtr* to repack; to pack (up) again.

rembarquer [rɑ̃barke] **1.** *vtr* to re-embark **2.** *vi & pr* to re-embark.

rembarrer [rɑ̃bare] *vtr F:* to rebuff (s.o.).

remblai [rɑ̃blɛ] *nm* (*a*) filling material; earth; **(terre de) r.,** ballast (*b*) embankment, bank.

remblayer [rɑ̃bleje] *vtr* (**je remblaie, je remblaye**) (*a*) to fill (up) (*b*) to embank, to bank (up) (road, railway line).

rembobiner [rɑ̃bɔbine] *vtr* to rewind.

remboîter [rɑ̃bwate] *vtr* to reassemble; to fit together again.

rembourrage [rɑ̃buraʒ] *nm* stuffing, padding.

rembourrer [rɑ̃bure] *vtr* to stuff, to pad, to upholster (chair).

remboursement [rɑ̃bursəmɑ̃] *nm* repayment; reimbursement; refund.

rembourser [rɑ̃burse] *vtr* **1.** to repay, refund (expenses); to pay off (annuity); to return (loan) **2. r. qn de qch,** to reimburse s.o. for sth; **on m'a remboursé,** I got my money back. **remboursable** *a* (*of loan*) repayable; refundable.

rembrunir (se) [sərɑ̃brynir] *vpr* (*of pers*) to become gloomy; (*of face*) to cloud over.

remède [rəmɛd] *nm* remedy, cure (**à, pour, contre,** for); **r. de bonne femme,** old wives' cure; **c'est sans r.,** it's beyond remedy.

remédier [rəmedje] *v ind tr* (*impf & pr sub* **n. remédiions**) **r. à qch,** to remedy, to cure, sth, to put sth right.

remembrement [rəmɑ̃brəmɑ̃] *nm* regrouping (of land).

remembrer [rəmɑ̃bre] *vtr Adm:* to regroup (land).

remémorer (se) [sər(ə)memɔre] *vpr* to recollect, recall.

remerciement [rəmɛrsimɑ̃] *nm* thanks, acknowledgement; **lettre de r.,** thank-you letter.

remercier [rəmɛrsje] *vtr* (*impf & pr sub* **n. remerciions**) **1.** to thank (**de, pour,** for); **il me remercia d'un sourire,** he smiled his thanks; **voulez-vous du café?—je vous remercie,** will you have some coffee?—no, thank you **2.** to dismiss (employee).

remettre [rəmɛtr] (*conj like* METTRE) **1.** *vtr* (*a*) to put (sth) back (again); **r. son manteau,** to put one's coat on again; **r. qch à sa place,** to replace sth; **r. qn à sa place,** to put s.o. in his place; **r. un os,** to set a bone; **r. en état,** to repair; **r. en marche,** to restart (machine) (*b*) **r. qn (sur pied),** to put s.o. back on his, on her, feet (*c*) **(se) r. qn,** to recall s.o.; **je ne vous remets pas,** I don't remember you (*d*) to hand over, to deliver (letter); to turn (s.o.) over (to the police) (*e*) to postpone; **r. une affaire au lendemain,** to put off a matter till the next day (*f*) to remit (penalty); to pardon (offence) (*g*) *F:* **remettons ça!** let's do it again! let's have another drink! **2. se r.** (*a*) **se r. au lit,** to go back to bed; **le temps se remet (au beau),** the weather is clearing up (again) (*b*) **se r. au travail,** to start work again (*c*) **se r. d'une maladie,** to recover from an illness; **remettez-vous!** pull yourself together! (*d*) **s'en r. à qn,** to rely on s.o. for sth (*e*) **se r. avec qn,** to make it up with s.o.

réminiscences [reminisɑ̃s] *nfpl* (vague) recollections; reminiscences.

remise [rəmiz] *nf* **1.** (*a*) putting back (of sth, in its place) (*b*) **r. en état,** repairing; **r. en ordre,** putting in order; **r. en marche,** restarting **2.** (*a*) delivery, handing over (of letter) (*b*) remission (of penalty, tax); **faire r. d'une dette,** to cancel a debt **3.** (*a*) remittance (*b*) discount **4.** shed, outhouse.

remiser [rəmize] *vtr* to garage (car); to put (sth) away.

rémission [remisjɔ̃] *nf* remission (of sin, of debt); **sans r.,** relentlessly; without a break.
remmener [rɑ̃mne] *vtr* to take back.
remontage [rəmɔ̃taʒ] *nm* (*a*) winding up (of clock) (*b*) putting together, reassembling (of parts).
remontant [rəmɔ̃tɑ̃] **1.** *a* (*a*) fortifying (drink) (*b*) perpetual (rose) **2.** *nm* tonic; *F:* pick-me-up.
remontée [rəmɔ̃te] *nf* climb (after descent); *Sp:* **une belle r.,** a good recovery; **r. mécanique,** skilift.
remonte-pente [rəmɔ̃tpɑ̃t] *nm* ski lift; *pl remonte-pentes.*
remonter [rəmɔ̃te] **1.** *vi* (*aux usu* **être,** *occ* **avoir**) (*a*) to go up (again); (*of temperature*) to rise; (*of prices*) to go up; **r. en voiture,** to get into one's car again (*b*) (*of clothes*) to ride up (*c*) to go back (in time); **tout cela remonte loin,** all that goes back a long way (*d*) (*of tide*) to flow **2.** *vtr* (*a*) to go up, to climb up (hill, stairs) again; **r. la rue,** to go up the street; **r. la rivière,** to go, row, sail, swim, upstream (*b*) to take up (again); to pull up (socks); to hitch up (trousers); to heighten (wall) (*c*) to wind (up) (clock); **r. (les forces de) qn,** to put new life into s.o.; **un verre de vin vous remontera,** a glass of wine will do you good, will buck you up (*d*) to refit; to reassemble (parts) (*e*) to restock (shop); to replenish (one's wardrobe) **3. se r.,** to recover one's strength; **prendre qch pour se r.,** to take a tonic.
remontoir [rəmɔ̃twar] *nm* winder.
remontrance [rəmɔ̃trɑ̃s] *nf* reprimand; **faire des remontrances à qn,** to reprimand s.o.
remontrer [rəmɔ̃tre] *vtr* (*a*) to show, demonstrate, (sth) again (*b*) **en r. à, qn,** to score points off s.o.
remords [rəmɔr] *nm* remorse, self reproach; **un r.,** a twinge of remorse; **avoir un, des, r.,** to feel remorse.
remorquage [rəmɔrkaʒ] *nm* towing.
remorque [rəmɔrk] *nf* **1.** towing; **prendre une voiture en r.,** to tow a car; **en r.,** on tow; *Fig:* **être à la r. de qn,** to follow in s.o.'s wake **2.** tow line. **3.** (*a*) tow; vessel towed (*b*) *Aut:* trailer; **r. (de) camping,** caravan.
remorquer [rəmɔrke] *vtr* to tow; to haul.
remorqueur [rəmɔrkœr] *nm* tugboat.
remous [rəmu] *nm* (*a*) eddy; wash (of ship); swirl (of the tide); backwash; *Av:* **r. d'air,** (i) slip-stream (ii) eddy (*b*) disturbance; bustle (of crowd); **ce livre va provoquer des r.,** this book will cause a stir.
rempailler [rɑ̃paje] *vtr* to re-seat, re-bottom (chair).
rempart [rɑ̃par] *nm* rampart.
remplaçant, -ante [rɑ̃plasɑ̃, -ɑ̃t] *n* substitute; locum (tenens); supply teacher; *Sp:* reserve.
remplacement [rɑ̃plasmɑ̃] *nm* replacement; substitution; **en r. de qch,** instead of sth, as a replacement for sth; **assurer le r. de qn,** to stand in for s.o.; **faire des remplacements,** (i) to take temporary jobs (ii) to do supply teaching.
remplacer [rɑ̃plase] *vtr* (*conj like* PLACER) **1.** to take the place of (s.o, sth); to deputize for (s.o.) **2.** (*a*) to replace; **r. qch par qch,** to put sth in place of sth (*b*) to supersede (s.o.). **remplaçable** *a* replaceable.
remplir [rɑ̃plir] *vtr* **1.** to fill up, to refill (glass) (**de,** with); to fill in (gap, space); to occupy, take up (time) **2.** to fill; **r. l'air de ses cris,** to fill the air with one's cries **3.** to fill in, *NAm:* fill out (a form) **4.** to fulfil (promise, order); to perform (one's duty); *Th:* **r. un rôle,** to fill a part.
remplissage [rɑ̃plisaʒ] *nm* filling; *Pej:* padding (of speech).
remplumer (se) [sərɑ̃plyme] *vpr F:* (*a*) to be in funds again (*b*) to put on weight again.
remporter [rɑ̃pɔrte] *vtr* **1.** to take (sth) back, away **2.** to carry off (prize); to achieve (success); to win (victory).
remue-ménage [rəmymenaʒ] *nm inv* stir, commotion; confusion, upset.
remuer [rəmɥe] **1.** *vtr* to move; to shift; to stir (coffee); to turn over (the ground); to stir up (s.o.); **r. ciel et terre,** to move heaven and earth **2.** *vi* to move, stir, *F:* budge; (*to child*) **ne remue pas tout le temps!** don't fidget! **3. se r.,** to move, to stir; to be active; **remuez-vous un peu!** get a move on!
rémunération [remynerasjɔ̃] *nf* remuneration, payment (**de,** for).
rémunérer [remynere] *vtr* (**je rémunère; je rémunérerai**) to remunerate; to pay for (services). **rémunérateur, -trice** *a* remunerative; lucrative.
renâcler [rənakle] *vi* (*a*) (*of animal*) to snort; (*of pers*) to sniff (**à qch.,** at sth) (*b*) to show reluctance; to hang back; to jib (at a job).
renaissance [rənɛsɑ̃s] *nf* (*a*) rebirth (*b*) renewal (*c*) *Hist:* **la R.,** the Renaissance; *a inv* **mobilier R.,** Renaissance furniture.
renaître [rənɛtr̥] *vi* (*conj like* NAÎTRE) **1.** to be born again; **r. à la vie,** to take on a new lease of life **2.** to return, to reappear; (*of plants*) to grow, to spring up, again; (*of day*) to dawn; (*of hope*) to revive.
rénal, -aux [renal, -o] *a* renal; kidney (stone).
renard, -arde [rənar, -ard] *n* fox, vixen; **c'est un fin r.,** he's a sly (old) fox.
renchérir [rɑ̃ʃerir] *vi* (*a*) (*of goods*) to get dearer; to increase in price (*b*) **r. sur qn,** to outdo s.o.; to go one better than s.o.
renchérissement [rɑ̃ʃerismɑ̃] *nm* rise in price.
rencontre [rɑ̃kɔ̃tr̥] *nf* **1.** meeting, encounter; **faire la r. de qn,** to meet s.o.; **aller à la r. de qn,** to go to meet s.o.; **faire une mauvaise r.,** to have an unpleasant encounter **2.** *Sp:* match; *Box:* fight.
rencontrer [rɑ̃kɔ̃tre] **1.** *vtr* (*a*) to meet; to come upon (sth); to encounter, meet with (difficulty, opposition); **ma tête a rencontré la sienne,** our heads collided (*b*) to have a meeting with (s.o.); *Sp:* to meet, to play against (another team) **2. se r.** (*a*) to meet (*b*) to collide (*c*) to occur; **comme cela se rencontre!** how lucky! **2.** (*of ideas*) to agree.
rendement [rɑ̃dmɑ̃] *nm* (*a*) yield (of land); return (on investment) (*b*) output (of workers); output, production (of works) (*c*) efficiency, performance (of machine).
rendez-vous [rɑ̃devu] *nm inv* **1.** rendezvous; appointment; **donner r.-v. à qn, prendre r.-v. avec qn,** to make an appointment with s.o.; **j'ai r.-v. avec lui à 3 heures,** I'm meeting him at 3 o'clock; **r.-v. spatial,** docking in space **2.** meeting place; **r.-v. de chasse,** meet.
rendormir [rɑ̃dɔrmir] (*conj like* DORMIR) **1.** *vtr* to send, lull, (s.o.) to sleep again **2. se r.,** to go to sleep again, to go back to sleep.

rendre [rɑ̃dr] **1.** *vtr* (*a*) to give back, return, restore; to repay (money); **r. la santé à qn,** to restore s.o. to health; **r. la monnaie à qn,** to give s.o. his change; **je le lui rendrai!** I'll be even with him! (*b*) to render; to pay (tribute); **r. grâce à qn,** to give thanks to s.o.; **r. service à qn,** to be of help to s.o.; **r. la justice,** to administer justice; **r. compte de qch,** to account for sth (*c*) to yield; to give, produce; **placement qui rend 10%,** investment that brings in 10%; **terre qui ne rend rien,** unproductive land; **le moteur rend bien,** the engine runs well (*d*) to convey, deliver (goods); **prix rendu,** delivery price (*e*) to bring up, throw up (food); *vi* to vomit, to be sick; **r. l'âme,** to give up the ghost (*f*) to give up, surrender (one's arms) (*g*) to issue, pronounce (decree); to deliver (judgment); to return (verdict) (*h*) to reproduce, render, express; **elle rend très bien Chopin,** she plays Chopin very well (*i*) **le homard me rend malade,** lobster makes me ill; **il se rend ridicule,** he is making himself ridiculous; **vous me rendez fou!** you're driving me mad! **2. se r.** (*a*) **se r. dans un lieu,** to go to, make one's way to, a place; **se rendre chez qn,** to call on s.o. (*b*) to surrender; to give in; to give oneself up; **rendez-vous!** hands up! (*c*) **se r. compte de qch,** to realize sth.

rendu [rɑ̃dy] **1.** *a* **r. (de fatigue),** exhausted **2.** *nm Com:* return.

rêne [rɛn] *nf usu pl* rein.

renégat, -ate [rənega, -at] *n* renegade.

renfermer [rɑ̃fɛrme] **1.** *vtr* to contain, to hold, to enclose **2. se r. en soi-même,** to withdraw into oneself. **renfermé 1.** *a* (*of pers*) withdrawn **2.** *nm* **sentir le r.,** to smell stuffy, musty.

renflé [rɑ̃fle] *a* bulging.

renflement [rɑ̃fləmɑ̃] *nm* bulge.

renflouer [rɑ̃flue] *vtr Nau: Com:* to refloat.

renfoncement [rɑ̃fɔ̃smɑ̃] *nm* recess; **dans le r. d'une porte,** in a doorway.

renforcer [rɑ̃fɔrse] (*conj like* FORCER) **1.** *vtr* to reinforce; to strengthen (wall, position); to intensify (effort) to consolidate (peace); to confirm (statement **2. se r.,** to strengthen, to intensify.

renfort [rɑ̃fɔr] *nm* **1.** reinforcement(s); fresh supply; **envoyé en r.,** sent up to reinforce; **de r.,** strengthening; supporting; **à grand r. d'épingles,** with the help of lots of pins **2.** strengthening piece; reinforcement.

renfrogner (se) [sərɑ̃frɔɲe] *vpr* to scowl. **renfrogné** *a* sullen.

rengager [rɑ̃gaʒe] (*conj like* ENGAGER) **1.** *vtr* to re-engage; to renew (combat) **2. se r.,** to re-enlist.

rengaine [rɑ̃gɛn] *nf* **vieille r.,** old refrain; **c'est toujours la même r.,** it's always the same old story.

rengainer [rɑ̃gene] *vtr* to sheathe, put up (sword); *F:* to withhold (compliment).

rengorger (se) [sərɑ̃gɔrʒe] *vpr* (*of bird*) to strut; (*of pers*) to swagger.

reniement [rənimɑ̃] *nm* disowning, renunciation; denial; repudiation.

renier [rənje] *vtr* (*conj like* NIER) **1.** to disown, renounce (friend); to deny (Christ); to disavow (action) **2.** to repudiate (opinion).

reniflement [reniflәmɑ̃] *nm* (*a*) sniffing (*b*) sniff.

renifler [renifle] **1.** *vi* to sniff; to snort **2.** *vtr* (*a*) to sniff (up) (sth) (*b*) to sniff, smell (a flower).

renne [rɛn] *nm* reindeer.

renom [rənɔ̃] *nm* renown, fame; reputation; **de grand r., en r.,** famous.

renommé [rənɔme] *a* renowned, famous, well-known (**pour,** for).

renommée [rənɔme] *nf* (*a*) renown, fame (*b*) reputation (*c*) (public) report.

renoncement [rənɔ̃smɑ̃] *nm* renouncement (**à,** of); self denial, renunciation.

renoncer [rənɔ̃se] *v ind tr* (**n. renonçons**) **r. à qch,** to renounce, give up, sth; **r. à qn,** to drop s.o.; **r. à faire qch,** (i) to give up doing sth (ii) to drop the idea of doing sth.

renonciation [rənɔ̃sjasjɔ̃] *nf* renunciation.

renouer [rənwe] *vtr* (*a*) to tie (up), knot (sth) again (*b*) to renew, resume (correspondence); **r. (amitié) avec qn,** to take up with s.o. again.

renouveau [rənuvo] *nm* revival; **r. de vie,** new lease of life.

renouveler [rənuvle] *vtr* (**je renouvelle, n. renouvelons**) **1.** (*a*) to renew, to renovate; **r. ses pneus,** to get a new set of tyres (*b*) to change (method, staff) completely; **r. la face du pays,** to transform the country **2.** to renew (promise, lease, passport); to revive (custom); to renew (acquaintance); *Com:* **r. une commande,** to repeat an order **3. se r.** (*a*) to be renewed (*b*) to recur; to happen again. **renouvelable** *a* renewable.

renouvellement [rənuvɛlmɑ̃] *nm* (*a*) replacement (of stock) (*b*) renewal (of lease, passport) (*c*) revival (of custom).

rénovateur, -trice [renɔvatœr, -tris] **1.** *a* renovating **2.** *n* renovator, restorer.

rénovation [renɔvasjɔ̃] *nf* (*a*) renovation, restoration (*b*) renewal; revival.

rénover [renɔve] *vtr* (*a*) to renovate (house) (*b*) to renew; to revive.

renseignement [rɑ̃sɛɲmɑ̃] *nm* (*a*) (piece of) information; *Tp: etc:* **renseignements,** enquiries; **donner des renseignements sur qch,** to give information about sth; **prendre des renseignements sur qn,** to enquire about s.o.; **bureau de renseignements,** inquiry office (*b*) *Mil:* **service de r.,** intelligence branch; **agent de r.,** (intelligence) agent.

renseigner [rɑ̃seɲe] *vtr* **1. r. qn sur qch,** to inform s.o., to give s.o. information about sth; **on vous a mal renseigné,** you have been misinformed **2. se r. sur qch,** to find out about sth; to make enquiries about sth.

rentabilité [rɑ̃tabilite] *nf* profitability. **rentable** *a* profitable; **ce n'est pas r.,** it doesn't pay.

rente [rɑ̃t] *nf* **1.** annuity, pension, allowance; **r. viagère,** life annuity **2.** *usu pl* (unearned) income; **vivre de ses rentes,** to live on one's private income **3. rentes (sur l'état),** (government) stocks.

rentier, -ière [rɑ̃tje, -jɛr] *n* person of independent, of private means.

rentrant, -ante [rɑ̃trɑ̃, -ɑ̃t] *a* (*a*) *Mth:* **angle r.,** reflex angle (*b*) *Av:* retractable (undercarriage).

rentré [rɑ̃tre] *a* suppressed (anger); sunken (eyes).

rentrée [rɑ̃tre] *nf* **1.** (*a*) return, home-coming; *Space:* **r. atmosphérique,** re-entry into the atmosphere (*b*) re-opening (of schools, theatres); re-assembly (of Parliament); *Sch:* **la r. (des classes),** the beginning of term **2.** (*a*) taking in, receipt (of money) (*b*) bringing in (of crops).

rentrer [rãtre] **1.** *vi* (*aux* **être**) (*a*) to re-enter; to come in; to go in, again; to return; **r. dans sa chambre,** to go back into one's room; **r. dans ses droits,** to recover one's rights; **r. dans les bonnes grâces de qn,** to regain favour with s.o.; **r. dans ses frais,** to be reimbursed; (*of actor*) **r. en scène,** to come on again (*b*) to return home, to come home; **il est l'heure de r.,** it's time to go home; **elle rentre de Paris,** she's just home from Paris (*c*) (*of schools, law courts*) to re-open, to resume; (*of Parliament*) to reassemble; (*of pupil*) to go back to school (*d*) (*of thgs*) to go back (in); **faire r. qch dans sa boîte,** to put sth back in its box (*e*) (*of money*) to come in (*f*) to enter, go in; **r. en soi-même,** to retire within oneself; **il lui est rentré dedans,** he ran into him (*g*) **cela ne rentre pas dans mes fonctions,** that's not part of my job; **r. dans une catégorie,** to fall into a category (*h*) **c'est rentré dans l'ordre,** it's back to normal; order has been restored **2.** *vtr* (*aux* **avoir**) to take in, bring in, get in, pull in; *Av:* to raise (landing gear); **r. la récolte,** to gather in the harvest; **qui a rentré les chaises?** who brought the chairs in? **r. sa chemise,** to tuck in one's shirt.

renverse [rãvɛrs] *nf* **tomber à la r.,** (i) to fall backwards (ii) to be bowled over.

renversement [rãvɛrsəmã] *nm* reversal, inversion; overthrow.

renverser [rãvɛrse] **1.** *vtr* (*a*) to reverse, invert (image, proposition, *Mus:* chord); **r. la vapeur,** (i) to reverse steam (ii) to go back on one's decision; **r. les rôles,** to turn the tables (on s.o.) (*b*) to turn (sth) upside down; **ne pas r.,** this side up (*c*) to knock (sth) over; to overturn, upset; to spill (liquid); **il a été renversé par une voiture,** he was knocked down by a car (*d*) to overthrow (government); *F:* **cela m'a renversé,** I was astonished, staggered, by it **2. se r.,** to fall over, to fall down; to upset; to overturn; (*of boat*) to capsize; **se r. sur sa chaise,** to lean back in one's chair. **renversant** *a F:* astounding, staggering.

renvoi [rãvwa] *nm* **1.** return(ing), sending back (of goods) **2.** dismissal (of employee); discharge, expulsion **3.** putting off, postponement **4.** referring, reference (of a matter to an authority) **5.** cross reference; footnote **6.** burp, belch; (*of food*) **donner des renvois,** to repeat.

renvoyer [rãvwaje] *vtr* (*conj like* ENVOYER) **1.** to send back; to return; to throw back (sound); to reflect (heat, light) **2.** (*a*) to send (s.o.) away (*b*) to dismiss, *F:* sack (employee); to expel (pupil) **3.** to put off, postpone (meeting) **4.** to refer (s.o., sth, to an authority) **5. se r. la balle,** to pass the buck (to each other).

réorganisation [reɔrganizasjɔ̃] *nf* reorganization.

réorganiser [reɔrganize] *vtr* to reorganize.

réouverture [reuvɛrtyr] *nf* re-opening.

repaire [rəpɛr] *nm* den; lair; haunt (of criminals).

repaître (se) [sərəpɛtr] *vpr* (*a*) (*of animal*) to eat it's fill (*b*) **se r. de,** to revel in (sth).

répandre [repãdr] **1.** *vtr* (*a*) to pour out; to spill (salt, wine); to shed (blood) (*b*) to spread, diffuse, scatter; to give off, to give out (heat, scent); (to strew (flowers); to sprinkle (sand); to spread (terror); **r. des nouvelles,** to spread, circulate, news **2. se r.** (*a*) **se r. dans le monde,** to lead a social life; **se r. en excuses,** to be full of apologies; to apologize profusely (*b*) (*of liquid*) to spill; to run over; (*of smell, rumour*) to spread; **les touristes se répandent dans la ville,** tourists are invading the town; **la nouvelle s'est très vite répandue,** the news spread quickly. **répandu** *a* widespread, prevalent.

reparaître [rəparɛtr] *vi* (*conj like* PARAÎTRE; *aux usu* **avoir**) to reappear.

réparateur, -trice [reparatœr, -tris] **1.** *a* repairing, restoring; refreshing (sleep) **2.** *n* repairer, mender.

réparation [reparasjɔ̃] *nf* **1.** repair(ing); mending; restoration; **être en r.,** to be under repair; **faire des réparations,** to do some repairs **2.** reparation, amends; **r. civile,** compensation; **r. légale,** legal redress.

réparer [repare] *vtr* **1.** to repair, mend (shoe, machine); to restore; **r. ses pertes,** to make good one's losses **2.** to make amends for (misdeed); to rectify (mistake, omission); to redress (wrong); to make good (damage). **réparable** *a* repairable; which can be repaired.

reparler [rəparle] *vi* **r. de qch,** to speak about sth again, later; **r. à qn,** to speak to s.o. again.

repartie [rəparti] *nf* retort; **avoir de la r., l'esprit de r.,** to be quick at repartee.

repartir [rəpartir] *vi* (*conj like* MENTIR) (*aux* **être**) to set out again; **je repars pour Paris,** I'm off to Paris again; **r. à zéro,** to start from scratch.

répartir [repartir] *vtr* **(je répartis, n. répartissons) 1.** to distribute, divide, share out (**entre,** among); to spread over (payments); **charge uniformément répartie,** evenly distributed load **2.** to apportion; to assess (taxes).

répartition [repartisjɔ̃] *nf* distribution; sharing out, dividing up; apportionment.

repas [rəpɑ] *nm* meal; **r. de noce** = wedding breakfast; **r. léger,** light meal; snack; **aux heures des r.,** at mealtime(s).

repassage [rəpasaʒ] *nm* (*a*) sharpening (of knife) (*b*) ironing (of clothes).

repasser [rəpase] **1.** *vi* (*aux usu* **être**) to pass by again, go by again; **r. chez qn,** to call on s.o. again; *F:* **tu peux toujours r.!** you've got another think coming! **2.** *vtr* (*a*) to pass over again; to cross (over) again (*b*) to go over, look over (again); to play back (tape); to show (film) again; to resit (exam); **r. qch dans son esprit,** to go over sth in one's mind (*c*) **repassez-moi du pain,** pass me some (more) bread; **repassez-moi cette lettre,** let me see that letter again (*d*) to sharpen, grind (knife, tool) (*e*) to iron (clothes); **fer à r.,** iron; **planche à r.,** ironing board.

repayer [rəpeje] *vtr* (*conj like* PAYER) to pay again.

repêchage [rəpɛʃaʒ] *nm* (*a*) fishing out (*b*) helping out; *Sch:* **épreuve de r.,** exam to give candidates a second chance.

repêcher [rəpeʃe] *vtr* (*a*) to fish (sth) up (again), out (again) (*b*) to rescue; to save (drowning man); *Sch:* **r. un candidat,** to pass a candidate, to let a candidate through.

repeindre [rəpɛ̃dr] *vtr* (*conj like* PEINDRE) to repaint.

repenser [rəpɑ̃se] **1.** *vi* to think again (**à,** about) (sth); **j'y repenserai,** I'll think it over; **je n'y ai pas repensé,** I didn't give it another thought **2.** *vtr* to reconsider (a problem).

repentir¹ (se) [sərəpɑ̃tir] **1.** *vpr* **(je me repens;** *pr sub* **je me repente)** to repent; **se r. de qch, d'avoir fait qch,** to be sorry for sth, for having done sth. **repentant, repenti** *a* repentant.

repentir² *nm* repentance; remorse.

répercussion [reperkysjɔ̃] *nf* repercussion.

répercuter [reperkyte] **1.** *vtr* (*a*) to reverberate, reflect back (sound); to reflect (light, heat) (*b*) to pass (price increase) **2. se r.,** to echo, reverberate; *Fig:* to have repercussions (**sur,** on).

repère [rəpɛr] *nm* (reference) mark; line; marker; **point de r.,** landmark.

repérage [rəperaʒ] *nm* locating (of fault, target); **r. radio,** radio location.

repérer [rəpere] **(je repère; je repérerai) 1.** *vtr* to locate (fault, target); to identify, *F:* to spot (s.o., sth); **se faire r.,** to be spotted **2. se r.,** to get one's bearings; to find one's way about.

répertoire [repertwar] *nm* **1.** index, list, catalogue; **r. d'adresses,** (i) directory (ii) address book **2.** repertory (of information) **3.** *Th:* repertoire, repertory; **pièce du r.,** stock play.

répertorier [repertɔrje] *vtr* (*impf & pr sub* **n. répertoriions**) to index, to list (item).

répéter [repete] **(je répète; je répéterai) 1.** *vtr* (*a*) to repeat; to say, to do (sth) (over) again; **il ne se le fera pas r.,** he won't need to be told twice (*b*) *Th:* to rehearse; to learn (lesson); to practise (piano) **2. se r.,** (*of pers*) to repeat oneself; (*of event*) to recur, to happen again.

répétition [repetisjɔ̃] *nf* **1.** repetition; **fusil à r.,** repeating rifle; **montre à r.,** repeater (watch) **2.** *Th:* rehearsal; (choir) practice; **r. générale,** dress rehearsal.

repeuplement [rəpœpləmɑ̃] *nm* repopulation; restocking; replanting.

repeupler [rəpœple] *vtr* to repopulate (country); to restock (pond); to replant (forest); **se r.,** to become repopulated.

repiquage [rəpikaʒ] *nm* (*a*) planting out (of seedlings) (*b*) *Rec:* (re-)recording.

repiquer [rəpike] *vtr* (*a*) to prick, pierce (sth) again; (*b*) to plant out (seedlings); **plant à r.,** bedding plant (*c*) *Rec:* to (re-)record.

répit [repi] *nm* respite; breathing space; **sans r.,** without a break; continuously.

replacer [rəplase] *vtr* **(n. replaçons)** to replace; to put (sth) back in its place; to re-invest (funds).

replanter [rəplɑ̃te] *vtr* to replant.

replâtrage [rəplɑtraʒ] *nm* (*a*) replastering (*b*) patching up (after quarrel).

replâtrer [rəplɑtre] *vtr* (*a*) to replaster (wall) (*b*) to patch up (quarrel).

replet, -ète [rəplɛ, -ɛt] *a* (*of pers*) podgy, dumpy.

repli [rəpli] *nm* **1.** fold, crease (in cloth); innermost recess (of conscience) **2.** winding, bend, meander; coil (of rope) **3.** *Mil:* withdrawal, falling back.

replier [rəplije] (*conj* like PLIER) **1.** *vtr* (*a*) to fold up (again); to coil up; to fold, bend, back; to turn in (edge); (*of bird*) to fold (wings) (*b*) to withdraw (troops) **2. se r.** (*a*) (*of thg*) to fold up, to fold back; (*of snake*) to coil up (*b*) (*of stream, path*) to wind, turn, bend, meander (*c*) **se r. sur soi-même,** to retire within oneself (*d*) *Mil:* to withdraw.

réplique [replik] *nf* **1.** (*a*) retort, rejoinder; **argument sans r.,** irrefutable argument; *F:* **et pas de r.!** don't answer back! (*b*) *Th:* cue; **donner la r. à un acteur,** (i) to give an actor his cue (ii) to play opposite an actor **2.** replica.

répliquer [replike] **1.** *vtr* **r. qch à qn,** to say sth in answer to s.o. **2.** *vi* to retort; to answer back.

répondant, -ante [repɔ̃dɑ̃, -ɑ̃t] *n* guarantor; *F:* **il a du r.,** he's got money behind him.

répondeur [repɔ̃dœr] *nmTp:* **r. (automatique),** answering machine.

répondre [repɔ̃dr] **1.** *vtr* to answer; to reply; **r. qch,** to say sth in reply **2.** *v ind tr* (*a*) **r. à qn, à qch,** to answer, to reply to, s.o.; to return (greeting); to comply with (request); **r. par écrit,** to reply in writing; **r. à l'appel,** to answer to one's name (*b*) to answer, to meet (requirements); to come up to (standard) **3.** *vi* **r. de qn, de qch,** to answer for s.o., for sth; **je vous en réponds!** you can take my word for it.

réponse [repɔ̃s] *nf* **1.** (*a*) answer, reply; **avoir r. à tout,** to have an answer for everything; **la lettre est restée sans r.,** the letter was left unanswered (*b*) response (to an appeal) **2.** *Physiol:* response (to stimulus).

report [rəpɔr] *nm* **1.** *Book-k:* (*a*) carrying forward (*b*) amount carried forward **2.** postponement **3.** *Phot:* transfer.

reportage [rəpɔrtaʒ] *nm Journ:* **1.** reporting **2.** (newspaper) report; **r. en exclusivité,** scoop **3.** *WTel:* running commentary (on match).

reporter¹ [rəpɔrte] **1.** *vtr* (*a*) to carry back; to take back; **r. un livre à qn,** to take a book back to s.o. (*b*) to postpone, to defer (sth) (**à,** until) (*c*) *Book-k:* to carry over (total) **2. se r. à qch,** to refer to sth; **se r. au passé,** to look back to the past.

reporter² [rəpɔrtɛr] *nm Journ:* reporter.

repos [rəpo] *nm* **1.** (*a*) rest; **au r.,** at rest; **prendre du r.,** to take a rest; **jour de r.,** day off; *Mil:* **r.!** (stand) at ease! (*b*) pause, rest (in a verse) **2.** peace, tranquillity (of mind); **de tout r.,** absolutely safe, reliable; **valeur de tout r.,** gilt-edged security.

repose-pied [rəpozpje] *nm inv* footrest.

reposer [rəpoze] **1.** *vtr* (*a*) to put (sth) down (again); to replace (sth) (*b*) to rest; **r. sa tête sur un coussin,** to rest one's head on a cushion; **r. l'esprit,** to rest the mind (*c*) to restate (problem), to ask (question) again **2.** *vi* to lie, to rest; **ici repose,** here lies (buried); **le commerce repose sur le crédit,** trade is based on credit **3. se r.** (*a*) to rest, to take a rest; to relax (*b*) **se r. sur qn,** to rely on s.o. **reposant** *a* restful; refreshing (sleep); relaxing.

repose-tête [rəpoztɛt] *nm inv* headrest.

repousser [rəpuse] **1.** *vtr* (*a*) to push back, to push away, to thrust aside; to repel (attack); to reject, to turn down (offer); **repoussé de tout le monde,** spurned by all (*b*) to postpone (event) (*c*) to be repellent to (s.o.); to repel (*d*) to emboss (leather); to chase (metal) **2.** *vi* (*of tree, plant*) to shoot (up) again; (*of hair*) to grow again. **repoussant** *a* repulsive, repellent.

répréhensible [repreɑ̃sibl] *a* reprehensible.

reprendre [rəprɑ̃dr] *v* (*conj like* PRENDRE) **1.** *vtr* (*a*) to retake, recapture (town, prisoner) (*b*) to take, to pick up (sth) again; **r. sa place,** to resume one's seat; **r. du pain,** to take, have, some more bread; **je vous reprendrai en passant,** I'll pick you up again as I go by (*c*) **la fièvre l'a repris,** he's had another bout of fever; **sa timidité l'a repris,** his shyness got the better of him again; *F:* **on ne m'y reprendra plus,** I shan't be had another time; **que je ne t'y reprenne plus!** don't let me catch you at it again! (*d*) to take back (gift, unsold goods); to re-engage (employee); to retract (promise) (*e*) to resume, take up again (conversation, work); to recapitulate (facts); **r. du goût pour qch,** to recover one's taste for sth; **r. des forces,** to regain strength; **r. la parole,** to resume (talking); **oui, reprit-il,** yes, he replied (*f*) to repair, to mend; to take in (coat, dress) (*g*) to reprove, reprimand (**de,** for); to find fault with (s.o., sth) **2.** *vi* (*a*) to recommence; (*of fashion*) to return; (*of patient, business*) to recover; **le froid a repris,** the cold weather has set in again (*b*) (*of plant*) to take root again. **3. se r.** (*a*) to recover oneself, to pull oneself together; to collect one's thoughts (*b*) to correct oneself (in speaking) (*c*) **se r. à espérer,** to begin to hope again (*d*) **s'y r. à plusieurs fois,** to make several attempts (at sth, at doing sth).

représailles [rəprezaj] *npl* reprisals, retaliation; **en r. pour, de, qch,** as a reprisal for sth.

représentant, -ante [rəprezɑ̃tɑ̃, -ɑ̃t] *n* representative; *Com:* agent; (sales) representative, *F:* rep.

représentation [rəprezɑ̃tasjɔ̃] *nf* (*a*) representation (*b*) agency (*c*) *Th:* performance (*d*) **frais de r.,** entertainment allowance. **représentatif, -ive** *a* representative.

représenter [rəprezɑ̃te] *vtr* **1.** to present (sth) again **2.** (*a*) to represent; **tableau représentant un moulin,** picture of a mill; **représentez-vous mon étonnement,** just imagine my astonishment (*b*) to represent, stand for, act for (s.o.); **se faire r.,** to appoint a representative; **r. une maison de commerce,** to be the agent(s) for a firm; **r. qn en justice,** to appear for s.o. (*c*) to correspond to, to represent (an amount) **3.** *Th:* (*a*) to perform, act (a play); to put on (a play) (*b*) to act (a part) **4. r. qch à qn,** to represent, point out, sth to s.o. **5.** *vi* **il ne représente pas au physique,** he's not very impressive physically **6.** (*a*) **se r. à un examen,** to resit an exam (*b*) (*of opportunity*) to occur again.

répression [represjɔ̃] *nf* repression. **répressif, -ive** *a* repressive.

réprimande [reprimɑ̃d] *nf* reprimand, reproof.

réprimander [reprimɑ̃de] *vtr* to reprimand, reprove.

réprimer [reprime] *vtr* to suppress, to repress; to hold back (tears); to quell (revolt).

repris [rəpri] *nm* **r. de justice,** habitual criminal, old offender.

reprise [rəpriz] *nf* **1.** (*a*) retaking, recapture (*b*) taking back (of unsold goods) (*c*) trade-in (allowance); part exchange **2.** (*a*) resumption, renewal; return (of fashion); revival (of play); rerun (of film); *TV:* repeat (*b*) renewal (of activity); new spell (of cold weather); recovery (of business) (*c*) **r. (de vitesse),** acceleration (of engine) (*d*) *Box:* round; *Fb:* second half (of match) (*e*) **faire qch à plusieurs reprises,** to do sth several times, on several occasions; **à 3 reprises,** 3 times over **3.** *Needlew:* darn; mend.

repriser [rəprize] *vtr* to darn, to mend.

réprobation [reprɔbasjɔ̃] *nf* disapproval. **réprobateur, -trice** *a* reproachful, disapproving.

reproche [rəprɔʃ] *nm* reproach; **faire des reproches à qn,** to blame s.o.; **ton de r.,** reproachful tone; **vie sans r.,** blameless life.

reprocher [rəprɔʃe] *vtr* to reproach; **je n'ai rien à me r.,** I have nothing to blame myself for; **qu'est-ce que vous reprochez à ce livre?** what do you find wrong with this book?

reproduction [rəprɔdyksjɔ̃] *nf* **1.** (*a*) reproduction; **organes de r.,** reproductive organs (*b*) reproduction; duplication (of documents); *Publ:* **r. interdite,** all rights reserved **2.** copy, reproduction. **reproducteur, -trice** *a* reproductive.

reproduire [rəprɔdɥir] (*conj like* CONDUIRE) **1.** *vtr* to reproduce; to copy, to make a copy of (sth) **2. se r.** (*a*) to reproduce, breed (*b*) (*of events*) to recur.

réprouvé, -ée [repruve] *n* reprobate.

réprouver [repruve] *vtr* **1.** to condemn (crime); to disapprove of (s.o., sth) **2.** *Theol:* to damn.

reptile [rɛptil] *nm* reptile.

repu [rəpy] *a* sat(iat)ed, full.

républicain, -aine [repyblikɛ̃, -ɛn] *a & n* republican.

république [repyblik] *nf* republic.

répudiation [repydjasjɔ̃] *nf* repudiation; renouncement.

répudier [repydje] *vtr* (*pr sub & impf* **n. répudiions**) **1.** to repudiate (wife, opinion) **2.** to renounce (succession).

répugnance [repyɲɑ̃s] *nf* **1.** (*a*) repugnance; dislike (**pour, à,** of, for); aversion (**pour, à,** to, from, for) (*b*) loathing (**pour, à,** of, for) **2. r. à faire qch,** reluctance to do sth; **avec r.,** reluctantly.

répugner [repyɲe] *vi* **1. r. à qch, à faire qch,** to feel repugnance to sth, to doing sth; to be loath to do sth **2. r. à qn,** to be repugnant to s.o.; *impers* **il me répugne de le faire,** I loathe doing it. **répugnant** *a* repugnant, loathsome; revolting.

répulsion [repylsjɔ̃] *nf* repulsion. **répulsif, -ive** *a* repulsive.

réputation [repytasjɔ̃] *nf* reputation; good name; **jouir d'une bonne r.,** to have a good reputation; **se faire une r.,** to make a name for oneself; **connaître qn de r.,** to know s.o. by repute; **il a la r. d'être cruel,** he is reputed to be cruel. **réputé** *a* reputable; **r. pour qch,** renowned, famous, for sth.

requérir [rəkerir] *vtr* (*conj like* ACQUÉRIR) **1.** to solicit (favour); to request (s.o.'s presence) **2.** to call for, to demand (sth).

requête [rəkɛt] *nf* request, petition; **adresser une r. à qn,** to petition s.o.; **à, sur, la r. de qn,** at s.o.'s request.

requiem [rəkɥi(j)ɛm] *nm* requiem.

requin [rəkɛ̃] *nm Z: Fig:* shark.

requinquer [rəkɛ̃ke] *vtr F:* **1.** to buck (s.o.) up **2. se r.,** to perk up.

requis [rəki] **1.** *a* required, requisite **2.** *nm* labour conscript.

réquisition [rekizisjɔ̃] *nf* (*a*) requisitioning; **r. civile,** conscription for a public service (*b*) requisition.
réquisitionner [rekizisjɔne] *vtr* to requisition; to commandeer (provisions); to conscript (manpower).
réquisitoire [rekizitwar] *nm Jur:* charge, indictment.
RER *abbr Trans: Réseau express régional.*
rescapé, -ée [rɛskape] *a & n* (person) rescued; survivor (of disaster).
rescousse (à la) [alarɛskus] *adv phr* to the rescue.
réseau, -eaux [rezo] *nm* (*a*) network, system (of roads, rivers); *WTel: TV:* network; *El:* **r. national,** national grid system; **r. de distribution urbain,** town mains; *Tp:* **r. urbain,** local area (*b*) **r. d'espionnage,** spy ring; **r. d'intrigues,** web of intrigue.
réservation [rezɛrvasjɔ̃] *nf* (*a*) reservation; booking (*b*) (hotel) reservation.
réserve [rezɛrv] *nf* **1.** reserve, reservation; **sous r.,** subject to; **sous toutes réserves,** with reservations; **sans r.,** unreserved(ly) (*b*) reserve, reticence; caution **2.** (*a*) reserve (of provisions, equipment); *pl* reserves (of oil) (*b*) *Mil:* **armée de r.,** reserve army; **officier de r.,** officer of the Reserve (*c*) **mettre qch en r.,** to reserve sth; to put sth by; **tenir qch en r.,** to keep sth in reserve, in store **3.** (*a*) (nature) reserve; (game) preserve; (Indian) reservation, *Can:* reserve (*b*) store(house), storeroom (*c*) (*library*) reserve collection.
réserver [rezɛrve] *vtr* (*a*) to reserve; to set aside, to put by; to save up; to keep back; **r. une place à qn,** to keep a seat for s.o.; **r. des places,** to book seats; **place réservée,** reserved seat; **r. du bois,** to store wood; **se r. le droit de,** to reserve the right to; **tous droits réservés,** all rights reserved; **je me réserve,** I'll wait and see; *PN:* **pêche réservée,** private fishing (*b*) to set apart, to earmark (money for a purpose). **réservé** *a* reserved (pers, place); cautious; shy, reticent.
réserviste [rezɛrvist] *nm Mil:* reservist.
réservoir [rezɛrvwar] *nm* **1.** (*a*) reservoir (*b*) fish pond **2.** tank, container; **r. à gaz,** gas holder, gasometer; *Aut:* **r. d'essence,** petrol, *NAm:* gas, tank.
résidence [rezidɑ̃s] *nf* (*a*) residence; **lieu de r.,** place of residence; **en r. surveillée,** under house arrest (*b*) home; **r. secondaire,** second home; weekend cottage; **r. pour personnes âgées,** old peoples' home; **r. universitaire,** hall of residence; **changer de r.,** to move (house) (*c*) block of luxury flats.
résident, -ente [rezidɑ̃, -ɑ̃t] *n* (*a*) *Dipl:* resident (*b*) (foreign) resident. **résidentiel, -elle** *a* residential.
résider [rezide] *vi* **1.** to reside, live (**à, dans, en,** in) **2. la difficulté réside en ceci,** the difficulty lies, resides, in this.
résidu [rezidy] *nm* (*a*) residue; remnants; (industrial) waste (*b*) *Mth:* remainder. **résiduel, -elle** *a* residual.
résignation [reziɲasjɔ̃] *nf* resignation; **avec r.,** resignedly, with resignation.
résigner [reziɲe] **1.** *vtr* to resign; to give (sth) up **2. se r. à qch,** to resign oneself to sth. **résigné** *a* resigned (**à,** to).
résiliation [reziljasjɔ̃] *nf* termination (of contract).
résilier [rezilje] *vtr* to terminate (contract).
résine [rezin] *nf* resin. **résineux, -euse** *a* resinous; coniferous (tree); *nm* **un r.,** a conifer.
résistance [rezistɑ̃s] *nf* **1.** (*a*) resistance, opposition (**à,** to); **n'offrir aucune r.,** to offer no resistance; *Hist:* **la R.,** the Resistance (movement) (*b*) resistance (to disease) (*c*) *El:* resistance; (*of heater*) element **2.** (*a*) strength, toughness; **r. au choc,** impact resistance; **tissu qui n'a pas de r.,** flimsy material (*b*) resistance, stamina, endurance (*c*) **pièce de r.,** principal feature (of entertainment); *Cu:* **plat, pièce, de r.,** main course.
résister [reziste] *v ind tr* (*a*) to resist; **r. à qn,** to resist s.o., to offer resistance to s.o. (*b*) **r. à (qch),** to resist (temptation); to hold out against (attack); to withstand (pain); **le plancher résiste au poids,** the floor supports the weight; **ces couleurs ne résistent pas,** these colours are not fast. **résistant 1.** *a* (*a*) resistant; strong, tough; fast (colour); hardy (plant); **r. à la chaleur,** heatproof; **r. au choc,** shockproof (*b*) (*pers*) strong, tough **2.** *n* member of the Resistance movement.
résolu [rezɔly] *a* resolute, determined (person). **résolument** *adv* resolutely, determinedly.
résolution [rezɔlysjɔ̃] *nf* **1.** (*a*) solution (of problem) (*b*) termination (of agreement); cancellation (of sale) **2.** (*a*) resolution; resolve; **prendre la r. de faire qch,** to resolve, to determine, to do sth (*b*) resoluteness; **manquer de r.,** to lack determination (*c*) **prendre une r.,** to pass a resolution **3.** *Phot: TV:* resolution.
résonance [rezɔnɑ̃s] *nf* (*a*) resonance (*b*) *Fig:* echo.
résonateur [rezɔnatœr] *nm* resonator.
résonner [rezɔne] *vi* to resound, to reverberate, to resonate; **r. de,** to ring with. **résonnant** *a* resonant.
résorber [rezɔrbe] **1.** *vtr* to absorb; to reduce, to curb (unemployment, etc) **2. se r.,** to be absorbed; to be reduced.
résorption [rezɔrpsjɔ̃] *nf* resorption; absorption; reduction.
résoudre [rezudr̥] (*prp* **résolvant;** *pp* **résolu,** *occ* **résous, -oute;** *pr ind* **je résous;** *impf* **je résolvais;** *fu* **je résoudrai**) **1.** *vtr* (*a*) **r. qch en qch,** to resolve, break up, sth into sth (*b*) to annul, terminate (contract) (*c*) to resolve, clear up (difficulty); to solve (problem); to settle (question) (*d*) **r. qn à faire qch,** to persuade s.o. to do sth; **r. de partir,** to decide to go **2.** (*a*) **se r. en qch,** to resolve into rain (*b*) **se r. à faire qch,** to resolve, to make up one's mind, to do sth.
respect [rɛspɛ] *nm* respect, regard; **avec r.,** respectfully; **r. de soi,** self-respect; **faire qch par r. pour qn,** to do sth out of respect for s.o.; **tenir qn en r.,** to keep s.o. at a respectful distance; **présentez mes respects à votre mère,** give my regards to your mother.
respectabilité [rɛspɛktabilite] *nf* respectability.
respecter [rɛspɛkte] *vtr* to respect, have regard for (s.o., sth); **r. la loi,** to abide by the law; **se faire r.,** to command respect; **se r.,** to respect oneself; **tout homme qui se respecte,** any self-respecting man. **respectable** *a* respectable; fairly large, reasonably large. **respectablement** *adv* respectably

respectif, -ive [rɛspɛktif, -iv] *a* respective. **respectivement** *adv* respectively.

respectueux, -euse [rɛspɛktɥø, -øz] *a* respectful; **r. de la loi,** law-abiding; **être r. des opinions d'autrui,** to show respect for the opinion of others; *Corr:* **veuillez agréer mes sentiments r.,** yours sincerely. **respectueusement** *adv* respectfully.

respiration [rɛspirasjɔ̃] *nf* breathing, respiration; **retenir sa r.,** to hold one's breath; *Med:* **r. artificielle,** artificial respiration.

respirer [rɛspire] **1.** *vi* to breathe; **r. profondément,** to take a deep breath; **laissez-moi r.,** let me get my breath **2.** *vtr (a)* to breathe (in); to inhale; **aller r. un peu d'air,** to go out for a breather *(b)* to exude, to emanate (happiness); to radiate (peace). **respirable** *a* breathable. **respiratoire** *a* breathing, respiratory.

resplendir [rɛsplɑ̃dir] *vi* to shine, to gleam, to glitter. **resplendissant** *a* radiant; **visage r. de santé,** face glowing with health.

responsabilité [rɛspɔ̃sabilite] *nf* responsibility **(de,** for); **avoir la r. de qch,** to be responsible for sth; **r. civile,** civil liability.

responsable [rɛspɔ̃sabl] **1.** *a* responsible, answerable, accountable **(de qch,** for sth); **être r. envers qn,** to be responsible to s.o.; **il l'a rendu r. de l'accident,** he blamed him for the accident; **être r. des dommages,** to be liable for damages **2.** *nmf (a)* person in charge; official; **r. du départment,** head of department *(b) (culprit)* person responsible **(de,** for).

resquiller [rɛskije] **1.** *vtr* to get (seat in theatre) without paying **2.** *vi* to avoid paying; to jump the queue; *NAm:* to cut in (line).

resquilleur, -euse [rɛskijœr, -øz] *n (a)* cheat; fare dodger *(b)* queue jumper *(c)* gate crasher.

ressac [rəsak] *nm* **1.** backwash, undertow **2.** surf.

ressaisir [rəsezir] **1.** *vtr* to recapture; *(fear)* to grip (again) **2. se r.,** to regain one's self-control; to pull oneself together.

ressasser [resase] *vtr* to turn (sth) over in one's mind; to keep trotting out (the same story).

ressemblance [rəsɑ̃blɑ̃s] *nf* resemblance, likeness; **avoir une r. avec qn, avec qch,** to bear resemblance with s.o., with sth.

ressembler [rəsɑ̃ble] **1.** *v ind tr* **r. à qn, à qch,** to resemble, to be like, s.o., sth; *F:* **ça ne ressemble à rien,** (i) it's like nothing on earth (ii) it doesn't make sense; **ça ne lui ressemble pas de dire ça,** it's not like him to say that **2. se r.,** to be (a)like; **ils se ressemblent comme deux gouttes d'eau,** they're as like as two peas. **ressemblant, -ante** *a* like, alike.

ressemeler [rəsəmle] *vtr (conj like* SEMELER) to resole (shoes).

ressentiment [rəsɑ̃timɑ̃] *nm* resentment **(de,** at; **contre,** against).

ressentir [rəsɑ̃tir] *(conj like* MENTIR) **1.** *vtr (a)* to feel (pain, joy) *(b)* to feel, experience (shock) **2. se r. d'un accident,** to feel the effects of an accident.

resserre [rəsɛr] *nf (a)* tool shed *(b)* storeroom.

resserrement [rəsɛrmɑ̃] *nm* **1.** contraction, tightening; narrowing **2. r. du crédit,** credit squeeze.

resserrer [rəsere] **1.** *vtr (a)* to contract; to narrow *(b)* to tie (up) again; to tighten **2. se r.** *(a)* to contract; to become narrower *(b)* to draw closer together. **resserré** *a* narrow; confined.

resservir [rəsɛrvir] *(conj like* MENTIR) **1.** *vtr* to serve again; **resservez-vous,** have another helping **2.** *vi* to come in useful (again) **3. se r.,** to help oneself again (to dish).

ressort [rəsɔr] *nm* **1.** *(a)* elasticity, springiness; **faire r.,** to spring back; **avoir du r.,** to be resilient *(b)* spring; **r. à boudin,** coil spring; **grand r.,** mainspring; **à r.,** spring-loaded; **l'intérêt est un puissant r.,** self-interest is a powerful motive **2.** *Jur:* province, scope, competence; **ce n'est pas de mon r.,** it's not my line of work; **en dernier r.,** in the last resort; as a last resort.

ressortir [rəsɔrtir] *vi (conj like* MENTIR, *except in* 3) **1.** *(aux* **être)** to come, go, out again **2.** *(aux usu* **être)** *(a)* to stand out, to be evident; **faire r. qch,** to bring out sth; **faire r. un fait,** to emphasize a fact *(b)* to result, follow **(de,** from); **le prix moyen ressort à 20 francs,** the average price works out at 20 francs **3.** *(aux* **avoir)** *(prp* **ressortissant;** *pr ind* **il ressortit;** *impf* **il ressortissait) r. à qn, à qch,** to be under the jurisdiction of s.o., of sth.

ressortissant, -ante [rəsɔrtisɑ̃, -ɑ̃t] *n* national (of a country).

ressouder [rəsude] **1.** *vtr* to resolder; to patch up (friendship) **2.** *(of bone)* to knit, mend.

ressource [rəsurs] *nf* **1.** *(a)* resource, resourcefulness; **personne de r.,** resourceful person *(b)* **ruiné sans r.,** irretrievably ruined **2.** expedient, shift; **je n'avais d'autre r. que la fuite,** there was no course open to me but to flee; **dernière r.,** last resort **3.** *pl* resources, means; **être à bout de ressources,** to have exhausted all the possibilities.

ressouvenir (se) [sərəsuvnir] *vpr (conj like* VENIR) **se r. de qch,** to remember, to recall, sth.

ressusciter [resysite] **1.** *vtr (a)* to resuscitate (s.o.); to restore to life; to raise (the dead) *(b)* to revive (fashion) **2.** *vi* to revive, to come back to life; to rise (from the dead).

restant, -ante [rɛstɑ̃, -ɑ̃t] **1.** *a (a)* remaining, left *(b)* **poste restante,** poste restante **2.** *nm* remainder, rest; **r. d'un compte,** balance of an account.

restaurant [rɛstɔrɑ̃] *nm* restaurant; **manger au r.,** to eat out; **r. libre-service,** (self-service) cafeteria; **r. universitaire,** university canteen.

restaurateur, -trice [rɛstɔratœr, -tris] *n (a)* restorer *(b)* restaurant owner, manager.

restauration [rɛstɔrasjɔ̃] *nf (a)* restoration; restoring *(b)* catering; **r. rapide,** fast food.

restaurer [rɛstɔre] **1.** *vtr (a)* to restore (building, health); to re-establish (discipline) *(b)* to refresh (s.o.) **2. se r.,** to have sth to eat.

reste [rɛst] *nm* **1.** rest, remainder, remains; **avoir un r. d'espoir,** to have still some hope left; **il y a un r. de fromage,** there's some cheese left over; **ne pas demander son r.,** to have had enough of it; **et le r.,** and everything else; and everything that goes with it; and so on; **être en r.,** to be indebted **(avec qn,** to s.o.); **de r.,** (to) spare; left over; **au r., du r.,** besides, moreover **2.** *pl (a)* remnants, remains, leavings, scraps (of meal); leftovers *(b)* **restes mortels,** mortal remains.

rester [rɛste] *vi (aux* **être) 1.** to remain; to be left; **il**

me reste cinq francs, I have five francs left; **(il) reste à savoir,** it remains to be seen **2.** (*a*) to remain; to stay; **il est resté à travailler,** he stayed behind to work; **restez où vous êtes,** stay where you are; **r. assis,** to remain sitting; **r. (à) dîner,** to stay to dinner; **où en sommes-nous restés?** where did we leave off? **la chose en reste là,** there the matter rests; **que cela reste entre nous,** this is strictly between ourselves (*b*) **r. tranquille, calme,** to keep still; to remain calm (*c*) to last **3.** to stay (in hotel).

restituer [rɛstitɥe] *vtr* **1.** to restore (text) **2.** to restore; to return, to hand (sth) back; to make restitution of (sth); to refund (money) **3.** to release (energy); to reproduce (sound).

restitution [rɛstitysjɔ̃] *nf* restoration; restitution.

restreindre [rɛstrɛ̃dr̥] **1.** *vtr* (*prp* **restreignant;** *pp* **restreint;** *pr ind* **je restreins;** *fu* **je restreindrai**) to restrict, to curb; to limit; to cut down (expenses) **2. se r.,** to cut down expenses. **restreint** *a* restricted, limited (**à,** to).

restriction [rɛstriksjɔ̃] *nf* restriction, limitation; **r. mentale,** mental reservation; **sans r.,** unreservedly. **restrictif, -ive** *a* restrictive.

résultat [rezylta] *nm* result; outcome (of action); effect (of treatment); *pl* **résultats,** results (of exam, contest).

résulter [rezylte] *vi* (*used only in the third pers & prp; aux usu* **être**) to result, follow, arise (**de,** from); **qu'en est-il résulté?** what was the outcome? **résultant, -ante 1.** *a* resultant, resulting **2.** *nf* **résultante,** consequence, result; resultant.

résumé [rezyme] *nm* summary, résumé; **en r.,** in short; to sum up.

résumer [rezyme] *vtr* to summarize; to sum up; **voilà à quoi ça se résume,** that's what it amounts to.

résurrection [rezyrɛksjɔ̃] *nf* resurrection.

rétablir [retablir] **1.** *vtr* (*a*) to re-establish; to restore (order); **r. sa santé,** to recover one's health (*b*) to reinstate (s.o. to his post) **2. se r.** (*a*) to recover; to get well again (*b*) **l'ordre se rétablit,** order is being restored.

rétablissement [retablismɑ̃] *nm* **1.** re-establishment; restoration **2.** recovery (after illness) **3.** *Gym:* pull-up; **faire un r.,** to heave oneself up.

rétamer [retame] *vtr* **1.** to re-tin (pan) **2.** *F:* **être rétamé,** (i) to be drunk (ii) to be fagged out (iii) to be broke.

retape [rətap] *nf F:* **faire la r.,** to solicit.

retaper [rətape] **1.** *vtr* (*a*) *F:* to patch up, to do up; to fix up (car); **vieille maison à r.,** old house in need of modernisation; **ça vous retapera,** that will buck you up (*b*) to retype (letter) **2. se r.,** to get back on one's feet; to pick up.

retapisser [rətapise] *vtr* to repaper (room).

retard [rətar] *nm* **1.** (*a*) delay; **le train a du r.,** the train is (running) late; **votre montre a dix minutes de r.,** your watch is ten minutes slow; **être en r.,** (i) to be late (ii) to be behindhand; **compte en r.,** account outstanding (*b*) **élève en r. sur les autres,** backward pupil; **r. de croissance,** slow development; **en r. sur son siècle,** behind the times **2.** lag (of tides); *Aut:* **r. à l'allumage,** retarded ignition.

retardataire [rətardatɛr] **1.** *a* (*a*) late (*b*) *Med:* **enfant r.,** slow learner **2.** *n* latecomer.

retardement [rətardəmɑ̃] *nm* **à r.,** delayed-action; self-timing (device); **bombe à r.,** time bomb.

retarder [rətarde] **1.** *vtr* (*a*) to retard, delay, hold (s.o.) up; to make (s.o.) late (*b*) to delay, put off (event); to defer (payment) (*c*) to put back (clock) **2.** *vi* (*a*) to be late, slow, behindhand; **ma montre retarde,** my watch is slow; **la pendule retarde de 10 minutes,** the clock is 10 minutes slow; **il retarde sur son siècle,** he's behind the times; **vous retardez,** you're not up to date (*b*) *Tchn:* to lag. **retardé** *a* backward (child).

retéléphoner [rətelefɔne] *vtr* to ring (s.o.) up, to phone (s.o.), again.

retenir [rət(ə)nir] (*conj like* TENIR) **1.** *vtr* (*a*) to hold (s.o., sth) back; to detain; **r. l'attention,** to hold the attention; **r. qn à dîner,** to keep s.o. to dinner; **r. qn prisonnier,** to hold s.o. prisoner; **je ne vous retiens pas,** I mustn't keep you (*b*) to hold (sth) in position; to secure (sth); **r. l'eau,** to be watertight (*c*) to retain; **r. une somme sur le salaire de qn,** to deduct an amount from s.o's wages (*d*) to remember; **retenez ce numéro,** don't forget this number (*e*) to reserve, to book (seat, room, table); to engage (staff) (*f*) *Mth:* **je pose 2 et je retiens 5,** put down 2 and carry 5 (*g*) to restrain, curb (anger); to hold back (one's tears); to stifle (cry); **r. son souffle,** to hold one's breath **2. se r.** (*a*) **se r. à qch,** to cling to sth (*b*) to restrain, control, oneself; to hold oneself in; **se r. de faire qch,** to stop oneself from doing sth.

rétention [retɑ̃sjɔ̃] *nf Med: Jur:* retention.

retentir [rətɑ̃tir] *vi* to (re)sound, echo, ring, reverberate; (*of horn*) to sound; **r. de,** to resound with; **r. sur,** to have an effect upon. **retentissant** *a* resounding (voice, success); loud (noise); dismal (failure).

retentissement [rətɑ̃tismɑ̃] *nm* resounding noise; repercussions (of event); **avoir un grand r.,** to create a stir.

retenue [rət(ə)ny] *nf* **1.** (*a*) deduction, docking (of pay); **faire une r. de 5% sur les salaires,** to deduct 5% from the wages (*b*) sum kept back (*c*) *Mth:* carry over **2.** *Sch:* detention **3.** reserve, discretion; restraint; **sans r.,** unrestrainedly.

réticence [retisɑ̃s] *nf* reticence, reserve; **sans r.,** unreservedly. **réticent** *a* reticent; reluctant.

rétif, -ive [retif, -iv] *a* restive.

rétine [retin] *nf* retina.

retirer [rətire] **1.** *vtr* (*a*) to pull, draw, take, out; to withdraw (sth); to remove; **r. ses bagages,** to check out luggage; **r. son manteau,** to take off one's coat; **r. un bouchon,** to draw a cork (*b*) **r. un profit de qch,** to derive a profit from sth; **qu'est-ce que vous en avez retiré?** what did you get out of it? (*c*) to extract, obtain (oil) (*d*) **r. qch à qn,** to withdraw sth from s.o.; to take sth back from s.o; **r. sa main,** to draw one's hand away; **r. le permis de conduire à qn,** to disqualify s.o. from driving (*e*) to withdraw, take back (promise, remark); **r. sa candidature,** to stand down **2. se r.** (*a*) to retire, withdraw; **vous pouvez vous r.,** you may go; **se r. à la campagne,** to retire to the country; (*of candidate*) **se r. en faveur de qn,** to stand down in favour of s.o. (*b*) to retire (from business (*c*) (*of floods*) to subside; (*of sea*) to recede; (*of tide*) to ebb. **retiré** *a* secluded, remote (place); **vivre r.,** to live in seclusion.

retombée [rətɔ̃be] *nf* **1.** *Arch:* springing **2.** *pl* (*a*) (radioactive) fallout (*b*) repercussions.

retomber [rətɔ̃be] *vi* (*aux usu* **être**) **1.** to fall (down) again; **r. sur ses pieds,** to land on one's feet (again); **r. dans le chaos,** to fall back into chaos; **r. malade,** to fall ill again **2.** to sink (back), fall (back) (into an armchair); **laisser r. ses bras,** to drop one's arms; **faire r. la faute sur qn,** to lay the blame on s.o.; **la responsabilité retombe sur moi,** the responsibility falls on me **3.** (*of hair, draperies*) to hang down.

rétorquer [retɔrke] *vtr* to retort.

retors [rətɔr] *a* wily, crafty.

rétorsion [retɔrsjɔ̃] *nf Jur: Pol:* retortion, retaliation.

retouche [rətuʃ] *nf* (slight) alteration; touching up; *Phot:* retouching.

retoucher [rətuʃe] *vtr* to retouch, touch up (picture, photograph); to alter (dress).

retour [rətur] *nm* **1.** turn, vicissitude, reversal (of fortune, opinion); **r. de conscience,** qualms of conscience; **faire un r. sur le passé,** to look back on the past **2.** return; going back, coming back; **être de r.,** to be back (again); **à mon r.,** on my return; **dès mon r.,** as soon as I'm back; **partir sans r.,** to leave for ever; **être perdu sans r.,** to be irretrievably lost; **voyage de r.,** return journey; **billet de r.,** return ticket; **par r. (du courrier),** by return (of post); *NAm:* by return mail; **r. de maladie,** recurrence of disease; **r. de l'hiver,** return of winter; *Cin:* **r. en arrière,** flashback; **r. d'âge,** change of life; *Rec:* **r. rapide,** fast rewind **3.** backlash (of mechanism); *Aut:* **avoir des retours,** to backfire; **r. de manivelle,** backfire kick **4.** return (of goods, letter); **vendu avec faculté de r.,** on sale or return **5. payer de r.,** to requite s.o.

retourner [rəturne] **1.** *vtr* (*a*) to turn (sth) inside out; to turn out (pocket) (*b*) to turn (sth) over; to turn up, down, back; to turn over (soil); to turn (omelette); to turn up (card); **r. une pièce,** to ransack a room; **r. une question dans tous les sens,** to thrash out a question; *F:* **cela m'a tout retourné,** it gave me quite a turn (*c*) to turn (sth) round; **r. la tête,** to turn one's head; to look round; **r. une situation,** to reverse a situation (*d*) **r. qch à qn,** to return sth to s.o.; to give sth back to s.o. **2.** *vi* (*aux usu* **être**) (*a*) to return; to go back; **r. chez soi,** to go home; **r. sur le passé,** to revert to the past (*b*) (*of mistake, crime*) **r. sur qn,** to recoil on s.o. **4.** *impers.* **de quoi retourne-t-il?** *F:* what's it all about? what's going on? **3. se r.** (*a*) to turn (round); to turn over; **avoir le temps de se r.,** to have time to look round (*b*) to turn around, to look round, to look back; **se r. contre qn,** to turn against s.o., to round on s.o. (*c*) **s'en retourner,** to return, go back.

retracer [rətrase] *vtr* (*conj like* TRACER) **1.** to retrace, redraw (line) **2.** to relate, recount (event).

rétractation [retraktasjɔ̃] *nf* retraction.

rétracter [retrakte] **1.** *vtr* (*a*) to retract, to draw in (claws) (*b*) to withdraw; to go back on (one's word) **2. se r.** (*a*) (*of materials*) to shrink; (*of muscle*) to retract (*b*) to retract, to back down.

rétraction [retraksjɔ̃] *nf* contraction; retraction. **rétractile** *a* retractile.

retrait [rətrɛ] *nm* **1.** withdrawal (of order, troops); cancelling (of licence); **r. de fonds,** withdrawal of money invested **3.** recess (in wall); **en r.,** recessed (shelves); sunk (panel); **maison en r.,** house set back (from the road); **rester en r.,** to stay in the background.

retraite [rətrɛt] *nf* **1.** *Mil: etc:* retreat, withdrawal **2.** tattoo; **battre la r.,** to beat, sound, the tattoo; **r. aux flambeaux,** torchlight tattoo **3.** (*a*) retirement; **caisse de r.,** pension fund; **être à la, en, r.,** to be retired; **mettre qn à la r.,** to pension s.o. off; **prendre sa r.,** to retire (*b*) retirement pension **4.** (*a*) **vivre dans la r.,** to live in retirement; **maison de r.,** old people's home (*b*) *Ecc:* retreat; **faire une r.,** to be in retreat **5.** (*a*) retreat; place of retirement (*b*) shelter; refuge; lair; (thieves') hideout.

retraité, -ée [rətrete] **1.** *a* retired **2** *n* senior citizen, (old age) pensioner.

retraitement [rətrɛtmɑ̃] *nm* **r. (du combustible),** (fuel) reprocessing; **usine de r. des déchets radioactifs,** nuclear reprocessing plant.

retranchement [rətrɑ̃ʃmɑ̃] *nm Mil:* entrenchment; *Fig:* **pousser qn dans ses derniers retranchements,** to drive s.o. to the wall.

retrancher [rətrɑ̃ʃe] **1.** *vtr* (*a*) **r. qch de qch,** to cut off sth from sth; **r. un passage d'un livre,** to cut a passage out of a book; **r. qch sur une somme,** to deduct sth from a sum (*b*) **r. qch à qn,** to dock s.o. of sth **2. se r.** (*a*) to entrench oneself (*b*) **se r. dans le silence,** to take refuge in silence.

retransmettre [rətrɑ̃smɛtr̥] *vtr* (*conj like* METTRE) to broadcast, to relay.

retransmission [rətrɑ̃smisjɔ̃] *nf* broadcast.

rétrécir [retresir] **1.** *vtr* (*a*) to take in (garment) (*b*) to shrink (garment) (*c*) to narrow (street) **2.** *vi & pr* to contract; to narrow; (*of garment*) to shrink.

rétrécissement [retresismɑ̃] *nm* narrowing; contracting; shrinking.

rétribuer [retribɥe] *vtr* to pay (employee, service); **travail rétribué,** paid work.

rétribution [retribysjɔ̃] *nf* payment.

rétro [retro] *a inv* period (play); **la mode r.,** retro fashions.

rétroactif, -ive [retrɔaktif, -iv] *a* retroactive, retrospective; **augmentation avec effet r. au 1er juillet,** pay rise backdated to 1st July. **rétroactivement** *a* retroactively, retrospectively.

rétroaction [retrɔaksjɔ̃] *nf,* **rétroactivité** [retrɔaktivite] *nf* retrospective effect.

rétrograde [retrɔgrad] *a* retrograde, backward (motion); reactionary.

rétrograder [retrɔgrade] **1.** *vi* to re(tro)gress; to move backwards; to go back; *Aut:* to change down **2.** *vtr* to demote.

rétrospectif, -ive [retrɔspɛktif, -iv] *a* retrospective; in retrospect; *nf* **rétrospective,** *Art:* retrospective, *Cin:* season. **rétrospectivement** *adv* retrospectively.

retrousser [rətruse] *vtr* to turn up, roll up (sleeves, trousers); to tuck up (skirt); to curl (up) (one's lip); **nez retroussé,** turned-up nose, snub nose.

retrouvailles [rətruvaij] *nfpl* reunion.

retrouver [rətruve] **1.** *vtr* (*a*) to find (s.o., sth) (again); to rediscover; **r. son chemin,** to find one's way again; **la clé a été retrouvée,** the key has been found; **r. sa santé, ses forces,** to recover one's health, strength (*b*) **aller r. qn,** to go and join s.o.; **je vous retrouverai ce soir,** I'll see you again this evening **2. se r.** (*a*) **se r. dans la même position,** to find oneself, to be, in the same position again; **se r. à Paris,** to be back in Paris (*b*) to find one's bearings; **je ne m'y retrouve plus,** I can't make it out; *F:* **s'y r.,** to break even (*c*) to meet again; **comme on se retrouve!** fancy meeting you!

rétroviseur [retrɔvizœr] *nm Aut:* (rear-view) mirror.

réunification [reynifikasjɔ̃] *nf Pol:* reunification.

réunion [reynjɔ̃] *nf* **1.** reunion; bringing together, reuniting; **r. d'une chose à une autre,** union of one thing with another **2.** (*a*) meeting; **en r.,** in a meeting; **r. sportive,** meeting; **salle de r.,** assembly room (*b*) social gathering, party.

Réunion (La) [lareynjɔ̃] *Prnf Geog:* Reunion.

réunir [reynir] **1.** *vtr* to unite; to join together; to bring (people) together; **r. une somme,** to collect a sum of money; **r. le comité,** to call a committee meeting **2. se r.** (*a*) to meet; to gather together (*b*) (*of companies, businesses*) to amalgamate; (*of churches*) to unite (*c*) to join forces. **réuni** *a* united; combined.

réussir [reysir] **1.** *vi* (*a*) to turn out (well, badly); **le homard ne me réussit pas,** lobster doesn't agree with me (*b*) to succeed (**dans,** in); to be successful (**dans,** at); **r. à un examen,** to pass an exam; **r. à faire qch,** to manage to do sth; **il réussira,** he will do well (*c*) (*of play*) to be a success; (*of plant*) to thrive; (*of business*) to prosper **2.** *vtr* to make a success of (sth); to be successful with (s.o.); **la photo est réussie,** the photograph came out well; *F:* **r. son coup,** to pull it off. **réussi** *a* successful; well executed; **c'était très r.,** it was a great success.

réussite [reysit] *nf* **1.** success, successful result **2.** *Cards:* patience; **faire des réussites,** to play patience.

revaloir [rəvalwar] *vtr* (*conj like* VALOIR; *used chiefly in the fu*) to return, pay back, in kind; **je vous revaudrai cela!** (i) I'll get even with you! (ii) I'll pay you back (for that)!

revalorisation [rəvalɔrizasjɔ̃] *nf* revaluation; raising (of salary).

revaloriser [rəvalɔrize] *vtr* **1.** (*a*) to revalue (currency); to raise (salary) (*b*) to give a new value to (idea) **2.** to reassess (prices) at a higher level.

revanche [rəvɑ̃ʃ] *nf* **1.** (*a*) revenge; **prendre sa r. sur qn,** to get even with s.o. (*b*) **jouer la r.,** to play the return game **2. en r.,** (i) in return, in compensation (ii) on the other hand.

rêvasser [rɛvase] *vi* to daydream.

rêvasserie [rɛvasri] *nf* daydreaming.

rêve [rɛv] *nm* **1.** dream; **faire un r.,** to (have a) dream **2.** daydream; **la maison de nos rêves,** our dream house; **c'est le r.!** it's ideal!

revêche [rəvɛʃ] *a* bad-tempered, cantankerous; sour.

réveil [revɛj] *nm* **1.** (*a*) waking, awakening; **à mon r.,** on waking (*b*) *Mil:* reveille **2.** alarm (clock).

réveille-matin [revɛjmatɛ̃] *nm inv* alarm clock.

réveiller [reveje] **1.** *vtr* (*a*) to (a)wake (s.o.); to wake (s.o.) up; to rouse (s.o.) (*b*) to stir (s.o.) up; to awaken (memory); to revive (courage) **2. se r.** (*a*) (*of pers*) to wake (up) (*b*) (*of feelings*) to be awakened, roused, stirred up; (*of nature*) to revive.

réveillon [revɛjɔ̃] *nm* midnight supper (*esp* on Christmas Eve or New Year's Eve).

réveillonner [revɛjɔne] *vi* to see Christmas, the New Year, in.

révélateur, -trice [revelatœr, -tris] **1.** *a* revealing **2.** *n* revealer **3.** *nm Phot:* developer.

révélation [revelasjɔ̃] *nf* revelation, disclosure; **c'est une r.!** it's an eye-opener! **la dernière r.,** the latest discovery.

révéler [revele] (**je révèle; je révélerai**) **1.** *vtr* (*a*) to reveal, disclose; to let out (secret) (*b*) to show (talent); to reveal (kindness, good humour); to betray, reveal (faults) **2. se r.** (*a*) to reveal oneself; **se r. difficile,** to prove difficult (*b*) (*of mystery*) to be revealed; (*of fact*) to come to light.

revenant [rəvnɑ̃] *nm* ghost; *F:* **tiens, un r.!,** long time no see!

revendeur, -euse [rəvɑ̃dœr, -øz] *n* (*a*) retailer (*b*) secondhand dealer.

revendication [rəvɑ̃dikasjɔ̃] *nf* (*a*) claiming (*b*) claim, demand. **revendicatif, -ive** *a* demanding; protest (movement).

revendiquer [rəvɑ̃dike] *vtr* to claim, demand; to assert (one's rights); to claim (responsibility); **r. un attentat,** to claim responsibility for an attack.

revendre [rəvɑ̃dr̥] *vtr* to resell; to sell (again); **on en a à r.,** we've got loads of it; **avoir de l'énergie à r.,** to have too much energy.

revenir [rəv(ə)nir] *vi* (*conj like* VENIR *aux* **être**) **1.** (*a*) to return; to come back; **en revenant de l'église,** on the way back from church; **je reviens dans une minute,** I'll be back in a minute; **r. sur ses pas,** to retrace one's steps; to turn back; **r. sur une promesse,** to go back on a promise; **r. sur le passé,** to rake up the past; **il n'y a pas à y r.,** there's no going back on it (*b*) (*of food*) to repeat **2.** (*a*) to return, come back (**à qn,** to s.o.); **à chacun ce qui lui revient,** to each one his due (*b*) **cela me revient à la mémoire,** I'm beginning to remember it; it's coming back to me; **son nom ne me revient pas,** I can't think of his name (*c*) **son visage ne me revient pas,** I don't like the look of him **3.** (*a*) **r. d'une maladie, de sa surprise,** to get over an illness, one's surprise; **r. de ses illusions,** to lose one's illusions; **r. d'une erreur,** to realize one's mistake; **je n'en reviens pas!** I can't get over it! **r. de loin,** to have been at death's door; **r. à soi,** to recover consciousness; to come to (*b*) *Cu:* **faire r.,** to brown **4. en r. à qch, y r.,** to revert to sth; **pour en r. à la question,** to come back to the subject **5.** (*a*) to cost; **cela me revient à 50 francs,** it's costing me 50 francs; **cela revient cher,** it's expensive (*b*) **cela revient au même,** it comes to the same thing **6. s'en r.,** to return.

revente [rəvɑ̃t] *nf* resale.

revenu [rəv(ə)ny] *nm* income (of pers); (State) revenue; yield (of investment); **déclaration de revenus,** tax return.

rêver [rɛve] **1.** *vi* (*a*) to dream; **r. de qch,** to dream about sth (*b*) **r. à qch,** to ponder over sth (*c*) **tu rêves!** you're imagining things! **on croirait r.,** one can hardly believe it **2.** *vtr* to dream of (sth); **vous l'avez rêvé!** you must have dreamt it!

réverbération [revɛrberasjɔ̃] *nf* reverberation; reflection (of light, heat).

réverbère [revɛrbɛr] *nm* street lamp, light.
réverbérer [revɛrbere] *vtr* (**il réverbère; il réverbérera**) to reverberate; (*of light, heat*) to reflect; (*of sound*) to send back.
révérence [reverɑ̃s] *nf* **1.** reverence (**envers, pour,** for) **2.** bow; curtsey; **tirer sa r. (à qn),** to take one's leave (of s.o.). **révérenciel, -ielle** *a* reverential.
révérend, -ende [reverɑ̃, -ɑ̃d] *a Ecc:* reverend.
révérer [revere] *vtr* (**je révère, je révérerai**) to revere.
rêverie [rɛvri] *nf* reverie; (day)dreaming.
revers [rəvɛr] *nm* **1.** (*a*) reverse (of coin); wrong side (of material); other side (of page); back (of the hand); *Ten:* (**coup de**) **r.,** backhand (stroke) (*b*) facing, lapel (of coat); (trouser) turn-up; **bottes à r.,** top boots **2.** reverse (of fortune); setback.
reverser [rəvɛrse] *vtr* to pour (sth) out again; to pour (sth) back.
réversion [revɛrsjɔ̃] *nf Jur: Biol:* reversion. **réversible** *a* reversible; *Jur:* revertible.
revêtement [rəvɛtmɑ̃] *nm* **1.** coating, covering; lining **2.** (*a*) coat(ing) (*b*) facing (of wall); surface (of road).
revêtir [rəvetir] (*conj like* VÊTIR) **1.** *vtr* (*a*) to clothe, dress; **r. qn de qch,** to dress s.o. in sth; **r. qn d'une dignité,** to invest s.o. with a dignity; **pièce revêtue de votre signature,** document bearing your signature (*b*) to face, coat, cover, case, line (*c*) **r. un uniforme,** to put on a uniform; **r. la forme humaine,** to assume human shape **2. se r. de qch,** to put on sth; to assume (a dignity); **se r. de neige,** to be covered with snow.
rêveur, -euse [rɛvœr, -øz] **1.** *a* dreamy **2.** *n* dreamer. **rêveusement** *adv* dreamily.
revient [rəvjɛ̃] *nm* **prix de r.,** cost price.
revigorer [rəvigɔre] *vtr* to invigorate, revive.
revirement [rəvirmɑ̃] *nm* (sudden) change (of fortune); reversal (of feeling); change (of opinion).
réviser [revize] *vtr* **1.** to revise (text); to audit (accounts); to review (case) **2.** (*a*) *Sch:* to revise (*b*) to service (car, watch).
réviseur [revizœr] *nm* proofreader.
révision [revizjɔ̃] *nf* **1.** revision; auditing (of accounts); review (of case) **2.** (*a*) *Sch:* revision (*b*) servicing (of car, watch).
revivifier [rəvivifje] *vtr* (*impf & pr sub* **n. revivifiions**) to revive.
revivre [rəvivr̥] (*conj like* VIVRE) **1.** *vi* to live again; to come to life again; **faire r. qn, qch,** to bring s.o. to life again; to revive sth **2.** *vtr* to relive (an ordeal, etc).
révocation [revɔkasjɔ̃] *nf* **1.** revocation, repeal (of order, edict) **2.** removal, dismissal (of official). **révocable** *a* revocable; removable.
revoici [rəvwasi] *prep F:* **me r.!** here I am again!
revoilà [rəvwala] *prep F:* **le r.!** there he is again!
revoir [rəvwar] *vtr* (*conj like* VOIR) **1.** to see again; to meet (s.o.) again; *nm inv* **au r.,** goodbye; **faire au r. de la main,** to wave goodbye **2.** to revise (text); to re-examine (accounts); to read (proofs).
révolte [revɔlt] *nf* revolt, rebellion.
révolté, -ée [revɔlte] *n* rebel.
révolter [revɔlte] **1.** *vtr* (*a*) to revolt, disgust, shock (s.o.) **2. se r.** (*a*) to revolt, rebel (**contre,** against) (*b*) to be revolted, outraged (**contre,** by). **révoltant** *a* revolting; outrageous.
révolu [revɔly] *a* (*of time*) past; **avoir quarante ans révolus,** to be over forty; **jours révolus,** bygone days.
révolution [revɔlysjɔ̃] *nf* (*a*) revolution (of a wheel) (*b*) *Pol:* revolution; **r. de palais,** palace revolution; **toute la ville est en r.,** the whole town is in uproar.
révolutionnaire [revɔlysjɔnɛr] *a & n* revolutionary.
révolutionner [revɔlysjɔne] *vtr* (*a*) to revolutionize (*b*) to stir up.
revolver [revɔlvɛr] *nm* revolver; gun.
révoquer [revɔke] *vtr* **1.** to revoke, repeal (decree); to countermand (order) **2.** to dismiss (official).
revue [rəvy] *nf* **1.** review; inspection; *Mil:* review; **passer en r.,** to review **2.** (*a*) *Pub:* review, magazine; journal (*b*) *Th:* revue; variety show.
révulser (se) [sərevylse] *vpr* (*of eyes*) to roll upwards; (*of face*) to contort.
rez-de-chaussée [redʃose] *nm inv* (*a*) ground floor, *NAm:* first floor, main floor (*b*) ground floor flat.
RF *abbr République française.*
RFA *abbr République Fédérale Allemande.*
rhabiller [rabije] **1.** *vtr* to dress (s.o.) again **2. se r.** to get dressed again; *F:* **il peut aller se r.,** he may as well pack up.
rhapsodie [rapsɔdi] *nf* rhapsody.
rhéostat [reɔsta] *nm El:* rheostat.
rhésus [rezys] *nm* rhesus (monkey, factor).
Rhin [rɛ̃] *Prnm Geog:* **le R.,** the Rhine.
rhinocéros [rinɔserɔs] *nm* rhinoceros.
rhododendron [rɔdɔdɛ̃drɔ̃] *nm Bot:* rhododendron.
rhubarbe [rybarb] *nf Bot:* rhubarb.
rhum [rɔm] *nm* rum.
rhumatisant, -ante [rymatizɑ̃, -ɑ̃t] *a & n Med:* rheumatic (pers).
rhumatisme [rymatism] *nm Med:* rheumatism; **avoir des rhumatismes,** to have rheumatism. **rhumatismal, -aux** *a* rheumatic.
rhumatologie [rymatɔlɔʒi] *nf Med:* rheumatology.
rhumatologue [rymatɔlɔg] *n* rheumatologist.
rhume [rym] *nm Med:* cold; **r. de cerveau,** head cold; **r. des foins,** hay fever.
riant [rijɑ̃] *a* **1.** smiling (face, person) **2.** cheerful, pleasant (prospect, atmosphere).
ribambelle [ribɑ̃bɛl] *nf* string (of names); swarm (of children).
ribouldingue [ribuldɛ̃g] *nf P:* spree, binge.
ricanement [rikanmɑ̃] *nm* sniggering, giggling; *pl* sniggers, giggles.
ricaner [rikane] *vi* to snigger, giggle.
richard, -arde [riʃar, -ard] *n F:* moneybags.
riche [riʃ] *a* **1.** rich, wealthy, well-off; **être r. à millions,** to be worth millions; **r. d'espérances,** full of hope; **r. en protéines,** with a high protein content **2.** valuable, handsome (gift); rich (harvest, ore); **faire un r. mariage,** to marry money **3.** *F:* **une r. idée,** a splendid idea **4.** *n* rich person; **les riches,** the rich. **richement** *adv* richly.
richesse [riʃɛs] *nf* **1.** wealth; riches **2. musée plein de richesses,** museum full of treasures **3.** richness; fertility (of soil).
ricin [risɛ̃] *nm* castor oil plant; **huile de r.,** castor oil.
ricocher [rikɔʃe] *vi* (*a*) to rebound; to glance off (*b*) (*of bullet*) to ricochet.

ricochet [rikɔʃɛ] *nm* (*a*) rebound; **faire r., des ricochets,** to rebound, ricochet; *Fig:* **par r.,** as an indirect result (*b*) ricochet.

ric-rac [rikrak] *adv phr F:* **1.** only just **2. payer r.-r.,** to pay the exact amount.

rictus [riktys] *nm* grin; grimace.

ride [rid] *nf* **1.** wrinkle **2.** ripple (on water); ridge (of sand).

rideau, -eaux [rido] *nm* **1.** screen, curtain (of trees); **r. de fumée,** smoke screen **2.** (*a*) curtain, *NAm:* drape; **tirer les rideaux,** to draw the curtains (*b*) *Th:* (drop) curtain (*c*) **r. de fer,** Iron curtain (*d*) blower (of fireplace).

rider [ride] **1.** *vtr* (*a*) to wrinkle, line (forehead); to shrivel (skin) (*b*) to ripple (the water) **2. se r.** (*a*) to wrinkle; to become lined (*b*) (*of water*) to ripple.

ridicule [ridikyl] **1.** *a* ridiculous, ludicrous, absurd; **se rendre r.,** to make a fool of oneself **2.** *nm* (*a*) ridiculousness, absurdity; **tomber dans le r.,** to become ridiculous; **tourner en r.,** to ridicule; **avoir le sens du r.,** to have a sense of the ridiculous (*b*) ridicule. **ridiculement** *adv* ridiculously.

ridiculiser [ridikylize] *vtr* to ridicule; to hold up to ridicule; **se r.,** to make a fool of oneself.

rien [rjɛ̃] **1.** *pron indef m* (*a*) anything; (*in questions* **rien** *is preferred to* **quelque chose** *when a negative answer is expected*) **y a-t-il r. de plus triste?** is there anything more depressing? (*b*) nothing, not anything; **il n'y a r. à faire,** there is nothing to be done; **il ne faut r. lui dire,** he must not be told anything; **ne dites r.,** say nothing; **il ne vous faut r. d'autre?** do you require anything else? **ça ne fait r.,** it doesn't matter; **si cela ne vous fait r.,** if you don't mind; **comme si de r. n'était,** as if nothing had happened; **il n'en est r.!** nothing of the kind! **je n'en ferai r.,** I shall do nothing of the sort; **elle n'a r. de son père,** she doesn't take after her father in any way; **il n'était pour r. dans l'affaire,** he had no hand in the matter; *F:* **r. de r.,** absolutely nothing (*c*) **que faites-vous?— r.,** what are you doing?—nothing; **r. du tout,** nothing at all; **parler pour r.,** to waste one's breath; **merci beaucoup—de r.,** thank you very much—not at all, don't mention it; *NAm:* you're welcome; **en moins de r.,** in less than no time; **une affaire de r. (du tout),** a trivial matter; **un homme de r.,** a worthless man; **trois fois r.,** next to nothing; *Ten:* **quinze à r.,** fifteen love (*d*) **il est inutile de r. dire,** you needn't say anything; **sans r. faire,** without doing anything (*e*) **r. que,** nothing but; only, merely; **je frémis r. que d'y songer,** the mere thought of it makes me shudder; **r. qu'à moi,** to me alone; **r. que cela?** is that all? (*f*) **on ne peut pas vivre de r.,** you can't live on nothing; **ce n'est pas r.!** that's something! **ce n'est pas pour r. que,** it's not without good reason that **2.** *nm* (*a*) trifle; mere nothing; **des riens,** small talk, trivia (*b*) just a little; **un r. d'ail,** a touch of garlic; **en un r. de temps,** in no time (at all) (*c*) **un r. bruyant,** a bit noisy.

rieur, -euse [rijœr, -øz] **1.** *a* laughing; cheerful **2.** *n* laughter.

riflard [riflar] *nm F:* brolly, umbrella.

rigide [riʒid] *a* rigid; stiff; strict. **rigidement** *adv* rigidly.

rigidité [riʒidite] *nf* rigidity; stiffness; strictness.

rigolade [rigolad] *nf F:* fun; laugh, joke; **prendre qch à la r.,** to make a joke out of sth; *Pej:* **c'est de la r.,** it's a farce.

rigole [rigɔl] *nf* (*a*) drain; channel (*b*) rivulet (of water).

rigoler [rigɔle] *vi F:* (*a*) to laugh; **tu rigoles!** you're joking! (*b*) to have fun, to enjoy oneself; **on a bien rigolé,** we had a good laugh. **rigolo, -ote** *F:* **1.** *a* comic, funny; queer, odd **2.** *nm* comic, wag.

rigoureux, -euse [rigurø, -øz] *a* **1.** rigorous; severe, harsh; hard (winter) **2.** strict. **rigoureusement** *adv* rigorously; harshly; strictly.

rigueur [rigœr] *nf* **1.** rigour, harshness, severity; **tenir r. à qn,** not to forgive s.o. **2.** strictness; **être de r.,** to be the rule; **à la r.,** if need be, at a pinch; *NAm:* in a pinch.

rillettes [rijɛt] *nfpl* potted minced pork.

rime [rim] *nf* rhyme; *F:* **sans r. ni raison,** without rhyme or reason.

rimer [rime] **1.** *vtr* to versify; to put into rhyme **2.** *vi* (*a*) to rhyme (**avec,** with); *F:* **cela ne rime à rien,** it doesn't make sense (*b*) to write verse.

rimmel [rimɛl] *nm Rtm:* mascara.

rinçage [rɛ̃saʒ] *nm* rinsing (out); rinse.

rince-doigts [rɛ̃sdwa] *nm inv* finger bowl.

rincer [rɛ̃se] *vtr* (**n. rinçons**) **1.** to rinse (clothes); to rinse (out) (glass); **se r. la bouche,** to rince (out) one's mouth; **se r. l'œil,** to get an eyeful **2.** *P:* **se faire r.,** to be cleaned out (gambling).

ring [riŋ] *nm Box:* ring.

ringard [rɛ̃gar] *F:* **1.** *a* square, fuddy-duddy; corny (song, etc) **2.** *n* (*a*) corny old singer, actor, etc; has-been (*b*) square.

riper [ripe] *vi* to slip, to skid.

ripaille [ripɑj] *nf F:* feast.

riposte [ripɔst] *nf* **1.** riposte; counterattack; *Box:* counter, return **2.** retort.

riposter [ripɔste] *vi* **1.** *Box:* to riposte, to counter **2.** to retort; to answer back.

riquiqui [rikiki] *a inv F:* mean, stingy; wretched (little).

rire¹ [rir] *vi* (*pp* **ri;** *pr ind* **je ris, n. rions;** *fu* **je rirai**) **1.** to laugh; **se tenir les côtes de r.,** to be convulsed with laughter; **r. bruyamment,** to guffaw; **r. tout bas,** to chuckle; **r. bêtement,** to giggle; **r. jaune,** to force a laugh; **c'était à mourir de r.,** it was killingly funny; **il n'y a pas de quoi r.,** it's no laughing matter; **r. de qn,** to laugh at s.o.; to make fun of s.o.; **laissez-moi r.!** don't make me laugh! **2.** to joke; **vous voulez r.!** you're joking! **prendre qch en riant,** to laugh sth off; **pour r.,** for fun; **je l'ai fait, histoire de r.,** I did it for a joke **3. se r. de qch,** to make light of sth.

rire² *nm* (*a*) laughter, laughing; **avoir un accès de fou r.,** to laugh uncontrollably (*b*) **un r.,** a laugh; **un gros r.,** a guffaw; **un petit r. bête,** a giggle, a titter; **r. moqueur,** sneer.

ris [ri] *nm Cu:* **r. (de veau),** (calf) sweetbread.

risée [rize] *nf* (*a*) derision; **s'exposer à la r. publique,** to expose oneself to public scorn (*b*) **être la r. de l'Europe,** to be the laughing stock of Europe.

risette [rizɛt] *nf* **fais (la) r. à papa!** smile for daddy!

risible [rizibl] *a* ludicrous, laughable.

risque [risk] *nm* risk; **à vos risques et périls,** at your own risk; **r. du métier,** occupational hazard; *Ins:*

police tous risques, comprehensive, all-risks, policy; **r. d'incendie,** fire risk. **risqué** *a* risky, hazardous; risqué (joke, etc).

risquer [riske] **1.** *vtr* to risk, venture, chance; **r. sa vie,** to risk one's life; **r. le coup,** to chance it; **je ne veux rien r.,** I'm not taking any chances; **la grève risque de durer longtemps,** the strike may (well) go on for a long time; *F:* **il risque de gagner,** he has a good chance of winning **2. se r.,** to take a risk; **se r. à faire qch.,** to venture, to dare, to do sth.

risque-tout [riskətu] *nm inv* daredevil.

rissoler [risɔle] *vtr & i Cu:* to brown.

ristourne [risturn] *nf* refund, rebate; *Com:* discount.

ristourner [risturne] *vtr* to refund; to give a rebate.

rite [rit] *nm* rite; ritual (of everyday life).

ritournelle [riturnɛl] *nf Mus:* ritornello; *F:* **c'est toujours la même r.,** it's always the same old story.

rituel, -elle [ritɥɛl] **1.** *a* ritual **2.** *nm* ritual.

rivage [rivaʒ] *nm* bank (of river); shore.

rival, -aux [rival, -o] *a & n* rival; **sans r.,** unrivalled.

rivaliser [rivalize] *vi* **r. avec qn,** to rival s.o.; to compete, vie, with s.o.; **r. d'adresse avec qn,** to vie in skill with s.o.

rivalité [rivalite] *nf* rivalry, competition.

rive [riv] *nf* bank; shore.

river [rive] *vtr* (*a*) to rivet (*b*) to clinch (nail); *F:* **r. son clou à qn,** to shut s.o. up. **rivé** *a* riveted (**à,** to; **sur,** on); **r. sur place,** rooted to the spot.

riverain, -aine [rivrɛ̃, -ɛn] **1.** *a* (*a*) riverside, waterside (property) (*b*) bordering on a road; wayside (property) **2.** *n* (*a*) riverside resident (*b*) resident (of street); *PN:* **route interdite sauf aux riverains,** access only.

rivet [rivɛ] *nm* rivet.

rivetage [rivtaʒ] *nm* riveting.

riveter [rivte] *vtr* (**je rivette**) to rivet.

rivière [rivjɛr] *nf* (*a*) river, stream (*b*) *Sp:* water jump (*c*) **r. de diamants,** diamond rivière, diamond necklace.

rixe [riks] *nf* brawl, scuffle; row.

riz [ri] *nm* rice; **r. au lait,** rice pudding.

rizière [rizjɛr] *nf* paddy field(s), rice field(s).

RN *abbr Route nationale.*

robe [rɔb] *nf* (*a*) (woman's) dress; gown; **r. chasuble,** pinafore (dress); **r. de grossesse, de mariée,** maternity, wedding, dress; **r. du soir,** evening dress (*b*) **r. d'intérieur,** housecoat; **r. de chambre,** dressing gown; *Cu:* **pommes de terre en r. de chambre, en r. des champs,** jacket potatoes (*c*) (long) robe, gown (of lawyer); **les gens de r.,** the legal profession.

robinet [rɔbinɛ] *nm* tap, *NAm:* faucet.

robinetterie [rɔbinɛtri] *nf* taps, cocks and fittings.

robot [rɔbo] *nm* robot; **r. (ménager),** food processor; **avion r.,** pilotless aircraft.

robotique [rɔbɔtik] **1.** *nf* **la r.,** robotics **2.** *a* robotic.

robotisation [rɔbɔtizasjɔ̃] *nf* automation.

robotiser [rɔbɔtize] *vtr* to automate, to robotize (factory, etc); *Fig:* **r. qn,** to turn s.o. into a robot.

robuste [rɔbyst] *a* robust (health, person); sturdy (person); hardy (plant); stout (faith).

robustesse [rɔbystɛs] *nf* robustness, sturdiness; hardiness.

roc [rɔk] *nm* rock.

rocade [rɔkad] *nf* bypass.

rocaille [rɔkaj] *nf* (*a*) **(jardin de) r.,** rockery; rock garden (*b*) rubble (*c*) stony ground. **rocailleux, -euse** *a* rocky, stony.

rocambolesque [rɔkɑ̃bɔlɛsk] *a* fantastic, incredible.

roche [rɔʃ] *nf* rock, boulder; **r. de fond,** bedrock; **eau de r.,** clear spring water.

rocher [rɔʃe] *nm* rock; crag. **rocheux, -euse** *a* rocky; **les (montagnes) Rocheuses,** the Rocky Mountains.

rock [rɔk] **1.** *nm* **le r.,** rock **2.** *a* rock (singer, etc).

rocker [rɔkɛr] *nmf,* **rockeur, -euse** [rɔkœr, -øz] *n* (*a*) rock singer (*b*) rock fan.

rodage [rɔdaʒ] *nm* grinding; *Aut:* running in.

roder [rɔde] *vtr* (*a*) to grind; to polish (gem); to grind in (valve) (*b*) *Aut:* to run in (new car); **être rodé,** (*of show*) to have got into its stride; (*of pers*) to have got the hang of things.

rôder [rode] *vi* to prowl; to lurk; to wander about (the streets).

rôdeur, -euse [rodœr, -øz] *n* prowler.

rogne [rɔɲ] *nf F:* bad temper; **se mettre en r.,** to get mad.

rogner [rɔɲe] *vtr* to clip, trim, cut down; **r. sur les dépenses,** to reduce expenses.

rognon [rɔɲɔ̃] *nm Cu:* kidney.

rognures [rɔɲyr] *nfpl* clippings, trimmings; scraps.

roi [rwa] *nm* (*a*) king; **les rois mages,** the Magi, the three kings; **jour, fête, des Rois,** Twelfth night (*b*) **r. des resquilleurs,** champion gatecrasher.

roitelet [rwatlɛ] *nm* **1.** princeling **2.** *Orn:* wren.

rôle [rol] *nm* **1.** list; register; roster; **à tour de r.,** in turns. **2.** *Th:* part, role; **premier r.,** leading part; **distribution des rôles,** cast(ing); **jouer un r. secondaire,** to play second fiddle; **la radio a pour r. de,** the function of radio is to.

romain, -aine [rɔmɛ̃, -ɛn] **1.** *a & n* Roman; **l'Empire r.,** the Roman Empire; **chiffres romains,** Roman numerals **2.** *nf* **romaine,** cos lettuce; *NAm:* romaine **3.** *nf* **romaine,** steelyard.

roman¹ [rɔmɑ̃] *nm* **1.** (*a*) novel; **r. policier,** detective novel; **r. noir,** thriller; **r. d'amour,** love story; **r. feuilleton,** serial (story); **r.-fleuve,** saga (*b*) **le r.,** fiction (*c*) **l'histoire de sa vie est tout un r.,** the story of his life is quite a romance **2.** *Lit:* romance.

roman², -ane [rɔmɑ̃, -an] *a & nm* **1.** *Ling:* Romance **2.** *Arch:* romanesque; (*in Eng*) Norman.

romance [rɔmɑ̃s] *nf Mus:* (sentimental) ballad, love-song.

romancer [rɔmɑ̃se] *vtr* to fictionalize.

romancier, -ière [rɔmɑ̃sje, -jɛr] *n* novelist.

romand [rɔmɑ̃] *a Geog:* **la Suisse romande,** French (speaking) Switzerland.

romanesque [rɔmanɛsk] *a* romantic.

romanichel, -elle [rɔmaniʃɛl] *n* gipsy.

roman-photo [rɔmɑ̃foto] *nm* picture story; photo romance; *pl romans-photos.*

romantique [rɔmɑ̃tik] *a* romantic.

romantisme [rɔmɑ̃tism] *nm* romanticism.

romarin [rɔmarɛ̃] *nm Bot:* rosemary.

rompre [rɔ̃pr] (*pr ind* **il rompt**) **1.** *vtr* (*a*) to break (in two); to snap (stick); **se r. le cou,** to break one's neck (*b*) (*of stream*) **r. ses digues,** to burst its banks;

Mil: **r. les rangs,** to dismiss (*c*) **r. le silence,** to break the silence (*d*) **r. un choc,** to deaden a shock (*e*) to break off (engagement, diplomatic relations) (*f*) **r. l'équilibre,** to upset the balance (*g*) **r. un cheval,** to break in a horse; **r. qn à la discipline,** to break s.o. in to discipline **2.** *vi* (*a*) to break (off, up, in two); to snap; **r. avec qn,** to break with s.o.; **r. avec une habitude,** to break (oneself of) a habit (*b*) **r. devant l'ennemi,** to break before the enemy **3. se r.,** to break (in two); (*of branch*) to snap, break off. **rompu** *a* (*a*) broken; **r. de fatigue,** worn out (*b*) broken in; **être r. aux affaires,** to be experienced in business.

romsteck [rɔmstɛk] *nm Cu:* rumpsteak.

ronce [rɔ̃s] *nf Bot:* bramble; blackberry bush.

ronchonnement [rɔ̃ʃɔnmɑ̃] *nm F:* grumbling, grousing.

ronchonner [rɔ̃ʃɔne] *vi F:* to grumble, grouse.

ronchonneur, -euse [rɔ̃ʃɔnœr, -øz] *n F:* grumbler, grouser.

rond, ronde [rɔ̃, rɔ̃d] **1.** *a* (*a*) round (ball, table); rounded; plump (figure) (*b*) **en chiffres ronds,** in round figures; **compte r.,** round sum (*c*) *P:* drunk, tight **2.** *adv* **tourner r.,** (i) to run true (ii) to run smoothly; *F:* **ça ne tourne pas r.,** it's not working properly; things aren't going well **3.** *nm* (*a*) round, circle; **tourner en r.,** (i) to go round in a circle (ii) to go round in circles; **r. de serviette,** napkin ring (*b*) disc; slice (of sausage); *P:* **il n'a pas un r.,** he hasn't a penny; he's broke **4.** *nf* **ronde** (*a*) round (dance); **faire la r.,** to dance in a ring (*b*) round(s); (*of policeman*) beat; **faire la ronde,** to go the rounds (*c*) roundhand (*d*) *Mus:* semibreve (*e*) *adv phr* **à la ronde,** around; **à des kilomètres à la ronde,** for miles around; **passer qch à la ronde,** to pass sth round. **rondement** *adv* briskly; bluntly.

rond-de-cuir [rɔ̃dkɥir] *nm Pej:* pen pusher; *pl ronds-de-cuir.*

rondelet, -ette [rɔ̃dlɛ, -ɛt] *a* roundish, plump (person); **somme rondelette,** tidy sum.

rondelle [rɔ̃dɛl] *nf* **1.** disc; slice (of sausage) **2.** *Tchn:* (*a*) ring (*b*) washer.

rondeur [rɔ̃dœr] *nf* **1.** (*a*) roundness (*b*) *pl* rounded forms (*c*) (*of woman*) curves **2.** straightforwardness, frankness.

rondin [rɔ̃dɛ̃] *nm* log.

rondouillard [rɔ̃dujar] *a* plump, fat.

rond-point [rɔ̃pwɛ̃] *nm* roundabout, *NAm:* traffic circle; *pl ronds-points.*

ronéotyper [rɔneɔtipe] *vtr* to duplicate, roneo.

ronflement [rɔ̃fləmɑ̃] *nm* (*a*) snoring, snore (*b*) roar(ing); hum(ming); purr(ing); *Rec:* hum.

ronfler [rɔ̃fle] *vi* **1.** to snore **2.** (*of wind, fire*) to roar; (*of organ*) to boom; (*of top*) to hum; (*of engine*) to purr. **ronflant** *a* high-sounding, pompous (title).

ronfleur, -euse [rɔ̃flœr, -øz] *n* snorer.

ronger [rɔ̃ʒe] **(n. rongeons)** *vtr* (*a*) to gnaw; to nibble; **rongé par les vers,** wormeaten; *Fig:* **r. son frein,** to champ at the bit; **se r. les ongles,** to bite one's nails; **se r. les sangs,** to worry oneself sick (*b*) (*of acid, rust*) to corrode; to eat away; **rongé de chagrin,** consumed with grief.

rongeur, -euse [rɔ̃ʒœr, -øz] *a & nm* rodent.

ronronnement [rɔ̃rɔnmɑ̃] *nm* purr(ing); hum.

ronronner [rɔ̃rɔne] *vi* (*a*) to purr (*b*) *Mch:* to hum.

roquet [rɔkɛ] *nm* pug (dog).

roquette [rɔkɛt] *nf* rocket.

rosace [rozas] *nf* (*a*) rose (window) (*b*) (ceiling) rose.

rosaire [rozɛr] *nm Ecc:* rosary.

rosbif [rɔzbif] *nm* roast beef; **un r.,** a joint of beef.

rose [roz] **1.** *nf* (*a*) *Bot:* rose; **r. sauvage,** wild rose, dog rose; *F:* **roman à l'eau de r.,** sentimental novel; **pas de r. sans épines,** no rose without a thorn; **découvrir le pot aux roses,** to find out the secret (*b*) **r. trémière,** hollyhock **2.** (*a*) *a* pink; rosy; **tout n'est pas r.,** it's not all roses (*b*) *nm* pink; **voir la vie en r.,** to see everything through rose-coloured spectacles.

rosé [roze] *a* rosy, pale pink; **vin r.,** *nm* **r.,** rosé wine.

roseau, -eaux [rozo] *nm Bot:* reed.

rosée [roze] *nf* dew.

roseraie [rozrɛ] *nf* rose garden.

rosette [rozɛt] *nf* (*a*) bow (of ribbon) (*b*) rosette (*esp* of the Legion of Honour).

rosier [rozje] *nm* rose tree, rose bush.

rosir [rozir] *vtr & i* to turn pink.

rosse [rɔs] **1.** *nf* (*a*) *F:* (*horse*) nag, screw (*b*) *P:* beast, swine; (*woman*) bitch **2.** *a P:* nasty, rotten (person).

rossée [rɔse] *nf F:* thrashing.

rosser [rɔse] *vtr F:* to beat, thrash (s.o.).

rosserie [rɔsri] *nf F:* (*a*) nastiness (*b*) dirty trick (*c*) spiteful remark.

rossignol [rɔsiɲɔl] *nm* **1.** *Orn:* nightingale **2.** (*hook*) picklock **3.** unsaleable article.

rot [ro] *nm F:* belch, burp.

rotation [rɔtasjɔ̃] *nf* **1.** rotation; **mouvement de r.,** rotational motion **2.** (*a*) rotation (of crops) (*b*) turnround (of buses); turnover (of stocks). **rotatif, -ive 1.** *a* rotary **2.** *nf* **rotative,** rotary press. **rotatoire** *a* rotary.

roter [rɔte] *vi F:* to belch, to burp.

rôti [roti] *nm* roast (meat); **un r. de porc,** a joint of pork.

rotin [rɔtɛ̃] *nm Bot:* rattan; **chaise en r.,** cane chair.

rôtir [rotir] **1.** *vtr* (*a*) to roast (meat) (*b*) *F:* (*of sun*) to scorch; **se r. au soleil,** to bask in the sun **2.** *vi* to roast, to scorch.

rôtisserie [rotisri] *nf* steakhouse; grill room.

rôtisseur, -euse [rotisœr, -øz] *n* steakhouse proprietor.

rôtissoire [rotiswar] *nf* (roasting) spit.

rotonde [rɔtɔ̃d] *nf* rotunda.

rotor [rɔtɔr] *nm El:* rotor.

rotule [rɔtyl] *nf* kneecap; *F:* **être sur les rotules,** to be worn out.

rouage [rwaʒ] *nm* **1.** wheels; works (of a watch); **les rouages de l'État,** the wheels of State **2.** (toothed) wheel, cog wheel.

roublard, -arde [rublar, -ard] *a & n F:* crafty, foxy, wily (person).

roucoulement [rukulmɑ̃] *nm* cooing.

roucouler [rukule] *vtr & i* to coo; to warble (a song).

roue [ru] *nf* (*a*) wheel; **véhicule à deux roues,** two-wheeled vehicle; **r. de secours,** spare wheel; **faire r. libre,** to freewheel; **faire la r.,** (i) (*of peacock*) to fan its tail (ii) to strut about (iii) to do a cartwheel (*b*) **r. dentée,** cogwheel; **r. d'engrenage,** gear(wheel).

roué [rwe] *a* cunning, sly.

rouer [rwe] *vtr* **r. qn de coups,** to beat s.o. black and blue.

rouet [rwɛ] *nm* spinning wheel.

rouge [ruʒ] **1.** *a* (*a*) red; **r. de colère, de honte,** flushed with anger, with shame; **devenir r. comme une pivoine, une tomate,** to turn as red as a beetroot; *adv* **voir r.,** to see red (*b*) (*inv in compounds*) **r. sang,** blood red **2.** *nm* (*a*) red; **porter le fer au r.,** to make the iron red-hot; *Pol:* **un r.,** a Red, a Commie (*b*) rouge; **r. à lèvres,** lipstick (*c*) red wine.

rougeâtre [ruʒatr̥] *a* reddish.

rougeaud, -eaude [ruʒo, -od] *a & n* red-faced (person).

rouge-gorge [ruʒgɔrʒ] *nm Orn:* robin (red-breast); *pl rouges-gorges.*

rougeole [ruʒɔl] *nf Med:* measles.

rougeoyer [ruʒwaje] *vi* **(il rougeoie)** (*of thgs*) (*a*) to turn red (*b*) to glow (red). **rougeoyant** *a* reddening; glowing.

rouget [ruʒɛ] *nm Ich:* red mullet; **r. grondin,** gurnard.

rougeur [ruʒœr] *nf* **1.** redness **2.** blush, flush **3.** red spot, blotch (on the skin).

rougir [ruʒir] **1.** *vtr* (*a*) to redden; to turn (sth) red (*b*) **fer rougi au feu,** iron heated red-hot (*c*) to flush (the face) **2.** *vi* (*a*) to redden, to turn red (*b*) (*of pers*) to turn, go, red; to blush, to flush (up); **faire r. qn,** to make s.o. blush; **r. jusqu'aux oreilles,** to go bright red; **r. de qch,** to be ashamed of sth. **rougissant** *a* blushing; reddening.

rougissement [ruʒismɑ̃] *nm* blush(ing).

rouille [ruj] **1.** *nf* rust **2.** *Agr:* mildew, blight **3.** *a inv* rust(-coloured).

rouiller [ruje] **1.** *vi* to rust **2.** *vtr* to rust; to make (iron) rusty **3. se r.** (*a*) to rust (up); to get rusty (*b*) **je me rouille,** I'm getting rusty (*c*) (*of muscles*) to get stiff. **rouillé** *a* rusty, rusted; (*of memory*) rusty; (*of muscles*) stiff.

roulade [rulad] *nf* **1.** roll (downhill) **2.** *Mus:* roulade, run **3.** *Cu:* meat olive.

roulant [rulɑ̃] **1.** *a* rolling; (*of furniture*) on wheels; sliding (door); moving (staircase); *Rail:* **matériel r.,** rolling stock; **personnel r.,** (train) crews **2.** *a F:* killing (joke) **3.** *nf F: Mil:* **roulante,** field kitchen.

roulé [rule] **1.** *a* rolled; **col r.,** polo neck **2.** *nm Cu:* (*a*) rolled joint (*b*) Swiss roll.

rouleau, -eaux [rulo] *nm* **1.** (*a*) roller; **r. compresseur, r. à vapeur,** steamroller, road roller; **r. à pâtisserie,** rolling pin; **passer le gazon au r.,** to roll the lawn (*b*) (hair) roller, curler; *Typew:* **r. porte-papier,** impression roller **2.** roll (of paper); spool (of film); **je suis au bout de mon r.,** I'm at the end of my tether **3.** *Sp:* roll.

roulement [rulmɑ̃] *nm* **1.** (*a*) rolling (of ball); **r. d'yeux,** rolling of the eyes (*b*) rolling (of vehicle); **bande de r.,** tread (of tyre) (*c*) running (of machine) **2.** rumbling (of thunder); roll(ing) (of drum) **3.** *MecE:* **r. à billes,** ball bearing **4.** (*a*) *Com:* **r. de fonds,** circulation of capital (*b*) alternation, taking turns; rotation; **par r.,** in rotation.

rouler [rule] **1.** *vtr* (*a*) to roll (sth) (along); **r. un projet dans sa tête,** to turn over a plan in one's mind (*b*) *F:* **r. qn,** to con s.o.; to diddle s.o. (*c*) to roll up (map, sleeve); to roll (cigarette) (*d*) to roll (lawn) (*e*) **r. les r,** to roll one's r's (*f*) **r. qn dans une couverture,** to wrap s.o. up in a blanket **2.** *vi* (*a*) to roll (over, along, about); **r. (en voiture),** to drive; **nous avons roulé toute la nuit,** we travelled all night; **cette voiture a peu roulé,** this car has a low mileage; *Av:* **r. sur le sol,** to taxi; *F:* **ça roule,** everything's fine; **r. sur l'or,** to be rolling in money; **la conversation roulait sur le sport,** we were talking about sport (*b*) to roll; to rumble (*c*) *Nau:* (*of ship*) to roll **3. se r.** (*a*) to roll; to turn over and over (*b*) to roll up (into a ball) (*c*) *F:* **se r. par terre,** to fall about laughing.

roulette [rulɛt] *nf* **1.** (*a*) caster; roller; small wheel; **patins à roulettes,** roller skates; *F:* **ça marche comme sur des roulettes,** things are going like clockwork (*b*) *Dent:* drill **2.** (*game*) roulette; (*instrument*) roulette wheel; **r. russe,** Russian roulette.

roulis [ruli] *nm Nau: Av:* roll(ing); **coup de r.,** lurch.

roulotte [rulɔt] *nf* (gipsy) caravan.

Roumanie [rumani] *Prnf Geog:* Rumania, Ro(u)mania. **roumain, -aine** *a & n* Rumanian, Ro(u)manian.

round [rawnd, rund] *nm Box:* round.

roupie [rupi] *nf Num:* rupee.

roupiller [rupije] *vi F:* to snooze, to have a kip; to doze.

roupillon [rupijɔ̃] *nm F:* snooze, kip.

rouquin, -ine [rukɛ̃, -in] **1.** *a F:* red-haired; red, carroty (hair) **2.** *n* redhead.

rouspétance [ruspetɑ̃s] *nf F:* grousing.

rouspéter [ruspete] *vi* **(je rouspète)** *F:* to grumble, grouse.

rouspéteur, -euse [ruspetœr, -øz] **1.** *a* quarrelsome; grumbling **2.** *n* grumbler; grouser.

rousse [rus] *see* **roux.**

rousseur [rusœr] *nf* redness; **tache de r.,** freckle.

roussi [rusi] *nm* **ça sent le r.!** (i) there's a smell of burning (ii) there's trouble ahead.

roussir [rusir] **1.** *vtr* (*a*) to redden; *Cu:* to brown (meat) (*b*) to scorch, singe (linen) **2.** *vi* (*a*) to turn brown; to redden (*b*) *Cu:* **faire r.,** to brown (*c*) to singe; to get scorched.

route [rut] *nf* **1.** road; **r. nationale, grande r.,** main road; *NAm:* highway; = A road; **r. départementale,** secondary road; **prendre la r. de Paris,** to take the road to Paris **2.** (*a*) route; way; **se mettre en r.,** to set out; **en r.!** let's go! **faire r. ensemble,** to travel together; **frais de r.,** travel(ling) expenses; **montrer la r. à qn,** to show s.o. the way; **une heure de r.,** one hour's drive; *Fig:* **sur la bonne r.,** on the right track; **bonne r.!** have a good trip! (*b*) *Nau:* course; **faire r. sur Calais,** to steer for Calais (*c*) **mettre le moteur en r.,** to start (up) the engine; **mettre des travaux en r.,** to start operations.

routier, -ière [rutje, -jɛr] *a & n* **1.** *a* **carte routière,** road map; **réseau r.,** road network; **transports routiers,** road transport; **gare routière,** bus, coach, station **2.** *nm* **gros r.,** heavy (goods) lorry, *NAm:* heavy truck **3.** (*pers*) long-distance lorry driver, *NAm:* truck driver; **restaurant des routiers,** *F:* **r.** = transport café; *NAm:* truck stop.

routine [rutin] *nf* routine; **examen de r.,** routine examination. **routinier, -ière** *a* routine; **il est très r.,** he lives to have a routine.

rouvrir [ruvrir] *vtr & i & pr* (*conj like* COUVRIR) to reopen.

roux, rousse [ru, rus] **1.** (*a*) *a* (russet-)red, (reddish-)brown; (*of hair*) red; *Cu:* **beurre r.**, brown butter (*b*) *n* redhead **2.** *nm* (*a*) russet, reddish-brown (colour) (*b*) *Cu:* roux.

royal, -aux [rwajal, -o] *a* royal; **repas r.**, meal fit for a king. **royalement** *adv* royally; *F:* **je m'en fiche r.**, I couldn't care less about it.

royaliste [rwajalist] *a & n* royalist.

royaume [rwajom] *nm* kingdom, realm.

Royaume-Uni [rwajomyni] *Prnm* **le R.-U.**, the United Kingdom.

royauté [rwajote] *nf* (*a*) royalty (*b*) monarchy.

RP *abbr Relations publiques.*

RSVP *abbr Répondez s'il vous plaît.*

ruade [rɥad] *nf* buck, kick (of horse); **lancer une r.**, to lash out (**à**, at).

ruban [rybɑ̃] *nm* **1.** (*a*) ribbon, band; **r. de chapeau**, hatband (*b*) **mètre à r.**, measuring tape; **r. adhésif**, adhesive tape, sticky tape; **r. magnétique**, magnetic, recording, tape **2. r. d'acier**, steel band.

rubéole [rybeɔl] *nf Med:* rubella; German measles.

rubis [rybi] *nm* ruby; **montre montée sur r.**, jewelled watch.

rubrique [rybrik] *nf* (*a*) rubric (*b*) *Journ:* heading; item; column.

ruche [ryʃ] *nf* (bee)hive.

rude [ryd] *a* **1.** (*a*) uncouth, unpolished (*b*) rough (skin); stiff, hard (brush); harsh (voice); rugged (path) **2.** (*a*) hard (winter); arduous (task); severe (blow); rude (shock); stiff (climb) (*b*) gruff, ungracious, brusque; **il a été à r. école**, he had a strict upbringing **3.** *F:* **r. appétit**, hearty appetite; **r. peur**, real fright. **rudement** *adv* (*a*) roughly, harshly (*b*) *F:* terribly, awfully.

rudesse [rydɛs] *nf* roughness, ruggedness; coarseness; harshness; crudeness.

rudiments [rydimɑ̃] *nmpl* rudiments; smattering (of knowledge); principles (of theory). **rudimentaire** *a* rudimentary.

rudoyer [rydwaje] *vtr* (**je rudoie**) to treat roughly; to knock (s.o.) about.

rue [ry] *nf* street; **la grande r.**, the high street; **r. à sens unique**, one-way street; **être à la r.**, to be out on the street.

ruée [rɥe] *nf* rush; stampede, scramble; **la r. vers l'or**, the gold rush.

ruelle [rɥɛl] *nf* lane; alley.

ruer [rɥe] **1.** *vi* to kick, to lash out **2. se r. sur qn**, to hurl, fling, oneself at s.o.; **se r. à la porte**, to rush for the door.

rugby [rygbi] *nm* Rugby (football); *F:* rugger; **r. à quinze**, Rugby Union; **r. à treize**, Rugby League.

rugbyman, -men [rygbiman, -mɛn] *nm* rugby player.

rugir [ryʒir] *vi* to roar; to howl.

rugissement [ryʒismɑ̃] *nm* roar, howl.

rugosité [rygozite] *nf* ruggedness, roughness.

rugueux, -euse [rygø, -øz] *a* rugged, rough.

ruine [rɥin] *nf* ruin **1.** (*a*) downfall; decay (of building); **tomber en r.**, to fall in ruins (*b*) downfall (of pers, society); **ça sera sa r.**, it will be the ruin of him **2.** (*usu pl*) ruins.

ruiner [rɥine] **1.** *vtr* to ruin, destroy **2. se r.**, to ruin oneself. **ruineux, -euse** *a* ruinous; expensive.

ruisseau, -eaux [rɥiso] *nm* **1.** (*a*) brook; (small) stream (*b*) stream (of blood); flood (of tears) **2.** (street) gutter.

ruissellement [rɥisɛlmɑ̃] *nm* streaming, running (of water).

ruisseler [rɥisle] *vi* (**il ruisselle**) **1.** (*of water*) to stream, run, flow **2.** (*of surface*) to run, to drip; **r. de**, to stream with.

rumeur [rymœr] *nf* **1.** (*a*) distant murmur, hum (of traffic) (*b*) din, clamour (*c*) rumblings (of discontent) **2.** rumour.

ruminant [ryminɑ̃] *nm Z:* ruminant.

rumination [ryminasjɔ̃] *nf* rumination.

ruminer [rymine] **1.** *vi* (*of animal*) to ruminate; to chew the cud **2.** *vtr* **r. une idée**, to ruminate on, over, an idea.

rumsteck [rɔmstɛk] *nm* rump steak.

rupin, -ine [rypɛ̃, -in] *P:* **1.** *a* rich **2.** *n* **les rupins**, the rich.

rupture [ryptyr] *nf* (*a*) bursting (of dam) (*b*) breaking (in two); rupture (of blood vessel); tearing (of ligament) (*c*) breaking off (of talks); calling off (of deal); breach (of contract); (*of relationship*) break-up, split.

rural, -aux [ryral, -o] **1.** *a* rural; **vie rurale**, country life **2.** *n* countryman, countrywoman.

ruse [ryz] *nf* ruse, trick; **la r.**, cunning; **r. de guerre**, stratagem.

ruser [ryze] *vi* to use cunning, trickery. **rusé** *a* crafty, sly, cunning.

Russie [rysi] *Prnf Geog:* Russia. **russe** *a & n* Russian.

rustaud, -aude [rysto, -od] **1.** *a* boorish, uncouth **2.** *nm* boor; country bumpkin, *NAm:* hick.

rustique [rystik] **1.** *a* (*a*) rustic; country (life) (*b*) hardy (plant) **2.** *nm* rustic style.

rustre [rystr̥] **1.** *a* boorish **2.** *nm* boor, lout.

rut [ryt] *nm* (*of animals*) rut(ting); **être en r.**, to be on heat.

rutabaga [rytabaga] *nm* swede; *NAm:* rutabaga.

rutilement [rytilmɑ̃] *nm* gleam(ing).

rutiler [rytile] *vi* to gleam. **rutilant** *a* gleaming.

rythme [ritm] *nm* rhythm; **r. respiratoire**, breathing rate; **r. de vie**, tempo of life; **suivre le r.**, to keep up (the pace); **au r. de**, at the rate of.

rythmer [ritme] *vtr* to put rhythm into, to give rhythm to (tune, sentence). **rythmé** *a* rhythmic(al). **rythmique 1.** *a* rhythmical **2.** *nf* rhythmics.

S

S, s [ɛs] *nm* (the letter) S, s; **faire des s,** to zigzag; **en S,** S-shaped; winding.
S *abbr* **1.** *sud* **2.** *Saint.*
sa [sa] *poss af see* **son¹**.
SA *abbr Société anonyme*, plc; *NAm:* Inc.
sabbat [saba] *nm* **1.** (Jewish) Sabbath **2.** *F:* row, racket.
sabbatique [sabatik] *a* sabbatical; *Sch:* **année s.,** sabbatical year.
sable [sabl̥] *nm* **1.** sand; **sables mouvants,** quicksands; **tempête de s.,** sandstorm. **sablonneux, -euse** *a* sandy.
sablage [sablaʒ] *nm* (*a*) sanding (*b*) sandblasting.
sablé [sable] *nm Cu:* shortbread biscuit, *NAm:* cookie.
sabler [sable] *vtr* **1.** to sand (path) **2.** *F:* **s. le champagne,** to celebrate with champagne.
sableux, -euse [sablø, -øz] **1.** *a* sandy **2.** *nf* **sableuse,** sandblaster; **décaper à la s.,** to sandblast.
sablier [sablije] *nm* hourglass; *Cu:* egg timer.
sablière [sablijer] *nf* sandpit.
sabord [sabɔr] *nm Nau:* port(hole).
sabordage [sabɔrdaʒ] *nm* scuttling.
saborder [sabɔrde] *vtr* **1.** to scuttle (ship) **2.** to ruin, destroy (sth).
sabot [sabo] *nm* **1.** (*a*) clog, sabot; *Aut:* **s. (de Denver),** (wheel) clamp (*b*) *P:* old, useless, article; old heap (*c*) *F:* **chanter comme un s.,** to sing like an old boot **2.** (horse's) hoof **3. s. de frein,** brake shoe.
sabotage [sabɔtaʒ] *nm* (*a*) botching (of work) (*b*) (act of) sabotage.
saboter [sabɔte] *vtr* to botch (a job); to sabotage (sth).
saboteur, -euse [sabɔtœr, -øz] *n* **1.** bungler, botcher **2.** saboteur.
sabre [sabr̥] *nm* sabre, sword.
sabrer [sabre] *vtr* (*a*) to cut down with sword (*b*) *F:* to make cuts in (text) (*c*) *F:* to criticize, slate (s.o.).
sac¹ [sak] *nm* (*a*) sack, bag; **s. à main,** handbag, *NAm:* purse; **s. à outils,** toolbag; **s. de voyage,** travel bag, overnight bag; **s. de couchage,** sleeping bag; **s. à dos,** rucksack; **s. à provisions,** shopping bag; **l'affaire est dans le s.,** it's in the bag (*b*) *F:* ten francs.
sac² *nm* sacking, pillage; **mettre à s.,** to sack (town); to ransack (house).
saccade [sakad] *nf* jerk, jolt; **par saccades,** by fits and starts. **saccadé** *a* jerky.
saccage [sakaʒ] *nm* havoc.
saccager [sakaʒe] *vtr* **(n. saccageons)** (*a*) to sack, pillage (town); to ransack (house) (*b*) to create havoc in, to wreck (garden); **ils ont tout saccagé,** they've turned everything upside down.
saccharine [sakarin] *nf* saccharin(e).
sacerdoce [sasɛrdɔs] *nm Rel:* priesthood; *Fig:* vocation.
sachet [saʃɛ] *nm* sachet; bag; **s. de thé,** teabag.
sacoche [sakɔʃ] *nf* satchel; toolbag; saddlebag.
sacquer [sake] *vtr F:* to dismiss, to sack (s.o.); to give a bad mark to (pupil, etc).
sacre [sakr̥] *nm* coronation (of king); consecration (of bishop).
sacrement [sakrəmɑ̃] *nm Ecc:* sacrament; **le saint S.,** the Blessed Sacrament.
sacrément [sakremɑ̃] *adv P:* damn(ed); **on a s. travaillé,** we worked a hell of a lot.
sacrer [sakre] **1.** *vtr* to crown, anoint (king); to consecrate (bishop) **2.** *vi F:* to curse and swear. **sacré** *a* (*a*) holy (scripture); sacred, consecrated (place) (*b*) *P:* damn(ed); **un s. menteur,** a hell of a liar.
sacrifice [sakrifis] *nm* sacrifice.
sacrifier [sakrifje] *vtr* (*pr sub & impf* **n. sacrifiions)** (*a*) to sacrifice (victim) (*b*) to sacrifice, give up (time, money) (**à,** to); **se s.,** to sacrifice oneself.
sacrilège [sakrilɛʒ] **1.** *a* sacrilegious (thought) **2.** (*a*) *nm* sacrilege (*b*) *n* sacrilegious person.
sacristain [sakristɛ̃] *nm* sacristan; sexton.
sacristie [sakristi] *nf Ecc:* sacristy, vestry.
sacro-saint [sakrɔsɛ̃] *a* sacrosanct.
sacrum [sakrɔm] *nm Anat:* sacrum.
sadisme [sadism] *nm* sadism. **sadique** **1.** *a* sadistic **2.** *n* sadist.
safari [safari] *nm* safari; **faire un s.,** to go on safari.
safran [safrɑ̃] *nm* saffron.
sagacité [sagasite] *nf* sagacity, shrewdness. **sagace** *a* sagacious, shrewd.
sagaie [sagɛ] *nf* assegai.
sage [saʒ] *a* **1.** wise; *nm* sage; wise man **2.** prudent, wise (policy); sensible (person) **3.** well behaved; good (child); **s. comme une image,** as good as gold **4.** moderate. **sagement** (*a*) wisely, sensibly (*b*) properly; quietly.
sage-femme [saʒfam] *nf* midwife; *nm* **homme s.-f.,** male midwife; *pl* sages-femmes.
sagesse [saʒɛs] *nf* **1.** (*a*) wisdom; (*b*) prudence, discretion; **agir avec s.,** to act wisely **2.** good behaviour **3.** moderation.
Sagittaire [saʒitɛr] *nm Astr:* Sagittarius.
sagouin [sagwɛ̃] *nm F:* dirty, filthy, man; slob.
Sahara [saara] *Prnm Geog:* **le S.,** the Sahara (desert).
saignée [seɲe] *nf* **1.** (*a*) *Med:* blood-letting; **faire une s. à qn,** to bleed s.o. (*b*) drain (on one's resources) **2.** bend of the arm **3.** (drainage) trench, ditch; hole (in wall, for pipe).
saignement [sɛɲmɑ̃] *nm* bleeding; **s. du nez,** nosebleed.
saigner [seɲe] **1.** *vi* (*of wound, pers*) to bleed; **je saigne du nez,** my nose is bleeding **2.** *vtr Med: Fig:* to bleed (s.o.); **s. qn à blanc,** to bleed s.o. white; **se s. aux quatre veines,** to bleed oneself white. **saignant** *a* (*a*) bleeding (wound) (*b*) *Cu:* rare (meat).

saillie [saji] *nf* **1.** (*a*) *Breed:* covering (by male) (*b*) sally, flash of wit **2.** projection; **faire s.,** to project, jut out.

saillir [sajir] **1.** *vtr* (*prp* **saillissant;** *pp* **sailli;** *pr ind* **je saillis;** *fu* **je saillirai**) *Breed:* to cover (female) **2.** *vi* (*used only in prp* **saillant**) to jut out; to protrude; (*of eyes*) to bulge. **saillant** *a* (*a*) projecting, protruding; prominent; bulging (eyes) (*b*) salient, outstanding (feature).

sain, saine [sɛ̃, sɛn] *a* healthy (person); sound, sane (judgment); wholesome (food); **s. et sauf,** safe and sound; **s. de corps et d'esprit,** sound in body and mind. **sainement** *adv* healthily; soundly; sanely.

saindoux [sɛ̃du] *nm Cu:* lard.

saint, sainte [sɛ̃, sɛ̃t] **1.** *a* (*a*) holy; **la Sainte Église,** the Holy Church; **le Vendredi S.,** Good Friday (*b*) saintly, godly (person) (*c*) sanctified, consecrated; **lieu s.,** holy place; *F:* **toute la sainte journée,** the whole blessed day (*d*) saint; **S. Pierre,** Saint Peter; **la S. Georges,** St George's day **2.** *n* saint; (*woman*) **sainte nitouche,** pious hypocrite **3.** *nm* **le S. des Saints,** the Holy of Holies.

saint-bernard [sɛ̃bɛrnar] *nm inv* St Bernard; *Fig:* good samaritan.

Saint-Esprit [sɛ̃tɛspri] *Prnm* **le S.-E.,** Holy Ghost, Spirit.

sainteté [sɛ̃tәte] *nf* holiness, saintliness; sanctity; *Ecc:* **Sa Sainteté,** His Holiness (the Pope).

saint-frusquin [sɛ̃fryskɛ̃] *nm no pl P:* **tout le s.-f.,** the whole caboodle.

Saint-glinglin [sɛ̃glɛ̃glɛ̃] *nf no pl F:* **jusqu'à la S.-g.,** till the cows come home.

Saint-Laurent (le) [lәsɛ̃lɔrɑ̃] *Prnm Geog:* the Saint Lawrence (river).

Saint-Père [sɛ̃pɛr] *nm* Holy Father.

Saint-Siège (le) [lәsɛ̃sjɛʒ] *nm Ecc:* the Holy See.

Saint-Sylvestre (la) [lasɛ̃silvɛstr̥] *nf* New Year's Eve.

saisie [sezi] *nf* seizure (of goods); **s. de données,** data capture, data entry.

saisir [sɛzir] **1.** *vtr* (*a*) to seize; to grasp; to take hold, catch hold, of (sth); **s. l'occasion,** to jump at the opportunity; **être saisi (d'étonnement),** to be startled (*b*) *Jur:* to seize (real estate) (*c*) to perceive, grasp (the truth, a meaning); **je ne saisis pas,** I don't understand; *F:* I don't get it; **je n'ai pas saisi son nom,** I didn't catch his name; **il saisit vite,** he's quick on the uptake **2.** *Cu:* to seal (meat) **3. se s. de qch,** to seize (on) sth. **saisissant, -ante** *a* striking (resemblance); gripping (words); thrilling (spectacle).

saisissement [sezismɑ̃] *nm* (*a*) sudden chill (*b*) access (of joy) (*c*) shock.

saison [sɛzɔ̃] *nf* season; **en cette s.,** at this time of year; **en toute(s) saison(s),** all the year round; **la belle s.,** the summer months; **la haute s.,** the tourist season; **de s.,** in season; **hors de s.,** out of season. **saisonnier, -ière** (*a*) *a* seasonal (*b*) *n* seasonal worker.

salade [salad] *nf* **1.** (*a*) salad; **s. de fruits,** fruit salad; **quelle s.!** what a shambles! (*b*) *pl P:* lies, stories **2.** *Hort: Cu:* salad vegetable; lettuce, endive.

saladerie [saladri] *nf* salad bar.

saladier [saladje] *nm* salad bowl.

salaire [salɛr] *nm* (*a*) wage(s), pay; salary (*b*) reward, retribution.

salaison [salɛzɔ̃] *nf* salting (of fish).

salamandre [salamɑ̃dr̥] *nf* **1.** *Z:* salamander **2.** slow-combustion stove.

salami [salami] *nm* salami (sausage).

salarial, -aux [salarjal, -o] *a* wage (agreement, etc).

salarié, -ée [salarje] **1.** *a* (*a*) wage-earning; salaried (*b*) paid (work) **2.** *n* wage earner.

salaud [salo] *n P:* (dirty) bastard, swine; **tour de s.,** dirty trick.

sale [sal] *a* dirty **1.** (*a*) dirty, filthy (*b*) offensive, filthy (story, word) **2.** *F:* (*always before the noun*) **s. type,** rotten bastard; **s. coup,** dirty trick; **s. temps,** foul weather; **avoir une s. gueule,** to look horrible. **salement** *adv* (*a*) dirtily (*b*) *P:* damn, bloody (difficult).

saler [sale] *vtr* **1.** (*a*) to salt; to season with salt (*b*) *F:* to overcharge; to fleece (customers); **s. la note,** to bump up the bill; **on l'a salé,** he got a tough sentence **2.** to salt, cure (bacon). **salé** *a* **1.** salt (fish); salted (butter, nuts); **c'est trop s.,** it's too salty; *nm* **du s.,** salt pork; **petit s.** = streaky bacon **2.** (*a*) spicy, juicy (joke) (*b*) *F:* stiff (price).

saleté [salte] *nf* **1.** (*a*) dirtiness, filthiness (of pers, street) (*b*) dirt, filth, mess (*c*) trashy goods; rubbish, junk **2.** (*a*) nastiness, obscenity (*b*) nasty, coarse, remark (*c*) dirty trick.

salière [saljɛr] *nf* saltcellar.

saligaud, -aude [saligo, -od] *n P:* (*a*) filthy pig (*b*) bastard, swine; *f* bitch.

salin, -ine [salɛ̃, -in] *a* saline.

salir [salir] *vtr* **1.** to dirty, soil; **s. sa réputation,** to tarnish one's reputation **2. se s.,** to get dirty; to dirty one's clothes. **salissant** *a* (*a*) dirty (work) (*b*) easily soiled; which shows the dirt.

salive [saliv] *nf* saliva.

saliver [salive] *vi* to salivate.

salle [sal] *nf* **1.** (*a*) hall; (large) room; **s. de séjour,** living room; **s. à manger,** (i) dining room (ii) dining room suite; **s. de bain(s),** bathroom; **s. d'eau,** washroom, shower room; **s. de classe,** classroom; **s. des professeurs,** staff room (*b*) **s. des fêtes,** village hall (*c*) **s. d'attente,** waiting room; **s. de ventes,** sale room; **s. d'hôpital,** (hospital) ward; **s. d'opérations,** operating theatre **2.** *Th:* auditorium, house; **s. pleine,** full house.

salon [salɔ̃] *nm* (*a*) drawing room; sitting room; lounge; **jeux de s.,** parlour games (*b*) saloon, cabin (in ship) (*c*) **s. de thé,** tea room(s); **s. de beauté, de coiffure,** beauty, hairdressing, salon (*d*) (art) exhibition; (motor, trade) show (*e*) *Lit:* salon.

salopard [salɔpar] *nm P:* bastard, swine.

salope [salɔp] *nf P:* (*a*) bitch (*b*) slut (*c*) tart.

saloper [salɔpe] *vtr P:* to botch, bungle (sth).

saloperie [salɔpri] *nf P:* (*a*) filth, muck (*b*) trash; rubbish (*c*) dirty trick (*d*) dirty, filthy, remark.

salopette [salɔpɛt] *nf* dungarees; overalls.

salpêtre [salpɛtr̥] *nm* saltpetre.

salsifis [salsifi] *nm Bot:* salsify.

saltimbanque [saltɛ̃bɑ̃k] *n* acrobat.

salubre [salybr̥] *a* healthy.

salubrité [salybrite] *nf* healthiness; **s. publique,** public health.

saluer [salɥe] *vtr* (*a*) to salute; to bow to (s.o.); **s. qn de la main,** to wave to s.o. (*b*) to greet, to hail (s.o.); **saluez-le de ma part,** give him my regards; **je vous salue, Marie,** hail, Mary; *Fig:* **s. qn comme,** to hail s.o. as.

salut [saly] *nm* **1.** (*a*) safety; **port de s.,** haven of refuge (*b*) salvation; **l'Armée du S.,** the Salvation Army **2.** (*a*) bow, greeting; *F:* **s.!** (i) hello, hi, there! (ii) (*on leaving*) see you! (*b*) *Mil:* salute.

salutaire [salytɛr] *a* salutary; beneficial.

salutation [salytasjɔ̃] *nf* salutation, greeting; *Corr:* **veuillez agréer mes salutations distinguées,** yours faithfully.

salve [salv] *nf* salvo; burst (of applause).

samedi [samdi] *nm* Saturday.

SAMU [samy] *nm abbr service d'assistance médicale d'urgence,* emergency medical service.

sanatorium [sanatɔrjɔm] *nm* sanatorium.

sanctification [sɑ̃ktifikasjɔ̃] *nf* sanctification.

sanctifier [sɑ̃ktifje] *vtr* (*impf & pr sub* **n. sanctifiions**) to sanctify, to hallow.

sanction [sɑ̃ksjɔ̃] *nf* **1.** sanction; approbation; assent **2.** (*a*) **s. (pénale),** penalty; punishment (*b*) *Pol:* **prendre des sanctions à l'encontre d'un pays,** to impose sanctions on a country.

sanctionner [sɑ̃ksjɔne] *vtr* **1.** to sanction; to approve **2.** to penalize; to sanction.

sanctuaire [sɑ̃ktɥɛr] *nm* sanctuary.

sandale [sɑ̃dal] *nf* sandal.

sandalette [sɑ̃dalɛt] *nf* light sandal.

sandow [sɑ̃do] *nm Rtm:* **1.** *Gym:* chest expander **2.** luggage elastic.

sandwich [sɑ̃dwitʃ] *nm* sandwich; **pris en s.,** sandwiched, stuck (**entre,** between); *pl sandwich(e)s.*

sandwicherie [sɑ̃dwi(t)ʃri] *nf* sandwich bar, shop.

sang [sɑ̃] *nm* **1.** blood; **à s. froid, à s. chaud,** cold-blooded, warm-blooded; **être en s.,** to be covered in blood; **avoir le s. chaud,** to be quick-tempered; **se faire du mauvais s.,** to worry; **mon s. n'a fait qu'un tour,** my heart missed a beat; **coup de s.,** stroke **2.** (*a*) blood, race, lineage; **cheval pur s.,** thoroughbred; **c'est dans le s.,** it's in the blood (*b*) blood, kinship.

sang-froid [sɑ̃frwa] *nm no pl* coolness, composure; **perdre son s.-f.,** to lose one's self-control; *adv phr* **de s.-f.,** deliberately; in cold blood.

sanglant [sɑ̃glɑ̃] *a* **1.** (*a*) bloody (wound, battle); bloodstained (handkerchief) (*b*) blood-red **2.** cruel (reproach); scathing (criticism); **larmes sanglantes,** bitter tears.

sangle [sɑ̃gl] *nf* strap; *Harn:* girth; *Furn:* webbing; **lit de s.,** camp bed.

sangler [sɑ̃gle] *vtr* (*a*) to girth (horse) (*b*) to strap up.

sanglier [sɑ̃glije] *nm* (wild) boar.

sanglot [sɑ̃glo] *nm* sob.

sangloter [sɑ̃glɔte] *vi* to sob.

sangsue [sɑ̃sy] *nf* leech.

sanguin, -ine [sɑ̃gɛ̃, -in] **1.** *a* (*a*) *Anat:* **groupe s.,** blood group; **transfusion sanguine,** blood transfusion (*b*) sanguine, fiery (temperament); ruddy (complexion) **2.** *nf* **sanguine** (*a*) red chalk drawing (*b*) blood orange.

sanguinaire [sɑ̃ginɛr] *a* bloodthirsty (person); bloody (fight).

sanisette [sanizɛt] *nf Rtm:* automatic toilet.

sanitaire [sanitɛr] **1.** *a* (*a*) medical (staff, equipment); health (measures) (*b*) *Plumb:* sanitary (equipment, engineering) **2.** *nm* **le s.,** *F:* **les sanitaires,** sanitary installations; (the) plumbing.

sans [sɑ̃] *prep* **1.** (*a*) without; **s. le sou,** without a penny; **s. faute,** without fail; **suffisant, s. plus,** adequate but no more (than that); **s. faire qch,** without doing sth; **vous n'êtes pas s. le connaître,** you must know him; **non s. difficulté,** not without difficulty; *F:* **que ferais-tu s.?** how would you manage without? *conj phr* **s. que nous le sachions,** without our knowing (*b*) -less, -lessly; -free; un-; **plaintes s. fin,** endless complaints; **être s. le sou,** to be penniless; **s. enfants,** childless; **s. sel,** salt-free; **s. hésiter,** unhesitatingly **2. s. vous, je ne l'aurais jamais fait,** but for you, I should never have done it; **s. cela, s. quoi,** otherwise.

sans-abri [sɑ̃zabri] *n inv* homeless person; **les s.-a.,** the homeless.

sans-façon [sɑ̃fasɔ̃] **1.** *nm* (*a*) bluntness (of speech) (*b*) informality (*c*) offhand manner **2.** *a & n inv* (*a*) informal (person) (*b*) offhand (person).

sans-gêne [sɑ̃ʒɛn] **1.** *nm* inconsiderateness **2.** *a inv* inconsiderate.

sans-soin [sɑ̃swɛ̃] *n inv* careless person.

sans-souci [sɑ̃susi] *a inv* happy-go-lucky.

sans-travail [sɑ̃travaj] *n inv* unemployed person.

santé [sɑ̃te] *nf* (*a*) health; wellbeing; **être en bonne s.,** to be well; **avoir une s. fragile,** *F:* **une petite s.,** to be delicate; **boire à la s. de qn,** to drink s.o.'s health; **à votre s.!** your health! *F:* cheers! (*b*) **services de s.,** health services.

saoul *see* **soûl.**

sape [sap] *nf* **1.** (*a*) undermining (of wall); sapping (*b*) sap, trench **2.** *pl P:* clothes, gear.

saper [sape] *vtr* **1.** *Mil: & Fig:* to undermine **2.** *P:* to dress; **être bien sapé,** to be well turned out.

sapeur [sapœr] *nm Mil:* sapper.

sapeur-pompier [sapœrpɔ̃pje] *nm* fireman; *pl sapeurs-pompiers.*

saphir [safir] *nm* sapphire; *Rec:* sapphire, stylus.

sapin [sapɛ̃] *nm* (*a*) fir(tree) (*b*) **(bois de) s.,** deal (*c*) **s. de Noël,** Christmas tree.

sapinière [sapinjɛr] *nf* fir plantation.

saquer [sake] *vtr F:* to dismiss, to sack (s.o.).

sarabande [sarabɑ̃d] *nf* (*a*) *Danc: Mus:* saraband (*b*) *F:* racket, bedlam.

sarbacane [sarbakan] *nf* blowpipe; (*toy*) pea-shooter.

sarcasme [sarkasm] *nm* sarcasm; sarcastic remark. **sarcastique** *a* sarcastic.

sarcler [sarkle] *vtr* to weed (garden); to hoe (crop).

sarcophage [sarkɔfaʒ] *nm* sarcophagus.

Sardaigne [sardɛɲ] *Prnf Geog:* Sardinia. **sarde** *a & n* Sardinian.

sardine [sardin] *nf* sardine.

sardonique [sardɔnik] *a* sardonic.

SARL *abbr Société anonyme à responsabilité limitée,* Ltd; *NAm:* Inc.

sarment [sarmɑ̃] *nm* vine shoot.

sarrasin [sarazɛ̃] *nm* buckwheat.

sas [sɑ] *nm* **1.** sieve **2.** (*a*) *HydE:* lock chamber (*b*) *Nau: Space:* airlock.

Satan [satɑ̃] *Prnm* Satan. **satané** *a F:* confounded; **s. temps!** filthy weather! **satanique** *a* satanic.
satelliser [satelize] *vtr* (*a*) to put (satellite) into orbit (*b*) *Pol:* to make (country) into satellite.
satellite [satɛlit] *nm* satellite; *Pol:* **pays s.,** satellite (country).
satiété [sasjete] *nf* satiety; surfeit; **à s.,** more than enough; **répéter à s.,** to repeat ad nauseam.
satin [satɛ̃] *nm Tex:* satin.
satiner [satine] *vtr* to give a satin finish to (material). **satiné** *a* satiny, satin-like.
satire [satir] *nf* satire. **satirique** *a* satirical. **satiriquement** *adv* satirically.
satiriser [satirize] *vtr* to satirize.
satisfaction [satisfaksjɔ̃] *nf* satisfaction, contentment; gratification; **donner de la s. à qn,** to give s.o. cause for satisfaction; **obtenir s.,** to get satisfaction (**de qch,** for sth).
satisfaire [satisfɛr] (*conj like* FAIRE) **1.** *vtr* (*a*) to satisfy, to please (s.o.); to gratify (s.o.'s wish); **s. l'attente de qn,** to come up to s.o.'s expectations (*b*) **se s. de peu,** to be content with very little (*c*) **se s.,** to relieve oneself **2.** *v ind tr* **s. (à qch),** to meet (demands, condition); to carry out (undertaking); to comply with (regulation). **satisfaisant** *a* satisfactory; satisfying (meal). **satisfait, -aite** *a* satisfied; contented; **être s. de qch,** to be happy, pleased, about sth.
saturateur [satyratœr] *nm* humidifier.
saturation [satyrasjɔ̃] *nf* saturation.
saturer [satyre] *vtr* to saturate (**de,** with); **saturé d'eau,** waterlogged.
Saturne [satyrn] *Prnm Astr:* Saturn.
satyre [satir] *nm* (*a*) *Myth:* satyr (*b*) *F:* sex maniac.
sauce [sos] *nf* sauce; **à quelle s. serons-nous mangés?** what's in store for us? **mettre qn à toutes les sauces,** to give s.o. all kinds of jobs.
saucer [sose] *vtr* **(je sauçai(s))** (*a*) to mop up the sauce on one's plate (*b*) **se faire s.,** to get soaked, drenched.
saucière [sosjɛr] *nf* sauceboat, gravy boat.
saucisse [sosis] *nf* sausage.
saucisson [sosisɔ̃] *nm* dried sausage.
sauf¹, sauve [sof, sov] *a* safe, unhurt, unharmed; (*of honour*) intact.
sauf² *prep* save, but, except; **il n'a rien s. son salaire,** he has nothing except his wages; **s. correction,** subject to correction; **s. avis contraire,** unless you hear to the contrary; **s. erreur ou omission,** errors and omissions excepted; **s. s'il pleut,** unless it rains, if it doesn't rain.
sauf-conduit [sofkɔ̃dɥi] *nm* safe-conduct; pass; *pl sauf-conduits.*
sauge [soʒ] *nf* (*a*) *Bot: Cu:* sage (*b*) *Bot:* salvia.
saugrenu [sogrəny] *a* absurd, preposterous.
saule [sol] *nm Bot:* willow; **s. pleureur,** weeping willow.
saumâtre [somɑtr̥] *a* (*a*) briny (water) (*b*) *F:* **je l'ai trouvée s.,** it left a nasty taste in my mouth.
saumon [somɔ̃] **1.** *nm* salmon **2.** *a inv* **2.** salmon-pink. **saumoné** *a* **truite saumonée,** salmon trout.
saumure [somyr] *nf* (pickling) brine.
sauna [sona] *nm* sauna.
saupoudrer [sopudre] *vtr* to sprinkle, dust, dredge (**de,** with).
saur [sɔr] *am* **hareng s.,** smoked herring; kipper.
saut [so] *nm* **1.** (*a*) leap, jump, vault; *Sp:* **s. en longueur, en hauteur,** long jump, high jump; **s. en parachute,** parachute drop; **au s. du lit,** on getting out of bed; **s. périlleux,** somersault; **faire un s. en ville,** to pop into town; **il n'y a qu'un s. d'ici là,** it's only a stone's throw (away) (*b*) **s. de température,** sudden rise in temperature **2.** waterfall.
saut-de-mouton [sodmutɔ̃] *nm CivE:* flyover.
saute [sot] *nf* sudden change (of wind, mood); jump (in price, temperature).
sauté [sote] *a & nm Cu:* sauté.
saute-mouton [sotmutɔ̃] *nm no pl* leapfrog.
sauter [sote] **1.** *vi* (*aux* **avoir**) (*a*) to jump; to leap; **s. à la perche,** to pole-vault; **s. à la corde,** to skip; **s. du lit,** to leap out of bed; **s. à terre,** to jump down; **s. en parachute,** to parachute; **s. à la gorge de qn,** to fly at s.o.'s throat; **s. au cou de qn,** to fling one's arms round s.o.'s neck; **ça saute aux yeux,** it's obvious; *F:* **et que ça saute!** and make it snappy! **s. en l'air,** (i) to jump up (ii) *F:* to hit the roof; **s. sur une occasion,** to jump at the chance (*b*) to explode; to blow up; (*of business*) to collapse; (*of button*) to come off, fly off; (*of fuse*) to blow, *F:* to go (*c*) **faire s.,** to blast (rock); to blow up (bridge); to blow (fuses); to pop (cork); to dandle (child); *Cu:* to sauté (potatoes); to toss (pancake); **faire s. la banque,** to break the bank; **se faire s. la cervelle,** to blow one's brains out **2.** *vtr* (*a*) to jump (over), leap over, clear (ditch, fence); **s. le pas,** to take the plunge (*b*) to skip (page); to drop (a stitch); **s. une classe,** to skip a form; *F:* **je la saute!** I'm starving!
sauterelle [sotrɛl] *nf* grasshopper; *occ* locust.
sauterie [sotri] *nf* party.
sauteur, -euse [sotœr, -øz] **1.** *n* jumper **2.** *nf* **sauteuse,** frying pan.
sautillement [sotijmɑ̃] *nm* hopping.
sautiller [sotije] *vi* to hop (about); **s'en aller en sautillant,** to skip off.
sautoir [sotwar] *nm* **1.** *Jewel:* chain; **porté en s.,** worn on a chain, round the neck **2.** *Sp:* jumping area.
sauvage [sovaʒ] **1.** *a* (*a*) wild (plant, animal); savage (person); **chat s.,** wildcat (*b*) unsociable; shy; retiring (*c*) unauthorized; unofficial; **grève s.,** wildcat strike **2.** *n* (*f occ* **sauvagesse**) (*a*) savage; *FrC:* (American) Indian (*b*) unsociable person. **sauvagement** *adv* savagely.
sauvagerie [sovaʒri] *nf* savagery.
sauve *see* **sauf¹.**
sauvegarde [sovgard] *nf* safeguard; safe keeping; **sous la s. de qn,** under s.o.'s protection.
sauvegarder [sovgarde] *vtr* to safeguard.
sauve-qui-peut [sovkipø] *nm inv* stampede, panic flight.
sauver [sove] **1.** *vtr* (*a*) to save, rescue (s.o.) (**de,** from) (*b*) to salvage (ship, goods); *Fig:* **s. les meubles,** to save sth from the wreckage **2. se s.** (*a*) to escape (**de,** from) (*b*) to run away; to be off (*c*) (*of milk*) to boil over.
sauvetage [sovtaʒ] *nm* (*a*) life saving; rescue; **s. aérien en mer,** air-sea rescue; **canot de s.,** lifeboat; **échelle de s.,** fire escape; **radeau de s.,** life raft (*b*) salvage (of ship, goods).

sauveteur [sovtœr] *nm* rescuer.
sauvette (à la) [alasovɛt] *adv phr* hurriedly; **marchand à la s.**, illicit street vendor; **vendre à la s.**, to hawk illicitly on the streets.
sauveur [sovœr] **1.** *a* saving **2.** *n* saviour.
savane [savan] *nf Geog:* savanna(h).
savant, -ante [savɑ̃, -ɑ̃t] **1.** *a* (*a*) learned (**en**, in); scholarly (*b*) skilful, clever; **chien s.**, performing dog **2.** *n* scientist; scholar. **savamment** *adv* learnedly; skilfully, cleverly; **j'en parle s.**, I know what I'm talking about.
savate [savat] *nf* old shoe, slipper.
saveur [savœr] *nf* savour, flavour.
Savoie [savwa] *Prnf Geog:* Savoy; *Cu:* **biscuit de S.** = sponge cake.
savoir[1] [savwar] *vtr* (*prp* **sachant;** *pp* **su;** *pr ind* **je sais, n. savons, ils savent;** *impf* **je savais;** *fu* **je saurai**) **1.** to know; **s. une langue,** to know a language; **il en sait des choses, plus d'une,** he knows a thing or two **2.** (*a*) to be aware of (sth); **je ne savais pas cela,** I didn't know, wasn't aware of, that; **elle est jolie, et elle le sait bien,** she's pretty, and doesn't she know it! **je n'en sais rien,** I know nothing about it; **peut-on s.?** what's it about? *F:* **je ne veux pas le s.,** that's nothing to do with me; **sans le s.,** unconsciously; **pas que je sache,** not to my knowledge; **on ne sait jamais,** you never can tell; **si j'avais su,** had I known (*b*) to know of (s.o.) (*c*) **je me savais très malade,** I knew I was very ill **3.** to understand; **il sait ce qu'il veut,** he knows his own mind; **ne s. que faire,** to be at a loss what to do; **je ne sais que penser,** I don't know what to think; **sachez que,** I would have you know that **4.** (*a*) **c'est à s.,** that remains to be seen; **je voudrais bien s. pourquoi,** I wonder why; **je crois s. qu'il est ici,** I understand he's here (*b*) **faire s. qch à qn,** to inform s.o., to let s.o. know, of sth (*c*) *conj phr* **à savoir,** namely, that is to say **5.** to know how, to be able; **savez-vous nager?** can you swim? **il saura le faire,** he can manage it; **je ne saurais vous le dire,** I'm afraid I can't tell you **6.** (*a*) *pron phr* **je ne sais qui,** somebody or other; **un je ne sais quoi de déplaisant,** something vaguely unpleasant; **un je sais tout,** a know-all; (*b*) *adj phr* **je ne sais quelle maladie,** some illness or other (*c*) *adv phr* **il y a je ne sais combien de temps,** I don't know how long ago (*d*) **des robes, des chapeaux, que sais-je?** dresses, hats, and goodness knows what else! **Dieu sait!** Heaven knows!
savoir[2] *nm* knowledge, learning.
savoir-faire [savwarfɛr] *nm inv* savoir-faire; ability; know-how.
savoir-vivre [savwarvivr̥] *nm inv* savoir-vivre; good manners; tact.
savon [savɔ̃] *nm* soap; **(pain de) s.**, cake of soap; **s. de Marseille** = household soap; *F:* **passer un s. à qn,** to give s.o. a good ticking off.
savonnage [savɔnaʒ] *nm* soaping.
savonner [savɔne] *vtr* to (wash with) soap. **savonneux, -euse** *a* soapy.
savonnette [savɔnɛt] *nf* bar, cake, of soap.
savourer [savure] *vtr* to relish, savour. **savoureux, -euse** *a* savoury, tasty; spicy (story).
saxophone [saksɔfɔn] *nm Mus:* saxophone.
saxophoniste [saksɔfɔnist] *n Mus:* saxophonist.
sbire [sbir] *nm F: Pej:* (i) bent policeman (ii) henchman.
scabreux, -euse [skabrø, -øz] *a* **1.** difficult, tricky, risky **2.** indecent, shocking.
scalpel [skalpɛl] *nm* scalpel.
scandale [skɑ̃dal] *nm* scandal; **faire s.**, to provoke an uproar; **faire un s.**, to make a scene. **scandaleux, -euse** *a* scandalous, disgraceful; shocking. **scandaleusement** *adv* scandalously, disgracefully.
scandaliser [skɑ̃dalize] **1.** *vtr* to scandalize, to shock (s.o.) **2. se s.**, to be scandalized (**de**, by).
scander [skɑ̃de] *vtr* to scan (verse); to chant (slogan).
Scandinavie [skɑ̃dinavi] *Prnf Geog:* Scandinavia. **scandinave** *a & n* Scandinavian.
scanner [skanɛr] *nm Med:* scanner.
scaphandre [skafɑ̃dr̥] *nm* (*a*) diving suit; **s. autonome,** aqualung (*b*) space suit.
scaphandrier [skafɑ̃drije] *nm* diver.
scarabée [skarabe] *nm* beetle.
scarlatine [skarlatin] *nf Med:* scarlet fever.
scarole [skarɔl] *nf Bot:* curly endive.
sceau, sceaux [so] *nm* seal; stamp, mark (of genius); **sous le s. du secret,** under the seal of secrecy.
scélérat, -ate [selera, -at] *A: & Lit:* **1.** *a* wicked **2.** *n* scoundrel.
scellement [sɛlmɑ̃] *nm Const:* sealing; bedding.
sceller [sele] *vtr* **1.** (*a*) to seal (*b*) to ratify, confirm **2.** *Const:* to bed, fasten. **scellé 1.** *a* sealed **2.** *nm* seal.
scel-o-frais [selofrɛ] *nm Rtm:* clingfilm; *NAm:* plastic wrap.
scénario [senarjo] *nm Th:* scenario; *Cin:* film script.
scénariste [senarist] *n* scriptwriter.
scène [sɛn] *nf* **1.** (*a*) stage; **entrer en s.**, to appear, come on; **mettre en s.**, to stage, to direct (play); **metteur en s.**, director; **mise en s.**, production (*b*) theatre, drama (*c*) **la s. politique,** the political scene **2.** (*a*) *Th:* scene; **la s. se passe à Paris,** the action takes place in Paris (*b*) **troisième s. du second acte,** act two, scene three (*c*) **c'était une s. pénible,** it was a painful scene (*d*) *F:* scene, row; **faire une s.**, to make a scene; **s. de ménage,** domestic squabble.
scénique [senik] *a* theatrical; stage (lighting); **indications scéniques,** stage directions.
scepticisme [sɛptisism] *nm* scepticism; *NAm:* skepticism. **sceptique 1.** *a* sceptical; *NAm:* skeptical **2.** *n* sceptic; *NAm:* skeptic. **sceptiquement** *adv* sceptically; *NAm:* skeptically.
sceptre [sɛptr̥] *nm* sceptre.
schéma [ʃema] *nm* (*a*) diagram; (sketch) plan (*b*) project, plan. **schématique** *a* diagrammatic; schematic; *Pej:* sketchy.
schématiquement *adv* diagrammatically, schematically; in outline.
schématiser [ʃematize] *vtr* to represent diagrammatically; *Pej:* to (over)simplify.
schisme [ʃism] *nm* schism.
schiste [ʃist] *nm Geol:* schist.
schizophrénie [skizɔfreni] *nf Psy:* schizophrenia. **schizophrène** *a & n Psy:* schizophrenic.
schnoque [ʃnɔk] *nm* **vieux s.**, old fool.
sciage [sjaʒ] *nm* sawing.

sciatique [sjatik] **1.** *a* sciatic **2.** *nf Med:* sciatica.
scie [si] *nf* **1.** saw; *Tls:* **s. à découper,** fretsaw; jigsaw; **s. à métaux,** hacksaw; **en dents de s.,** serrate(d) **2.** *F:* (*a*) (*pers*) bore (*b*) hit tune.
sciemment [sjamɑ̃] *adv* knowingly, wittingly.
science [sjɑ̃s] *nf* **1.** knowledge, learning; skill **2.** science; **sciences naturelles, appliquées,** natural, applied, science; **sciences humaines,** social sciences.
science-fiction [sjɑ̃sfiksjɔ̃] *nf* science fiction.
scientifique [sjɑ̃tifik] **1.** *a* scientific **2.** *n* scientist. **scientifiquement** *adv* scientifically.
scier [sje] *vtr* (*pr sub & impf* **n. sciions**) **1.** to saw (wood, stone); *F:* **s. qn,** to amaze s.o. **2.** to saw off (branch).
scierie [siri] *nf* sawmill.
scieur [sjœr] *nm* sawyer.
scinder [sɛ̃de] **1.** *vtr* to divide, split up **2. se s.,** to split up.
scintillement [sɛ̃tijmɑ̃] *nm* sparkling, twinkling; glittering.
scintiller [sɛ̃tije] *vi* to scintillate; to sparkle; to glitter; (*of star*) to twinkle.
scission [sisjɔ̃] *nf* split **(de,** in); **faire s.,** to split away.
sciure [sjyr] *nf* **s. (de bois),** sawdust.
sclérose [skleroz] *nf Med:* sclerosis; *Fig:* ossification; **s. en plaques,** multiple sclerosis.
scléroser (se) [səskleroze] *vpr Med:* to sclerose, to harden; *Fig:* to become ossified. **sclérosé** *a* ossified; in a rut.
scolaire [skɔlɛr] *a* scholastic; **année s.,** academic year; **livres scolaires,** school books, text books.
scolarisation [skɔlarizasjɔ̃] *nf* (*a*) school attendance (*b*) schooling.
scolariser [skɔlarize] *vtr* to provide (country) with schools; to send (child) to school.
scolarité [skɔlarite] *nf Sch:* schooling; **s. obligatoire,** compulsory school attendance; **prolongation de la s.,** raising of the school-leaving age.
scoliose [skɔljoz] *nf Med:* scoliosis.
scooter [skutɛr] *nm* (motor) scooter.
scorbut [skɔrbyt] *nm Med:* scurvy.
score [skɔr] *nm Sp:* score.
scories [skɔri] *nfpl* (*a*) slag (*b*) *Geol:* (volcanic) slag; scoria.
scorpion [skɔrpjɔ̃] *nm* scorpion; *Astr:* **le S.,** Scorpio.
scotch [skɔtʃ] *nm* **1.** scotch (whisky) **2.** *Rtm:* Sellotape, *NAm:* Scotchtape.
scout [skut] *nm* (boy) scout.
scoutisme [skutizm] *nm* scouting.
scribe [skrib] *nm* scribe.
scribouillard, -arde [skribujar, -ard] *n F: Pej:* penpusher.
script [skript] *nm* **(écriture) s.,** script printing, writing.
scripte [skript] *nf Cin:* continuity girl.
script-girl [skriptgœrl] *nf Cin:* continuity girl; *pl script-girls.*
scrupule [skrypyl] *nm* scruple, (conscientious) doubt **(sur,** about); **sans scrupules,** unscrupulous(ly); **avoir des scrupules à faire qch,** to have qualms about doing sth. **scrupuleux, -euse** *a* scrupulous **(sur,** about, over, as to); **peu s.,** unscrupulous. **scrupuleusement** *adv* scrupulously.
scrutateur, -trice [skrytatœr, -tris] **1.** *a* searching (look) **2.** *n* scrutineer, teller (of ballot).
scruter [skryte] *vtr* to scrutinize; to scan; to examine closely.
scrutin [skrytɛ̃] *nm* **1.** poll; **dépouiller le s.,** to count the votes **2. tour de s.,** ballot; **voter au s.,** to ballot **3.** voting; (parliamentary) division; **procéder au s.,** to take the vote; (*in Eng Parliament*) to divide; **projet adopté sans s.,** bill passed without a division.
sculpter [skylte] *vtr* to sculpture, to sculpt; to carve; **bois sculpté,** carved wood.
sculpteur [skyltœr] *nm* sculptor; **femme s.,** sculptress; **s. sur bois,** woodcarver.
sculpture [skyltyr] *nf* sculpture; **s. sur bois,** woodcarving. **sculptural** *a* sculptural; statuesque (figure).
se [sə] *before a vowel sound* **s',** *pers pron acc & dat* **1.** (*a*) (*reflexive*) oneself; himself, herself, itself, themselves; **se flatter,** to flatter oneself; **elle s'est coupée au doigt, elle s'est coupé le doigt,** she has cut her finger (*b*) (*reciprocal*) each other, one another; **il est dur de se quitter,** it is hard to part **2.** (*giving passive meaning to active verbs*) **la clef s'est retrouvée,** the key has been found; **cet article se vend partout,** this article is sold everywhere; **la porte s'est ouverte,** the door opened, came open **3.** (*in purely pronom conjugation*) *see* **s'en aller, se dépêcher,** *etc* *Note:* **se** *is usu omitted before an infinitive dependent on* **faire, laisser, mener, envoyer, voir;** *e.g.* **se taire: faire taire les enfants.**
séance [seɑ̃s] *nf* **1.** sitting, session, meeting; **la s. s'ouvrira, sera levée, à huit heures,** the meeting will open, adjourn, at eight; **s. d'information,** briefing **2.** (cinema) performance; show; **s. de spiritisme,** seance **3.** (*a*) **s. (de pose),** sitting (*b*) period; **s. d'entraînement,** training session **4. s. tenante,** at once.
séant [seɑ̃] **1.** (*a*) *a* sitting; in session (*b*) *A: & Lit:* becoming **(à,** to); fitting **2.** *nm* **se mettre sur son s.,** to sit up (in bed).
seau, seaux [so] *nm* pail, bucket; **s. à charbon,** coal scuttle; **apporter un s. d'eau,** to bring a bucket(ful) of water.
sébile [sebil] *nf* wooden (begging) bowl.
sec, sèche [sɛk, sɛʃ] **1.** *a* (*a*) dry (weather, ground); *F:* **j'ai la gorge sèche,** I'm parched (*b*) dried (fish, fruit); seasoned (wood); dry (wine); (*c*) **perte sèche,** dead loss; **en cinq s.,** in no time **2.** (*a*) spare, gaunt (person); lean (figure); **s. comme un coup de trique,** as thin as a rake (*b*) sharp, dry, curt (remark); incisive (tone); sharp (blow); **casser qch d'un coup s.,** to snap sth off; **accueil très s.,** cool reception (*c*) unsympathetic, unfeeling (heart) (*d*) dry, bald (narrative) **3.** *adv* (*a*) **boire s.,** to drink neat, straight (*b*) hard; sharply; **virer s.,** to swing round sharply **4.** *adv phr* (*a*) **à s.,** (i) dry (ii) dried up (iii) *F:* hard up; broke; **mettre une mare à s.,** to drain a pond; **navire à s.,** ship aground (*b*) *P:* **aussi s.,** straight away **5.** *nm* **tenir au s.,** keep in a dry place **6.** *nf P:* **sèche,** cigarette, fag. **sèchement** *adv* curtly, tartly.
SECAM [sekam] *abbr TV: système séquentiel à mémoire.*
sécateur [sekatœr] *nm* secateur(s); pruning shears.
sécession [sesɛsjɔ̃] *nf* secession; **faire s.,** to secede **(de,** from). **secessionniste** *a & n* secessionist.

sèche-cheveux [sɛʃʃəvø] *nm inv* hair drier.
sèche-linge [sɛʃlɛ̃ʒ] *nm inv* tumble drier; **armoire s.-l.,** drying, airing, cupboard.
sécher [seʃe] *v* **(je sèche; je sécherai) 1.** *vtr* (*a*) to dry (clothes, one's tears); to dry up; **se s. au soleil,** to dry oneself in the sun (*b*) *F: Sch:* to skip (a lecture) **2.** (*a*) *vi* to (become) dry; to dry up, to dry out; **faire s. le linge,** to dry the linen (*b*) *F:* to dry up; *Sch:* to be stumped (by examiner).
sécheresse [seʃrɛs] *nf* **1.** (*a*) dryness (of the air, ground) (*b*) *Meteor:* drought **2.** (*a*) curtness (of manner) (*b*) coldness (of heart).
séchoir [seʃwar] *nm* **1.** drying room, ground **2.** (*a*) drier, drying apparatus; **s. (à cheveux),** hairdrier (*b*) **s. (à linge),** clothes horse.
second, -onde [səgɔ̃, -ɔ̃d] **1.** *a* (*a*) second; **en s. lieu,** secondly, in the second place; *a & nm* **au s. (étage),** on the second, *NAm:* third, floor; **de seconde main,** secondhand; **au s. plan,** in the background; **le don de seconde vue,** the gift of second sight (*b*) *Com:* junior (partner); *Th:* supporting (role); **de s. choix,** second rate **2.** *nm* principal assistant; second (in command); *Nau:* first mate **3.** *nf* **seconde** (*a*) *Aut:* second (gear); *Rail:* **voyager en seconde,** to travel second (class); *Sch:* **(classe de) seconde** = fifth form; = *NAm:* eleventh grade (*b*) second (of time); **(attendez) une seconde!** just a second!
secondaire [səgɔ̃dɛr] *a* **1.** secondary; **enseignement s.,** secondary education **2.** subordinate; of minor importance; side (effect).
seconder [səgɔ̃de] *vtr* **1.** to second, back (s.o.) up **2.** to forward, promote (s.o.'s plans).
secouer [səkwe] **1.** *vtr* (*a*) to shake (tree, one's head); to plump up (pillow); (*of shock*) to shake (s.o.); **on a été secoués,** (*in car*) we were shaken about; we had a rough ride; (*on ship*) we had a rough crossing (*b*) to shake up, rouse (s.o.); *F:* **secouez-vous!** pull yourself together! get a move on! *F:* **s. (les puces à) qn** (i) to tell s.o. off (ii) to rouse s.o. to action (*c*) to shake down (fruit); to shake off (yoke, dust) **2. se s.** (*a*) to shake oneself (*b*) to get a move on.
secourir [səkurir] *vtr* (*conj like* COURIR) to help, aid. **secourable** *a* helpful.
secourisme [səkurizm] *nm* first aid.
secouriste [səkurist] *n* first-aid worker.
secours [səkur] *nm* help, relief, aid; **crier au s.,** to shout for help; **au s.!** help! **porter s. à qn,** to help s.o.; *Med:* **premiers s.,** first aid; **s. en montagne,** mountain rescue (service); **cela m'a été d'un grand s.,** it has been a great help; **le s. aux enfants,** child welfare (work); **sortie de s.,** emergency exit; *Rail:* **convoi de s.,** breakdown train; *Aut:* **roue de s.,** spare wheel.
secousse [səkus] *nf* shake, shaking; jolt, jerk; shock; **s. sismique,** earth tremor; **se dégager d'une s.,** to wrench oneself free; **sans s.,** smoothly; **s. politique,** political upheaval; **se remettre d'une s.,** to recover from a shock.
secret, -ète [səkrɛ, -ɛt] **1.** *a* (*a*) secret, hidden (*b*) reticent (person) **2.** *nm* (*a*) secret; **garder un s.,** to keep a secret; **être du s., dans le s.,** to be in on the secret, *F:* in the know (*b*) secrecy; privacy; **en s.,** secretly; **violer le s. professionnel,** to commit a breach of confidence (*c*) **au s.,** in solitary confinement. **secrètement** *adv* secretly.
secrétaire [səkretɛr] **1.** *n* secretary; **s. particulier,** private secretary; **s. général,** Secretary General; **s. de mairie** = town clerk **2.** *nm* writing desk.
secrétariat [səkretarja] *nm* **1.** secretaryship **2.** secretary's office; secretariat.
sécréter [sekrete] *vtr* **(il sécrète; il sécrétera)** (*of gland*) to secrete.
sécrétion [sekresjɔ̃] *nf* secretion.
sectaire [sɛktɛr] *a & n* sectarian.
sectarisme [sɛktarism] *nm* sectarianism.
secte [sɛkt] *nf* sect.
secteur [sɛktœr] *nm* **1.** *Mth:* sector **2.** (*a*) area, district; *Com:* **s. de vente,** sales area (*b*) *Mil:* sector (*c*) *El:* mains **3.** field (of activity); **le s. privé,** the private sector; private enterprise; *F:* **ce n'est pas mon s.,** that's not my line.
section [sɛksjɔ̃] *nf* **1.** section, cutting **2.** (*a*) section; *Adm:* branch (*b*) *Mil:* platoon **3.** *Mth:* (i) section (ii) intersection **4.** fare stage (on bus route).
sectionnement [sɛksjɔnmɑ̃] *nm* cutting, severing.
sectionner [sɛksjɔne] *vtr* to divide (into sections); to sever (finger, etc); **se s.,** to be severed.
séculaire [sekylɛr] *a* century-old; age-old.
séculier, -ière [sekylje, -jɛr] *a* (*a*) secular (*b*) laic; lay.
secundo [s(ə)gɔ̃do] *adv* secondly.
sécurisant [sekyrizɑ̃] *a* reassuring.
sécuriser [sekyrize] *vtr* to reassure; to make (s.o.) feel secure. **sécurisé** *a* safe.
sécurité [sekyrite] *nf* **1.** security; **s. de l'emploi,** security of employment; *Adm:* **S. sociale** = social services; social security **2.** safety; **s. routière,** road safety; **règles de s.,** safety rules; **en s.,** secure; safe.
sédatif, -ive [sedatif, -iv] *a & nm Med:* sedative.
sédentaire [sedɑ̃tɛr] *a* sedentary.
sédiment [sedimɑ̃] *nm* sediment. **sédimentaire** *a* sedimentary.
séditieux, -euse [sedisjø, -øz] **1.** *a* (*a*) seditious (*b*) mutinous; rebellious **2.** *n* rebel, mutineer.
sédition [sedisjɔ̃] *nf* sedition; mutiny.
séducteur, -trice [sedyktœr, -tris] **1.** *n* seducer, seductress **2.** *a* seductive; fascinating, beguiling.
séduction [sedyksjɔ̃] *nf* **1.** seduction **2.** charm; attraction.
séduire [sedɥir] *vtr* (*conj like* CONDUIRE) **1.** to seduce (s.o.) **2.** to fascinate, captivate, charm; to attract (s.o.). **séduisant** *a* attractive (person); appealing (idea).
segment [sɛgmɑ̃] *nm* segment.
segmentation [sɛgmɑ̃tasjɔ̃] *nf* segmentation.
segmenter [sɛgmɑ̃te] *vtr* to segment.
ségrégation [segregasjɔ̃] *nf* segregation.
ségrégationnisme [segregasjɔnism] *nm* segregationism. **ségrégationniste** *a & n* segregationist.
seiche [sɛʃ] *nf Moll:* cuttlefish.
seigle [sɛgl] *nm* rye.
seigneur [sɛɲœr] *nm* **1.** lord **2. le S.,** the Lord. **seigneurial, -aux** *a* stately, lordly.
sein [sɛ̃] *nm* (*a*) breast; bosom; **donner le s. à un enfant,** to breastfeed (a child); **serveuse seins nus,** topless waitress (*b*) womb (*c*) **au s. de la famille,** in

the bosom of the family; **au s. de la commission,** within the committee.

Seine [sɛn] *Prnf Geog:* **la S.,** the Seine.

séisme [seism] *nm* earthquake.

SEITA [seita] *abbr Service d'exploitation industrielle des tabacs et allumettes.*

seize [sɛz] *num a inv* sixteen; **le s. mai,** (on) the sixteenth of May; **habiter au numéro s.,** to live at number sixteen. **seizième** *num a & n* sixteenth.

séjour [seʒur] *nm* **1.** (*a*) stay; **s. de quinze jours,** fortnight's stay (*b*) **(salle de) s.,** living room **2.** *Lit:* abode.

séjourner [seʒurne] *vi* (*of pers*) to stay; (*of water, etc*) to lie.

sel [sɛl] *nm* **1.** (*a*) salt; **s. fin,** table salt; **régime sans s.,** salt-free diet (*b*) **sels de bain,** bath salts **2.** piquancy, wit **3.** *pl Med:* (smelling) salts.

sélect [selɛkt] *a F:* select.

sélecteur [selɛktœr] *nm* selector; switch.

sélection [selɛsksjɔ̃] *nf* selection, choice; **s. professionnelle,** professional aptitude test; *Sp:* **match de s.,** trial game. **sélectif, -ive** *a* selective.

sélectionner [selɛksjɔne] *vtr* to choose, select; to pick. **selectionné** *a & n* selected (player); nominated (for a prize).

sélectionneur, -euse [selɛksjɔnœr, -øz] *n Sp:* selector.

self(-service) [sɛlf(sɛrvis)] *nm* self-service (restaurant, shop); *pl self-services.*

selle [sɛl] *nf* **1.** *Physiol:* stool; motion; **aller à la s.,** to have a motion **2.** saddle; **se mettre en s.,** to mount **3.** *Cu:* saddle (of mutton).

seller [sele] *vtr* to saddle (horse).

sellerie [sɛlri] *nf* saddlery; harness room.

sellette [sɛlɛt] *nf* (small) seat; stool; *Fig:* **mettre qn sur la s.,** to put s.o. in the hot seat.

sellier [sɛlje] *nm* saddler.

selon [s(ə)lɔ̃] *prep* according to; **s. moi,** in my opinion; **c'est s.,** it all depends; **s. que** + *ind,* depending on whether.

Seltz [sɛls] *nm* **eau de S.,** soda (water).

semailles [səmɑj] *nfpl* sowing; **le temps des s.,** seedtime.

semaine [səmɛn] *nf* (*a*) week; **en s.,** in the week; **deux fois par s.,** twice a week; **fin de s.,** weekend; *F:* **la s. des quatres jeudis,** never (in a month of Sundays) (*b*) working week; **faire la s. anglaise,** to work a five-day week (*c*) week's pay.

sémantique [semɑ̃tik] **1.** *a* semantic **2.** *nf* semantics.

sémaphore [semafɔr] *nm* semaphore.

semblable [sɑ̃blabl] **1.** *a* (*a*) alike; similar (**à,** to); **s. à son père,** like his father (*b*) such; **je n'ai rien dit de s.,** I said nothing of the sort **2.** *n* (*a*) fellow; like, equal, counterpart; **vous et vos semblables,** you and people like you (*b*) **nos semblables,** our fellow men.

semblant [sɑ̃blɑ̃] *nm* semblance, appearance; **faux s.,** pretence; **un s. de résistance,** a show of resistance; **faire s. de faire qch,** to pretend to be doing sth.

sembler [sɑ̃ble] *vi* (*aux* **avoir**) (*a*) to seem, to appear; **elle semblait heureuse,** she seemed happy (*b*) *impers* **il me semble l'entendre encore,** it's as though I can hear him still; **à ce qu'il me semble,** it seems to me that; I think; **faites comme bon vous semble(ra),** do as you think best; **il semble que** + *ind or sub,* it seems that; it looks as if.

semelle [səmɛl] *nf* sole (of shoe); **s. intérieure,** insole; **il ne reculera pas d'une s.,** he won't give way an inch; **il ne me quitte pas d'une s.,** he's always at my heels.

semence [səmɑ̃s] *nf* **1.** (*a*) seed; **blé de s.,** seed corn (*b*) *Physiol:* semen **2.** (*a*) **s. de perles,** seed pearls (*b*) (tin)tack.

semer [səme] *vtr* **(je sème, n. semons) 1.** to sow (seeds, a field) **2.** to strew, scatter (flowers); to spread (news, discord); **s. de l'argent,** to throw money about **3.** *F:* (*a*) to shake off, get rid of (s.o.) (*b*) to lose (sth).

semestre [səmɛstr̥] *nm* **1.** half-year **2.** six-monthly payment **3.** *Sch:* semester. **semestriel, -ielle** *a* half-yearly, six-monthly.

semeur, -euse [səmœr, -øz] *n* sower.

semi-automatique [səmiɔtɔmatik] *a* semi(-)automatic.

semi-circulaire [səmisirkylɛr] *a* semicircular.

semi-conducteur [səmikɔ̃dyktœr] *nm El:* semi(-)conductor.

sémillant [semijɑ̃] *a* lively, vivacious.

séminaire [seminɛr] *sm* (*a*) seminary (*b*) *Sch:* seminar.

séminariste [seminarist] *nm* seminarist.

semi-remorque [səmir(ə)mɔrk] *nf* trailer; articulated lorry; *NAm:* semi(trailer).

semis [səmi] *nm* **1.** sowing **2** seedbed **3.** seedlings.

sémite [semit] **1.** *a* Semitic **2.** *n* Semite.

sémitique [semitik] *a* Semitic.

semonce [səmɔ̃s] *nf* **1.** *Nau:* **coup de s.,** warning shot **2.** reprimand, scolding.

semoule [səmul] *nf* semolina.

sempiternel [sɑ̃pitɛrnɛl] *a* eternal, never-ending.

sénat [sena] *nm* **1.** senate **2.** senate house.

sénateur [senatœr] *nm* senator. **sénatorial, -aux** *a* senatorial.

Sénégal [senegal] *Prnm Geog:* Senegal. **sénégalais, -aise** *a & n* Senegalese.

sénilité [senilite] *nf* senility. **sénile** *a* senile.

sens [sɑ̃s] *nm* **1.** sense (of touch, sight, time); **le sixième s.,** the sixth sense; **reprendre ses s.,** to regain consciousness; **s. moral,** conscience **2.** sense, judgment; **s. commun,** common sense; **un homme de bon s.,** a sensible man; **ça n'a pas de s.,** it doesn't make (any) sense; **à mon s.,** in my opinion **3.** sense, meaning (of a word); **s. propre,** literal meaning; **dépourvu de s.,** meaningless; **en ce s. que,** in that **4.** direction, way; **dans le mauvais s.,** the wrong way (up, round); **en s. inverse,** in the opposite direction; **dans le s. de la longueur,** lengthwise; **dans le s. (inverse) des aiguilles d'une montre,** (anti-)clockwise; **retourner qch dans tous les s.,** to turn sth over and over; *PN:* **s. unique,** one-way street; *PN:* **s. interdit,** no entry; *Rail:* **dans le s. de la marche,** facing the engine; *adv phr* **s. dessus dessous** (i) upside down (ii) in a mess.

sensation [sɑ̃sasjɔ̃] *nf* **1.** sensation; feeling (of warmth, cold); **j'ai la s. de le connaître,** I have a feeling I know him **2.** excitement; **roman à s.,** sensational novel; **faire s.,** to create a sensation; **la pièce a fait s.,** the play was a hit. **sensationnel, -elle** *a* sensational; *F:* superb, fantastic.

sensé [sɑ̃se] *a* sensible (person, action).
sensibilisation [sɑ̃sibilizasjɔ̃] *nf* sensitization; growing public awareness (**à**, of).
sensibiliser [sɑ̃sibilize] *vtr* to sensitize; to make (s.o.) sensitive to (sth).
sensibilité [sɑ̃sibilite] *nf* sensitivity, sensitiveness.
sensible [sɑ̃sibl̩] *a* **1.** (*a*) sensitive (**à**, to; **sur**, about); susceptible (to pain, influence); **peu s.**, insensitive, *F:* thick-skinned; **être s. au froid,** to feel the cold; **toucher la note s.,** to appeal to the emotions (*b*) sympathetic; **cœur s.,** tender heart (*c*) sensitive (balance, thermometer) (*d*) painful, sore (when touched); sensitive, tender (tooth) **2.** perceptible; appreciable (progress, etc); **le monde s.,** the tangible world; **un vide s.,** a noticeable gap. **sensiblement** *adv* (*a*) approximately, more or less (*b*) appreciably, perceptibly.
sensiblerie [sɑ̃sibləri] *nf* sentimentality.
sensitif, -ive [sɑ̃sitif, -iv] **1.** *a Physiol:* sensory **2.** *nf Bot:* sensitive plant.
sensoriel, -ielle [sɑ̃sɔrjɛl] *a* sensory.
sensualité [sɑ̃sɥalite] *nf* sensuality; sensuousness.
sensuel, -elle [sɑ̃sɥɛl] *a* sensual; sensuous (music, etc). **sensuellement** *adv* sensually; sensuously.
sentence [sɑ̃tɑ̃s] *nf* **1.** maxim **2.** (*a*) sentence, judgment (*b*) decision, award. **sentencieux, -ieuse** *a* sententious.
senteur [sɑ̃tœr] *nf Lit:* scent.
senti [sɑ̃ti] *a* heartfelt; well chosen (words).
sentier [sɑ̃tje] *nm* (foot)path; **s. battu,** beaten track.
sentiment [sɑ̃timɑ̃] *nm* **1.** (*a*) sensation, feeling (of joy, hunger) (*b*) sense (of duty); consciousness; **avoir le s. que,** to have a feeling that, to be aware that **2.** (*a*) sentiment, sensibility; **ses sentiments vis-à-vis de moi,** his feelings towards me; **faire du s.,** to sentimentalize (*b*) **avoir du s. pour qn,** to feel attracted to s.o. (*c*) *Corr:* **veuillez agréer mes sentiments distingués,** yours faithfully.
sentimentalité [sɑ̃timɑ̃talite] *nf* sentimentality. **sentimental, -aux** *a* sentimental. **sentimentalement** *adv* sentimentally.
sentinelle [sɑ̃tinɛl] *nf Mil:* sentry; **en s.,** on guard, on sentry duty.
sentir [sɑ̃tir] (*conj like* MENTIR) **1.** *vtr* (*a*) to feel (pain, hunger, joy); **s. qch pour qn,** to feel affection for s.o. (*b*) to be conscious of; to be aware (of danger); **je sens que vous avez raison,** I have a feeling that you are right; (*of effect, etc*) **se faire s.,** to make itself felt (*c*) to smell (odour, flower); *F:* **je ne peux pas le s.,** I can't stand him **2.** *vi* (*a*) (*with cogn acc*) to taste of, smell of (sth); **ça sent le brûlé,** there's a smell of burning; **vin qui sent le bouchon,** corked wine; **la pièce sent l'humidité,** the room smells damp (*b*) **s. bon,** to smell good (*c*) *F:* to smell, to stink; **s. des pieds,** to have smelly feet **3. se s.** (*a*) **je me sens fatigué(e),** I feel tired; **se s. du courage,** to feel brave (*b*) **il ne se sent pas de joie,** he is beside himself with joy; *F:* **tu ne te sens plus?** have you gone mad?
seoir [swar] *vi* (*used only in prp* **seyant, séant;** *pr ind* **il sied**) **s. à,** to suit, become; **comme il sied,** as is fitting.
sépale [sepal] *nm Bot:* sepal.
séparation [separasjɔ̃] *nf* (*a*) separation; parting; **s. de corps,** legal separation (of husband and wife) (*b*) partition, division; **mur de s.,** dividing wall; **faire une s. entre,** to draw a dividing line between.
séparatisme [separatism] *nm* separatism. **séparatiste** *a & n* separatist.
séparer [separe] **1.** *vtr* (*a*) to separate (**de,** from); **s. les bons d'avec les mauvais,** to separate the good from the bad; **s. qch en trois,** to divide sth in three; **personne ne peut nous s.,** no one can come between us (*b*) to divide, keep apart; to distinguish (sth from sth); **mur qui sépare deux champs,** wall dividing two fields **2. se s.** (*a*) to separate, part (**de,** from); to part company; **se s. de sa femme,** to separate from one's wife (*b*) (*of river, road*) to divide, branch off (*c*) (*of crowd, assembly*) to break up, disperse. **séparable** *a* separable (**de,** from). **séparé** *a* **1.** separate, distinct **2.** separated (**de,** from). **séparément** *adv* separately.
sépia [sepja] *nf* sepia.
sept [sɛt] *num a inv & nm inv* seven; **le s. mai,** (on) the seventh of May.
septante [sɛptɑ̃t] *num a & nm inv Belg: SwFr:* seventy.
septembre [sɛptɑ̃br̩] *nm* September; **en s.,** in September; **le premier s.,** (on) the first of September; **fin de s.,** late September.
septennat [sɛptɛna] *nm Pol:* seven-year term.
septentrional, -aux [sɛptɑ̃trijɔnal, -o] *a* northern.
septicémie [sɛptisemi] *nf* blood poisoning, septicaemia.
septième [sɛtjɛm] *num a & n* seventh; **être au s. ciel,** to be in seventh heaven. **septièmement** *adv* in the seventh place.
septique [sɛptic] *a Med:* septic; *Hyg:* **fosse s.,** septic tank.
septuagénaire [sɛptɥaʒenɛr] *a & n* septuagenarian.
sépulcre [sepylkr̩] *nm* sepulchre. **sépulchral, -aux** *a* sepulchral.
sépulture [sepyltyr] *nf* **1.** burial **2.** burial place.
séquelles [sekɛl] *nfpl* aftermath; after effects.
séquence [sekɑ̃s] *nf* sequence.
séquestration [sekɛstrasjɔ̃] *nf* sequestration; confinement (of s.o.).
séquestre [sekɛstr̩] *nf* **mettre sous s.,** to sequester (property).
séquestrer [sekɛstre] *vtr* to sequestrate, to sequester (property); to confine (s.o.) illegally, to lock up.
sérail, -ails [seraj] *nm* seraglio.
séraphin [serafɛ̃] *nm* seraph.
serein [sərɛ̃] *a* serene, calm. **sereinement** *adv* serenely, calmly.
sérénade [serenad] *nf* serenade.
sérénité [serenite] *nf* serenity, calmness.
serf, serve [sɛrf, sɛrv] *n Hist:* serf.
serge [sɛrʒ] *nm Tex:* (woollen) serge.
sergent [sɛrʒɑ̃] *nm Mil:* sergeant; **s.-chef,** quartermaster sergeant; **s. instructeur,** drill sergeant; *A:* **s. de ville,** policeman.
série [seri] *nf* **1.** (*a*) series; succession; *TV: etc:* **s. (d'émissions),** series; **s. de jours chauds,** spell of hot weather; **s. noire,** chapter of accidents; run of bad luck (*b*) *Bill:* break; run (of cannons) (*c*) *Sp:* heat; **s.**

éliminatoire, qualifying heat **2.** (*a*) series (of stamps); set (of tools); range (of sizes, samples) (*b*) *Ind: Com:* range, line (of goods); **fabrication en s.,** mass production; **article de s.,** standard article; **article hors s.,** custom-built article; (*magazine, etc*) **numéro hors s.,** special issue; *Fig:* **personnalité hors s.,** outstanding personality; **fins de s.,** remnants; *Publ:* remainders (*c*) group, category; *Sp:* rating.

sérieux, -euse [serjø, -øz] **1.** *a* (*a*) serious, grave, sober; **s. comme un pape,** as solemn as a judge (*b*) serious-minded (person) (*c*) earnest, genuine; reliable, responsible (person); **êtes-vous s.?** are you serious? **d'un air s.,** seriously; **offre sérieuse,** bona fide offer; **peu s.,** irresponsible (person) (*d*) important (matter); serious (illness); *Com:* **client s.,** good customer **2.** *nm* seriousness, gravity; **garder son s.,** to keep a straight face; **se prendre au s.,** to take oneself seriously. **sérieusement** *adv* seriously; genuinely; gravely.

serin [sərɛ̃] *nm Orn:* canary.

seriner [sərine] *vtr Pej:* **s. qch à qn,** to drum sth into s.o.

seringue [sərɛ̃g] *nf* syringe.

seringuer [sərɛ̃ge] *vtr* to syringe.

serment [sɛrmɑ̃] *nm* (solemn) oath; **prêter s.,** to take an oath; **faire le s. de faire qch,** to swear to do sth; **déclaration sous s.,** sworn statement; **faire un faux s.,** to commit perjury.

sermon [sɛrmɔ̃] *nm* sermon; *Fig:* lecture.

sermonner [sɛrmɔne] *vtr* to lecture (s.o.).

séropositif, -ive [serɔpozitif, -ive] *a Med:* HIV+.

serpe [sɛrp] *nf* billhook.

serpent [sɛrpɑ̃] *nm* snake; serpent; **s. à sonnette,** rattlesnake.

serpenter [sɛrpɑ̃te] *vi* (*of river, road*) to wind, to meander, to curve.

serpentin [sɛrpɑ̃tɛ̃] *nm* (*a*) coil (of tubing) (*b*) paper streamer.

serpillière [sɛrpijɛr] *nf DomEc:* floorcloth.

serpolet [sɛrpɔlɛ] *nm Bot:* wild thyme.

serrage [sɛraʒ] *nm* tightening (of screw); clamping (of joint).

serre [sɛr] *nf* **1.** greenhouse; conservatory; glasshouse; **s. chaude,** hothouse; **sous s.,** under glass; *Meteor:* **effet de s.,** greenhouse effect **2.** *pl* claws, talons (of bird of prey).

serre-livres [sɛrlivr̥] *nm inv* bookend.

serrement [sɛrmɑ̃] *nm* squeezing, pressure; **s. de main,** handshake; **s. de cœur,** pang.

serrer [sere] **1.** *vtr* (*a*) to press, squeeze, clasp; **s. la main à qn,** to shake s.o.'s hand; **s. qn entre ses bras,** to hug s.o.; **s. le cou à qn,** to strangle s.o.; **s. qch dans sa main,** to grip sth; **cela me serre le cœur,** it wrings my heart (*b*) to tighten (knot, screw); to screw up (nut); to clench (fists, teeth); **s. les freins,** to put on the brakes (*c*) to close up; to press close together; *Mil:* to close (ranks) (*d*) to keep close to (s.o., sth); to hug (the shore, the kerb); **s. qn de près,** to follow s.o. closely; **s. une question de près,** to study a question closely; *PN:* **serrez à droite!** = keep to nearside (lane); *F:* **se s. les coudes,** to back one another up **2. se s.** (*a*) to stand, sit, close together; to crowd; **serrez-vous!** sit closer! **se s. les uns contre les autres,** to huddle together; **se s. contre qn,** to snuggle up to s.o. (*b*) to tighten up; **mon cœur se serra,** my heart sank (*c*) *Fig:* to tighten one's belt. **serré** (*a*) *a* tight (boots, knot); compact, serried (ranks); narrow (pass); close (writing); **les dents serrées,** with clenched teeth; **serrés comme des sardines,** packed like sardines; **avoir le cœur s.,** to have a heavy heart; **surveillance serrée,** close supervision; *Sp:* **arrivée serrée,** close finish (*b*) *adv* **jouer s.,** to play a cautious game.

serre-tête [sɛrtɛt] *nm inv* headband.

serrure [seryr] *nf* lock; **s. de sûreté,** safety lock; **trou de (la) s.,** keyhole.

serrurerie [seryrri] *nf* (*a*) locksmith's trade; (*shop*) locksmith's (*b*) ironwork.

serrurier [seryrje] *nm* locksmith.

sertir [sɛrtir] *vtr* to set (precious stone).

sérum [serɔm] *nm* serum.

servant, -ante [sɛrvɑ̃, -ɑ̃t] **1.** *a* serving **2.** *nm* (*a*) *Artil:* gunner (*b*) *Ecc:* **s. (de messe),** server **3.** *nf* **servante** (*a*) maidservant (*b*) dinner waggon.

serveur, -euse [sɛrvœr, -øz] **1.** *n* barman, barmaid; waiter, waitress **2.** *n Cards:* dealer; *Ten:* server **3.** *nm Cmptr:* **s. (de données),** on line data service.

serviabilité [sɛrvjabilite] *nf* helpfulness. **serviable** *a* obliging; helpful.

service [sɛrvis] *nm* **1.** (*a*) service; **être au s. de qn,** to be in s.o.'s service; **porte de s.,** tradesmen's entrance; **escalier de s.,** backstairs (*b*) service (in hotel, restaurant); **s. compris,** service included; **libre s.,** self-service (in shop); *Com:* **s. après-vente,** after-sales service (*c*) *Adm:* **s. contractuel,** contract service; *Adm: Mil:* **états de s.,** service record; **s. militaire, s. national,** national service; **faire son s.,** to do one's national service; **apte au s.,** fit for service; **libéré du s.,** discharged (*d*) *Ten:* service **2.** duty; **être de s.,** to be on duty; **s. de garde,** guard duty; **officier de s.,** duty officer; **s. de jour, de nuit,** day, night, duty; **tableau de s.,** duty roster **3.** (*a*) branch, department, service; *Adm:* **chef de s.,** head of department; **s. de renseignements,** enquiry office; *Tp:* directory enquiries; **les services publics,** public utilities; **s. des eaux,** water supply; **s. postal,** mail, postal, service (*b*) *Mil:* corps, service; **s. des renseignements,** intelligence (service) (*c*) (health, social) service; **s. des contagieux,** isolation ward (*d*) *Com:* (accounts, dispatch) department (of firm) **4.** (*a*) running (of machine); **s. manuel,** manual operation (*b*) use (of machine); **en s.,** in use, in operation; **en état de s.,** in working order; **hors (de) s.,** out of order (*c*) service (of train, aircraft); **assurer le s. entre A et B,** to run between A and B **5. rendre un bon, un mauvais, s. à qn,** to do s.o. a good, a bad, turn; **à votre s.,** at your service; **ça m'a rendu grand s.,** it was very useful to me **6.** *Rel:* service **7.** (*a*) course (of a meal) (*b*) *Rail: etc:* **premier s.,** first sitting (for lunch, dinner) **8.** set (of utensils); **s. de table,** dinner service.

serviette [sɛrvjɛt] *nf* **1.** (*a*) (table) napkin (*b*) **s. (de toilette),** (hand) towel; **s. hygiénique,** sanitary towel **2.** briefcase.

serviette-éponge [sɛrvjɛtepɔ̃ʒ] *nf* (terry) towel; *pl serviettes-éponges.*

servile [sɛrvil] *a* servile (pers); slavish (imitation). **servilement** *adv* servilely; slavishly.

servilité [sɛrvilite] *nf* servility.

servir [sɛrvir] *v* (*conj like* MENTIR) **1.** *vi* (*a*) to serve; to be useful (**à qn,** to s.o.); to be in use; **la machine peut s. encore,** the machine is still fit for use; **cela peut s. un jour,** it may come in handy one day (*b*) **s. à qch,** to be useful for sth; **cela ne sert à rien de pleurer,** it's no good crying; **ça ne servira pas à grand-chose,** it won't be much use; **à quoi sert d'y aller?** what's the use of going there? (*c*) **s. de,** to serve as, be used as (sth); (*of pers*) to act as; **s. de prétexte,** to serve as a pretext; **ça m'a servi de leçon,** it was a lesson to me **2.** *vtr* (*a*) to be a servant to (s.o.); to serve (s.o.) (*b*) *vi* to serve (in army) (*c*) to serve, attend to (customer); to wait on (diner); **Madame est servie,** dinner is served, madam; *F:* **en fait de pluie nous sommes servis,** we've had more than our share of rain (*d*) to serve (up), dish up (a meal); **s. à boire à qn,** to fill s.o.'s glass (*e*) to help, be of service to (s.o.) (*f*) **s. la messe,** to serve at mass (*g*) *Ten:* to serve; *Cards:* **à vous de s.,** (it's) your deal **3. se s.** (*a*) **se s. d'un plat,** to help oneself to a dish; **servez-vous!** help yourself! (*b*) **se s. chez Martin,** to shop at Martin's (*c*) **se s. de qch,** to use sth, to make use of sth.

serviteur [sɛrvitœr] *nm* servant.

servitude [sɛrvityd] *nf* (*a*) servitude (*b*) constraint.

servofrein [sɛrvɔfrɛ̃] *nm Aut: etc:* servobrake.

ses [se, sɛ] *poss a see* SON[1].

session [sɛsjɔ̃] *nf* session, sitting.

seuil [sœj] *nm* **1.** threshold; doorstep; *Fig:* brink (of death); **s. de rentabilité,** break-even point **2.** *Geog:* shelf; *HydE:* sill (of lock).

seul [sœl] *a* **1.** (*preceding the n*) (*a*) only, sole, single; **comme un s. homme,** as one man; **son s. souci,** his one, only, care; **mon s. et unique stylo,** my one and only pen; **pas un s.,** not one; **il était le s. à le dire,** he was the only one who said it (*b*) **la seule pensée m'effraie,** the mere thought frightens me **2.** (*following the n or used predicatively*) alone, by oneself; on one's own; **une femme seule,** a single woman; **se sentir très s.,** to feel very lonely; **parler s. à qn,** to speak to s.o. alone; **je l'ai fait tout s.,** I did it (by) myself; **parler tout s.,** to talk to oneself **3. seule la violence le contraindrait,** only violence, violence alone, would compel him; **s. un expert pourrait nous conseiller,** only an expert could advise us; **nous sommes seuls à le savoir,** we're the only ones who know of it.

seulement [sœlmɑ̃] *adv* **1.** (*a*) only; **nous sommes s. deux,** there are only two of us; **il vient s. de partir,** he's only just gone (*b*) solely, merely **2.** even; **il ne m'a pas s. remercié,** he didn't even thank me; **sans s. me remercier,** without even thanking me; **si s.,** if only **3. je viendrais bien, s.,** I'd like to come, but.

sève [sɛv] *nf* sap (of plant).

sévère [sevɛr] *a* **1.** severe; stern, harsh; **climat s.,** hard climate **2.** strict (discipline). **sévèrement** *adv* severely; sternly, harshly; strictly.

sévérité [severite] *nf* severity; sternness, harshness.

sévices [sevis] *nmpl* brutality, cruelty.

sévir [sevir] *vi* **1. s. contre qn,** to deal ruthlessly with s.o. **2.** (*of epidemic, war*) to rage, to hold sway.

sevrage [səvraʒ] *nm* weaning.

sevrer [səvre] *vtr* (**je sèvre, n. sevrons**) to wean (child, lamb); *Fig:* **s. de,** to deprive of.

sexe [sɛks] *nm* **1.** sex; **l'autre s.,** the opposite sex **2.** sex organs.

sexisme [sɛksism] *nm* sexism. **sexist** *a & n* sexist.

sexologue [sɛksɔlɔg] *n* sexologist.

sextuor [sɛkstɥɔr] *nm* sextet.

sextant [sɛkstɑ̃] *nm Mth: Nau:* sextant.

sexualité [sɛksɥalite] *nf* sexuality. **sexuel, -elle** *a* sexual; **éducation sexuelle,** sex education. **sexuellement** *adv* sexually.

sexy [sɛksi] *a P:* sexy.

seyant [sɛjɑ̃] *a* becoming (dress, colour).

shah [ʃa] *nm* shah.

shakespearien, -ienne [ʃɛkspirjɛ̃, -jɛn] *a* Shakespearian.

shampooing [ʃɑ̃pwɛ̃] *nm* shampoo; **faire un s. à qn,** to shampoo s.o.'s hair; **s. colorant,** rinse.

shampouiner [ʃɑ̃pwine] to shampoo.

shampouineur, -euse [ʃɑ̃pwinœr, -øz] *n* junior.

Shanghai [ʃɑ̃gaj] *Prnm Geog:* Shanghai.

shérif [ʃerif] *nm* sheriff.

shoot [ʃut] *nm Fb:* shot.

shooter [ʃute] **1.** *vi Fb:* to shoot **2.** *P:* **se s.,** to mainline.

short [ʃɔrt] *nm Cl:* (pair of) shorts.

si[1] [si] *conj* (*by elision* **s'** *before* **il, ils**) **1.** (*a*) if; **si on ne le surveille pas, il s'échappera,** unless he is watched he will escape; **si ce n'était mon rhumatisme,** if it weren't for my rheumatism; **si je ne me trompe,** if I'm not mistaken; **si seulement,** if only (*b*) **c'est à peine s'il peut distinguer les chiffres,** he can hardly see the numbers **2.** whether, if; **je me demande si c'est vrai,** I wonder whether it's true, if it's true; *F:* **vous connaissez Paris?—si je connais Paris!** you know Paris?—of course I know Paris! **si c'est malheureux de voir ça!** isn't it dreadful to see that! **3.** how; how much; **pensez si j'étais furieux!** you can imagine how angry I was! **4.** what if; suppose; **et si elle l'apprend?** and what if she hears of it? **et si on faisait une partie de bridge?** what about a game of bridge? **5** *nm* **tes si et tes mais,** your ifs and buts.

si[2] *adv* **1.** (*a*) so; so much; **un si bon dîner,** such a good dinner; **ce n'est pas si facile,** it's not so easy (*b*) **il n'est pas si beau que vous,** he is not as handsome as you (*c*) **si bien que,** with the result that **2. si jeune qu'il soit,** young as he is; **si peu que ce soit,** however little it may be **3.** (*in answer to a neg question*) yes; **il n'est pas parti?—si,** he hasn't gone?—yes, he has; **il ne s'en remettra pas—mais si!** he won't get over it—of course he will!

si[3] *nm inv Mus:* **1.** (the note) B **2.** ti (in fixed do system).

siamois, -oise [sjamwa, -waz] *a & n* Siamese; **(chat) s.,** Siamese cat; **frères s., sœurs siamoises,** Siamese twins.

Sibérie [siberi] *Prnf Geog:* Siberia. **sibérien, -ienne** *a & n* Siberian.

sibilant [sibilɑ̃] *a* sibilant, hissing (sound).

sic [sik] *adv* sic.

SICAV [sikav] *nf abbr Société d'investissement à capital variable,* unit trust.

Sicile [sisil] *Prnf Geog:* Sicily. **sicilien, -ienne** *a & n* Sicilian.

SIDA [sida] *nm abbr Syndrome immuno-déficitaire acquis,* AIDS.

sidatique [sidatik] **sidéen, -enne** [sideɛ̃, -ɛn] **1.** *a* suffering from AIDS **2.** *n* AIDS sufferer; person with AIDS.

sidéral, -aux [sideral, -o] *a* sidereal.

sidérer [sidere] *vtr* **(il sidère; il sidérera)** *F:* to flabbergast, to stagger s.o. **sidérant** *a* staggering. **sidéré** *a* flabbergasted, staggered.

sidérurgie [sideryrʒi] *nf* iron and steel industry, metallurgy. **sidérurgique** *a* **industrie s.,** iron and steel industry.

sidérurgiste [sideryrʒist] *n* iron and steel metallurgist.

siècle [sjɛkl] *nm* **1.** century **2.** age, period (of time); **notre s.,** the age we live in; **être d'un autre s.,** to be of another age; *F:* **il y a un s. que je ne vous ai vu,** I haven't seen you for ages.

siège [sjɛʒ] *nm* **1.** *(a)* seat, centre (of learning, activity); **s. social,** registered offices (of a company) *(b) Ecc:* **s. épiscopal,** see **2.** *Mil:* siege; **mettre le s. devant,** to lay siege to; **lever le s.,** (i) to raise the siege (ii) *Fig:* to get up and go **3.** seat, chair; **s. à la Chambre,** seat (in parliament); **le s. du juge,** the judge's bench; **prenez un s.,** take a seat **4.** seat (of chair); *Av:* **s. éjectable,** ejector seat.

siéger [sjeʒe] *vi* **(je siège, n. siégeons; je siégerai) 1.** *(of company)* to have its head office, headquarters; **c'est là que siège le mal,** that's where the trouble lies **2.** *(of assembly)* to sit **3. s. à la Chambre,** to have a seat in Parliament; *Jur:* **s. au tribunal,** to be on the bench.

sien, sienne [sjɛ̃, sjɛn] **1.** *poss a* his, hers, its, one's; **adopter qch comme s.,** to adopt sth as one's own; **faire s.,** to accept as one's own **2. le s., la sienne, les siens, les siennes** *(a) poss pron* **ma sœur est plus jolie que la sienne,** my sister is prettier than his, than hers; **il prit mes mains dans les deux siennes,** he took my hands in his *(b) nm* (i) **à chacun le s.,** to each his own; **y mettre du s.,** to contribute (to an undertaking) (ii) *pl* his own, her own, one's own (friends, family) (iii) *F:* **il a encore fait des siennes,** he's been up to his tricks again.

sieste [sjɛst] *nf* siesta, nap; **faire la s.,** to take a nap (after lunch).

sifflement [siflәmɑ̃] *nm* whistling, whistle; hiss(ing); wheezing.

siffler [sifle] **1.** *vi (a)* to whistle; *(of snake, goose)* to hiss; *(of breathing)* to wheeze *(b)* to blow a whistle **2.** *vtr (a)* to whistle (a tune); *Sp:* **s. une faute, la mi-temps,** to whistle for a foul, for half time *(b)* to whistle for, to whistle up (a taxi); to whistle for (a dog); *Aut: F:* **se faire s. (par la police),** to be pulled up (by the police); *F:* **s. une fille,** to whistle at a girl *(c) Th:* to hiss, to boo *(d) P:* to swig, to knock back (drink). **sifflant, -ante** *a* whistling; hissing; wheezing.

sifflet [siflɛ] *nm* **1.** whistle; **(coup de) s.,** whistle **2.** *pl Th:* booing, boos.

siffleur, -euse [siflœr, -øz] **1.** *a* whistling; hissing **2.** *n* whistler; *Th:* hisser, booer.

sifflotement [siflɔtmɑ̃] *nm* whistling.

siffloter [siflɔte] *vtr & i* to whistle.

sigle [sigl] *nm* abbreviation; acronym.

signal, -aux [siɲal, -o] *nm* signal; **faire des signaux,** to signal; *Fig:* **donner le s. de qch,** to be the signal for sth; *Adm:* **signaux lumineux,** traffic lights; **s. de détresse,** distress signal; **s. d'alarme,** alarm (signal); *Rail:* communication cord.

signalement [siɲalmɑ̃] *nm* description; particulars.

signaler [siɲale] *vtr* **1.** *(a)* to point out **(qch à qn,** s.o. to sth); to call, draw attention to (sth); **s. un livre à qn,** to recommend a book to s.o. *(b)* to report; to notify; **rien à s.,** nothing to report; **s. qn à la police,** to report s.o. to the police *(c)* to signal (train, ship) **2. se s.,** to distinguish oneself **(par,** by); **se s. à l'attention de qn,** to catch s.o.'s eye.

signalisation [siɲalizasjɔ̃] *nf* **1.** signalling; signposting **2.** (road) signs; **s. routière,** road signs; **panneau de s.,** direction indicator; **poteau de s.,** signpost; **feux de s.,** traffic lights.

signaliser [siɲalize] *vtr* to signpost (road).

signataire [siɲatɛr] *n* signatory.

signature [siɲatyr] *nf* **1.** signing **2.** signature.

signe [siɲ] *nm* **1.** sign; indication; mark, token (of friendship); **ne pas donner s. de vie,** to show no sign of life; **c'est bon, c'est mauvais, s.,** it's a good, a bad, sign; **sous le s. de la cordialité,** in an atmosphere of cordiality **2.** sign, symbol, mark; **signes de ponctuation,** punctuation marks; **s. du zodiaque,** sign of the zodiac; **signes extérieurs de richesse,** outward signs of wealth; status symbols **3.** *Adm:* **signes particuliers,** distinguishing marks **4.** sign, gesture, motion; **faire s. à qn,** (i) to make a sign to s.o. (ii) to get in touch with s.o.; **faire s. à qn de la main,** to wave to s.o.; **faire s. que oui,** to nod; **faire s. que non,** to shake one's head.

signer [siɲe] **1.** *vtr* to sign (a document); *F:* **c'est signé,** it's easy to guess who did that! **2. se s.,** to cross oneself.

signet [siɲɛ] *nm* bookmark.

signification [siɲifikasjɔ̃] *nf* meaning, significance, sense. **significatif, -ive** *a* significant; **s. de,** indicative of.

signifier [siɲifje] *vtr (pr sub & impf* **n. signifiions) 1.** to mean, signify; **que signifie ce mot?** what does this word mean? **cela ne signifie rien,** (i) it doesn't mean anything (ii) it's of no importance; *(denoting indignation)* **qu'est-ce que cela signifie?** what's the meaning of this? **2.** to notify **(qch à qn,** s.o. of sth); **s. son congé à qn,** to give s.o. notice.

silence [silɑ̃s] *nm* **1.** silence; **s. de mort,** deathly hush; **garder le s.,** to keep silent **(sur,** about); **s.!** silence! be quiet! **en s.,** in silence; **passer qch sous s.,** to hush sth up **2.** *Mus:* rest. **silencieux, -euse 1.** *a* silent; peaceful; quiet **2.** *nm Tchn:* silencer; *NAm:* muffler. **silencieusement** *adv* silently.

silex [silɛks] *nm* flint.

silhouette [silwɛt] *nf (a)* silhouette *(b) (of pers)* figure; *(of building)* outline *(c) Mil:* figure target.

silice [silis] *nf Ch:* silica.

silicium [silisjɔm] *nm Ch:* silicon.

silicone [silikɔn] *nf Ch:* silicone.

sillage [sijaʒ] *nm (a)* wake (of ship); **marcher dans son s.,** to follow in his wake *(b) Av:* slipstream.

sillon [sijɔ̃] *nm (a) Agr:* furrow *(b)* line (on the forehead) *(c)* track (of wheel); **s. de lumière,** streak of light *(d) Rec:* groove.

sillonner [sijɔne] *vtr (a)* to furrow; to cut across, to cross; **montagne sillonnée par les torrents,** mountain scored by torrents *(b) (of light)* to streak (the sky).

silo [silo] *nm Agr: Arms:* silo.
simagrées [simagre] *nfpl* airs (and graces); **faire des s.,** to make a fuss.
similarité [similarite] *nf* similarity, likeness. **similaire** *a* similar (**à,** to); like.
similitude [similityd] *nf* resemblance; similarity.
simple [sɛ̃pl] *a* **1.** (*a*) simple; single (flower, ticket); *Ten:* **s. messieurs, dames,** men's, ladies', singles (*b*) (*not compound*) *Gram:* **passé s.,** past historic (tense); *Ch:* **corps s.,** element **2.** (*a*) ordinary, common; **un s. particulier,** a private citizen; **s. soldat,** private (soldier) (*b*) **c'est une s. question de temps,** it's simply a matter of time; **de la folie pure et s.,** sheer madness; **croire qn sur sa s. parole,** to believe s.o. on his word alone (*c*) plain, simple (pers); simple (dress, food, truth); unaffected (modesty) (*d*) easy (method); **c'est s. comme bonjour,** it's as easy as pie **3.** (*a*) simple-minded; *nm* **un s. d'esprit,** a simpleton (*b*) ingenuous; credulous; *F:* green. **simplement** *adv* simply; plainly; unaffectedly; just, merely. **simplet, -ette** *a* simple, ingenuous.
simplicité [sɛ̃plisite] *nf* **1.** simplicity; unaffectedness; **en toute s.,** quite simply **2.** artlessness, simpleness.
simplification [sɛ̃plifikasjɔ̃] *nf* simplification.
simplifier [sɛ̃plifje] *vtr* (*impf & pr sub* **n. simplifiions**) to simplify; **trop s.,** to oversimplify.
simpliste [sɛ̃plist] *a* simplistic.
simulacre [simylakr] *nm* semblance, show; pretence; **s. de combat,** sham fight.
simulateur, -trice [simylatœr, -tris] (*a*) *n* pretender, malingerer (*b*) *nm Tchn:* **s. de vol,** flight simulator.
simulation [simylasjɔ̃] *nf* simulation; pretence.
simuler [simyle] *vtr* to simulate; to feign, sham; **s. une maladie,** to pretend to be ill; to malinger. **simulé** *a* feigned; sham.
simultané [simyltane] *a* simultaneous. **simultanément** *adv* simultaneously.
sinapisme [sinapism] *nm Med:* mustard plaster.
sincérité [sɛ̃serite] *nf* (*a*) sincerity (*b*) genuineness. **sincère** *a* (*a*) sincere (*b*) genuine. **sincèrement** *adv* sincerely; genuinely.
sinécure [sinekyr] *nf* sinecure; *F:* **ce n'est pas une s.,** it's not exactly a rest cure.
Singapour [sɛ̃gapur] *Prnm Geog:* Singapore.
singe [sɛ̃ʒ] *nm* (*a*) monkey, ape (*b*) *F:* ape, imitator (*c*) (*child*) monkey (*d*) *F:* ugly person; horror.
singer [sɛ̃ʒe] *vtr* (**n. singeons**) to ape, mimic (s.o.).
singeries [sɛ̃ʒri] *nfpl* antics, clowning; **faire des s.,** to clown about.
singulariser [sɛ̃gylarize] **1.** *vtr* to make (s.o.) conspicuous **2. se s.,** to attract attention, to make oneself conspicuous.
singularité [sɛ̃gylarite] *nf* singularity; peculiarity.
singulier, -ière [sɛ̃gylje, -jɛr] *a* **1.** singular; **combat s.,** single combat; *nm Gram:* **au s.,** in the singular **2.** (*a*) peculiar, remarkable (merit, virtue) (*b*) odd, curious (person, custom, fact). **singulièrement** *adv* singularly; peculiarly; oddly; particularly.
sinistre [sinistr] **1.** *a* sinister, ominous; **un s. menteur,** an awful liar **2.** *nm* (*a*) disaster (*esp* fire, earthquake, shipwreck) (*b*) *Jur:* loss, damage (through disaster). **sinistré, -ée 1.** *a* **bâtiment s.,** damaged building; **zone sinistrée,** disaster area **2.** *n* disaster victim.
sinon [sinɔ̃] *conj* **1.** otherwise, (or) else, if not **2.** except; unless; **il ne fait rien s. dormir,** he does nothing except sleep; **s. que,** except that.
sinueux, -euse [sinɥø, -øz] *a* sinuous; winding (path); meandering (stream); tortuous (reasoning).
sinuosité [sinɥozite] *nf* (*a*) winding; meandering (*b*) bend (of river).
sinus [sinys] *nm Anat:* sinus.
sinusite [sinyzit] *nf Med:* sinusitis.
sionisme [sjɔnism] *nm* Zionism. **sioniste** *a & n* Zionist.
siphon [sifɔ̃] *nm* (*a*) siphon (*b*) trap, U-bend (of sink pipe).
siphonner [sifɔne] *vtr* to siphon. **siphonné** *a F:* crazy, nuts.
sire [sir] *nm* (*a*) *A:* lord (*b*) *Pej:* **un triste s.,** a nasty bit of work (*c*) (*to king*) Sire.
sirène [sirɛn] *nf* **1.** *Myth:* mermaid **2.** (*a*) siren, hooter (*b*) foghorn.
sirop [siro] *nm* syrup; (fruit) cordial; *Med:* linctus; **s. contre la toux,** cough mixture.
siroter [sirɔte] *vtr F:* to sip.
sirupeux, -euse [sirypø, -øz] *a* syrupy (liquid, music).
sis [si] *a Jur:* located.
sismique [sismik] *a* seismic.
sismographe [sismɔgraf] *nm* seismograph.
site [sit] *nm* (*a*) site; setting (*b*) beauty spot; **s. (touristique),** place of interest.
sitôt [sito] *adv* (*a*) (= AUSSITÔT) as soon, so soon; **s. dit s. fait,** no sooner said than done; **s. que** + *ind,* as soon as; *Lit:* **s. après,** immediately after (*b*) **pas de s.,** not for some time.
situation [sitɥasjɔ̃] *nf* **1.** situation, position, site (of town) **2.** state, condition; (social, financial) position; **s. de famille,** marital status; **être en s. de faire qch,** to be in a position to do sth; **exposer la s.,** to explain the position **3.** job; **se faire une belle s.,** to get oneself a good job.
situer [sitɥe] *vtr* to place, situate, locate (a house); to place (sth in its context); *F:* **on ne le situe pas,** it's hard to place him; **l'action se situe à Rome,** the action takes place in Rome.
six *num a inv & nm* (*before noun beginning with consonant* [si]; *before noun beginning with a vowel sound* [siz]; *otherwise* [sis]) **1.** *card a* six; **s. hommes** [sizɔm] six men; **s. petits enfants,** six little children; **à s. heures,** at six o'clock; **j'en ai s.,** I have six **2.** (*ordinal use*) **le s. mai,** (on) the sixth of May; **Charles S.,** Charles the Sixth. **sixième 1.** *num a & n* sixth; **au s. (étage),** on the sixth floor, *NAm:* seventh floor **2.** *nm* sixth (part) **3.** *nf Sch:* = first form (of secondary school). **sixièmement** *adv* in the sixth place.
sketch [skɛtʃ] *nm Th:* sketch; *pl sketches.*
ski [ski] *nm* **1.** ski **2.** skiing; **faire du s.,** to ski; **chaussures de s.,** ski boots; **s. de fond,** cross-country skiing; **s. nautique,** water skiing.
ski-bob [skibɔb] *nm* skibob; *pl ski-bobs.*
skier [skje] *vi* to ski.
skieur, -euse [skjœr, -øz] *n* skier.
skif(f) [skif] *nm* skiff.
slalom [slalɔm] *nm* slalom; *F:* **faire du s.,** to zigzag.
slave [slav] **1.** *a* Slav, Slavonic **2.** *n* Slav.

slip [slip] *nm Cl:* briefs; (woman's) panties, knickers; (men's) underpants; **s. de bain,** swimming trunks.
slogan [slɔgɑ̃] *nm* slogan.
slow [slo] *nm* slow dance.
smala [smala] *nf F:* tribe.
SMIC *abbr salaire minimum interprofessionnel de croissance*, minimum wage.
smicard, -arde [smikar, -ard] *n* minimum wage earner.
smoking [smɔkiŋ] *nm* dinner jacket, *NAm:* tuxedo.
snack(-bar) [snak(bar)] *nm F:* snack bar; *pl snack-bars, snacks.*
SNCF *abbr Société nationale des chemins de fer français.*
snob [snɔb] **1.** *nm* snob **2.** *a* (*a*) snobbish, snobby (*b*) pretentious, posh.
snober [snɔbe] *vtr Pej:* to snub (s.o.); to treat (sth) contemptuously.
snobisme [snɔbism] *nm* snobbery.
sobre [sɔbr̥] *a* temperate, abstemious (person); sober (style); sparing (of words). **sobrement** *a* soberly; moderately.
sobriété [sɔbrijete] *nf* sobriety; moderation.
sobriquet [sɔbrikɛ] *nm* nickname.
sociabilité [sɔsjabilite] *nf* sociability. **sociable** *a* sociable.
social, -aux [sɔsjal, -o] *a* (*a*) social; **l'ordre s.,** the social order; **guerre sociale,** class war (*b*) *Com:* **raison sociale,** name, style, of the firm; **siège s.,** head office. **socialement** *adv* socially.
social-démocrate [sɔsjaldemɔkrat] *a & n Pol:* social democrat; *pl sociaux-démocrates.*
socialisation [sɔsjalizasjɔ̃] *nf PolEc:* socialization.
socialiser [sɔsjalize] *vtr PolEc:* to socialize.
socialisme [sɔsjalism] *nm* socialism. **socialiste** *a & n* socialist.
sociétaire [sɔsjetɛr] *n* member (of a society).
société [sɔsjete] *nf* **1.** (*a*) society; community (*b*) company; gathering, group; **ça ne se fait pas dans la bonne s.,** it's not done in the best society **2.** (*a*) society, association; *Sp:* club (*b*) *Com:* company, firm; partnership; **s. par actions,** joint-stock company; **s. anonyme,** (public) limited company; **s. à responsabilité limitée** = limited (liability) company **3.** (*a*) company, companionship (*b*) (fashionable) society.
sociologie [sɔsjɔlɔʒi] *nf* sociology. **sociologique** *a* sociological.
sociologue [sɔsjɔlɔg] *n* sociologist.
socle [sɔkl̥] *nm* pedestal, plinth (of statue); base (of lamp, etc).
socquette [sɔkɛt] *nf* ankle sock, *NAm:* bobby sock.
soda [sɔda] *nm* fizzy drink; *NAm:* soda (pop); **s. à l'orange,** orangeade.
sodium [sɔdjɔm] *nm Ch:* sodium.
sœur [sœr] *nf* **1.** sister; *F:* **et ta s.!** get lost! **2.** *Ecc:* sister, nun.
sofa [sɔfa] *nm* sofa, settee.
SOFRES [sɔfrɛs] *Société française d'enquêtes et de sondages.*
soi [swa] *pers pron* (*stressed, usu but not always, referring to an indef subject*) oneself; himself, herself, itself, etc.; **chacun pour s.,** everyone for himself; **en s.,** in itself; **il va de s. que,** it goes without saying that; **se parler à s.-même,** to talk to oneself; **petits services qu'on se rend entre s.,** small mutual services.
soi-disant [swadizɑ̃] **1.** *a inv* (*a*) self-styled, would-be; **une s.-d. comtesse,** a self-styled countess (*b*) **les arts s.-d. libéraux,** the so-called liberal arts **2.** *adv* supposedly; **il est parti s.-d. pour réfléchir,** he went away, ostensibly to think it over.
soie [swa] *nf* **1.** bristle (of wild boar) **2.** silk; **robe de s.,** silk dress; **papier de s.,** tissue paper.
soierie [swari] *nf* (*a*) silk (*b*) silk trade.
soif [swaf] *nf* (*a*) thirst; **avoir s.,** to be thirsty; **boire à sa s.,** to drink one's fill; **ça me donne s.,** it makes me thirsty (*b*) craving (for power).
soigner [swaɲe] *vtr* (*a*) to look after, take care of (s.o., sth); to attend to (details, etc); to nurse, to look after; (*of doctor*) to attend (patient); to treat (illness); **se s.,** to look after oneself; **cette maladie ne se soigne pas,** this disease cannot be treated; *F:* **ça se soigne!** you, he, she, ought to take something for it; **il faut te faire s.,** (i) you should see a doctor (ii) *F:* you need your head examining! (*b*) to take care over (sth); **s. sa popularité,** to nurse one's public; **s. sa ligne,** to watch one's figure. **soigné** *a* well finished, carefully done; neat; carefully prepared (meal); polished (style); groomed (appearance); well-kept (hands); **peu s.,** slovenly; *P:* **un rhume s.,** a stinker of a cold.
soigneur [swaɲœr] *nm Sp:* second; trainer.
soigneux, -euse [swaɲø, -øz] *a* careful (**de,** with); tidy (pers). **soigneusement** *adv* carefully.
soi-même [swamɛm] *pers pron* oneself; *see* **soi** and **même** 1(*c*).
soin [swɛ̃] *nm* (*a*) care; **le s. des enfants,** child care; **prendre s. de qn, qch,** to look after s.o., sth; **il prend peu de s. de sa personne,** he takes little care of his appearance; *Corr:* **aux (bons) soins de,** care of; **soins du ménage,** housekeeping (*b*) care, attention, trouble; **avoir s.,** to take care; **avoir, prendre, s. que** + *sub*, to see that; **je vous laisse le s. de décider,** I'll leave it to you to decide (*c*) **avoir beaucoup de s.,** to be very tidy; **avec s.,** carefully; with care; **manque de s.,** carelessness (*d*) *pl* care, attention; **soins médicaux,** medical care; **premiers soins,** first aid; **service de soins intensifs,** intensive care unit; **être aux petits soins pour qn,** to wait on s.o. hand and foot.
soir [swar] *nm* evening; **à dix heures du s.,** at ten (o'clock) in the evening; **hier, demain, (au) s.,** yesterday evening, tomorrow evening; **la veille au s.,** the previous evening; **du matin au s.,** from morning till night.
soirée [sware] *nf* **1.** (duration of) evening **2.** (*a*) (evening) party; **s. dansante,** dance; **tenue de s.,** evening dress (*b*) *Th:* **représentation de s.,** evening performance.
soit [swa, *before a vowel or as int:* swat] (*third pers sing of pr sub of* **être**) **1.** (*a*) *int* **s.!** all right! O.K.! agreed! (*b*) suppose; if, for instance; **s. ABC un triangle,** given a triangle ABC (*c*) **trois objets à dix francs, s. trente francs,** three articles at ten francs, that is to say thirty francs **2.** (*a*) *conj* **s. l'un, s. l'autre,** either one or the other (*b*) *conj phr* **s. qu'il vienne, s. qu'il ne vienne pas,** whether he comes or not.

soixantaine [swasɑ̃tɛn] *nf* about sixty, *F:* sixty odd; **il a passé la s.,** he's in his sixties.

soixante [swasɑ̃t] *num a inv & nm inv* sixty; **page s.,** page sixty; **s. et un,** sixty-one; **s. et onze,** seventy-one. **soixantième** *num a & n* sixtieth.

soixante-dix [swasɑ̃tdis] *num a inv & nm inv* seventy. **soixante-dixième** *num a & n* seventieth.

soja [sɔʒa] *nm (plant)* soya; **graine de s.,** soya bean; **germes, pousses, de s.,** beansprouts.

sol[1] [sɔl] *nm (a)* ground, earth; **cloué au s.,** (i) *Av:* grounded (ii) rooted to the spot *(b) Agr:* soil *(c)* floor.

sol[2] *nm inv Mus:* **1.** (the note) G **2.** sol, soh (in fixed do system).

sol-air [sɔlɛr] *a inv* ground-to-air (missile).

solaire [sɔlɛr] *a* solar (system, energy); sun (lotion).

solarium [sɔlarjɔm] *nm* solarium.

soldat [sɔlda] *nm (a)* soldier; serviceman; **simple s.,** private; **le S. inconnu,** the Unknown Soldier; **se faire s.,** to join the army *(b)* **s. de plomb,** lead soldier.

solde[1] [sɔld] *nf* pay; **demi-s.,** half pay; *Pej:* **être à la s. de qn,** to be in s.o.'s pay.

solde[2] *nm Com:* **1.** balance; **s. débiteur, créditeur,** debit, credit, balance; **pour s. de tout compte,** in full settlement **2.** *(a)* surplus stock; remnant; **soldes,** sale goods; bargains *(b)* sale; **prix de s.,** sale price; **en s.,** to clear; reduced.

solder [sɔlde] *vtr* **1.** *(a) Com:* to balance (an account) *(b) Com:* to settle, to discharge (an account) *(c)* **se s. par un échec,** to end in failure **2.** to sell off (surplus stock). **soldé** *a* reduced (goods).

soldeur, -euse [sɔldœr, -øz] *n* discount dealer.

sole [sɔl] *nf Ich:* sole.

solécisme [sɔlesism] *nm* solecism.

soleil [sɔlɛj] *nm* **1.** sun **2.** sunshine; **il fait du s.,** the sun's shining, it's sunny; **prendre un bain de s.,** to sunbathe; **jour de s.,** sunny day; **sans s.,** sunless; **coup de s.,** (i) sunburn (ii) touch of sunstroke; **se faire une place au s.,** to have one's place in the sun **3.** *Bot:* sunflower **4.** *Gym:* **grand s.,** grand circle **5.** *Pyr:* catherine wheel.

solennel, -elle [sɔlanɛl] *a* solemn; formal, official (occasion). **solennellement** *adv* solemnly.

solennité [sɔlanite] *nf* solemnity.

solex [sɔlɛks] *nm Rtm:* moped.

solfège [sɔlfɛʒ] *nm Mus:* tonic solfa.

solidaire [sɔlidɛr] *a* **1.** *Jur:* joint and several; jointly liable; **obligation s.,** obligation binding on all parties **2.** *Techn:* interdependent; **nous sommes solidaires,** we stand together; **être s. d'un mouvement,** to show solidarity with a movement. **solidairement** *adv* jointly.

solidariser (se) [səsɔlidarize] *vpr* to show solidarity **(avec,** with).

solidarité [sɔlidarite] *nf* **1.** solidarity; **grève de s.,** sympathy strike **2.** interdependence.

solide [sɔlid] **1.** *a (a)* solid (body, food) *(b)* solid, strong; secure (foundation); sturdy (pers); sound (argument); *Com:* sound; **coup de poing s.,** hefty blow; **avoir la tête s.,** to be level-headed; **être s. sur ses jambes,** to be steady on one's legs **2.** *nm* solid (body). **solidement** *adv* solidly, firmly, securely.

solidification [sɔlidifikasjɔ̃] *nf* solidification.

solidifier [sɔlidifje] *vtr & pr (pr sub & impf* **n. solidifiions)** to solidify.

solidité [sɔlidite] *nf* solidity; soundness; strength.

soliloque [sɔlilɔk] *nm* soliloquy.

soliste [sɔlist] *n* soloist.

solitaire [sɔlitɛr] **1.** *a* solitary, lonely; deserted (spot); **pin s.,** lone pine **2.** *nm (a) (pers)* (i) recluse (ii) loner; **en s.,** alone *(b) Games:* solitaire *(c)* solitaire (diamond) *(d)* old boar.

solitude [sɔlityd] *nf (a)* solitude, loneliness *(b) Lit:* lonely spot.

solive [sɔliv] *nf Const:* joist.

sollicitation [sɔlisitasjɔ̃] *nf* **1.** entreaty, appeal **2.** *Lit:* call (of hunger, ambition).

solliciter [sɔlisite] *vtr* **1.** to request, to beg for (interview); to apply (for a job); **s. des voix,** to canvas for votes; **s. qn,** to appeal to s.o. **(de faire qch,** to do sth); **il est sollicité de toutes parts,** he is very much in demand **2.** to attract (attention); to appeal to (curiosity).

solliciteur, -euse [sɔlisitœr, -øz] *n* petitioner.

sollicitude [sɔlisityd] *nf* solicitude; concern **(pour,** for).

solo [sɔlo] *nm* solo; **jouer en s.,** to play solo; **escalade en s.,** solo climbing.

sol-sol [sɔlsɔl] *a inv* ground-to-ground (missile).

solstice [sɔlstis] *nm* solstice.

solubilité [sɔlybilite] *nf* solubility. **soluble** *a (a)* soluble; **café s.,** instant coffee *(b)* solvable (problem).

solution [sɔlysijɔ̃] *nf* **1.** *Ch: Ph: etc:* solution **2.** solution, answer (to question, problem); **s. de facilité,** easy way out.

solvabilité [sɔlvabilite] *nf* solvency. **solvable** *a* (financially) solvent.

solvant [sɔlvɑ̃] *nm Ch:* solvent.

Somalie [sɔmali] *Prnf Geog:* **(République de) S.,** Somalia. **somali, -ie** *a & n* Somali; **Côte française des Somalis,** French Somaliland.

sombre [sɔ̃br] *a (a)* dark, sombre, gloomy; *inv* **bleu s.,** dark blue *(b)* dim (light); dull (sky) *(c)* dismal (thoughts); **une s. histoire,** a murky story; *F:* **un s. idiot,** a first-class idiot. **sombrement** *adv* sombrely, darkly, gloomily, dismally.

sombrer [sɔ̃bre] *vi (of ship)* sink; *(of empire)* to founder; **s. dans le désespoir,** to sink into despair.

sommaire [sɔmɛr] **1.** *a (a)* summary, succinct, concise *(b)* hasty; improvised *(c) Jur:* summary (proceedings) **2.** *nm* summary, synopsis. **sommairement** *adv* summarily; hastily; **vêtu s.,** scantily dressed.

sommation [sɔmasjɔ̃] *nf* **1.** *Jur:* summons; demand **2.** (sentry's) challenge.

somme[1] [sɔm] *nf (a)* sum, amount; **s. totale,** grand total, total sum; **faire la s. de,** to add up *(b)* **en s.,** on the whole, in short; **s. toute,** all in all *(c)* sum (of money).

somme[2] *nm* nap; *F:* snooze; **faire un s.,** to have a snooze.

sommeil [sɔmɛj] *nm* **1.** sleep, slumber; **s. de plomb,** heavy sleep; **avoir le s. léger,** to be a light sleeper; **en s.,** (lying) dormant **2.** drowsiness, sleepiness; **avoir s.,** to be sleepy.

sommeiller [sɔmɛje] *vi* **1.** to doze **2.** *Fig:* to lie dormant.

sommelier [sɔməlje] *nm* wine waiter.

sommer [sɔme] *vtr* **s. qn de faire qch,** to call on s.o. to do sth.

sommet [sɔmɛ] *nm* top, summit (of hill); vertex (of angle, curve); crest (of wave); crown (of head); pinnacle (of power); *Pol:* **conférence au s.,** summit (conference).

sommier [sɔmje] *nm* base (of bed); **s. à ressorts,** spring base.

sommité [sɔmite] *nf* leading light.

somnambule [sɔmnɑ̃byl] *n* sleepwalker; **il est s.,** he sleepwalks.

somnambulisme [sɔmnɑ̃bylism] *nm* sleepwalking.

somnifère [sɔmnifɛr] *nm* **1.** *a* soporific **2.** *nm* sleeping pill.

somnolence [sɔmnɔlɑ̃s] *nf* somnolence; sleepiness, drowsiness. **somnolent** *a* somnolent; sleepy, drowsy.

somnoler [sɔmnɔle] *vi* to drowse, to doze.

somptueux, -euse [sɔ̃ptɥø, -øz] *a* sumptuous, magnificent. **somptueusement** *adv* sumptuously, magnificently.

somptuosité [sɔ̃ptɥozite] *nf* sumptuousness, magnificence.

son¹, sa, ses [sɔ̃, sa, sɛ] *poss a* (**son** *is used instead of* **sa** *before fem nouns beginning with a vowel or* **h** *mute*) his, her, its, one's; **un de ses amis,** a friend of his, of hers; **ses père et mère,** his, her, father and mother; **sa voiture à lui,** his own car; **à sa vue,** at the sight of him, of her; *F:* **son imbécile de frère,** that stupid brother of his, of hers; **avoir son importance,** to have a certain importance.

son² *nm* sound; *Av:* **mur du s.,** sound barrier; *Cin: Rec:* **enregistrement du s.,** sound recording; **prise de s.,** sound pick-up; **ingénieur du s.,** sound engineer; **(spectacle de) s. et lumière,** son et lumière.

son³ *nm* bran.

sonal [sɔnal] *nm TV: etc:* jingle.

sonate [sɔnat] *nf Mus:* sonata.

sondage [sɔ̃daʒ] *nm* (*a*) *Nau: Av: etc:* sounding; probe (*b*) *Min:* boring (*c*) *Med:* probing (of wound) (*d*) **s. d'opinion,** opinion poll.

sonde [sɔ̃d] *nf* **1.** *Nau:* (*a*) sounding line, plummet (*b*) *Meteor: Av:* **s. spatiale,** space probe **2.** *Med:* probe; (feeding) tube; **s. creuse,** catheter **3.** *Min:* borer; drill.

sonder [sɔ̃de] *vtr* **1.** (*a*) *Nau:* to sound; *Fig:* to fathom (a mystery) (*b*) *Meteor:* to probe (*c*) *Min:* **s. un terrain,** *vi* **s.,** to make borings **2.** (*a*) to probe, examine; to investigate, test (*b*) to sound (s.o.) out; **s. le terrain,** to test the ground **3.** *Med:* to probe (wound); to sound (patient).

songe [sɔ̃ʒ] *nm* dream; **faire un s.,** to dream.

songer [sɔ̃ʒe] *vi* (**n. songeons**) **1.** (*a*) *Lit:* to dream (**de,** of) (*b*) to muse; to (day)dream; to think (**à faire qch,** of doing sth) **2.** (*a*) **s. à qch,** to think of sth; **il ne faut pas y songer,** that's quite out of the question; **s. à l'avenir,** to plan for the future; **songez à ce que vous faites!** think what you're doing! (*b*) to imagine; **songez donc!** just think! just imagine! (*c*) **s. à.,** to remember; **faites moi s. à l'appeler,** remind me to call him, her. **songeur, -euse** *a* dreamy (pers); pensive, thoughtful.

songerie [sɔ̃ʒri] *nf* reverie.

sonique [sɔnik] *a* sonic.

sonner [sɔne] **1.** *vi* to sound; (*of clocks*) to strike; (*of bells*) to ring, to toll; (*of telephone*) to ring; (*of keys*) to jingle; **s. creux,** to sound hollow; **sa réponse sonne faux,** his reply does not ring true; **s. mal, bien,** to sound bad, good; **midi vient de s.,** it has just struck twelve; **son heure a sonné,** his time has come **2.** *vtr* (*a*) to sound; **s. la cloche,** to ring the bell; *vi* **on sonne,** there's a ring at the door; **l'horloge a sonné 2 heures,** the clock has struck 2 (o'clock); *v ind tr* **s. du clairon,** to sound the bugle; *F:* **il va se faire s. (les cloches)!** he'll catch it! (*b*) to ring for (s.o.); *P:* **on ne t'a pas sonné!** nobody asked you! (*c*) *P:* **s. qn,** to knock s.o. out; to stagger s.o. **sonnant** *a* striking (clock); **à dix heures sonnant(es),** on the stroke of ten. **sonné** *a* **1. dix heures sonnées,** past ten (o'clock); **il a 40 ans sonnés,** he's on the wrong side of 40 **2.** *F:* (*a*) groggy (*b*) crazy, cracked.

sonnerie [sɔnri] *nf* **1.** ringing (of bells) **2.** (*a*) striking mechanism (of clock) (*b*) (electric, alarm) bell **3.** *Mil:* (bugle) call.

sonnet [sɔnɛ] *nm* sonnet.

sonnette [sɔnɛt] *nf* **1.** (small) bell; (house) bell; **coup de s.,** ring (at the door) **2. serpent à sonnettes,** rattlesnake.

sonneur, -euse [sɔnœr, -øz] *n* bellringer.

sono [sono] *nf F:* P.A. system, sound system.

sonore [sɔnɔr] *a* (*a*) resonant; echoing (vault) (*b*) ringing (voice); clear-toned (bell); resounding (laughter) (*c*) acoustic(al); **onde sonore,** soundwave; *Cin:* **film s.,** sound film; **bande s.,** sound track; **effet s.,** sound effect.

sonorisation [sɔnɔrizasjɔ̃] *nf* wiring (of room) for sound; P.A. system.

sonoriser [sɔnɔrize] *vtr* to wire (a room) for sound; to add sound to (a film).

sonorité [sɔnɔrite] *nf* (*a*) tone (*b*) resonance (*c*) accoustics.

sophistiqué [sɔfistike] *a* sophisticated.

soporifique [sɔpɔrifik] *a & nm* soporific.

soprano [sɔprano] *n* soprano.

sorbet [sɔrbɛ] *nm* sorbet; water ice.

sorbetière [sɔrbətjɛr] *nf* ice-cream making machine.

sorcellerie [sɔrsɛlri] *nf* witchcraft, sorcery· magic.

sorcier, -ière [sɔrsje, -jɛr] *n* sorcerer, sorceress; wizard, *f* witch; **vieille sorcière,** old hag; *Pol:* **chasse aux sorcières,** witch-hunt; *F:* **ce n'est pas s.,** you couldn't call it difficult.

sordide [sɔrdid] *a* **1.** sordid, filthy; squalid (room) **2.** sordid (crime). **sordidement** *adv* sordidly; squalidly.

sornettes [sɔrnɛt] *nfpl* nonsense; twaddle.

sort [sɔr] *nm* **1.** lot, condition in life; *F:* **faire un s. à qch,** to polish off (the bottle, a dish) **2.** destiny, fate; **ironie du s.,** irony of fate **3.** chance, fortune, lot; **tirer au s.,** (i) to draw lots (ii) to toss, to spin, a coin; **le s. (en) est jeté,** the die is cast **4.** spell, charm; **jeter un s. à qn,** to cast a spell on s.o.

sortable [sɔrtabl] *a F:* presentable.

sorte [sɔrt] *nf* **1.** manner, way; **habillé de la s.,** dressed like that; *adv phr* **en quelque s.,** as it were, in a way; *conj phr* **parlez de (telle) s. qu'on vous**

comprenne, speak so as to be understood; **faites en s. que tout soit prêt,** see to it that everything is ready **2.** sort, kind; **toute(s) sorte(s) de choses,** all kinds of things; **je n'ai rien dit de la s.,** I said no such thing, nothing of the kind.

sortie [sɔrti] *nf* **1.** (*a*) going out; coming out; departure; *Th:* exit; **c'est ma première s. depuis mon accident,** it's my first time out since my accident; **à la s. des classes,** after school (*b*) launching (of new model); release (of new record); appearance (of new book) (*c*) leaving (for good); retirement (of official); **à ma s. d'école,** when I left school (*d*) outflow (of liquid); **tuyaux de s.,** outgoing pipes (*e*) *Com:* export (of goods); **sorties de fonds,** expenses, outgoings **2.** trip, excursion; outing; leave; **jour de s.,** day out; day off **3.** (*a*) *Mil:* sally, sortie; *Fb:* run out (by goalkeeper) (*b*) outburst, tirade **4.** exit, way out; **s. de secours,** emergency exit; **sorties de Paris,** roads out of Paris **5. s. de bain,** bath-wrap.

sortilège [sɔrtilɛʒ] *nm* (magic) spell.

sortir[1] [sɔrtir] *v* (*conj like* MENTIR) **1.** *vi* (*aux* **être**) (*a*) to go, come, out; to leave the room, the house; **s. de la salle,** to go out of the room; **faites le s.,** get him out of here; **s. du lit,** to get out of bed; to get up; *Th:* **Macbeth sort,** exit Macbeth; *F:* **d'où sortez-vous?** where have you been all this time? **s. d'un emploi,** to leave a job; **ça m'est sorti de la mémoire,** it's slipped my memory; **il n'en sortira pas grand-chose,** not much will come of it (*b*) (*of record, film*) to be released; (*of book*) to come out (*c*) **s. d'un emploi,** to leave a job; to go out (on foot); to drive out; to sail out; **s. en courant,** to run out (*d*) to have just come out; **je sors de table,** I have just got up from table; **on sortait de l'hiver,** winter was just over; **il sort d'ici,** he's just left (*e*) *P:* **je sors d'en prendre,** I've had enough (*f*) **s. de son sujet,** to wander from one's subject; **cela sort de l'ordinaire,** it's out of the ordinary; (*of train*) **s. des rails,** to jump the rails; **il ne sort pas de là,** he sticks to his point (*g*) to go out; **Madame est sortie,** Mrs X is out (*h*) to get out, extricate oneself (from difficulty, danger); **il n'y pas à s. de là,** there is no way out; *F:* **j'ai trop à faire, je n'en sors pas,** I've too much to do, I can't get through it (*i*) to come (from a good family); **s. de l'université,** to graduate (from university) (*j*) to stand out, stick out, project; to emerge (from obscurity); **yeux qui sortent de la tête,** protruding eyes; **faire s. un rôle,** to emphasize a part **2.** *vtr* (*aux* **avoir**) to take out, bring out, pull out; to take out (child, dog); **s. la voiture,** to get the car out; **le malade s'en sortira,** the patient will pull through; **s. un livre,** to publish a book; *F:* **il nous en a sorti une bonne,** he came out with a good one.

sortir[2] *nm* **au s. du théâtre,** on coming out of the theatre; **au s. de l'hiver,** at the end of winter.

sosie [sɔzi, so-] *nm* (*pers*) double.

sot, sotte [so, sɔt] **1.** *a* silly, stupid, foolish **2.** *n* fool, idiot, ass. **sottement** *adv* stupidly, foolishly.

sottise [sɔtiz] *nf* (*a*) stupidity, foolishness (*b*) foolish act; stupid remark; *pl F:* insults; **faires des sottises,** (*of child*) to be naughty, to misbehave.

sou [su] *nm A:* sou (= five centimes); (*still used, esp colloquially, although the coin has disappeared*) **n'avoir pas le s.,** to be penniless, *F:* broke; **être près de ses sous,** to be mean, *F:* stingy; **machine à sous,** slot machine; fruit machine, one-armed bandit; **pas ambitieux pour un s.,** not in the least ambitious; **il n'a pas pour deux sous de courage,** he hasn't an ounce of courage.

soubassement [subasmɑ̃] *nm* base (of building).

soubresaut [subrəso] *nm* sudden start; jolt; **il a eu un s.,** he started.

soubrette [subrɛt] *nf Th:* soubrette.

souche [suʃ] *nf* **1.** stump (of tree); root stock (of iris); vine stock; **rester planté comme une s.,** to stand stock still **2.** (*a*) founder (of family); **de vieille s.,** of old stock (*b*) strain (of virus) **3.** *Com:* counterfoil, stub (of cheque, ticket).

souci[1] [susi] *nm Bot:* marigold.

souci[2] *nm* **1.** care; preoccupation; concern (**de,** for); **avoir le s. de la vérité,** to be meticulously truthful; **c'est le cadet de mes soucis,** that's the least of my worries **2.** anxiety, worry; **ça me donne du s.,** it worries me; **se faire du s.,** to worry; **sans s.,** free from anxiety; **soucis d'argent,** money worries.

soucier (se) [səsusje] *vpr* (*impf & pr sub* **n. n. souciions**) to be concerned, to worry (**de qn, qch,** about s.o., sth); **se s. des autres,** to worry about other people; *F:* **je m'en soucie comme de l'an quarante,** I couldn't care less about that. **soucieux, -euse** *a* concerned, worried (**de,** about); **peu s.,** unconcerned; **s. de plaire,** anxious to please.

soucoupe [sukup] *nf* saucer; **s. volante,** flying saucer.

soudain [sudɛ̃] **1.** *a* sudden **2.** *adv* suddenly. **soudainement** *adv* suddenly.

soudaineté [sudɛnte] *nf* suddenness.

Soudan [sudɑ̃] *Prnm Geog:* the Sudan.

soude [sud] *nf Ch: Ind:* soda; **cristaux de s.,** washing soda; **bicarbonate de s.,** bicarbonate of soda; **s. caustique,** caustic soda.

souder [sude] **1.** *vtr* (*a*) to solder (*b*) to weld; to join (fractured bone) (*c*) *Fig:* to unite (closely) **2. se s.** (*a*) to fuse together (*b*) (*of bone*) to knit (together).

soudeur, -euse [sudœr, -øz] *n* (*pers*) solderer; welder.

soudoir [sudwar] *nm* soldering iron.

soudure [sudyr] *nf* **1.** (*a*) soldering (*b*) soldered joint **2.** (*a*) welding (*b*) weld **3.** (*a*) join (of bones) (*b*) *Fig:* **faire la s.,** to bridge the gap (**entre,** between).

souffle [sufl] *nm* **1.** (*a*) breath, puff, blast (of air, wind) (*b*) blast (of explosion) (*c*) *Av:* slipstream **2.** (*a*) respiration, breathing; **retenir son s.,** to hold one's breath; **avoir le s. coupé,** to be winded; *F:* **c'est à vous couper le s.,** it's breathtaking (*b*) *Med:* **s. (au cœur),** (heart, cardiac) murmur (*c*) breath, wind (of runner); **être à bout de s.,** to be out of breath; **reprendre son s.,** to get one's breath back.

soufflé [sufle] **1.** *a* (*a*) puffed up; soufflé (omelette) (*b*) *F:* flabbergasted, taken aback **2.** *nm Cu:* soufflé.

souffler [sufle] **1.** *vi* (*a*) to blow (*b*) to get one's breath back (*c*) to pant; to puff (*d*) **le vent souffle en tempête,** it's blowing a gale **2.** *vtr* (*a*) to blow (glass) (*b*) to blow off (dust); to blow out (candle) (*c*) to breathe, utter (a sound); to whisper; **ne pas s. mot de qch,** not to breathe a word about sth (*d*) **s. une réplique à un acteur,** to prompt an actor (*e*) *F:* to pinch, nick (sth from s.o.) (*f*) (*of explosion*) to blast (building); *F:* (*of event*) to take (s.o.) aback; to stagger (s.o.).

soufflerie [sufləri] *nf* **1.** bellows (of organ, forge) **2.** (*a*) blower (*b*) wind tunnel.

soufflet [suflɛ] *nm* **1.** (pair of) bellows **2.** (*a*) *Rail:* concertina vestibule (*b*) *Dressm:* gusset **3.** slap in the face.

souffleur, -euse [suflœr, -øz] *n* **1.** glass blower **2.** *Th:* prompter.

souffrance [sufrɑ̃s] *nf* **1. en s.,** (work) pending; (parcel) awaiting delivery **2.** suffering, pain.

souffre-douleur [sufrədulœr] *nm inv* butt (of one's jokes); scapegoat.

souffrir [sufrir] *v* (*prp* **souffrant;** *pp* **souffert;** *pr ind* **je souffre**) **1.** *vtr* (*a*) to suffer; to endure, undergo, put up with, bear (pain, fatigue, loss); *F:* **ils ne peuvent pas se s.,** they can't stand each other (*b*) to permit, allow; **souffrez que je vous dise la vérité,** allow me to tell you the truth **2.** *vi* (*a*) to feel pain; to suffer (from rheumatism, thirst); **souffre-t-il?** is he in pain? **mon bras me fait s.,** my arm is hurting (me); **je souffre de le voir si changé,** it pains, grieves, me to see him so changed; **s. de la guerre,** to be hard hit by the war (*b*) to suffer injury; (*of thgs*) to be damaged (by sth); **les vignes ont souffert de la gelée,** the vines have suffered from the frost (*c*) (*of trade*) to be in a bad way. **souffrant** *a* suffering; unwell, poorly. **souffreteux, -euse** *a* sickly.

soufre [sufr̩] *nm* sulphur; *NAm:* sulfur.

souhait [swɛ] *nm* wish, desire; **présenter ses souhaits à qn,** to offer s.o. one's good wishes; *adv phr* **à s.,** to one's liking; **réussir à s.,** to succeed to perfection; (*when sneezing*) **à vos souhaits!** bless you!

souhaiter [swete] *vtr* (*a*) to wish; **s. les richesses,** to want to be rich; **je vous souhaite de réussir,** I hope you'll succeed (*b*) **je vous souhaite une bonne année,** I wish you a happy new year; **s. bon voyage à qn,** to wish s.o. a good journey. **souhaitable** *adv* desirable.

souiller [suje] *vtr* **1.** to soil, dirty (clothes) (**de,** with); **souillé de boue,** mudstained **2.** to pollute, to contaminate; **s. ses mains de sang,** to stain one's hands with blood **3.** *Fig:* to sully (one's name).

souillon [sujɔ̃] *nf* slattern, slut.

souillure [sujyr] *nf* stain.

soûl [su] **1.** *a F:* drunk; **s. comme un Polonais,** drunk as a lord **2.** *nm* **manger, boire, tout son s.,** to eat, drink, to one's heart's content.

soulagement [sulaʒmɑ̃] *nm* relief.

soulager [sulaʒe] **1.** *vtr* (**n. soulageons**) to ease (pressure); to relieve, alleviate (pain, grief); to soothe, comfort (s.o.'s mind, s.o.'s sorrow); **ça me soulage l'esprit,** it's a great weight off my mind **2. se s.** (*a*) to relieve one's feelings, one's mind (*b*) *F:* to relieve oneself.

soûlard, -arde [sular, -ard] *n P:* drunkard, boozer.

soûler [sule] **1.** *vtr* to get, make (s.o.) drunk **2. se s.,** to get drunk (**de,** on).

soûlerie [sulri] *nf P:* booze-up; drunken binge.

soulèvement [sulɛvmɑ̃] *nm* (*a*) **s. de cœur,** nausea (*b*) *Geol:* upthrust (*c*) revolt, uprising.

soulever [sulve] (**je soulève**) *vtr* **1.** (*a*) to raise; to lift (up) (a weight) (*b*) to raise (doubts, a question, an objection) (*c*) to rouse, stir up (people to revolt) (*d*) **ça soulève le cœur,** it's nauseating **2. se s.** (*a*) to rise; (*of sea*) to heave; (*of stomach*) to turn (*b*) to raise oneself up (*c*) to revolt; to rise (in rebellion).

soulier [sulje] *nm* shoe; *F:* **être dans ses petits souliers,** to be in an awkward situation.

souligner [suliɲe] *vtr* (*a*) to underline (word) (*b*) to emphasize (word, fact).

soumettre [sumɛtr̩] *vtr* (*conj like* METTRE) **1.** to subdue (people, passions) **2.** to submit, refer (a question) (**à qn,** to s.o.); to put (one's plans) before (s.o.) **3.** to subject (sth to an examination); **s. qn à une épreuve,** to put s.o. through a test; **être soumis à des règles,** to be bound by rules **4. se s.,** to submit (to authority); to comply (to s.o.'s wishes); to abide by (s.o.'s decision).

soumis [sumi] *a* **1.** submissive **2.** subject (to law, tax, authority).

soumission [sumisjɔ̃] *nf* (*a*) submission; **faire (sa) s.,** to surrender, yield (*b*) obedience, submissiveness (**à,** to) (*c*) *Com:* tender.

soumissionner [sumisjɔne] *vtr Com:* to tender for.

soupape [supap] *nf Tchn:* valve; **s. de sûreté,** safety valve; **s. à flotteur,** ballcock.

soupçon [supsɔ̃] *nm* **1.** suspicion; **j'en avais le s.!** I suspected as much! **au-dessus de tout s.,** above suspicion **2.** suspicion, inkling; **je n'en avais pas le moindre s.,** I never suspected it for a moment **3.** *F:* dash, hint, soupçon (of vinegar, garlic); touch (of fever, irony); drop (of wine).

soupçonner [supsɔne] *vtr* to suspect; **je ne soupçonnais pas que,** I had no idea that. **soupçonneux, -euse** *a* suspicious.

soupe [sup] *nf* soup; **il est très s. au lait,** he flares up very easily; **s. à l'oignon,** onion soup; *F:* **à la s.!** grub's up!

soupente [supɑ̃t] *nf* closet (*esp* under stairs).

souper¹ [supe] *vi* to have supper; *F:* **j'en ai soupé,** I've had enough of it

souper² *nm* supper.

soupeser [supəze] *vtr* (**je soupèse**) to feel the weight of (sth) (in the hand); to weigh up (a problem).

soupière [supjɛr] *nf* soup tureen.

soupir [supir] *nm* **1.** sigh; **s. de soulagement,** sigh of relief; **rendre le dernier s.,** to breathe one's last **2.** *Mus:* crochet rest.

soupirail, -aux [supiraj, -o] *nm* basement window.

soupirant [supirɑ̃] *nm* suitor.

soupirer [supire] *vi* (*a*) to sigh (*b*) **s. après qch,** to long for sth.

souple [supl̩] *a* supple; flexible (branch, character); lithe (figure); **esprit s.,** versatile mind.

souplesse [suplɛs] *nf* suppleness; flexibility; litheness; versatility.

source [surs] *nf* **1.** spring; source (of river); **eau de s.,** spring water; **s. thermale,** hot spring **2.** origin (of evil, wealth, news); **aller à la s. du mal,** to get to the root of the evil; **je le tiens de bonne s.,** I have it on good authority.

sourcil [sursi] *nm* eyebrow.

sourciller [sursije] *vi* to frown; **sans s.,** without turning a hair, without batting an eyelid. **sourcilleux, -euse** *a* finicky.

sourd, sourde [sur, surd] **1.** (*a*) *a* deaf; **s. comme un pot,** deaf as a post; *Fig:* **rester s. aux prières,** to be deaf to entreaties (*b*) *n* deaf person; **crier comme un s.,** to yell; **frapper comme un s.,** to hit out wildly **2.** *a* dull (tint, pain); dull, muffled (sound); hollow (voice); secret (desire); veiled (hostility). **sourdement** *adv* dully; secretly.

sourdine [surdin] *nf Mus:* mute; **en s.,** softly, quietly; **mettre une s. à qch,** to tone sth down.

sourd-muet, sourde-muette [surmɥɛ, surdmɥɛt] **1.** *a* deaf-mute **2.** *n* deaf-mute; *pl sourd(e)s-muet(te)s.*

souriant [surjɑ̃] *a* smiling; pleasant (surroundings).

souricière [surisjɛr] *nf* (*a*) mousetrap (*b*) trap, *esp* police trap.

sourire[1] [surir] *vi* (*conj like* RIRE) **1.** to smile (**à,** to); **faire s.,** to provoke a smile **2.** (*a*) (*of thgs*) to please; to appeal (**à qn,** to s.o.) (*b*) **la chance me sourit,** fortune smiles on me.

sourire[2] *nm* smile; **adresser un s. à qn,** to give s.o. a smile; **gardez le s.!** keep smiling!

souris [suri] *nf* (*a*) mouse; **s. blanche,** white mouse (*b*) *Cmptr:* mouse (*c*) *P:* (*woman*) bird.

sournois, -oise [surnwa, -waz] *a* sly, crafty (person); shifty (look); underhand (method). **sournoisement** *adv* slyly.

sous [su] (*a*) *prep* **1.** under(neath), beneath, below; **s. un arbre,** under a tree; **s. terre,** underground, below ground; **s. clef,** under lock and key; **s. nos yeux,** before our eyes; **s. cet angle,** from that angle; **connu s. le nom de X,** known as X; **s. la pluie,** in the rain (*b*) **s. les tropiques,** in the tropics (*c*) **s. Louis XIV,** under Louis XIV; **s. peine de mort,** on pain of death; **s. un prétexte,** under a pretext **2.** within; **s. 3 jours,** within 3 days; **s. peu,** before long.

sous- [su] before vowel sound [suz] *comb fm* sub-; under-; assistant. NOTE: *in the plural of hyphenated words of which the first element is* **sous-, sous-** *remains invariable and the second element takes the pl form.*

sous-alimentation [suzalimɑ̃tasjɔ̃] *nf* undernourishment.

sous-alimenté [suzalimɑ̃te] *a* underfed, undernourished.

sous-bois [subwa] *nm inv* undergrowth.

sous-chef [suʃɛf] *n* second-in-command.

sous-couche [sukuʃ] *nf* substratum.

souscripteur, -trice [suskriptœr, -tris] *n* subscriber.

souscription [suskripsjɔ̃] *nf* **1.** *Fin: etc:* subscription, application (**à des actions,** for shares) **3.** subscription, contribution (of sum of money); **lancer une s.,** to start a fund.

souscrire [suskrir] *vtr* (*conj like* ÉCRIRE) **1.** *vtr* (*a*) to sign (*b*) to subscribe (money to a charity) (*c*) to take out (a subscription, *Ins:* a policy); to apply, subscribe, for (shares) **2.** *vi* (*a*) **s. à,** to subscribe for (sth); **s. pour,** to subscribe to (a charity) (*b*) **s. à une opinion,** to endorse an opinion.

sous-développé [sudevlɔpe] *a* under-developed.

sous-directeur, -trice [sudirɛktœr, -tris] *n* assistant manager(ess).

sous-entendre [suzɑ̃tɑ̃dr̥] *vtr* to imply.

sous-entendu [suzɑ̃tɑ̃dy] *nm* insinuation.

sous-équipé [suzekipe] *a* underequipped.

sous-estimer [suzɛstime] *vtr* to under-estimate, undervalue, underrate.

sous-exposer [suzɛkspoze] *vtr Phot:* to underexpose.

sous-fifre [sufifr̥] *nm F:* dogsbody.

sous-jacent [suʒasɑ̃] *a* underlying.

sous-lieutenant [suljøtnɑ̃] *nm Mil:* second-lieutenant; *Navy:* sub-lieutenant; *Av:* pilot officer.

sous-locataire [sulɔkatɛr] *n* subtenant.

sous-location [sulɔkasjɔ̃] *nf* **1.** subletting **2.** sublease.

sous-louer [sulwe] *vtr* to sublet.

sous-main [sumɛ̃] *nm inv* blotting pad.

sous-marin [sumarɛ̃] **1.** *a* submarine (life); underwater (fishing) **2.** *nm* submarine.

sous-officier [suzɔfisje] *nm* **1.** non-commissioned officer **2.** *Navy:* petty officer.

sous-payer [supeje] *vtr* to underpay.

sous-peuplé [supœple] *a* underpopulated.

sous-préfecture [suprefɛktyr] *nf* subprefecture.

sous-préfet [suprefɛ] *nm Adm:* sub-prefect.

sous-produit [suprɔdɥi] *nm Ind:* by-product.

sous-secrétaire [susəkretɛr] *n* undersecretary.

soussigné [susiɲe] *a & n* undersigned; **je s.,** I the undersigned.

sous-sol [susɔl] *nm* **1.** *Geol:* subsoil, substratum **2.** *Const:* basement.

sous-titre [sutitr̥] *nm Cin:* subtitle.

sous-titrer [sutitre] *vtr Cin:* to subtitle; **film sous-titré,** film with subtitles.

soustraction [sustraksjɔ̃] *nf* (*a*) removal (*b*) *Mth:* substraction.

soustraire [sustrɛr] (*conj like* TRAIRE) **1.** *vtr* (*a*) to take away, remove (*b*) to protect, shield (s.o. from sth) (*c*) *Mth:* to subtract (**de,** from) **2. se s. à qch,** to avoid, elude, sth; **se s. à un devoir,** to shirk a duty.

sous-traitance [sutretɑ̃s] *nf* (*a*) subcontract (*b*) subcontracting.

sous-traitant [sutretɑ̃] *nm* subcontractor.

sous-traiter [sutrete] *vi Com:* to subcontract.

sous-verre [suvɛr] *nm inv* (frameless) glass mount.

sous-vêtement [suvɛtmɑ̃] *nm* undergarment; *pl* underwear.

soutane [sutan] *nf* cassock, soutane.

soute [sut] *nf Nau: Av:* hold; *Av:* **s. à bagages,** luggage compartment.

souteneur [sutnœr] *nm* procurer, pimp.

soutenir [sutnir] (*conj like* TENIR) **1.** *vtr* (*a*) to support; to hold (s.o., sth) up; to sustain (s.o.) (*b*) to keep, maintain (family) (*c*) to back (up) (cause, person); to back (s.o. financially) (*d*) to maintain, uphold (opinion); to assert (fact); *Sch:* to defend (thesis) (*e*) to keep up, sustain, maintain (conversation, speed) (*f*) to bear (reproach, comparison); to hold out against (attack) **2. se s.** (*a*) **se s. sur ses pieds,** to stand on one's feet; **je ne me soutiens plus,** I'm ready to drop (*b*) to last, continue; **l'intérêt se soutient,** the interest is kept up (*c*) (*of point of view*) to be tenable. **soutenu** *a* sustained (effort, interest); lofty (style).

souterrain [sutɛrɛ̃] **1.** *a* underground, subterranean; **passage s.,** subway **2.** *nm* underground passage; tunnel.

soutien [sutjɛ̃] *nm* (*a*) support; **il est sans s.,** he has nobody behind him (*b*) supporter; *Adm:* **s. de famille,** breadwinner.
soutien-gorge [sutjɛ̃gɔrʒ] *nm Cl:* bra; *pl soutiens-gorge.*
soutirer [sutire] *vtr* to decant, to rack (wine); to extract (money from s.o.).
souvenir[1] [suvnir] (*conj like* VENIR; *aux* **être**) **1.** *v impers Lit:* **il me souvient d'avoir dit,** I remember having said **2. se s. de qch, de qn,** to remember, recall, sth, s.o.; **je m'en souviendrai!** I won't forget it! **faire s. qn de qch,** to remind s.o. of sth.
souvenir[2] *nm* **1.** recollection, memory; **vague s.,** vague recollection; **avoir s. de qch,** to have a recollection of sth; **en s. de,** in memory of; **veuillez me rappeler à son bon s.,** please remember me to him **2.** keepsake, souvenir, memento; **magasin de souvenirs,** souvenir shop.
souvent [suvɑ̃] *adv* often; **le plus s.,** more often than not; **peu s.,** seldom.
souverain, -aine [suvrɛ̃, -ɛn] **1.** *a* sovereign (power, prince); supreme (happiness) **2** *n* sovereign. **souverainement** *adv* (*a*) supremely, intensely (*b*) with sovereign power.
souveraineté [suvrɛnte] *nf* sovereignty.
soviet [sɔvjɛt] *nm* Soviet. **soviétique** *a & n* Soviet (citizen); **l'Union s.,** the Soviet Union.
soya [sɔja] *nm* = SOJA.
soyeux, -euse [swajø, -øz] *a* silky.
SPA *abbr Société protectrice des animaux.*
spacieux, -euse [spasjø, -øz] *a* spacious (room); roomy (car).
spaghetti(s) [spageti] *nmpl* spaghetti.
sparadrap [sparadra] *nm* (adhesive, sticking) plaster; *NAm:* adhesive tape.
spartiate [sparsjat] *a & n Geog: & Fig:* Spartan.
spasme [spasm] *nm* spasm. **spasmodique** *a* spasmodic.
spatial, -aux [spasjal, -o] *a* spacial; **engin s.,** spacecraft; **voyage s.,** space flight.
spationaute [spasjɔnot] *n* astronaut.
spatule [spatyl] *nf* spatula; **en s.,** spatulate.
speaker, speakerine [spikœr, spikrin] *n WTel: TV:* announcer; (woman) announcer.
spécial, -aux [spesjal, -o] *a* (*a*) special; particular; *Journ:* **envoyé s.,** special correspondent (*b*) *F:* peculiar. **spécialement** *adv* (e)specially, particularly.
spécialisation [spesjalizasjɔ̃] *nf* specialization.
spécialiser (se) [səspesjalize] *vpr* to specialize (**dans,** in).
spécialiste [spesjalist] *n* specialist (**en,** in).
spécialité [spesjalite] *nf* speciality, *NAm:* specialty; special feature; special field; **il a la s. de me taper sur les nerfs,** he has a knack of getting on my nerves.
spécieux, -euse [spesjø, -øz] *a Lit:* specious.
spécification [spesifikasjɔ̃] *nf* specification.
spécifier [spesifje] *vtr* (*impf & pr sub* **n. spécifiions**) to specify; to state (definitely). **spécifique** *a* specific. **spécifiquement** *adv* specifically.
spécimen [spesimɛn] *nm* specimen; *Pub:* inspection copy.
spectacle [spɛktakl̩] *nm* **1.** spectacle, sight, scene; **se donner en s.,** to make an exhibition of oneself **2.** *Th:* play, entertainment, show; **s. solo,** one man, woman, show; **le s.,** show business; **aller au s.,** to go to the theatre; **salle de s.,** (concert) hall; theatre; *Cin:* **film à grand s.,** epic. **spectaculaire** *a* spectacular; dramatic.
spectateur, -trice [spɛktatœr, -tris] *n* spectator; onlooker; witness (of accident); member of the audience; *pl Th: Cin:* audience.
spectre [spɛktr̩] *nm* **1.** spectre, ghost **2.** *Opt:* spectrum. **spectral, -aux** *a* spectral.
spéculateur, -trice [spekylatœr, -tris] *n* speculator.
spéculation [spekylasjɔ̃] *nf* speculation. **spéculatif, -ive** *a* speculative.
spéculer [spekyle] *vi* **1.** to speculate (**sur,** on, about) **2.** *Fin:* to speculate; *Fig:* **s. sur qch,** to bank on sth.
spéléologie [speleɔlɔʒi] *nf* potholing, caving; *NAm:* spelunking. **spéléologique** *a* speleological.
spéléologue [speleɔlɔg] *n* potholer; *NAm:* spelunker.
spermatozoïde [spɛrmatozɔid] *nm* sperm.
sperme [spɛrm] *nm* sperm, semen.
spermicide [spɛrmisid] **1.** *a* spermicidal **2.** *nm* spermicide.
sphère [sfɛr] *nf* **1.** sphere; **s. terrestre,** globe **2.** sphere (of activity, influence). **sphérique** *a* spherical.
sphincter [sfɛ̃ktɛr] *nm Anat:* sphincter.
sphinx [sfɛ̃ks] *nm inv* sphinx.
spiral, -aux [spiral, -o] **1.** *a* spiral **2.** *nf* **spirale,** spiral; **en spirale,** (i) *adv* in a spiral; spirally (ii) *a* spiral.
spirite [spirit] *n* spiritualist.
spiritisme [spiritism] *nm* spiritualism.
spiritualité [spiritɥalite] *nf* spirituality.
spirituel, -elle [spiritɥɛl] *a* **1.** spiritual (power, life); **concert s.,** concert of sacred music **2.** witty (person, answer). **spirituellement** *adv* **1.** spiritually **2.** wittily.
spiritueux [spiritɥø] *nmpl* spirits.
splendeur [splɑ̃dœr] *nf* splendour; **c'est une s.,** it's magnificent; **dans toute sa s.,** in all its glory. **splendide** *a* splendid, magnificent. **splendidement** *adv* splendidly.
spoliation [spɔljasjɔ̃] *nf* despoiling (of s.o.).
spolier [spɔlje] *vtr* (*impf & pr sub* **n. spoliions**) to despoil, rob (s.o.) (**de,** of).
spongieux, -euse [spɔ̃ʒjø, -jøz] *a* spongy.
sponsor [spɔ̃sɔr] *nm* sponsor.
sponsoriser [spɔ̃sɔrize] *vtr* to sponsor.
spontanéité [spɔ̃taneite] *nf* spontaneity. **spontané** *a* spontaneous. **spontanément** *adv* spontaneously.
sporadique [spɔradik] *a* sporadic. **sporadiquement** *adv* sporadically.
spore [spɔr] *nf* spore.
sport [spɔr] **1.** *nm* sport; **faire du s.,** to play sport, *NAm:* sports; **sports d'hiver,** winter sports; **chaussures de s.,** sports shoes; *F:* **vous allez voir du s.!** now you'll see some action! **2.** *a inv* casual (clothes). **sportif, -ive 1.** *a* sporting; athletic **2.** *n* sportsman, sportswoman; games player; athlete.
spot [spɔt] *nm* **1.** *Elcs:* spot **2.** *Th:* spot(light) **3.** *TV:* **s. (publicitaire),** commercial, *F:* ad.
sprint [sprint] *nm Sp:* sprint.
sprinter[1] [sprinte] *vi Sp:* to sprint.

sprinter,² -euse [sprintœr, -øz] *n Sp:* sprinter.
square [skwar] *nm* (public) square (with garden).
squash [skwaʃ] *nm Sp:* squash.
squat [skwat] *nm* squat; squatting.
squatter¹ [skwate] **1.** *vi* to squat **2.** *vtr* to squat in (house, etc).
squatter² [skwatœr] *nm* squatter.
squelette [skəlɛt] *nm Anat: & Fig:* skeleton. **squelettique** *a* skeletal; **il est s.,** he's all skin and bone; *Fig:* much reduced.
Sri Lanka [srilɑ̃ka] *Prnm Geog:* Sri Lanka. **sri lankais, -aise** *a & n* Sri Lankan.
stabilisateur, -trice [stabilizatœr, -tris] **1.** *a* stabilizing **2.** *nm (a) Aer: Nau: etc:* stabilizer; *Av:* tailplane *(b) Ch:* stabilizer.
stabilisation [stabilizasjɔ̃] *nf* stabilization.
stabiliser [stabilize] *vtr* **1.** to stabilize **2. se s.,** to become stable.
stabilité [stabilite] *nf* stability. **stable** *a* stable.
stade [stad] *nm* **1.** stadium **2.** stage (of development).
stage [staʒ] *nm* training period; training course; *(of teacher)* teaching practice. **stagiaire 1.** *a* training (period) **2.** *n* trainee.
stagnation [stagnasjɔ̃] *nf* stagnation.
stagner [stagne] *vi* to stagnate. **stagnant** *a* stagnant.
stalactite [stalaktit] *nf Geol:* stalactite.
stalagmite [stalagmite] *nf Geol:* stalagmite.
stalle [stal] *nf* **1.** stall (in cathedral) **2.** stall, box (in stable).
stand [stɑ̃d] *nm* **1.** stand (on racecourse, at exhibition); stall (at fête) **2. s. de ravitaillement,** pit; **s. (de tir),** shooting range; *Mil:* firing range.
standard [stɑ̃dar] **1.** *nm (a) Tp:* switchboard *(b)* **s. de vie,** standard of living **2.** *a inv* standard.
standardisation [stɑ̃dardizasjɔ̃] *nf* standardization.
standardiser [stɑ̃dardize] *vtr Ind:* to standardize.
standardiste [stɑ̃dardist] *n Tp:* switchboard operator.
standing [stɑ̃diŋ] *nm F:* status, standing; **appartement de grand s.,** luxury flat.
star [star] *nf Cin: (actress)* star.
starlette [starlɛt] *nf Cin: (young actress)* starlet.
starter [startɛr] *nm* **1.** *Aut:* choke **2.** *Sp:* starter.
station [stasjɔ̃] *nf* **1.** position; **s. debout,** standing, upright, position **2.** break (in journey); halt, stop **3.** *(a)* (bus) stop; *Rail:* halt; (small) station; (underground station; **s. de taxis,** taxi rank; *NAm:* taxi stand; **s. libre-service,** self service station; **s. spatiale,** space station *(b)* (ski, health) resort; **s. thermale,** spa *(c)* **s. radio,** radio station; **s. de télévision,** television broadcast station *(d) El:* **s. centrale,** power station. **stationnaire** *a* stationary.
stationnement [stasjɔnmɑ̃] *nm* stopping, parking; **s. interdit,** no parking; no waiting.
stationner [stasjɔne] *vi* to stop; *(of car)* to park; *PN:* **défense de s.,** no parking; no waiting.
station-service [stasjɔ̃sɛrvis] *nf Aut:* service station; *pl stations-service.*
statique [statik] *a* static (electricity).
statisticien, -ienne [statistisjɛ̃, -jɛn] *n* statistician.
statistique [statistik] **1.** *a* statistical **2.** *nf* statistic; **la s.,** *(science)* statistics.
statue [staty] *nf* statue.
statuer [statɥe] *vi* to give a ruling **(sur,** on).
statuette [statɥɛt] *nf* statuette.
statu quo [statykwo] *nm* status quo.
stature [statyr] *nf* stature, height.
statut [staty] *nm (a)* statute; regulation *(b)* status. **statutaire** *a* statutory.
stellaire [stɛlɛr] *a* stellar (light).
stencil [stɛnsil] *nm* stencil.
sténo(dactylo) [stenɔ(daktilo)] **1.** *n* shorthand typist; *NAm:* stenographer **2.** *nf* shorthand typing.
sténo(graphie) [stenɔ(grafi)] *nf* shorthand. **sténographique** *a* shorthand.
sténographier [stenɔgrafje] *vtr (impf & pr sub* **n. sténographiions)** to take (sth) down in shorthand.
stentor [stɑ̃tɔr] *nm* **voix de s.,** stentorian voice.
steppe [stɛp] *nf Geog:* steppe.
stère [stɛr] *nm Meas:* stere.
stéréo [stereo] *a inv & nf F:* stereo.
stéréophonie [stereɔfɔni] *nf* stereophony. **stéréophonique** *a* stereophonic.
stéréotype [stereɔtip] *nm* stereotype; cliché. **stéréotypé** *a* stereotyped.
stérile [steril] *a* sterile; barren **(en,** of); fruitless (efforts).
sterilet [sterilɛ] *nm Hyg:* IUD, coil.
stérilisateur [sterilizatœr] *nm* sterilizer.
stérilisation [sterilizasjɔ̃] *nf* sterilization.
stériliser [sterilize] *vtr* to sterilize.
stérilité [sterilite] *nf* sterility; barrenness.
sternum [stɛrnɔm] *nm Anat:* sternum, breastbone.
stéroïde [sterɔid] *nm BioCh:* steroid; **s. anabolisant,** anabolic steroid.
steward [stiwart] *nm Av: Nau:* steward.
stéthoscope [stetɔskɔp] *nm Med:* stethoscope.
stigmate [stigmat] *nm (a)* mark *(b) Rel:* **stigmates,** stigmata.
stigmatiser [stigmatize] *vtr* to stigmatize.
stimulateur [stimylatœr] *nm* **s. cardiaque,** pacemaker.
stimulation [stimylasjɔ̃] *nf* stimulation.
stimuler [stimyle] *vtr* to stimulate. **stimulant 1.** *a* stimulating **2.** *nm (a) Med:* stimulant *(b)* stimulus, incentive.
stimulus [stimylys] *nm* stimulus.
stipulation [stipylasjɔ̃] *nf* stipulation.
stipuler [stipyle] *vtr* to stipulate.
stock [stɔk] *nm Com:* stock (of goods).
stockage [stɔkaʒ] *nm* stocking (of goods).
stocker [stɔke] *vtr (a)* to stock (goods) *(b)* to stockpile.
stockiste [stɔkist] stockist.
stoïcisme [stɔisism] *nm* stoicism. **stoïque** *a* stoic, stoical. **stoïquement** *adv* stoically.
stop [stɔp] **1.** *int* stop! **2.** *nm Aut: (a)* brake light *(b)* stop sign; red light **3.** *nm F:* **faire du s.,** to hitch(-hike).
stoppage [stɔpaʒ] *nm* invisible mending.
stopper¹ [stɔpe] *vtr & i* to stop.
stopper² *vtr* to repair by invisible mending.
stoppeur, -euse [stɔpœr, -øz] *n F:* hitchhiker.
store [stɔr] *nm* blind; *NAm:* shade; awning (of shop).
strabisme [strabism] *nm* squint(ing).

strapontin [strapɔ̃tɛ̃] *nm Aut: Th:* folding seat; tip-up seat.
stratagème [strataʒɛm] *nm* stratagem.
strate [strat] *nf Geol:* stratum.
stratège [stratɛʒ] *nm* strategist.
stratégie [strateʒi] *nf* strategy. **stratégique** *a* strategic.
stratification [stratifikasjɔ̃] *nf* stratification.
stratifier [stratifje] *vtr* to stratify.
stratosphère [stratɔsfɛr] *nf* stratosphere.
stress [strɛs] *nm inv* stress.
stresser [strɛse] *vtr* to put (s.o.) under stress, to stress (s.o.). **stressant** *a* stressful. **stressé** *a* under stress.
strict [strikt] *a* (*a*) strict; bare (essentials, minimum); plain (truth) (*b*) exact, strict (person) (**sur,** about) (*c*) severe (suit, hairstyle). **strictement** *adv* strictly; plainly.
strident [stridɑ̃] *a* strident, shrill.
strie [stri] *nf* **1.** *Geol: Anat:* stria **2.** (*a*) ridge (*b*) streak (of colour).
strier [strije] *vtr* (*impf & pr sub*) **n. striions**) **1.** to striate, score **2.** (*a*) to ridge (*b*) to streak.
strip-tease [striptiz] *nm* striptease. **strip-teaseuse** *nf* stripper.
strophe [strɔf] *nf* stanza.
structure [stryktyr] *nf* structure. **structural, -aux** *a* structural. **structuralement** *adv* structurally. **structurel** *a* structural.
structurer [stryktyre] *vtr* to structure.
strychnine [striknin] *nf* strychnine.
stuc [styk] *nm Const:* stucco.
studieux, -ieuse [stydjø, -jøz] *a* studious. **studieusement** *adv* studiously.
studio [stydjo] *nm* **1.** (artist's, film, recording) studio **2.** flat, studio; *NAm:* studio apartment.
stupéfaction [stypefaksjɔ̃] *nf* amazement; **à la s. générale,** to everyone's amazement.
stupéfaire [stypefɛr] *vtr* to stun, to astound, to amaze. **stupéfait** *a* stunned, astounded, amazed.
stupéfier [stypefje] *vtr* (*impf & pr sub* **n. stupéfiions**) to astound, amaze, dumbfound. **stupéfiant 1.** *a* astounding, amazing **2.** *nm* narcotic; drug.
stupeur [stypœr] *nf* **1.** stupor **2.** amazement; **muet de s.,** dumbfounded.
stupide [stypid] *a* (*a*) *Lit:* stunned (*b*) stupid; silly; foolish. **stupidement** *adv* stupidly.
stupidité [stypidite] *nf* stupidity; stupid remark, action.
style [stil] *nm* **1.** stylus, style **2.** *Lit:* style; **dans le s. de,** in the style of; **robe, meubles, de s.,** period dress, furniture.
stylé [stile] *a* trained.
stylisation [stilizasjɔ̃] *nf* stylization.
styliser [stilize] *vtr* to stylize.
styliste [stilist] *n* stylist; **s. de mode,** designer.
stylo [stilo] *nm* pen; **s. à bille,** ballpoint (pen); biro (*Rtm*); **s. à encre,** fountain pen.
su (au su de) [osydə] *prep phr Lit:* **au su de tout le monde,** with everyone's knowledge.
suaire [sɥɛr] *nm* shroud.
suant [sɥɑ̃] *a P:* boring.
suave [sɥav] *a Lit:* sweet, pleasant.
suavité [sɥavite] *nf Lit:* sweetness.
subalterne [sybaltɛrn] **1.** *a* subordinate, minor (official, position); junior (employee) **2.** *nm* (*a*) subordinate (*b*) *Mil:* subaltern.
subconscient [sybkɔ̃sjɑ̃] *a & nm* subconscious.
subdiviser [sybdivize] *vtr* to subdivide (**en,** into).
subdivision [sybdivizjɔ̃] *nf* subdivision.
subir [sybir] *vtr* to undergo (trial, examination, change, torture); to be under (an influence); to suffer, sustain (defeat, loss); to submit to (punishment, fate); **s. qn,** to put up with s.o.; **faire s. qch à qn,** to subject s.o. to sth; to inflict sth on s.o.
subit [sybi] *a* sudden, unexpected. **subitement** *adv* suddenly; all of a sudden.
subjectivité [sybʒɛktivite] *nf* subjectivity.
subjectif, -ive *a* subjective. **subjectivement** *adv* subjectively.
subjonctif, -ive [sybʒɔ̃ktif, -iv] *a & nm Gram:* subjunctive (mood).
subjuguer [sybʒyge] *vtr* to subjugate, subdue; *Fig:* to captivate.
sublimation [syblimasjɔ̃] *nf Psy:* sublimation.
sublime [syblim] *a* sublime.
sublimer [syblime] *vtr Psy:* to sublimate.
submerger [sybmɛrʒe] *vtr* (**n. submergeons**) **1.** to submerge; to flood (field); to swamp (boat); to immerse (object); **submergé par la foule,** swamped by the crowd **2.** to overwhelm; **submergé de travail,** snowed under with work.
submersion [sybmɛrsjɔ̃] *nf* submersion; flooding. **submersible 1.** *a* submersible **2.** *nm* submarine.
subordination [sybɔrdinasjɔ̃] *nf* subordination.
subordonner [sybɔrdɔne] *vtr* to subordinate (**à,** to); **le service est subordonné au nombre des voyageurs,** the service depends on the number of travellers. **subordonné 1.** *a* subordinate **2.** (*a*) *n* subordinate (*b*) *nf Gram:* subordinate clause.
suborner [sybɔrne] *vtr* **1.** *Lit:* to seduce **2.** to bribe (witness).
subreptice [sybrɛptis] *a* surreptitious. **subrepticement** *adv* surreptitiously.
subséquent [sypsekɑ̃] *a* subsequent; ensuing; later (will).
subside [sypsid] *nm* subsidy; allowance.
subsidiaire [sypsidjɛr] *a* subsidiary; **question s.,** tie-breaker.
subsistance [sybzistɑ̃s] *nf* subsistence; livelihood; maintenance.
subsister [sybziste] *vi* **1.** to subsist; to (continue to) exist; to remain **2.** to live (**de,** on).
substance [sypstɑ̃s] *nf* **1.** substance; **en s.,** in essence **2.** matter, material, stuff. **substantiel, -elle** *a* substantial. **substantiellement** *adv* substantially.
substantif, -ive [sypstɑ̃tif, -iv] **1.** *a* substantive **2.** *nm Gram:* substantive, noun.
substituer [sypstitɥe] **1.** *vtr* to substitute (**à,** for) **2.** **se s. à qn,** to substitute for s.o., to take the place of s.o.
substitut [sypstity] *nm* assistant; *Jur:* deputy public prosecutor.
substitution [sybstitysjɔ̃] *nf* substitution.
subterfuge [syptɛrfyʒ] *nm* subterfuge.
subtil [syptil] *a* subtle (argument, remark, difference); shrewd (observer, etc). **subtilement** *adv* subtly.

subtiliser [sybtilize] *vtr F:* to make off with (sth).
subtilité [sybtilite] *nf* subtlety; fineness.
subvenir [sybvənir] *v ind tr* (*conj like* VENIR; *aux* **avoir**) **s. à,** to provide for (s.o.'s needs); to meet (expenses).
subvention [sybvɑ̃sjɔ̃] *nf* subsidy, grant.
subventionner [sybvɑ̃sjɔne] *vtr* to subsidize.
subversion [sybvɛrsjɔ̃] *nf* subversion. **subversif, -ive** *a* subversive.
suc [syk] *nm* juice; *Bot:* sap.
succédané [syksedane] *nm* substitute (**de,** for).
succéder [syksede] *v ind tr* (**je succède; je succéderai**) **s. à qn,** to succeed, follow after, s.o.; **la déception succéda à la joie,** joy gave way to disappointment; **se s.,** to follow, to succeed, one another.
succès [syksɛ] *nm* success; **avoir du s.,** to be successful, a success; **sans s.,** unsuccessful(ly); **livre à s.,** bestseller; **s. fou,** great success, *Th:* smash hit; **chanson à s.,** hit (song).
successeur [syksɛsœr] *nm* successor.
succession [syksesjɔ̃] *nf* **1.** (*a*) succession; series, sequence (of ideas, days) (*b*) succession (to the crown, the presidency); **prendre la s. de,** to succeed (s.o.); to take over (business) **2.** *Jur:* inheritance; estate. **successif, -ive** *a* successive. **successivement** *adv* successively.
succinct, -incte [syksɛ̃, syksɛ̃t] *a* succinct; frugal (meal). **succinctement** *adv* succintly; frugally.
succion [syksjɔ̃] *nf* suction; sucking.
succomber [sykɔ̃be] *vi* **1.** to succumb; to sink (under the weight); **je succombe au sommeil,** I can't stay awake **2.** (*a*) to be overpowered (**sous le nombre,** by numbers) (*b*) to succumb (to temptation); to be overcome (by emotion) (*c*) to die; to succumb (to illness).
succulent [sykylɑ̃] *a* succulent, tasty.
succursale [sykyrsal] *nf Com:* branch; **magasin à succursales multiples,** chain store.
sucer [syse] *vtr* (**n. suçons**) to suck.
sucette [sysɛt] *nf* (*a*) (baby's) dummy; *NAm:* pacifier (*b*) lollipop.
sucre [sykr̥] *nm* sugar; **s. de canne,** cane sugar; **s. en poudre, s. semoule,** caster sugar; *NAm:* finely ground sugar; **s. cristallisé,** granulated sugar; **s. en morceaux,** lump sugar; **s. d'orge,** barley sugar; **il a été tout s. tout miel,** he was all sweetness and light.
sucrer [sykre] *vtr* **1.** to sugar; to sweeten; *F:* **s. les fraises,** to be an old dodderer **2.** *F:* to cancel **3.** *P:* **se s.,** to line one's pockets. **sucré** *a* **1.** sugared, sweetened (tea); sweet (fruits); **trop s.,** too sweet; **non s.,** unsweetened **2.** sugary (words, manner).
sucrerie [sykrəri] *nf* **1.** sugar refinery **2.** *pl* sweets, confectionery; **aimer les sucreries,** to have a sweet tooth.
sucrette [sykrɛt] *nf Rtm:* artificial sweetener.
sucrier, -ière [sykrije, -jɛr] **1.** *a* (of) sugar; sugar-producing **2.** *n* sugar manufacturer **3.** *nm* sugar bowl, basin.
sud [syd] **1.** *nm no pl* south; **vent du s.,** south(erly) wind; **maison exposée au s.,** house facing south; **au s.,** in the south; **au s. de,** (to the) south of; **l'Amérique du S.,** South America; **vers le s.,** southward **2.** *a inv* south, southerly, southern.
sud-africain, -aine [sydafrikɛ̃, -ɛn] *a & n Geog:* South African; **la République sud-africaine,** the Republic of South Africa.
sud-est [sydɛst] **1.** *nm no pl* southeast **2.** *a inv* southeasterly; southeastern.
sudiste [sydist] *US: Hist:* **1.** *n* Southerner **2.** *a* Southern (army).
sud-ouest [sydwɛst] **1.** *nm no pl* southwest **2.** *a inv* southwesterly; southwestern.
Suède¹ [sɥɛd] *Prnf Geog:* Sweden. **suédois, -oise** **1.** *a* Swedish **2.** *n* Swede **3.** *nm Ling:* Swedish.
suède² *nm* (*leather*) suede; **gants de s.,** suede gloves. **suédé** *a* with a suede finish.
suédine [sɥedin] *nf Tex:* brushed cotton.
suer [sɥe] **1.** *vi* (*a*) to sweat; to perspire; *F:* **tu me fais s.!** you're getting on my nerves! (*b*) (*of walls*) to ooze (*c*) to labour, to sweat **2** *vtr* to sweat (blood); to exude (poverty).
sueur [sɥœr] *nf* sweat, perspiration; **être en s.,** to be sweating; **avoir des sueurs froides,** to be in a cold sweat.
suffire [syfir] *vi* (*prp* **suffisant;** *pp* **suffi**) (*a*) to suffice; to be sufficient; to be enough; **cela ne me suffit pas (pour vivre),** that is not enough for me (to live on); **il suffit de l'écouter pour,** one only has to listen to him to; *F:* **ça suffit,** that'll do! that's enough! **il suffit d'une heure,** one hour is (long) enough (*b*) **s. à qch,** to be equal to sth; **il ne peut pas s. à tout,** he cannot cope with everything; (*of country*) **se s. (à soi-même),** to be self-supporting.
suffisance [syfizɑ̃s] *nf* **1.** sufficiency; **avoir qch en s.,** to have plenty of sth **2.** complacency; self-importance; conceit. **suffisant** *a* **1.** sufficient, adequate, enough; **largement s.,** more than enough; **c'est s. pour le voyage,** that's enough for the journey **2.** self-satisfied, self-important, conceited (air, tone); **faire le s.,** to give oneself airs. **suffisamment** *adv* sufficiently, enough, adequately.
suffixe [syfiks] *nm Gram:* suffix.
suffocant [syfɔkɑ̃] *a* (*a*) suffocating, stifling (*b*) staggering.
suffocation [syfɔkasjɔ̃] *nf* suffocation; (fit of) choking.
suffoquer [syfɔke] **1.** *vtr* (*of smell*) to suffocate, stifle; (*of news*) to stagger (s.o.) **2.** *vi* to suffocate; *Fig:* to choke (**de,** with).
suffrage [syfraʒ] *nm* suffrage, vote; **s. universel,** universal suffrage.
suggérer [sygʒere] *vtr* (**je suggère; je suggérerai**) to suggest (**à,** to); **s. de faire qch,** to suggest doing sth.
suggestion [sygʒɛstjɔ̃] *nf* suggestion. **suggestif, -ive** *a* suggestive.
suicide [sɥisid] *nm* suicide. **suicidaire** *a* suicidal.
suicidé, -ée [sɥiside] *n* (*pers*) suicide.
suicider (se) [səsɥiside] *vpr* to commit suicide.
suie [sɥi] *nf* soot.
suif [sɥif] *nm* tallow.
suintement [sɥɛ̃tmɑ̃] *nm* oozing.
suinter [sɥɛ̃te] *vi* to ooze.
Suisse¹ [sɥis] *Prnf Geog:* Switzerland; **la S. romande,** French-speaking Switzerland.
suisse² **1.** *a* Swiss **2.** *nm* (*a*) **un S.,** a Swiss (man) (*b*) *Ecc:* verger (*c*) **petit s.,** small cream cheese; petit suisse.
Suissesse [sɥisɛs] *nf* Swiss (woman).
suite [sɥit] *nf* **1.** (*a*) continuation; **faire s. à qch,** to

follow sth; *Corr:* **(comme) s. à notre lettre,** further to our letter; **donner s. à,** to follow up; *(of article)* **sans s.,** discontinued; **prendre la s. de,** to succeed to (a business); **à la s.,** one after the other; **à la s. de qn,** behind s.o.; **à la s. de cet incident,** as a result of this incident; *adv phr* **de s.,** (i) in succession (ii) consecutively; **dix voitures de s.,** ten cars in a row; **dix heures de s.,** ten hours without a break; **dix jours de s.,** ten days running; **et ainsi de s.,** and so on; *adv phr* **tout de s.,** *F:* **de s.,** at once, immediately; **dans la s.,** subsequently; **par la s.,** later on, afterwards, eventually (*b*) sequel (of book, film); *Jour:* **s. au prochain numéro,** continued in the next issue (*c*) coherence, consistency (in reasoning); **sans s.,** (i) disconnected (thoughts) (ii) incoherently; **avoir de la s. dans les idées,** to be single-minded **2.** suite, retinue **3.** (*a*) series, sequence, succession (of events); **s. de malheurs,** run of misfortunes (*b*) *Mth:* series (*c*) *Mus:* (orchestral) suite (*d*) *(in hotel)* suite **4.** consequence, result; after effects (of illness); *adv phr* **par s.,** consequently; **par s. de,** in consequence of, on account of.

suivant[1] [sɥivɑ̃] *prep* **1.** along (a line) **2.** according to (instructions); **s. que** + *ind,* depending on whether.

suivant[2] -ante [sɥivɑ̃, -ɑ̃t] *a* next, following (page, day); **le dimanche s.,** next Sunday; **notre méthode est la suivante,** our method is as follows; **au s.!** next (person) please!

suivi [sɥivi] *a* **1.** connected (speech); sustained, coherent (reasoning); regular (correspondence); consistent (effort); unwavering (policy) **2.** well attended, popular (lectures, classes).

suivre [sɥivr̥] *vtr* (*prp* **suivant;** *pp* **suivi;** *pr ind* **je suis, n. suivons**) **1.** (*a*) to follow (s.o., sth); **s. qn de près,** to follow close on s.o.'s heels; *(on letter)* **faire s.,** please forward; **faire s. son courrier,** to have one's mail sent on; **faire s. un suspect,** to have a suspect followed; **à s.,** to be continued; *Com:* **s. un article,** to (continue to) stock an article (*b*) *(to understand)* to follow; **je ne vous suis pas,** I don't follow you; I'm not with you (*c*) to pursue (animal, enemy) (*d*) to be attentive to (sth); **suivez attentivement,** pay attention (*e*) to follow (s.o.'s progress, course of events); **s. des yeux, du regard,** to watch (*f*) to follow up (a clue) **2.** (*a*) to succeed; to come after; **ces deux mots se suivent,** these two words are consecutive; **événements qui se suivent,** events which follow each other (*b*) *impers* **il suit que,** it follows that; **comme suit,** as follows **3.** (*a*) to go along, to follow (road); **s. son chemin,** to go on one's way; *(of illness, etc)* **s. son cours,** to run its course (*b*) to obey, conform to (fashion, law); to follow, to act upon (advice) **4.** (*a*) to attend (course of lectures) (regularly); **s. un cours,** to take a course (of study) (*b*) to practise, exercise (profession, calling).

sujet[1] -ette [syʒɛ, -ɛt] **1.** *a* subject; liable, prone, exposed (**à,** to); **s. à oublier,** apt to forget **2.** *n* subject (of a state).

sujet[2] *nm* **1.** (*a*) subject; cause, reason, ground (of complaint, anxiety); subject (of quarrel); **avoir s. de faire,** to have cause for doing; *prep phr* **au s. de qn, de qch,** relating to, concerning, s.o., sth; about s.o., sth (*b*) subject (matter); theme (of book, picture); topic (of conversation); **un beau s. de roman,** a fine subject for a novel (*c*) *Gram:* subject **2.** individual, fellow; **mauvais s.,** bad lot; *Sch:* **bon s.,** good pupil.

sujétion [syʒesjɔ̃] *nf* **1.** subjection (**à,** to) **2.** constraint.

sulfamide [sylfamid] *nm Ch:* sulpha drug.

sulfate [sylfat] *nm Ch:* sulphate.

sulfure [sylfyr] *nm Ch:* sulphide. **sulfureux, -euse** *a* sulphurous; *NAm:* sulfurous. **sulfurique** *a* sulphuric; *NAm:* sulfuric. **sulfurisé** *a* **papier s.,** greaseproof paper.

sultan [syltɑ̃] *nm* sultan.

sultane [syltan] *nf* sultana.

summum [sɔmɔm] *nm Fig:* height.

super [sypɛr] *F:* **1.** *a* super, great **2.** *nm Aut:* = four-star petrol; *NAm:* premium gas.

superbe [sypɛrb] *a* (*a*) superb; stately (building) (*b*) magnificent (horse); marvellous (weather, show). **superbement** *adv* superbly, magnificently.

supercarburant [sypɛrkarbyrɑ̃] *nm* high-octane petrol, *NAm:* gasoline.

supercherie [sypɛrʃəri] *nf* swindle; hoax.

supérette [sypерɛt] *nf* (small) supermarket.

superficie [sypɛrfisi] *nf* (*a*) surface (*b*) area.

superficiel, -elle [sypɛrfisjɛl] *a* superficial; skin-deep (wound); shallow (mind); *Ph:* **tension superficielle,** surface tension. **superficiellement** *adv* superficially.

superflu [sypɛfly] **1.** *a* (*a*) superfluous, unnecessary (*b*) vain, useless (regrets) **2.** *nm* superfluity; surplus.

super-grand [sypɛrgrɑ̃] *nm Pol: F:* superpower; *pl super-grands.*

supérieur, -eure [syperjœr] **1.** *a* (*a*) upper (storey, limb) (*b*) superior (**à,** to); **s. à la moyenne,** above average; **rester s. à la situation,** to remain master of the situation (*c*) higher, upper; **classes supérieures,** (i) upper classes (of society) (ii) *Sch:* upper forms; **enseignement s.,** higher, university, education; **animaux supérieurs,** higher animals (*d*) *Com:* of superior quality (*e*) superior (manner) **2.** *n* (*a*) **il est votre s.,** (i) he's your superior (ii) he's a better man than you; **s. hiérarchique,** immediate superior (*b*) head of a convent, monastery; **la mère supérieure, la Supérieure,** the Mother Superior.

supériorité [syperjorite] *nf* superiority; **s. d'âge,** seniority; **air de s.,** superior air.

superlatif, ive [sypɛrlatif, -iv] *a* superlative.

supermarché [sypɛrmarʃe] *nm Com:* supermarket.

superposer [sypɛrpoze] *vtr* to superpose, pile (**à,** on); to superimpose (images).

superposition [sypɛrpɔzisjɔ̃] *nf* superposition; superimposition.

superproduction [sypɛrprɔdyksjɔ̃] *nf Cin:* spectacular.

superpuissance [sypɛrpɥisɑ̃s] *nf Pol:* superpower.

supersonique [sypɛrsɔnik] *a* supersonic.

superstition [sypɛrstisjɔ̃] *nf* superstition. **superstitieux, -euse** *a* superstitious. **superstitieusement** *adv* superstitiously.

superstructure [sypɛrstryktyr] *nf* superstructure.

superviser [sypɛrvize] *vtr* to supervise.

supplanter [syplɑ̃te] *vtr* to take the place of, to supplant.

suppléance [sypleɑ̃s] *nf* temporary post, supply post. **suppléant, -ante 1.** *n* (*pers*) substitute

(de, for); supply teacher; deputy; (doctor's) locum; *Th:* understudy **2.** *a* temporary (official); **professeur s.,** (i) (assistant) lecturer (ii) supply teacher.

suppléer [syplee] **1.** *vtr* to take the place of, to deputize for (s.o.); **se faire s.,** to find a substitute, a deputy **2.** *vi* **s. à qch,** to make up for, to compensate for, sth; **s. à un poste vacant,** to fill a vacant post.

supplément [syplemɑ̃] *nm* (*a*) supplement, addition; **en s.,** additional; extra; supplementary (*b*) extra payment; *Rail:* excess fare (*c*) supplement (to book) (*d*) (*in restaurant*) extra charge. **supplémentaire** *a* supplementary; additional, extra, further; *Ind:* **une heure s.,** an hour's overtime; **train s.,** relief train.

suppliant, -ante [sypliɑ̃, -ɑ̃t] **1.** *a* imploring, pleading (look) **2.** *n* suppliant, supplicant.

supplication [syplikasjɔ̃] *nf* supplication; entreaty.

supplice [syplis] *nm* (*a*) (severe corporal) punishment; torture; **le dernier s.,** capital punishment (*b*) torment, anguish, agony; **être au s.,** to be in agonies.

supplier [syplije] *vtr* (*impf & pr sub* **n. suppliions)** to beseech, to implore, to entreat; **taisez-vous, je vous en supplie,** be quiet, I beg you.

supplique [syplik] *nf* petition.

support [sypɔr] *nm* **1.** support, prop **2.** rest (for tools); stand (for lamp) **3.** *Com:* **s. publicitaire,** advertising medium; **s. audio-visuel,** audio-visual aid.

supporter¹ [sypɔrte] *vtr* **1.** to support, prop, hold up, bear, carry (ceiling); to support, back up (person, theory) **2.** (*a*) to endure, bear; to withstand (pain, heat); to tolerate (drink); **il ne supporte pas les champignons,** mushrooms disagree with him (*b*) to tolerate, put up with (rudeness); **je ne peux pas le s.,** I can't stand him; **je ne supporte pas qu'il fasse cela,** I won't tolerate him doing that. **supportable** *a* bearable, tolerable; **pas s.,** intolerable.

supporter² [sypɔrtɛr] *nm Sp:* supporter.

supporteur, -trice [sypɔrtɛr, -tris] *n Sp:* supporter.

supposer [sypoze] *vtr* **1.** to suppose, assume, imagine; **en supposant que** + *sub,* **à s. que** + *sub,* **supposons que** + *sub,* suppose that; **on le suppose à Paris, on suppose qu'il est à Paris,** he's supposed to be in Paris **2.** to presuppose, imply; **cela lui suppose du courage,** it implies courage on his part. **supposé** *a* supposed, alleged (thief); assumed, false (name).

supposition [sypozisjɔ̃] *nf* supposition.

suppositoire [sypozitwar] *nm Med:* suppository.

suppression [syprɛsjɔ̃] *nf* suppression; discontinuance (of a service); removal; deletion (of word); cancellation (of train).

supprimer [syprime] *vtr* **1.** to suppress (newspaper, document); to abolish (law, tax); to withdraw (driving licence); to omit, delete (word); to cancel (train); to remove (difficulty); to quell (revolt); *F:* **s. qn,** to kill s.o.; **se s.,** to commit suicide **2. s. qch à qn,** to deprive s.o. of sth.

suppuration [sypyrasjɔ̃] *nf Med:* suppuration.

suppurer [sypyre] *vi Med:* to suppurate.

supputation [sypytasjɔ̃] *nf* calculation.

supputer [sypyte] *vtr* to calculate.

supranational, -aux [sypranasjɔnal, -o] *a* supranational.

suprématie [sypremasi] *nf* supremacy.

suprême [syprɛm] **1.** *a* (*a*) supreme; highest (degree); **pouvoir s.,** sovereignty (*b*) last (requests) **2.** *nm Cu:* (chicken) supreme. **suprêmement** *adv* supremely.

sur¹ [syr] *prep* **1.** (*a*) on, upon; **assis s. une chaise,** sitting on a chair; *PN:* **virages s. 2 kilomètres,** bends for 2 kilometres; *F:* **la clef est s. la porte,** the key's in the door; **je n'ai pas d'argent s. moi,** I have no money on me; **page s. page,** page after page; **s. un ton de reproche,** in a reproachful tone (*b*) towards; **avancer s. qn,** to advance on, against, s.o.; **le train s. Orléans,** the train for Orleans (*c*) over, above; **avoir autorité s. qn,** to have authority over s.o.; **s. toute(s) chose(s),** above all (things); **un pont s. une rivière,** a bridge across a river (*d*) about, concerning **2.** (*of time*) (*a*) about (midday); towards (evening); **il va s. ses 18 ans,** he's getting on for 18 (*b*) **s. quoi,** whereupon; **s. ce, je vous quitte,** and now I must leave you; **il est s. son départ,** he's about to leave **3.** (*a*) out of; **un jour s. quatre,** one day out of four; **une fois s. deux,** every other time; **on paye les pompiers s. les fonds de la ville,** the firemen are paid out of the town funds (*b*) (*in measurements*) by; **huit mètres s. six,** eight metres by six.

sur² [syr] *a* sour (fruit); tart.

sûr [syr] *a* **1.** (*a*) sure; safe, secure (shelter, beach); **peu s.,** insecure, unsafe; **jouer au plus s.,** to play for safety ; **le plus s. serait de,** the safest course would be to (*b*) trustworthy, reliable (person, memory); trusty, staunch (friend); **temps s.,** settled weather; **avoir le coup d'œil s.,** to have an accurate eye; **goût s.,** discerning taste; **avoir la main sûre, le pied s.,** to have a steady hand, to be surefooted; **mettre son argent en mains sûres,** to put one's money into safe hands **2.** sure, certain; infallible (remedy); **être s. de réussir,** to be sure of success; **je suis s. de lui,** I can depend on him; **s. de soi,** self-assured; **à coup s.,** for certain; without fail; *F:* **bien s.!** of course; *NAm:* sure! **bien s.?** you really mean it? **bien s. que non!** of course not! **3.** *adv F:* surely; **pas s.!** perhaps not! **sûrement** *adv* **1.** surely, certainly; **il va s. revenir,** he's sure to come back **2.** surely, securely, safely; reliably.

surabondance [syrabɔ̃dɑ̃s] *nf* over-abundance. **surabondant** *a* over-abundant.

surabonder [syrabɔ̃de] *vi* to superabound.

suranné [syrane] *a* outdated.

surcharge [syrʃarʒ] *nf* **1.** overloading **2.** (*a*) overload (*b*) excess weight (of luggage) **3.** additional charge; surcharge (on postage stamp).

surcharger [syrʃarʒe] *vtr* **(n. surchargeons)** to overload **(de,** with); **texte surchargé de corrections,** text covered with corrections.

surchauffer [syrʃofe] *vtr* (*a*) to overheat (*b*) *Ph:* to superheat.

surchoix [syrʃwa] *nm* finest quality; *a inv* top-quality.

surclasser [syrklase] *vtr* to outclass.

surcroît [syrkrwa] *nm* addition, increase; **s. de travail,** extra work; **de s., par s.,** in addition; **pour s. de malheur,** to make matters worse.

surdité [syrdite] *nf* deafness.

surdoué, -ée [syrdwe] *n* gifted child.

sureau, -eaux [syro] *nm* elder (tree).

surélever [syrɛlve] *vtr* (*conj like* ÉLEVER) *Const: etc:* to raise, heighten.

surenchère [syrɑ̃ʃɛr] *nf* (*a*) higher bid; outbidding (*b*) **une s. de violence,** ever-increasing violence.

surenchérir [syrɑ̃ʃerir] *vi* to overbid; **s. (sur qn),** to outbid (s.o.), to bid higher (than s.o.).

surestimation [syrɛstimasjɔ̃] *nf* overestimate, overvaluation.

surestimer [syrɛstime] *vtr* to overestimate, overvalue (price, cost); **s. qn,** to overrate s.o.

sûreté [syrte] *nf* **1.** (*a*) safety, security; **être en s.,** to be safe, in a safe place; **mettre en s.,** to put in a safe place; **serrure de s.,** safety lock (*b*) security, protection; (*police*) **agent de la s.,** detective; **la S.** = New Scotland Yard **2.** sureness (of hand, foot); soundness (of taste, judgment); **s. de soi,** self-confidence **3.** *Com:* surety, security, guarantee.

surévaluer [syrevalɥe] *vtr* to overestimate.

surexcitation [surɛksitasjɔ̃] *nf* overexcitement.

surexciter [syrɛksite] *vtr* to overexcite. **surexcité** *a* overexcited.

surf [sœrf] *nm Sp:* surfing; **faire du s.,** to surf, to go surfing.

surface [syrfas] *nf* (*a*) surface; **faire s., revenir en s.,** (i) (*of submarine*) to surface (ii) (*of pers*) *F:* to come to; **tout en s.,** superficial (*b*) area; **s. utile,** working surface; **s. couverte,** floor area; **(magasin à) grande s.,** hypermarket.

surfait [syrfɛ] *a* overrated.

surfin [syrfɛ̃] *a Com:* superfine.

surgelé [syrʒəle] *a* deep-frozen; *a & nm* **(produits) surgelés,** (deep-)frozen foods.

surgir [syrʒir] *vi* (*aux* **avoir,** *occ* **être**) to rise; to come into view; to loom (up); **s. brusquement,** to appear suddenly; (*of plant*) to spring up; (*of difficulties*) to crop up.

surhomme [syrɔm] *nm* superman. **surhumain** *a* superhuman.

surimposer [syrɛ̃poze] *vtr* to increase the tax on (sth); to overtax.

surir [syrir] *vi* to turn sour.

sur-le-champ [syrləʃɑ̃] *adv* at once; on the spot; immediately.

surlendemain [syrlɑ̃dmɛ̃] *nm* **le s. de son départ,** two days after he left; **elle est partie le s.,** she left two days later.

surligner [syrliɲe] *vtr* to highlight.

surligneur [syrliɲœr] *nm* highlighter.

surmenage [syrmənaʒ] *nm* overwork; **s. intellectuel,** mental fatigue.

surmener [syrməne] *vtr* (*conj like* MENER) to overwork; **se s.,** to overwork (oneself); to overdo it.

surmonter [syrmɔ̃te] **1.** *vtr* to overcome, surmount (obstacle); to master, get the better of (one's anger, grief) **2. se s.,** to control oneself, one's emotions.

surnager [syrnaʒe] *vi* **(n. surnageons)** (*a*) to float on the surface (*b*) to remain.

surnaturel, -elle [syrnatyrɛl] *a* (*a*) supernatural; *nm* **le s.,** the supernatural (*b*) inexplicable; uncanny.

surnom [syrnɔ̃] *nm* nickname.

surnombre [syrnɔ̃bɽ] *nm* **en s.,** too many; **exemplaires en s.,** spare copies; **emplois en s.,** overstaffing; **je suis en s.,** I am one too many.

surnommer [syrnɔme] *vtr* **s. qn, qch,** to (nick)name s.o., sth.

surpasser [syrpɑse] *vtr* to surpass; to exceed (one's hopes); to outdo (a rival); to transcend (s.o.); **se s.,** to surpass oneself.

surpeuplement [syrpœpləmɑ̃] *nm* overpopulation. **surpeuplé** *a* overpopulated.

surplis [syrpli] *nm Ecc:* surplice.

surplomb [syrplɔ̃] *nm* overhang; **en s.,** overhanging.

surplomber [syrplɔ̃be] *vi & tr* to overhang..

surplus [syrply] *nm* surplus, excess; **payer le s.,** to pay the difference; **au s.,** besides, what's more; **marchandises en s.,** surplus goods.

surpopulation [syrpɔpylasjɔ̃] *nf* overpopulation.

suprenant [syrprənɑ̃] *a* surprising, astonishing.

surprendre [syrprɑ̃dɽ] *vtr* (*conj like* PRENDRE) **1.** (*a*) to surprise; to come upon (s.o.) unexpectedly; to catch (s.o.) unawares; **aller s. un ami chez lui,** to drop in unexpectedly on a friend; **être surpris par la pluie,** to be caught in the rain; **je me surpris à pleurer,** I found myself crying (*b*) to intercept (glance); to overhear **2.** to astonish; **ça a l'air de vous s.,** you seem surprised. **surprenant** *a* surprising, astonishing. **surpris** *a* surprised.

surprise [syrpriz] *nf* surprise; **à sa grande s.,** much to his surprise; **par s.,** by surprise; **il m'a fait sa demande par s.,** he sprang his request on me; **quelle bonne s.!** what a pleasant surprise!

surprise-partie [syrprizparti] *nf* party; *pl surprises-parties.*

surproduction [syrprɔdyksjɔ̃] *nf* overproduction.

surréalisme [syrealism] *nm* surrealism. **surréaliste** *a & n* surrealist.

surrégénérateur [syreʒeneratœr] *a & nm AtomPh:* breeder (reactor).

sursaut [syrso] *nm* (involuntary) start, jump; **s. d'énergie,** burst of energy; **se réveiller en s.,** to wake up with a start.

sursauter [syrsote] *vi* to start (involuntarily); to (give a) jump; **faire s. qn,** to startle s.o.

surseoir [syrswar] *v ind tr* (*pr p* **sursoyant;** *pr ind* **je sursois, n. sursoyons**) *Jur:* **s. à un jugement,** to suspend a judgment; **s. à l'exécution d'un condamné,** to reprieve a condemned man.

sursis [syrsi] *nm Jur:* delay; reprieve; **condamné à un an avec s.,** given a one-year suspended sentence. **sursitaire** *a & nm* provisionally exempted (conscript).

surtaxe [syrtaks] *nf* supertax, surtax.

surtaxer [syrtakse] *vtr* to surtax; to surcharge.

surtout [syrtu] *adv* particularly, especially; **s. pas,** certainly not; **s. n'oubliez pas de,** above all, don't forget to; *conj phr F:* **s. que,** especially as.

surveillance [syrvɛjɑ̃s] *nf* supervision, surveillance; *Sch:* invigilation.

surveillant, -ante [syrvɛjɑ̃, -ɑ̃t] *n* supervisor; overseer; shopwalker; *Sch:* supervisor (in charge of discipline); **s. de plage,** lifeguard.

surveiller [syrveje] **1.** *vtr* (*a*) to supervise (work); to tend (machine) (*b*) to watch (over), observe; to look after (s.o.); *Sch:* to invigilate; to keep an eye on (children) **2. se s.,** to keep a watch on oneself.

survenir [syrvənir] *vi* (*conj. like* VENIR; *aux* **être**) (*of events*) to happen, to occur; *F:* to crop up; (*of difficulty*) to arise; (*of pers*) to arrive unexpectedly.

survêtement [syrvɛtmɑ̃] *nm* tracksuit.
survie [syrvi] *nf* survival; *Rel:* afterlife.
survivance [syrvivɑ̃s] *nf* survival.
survivre [syrvivr̥] *v ind tr* (*conj like* VIVRE; *aux* **avoir**) to survive, outlive (**à qn, à qch,** s.o., sth); **se s.,** to live on (in one's works). **survivant, -ante 1.** *a* surviving **2.** *n* survivor.
survol [syrvɔl] *nm* (*a*) flight over (a place) (*b*) *Fig:* overview of (a question).
survoler [syrvɔle] *vtr Av:* to fly over (mountain); **s. une question,** to get a general view of a problem.
survolté [syrvɔlte] *a* **1.** *El:* boosted **2.** *F:* excited, worked up.
sus [sy(s)] *adv* **en s. de,** in addition to.
susceptibilité [sysɛptibilite] *nf* susceptibility; sensitiveness.
susceptible [sysɛptibl̥] *a* **1. s. de,** susceptible (of proof); open to (improvement); **s. de faire qch,** capable of doing sth; liable, likely, to do sth **2.** susceptible, touchy, easily offended.
susciter [sys(s)ite] *vtr* to give rise to (difficulties); to cause (astonishment); to arouse (hostility).
suspect, -ecte [syspɛ(kt), -ɛkt] **1.** *a* suspicious, doubtful, suspect; **devenir s. (à qn),** to arouse (s.o.'s) suspicion; **cela m'est s.,** I don't like the look of it; **tenir qn pour s.,** to be suspicious of s.o. **2.** *n* suspect.
suspecter [syspɛkte] *vtr* to suspect (s.o.); to doubt (sth); to cast suspicion on (s.o.'s good faith).
suspendre [syspɑ̃dr̥] **1.** *vtr* (*a*) to suspend; to hang up (clothes); to sling (hammock) (*b*) to defer, postpone; to suspend, stop (payment); to suspend (judgment); to adjourn (meeting) (*c*) to suspend (an official) **2. se s.,** to hang (**à,** from; **par,** by).
suspendu [syspɑ̃dy] *a* suspended; hanging; **pont s.,** suspension bridge; **voiture bien suspendue,** car with good suspension; **être s. aux lèvres de qn,** to be hanging on s.o.'s every word.
suspens [syspɑ̃] *nm* **en s.,** in suspense; (i) (*of pers*) in doubt (ii) (*of thg*) in abeyance; **tenir qn en s.,** to keep s.o. in suspense.
suspense [syspɛns] *nm* suspense; **film à s.,** thriller.
suspension [syspɑ̃sjɔ̃] *nf* **1.** (*a*) suspension; hanging (up) (*b*) *Ch:* suspension **2.** (*a*) (temporary) discontinuance, interruption; suspension (of hostilities, payment); adjournment; *Gram:* **points de s.,** suspension points (*b*) suspension (of an official) **3.** (*a*) light pendant; ceiling lamp (*b*) *Aut: etc:* suspension; springs, springing.
suspicion [syspisjɔ̃] *nf* suspicion.
susurrer [sysyre] *vi Lit:* to murmur, to whisper.
suture [sytyr] *nf Surg:* suture; **point de s.,** stitch.
suturer [sytyre] *vtr Surg:* to suture, to stitch.
suzerain, -aine [syzrɛ̃, -ɛn] *a & n* suzerain.
suzeraineté [syzrɛnte] *nf* suzerainty.
svelte [svɛlt] *a* slender.
sveltesse [svɛltɛs] *nf* slenderness.
SVP *abbr s'il vous plaît.*
sycomore [sikɔmɔr] *nm Bot:* sycamore.
syllabe [silab] *nf* syllable. **syllabique** *a* syllabic.
syllogisme [silɔʒism] *nm* syllogism.
sylphe [silf] *nm,* **sylphide** [silfid] *nf* sylph; **taille de sylphide,** sylphlike waist.
sylvestre [silvɛstr̥] *a* woodland (tree).
sylviculture [silvikyltyr] *nf* forestry.
symbole [sɛ̃bɔl] *nm* symbol. **symbolique** *a* symbolic. **symboliquement** *adv* symbolically.
symboliser [sɛ̃bɔlize] *vtr* to symbolize.
symbolisme [sɛ̃bɔlism] *nm* symbolism.
symétrie [simetri] *nf* symmetry. **symétrique** *a* symmetrical. **symétriquement** *adv* symmetrically.
sympa [sɛ̃pa] *a F:* likeable; nice.
sympathie [sɛ̃pati] *nf* (*a*) sympathy, instinctive attraction, liking; **avoir de la s. pour qn,** to like s.o.; **se prendre de s. pour qn,** to take (a liking) to s.o. (*b*) **idées qui ne sont pas en s.,** conflicting ideas. **sympathique** *a* **1.** sympathetic; in sympathy (with s.o.'s ideas) **2.** likeable, attractive, nice (personality); congenial (surroundings); **il m'a été tout de suite s.,** I took to him at once **3.** *Anat:* sympathetic (nerve). **sympathiquement** *adv* in a friendly way.
sympathiser [sɛ̃patize] *vi* to get on well (together, with s.o.); to be friendly. **sympathisant, -ante 1.** *a* sympathizing **2.** *n Pol:* sympathizer.
symphonie [sɛ̃fɔni] *nf Mus:* symphony. **symphonique** *a* symphonic.
symposium [sɛ̃pozjɔm] *nm* symposium.
symptôme [sɛ̃ptom] *nm* (*a*) symptom (*b*) sign, indication. **symptômatique** *a* symptomatic.
synagogue [sinagɔg] *nf* synagogue.
synchronisation [sɛ̃krɔnizasjɔ̃] *nf* synchronization.
synchroniser [sɛ̃krɔnize] *vtr* to synchronize. **synchronisé** *a* synchronized.
synchronisme [sɛ̃krɔnism] *nm* synchronism.
syncope [sɛ̃kɔp] *nf* **1.** *Med:* blackout, fainting fit; **tomber en s.,** to faint **2.** *Mus:* (*a*) syncopation (*b*) syncopated note.
syndic [sɛ̃dik] *nm* syndic; **s. de faillite,** official receiver.
syndicat [sɛ̃dika] *nm* **1.** syndicate; (trade, tenants') association; (employers') federation; **s. d'initiative,** tourist (information) office **2. s. (ouvrier),** trade union. **syndical, -aux** *a* syndical; **mouvement s.,** trade union movement.
syndicalisme [sɛ̃dikalism] *nm* trade unionism. **syndicaliste** (*a*) *a* trade-union (*b*) *n* trade unionist.
syndiquer [sɛ̃dike] **1.** *vtr* to unionize **2. se s.,** to form a union; to join a union. **syndiqué, -ée 1.** *a* **ouvrier s.,** trade unionist; **ouvriers non-syndiqués,** non-union workers **2.** *n* union member.
syndrome [sɛ̃drom] *nm Med:* syndrome.
synode [sinɔd] *nm Ecc:* synod.
synonymie [sinɔnimi] *nf* synonymy. **synonyme 1.** *a* synonymous (**de,** with) **2.** *nm* synonym.
syntaxe [sɛ̃taks] *nf Gram:* syntax. **syntactique, syntaxique** *a* syntactic(al).
synthèse [sɛ̃tɛz] *nf* synthesis; recap, summary.
synthétique *a* synthetic. **synthétiquement** *adv* synthetically.
synthétiser [sɛ̃tetize] *vtr* to synthesize.
syntoniseur [sɛ̃tonizœr] *nm WTel:* tuner.
syphilis [sifilis] *nf Med:* syphilis. **syphilitique** *a & n* syphilitic.
Syrie [siri] *Prnf Geog:* Syria. **syrien, -ienne** *a & n* Syrian.
systématisation [sistematizasjɔ̃] *nf* systematization.

systématiser [sistematize] *vtr* to systematize.

système [sistɛm] *nm* system; method, plan; **s. métrique,** metric system; **s. nerveux,** nervous system; **le s. D,** resourcefulness; *F:* **il me tape sur le s.,** he gets on my nerves. **systématique** *a* systematic; (*of pers*) dogmatic. **systématiquement** *adv* systematically.

systémique [sistemik] *a* systemic.

T

T, t [te] *nm* (the letter) T, t (*a*) **t euphonique** *forms a link between verbal endings* **-a, -e** *and the pronouns* **il, elle, on; va-t-il? ira-t-elle? donne-t-on?** (*b*) **en T,** T-shaped.

t *abbr* **1.** *tour* **2.** *Meas: tonne.*

ta [ta] *see* **ton¹**.

tabac¹ [taba] *nm* **1.** *Bot:* tobacco (plant) **2.** tobacco; **t. à priser,** snuff; **(débit, bureau) de t.,** tobacconist's (shop); **c'est du même t.,** it's the same thing **3.** *a inv* tobacco-coloured.

tabac² *nm F:* (*to be successful*) **faire un t.,** to make a splash; *F:* **passer qn à t.,** to beat s.o. up.

tabagisme [tabaʒism] *nm* nicotine addiction; smoking.

tabassage [tabasaʒ] *nm* thrashing.

tabasser [tabase] *vtr F:* to beat (s.o.) up.

tabatière [tabatjɛr] *nf* (*a*) snuffbox (*b*) *Const:* hinged skylight.

tabernacle [tabɛrnakl] *nm* tabernacle.

table [tabl] *nf* **1.** (*a*) table; **t. pliante,** folding table; **t. roulante,** trolley; **t. d'opération,** operating table; **t. de nuit,** bedside table; *Pol:* **t. ronde,** round-table conference (*b*) **mettre la t.,** to lay, to set, the table; **la t. est bonne,** the food's good; **se mettre à t.** (i) to sit down to table (ii) *P:* to confess, to come clean; **à t.!** lunch, dinner, is ready! **être à t.,** to be having a meal **2.** *DomEc:* **t. de cuisson,** hob (unit) **3.** (*flat surface*) **t. de travail,** work(ing) surface, top **4.** list, catalogue; **t. des matières,** (table of) contents.

tableau, -eaux [tablo] *nm* **1.** (*a*) board; *Sch:* **t. (noir),** blackboard; **t. d'affichage,** notice board; **t. de bord,** (i) *Aut:* dashboard (ii) *Av:* instrument panel; *El:* **t. de distribution,** switchboard (*b*) (*in hotel*) key rack **2.** (*a*) picture, painting; **un magnifique t.,** a beautiful scene (*b*) *Th:* scene **3.** (*a*) list, table; chart; (duty) roster; *Rail:* timetable; *F:* **gagner sur les deux, sur tous, les tableaux,** to win on both, on all, counts (*b*) **être rayé du t.,** to be struck off the rolls (*c*) **t. d'honneur,** honours board, list **4.** *Ven:* bag.

tabler [table] *vi* **t. sur qch,** to count, to bank, on sth.

tablette [tablɛt] *nf* **1.** shelf (of bookcase); flap (of desk) **2.** *A:* writing tablet; *Fig:* **mettre qch sur ses tablettes,** to make a note of sth; bar (of chocolate); *Pharm:* tablet.

tableur [tablœr] *nm Cmptr:* spreadsheet.

tablier [tablije] *nm* **1.** apron; pinafore; overall **2.** (*a*) *Aut:* dashboard (*b*) hood (of fireplace) **3.** (steel) shutter.

tabloïd(e) [tablɔid] *a & nm* tabloid.

tabou [tabu] *a & nm* taboo.

tabouret [taburɛ] *nm* stool; footstool.

tac [tak] *nm* click; **répondre du t. au t.,** to give tit for tat.

tache [taʃ] *nf* (*a*) stain, spot; blob (of paint); flaw (in precious stone); bruise (on fruit); blot (of ink); stain (on reputation); **sans t.,** spotless (*b*) **t. de rousseur,** freckle.

tâche [tɑʃ] *nf* task; job; **travail à la t.,** piecework; **prendre à t. de faire qch,** to undertake to do sth.

tacher [taʃe] **1.** *vtr* to stain, spot (garment); to sully (reputation); **taché d'encre,** inkstained **2. se t.,** to get dirty (i) to soil one's clothes (ii) to stain.

tâcher [tɑʃe] *vi* to try, endeavour (**de,** to); **tâche de ne pas recommencer,** mind it doesn't happen again.

tacheté [taʃte] *a* spotted, speckled; mottled; tabby (cat).

tacite [tasit] *a* tacit; implied. **tacitement** *adv* tacitly.

taciturne [tasityrn] *a* taciturn, silent.

tacle [takl] *nm Fb:* tackle. **tacler** *vi Fb:* to tackle.

tacot [tako] *nm F:* (*car*) banger, crate.

tact [takt] *nm* tact; **avoir du t.,** to be tactful; **avec t., sans t.,** tactfully, tactlessly.

tactile [taktil] *a* tactile.

tactique [taktik] **1.** *a* tactical **2.** *nf* tactics.

taffetas [taftɑ] *nm Tex:* taffeta.

tagliatelles [taljatɛl] *nfpl Cu:* tagliatelle.

tai-chi [taiʃi] *nm Sp:* T'ai Chi.

taie [tɛ] *nf* **1. t. d'oreiller,** pillowcase, pillowslip **2.** *Med:* leucoma.

taillader [tajade] *vtr* to slash, gash.

taillanderie [tajɑ̃dri] *nf* (*shop*) cutler's.

taille [taj] *nf* **1.** cutting (of stone, gems, hair); *Hort:* pruning, trimming; **t. de cheveux,** haircut **2.** (*method of cutting*) cut **3.** edge (of sword) **4.** (*a*) stature, height (of pers); dimensions (of monument); **t. debout,** full height (of s.o.); **de grande t., de t. moyenne,** very tall, of medium height; **de petite t.,** small; *Com:* **quelle est votre t.?** what size do you take? *Fig:* **être de t. à faire qch,** to be capable of doing sth; **il n'est pas de t. à être chef,** he's not cut out to be a leader (*b*) waist; **tour de t.,** waist measurement; **elle a la t. mannequin,** she has a perfect figure; **prendre qn par la t.,** to put an arm round s.o.'s waist.

taille-crayon(s) [tajkrɛjɔ̃] *nm inv* pencil sharpener.

tailler [taje] **1.** *vtr* (*a*) to cut (stone, diamond, grass, hair); to prune (tree); to trim, clip (hedge, beard); to dress (vine); to sharpen (pencil); **se t. un chemin à travers la foule,** to carve one's way through the crowd (*b*) to cut out (a garment); **bien taillé,** well cut **2.** *vi* **t. dans la chair,** to cut into the flesh **3.** *P:* **se t.,** to leave, to buzz off. **taillé** *a* **1. cristal t.,** cut glass **2. bien t.,** well built; **t. pour commander,** cut out to be a leader.

tailleur, -euse [tajœr, -øz] *n* **1.** (*a*) (stone) cutter (*b*) tailor; **s'asseoir en t.,** to sit cross-legged **2.** *nm* (woman's tailored) suit; **t.-pantalon,** trouser suit.

taillis [taji] *nm* copse, coppice.

tain [tɛ̃] *nm* silvering (for mirrors); **miroir sans t.,** two-way mirror.

taire [tɛr] **1.** *vtr* (*prp* **taisant;** *pp* **tu**) to say nothing about (sth); **qn dont je tairai le nom,** s.o. who shall be nameless **2. se t.,** to hold one's tongue, to be(come) silent; **faire t. (qn),** to silence (s.o.), *F:* to shut (s.o.) up; **tais-toi!** be quiet! *F:* shut up!

talc [talk] *nm* talc; talcum powder.

talent [talã] *nm* talent, aptitude, gift; **avoir du t.,** to be talented; **il a le t. de se faire des ennemis,** he has a gift for making enemies. **talentueux, -euse** *a* talented.

taler [tale] *vtr* to bruise (fruit).

talisman [talismã] *nm* talisman.

talkie-walkie [tɔkiwɔki, talkiwalki] *nm* walkie-talkie.

talk-show [tokʃo] *nm TV:* chat show, *NAm:* talk show.

taloche [talɔʃ] *nf* **1.** *Tls:* hawk **2.** *F:* cuff, clout.

talocher [talɔʃe] *vtr F:* to hit, clout (s.o.).

talon [talɔ̃] *nm* **1.** heel; **être sur les talons de qn,** to be (hot) on s.o.'s heels; **tourner les talons,** to take to one's heels; **t. d'Achille,** Achilles' heel **2.** *(a) (at cards)* stock; talon *(b)* counterfoil, stub (of cheque).

talonner [talɔne] *vtr (a)* to follow (s.o.) closely; to hound (s.o.) *(b)* to spur on (horse) *(c) Rugby Fb:* to heel (out).

talonneur [talɔnœr] *nm Rugby Fb:* hooker.

talquer [talke] *vtr* to sprinkle with talc.

talus [taly] *nm* **1.** slope; **en t.,** sloping **2.** bank, embankment, ramp.

tambouille [tãbuj] *nf P:* food, grub.

tambour [tãbur] *nm* **1.** drum; **bruit de t.,** drumming; **t. de basque,** tambourine; **sans t. ni trompette,** quietly, without fuss **2.** drummer; **t. de ville,** town crier **3.** *(a) (container)* barrel, cylinder, drum *(b)* revolving door *(c)* brake drum *(d)* drum (of washing machine) *(e)* (embroidery) frame.

tambourin [tãburɛ̃] *nm* tambourine.

tambouriner [tãburine] **1.** *vi* to drum (with the fingers) **2.** *vtr* to drum out (rhythm); *Fig:* to broadcast (news).

tambour-major [tãburmaʒɔr] *nm Mil:* drum major; *pl tambours-majors.*

tamis [tami] *nm* sieve, sifter; strainer; *Ind:* riddle, screen; **passer au t.,** to sift; *Fig:* to examine (sth) thoroughly.

tamisage [tamizaʒ] *nm* sieving; sifting, straining; filtering.

Tamise (la) [latamiz] *Prnf* the Thames.

tamiser [tamize] *vtr* to sieve; to sift, screen; to strain, filter; **lumière tamisée,** soft lighting.

tamoul, -e [tamul] *a & n* Tamil.

tampon [tãpɔ̃] *nm* **1.** plug, stopper; waste plug (of bath) **2.** *(a)* (i) *Surg:* wad, swab (ii) **t. hygiénique, périodique,** tampon *(b)* (inking) pad *(c)* rubber stamp; postmark *(d)* **t. buvard,** blotter **3. t. de choc,** buffer; **état t.,** buffer state.

tamponner [tãpɔne] *vtr* **1.** to plug; to stop up; *Med:* to plug (wound) **2.** to dab; to rubberstamp; **se t. le front,** to mop one's brow. **3.** to run into, collide with (another car or train).

tamponneuses [tãpɔnøz] *afpl* **autos t.,** dodgems; bumper cars.

tam-tam [tamtam] *nm (a)* tomtom *(b) F:* fuss, ballyhoo.

tancer [tãse] *vtr* **(n. tançons)** *Lit:* to berate, to scold (s.o.).

tandem [tãdɛm] *nm (a)* tandem (bicycle) *(b)* pair, twosome.

tandis [tãdi(s)] *conj phr* **t. que** *(a)* whereas *(b)* while, whilst.

tangage [tãgaʒ] *nm Nau: etc:* pitching.

tangent, -ente [tãʒã, -ãt] **1.** *a Mth:* tangential, tangent **(à,** to); *P:* **c'est t.,** it's a near thing **2.** *n F:* borderline case **3.** *nf Mth* tangent; *F:* **prendre la t.,** (i) to dodge the question (ii) to slip away.

Tanger [tãʒe] *Prn Geog:* Tangier(s).

tangible [tãʒibl] *a* tangible.

tango [tãgo] **1.** *nm* tango **2.** *a inv* bright orange.

tanguer [tãge] *vi (of ship)* to pitch; *Fig:* to reel.

tanière [tanjɛr] *nf* den, lair.

tank [tãk] *nm Mil:* tank.

tanker [tãkɛr] *nm Nau:* tanker.

tannage [tanaʒ] *nm* tanning (of hides).

tanner [tane] *vtr* **1.** to tan (hides) **2.** *P: (a)* to pester (s.o.) **(pour avoir qch,** for sth) *(b)* **t. (le cuir à) qn,** to thrash s.o. **tannant** *a P:* boring, annoying.

tannerie [tanri] *nf* **1.** tannery **2.** tanning (of hides).

tanneur [tanœr] *nm* tanner.

tant [tã] *adv* **1.** *(a)* so much; **t. de bonté,** such kindness; *F:* **t. qu'à faire, j'aimerais autant y aller,** while I'm about it, if it comes to that, I'd just as soon go there; **t. pour cent,** so much per cent; **il a t. et plus d'argent,** he has any amount of money; **ils tiraient t. et plus,** they were pulling with all their strength; **faire t. et si bien que,** to work to such good purpose that; **t. s'en faut,** far from it; **t. soit peu,** a little; somewhat *(b)* so many; as many; **t. de fois,** so often; **t. d'amis,** so many friends *(c)* **t. que,** as much as, as many as; **t. que possible,** as much as possible *(d)* so; to such a degree; **n'aimer rien t. que le chocolat,** to like nothing so much as chocolate; **en t. que,** in so far as *(e)* **t. aimable qu'il soit,** however pleasant he may be *(f)* **t. mieux,** so much the better; good! **t. pis!** too bad! what a pity! never mind! **2.** *(a)* as much, as well (as); **j'ai couru t. que j'ai pu,** I ran as hard as I could; **t. en Inde qu'ailleurs,** both in India and elsewhere; **t. bien que mal,** somehow or other, after a fashion *(b)* as long, as far, (as); **t. que je vivrai,** as long as I live; **t. que la vue s'étend,** as far as the eye can see; **t. que vous y êtes,** while you're at it *(c)* so long (as); **t. qu'il n'est pas là,** so long as he isn't there.

tante [tãt] *nf* **1.** aunt; **t. à la mode de Bretagne** (i) first cousin once removed (ii) very distant relative **2.** *P:* homosexual, queer.

tantième [tãtjɛm] *nm Com:* percentage, quota (of profits).

tantine [tãtin] *nf (child's word)* auntie.

tantinet [tãtinɛ] *nm F:* tiny bit; **un t. plus long,** a fraction longer.

tantôt [tãto] *adv* **1.** this afternoon; **t. triste, t. gai,** now sad, now happy; **t. à Paris, t. à Londres,** sometimes in Paris, sometimes in London.

taon [tã] *nm* gadfly, horsefly.

tapage [tapaʒ] *nm (a)* din; *F:* racket; **faire du t.,** to make a row; *Jur:* **t. nocturne,** disturbance of the peace *(b)* fuss, scandal *(c) (publicity)* hype. **tapageur, -euse** *a (a)* noisy; rowdy (party) *(b)* loud, flashy (clothes) *(c)* **publicité tapageuse,** raucous adverting; hype.

tapant [tapɑ̃] *a* **à 7 heures tapant(es),** on the stroke of 7, at 7 o'clock sharp.

tape [tap] *nf* slap; pat.

tape-à-l'œil [tapalœj] **1.** *a inv* loud, flashy **2.** *nm* show.

tapecul [tapky] *nm F: (car)* jalopy.

taper [tape] **1.** *vtr (a)* to tap, smack, slap, hit; **t. une lettre,** to type a letter; *vi* **savoir t.,** to be able to type; **t. un air (au piano),** to thump out a tune (on the piano); *P:* **se t. qch,** (i) to treat oneself to sth (ii) to get landed with sth *(b) F:* **t. qn de mille francs,** to touch s.o. for a thousand francs **2.** *P:* **je m'en tape,** I couldn't give a damn **3.** *vi* to tap, rap (**sur,** on); **le soleil nous tapait sur la tête,** the sun was beating down on us; *F:* **ça tape,** it's boiling: it's beating down; **t. sur les nerfs de qn,** to get on s.o.'s nerves; **t. dans le tas,** (i) to pitch into the crowd (ii) *(meal)* to tuck in; **t. du pied,** to stamp one's foot.

tapette [tapɛt] *nf* **1.** *(a)* carpet beater *(b)* fly swatter *(c)* mousetrap *(d) P:* tongue; **il a une bonne t.!** he's a chatterbox **2.** *P: (homosexual)* pansy.

tapeur, -euse [tapœr, -øz] *n F:* cadger.

tapin [tapɛ̃] *nm P: (of prostitute)* **faire le t.,** to walk the streets.

tapinois [tapinwa] *adv phr* **en t.,** stealthily.

tapioca [tapjɔka] *nm* tapioca.

tapir (se) [sətapir] *vpr* to crouch; to cower; to hide.

tapis [tapi] *nm* **1.** cloth, cover; **t. de table,** table cover; **t. vert,** gaming table; **mettre qch sur le t.,** to bring sth up for discussion **2.** carpet; **t. de bain,** bathmat; **t. de pied,** rug; **t. de sol,** groundsheet **3. t. roulant** (i) conveyor belt (ii) moving walkway **4.** mat; **aller au t.,** to be knocked down.

tapis-brosse [tapibrɔs] *nm* doormat; *pl tapis-brosses.*

tapisser [tapise] *vtr (a)* to hang (wall) with tapestry *(b)* to paper (room); **murs tapissés d'affiches,** walls covered with posters *(c)* to line (box) with paper.

tapisserie [tapisri] *nf* **1.** tapestry making **2.** tapestry; *(at dance)* **faire t.,** to be a wallflower **3.** tapestry work **4.** wallpaper.

tapissier, -ière [tapisje, -jɛr] *n* **1.** tapestry maker **2.** *(a)* (interior) decorator *(b)* upholsterer.

tapoter [tapɔte] *vtr* to tap; to pat (child's cheek).

tapuscrit [tapyskri] *nm* typescript.

taquin, -ine [takɛ̃, -in] **1.** *a* (given to) teasing **2** *n* tease.

taquiner [takine] *vtr* to tease (s.o.); to bother, worry (s.o.).

taquinerie [takinri] *nf* teasing.

tarabiscoté [tarabiskɔte] *a* over-elaborate.

tarabuster [tarabyste] *vtr (a) (of pers)* to pester (s.o.) *(b) (of thg)* to bother, worry (s.o.).

tarama [tarama] *nm Cu:* taramasalata.

taratata [taratata] *int* nonsense! rubbish!

tard [tar] *(a) adv* late; **plus t.,** later (on); **au plus t.,** at the latest; *impers* **il est t., il se fait t.,** it's (getting) late; **pas plus t. qu'hier,** only yesterday *(b) nm* **sur le t.,** late (on) in life.

tarder [tarde] *vi* **1.** *(a) (of letter, season)* to be a long time coming; **sans t.,** without delay; **t. en chemin,** to loiter on the way; **t. à faire qch.,** to be slow in, to put off, doing sth *(b)* **il ne va pas t. (à venir),** he won't be long (in coming) **2.** *impers* **il lui tarde de partir,** he is longing to get away. **tardif, -ive** *a* belated (regrets); late (hour, fruit). **tardivement** *adv* belatedly.

tare [tar] *nf* **1.** *(a) Com:* loss in value (due to damage, waste) *(b)* (physical, moral) defect **2.** *Com:* tare; **faire la t.,** to allow for the tare. **taré, -ée 1.** *a (a)* depraved, corrupt *(b) Med:* defective **2.** *n* degenerate; *F:* idiot, imbecile.

targette [tarʒɛt] *nf* (door) bolt.

targuer (se) [sətarge] *vpr* **se t. de qch,** to pride oneself on sth.

tarif [tarif] *nm (a)* tariff, price list *(b)* rate; tariff; scale of charges; **tarifs postaux,** postal rates; **plein t.,** (i) *Rail:* full fare (ii) full tariff (iii) *F:* maximum penalty. **tarifaire** *a* tariff (laws).

tarifer [tarife] *vtr* to fix the rate, the price, of (goods).

tarir [tarir] **1.** *vtr* to dry up (spring, tears); **se t.,** to dry up **2.** *vi (of waters)* to dry up, run dry; **une fois sur ce sujet il ne tarit pas,** once he is on the subject he never stops.

tarissement [tarismɑ̃] *nm* drying up.

tarmac [tarmak] *nm Av:* tarmac.

tarot [taro] *nm Cards: (a)* tarot *(b)* tarot pack.

tartare [tartar] **1.** *a & n* Tartar **2.** *a & nm Cu:* **sauce t.,** tartar(e) sauce; **(steak) t.,** steak tartare.

tarte [tart] **1.** *nf Cu:* (open) tart; flan; *F:* **c'est de la t.,** it's easy, a piece of cake; *F:* **réponse t. à la crème,** pat answer **2.** *nf P:* slap **3.** *a F: (a) (pers)* stupid, daft *(b) (thg)* ugly.

tartelette [tartəlɛt] *nf Cu:* tartlet, tart.

tartine [tartin] *nf* **1.** slice of bread (and butter) **2.** *F:* long-winded speech.

tartiner [tartine] *vtr* to spread (bread) with butter; to butter; **fromage à t.,** cheese spread.

tartre [tartr̥] *nm* tartar (on teeth); fur (in boiler).

tas [tɑ] *nm* **1.** *(a)* heap, pile (of stones, wood); stook, shock (of wheat); **mettre des objets en t.,** to pile things up *(b)* mass (of things, people); **un t. de mensonges,** a pack of lies; **il y en a des t. (et des t.),** there are heaps of them; *F: Pej:* **tout un t. de gens,** a whole gang of people; **t. d'imbéciles!** bunch of fools! **t. de ferraille,** *(car)* wreck *(c)* **tirer dans le t.,** to fire into the crowd **2.** building site; **être sur le t.,** to be on the job; **formation sur le t.,** on-the-job training.

tasse [tɑs] *nf (a)* cup; **t. à café,** coffee cup; **t. de café,** cup of coffee *(b)* **boire la t.,** to get a mouthful (when swimming).

tassement [tasmɑ̃] *nm* compressing, packing; settling.

tasser [tɑse] **1.** *vtr* to compress; to squeeze, (objects) together; to ram, pack (earth); to pack (passengers into vehicle) **2. se t.** *(a) (of foundations)* (i) to settle, set (ii) to sink, subside; *F:* **ça se tassera,** things will settle down; **il se tasse,** he is beginning to shrink (with age) *(b)* to crowd (up) together; **tassez-vous un peu,** squeeze up a bit.

taste-vin [tastəvɛ̃] *nm inv* taster; wine-tasting cup.

tata [tata] *nf* **1.** *F:* auntie **2.** *P:* homosexual, pansy.

tâter [tɑte] **1.** *vtr* to feel, touch; to try, to test (s.o.'s courage); **t. le terrain,** to see how the land lies; **avancer en tâtant,** to grope one's way forward **2.** *v ind tr* **t. de qch,** to try one's hand at sth; *F:* **il a tâté de la prison,** he's done time **3. se t.** *(a)* to feel oneself (for injuries) *(b)* to be in two minds.

tâte-vin [taṭvɛ̃] *nm inv* = **taste-vin**.

tatillon, -onne [tatijɔ̃, -ɔn] *a* finicky, fussy.

tâtonnement [tɑtɔnmɑ̃] *nm* **par t.**, by trial and error.

tâtonner [tɑtɔne] *vi* **1.** to grope (in the dark); **marcher en tâtonnant**, to feel one's way **2.** to proceed cautiously, tentatively.

tâtons (à) [atɑtɔ̃] *adv phr* **avancer à t.**, to grope one's way along; **chercher qch à t.**, to grope, feel, for sth.

tatouage [tatuaʒ] *nm* **1.** tattooing **2.** tattoo.

tatouer [tatwe] *vtr* to tattoo (the body).

taudis [todi] *nm* slum; hovel.

taule [tol] *nf P:* prison, nick; **faire de la t.**, to do time.

taupe [top] *nf* **1.** (*a*) *Z:* mole; *Fig:* (*spy*) mole; **myope comme une t.**, (as) blind as a bat; (*b*) mole skin **2.** **vieille t.**, old crone.

taupinière [topinjɛr] *nf* molehill.

taureau, -eaux [tɔro] *nm* bull; **course de taureaux**, bullfight; *Astr:* **le T.**, Taurus.

tautologie [tɔtɔlɔʒi] *nf* tautology.

taux [to] *nm* (*a*) rate (of wages, of exchange); (established) price (of shares); **t. de change, d'intérêt**, exchange, interest, rate; **t. de base bancaire**, base lending rate (*b*) proportion, ratio (*c*) percentage; rate; degree (of invalidity); level (of cholesterol).

taverne [tavɛrn] *nf* inn, tavern.

taxation [taksasjɔ̃] *nf* **1.** fixing of prices **2.** taxation.

taxe [taks] *nf* **1.** (*a*) fixed price; fixed rate (*b*) charge; rate; **t. postale**, postage **2.** tax, duty; **t. à la valeur ajoutée**, value added tax.

taxer [takse] *vtr* **1.** to regulate the price of (bread), the rate of (wages, postage); to surcharge (letter) **2.** to tax, impose a tax on (s.o., sth) **3.** to accuse (**de**, of) **4.** *P:* **t. qn de qch**, to nick sth off s.o. **taxable** *a* taxable.

taxi [taksi] *nm* (*a*) taxi (cab) (*b*) *F:* taxi driver.

taxidermie [taksidɛrmi] *nf* taxidermy. **taxidermiste** *n* taxidermist.

taximètre [taksimɛtr̥] *nm* taximeter.

taxiphone [taksifɔn] *nm* public callbox, pay phone.

Tchad [tʃad] *Prnm Geog:* **1.** Lake Chad. **2. la République du T.**, the Republic of Chad.

tchao [tʃao] *int* bye! see you!

Tchécoslovaquie [tʃekɔslɔvaki] *Prnf Geog:* Czechoslovakia. **tchécoslovaque** *a & n* Czech, Czechoslovak(ian). **tchèque** *a & n* Czech.

tchin-tchin [tʃintʃin] *int F:* cheers.

te, *before a vowel* **t'** [t(ə)] *pers pron, unstressed* (*a*) (*acc*) you (*b*) (*dat*) (to) you; (*c*) (*with vpr*) yourself.

technicien, -ienne [tɛknisjɛ̃, -jɛn] *n* technician.

technicité [tɛknisite] *nf* technical nature.

technique [tɛknik] **1.** *a* technical **2.** *nf* (*a*) technology; **t. de l'ingénieur**, engineering (*b*) technique. **techniquement** *adv* technically.

technocracie [tɛknɔkrasi] *nf* technocracy. **technocrate** *n* technocrat.

technologie [tɛknɔlɔʒi] *nf* technology. **technologique** *a* technological.

technologue [tɛknɔlɔg] *n* technologist.

teck [tɛk] *nm* teak.

teckel [tɛkɛl] *nm* dachshund.

TEE *abbr Trans-Europe-Express.*

tee-shirt [tiʃœrt] *nm* tee-shirt.

Téflon [teflɔ̃] *nm Rtm:* Teflon.

teigne [tɛɲ] *nf* **1.** *Med:* ringworm **2.** *P:* unpleasant character.

teindre [tɛ̃dr̥] (*prp* **teignant;** *pp* **teint;** *pr ind* **je teins, n. teignons;** *impf* **je teignais;** *fu* **je teindrai**) to dye **2. se t. (les cheveux)**, to dye one's hair.

teint [tɛ̃] *nm* **1.** dye, colour; *Fig:* **socialiste bon t.**, dyed-in-the-wool socialist **2.** complexion, colouring.

teinte [tɛ̃t] *nf* (*a*) tint, shade (*b*) touch, tinge (of malice, irony).

teinter [tɛ̃te] *vtr* to tint; to stain (wood); **t. légèrement**, to tinge.

teinture [tɛ̃tyr] *nf* **1.** dyeing **2.** (*a*) dye (*b*) colour, tinge **3.** *Pharm:* tincture.

teinturerie [tɛ̃tyr(ə)ri] *nf* **1.** dyeing **2.** dry cleaner's.

teinturier, -ière [tɛ̃tyrje, -jɛr] *n* **1.** dyer **2.** dry cleaner.

tel, telle [tɛl] *a* **1.** (*a*) such; **un t. homme**, such a man; **de telles choses**, such things (*b*) **en t. lieu**, in such and such a place; **vous amènerez telle personne que vous voudrez**, you may bring anyone you like (*c*) **à t. point**, to such, to so great, an extent; **de telle sorte que**, (i) + *ind* (*result*) (ii) + *sub* (*purpose*), in such a way that, so that **2.** (*a*) like; as; **t. père, t. fils**, like father like son (*b*) **t. que**, such as, like; **un homme t. que lui**, a man like him; **voir les choses telles qu'elles sont**, to look facts in the face; *F:* **t. que**, straight out (*c*) **rien de t. qu'un bon whisky**, there's nothing like a good whisky (*d*) **t. quel**, *P:* **t. que**, just as it is; **je vous achète la maison telle quelle**, I'll buy the house from you (just) as it stands **3.** *pron* (*a*) such a one; **t. l'en blâmait, t. l'en excusait**, one would blame him, another would excuse him (*b*) **t. fut son langage**, such were his words; *n* **un t., une telle**, so-and-so; **monsieur un t., un T.**, Mr so-and-so.

télé [tele] *nf F:* telly, TV.

télébenne [telebɛn] *nf*, **télécabine** [telekabin] *nf* cable car.

télécarte [telekart] *nf Rtm:* phonecard.

télécommande [telekɔmɑ̃d] *nf* remote control.

télécommander [telekɔmɑ̃de] *vtr* to operate by remote control.

télécommunications [telekɔmynikasjɔ̃] *nfpl* telecommunications.

télécopie [telekɔpi] *nf* fax. **télécopieur** *nm* fax (machine).

télédiffuser [teledifyze] *vtr* to broadcast (on television).

téléférique [teleferik] *nm* (*a*) cableway (*b*) cable car.

téléfilm [telefilm] *nm* TV film.

télégénique [teleʒenik] *a* telegenic.

télégramme [telegram] *nm* telegram.

télégraphe [telegraf] *nm* telegraph.

télégraphie [telegrafi] *nf* telegraphy. **télégraphique** *a* telegraphic.

télégraphier [telegrafje] *vtr & i* to telegraph, to wire.

télégraphiste [telegrafist] *n* telegraphist.

téléguidage [telegidaʒ] *nm* radio control.

téléguider [telegide] *vtr* to radio-control.

téléimprimeur [teleɛ̃primœr] *nm* teleprinter.

télématique [telematik] *nf* telematics.
téléobjectif [teleɔbʒɛktif] *nm Phot:* telephoto lens.
télépathie [telepati] *nf* telepathy. **télépathique** *a* telepathic.
téléphérique [teleferik] *nm* = **téléférique.**
téléphone [telefɔn] *nm* telephone, *F:* phone; **avoir le t.,** to be on the phone; **coup de t.,** telephone call; *Pol:* **t. rouge,** hot line; *F:* **t. arabe,** bush telegraph; grapevine.
téléphoner [telefɔne] *vtr & i* to telephone; **t. à qn,** to ring s.o. (up), to phone s.o., *esp NAm:* to call (s.o.); to give (s.o.) a call; *F:* **c'est téléphoné,** it's obvious. **téléphonique** *a* telephone (booth, call).
téléphoniste [telefɔnist] *n* (telephone) operator.
téléprompteur [teleprɔmptœr] *nm* autocue; *NAm:* teleprompter.
téléprospection [teleprɔspɛkɔjɔ̃] *nf* telephone selling.
télescopage [telɛskɔpaʒ] *nm* telescoping; *Aut:* **t. en série,** pile-up.
télescope [telɛskɔp] *nm* telescope. **télescopique** *a* telescopic.
télescoper [telɛskɔpe] *vi, tr & pr* (*of vehicle*) to telescope; to crumple up; to concertina.
téléscripteur [teleskriptœr] *nm* teleprinter.
télésiège [telesjɛʒ] *nm* chairlift.
téléski [teleski] *nm* ski tow, ski lift.
téléspectateur, -trice [telespɛktatœr, -tris] *n* (television) viewer.
télétex [teletɛks] *nm Rtm:* teletex.
télétype [teletip] *nm* teleprinter.
téléviser [televize] *vtr* to televise.
téléviseur [televizœr] *nm* television set.
télévision [televizjɔ̃] *nf* television; **t. par câble,** cable television; **à la t.,** on television.
télex [telɛks] *nm Rtm:* telex.
télexer [telɛkse] *vtr* to telex.
tellement [tɛlmɑ̃] *adv* to such a degree; **c'est t. facile,** it's so easy; **t. de gens,** so many people; **ce n'est pas t. beau,** it's not all that beautiful.
téméraire [temerɛr] *a* rash, reckless. **témérairement** *adv* rashly, recklessly.
témérité [temerite] *nf* **1.** temerity, rashness **2.** reckless action.
témoignage [temwaɲaʒ] *nm* **1.** (*a*) testimony, evidence (*b*) evidence, statement **2.** token (of friendship).
témoigner [temwaɲe] **1.** *vi* to testify; to give evidence **2.** *vtr or ind tr* **t. (de),** to show, to give evidence of (good will); **t. de l'intérêt à qn,** to show an interest in s.o.; **t. que,** to show that.
témoin [temwɛ̃] *nm* **1.** (*a*) witness; **être t. d'un accident,** to witness an accident; **t. à un acte,** witness to a signature; *Rel:* **T. de Jéhovah,** Jehovah's Witness (*b*) **t. à charge, à décharge,** witness for the prosecution, for the defence; **t. oculaire,** eyewitness; **prendre qn à t.,** to call s.o. to witness (*c*) second (in duel) **2.** (*a*) sample (*b*) **lampe t.,** warning light (*c*) *Sp:* baton (*d*) **appartement t.,** show flat.
tempe [tɑ̃p] *nf Anat:* temple.
tempérament [tɑ̃peramɑ̃] *nm* **1.** (*a*) (physical) constitution, temperament (*b*) (moral) temperament disposition (*c*) **avoir du t.,** to have character **2.** *Com:* **à t.,** by instalments; **achat à t.,** credit purchase; **vente à t.,** sale on hire purchase.
tempérance [tɑ̃perɑ̃s] *nf* temperance. **tempérant** *a* temperate.
température [tɑ̃peratyr] *nf* temperature; **avoir de la t.,** to have a temperature; **prendre la t.,** (i) to take (ii) to gauge, the temperature; **t. d'ébullition,** boiling point.
tempérer [tɑ̃pere] *vtr* **(je tempère; je tempérerai)** to temper, moderate (heat, passions). **tempéré** *a* temperate (climate).
tempête [tɑ̃pɛt] *nf* storm; *Nau:* hurricane; **t. de neige,** blizzard, snowstorm; **le vent souffle en t.,** it's blowing a gale force wind; **une t. dans un verre d'eau,** a storm in a teacup; **t. d'applaudissements,** thunderous applause. **tempétueux, -euse** *a* tempestuous, stormy.
tempêter [tɑ̃pete] *vi* (*of pers*) to rage, to rant and rave.
temple [tɑ̃pl] *nm* temple; (protestant) church; chapel.
temporaire [tɑ̃pɔrɛr] *a* temporary; provisional. **temporairement** *adv* temporarily.
temporel, -elle [tɑ̃pɔrɛl] *a* (*a*) temporal; wordly (*b*) *Gram:* temporal (clause).
temporisateur, -trice [tɑ̃pɔrizatœr, -tris] **1.** *n* temporizer **2.** *a* temporizing.
temporisation [tɑ̃pɔrizasjɔ̃] *nf* temporizing; calculated delay.
temporiser [tɑ̃pɔrize] *vi* to temporize; to play for time.
temps [tɑ̃] *nm* **1** (*a*) time; **vous avez bien le t., vous avez tout le t.,** you have plenty of time; **cela prend du t.,** it takes time; **prendre son t.,** to take one's time; **(donnez-moi) le t. de m'habiller et j'arrive,** just give me time to get dressed and I'm coming; **nous n'avons pas le t.,** there's no time, we haven't time; **de t. en t.,** now and then; **travailler à plein t.,** to work full time (*b*) time, period; **dans quelque t.,** in a (little) while; **il y a peu de t.,** a little while ago; not long ago; **peu de t. après,** not long after; **entre t.,** meanwhile; **t. d'arrêt,** pause, halt; **marquer un t.,** to pause (*c*) term (of service); **faire son t.,** to serve one's time; (*of prisoner*) to do one's time (*d*) **t. mort,** idle time (of machine); dead time; **en t. réel,** real time (*e*) age, days, time(s); **le bon vieux t.,** the good old days; **dans le t.,** in the old days; at one time; **au t. de Napoléon,** in Napoleon's time; **par les t. qui courent,** these days; nowadays; **être de son t.,** to be up to date; **de mon t.,** in my day (*f*) hour, time; **arriver à t.,** to arrive on time; **en t. voulu, utile,** in due time; **il est grand t. que,** it's high time that; **il était t.!** it's not too soon! **il n'est plus t. de pleurer,** it's too late to cry now **2.** weather; **par tous les t.,** in all weathers; **quel t. fait-il?** what's the weather like? **si le t. le permet,** weather permitting; **beau t.,** fine weather **3.** *Gram:* tense. **4.** (*a*) *Mus:* measure, beat; **à deux t.,** in double time (*b*) **moteur à deux t.,** two-stroke engine.
tenable [tənabl] *a* (*usu with neg*) bearable; **par cette chaleur, le bureau n'est pas t.,** the office is unbearable in this heat.
tenace [tənas] *a* tenacious; obstinate (pers); stubborn (will); persistent (illness). **tenacement** *adv* stubbornly.

ténacité [tenasite] *nf* tenacity; stubbornness.

tenaille [tənaj] *nf* pincers; tongs.

tenailler [tənaje] *vtr* to torture; **tenaillé par la faim,** gnawed by hunger.

tenancier, -ière [tənɑ̃sje, -jɛr] *n* (bar, hotel) manager, manageress.

tenant, -ante [tənɑ̃, -ɑ̃t] **1.** *a* **séance tenante,** then and there **2.** *n* champion (of s.o.); defender (of an opinion); *Sp:* holder (of a title) **3.** *nm* (*of landed property*) **d'un seul t.,** all in one block; *Fig:* **les tenants et aboutissants de l'affaire,** the ins and outs of the case.

tendance [tɑ̃dɑ̃s] *nf* tendency, inclination; propensity; trend; **tendances vers le communisme,** communist leanings; **avoir t. à (faire) qch,** to be inclined to (do) sth; to have a tendency to (do) sth. **tendancieux, -ieuse** *a* tendentious.

tendon [tɑ̃dɔ̃] *nm* tendon, sinew; **t. d'Achille,** Achilles' tendon.

tendre¹ [tɑ̃dr̥] *a* (*a*) tender; soft; delicate (colour) (*b*) early (age) (*c*) fond, affectionate, loving. **tendrement** *adv* tenderly, fondly, lovingly.

tendre² **1.** *vtr* (*a*) to stretch, tighten (belt); to bend, draw (bow); to set (spring, trap) (*b*) to pitch (tent); to spread (sail); to lay (carpet); to hang (wallpaper) (*c*) to stretch out, hold out; **t. la main,** (i) to hold out one's hand (ii) to beg; **t. le cou,** to crane one's neck (*d*) to (over)strain, to stretch **2.** *vi* to tend, lead (**à,** to); **où tendent ces questions?** where are these questions leading? (*of thg*) **t. à sa fin,** to be near its end **3. se t.,** to become taut; to become strained.

tendresse [tɑ̃drɛs] *nf* (*a*) tenderness; fondness; love; **avec t.,** lovingly (*b*) *pl* tokens of affection.

tendreté [tɑ̃drəte] *nf* tenderness (of food).

tendu [tɑ̃dy] *a* (*a*) stretched, taut, tight; **rapports tendus,** strained relations; **avoir les nerfs tendus,** to be tense; **situation tendue,** tense situation (*b*) outstretched (hand).

ténèbres [tenɛbr̥] *nfpl* darkness, gloom. **ténébreux, -euse** *a* **1.** gloomy, dark, sombre (wood, prison) **2.** mysterious, sinister; obscure.

teneur [tənœr] *nf* **1.** tenor, terms (of document) **2.** *Tchn:* amount, content, percentage; **t. en eau,** water content, moisture content.

tenir [tənir] *v* (*prp* **tenant;** *pp* **tenu;** *pr ind* **je tiens, ils tiennent;** *pr sub* **je tienne;** *impf* **je tenais;** *ph* **je tins;** *fu* **je tiendrai) 1.** *vtr* (*a*) to hold; **t. qch à la main,** to hold sth in one's hand; **se t. par la main,** to hold hands; *F:* **t. un rhume,** to have a cold; **je tiens mon homme,** I've got my man; *Prov:* **mieux vaut t. que courir,** a bird in the hand is worth two in the bush; **tiens! tenez!** look! look here! **tenez! c'est pour vous!** here you are! (*b*) to hold, contain; **voiture qui tient 6 personnes,** *vi* **voiture où l'on tient à 6,** car that takes 6 people; *vi* **tout ça tient en deux mots,** all that can be said in a couple of words (*c*) to retain; **baril qui tient l'eau,** barrel that holds water (*d*) **t. de,** to have, get, derive, (sth) from; **il tient sa timidité de sa mère,** he gets his shyness from his mother (*e*) to keep, stock (groceries) (*f*) to keep, to run (a shop, a school); to have charge of (the cash); **Mlle X tenait le piano,** Miss X was at the piano (*g*) to hold, maintain (opinion, line of conduct); to keep (one's word) (*h*) to deliver (speech) (*i*) **t. qn en mépris,** **grand re**[illegible]**d** s.o. in contempt, great esteem (*j*) [illegible]back, restrain (one's tongue, one's impa[illegible]; to control (child) (*k*) to hold, keep (sth in a certain position); **t. qch en état,** to keep sth in good order; **t. qn à l'œil,** to keep an eye on s.o.; **tenez votre gauche,** keep to the left (*l*) to be confined to (one's room, one's bed) (*m*) *Nau:* **t. la mer,** to be seaworthy; *Aut:* **t. la route,** to hold the road (*n*) to occupy, take up (space); **vous tenez trop de place,** you're taking up too much room (*o*) **t. les yeux fermés,** to keep one's eyes shut; **t. qn captif,** to hold s.o. prisoner; **t. qn pour intelligent,** to consider s.o. clever; **tenez-vous-le pour dit,** I shan't tell you again; take that as final **2.** *vi* (*a*) to hold; to adhere; to hold on firmly; **clou qui tient bien,** nail that holds well; **la porte tient,** the door won't open (*b*) **sa terre tient à la mienne,** his estate borders on mine (*c*) to remain; **il ne tient pas en place,** he can't keep still; **il ne tient plus sur ses jambes,** he's ready to drop (*d*) **t. (bon),** to hold out, to stand fast; **tiens bon!** hold tight! **je n'y tiens plus,** I can't stand it any longer (*e*) to last, endure; **couleur qui tient bien,** fast colour; **le vent va t.,** the wind will last, keep up; **mon offre tient toujours,** my offer still stands (*f*) to sit, to be held, to take place (*g*) **t. pour,** to be for, be in favour of (s.o., sth) (*h*) **t. à qch,** (i) to value, prize, sth; **t. à faire qch,** to be bent on doing sth; **je n'y tiens pas,** I'd rather not (do it); I don't care for it; **je tiens beaucoup à ce qu'il vienne,** I'm very anxious, keen, that he should come (ii) to depend on, result from, sth; **à quoi cela tient-il?** what's the reason for it? *impers* **il ne tient qu'à vous de le faire,** it rests entirely with you to do it; **qu'à cela ne tienne,** never mind that (*i*) **t. de qn,** to take after s.o.; **cela tient du miracle,** it sounds like a miracle; **cela tient de (la) famille,** it runs in the family **3. se t.** (*a*) to keep, be, remain, stand, sit; **se t. chez soi,** to stay at home; **tenez-vous là!** stay where you are! **tenez-vous droit,** (i) sit up (ii) stand (up), straight; **se t. tranquille,** to keep quiet; **tiens-toi bien!** behave yourself! (*b*) **se t. à qch,** to hold on to sth (*c*) (*of facts*) to hold together (*d*) to contain oneself; **il ne se tenait pas de joie,** he couldn't contain himself for joy; **je ne pouvais me t. de rire,** I couldn't help laughing (*e*) **se, s'en, t. à (qch),** to keep to (sth); to abide by (sth); **s'en t. à qch,** to confine oneself to sth; to be satisfied, content, with sth; **je ne sais pas à quoi m'en t.,** I don't know what to believe, where I stand.

tennis [tenis] *nm* **1.** (lawn) tennis; **t. de table,** table tennis. **2.** (lawn) tennis court **3.** *pl* tennis shoes; gym shoes, *NAm:* sneakers.

tennisman, *pl* **-men** [tenisman, -mɛn] *nm* tennis player.

ténor [tenɔr] *nm* (*a*) *Mus:* tenor (*b*) *F: Pol: Sp:* star performer.

tension [tɑ̃sjɔ̃] *nf* **1.** (*a*) tension; stretching; tightening (*b*) *Mec:* **t. de rupture,** breaking strain, stress **2.** tightness (of rope); tenseness (of relations) **3.** (*a*) pressure (of steam); *Med:* **t. artérielle,** blood pressure; **avoir de la t.,** to suffer from high blood pressure (*b*) *El: Elcs:* voltage; tension; **haute t.,** high voltage; **fil sous t.,** live wire.

tentacule [tɑ̃takyl] *nm Z: Fig:* tentacle. **tentaculaire** *a* tentacular; sprawling (town).

tentateur, -trice [tɑ̃tatœr, -tris] 1. *a* tempting 2. *n* tempter, temptress.

tentation [tɑ̃tasjɔ̃] *nf* temptation.

tentative [tɑ̃tativ] *nf* attempt, endeavour; bid; **t. d'assassinat,** attempted murder **t. de suicide,** suicide attempt.

tente [tɑ̃t] *nf* tent; **coucher sous la t.,** to sleep under canvas; *Med:* **t. à oxygène,** oxygen tent.

tenter [tɑ̃te] *vtr* 1. **t. sa chance,** to try one's luck 2. to tempt (s.o.); **se laisser t.,** to yield to temptation; **tenté de faire qch,** tempted to do sth 3. to attempt, try; **t. une expérience,** to try an experiment; **t. de faire qch,** to try to do sth. **tentant** *a* tempting, enticing; attractive (offer).

tenture [tɑ̃tyr] *nf* (*a*) hanging (*b*) *FrC:* curtain, *NAm:* drape (*c*) **(papier-)t.,** wallpaper.

tenu [təny] *a & pp* (*a*) **bien t.,** well kept; tidy (house); neat (garden); **mal t.,** badly kept, neglected (child, garden); untidy (house) (*b*) **être t. de, à, faire qch,** to be obliged to do sth; **être t. au secret professionnel,** to be bound by professional secrecy.

ténu [teny] *a* tenuous, thin; slender, fine; subtle (distinction).

tenue [təny] *nf* 1. (*a*) sitting, session (of assembly) (*b*) keeping, managing, running (of shop, house); **t. des livres,** book-keeping 2. (*a*) bearing, behaviour; **un peu de t.!** watch your manners! (*b*) standard, quality (of magazine) (*c*) *Aut:* **t. de route,** road-holding 3. dress; clothes; **t. de soirée,** evening dress; **en grande t.,** in full dress; **t. de ville,** (i) town clothes (ii) (man's) lounge suit; **t. de tous les jours,** casuals; **t. de combat,** battledress.

ter [tɛr] *Lt adv* (*in address*) 5 **t.,** 5b, *occ* 5c.

térébenthine [terebɑ̃tin] *nf* turpentine.

tergal [tɛrgal] *nm Rtm:* Terylene (*Rtm*); *NAm:* Dacron (*Rtm*).

tergiversations [tɛrʒivɛrsasjɔ̃] *nfpl* shilly-shallying; procrastination.

tergiverser [tɛrʒivɛrse] *vi* to shilly-shally; to procrastinate.

terme¹ [tɛrm] *nm* 1. term, end, limit (of life, journey); **mettre un t. à qch,** to put a stop to sth; **mener qch à bon t.,** to bring sth to a successful conclusion 2. (appointed) time; (*of pregnant woman*) **être à t.,** to have reached her time; **avant t.,** prematurely; **accouchement avant t.,** premature childbirth; *Ind: etc:* **prévisions à court t., à long t.,** short-range, long-range, forecasts 3. (*a*) quarter (of rent); term (*b*) quarter's rent (*c*) quarter day.

terme² *nm* 1. term, expression; **t. de métier,** technical term; **en d'autres termes,** in other words; **il m'a dit en termes propres,** he told me in so many words 2. *pl* wording (of clause); terms, conditions 3. *pl* terms, footing; **être en bons termes avec qn,** to be on good, friendly, terms with s.o.

terminaison [tɛrminɛzɔ̃] *nf* termination; *Gram:* ending.

terminer [tɛrmine] 1. *vtr* to end, finish; to conclude (bargain); to complete (job); to wind up (meeting) (**par,** with); to end (one's days); **en avoir terminé avec qch,** to have finished with sth 2. **se t.,** to end; to come to an end; **se t. par, en,** to end with, in. **terminal, -ale, -aux** *a* terminal, final; *Sch:* **classe terminale,** *nf* **terminale** = upper sixth (form); *NAm:* twelfth grade.

terminologie [tɛrminɔlɔʒi] *nf* terminology.

terminus [tɛrminys] *nm* (railway, coach) terminus.

termite [tɛrmit] *nf Ent:* termite, white ant.

termitière [tɛrmitjɛr] *nf Ent:* ant-hill; termitarium.

terne [tɛrn] *a* dull, lustreless; drab (clothes, life); lifeless (eyes); flat (voice).

ternir [tɛrnir] *vtr* to tarnish, dull; to tarnish (reputation); **se t.,** to tarnish.

terrain [tɛrɛ̃] *nm* (*a*) (piece of) ground, plot of land; **t. à bâtir,** development site; **t. de sport,** sports ground; playing field; **t. vague,** waste ground; *NAm:* vacant lot (*b*) *Geog:* country, ground; **tout t., tous terrains,** all-purpose (vehicle) (*c*) ground, soil; **t. gras,** rich soil (*d*) (football, cricket) field; (golf) course, links; *Av:* **t. d'atterrissage,** landing strip, airstrip; *Mil: etc:* **gagner, céder, du t.,** to gain, lose, ground; **trouver un t. d'entente,** to find common ground; **être sur son t.,** to be on familiar ground; **je ne suis plus sur mon t.,** I'm out of my depth; **préparer le t.,** to pave the way; *Ind: etc:* **sur le t.,** in the field.

terrasse [tɛras] *nf* (*a*) terrace; bank (*b*) pavement; **la t. (du café),** pavement, *NAm:* sidewalk, area (*c*) *Const:* balcony, veranda, terrace; **(toit en) t.,** flat roof.

terrassement [tɛrasmɑ̃] *nm* (*a*) banking, digging (*b*) earthwork, embankment.

terrasser [tɛrase] *vtr* 1. to work the soil of (vineyard) 2. (*a*) to lay (s.o.) low; **t. un adversaire,** to bring down, to throw an opponent (*b*) to overwhelm, crush (s.o.).

terrassier [tɛrasje] *nm* navvy.

terre [tɛr] *nf* 1. (*a*) the earth; the world; **revenir sur t.,** to come down to earth; **il a les pieds sur t.,** he's down to earth (*b*) ground, land; **t. ferme,** continent, mainland; **dans les terres,** inland; **tremblement de t.,** earthquake; **à t., par t.,** on the ground; to the ground; **tomber par t.,** to fall down (from standing position); **politique de la t. brulée,** scorched earth policy; **sous t.,** underground; **être sous t., en t.,** to be in one's grave (*c*) *El:* earth; **mettre à la t.,** to earth; (*of ship*) **être à t.,** to be aground; **descendre à t.,** to land, go ashore; *adj phr* **t. à t.,** matter-of-fact, down-to-earth 2. soil, land; **t. grasse,** rich land 3. (*a*) estate, property (*b*) territory; **terres étrangères,** foreign countries; **la T. Sainte,** the Holy Land 4. loam, clay; **sol en t. battue,** mud floor; **t. cuite,** (i) baked clay (ii) terracotta.

terreau, -eaux [tɛro] *nm Hort:* compost.

Terre-Neuve [tɛrnœv] 1. *Prnf Geog:* Newfoundland 2. *nm inv* (*dog*) **t.-n.,** Newfoundland. **terre-neuvien, -ienne** (*a*) *a* Newfoundland (*b*) *n* Newfoundlander; *pl terre-neuviens, -iennes.*

terre-plein [tɛrplɛ̃] *nm* earth platform; terrace; (*on road*) **t.-p. de stationnement,** layby; **t.-p. circulaire,** central island (of roundabout); **t.-p. central,** central reservation; *pl terre-pleins.*

terrer (se) [sətɛre] *vpr Ven: & Fig:* to go to earth; to hide away.

terrestre [tɛrɛstr̥] *a* land (animal); worldly (thoughts); earthly (paradise).

terreur [tɛrœr] *nf* 1. terror; dread; **fou de t.,** wild with fear 2. *F:* gangster, thug.

terreux, -euse [tɛrø, -øz] *a* (*a*) earthly (taste, smell) (*b*) grubby (hands); muddy (complexion); gritty (lettuce).

terrible [tɛribl̩] *a* (*a*) terrible, dreadful; appalling, awful (*b*) *F:* terrific, great, incredible. **terriblement** *adv* terribly, dreadfully.
terrien, -ienne [tɛrjɛ̃, -jɛn] **1.** *a* (*a*) landed (proprietor) (*b*) country, rural **2.** *n* (*a*) landsman, -woman (*b*) countryman, -woman (*c*) earthman, -woman; earthling.
terrier[1] [tɛrje] *nm* burrow, hole (of rabbit); earth (of fox); set (of badger).
terrier[2] *a & n* **(chien) t.,** terrier.
terrifier [terifje] *vtr* (*impf & pr sub* **n. terrifiions**) to terrify. **terrifiant** *a* terrifying; *F:* incredible.
terrine [tɛrin] *nf* (*a*) earthenware vessel; terrine (*b*) (*pâté*) terrine.
territoire [tɛritwar] *nm* territory; district, area, under jurisdiction. **territorial, -aux 1.** *a* territorial **2.** *nm* member of the territorial army **3.** *nf* **la territoriale,** the territorial army.
terroir [tɛrwar] *nm Agr:* soil; **accent du t.,** local accent, rural accent.
terroriser [tɛrɔrize] *vtr* to terrorize.
terrorisme [tɛrɔrism] *nm* terrorism.
terroriste [tɛrɔrist] *n* terrorist.
tertiaire [tɛrsjɛr] *a* tertiary; **secteur t.,** service industries.
tertio [tɛrsjo] *adv* thirdly.
tertre [tɛrtr̩] *nm* hillock, mound.
Térylène [terilɛn] *nm Rtm:* Terylene; *NAm:* Dacron (*Rtm*).
tes [te, tɛ] *poss a pl see* **ton**[1].
tesson [tesɔ̃] *nm* potsherd; **t. de bouteille,** piece of broken bottle.
test [tɛst] *nm* test, trial.
testament[1] [tɛstamɑ̃] *nm* will, testament; **ceci est mon t.,** this is my last will and testament. **testamentaire** *a* **disposition t.,** clause (of a will).
testament[2] *nm B:* **l'ancien, le nouveau, T.,** the Old, the New, Testament.
testateur, -trice [tɛstatœr, -tris] *n* testator, testatrix.
tester[1] [tɛste] *vi* to make one's will.
tester[2] *vtr* to test.
testicule [tɛstikyl] *nm Anat:* testicle.
tétanos [tetanos] *nm Med:* tetanus, lockjaw.
têtard [tɛtar] *nm* tadpole.
tête [tɛt] *nf* **1.** (*a*) head; **de la t. aux pieds,** from head to foot; **t. nue,** bareheaded; *F:* **faire la t.,** to sulk; **tenir t. à qn,** to stand up to s.o.; **j'en ai par-dessus la t.,** I can't stand it any longer; **la t. la première,** head first; **ne (pas) savoir où donner de la t.,** not to know which way to turn; **100F par t.,** *F:* **par t. de pipe,** 100F per head; **dîner t. à t.,** to dine alone together; **j'en donnerais ma t. à couper,** I'd stake my life on it; **avoir mal à la t.,** to have a headache; **se laver la t.,** to wash one's hair; **signe de t.,** nod; *Fb:* **faire une t.,** to head the ball; *Swim:* **piquer une t.,** to dive (*b*) face, appearance; *F:* **faire une drôle de t.,** to pull a long face; **je connais cette t.-là,** I know that face **2.** headpiece, brains, mind; **se creuser la t.,** to rack one's brains; **c'est une femme de t.,** she is a capable woman; **avoir la t. dure,** to be thickheaded; **c'est une t. de mule,** he's pigheaded; *F:* **c'est une t. à claques,** he just asks for it; **se mettre qch dans la t.,** to set one's mind on sth; **forte t., mauvaise t.,** strong-minded, rebellious, person; **t. chaude,** hothead; **calcul de t.,** mental arithmetic; **il n'en fait qu'à sa t.,** he does exactly as he pleases; **où ai-je la t.!** what am I thinking about! **vous perdez la t.!** have you taken leave of your senses? **avoir toute sa t.,** to have one's wits about one; **à t. reposée,** at one's leisure **3.** (*a*) leader (*b*) summit, crown, top (of volcano, tree); head (of book); **t. de chapitre,** chapter heading (*c*) head (of nail, screw, pin) (*d*) *Elcs:* **t. d'enregistrement,** record(ing) head (of tape recorder); **t. de lecture,** tape reader (*e*) **t. nucléaire,** nuclear warhead; **t. chercheuse,** homing device (*f*) front place; *Rail:* **voiture de t.,** front carriage; **marcher en t.,** to lead the way; **prendre la t.,** to take the lead; **être à la t. de la classe,** to be top of the form; *Rail: etc:* **t. de ligne** (i) terminus (ii) railhead; *Mil:* **t. de pont,** (i) bridgehead (ii) beach head.
tête-à-queue [tɛtakø] *nm inv Aut:* spin; **faire un t.-à-q.,** to spin right round.
tête-à-tête [tɛtatɛt] *nm inv* private interview; tête-à-tête; **en t.-à-t. avec,** alone with.
tête-bêche [tɛtbɛʃ] *adv* head to foot; head to tail.
tête-de-mort [tɛtdəmɔr] *nf* **1.** death's head; skull and crossbones **2.** Dutch cheese; *pl têtes-de-mort.*
tête-de-nègre [tɛtdənɛgr̩] *a & nm inv* dark brown.
tétée [tete] *nf* (*a*) sucking (by baby) (*b*) (milk taken by baby at one) feed (*c*) feeding time.
téter [tete] *vtr* **(il tète)** (*a*) (*of baby, of young*) to suck; **donner à t. à un enfant,** to feed a child (*b*) *F:* to suck on (pipe).
tétine [tetin] *nf* (*a*) teat (*b*) (rubber) teat; dummy, comforter, *NAm:* pacifier.
téton [tetɔ̃] *nm F:* (woman's) breast.
têtu [tety] *a* stubborn, pigheaded.
texte [tɛkst] *nm* (*a*) text (of author, book); (actor's) lines; **erreur de t.,** textual error (*b*) subject, topic. **textuel, -elle** *a* textual; literal, word-for-word. **textuellement** *adv* textually; literally, word-for-word.
textile [tɛkstil] **1.** *a* textile **2.** *nm* (*a*) textile (*b*) textile industry, textiles.
texture [tɛkstyr] *nf* texture.
TGV *abbr train grande vitesse.*
Thaïlande [tailɑ̃d] *Prnf Geog:* Thailand. **thaïlandais, -aise** *a & n* Thai.
thé [te] *nm* **1.** tea; **t. au citron,** lemon tea; *a inv* **rose t.,** tea rose **2.** tea party.
théâtre [teɑtr̩] *nm* **1.** (*a*) theatre, playhouse; **t. de verdure,** open-air theatre (*b*) theatre (of war) **2.** stage, scene; **mettre une pièce au t.,** to stage a play **3.** (*a*) dramatic art; **pièce de t.,** play; **faire du t.,** to be an actor; **coup de t.,** dramatic turn (of events) (*b*) plays, dramatic works; **le t. anglais,** English drama. **théâtral, -aux** *a* theatrical; dramatic (effect); stage (performance); *Pej:* stagy; *NAm:* stagey. **théâtralement** *adv* theatrically.
théière [tejɛr] *nf* teapot.
thématique [tematik] *a* thematic.
thème [tɛm] *nm* (*a*) theme, topic; subject (*b*) *Sch:* prose (composition) (*c*) *Astrol:* **t. astral,** birth chart.
théodolite [teɔdɔlit] *nm* theodolite.
théologie [teɔlɔʒi] *nf* theology. **théologique** *a* theological.
théologien [teɔlɔʒjɛ̃] *nm* theologian.

théorème [teɔrɛm] *nm* theorem.
théoricien, -ienne [teɔrisjɛ̃, -jɛn] *n* theor(et)ician, theorist.
théorie [teɔri] *nf* theory; **en t.,** in theory. **théorique** *a* theoretic(al). **théoriquement** *adv* theoretically.
thérapeute [terapøt] *n* therapist.
thérapie [terapi] *nf Med:* therapy.
thermal, -aux [tɛrmal, -o] *a* thermal; **eaux thermales,** hot springs; **établissement t.,** hydropathic establishment; **station thermale,** spa.
thérapeuthique [terapøtik] **1.** *a* therapeutic **2.** *nf* therapeutics; therapy.
thermique [tɛrmik] *a Ph:* thermal, thermic; *El:* **centrale t.,** thermal power station.
thermodynamique [tɛrmodinamik] **1.** *a* thermodynamic **2.** *nf* thermodynamics.
thermoélectrique [tɛrmɔelɛktrik] *a* thermoelectric(al).
thermomètre [tɛrmɔmɛtr̥] *nm* thermometer.
thermonucléaire [tɛrmɔnykleɛr] *a AtomPh:* thermonuclear.
Thermos [tɛrmɔs] *nm or f* **(bouteille) T.,** Thermos flask, vacuum flask.
thermostat [tɛrmɔsta] *nm* thermostat.
thermothérapie [tɛrmɔterapi] *nf Med:* thermotherapy; heat treatment.
thésauriser [tezɔrize] *vtr & i* to hoard (money).
thèse [tɛz] *nf* **1.** thesis, proposition, argument **2.** *Sch:* thesis; **soutenir une t.,** to defend a thesis.
thon [tɔ̃] *nm Ich:* tuna (fish).
thorax [tɔraks] *nm Anat:* thorax. **thoracique** *a* thoracic; **cage t.,** rib cage.
thrombose [trɔ̃boz] *nf Med:* thrombosis.
thym [tɛ̃] *nm Bot:* thyme.
thyroïde [tirɔid] *a & nf Anat:* thyroid (gland). **thyroïdien, -ienne** *a* thyroid.
tiare [tjar] *nf* tiara.
Tibet [tibɛ] *Prnm Geog:* Tibet.
tibia [tibja] *nm Anat:* tibia, shinbone.
tic [tik] *nm (a) Med:* tic; twitch(ing) *(b) F:* (unconscious) habit; mannerism.
ticket [tikɛ] *nm* ticket; numbered slip, check; **t. de quai,** platform ticket.
tic(-)tac [tiktak] *nm* tick-tock; **faire t.-t.,** to tick.
tiédasse [tjedas] *a* lukewarm.
tiédeur [tjedœr] *nf* tepidness; lukewarmness; **avec t.,** halfheartedly. **tiède** *a* tepid; lukewarm (bath, friendship); *(of air)* mild; *adv* **boire qch t.,** to drink sth when it's lukewarm. **tièdement** *adv* lukewarmly; halfheartedly.
tiédir [tjedir] **1.** *vi* to become tepid, lukewarm; *(of friendship)* to cool (off) **2.** *vtr* to make tepid, lukewarm.
tien, tienne [tjɛ̃, tjɛn] **1.** *poss a* yours; **mes intérêts sont tiens,** my interests are yours **2. le t., la tienne, les tiens, les tiennes** *(a) poss pron* **ses enfants ressemblent aux tiens,** his children are like yours *(b) nm* (i) your own (property); yours; **si tu veux du mien, donne-moi du t.,** if you want some of mine, give me some of yours; **y mettre du t.,** to contribute your share; to make concessions (ii) *pl* your own (people, friends) (iii) *F:* **tu as encore fait des tiennes,** you have been up to your old tricks again.
tiens [tjɛ̃] *int see* **tenir 1.** hello! hullo! **2.** look! hey! **3. t., t.!** indeed? well, well!
tiercé [tjɛrse] *nm Turf:* place bet; **gagner au t.,** to win on the races.
tiers, *f* **tierce** [tjɛr, tjɛrs] **1.** *a* third; **une tierce personne,** a third party; **le t. état,** the third estate **2.** *nm (a)* third (part); **remise d'un t. (du prix),** discount of a third; *F:* a third off; **perdre les deux t. de son argent,** to lose two thirds of one's money *(b)* third person, third party; **assurance au t.,** third party insurance **3.** *nf* **tierce** *(a) Mus:* third *(b) Cards:* tierce.
tiers-monde [tjɛrmɔ̃d] *nm Pol:* third world.
tifs, tiffes [tif] *nmpl P:* hair.
tige [tiʒ] *nf* **1.** *(a)* stem, stalk (of plant) *(b)* trunk, bole (of tree) **2.** *(a)* shaft (of column); shank (of key) *(b)* rod (of piston) *(c)* leg (of stocking).
tignasse [tiɲas] *nf* mop (of hair).
tigre, tigresse [tigr̥, tigrɛs] *n Z:* tiger, tigress. **tigré** *a* striped; spotted; streaked; tabby (cat).
tilleul [tijœl] *nm Bot:* lime (tree); **(infusion de) t.,** lime(-blossom) tea.
tilt [tilt] *nm F:* **faire t.,** to (make something) click.
timbale [tɛ̃bal] *nf* **1.** *Mus:* kettledrum; *(in orchestra)* **les timbales,** the timpani **2.** metal drinking cup; *Fig:* **décrocher la t.,** to win the prize **3.** *Cu:* timbale.
timbalier [tɛ̃balje] *nm Mus:* timpanist.
timbrage [tɛ̃braʒ] *nm* stamping; postmarking.
timbre [tɛ̃br̥] *nm* **1.** *(a)* bell; **t. électrique,** electric bell *(b)* timbre, quality in tone (of voice, instrument) **2.** *(a)* stamp (on document); **t. de la poste,** postmark *(b)* **t.(-poste),** (postage) stamp.
timbré [tɛ̃bre] *a* **1.** sonorous (voice) **2.** *F:* crazy.
timbrer [tɛ̃bre] *vtr* to stamp (passport); to postmark (letter); to stick a stamp on (a letter).
timide [timid] *a (a)* timid; timorous *(b)* shy, bashful; diffident (**envers,** with). **timidement** *adv* timidly; timorously, shyly.
timidité [timidite] *nf (a)* timidity; timorousness *(b)* shyness, bashfulness, diffidence.
timonier [timɔnje] *nm Nau:* helmsman.
timoré [timɔre] *a* timorous, fearful.
tintamarre [tɛ̃tamar] *nm* din, racket.
tintement [tɛ̃tmɑ̃] *nm* ringing; tinkling, tinkle; jingling, chinking.
tinter [tɛ̃te] **1.** *vtr* to ring, toll (bell) **2.** *vi (a) (of bell)* to ring, toll; *(of small bells)* to tinkle; *(of coins)* to chink; *(of keys)* to jingle; **faire t. les verres,** to clink glasses *(b) (of the ears)* to buzz, to ring; **les oreilles ont dû vous t. hier soir,** your ears must have been burning last night (*ie* you were being talked about).
tintin [tɛ̃tɛ̃] *int F:* no go! nothing doing!
tintouin [tɛ̃twɛ̃] *nm* trouble, bother.
tique [tik] *nf Arach:* tick.
tiquer [tike] *vi F:* to wince; to show sign(s) of emotion; **il n'a pas tiqué,** he didn't turn a hair.
tir [tir] *nm* **1.** shooting; gunnery **2.** *(a)* fire, firing; **champ de t.,** range; **t. au fusil,** rifle shooting *(b) Fb:* **t. au but,** shot (at goal) **3.** *(a)* rifle range *(b)* shooting gallery.
tirade [tirad] *nf* tirade.
tirage [tiraʒ] *nm* **1.** *(a)* pulling, hauling *(b) F:* trouble; friction (between two people) **2.** draught (of flue) **3. t. au sort,** drawing of lots; *Sp:* toss **4.**

Typ: (*a*) printing (off) (*b*) number printed; printing, edition (of book, recording); **journal à gros t.,** paper with a wide circulation **5.** drawing (of cheque).

tiraillement [tirajmɑ̃] *nm* **1.** tugging (on rope) **2. t. d'estomac,** pangs of hunger **3.** *F:* wrangling, friction.

tirailler [tiraje] **1.** *vtr* to pull (s.o., sth) about; to tug at (s.o.); *F:* **tiraillé entre deux émotions,** torn between two opposing feelings **2.** *vi* to shoot aimlessly.

tirailleur [tirajœr] *nm Mil:* skirmisher.

tirant [tirɑ̃] *nm* **t. d'eau,** (ship's) draught; **avoir dix pieds de t. d'eau,** to draw ten feet of water.

tire [tir] *nf* **1. voleur à la t.,** pickpocket **2.** *P:* car.

tiré, -ée [tire] **1.** *a* (*a*) drawn, haggard, peaked (features); **aux cheveux tirés,** with one's hair scraped back (*b*) **tiré par les cheveux,** far-fetched **2.** *nf* **tirée,** *F:* (*a*) long distance, long haul (*b*) **une t. de,** loads of.

tire-au-flanc [tiroflɑ̃] *nm inv F:* skiver.

tire-bouchon [tirbuʃɔ̃] *nm* corkscrew; *pl tire-bouchons.*

tire-d'aile (à) [atirdɛl] *adv phr* swiftly.

tire-fesses [tirfɛs] *nm inv F:* ski tow, ski lift.

tire-larigot (à) [atirlarigo] *adv phr F:* (to drink) to one's heart's content.

tirelire [tirlir] *nf* **1.** money box; piggy bank; *NAm:* coin bank **2.** *P:* face, mug.

tirer [tire] **1.** *vtr* (*a*) to pull out; to stretch; to pull up (socks); *F:* **encore une heure à t. avant le dîner!** still another hour to get through before dinner! (*b*) to pull, tug, draw; **t. les cheveux à qn,** to pull s.o.'s hair; **t. qn par la manche,** to tug at s.o.'s sleeve; **t. la jambe,** to limp; **t. les rideaux,** to draw the curtains (*c*) **t. son chapeau à qn,** to raise one's hat to s.o. (*d*) to pull out, draw out, take out, extract; to draw (wine, water); **t. un journal de sa poche,** to pull a paper out of one's pocket; **t. une dent à qn,** to pull out, draw, s.o.'s tooth; **t. plaisir de qch,** to derive pleasure from sth; **t. de l'argent de qch,** to make money from sth; **mot tiré du latin,** word derived from Latin; **t. qn d'un mauvais pas,** to get s.o. out of a difficulty; **t. qn du lit,** to drag s.o. out of bed; **t. qn du sommeil,** to arouse s.o. from sleep (*e*) to draw (a line); (*f*) to print (off) (proof); **t. une épreuve d'un cliché,** to take a print from a negative (*g*) *Com:* to draw (bill of exchange); **t. un chèque sur une banque,** to draw a cheque on a bank (*h*) to fire (shot); to shoot (arrow); to let off (fireworks); **t. un coup de revolver sur qn,** to shoot s.o. with a revolver (*i*) *vi* to shoot; (*of firearm*) to go off; **t. sur qn,** to fire at s.o. (*j*) **t. un lièvre,** to shoot a hare; *Nau:* **navire qui tire vingt pieds,** ship that draws twenty feet (of water) **2.** *vi* (*a*) to pull (on cable); **t. sur sa pipe,** to draw on one's pipe (*b*) to tend (to), to incline (to); to verge (on); **bleu tirant sur le vert,** blue verging on green; **le jour tire à sa fin,** the day is drawing to its close; **t. sur la soixantaine,** to be getting on for sixty (*c*) **t. sur la gauche,** to pull to the left (*d*) (*of chimney*) to draw **3. se t.** (*a*) **se t. d'un mauvais pas,** to get out of a fix; **s'en t. sans aucun mal,** to escape unharmed; **on s'en tire,** we just manage to make ends meet; we just get by (*b*) *F:* (*of pers*) to be off, to clear off.

tiret [tirɛ] *nm Typ:* (*a*) hyphen (*b*) dash.

tireur, -euse [tirœr, -øz] *n* **1.** *Com:* drawer **2.** shooter; **t. d'élite,** marksman; sharpshooter; **t. isolé,** sniper **3. t. de cartes,** fortune teller **4.** *nf* **tireuse,** bottle filler.

tiroir [tirwar] *nm* drawer.

tiroir-caisse [tirwarkɛs] *nm Com:* till; *pl tiroirs-caisses.*

tisane [tizan] *nf* infusion; (herb) tea; **t. de camomille,** camomile tea.

tison [tizɔ̃] *nf* (fire)brand.

tisonner [tizɔne] *vtr* to poke (the fire).

tisonnier [tizɔnje] *nm* poker.

tissage [tisaʒ] *nm Tex:* weaving.

tisser [tise] *vtr* to weave; (*of spider*) to spin.

tisserand, -ande [tisrɑ̃, -ɑ̃d] *n*, **tisseur, -euse** [tisœr, -øz] *n* weaver.

tissu [tisy] *nm* (*a*) texture (*b*) fabric, tissue, textile; material; **t. de mensonges,** string, tissue, of lies; **le t. social,** the fabric of society (*c*) *Biol:* tissue.

tissu-éponge [tisyepɔ̃ʒ] *nm* (terry) towelling.

titre [titr̥] *nm* **1.** (*a*) title (of nobility); official title; **se donner le t. de,** to style oneself (*b*) **sans t. officiel,** without any official status; *adj phr* **en t.,** titular; on the regular staff; **propriétaire en t.,** legal owner (*c*) *Sp:* title **2.** (*a*) diploma, certificate; **pourvu de tous ses titres,** fully qualified (*b*) voucher; **t. de transport,** ticket (*c*) title deed (*d*) *Fin:* warrant, bond, certificate; *pl* stocks and shares, securities **3.** title, claim, right; **à t. de,** by right of, by way of; **à t. de précaution,** just in case; **à t. d'ami,** as a friend; **à t. d'essai,** as a trial measure; experimentally; **à juste t.,** fairly, rightly; **à quel t.?** by what right? **à t. gratuit,** free of charge **4.** (*a*) title (of book) (*b*) heading (of chapter); **les gros titres,** (the) banner headlines **5.** title, titre (of solution, gold); grade (of ore); fineness (of coinage); **t. d'eau,** degree of humidity.

titrer [titre] *vtr* **1.** (*a*) to give a title to (s.o., sth) (*b*) *Journ:* to run as a headline **2.** *Ch:* to titrate. **titré** *a* **1.** titled (person) **2.** qualified (teacher) **3.** *Ch:* titrated (solution).

tituber [titybe] *vi* to reel (about); to lurch; to stagger, to totter.

titulaire [titylɛr] **1.** *a* titular (bishop, professor) **2.** *n* holder (of right, title, certificate); bearer (of passport).

TNP *abbr Théâtre national populaire.*

toast [tost] *nm* **1.** toast; **porter un t.,** to toast (s.o.) **2.** piece of toast; **toasts beurrés,** buttered toast.

toboggan [tɔbɔgɑ̃] *nm* (*a*) toboggan (*b*) chute (in swimming bath); (fairground) slide (*c*) flyover; *NAm:* overpass.

toc [tɔk] **1.** (*a*) *int* **t. t.!** tap, tap! (*b*) *nm* tap, rap (on door) **2.** *nm F:* **bijoux en t.,** imitation jewellery; **c'est du t.,** it's fake.

tocsin [tɔksɛ̃] *nm* tocsin; alarm bell.

toge [tɔʒ] *nf* (*a*) *Hist:* toga (*b*) *Jur: Sch:* gown.

Togo [tɔgo] *Prnm Geog:* Togo(land); **République du T.,** Republic of Togo. **togolais, -aise** *a & n Geog:* Togolese.

tohu-bohu [tɔybɔy] *nm inv* (*a*) hubbub, commotion (*b*) hurly-burly.

toi [twa] *stressed pers pron* (*subject or object*) you; **c'est t.,** it's you; **il est plus âgé que t.,** he is older than you; **tu as raison, t.,** you are right; **ce livre est à t.,** this book is yours; **tu le vois t.-même,** you can see it yourself; **tais-t.,** be quiet! *F:* shut up!

toile [twal] *nf* **1.** (*a*) linen, linen cloth; **t. à matelas,** tick(ing); **drap de t.,** linen sheet (*b*) cloth; **t. cirée,** (i) oilcloth (ii) *Nau:* oilskin (*c*) canvas (*d*) **t. émeri,** emery cloth; **t. d'amiante,** asbestos (*e*) **t. d'araignée,** cobweb; spider's web **2.** (*a*) oil painting; canvas (*b*) *Th:* curtain; **t. de fond,** back drop **3.** *Nau:* sail.

toilette [twalɛt] *nf* **1.** washstand **2.** (*a*) washing (and dressing); **faire sa t.,** to wash and dress; **faire un brin de t.,** to have a wash and brush up; to freshen up; **le chat fait sa t.,** the cat is washing itself; **cabinet de t.,** washroom; bathroom (*b*) *PN:* **toilettes,** toilet(s); public conveniences, lavatory **3.** (woman's) dress, clothes; **t. de bal,** ball dress.

toi-même [twamɛm] *pers pron* yourself.

toiser [twaze] *vtr* to eye (s.o.) scornfully (up and down).

toison [twazɔ̃] *nf* **1.** fleece **2.** *F:* mop (of hair).

toit [twa] *nm* roof; **habiter sous les toits,** to live in a garret; **crier qch sur les toits,** to shout sth from the rooftops; *Aut:* **t. ouvrant,** sun roof; **le t. paternel,** the home, the paternal roof; **sans t.,** homeless.

toiture [twatyr] *nf* roofing, roof.

tôle [tol] *nf* sheet metal; **t. ondulée,** corrugated iron.

tolérance [tɔlerɑ̃s] *nf* tolerance; *Rel:* toleration; *Cust:* allowance.

tolérer [tɔlere] *vtr* **(je tolère; je tolérerai)** (*a*) to tolerate (opinion, religion); to put up with (s.o., sth) (*b*) to allow tacitly, wink at (abuses) (*c*) *Med:* to tolerate (drug). **tolérable** *a* tolerable, bearable. **tolérant, -ante** *a* tolerant (**à l'égard de,** of).

tôlerie [tolri] *nf* sheet-iron and steel-plate trade, works, goods.

tôlier [tolje] *nm* sheet-metal worker; *Aut:* panel beater.

tollé [tɔle] *nm* outcry (of indignation).

tomate [tɔmat] *nf* tomato; **sauce t.,** tomato sauce.

tombe [tɔ̃b] *nf* (*a*) tomb, grave; **se retourner dans sa t.,** to turn in one's grave (*b*) tombstone. **tombal, -aux** *a* **pierre tombale,** tombstone, gravestone.

tombeau, -eaux [tɔ̃bo] *nm* tomb; monument; **t. de famille,** family vault.

tombée [tɔ̃be] *nf* fall (of rain, snow); **à la t. de la nuit,** at nightfall.

tomber [tɔ̃be] (*aux* **être**) **1.** *vi* (*a*) to fall (down); (*of aircraft*) to crash; **ça tombe en poussière,** it's crumbling to dust; *impers* **il tombe de la neige,** it's snowing; **t. d'une échelle,** to fall off a ladder; **t. de cheval,** to fall off a horse; *F:* **t. dans les pommes,** to pass out, to faint; **je tombe de sommeil,** I'm ready to drop; **faire t. qch,** to knock sth over; **laisser t. qch,** to drop sth; **laisser t. qn,** (i) to drop s.o. (ii) to let s.o. down; **se laisser t. dans un fauteuil,** to sink, *F:* to flop, into an armchair; **t. à l'eau,** (i) to fall in (the water) (ii) (*of plan*) to fall through; **fruits tombés,** windfalls; *Journ:* **le journal est tombé,** the paper has gone to bed (*b*) (*of wind, anger, fever*) to drop, abate, subside, die down; (*of conversation*) to flag; **la nuit tombe,** night is falling; **le vent tombe,** the wind is dropping (*c*) **t. entre les mains de qn,** to fall into s.o.'s hands; **t. en disgrâce,** to fall into disgrace; **t. dans un piège,** to fall into a trap (*d*) **t. sur l'ennemi,** to attack, fall on, the enemy (*e*) **t. sur qn, qch,** to come across s.o., sth; **il va nous t. sur le dos d'un jour à l'autre,** he'll be landing in on us any day; **Noël tombe un jeudi,** Christmas is on a Thursday; **vous tombez bien,** you've come in the nick of time; **t. juste,** to come, to happen, at the right moment (*f*) to fail; *Th:* **la pièce est tombée (à plat),** the play flopped (*g*) to fall, hang down; **ses cheveux lui tombent dans le dos,** her hair hangs down her back; **jupe qui tombe bien,** skirt that hangs well (*h*) **t. amoureux de qn,** to fall in love with s.o.; **t. malade,** to fall ill **2.** *vtr* (*aux* **avoir**) *F:* **t. la veste,** to take off one's jacket. **tombant** *a* (*a*) falling; **la nuit tombante,** nightfall (*b*) flowing (hair); drooping (moustache); sloping (shoulders).

tombereau, -eaux [tɔ̃bro] *nm* (*a*) dumper (*b*) *F:* cartload.

tombeur [tɔ̃bœr] *nm* **un t. (de femmes),** a Casanova.

tombola [tɔ̃bɔla] *nf* tombola, raffle.

tome [tɔm] *nm* volume; tome.

ton¹, ta, tes [tɔ̃, ta, tɛ] *poss a* (**ton** *is used instead of* **ta** *before fem words beginning with a vowel or* **h** *mute; for use of* **ton,** *as opposed to* **votre,** *see* TU) your; **un de tes amis,** a friend of yours; **ton ami(e),** your friend; **c'est t. affaire à toi,** that's your business.

ton² *nm* **1.** (*a*) tone, intonation; **hausser le t.,** to raise (the tone of) one's voice; **forcer le t.,** to speak more loudly and more urgently; **faire baisser le t. à qn,** to take s.o. down a peg (or two); **ne le prenez pas sur ce t.,** don't take it like that (*b*) tone, manners, breeding; **c'est de mauvais t.,** it's bad form, bad manners, vulgar **2.** *Mus:* (*a*) **(hauteur du) t.,** pitch; **donner le t.,** (i) to give (an orchestra) the tuning A (ii) *F:* to set the fashion; **sortir du t.,** to be out of tune (*b*) key (*c*) **tons et demi-tons,** tones and semi-tones **3.** *Ling:* pitch, accent **4.** tone, tint, colour, shade; **être dans le t.,** to tone in, match in.

tonalité [tɔnalite] *nf Art: Mus:* tonality; tone; *Tp:* dialling tone.

tondeur, -euse [tɔ̃dœr, -øz] **1.** *n* shearer (of sheep) **2.** *nf* **tondeuse** (*a*) shears (for sheep); (hair) clippers (*b*) **tondeuse (à gazon),** lawnmower.

tondre [tɔ̃dr̥] *vtr* (*a*) to shear (sheep); to clip (hair, horse, hedge); to mow (lawn) (*b*) *F:* to fleece (s.o.).

tonifier [tɔnifje] *vtr* (*impf & pr sub* **n. tonifiions**) to tone up (the nervous system, a patient); to give tone to (the skin); to invigorate. **tonifiant** *a* invigorating.

tonique [tɔnik] *a* **1.** *Med:* (*a*) **médicament t.,** *nm* **t.,** tonic (*b*) tonic, invigorating **2.** *Ling:* tonic (accent); accented, stressed (syllable) **3.** *Mus:* **note t.,** *nf* **t.,** keynote.

tonitruant [tɔnitryɑ̃] *a* thundering, booming.

tonnage [tɔnaʒ] *nm* tonnage.

tonne [tɔn] *nf Meas:* metric ton (= 1000 kilograms); tonne; *F:* **des tonnes de,** tons of.

tonnelet [tɔnlɛ] *nm* keg.

tonnelier [tɔnəlje] *nm* cooper.

tonnelle [tɔnɛl] *nf* arbour, bower.

tonneau, -eaux [tɔno] *nm* **1.** cask, barrel; **bière au t.,** draught beer **2.** *Nau:* ton **3.** *Av:* roll; *Aut:* somersault; **faire un t.,** to roll over.

tonner [tɔne] *vi* **1.** to thunder; *impers* **il tonne,** it's thundering **2.** (*of cannon*) to boom; *F:* **t. contre qn,** to rage against s.o. **tonnant** *a* thundering, booming.

tonnerre [tɔnɛr] *nm* (*a*) thunder; **coup de t.,** thunderclap; *Fig:* bombshell, thunderbolt; **t. d'applaudissements,** thunderous applause (*b*) *int* **t.!** heavens above! *F:* **du t.,** wonderful, terrific.

tonsure [tɔ̃syr] *nf* (*a*) tonsure (*b*) *F:* bald patch.

tonte [tɔ̃t] *nf* **1.** (*a*) sheep shearing (*b*) clip (*c*) shearing time **2.** mowing (of lawn).

tonton [tɔ̃tɔ̃] *nm* (*child's word*) uncle.

tonus [tɔnys] *nm* (*a*) *Med:* tonicity (of muscle); tone (*b*) (*of pers*) energy, dynamism.

top [tɔp] *nm* *WTel:* stroke; **les tops,** the pips; *Tp:* **au 4ème t.,** on the 4th stroke.

topaze [tɔpaz] *nf* topaz.

toper [tɔpe] *vi F:* to agree (**à qch,** to sth); **tope là!** done! agreed!

topinambour [tɔpinɑ̃bur] *nm Bot:* Jerusalem artichoke.

topo [tɔpo] *nm F:* talk, speech.

topographie [tɔpɔgrafi] *nf* topography. **topographique** *a* topographic(al).

toquade [tɔkad] *nf F:* craze (for sth); infatuation (with s.o.).

toque [tɔk] *nf* fur hat; (judge's, jockey's) cap; (chef's) hat.

toqué, -ée [tɔke] *F:* **1.** *a* (*a*) crazy, nuts (*b*) infatuated, madly in love (**de,** with) **2.** *n* nutcase.

toquer [tɔke] *F:* **1.** *vi* to tap **2. se t. de qn,** to become infatuated with s.o.

torche [tɔrʃ] *nf* torch; **t. électrique,** electric torch; *NAm:* flashlight.

torcher [tɔrʃe] *vtr* **1.** to skimp (work) **2.** *F:* to wipe (sth) clean.

torchis [tɔrʃi] *nm Const:* cob, daub.

torchon [tɔrʃɔ̃] *nm* (*a*) (kitchen) cloth; floorcloth; dishcloth; tea towel; duster; **le t. brûle chez eux,** they're at daggers drawn (*b*) *F:* scrappy piece of writing.

tordant [tɔrdɑ̃] *a F:* screamingly funny.

tord-boyaux [tɔrbwajo] *nm inv F:* firewater.

tordre [tɔrdr] **1.** *vtr* to twist; to wring (clothes, one's hands); **t. le cou à qn,** to wring s.o.'s neck; **t. la bouche,** to pull a face; **se t. le pied,** to twist one's ankle **2. se t.** (*a*) to writhe, twist (with pain); *F:* **se t. (de rire),** to split one's sides laughing (*b*) to bend, to buckle, to twist. **tordu, -ue** *a* **1.** twisted (limbs); buckled, bent (chassis) **2.** (*a*) warped (mind) (*b*) *F:* mad, cracked, round the bend; *n* **c'est un t., une tordue,** he's, she's, a nutcase.

toréador [tɔreadɔr] *nm* toreador, bullfighter.

tornade [tɔrnad] *nf* tornado.

torpeur [tɔrpœr] *nf* torpor.

torpillage [tɔrpijaʒ] *nm* torpedoing.

torpille [tɔrpij] *nf* torpedo.

torpiller [tɔrpije] *vtr* to torpedo.

torpilleur [tɔrpijœr] *nm* torpedo boat.

torréfaction [tɔrefaksjɔ̃] *nf* roasting (of coffee).

torréfier [tɔrefje] *vtr* (*impf & pr sub* **n. torréfiions**) to roast (coffee).

torrent [tɔrɑ̃] *nm* torrent, mountain stream; **il pleut à torrents,** it's raining in torrents; **t. de larmes,** flood of tears. **torrentiel, -elle** *a* torrential.

torride [tɔrid] *a* torrid (zone); scorching (heat).

torsade [tɔrsad] *nf* twist, coil.

torsader [tɔrsade] *vtr* to twist (together).

torse [tɔrs] *nm* torso, trunk; **t. nu,** stripped to the waist; **bomber le t.,** to stick out one's chest.

torsion [tɔrsjɔ̃] *nf* twisting; *Ph: Tech:* torsion.

tort [tɔr] *nm* **1.** wrong; error, fault; **avoir t., être dans son t.,** to be (in the) wrong; **donner t. à qn,** to lay the blame on s.o.; **à t. ou à raison,** rightly or wrongly; **à t. et à travers,** at random, without rhyme or reason **2.** injury, harm, detriment; **la grêle a fait beaucoup de t.,** the hail has done a great deal of damage; **faire du t. à qn,** (i) to wrong s.o.; to do s.o. an injustice (ii) to damage s.o.'s cause, business, reputation.

torticolis [tɔrtikɔli] *nm* stiff neck.

tortillard [tɔrtijar] *nm* local train.

tortillement [tɔrtijmɑ̃] *nm* wriggling, wiggling.

tortiller [tɔrtije] **1.** *vtr* to twist (up) (paper, hair); to twirl (one's moustache) **2.** *vi* (*a*) **t. des hanches,** to swing, to wiggle, the hips (*b*) *F:* to quibble **3. se t.,** to wriggle; to writhe, squirm.

tortionnaire [tɔrsjɔnɛr] *nm* torturer.

tortue [tɔrty] *nf* tortoise; **t. de mer,** turtle; *Fig:* **quelle t.!** what a slowcoach, *NAm:* slowpoke!

tortueux, -euse [tɔrtɥø, -øz] *a* tortuous, winding (road); devious (conduct).

torture [tɔrtyr] *nf* torture.

torturer [tɔrtyre] *vtr* to torture (prisoner); **la jalousie le torturait,** he was tortured by jealousy; **se t. les méninges,** to rack one's brains.

tôt [to] *adv* (*a*) soon; **mardi au plus t.,** (on) Tuesday at the earliest; **t. ou tard,** sooner or later; **nous n'étions pas plus t. rentrés que,** we had no sooner returned than; **revenez au plus t.,** come back as soon as possible (*b*) early; **se lever t.,** to rise early; **vous auriez dû me le dire plus t.,** you should have told me earlier, before; *a* **il est trop t.,** it's too early; *P:* **c'est pas trop t.!** and about time too!

total, -aux [tɔtal, -o] **1.** *a* total, complete, whole **2.** *nm* whole, total; **faire le t.,** to add up; **au t.,** all in all; *F:* **et t., il a tout perdu,** and to cut a long story short, he lost everything. **totalement** *adv* totally, completely.

totaliser [tɔtalize] *vtr* to total.

totalitarisme [tɔtalitarism] *nm* totalitarianism. **totalitaire** *a* totalitarian.

totalité [tɔtalite] *nf* totality, whole; **la t. de,** all of; **en t.,** wholly; all; **pris dans sa t.,** taken as a whole.

toubib [tubib] *nm F:* doctor.

toucan [tukɑ̃] *nm Orn:* toucan.

touchant [tuʃɑ̃] **1.** *a* touching, moving (sight, speech) **2** *prep Lit:* concerning, about.

touche [tuʃ] *nf* **1.** (*a*) touch, touching; **pierre de t.,** touchstone (*b*) *Art:* (brush)stroke (*c*) *Fenc: Lit:* hit; *Fish:* bite; *F:* **faire une t.,** to make a hit (*d*) *Sp:* (i) touchline (ii) throw-in; *Fig:* **rester sur la t.,** to stay on the sidelines (*e*) *P:* **drôle de t.,** weird-looking guy **2.** key (of typewriter, piano, computer).

touche-à-tout [tuʃatu] *n inv* **1.** meddler, busybody **2.** dabbler.

toucher[1] [tuʃe] **1.** *vtr* (*a*) to touch (s.o., sth); *Fb:* to handle (the ball); *Fenc:* to hit (one's opponent); *F:* **touche du bois!** touch wood; (*to child*) **pas touche!** don't touch! **t. un chèque,** to cash a cheque; **t. son salaire,** *vi* **t.,** to get one's pay, to be paid (*b*) to move, touch (s.o.); **t. qn jusqu'aux larmes,** to move s.o. to tears (*c*) to concern, affect (s.o.); **en ce qui**

vous touche, as far as you are concerned (*d*) *Nau:* **t. à un port,** to call at a port; **t. (le fond),** (i) to touch bottom (ii) to be aground (*e*) to get hold of (s.o.); (*of letter*) to reach (s.o.) (*h*) to touch on, deal with (fact, subject) **2.** *v ind tr* to meddle, interfere (**à,** with); to touch, to tamper with (sth); **n'y touchez pas!** hands off! **n'avoir pas l'air d'y t.,** to look as if butter wouldn't melt in one's mouth **3.** *vi* (*a*) **t. à qch,** to be in touch, in contact, with sth; to be near to sth; to border on sth; to adjoin sth; **l'année touche à sa fin,** the year is drawing to a close (*b*) **t. à,** to concern, to affect (*c*) **t. au plafond,** to touch, reach, the ceiling **4. se t.,** to touch, to adjoin.

toucher² *nm* touch, feel; **chaud au t.,** hot to the touch.

touffe [tuf] *nf* tuft (of hair, straw); clump (of trees). **touffu** *a* bushy (beard); thick (wood); heavy (book).

touiller [tuje] *vtr F:* to stir (up); to toss (salad).

toujours [tuʒur] *adv* **1.** always, ever; **un ami de t.,** a lifelong friend; **pour t.,** for ever **2.** still; **il fait t. aussi chaud,** it is as hot as ever; **cherchez t.,** go on looking **3.** nevertheless, all the same; **je peux t. essayer,** I can at least try; **t. est-il que,** the fact remains that; **c'est t. ça,** it's always something.

toupet [tupɛ] *nm* **1.** tuft of hair, quiff **2.** *F:* cheek, sauce; nerve; **avoir le t. de faire qch,** to have the cheek to do sth.

toupie [tupi] *nf* **1.** top **2. vieille t.,** old trout.

tour¹ [tur] *nf* **1.** tower; tower block; **t. (de forage),** derrick; *Av:* **t. de contrôle,** control tower **2.** *Chess:* castle, rook.

tour² *nm* **1.** (*a*) (turning) lathe (*b*) (potter's) wheel **2.** (*a*) circumference, circuit; **faire le t. du monde,** to go round the world; **t. d'horizon,** general survey; *Sp:* **t. de piste,** lap; **faire le t. du cadran,** to sleep round the clock; **t. de taille,** waist measurement (*b*) turn (of phrase); course, direction (of business affair); **l'affaire prend un mauvais t.,** the matter is taking a bad turn; **t. d'esprit,** turn of mind (*e*) **se donner un t. de reins,** to strain one's back **3.** (*a*) round, revolution, turn (of wheel); **frapper à t. de bras,** to strike with all one's might; **donner un t. de clef,** to turn the key in, to lock, the door; *F:* **mon sang n'a fait qu'un t.,** my heart seemed to stop beating (*b*) stroll; **faire un t. de jardin,** to stroll round the garden (*c*) trip, tour **4.** rotation, turn; **à qui le t.!** whose turn is it? **chacun (à) son t.,** each one in his turn; **t. à t.,** in turn; **à t. de rôle,** in turns **5.** trick, feat; **jouer un mauvais t. à qn,** to play s.o. a nasty trick; **t. de main,** flick of the wrist; **je n'ai pas le t. de main,** I haven't the knack; **t. de force,** feat of strength; **il a plus d'un t. dans son sac,** he's got more than one trick up his sleeve.

tourbe [turb] *nf* peat, turf. **tourbeux, -euse** *a* peaty, boggy.

tourbière [turbjɛr] *nf* peat bog.

tourbillon [turbijɔ̃] *nm* **1.** whirlwind; swirl (of dust); **t. de neige,** flurry of snow **2.** (*a*) whirlpool (*b*) eddy (of water, wind) (*c*) whirl, hustle and bustle (of life, business).

tourbillonnement [turbijɔnmɑ̃] *nm* whirl(ing).

tourbillonner [turbijɔne] *vi* to whirl (round); to eddy, swirl.

tourelle [turɛl] *nf* turret; *Mil: etc:* (gun) turret.

tourisme [turism] *nm* tourism; touring; tourist trade; **agence, bureau, de t.,** travel agency; **voiture de t.,** private car; **faire du t.,** to do some sightseeing, to tour around.

touriste [turist] *n* tourist. **touristique** *a* tourist (guide); **route t., circuit t.,** scenic route.

tourment [turmɑ̃] *nm* torment; anguish.

tourmente [turmɑ̃t] *nf* (*a*) gale, storm; **t. de neige,** blizzard (*b*) turmoil.

tourmenter [turmɑ̃te] *vtr* **1.** (*a*) to torture, torment; to harass (*b*) to plague, pester (s.o.) **2. se t.,** to be anxious, to worry. **tourmenté** *a* distorted (forms); tormented, tortured (mind); turbulent (life).

tournage [turnaʒ] *nm* (*a*) turning (on the lathe) (*b*) *Cin:* shooting.

tournant, -ante [turnɑ̃, -ɑ̃t] **1.** *a* (*a*) turning; revolving; **fauteuil t.,** swivel chair; **pont t.,** swing bridge (*b*) winding (road); spiral (staircase) **2.** *nm* (*a*) turning; bend; (street) corner; *F:* **je l'aurai au t.,** I'll get him yet! (*b*) turning point.

tournebouler [turnəbule] *vtr F:* to upset (s.o.).

tournebroche [turnəbrɔʃ] *nm* roasting spit.

tourne-disque [turnədisk] *nm Rec:* record player; *pl tourne-disques.*

tournedos [turnədo] *nm Cu:* tournedos.

tournée [turne] *nf* **1.** (official's, doctor's, postman's) round; *Th:* **en t.,** on tour; **faire la t. des magasins,** to go round the shops **2.** round (of drinks).

tournemain [turnəmɛ̃] *nm* **en un t.,** in an instant.

tourner [turne] **1.** *vtr* (*a*) to turn; to fashion, shape, on a lathe; to throw (a pot) (*b*) to revolve, turn round, rotate; to turn (key in lock); **t. la tête,** to turn one's head; **t. le dos à qn,** (i) to turn one's back on s.o. (ii) to have one's back turned to s.o.; *Cin:* **t. un film,** to make a film; **t. une scène,** to film a scene; *Cu:* **t. une crème,** to stir a custard; *Fb:* **t. la mêlée,** to wheel the scrum (*c*) to change, convert; **t. qch en plaisanterie,** to laugh sth off (*d*) to turn over (page); to turn up (card); **t. et retourner qch,** to turn sth over and over (*e*) to get round (corner, obstacle); to evade (a difficulty, the law) (*f*) *F:* **t. le lait,** to turn the milk sour; **ça lui a tourné la tête,** it's gone to his head **2.** *vi* (*a*) to revolve; to go round; (*of machine*) to turn; **t. autour de qn,** to hang, hover, round s.o.; **t. autour du pot,** to beat about the bush; **la tête lui tourne,** he feels giddy; **faire t. la clef dans la serrure,** to turn the key in the lock (*b*) to change direction; **tournez à gauche,** turn left; **t. court,** to come to a sudden end; **le temps tourne au froid,** it's turning cold (*c*) to turn out, result; **bien t.,** to turn out well; *F:* **ça va mal t.,** it will lead to trouble (*d*) to tend (**à,** to); **l'affaire tournait au tragique,** the affair was taking a tragic turn; **t. (à l'aigre),** to turn (sour) (*e*) *Cin:* **t. dans un film,** to act in a film **3. se t.** (*a*) **se t. vers qn,** to turn towards s.o. (*b*) **se t. contre qn,** to turn against s.o. (*c*) to turn round. **tourné** *a* (*a*) turned (on a lathe); shaped, made; **elle est bien tournée,** she has a lovely figure; **mal t.,** badly made; (*of letter*) badly written; **avoir l'esprit mal t.,** to have a nasty turn of mind (*b*) sour (milk, wine).

tournesol [turnəsɔl] *nm Bot:* sunflower.

tourneur [turnœr] *nm* turner; thrower.

tournevis [turnəvis] *nm Tls:* screwdriver.

tourniquet [turnikɛ] *nm* **1.** (*a*) turnstile (*b*) revolving stand **2.** (*a*) *Pyr:* Catherine wheel (*b*) (garden) sprinkler **3.** *Med:* tourniquet.

tournis [turni] *nm* **donner le t. à qn,** to make s.o. giddy.

tournoi [turnwa] *nm* tournament.

tournoiement [turnwamɑ̃] *nm* whirling; wheeling; eddying, swirling.

tournoyer [turnwaje] *vi* **(je tournoie, n. tournoyons)** to turn round and round; (*of birds*) to wheel; to spin; (*of water*) to eddy, swirl; **faire t. qch,** to whirl sth round.

tournure [turnyr] *nf* **1.** turn, course (of events); **les affaires prennent une mauvaise t.,** things are taking a turn for the worse **2.** shape, form, figure; **t. d'esprit,** turn of mind; **prendre t.,** to take shape **3.** turn of phrase.

tour-opérateur [turɔperatœr] *nm* tour operator; *pl tour-opérateurs.*

tourte [turt] *nf* (*a*) round loaf (*b*) (meat) pie.

tourteau, -eaux [turto] *nm* edible crab.

tourterelle [turtərɛl] *nf* turtledove.

tous [tu(s)] *see* **tout.**

Toussaint (la) [latusɛ̃] *Prnf* All Saints' day.

tousser [tuse] *vi* to cough; (*of engine*) to splutter.

toussoter [tusɔte] *vi* to clear one's throat; to cough slightly; to have a slight cough.

tout, toute, *pl* **tous, toutes** [tu, tut, tu, tut] (*when* **tous** *is a pron it is pronounced* [tus]) **1.** *a* (*a*) (*noun undetermined*) any, every, all; **pour toute réponse, il éclata de rire,** his only answer was to burst out laughing; **t. autre que vous,** anybody but you; **toute liberté d'agir,** full liberty to act; **j'ai toute raison de croire que,** I have every reason to believe that; **repas à toute heure,** meals served at any time (*b*) (*intensive*) **à la toute dernière minute,** at the very last minute; **de toute beauté,** most beautiful; **à toute vitesse,** at full speed; **de toute importance,** all-important; of the utmost importance; **t. à vous,** entirely yours (*c*) the whole; all; **t. le monde,** everybody, everyone; **toute la journée,** the whole day, all day long; **pendant t. l'hiver,** throughout the winter; **t. Paris,** the whole of Paris (*d*) all, every; **tous les jours,** every day; **tous les invités,** all the guests; **de tous (les) côtés,** from all sides; **toutes proportions gardées,** making due allowance (*e*) **tous (les) deux,** both; **tous les deux jours,** every other day (*f*) **c'est toute une histoire,** (i) it's a long story (ii) it's quite a job **2.** *pron* (*a*) *sg neut* all, everything; **c'est t.,** that's all; **t. ce qui vous plaira,** whatever you like; anything you like; *F:* **et t. et t.,** and all the rest of it; **t. est bien qui finit bien,** all's well that ends well; **il mange de t.,** he eats anything (and everything); **c'est t. ce qu'il y a de plus beau,** it is most beautiful; *F:* **il a t. du fonctionnaire,** he's the typical civil servant; **c'est t. dire,** I needn't say more; **à t. prendre,** all in all, all things considered; *F:* **drôle comme t.,** awfully funny (*b*) *pl* **une fois pour toutes,** once and for all; **tous** [tus] **à la fois,** all together; **le meilleur de tous,** the best of them all; *F:* **on l'aimait bien tous,** we were all very fond of him **3.** *nm* **le t.,** the whole; the lot; **le t. est de réussir,** the main thing is to succeed; **jouer le t. pour le t.,** to stake everything; *F:* **ce n'est pas le t., ça!** that's not getting us very far! *adv phr* **du t. au t.,** entirely; **en t.,** in all; **(pas) du t.,** not at all **4.** *adv* (*intensive*) (*before a fem adj beginning with a consonant or* **h** *aspirate* **tout** *becomes* **toute**) (*a*) quite, entirely; completely, very; **t. nouveau(x), toute(s) nouvelle(s),** quite new; **t. seul,** all, quite, alone; **toute vêtue de noir,** dressed all in black; **de t. premier ordre,** of the very first order; **t. droit,** bolt upright; **t. neuf,** brand new; **t. nu,** stark naked; **t. éveillé,** wide awake; **t. fait,** ready-made; **t. au bout,** right at the end; **c'est t. comme chez nous!** it's just like home! *adv phr* **t. à fait,** quite, entirely; **t. au plus, t. au moins,** at the very most, at the very least; **t. à vous,** yours ever (*b*) **t. en parlant,** while speaking (*c*) **t. ignorant qu'il est, qu'il soit,** ignorant though he is, though he may be (*d*) **être t. oreilles,** to be all ears.

tout-à-l'égout [tutalegu] *nm inv* main(s) drainage.

toutefois [tutfwa] *adv* yet, nevertheless, however.

toute-puissance [tutpɥisɑ̃s] *nf* omnipotence. **tout-puissant, toute-puissante** *a* almighty, omnipotent; *nm* **le T.-P.,** the Almighty.

toutou, -tous [tutu] *nm* (*child's word*) doggie.

toux [tu] *nf* cough.

toxicologie [tɔksikɔlɔʒi] *nf* toxicology. **toxicologique** *a* toxicological.

toxicologue [tɔksikɔlɔg] *n* toxicologist.

toxicomane [tɔksikɔman] *n* drug addict.

toxicomanie [tɔksikɔmani] *nf* drug addiction.

toxine [tɔksin] *nf Physiol:* toxin.

toxique [tɔksik] **1.** *a* toxic; **gaz t.,** poison gas **2.** *nm* poison.

trac [trak] *nm F:* fright; funk; **avoir le t.,** to have the wind up; *Th:* to have stage fright.

tracas [traka] *nm* worry, trouble, bother.

tracasser [trakase] **1.** *vtr* to worry, bother, plague (s.o.) **2. se t.,** to worry.

tracasseries [trakasri] *nfpl* annoyances.

tracassier, -ière [trakasje, -jɛr] *a* irksome.

trace [tras] *nf* (*a*) trace; trail, track, spoor; footprint(s) (of person); **être sur la t. de qn,** to be on s.o.'s tracks; **il suit les traces de son père,** he's following in his father's footsteps; **retrouver t. de qn, de qch,** to find a trace of s.o., of sth (*b*) scar, mark (of wound, burn) (*c*) (slight) trace (of poison, regret).

tracé [trase] *nm* **1.** layout (of town); lie, alignment (of road) **2.** (*a*) outline, sketch, diagram (*b*) line (of coast, etc); *Rad:* plot.

tracer [trase] *vtr* **(n. traçons)** to trace; to plot (curve); to lay out (road); to map out (route); to draw (a line); to outline (plan).

trachée [trake] *nf Anat:* trachea, windpipe.

tract [trakt] *nm* leaflet.

tracteur [traktœr] *nm* tractor.

traction [traksjɔ̃] *nf* traction; *Aut:* **t. arrière, avant,** rear-wheel, front-wheel, drive.

tradition [tradisjɔ̃] *nf* tradition; **de t.,** traditional. **traditionnel, -elle** *a* traditional; usual, habitual. **traditionnellement** *adv* traditionally.

traducteur, -trice [tradyktœr, -tris] *n* translator.

traduction [tradyksjɔ̃] *nf* **1.** translating **2.** translation.

traduire [tradɥir] *vtr* (*conj like* CONDUIRE) **1. t. qn en justice,** to sue, prosecute, s.o. **2.** (*a*) to translate (**de,** from; **en,** into) (*b*) to represent; to express (feeling, idea); **vous traduisez mal ma pensée,** you're misinterpreting my thoughts; **sa douleur se traduisit par les larmes,** his grief found expression in tears. **traduisible** *a* translatable.

trafic [trafik] *nm* **1.** (*a*) trading, trade (*b*) *Pej:* traffic, illicit trading; **t. de la drogue,** drug trafficking; **t. d'armes,** arms dealing; **faire du t.,** to traffic, trade; **faire le t. de,** to traffic, trade, in; *F:* **un drôle de t.,** suspicious goings-on **2.** *Trans:* traffic.

trafiquant, -ante [trafikɑ̃, -ɑ̃t] *n Pej:* (drug) trafficker; **t. du marché noir,** black marketeer.

trafiquer [trafike] **1.** *vi Pej:* **t. de, en, qch,** to traffic in sth; **t. de sa conscience,** to sell one's conscience **2.** *vtr F:* to tamper with.

tragédie [traʒedi] *nf* tragedy.

tragédien, -ienne [traʒedjɛ̃, -jɛn] *n* tragic actor, actress.

tragique [traʒik] **1.** (*a*) *a* tragic (writer, play, role, event) (*b*) *nm* **le t. de la situation,** the tragic thing about the situation; **prendre qch au t.,** to make a tragedy of sth **2.** *n* writer of tragedies **3.** *nm Th:* tragedy. **tragiquement** *adv* tragically.

trahir [trair] *vtr* **1.** to betray; to reveal, give away (secret); **t. sa pensée,** to give oneself away **2.** to betray (s.o.'s confidence); to deceive (s.o.); *F:* to let s.o. down; **ses jambes l'ont trahi,** his legs failed him. **3. se t.,** to give oneself away; to betray oneself.

trahison [traizɔ̃] *nf* treason; treachery; betrayal.

train [trɛ̃] *nm* **1.** (*a*) train, string, line (of vehicles); series; set (of wheels, tyres); *Aut:* **t. avant, arrière,** front, rear, axle (assembly); **t. de pensées,** train of thought (*b*) *Rail:* train; **t. de voyageurs, de marchandises,** passenger, goods, train; **t. supplémentaire,** relief train; **t. auto-couchettes,** car-sleeper; **voyager en t., par le t.,** to travel by train (*c*) *Mil:* train (of transport) (*d*) quarters (of horse); **t. de derrière, de devant,** hindquarters, forequarters (*e*) **t. de roulement,** undercarriage (of wheeled vehicle); *Av:* **t. (d'atterrissage),** landing gear, undercarriage **2.** (*a*) pace, rate; **aller bon t.,** to go at a good pace; **aller son petit t.,** to jog along; **à fond de t.,** at top speed; **au t. où vont les choses,** at *this* rate; **mise en t.,** warming-up (*b*) **mettre qch en t.,** to set sth going; **en t. de faire qch,** (busy) doing sth; **il est en t. de travailler,** he is busy working; **le t. ordinaire des jours,** the daily routine; **les choses vont leur t.,** things are going along as usual (*c*) **t. de vie,** way of life, life style; **mener grand t.,** to live on a grand scale **3.** mood; **être en t.,** to be in good form; **être mal en t.,** to be out of sorts.

traînard, -arde [trɛnar, -ard] *n* straggler; *F:* slowcoach; *NAm:* slowpoke.

traîne [trɛn] *nf* **1. à la t.,** in tow; *Fig:* **être à la t.,** to lag behind **2.** train (of dress).

traîneau, -eaux [trɛno] *nm* sledge, sleigh; *NAm:* sled.

traînée [trɛne, trene] *nf* trail (of smoke, blood); train (of gunpowder); **se répandre comme une t. de poudre,** to spread like wildfire.

traîner [trɛne, trene] **1.** *vtr* to drag, pull, draw (sth) along; to drag out (a speech); to drawl (one's words); **t. la jambe,** to limp; **t. les pieds,** to shuffle; **t. le pied,** to lag behind **2.** *vi* (*a*) to trail, drag (in the dust) (*b*) to lag, to trail, behind (*c*) to linger; to dawdle; **t. dans la rue,** to hang about the streets (*d*) to lie about; **laisser t. ses affaires,** to leave one's belongings lying about (*e*) to flag, droop, languish; (*of illness*) to drag on; **l'affaire traîne,** the matter is hanging fire; **t. en longueur,** to drag (on) **3. se t.** (*a*) to crawl (along); **se t. aux pieds de qn,** to go on one's knees to s.o. (*b*) to drag oneself along, about; (*of time*) to drag on. **traînant** *a* trailing (dress); drawling (voice).

training [trɛniŋ] *nm* **1.** training **2.** track suit **3.** (*shoe*) trainer.

train-train [trɛ̃trɛ̃] *nm F:* routine.

traire [trɛr] *vtr* (*prp* **trayant;** *pp* **trait;** *pr ind* **ils traient;** *no ph*) to milk (cow); to draw (milk); **machine à t.,** milking machine.

trait [trɛ] *nm* **1.** pulling; **tout d'un t.,** at one stretch; **cheval de t.,** draught horse **2.** (*a*) arrow; **partir comme un t.,** to be off like a shot (*b*) beam (of light) (*d*) **t. d'esprit,** flash of wit **3.** draught, gulp; **d'un (seul) t.,** at one gulp **4.** (*a*) stroke, mark, line; **t. de crayon,** stroke of the pencil; **d'un t.,** with one stroke (*b*) **t. d'union,** (i) hyphen (ii) link **5.** (*a*) feature (of face); **traits fins,** fine features (*b*) trait (of character); **t. de caractère,** characteristic **6.** act, deed (of courage, kindness); **t. de génie,** stroke of genius **7.** reference (to sth), bearing (on sth); **avoir t. à qch,** to refer to sth.

traitant [trɛtɑ̃] *a* **médecin t.,** regular doctor, GP.

traite [trɛt] *nf* **1.** stretch (of road); **(tout) d'une t.,** at a stretch, without interruption **2.** (*a*) *A:* transport (of goods); trading; (ivory, slave) trade (*b*) **t. des blanches,** white slave trade **3.** *Fin:* (banker's) draft; bill (of exchange) **4.** milking.

traité [trɛte] *nm* **1.** treatise **2.** *Pol:* treaty.

traitement [trɛtmɑ̃] *nm* **1.** (*a*) treatment; *Med:* course of treatment; **mauvais t.,** ill-treatment; *Med:* **premier t.,** first aid (*b*) processing (of raw materials); **t. de données, de texte,** data, word, processing; **machine de t. de texte,** word processor **2.** salary.

traiter [trete] **1.** *vtr* (*a*) to treat; to treat (s.o.) (well, badly); **t. qn en ami,** to treat s.o. like, as, a friend (*b*) **t. qn de lâche,** to call s.o. a coward (*c*) **t. un malade,** to treat a patient (**par,** with); **se faire t. pour un cancer,** to undergo treatment for cancer (*d*) *Ind:* to process; to treat, spray (vines) (*e*) *esp Lit:* to entertain **2.** *vtr* (*a*) to negotiate, deal (**avec qn,** with s.o.); to handle (business) (*b*) to discuss, deal with (a subject) **3.** *vi* (*a*) **t. de la paix,** to treat for peace (*b*) **t. d'un sujet,** to deal with a subject.

traiteur [trɛtœr] *nm* caterer.

traître, traîtresse [trɛtr̥, trɛtrɛs] **1.** *a* treacherous; *F:* **pas un t. mot,** not a single word **2.** *n* traitor, traitress; *Th:* villain; **en t.,** treacherously. **traîtreusement** *adv* treacherously.

traîtrise [trɛtriz] *nf* treachery; treacherousness.

trajectoire [traʒɛktwar] *nf* path (of star, aircraft); trajectory (of comet, satellite).

trajet [traʒɛ] *nm* (*a*) journey; ride, drive, flight, crossing; **j'ai fait une partie du t. en avion,** I flew part of the way (*b*) path (of projectile).

tralala [tralala] *nn inv F:* **en grand t.,** (i) with a lot of fuss (ii) all dressed up.

trame [tram] *nf* **1.** *Tex:* woof, weft; *Fig:* thread (of existence); framework (of novel) **2.** *TV:* raster.

tramer [trame] *vtr* to hatch (plot); **il se trame quelque chose,** there's something afoot.

trampoline [trãpolin] *nm* trampoline; **faire du t.**, to trampoline.

tram(way) [tram(wɛ)] *nm* tram, *NAm:* streetcar.

tranchant [trãʃã] **1.** *a* (*a*) cutting, sharp (tool, knife); keen (edge) (*b*) trenchant (words, opinion); peremptory (tone) **2.** *nm* (cutting) edge (of knife); **à double t.**, dougle-edged.

tranche [trãʃ] *nf* **1.** slice (of bread, meat); rasher (of bacon); **t. d'age**, age bracket; **t. de vie**, slice, cross section, of life **2.** slab (of marble) **3.** (*a*) edge (of coin); (cut) edge (of book) (*b*) section.

tranchée [trãʃe] *nf* trench; *Agr:* drain; cutting (through forest); **t. garde-feu**, fire break.

trancher [trãʃe] **1.** *vtr* (*a*) to slice (bread); to cut (*b*) to cut short (discussion); to settle (question, problem) once and for all; **t. le mot**, to speak plainly; *vi* **t. net**, to bring to a firm conclusion **2.** *vi* (*of colours, characteristics*) to contrast strongly (**sur**, with); to stand out (against). **tranché** *a* distinct (colour); clear-cut (opinion).

tranquille [trãkil] *a* (*a*) tranquil; calm, still, quiet; **se tenir t.**, to keep (i) still (ii) quiet (*b*) quiet, peaceful (town) (*c*) undisturbed; easy (conscience); **laissez-moi t.**, leave me alone; **dormir t.**, to sleep in peace; **il n'a pas l'esprit t.**, he's uneasy in his mind; **soyez t.**, set your mind at rest; **sois t., il reviendra!** he'll come back, don't worry! **tranquillement** *adv* tranquilly, calmly, quietly.

tranquilliser [trãkilize] *vtr* to calm; to reassure; to set (mind) at rest **2. se t.** (*a*) (*of sea*) to become calm (*b*) to set one's mind at rest. **tranquillisant 1.** *a* reassuring (news); soothing (effect) **2.** *nm Med:* tranquillizer.

tranquillité [trãkilite] *nf* tranquillity, calm(ness); quiet, stillness; **t. d'esprit**, peace of mind; **troubler la t. publique**, to disturb the peace; **en toute t.**, with an easy mind.

transaction [trãzaksjõ] *nf* **1.** compromise **2.** *Com:* transaction.

transat [trãzat] *nm* deck chair.

transatlantique [trãzatlãtik] **1.** *a* transatlantic **2.** *nm* (*a*) (Atlantic) liner (*b*) deck chair.

transbahuter [trãsbayte] *vtr F:* to move, shift; to lug (sth) around.

transbordement [trãsbɔrdəmã] *nm* transhipment (of cargo); transfer.

transborder [trãsbɔrde] *vtr* to tranship; to transfer (passengers, goods). **transbordeur** *a & nm* **(pont) t.**, transporter bridge.

transcendance [trãsãdãs] *nf* transcendence. **transcendant, -ante** *a* transcendent; *Mth:* transcendental. **transcendantal, -aux** *a* transcendental.

transcender [trãsãde] *vtr* to transcend.

transcription [trãskripsjõ] *nf* (*a*) transcription, transcribing (*b*) transcript, copy.

transcrire [trãskrir] *vtr* (*conj like* ÉCRIRE) **1.** to transcribe; **t. une lettre à la machine**, to type out a letter **2.** *Mus:* to transcribe.

transe [trãs] *nf* **1.** *usu pl* fright, fear; **être dans les transes**, to be in agonies of anticipation **2. en t.** (i) in a trance (ii) very excited.

transférer [trãsfere] *vtr* **(je transfère; je transférerai)** to transfer; to make over, assign (goods to s.o.).

transfert [trãsfɛr] *nm* transfer; *Psy:* transference.

transfiguration [trãsfigyrasjõ] *nf* transfiguration.

transfigurer [trãsfigyre] *vtr* to transfigure.

transformateur [trãsfɔrmatœr] *nm El:* transformer.

transformation [trasfɔrmasjõ] *nf* transformation (**en**, into); change; conversion; *Rugby Fb:* conversion; **industrie de t.**, processing industry.

transformer [trãsfɔrme] **1.** *vtr* to transform, change (**en**, into); to convert (sth into sth); *Rugby Fb:* to convert (a try) **2. se t.**, to be transformed, to change, turn (**en**, into). **transformable** *a* convertible.

transfuge [trãsfyʒ] *n* renegade.

transfusion [trãsfyzjõ] *nf* (blood) transfusion.

transgresser [trãsgrese] *vtr* to transgress; to disobey (orders); to infringe, to contravene (rules).

transgression [trãsgrɛsjõ] *nf* transgression.

transiger [trãziʒe] *vi* **(n. transigeons)** to compromise.

transir [trãzir] *vtr* (*a*) to chill to the bone (*b*) to paralyze (with fear). **transi** *a* perished (with cold); paralyzed (with fear).

transistor [trãzistɔr] *nm* transistor.

transistorisé [trãzistɔrize] *a* transistorized.

transit [trãzit] *nm* transit; **en t.**, in transit; **marchandises de t.**, goods for transit.

transiter [trãzite] **1.** *vtr* **(faire) t.**, to send in transit **2.** *vi* (*of goods*) to be in transit.

transitif, -ive [trãzitif, -iv] *a* transitive.

transition [trãzisjõ] *nf* transition; **de t.**, transitional; **sans t.**, abruptly. **transitoire** *a* transitory, transient; transitional (period); temporary (measure).

translucide [trãslysid] *a* translucent.

transmanche [trãzmãʃ] *a* cross-Channel.

transmetteur [trãsmɛtœr] *nm* transmitter.

transmettre [trãsmɛtr̥] *vtr* (*conj like* METTRE) to transmit (light, message); to pass on (message, disease); to inpart (truth); *WTel:* to send (message); to broadcast (programme).

transmission [trãsmisjõ] *nf* **1.** (*a*) transmission; passing on (of order); imparting (of truth); sending (of message); *WTel: TV:* **t. en direct**, live broadcast; **t. en différé**, recorded broadcast; *Mil:* **les transmissions**, signals (*b*) *MecE:* **la t.**, the transmission (gear) **2.** (*a*) *Adm:* **t. des pouvoirs**, handing over (*b*) **t. de pensée**, thought transference.

transparaître [trãsparɛtr̥] *vi* (*conj like* PARAÎTRE) to show through.

transparence [trãsparãs] *nf* transparency. **transparent** *a* transparent; clear.

transpercer [trãspɛrse] *vtr* **(n. transperçons)** to transfix; to stab, to pierce (s.o., sth) through.

transpiration [trãspirasjõ] *nf* perspiration, sweat.

transpirer [trãspire] *vi* **1.** (*aux* **avoir**) to perspire, to sweat **2.** (*aux* **avoir** *or* **être**) (*of information*) to leak out.

transplantation [trãsplãtasjõ] *nf* transplantation; *Surg:* transplant; **t. cardiaque**, heart transplant; **t. du rein**, kidney transplant.

transplanter [trãsplãte] *vtr* to transplant.

transport [trãspɔr] *nm* **1.** transport, carriage (of goods, passengers); haulage; **les transports en commun**, public transport; **frais de t.**, freight charges **2.** *Navy:* troopship **3.** transport, rapture; outburst of feeling.

transportable [trɑ̃spɔrtabl] *a* transportable.

transporter [trɑ̃spɔrte] *vtr* **1** to transport, carry (goods); **t. qn d'urgence à l'hôpital,** to rush s.o. to hospital; **se t. sur les lieux,** to visit the scene of the crime, of the accident **2.** to transport, to carry away; **cette nouvelle l'a transporté,** he was overjoyed by the news.

transporteur [trɑ̃spɔrtœr] *nm* (*a*) carrier, forwarding agent (*b*) **t. (routier),** haulier; *NAm:* trucker (*c*) *Ind:* conveyor.

transposer [trɑ̃spoze] *vtr* to transpose.

transposition [trɑ̃spozisjɔ̃] *nf* transposition.

transvaser [trɑ̃zvaze] *vtr* to decant (wine).

transversal, -aux [trɑ̃svɛrsal, -o] *a* transverse, transversal; **coupe transversale,** cross section. **transversalement** *adv* transversely, crosswise.

trapèze [trapɛz] *nm* (*a*) *Mth:* trapezium, *NAm:* trapezoid (*b*) *Gym:* trapeze.

trapéziste [trapezist] *n* trapeze artist.

trappe [trap] *nf* **1.** *Ven:* trap, pitfall **2.** (*a*) trap (door) (*b*) hatch.

trappeur [trapœr] trapper (of wild animals).

trapu [trapy] *a* (*a*) thick-set, squat, stocky (man, horse) (*b*) *Sch: F:* brainy; sticky (problem).

traquenard [traknar] *nm Ven: & Fig:* trap, pitfall.

traquer [trake] *vtr* to track down, hunt down (animal, criminal).

traumatiser [tromatize] *vtr* to traumatize. **traumatisant** *a* traumatic.

traumatisme [tromatism] *nm Psy:* trauma.

travail, -aux [travaj, -o] *nm* **1.** *Med:* labour; **femme en t.,** woman in labour; **salle de t.,** labour room **2.** (*a*) work; **se mettre au t.,** to start, get down to, work; **cesser le t.,** (i) to stop work; to knock off (for the day) (ii) to down tools; **vêtements de t.,** working clothes; **Ministère du T.** = Department of Employment (*b*) **t. de tête, t. intellectuel,** brainwork; **t. manuel,** manual labour; **t. en série,** mass production; **t. noir,** moonlighting; *Sch:* **travaux pratiques,** practical work (*c*) operation; working (of the digestion); fermenting (of wine) (*d*) exercise; practice (*e*) occupation, employment; **trouver du t.,** to find a job; **sans t.,** unemployed, *F:* jobless (*f*) (place of) work **3.** (*a*) piece of work; job (*b*) (literary) work; **auteur d'un t. sur les métaux,** author of a work on metals (*c*) *Adm:* **travaux publics,** public works; *PN:* **travaux,** road works (ahead) **4.** workmanship.

travailler [travaje] **1.** *vtr* (*a*) *esp Lit:* to torment, worry, obsess; **se t. l'esprit,** to worry (*b*) to work (up)on (s.o.); to bring pressure to bear (up)on (s.o.) (*c*) to work, fashion, shape (wood, metal); **t. la pâte,** to knead the dough; **t. son style,** to polish one's style (*d*) to work at, study (one's part, a subject) **2.** *vi* (*a*) to work, labour, toil; **t. ferme, dur,** to work hard; **je vais t. dans ma chambre,** I'm going to do some work in my room; **sa femme travaille,** his wife works, has a job; **le temps travaille pour nous,** time is on our side; **t. à faire qch,** to make an effort to do sth (*b*) (*of wine*) to ferment, to work; (*of wood*) to warp; (*of imagination*) to work. **travaillé** *a* worked, wrought (iron, stone); laboured, elaborate (style). **travailleur, -euse 1.** *a* hard-working **2.** *n* worker; **les travailleurs,** the workers, the working people. **travailliste 1.** *n* member of the Labour party **2.** *a* Labour (member, Party).

travée [trave] *nf* **1.** *Const:* bay **2.** span (of bridge) **3.** bank (of seats).

travelo [travlo] *nm P:* transvestite.

travers [travɛr] *nm* **1.** (*a*) breadth; *adv phr:* **en t.,** across, crosswise; **profil en t.,** cross section; *prep phr* **en t. de,** across; **à t. qch, au t. de qch,** through sth; **à t. le monde,** throughout the world (*b*) *NAm:* **de t., par le t.,** on the beam, abeam **2. de t.,** the wrong way; **tout va de t.,** everything is going wrong; **regarder qn de t.,** to look askance, to scowl, at s.o.; **il a la bouche de t.,** his mouth is crooked **3.** failing, bad habit, fault.

traverse [travɛrs] *nf* **1. (chemin de) t.,** short cut **2. (barre de) t.,** cross bar, cross piece; *Rail:* sleeper.

traversée [travɛrse] *nf* (*a*) passage, (sea) crossing (*b*) **faire la t. d'une ville,** to cross, pass through, a town.

traverser [travɛrse] *vtr* to cross, to go across (street); to go, to pass, through (town, crisis); **t. la foule,** to make one's way through the crowd; **t. la rivière à la nage,** to swim across the river; **t. qch de part en part,** to go clean through sth; **une idée m'a traversé l'esprit,** an idea occurred to me.

traversin [travɛrsɛ̃] *nm* bolster (for bed).

travesti, -ie [travɛsti] **1.** *nm Th:* drag artist **2.** *nm* fancy dress **3.** *n* transvestite.

travestir [travɛstir] *vtr* **1.** to disguise (**en,** as) **2.** to travesty, parody (poem, play); to misrepresent (s.o.'s thoughts).

trébucher [trebyʃe] *vi* (*aux* **avoir**) to stumble (**sur,** over); **faire t. qn,** to trip s.o. up.

trèfle [trɛfl] *nm* **1.** *Bot:* trefoil, clover **2.** *Arch:* trefoil **3.** *Cards:* clubs.

tréfonds [trefɔ̃] *nm* **dans le t. de mon cœur,** in my heart of hearts.

treillage [trɛjaʒ] *nm* trellis (work); lattice; trellis fence.

treille [trɛj] *nf* vine arbour; trellised vines.

treillis [trɛji] *nm* **1.** trellis (work); lattice; **t. métallique,** wire mesh **2.** (*a*) *Tex:* canvas (*b*) *pl Mil:* fatigue dress.

treize [trɛz] *num a inv & nm inv* thirteen; **Louis T.,** Louis the Thirteenth; **le t. mai,** (on) the thirteenth of May. **treizième** *num a & n* thirteenth. **treizièmement** *adv* in the thirteenth place.

trek [trɛk] *nm*, **trekking** [trɛkiŋ] *nm* hill walking.

tréma [trema] *nm* diaeresis.

tremble [trɑ̃bl] *nm Bot:* aspen.

tremblé [trɑ̃ble] *a* shaky (handwriting, etc).

tremblement [trɑ̃bləmɑ̃] *nm* **1.** trembling, quivering, shaking; quavering (of voice) **2.** tremor (of fear); **t. de terre,** earthquake; *F:* **et tout le t.,** and the whole caboodle.

trembler [trɑ̃ble] *vi* (*a*) to tremble, quiver; to quake; to shiver (with cold); to shake (with anger); (*of light*) to flicker; (*of voice*) to quaver; **faire t. les vitres,** to make the windows rattle (*b*) to tremble with fear; **en tremblant,** tremulously; **je tremble pour lui,** I fear for him.

tremblote [trɑ̃blɔt] *nf P:* **avoir la t.,** (i) to have the jitters (ii) to have the shivers.

tremblotement [trɑ̃blɔtmɑ̃] *nm* trembling.

trembloter [trɑ̃blɔte] *vi* to tremble (slightly); to quiver; (*of voice*) to quaver; (*of light*) to flicker.

trémolo [tremɔlo] *nm Mus:* tremolo; **avec des trémolos dans la voix,** with a quaver in one's voice.

trémousser (se) [sətremuse] *vpr* to wriggle about; **marcher en se trémoussant,** to walk with a wiggle.

trempe [trɑ̃p] *nf* **1.** steeping, dipping, soaking **2.** *Metall:* hardening, quenching **3.** (*a*) temper (of steel) (*b*) quality; **un homme de sa t.,** a man of his calibre.

tremper [trɑ̃pe] **1.** *vtr* (*a*) to mix, dilute, with water (*b*) to soak, steep (in a liquid); to dip (bread in soup); **se t. dans l'eau,** to plunge into the water; **se faire t.,** to get drenched; **t. ses mains dans l'eau,** to dip one's hands in the water (*c*) *Metall:* to temper, quench (steel) **2.** *vi* (*a*) (*of dirty linen*) to (lie in) soak (*b*) **t. dans un complot,** to have a hand in a plot. **trempé** *a* **1.** wet, soaked, drenched; **t. de sueur,** bathed in sweat; **t. jusqu'aux os,** soaked to the skin **3.** tempered (steel).

trempette [trɑ̃pɛt] *nf F:* **faire t.,** (i) to dip bread (ii) to have a quick dip, a quick bathe.

tremplin [trɑ̃plɛ̃] *nm* springboard; diving board; ski jump; *Fig:* springboard.

trench [trɛnʃ], **trench-coat** [trɛnʃkot] *nm* trench coat; *pl trench(-coats).*

trentaine [trɑ̃tɛn] *nf* (about) thirty, some thirty; thirty (francs) or so; **il approche de la t.,** he's getting on for thirty.

trente [trɑ̃t] *num a inv & nm inv* thirty; *F:* **se mettre sur son t. et un,** to dress smartly. **trentième** *num a & n inv* thirtieth.

trente-six [trɑ̃tsi, -is, -iz; *see also* **six**] *num a inv & nm inv* (i) thirty-six (ii) *F:* umpteen; **voir t.-s. chandelles,** to see stars (after a blow on the head).

trépan [trepɑ̃] *nm Surg:* trepan.

trépanation [trepanasjɔ̃] *nf Surg:* trepanning.

trépaner [trepane] *vtr Surg:* to trepan.

trépas [trepa] *nm Lit:* death.

trépasser [trepase] *vi* (*aux* **avoir,** *occ* **être**) *A: & Lit:* to die, to pass away. **trépassé, -ée** *a & n* deceased (person).

trépidation [trepidasjɔ̃] *nf* vibration; *Fig:* hectic pace, frenetic pace.

trépider [trepide] *vi* (*of machines*) to vibrate. **trépidant** *a* vibrating, *Fig:* hectic, frenetic (life, rhythm).

trépied [trepje] *nm* tripod.

trépignement [trepiɲmɑ̃] *nm* stamping (of feet).

trépigner [trepiɲe] *vi* **t. de colère,** to stamp one's feet with rage.

très [trɛ] *adv* very, most; (very) much; **t. connu,** very well known; **t. estimé,** highly esteemed; **t. nécessaire,** most essential; **nous sommes t. amis,** we are great friends; **t. en avant,** a long way ahead; **t. bien,** very well.

trésor [trezɔr] *nm* **1.** (*a*) treasure; *F:* **mon t.,** my darling (*b*) treasure house **2.** *pl* riches; wealth **3. le T. (public),** = the Treasury **4. un t. de, des trésors de,** an enormous amount of.

trésorerie [trezɔrri] *nf* **1.** treasury **2.** (*a*) treasurership (*b*) treasurer's office **3.** funds.

trésorier, -ière [trezɔrje, -jɛr] *n* treasurer; paymaster, paymistress.

tressaillement [tresajmɑ̃] *nm* start (of surprise); shudder (of fear); wince (of pain).

tressaillir [tresajir] *vi* (*conj like* CUEILLIR) to give a start; to shudder (with fear); to leap (with joy); **t. de douleur,** to wince.

tressauter [tresote] *vi* to start, jump (with fear, surprise); (*of thgs*) to be jolted about.

tressage [trɛsaʒ] *nm* plaiting, braiding, weaving.

tresse [trɛs] *nf* plait (of hair); braid.

tresser [trɛse] *vtr* to plait (hair, straw); to braid; to weave (basket).

tréteau, -eaux [treto] *nm* **1.** trestle, support, stand **2.** *pl Th:* stage, boards.

treuil [trœj] *nm* winch, windlass.

trêve [trɛv] *nf* (*a*) truce (*b*) respite; **t. de plaisanteries,** joking apart; **mettre un t. à,** to call a halt to.

tri [tri] *nm* sorting (out); classifying; **faire le t. de,** to sort (out), to pick out; **le t. des lettres,** letter sorting; *Rail: etc:* **bureau de t.,** sorting office.

triage [triaʒ] *nm* sorting; **gare de t.,** marshalling yard.

trial [trijal] *nm* **le t.,** motorcycle scrambling.

triangle [triɑ̃gl̥] *nm* triangle. **triangulaire** *a* triangular; three-cornered (election, fight).

triathlon [tri(j)atlɔ̃] *nm Sp:* triathlon.

tribal, -aux [tribal, -o] *a* tribal.

tribo-électrique [tribɔelɛktrik] *a* thermal (underwear).

tribord [tribɔr] *nm Nau:* starboard (side); **à t.,** to starboard.

tribu [triby] *nf* tribe.

tribulations [tribylasjɔ̃] *nfpl* tribulations.

tribunal, -aux [tribynal, -o] *nm* law court; **t. pour enfants,** juvenile court; **t. militaire,** military tribunal; **le t. de l'histoire,** the court of history.

tribune [tribyn] *nf* **1.** rostrum, (speaker's) platform **2.** (*a*) (public) gallery (*b*) *Sp:* (grand)stand **3.** forum, discussion, debate.

tributaire [tribytɛr] *a & nm* tributary; **être t. de,** to be dependent on.

tricentenaire [trisɑ̃tnɛr] *nm* tercentenary.

triche [triʃ] *nf F:* cheating.

tricher [triʃe] *vi & tr* to cheat (**sur,** over); to lie (**sur,** about).

tricherie [triʃri] *nf* cheating; **une t.,** a trick.

tricheur, -euse [triʃœr, -øz] *n* cheat.

tricolore [trikɔlɔr] *a* tricolour(ed); **le drapeau t.,** the French flag; *nmpl Sp: F:* **les Tricolores,** the French team.

tricot [triko] *nm* **1.** knitting; knitted fabric; *Com:* knitwear; **faire du t.,** to knit **2.** (knitted) jersey; jumper; **t. de corps,** vest; *NAm:* undershirt.

tricoter [trikɔte] *vtr* to knit; **machine à t.,** knitting machine.

tricoteuse [trikɔtøz] *nf* knitting machine.

tricycle [trisikl̥] *nm* tricycle.

trident [tridɑ̃] *nm* trident.

trier [trie] *vtr* (*impf & pr sub* **n. triions**) (*a*) to sort (*b*) to pick out, sort out, choose (the best).

trieur, -euse [triœr, -øz] **1.** *n* sorter **2.** *nm Ind:* grader.

trilogie [trilɔʒi] *nf Lit:* trilogy.

trimbal(l)er [trɛ̃bale] *vtr F:* **1.** to drag, lug (parcels) about **2. qu'est-ce qu'il trimballe!** what an idiot! **3. se t.,** to trail along.

trimer [trime] *vi F:* to work hard, slave away (at sth); **faire t. qn,** to keep s.o. hard at it.

trimestre [trimɛstr̥] *nm* **1.** quarter; *Sch:* term; **par**

t., quarterly **2.** quarter's salary; quarter's rent; *Sch:* term's fees. **trimestriel, -elle** quarterly; *Sch:* end-of-term (report).

tringle [trɛ̃gl] *nf* rod; **t. (à rideau),** curtain rod.

trinité [trinite] *nf Theol:* Trinity; **la T.,** Trinity Sunday.

trinquer [trɛ̃ke] *vi* (*a*) to clink glasses; **t. à qn, qch,** to drink to s.o., sth (*b*) *P:* to cop it.

triomphateur, -trice [triɔ̃fatœr, -tris] *n* triumphant victor.

triomphe [triɔ̃f] *nm* triumph; **en t.,** in triumph; **arc de t.,** triumphal arch. **triomphal, -aux** *a* triumphal, triumphant. **triomphalement** *adv* triumphantly.

triompher [triɔ̃fe] *vi* **1.** to triumph **(de.** over) **2.** to be jubilant. **triomphant** *a* triumphant.

trip [trip] *nm F:* trip; **c'est pas mon t.,** it's not my thing.

triparti [triparti], **tripartite** [tripartit] *a* tripartite.

tripatouiller [tripatuje] *vtr F:* to tamper, to fiddle about, with (sth).

tripe [trip] *nf usu pl* (*a*) entrails (of animal); *Cu:* tripe (*b*) *P:* (*of pers*) guts; **rendre tripes et boyaux,** to be horribly sick.

triperie [tripri] *nf* tripe shop; tripe trade.

tripette [tripɛt] *nf F:* **ne pas valoir t.,** to be utterly worthless.

tripier, -ière [tripje, -jɛr] *n* tripe butcher.

triple [tripl] *a & nm* treble, threefold; *F:* **t. menton,** triple chin; **en t. exemplaire,** in triplicate; **un t. sot,** a prize idiot; **le t. de,** three times as much as; *Sp:* **le t.,** the triple jump. **triplement 1.** *adv* trebly, threefold **2.** *nm* trebling, tripling.

triplé, -ée [triple] *n* triplet.

tripler [triple] *vtr & i* to treble, triple; to increase threefold.

triporteur [triportœr] *nn* carrier tricycle.

tripot [tripo] *nm* gambling den; *P:* dive.

tripotage [tripotaʒ] *nm F:* fiddling around.

tripotée [tripote] *nf P:* **1.** thrashing **2.** lots, loads **(de,** of).

tripoter [tripote] **1.** *vi* (*a*) to fiddle about; mess about (in the water); to rummage (in a drawer) (*b*) to engage in shady business; **t. dans la caisse,** to tamper with the cash **2.** *vtr* (*a*) to finger, handle (s.o., sth); **se t. le nez,** to fiddle with one's nose (*b*) to meddle with (sth).

tripoteur, -euse [tripotœr, -øz] *n F:* schemer; shady dealer.

trique [trik] *nf F:* cudgel; **donner des coups de t.,** to cudgel.

triste [trist] *a* **1.** (*a*) sad **(de,** at); sorrowful (person); woebegone (face, news); **tout t.,** very dejected; in low spirits (*b*) dreary, dismal (life, weather, room); **faire t. figure,** to pull a long face **2.** unfortunate, painful (news, duty); sad (occasion); **c'est une t. affaire,** it's a bad business **3.** poor, sorry, wretched (meal, excuse). **tristement** *adv* sadly, sorrowfully; wretchedly.

tristesse [tristɛs] *nf* (*a*) sadness; sorrow; **avec t.,** sadly (*b*) dullness, dreariness; bleakness.

tristounet [tristune] *a F:* a bit sad.

triturer [trityre] *vtr* (*a*) to grind, to rub down (*b*) to knead (*c*) to manipulate.

trivialité [trivjalite] *nf* **1.** vulgarity, coarseness **2.** coarse expression. **trivial, -aux** *a* vulgar, coarse (expression). **trivialement** *adv* coarsely.

troc [trɔk] *nm* exchange (in kind); barter; **faire un t.,** to make an exchange.

troène [trɔɛn] *nm Bot:* privet.

troglodyte [trɔglɔdit] *nm* cave dweller.

trogne [trɔɲ] *nf F:* (boozy) face.

trognon [trɔɲɔ̃] *nm* (*a*) core (of apple); stump (of cabbage); *F:* **jusqu'au t.,** completely; to the (bitter) end (*b*) *F:* sweetie.

trois [trwɑ] *before a vowel sound in the same word group* [trwɑz] *num a inv & nm* three; **à t. heures,** at three o'clock; **les t. quarts du temps,** most of the time; **couper qch en t.,** to cut sth in three; **entrer par t.,** to come in in threes, three at a time; **Henri T.,** Henry the Third; **le t. mai,** (on) the third of May; **j'habite au t.,** I live at number three. **troisième** *num a & n* third; **personnes du t. âge,** retired people; senior citizens. **troisièmement** *adv* thirdly, in the third place.

trolleybus [trɔlɛbys] *nm* trolleybus.

trombe [trɔ̃b] *nf* **1.** waterspout **2. t. de vent,** whirlwind; **t. d'eau,** cloudburst; **entrer, sortir, en t.,** to burst in, out (like a whirlwind).

trombine [trɔ̃bin] *nf P:* (*a*) head, nut (*b*) face, mug.

trombone [trɔ̃bɔn] *nm* **1.** *Mus:* (*a*) trombone (*b*) trombone player **2.** paper clip.

trompe [trɔ̃p] *nf* **1.** (*a*) horn (*b*) hooter **2.** proboscis (of insect); trunk (of elephant) **3.** *Anat:* **t. (de Fallope),** (Fallopian) tube.

trompe-l'œil [trɔ̃plœj] *nm inv* **1.** trompe-l'œil (painting) **2.** *Pej:* illusion; eye-wash.

tromper [trɔ̃pe] *vtr* **1.** (*a*) to deceive; to cheat; to take (s.o.) in (*b*) to betray, be unfaithful to (wife, husband) (*c*) to mislead; to disappoint (s.o.'s hopes) (*d*) to outwit, baffle, elude (s.o.) (*e*) to relieve (tedium); to while away (the time); **t. la faim,** to stave off one's hunger **2. se t.,** to be mistaken; to make a mistake; **se t. dans son calcul,** to be out in one's reckoning; **se t. de route, de train,** to take the wrong road, train; **se t. de date, de jour,** to get the date, day, wrong; **il n'y a pas à s'y t.,** there is no doubt about it. **trompeur, -euse 1.** *a* deceitful (person); misleading (appearance) **2.** *n* deceiver. **trompeusement** *adv* deceptively.

tromperie [trɔ̃pri] *nf* deceit, deception.

trompette [trɔ̃pɛt] **1.** *nf* trumpet **2.** *nm* trumpet player.

trompettiste [trɔ̃pɛtist] *n* trumpet player.

tronc [trɔ̃] *nm* **1.** (*a*) trunk (of tree, of body) (*b*) *Anat:* trunk, main stem (of artery) **2.** collection box; poor box.

tronche [trɔ̃ʃ] *nf P:* head, nut.

tronçon [trɔ̃sɔ̃] *nm* section.

tronçonner [trɔ̃sɔne] *vtr* to cut into sections.

tronçonneuse [trɔ̃sɔnøz] *nf* chain saw.

trône [tron] *nm* throne.

trôner [trone] *vi* to occupy the place of honour.

tronquer [trɔ̃ke] *vtr* to truncate; to curtail, cut down (text).

trop [tro] **1.** *adv* too (*a*) (*with adj*) too, over-; **c'est t. difficile,** it's too difficult; **vous êtes t. aimable** [tropɛmabl] you are most kind; **t. fatigué,** overtired;

too tired (**pour,** to); **vous n'êtes pas t. en avance,** you are none too early (*b*) (*with vb*) too much, unduly, over-; **t. travailler,** to overwork, to work too hard; **on ne saurait t. le répéter,** it cannot be too often repeated; **je ne sais t. que dire,** I hardly know what to say **2.** *nm* too much, too many; **j'ai une carte de t., en t.,** I have one card too many; **une fois de t.,** once too often; **être de t.,** to be in the way, unwelcome; *adv phr* **par t.,** (altogether) too (much); **par t. généreux,** far too generous; **c'est t. fort!** it's a bit much! **c'en est t.!** this really is the limit!

trophée [trɔfe] *nm* trophy.

tropique [trɔpik] *nm Geog:* tropic (of Cancer, Capricorn); *pl* **les tropiques,** the tropics. **tropical, -aux** *a* tropical.

trop-perçu [trɔpɛrsy] *nm* over-payment (of taxes); *pl trop-perçus.*

trop-plein [trɔplɛ̃] *nm* overflow; *Fig:* excess; *pl trop-pleins.*

troquer [trɔke] *vtr* to exchange, barter, swap (**qch contre qch,** sth for sth).

troquet [trɔkɛ] *nm P:* small café; bar.

trot [tro] *nm* trot; **t. enlevé,** rising, *NAm:* posting, trot; **au petit, au grand, t.,** at a gentle, at a brisk, trot; **course de t.,** trotting race; *F:* **allez, au t.!** at the double!

trotte [trɔt] *nf* walk; **ça fait une t.,** it's a long walk.

trotter [trɔte] **1.** *vi* (*of horse or rider*) to trot; (*of mice*) to scamper; *F:* **toujours à t.,** always on the go; **air qui vous trotte par la tête,** tune that keeps running through your head.

trotteur, -euse [trɔtœr, -øz] **1.** *n* trotter, trotting horse **2.** *nf* **trotteuse,** second hand (of watch).

trottiner [trɔtine] *vi* to patter (about, along).

trottinette [trɔtinɛt] *nf* (child's) scooter.

trottoir [trɔtwar] *nm* pavement, *NAm:* sidewalk; **t. roulant,** travelator; **faire le t.,** to walk the streets.

trou [tru] *nm* **1.** (*a*) hole; eye (of needle); **t. de serrure,** keyhole; hole; *F:* **boire comme un t.,** to drink like a fish (*b*) gap (in hedge, in memory); **j'ai un t. d'une heure le mardi matin,** I'm free for one hour on Tuesday morning **2.** (*a*) hole; (*in road*) pothole; *Av:* **t. d'air,** air pocket; *Astr:* **t. noir,** black hole; *Th:* **t. du souffleur,** prompter's box (*b*) *F:* place; dump, hole **3.** *Mch: etc:* **t. d'aération,** air vent.

trouble¹ [trubl] *a* **1.** cloudy (liquid); dim (light); murky, overcast (sky); confused (situation); **avoir la vue t.,** to be dimsighted; *adv* **voir t.,** to see blurred **2.** confused (mind); uneasy (conscience).

trouble² *nm* (*a*) confusion, disorder; *Med:* **troubles de digestion,** digestive disorder (*b*) agitation, uneasiness; embarrassment (*c*) *pl* (public) disturbances.

trouble-fête [trubləfɛt] *nm inv* spoilsport.

troubler [truble] *vtr* **1.** to make (liquid) cloudy, muddy; to cloud (s.o.'s mind); to dim (s.o.'s eyes) **2.** to disturb (silence, meeting); to impede (progress); to spoil (happiness); to upset (digestion); **t. le repos,** to create a disturbance **3.** (*a*) to perturb; to confuse, upset (s.o.) (*b*) to excite (s.o.); to stir (the senses) **4. se t.** (*a*) (*of wine*) to get cloudy; (*of sky*) to become overcast; (*of vision*) to become blurred, to grow dim; (*of voice*) to break (with emotion) (*b*) to become confused, flustered; **sans se t.,** unruffled.

troublant *a* disturbing; disquieting, disconcerting.

trouée [true] *nf* gap, opening, breach.

trouer [true] *vtr* to make a hole, holes, in (a wall); to wear a hole in (garment); to perforate; **avoir les bas troués,** to have holes in one's stockings.

troufion [trufjɔ̃] *nm P:* soldier.

trouille [truj] *nf P:* **avoir la t.,** to be scared stiff; **flanquer la t. à qn,** to put the wind up s.o. **trouillard, -arde** *P:* **1.** *a* cowardly, chicken **2.** *n* coward, chicken.

troupe [trup] *nf* **1.** (*a*) troop, band, group (of people); gang (of thieves) (*b*) *Th:* troupe, company (*c*) herd (of cattle); flock (of birds) **3.** *Mil:* (*a*) troop; **officier de t.,** regimental officer (*b*) *pl* troops, forces.

troupeau, -eaux [trupo] *nm* herd, drove (of cattle); flock (of sheep, geese); herd, horde (of tourists).

trousse [trus] *nf* **1.** *pl* **être aux trousses de qn,** to be hot on s.o.'s heels **2.** (first-aid, tool) kit; (instrument) case; **t. de toilette,** dressing case; toilet bag; **t. d'écolier,** pencil case.

trousseau, -eaux [truso] *nm* **1.** bunch (of keys) **2.** (*a*) outfit (of clothing) (*b*) (bride's) trousseau.

trouvaille [truvaj] *nf* (*a*) (lucky) find (*b*) brainwave.

trouver [truve] *vtr* **1.** (*a*) to find; **je ne trouve pas mes clefs,** I can't find my keys; **aller t. qn,** to go and (i) find (ii) see, s.o. (*b*) to discover, invent (a process) **2. t. (qch) par hasard,** to discover, come upon, come across (sth); **c'est bien trouvé!** good idea! **exemple mal trouvé,** badly chosen example; **t. la mort,** to meet one's death; **il trouve du plaisir à lire,** he enjoys reading **3.** to think, consider; **je la trouve jolie,** I think she's pretty; **vous trouvez?** you think so? **comment as-tu trouvé ce livre?** how did you like the book? **4. se t.** (*a*) to be; to find oneself (in a situation) (*b*) to feel; **je me trouve bien ici,** I'm very comfortable here; **se t. bien de qch,** to feel all the better for sth; **se t. mieux,** to feel better (*c*) to happen; to turn out; **il se trouve que,** it so happens that; *F:* **si ça se trouve, il est déjà rentré,** he's probably already returned.

truand [tryɑ̃] *n P:* gangster.

truander [tryɑ̃de] *vtr F:* to swindle (s.o.).

truc [tryk] *nm F:* **1.** (*a*) knack; **trouver le t.,** to find a way (of doing sth) (*b*) trick, dodge; **les trucs du métier,** the tricks of the trade **2.** (*a*) **(machin)-t.,** what's-his-name (*b*) thingummy, whatsit.

trucage [trykaʒ] *nm* **1.** faking; cheating, fiddling **2.** *pl Cin:* special effects.

truchement [tryʃmɑ̃] *nm* intermediary; **par le t. de qn,** through (the intervention of) s.o.

trucmuche [trykmyʃ] *nF:* thingummy.

truculence [trykylɑ̃s] *nf* colourfulness. **truculent** *a* colourful.

truelle [tryɛl] *nf* **1.** trowel **2. t. à poisson,** fish slice.

truffe [tryf] *nf* (*a*) truffle (*b*) nose (of dog).

truffer [tryfe] *vtr* **1.** *Cu:* to flavour with truffles **2. truffé de,** riddled with (mistakes); peppered with (quotations).

truie [trɥi] *nf* sow.

truite [trɥit] *nf Ich:* trout.

truquage [trykaʒ] *nm* = TRUCAGE.

truquer [tryke] *vtr* to fake (antiques, photographs);

to fix (match); *F:* to cook (accounts); to rig (an election; **t. les dés,** to load the dice.

truquiste [trykist] *nm Cin:* special-effects engineer.

trust [trœst] *nm Com:* (*a*) trust (*b*) corporation.

TSF *abbr Télégraphie sans fil.*

tsigane [tsigan] *a & n* (Hungarian) gipsy.

TSVP *abbr Tournez s'il vous plaît.*

ttc *abbr toutes taxes comprises.*

tu [ty] *pers pron, subject of verb* (*a*) (*usual form of address to relations, close friends, children, animals*) you; **qui es-tu?** who are you? *F:* **être à tu et à toi avec qn,** to be on close terms with s.o. (*b*) *Rel:* Thou.

tuba [tyba] *nm* **1.** *Mus:* tuba **2.** snorkel.

tube [tyb] *nm* **1.** (*a*) tube, pipe (*b*) *Anat:* **t. digestif,** digestive tract (*c*) *F:* hit song **2.** (*container*) tube (of toothpaste, paint) **3.** *F:* **à plein(s) tube(s),** at full throttle.

tubercule [tybɛrkyl] *nm* **1.** *Bot:* tuber **2.** *Med:* tubercle.

tuberculose [tybɛrkyloz] *nf Med:* tuberculosis. **tuberculeux, -euse 1.** *a Bot:* tubercular; *Med:* tuberculous **2.** *n* tubercular patient; TB case.

tubulaire [tybylɛr] *a* tubular.

tue-mouches [tymuʃ] *a inv* **papier t.-m.,** flypaper.

tuer [tɥe] *vtr* **1.** to kill; to slaughter, butcher (animals) **2.** (*a*) to kill (s.o.); **t. qn d'un coup de poignard,** to stab s.o. to death; **t. qn d'une balle,** to shoot s.o. dead; **se faire t.,** to get killed; **les tués,** the dead (*b*) **t. le temps,** to kill time **3. l'ennui le tue,** he's bored to death **4. se t.** (*a*) to kill oneself; to commit suicide (*b*) to get killed (*c*) **se t. à travailler,** to work oneself to death; **je me tue à vous le dire,** I'm sick and tired of telling you. **tuant** *a* (*a*) exhausting, back-breaking (*b*) exasperating, boring.

tuerie [tyri] *nf* slaughter, butchery.

tue-tête (à) [atytɛt] *adv phr* at the top of one's voice; **crier à t.-t.,** to bawl, yell.

tueur, -euse [tyœr, -øz] (*a*) *n* killer, murderer; **t. à gages,** hired assassin; *F:* hit man (*b*) *nm* slaughter-man, slaughterer.

tuile [tɥil] *nf* **1.** (*a*) (roofing) tile (*b*) *Cu:* (almond) slice **2.** *F:* (piece of) bad luck; **quelle t.!** what rotten luck!

tulipe [tylip] *nf Bot:* tulip.

tuméfié [tymefje] *a* swollen, puffed up.

tumeur [tymœr] *nf Med:* tumour.

tumulte [tymylt] *nm* tumult, hubbub, uproar, commotion; turmoil (of passions); hustle and bustle (of business). **tumultueux, -euse** *a* tumultuous, riotous (gathering); turbulent, stormy.

tuner [tynɛr] *nm* tuner.

tunique [tynik] *nf Cl:* tunic.

Tunisie [tynizi] *Prnf Geog:* Tunisia. **tunisien, -ienne** *a & n* Tunisian.

tunnel [tynɛl] *nm* tunnel.

turban [tyrbɑ̃] *nm* turban.

turbine [tyrbin] *nf* turbine.

turboréacteur [tyrbɔreaktœr] *nm* turbojet.

turbotrain [tyrbɔtrɛ̃] *nm* turbotrain.

turbot [tyrbo] *nm Ich:* turbot.

turbulence [tyrbylɑ̃s] *nf* turbulence. **turbulent** *a* turbulent; boisterous (child).

turc, *f* turque [tyrk] *see* **Turquie.**

turf [tyrf] *nm* **1.** racecourse **2. le t.,** racing; the turf.

turfiste [tyrfist] *n* racegoer.

turlupiner [tyrlypine] *vtr F:* to worry, bother.

Turquie [tyrki] *Prnf Geog:* Turkey. **turc, *f* turque 1.** *a* Turkish **2.** *n* (*a*) Turk; *Fig:* **tête de T.,** Aunt Sally (*b*) *nm Ling:* Turkish.

turquoise [tyrkwaz] *a inv & nf* turquoise.

tutelle [tytɛl] *nf* **1.** *Jur:* tutelage, guardianship **2.** (*a*) *Pol:* trusteeship (*b*) protection; **prendre qn sous sa t.,** to take s.o. under one's wing.

tuteur, -trice [tytœr, -tris] **1.** *n* (*a*) guardian (*b*) protector **2.** *nm Hort:* support, stake.

tutoiement [tytwamɑ̃] *nm* use of the familiar **tu** and **toi.**

tutoyer [tytwaje] *vtr* (**je tutoie**) to address (s.o.) as **tu; ils se tutoyent,** = they are on first-name terms.

tutu [tyty] *nm* ballet skirt, tutu.

tuyau, -aux [tɥijo] *nm* **1.** (*a*) pipe, tube; **t. d'eau, de gaz,** water pipe, gas pipe; **t. flexible, en caoutchouc,** (i) rubber tubing (ii) hosepipe; **t. d'incendie,** fire hose; **t. d'arrosage,** garden hose; **t. de cheminée,** chimney flue; **t. d'orgue,** organ pipe; *Aut:* **t. d'échappement,** exhaust pipe (*b*) stem (of tobacco pipe) **2.** *F:* tip; **avoir des tuyaux,** to be in the know.

tuyauter [tɥijote] *vtr F:* to give (s.o.) a tip, to put (s.o.) in the know.

tuyauterie [tɥijotri] *nf* pipes, piping.

TVA *abbr Taxe à la valeur ajoutée,* value added tax, VAT.

tympan [tɛ̃pɑ̃] *nm Anat:* eardrum.

type [tip] *nm* **1.** type; standard model; *attrib* **maison t.,** show house; **exemple t.,** typical example; *Fig:* **le t. même de,** the very model of **2.** *F:* character; **drôle de t.,** queer sort of chap; **t'es un chic t.!** you're a good sort!

typé [tipe] *a* typical.

typhoïde [tifɔid] *a* **fièvre t.,** *nf* **t.,** typhoid (fever).

typhon [tifɔ̃] *nm Meteor:* typhoon.

typhus [tifys] *nm Med:* typhus (fever).

typique [tipik] *a* **1.** symbolical **2.** typical, true to type. **typiquement** *adv* typically.

typographe [tipɔgraf] *nm* typographer.

typographie [tipɔgrafi] *nf* typography. **typographique** *a* typographic(al); **erreur t.,** misprint.

typologie [tipɔlɔʒi] *nf* typology.

tyran [tirɑ̃] *nm* tyrant.

tyrannie [tirani] *nf* tyranny. **tyrannique** *a* tyrannical.

tyranniser [tiranize] *vtr* to tyrannize (s.o.).

tyrolien, -ienne [tirɔljɛ̃, -jɛn] *a & n* Tyrolese.

U

U, u [y] *nm* (the letter) U, u.
UDF *abbr Union pour la démocracie française.*
UER *abbr Unité d'enseignement et de recherche.*
ulcération [ylserasjɔ̃] *nf* ulceration.
ulcère [ylsɛr] *nm* ulcer. **ulcéreux, -euse** *a* ulcerous, ulcerated.
ulcérer [ylsere] (**il ulcère; il ulcérera**) *vtr* (*a*) *Med:* to ulcerate (*b*) *Fig:* to appal (s.o.).
ultérieur [ylterjœr] *a* subsequent (**à,** to); later (date, meeting); *Com:* further (orders). **ultérieurement** *adv* later (on), subsequently.
ultimatum [yltimatɔm] *nm* ultimatum.
ultime [yltim] *a* ultimate, final, last.
ultra- [yltra] *pref* ultra-.
ultramoderne [yltramɔdɛrn] *a* ultramodern.
ultra-secret, -ète [yltrasəkre, -ɛt] *a* top-secret.
ultra(-)son [yltrasɔ̃] *nm Ph:* ultrasound; **ultra(-)sons,** ultrasonic waves. **ultrasonique** *a* ultrasonic.
ultra(-)violet, -ette [yltravjɔlɛ, -ɛt] *a & nm* ultraviolet.
un, une [œ̃, yn] **1.** *num a & n* (*a*) one; **il n'en reste qu'un,** there's only one left; **un à un, un par un,** one by one; **une heure,** one o'clock; **page un,** page one; *Journ:* **la une,** front page (of newspaper); *F:* **en savoir plus d'une,** to know a thing or two; *F:* **il était moins une,** that was a close thing, a close shave; **un jour sur deux,** every other day; **une, deux, trois, partez!** one, two, three, go! **il n'a fait ni une ni deux,** he didn't hesitate for a moment; **et d'un! et d'une!** that's that (for a start)! (*b*) one (and indivisible); **c'est tout un,** it's all one, all the same **2.** *indef pron* one; **un qui a de la chance,** a lucky one; **(l')un d'entre nous,** one of us; **les uns disent que,** some say that **3.** *indef art* (*a*) (*pl* **des**) a, an (*pl* some); **un jour, une pomme,** a day, an apple; **venez me voir un lundi,** come and see me one Monday; **pour une raison ou pour une autre,** for some reason or other (*b*) **ce sera un Einstein,** he'll be another Einstein (*c*) (*intensive*) **il a fait une de ces têtes!** you should have seen his face!
unanimité [ynanimite] *nf* unanimity; **à l'u.,** unanimously; **la proposition a fait l'u.,** the proposal was accepted unanimously. **unanime** *a* unanimous. **unanimement** *adv* unanimously.
UNESCO [ynɛsko] *abbr United Nations educational, scientific and cultural organisation.*
uni [yni] *a* **1.** united, close (family) **2.** smooth, level, even (ground) **3.** plain (material, colour); self-coloured (material).
unième [ynjɛm] *num a* (*used only in compounds*) first; **trente et u.,** thirty-first.
unification [ynifikasjɔ̃] *nf* unification. **unificateur, -trice** *a* unifying.
unifier [ynifje] *vtr* (*impf & pr sub* **n. unifiions**) to unify (ideas); to consolidate (loans); to standardize.
uniforme [ynifɔrm] **1.** *a* uniform, unvarying; regular (life) **2.** *nm Mil: etc:* uniform; **endosser l'u.,** to join the forces; **quitter l'u.,** to leave the service. **uniformément** *adv* uniformly; evenly.
uniformisation [ynifɔrmizasjɔ̃] *nf* standardization.
uniformiser [ynifɔrmize] *vtr* to make uniform; to standardize.
uniformité [ynifɔrmite] *nf* uniformity.
unijambiste [yniʒɑ̃bist] *a & n* one-legged (person).
unilatéral, -aux [ynilateral, -o] *a* unilateral; **stationnement u.,** parking allowed on one side of the street only.
unilingue [ynilɛ̃g] *a* unilingual.
union [ynjɔ̃] *nf* **1.** union; coming together; combination; blending (of colours) **2.** union, society, association; **l'U. Soviétique,** the Soviet Union **3.** marriage **4.** unity, agreement; **l'u. fait la force,** unity is strength.
unique [ynik] *a* **1.** sole, only, single; **fils u.,** only son; **(rue à) sens u.,** one-way street; **voie u.,** single line traffic; **seul et u.,** one and only **2.** unique, unrivalled, unparalleled; *F:* **il est u.,** he's priceless! **uniquement** *adv* solely; only, merely.
unir [ynir] **1.** *vtr* (*a*) to unite, join, combine, link; **u. le geste à la parole,** to suit the action to the word (*b*) to smooth, level (ground) **2. s'u.,** to unite, join (together), combine; **s'u. à qn,** (i) to unite with s.o. (ii) to marry s.o.
unisexe [ynisɛks] *a* unisex.
unisson [ynisɔ̃] *nm Mus:* unison; **à l'u.,** in unison (**de,** with).
unitaire [ynitɛr] *a* **1.** *Pol:* unitarian **2.** unitary (system); **prix u.,** unit price.
unité [ynite] *nf* **1.** (*a*) unit (of measure) (*b*) *Mth:* unity, one; *Com:* **prix de l'u.,** unit price (*c*) *Mil:* unit; *Navy:* ship (*d*) *Sch:* **u. de valeur,** unit **2.** (*a*) unity; oneness (of God) (*b*) unity; uniformity (of action).
univers [ynivɛr] *nm* universe. **universel, -elle** *a* universal; worldwide (reputation). **universellement** *adv* universally.
universalité [yniversalite] *nf* universality.
universitaire [yniversitɛr] **1.** *a* university (studies, town); **cité u.** = (students') hall(s) of residence **2.** *n* (*a*) member of the teaching profession (*b*) academic.
université [yniversite] *nf* university; **à l'u.,** at university.
uranium [yranjɔm] *nm Ch:* uranium.
urbain [yrbɛ̃] *a* (*a*) urban; city (*b*) urbane.
urbanisation [yrbanizasjɔ̃] *nf* urbanization.
urbaniser [yrbanize] *vtr* to urbanize; **s'u.,** to become urbanized.
urbanisme [yrbanism] *nm* town planning; *NAm:* city planning. **urbaniste 1.** *a* urban **2.** *n* town planner; *NAm:* city planner.

urbanité [yrbanite] *nf* urbanity.

urée [yre] *nf Ch:* urea.

urémie [yremi] *nf Med:* uraemia.

urgence [yrʒɑ̃s] *nf (a)* urgency; **faire qch d'u.,** to do sth urgently; **transporter qn d'u. à l'hôpital,** to rush s.o. to hospital; **en cas d'u.,** in case of emergency; *Pol:* **état d'u.,** state of emergency *(b)* emergency; **salle des urgences,** emergency ward. **urgent** *a* urgent, pressing (matter, need); **rien d'u.,** nothing urgent.

urger [yrʒe] *vi F:* **ça urge!** it's urgent!

urine [yrin] *nf* urine.

uriner [yrine] *vi* to urinate.

urinoir [yrinwar] *nm* (public) urinal.

urne [yrn] *nf (a)* urn *(b)* ballot box; **aller aux urnes,** to go to the polls.

URSS *abbr Union des Républiques Socialistes Soviétiques,* USSR.

urticaire [yrtikɛr] *nf Med:* rash; **avoir de l'u.,** to have a rash.

us [ys] *nmpl* **les us et coutumes,** ways and customs.

USA *abbr États-Unis d'Amérique.*

usage [yzaʒ] *nm* **1.** *(a)* use, using, employment; **faire u. de qch,** to use, to make use of, sth; **faire bon, mauvais, u. de qch,** to make good, bad, use of sth; *Pharm:* **à l'u. externe,** for external use; **article à mon u.,** article for my personal use; **article d'u.,** article for everyday use; **à usages multiples,** multi-purpose (equipment); **avoir l'u. de,** to have the use of; **hors d'u.,** no longer usable *(b)* wear, service (of garments); **garanti à l'u.,** guaranteed to wear well **2.** *(a)* usage; custom; practice; **d'u. courant,** in common, in everyday, use; **les conditions d'u.,** the usual terms; **il est d'u. de** + *inf,* it is usual, customary, to *(b)* practice, experience; **l'u. du monde,** good breeding; **c'est l'u.,** it's the done thing. **usagé** *a* worn, used (article).

usager, -ère [yzaʒe, -ɛr] *n* user (of sth); **usagers de la route,** road users.

user [yze] **1.** *v ind tr* **u. de qch.,** to use sth, make use of sth; **u. de son droit,** to exercise one's right **2.** *vtr (a)* to use (up), consume (sth) *(b)* to wear (out, away, down) **3. s'u.,** *(of cloth, machine)* to wear out; *(of pers)* to wear oneself out. **usé** *a* worn (out) (shoes, etc); well-worn (subject); worn out (pers).

usine [yzin] *nf* factory; (gas)works; (steel)works; **u. atomique,** nuclear power plant.

usiner [yzine] *vtr (a)* to machine (component) *(b)* to manufacture.

usité [yzite] *a* used; in use; current.

ustensile [ystɑ̃sil] *nm* utensil, implement; tool; **u. de cuisine,** kitchen utensil.

usuel, -elle [yzɥɛl] **1.** *a* usual, customary, habitual, common, ordinary; **le français u.,** everyday French **2. usuels,** *nmpl* reference books.

usufruit [yzyfrɥi] *nm Jur:* usufruct; life interest. **usufruitier, -ière** *a & n* usufructuary.

usure¹ [yzyr] *nf* usury; **rendre un bienfait avec u.,** to repay a service with interest. **usuraire** *a* usurious.

usure² *nf (a)* wear (and tear); *Mil:* **guerre d'u.,** war of attrition; *F:* **je l'aurai à l'u.,** I'll wear him down *(b)* wearing away; erosion.

usurier, -ière [yzyrje, -jɛr] *n* usurer.

usurpateur, -trice [yzyrpatœr, -tris] **1.** *n* usurper **2.** *a* usurping.

usurpation [yzyrpasjɔ̃] *nf* usurpation.

usurper [yzyrpe] **1.** *vtr* to usurp **2.** *vi* **u. sur les droits de qn,** to encroach on s.o.'s rights.

ut [yt] *nm inv Mus:* (the note) C.

utérus [yterys] *nm Anat:* uterus; womb.

utile [ytil] *a* useful (**à,** to); **en quoi puis-je vous être u.?** what can I do for you? **en temps u.,** in (good) time; in due course; **est-il u. d'y aller?** is there any point in going? **livre u. à lire,** useful book to read; *nm* **joindre l'u. à l'agréable,** to combine business with pleasure. **utilement** *adv* usefully; profitably.

utilisateur, -trice [ytilizatœr, -tris] *n* user. **utilisation** [ytilizasjɔ̃] *nf* utilization, use.

utiliser [ytilize] *vtr* to use; to utilize; to make use of. **utilisable** *a* usable.

utilitaire [ytilitɛr] *a & n* utilitarian; **véhicule u.,** utility vehicle.

utilité [ytilite] *nf* utility, use(fulness); service; **ça peut avoir son u.,** it can come in useful; **d'une grande u.,** very useful; **n'être d'aucune u.,** to be of no earthly use.

utopie [ytɔpi] *nf* utopia; utopian plan, idea. **utopique** *a* utopian.

V

V, v [ve] *nm* (the letter) V, v.
V *abbr El: volt.*
vacance [vakɑ̃s] *nf* **1.** vacancy; vacant post **2.** *pl* holidays; *NAm:* vacation; (*of Parliament*) recess; *Sch:* **les grandes vacances,** the summer holidays, *NAm:* vacation; **vacances de neige,** winter (sports) holiday(s); **être en vacances,** to be on holiday, *NAm:* on vacation.
vacancier, -ière [vakɑ̃sje, -jɛr] *n* holidaymaker; *NAm:* vacationer.
vacant [vakɑ̃] *a* vacant, unoccupied (house).
vacarme [vakarm] *nm* din, racket, row.
vaccin [vaksɛ̃] *nm Med:* vaccine; **faire un v. à,** to vaccinate.
vaccination [vaksinasjɔ̃] *nf Med:* vaccination; inoculation.
vacciner [vaksine] *vtr Med:* to vaccinate; **se faire v.,** to get vaccinated.
vache [vaʃ] **1.** *nf* (*a*) cow; **v. laitière,** dairy cow; *P:* **v. à lait,** mug, sucker; *F:* **parler français comme une v. espagnole,** to speak atrocious French; **manger de la v. enragée,** to have a hard time of it; **coup en v.,** dirty trick; *F:* **ah la v.!** hell! damn! (*b*) *P:* (*man*) swine; (*woman*) bitch, cow (*c*) cowhide (*d*) **v. à eau,** (canvas) water carrier **2.** *a F:* rotten, mean. **vachement** *adv P:* **c'est v. dur,** it's damned hard; **j'ai v. travaillé,** I worked a hell of a lot.
vacher [vaʃe] *nm* cowherd.
vacherie [vaʃri] *nf P:* (*a*) meanness (*b*) dirty trick; nasty remark.
vacillement [vasijmɑ̃] *nm* unsteadiness; wobbling, flickering; faltering, wavering.
vaciller [vasije] *vi* **1.** (*a*) to sway, to wobble; **v. sur ses jambes,** to be shaky on one's legs; (*b*) (*of flame, light*) to flicker **2.** (*of pers*) to vacillate; (*of judgement, memory, etc*) to waver, to falter. **vacillant** *a* unsteady, wobbly; flickering, shaky; wavering.
vadrouille [vadruj] *nf F:* **en v.,** roaming, wandering, about.
vadrouiller [vadruje] *vi F:* to roam, to wander about.
va-et-vient [vaevjɛ̃] *nm inv* **1.** (*a*) (i) backward and forward motion (ii) see-saw motion; **faire le va-et-v. entre A et B,** to go to and fro between A and B; **porte v.-et-v.,** swing door (*b*) comings and goings (of people) **2.** *El:* two-way switch.
vagabond, -onde [vagabɔ̃, -ɔ̃d] **1.** *a* vagabond, roaming, roving (life) **2.** *n* vagabond; *Pej:* vagrant, tramp.
vagabondage [vagabɔ̃daʒ] *nm* wandering; *Jur:* vagrancy.
vagabonder [vagabɔ̃de] *vi* to rove, to wander (about); *Fig:* (*of mind*) to wander.
vagin [vaʒɛ̃] *nm Anat:* vagina.
vagir [vaʒir] *vi* (*of newborn baby*) to cry, wail.
vagissement [vaʒismɑ̃] *nm* cry, wail(ing) (of newborn baby).
vague[1] [vag] *nf* wave; **grosse v.,** billow; **v. de fond,** blind roller; *Fig:* tidal wave (of opinion, etc); **v. de chaleur,** heatwave; **v. de froid,** cold snap; **v. d'enthousiasme,** wave, surge, of enthusiasm.
vague[2] **1.** *a* vague, indefinite; dim (recollection); sketchy (knowledge); **un v. cousin,** a distant cousin **2.** *nm* vagueness, indefiniteness; **avoir du v. à l'âme,** to have vague yearnings. **vaguement** *adv* vaguely, dimly.
vague[3] **1.** *a* **regarder qn d'un air v.,** to gaze vacantly at s.o.; **terrain v.,** waste ground **2.** *nm* space; **regard perdu dans le v.,** abstracted look.
vaillance [vajɑ̃s] *nf* valour, bravery, courage, gallantry. **vaillant** *a* (*a*) *Lit:* valiant, brave, courageous; stout (heart) (*b*) **être v.,** to be in good health; **je ne suis pas v.,** I'm not up to the mark. **vaillamment** *adv* valiantly, bravely.
vain [vɛ̃] *a* **1.** (*a*) vain; sham, unreal; **vaines paroles,** empty words; **vaines promesses,** hollow promises (*b*) futile, vain, useless; **en v.,** in vain; vainly **2.** vain, conceited. **vainement** *adv* vainly, in vain.
vaincre [vɛ̃kr̥] *vtr* (*prp* **vainquant;** *pp* **vaincu;** *pr ind* **il vainc;** *ph* **je vainquis**) **1.** (*a*) to conquer, defeat, vanquish (adversary) (*b*) *Sp:* to beat (rival) **2.** to overcome, conquer (disease, difficulties). **vaincu, -ue** *n* defeated man, woman; *Sp:* loser.
vainqueur [vɛ̃kœr] **1.** *nm* (*a*) victor, conqueror (*b*) *Sp:* winner **2.** *am* conquering, victorious (hero).
vaisseau, -eaux [vɛso] *nm* **1.** ship, vessel; **v. de guerre,** warship; **v. amiral,** flagship; **v. spatial,** spacecraft **2.** *Anat:* vessel.
vaisselier [vɛsəlje] *nm Furn:* dresser.
vaisselle [vɛsɛl] *nf* dishes; crockery; **faire, laver, la v.,** to wash up, to do the washing up; to do the dishes.
val [val] *nm* (narrow) valley; vale; *pl usu* **vals,** *except in the phr* **par monts et par vaux** [vo], up hill and down dale.
valable [valabl̥] *a* valid; **billet v. pour un mois,** ticket valid for a month; **un roman v.,** a good novel; **une solution v.,** a good, a worthwhile, solution. **valablement** *adv* validly.
valdinguer [valdɛ̃ge] *vi P.* to come a cropper; **envoyer v. (qn),** (i) to send (s.o.) spinning (ii) to send (s.o.) packing.
valet [valɛ] *nm* **1.** *Cards:* jack, knave **2. v. (de chambre),** manservant, valet; **v. de ferme,** farmhand; **v. de pied,** footman **3.** stand (of mirror).
valeur [valœr] *nf* **1.** (*a*) value, worth; **avoir de la v.,** to be valuable; **cela n'a pas grande v.,** it's not worth much; **homme de v.,** man of merit; **mettre une terre en v.,** to develop land; **v. marchande,** market(able) value; **objets de v.,** valuables; **sans v.,** worthless, valueless (*b*) **boire la v. d'un verre de vin,** to drink

the equivalent of a glass of wine (*c*) **mettre qch en valeur,** to highlight sth; **mettre un mot en v.,** to emphasize a word **2.** *Fin:* (*a*) asset (*b*) *pl* bills, shares, securities, stocks; **valeurs mobilières,** stocks and shares.

valeureux, -euse [valœrø, -øz] *a* valorous. **valeureusement** *adv* valorously.

validation [validasjɔ̃] *nf* validation; authentication.

valider [valide] *vtr* to validate (ticket); to authenticate (document). **valide** *a* (*a*) valid (contract, reason) (*b*) (*pers*) fit (for service); able-bodied.

validité [validite] *nf* validity.

valise [valiz] *nf* (*a*) suitcase; **faire ses valises,** to pack (one's bags) (*b*) **la v. diplomatique,** the diplomatic bag, *NAm:* pouch.

vallée [vale] *nf* valley.

vallon [valɔ̃] *nm* small valley. **vallonné** *a* undulating (country).

valoir [valwar] *vtr & i* (*prp* **valant;** *pp* **valu;** *pr ind* **je vaux, il vaut;** *pr sub* **je vaille;** *impf* **je valais;** *fu* **je vaudrai**) **1.** (*a*) to be worth; **maison qui vaut deux cent mille francs,** house worth two hundred thousand francs; **à v. sur (une somme),** to be deducted from (a sum); **ne pas v. grand-chose,** not to be worth much; **ce n'est rien qui vaille,** it isn't worth having (*b*) to be equivalent to; **un franc vaut cent centimes,** a franc is equal to a hundred centimes; **c'est une façon qui en vaut une autre,** it is as good a way as any (other); **il ne vaut pas mieux que son frère,** he's no better than his brother; *F:* **ça se vaut,** it's all the same (*c*) *impers* **il vaudrait mieux rester ici,** it would be better to stay here; **il vaut mieux qu'il en soit ainsi,** (it is) better that it should be so; **mieux vaut tard que jamais,** better late than never; **autant vaut rester ici,** we may as well stay here (*d*) **faire v. qch,** to make the most of sth; to bring sth out; to emphasize sth; **faire v. ses droits,** to assert one's rights; **j'ai fait v. que,** I pointed out that; **se faire v.,** (i) to make the most of oneself (ii) to push oneself forward **2.** to be worth, to deserve, to merit (sth); **ça en vaut la peine,** it's worth it, it's worth the trouble; **ça ne vaut pas la peine d'y penser,** it's not worth a moment's thought; *F:* **ça vaut le coup,** it's worth a try **3. cela lui a valu une décoration,** it won him a decoration; **qu'est-ce qui me vaut cet honneur?** to what do I owe this honour?

valorisation [valɔrizasjɔ̃] *nf* valorization.

valoriser [valɔrize] *vtr* to valorize.

valse [vals] *nf* waltz.

valser [valse] *vi* to waltz; *F:* **faire v. qn,** to keep s.o. on the hop; **envoyer v. qn,** to send s.o. (i) flying (ii) packing; **faire v. l'argent,** to spend money like water.

valseur, -euse [valsœr, -øz] *n* waltzer.

valve [valv] *nf* valve.

vampire [vɑ̃pir] *nm* **1.** vampire **2.** *Z:* vampire bat.

vandale [vɑ̃dal] *nm* vandal.

vandalisme [vɑ̃dalism] *nm* vandalism.

vanille [vanij] *nf* vanilla; **glace à la v.,** vanilla ice cream.

vanité [vanite] *nf* **1.** vanity; futility, emptiness **2.** vanity, conceit; **tirer v. de qch,** to pride oneself on sth; **sans v.,** with all due modesty. **vaniteux, - euse** *a* vain, conceited. **vaniteusement** *adv* conceitedly.

vanne [van] *nf* **1.** sluice (gate), water (gate) **2.** *F:* dig, jibe; **lancer des vannes à qn,** to make digs at s.o.

vanneau, -eaux [vano] *nm Orn:* lapwing, peewit; **œufs de v.,** plover's eggs.

vanner [vane] *vtr* **1.** to winnow **2.** *P:* to tire out, to exhaust; **être vanné,** to be dead beat.

vannerie [vanri] *nf* basketwork.

vannier [vanje] *nm* basket maker.

vantail, -aux [vɑ̃taj, -o] *nm* leaf (of a door).

vantardise [vɑ̃tardiz] *nf* (*a*) boastfulness (*b*) boast. **vantard, -arde 1.** *a* boasting, boastful, bragging **2.** *n* braggart, boaster.

vanter [vɑ̃te] **1.** *vtr* to praise (s.o., sth); to speak highly of (sth) **2. se v.,** to boast, brag (**de,** about, of); **il n'y a pas de quoi se v.,** there's nothing to boast about.

va-nu-pieds [vanypje] *n inv* (barefoot) tramp, beggar.

vapes [vap] *nfpl P:* **tomber dans les v.,** to pass out; **être dans les v.,** to be in a daze.

vapeur [vapœr] *nf* **1.** vapour; haze **2. v. (d'eau)** (i) (water) vapour (ii) steam; **machine à v.,** steam engine; **bateau à v.,** steamer, steamship; **à toute v.,** full steam ahead; **cuit à la v.,** steamed **3.** *AMed:* vapours.

vaporeux, -euse [vapɔrø, -øz] *a* (*a*) vaporous, steamy (*b*) filmy; hazy.

vaporisateur [vapɔrizatœr] *nm* spray.

vaporiser [vapɔrize] **1.** *vtr* to spray **2. se v.,** to vaporize.

vaquer [vake] *vi* **1.** *Adm:* to be on vacation **2. v. à qch,** to attend to sth; **v. au ménage,** to see to the housework; **v. à ses affaires,** to go about one's business.

varappe [varap] *nf* rock climbing.

varappeur, -euse [varapœr, -øz] *n* rock climber.

varech [varɛk] *nm* wrack, seaweed; kelp.

vareuse [varøz] *nf Nau:* (*a*) (sailor's) jersey (*b*) pea jacket (*c*) *Mil:* tunic.

variante [varjɑ̃t] *nf* variant.

variation [varjasjɔ̃] *nf* variation, change (**de,** in).

varice [varis] *nf* varicose vein.

varicelle [varisɛl] *nf Med:* chickenpox.

varier [varje] *v* (*impf & pr sub* **n. variions**) **1** *vtr* to vary; to diversify **2.** *vi* to vary, change; (*of markets*) to fluctuate. **variable 1.** *a* variable, changeable; unsettled (weather); **le baromètre est au v.,** the barometer is at change; **être v.,** to vary **2.** *nf Mth:* variable. **varié** *a* varied; varying, various (types).

variété [varjete] *nf* variety (**de,** of); diversity (of opinions); **(spectacle de) variétés,** variety show.

variole [varjɔl] *nf Med:* smallpox.

Varsovie [varsɔvi] *Prnf Geog:* Warsaw.

vase[1] [vɑz] *nm* vase; **v. de nuit,** chamberpot; **en v. clos,** in isolation; *Ph:* **vases communicants,** communicating vessels.

vase[2] *nf* mud, silt, slime, sludge.

vaseline [vazlin] *nf Rtm:* vaseline.

vaseux, -euse [vazø, -øz] *a* **1.** muddy, slimy, sludgy **2.** *F:* (*of pers*) seedy, off colour; **il a l'air v.,** he looks a bit washed out; **excuse vaseuse,** lame excuse; **idées vaseuses,** woolly ideas.

vasistas [vazistɑs] *nm* hinged panel (in door, window).

vasque [vask] *nf* **1.** basin (of fountain) **2.** (ornamental) bowl.

vassal, -ale, -aux [vasal, -o] *n* vassal.

vaste [vast] *a* vast, immense, spacious, huge; *F:* great (joke).

Vatican (le) [ləvatikɑ̃] *nm* the Vatican.

va-tout [vatu] *nm inv* **jouer son va-t.,** to stake one's all.

vau (à) [avo] *adv phr* **à v.-l'eau,** with the stream; **tout va à v.-l'eau,** everything is going to rack and ruin.

vaudeville [vodvil] *nm Th:* vaudeville, light comedy.

vaurien, -ienne [vorjɛ̃, -jɛn] *n* good-for-nothing; **petit v.!** you little rascal!

vautour [votur] *nm Orn:* vulture.

vautrer (se) [səvotre] *vpr* (*a*) to wallow (in mud, in vice) (*b*) to sprawl (on grass, on a sofa).

va-vite (à la) [alavavit] *adv phr* in a rush, in a hurry; in a slap-dash way.

VDQS *abbr vin délimité de qualité supérieure.*

veau, veaux [vo] *nm* **1.** (*a*) calf; **pleurer comme un v.,** to cry one's eyes out (*b*) **v. marin,** seal (*c*) *F:* lump, lout **2.** *Cu:* veal; **côtelette de v.,** veal chop; **foie de v.,** calf's liver **3.** calf (leather); calfskin.

vecteur [vɛktœr] *nm Mth:* vector.

vécu [veky] *a* real(-life); **le v., choses vécues,** actual experiences.

vedette [vədɛt] *nf* **1.** (*a*) *Navy:* vedette boat (*b*) *Nau:* small motorboat; launch **2.** (*a*) **mots en v.,** words in bold type; (*of actor*) **avoir la v.,** to top the bill; **être en v.,** (*of pers*) to be in the limelight; (*of object*) to be in a prominent position; **mettre en v.,** to highlight (*b*) *Th: Cin:* star.

végétal, -aux [veʒetal, -o] **1.** *a* plant (life); vegetable (oil) **2.** *nm* plant.

végétarien, -ienne [veʒetarjɛ̃, -jɛn] *a & n* vegetarian.

végétation [veʒetasjɔ̃] *nf* **1.** vegetation **2.** *pl Med:* **végétations,** adenoids. **végétatif, -ive** *a* vegetative.

végéter [veʒete] *vi* (**je végète; je végéterai**) (*of pers*) to vegetate.

véhémence [veemɑ̃s] *nf* vehemence. **véhément** *a* vehement.

véhicule [veikyl] *nm* vehicle; medium (of sound).

véhiculer [veikyle] *vtr* to transport, to convey.

veille [vɛj] *nf* **1.** (*a*) sitting up, staying up (at night); watching (by night) (*b*) vigil (*c*) *Mil:* (night) watch; *Nau:* lookout (*d*) wakefulness; **entre la v. et le sommeil,** between waking and sleeping **2.** (*a*) eve; preceding day, previous day; **la v. de la bataille,** the day before the battle; **la v. de Noël,** Christmas Eve; **la v. au soir,** the evening before (*b*) **être à la v. de faire qch,** to be on the point of doing sth.

veillée [veje] *nf* **1.** night nursing (of the sick); vigil (by dead body) **2.** evening (spent with friends); **faire la v. chez des voisins,** to spend the evening with neighbours.

veiller [veje] **1.** *vi* (*a*) to sit up, keep awake (*b*) to watch, be on the look-out; to stand by (*c*) **v. sur qn, qch,** to look after s.o., sth (*d*) **v. à qch,** to watch over, to see to, sth; **v. aux intérêts de qn,** to look after s.o.'s interests; *Fig:* **v. au grain,** to look out for squalls **2.** *vtr* to sit up with, watch over (sick person, dead body).

veilleur, -euse [vejœr, -øz] **1.** *nm Mil: etc:* lookout; **v. de nuit,** nightwatchman **2.** *nf* **veilleuse** (*a*) night light; *Fig:* **mettre qch en v.,** to shelve sth, to put sth off (*b*) *Aut:* sidelight (*c*) pilot light (on cooker, etc).

veinard, -arde [vɛnar, -ard] *a & n F:* lucky (person); **v.!** you lucky devil!

veine [vɛn] *nf* **1.** *Anat: Bot:* vein **2.** (*a*) *Geol:* vein; lode (of ore); seam (of coal) (*b*) vein, inspiration; **être en v. de faire qch,** to be in the mood to do sth (*c*) *F:* luck; **avoir de la v.,** to be lucky; **coup de v.,** stroke of luck; **pas de v.!** rotten luck! **c'est bien ma v.!** just my luck!

veiner [vene] *vtr* to vein, grain (door).

vêlage [vɛlaʒ] *nm* (*of cow*) calving.

Velcro [vɛlkro] *nm Rtm:* Velcro.

vêler [vele] *vi* (*of cow*) to calve.

vélin [velɛ̃] *nm* vellum (parchment).

velléité [veleite] *nf* vague desire, vague inclination. **velléitaire** *a* (*of pers*) weak-willed; irresolute.

vélo [velo] *nm F:* bicycle, bike; **aller à, en, v.,** to cycle; **faire du v.,** to cycle, to do some cycling; **il va au bureau en v.,** he cycles to the office.

vélocité [velɔsite] *nf* speed, swiftness.

vélodrome [velɔdrɔm] *nm* cycle-racing track.

vélomoteur [velɔmɔtœr] *nm* moped.

velours [v(ə)lur] *nm* velvet; **v. côtelé,** corduroy.

velouté [v(ə)lute] **1.** *a* velvety; soft as velvet; downy; mellow (wine) **2.** *nm* (*a*) velvetiness, softness (of material); bloom (of peach) (*b*) *Cu:* cream soup; **v. d'asperges,** cream of asparagus (soup).

velu [vəly] *a* hairy.

venaison [vənɛzɔ̃] *nf Cu:* venison.

vénal, -als, -aux [venal, -o] *a* **1.** venal; *Com:* **valeur vénale,** market value **2.** *Pej:* venal, mercenary; corrupt (person, press).

vénalité [venalite] *nf* venality.

venant [vənɑ̃] *nm* **à tout v., à tous venants,** to all comers, to all and sundry.

vendable [vɑ̃dabl] *a* saleable, marketable.

vendange [vɑ̃dɑ̃ʒ] *nf* **1.** (*often in pl*) vintage (season) **2.** (*a*) vintage; grape gathering; wine harvest (*b*) the grapes.

vendanger [vɑ̃dɑ̃ʒe] *vtr & i* (**n. vendangeons**) to gather the grapes.

vendangeur, -euse [vɑ̃dɑ̃ʒœr, -øz] *n* grape-picker.

vendetta [vɑ̃deta] *nf* vendetta.

vendeur, -euse [vɑ̃dœr, -øz] *n* (*a*) (*in shop*) salesman, saleswoman; (shop) assistant; *NAm:* sales clerk (*b*) *Jur:* vendor.

vendre [vɑ̃dr] *vtr* **1.** to sell; **v. qch à qn,** to sell sth to s.o.; to sell s.o. sth; **v. à terme,** to sell on credit; **v. comptant,** to sell for cash; **v. moins cher que qn,** to undersell s.o.; **v. chèrement sa vie,** to sell one's life dearly; **v. un objet 50 francs,** to sell an object for 50 francs **2. se v.,** to be sold; **cela se vend comme des petits pains,** it's selling like hot cakes; **maison à v.,** house for sale **3. v. qn,** to betray s.o.

vendredi [vɑ̃drədi] *nm* Friday; **V. saint,** Good Friday.

vendu [vɑ̃dy] *nm* traitor.

vénéneux, -euse [venenø, -øz] *a* poisonous.

vénération [venerasjɔ̃] *nf* veneration, reverence.

vénérer [venere] *vtr* (**je vénère; je vénérerai**) to venerate. **vénérable** *a* venerable.

vénerie [vɛnri] *nf* venery.
vénérien, -ienne [venerjɛ̃, -jɛn] *a Med:* venereal.
vengeance [vɑ̃ʒɑ̃s] *nf* **1.** revenge; **par v.,** out of revenge **2.** vengeance, retribution; **ce crime crie v.,** this crime cries for revenge.
venger [vɑ̃ʒe] **(nous vengeons) 1.** *vtr* to avenge **2. se v.,** to be revenged; to have one's revenge; **se v. sur qn (de qch),** to take revenge on s.o. (for sth). **vengeur, -eresse 1.** *n* avenger **2.** *a Lit:* avenging, (re)vengeful.
véniel, -elle [venjɛl] *a* venial (sin).
venin [vənɛ̃] *nm* venom. **venimeux, -euse** *a* venomous.
venir [v(ə)nir] *vi* (*prp* **venant;** *pp* **venu;** *pr ind* **je viens; ils viennent;** *pr sub* **je vienne;** *impf* **je venais;** *ph* **je vins;** *fu* **je viendrai;** *aux* **être) 1.** (*a*) to come; **je viens!** I'm coming! **je ne ferai qu'aller et v.,** I'll come straight back; **mais venez donc!** do come along! **il est venu vers moi,** he came up to me; **v. au monde,** to be born; **l'année qui vient,** the coming year; next year; **dans les jours à v.,** in the days to come; **faire v. qn,** to send for, fetch, s.o.; **faire v. ses robes de Paris,** to get one's dresses from Paris; **voir v. qn,** to see s.o. coming; *F:* **je vous vois v.!** I see what you're getting at; *impers* **est-il venu qn?** has anyone called? (*b*) **venez me voir à quatre heures,** come and see me at four o'clock (*c*) (*pr & impf only*) **v. de faire qch,** to have (only) just done sth; **il vient de sortir,** he has just gone out **2.** (*denoting origin*) (*a*) **il vient d'Amérique,** he comes from America; **mot qui vient du latin,** word derived from Latin; **tout cela vient de ce que,** all this is the result of (*b*) *impers* **d'où vient(-il) que?** how is it that? **3.** (*a*) to occur; **le premier exemple venu,** the first example that comes to mind; **il me vient à l'esprit que,** it occurs to me that; **il ne m'est pas venu à l'idée que,** it never entered my head that (*b*) **v. à faire qch,** to happen to do sth **4.** (*a*) to attain, reach; **l'eau leur venait aux genoux,** the water came up to their knees (*b*) **en v. à qch, à faire qch,** to come to sth, to the point of doing sth; **en v. aux coups,** to come to blows; **les choses en sont-elles venues là?** have things come to such a point? **où voulez-vous en v.?** what are you driving at? **5.** (*of plants, teeth, children*) to grow (up); **il lui est venu des boutons,** he developed spots **6** *A: & Lit:* **s'en v.,** to come (along).
Venise [vəniz] *Prnf* Venice.
vénitien, -ienne [venisjɛ̃, -jɛn] *a & n* Venetian; **store v.,** Venetian blind.
vent [vɑ̃] *nm* **1.** (*a*) wind; **v. du nord,** north wind; **v. frais,** strong breeze; **coup de v.,** gust of wind; squall; **entrer, sortir, en coup de v.,** to dash in, out; **il fait du v.,** it's windy (weather); *Fig:* **il a le v. en poupe,** he's on the road to success; **aller v. arrière,** to sail before the wind; **sous le v.,** (to) leeward; **au v.,** (to) windward; **côté du v.,** weatherside; **côté sous le v.,** leeside (*b*) **aire de v.,** point of the compass; **regarder d'où vient le v.,** to see which way the wind is blowing; **quel bon v. vous amène?** what lucky chance brings you here? *F:* **être dans le v.,** to be trendy, with it (*c*) air; **en plein v.,** in the open air; **mettre qch au v.,** to hang sth out to dry (*d*) blast (of gun) (*e*) *Med:* wind, flatulence (*f*) **ce n'est que du v.,** it's just hot air **2.** *Ven:* scent; **avoir v. de qch,** to get wind of sth.
vente [vɑ̃t] *nf* sale; **v. (aux enchères),** auction (sale); **salle des ventes,** auction rooms; **v. de charité,** (charity) bazaar; **bureau de v.,** sales agency; **en v.,** for sale, on sale; **en v. libre,** on open sale; **point de v.,** sales outlet; **prix de v.,** selling price.
venter [vɑ̃te] *v impers* to blow, to be windy. **venté** windy, windswept.
ventilateur [vɑ̃tilatœr] *nm* ventilator; fan; *Aut:* **courroie de v.,** fan belt.
ventilation [vɑ̃tilasjɔ̃] *nf* (*a*) ventilation (*b*) *Book-k:* apportionment, breakdown (of expenses).
ventiler [vɑ̃tile] *vtr* (*a*) to ventilate, air (room) (*b*) *Book-k:* to apportion, to break down (expenses).
ventouse [vɑ̃tuz] *nf* (*a*) *Z:* sucker (*b*) suction pad; **faire v.,** to adhere by suction; **crochet à v.,** suction hook.
ventre [vɑ̃tr] *nm* **1.** (*a*) stomach; abdomen, belly; **se coucher à plat v.,** to lie flat on one's stomach; **v. à terre,** at full speed; **avoir mal au v.,** to have stomach ache; **prendre du v.,** to be getting a paunch; **danseuse du v.,** belly dancer (*b*) stomach; **n'avoir rien dans le v.** (i) to be starving (ii) to have no guts (*c*) womb **2.** *Tchn:* bulge, swell; belly (of ship, aircraft).
ventricule [vɑ̃trikyl] *nm Anat:* ventricle.
ventriloque [vɑ̃trilɔk] *n* ventriloquist.
ventru [vɑ̃try] *a* (*a*) (*of pers*) potbellied (*b*) bulbous (object).
venu, -ue[1] [v(ə)ny] **1.** *a* (*a*) **bien v.,** healthy, thriving; **enfant mal v.,** sickly child (*b*) (*of remark*) **bien v., mal v.,** appropriate; inappropriate; **il serait mal v. d'insister,** it would be ill mannered to insist **2.** *n* **le premier v.** (i) the first to arrive (ii) anybody; **ce n'est pas le premier v.,** he's not just anybody; **le dernier v.** (i) the last to arrive (ii) *Pej:* a (mere) nobody; **un nouveau v.,** a newcomer.
venue[2] [v(ə)ny] *nf* coming, arrival (of s.o., sth); **des allées et venues,** comings and goings.
vêpres [vɛpr] *nfpl Ecc* vespers; evensong.
ver [vɛr] *nm* **1.** worm; *Med:* **v. solitaire,** tapeworm; *F:* **ils m'ont tiré les vers du nez,** they wormed it out of me **2.** grub, larva, maggot; **v. du bois,** woodworm; **v. luisant,** glow worm; **v. à soie,** silkworm.
véracité [verasite] *nf* veracity; truthfulness.
véranda [verɑ̃da] *nf* veranda(h).
verbaliser [vɛrbalize] *vi* (*of policeman*) to charge s.o.
verbe [vɛrb] *nm* **1.** tone of voice; speech; **avoir le v. haut** (i) to speak loudly (ii) to be dictatorial **2.** *Theol:* **le V.,** the Word **3.** *Gram:* verb. **verbal, -aux** *a* verbal. **verbalement** *adv* verbally.
verbiage [vɛrbjaʒ] *nm* verbiage.
verdâtre [vɛrdatr] *a* greenish.
verdeur [vɛrdœr] *nf* **1.** (*a*) tartness, acidity (of wine, fruit) (*b*) crudeness (of speech) **2.** vigour; vitality.
verdict [vɛrdikt] *nm Jur:* verdict.
verdir [vɛrdir] *vtr & i* to turn green.
verdoyant [vɛrdwajɑ̃] *a* green; verdant.
verdure [vɛrdyr] *nf* **1.** (*a*) greenness (*b*) greenery; *Lit:* verdure **2.** *Cu:* (green) salad vegetable.
véreux, -euse [verø, -øz] *a* **1.** maggoty, wormeaten (fruit) **2.** dubious; shady (dealings).
verge [vɛrʒ] *nf* (*a*) rod (*b*) *Anat:* penis.
verger [vɛrʒe] *nm* orchard.
vergetures [vɛrʒətyr] *nfpl* stretch marks.

verglas [vɛrgla] *nm* (*on roads*) black ice; *NAm:* sleet. **verglacé** *a* icy (road).

vergogne [vɛrgɔɲ] *nf* **sans v.**, shameless(ly).

vergue [vɛrg] *nf Nau:* yard.

véridique [veridik] *a* (*a*) truthful, veracious (*b*) authentic.

vérificateur, -trice [verifikatœr, -tris] **1.** *a* **appareil v.**, testing machine **2.** *n* (*pers*) controller, inspector, examiner.

vérification [verifikasjɔ̃] *nf* verification; inspection, examination (of work); proof, confirmation; **v. de comptes,** audit(ing).

vérifier [verifje] (*impf & pr sub* **n. vérifiions**) **1.** *vtr* (*a*) to verify; to inspect, examine, check (work); to audit (accounts) (*b*) to verify, prove, confirm **2.** (*of prediction, etc*) **se v.**, to prove correct. **vérifiable** *a* verifiable, that can be checked.

vérin [verɛ̃] *nm Tchn:* jack.

véritable [veritabl̩] *a* **1.** true **2.** real, genuine; **un v. coquin,** a downright rogue; **c'est une v. folie,** it's sheer madness. **véritablement** *adv* truly; really, genuinely.

vérité [verite] *nf* **1.** truth; **dire la v.**, to tell the truth; **à la v.**, to tell the truth; as a matter of fact; **en v.**, really, actually **2.** truth; **c'est la v.**, it's a fact; *F:* **c'est la v. vraie,** it's the honest truth; **dire à qn ses quatre vérités,** to tell s.o. a few home truths **3.** sincerity; truthfulness.

vermeil, -eille [vɛrmɛj] **1.** *a* vermilion; bright red; ruby (lips); rosy (cheeks) **2.** *nm* silver gilt.

vermicelle(s) [vɛrmisɛl] *nm(pl) Cu:* vermicelli.

vermifuge [vɛrmifyʒ] *a & nm* vermifuge.

vermillon [vɛrmijɔ̃] *a inv & nm* vermilion; bright red.

vermine [vɛrmin] *nf* vermin.

vermoulu [vɛrmuly] *a* wormeaten.

vermout(h) [vɛrmut] *nm* vermouth.

vernir [vɛrnir] *vtr* to varnish; to French polish (mahogany); *Cer:* to glaze. **verni** *a* varnished; French polished; **chaussures vernies,** patent (leather) shoes; *F:* **être v.**, to be lucky.

vernis [vɛrni] *nm* varnish, polish, glaze, gloss; **v. au tampon,** French polish; **v. à ongles,** nail varnish; *Fig:* **v. de politesse,** veneer of politeness.

vernissage [vɛrnisaʒ] *nm* (*a*) varnishing; *Cer:* glazing (*b*) private view (of an exhibition).

vernisser [vɛrnise] *vtr* to glaze.

vérole [verɔl] *nf Med:* **1. petite v.**, smallpox **2.** *P:* pox.

verre [vɛr] *nm* **1.** glass; **v. blanc,** plain glass; **v. dépoli,** frosted glass; **v. coloré,** stained glass; **papier de v.**, sandpaper; **articles de v.**, glassware; **sous v.**, under glass **2.** (*object made of glass*) glass; lens (of spectacles); **il porte des verres,** he wears glasses; **verres de contact,** contact lenses; **v. de montre,** watch glass; **v. grossissant,** magnifying glass **3.** (*a*) **v. (à boire),** (drinking) glass; **v. à vin,** wineglass; **v. à dents,** tooth mug (*b*) glass(ful); **boire, prendre, un v.**, to have a drink; **prendre un v. de trop,** to have one too many **4. v. soluble,** waterglass.

verrerie [vɛr(ə)ri] *nf* (*a*) glassmaking (*b*) glassworks (*c*) glassware.

verrier [vɛrje] *nm* glassmaker.

verrière [vɛrjɛr] *nf* **1.** glass casing **2.** stained glass window **3.** glass roof.

verroterie [vɛrɔtri] *nf* small glassware.

verrou [vɛru] *nm* bolt, bar; **pousser, mettre, le v.**, to bolt the door; **fermer au v.**, to bolt; **sous les verrous,** behind bars.

verrouillage [vɛrujaʒ] *nm* (*a*) bolting, locking (*b*) locking mechanism.

verrouiller [vɛruje] *vtr* to bolt (door); to lock.

verrue [vɛry] *nf* wart; **v. plantaire,** verruca.

vers[1] [vɛr] *nm* verse, line (of poetry); **v. blancs, v. libres,** blank verse, free verse; **écrire des v.**, to write poetry.

vers[2] *prep* **1.** (*of place*) toward(s), to; **v. Pau,** near Pau, round about Pau **2.** (*of time*) (*a*) toward(s); **v. la fin du siècle,** towards the end of the century (*b*) about; **venez v. (les) trois heures,** come (at) about three (o'clock).

versant [vɛrsɑ̃] *nm* slope, side (of mountain); **v. de colline,** hillside.

versatilité [vɛrsatilite] *nf* changeability, fickleness. **versatile** *a* changeable, fickle.

verse [vɛrs] *adv phr* **à v.**, in torrents; **il pleut à v.**, it's pouring (down), bucketing down.

versé [vɛrse] *a* experienced, practised, (well) versed (**dans,** in).

Verseau [vɛrso] *Prnm Astr:* **le V.**, Aquarius.

versement [vɛrs(ə)mɑ̃] *nm* payment; paying in; **en plusieurs versements,** by instalments.

verser [vɛrse] **1.** *vtr* (*a*) to overturn, upset (sth) (*b*) to pour (out) (liquid); to tip (out, in); **se v. à boire,** to pour oneself a drink (*c*) to shed (tears, blood) (*d*) to pay (in), to deposit (money) (*e*) **v. un document au dossier,** to add a document to the file (*f*) **v. qn dans,** to assign s.o. to **2.** *vi* (*a*) (*of car*) to overturn (*b*) **v. dans,** to fall, to drift, into. **verseur, -euse 1.** *a* **bec v.**, spout; pouring lip **2.** *n* pourer.

verset [vɛrsɛ] *nm Rel:* verse.

version [vɛrsjɔ̃] *nf* **1.** (*a*) translation (into mother tongue); *Sch:* translation, unseen (*b*) **film en v. originale,** film in the original language; **film en v. française,** film dubbed in French **2.** version, account (of event).

verso [vɛrso] *nm* verso, back (of sheet of paper); **voir au v.**, see overleaf.

vert [vɛr] **1.** *a* (*a*) green; *Aut:* **feu v.**, green light; **légumes verts,** green vegetables, *F:* greens; **plantes vertes,** evergreens (*b*) green (wood); unripe (fruit); young (wine) (*c*) (*of old pers*) sprightly (*d*) spicy, risqué (story); **il en a vu des vertes et des pas mûres,** he's been through a lot (*e*) sharp (reprimand) **2.** *nm* (*a*) green; **v. bouteille,** bottle green; **v. pomme,** apple green (*b*) **mettre un cheval au v.**, to turn a horse out to grass; *F:* **se mettre au v.**, to go to the country to recuperate. **vertement** *adv* (to reprimand) sharply.

vert-de-gris [vɛrdəgri] *nm inv* verdigris.

vertèbre [vɛrtɛbr̩] *nf Anat:* vertebra. **vertébral, -aux** *a* vertebral; **colonne vertébrale,** spine. **vertébré** *a & nm* vertebrate.

vertical, -ale, -aux [vɛrtikal, -o] **1.** *a* vertical; perpendicular; upright **2.** *nf* **verticale,** vertical; **à la verticale,** vertically. **verticalement** *adv* vertically; straight up, down.

vertige [vɛrtiʒ] *nm* **1.** dizziness, giddiness; **avoir le v.**, to feel dizzy; **ça me donne le v.**, it makes me feel dizzy **2.** vertigo; fear of heights. **vertigineux, -euse** *a* vertiginous; dizzy, giddy (height); breakneck, breathtaking (speed); staggering (rise in prices). **vertigineusement** *adv* dizzily; breathtakingly (fast, high).

vertu [vɛrty] *nf* **1.** virtue **2.** quality, property, virtue (of remedy); **en v. de,** by virtue of; in accordance with. **vertueux, -euse** *a* virtuous. **vertueusement** *adv* virtuously.

verve [vɛrv] *nf* animation, verve.

verveine [vɛrvɛn] *nf* verbena.

vésicule [vezikyl] *nf Anat:* vesicle; **v. biliaire,** gall bladder.

vespasienne [vɛspazjɛn] *nf* street urinal.

vessie [vesi] *nf* bladder.

veste [vɛst] *nf Cl:* jacket; *F:* **retourner sa v.,** to change one's colours; **ramasser une v.,** to come a cropper.

vestiaire [vɛstjɛr] *nm (a)* (*in theatre*) cloakroom *(b) Sp: etc:* changing room, locker room.

vestibule [vɛstibyl] *nm* lobby, (entrance) hall.

vestige [vɛstiʒ] *nm* vestige, trace, remains (of prehistoric man); remnant, relic (of the past).

vestimentaire [vɛstimɑ̃tɛr] *a* clothing (trade); **détail v.,** detail of one's dress.

veston [vɛstɔ̃] *nm* (man's) jacket; **complet-v.,** lounge suit.

vêtement [vɛtmɑ̃] *nm* garment; *pl* clothes, clothing; **industrie du v.,** clothing trade; **vêtements de sport, de plage,** sportswear, beachwear; **v. de dessous,** undergarment; **v. de dessus,** outer garment.

vétéran [veterɑ̃] *nm* veteran; old campaigner.

vétérinaire [veterinɛr] **1.** *a* veterinary **2.** *nm* veterinary surgeon, vet; *NAm:* veterinarian.

vétille [vetij] *nf* trifle; triviality.

vêtir [vetir] (*prp* **vêtant;** *pp* **vêtu;** *pr ind* **je vêts) 1.** *vtr* to clothe; to dress **2. se v.,** to dress (oneself). **vêtu** *a* (*of pers*) dressed; **v. de,** dressed in, wearing.

veto [veto] *nm* veto; **mettre, opposer, son v. à qch,** to veto sth.

vétusté [vetyste] *nf* dilapidation. **vétuste** *a* dilapidated.

veuf, veuve [vœf, vœv] **1.** *a* widowed (man, woman) **2.** *n* widower, widow.

veule [vøl] *a* feeble. **veulerie** *nf* feebleness.

veuvage [vœvaʒ] *nm* widowhood.

vexation [vɛksasjɔ̃] *nf* humiliation.

vexer [vɛkse] **1.** *vtr* to upset, hurt (s.o.) **2. se v. de qch,** to be upset about sth. **vexant** *a* annoying; hurtful.

via [vja] *prep* via.

viabilité [vjabilite] *nf* **1.** practicability (of road) **2.** development (of site ready for building) **3.** viability (of plan). **viable** *a* viable.

viaduc [vjadyk] *nm* viaduct.

viager, -ère [vjaʒe, -ɛr] **1.** *a* for life; **rente viagère,** life annuity **2.** *nm* life interest; **placer son argent en v.,** to invest one's money in an annuity.

viande [vjɑ̃d] *nf* meat; **v. de boucherie,** butcher's meat; **v. rouge, blanche,** red, white, meat; **v. de cheval,** horsemeat.

vibration [vibrasjɔ̃] *nf* vibration.

vibrer [vibre] *vi* to vibrate; **faire v.,** to stir, to thrill. **vibrant** *a* vibrating, vibrant; resonant (voice); stirring (speech). **vibratoire** *a* vibratory.

vibromasseur [vibromasœr] *nm* vibrator.

vicaire [vikɛr] *nm* curate (of parish).

vice [vis] *nm* **1.** *(a)* depravity, corruption *(b)* vice **2.** fault, defect; **v. de construction,** faulty construction; **v. de forme,** flaw (in a deed); faulty drafting.

vice-amiral [visamiral] *nm* vice-admiral; *pl vice-amiraux.*

vice-président, -ente [visprezidɑ̃, -ɑ̃t] *(a)* vice-president *(b)* vice-chairman; *pl vice-président(e)s.*

vice-roi [visrwa] *nm* viceroy; *pl vice-rois.*

vice(-)versa [vis(e)vɛrsa] *adv phr* vice versa.

vicier [visje] *vtr* (*impf & pr sub* **n. viciions)** to corrupt, spoil; to pollute, contaminate (air). **vicié** *a* corrupt; tainted; polluted (air). **vicieux, -euse** *a* **1.** depraved, corrupt (pers) **2.** defective, faulty, imperfect; incorrect (pronunciation); **cercle v.,** vicious circle **3.** restive (horse).

vicinal, -aux [visinal, -o] *a* **chemin v.,** byroad, minor road.

vicissitudes [visisityd] *nfpl* vicissitudes.

vicomte [vikɔ̃t] *nm* viscount.

vicomtesse [vikɔ̃tɛs] *nf* viscountess.

victime [viktim] *nf* victim, sufferer; (*of accident*) casualty, victim; **être v. de,** to be the victim of.

victoire [viktwar] *nf* victory; *Sp:* win; **chanter, crier, v.,** to crow, to triumph. **victorieux, -ieuse** *a* victorious; *Sp:* winning (team, etc). **victorieusement** *adv* victoriously.

victuailles [viktɥaj] *nfpl* food, provisions.

vidange [vidɑ̃ʒ] *nf (a)* draining, emptying *(b) Aut:* oil change; **faire la v.,** to change the oil *(c)* **tuyau de v.,** wastepipe.

vidanger [vidɑ̃ʒe] *vtr* **(je vidangeai(s))** to empty, drain.

vide [vid] **1.** *a* empty; **v. de sens,** meaningless **2.** *nm (a)* empty space; void; blank; **combler les vides,** to fill (up) the gaps *(b) Ph:* vacuum; **emballé sous v.,** vacuum-packed *(c)* emptiness; **regarder dans le v.,** to stare into space; **camion revenant à v.,** lorry returning empty.

vidéo [video] *a & nf inv* video.

vidéocassette [videokasɛt] *nf* videocassette.

vidéoclub [videoklœb] *nm* video club.

vidéodisque [videodisk] *nm* videodisc.

vide-ordures [vidɔrdyr] *nm inv* (refuse) chute.

vidéotex [videotɛks] *nm Rtm:* teletext.

vide-poches [vidpɔʃ] *nm inv Aut:* glove compartment.

vider [vide] *vtr* **1** *(a)* to empty; to clear out (room, drawer); to drain (glass); **videz vos verres!** drink up! **v. les lieux,** to vacate the premises; to quit; *F:* **v. qn** (i) to wear s.o. out (ii) to throw s.o. out; *F:* **v. son sac,** to get it all off one's chest *(b)* (*of horse*) to throw (rider) *(c)* to clean (fish); to draw (fowl); to core (apple) *(d)* to settle (question) **2. se v.,** to (become) empty.

videur [vidœr] *nm* bouncer.

vie [vi] *nf* **1.** life; **être en v.,** to be alive; **avoir la v. dure,** to be hard to kill; to die hard; **donner la v. à un enfant,** to give birth to a child; **être entre la v. et la mort,** to hover between life and death; **il y va de la v.,** it's a case of life and death; **sans v.,** lifeless; unconscious; **musique pleine de v.,** lively music **2.** lifetime; **pour la v.,** for life; **jamais de la v.!** never!

not on your life! **nommé à v.**, appointed for life **3.** existence, way of life; **c'est la v.!** that's life! **changer de v.**, to turn over a new leaf; **la v. Américaine**, the American way of life; *F:* **faire la v.**, (i) to lead a riotous life (ii) to kick up a row **4.** living, livelihood; **niveau de v.**, standard of living; **coût de la v.**, cost of living; **gagner sa v.**, to earn one's living.

vieil, vieille *see* **vieux.**

vieillard [vjɛjar] *nm* (*f usu* **vieille**) old man; **les vieillards**, old people; the elderly.

vieillerie [vjɛjri] *nf* oldfashioned thing.

vieillesse [vjɛjɛs] *nf* (old) age; **la v.**, the old, the elderly, the aged.

vieillir [vjejir] **1.** *vi* (*a*) to grow old (*b*) to age (in appearance); **il a vieilli**, he looks older; he's aged (*c*) to become obsolete, out of date; **ce mot a vieilli**, this word is obsolescent (*d*) (*of wine, cheese*) to mature **2.** *vtr* to age; to make (s.o.) look older; **ce chapeau la vieillit**, that hat makes her look older **3. se v.**, to make oneself look older. **vieillissant** *a* ageing. **vieilli** *a* old-fashioned; out of date. **vieillot, -otte** *a* antiquated, old-fashioned.

vieillissement [vjejismɑ̃] *nm* ageing, growing old; becoming outdated.

vierge [vjɛrʒ] **1.** *nf* (*a*) virgin; **la (Sainte) V.**, the Blessed Virgin (Mary) (*b*) *Astr:* **la V.**, Virgo **2.** *a* virgin, virginal; virgin (soil, forest); blank (page); pure (white); **réputation v.**, untarnished reputation.

Viêt-nam [vjɛtnam] *Prnm Geog:* Vietnam. **vietnamien, -ienne** *a & n* Vietnamese.

vieux, vieil, *f* **vieille** [vjø, vjɛj] *a* (*the form* **vieil** *is used before masc nouns beginning with a vowel or* **h** *mute, but* **vieux** *also occurs in this position*) **1.** (*a*) old; **se faire v.**, to be getting on (in years); *n* **un v.**, **une vieille**, an old man, an old woman; **les v.**, old people; the elderly; *F:* **mes v.**, my parents; *F:* **eh bien, mon v.!** well, old chap! *adv* **elle s'habille plus v. que son âge**, she dresses too old for her age (*b*) longstanding (friendship); **un vieil ami**, an old friend; **vieille fille**, old maid; spinster; **v. garçon**, (confirmed) bachelor; **il est v. dans ce métier**, he's an old hand at this job; *n F:* **un v. de la vieille**, a veteran **2.** (*a*) old, ancient (building); worn, shabby (hat); stale (news); **v. papiers**, waste paper; **le bon v. temps**, the good old days; *adj phr inv* **v. jeu**, oldfashioned; out of date; **ça c'est v. jeu**, that's old hat (*b*) *inv* **des rubans vieil or**, old-gold ribbons.

vif, vive[1] [vif, viv] **1.** *a* (*a*) alive, living; **être brûlé v.**, to be burnt alive; **de vive force**, by force; **de vive voix**, by word of mouth; **eau vive**, spring water; **marée de vive eau**, spring tide; **chaux vive**, quicklime (*b*) lively, animated; fast; hot (fire); (*of pers*) vivacious; **vive allure**, brisk pace; **avoir l'humeur un peu vive**, to be quick tempered (*c*) sharp (wind, retort); acute (pain); **l'air est v.**, there's a nip in the air; **arête vive**, sharp edge (*d*) keen, quick (wit); vivid (imagination); **vive satisfaction**, great satisfaction; **v. intérêt**, deep interest (*e*) bright, vivid, intense (colour); (*of complexion*) **couleur vive**, high colour **2.** *nm Jur:* living person **3.** (*a*) *nm* **plaie à v.**, open wound; **piqué au v.**, stung to the quick; **j'ai les nerfs à v.**, my nerves are on edge; **entrer dans le v. du sujet**, to get to the heart of the matter (*b*) **pêcher au v.**, to fish with live bait.

vigie [viʒi] *nf Nau:* (*a*) lookout (*b*) lookout post.

vigilance [viʒilɑ̃s] *nf* vigilance; watchfulness. **vigilant** *a* watchful, alert; vigilant.

vigile [viʒil] *nm* (night)watchman.

vigne [viɲ] *nf* **1.** *Vit:* (*a*) vine (*b*) vineyard **2.** *Bot:* **v. vierge**, Virginia creeper.

vigneron, -onne [viɲrɔ̃, -ɔn] *n* vine grower; wine grower.

vignette [viɲɛt] *nf* (*a*) *Art:* vignette; illustration (*b*) *Com:* label; *Aut:* = (road) tax disc.

vignoble [viɲɔbl] *nm* vineyard.

vigoureux, -euse [vigurø, -øz] *a* vigorous, strong, sturdy; robust; powerful; strenuous (opposition). **vigoureusement** *adv* vigorously.

vigueur [vigœr] *nf* **1.** vigour, strength; **sans v.**, (*of pers*) exhausted; **avec v.**, vigorously **2.** (*of decree*) **en v.**, in force; **entrer en v.**, to come into effect; **cesser d'être en v.**, to lapse; to cease to apply.

vil [vil] *a* **1. vendre qch à v. prix**, to sell sth at a low price, *F:* dirt cheap **2.** *A: & Lit:* vile, base (pers).

vilain, -aine [vilɛ̃, -ɛn] **1.** *n* (*a*) *F:* **oh, le v.! oh, la vilaine!** you naughty boy! you naughty girl! (*b*) *F:* trouble; **il y aura du v.**, there's going to be trouble **2.** *a* (*a*) nasty, bad, unpleasant; **c'est un v. monsieur**, he's a nasty piece of work; **v. tour**, mean, dirty, trick (*b*) ugly (story); nasty (wound) (*c*) shabby (hat); sordid, wretched (street).

vilebrequin [vilbrəkɛ̃] *nm* (*a*) *Tls:* (bit) brace (*b*) *Med:* crankshaft.

villa [vila] *nf* (detached) house.

village [vilaʒ] *nm* village; **v. de toile**, camp site. **villageois, -oise 1.** *n* villager **2.** *a* rustic; village (customs).

ville [vil] *nf* town; city; **v. d'eaux**, spa; **v. champignon**, mushroom town; **v. satellite**, satellite town; **en v.**, in town; in the town centre; **habiter à la v.**, to live in a town; **gens de la v.**, townspeople.

villégiature [vileʒjatyr] *nf* (*a*) holiday; *NAm:* vacation; **en v.**, on holiday (*b*) (holiday) resort.

vin [vɛ̃] *nm* wine; **les grands vins**, vintage wines; **v. ordinaire, v. de table**, table wine; **v. de Bordeaux**, claret; **v. de Bourgogne**, burgundy; **v. chaud**, mulled wine; **offrir un v. d'honneur à qn**, to hold a reception in honour of s.o.; **entre deux vins**, drunk, tight.

vinaigre [vinɛgr] *nm* vinegar. **vinaigré** *a* seasoned with vinegar.

vinaigrette [vinɛgrɛt] *nf Cu:* French dressing, vinaigrette; *NAm:* Italian dressing.

vindicatif, -ive [vɛ̃dikatif, -iv] *a* vindictive.

vingt [vɛ̃] *num a inv & nm inv* twenty; **v. et un** [vɛ̃teœ̃] twenty-one; **v.-deux** [vɛ̃dø] twenty-two; **le v. juin** [ləvɛ̃ʒɥɛ̃] (on) the twentieth of June; **les années v.**, the twenties; **les moins de v. ans**, teenagers; **je te l'ai dit v. fois**, I've told you a hundred times. **vingtième** *num a & n* twentieth. **vingtièmement** *adv* in the twentieth place.

vingtaine [vɛ̃tɛn] *nf* (about) twenty; a score; **une v. de gens**, some twenty people.

vinicole [vinikɔl] *a* wine(-growing), wine-producing (area).

vinyle [vinil] *nm* vinyl.

viol [vjɔl] *nm* **1.** rape **2.** violation (of law, sanctuary).

violacé [vjɔlase] *a* purplish.

violation [vjɔlasjɔ̃] *nf* violation, infringement, breach (of law).

violence [vjɔlɑ̃s] *nf* violence, force; **faire v. à qn,** to do violence to s.o.; **se faire v.,** to force oneself. **violent** *a* violent; high (wind); fierce (encounter); strenuous (effort). **violemment** *adv* violently.

violenter [vjɔlɑ̃te] *vtr* to rape (a woman).

violer [vjɔle] *vtr* **1.** to violate; to break (law); to desecrate (grave) **2.** to rape (a woman).

violet, -ette [vjɔlɛ, -ɛt] **1.** *a* violet, purple **2.** *nm* (the colour) purple **3.** *nf Bot:* **violette,** violet.

violon [vjɔlɔ̃] *nm* **1.** (*a*) violin; **c'est son v. d'Ingres,** it's his hobby (*b*) violin (player); **premier v.,** (i) first violin (ii) leader (of the orchestra) **2.** *P:* **le v.,** the cells, the lockup.

violoncelle [vjɔlɔ̃sɛl] *nm Mus:* (*a*) cello (*b*) cello (player); cellist. **violoncelliste** [vjɔlɔ̃selist] *n* cellist, cello player.

violoniste [vjɔlɔnist] *n* violinist.

vipère [vipɛr] *nf* viper, adder; **langue de v.,** spiteful, venomous, tongue.

virage [viraʒ] *nm* **1.** turn; cornering (of car); *Av:* **v. sur l'aile,** bank(ing) **2.** (*a*) (sharp) turn, corner, bend; **v. en épingle à cheveux,** hairpin bend; **v. à la corde,** sharp turn (*b*) banked corner.

virée [vire] *nf F:* (*a*) trip, run, outing (in a car); walk (*b*) = pub crawl.

virement [virmɑ̃] *nm* **v. (bancaire),** (credit) transfer; **banque de v.,** clearing bank.

virer [vire] **1.** *vi* (*a*) to turn; to sweep round; *Aut:* to take a bend, a corner; to corner; **v. court,** to corner sharply (*b*) *Av:* to bank (*c*) to turn (round); to slew round, swing round (*d*) *Nau:* **v. de bord,** to tack (*e*) to change colour; **rouge qui vire à l'orange,** red which is turning orange (*f*) *Phot:* to tone (*g*) *Med:* (*of skin test*) to come up positive **2.** *vtr* (*a*) *Bank:* to transfer (a sum) (*b*) *Phot:* to tone (print) (*c*) *F:* to throw, chuck (s.o.) out (*d*) *Med: F:* **v. sa cuti,** to give a positive skin test.

virevolte [virvɔlt] *nf* half-turn (of dancer); twirl.

virevolter [virvɔlte] *vi* (*of pers*) to spin round.

virginité [virʒinite] *nf* virginity.

virgule [virgyl] *nf* (*a*) *Gram:* comma (*b*) *Mth:* decimal point; **trois v. cinq (3,5),** three point five (3·5) (*c*) *Elcs:* **v. flottante,** floating point.

viril [viril] *a* (*a*) virile; male (*b*) manly; **l'âge v.,** manhood. **virilement** *adv* in a manly way.

virilité [virilite] *nf* virility, manliness.

virtuel, -elle [virtɥɛl] *a* potential; *Phil:* virtual. **virtuellement** *adv* potentially; virtually.

virtuose [virtɥoz] *n* virtuoso.

virtuosité [virtɥozite] *nf* virtuosity.

virulence [virylɑ̃s] *nf* virulence. **virulent** *a* virulent.

virus [virys] *nm Med:* virus; **avoir le v. du ski,** to have the skiing bug.

vis [vis] *nf* screw; **v. sans fin,** endless screw, worm (screw); **escalier à v.,** spiral staircase; *Aut:* **v. platinées,** (contact) points.

visa [viza] *nm* visa; stamp (on document); **v. de censure,** censor's certificate.

visage [vizaʒ] *nm* (*a*) face; **se faire le v.,** to make (one's face) up; **à v. humain,** with a human face; **sans v.,** faceless; **avoir bon v.,** to look well; **faire bon v. à qn,** to be outwardly friendly to s.o.; **à v. découvert,** openly (*b*) **v. pâle,** paleface.

visagiste [vizaʒist] *n* beautician.

vis-à-vis [vizavi] **1.** *adv phr* opposite; face to face **2.** *prep phr* **v.-à-v. de** (*a*) opposite, facing (*b*) towards, in relation to, vis-à-vis (s.o., sth); **sincère v.-à-v. de soi-même,** sincere with oneself **3.** *nm* person opposite; *Cards:* partner; **nous avons le lac pour v.-à-v.,** we look out onto the lake.

viscéral, -aux *a* visceral; *Fig:* deep, visceral (hatred, etc).

viscères [visɛr] *nfpl Anat:* internal organs; viscera.

viscosité [viskozite] *nf* viscosity.

visée [vize] *nf* **1.** aim; sighting; **ligne de v.,** line of sight **2.** *usu pl* aims; plans; ambitions; **avoir des visées sur,** to have designs on.

viser[1] [vize] **1.** *vi* to (take) aim (**à,** at, for); **v. à faire qch,** to aim to do sth; **v. juste,** to aim straight; **v. haut,** to set one's sights high **2.** *vtr* (*a*) to aim, take aim, at (s.o., sth); *Golf:* **v. la balle,** to address the ball (*b*) to have (sth) in view; **je ne vise personne,** I am not alluding to anybody in particular **3.** *P:* to look, to have a look, at.

viser[2] *vtr Adm:* to stamp (passport, etc).

viseur [vizœr] *nm* (*a*) *Phot:* viewfinder (*b*) *Arms:* sight; *Av:* **v. de lancement,** bomb sight(s).

visibilité [vizibilite] *nf* visibility; *Av:* **vols sans v.,** instrument flying.

visible [vizibl] *a* visible; obvious, evident (embarrassment, pleasure, etc); **il est v. que . . .** it's obvious that . . .; **je ne serai pas v. avant midi,** I can't see anybody before midday. **visiblement** *adv* visibly; obviously, evidently.

visière [vizjɛr] *nf* (*a*) visor (of helmet) (*b*) peak (of cap) (*c*) eyeshade.

vision [vizjɔ̃] *nf* **1.** (*a*) vision; (eye)sight (*b*) sight, view; **v. momentanée (de qch),** glimpse (of sth) **2.** vision; imagination (of poet) **3.** vision; **tu as des visions,** you're seeing things. **visionnaire** *a & n* visionary.

visionner [vizjɔne] *vtr Cin:* to view.

visionneuse [vizjɔnøz] *nf Cin: Phot:* viewer.

visiophone [vizjɔfɔn] *nm* videophone.

visite [vizit] *nf* **1.** (*a*) visit; (social) call; **faire une v., rendre v., à qn,** to call on s.o.; to visit s.o.; **v. officielle,** official visit; **carte de v.,** visiting card (*b*) visitor; caller; **nous attendons des visites, de la v.,** we're expecting visitors (*c*) **v. à domicile,** (house)call, visit **2.** (*a*) inspection, examination, survey; overhauling (of machinery); (medical) examination; **la v.,** (i) (*at doctor's*) surgery (ii) *Mil:* sick parade; **v. de douane,** customs examination (*b*) visit (to place of interest); **v. guidée,** guided tour.

visiter [vizite] *vtr* **1.** to visit **2.** (*a*) to examine, inspect (building, machinery); to overhaul (machinery); to view (house for sale) (*b*) to visit, search (house); to examine (suitcase); **on nous a fait v. l'usine,** we were shown round the factory.

visiteur, -euse [vizitœr, -øz] *n* visitor.

vison [vizɔ̃] *nm Z:* mink; *F:* mink coat.

visqueux, -euse [viskø, -øz] *a* viscous, sticky, gluey; tacky; thick (oil); slimy (secretion).

visser [vise] *vtr* (*a*) to screw (on, in, down, up); **être vissé sur sa chaise,** to be glued to one's chair (*b*) *F:* to treat (s.o.) severely; to crack down on (s.o.).

visuel, -elle [vizɥɛl] *a* visual; **champ v.,** field of vision. **visuellement** *adv* visually.

vital, -aux [vital, -o] *a* vital.
vitalité [vitalite] *nf* vitality.
vitamine [vitamin] *nf* vitamin. **vitaminé** *a* vitamin-enriched.
vite [vit] *adv* quickly, fast, rapidly, speedily; **le temps passe v.**, time flies; **ça ne va pas v.**, it's slow work; **il sera v. guéri**, he'll soon be better; **faites v.!** hurry up! **allons, et plus v. que ça!** now then, get a move on! **pas si v.!** not so fast! hold on! **au plus v.**, as quickly as possible; **il eut v. fait de s'habiller**, he was dressed in no time; *adv phr F:* **v. fait**, in no time.
vitesse [vitɛs] *nf* **1.** speed, rapidity; quickness; **à la v. de**, at the rate of; **faire de la v.**, to speed (along); **en v.**, quickly, at speed; **partir en v.**, to rush off; **gagner qn de v.**, to outstrip s.o.; **prendre de la v.**, to gather speed; *Av:* **se mettre en perte de v.**, to stall; *Aut:* **indicateur de v.**, speedometer; **à toute v.**, at full, at top, speed; *F:* all out; **v. de croisière**, cruising speed **2.** (*a*) velocity; **v. acquise**, impetus; momentum (*b*) *Aut:* gear; **changer de v.**, to change gear; *Aut:* **boîte de vitesses**, gearbox; **deuxième v.**, second gear; **filer en quatrième v.**, (i) to drive in top (gear) (ii) *F:* to disappear at top speed.
viticole [vitikɔl] *a* wine-producing, wine-growing (district); wine (industry).
viticulture [vitikyltyr] *nf* wine growing.
viticulteur [vitikyltœr] *nm* wine grower.
vitrage [vitraʒ] *nm* (*a*) windows (of church) (*b*) glass partition.
vitrail, -aux [vitraj, -o] *nm* stained-glass window.
vitre [vitr̥] *nf* pane (of glass); window (pane).
vitrer [vitre] *vtr* to glaze (window). **vitré** *a* glazed; **porte vitrée**, glass door. **vitreux, -euse** *a* vitreous (mass); glassy (appearance); glazed (eyes).
vitrerie [vitrəri] *nf* glaziery; glass industry.
vitrier [vitrije] *nm* glazier.
vitrification [vitrifikasjɔ̃] *nf* vitrification; glazing.
vitrifier [vitrifje] *vtr* (*impf & pr sub* **n. vitrifiions**) to vitrify; **brique vitrifiée**, glazed brick.
vitrine [vitrin] *nf* **1.** shop window; **en v.**, in the window **2.** glass case; display cabinet; showcase.
vitriol [vitri(j)ɔl] *nm Ch: & Fig:* vitriol.
vitupération [vityperasjɔ̃] *nf* vituperation.
vitupérer [vitypere] *vi* (**je vitupère, n. vitupérons**) to vituperate, protest, storm (**contre qn, qch**, against s.o., sth).
vivable [vivabl̥] *a F:* (*of house*) fit to live in; (*of pers*) easy to live with.
vivace [vivas] *a* (*a*) long-lived (*b*) *Bot:* hardy (*c*) *Bot:* perennial (*d*) undying, inveterate (hatred).
vivacité [vivasite] *nf* **1.** hastiness (of temper); petulance; **avec v.**, hastily **2.** (*a*) acuteness (of feeling); heat (of a discussion); intensity (of passion) (*b*) vividness, brilliance, brightness (of colour, light) **3.** vivacity, vivaciousness, liveliness; **v. d'esprit**, quick-wittedness.
vivant [vivɑ̃] **1.** *a* (*a*) alive, living; **il est encore v.**, he's still alive; **poisson v.**, live fish; **portrait v.**, lifelike portrait; **être le portrait v. de qn**, to be the living image of s.o.; **langue vivante**, modern language (*b*) lively, animated (street, scene); vivid (picture) **2.** *nm* living being; **bon v.**, (i) jovial fellow (ii) man who enjoys (the pleasures of) life **3.** *nm* **de son v.**, during one's lifetime; **du v. de mon père**, when my father was alive.
vivats [viva] *nmpl* cheers.
vive² [viv] *exclam see* **vivre 1**: (*a*).
vivement [vivmɑ̃] *adv* **1.** (*a*) briskly, sharply, suddenly (*b*) *int* **v. les vacances!** roll on the holidays! **v. que** (+ *sub*), I'll be glad when (*c*) **répondre v.**, to answer sharply **2.** (*a*) vividly (*b*) keenly, deeply; acutely; **s'intéresser v. à qch**, to take a keen interest in sth.
viveur [vivœr] *nm* pleasure seeker; fast liver.
vivier [vivje] *nm* fishpond; fish tank.
vivifier [vivifje] *vtr* (*impf & pr sub* **n. vivifiions**) to invigorate. **vivifiant** *a* invigorating, bracing.
vivisection [vivisɛksjɔ̃] *nf* vivisection.
vivoter [vivɔte] *vi* to rub along; to get by.
vivre¹ [vivr̥] **1.** *vi* (*pp* **vécu**; *pr ind* **je vis**) (*a*) to live; to be alive; **manière de v.**, way of life; **cette mode a vécu**, this fashion is finished, has had its day; **vive le roi!** long live the King! *Mil:* **qui vive?** who goes there? (*b*) **il vécut vieux**, he lived to be an old man (*c*) to spend one's life; **v. à Paris**, to live in Paris; **v. avec qn**, to live with s.o.; **il a beaucoup vécu**, he's seen (a lot of) life; **être facile à v.**, to be easy to get on with; **savoir v.**, to know how to behave; **il fait bon v.**, life is pleasant (*d*) to subsist; **v. bien**, to live in comfort; **travailler pour v.**, to work for one's living; **avoir de quoi v.**, to have enough to live on **2.** *vtr* **v. sa vie**, to live one's own life; **les événements que nous avons vécus**, the events we lived through.
vivre² *nm* (*a*) **le v. et le couvert**, board and lodging (*b*) *pl* provisions, supplies.
vlan, v'lan [vlɑ̃] *int* wham! bang!
vocable [vɔkabl̥] *nm* term, word.
vocabulaire [vɔkabylɛr] *nm* vocabulary; *Pej:* **quel v.!** what language!
vocal, -aux [vɔkal, -o] *a* vocal. **vocalement** *adv* vocally.
vocation [vɔkasjɔ̃] *nf* **1.** vocation; (divine) call **2.** vocation; calling, bent, inclination; **avoir la v. de l'enseignement**, to have a vocation for teaching.
vocifération [vɔsiferasjɔ̃] *nf* vociferation; *pl* shouts.
vociférer [vɔsifere] *vi* (**je vocifère; je vociférerai**) to vociferate (**contre**, against); to shout, hurl (insults).
vodka [vɔdka] *nf* vodka.
vœu, -x [vø] *nm* **1.** vow; **faire (le) v. de faire qch**, to vow to do sth, to make a vow to do sth **2.** wish; **faire un v.**, to make a wish; **tous nos vœux de bonheur!** all good wishes for your happiness! **meilleurs vœux**, best wishes.
vogue [vɔg] *nf* fashion, vogue; **être en v.**, to be in fashion; **c'est la grande v.**, it's all the rage.
voici [vwasi] *prep* **1.** here is, are; **me v.**, here I am; **la v. qui vient**, here she comes; **v. ce dont il s'agit**, this is what it's all about; **mon ami que v. vous le dira**, my friend here will tell you; **la petite histoire que v.**, the following little story **2.** (= IL Y A) **v. trois ans**, three years ago; **v. trois mois que j'habite ici**, I've been living here for the last three months.
voie [vwa] *nf* **1.** (*a*) way, road, route, track; *Adm: Aut:* traffic lane; **v. publique**, public highway; **route à quatre voies**, four-lane road, *NAm:* four-lane highway; *Astr:* **la V. lactée**, the Milky Way; **v. de communication**, road, thoroughfare; **v. sans issue**, no through road; **v. navigable**, waterway; **par v. de**

terre, by land; **par la v. des airs,** by air (*b*) *Ven:* (*often pl*) tracks (of game); **mettre qn sur la v.,** to put s.o. on the right track (*c*) *Rail:* **v. ferrée,** railway, *NAm:* railroad, track; **v. de garage,** siding; **mettre un projet sur une v. de garage,** to shelve a plan; **v. étroite,** narrow-gauge line; **sur quelle v. arrive le train?** on which platform does the train come in? (*d*) *Nau:* **v. d'eau,** leak (*e*) *Anat:* passage, duct; **les voies digestives,** the digestive tract(s) **2.** way; **voies et moyens,** ways and means; **par (la) v. diplomatique,** through diplomatic channels; **une v. dangereuse,** a dangerous course; **affaire en bonne voie,** business that is going well; **en v. d'achèvement,** nearing completion; **en v. de construction,** under construction; **pays en v. de développement,** developing countries; **en v. de guérison,** getting better; **être en (bonne) v. de réussir,** to be on the road to success; *Jur:* **voies de fait,** acts of violence; **se livrer à des voies de fait sur qn,** to assault s.o.

voilà [vwala] *prep* **1.** (*a*) there is, are; **le v.,** there he is; **la pendule que v.,** that clock (there); **en v. assez!** that's enough! that will do! **en v. une idée!** what an idea! **v. tout,** that's all; **le v. qui entre,** there he is coming in; **v. qui est curieux!** that's odd! **v. ce qu'il m'a dit,** that's what he told me; **v. comme elle est,** that's just like her; **v.!** there you are! **et v.!** and that's that! (*in restaurant*) **v., monsieur!** coming, sir! (*b*) (= **voici**) **me v.!** here I am! **2.** (= **il y a**) **en juin v. trois ans,** in June three years ago; **v. dix ans que je le connais,** I've known him for ten years.

voilage [vwalaʒ] *nm* (*a*) net (*b*) net curtain.

voile [vwal] **1.** *nf* sail; **faire v.,** to set sail (**pour,** for); **toutes voiles dehors,** in full sail; **faire de la v.,** to go sailing; *F:* **mettre les voiles,** to leave, to push off **2.** *nm* (*a*) veil; **prendre le v.,** to take the veil; **sous le v. de la religion,** under the cloak of religion (*b*) film, mist (before one's eyes) (*c*) *Tex:* voile (*d*) *Anat:* **v. du palais,** soft palate, velum (*e*) *Med:* shadow (on lung).

voiler [vwale] **1.** *vtr* (*a*) to veil (*b*) to veil, obscure, dim; to muffle **2.** (*a*) **se v. (le visage)** to wear a veil; *Fig:* **se v. la face,** to bury one's head in the sand (*b*) **se v.,** (i) (*of sky*) to become overcast, to cloud over (ii) (*of wheel*) to warp, to buckle. **voilé** *a* veiled; misty (light, sky); muffled (sound); husky (voice).

voilier [vwalje] *nm* **1.** sailing ship **2.** sailing boat; *NAm:* sailboat.

voilure [vwalyr] *nf* (*a*) sails (of ship) (*b*) *Av:* wing(s), flying surface, aerofoil.

voir [vwar] *vtr* (*prp* **voyant;** *pp* **vu;** *pr ind* **ils voient;** *pr sub* **je voie;** *ph* **je vis;** *fu* **je verrai**) **1.** to see; to set eyes on (s.o., sth); to sight (ship); **détail vu de près,** close-up detail; *F:* **on aura tout vu!** wonders will never cease! **je l'ai vu de mes propres yeux,** I saw it with my own eyes; **il ne voit pas plus loin que le bout de son nez,** he can't see further than the end of his nose; **à le v.,** to judge by his looks; **on n'y voit rien,** you can't see a thing; **v. rouge,** to see red; **voyez vous-même!** see for yourself! **voyez un peu!** just look! **faire v. qch à qn,** to show sth to s.o.; **faites v.!** let me see! **en faire v. à qn,** to make s.o.'s life a misery; *P:* **voyons v.,** let's see; let's have a look; **dites v.,** tell me; **essayez v.,** just have a try **2. v.** + *inf* (*a*) **v. venir qn,** to see s.o. coming; **je l'ai vu tomber,** I saw him fall (*b*) **v. faire qch,** to see sth done; **il l'a vu faire la vaisselle,** he saw him do the washing up (*c*) **se v. refuser qch,** to be refused sth (*d*) **je me suis vu forcé de partir,** I was forced to leave **3.** (*a*) to visit; **aller v. qn,** to go and see s.o.; **v. du pays,** to travel (*b*) **il ne voit personne,** he sees, he receives, no one; **on ne te voit plus!** we never see you any more; **je ne peux pas le v.,** I can't stand (the sight of) him **4.** (*a*) to understand; **je vois où vous voulez en venir,** I see what you're driving at; *F:* **ni vu, ni connu,** nobody's any the wiser for it (*b*) to perceive, observe; **cela se voit,** that's obvious; **la tache ne se voit pas,** you can't see the mark; the mark doesn't show; **vous voyez ça d'ici,** you can imagine what it's like; **je ne le vois pas marié,** I can't imagine him married **5.** (*a*) to look after, to see to, to see about (sth); **v. une affaire à fond,** to examine a matter thoroughly; **je verrai,** I'll think about it; I'll see; **c'est ce que nous verrons!** that remains to be seen; **ça, il, n'a rien à v. là-dedans,** it, he, has nothing to do with him (*b*) **il va v. à nous loger,** he'll see that we have somewhere to stay; **c'est à vous de v. que rien ne vous manque,** it's up to you to see that you have everything you need (*c*) *int* **voyons!** (i) let's see (ii) come, now! **6.** to consider (sth in a particular way); **c'est sa façon de v. les choses,** it's his way of looking at things; **se faire bien v. de qn,** to get into s.o.'s good books; **être bien vu de tous,** to be well thought of by all; **mal vu,** poorly considered; disliked.

voire [vwar] *adv* indeed; **v. (même),** and even; or even.

voirie [vwari] *nf* **1.** administration of public thoroughfares; **le service de v.,** the highways department **2.** (*a*) refuse collection (*b*) refuse dump.

voisin, -ine [vwazɛ̃, -in] **1.** *a* neighbouring, adjoining; **la chambre voisine,** the next room; **il habite dans la maison voisine,** he lives next door; **émotion voisine de la terreur,** emotion akin to terror, bordering on terror **2.** *n* neighbour; **v. d'à côté,** next-door neighbour; **mon v. de table,** the person sitting next to me; **en bon v.,** in a neighbourly way.

voisinage [vwazinaʒ] *nm* **1.** vicinity; proximity, nearness **2.** neighbourhood, vicinity; **être en bon v. avec qn,** to be on neighbourly terms with s.o.

voisiner [vwazine] *vi* **v. avec qn, qch,** to be (placed) side by side with s.o., with sth; to adjoin sth.

voiture [vwatyr] *nf* (*a*) (horse-drawn) vehicle; (*for people*) carriage, coach; (*for goods*) cart (*b*) car, *NAm:* automobile; **v. de tourisme,** private car; **v. de sport,** sports car (*c*) *Rail:* coach, carriage, *NAm:* car; **en v.!** all aboard! (*d*) **v. d'enfant,** pram, *NAm:* baby carriage.

voix [vwa] *nf* **1.** voice; **parler à v. haute, à haute v.,** to speak (i) in a loud voice (ii) aloud; **parler à v. basse,** to speak in a low voice, in an undertone; (*of dogs*) **donner de la v.,** to bark, to bay; *Mus:* **chanter à plusieurs v.,** to sing in parts; **être en v.,** to be in voice; *Cin: TV:* **v. off,** voice-over **2. rester sans v.,** to remain speechless; **la v. de la nature,** the call of nature **3.** vote; **mettre une question aux v.,** to put a question to the vote; **la Chambre alla aux v.,** the House divided; **avoir v. au chapitre,** to have a say in the matter **4.** *Gram:* voice.

vol¹ [vɔl] *nm* **1.** (*a*) flying, flight; **prendre son v.,** to take wing; to take off; **au v.**, on the wing; **à v. d'oiseau**, as the crow flies; **vue à v. d'oiseau**, bird's-eye view; **attraper une balle au v.**, to catch a ball in mid air; **saisir une occasion au v.**, to grasp an opportunity (*b*) *Av:* **heures de v.**, flying time; **v. à voile**, gliding; **v. libre**, hang gliding **2.** flock, flight (of birds); covey (of game birds).

vol² *nm* theft; stealing, robbery; **v. avec effraction**, breaking and entering; **v. à la tire**, pickpocketing; **v. à l'étalage**, shoplifting; **v. à main armée**, armed robbery; *F:* **c'est du v.!** it's daylight robbery!

volage [vɔlaʒ] *a* fickle, flighty.

volaille [vɔlɑj] *nf* **1.** *coll* poultry; **une v.**, a fowl; **marchand de v.**, poulterer **2.** *Cu:* poultry, *esp* chicken; **foies de v.**, chicken livers.

volailler [vɔlaje] *nm* poulterer.

volant [vɔlɑ̃] **1.** *a* (*a*) flying; fluttering; *Av:* **personnel v.**, flying staff (*b*) loose; movable; **feuille volante**, loose leaf **2.** *nm* (*a*) *Games:* shuttlecock (*b*) fly-wheel (*c*) handwheel; *Aut:* (steering) wheel; **prendre le v.**, to take the wheel (*d*) *Dressm:* flounce.

volatil [vɔlatil] *a Ch: etc:* volatile.

volatile [vɔlatil] *nm* bird; *esp* fowl.

volatiliser [vɔlatilize] **1.** *vtr* (*a*) *Ch:* to volatilize (*b*) to make (sth) disappear **2. se v.**, to vanish into thin air.

vol-au-vent [vɔlovɑ̃] *nm inv Cu:* vol-au-vent.

volcan [vɔlkɑ̃] *nm* (*a*) volcano (*b*) fiery, impetuous, person. **volcanique** *a* volcanic.

volée [vɔle] *nf* **1.** flight (of bird, projectile); **prendre sa v.**, to take wing; **lancer qch à toute v.**, to throw sth as hard as one can; **coup de v.**, *Fb:* punt; *Ten:* volley **2.** flock, flight (of birds); band (of girls) **3.** volley (of missiles); shower (of blows); **recevoir une bonne v.**, to get a sound thrashing; **sonner à toute v.**, (i) to set all the bells ringing (ii) (*of bells*) to ring in full peal **4. v. d'escalier**, flight of stairs.

voler¹ [vɔle] *vi* to fly; **v. de ses propres ailes**, to fend for oneself; **on aurait entendu v. une mouche**, you could have heard a pin drop; **v. en éclats**, to fly into pieces.

voler² *vtr* **1.** to steal; **v. qch à qn**, to steal sth from s.o.; **je me suis fait v. ma valise**, I've had my suitcase stolen; *F:* **il ne l'a pas volé**, it serves him right; he asked for it **2.** (*a*) to rob (s.o.) (*b*) to swindle, cheat (s.o.).

volet [vɔlɛ] *nm* (*a*) shutter (of window); volet (of triptych) (*b*) *ICE:* throttle valve (of carburettor) (*c*) **carte à v.**, stub card (*d*) *Av:* flap (*e*) tear-off, detachable, section (of cheque).

voleter [vɔlte] *vi* (**il volette**) to flutter (about).

voleur, -euse [vɔlœr, -øz] **1.** *n* thief; robber; (*shopkeeper*) swindler; **au v.!** stop thief! **v. de grand chemin**, highwayman **2.** *a* **être v.**, to be a thief.

volière [vɔljɛr] *nf* aviary.

volley-ball [vɔlɛbol] *nm Sp:* volleyball.

volleyeur, -euse [vɔlɛjœr, -øz] *n* volleyball player.

volontaire [vɔlɔ̃tɛr] **1.** *a* (*a*) voluntary; *Mil:* **engagé v.**, volunteer (*b*) *Pej:* wilful; *NAm:* wilful; *Fig:* **menton v.**, firm chin **2.** *n* volunteer. **volontairement** *adv* voluntarily, willingly; deliberately, intentionally.

volonté [vɔlɔ̃te] *nf* **1.** (*a*) will; **v. de fer**, iron will; **manque de v.**, lack of will(power); **avec la meilleure v. du monde**, with the best will in the world (*b*) **bonne v.**, goodwill; willingness; **mauvaise v.**, ill will; unwillingness; **faire qch de bonne v.**, to do sth willingly, with good grace (*c*) **en faire à sa v.**, to have one's own way; **à v.**, at will; ad lib; **du vin à v.**, as much wine as one likes; **sucrer à v.**, add sugar to taste **2.** (*a*) **les dernières volontés (de qn)**, (s.o.'s) last will and testament; (s.o.'s) last wishes (*b*) **elle fait ses quatre volontés**, she does just what she pleases.

volontiers [vɔlɔ̃tje] *adv* (*a*) willingly, gladly, with pleasure; **très v.**, I'd love to; **il cause v.**, he's fond of talking (*b*) readily; **on croit v. que**, we are apt to think that.

volt [vɔlt] *nm El Meas:* volt.

voltage [vɔltaʒ] *nm El:* voltage.

volte-face [vɔltəfas] *nf inv* (*a*) turning round (*b*) *Fig:* volte-face; **faire v.-f.**, to reverse one's opinions, one's policy; to do a U turn.

voltige [vɔltiʒ] *nf* **1.** *Equit:* **(haute) v.**, trick riding **2.** *Av:* aerobatics.

voltiger [vɔltiʒe] *vi* (**n. voltigeons**) (*of bird, insect*) to fly about; to flit; to flutter about.

volubilis [vɔlybilis] *nm Bot:* convolvulus; morning glory.

volubilité [vɔlybilite] *nf* volubility. **volubile** *a* voluble.

volume [vɔlym] *nm* **1.** volume, tome **2.** (*a*) volume, bulk, mass; **faire du v.**, to take up space (*b*) volume (of sound). **volumineux, -euse** *a* voluminous, bulky.

volupté [vɔlypte] *nf* (sensual) pleasure. **voluptueux, -euse** *a* voluptuous. **voluptueusement** *adv* voluptuously.

volute [vɔlyt] *nf Arch:* volute; curl (of smoke).

vomi [vɔmi] *nm* vomit.

vomir [vɔmir] *vtr* (*a*) to vomit; to bring up (food); *vi* to be sick, to throw up; **c'est à (faire) v.**, it's enough to make you sick, it's nauseating (*b*) to belch forth (smoke) (*c*) to loathe, to abhor (s.o.).

vomissement [vɔmismɑ̃] *nm* vomiting.

vomitif, -ive [vɔmitif, -iv] *a & nm* emetic.

voracité [vɔrasite] *nf* voracity.

vorace [vɔras] *a* voracious. **voracement** *adv* voraciously.

vos [vo] *see* **votre**.

votant, -ante [vɔtɑ̃, -ɑ̃t] *n* voter.

vote [vɔt] *nm* **1.** (*a*) vote (*b*) voting, ballot(ing), poll; **bureau de v.**, polling station; **droit de v.**, right to vote; **accorder le droit de v. à qn**, to give s.o. the vote **2.** *Pol:* **v. d'une loi**, passing of a bill; **v. de confiance**, vote of confidence.

voter [vɔte] **1.** *vi* to vote; **v. à main levée**, to vote by (a) show of hands; **v. communiste**, to vote communist **2.** *vtr* (*a*) *Pol:* to pass, carry (a bill) (*b*) to vote (money).

votre, *pl* **vos** [vɔtr̥, vo] *poss a* your; **un de vos amis**, a friend of yours.

vôtre [votr̥] **le vôtre, la vôtre, les vôtres;** (*a*) *poss pron* yours; your own; **sa mère et la v.**, his mother and yours; *F:* **à la v.!** cheers! (your) good health! (*b*) *nm* (i) **il faut y mettre du v.**, you must pull your weight (ii) *pl* your own (friends, family); **je serai des vôtres**, I'll be joining you.

vouer [vwe] *vtr* to vow, dedicate, consecrate; **se v. à**

l'étude, to devote oneself to study; **voué à l'échec,** doomed to failure.

vouloir[1] [vulwar] *vtr* (*prp* **voulant;** *pp* **voulu;** *pr ind* **je veux, il veut, ils veulent;** *pr sub* **je veuille, n. voulions, ils veuillent;** *imp in* **1. voulez,** *otherwise* **veuille, veuillez;** *impf* **je voulais;** *fu* **je voudrai) 1.** to will (sth); to be determined on (sth); **Dieu le veuille!** please God! *Prov:* **v., c'est pouvoir,** where there's a will there's a way; **vous l'avez voulu!** you have only yourself to blame! **2.** (*a*) to want, to wish (for), to desire (sth); **il sait ce qu'il veut,** he knows what he wants; **faites comme vous voudrez,** do as you please; **qu'il le veuille ou non,** whether he likes it or not; **que voulez-vous!** (i) what do you want? (ii) what do you expect? **que voulez-vous que j'y fasse?** what do you expect me to do about it? **que lui voulez-vous?** what do you want from him? **voulez-vous du thé?** would you like some tea? **ils ne veulent pas de moi,** they won't have me; **de l'argent en veux-tu (en voilà),** money galore (*b*) **v. qn pour roi,** to want s.o. as king (*c*) **je ne lui veux pas de mal,** I mean him no harm; **en v. à qn,** to bear s.o. a grudge; **ne m'en veuillez pas,** don't hold it against me; **s'en v.,** to be angry with oneself (**de qch,** about sth) **3. v.** + *inf*, **v. que** + *sub* (*a*) to will, to require, to demand; **le mauvais sort voulut qu'il arrivât trop tard,** as ill luck would have it he arrived too late; **je veux être obéi,** I demand to be obeyed; **v. absolument faire qch,** to insist on doing sth; **le moteur ne veut pas démarrer,** the engine won't start (*b*) to want, wish; **il voulait me frapper,** he wanted to hit me; **je fais de lui ce que je veux,** I can do as I like with him; **je voudrais être à ta place,** I wish I were in your place; **voulez-vous que j'ouvre la fenêtre?** shall I open the window? **que voulez-vous que je fasse?** what do you expect me to do? **rentrons, voulez-vous?** let's go in, shall we? (*c*) to try to (do sth); **il voulut me frapper,** he made as if to strike me (*d*) to mean, intend; **je voulais écrire un livre sur ce sujet,** I meant to write a book on this subject; **faire qch sans le v.,** to do sth unintentionally (*e*) **v. (bien) faire qch,** to consent, be willing, to do sth; **je veux bien que vous veniez,** I'd like you to come; **veuillez vous asseoir,** will you please sit down; do (please) sit down; **je veux bien attendre,** I'm quite happy to wait; **si vous voulez,** if you like; **si vous (le) voulez bien,** if you don't mind (*f*) (**bien** *used as an intensive*) **voulez-vous bien vous taire!** *will* you be quiet! *F:* do shut up! **4.** (*a*) to admit, to allow; **je veux bien que vous ayez raison,** (I grant you that) you may be right (*b*) to be convinced, to maintain; **il veut absolument que je me sois trompé,** he insists that I was mistaken **5.** (*of thg*) to require, need, demand; **la vigne veut un terrain crayeux,** the vine requires a chalky soil.

vouloir[2] *nm* **bon, mauvais, v.,** goodwill, ill will (**pour, envers,** towards).

voulu [vuly] *a* **1.** required, requisite (formalities); **j'agirai en temps v.,** I shall take action at the proper time **2.** deliberate, intentional.

vous [vu] *pers pron sg & pl* **1.** (*unstressed*) (*a*) (*subject*) you (*b*) (*object*) you; to you; **je v. en ai parlé,** I've spoken to you about it (*c*) (*refl*) **v. allez v. faire du mal,** you'll hurt yourself, yourselves (*d*) (*reciprocal*) **v. v. connaissez,** you know one another, each other **2.** (*stressed*) (*a*) (*subject*) you; **v. tous,** you all, all of you; **v. autres Anglais,** you English (*b*) (*object*) **c'est à v. que je parle,** it's you I'm talking to; **c'est à v. de jouer,** it is your turn to play; **ceci est à v.,** this is yours; **un ami à v.,** a friend of yours; **j'ai confiance en v.,** I trust you (*c*) (*refl*) **v. ne pensez qu'à v.(-même),** you think only of yourself.

vous-même(s) [vumɛm] *pers pron* yourself, *pl* yourselves.

voûte [vut] *nf* vault, arch; *Lit:* **la v. céleste,** the canopy of heaven; *Anat:* **v. plantaire,** arch of the foot.

voûter [vute] **1.** *vtr* (*a*) to arch, vault (roof) (*b*) to make (s.o.) stooped **2. se v.,** to become bent, round-shouldered; to begin to stoop. **voûté** *a* vaulted, arched (roof); stooping, round-shouldered (person); bent (back).

vouvoiement [vuvwamɑ̃] *nm* addressing s.o. as **vous.**

vouvoyer [vuvwaje] *vtr* (**je vouvoie, n. vouvoyons**) to address (s.o.) as **vous.**

voyage [vwajaʒ] *nm* journey, trip; tour; (*at sea*) voyage; **aimer les voyages,** to be fond of travel; **v. d'affaires,** business trip; **v. organisé,** package tour, package holiday; **v. de noces,** honeymoon; **il est en v.,** he's away; **frais de v.,** travelling expenses; **compagnon de v.,** (i) travelling companion (ii) fellow passenger; **bon v.!** have a good trip!

voyager [vwajaʒe] *vi* (**n. voyageons**) (*a*) to travel; **v. par mer,** to travel by sea; **j'aime v.,** I love travelling (*b*) *Com:* to travel; **v. pour les vins,** to travel in wine.

voyageur, -euse [vwajaʒœr, -øz] **1.** *n* (*a*) traveller; (*in train*) passenger (*b*) **v. de commerce,** commercial traveller **2.** *a* travelling.

voyagiste [vwajaʒist] *nm* tour operator.

voyant, -ante [vwajɑ̃, -ɑ̃t] **1.** *n* clairvoyant **2.** *a* gaudy, loud, garish (colour); showy, conspicuous **3.** *nm* (warning) light; pilot light; *Aut:* **v. d'huile,** oil indicator light.

voyelle [vwajɛl] *nf* vowel.

voyeur, -euse [vwajœr, -øz] *n* voyeur, voyeuse; *F:* Peeping Tom.

voyou [vwaju] **1.** *nm* (young) lout, layabout; hooligan **2.** *a* loutish.

vrac [vrak] *nm* **en v.,** loose, in bulk; **marchandises en v.,** loose goods; **outils jetés en v. sur le plancher,** tools thrown higgledy piggledy on the floor.

vrai [vrɛ] **1.** *a* (*a*) true, truthful; **c'est (bien) v.!** its true! *F:* **pour de v.,** really, seriously; *NAm:* for real; **c'est pour de v.,** I'm serious (*b*) true, real, genuine (*c*) downright, regular (liar); **c'est une vraie attrape,** it's a real swindle **2.** *adv* truly, really, indeed; **dire v.,** to be right (in what one says); **à v. dire,** as a matter of fact; *F:* **tu m'aimes (pas) v.?** you *do* love me don't you? **v. de v.!** really and truly! **pas v.?** I'm right, aren't I? *F:* **c'est pas v.!** really? oh no! **3.** *nm* truth; *F:* **pour de v.,** for real. **vraiment** *adv* really, truly, in truth; **v.?** really?

vraisemblable [vrɛsɑ̃blabl] **1.** *a* probable, likely; **peu v.,** improbable, unlikely **2.** *nm* what is probable, likely. **vraisemblablement** *adv* probably.

vraisemblance [vrɛsɑ̃blɑ̃s] *nf* probability, likelihood.

vraquier [vrakje] *nm Trans:* bulk carrier.

vrille [vrij] *nf* 1. *Tls:* gimlet 2. *Av:* spin; **descente en v.**, spinning dive.

vrombir [vrɔ̃bir] *vi* to buzz; to hum; to throb.

vrombissement [vrɔ̃bismɑ̃] *nm* buzz(ing); hum-(ming); throb(bing).

vu, vue[1] [vy] 1. *n* **au vu de tous**, openly, publicly; **au vu et au su de tous**, as everyone knows; **c'est du déjà vu**, that's nothing new 2. *prep* considering, seeing; **vu la chaleur, je voyagerai de nuit**, in view of the heat I'll travel by night; *conj phr F:* **vu que** + *ind* seeing that.

vue[2] [vy] *nf* 1. (eye)sight; vision; **avoir la v. basse**, (i) to have poor eyesight (ii) to be shortsighted; **connaître qn de v.**, to know s.o. by sight; **perdre qn de v.**, (i) to lose sight of s.o. (ii) to lose touch with s.o.; **personnes les plus en v.**, people most in the public eye; **personnalité en v.**, prominent personality; **(bien) en v.**, conspicuous; **à perte de v.**, as far as the eye can see; **faire qch à la v. de tous**, to do sth in full view of everybody; **à v. d'œil**, visibly; before one's very eyes; *F:* **à v. de nez**, at a rough guess 2. view; **échange de vues**, exchange of views 3. **à première v.**, at first sight; *Com:* **payable à v.**, payable at sight 4. (*a*) view; outlook; **chambre avec v. sur la mer**, room looking onto the sea (*b*) intention, purpose; **avoir qch en v.**, to have sth in mind; **en v. de**, with a view to; **travailler en v. de l'avenir**, to work with an eye to the future.

vulcain [vylkɛ̃] *nm Ent:* red admiral.

vulgaire [vylgɛr] *a* vulgar; common; coarse. **vulgairement** *adv* vulgarly; commonly; coarsely.

vulgarisation [vylgarizasjɔ̃] *nf* popularization.

vulgariser [vylgarize] *vtr* to popularize

vulgarité [vylgarite] *nf* vulgarity.

vulnérabilité [vylnerabilite] *nf* vulnerability.

vulnérable *a* vulnerable.

vulve [vylv] *nf Anat:* vulva.

Vve *abbr veuve*, widow.

W

W, w [dubləve] *nm* (the letter) W, w.
wagon [vagɔ̃] *nm Rail:* (*for passengers*) carriage, coach, *NAm:* car; (*for goods*) wagon, truck, *NAm:* car; **monter en w.,** to board the train; **w. à bestiaux,** cattle truck; **w. frigorifique,** refrigerated van.
wagon-citerne [vagɔ̃sitɛrn] *nm* tank wagon; *pl wagons-citernes.*
wagon-lit [vagɔ̃li] *nm* sleeping-car, *F:* sleeper; *pl wagons-lits.*
wagon(n)et [vagɔnɛ] *nm* tip truck.
wagon-restaurant [vagɔ̃rɛstɔrɑ̃] *nm* dining-car; *pl wagons-restaurants.*
Walkman [wɔkman] *nm Rtm:* Walkman; personal stereo.
wallon, -onne [valɔ̃, -ɔn; wa-] **1.** *a & n Geog:* Walloon. **2.** *nm Ling:* Walloon.
water-polo [watɛrpɔlo] *nm Sp:* water polo.
waters [watɛr] *nmpl* toilet, loo.
watt [wat] *nm ElMeas:* watt, ampere-volt.
WC [vese] *abbr water closet.*
weekend [wikɛnd] *nm* weekend; *pl week-ends.*
western [wɛstɛrn] *nm Cin:* western.
whisky [wiski] *nm* whisky; *pl whiskys.*
white-spirit [wajtspirit] *nm* white spirit.

X, x [iks] *nm* (the letter) X, x; **Monsieur X,** Mr X; **rayons X,** X-rays; **je vous l'ai dit x fois,** I've told you a thousand times.

xénophobie [ksenɔfɔbi] *nf* xenophobia. **xénophobe** *a & n* xenophobe.

Xérès [kserɛs, gzerɛs] **1.** *Prn Geog:* Jerez **2.** *nm* **(vin de) X.,** sherry.

xylophone [ksilɔfɔn] *nm Mus:* xylophone.

an asterisk (*) *before a noun indicates that the def art is* **le** *or* **la,** *not* **l'**

Y, y¹ [igrɛk] *nm* (the letter) Y, y.

y² [i] *adv & pron* **1.** *adv* there; here; **j'y suis, j'y reste!** here I am and here I stay! **je n'y suis pour personne,** I'm not at home to anybody; *F:* **ah, j'y suis!** ah, now I understand, I've got it! **vous n'y êtes pas du tout,** you're wide of the mark; **pendant que vous y êtes,** while you're at it **2.** *pron inv* (*a*) **j'y gagnerai,** I shall gain by it; **je m'y attendais,** I expected as much; **venez nous voir—je n'y manquerai pas,** come and see us—I certainly shall (*b*) (*standing for pers just mentioned*) **pensez-vous à lui?—oui, j'y pense,** are you thinking of him?—yes, I am **3.** (*indeterminate uses*) **je vous y prends!** I have caught you (in the act)! **ça y est!** [sajɛ] (i) that's done! (ii) that's done it! I knew it! **il y est pour quelque chose,** he's got a hand in it; he's got something to do with it **4. vas-y** [vazi] (i) go (there) (ii) get on with it! go on!

***yacht** [jɔt] *nm Nau:* yacht.

***yachting** [jɔtiŋ] *nm* yachting.

***yaourt** [jaurt] *nm* yoghurt.

yeux [jø] *nmpl see* **œil**.

***yiddish** [jidiʃ] *nm & a inv* Yiddish.

***yoga** [jɔga] *nm* yoga.

***yog(h)ourt** [jogurt] *nm* = **yaourt**.

***Yougoslavie** [jugɔslavi] *Prnf Geog:* Yugoslavia. ***yougoslave** *a & n* Yugoslav.

***youyou** [juju] *nm Nau:* dinghy.

***yo-yo** [jojo] *nm Rtm:* yo-yo.

Z

Z, z [zɛd] *nm* (the letter) Z, z.
Zaïre [zair] *Prnm* Zaire.
Zambie [zɑ̃bi] *Prnf Geog:* Zambia.
zapper [zape] *vi* to zap, to channel-hop.
zèbre [zɛbr̥] *nm* **1.** zebra; **courir comme un z.,** to run like a hare **2.** *F:* individual, bod.
zébrer [zebre] *vtr* **(je zèbre)** to stripe; to streak. **zébré** *a* striped **(de,** with); stripy.
zébrure [zebryr] *nf* **1.** stripe **2.** stripes; zebra markings.
zébu [zeby] *nm Z:* zebu.
zèle [zɛl] *nm* zeal **(pour,** for); *Ind:* **grève du z.,** work to rule (strike); *F:* **faire du z.,** to overdo it. **zélé, -ée** *a & n* zealous (person).
zénith [zenit] *nm* zenith.
zéro [zero] *nm* **1.** nought; *Tp:* **z. sept,** O [ou] seven; **c'est un z.,** he's a nonentity; *Sp:* **trois à z.,** three nil; *NAm:* three zero; *Ten:* **quinze à z.,** fifteen love **2.** zero (of scale); **partir de z.,** to start from scratch; *Sch* **z. de conduite,** bad conduct mark; *F:* **avoir le moral à z.,** to be depressed; **z. pour la question,** nothing doing **3.** *a* **z. faute,** no mistakes; **z. heure,** zero hour.
zeste [zest] *nm Cu:* peel, zest (of lemon, orange).
zézaiement [zezɛmɑ̃] *nm* lisp.
zézayer [zezeje] *vi & tr* **(je zézaie, je zézaye)** to lisp.
ZI *abbr zone industrielle.*
zibeline [ziblin] *nf* **1.** *Z:* **(martre) z.,** sable **2.** sable (fur).
zig [zig] *nm P:* bloke, guy.
zigomar [zigɔmar], **zigoto** [zigɔto] *nm P:* bloke, guy; **un drôle de z.,** a queer customer.
zigouiller [ziguje] *vtr P:* to do (s.o.) in.
zigzag [zigzag] *nm* zigzag; **route en z.,** zigzag road; **faire des zigzags,** to zigzag.
zigzaguer [zigzage] *vi* to zigzag.
zinc [zɛ̃g] *nm* **1** zinc **2.** *F:* (zinc) counter; bar **3.** *F:* aeroplane; *Pej:* crate.
zinzin [zɛ̃zɛ̃] *F:* **1.** *a* cracked, nuts **2.** *nm* thingummy.
zizanie [zizani] *nf* discord; **semer la z.,** to spread discord.
zizi [zizi] *nm F:* willy.
zodiaque [zɔdjak] *nm* zodiac.
zona [zona] *nm Med:* shingles.
zone [zon] *nf* (*a*) zone; *Geog:* **z. tempérée,** temperate zone; **z. houillère,** coal belt; *Meteor:* **z. de dépression,** trough (of low pressure) (*b*) *Adm:* **z. verte,** green belt; *Aut:* **z. bleue,** meter zone; **z. postale,** postal area; **la Z.,** slum area; *PolEc:* **z. franche,** free zone; **z. franc,** franc area; **z. dangereuse,** danger zone.
zoo [zo] *nm* zoo.
zoologie [zɔɔlɔʒi] *nf* zoology. **zoologique** *a* zoological.
zoologiste [zɔɔlɔʒist] *n* zoologist.
zoom [zum] *nm Cin:* zoom (lens).
zouave [zwav] *nm Mil:* zouave; *F:* **faire le z.,** to play the fool, to fool around.
zoulou, -ous [zulu] *a & n* Zulu.
zozoter [zɔzɔte] *vi F:* to lisp.
zut [zyt] *int F:* (*a*) damn! blast it! (*b*) go to hell! get stuffed! **avoir un œil qui dit z. à l'autre,** to squint.

PART TWO

ENGLISH–FRENCH

Table of Phonetic Symbols

Consonants and semiconsonants

[p] pat [pæt]; top [tɔp]
[b] but [bʌt]; tab [tæb]
[m] mat [mæt]; ram [ræm]; prism [ˈprizm]
[f] fat [fæt]; laugh [lɑːf]; rough [rʌf]; elephant [ˈelifənt]
[v] vat [væt]; avail [əˈveil]; rave [reiv]
[t] tap [tæp]; pat [pæt]; trap [træp]
[d] dab [dæb]; madder [ˈmædə*r*]; build [bild]
[n] no, know [nou]; ban [bæn]; gnat [næt]
[s] sat [sæt]; scene [siːn]; mouse [maus]; ice [ais]; psychology [saiˈkɔlədʒi]
[θ] thatch [θætʃ]; ether [ˈiːθə*r*]; faith [feiθ]; breath [breθ]
[z] zinc [ziŋk]; buzz [bʌz]; houses [ˈhauziz]; business [ˈbiznis]
[ð] that [ðæt]; there [ðεə*r*]; mother [ˈmʌðə*r*]; breathe [briːð]
[l] lad [læd]; all [ɔːl]; table [ˈteibl]
[ʃ] sham [ʃæm]; dish [diʃ]; sugar [ˈʃugə*r*]; ocean [ˈouʃ(ə)n]; nation [ˈneiʃ(ə)n]; machine [məˈʃiːn]
[tʃ] chat [tʃæt]; search [səːrtʃ]; chisel [ˈtʃizl]; thatch [θætʃ]; rich [ritʃ]
[ʒ] pleasure [ˈpleʒə*r*]; vision [ˈviʒn]; beige [beiʒ]
[dʒ] jam [dʒæm]; jail, gaol [dʒeil]; gem [dʒem]; gin [dʒin]; rage [reidʒ]; edge [edʒ]; badger [ˈbædʒə*r*]
[k] cat [kæt]; kitten [ˈkitn]; choir [ˈkwaiə*r*]; cue, queue [kjuː]; arctic [ˈɑːktik]; exercise [ˈeksəsaiz]
[g] go [gou]; ghost [goust]; guard [gɑːd]; again [əˈgen]; egg [eg]; exist [egˈzist]; hungry [ˈhʌŋgri]
[h] hat [hæt]; cohere [kouˈhiə*r*]
[χ] loch [lɔχ]
[ŋ] bang [bæŋ]; sing [siŋ]; singer [ˈsiŋə*r*]; anchor [ˈæŋkə*r*]; anger [ˈæŋgə*r*]; link [liŋk]
[r] rat [ræt]; arise [əˈraiz]; brain [brein]
[*r*] (*sounded only when a final* **r** *is carried on to the next word*) far [fɑː*r*]; sailor [ˈseilə*r*]; finger [ˈfiŋgə*r*]
[j] yam [jæm]; yet [jet]; youth [juːθ]
[w] wall [wɔːl]; await [əˈweit]; quite [kwait]
[(h)w] what [(h)wɔt]; why [(h)wai]

Vowels and vowel combinations

[iː] bee [biː]; fever [ˈfiːvə*r*]; see, sea [siː]; release [riˈliːs]
[iə] beer, bier [bie*r*]; appear [əˈpiə*r*]; really [ˈriəli]
[i] bit [bit]; added [ˈædid]; drastic [ˈdræstik]; sieve [siv]
[e] bet [bet]; leopard [ˈlepəd]; menace [ˈmenəs]; said [sed]
[ei] date [deit]; day [dei]; rain, rein, reign [rein]
[εə] bear, bare [bεə*r*]; there, their [ðεə*r*]
[æ] bat [bæt]; add [æd]
[ai] aisle, isle [ail]; height [hait]; life [laif]; fly [flai]; beside [biˈsaid]
[ɑː] art [ɑːt]; ask [ɑːsk]; car [kɑː*r*]; father [ˈfɑːðə*r*]
[au] fowl, foul [faul]; house [haus]; cow [kau]
[ɔ] wad [wɔd]; wash [wɔʃ]; lot [lɔt]
[ɔː] all [ɔːl]; haul [hɔːl]; saw [sɔː]; caught, court [kɔːt]; short [ʃɔːt]; wart [wɔːt]; thought [θɔːt]
[ɔi] boil [bɔil]; toy [tɔi]; oyster [ˈɔistə*r*]; loyal [ˈlɔiəl]
[ou] low [lou]; soap [soup]; rope [roup]; road, rode [roud]; sew, so, sow (*verb*) [sou]
[uː] shoe [ʃuː]; prove [pruːv]; threw, through [θruː]; frugal [ˈfruːgl]; (*slightly shorter*) room [ru(ː)m]
[juː] few [fjuː]; huge [hjuːdʒ]; humour [ˈhjuːmə*r*]
[(j)uː] suit [s(j)uːt]; suicide [ˈs(j)uːisaid]
[(j)uə] lurid [ˈl(j)uərid]; lure [l(j)uə*r*]
[u] put [put]; wool [wul]; wood, would [wud]; full [ful]
[ju] incubate [ˈinkjubeit]; duplicity [djuˈplisiti]
[uə] poor [puə*r*]; sure [ʃuə*r*]
[ʌ] cut [kʌt]; sun, son [sʌn]; cover [ˈkʌvə*r*]; rough [rʌf]
[əː] curl [kəːl]; herb [həːb]; learn [ləːn]
[ə] decency [ˈdiːsənsi]; obey [əˈbei] amend [əˈmend]; delicate [ˈdelikət]

A

A, a[1] [ei] *n* **1.** (la lettre) A, a *m*; **to go from A to B,** aller du point A au point B; **he knows the book from A to Z,** il connaît le livre à fond; *F* **A1,** *NAm: also* **A number 1,** super, superbe; (*house number*) **51a,** 51 bis; *Sch:* **A levels** = baccalauréat *m*, *F:* bac *m*; *Aut:* **the A3** = la (route) nationale 3, la N3 [ɛntrwɑ] **2.** *Mus:* la *m* **3. A bomb,** bombe A.

a[2] *before vowel* **an** [ə, ən *stressed* ei, æn] *indef art* **1.** un, une; **a man,** un homme; **an apple,** une pomme; **an M.P.** [ən'em'piː] = un député **2.** (*def art in Fr*) (*a*) **to have a red nose,** avoir le nez rouge (*b*) **to have a taste for sth,** avoir le goût de qch (*c*) (*generalizing*) **a child is sometimes more perceptive than an adult,** les enfants sont quelquefois plus perspicaces que les adultes **3.** (*distributive*) **two pounds a kilo,** deux livres le kilo; **fifty francs a head,** cinquante francs par tête, par personne; **three times a week,** trois fois par semaine; **50 kilometres an hour,** 50 kilomètres à l'heure **4. it gives me an appetite,** cela me donne de l'appétit **5.** (*a*) (= *a certain*) **I know a Doctor Hugo,** je connais un certain docteur Hugo; **in a sense,** dans un certain sens (*b*) (= *the same*) **to eat two at a time,** en manger deux à la fois; **to come in two at a time,** entrer deux par deux; **to be of a size,** être de la même grandeur, de (la) même taille (*c*) (= *a single*) **I haven't understood a word,** je n'ai pas compris un seul mot; **not a penny,** pas un sou **6.** (*omitted in Fr*) (*a*) **he's a doctor,** il est médecin (*b*) (*before nouns in apposition*) **Caen, a town in Normandy,** Caen, ville de Normandie (*c*) **to make a noise, a fuss,** faire du bruit, des histoires; **to make a fortune,** faire fortune; **to have a right to sth,** avoir droit à qch (*d*) **what a man!** quel homme! **what a pity!** quel dommage! (*e*) **in a taxi,** en taxi; **to live like a lord,** vivre comme un prince; **to sell at a loss,** vendre à perte.

AA *abbr* **1.** *Automobile Association* **2.** *Alcoholics Anonymous.*

aback [ə'bæk] *adv* **to be taken a.,** être, rester, déconcerté, interdit.

abacus ['æbəkəs] *n* abaque *m;* boulier (compteur) *m.*

abalone [æbə'louni] *n* (*pl* **abalone**) *Moll:* ormeau *m.*

abandon [ə'bændən] **1.** *n* laisser-aller *m*, abandon *m*; **with gay a.,** avec désinvolture **2.** *vtr* abandonner; délaisser (sa famille); renoncer à (un projet); **to a. ship,** abandonner le navire. **a'bandonment** *n* abandon *m.*

abase [ə'beis] *vtr Lit:* abaisser, humilier (qn); **to a. oneself,** s'abaisser, s'humilier.

abashed [ə'bæʃt] *a* déconcerté; confus, gêné.

abate [ə'beit] **1.** *vi* (*of storm, pain*) diminuer, se calmer, s'apaiser; (*of flood*) baisser; (*of wind*) se modérer, tomber **2.** *vtr* diminuer, réduire. **a'batement** *n* diminution *f*, réduction *f*; **noise a. campaign,** campagne contre le bruit.

abattoir ['æbətwɑːr] *n* abattoir *m.*

abbess ['æbes] *n* abbesse *f.*

abbey ['æbi] *n* **1.** abbaye *f* **2. a. (church),** (église) abbatiale (*f*).

abbot ['æbət] *n* abbé *m* (d'un monastère).

abbreviate [ə'briːvieit] *vtr* abréger (un nom, un livre). **abbrevi'ation** *n* abréviation *f.*

ABC [eibiː'siː] *n* abc *m*, ABC *m.*

abdicate ['æbdikeit] *vtr & i* abdiquer (un trône); renoncer à (un droit, une responsabilité). **abdi'cation** *n* abdication *f*; renonciation *f.*

abdomen ['æbdəmen] *n* abdomen *m*; **lower a.,** bas-ventre *m*. **ab'dominal** *a* abdominal, -aux.

abduct [æb'dʌkt] *vtr* enlever, kidnapper (qn). **ab'duction** *n* enlèvement *m*, rapt *m*, kidnapping *m*. **ab'ductor** *n* ravisseur, -euse; kidnappeur, -euse.

aberration [æbə'reiʃn] *n* aberration *f*; **mental a.,** aberration; égarement *m* de l'esprit; confusion mentale.

abet [ə'bet] *vtr* **(abetted) to a. s.o. in a crime,** encourager qn à un crime; *Jur:* **to aid and a. s.o.,** être le complice de qn. **a'betting** *n* **(aiding and) a.,** complicité *f.*

abeyance [ə'beiəns] *n* suspension *f* (d'une loi); **in a.,** en suspens.

abhor [əb'hɔːr] *vtr* avoir horreur de, exécrer; avoir (qn, qch) en horreur; vomir. **ab'horrence** *n* horreur *f* **(of,** de). **ab'horrent** *a* exécrable; répugnant **(to,** à).

abide [ə'baid] **1.** *vi* **to a. by sth,** rester fidèle à (sa promesse, etc); se conformer à (une règle) **2.** *vtr* **I can't a. him,** je ne peux pas le supporter, *F:* l'encaisser.

ability [ə'biliti] *n* (*pl* **abilities**) **1.** capacité *f*, pouvoir *m* (de faire qch) **2.** capacité **(to do,** pour faire); aptitude *f* **(to do,** à faire); compétence *f*; **to do sth to the best of one's a.,** faire qch de son mieux; **a person of great a.,** une personne très douée.

abject ['æbdʒekt] *a* **1.** abject; misérable; **a. poverty,** la misère **2.** (*of apology*) servile. **'abjectly** *adv* **1.** misérablement **2.** avec servilité.

ablaze [ə'bleiz] *adv & a* en feu, en flammes; **to be a.,** flamber; **a. with light,** resplendissant de lumière; **a. with anger,** fou furieux; en proie à la colère.

able ['eibl] *a* **(-er, -est)** (*a*) capable, compétent (*b*) **to be a. to do sth,** être capable de faire qch; pouvoir, être à même de, faire qch; **to be a. to swim, drive,** savoir nager, conduire; **a. to pay,** en mesure de payer. **'able-'bodied** *a* (homme) fort, robuste; *Mil:* valide; *Nau:* **a.(-bodied) seaman,** matelot de deuxième classe. **'ably** *adv* habilement; avec compétence.

ablutions [ə'bluːʃnz] *npl* ablutions *f.*

abnormal [æb'nɔːml] *a* anormal, -aux; **a load,** convoi exceptionnel. **abnor'mality** *n* (*pl* **-ties**) **1.** caractère anormal (de qch) **2.** anomalie *f*; difformité *f* (du corps). **ab'normally** *adv* anormalement; *Fig*: exceptionnellement.

aboard [ə'bɔːd] **1.** *adv* à bord; **to go a.**, monter à bord; s'embarquer; **all a.!** (i) *Nau:* embarquez! à bord! (ii) *Rail: etc:* en voiture! **2.** *prep* **a. (a) ship,** à bord d'un navire; **a. a train, an aircraft,** dans un train, un avion; à bord d'un avion.

abode [ə'boud] *n Lit:* demeure *f*; *Jur:* domicile *m*; **of no fixed a.,** sans domicile fixe.

abolish [ə'bɔliʃ] *vtr* abolir, supprimer (un usage, un abus); abroger (une loi). **abo'lition** *n* abolition *f*; suppression *f*.

abominable [ə'bɔminəbl] *a* abominable. **a'bominably** *adv* abominablement.

abominate [ə'bɔmineit] *vtr* abominer; avoir (qch) en abomination, en horreur. **abomi'nation** *n* abomination *f*.

aborigine [æbə'ridʒini] *n* aborigène *m*. **abo'riginal** *a & n* aborigène (*m*).

abort [ə'bɔːt] **1.** *vtr Med* faire avorter; abandonner (un vol spatial, *Cmptr:* un programme) **2.** *vi Med: & Fig:* avorter. **abortion** *n* **1.** avortement *m*; **to have an a.,** se faire avorter **2.** œuvre mal venue. **a'bortionist** *n* avorteur, -euse. **a'bortive** *a* (*of plan, etc*) avorté, manqué.

abound [ə'baund] *vi* abonder (**in, with,** en).

about [ə'baut] *adv & prep* **1.** (*a*) (*around*) autour (de); **a. the garden,** autour du jardin; **a. the streets,** par, dans, les rues; (*near to*) **a. here,** par ici (*b*) (*here and there*) çà et là, ici et là; **to wander a.,** errer, se promener, par-ci par-là; **to look a.,** regarder autour; **to follow a.,** suivre partout; **don't leave those papers lying a.,** ne laissez pas traîner ces papiers; **there are lots a.,** il en existe beaucoup; **there's a great deal of flu a.,** il y a beaucoup de grippe dans l'air; **there's a rumour a.,** il y a un bruit qui court (*c*) **there's sth unusual a. him,** il y a chez lui quelque chose d'inhabituel **2.** *Nau:* **ready a.!** paré à virer! *Mil:* **a. turn,** *US:* **a. face!** demi-tour! **3.** (*approximately*) à peu près, environ; **there are a. thirty,** il y en a une trentaine; **that's a. right,** c'est à peu près cela; **it's a. time** (i) il est presque temps (ii) *Iron:* il est grand temps! **he came (at) a. three o'clock,** il est venu vers trois heures **4.** (*concerning*) au sujet de; **to enquire a. sth,** se renseigner sur qch; **to quarrel a. nothing,** se disputer à propos de rien; **what's it (all) a.?** de quoi s'agit-il? **to speak a. sth,** parler de qch; **what did he say a. it?** qu'est-ce qu'il en a dit? **how a., what a., a game of chess?** si on faisait une partie d'échecs? **what a. my bath?** et (alors, et) mon bain? **5.** (*a*) **to be a. to do sth,** être sur le point de faire qch; **I was a. to say,** j'étais sur le point de dire, j'allais dire (*b*) **this is how I go a. it,** voici comment je m'y prends; **while you're a. it,** pendant que vous y êtes. **about-'turn,** *US:* **about-'face** *n* demi-tour *m*; *Fig:* volte-face *f*.

above [ə'bʌv] *adv & prep* **1.** au-dessus (de) (*a*) **the water reached a. their knees,** l'eau leur montait jusqu'au-dessus des genoux; (*of river*) **a. the bridge,** en amont du pont; (*b*) **to hover a. the town,** planer au-dessus de la ville; **a voice from a.,** une voix d'en haut; **view from a.,** vue plongeante (*c*) **his voice was heard a. the din,** on entendait sa voix pardessus le tumulte (*d*) **he is a. me (in rank),** c'est mon supérieur; **you must show yourself a. prejudice,** il faut être au-dessus des préjugés; **to live a. one's means,** vivre au-delà de ses moyens; **the flat a.,** l'appartement du dessus; **temperature a. normal,** température supérieure à la normale; **that's a. me,** cela me dépasse; **a. all,** par-dessus tout, surtout; **to get a. oneself,** faire le suffisant **2.** (*in book*) **see paragraph a.,** voir le paragraphe ci-dessus, plus haut **3.** (*of pers*) **a. lying,** incapable de mentir; **a asking,** trop fier pour demander; **to be a. (all) suspicion,** être au-dessus de tout soupçon; **he is a. (doing) that,** il se respecte trop pour faire cela **4. a. twenty,** plus de vingt. **a'bove'board 1.** *a* ouvert, honnête; **it was all open and a.,** c'était tout à fait correct, de règle **2.** *adv* **(fair and) a.,** sans tricherie, cartes sur table. **above-'mentioned, above-'named** *a* susmentionné, susnommé susdit.

abrasion [ə'breiʒn] *n* (*a*) frottement *m*; abrasion *f* (*b*) *Med:* éraflure *f*, écorchure *f* (de la peau). **a'brasive** *a* (*of substance*) abrasif, ive; *Fig:* (*of pers*) rude, dur; (*of manner*) agaçant; (*of voice*) caustique.

abreast [ə'brest] *adv* côte à côte, de front; *Navy: Av:* **(in) line a.,** en ligne de front; **to walk two a.,** marcher par deux, par rangs de deux; **to keep a. of, with,** se tenir au courant de; **to be a. of the times,** être de son temps; **to keep wages a. of the cost of living,** maintenir les salaires au niveau du coût de la vie.

abridge [ə'bridʒ] *vtr* abréger (un ouvrage); raccourcir (un chapitre); **abridged edition,** édition abrégée; abrégé *m*. **a'bridg(e)ment** *n* (*a*) abrégement *m* (**of,** de) (*b*) abrégé *m*.

abroad [ə'brɔːd] *adv* **1.** à l'étranger; **to live a.,** vivre à l'étranger; **to return from a.,** revenir de l'étranger **2.** de tous côtés; **rumour a.,** bruit *m* qui court; **the news got a.,** la nouvelle s'est répandue.

abrogate [æbrəgeit] *vtr* abroger.

abrupt [ə'brʌpt] *a* (départ) brusque, précipité; (caractère) brusque; (ton) cassant; (style) abrupt; (*of slope*) raide, abrupt. **a'bruptly** *adv* (*a*) (sortir) brusquement; (répondre) avec brusquerie (*b*) (monter) en pente raide. **a'bruptness** *n* (*a*) brusquerie *f*; précipitation *f* (d'un départ) (*b*) raideur *f* (d'une pente).

abscess ['æbses] *n* abcès *m*.

abscond [æb'skɔnd] *vi Jur:* s'enfuir, s'évader (**from,** de).

absence ['æbsəns] *n* **1.** absence *f*; *Jur:* **sentenced in (his, her) a.,** condamné(e) par contumace **2.** manque *m*, défaut *m* (de qch); **in the a. of any information,** faute de, à défaut de, renseignements **3. a. of mind,** distraction *f*.

absent I. *a* ['æbsənt] absent; (air) distrait; *Mil: etc:* **a. without leave,** absent sans permission, porté manquant. **II.** *vpr* [æb'sent] **to a. oneself,** s'absenter. **absen'tee** *n* absent, -ente; manquant, -ante (à l'appel). **absen'teeism** *n* absentéisme *m*. **absent'minded** *a* distrait. **absent'mindedly** *adv* distraitement. **absent'mindedness** *n* distraction *f*.

absolute ['æbsəluːt] *a* (*a*) absolu; **a. power,** pouvoir absolu, illimité; **a. proof,** preuve *f* indiscutable; **a. majority,** majorité absolue (*b*) *F:* **he's an a. idiot,** c'est un parfait imbécile; **it's an a. scandal,** c'est un véritable scandale. **'absolutely** *adv* absolument; **you're a. right!** vous avez tout à fait raison! **a. forbidden,** formellement interdit.

absolution [æbsə'lu:ʃn] *n* absolution *f*.
absolve [əb'zɔlv] *vtr* absoudre (**s.o. of a sin,** qn d'un péché); libérer (**s.o. from a vow,** qn d'un vœu).
absorb [əb'sɔ:b] *vtr* **1.** (*a*) absorber (un liquide) (*b*) amortir (un choc) **2.** (*of pers*) **to become absorbed in sth,** s'absorber dans qch; **he was absorbed in his business,** ses affaires l'absorbaient; **absorbed in his books,** plongé dans ses livres. **ab'sorbency** *n* pouvoir absorbant. **ab'sorbent** *a & n* absorbant (*m*). **ab'sorber** *n* **shock a.,** amortisseur *m*. **ab-sorption** *n* **1.** absorption *f* **2.** amortissement *m* (de chocs).
abstain [əb'stein] *vi* s'abstenir (**from,** de).
abstemious [əb'sti:miəs] *a* sobre, frugal. **ab'stemiously** *adv* sobrement; frugalement. **ab'stemiousness** *n* sobriété *f*.
abstention [əb'stenʃn] *n* abstention *f*.
abstinence ['æbstinəns] *n* abstinence *f*.
abstract I. *a & n* ['æbstrækt] abstrait (*m*); **a. painting,** peinture abstraite. **II.** *n* ['æbstrækt] (*a*) résumé *m*; abrégé *m*, précis *m*; relevé *m* (d'un compte) (*b*) peinture, sculpture, abstraite (*c*) **in the a.,** dans l'abstrait *m*. **III.** *vtr* [æb'strækt] **1.** (*a*) retirer (**sth from s.o.,** qch à qn); détourner (de l'argent) (*b*) abstraire (une notion) **2.** résumer (un texte). **ab'stracted** *a* distrait. **ab'stractedly** *adv* distraitement. **ab'straction** *n* **1.** abstraction *f* **2.** distraction *f*.
abstruse [æb'stru:s] *a* obscure, abscons.
absurd [əb'sə:d] *a* absurde, ridicule; **it's a.!** c'est idiot! **ab'surdity** *n* absurdité *f*. **ab'surdly** *adv* absurdement.
abundant [ə'bʌndənt] *a* abondant. **a'bundance** *n* abondance *f*; **in a.,** en abondance. **a'bundantly** *adv* abondamment; **a. clear,** tout à fait clair; on ne peut plus clair; **it is a. plain that,** il est manifeste que.
abuse I. *n* [ə'bju:s] **1.** abus *m* (**of** de) **2.** insultes *fpl*, injures *fpl*. **II.** *vtr* [ə'bju:z] **1.** abuser de (son autorité) **2.** maltraiter (qn) **3.** (*a*) dire du mal de (qn) (*b*) injurier (qn); dire des injures à (qn). **a'busive** *a* (propos) injurieux; (homme) grossier. **a'busively** *adv* grossièrement.
abut [ə'bʌt] *vi* (**abutted**) **to a. on, against, sth,** s'appuyer, buter, contre, qch.
abysmal [ə'bizml] *a* **1.** sans fond, insondable; **a. ignorance,** ignorance crasse **2.** *F:* désastreux, exécrable.
abyss [ə'bis] *n* abîme *m*; gouffre *m*.
AC *abbr El: alternating current.*
acacia [ə'keiʃə] *n Bot:* acacia *m*.
academic [ækə'demik] **1.** *a* (*a*) (style, art) académique; (*of pers*) érudit, intellectuel; *Pej:* (*of issue, etc*) théorique; **a. discussion,** discussion abstraite (*b*) (carrière, année) universitaire **2.** *n* universitaire *mf*.
academy [ə'kædəmi] *n* (*pl* **academies**) académie *f*; *esp Scot: Sch:* = lycée *m*; collège *m*; **the Royal A. (of Arts),** l'Académie royale des Beaux-Arts (de Londres) = le Salon; **a. of music,** conservatoire *m*; **military a.,** école *f* militaire; **fencing a.,** salle *f* d'escrime. **acade'mician** *n* académicien, -ienne.
accede [æk'si:d] *vi* **to a. to the throne, a request, a position,** accéder au trône, accéder à une demande, une position.
accelerate [æk'seləreit] **1.** *vtr* accélérer; précipiter (les événements); activer (un travail) **2.** *vi Aut:* accélérer; (*of motion*) s'accélérer. **accele'ration** *n* accélération *f*. **ac'celerator** *n Aut:* accélérateur *m*.
accent I. *n* ['æksənt] accent *m*; **to have a German a.,** avoir l'accent allemand; **fashion with the a. on youth,** mode qui met l'accent sur la jeunesse. **II.** *vtr* [æk'sent] accentuer (un mot).
accentuate [æk'sentjueit] *vtr* accentuer, appuyer sur (un mot); faire ressortir (un détail). **accentu'ation** *n* accentuation *f*.
accept [ək'sept] *vtr* accepter (un cadeau); admettre (les excuses de qn); **the accepted custom,** l'usage reçu, admis; **accepted opinion,** idées reçues, l'opinion courante. **ac'ceptable** *a* acceptable; **your gift was most a.,** votre cadeau a été le bienvenu. **ac'ceptance** *n* acceptation *f*; accueil *m* favorable (de qch).
access ['ækses] *n* **1.** accès *m*, abord *m*; *PN: Aut:* **a. only,** interdit sauf aux riverains; **a. road,** voie, route, d'accès; **to have a. to s.o., sth,** avoir accès auprès de qn, à qch **2.** accès (de fièvre, de colère). **accessi'bility** *n* accessibilité *f*. **ac'cessible** *a* accessible.
accession [æk'seʃn] *n* **1.** accession *f* (**to,** à) **2.** augmentation *f;* (*in library*) **accessions,** nouvelles acquisitions.
accessory [æk'sesəri] **1.** *a* accessoire, subsidiaire (**to,** à) **2.** *n* (*pl* **accessories**) accessoire *m* **3.** *n & a* **a. to a crime,** complice *mf* d'un crime.
accident ['æksidənt] *n* accident *m*; **by a.,** (i) (laisser tomber qch) accidentellement, sans le vouloir (ii) (se rencontrer) par accident; **fatal a.,** accident mortel; fatalité *f*; **the victims of an a.,** les accidentés *m*; **a. insurance,** assurance-accident *f*. **acci'dental** *a* accidentel, fortuit; **a. meeting,** rencontre de hasard. **acci'dentally** *adv* (i) accidentellement, par mégarde (ii) par accident. **'accident-prone** *a* prédisposé aux accidents.
acclaim [ə'kleim] **1.** *vtr* acclamer; **to a. king,** proclamer roi **2.** *n* acclamation *f*. **accla'mation** *n* acclamation(s) *f*(*pl*), louanges *f*(*pl*).
acclimatize, *NAm:* **acclimate** [ə'klaimətaiz, 'æklimeit] *vtr* acclimater; **to become acclimatized,** s'acclimater. **acclimati'zation,** *NAm:* **accli'mation** *n* acclimatation *f*.
accolade ['ækəleid] *n* louange *f*, éloge *m*.
accommodate [ə'kɔmədeit] *vtr* **1.** (*a*) adapter (**to sth,** à qch); **to a. oneself to,** s'accommoder à (*b*) concilier (des opinions) **2.** (*a*) **to a. s.o. with sth,** fournir qch à qn; **to a. s.o. with a loan,** faire un prêt à qn (*b*) **the bank tries to a. its customers,** la banque essaye de rendre service à ses clients **3.** loger, recevoir (un nombre de personnes); **the restaurant can a. 100 people,** il y a assez de place dans le restaurant pour 100 personnes. **a'ccommodating** *a* (*of pers*) complaisant, accommodant, obligeant. **accommo'dation** *n* (*a*) adaptation *f* (**to,** à); compromis *m*, accommodement *m*; **to come to an a.,** arriver à un compromis; s'arranger (à l'amiable) (*b*) logement *m*; chambre(s) *f*(*pl*); *NAm:* **accommodations,** (i) (*in hotel*) chambre(s) (ii) (*on boat, train*) couchette(s) *f*(*pl*); **we have no sleeping a.,** nous n'avons pas de chambres; **did you have good a. in France?** étiez-vous bien logés en France? **a. address,** adresse de convention.

accompany [ə'kʌmpəni] **(accompanied)** *vtr* **1.** accompagner; **to be accompanied by s.o.,** être accompagné de qn **2.** *Mus:* accompagner (qn) **(on the piano,** au piano). **a'ccompaniment** *n* accompagnement *m.* **a'ccompanist** *n Mus:* accompagnateur, -trice.

accomplice [ə'kʌmplis] *n* complice *mf.*

accomplish [ə'kʌmpliʃ] *vtr* accomplir, achever, exécuter (une tâche, un devoir); **to a. one's aim,** réaliser son but. **a'ccomplished** *a* (musicien) accompli, achevé. **a'ccomplishment** *n* **1.** *(a)* accomplissement *m* (d'une tâche); réalisation *f* (d'un but) *(b)* (*thing achieved*) réalisation **2.** *pl* talents *m.*

accord [ə'kɔːd] **1.** *n* *(a)* accord *m*, consentement *m*; **with one a.,** d'un commun accord *(b)* **to do sth of ones' own a.,** faire qch volontairement, de son plein gré **2.** *(a)* *vi* s'accorder *(b)* *vtr* accorder **(to,** à). **a'ccordance** *n* accord *m*; **in a. with your instructions,** conformément à, suivant, vos instructions. **a'ccording** *adv used in prep phr* *(a)* **a. to the instructions,** selon, suivant, les instructions; **a. to age,** par rang d'âge; **a. to plan,** conformément au plan *(b)* **a. to him,** d'après lui; à l'en croire; **a. to that,** d'après cela. **a'ccordingly** *adv* **1. to act a.,** agir en conséquence **2.** donc; **a. I wrote to him,** je lui ai donc écrit.

accordion [ə'kɔːdiən] *n* accordéon *m.*

accost [ə'kɔst] *vtr* accoster, aborder.

account [ə'kaunt] **I.** *n* **1.** *(a)* compte *m*; **bank a.,** compte en banque; **current a.,** *NAm:* **checking a.,** compte courant; **deposit a.,** compte d'épargne; **savings a.,** compte d'épargne; **to open an a.,** ouvrir un compte; **accounts (department),** comptabilité *f*; **to keep the accounts,** tenir les comptes; **to pay a sum on a.,** payer un acompte, verser des arrhes; **to have an a.,** *NAm:* **a charge a., with s.o.,** avoir un compte chez qn; **put it on my a.,** mettez-le sur, à, mon compte; **expense a.,** note *f* de frais (professionnels) *(b)* (*statement*) relevé *m* de compte; **to settle an a.,** régler un compte, une note, une facture *(c)* **to turn sth to a.,** tirer parti de qch; mettre qch à profit *(d)* **to call s.o. to a.,** demander une explication à qn; **he gave a good a. of himself,** il s'en est tiré à son advantage **2.** *(a)* **of some a.,** d'une certaine importance; **of no a.,** insignifiant; sans importance; peu important; **to take sth into a.,** tenir compte de qch *(b)* **on a. of s.o., sth,** à cause de qn, qch; **I was nervous on his a.,** j'avais peur pour lui; **on every a.,** sous tous les rapports; **on no a., not on any a.,** en aucun cas *(c)* **to act on one's own a.,** agir de sa propre initiative **3.** (*report*) compte rendu *m*, récit *m* (d'un fait); exposé; *Journ:* compte rendu; **to give an a. of sth,** faire le récit de qch; **by all accounts,** au dire de tous. **II.** *vtr & ind tr* **to a. for sth,** rendre compte de (sa conduite); expliquer (une circonstance); **I can't a. for it,** je n'y comprends rien; (*after accident*) **three people have still not been accounted for,** trois personnes n'ont pas encore été retrouvées; **there's no accounting for tastes,** chacun (à) son goût. **accountable** *a* **1.** responsable **(for,** de; **to,** devant) **2.** explicable. **a'ccountancy** *n* *(a)* comptabilité *(b)* profession *f* de comptable. **a'ccountant** *n* comptable *mf*; **chartered a.,** *NAm:* **certified public a.** = expert-comptable *m.* **a'ccounting** *n* comptabilité.

accoutrements, *NAm:* **accouterments** [ə'kuːtrəmənts, ə'kuːtə-] *npl* équipement *m.*

accredit [ə'kredit] *vtr* accréditer (un ambassadeur) **(to a government,** auprès d'un gouvernement); **to a. s.o. with sth,** attribuer qch à qn. **a'ccredited** *a* (*of pers*) accrédité, autorisé.

accrue [ə'kruː] *vi* **1.** (*of money, advantage*) revenir **(to,** à) **2.** *Fin:* (*of interest*) s'accumuler; **accrued interest,** intérêt couru.

accumulate [ə'kjuːmjuleit] **1.** *vtr* accumuler, amasser (une fortune) **2.** *vi* s'accumuler, s'amonceler, s'entasser. **accumu'lation** *n* accumulation *f*, amoncellement *m*; amas *m*, **a'ccumulative** *a* qui s'accumule. **a'ccumulator** *n El:* accumulateur *m*, *F:* accu *m.*

accurate ['ækjurət] *a* exact, précis; (traduction) fidèle. **'accuracy** *n* exactitude *f*; précision *f.* **'accurately** *adv* avec précision.

accursed [ə'kəːst] *a* maudit, exécrable.

accuse [ə'kjuːz] *vtr* accuser **(s.o. of sth,** qn de qch). **accu'sation** *n* accusation *f.* **a'ccusative** *a & n Gram:* accusatif *(m).* **a'ccused** *Jur:* **the a.,** l'inculpé(e), l'accusé(e). **a'ccuser** accusateur, -trice. **a'ccusing** *a* accusateur, -trice. **a'ccusingly** *adv* d'une manière accusatrice.

accustom [ə'kʌstəm] *vtr* accoutumer, habituer **(s.o. to sth,** qn à qch). **a'ccustomed** *a* **1. to be a. to sth, to doing sth,** être habitué, accoutumé, à qch, à faire qch; **to get a. to,** s'habituer, s'accoutumer, à **2.** habituel, coutumier; d'usage.

AC/DC [eisiː'diːsiː] *a P:* bisexuel.

ace [eis] *n* **1.** *(a)* (*of cards, etc*) as *m*; **within an a. of sth,** à deux doigts de qch *(b)* *Ten:* **(service) a.,** balle *f* de service irrattrapable; ace *m* **2.** *Sp: etc:* **a. driver,** as du volant.

acerbity [ə'səːbiti] *n* acerbité *f.*

acetate ['æsiteit] *n Ch:* acétate *m.*

acetic [ə'siːtik] *a Ch:* acétique; **a. acid,** acide acétique.

acetone ['æsitoun] *n* acétone *f.*

acetylene [ə'setiliːn] *n Ch:* acétylène *m*; **a. welding,** soudure autogène.

ache [eik] **I.** *n* mal *m*, douleur *f*; **stomach a.,** mal de ventre; **I have an a. in my leg,** j'ai mal à la jambe. **II.** *vi* *(a)* **my head aches,** j'ai mal à la tête; **my back's aching,** mon dos me fait mal; **it makes my heart a.,** cela me serre le cœur *(b)* **he was aching to join in,** il brûlait d'y prendre part. **'aching** *a* douloureux; (dent) qui (vous) fait mal.

achieve [ə'tʃiːv] *vtr* **1.** accomplir (un exploit); réaliser (une entreprise) **2.** acquérir (de l'honneur) **3.** atteindre, parvenir à (un but); remporter (une victoire, un succès); **he'll never a. anything,** il n'arrivera jamais à rien. **a'chievement** *n* **1.** accomplissement *m*, réalisation *f* (d'une ambition) **2.** réalisation *f*, exploit *m.*

Achilles [ə'kiliːz] *Prnm* Achille; *Fig:* **Achilles' heel,** point faible (de qn).

acid ['æsid] **1.** *a* *(a)* acide; **a. drops,** bonbons acidulés *(b)* (*of character*) revêche, aigre; (*of remark*) acide **2.** *n* *(a)* acide *m*; *Fig:* **a test,** épreuve décisive *(b)* *F:* (= **L.S.D.**) acide. **a'cidity** *n* acidité *f*; aigreur *f* (d'une réponse).

acknowledge [ək'nɔlidʒ] *vtr* **1.** reconnaître **(as,** pour); avouer (qch); **to a. defeat,** s'avouer vaincu **2.**

répondre à (un salut); **to a. (receipt of) a letter,** accuser réception d'une lettre. **ack'nowledg(e)ment** *n* (*a*) reconnaissance *f* (d'une erreur); aveu *m* (d'une faute) (*b*) reçu *m*, récépissé *m*; **a. of letter,** accusé *m* de réception (*c*) *pl* (*in preface*) remerciements *mpl*.

acme [æ:kmi] *n* sommet *m*, comble *m*.

acne ['ækni] *n Med:* acné *f*.

acolyte ['ækəlait] *n* acolyte *m*.

acorn ['eikɔ:n] *n Bot:* gland *m* (du chêne).

acoustic [ə'ku:stik] **1.** *a* acoustique **2.** *npl* **acoustics,** acoustique *f*.

acquaint [ə'kweint] *vtr* **1. to a. s.o. with sth,** informer qn de qch; faire savoir qch à qn; **to a. s.o. with the facts,** mettre qn au courant **2.** (*a*) **to be acquainted with,** connaître (qn); savoir (qch) (*b*) **to become acquainted with s.o.,** faire la connaissance de qn; **to become acquainted with the facts,** prendre connaissance des faits. **a'cquaintance** *n* **1.** connaissance *f* **(with,** de); **to make s.o.'s a.,** faire la connaissance de qn **2.** (*pers*) connaissance.

acquiesce [ækwi'es] *vi* acquiescer, donner son assentiment **(in,** à). **acqui'escence** *n* acquiescement *m*. **acqui'escent** *a* consentant.

acquire [ə'kwaiər] *vtr* acquérir (qch); prendre (une habitude); **to a. a taste for sth,** prendre goût à qch; **acquired taste,** goût qui s'acquiert.

acquisition [ækwi'ziʃn] *n* acquisition *f*. **a'cquisitive** *a* avide, cupide.

acquit [ə'kwit] *vtr* **(acquitted) 1. to a. s.o. (of a crime),** acquitter qn **2. he acquitted himself well,** il s'en est bien tiré. **a'cquittal** *n* acquittement *m* (d'un accusé).

acre ['eikər] *n Meas:* acre *f* (= 0, 4 hectare); *approx* = demi-hectare *m*. **acreage** *n* superficie *f*.

acrid ['ækrid] *a* **1.** (goût, fumée) âcre **2.** (style) mordant; (critique) acerbe.

acrimonious [ækri'mouniəs] *a* acrimonieux, acerbe; (*of woman*) acariâtre; **the discussion became a.,** la discussion s'est envenimée. **acri'moniously** *adv* avec acrimonie. **'acrimony** *n* acrimonie *f*; aigreur *f*.

acrobat ['ækrəbæt] *n* acrobate *mf*. **acro'batic** *a* acrobatique. **acrobatics** *npl* acrobatie(s) *f* (*pl*).

acronym ['ækrənim] *n* sigle *m*.

across [ə'krɔs] *adv & prep* **1.** (*a*) d'un côté à l'autre (de); **to walk a. (a street),** traverser (une rue); **to run a.,** traverser en courant; **to go a. a bridge,** franchir, passer (sur), un pont; **to get sth a. to s.o.,** faire comprendre qch à qn (*b*) **to lay sth a. (sth),** mettre qch en travers (de qch) (*c*) **to come, run, a. s.o.,** rencontrer qn (par hasard), tomber sur qn; **to come a. sth,** trouver qch (par hasard), tomber sur qch **2.** (*a*) **the distance a.,** la distance en largeur; **the river is a kilometre a.,** le fleuve a un kilomètre de large (*b*) **he lives a. the street (from us),** il habite de l'autre côté de la rue, en face (de chez nous) (*c*) (*in crosswords*) horizontalement.

acrostic [ə'krɔstik] *n* acrostiche *m*.

acrylic [ə'krilik] *a & n* acrylique (*m*).

act [ækt] **I.** *n* **1.** acte *m* (*a*) **a. of kindness,** acte de bonté (*b*) **a. (of Parliament),** loi *f*, décret *m* **2.** action *f*; **an a. of folly,** une folie; **caught in the a.,** pris sur le fait **3.** *Th:* (*a*) acte (d'une pièce); numéro *m* (dans un cirque) (*b*) **to put on an a.,** jouer la comédie; **to get in on the a.,** se mettre de la partie. **II.** *v* **1.** *vtr* (*a*) *Th:* jouer (une pièce); tenir (un rôle); **to a. the fool,** faire l'imbécile (*b*) **he was only acting,** il jouait la comédie, il faisait semblant **2.** *vi* (*a*) agir; (*function*) fonctionner; **I acted for the best,** j'ai fait pour le mieux; **to a. for, on behalf of, s.o.,** agir au nom de qn; représenter qn; **to a. as secretary to s.o.,** faire office de secrétaire à qn; **to a. (up)on,** agir sur; **to a. upon advice,** suivre un conseil (*b*) **the engine acts as a brake,** le moteur sert de, fait fonction de, frein (*c*) *Th: Cin:* jouer (*d*) (*of pers, machine*) **to a. up,** faire des siennes. **'acting I.** *a* par intérim; suppléant; intérimaire, provisoire. **II.** *n* (*a*) représentation *f* (d'une pièce); jeu *m* (d'un acteur) (*b*) **she's done some a.,** elle a fait du théâtre (*c*) **it's only a.,** c'est de la comédie.

action ['ækʃn] *n* **1.** action *f*; **to take a.,** prendre des mesures; **to take industrial a.,** se mettre en grève; **to suit the a. to the word,** joindre le geste à la parole; **to put a plan into a.,** mettre un projet à exécution; **out of a.,** (i) hors d'usage, hors (de) service, en panne (ii) (*of person*) hors de combat **2.** (*deed*) action, acte *m*, fait *m* **3.** *Th:* action (d'une pièce) **4.** (*a*) action, gestes *mpl* (d'un joueur) (*b*) mécanisme *m* (d'une montre) **5.** *Jur:* procès *m*, action; **to bring an a. against s.o.,** intenter une action à, contre, qn **6.** *Mil:* combat *m*; **to go into a.,** engager le combat; **killed in a.,** mort au champ d'honneur **'actionable** *a Jur:* (action) qui expose (qn) à des poursuites.

active ['æktiv] *a* **1.** actif; alerte; (intérêt) vif; (cerveau) éveillé; (volcan) en activité; **a. imagination,** imagination vive **2. to take an a. part in sth,** prendre une part active à qch; *Mil:* **to be on the a. list,** être en situation d'activité; **on a. service,** en campagne. **'activate** *vtr* activer; actionner (un mécanisme). **'activist** *n* activiste *mf*. **ac'tivity** *n* activité *f*; mouvement *m* (dans la rue).

actor ['æktər] *n* acteur *m*, comédien *m*.

actress ['æktrəs] *n* actrice *f*, comédienne *f*.

actual ['æktjuəl] *a* réel, véritable; (exemple) concret; **the a. book,** le livre même; **in a. fact,** en réalité, effectivement. **actu'ality** *n* réalité *f*. **'actually** *adv* réellement, véritablement; en réalité, en fait; **he a. said no,** il a même dit non.

actuary ['æktʃuəri] *n* actuaire *mf*.

actuate ['æktjueit] *vtr* **1.** actionner (une machine) **2.** animer, faire agir (qn).

acumen ['ækjumən, *NAm:* ə'kju:mən] *n* finesse *f* (d'esprit); perspicacité *f*; **business a.,** sens *m* des affaires.

acupuncture ['ækjupʌŋkʃər] *n* acuponcture *f*, acupuncture *f*. **'acupuncturist** *n* acuponcteur *m*, acupuncteur *m*.

acute [ə'kju:t] *a* **1.** (angle, accent) aigu; (manque) grave; **a. pain, disease,** douleur, maladie, aiguë **2.** (*a*) (*of hearing*) fin (*b*) (observateur) perspicace; (esprit) fin, pénétrant; **a. anxiety,** vive, profonde, inquiétude. **a'cutely** *adv* (*a*) (souffrir) vivement, intensément (*b*) (observer) avec perspicacité, avec finesse. **a'cuteness** *n* acuité *f*; perspicacité *f*.

ad [æd] *n F:* pub *f*; *Journ:* annonce *f*; **small ad,** petite annonce.

AD *abbr anno domini*, après Jésus-Christ.

adage ['ædidʒ] *n* adage *m*.

Adam ['ædəm] *Prnm* Adam; *Anat:* **A.'s apple,** pomme *f* d'Adam.

adamant ['ædəmənt] *a* inflexible.

adapt [ə'dæpt] **1.** *vtr* adapter, ajuster, accommoder (**sth to sth,** qch à qch); remanier (une œuvre); **to a. oneself,** s'adapter **2.** *vi* s'adapter. **adapta'bility** *n* faculté *f* d'adaptation. **a'daptable** *a* adaptable; **he's very a.,** il s'arrange de tout. **adap'tation** *n* adaptation *f*. **a'dapter, adaptor** *n* **1.** adaptateur, -trice **2.** *El:* adapt(at)eur *m*; (*plug*) prise *f* multiple.

add [æd] **1.** *vtr* ajouter, joindre (**to,** à); **added to which,** ajoutez que; **he added that,** il ajouta que **2.** *vi* **to a. to sth,** ajouter à, augmenter (qch) **3.** *vtr* **to a. (together),** additionner (des chiffres). **'adding machine** *n* machine *f* à calculer. **'add 'up** *vtr & i* additionner (des chiffres); **to a. up to,** (i) (*total*) s'élever à (ii) (*mean*) signifier; *F* **it all adds up,** ça s'explique; *F:* **it doesn't a. up,** cela n'a ni rime ni raison.

adder ['ædər] *n* vipère *f*.

addict ['ædikt] *n* intoxiqué, -ée; **jazz, sport, a.,** fanatique *mf* du jazz, du sport; **drug a.,** drogué, -ee. **a'ddicted** *a* **to be a. to,** s'adonner à (la boisson, l'étude); se passionner pour (la musique); avoir la manie de (se laver, etc); **a. to heroin,** drogué à l'héroïne, héroïnomane. **a'ddiction** *n* manie *f* (**to,** de); *Med*: dépendance *f*; **drug a.,** toxicomanie *f*. **a'ddictive** *a* (drogue) qui crée une dépendance.

addition [ə'diʃn] *n* addition *f*; **additions to the staff,** adjonction *f*, additions, au personnel; **in a.,** de plus, en outre; **in a. to,** en plus de. **a'dditional** *a* supplémentaire, additionnel; **an a. reason,** une raison de plus. **a'dditionally** *adv* de plus, en outre. **'additive** *n* additif *m*.

address [ə'dres, *NAm:* 'ædres] **I.** *n*. **1.** adresse *f* (sur une lettre); **a. book,** carnet, répertoire, d'adresses **2.** discours *m*, allocution *f* **3. form of a.,** formule *f* de politesse. **II.** *vtr* **1.** mettre, écrire, l'adresse sur (une lettre); **a letter addressed to my mother,** une lettre adressée à ma mère **2.** (*a*) adresser (des reproches) (**to s.o.,** à qn) (*b*) s'adresser, adresser la parole, à (qn); haranguer (une assemblée); **he addressed me as "comrade",** il m'a appelé "camarade" **3.** *Golf:* viser (la balle). **addre'ssee** *n* destinataire *mf*.

adduce [ə'dju:s] *vtr* alléguer, apporter (des preuves); citer (une autorité).

adenoids ['ædənɔidz] *npl Med:* végétations *fpl* (adénoïdes).

adept ['ædept, *NAm:* ə'dept] **1.** *a* **to be a. in, at, doing sth,** être expert, habile, à qch **2.** *n* expert *m* (**in, at,** en).

adequate ['ædikwət] *a* (*a*) (*of quantity*) suffisant; (*of pers*) compétent (*b*) convenable. **'adequacy** *n* (*of pers*) compétence *f*; **to doubt the a. of sth,** douter que qch soit suffisant. **'adequately** *adv* suffisamment; convenablement.

adhere [əd'hiər] *vi* **1.** (*of thg*) adhérer, se coller **2.** (*of pers*) (*a*) **to a. to a party,** adhérer à un parti (*b*) **to a. to,** s'en tenir à (sa décision); respecter (une règle). **ad'herence** *n* **1.** (*of thg*) adhérence *f* (**to,** à) **2.** (*of pers*) adhésion *f* (**to a party,** à un parti). **ad'herent** *a & n* adhérent, -ente.

adhesion [əd'hi:ʒn] *n* adhérence *f* (**to,** à); **road a.,** adhérence au sol (des pneus). **ad'hesive** [-'hi:z-] **1.** *a* adhésif, collant; **a. tape,** ruban adhésif; *NAm:* sparadrap *m*; *Med:* **a. plaster,** sparadrap **2.** *n* adhésif *m*, colle *f*.

ad infinitum [ædinfi'naitəm] *Lt adv phr* à l'infini.

adjacent [ə'dʒeisənt] *a* (angle, terrain) adjacent (**to,** à); **a house,** maison adjacente, attenante; **a streets,** rues avoisinantes.

adjective ['ædʒiktiv] *n Gram:* adjectif *m*. **adjec'tival** *a* adjectif.

adjoin [ə'dʒɔin] **1.** *vtr* avoisiner (un lieu); toucher à, être contigu à (qch) **2.** *vi* **the two houses a.,** les deux maisons sont contiguës. **a'djoining** *a* contigu; avoisinant; **the a. room,** la pièce voisine.

adjourn [ə'dʒə:n] **1.** *vtr* ajourner, renvoyer à un autre jour; lever, suspendre (une séance) **2.** *vi* (*a*) (*of meeting*) (i) s'ajourner (**until,** à) (ii) lever la séance (*b*) **to a. to the sitting room,** passer au salon. **a'djournment** *n* (*a*) ajournement *m*; suspension *f* (de séance), levée *f* de séance (*b*) renvoi *m*, remise *f* (d'une affaire).

adjudicate [ə'dʒu:dikeit] *vtr & i* juger, décider (une affaire). **adjudi'cation** *n* jugement *m*, décision *f*, arrêt *m*. **a'djudicator** *n* juge *m*; arbitre *m*; (*in competitions, etc*) membre *m* du jury.

adjunct ['ædʒʌŋkt] *n* accessoire *m* (**of,** de).

adjust [ə'dʒʌst] *vtr & i* **1.** arranger (une affaire); régler (un différend) **2.** (*a*) ajuster (qch à qch); **to a. (oneself) to sth,** s'adapter à qch (*b*) régler, ajuster (une montre, etc) (*c*) rajuster (sa cravate) (*d*) réajuster (les prix). **a'djustable** *a* (siège) réglable. **a'djustment** *n* règlement *m* (d'un différend); réglage *m* (d'un mécanisme); adaptation *f* (d'une personne); réajustement *m* (des prix).

adjutant ['ædʒətənt] *n Mil:* adjudant-major *m*.

ad lib [æd'lib] *F: adv phr* à volonté; (manger) à discrétion; **to speak ad l.,** faire un discours improvisé, impromptu.

ad-lib 1. *vtr & i* (**ad-libbed**) improviser **2.** *a* (*of joke, etc*) improvisé.

adman, -men ['ædmæn, -men] *n F:* publicitaire *m*.

admin ['ædmin] *n F:* administration *f*.

administer [əd'ministər] **1.** *vtr* (*manage, dispense*) administrer (**to,** à); administrer (un pays); gérer (des biens); **to a. justice,** dispenser, rendre, la justice; **to a. an oath to s.o.,** faire prêter serment à qn **2.** *vi* **to a. to,** pourvoir à. **adminis'tration** *n* administration *f*; gestion *f*; (*ministry*) gouvernement *m*. **ad'ministrative** *a* administratif. **ad'ministrator** *n* administrateur, -trice; gestionnaire *mf*.

admiral ['ædmərəl] *n* **1.** (i) amiral *m*, -aux (ii) vice-amiral *m* d'escadre **2.** *Ent:* **red a.,** vulcain *m*. **'Admiralty (the)** *n Hist:* = le ministère de la Marine; l'Amirauté *f*.

admire [əd'maiər] *vtr* admirer. **admirable** *a* admirable. **'admirably** *adv* admirablement. **admi'ration** *n* admiration *f*. **ad'mirer** *n* admirateur, -trice. **ad'miring** *a* (regard) admiratif. **ad'miringly** *adv* avec admiration.

admission [əd'miʃn] *n* **1.** admission *f*, accès *m* (à une école, un club); entrée *f* (à un théâtre, d'un théâtre); **a. charge,** (prix *m* d')entrée; **a. free,** entrée gratuite; **to gain a.,** se faire admettre (dans un endroit) **2.** confession *f* (d'un crime); aveu *m*; **by,**

on, one's own a., de son propre aveu. **ad'missible** *a* admissible; (projet) acceptable; *Jur:* (témoignage) recevable.

admit [əd'mit] *v* **(admitted) 1.** *vtr* (*a*) admettre (qn à qch); laisser entrer (qn); **a. bearer,** laissez passer (*b*) reconnaître, avouer (sa faute); **to a. one's guilt,** s'avouer coupable **2.** (*a*) *v ind tr* **it admits of no doubt,** cela ne permet aucun doute (*b*) **to a. to (having done) sth,** avouer (avoir fait) qch. **ad'mittance** *n* permission *f* d'entrer; admission *f*; entrée *f* **(to,** dans); accès *m* **(to,** à, auprès de); *PN:* **no a.**, entrée interdite. **ad'mitted** *a* (usage) admis. **ad'mittedly** *adv* c'est vrai (que); **a. she is young,** c'est vrai qu'elle est jeune.

admonish [əd'mɔniʃ] *vtr* réprimander, admonester (qn); avertir (qn). **admo'nition** *n* réprimande *f*, remontrance *f*; avertissement *m*.

ad nauseam [æd'nɔːziæm] *Lt adv phr* à n'en plus finir.

ado [ə'duː] *n* **without further a., without (any) more a.**, sans (faire) plus de façon; **much a. about nothing,** beaucoup de bruit pour rien.

adolescence [ædə'lesns] *n* adolescence *f*. **ado'lescent** *a & n* adolescent, -ente.

adopt [ə'dɔpt] *vtr* adopter (un enfant, une méthode, une attitude, etc); choisir, embrasser (une carrière); *Pol:* choisir (un candidat); prendre (un ton). **a'dopted** *a* adopté; (enfant) adoptif; **a. country,** pays d'adoption. **a'doption** *n* adoption *f*; choix *m* (d'une carrière). **a'doptive** *a* (parent) adoptif.

adore [ə'dɔːr] *vtr* adorer; **he adores being flattered,** il adore qu'on le flatte. **a'dorable** *a* adorable. **a'dorably** *adv* adorablement, à ravir. **ado'ration** *n* adoration *f*. **a'doringly** *adv* avec adoration.

adorn [ə'dɔːn] *vtr* orner (un livre, une piece) **(with,** de); parer (qn, une robe). **a'dornment** *n* ornement *m*; parure *f*.

adrenalin(e) [ə'drenəlin] *n* adrénaline *f*.

Adriatic (Sea) (the) [ðiːeidri'ætik('siː)] *a & n Geog:* la mer Adriatique, l'Adriatique *f*.

adrift [ə'drift] *adv* (*of boat*) à la dérive; **to turn, cast, a.**, abandonner (un bateau) à la dérive; *Fig:* abandonner (qn) à son (triste) sort; **to come a.**, (i) (*of rope*) se détacher (ii) (*of plan*) aller à la dérive; tomber à l'eau.

adroit [ə'drɔit] *a* adroit, habile. **a'droitly** *adv* adroitement, habilement. **a'droitness** *n* adresse *f*, dextérité *f*.

adulation [ædju'leiʃn] *n* adulation *f*.

adult ['ædʌlt, *NAm:* ə'dʌlt] *a & n* adulte (*mf*). **'adulthood,** *NAm:* **a'dulthood** *NAm:* **a'dulthood** *n* âge *m* adulte.

adulterate [ə'dʌltəreit] *vtr* altérer (un aliment). **adulte'ration** *n* altération *f*.

adulterer, *f* **-eress** [ə'dʌltərər, -ərəs] *n* adultère *mf*. **a'dulterous** *a* adultère. **a'dultery** *n* adultère *m*.

advance [əd'vaːns] **I.** *n* **1.** avance *f*; **a. booking,** réservation *f*; **a. notice,** préavis *m*; *Mil:* **a. guard,** avant-garde *f*; **to arrive in a.**, arriver en avance; **to pay in a.**, payer à l'avance, d'avance; **to book in a.**, retenir (une place) à l'avance; **two hours in a.**, deux heures à l'avance; **in a. of s.o.**, avant qn **2.** avancement *m*, progrès *m* (des sciences) **3. to make advances to s.o.**, faire des avances à qn **4.** *Com:* (*a*) avance (de fonds); **a. on securities,** prêt *m* sur titres (*b*) (*at auction*) **any a.?** qui dit mieux? **II.** *v* **1.** *vtr* (*a*) avancer (le pied, l'heure d'un paiement, une opinion) (*b*) faire avancer, progresser (les sciences) (*c*) **to a. s.o. money,** avancer de l'argent à qn **2.** *vi* s'avancer, avancer **(towards,** vers) (*a*) progresser; **the work is advancing,** le travail avance, fait des progrès, progresse (*b*) (*of employee*) recevoir de l'avancement. **ad'vanced** *a* (*a*) avancé; (technique) d'avant-garde, de pointe (*b*) **a. mathematics,** mathématiques supérieures; *Sch:* **a. level** = baccalauréat *m*, *F:* bac *m* (*c*) **a. in years,** âgé; **the season is (well) a.**, c'est la fin de la saison. **ad'vancement** *n* avancement (d'une carrière); progrès (de la science).

advantage [əd'vaːntidʒ] *n* avantage *m* **(over,** sur); **to take a. of,** profiter de (qch); tromper, exploiter (qn); séduire (une femme); **to turn sth. to a.**, tirer parti de qch; **to show sth off to a.**, faire valoir qch; **it would be to your a. to do it,** vous auriez intérêt à le faire. **advan'tageous** *a* avantageux **(to,** pour); profitable; utile.

advent ['ædvənt] *n* **1.** *Ecc:* (*a*) avènement *m* (du Messie) (*b*) **A.**, l'Avent *m* **2.** arrivée *f*, avènement *m*.

adventure [əd'ventʃər] *n* aventure *f*; **a. story,** histoire d'aventures. **ad'venturer** *n* aventurier, -ière. **ad'venturous** *a* aventureux; (projet) hasardeux, risqué.

adverb ['ædvəːb] *n Gram:* adverbe *m*. **ad'verbial** *a* adverbial.

adversary ['ædvəsəri] *n* (*pl* **adversaries**) adversaire *mf*.

adverse ['ædvəːs] *a* (*a*) contraire, opposé **(to,** à) (*b*) hostile, défavorable. **ad'versity** *n* adversité *f*.

advert ['ædvəːt] *n F:* pub *f*; *Journ:* annonce *f*.

advertise ['ædvətaiz] **1.** *vtr* faire de la réclame, de la publicité pour (un produit, un événement); annoncer (une vente) **2.** *vi* faire de la publicité; **to a. (for s.o.)**, mettre une annonce (pour chercher qn); **to a. in the paper,** mettre une annonce dans le journal. **advertisement** [əd'vəːtismənt, *NAm:* 'ædvətaizmənt] *n* (*a*) publicité *f*, réclame *f*; *TV:* **the advertisements,** la publicité (*b*) (*in newspaper*) annonce; **to put an a. in the paper,** mettre une annonce dans le journal; **classified a.**, petite annonce (*c*) (*on wall*) affiche *f*. **'advertiser** *n* annonceur *m*. **'advertising** *n* publicité, réclame; (*in newspaper*) annonces *fpl*; **a. agency,** agence publicitaire, de publicité.

advice [əd'vais] *n* (*no pl*) (*a*) conseil(s) *m(pl)*; **piece of a.**, conseil; **to ask s.o. for (his) a.**, demander conseil à qn (*b*) *Com:* avis; **a. note,** lettre d'avis.

advise [əd'vaiz] *vtr* (*a*) conseiller (qn); **to a. s.o. to do sth.**, conseiller à qn de faire qch (*b*) recommander (qch) (à qn) (*c*) **to a. against sth.**, déconseiller qch (*d*) **to a. s.o. of sth,** informer, aviser, qn de qch. **advisa'bility** *n* opportunité *f*. **ad'visable** *a* prudent **(to do,** de faire); (*of action*) recommandé, à conseiller; **it's not a.**, ce n'est pas très recommandable. **ad'visedly** *adv* après (mûre) réflexion. **ad'viser** *n* conseiller, -ère. **ad'visory** *a* consultatif.

advocate I. *n* ['ædvəkət] **1.** défenseur *m*, avocat, -ate (d'une cause) **2.** *Jur: Scot:* avocat. **II.** *vtr* ['ædvəkeit] préconiser, recommander.

Aegean (Sea) (the) [ði:i'dʒiən(si:)] *a & n Geog:* (la mer) Egée.

aegis ['i:dʒis] *n* **under the a. of,** sous l'égide de.

aeon ['i:ən] *n* éternité *f.*

aerate ['ɛəreit] *vtr* aérer.

aerial ['ɛəriəl] **1.** *a* aérien **2.** *n* (*NAm:* = **antenna**) antenne *f.*

aero- ['ɛərou-] *pref* aéro-. **aero'batics** *npl* acrobatie, voltige, aérienne. **ae'robics** *npl* aérobic *f.* **'aerodrome** *n* aérodrome *m.* **aerody'namic** *a* aérodynamique. **aerody'namics** *npl* aérodynamique *f.* **'aerofoil** *n Av:* plan *m* à profil d'aile. **'aerogramme** *n* aérogramme *m.* **aero'nautic(al)** *a* aéronautique. **aero'nautics** *npl* aéronautique *f.* **'aeroplane** *n* avion *m.* **'aerosol** *n* aérosol *m.* **'aerospace** *n* **a. industry,** (industrie) aérospatiale *f.*

aesthete ['i:sθi:t] *n* esthète *mf.* **aesthetic** *a* esthétique. **aesthetically** *adv* esthétiquement.

afar [ə'fɑ:r] *adv* au loin; **from a.,** de loin.

affable ['æfəbl] *a* affable, aimable. **affa'bility** *n* affabilité *f.* **'affably** *adv* affablement, aimablement.

affair [ə'fɛər] *n* affaire *f;* **that's my a.,** ça, c'est mon affaire; cela ne vous regarde pas; **(love) a.,** liaison *f;* **state of affairs,** état *m* de choses; **in the present state of affairs,** dans les circonstances actuelles.

affect[1] [ə'fekt] *vtr* (*a*) affecter (une manière); simuler (l'indifférence); **to a. stupidity,** faire l'idiot (*b*) affectionner, avoir une préférence pour (qch). **affec'tation** *n* affectation *f.* **a'ffected[1]** *a* (*a*) affecté, maniéré (*b*) (*of emotion*) simulé. **a'ffectedly** *adv* avec affectation.

affect[2] *vtr* toucher, affecter; affecter (un organe); influer sur (qch); nuire à (la santé); **it affects me personally,** cela me touche personnellement; **nothing affects him,** rien ne l'émeut. **a'ffected[2]** *a* (*a*) atteint (d'une maladie) (*b*) ému, touché. **a'ffection** *n* affection *f,* attachement *m;* tendresse *f.* **a'ffectionate** *a* affectueux. **a'ffectionately** *adv* affectueusement.

affidavit [æfi'deivit] *n Jur:* déclaration *f* par écrit et sous serment.

affiliate [ə'filieit] *vtr* affilier; **to be, become, affiliated,** s'affilier (**to,** à); **affiliated company,** filiale *f.* **affili'ation** *n* affiliation *f;* attaches *fpl* (politiques).

affinity [ə'finiti] *n* (*a*) affinité *f* (*b*) attrait *m,* attraction *f* (**for, to,** pour).

affirm [ə'fə:m] *vtr* affirmer, soutenir (**that,** que). **affir'mation** *n* affirmation *f.* **a'ffirmative 1.** *a* affirmatif **2.** *n* **to answer in the a.,** répondre par l'affirmative *f.* **a'ffirmatively** *adv* affirmativement.

affix [ə'fiks] *vtr* apposer.

afflict [ə'flikt] *vtr* affliger (**with,** de). **a'ffliction** *n* affliction *f;* (*disorder*) infirmité *f.*

affluence ['æfluəns] *n* richesse *f.* **'affluent** *a* riche; opulent; **a. society,** société d'abondance.

afford [ə'fɔ:d] *vtr* (*usu with* **can**) **1.** (*a*) avoir les moyens d'acheter, pouvoir se payer; **I can't a. it,** je ne peux pas me l'offrir (*b*) **can you a. the time?** pouvez-vous trouver le temps? **I can't a. to be away for two weeks,** je ne peux pas me permettre une absence de deux semaines **2.** fournir, donner; **to a. s.o. sth,** fournir qch à qn.

afforestation [əfɔris'teiʃn] *n* (re)boisement *m.*

affray [ə'frei] *n Jur:* rixe *f,* bagarre *f.*

affront [ə'frʌnt] **I.** *n* affront *m,* offense *f.* **II.** *vtr* offenser, faire un affront à (qn).

Afghanistan [æfgæni'stɑ:n] *Prn Geog:* Afghanistan *m.* **'Afghan** *a & n* afghan, -e.

afield [ə'fi:ld] *adv* **far a.,** très loin; **too far a.,** trop loin; **further a.,** plus loin.

afloat [ə'flout] *a* (navire, nageur, affaire) à flot; (servir) sur mer; (*awash*) submergé; **life a.,** la vie sur l'eau; (*of pers*) **to keep a.,** (i) surnager (ii) *Fig:* se maintenir à flot.

afoot [ə'fut] *adv* **there's a plan a. to,** on prépare un projet pour; **there's something a.,** il se trame quelque chose.

afraid [ə'freid] *a* **to be a. of s.o., sth,** avoir peur de qn, qch; craindre qn, qch; **don't be a.,** n'ayez pas peur; ne craignez rien; **to be a. to do, of doing, sth,** avoir peur, craindre, de faire qch; ne pas oser faire qch; **to make s.o. a.,** faire peur à qn; **I'm a. (that) she may be ill,** j'ai peur, je crains, qu'elle (ne) soit malade; **I'm a. we're going to be late,** j'ai bien peur que nous allons arriver en retard; **I'm a. so, not,** j'ai bien peur que oui, que non; **I'm a. he's out,** je regrette, (je suis) désolé, (mais) il est sorti.

afresh [ə'freʃ] *adv* de, à, nouveau; **to start a.,** recommencer.

Africa ['æfrikə] *Prn Geog:* Afrique *f.* **'African** *a & n* africain, -aine.

Afrikaans [æfri'kɑ:ns] *n Ling:* afrika(a)ns *m.* **Afri'kaner** *a & n* afrikaner (*mf*).

Afro ['æfrou] *a* **A. (hairstyle),** (coiffure) afro, à l'afro.

aft [ɑ:ft] *adv Nau: Av:* sur, à, vers, l'arrière.

after ['ɑ:ftər] **I.** *adv* après **1.** (*order*) **to come a.,** venir après, à la suite (de qn, qch); **you speak first, I'll speak a.,** parlez d'abord, je parlerai ensuite **2.** (*time*) **I heard of it a.,** je l'ai appris plus tard; **he was ill for months a.,** il en est resté malade pendant des mois; **soon a.,** bientôt après; **the week a.,** la semaine d'après, la semaine suivante; **the day a.,** le lendemain. **II.** *prep* **1.** après; (*place*) **to walk, run, a. s.o.,** marcher, courir, après qn; **close the door a. you, please,** fermez la porte derrière vous, s'il vous plaît; **the police are a. you,** la police est à vos trousses; **what's he a.?** (i) qu'est-ce qu'il a en tête? (ii) qu'est-ce qu'il cherche? **I see what you're a.,** je vois où vous voulez en venir **2.** (*time*) **a. dinner,** après le dîner; **a.-dinner speech,** discours d'après dîner; **on and a. the 15th,** à partir du quinze; **a. eating,** après avoir mangé; **a. hours,** après le travail, la fermeture; **the day a. tomorrow,** après-demain; **a. all,** après tout, enfin; **it is a. five (o'clock),** il est cinq heures passées, il est plus de cinq heures; *NAm:* **twenty a. four,** quatre heures vingt; **day a. day,** jour après jour; **he read page a. page,** il a lu page sur page; **time a. time,** bien des fois **3.** (*order*) **a. you!** je vous en prie! **one a. the other,** l'un après l'autre; (entrer) à la file, en file **4.** (*manner*) **a. Turner,** d'après, à la manière de, Turner. **III.** *conj* (*a*) après que + *ind* **I came a. he had gone,** je suis venu après qu'il fut parti (*b*) après + *infin* **a. I'd seen him I went out,** après l'avoir vu je suis sorti. **'afterbirth** *n* placenta *m.* **'aftercare** *n Med:* soins *mpl* postopératoires; *Jur:* surveillance *f.* **'after(-)ef-**

fect(s) *n* (*pl*) suite(s) *f*(*pl*), répercussion(s) *f*(*pl*), séquelles *fpl*. **'afterlife** *n* **1.** vie *f* future, éternelle. **2. in a.,** plus tard dans la vie. **'aftermath** *n* suites, répercussion(s), séquelles (d'un événement). **'after'noon** *n* après-midi *m or f inv*; **good a.!** (*on meeting*) bonjour! (*on leaving*) au revoir! **at half past three in the a.,** à trois heures et demie de l'après-midi; **he comes in the afternoon(s),** il vient l'après-midi; **we're leaving on Thursday a.,** on part jeudi après-midi. **after'noons** *adv NAm:* l'après-midi. **'aftersales (service)** *n* service *m* après-vente. **'aftershave (lotion)** *n* lotion *f* après-rasage. **'aftertaste** *n* arrière-goût *m*. **'afterthought** *n* réflexion *f* après coup; **to add sth as an a.,** ajouter qch après coup. **'afterwards** *adv* après, plus tard, ensuite.

afters ['a:ftəz] *npl F* dessert *m*.

again [ə'gen, *occ* ə'gein] *adv* (*often translated by vb with pref* re-) **to begin a.,** recommencer; **to do sth a.,** refaire qch; **to come down, up, a.,** redescendre, remonter **1.** (*a*) de nouveau, encore; **once a.,** encore une fois; une fois de plus; **here we are a.!** nous revoilà! **don't do it a.!** ne recommencez pas, plus! **never a.,** plus jamais; **a. and a., time and (time) a.,** maintes fois; **now and a.,** de temps en temps; **as large a.,** deux fois aussi grand (*b*) **to send sth back a.,** renvoyer qch; **to come a.,** revenir; *F:* **come a.?** pardon? (*c*) **what's his name a.?** comment s'appelle-t-il déjà? **2.** (*a*) en outre, de plus, d'ailleurs (*b*) **(then) a., (and) a.,** d'autre part.

against [ə'genst, *occ* ə'geinst] *prep* (*a*) contre; **she went, was, a. the idea,** elle s'opposait à l'idée; **a. the law,** illégal; **a. the rules,** interdit, contraire aux règlements; **to go a. nature,** aller à l'encontre de la nature; **a law a. drinking,** une loi qui interdit de boire; **his age is a. him,** son âge lui est défavorable (*b*) **to come up a. sth,** (se) heurter contre qch; **leaning a. the wall,** appuyé contre le mur, adossé au mur; **to show up a. a background of,** se détacher sur (un) fond de; **a. the light,** à contre-jour; (*c*) **my rights (as) a. the Government,** mes droits vis-à-vis du gouvernement; **three deaths this year (as) a. ten in 1980,** trois morts cette année contre dix en 1980.

agate ['ægət] *n Miner:* agate *f*.

age [eidʒ] **I.** *n* **1.** (*a*) âge *m*; **what a. is he? what's his a.?** quel âge a-t-il? **he's twenty years of a.,** il a vingt ans; il est âgé de vingt ans; **she doesn't look her a.,** elle ne fait pas son âge; **to be under a.,** être trop jeune, être mineur; **to come of a.,** atteindre sa majorité; **to be of a.,** être majeur; **a. limit,** limite d'âge; **to come into the 15–20 a. group,** faire partie de la tranche (d'âge) des 15–20 ans (*b*) **(old) a.,** vieillesse *f* **2.** (*a*) âge, époque *f*, siècle *m*; **the atomic a.,** l'ère *f* atomique (*b*) *F:* **it's ages since I saw him, I haven't seen him for ages,** il y a une éternité que je ne l'ai vu. **II.** *vi & tr* vieillir. **aged I.** ['eidʒid] **1.** *a* âgé, vieux **2.** *npl* **the a.,** les personnes âgées; les vieux. **II.** [eidʒd] *a* **1. a. twenty (years),** âgé de vingt ans **2. I found him greatly a.,** je l'ai trouvé bien vieilli. **'ageing** *NAm: also* **'aging 1.** *a* vieillissant **2.** *n* vieillissement *m*. **'ageless** *a* toujours jeune. **'age-old** *a* séculaire.

agency ['eidʒənsi] *n* (*pl* **agencies**) **1.** action *f*; **through s.o.'s a.,** par l'intermédiaire, l'entremise, de qn **2.** *Com:* agence *f*, bureau *m*; **travel a.,** agence de tourisme.

agenda [ə'dʒendə] *n* ordre *m* du jour.

agent ['eidʒənt] *n* agent *m*; *Com:* concessionnaire *m*; **travel a.,** agent de tourisme.

agglomeration [əglɔmə'reiʃn] *n* agglomération *f*.

aggravate ['ægrəveit] *vtr* **1.** aggraver; envenimer (une querelle); augmenter (la douleur) **2.** *F:* exaspérer (qn). **'aggravating** *a F:* agaçant, exaspérant. **aggra'vation** *n* (*a*) aggravation *f* (*b*) *F:* exaspération *f*; (*bother*) ennui(s) *m*(*pl*).

aggregate ['ægrigət] **1.** *a* global **2.** *n* (*a*) ensemble *m*, total *m*; **in the a.,** en somme, dans l'ensemble (*b*) *CivE:* granulat *m*.

aggression [ə'greʃn] *n* agression *f*. **a'ggressive** *a* agressif. **a'ggressively** *adv* d'une manière agressive; agressivement. **a'ggressiveness** *n* agressivité *f*. **a'ggressor** *n* agresseur *m*.

aggrieved [ə'gri:vd] *a* blessé, froissé; (*of tone*) peiné.

aggro ['ægrou] *n* (*no pl*) *F:* (*a*) agressivité *f* (*b*) bagarre(s) *f* (*pl*), grabuge *m*.

aghast [ə'ga:st] *a* consterné (**at,** par, de), horrifié (**at,** par); sidéré.

agile ['ædʒail, *NAm:* 'ædz(ə)l] *a* agile. **a'gility** *n* agilité *f*.

agitate ['ædʒiteit] **1.** *vtr* agiter **2.** *vi Pol:* **to a. for,** faire campagne pour. **'agitated** *a* agité; ému; troublé. **agi'tation** *n* **1.** agitation *f*; (*of pers*) émotion *f*; trouble *m* **2** *Pol:* campagne *f*. **'agitator** *n* agitateur, -trice.

agnostic [æg'nɔstik] *a & n* agnostique (*mf*).

ago [ə'gou] *adv* **ten years a.,** il y a dix ans; **a little while a.,** tout à l'heure; il y a un moment; **long a.,** il y a longtemps; **how long a.?** il y a combien de temps (de cela)? **as long a. as 1840,** (déjà) en 1840.

agog [ə'gɔg] *adv & a* **to be (all) a. to do sth,** être impatient de faire qch; **the whole town was a.,** toute la ville était en émoi.

agonize ['ægənaiz] *vi* se faire beaucoup de souci (**over sth,** pour qch). **'agonized** *a* (cri) de douleur; (regard) angoissé. **'agonizing** *a* (*of pain*) atroce; (*of spectacle*) navrant; (*of decision*) angoissant; **a. cry,** cri déchirant.

agony ['ægəni] *n* (*pl* **agonies**) **1.** (*pain*) douleur *f* atroce; (*anguish*) angoisse *f*; **to suffer agonies,** être au supplice; **to be in a.,** souffrir horriblement; **in an a. of fear,** saisi d'une peur atroce; *Journ:* **a. column,** courrier *m* du cœur **2. (death) a.,** agonie *f*.

agoraphobia [ægərə'foubiə] *nf* agoraphobie *f*.

agrarian [ə'grɛəriən] *a* (mesure, loi) agraire.

agree [ə'gri:] **I.** *vtr* accepter (une condition); se mettre d'accord sur (un prix); faire concorder (les chiffres); *Com:* approuver (les comptes). **II.** *vi* **1.** (*a*) **to a. to a. to sth,** consentir à, accepter, qch; **to a. to do sth,** accepter de, convenir de, consentir à, faire qch; **to a. to differ,** différer à l'amiable; **I a. that he was wrong,** j'admets qu'il s'est trompé (*b*) **to a. with s.o. about sth,** être du même avis que qn, être d'accord avec qn, sur qch; **I entirely a. with you,** je suis entièrement de votre avis; **I don't a. with this theory,** je n'accepte pas cette théorie (*c*) (*come to terms*) se mettre d'accord, s'accorder; (*be in agreement*) être d'accord, s'accorder (**with**, avec); **to a. on, about, a price,** convenir d'un prix **2.** (*a*) (*of facts, dates, etc*) concorder (*b*) **the climate does not a. with him,** le climat ne lui convient pas, ne lui va pas; **mussels don't a. with me,** les moules ne me réussissent pas (*c*) *Gram:* s'accorder. **a'greeable** *a* **1.** agréable **2. to be a.,** être d'accord; **to be a. to sth, to doing sth,** consentir à qch, à faire qch. **a'greeably** *adv* agréablement. **a'greed** *a* (*of time, place*) convenu; **we are a.,** nous sommes d'accord; **a.!** d'accord!, entendu! **a'greement** *n* **1.** accord *m*, *Pol: Com:* convention *f*, accord; **to be in a. with s.o.,** être d'accord avec qn; **to come to an a. with s.o.,** se mettre d'accord avec qn; **by mutual a.,** de gré à gré; à l'amiable **2.** *Gram:* accord *m* (**with,** avec).

agriculture ['ægrikʌltʃər] *n* agriculture *f*. **agri'cultural** *a* agricole; **a. engineer,** ingénieur agronome; **a. college,** école d'agriculture. **agri'culturalist** *n* (*farmer*) agriculteur *m*; (*scientist*) agronome *mf*.

agronomy [ə'grɔnəmi] *n* agronomie *f*.

aground [ə'graund] *adv Nau:* échoué; **to run a.,** (s')échouer.

ah! [ɑː] *int* ah!

ahead [ə'hed] *adv* **1.** *Nau:* **full speed a.!** en avant toute! **2.** (*in space*) en avant (**of,** de); (*leading*) en tête; (*in future*) dans l'avenir; **straight a.,** tout droit; **a. of,** devant; (*time, progress*) en avance sur; **to go a.,** (*advance*) avancer; (*continue*) continuer; (*start*) commencer; **go a.!** allez-y! vas-y! **to go a. with,** poursuivre (une tâche); **to get a.,** (i) prendre de l'avance (**of s.o.,** sur qn); devancer, dépasser (**of s.o.,** qn) (ii) *Fig:* avancer (dans sa carrière); réussir (dans la vie); **to be two hours a. of s.o.,** avoir deux heures d'avance sur qn; **to think, plan, look, a.,** penser à l'avenir; **we arrived a. of time, of schedule,** nous sommes arrivés en avance (sur l'horaire).

ahoy [ə'hɔi] *int Nau:* **ship a.!** oh(é) du navire!

aid [eid] **I.** *n* **1.** aide *f*, assistance *f*, secours *m*; **with the a. of,** avec l'aide de (qn); à l'aide de (qch); **collection in a. of the deaf,** quête au profit des sourds; *F:* **what's (all) this in a. of?** quel est le but de tout ça?, ça sert à quoi? **2.** (*apparatus*) support *m*, moyen *m*; **hearing a.,** appareil auditif; *Sch:* **audiovisual aids,** matériel audio-visuel. **II.** *vtr* **1.** aider, assister (qn); venir à l'aide de (qn) **2.** contribuer à (la guérison).

aide [eid] *n* (*pers*) aide *mf*; assistant, -ante.

AIDS [eidz] *n Med:* SIDA *m*; **A. sufferer,** sidéen, -enne.

ail [eil] *vtr* **what ails you?** de quoi souffrez-vous? **'ailing** *a* souffrant, malade. **'ailment** *n* mal *m*, *pl* maux; maladie.

aim [eim] **I.** *n* **1. to miss one's a.,** manquer son coup, son but; **to take a. (at s.o., sth),** viser (qn, qch) **2.** but; **his a. was to,** il avait pour but de; **with the a. of doing sth,** dans le but, le dessein, de faire qch. **II.** *vtr & i* **1.** (*a*) lancer (une pierre) (**at,** à, vers); décocher (un coup, une remarque) (**at,** à) (*b*) braquer, diriger (un fusil) (**at,** sur); diriger (une lampe) (**at,** vers); **to a. at s.o. with a revolver,** viser qn avec un revolver; **measure aimed against, at, us,** mesure dirigée contre nous **2. to a. at,** viser (qch); poursuivre (un but); **to a. at doing sth, to do sth,** avoir l'intention de faire qch. **'aimless** *a*, **'aimlessly** *adv* sans but.

air [ɛər] **I.** *n* **1.** (*a*) air *m*; **in the open a.,** en plein air; **to go out for a breath of (fresh) a., for some a.,** sortir prendre l'air; *Fig:* **to walk on a.,** être aux anges; **there's sth in the air,** il se prépare qch; *F:* **I can't live on a.,** je ne vis pas de l'air du temps (*b*) **by a.,** (i) (*travel*) en, par, avion; (ii) (*letter, etc*) par avion; **high up in the a.,** très haut dans le ciel, dans les airs; **to throw sth (up) in(to) the a.,** jeter qch en l'air; *F:* (*of pers*) **to go up in the a.,** exploser (de colère); **it's all (up) in the a. as yet,** ce ne sont encore que des projets en l'air (*c*) *WTel: etc:* **to be, go, on the a.,** (i) (*of pers*) passer à l'antenne (ii) (*of programme*) être diffusé (iii) (*of station*) émettre **2.** *Mus:* air **3.** air; **with an amused a.,** d'un air amusé; **to put on airs,** se donner des airs. **II.** *vtr* **1.** aérer (une pièce, du linge) **2.** exposer (ses opinions); faire parade de (ses connaissances). **'airbase** *n* base aérienne. **'airbed** *n* matelas *m* pneumatique. **'airborne** *a* en (cours de) vol; (*of troops*) aéroporté; (*of aircraft*) **to be a.,** décoller. **'air-brake** *n* (*a*) *Aut:* frein *m* à air comprimé (*b*) *Av:* aérofrein *m*. **'airbridge** *n* pont aérien. **'air-conditioned** *a* climatisé. **'air-conditioner** *n* climatiseur *m*. **'air conditioning** *n* climatisation *f*. **'air-cooled** *a* refroidi par l'air; (moteur) à refroidissement par air. **'aircraft** *n inv in pl* avion *m*. **'aircraft carrier** *n* porte-avions *m inv*. **'aircraftman, -men** *n* soldat *m* de la RAF. **'aircraftwoman, -women** *n* femme *f* soldat de la WRAF. **'air-crew** *n* équipage *m* (d'un avion). **'airdrome** *n* *NAm:* (*Brit:* = **aerodrome**) aérodrome *m*. **'air-drop 1.** *n* largage *m* (de charges) **2.** *vtr* **(airdropped)** larguer (des charges). **'airfield** *n* terrain *m* d'aviation. **'air force** *n* armée *f* de l'air; forces aériennes. **'air freight** *n* transport *m* par air; **by a. freight,** par avion. **'air-freight** *vtr* transporter par avion. **'air gun** *n* carabine *f* à air comprimé. **'air hostess** *n* hôtesse *f* de l'air. **'airily** *adv* d'un ton léger; avec désinvolture. **'airing** *n* ventilation *f*, aération *f* (d'une pièce); **a. cupboard,** armoire *f* sèche-linge. **'airless** *a* (*of room*) privé d'air, renfermé; (*of weather*) sans vent. **'airletter** *n* aérogramme *m*, **'airlift 1.** *n* pont aérien **2.** *vtr* transporter par avion. **'airline** *n* compagnie, ligne, aérienne. **'airliner** *n* avion de ligne. **'airlock** *n* *Nau: Av:* sas *m*; (*in pipe*) bouchon *m*. **'airmail** *n* poste aérienne; **by a.,** par avion. **'airman, -men** *n* (*a*) aviateur *m* (*b*) soldat (de l'armée de l'air). **'air 'marshal** *n* général *m* de corps (de l'armée de l'air). **'airplane** *n NAm:* (*Brit:* = **aeroplane**) avion. **'airpocket** *n* trou *m* d'air. **'airport** *n* aéroport *m*. **'air raid** *n* attaque aérienne; raid (aérien). **'airship** *n* dirigeable *m*. **'airshow** *n* salon *m* de l'aéronautique. **'airsick** *a* **to be a.,** avoir le mal de l'air. **'airsickness** *n* mal de l'air. **'airspeed** *n Av:* vitesse *f*. **'airstrip** *n* piste *f* d'atterrissage. **'air terminal** *n* aérogare *f*. **'airtight** *n* hermétique. **'air-to-air** *a* (missile) air-air *inv*. **'air traffic con'trol** *n* contrôle *m* de la navigation aérienne. **'air traffic con'troller** *n* contrôleur, -euse, de la navigation aérienne; aiguilleur *m* du ciel. **'airway** *n* (*route*) couloir aérien. **'airwoman, -women** *n* (*a*) aviatrice *f* (*b*) femme soldat (d'une armée de l'air). **'airworthiness** *n* navigabilité *f*. **'airworthy** *a* (avion) en état de navigation. **airy** *a* (- **ier, -iest**) (*a*) (*of room*) bien aéré (*b*) (*of promise*) vain, en l'air; (*of conduct*) insouciant, désinvolte; (*of step*) léger. **'airy-'fairy** *a F:* farfelu.

aisle [ail] *n* nef latérale (d'une église); passage *m* (entre bancs); couloir *m* (d'autobus).

aitch [eitʃ] *n* (*letter*) h *m or f*; **to drop one's aitches,** ne pas aspirer les h.

ajar [ə'dʒɑːr] *adv & a* (*of door*) entrouvert.

akimbo [ə'kimbou] *adv* **with arms a.**, les (deux) poings sur les hanches.

akin [ə'kin] *a* **a. (to),** apparenté (à); **feeling a. to fear,** sentiment voisin de l'effroi.

alabaster [ælə'bɑːstər] *n* albâtre *m*.

alacrity [ə'lækriti] *n* empressement *m*.

à la mode [ælə'moud] *a NAm: Cu:* avec de la crème glacée.

alarm [ə'lɑːm] **I.** *n* **1.** alarme *f*, alerte *f*; **to raise, give, the a.**, donner l'alarme, l'alerte; **false a.**, fausse alerte; **a. signal,** signal d'alarme; **a. bell,** cloche d'alarme; tocsin *m* **2. a. (clock),** réveil *m*, réveille-matin *m inv* **3.** (*apparatus*) sonnerie *f* (d'alarme). **II.** *vtr* (*frighten*) alarmer, effrayer; **to be alarmed at sth,** s'alarmer, s'effrayer, de qch. **a'larming** *a* alarmant. **a'larmist** *a & n* alarmiste (*mf*).

alas [ə'læs] *int* hélas!

Albania [æl'beiniə] *Prn Geog:* Albanie *f*. **Al'banian** *a & n* albanais, -aise.

albatros ['ælbətrɔs] *n* albatros *m*.

albeit [ɔːl'biːit] *conj Lit:* quoique, bien que + *sub*.

albino [æl'biːnou, *NAm:* æl'bainou] *n* albinos *mf*.

album ['ælbəm] *n* album *m*.

alcohol ['ælkəhɔl] *n* alcool *m*. **alco'holic 1.** *a* alcoolique; **a. drink,** boisson alcoolisée **2.** *n* (*pers*) alcoolique *mf*. **'alcoholism** *n* alcoolisme *m*.

alcove ['ælkouv] *n* alcôve *f*, niche *f*, enfoncement *m* (dans un mur).

alder ['ɔːldər] *n Bot:* au(l)ne *m*.

alderman ['ɔːldəmən] *n* (*pl* **aldermen**) = conseiller, -ère, municipal(e) (d'une grande ville).

ale [eil] *n* bière; **pale a.**, bière blonde.

alert [ə'lɔːt] **1.** *a* (*a*) (*watchful*) vigilant (*b*) (*sharp, awake*) éveillé, alerte **2.** *n* alerte *f*; **to be on the a.**, être sur le qui-vive, en état d'alerte **3.** *vtr* alerter. **a'lertness** *n* **1.** vigilance *f*; promptitude *f* (**in doing sth.**, à faire qch) **2.** vivacité *f*.

alfalfa [æl'fælfə] *n NAm: Bot:* luzerne *f*.

alfresco [æl'freskou] *a & adv* en plein air.

algae ['ældʒiː] *npl Bot:* algues *f*.

algebra ['ældʒibrə] *n* algèbre *f*. **alge'braic** *a* algébrique.

Algeria [æl'dʒiəriə] *Prn Geog:* Algérie *f*. **Al'gerian** *a & n* algérien, -ienne. **Al'giers** *Prn Geog:* Alger *m*.

alias ['eiliəs] **1.** *adv* alias, autrement dit **2.** *n* (*pl* **aliases** [-iz]) nom *m* d'emprunt.

alibi ['ælibai] *n* alibi *m*.

alien ['eiliən] **1.** *a* étranger (**to,** à) **2.** *n* étranger, -ère. **'alienate** *vtr* aliéner; **to a. s.o.**, s'aliéner qn. **alie'nation** *n* aliénation *f*.

alight¹ [ə'lait] *vi* **1.** descendre (**from a train,** d'un train) **2.** (*of bird*) se poser.

alight² *a* (*of fire*) allumé; (*of building*) en feu; (*of face*) éclairé; **to set sth a.**, mettre le feu à qch; **to catch a.**, s'allumer, prendre feu.

align [ə'lain] **1.** *vtr* aligner **2.** *vi* s'aligner. **a'lignment** *n* alignement *m*.

alike [ə'laik] **1.** *a* semblable, pareil; **to be, look, a.**, se ressembler; **all things are a. to him,** tout lui est égal **2.** *adv* de la même manière; **dressed a.**, habillés de même; **summer and winter a.**, été comme hiver.

alimentary [æli'mentəri] *a* alimentaire; *Anat:* **a. canal,** tube digestif.

alimony ['æliməni, *NAm* 'ælimouni] *n Jur:* pension *f* alimentaire.

alive [ə'laiv] *a* **1.** vivant, en vie; **to be burnt a.**, être brûlé vif; **it's good to be a.!** il fait bon vivre! **dead or a.**, mort ou vif; **no man a.**, personne au monde; **anyone a.**, n'importe qui; **to keep a.**, maintenir (qn) en vie; entretenir, perpétuer (une coutume, un souvenir); *F:* **to be a. and kicking,** être plein de vie **2. to be a. to sth,** être conscient de qch **3.** (*of pers*) (i) remuant (ii) à l'esprit éveillé; **look a.!** active-toi! **4. to be a. with,** (i) (*of cheese*) être grouillant de (vers) (ii) fourmiller de (monde).

alkali ['ælkəlai] *n Ch:* alcali *m*. **'alkaline** *a* alcalin.

all [ɔːl] **1.** *a & pron* tout, tous; *f* toute, toutes (*a*) **a. France,** toute la France; **a. (the) men,** tous les hommes; **a. (of) the others,** tous les autres; **a. day,** toute la journée; **a. his life,** toute sa vie; **a. the way,** tout le long du chemin; **with a. speed,** à toute vitesse; **is that a. the luggage you're taking?** c'est tout ce que vous emportez comme bagages? **a. will die,** tous mourront; **a. those books are his,** tous ces livres(-là) sont à lui; **he ate it a., a. of it,** il a tout mangé; **take it a., take a. of it,** prenez (le) tout; **I'll take a. four,** je prendrai tous les quatre; **a. that,** tout cela, tout ça; **you're not as ill as a. that,** tu n'es pas (aus)si malade que ça; **for a. his wealth,** malgré toute sa fortune; **at a. hours,** à toute heure (*b*) *pron* **we a. love him,** nous l'aimons tous; **we are a. agreed,** nous sommes tous d'accord; **a. of us,** nous tous; *Fb: etc:* **five a.**, cinq partout; *Ten:* **fifteen a.**, quinze partout (*c*) *pron* **a. (that) I did,** tout ce que j'ai fait; **a. that happens,** tout ce qui arrive; **that's a.**, c'est tout; voilà tout; **if that's a.**, si ce n'est que cela; **it was a. I could do not to laugh,** je me tenais à quatre pour ne pas rire; **for a. I know,** autant que je sache; **once and for a.**, une fois pour toutes; **most of a.**, surtout; **a. in a.**, à tout prendre; **in a., a. told,** en tout; **a. but impossible,** presque impossible, pour ainsi dire impossible; **anything at a.**, quoi que ce soit; **I didn't speak at a.**, je n'ai pas parlé du tout; **if he comes at a.**, s'il vient effectivement; **if there's any wind at a.**, s'il y a le moindre vent; **not at a.**, (i) pas du tout (ii) (*when thanked*) (il n'y a) pas de quoi **2.** *adv* tout; **dressed a. in black,** habillé tout en, de, noir; **she is a. alone,** elle est toute seule; **she is a. for accepting,** elle est tout en faveur d'accepter; **a. bad,** entièrement mauvais; **a. the better,** tant mieux; **a. the more,** d'autant plus; **a. the faster,** d'autant plus vite; **a. at once** (i) (*suddenly*) tout à coup, soudain (ii) (*together*) tout d'un coup; **that's a. very well but,** tout cela est bel et bien mais; **to go a. out,** ne pas s'épargner (**to do sth,** pour faire qch); *F* **a. there,** éveillé, intelligent; *F:* **he's not a. there,** il est simple d'esprit; **to be a. in,** être épuisé, éreinté **3.** *n* tout *m*; totalité *f*; **his a.,** tout ce qu'il a. **'all-'clear** *n Mil:* fin *f* d'alerte. **'all-em'bracing** *a* (*of knowledge*) vaste. **'all-im'portant** *a* de la plus haute importance. **'all-in** *a* (prix) global; **a.-in wrestling,** catch *m*. **'all-night** *a* (*party*) qui dure toute la nuit; (*shop*) ouvert toute la nuit; **a.-n. service,** permanence *f* de nuit. **'all-'out** *a* (*effort*) violent; (*war, strike*) tous azimuts. **'all-'powerful** *a* tout-puissant. **'all-'purpose** *a* (*tool*) universel. **'all-'round** *a* complet. **'all-'rounder** *n* personne *f* qui fait de tout; **he's a good a.-r.,** il est fort en tout. **'all-'star** *a* (spectacle) joué exclusivement par des vedettes. **'all-'time** *a* (record) jamais atteint; **to reach an a.-t. low, high,** arriver au point le plus bas, le plus haut.

allay [ə'lei] *vtr* apaiser, calmer; dissiper (des doutes).

allege [ə'ledʒ] *vtr* prétendre (**that,** que). **alle'gation** *n* allégation *f*. **a'lleged** *a* prétendu; (auteur, voleur) présumé; **he is a. to be,** on prétend qu'il est. **a'llegedly** *adv* d'après ce qu'on dit, prétendument.

allegiance [ə'li:dʒəns] *n* fidélité *f* (**to,** à); **oath of a.,** serment d'allégeance.

allegory ['æligəri, *NAm:* 'æləgɔ:ri] *n* (*pl* **allegories**) allégorie *f*. **alle'gorical** *a* allégorique.

allergy ['ælədʒi] *n* (*pl* **allergies**) allergie *f*. **a'llergic** *a* allergique (**to,** à).

alleviate [ə'li:vieit] *vtr* alléger. **allevi'ation** *n* allègement *m*.

alley ['æli] *n* (*in town*) ruelle *f*; passage *m*; (*in park*) allée *f*; *F:* **that's up my a.,** c'est mon truc; **a. cat,** chat de gouttière. **'alleyway** *n* ruelle *f*.

alliance [ə'laiəns] *n* alliance *f*.

allied ['ælaid] *a* **1.** allié (**to, with,** à, avec); **a. forces,** forces alliées **2.** du même ordre; de la même famille; (*of matters, ideas, etc*) connexe.

alligator ['æligeitər] *n Rept:* alligator *m*.

alliteration [ælitə'reiʃn] *n* allitération *f*.

allocate ['æləkeit] *vtr* (*assign*) attribuer, allouer (**to,** à); affecter (une somme); (*distribute*) répartir. **allo'cation** *n* attribution *f*; affectation *f* (d'une somme); répartition *f*.

allot [ə'lɔt] *vtr* (**allotted**) (*assign*) attribuer, assigner; (*distribute*) répartir. **a'llotment** *n* **1.** attribution *f* **2.** (*a*) (*share*) partage *m* (*b*) lopin *m* de terre (loué pour la culture).

allow [ə'lau] *vtr* **1.** accéder à (une requête) **2.** (*a*) (*permit*) permettre (qch à qn); **to a. s.o. to do sth,** permettre à qn de, autoriser qn à, faire qch; **a. me!** permettez(-moi)! **passengers are not allowed on the bridge,** la passerelle est interdite aux passagers; **you're not allowed to go,** vous ne pouvez pas partir (*b*) **to a. oneself to be deceived,** se laisser avoir **3.** (*a*) accorder (un délai); *Com:* (i) (*deduct*) déduire (ii) (*add*) ajouter (*b*) *vi* **to a. for,** tenir compte de (qch); prévoir (des difficultés). **a'llowable** *a* (témoignage) admissible; (dépense) déductible. **a'llowance** *n* **1.** allocation *f*; (*for housing, food*) indemnité *f*; (*for duty-free goods*) tolérance *f*; **travel a.,** indemnité *f* de déplacement; *Adm:* **family a.,** allocation(s) familiale(s); *Fin:* **personal a.,** abattement personnel (sur l'impôt) **2.** *Com:* remise *f*, rabais *m* **3. to make allowance(s) for,** être indulgent envers (qn); tenir compte de (qch).

alloy ['ælɔi] *n* alliage *m*.

allspice ['ɔ:lspais] *n Bot:* poivre *m* de la Jamaïque

allude [ə'lu:d] *vi* **to a. to,** faire allusion à.

allure [ə'ljuər] **1.** *vtr* attirer **2.** *n* attrait *m*, charme *m*. **a'lluring** *a* attrayant, séduisant.

allusion [ə'lu:ʒn] *n* allusion *f*.

alluvial [ə'lu:viəl] *a Geol:* (terrain) alluvial.

ally I. *vtr* [ə'lai] allier (un pays, qn); **to a. oneself to, with,** s'allier à, avec. **II.** *n* **ally** ['ælai] (*pl* **allies**) allié, -ée.

almanac ['ɔ:lmənæk] *n* almanach *m*.

almighty [ɔ:l'maiti] **1.** *a* tout-puissant; *F:* terrible, formidable; *F:* **an a. din,** un bruit de tous les diables **2.** *n* **the A.,** le Tout- Puissant.

almond ['ɑ:mənd] *n* **1.** amande *f*; **a. paste,** pâte *f* d'amandes **2. a. (tree),** amandier *m*.

almost ['ɔ:lmoust] *adv* presque; **it's a. noon,** il est bientôt, près de, midi; **he a. fell,** il a failli tomber.

alms [ɑ:mz] *npl* aumône *f*; **to give a. to s.o.,** faire l'aumône à qn; **a. box,** tronc *m*. **'almshouse** *n* hospice *m*.

aloft [ə'lɔft] *adv* (*a*) *Nau:* dans la mâture (*b*) en haut; en l'air.

alone [ə'loun] *a* **1.** seul; **an expert a. can...,** seul un expert peut...; **I did it (all) a.,** je l'ai fait à moi (tout) seul, je l'ai fait (tout) seul; **I want to speak to you a.,** je voudrais vous parler seul à seul **2. to leave, let, a.,** (i) laisser (qn) tranquille, en paix; ne pas toucher à (qch) (ii) ne pas se mêler de (qch); **too tired to walk, let a. run,** trop fatigué pour marcher, encore moins courir.

along [ə'lɔŋ] **1.** *prep* **(all) a.,** (tout) le long de; **to go a. a street,** suivre une rue; passer par une rue; **trees a. the river,** arbres au bord de la rivière; **a. here,** par ici; **take me a. with you,** emmène-moi avec toi **2.** *adv* (*a*) **to go a.,** avancer; continuer son chemin; **move a.!** avancez! **come a.!** venez! **come a. now!** allons donc! **he'll be a. soon,** il va bientôt arriver (*b*) **all a.,** d'un bout à l'autre; (*time*) depuis, dès, le début. **along'side** *adv & prep* à côté (de); *Nau:* **to come a.,** accoster; (*of ships*) **to lie a. (of) each other,** être bord à bord; **a. the kerb,** le long du trottoir.

aloof [ə'lu:f] *adv & a* (se tenir) à distance; (se montrer) distant; **to keep a.,** garder ses distances **(from,** par rapport à). **a'loofness** *n* réserve *f*.

aloud [ə'laud] *adv* à haute voix; (tout) haut.

alphabet ['ælfəbet] *n* alphabet *m*. **alphabetical** *a* alphabétique. **alpha'betically** *adv* alphabétiquement.

Alps (the) [ði:'ælps] *Prn pl Geog:* les Alpes *f*. **'alpine** *a* (club) alpin; (paysage) alpestre.

already [ɔ:l'redi] *adv* déjà.

alright [ɔ:l'rait] *adv F:* = **all right.**

Alsatian [æl'seiʃn] **1.** *a & n Geog:* alsacien, -ienne **2.** *n* (*dog*) berger allemand, chien-loup *m*.

also ['ɔ:lsou] *adv* aussi; également; **not only, but a.,** non seulement, mais aussi. **'also-ran** *n* (*a*) *Turf:* cheval non classé (*b*) *F:* (*pers*) perdant, -ante.

altar ['ɔ:ltər] *n* autel *m*.

alter ['ɔ:ltər] **1.** *vtr* changer, modifier; retoucher (un vêtement); remanier (un texte) **2.** *vi* changer. **alte'ration** *n* changement *m*, modification *f*; retouche *f* (aux vêtements); remaniement *m* (d'un texte).

altercation [ɔːltə'keiʃn] *n* altercation *f*.

alternate I. *a* [ɔːl'təːnət] alterné; **on a. days,** tous les deux jours; **a. laughter and tears,** des rires et des larmes qui se succèdent. **II.** *v* ['ɔːltəneit] **1.** *vtr* faire alterner (deux choses) **2.** *vi* alterner (**with,** avec). **al'ternately** *adv* alternativement; tour à tour. **'alternating** *a* alternant; *El:* (courant) alternatif. **alter'nation** *n.* alternance *f*. **'alternator** *n El:* alternateur *m*.

alternative [ɔːl'təːnətiv] **1.** *a* alternatif; **an a. way,** une autre façon; **a. answers,** d'autres réponses (différentes); **a. proposal,** contre-proposition *f* **2.** *n* alternative *f*; **there's no a.,** il n'y a pas de choix, d'autre solution. **al'ternatively** *adv* comme alternative; **or a.,** ou bien.

although [ɔːl'ðou] *conj* bien que, quoique + *sub*.

altimeter ['æltimiːtər] *n Av:* altimètre *m*.

altitude ['æltitjuːd] *n* altitude *f*; **at a.,** en altitude.

alto ['æltou] *n Mus:* **1.** alto *m* **2.** (*a*) (*male*) haute-contre *f* (*b*) (*female*) contralto *m*.

altogether [ɔːltə'geðər] **1.** *adv* (*a*) (*completely*) entièrement, tout à fait (*b*) (*on the whole*) somme toute; **taking things a.,** à tout prendre (*c*) **how much a.?** combien en tout? **2.** *n F:* **in the a.,** tout nu.

altruist ['æltruist] *n* altruiste *mf*. **altru'istic** *a* altruiste.

aluminium [ælju'miniəm] *n, NAm:* **aluminum** [ə'luːminəm] *n* aluminium *m*.

alumnus [ə'lʌmnəs] *n* (*pl* **alumni**) *NAm:* ancien(ne) élève, ancien(ne) étudiant(e).

always ['ɔlweiz] *adv* toujours; **he's a. criticizing,** il est toujours à critiquer; il ne cesse de critiquer.

am [æm, *unstressed* əm] *see* **be**.

a.m. [ei'em] *abbr ante meridiem,* avant midi; **nine a.m.,** neuf heures du matin.

amalgam [ə'mælgəm] *n* amalgame *m*. **amalgamate 1.** *vtr* amalgamer; *Com*: fusionner **2.** *vi* s'amalgamer; fusionner. **amalga'mation** *n* fusion *f*.

amass [ə'mæs] *vtr* amasser; accumuler.

amateur ['æmətər] *n* amateur *m*; **a. painter,** peintre amateur; **a. work, sports,** travail, sport, d'amateur. **'amateurish** *a Pej:* (travail d')amateur; (*pers*) maladroit, malhabile.

amaze [ə'meiz] *vtr* stupéfier, étonner. **a'mazed** *a* stupéfait (**at sth,** de qch), étonné (**at sth,** par, de, qch); **a. at seeing,** stupéfait, étonné, de voir. **a'mazement** *n* stupéfaction *f*; stupeur *f*. **a'mazing** *a* stupéfiant; étonnant; *F:* extraordinaire. **a'mazingly** *adv* extraordinairememt; (*miraculously*) par miracle; **a. well,** à merveille.

Amazon (the) [ðiː'æməzən] *Prn* l'Amazone *f*.

ambassador [æm'bæsədər] *n* ambassadeur *m*, *f* ambassadrice. **ambassadress** *n* ambassadrice *f*.

amber ['æmbər] *n* ambre *m*; **a.(-coloured),** ambré; *Aut:* **a. (light),** (feu *m*) orange *m*.

ambidextrous [æmbi'dekstrəs] *a* ambidextre.

ambiguous [æm'bigjuəs] *a* ambigu, -uë; équivoque. **ambi'guity** *n* ambiguïté *f*. **am'biguously** *adv* de manière ambiguë, équivoque.

ambition [æm'biʃn] *n* ambition *f*. **am'bitious** *a* ambitieux; **to be a. to do sth,** ambitionner de faire qch. **am'bitiously** *adv* ambitieusement.

ambivalent [æm'bivələnt] *a* ambivalent.

amble ['æmbl] **1.** *n Equit:* amble *m*; (*of pers*) pas *m* tranquille **2.** *vi* **to a. (along),** aller, marcher, d'un pas tranquille.

ambulance ['æmbjuləns] *n* ambulance *f*; **a. man,** ambulancier *m*.

ambush ['æmbuʃ] **I.** *n* (*pl* **ambushes**) embuscade *f*; guet-apens *m*; **to lie in a.,** être en embuscade. **II.** *vtr* prendre (qn) en embuscade.

ameliorate [ə'miːliəreit] **1.** *vtr* améliorer **2.** *vi* s'améliorer. **amelio'ration** *n* amélioration *f*.

amen [ɑː'men, ei'men] *int* amen.

amenable [ə'miːnəbl] *a* docile (aux conseils); **a. to,** sensible à; **a. to reason,** raisonnable.

amend [ə'mend] *vtr* modifier (un texte); corriger (la conduite de qn); *Pol:* amender (un projet de loi). **a'mendment** *n* modification *f*, *Pol:* amendement *m*. **a'mends** *npl* **to make a.,** réparer son erreur; **to make a. for,** réparer; **to make a. to s.o. for sth,** dédommager qn de qch.

amenity [ə'miːniti, *NAm:* ə'meniti] *n* (*pl* **amenities**) **1.** agrément *m* (d'un lieu); (*in hospital*) **a. bed,** chambre privée (payante) **2.** *pl* (*pleasant things*) agréments; équipement *m* (d'un club, etc); équipements *mpl* (d'un hôtel, d'une ville).

America [ə'merikə] *Prn* Amérique *f*; **North, South, A.,** Amérique du Nord, du Sud. **A'merican** *a & n* américain, -aine; **A. Indian,** Amérindien, -ienne. **A'mericanism** *n* américanisme *m*.

amethyst ['æmiθist] *n* améthyste *f*.

amiable ['eimiəbl] *a* aimable (**to,** envers). **amia'bility** *n* amabilité *f* (**to,** envers). **'amiably** *adv* aimablement.

amicable ['æmikəbl] *a* amical; (arrangement) à l'amiable. **'amicably** *adv* amicalement; (arranger qch) à l'amiable.

amid(st) [ə'mid(st)] *prep* au milieu de; parmi.

amiss [ə'mis] *adv & a* mal (à propos); **to take sth a.,** prendre qch de travers, en mauvaise part; **that wouldn't come a.,** ça ne ferait pas de mal; **something's a.,** qch ne va pas.

ammeter ['æmitər] *n* ampèremètre *m*.

ammonia [ə'mouniə] *n Ch:* (*a*) (*gas*) ammoniac *m* (*b*) (*liquid*) ammoniaque *f*.

ammunition [æmju'niʃn] *n* munitions *fpl*.

amnesia [æm'niːziə] *n Med:* amnésie *f*.

amnesty ['æmnisti] *n* (*pl* **amnesties**) amnistie *f*.

amoeba, *NAm: also* **ameba** [ə'miːbə] *n* (*pl* **amoebas, -bae**) amibe *f*. **amoebic,** *NAm: also* **amebic** *a* amibien.

amok [ə'mɔk] *adv* **to run a.,** se déchaîner, s'emballer.

among(st) [ə'mʌŋ(st)] *prep* parmi, entre (*a*) **a. the crowd,** dans, parmi, la foule; **sitting a. her children,** assise au milieu de ses enfants (*b*) **a. friends,** entre amis; **a. yourselves, a. you,** entre vous; **a. the French,** chez les Français; **to count s.o. a. one's friends,** compter qn au nombre de ses amis.

amoral [ei'mɔrəl] *a* amoral, -aux.

amorous ['æmərəs] *a* amoureux. **'amorously** *adv* amoureusement; avec amour.

amorphous [ə'mɔːfəs] *a* amorphe.

amount [ə'maunt] **I.** *n* **1.** (*sum of money*) somme *f*; montant *m*, total *m* (d'une facture) **2.** quantité *f*; (*scope, size*) importance *f*; **any a. of money,** énormément d'argent. **II.** *vi* **to a. to,** (*of money*) s'élever, (se) monter (**to,** à); *Fig* (*mean*) signifier; **I don't**

know what my debts a. to, j'ignore le montant de mes dettes; **it amounts to the same thing,** ça revient au même; **his words a. to a refusal,** ses paroles sont l'équivalent d'un refus; **he'll never a. to much,** il ne fera jamais grand-chose.

amp [æmp] *n* (*a*) = **ampere** (*b*) = **amplifier**.

ampere ['æmpɛər] *n Meas:* ampère *m*.

ampersand ['æmpəsænd] *n Typ:* et commercial, esperluette *f*.

amphetamine [æm'fetəmin] *n* amphétamine *f*.

amphibian [æm'fibiən] *a & n* **1.** *Z:* amphibie (*m*) **2.** *Mil:* (véhicule *m*) amphibie. **am'phibious** *a* amphibie.

amphitheatre, *NAm:* **-theater** ['æmfiθiətər] *n* amphithéâtre *m*; *Geol:* cirque *m* (de montagnes).

ample ['æmpl] *a* (*a*) (*roomy*) ample; **a. means,** moyens conséquents; **a. resources,** d'abondantes, de grosses, ressources (*b*) (*enough*) largement assez de; **you have a. time,** vous avez largement le temps. **'amply** *adv* largement, amplement.

amplify ['æmplifai] *vtr* (**amplified**) amplifier (le son); **to a. (on) a story,** amplifier, ajouter des détails à, un récit. **'amplifier** *n El:* amplificateur *m*.

amputate ['æmpjuteit] *vtr* amputer; **his leg was amputated,** il a été amputé de la jambe. **ampu'tation** *n* amputation *f*.

amuck [ə'mʌk] *adv see* **amok**.

amulet ['æmjulet] *n* amulette *f*.

amuse [ə'mju:z] *vtr* (*a*) amuser, faire rire (qn); **to be amused at, by, sth,** être amusé de qch (*b*) amuser, divertir, distraire (qn); **to a. oneself,** s'amuser, se divertir (**by doing sth,** à faire qch; **with sth,** avec qch); **to be amused by sth,** trouver qch amusant; **how can I keep them amused?** comment puis-je les amuser, occuper? **a'musement** *n* amusement *m* (*a*) **smile of a.,** sourire amusé (*b*) divertissement *m*; (*pastime*) distraction *f*; **a. arcade,** salle *f* de jeux; **a. park,** parc *m* d'attractions. **a'musing** *a* amusant; divertissant. **a'musingly** *adv* d'une manière amusante.

an [æn, *unstressed* ən] *indef art see* **a²**.

anachronism [ə'nækrənizm] *n* anachronisme *m*. **anachro'nistic** *a* anachronique.

an(a)emia [ə'ni:miə] *n* anémie *f*. **a'n(a)emic** *a* anémique.

an(a)esthesia [ænis'θi:ziə] *n* anesthésie *f*. **an(a)esthetic** [ænis'θetik] *n* anesthésique *m*; **under an, the, a.,** sous anesthésie; **general, local, a.,** anesthésie générale, locale. **an(a)esthetist** [ə'ni:sθətist] *n* anesthésiste *mf*. **an(a)esthetize** [ə'ni:sθətaiz] *vtr* anesthésier.

anagram ['ænəgræm] *n* anagramme *f*.

anal ['einl] *a Anat:* anal, -aux.

analgesic [ænəl'gi:zik] *a & n Med:* analgésique (*m*).

analog(ue) ['ænəlɔg] *n* **a. computer,** calculateur analogique.

analogous [ə'næləgəs] *a* analogue (**to, with,** à).

analogy [ə'nælədʒi] *n* (*pl* **analogies**) analogie *f* (**to, with,** avec). **ana'logical** *a* analogique.

analyse, *NAm:* **analyze** ['ænəlaiz] *vtr* analyser; faire l'analyse de (qch); *Psy:* psychanalyser. **a'nalysis, -es** *n* analyse *f*; *Psy:* psychanalyse *f*. **'analyst** *n* analyste *mf*; *Psy:* (psych)analyste *mf*. **ana'lytic(al)** *a* analytique.

anarchy ['ænəki] *n* anarchie *f*. **a'narchic(al)** *a* anarchique. **'anarchist** *n* anarchiste *mf*.

anathema [ə'næθəmə] *n* anathème *m*; **those ideas are (an) a. to him,** il a une sainte horreur de ces idées.

anatomy [ə'nætəmi] *n* (*pl* **anatomies**) anatomie *f*. **ana'tomical** *a* anatomique.

ancestor ['ænsestər] *n* ancêtre *m*; aïeul *m*, *pl* aïeux. **an'cestral** *a* ancestral, héréditaire; **his a. home,** la maison de ses ancêtres. **'ancestry** *n* **1.** ascendance *f*; race *f*; lignée *f* **2.** *coll* ancêtres *mpl*; aïeux *mpl*.

anchor ['æŋkər] **I.** *n* ancre *f*; **at a.,** à l'ancre. **II.** *v* **1.** *vtr* mettre à l'ancre (un navire); *Fig:* ancrer **2.** *vi* jeter l'ancre; mouiller. **'anchorage** *n* (*a*) ancrage *m*, mouillage *m* (*b*) droits *mpl* d'ancrage. **'anchored** *a* à l'ancre. **'anchorman, -men, 'anchorwoman, -women** *n NAm: TV:* présentateur *m*, présentatrice *f*.

anchovy ['æntʃəvi, *NAm:* æn'tʃouvi] *n* (*pl* **anchovies**) anchois *m*.

ancient ['einʃənt] *a* (*a*) ancien; (monument) historique (*b*) **the a. world,** le monde antique; *n* **the ancients,** les anciens (*c*) *Hum:* (*of pers*) très vieux.

ancillary [æn'siləri] *a* auxiliaire; (*in hospital*) **a. staff,** personnel non médical.

and [ænd, ənd] *conj* **1.** (*a*) et; **a knife a. fork,** un couteau et une fourchette (*b*) **two hundred a. two,** deux cent deux; **four a. a half,** quatre et demi; **four a. three quarters,** quatre trois quarts; **an hour a. twenty minutes,** une heure vingt minutes (*c*) **ham a. eggs,** œufs au jambon; **now a. then,** de temps en temps (*d*) **better a. better,** de mieux en mieux; **smaller a. smaller,** de plus en plus petit; **a. so on, a. so forth,** et ainsi de suite **2.** (*a*) **he could read a. write,** il savait lire et écrire (*b*) **go a. see,** va voir; **try a. help me,** essayez de m'aider.

Andes (the) [ði:'ændi:z] *Prnpl Geog:* les Andes *f*.

Andorra [æn'dɔ:rə] *Prn Geog:* (la République d')Andorre *f*.

anecdote ['ænikdout] *n* anecdote *f*.

anemone [ə'neməni] *n Bot:* anémone *f*.

anew [ə'nju:] *adv Lit:* de, à, nouveau.

angel ['eindʒəl] *n* ange *m*; *F:* **be an a. and make the beds,** tu serais un ange, un amour, si tu faisais les lits. **angelic** [æn'dzelik] *a* angélique. **an'gelica** *n Bot: Cu:* angélique *f*.

anger ['æŋgər] **1.** *n* colère *f*; emportement *m*; **in a., out of a.,** sous le coup de la colère **2.** *vtr* mettre (qn) en colère, fâcher (qn).

angle¹ ['æŋgl] **1.** *n* (*a*) angle *m*; **at an a. of 45°,** qui forme un angle de 45°; **at an a.,** en biais (*b*) angle, point *m* de vue; **from every a.,** sous tous les angles **2.** *vtr* (*a*) mettre (qch) de biais (*b*) présenter (des faits) sous un certain angle.

angle² *vi* pêcher à la ligne; **to a. for,** pêcher (la truite); quêter (une invitation). **'angler** *n* pêcheur, -euse, à la ligne. **'angling** *n* pêche *f* à la ligne.

Anglican ['æŋglikən] *a & n Ecc:* anglican, -ane; **the A. Church,** l'Église anglicane.

anglicism ['æŋglisizm] *n* anglicisme *m*. **'anglicize** *vtr* angliciser.

Anglo- ['æŋglou] *pref* anglo-. **Anglo-'Saxon 1.** *a & n* anglo-saxon, -onne **2.** *n Ling:* anglo-saxon *m*.

angora [æŋ'gɔ:rə] *n* (*a*) **a. (goat, rabbit),** (chèvre *f*, lapin *m*) angora *m* (*b*) *Tex:* angora.

angry ['æŋgri] *a* (**-ier, -iest**) (*a*) (*of pers*) en colère, fâché; (*of look*) fâché; (*of letter*) indigné; **to get a.**, se mettre en colère, se fâcher (**with**, contre); **a. at s.o.**, fâché contre qn; **to make s.o. a.**, mettre qn en colère, fâcher qn; **a. voices**, voix irritées (*b*) (*of wound*) enflammé; (*of sky*) à l'orage. **'angrily** *adv* en colère; (*to speak*), avec colère.

anguish ['æŋgwiʃ] *n* (*no pl*) angoisse *f*; douleur *f*; **in a.**, au supplice. **'anguished** *a* angoissé.

angular ['æŋgulər] *a* (*of face*) anguleux.

animal ['æniməl] *a & n* animal, -aux (*m*); **a. life**, la vie animale.

animate 1. ['ænimət] *a* animé **2.** ['ænimeit] *vtr* animer; encourager, stimuler. **'animated** *a* animé; **to become a.**, s'animer; *Cin:* **a. cartoon**, dessin animé. **ani'mation** *n* animation *f*; vivacité *f*; entrain *m*. **'animator** *n* animateur, -trice.

animosity [æni'mɔsiti] *n* animosité *f*.

aniseed ['ænisi:d] *n* (graine *f* d')anis *m*.

ankle ['æŋkl] *n* cheville *f*; **a. socks**, socquettes *fpl*. **'anklebone** *n* astragale *m*.

annals ['ænəlz] *npl* annales *fpl*.

annex [ə'neks] *vtr* annexer (**sth to sth**, qch à qch). **annex'ation** *n* annexion *f* (**of**, de). **'annex(e)** *n* annexe *f*.

annihilate [ə'naiəleit] *vtr* anéantir (une armée); annihiler (un argument). **annihi'lation** *n* anéantissement *m*.

anniversary [æni'və:səri] *n* (*pl* **anniversaries**) anniversaire *m*, commémoration *f*; **wedding a.**, anniversaire de mariage.

annotate ['ænəteit] *vtr* annoter. **anno'tation** *n* annotation *f*.

announce [ə'nauns] *vtr* annoncer (qn, qch); faire part de (un mariage, une naissance). **a'nnouncement** *n* annonce *f*; (*of birth, marriage*) avis *m*; (*private letter*) faire-part *m*. **a'nnouncer** *n* *WTel: TV:* annonceur *m*; speaker *m*, speakerine *f*.

annoy [ə'nɔi] *vtr* (*a*) ennuyer, gêner (qn) (*b*) agacer, contrarier (qn). **a'nnoyance** *n* (*a*) contrariété *f*; **look of a.**, air contrarié (*b*) désagrément *m*, ennui *m*. **a'nnoyed** *a* contrarié, fâché; **to get a.**, se fâcher (**with**, contre) **a'nnoying** *a* ennuyeux, contrariant.

annual ['ænjuəl] **1.** *a* annuel **2.** *n* (*a*) *Bot:* plante annuelle (*b*) (*book*) annuaire *m*. **'annually** *adv* annuellement; tous les ans.

annuity [ə'njuiti] *n* (*pl* **annuities**) (*of retired pers*) pension viagère.

annul [ə'nʌl] *vtr* (**annulled**) annuler; abroger (une loi). **a'nnulment** *n* annulation *f*; abrogation *f*.

anode ['ænoud] *n* *El:* anode *f*.

anoint [ə'nɔint] *vtr* oindre (**with**, de).

anomaly [ə'nɔməli] *n* (*pl* **anomalies**) anomalie *f*. **a'nomalous** *a* anomal, -aux.

anonymous [ə'nɔniməs] *a* anonyme; **to remain a.**, garder l'anonymat. **ano'nymity** *n* anonymat *m*. **a'nonymously** *adv* anonymement.

anorak ['ænəræk] *n* *Cost:* anorak *m*.

anorexia [ænə'reksiə] *n* *Med:* **a. (nervosa)**, anorexie *f*. **ano'rexic** *a* anorexique.

another [ə'nʌðər] *a & pron* **1.** (*an additional*) encore (un(e)); **a. month**, encore un mois, un autre mois; **a. ten**, encore dix; **in a. ten years**, dans dix ans d'ici; **without a. word**, sans un mot de plus **2.** (*a*) (*similar*) un(e) autre, un(e) second(e); **he's a. Mussolini**, c'est un second Mussolini **3.** (*a different*) un(e) autre; **that is (quite) a. matter**, c'est (tout) autre chose; **we'll do it a. time**, on le fera une autre fois; *F:* **tell me a.!** c'est pas vrai! **4.** (*a*) **science is one thing, art is a.**, la science est une chose, l'art en est une autre; **one way or a.**, d'une façon ou d'une autre (*b*) (*reciprocal*) **one a.**, l'un(e) l'autre, les un(e)s les autres; **near one a.**, l'un près de l'autre; **love one a.**, aimez-vous les uns les autres; **they adore one a.**, ils s'adorent; **to help one a.**, s'entraider.

answer ['ɑ:nsər] **I.** *n* **1.** réponse *f*; réplique *f* (à une critique); **he has an a. to everything**, il a réponse à tout; **in a. to your letter**, en réponse à votre lettre **2.** (*to problem*) solution *f* (**to**, de); (*reason*) explication *f*. **II.** *vtr & i* répondre (à qn, à une lettre, au téléphone); résoudre (un problème); exaucer (une prière, un vœu); **to a. for s.o.**, répondre de qn; se porter garant de qn; **he has a lot to a. for**, il est responsable de bien des choses; **to a. back**, répliquer, répondre; **don't a. back!** tu n'as pas à répondre, à répliquer! **to a. the bell, the door**, ouvrir la porte; **to a. (to) a description**, répondre à un signalement; **that will a. the purpose**, cela fera l'affaire. **'answerable** *a* responsable (**for sth**, de qch; **to s.o.**, devant qn); **to be a. to an authority**, relever d'une autorité; **he's a. to nobody**, il ne doit de comptes à personne.

ant [ænt] *n* fourmi *f*. **'anteater** *n* fourmilier *m*. **'anthill** *n* fourmilière *f*.

antagonize [æn'tægənaiz] *vtr* provoquer (l'hostilité de) (qn), éveiller l'antagonisme de (qn). **an'tagonism** *n* antagonisme *m*; hostilité *f*. **an'tagonist** *n* antagoniste *mf*. **antago'nistic** *a* antagoniste; hostile (**to**, à).

antarctic [æn'tɑ:ktik] **1.** *a* antarctique **2.** *n* **the A.**, l'Antarctique *m*. **An'tarctica** *n* Antarctique *m*.

ante- ['ænti-] *pref* anté-; pré-; *occ* anti-. **ante'cedent 1.** *a* antécédent, antérieur (**to**, à) **2.** *n* antécédent *m*. **'antechamber** *n* antichambre *f*. **'antedate** *vtr* antidater (un document); précéder (un événement). **antedi'luvian** *a* antédiluvien. **ante'natal** *a* prénatal, -als. **'anteroom** *n* antichambre *f*.

antelope ['æntiloup] *n* *Z:* antilope *f*.

antenna¹, -ae [æn'tenə, -i:] *n* antenne *f*.

antenna² *n* (*pl* **antennas**) *NAm:* (*aerial*) antenne *f*.

anthem ['ænθəm] *n* **1.** *Ecc Mus:* motet *m* **2. national a.**, hymne national.

anthology [æn'θɔlədʒi] *n* (*pl* **anthologies**) anthologie *f*.

anthracite ['ænθrəsait] *n* *Min:* anthracite *m*.

anthropology [ænθrə'pɔlədʒi] *n* anthropologie *f*. **anthropo'logical** *a* anthropologique. **anthro'pologist** *n* anthropologue *mf*, anthropologiste *mf*.

anti- ['ænti-, *NAm:* 'æntai-] *pref* anti-; *F:* **to be a. sth.**, être contre qch. **anti 'aircraft** *a* (canon) antiaérien. **antibi'otic** *a & n* antibiotique (*m*). **'antibody** *n* anticorps *m*. **anti'climax** *n* retour *m* à l'ordinaire; (*let-down*) déception *f*. **anti'clockwise** (*NAm:* = **counterclockwise**) *a & adv* dans le sens inverse des aiguilles d'une montre. **anticonsti'tutional** *a* anticonstitutionnel.

anti'cyclone *n* anticyclone *m*. **'antidote** *n* antidote *m*, contrepoison *m*. **'antifreeze** *n Aut:* antigel *m*. **anti'histamine** *n Med:* antihistaminique *m*. **anti'nuclear** *a* antinucléaire, antiatomique. **anti'perspirant** *n* antisudoral *m*. **anti-Se'mitic** *a* antisémite. **anti-'Semitism** *n* antisémitisme *m*. **anti'septic** *a & n* antiseptique (*m*). **anti-'skid** *a* antidérapant. **anti'social** *a* (*of misfit*) asocial; (*of measures, etc*) antisocial; (*unsociable*) insociable. **anti-'tank** *a* (engin) antichar. **anti'theft** *a* (dispositif) antivol *inv*.

anticipate [æn'tisipeit] **1.** *vtr* (*a*) anticiper sur (les événements); savourer (un plaisir) d'avance (*b*) s'attendre à, escompter (un résultat) (*c*) prévenir; devancer (qn); **to a. s.o.'s wishes,** aller au-devant des désirs de qn (*d*) prévoir, envisager (une difficulté) **2.** *vi* s'attendre (**that,** à ce que). **antici'pation** *n* prévision *f*, anticipation *f*; (*expectation*) attente *f*; **in a. of,** en prévision de, dans l'attente de; **in a.,** (remercier, payer, etc) d'avance.

antics ['æntiks] *npl* bouffonneries *fpl*.

antipathy [æn'tipəθi] *n* antipathie *f* (**to,** pour). **antipa'thetic** *a* antipathique (**to,** à).

antipodes (the) [ði:æn'tipədi:z] *npl* antipodes *mpl*.

antiquary ['æntikwəri] *n* (*pl* **antiquaries**) antiquaire *mf*. **anti'quarian 1.** *a* d'antiquaire; **a. bookseller,** libraire spécialisé(e) dans le livre ancien **2.** *n* antiquaire *mf*.

antique [æn'ti:k] **1.** *a* antique; **a. furniture,** meubles anciens, d'époque **2.** *n* objet ancien, d'époque, antiquité *f*; **a. dealer,** antiquaire *mf*; **a. shop,** magasin d'antiquités. **'antiquated** [-kweitid] *a* vieilli; (*of pers, ideas*) vieux jeu. **an'tiquity** [-kwiti] *n* antiquité *f*.

antirrhinum [ænti'rainəm] *n Bot:* muflier *m*, gueule-de-loup *f*.

antithesis, -es [æn'tiθisis, -i:z] *n* **1.** antithèse *f* (**to, of,** de) **2.** opposé *m*, contraire *m* (de).

antler ['æntlər] *n* (*of deer*) andouiller *m*; *pl* bois *mpl*.

antonym ['æntənim] *n* antonyme *m*.

Antwerp ['æntwə:p] *n* Anvers *m or f*.

anus ['einəs] *n* (*pl* **anuses**) *Anat:* anus *m*.

anvil ['ænvil] *n Metalw:* enclume *f*.

anxiety [æŋ'zaiəti] *n* (*a*) (*worry*) inquiétude *f* (**about,** au sujet de); (*fear*) anxiété *f* (*b*) (*eagerness*) impatience *f*; désir *m* (de plaire).

anxious ['æŋkʃəs] *a* **1.** (*a*) (*of pers*) inquiet, soucieux (**about,** de, pour); (*troubled*) anxieux; **very a.,** angoissé; **he is a. about her health,** sa santé le préoccupe (*b*) (*of thg*) inquiétant; (moment) d'anxiété **2.** (*eager*) impatient, désireux (**to do,** de faire); **to be a. to do sth,** tenir beaucoup à faire qch. **'anxiously** *adv* **1.** avec inquiétude; anxieusement **2.** impatiemment.

any ['eni] **I.** *a & pron* **1.** du, de la, des; **have you a. milk, margarine, eggs?** avez-vous du lait, de la margarine, des œufs? **have you (got) a.?** en avez-vous? **I don't see a.,** je n'en vois pas; **have you got a. more milk, eggs?** vous reste-t-il du lait, des œufs? **if a. of them should see him,** si l'un d'entre eux, si quelqu'un parmi eux, le voyait; **more than a.,** plus qu'aucun; **there are few if a.,** il y en a peu ou pas (du tout) **2. I can't find a.,** je n'en trouve pas; **he hasn't a. money,** il n'a pas d'argent; **he hasn't a. reason to complain,** il n'a aucune raison de se plaindre; **it is difficult to find a. explanation for it,** il est difficile de trouver une quelconque explication **3.** (*a*) n'importe (le)quel; **come a. day (you like),** venez n'importe quel jour; **a. doctor will tell you that,** n'importe quel médecin vous le dira; **that may happen a. day,** cela peut arriver d'un jour à l'autre; **take a. two cards,** prenez deux cartes quelconques (*b*) **at a. hour of the day,** à toute heure de la journée. **II.** *adv* **(not) a. happier,** (pas) plus heureux; **I don't see him a. more,** je ne le vois plus; **I cannot go a. further,** je ne peux pas aller plus loin; **is he a. better?** est-ce qu'il va (un peu) mieux?

anybody ['enibɔdi], *pron* **1.** quelqu'un; (*with implied negation*) personne; **can you see a.?** voyez-vous quelqu'un? **does a. dare to say so?** y a-t-il personne qui ose le dire? **more than a.,** plus qu'aucun **2.** (*negative*) personne; **she doesn't know a.,** elle ne connaît personne; **there was hardly a.,** il n'y avait presque personne **3.** n'importe qui; **a. would think he was mad,** on le croirait fou; **a. who had seen him,** quiconque l'aurait vu; **a. but me,** tout autre que moi; **bring along a. you like,** amenez qui vous voudrez; **I haven't met a. else,** je n'ai rencontré personne d'autre **4. is he a.?** est-ce quelqu'un de bien?

anyhow ['enihau] *adv* **1. to do sth a.,** faire qch n'importe comment; **to leave sth a.,** laisser qch sens dessus dessous **2.** en tout cas, de toute façon; **a. you can try,** vous pouvez toujours essayer.

anyone ['eniwʌn] *pron* = **anybody**.

anyplace ['enipleis] *adv NAm:* = **anywhere**.

anything ['eniθiŋ] *pron* **1.** quelque chose; (*with implied negation*) rien; **can you see a.?** voyez-vous quelque chose? **can I do a. for you?** est-ce que je peux vous aider? **is there a. more pleasant than that?** est-il rien de plus agréable que cela? **if a. should happen to him,** s'il lui arrivait quelque malheur **2.** (*negative*) rien; **he doesn't do a.,** il ne fait rien; **without a.,** sans rien; **hardly a.,** presque rien **3.** (*a*) (*everything*) tout; **he eats a.,** il mange de tout; **a. you like,** (tout) ce que vous voudrez; **he is a. but stupid,** il est loin d'être idiot; **a. but!** loin de là! (*b*) (*no matter what*) **a. (at all),** n'importe quoi **4.** *adv phr* (*intensive*) *F:* **to work like a.,** travailler comme un fou; **it's raining like a.,** il pleut à torrents; **as easy as a.,** facile comme tout, comme bonjour.

anyway ['eniwei] *adv* = **anyhow 2.**

anywhere ['eniwɛər] *adv* **1.** n'importe où **2.** (*everywhere*) partout; **a. you go,** partout où vous allez, où que vous alliez; **a. you like,** (là) où tu veux **3.** (*somewhere*) quelque part; **can you see it a.?** le vois-tu? tu le vois? **a. else,** (partout) ailleurs **4.** (*negative*) nulle part; **he doesn't go a.,** il ne va nulle part; **without a. to put it,** sans un endroit où le mettre.

aorta [ei'ɔ:tə] *n Anat:* aorte *f*.

apace [ə'peis] *adv* rapidement.

apart [ə'pɑ:t] *adv* **1.** (*a*) à part; **to stand a.,** être séparé, se tenir à l'écart (**from,** de); **born two years a.,** nés à deux ans d'intervalle (*b*) **to keep a.,** tenir séparé; **to stand with one's feet (wide) a.,** se tenir les jambes écartées; **they are a kilometre a.,** ils sont à un kilomètre l'un de l'autre; **lines ten centimetres a.,** lignes espacées de dix centimètres; **you can't tell**

them a., on ne peut pas les distinguer l'un de l'autre; **they consider themselves in a class a.**, ils se considèrent au-dessus des autres; **worlds a.**, diamétralement opposé **2. to take a.**, démonter (une machine); **to come a.**, (*of clothes*) se découdre; (*of seam, knot*) se défaire; (*of two objects*) se séparer; (*of object*) tomber en morceaux; **to tear a.**, mettre en pièces (du papier, etc) **3. a. from him**, à part lui; **a. from the fact that**, outre que; **joking a.**, plaisanterie à part.

apartheid [ə'pɑːteit, -tait] *n* apartheid *m*.

apartment [ə'pɑːtmənt] *n* (*a*) *NAm:* (*flat*) appartement *m*; (*room*) chambre *f*; **a. block, house**, immeuble *m* (d'habitation) (*b*) *usu pl* (*large room*) pièce *f*; **the Royal Apartments**, les appartements du Roi, de la Reine.

apathy ['æpəθi] *n* apathie *f*, indifférence *f*. **apa'thetic** *a* apathique.

ape [eip] **I.** *n Z:* singe *m*. **II.** *vtr* singer (qn).

aperitif [ə'peritːf] *n* apéritif *m*.

aperture ['æpətʃuər] *n* ouverture *f*.

apex ['eipeks] *n Mth: & Fig:* sommet *m*.

aphid ['eifid] *n* (*pl* **aphids**), **aphis** ['eifis] *n* (*pl* **aphides**) *Ent:* aphis *m*; puceron *m*.

aphorism ['æfərizm] *n* aphorisme *m*.

aphrodisiac [æfrou'diziæk] *a & n* aphrodisiaque (*m*).

apiary ['eipiəri] *n* (*pl* **apiaries**) rucher *m*.

apiculture ['eipikʌltʃər] *n* apiculture *f*.

apiece [ə'piːs] *adv* chacun; **to cost five francs a.**, coûter cinq francs (la) pièce, chacun.

apish ['eipiʃ] *a* simiesque; (*imitative*) imitateur.

aplomb [ə'plɔm] *n* aplomb *m*.

apocalypse [ə'pɔkəlips] *n* apocalypse *f*. **apoca'lyptic** *a* apocalyptique.

apocryphal [ə'pɔkrifəl] *a* apocryphe.

apogee ['æpədʒiː] *n* apogée *m*.

apologetic [əpɔlə'dʒetik] *a* (ton) d'excuse; (*of letter*) plein d'excuses; **to be a.**, s'excuser (**about**, de). **apolo'getically** *adv* en s'excusant.

apologize [ə'pɔlədʒaiz] *vi* s'excuser (**for**, de); **to a. to s.o.** faire ses excuses à qn (**for**, pour). **a'pologist** *n* apologiste *mf*. **a'pology** *n* excuses *fpl*; *F:Pej:* **an a. for a dinner**, un semblant de dîner.

apoplexy ['æpəpleksi] *n* apoplexie *f*. **apo'plectic** *a & n* apoplectique; (*mf*); **a. fit**, attaque d'apoplexie.

apostle [ə'pɔsl] *n* apôtre *m*.

apostrophe [ə'pɔstrəfi] *n* apostrophe *f*.

appal, *NAm:* **appall** [ə'pɔːl] *vtr* (**appalled**) épouvanter (qn); **we are appalled at the idea**, cela nous horrifie (rien que) d'y penser. **a'ppalling** *a* épouvantable, effroyable. **a'ppallingly** *adv* épouvantablement, effroyablement.

apparatus [æpə'reitəs, *NAm:* -'rætəs] *n* (*equipment, organization*) appareil *m*; *Gym:* agrès *mpl*.

apparel [ə'pærəl] *n* habit *m*, habillement *m*, tenue *f*.

apparent [ə'pærənt] *a* apparent, **it's a. that**, il est évident, manifeste, que; **his a. indifference**, son air d'indifférence. **a'pparently** *adv* apparemment; **a. this is true**, il paraît que c'est vrai.

apparition [æpə'riʃn] *n* apparition *f*.

appeal [ə'piːl] **I.** *n* **1.** appel *m*; (*entreaty*) supplication *f* (*a*) **a. for calm, for help**, appel au calme, au secours; **to make an a. to s.o.'s generosity**, faire appel à la générosité de qn (*b*) *Jur:* appel; **Court of A.**, cour d'appel; **to lodge an a.**, se pourvoir en appel; **acquitted on a.**, acquitté en seconde instance **2.** attrait *m*, charme *m*; (*interest*) intérêt *m*. **II.** *vi* **1. to a. to**, faire appel à (qn, la générosité de qn); **to a. to s.o. for help, mercy**, demander (le) secours, demander grâce, à qn; **I a. to you to go**, je vous supplie de partir **2.** *Jur:* faire appel (**against a judgement**, d'un jugement) **3. to a. to s.o.**, plaire à qn, séduire qn; (*interest*) intéresser qn; **that doesn't a. to me**, cela ne me dit rien. **a'ppealing** *a* (regard) suppliant; (ton) émouvant; (*attractive*) séduisant. **a'ppealingly** *adv* d'un ton, d'un regard, suppliant.

appear [ə'piər] *vi* **1.** apparaître; se montrer; **that was when I appeared on the scene**, c'est à ce moment-là que j'ai fait mon apparition **2.** (*a*) (*present oneself*) se présenter; *Jur:* comparaître (**before**, devant); **to a. for s.o.**, représenter qn; (*of counsel*) plaider pour qn (*b*) *Th:* jouer; **to a. on the stage**, entrer en scène (*c*) (*of book*) paraître **3.** (*seem*) paraître; **to a. sad**, paraître triste, avoir l'air triste; **you a. to have forgotten**, il semble que vous ayez oublié; vous semblez avoir oublié; **so it appears**, il paraît que oui. **a'ppearance** *n* **1.** (*a*) apparition *f*; *Th:* entrée *f* (en scène); **to put in an a.**, faire acte de présence; **to make a first a.**, faire ses débuts (*b*) *Jur:* comparution *f* (*c*) parution *f* (d'un livre) **2.** (*look*) apparence *f*, air *m*, aspect *m*; (*of pers*) mine *f*; **to, by, from, all appearances**, selon toute apparence; **don't judge by appearances**, ne jugez pas selon les apparences.

appease [ə'piːz] *vtr* apaiser; satisfaire (la curiosité). **a'ppeasement** *n* apaisement *m*.

append [ə'pend] *vtr* joindre, ajouter (**to**, à); apposer (sa signature); ajouter (des notes marginales). **a'ppendage** *n* appendice *m*.

appendix [ə'pendiks] *n* (*a*) (*pl* **appendixes**) *Anat:* appendice *m* (*b*) (*pl* **appendices**) appendice (d'un livre); annexe *f* (d'un dossier). **appendi'citis** [-'saitis] *n* appendicite *f*.

appetite ['æpitait] *n* appétit *m*; **to take away s.o.'s a.**, couper l'appétit à qn. **'appetizer** *n* (*a*) (*drink*) apéritif *m* (*b*) (*food*) amuse-gueule *m inv*. **'appetizing** *a* appétissant.

applaud [ə'plɔːd] **1.** *vtr* applaudir; approuver, applaudir à (une décision) **2.** *vi* applaudir. **a'pplause** *n* applaudissements *mpl*.

apple ['æpl] *n* pomme *f*; **eating a.**, pomme de table; **cooking a.**, pomme à cuire; **stewed apples, a. sauce**, compote *f* de pommes; *Cu:* **a. pie** = tarte aux pommes; **in a. pie order**, en ordre parfait; **a. pie bed**, lit en portefeuille; **a. tree**, pommier *m*; **she's the a. of his eye**, il la soigne comme la prunelle de ses yeux.

appliance [ə'plaiəns] *n* appareil *m* (électroménager); dispositif *m*; engin *m*.

apply [ə'plai] *vtr & i* (**applied**) **1.** (*a*) appliquer (**sth to sth**, qch sur qch); **to a. the brakes**, appuyer sur le frein, freiner (*b*) **this applies to you**, ceci s'applique à vous (*c*) **to a. oneself, to a. one's mind, to sth**, s'appliquer à qch **2. to a. to s.o.**, s'adresser à qn (**for**, pour); **to a. for a job**, poser sa candidature à, postuler, un emploi. **'applicable** *a* applicable (**to**, à). **'applicant** *n* **1.** candidat, -ate (**for**, à) **2.** *Jur:* demandeur, -eresse. **appli'cation** *n* **1.** application *f* (de qch sur qch) **2.** assiduité *f*, application

3. demande *f* (d'emploi); candidature *f* (à un poste); (*for membership*) demande d'adhésion, d'inscription; **a. form,** formulaire *m* de candidature; (*of club*) formulaire d'inscription, d'adhésion; **on a.,** sur demande; **tickets on a. to the theatre,** s'adresser au théâtre pour avoir des billets. **'applicator** *n* applicateur *m*. **ap'plied** *a* **a. mathematics, science,** mathématiques, sciences, appliquées.

appoint [ə'pɔint] *vtr* 1. nommer (**s.o. to sth,** qn à qch); **to a. s.o. ambassador,** nommer qn ambassadeur 2. désigner, fixer (l'heure); arrêter (un jour); **at the a. time,** à l'heure dite, convenue; **well a. house,** maison bien équipée. **a'ppointment** *n* 1. rendez-vous *m inv*; **to make an a. with s.o.,** se donner rendez-vous, prendre rendez-vous avec qn; **have you got an a.?** avez-vous pris rendez-vous? **by a.,** sur rendez-vous 2. (*a*) nomination *f* (à un emploi); (*of shop*) **by a. to Her Majesty** = fournisseur attitré de sa Majesté (*b*) (*post*) place *f*, situation *f*; *Journ:* **appointments (vacant)** = offres *fpl* d'emploi.

apportion [ə'pɔːʃn] *vtr* répartir.

apposite ['æpəzit] *a* juste; à propos.

appraise [ə'preiz] *vtr* évaluer, estimer (qch); expertiser (les dégâts, etc). **a'ppraisal** *n* évaluation *f*, estimation *f*; expertise *f* (des dégâts).

appreciate [ə'priːʃieit] 1. *vtr* apprécier; (*understand*) comprendre; se rendre compte de (la difficulté, etc); être reconnaissant de (la gentillesse de qn) 2. *vi* (*of goods*) prendre de la valeur. **a'ppreciable** *a* appréciable; (changement) sensible. **a'ppreciably** *adv* sensiblement. **appreci'ation** *n* 1. appréciation *f* (de la situation); (*gratitude*) reconnaissance *f* 2. critique *f* (d'un livre) 3. plus-value *f*. **a'ppreciative** *a* (jugement) élogieux; (*of pers*) reconnaissant (**of,** de); **to be a. of,** apprécier. **a'ppreciatively** *adv* avec reconnaissance; (écouter) avec satisfaction.

apprehend [æpri'hend] *vtr* appréhender, arrêter (qn). **appre'hension** *n* 1. (*fear*) appréhension *f* 2. arrestation *f* (de qn). **appre'hensive** *a* inquiet (**about,** de, au sujet de); **to be a. of sth,** redouter qch. **appre'hensively** *adv* avec appréhension.

apprentice [ə'prentis] 1. *n* apprenti, -ie; **a. carpenter,** apprenti menuisier 2. *vtr* mettre en apprentissage (**to,** chez). **a'pprenticed** *a* en apprentissage (**to s.o.,** chez qn). **a'pprenticeship** *n* apprentissage *m*.

appro ['æprou] *n Com: F:* **on a.,** à l'essai.

approach [ə'proutʃ] I. *n* (*pl* **approaches**) 1. approche *f*; abord *m*; (*method*) façon *f* de s'y prendre; **his a. to the problem,** sa manière d'aborder le problème; **to make approaches to s.o.,** faire des avances à qn 2. (*path*) (voie *f* d')accès; *usu pl* approches, abords (d'une ville). II. *v* 1. *vi* (*of pers, vehicle*) s'approcher; (*of date, etc*) approcher 2. *vtr* (*a*) s'approcher de (qn); approcher de (qch); (*accost*) aborder (qn); **to a. s.o. about sth,** parler à qn de qch (*b*) aborder, s'attaquer à (une question). **a'pproachable** *a* accessible; (*of pers*) abordable, d'un abord facile. **a'pproaching** *a* approchant; (voiture) qui vient en sens inverse; (départ) prochain.

approbation [æprə'beiʃn] *n* 1. approbation *f*; assentiment *m* 2. jugement *m* favorable; **smile of a.,** sourire approbateur.

appropriate I. [ə'prouprieit] *vtr* (*set aside*) affecter; (*steal*) s'approprier (qch). II. [ə'proupriət] *a* (*of clothes, place, etc*) approprié, adéquat; (*of remark*) opportun; **a. to, for,** propre à, approprié à. **a'ppropriately** *adv* convenablement; à propos. **appropri'ation** *n* 1. appropriation *f* 2. affectation *f* de fonds.

approve [ə'pruːv] 1. *vtr* approuver; sanctionner (une action); ratifier (une décision); agréer (un contrat) 2. *vi* **to a. of sth,** approuver qch; **I don't a. of your friends,** tes amis ne me plaisent pas, je n'apprécie pas tes amis; **I a. of her going,** je trouve bon qu'elle y aille; **I a. of him having accepted,** je l'approuve d'avoir accepté. **a'pproval** *n* approbation *f*; **to nod a.,** faire un signe de tête approbateur; *Com:* **on a.,** à l'essai. **a'pproving** *a* approbateur, -trice. **a'pprovingly** *adv* d'un air approbateur.

approximate 1. [ə'prɔksimət] *a* (calcul) approximatif 2. [ə'prɔksimeit] *vi* se rapprocher (**to,** de). **a'pproximately** *adv* à peu près, approximativement. **approxi'mation** *n* approximation *f*.

apricot ['eiprikɔt] *n* abricot *m*; **a. tree,** abricotier *m*.

April ['eipril] *n* avril *m*; **A. Fool's Day,** le premier avril; **to play an A. Fool's trick on s.o.,** faire un poisson d'avril à qn.

apron [eiprən] *n* tablier *m*; *Av:* aire *f* de stationnement; **tied to one's mother's apron strings,** pendu aux jupes de sa mère; *Th:* **a. (stage),** avant-scène *f*.

apropos [æprə'pou] *a & adv* à propos (**of,** de).

apse [æps] *n Arch:* abside *f*.

apt [æpt] *a* 1. convenable; (remarque, réponse) juste; (mot, nom) bien choisi 2. **to be a. to do sth,** avoir tendance à faire qch 3. (élève) intelligent, doué; **a. at sth,** habile à qch. **'aptitude** *n* aptitude *f* (**for,** à, pour). **'aptly** *adv* convenablement; **a. named,** qui porte bien son nom. **'aptness** *n* à-propos *m* (d'une observation).

aqualung ['ækwəlʌŋ] *n* scaphandre *m* autonome.

aquamarine [ækwəmə'riːn] *n* aigue-marine *f*.

aquaplane ['ækwəplein] I. *n Sp:* aquaplane *m*. II. *vi* 1. *Sp:* faire de l'aquaplane 2. *Aut:* faire de l'aquaplaning, de l'aquaplanage.

aquarium [ə'kwɛəriəm] *n* aquarium *m*.

Aquarius [ə'kwɛəriəs] *Prn Astr:* le Verseau.

aquatic [ə'kwætik] *a* (plante) aquatique; (sport) nautique.

aqueduct ['ækwidʌkt] *n* aqueduc *m*.

aquiline ['ækwilain] *a* (*of nose, profile*) aquilin.

Arab ['ærəb] *a & n* arabe (*mf*). **A'rabian** *a* arabe, d'Arabie; **the A. Nights,** les Mille et une Nuits. **'Arabic** 1. *a* (chiffre) arabe 2. *n Ling:* arabe *m*.

arabesque [ærə'besk] *n* arabesque *f*.

arable ['ærəbl] *a* (terre) arable.

arbiter ['ɑːbitər] *n* arbitre *m*.

arbitrate ['ɑːbitreit] *vtr & i* arbitrer. **'arbitrarily** *adv* arbitrairement. **'arbitrary** *a* arbitraire. **arbi'tration** *n* arbitrage *m*; **to go to a.,** soumettre la question à l'arbitrage. **'arbitrator** *n* (*in dispute*) médiateur, -trice.

arbour ['ɑːbər] *n* tonnelle *f*, charmille *f*.

arc [ɑːk] *n* arc *m*; **a. lamp,** lampe à arc; **a. welding,** soudure à arc.

arcade [ɑː'keid] *n* (*a*) (*market*) passage couvert (*b*) arcade(s) *f*(*pl*) (le long d'un mur).

arcane [ɑː'kein] *a Lit:* mystérieux.

arch [ɑːtʃ] I. *v* 1. *vtr* arquer, cambrer, cintrer; **to a. one's back,** arquer, courber, le dos; (*of cat*) **to a. its back,** faire le dos rond 2. *vi* former une voûte (**over,** au-dessus de). II. *n* (*pl* **arches**) 1. *Arch:* voûte *f*, arc *m*; arceau *m* (d'une voûte); arche *f* (d'un pont) 2. *Anat:* cambrure *f* (du pied); **to have fallen arches,** avoir les pieds plats. **'archway** *n* passage voûté, voûte *f*; portail *m* (d'une église).

arch- [ɑːtʃ] *pref* **a. enemy,** ennemi *m* numéro un; **a. villain,** scélérat achevé.

arch(a)eology [ɑːki'ɔlədʒi] *n* archéologie *f*. **arch(a)eo'logical** *a* archéologique. **arch(a)e'ologist** *n* archéologue *mf*.

archaic [ɑː'keiik] *a* archaïque.

archangel ['ɑːkeindʒəl] *n* archange *m*.

archbishop [ɑːtʃ'biʃəp] *n* archevêque *m*.

archer ['ɑːtʃə] *n* archer *m*. **'archery** *n* tir *m* à l'arc.

archetype ['ɑːkitaip] archétype *m*.

archipelago [ɑːki'peləgou] *n* (*pl* **-oes, -os**) archipel *m*.

architect ['ɑːkitekt] *n* architecte *m*. **'architecture** *n* architecture *f*.

archives ['ɑːkaivz] *npl* archives *fpl*. **archivist** ['ɑːkivist] *n* archiviste *mf*.

arctic ['ɑːktic] 1. *a* (cercle) arctique; (temps) polaire, glacial 2. *n* **the A.,** l'Arctique *m*.

ardent ['ɑːdənt] *a* ardent; passionné. **'ardently** *adv* ardemment; avec ardeur.

ardour, *NAm:* **ardor** ['ɑːdər] *n* ardeur *f*.

arduous ['ɑːdjuəs] *a* ardu, pénible; (travail) laborieux. **'arduously** *adv* péniblement. **'arduousness** *n* difficulté *f*.

are [ɑːr] *see* **be**.

area ['ɛəriə] *n* 1. aire *f*, superficie *f*; surface *f* 2. région *f*; quartier *m* (d'une ville); *Fig:* domaine *m*, secteur *m*, terrain *m*; **industrial a.,** zone industrielle; (*in room*) **dining a.,** coin *m* salle à manger; coin-repas *m inv*; **parking a.,** aire de stationnement; *NAm: Tp:* **a. code,** indicatif *m*.

arena [ə'riːnə] *n Hist: & Fig:* arène *f*.

Argentina [ɑːdʒən'tiːnə] *Prn Geog:* Argentine *f*. **Argen'tinian** *a & n* argentin, -ine. **'Argentine** *a & n Geog:* 1. **the A. (Republic),** la République Argentine, l'Argentine *f* 2. argentin, -ine.

argue ['ɑːgjuː] 1. *vi* (*a*) se disputer (**with s.o.,** avec qn, **about sth,** au sujet de qch) (*b*) discuter (**about,** sur, de); (*reason*) raisonner (**with,** avec, **about,** sur); **to a. in favour of,** plaider en faveur de, pour 2. *vtr* discuter, débattre (une question); **to a. that,** soutenir que; **to a. the toss,** discutailler. **'arguable** *a* (*a*) (opinion) soutenable, défendable (*b*) (fait) contestable, discutable. **'arguably** *adv* **this is a. the best,** on pourrait soutenir que celui-ci soit le meilleur. **'argument** *n* 1. dispute *f*; **to have an a. (with s.o.),** se disputer (avec qn) 2. (*a*) discussion, débat *m* (*b*) argument *m* (**for, against,** en faveur de, contre); **for a.'s sake,** à titre d'exemple. **argu'mentative** *a* raisonneur.

argy-bargy ['ɑːdʒi'bɑːdʒi] *n F:* chamaillerie *f*.

aria ['ɑːriə] *n Mus:* air *m* (d'opéra).

arid ['ærid] *a* aride. **a'ridity** *n* aridité *f*.

Aries ['ɛəriːz] *Prn Astr:* le Bélier.

arise [ə'raiz] *vi* (**arose; arisen**) 1. (*a*) (*of difficulty, opportunity*) se présenter; (*of cry, objection*) s'élever; (*of question*) se poser; **should the occasion a.,** le cas échéant (*b*) résulter (**from,** de) 2. *Lit:* (*of pers*) se lever.

aristocrat ['æristəkræt, *NAm:* ə'ristəkræt] *n* aristocrate *mf*. **ari'stocracy** *n* aristocratie *f*. **aristo'cratic** *a* aristocratique.

arithmetic [ə'riθmətik] *n* arithmétique *f*; calcul *m*; **mental a.,** calcul mental. **arith'metical** *a* arithmétique.

ark [ɑːk] *n* arche *f*; **Noah's A.,** l'arche de Noé.

arm[1] [ɑːm] *n* 1. bras *m*; **with a basket over, on, one's a.,** un panier au bras; **a. in a.,** bras dessus bras dessous; **she took my a.,** elle m'a pris le bras; **to put one's a. round s.o.,** entourer qn de son bras; **at a.'s length,** à bout de bras; à distance; **with open arms,** à bras ouverts 2. manche *f* (de robe); bras (de fauteuil, de mer); accoudoir *m* (de fauteuil); fléau *m* (de balance). **'armband** *n* brassard *m*. **'armchair** *n* fauteuil *m*; **a. critic,** critique en chambre. **'armful** *n* brassée *f*; **by the a.,** à pleins bras. **'armhole** *n Cl:* emmanchure *f*. **'armpit** *n* aisselle *f*. **'armrest** *n* accoudoir *m*.

arm[2] I. *v* 1. *vtr* armer (qn) (**with,** de) 2. *vi* **to a (oneself),** s'armer (**against,** contre). II. *n* 1. *usu pl* arme(s) *f*(*pl*); **to be up in arms** (i) s'armer (**against,** contre) (ii) *Fig:* être en révolte ouverte, protester (**about,** contre); **arms race,** course *f* aux armements 2. **(coat of) arms,** armoiries *fpl*. **'armament** *n* armement *m*. **'armature** *n Biol:* armure *f*; *El: Const:* armature *f*. **armed** *a* armé (**with,** de); **the a. forces,** les forces armées. **'armour**, *NAm:* **'armor** *n* armure *f* (d'un chevalier); **a. (plate, plating),** blindage *m* (d'un véhicule); cuirasse *f* (d'un navire). **'armoured, 'armour-'plated,** *NAm:* **'armored, 'armor-'plated** *a* (véhicule) blindé; (navire) cuirassé. **'armoury**, *NAm:* **'armory** (*a*) arsenal *m* (*b*) *NAm:* fabrique *f* d'armes.

armadillo [ɑːmə'dilou] *n* (*pl* **-os**) *Z:* tatou *m*.

armistice ['ɑːmistis] *n* armistice *m*.

army ['ɑːmi] *n* armée *f*; **to join the a.,** s'engager; **to be in the a.,** être dans l'armée, être militaire; **regular a.,** armée active; **the Salvation A.,** l'Armée du Salut; **a. officer, uniform,** officier *m*, uniforme *m*, militaire.

aroma [ə'roumə] *n* arôme *m*. **aro'matic** *a* aromatique.

arose [ə'rouz] *see* **arise**.

around [ə'raund] 1. *adv* autour; **all a.,** tout autour, de tous côtés; **the woods a.,** les bois alentour; **to follow a.,** suivre partout; **to rush a.,** courir ça et là; **to wander a.,** errer; **there was nobody a.,** il n'y avait personne; **a. here,** par ici; **he's still a.,** il est encore là; *F:* **he's been a.,** il a roulé sa bosse; **there's a lot of flu a.,** il y a pas mal de grippe dans l'air; *NAm:* (*after illness*) **up and a.,** sur pied, guéri 2. *prep* autour de; **it cost a. five pounds,** cela a coûté environ, autour de, cinq livres; **to go a. the world,** faire le tour du monde.

arouse [ə'rauz] *vtr* 1. **to a. from sleep,** tirer du sommeil 2. éveiller, susciter (un sentiment); (*sexually*) exciter.

arrange [ə'reindʒ] 1. *vtr* (*a*) arranger; aménager (**as,** en); disposer (des fleurs); mettre en ordre (des livres); ranger (des meubles) (*b*) *Mus:* adapter (un morceau) (**for,** pour) (*c*) fixer (une date); organiser (un concert); **the meeting arranged for Thursday,** la réunion prévue pour jeudi; **it was arranged that,** il fut convenu que 2. *vi* **to a. (with s.o.) to do sth,** s'arranger (avec qn) pour faire qch; convenir de faire qch; **to a. for sth. to be done,** prendre des dispositions pour que qch soit fait. **a'rrangement** *n* **1.** (*a*) arrangement *m*, aménagement *m* (d'une maison); *pl* (*preparations*) préparatifs *mpl*; (*plans*) projets *mpl*; **to make arrangements to,** s'arranger pour; **flower a.,** (i) art *m* de faire des bouquets (ii) composition florale **2.** arrangement, accord *m* (avec qn); **price by a.,** prix à débattre.

array [ə'rei] *n* étalage *m*. **a'rrayed** *a Lit:* (re)vêtu (**in,** de).

arrears [ə'riəz] *npl* arriéré *m*; **rent in a.,** (loyer) arriéré; **to be in a.,** avoir des arriérés.

arrest [ə'rest] **I.** *n* (*a*) arrestation *f*; **under a.,** en état d'arrestation (*b*) arrêt *m*, suspension *f* (du progrès); **cardiac a.,** arrêt du cœur. **II.** *vtr* arrêter (un mouvement, un malfaiteur); fixer (l'attention). **a'rresting** *a* (spectacle) frappant, impressionnant.

arrive [ə'raiv] *vi* **1.** (*a*) arriver (**at, in,** à, dans) (*b*) réussir (dans la vie) **2. to a. at,** arriver, à (une conclusion); fixer (un prix). **a'rrival** *n* arrivée *f*; *Com:* arrivage *m* (de marchandises); **new a.,** nouveau venu, nouvelle venue; (*baby*) nouveau-né, -ée.

arrogant ['ærəgənt] *a* arrogant. **'arrogance** *n* arrogance *f*. **'arrogantly** *adv* avec arrogance.

arrow ['ærou] *n* flèche *f*.

arse [ɑːs] *n P:* cul *m*.

arsenal ['ɑːsənl] *n* arsenal *m*.

arsenic ['ɑːsnik] *n* arsenic *m*.

arson ['ɑːsn] *n* incendie *m* volontaire. **'arsonist** *n* incendiaire *mf*.

art [ɑːt] *n* art *m*; (*cunning*) artifice *m*; **work of a.,** œuvre d'art; **the (fine) arts,** les beaux-arts; **arts and crafts,** artisanat *m*; **a. exhibition,** exposition d'art; **a. school,** école des beaux-arts; *Sch:* **faculty of arts,** faculté des lettres. **'artful** *a* rusé, astucieux; malin. **'artfully** *adv* astucieusement. **'artfulness** *n* astuce *f*.

artefact ['ɑːtifækt] *n* objet fabriqué.

arteriosclerosis [ɑːtiəriousklə'rousis] *n Med:* artériosclérose *f*.

artery ['ɑːtəri] *n* (*pl* **arteries**) *Anat: Aut:* artère *f*. **ar'terial** *a* **1.** *Anat:* artériel. **2. a. road,** route principale.

artesian [ɑː'tiːziən] *a* **a. well,** puits artésien.

arthritis [ɑː'θraitis] *n Med:* arthrite *f*; **rheumatoid a.,** rhumatisme *m* articulaire. **ar'thritic** *a* arthritique.

artichoke ['ɑːtitʃouk] *n* **1. (globe) a.,** artichaut *m* **2. Jerusalem a.,** topinambour *m*.

article ['ɑːtikl] *n Journ: Gram: etc:* article *m*; article, clause *f* (d'un contrat); **articles of value,** objets *mpl* de valeur; **a. of clothing,** vêtement *m*; *Journ* **leading a.,** éditorial *m*.

articulate I. [ɑː'tikjuleit] *vtr & i* articuler (un mot). **II.** [ɑː'tikjulət] *a* (son) net, distinct; (langage) articulé; (*of pers*) qui s'exprime clairement. **ar'ticulated** *a* **a. lorry,** semi-remorque *m*. **ar'ticulation** *n* articulation *f*.

artifact ['ɑːtifækt] *n* objet fabriqué.

artifice ['ɑːtifis] *n* **1.** artifice *m* **2.** adresse *f*.

artificial [ɑːti'fiʃl] *a* **1.** artificiel **2.** (style) factice; (sourire) qui manque de naturel; forcé. **artifici'ality** *n* caractère artificiel. **arti'ficially** *adv* artificiellement.

artillery [ɑː'tiləri] *n* artillerie *f*.

artisan [ɑːti'zæn] *n* artisan *m*.

artist ['ɑːtist] *n* artiste *mf*. **ar'tiste** *n Th: Mus:* artiste *mf*; **he's an a.,** il est peintre. **ar'tistic** *a* artistique; (*of pers*) artiste. **ar'tistically** *adv* artistiquement; avec art. **'artistry** *n* art *m*.

as [æz, *unstressed* əz] **I.** *adv* **1.** aussi, si; **as tall as,** aussi grand que; **not as tall as,** pas (aus)si grand que **2. I worked as hard as I could,** j'ai travaillé (au)tant que j'ai pu **3. as from the 15th,** à partir du 15; **as for, as regards, as to,** quant à. **II.** *conj & adv* **1.** (*degree*) que; **twice as big as,** deux fois plus grand que; **by day as well as by night,** de jour comme de nuit; **as white as a sheet,** pâle comme un linge **2.** (*concessive*) **(as) clever as he is,** si, aussi, intelligent qu'il soit; **be that as it may,** quoi qu'il en soit; **search as I might,** j'avais beau chercher **3.** (*manner*) (*a*) comme; **do as you like,** faites comme vous voudrez; **leave it as it is,** laissez-le comme ça, tel quel; **as it is,** les choses étant ainsi; **it's late as it is,** il est déjà tard; **as often happens,** comme il, ainsi qu'il, arrive souvent; **mother is well, as are the children,** maman va bien, de même que les enfants (*b*) **to consider s.o. as a friend,** considérer qn comme un ami; **as an old friend,** en tant que vieil ami; **as a teacher,** comme professeur, en tant que, en qualité de professeur; **to act as a father,** agir en père; **to treat s.o. as a stranger,** traiter qn en étranger; **he was often ill as a child,** enfant, il était souvent malade; *Th:* **Gielgud as Hamlet,** Gielgud dans le rôle de Hamlet **4.** (*time*) **as I left,** comme je partais; **as one grows older,** à mesure que l'on vieillit; **as he slept,** pendant qu'il dormait; **one day as,** un jour que; **as from, as of,** à partir de (demain, lundi, etc) **5.** (*reason*) **as you're not ready,** comme, puisque, vous n'êtes pas prêt **6.** (*concerning*) **as for that, as to that,** quant à cela **7. so as to,** de manière à; **he's not so stupid as to believe it,** il n'est pas assez bête pour le croire.

asbestos [æs'bestəs, æz-] *n* amiante *m*. **asbes'tosis** *n Med:* asbestose *f*.

ascend [ə'send] **1.** *vi* monter **2.** *vtr* monter sur (le trône); monter (l'escalier); faire l'ascension de, gravir (une montagne). **a'scendancy** *n* ascendant *m* (**over,** sur). **a'scendant** *n* **to be in the a.,** avoir de l'ascendant *m*. **a'scension** (*a*) *n* ascension *f* (*b*) *Prn Geog:* **A. (Island),** (l'île *f* de) l'Ascension. **a'scent** *n* (*a*) ascension (**of,** de) (*b*) (*slope*) côte *f*.

ascertain [æsə'tein] *vtr* découvrir; s'assurer de (la vérité de qch).

ascetic [ə'setik] **1.** *a* ascétique **2.** *n* ascète *mf*. **a'sceticism** *n* ascétisme *m*.

ascribe [ə'skraib] *vtr* attribuer, imputer (**to,** à). **a'scribable** *a* attribuable, imputable.

aseptic [ei'septik] *a Med:* aseptique.

asexual [ei'seksjuəl] *a* asexué.

ash[1] [æʃ] *n* **a. (tree),** frêne *m*.

ash[2] *n* (*pl* **ashes**) cendre *f*; **to reduce to ashes,** réduire en cendres; *Ecc:* **A. Wednesday,** mercredi des Cendres. **'ash-'blond(e)** *a* blond cendré *inv*. **'ashcan** *NAm: n* poubelle *f*. **'ashen** *a* (*pale grey*) cendré; (visage) pâle, blême. **'ashtray** *n* cendrier *m*.

ashamed [ə'ʃeimd] *a* honteux, confus; **to be a. of s.o., sth,** avoir honte de qn, qch; **I'm a. of you,** vous me faites honte; **to be a. (of oneself),** avoir honte.

ashore [əˈʃɔːr] *adv Nau:* **to go a.**, débarquer; **to put passengers a.**, débarquer des passagers.

Asia [ˈeiʃə] *Prn Geog:* Asie *f.* **ˈAsian 1.** *a* asiatique **2.** *n* Asiatique *mf*, Asiate *mf.* **Asiˈatic** *a & n* asiatique *mf.*

aside [əˈsaid] **1.** *adv* de côté; **to put sth a.**, mettre qch de côté; **to draw the curtain a.**, écarter le rideau; **to take, draw, s.o. a.**, prendre qn à part; **to stand a.**, (i) se tenir à l'écart (ii) se ranger; **to step a.**, s'écarter; **a. from**, en dehors de; **putting that a.**, à part cela **2.** *n Th:* aparté *m*; **in an a.**, en aparté.

asinine [ˈæsinain] *a* stupide, idiot.

ask [ɑːsk] *vtr & i* (**asked** [ɑːskt]) demander **1. to a. s.o. a question**, poser une question à qn; **a. him his name**, demandez-lui son nom; **a. a policeman**, adressez-vous à un agent (de police); *F:* **a. me another!** je n'ai pas la moindre idée; **if you a. me**, à mon avis **2.** (*a*) **to a. s.o. a favour**, demander une faveur à qn (*b*) **to a. £60 for sth**, demander £60 pour qch **3.** (*a*) **to a. to do sth**, demander à faire qch; **he asked to go out**, il a demandé s'il pouvait sortir (*b*) **to a. s.o. to do sth**, demander à qn de faire qch; **to a. s.o. (for) sth**, demander qch à qn **4.** (*a*) **to a. about sth.**, se renseigner sur qch; **to a. s.o. about sth**, interroger qn sur qch (*b*) **to a. after, about, s.o.**, demander des nouvelles de qn **5.** (*a*) **to a. for s.o.**, demander à voir qn (*b*) **to a. for sth.**, demander qch; **to a. for sth back**, redemander qch **6. to a. s.o. to lunch**, inviter qn à déjeuner; **to a. s.o. back**, rendre une invitation à qn. **ˈasking** *n* **it's yours for the a.**, il n'y a qu'à le demander; **a. price**, prix demandé.

askance [əˈskæns] *adv* **to look a. at s.o., sth**, regarder qn, qch, de travers, avec méfiance.

askew [əˈskjuː] *adv* de biais, de travers.

aslant [əˈslɑːnt] *adv* de travers.

asleep [əˈsliːp] *adv & a* endormi **1. to be a.**, dormir; **to fall a.**, s'endormir **2. my foot's a.**, j'ai le pied engourdi.

asp [æsp] *n Rept:* aspic *m.*

asparagus [əsˈpærəgəs] *n* (*plant*) asperge *f*; (*shoots*) asperges *fpl.*

aspect [ˈæspekt] *n* **1.** orientation *f*; **house with a south-facing a.**, maison exposée au midi **2.** aspect *m*; **from all aspects**, sous tous les aspects.

asperity [æsˈperiti] *n* (*a*) âpreté *f* (d'un reproche) (*b*) rigueur *f* (du climat).

aspersion [əsˈpəːʃn] *n* calomnie *f*; **to cast aspersions on s.o., sth**, dénigrer qn, qch.

asphalt [ˈæsfælt, *NAm:* ˈæsfɔːlt] **1.** *n* asphalte *m*; **a. road**, route asphaltée **2.** *vtr* asphalter.

asphyxia [æsˈfiksiə] *n* asphyxie *f.* **asˈphyxiate 1.** *vtr* asphyxier **2.** *vi* s'asphyxier. **asphyxiˈation** *n* asphyxie.

aspic [æspik] *n Cu:* gelée *f*; **chicken in a.**, aspic *m* de volaille.

aspirate [ˈæspərət] *Ling:* **1.** *a* aspiré **2.** *n* (*a*) (lettre) aspirée *f* (*b*) (la lettre) h.

aspire [əˈspaiər] *vi* aspirer (**to sth**, à qch). **aspiˈration** *n* aspiration *f.* **aˈspiring** *a* ambitieux.

aspirin [ˈæsp(ə)rin] *n Pharm:* aspirine *f.*

ass [æs] *n* (*pl* **asses**) **1.** âne; **she-a.**, ânesse **2.** *F:* imbécile *mf*, âne; **to make an a. of oneself**, se ridiculiser.

assailant [əˈseilənt] *n* agresseur *m*, assaillant, -ante.

assassin [əˈsæsin] *n* assassin *m.* **aˈssassinate** *vtr* assassiner. **assassiˈnation** *n* assassinat *m.*

assault [əˈsɔːlt] **I.** *vtr* **1.** attaquer, donner l'assaut à (une ville) **2.** *Jur:* agresser (qn); violenter (une femme); **to be assaulted**, être victime d'une agression. **II.** *n* (*a*) *Mil:* assaut *m*; **a. course**, (i) parcours du combattant (ii) piste d'assaut (*b*) *Jur:* agression *f*; *Jur:* **a. and battery**, coups *mpl* et blessures *fpl.*

assemble [əˈsembl] **1.** *vtr* (*a*) assembler (des objets, des idées); rassembler (des personnes) (*b*) monter (une machine) **2.** *vi* se rassembler, s'assembler. **aˈssembly** *n* **1.** (*meeting*) assemblée *f*; **in open a.**, en séance publique **2.** *Sch:* rassemblement *m* **3.** montage *m*, assemblage *m* (d'une machine); *Ind:* **a. line**, chaîne de montage.

assent [əˈsent] **I.** *vi* consentir, donner son assentiment (to, à). **II.** *n* assentiment *m.*

assert [əˈsəːt] *vtr* (*a*) revendiquer, faire valoir (ses droits); imposer (son autorité); **to a. oneself**, s'affirmer (*b*) protester de (son innocence); affirmer, soutenir (**that**, que). **aˈssertion** *n* affirmation *f*; revendication *f.* **aˈssertive** *a* affirmatif; *Pej:* autoritaire.

assess [əˈses] *vtr* (*a*) (*estimate, evaluate*) évaluer; (*decide amount of*) fixer le montant de; **to a. the damages at £5000**, fixer les dommages-intérêts à £5000 (*b*) taxer (une propriété); imposer (qn) (*c*) juger (qn). **aˈssessment** *n* **1.** (*a*) évaluation *f*; *Jur:* estimation *f* (de dommages-intérêts) (*b*) taxation *f* (d'une propriété) (*c*) jugement *m* (de qn) **2.** (*amount*) cote *f.* **aˈssessor** *n* expert *m*; *Adm:* contrôleur, -euse (de contributions).

asset [ˈæset] *n* (*a*) *pl Com:* biens *mpl*, avoir *m*; *Jur:* **personal assets**, biens *mpl* meubles (*b*) atout *m*, avantage *m.*

assiduous [əˈsidjuəs] *a* assidu. **assiˈduity** *n* assiduité *f* (**in doing sth.**, à faire qch). **aˈssiduously** *adv* assidûment.

assign [əˈsain] *vtr* **1.** assigner (qch à qn); attribuer (un sens) (**to a word**, à un mot) **2.** céder, transférer (une propriété) (**to s.o.**, à qn) **3.** fixer (un jour, etc) **4. to a. s.o. to a job**, assigner une tâche à qn. **assigˈnation** [æsigˈneiʃn] *n* rendez-vous *m inv.* **aˈssignment** *n* (*task*) mission *f*; *Sch:* devoirs *mpl.*

assimilate [əˈsimileit] *vtr* assimiler (to, à). **assimiˈlation** *n* assimilation *f* (**to, with**, à).

assist [əˈsist] *vtr* aider, assister (qn) (**to do, in doing sth**, à faire qch). **aˈssistance** *n* aide *f*, secours *m*; *Adm:* assistance *f*; **to come to s.o.'s a.**, venir à l'aide de qn; **can I be of any a.?** puis-je vous aider? **aˈssistant 1.** *a* adjoint, auxiliaire; **a. manager**, sous-directeur, -trice; *Sch:* **a. master, mistress**, professeur *m* (de lycée) **2.** *n* assistant, -ante, aide *mf*; **(shop) a.**, vendeur, -euse.

assizes [əˈsaiziz] *npl Jur:* assises *fpl.*

associate I. [əˈsouʃieit] **1.** *vtr* associer (**with**, à, avec) **2.** *vi* **to a. with s.o.**, fréquenter qn; **to a. (oneself) with**, s'associer à, avec. **II.** [əˈsouʃiət] **1.** *a* associé **2.** *n* (*a*) associé, -ée; membre correspondant (d'une académie) (*b*) camarade *mf.* **associˈation** *n* **1.** association *f*; **a. football**, football *m.* **2.** *pl* (*memories*) souvenirs *mpl.*

assorted [əˈsɔːtid] *a* variés; (*of foods, sweets*) assortis; **well a., ill a.**, bien, mal, assorti. **aˈssortment** *n* assortiment *m.*

assuage [əˈsweidʒ] *vtr* apaiser, adoucir.

assume [ə'sjuːm] *vtr* **1.** prendre; se donner, affecter (un air); assumer (une responsabilité, un rôle); se charger de (un devoir); prendre en main (la direction de qch); s'attribuer, s'approprier (un droit); adopter (un nom, une attitude) **2.** présumer, supposer (qch); **assuming (that),** en supposant, en admettant, que + *sub*; **let us a. that,** supposons que + *sub*. **a'ssumed** *a* faux; **a. name,** nom d'emprunt. **a'ssumption** *n* **1.** *Ecc:* Assomption *f* (de la Vierge) **2. a. of office,** entrée *f* en fonctions **3.** supposition *f*, hypothèse *f*.

assure [ə'ʃuər] *vtr* assurer. **a'ssurance** *n* assurance *f*; **to give s.o. one's a. that,** assurer qn que; **life a.,** assurance-vie *f*. **a'ssured** *a & n* assuré(e). **assuredly** [ə'ʃuəridli] *adv* assurément.

aster ['æstər] *n Bot:* aster *m*.

asterisk ['æstərisk] *n* astérisque *m*.

astern [ə'stəːn] *adv Nau:* à l'arrière; **full speed a.!** en arrière toute!

asteroid ['æstərɔid] *n* astéroïde *m*.

asthma ['æsmə] *n* asthme *m*. **asth'matic** *a & n* asthmatique (*mf*).

astigmatism [æ'stigmətizm] *n* astigmatisme *m*. **astig'matic** *a & n* astigmate (*mf*).

astir [ə'stəːr] *a* (*a*) (*excited*) en émoi (*b*) (*out of bed*) debout.

astonish [ə'stɔniʃ] *vtr* étonner, surprendre; **to be astonished to see sth,** s'étonner de voir qch; **to look astonished,** avoir l'air étonné, surpris. **a'stonishing** *a* étonnant, surprenant. **a'stonishingly** *adv* étonnamment. **a'stonishment** *n* étonnement *m*; (grande) surprise; **look of a.,** regard étonné.

astound [ə'staund] *vtr* stupéfier, étonner. **a'stounding** *a* stupéfiant.

astray [ə'strei] *adv* égaré; **to go a.,** s'égarer; **to lead s.o. a.,** égarer qn.

astride [ə'straid] **1.** *adv* à califourchon **2.** *prep* **a. a chair,** à cheval sur une chaise.

astringent [ə'strind'ʒənt] **1.** *a* astringent; (*harsh*) sévère **2.** *n* astringent *m*.

astrology [ə'strɔlədʒi] *n* astrologie *f*. **a'strologer** *n* astrologue *mf*. **astro'logical** *a* astrologique.

astronaut ['æstrənɔːt] *n* astronaute *mf*.

astronomy [ə'strɔnəmi] *n* astronomie *f*. **a'stronomer** *n* astronome *m*. **astro'nomical** *a* astronomique.

astrophysics [æstrou'fiziks] *n* (*usu with sing const*) astrophysique *f*.

astute [ə'stjuːt] *a* (*crafty*) rusé; (*clever*) astucieux. **a'stutely** *adv* avec ruse; astucieusement. **a'stuteness** *n* ruse *f*; astuce *f*.

asunder [ə'sʌndər] *adv* en pièces; (*in two*) en deux.

asylum [ə'sailəm] *n* asile *m*; *Pej:* **lunatic a.,** maison *f* de fous, asile d'aliénés.

asymmetrical [eisi'metrikl] *a* asymétrique.

at [æt] *prep* **1.** (*a*) à; **at school,** à l'école; **at the table,** à la table; **at hand,** sous la main; **at sea,** en mer; **at war,** en guerre (*b*) **at home,** à la maison, chez soi; **at the hairdresser's,** chez le coiffeur (*c*) **at the window,** à, devant, (au)près de, la fenêtre; **to come in at the door,** entrer par la porte **2. at six (o'clock),** à six heures; **at present,** à présent; **at the end,** à la fin; **two at a time,** deux par deux, deux à la fois; **at night,** la nuit **3. at two francs a kilo,** (à) deux francs le kilo; **at fifty kilometres an hour,** à cinquante kilomètres à l'heure **4. to shoot at,** tirer sur; **at my request,** sur ma demande; **at all events,** en tout cas; **not at all,** pas du tout; (*after 'thank you'*) pas de quoi! **5. good at maths,** fort en maths; **good at games,** sportif, -ive **6.** (*a*) **to look at.,** regarder; **to laugh at,** rire de; **surprised at sth,** étonné de qch (*b*) **to laugh at s.o.,** se moquer de qn (*c*) **at work,** au travail; **to be (hard) at it,** être très occupé, travailler dur; **she's at it again!** voilà qu'elle recommence! **while we are at it,** pendant que nous y sommes (*d*) *F:* **she's always (on) at him,** elle est toujours après lui. **at-'home** *n* réception *f*.

ate [et, *NAm:* eit] *see* **eat.**

atheism ['eiθiizm] *n* athéisme *m*. **'atheist** *n* athée *mf*.

Athens ['æθənz] *Prn* Athènes *m or f*. **A'thenian** [ə'θiːnjən] *a & n* athénien, -ienne.

athlete ['æθliːt] *n* athlète *mf*; *Med:* **a.'s foot,** mycose *f*. **ath'letic** *a* athlétique; **a meeting,** réunion sportive; **he's very a.,** il est très sportif. **ath'letics** *npl* athlétisme *m*; **a. club,** club d'athlétisme.

atishoo! [ə'tiʃuː], *NAm:* **atchoo!** [ə'tʃuː] *int* atchoum!

atlantic [ət'læntik] **1.** *a* atlantique; **the A. Ocean,** l'océan *m* Atlantique **2.** *n* **the A.,** l'Atlantique *m*.

atlas ['ætləs] *n* atlas *m*.

atmosphere ['ætməsfiər] *n* atmosphère *f*. **atmos'pheric** *a* atmosphérique. **atmos'pherics** *npl WTel:* parasites *mpl*.

atoll ['ætɔl] *n* atoll *m*.

atom ['ætəm] *n* atome *m*; **a. bomb,** bombe atomique; **smashed to atoms,** réduit en miettes; **not an a. of commonsense,** pas un grain de bon sens. **a'tomic** *a* atomique. **'atomize** *vtr* atomiser. **'atomizer** *n* atomiseur *m*.

atone [ə'toun] *vi* **to a. for,** expier (une faute). **a'tonement** *n* expiation *f* (**for a fault,** d'une faute).

atrocious [ə'trouʃəs] *a* atroce. **a'trociously** *adv* atrocement. **a'trocity** *n* atrocité *f*.

atrophy ['ætrəfi] **I.** *n* atrophie *f*. **II.** *vi* (**atrophied**) s'atrophier.

attach [ə'tætʃ] **1.** *vtr* attacher (**to,** à); fixer (un fil); (un document) (**to,** à); **to a. oneself to,** se joindre à (un groupe); **to a. importance to,** attacher de l'importance à; **to be attached to s.o.,** s'attacher, être attaché, à qn **2.** *vi* s'attacher. **a'ttaché** *n* attaché, -ée; **a. case,** attaché-case *m*, mallette *f*. **a'ttachment** *n* **1.** (*affection*) attachement *m* **2.** (*fastener*) attache *f* **3.** (*tool*) accessoire *m*.

attack [ə'tæk] **I.** *vtr* attaquer; s'attaquer à (un problème). **II.** *n* **1.** attaque *f*; assaut *m*; **(bomb) a.,** attentat *m* (à la bombe) **2.** *Med:* attaque; crise *f* (de nerfs); accès *m* (de fièvre). **a'ttacker** *n* attaquant, -ante; agresseur *m*.

attain [ə'tein] *vtr & i* arriver à, parvenir à (un grand âge); acquérir (des connaissances); **to a. (to),** atteindre (à) (la perfection). **a'ttainable** *a* accessible (**by s.o.,** à qn); à la portée (**by s.o.,** de qn). **a'ttainment** *n* **1.** réalisation *f* (d'une ambition) **2.** *usu pl* connaissance(s) *f*(*pl*); talent(s) *m*(*pl*).

attempt [ə'tempt] **I.** *n* tentative *f*, essai *m*; **first a.,** coup *m* d'essai; **to make an a. to do sth,** essayer, tenter, de faire qch; **to succeed at the first a.,** réussir du premier coup; **to give up the a.,** y renoncer; **a. on the world record,** tentative pour battre le record du monde; **a. on s.o.'s life,** attentat *m* contre qn. **II.** *vtr* (*a*) **to a. to do sth,** essayer, tenter, de faire qch (*b*) tenter (l'impossible); entreprendre (un travail); **attempted murder,** tentative de meurtre.

attend [ə'tend] **1.** *vtr* (*a*) assister à (un match, une réunion); aller à (l'école, l'église); suivre (un cours); (*b*) (*wait on, serve*) servir (qn); (*escort*) accompagner (*c*) (*of doctor*) soigner (un malade) **2.** *vi* (*a*) assister (*b*) prêter attention (**to,** à) (*c*) **to a. to,** s'occuper de (qn, qch); servir (un client). **a'ttendance** *n* **1.** (*of doctor*) **a. on s.o.,** visites *fpl* à qn; **to be in a.,** être de service **2.** (*a*) présence *f* (à une réunion); **regular a.,** assiduité *f*; **school a.,** scolarité *f* (*b*) (*people*) assistance *f*. **a'ttendant 1.** *n* employé, -ée; (*in museum*) gardien, -ienne; *pl* suite *f* (d'un prince) **2.** *a* (fait, symptôme) concomitant. **a'ttended** *a* **well--a.,** (*of course*) très suivi; (*of meeting*) où il y a du monde.

attention [ə'tenʃn] **1.** *n* (*a*) attention *f*; **to turn one's a. to,** porter son attention sur; **to pay a.,** prêter, faire, attention (**to,** à); **to attract a.,** se faire remarquer; attirer l'attention (de qn); **for the a. of,** à l'attention de (*b*) soins *mpl*, entretien *m* (**to sth,** de qch); **a. to detail,** minutie *f* **2.** *int Mil:* **a.!** garde-à-vous! **to, at, a.,** au garde-à-vous. **a'ttentive** *a* **1.** attentif (**to,** à); soucieux (**to,** de) **2.** attentionné (**to s.o.,** pour qn). **a'ttentively** *adv* avec attention, attentivement. **a'ttentiveness** *n* attention.

attenuate [ə'tenjueit] *vtr* atténuer.

attest [ə'test] *vtr & i* **to a. (to),** attester, témoigner de. **atte'station** *n* attestation *f*.

attic ['ætik] *n* grenier *m*; **a. room,** mansarde *f*.

attire [ə'taiər] *n Lit:* vêtements *mpl*.

attitude ['ætitju:d] *n* attitude *f*; **a. of mind,** état *m* d'esprit.

attorney [ə'tə:ni] *n* **1.** *NAm:* avocat *m*; **district a.** = procureur *m* (de la République) **2. A. General** = procureur général **3.** procureur, fondé *m* de pouvoir; **power of a.,** procuration *f*.

attract [ə'trækt] *vtr* attirer (**to,** à, vers). **a'ttraction** *n* attraction *f* (**to, towards,** vers); attrait *m*; charme *m*. **a'ttractive** *a* (*of price, etc*) intéressant; (*of girl*) belle, jolie; (*of boy*) beau; (*of manners*) intéressant. **a'ttractively** *adv* d'une manière attrayante. **a'ttractiveness** *n* attrait, charme.

attribute I. *vtr* [ə'tribju:t] attribuer, imputer (**to,** à). **II.** *n* ['ætribju:t] attribut *m*. **a'ttributable** *a* attribuable, imputable (**to,** à). **attri'bution** *n* attribution *f*. **a'ttributive** *a* attributif; *Gram:* qualicatif.

attrition [ə'triʃn] *n* **war of a.,** guerre d'usure.

attune [ə'tju:n] *vtr* habituer accoutumer (**to,** à). **a'ttuned** *a* **a. to,** habitué à; (*of ideas, trends, etc*) en accord avec.

atypical [ei'tipik(ə)l] *a* peu typique.

aubergine ['oubəʒi:n] *n* (*NAm:* = **eggplant**) aubergine *f*.

auburn ['ɔ:bən] *a* (*of hair*) châtain roux; auburn *inv*.

auction ['ɔ:kʃn] **I.** *n* **a. (sale),** vente *f* (aux enchères); (vente à la) criée *f*; **to put sth up for a.,** mettre qch aux enchères; **a. room,** salle des ventes. **II.** *vtr* **to a. (off),** vendre (aux enchères). **auctio'neer** *n* commissaire-priseur *m*, adjudicateur, -trice.

audacious [ɔ:'deiʃəs] *a* audacieux. **au'daciously** *adv* avec audace. **au'dacity** *n* audace *f*.

audible ['ɔ:dibl] *a* perceptible (à l'oreille); distinct, audible; **he was scarcely a.,** on l'entendait à peine. **audi'bility** *n* audibilité *f*. **'audibly** *adv* distinctement.

audience ['ɔ:djəns] *n* **1.** (*interview*) audience *f* **2.** assistance *f*, public *m*; (*of speaker, musician*) auditoire *m*; *Th:* spectateurs *mpl*; *WTel:* auditeurs *mpl*; **the whole audience,** toute la salle.

audio ['ɔ:diou] *a* audio *inv*. **audio'typist** *n* dactylo *f* au magnétophone, audiotypiste *mf*. **audio-'visual** *a* audio-visuel, -elle.

audit ['ɔ:dit] **I.** *n* vérification *f* (des comptes). **II.** *vtr* vérifier (des comptes). **'auditor** *n* commissaire *m* aux comptes.

audition [ɔ:'diʃn] **1.** *n* audition *f*, séance *f* d'essai **2.** *vtr & i* auditionner.

auditorium [ɔ:di'tɔ:riəm] *n* salle *f* (de spectacle, de concert, etc).

augment [ɔ:g'ment] *vtr & i* augmenter (**with, by,** de). **augmen'tation** *n* augmentation *f*.

augur ['ɔ:gər] **1.** *vtr* présager **2.** *vi* **to a. well, ill,** être de bon, de mauvais, augure.

August[1] ['ɔ:gəst] *n* août *m*; **in A.,** en août; au mois d'août; **(on) the fifth of A., (on) A. the fifth,** le cinq août.

august[2] [ɔ:'gʌst] *a* auguste.

aunt [ɑ:nt] *n* tante *f*. **'auntie, 'aunty** *n F:* tata *f*, tantine *f*.

au pair [ou'pɛər] **1.** *adv* au pair **2.** *n* **au p. (girl),** jeune fille *f* au pair.

aura ['ɔ:rə] *n* émanation *f*, aura *f* (de qn); atmosphère *f* (d'un endroit).

auricle ['ɔrikl] *n Anat:* auricule *f* (de l'oreille).

aurora [ɔ:'rɔ:rə] *n* **a. borealis,** aurore boréale.

auspices ['ɔ:spisiz] *npl* auspices *mpl*; **under the a. of,** sous les auspices de. **au'spicious** *a* propice, favorable; de bon augure. **au'spiciously** *adv* sous d'heureux auspices; favorablement.

Aussie ['ɔzi] *a & n F:* = **Australian**.

austere [ɔ:s'tiər] *a* austère. **au'sterely** *adv* austèrement. **aus'terity** *n* austérité *f*; **time of a.,** période de restrictions.

Australia [ɔ'streiliə] *Prn Geog:* Australie *f*. **Au'stralian** *a & n* australien, -ienne.

Austria ['ɔstriə] *Prn Geog:* Autriche *f*. **'Austrian** *a & n* autrichien, -ienne.

authentic [ɔ:'θentik] *a* authentique. **au'thentically** *adv* authentiquement. **au'thenticate** *vtr* **1.** établir l'authenticité de (qch) **2.** *Jur:* authentifier (un acte). **authen'ticity** [-'tisiti] *n* authenticité *f*.

author ['ɔ:θər] *n* auteur *m*. **'authoress** *n* femme *f* auteur. **'authorship** *n* (*of book, etc*) paternité *f*.

authorize ['ɔ:θəraiz] *vtr* autoriser (**to do sth,** à faire qch). **authori'tarian** *a & n* autoritaire (*mf*). **au'thoritative** *a* **1.** (caractère, ton) autoritaire **2.** (document) autorisé; **a. source,** source autorisée. **au'thoritatively** *adv* **1.** d'une manière autoritaire **2.** avec autorité. **au'thority** *n* **1.** autorité *f*; **to have a. over s.o.,** avoir autorité sur qn; **who's in a. here?** qui est responsable ici? **2.** autorisation *f* (**to do sth,** de faire qch); **on one's own a.,** de sa propre autorité 3. (*of pers, book*) **to be an a. on sth,** faire autorité en matière de qch; **on good a.,** de bonne source 4. service (administratif); **the authorities,** les autorités, l'administration *f.* **authori'zation** *n* autorisation *f* **(to do,** de faire). **'authorized** *a* autorisé; *Adm:* (prix) homologué; **the A. Version,** la traduction anglaise de la Bible de 1611.

autistic [ɔː'tistik] *a Med:* autiste, autistique.

auto- ['ɔːtou] *pref* auto-. **'auto** *n NAm: F:* auto(mobile) *f.* **autobio'graphical** *a* autobiographique. **autobi'ography** *n* autobiographie *f.* **au'tocracy** *n* autocratie *f.* **'autocrat** *n* autocrate *m.* **auto'cratic** *a* autocratique. **'autograph I.** *n* autographe *m.* **II.** *vtr* dédicacer (un livre) **(for,** à). **'automat** *n NAm:* cafétéria *f* à distributeurs automatiques. **'automate** *vtr* automatiser. **'automated** *a* automatisé. **auto'matic 1.** *a.* automatique **2.** (*a*) (*gun*) automatique *m* (*b*) voiture (avec boîte de vitesse) automatique. **auto'matically** *adv* automatiquement. **auto'mation** *n* automatisation *f,* automation *f.* **au'tomaton** *n* automate *m.* **'automobile** *n NAm:* auto(mobile) *f.* **auto'motive** *a* automoteur; (industrie) automobile. **au'tonomous** *a* autonome. **au'tonomy** *n* autonomie *f.* **'autopsy** *n* autopsie *f.* **autosu'ggestion** *n* autosuggestion *f.*

autumn ['ɔːtəm] *n* (*NAm:* = **fall**) automne *m;* **in a.,** en automne. **au'tumnal** *a* automnal; d'automne.

auxiliary [ɔːg'ziliəri] *a & n* auxiliaire (*mf*); **a. (verb),** (verbe *m*) auxiliare *m.*

avail [ə'veil] **I.** *vtr & i* **to a. oneself of (sth),** profiter de, tirer parti de (qch); saisir (une occasion). **II.** *n* **it's of no a.,** c'est inutile; cela ne sert à rien; **to no a.,** en vain. **availa'bility** *n* disponibilité *f;* validité *f;* accessibilité *f.* **a'vailable** *a* (*a*) disponible; (*of pers*) libre, disponible; **to try every a. means,** essayer (par) tous les moyens possibles (*b*) (*valid*) valable.

avalanche ['ævəlɑːnʃ] *n* avalanche *f.*

avarice ['ævəris] *n* avarice *f.* **ava'ricious** *a* avare.

avenge [ə'vendʒ] *vtr* venger; **to a. oneself,** se venger **(on,** de). **a'venger** *n* vengeur, -eresse. **a'venging** *a* vengeur, -eresse.

avenue ['ævənjuː] *n* (*a*) avenue *f* (*b*) *Fig:* voie *f.*

average ['ævəridʒ] **I.** *n* moyenne *f;* **on a.,** en moyenne; **above, below, a.,** au-dessus, au-dessous, de la moyenne. **II.** *a* moyen. **III.** *vtr* (*do*) faire en moyenne; faire la moyenne de (chiffres, etc); (*reach*) atteindre la moyenne de (six, etc); **he averages eight hours' work a day,** il travaille en moyenne huit heures par jour.

averse [ə'vəːs] *a* opposé **(to,** à); **to be a. to doing sth,** répugner à faire qch; **he's not a. to a glass of beer,** il prend volontiers un verre de bière. **a'version** *n* **1.** aversion *f,* répugnance *f;* **to take an a. to s.o., sth,** prendre qn, qch, en grippe **2.** objet *m* d'aversion; **my pet a.,** ma bête noire.

avert [ə'vəːt] *vtr* détourner (les yeux) **(from,** de); éviter (un danger).

aviary ['eiviəri] *n* (*pl* **aviaries**) volière *f.*

aviation [eivi'eiʃn] *n* aviation *f.* **'aviator** *n* aviateur, -trice. **avi'onics** *npl* électronique aérospatiale.

avid ['ævid] *a* avide **(for,** de). **a'vidity** *n* avidité *f.* **'avidly** *adv* avidement.

avocado [ævə'kɑːdou] *n* **a. (pear),** avocat *m.*

avoid [ə'vɔid] *vtr* éviter (qn, qch; **doing sth,** de faire qch); se soustraire à (l'impôt); **to a. s.o.'s eyes,** fuir le regard de qn. **a'voidable** *a* évitable. **a'voidance** *n* action *f* d'éviter; **her a. of me,** son soin à m'éviter; **tax a.,** évasion fiscale.

avoirdupois [ævədə'pɔiz] *n* poids *m* du commerce.

avow [ə'vau] *vtr* avouer. **ə'vowal** *n* aveu *m.* **a'vowed** *a* (ennemi) déclaré; (athée) avoué. **a'vowedly** *adv* ouvertement, franchement.

await [ə'weit] *vtr* attendre; *Com:* **awaiting your instructions,** dans l'attente de vos instructions; **parcel awaiting delivery,** colis en souffrance.

awake [ə'weik] **I.** *v* **(awoke, awoken) 1.** *vi* (*a*) s'éveiller, se réveiller (*b*) **to a. to (sth),** se rendre compte, prendre conscience, de (qch) **2.** *vtr* éveiller, réveiller. **II.** *a* (*a*) éveillé, réveillé; **I was a.,** je ne dormais pas; **(wide) a.,** éveillé; **to keep a.,** veiller; **to keep s.o. a.,** empêcher qn de dormir, tenir qn éveillé (*b*) en éveil, attentif; **to be a. to (sth),** être conscient de (qch). **a'waken 1.** *vtr & i* = **awake 1. 2.** *vtr* **to a. s.o. to sth.,** faire prendre conscience de qch à qn. **a'wakening** *n* réveil *m;* **rude a.,** amère désillusion.

award [ə'wɔːd] **I.** *vtr* décerner, attribuer (un prix); conférer (des honneurs); attribuer (de l'argent); accorder (une augmentation de salaire, des dommages-intérêts). **II.** *n* prix *m,* récompense *f;* (*scholarship*) bourse *f.*

aware [ə'wɛər] *a* avisé, informé **(of sth,** de qch); **to be a. of sth,** (*conscious*) avoir conscience de qch; (*informed*) être au courant de qch; **not that I'm a. of,** pas que je sache; **to become a. of sth,** prendre conscience de qch. **a'wareness** *n* conscience *f.*

awash [ə'wɔʃ] *a* inondé **(with,** de).

away [ə'wei] *adv* **1.** (*in compound verbs*) **to go a.,** partir, s'en aller; **the ball rolled a.,** la balle a roulé plus loin; **to run a.,** s'enfuir; **to take sth a.,** emporter qch; **put that knife a.!** range, pose, ce couteau! **to melt a.,** fondre; **to fritter a.,** gaspiller (son argent) **2.** (*continuity*) **to work a.,** travailler sans relâche; **to do sth right a.,** faire qch tout de suite **3.** (*a*) loin **(from,** de); **(far) a.,** au loin, très loin; **five kilometres a.,** à cinq kilomètres (de distance) (*b*) parti, absent; **when he is a.,** quand il n'est pas là; **a. with you!** va-t-en! **when I have to be a.,** lorsque je dois m'absenter; **a. (from work)** absent; *Sp:* **a. match,** match à l'extérieur.

awe [ɔː] **I.** *n* crainte *f* (mêlée de respect); **to be, stand, in a. of s.o.,** éprouver de la crainte envers qn. **II.** *vtr* intimider (qn). **'awe-inspiring, awesome** (*a*) imposant; (*frightening*) effrayant (*b*) *NAm: F:* **awesome,** formidable. **'awestruck** *a* **1.** frappé de terreur **2.** stupéfait. **'awful** *a F:* affreux; (*terrifying*) épouvantable; **what a. weather!** quel temps de chien! **a. din,** bruit terrible; **to feel a.,** se sentir (très) mal; **I feel a. (about it),** j'ai vraiment honte; *F:* **an a. lot of books,** un nombre incroyable de livres. **'awfully** *adv* affreusement; *F:* (*very*) terriblement; **I'm a. sorry,** je regrette infiniment; **a. funny,** terriblement drôle; **thanks a.,** merci infiniment.

awhile [ə'wail] *adv* quelque temps; **wait a.,** attendez un peu, un moment.

awkward ['ɔːkwəd] *a* **1.** maladroit, gauche; **the a. age,** l'âge ingrat **2.** (*of silence, smile*) gêné **3.** (*difficult*) difficile; (*cumbersome*) gênant **4.** incommode, peu commode; (virage) difficile; (*moment*) inopportun; **he's an a. customer,** c'est un homme difficile; il n'est pas commode. **'awkwardly** *adv* **1.** maladroitement, gauchement **2.** (*speak*) d'un ton gêné; **a. placed,** placé à un endroit gênant. **'awkwardness** *n* **1.** (*a*) maladresse *f*, gaucherie *f* (*b*) difficulté *f* **2.** gêne *f* **3.** inconvénient *m* (d'une situation).

awl [ɔːl] *n Tls:* alène *f*, poinçon *m*, perçoir *m*.

awning ['ɔːniŋ] *n* auvent *m*; store *m* (de magasin); (*glass canopy*); marquise *f*; *Nau:* tente *f*.

awoke, awoken [ə'wouk, ə'woukən] *see* **awake.**

awry [ə'rai] *adv* de travers; (*of plans*) **to go a.,** mal tourner.

axe, *NAm:* **ax** [æks] **I.** *n* (*pl* **axes**) hache *f*; *Fig:* (*reduction*) coupe *f* sombre; **to have an a. to grind,** agir dans un but intéressé. **II.** *vtr* réduire (les dépenses); abandonner (un projet); supprimer (un poste); renvoyer (qn).

axiom ['æksiəm] *n* axiome *m*. **axio'matic** *a* axiomatique; **it's a.,** c'est évident.

axis ['æksis] *n* (*pl* **axes**) axe *m*.

axle ['æksl] *n* **1.** essieu *m*; *Aut:* **front, rear, a.,** essieu avant, arrière; **a. box,** boîte d'essieu; **a. pin,** clavette d'essieu **2.** axe *m* (d'une roue).

ay(e) [ai] **1.** *adv* oui **2.** *n* (*in voting*) **ayes and noes,** voix *fpl* pour et contre.

azalea [ə'zeiliə] *n Bot:* azalée *f*.

Azores (the) [ðiə'zɔːz] *Prnpl* les Açores *fpl*.

azure ['æʒər] **1.** *n* azur *m* **2.** *a* (ciel) d'azur.

B

B, b [biː] *n* **1.** (*a*) (la lettre) B, b *m* (*b*) (*house number*) **51b,** 51 ter (*c*) **B road** = route secondaire **2.** *Mus:* si *m*.

BA *abbr* **1.** *Bachelor of Arts.* **2.** *British Airways.*

babble ['bæbl] **I.** *n* babillage *m*; gazouillement *m*, gazouillis *m* (de ruisseau, de bébé); **b. of voices,** rumeur *f*. **II.** *v* **1.** *vi* (*a*) babiller (*b*) (*of stream, baby*) gazouiller **2.** *vtr* **to b. (out),** bredouiller. **'babbling** *a* (ruisseau) gazouillant.

babe [beib] *n* (*a*) petit(e) enfant, bébé *m* (*b*) *P:* (*girl*) pépée *f*.

babel ['beibəl] *n* brouhaha *m* (de conversation).

baboon [bə'buːn] *n Z:* babouin *m*.

baby ['beibi] **1** n (*pl* **babies**) (*a*) bébé *m*; **b. of the family,** benjamin(e); *F:* **to be left holding the b.,** avoir l'affaire sur les bras, payer les pots cassés; **b. clothes,** vêtements de bébé; *NAm:* **b. carriage** (*Br* = **pram**) voiture d'enfant; **b. sling,** kangourou *m Rtm*, porte-bébé *m*; **b. boy, girl,** petit garçon, petite fille; **b. tiger, b. monkey,** bébé-tigre *m*, bébé-singe *m*; **b. face,** visage poupin; **b. grand (piano),** (piano *m*) demi-queue *m* (*b*) *P:* (*girl*) pépée *f*; (*girlfriend*) copine *f* (*c*) *F:* **that's your b.,** ça, c'est ton affaire! débrouille-toi! **2.** *vtr F:* dorloter. **'baby-batterer** *n* bourreau *m* d'enfants. **'babyish** *a Pej* de bébé; (*puerile*) enfantin, puéril. **'baby-minder** *n* gardien, -ienne, d'enfants. **'baby-sit** *vi* **(baby-sat),** garder les enfants, faire du baby-sitting. **'baby-sitter** *n* baby-sitter *mf*. **'baby-sitting** *n* baby-sitting. *m*. **'baby-snatching** *n* rapt *m* d'enfant. **'baby-walker** *n* trotteur *m*, youpala *m Rtm*.

bachelor ['bætʃələr] *n* **1.** célibataire *m*; **b. girl,** célibataire *f*; **b. flat,** garçonnière *f* **2.** *Sch:* **B. of Arts, of Science** = licencié(e) ès lettres, ès sciences.

bacillus [bə'siləs] *n* (*pl* **bacilli**) *Biol:* bacille *m*.

back [bæk] **I.** *n* **1.** (*a*) dos *m*; **to fall on one's b.,** tomber à la renverse; **to do sth. behind s.o.'s b.,** faire qch derrière le dos, à l'insu, de qn; **to be glad to see the b. of s.o.,** être content de voir partir qn; *F:* **to get s.o.'s b. up,** irriter qn; **b. to b.,** dos à dos; adossés; **b. to front,** devant derrière, à l'envers; **with one's b. to the wall,** (i) adossé au mur (ii) *Fig:* réduit à la dernière extrémité; mis au pied du mur; **to put one's b. into it,** s'y mettre énergiquement (*b*) les reins *m*; **to break one's b.,** se casser la colonne vertébrale; **to break the b. of the work,** faire le plus gros du travail **2.** dos (d'un livre); verso *m* (d'une page); envers *m* (d'un tissu); dossier *m* (d'une chaise); revers *m* (de la main); envers, revers (d'une médaille); derrière *m* (de la tête); derrière, arrière *m* (d'une maison); **at the b.,** à la fin (du livre); à l'arrière (de la voiture); *NAm:* **in b. of,** derrière; **he knows London like the b. of his hand,** il connaît Londres comme (le fond de) sa poche; **let's go round (to) the b.,** allons à l'arrière; **the dress fastens at the b.,** la robe se ferme dans le dos; **(idea) at the b. of one's mind,** (idée) derrière la tête **3.** (*a*) *Fb:* arrière *m* (*b*) fond *m* (d'une salle, de la scène, d'un tiroir); *F:* **to live at the b. of beyond,** habiter un trou perdu. **II.** *a* (*a*) (siège, roue) arrière; (porte, jardin) de derrière; *Fig:* **to get in by the b. door,** entrer par la petite porte; **b. room,** pièce du fond; **b. end,** arrière *m* (d'un autobus); **b. street,** rue écartée; **to go by the b. streets,** passer par les petites rues; *Fig:* **to take a b. seat,** passer au second plan; *F:* **b.-seat driver,** personne qui donne des conseils au conducteur (*b*) (*of taxes*) arriéré; **b. rent,** arriéré(s) *m*(*pl*) de loyer; **b. pay,** rappel *m* de salaire; **b. number,** vieux numéro (d'un magazine); **b. tooth,** molaire *f*. **III.** *adv* **1.** (*place*) (*a*) en arrière; **far b.,** loin derrière; **stand b.!** rangez-vous! **the house stands b. (from the road),** la maison est en retrait (par rapport à la route) (*b*) **to hit b.,** rendre coup pour coup; **to call s.o. b.,** rappeler qn; **to come b.,** revenir, rentrer; **to go b. and forth,** aller et venir; **he's b.,** il est de retour, il est rentré, revenu; **as soon as I get b.,** dès mon retour; **the trip there and b.,** le voyage aller et retour **2.** (*time*) **a month b.,** il y a un mois; **a few years b.,** il y a quelques années; **far b. in the past,** à une époque reculée; **as far b. as 1939, b. in 1939,** déjà en 1939; dès 1939. **IV.** *v* **1.** *vi* reculer; *Aut:* faire marche arrière; **to b. into a lane,** entrer en marche arrière dans un chemin **2.** *vtr* (*a*) (*support*) appuyer (qn); *Com:* financer (qn, *Th:* une pièce) (*b*) parier, miser, sur, jouer (un cheval) (*c*) faire reculer (une voiture); **to b. a car out of a garage,** sortir une voiture d'un garage en marche arrière (*d*) renforcer (un mur). **'backache** *n* mal *m* aux reins. **'back a'way** *vi* reculer (**from,** devant). **'back'bencher** *n Pol:* membre *m* sans portefeuille. **'backbite** *vi* critiquer. **'backbiting** *n* médisance *f*. **'backbone** *n* (*a*) colonne vertébrale; (*of fish*) grande arête; **English to the b.,** anglais jusqu'au bout des ongles; **to be the b. of a movement,** être le pivot d'un mouvement (*b*) force *f* de caractère; **he's got no b.,** c'est un emplâtre. **'backbreaking** *a* (travail) éreintant. **'backchat** *n F:* impertinence *f*, réplique *f*. **'backcloth** *n* toile *f* de fond. **'backcomb** *vtr* crêper (les cheveux). **'back'date** *vtr* antidater (un chèque); **(increase) backdated to 1st July,** (augmentation) avec effet rétroactif au 1er juillet. **'back 'down** *vi* se dégonfler. **'backdrop** *n* = **backcloth**. **'backer** *n* partisan *m*; *Sp:* parieur, -euse; *Fin:* bailleur *m* de fonds. **'back'fire 1.** *vi* (*a*) (*of engine*) pétarader (*b*) (*of plan*) échouer **2.** *n* (*of engine*) pétarade *f*. **'backgammon** *n* trictrac *m*. **'background** *n* (*a*) fond, arrière-plan *m*; **in the b.,** dans le fond; à l'arrière-plan; **against a dark b.,** sur (un) fond sombre; **to keep s.o. in the b.,** tenir qn à l'écart; **to stay in the b.,** s'effacer; se tenir à l'écart; **b. music,** (i) *Th: Cin:* fond sonore (ii) musique de fond (*b*) (*of pers*) (i) origines *fpl*; milieu (social) (ii) formation *f* (iii) *esp Med:* antécédents *mpl* (*c*) antécédents (d'un événement); *Pol* climat *m*, contexte *m*; **b. reading,** lectures générales (sur un sujet). **'backhand** *a & n Ten: etc:* **b. (stroke),** (coup *m* en) revers *m*. **'back'handed** *a* (*a*) *Ten: etc:* (coup) en revers (*b*) (compliment) équivoque. **back-'hander** *n F:* (*a*) revers (*b*) *F:* pot-de-vin *m*. **'back 'in** *vi* entrer (i) (*in car*) en marche arrière (ii) (*on foot*) à reculons. **'backing** *n* (*a*) support *m*, renfort *m* (*b*) soutien *m* (d'un projet) (*c*) *Mus:* accompagnement *m*. **'backlash** *n* choc *m* en retour, retour *m* de flamme. **'backless** *a* (robe) sans dos. **'backlog** *n* (*a*) arriéré *m* (de travail) (*b*) *NAm:* réserve *f*. **'back 'onto** *vtr* (*of house, etc*) donner par derrière sur. **'back 'out** *vi* (*a*) sortir (i) (*in car*) en marche arrière (ii) (*on foot*) à reculons (*b*) se retirer. **'backpack** *n* sac *m* à dos. **'back-packing** *n NAm:* tourisme *m* à pied. **'back-'pedal** *vi* **(-pedalled)** (*a*) pédaler à l'envers (*b*) *Fig:* faire marche arrière. **'backrest** *n* dossier *m*. **'back'side** *n F:* derrière. **'back'stage** *adv & a* dans les coulisses. **'back'stairs** *npl* escalier *m* de service; *Fig:* **b. gossip,** propos d'antichambre. **'back stroke** *n Sp:* dos crawlé. **'backtrack** *vi* re- brousser chemin. **'back 'up 1.** *vtr* (*a*) soutenir (*b*) faire reculer (une voiture) **2.** *vi* reculer; *Aut:* faire marche arrière. **'backup** *n* (*a*) appui *m* (*b*) *NAm:* embouteillage *m*; *Aut:* **b. lights,** feux *mpl* de recul. **'backward 1.** *a* (mouvement, regard) en arrière; (*retarded*) arriéré; (*of pers*) lent **(in doing sth,** à faire qch) **2.** *adv* = BACKWARDS. **'backwardness** *n* (*a*) (*of country*) retard *m* (*b*) arriération mentale (*c*) lenteur *f*, hésitation *f* **(in doing sth,** à faire qch). **'backwards** *adv* (*a*) en arrière; (tomber) à la renverse; (marcher) à reculons; **to move b.,** reculer; **to go b. and forwards,** aller et venir (*b*) (connaître qch) parfaitement. **'backwater** *n* (*a*) bras *m* de décharge (d'une rivière) (*b*) trou perdu. **'back-woods** *npl* forêts *fpl* vierges. **back'yard** *n* (*a*) arrière-cour *f* (*b*) *NAm:* jardin *m* (à l'arrière d'une maison).

bacon ['beikən] *n* lard *m*; (*in rashers*) bacon *m*; **egg and b.,** œufs au jambon; *F:* **to save one's b.,** sauver sa peau; *F:* **to bring home the b.,** faire bouillir la marmite.

bacteria [bæk'tiəriə] *npl* bactéries *fpl*. **bacter-io'logical** *a* bactériologique. **bacteri'ologist** *n* bactériologiste *mf*. **bacteri'ology** *n* bactériologie *f*.

bad [bæd] **I.** *a* (*comp* **worse;** *sup* **worst**) (*a*) mauvais; (*of pers*) méchant; (*of coin*) faux; (*of rotting food*) avarié; (*of teeth*) carié; (*of cold*) gros; (*of pain*) violent; (*of accident, wound*) grave; (*of aim*) mal visé; (*of air*) vicié; **b. language,** gros mots; **to go b.,** (*of food*) se gâter, s'avarier; (*of milk*) tourner; **it's a b. business!** c'est une mauvaise affaire! **things are b.,** ça va mal; **it wouldn't be a b. thing if,** on ne ferait pas mal de; **it's b. to think that . . .,** ce n'est pas bien de penser que . . .; **he speaks b. French,** il parle mal le français; **to be b. at (lying, etc),** ne pas savoir (mentir, etc); **he's b. at maths,** il n'est pas fort en maths; **not at all b.,** pas mal du tout; **not so b.,** pas si mal; **not too b.,** pas trop mal; *F:* **(that's, it's) too b.!** tant pis! c'est bien dommage! **he's not b. (looking), not b. to look at,** il n'est pas mal (fichu); **from b. to worse,** de mal en pis; **in a b. way,** mal en point; (*ill*) très mal; (*in trouble*) dans le pétrin; **it's b. for the health,** c'est mauvais pour la santé; **to feel b. about sth,** avoir du remords au sujet de, regretter, qch; **I feel b. about it,** ça me chagrine (*b*) (*ill*) **I feel b.,** je ne me sens pas bien; je me sens mal; **she's very b. today,** elle est très mal aujourd'hui; **she's got a b. finger,** elle a mal au doigt; **b. leg,** jambe malade. **II.** *adv esp NAm: F:* = **badly**. **'baddie, -y** *n F:* méchant *m*. **'badly** *adv* (*comp* **worse**; *superl* **worst**) **1.** mal; **b. affected, shaken,** très touché, bouleversé; **to be b. mistaken,** se tromper lourdement; **to do b.,** mal réussir; **things are going b.,** les choses vont mal; **to be b. off,** être dans la gêne; **to be b. off for sth,** manquer de qch; **he took it b.,** il a mal pris la chose **2.** (*hurt*) gravement, grièvement; *Sp: etc:* (battu) à plate(s) couture(s) **3. to want sth b.,** avoir grande envie de qch; **to need sth b.,** avoir bien, grand, besoin de qch. **bad-'mannered** *a* mal élevé. **'badness** *n* **1.** mauvaise qualité **2.** (*of pers*) méchanceté *f*. **bad-'tempered** *a* (*of pers*) grincheux.

bade [bæd] *see* **bid** I.

badge [bædʒ] *n* (*showing rank, occupation, membership*) insigne *m*; (*of postman, etc*) plaque *f*; (*bearing slogan, joke*) badge *m*.

badger ['bædʒər] **1.** *n Z:* blaireau *m* **2.** *vtr* importuner (qn).

badminton ['bædmintən] *n* badminton *m*.

baffle ['bæfl] *vtr* (*a*) déconcerter, dérouter (qn) (*b*) déjouer (un complot). **'baffling** *a* déconcertant.

bag [bæg] **I.** *n* **1.** (*a*) sac *m*; *pl* (*luggage*) valises *fpl*, bagages *mpl*; **(diplomatic) b.,** valise *f* (diplomatique); **paper b.,** sac en papier; **shopping b.,** cabas *m*; **(with) b. and baggage,** avec armes et bagages; **bags under the eyes,** poches *fpl* sous les yeux; *F:* **there's bags of it,** il y en a beaucoup, des tas (*b*) *Ven:* tableau (de chasse); *F:* **in the b.,** dans la poche **2. old b.,** vieille taupe. **II.** *v* **(bagged) 1.** *vi* (*of trousers*) faire des poches; (*of garment*) être trop ample **2.** *vtr Sp:* tuer (du gibier); *F:* (*steal*) piquer, s'adjuger; **bags I go first!** c'est moi le premier! **'bagful** *n* plein sac. **'baggy** *a* **(-ier, -iest)** (vêtement) (trop) ample; (pantalon) faisant des poches. **'bagpipes** *npl* cornemuse *f*.

baggage ['bægidʒ] *n* **1.** bagages *mpl*; *Av:* **b. handler,** bagagiste *m*; *NAm: Rail:* **b. car,** fourgon *m*; *NAm:* **b. room,** consigne *f* **2.** *Mil:* équipement *m* (d'une armée).

Bahamas (the) [ðəbə'hɑːməz] *Prn Geog:* les Bahamas *fpl*.

bail[1] [beil] **I.** *n Jur:* caution *f*; **(out) on b.,** en liberté provisoire; **to go, stand, b. for s.o.,** se porter garant de qn. **II.** *vtr Jur:* **to b. s.o. (out),** fournir une caution pour qn; *Fig:* **to b. out,** tirer d'embarras (qn, une société).

bail[2] **1.** *vtr* **to b. out,** écoper (un bateau); vider (l'eau) **2.** *vi NAm: Av:* **to b. out,** sauter (en parachute).

bailiff ['beilif] *n* **1.** *Jur:* huissier *m* **2.** régisseur *m* (d'un domaine).

bairn [bɛə(r)n] *n Scot:* enfant.

bait [beit] **I.** *n Fish:* amorce *f*, appât *m*; *Fig:* appât, leurre *m*; **to rise to, to swallow, the b.,** mordre à l'hameçon. **II.** *vtr* **1.** amorcer (un hameçon) **2.** asticoter, tourmenter (qn, un animal).

baize [beiz] *n Tex:* feutrine *f*; **green b.,** tapis vert.

bake [beik] **1.** *vtr* cuire, faire cuire (au four) **2.** *vi* (*of cook*) faire de la pâtisserie, du pain; (*of bread, etc*) cuire (au four). **baked** *a* **b. potatoes,** pommes de terre au four. **'baker** *n* boulanger, -ère; **b.'s wife,** boulangère; **b.'s (shop),** boulangerie *f*. **'bakery** *n* boulangerie. **'baking 1.** *n* cuisson *f* (du pain); **b. dish,** plat allant au four; **b. sheet, tray,** plaque *f* (à gâteaux); **b. powder,** levure *f* (chimique) **2.** *a & adv F:* **it's b. (hot) in there!** on cuit là-dedans!

balaclava [bælə'klɑ:və] *n Cl:* **b. (helmet),** passe-montagne *m*.

balance ['bæləns] **I.** *n* **1.** (*scales*) balance *f*; **to hang in the b.,** être en balance. **2.** équilibre *m*; *Com: Pol:* balance; **to keep, lose, one's b.,** garder, perdre, l'équilibre; **off b.,** mal équilibré; **b. of power,** équilibre des pouvoirs. **3.** *Com:* solde *m* (d'un compte); (*remainder*) reste *m*; **b. in hand,** solde en caisse; **credit b.,** solde créditeur; **debit b., b. due,** solde débiteur; *Fin:* **b. of payments,** balance des paiements; **b. of trade,** balance commerciale; **b. sheet,** bilan *m*; *Fig:* **to strike a b.,** trouver le juste milieu; **sense of b.,** sens *m* de la mesure; **in the b.,** incertain; **on b.,** à tout prendre. **II.** *v* **1.** *vtr* (*a*) mettre en balance, peser (les conséquences) (*b*) tenir (un objet) en équilibre (**on,** sur); équilibrer (des forces); **to b. oneself,** se tenir en équilibre; **to b. (out),** compenser (*c*) *Fin: Com:* équilibrer (un compte, le budget); **to b. the books,** clôturer les comptes **2.** *vi* être, se tenir, en équilibre; (*of accounts*) être en équilibre, s'équilibrer. **'balanced** *a* équilibré. **'balancing** *n* (*a*) mise *f* en équilibre; *Ant:* **wheel b.,** équilibrage *m* des roues; **b. act,** tours d'équilibre; acrobaties *fpl* (*b*) règlement *m* des comptes.

balcony ['bælkəni] *n* (*pl* **balconies**) (*a*) balcon *m* (*b*) *Th:* (fauteuils *mpl* de) seconde galerie.

bald [bɔ:ld] *a* (**-er, -est**) **1.** (*a*) (*of pers*) chauve; **to be going b.,** commencer à perdre les, ses, cheveux; **b. patch, spot,** tonsure *f* (*b*) (pneu) lisse **2.** (*of style*) plat, sec; **b. statement of fact,** exposition brutale des faits. **'bald-'headed** *a* chauve. **'balding** *a* **to be b.,** perdre ses cheveux. **'baldly** *adv* platement. **'baldness** *n* **1.** calvitie *f* **2.** (*of style*) sécheresse *f*.

balderdash ['bɔ:ldədæʃ] *n F:* balivernes *fpl*.

bale¹ [beil] *n Com:* balle *f*, ballot *m*.

bale² *vi Av:* **to b. out,** sauter (en parachute).

Balearic [bæli'ærik] *a Geog:* **the B. Islands,** les îles *f* Baléares.

baleful ['beilful] *a* sinistre, funeste.

balk [bɔ:k] **1.** *vtr* contrarier (les desseins de qn) **2.** *vi* reculer (**at,** devant), regimber (**at,** contre); rechigner (**at (doing) sth,** à (faire) qch).

Balkans (the) [ðə'bɔ:lkənz] *Prn pl Geog:* les Balkans *m*; les États *m* balkaniques.

ball¹ [bɔ:l] *n* balle *f* (de tennis); ballon *m* (de football); boule *f* (de croquet); bille *f* (de billard); pelote *f* (de laine); peloton *m* (de ficelle); *Cu:* boulette *f* (de viande, de poisson); **b. of the foot,** plante *f* du pied; **b. bearing,** roulement *m* à billes; **to keep the b. rolling,** soutenir la conversation, le jeu; **to start the b. rolling,** commencer; mettre le jeu en train; *F:* **to be on the b.,** (i) (*alert*) être éveillé (ii) (*efficient, knowledgeable*) connaître son affaire, être au point; *NAm:* **b. game,** partie *f* de baseball; *NAm: Fig:* **it's a whole new b. game, a different b. game,** c'est une tout autre affaire, ça a changé du tout au tout; **to play b.,** (i) jouer à la balle, *NAm:* au baseball (ii) *F:* coopérer (**with,** avec); **the b. is in your court,** (c'est) à vous (de jouer) **2.** *pl V:* (*a*) couilles *fpl* (*b*) conneries *fpl*. **'ballboy, -girl** *n Ten:* ramasseur, euse, de balles. **'ballcock** *n* robinet *m* à flotteur. **'ballpoint** *n* **b. (pen),** stylo *m* à bille, stylo-bille *m*.

ball² *n* bal *m*; *P:* **to have a b.,** se marrer. **'ballroom** *n* salle *f* de bal; **b. dancing,** danse de salon.

ballad ['bæləd] *n Mus:* romance *f*; *Lit:* ballade *f*.

ballast ['bæləst] **1.** *n* lest *m* **2.** *vtr* lester.

ballet ['bælei] *n* ballet *m*; danse *f* classique; **b. dancer,** danseur, -euse, de ballet. **ballerina** [bælə'ri:nə] *n* ballerine *f*.

ballistic [bə'listik] *a* **b. missile,** engin *m* balistique. **ba'llistics** *npl* balistique *f*.

balloon [bə'lu:n] *n* ballon *m; Meteor:* ballon-sonde *m*. **ba'llooning** *n* ascension *f* en ballon. **ba'lloonist** *n* aéronaute *mf*.

ballot ['bælət] **I.** *n* (*a*) tour *m* de scrutin; **to vote by b.,** voter au scrutin (*b*) scrutin *m*, vote *m*; **b. (paper),** bulletin *m* de vote; **b. box,** urne *f*. **II.** *vtr* consulter (les membres) (par un scrutin).

ballyhoo [bæli'hu:] *n P:* **1.** battage *m* (publicitaire) **2.** baratin *m*.

balm [bɑ:m] *n* baume *m*.

balmy ['bɑ:mi] *a* (*a*) (*of air*) embaumé (*b*) *F:* dingue, timbré.

baloney [bəlouni] *n P:* foutaises *fpl*.

balsa ['bɔ:lsə] *n* **b. (wood),** balsa *m*.

balsam ['bɔ:lsəm] *n* baume *m*; **friar's b.,** baume de benjoin.

Baltic ['bɔ:ltik] *a & n* (port) balte; **the B. (Sea),** la (mer) Baltique.

balustrade [bælə'streid] *n* balustrade *f*.

bamboo [bæm'bu:] *n* bambou *m*.

bamboozle [bæm'bu:zl] *vtr F:* embobiner (qn).

ban [bæn] **1.** *n* (*a*) interdiction *f* (*b*) interdit *m* **2.** *vtr* (**banned**) interdire; *Jur:* mettre (un livre, etc) à l'index; **to b. from,** exclure de (in club, etc); **to b. s.o. from doing,** interdire à qn de faire; **to be banned (from driving),** se faire retirer son permis (de conduire). **'banning** *n* = **ban 1.** (*a*).

banal [bə'nɑ:l, *NAm* 'bein(ə)l] *a* banal, -aux; ordinaire. **ba'nality** *n* banalité *f*.

banana [bə'nɑ:nə] *n* banane *f*; **b. (tree),** bananier *m*.

band¹ [bænd] *n* bande *f*; ruban *m* (d'un chapeau); **elastic, rubber, b.,** élastique *m*. **'bandsaw** *n* scie *f* à ruban.

band² *n* **1.** bande *f* **2.** *Mus:* (petit) orchestre *m*; *Mil:* fanfare *f*. **'bandmaster** *n* chef *m* de musique. **'bandsman, -men** *n* musicien *m*. **'bandstand** *n* kiosque *m* à musique. **'band to'gether** *vi* former une bande, se grouper. **'bandwagon** *n Fig:* **to jump on the b.,** suivre le mouvement.

bandage ['bændidʒ] **I.** *n Med:* bande *f*; (*for wound*) pansement *m*; (*for holding in place*) bandage *m*: **head b.,** bandeau *m*; **elastic b., crêpe b.,** bande Velpeau. **II.** *vtr* **to b. (up),** bander (le bras, etc); mettre un pansement sur (une blessure).

b. & b. *abbr bed and breakfast.*

Band Aid ['bændeid] *n Rtm:* pansement adhésif.

bandit ['bændit] *n* bandit *m*. '**banditry** *n* banditisme *m*.

bandy¹ ['bændi] *vtr* **(bandied) to b. about,** faire circuler, propager (une histoire, etc).

bandy² *a* (*of pers*) bancal; (*of legs*) arqué. '**bandy-'legged** *a* bancal.

bane [bein] *n Lit:* fléau *m*; **it's the b. of my life,** cela m'empoisonne l'existence.'**baneful** *a* funeste.

bang [bæŋ] **I.** *n* coup (violent); détonation *f* (de fusil); claquement *m* (de porte); *Av:* bang *m* (supersonique); **to go off with a b.,** détoner. **II.** *v* **1.** *vi* (*a*) cogner, frapper; **to b. on the table with one's fist,** frapper la table du poing; **to b. into sth,** heurter qch (*b*) (*of door*) claquer; (*of gun*) détoner; (*of firework*) éclater; (*of lid*) **to b. down,** rabattre (violemment) (*c*) **to b. about,** faire du bruit **2.** *vtr* (*a*) cogner, frapper; (faire) claquer (une porte) (*b*) **to b. one's head,** se cogner la tête (**on, against,** à, contre). **III.** *int* vlan! pan! **to go (off) b.,** éclater. **IV.** *adv F:* exactement; **b. in the middle,** en plein milieu; **to arrive b. on time,** arriver pile; **b. on three,** à trois heures pile, tapantes; **it's b. on!** c'est au poil! '**banger** *n F:* (*a*) saucisse *f* (*b*) (*car*) **old b.,** tacot *m*, guimbarde *f*.

bangle ['bæŋgl] *n* bracelet *m* (rigide).

bangs [bæŋz] *npl NAm* frange *f* (de cheveux).

banish ['bæniʃ] *vtr* bannir (qn) '**banishment** *n* bannissement *m*, exil *m*.

banister(s) ['bænistər, -əz] *n(pl)* rampe *f* (d'escalier).

banjo ['bændʒou] *n Mus:* banjo *m*.

bank¹ [bæŋk] **I.** *n* **1.** (*a*) talus *m*; *CivE:* remblai *m* (*b*) banc *m* (de sable) (*c*) digue *f* **2.** bord *m*, rive *f*, (d'une rivière); berge *f* (d'un canal); **the Left B.,** la Rive gauche (à Paris). **II.** *v* **1.** *vtr* **to b. (up),** endiguer (une rivière); relever (un virage); remblayer (une route); amonceler (de la terre); couvrir (un feu) **2.** *vi Av:* virer.

bank² **I.** *n* banque *f*; **merchant b.,** banque d'affaires; **b. account,** compte en banque; **b. card,** carte *f* d'identité bancaire; **b. clerk,** employé(e) de banque; **b. book,** livret de banque; **b. rate,** taux *m* d'escompte. **II.** *v* **1.** *vtr* mettre (de l'argent) en banque **2.** *vi* avoir un compte en banque (**with,** à). '**banker** *n* banquier *m*. '**banking** **1.** *a* bancaire. **2.** *n* la banque. '**banknote** *n* billet *m* de banque. '**bank 'on** *vtr* compter sur. '**bankrupt** **1.** *a & n* failli(e); **to go b.,** faire faillite; **to be b.,** être en faillite; *Fig:* **b. of ideas,** dénué d'idées **2.** *vtr* (*a*) mettre en faillite (*b*) ruiner. '**bankruptcy** *n* faillite *f*.

bank³ *n* rang *m* (d'avirons, de touches).

banner ['bænər] *n* (*at rallies, etc*) banderole *f*; (*flag*) *& Fig:* bannière *f*; *Journ:* **b. headline,** manchette *f*.

banns [bænz] *npl* bans *m* (de mariage).

banquet ['bæŋkwit] *n* banquet *m*; festin *m*.

bantam ['bæntəm] *n* coq nain, poule naine. '**bantamweight** *n Box:* poids *m* coq.

banter ['bæntər] **1.** *n* plaisanterie *f*, raillerie *f* **2.** *vtr & i* plaisanter. '**bantering** *a* (*of tone, air*) de plaisanterie.

bap [bæp] *n* petit pain rond au lait.

baptize [bæp'taiz] *vtr* baptiser. '**baptism** *n* baptême *m*. '**Baptist** *n* baptiste *mf*.

bar [bɑːr] **I.** *n* **1.** (*a*) barre *f*; tablette *f* (de chocolat); lingot *m* (d'or); pain *m* (de savon); élément *m* (d'un feu électrique) (*b*) *pl* barreaux *m* (d'une cage); **behind bars,** sous les verrous (*c*) (*in harbour*) barre (de sable) **2.** empêchement *m*, obstacle *m*; *Fig:* **to be a b. to,** faire obstacle à; **colour b.,** ségrégation raciale. **3.** *Jur:* (*a*) barre (des accusés); **the prisoner at the b.,** l'accusé(e) (*b*) barreau (des avocats); **to be called to the b.,** être reçu au barreau **4.** bar *m*; (*counter*) comptoir *m*; **refreshment b.,** buvette *f* **5.** *Mus:* mesure *f*. **II.** *vtr* **(barred) 1.** (*a*) bloquer, barrer (la route, la porte); griller (une fenêtre) (*b*) exclure (qn) (**from,** de) **2.** interdire (**s.o. from doing,** à qn de faire). **III.** *prep* sauf, excepté; **b. none,** sans exception. '**barmaid** *n* serveuse *f* de bar. '**barman, -men,** '**bartender** *n* barman *m*. '**barring** *prep see* **bar III.**

barb [bɑːb] *n* (*a*) barbillon *m*, dardillon *m* (d'un hameçon) (*b*) picot *m* (de barbelé). **barbed** *a* **b. wire,** fil de fer barbelé; (*fence*) barbelés *mpl*.

Barbados [bɑː'beidɔs] *Prn Geog:* Barbade *f*.

barbarian [bɑː'bɛəriən] *n* barbare *mf*. **bar'baric** [-'bærik] *a* barbare. **bar'barity** *n* barbarie *f*. '**barbarous** *a* barbare. '**barbarously** *adv* cruellement.

barbecue ['bɑːbikjuː] **1.** *n* barbecue *m* **2.** *vtr* griller (au barbecue).

barber ['bɑːbər] *n* coiffeur *m* (pour hommes); **barber's pole,** enseigne *f* de barbier. **barber's,** *NAm:* '**barbershop** *n* salon *m* de coiffure pour hommes.

barbiturate [bɑː'bitjurət] *n* barbiturique *m*.

bard [bɑːd] *n Lit:* poète *m*; **the B. (of Avon)** = SHAKESPEARE.

bare ['bɛər] **I.** *a* **1.** nu; (*of tree, hill, etc*) nu, dénudé; (placard) vide; **to lay b.,** mettre à nu; exposer; *El:* **b. vire,** fil dénudé; **with his b. hands,** à mains nues; **on the b. earth, floor,** sur la dure; **the b. facts,** les faits nus **2.** (*mere*) simple; **to earn a b. living,** gagner tout juste de quoi vivre; **the b. necessities,** le strict nécessaire; **b. majority,** faible majorité *f*; **b. minimum,** strict minimum. **II.** *vtr* mettre à nu; montrer (les dents); se découvrir (la tête). '**bareback** *adv* **to ride b.,** monter à cru. '**barefaced** *a* (mensonge) éhonté. '**barefoot** **1.** *adv* nu-pieds **2.** *a* aux pieds nus. '**bare'headed** *a & adv* nu-tête. '**barely** *adv* à peine; tout juste. '**bareness** *n* nudité *f*, dénuement *m*.

bargain ['bɑːgin] **1.** *n* (*a*) marché *m*, affaire *f*; **into the b.,** par-dessus le marché; **it's a b.!** c'est entehdu! (*b*) **(good) b.,** occasion *f*, bonne affaire; **b. price,** prix exceptionnel; **b. hunter,** chercheur, -euse, d'occasions; **b. sale,** (vente *f* de) soldes *mpl*; **b. counter,** rayon des soldes; **it's a real b.!** c'est une occasion! **2.** *vi* négocier; (*haggle*) marchander; **I didn't b. for, on, that!** je ne m'attendais pas à cela! **he got more than he bargained for,** il a eu du fil à retordre. '**bargaining** *n* négociations *fpl*; marchandage *m*; **collective b.,** convention collective.

barge [bɑːdʒ] *n* chaland *m*, péniche *f*; barque *f* (de cérémonie). **bar'gee,** *NAm:* '**bargeman, -men** *n* marinier *m*. '**barge 'in** *vi* (*a*) faire irruption (dans une pièce) (*b*) interrompre (une conversation). '**barge 'into** *vtr* se cogner contre (qch).

'bargepole *n* gaffe *f*; *F:* **I wouldn't touch it with a b.,** je n'y toucherais pas avec des pincettes.

baritone ['bæritoun] *n Mus:* (*voice, singer*) baryton *m*.

barium ['bɛəriəm] *n Ch:* baryum *m*; *Med:* **b. meal,** sulfate *m* de baryum.

bark[1] [bɑ:k] **I.** *n* écorce *f* (d'arbre). **II.** *vtr* **to b. one's shins,** s'érafler les tibias.

bark[2] **1.** *n* (*of dog*) aboiement *m*; (*of fox*) glapissement *m*; **his b. is worse than his bite,** il fait plus de bruit que de mal **2.** *vi* (*a*) (*of dog*) aboyer (**at,** après, contre); (*of fox*) glapir; *Fig:* **to b. up the wrong tree,** suivre une fausse piste. **'barker** *n* (*at fair*) aboyeur *m*. **'barking** *n* aboiements *mpl*. **'bark 'out** *vtr* donner (un ordre) d'un ton sec.

barley ['bɑ:li] *n* orge *f*; **b. sugar,** sucre *m* d'orge; **b. water,** tisane *f* d'orge.

barmy ['bɑ:mi] *a* (**-ier, -iest**) *F:* dingue, timbré.

barn [bɑ:n] *n* grange *f*; (*for cattle*) étable *f*; (*for horses*) écurie *f*; **b. dance,** soirée *f* de danse campagnarde. **'barnyard** *n* basse-cour *f*.

barnacle ['bɑ:nəkl] *n Crust:* bernache *f*, bernacle *f*.

barometer [bə'rɔmitər] *n* baromètre *m*.

baron ['bærən] *n* baron *m*; *Fig:* (*industrialist*) magnat *m*. **'baroness** *n* baronne *f*. **'baronet** *n* baronnet *m*. **ba'ronial** *a* seigneurial.

baroque [bə'rɔk, *NAm:* bə'rouk] *a & n Arch: Mus: etc:* baroque (*m*).

barrack ['bærək] *vtr* chahuter, huer (qn).

barracks ['bærəks] *npl* caserne *f*; **confined to b.,** consigné (au quartier). **'barrackroom** *n* chambrée *f*; **b. language,** propos *mpl* de corps de garde.

barrage ['bærɑ:ʒ, *NAm:* bə'rɑ:ʒ] *n* **1.** barrage *m* **2.** (*a*) *Mil:* tir *m* de barrage (*b*) torrent *m*, flot *m*, feu roulant (de questions, etc).

barrel ['bærəl] *n* **1.** tonneau *m*, barrique *f*, fût *m* (de vin); baril *m* (de pétrole); caque *f* (de harengs); *Fig:* **over a b.,** dans le pétrin **2.** canon *m* (de fusil) **3. b. organ,** orgue *m* de Barbarie.

barren ['bærən] *a* stérile; (terre) aride; *Fig:* (style) aride. **'barrenness** *n* stérilité *f*.

barrette [bə'ret] *n NAm:* (*Br:* = **hair slide**) barrette *f*.

barricade ['bærikeid] **1.** *n* barricade *f* **2.** *vtr* barricader; **to b. oneself (in),** se barricader.

barrier ['bæriər] *n* barrière *f*; *Fig:* obstacle *m*, barrière; **(ticket) b.,** portillon *m*; **sound b.,** mur *m* du son.

barrister ['bæristər] *n* avocat *m*.

barrow ['bærou] *n* brouette *f* (de jardinier); diable *m* (de porteur); charrette *f*, voiture *f* à bras (de marchand); **b. boy,** marchand *m* des quatre saisons.

barter ['bɑ:tər] **1.** *n* troc *m*, échange *m* **2.** *vtr* troquer, échanger (**for,** contre). **'barter a'way** *vtr* vendre (sa liberté).

basalt ['bæsɔ:lt] *n* basalte *m*.

base [beis] **1.** *n* (*a*) base *f*; pied *m* (d'arbre); socle *m*, pied (de lampe) (*b*) *Mil:* base. **2.** *vtr* baser, fonder (**on,** sur); (*of pers, company*) **to be based at, in, on,** être basé à; **to b. oneself on sth,** se baser, se fonder, sur qch **3.** *a* bas, ignoble; (motif, métal) vil. **'baseball** *n* base-ball *m*. **'baseboard** *n NAm:* (*Br* = **skirting (board)**) plinthe *f*. **'baseless** *a* sans fondement. **'baseline** *n Ten:* ligne *f* de fond. **'basely** *adv* bassement. **'basement** *n* sous-sol *m*. **'baseness** *n* bassesse *f*.

bash [bæʃ] *F:* **1.** *n* coup *m*; **the car has had a b.,** la voiture a été cabossée; **to have a b.,** essayer un coup; **to have a b. at sth,** essayer (de faire) qch; tenter le coup **2.** *vtr* cogner; **to b. (about),** malmener (qn, qch); **to b. s.o. up,** tabasser qn; **to b. in, down, a door,** défoncer une porte.

bashful ['bæʃful] *a* timide. **'bashfully** *adv* timidement. **'bashfulness** *n* timidité *f*.

basic ['beisik] *a* (principe) fondamental; (vocabulaire, salaire) de base. **'basically** *adv* au fond; fondamentalement. **'basics** *npl* l'essentiel *m*.

basil ['bæzl, *NAm:* 'beizl] *n Bot:* basilic *m*.

basilica [bə'zilikə] *n* basilique *f*.

basin ['beisn] *n* **1.** bassin *m*, bassine *f*; (*for food*) bol *m*; (*for washing*) cuvette *f*; (*plumbed in*) lavabo *m*; (*of fountain*) vasque *f* **2.** bassin (d'un fleuve).

basis ['beisis] *n* (*pl* **bases** [-si:z]) base *f*; fondement *m*; **on the b. of,** d'après; **on that b.,** dans ces conditions; **on a weekly, monthly, yearly, b.,** chaque semaine, mois, année.

bask [bɑ:sk] *vi* (*a*) se chauffer, faire le lézard (au soleil) (*b*) jouir (**in,** de).

basket ['bɑ:skit] *n* panier *m*; (*for bread, laundry, litter*) corbeille *f*; **shopping b.,** panier à provisions. **'basketball** *n* basket(-ball) *m*. **'basketchair** *n* chaise *f* en rotin, en osier. **'basketmaker** *n* vannier *m*. **'basketwork** *n* vannerie *f*.

Basle [bɑ:l] *Prn Geog:* Bâle *f*.

Basque [bæsk] *a & n* basque (*mf*).

bass[1] [bæs] *n Ich:* (*a*) bar *m*, loup *m*; **sea b.,** serran *m* (*b*) (*fresh-water*) perche *f*.

bass[2] [beis] **1.** *a* (*of note, voice*) bas **2.** *n Mus:* basse *f*.

bassinet [bæsi'net] *n NAm:* (*cradle*) couffin *m*.

bassoon [bə'su:n] *n Mus:* basson *m*. **ba'ssoonist** *n* basson *m*.

bastard ['bɑ:stəd] (*a*) *a & n* bâtard, -e (*b*) *n Pej: P:* salaud *m*, salope *f*; **lucky b.!** veinard, -arde!

baste [beist] *vtr* (*a*) *Cu:* arroser (un rôti) (*b*) *esp NAm:* (*Br* = **tack**) *Needlew:* bâtir.

bastion ['bæstiən] *n* bastion *m*.

bat[1] [bæt] *n Z:* chauve-souris *f*; *F:* **to have bats in the belfry,** avoir une araignée au plafond.

bat[2] **I.** *n* **1.** batte *f* (de cricket); *Fig:* **off one's own b.,** de sa propre initiative **2.** raquette *f* (de ping-pong). **II.** *v* (**batted**) **1.** *vi* manier la batte; *Cr:* être au guichet **2.** *vtr* frapper (une balle) (avec une batte); *F:* **he didn't b. an eyelid,** il n'a pas sourcillé. **'batsman, -men** *n Cr:* batteur *m*.

batch [bætʃ] *n* (*pl* **batches**) groupe *m* (de gens); paquet *m* (de lettres); lot *m* (de livres, de marchandises); fournée *f* (de pain); liasse *f* (de papiers).

bated ['beitid] *a* **with b. breath,** en retenant son souffle.

bath [bɑ:θ] **I.** *n* (*pl* **baths** [bɑ:ðz]) **1.** bain *m*; **to have, take, a b.,** prendre un bain; **(public) baths,** bains (publics); **(swimming) bath(s),** piscine *f*; **b. salts,** sels de bain; **b. towel,** serviette de bain **2.** (*tub*) baignoire *f*. **II.** *v* **1.** *vtr* baigner, donner un bain à (qn) **2.** *vi* prendre un bain. **'bathmat** *n* tapis *m* de bain. **'bathrobe** *n* peignoir *m* (de bain). **'bathroom** *n* salle *f* de bains; *NAm:* (*Br:* = **toilet**) toilettes *fpl*. **'bathtub** *n* baignoire.

bathe [beið] **I.** *v* **1.** *vtr* baigner; laver (une plaie);

bathed in, baigné de (larmes, sang); **bathed in sweat,** en nage **2.** *vi* (*a*) se baigner (*b*) *NAm:* prendre un bain. **II.** *n* bain *m* (de mer, de rivière); baignade *f*; **to go for a b.,** (aller) se baigner. **'bather** *n* baigneur, -euse. **'bathing** *n* baignades *fpl*; **b. costume, suit,** maillot *m* de bain; **b. trunks,** slip *m* (de bain); **b. cap,** bonnet de bain.

batik [bə'tiːk] *n* batik *m.*

baton ['bætɔn, *NAm:* bə'tɔn] *n Mus: Mil:* bâton *m*; (*in relay race*) témoin *m*; (*truncheon*) matraque *f.*

battalion [bə'tæljən] *n* bataillon *m.*

batten ['bætn] *n* latte *f.*

batter ['bætər] **I.** *n Cu:* pâte *f* à frire; (*for pancakes*) pâte à crêpes. **II.** *v* **1.** *vtr* battre, frapper; martyriser (un enfant); *Mil:* pilonner; **to b. down,** défoncer (une porte) **2.** *vi* **to b. at the door,** frapper à la porte avec violence. **'battered** *a* (*of house, furniture*) délabré; (*of car, hat*) cabossé; (*of face*) meurtri; (*of child*) martyrisé; **b. wife,** femme battue.

battery ['bætəri] *n* (*pl* **batteries**) **1.** *Artil: etc:* batterie *f* **2.** (*a*) *El:* pile *f*; accumulateur *m*; **(car) b.,** batterie (*b*) *Agr:* batterie **3.** *Jur:* **assault and b.,** coups *mpl* et blessures *fpl.*

battle ['bætl] **I.** *n* bataille *f*; combat *m*; *Fig:* (*struggle*) lutte *f*; **b. cry,** cri de guerre; **b. cruiser,** croiseur de combat; **b. dress,** tenue de campagne; **to fight a, give, b.,** livrer bataille; **that's half the b.,** c'est ça le secret de la victoire; **b. royal,** bataille en règle. **II.** *vi* se battre, lutter (**against,** contre). **'battleaxe,** *NAm:* **-ax** *n* (*a*) hâche *f* d'armes (*b*) *F:* (*woman*) virago *f.* **'battlefield** *n* champ *m* de bataille. **'battlements** *npl* (*a*) (*indentations*) créneaux *mpl* (*b*) (*wall*) remparts *mpl.* **'battleship** *n* cuirassé *m.*

batty ['bɔːdi] *a* (**-ier, -iest**) *P:* dingue, toqué.

bauble ['bɔːbl] *n* babiole *f.*

baulk [bɔːk] *v* = **balk.**

bauxite ['bɔːksait] *n Miner:* bauxite *f.*

bawdy ['bɔːdi] *a* (**-ier, -iest**) paillard, grossier.

bawl [bɔːl] *vtr & i* **to b. (out),** beugler, brailler. **'bawl 'out** *vtr NAm: F:* engueuler (qn).

bay¹ [bei] *n Bot:* laurier *m*; laurier-sauce *m, pl* lauriers-sauce; **b. tree,** laurier; *Cu:* **b. leaf,** feuille de laurier.

bay² *n Geog:* baie *f.*

bay³ *n* **1.** travée *f* (d'un mur) **2.** (*a*) enfoncement *m*; baie *f* (*b*) **sick b.,** infirmerie *f*; *Aut:* **parking b.,** aire *f* de stationnement; *Com:* **loading b.,** aire de chargement; **b. window,** fenêtre en saillie.

bay⁴ **1.** *vi* (*of dog*) aboyer **2.** *n* aboiement *m* (de chien); **at b.,** aux abois; **to hold at b.,** tenir en respect.

bay⁵ *a* (cheval) bai.

bayonet ['beiənit] *n Mil:* baïonnette *f.*

bazaar [bə'zɑːr] *n* **1.** bazar *m* **2.** vente *f* de charité.

bazooka [bɑ'zuːkə] *n* bazooka *m.*

BBC *abbr British Broadcasting Corporation.*

BC *abbr before Christ,* avant Jésus-Christ.

be [biː] *vi* (**am, are, is; was, were; been**) être **1.** (*a*) **Mary is pretty, Mary's pretty,** Marie est jolie; **seeing is believing,** voir c'est croire; **isn't he lucky!** il en a de la chance! (*b*) **she's a doctor,** elle est médecin; **he's an Englishman,** il est anglais, c'est un Anglais; **if I were you,** à votre place, si j'étais vous (*c*) **three and two are five,** trois et deux font cinq **2.** (*a*) **I was at the meeting,** j'ai assisté à la réunion; **she's in York,** elle se trouve, elle est, à York; **I don't know where I am,** je ne sais pas où (i) je suis (ii) j'en suis (*b*) **how are you?** comment allez-vous? (*c*) **how much is that?** ça fait combien? c'est combien? **how far is it to London?** il y a combien de kilomètres d'ici à Londres? (*d*) **when is the concert?** quand le concert aura-t-il lieu? **Christmas is on a Sunday this year,** Noël tombe un dimanche cette année; **it's the sixth of May,** c'est, nous sommes, le six mai; **tomorrow is Friday,** demain c'est vendredi **3.** (*a*) (*of pers*) **to be** (= *feel*) **cold, afraid,** avoir froid, peur; **my feet are cold,** j'ai froid aux pieds (*b*) **to be twenty (years old),** avoir vingt ans; **to be 2 metres high,** avoir 2 mètres de haut; **to be 6 feet tall,** mesurer 1,80 m **4.** (*a*) **the best painter there is,** le meilleur peintre qui soit; **leave me be,** laissez-moi (tranquille), fichez-moi la paix; **that may be,** cela se peut; **so be it!** soit! **everything must remain (just) as it is,** tout doit rester tel quel; **be that as it may,** quoi qu'il en soit (*b*) *impers* **there is, there are,** il y a; (*pointing*) voilà; **here is, here are,** voici; **what is there to see?** qu'est-ce qu'il y a à voir? **there will be dancing,** on dansera; **there were 10 cats,** il y avait 10 chats; **there were six, a dozen, of us,** nous étions six, une douzaine **5. I have been to see David,** j'ai été, je suis allé, voir David; **I have been to the museum,** j'ai visité le musée; **where have you been?** d'où venez-vous? **has anyone been?** est-ce que quelqu'un est venu? **he's (already) been,** il est (déjà) venu **6.** *impers* (*a*) **it is six o'clock,** il est six heures; **it is late,** il est tard; **it is a fortnight since I saw him,** il y a quinze jours que je ne l'ai vu (*b*) **it's fine, cold,** il fait beau (temps), il fait froid (*c*) **it is said,** on dit; **it's for you to decide,** c'est à vous de décider; **what is it?** (i) qu'est-ce que c'est? (ii) (*what do you want?*) que voulez-vous? (iii) (*what's going on?*) qu'est-ce qu'il y a? **as it were,** pour ainsi dire **7.** (*aux*) (*a*) **I am, was, doing sth,** je fais, faisais, qch; **he was working,** il était en train de travailler; **they are always laughing,** ils sont toujours à rire; **I've (just) been writing,** je viens d'écrire; **I've been waiting for a long time,** j'attends depuis longtemps (*b*) (*passive*) **he was killed,** il a été tué; on l'a tué; **he is allowed, not allowed, to smoke,** on lui permet, il lui est défendu, de fumer; **he is to be pitied,** il est à plaindre; **what's to be done?** que faire? (*c*) (*denoting future*) **I am to see him tomorrow,** je dois le voir demain; **he's shortly to go,** il va bientôt partir; **he was never to see them again,** il ne devait plus les revoir (*d*) (*necessity, duty*) **you are not to go,** il vous est interdit, défendu, d'y aller; vous ne devez pas y aller **8. are you happy?—yes, I am,** êtes-vous heureux?—mais oui! oui, je le suis; **he's back—is he?** il est de retour—vraiment? **so you're back, are you?** alors vous voilà de retour? **isn't it lovely? it's lovely, isn't it?** c'est beau, n'est-ce pas? **'be-all** *n* **the be-a. and end-all,** le but suprême. **'being** *n* **1.** existence *f*; **to bring into b.,** réaliser (un projet); **to come into b.,** naître, être créé; **it is still in b.,** cela existe toujours **2.** être *m*; **all my b.,** tout mon être; **a human b.,** un être humain.

beach [biːtʃ] *n* (*pl* **beaches**) plage *f*; **b. ball,** ballon de plage. **'beachcomber** *n* ramasseur, -euse, d'épaves. **'beachhead** *n* tête *f* de pont. **'beachwear** *n* (*no pl*) vêtements *mpl* de plage.

beacon ['bi:kən] *n* **1.** feu *m* (d'alarme) **2.** *Nau: Av:* balise *f*; (*lighthouse*) phare *m*; *Aut:* **Belisha b.,** sphère orange lumineuse (indiquant un passage clouté).

bead [bi:d] *n* perle *f*; goutte *f* (de sueur); grain *m* (de chapelet); **(string of) beads,** collier *m*. **'beady** *a* **b. eyes,** petits yeux brillants.

beagle ['bi:gl] *n* (*dog*) beagle *m*.

beak [bi:k] *n* (*of bird*) bec *m*; *F:* (*of pers*) nez crochu.

beaker ['bi:kər] *n* gobelet *m*; *Ch:* vase *m*.

beam [bi:m] **I.** *n* **1.** (*a*) poutre *f*, solive *f* (*b*) fléau *m* (d'une balance) **2.** (*of ship*) **on her b. ends,** accoté; *F:* (*of pers*) **on one's b. ends,** à bout de ressources **3.** (*a*) (*of light*) rayon *m*, trait *m*; (*of headlight, torch*) faisceau *m* (lumineux) (*b*) large sourire *m* (*c*) *Elcs:* faisceau; *Av:* axe balisé (d'atterrissage); *F:* **to be off b.,** dérailler. **II.** *v* **1.** *vi* rayonner; (*of pers*) sourire largement **2.** *vtr WTel:* diffuser. **'beaming** *a* rayonnant; (soleil, visage, sourire) radieux.

bean [bi:n] *n* haricot *m*; grain *m* (de café); **green, French,** *NAm:* **string, beans,** haricots verts; **broad b.,** fève *f*; **runner b.,** haricot d'Espagne; **baked beans,** haricots blancs (à la tomate); *F:* **to be full of beans,** déborder d'entrain; **he hasn't a b.,** il n'a pas le sou. **'beanshoots, 'beansprouts** *npl* germes *mpl* de soja.

bear[1] ['bɛər] *n* **1.** ours *m*; **she-b.,** ourse *f*; **b. cub,** ourson *m*; *Astr:* **the Great B.,** la Grande Ourse; *Fig:* **b. garden,** pétaudière *f*; **like a b. with a sore head,** d'une humeur massacrante **2.** *St. Exch:* baissier *m*.

bear[2] *v* (**bore** [bɔ:r]; **borne** [bɔ:n]) **1.** *vtr* (*a*) porter (un fardeau, un nom) (*b*) supporter (la douleur, la vue de qch); soutenir (un poids); offrir (une ressemblance); soutenir (une comparaison); assumer (une responsabilité); **I can't b. it any longer,** je n'en peux plus; **I can't b. (the sight of) him,** je ne peux pas le sentir, le souffrir (*c*) donner naissance à (un enfant); *Fin:* porter (intérêt); **she has borne him a son,** elle lui a donné un fils **2.** *vi* (*a*) **to b. right, left,** tourner à droite, à gauche; **to b. north,** aller vers le nord (*b*) **to b. (up)on,** se rapporter à; *Fig:* (*of burden*) **to b. heavily on,** peser sur; **to bring one's mind to b. on sth,** porter son attention sur qch; **to bring to b.,** exercer (une pression) (**on,** sur); consacrer (son énergie) (**on,** à). **'bearable** *a* supportable. **'bear 'down** *vi* appuyer avec force (**on,** sur). **'bear 'down 'on** *vtr* (= *approach*) (*of pers, vehicle*) foncer sur. **'bearer** *n* porteur, -euse; titulaire *mf* (d'un passeport); *Fin:* **b. bond,** obligation au porteur. **'bearing** *n* (*a*) (*of pers*) port *m*, maintien *m* (*b*) *Tchn:* palier *m*; roulement *m*; coussinet *m* (*c*) *Nau: Av:* position *f*; **(compass) b.,** relèvement *m* (au compas); **to take a ship's bearings,** faire le point; *Fig:* **to get one's bearings,** s'orienter; **to lose one's bearings,** se désorienter (*d*) (*relationship, relevance*) relation *f* (**on,** avec); **it has no b. on,** cela n'a aucun rapport avec. **'bear 'out** *vtr* confirmer, corroborer (une assertion). **'bear 'up** *vi* ne pas se décourager, tenir le coup; **b. up!** (du) courage! **how are you?—bearing up,** comment ça va?—je me défends. **'bear 'with** *vi* être indulgent envers, être patient avec (qn); **b. w. me,** patientez un peu.

beard [biəd] *n* barbe *f*; **to have a b.,** porter la barbe. **'bearded** *a* barbu. **'beardless** *a* imberbe; sans barbe.

beast [bi:st] *n* **1.** bête *f*, animal *m*; *pl Agr:* bétail *m*, bestiaux *mpl* **2.** *Pej:* (*pers*) brute *f*; chameau *m*. **'beastly** *F:* **1.** *a* (*bad*) vilain, infect; (*spiteful*) méchant; **what b. weather!** quel sale temps! **2.** *adv* terriblement.

beat [bi:t] **I.** *vtr & i* (**beat; beaten**) **1.** battre; **to b. at the door,** frapper à la porte; **to b. a drum,** battre du tambour; **to b. a retreat,** battre la retraite; **to b. time,** battre la mesure; **off the beaten track,** hors des sentiers battus; (endroit) écarté; **to b. about the bush,** tourner autour du pot; **I won't b. about the bush,** je n'irai pas par quatre chemins; *P:* **b. it!** fiche le camp! **2.** (*a*) vaincre, battre; **to b. s.o. to it,** devancer qn; *F:* **it beats me,** ça me dépasse; **that beats everything!** ça c'est le comble! (*b*) devancer (qn). **II.** *n* **1.** (*a*) battement *m* (du cœur, de tambour) (*b*) *Mus:* mesure *f*, rythme *m* **2.** ronde *f* (d'un agent de police). **III.** *a F:* **(dead) b.,** éreinté; (complètement) crevé. **'beat 'back** *vtr* repousser (qn); rabattre (les flammes). **'beat 'down 1.** *vtr* (*a*) défoncer (une porte) (*b*) faire baisser (un prix) **2.** *vi* (*of rain*) tomber à verse; (*of sun*) taper (**on,** sur). **'beater** *n* (*for carpets*) tapette *f*; (*for eggs*) batteur *m*. **'beat 'in** *vtr* défoncer (une porte). **'beating** *n* **1.** battement (du cœur) **2.** (*a*) (*blows*) raclée *f* (*b*) défaite *f*. **'beat 'off** *vtr* repousser (une attaque). **'beat 'out** *vtr* (*a*) battre (le fer); marteler (l'or) (*b*) marquer (un rythme); jouer (un air) (*c*) *F:* **to b. s.o.'s brains out,** assommer qn. **'beat 'up** *vtr* rouer (qn) de coups; tabasser (qn).

beatify [bi(:)'ætifai] *vtr Ecc:* béatifier. **beatifi'cation** *n* béatification *f*.

beautiful ['bju:tiful] *a* (très) beau, (très) belle; (*superb*) merveilleux. **beau'tician** *n* esthéticien, -ienne. **'beautifully** *adv* merveilleusement. **'beautify** *vtr* embellir. **'beauty** *n* beauté *f*; **b. treatment,** soins de beauté; **b. specialist,** esthéticien, -ienne; **b. salon, parlour,** institut *m* de beauté; **b. spot** (i) coin *m*, site *m*, pittoresque (ii) (*on skin*) grain *m* de beauté; **the b. of it is . . .,** le plus beau, c'est que . . .; *F:* **that's the b. of it,** c'est là le plus beau de l'affaire; **it's a b.!** c'est une merveille! *F:* **isn't it a b.?** c'est beau, n'est-ce pas?

beaver ['bi:vər] **1.** n *Z:* castor *m* **2.** *vi* **to b. away,** travailler dur (**at sth,** à qch).

becalmed [bi'kɑ:md] *a Nau:* encalminé.

became [bi'keim] *see* **become.**

because [bi'kɔz] *conj* parce que; **b. of,** à cause de.

beck [bek] *n* **to be at s.o.'s b. and call,** obéir aux ordres de qn.

beckon ['bekən] *vtr & i* faire signe (**(to) s.o.,** à qn); appeler (qn) du doigt, de la main.

become [bi'kʌm] **1.** *vi* (**became** [bi'keim]; **become**) (*a*) devenir; **to b. a priest,** se faire prêtre; **to b. fat, thin,** grossir, maigrir; **to b. accustomed to,** s'accoutumer à; **to be worried,** commencer à s'inquiéter (*b*) **what's b. of him?** qu'est-il devenu? **2.** *vtr* **the hat becomes her,** le chapeau lui sied, lui va. **be'coming** *a* (*of clothes*) seyant; (*of modesty*) bienséant; **her dress is very b.,** sa robe lui va très bien.

bed [bed] **I.** *n* **1.** lit *m*; **to go to b.,** (aller) se coucher; *F:* **to go to b. with s.o.,** coucher avec qn; **to get into b.,** se mettre au lit; **to be in b.,** être couché; (*through illness*) garder le lit; **to get out of b.,** se lever; **to get**

out of b. on the wrong side, se lever du pied gauche; **to put a child to b.,** coucher un enfant; **to make a b.,** faire un lit; **b. and breakfast,** (i) chambre *f* avec petit déjeuner (ii) (*sign*) = chambres *fpl*; **b. jacket,** liseuse *f*; **b. linen,** literie *f*; **b. settee,** (canapé *m*) convertible *m*; **b. wetting,** incontinence nocturne **2.** (*a*) lit (d'une rivière); fond *m* (de la mer); banc *m* (d'huîtres) (*b*) carré *m* (de légumes); **(flower) b.,** parterre *m*; (*border*) plate-bande *f* (*c*) *Geol:* couche *f*; *Miner:* gisement *m*. **II.** *vtr* **(bedded) to b. (out),** repiquer (des plantes). **'bedbug** *n* punaise *f*. **'bedclothes** *npl* couvertures *fpl* et draps *mpl*. **'bedcover** *n* = **'bedspread**. **'bedding** *n* **1.** (*a*) literie *f* (*b*) (*for animals*) litière *f* **2. b. (out),** repiquage *m* (de plantes); **b. plants,** plantes à repiquer. **'bed 'down 1.** *vtr* faire la litière à (un animal); coucher (qn) **2.** *vi* (*of pers*) se coucher. **'bedfellow** *n* **they make strange bedfellows,** c'est une association inattendue. **'bedhead** *n* tête *f* de lit. **'bedpan** *n* bassin *m* de lit. **'bedpost** *n* colonne *f* de lit. **'bedridden** *a* cloué au lit, alité. **'bedrock** *n* (*a*) *Geol:* roche *f* de fond (*b*) fondement *m* (de sa croyance); **to get down to b.,** descendre au fond des choses. **'bedroom** *n* chambre *f* à coucher. **'bedside** *n* chevet *m*; **b. rug,** descente *f* de lit; **b. lamp,** lampe *f* de chevet; **b. table** table *f* de chevet, de nuit; **b. manner,** comportement (d'un médecin) au chevet du malade. **bed'sitter, bed'sitting-room,** *F:* **'bed'sit** *n* chambre meublée. **'bedsore** *n* escarre *f*. **'bedspread** *n* couvre-lit *m*, dessus-de-lit *m*. **'bedstead** *n* bois *m* de lit. **'bedtime** *n* heure *f* du coucher; **it's past my b.,** je devrais être déjà couché; **b. story,** histoire pour endormir un enfant.

bedeck [bi'dek] *vtr* orner **(with,** de).

bedevil [bi'devl] *vtr* **(-ll-,** *NAm* **-l-)** (*plague*) tourmenter; **bedevilled by problems,** perturbé, empoisonné, par des difficultés.

bedlam ['bedləm] *n F:* chahut *m*; charivari *m*.

bedraggled [bi'drægld] *a* débraillé.

bee [biː] *n* abeille *f*; *F:* **to have a b. in one's bonnet,** avoir une idée fixe. **'beehive** *n* ruche *f*. **'beekeeper** *n* apiculteur, -trice. **'beekeeping** *n* apiculture *f*. **'beeline** *n F:* **to make a b. for,** aller droit vers. **'beeswax** *n* cire *f* d'abeilles.

beech [biːtʃ] *n* (*pl* **beeches**) hêtre *m*; **copper b.,** hêtre rouge. **'beechnut** *n* faîne *f*.

beef [biːf] **1.** *n* (*a*) (*no pl*) *Cu:* bœuf *m*; **roast b.,** rôti *m* de bœuf; rosbif *m* (*b*) (*pl* **beefs**) plainte *f* **2.** *vi F:* rouspéter **(about,** contre). **'beefburger** *n* hamburger *m*. **'beefeater** *n* hallebardier *m* (de la Tour de Londres). **'beefsteak** *n Cu:* bifteck *m*. **'beefy** *a* **(-ier, -est)** *F:* musclé, costaud.

been [biːn] *see* **be**.

beer [biər] *n* bière *f*; **b. glass,** chope *f*. **'beermat** *n* sous-bock *m*. **'beery** *a* (*of room, pers*) qui sent la bière.

beet [biːt] *n* betterave *f*; **sugar b.,** betterave à sucre; **b. sugar,** sucre de betterave. **'beetroot** *n* (*NAm:* = **beet**) betterave (potagère).

beetle ['biːtl] *n* **1.** *Ent:* coléoptère *m*; scarabée *m*; **black b.,** cafard *m*; blatte *f*.

befall [bi'fɔːl] *vtr & i* (*conj like* FALL; *used only in 3rd pers*) *Lit:* arriver à (qn).

befit [bi'fit] *vtr* **(befitted)** (*used only in 3rd pers*) *Lit:* convenir à (qn, qch).

before [bi'fɔːr] **1.** *adv* (*a*) auparavant, avant; (*already*) déjà; **the day b.,** le jour précédent, la veille; **the evening b.,** la veille au soir; **the year b.,** l'année d'avant, précédente; **I have seen him b.,** je l'ai déjà vu; **I have never seen him b.,** je ne l'ai jamais vu (de ma vie); **I've never done it b.,** je ne l'ai (encore) jamais fait; **go on as b.,** faites comme avant (*b*) **she stood b. me,** elle se tenait devant moi **2.** *prep* (*a*) (*place*) devant; **b. my eyes,** sous mes yeux (*b*) (*time*) avant; **b. long,** avant longtemps, avant peu; **the year b. last,** il y a deux ans; **it ought to have been done b. now,** ce devrait être déjà fait; **b. answering,** avant de répondre (*c*) (*order*) **b. everything else,** avant tout **3.** *conj* (*a*) **b. he goes,** avant qu'il (ne) parte; **b. going,** avant de partir (*b*) **he will die b. he will steal,** il préfère mourir plutôt que de voler. **be'forehand** *adv* à l'avance, avant; au préalable.

befriend [bi'frend] *vtr* offrir son amitié à (qn).

beg [beg] *vtr & i* **(begged) 1.** mendier; (*of dog*) **to sit up and b.,** faire le beau; (*of food, articles*) **to go begging,** ne pas trouver d'amateurs **2. to b. (for),** solliciter, demander; **to b. s.o. to do sth,** prier, supplier, qn de faire qch; **to b. for mercy,** demander grâce; **I b. your pardon,** je vous demande pardon; **I b. (of) you!** je vous en supplie! **I b. to,** je me permets de; **to b. the question,** esquiver la question. **beggar 1.** *n* mendiant, -ante; *Prov:* **beggars can't be choosers,** ne choisit pas qui emprunte; *F:* **poor b.!** pauvre diable *m*; **lucky b.!** veinard, -arde! **2.** *vtr* **to b. description,** défier toute description. **'beggarly** *a* misérable; (salaire) dérisoire.

begin [bi'gin] *v* **(began** [bi'gæn]; **begun** [bi'gʌn]) **1.** *vtr* commencer; lancer (une mode, une campagne); entamer (un sandwich, une bouteille); engager (une conversation); **to b. doing, to do,** commencer, se mettre à faire; **he soon began to complain,** il ne tarda pas à se plaindre **2.** *vi* commencer **(with,** par; **by doing,** à faire); **the day began well,** la journée s'annonçait bien; **he began early,** il s'y est mis de bonne heure; **to b. on sth,** commencer qch; **beginning from,** à partir de; **to b. with,** d'abord; pour commencer; **to b. again,** recommencer. **be'ginner** *n* débutant, -ante. **be'ginning** *n* commencement *m*; début *m*; origine *f*; **at, in, the b.,** au commencement, au début; *Sch:* **b. of term,** rentrée *f* des classes.

begonia [bi'gounjə] *n Bot:* bégonia *m*.

begrudge [bi'grʌdʒ] *vtr* (*a*) donner à contrecœur; **to b. doing,** faire à contrecœur (*b*) envier **(s.o. sth,** qch à qn) (*c*) reprocher **(s.o. sth,** qch à qn).

behalf [bi'hɑːf] *n* **on b. of s.o.,** pour qn, au nom de qn; de la part de qn; (agir) pour qn; (plaider) en faveur de, pour, qn.

behave [bi'heiv] *vi* (*a*) se conduire, se comporter; **to b. (oneself),** se tenir bien; (*to child*) **b. yourself!** sois sage! tiens-toi bien! (*b*) (*of machine*) fonctionner. **be'haved** *a* **well(-)b.,** sage, poli; qui se tient bien; **badly(-)b.,** qui se tient mal. **be'haviour** *NAm:* **be'havior** *n* conduite *f*, comportement *m*; **to be on one's best b.,** se conduire de son mieux.

behead [bi'hed] *vtr* décapiter (qn).

behest [bi'hest] *n Lit:* ordre *m*.

behind [bi'haind] **1.** *adv* (venir) derrière; **from b.,** par derrière; **to be b. with, in, one's work,** être en retard dans son travail **2.** *prep* (*a*) derrière (*b*) *Fig:* **what's**

b. all this? qu'y a-t-il derrière tout cela? **to be b. s.o.,** soutenir qn (*c*) (*more backward than, late according to*) en retard sur **3.** *n F:* derrière *m.* **be'hindhand** *adv & a* en retard (**with,** pour).

behold [bi'hould] *vtr* (**beheld**) *Lit:* voir; *imp* **b.!** voyez! **be'holder** *n Lit:* spectateur, -trice; témoin *m.*

beholden [bi'houldən] *a* redevable (**to,** à, **for,** de).

beige [beiʒ] *a & n* beige (*m*).

belated [bi'leitid] *a* (*of greetings*) tardif. **be'latedly** *adv* tardivement.

belch [beltʃ] **I.** *v* **1.** *vi* faire un renvoi, éructer; *F:* roter **2.** *vtr* **to b. (out),** vomir (des flammes). **II.** *n* (*pl* **belches**) renvoi *m*; *F:* rot *m.*

beleaguered [bi'li:gəd] *a* assiégé.

belfry ['belfri] *n* (*pl* **belfries**) beffroi *m*, clocher *m.*

Belgium ['beldʒəm] *Prn Geog:* Belgique *f.* **'Belgian** *a & n* belge (*mf*).

belie [bi'lɑi] *vtr* démentir.

believe [bi'li:v] **1.** *vtr* croire; **I b. I'm right,** je crois avoir raison; **I b. not,** je crois que non; **I b. so,** je crois que oui; **he is believed to be in Rome,** on le croit à Rome; **if he's to be believed,** à l'en croire **2.** *vi* croire (**in sth,** à qch; **in God, s.o.,** en Dieu, qn); avoir confiance (**in s.o.,** en qn); **to b. in doing,** croire qu'il faut faire; **he doesn't b. in smoking,** il désapprouve que l'on fume. **be'lief** *n* croyance *f* (**in s.o.,** en qn; **in sth,** à, en, qch); (*trust*) confiance *f*, foi *f*; *Rel:* (*faith*) foi (**in,** en); **beyond b.,** incroyable; **it is my b. that,** je suis convaincu que. **be'lievable** *a* croyable. **be'liever** *n* croyant, -ante; **to be a (great) b. in,** être partisan de.

belittle [bi'litl] *vtr* déprécier.

bell [bel] *n* cloche *f*; (*smaller*) clochette *f*; (*on cow*) grelot *m*; (*on door, bicycle*) sonnette *f*; (*on phone*) sonnerie *f*; **b. ringer,** sonneur *m.* **'bellboy, -hop** *n NAm:* groom *m.* **'bellpush** *n* bouton *m* (de sonnerie).

belle [bel] *n* beauté *f*, belle *f*; **the b. of the ball,** la reine du bal.

belligerent [be'lidʒərənt] *a & n* belligérant(e). **be'lligerence** *n* belligérance *f.*

bellow ['belou] **I.** *v* **1.** *vi* beugler, mugir; hurler **2.** *vtr* **to b. (out),** hurler; beugler. **II.** *n* beuglement *m*, mugissement *m*; hurlement *m.*

bellows ['belouz] *npl* **1. (pair of) b.,** soufflet *m* (pour le feu) **2.** soufflerie *f* (d'un orgue).

belly ['beli] *n* (*pl* **bellies**) ventre *m*; **b. dance,** danse du ventre; **b. laugh,** gros rire franc; *Av:* **b. landing,** atterrissage sur le ventre; *Cu:* **b. (of) pork,** poitrine *f* de porc. **'bellyache 1.** *n* mal *m* au ventre **2.** *vi P:* rouspéter. **'bellyflop** *n Swim: F:* **to do a b.,** faire un plat. **'bellyful** *n P:* **to have a b.,** en avoir plein le dos.

belong [bi'lɔŋ] *vi* **1.** appartenir (**to,** à); **that book belongs to me,** ce livre m'appartient, est à moi **2.** (*be appropriate*) être propre (à qch); **to b. together,** aller ensemble **3.** être membre, faire partie (**to a club,** d'un club); **the cup belongs here,** la tasse se range ici; **put it back where it belongs,** remettez-le à sa place; **to feel that one belongs, doesn't b.,** se sentir chez soi, isolé. **be'longings** *npl* affaires *fpl*, effets *mpl*; **personal belongings,** objets personnels.

beloved 1. [bi'lʌvd] *a* **b. by all,** aimé de tous **2.** [bi'lʌvid] *a & n* bien-aimé(e).

below [bi'lou] **1.** *adv* en dessous; **here b. (on earth),** ici-bas; **voices from b.,** voix qui viennent d'en bas; **the people (in the flat) b.,** les gens du dessous; **the passage quoted b.,** le passage cité (i) ci-dessous (ii) ci-après **2.** *prep* au-dessous de; sous, au-dessous de (la surface); en contre-bas de (la rue); en aval de (la ville); *Fig:* (*unworthy of*) indigne de.

belt [belt] **I.** *n* **1.** ceinture *f*; *Aut: Av:* **seat b., safety b.,** ceinture de sécurité; **to hit s.o. below the b.,** donner à qn un coup bas; (*judo*) **to be a brown b.,** être ceinture marron **2.** (*on machine*) courroie *f* **3.** zone *f*, région *f*; *Adm:* **green b.,** zone verte. **II.** *vtr F:* rosser (qn). **'belt a'long, 'down, 'up, etc** *vtr & i F:* filer, descendre, monter, etc, à toute allure. **'belt 'out** *vtr F:* brailler (une chanson). **'belt 'up** *vi F:* la boucler.

bemoan [bi'moun] *vtr* déplorer.

bemused [bi'mju:zd] *a* hébété; abasourdi.

bench [bentʃ] *n* (*pl* **benches**) **1.** banc *m*; banquette *f*; gradin *m* (de stade); *Jur:* **the B.,** la magistrature (assise); le tribunal **2.** (*in workshop*) établi *m*, banc.

bend [bend] **I.** *n* **1.** courbe *f*; (*of pipe, river*) coude *m*; (*of arm, knee*) pli *m*; (*of road*) virage *m*; *PN:* **bends for 5 kilometres,** virages sur 5 kilomètres; (*mad*) **round the b.,** tordu, cintré **2.** *Med:* **the bends,** la maladie des caissons. **II.** *v* (**bent**) **1.** *vtr* (*a*) courber; plier (le bras); fléchir (le genou); **to b. out of shape,** fausser; **to b. the rules,** faire une entorse aux règlements (*b*) (*direct*) diriger **2.** *vi* (*of branch*) plier, être courbé; **the road bends (round) to the right,** la route tourne à droite; **to b. to s.o.'s will,** se plier à la volonté de qn. **'bend 'back(wards) 1.** *vtr* replier **2.** *vi* (*of pers*) se pencher en arrière. **'bend 'down** *vi* (*of pers*) se courber. **'bend 'forward** *vi* (*of pers*) se pencher (en avant). **'bend 'over 1.** *vtr* replier **2.** *vi* (*of pers*) se pencher; **to b. o. backwards to do sth,** se mettre en quatre pour faire qch.

beneath [bi'ni:θ] **1.** *adv* (au-)dessous; en bas **2.** *prep* au-dessous de; sous; **it's b. him,** c'est indigne de lui.

benediction [beni'dikʃn] *n* bénédiction *f.*

benefactor ['benifæktər] *n* bienfaiteur *m.* **'benefactress** *n* bienfaitrice *f.*

beneficent [bi'nefisənt] *a* **1.** bienfaisant **2.** salutaire.

beneficial [beni'fiʃl] *a* bénéfique.

beneficiary [beni'fiʃəri] *n* bénéficiaire *mf.*

benefit ['benifit] **I.** *n* **1.** avantage *m*, profit *m*; *pl* bienfaits *mpl* (de la science, etc); **to s.o.'s b.,** dans l'intérêt de qn; **for your (own) b.,** pour vous, pour votre bien; **to be of b.,** faire du bien (**to,** à); **to give s.o. the b. of the doubt,** accorder à qn le bénéfice du doute **2.** *Adm:* allocation *f*; prestation *f*; **unemployment b.,** allocation de chômage; **child b.,** allocation(s) familiale(s) **3. b. (performance, match),** représentation *f*, match *m*, de bienfaisance. **II.** *v* **1.** *vi* gagner (**from doing,** à faire); **you'll b. from, by, the rest,** le repos vous fera du bien **2.** *vtr* faire du bien à; (*be useful to*) profiter à.

Benelux ['benilʌks] *n* Bénélux *m.*

benevolence [bi'nevələns] *n* bienveillance *f.* **be'nevolent** *a* bienveillant (**to,** envers); **b. society,** association de bienfaisance.

benign [bi'nain] *a* bienveillant, bénin; (*of climate*) doux; (*of tumour*) bénin.

bent [bent] **I.** *a* **1.** (*a*) courbé, plié; (dos) voûté (*b*) tordu (*c*) *P:* corrompu (*d*) *P:* homosexuel **2. b. on doing sth,** déterminé, résolu, à faire qch. **II.** *n* (*a*) aptitude *f* (**for,** pour) (*b*) penchant *m*, goût *m* (**for,** pour).

benzene [ˈbenziːn, benˈziːn] *n Ch:* benzène *m*. **benzine** [ˈbenziːn, benˈziːn] *n Ch:* benzine *f*.

bequeath [biˈkwiːð] *vtr* léguer (**to,** à). **beˈquest** *n* legs *m*.

bereave [biˈriːv] *vtr* (**bereft** *or* **bereaved**) priver (**of,** de). **beˈreaved 1.** *a* endeuillé **2.** *n* **the b.,** la famille, la femme, etc, du disparu. **beˈreavement** *n* deuil *m*.

bereft [biˈreft] *a* **b. of,** dénué de.

beret [ˈberei, *NAm* bəˈrei] *n* béret *m*.

berk [bəːk] *n P:* imbécile *mf*.

Berlin [bəːˈlin] *Prn Geog:* Berlin; **East, West, B.,** Berlin Est, Ouest.

Bermuda [bəˈmjuːdə] *Prn Geog:* Bermudes *fpl*; *Cl:* **B. shorts,** *npl* **bermudas,** bermuda *m*.

berry [ˈberi] *n* (*pl* **berries**) *Bot:* baie *f*.

berserk [bəˈzəːk] *a* **to go b.,** devenir fou, se déchaîner.

berth [bəːθ] **1.** *n* (*a*) (*for ship*) mouillage *m*; **to give a wide b.,** éviter (qn, qch) (*b*) *Nau: Rail:* couchette *f* **2.** *v* (*a*) *vtr* amarrer (un navire) (*b*) *vi* (*of ship*) mouiller.

beseech [biˈsiːtʃ] *vtr* (**besought, beseeched**) *Lit* implorer (**to do,** de faire).

beset [biˈset] *vtr* (**beset; besetting**) *Lit:* assaillir (qn); **b. with obstacles, dangers,** semé, hérissé, d'obstacles, de dangers; **b. by doubts,** assailli de doutes. **beˈsetting** *a* obsédant.

beside [biˈsaid] *prep* à côté, auprès, de; **that is b. the point,** ça n'a rien à voir; **to be b. oneself,** être hors de soi; **b. oneself with joy,** fou de joie.

besides [biˈsaidz] **1.** *adv* (*a*) de plus; **nothing b.,** rien de plus (*b*) d'ailleurs; du reste **2.** *prep* (= *in addition to*) en plus de; (= *except*) excepté; **others b. him,** d'autres que lui; **there are six of us b. Paul,** nous sommes six sans compter Paul.

besiege [biˈsiːdʒ] *vtr* assiéger; *Fig:* assaillir (**with,** de).

besotted [biˈsɔtid] *a* **b. with,** entiché de; **he's b. with her,** il s'est entiché d'elle; **b. with drink,** abruti par la boisson.

bespattered [biˈspætəd] *a* couvert (**with mud,** de boue).

bespectacled [biˈspektik(ə)ld] *a* à lunettes.

bespoke [biˈspouk] *a* (tailleur) à façon.

best [best] **1.** *a & n* (*a*) (le) meilleur, (la) meilleure (**in,** de); le mieux; (*at wedding*) **b. man,** témoin *m*, garçon d'honneur; **my b. dress,** ma plus belle robe; **with the b. of them,** comme pas un; **the b. of it is that,** le plus beau de l'affaire, c'est que; **to know what is b. for s.o.,** savoir ce qui convient le mieux à qn; **the b. thing would be, it would be b., to,** le mieux serait de; **I think it (would be) b. to,** je crois qu'il vaudrait mieux; (*of food*) **b. before . . .,** à consommer (de préférence) avant . . .; **to do one's b.,** faire de son mieux; **he did his b. to smile,** il s'est efforcé de sourire; **to look one's b., to be at one's b.,** être à son avantage; **to get the b. of it,** avoir le dessus; **the b. part,** la plus grande partie de; **the b. part of an hour, of a year,** une heure ou peu s'en faut; la plus grande partie de l'année; **all the b.!** portez-vous bien! (*in letter*) amicalement; **the b. of luck!** bonne chance! **to make the b. of,** s'accommoder de; **to make the b. of a bad job,** faire contre mauvaise fortune bon cœur; **to play the b. of three (games),** jouer au meilleur de trois; **strawberries are at their b. in June,** c'est en juin que les fraises sont les meilleures (*b*) **at b.,** au mieux; **he's not very friendly at the b. of times,** il n'est pas particulièrement sympathique; **to act for the b.,** agir pour le mieux; **to the b. of my ability,** de mon mieux; **to the b. of my belief, knowledge,** autant que je sache **2.** *adv* (*a*) **(the) b.,** le mieux; **as b. I could,** de mon mieux; **you know b.,** c'est vous le mieux placé pour en juger; **to think it b. to,** juger prudent de; **do as you think b.,** faites comme bon vous semble(ra); **it's b. eaten with white wine,** ça s'apprécie (encore) mieux avec du vin blanc (*b*) **the b. dressed man,** l'homme le mieux habillé; **the b. known actor,** l'acteur le plus connu. **best-ˈseller** *n* best-seller *m*.

bestial [ˈbestjəl] *a* bestial. **bestiˈality** *n* bestialité *f*.

bestow [biˈstou] *vtr* accorder, conférer (**on,** à).

bet [bet] **I.** *n* pari *m*. **II.** *vtr & i* (**bet, betted, betting**) parier; **to b. on a horse,** parier sur, jouer, un cheval; **to b. s.o. that,** parier à qn que; *F:* **(I) b. (you) I will!** chiche (que je le fais)! *F:* **you b.!** tu parles! **ˈbetter** *n* parieur, -euse. **ˈbetting** *n* pari(s) *m(pl)*; **the b. is 20 to 1,** la cote est (à) 20 contre 1; **b. shop, office,** bureau *m* du pari mutuel.

betoken [biˈtoukən] *vtr Lit:* annoncer.

betray [biˈtrei] *vtr* **1.** trahir **2.** révéler, laisser voir (son ignorance); livrer (un secret) (**to s.o.,** à qn). **beˈtrayal** *n* trahison *f*; révélation *f*.

betrothal [biˈtrouðəl] *n Lit:* fiançailles *fpl*.

better [ˈbetər] **I.** *a, n, & adv* **1.** *a* (*a*) meilleur (**than,** que); **b. than average,** supérieur à la moyenne; **he's no b. than,** il ne vaut pas mieux que; **he's a b. man than you,** il vaut plus que vous; **you're b. than me,** tu joues mieux que moi; (*at maths, etc*) tu es plus fort que moi; **I had hoped for b. things,** j'avais espéré mieux; **the b. part of,** la plus grande partie de, le plus clair de (*b*) **that's b.,** c'est mieux; **it couldn't be b.,** c'est on ne peut mieux; **it's b. to go,** il vaut mieux partir; **you'll be all the b. for it,** vous vous en trouverez d'autant mieux; **to get b.,** s'améliorer; (*after illness*) se remettre; *Med:* **she's (much) b.,** elle va (bien) mieux **2.** *n* **change for the b.,** amélioration *f*; **to get the b. of s.o.,** l'emporter sur qn; **one's betters,** ses supérieurs *mpl* **3.** *adv* (*a*) mieux; **b. and b.,** de mieux en mieux; **to think b. of it,** se raviser; *F:* **to go one b. than s.o.,** damer le pion à qn; **b. still,** mieux encore; **you'd b. stay,** il vaut mieux que vous restiez; vous feriez bien de rester; **we'd b. be going,** il est temps de rentrer; **so much the b., all the b.,** tant mieux (**for,** pour) (*b*) **b. dressed,** mieux habillé; **b. known,** plus connu; **to be b. off,** être mieux; **he's b. off where he is,** il est bien mieux là où il est. **II.** *vtr* (*a*) améliorer; **to b. oneself,** améliorer sa condition (*b*) dépasser (un exploit). **ˈbetterment** *n* amélioration *f*.

between [biˈtwiːn] **1.** *prep* entre; **no one can come b. us,** personne ne peut nous séparer; **b. now and Monday,** d'ici (à) lundi; **they did it b. them,** ils l'ont fait à eux deux, trois, etc; **b. the two of them,** à eux deux; **b. you and me, b. ourselves,** entre nous; **in b.,** entre **2.** *adv* **in b.,** au milieu, entre les deux; (*time*) dans l'intervalle.

bevel ['bevəl] **1.** *n* (*a*) biseau *m* (*b*) *Tls:* fausse équerre **2.** *vtr* **(bevelled)** biseauter.

beverage ['bevəridʒ] *n* boisson *f.*

bevy ['bevi] *n* (*pl* **bevies**) essaim *m*, bande *f* (de jeunes filles).

beware [bi'wɛər] *vi & tr* (*only in inf & imp*) se méfier **(of,** de); prendre garde **(of,** à); **b.!** méfiez-vous! prenez garde! **b. of falling,** prenez garde de (ne pas) tomber; *PN:* **b. of the dog** = chien méchant; **b. of pickpockets,** attention aux pickpockets.

bewilder [bi'wildər] *vtr* désorienter, dérouter (qn); rendre (qn) perplexe. **be'wildered** *a* désorienté, dérouté; perplexe. **be'wildering** *a* déroutant. **be'wilderment** *n* confusion *f.*

bewitch [bi'witʃ] *vtr* ensorceler; *Fig:* enchanter. **be'witching** *a* enchanteur.

beyond [bi'jɔnd] **1.** *adv* au-delà, plus loin **2.** *prep* (*a*) au delà de, par delà; au-dessus de (ses moyens); **it's b. me,** ça me dépasse; **b. doubt,** hors de doute; **b. belief,** incroyable; **that's b. a joke,** cela dépasse les bornes (de la plaisanterie) (*b*) (*except*) sauf; **and b. that,** et à part cela.

biannual [bai'ænjuəl] *a* semestriel.

bias ['baiəs] *n* **1.** *Needlew:* **(cut) on the b.,** (tissu) (coupé) dans le biais; **b. binding,** (ruban *m* en) biais **2.** penchant *m* **(towards,** pour); préjugé *m*, parti pris *m*. **'bias(s)ed** *a* partial; **to be b. against,** avoir des préjugés contre.

bib [bib] *n* bavoir *m*, bavette *f* (d'enfant).

Bible ['baibl] *n* Bible *f.* **biblical** ['biblikl] *a* biblique.

bibliography [bibli'ɔgrəfi] *n* bibliographie *f.* **bibli'ographer** *n* bibliographe *mf.* **'bibliophile** *n* bibliophile *mf.*

bicarbonate [bai'kɑːbənit] *n* **b. (of soda),** bicarbonate *m* (de soude).

bicentenary [baisen'tiːnəri], **bicentennial** [bisen'teniəl] *n* bicentenaire *m.*

biceps ['baiseps] *n Anat:* biceps *m.*

bicker ['bikər] *vi* se chamailler. **'bickering** *n* chamailleries *fpl.*

bicycle ['baisikl] *n* bicyclette *f*; vélo *m*; **to ride a b.,** faire de la bicyclette, du vélo.

bid [bid] **I.** *n* (*a*) (*at auction*) offre *f*; enchère *f*; *Com* (*tender*) soumission *f*; **to make a b. for sth,** (i) (*at auction*) faire une enchère pour qch (ii) *Fig:* tenter d'obtenir qch; **escape b.,** tentative *f* d'évasion (*b*) *Cards:* appel *m*; demande *f*; **no b.!** parole! **II.** *vtr & i* **1. (bade, bid; bidden, bid)** *Lit:* (*a*) **to b. s.o. goodbye,** dire au revoir à qn; **to b. s.o. welcome,** souhaiter la bienvenue à qn (*b*) commander **(s.o. to do sth,** à qn de faire qch) **2. (bid)** (*a*) faire une offre **(for,** pour); (*at auction*) **to b. £10 for sth,** offrir, faire une offre de, £10 pour qch; **to b. for power,** tenter d'obtenir le pouvoir (*b*) *Cards:* demander, appeler. **'bidder** *n* enchérisseur *m*; soumissionnaire *mf*; **to the highest b.,** au plus offrant. **'bidding** *n* **1. ordre(s)** *m(pl)* **2.** enchères *fpl*; *Cards:* **the b. is closed,** l'enchère est faite.

bide [baid] *vtr only used in* **to b. one's time,** attendre le bon moment.

bidet ['biːdei] *n* bidet *m.*

biennial [bai'enjəl] *a & n* biennal; *Bot:* **b. (plant),** plante bisannuelle.

bier [biər] *n* (*for coffin*) brancards *mpl.*

biff [bif] *vtr F:* flanquer une baffe à.

bifocals [bai'foukəlz] *npl* verres *mpl* à double foyer.

big [big] **(bigger; biggest) 1.** *a* grand, gros; (*bulky*) gros; (*in age, generous*) grand; **b. brother,** frère aîné; **to grow big(ger),** grandir; grossir; *ICE:* **b. end,** tête *f* de bielle; (*for circus*) **b. top,** chapiteau *m*; (*at fairground*) **b. dipper** (*NAm:* = **roller coaster**), montagnes *fpl* russes; **b. drop in prices,** forte baisse de prix; **to earn b. money,** gagner gros; **b. business,** les grosses affaires; *Iron: F:* **b. deal!** *F:* (bon) et alors! *F:* **b. noise,** gros bonnet; **b. name,** grand nom, grand personnage (du théâtre, etc); *F:* **b. mouth,** grande gueule; *F:* **to have b. ideas,** voir grand; *F:* **to look b.,** faire l'important; *F:* **he's too b. for his boots,** il se croit sorti de la cuisse de Jupiter; *Iron: F:* **that's b. of you!** grand merci! **2.** *adv* **to talk b.,** fanfaronner; **to do things b.,** faire les choses en grand, voir grand; **to think b.,** voir grand. **'bighead** *n*, **'big'headed** *a F:* prétentieux, -euse. **'bigshot** *n*, **'bigwig** *n F:* (*pers*) gros bonnet. **'big-time** *a F:* important.

bigamy ['bigəmi] *n* bigamie *f.* **'bigamist** *n* bigame *mf.* **'bigamous** *a* bigame.

bigot ['bigət] *n* fanatique *mf*; *Rel:* bigot, -ote. **'bigoted** *a* fanatique; *Rel:* bigot. **'bigotry** *n* fanatisme *m*; *Rel:* bigoterie *f.*

bike [baik] **1.** *n F:* (= BICYCLE) vélo *m*; **exercise b.,** bicyclette *f* d'appartement **2.** *vi F:* aller à vélo.

bikini [bi'kiːni] *n* bikini *m*, (maillot) deux-pièces *m inv.*

bilateral [bai'lætərəl] *a* bilatéral.

bilberry ['bilbəri] *n* (*pl* **bilberries**) *Bot:* airelle *f*; myrtille *f.*

bile [bail] *n* bile *f.* **'bilious** ['bil-] *a* bilieux; **b. attack,** crise de foie; **to feel b.,** avoir la nausée.

bilge [bildʒ] *n Nau:* **b. (water),** eau *f* de cale; *F:* **to talk b.,** dire des foutaises *fpl.*

bilingual [bai'liŋgwəl] *a* bilingue.

bill¹ [bil] **1.** *n* bec *m* (d'oiseau) **2.** *vi* **to b. and coo,** (*of birds*) roucouler; (*of pers*) faire des mamours.

bill² **1.** *n* (*a*) (*NAm:* = **check**) facture *f*, note *f*; (*in restaurant*) addition *f*; (*in hotel*) note *f* (*b*) *NAm:* billet *m* (de banque) (*c*) *Com:* (*draft*) effet *m*; *Fin:* **b. of exchange,** lettre *f* de change (*d*) affiche *f*; **stick no bills!** défense d'afficher! **that will fill, fit, the b.,** cela fera l'affaire (*e*) **b. of fare,** menu *m*; **b. of sale,** acte *m* de vente (*f*) *Parl:* projet *m* de loi; **b. of rights,** déclaration *f* des droits du citoyen **2.** *vtr* (*a*) **to b. so.,** envoyer la facture à qn (*b*) *Th:* mettre à l'affiche, annoncer. **'billboard** *n* panneau *m* d'affichage. **'billfold** *n NAm:* (*Br* = **wallet**) portefeuille *m*. **'billhook** *n Tls:* vouge *m or f*; serpe *f.* **'billposter, -sticker** *n* colleur *m* d'affiches.

billet ['bilit] *Mil:* **1.** *vtr* cantonner (des troupes) **(on s.o.,** chez qn) **2.** *n* cantonnement *m.*

billiard ['biljəd] *n* **billiards,** (jeu *m* de) billard *m*; **b. ball,** bille *f* (de billard); **b. room,** salle *f* de billiard; **b. table,** billard.

billion ['biljən] *n* (*NAm:* = **trillion**) billion *m* (10^{12}); *NAm:* milliard *m* (10^9).

billow [ˈbilou] **1.** *n* flot *m* **2.** *vi* (*of sea*) se soulever; (*of flag*) ondoyer; (*of smoke*) tourbillonner.

billy-goat [ˈbiligout] *n* bouc *m*.

bimonthly [baiˈmʌnθli] *a* (*fortnightly*) bimensuel; (*every two months*) bimestriel.

bin [bin] *n* boîte *f*; (*for bread*) coffre *m*, huche *f*; **(rubbish) b.,** boîte *f* à ordures; poubelle *f*.

binary [ˈbainəri] *a* binaire.

bind [baind] **1.** *vtr* (**bound** [baund]) (*a*) lier; (*fasten*) attacher, lier; **to b. together,** lier; attacher; **to b. s.o.,** ligoter qn; **bound hand and foot,** pieds et poings liés; **to b. sth (on)to sth,** attacher qch à qch; **to b. (up),** bander (une blessure) (*b*) relier (un livre) (*c*) border (un tissu, un ourlet) (*d*) *Jur:* **to b. s.o. to do,** obliger, astreindre, qn à faire; **2.** *n F:* (*bore*) plaie *f*. **ˈbinder** *n* **1.** (*pers*) relieur, -euse (de livres) **2.** (*thg*) (*a*) *Agr:* lieuse *f* (de gerbes) (*b*) classeur *m* (pour papiers). **ˈbindery** *n* atelier *m* de reliure. **ˈbinding 1.** *a* (contrat) irrévocable; *Jur* **to be b. on s.o.,** lier qn **2.** *n* reliure *f* (de livre); fixation *f* (de ski); bordure *f* (de couture). **ˈbind ˈover** *vtr Jur:* **to b. s.o. o. to keep the peace,** relaxer qn sous condition qu'il ne trouble pas l'ordre public; **to be bound over,** être relaxé sous peine de comparaître en cas de récidive. **ˈbindweed** *n Bot:* liseron *m*.

binge [bindʒ] *n F:* **to go on a b.,** faire la bringue.

bingo [ˈbiŋgou] *n* loto *m*.

binoculars [biˈnɔkjuləz] *npl* jumelles *fpl*.

bio- [ˈbaiou-] *pref* bio-. **biochemist** [baiouˈkemist] *n* biochimiste *mf*. **bioˈchemistry** *n* biochimie *f*. **biodeˈgradable** *a* biodégradable. **biˈographer** *n* biographe *mf*. **bioˈgraphical** *a* biographique. **biˈography** *n* biographie *f*. **bioˈlogical** *a* biologique. **biˈologist** *n* biologiste *mf*. **biˈology** *n* biologie *f*. **biˈonic** *a* bionique. **bionics** *npl* bionique *f*. **ˈbiopsy** *n* biopsie *f*.

biped [ˈbaiped] *n* bipède *m*.

biplane [ˈbaiplein] *n Av:* biplan *m*.

birch [bəːtʃ] **1.** *n* (*pl* **birches**) (*a*) *Bot:* bouleau *m*; **silver b.,** bouleau blanc (*b*) **b. (rod),** verge *f*. **2.** *vtr* fouetter (qn).

bird [bəːd] *n* **1.** oiseau *m*; *Cu:* (*fowl*) volaille *f*; **b.'s-eye view** (i) perspective *f* à vol d'oiseau (ii) *Fig:* vue *f* d'ensemble; *Prov:* **a b. in the hand is worth two in the bush,** un tiens vaut mieux que deux tu l'auras; *F:* **to give s.o. the b.,** siffler qn **2.** *F:* (*a*) *P:* (*girl*) poulette *f*, nana *f* (*b*) *O:* individu *m*, type *m*. **ˈbirdbrained** *a F:* à tête de linotte. **ˈbirdcage** *n* cage *f* à oiseaux. **ˈbirdseed** *n* grains *mpl* de millet. **ˈbirdwatcher** *n* ornithologue *mf* amateur.

biro [ˈbaiərou] *n Rtm:* stylo *m* à bille, bic *m Rtm*.

birth [bəːθ] *n* **1.** naissance *f*; (*childbirth*) accouchement *m*; **by b.,** de naissance; **b. certificate,** acte *m* de naissance; **b. control,** limitation *f* des naissances; **b. rate,** natalité *f*. **2. to give b.,** donner naissance **(to,** à); (*of animal*) mettre bas. **ˈbirthday** *n* anniversaire *m*; **happy b.!** bon, joyeux, anniversaire; *F:* **in one's b. suit,** dans le costume d'Adam. **ˈbirthmark** *n* envie *f*; tache *f* de vin. **ˈbirthplace** *n* lieu *m* de naissance; (*house*) maison natale. **ˈbirthright** *n* droit *m* (qu'on a dès sa naissance), patrimoine *m*.

Biscay [ˈbiskei] *Prn Geog:* **the Bay of B.,** le golfe de Gascogne.

biscuit [ˈbiskit] *n* (*a*) (*NAm:* = **cookie**) biscuit *m*; gâteau sec (*b*) *NAm:* (*Br* = **scone**) petit pain au lait.

bisect [baiˈsekt] *vtr* couper, diviser (en deux parties égales).

bisexual [baiˈseksjuəl] *a* bis(s)exué, bis(s)exuel.

bishop [ˈbiʃəp] *n* **1.** *Ecc:* évêque *m*. **2.** *Chess:* fou *m*. **ˈbishopric** *n* évêché *m*.

bison [ˈbaisn] *n* (*inv in pl*) *Z:* bison *m*.

bit[1] [bit] *n* **1.** mors *m* (d'une bride); **to take the b. between one's teeth,** prendre le mors aux dents **2.** *Tls:* mèche *f* (de vilebrequin) **3.** (*coin*) pièce *f*.

bit[2] *n* **1.** morceau *m*; bout *m* (de papier, de temps); **in bits (and pieces),** en morceaux; **to come to bits,** se démonter; *F:* **my bits and pieces,** mes affaires; *F:* **to do one's b.,** y mettre du sien; *Th:* *F:* **b. part,** rôle de figurant **2.** (*a*) **a (little) b.,** un (petit) peu; **a tiny b.,** un tout petit peu; **quite a b.,** (*very*) très; (*much*) beaucoup; **he's a b. late,** il est un peu en retard; **he's a b. of a liar,** il est un peu menteur; **wait a b.!** attendez un peu! **after a b.,** au bout de quelques minutes; **a good b. older,** sensiblement plus âgé; **b. by b.,** petit à petit; **not a b. (of it)!** pas du tout! **it's not a b. of use!** cela ne sert absolument à rien! (*b*) **a b. of news,** une nouvelle; **a b. of luck,** une chance.

bit[3] *n Cmptr:* bit *m*.

bit[4] *see* **bite**.

bitch [bitʃ] **1.** *n* (*pl* **bitches**) chienne *f* (*b*) *Pej:* *F:* garce *f* **2.** *vi F:* râler. **ˈbitchy** *a P:* garce, vache.

bite [bait] **I.** *n* **1.** morsure *f*; (*of insect*) piqûre *f*; *Fish:* touche *f*; *Fig:* mordant *m* (du style, etc) **2.** bouchée *f*; *F:* morceau *m*; **I haven't had a b. (to eat) all day,** je n'ai rien mangé de la journée. **II.** *vtr & i* (**bit; bitten**) mordre; (*of insect*) piquer, mordre; **to b. one's nails, one's lip,** se ronger les ongles; se mordre la lèvre; **to b. on sth,** mordre qch; **to b. sth off,** arracher qch d'un coup de dent(s); *Prov:* **once bitten twice shy,** chat échaudé craint l'eau froide; **to be bitten with a desire to do sth,** brûler de faire qch; **to b. off more than one can chew,** tenter qch au-dessus de ses forces; *F:* **to b. s.o.'s head off,** rembarrer qn. **ˈbiting** *a* mordant; (vent) cinglant; (froid) perçant.

bitter [ˈbitər] **1.** *a* (*of pers, taste, irony*) amer; (*of wind, cold*) glacial, âpre; (*of enemy*) acharné; (*of criticism*) acerbe; (*of remorse*) cuisant; **b. experience,** expérience cruelle; **b. conflict,** conflict violent; **to the b. end,** jusqu'au bout **2.** *n* (*a*) bière *f* (pression) (*b*) *pl* bitter *m*. **ˈbitterly** *adv* amèrement, avec amertume; cruellement (déçu); **it was b. cold,** il faisait un froid de loup. **ˈbitterness** *n* amertume *f*; âpreté *f*; violence *f*. **ˈbittersweet** *a* aigre-doux.

bittern [ˈbitə(ː)n] *n Orn:* butor *m*.

bitumen [ˈbitjumin] *n* bitume *m*. **biˈtuminous** *a* bitumineux.

bivouac [ˈbivuæk] **1.** *n Mil:* bivouac *m*. **2.** *vi* (**bivouacked**) bivouaquer.

biweekly [baiˈwiːkli] *a* (*once a fortnight*) tous les quinze jours; (*twice a week*) bihebdomadaire.

bizarre [biˈzɑːr] *a* bizarre.

blab [blæb] **(blabbed) 1.** *vi* (*a*) parler indiscrètement; *F:* vendre la mèche (*b*) *F:* jaser **2.** *vtr* **to b. out,** divulguer (un secret). **ˈblabber** *vi* jaser. **ˈblabbermouth** *n* jaseur, -euse.

black [blæk] **1.** *a* (**-er, -est**) noir; **b. and blue,** couvert de bleus; **b. eye,** œil au beurre noir; **to give s.o. a b. eye,** pocher l'œil à qn; **b. pudding,** boudin *m*; **b. magic,** magie noire; **(accident) b. spot,** point noir; **to give s.o. a b. look,** regarder qn d'un air furieux; **b. day,** jour sombre; **things are looking b.,** les affaires prennent une mauvaise tournure **2.** *n* (*a*) noir *m*; **to wear, be dressed in, b.,** porter du noir, être habillé de noir; **b.(-)and(-)white television,** téléviseur (en) noir et blanc; **I have his consent in b. and white,** j'ai son consentement par écrit (*b*) (*pers*) Noir, -e (*c*) **in the b.,** (*of bank account*) bénéficiaire; (*of pers*) solvable **3.** *vtr* (*a*) noircir; cirer (des chaussures) (*b*) pocher (l'œil à qn) (*c*) boycotter. **'blackball** *vtr* blackbouler. **'blackberry** *n* mûre *f*; **b. bush,** ronce *f*, mûrier *m*. **'blackbird** *n* merle *m*. **'blackboard** *n* tableau (noir). **'blackcurrant** *n* cassis *m*. **'blacken** *vtr* noircir. **'blackfly** *n* puceron *m*. **'blackhead** *n* (*on skin*) point noir. **'blackleg** *n* *Ind:* jaune *m*. **'blacklist 1.** *n* liste noire **2.** *vtr* mettre sur la liste noire. **'blackmail 1.** *n* chantage *m* **2.** *vtr* faire chanter (qn). **'blackmailer** *n* maître chanteur *m*. **'blackness** *n* noirceur *f*; obscurité *f*. **'blackout** *n* (*a*) *Mil:* (*during war*) black-out *m* (*b*) panne *f* d'électricité (*c*) *Med:* syncope *m* (*d*) **(news) b.,** black-out. **black 'out 1.** *vtr* faire le black-out dans (une ville, une maison) **2.** *vi* s'évanouir. **'blacksmith** *n* forgeron *m*; maréchal-ferrant *m*.

bladder ['blædər] *n* vessie *f*.

blade [bleid] *n* brin *m* (d'herbe); lame *f* (de couteau); couperet *m* (de guillotine); pale *f* (d'aviron, d'hélice); fer *m* (de bêche); caoutchouc *m* (d'essuie-glace).

blame [bleim] **1.** *n* (*a*) faute *f*; **to put the b. for sth on s.o.,** rejeter sur qn la responsabilité de qch (*b*) blâme *m*; reproche(s) *m(pl)* **2.** *vtr* (*a*) **to b. s.o. for sth, b. sth on s.o.,** rejeter sur qn la responsabilité de qch sur qn; **he's to b.,** c'est (de) sa faute; **you've only yourself to b.,** vous l'avez voulu; **to b. sth for an accident,** attribuer un accident à qch (*b*) **to b. s.o. for sth,** reprocher qch à qn; **I'm in no way to b.,** je n'ai rien à me reprocher. **'blameless** *a* irréprochable. **'blameworthy** *a* blâmable.

blanch [blɑːntʃ] **1.** *vtr* blanchir (des légumes); émonder (des amandes) **2.** *vi* (*of pers*) blêmir, pâlir.

blancmange [blə'mɔnʒ] *n* *Cu:* blanc-manger *m*.

bland [blænd] *a* doux; (*of food*) fade; (*of pers*) affable.

blandishments ['blændiʃmənts] *npl* flatteries *fpl*.

blank [blæŋk] **1.** *a* **(-er, -est)** (*a*) (*of paper, page*) blanc, vierge; (*of cheque*) en blanc; (*of cassette*) vierge; (*of cartridge*) à blanc; **b. space,** blanc *m*; **b. verse,** vers blancs (*b*) (*of look, mind*) vide; **to look b.,** avoir l'air ébahi (*c*) (découragement) profond; (refus) absolu **2.** *n* (*a*) blanc; trou *m* (de mémoire); **to leave blanks,** laisser des blancs; **my mind's a b.,** j'ai la tête vide (*b*) cartouche *f* à blanc (*c*) *esp NAm:* (*Br* = **form**) formulaire *m*, formule *f*; *Fig:* **to draw a b.,** échouer, faire chou blanc. **'blankly** *adv* sans expression.

blanket ['blæŋkit] **1.** *n* couverture *f*; couche *f* (de neige); nappe *f* (de brume); **electric b.,** couverture chauffante; **b. agreement,** accord général **2.** *vtr* *Fig:* recouvrir. **'blanketing** *n* couvertures *fpl*.

blare ['blɛər] **1.** *n* beuglement *m*; sonnerie *f* (de trompette) **2.** *vi* **to b. (out),** (*of radio*) beugler; (*of music, car horn*) retentir.

blarney ['blɑːni] *n* boniment(s) *m(pl)*.

blasé ['blɑːzei] *a* blasé.

blaspheme [blæs'fiːm] *vtr & i* blasphémer. **blas'phemer** *n* blasphémateur, -trice. **'blasphemous** [-fəməs] *a* (*of pers*) blasphémateur; (*of words*) blasphématoire. **'blasphemously** *adv* avec impiété. **'blasphemy** [-fəmi] *n* blasphème *m*.

blast [blɑːst] **1.** *n* (*a*) (*of wind*) coup *m*, rafale *f*; (*of stream*) jet *m* (*b*) sonnerie *f* (de trompette); **b. on the whistle, on the siren,** coup de sifflet, de sirène; **(at) full b.,** (i) à plein volume (ii) à pleine vitesse (*c*) explosion *f*; souffle *m* (d'une explosion) **2.** *vtr* (*a*) faire sauter (*b*) détruire (des espérances) (*c*) *F:* **to b. s.o.,** passer un savon à qn **3.** *int F:* **b. (it)!** zut! merde! **'blasted** *a F:* fichu. **'blasting** *n Min:* travail *m* aux explosifs; *PN:* **beware of b.!** attention aux coups de mine! **'blast-off** *n* mise *f* à feu (d'une fusée). **blast 'off** *vi Space:* décoller.

blatant ['bleitənt] *a* (*obvious*) flagrant, criant; (*shameless*) éhonté.

blaze[1] [bleiz] **1.** *n* (*a*) flamme(s) *f(pl)*; flambée *f*; feu *m*; (*conflagration*) incendie *f*; *Fig:* éclat *m*; **b. of light,** flots *mpl* de lumière (*b*) *F:* **to run like blazes,** courir comme un dératé; **go to blazes!** allez au diable! **2.** *vi* (*of fire*) flamber; (*of sun, colour eyes*) flamboyer; (*of jewels*) étinceler. **'blazing** *a* (*a*) en feu; enflammé; (feu) ardent; (soleil) brûlant (*b*) *F:* (*of pers*) **b. row,** dispute violente.

blaze[2] *vtr* **to b. a trail,** marquer la voie.

blazer ['bleizər] *n Cl:* blazer *m*.

bleach [bliːtʃ] **1.** *n* décolorant *m*; **(household) b.,** eau *f* de Javel *f* **2.** *vtr* blanchir (le linge); décolorer, oxygéner (les cheveux).

bleak [bliːk] *a* **(-er, -est)** (*a*) (terrain) exposé au vent; (temps) triste et froid; **b. countryside,** campagne désolée (*b*) (avenir, aspect) morne **'bleakly** *adv* d'un air morne; tristement.

bleary ['bliəri] *a* (*of eyes*) trouble, voilé. **'bleary-eyed** *a* aux yeux troubles, voilés

bleat [bliːt] **1.** *n* bêlement *m* **2.** *vi* (*a*) bêler (*b*) *F:* se plaindre (**about,** de).

bleed [bliːd] *v* **(bled) 1.** *vtr* saigner; **to b. s.o. white,** saigner qn à blanc. **2.** *vi* saigner; **his nose is bleeding,** il saigne du nez; **to b. to death,** se vider de son sang. **'bleeding 1.** *a* (*a*) saignant (*b*) *P:* foutu. **2.** *n* écoulement *m* de sang; saignement *m* (de nez).

bleep [bliːp] **1.** *n* signal *m*, bip *m* **2.** (*a*) *vi* faire bip (*b*) *vtr* **to b. s.o.,** appeler qn au bippeur *m*. **'bleeper** *n* bippeur *m*.

blemish ['blemiʃ] *n* défaut *m*; (*on fruit, reputation*) tache *f*.

blend [blend] **1.** *n* mélange *m*; coupage *m* (de vins); alliance *f* (de qualités); fusion *f* (d'idées) **2.** *v* (*a*) *vtr* mélanger (**with,** à, avec); joindre (**with,** à); couper (des vins); allier, marier, fondre (des couleurs) (*b*) *vi* se mélanger (**with,** à, avec); (*of colours*) s'allier, se marier (**with,** à); (*of parties*) fusionner. **'blender** *n DomEc:* mixer *m*. **'blend 'in 1.** *vtr* mélanger (du beurre) **2.** *vi* (*of colours*) s'allier, se marier (**with,** à).

bless [bles] *vtr* bénir; **to be blessed with good health,** jouir d'une bonne santé; **b. my soul!** mon Dieu! **well, I'm blessed!** ça par exemple! **b. you!** (i) que Dieu vous bénisse! (ii) (*when s.o. sneezes*) à vos souhaits!

blessed ['blesid] *a* (*a*) saint, béni; (martyr) bienheureux; **the B. Virgin,** la Sainte Vierge (*b*) *F:* fichu, sacré; **every b. day,** tous les jours que Dieu fait. **'blessing** *n* (*a*) bénédiction *f*; (*divine favour*) grâce *f* (*b*) *usu pl* avantage *m*, bienfait *m*; **b. in disguise,** bienfait inattendu; **what a b. that...,** quelle chance que . . .

blew [blu:] *see* **blow¹**

blight [blait] **1.** *n* (*a*) (*on plants*) rouille *f*; (*on cereals*) charbon *m*; (*on trees*) cloque *f* (*b*) *Fig:* fléau *m*; **to be, cast, a b. on,** avoir une influence néfaste sur; **urban b.,** (i) quartier délabré (ii) délabrement *m* (de quartier) **2.** *vtr* rouiller (des plantes); flétrir (des espérances). **'blighter** *n Pej: F:* type *m*; **lucky b.!** veinard, -arde!

blimey ['blaimi] *int F:* mince! zut!

blimp [blimp] *n* dirigeable *m*.

blind¹ [blaind] **1.** *a* (*a*) aveugle; **b. man, woman, person,** aveugle *mf*; **b. man's buff,** colin-maillard *m*; **b. in one eye,** borgne; **b. as a bat,** myope comme une taupe; **to turn a b. eye to sth,** fermer les yeux sur qch; **to be b. to,** ne pas voir (une faute, etc) (*b*) (virage) masqué; **b. spot,** (i) *Aut: etc:* angle mort (ii) *Fig:* point faible; **b. alley,** impasse *f*; *F:* **b. date,** rendez-vous avec qn qu'on ne connaît pas; *F:* **he didn't take a b. bit of notice,** il n'a pas fait la moindre attention (*c*) *Av:* (vol) sans visibilité **2.** *n* **the b.,** les aveugles *m*; **it's (a case of) the b. leading the b.,** c'est un aveugle qui en conduit un autre **3.** *adv* (*a*) *Av:* (voler) sans visibilité (*b*) *F:* **b. drunk,** soûl, bourré **4.** *vtr* aveugler. **'blinders** *npl NAm* œillères *fpl*. **'blindfold 1.** *n* bandeau *m* **2.** *vtr* bander les yeux à, de (qn) **3.** *adv* les yeux bandés. **'blinding** *a* aveuglant; (mal de tête) fou. **'blindly** *adv* aveuglément; en aveugle; à l'aveuglette. **'blindness** *n* (*a*) cécité *f* (*b*) *Fig:* aveuglement *m*; **b. to sth,** refus *m* de reconnaître qch.

blind² *n* **1.** store *m*; **roller b.,** store sur rouleau; **Venetian b.,** store vénitien. **2.** masque *m*, feinte *f*.

blink [bliŋk] **1.** *n* (*a*) clignement *m* (*b*) *F:* (*of TV, machine*) **on the b.,** détraqué **2.** (*a*) *vi* cligner des yeux; (*of eyes*) cligner; (*of light*) clignoter (*b*) *vtr* **to b. one's eyes,** cligner des yeux. **'blinkers** *npl* (*for horse*) œillères *fpl*; *NAm: Aut:* clignotants *mpl*. **'blinking** *a F:* sacré; **b. idiot!** espèce d'idiot!

blip [blip] *n Rad:* spot *m* (sur l'écran); top *m* d'écho.

bliss [blis] *n* félicité *f*. **'blissful** *a* (bien)heureux; merveilleux; **b. days,** jours sereins. **'blissfully** *adv* **b. happy,** parfaitement heureux, au comble du bonheur.

blister ['blistər] **1** *n* (*on skin*) ampoule *f*, cloque *f*; (*on paint*) boursouflure *f* **2.** *v* (*a*) *vtr* faire venir une ampoule à (la peau); boursoufler (la peinture) (*b*) *vi* (*of skin*) se couvrir d'ampoules; (*of paint*) cloquer.

blithe [blaið] *a* joyeux, allègre. **blithely** *adv* joyeusement, allègrement.

blithering ['bliðəriŋ] *a F:* sacré.

blitz [blits] **1.** *n Av:* raid *m* éclair; bombardement *m* aérien; *Hist:* blitz *m*; *Fig: F:* offensive *f*; *F:* **to have a b. on sth,** s'attaquer à qch **2.** *vtr* bombarder.

blizzard ['blizəd] *n* tempête *f* de neige.

bloated ['bloutid] *a* gonflé, bouffi; (*from overeating*) gavé.

bloater ['bloutər] *n* hareng *m* saur.

blob [blɔb] *n* (grosse) goutte (d'eau); tache *f* (d'encre, de couleur).

bloc [blɔk] *n Pol:* bloc *m*.

block [blɔk] **1.** *n* (*a*) bloc *m* (de pierre); bille *f*, tronçon *m*, billot *m* (de bois); *Toy:* cube *m*; **concrete b.,** parpaing *m*; *P:* **to knock s.o.'s b. off,** casser la gueule à qn; **(in) b. letters, capitals,** (en) majuscules *fpl* (*b*) pâté *m* (de maisons); **b. of flats,** immeuble *m*; **office b.,** immeuble de bureaux; **school b.,** groupe *m* scolaire; *NAm:* **two blocks away,** à deux rues d'ici, deux rues plus loin (*c*) *Austr:* lot *m* (de terrains) (*d*) *Fin:* tranche *f* (d'actions); **b. booking,** location (de places) en bloc (*e*) (*in pipe*) obstruction *f*; **mental b.,** blocage *m* (*f*) **b. and tackle,** palan *m* **2.** *vtr* bloquer, obstruer; boucher, bloquer (un tuyau); gêner (la circulation); *PN:* **road blocked,** rue barrée; **to b. s.o.'s way,** barrer le passage à qn. **blo'ckade 1.** *n* blocus *m* **2.** *vtr* bloquer (un port). **'blockage** *n* obstruction; embouteillage *m* (dans une rue). **'blockbuster** *n Cin:* superproduction *f*, film *m* à grand spectacle; livre *m* à grand succès. **'blockhead** *n F:* imbécile *mf*. **block 'in, 'out** *vtr* ébaucher (un projet). **block 'off** *vtr* barrer (une route); intercepter (la lumière). **'block 'up** *vtr* bloquer, boucher (un tuyau, un trou); murer, condamner (une porte).

bloke [blouk] *n F:* type *m*.

blond, *f* **blonde** [blɔnd] *a & n* blond, -e.

blood [blʌd] *n* sang *m*; **it makes my b. boil, run cold,** cela me fait bouillir; ça me fige, me glace, le sang; **bad b.,** animosité *f*, rancune *f*; *Fig:* **new b.,** sang frais; **b. money,** prix du sang; **b. sports,** la chasse; **b. blister,** pinçon *m*; **b. orange,** (orange) sanguine *f*; **b. pressure,** tension (artérielle); **to have high b. pressure,** faire de l'hypertension, de la tension; **to have low b. pressure,** faire de l'hypotension; **b. vessel,** vaisseau sanguin; **b. donor,** donneur, -euse, de sang; **b. group,** groupe sanguin; **it's, it runs, in the b.,** il a ça dans le sang; **blue b.,** sang bleu, noble; **b. is thicker than water,** nous sommes unis par la force du sang. **'bloodbath** *n* carnage *m*. **'bloodcurdling** *a* à vous tourner le sang. **'bloodhound** *n* limier *m*. **'bloodless** *a* (*a*) anémié (*b*) (victoire) sans effusion de sang. **'bloodletting** *n* saignée *f*. **'blood-'red** *a* rouge sang *inv*. **'bloodshed** *n* effusion *f* de sang. **'bloodshot** *a* (œil) injecté de sang; (*of eye*) **to become b.,** s'injecter. **'bloodstain** *n* tache *f* de sang. **'bloodstained** *a* taché de sang; ensanglanté. **'bloodstock** *n* (chevaux *mpl*) pur-sang *m inv*. **'bloodstream** *n* sang. **'bloodsucker** *n* (*insect, pers*) sangsue *f*. **'bloodthirsty** *a* sanguinaire. **'bloody 1.** *a* **(-ier, -iest)** taché de sang; ensanglanté; (combat) sanglant; (nez) en sang **2.** *P:* (*a*) *a* sacré (menteur) (*b*) *adv* vachement; **what b. awful weather!** quel fichu temps! **it's a b. nuisance!** c'est vachement emmerdant! **bloody-'minded** *a* hargneux, pas commode.

bloom [blu:m] **1.** *n* (*a*) fleur *f*; **in b.,** en fleur(s); **in full b.,** éclos, épanoui; en pleine floraison (*b*) velouté *m*, duvet *m* (d'un fruit) **2.** *vi* fleurir, être en fleur; *Fig:* (*of pers*) s'épanouir. **'bloomer** *n F:* gaffe *f*. **'bloomers** *npl Cl:* culotte bouffante. **'blooming** *a* (*a*) en fleur(s) (*b*) (*of pers*) florissant; resplendissant **(with,** de) (*c*) *F:* fichu.

blossom ['blɔsəm] **1.** *n* fleur(s) *f(pl)*; **orange b.,** fleur d'oranger **2.** *vi* fleurir; **to b. (out),** s'épanouir; **to b. (out) into,** devenir.

blot [blɔt] **1.** *n* tache *f* **2.** *vtr* **(blotted)** *(a)* tacher; *F:* **to b. one's copybook,** ternir sa réputation *(b)* sécher (l'encre, la page). **'blot 'out** *vtr (a)* rayer (un mot); effacer (un souvenir) *(b) (of fog)* masquer (l'horizon). **'blotter** *n (a)* buvard *m (b) NAm:* registre *m*. **'blotting 'paper** *n* (papier) buvard.

blotch [blɔtʃ] *n (pl* **blotches**) tache *f*. **'blotchy** *a* couvert de taches; *(of face)* marbré, couperosé.

blotto ['blɔtou] *a F:* soûl, bourré.

blouse [blauz, *NAm:* blaus] *n Cl:* chemisier *m*; corsage *m*.

blow[1] [blou] *v* **(blew** [blu:]; **blown) 1** *vi (a) (of wind, pers)* souffler; **the wind's blowing,** il fait du vent; **it's blowing a gale,** le vent souffle en tempête; **the door blew open,** le vent a ouvert la porte; **to b. on one's fingers,** souffler dans, sur, ses doigts *(b) (of horn)* sonner; **a whistle blew,** il y eut un coup de sifflet *(c) (of fuse)* sauter; *(of lightbulb)* être grillé *(d) (of papers, etc)* s'éparpiller **2.** *vtr (a) (of wind)* chasser (la pluie, etc); pousser (un navire, etc) *(b)* envoyer (un baiser) **(to,** à); **to b. one's nose,** se moucher *(c)* souffler dans (une trompette); **to b. a whistle,** siffler; *F:* **to b. one's own trumpet,** chanter ses propres louanges *(d)* faire (des bulles); souffler (la fumée, le verre) *(e)* faire sauter (un plomb); griller (une lampe); *F:* **to b. one's top,** sortir de ses gonds *(f) F:* claquer (de l'argent); louper (une occasion) *(g) F:* **b. him, the expense!** tant pis pour lui, pour la dépense! **b. it!** zut (alors)! **'blow a'way 1.** *vtr (of wind)* chasser (les nuages); emporter (des papiers) **2.** *vi (of papers)* s'envoler. **'blow 'down 1.** *vtr (of wind)* abattre, renverser (un arbre); faire tomber (une cheminée, etc) **2.** *vi (of tree)* tomber. **'blow-dry 1.** *vtr* **(blow-dried) to b.-d. s.o.'s hair,** faire un brushing à qn. **2.** *n* brushing *m*. **blowed** *a F:* **well, I'm b.!** çà, par exemple! **'blower** *n F:* bigophone *m*. **'blowfly** *n* mouche *f* à viande. **'blowhole** *n* évent *m* (de baleine). **blow 'in** *vi F:* arriver à l'improviste. **'blowlamp** *n (NAm:* = **blowtorch)** lampe *f* à souder; chalumeau *m*. **blow 'off 1.** *vtr (of wind)* emporter (un chapeau) **2.** *vi (of hat)* s'envoler. **'blow 'out 1.** *vtr (a)* souffler, éteindre (une bougie) *(b)* gonfler (les joues) *(c)* **to b. s.o.'s brains o.,** brûler la cervelle à qn **2.** *vi (of candle)* s'éteindre; *(of tyre)* éclater; *(of paper)* s'envoler **(of the window,** par la fenêtre). **'blowout** *n (a)* éclatement *m* (de pneu) *(b) P:* gueuleton *m*. **'blow 'over** *(a) vi & tr* (se) renverser *(b) vi (of storm)* se calmer; *(of scandal)* passer. **'blowtorch** *n NAm:* = **blowlamp. blow 'up 1.** *vi (explode)* exploser, sauter, éclater; *(of pers)* éclater (de colère) **2.** *vtr (a)* faire sauter (un immeuble, etc) *(b)* gonfler (un pneu) *(c)* agrandir (une photo); exagérer (un événement). **'blow-up** *n Phot:* agrandissement *m*. **'blowy** *a F:* **it's b.,** ça souffle.

blow[2] *n* coup *m*; *(with fist)* coup de poing; **at, with, one b.,** d'un seul coup; **to come to blows,** en venir aux mains. **'blow-by-blow** *a* (récit) détaillé.

blowzy ['blauzi] *a F: (of woman)* débraillé.

blubber[1] ['blʌbər] **1.** *n* graisse *f* (de baleine) **2.** *vi* pleurer bruyamment.

bludgeon ['blʌdʒən] **1.** *n* gourdin *n*, matraque *f* **2.** *vtr* matraquer (qn). **'bludgeon 'into** *vtr* forcer (qn) **(doing,** à faire).

blue [blu:] **1.** *a (a)* bleu; *Med:* **b. baby,** enfant bleu; *F:* **to feel b.,** avoir le cafard; *F:* **I've told you till I'm b. in the face,** je me tue à te le dire *(b)* (plaisanterie) obscène; **b. film,** film *m* porno **2.** *n (a)* bleu *m*; **out of the b.,** (événement) imprévu; (arriver) à l'improviste *(b)* **the blues** (i) *Mus:* le blues (ii) *F:* le cafard **3.** *vtr F:* gaspiller (de l'argent). **'bluebell** *n* jacinthe *f* des bois. **'blueberry** *n Bot:* airelle *f*, myrtille *f*. **'bluebottle** *n* mouche *f* à viande. **'blue-eyed** *a* aux yeux bleus; *F:* **b.-e. boy,** petit chou-chou. **'blueprint** *n* plan *m* (de travail). **'bluestocking** *n (woman)* bas-bleu *m*.

bluff[1] [blʌf] **1.** *a (a) (of cliff)* escarpé, à pic *(b) (of pers)* brusque, direct **2.** *n* cap *m* à pic; à-pic *m*.

bluff[2] **1.** *n* bluff *m*; **to call s.o.'s b.,** relever le défi de qn **2.** *vtr & i* bluffer.

blunder ['blʌndər] **1.** *n* bévue *f*, gaffe *f* **2.** *vi (a)* faire une bévue, une gaffe *(b)* avancer à tâtons; **to b. into s.o.,** se heurter contre qn; **to b. through,** s'en tirer tant bien que mal. **'blundering 1.** *a* maladroit **2.** *n* maladresse *f*.

blunt [blʌnt] **1.** *a* **(-er, -est)** *(a) (of edge)* émoussé; *(of pencil)* épointé *(b) (of pers)* brusque; *(of speech)* franc **2.** *vtr* émousser (un couteau); épointer (un crayon). **'bluntly** *adv* brusquement, carrément; brutalement. **'bluntness** *n* **1.** manque *m* de tranchant (d'un couteau) **2.** brusquerie *f*; franchise *f*.

blur [blə:r] **1.** *n* tache floue, contour imprécis **2.** *vtr* **(blurred)** estomper, rendre flou; *Fig:* troubler (le jugement); **eyes blurred with tears,** yeux voilés de larmes. **blurred** *a (of image)* flou, estompé.

blurb [blə:b] *n F:* résumé *m* publicitaire, laïus *m*.

blurt [blə:t] *vtr* **to b. out,** lâcher, laisser échapper (un mot, un secret).

blush [blʌʃ] **1.** *n (pl* **blushes)** rougeur *f*; **with a b.,** en rougissant **2.** *vi* rougir **(at, with,** de). **'blusher** *n* rouge *m* (à joues). **'blushing** *a* rougissant.

bluster ['blʌstər] *vi (a) (of wind)* souffler en rafales; *(b) (of pers)* tempêter, fulminer. **'blustery** *a* (jour, temps) de grand vent, à bourrasques; (vent) violent.

boa ['bouə] *n Z:* boa *m*.

boar [bɔ:r] *n Z:* **(wild) b.,** sanglier *m*.

board [bɔ:d] **1.** *n (a)* planche *f*; **across the b.,** général *(b)* carton *m (c)* tableau *m* (de jeu) *(d)* (food) pension *f*; **full b.,** pension complète; **b. and lodging, bed and b.,** (chambre *f* avec) pension; **with b. and lodging,** logé et nourri *(e)* **b. of inquiry,** commission *f* d'enquête; **b. of examiners,** jury *m* (d'examen); *Com:* **b. (of directors),** conseil *m* d'administration *f*; *Pol:* **B. of Trade,** ministère *m* du Commerce; **b. meeting,** réunion du conseil. *(f) Nau: Av:* **on b.,** à bord (de); **to go on b.,** monter à bord; *(of plans)* **to go by the b.,** être abandonné **2.** *v (a) vi* être en pension **(with,** chez) *(b) vtr* monter à bord de (un navire, un avion); monter dans (un train, un autobus); **to b. up** boucher (une porte, etc). **'boarder** *n* pensionnaire *mf*; *Sch:* interne *mf*. **'boarding** *n* **b. card,** carte d'embarquement; **b. house,** pension (de famille); **b. school,** pensionnat *m*, internat *m*. **'boardroom** *n* salle *f* de réunion (du conseil d'administration). **'boardwalk** *n NAm:* promenade *f*.

boast [boust] **1.** *n* vantardise *f* **2.** *v (a) vi* se vanter **(about, of,** de); **that's nothing to b. about,** il n'y a pas là de quoi être fier; **without wishing to b.**, sans vanité (*b*) *vtr* se glorifier de (qch); **to b. that one can do . . .**, se vanter de (pouvoir) faire. **'boaster** *n* vantard, -arde. **'boastful** *a* vantard. **'boastfully** *adv* en se vantant. **'boastfulness, 'boasting** *n* vantardise.

boat [bout] *n* (*a*) bateau *m*; (*smaller*) canot *m*, barque *f*, embarcation *f*; (*liner*) paquebot *m*; **by b.**, en bateau; **to go by b.**, prendre le bateau; *Fig:* **to be all in the same b.**, être logé à la même enseigne; **b. builder**, constructeur de canots, de bateaux; **b. race**, course d'aviron; **b. train**, train du bateau (*b*) **gravy, sauce, b.**, saucière *f*. **'boater** *n* (*hat*) canotier *m*. **'boathook** *n* gaffe *f*. **'boathouse** *n* hangar *m* à bateaux. **'boating** *n* canotage *m*; **b. trip**, excursion *f* en bateau. **'boatswain** ['bousn] *n* maître *m* d'équipage.

bob[1] [bɔb] *n* (*a*) coiffure *f* à la Jeanne d'Arc (*b*) **b.(sleigh), b.(sled)**, bob(sleigh) *m*.

bob[2] *vi* (**bobbed**) s'agiter; **to b. up**, surgir brusquement; revenir à la surface; **to b. (up and down) in, on, the water**, danser sur l'eau.

bob[3] *n F: A:* shilling *m*.

bobbin ['bɔbin] *n* bobine *f*.

bobby ['bɔbi] *n F:* agent *m* de police, flic *m*; *NAm:* **b. pin** (*Br* = **hairgrip**), pince *f* à cheveux.

bode [boud] *vi* **to b. well, ill**, être de bon, mauvais, augure.

bodice ['bɔdis] *n* corsage *m* (d'une robe).

body ['bɔdi] *n* (*pl* **bodies**) (*a*) corps *m*; **(dead) b.**, cadavre *m*; **over my dead b.!** à mon corps défendant! **main b.**, gros *m* (d'une armée); **legislative b.**, corps législatif; **(public) b.**, organisme *m*; **large b. of people**, masse *f* de gens, foule nombreuse; **to come in a b.**, venir en masse (*b*) carrosserie *f* (de voiture); fuselage *m* (d'avion); corps (de bâtiment, de document); nef *f* (d'église). **'bodily 1.** *a* corporel; (besoin) matériel; (douleur) physique **2.** *adv* physiquement; (*as a whole*) tout entier. **'bodybuilding** *n* culturisme *m*. **'bodyguard** *n* garde *m* du corps, gorille *m*. **'bodywork** *n Aut:* carrosserie.

boffin ['bɔfin] *n F:* chercheur, -euse, scientifique.

bog [bɔg] **1.** *n* (*a*) marécage *m*; fondrière *f*; (*peat*) tourbière *f* (*b*) *P:* cabinets *mpl*. **'bog 'down** *vtr* **to get bogged d.**, s'embourber, s'enliser. **'boggy** *a* marécageux; tourbeux.

bogey ['bougi] *n* **1.** spectre *m*; épouvantail *m* **2.** *Golf:* un coup au-dessus de la normale. **'bogeyman** *n* croque-mitaine *m*.

boggle ['bɔgl] *vi* **the mind boggles**, cela confond l'imagination.

bogie ['bougi] *n Rail:* bog(g)ie *m*.

bogus ['bougəs] *a* faux, *f* fausse; feint, simulé.

bohemian [bou'hiːmiən] *a & n* bohème (*mf*).

boil[1] [bɔil] *n Med:* furoncle *m*, clou *m*.

boil[2] **1.** *n* (*of water*) **to come to, to go off, the b.**, commencer à, cesser de, bouillir; **to bring to the b.**, amener à ébullition; **to be on, off, the b.**, bouillir, ne plus bouillir **2.** *v* (*a*) *vi* bouillir; (*violently*) bouillonner; **to b. fast, gently**, bouillir à gros, à petits, bouillons; **the pan has, the potatoes have, boiled dry**, l'eau de la casserole, des pommes de terre, s'est complètement évaporée (*b*) *vtr* faire bouillir; **boiled water**, eau bouillie; **boiled potato**, pomme de terre (cuite) à l'eau; **boiled egg**, œuf à la coque. **'boil a'way** *vi* s'évaporer; (*on and on*) bouillir sans arrêt. **'boil 'down 1.** *vtr* faire réduire (une sauce); condenser (un récit) **2.** *vi* (*a*) (*of food*) réduire (*b*) *F:* se ramener (**to**, à). **'boiler** *n* chaudière *f*; **b. suit**, bleu *m* de travail. **'boiling 1.** *n* ébullition *f*; **at b. point**, à ébullition **2.** *a* bouillant **3.** *a & adv F:* **b. (hot)**, bouillant; **it's b. (hot) in there!** il fait une chaleur infernale, on cuit, là-dedans! **'boil 'over** *vi* (*of milk, emotions, etc*) déborder **'boil 'up 1.** *vtr* faire bouillir (du potage) **2.** *vi* (*of trouble*) surgir, monter.

boisterous ['bɔistərəs] *a* bruyant, tapageur; (*of child*) turbulent; (*of meeting*) houleux. **'boisterously** *adv* bruyamment.

bold [bould] *a* (**-er, -est**) (*a*) hardi; audacieux; impudent; effronté; **as b. as brass**, d'un air effronté (*b*) (style) hardi; (trait) accusé; (contour) net; (dessin) vigoureux; (coloris) vif; puissant (relief); *Typ:* **b. type**, caractères *mpl* gras. **'boldly** *adv* (*a*) hardiment; audacieusement; effrontément (*b*) (peindre) avec hardiesse; (se détacher) nettement. **'boldness** *n* (*a*) hardiesse *f*; audace *f*; effronterie *f* (*b*) hardiesse (de style); netteté *f* (d'un trait); vigueur *f* (d'un dessin); vivacité *f* (d'un coloris).

Bolivia [bə'liviə] *n* Bolivie *f*. **Bo'livian** *a & n* bolivien, -ienne (*mf*).

bollard ['bɔlɑːd] *n* borne *f*.

bollocks ['bɔləks] *npl V:* (*a*) couilles *fpl* (*b*) conneries *fpl*.

boloney [bə'louni] *n P:* foutaises *fpl*.

Bolshevik ['bɔlʃəvik] *a & n* bolchevik (*mf*). **'bolshie, -y** *a F:* (*a*) *Pol:* rouge (*b*) grincheux.

bolster ['boulstər] *n* traversin *m*, polochon *m*. **'bolster ('up)** *vtr* soutenir.

bolt [boult] **I.** *n* **1. b. (of lighting)**, éclair *m*; coup *m* de foudre; *Fig:* **b. from the blue**, événement imprévu; coup de tonnerre (dans un ciel d'azur) **2.** verrou *m* (de porte); pêne *m* (de serrure); culasse *f* mobile (de fusil) **3.** (*fastener*) boulon *m*; cheville *f* **4.** fuite *f*, ruée *f*; **to make a b. for**, s'élancer, se précipiter, vers; **to make a b. for it**, décamper, filer. **II.** *v* **1.** *vi* se précipiter; (*dash*) détaler (*of horse*) s'emballer **2.** *vtr* (*a*) verrouiller (une porte) (*b*) boulonner, cheviller (*c*) gober (son dîner). **III.** *adv* **b. upright**, tout droit; droit comme un piquet.

bomb [bɔm] **1.** *n* bombe *f*; **atom b.**, bombe atomique; **letter, car, b.**, lettre, voiture, piégée; **parcel b.**, colis piégé; **b. disposal**, désamorçage *m*; *F:* **to go like a b.**, (i) (*of car*) rouler à toute vitesse; gazer (ii) marcher à merveille; *F:* **to cost a b.**, coûter les yeux de la tête **2.** *vtr* bombarder. **bom'bard** *vtr* bombarder. **bom'bardment** *n* bombardement *m*. **'bomber** *n* (*a*) (*aircraft*) bombardier *m* (*b*) (*pers*) plastiqueur *m*. **'bombing** *n* bombardement; plasticage *m*. **'bombproof** *a* (abri) blindé. **'bombshell** *n Fig:* coup *m* de tonnerre; **to come as a b.**, tomber comme une bombe. **'bombsite** *n* terrain *m* vague, lieu bombardé.

bombastic [bɔm'bæstik] *a* grandiloquent.

bona fide [bounə'faidi, *NAm* -faid] *a & adv* de bonne foi; (*of offer*) sérieux. **bona 'fides** *n* bonne foi.

bonanza [bə'nænzə] *n Fig:* filon *m*; mine *f* d'or.

bond [bɔnd] **1.** *n* (*a*) lien *m*; attache *f* (*b*) adhérence *f* (*c*) engagement *m*, contrat *m* (*d*) *Com:* bon *m*; obligation *f*; **premium b.**, bon à lots (*e*) *Com:* (*of goods*) **in b.**, à l'entrepôt **2.** *vtr* (*a*) coller; liaisonner (des pierres) (*b*) entreposer (des marchandises). **'bondage** *n* esclavage *m*. **'bonded** *a* (marchandises) en dépôt; **b. warehouse**, entrepôt *m* de la douane.

bone [boun] **1.** *n* (*a*) os *m*; arête *f* (de poisson); **off the b.**, (poulet) désossé, sans os; *Fig:* **frozen to the b.**, glacé jusqu'à la moelle (des os); **b. dry**, tout à fait sec; **b. idle**, paresseux comme une couleuvre; **I feel it in my bones**, j'en ai le pressentiment; **to make no bones about doing sth**, ne pas hésiter à faire qch; **b. of contention**, pomme *f* de discorde; *F:* **to have a b. to pick with s.o.**, se plaindre de qch à qn; **b. china**, porcelaine *f* tendre (*b*) *pl* ossements *mpl* (de mort) **2.** (*a*) *vtr* désosser (la viande); ôter les arêtes de (un poisson) (*b*) *NAm: F:* **to b. up on**, bûcher (un sujet). **'bonehead** *n P:* imbécile *mf*. **'boneless** *a* désossé, sans os; (poisson) sans arêtes. **'bonemeal** *n* engrais *m* (d'os). **'boneshaker** *n F:* vieille (i) bécane (ii) guimbarde. **'bony** *a* **(-ier, -iest)** (*a*) (tissu) osseux (*b*) (*of pers, limb*) osseux, maigre (*c*) (*of meat*) plein d'os; (*of fish*) plein d'arêtes.

bonfire ['bɔnfaiər] *n* feu *m* (i) de joie (ii) de jardin.

bonkers ['bɔŋkəz] *a F:* dingue.

bonnet ['bɔnit] *n* (*a*) *Cl:* bonnet *m* (*b*) *Aut:* (*NAm:* = **hood**) capot *m*.

bonus ['bounəs] *n* (*pl* **bonuses**) prime *f*; gratification *f*; **cost of living b.**, indemnité *f* de vie chère; **no-claims b.**, bonus *m*.

boo [bu:] **1.** *int* hou! *F:* **he wouldn't say b. to a goose**, c'est un timide **2.** *n* huées *fpl* **3.** *vtr & i* huer. **'booing** *n* huées.

boob [bu:b] *F:* **1.** *n* (*a*) gaffe *f* (*b*) **boobs**, nichons *mpl* **2.** *vi* gaffer.

booby ['bu:bi] *n* (*pl* **boobies**) *F:* nigaud, -aude; **b. prize**, prix décerné (par plaisanterie) au dernier, au perdant; **b. trap**, engin piégé. **'booby-trap** *vtr* **(booby-trapped)** piéger.

book [buk] **I.** *n* **1.** livre *m*; *F:* bouquin *m*; carnet *m* (de notes, de billets); pochette *f* (d'allumettes); **school b.**, livre de classe; **exercise b.**, cahier *m*; **(tele)phone b.**, annuaire *m* (du téléphone); **b. club**, club du livre; **b. learning**, connaissances livresques **2.** livret *m* (d'un opéra) **3.** registre *m*; *pl* **books**, comptes *mpl*; **account b.**, livre de comptes; **to be in s.o.'s good, bad, books**, être bien, mal, vu de qn; **to bring s.o. to b. for sth**, forcer qn à rendre compte de qch; *esp Rac:* **to make a b.**, faire un livre. **II.** *v.* **1.** *vtr* (*a*) **to b. (down)**, inscrire, enregistrer (une commande) (*b*) *Jur:* donner une contravention, un procès-verbal, un P-V, à (qn) (*c*) **to b. (up)**, retenir, réserver (une chambre, une place); louer (une place); **(fully) booked (up)**, (*of hotel, concert*) complet; (*of pers*) pris **2.** *vi* **to b. (up)**, réserver des places. **'bookable** *a* qu'on peut retenir, réserver. **'bookbinder** *n* relieur, -euse. **'bookbinding** *n* reliure *f*. **'bookcase** *n Furn:* bibliothèque *f*. **'bookie** *n F:* book(maker) *m*. **'book 'in 1.** *vtr* réserver une chambre à (qn) **2.** *vi* (*a*) prendre une chambre (*b*) (*on arrival*) signer le registre. **'booking** *n* (*a*) enregistrement *m*, inscription *f* (*b*) *Th: etc:* réservation *f* (de places); **b. clerk**, guichetier, -ière; **b. office**, guichet *m*. **'bookish** *a* (*of pers*) studieux; (connaissance) livresque. **'bookkeeper** *n* comptable *m*. **'bookkeeping** *n* comptabilité *f*. **'booklet** *n* brochure *f*. **'book-lover** *n* bibliophile *mf*. **'bookmaker** *n* bookmaker. **'bookmark(er)** *n* signet *m*. **'bookmobile** *n* (*Br* = **mobile library**) *NAm:* bibliobus *m*. **'bookseller** *n* libraire *mf*. **'bookshelf**, *pl* **-shelves** *n* rayon *m*. **'bookshop** *n*, *NAm:* **'bookstore** *n* librairie *f*. **'bookstall**, **'bookstand** *n* (*a*) étalage *m* de livres (*b*) (*NAm:* = **newsstand**) kiosque *m* (à journaux). **'bookworm** *n* rat *m* de bibliothèque.

boom¹ [bu:m] *n* **1.** (*at harbour mouth*) barrage *m* **2.** bout-dehors *m* de foc; flèche *f* (de grue); perche *f* (de microphone).

boom² **1.** *n* (*a*) grondement *m* (du canon); mugissement *m* (du vent); ronflement *m* (de l'orgue); **sonic b.**, bang *m* (*b*) *Com:* expansion *f*, essor *m*, boom *m*; **baby b.**, explosion *f* démographique; **b. town**, ville en plein essor **2.** *vi* (*a*) gronder, mugir; (*of organ*) ronfler; (*of voice*) retentir (*b*) *Com:* être en expansion; (*of business*) marcher bien, être en plein essor. **boom 'out 1.** *vtr* dire (qch) d'une voix retentissante **2.** *vi* retentir.

boomerang ['bu:məræŋ] **1.** *n* boomerang *m* **2.** *vi* faire boumerang.

boon [bu:n] **1.** *n* aubaine *f*, avantage *m* **2.** *a* **b. companion**, gai companion.

boor ['buər] *n* rustre *m*. **'boorish** *a* rustre, grossier. **'boorishly** *adv* en rustre; grossièrement. **'boorishness** *n* grossièreté *f*.

boost [bu:st] **1.** *n* **to give (s.o., sth) a b., to give a b. to (s.o., sth)** = **boost** 2. (*a*), (*b*), (*c*) **2.** *vtr* (*a*) (*push*) donner une poussée à (*b*) relancer (une industrie); augmenter (la productivité); stimuler (l'économie); remonter (le moral) (*c*) faire de la réclame pour (un produit) (*d*) *El:* survolter. **'booster** *n* (*a*) *El:* survolteur *m* (*b*) *Med:* **b. (injection)**, piqûre *f* de rappel, *F:* rappel *m* (*c*) **b. (rocket)**, fusée *f* de démarrage.

boot [bu:t] **1.** *n* (*a*) **(ankle) b.**, bottine *f*; bottillon *m*; **(knee) b.**, botte *f*; **(laced) b.**, brodequin *m*; **b. polish**, cirage *m*; the b. is on the other foot, c'est tout le contraire; *F:* **to get the b.**, être mis à la porte; *F:* **to put the b. in**, flanquer des coups de pied à qn (à terre) (*b*) *Aut:* (*NAm:* = **trunk**) coffre *m* (*c*) **to b.**, en plus **2.** *vtr F:* (*a*) donner un coup, des coups, de pied à (*b*) **to b. s.o. (out)**, mettre, flanquer, qn à la porte. **'bootblack** *n* cireur *m*. **boo'tee** *n* chausson *m* (de bébé). **'bootlace** *n* lacet *m* (de chaussure).

booth [bu:ð] *n* baraque *f* (de marché); cabine *f* (téléphonique); **polling b.**, isoloir *m*.

booty ['bu:ti] *n* butin *m*.

booze [bu:z] **1.** *n* (*no pl*) *F:* alcool *m*, boisson(s) *f*(*pl*); **there's no b.**, il n'y a rien à boire **2.** *vi F:* boire (beaucoup); picoler. **'boozer** *n F:* (*a*) buveur, -euse (*b*) bistrot *m*. **'booze-up** *n F:* beuverie *f*. **'boozy** *a F:* (soirée) où l'on boit beaucoup.

boracic [bə'ræsik] *a* borique.

border ['bɔ:dər] **1.** *n* (*a*) bord *m* (d'un lac, d'un chemin); frontière *f* (d'un pays); **b. town**, ville frontière; **b. incident,** incident *m* de frontière (*b*) (*edging*) bordure *f* **2.** *vtr* border. **'bordering** *a* contigu, voisin, limitrophe. **'borderland** *n* pays *m* frontière. **'borderline** *n* frontière *f*; **b. case,** cas limite. **'border on** *vtr* toucher à (un pays); **to b. (up)on,** être voisin de; friser (la folie).

bore¹ [bɔːr] **1.** *n* calibre *m* (d'un fusil, d'un tuyau) **2.** *vtr & i* forer (un puits); percer, creuser (un trou); faire un sondage (pour trouver des minerais). **'borehole** *n Min:* trou *m* de sonde.

bore² **1.** *n* (*pers*) raseur, -euse; (*thg*) ennui *m*; *F:* scie *f* **2.** *vtr* ennuyer, *F:* raser, assommer (qn); **to be bored (stiff, to tears, to death),** s'ennuyer (à mourir); **bored look,** regard plein d'ennui. **'boredom** *n* ennui. **'boring** *a* ennuyeux; *F:* rasant.

bore³ *n* (*in river*) mascaret *m*.

bore⁴ *see* **bear²**.

born [bɔːn] *a* **to be b.,** naître; **he was b. in 1950,** il est né en 1950; **b. in London,** né(e) à Londres; **French-b.,** français de naissance; **a Londoner b. and bred,** un vrai Londonien de Londres; **a b. poet,** un poète né; *F:* **a b. fool,** un parfait idiot; *F:* **I wasn't b. yesterday,** je ne suis pas né d'hier; *F:* **in all my b. days,** de toute ma vie.

borne [bɔːn] *see* **bear²**.

borough ['bʌrə] *n* municipalité *f*; (*part of town*) arrondissement *m*.

borrow ['bɔrou] *vtr* emprunter (**from,** à). **'borrower** *n* emprunteur, -euse. **'borrowing** *n* emprunt *m*.

borstal ['bɔːstl] *n* maison *f* d'éducation surveillée.

bos'n ['bousn] *n* = **bosun**.

bosom ['buzəm] *n* sein *m*; poitrine *f*; **in the b. of,** au sein de; **b. friend,** ami intime.

boss [bɔs] *F:* **1.** *n* (*pl* **bosses**) patron, -onne; chef *m* **2.** *vtr* mener, diriger. **'boss a'bout, a'round** *vtr F:* mener (qn) par le bout du nez; régenter. **'bossy** *a* (**-ier, -iest**) *F:* autoritaire.

boss-eyed ['bɔsaid] *a F:* **to be b.-e.,** loucher.

bosun ['bousn] *n Nau:* maître *m* d'équipage.

botany ['bɔtəni] *n* botanique *f*. **bo'tanical** *a* botanique. **'botanist** *n* botaniste *mf*.

botch [bɔtʃ] *vtr F:* **to b. (up),** (i) bousiller, bâcler (un travail) (ii) (*repair*) rafistoler.

both [bouθ] **1.** *a. & pron* tous (les) deux, toutes (les) deux; l'un(e) et l'autre; **b. of us,** nous deux; **b. (of them) are dead,** tous les deux sont morts; **to hold sth in b. hands,** tenir qch à deux mains; **on b. sides,** des deux côtés; **b. alike,** l'un comme l'autre **2.** *adv* **b. you and I,** vous et moi; **she b. attracts and repels me,** elle m'attire et me repousse à la fois.

bother ['bɔðər] **1.** *v* (*a*) *vtr* gêner, ennuyer, déranger, tracasser, *F:* embêter (qn); **don't b. me!** laissez-moi tranquille! *F:* **I can't be bothered,** je n'en ai pas envie, ça me fait suer; *F:* **I can't be bothered to do it,** j'ai la flemme de le faire; *F:* **I'm not bothered (about it)!** ça m'est bien égal! **b.!** zut alors! (*b*) *vi* **to b. about,** se préoccuper de; s'occuper de; **to b. doing, to do,** se donner la peine de faire; **don't b. to bring a mac,** ce n'est pas la peine de prendre un imper **2.** *n* ennui *m*; (*effort*) peine *f*; (*inconvenience*) dérangement *m*.

bottle ['bɔtl] **1.** *n* bouteille *f*; (*small*) flacon *m*; (*wide-mouthed*) bocal *m*; can(n)ette *f* (de bière); **(baby's) b.,** biberon *m*; **(hot water) b.,** bouillotte *f*; **b. opener,** ouvre-bouteille(s) *m*; décapsuleur *m*; **wine b.,** bouteille à vin; **b. of wine,** bouteille de vin; **b. party,** réunion où chacun apporte à boire; **b. bank,** container *m* pour verre usagé; *F:* **to hit the b.,** (se mettre à) boire (beaucoup) **2.** *vtr* mettre (du vin) en bouteille; mettre (des fruits) en bocal. **'bottlebrush** *n* goupillon *m*. **'bottled** *a* (vin) en bouteille; (bière) en can(n)ette; (fruits) en bocal. **'bottle-feed** *vtr* (**bottle-fed**) nourrir au biberon. **'bottle-green** *a* vert bouteille. **'bottleneck** *n* **1.** goulot *m* (de bouteille) **2.** (*a*) (*in road*) goulot d'étranglement (*b*) (*traffic hold-up*) embouteillage *m*, bouchon *m*. **'bottle 'up** *vtr* contenir (ses sentiments); ravaler, refouler (sa colère). **'bottling** *n* mise *f* en bouteille, en bocal.

bottom ['bɔtəm] **1.** *n* bas *m* (d'une colline, d'un escalier, d'une page); fond *m* (d'un puits, d'une boîte, de la mer); dessous *m* (d'un verre); bout *m* (d'une table); (*of pers*) derrière *m*; **at the b. of the garden,** au fond du jardin; **at the b. of the page,** au, en, bas de la page; **at the b. of the list,** en fin de liste; **he's (at the) b. of the class,** il est le dernier de la classe; **from the b. of one's heart,** du fond du cœur; *Fig:* **to be at the b. of sth,** être (i) (*of pers*) l'instigateur (ii) la cause, de qch; **to knock the b. out of an argument,** démolir un argument; **the b. has fallen out of the market,** le marché s'est effondré; *P:* **bottoms up!** cul sec! **2.** *a* du bas; inférieur; **b. floor,** rez-de-chaussée *m*; *Aut:* **b. gear,** première vitesse. **'bottomless** *a* sans fond; insondable. **bottom 'out** *vi* être au plus bas.

bough [bau] *n Lit:* branche *f*, rameau *m*.

bought [bɔːt] *see* **buy²**.

boulder ['bouldər] *n* rocher *m*.

boulevard ['buːləvɑːd] *n* boulevard *m*.

bounce [bauns] **I.** *n* **1.** (re)bond *m* (d'une balle); **on the b.,** au bond **2.** (*of pers*) vitalité *f*, énergie *f*. **II.** *v* **1.** *vi* (*a*) (*of ball*) rebondir (*b*) (*of pers*) faire des bonds; **to b. into,** bondir dans; **to b. in,** entrer en coup de vent (*c*) *F:* (*of cheque*) être sans provision, en bois **2.** *vtr* faire rebondir. **'bouncer** *n F:* videur *m*. **'bouncing** *a* (ballon) rebondissant; (bébé) robuste. **'bouncy** *a* (balle) qui rebondit bien; (*of pers*) dynamique.

bound¹ [baund] **1.** *n usu pl* limite(s) *f* (*pl*), bornes *fpl*; (*of place*) **out of bounds,** interdit; **to go beyond the bounds of reason,** dépasser les bornes de la raison; **to keep within bounds,** rester dans la juste mesure **2.** *vtr* limiter, borner. **'bounded** *a* **b. by,** limité par. **'boundless** ' sans bornes.

bound² **1.** *n* bond *m*, saut *m* **2.** *vi* bondir, sauter.

bound³ *see* **bind 1.** *a* **1.** (*a*) lié (*b*) (livre) relié (*c*) **to be b. up with,** être lié à; (*of pers*) **to be b. up in sth,** se préoccuper de qch **2. to be b. to do sth,** être obligé, tenu, de faire qch; (*certain*) être sûr de faire qch; *F:* **I'll be b.!** j'en suis sûr!; **he's b. to come,** il viendra sûrement; **it's b. to happen,** ça arrivera sûrement, ça ne peut manquer d'arriver.

bound⁴ *a* **b. for,** en route pour; **b. for home, homeward b.,** sur le chemin du retour.

boundary ['baundəri] *n* (*pl* **boundaries**) limite *f*, bornes *fpl*; frontière *f*.

bounty ['baunti] *n* (*a*) générosité *f* (*b*) (*pl* **bounties**) gratification *f* (à un employé); prime *f*. **'bountiful** *a* bienfaisant; généreux.

bouquet [bu'kei] *n* bouquet *m.*
bourbon ['bɜ:bən] *n NAm:* bourbon *m.*
bourgeois ['buəʒwɑ:] *a* bourgeois.
bout [baut] *n (a) Sp:* tour *m*, reprise *f*; *Box:* combat *m*; *Wr: Fenc:* assaut *m (b)* période *f*; *Med* accès *m*, crise *f (c)* séance *f.*
boutique [bu:'ti:k] *n (a)* boutique *f* (de modes) *(b)* (*in store*) rayon *m* (des jeunes).
bovine ['bouvain] **1.** *a* bovin **2.** *npl Z:* les bovins.
bow[1] [bou] *n (a)* arc *m*; **to have two strings to one's b.**, avoir deux cordes à son arc; **b. window**, fenêtre en saillie *(b) Mus:* archet *m* (de violon) *(c)* nœud *m* (de ruban); **b. tie**, nœud papillon. **'bow-legged** *a* aux jambes arquées, bancal.
bow[2] [bau] **1.** *n* salut *m*; révérence *f*; inclination *f* de tête; **to take a b.**, saluer **2.** *v (a) vi* s'incliner **(to,** devant); incliner la tête; **to b. down**, s'incliner; (*of performer*) **to b. to the audience**, saluer le public; **to b. and scrape**, faire des salamalecs *(b) vtr* courber, incliner. **'bow 'out** *vi* se retirer.
bow[3] [bau] *n (often pl) Nau:* proue *f.*
bowels ['bauəlz] *npl* intestins *mpl*; entrailles *fpl* (de la terre).
bowl[1] [boul] *n (a)* (*for food*) bol *m*; (*for washing*) bassine *f*, cuvette *f*; (*for sugar*) sucrier *m*; (*for salad*) saladier *m*; (*for fruit*) corbeille *f*, coupe *f (b) Geog:* cuvette.
bowl[2] **I.** *n* boule *f*; *pl Sp:* boules *fpl* **II.** *v* **1.** *vtr (a)* rouler, faire courir (un cerceau) *(b)* lancer, rouler (une boule) *(c) Cr:* servir (la balle); **to b. (out)**, renverser le guichet à (qn) **2.** *vi (a)* jouer aux boules *(b) Cr:* servir la balle. **'bowl a'long** *vi Aut:* rouler vite. **'bowler** *n (a)* joueur, -euse, de boules, de bowling; *Cr:* lanceur, -euse *(b)* **b. (hat)**, (*NAm* = **derby**) (chapeau *m*) melon *m*. **'bowling** *n* **(tenpin) b.**, bowling *m*; **b. green**, terrain *m* de boules; **b. alley**, bowling. **'bowl 'over** *vtr (a)* renverser *(b)* déconcerter, bouleverser (qn).
box[1] [bɔks] *n Bot:* buis *m*. **'boxwood** *n* buis.
box[2] **1.** *n* (*pl* **boxes**) *(a)* boîte *f*; (*large*) caisse *f*, coffre *m*; (*small*) coffret *m*; (*cardboard*) carton *m*; *TV: F:* télé *f*; **(post office) b. number**, numéro de boîte postale; **b. office**, bureau de location; guichet *m*; *Av:* **black b.**, boîte noire *(b) Th:* loge *f (c)* (*for horse*) (i) (*in stable*) box *m* (ii) *Veh:* van *m (d) Jur:* barre *f* (des témoins); banc *m* (des jurés) **2.** *vtr* **to b. (up)**, mettre en boîte. **'box 'in** *vtr* enfermer. **Boxing Day** *n* le lendemain de Noël. **'boxcar** *n NAm: Rail:* wagon couvert. **'boxroom** *n* débarras *m*; (*bedroom*) petite chambre (carrée).
box[3] **I.** *n* **b. on the ear**, gifle *f*. **II.** *v* **1.** *vtr (a)* boxer (qn) *(b)* **to b. s.o.'s ears**, gifler qn **2.** *vi* boxer, faire de la boxe. **'boxer** *n (a)* boxeur *m (b)* (*dog*) boxer *m*. **'boxing** *n* boxe; **b. gloves, match**, gants, match, de boxe; **b. ring**, ring *m.*
boy [bɔi] *n (a)* garçon *m*; *F:* gamin *m*, gosse *m*; **an English b.**, un jeune Anglais; **when I was a b.**, quand j'étais petit; *F:* **my dear b.!** mon cher ami! *esp NAm: F:* **oh b.!** mince! *(b) Sch:* élève *m*; **old b.**, ancien élève *(c)* fils *m*. **'boyfriend** *n* petit ami. **'boyhood** *n* enfance *f*, adolescence *f*. **'boyish** *a* (manières) de garçon; *Pej:* puéril, gamin.
boycott ['bɔikɔt] **1.** *vtr* boycotter **2.** *n* (*also* **'boycotting**) boycottage *m.*

BR *abbr British Rail.*
bra [brɑ:] *n* soutien-gorge *m*; (*strapless*) bustier *m.*
brace [breis] **1.** *n (a) Const: etc:* attache *f*, lien *m*; entretoise *f (b)* appareil *m* (dentaire) *(c) pl Cl:* (*NAm:* = **suspenders**) bretelles *fpl (d)* paire *f* (de perdrix, de faisans) *(e) Tls:* **b. (and bit)**, vilebrequin *m* **2.** *vtr (a)* ancrer (un mur); armer (une poutre) *(b)* appuyer (le pied), **(against**, contre); **to b. oneself**, se raidir; **b. yourself for a shock!** prépare-toi à recevoir un choc! **'bracing** *a* (air, climat) fortifiant.
bracelet ['breislit] *n* bracelet *m.*
bracken ['brækən] *n* fougère *f.*
bracket ['brækit] **1.** *n (a) Tchn* support *m*; équerre *f*: *Arch:* corbeau *m*; *(b)* applique *f* (pour lampe) *(c) Typ: etc:* (*round*) parenthèse *f*; (*square*) crochet *m*; (*linking different lines*) accolade *f (d) Fig:* groupe *m*, tranche *f* **2.** *vtr (a)* mettre entre parenthèses, entre crochets; réunir par une accolade *(b) Fig:* **to b. together**, mettre dans le même groupe.
brackish ['brækiʃ] *a* (*of water*) saumâtre.
bradawl ['brædɔ:l] *n Tls:* poinçon *m.*
brag [bræg] *vi* **(bragged)** se vanter **(about, of**, de). **'bragging** **1.** *a* vantard **2.** *n* vantardise *f*. **'braggart** *n* vantard, -arde.
braid [breid] **1.** *n* galon *m*, ganse *f*; **gold b.**, galon d'or *(b) esp NAm:* (*Br* = **plait**) tresse *f* **2.** *vtr esp NAm:* (*Br* = **plait**) tresser.
braille [breil] *n* braille *m*; **b. type**, caractères braille.
brain [brein] **1.** *n (a)* cerveau *m*; (*of bird, etc*) & *Pej* cervelle *f*; *F:* **to have an idea, a tune, on the b.**, être obsédé par une idée, un air; **to have brains**, avoir de l'intelligence; **he hasn't got much b.**, *F:* **a lot of brains**, il n'est pas très intelligent; **to rack one's brains**, se creuser la cervelle; **b. disease, operation, death**, maladie, opération, mort, cérébrale; **b. drain**, fuite *f* des cerveaux; **brains**, *NAm:* **b., trust**, brain-trust *m (b) F:* (*pers*) cerveau **2.** *vtr F:* assommer (qn). **'brainchild** *n* idée originale. **'brainless** *a* stupide. **'brainstorm** *n (a) Med:* transport *m* au cerveau *(b) NAm:* =**brainwave**. **'brainwash** *vtr* faire un lavage de cerveau à (qn). **'brainwashing** *n* lavage de cerveau. **'brainwave** *n F:* (*NAm:* = **brainstorm**) idée géniale. **'brainy** *a* **(-ier, -iest)** *F:* intelligent, calé.
braise [breiz] *vtr Cu:* braiser; cuire à l'étouffée; **braised beef**, bœuf en daube.
brake [breik] **1.** *n* frein *m*; **b. fluid**, liquide pour freins; **b. light**, stop *m* **2.** *vi* freiner. **'braking** *n* freinage *m*; **b. distance**, distance de freinage, d'arrêt.
bramble ['bræmbl] *n* ronce *f.*
bran [bræn] *n Bot:* son *m.*
branch [brɑ:ntʃ] **1.** *n* (*pl* **branches**) *(a)* branche *f*; rameau *m*; (*of river*) bras *m*; (*of road, railway*) embranchement *m*; *Rail:* **b. line**, ligne d'embranchement *(b) Com:* **b. (office)**, succursale *f* **2.** *vi* (*of road*) **to b. (off)**, bifurquer; **to b. out**, (*of family, tree*) se ramifier; *Fig:* étendre ses activités **(into**, à).
brand [brænd] **1.** *n (a)* tison *m (b)* fer *m* à marquer *(c)* (*mark*) marque *f (d) Com:* marque (de fabrique); **b. image**, image de marque; **b. name**, nom de marque; **his own b. of humour**, un sens de l'humour bien à lui **2.** *vtr (a)* marquer (au fer chaud) *(b)*

(*stigmatize*) flétrir; **to be branded as a liar,** avoir une réputation de menteur. **'branded** *a* (*a*) marqué à chaud (*b*) (produits) de marque. **'branding iron** *n* fer à marquer. **'brand-new** *a* tout neuf, flambant neuf.

brandish ['brændiʃ] *vtr* brandir.

brandy ['brændi] *n* cognac *m*; eau-de-vie *f* (de prunes, etc); **b. and soda,** fine *f* à l'eau.

brash [bræʃ] *a* effronté, fougueux.

brass [brɑːs] *n* (*a*) cuivre *m*, laiton *m*; **b. plate,** plaque de cuivre; *F:* **b. hat,** officier d'état-major; *F:* **the top b.,** les huiles *ppl*; *F:* **to get down to b. tacks,** en venir aux faits (*b*) *Mus:* **the b.,** les cuivres; **b. band,** fanfare *f* (*c*) (*pl* **brasses**) (*in church*) plaque commémorative en cuivre; **b. rubbing,** décalquage *m* par frottement (d'une plaque commémorative) (*d*) *P:* argent *m*, fric *m* (*e*) *P:* toupet *m*, culot *m*. **'brassy** *a* (*a*) cuivré (*b*) (*of pers*) effronté.

brassière ['bræziər, *NAm:* brə'ziər] *n* soutien-gorge *m*; (*strapless*) bustier *m*.

brat [bræt] *n usu Pej:* gosse *mf*, môme *mf*; (*rude*) galopin *m*.

bravado [brə'vɑːdou] *n* bravade *f*.

brave [breiv] **1.** *a* (**-er, -est**) courageux, brave **2.** *n* (*in North America*) guerrier *m* (indien), brave *m* **3.** *vtr* braver; défier. **'bravely** *adv* courageusement. **'bravery** *n* courage *m*.

bravo ['brɑːvou] *int* bravo!

bravura [brə'vjuərə] *n* bravoure *f*.

brawl [brɔːl] **1.** *n* bagarre *f* **2.** *vi* se bagarrer.

brawn [brɔːn] *n* (*a*) muscles *mpl* (*b*) *Cu:* fromage *m* de tête. **'brawny** *a* (**-ier, -iest**) (bras) musculeux; (*of pers*) musclé, *F:* costaud.

bray [brei] **1.** *n* braiment *m* **2.** *vi* braire.

brazen ['breizn] **1.** *a* (*a*) *Lit:* d'airain (*b*) **b.(-faced),** effronté, impudent **2.** *vtr* **to b. it out,** payer d'audace, faire front.

Brazil [brə'zil] *Prn Geog:* Brésil *m*; **B. nut,** noix du Brésil. **Bra'zilian** *a & n* brésilien, -ienne.

breach [briːtʃ] **1.** *n* (*pl* **breaches**) (*a*) infraction *f*; manquement *m* (au devoir); violation *f* (d'une loi); abus *m* (de confiance); rupture *f* (de contrat); **b. of the peace,** attentat *m* contre l'ordre public; **b. of promise,** violation de promesse de mariage (*b*) brouille *f*, rupture (entre amis) (*c*) brèche *f* (dans un mur) **2.** *vtr* (*a*) violer (la loi, le code) (*b*) ouvrir une brèche dans (un mur).

bread [bred] *n inv* (*a*) pain *m*; **(slice, piece, of) b. and butter,** tartine *f*; *Fig:* **b. and butter,** gagne-pain *m*; **writing is his b. and butter,** il gagne sa croûte à écrire; **b. sauce,** sauce à la mie de pain; **he knows which side his b. is buttered,** il sait où est son avantage (*b*) *P:* (*money*) blé *m*, fric *m*. **'bread-and-butter** *n* **b.-a.-b. letter,** lettre *f* de remerciements. **'breadbasket** *n* corbeille *f* à pain. **'breadbin** *n*, *NAm* **'breadbox** *n* coffre *m* à pain. **'breadboard** *n* planche *f* à pain. **'breadcrumb** miette *f* (de pain); *pl Cu:* chapelure *f*. **'breadknife, - knives** *n* couteau *m* à pain. **'breadline** *n* **on the b.,** indigent. **'breadwinner** *n* soutien *m* de famille.

breadth [bredθ] *n* largeur *f*; **the wood is two metres in b.,** le bois a deux mètres de large.

break [breik] **I.** *n* (*a*) cassure *f*, brisure *f*; rupture *f*; fracture *f* (d'un os); trouée *f*, brèche *f* (dans une haie); éclaircie *f* (dans un ciel nuageux); *WTel: TV:* coupure *f*, interruption *f* (dans une émission); **b. in the weather,** changement *m* de temps; **b. of day,** point *m* du jour; *F:* **to make a b. for it,** s'évader (*b*) (moment *m* de) repos *m*; répit *m*; (*in journey*) interruption *f*; *Sch:* récréation *f*; *Sch:* **Christmas, Easter, summer, b.,** vacances *fpl* de Noël, de Pâques, d'été; **coffee, tea, b.** = pause-café *f*; **lunch b.,** heure *f* du déjeuner; **an hour's b.,** un battement d'une heure; **without a b.,** sans relâche; *NAm:* **give me a b.!** arrête de m'embêter! (*c*) *F:* chance *f*; **to have a lucky b.,** avoir de la chance; **give me a b.,** laissez-moi essayer (encore une fois). **II.** *v* **(broke; broken) 1.** *vtr* (*a*) casser; (*in pieces*) briser; entamer (la peau); battre (un record); *Av:* franchir (le mur du son); *Ten:* gagner (le service de qn); **to b. one's arm,** se casser le bras; **to b. open,** enfoncer (une porte); percer (un coffre-fort); **to b. the ice,** briser la glace; **to b. ranks, the silence, a charm,** rompre les rangs, le silence, un charme; **to b. new ground,** innover; **to b. one's journey,** s'arrêter en route; interrompre son voyage; *Ind:* **to b. a strike,** briser un grève (*b*) dresser (un cheval); briser (qn, la résistance); abattre (le courage); ruiner (qn, la santé de qn); amortir (une chute); *Cards: etc:* faire sauter (la banque); **to b. s.o.'s heart,** briser le cœur à qn; **to b. (oneself of) a habit,** se débarrasser d'une habitude (*c*) violer (une loi); manquer à (sa parole); rompre (un contrat) (*d*) **to b. the news to s.o.,** annoncer la nouvelle à qn; **to b. cover,** déboucher; **to b. wind,** lâcher un vent, *F:* péter **2.** *vi* (*a*) (se) casser; se briser; se rompre; (*of wave*) déferler; (*of voice*) (i) (*at puberty*) muer (ii) (*with emotion*) s'altérer; (*of heart*) se briser; (*of weather*) se gâter; (*of clouds*) se disperser; (*of pers under interrogation*) s'effondrer; **to b. open,** s'ouvrir; **to b. even,** rentrer dans ses frais; **to b. with s.o.,** rompre avec qn (*b*) (*of day*) poindre, se lever; (*of storm, news*) éclater; **to b. free,** se libérer; **to b. loose,** se dégager; s'échapper. **'breakable** *a* cassable; fragile. **'breakables** *npl* objets *mpl* fragiles. **'breakage** *n* casse *f*; **to pay for breakages,** payer la casse. **break a'way 1.** *vtr* détacher **(from,** de) **2.** *vi* se détacher **(from,** de); s'échapper. **'breakaway** *n* abandon *m*; sécession *f*; **b. group,** groupe dissident. **'break-dance** *vi* danser le smurf. **'break-dancing** *n* smurf *m*. **break 'down 1.** *vtr* (*a*) abattre, démolir (un mur); défoncer, enfoncer (une porte); briser (la résistance); vaincre (toute opposition) (*b*) analyser (un argument, une idée); faire le détail de (un compte) **2.** *vi* (*a*) (*of plan, negotiations*) échouer; (*of argument, resistance*) s'effondrer (*b*) (*of pers*) s'effondrer, éclater en sanglots (*c*) (*of car, etc*) tomber en panne. **'breakdown** *n* (*a*) rupture (de négociations); arrêt complet (dans un service) (*b*) **(nervous) b.,** dépression (nerveuse) (*c*) (*of car, etc*) panne *f*; **b. lorry, truck,** dépanneuse *f*; **b. service,** service de dépannage (*d*) analyse *f* (d'un argument, d'une idée); répartition *f* (de la population par âge) **'breaker** *n* (*a*) brisant *m* (*b*) *Aut:* (*dealer*) casseur; **to send a car to the b.'s (yard),** mettre une voiture à la casse. **'breakfast 1.** *n* petit déjeuner; **to have b.,** prendre le, son, petit déjeuner; **b. cup (and saucer),** déjeuner **2.** *vi* prendre le, son, petit déjeuner.

'break 'in **1.** *vtr* (*a*) défoncer, enfoncer (une porte) (*b*) dresser (un cheval); accoutumer (qn) (**to,** à); *NAm:* roder (une voiture) **2.** *vi* (*a*) intervenir; **to b. in on (s.o., a conversation),** interrompre (qn, une conversation) (*b*) (*of burglar*) entrer, pénétrer, par effraction. **'break-in** *n* cambriolage *m*; effraction *f*. **'breaking** *n* cassure; rupture; interruption (d'un voyage); *Tchn:* **b. point,** point *m* de rupture; **at b. point,** (i) (*of s.o.'s patience*) à bout (ii) (*of pers*) sur le point de craquer, à bout; *Jur:* **b. and entering,** (entrée *f* par) effraction. **break 'into** *vtr* (*a*) entrer par effraction dans, cambrioler (une maison); forcer (un coffre-fort) (*b*) interrompre (une conversation); **to b. into laughter,** éclater de rire; **to b. into song, into a trot,** se mettre à chanter, à trotter (*c*) entamer (des provisions, etc). **'breakneck** *a* **at b. speed,** à une vitesse folle. **break 'off** **1.** *vtr* (*a*) casser, rompre; détacher (*b*) interrompre, abandonner (son travail); rompre (des négociations, des fiançailles); **to b. off relations with s.o.,** rompre avec qn **2.** *vi* (*a*) se détacher; **to b. off with s.o.,** rompre avec qn (*b*) s'arrêter. **break 'out** *vi* (*a*) (*of war*) éclater; **to b. out in a sweat,** se mettre à suer; **to b. out in spots,** avoir une poussée de boutons (*b*) s'échapper, s'évader. **'breakout** *n* évasion *f* (de prison). **break 'through** *vtr & i* enfoncer (une barrière); se frayer un chemin (à travers la foule); (*of sun*) percer (les nuages); (*of troops*) percer, faire une percée dans (les défenses de l'ennemi); *Av:* franchir (le mur du son). **'breakthrough** *n* percée *f*, découverte *f*. **break 'up** **1.** *vtr* mettre en morceaux; briser; démolir (un bâtiment); ameublir (le sol); désagréger (la surface d'une chaussée); démembrer (un empire); disperser (une foule); briser (un mariage); rompre (une coalition); **to b. up a fight,** mettre fin à une bagarre, séparer des combattants **2.** *vi* (*a*) (*of ship, empire, group*) se disjoindre; (*of ice*) se fractionner; (*of road surface*) se désagréger; (*of meeting*) se séparer; (*of crowd, clouds*) se disperser; (*of marriage*) se briser; (*of weather*) se gâter (*b*) prendre fin; *Sch:* partir en vacances; **we b. up on the 4th,** les vacances commencent le 4. **'breakup** *n* (*a*) démembrement *m* (d'un empire); dissolution *f* (d'une assemblée); rupture (d'un mariage) (*b*) morcellement *m* (d'un terrain) (*c*) fin *f*. **'breakwater** *n* brise-lames *m inv*.

breast [brest] *n* (*a*) (*of woman*) sein *m* (*b*) poitrine *f*; *Cu:* blanc *m* (de poulet); **to make a clean b. of it,** tout avouer; *Cl:* **b. pocket,** poche de poitrine. **'breast-feed** *vtr* **(-fed)** allaiter (au sein). **'breast-feeding** *n* allaitement *m* (au sein). **'breaststroke** *n Swim:* brasse *f*.

breath [breθ] *n* haleine *f*, souffle *m*; **not a b. of air, wind,** pas un souffle d'air; **to get a b. of air,** prendre l'air; **to have bad b.,** avoir (une) mauvaise haleine; **to draw b.,** respirer; **to take a deep b.,** respirer profondément; **one's last b.,** son dernier soupir; **all in the same b.,** d'un seul coup; **to hold one's b.,** retenir son souffle; **to catch one's b.,** (i) (*rest*) reprendre haleine (ii) (*stop breathing*) retenir son souffle; **to get one's b. back,** reprendre haleine; **to waste one's b.,** perdre ses paroles; **out of b.,** hors d'haleine, à bout de souffle; **to be short of b.,** avoir le souffle court; **to take s.o.'s b. away,** couper le souffle à qn; **to speak under one's b.,** parler tout bas. **'breathalyse** *vtr* faire passer un alcootest à (qn). **'breathalyser** *n Rtm:* alcootest *m Rtm*. **'breathless** *a* hors d'haleine; essoufflé; haletant; (poursuite) à perdre haleine; (silence) angoissant. **'breathlessly** *adv* en haletant. **'breathtaking** *a* à vous couper le souffle.

breathe [bri:ð] **1.** *vi* respirer **2.** *vtr* respirer; pousser (un soupir); **don't b. a word!** ne dis pas un mot! **'breathe 'in** *vtr & i* aspirer. **'breathe 'out** *vtr & i* expirer. **'breather** *n F:* moment *m* de repos; **give me a b.!** laisse-moi souffler! **to go out for a b.,** sortir prendre l'air. **'breathing** *n* respiration *f*; souffle *m*; **heavy b.,** respiration bruyante; **b. apparatus,** appareil respiratoire; **b. space,** moment *m* de repos.

bred [bred] *see* **breed**.

breeches ['britʃiz] *npl Cl:* culotte *f*.

breed [bri:d] **I.** *v* **(bred)** **1.** *vtr* (*a*) élever (du bétail); faire l'élevage de; **country-bred,** élevé à la campagne; **well-bred,** bien élevé (*b*) engendrer (la violence) **2.** *vi* (*of animals*) se reproduire. **II.** *n* race *f*, espèce *f*. **'breeder** *n* (*a*) éleveur, -euse (d'animaux) (*b*) *AtomPh:* **b. reactor,** réacteur (auto)générateur. **'breeding** *n* **1.** (*a*) reproduction *f* (*b*) élevage *m* (d'animaux) **2.** *Fig:* éducation *f*; **(good) b.,** savoir-vivre *m*.

breeze [bri:z] **1.** *n* brise *f*; **stiff b.,** vent frais **2.** *vi F:* **to b. in, out,** entrer, sortir, en coup de vent. **'breezily** *adv* jovialement; avec décontraction. **'breeziness** *n* (*of pers*) jovialité *f*; décontraction *f*. **'breezy** *a* (*a*) (endroit) exposé au vent; (jour, temps) frais, venteux (*b*) (*of pers*) jovial; décontracté.

breezeblock ['bri:zblɔk] *n Const:* briquette *f*.

Breton ['bretən] *a & n* breton, -onne.

breviary ['bri:viəri] *n* (*pl* **breviaries**) bréviaire *m*.

brevity ['breviti] *n* brièveté *f*, concision *f*.

brew [bru:] **1.** *n* breuvage *m*; infusion *f* (de thé) **2.** *v* (*a*) *vtr* brasser (la bière); **to b. tea,** préparer du thé; (faire) infuser du thé (*b*) *vi* (*of beer*) fermenter; (*of tea*) infuser; **there's a storm brewing,** un orage se prépare; **there's sth brewing,** il se trame qch; il y a qch dans l'air. **'brewer** *n* brasseur *m*. **'brewery** *n* brasserie *f*. **'brewing** *n* brassage *m*. **brew 'up** *vi F:* préparer du thé.

briar ['braiər] *n see* **brier**

bribe [braib] **1.** *n* pot-de-vin *m* **2.** *vtr* soudoyer, acheter (qn); corrompre, suborner (un témoin). **'bribery** *n* corruption *f*.

bric-a-brac ['brikəbræk] *n* (*no pl*) bric-à-brac *m*.

brick [brik] *n* brique *f*; *Toy:* (*NAm:* = **block**) cube *m*; *F:* **to drop a b.,** faire une gaffe; *F:* **he came down on me like a ton of bricks,** il m'est tombé sur le dos; **b. wall,** mur en briques; *F:* **to beat one's head against a b. wall,** se buter à l'impossible; perdre son temps. **'brickbat** *n F:* insulte *f*; invective *f*. **'brick-built** *a* en brique(s). **'bricklayer** *n* maçon *m*. **brick 'up** *vtr* murer (une fenêtre). **'brick-'red** *a* (rouge) brique *inv*. **'brickwork** *n* ouvrage *m* en briques, briquetage *m*; (*bricks*) briques *fpl*. **'brickyard** *n* briquetterie *f*.

bride *nf*, **bridegroom** *nm* ['braid(gru:m)] mariée *f*, marié *m*; **the b. and (bride)groom,** les mariés.

'bridal *a* nuptial; de noce(s); (voile) de mariée. **'bridesmaid** *n* demoiselle *f* d'honneur. **'bride-to-be** *n* future mariée.

bridge¹ [bridʒ] **1.** *n* (*a*) pont *m* (*b*) (*on ship*) passerelle *f* (*c*) arête *f* (du nez) (*d*) *Dent:* bridge *m* **2.** *vtr* construire un pont sur (une rivière); **to b. a gap,** combler une lacune; **bridging loan,** prêt-relais *m*. **'bridgehead** *n Mil:* tête *f* de pont.

bridge² *n Cards:* bridge *m*.

bridle ['braidl] **I.** *n* bride *f*; **b. path,** allée cavalière. **II.** *v* **1.** *vtr* (*a*) brider (un cheval, l'instinct) **2.** *vi* redresser la tête; se rengorger.

brief [bri:f] **1.** *a* bref; court; concis; **in b., to be b.,** en résumé, en un mot **2.** *n* (*a*) *Jur:* dossier *m* (*b*) instructions *fpl*; *Fig:* tâche *f*, fonction *f*; **I hold no b. for him,** ce n'est pas moi qui vais plaider sa cause (*c*) *pl Cl:* slip *m* **3.** *vtr* donner des instructions à (un avocat, etc); mettre (qn) au courant (**on,** de). **'briefcase** *n* serviette *f*. **'briefing** *n* instructions; *Av:* briefing *m*. **'briefly** *adv* en vitesse; (*to say*) brièvement. **'briefness** *n* brièveté *f*; concision *f*.

brier ['braiər] *n Bot:* bruyère *f*; **b. (pipe),** pipe de bruyère.

brigade [bri'geid] *n* brigade *f*. **briga'dier** *n* général *m* de brigade.

brigand ['brigənd] *n* brigand *m*, bandit *m*.

bright [brait] **1.** *a* (**-er, -est**) (*a*) (*of star, metal, eyes*) brillant; (*of light, colour*) vif, éclatant; (*of sunshine*) éclatant; (*of eyes*) lumineux; (*of weather, room*) clair; **b. interval,** éclaircie *f*; **to get brighter,** s'éclaircir; **to look on the b. side (of things),** prendre les choses par le bon côté (*b*) (*of pers*) joyeux (*c*) (*of pers*) intelligent; **b. idea,** idée géniale; **b. future,** avenir brillant, prometteur **2.** *adv* **b. and early,** de bonne heure. **'brighten ('up)** (*a*) *vtr* faire briller, faire reluire; aviver (une couleur); égayer (une pièce, qn) (*b*) *vi* (*of face*) s'éclairer; (*of weather*) s'éclaircir; (*of pers*) s'animer. **'brightly** *adv* brillamment; (sourire) gaiement. **'brightness** *n* éclat *m*; clarté *f*; (*of pers*) intelligence *f*; *TV* **b. (control),** (dispositif *m* de réglage de la) luminosité.

brilliant ['briljənt] *a* éclatant; (*of star, pers, career*) brillant; **b. idea,** idée géniale. **'brilliance** *n* éclat *m*; (*of pers*) grande intelligence. **'brilliantly** *adv* avec éclat; (jouer) brillamment.

brim [brim] **1.** *n* bord *m* **2.** *vi* (**brimmed**) **to b. over,** déborder (**with,** de). **'brimful** *a* plein jusqu'au bord; *Fig:* débordant.

brine [brain] *n* eau salée; *Cu:* saumure *f*. **'briny** *a* saumâtre, salé.

bring [briŋ] *vtr* (**brought** [brɔ:t]) amener (qn, une voiture); apporter (qch); amener, causer (des ennuis); **to b. tears to s.o.'s eyes,** faire venir les larmes aux yeux de qn; **to b. s.o. luck,** porter bonheur à qn; *Jur:* **to b. an action against s.o.,** intenter un procès à qn; **you've brought it on yourself,** vous l'avez voulu; vous vous l'êtes attiré; **to b. sth to s.o.'s attention,** attirer l'attention de qn sur qch; **to b. sth to an end,** mettre fin à qch; **to b. oneself to do sth.,** se résoudre à faire qch. **bring a'bout** *vtr* (*a*) amener, causer, occasionner; provoquer (un accident); opérer (un changement). **bring a'long** *vtr* amener (qn); apporter (qch). **bring 'back** *vtr* rapporter (qch); ramener (qn); rappeler (des souvenirs); rétablir (la discipline). **bring 'down** *vtr* (*a*) abattre (un arbre); faire tomber (des fruits, un gouvernement); (*of enemy*) descendre (un avion); (*of pilot*) faire atterrir (un avion); (*shoot down*) abattre (un adversaire); *Th: F:* **to b. the house d.,** faire crouler la salle (sous les applaudissements) (*b*) faire descendre (qn); descendre (qch); faire baisser (un prix); abaisser (la température); réduire (la natalité, une enflure). **bring 'forward** *vtr* (*a*) avancer (qch); faire avancer (qn); produire (un témoin); *Book-k:* reporter (une somme) (*b*) avancer (une réunion). **bring 'in** *vtr* (*a*), faire entrer faire venir (qn); introduire (qch); rentrer (qch); lancer (une mode); faire intervenir (un expert); *Fin:* **to b. in interest,** rapporter (*b*) déposer (un projet de loi); (*of jury*) rendre (un verdict). **bring 'off** *vtr* réussir (un coup); mener à bien (une affaire). **'bring 'on** *vtr* provoquer (une maladie); (*of sun*) faire pousser (des plantes); *Th:* amener (qn), apporter (qch), sur la scène. **bring 'out** *vtr* (*a*) sortir (qch); faire sortir (qn); faire ressortir (le sens de qch); faire valoir (une couleur) (*b*) publier, faire paraître (un livre); lancer (un produit). **bring 'over** *vtr* = **bring round** (*a*) & (*c*). **bring 'round** *vtr* (*a*) apporter (qch), amener (qn) (*b*) ranimer (qn) (*c*) convertir (qn) (**to,** à) (*d*) (r)amener (la conversation) (**to,** sur). **bring to'gether** *vtr* (*a*) réunir; **to b. t. (again),** réconcilier (deux personnes) (*b*) **to b. t. two people,** mettre deux personnes en contact. **bring 'up** *vtr* (*a*) monter (qch); faire monter (qn) (*b*) vomir, rendre (son repas) (*c*) approcher (une chaise) (**to,** de); **to be brought up short by sth,** buter contre qch; s'arrêter pile devant qch; **to be brought up before a magistrate,** comparaître devant un magistrat (*d*) élever (un enfant); **well, badly, brought up,** bien, mal, élevé (*e*) soulever (une question); mentionner (un sujet).

brink [briŋk] *n* bord *m*; **on the b. of sth,** au bord, *Fig:* à deux doigts, de qch. **'brinkmanship** *n* politique *f* du bord de l'abîme.

brisk [brisk] *a* (**-er, -est**) (*a*) vif, actif, animé; (vent) frais; **at a b. pace,** d'un bon pas; **to take a b. walk,** marcher d'un bon pas (*b*) (commerce) actif; **business is b.,** les affaires marchent (bien). **'briskly** *adv* vivement; **to walk b.,** marcher d'un bon pas. **'briskness** *n* vivacité *f*, animation *f*, entrain *m*; fraîcheur *f* (du vent); activité *f* (des affaires).

brisket ['briskit] *n Cu:* poitrine *f* de bœuf.

bristle [brisl] **1.** *n* soie *f*; poil *m* (de brosse, de barbe) **2.** *vi* **to b. (up),** se hérisser (**with,** de); **bristling with,** hérissé de (difficultés). **'bristly** *a* hérissé; (menton) couvert de poils.

Britain ['britən] *Prn Geog:* **(Great) B.,** Grande-Bretagne *f*. **'British 1.** *a* britannique; de (la) Grande-Bretagne; *F:* anglais; **the B. Isles,** les îles britanniques **2.** *npl* **the B.,** les Britanniques *m*; *F:* les Anglais *m*. **'Britisher** *n NAm:* = **Briton.** **'Briton** *n* Britannique *mf*.

Brittany ['britəni] *Prn* Bretagne *f*.

brittle ['britl] *a* fragile, cassant.

broach [broutʃ] *vtr* entamer (un sujet de conversation).

broad [brɔ:d] **1.** *a* (**-er, -est**) (*a*) large; **in b. daylight,** au grand jour; **it's as b. as it's long,** cela revient au même; **b. outline,** grande ligne, ligne générale, aperçu *m* (*b*) (accent) prononcé (*c*) (*of joke*) gros **2.** *n NAm: P:* (*woman*) nana *f.* **'broadcast I.** *n* émission *f.* **II.** *v* **(broadcast) 1.** *vtr* (*a*) répandre (une nouvelle) (*b*) *WTel: & Fig:* diffuser; *TV:* téléviser **2.** *vi* (*a*) (*of pers*) parler à la radio, à la télévision (*b*) (*of station*) émettre. **III.** *a* (radio)diffusé; télévisé. **'broadcaster** *n* présentateur, -trice. **'broadcasting** *n* radiodiffusion *f*; télévision; (*programmes*) émissions *fpl.* **'broaden** *vtr & i* (s')élargir **'broadly** *adv* **b. (speaking),** en gros, grosso modo. **'broad'minded** *a* **to be b.,** avoir l'esprit large. **'broad'mindedness** *n* largeur *f* d'esprit. **'broad-'shouldered** *a* large d'épaules. **'broadside** *n* bordée *f.*

brocade [brə'keid] *n Tex:* brocart *m.*

broccoli ['brɔkəli] *n inv Hort:* brocoli *m.*

brochure ['brouʃər] *n* brochure *f*, dépliant *m.*

brogue[1] [broug] *n* chaussure *f* de marche.

brogue[2] *n* accent irlandais.

broil [brɔil] *NAm: vtr & i* griller. **'broiler** *n* (*a*) poulet *m* (à rôtir) (*b*) *NAm:* gril *m.*

broke [brouk] (*a*) *v see* **break II** (*b*) *a F:* **(stony, flat) b.,** sans le sou, fauché.

broken ['broukən] **1.** *v see* **break II 2.** *a* (*a*) cassé, brisé, rompu; (terrain) accidenté; (chemin) raboteux, défoncé; (sommeil) interrompu, agité; **in a b. voice,** d'une voix brisée; **in b. French,** en mauvais français (*b*) (cœur) brisé; (mariage) en ruine(s); (homme) brisé; (moral) abattu; **b. home,** foyer brisé (*c*) (*of promise*) manqué. **'broken-'down** *a* cassé; (*of car*) en panne; (*of machine, etc*) (tout) déglingué, détraqué. **broken-'hearted** *a* au cœur brisé.

broker ['broukər] *n* courtier *m*; agent *m* (de change, d'assurance).

brolly ['brɔli] *n* (*pl* **brollies**) *F:* (*umbrella*) pépin *m.*

bromide ['broumaid] *n Ch:* bromure *m.* **bronchial** ['brɔŋkiəl] *a* bronchique; **b. tubes,** bronches *fpl.* **bron'chitis** *n Med:* bronchite *f.*

bronze [brɔnz] **1.** *n coll* bronze *m* **2.** *a* en bronze **3.** *vtr & i* (se) bronzer (au soleil).

brooch [broutʃ] *n* (*pl* **brooches**) broche *f.*

brood [bru:d] **1.** *n* couvée *f*, nichée *f* **2.** *vi* (*a*) (*of hen*) couver (*b*) (*of pers*) broyer du noir. **brood 'over, 'on, a'bout** *vtr* méditer tristement sur; ruminer (un projet). **'broody** *a* (*a*) (poule) couveuse; *F:* (*of woman*) en mal d'enfant (*b*) (*of pers*) maussade, rêveur.

brook [bruk] **1.** *n* ruisseau *m* **2.** *vtr* souffrir, tolérer.

broom [bru:m] *n* **1.** *Bot:* genêt *m* **2.** balai *m*; *Fig:* **new b.,** (apport *m* de) sang frais. **'broomstick** *n* manche *m* à balai.

Bros *abbr Brothers,* Frères *mpl.*

broth [brɔθ] *n Cu:* bouillon *m.*

brothel ['brɔθl] *n* maison close, bordel *m.*

brother ['brʌðər] *n* frère *m*; confrère *m* (d'une société); *Pol:* camarade *m.* **'brotherhood** *n* fraternité *f*; *Ecc:* confrérie *f.* **'brother-in-law** *n* beau-frère *m.* **'brotherly** *a* fraternel.

brought [brɔ:t] *see* **bring.**

brow [brau] *n* (*a*) (*eyebrow*) arcade sourcilière; sourcil *m* (*b*) (*forehead*) front *m* (*c*) sommet *m* (de colline); bord *m* (de précipice). **'browbeat** *vtr* **(-beat; -beaten)** intimider. **'browbeaten** *a* (*of husband*) dominé (par sa femme).

brown [braun] **I.** *a* (*a*) brun; marron *inv*; (*of hair*) châtain; **b. bread,** pain bis; **b. envelope,** enveloppe *f* bulle; **b. paper,** papier d'emballage; **b. sugar,** cassonade *f* (*b*) (*tanned*) bronzé; **b. as a berry,** noir comme un pruneau. **II.** *n* brun *m*; marron *m.* **III.** *v* **1.** *vtr* brunir; *Cu:* (faire) rissoler, faire dorer (des légumes, etc). **2.** *vi* (se) brunir; *Cu:* dorer. **'Brownie** *n* (*a*) *Scout:* jeannette *f* (*b*) *NAm: Cu:* **b.,** petit gâteau au chocolat. **'brownish** *a* brunâtre. **brown 'off** *vtr F:* décourager (qn); **to be browned off,** en avoir marre.

browse [brauz] *vi* (*of animal*) brouter; (*of pers*) regarder; (*in bookshop*) feuilleter des livres; **I'm just browsing,** je ne fais que regarder; **to b. through,** feuilleter (un livre, etc).

bruise [bru:z] **1.** *n* bleu *m*, contusion *f*, meurtrissure *f* **2.** *vtr* contusionner, meurtrir; taler (un fruit); **to b. one's arm,** se meurtrir le bras, se faire un bleu au bras. **bruised** *a* couvert de bleus. **'bruiser** *n F:* costaud *m.*

brunch [brʌntʃ] *n F:* brunch *m.*

brunette [bru:'net] *a & n* (*of woman*) brune (*f*), brunette (*f*).

brunt [brʌnt] *n* **to bear the b. of sth,** subir le plus gros de qch.

brush [brʌʃ] **1.** *n* (*a*) (*no pl*) broussailles *fpl* (*b*) (*pl* **brushes**) brosse *f*; (*for shaving*) blaireau *m*; (*for painting*) pinceau *m*; (*broom*) balai *m*; (*small*) balayette *f* (*c*) queue *f* (de renard) (*d*) coup *m* de brosse (à un vêtement) (*e*) rencontre *f*, échauffourée *f* (avec l'ennemi); accrochage *m* **2.** *vtr* (*a*) (se) brosser (les cheveux, les dents); donner un coup de brosse à (un vêtement) (*b*) frôler, effleurer, raser (une surface). **brush a'gainst** *vtr* frôler, effleurer. **brush a'side** *vtr* écarter. **brush a'way** *vtr* enlever (qch) à coups de brosse, de balai; essuyer (des larmes); écarter (des difficultés). **brush 'down** *vtr* donner un coup de brosse à; brosser (un cheval). **'brushed** *a* (nylon) gratté. **brush 'off 1.** *vtr* (*a*) enlever (qch) à coups de brosse, de balai (*b*) envoyer promener (qn) **2.** *vi* (*of mud*) s'enlever à coups de brosse. **'brush-off** *n F:* **to give s.o. the b.-o.,** envoyer promener qn. **brush 'past** *vtr & i* frôler (qn, qch) en passant. **brush 'up** *vtr & i* balayer (qch); ramasser (qch) avec une brosse, un balai; **to b. up (on) a subject,** se remettre à, repasser, un sujet. **'brush-up** *n* coup *m* de brosse. **'brushwood** *n* broussailles. **'brushwork** *n* touche *f* (d'un peintre).

brusque [bru:sk] *a* brusque; (ton) rude, bourru. **'brusquely** *adv* avec brusquerie. **'brusqueness** *n* brusquerie *f.*

Brussels ['brʌslz] *Prn Geog:* Bruxelles *m or f*; **B. sprouts,** choux *mpl* de Bruxelles.

brute [bru:t] **1.** *n* brute *f*; *F:* **b. of a job,** travail *m* de chien **2.** *a* **by b. force,** par la force. **'brutal** *a* brutal. **bru'tality** *n* brutalité *f.* **'brutally** *adv* brutalement. **'brutish** *a* de brute; bestial.

BSc, *NAm:* **BS** *abbr Bachelor of Science.*

BST *abbr British Summer Time,* heure *f* d'été.

bubble ['bʌbl] **1.** *n* bulle *f* (d'air, de savon, etc); bouillon *m* (de liquide bouillant); *Cu:* **b. and squeak,** friture *f* de purée et de choux de Bruxelles; **b. bath,** bain moussant; **b. gum,** chewing-gum *m* **2.** *vi* bouillonner; (*of wine*) pétiller; **to b. over,** déborder (**with,** de). **'bubbly** **1.** *a* (vin) pétillant **2.** *n F:* champagne *m*.

buck [bʌk] **1.** *n* (*a*) mâle *m* (du lapin); *esp* daim *m*, chevreuil *m* (*b*) *NAm: F:* dollar *m* (*c*) *F:* **to pass the b.,** faire porter le chapeau à qn **2.** *v* (*a*) *vi* (*of horse*) faire un saut (*b*) *vtr F:* s'opposer à (un projet). **'buck 'up** **1.** *vtr* remonter le moral à (qn) **2.** *vi* (*a*) prendre courage (*b*) se dépêcher, se grouiller. **'buckshot** *n inv* du gros plomb. **buck'tooth** *n* (*pl* **-teeth**) dent saillante.

bucket ['bʌkit] *n* **1.** seau *m*; *Aut:* **b. seat,** baquet *m* **2.** **b. shop,** agence *f* de voyages à prix réduits. **bucket 'down** *vi F:* pleuvoir à verse, à seaux. **'bucketful** *n* plein seau.

buckle ['bʌkl] **I.** *n* boucle *f*. **II.** *v* **1.** *vtr* (*a*) boucler (une ceinture) (*b*) gauchir; voiler (une roue) **2.** *vi* (*a*) (*of belt*) se boucler (*b*) (*of metal*) (se) gondoler, gauchir; (*of wheel*) se voiler. **buckle 'down** *vi* s'atteler (**to,** à).

buckram ['bʌkrəm] *n Tex:* bougran *m*.

buckwheat ['bʌkwi:t] *n* sarrasin *m*; blé noir.

bud [bʌd] **1.** *n* bourgeon *m*; bouton *m* (de fleur); **to come into b.,** bourgeonner **2.** *vi* **(budded)** bourgeonner; pousser des boutons. **'budding** *a* (*a*) (arbre) bourgeonnant; (fleur) en bouton (*b*) (artiste, médecin) en herbe; (*of passion*) naissant.

Buddhism ['budizm] *n* bouddhisme *m*. **'Buddhist** **1.** *a* (prêtre) bouddhiste; (art) bouddhique **2.** *n* bouddhiste *mf*.

buddy ['bʌdi] *n NAm: F:* copain *m*, pote *m*.

budge [bʌdʒ] **1.** *vi* bouger; *Fig:* céder **2.** *vtr* faire bouger; *Fig:* faire céder.

budgerigar ['bʌdʒərigɑ:r] *n Orn:* perruche *f*.

budget ['bʌdʒit] **1.** *n* budget *m*; *Bank:* **b. account,** compte-crédit *m* **2.** *v* (*a*) *vi* dresser un budget; **to b. for sth,** inscrire qch au budget, budgét(is)er qch. **'budgetary** *a* budgétaire.

budgie ['bʌdʒi] *n Orn: F:* perruche *f*.

buff [bʌf] **1.** *a* **b. (-coloured),** chamois *inv*; **b. envelope,** enveloppe *f* de papier kraft **2.** *n* (*a*) chamois *m* (*b*) *F:* **in the b.,** tout nu, à poil (*c*) *F:* **jazz, film, b.,** fana(tique) *mf* du jazz, du cinéma **3.** *vtr* polir.

buffalo ['bʌfəlou, -ouz] *n* (*pl* **buffalo, buffaloes**) *Z:* buffle *m*; **(American) b.,** bison *m*.

buffer ['bʌfər] *n Rail:* tampon *m*; (*at end of track*) butoir *m*; *Pol:* **b. state,** état tampon.

buffet[1] ['bʌfit] *vtr* frapper; (*of waves*) ballotter, battre; (*of wind, rain*) cingler (qn); **we were buffeted about on the boat,** nous avons été secoués sur le bateau.

buffet[2] ['bufei] *n* buffet *m*; **cold b.,** viandes froides; **b. lunch,** lunch *m*; *Rail:* **b. car,** voiture-buffet *f*.

buffoon [bə'fu:n] *n* bouffon *m*. **bu'ffoonery** *n* bouffonneries *fpl*.

bug [bʌg] **1.** *n* (*a*) punaise *f*; *F:* (*any insect*) bestiole *f* (*b*) *Med: F:* microbe *m*, virus *m*; **the travel b.,** le virus des voyages (*c*) *F:* (*in machine*) défaut *m*; *Cmptr:* erreur *f* (*d*) *F:* micro *m* **2.** *vtr* **(bugged)** *F:* (*a*) installer des micros dans (une pièce) (*b*) *NAm: F:* embêter, emmerder (qn). **'bugbear** *n* cauchemar *m*; bête noire. **'bugger** *P:* **1.** *n* salaud *m* **2.** *int* merde! **'buggy** *n* (*pl* **-ies**) (*a*) buggy *m* (*b*) **(baby) b.,** poussette *f*; (*with two handles*) poussette-canne *f*; *NAm:* (*pram*) landau *m*.

bugle ['bju:gl] *n* clairon *m*. **'bugler** *n* (*pers*) clairon.

build [bild] **1.** *n* (*of pers*) carrure *f*; taille *f* **2.** *v* **(built)** (*a*) *vtr* construire, bâtir (une maison); construire (un navire, une route); **built of stone,** construit de, en, pierre (*b*) *vi* construire. **'builder** *n* maçon *m*; (*contractor*) entrepreneur *m*; (*labourer*) ouvrier *m*; constructeur *m* (de navires, de voitures). **'building** *n* bâtiment *m*; (*offices, flats*) immeuble *m*; (*action*) construction *f*; **public b.,** édifice public; **b. land, plot,** terrain *m* à bâtir; **b. (trade),** le bâtiment; **b. society,** caisse *f* d'épargne-logement, = société *f* de crédit immobilier. **build 'in** *vtr* encastrer (un placard); incorporer (des problèmes). **build 'on** *vtr* ajouter. **build 'up** (*a*) *vtr* augmenter; accumuler; bâtir (une fortune); développer (ses muscles); monter (une affaire); bâtir (une réputation); se créer (une clientèle); prendre (de la vitesse, des forces); (*of food*) donner des forces; **this area has been built up,** on a beaucoup construit par ici (*b*) *vi* augmenter, monter; s'accumuler; (*of traffic*) devenir très dense. **'build-up** *n* montée *f*; accumulation *f*; *Mil:* concentration *f*; *Journ:* publicité *f*. **'built-in** *a* (*of cupboard, etc*) encastré; (*of element of machine*) incorporé; *Fig:* inné. **'built-up** *a* urbanisé; **b.-up area,** agglomération *f*.

bulb [bʌlb] *n* (*a*) *Bot:* bulbe *m*, oignon *m* (*b*) *El:* ampoule *f*. **'bulbous** *a* bulbeux.

Bulgaria [bʌl'gɛəriə] *Prn Geog:* Bulgarie *f*. **Bul'garian** *a & n* bulgare (*mf*).

bulge [bʌldʒ] **1.** *n* bombement *m*, renflement *m*; ventre *m* (d'une cruche); hernie *f* (d'un pneu); *Fig:* augmentation *f* **2.** *vi* **to b. (out),** se renfler, bomber; (*of eyes*) sortir de la tête. **'bulging** *a* renflé, bombé; (*of eyes*) protubérant; (*of bag*) gonflé (**with,** de).

bulk [bʌlk] *n inv* grosseur *f*, volume *m*; **the (great) b. of,** la majeure partie de; **in b.,** en gros; **b. buying,** achat en grande quantité. **'bulkhead** *n NArch: etc:* cloison *f*. **'bulky** *a* (**-ier, -iest**) volumineux, encombrant; gros; (livre) épais.

bull [bul] *n* (*a*) taureau *m* (*b*) **b. (elephant),** (éléphant *m*) mâle *m* (*c*) *St Exch:* haussier *m* (*d*) *F:* foutaises *fpl*. **'bulldog** *n* bouledogue *m*; **b. clip,** pince *f* (à dessin). **'bulldoze** *vtr* passer (un terrain) au bulldozer. **'bulldozer** *n* bulldozer *m*, bouteur *m*. **'bullfight** *n* corrida *f*. **'bullfighter** *n* matador *m*. **'bullfinch** *n* (*pl* **-es**) *Orn:* bouvreuil *m*. **'bullfrog** *n* grenouille *f* taureau. **'bullock** *n* bœuf *m*; (*young*) bouvillon *m*. **'bullring** *n* arène *f* (pour les courses de taureaux). **'bull's-eye** *n* centre *m* (d'une cible); **to hit the b.-e.,** faire mouche; mettre dans le mille.

bullet ['bulit] *n* balle *f*. **'bullet-headed** *a* à tête ronde. **'bulletproof** *a* (*of jacket, NAm: vest*) pare-balles *inv*; (*of car*) blindé.

bulletin ['bulitin] *n* bulletin *m*; **news b.,** bulletin d'informations; *TV:* actualités *fpl*.

bullion ['buljən] *n* or *m*, argent *m*, en lingots.

bully ['buli] **1.** *n* (*pl* **bullies**) (grosse) brute, tyran *m* **2.** *vtr* brutaliser; tyranniser; **to b. s.o. into doing,** forcer qn à faire. **'bullying** **1.** *a* brutal **2** *n* brutalité *f*.

bulrush ['bulrʌʃ] *n* (*pl* **bulrushes**) jonc *m* (des marais).

bulwark ['bulwək] *n* rempart *m*.

bum [bʌm] *F:* **1.** *n* (*a*) derrière *m* (*b*) (*pers*) fainéant *m*; *NAm:* clochard *m* **2.** *vtr* **(bummed) to b. sth off s.o.,** taper qn de qch; **to b. a lift, a meal, off s.o.,** se faire emmener en voiture, se faire inviter, par qn. **'bum a'round** *vi* se balader.

bumblebee ['bʌmblbi:] *n Ent:* bourdon *m*.

bumf [bʌmf] *n P: Pej:* paperasses *fpl*.

bump [bʌmp] **1.** *n* (*a*) choc *m*; heurt *m*; (*jerk*) secousse *f*, cahot *m* (*b*) (*on road, body*) bosse *f* **2.** *v* (*a*) *vtr* (*of, car, etc*) heurter; **to b. one's head,** se cogner la tête; **to b. into,** se cogner, contre; buter contre (qch); (*of car*) rentrer dans (qch); bousculer (qn); *F:* **to b. into s.o.,** tomber sur qn (*b*) *vtr & i* (*of two thgs, pers*) **to b. ((into) one another),** se heurter (*c*) *vi* (*on rough road*) **to b. along,** cahoter. **'bumper** *n* (*a*) *Aut:* pare-chocs *m inv*; **b. car,** auto tamponneuse (*b*) **b. crop,** récolte exceptionnelle. **'bump 'off** *vtr P:* assassiner, supprimer (qn). **bump-'start** *Aut* **1.** *n* **to give a car a b.-s.,** pousser une voiture pour la démarrer **2.** *vtr* **to b.-s. a car,** faire démarrer une voiture en la poussant. **'bump 'up** *vtr F:* faire monter (un prix). **'bumpy** *a* **(-ier, -iest)** (chemin) cahoteux.

bumpkin ['bʌmpkin] *n* **(country) b.,** rustre *m*, plouc *m*.

bumptious ['bʌmpʃəs] *a* prétentieux.

bun [bʌn] (*a*) *Cu:* petit pain au lait (*b*) (*hair*) chignon *m*.

bunch [bʌntʃ] *n* (*pl* **bunches**) (*a*) bouquet *m* (de fleurs); touffe *f* (d'herbes); grappe *f* (de raisin); botte *f* (de radis); régime *m* (de bananes); trousseau *m* (de clefs); *Hairdr: pl* couettes *fpl* (*b*) *F:* **a b. of,** un groupe (de personnes); un tas de (papiers, etc); **the best of the b.,** le meilleur de la bande. **bunch 'up** *vi* se serrer, s'entasser.

bundle ['bʌndl] **1.** *n* paquet *m*; ballot *m* (de marchandises); liasse *f* (de papiers); fagot *m* (de bois); botte *f* (d'asperges); *F:* **b. of nerves,** paquet de nerfs **2.** *vtr* (*a*) **to b. (up),** empaqueter (qch); mettre (qch) en paquet (*b*) fourrer (qch) **(into,** dans); pousser **(into,** dans) **to b. s.o. out,** faire sortir sans cérémonie; **to b. s.o. off,** expédier qn.

bung [bʌŋ] **1.** *n* bonde *f* **2.** *vtr F:* mettre, fourrer (qch) **(in,** dans). **bung 'up** *vtr F:* boucher.

bungalow ['bʌŋgəlou] *n* bungalow *m*.

bungle ['bʌŋgl] **1.** *vtr* bousiller, gâcher. **2.** *vi* travailler mal. **'bungler** *n* bousilleur, -euse. **'bungling 1.** *a* maladroit **2.** *n* bousillage *m*, gâchis *m*.

bunion ['bʌnjən] *n Med:* oignon *m*.

bunk [bʌŋk] *n* (*a*) *Rail: Nau:* couchette *f* (*b*) **b. beds, bunks,** lits superposés (*c*) *P:* **to do a b.,** filer, ficher le camp (*d*) *P:* (*also* **'bunkum**) foutaises *fpl*. **'bunker** *n* (*a*) (i) (*in ship*) soute *f* (ii) (*in garden*) coffre *m* (à charbon) (*b*) *Golf:* obstacle *m* de sable (*c*) *Mil:* bunker *m*, casemate *f*.

bunny ['bʌni] *n* (*pl* **bunnies**) *F:* **b. (rabbit),** Jeannot *m* lapin; **b. (girl),** hôtesse *f* de boîte de nuit habillée en lapin.

bunting ['bʌntiŋ] *n* **1.** (*no pl*) (petits) drapeaux *mpl*, fanions *mpl* **2.** *Orn:* bruant *m*.

buoy [bɔi] **1.** *n* bouée *f*; balise flottante **2.** *vtr* **to b. (up),** faire flotter; *Fig:* soutenir. **'buoyancy** *n* (*a*) (*of object*) flottabilité *f*; (*of liquid*) poussée *f* (*b*) (*of pers*) gaité *f*; *Fin:* fermeté *f*. **'buoyant** *a* (*a*) (*of object*) flottable (*b*) (*of pers*) gai, optimiste; (*of step*) élastique; *Fin:* (marché) ferme.

burble ['bə:bl] *vi* (*a*) (*of water*) murmurer (*b*) (*of pers*) marmonner; dire des sottises.

burden ['bə:dn] **1.** *n* fardeau *m*, charge *f*; poids *m* (des impôts); **to be a b. to s.o.,** être un fardeau pour qn; **b. of proof,** charge de la preuve; **beast of b.,** bête de somme **2.** *vtr* charger, accabler **(s.o. with sth,** qn de qch).

bureau ['bjuərou] *n* (*pl* **bureaux**) **1.** *Furn:* (*a*) bureau *m*; secrétaire *m* (*b*) *NAm:* (*Br* = **chest of drawers**) commode *f* **2.** (*a*) (*office*) bureau (de renseignements) (*b*) (*department*) service *m* (du gouvernement). **bu'reaucracy** *n* bureaucratie *f*. **'bureaucrat** *n* bureaucrate *mf*. **bureau'cratic** *a* bureaucratique.

burger ['bə:gər] *n Cu: F:* hamburger *m*.

burglar ['bə:glər] *n* cambrioleur, -euse; **b. alarm,** sonnerie *f* d'alarme. **'burglarize** *vtr NAm:* cambrioler. **'burglary** *n* cambriolage *m*. **'burgle** *vtr* cambrioler.

Burgundy ['bə:gəndi] **1.** *Prn* Bourgogne *f* **2.** *n* **b.,** (vin *m* de) bourgogne *m*.

burial ['beriəl] *n* enterrement *m*; **b. ground,** cimetière *m*; **b. service,** service *m* funèbre.

burlap ['bə:læp] *n NAm:* toile *f* à sac.

burlesque [bə:'lesk] *n* (*a*) burlesque *m*; parodie *f* (*b*) *NAm: Th:* revue *f*.

burly ['bə:li] *a* **(-ier, -iest)** (*of pers*) costaud.

Burma ['bə:mə] *n* Birmanie *f*. **Bur'mese** *a & n* birman, -ane.

burn [bə:n] **1.** *n* brûlure *f* **2.** *vtr & i* **(burnt, burned)** brûler; **to b. one's fingers,** se brûler les doigts; *F:* **to b. one's boats,** brûler ses vaisseaux; *F:* **to b. the midnight oil,** travailler tard dans la nuit; **burnt to a cinder,** carbonisé, calciné; **burnt alive,** brûlé vif; **burnt to death,** mort carbonisé; **all the lights were burning,** toutes les lumières étaient allumées. **burn 'down 1.** *vtr* brûler **2.** *vi* (*a*) (*of house*) brûler (complètement), être réduit en cendres (*b*) (*of fire*) baisser. **'burner** *n* (*of gas cooker*) brûleur *m*; **Bunsen b.,** bec *m* Bunsen. **'burning 1.** *a* (bâtiment) en feu; (feu, charbon) allumé; *Fig:* (*of topic, fever, desire, etc*) brûlant; **b. pain,** douleur cuisante **2.** *n* **smell of b.,** odeur *f* de brûlé; **there's a smell of b.,** ça sent le brûlé. **burn 'off** *vtr* brûler. **burn 'out 1.** *vtr* (*a*) brûler (une maison) (*b*) *El:* griller (un plomb) **2.** *vi* (*a*) (*of fire*) s'éteindre (*b*) *El:* (*of fuse*) sauter. **'burn 'up 1.** *vtr* brûler, consumer **2.** *vi* (*of fire*) flamber; (*of rocket*) brûler.

burp [bə:p] *F:* **1.** *n* renvoi *m*; rot *m* **2.** *vi* faire un renvoi, un rot; roter.

burr [bər] *n Bot:* (fruit *m* de la) bardane.

burrow ['bʌrou] **1.** *n* terrier *m* **2.** *vtr & i* creuser.

bursar ['bə:sər] *n Sch:* économe *mf*; intendant, -ante. **'bursary** *n* bourse *f* (d'études).

burst [bə:st] **1.** *n* éclatement *m*, explosion *f*; jet *m*, jaillissement *m* (de flamme); rafale *f* (de tir); éclat *m* (de rire); élan *m* (d'éloquence); accès *m* (de colère); salve *f* (d'applaudissements); coup *m* (de tonnerre); poussée *f* (d'activité); *F:* tuyau crevé **2.** *v* **(burst)** (*a*) *vi* éclater; (*of boiler*) sauter; (*of bubble, tyre, cloud*) crever; **to b. in, out,** entrer, sortir, en coup de vent;

to b. in on, interrompre; **to b. into a room,** faire irruption dans une pièce; **to b. out laughing,** éclater, pouffer, de rire; **to b. into tears, b. out crying,** fondre en larmes; **to b. into song,** se mettre à chanter; **to b. into flames,** prendre feu, s'embraser; **bursting,** plein à craquer (**with,** de); **to be bursting at the seams,** (i) (*of dress*) se découdre (ii) *F: (of building)* être plein à craquer; **to be bursting with health, with pride,** déborder de santé, crever d'orgueil; **to be bursting to do sth,** brûler, mourir d'envie, de faire qch (*b*) *vtr* faire éclater, crever (un ballon); rompre (ses liens); faire sauter (une chaudière); se rompre (un vaisseau sanguin); (*of river*) **to b. its banks,** rompre ses digues. **burst 'open 1.** *vtr* ouvrir avec force **2.** *vi* s'ouvrir tout d'un coup.

bury ['beri] *vtr* **(buried)** enterrer, inhumer, ensevelir (un mort); (*at sea*) immerger (un corps); enfouir (un trésor); enfoncer (les mains dans ses poches); **to b. one's face in one's hands,** se cacher la figure dans les mains; *Fig:* **to b. one's head in the sand,** pratiquer la politique de l'autruche; **to b. oneself in the country,** s'enterrer à la campagne; **to b. oneself in one's studies,** se plonger dans l'étude; *F:* **to b. the hatchet,** enterrer la hache de guerre.

bus [bʌs] **1.** *n* (*pl* **buses, busses**) (auto)bus *m*; (*long-distance*) (auto)car *m*; **b. driver, ticket,** conducteur, -trice, ticket, d'autobus, d'autocar; **b. station,** gare routière; **b. stop,** arrêt d'autobus; **b. shelter,** abribus *m* **2.** *vtr* **(bus(s)ed) to b. children,** transporter des enfants (en bus) à l'école. **'busman** *n* **to take a busman's holiday,** faire du métier en guise de congé. **'bussing** *n Sch:* ramassage *m* scolaire.

bush [buʃ] *n* **1.** (*pl* **bushes**) (*a*) buisson *m* (*b*) fourré *m*, taillis *m* **2.** (*Africa, Austr:*) **the b.,** la brousse. **'bushed** *a F:* fatigué, rompu, crevé. **'bushy** *a* (*of hair, tail, etc*) touffu, broussailleux.

business ['biznis] *n* **1.** affaire *f*; **it's my b. to,** c'est à moi de; **it's none of your b.,** cela ne vous regarde pas; **you have no b. to . . .,** vous n'avez pas le droit de . . .; **to make it one's b. to do sth,** prendre sur soi de faire qch; **it's a sorry b.,** c'est une triste affaire; *F:* **to mean b.,** ne pas plaisanter **2.** (*a*) affaires, commerce *m*; **the textile b.,** le textile; **b. is b.,** les affaires sont les affaires; **to go into b.,** entrer dans les affaires; **to do b. with s.o.,** faire des affaires avec qn; **on b.,** pour affaires; *F:* **big b.,** les grosses entreprises commerciales; **b. hours,** heures *fpl* de travail; (*in shop*) heures d'ouverture; **b. meeting, trip,** réunion *f*, voyage *m*, d'affaires; **b. studies,** études commerciales (*b*) (*pl* **businesses**) (fonds *m* de) commerce *m*. **'businesslike** *a* (*of pers*) sérieux, pratique; (*of manner*) sérieux. **'businessman, -woman** *n* (*pl* **-men, -women**) homme *m*, femme *f*, d'affaires.

busker ['bʌskər] *n* musicien, -ienne, des rues.

bust [bʌst] **1.** *n* (*a*) *Sculp:* buste *m* (*b*) poitrine *f* **2.** *a F:* fichu; **to go b.,** faire faillite **3.** (*a*) *vtr & i* (**bust, busted**) *F:* casser; éclater, sauter, crever; *NAm:* **to b. up,** gâcher (qch) (*b*) *vtr P:* arrêter (un drogué); perquisitionner (un lieu). **'bust-up** *n F:* engueulade *f*; (*breakup*) rupture *f*.

bustle ['bʌsl] **1.** *vi* **to b. (about),** s'activer, s'affairer **2.** *n* activité *f*, branle-bas *m*, remue-ménage *m*. **'bustling** *a* affairé; empressé; (*of street*) bruyant, animé.

busy ['bizi] **1.** *a* **(-ier, -iest)** (*a*) affairé; occupé; actif; (jour) chargé; (moment) de grande activité; **b. street,** rue animée; **to be b. doing sth,** s'occuper, être occupé, à faire qch; être en train de faire qch; **to keep oneself b.,** s'activer, s'occuper (*b*) *NAm: Tp: (of line)* occupé **2.** *vpr* **to b. oneself,** s'occuper (**with sth,** à qch, **doing,** à faire). **'busily** *adv* activement; avec empressement. **'busybody** *n* **to be a b.,** faire la mouche du coche.

but [bʌt] **1.** *conj* mais **2.** *adv* ne . . . que; seulement; **he is nothing b. a student,** ce n'est qu'un étudiant; **one can b. try,** on peut toujours essayer **3.** *prep* (= *except*) (*a*) sauf, excepté; **no one b. you,** personne d'autre que toi; **anything b. that,** tout mais pas ça, tout sauf ça; **anyone b. him,** n'importe qui d'autre que lui; **he's anything b. a hero,** il est tout ce qu'on voudra sauf un héros; **there's nothing for it b. to obey,** il n'y a qu'à obéir; **the last b. one,** l'avant-dernier (*b*) **b. for,** sans; **b. for that,** sans cela **4.** *n* mais *m*.

butane ['bju:tein] *n Ch:* butane *m*.

butcher ['butʃər] **1.** *n* boucher *m*; **b.'s (shop),** boucherie *f* **2.** *vtr* abattre (un animal); égorger, massacrer (qn). **'butchery** *n* massacre *m* (**of,** de).

butler ['bʌtlər] *n* maître *m* d'hôtel.

butt[1] [bʌt] *n* (gros) tonneau; barrique *f*.

butt[2] *n* (*a*) (gros) bout; souche *f* (d'arbre); mégot *m* (de cigarette, de cigare) (*b*) crosse *f* (de fusil) (*c*) *NAm: F:* derrière *m*.

butt[3] *n* (*a*) *pl Sma:* champ *m* de tir (*b*) (*pers*) souffre-douleur *m inv*; **b. for ridicule,** objet *m* de risée.

butt[4] **1.** *n* coup *m* de tête; coup de corne **2.** *vtr* donner un coup de tête, de corne, à. **butt 'in** *vi* intervenir (**on,** dans); interrompre.

butter ['bʌtər] **1.** *n* beurre *m*; **b. bean,** haricot beurre; **b. dish,** beurrier *m*; **b. knife,** couteau à beurre **2.** *vtr* beurrer. **'buttercup** *n Bot:* bouton-d'or *m*. **'butterfingers** *n F:* maladroit, -e. **'butterfly** *n* (*pl* **-ies**) (*a*) *Ent:* papillon *m*; *F:* **to have butterflies (in one's stomach),** avoir le trac (*b*) *Swim:* **b. (stroke),** brasse *f* papillon. **'buttermilk** *n* babeurre *m*, lait *m* de beurre. **'butterscotch** *n* caramel (dur) au beurre. **butter 'up** *vtr F:* flatter (qn).

buttock ['bʌtək] *n* fesse *f*; **the buttocks,** le derrière, les fesses.

button ['bʌtn] **1.** *n* bouton *m*; pastille *f* (de chocolat); **tummy, belly, b.,** nombril *m*; **b. mushroom,** (petit) champignon de Paris; **b. nose,** petit nez rond **2.** (*a*) *vtr* **to b. (up),** boutonner; **buttoned up,** taciturne, renfermé (*b*) *vi* **to b. up,** se boutonner. **'buttonhole 1.** *n* boutonnière *f*; **to wear a b.,** porter une fleur à sa boutonnière **2.** *vtr F:* accrocher, (qn). **button-'through** *a F:* (robe) qui se boutonne devant.

buttress ['bʌtris] **1.** *n* (*pl* **buttresses**) contrefort *m*; *Fig:* soutien *m*; **flying b.,** arc-boutant *m* **2.** *vtr Arch: & Fig:* soutenir.

buxom ['bʌksəm] *a* (*of woman*) bien en chair.

buy [bai] **1.** *n* **a good b.,** une bonne affaire **2.** *vtr* **(bought)** (*a*) acheter (**sth from s.o.,** qch à qn; **sth for s.o.,** qch à, pour, qn); **to b. s.o. a drink,** offrir un verre à qn; **to b. up,** acheter en bloc (*b*) *NAm: F:* avaler, croire (une histoire). **buy 'back** *vtr* racheter. **'buyer** *n* acheteur, -euse. **buy 'out** *vtr* désintéresser (un associé). **buy'over** *vtr* corrompre.

buzz [bʌz] **I.** *n* (*pl* **buzzes**) (*a*) bourdonnement *m*; brouhaha *m* (de conversations); *WTel: Tp:* (bruits *m* de) friture *f* (*b*) *F:* coup *m* de fil. **II.** *v* **1.** *vi* (*a*) bourdonner (*b*) **to b. (for s.o.),** sonner (qn) **2.** *vtr* (*a*) sonner (qn) (*b*) *Tp: F:* appeler (qn) (*c*) *Av:* raser (un immeuble). **'buzzer** *n* interphone *m*; (*of bell, clock*) sonnerie *f*; (*hooter*) sirène *f*. **'buzzing** *n* bourdonnement *m*. **buzz 'off** *vi P:* décamper.

buzzard ['bʌzəd] *n Orn:* buse *f*.

by [bai] **1.** *prep* (*a*) (*near*) (au)près de, à côté de; **by the sea,** au bord de la mer; **(all) by oneself,** (tout) seul; **to pass by the bank,** passer devant la banque; **he always keeps his gun by him,** il a toujours son revolver sous la main (*b*) par; **by car,** en voiture; **by train,** par le, en, train; **by bicycle,** à bicyclette, en vélo; **by land and sea,** par terre et par mer; **by the door,** par la porte; **punished by s.o.,** puni par qn; **followed by s.o.,** suivi de qn; **to have a child by s.o.,** avoir un enfant de qn; **made by hand,** fait (à la) main; **known by the name of X,** connu sous le nom d'X; **by force,** de force; **by mistake,** par erreur; **three metres by two,** trois mètres sur deux; *F:* **by the way,** à propos (*c*) **by doing that you will offend him,** en faisant cela vous l'offenserez; **what do you gain by doing that?** que gagnez-vous à faire cela? (*d*) d'après; **by law,** conformément à la loi: **to judge by appearances,** juger sur les apparences; **by my watch,** à ma montre; **by the kilo,** au kilo (*e*) **the play is by Shakespeare,** la pièce est de Shakespeare (*f*) **by degrees,** par degrés; **one by one,** un à un; **longer by two metres,** plus long de deux mètres (*g*) **by day,** de jour, le jour; **by Monday,** dès lundi; **by yesterday,** (dès) hier; **by October,** dès octobre; **by three o'clock,** avant trois heures; **by now,** à cette heure-ci, déjà; **he ought to be here by now,** il devrait être déjà ici (*h*) **I know him by sight,** je le connais de vue (*i*) **French by birth,** français de naissance; **it's all right by me,** je n'ai rien contre **2.** *adv* près; **close by,** tout près; **(taking it) by and large,** en gros; **to put sth by,** mettre qch de côté; **to go by, pass by,** passer; **by and by,** bientôt. **'by-election** *n* élection partielle. **'bygone 1.** *a* **in b. days,** jadis **2.** *npl* **let bygones be bygones,** oublions le passé. **'by(-)law** *n* arrêté *m*; *NAm:* statut *m* (d'une organisation). **'bypass 1.** *n* déviation (routière), dérivation *f* **2.** *vtr* contourner; *Fig:* éviter de passer par. **'by-product** *n* sous-produit *m*; dérivé *m*. **'byroad** *n* = **byway**. **'bystander** *n* spectateur, -trice; (*in street*) badaud, -aude. **'byway** *n* chemin *m* de traverse. **'byword** *n Pej:* synonyme *m* (**for,** de).

bye [bai] *n* (*a*) *Cr:* balle passée (*b*) *Sp:* (*of player*) **to have a b.,** être exempt (d'un match).

bye(-bye) ['bai(bai)] *int F:* au revoir! salut! (*child's language*) **to go to bye-byes,** aller au dodo.

byte [bait] *n Cmptr:* multiplet *m*.

C

C, c [siː] *n* (*a*) (la lettre) C, c *m* (*b*) *Mus:* ut *m*, do *m*; **in C,** en do.

c *abbr* (*a*) *cent* (*b*) *circa*, environ, env.

ca *abbr circa*, environ.

cab [kæb] *n* (*a*) taxi *m*; *Hist:* fiacre *m* (*b*) (*of train driver, etc*) cabine *f*. **'cabby, *NAm:* 'cabdriver** *n F:* (chauffeur *m* de) taxi; *Hist:* cocher *m*.

cabaret ['kæbərei] *n* (*show*) spectacle *m*; (*place*) cabaret *m*.

cabbage ['kæbidʒ] *n* chou *m*; **c. lettuce,** laitue pommée; *F:* **since his accident he's become a c.,** depuis son accident il mène une vie de légume.

cabin ['kæbin] *n* (*a*) cabane *f*; case *f* (*b*) *Nau: Rail:* cabine *f*; **c. boy,** garçon *m* de cabine; **c. cruiser,** yacht de croisière (à moteur).

cabinet ['kæbinət] *n* (*a*) armoire *f*; (*with glass doors*) vitrine *f*; **filing c.,** classeur *m* (de bureau) (*b*) *Pol:* cabinet *m*; conseil *m* des ministres; **c. decision,** décision ministérielle; **c. minister,** ministre *m*. **'cabinet-maker** *n* ébéniste *m*.

cable ['keibl] **1.** *n* (*a*) câble *m*; **c. car,** (*with overhead cable*) téléphérique *m*; *Rail*: funiculaire *m*; **c. television,** la télévision par câble; *F:* **to have c.,** avoir le câble, être câblé (*b*) *Tp:* (*also* **'cablegram**) câblogramme *m*, câble **2.** *vtr & i* câbler.

caboodle [kə'buːdl] *n F:* **the whole c.,** tout le bataclan.

caboose [kə'buːs] *n NAm: Rail:* fourgon *m* (de queue).

cache [kæʃ] *n* cachette *f*; **arm's c.,** des armes cachées, une cache d'armes.

cachet ['kæʃei] *n* cachet *m*.

cackle ['kækl] **1.** *n* (*of hen*) caquet *m*; (*of pers*) gloussement *m* **2.** *vi* (*of hen*) caqueter; (*of pers*) glousser.

cacophony [kə'kɔfəni] *n* cacophonie *f*.

cactus ['kæktəs] *n* (*pl* **cacti**) *Bot:* cactus *m*.

cad [kæd] *n O: Pej:* goujat *m*.

cadaverous [kə'dævərəs] *a* cadavéreux.

caddie ['kædi] *n Golf:* caddie *m*.

caddy ['kædi] *n* (*pl* **caddies**) **(tea) c.,** boîte *f* à thé.

cadence ['keidəns] *n* cadence *f*.

cadenza [kə'denzə] *n Mus:* cadence *f*.

cadet [kə'det] *n Mil:* élève *m* officier.

cadge [kædʒ] *vtr & i Pej:* quémander; se faire payer (un repas) (**off s.o.,** par qn); **to c. money from, off, s.o.,** taper qn. **'cadger** *n* tapeur, -euse.

cadmium ['kædmiəm] *n Miner:* cadmium.

caesarean, -ian, *NAm:* cesarean, -ian [si'zɛəriən] *n Med:* **c. (section),** césarienne *f*.

café ['kæfei] *n* café(-restaurant) *m*. **cafeteria** [kæfə'tiəriə] *n* cafétéria *f*.

caffeine ['kæfiiːn] *n* caféine *f*.

caftan ['kæftæn] *n Cost:* caf(e)tan *m*.

cage [keidʒ] **1.** *n* (*a*) cage *f*; **c. bird,** oiseau de volière (*b*) cabine *f* (d'ascenseur) **2.** *vtr* **to c. (in, up),** mettre en cage. **'cagey** *a* (**cagier, cagiest**) peu communicatif (**about,** à l'égard de); *F:* **to be c. about one's age,** faire des cachotteries sur son âge.

cagoule (kə'guːl] *n Cl:* parka *m*.

cahoots [kə'huːts] *npl F:* **in c.,** de mèche, en cheville (**with,** avec).

cairn ['kɛən] *n* cairn *m*.

Cairo ['kaiərou] *Prn Geog:* le Caire.

cajole [kə'dʒoul] *vtr* amadouer, enjôler. **ca'jolery** *n* cajolerie(s) *f*(*pl*).

cake [keik] **1.** *n* (*a*) gâteau *m*; (*small*) pâtisserie *f*; **c. shop,** pâtisserie; **it's selling like hot cakes,** cela se vend comme des petits pains; *F:* **that takes the c.!** c'est le comble, c'est le bouquet! *F:* **it's a piece of c.,** c'est simple comme bonjour (*b*) **c. of soap,** savonnette *f* **2.** *vi* durcir; (*of blood, etc*) sécher; **caked with mud,** couvert de boue, crotté. **caked** *a* (*of mud*) séché.

calamine ['kæləmain] *n* **c. lotion,** lotion (apaisante) à la calamine.

calamity [kə'læmiti] *n* (*pl* **calamities**) calamité *f*. **ca'lamitous** *a* désastreux.

calcium ['kælsiəm] *n* calcium *m*.

calculate ['kælkjuleit] *vtr & i* calculer; évaluer; estimer; faire un calcul; **words calculated to reassure us,** paroles propres à nous rassurer; *F:* **to c. that,** supposer que; **to c. on,** compter sur (qch). **'calculated** *a* délibéré; calculé. **'calculating** *a* calculateur; **c. machine,** machine à calculer. **calcu'lation** *n* calcul. **'calculator** *n* calculatrice *f*; **(pocket) c.,** calculatrice (de poche), calculette *f*. **'calculus** *n* (*pl* **-culi**) *Math: Med:* calcul *m*.

calendar ['kælindər] *n* calendrier *m*; (*directory*) annuaire *m*; **c. year,** année civile.

calf¹ [kɑːf] *n* (*pl* **calves**) veau *m*; **cow in c.,** vache pleine; **elephant c.,** éléphanteau *m*.

calf² *n* (*pl* **calves**) *Anat:* mollet *m*.

calibre, *NAm:* caliber ['kælibər] *n* calibre *m*; *Fig:* envergure *f*. **'calibrate** *vtr* calibrer. **cali'bration** *n* calibrage *m*.

calico ['kælikou] *n Tex:* calicot *m*; *NAm:* (*printed*) indienne *f*.

calipers ['kælipəz] *npl NAm: see* **callipers**.

call [kɔːl] **I.** *n* (*a*) appel *m*; cri *m*; **c. for help,** appel au secours; **within c.,** à portée de voix; **to give s.o. a c.,** (i) appeler (ii) réveiller, qn; **to be on c.,** être de garde; **no c. to do,** aucune raison de faire; *Com:* **there's no c. for that article,** cet article n'est pas très demandé (*b*) **(telephone) c.,** communication *f*, appel *m* téléphonique; **to make a (phone) c.,** téléphoner (**to,** à); **c. box,** cabine *f* (téléphonique); **c. sign,** indicatif d'appel; **c. girl,** call-girl *f* (*c*) visite *f*; **to make a c. on s.o.,** rendre visite à qn; *Nau:* **port of c.,** port d'escale (*d*) demande *f* (d'argent); *Fin:* appel de fonds (*e*) vocation *f*. **II.** *v* **1.** *vtr* (*a*) appeler (qn); réveiller (qn); crier (qch); héler (un taxi); téléphoner à (qn); faire venir (un médecin); convoquer (qn) (**to,** à); convoquer (une assemblée); attirer (l'attention) (**to,** sur); demander (une trêve) (*b*) **to be called, to c. oneself,** s'appeler; **to c. s.o. names,** injurier qn; **to c. s.o. a liar,** traiter qn de menteur; **let's c. it £5,** disons, mettons, £5; **to c. into question,** mettre en question; **2.** *vi* (*a*) appeler; crier; **to c. to s.o.,** appeler, héler, qn; *Tp:* **who's calling?** c'est de la part de qui? (*b*) **to c. (in, round, by, over),** passer; **to c. at s.o.'s house,** (i) rendre visite à qn (ii) passer chez qn; **has anyone called?** est-ce que quelqu'un est venu? (*c*) (*of ship*) faire escale (à un port); (*of train*) s'arrêter (dans une gare). **call 'back** *vtr & i* rappeler (qn). **'callboy** *n* (*a*) *Th:* avertisseur *m* (*b*) *NAm:* chasseur *m* (d'hôtel). **'caller** *n* visiteur, -euse; *Tp:* correspondant, -ante. **'call for** *vtr* (*a*) appeler, faire venir (qn); demander (une explication); **to c. for help,** appeler à l'aide, crier au secours (*b*) passer prendre. **'call 'in 1.** *vtr* (*a*) faire venir, faire entrer (qn); appeler (la police); faire appel à (un spécialiste) (*b*) rappeler, faire rentrer **2.** *vi* **to c. in on s.o.** passer chez qn. **'call-in** *a WTel*: (*of programme*) à ligne ouverte. **'calling** *n* (*a*) vocation *f* (*b*) *NAm:* **c. card,** carte *f* de visite. **'call 'off** *vtr* (*a*) annuler (un rendez-vous, etc) (*b*) rappeler (un chien). **'call on** *vtr* passer voir, passer chez (qn); **to c. on s.o. for sth,** demander qch à qn; **to c. on s.o. to do,** inviter qn à faire; sommer qn de faire. **'call 'out 1.** *vtr* appeler, faire venir (qn); appeler (des ouvriers) à la grève; **to c. sth out,** crier qch **2.** *vi* appeler; crier; **to c. out to s.o.,** appeler, héler, qn; **to c. out for sth,** demander qch à haute voix. **'call 'up 1.** *vtr* (*a*) évoquer (des souvenirs) (*b*) *Mil:* mobiliser (qn) **2.** *vtr & i esp NAm:* téléphoner à (qn). **'call-up** *n Mil:* appel (sous les drapeaux); mobilisation *f.* **'call upon** *vtr* **to c. u. s.o. for sth,** demander qch à qn.

calligraphy [kə'ligrəfi] *n* calligraphie *f.*

callipers ['kælipəz] *npl* (*a*) compas *m* (de calibre) (*b*) *Med:* appareil *m* orthopédique.

callous ['kæləs] *a* (*of pers*) cruel, insensible. **'callously** *adv* cruellement, sans pitié.

callus ['kæləs] *n* (*pl* **calluses**) durillon *m*, cal *m.*

calm [kɑ:m] **1.** *a* calme, tranquille; **keep c.!** du calme! **2.** *n* (*also* **'calmness**) calme *m*; tranquillité *f* **3.** *vtr* **to c. (down),** calmer. **4.** *vi* **to c. down,** se calmer. **'calmly** *adv* calmement, avec calme.

calorie ['kæləri] *n* calorie *f.* **calo'rific** *a* calorifique.

calumny ['kæləmni] *n* calomnie *f.*

calvary ['kælvəri] *n Rel:* calvaire *m.*

calve [kɑ:v] *vi* vêler. **'calves** *npl see* **calf.**

calyx ['keiliks] *n* (*pl* **-yxes, -yces**) *Bot:* calice *m.*

cam [kæm] *n Mec:* came *f.* **'camshaft** *n Mec:* arbre *m* à came(s).

camber ['kæmbər] **1.** *n* bombement *m* (d'une route) **2.** *vtr* bomber (une chaussée).

Cambodia [kæm'boudiə] *Prn Hist: Geog:* Cambodge *m.*

came [keim] *see* **come.**

camel ['kæməl] *n* (*a*) chameau *m*; **c. (hair) coat,** manteau en poil de chameau (*b*) (*colour*) fauve *m.*

camellia [kə'mi:liə] *n Bot:* camélia *m.*

cameo ['kæmiou] *n* camée *m.*

camera ['kæmərə] *n* appareil(-photo) *m*; **(film,** *NAm:* **movie) c.,** caméra *f.* **'cameraman** *n* (*pl* **-men**) cameraman *m*; cadreur *m.*

camisole ['kæmisoul] *n Cl:* caraco *m*, modestie *f.*

camomile ['kæməmail] *n Bot:* camomille *f.*

camouflage ['kæməflɑ:ʒ] **1.** *n* camouflage *m* **2.** *vtr* camoufler.

camp¹ [kæmp] **1.** *n* camp *m*; campement *m*; **c. bed,** lit de camp; **camp(ing) chair,** chaise pliante; *Fig:* **c. follower,** partisan, -ane **2.** *vi* **to c. (out),** camper; faire du camping. **'camper** *n* **1.** campeur, -euse **2.** camping-car *m.* **'campfire** *n* feu *m* de camp. **'camping** *n* camping *m*; **c. equipment,** matériel de camping; **c. site,** (terrain *m* de) camping; **c. stove,** camping-gaz *m.* **'campsite** *n* camping.

camp² *a* affecté, exagéré (de façon à provoquer le rire).

campaign [kæm'pein] **1.** *n* campagne *f* **2.** *vi* faire campagne. **cam'paigner** *n* militant, -ante (**for,** pour, en faveur de).

camphor ['kæmfər] *n* camphre *m.* **'camphorated** *a* **c. oil,** huile camphrée.

campion ['kæmpiən] *n Bot:* lychnis *m.*

campus ['kæmpəs] *n* campus *m.*

can¹ [kæn] **1.** *n* (*a*) bidon *m* (d'huile, etc); **watering c.,** arrosoir *m*; *NAm:* **trash, garbage, c.** (*Br* = **dustbin**), boîte *f* à ordures; poubelle *f* (*b*) boîte (de conserve, de bière) **2.** *vtr* **(canned)** mettre (des aliments) en boîte, en conserve. **'canned** *a* en boîte, conserve; **c. food,** conserves *fpl.* **'can-opener** *n* ouvre-boîtes *m inv.*

can² *modal aux v* (*pres* **can,** *neg* **cannot, can't;** *pt:* **could,** *neg* **could not, couldn't) 1.** pouvoir; **I c. do it,** je peux le faire; **c. I help you?** puis-je vous aider? **I can't, cannot, allow that,** je ne saurais permettre cela; **as soon as I c.,** aussitôt que je pourrai; **all he c., could,** de son mieux; **he could do it tomorrow,** il pourrait le faire demain; **she couldn't help me,** elle ne pouvait pas m'aider; **he could be wrong,** il a peut-être tort; **that cannot be,** cela n'est pas possible; **he can't be old,** il ne doit pas être vieux; **what c. it be?** qu'est-ce que cela peut être? **it could be that,** il est possible que; **what c. he want?** qu'est-ce qu'il peut bien vouloir? **she's as pleased as c. be,** elle est on ne peut plus contente **2.** savoir; **I c. swim,** je sais nager **3.** (*permission* = **may**) **c. I come in?** puis-je entrer? **you can't come,** tu ne peux pas venir **4.** (*not translated*) **I c. see, hear, feel, nothing,** je ne vois, n'entends, ne sens, rien **5. you c. but try,** vous pouvez toujours essayer.

Canada ['kænədə] *Prn Geog:* Canada *m.* **Ca'nadian** *a & n* canadien, -ienne.

canal [kə'næl] *n* canal *m.*

canary [kə'nɛəri] *n* (*pl* **canaries**) (*a*) *Orn:* canari *m*, serin *m* (*b*) **c. (yellow),** jaune *m* canari.

cancel ['kænsəl] *vtr* **(cancelled,** *NAm:* **canceled)** annuler; résilier (un contrat); biffer (un mot, etc); supprimer (un train); décommander (des marchandises, un rendez-vous, etc); oblitérer (un timbre); *Mth:* éliminer; **to c. a ticket,** composter, poinçonner, un billet. **cance'llation** *n* annulation *f*; suppression *f*; oblitération *f.* **'cancel 'out** *vtr & i* **to c. (each other) o.,** s'annuler.

cancer ['kænsər] *n* (*a*) cancer *m*; **c. patient,** cancéreux, -euse; c. **specialist,** cancérologue *mf* (*b*) *Astr:* C., le Cancer. '**cancerous** *a* cancéreux.

candelabra [kændə'lɑːbrə] *n* candélabre *m*.

candid ['kændid] *a* franc, sincère. '**candidly** *adv* franchement, sincèrement. '**candour**, *NAm:* **candor** *n* franchise *f*, sincérité *f*.

candidate ['kændidət] *n* candidat, -e, aspirant, -e. '**candidacy**, '**candidature** *n* candidature *f*.

candle ['kændl] *n* (*wax*) bougie *f*; (*tallow*) chandelle *f*; (*in church*) cierge *m*; **c. grease,** suif *m*; *F:* **to burn the c. at both ends,** brûler la chandelle par les deux bouts; *F:* **he can't hold a c. to you,** il ne vous arrive pas à la cheville. '**candlelight** *n* lumière *f* de bougie; **by c.,** à la (lueur d'une) bougie; **to have dinner by c.,** dîner aux chandelles. '**Candlemas** *n* *Ecc:* la Chandeleur. '**candlestick** *n* chandelier *m*; (*small*) bougeoir *m*. '**candlewick** *n* *Tex:* chenille *f* (de coton).

candy ['kændi] *n* *NAm:* (*Br* = **sweet**) bonbon(s) *m(pl)*; **c. store** (*Br* = **sweet shop**), confiserie *f*; **cotton c.,** (*Br* = **candyfloss**) barbe *f* à papa.'**candied** *a* (*of fruit*) confit, glacé. '**candyfloss** *n* (*NAm:* = **cotton candy**) barbe à papa. '**candy-striped** *a* pékiné.

cane [kein] **1.** *n* canne *f*; jonc *m*; (*for basket, etc*) rotin *m*; *Sch:* baguette *f*; **c. furniture,** meubles en rotin; **raspberry c.,** tige *f* de framboisier; **sugar c.,** canne à sucre; **c. sugar,** sucre *m* de canne **2.** *vtr* *Sch:* fouetter. '**caning** *n* *Sch:* le fouet.

canine ['keinain] **1.** *a* canin **2.** *n* canine *f*.

canister ['kænistər] *n* boîte *f* (en métal).

canker ['kæŋkər] *n* *Med:* & *Fig:* chancre *m*.

cannabis ['kænəbis] *n* (*a*) *Bot:* chanvre indien (*b*) haschisch *m*.

cannibal ['kænibəl] *n* & *a* cannibale (*mf*). '**cannibalism** *n* cannibalisme *m*. '**cannibalize** *vtr* démonter (un moteur) pour utiliser les pièces détachées.

cannon ['kænən] **I.** *n* canon *m*; **c. fodder,** chair à canon. **II.** *vi* **(cannoned) to c. into s.o., sth,** se heurter contre qn, qch. '**cannonball** *n* boulet *m* (de canon).

cannot ['kænɔt] *see* **can.**

canny ['kæni] *a* **(-ier, -iest)** rusé, malin. '**cannily** *adv* avec ruse.

canoe [kə'nuː] **1.** *n* canoë *m*, kayak *m*; *FrC:* canot *m*; **dugout c.,** pirogue *f* **2.** *vi* **(canoed)** faire du canoë, du kayak. **ca'noeing** *n* *Sp:* **to go c.,** faire du canoë, du kayak. **ca'noeist** *n* canoéiste *mf*, kayakiste *mf*.

canon ['kænən] *n* (*a*) canon *m*; **c. law,** droit canon (*b*) (*pers*) chanoine *m*. **canoni'zation** *n* canonisation *f*. '**canonize** *vtr* canoniser.

canoodle [kə'nuːdl] *vi* *F:* se faire des mamours.

canopy ['kænəpi] *n* (*over altar, etc*) dais *m*; (*over bed*) dais, baldaquin *m*; (*over doorway*) auvent *m*; (*glass*) marquise *f*; *Fig:* voûte *f*.

cant [kænt] *n* (*a*) jargon *m* (*b*) langage *m* hypocrite.

can't [kɑːnt] *see* **can.**

Cantab. ['kæntæb] *abbr* *Cantabrigiensis*, de l'Université de Cambridge.

cantaloup(e) ['kæntəluːp, *NAm:* -loup] *n* *Hort:* cantaloup *m*.

cantankerous [kæn'tæŋkərəs] *a* grincheux, acariâtre.

cantata [kæn'tɑːtə] *n* *Mus:* cantate *f*.

canteen [kæn'tiːn] *n* (*a*) cantine *f* (*b*) (*flask*) gourde *f*; **c. of cutlery,** ménagère *f*.

canter ['kæntər] **1.** *n* petit galop **2.** *vi* aller au petit galop.

Canterbury ['kæntəbəri] *Prn* Cantorbéry *m*; *Bot:* **C. bell,** campanule *f* (à grosses fleurs).

cantilever ['kæntiliːvər] *n* **c. bridge,** pont cantilever.

canvas ['kænvəs] *n* (grosse) toile; (*for embroidery*) canevas *m*; **under c.,** sous la tente; *Nau:* sous voile.

canvass ['kænvəs] **1.** *vtr* (*a*) solliciter (des suffrages); prospecter (la clientèle); faire du démarchage dans (un quartier); sonder (des opinions); **to c. s.o.,** (i) *Pol:* solliciter des voix de qn (ii) *Com:* solliciter des commandes de qn (*b*) examiner minutieusement (une question) **2.** *vi* faire du démarchage (électoral). '**canvasser** *n* *Pol:* agent électoral; *Com:* démarcheur, -euse. '**canvassing** *n* *Com:* démarchage *m*, prospection *f*; *Pol:* démarchage (électoral).

canyon ['kænjən] *n* cañon *m*, canyon *m*.

cap [kæp] **1.** *n* (*a*) (*with peak*) casquette *f*; (*for shower, etc*) & *Nau:* bonnet *m*; toque *f* (de magistrat, de jockey); *Mil:* (*hard*) képi *m*; (*soft*) calot *m*; *Sch:* **c. and gown,** costume *m* académique; *Sp:* **to have three caps,** avoir eu trois sélections nationales; *F:* **c. in hand,** chapeau bas (*b*) capuchon *m* (de stylo); capsule *f* (de bouteille de bière, de lait); bouchon *m* (de bouteille, de tube, de valve); (*contraceptive*) **(Dutch) c.,** diaphragme *m* (*c*) *Toys:* amorce *f*, capsule **2.** *vtr* **(capped)** (*a*) coiffer; capsuler (une bouteille); (*of clouds*) couronner (une montagne); **capped with,** coiffé de (*b*) (*outdo*) surpasser; renchérir sur; **to c. it all,** pour comble (*c*) *Sp:* nommer (qn) à l'équipe nationale.

capable ['keipəbl] *a* (*a*) capable (**of sth,** de qch; **of doing,** de faire); compétent (*b*) susceptible (**of,** de). **capa'bility** *n* capacité *f* (**for,** de). '**capably** *adv* avec compétence.

capacity [kə'pæsiti] *n* (*a*) (*of container*) capacité *f*, contenance *f*; (*output*) rendement *m*; **seating c.,** nombre *m* de places (assises); **filled to c.,** absolument plein, comble; **c. audience,** salle *f* comble (*b*) aptitude *f* (**for,** à); capacité; **in my c. of,** en ma qualité de; **in one's official c.,** dans l'exercice de ses fonctions; **in a private, advisory, c.,** à titre privé, consultatif. **ca'pacious** *a* vaste, ample. **ca'pacitor** *n* *Elcs:* condensateur *m*.

cape[1] [keip] *n* *Cl:* cape *f*; (*of cyclist*) pèlerine *f*.

cape[2] *n* cap *m*. '**Cape Town** *Prn* *Geog:* le Cap.

caper[1] ['keipər] *n* *Cu:* câpre *f*.

caper[2] **1.** *n* (*a*) cabriole *f* (*b*) *P:* affaire *f*; *F:* (*prank*) farce *f*; *F:* (*trip*) virée *f* **2.** *vi* **to c. (about),** faire des cabrioles; gambader.

capillary [kə'piləri] *a* & *n* capillaire (*m*).

capital ['kæpitl] **1.** *a* capital **2.** *n* (*a*) **c. (city)** capitale *f* (*b*) **c. (letter),** majuscule *f*, capitale (*c*) *Fin:* capital *m*; fonds *m(pl)*; **to make c. out of sth,** profiter de qch; **c. assets,** actif immobilisé; **c. goods,** biens *mpl* d'équipement; **c. expenditure,** mise *f* de fonds; **c. gains tax,** impôt *m* sur les plus-values (*d*) *Arch:* chapiteau *m* **3.** *int* excellent! '**capitalism** *n* capitalisme *m*. '**capitalist** *a* & *n* capitaliste (*mf*). **capitali'zation** *n* capitalisation *f*. '**capitalize** **1.** *vtr* capitaliser **2.** *vi* **to c. on,** tirer parti de.

capitulate [kə'pitjuleit] *vi* capituler. **capitu'lation** *n* capitulation *f*.
capon ['keipɒn] *n Cu:* chapon *m*.
caprice [kə'pri:s] *n* caprice *m*. **ca'pricious** *a* capricieux. **ca'priciously** *adv* capricieusement.
Capricorn ['kæprikɔ:n] *n Astr:* le Capricorne.
capsicum ['kæpsikəm] *n Comest:* (*sweet*) poivron *m*; (*hot*) piment *m*.
capsize [kæp'saiz] *vtr & i Nau:* (faire) chavirer.
capstan ['kæpstən] *n* cabestan *m*.
capsule ['kæpsəl, 'kæpsju:l] *n* capsule *f*.
captain ['kæptin] **1.** *n* capitaine *m*; chef *m*; *Av:* commandant *m* (de bord) **2.** *vtr* commander (un navire); conduire (une expédition); diriger; *Sp:* être capitaine (d'équipe). **'captaincy** *n* grade *m* de capitaine; commandement *m* (d'une équipe).
caption ['kæpʃən] *n Cin: Journ:* sous-titre *m*; (*under illustration*) légende *f*.
captivate ['kæptiveit] *vtr* captiver; charmer.
captive ['kæptiv] **1.** *a* captif **2.** *n* captif, -ive; prisonnier, -ière. **cap'tivity** *n* captivité *f*.
capture ['kæptʃər] **1.** *n* capture *f* **2.** *vtr* (*a*) capturer, prendre (qn, un animal); prendre (une ville) **(from,** à); s'emparer de (qn); capter (l'attention); *Com:* **to c. the market,** accaparer le marché (*b*) (*represent in words, on film, etc*) rendre, reproduire. **'captor** *n* celui, celle, qui fait qn prisonnier; (*unlawful*) ravisseur, -euse.
car [kɑ:r] *n* (*NAm:* = **automobile**) voiture *f*; auto(mobile) *f*; *Rail:* wagon *m*; **c. park,** (*NAm* = **parking lot**) parking *m*; **c. radio,** autoradio *m*; **c. wash,** (i) lavage *m* automatique (ii) lave-auto *m*. **'carfare** *n NAm:* frais *mpl* de voyage. **'carport** *n* auvent *m* (pour voiture). **'carsick** *a* **to be c.,** être malade en voiture.
carafe [kə'ræf] *n* carafe *f*.
caramel ['kærəməl] *n Cu:* caramel *m*.
carat ['kærət] *n Meas:* carat *m*; **eighteen-c. gold,** or à dix-huit carats.
caravan ['kærəvæn] *n* (*a*) (*in desert*) caravane *f* (*b*) (*NAm:* = **trailer**) caravane; (*horse-drawn*) roulotte *f*; **gipsy c.,** roulotte; **c. site,** camping *m* pour caravanes. **'caravanning** *n* caravaning *m*.
caraway ['kærəwei] *n Cu:* carvi *m*, cumin *m*.
carbohydrate [kɑ:bou'haidreit] *n Ch:* hydrate *m* de carbone; **carbohydrates,** glucides *mpl*; (*in diet*) féculents *mpl*.
carbolic [kɑ:'bɒlik] *a Ch:* phénique; (savon) phéniqué; **c. acid,** phénol *m*.
carbon ['kɑ:bən] *n* carbone *m*; **c. dioxide,** gaz *m* carbonique; **c. monoxide,** oxyde *m* de carbone; **c. dating,** datation *f* au carbone; *Typew:* **c. (paper),** (papier *m*) carbone; **c. (copy),** double *m* (au carbone); *Fig:* réplique *f*, double. **'carbonate** *n* carbonate *m*. **car'bonic** *a* carbonique. **carbo'niferous** *a* carbonifère. **'carbonize** *vtr* carboniser.
carboy ['kɑ:bɔi] *n* bonbonne *f*.
carbuncle ['kɑ:bʌŋkl] *n* (*a*) (*garnet*) escarboucle *f* (*b*) *Med:* furoncle *m*, clou *m*.
carburettor, *NAm:* **-etor** [kɑ:bju'retər, *NAm:* 'kɑ:bəreitər] *n* carburateur *m*.
carcase, -cass ['kɑ:kəs] *n* carcasse *f*.
carcinogen [kɑ:'sinədʒen] *n* substance *f* cancérigène. **carcino'genic** *a* cancérigène.
card [kɑ:d] *n* (*a*) carte *f*; (*cardboard*) carton *m*; **playing c.,** carte à jouer; **(index) c.,** fiche *f*; **c. index,** fichier *m*; **banker's c., cheque (guarantee) c.,** carte (de garantie) bancaire; **credit c.,** carte de crédit; **charge c.,** carte de paiement; **a game of cards,** une partie de cartes; **c. game,** jeu de cartes; **c. table,** table *f* de jeu; **to play cards,** jouer aux cartes; *Fig:* **to play one's cards right,** bien jouer son jeu; **to put one's cards on the table,** mettre cartes sur table; *F:* **on,** *NAm:* **in, the cards,** très vraisemblable; *F:* **to get one's cards,** être renvoyé (*b*) *F:* (*pers*) original, -e. **'cardboard** *n* carton *m*; **c. box,** (boîte en) carton. **'card-carrying** *a* **c.-c. member,** membre affilié. **'cardphone** *n* publiphone *m* à carte (à mémoire). **'cardsharp(er)** *n* tricheur, -euse.
cardiac ['kɑ:diæk] *a* cardiaque.
cardigan ['kɑ:digən] *n Cl:* cardigan *m*, gilet *m*.
cardinal ['kɑ:dinl] *a & n* cardinal (*m*).
cardiology [kɑ:di'ɒlədʒi] *n* cardiologie *f*. **'cardiogram** *n Med:* cardiogramme *m*. **cardi'ologist** *n* cardiologue *mf*.
care ['kɛər] **1.** *n* (*a*) souci *m* (*b*) soin(s) *m*(*pl*); attention *f*; *Jur:* **without due c.,** avec négligence; **to take c. of,** prendre soin, s'occuper, de; **to take c. in doing sth,** apporter du soin à faire qch; **to take c. not to do sth,** faire attention à ne pas faire qch; **take c.!** faites attention! prenez garde!; prend soin de toi! **take c. to put everything back,** veillez à tout ranger; **to take c. of oneself, one's health,** faire attention à sa santé; **he can take c. of himself,** il sait se débrouiller; **that matter will take c. of itself,** cela s'arrangera tout seul; (*on parcel*) **with c.,** fragile (*c*) garde *f*, soin; *pl* responsabilités *fpl* (d'État); (*on letter*) **c. of Mrs X,** aux bons soins de, chez, Mme X; *Adm:* **in c.,** (enfant) assisté; **to put sth in s.o.'s c.,** confier qch à, aux soins de, qn **2.** *vi* (*a*) **to c. about,** se soucier de, s'intéresser à; **I don't c.!** ça m'est égal; *F:* **I couldn't c. less!** je m'en fiche! **what do I c.?** qu'est-ce que ça peut bien (me) faire? **who cares?** qu'est-ce que ça fait? **for all I c.,** pour tout ce que ça me fait; **that's all he cares about,** il n'y a que cela qui l'intéresse (*b*) vouloir, aimer; **would you c. to try?** voulez-vous essayer? aimeriez-vous essayer? **'care for** *vtr* (*a*) aimer; **I don't c. f. this music,** je n'aime pas tellement cette musique; **to c. for a drink, a change,** avoir envie d'une boisson, d'un changement; **to c. for s.o,** avoir de la sympathie pour qn (*b*) s'occuper de (qn); soigner (qn); **well cared for,** (air) soigné. **'carefree** *a* insouciant. **'careful** *a* (*a*) soigneux (**about, of,** de); (travail) attentif, soigné; **be c.!** faites attention! **be c. you don't fall,** fais attention de ne pas tomber (*b*) prudent; **c. with money,** regardant; **to be c. of, with,** faire attention à. **'carefully** *adv* (*a*) soigneusement, avec soin (*b*) prudemment. **'carefulness** *n* (*a*) soin *m*, attention *f* (*b*) prudence *f*. **'careless** *a* qui manque de soin; négligent; (*thoughtless*) irréfléchi; (*inattentive*) inattentif (**of,** à); **c. mistake,** faute d'inattention. **'carelessly** *adv* (*a*) avec inattention (*b*) négligemment; sans soin. **'carelessness** *n* (*a*) inattention *f* (*b*) manque *m* de soin; négligence *f*. **'caretaker** *n* concierge *mf*, gardien, -ienne (d'immeuble, de musée); **c. government,** gouvernement intérimaire. **'careworn** *a* rongé par les soucis. **'caring 1.** *a*

(*loving*) aimant; (*understanding*) compréhensif **2.** *n* affection *f*.

career [kə'riər] **1.** *n* carrière *f*; **c. woman,** femme qui veut faire (une) carrière; **c. diplomat,** diplomate de carrière; *Sch:* **careers master, mistress,** orienteur, -euse, professionnel(le) **2.** *vi* **to c. (along),** aller à toute vitesse.

caress [kə'res] **1.** *n* (*pl* **caresses**) caresse *f* **2.** *vtr* caresser; embrasser.

cargo ['kɑːgou] *n* (*pl* **cargoes,** *NAm:* **-os**) cargaison *f*; chargement *m*; **c. boat,** cargo *m*.

Caribbean [kæri'biːən, *NAm:* kə'ribiən] **1.** *a* caraïbe **2.** *n* **the C. (Sea),** la mer des Antilles, des Caraïbes; **the C. (Islands),** les Antilles *f*.

caribou ['kæribuː] *n Z:* caribou *m*.

caricature ['kærikətjuər] **1.** *n* caricature *f* **2.** *vtr* caricaturer. **'caricaturist** *n* caricaturiste *mf*.

caries ['kɛəriːz] *n Med:* carie *f*.

carmine ['kɑːmain] *a & n* carmin (*m inv*).

carnage ['kɑːnidʒ] *n* carnage *m*.

carnal ['kɑːnl] *a* charnel; sexuel; (péchés) de (la) chair.

carnation [kɑː'neiʃn] *n Bot:* œillet *m*.

carnival ['kɑːnivəl] *n* carnaval *m*, *pl* -als.

carnivore ['kɑːnivɔːr] *n* carnivore *m*, carnassier *m*. **car'nivorous** *a* carnivore, carnassier.

carol ['kærəl] *n* **(Christmas) c.,** chant *m* (de Noël), noël *m*.

carouse [kə'rauz] *vi* faire la fête, *F:* la bombe.

carousel [kærə'sel] *n* (*a*) *NAm:* (*Br* = **roundabout**) manège *m* (de foire) (*b*) (*conveyer*) carrousel *m*.

carp¹ [kɑːp] *n inv Ich:* carpe *f*.

carp² *vi* critiquer; **to c. at,** critiquer. **'carping** *a & n* critique (*f*).

carpenter ['kɑːpintər] *n* charpentier *m*; (*joiner*) menuisier *m*. **'carpentry** *n* charpenterie *f*; menuiserie *f*.

carpet ['kɑːpit] **1.** *n* tapis *m*; (*fitted*) moquette *f*; **c. sweeper,** balai mécanique; *F:* (*of pers*) **to be on the c.,** être sur la sellette **2.** *vtr* recouvrir d'un tapis, d'une moquette; *Fig:* (*of snow, etc*) tapisser. **'carpeting** *n* tapis *mpl*; moquette.

carriage ['kæridʒ] *n* (*a*) *Com:* transport *m*; **c. free,** franco de port; **c. paid,** port payé (*b*) (*of pers*) port, maintien *m* (*c*) **(horse and) c.,** voiture *f*; équipage *m*; **c. and pair,** voiture à deux chevaux (*d*) *Rail:* (*NAm:* = **coach**) voiture (*e*) *Typw:* chariot *m*. **'carriageway** *n* chaussée *f*; **dual c.,** route *f* à deux voies (séparées).

carrier ['kæriər] *n* **1.** (*a*) *Med:* porteur, -euse (*b*) *Com:* entreprise *f* de transport; **c. pigeon,** pigeon voyageur **2.** support *m*; (*on bicycle, etc*) porte-bagages *m inv*; **c. (bag),** sac *m* (en plastique, en papier) **3. (aircraft) c.,** porte-avions *m inv*; **(troop) c.,** (avion *m* de) transport *m* de troupes; **personnel c.,** véhicule *m* de transport de troupes.

carrion ['kæriən] *n* charogne *f*; **c. crow,** corneille noire.

carrot ['kærət] *n Hort:* carotte *f*.

carry ['kæri] *v* **(carried) 1.** *vtr* (*a*) porter; transporter (des marchandises); (*of wind*) emporter; (*of bus, wires*) conduire (qn, le son); (*of pipes*) amener (l'eau); (*of pillar*) supporter (le poids); *Com:* produire (des intérêts); avoir (de l'autorité); *Med:* attendre (un enfant); **to c. oneself,** se comporter; **to c. all before one,** triompher sur toute la ligne; **to c. one's hearers with one,** entraîner son auditoire; **to c. too far,** pousser trop loin; *F:* **to c. the can,** payer les pots cassés (*b*) (*involve*) comporter (*c*) (*win*) remporter (*d*) faire passer, voter (une proposition) (*e*) (*of shop*) stocker (un article) (*f*) *Mth:* retenir; **two down, c. one,** je pose deux et je retiens un **2.** *vi* (*of voice*) porter. **'carryall** *n NAm:* fourre-tout *m inv*. **carry a'long** *vtr* emporter, entraîner. **carry a'way** *vtr* emporter; *Fig:* transporter; **to be, get, carried a.,** s'emballer. **carry 'back** *vtr* rapporter (qch); ramener (qn); (*in thought*) reporter. **'carrycot** *n* (nacelle *f*) porte-bébé *m*. **carry 'forward** *vtr* reporter. **'carryings-on** *npl Pej:* activités *fpl*; (*behaviour*) façons *fpl*. **carry 'off** *vtr* emporter (qch); enlever (qn); remporter (un prix); **to c. it off,** réussir. **carry 'on 1.** *vtr* continuer; diriger, mener (une affaire); exercer (un métier); entretenir (une correspondance); soutenir (une conversation) **2.** *vi* (*a*) continuer; persévérer; **to c. on with sth,** continuer qch; **to c. on about,** ne pas arrêter de causer de (*b*) *Pej:* se conduire (mal); (*complain*) se plaindre. **'carry-on** *n F:* histoire(s). **carry 'out** *vtr* (*a*) exécuter, réaliser (un projet); effectuer (une réparation, etc); accomplir (un devoir); s'acquitter de (une tâche); (*b*) *NAm:* emporter (un repas). **'carry-out** *n Scot: & NAm:* repas *m* à emporter; plats cuisinés à emporter. **carry 'over** *vtr* reporter. **carry 'through** *vtr* mener à bonne fin (un projet).

cart [kɑːt] **1.** *n* charrette *f*; (*handcart*) voiture *f* à bras; **c. track,** chemin charretier; *Fig:* **to put the c. before the horse,** mettre la charrue devant les bœufs; *F:* **to be in the c.,** être dans de beaux draps **2.** *vtr* charrier; transporter; *F:* **to c. (around),** trimbaler; **to c. away,** emporter. **'carthorse** *n* cheval *m* de trait. **'cartload** *n* charretée *f*. **'cartwheel** *n* roue *f* de charrette; *Gym:* **to turn cartwheels,** faire la roue.

cartel [kɑː'tel] *n* cartel *m*.

cartilage ['kɑːtilidʒ] *n* cartilage *m*.

cartographer [kɑː'tɔgrəfər] *n* cartographe *mf*.

carton ['kɑːtən] *n* carton; *m*; (*of milk, fruit juice, etc*) brick *m*, pack *m*; (*of cream*) pot *m*; (*of cigarettes*) cartouche *f*.

cartoon [kɑː'tuːn] *n* (*a*) *Art:* carton *m* (*b*) *Journ:* dessin *m* (humoristique); **(strip) c.,** bande dessinée (*c*) *Cin:* dessin animé. **car'toonist** *n Journ:* dessinateur, -trice (humoristique).

cartridge ['kɑːtridʒ] *n* (*of firearm, pen, camera, tape deck*) cartouche *f*; (*of record player*) cellule *f*; **c. belt,** cartouchière *f*; **c. paper,** papier fort, à cartouche.

carve [kɑːv] *vtr* (*a*) tailler **(out of,** dans); sculpter, graver, ciseler (du marbre, du bois); graver (des initiales); **to c. out sth for oneself,** se tailler qch (*b*) découper (la viande). **'carver** *n* **1.** (*a*) sculpteur *m* (sur bois) (*b*) découpeur, -euse (de la viande) **2.** (*a*) couteau *m* à découper (*b*) fauteuil *m* de table (à bras). **carve 'up** *vtr* (*a*) découper (la viande); dépecer, morceler (un pays) (*b*) *P:* donner des coups de couteau à (qn). **'carving** *n* (*a*) *Art:* **(wood) c.,** sculpture *f* (sur bois) (*b*) découpage *m* (de la viande); **c. knife, fork,** couteau, fourchette *f*, à découper.

cascade [kæs'keid] **1.** *n* chute *f* d'eau, cascade *f*; (*of rocks*) chute; (*of blows*) déluge *m*; (*of lace*) flot *m* **2.** *vi* tomber (en cascade); pendre.

case¹ [keis] *n* (*a*) cas *m*; **if that's the c.**, s'il en est ainsi; **that's often the c.**, cela arrive souvent; **it's a c. of**, il s'agit de; **in c. of**, en cas de; **in c. he isn't there**, au cas, dans le cas, où il n'y serait pas; **in c. it rains**, au cas, pour le cas, où il pleuvrait; **in that c.**, en ce cas, dans ce cas-là; **in any c.**, en tout cas; **(just) in c.**, à tout hasard; **in most cases**, dans la plupart des cas; **as the c. may be**, selon le cas; **c. history**, antécédents médicaux; **c. load**, (nombre *m* de) dossiers *mpl* (d'un médecin, etc) (*b*) *Jur:* affaire *f*, cause *f*; **the c. for the Crown**, l'accusation *f* (*c*) *Phil:* arguments *mpl* (**for, against**, en faveur de, contre) (*d*) *F:* (*pers*) original, -e. **'casebook** *n* dossier (médical). **'case-hardened** *a* (*of pers*) endurci. **'casework** *n* (*of social worker*) traitement individuel.

case² *n* (*a*) (*suitcase*) valise *f* (*b*) caisse *f* (de marchandises) (*c*) étui *m* (à lunettes, à cigarettes, à violon, etc); coffret *m*, écrin *m* (pour bijoux); **(display) c.**, vitrine *f*; *Typ:* **lower, upper, c.**, bas *m*, haut *m*, de casse. **'casement ('window)** *n* fenêtre *f* à battant; croisée *f*. **'casing** *n* enveloppe *f*.

cash [kæʃ] **1.** *n no pl* espèce(s) *f*(*pl*); argent *m*; **to pay (in) c.**, payer en espèces, en liquide; **to be short of c.**, être à sec; **c. down**, argent (au) comptant; **to pay c. (down)**, payer comptant, *F:* cash; **c. (in hand)**, encaisse *f*; **in c.**, en espèces; **c. price**, prix (au) comptant; **c. on delivery**, paiement à la livraison; **c. with order**, envoi contre remboursement; **c. price**, prix *m* (au) comptant; **c. box, desk**, caisse *f*; **c. register**, caisse enregistreuse; **c. crop**, culture commerciale; **c. and carry**, supermarché de demi-gros; **c. flow**, cash-flow *m* **2.** *vtr* changer (un billet de banque); **to c. a cheque**, encaisser un chèque; (*of bank*) payer un chèque; *F:* **to c. in on**, profiter de. **ca'shier 1.** *n* caissier, -ière **2.** *vtr Mil:* casser (un officier).

cashew [kæ'ʃu:] *n* **c. (nut)**, (noix *f* de) cajou *m*.

cashmere ['kæʃmiər] *n* cachemire *m*.

casino, *pl* **-os** [kə'si:nou, -ouz] *n* casino *m*.

cask [kɑ:sk] *n* barrique *f*, fût *m*, tonneau *m*.

casket ['kɑ:skit] *n* (*a*) coffret *m* (*b*) cercueil *m*.

casserole ['kæsəroul] **1.** *n* (*a*) cocotte *f* (*b*) ragoût *m* en cocotte **2.** *vtr* faire cuire en cocotte.

cassette [kæ'set] *n* (*a*) *Phot:* cartouche *f* (*b*) (*for tape recorder*) cassette *f*; **c. player**, lecteur *m* de cassettes; **c. recorder**, magnétophone *m* à cassettes.

cassock ['kæsək] *n Ecc:* soutane *f*.

cast [kɑ:st] **1.** *n* (*a*) coup *m* (de dés); *Fish:* lancer *m* (de la ligne) (*b*) moulage *m*; *Med:* plâtre *m* (*c*) **c. of mind**, tournure *f* d'esprit; **c. of features**, physionomie *f*; **to have a c. in one's eye**, avoir un léger strabisme (*d*) *Th:* acteurs *mpl*; (*list*) distribution *f* **2.** *vtr* **(cast)** (*a*) jeter, lancer; projeter (de la lumière, une ombre); rejeter (la faute) (**on**, sur); jeter (un regard); exprimer (son doute); **to c. one's mind back**, se reporter en arrière (*b*) (*lose*) perdre; (*of snake*) **to c. its skin**, muer (*c*) **to c. a vote**, voter (**for**, pour) (*d*) couler (du métal, une statue); **c. iron**, fonte *f* (*e*) *Th:* distribuer (les rôles); **to c. s.o. as**, donner le rôle de à qn. **cast a'bout, a'round, for** *vtr* chercher. **'cast a'side** *vtr* rejeter. **cast a'way** *vtr* **to be c. a.**, faire naufrage. **'castaway** *n* naufragé, -ée. **'casting 1.** *a* **c. vote**, voix prépondérante **2.** *n* (*a*) moulage, fonte (*b*) pièce de fonte, pièce coulée (*c*) *Th:* distribution (des rôles). **cast-'iron** *a* (*a*) (poêle) en fonte (*b*) (*of will, etc*) de fer, solide; (*of alibi*) en béton. **cast 'off 1.** *vtr* se libérer de (ses chaînes); se dépouiller de; *Fig* abandonner **2.** (*a*) *vi Nau:* appareiller (*b*) *vtr & i Knit:* arrêter (les mailles). **'cast-off clothes, 'cast-offs** *npl* vieux vêtements. **'cast 'on** *vtr & i Knit:* monter (des mailles).

castanets [kæstə'nets] *npl* castagnettes *fpl*.

caste [kɑ:st] *n* caste *f*.

caster ['kɑ:stər] *n* (*a*) saupoudroir *m*; **c. sugar**, sucre *m* en poudre (*b*) roulette *f*.

castigate ['kæstigeit] *vtr* châtier, corriger (qn); critiquer sévèrement (qch).

castle ['kɑ:sl] **1.** *n* (*a*) château (fort) (*b*) *Chess:* tour *f* **2.** *vtr & i Chess:* roquer.

castor ['kɑ:stər] *n* (*a*) saupoudroir *m*; **c. sugar**, sucre *m* en poudre; (*b*) roulette *f* (*c*) **c. oil**, huile *f* de ricin.

castrate [kæ'streit] *vtr* châtrer. **cas'tration** *n* castration *f*.

casual ['kæʒjuəl] *a* (*a*) (*of meeting*) fortuit; (*of remark*) fait en passant; **c. stroll**, promenade *f* sans but; **c. acquaintance**, quelqu'un que l'on connaît un peu (*b*) (*of work*) irrégulier; (*of worker*) temporaire (*c*) insouciant; désinvolte (*d*) **c. clothes**, vêtements *mpl* sport *inv*. **'casually** *adv* (*a*) fortuitement, par hasard; (*to remark*) en passant (*b*) avec désinvolture. **'casuals** *npl* chaussures *fpl*, vêtements *mpl*, sport.

casualty ['kæʒjuəlti] *n* (*pl* **casualties**) (*dead*) mort, -e; (*wounded*) blessé, -ée; (*accident victim*) accidenté, -ée, victime *f* d'un accident; **casualties**, morts et blessés; *Mil:* pertes *fpl*; *Med:* **c. department**, service des accidentés.

cat [kæt] *n* **1.** (*a*) chat *m*; chatte *f*; *Z:* **the (great) cats**, les grands félins; **c. burglar**, monte-en-l'air *m inv*; *F:* **to be like a c. on hot bricks**, être sur des charbons ardents; *F:* **to let the c. out of the bag**, vendre la mèche; **they quarrel like c. and dog**, ils s'entendent comme chien et chat; *F:* **it's raining cats and dogs**, il pleut à torrents; *F:* **it's not big enough to swing a c. (in)**, c'est grand comme un mouchoir de poche; *F:* **to put the c. among the pigeons**, enfermer le loup dans la bergerie (*b*) *F:* (*of woman*) chipie *f*. **'cat-and-'mouse** *a* **to play a c.-a.-m. game with s.o.**, jouer au chat et à la souris avec qn. **'catcall** *n* sifflet *m*, huée *f*. **'catfish** *n* poisson-chat *m*. **'catgut** *n Mus:* boyau *m*; *Surg:* catgut *m*. **'catkin** *n Bot:* chaton *m*. **'catnap** *n F:* (petit) somme, sieste *f*. **'cat's-eye** *n* (*in road*) catadioptre *m*. **'catsuit** *n Cl:* combinaison *f* (de danse). **'catty** *a* (**-ier, -iest**) *F:* méchant; rosse; **c. remark**, rosserie *f*. **'catwalk** *n* passerelle *f*.

cataclysm ['kætəklizm] *n* cataclysme *m*.

catacombs ['kætəku:mz] *npl* catacombes *f*.

catalogue, *NAm:* **catalog** ['kætəlɔg] **1.** *n* catalogue *m*, liste *f* **2.** *vtr* cataloguer.

catalyst ['kætəlist] *n* catalyseur *m*.

catamaran [kætəmə'ræn] *n Nau:* catamaran *m*.

catapult ['kætəpʌlt] **1.** *n* lance-pierres *m inv*; fronde *f*; *Hist: Av:* catapulte *f* **2.** *vtr* catapulter.

cataract ['kætərækt] *n* cataracte *f*.
catarrh [kə'tɑːr] *n Med:* catarrhe *m*, rhume *m*.
catastrophe [kə'tæstrəfi] *n* catastrophe *f*. **cata'strophic** *a* catastrophique.
catch [kætʃ] **I.** *n* (*a*) capture *f*, prise *f*; *Fish:* pêche *f* (*b*) (*pl* **catches**) (*on door*) loquet *m* (*c*) piège *m*; **c. question,** colle *f*. **II.** *v* (**caught** [kɔːt]) **1.** *vtr* (*a*) attraper (une balle, un voleur, etc); (*grab*) prendre, saisir; attraper, (réussir à) prendre (un train); *F:* **to c. s.o. (in).** trouver qn (chez lui); **I didn't c. the bus,** j'ai manqué l'autobus; **you won't c. me doing that again!** on ne m'y reprendra plus; **to c. s.o. doing sth,** surprendre qn à faire qch; **we were caught in the storm,** l'orage nous a surpris; **to c. one's sleeve on a nail,** accrocher sa manche à un clou; **to c. one's foot on sth,** se prendre le pied dans qch (*b*) (*understand*) saisir; saisir, percevoir, entendre (un bruit); rencontrer (le regard de qn); attirer (l'attention de qn); frapper (la vue); **to c. s.o.'s eye,** attirer l'attention de qn (*c*) attraper (une maladie) **2.** *vi* (*of sleeve, etc*) s'accrocher (**on,** à); (*of fire*) prendre; *Cu:* (*of milk*) attacher; **her skirt (got) caught in the door,** sa jupe s'est prise, coincée, dans la porte. **'catch 'at** *vtr* essayer de saisir; s'accrocher à. **'catching** *a* (*of illness*) contagieux, infectieux. **'catchment area** *n* périmètre *m* scolaire. **'catch 'on** *vi* (*a*) (*of fashion*) prendre, devenir populaire (*b*) saisir, *F:* piger. **catch 'out** *vtr* prendre (qn) en défaut. **'catchphrase** *n* = **catchword. catch 'up 1.** *vtr* rattraper (qn) **2.** *vi* (*a*) se rattraper; se remettre au courant (**with, on, the news,** des nouvelles); **to c. up with s.o.,** rattraper qn. **'catchword** *n* slogan *m*. **'catchy** *a F:* (air) facile à retenir.
catechize ['kætikaiz] *vtr* catéchiser. **'catechism** *n* catéchisme *m*.
category ['kætigəri] *n* (*pl* **categories**) catégorie *f*. **cate'gorical** *a* catégorique. **cate'gorically** *adv* catégoriquement. **'categorize** *vtr* classer (par catégories).
cater ['keitər] *vi* s'occuper de la nourriture; **to c. for, to,** satisfaire (un besoin, un goût); *Journ:* s'adresser à (des lecteurs). **'caterer** *n* traiteur *m*. **'catering** *n* restauration *f*.
caterpillar ['kætəpilər] *n* chenille *f*; **c. tractor,** autochenille *f*; tracteur à chenilles.
caterwaul ['kætəwɔːl] *vi* hurler, crier.
cathedral [kə'θiːdrəl] *n* cathédrale *f*; **c. city,** ville épiscopale, évêché *m*.
catheter ['kæθitər] *n Med:* sonde (creuse).
cathode ['kæθoud] *n Elcs:* cathode *f*; **c. ray tube,** tube cathodique.
catholic ['kæθəlik] **1.** *a* (*a*) universel (*b*) libéral; (esprit) large; (goût) éclectique **2.** *a & n Ecc:* catholique (*mf*). **ca'tholicism** [-isizm] *n* catholicisme *m*.
cattle ['kætl] *npl* bétail *m*; bestiaux *mpl*; **beef c.,** bœufs de boucherie; **c. shed,** étable *f*; **c. breeding,** élevage *m* du bétail; *PN:* **c. crossing,** passage *m* de troupeaux; **c. show,** comice *m* agricole. **'cattlecake** *n* tourteau *m*.
Caucasian [kɔː'keiʒən, -zjən] **1.** *a Geog:* (*a*) caucasien (*b*) *Ethn:* de race blanche **2.** *n* (*a*) *Geog:* caucasien, -ienne (*b*) *Ethn:* blanc *m*, blanche *f*.
caucus ['kɔːkəs] *n NAm: Pol:* comité électoral.
caught [kɔːt] *see* **catch.**
cauldron ['kɔːldrən] *n* chaudron *m*.
cauliflower ['kɔliflauər] *n* chou-fleur *m*; **c. cheese,** chou-fleur au gratin.
cause [kɔːz] **1.** *n* cause *f*; raison *f*; **c. and effect,** la cause et l'effet; **to be the c. of sth,** être (la) cause de qch; **to have good c. for doing sth,** avoir de bonnes raisons pour faire qch; **and with good c.,** et pour cause; **c. for complaint,** sujet *m* de plainte; **in the c. of justice,** pour (la cause de) la justice **2.** *vtr* (*a*) causer, occasionner (un malheur); provoquer (un incendie); créer, causer (des ennuis) (**for,** à) (*b*) **to c. s.o. to do sth,** faire faire qch à qn.
causeway ['kɔːzwei] *n* chaussée *f*.
caustic ['kɔːstik] *a* caustique; (esprit) mordant. **'caustically** *adv* d'un ton mordant.
cauterize ['kɔːtəraiz] *vtr* cautériser. **cauteri'zation** *n* cautérisation *f*.
caution ['kɔːʃən] **1.** *n* (*a*) précaution *f*, prévoyance *f*, prudence *f*; circonspection *f* (*b*) avis *m*, avertissement *m* (*c*) réprimande *f* **2.** *vtr* (*a*) avertir (qn); **to c. s.o. against sth,** mettre qn en garde contre qch (*b*) menacer (qn) de poursuites à la prochaine occasion. **'cautionary** *a* (conte) moral. **'cautious** *a* circonspect, prudent. **'cautiously** *adv* prudemment. **'cautiousness** *n* prudence *f*.
cavalcade [kævəl'keid] *n* cavalcade *f*.
cavalier [kævə'liər] **1.** *a* cavalier **2** *n Hist:* cavalier *m*.
cavalry ['kævəlri] *n* cavalerie *f*.
cave [keiv] *n* caverne *f*, grotte *f*; **c. art,** art rupestre. **cave 'in** *vi* s'effondrer. **'caveman** *pl* **-men** *n* homme *m* des cavernes. **'caving** *n* spéléologie *f*.
cavern ['kævən] *n* caverne *f*. **'cavernous** *a* caverneux.
caviar(e) ['kæviɑːr] *n* caviar *m*.
cavil ['kævil] *vi* (**cavilled**) chicaner, ergoter.
cavity ['kæviti] *n* cavité *f*; creux *m*; trou *m*; **c. wall,** mur *m* double.
cavort [kə'vɔːt] *vi F:* cabrioler; **to c. naked,** se balader tout nu.
caw [kɔː] *vi* croasser.
cayenne ['keien] *n Cu:* **c. (pepper),** poivre *m* de Cayenne.
CB *abbr WTel: citizens' band.*
cc *abbr cubic centimetre(s).*
cease [siːs] *vtr & i* cesser (**doing sth,** de faire qch); **to c. fire,** cesser le feu. **'cease-fire** *n* cessez-le-feu *m inv*. **'ceaseless** *a* incessant. **'ceaselessly** *adv* sans cesse; sans arrêt.
cedar ['siːdər] *n Bot:* cèdre *m*.
cede [siːd] *vtr* céder.
cedilla [si'dilə] *n Gram:* cédille *f*.
ceiling ['siːliŋ] *n* plafond *m*; **output has reached its c.,** la production plafonne.
celebrate ['selibreit] **1.** *vtr* célébrer (une messe, les mérites de qn, etc); fêter (un événement) **2.** *vi* faire la fête; **let's c.!** il faut fêter ça! **'celebrated** *a* célèbre (**for,** par); renommé (**for,** pour). **cele'bration** *n* (*a*) célébration *f* (d'un mariage, etc) (*b*) fête *f*; *F:* **this calls for a c.,** il faut fêter ça. **ce'lebrity** *n* célébrité *f*.
celeriac [sə'leriæk] *n Hort:* céleri-rave *m*.
celery ['seləri] *n Hort:* céleri *m*.

celestial [sə'lestiəl] *a* céleste.
celibate ['selibət] **1.** *a* célibataire; (*of monk, etc*) abstinent **2.** *n* célibataire (*mf*). **'celibacy** *n* célibat *m;* (*of monk, etc*) abstinence *f.*
cell [sel] *n* cellule *f; El:* élément *m;* **dry c.,** pile sèche. **'cellular** *a* cellulaire; (couverture) en cellular. **'celluloid** *n* celluloïd *m.* **'cellulite** *n* cellulite *f.* **'cellulose** *n* cellulose *f.*
cellar ['selər] *n* cave *f.*
cello ['tʃelou] *n* (*pl* **cellos**) violoncelle *m.* **'cellist** *n* violoncelliste *mf.*
cellophane ['seləfein] *n Rtm:* cellophane *f Rtm.*
Celsius ['selsiəs] *a* Celsius *inv.*
Celt [kelt] *n Ethn:* Celte *mf.* **'Celtic** *a* celtique; celte.
cement [si'ment] **1.** *n* ciment *m;* **c. mixer,** bétonnière *f* **2.** *vtr* cimenter.
cemetery ['semətri, *NAm:* 'seməteri] *n* (*pl* **cemeteries**) cimetière *m.*
cenotaph ['senətɑːf] *n* cénotaphe *m.*
censer ['sensər] *n Ecc:* encensoir *m.*
censor ['sensər] **1.** *n* censeur *m;* censure *f* (militaire, etc) **2.** *vtr* censurer; interdire. **'censorship** *n* censure.
censure ['senʃər] **1.** *n* blâme *m;* **c. motion, vote of c.,** motion de censure **2.** *vtr* blâmer; *Pol:* censurer.
census ['sensəs] *n* (*pl* **censuses**) recensement *m.*
cent [sent] *n* (*a*) cent *m;* **I haven't got a c.,** je n'ai pas le sou (*b*) **per c.,** pour cent. **cente'narian** *a & n* centenaire (*mf*). **cen'tenary, cen'tennial** *a & n* centenaire (*m*). **'centigrade** *a* centrigrade. **'centimetre,** *NAm:* **'centimeter** *n* centimètre *m.* **'centipede** *n* mille-pattes *m inv.*
center ['sentər] *n NAm:* = **centre.**
central ['sentrəl] *a* central; **c. heating,** chauffage central. **'centralize** *vtr & i* (se) centraliser. **'centrally** *adv* au centre; **c. heated,** avec chauffage central.
centre, *NAm:* **center** ['sentər] **1.** *n* centre *m;* milieu *m;* **in the c.,** au centre; **c. of gravity,** centre de gravité; **city c.,** centre de la ville, centre-ville; **c. arch,** arche centrale; *Fb:* **c. forward,** avant-centre *m;* **c. half,** demi-centre; *Pol:* **c. party,** parti du centre **2.** *vtr* (*a*) centrer (*b*) **to c. on,** (*of thoughts*) se concentrer (**on,** sur); (*of question*) tourner autour de.
centrifugal [sentri'fjuːgəl] *a* centrifuge. **'centrifuge** *n* centrifugeuse *f.*
century ['sentʃəri] *n* (*pl* **centuries**) (*a*) siècle *m;* **in the twentieth c.,** au vingtième siècle (*b*) *Cr:* cent points *npl.*
ceramic [sə'ræmik] *a* (carreau) de, en, céramique. **ce'ramics** *npl* (*art*) céramique *f;* (*objects*) céramiques *fpl.*
cereal ['siəriəl] *n* céréale *f.*
cerebral ['seribrəl, *NAm*: se'riːbrəl] *a* cérébral.
ceremony ['seriməni] *n* (*pl* **ceremonies**) cérémonie *f;* **without c.,** sans cérémonie(s), sans façon; **to stand on c.,** faire des cérémonies, des façons. **cere'monial 1.** *a* de cérémonie **2.** *n* cérémonial *m.* **cere'monially** *adv* en grande cérémonie. **cere'monious** *a* cérémonieux. **cere'moniously** *adv* avec cérémonie.
cert [səːt] *n F:* **it's a dead c.,** c'est une certitude (absolue), c'est couru (d'avance).
certain ['səːtən] *a* (*a*) (*sure*) certain; **to be c. of sth, that,** être certain, sûr, de qch, que; **I'm almost c. of it,** j'en suis presque sûr; **I'm not c. what to do,** je ne sais pas très bien ce qu'il faut faire; **to know sth for c.,** savoir qch avec certitude; **to make c. of,** s'assurer de (un fait); s'assurer (une place, etc); **be c. to go!** vas-y sans faute! **she's c. to come, she'll come for c.,** c'est certain, sûr, qu'elle viendra (*b*) (*peculiar, some*) certain; **there are c. things,** il y a certaines choses; **c. people,** certaines personnes, certains *mpl;* **a c. Mr Martin,** un certain M. Martin. **'certainly** *adv* (*a*) certainement; assurément; à coup sûr (*b*) sans faute; sans aucun doute; **c.!** bien sûr! **c. not!** bien sûr que non! **'certainty** *n* certitude *f;* chose certaine.
certificate [sə'tifikit] *n* certificat *m;* attestation *f; Fin:* certificat d'actions; *Sch:* diplôme *m,* brevet *m;* **birth, death, c.,** acte de naissance, de décès; **savings c.,** bon *m* d'épargne. **'certifiable** *a* que l'on peut certifier; *F:* (*of pers*) fou à lier. **cer'tificated** *a* diplômé. **'certify 1.** *vtr* (*a*) certifier, déclarer, attester; constater (un décès); **to c. (insane),** déclarer dément (*b*) authentifier, homologuer, légaliser (un document); *NAm:* **certified mail** (*Br* = **registered post**), envoi *m* en recommandé (*c*) *Sch:* diplômer, breveter (qn) **2.** *vi* attester (**to sth,** qch). **'certitude** *n* certitude *f.*
cervix ['səːviks] *n* (*pl* **cervixes**) *Anat:* col *m* de l'utérus. **cervical** ['səːvikl, səː'vaikl] *a* cervical; **c. smear,** frottis vaginal.
cesarean, -ian [si'zɛəriən] *a & n NAm:* = **caesarean, -ian.**
cessation [se'seiʃən] *n* cessation *f;* arrêt *m.*
cesspit, cesspool ['sespit, -puːl] *n* fosse *f* d'aisances; *Fig:* cloaque *m.*
Chad [tʃæd] *Prn Geog:* Tchad *m.*
chafe [tʃeif] **1.** *vtr* (*a*) frotter (la peau) (*b*) échauffer (en frottant) **2.** *vi* (*a*) s'user (par le frottement); (*of skin*) s'écorcher (*b*) s'énerver, s'irriter (**at,** de). **'chafing dish** *n DomEc:* réchaud *m* de table.
chaff [tʃɑːf] **1.** *n* (*a*) balle *f* (du grain) (*b*) *Agr:* menue paille **2.** *vtr* taquiner (qn).
chaffinch ['tʃæfintʃ] *n* (*pl* **chaffinches**) *Orn:* pinson *m.*
chagrin ['ʃægrin, *NAm:* ʃə'grin] **1.** *n* contrariété *f* **2.** *vtr* contrarier.
chain [tʃein] **1.** *n* chaîne *f* (d'anneaux, de montagnes, de magasins, etc); enchaînement *m* suite *f* (d'événements, d'idées); **in chains,** (prisonnier) enchaîné; (*in WC*) **to pull the c.,** tirer la chasse (d'eau); **c. store,** magasin à succursales multiples; **c. reaction,** réaction en chaîne; **c. letter,** chaîne; **c. saw,** tronçonneuse *f* **2.** *vtr* **to c. (down)** enchaîner; **to c. (up) a dog,** mettre un chien à l'attache.
'chain-smoke *vtr & i* fumer cigarette sur cigarette, fumer comme un pompier. **'chainsmoker** *n* **to be a c.-s.,** fumer cigarette sur cigarette, fumer comme un pompier.
chair ['tʃɛər] *n* chaise *f;* (*with arms*) fauteuil *m; Sch:* chaire *f* (de professeur de faculté); **to take a c.,** s'asseoir; **to be in the c.,** occuper le fauteuil (présidentiel); présider; **to take the c.,** prendre la présidence; **c. lift,** télésiège *m.* **'chairman** (*pl* **-men**), **-person** *n* président, -ente; **Mr C., Madam C.,** M. le Président, Mme la Présidente. **'chairmanship**

n présidence *f*. '**chairwoman** *n* (*pl* **-women**) présidente.

chalet ['ʃælei] *n* chalet *m*.

chalice ['tʃælis] *n Ecc:* calice *m*.

chalk [tʃɔːk] **1.** *n* craie *f*; **French c.**, craie de tailleur; *F:* **they're as different as c. and cheese**, c'est le jour et la nuit; *F:* **not by a long c.**, loin de là, tant s'en faut **2.** *vtr* marquer, écrire, à la craie. **chalk 'up** *vtr F:* remporter (une victoire); **c. it up (to me)**, mettez-le sur mon compte. '**chalky** *a* crayeux.

challenge ['tʃælindʒ] **1.** *n* défi *m*; (*task*) gageure *f*; *Mil:* sommation *f*; **c. for**, tentative *f* d'obtenir **2.** *vtr* (*a*) défier (**s.o. to do**, qn de faire); **to c. s.o. to a game**, inviter qn à jouer; **to c. s.o. to a duel**, provoquer qn en duel (*b*) (*of sentry*) faire une sommation à (qn) (*c*) disputer, mettre en question (la parole de qn); contester (un droit); *Jur:* récuser (un juré). '**challenger** *n Sp:* challenger *m*. '**challenging** *a* (travail) exigeant; (livre) stimulant; (air) de défi.

chamber ['tʃeimbər] *n* (*a*) chambre *f*; *Adm:* **C. of Commerce**, chambre *f* de commerce; **c. music**, musique *f* de chambre; **c. pot**, pot *m* de chambre (*b*) **chambers**, cabinet *m* (d'un juge, d'un avocat). '**chambermaid** *n* femme *f* de chambre.

chameleon [kə'miːliən] *n Rept:* caméléon *m*.

chamfer ['ʃæmfər] *n* biseau *m*, chanfrein *m*.

chammy ['ʃæmi] *n* **c. (leather)**, peau *f* de chamois.

chamois *n* (*a*) *Z:* ['ʃæmwɑː] chamois *m* (*b*) ['ʃæmi] **c. (leather)**, peau *f* de chamois.

champ [tʃæmp] **1.** *n F:* champion, -ionne **2.** *vtr & i* mâcher, mâchonner; **to c. (at) the bit**, ronger le frein.

champagne [ʃæm'pein] *n* champagne *m*.

champion ['tʃæmpiən] **1.** *n* champion, -onne; **c. gymnast**, champion de gymnastique **2.** *vtr* se faire le champion de (une cause). '**championship** *n* défense *f* (d'une cause); *Sp:* championnat *m*.

chance [tʃɑːns] **1.** *n* (*a*) hasard *m*; **by c., by any c.**, par hasard; **to leave nothing to c.**, ne rien laisser au hasard (*b*) chances *f pl;* possibilité *f*; (*risk*) risque *m*; **the chances are that**, il y a fort à parier que; **to take a c.**, courir un risque; **I'm not taking any chances**, je ne veux rien risquer, laisser au hasard; **to have an eye to the main c.**, veiller à ses propres intérêts; **on the off c. (that) you could come**, au cas où tu pourrais venir (*c*) occasion *f*; **to have, stand, a c.**, avoir des chances de succès **2.** *a* fortuit, accidentel; (*of remark*) fait au hasard **3.** (*a*) *vtr* **to c. to find sth**, trouver qch par hasard; **to c. doing**, prendre le risque de faire; *F:* **to c. it**, risquer le coup (*b*) *vi* **it chanced that**, il s'est trouvé que. '**chance (up)on** *vtr* rencontrer (qn), trouver (qch), par hasard. '**chancy** *a F:* incertain; risqué.

chancel ['tʃɑːnsəl] *n EccArch:* chœur *m*.

chancellor ['tʃɑːnsələr] *n* chancelier *m*; **C. of the Exchequer**, Chancelier de l'Échiquier.

chandelier [ʃændə'liːər] *n* lustre *m*.

change ['tʃeindʒ] **I.** *n* (*a*) changement *m*; revirement *m* (d'opinion); **c. for the better, for the worse**, changement en mieux, en mal; **to make a c.**, effectuer un changement (**in**, à); **it makes a c.**, ça change (**from**, de); **for a c.**, pour changer; **gear c.**, changement de vitesse; **to have a c. of heart**, changer d'avis; **c. of clothes**, vêtements de rechange; **the c. (of life)**, le retour d'âge (*b*) monnaie *f*; **small, loose, c.**, petite monnaie; **to give s.o. (the) c. for, of, £5**, faire à qn la monnaie de cinq livres; *F:* **he won't get much c. out of me**, il perdra ses peines avec moi. **II.** *v* **1.** *vtr* (*a*) changer; relever (la garde); transformer (**into** en); **to c. one thing into another**, changer une chose en une autre; **to c. one's mind, tune**, changer d'avis, de ton; **to c. the subject**, changer de sujet; parler d'autre chose; **to c. one's clothes, to get changed**, changer de vêtements; se changer; **to c. gear, colour, trains**, changer de vitesse, de couleur, de train (*b*) échanger (**for** contre); **to c. places (with s.o.)**, changer de place (avec qn) (*c*) changer (des chèques de voyage, un billet de banque (**into**, en) **2.** *vi* changer; (*change clothes*) se changer; **to c. for the better**, changer en mieux; *Trans:* **all c.!** tout le monde descend! '**changeable** *a* (*of weather, mood, etc*) changeant, variable. **change 'down** *vi Aut:* rétrograder. '**changeless** *a* immuable. **change 'over** *vi* passer (**from**, de; **to**, à). '**changeover** *n* passage *m* (**from**, de; **to**, à). **change 'up** *vi Aut:* passer les vitesses. '**changing 1.** *a* changeant; (expression) mobile **2.** *n* relève (de la garde); **c. room**, vestiaire *m*.

channel ['tʃænl] **1.** *n* (*a*) lit *m* (d'une rivière) (*b*) chenal *m* (d'un port); *Geog:* détroit *m*, canal *m*; **the (English) C.**, la Manche; **the C. Islands**, les îles Anglo-Normandes (*c*) canal, conduit *m* (d'un liquide); rigole *f* (d'écoulement); (*groove*) rainure *f*; *Fig:* direction *f*; voie *f* (diplomatique, etc); **official channels**, filière administrative; **channels of communication**, artères *fpl* (d'un pays); **through the c. of**, par le canal de (*d*) *TV:* chaîne *f* **2.** *vtr* (**channelled**, *NAm:* **channeled**) canaliser (**into**, vers).

chant [tʃɑːnt] **1.** *n* (*a*) *Mus:* chant *m*; *Ecc*: psalmodie *f* (*b*) (*of crowd*) chant scandé **2.** (*a*) *vtr* scander (des slogans) (*b*) *vi Ecc:* psalmodier; scander des slogans.

chaos ['keiɔs] *n* chaos *m*. **cha'otic** *a* chaotique. **cha'otically** *adv* sans ordre.

chap[1] [tʃæp] **1.** *n* gerçure *f* **2.** *v* (**chapped**) (*a*) *vi* se gercer (*b*) *vtr* gercer.

chap[2] *n F:* type *m;* **old c.**, mon vieux.

chapel ['tʃæpl] *n* (*a*) chapelle *f* (*b*) (*non-conformist*) temple *m*.

chaperon(e) ['ʃæpəroun] **1.** *n* chaperon *m* **2.** *vtr* chaperonner (une jeune fille).

chaplain ['tʃæplin] *n* aumônier *m*.

chapter ['tʃæptər] *n* chapitre *m*; **to give c. and verse**, citer ses autorités; **a c. of accidents**, une suite de malheurs. '**chapterhouse** *n* salle *f* capitulaire.

char[1] [tʃɑːr] *v* (**charred**) **1.** *vtr* carboniser; brûler légèrement **2.** *vi* se carboniser.

char[2] *F:* **1.** *n* (*also* **-lady, -woman**) femme *f* de ménage **2.** *vi* faire des ménages.

char[3] *n P:* thé *m*; **a cup of c.**, une tasse de thé.

character ['kæriktər] *n* (*a*) caractère *m*; **books of that c.**, livres de ce genre; **to be in c. with sth**, s'accorder, s'harmoniser, avec qch; **work that lacks c.**, œuvre qui manque de cachet; **man of (strong) c.**, homme de caractère, de volonté; **to be in, out of, c.**, s'accorder bien, ne pas s'accorder, avec le caractère de qn; **c. actor**, acteur *m* de genre (*b*) personnage *m* (de roman); **suspicious c.,** individu *m*, type *m*, louche; *F:* **he's a c.,** c'est un original, un numéro. **characte'ristic 1.** *a* caractéristique; **this attitude is c. of him,** cette attitude le caractérise **2.** *n* caractéristique *f*. **characte'ristically** *adv* typiquement. **characteri'zation** *n* caractérisation *f*. **'characterize** *vtr* caractériser. **'characterless** *a* sans caractère.

charade [ʃə'rɑːd] *n* (*a*) charade *f* (mimée) (*b*) parodie *f*, comédie *f*.

charcoal ['tʃɑːkoul] *n* charbon *m* (de bois); *Art:* fusain *m*, charbon; **c. drawing,** (dessin *m* au) fusain; **c. grey,** (gris) anthracite *inv*.

chard [tʃɑːd] *n Hort: Cu:* **Swiss c.,** bette *f*, blette *f*.

charge ['tʃɑːdʒ] **I.** *n* (*a*) *Mil: Exp: El:* charge *f* (*b*) prix *m*; (*expenses*) frais *mpl*; **list of charges,** tarif *m*; **bank charges,** frais de banque; **delivery c., c. for delivery,** (frais de) port *m*; **admission c.,** droit *m* d'entrée; **no c. for admission,** entrée gratuite; **there's a c. (for it),** c'est payant; **extra c.,** supplément *m*; **at a c. of £5 a day,** moyennant cinq livres par jour; **free of c.,** gratuit; **c. account,** compte crédit d'achats (*c*) (*duty*) fonction *f*; (*responsibility*) responsabilité *f*, charge; (*care*) garde *f*; soin *m*; **to take c. of,** prendre en charge; **in s.o.'s c.,** à la garde de qn; **to be in c. of,** être responsable de (un bureau, etc); avoir la garde de (un enfant, etc); **to leave s.o. in c. of,** confier à qn la garde de; **the person in c.,** le, la, responsable; **who's in c. here?** qui commande ici? (*d*) personne, chose, confiée à la garde de qn (*e*) *Jur:* accusation *f*, inculpation *f*; **to bring a c. against s.o.,** porter une accusation contre qn. **II.** *v* **1.** *vtr* (*a*) charger (un fusil, un accumulateur) (*b*) *Jur:* **to c. s.o. with,** accuser, inculper, qn de (*c*) prendre, demander (un prix); prélever (une commission); **they charged me £20 for the room,** ils m'ont fait payer la chambre vingt livres; **c. it (up) to my account,** mettez-le sur mon compte **2.** *vtr & i Mil:* charger **3.** *vi* (*a*) se précipiter, s'élancer; **to c. in, out,** entrer, sortir, en coup de vent (*b*) (*of battery*) se recharger. **'chargeable** *a* **c. to,** aux frais de. **'charger** *n* chargeur *m* (d'accumulateur).

chariot ['tʃæriət] *n* char *m*.

charisma [kə'rizmə] *n* charisme *m*, magnétisme *m*. **charis'matic** *a* charismatique, magnétique.

charity ['tʃæriti] *n* (*a*) charité *f*; **out of c.,** par charité; *Prov:* **c. begins at home,** charité bien ordonnée commence par soi-même (*b*) (*alms*) charité, aumônes *fpl* (*c*) (*society*) fondation *f*, œuvre *f*, charitable; **to give to c.,** faire la charité. **'charitable** *a* charitable; (œuvre) de bienfaisance. **'charitably** *adv* charitablement.

charlatan ['ʃɑːlətən] *n* charlatan *m*.

charm [tʃɑːm] **1.** *n* (*a*) charme *m*; **it works like a c.,** ça marche à merveille (*b*) **(lucky) c.,** amulette *f*, porte-bonheur *m inv* **2.** *vtr* charmer. **'charming** *a* charmant. **'charmingly** *adv* d'une façon charmante.

chart [tʃɑːt] **1.** *n* (*a*) carte (marine) (*b*) *Stat:* graphique *m*, tableau *m*; **flow c.,** organigramme *m*; *Med:* **temperature c.,** feuille *f* de température; *F:* **(pop) charts,** hit-parade *m* **2.** *vtr* dresser la carte de (une côte, etc); porter (un itinéraire) sur la carte; faire le graphique de (chiffres); (*of graph*) montrer; suivre (les progrès de qn).

charter ['tʃɑːtər] **1.** *n* (*a*) charte *f* (d'une ville); statuts *mpl* (d'une société); privilège *m* (d'une banque) (*b*) affrètement *m* (d'un navire, d'un avion); **c. aircraft,** charter *m*; **c. flight,** charter **2.** *vtr* affréter (un navire, un avion); **chartered aircraft,** charter.

chary ['tʃɛəri] *a* prudent; **to be c. of doing sth,** hésiter à faire qch; **c. of praise,** avare de louanges.

chase [tʃeis] **1.** *n* poursuite *f*, chasse *f*; **to give c. to,** se lancer à la poursuite de; **car c.,** course-poursuite *f* (en voiture); **(to go on a) wild-goose c.,** (suivre une) fausse piste **2.** *vtr* poursuivre. **chase 'after** *vi* courir après. **chase a'way, 'off, 'out** *vtr* chasser. **chase 'up** *vtr F:* essayer d'obtenir (qch), rechercher (qch); presser (qn).

chasm ['kæzəm] *n* gouffre *m*; abîme *m*.

chassis ['ʃæsi, *NAm:* 'tʃæsi] *n* (*inv in pl*) *Aut:* châssis *m*.

chaste [tʃeist] *a* (*of pers*) chaste; (*of style*) pur. **'chastely** *adv* chastement; sobrement. **'chastity** *n* chasteté *f*.

chasten ['tʃeisn] *vtr* châtier; faire se corriger, assagir. **'chastening** *a* (*of experience*) instructif.

chastise [tʃæs'taiz] *vtr* punir, corriger. **chas'tisement** *n* punition *f*, correction *f*.

chat [tʃæt] **1.** *n* causerie *f*, causette *f*; **to have a c.,** bavarder (**with s.o.** avec qn); *TV:* **c. show,** causerie télévisée, talk-show *m* **2.** *vi* **(chatted)** causer, bavarder. **'chatty** *a F:* (*of pers*) bavard; (*of style*) familier; (*of letter*) plein de bavardages. **'chat 'up** *vtr F:* baratiner, draguer.

chatter ['tʃætər] **1.** *n* (*of birds*) jacassement *m*; (*of pers*) bavardage *m*; (*of teeth*) claquement *m* **2.** *vi* (*of birds*) jacasser; (*of pers*) bavarder, jaser; **his teeth are chattering,** il claque des dents. **'chatterbox** *n* bavard, -arde; moulin *m* à paroles.

chauffeur ['ʃoufər, ʃou'fəːr] *n* chauffeur *m* (de maître).

chauvinism ['ʃouvinizm] *n* chauvinisme *m*. **'chauvinist** *n* chauvin, -ine; *Pej:* **male c.,** phallocrate *m*.

cheap [tʃiːp] **1.** *a* (*a*) (à) bon marché; pas cher; **cheaper,** meilleur marché, moins cher; **dirt c.,** pour rien; **it's c. and nasty,** c'est de la camelote; **c. rate,** tarif réduit; **on the c.,** à peu de frais (*b*) sans valeur; (*superficial*) facile; (*mean, petty*) mesquin; (humour) superficiel **2.** *adv* (à) bon marché; (pour) pas cher; au rabais; **to feel c.,** se sentir humilié. **'cheapen** *vtr Fig:* déprécier; **to c. oneself,** se déprécier. **'cheaply** *adv* = **cheap 2. 'cheapness** *n* bas prix; bon marché; *Fig:* mesquinerie *f*.

cheat [tʃiːt] **1.** *n* (*at games, etc*) tricheur, -euse; (*crook*) escroc *m*; trompeur, -euse (par habitude) **2.** *v* (*a*) *vtr* tromper; frauder; **to c. s.o. out of sth,** escroquer qch à qn; **to c. on,** faire une infidélité, des infidélités, à (son mari, sa femme) (*b*) *vi* tricher; frauder. **'cheater** *n NAm:* = **cheat. 'cheating** *n* tromperie *f*; fourberie *f*; (*at games*) tricherie *f*.

check[1] [tʃek] **1.** *n* (*a*) *Chess:* échec *m*; **c.!** échec (au roi)! (*b*) arrêt *m*; frein *m*; **to keep in c.,** tenir en échec (*c*) contrôle *m*, vérification *f*; **to keep a c. on,** contrôler (*d*) ticket *m*; bulletin *m* (de bagages); *NAm:* (*Br* = **bill**) addition *f*, note *f*; (*Br* = **receipt**) reçu *m* (*e*) *NAm:* (*Br* = **cheque**) chèque *m* (*f*) (*tick*)

= croix *f* **2.** *vtr* (*a*) *Chess:* mettre (le roi) en échec (*b*) arrêter; enrayer; contenir, maîtriser (sa colère); réprimer (une passion) (*c*) vérifier; contrôler; (*tick*) cocher, pointer (*d*) réprimander (qn). (*e*) *NAm:* mettre (ses bagages) à la consigne. **'checkbook** *n NAm:* (*Br* = **chequebook**) carnet *m* de chèques. **'checker** *n* contrôleur, -euse; *NAm:* (*in supermarket*) caissier, -ière. **'check in 1.** *vi* (*at hotel, etc*) signer le registre; (*arrive at hotel*) arriver; *Av:* se présenter (à l'enregistrement), enregistrer ses bagages. **2.** *vtr Av:* enregistrer (ses bagages). **'check-in** *n Av:* **c.-in (desk),** enregistrement *m* (des bagages). **'checklist** *n* liste *f* de contrôle. **'checkmate 1.** *n Chess:* échec *m* et mat *m*; *Fig:* défaite *f* **2.** *vtr Chess:* faire échec et mat à (qn); *Fig:* contrecarrer. **check 'off** *vtr* pointer, cocher. **'check on** *vtr* vérifier. **check 'out 1.** *vi* (*a*) régler sa note (à l'hôtel) (*b*) (*of facts*) se recouper **2.** *vtr* (*a*) retirer (ses bagages) (de la consigne) (*b*) **to c. sth out,** confirmer qch. **'check-out** *n* (*in supermarket*) caisse *f*; **c.-o. assistant,** caissier, -ière. **check 'over** *vtr* vérifier; contrôler. **'checkpoint** *n* contrôle. **'checkroom** *n NAm:* (*Br*=**cloakroom**) vestiaire *m*; (*Br* = **left luggage office**) consigne *f*. **check 'up 1.** *vi* vérifier, se renseigner **2.** *vtr* **to c. up (on) sth,** vérifier qch. **'checkup** *n* bilan *m* de santé.

check² *n Tex:* (*pattern*) carreaux *mpl*; **c. material,** tissu à carreaux. **'checked** *a* (tissu) à carreaux. **'checkerboard** *n NAm:* (*Br* = **draughtboard**) damier *m*. **'checkered** *a NAm:* = **chequered. 'checkers** *npl NAm:* (*Br* = **draughts**) jeu *m* de dames.

cheddar ['tʃedər] *n* **c. (cheese),** cheddar *m*.

cheek [tʃi:k] **1.** *n* (*a*) joue *f*; **c. by jowl with s.o.,** côte à côte avec qn; **c. to c.,** joue contre joue (*b*) *F:* toupet *m*, culot *m*; **what a c.!** quel culot! **2.** *vtr F:* faire l'insolent avec (qn). **'cheekbone** *n* pommette *f*. **'cheekily** *adv* d'une manière insolente, effrontée. **'cheeky** *a F:* insolent, effronté.

cheep [tʃi:p] (*of bird*) **1.** *n* piaulement *m* **2.** *vi* piauler.

cheer ['tʃiər] **I.** *n* **1.** hourra *m*; **cheers,** acclamations *fpl*, bravos *mpl*; **three cheers for,** un ban pour; *F:* **cheers!** (i) (*when drinking*) à votre santé! (ii) à bientôt! (iii) merci! **2.** joie *f*; **good c.,** la bonne chère. **II.** *v* **1.** *vtr* (*a*) **to c. (up),** donner du courage à (qn); égayer, relever le moral de (qn) (*b*) acclamer, applaudir **2.** *vi* applaudir. **'cheerful** *a* gai; de bonne humeur; (*of expression*) riant. **'cheerfully** *adv* gaiement; allègrement. **'cheerfulness** *n* gaieté *f*; bonne humeur. **'cheerily** *adv* gaiement. **'cheering 1.** *a* (*of news, etc*) réjouissant **2.** *n* hourras *mpl*, acclamations. **cheeri'o** *int F:* salut! au revoir! **'cheerleader** *n* meneur, -euse, de ban. **'cheerless** *a* morne. **cheer 'up** *vi* prendre courage; s'égayer; **c. up!** (du) courage! **'cheery** *a* joyeux, gai.

cheese [tʃi:z] *n* fromage *m*; **c. straws,** allumettes au fromage; *Phot:* **say c.!** souriez! **'cheeseboard** *n* plateau *m* à, de, fromage(s). **'cheeseburger** *n* cheeseburger *m*. **'cheesecake** *n* tarte *f* au fromage blanc. **'cheesecloth** *n* gaze *f*. **cheesed 'off** *a F:* **to be c. o.,** en avoir marre (**with,** de). **'cheeseparing** *n* **c. (economy),** économies *fpl* de bouts de chandelle. **'cheesy** *a* (**-ier, -iest**) *NAm: F:* miteux.

cheetah ['tʃi:tə] *n Z:* guépard *m*.

chef [ʃef] *n* chef *m* (de cuisine).

chemical ['kemikl] **1.** *a* chimique **2.** *n* produit *m* chimique.

chemist ['kemist] *n* (*a*) chimiste *mf* (*b*) (*NAm:* = **druggist**) pharmacien, -ienne; **c.'s (shop)** (*NAm:* = **drugstore**), pharmacie *f*. **'chemistry** *n* chimie *f*.

chemotherapy [ki:mouðerəpi] *n* chimiothérapie *f*.

cheque [tʃek] *n* (*NAm:* = **check**) chèque *m*; **to pay by c.,** payer par chèque. **'chequebook** *n* (*NAm:* = **checkbook**) carnet *m* de chèques.

chequerboard, *NAm:* **checkerboard** ['tʃekəbɔ:d] *n* damier *m*. **'chequered,** *NAm:* **'checkered** *a* (*a*) (tissu) à carreaux, en damier (*b*) (*of career, etc*) qui connaît des hauts et des bas.

cherish ['tʃeriʃ] *vtr* chérir; nourrir, caresser (un espoir); **cherished,** très cher.

cherry ['tʃeri] *n* cerise *f*; **c. pie,** tarte aux cerises; **c. brandy,** cherry *m*; **c. orchard,** cerisaie *f*; **c. (tree),** cerisier *m*; **c. (red),** (rouge) cerise *inv*. **'cherrystone** *n* noyau *m* de cerise.

cherub ['tʃerəb] *n* chérubin *m*. **che'rubic** *a* de chérubin, d'ange.

chervil ['tʃə:vil] *n Bot:* cerfeuil *m*.

chess [tʃes] *n* échecs *mpl*; **to play c.,** jouer aux échecs. **'chessboard** *n* échiquier *m*. **'chessmen** *npl* pièces *fpl* (du jeu d'échecs).

chest [tʃest] *n* (*a*) coffre *m*, caisse *f*; **c. of drawers** (*NAm:* = **bureau**), commode *f* (*b*) *Anat:* poitrine *f*; **cold on the c.,** rhume de poitrine; **to have a weak c.,** être bronchitique; *Fig:* **to get it off one's c.,** dire ce qu'on a sur le cœur. **'chesty** *a* (*of pers*) bronchitique; (toux) de poitrine.

chestnut ['tʃesnʌt] **1.** *n* (*a*) châtaigne *f*; marron *m*; **horse c.,** marron d'Inde; **c. (tree),** châtaignier *m*; marronnier *m*; **horse c. (tree),** marronnier d'Inde (*b*) *F:* vieille plaisanterie **2.** *a* (*colour*) châtain; (cheval) alezan.

chew [tʃu:] **1.** *vtr* **to c. (up),** mâcher, **2.** *vi* mastiquer; **chewing gum,** chewing-gum *m*. **chew 'over** *vtr* méditer sur; ruminer. **'chewy** *a* difficile à mâcher.

chic [ʃi:k] *a & n* chic (*m*) *inv*.

chick [tʃik] *n* poussin *m*; *F:* (*girl*) nana *f*. **'chickpea** *n Bot:* pois *m* chiche. **'chickweed** *n Bot:* mouron *m* des oiseaux.

chicken ['tʃikin] *n* poulet *m*; *pl* volaille *f*; **spring c.,** poussin *m*; **c. liver,** foie *f* de volaille; *Prov:* **don't count your chickens before they're hatched,** il ne faut pas vendre la peau de l'ours avant de l'avoir tué; *F:* **she's no c.,** elle n'est plus toute jeune. **'chickenfeed** *n F:* deux fois rien, bagatelle *f*; **it's c.,** c'est de la gnognote. **chicken 'out** *vi F:* se dégonfler. **'chickenpox** *n Med:* varicelle *f*.

chicory ['tʃikəri] *n Bot:* (*in coffee*) chicorée *f*; (*as vegetable*) endive *f*.

chide [tʃaid] *vtr* gronder.

chief [tʃi:f] **1.** *n* chef *m*; patron *m*; **in c.,** en chef **2.** *a* principal; premier; (ingénieur) en chef; (hôte) d'honneur. **'chiefly** *adv* surtout; principalement. **'chieftain** *n* chef (de clan).

chiffon ['ʃifɔn] *n Tex:* mousseline *f* de soie.

chihuahua [tʃi'wa:wa] *n* (*dog*) chihuahua *m*.

chilblain ['tʃilblein] *n* engelure *f*.

child [tʃaild] *n* (*pl* **children**) enfant *mf*; petit, -e; **from**

a c., dès son enfance; **that's c.'s play,** c'est un jeu d'enfant; **c. care, welfare,** protection *f* de l'enfance; **children's books,** livres *mpl* pour enfants. **'childbearing** *n* accouchement *m*; maternité *f*. **'childbirth** *n* accouchement *m*; **in c.,** en couches *fpl*. **'childhood** *n* enfance *f*; **in one's second c.,** retombé en enfance. **'childish** *a* enfantin, d'enfant; *Pej:* puéril; **don't be c.!** ne fais pas l'enfant! **'childishly** *adv* comme un enfant. **'childishness** *n Pej:* enfantillage *m*, puérilité *f*. **'childless** *a* sans enfant(s). **'childlike** *a* naïf, innocente.

Chile ['tʃili] *Prn Geog:* Chili *m*. **'Chilean** *a & n* Chilien, -ienne.

chill [tʃil] **1.** *n* (*a*) *Med:* **to catch a c.,** prendre froid, un refroidissement (*b*) frisson *m* (de crainte); (*in feelings*) froideur *f*; **to cast a c. over,** jeter un froid sur; **there's a c. in the air,** il fait un peu frais; **to take the c. off,** dégourdir, tiédir (l'eau), chambrer (le vin) **2.** *a* froid **3.** *vtr* refroidir, glacer; réfrigérer (la nourriture, la viande); faire rafraîchir (du vin, un melon); **chilled to the bone,** transi; **to c. s.o. with fear,** faire frissonner qn de peur. **chilled** *a* (*of wine*) frais. **'chilliness** *n* froid *m*, fraîcheur *f*; *Fig:* froideur *f*. **'chilling** *a* glacial; (récit) à vous glacer le sang. **'chilly** *a* froid; (temps) frais; (regard) glacial; (*of pers*) **to feel c.,** être frileux; **it's c.,** il fait (un peu) froid.

chilli, *NAm:* **chili** ['tʃili] *n Cu:* piment *m* (de Cayenne).

chime [tʃaim] **1.** *n* carillon *m*; sonnerie *f* **2.** *vi* carillonner; (*of clock*) sonner; **to c. in,** interrompre.

chimney ['tʃimni] *n* cheminée *f*. **'chimneybreast** *n* manteau *m* de cheminée. **'chimneypot** *n* tuyau *m* de cheminée. **'chimneystack** *n* (*a*) souche *f* (de cheminée) (*b*) cheminée (d'usine). **'chimneysweep** *n* ramoneur *m*.

chimpanzee, *F:* **chimp** [tʃimpæn'zi:, tʃimp] *n* chimpanzé *m*.

chin [tʃin] *n* menton *m*.

china ['tʃainə] *n inv* porcelaine *f*; **c. cup,** tasse *f* en porcelaine. **'chinaware** *n* (*objects*) porcelaine.

China ['tʃainə] *Prn Geog:* Chine *f*; **People's Republic of C.,** République populaire de Chine. **Chi'nese** *a & n* chinois, -e; **C. People's Republic,** République populaire de Chine.

Chinagraph ['tʃainəgra:f] *n Rtm:* **C. (pencil),** stylo *m* pour écrire sur le verre.

chink[1] [tʃiŋk] *n* fente *f*, crevasse *f* (dans un mur); entrebâillement *m* (de la porte).

chink[2] **1.** *n* tintement *m* **2.** *vtr & i* (faire) tinter.

Chink[3] *n P: Pej:* Chinois, -e; Chinetoque *mf*.

chintz [tʃints] *n Tex:* chintz *m*, perse *f*.

chip [tʃip] **I.** *n* (*a*) éclat *m*; copeau *m* (de bois); fragment *m* (de pierre); écaille *f* (d'émail); *Cu: pl* (*NAm:* = **French fries**) (pommes *fpl* de terre) frites *fpl*; *NAm:* **(potato) chips** (*Br* = **crisps**), (pommes) chips *mpl*; *F:* **to have a c. on one's shoulder,** être aigri; *F:* **he's a c. off the old block,** c'est bien le fils de son père (*b*) ébréchure *f* (d'assiette); écornure *f* (*c*) *Gaming:* jeton *m* (*d*) *Elcs:* puce *f*, pastille *f*. **II.** *v.* **(chipped) 1.** *vtr* (*a*) tailler; *Cu:* **chipped potatoes** (*NAm:* = **French fried potatoes**), pommes (de terre) frites (*b*) ébrécher (une tasse); écorner (un meuble); écailler (de l'émail) **2.** *vi* s'ébrécher, s'écailler. **'chip a'way, 'off 1.** *vtr* enlever des morceaux de (peinture) **2.** *vi* s'écailler. **'chipboard** *n* (bois *m*) aggloméré *m*; *NAm:* carton gris. **chip 'in** *vi F:* (*a*) intervenir (*b*) contribuer. **'chippings** *npl* éclats *mpl*; copeaux *mpl* (de bois); *PN:* **road, loose, c.,** gravillons *mpl*.

chipmunk ['tʃipmʌŋk] *n Z:* tamia *m* rayé.

chipolata [tʃipə'lɑ:tə] *n Comest:* chipolata *f*.

chiropodist [ki'rɔpədist] *n* pédicure *mf*. **chi'ropody** *n* soins *mpl* du pied.

chiropractor ['kaiərouprækt ər] *n* chiropraticien, -ienne.

chirp, chirrup [tʃə:p, 'tʃirəp] *vi* (*of bird*) pépier, gazouiller; (*of grasshopper*) chanter. **'chirpy** *a F:* gai, plein d'entrain.

chisel ['tʃizl] **1.** *n* ciseau *m*; **(cold) c.,** burin *m* **2.** *vtr* **(chiselled,** *NAm:* **chiseled)** ciseler; buriner.

chit[1] [tʃit] *n* **c. of a girl,** gamine *f*.

chit[2] note *f*, billet *m*.

chitchat ['tʃittʃæt] *n F:* bavardage *m*.

chivalrous ['ʃivəlrəs] *a* chevaleresque; galant. **'chivalry** *n* (*a*) *Hist:* chevalerie *f* (*b*) conduite *f* chevaleresque; galanterie *f*.

chives [tʃaivz] *npl Bot:* ciboulette *f*.

chiv(v)y ['tʃivi] *vtr F:* poursuivre, chasser; harceler.

chlorate ['klɔ:reit] *n Ch:* chlorate *m*.

chloride ['klɔ:raid] *n Ch:* chlorure *m*.

chlorine ['klɔ:ri:n] *n Ch:* chlore *m*. **'chlorinate** *vtr* javelliser (l'eau).

chloroform ['klɔrəfɔ:m] *n* chloroforme *m*.

chlorophyll ['klɔrəfil] *n Ch:* chlorophylle *f*.

choc-ice ['tʃɔkais] *n* esquimau *m*.

chock [tʃɔk] **1.** *n* cale *f* **2.** *vtr* caler. **'chock-a-'block, 'chock-'full** *a F:* archiplein, plein à craquer; bondé.

chocolate ['tʃɔklət] **1.** *n* chocolat *m*; **milk c.,** chocolat au lait; **plain,** *NAm:* **bittersweet, c.,** chocolat à croquer; **c. cake,** gâteau *m* au chocolat; **c. egg,** œuf en chocolat **2.** *a* (de couleur) chocolat *inv*.

choice [tʃɔis] **1.** *n* choix *m*; **big, wide, c.,** grand choix; **to make one's c.,** faire son choix; choisir; **you have no c. in the matter,** vous n'avez pas le choix; **Hobson's c.,** choix qui ne laisse pas d'alternative; **from c., out of c.,** de son propre choix. **2.** *a* (article) de choix.

choir ['kwaiər] *n* chœur *m*. **'choirboy** *n* jeune choriste *m*. **'choirmaster** *n* maître *m* de chapelle.

choke [tʃouk] **I.** *v* **1.** *vtr* (*a*) étrangler, étouffer, (qn) (*b*) **to c. (up),** obstruer, boucher, engorger (**with,** de) **2.** *vi* s'étrangler, étouffer; s'étrangler (**on,** avec). **II.** *n* (*a*) *Aut:* starter *m* (*b*) *Bot:* foin *m* (d'artichaut). **choke 'back** *vtr* étouffer (des sanglots); refouler (ses larmes). **'choker** *n* foulard *m*; (*necklace*) collier *m* (de chien).

cholera ['kɔlərə] *n Med:* choléra *m*.

cholesterol [kɔ'lestərɔl] *n Med:* cholestérol *m*.

choose [tʃu:z] *vtr & i* (**chose** [tʃouz] **chosen** ['tʃouzn]) (*a*) choisir; faire son choix; adopter (une méthode); **there's nothing to c. between them,** l'un vaut l'autre; ils se valent; **the chosen people,** les élus; **a few well chosen words,** quelques paroles (bien) choisies (*b*) décider; **when I c.**, quand je voudrai; **I do as I c.**, je fais comme il me plaît. **'choos(e)y** *a F:* difficile (**about**, sur).

chop [tʃɔp] **1.** *n* (*a*) coup *m* (de hache, de couperet); *F:* **to get the c.**, être flanqué à la porte (*b*) *Cu:* côtelette *f* (*c*) **to lick one's chops**, s'en lécher les babines **2.** *vtr* **(chopped)** (*a*) couper (à la hâche); fendre; *Cu:* hacher; **chopping board**, planche à hacher (*b*) **to c. and change**, changer constamment d'idées, de projets, etc. **chop 'down** *vtr* abattre (un arbre). **chop 'off** *vtr* trancher, couper. **'chopper** *n* (*a*) hachoir *m*, couperet *m* (*b*) *P:* hélicoptère *m*. **'choppy** *a* (*of sea*) agité. **'chopsticks** *npl* baguettes *fpl*. **chop 'up** *vtr* couper en morceaux; *Cu:* hacher (menu).

choral ['kɔːrəl] *a* choral; **c. society**, chorale *f*. **cho'ral(e)** *n* choral *m*.

chord [kɔːd] *n Mus:* accord *m*; *Fig:* **to strike a c.**, faire vibrer la corde sensible.

chore [tʃɔːr] *n* corvée *f*; travail (routinier); *pl* travaux *mpl* du ménage.

choreography [kɔri'ɔgrəfi] *n* chorégraphie *f*. **chore'ographer** *n* chorégraphe *mf*.

chorister ['kɔristər] *n* choriste *mf*.

chortle ['tʃɔːrtl] **I.** *n* gloussement *m*. **II.** *vi* glousser.

chorus ['kɔːrəs] *n* (*a*) chœur *m*; *Th:* (*dancers*) troupe *f*; **c. of praise**, concert *m* de louanges; **in c.**, en chœur; **c. girl**, girl *f* (*b*) refrain *m* (d'une chanson); **to join in the c.**, chanter le refrain en chœur.

chose, chosen [tʃouz, 'tʃouzn] *see* **choose**.

chowder ['tʃaudər] *n Cu: NAm:* soupe *f* aux poissons; **clam c.**, soupe aux praires.

Christ [kraist] *Prn* Christ *m*; Jésus-Christ *m*.

christen ['krisn] *vtr* baptiser; **he was christened after his grandfather**, on lui a donné le nom de son grand-père. **'christening** *n* baptême *m*.

Christian ['kristiən] *a & n* chrétien, -ienne; **C. name**, prénom *m*; **C. Scientist**, scientiste chrétien. **Christi'anity** *n* christianisme *m*.

Christmas ['krisməs] *n* Noël *m*; **at C. (time)**, à (la) Noël; **merry C.!** joyeux Noël! **C. card, tree**, carte, arbre, de Noël; **C. Day**, le jour de Noël; **C. Eve**, la veille de Noël; **C. stocking** = sabot *m* de Noël; **c. box**, étrennes *fpl*; **Father C.**, le père Noël.

chrome [kroum] *n* chrome *m*; **c. steel**, acier chromé; **c. yellow**, jaune de chrome. **'chromium** *n* chrome; **c. plating**, chromage *m*. **'chromium-'plated** *a* chromé.

chromosome ['krouməsoum] *n Biol:* chromosome *m*.

chronic ['krɔnik] *a* (*a*) *Med:* chronique; **c. ill health**, invalidité *f* (*b*) *F:* atroce. **'chronically** *adv* chroniquement.

chronicle ['krɔnikl] **1.** *n* chronique *f*; suite *f* (d'événements) **2.** *vtr* faire la chronique de. **'chronicler** *n* chroniqueur, -euse.

chronology [krə'nɔlədʒi] *n* chronologie *f*. **chrono'logical** *a* chronologique; **in c. order**, par ordre chronologique. **chrono'logically** *adv* chronologiquement.

chronometer [krə'nɔmitər] *n* chronomètre *m*.

chrysalis ['krisəlis] *n* (*pl* **chrysalises**) chrysalide *f*.

chrysanthemum [kri'sænθiməm] *n Bot:* chrysanthème *m*.

chubby ['tʃʌbi] *a* (**-ier, -iest**) potelé, dodu; (visage) joufflu; **c. cheeks**, joues rebondies.

chuck[1] [tʃʌk] *vtr F:* (*a*) jeter, lancer, (*b*) **to c. (in, up)**, laisser tomber (qn); plaquer (son emploi). **'chuck a'way** *vtr F:* balancer; gaspiller (l'argent). **chuck 'out** *vtr F:* balancer; flanquer (qn) à la porte, vider (qn). **chucker-'out** *n F:* videur *m*.

chuck[2] *n* (*a*) *Cu:* **c. (steak)**, paleron *m* de bœuf (*b*) *Tls:* mandrin *m*.

chuckle ['tʃʌkl] **1.** *n* gloussement *m*, petit rire **2.** *vi* glousser, rire.

chuffed [tʃʌft] *a P:* (*a*) bien content (*b*) *Iron:* pas heureux.

chug [tʃʌg] *vi* **(chugged)** (*of vehicle*) **to c. along**, avancer lentement (en faisant teuf-teuf).

chum [tʃʌm] *n F:* copain *m*, copine *f*. **'chummy** *a* (**-ier, -iest**) *F:* amical; **c. with**, copain avec.

chump [tʃʌmp] *n* (*a*) *Cu:* **c. chop**, côtelette d'agneau (coupée entre le gigot et le carré) (*b*) *F:* crétin, -ine.

chunk [tʃʌŋk] *n* gros morceau; quignon *m* (de pain). **'chunky** *a* (**-ier, -iest**) *F:* (*of pers*) trapu; (*of coat, material, etc*) de grosse laine; (*of dog food, etc*) avec des morceaux.

church [tʃəːtʃ] *n* (*pl* **churches**) église *f*; temple (protestant); **to go into, enter, the C.**, entrer dans les ordres; **to go to c.**, aller à l'église, à l'office, à la messe; **c. hall**, salle paroissiale. **'churchgoer** *n* pratiquant, -ante. **church'warden** *n* marguillier *m*. **'churchyard** *n* cimetière *m*.

churlish ['tʃəːliʃ] *a* (*a*) grossier (*b*) hargneux, grincheux. **'churlishness** *n* (*a*) grossièreté *f* (*b*) tempérament hargneux.

churn [tʃəːn] **1.** *n* (*a*) (*for making butter*) baratte *f* (*b*) bidon *m* (à lait) **2.** *vtr* baratter (la crème); battre (le beurre); **to c. (up)**, brasser (l'eau). **churn 'out** *vtr Pej:* produire (en série).

chute [ʃuːt] *n* glissière *f*, déversoir *m*; (*in playground, pool*) toboggan *m*; (*for refuse*) vide-ordures *m inv*.

chutney ['tʃʌtni] *n* condiment *m* épicé (à base de fruits).

CIA *abbr NAm: Central Intelligence Agency.*

CID *abbr Criminal Investigation Department.*

cicada [si'kɑːdə] *n* cigale *f*.

cider ['saidər] *n* cidre *m*.

cigar [si'gɑːr] *n* cigare *m*.

cigarette [sigə'ret] *n* cigarette *f*; **c. case**, étui *m* à cigarettes, porte-cigarettes *m inv*; **c. end**, mégot *m*; **c. holder**, fume-cigarette *m inv*; **c. lighter**, briquet *m*; **c. paper**, papier à cigarettes.

cinch [sintʃ] *n F:* **it's a c.**, (i) c'est facile (ii) c'est (sûr et) certain.

cinder ['sindər] *n* cendre *f*; *Sp:* **c. track**, *n* cendrée *f*.

Cinderella [sində'relə] *Prnf Lit:* Cendrillon; *Fig:* parent *m* pauvre.

cinema ['sinimə] *n* cinéma *m*. **'cine(-)camera** *n* caméra *f*. **'cine(-)film** *n* film *m* (cinématographique). **'cinemagoer** *n* cinéphile *mf*. **'cinemascope** *n* cinémascope *m*. **'cine(-)pro'jector** *n* projecteur *m* de cinéma.

cinnamon ['sinəmən] *n* cannelle *f*.

cipher ['saifər] *n* (*a*) zéro *m*; **he's a mere c.**, c'est un zéro (*b*) chiffre *m*; **in c.**, en chiffre.

circa ['səːkə] *prep* environ.

circle ['səːkl] **1.** *n* (*a*) cercle *m*; (*around eyes*) cerne *m*;

NAm: **traffic c.** (*Br* = **roundabout**), rond-point *m*; **to run round in circles,** tourner en rond; **to stand in a c.,** faire cercle; **to come full c.,** revenir à son point de départ; **in certain circles,** dans certains milieux (*b*) *Th:* **dress c.,** (premier) balcon; **upper c.,** seconde galerie **2.** (*a*) *vtr* entourer d'un cercle (un mot, etc); faire le tour de (qch); **to c. (round),** tourner autour de (*b*) *vi* (*of aircraft, bird*) **to c. (round),** décrire des cercles. **'circular 1.** *a* circulaire **2.** *n* circulaire *f*; prospectus *m*. **'circularize** *vtr* envoyer des circulaires (to, à). **'circulate** *vtr & i* (faire) circuler. **circu'lation** *n* circulation *f*; tirage *m* (d'un journal); *Fin:* roulement *m* (de fonds); *Fig:* (*of pers*) **in c.,** dans le circuit.

circuit ['sɜːkit] *n* circuit *m*; tour *m*; *Jur: Th:* tournée *f*; **to make a c. of,** faire le tour de; *Jur:* **to go on c.,** aller en tournée; *El:* **c. breaker,** disjoncteur *m*. **circuitous** [sə'kjuitəs] *a* (chemin, moyen) détourné. **'cir'cuitry** *n El:* circuits *mpl*.

circumcise ['sɜːkəmsaiz] *vtr* circoncire. **circum'cision** *n* circoncision *f*.

circumference [sə'kʌmfərəns] *n* circonférence *f*; **in c.,** de circonférence.

circumflex ['sɜːkəmfleks] *n* accent *m* circonflexe.

circumscribe ['sɜːkəmskraib] *vtr* circonscrire; limiter (des pouvoirs). **circum'scription** *n* (*a*) restriction *f* (*b*) circonscription *f*.

circumspect ['sɜːkəmspekt] *a* circonspect. **circum'spection** *n* circonspection *f*.

circumstance ['sɜːkəmstæns] *n* circonstance *f*; *pl Com:* situation financière; **in, under, the circumstances,** dans les circonstances; **in, under, no circumstances,** en aucun cas; **under similar circumstances,** en pareille occasion; **that depends on the circumstances,** c'est selon; **if his circumstances allow,** si ses moyens le permettent. **circum'stantial** *a* (*a*) circonstanciel; **c. evidence,** preuves indirectes (*b*) (rapport) circonstancié.

circumvent [sɜːkəm'vent] *vtr* circonvenir.

circus ['sɜːkəs] *n* (*pl* **circuses**) cirque *m*.

cirrhosis [si'rousis] *n Med:* cirrhose *f*.

cistern ['sistən] *n* réservoir *m* (d'eau); citerne *f*; (*of WC*) (réservoir de) chasse *f* d'eau.

citadel ['sitədel] *n* citadelle *f*.

cite [sait] *vtr* citer. **ci'tation** *n* citation *f*.

citizen ['sitizən] *n Pol: Jur:* citoyen, -enne; (*of town*) habitant, -ante; **Citizens' Band (radio),** la CB. **'citizenship** *n* citoyenneté *f*; nationalité *f*; **good c.,** civisme *m*.

citrus ['sitrəs] *n Bot:* citrus *m*; **c. fruit(s),** agrumes *mpl*. **'citric** *a* citrique.

city ['siti] *n* (*pl* **cities**) (grande) ville, cité *f*; **the C.,** la Cité de Londres; **he's in the C.,** il est dans la finance; **c. dweller,** citadin, -ine; **c. centre,** centre-ville *m inv*; *NAm:* **c. hall,** hôtel *m* de ville; *Journ:* **c. page,** rubrique financière.

civet ['sivit] *n Z:* civette *f*.

civic ['sivik] **1.** *a* civique; **c. authorities,** autorités municipales; **c. centre,** centre administratif **2.** *npl* (*social science*) **civics,** instruction *f* civique.

civil ['sivl] *a* (*a*) (*of rights, marriage, etc*) civil; **c. liberties,** libertés civiques; **c. war,** guerre civile; **c. defence,** défense passive; **c. servant,** fonctionnaire *mf*; **c. service,** fonction *f* publique (*b*) poli, civil. **ci'vilian** *a & n* civil, -ile; **in c. life,** dans le civil. **ci'vility** *n* civilité *f*. **civili'zation** *n* civilisation *f*. **'civilize** *vtr* civiliser. **'civilized** *a* civilisé. **'civilly** *adv* poliment.

civvies ['siviz] *npl P:* **in c.,** (habillé) en civil.

clad [klæd] *a* vêtu (**in,** de). **'cladding** *n* revêtement *m*.

claim [kleim] **1.** *n* (*a*) demande *f*; revendication *f* (de salaire); prétention *f*; **to lay c. to.,** prétendre à (*b*) (*statement*) affirmation *f* (*c*) (*right*) droit *m*, titre *m*; **to put in a c.,** faire valoir ses droits (*d*) *Jur:* réclamation; **to put in a c. for damages,** demander une indemnité; réclamer des dommages-intérêts *m*; **(insurance) c.,** demande d'indemnité; **I have many claims on my time,** mon temps est presque entièrement pris (*e*) concession (minière) **2.** *vtr* (*a*) réclamer, revendiquer (un droit); (*require*) réclamer (*b*) **to c. that,** prétendre, affirmer, soutenir (que) (*c*) reprendre (ses bagages) (à la consigne). **'claimant** *n* allocataire *mf*.

clairvoyant [kleə'vɔiənt] **1.** *a* doué de seconde vue **2.** *n* voyant, -ante. **clair'voyance** *n* voyance *f*.

clam [klæm] *n Moll:* praire *f*, clam *m*. **clam 'up** *vi* **(clammed)** *F:* se taire.

clamber ['klæmbər] *vi* **to c. (up),** grimper; **to c. up,** grimper (les escaliers); gravir (une montagne); **to c. over a wall,** escalader un mur.

clammy ['klæmi] *a* (*of skin, etc*) moite (et froid); (*of weather*) (froid et) humide.

clamour, *NAm:* **clamor** ['klæmər] **1.** *n* clameur *f*; cris *mpl*; vociférations *fpl* **2.** *vi* vociférer (**against,** contre); **to c. for sth,** demander qch à grands cris. **'clamorous** *a* (*of crowd*) bruyant; vociférant.

clamp [klæmp] **1.** *n* crampon *m*; agrafe *f*; *Carp:* serre-joint(s) *m*; *Surg:* clamp *m*; *Aut:* **(wheel) c.,** sabot *m* (de Denver). **2.** *vtr* agrafer; serrer; fixer. **'clampdown** *n F:* (*limitation*) coup *m* d'arrêt, restriction *f*. **'clamp 'down 'on** *vtr* sévir contre (qch, qn).

clan [klæn] *n* clan *m*. **'clannish** *a* (*of pers*) qui a l'esprit de clan; (groupe) fermé. **'clansman, -men** *n* membre *m* d'un clan.

clandestine [klæn'destin] *a* clandestin.

clang [klæŋ] **1.** *n* son *m* métallique **2.** *vi* retentir, résonner. **'clanger** *n F:* **to drop a c.,** faire une gaffe.

clank [klæŋk] **1.** *n* bruit métallique; cliquetis *m* **2.** *vtr & i* (faire) cliqueter.

clap [klæp] **I.** *n* **1.** (*a*) battement *m* (des mains); **to give s.o. a c.,** applaudir qn (*b*) tape *f* (dans le dos); **c. of thunder,** coup *m* de tonnerre. **II.** *v* **(clapped) 1.** *vtr* (*a*) **to c. one's hands,** battre des mains; **to c. s.o. on the back,** donner à qn une tape dans le dos (*b*) applaudir (qn) (*c*) *F:* fourrer; **to c. s.o. in prison,** fourrer qn en prison; *F:* **to c. eyes on,** voir **2.** *vi* applaudir. **clapped(-'out)** *a* (*of car, pers*) crevé. **'clapper** *n* battant *m* (de cloche). **'clapperboard** *n Cin:* claquette *f* (de synchronisation). **'clapping** *n* applaudissements *mpl*. **'claptrap** *n F:* boniment *m*.

claret ['klærət] *n* bordeaux *m* rouge.

clarify ['klærifai] *vtr* clarifier. **clarifi'cation** *n* clarification *f*; mise *f* au point.

clarinet [klæri'net] *n* clarinette *f*. **clari'nettist** *n* clarinettiste *mf*.

clarity ['klærəti] *n* clarté *f*.

clash [klæʃ] **1.** *n* (*pl* **clashes**) (*a*) fracas *m*, choc *m*, heurt *m*; résonnement *m* (de cloches) (*b*) (*of armies*) choc, heurt; (*of opinions, interests*) conflit *m*; (*of colours*) discordance *f*; (*between mobs*) bagarre *f* (*c*) (*of events*) coïncidence *f* **2.** *vi* (*of plates, pans, swords*) s'entrechoquer; (*of cymbals*) résonner; (*of opinions*) s'opposer; (*of interests, armies*) se heurter; (*of colours*) jurer (**with,** avec); (*of people*) se bagarrer; **the dates c.,** les deux rendez-vous tombent en même temps.

clasp [klɑːsp] **1.** *n* fermeture *f* (de coffret); fermoir *m* (de sac, de collier); boucle *f* (de ceinture) **2.** *vtr* serrer, étreindre; **to c. s.o.'s hand,** serrer la main à qn; **to c. one's hands,** joindre les mains. **'clasp-knife** *n* (*pl* **-knives**) couteau pliant.

class [klɑːs] **1.** *n* (*pl* **classes**) (*a*) classe *f*; sorte *f*, genre *m*, ordre *m*; type *m* (de navires); (*lesson*) cours *m*; **c. struggle,** lutte des classes; **French c.,** classe de français; **evening classes,** cours *m* du soir; **in a c. of its own,** unique, sans pareil; *Sch:* **first c. honours degree** = licence *f* avec mention très bien (*b*) *NAm:* promotion *f* **2.** *vtr* classer. **class-'conscious** *a* **to be c.-c.,** avoir une conscience de classe. **'classification** *n* classification *f*. **'classified** *a* (*a*) *Journ:* **c. ad,** petite annonce (*b*) (*of information*) secret. **'classify** *vtr* classer, classifier. **'classless** *a* sans classe(s). **'classmate** *n* camarade *mf* de classe. **'classroom** *n* (salle *f* de) classe. **'classy** *a F:* chic.

classic ['klæsik] **1.** *a* classique **2** *n* (*writer, work, etc*) classique *m*; *Sch:* **classics,** les humanités *fpl*. **'classical** *a* classique. **'classicism** *n* classicisme *m*.

clatter ['klætər] **1.** *n* bruit *m* (de vaisselle); fracas *m*; vacarme *m* **2.** *vi* faire du bruit; résonner; **to c. down** descendre bruyamment.

clause [klɔːz] *n* (*a*) clause *f*, article *m*; (*of will*) disposition *f* (*b*) *Gram:* proposition *f*.

claustrophobia [klɔːstrə'foubiə] *n Med:* claustrophobie *f*. **claustro'phobic** *a* claustrophobe.

clavicle ['klævikl] *n Anat:* clavicule *f*.

claw [klɔː] **1.** *n* griffe *f* (de chat, de moineau); serre *f* (d'oiseau de proie); pince *f* (de homard); **c. hammer,** marteau *m* à panne fendue **2.** *vtr* griffer, déchirer avec ses griffes. **'claw 'at** *vtr* s'accrocher à, agripper. **claw 'back** *vtr Pej:* repiquer, récupérer (une somme, etc).

clay [klei] *n* argile *f*; (terre *f*) glaise *f*.

clean [kliːn] **1.** *a* (**-er, -est**) (*a*) propre; net; (papier) blanc; *Jur:* (*of record*) vierge; (*of joke*) pour toutes les oreilles; *F:* **keep it c.!** pas de grossièretés *f*! **c. break,** cassure nette, franche; **c. living,** vie saine; **the doctor gave me a c. bill of health,** le docteur m'a trouvé en bonne santé (*b*) *Sp:* (*fair*) loyal **2.** *adv* complètement, carrément; **I c. forgot,** j'ai complètement oublié; **they got c. away,** ils ont décampé sans laisser de traces; **to break c.,** se casser net; **to cut c. through sth,** couper qch de part en part; *F:* **to come c.,** tout avouer **3.** *n* **to give sth a c.,** nettoyer qch **4.** (*a*) *vtr* nettoyer; faire (une chambre); laver; essuyer; **to c. one's teeth,** se laver, se brosser, les dents; **to c. one's nails,** se curer les ongles (*b*) *vi* faire le nettoyage. **clean-'cut** *a* (*a*) net, bien défini (*b*) (*of pers*) propre et soigné. **'cleaner** *n* **1.** (*a*) femme *f* de ménage (*b*) **(dry) c.,** teinturier, -ière; **(dry) cleaner's,** teinturerie *f*; pressing *m*; *F:* **to take s.o. to the cleaners,** nettoyer qn **2. (household) c.,** produit *m* d'entretien; (*for stains*) détachant *m*. **'cleaning** *n* nettoyage *m*; nettoiement *m* (des rues); (*of house*) ménage *m*; **c. lady, woman,** femme de ménage; **(household) c. materials,** produits *mpl* d'entretien. **clean-'limbed** *a* bien découplé. **cleanliness** ['klenlinəs], **'cleanness** *n* propreté *f*; **clean-'living** *a* honnête, chaste. **cleanly 1.** *adv* ['kliːnli] (*to break, cut*) net **2.** *a* ['klenli] propre. **clean 'out** *vtr* nettoyer; *Fig:* (*empty*) vider. **'clean-'shaven** *a* rasé (de près). **clean 'up 1.** *vtr* nettoyer; *Fig:* (*reform*) épurer **2.** *vi* faire le nettoyage. **clean-up** *n Fig:* épuration *f*.

cleanse [klenz] *vtr* nettoyer; curer (un égout); laver (une plaie); démaquiller (le visage); purifier (l'âme). **'cleanser** *n* démaquillant *m*. **'cleansing** (*a*) **c. cream, milk,** crème démaquillante, lait démaquillant.

clear ['kliər] **I.** *a* (**-er, -est**) (*a*) (*of water*) clair, limpide; (*of sound, etc*) clair; (*of glass*) transparent; (*of outline, photo*) net, clair; (*of road*) libre, dégagé; **c. soup,** bouillon *m*; **on a c. day,** par temps clair; **as c. as day,** clair comme le jour; **c. conscience,** conscience nette, tranquille; **all c.!** fin d'alerte; **the coast is c.,** la voie est libre (*b*) évident, clair; certain; (*complete*) entier; (*of sign*) evident; **c. case of bribery,** cas de corruption manifeste; **to make one's meaning, oneself, c.,** se faire comprendre; **things are becoming clear(er),** les choses commencent à s'éclairer; **c. mind,** esprit lucide; **to be c. about sth,** être convaincu de qch; **c. profit,** bénéfice net; **c. loss,** perte sèche; **c. majority,** majorité absolue; **three c. days,** trois jours francs. **II.** *adv* (*a*) **loud and c.,** haut et clair (*b*) complètement; **c. of,** à l'ecart de; **to steer, keep, c. of s.o., sth,** se tenir à l'écart de qn, qch; **to stand c.,** s'écarter; **stand c. of the doors!** dégagez les portes! **to get c. of,** s'éloigner de. **III.** *n* **to be in the c.,** être au-dessus de tout soupçon. **IV.** *v* **1.** *vtr* (*a*) éclaircir; clarifier (un liquide); dépurer (le sang); *Fig:* **to c. the air,** mettre les choses au point; **to c. one's throat,** s'éclaircir la gorge; **to c. one's head,** s'éclaircir les idées; **to c. one's conscience,** décharger sa conscience (*b*) innocenter, disculper (qn) (**of a charge,** d'une accusation); **to c. oneself,** se disculper; **to c. s.o. of,** laver qn de (un soupçon, etc) (*c*) dégager, désencombrer (une route); déblayer, défricher (un terrain); (faire) évacuer (une salle); débarrasser (une table); déboucher (un tuyau); *Fig:* **to c. the decks,** déblayer le terrain; **to c. a way for s.o.,** ouvrir un passage à qn; **to c. one's plate,** faire assiette nette (*d*) *Com: Fin:* solder, liquider (des marchandises, un compte); *PN:* **to c.,** en solde (*e*) franchir (sans toucher) (une barrière); éviter (un obstacle); (*of ship*) quitter (le port) (*f*) liquider (une dette); compenser (un chèque) (*g*) expédier (un navire); dédouaner (des marchandises); (*for security, etc*) autoriser (qch) (*h*) gagner, faire un bénéfice net de (10%, £100); **I cleared £100 on that deal,** cette affaire m'a rapporté £100 **2.** *vi* **to c. (up),** (*of weather*) s'éclaircir; (*of mist*) se dissiper; (*of sky*) se dégager. **'clearance** *n* (*a*) **slum c.,** élimination *f* des taudis; **c. sale,** soldes *mpl* (*b*) compensation *f* (d'un chèque); **(security) c.**, autorisation *f*; contrôle *m* (de sécurité) (*c*) dégagement *m*. **clear a'way 1.** *vtr* enlever **2.** *vi* (*of fog*) se dissiper. **clear-'cut** *a* net. **clear-'headed** *a* lucide. **'clearing** *n* **1.** (*a*) clarification *f* (d'un liquide) (*b*) dégagement *m*, désencombrement *m* (d'une route); enlèvement *m* (de débris); déblaiement *m*, défrichement *m* (d'un terrain); évacuation *f* (d'une salle); débouchage *m* (d'un tuyau) (*c*) *Com: Fin:* liquidation *f*, solde *m* (de marchandises, d'un compte) (*d*) franchissement *m* (d'une barrière) (*e*) acquittement *m* (d'une dette); commpensation *f* (d'un chèque); **c. bank,** banque de clearing; *Bank:* **c. house,** chambre de compensation (*f*) expédition *f* (d'un navire); dédouanement *m* (de marchandises) **2.** (*in forest*) clairière *f*. **'clearly** *adv* (voir) clair; (distinguer) clairement, nettement; (comprendre) bien, clairement; évidemment. **'clearness** *n* clarté *f*; netteté *f;* lucidité *f* (de l'esprit). **'clear 'off 1.** *vtr* débarrasser (la table) **2.** *vi F:* filer, décamper. **clear 'out 1.** *vtr* nettoyer; vider (une armoire); (faire) évacuer (une pièce); (*remove*) enlever **2.** *vi F:* =**clear off 2. 'clear-'sighted** *a Fig:* clairvoyant. **'clear 'up 1.** *vtr* (*a*) (re)mettre (une pièce) en ordre; ranger (ses affaires) (*b*) éclaircir (un mystère); dissiper (un malentendu) **2.** *vi* (*a*) ranger (*b*) (*of illness, problem*) disparaître. **'clearway** *n* route *f* à stationnement interdit.

cleavage ['kli:vidʒ] *n* (*a*) clivage *m* (*b*) naissance *f* des seins. **'cleaver** *n* couperet *m*.

clef [klef] *n Mus:* clef *f*; **bass, treble, c.,** clef de fa, de sol.

cleft [kleft] **1.** *n* fissure *f* **2.** *a* **c. stick,** (i) bâton fourchu (ii) *Fig:* impasse *f*; *Med:* **c. palate,** palais fendu.

clematis ['klemətis] *n Bot:* clématite *f*.

clement ['klemənt] *a* clément. **'clemency** *n* clémence *f*.

clementine ['klemənti:n] *n* clémentine *f*.

clench [klentʃ] *vtr* serrer (les dents, le poing); **with clenched fists,** les poings serrés.

clergy ['klə:dʒi] *n coll* clergé *m*. **'clergyman** *n* (*pl* **-men**) ecclésiastique *m*.

cleric ['klerik] *n Rel:* clerc *m*. **'clerical** *a* (*a*) clérical; du clergé (*b*) (*of job*) d'employé; (*of work*) de bureau; **c. error,** faute *f* d'écriture.

clerk [klɑ:k, *NAm:* klə:k] *n* (*a*) employé, -ée (de bureau); commis *m*; clerc *m* (de notaire); **bank c.,** employé de banque; **c. of works,** conducteur *m* de travaux; *Jur:* **c. of the court,** greffier *m* (*b*) *NAm:* vendeur, -euse.

clever ['klevər] *a* (**-er, -est**) (*a*) intelligent; habile (**at sth,** à qch; **at doing,** à faire); doué; **c. with one's hands,** habile, adroit, de ses mains; **that's not very c.,** ça c'est pas malin; **c. at maths,** fort en maths; **he was too c. for us,** il nous a roulés (*b*) (dispositif) ingénieux; (ouvrage) bien fait; (argument) astucieux. **'cleverly** *adv* intelligemment; habilement, adroitement; astucieusement. **'cleverness** *n* intelligence *f*; habileté *f*; astuce *f*.

cliché ['kli:ʃei] *n* cliché *m*.

click [klik] **1.** *n* bruit sec; déclic *m*; claquement *m* (de langue) **2.** *v* (*a*) *vi* cliqueter; *F:* (*of two people*) se plaire du premier coup; (*of door*) **to c. shut,** se fermer avec un bruit sec; *F:* **it (suddenly) clicked,** d'un seul coup ça a fait tilt (*b*) *vtr* (faire) claquer (la langue); **to c. one's heels,** claquer des talons. **'clicking** *n* cliquetis *m*.

client ['klaiənt] *n* client, -ente. **clientele** [kli:ən'tel] *n* clientèle *f*.

cliff [klif] *n* falaise *f*. **'cliffhanger** *n* récit *m*, concours *m*, etc, à suspense.

climate ['klaimət] *n* climat *m;* **c. of opinion,** opinion générale. **cli'matic** *a* (zone) climatique.

climax ['klaimæks] *n* (*pl* **climaxes**) point culminant; apogée *m*; *Physiol:* orgasme *m*.

climb [klaim] **1.** *n* ascension *f*; montée *f*; côte *f*; **stiff c.,** grimpée *f*; *Sp:* **hill c.,** course de côte; *Av:* **rate of c.,** vitesse ascensionnelle. **2.** *vtr & i* **to c. (up),** monter, gravir (un escalier); monter à, grimper à (un arbre, une échelle); escalader (une falaise); gravir, faire l'ascension de (une montagne); (*of aircraft*) prendre de l'altitude; (*of road*) grimper, monter; (*of plant*) grimper; **to c. over a wall,** escalader un mur; **to c. on the roof,** monter sur le toit; **to c. down (from) a ladder,** descendre d'une échelle; **to c. out of a hole,** se hisser hors d'un trou; **to c. into,** monter dans (son lit, un avion). **climb 'down** *vi* (*a*) descendre (*b*) *Fig:* en rabattre. **'climber** *n* (*a*) grimpeur, -euse; *Sp:* alpiniste *mf*; **social c.,** arriviste *mf* (*b*) *Bot:* plante grimpante. **'climbing** *n* escalade *f*; montée *f*; **(mountain) c.,** alpinisme *m*; (*in playground*) **c. frame,** cage *f* à écureuil.

clinch [klintʃ] **1.** *n* (*pl* **clinches**) (*a*) (*of fighters*) **in a c.,** corps à corps (*b*) *F:* étreinte *f* (d'amoureux) **2.** *vtr* conclure (un marché); consolider (un argument); **that clinches it!** comme ça c'est réglé!

cling [kliŋ] *vi* (**clung** [klʌŋ]) (*a*) se cramponner, s'accrocher (**to,** à); se serrer, se coller (**to s.o.,** contre qn); **to c. together, to one another,** se tenir étroitement enlacés (*b*) adhérer (**to,** à). **'clingfilm** *n* scel-o-frais *m* (*Rtm*), film *m* étirable. **'clinging** *a* (*of clothes*) collant.

clinic ['klinik] *n* clinique *f;* (*health centre*) centre médical. **'clinical** *a* (*a*) clinique; (thermomètre) médical (*b*) *Fig:* scientifique, objectif.

clink [kliŋk] **1.** *n* (*a*) tintement *m*; choc *m* (de verres) (*b*) *P:* prison *f*, taule *f* **2.** *vtr & i* (faire) tinter; **to c. glasses (with s.o.),** trinquer (avec qn). **'clinker** *n* **1.** brique *f* à four **2.** mâchefer *m* (de forge); escarbilles *fpl*.

clip[1] [klip] **1.** *n* (*of brooch, for hair*) pince *f*; (*for paper*) attache *f*, trombone *m*; *Sma:* **(cartridge) c.,** chargeur *m*; **bicycle clips,** pinces à vélo **2.** *vtr* **(clipped) to c. (on),** attacher (avec une pince). **'clipboard** *n* porte-bloc *m*. **'clip-on** *a* qui s'attache avec une pince; **c.-on earring,** boucle *f* d'oreille à clip.

clip[2] **1.** *n* (*a*) extrait *m* (de film); **(video) c.,** clip *m*, bande promotionnelle; *F:* **c. joint,** boîte de nuit où l'on reçoit le coup de fusil (*b*) *F:* taloche *f* **2.** *vtr* **(clipped)** (*a*) couper; tondre (un mouton); tailler (une haie); poinçonner (un billet); **to c. sth out of,** découper qch dans (un journal) (*b*) *F:* flanquer une taloche à (qn). **'clipped** *a* (*of speech*) saccadé. **'clipper** *n* *ANau:* clipper *m*. **'clippers** *npl* (*for hair*) tondeuse *f*; (*for hedge*) sécateur *m*; (*for nails*) pince *f* à ongles; (*pocket-sized*) coupe-ongles *m inv*. **'clipping** *n* coupure *f* (de journal); rognure *f* (d'ongle).

clique [kli:k] *n Pej:* clique *f.* **'cliqu(e)y, 'cliquish** *a Pej:* exclusif.

cloak [klouk] **1.** *n* (grande) cape *f*; *Fig:* manteau *m;* (*of film, etc*) **c. and dagger,** d'espionnage **2.** *vtr* masquer, voiler. **'cloakroom** *n* (*a*) vestiaire *m*; *Rail:* (*for luggage*) consigne *f* (*b*) toilettes *fpl.*

clobber ['klɔbər] *P:* **1.** *n* affaires *fpl* **2.** *vtr* rosser.

clock [klɔk] **1.** *n* (*a*) (*large*) horloge *f*; (*small*) pendule *f*; **grandfather c.,** horloge de parquet; **carriage c.,** pendulette *f*; **speaking c.,** horloge parlante; **it's two o'c.,** il est deux heures; **to work round the c.,** travailler vingt-quatre heures sur vingt-quatre; **against the c.,** contre la montre; **one hour by the c.,** une heure d'horloge; **c. golf,** jeu de l'horloge; **c. radio,** radio-réveil *m*; **c. tower,** clocher *m* (*b*) compteur *m* (de voiture, de taxi) **2.** *v* (*a*) *vtr* chronométrer (un coureur) (*b*) *vi Ind:* **to c. in, out, on, off,** pointer. **clock 'up** *vtr F: Aut:* faire (tant de kilomètres). **'clock-watcher** *n* employé, -ée, qui ne pense qu'à l'heure de sortie. **'clockwise** *a & adv* dans le sens des aiguilles d'une montre. **'clockwork 1.** *a* mécanique; *Fig:* régulier; **c. train,** train mécanique **2.** *n* **like c.,** comme sur des roulettes; **he comes every day, regular as c.,** il vient tous les jours, sans faute.

clod [klɔd] *n* (*a*) motte *f* (de terre) (*b*) *F:* balourd, -ourde.

clog [klɔg] **1.** *n* sabot *m* **2.** *vtr & i* **(clogged) to c. (up),** (se) boucher.

cloister ['klɔistər] **I.** *n* cloître *m.* **II.** *vtr* cloîtrer; **cloistered life,** vie cloîtrée.

clone [kloun] *n Biol:* clone *m.*

close¹ [klous] **1.** *a* **(-er, -est)** (*a*) près, proche **(to,** de); (rapport) étroit; (ami, etc) intime; (traduction) fidèle; **c. resemblance,** étroite ressemblance; **at c. quarters,** de près; **c. to tears,** au bord des larmes; *F:* **that was a c. call, shave, thing,** nous l'avons échappé belle (*b*) (grain) fin; (*of texture*) serré; (*of study*) rigoureux; (*of investigation*) minutieux; (*of attention*) soutenu; **to keep (a) c. watch on s.o.,** surveiller qn de près (*c*) (*of atmosphere*) lourd; **it's very c. in here,** ça manque d'air, ça sent le renfermé, ici (*d*) (concours) serré; **c. finish,** arrivée serrée (*e*) (*of pers*) peu communicatif, réservé (*f*) (*of pers*) avare, regardant (*g*) **c. season,** chasse, pêche, fermée (*h*) (*of vowel*) fermé **2.** *adv* (tout) près; **c. behind,** juste derrière; **to follow c. behind s.o.,** suivre qn de près; **to stand c. together,** se tenir serrés; **c. at hand, c. by,** (tout) près, tout proche; **c. by, to,** (tout) près de; *F:* **c. to, on, 50 cars,** pas loin de 50 voitures; **c. to the ground,** au ras du sol; **to be c. on fifty,** friser la cinquantaine; **to stand c. together,** être serrés; **to come closer (together),** se rapprocher; **to follow c.,** suivre de près **3.** *n* (*a*) enceinte *f* (de cathédrale) (*b*) impasse *f.* **close-'cropped** *a* (*of hair*) (coupé) ras. **close-'fitting** *a* (vêtement) ajusté, collant. **close-'knit** *a* très uni. **'closely** *adv* étroitement (gardé); (suivre) de près; (écouter) attentivement; (ressembler) exactement; (examiner) de près, attentivement; **we are c. related,** nous sommes proches parents; **c. knit,** très uni; **c. contested,** très disputé; **to hold s.o. c.,** tenir qn (tout) contre soi. **'closeness** *n* (*a*) proximité *f,* rapprochement *m*; étroitesse *f* (de la collaboration, etc); intimité *f* (d'amitié) (*b*) exactitude *f* (d'une ressemblance); fidélité *f* (d'une traduction) (*c*) manque *m* d'air; lourdeur *f* (du temps). **'close-'set** *a* (yeux) rapprochés. **'close-up** *n* gros plan.

close² [klouz] **I.** *n* fin *f*; conclusion *f*; **to bring to a c.,** mettre fin à; **to draw to a c.,** tirer à sa fin. **II.** *v* **1.** *vtr* (*a*) fermer; boucher (une ouverture); réduire (un espace); barrer (une rue); **road closed to traffic,** route interdite à la circulation (*b*) terminer, clore (un débat); conclure (un marché); lever (une séance); arrêter, clore (un compte); **the matter is closed,** l'affaire est classée; **to c. the ranks,** serrer les rangs **2.** *vi* (*a*) se fermer; (*of shop*) fermer; (*of wound*) se refermer (*b*) finir; (se) terminer; **to c. round s.o.,** encercler qn; **to c. with s.o.,** conclure un marché avec qn. **closed** *a* fermé; (*of road*) barré; (tuyau) bouché; *PN:* fermé, *Th:* relâche; **behind c. doors,** à huis clos; *Ind:* **c. shop,** atelier qui n'admet pas de travailleurs non-syndiqués; **c. circuit television,** télévision en circuit fermé; *Fig:* **c. book,** sujet duquel on ignore tout. **close 'down** (*a*) *vtr & i* fermer (définitivement) (un magasin) (*b*) *vi TV:* terminer les émissions. **'closedown** *n* fermeture *f* (définitive) (d'un magasin); *TV:* fin des émissions. **close 'in 1.** *vtr* enfermer **2.** *vi* (*of night*) tomber; (*of days*) raccourcir; (*approach*) approcher; **to c. in on s.o.,** se rapprocher de qn; (*of police*) resserrer l'étau autour, sur, qn. **close 'up 1.** *vtr* fermer; serrer (les rangs) **2.** *vi* (*a*) (*of shop*) fermer; (*of wound*) se refermer. **'closing 1.** *n* fermeture *f*; (*of session*) clôture *f*; **early c. day,** jour où les magasins sont fermés l'après-midi; **c. time,** heure de fermeture; *StExch:* **c. prices,** cours *m* de clôture **2.** *a* final.

closet ['klɔzit] **1.** *n NAm:* (*cupboard*) armoire *f,* placard *m*; (*wardrobe*) penderie *f* **2.** *vtr* **to be closeted with s.o.,** être enfermé en tête-à-tête avec qn.

clot [klɔt] **1.** *n* (*a*) caillot *m* (de sang); **c. on the brain,** embolie cérébrale (*b*) *F:* imbécile *mf* **2. (clotted)** (*a*) *vtr* coaguler; figer; **clotted cream,** crème caillée (*b*) *vi* (*of blood*) se coaguler.

cloth [klɔθ] **1.** *n* (*a*) tissu *m*; étoffe *f*; (*of wool*) drap *m*; (*of linen, cotton*) toile *f*; (*on furniture*) tapis *m*; *Bookb:* **c. binding,** reliure toile (*b*) (*for dusting*) chiffon *m*; (*for dishes*) torchon *m*; (*for floors*) serpillière *f* (*c*) nappe *f.*

clothe [klouð] *vtr* vêtir, habiller **(in, with,** de). **clothes** *npl* (*a*) vêtements *mpl*; **to put on, take off, one's c.,** s'habiller, se déshabiller; **c. shop,** magasin *m* de vêtements; **c. brush,** brosse à habits; **c. horse,** séchoir *m* (à linge); **(dirty) c. basket,** panier à linge; **c. peg,** pince *f* à linge; **c. line,** corde *f* à linge (*b*) couvertures *fpl* et draps *mpl* (de lit). **'clothespin** *n NAm:* pince *f* à linge. **'clothing** *n* habillement *m*; vêtements; **article of c.,** vêtement; **the c. trade,** l'industrie *f* du vêtement.

cloud [klaud] **1.** *n* nuage *m*; nuée *f* (de flèches, d'insectes); *Fig:* **to have one's head in the clouds,** être dans les nuages; **to be on c. nine,** être aux anges; **to be under a c.,** être (i) l'objet de soupçons (ii) en défaveur; **c. cuckoo land,** pays *m* de cocagne **2.** *v* (*a*) *vtr* couvrir, obscurcir (le ciel); embuer (une vitre); rendre trouble (un liquide); **clouded sky,** ciel couvert (de nuages); **to c. the issue,** embrouiller la question (*b*) *vi* **to c. (over),** se couvrir; s'assombrir. **'cloud-**

burst *n* averse *f*. **'cloudiness** *n* aspect nuageux (du ciel). **'cloudless** *a* (ciel) sans nuages. **'cloudy** *a* (temps, ciel) couvert, nuageux; (liquide) trouble.

clout [klaut] *F:* **1.** *n* (*a*) taloche *f* (*b*) influence *f*, pouvoir *m* **2.** *vtr* flanquer une taloche à (qn).

clove [klouv] *n* clou *m* de girofle; **c. of garlic,** gousse *f* d'ail.

cloven ['klouvn] *a* **c. hoof,** pied fourchu, sabot fendu.

clover ['klouvər] *n Bot:* trèfle *m*; *F:* **to be in c.,** être comme un coq en pâte. **'cloverleaf** *n* (*a*) feuille *f* de trèfle (*b*) **c. (intersection),** croisement *m* en trèfle.

clown [klaun] **1.** *n* clown *m*; *Pej:* bouffon *m* **2.** *vi* **to c. (around),** faire le clown. **'clowning** *n* bouffonnerie *f*, pitrerie *f*.

cloy [klɔi] *vi* (*of food, sweets*) écœurer. **'cloying** *a* écœurant.

club [klʌb] **1.** *n* (*a*) matraque *f*, massue *f* (*b*) **(golf) c.,** club *m* (*c*) *Cards:* trèfle *m* (*d*) club (de tennis); cercle *m* (littéraire); **youth c.,** foyer *m* de jeunes; **book c.,** club du livre; **c. sandwich,** sandwich double (à trois tranches de pain); *F:* **join the c.!** (et) moi aussi! **2.** *vtr* **(clubbed)** matraquer (qn); assommer (qn) à coups de massue. **'clubfoot** *n* pied *m* bot. **club'footed** *a* pied bot *inv*. **'clubhouse** *n* pavillon *m*. **club to'gether** *vi* se cotiser (**to buy,** pour acheter).

cluck [klʌk] **1.** *n* gloussement *m* **2.** *vi* glousser.

clue [klu:] *n* indice *m*; (*of crossword*) définition *f*; (*to mystery*) clef *f*; **to give s.o. a c.,** mettre qn sur la voie, sur la piste; *F:* **I haven't a c.,** je n'en ai pas la moindre idée. **'clueless** *a F:* qui ne sait rien de rien. **clue 'up** *vtr F:* renseigner (qn); **to be clued up,** être à la page.

clump [klʌmp] **1.** *n massif m* (d'arbres, d'arbustes, de fleurs); touffe *f* (d'herbe) **2.** *vi* **to c. (about),** marcher lourdement.

clumsy ['klʌmzi] *a* **(-ier, -iest)** maladroit, gauche; (*of shape*) lourd; (*of tool*) peu commode. **'clumsily** *adv* maladroitement, gauchement. **'clumsiness** *n* maladresse *f*, gaucherie *f*.

clung [klʌŋ] *see* **cling.**

clunk [klʌŋk] *n* bruit sourd (métallique).

cluster ['klʌstər] **1.** *n* groupe *m*; grappe *f* (de fleurs, de raisin); bouquet *m* (d'arbres); entourage *m* (de diamants); amas *m* (d'étoiles) **2.** *vi* se grouper, se rassembler (**round,** autour de).

clutch [klʌtʃ] **1.** *n* (*pl* **clutches**) (*a*) étreinte (b) **to be in, fall into, s.o.'s clutches,** être, tomber, dans les griffes de qn; **to make a c. at sth,** essayer de saisir qch (*c*) *Aut:* embrayage *m*; pédale *f* d'embrayage; **to let in, let out, the c.,** embrayer, débrayer; **c. plate,** disque *m* d'embrayage **2.** (*a*) *vtr* serrer, étreindre; se cramponner, s'agripper, à; saisir (*b*) *vi* **to c. at,** essayer de saisir; *Fig:* **to c. at straws,** se raccrocher à n'importe quoi.

clutter ['klʌtər] **1.** *n* fouillis *m*, désordre *m*, pagaille *f*; **in a c.,** en désordre **2.** *vtr* **to c. (up),** encombrer (**with,** de).

cm *abbr centimetre.*

CND *abbr Campaign for Nuclear Disarmament,* Comité de désarmement nucléaire, CDN.

co- [kou] *pref* co-.

Co *abbr company,* Cie.

c/o *abbr care of.*

coach [koutʃ] **1.** *n* (*pl* **coaches**) (*a*) (*horse-drawn*) carrosse *f*; *Aut:* (auto)car *m*; **c. tour,** excursion en car; *Rail:* voiture *f*, wagon *m* (*b*) *Sch:* répétiteur, -trice; *Sp:* entraîneur *m* **2.** *vtr* donner des leçons (particulières) à (qn); *Sp:* entraîner (qn); **to c. s.o. for,** préparer qn à (un examen). **'coachman** *n* (*pl* **-men**) cocher *m*.

coagulate [kou'ægjuleit] *vtr & i* (se) coaguler. **coagu'lation** *n* coagulation *f*.

coal [koul] *n* charbon *m*; houille *f*; **c. gas,** gaz de houille; *Fig:* **to haul s.o. over the coals,** laver la tête à qn; **c. cellar,** cave *f* à charbon; **c. merchant,** marchand de charbon. **'coalface** *n* front *m* de taille. **'coalfield** *n* bassin houiller. **'coalman** *n* (*pl* **-men**) marchand *m* de charbon. **'coalmine** *n* mine *f* de charbon; houillère *f*. **'coalminer** *n* mineur *m* (de fond). **'coalmining** *n* exploitation *f* de la houille; charbonnage *m*; industrie houillère.

coalesce [kouə'les] *vi* s'unir; se fondre.

coalition [kouə'liʃn] *n* coalition *f*.

coarse [kɔ:s] *a* **(-er, -est)** grossier, vulgaire; (peau, surface) rude; (tissu) grossier; (accent) commun, vulgaire; **c. salt,** gros sel. **'coarsely** *adv* grossièrement. **'coarseness** *n* grossièreté *f*, vulgarité *f*; grosseur *m* de fil (d'un tissu).

coast [koust] **1.** *n* côte *f*; **from c. to c.,** d'une mer à l'autre **2.** *vi* (*of car*) **to c. (along, down),** descendre en roue libre. **'coastal** *a* côtier. **'coaster** *n* (*a*) *Nau:* caboteur *m* (*b*) dessous *m* de verre, rond *m*. **'coastguard** *n* garde *m* maritime; garde-côte *m*. **'coastline** *n* littoral.

coat [kout] **1.** *n* (*a*) (*short*) veste *f*; veston *m*; (*long*) manteau *m*; (*overcoat*) pardessus *m*; **c. hanger,** cintre *m*; **c. of arms,** blason *m*, armoiries *fpl* (*b*) poil *m* (de chien); robe *f* (de cheval); pelage *m* (de loup) (*c*) couche *f* (de peinture) **2.** *vtr* couvrir, enduire (**with,** de); revêtir, armer (un câble); *Cu:* enrober, napper (de chocolat). **'coated** *a* (*of tongue*) chargé. **'coating** *n* couche.

coax [kouks] *vtr* amadouer, cajoler; **to c. s.o. into doing, to d. sth,** amadouer qn pour qu'il fasse qch. **'coaxing 1.** *a* cajoleur **2.** *n* cajoleries *fpl*.

cob [kɔb] *n* épi *m* (de maïs).

cobalt ['koubɔ:lt] *n Ch:* cobalt *m*.

cobble ['kɔbl] **1.** *n* pavé *m* **2.** *vtr F:* **to c. together,** bricoler (un texte, etc). **'cobbled** *a* pavé. **'cobblestone** *n* pavé *m*.

cobbler ['kɔblər] *n* cordonnier *m*.

cobra ['koubrə] *n Rept:* cobra *m*.

cobweb ['kɔbweb] *n* toile *f* d'araignée.

cocaine [kou'kein] *n Pharm:* cocaïne *f*.

cock [kɔk] **1.** *n* (*a*) coq *m*; *F:* **c. and bull story,** histoire à dormir debout (*b*) **c. (bird),** (oiseau *m*) mâle *m* (*c*) robinet *m* (*d*) *Sma:* chien *m* (de fusil); **to go off at half c.,** mal démarrer (*e*) *V:* pénis *m* **2.** *vtr* armer (un fusil); **to c. (up),** dresser (les oreilles). **co'ckade** *n* cocarde *f*. **'cock-a-doodle-'doo** *int* cocorico! **'cock-a-'hoop** *a F:* triomphant; fier comme Artaban. **cocka'too** *n Orn:* cacatoès *m*. **'cockcrow** *n* **at c.,** au (premier) chant du coq. **'cocked** *a* (chapeau) à cornes; *F:* **to knock s.o. into a c. hat,** battre qn à plates coutures. **'cocker** *n* **c. (spaniel),** cocker *m*. **'cockerel** *n* jeune coq, coquelet *m.* **'cockeyed** *a F:* (*a*) bigleux (*b*) de travers, de traviole; (project) absurde. **'cockpit** *n* poste *m* (i) (*in aircraft*) de pilotage (ii) (*in racing car*) du pilote. **'cockroach** *n* (*pl* -es) *Ent:* cafard *m*, blatte *f.* **'cockscomb** *n* crête *f* de coq. **'cocksure, 'cocky** *a F:* trop sûr de soi, arrogant. **'cocktail** *n* (*a*) (*drink*) cocktail *m*; **prawn c.**, crevettes à la mayonnaise; **(fruit) c.**, macédoine *f* (de fruits); **c. lounge, cabinet,** bar *m*; **c. party,** cocktail (*b*) **Molotov c.**, cocktail Molotov.

cockle ['kɔkl] *n Moll:* coque *f*; *Fig:* **it warmed the cockles of my heart,** cela m'a fait chaud au cœur.

cockney ['kɔkni] *a & n* cockney (*mf*).

cocoa ['koukou] *n* cacao *m.*

coconut ['koukənʌt] *n* noix *f* de coco; **c. shy,** jeu *m* de massacre; **c. palm,** cocotier *m*; **c. matting,** natte *f* en fibres (de coco).

cocoon [kə'ku:n] *n Ent:* cocon *m.*

cod ['kɔd] *n* morue *f*; (*bought fresh*) cabillaud *m*; **salt c.**, morue salée; **c. liver oil,** huile de foie de morue. **'codswallop** *n F:* bêtises *fpl*, foutaise *f.*

COD *abbr cash on delivery.*

coddle ['kɔdl] *vtr* (*a*) faire cuire (des œufs) en cocotte (*b*) dorloter (qn).

code [koud] **1.** *n* (*a*) code *m*; **Highway C.**, code de la route (*b*) (*secret*) code, chiffre *m*; **c. word,** mot de code, convenu; **to write a message in c.**, chiffrer un message; **in c.**, en chiffre(s); **bar c.**, code à barres (*c*) *Tp:* indicatif *m*; **postal c.**, *NAm:* **zip c.**, code postal **2.** *vtr* coder; chiffrer. **'coding** *n* codage *m*, chiffrement *m* (d'un message).

codeine ['koudi:n] *n Pharm:* codéine *f.*

codicil ['kɔdisil] *n* codicille *m.*

co-director ['koudai'rektər] *n* codirecteur, -trice; coadministrateur, -trice.

co-driver ['koudraiver] *n Rac:* copilote *m.*

coed [kou'ed] *F:* **1.** *a* (école) mixte **2.** *n NAm:* élève *f* d'une école mixte. **coedu'cation** *n* enseignement *m* mixte. **coedu'cational** *a* (école, enseignement) mixte.

coefficient [koui'fiʃənt] *n* coefficient *m.*

coerce [kou'ə:s] *vtr* contraindre (**s.o. into doing sth,** qn à faire qch). **co'ercion** *n* contrainte *f.*

coexist [kouig'zist] *vi* coexister (**with,** avec). **coexistence** [kouig'zistəns] *n* coexistence *f.*

C of E *abbr Church of England.*

coffee ['kɔfi] *n* café *m*; **c. bar, house,** café, cafétéria *f*; **black c.**, café noir, nature; **white c.**, café au lait; (*ordered in café*) (café) crème *m*; **c. table,** table basse; **c.-table book,** beau livre. **'coffeepot** *n* cafetière *f.*

coffer ['kɔfər] *n* coffre *m; pl* (*funds*) coffres.

coffin ['kɔfin] *n* (*NAm:* = **casket**) cercueil *m.*

cog ['kɔg] *n* dent *f* (d'une roue dentée); *Fig:* rouage *m.* **'cogwheel** *n* roue dentée.

cogent ['koudʒənt] *a* (*of reason, argument*) puissant, convaincant; (*of motive*) puissant. **'cogently** *adv* avec force.

cogitate ['kɔdʒiteit] *vi Iron:* cogiter.

cognac ['kɔnjæk] *n* cognac *m.*

cohabit [kou'hæbit] *vi* (*of unmarried people*) vivre en concubinage.

cohere [kou'hiər] *vi* (*of whole, of parts*) se tenir ensemble; s'agglomérer; (*of argument*) se suivre (logiquement). **co'herence** *n* cohérence *f.* **co'herent** *a* cohérent; (*of speech*) compréhensible; (*of thinker*) qui a de la suite dans les idées. **co'herently** *adv* d'une manière cohérente. **co'hesion** *n* cohésion *f.* **co'hesive** *a* cohésif.

cohort ['kouhɔ:t] *n* cohorte *f.*

coil [kɔil] **1.** *n* rouleau *m*; (re)pli *m* (d'un cordage); anneau *m* (d'un serpent); tourbillon *m* (de fumée); (*of hair*) chignon *m*; (*contraceptive*) stérilet *m*; *El:* bobine *f* **2.** *v* (*a*) *vtr* enrouler (*b*) *vi* (*of river*) serpenter; (*of snake*) **to c. (up),** s'enrouler.

coin [kɔin] **1.** *n* pièce *f* (de monnaie); (*currency*) monnaie *f* **2.** *vtr* (*a*) **to c. money,** (i) frapper de la monnaie (ii) *Fig:* faire des affaires d'or (*b*) inventer, forger (un mot); *F:* **to c. a phrase,** pour ainsi dire. **'coinage** *n* (*a*) système *m* monétaire; monnaie *f* (*b*) *Fig:* invention *f.* **'coin-op** *n F:* laverie *f* automatique. **'coin-'operated** *a* automatique.

coincide [kouin'said] *vi* coïncider (**with,** avec). **co'incidence** *n* coïncidence *f.* **coinci'dental** *a* fortuit; **it's c.**, c'est une coincidence.

coke [kouk] *n* (*a*) (*coal*) coke *m* (*b*) *Rtm:* (*drink*) coca *m* (*c*) *P:* (*drug*) coco *f.*

colander ['kʌləndər] *n DomEc:* passoire *f.*

cold [kould] **1.** *a* froid; **as c. as ice,** glacé; (*of weather*) **it's c.**, il fait froid; (*of pers*) **to be, feel, c.**, avoir froid; **my feet are c.**, j'ai froid aux pieds; *F:* **to get c. feet,** se dégonfler; **to get, grow, c.**, (*of weather*) se refroidir; (*of food*) refroidir; *F:* **out c.**, sans connaissance; **c. front,** front froid; **c. cream,** crème *f* de beauté; *Cu:* **c. meat(s),** *NAm:* **c. cuts,** assiette anglaise; **c. store,** chambre froide; **c. storage,** conservation par le froid; *Fig:* **to put sth into c. storage,** mettre qch en veilleuse; **in c. blood,** de sang-froid; **c. comfort,** piètre consolation; **c. war,** guerre froide; **to give s.o. the c. shoulder,** tourner le dos à qn; **that leaves me c.**, cela ne me fait ni chaud ni froid **2.** *n* (*a*) froid *m*; **to feel the c.**, être frileux; *Fig:* **out in the c.**, abandonné, en carafe (*b*) *Med:* rhume *m*; **bad c.**, gros rhume; **c. in the head,** rhume de cerveau; **to have a c.**, être enrhumé; **to catch, get, (a) c.**, s'enrhumer; attraper, prendre, froid; **they all had colds,** ils étaient tous enrhumés; **c. sore,** herpès *m.* **cold-'blooded** *a* (animal) à sang froid; (*of pers*) cruel, insensible; (*of act*) de sang-froid. **cold-'hearted** *a* au cœur froid. **'coldly** *adv* froidement; avec froideur. **'coldness** *n* froideur *f.* **cold-'shoulder** *vtr* snober.

coleslaw ['koulslɔ:] *n* salade *f* de chou cru.

colic ['kɔlik] *n Med:* coliques *fpl.*

colitis [kɔ'laitis] *n Med:* colite *f.*

collaborate [kə'læbəreit] *vi* collaborer (**with,** avec). **collabo'ration** *n* collaboration *f.* **co'llaborator** *n* collaborateur, -trice.

collage ['kɔlɑ:ʒ] *n* collage *m.*

collapse [kə'læps] **1.** *n* écroulement *m*, effondrement *m*; chute *f* (d'un gouvernement); *Med:* collapsus *m* **2.** *v* (*a*) *vi* s'écrouler; s'effondrer; (*of government*) tomber; *Med:* se trouver mal (*b*) *vtr* plier. **co'llapsible** *a* pliant; démontable; escamotable.

collar ['kɔlər] **1.** *n* col *m*; (*detachable*) faux col; collerette *f* (de dentelle); collier *m* (de chien); *Tchn:* collier, bague *f*; **to seize s.o. by the c.**, saisir qn au collet **2.** *vtr F:* saisir (qn) au collet; *F: Fig:* retenir (qn); *P:* (*steal*) piquer. **'collarbone** *n* clavicule *f.*

collate [kɔ'leit] *vtr* collationner, comparer (**with,** avec). **co'llation** *n* collation *f.*

collateral [kə'lætərəl] *a* collatéral; (fait) concomitant; (raison) accessoire; *Fin:* **c. security,** *n* **c.,** nantissement *m* subsidiaire.

colleague ['kɔli:g] *n* collègue *mf*; confrère *m.*

collect [kə'lekt] **1.** *vtr* (*a*) rassembler; réunir; recueillir, ramasser, assembler (des documents); percevoir (des impôts); encaisser (de l'argent, le loyer); **to c. oneself,** se reprendre; **to c. one's thoughts,** se recueillir (*b*) (passer) prendre (qn, qch); aller chercher (ses bagages) (*c*) collectionner (des timbres) **2.** *vi* (*a*) (*of people*) se rassembler; (*of thgs*) s'amasser; (*of dust*) s'accumuler (*b*) quêter (**for,** pour) **3.** *adv NAm: Tp:* **to call, phone, c.,** téléphoner en PCV. **co'llected** *a* recueilli. **co'llection** *n* ramassage *m*; recouvrement *m* (d'une somme); perception *f* (des impôts); levée *f* (des lettres); enlèvement *m* (des ordures) (*b*) *Ecc: etc:* quête *f,* collecte *f* (**for,** pour) (*c*) amas *m,* assemblage *m* (d'objets divers); collection *f* (de timbres, etc); recueil *m* (de poèmes). **co'llective** *a* collectif; **c. bargaining** = convention collective. **co'llectively** *adv* collectivement. **co'llector** *n* collectionneur, -euse (de timbres); **tax c.,** percepteur *m,* receveur *m*; **ticket c.,** contrôleur *m.*

college ['kɔlidʒ] *n Pol: Rel: Sch:* collège *m*; (*university*) université *f*; *Mus:* conservatoire *m*; **when I was at c.,** quand j'étais en faculté; **c. of education, teacher's training c.,** école normale; **c. of further education** = centre *m* d'enseignement postscolaire; centre de formation permanente, continue; **art c.,** école des beaux-arts; **agricultural c.,** institut *m* d'agronomie, lycée *m* agricole.

collide [kə'laid] *vi* se heurter (**with,** à); entrer en collision (**with,** avec). **co'llision** *n* collision *f*; (*of ships*) abordage *m*; *Fig:* conflit *m,* collision *f.*

collie ['kɔli] *n* colley *m.*

collier ['kɔljər] *n* mineur *m* (de charbon). **'colliery** *n* mine *f* (de charbon); houillère *f.*

colloquial [kə'loukwiəl] *a* familier. **co'lloquialism** *n* expression familière. **co'lloquially** *adv* familièrement.

collusion [kə'lu:ʒn] *n* collusion *f*; **to act in c. with s.o.,** agir de complicité avec qn.

collywobbles ['kɔliwɔblz] *npl F:* **to have the c.,** avoir la frousse.

cologne [kə'loun] *n Toil:* eau *f* de Cologne.

colon ['koulən] *n* (*a*) deux-points *m* (*b*) *Anat:* côlon *m.*

colonel ['kə:nl] *n* colonel *m.*

colonnade [kɔlə'neid] *n* colonnade *f.*

colony ['kɔləni] *n* colonie *f.* **co'lonial** *a* colonial. **co'lonialism** *n* colonialisme *m.* **co'lonialist** *a & n* colonialiste (*mf*). **'colonist** *n* colon *m.* **coloni'zation** *n* colonisation *f.* **'colonize** *vtr* coloniser.

Colorado [kɔlə'rɑ:dou] *Prn Geog:* Colorado *m*; *Ent:* **C. beetle,** doryphore *m.*

colossus [kə'lɔsəs] *n* (*pl* **colossi**) colosse *m.* **co'lossal** *a* colossal. **co'lossally** *adv* colossalement.

colour, *NAm:* **color** ['kʌlər] **1.** *n* (*a*) couleur *f*; **what c. is it?** de quelle couleur est-ce? **local c.,** couleur locale; **c. scheme,** disposition des coloris; **to see sth in its true colours,** voir qch sous son vrai jour; *F:* **to see the c. of s.o.'s money,** voir la couleur de l'argent de qn; **c. photo, television,** photo, télévision, en couleurs; **c. television set,** téléviseur *m* couleur *inv*; (*of pers*) **high c.,** vivacité de teint; **to lose c.,** se décolorer; (*of pers*) pâlir; perdre ses couleurs; **off c.,** (i) mal fichu (ii) scabreux; **c. problem,** problème racial; **c. bar,** discrimination raciale (*b*) *pl Mil: etc:* couleurs; drapeau *m*; *Nau:* pavillon *m*; **to pass (an examination) with flying colours,** être reçu (à un examen) haut la main; **to show oneself in one's true colours,** se révéler tel qu'on est **2.** *v* (*a*) *vtr* colorer; **to c. (in),** colorier (une image); **to c. sth blue,** colorer qch en bleu (*b*) *vi* (*of pers*) rougir. **'colour-blind,** *NAm:* **'color-** *a* daltonien. **'colour-blindness,** *NAm:* **'color-** *n* daltonisme *m.* **'coloured,** *NAm:* **'colored 1.** *a* coloré; colorié; (photo) en couleur; (personne, crayon) de couleur; **highly c.,** coloré; haut en couleur; **flesh-c.,** couleur (de) chair; **violet-c.,** couleur de violette **2.** *n* personne *f* de couleur. **'colourful,** *NAm:* **'color-** *a* (*of crowd, story*) coloré; (style, personne) pittoresque; **c. character,** original, -ale. **'colouring,** *NAm:* **'color-** *n* coloration *f*; (*with crayons*) coloriage *m*; (*hue*) coloris *m*; (*matter*) colorant *m*; (*of pers*) teint *m.* **'colourless** *a* sans couleur; incolore.

colt [koult] *n* (*a*) poulain *m* (*b*) *Sp:* débutant, -ante.

column ['kɔləm] *n* colonne *f*; **spinal c.,** colonne vertébrale; *Av:* **control c.,** levier *m* de commande; *Journ:* **theatrical c.,** rubrique *f* des théâtres; **gossip c.,** échos *mpl.* **'columnist** *n Journ:* chroniqueur *m*; **gossip c.,** échotier, -ière.

coma ['koumə] *n Med:* coma *m*; **in a c.,** dans le coma. **'comatose** *a* comateux.

comb [koum] **1.** *n* (*a*) peigne *m* (*b*) crête *f* (de coq) **2.** *vtr* (*a*) peigner; **to c. one's hair,** se peigner (*b*) (*of police, etc*) ratisser. **comb 'out** *vtr* démêler (les cheveux).

combat ['kɔmbæt] **1.** *n* combat *m* **2.** *vtr & i* combattre (**for,** pour). **'combatant** *a & n* combattant, -ante.

combine 1. *n* ['kɔmbain] *Fin:* cartel *m,* trust *m*; *Agr:* **c. (harvester),** moissonneuse-batteuse *f* **2.** *v* [kəm'bain] (*a*) *vtr* unir, joindre (**with,** à); combiner (des éléments, des sons); allier, joindre (des qualités, ses efforts); **to c. business with pleasure,** joindre l'utile à l'agréable (*b*) *vi* (*of people*) s'unir, s'associer; (*of parties, firms*) fusionner; (*of events*) concourir; *Ch:* se combiner; **everything combined to . . .,** tout s'est ligué pour. . . . **combi'nation** *n* (*a*) association *f* (de personnes); combinaison *f*; réunion *f* (de qualités); concours *m* (de circonstances); **in c. with,** en association avec (*b*) combinaison, chiffre *m* (de la serrure d'un coffre-fort); **c. lock,** serrure à combinaison (*c*) **(motorcycle) c.,** (motocyclette *f* à) side-car *m.* **com'bined** *a* combiné; (travail) fait en collaboration; (effort) conjugué; **c. wealth,** richesses réunies; *Mil:* **c. forces,** forces alliées; **c. operation,** opération alliée.

'combustion [kəm'bʌstʃən] *n* combustion *f.* **com'bustible** *a & n* combustible (*m*).

come [kʌm] *vi* (*pt* **came** [keim]; *pp* **come**) (*a*) venir; (**from,** de, **to,** à); (*arrive*) arriver, venir; **I've just c.**

from, j'arrive de; **he comes this way every week,** il passe par ici tous les huit jours; **here he comes!** le voilà qui arrive! **c. here!** viens ici! **coming!** j'arrive! **to c. for,** venir chercher; **to c. home,** rentrer; **c. with me,** viens avec moi; **c. and see me soon,** venez me voir bientôt; **I've c. to see you,** je viens vous voir; **he's c. a long way,** (i) il arrive de loin (ii) *Fig:* il a fait du chemin; **to c. and go,** aller et venir; **to c. as a surprise (to),** surprendre; **to c. near, close, to doing sth,** faillir faire qch; **to take things as they c.,** prendre les choses comme elles viennent; **c. what may,** quoi qu'il arrive; **in years to c.,** dans les années à venir; **the life to c.,** la vie future; **c. (c.) now!** allons! voyons! *F:* **he had it coming to him,** il l'a bien mérité; cela lui pendait au nez; *F:* **c. again?** comment? *F:* **c. summer,** en été (*b*) **that comes on page 20,** cela se trouve à la page 20; **it comes in six colours,** cela existe en six couleurs; **how does the door c. to be open? how c. (that) the door is open?** comment se fait-il que la porte soit ouverte? *F:* **how c.?** comment (ça)? **that comes easy to him,** cela lui est facile; **to c. expensive,** coûter, revenir, cher; **to c. apart, undone,** se défaire; se décoller; se détacher; **to c. to,** en venir à (comprendre, etc); parvenir à (une décision); **to c. to an end,** toucher à sa fin; **now (that) I c. to think of it,** (maintenant) que j'y songe; **I've c. to believe that,** j'en suis venu à croire que (*c*) **what will c. of it?** qu'en résultera-t-il? **nothing (much) came of it,** ça n'a abouti à rien; **no good will c. of it,** cela tournera mal; **that's what comes of fooling around,** voilà ce qui arrive quand on fait l'idiot; (*of pers*) **to c. from a good family,** être d'une bonne famille (*d*) *P:* jouir. **come a'bout** *vi* se faire, arriver; **how did it c. a. that?** comment se fait-il que? + *sub.* **come a'cross 1.** *vtr* tomber sur **2.** *vi* (*a*) (*of speech*) faire de l'effet; (*of feelings*) se montrer (*b*) traverser. **come 'after** *vtr & i* suivre. **come a'long** *vi* (*a*) venir (**with,** avec); arriver; **c. a.!** allons-(y)! dépêche-toi! (*b*) avancer, faire des progrès. **come 'at** *vtr* (*of adversary*) attaquer. **'come a'way** *vi* partir (**from,** de); (*of handle*) se détacher; **c. a. from there!** ôte-toi de là! **come 'back** *vi* (*a*) revenir; rentrer; **to c. b. to what I was saying,** pour en revenir à ce que je disais (*b*) répliquer (**at s.o.,** à qn). **'comeback** *n* (*a*) retour *m*; *Th: Pol:* rentrée *f* (*b*) réplique *f*. **come be'fore** *vtr* (*a*) précéder (*b*) = **come up 2.** (*e*). **come be'tween** *vtr* (venir) se mettre entre. **come 'by 1.** *vi* passer **2.** *vtr* obtenir; trouver. **come 'down 1.** *vtr & i* descendre **2.** *vi* (*of aircraft*) atterrir; (*of rain*) tomber; (*of prices*) baisser; (*of houses*) être démoli; **to c. d. on the side of,** se décider en faveur de; **to c. d. on s.o.,** tomber sur (le dos à) qn; **to c. d. with flu,** attraper la grippe. **'comedown** *n F:* humiliation *f*. **come 'forward** *vi* (*a*) s'avancer (*b*) se présenter; **to c. f. with,** offrir, suggérer. **come 'in** *vi* entrer; (*of train, athlete*) arriver; (*of tide*) monter; *Pol:* arriver au pouvoir; (*of clothes*) devenir à la mode, se faire beaucoup; (*of money*) rentrer; **to c. in handy, useful,** tomber bien; être utile; servir à quelque chose; **to c. in for sth,** recevoir qch; *F:* **where do I c. in?** et moi, je fais quoi? **come 'into** *vtr* (*a*) entrer dans (une pièce); **to c. i. the world,** venir au monde; **to say the first thing that comes i. one's head,** dire la première chose qui vous passe par la tête, qui vous vient à l'esprit (*b*) hériter de (l'argent). **come 'off 1.** *vtr & i* (*a*) tomber (de cheval); descendre de (une échelle, etc); *F:* **c. o. it!** en voilà assez! la barbe! (*b*) (*of stain, button*) partir, se détacher (d'un vêtement) **2.** *vi* (*a*) (*of event*) avoir lieu; (*of plan*) réussir, se réaliser (*b*) (*of pers*) s'en tirer, s'en sortir. **come 'on** *vi* (*a*) suivre; avancer, faire des progrès; **c. on!** allez! (*b*) *Th:* (*of actor*) entrer en scène; (*of play*) être joué (*c*) (*of rain, illness*) commencer; **it came on to rain,** il s'est mis à pleuvoir; **I've got a cold coming on,** je m'enrhume. **come 'out** *vi* (*a*) sortir (**of,** de); (*of thg*) partir; (*of sun, book*) paraître; (*of stain*) s'enlever, partir; (*of colour*) déteindre; (*of facts*) se faire jour; (*of secret*) être révélé; (*of calculation*) se résoudre, tomber juste; (*of total*) **to c. o. at,** se monter à; *Sch:* **to c. o. top,** être reçu premier; **to c. o. in a rash,** avoir une éruption de boutons; **the photo didn't c. o. (well),** la photo n'a pas réussi, n'est pas réussie; *F:* **to c. o. with a remark,** lâcher une observation (*b*) **to c. o. (on strike),** se mettre en grève (*c*) se prononcer (**against, for,** contre, pour). **come 'over 1.** *vi* venir, passer; **to c. o. to s.o.'s way of thinking,** se mettre, se ranger, du parti de qn; **to c. o. ill, faint,** *F:* **funny, peculiar,** se trouver mal; **to c. o. well, badly,** faire bonne, mauvaise, impression **2.** *vtr* saisir, prendre (qn); (*of feeling*) gagner (qn); **what's c. o. you?** qu'est-ce qui vous prend? **'comer** *n* **first c.,** premier venu, première venue; **open to all comers,** ouvert à tout venant, à tous venants. **come 'round** *vi* (*a*) faire le tour, un détour (**by,** par) (*b*) venir, passer; **c. r. and see me on Saturday,** viens me voir samedi (*c*) (*of festival*) revenir (**every 10 years,** tous les 10 ans) (*d*) (*of pers*) reprendre connaissance, revenir à soi (*e*) se reprendre; **he'll c. r.,** il en reviendra; **to c. r. to s.o.'s way of thinking,** se mettre, se ranger, du parti de qn. **come 'through 1.** *vtr* (*a*) traverser (*b*) se tirer indemne de **2.** *vi* (*a*) s'en tirer (*b*) (*of message*) arriver. **come 'to** *vtr & i* (*a*) = **come round** (*d*); **to c. to one's senses,** (i) = **come round** (*d*) (ii) revenir à la raison (*b*) *Com:* revenir à, faire; **how much does it c. to?** cela fait combien? **the dinner came to £20,** le dîner est revenu à £20; **what are things coming to?** où allons-nous? **it comes to the same thing,** cela revient au même; **if it comes to that,** à ce compte-là; *F:* **c. to that,** pendant que j'y suis; à propos; **when it comes to politics,** pour ce qui est de la politique; **the idea came to me that,** il m'est venu à l'esprit que; **suddenly it came to me,** tout d'un coup (i) je m'en suis souvenu (ii) j'ai eu une idée. **come 'under** *vtr* tomber sous (l'influence de qn); être classé sous (une rubrique, etc). **come 'up** *vi* (*a*) monter; **the water came up to their knees,** l'eau leur arrivait (jusqu')aux genoux; **she already comes up to my shoulder,** elle m'arrive déjà à l'épaule (*b*) s'approcher (**to,** de); **to c. up against,** rencontrer, se heurter à; entrer en conflit avec (*b*) (*of plant*) sortir (de terre); pousser (*c*) (*of question*) se présenter, être soulevé; **to c. up (for discussion),** venir sur le tapis; **something's c. up,** j'ai un empêchement; *F:* **to c. up with,** trouver (une solution) (*d*) **to c. up to,** égaler; **to c. up to s.o.'s expectations,** répondre à l'attente de qn (*e*) *Jur: etc:* (*of pers*) comparaître (**before,**

devant); (*of case*) être entendu (**before,** par) (*f*) (*of diver*) revenir à la surface. **come up'on** *vtr* = **come across 1. come'uppance** *n F:* **to get one's c.-u.,** n'avoir que ce qu'on mérite. **'coming 1.** *a* (*of year*) qui vient, prochain, à venir; (*of generation*) futur **2.** *n Rel:* avènement *m*; **c. and going,** va-et-vient *m*; **comings and goings,** allées et venues.

comedy ['kɔmədi] *n* comédie *f.* **co'median** [kə'mi:diən] *n* (acteur *m*) comique *m*, actrice *f* comique. **comedi'enne** *n* actrice *f* comique.

comet ['kɔmit] *n* comète *f.*

comfort ['kʌmfət] **1.** *n* (*a*) consolation *f*; réconfort *m*; soulagement *m*; tranquillité *f* d'esprit; **to take c.,** se consoler (**from,** de) (*b*) confort *m*; bien-être *m*; **I like c.,** j'aime mes aises; **every modern c.,** tout le confort moderne; **to live in c.,** vivre dans l'aisance *f*; *NAm:* **c. station,** toilettes *fpl* **2.** *vtr* consoler; réconforter. **'comfortable** *a* confortable; agréable; (revenu) suffisant; (*rich*) aisé; **he's c.,** il est à l'aise, il est bien; (*well off*) il a les moyens; **to make oneself c.,** se mettre à l'aise; **it's so c. here,** on est bien, il fait si bon, ici. **'comfortably** *adv* confortablement; agréablement; (vivre) dans l'aisance; **to be c. off,** être à l'aise. **'comforter** *n* **1.** (*pers*) consolateur, -trice; **Job's c.,** piètre consolateur **2.** (*a*) (*scarf*) cache-nez *m inv* (*b*) (*baby's dummy*) sucette *f* (*c*) *NAm:* (*quilt*) édredon *m*. **'comforting** *a* réconfortant; (paroles) de consolation. **'comfortless** *a* sans confort, désolé. **'comfy** *a F:* confortable; (*of pers*) bien.

comic ['kɔmik] **1.** *a* comique **2.** *n* (*a*) (*pers*) comique *m*; actrice *f* comique (*b*) illustré *m*; **c. strip,** bande dessinée. **'comical** *a* comique, drôle. **'comically** *adv* comiquement.

comma ['kɔmə] *n* virgule *f;* **inverted commas,** guillemets *mpl.*

command [kə'mɑ:nd] **1.** *n* (*a*) ordre *m*; (*power*) commandement *m*; **to do sth at s.o.'s c.,** faire qch sur les ordres de qn; **to be at s.o.'s c.,** être aux, sous les, ordres de qn; *Th:* **c. performance,** représentation commandée par le souverain; **under the c. of,** sous le commandement de; **word of c.,** commandement; **to be in c. (of),** avoir le commandement (de), commander (une armée, etc); être maître (de) (une situation); **officer in c.,** officier *m* responsable (*b*) connaissance *f*, maîtrise *f* (d'une langue); **to have a c. of several languages,** posséder plusieurs langues; **the money at my c.,** les fonds à ma disposition (*c*) (*troops*) troupes *fpl* **2.** *vtr & i* ordonner, commander (**s.o. to do sth,** à qn de faire qch); commander (un régiment, une vallée); disposer de; forcer (l'attention); imposer (le respect) (**from,** à); exiger; **to c. a high price,** se vendre très cher. **commandant** [kɔmən'dænt] *n* commandant *m*. **comman'deer** *vtr* réquisitionner; prendre le contrôle de (qch) (par la force). **co'mmander** *n Mil:* commandant *m*; chef *m* (de section); *Nau:* capitaine *m* de frégate; **c. in chief,** commandant en chef. **co'mmanding** *a* (ton) d'autorité, de commandement; (air) imposant; (*of position*) dominant; **c. officer,** commandant. **co'mmandment** *n* commandement *m*. **co'mmando** *n Mil:* commando *m*.

commemorate [kə'memәreit] *vtr* commémorer. **commemo'ration** *n* commémoration *f.* **co'mmemorative** *a* commémoratif.

commence [kə'mens] *vtr & i* commencer (**doing,** à faire). **co'mmencement** *n* (*a*) commencement *m*, début *m* (*b*) *Sch: NAm:* (*Br* = **graduation**) remise *f* des diplômes.

commend [kə'mend] *vtr* (*a*) recommander; confier (qch à qn) (*b*) louer (**for,** de). **co'mmendable** *a* louable. **co'mmendably** *adv* d'une manière louable. **commen'dation** *n* éloge *m*.

commensurate [kə'menʃərət] *a* proportionné (**to, with,** à).

comment ['kɔment] **1.** *n* commentaire *m*, remarque *f*; observation *f*; **no c.,** sans commentaire **2.** *vi* faire des commentaires, des remarques (**on,** sur); **to c. on,** commenter (un texte, une information, etc); **to c. that,** (faire) remarquer que. **'commentary** *n* commentaire *m*; *TV: WTel:* reportage *m*. **'commentate** *vi TV: WTel:* faire un reportage (**on,** sur). **'commentator** *n TV: WTel:* reporter *m*, commentateur, -trice.

commerce ['kɔmə:s] *n* commerce *m*; affaires *fpl.* **co'mmercial 1.** *a* commercial; (*of street*) commerçant; (*of traveller*) de commerce **2.** *n TV: WTel:* spot *m* publicitaire, publicité *f*; **the commercials,** la publicité. **commerciali'zation** *n* commercialisation *f.* **co'mmercialize** *vtr* commercialiser; *Pej:* transformer en une affaire de gros sous. **co'mmercially** *adv* commercialement.

commie ['kɔmi] *a & n F:* communiste (*mf*); coco *mf inv.*

commiserate [kə'mizəreit] *vi* **to c. with s.o.,** s'apitoyer sur (le sort de) qn. **commise'ration** *n* commisération *f.*

commissar [kɔmi'sɑ:r] *n* commissaire *m* (du peuple). **commi'ssariat** *n* commissariat *m*.

commission [kə'miʃn] **1.** *n* (*a*) commission *f*; *Com:* **on c.,** à la commission; **in c.,** (navire) en commission; (avion) en service; **out of c.,** (voiture) en panne; (ascenseur) hors service (*b*) *Mil:* brevet *m* (d'officier); **to get one's c.,** être nommé officier; **to resign one's c.,** démissionner (*c*) (*order for work*) commande *f* **2.** *vtr* (*a*) charger (qn) (**to do,** de faire); *Mil:* nommer (qn) officier (*b*) passer une commande à (un artiste); commander (un tableau, un livre). **commissio'naire** *n* commissionnaire *m* (d'hôtel). **co'mmissioner** *n Pol:* commissaire *m*; **(police) c., c. of police,** préfet *m* (de police); **c. for oaths,** *solicitor* qui reçoit des déclarations sous serment. **co'mmissioning** *a* **c. editor,** éditeur, -trice, qui commande des livres aux auteurs.

commit [kə'mit] *vtr* (**committed**) (*a*) remettre, confier (**to s.o., s.o.'s care,** à qn, aux soins de qn); **to c. sth to memory,** apprendre qch par cœur; **to c. s.o. to prison,** incarcérer qn; **to c. s.o. for trial,** mettre qn en accusation; **to c. oneself,** s'engager (**to,** à); **without committing myself,** sans me compromettre (*b*) commettre (un crime). **co'mmitment** *n* obligation *f*; (*promise*) engagement *m*. **co'mmittal** *n* (*a*) mise *f* en terre (d'un corps) (*b*) *Jur:* incarcération *f.*

committee [kə'miti] *n* comité *m*; commission *f*; **management c.,** conseil *m* d'administration; **to be on a c.,** faire partie d'un comité; **c. meeting,** réunion *f* de comité.

commodious [kə'moudiəs] *a* spacieux.

commodity [kə'mɔditi] *n* produit *m*, article *m*; **basic commodities,** produits de base.

commodore ['kɔmədɔ:r] *n* (*a*) *Nau:* chef *m* de division; *MilAv:* **air c.,** général *m* de brigade (*b*) capitaine *m* (d'un yacht-club).

common ['kɔmən] **1.** *a* **(-er, -est)** (*a*) commun **(to,** à); (mur) mitoyen; **c. land,** champs communs; **c. law,** droit coutumier; **c. knowledge,** connaissance générale, opinion courante; **C. Market,** Marché commun; **c. room,** salle commune (*b*) (événement) courant, fréquent, commun; (nom) vulgaire (d'une plante); **c. honesty,** la probité la plus élémentaire, simple; **in c. use,** d'usage courant; **c. or garden,** ordinaire; **the c. man,** l'homme *m* du commun; **c. people,** gens du peuple; plèbe *f* (*c*) (*of pers, manners*) commun, vulgaire **2.** *n* (*a*) terrain communal (*b*) **to have sth in c. (with s.o.),** avoir qch en commun (avec qn); **they have nothing in c.,** ils n'ont rien de commun; **in c. with,** (tout) comme. **'commoner** *n* roturier, -ière. **'common-law** *a* (époux) de droit coutumier. **'commonly** *adv* communément, généralement; d'une façon commune. **'commonplace 1.** *n* banalité *f* **2.** *a* banal. **'commons** *npl* **the (House of) C.,** la Chambre des Communes; **the C.,** les Communes *fpl*. **common'sense** *n* sens commun, bon sens; **c. attitude,** attitude pleine de bon sens. **'Commonwealth (the)** *n* le Commonwealth.

commotion [kə'mouʃn] *n* agitation *f*.

commune 1. *n* ['kɔmju:n] commune *f*; (*group*) communauté *f* **2.** *vi* [kə'mju:n] *Rel: & Fig:* communier **(with,** avec). **'communal** *a* (*shared*) commun; (*of the community*) communautaire. **'communally** *adv* en commun; (vivre) en communauté.

communicate [kə'mju:nikeit] *vtr & i* communiquer (avec); entrer en rapport (avec); faire connaître (une nouvelle à qn); transmettre (une maladie). **co'mmunicable** *a Med:* transmissible. **co'mmunicant** *n Ecc:* communiant, -ante. **communi'cation** *n* communication *f*; *Rail:* **c. cord,** signal *m* d'alarme; **radio c.,** liaison *f* (par) radio. **co'mmunicative** *a* communicatif. **co'mmunion** *n* communion *f*. **co'mmuniqué** *n Pol:* communiqué *m*.

communism ['kɔmjunizm] *n* communisme *m*; **'communist** *a & n* communiste (*mf*).

community [kə'mju:niti] *n* (*pl* **communities**) communauté *f*; **c. life,** vie *f* communautaire; **the student c.,** les étudiants *mpl*; **c. centre,** centre socio-culturel; **c. worker,** animateur, -trice, socio-culturel(le); **c. singing,** chansons populaires (reprises en chœur par l'assistance).

commute [kə'mju:t] **1.** *vtr* (*a*) *Jur:* commuer (une peine) (*b*) échanger **(into,** pour) **2.** *vi* faire la navette **(to work,** pour se rendre à son travail). **co'mmuter** *n* banlieusard, -arde; **c. belt,** (grande) banlieue; **c. train,** train *m* de banlieue. **'commuting** *n* trajets journaliers.

compact¹ ['kɔmpækt] *n* convention *f*, pacte *m*, accord *m*.

compact² 1. *a* [kəm'pækt] (*of car, crowd, substance*) compact; (*of style*) condensé; **c. disc,** ['kɔmpækt] disque *m* compact **2.** *n* ['kɔmpækt] (*a*) poudrier *m* (*b*) *NAm: Aut:* voiture compacte.

companion [kəm'pænjən] *n* **1.** compagnon, *f* compagne; (*employee*) dame *f* de compagnie **2.** (*a*) manuel *m* (*b*) pendant *m* (d'un objet d'art). **com'panionable** *a* sociable; agréable. **com'panionship** *n* camaraderie *f*. **com'panionway** *n Nau:* escalier *m* des cabines.

company ['kʌmpəni] *n* (*pl* **companies**) (*a*) compagnie *f*; **to keep s.o. c.,** tenir compagnie à qn; **to keep good c.,** avoir de bonnes fréquentations; **to part c. (with s.o.),** se séparer (de qn); **he's good c.,** c'est un bon compagnon; *Prov:* **two's c., three's a crowd,** deux s'amusent trois s'embêtent; **to get into bad c.,** avoir de mauvaises fréquentations; *Com:* **joint stock c.,** société par actions; **Smith and Company,** Smith et Compagnie (*b*) invités *mpl*; **we've got c. to dinner,** nous avons du monde à dîner (*c*) *Th:* troupe *f*; *Nau:* **ship's c.,** équipage *m*.

compare [kəm'pɛər] **1.** *n* **beyond c.,** sans comparaison; sans pareil **2.** *v* (*a*) *vtr* comparer **(to, with,** à, avec); confronter (des textes); **(as) compared with, to,** en comparaison de; *Fig:* **to c. notes,** échanger ses impressions avec qn (*b*) *vi* être comparable, se comparer **(with,** à); **to c. favourably with sth,** ne le céder en rien à qch. **comparable** ['kɔmpərəbl] *a* comparable **(with, to,** à). **com'parative** *a* comparatif; (coût) relatif; (*of study*) comparé; **he's a c. stranger,** je ne le connais guère. **com'paratively** *adv* comparativement; relativement. **com'parison** *n* comparaison *f*; **(between,** entre; **with,** avec); **in c. with,** en comparaison de; **by c. with,** par comparaison avec; **there is no c. between them,** ils ne peuvent être comparés.

compartment [kəm'pɑ:tmənt] *n* compartiment *m*. **compart'mentalize** *vtr* compartimenter.

compass ['kʌmpəs] *n* (*pl* **compasses**) (*a*) *Mth:* **(pair of) compasses,** compas *m* (*b*) boussole *f*; *Nau:* compas; *Fig:* portée *f*.

compassion [kəm'pæʃn] *n* compassion *f*. **com'passionate** *a* compatissant **(to(wards),** envers); **on c. grounds,** pour raisons de famille; **c. leave,** permission exceptionnelle (pour raisons de famille). **com'passionately** *adv* avec compassion.

compatible [kəm'pætibl] *a* compatible **(with,** avec). **compati'bility** *n* compatibilité *f*.

compatriot [kəm'pætriət] *n* compatriote *mf*.

compel [kəm'pel] *vtr* **(compelled)** contraindre **(s.o. to do.,** qn à faire); imposer (le respect); **compelled to do,** contraint de faire. **com'pelling** *a* irrésistible.

compendium [kəm'pendiəm] *n* (*a*) abrégé *m* (*b*) mallette *f* (de jeux).

compensate ['kɔmpənseit] **1.** *vtr* compenser; **to c. s.o. for sth,** dédommager (qn de qch) **2.** *vi* compenser; **to c. for sth,** compenser qch. **compen'sation** *n* compensation *f*; dédommagement *m*; **in c. for,** en compensation de.

compère ['kɔmpɛər] *TV: WTel:* **1.** *n* animateur, -trice, présentateur, -trice. **2.** *vtr* animer, présenter (un spectacle).

compete [kəm'pi:t] *vi* prendre part **(in,** à), concourir **(in,** à); rivaliser **(with,** avec); *Com:* faire concurrence **(with,** à); **to c. for a prize,** concourir pour un prix; **to c. in a rally,** courir dans un rallye.

competent ['kɔmpitənt] *a* compétent **(to do,** pour faire); capable; suffisant. **'competence** *n* compétence *f*; capacité *f*. **'competently** *adv* avec compétence.

competition [kɔmpə'tiʃn] *n* (*a*) compétition *f*; concurrence *f*; **in c. with,** en concurrence avec (*b*) **a c.,** un concours; *Sp:* une compétition. **com'petitive** *a* (esprit) de concurrence; (prix, marché) compétitif; (*sélection*) par concours; (*of pers*) battant; **c. exam(ination),** concours. **com'petitor** *n* concurrent, -ente.

compile [kəm'pail] *vtr* rédiger (un dictionnaire); dresser (une liste); compiler (des documents); composer (un recueil). **compi'lation** *n* compilation *f*. **com'piler** *n* rédacteur, -trice.

complacent [kəm'pleisnt] *a* content de soi; (air) suffisant. **com'placency** *n* autosatisfaction *f*, contentement *m* de soi; suffisance *f*. **com'placently** *adv* avec suffisance.

complain [kəm'plein] *vi* se plaindre (**of, about,** de; **that,** que); **I have nothing to c. about,** je n'ai pas à me plaindre. **com'plaint** *n* (*a*) plainte *f*; *Com:* réclamation *f*; **to make, lodge, a c. against s.o.,** porter plainte contre qn (*b*) **(cause for) c.,** raison *f* de se plaindre (*c*) maladie *f*, affection *f*.

complement ['kɔmplimənt] **1.** *n* (*a*) **(full) c.,** effectif *m* (*b*) complément *m* **2.** *vtr* être le complément de; compléter. **comple'mentary** *a* complémentaire.

complete [kəm'pli:t] **1.** *a* (*a*) complet; entier; total; *F:* **he's a c. idiot!** c'est un parfait idiot! (*b*) terminé; achevé **2.** *vtr* (*a*) compléter; achever, terminer; accomplir (*b*) remplir (un formulaire). **com'pletely** *adv* complètement. **com'pleteness** *n* état complet. **com'pletion** *n* achèvement *m*, réalisation *f*; **near c.,** près d'être achevé; **on c. (of contract),** dès la signature du contrat.

complex ['kɔmpleks] **1.** *a* complexe **2.** *n* (*pl* **complexes**) complexe *m* (industriel, d'infériorité); **housing c.,** grand ensemble. **com'plexity** *n* complexité *f*.

complexion [kəm'plekʃn] *n* teint *m*; *Fig:* caractère *m*.

complicate ['kɔmplikeit] *vtr* compliquer. **'complicated** *a* compliqué. **compli'cation** *n* complication *f*.

complicity [kəm'plisiti] *n* complicité *f* (**in,** à).

compliment 1. *n* ['kɔmplimənt] compliment *m*; **to pay s.o. a c.,** faire un compliment à qn; **to send one's compliments to s.o.,** se rappeler au bon souvenir de qn; (*on book*) **with compliments,** hommages *mpl* (de l'éditeur, etc); **compliments of the season,** meilleurs vœux (de Noël et) du nouvel an **2.** *vtr* ['kɔmpliment] complimenter, féliciter (qn) (**on,** de, sur). **compli'mentary** *a* (*a*) flatteur (*b*) (exemplaire) à titre gracieux; (billet) de faveur.

comply [kəm'plai] *vi* (**complied**) **to c. with,** observer, obéir à (une règle); accéder à (une demande). **com'pliance** *n* conformité *f* (**with,** avec); **in c. with,** conformément à. **com'pliant** *a* accommodant.

component [kəm'pounənt] **1.** *a* constituant **2.** *n* composante *f* (de force, d'une idée); *Elcs: etc:* composant *m*; *Tchn:* pièce *f*.

compose [kəm'pouz] *vtr* composer; **to be composed of,** se composer de; **to c. oneself,** se calmer. **com'posed** *a* calme, tranquille. **com'poser** *n* compositeur, -trice. **compo'sition** *n* composition *f*; (*compound*) composé *m*; *Sch:* rédaction *f*. **com'positor** [-'pɔzitər] *n Typ:* compositeur *m*. **com'posure** [-'pouʒər] *n* sang-froid *m*; calme *m*.

compos mentis ['kɔmpɔs'mentis] *Lt phr* sain d'esprit.

compost ['kɔmpɔst, *NAm:* 'kɔmpoust] *n* compost *m*; terreau *m*.

compound 1. ['kɔmpaund] (*a*) *a* composé; *Med:* (*of fracture*) compliqué; (nombre, phrase) complexe; *Fin:* **c. interest,** intérêts composés (*b*) *n* (*substance, word*) composé *m*; (*area*) enclos *m* **2.** *vtr* [kəm'paund] (*a*) *Ch:* composer (*b*) aggraver (un problème).

comprehend [kɔmpri'hend] *vtr* comprendre. **compre'hensible** *a* compréhensible. **compre'hension** *n* compréhension *f*. **compre'hensive 1.** *a* compréhensif; (*of knowledge*) étendu; (*of view, measure*) d'ensemble; (*of account*) détaillé, complet; *Ins:* **(fully) c.,** tous-risques *inv*; **c. school** = collège *m* d'enseignement secondaire, CES *m* **2.** *n* = **c. school.**

compress 1. *n* ['kɔmpres] *Med:* compresse *f* **2.** *vtr* [kəm'pres] comprimer; condenser (un discours); concentrer (son style). **com'pression** *n* compression *f*; condensation *f*. **com'pressor** *n* compresseur *m*.

comprise [kəm'praiz] *vtr* comprendre, englober.

compromise ['kɔmprəmaiz] **1.** *n* compromis *m*; **c. solution,** solution *f* de compromis **2.** *v* (*a*) *vtr* compromettre (*b*) *vi* transiger; accepter un compromis. **'compromising** *a* compromettant.

compulsion [kəm'pʌlʃn] *n* contrainte *f*; **under c.,** sous la contrainte. **com'pulsive** *a Psy:* (*of behaviour*) compulsif; (fumeur) invétéré; **c. liar,** mythomane *mf*. **com'pulsively** *adv* par besoin. **com'pulsorily** *adv* obligatoirement. **com'pulsory** *a* obligatoire.

compunction [kəm'pʌŋkʃn] *n* scrupule *m*.

compute [kəm'pju:t] *vtr* calculer. **compu'tation** *n* calcul *m*. **com'puter** *n* ordinateur *m*; **c. course,** stage *m* d'informatique; **c. operator,** opérateur, -trice, sur ordinateur; **c. science,** informatique *f*; **c. scientist,** informaticien, -ienne. **computeri'zation** *n* automatisation *f* (électronique); informatisation *f*. **com'puterize** *vtr* informatiser. **com'puting** *n* informatique.

comrade ['kɔmreid] *n* camarade *mf*; **c. in arms,** compagnon, *f* compagne, d'armes. **'comradeship** *n* camaraderie *f*.

con[1] [kɔn] *F:* **1.** *n* **c. (trick),** escroquerie *f*; **c. man,** escroc *m* **2.** *vtr* (**conned**), rouler, escroquer; **I've been conned,** je me suis fait avoir, on m'a roulé.

con[2] *n F:* **the pros and cons,** le pour et le contre.

concave ['kɔnkeiv] *a* concave.

conceal [kən'si:l] *vtr* dissimuler (**from,** à); tenir secret (un projet); **concealed lighting,** éclairage indirect. **con'cealment** *n* dissimulation *f*.

concede [kən'si:d] **1.** *vtr* concéder (**to,** à, **that,** que); **to c. defeat,** s'avouer vaincu. **2.** *vi* céder.

conceit [kən'si:t] *n* vanité *f*, suffisance *f*. **con'ceited** *a* vaniteux, suffisant. **con'ceitedly** *adv* avec vanité, avec suffisance.

conceive [kən'si:v] **1.** *vtr* concevoir (une idée, un enfant, etc) **2.** *vi* **to c. of,** concevoir. **con'ceivable** *a* concevable, envisageable. **con'ceivably** *adv* **yes, c.,** oui, c'est concevable; **he may c. have done it,** il peut très bien l'avoir fait.

concentrate ['kɔnsəntreit] **1.** *n* concentré *m* **2.** *v* (*a*) *vtr* concentrer (*b*) *vi* se concentrer (**on,** sur); s'appliquer (**on doing,** à faire). **concen'tration** *n* concentration *f*; **c. camp,** camp de concentration.

concentric [kɔn'sentrik] *a* concentrique.

concept ['kɔnsept] *n* concept *m*; idée générale; notion *f*. **con'ception** *n* conception *f*.

concern [kən'sə:n] **1.** *n* (*a*) affaire *f*; **it's no c. of his,** cela ne le regarde pas (*b*) souci *m*, inquiétude *f* (**about,** à l'égard de); **to show c.,** se montrer inquiet (**about,** de qch, au sujet de qn) (*c*) entreprise *f* **2.** *vtr* (*a*) concerner, regarder; intéresser; **that does not c. me,** cela ne me regarde pas, n'est pas mon affaire; **to whom it may c.,** à qui de droit; **as far as I'm concerned,** en ce qui me concerne, quant à moi; **to c. oneself with, to be concerned with,** s'intéresser à, s'occuper de; **the main person concerned,** le principal intéressé; **the department concerned,** le service compétent (*b*) **to be concerned,** s'inquiéter, être inquiet (**about,** de qch, au sujet de qn). **con'cerned** *a* inquiet, soucieux. **con'cerning** *prep* concernant, en ce qui concerne.

concert ['kɔnsət] *n* concert *m*; **c. performer,** concertiste *mf*; **c. hall,** salle de concert; *Fig:* **in c. (with),** de concert (avec). **'concert-goer** *n* habitué, -ée, des concerts. **con'certed** *a* concerté.

concertina [kɔnsə'ti:nə] **1.** *n* concertina *m*; *Aut:* **c. crash,** carambolage *m*. **2.** *vi* (*of vehicles*) se télescoper, se caramboler.

concerto [kən'tʃɛətou] *n* (*pl* **-tos, -ti**) concerto *m*.

concession [kən'seʃn] *n* concession *f*; *Com:* réduction *f* (de prix). **con'cessionary** *a* concessionnaire; (tarif) réduit.

conch (kɔntʃ) *n* (*pl* **conches**) *Moll:* conque *f*.

conciliate [kən'silieit] *vtr* **to c. s.o.,** se concilier qn; apaiser qn. **concili'ation** *n* conciliation *f*; apaisement *m*; **c. service,** conseil d'arbitrage. **con'ciliatory** *a* conciliant; (procédure) conciliatoire; (esprit) de conciliation.

concise [kən'sais] *a* concis; (dictionnaire) abrégé. **con'cisely** *adv* avec concision. **con'ciseness, con'cision** *n* concision *f*.

conclave ['kɔnkleiv] *n* *RCCh:* conclave *m*; réunion *f* (à huis clos).

conclude [kən'klu:d] *vtr & i* conclure; (se) terminer (**with,** par); **to c. that,** conclure que. **con'cluding** *a* final. **con'clusion** *n* conclusion *f*; **in c.,** pour conclure; **to come to the c. that,** conclure que. **con'clusive** *a* concluant; (*of test*) probant. **con'clusively** *adv* de manière concluante.

concoct [kən'kɔkt] *vtr* *Cu:* *Pej:* concocter, confectionner (un plat); *Fig:* combiner (un plan). **con'coction** *n* *Pej:* mixture *f*; confection *f*; *Fig:* combinaison *f*.

concord ['kɔŋkɔ:d] *n* concorde *f*; entente *f*. **con'cordance** *n* concordance *f*; index *m*.

concourse ['kɔnkɔ:s] *n* (*a*) foule *f* (de personnes) (*b*) *NAm:* hall *m;* *Rail:* hall, salle *f* des pas perdus.

concrete ['kɔnkri:t] **1.** *a* concret **2.** *n* béton *m*; **c. slab,** dalle *f* en béton; **c. mixer,** bétonnière *f*; *Fig:* **c. jungle,** enfer *m* de béton **3.** *vtr* bétonner. **'concreting** *n* bétonnage *m*.

concubine ['kɔnkjubain] *n* concubine *f*.

concur [kən'kə:r] *vi* (**concurred**) (*a*) (*of events*) coïncider, concourir; **to c. to,** concourir à (*b*) être d'accord (**with s.o.,** avec qn). **concurrence** [kən'kʌrəns] *n* (*a*) concours *m* (de circonstances) (*b*) (*of pers*) accord *m*. **con'current** *a* simultané. **con'currently** *adv* simultanément; *Jur:* **the sentences to run c.,** avec confusion des peines.

concussed [kən'kʌst] *a* commotionné. **con'cussion** *n* commotion (cérébrale).

condemn [kən'dem] *vtr* (*a*) condamner; **to c. to death,** condamner à mort; **condemned man,** condamné *m*; **condemned cell,** cellule des condamnés (*b*) déclarer inhabitable (un immeuble); *Mil:* réformer (du matériel). **condem'nation** *n* condamnation *f*.

condense [kən'dens] *vtr & i* (se) condenser; **condensed milk,** lait condensé, concentré. **conden'sation** *n* condensation *f* (**of,** de); (*mist*) buée *f*. **con'denser** *n* *Mch:* condenseur *m*; *El:* condensateur *m*.

condescend [kɔndi'send] *vi* condescendre (à faire). **conde'scending** *a* condescendant; **to be c.,** se montrer condescendant (**to s.o.,** envers qn). **conde'scendingly** *adv* avec condescendance. **conde'scension** *n* condescendance *f* (**to,** envers).

condiment ['kɔndimənt] *n* condiment *m*.

condition [kən'diʃn] **1.** *n* condition *f*; (*state*) état *m*, condition; **on c. that,** à condition que, de; **under these conditions,** dans ces conditions; **physical c.,** état *m* physique; **in (good) c.,** (i) (*of thg*) en bon état (ii) (*of pers*) en (bonne) forme; **in c., out of c.,** en bonne, mauvaise forme; **factory working conditions,** conditions de travail en usine; **weather conditions,** conditions atmosphériques **2.** *vtr* déterminer, conditionner; *Psy:* **to c. s.o.,** conditionner qn (**into doing,** à faire). **con'ditional 1.** *a* conditionnel; **to be c. upon,** dépendre de **2.** *n* *Gram:* conditionnel *m*. **con'ditionally** *adv* conditionnellement. **con'ditioner** *n* **(hair) c.,** démêlant *m*; **fabric c.,** assouplissant *m*.

condo ['kɔndou] *n* *abbr* (*pl* **-os**) *NAm:* = **condominium.**

condolences [kən'doulənsiz] *npl* condoléances *fpl*.

condom ['kɔndɔm] *n* préservatif masculin.

condominium [kɔndə'miniəm] *n* *NAm:* (immeuble *m* en) copropriété *f*; appartement *m* dans une copropriété.

condone [kən'doun] *vtr* pardonner; fermer les yeux sur.

conducive [kən'dju:siv] *a* **c. to,** favorable à.

conduct 1. ['kɔndʌkt] *n* conduite *f* **2.** [kən'dʌkt] *vtr* conduire, mener; mener, gérer (des affaires); diriger (un orchestre); **conducted tour,** visite guidée; excursion accompagnée; **to c. oneself,** se conduire. **con'duction** *n* conduction *f*. **con'ductor** *n* **1.** (*a*) chef *m* d'orchestre (*b*) (*f* **conductress**) receveur, -euse (d'autobus); *NAm:* *Rail:* (*Br* = **guard**) chef de train **2.** conducteur *m* (de chaleur).

cone [koun] *n* cône *m*; cornet *m* (de glace); **(paper) c.,** cornet (de papier); **traffic c.,** cône de chantier.

confab [ˈkɔnfæb] *n F:* causerie *f.*

confectionery [kənˈfekʃnəri] *n* confiserie *f*; pâtisserie *f.* **conˈfectioner** *n* confiseur, -euse; pâtissier, -ière.

confederate 1. [kənˈfedərət] *(a) a & n* confédéré(e) *(b) n* complice *mf*, acolyte *m* **2.** [kənˈfedəreit] *vtr & i* (se) confédérer. **conˈfederacy, confedeˈration** *n* confédération *f.*

confer [kənˈfəːr] *v* **(conferred)** *(a) vtr* conférer **(on,** à); remettre (un diplôme) *(b) vi* conférer, se consulter. **ˈconference** [ˈkɔnfərəns] *n* conférence *f*; congrès *m* (scientifique, etc); **in c.,** en conférence; **press c.,** conférence de presse.

confess [kənˈfes] **1.** *vtr* confesser, avouer **(that,** que, **to,** à) **2.** *vi* avouer; **to c. (to a crime),** avouer, confesser (un crime); **3.** *vtr & i Rel:* (se) confesser. **conˈfession** *n* confession *f*; aveu *m*; *Ecc:* **to go to c.,** aller à confesse *f*; **to make one's c.,** faire sa confession, se confesser. **conˈfessional** *n Ecc:* confessional *m.* **conˈfessor** *n* confesseur *m.*

confetti [kənˈfeti] *n* confettis *mpl.*

confide [kənˈfaid] *vtr* confier. **ˈconfidant, -ante** *n* confident, -ente. **conˈfide in** *vtr* se confier à (qn). **ˈconfidence** *n (a)* confiance *f* **(in,** en); **(self-)c.,** confiance en soi; **to have every c. in,** avoir une confiance totale en; **motion of no c.,** motion de censure *(b)* confidence *f*; **in c.,** en confidence; **in strict c.,** à titre essentiellement confidentiel; **c. trick,** escroquerie *f*; **c. trickster,** escroc *m.* **ˈconfident** *a* assuré; sûr **(of,** de); persuadé **(that,** que); **(self-)c.,** sûr de soi. **confiˈdential** *a* confidentiel; (homme) de confiance; (secrétaire) particulier. **confiˈdentially** *adv* en confidence; confidentiellement. **ˈconfidently** *adv* avec confiance. **conˈfiding** *a* confiant.

configuration [kənfigjuˈreiʃn] *n* configuration *f.*

confine [kənˈfain] *vtr (a)* enfermer, confiner **(to, in,** dans); **to be confined to bed,** être obligé de garder le lit *(b)* limiter, borner; **to c. oneself to doing sth,** se limiter à faire qch; **to c. oneself to facts,** s'en tenir aux faits. **conˈfined** *a (of atmosphere)* confiné; **c. space,** espace réduit. **conˈfinement** *n (a)* emprisonnement *m*; réclusion *f*; **in solitary c.,** au régime cellulaire *(b) (of woman)* couches *fpl*, accouchement *m.*

confirm [kənˈfəːm] *vtr* confirmer; raffermir (son autorité); ratifier (un prix); **confirming my letter,** en confirmation de ma lettre. **confirˈmation** *n* confirmation *f*; raffermissement *m* (de l'autorité de qn). **conˈfirmed** *a* (fumeur) invétéré; (célibataire) endurci.

confiscate [ˈkɔnfiskeit] *vtr* confisquer **(from s.o.,** à qn). **confisˈcation** *n* confiscation *f.*

conflagration [kɔnfləˈgreiʃn] *n* (grand) incendie, brasier.

conflict 1. *n* [ˈkɔnflikt] conflit *m* **2.** *vi* [kənˈflikt] être en contradiction, être incompatible **(with,** avec); *(of dates, events, TV programmes)* tomber en même temps **(with,** que). **conˈflicting** *a (of views, theories, etc)* contradictoires; *(of dates)* incompatibles; **c. evidence,** témoignages discordants.

confluence [ˈkɔnfluəns] *n Geog:* confluent *m.*

conform [kənˈfɔːm] *vi* se conformer **(to, with,** à); *(of ideas, etc)* être en conformité. **conforˈmation** *n* conformation *f.* **conˈformist** *a & n* conformiste *(mf).* **conˈformity** *n* conformité **(to, with,** à); *Pej:* conformisme *m*; **in c. with,** conformément à.

confound [kənˈfaund] *vtr* confondre; *F:* **c. you!** que le diable t'emporte! **c. it!** zut! **conˈfounded** *a F:* sacré; **you confounded idiot!** espèce d'idiot!

confront [kənˈfrʌnt] *vtr* affronter (un danger); faire face à (un problème); **to c. s.o.,** se trouver en face de qn; s'opposer à qn; **to c. s.o. with,** confronter qn avec (qn); mettre qn en présence de (qch). **confronˈtation** *n* confrontation *f.*

confuse [kənˈfjuːz] *vtr (a)* confondre; **to c. with,** confondre avec *(b)* embrouiller *(c)* troubler. **conˈfused** *a* confus; (projet) embrouillé; **to be c.,** s'y perdre; **to get c.,** s'embrouiller. **conˈfusedly** [-idli] *adv* confusément; d'un air confus. **conˈfusing** *a* difficile à comprendre, déroutant; **it's very c.,** on s'y perd. **conˈfusion** *n* confusion *f*; **in c.,** en désordre.

congeal [kənˈdʒiːl] *vtr & i* (se) figer.

congenial [kənˈdʒiːniəl] *a (of pers)* sympathique, aimable.

congenital [kənˈdʒenitl] *a* congénital.

conger [ˈkɔŋgər] *n Ich:* **c. (eel),** congre *m.*

congested [kənˈdʒestid] *a (a) Med:* congestionné *(b) (of street, etc)* encombré, embouteillé; *(of city, etc)* surpeuplé. **conˈgestion** *n (a) Med:* congestion *f (b)* encombrement *m* (de rue, de circulation); surpeuplement *m* (de ville).

conglomeration [kənglɔməˈreiʃn] *n* collection *f.*

Congo [ˈkɔŋgou] *Prn* Congo *m.*

congratulate [kənˈgrætjuleit] *vtr* féliciter **(on,** de). **congratuˈlations** *npl* félicitations *fpl.* **congratuˈlatory** *a* (lettre) de félicitations.

congregate [ˈkɔŋgrigeit] *vi* se rassembler, s'assembler. **congreˈgation** *n (in church)* assemblée *f*, fidèles *mfpl.*

congress [ˈkɔŋgres] *n* congrès *m*; confédération *f* (de syndicats); *NAm: Pol:* **C.,** le Congrès. **conˈgressional** *a esp NAm: Pol:* du Congrès. **ˈcongressman, -men** *n NAm: Pol:* membre *m* du Congrès.

conic(al) [ˈkɔnik(l)] *a* conique.

conifer [ˈkɔnifər] *n Bot:* conifère *m.* **coˈniferous** [kəˈnifərəs] *a Bot:* conifère.

conjecture [kənˈdʒektʃər] **1.** *n* conjecture *f* **2.** *(a) vtr* conjecturer; supposer *(b) vi* faire des conjectures. **conjectural** *a* conjectural.

conjugal [ˈkɔndʒugəl] *a* conjugal.

conjugate [ˈkɔndʒugeit] *vtr & i* (se) conjuguer. **conjuˈgation** *n* conjugaison *f.*

conjunction [kənˈdʒʌŋkʃn] *n* conjonction *f*; **in c. with,** conjointement avec.

conjunctivitis [kəndʒʌŋktiˈvaitis] *n Med:* conjonctivite *f.*

conjuncture [kənˈdʒʌŋktʃər] *n* conjoncture *f.*

conjure [ˈkʌndʒər] **1.** *vtr* **to c. (up),** faire apparaître (un lapin, un œuf) **2.** *vi* faire des tours de passe-passe; **a name to c. with,** un nom tout-puissant. **ˈconjurer, -or** *n* prestidigitateur, -trice. **conjure ˈup** *vtr* évoquer (des souvenirs). **ˈconjuring** *n* prestidigitation *f*; **c. trick,** tour *m* de passe-passe.

conk [kɔŋk] *n F:* nez *m*; pif *m:* **conk ˈout** *vi F:* claquer, tomber en panne.

conker ['kɔŋkər] *n F:* marron *m* (d'Inde).

connect [kə'nekt] **1.** *vtr* (*a*) relier, rattacher, raccorder (**with, to,** à); brancher (un téléphone, etc); *Tp:* **to c. with,** mettre en communication avec; *El:* **to c. (up),** connecter; **connected by telephone,** relié par téléphone; *El:* **connected to the mains,** branché sur le secteur; **connecting rooms,** chambres communicantes; *Aut:* **connecting rod,** bielle *f* (*b*) associer (**with sth,** avec, à, qch); **to be connected with,** avoir des rapports avec; être allié à (une famille) **2.** *vi* se relier, se raccorder; être relié; (*of train, bus*) assurer la correspondance (**with,** avec). **co'nnected** *a* (*of facts, etc*) lié, connexe; (*of speech*) suivi; **to be c. with,** (i) être lié à (ii) avoir rapport à (iii) (*by marriage*) être allié à; (*of pers*) **well connected,** de bonne famille. **co'nnecter, -or** *n* raccord *m*. **co'nnection** *n* rapport *m*, liaison *f*; *El:* contact *m*, connexion *f*; *Tp:* communication *f*; *Rail: etc:* correspondance *f*; *Tchn:* (*between pipes, etc*) raccord; *pl* (*contacts*) relations *fpl*; **in c. with,** à propos de; **in this c.,** à ce propos; **in another c.,** d'autre part; **to form a c. with,** établir des rapports, des relations *f*, avec.

connive [kə'naiv] *vi* **to c. at,** fermer les yeux sur; **to c. to do,** se mettre de connivence pour faire (**with,** avec); **to c. together,** agir en complicité. **co'nnivance** *n* connivence *f*; complicité *f*.

connoisseur [kɔnə'sɔːr] *n* connaisseur *m*.

connotation [kɔnə'teiʃn] *n* connotation *f*.

conquer ['kɔŋkər] *vtr* conquérir (un pays, etc); vaincre (l'ennemi, une habitude); surmonter (des difficultés). **'conquering** *a* conquérant; victorieux; (héros) triomphant. **'conqueror** *n* conquérant, -ante, vainqueur *m*. **'conquest** *n* conquête *f*.

conscience ['kɔnʃəns] *n* conscience *f*; **to have a clear, an easy, c.,** avoir la conscience tranquille; **to have a guilty c.,** avoir mauvaise conscience; se sentir coupable; **to have sth on one's c.,** avoir qch sur la conscience; **in all c.,** tout bien considéré. **'conscience-stricken** *a* pris de remords. **consci'entious** *a* consciencieux; **c. objector,** objecteur *m* de conscience. **consci'entiously** *adv* consciencieusement. **consci'entiousness** *n* application *f*, sérieux *m*.

conscious ['kɔnʃəs] *a* (*a*) conscient; **to be c. of,** avoir conscience de; **to become c. of,** s'apercevoir de; *Med:* **to become c.,** reprendre connaissance (*b*) délibéré. **'consciously** *adv* consciemment. **'consciousness** *n* conscience *f*; *Med:* connaissance *f*; **to lose, regain, c.,** perdre, reprendre, connaissance.

conscript 1. *n* ['kɔnskript] conscrit *m* **2.** *vtr* [kən'skript] enrôler (par conscription). **con'scription** *n* conscription *f*.

consecrate ['kɔnsikreit] *vtr* consacrer. **conse'cration** *n* consécration *f*; sacre *m* (d'un roi).

consecutive [kən'sekjutiv] *a* consécutif; **on three c. days,** trois jours de suite. **con'secutively** *adv* consécutivement.

consensus [kən'sensəs] *n* consensus *m* (d'opinion); accord *m* (général).

consent [kɔn'sent] **1.** *n* consentement *m*; **by common c.,** de l'aveu de tous; **by mutual c.,** d'un commun accord; **age of c.,** âge nubile **2.** *vi* consentir (**to,** à); **I c.,** j'y consens; **consenting adults,** adultes consentants.

consequence ['kɔnsikwəns] *n* conséquence *f*; suites *fpl*; **in c.,** par conséquent; **in c. of,** par suite de; **it's of no c.,** cela n'a pas d'importance. **'consequent** *a* résultant (**upon,** de). **conse'quential** *a* conséquent. **'consequently** *adv & conj* par conséquent.

conserve [kən'sɔːv] *vtr* conserver, préserver; ménager (ses forces); **to c. energy,** faire des économies d'énergie. **conser'vation** *n* économies *fpl* d'énergie; protection *f* de l'environnement; *Phys* conservation *f*. **conser'vationist** *n* partisan, -ane, de la protection de l'environnement. **con'servatism** *n* conservatisme *m*. **con'servative 1.** *a* (*of estimate*) modeste; (*of view*) traditionnel **2.** *a & n Pol:* conservateur, -trice. **con'servatory** *n* (*a*) jardin *m* d'hiver (*b*) (*also* **conservatoire**) conservatoire *m* (de musique).

consider [kən'sidər] *vtr* (*a*) considérer (une question); envisager (une possibilité); réfléchir, songer, à; **I will c. it,** j'y réfléchirai; **considered opinion,** opinion réfléchie; **all things considered,** en fin·de compte (*b*) prendre (une offre) en considération; étudier, examiner (une proposition); avoir égard à (la sensibilité de qn); tenir compte de (la difficulté); regarder à (la dépense); **to c. oneself happy,** s'estimer heureux; **to c. that,** estimer, considérer, que; **she's being considered (for the job),** sa candidature est à l'étude. **con'siderable** *a* considérable; (*much*) beaucoup de. **con'siderably** *adv* beaucoup, considérablement. **con'siderate** *a* plein d'égards (**to,** pour), attentionné (**to,** à l'égard de). **con'siderately** *adv* avec prévenance. **conside'ration** *n* considération *f*; **to take sth into c.,** prendre qch en consideration; **taking everything into c.,** tout bien considéré; **after due c.,** après mûre réflexion; **question under c.,** question à l'étude; **out of c. for,** par égard pour; **it is of no c.,** cela n'a pas d'importance; **for a c.,** moyennant paiement. **con'sidering** *prep* étant donné, vu; *F:* **it's not so bad c.,** somme toute ce n'est pas si mal.

consign [kən'sain] *vtr* (*a*) expédier (des marchandises) (*b*) confier (**to,** à). **consi'gnee** *n* consignataire *mf*. **con'signment** *n* (*sent*) expédition *f*; (*arrived*) arrivage *m*.

consist [kən'sist] *vi* consister (**of,** en, **in,** dans, **in doing,** à faire). **con'sistency** *n* (*a*) logique *f*; cohérence *f* (*b*) consistance *f* (d'un liquide). **con'sistent** *a* conséquent; logique; cohérent; (*of friend*) fidèle; **c. with,** compatible avec, conforme à. **con'sistently** *adv* avec logique; constamment, régulièrement.

console 1. *n* ['kɔnsoul] *Tchn:* console *f* **2.** *vtr* [kən'soul] consoler. **conso'lation** *n* consolation *f*; **c. prize,** lot *m* de consolation. **con'soling** *a* consolant; consolateur.

consolidate [kən'sɔlideit] **1.** *vtr* consolider **2.** *vi* se consolider. **consoli'dation** *n* consolidation *f*.

consonant ['kɔnsənənt] *n Ling:* consonne *f*.

consort 1. *n* ['kɔnsɔːt] époux, -ouse; **prince c.,** prince *m* consort **2.** *vi* [kən'sɔːt] **to c. with,** s'associer, frayer, avec (qn), fréquenter (qn).

consortium [kən'sɔːtiəm] *n Com:* consortium *m*.

conspicuous [kən'spikjuəs] *a* visible, (bien) en

évidence; (fait) remarquable, frappant, manifeste; (monument) voyant; (bravoure) insigne; **to be c.**, attirer les regards; **to be c. by one's absence**, briller par son absence; **to make oneself c.**, se faire remarquer. **con'spicuously** *adv* visiblement; manifestement.

conspire [kən'spaiər] **1.** *vi* conspirer (**against**, contre); comploter (**to do**, de faire) **2.** *vtr* (*of events*) **to c. to do**, conspirer à faire. **con'spiracy** *n* conspiration *f*, conjuration *f*. **con'spirator** *n* conspirateur, -trice; conjuré, -ée. **conspira'torial** *a* de conspirateur.

constable ['kʌnstəbl] *n* (**police**) **c.**, agent *m* (de police); **chief c.** = commissaire *m* de police divisionnaire. **constabulary** [kən'stæbjuləri] *n* la police.

constant ['kɔnstənt] *a* (*a*) constant; stable; invariable (*b*) (bruit) incessant, continu (*c*) (ami) loyal, fidèle. **'constancy** *n* constance *f*. **'constantly** *adv* constamment, sans cesse.

constellation [kɔnstə'leiʃn] *n* constellation *f*.

consternation [kɔnstə'neiʃn] *n* consternation *f*; **look of c.**, regard consterné.

constipate ['kɔnstipeit] *vtr* constiper. **'constipated** *a* constipé. **consti'pation** *n* constipation *f*.

constituent [kən'stitjuənt] **1.** *a* constituant, constitutif **2.** *n* (*a*) élément constitutif; composant *m* (*b*) *Pol:* électeur, -trice. **con'stituency** *n* circonscription électorale; (*voters*) électeurs *mpl*.

constitute ['kɔnstitju:t] *vtr* constituer. **consti'tution** *n* constitution *f*. **consti'tutional 1.** *a* constitutionnel; *Med:* diathésique **2.** *n* (petite) promenade. **consti'tutionally** *adv* constitutionnellement; *Med:* par tempérament.

constrain [kən'strein] *vtr* contraindre. **con'strained** *a* contraint (**to do**, de faire); (sourire) forcé; (air) gêné. **con'straint** *n* contrainte *f*.

constrict [kən'strikt] *vtr* resserrer; serrer (le corps); gêner (le mouvement). **con'striction** *n* resserrement *m*; *Med:* constriction *f*.

construct [kən'strʌkt] *vtr* construire; bâtir. **con'struction** *n* construction *f*; **under c.**, en construction; **to put a wrong c. on sth**, mal interpréter qch. **con'structive** *a* constructif; (esprit) créateur. **con'structor** *n* constructeur *m*.

construe [kən'stru:] *vtr* interpréter, comprendre.

consul ['kɔnsəl] *n* consul *m*. **'consular** *a* consulaire. **'consulate** *n* consulat *m*.

consult [kən'sʌlt] **1.** *vtr* consulter (**about**, sur) **2.** *vi* **to c. (together)**, discuter, conférer (**with**, avec). **con'sultancy** *n Com:* **c. (firm)**, cabinet *m* d'experts-conseils; **c. fee**, honoraires *mpl* de conseils. **con'sultant 1.** *n* conseiller, -ère; *Med:* spécialiste *mf*; (*financial, legal*) conseil *m*, expert-conseil *m* **2.** *a* (*of engineer, etc*) consultant. **consul'tation** *n* consultation *f*. **con'sultative** *a* consultatif. **con'sulting** *a* (heures, cabinet) de consultation; (*of physician*) consultant.

consume [kən'sju:m] *vtr* consommer; (*of fire*) consumer; (*of pers*) **to be consumed with, by**, brûler de (désir); être rongé de (jalousie). **con'sumer** *n* consommateur, -trice; abonné, -ée (du gaz); **c. goods**, biens de consommation; **c. society**, société de consommation. **con'suming** *a* (*of ambition*) brûlant.

consummate 1. *a* ['kɔnsəmət] (artiste) consommé, achevé **2.** *vtr* ['kɔnsəmeit] consommer. **consu'mmation** *n* consommation *f*.

consumption [kən'sʌmpʃn] *n* (*a*) consommation *f* (*b*) *Med: A:* phtisie *f*.

contact ['kɔntækt] **1.** *n* (*a*) contact *m*; **to be in c. with s.o.**, être en contact, en rapport, avec qn; **c. lens**, verre, lentille, de contact (*b*) (*pers*) relation *f* **2.** *vtr* contacter, se mettre en contact, en rapport, avec (qn).

contagion [kən'teidʒən] *n* contagion *f*. **con'tagious** *a* contagieux.

contain [kən'tein] *vtr* contenir; **to c. oneself**, se contenir; **to c. one's laughter**, s'empêcher de rire. **con'tainer** *n* récipient *m*; *Rail: etc:* conteneur *m*, container *m*; **c. ship**, porte-conteneurs *m inv*. **con'tainerize** *vtr* conteneuriser.

contaminate [kɔn'tæmineit] *vtr* contaminer. **contami'nation** *n* contamination *f*.

contemplate ['kɔntempleit] *vtr* contempler; envisager, projeter (**sth**, qch; **doing sth**, de faire qch). **contem'plation** *n* contemplation *f*; **in c. of**, en prévision de. **con'templative** *a* contemplatif.

contemporary [kən'tempərəri] *a & n* contemporain(e) (**with**, de).

contempt [kən'tempt] *n* mépris *m*; dédain *m*; **to hold in c.**, mépriser; **beneath c.**, tout ce qu'il y a de plus méprisable; *Jur:* **c. of court**, outrage *m* au tribunal. **con'temptible** *a* méprisable. **con'temptuous** *a* dédaigneux (**of**, de); méprisant; (geste) de mépris. **con'temptuously** *adv* avec mépris.

contend [kən'tend] **1.** *vi* **to c. with**, faire face à (un problème); avoir affaire à (qn); rivaliser avec (qn); se battre avec (qn, qch) **2.** *vtr* **to c. that**, soutenir, affirmer, que + *ind*. **con'tender** *n* concurrent, -ente. **con'tention** *n* (*a*) dispute *f* (*b*) affirmation *f*; **my c. is that**, je soutiens que. **con'tentious** *a* (*of pers*) querelleur; (*of issue*) litigieux.

content[1] ['kɔntent] *n* contenu *m*; **contents**, contenu (d'une bouteille, d'une lettre); (*of book*) **(table of) contents**, table *f* des matières; **high protein c.**, riche en protéine; **alcoholic, iron, c.**, teneur *f* en alcool, en fer.

content[2] [kən'tent] **1.** *n* contentement *m* **2.** *a* satisfait (**with**, de); **to be c. with**, se contenter de; **he's quite c. to**, il ne demande pas mieux que de **3.** *vtr* contenter; **to c. oneself with (doing) sth.**, se contenter de (faire) qch. **con'tented** *a* satisfait (**with**, de). **con'tentedly** *adv* avec contentement; (vivre) content. **con'tentment** *n* contentement.

contest 1. *n* ['kɔntest] (*a*) lutte *f*; *Box:* combat *m* (*b*) concours *m* **2.** *vtr* [kən'test] contester (un fait); disputer (un poste). **con'testant** *n* concurrent, -ente; adversaire *mf*.

context ['kɔntekst] *n* contexte *m*; **in the c. of**, dans le contexte de.

continent ['kɔntinənt] *n* continent *m*; **the C.**, l'Europe (continentale). **conti'nental** *a* continental; européen; **c. breakfast**, petit déjeuner à la française; **c. quilt**, couette *f*.

contingency [kən'tindʒənsi] *n* éventualité *f*; **to be prepared for every c.**, parer à toute éventualité, à l'imprévu; **c. plan**, plan d'urgence. **con'tingent**

1. *a* contingent; éventuel; **to be c. (up)on,** dépendre de **2.** *n Mil:* contingent *m.*

continue [kən'tinju:] **1.** *vtr* continuer (**to do, doing,** à, de, faire); **to c. (with),** poursuivre, continuer (son travail); reprendre (une conversation); **2.** *vi* continuer; reprendre; **to c. in,** garder (sa charge). **con'tinual** *a* continuel. **con'tinually** *adv* continuellement; sans cesse, sans arrêt. **con'tinuance** *n* continuation *f*; durée *f.* **continu'ation** *n* continuation; reprise *f*; prolongement (d'un mur); suite *f* (d'une histoire). **con'tinued** *a* (*of interest, attention, etc*) soutenu, assidu; (*of presence*) continu(el); (*of story*) **to be c.,** à suivre. **conti'nuity** *n* continuité *f*; *Cin: etc:* **c. girl,** script-girl *f*, script(e) *f*; *TV: WTel:* **c. announcer,** announceur *m*, speaker *m*, speakerine *f.* **con'tinuous** *a* continu; *Cin: etc:* (spectacle) permanent. **con'tinuously** *adv* sans interruption.

contort [kən'tɔ:t] *vtr* tordre; **face contorted with pain,** visage contracté, crispé, par la douleur; **to c. oneself,** se contorsionner. **con'tortion** *n* contorsion *f.* **con'tortionist** *n* contorsionniste *mf.*

contour ['kɔntuər] *n* contour *m*; (*on map*) **c. (line),** courbe *f* de niveau.

contraband ['kɔntrəbænd] *n* contrebande *f.*

contraception [kɔntrə'sepʃən] *n* contraception *f.* **contra'ceptive** *a & n* contraceptif (*m*).

contract 1. *n* ['kɔntrækt] contrat *m*; acte *m* (de vente); **to enter into a c.,** passer un contrat (**with,** avec); **c. work,** travail *m* en sous-traitance; **to put work out to c.,** mettre un travail en sous-traitance; *Cards:* **c. bridge,** bridge contrat **2.** *v* [kən'trækt] (*a*) *vi* (*of heart, etc*) se contracter; (*of features*) se crisper; (*b*) *vtr* contracter (une habitude, une dette, un muscle, etc); **to c. to do sth,** entreprendre de faire qch. **con'tract 'in** *vi* s'engager par contrat préalable. **con'traction** *n* contraction *f.* **contrac'tor** *n* entrepreneur *m.* **con'tract 'out** *vi* renoncer par contrat préalable (**of,** à). **con'tractual** *a* contractuel.

contradict [kɔntrə'dikt] *vtr* contredire; démentir. **contra'diction** *n* contradiction *f*; **c. in terms,** contradiction dans les termes. **contra'dictory** *a* contradictoire.

contraflow ['kɔntrəflou] *n Aut:* **c. (system),** circulation *f* à double sens (sur autoroute).

contralto [kən'træltou] *n Mus:* contralto *m.*

contraption [kən'træpʃn] *n F:* machin *m*, engin *m*, truc *m.*

contrary ['kɔntrəri] **1.** *a* (*a*) contraire (**to,** à); opposé (à), en opposition (avec); **c. to nature,** contre (la) nature (*b*) [kən'treəri] entêté, difficile **2.** *n* contraire *m*; **on the c.,** au contraire; **unless you hear to the c.,** sauf avis contraire **3.** *adv* contrairement (**to,** à); en opposition (**to,** à, avec). **contrariness** [kən'treərinis] *n* esprit *m* de contradiction.

contrast 1. *n* ['kɔntrɑ:st] contraste *m* (**between,** entre); **in c. with, to,** par opposition à **2.** *v* [kən'trɑ:st] (*a*) *vtr* contraster, mettre en contraste (**with,** avec) (*b*) *vi* contraster, mettre en contraste (**with,** avec). **con'trasting** *a* (*of colours, etc*) opposé.

contravene [kɔntrə'vi:n] *vtr* enfreindre. **contra'vention** *n* contravention *f*; **in c. of,** en contravention de.

contribute [kən'tribju:t] **1.** *vtr* donner, fournir (**to,** à); écrire (un article) (**to a paper,** pour un journal); **to c. money to,** contribuer à, verser de l'argent à **2.** *vi* contribuer (**to,** à); collaborer (**to a publication,** à une publication); **to c. towards a present,** cotiser pour un cadeau. **contri'bution** *n* contribution *f*; (*to pension fund, etc*) cotisation(s) *f* (*pl*); *Journ:* article *m.* **con'tributor** *n Journ:* collaborateur, -trice; donateur, -trice (d'argent). **con'tributory** *a* **to be a c. cause of sth,** contribuer à qch; **c. factor,** facteur *m* qui a contribué (**in,** à).

contrite ['kɔntrait] *a* contrit; repentant. **contri'tion** [kən'triʃn] *n* contrition *f.*

contrive [kən'traiv] *vtr* inventer, combiner; **to c. to do sth,** trouver moyen de faire qch. **con'trivance** *n* dispositif *m*; (*scheme*) invention *f.* **con'trived** *a* artificiel.

control [kən'troul] **1.** *n* (*a*) contrôle *m*; autorité *f* (**over,** sur); maîtrise *f* (de ses passions, etc); réglementation *f* (de la circulation); contrôle (des prix, etc); **the c. of,** la lutte contre (les incendies, etc); **(self-)c.,** le contrôle de soi(-même); **circumstances beyond our c.,** circonstances indépendantes de notre volonté; **to be in c. of,** être maître de; **to be in c.,** commander; **to lose c. of,** perdre le contrôle de (la situation, la voiture); **to lose c. of oneself,** ne plus être maître de soi; **under c.,** bien en main; **everything's under c.,** tout est en ordre; **under government c.,** sous le contrôle du gouvernement; **to keep s.o. under c.,** tenir qn; **to bring under c.,** maîtriser; (*of situation, crowd*) **out of c.,** difficilement maîtrisable; **the car went out of c.,** le conducteur a perdu le contrôle de sa voiture; **(foreign) exchange c.,** contrôle des changes; **birth c.,** contrôle des naissances (*b*) *pl* commandes *fpl* (d'un train, etc); gouvernes *fpl* (d'un avion); *TV: WTel:* boutons *mpl*; **at the controls,** aux commandes; *Elcs:* **volume c.,** bouton *m* de réglage *m* du volume; *Av:* **c. tower,** tour *f* de contrôle (*c*) (*in experiment*) cas *m* témoin **2.** *vtr* (**controlled**) diriger (une affaire, etc); régler (la circulation); contrôler (les prix, la qualité); maîtriser, contrôler (ses sentiments, ses réactions); contrôler (une région); enrayer (l'inflation, une maladie); être maître de (la situation); **to c. oneself,** se maîtriser, se contrôler. **con'troller** *n* contrôleur, -euse; *Av:* **air traffic c.,** contrôleur aérien, aiguilleur *m* du ciel. **con'trolling** *a* dirigeant; *Com:* **c. interest,** participation majoritaire.

controversial [kɔntrə'və:ʃl] *a* (*a*) (*of question*) controversé; (*of author, book*) contesté, discuté (*b*) discutable. **'controversy, -'trov-** *n* controverse *f.*

contusion [kən'tju:ʒn] *n* contusion *f.*

conundrum [kə'nʌndrəm] *n* devinette *f*, énigme *f*; (*mystery*) énigme.

conurbation [kɔnə:'beiʃn] *n* agglomération *f*, conurbation *f.*

convalesce [kɔnvə'les] *vi* être en convalescence. **conva'lescence** *n* convalescence *f.* **conva'lescent** *a & n* convalescent, -ente; **c. home,** maison *f* de convalescence, de repos.

convection [kən'vekʃn] *n* convection *f.* **con'vector** *n* **c. (heater),** convecteur *m.*

convene [kən'vi:n] **1.** *vtr* convoquer **2.** *vi* se réunir. **con'vener** *n* membre *m* (d'un syndicat) qui convoque les réunions.

convenience [kən'viːniəns] *n* (*a*) commodité *f*; (*comfort*) confort *m*; (*advantage*) avantage *m*; **to, at, your c.,** à votre convenance; **at your earliest c.,** dans les meilleurs délais; **c. foods,** plats *mpl*, aliments *mpl*, minute; **all modern conveniences,** tout le confort moderne (*b*) **(public) conveniences,** toilettes *fpl*. **con'venient** *a* commode, pratique; (*of moment*) convenable, opportun; (*of house*) bien situé (**for the shops, etc,** par rapport aux magasins, etc); **if it's c. to you,** si cela vous convient; si vous n'y voyez pas d'inconvénient. **con'veniently** *adv* à propos; **c. situated,** bien situé.

convent ['kɔnvənt] *n* couvent *m* (de femmes).

convention [kən'venʃn] *n* (*a*) (*agreement*) & *NAm: Pol:* convention *f* (*b*) usage *m*, convention (*c*) *Pol:* (*meeting*) assemblée *f*. **con'ventional** *a* conventionnel. **con'ventionally** *adv* conventionnellement.

converge [kən'vəːdʒ] *vi* converger (**on,** sur). **con'vergence** *n* convergence *f*. **con'vergent, con'verging** *a* convergent.

conversant [kən'vəːsənt] *a* **to be c. with,** connaître (les coutumes, etc); savoir (les faits); s'y connaître en (voitures, etc).

converse¹ [kən'vəːs] *vi* s'entretenir (**with,** avec). **conver'sation** *n* conversation *f*; entretien *m*. **conver'sational** *a* (style) de la conversation; (*of pers*) loquace. **conver'sationalist** *n* causeur, -euse. **conver'sationally** *adv* sur le ton de la conversation.

converse² ['kɔnvəːs] *a* & *n* inverse (*m*). **con'versely** *adv* inversement.

convert 1. *n* ['kɔnvəːt] converti, -ie **2.** *vtr* [kən'vəːt] convertir (**into,** en); aménager (une maison) (**into,** en); *Rugby Fb:* transformer (un essai); **to c. s.o.,** convertir qn (**to,** à). **con'version** *n* conversion *f* (**to,** à; **into,** en); aménagement *m* (d'une maison); *Rugby Fb:* transformation *f* (d'un essai). **con'verter** *n* convertisseur *m*. **converti'bility** *n* convertibilité *f*. **con'vertible 1.** *a* convertible (**into,** en) **2.** *n Aut:* (voiture *f*) décapotable *f*.

convex ['kɔnveks] *a* convexe.

convey [kən'vei] *vtr* transporter (des marchandises, des passagers); transmettre (le son, un message, un ordre); communiquer (une idée); évoquer (un sentiment); amener (l'eau, etc, dans les tuyaux). **con'veyance** *n* (*a*) transport *m* (*b*) véhicule *m*. **con'veyancing** *n Jur:* rédaction *f* des actes de cession. **con'veyor** *n* (*machine*) transporteur *m*; **c. belt,** tapis roulant; convoyeur *m*.

convict 1. *n* ['kɔnvikt] forçat *m* **2.** *vtr* [kən'vikt] déclarer coupable, condamner (qn). **con'viction** *n* (*a*) condamnation *f* (d'un criminel) (*b*) conviction *f*; (*of argument, etc*) **to carry c.,** être convaincant.

convince [kən'vins] *vtr* convaincre, persuader (**s.o. of sth,** qn de qch); **to be strongly convinced that . . .,** avoir l'intime conviction que . . . . **con'vincing** *a* convaincant. **con'vincingly** *adv* de façon convaincante.

convivial [kən'viviəl] *a* joyeux, gai; (*of pers*) bon vivant.

convoke [kən'vouk] *vtr* convoquer. **convo'cation** *n* (*a*) convocation *f* (d'une assemblée) (*b*) assemblée *f*.

convoluted [kɔnvə'luːtid] *a* (*of leaf*) convoluté; (*of argument, style*) compliqué, tarabiscoté.

convolvulus [kən'vɔlvjuləs] *n Bot:* volubilis *m*; liseron *m*.

convoy ['kɔnvɔi] **1.** *n* convoi *m*; **in c.,** en convoi **2.** *vtr Mil: Navy:* convoyer, escorter.

convulse [kən'vʌls] *vtr* bouleverser (la vie de qn); ébranler (la terre); **to be convulsed with laughter,** se tordre de rire; **face convulsed with terror,** visage convulsé par la terreur. **con'vulsion** *n* convulsion *f*; **to be in convulsions (of laughter),** se tordre de rire. **con'vulsive** *a* convulsif.

coo [kuː] *vi* (*of dove*) roucouler; (*of baby*) gazouiller. **'cooing** *n* roucoulement *m*.

cook [kuk] **1.** *n* cuisinier, -ière **2.** *v* (*a*) *vtr* (faire) cuire; *F:* **to c. the books,** truquer les comptes (*b*) *vi* (*of food*) cuire; (*of pers*) faire la cuisine, cuisiner; *F:* **what's cooking?** qu'est-ce qui se passe? **'cookbook** *n* livre *m* de cuisine. **'cooker** *n* (*a*) cuisinière *f* (*b*) pomme *f* à cuire. **'cookery** *n* cuisine; **c. book,** livre de cuisine. **'cookie** *n NAm:* (*Br* = **biscuit**) biscuit *m*, gâteau sec. **'cooking** *n* (*a*) cuisson *f*; **c. apple,** pomme *f* à cuire (*b*) cuisine; **c. utensils,** batterie de cuisine. **'cookout** *n NAm:* (*Br* = **barbecue**) barbecue *m*.

cool [kuːl] **1.** *a* (**-er, -est**) (*a*) frais, *f* fraîche; (*of manner, pers*) calme; (*of reception*) froid; **it's c.,** il fait frais; **it's getting cool(er),** le temps se rafraîchit; **I feel c.,** j'ai (un peu) froid; **a c. drink,** une boisson fraîche; **to be kept in a c. place,** tenir au frais; (*of pers*) **to keep c.,** garder son sang-froid; **keep c.!** du calme! **c. as a cucumber,** avec un sang-froid imperturbable (*b*) *F:* effronté; **he's a c. customer,** quel toupet! **a c. thousand,** la coquette somme de mille livres **2.** *n* **in the c. of the evening,** dans la fraîcheur du soir; **to keep (in the) c.,** tenir au frais; *F:* **to keep, lose, one's c.,** garder, perdre, son sang-froid **3.** *adv F:* **to play it c.,** être décontracté **4.** (*a*) *vtr* **to c. (down),** refroidir, rafraîchir; **to c. one's heels,** faire le pied de grue (*b*) *vi* **to c. (down, off),** (*of enthusiasm*) se refroidir; (*of anger, angry pers*) se calmer; (*of hot liquid*) refroidir; (*refresh oneself*) **to c. off,** se rafraîchir; **to c. off towards s.o.,** se refroidir envers qn. **'cooler** *n* (*a*) glacière *f*; refroidisseur *m* (*b*) *P:* prison *f*, taule *f*. **'cooling 1.** *a* rafraîchissant **2.** *n* rafraîchissement *m*; refroidissement *m*; *Ind:* **c.-off period,** période de réflexion (entre négociations). **'coolly** *adv* (*a*) (recevoir qn) froidement (*b*) (agir) avec sang-froid, calmement (*c*) *F:* effrontément. **'coolness** *n* (*a*) fraîcheur *f* (de l'air) (*b*) calme *m*, sang-froid *m* (*c*) froideur *f* (d'un accueil) (*d*) *F:* toupet *m*.

coop [kuːp] *n* poulailler *m*, cage *f* à poules. **coop 'up** *vtr* enfermer.

co-op ['kouɔp] *n NAm:* appartement *m* en copropriété.

cooperate [kou'ɔpəreit] *vi* coopérer (**in,** à, **with,** avec). **coope'ration** *n* coopération *f*, concours *m* (**in,** à). **co'operative 1.** *a* coopératif **2.** *n* coopérative *f*.

co-opt [kou'ɔpt] *vtr* coopter (qn).

coordinate 1. *n* [kou'ɔːdinət] *Mth:* coordonnée *f*; *Cl: pl* coordonnés *mpl* **2.** *vtr* [kou'ɔːdineit] coordonner. **coordi'nation** *n* coordination *f*. **co'ordinator** *n* coordinateur, -trice.

coot [kuːt] *n Orn:* foulque *f*.

cop [kɔp] **1.** *n* (*a*) *F:* (= **policeman**) flic *m* (*b*) **it's not much c.,** ça ne vaut pas grand-chose **2.** (**copped**) *P:* (*a*) *vtr* piquer; **you'll c. it!** tu vas prendre qch! (*b*) **to c. out,** se défiler, éviter ses responsabilités.

cope [koup] *vi* (**to be able**) **to c.,** se débrouiller; **to c. with,** s'occuper, se charger de; faire face à (un problème).

co-pilot ['koupailət] *n Av:* copilote *m*.

copious ['koupjəs] *a* copieux, abondant. **'copiously** *adv* copieusement; abondamment.

copper ['kɔpər] *n* (*a*) cuivre *m*; **c.(-coloured),** cuivré (*b*) *F:* **copper(s),** petite monnaie (*c*) *F:* (= **policeman**) flic *m*. **'copperplate** *n* **c.** (**handwriting**), écriture moulée.

coppice ['kɔpis] *n*, **copse** [kɔps] *n* taillis *m*.

copulate ['kɔpjuleit] *vi* s'accoupler. **copu'lation** *n* copulation *f*.

copy ['kɔpi] **1.** *n* (*pl* **copies**) (*a*) copie *f* (*b*) exemplaire *m* (d'un livre); numéro *m* (d'un journal); *Phot:* épreuve *f* (*c*) *Journ:* (sujet *m* d')article *m* **2.** *vtr & i* copier; **to c. out, down, sth,** (re)copier qch. **'copier** *n* duplicateur *m*. **'copybook** *n* cahier *m*. **'copycat** *n F:* copieur, -euse; singe *m*. **'copyright** *n* droit *m* d'auteur; copyright *m*. **'copywriter** *n* rédacteur, -trice, publicitaire.

coquettish [kə'ketiʃ] *a* coquet; provocant.

coral ['kɔrəl] **1.** *n* corail *m* **2.** *a* (récif) corallien; (île, collier) de corail; **c.(-coloured),** (couleur) (de) corail *inv*.

cord [kɔːd] *n* (*a*) cordon *m* (de rideau, de pyjama, etc); *El:* cordon électrique; **vocal cords,** cordes vocales; **umbilical c.,** cordon ombilical; **spinal c.,** moelle épinière (*b*) *Tex:* = **corduroy** (*c*) *pl F:* velours *m*, pantalon *m* en velours (côtelé).

cordial ['kɔːdiəl] **1.** *a* cordial **2.** *n* (**fruit**) **c.,** sirop *m*. **cordi'ality** *n* cordialité *f*. **'cordially** *adv* cordialement.

cordon ['kɔːdən] *n* cordon *m*. **cordon 'off** *vtr* boucler, interdire l'accès à (une rue, etc).

corduroy ['kɔːdərɔi] *n* (*a*) *Tex:* velours côtelé (*b*) *pl* pantalon *m* en velours (côtelé), velours *m*.

core [kɔːr] **1.** *n* trognon *m* (de pomme, etc); cœur *m* (d'un problème); *Geol: El:* noyau *m*; *Min:* **c.** (**sample**), carotte *f*; *Pol: etc:* **hard c.,** noyau (d'opposants); *Fig:* **to the c.,** jusqu'à la moelle des os **2.** *vtr* vider (une pomme). **'corer** *n* (**apple**) **c.,** vide-pomme *m*.

corgi ['kɔːgi] *n* (chien *m*) corgi *m*.

coriander [kɔri'ændər] *n Bot:* coriandre *f*.

cork [kɔːk] **1.** *n* (*a*) liège *m*; **c. oak,** chêne-liège *m* (*b*) bouchon *m*; **to take the c. out of a bottle,** déboucher une bouteille **2.** *vtr* **to c.** (**up**), boucher (une bouteille). **'corked** *a* (vin) qui sent le bouchon. **'corkscrew** *n* tire-bouchon *m*.

cormorant ['kɔːmərənt] *n Orn:* cormoran *m*.

corn¹ [kɔːn] *n* blé *m*; *NAm:* (*maize*) maïs *m*; (*seed*) grain *m*; **c. on the cob,** épi *m* de maïs; **c. oil,** huile de maïs. **'corncob** *n* épi *m* de maïs. **'cornflakes** *npl* céréales *fpl*; flocons *mpl* de maïs. **'cornflour,** *NAm:* **'cornstarch** *n* farine *f* de maïs; *Rtm:* maïzena *f*. **'cornflower** *n Bot:* bleuet *m*. **'corny** *a* (**-ier, -iest**) *F:* (*of joke, etc*) rebattu.

corn² *n* cor *m* (au pied); *F:* **to tread on s.o.'s corns,** froisser qn; **c. plaster,** coricide *m*.

cornea ['kɔːniə] *n Anat:* cornée *f* (de l'œil).

corned beef [kɔːnd'biːf] *n* corned-beef *m*.

corner ['kɔːnər] **1.** *n* coin *m*, encoignure *f*; coin, angle *m* (de rue, d'une pièce, etc); *Aut:* tournant *m*, virage *m*; *Com:* monopole *m* (**on,** de); **c. cupboard,** armoire d'angle; **c. shop,** magasin du coin; *Fb:* **c.** (**kick**), corner *m*; **to search every c. of the house,** fouiller la maison dans ses moindres recoins; **out of the c. of one's eye,** du coin de l'œil; **(a)round the c.,** (i) après le coin, en tournant le coin (ii) tout près (iii) (*of future event*) qui approche; **to drive s.o. into a c.,** acculer, coincer, qn; **in a** (**tight**) **c.,** dans une situation difficile **2.** *v* (*a*) *vtr* acculer (un animal, l'ennemi, etc); *Fig:* coincer, accrocher (qn dans un couloir, etc); *Com:* accaparer (le marché) (*b*) *vi Aut:* prendre un virage. **'cornerstone** *n* pierre *f* angulaire.

cornet ['kɔːnit] *n* (*a*) *Mus:* cornet *m* (à pistons) (*b*) cornet (de glace).

cornice ['kɔːnis] *n* corniche *f*.

Cornwall ['kɔːnwəl] *Prn* Cornouailles *fpl*. **'Cornish** *a* de Cornouailles.

corolla [kə'rɔlə] *n Bot:* corolle *f*.

corollary [kə'rɔləri, *NAm:* 'kɔrələri] *n* corollaire *m*.

coronary ['kɔrənəri] *a & n Anat:* (artère) coronaire; *Med:* **c.** (**thrombosis**), infarctus *m* (du myocarde); thrombose *f*.

coronation [kɔrə'neiʃən] *n* couronnement *m*, sacre *m* (d'un roi).

coroner ['kɔrənər] *n Jur:* coroner *m*.

coronet ['kɔrənit] *n* (*a*) (*for noble*) (petite) couronne (*b*) (*for woman*) diadème *m*.

corporal¹ ['kɔːpərəl] *n Mil:* caporal(-chef) *m*.

corporal² *a* (châtiment) corporel.

corporate ['kɔːpərət] *a* (*of responsibility*) collectif; **c. body,** corps constitué. **corpo'ration** *n* (*a*) *Com:* société commerciale (*b*) conseil municipal.

corps [kɔːr] *n Mil: Pol:* corps *m*; **Army air c.,** corps d'armée aérienne.

corpse [kɔːps] *n* cadavre *m*; corps (mort).

corpulent ['kɔːpjulənt] *a* corpulent. **'corpulence** *n* corpulence *f*.

corpus ['kɔːpəs] *n Ling:* corpus *m*.

corpuscle ['kɔːpʌsl] *n* globule *m*.

corral [kə'ræl] *n NAm:* corral *m*.

correct [kə'rekt] **1.** *vtr* corriger (une faute); rectifier (une erreur); reprendre (qn) **2.** *a* correct, exact; (réponse) juste; (*behaviour*) correct; **he's (quite) c.,** il a (tout à fait) raison. **co'rrection** *n* correction *f*; rectification *f* (d'une erreur). **co'rrective** *a* (*of act, measure*) rectificatif. **co'rrectly** *adv* correctement. **co'rrectness** *n* correction; exactitude *f*.

correlate ['kɔrəleit] **1.** *vi* correspondre (**with,** à) **2.** *vtr* faire correspondre (**with,** avec). **corre'lation** *n* corrélation *f*.

correspond [kɔri'spɔnd] *vi* (*a*) correspondre, être conforme (**to,** à, **with,** avec) (*b*) correspondre (**with s.o.,** avec qn); **they c.,** ils s'écrivent. **corre'spondence** *n* correspondance *f*; (*letters*) courrier *m*; **c. course** cours *m* par correspondance. **corre'spondent** *n* correspondant, -ante; *Journ:* (**special**) **c.,** envoyé(e) spécial(e). **corre'sponding** *a* correspondant; semblable. **corre'spondingly** *adv* également.

corridor [ˈkɒridɔːr] *n* couloir *m*; corridor *m*; **c. train,** train à couloir.

corroborate [kəˈrɒbəreit] *vtr* corroborer. **corroboˈration** *n* corroboration *f*.

corrode [kəˈroud] **1.** *vtr* ronger, corroder **2.** *vi* se corroder. **coˈrrosion** *n* corrosion *f*. **coˈrrosive** *a & n* corrosif (*m*).

corrugated [ˈkɒrugeitid] *a* (carton) ondulé; **c. iron,** tôle ondulée.

corrupt [kəˈrʌpt] **1.** *a* corrompu; **c. practices,** tractations *fpl* malhonnêtes; *Jur:* trafic *m* d'influence **2.** *vtr* corrompre. **coˈrruption** *n* corruption *f*.

corset [ˈkɔːsit] *n Cl:* corset *m;* (*elasticated*) gaine *f*.

Corsica [ˈkɔːsikə] *Prn Geog:* Corse *f*. **ˈCorsican** *a & n* corse (*mf*).

cortex [ˈkɔːteks] *n* (*pl* **cortices**) *Bot: Anat:* cortex *m*.

cortisone [ˈkɔːtizoun] *n* cortisone *f*.

cos [kɒs] *n* **c. (lettuce),** (laitue) romaine (*f*).

cosh [kɒʃ] **1.** *n* (*pl* **coshes**) *F:* matraque *f* **2.** *vtr* matraquer, assommer (qn).

cosmetic [kɒzˈmetik] **1.** *a* esthétique; *Fig:* superficiel **2.** *n* produit *m* de beauté.

cosmic [ˈkɒzmik] *a* cosmique.

cosmonaut [ˈkɒzmənɔːt] *n* cosmonaute *mf*.

cosmopolitan [kɒzməˈpɒlitən] *a & n* cosmopolite (*mf*).

cosmos [ˈkɒzmɒs] *n* cosmos *m*.

cosset [ˈkɒsit] *vtr* dorloter, choyer.

cost [kɒst] **1.** *n* coût *m*, prix *m*; **c. of living,** coût de la vie; **at any c., at all costs,** à tout prix; **whatever the c.,** coûte que coûte; **to my c.,** à mes dépens *mpl*; **at great c.,** à grand frais; **at c. (price),** à prix coûtant; *Jur:* **ordered to pay costs,** condamné aux dépens **2.** *v* (*a*) *vtr & i* **(cost)** coûter; **it c. him 50 francs,** cela lui a coûté 50 francs; **how much does it c.?** ça coûte, ça vaut, combien? **whatever it costs,** coûte que coûte (*b*) *vtr* **(costed)** établir le prix de revient de (qch). **cost-eˈffective** *a* rentable. **ˈcosting** *n* établissement *m* du prix de revient. **ˈcostliness** *n* haut prix; cherté *f*. **ˈcostly** *a* **(-ier, -iest)** (*a*) coûteux (*b*) précieux.

co-star [ˈkouˈstɑːr] *Cin: etc:* **1.** *n* partenaire *mf* **2.** *vi* **(co-starred)** partager la vedette (**with,** avec).

costermonger [ˈkɒstəmʌŋgər] *n* marchand, -ande, des quatre saisons.

costume [ˈkɒstjuːm] *n* costume *m*; **(swimming, bathing) c.,** maillot *m* (de bain); **c. jewellery,** bijoux de fantaisie; **c. ball,** bal costumé.

cosy, *NAm:* **cozy** [ˈkouzi] **1.** *a* **(-ier, -iest)** douillet, intime; (*of pers*) à l'aise; **we're c.,** on est bien ici **2.** *n* **(tea, egg) c.,** couvre-théière *m*, couvre-œuf *m*. **ˈcosily** *adv* confortablement; douillettement. **ˈcosiness** *n* intimité *f*, confort *m*.

cot [kɒt] *n* (*a*) lit *m* d'enfant (*b*) *NAm:* (*Br* = **camp bed**) lit de camp.

cottage [ˈkɒtidʒ] *n* petite maison de campagne; (*thatched*) chaumière *f*; (*for holidays*) villa *f*; **c. industry,** travail *m* (artisanal) à domicile; **c. hospital,** petit hôpital de médecine générale (où on ne traite pas les cas graves); **c. cheese,** fromage blanc (maigre); **c. pie** = hachis parmentier.

cotton [ˈkɒtn] *n* (*a*) coton *m*; **c. goods,** cotonnades *fpl*; **c. wool,** *NAm:* **absorbent c.,** coton hydrophile, ouate *f*; **c. mill,** filature de coton; **c. dress,** robe en, de, coton (*b*) fil *m* (de coton). **cotton on** *vi F:* **to c. on to sth,** piger qch.

couch [kautʃ] **1.** *n* (*pl* **couches**) canapé *m*, divan *m* **2.** *vtr* formuler, exprimer.

couchette [kuːˈʃɛt] *n Rail:* couchette *f*.

cough [kɒf] **1.** *n* toux *f*; **to have a c.,** tousser; **c. drop, mixture,** pastille, sirop, pour, contre, la toux **2.** *vi* tousser. **ˈcoughing** *n* **fit of c., c. fit,** accès *m*, quinte *f*, de toux. **cough ˈup** (*a*) *vtr* cracher (du sang); *P:* cracher (de l'argent) (*b*) *vi P:* payer, casquer.

could [kud] *see* **can.**

council [ˈkaunsl] *n* conseil *m*; **district c.** = conseil municipal; **county c.** = conseil départemental; **c. house, flat** maison *f*, appartement *m*, loué(e) à la municipalité, HLM *f or m*; **c. estate,** groupe de HLM (*b*) *Ecc:* concile *m*. **ˈcouncillor** *n* conseiller, -ère; **(town) c.,** conseiller municipal.

counsel [ˈkaunsl] **1.** *n* (*a*) conseil *m*; **to take c. with s.o.,** consulter qn; **to keep one's (own) c.,** garder ses projets pour soi (*b*) *Jur:* avocat, -ate; **c. for the defence,** avocat de la défense **2.** *vtr* **(counselled,** *NAm:* **counseled)** conseiller (**s.o. to do,** à qn de faire). **ˈcounsellor** *n* (*a*) conseiller, -ère (*b*) *NAm: Jur:* avocat, -ate.

count¹ [kaunt] **1.** *n* (*a*) compte *m*; dénombrement *m*; dépouillement *m* (du scrutin); **to keep c. of,** tenir le compte de; **to lose c.,** perdre le compte; **he's lost c. of the books he has,** il ne sait plus combien il a de livres; **blood c.,** numération *f* globulaire; **to be out for the c.,** être (mis) knock-out, K-O (*b*) *Jur:* chef *m* (d'accusation); **on the first c.,** au premier chef **2.** *v* (*a*) *vtr* compter; dénombrer; (*deem*) considérer; **to c. the votes,** dépouiller le scrutin; **to c. the cost,** calculer la dépense; **to c. oneself lucky, one's blessings,** s'estimer heureux; **counting, not counting, the dog,** y compris, sans compter, le chien (*b*) *vi* compter; **counting from tomorrow,** à compter de demain; **he doesn't c.,** il ne compte pas; **every minute counts,** il n'y a pas une minute à perdre; **to c. as,** compter comme, pour; **to c. against s.o.,** être un désavantage pour qn, jouer contre qn. **ˈcountdown** *n* compte à rebours. **count ˈin** *vtr* inclure; **c. me in!** je suis partant! **ˈcountinghouse** *n O:* comptabilité *f*. **ˈcountless** *a* innombrable. **ˈcount on** *vtr* compter sur; **to c. on doing sth,** compter faire qch. **count ˈout** *vtr* (*a*) compter (des billets, etc) (*b*) *Box:* mettre knock-out (*c*) exclure.

count² *n* comte *m*.

countenance [ˈkauntinəns] **1.** *n* mine *f*, expression *f*; **to keep one's c.,** ne pas se laisser décontenancer **2.** *vtr* tolérer; approuver.

counter¹ [ˈkauntər] *n* (*a*) (*device*) compteur *m*; **Geiger c.,** compteur Geiger (*b*) *Games:* jeton *m*, plaque *f* (*c*) (*in bank, etc*) guichet *m*; (*in shop, bar, etc*) comptoir *m*; **over the c.,** (acheter un médicament) sans ordonnance; *Fig:* **under the c.,** clandestinement, au (marché) noir.

counter² **1.** *a & adv* contraire, opposé (**to,** à); en sens inverse; à contresens; **c. to,** à l'encontre de **2.** *v* (*a*) *vtr* parer (un coup); contrarier (un projet); riposter à (une insulte) (*b*) *vi* riposter (**with,** par).

counter- [ˈkauntər] *pref* contre-. **counteˈract** *vtr* neutraliser; parer à (un résultat). **'counter-attack** 1. *n* contre-attaque *f* 2. *vtr & i* contre-attaquer. **'counterbalance** 1. *n* contre-poids *m* 2. *vtr* contrebalancer, faire contrepoids à. **counter'clockwise** *a & adv NAm:* (*Br* = **anticlockwise**) dans le sens inverse des aiguilles d'une montre. **counter'espionage, counterin'telligence** *n* contre-espionnage *m*. **'counterfeit** [-fit] 1. *a* faux 2. *n* contrefaçon *f*, faux *m* 3. *vtr* contrefaire. **'counterfoil** *n* souche *f*, talon *m* (de chèque, etc). **'countermand** *vtr* annuler, révoquer (un ordre). **'countermeasure** *n* contre-mesure *f*. **countero'ffensive** *n* contre-offensive *f*. **'counterpane** *n* couvre-lit *m*, dessus-de-lit *m*. **'counterpart** *n* (*thg*) équivalent *m*; (*pers*) homologue *mf*. **'counterpoint** *n Mus:* contre-point *m*. **'counterpoise** *vtr* = **counter-balance. counterpro'ductive** *a* (*of action*) inefficace, qui produit l'effet contraire. **counter-revo'lution** *n* contre-révolution *f*. **counter-revo'lutionary** *a* contre-révolutionnaire. **'countersign** *vtr* contresigner. **'countersink** *vtr* (**-sank; -sunk**) noyer (la tête d'une vis).

countess ['kauntis] *n* comtesse *f*.

countrified ['kʌntrifaid] *a* rustique.

country ['kʌntri] *n* (*pl* **countries**) (*a*) pays *m*; région *f*; (*homeland*) patrie *f*; *Pol:* **to go to the c.** = procéder aux élections législatives (*b*) (*as opposed to town*) campagne *f*; (*as opposed to the capital*) province *f*; **in the c.**, à la campagne; **c. life**, vie, de, à la, campagne; **c. house**, maison de campagne; **c. cousin**, cousin de province; **c. dancing**, la danse folklorique; **c. and western (music), c. music**, musique *f* country. **'countryman, -men, -woman, -women** *n* (*a*) **(fellow) c.**, compatriote *mf* (*b*) campagnard, -arde. **'countryside** *n* campagne; pays *m*.

county ['kaunti] *n* (*pl* **counties**) comté *m*; **c. town**, *NAm:* **c. seat**, chef-lieu *m*.

coup [ku:] *n* (*pl* **coups** [ku:z]) coup (i) audacieux (ii) d'État.

coupé ['ku:pei] *n Aut:* **sports c.**, coupé *m* sport.

couple ['kʌpl] 1. *n* couple *m*; **to work in couples**, se mettre à deux pour travailler; **a c. of**, deux ou trois; **in a c. of minutes**, dans quelques minutes; **married c.**, époux *mpl*; **young c.**, jeunes mariés *mpl* 2.(*a*) *vtr* accoupler; **coupled with**, joint à (*b*) *vi* (*mate*) s'accoupler. **'couplet** *n* distique *m*. **'coupling** *n* (*device*) attelage *m*.

coupon ['ku:pɔn] *n* (*ticket*) coupon *m*; (*voucher*) bon *m*; (*during rationing*) ticket *m* (de pain, etc); (*for football pools*) formulaire *m*; **reply c.**, coupon-réponse *m*.

courage ['kʌridʒ] *n* courage *m* (**to do sth**, de faire qch); **to have the c. of one's convictions**, avoir le courage de ses opinions. **courageous** [kə'reidʒəs] *a* courageux. **cou'rageously** *adv* courageusement.

courgette [kuə'ʒet] *n Hort:* courgette *f*.

courier ['kuriər] *n* messager *m*; (*of tourist party*) guide *m*; **c. service**, service *n* de messagerie.

course [kɔ:s] 1. *n* (*a*) cours *m*; (*of ship*) route *f*; (*of river*) cours; (*of star*) marche *f*; *NAm: Av:* cap *m*; *Fig:* route, chemin *m*; (*means*) moyen *m*; **in (the) c. of time**, avec le temps, à la longue; **in due c.**, en temps utile; **in the c. of the conversation**, au cours de la conversation; **in the ordinary c. of things**, normalement; **in c. of construction**, en cours de construction; **to let things take their c.**, laisser faire; **c. (of action)**, ligne *f* de conduite; (*option*) parti *m*; **to take a c. of action**, prendre un parti; **the only c. open to me**, ma seule ressource; **your best c. is to . . .**, le mieux c'est de . . .; **to be on c.**, être sur la bonne voie; **to be off c.**, faire fausse route; (*b*) *Sch:* cours; *Publ:* méthode *f* (de français); **to take a c.**, suivre un cours; **c. of lectures**, série *f* de conférences (*c*) série *f* (de piqûres); *Med:* **c. (of treatment)**, traitement *m* (*d*) *Cu:* plat *m;* **first c.**, entrée *f* (*e*) champ *m* de courses; **(golf) c.**, terrain *m* (de golf) 2. *adv.* **of c.!** bien sûr! mais oui! bien entendu! **of c. not!** bien sûr que non! 3. *vi* (*of water*) couler à flots; **tears coursed down her cheeks**, les larmes ruisselaient sur ses joues.

court [kɔ:t] 1. *n* (*a*) cour *f*; **to hold c.**, se faire faire la cour; **c. shoe**, escarpin *m*; *Cards:* **c. card**, figure *f* (*b*) *Jur:* cour; tribunal *m*; **c. of appeal**, cour d'appel; **c. of inquiry**, commission *f* d'enquête; **high c.**, cour suprême; **to take s.o. to c.**, poursuivre qn (en justice); **to settle out of c.**, s'arranger à l'amiable (*c*) *Sp:* terrain *m* (de squash, etc); *Ten:* court *m*, tennis *m* 2. *vtr* courtiser, faire la cour à (une femme); rechercher (des applaudissements); aller au-devant (du danger); **courting couple**, couple d'amoureux; **they're courting**, ils sortent ensemble. **'courthouse** *n* palais *m* de justice. **'courtier** *n Hist:* courtisan *m*. **court-'martial** 1. *n* conseil *m* de guerre 2. *vtr* (**-martialled**) faire passer (qn) en conseil de guerre. **'courtroom** *n* salle *f* du tribunal. **'courtship** *n* cour (faite à une femme). **'courtyard** *n* cour.

courteous ['kɔ:tiəs] *a* courtois, poli (**to**, envers). **'courteously** *adv* courtoisement. **'courtesy** *n* courtoisie *f*, politesse *f*; **by c. of**, avec la gracieuse permission de; **c. title**, titre *m* de courtoisie; **c. bus** = minibus mis à la libre disposition des clients d'un hôtel; *Aut:* **c. light**, plafonnier *m*.

cousin ['kʌzn] *n* cousin, -ine.

cove [kouv] *n* anse *f*; petite baie.

covenant ['kʌvənənt] 1. *n Jur:* convention *f*, contrat *m*; *Rel:* alliance *f*; **(deed of) c.**, pacte *m* 2. *vtr* promettre, accorder, par contrat.

Coventry ['kɔvəntri] *Prn Fig:* **to send s.o. to c.**, mettre qn en quarantaine.

cover ['kʌvər] 1. *n* (*a*) couverture *f* (de lit, de livre etc); enveloppe *f* (de pneu); fourreau *m* (de parapluie); bâche *f* (pour une voiture); couvercle *m* (de casserole); *Mec:* carter *m* (pour une machine); (*for furniture, typewriter*) housse *f*; (*bedspread*) dessus-de-lit *m*; **the covers**, les couvertures; **to read a book from c. to c.**, lire un livre d'un bout à l'autre; **under separate c.**, sous pli séparé; **c. girl**, cover-girl *f*; (*in restaurant*) **c. charge**, couvert *m* (*b*) abri *m*; **to take c.**, (*shelter*) se mettre à l'abri; (*hide*) s'embusquer; **under c.**, à l'abri, à couvert; **under c. of darkness**, à la faveur de la nuit (*c*) *Ins:* couverture; **full c.**, garantie totale; **c. note**, certificat *m* provisoire d'assurance 2. *vtr* (*a*) couvrir (**with**, de); (*protect*) protéger, couvrir; **to c. oneself**, se couvrir; **to c. one's tracks**, couvrir sa marche; **to c. over**, recouvrir (*b*) couvrir, parcourir (une distance); **to c. a great deal of ground,** faire beaucoup de chemin (*c*) (*aim gun at*) **to c. s.o.,** tenir qn en joue (*d*) englober, recouvrir (les faits, etc); **to c. all eventualities,** parer à toute éventualité (*e*) couvrir (ses dépenses); rentrer dans (ses frais); **£10 should c. it,** £10 devraient suffire (*f*) *Ins:* assurer; couvrir (un risque); **he is covered against fire,** il est assuré contre l'incendie (*g*) (*treat*) traiter; *Journ: TV: WTel:* couvrir, faire le reportage de (un événement) (*h*) *Games:* marquer (un adversaire). **'coverage** *n Journ: TV: WTel:* reportage *m* (d'un événement); **news c.,** informations *fpl.* **'coveralls** *npl NAm:* (*Br* = **overalls**) bleus *mpl* de travail. **'covering** *n* enveloppe *f*; (*layer*) couche *f*; **c. letter,** lettre jointe (à un document). **'coverlet** *n* couvre-lit *m*, -pied(s) *m*. **cover 'up 1.** *vtr* recouvrir; dissimuler (la vérité, les traces); étouffer, camoufler (une affaire) **2.** *vi* se couvrir; **to c. up for s.o.,** couvrir qn. **'cover-up** *n* tentative *f* pour étouffer, camoufler, une affaire. **covert** ['kʌvət, *NAm:* 'kouvəːt] *a* secret.

covet ['kʌvət] *vtr* convoiter. **'covetous** *a* avide; (regard) de convoitise. **'covetously** *adv* avec convoitise, avidement.

cow [kau] **1.** *n* vache *f*; (*of elephant, seal*) femelle *f*; *P:* (*nasty woman*) chameau *m*; *F:* **till the cows come home,** jusqu'à la semaine des quatre jeudis **2.** *vtr* intimider. **'cowboy** *n* cow-boy *m*. **'cowhand, -herd,** *n* vacher, -ère. **'cowhide** *n* (peau *f* de) vache. **'cowshed** *n* étable *f*. **'cowslip** *n Bot:* coucou *m*.

coward ['kauəd] *n* lâche *mf*. **'cowardice** *n* lâcheté *f*. **'cowardly** *a* lâche.

cower ['kauər] *vi* se blottir, se tapir; *Fig:* (*with fear*) reculer (de peur).

cowl [kaul] *n* capuchon *m*.

cox [kɔks] *Row:* **1.** *n* (*pl* **coxes**) barreur *m* **2.** *vtr* barrer.

coy [kɔi] *a* qui fait son, sa, timide. **'coyly** *adv* timidement. **'coyness** *n* timidité feinte.

coyote [kai'outi] *n NAm:* coyote *m*.

cozy ['kouzi] *NAm:* = **cosy.**

crab [kræb] **1.** *n* crabe *m*; **c. apple,** pomme *f* sauvage **2.** *vi* (**crabbed**) *F:* rouspéter. **'crabbed** *a* (*a*) (écriture) en pattes de mouche (*b*) = **crabby. 'crabby** *a* grincheux.

crack [kræk] **I.** *n* (*a*) claquement *m* (de fouet); détonation *f*, coup sec; craquement *m* (de branches, etc); **c. on the head,** coup violent sur la tête; *F:* **to have a c. at (doing) sth,** essayer de faire qch (*b*) fente *f*, fissure *f*; (*in wall*) lézarde *f*; (*in pottery, etc*) fêlure *f*; (*in skin, ground*) crevasse *f*; (*in varnish*) craquelure *f*; (*in door*) entrebâillement *m*; **at the c. of dawn,** au point du jour (*c*) *F:* plaisanterie *f* (**at,** aux dépens de). **II.** *a* de premier ordre; (régiment) d'élite; **c. shot,** tireur *m* d'élite; **c. player,** as *m*, crack *m*. **III.** *v* **1.** *vtr* (*a*) faire claquer (un fouet); se cogner (la tête); **to c. s.o. over the head,** assommer qn (*b*) fêler (un verre, la glace); fracturer (un os); lézarder, crevasser (un mur); casser (une noix); *F:* **to c. a bottle (with s.o.),** ouvrir une bouteille (avec qn) (*c*) résoudre (un problème); déchiffrer (un code); percer (un coffre-fort) (*d*) *F:* lancer (une plaisanterie) **2.** *vi* (*a*) (*of branch, wood*) craquer; (*of whip*) claquer (*b*) se fêler; se crevasser; (*of wall*) se lézarder; *F:* **to get cracking,** s'y mettre; (*hurry*) se grouiller. **'cracked,** *a F:* fou. **crack 'down on** *vtr* sévir contre. **'cracker** *n* (*a*) biscuit (salé) (*b*) pétard *m*; **Christmas c.,** diablotin *m* (*c*) *F:* **she's a c.,** elle est sensationnelle. **'crackers** *a P:* cinglé. **'crackpot** *a & n* fou, *f* folle. **crack 'up** *F:* (*a*) *vi* (*of pers*) craquer (*b*) *vtr* **it's not all it's cracked up to be,** ce n'est pas tout ce qu'on en dit. **'crack-up** *n F:* (*a*) dépression nerveuse (*b*) *NAm:* accident *m*.

crackle ['krækl] **1.** *n* craquement *m* (de feuilles); crépitement *m* (d'un feu); grésillement *m*; *WTel: Tp:* friture *f* **2.** *vi* (*of leaves*) craquer; (*of fire*) crépiter, pétiller; (*of sth frying*) grésiller. **'crackling** *n* (*a*) = **crackle 1.** (*b*) *Cu:* couenne *f* (de rôti de porc).

cradle ['kreidl] **1.** *n* berceau *m* **2.** *vtr* bercer (un enfant); tenir (qch) délicatement.

craft [krɑːft] *n* (*a*) ruse *f* (*b*) (*skill*) art *m*; (*job*) métier (artisanal) (*c*) *inv* bateau *m*, embarcation *f*. **'craftily** *adv* astucieusement. **'craftiness** *n* ruse, astuce *f*. **'craftsman, -men** *n* (*a*) artisan *m* (*b*) artiste *m* dans son métier. **'craftsmanship** *n* art *m*; **a piece of c.,** un beau travail, une belle pièce. **'crafty** *a* (**-ier, -iest**) astucieux; *Pej:* rusé.

crag [kræg] *n* rocher *m* à pic. **'craggy** *a* (rocher) à pic; (visage) rude.

cram [kræm] *v* (**crammed**) **1.** *vtr* (*a*) fourrer (**sth into sth,** qch dans qch); bourrer, farcir (**with,** de); entasser (des passagers); enfoncer (son chapeau) (*b*) *Sch:* chauffer (un candidat) **2.** *vi* (*of people*) s'entasser (**into,** dans); **to c. (for an exam),** bachoter. **'cram-'full** *a* bondé;. bourré. **'crammers** *n Sch: F:* boîte *f* à bachot.

cramp [kræmp] **1.** *n* crampe *f* (**in,** à) **2.** *vtr* gêner; **to c. s.o.'s style,** priver qn de ses moyens. **cramped** *a* à l'étroit; (couloir) resserré; **in c. conditions,** à l'étroit.

crampon ['kræmpən] *n* crampon *m* à glace.

cranberry ['krænbəri] *n Bot:* canneberge *f*.

crane [krein] **1.** *n Orn: Mec:* grue *f* **2.** *vtr & i* **to c. (one's neck) forward,** tendre le cou.

cranium ['kreiniəm] *n* crâne *m*.

crank [kræŋk] **1.** *n* (*a*) *MecE:* manivelle *f* (*b*) *F:* (*pers*) excentrique *mf*; fanatique *mf* **2.** *vtr* **to c. (up),** faire démarrer (un moteur) à la manivelle. **'crankcase** *n* carter *m* (d'un moteur). **'crankshaft** *n* vilebrequin *m*. **'cranky** *a* excentrique; *NAm:* grincheux.

cranny ['kræni] *n* **nooks and crannies,** coins et recoins *mpl*.

crap [kræp] *n V:* merde *f*; **it's c.,** c'est de la foutaise.

craps [kræps] *n NAm:* **to shoot c.,** jouer aux dés.

crash [kræʃ] **I.** *n* (*pl* **crashes**) (*a*) fracas *m*; coup *m* (de tonnerre); **c.!** patatras! (*b*) *Com:* faillite *f*; *Fin:* krach *m* (*c*) **(car, plane) c.,** accident *m* (de voiture, d'avion); **c. helmet,** casque *m* (anti-choc); **c. barrier,** glissière *f* (de sécurité); *Av:* **c. landing,** atterrissage en catastrophe; **c. course, diet,** cours, régime, intensif. **II.** *v* **1.** *vtr* avoir un accident avec (sa voiture); **to c. one's car into,** faire rentrer sa voiture dans **2.** *vi* (*of aircraft*) s'écraser (au sol); **to c. (down),** tomber; se casser; (*of roof*) s'effondrer; (*of car*) **to c. into a tree,** entrer dans un arbre; (*of vehicles*) **to c. (into each other),** se percuter, se caramboler. **'crashing**

a F: **c. bore,** personne assommante; scie *f.* **'crash-'land** *vi* atterrir en catastrophe.
crass [kræs] *a* grossier; (ignorance) crasse.
crate [kreit] *n* caisse *f,* cageot *m.*
crater ['kreitər] *n* cratère *m;* **(bomb) c.,** entonnoir *m.*
cravat [krə'væt] *n Cl:* foulard *m* (autour du cou).
crave [kreiv] *vi* **to c. (for),** éprouver un grand besoin de; implorer (la pitié). **'craving** *n* désir *m* grand besoin **(for,** de).
crawl [krɔ:l] **1.** *n (a) Aut:* **at a c.,** au pas *(b) Swim:* crawl *m* **2.** *vi (a)* ramper; marcher à quatre pattes; (*of child*) se traîner (à quatre pattes); (*of car*) avancer au pas; *F:* **to c. to s.o.,** s'aplatir devant qn *(b)* **to be crawling with vermin,** grouiller de vermine; **it makes my flesh c.,** cela me donne la chair de poule. **'crawler** *n F:* (*pers*) lèche-bottes *mf inv; Aut:* **c. lane,** voie pour véhicules lents.
crayfish ['kreifiʃ] *n* (*inv in pl*) écrevisse *f.*
crayon ['kreiən] *n* crayon *m* (de couleur), pastel *m.*
craze [kreiz] *n* manie *f* **(for,** de); engouement *m* **(for,** pour); **it's the latest c.,** ça fait fureur. **'crazed** *a* affolé; *Cer:* craquelé. **'crazily** *adv* follement. **'craziness** *n* folie *f.* **'crazy** *a* **(-ier, -iest)** fou; **c. about sth,** fana de qch; **c. about s.o.,** fou de qn; **to drive s.o. c.,** rendre qn fou; *F:* **like c.,** comme un fou; **c. paving,** dallage irrégulier.
creak [kri:k] **1.** *n* grincement *m;* (*of shoes*) craquement *m* **2.** *vi* grincer; (*of timber, shoes*) craquer. **'creaky** *a* grinçant; qui craque.
cream [kri:m] **1.** *n (a)* crème *f;* **c. cheese,** fromage blanc; **c. cake,** gâteau *m* à la crème; **c. of asparagus soup,** crème d'asperges; **c. (coloured),** crème *inv (b) Fig:* crème, gratin *m* **2.** *vtr* écrémer (le lait); *Cu:* travailler, battre, du beurre en crème; **creamed potatoes,** purée *f* de pommes de terre. **'creamery** *n (a)* (*shop*) crémerie *f (b)* laiterie (industrielle). **cream 'off** *vtr Fig:* écrémer. **'creamy** *a* **(-ier, -iest)** crémeux.
crease [kri:s] **1.** *n* pli *m;* (*accidental*) (faux) pli **2.** *v (a) vtr* plisser; (*accidentally*) chiffonner, froisser *(b) vi* prendre un faux pli, se froisser. **crease-re'sistant** *a* infroissable.
create [kri'eit] **1.** *vtr* créer; faire, produire (un objet); faire (un bruit, une impression) **2.** *vi F:* faire une scène. **cre'ation** *n* création *f;* **the latest c.,** la dernière mode. **cre'ative** *a* créateur; (*of pers*) créatif. **crea'tivity** *n* créativité *f.* **cre'ator** *n* créateur, -trice.
creature ['kri:tʃər] *n* (*pers*) créature *f;* (*animal*) animal *m,* bête *f;* **c. of habit,** esclave *mf* de ses habitudes; **c. comforts,** aises *fpl.*
crèche [kreiʃ] *n* crèche *f,* pouponnière *f; NAm: Rel:* crèche.
credence ['kri:dəns] *n* croyance *f;* **to give, lend, c. to sth,** ajouter foi à qch.
credentials [kri'denʃlz] *npl* références *fpl;* pièces *fpl* d'identité; (*of diplomat*) lettres *fpl* de créance.
credible ['kredibl] *a* croyable; (*of politician, information*) crédible. **credi'bility** *n* crédibilité *f;* **c. gap,** perte de confiance; divergence *f.*
credit ['kredit] **1.** *n (a)* crédit *m,* influence *f* **(with s.o.,** auprès de qn); mérite *m,* honneur *m;* **to take c. for sth,** s'attribuer le mérite de qch; *Fig:* **to give c. to,** reconnaître le mérite de (qn); ajouter foi à (une déclaration); **I gave him c. for more sense,** je lui supposais plus de jugement; **to be a c. to,** faire honneur à; **it does him c.,** cela lui fait honneur; **to his c.,** à son actif; *Cin:* **c. titles, credits,** générique *m (b) Com:* crédit; **to give s.o. c.,** faire crédit à qn; **on c.,** à crédit; **in c.,** (compte) créditeur; **c. balance,** solde créditeur; **c. card,** carte *f* de crédit; **c. side,** avoir *m;* **c. facilities,** facilités *fpl* de paiement; **c. note,** note *f* d'avoir, de crédit; **c. rating,** degré *m* de solvabilité *(c) Sch:* unité *f* de valeur **2.** *vtr (a)* ajouter foi à, croire *(b)* attribuer (une qualité à qn); **I credited you with more sense,** je vous supposais plus de jugement; **to be credited with having done sth,** passer pour avoir fait qch *(b) Com:* créditer **(with,** de). **'creditable** *a* honorable. **'creditably** *adv* honorablement. **'creditor** *n* créancier, -ière. **'creditworthy** *a* solvable.
credulous ['kredjuləs] *a* crédule. **cre'dulity, 'credulousness** *n* crédulité *f.* **'credulously** *adv* crédulement; avec crédulité.
creed [kri:d] *n* credo *m inv.*
creek [kri:k] *n* crique *f,* anse *f; NAm:* ruisseau *m; F:* **to be up the c.,** être dans le pétrin.
creel [kri:l] *n Fish:* panier *m* de pêche.
creep [kri:p] **1.** *n F: (a)* salaud *m (b) pl* **it gives me the creeps,** ça me fait froid dans le dos **2.** *vi* **(crept)** ramper; (*silently*) se glisser (furtivement); (*slowly*) avancer lentement; **to c. in,** entrer à pas de loup; **to c. up to sth,** avancer très lentement jusqu'à qch; **to c. up on s.o.,** surprendre qn; (*of feeling*) **to c. over s.o.,** gagner qn; **to make s.o.'s flesh c.,** donner la chair de poule à qn. **'creeper** *n Bot:* plante rampante; **Virginia c.,** vigne *f* vierge. **'creepy** *a F: (a)* terrifiant *(b)* vilain. **creepy-'crawly,** *NAm:* **creepy-'crawler** *n F:* bestiole *f.*
cremate [kri'meit] *vtr* incinérer (un mort). **cre'mation** *n* crémation *f* (des morts). **crematorium** [kremə'tɔ:riəm] *n* (*pl* **-toria**) crématorium *m.* **crematory** ['kremətəri] *n NAm:* crématorium *m.*
Creole ['krioul] *n* créole *mf; Ling:* créole *m.*
creosote ['kri:əsout] **1.** *n* créosote *f* **2.** *vtr* créosoter (le bois).
crêpe [kreip] *n* crêpe *m;* **c. paper,** papier *m* crêpon; **c. bandage,** bande *f* Velpeau; **c. (rubber),** crêpe.
crept [krept] *see* **creep 2.**
crescendo [kri'ʃendou] *n* (*pl* **-os**) crescendo *m inv.*
crescent ['kresnt] *n (a)* croissant *m;* **c. moon,** croissant de lune *(b)* rue *f* (en demi-lune).
cress [kres] *n Bot:* cresson *m.*
crest [krest] *n (a)* (*of bird, wave, mountain*) crête *f;* (*of hill*) sommet *m* (*on seal, letters, etc*) *(b)* armoiries *fpl.* **'crestfallen** *a* (*of pers*) abattu, découragé; déconfit.
Crete [kri:t] *n* Crète *f.*
cretin ['kretin, *NAm:* 'kri:tn] *n* crétin, -ine. **'cretinous** *a* crétin.
crevasse [krə'væs] *n* crevasse *f* (glaciaire).
crevice ['krevis] *n* crevasse *f,* fente *f.*
crew [kru:] **1.** *n Nau: Av:* équipage *m; Row: etc:* équipe *f;* (*gang*) équipe; **sorry c.,** triste engeance *f;* **c. cut,** (coupe *f* en) brosse *f; Cl:* **c. neck,** col ras **2.** *vi* **to c. for s.o.,** servir d'équipier à qn. **'crew-neck(ed)** *a* à col ras.
crib [krib] **1.** *n (a)* (*manger*) mangeoire *f,* râtelier *m*

(*b*) berceau *m*; *NAm:* (*Br* = **cot**) lit *m* d'enfant; *Ecc:* crèche *f* (*c*) (*copy*) plagiat *m*; *Sch:* traduction *f*; *Sch:* (*list of answers*) pompe *f* anti-sèche **2.** *vtr & i* **(cribbed),** copier (**off, from,** sur).

crick [krik] **1.** *n* **c. in the neck,** torticolis *m*; **c. in the back,** tour *m* de reins **2.** *vtr* **to c. one's neck, one's back,** se donner un torticolis, un tour de reins.

cricket¹ ['krikit] *n Ent:* grillon *m*; cricri *m*.

cricket² *n Games:* cricket *m*; **that's not c.,** ce n'est pas de jeu. **'cricketer** *n* joueur, -euse, de cricket.

cried [kraid] *see* **cry 2.**

crikey ['kraiki] *int P:* zut (alors)!

crime [kraim] *n* crime *m*; (*minor*) délit *m*; (*criminal practice*) criminalité *f*. **'criminal 1.** *a* criminel; **C. Investigation Department** = Police *f* judiciaire; **c. lawyer,** avocat, -ate, au criminel; *F:* **it's c.!** c'est un crime! **2.** *n* criminel, -elle. **crimi'nologist** *n* criminologiste *mf*. **crimi'nology** *n* criminologie *f*.

crimson ['krimzn] *a & n* cramoisi (*m*).

cringe [krindʒ] *vi* (*a*) reculer (**from,** devant) (*b*) *Fig:* s'humilier (**to, before,** devant). **'cringing** *a* (geste) craintif; (conduite) servile.

crinkle ['kriŋkl] **1.** *n* fronce *f* **2.** (*a*) *vtr* froisser, chiffonner (*b*) *vi* se froisser, se chiffonner. **'crinkly** *a* froissé; (*of hair*) frisé; (*of skin*) ridé.

cripple ['kripl] **1.** *n* (*lame*) estropié, -ée, boiteux, -euse; (*disabled*) infirme *mf* **2.** *vtr* (*a*) estropier; rendre infirme (*b*) désemparer (un navire); *Fig:* paralyser (l'industrie, etc). **'crippled** *a* estropié; infirme; (*of ship*) désemparé; **c. with,** perclus de (rhumatismes, etc). **'crippling** *a* (*of tax*) écrasant.

crisis ['kraisis] *n* (*pl* **crises** [-si:z]) crise *f*.

crisp [krisp] **1.** *a* (biscuit) croustillant; (fruit) croquant; (*of snow*) craquant; (air, style) vif; (ton) tranchant, cassant **2.** *n* **(potato) crisps** (*NAm:* = **(potato) chips),** (pommes) chips *mpl*. **'crispbread** *n* pain suédois. **'crisply** *adv* (dire) d'un ton tranchant. **'crispness** *n* (*a*) qualité croustillante (d'un biscuit) (*b*) froid vif (de l'air). **'crispy** *a* croustillant, croquant.

crisscross ['kriskrɔs] **1.** *n* entrecroisement *m* **2.** *a* (*of lines*) entrecroisé; (*muddled*) enchevêtrés **3.** (*a*) *vi* s'entrecroiser (*b*) *vtr* sillonner (en tous sens).

criterion [krai'tiəriən] *n* (*pl* **criteria**) critère *m*.

critic ['kritik] *n* (*a*) critique *m* (littéraire, de cinéma, etc) (*b*) censeur *m* (de la conduite d'autrui). **'critical** *a* critique; **to be c. of,** critiquer. **'critically** *adv* en critique, d'un œil critique; sévèrement; **c. ill,** gravement malade. **'criticism** *n* critique *f*. **'criticize** *vtr* critiquer. **cri'tique** *n* critique *f*.

croak [krouk] **1.** *n* (*of frog*) coassement *m*; (*of raven*) croassement *m*; (*of pers*) voix *f* rauque **2.** *v* (*a*) *vi* (*of frog*) coasser; (*of raven*) croasser; (*of pers*) parler d'une voix rauque (*b*) *vtr* dire d'une voix rauque.

crochet ['krouʃei] **1.** *n* (travail *m* au) crochet *m*; **c. hook,** crochet **2.** *v* **(crocheted** ['krouʃeid]) (*a*) *vtr* faire (qch) au crochet (*b*) *vi* faire du crochet.

crock [krɔk] *n* (*a*) cruche *f* (*b*) *F:* (*car*) tacot *m* (*d*) *F:* (*pers*) **a c., an old c.,** un croulant. **'crockery** *n* vaisselle *f*; faïences *fpl*.

crocodile ['krɔkədail] *n* (*a*) *Amph:* crocodile *m* (*b*) file *f* (d'enfants).

crocus ['kroukəs] *n* (*pl* **crocuses**) *Bot:* crocus *m*.

crony ['krouni] *n* (*pl* **cronies**) *F: Pej:* copain, copine.

crook [kruk] **1.** *n* (*a*) houlette *f* (de berger); crosse *f* (d'évêque) (*b*) angle *m*; *f*; coude *m* (*c*) escroc *m* **2.** *vtr* courber. **crooked** ['krukid] **1.** *a* (*a*) courbé; (*of path*) tortueux; (*of hat, picture*) de travers (*b*) (*of pers, deal*) malhonnête **2.** *adv* de travers. **'crookedly** *adv* de travers.

croon [kru:n] *vtr & i* chanter (à voix basse). **'crooner** *n* chanteur, -euse, de charme.

crop [krɔp] **1.** *n* (*a*) jabot *m* (d'un oiseau) (*b*) manche *m* (de fouet); **riding c.,** cravache *f* (*c*) culture *f*; (*harvest*) récolte *f*, moisson *f*; **the crops,** la récolte (*d*) *Fig:* série *f* (de questions, etc); groupe *m* (de gens) (*e*) **c. of hair,** chevelure *f*. **2.** *vtr* **(cropped)** (*a*) couper (ras) (les cheveux) (*b*) (*of animal*) brouter (l'herbe). **'cropper** *n F:* **to come a c.,** ramasser une pelle; (*fail*) échouer. **crop 'up** *vi F:* se présenter, survenir.

croquet ['kroukei] *n* croquet *m*.

cross [krɔs] **I.** *n* (*pl* **crosses**) **1.** croix *f*; **the Red C.,** la Croix rouge **2.** croisement *m* (de races); **a c. between,** un croisement entre, de **3.** *Dressm:* **cut on the c.,** coupé dans le biais. **II.** *v* **1.** *vtr* (*a*) croiser (les jambes); *F:* **to keep one's fingers crossed,** toucher du bois; *Tp:* **crossed line,** ligne embrouillée (*b*) *Ecc:* **to c. oneself,** se signer; *F:* **c. my heart (and hope to die)!** croix de bois (croix de fer)! (*c*) barrer (un chèque) (*d*) traverser (la rue); passer (sur) (un pont); franchir (le seuil, une barrière); **it never crossed my mind that ...,** il ne m'est pas venu à l'esprit que ... (*e*) contrecarrer (les desseins de qn) (*f*) croiser (des animaux) **2.** *vi* (*a*) (*of roads*) se croiser (*b*) **to c. (over),** traverser; **to c. from Calais to Dover,** faire la traversée de Calais à Douvres. **III.** *a* (*of pers*) fâché; **to get c.,** se fâcher (**with,** contre); **to be c. with s.o.,** en vouloir à qn. **'crossbow** *n* arbalète *f*. **'crossbreed** *n* métis, -isse, hybride *m*. **'crosscheck 1.** *n* contre-épreuve *f* **2.** *vtr* vérifier. **cross-'country** *a* à travers champs; **c.-c. race,** cross(-country) *m*. **cross-exami'nation** *n* contre-interrogatoire *m*. **cross-ex'amine** *vtr* interroger; *Jur:* faire subir un contre-interrogatoire à. **'cross-eyed** *a* qui louche. **'crossfire** *n* feux croisés. **'cross-grained** *a F:* (*of pers*) raisonneur. **'crossing** *n* (*a*) *Nau:* traversée *f*; passage *m* (d'un fleuve) (*b*) croisement *m* (de rues); carrefour *m*; **pedestrian, zebra, c.** (*NAm:* = **crosswalk**) passage clouté; *Rail:* **level,** *NAm:* **grade, c.,** passage à niveau. **'cross-'legged** *a & adv* les jambes croisées. **'crossly** *adv* d'un air fâché. **cross 'off, 'out** *vtr* rayer, barrer. **'crosspatch** *n F:* grincheux, -euse. **'crossply** *a & n* **c. (tyre),** pneu *m* à carcasse diagonale, diagonal *m*. **cross-'purposes** *npl* **to be at c.-p.,** se comprendre mal. **cross-'question** *vtr* interroger. **'cross-'reference** *n* renvoi *m*. **'crossroads** *npl* carrefour *m*. **'cross-section** *n* coupe transversale; *Fig:* échantillon *m*. **'crosswalk** *n NAm:* = **pedestrian crossing. 'crosswind** *n* vent *m* de travers. **'crosswise 1.** *adv* en travers **2.** *a* en croix. **'crossword** *n* **c. (puzzle),** mots croisés.

crotch ['krɔtʃ] *n* (*pl* **crotches**) fourche *f*; (*of trousers*) entre-jambes *m*.

crotchet ['krɔtʃit] *n Mus:* (*NAm:* = **quarter note**) noire *f*. **'crotchety** *a* grincheux, grognon.

crouch [krautʃ] *vi* **to c. (down),** s'accroupir, se tapir. **'crouching** *a* accroupi, tapi.

croupier ['kru:piər] *n* (*in casino*) croupier *m*.

crow¹ [krou] *n Orn:* corbeau *m*; corneille *f*. **as the c. flies,** à vol d'oiseau; *NAm:* **to eat c.** (*Br* = **to eat humble pie**) s'humilier; (*on face*) **c.'s feet,** pattes d'oie; *Nau:* **crow's nest,** nid *m* de pie. **'crowbar** *n* levier *m*.

crow² **1.** *n* chant *m* (de coq) **2.** *vi* (*of cock*) chanter; *Fig:* se vanter (**about,** de).

crowd [kraud] **1.** *n* foule *f*; (*group*) bande *f*; *F:* masse *f* (de choses); **in a c.,** en foule; **there was quite a c.,** il y avait beaucoup de monde; *Th: Cin:* **c. scene,** scène de foule **2.** *v* (*a*) *vtr* (*fill*) remplir; **to c. into,** entasser dans; *F:* **don't c. me!** ne me bouscule pas! (*b*) *vi* (*of people*) **to c. into,** s'entasser dans; **to c. round s.o.,** se presser autour de qn; **to c. together,** se serrer. **'crowded** *a* plein (**with,** de); (*of train, etc*) bondé, plein; (*of city*) encombré; **it's very c.,** il y a beaucoup de monde; **we're too c. here,** il y a trop de monde ici; on est vraiment tassé. **crowd 'out** *vtr* ne pas laisser de place à.

crown [kraun] **1.** *n* (*a*) couronne *f*; **c. prince,** prince héritier; **C. jewels,** joyaux de la Couronne; *Jur:* **c. court,** cour *f* d'assises (*b*) (*of head, hill*) sommet *m*; (*of hat*) forme *f*; (*of tree*) cime *f*; (*of roof*) faîte *m*; *Dent:* couronne; (*of road*) axe *m*; (*of bottle*) **c. cap,** capsule *f* (métallique) **2.** *vtr* couronner; mettre une couronne à (une dent); *P:* flanquer un coup à la tête de (qn); *F:* **to c. it all!** et pour couronner le tout! **'crowning 1.** *a* (*of glory, etc*) suprême; **c. achievement,** couronnement *m* **2.** *n* couronnement.

crucial ['kru:ʃl] *a* crucial; décisif, critique.

crucifix ['kru:sifiks] *n* (*pl* **crucifixes**) crucifix *m*. **cruci'fixion** *n* crucifixion *f*. **'crucify** *vtr* crucifier.

crude [kru:d] *a* (*of oil, fact*) brut; (*of tool*) primitif; (*of painting, work*) rudimentaire; (*of colour, light, language*) cru; (*of manners, pers*) grossier. **'crudely** *adv* crûment; grossièrement. **'crudeness, 'crudity** *n* crudité *f*; grossièreté *f*; état *m* rudimentaire.

cruel ['kruəl] *a* (**crueller, cruellest**) cruel. **'cruelly** *adv* cruellement. **'cruelty** *n* cruauté *f* (**to,** envers); **an act of c.,** une cruauté.

cruet ['kruit] *n* **c. (stand),** salière *f*, poivrière *f* et huilier *m*.

cruise [kru:z] **1.** *n* croisière *f* **2.** *vi Nau:* croiser; (*of vehicle*) rouler; *Au:* voler; (*of taxi*) marauder; (*of tourists*) faire une croisière; (*of vehicle*) **cruising speed,** vitesse de croisière. **'cruiser** *n Nau:* croiseur *m*; **(cabin) c.,** yacht *m* de plaisance (à moteur).

crumb [krʌm] *n* miette *f*; (*opposed to crust*) mie *f*; *Fig:* brin *m* (de consolation); *Hum: Fig:* **crumbs!** zut! ça alors! **'crumble 1.** *vtr* émietter (du pain); effriter (de la terre) **2.** *vi* (*of bread*) s'émietter; (*of earth*) s'effriter, s'ébouler; (*of masonry*) s'écrouler; (*of empire*) s'effondrer; **to c. (away),** s'effriter. **'crumbly** *a* friable. **'crummy** *a* (**-ier, -iest**) *F:* moche, minable.

crumpet ['krʌmpit] *n Cu:* petite crêpe grillée (servie beurrée); *F:* **a nice bit of c.,** une jolie pépée.

crumple ['krʌmpl] *vtr & i* (se) friper; (se) froisser; (se) chiffonner.

crunch [krʌntʃ] **1.** *n* (*pl* **crunches**) craquement *m*, crissement *m*; *F:* **when it comes to the c.,** au moment critique **2.** *v* (*a*) *vtr* (*with teeth*) croquer; (*with foot*) écraser; (*grind*) broyer (*b*) *vi* (*of snow*) craquer; (*of gravel*) crisser. **'crunchy** *a* croquant.

crusade [kru:'seid] **1.** *n Hist: & Fig:* croisade *f* **2.** *vi* faire une croisade. **cru'sader** *n* (*a*) *Hist:* croisé *m* (*b*) *Fig:* militant, -ante.

crush [krʌʃ] **I.** *n* cohue *f*; bousculade *f*; **c. barrier,** barrière pour contenir la foule; *F:* **to have a c. on s.o.,** avoir le béguin pour qn; (*drink*) **lemon c.,** citron pressé. **II.** *v* **1.** *vtr* (*a*) écraser; broyer, concasser (des pierres); détruire (un espoir); entasser (**into,** dans) (*b*) froisser (une robe) **2.** *vi* se presser en foule; s'entasser. **'crushing** *a* (*of defeat*) écrasant.

crust [krʌst] *n* croûte *f*; écorce *f* (terrestre). **'crusty** *a* (pain) croustillant; (*of pers*) bourru.

crustacean [krʌ'steiʃn] *n* crustacé *m*.

crutch [krʌtʃ] *n* (*pl* **crutches**) (*a*) béquille *f*; *Fig:* soutien *m* (*b*) entre-jambes *m inv*.

crux [krʌks] *n* point capital, crucial (d'une discussion); nœud *m* (d'un problème, etc).

cry [krai] **1.** *n* (*pl* **cries**) (*a*) cri *m*; **to give a c.,** pousser un cri; *Fig:* **it's a far c. from,** il y a loin de (*b*) *F:* **to have a good c.,** pleurer un bon coup **2.** *vtr & i* (**cried**) (*a*) crier; s'écrier; **to c. (out),** pousser un cri, crier; s'écrier; **to c. (out) for,** demander (à grands cris); **to c. for help,** crier à l'aide, au secours; **to be crying out for,** avoir grand besoin de (*b*) pleurer (**over,** sur; **for joy,** de joie); **to c. one's eyes out,** pleurer comme un veau; **to c. oneself to sleep,** s'endormir à force de pleurer; **he laughed till he cried,** il a ri jusqu'aux larmes. **'crying 1.** *a* (*a*) (enfant) qui pleure (*b*) (*of need, etc*) très grand, pressant; **it's a c. shame!** c'est une véritable honte! **2.** *n* (*a*) cri(s) *m(pl)* (*b*) larmes *fpl*. **cry 'off** *vi* (*withdraw*) abandonner; **to c. off (sth),** se désintéresser (de qch). **cry 'over** *vi* pleurer (sur).

crypt [kript] *n* crypte *f*.

cryptic ['kriptik] *a* secret, énigmatique. **'cryptically** *adv* énigmatiquement.

crystal ['kristl] *n* cristal *m*; *NAm:* verre *m* de montre; **c. ball,** boule de cristal. **crystal-'clear** *a* (*of water, sound*) cristallin; *Fig:* clair comme le jour, l'eau de roche. **'crystal-gazing** *n* divination *f* par la boule de cristal. **'crystalline** *a* cristallin. **crystalli'zation** *n* cristallisation *f*. **'crystallize** *vtr & i* (se) cristalliser; **crystallized fruit,** fruits confits, fruits candis. **crysta'llography** *n* cristallographie *f*.

cub [kʌb] *n* petit *m* (d'un animal); *Scout:* louveteau *m*; (*fox*) renardeau *m*; (*bear*) ourson *m*; (*lion*) lionceau *m*; **wolf c.,** louveteau.

Cuba ['kju:bə] *Prn Geog:* Cuba *m*; **in C.,** à Cuba. **'Cuban** *a & n* Cubain, -aine.

cubbyhole ['kʌbihoul] *n* cagibi *m*.

cube [kju:b] **1.** *n* cube *m*; *Cu:* dé *m* (de viande, etc); *Mth:* **c. root,** racine cubique **2.** *vtr Mth:* cuber; *Cu:* couper en dés. **'cubic** *a* cubique; **c. metre,** mètre cube; **c. capacity,** volume *m*; *Aut:* cylindrée *f*. **'cubism** *n Art:* cubisme *m*. **'cubist** *n* cubiste (*mf*).

cubicle ['kju:bikl] *n* (*for changing*) cabine *f*; (*in hospital*) box *m*.

cuckoo ['kuku:] **1.** *n Orn:* coucou *m*; **c. clock,** coucou **2.** *a F:* cinglé.

cucumber ['kju:kʌmbər] *n* concombre *m*.
cud [kʌd] *n* **to chew the c.,** ruminer.
cuddle ['kʌdl] **1.** *n* caresse *f* **2.** (*a*) *vtr* serrer (qn) (dans ses bras); câliner (*b*) *vi* (*of lovers*) se serrer; **to (kiss and) c.,** s'embrasser; **to c. up to,** se serrer, se blottir, contre. **'cuddly** *a F:* câlin, caressant; **c. toy,** jouet doux en peluche.
cudgel ['kʌdʒl] **1.** *n* trique *f*, gourdin *m*; *Fig:* **to take up the cudgels for,** prendre fait et cause pour **2.** *vtr* (**cudgelled**) donner des coups de trique à; *Fig:* se creuser (la cervelle).
cue¹ [kju:] *n Th:* réplique *f*; (*signal*) signal *m*; **to give s.o. his c.,** donner la réplique à qn; **to take one's c. from s.o.,** prendre exemple sur qn. **cue 'in** *vtr* donner (i) *Th:* la réplique (ii) *TV:* le signal, à (qn).
cue² *n* (**billiard**) **c.,** queue *f* (de billard).
cuff¹ [kʌf] *n* poignet *m*, manchette *f* (de chemise, etc); *NAm:* (*Br* = **turnup**) revers *m* de pantalon; *Fig:* **off the c.,** impromptu; **c. link,** bouton *m* de manchette.
cuff² **1.** *n* taloche *f*, gifle *f* **2.** *vtr* talocher, gifler.
cul-de-sac ['kʌldəsæk] *n* impasse *f*; cul-de-sac *m*, voie *f* sans issue.
culinary ['kʌlinəri] *a* culinaire.
cull [kʌl] **1.** *n* abattage sélectif (d'animaux) **2.** *vtr* choisir; abattre sélectivement (des animaux).
culminate ['kʌlmineit] *vi* **to c. in,** finir par; **culminating point,** point culminant. **culmi'nation** *n* point culminant; apogée *m* (de la gloire).
culottes [k(j)u'lɔts] *npl Cl:* jupe-culotte *f*.
culpable ['kʌlpəbl] *a* coupable.
culprit ['kʌlprit] *n* coupable *mf*.
cult [kʌlt] *n* culte *m*; **c. figure,** idole *f*.
cultivate ['kʌltiveit] *vtr* cultiver. **'cultivated** *a* cultivé; (*of mushroom*) de couche. **culti'vation** *n* culture *f*; **land, fields, under c.,** cultures *pl*. **'cultivator** *n* (*pers*) cultivateur, -trice; (*machine*) cultivateur; **motor c.,** motoculteur *m*.
culture ['kʌltʃər] *n* culture *f*. **'cultural** *a* culturel; *Agr:* cultural. **'cultured** *a* cultivé; (perle) de culture.
cumbersome ['kʌmbəsəm] *a* encombrant.
cumin ['kju:min] *n Bot:* cumin *m*.
cumulative ['kju:mjulətiv] *a* cumulatif; **c. effect,** effet *m*, résultat *m*, à long terme.
cunning ['kʌniŋ] **1.** *n* ruse *f*, astuce *f* **2.** *a* rusé; malin; astucieux; (dispostif) ingénieux. **'cunningly** *adv* avec ruse, avec astuce.
cup [kʌp] **1.** *n* tasse *f*; (*trophy*) coupe *f*; (*of brassiere*) bonnet *m*; **c. of tea,** tasse de thé; **coffee c.,** tasse à café; *F:* **that's not everybody's c. of tea,** ce n'est pas du goût de tout le monde; *Fb:* **c. tie,** match éliminatoire; **c. final,** finale de la coupe **2.** *vtr* (**cupped**) mettre (les mains) (**round,** autour de). **'cupful** *n* tasse. **'cuppa** *n F:* tasse de thé.
cupboard ['kʌbəd] *n* armoire *f*; (*built-in*) placard *m*; **c. love,** amour intéressé.
Cupid ['kju:pid] *n* Cupidon *m*.
cupidity [kju:'piditi] *n* cupidité *f*.
cupola ['kju:pələ] *n Arch:* coupole *f*, dôme *m*.
curate ['kjuərət] *n Ecc:* vicaire *m*.
curator [kjuə'reitər] *n* conservateur *m* (de musée).
curb [kə:b] **1.** *n* (*a*) frein *m*; **to put a c. on,** mettre un frein à (*b*) *NAm:* (*also* **'curbstone**) (*Br* = **kerb(stone)**) bord *m* du trottoir **2.** *vtr* refréner, freiner (ses sentiments); réprimer (sa colère); modérer (son impatience, ses ambitions); limiter (les dépenses, l'inflation).
curd [kə:d] *n* **curd(s),** lait caillé; **c. cheese,** fromage blanc (maigre); **lemon c.,** crème *f* de citron.
curdle ['kə:dl] **1.** *vtr* cailler **2.** *vi* se cailler; (*of blood*) *& Fig:* se figer.
cure ['kjuər] **1.** *n* (*a*) guérison *f* (*b*) remède *m* (**for,** contre); **rest c.,** cure *f* de repos **2.** *vtr* (*a*) guérir (**of,** de); *Fig:* éliminer (la pauvreté); **to be cured,** (se) guérir (**of,** de) (*b*) *Cu:* fumer, saler; sécher; (*leatherwork*) saler (des peaux). **'curable** *a* guérissable, curable. **'curative** *a* curatif. **'cure-all** *n* panacée *f*.
curfew ['kə:fju:] *n* couvre-feu *m*.
curio ['kjuəriou] *n* curiosité *f*; bibelot *m*.
curiosity ['kjuəri'ɔsiti] *n* curiosité *f*. **'curious** *a* (*a*) curieux (**about,** de); **c. to know,** curieux de savoir (*b*) (*strange*) curieux, singulier. **'curiously** *adv* (*a*) avec curiosité (*b*) (*strangely*) curieusement.
curl [kə:l] **1.** *n* boucle *f* (de cheveux); spirale *f* (de fumée); (*of hair*) **in curls,** bouclé, frisé; **with a c. of the lip,** avec une moue dédaigneuse **2.** *v* (*a*) *vtr & i* boucler, friser (les cheveux); **curling tongs,** fer à friser (*b*) *vi* (*of paper, leaf*) se recroqueviller; (*of smoke*) s'élever en spirales. **'curler** *n Hairdr:* rouleau *m*, bigoudi *m*. **curl 'up** *vi* se racornir; **to c. oneself up (into a ball),** se pelotonner. **'curly** *a* (**-ier, -iest**) bouclé, frisé; (*of lettuce*) frisé. **'curly-haired** *a* aux cheveux bouclés, frisés.
curlew ['kə:lju] *n Orn:* courlis *m*.
currant ['kʌrənt] *n* (*a*) groseille *f*; **c. bush,** groseillier *m* (*b*) raisin *m* de Corinthe; **c. bun,** petit pain aux raisins.
currency ['kʌrənsi] *n* unité *f* monétaire (d'un pays); monnaie *f*; *Fig:* (*acceptance*) cours *m*; (**foreign**) **c.,** devises (étrangères); **hard c.,** devise forte; (*of idea*) **to gain c.,** avoir cours.
current ['kʌrənt] **1.** *n* courant *m*; *Fig:* cours *m* (des événements) **2.** *a* (*of fashion, trend, etc*) actuel; (*of opinion, use, phrase*) courant; (*of year, month*) en cours, courant; *Bank:* **c. account,** compte courant; (*of magazine*) **c. issue,** dernier numéro; **in c. use,** d'usage courant; **c. affairs,** questions *fpl* d'actualité; **c. events,** actualité *f*. **'currently** *adv* actuellement, à présent.
curriculum [kə'rikjuləm] *n* programme *m* (scolaire); **c. (vitae),** curriculum (vitae) *m inv*.
curry¹ ['kʌri] *n Cu:* curry *m*, cari *m*. **'curried** *a* au curry.
curry² *vtr* étriller (un cheval); **to c. favour with s.o.,** s'insinuer dans les bonnes grâces de qn. **'currycomb** *n* étrille *f*.
curse [kə:s] **1.** *n* (*a*) malédiction *f*; *F:* (*of woman*) **to have the c.,** avoir ses règles (*b*) imprécation *f*; juron *m* (*c*) *Fig:* fléau *m* **2.** *v* (*a*) *vtr* maudire; **cursed with,** affligé de (*b*) *vi* jurer. **'cursed** [-sid] *a F:* maudit.
cursor ['kə:sər] *n Cmptr:* curseur *m*.
cursory ['kə:səri] *a* superficiel, (trop) rapide. **'cursorily** *adv* (trop) rapidement; à la hâte.
curt [kə:t] *a* brusque; sec; (ton) cassant. **'curtly** *adv* sèchement; d'un ton brusque.
curtail [kə:'teil] *vtr* écourter, raccourcir; abréger

(un article); diminuer (l'autorité de qn); réduire (ses dépenses). **cur'tailment** *n* raccourcissement *m*; réduction *f*.

curtain ['kə:tn] **1.** *n* rideau *m*; *Pol:* **iron c.**, *Th:* **safety c.**, rideau de fer; *Th:* **c. call,** rappel *m*; **c. raiser,** lever *m* de rideau **2.** *vtr* garnir de rideaux. **curtain 'off** *vtr* cacher, diviser, par un rideau.

curts(e)y ['kə:tsi] **1.** *n* révérence *f* **2.** *vi* faire une révérence (**to,** à).

curve [kə:v] **1.** *n* courbe *f*; (*of arch*) voussure *f*; *NAm:* (*in road*) tournant *m*, virage *m*; (*of plank*) cambrure *f*; *pl F:* (*of woman*) rondeurs *fpl* **2.** *v* (*a*) *vtr* courber, cintrer (*b*) *vi* se courber; (*of road*) tourner, faire une courbe. **cur'vaceous** *a F:* (femme) bien roulée. **curvature** ['kə:vətʃər] *n* courbure *f*; déviation *f* (de la colonne vertébrale). **curved** *a* courbé, courbe.

cushion ['kuʃən] **1.** *n* coussin *m* **2.** *vtr* garnir (un siège) de coussins; *Fig:* amortir (le choc). **'cushioned** *a* (*of seat*) rembourré; *Fig:* **c. against,** protégé contre.

cushy ['kuʃi] *a* (**-ier, -iest**) *F:* (emploi, vie) facile, pépère; **c. number,** bonne planque.

cussedness ['kʌsidnis] *n F:* perversité *f*; **out of sheer c.**, par esprit *m* de contradiction.

custard ['kʌstəd] *n Cu:* crème anglaise; (*set*) crème renversée; **baked c.**, flan *m*; **c. pie,** tarte *f* à la crème.

custody ['kʌstədi] *n* (*a*) garde *f*; **in safe c.**, sous bonne garde (*b*) emprisonnement *m*; détention *f*; *Jur:* **to take s.o. into c.**, mettre qn en détention préventive. **cus'todial** *a* **c. sentence,** peine *f* de prison. **cus'todian** *n* gardien, -ienne; conservateur, -trice (de monument).

custom ['kʌstəm] *n* (*a*) coutume *f*, usage *m* (*b*) *Adm:* **(the) customs,** la douane; **customs officer,** douanier *m*; **customs (duties),** droits *mpl* de douane; **c. union,** union douanière; **to go through (the) customs,** passer la douane (*c*) *Com:* (*of shop*) clientèle *f*; **to lose c.**, perdre des clients *mpl*. **'customary** *a* habituel, coutumier; **it is c. to,** il est d'usage de. **'custom-'built, -made** *a* (*of car, etc*) (fait) sur commande. **'customer** *n* client, -ente; *F:* **a queer c.**, un drôle d'individu; **ugly c.**, sale type. **'customized** *a* (*of car, etc*) (fait) sur commande.

cut [kʌt] **1.** *n* (*a*) coupure *f* (au doigt, *El:* de courant, dans un film); coupe *f* (des cheveux, d'un vêtement, *Journ:* dans un article, *Cards:* des cartes); entaille *f* (au doigt); *Surg:* incision *f*; taille *f* (d'un diamant); (*route*) **short c.**, raccourci *m* (*b*) coup *m* (de couteau, etc); *Fig:* **c. and thrust,** jeu *m* d'attaques et de ripostes; *F:* **a c. above s.o.**, supérieur à qn (*c*) réduction *f* (**in,** de); **wage cuts,** réductions de salaires (*d*) morceau *m* (de viande); *F:* **to get one's c.**, avoir sa part du gâteau **2.** *a* coupé; (prix) réduit; **c. glass,** cristal taillé; *Cl:* **well c.**, de bonne coupe; *Fig:* **c. and dried,** prévu; (avis) tout fait **3.** *vtr & i* (**cut; cut**) (*a*) couper; découper (la viande); tailler (du verre, un arbre); trancher, couper (une corde); faucher (les foins); tondre (le gazon); percer (une dent); *Surg:* inciser; **to c. one's finger,** se couper au, le, doigt; **to c. one's nails,** se couper les ongles; **to have one's hair c.**, se faire couper les cheveux; **to c. s.o.'s throat,** couper la gorge à qn; *Fig:* **to c. one's own throat,** travailler à sa propre ruine; **to c. s.o. to the quick,** piquer qn au vif; **cloth that cuts easily,** tissu qui se coupe facilement; **atmosphere you could c. with a knife,** atmosphère très tendue; *Fig:* **that cuts both ways,** c'est un argument à double tranchant; **to c. in(to) four,** (se) couper en quatre; **to c. into,** entamer (un gâteau); inciser (l'écorce); intervenir dans (une conversation); **to c. open,** ouvrir (au couteau, etc) (*b*) réduire, baisser (les prix, etc); couper (les nombres); abréger, raccourcir (un discours); faire des coupures dans (un film); **to c. one's losses,** faire la part du feu; *Aut:* **to c. a corner,** prendre un virage à la corde; *Fig:* **to c. corners,** faire des économies (de temps); *F:* **to c. and run,** filer; **to c. short,** abréger (une visite); couper la parole à (qn); **to c. a long story short,** bref; *Cin:* **c.!** coupez! (*c*) *Cin:* procéder au montage (d'un film) (*d*) creuser (un canal); graver (des caractères, un disque); **to c. one's way through a wood,** se frayer un chemin à travers un bois; **to c. across the fields,** couper à travers champs (*e*) *Cards:* couper (les cartes); **to c. for deal,** tirer pour la donne (*f*) *F:* manquer exprès (un rendez-vous); *Sch:* sécher (un cours); **to c. s.o. dead,** faire semblant de ne pas voir qn. **cut a'way** *vtr* enlever. **'cutaway** *n NAm: Cl:* (*Br* = **morning coat**) jaquette *f*. **cut 'back** (*a*) *vtr* tailler, élaguer (un arbre); baisser (les prix) (*b*) *vtr & i* **to c. b. (on),** réduire (la production, etc). **'cutback** *n* réduction (**in,** de). **cut 'down** (*a*) *vtr* couper, abattre (un arbre); abattre, faucher (qn); abréger (un discours) (*b*) *vtr & i* **to c. d. (on),** réduire (les dépenses); **to c. d. (on) drinking,** boire moins. **cut 'in** *vi Aut:* (*after overtaking*) faire une queue de poisson (**on s.o.**, à qn). **cut 'off** *vtr* couper; trancher (la tête à qn); (*of pers*) **to feel c. o.**, se sentir isolé; *Tp:* **I've been c. o.**, on m'a coupé; **to c. s.o. o. without a penny,** déshériter qn. **cut 'out 1.** *vtr* (*a*) (*remove*) enlever; découper (un article de journal); tailler (un vêtement); **to be c. out to be a doctor, etc,** être fait pour être médecin, etc; **to have one's work c. o.**, avoir de quoi faire; avoir du pain sur la planche (*b*) *F:* supprimer (qch); **to c. o. smoking,** s'arrêter de fumer; *F:* **c. it o.!** ça suffit! **2.** *vi* (*of engine*) caler. **'cutout** *n* (*picture*) découpage *m*; *El:* coupe-circuit *m inv*. **cut-'price** *a* (article) à prix réduit; (magasin) de demi-gros. **'cutter** *n* (*a*) (*pers*) coupeur, -euse; tailleur *m* (de pierres); *Cin:* monteur, -euse (*b*) *Tls:* coupoir *m*; lame *f* (*c*) *Nau:* vedette *f*; *Navy:* canot *m*. **'cutthroat 1.** *a & n* **c. (razor),** rasoir *m* à manche **2.** *n* (*pers*) assassin *m* **3.** *a* (*of competition*) impitoyable. **'cutting 1.** *a* (*a*) coupant, tranchant; (*of tool*) **c. edge,** tranchant *m* (*b*) (*of wind*) cinglant, glacial; (*of remark*) mordant, cinglant **2.** *n* (*a*) coupe *f*; taille *f* (d'un diamant); *Cin:* montage *m*; **c. room,** salle de montage (*b*) coupure *f* (de journal); *Hort:* bouture *f* (*c*) *Rail: etc:* tranchée *f*. **cut 'up 1.** *vtr* couper (en morceaux); découper (la viande, un poulet); *F:* **to be very c. up,** être très démoralisé (**about,** par) **2.** *vi F:* **to c. up rough,** se mettre en colère.

cute [kju:t] *a esp NAm:* (*a*) mignon (*b*) astucieux.

cuticle ['kju:tikl] *n* petites peaux (à la base de l'ongle); **c. remover,** crème de manucure.

cutlery ['kʌtləri] *n* couverts *mpl*.

cutlet ['kʌtlət] *n Cu:* (*a*) côtelette *f* (*b*) croquette *f* de viande.

cuttlefish ['kʌtlfiʃ] *n* seiche *f*. **'cuttlebone** *n* os *m* de seiche.

cv [si:'vi:] *abbr curriculum vitae.*

cwt *abbr hundredweight.*

cyanide ['saiənaid] *n Ch:* cyanure *m*.

cybernetics [saibə'netiks] *n* cybernétique *f*.

cyclamen ['sikləmən] *n Bot:* cyclamen *m*.

cycle ['saikl] **1.** *n* (*a*) cycle *m* (d'événements) (*b*) bicyclette *f*, vélo *m*; **c. track,** piste cyclable; **c. race,** course cycliste; **c. racing track,** vélodrome *m* **2.** *vi* aller à bicyclette, en vélo (**to, à**); *Sp:* faire de la bicyclette. **'cyclic(al)** *a* (*of movement*) cyclique. **'cycling** *n* cyclisme *m*; **c. champion,** champion, -onne, cycliste. **'cyclist** *n* cycliste *mf*; **racing c.,** coureur, -euse, cycliste.

cyclone ['saikloun] *n Meteor:* cyclone *m*.

cygnet ['signət] *n Orn:* jeune cygne *m*.

cylinder ['silindər] *n* cylindre *m*; *ICE:* **c. head,** culasse *f*. **cy'lindrical** *a* cylindrique.

cymbal ['simbəl] *n Mus:* cymbale *f*.

cynic ['sinik] *n* cynique *mf*. **'cynical** *a* cynique. **'cynically** *adv* cyniquement. **'cynicism** *n* cynisme *m*.

cypress ['saiprəs] *n* (*pl* **cypresses**) *Bot:* cyprès *m*.

Cyprus ['saiprəs] *Prn Geog:* Chypre *f*. **'Cypriot** *a & n* c(h)ypriote (*mf*).

cyst [sist] *n Med:* kyste *m*. **cy'stitis** *n Med:* cystite *f*.

czar [za:r] *n* tsar *m*.

Czechoslovakia [tʃekəslə'vækiə] *Prn Geog:* Tchécoslovaquie *f*. **Czech** *a & n* tchèque (*mf*). **Czecho'slovak, -'vakian** *a & n* tchécoslovaque (*mf*).

D

D, d [diː] *n* (*a*) (la lettre) D, d, *m* (*b*) *Mus:* ré *m*. '**D-day** *n* le jour J.

DA *abbr NAm: district attorney.*

dab¹ [dæb] **1.** *n* (*a*) coup léger (*b*) petite tache (de peinture); touche *f* (de couleur); petit morceau (de beurre); **a d. of,** un petit peu de; *P:* **dabs,** empreintes digitales **2.** *a & n F:* **to be a d. (hand) at sth,** être calé, un crack, en qch **3.** *vtr* (**dabbed**) donner un petit coup à; tamponner; **to d. one's eyes,** se tamponner les yeux; **to d. sth on sth,** appliquer qch (à petits coups) sur qch.

dab² *n Ich:* limande *f*.

dabble ['dæbl] *vi* barboter (dans l'eau); **to d. in politics,** faire un peu de politique; **to d. on the stock exchange,** boursicoter.

dachshund ['dækshund] *n* teckel *m*.

dad [dæd], **daddy** ['dædi] *n F:* papa *m*. **daddy-'longlegs** *n Ent:* (*a*) tipule *f*, *F:* cousin *m* (*b*) *NAm:* faucheur *m*.

daffodil ['dæfədil] *n Bot:* jonquille *f*.

daft [dɑːft] *a F:* idiot, bête, stupide; toqué, cinglé; **don't be d.,** ne fais pas l'imbécile.

dagger ['dægər] *n* poignard *m*, dague *f*; *Typ:* croix *f*; **to be at daggers drawn,** être à couteaux tirés (**with s.o.,** avec qn); **to look daggers at s.o.,** foudroyer qn du regard.

dago ['deigou] *n Pej: F:* métèque *m*.

dahlia ['deiljə, *NAm:* 'dæljə] *n Bot:* dahlia *m*.

daily ['deili] **1.** *a* journalier, quotidien; **d. (help),** femme *f* de ménage; **d. (paper),** (*pl* **dailies**) quotidien *m* **2.** *adv* quotidiennement; tous les jours.

dainty ['deinti] *a* (**-ier, -iest**) (*of food*) friand, délicat; (*of pers*) mignon; (*tasteful*) élégant. '**daintily** *adv* délicatement; élégamment. '**daintiness** *n* délicatesse *f*; élégance *f*.

dairy ['dɛəri] *n* (*pl* **dairies**) laiterie *f*; (*shop*) crémerie *f*; **d. produce,** produits laitiers; **d. cattle,** vaches laitières; **d. farming,** industrie laitière. '**dairyman** *n* (*pl* **-men**) *Com:* laitier *m*. '**dairywoman** *n* (*pl* **-women**) *Com:* laitière *f*.

dais ['deiis] *n* estrade *f* (d'honneur).

daisy ['deizi] *n* (*pl* **daisies**) *Bot:* (*wild*) pâquerette *f*; (*cultivated*) marguerite *f*.

dale [deil] *n* vallée *f*; vallon *m*.

dally ['dæli] *vi* musarder, lanterner.

dam [dæm] **1.** *n* barrage *m* **2.** *vtr* (**dammed**) **to d. (up),** barrer (un cours d'eau).

damage ['dæmidʒ] **1.** *n* (*a*) dommage(s) *m(pl)*, dégâts *mpl*; avarie(s) *f(pl)*; **there's no great d. done,** il n'y a pas grand mal; *F:* **what's the d.?** ça fait combien? (*b*) préjudice *m*, tort *m* (*c*) *pl Jur:* dommages-intérêts *mpl* **2.** *vtr* (*a*) abîmer; endommager, abîmer (une matière); **to be damaged,** souffrir (*b*) *Fig:* faire du tort, nuire, à. '**damaging** *a* préjudiciable (**to,** à).

dame [deim] *n* (*title*) dame *f*; (*in pantomime*) vieille femme comique (jouée par un homme); *NAm: P:* nana *f*, fille *f*.

dammit ['dæmit] *int F:* zut! mince! **it was as near as d.,** il était moins une.

damn [dæm] **1.** *n F:* **I don't give, care, a d.,** je m'en fiche pas mal; je m'en moque comme de l'an 40 **2.** *a & adv F:* (*a*) *a* fichu, sacré; **you d. fool!** espèce d'idiot! **he's a d. nuisance,** qu'il est embêtant! (*b*) *adv* vachement, sacrément; **it's d. hot!** il fait rudement chaud! **d. all,** rien du tout; **he does d. all,** il ne fiche rien **3.** *int* **d. (it)!** zut! merde! **4.** *vtr* condamner (qn, un livre); éreinter (un auteur); *Rel:* damner; (*curse*) maudire; *F:* **well I'll be damned!** ça alors! **d. him!** qu'il aille au diable! **damnable** ['dæmnəbl] *a F:* maudit. '**damnably** *adv* sacrément. **dam'nation 1.** *n* damnation **2.** *int F:* zut! mince! '**damned 1.** *a* (*of soul*) damné **2.** *F:* = **damn 2.** '**damnedest** *n F:* **to do one's d.,** faire tout son possible (**to,** pour). '**damning** *a* (*of evidence, etc*) accablant.

damp [dæmp] **1.** *n* humidité *f*; **d. course,** couche isolante **2.** *vtr* humecter; **to d. (down),** doucher, refroidir (le zèle, l'enthousiasme, de qn); étouffer (l'ambition); **to d. s.o.'s spirits,** décourager qn **3.** *a* humide; (*of skin*) moite. '**dampen** *vtr* = **damp 2.** '**damper** *n* registre *m* (de foyer); *Mec: El: etc:* amortisseur *m*; *Fig:* **to put a d. on,** jeter un froid sur. '**dampness** *n* humidité *f*; (*of skin*) moiteur *f*. '**damp-proof** *a* imperméable; **d.-p. course,** couche isolante.

damsel ['dæmzəl] *n Lit: & Hum:* demoiselle *f*.

damson ['dæmzən] *n* prune *f* de Damas.

dance [dɑːns] **1.** *n* (*a*) danse *f*; *Fig:* **to lead s.o. a merry d.,** donner du fil à retordre à qn; **d. hall,** dancing *m* (*b*) bal *m*; soirée dansante **2.** *vtr & i* danser; **to d. with s.o.,** faire danser qn; **to d. for joy,** sauter de joie; **to d. attendance on s.o.,** faire l'empressé auprès de qn. '**danceband** *n* orchestre *m* de (musique de) danse. '**dancer** *n* danseur, -euse. '**dancing** *n* danse *f*; **country, folk, d.,** la danse folklorique; **d. partner,** cavalier, -ière.

dandelion ['dændilaiən] *n Bot:* pissenlit *m*.

dandruff ['dændrʌf] *n* pellicules *fpl*.

dandy ['dændi] **1.** *n* (*pl* **dandies**) dandy *m* **2.** *a NAm: F:* formidable.

Dane [dein] *n* Danois, -oise. '**Danish** *a & n* danois (*m*).

danger ['deindʒər] *n* danger *m* (**to,** pour); risque *m*; **in d.,** en danger; **out of d.,** hors de danger; *Med:* **on the d. list,** dans un état critique; **in d. of,** menacé de; **to be in d. of,** risquer de (tomber, etc); (*of building*) **to be in d. of collapsing,** menacer ruine; *PN:* **d., road up,** attention (aux) travaux; **d. money,** prime de risque; **d. signal,** signal *m* d'alarme; **d. zone,** zone dangereuse. '**dangerous** *a* (*of place, illness, etc*) dangereux. '**dangerously** *adv* dangereusement; (*ill*) gravement.

dangle ['dæŋgl] **1.** *vi* pendiller, pendre; se balancer; **with legs dangling,** les jambes ballantes **2.** *vtr* balancer; *Fig:* faire miroiter (une perspective) (**before s.o.,** aux yeux de qn).

dank [dæŋk] *a* humide (et froid).

dapper ['dæpər] *a* (*esp of a man*) pimpant, fringant.

dappled ['dæpld] *a* pommelé, tacheté.

dare ['dɛər] **1.** *n* défi *m*; **for a d.,** pour relever un défi **2.** *vtr* (*3rd sg pr* **dare;** *pt* **dared, dare**) oser; **she d. not come,** elle n'ose pas venir; **he doesn't d. (to) go,** il n'ose pas y aller; **if you d. (to),** si tu l'oses, si tu oses le faire; **how d. you!** comment oses-tu! tu en as du culot! **I d. say he tried,** il a sans doute essayé, je suppose qu'il a essayé; **to d. s.o. to do sth,** défier qn de faire qch. **'daredevil** *n* casse-cou *m inv*, risque--tout *m inv*. **'daring 1.** *a* audacieux, hardi **2.** *n* audace *f*, hardiesse *f*. **'daringly** *adv* audacieusement.

dark [dɑːk] **1.** *a* (*a*) sombre, obscur, noir; **it's d.,** il fait nuit, il fait noir; **it's going d.,** il commence à faire nuit; **the sky is getting d.,** le ciel s'assombrit; **d. glasses,** lunettes noires (*b*) (*of colour*) foncé, sombre; **d. blue dresses,** robes bleu foncé (*c*) (*of skin*) brun, foncé; (*of complexion*) basané; (*of hair*) brun, noir, foncé; (*of eyes*) foncé (*d*) (pensée) sombre, triste; (dessein) noir; **to look on the d. side of things,** voir tout en noir (*e*) mystérieux; **to keep sth d.,** tenir qch secret; *Fig:* **he's a d. horse,** on ne sait rien de lui; *Hist:* **the D. Ages,** le haut moyen âge **2.** *n* noir *m*, obscurité *f*; **to be afraid of the d.,** avoir peur du noir; **after d.,** après la tombée de la nuit; **in the d.,** (i) dans le noir (ii) *Fig:* (laissé) dans l'ignorance (**about,** de). **'darken** *vtr & i* (s')obscurcir; (s')assombrir; foncer. **dark-'haired** *a* aux cheveux bruns. **'darkly** *adv* obscurément; d'un ton, air, menaçant. **'darkness** *n* obscurité, noir. **'darkroom** *n Phot:* chambre noire. **dark-'skinned** *a* brun; (*of race*) de couleur.

darling ['dɑːliŋ] **1.** *n* chouchou, -oute; **(my) d.!** (mon) chéri! (ma) chérie! **she's a little d.!** c'est un petit amour! **be a d.!** sois un ange! **the d. of the people,** l'idole *f* du peuple **2.** *a* chéri; *F:* adorable; **d. little place,** endroit charmant.

darn [dɑːn] **1.** *n* reprise *f* **2.** *vtr* repriser **3.** *int* **d. it!** bon sang! **'darning** *n* reprise; **d. needle, wool,** aiguille *f*, laine *f*, à repriser.

dart [dɑːt] **1.** *n* (*a*) *Sp:* fléchette *f*; *pl* **darts,** fléchettes (*b*) *Dressm:* pince *f* (*c*) **to make a d.,** se précipiter (**for,** vers); **to make a d. across the road,** se précipiter de l'autre côté de la rue **2.** *v* (*a*) *vi* se précipiter, s'élancer (**for,** vers); **to d. in, out,** entrer, sortir, comme une flèche (*b*) *vtr* lancer (un regard). **'dartboard** *n Sp:* cible *f*.

dash [dæʃ] **1.** *n* (*a*) *Cu: etc:* soupçon *m*, goutte *f* (de cognac); pointe *f* (de vanille); tache *f*, touche *f* (de couleur); **a d. of,** un (petit) peu de; **a d. of milk,** une goutte, un nuage, de lait (*b*) (*stroke*) trait *m*; *Typ:* tiret *m* (*c*) ruée *f*; **to make a d.,** se précipiter (**for,** vers); **to make a d. forward,** s'élancer; **to make a d. at sth,** se précipiter sur qch; **to make a d. for it,** (essayer de) s'enfuir (*d*) *Sp:* sprint *m* (*e*) (*of pers*) panache *m* **2.** *v* (*a*) *vtr* jeter (avec force); briser; anéantir (les espoirs de qn); abattre (le courage de qn); **to d. sth to pieces,** fracasser qch; *F:* **d. (it)!** zut! (*b*) *vi* se précipiter; (*of waves*) se briser (**against,** contre); **to be dashed to pieces,** se fracasser; **to d. in, out,** entrer, sortir, en coup de vent; **I must d.!** il faut que je me sauve, que je file! **'dashboard** *n Aut:* tableau *m* de bord. **'dashing** *a* (*of pers*) sémillant. **dash 'off 1.** *vtr* faire (une lettre) en vitesse **2.** *vi* partir, détaler, filer, à toute vitesse.

data ['deitə] *npl* données *fpl*; **d. processing,** informatique *f*.

date¹ [deit] *n Bot:* datte *f*; **d. palm,** dattier *m*.

date² **I.** *n* (*a*) date *f*; (*on coins*) millésime *m*; **d. of birth,** date de naissance; **what's the d. today?** quelle est la date aujourd'hui? **what is the d. of this paper?** de quand est ce journal? **up to d.,** (i) moderne (ii) (*of information*) à jour (iii) (*well-informed*) au courant (**on,** de); **out of d.,** démodé; (billet) périmé; **to d.,** à ce jour, jusqu'ici; **d. stamp,** (*object*) (tampon *m*) dateur *m*; (*mark*) cachet *m* (*b*) *F:* rendez-vous *m*; copain, copine (avec qui on a un rendez-vous). **II.** *v* **1.** *vtr* (*a*) dater (une lettre) (*b*) assigner une date à (un tableau); **her clothes d. her,** ses vêtements trahissent son âge (*c*) *F:* sortir avec (qn) **2.** *vi* dater. **date 'back to, date 'from** *vtr* dater de. **'datebook** *n NAm:* agenda *m*. **'dated** *a* démodé. **'dateless** *a* sans date. **'dateline** *n* ligne *f* de changement de date.

daub [dɔːb] **1.** *n* barbouillage *m* **2.** *vtr* barbouiller.

daughter ['dɔːtər] *n* fille *f*. **'daughter-in-law** *n* belle-fille *f*.

daunt [dɔːnt] *vtr* décourager, rebuter; **nothing daunted,** aucunement intimidé. **'daunting** *a* (*of pers*) intimidant; (*of task*) rebutant. **'dauntless** *a* intrépide.

dawdle ['dɔːdl] *vi* traîner, lambiner. **'dawdler** *n* traînard, -arde. **'dawdling** *n* flânerie *f*.

dawn [dɔːn] **1.** *n* aube *f*; aurore *f*; **at d.,** au point du jour **2.** *vi* (*of day*) poindre, se lever; (*of new era, idea*) naître, voir le jour; **it dawned on me that . . .,** il m'est venu à l'esprit, je finis (enfin) par comprendre, que . . .; **the truth dawned on him,** il a compris la vérité. **'dawning** *a* naissant.

day [dei] *n* jour *m*; (*as a day's work*) journée *f*; *pl* (*period*) époque *f*, temps *mpl*; **it's a fine d.,** il fait beau aujourd'hui; **to work d. and night,** travailler nuit et jour; **all d. (long),** toute la journée; **to be paid by the d.,** être payé à la journée; **twice a d.,** deux fois par jour; **six years to the d.,** six ans jour pour jour; **the following, next, d.,** le lendemain; **the d. before, after (sth),** la veille, le lendemain (de qch); **two days before, after (sth),** l'avant-veille *f*, le surlendemain (de qch); **the d. before yesterday,** avant-hier *m*; **the d. after tomorrow,** après-demain *m*; **the d. (that, when),** le jour où; **(on) that d.,** ce jour-là; **every other d.,** tous les deux jours; **d. after d., d. in d. out,** jour après jour; **d. by d.,** de jour en jour; **from d. to d.,** de jour en jour; **to live from d. to d.,** vivre au jour le jour; **he's sixty if he's a d.,** il a soixante ans bien sonnés; *F:* **let's call it a d.,** on va s'arrêter là, ça suffit; *F:* **that'll be the d.!** ce sera la semaine des quatre jeudis! **d. nursery,** crèche *f*; **d. school,** externat *m*; **d. boy, girl,** externe *mf*; **d. boarder,** demi-pensionnaire *mf*; **to be on (the) d. shift, on days,** être de jour; **d. return (ticket),** (billet *m* d')aller et retour *m* (pour une journée); **to travel**

by d., voyager le, de, jour; **what d. (of the week) is it?** quel jour (de la semaine) sommes-nous? **he may arrive any d. (now)**, il peut arriver d'un jour à l'autre; **one d., one of these days**, un jour (ou l'autre); un de ces jours; **one d. when, as**, un jour que; **the other d.**, l'autre jour; **d. off**, jour de congé; **the good old days**, le bon vieux temps; **in days gone by**, autrefois; **in those days**, à cette époque; **in my d.**, de mon temps; **in my young days**, du temps de ma jeunesse; **in days to come**, dans les temps à venir; **these days**, de nos jours; **to this d.**, encore aujourd'hui; **to have had its d.**, avoir fait son temps. **'daybed** *n* lit *m* de repos. **'daybreak** *n* **at d.**, au point du jour. **'daydream 1.** *n* rêv(ass)erie *f* **2.** *vi* rêv(ass)er. **'daylight** *n* (lumière *f* du) jour; (*dawn*) point *m* du jour; **in (the) d., by d.**, à la lumière du jour; **in broad d.**, en plein jour; au grand jour; **it's d.**, il fait jour; *Fig:* **to (begin to) see d.**, (commencer à) voir clair; *F:* **it's d. robbery!** c'est du vol organisé! *F:* **to beat the (living) daylights out of s.o.**, rosser, tabasser, qn; **it scared the (living) daylights out of me**, ça m'a flanqué une peur bleue. **'daytime** *n* journée; **in the d.**, pendant la journée; de jour; **d. flights**, vols de jour. **'day-to-'day** *a* journalier; **on a d.-to-d. basis**, journellement.

daze [deiz] **1.** *n* **in a d.**, étourdi; hébété **2.** *vtr* (*by blow*) étourdir; (*with drug*) hébéter.

dazzle ['dæzl] **1.** *n* éblouissement *m* **2.** *vtr* éblouir; aveugler. **'dazzling** *a* éblouissant; aveuglant.

deacon, -ess ['diːkən, -is] *n Ecc:* diacre *m*, diaconesse *f*.

dead [ded] **1.** *a* mort; (*numb*) engourdi; (*of fire, match, etc*) éteint; (*of party, etc*) qui manque de vie, mortel; (*of telephone*) sans tonalité; **he's d.**, il est mort; **the d. man, woman**, le mort, la morte; *Rail:* **d. man's handle**, homme-mort *m*; **to drop (down) d.**, tomber mort; **stone d.**, raide mort; **d. as a doornail**, mort et bien mort; **d. and buried**, mort et enterré; **he's d. to the world**, il dort comme une souche; (*of limb*) **to go d.**, s'engourdir; *Tp:* **the line went d.**, on a coupé la communication; *Fig:* **this has become a d. letter**, ceci est tombé en désuétude; *Fig:* **d. wood**, personnel inutile; **d. weight**, poids mort; **d. period**, période d'inactivité; **(in the) d. centre**, au beau milieu; **d. end**, impasse *f*; **a d. stop**, un arrêt complet; **d. calm**, calme plat; **d. silence**, un silence de mort; *F:* (*of pers*) **to be a d. loss**, n'être bon à rien; *F:* **it's a d. loss**, ça ne vaut rien **2.** *n* (*a*) *pl* **the d.**, les morts *m*; **d. march**, marche funèbre (*b*) **in the d. of night, of winter**, au cœur de la nuit, de l'hiver **3.** *adv* absolument; très; **d. drunk**, ivre mort; **d. tired**, *F:* **beat**, éreinté, claqué; **d. slow**, aussi lentement que possible; *PN:* au pas; **to stop d.**, s'arrêter net, pile; **to arrive d. on time**, arriver pile; **to be d. (set) against**, être absolument opposé à. **'dead-and-a'live** *a* (endroit) mort, triste. **'deadbeat** *n NAm: F:* parasite *m*. **'deaden** *vtr* amortir (un coup); étouffer, assourdir (un bruit); calmer (la douleur); émousser (les sens). **'dead-end** *a* (emploi) sans avenir. **'deadline** *n* date *f* limite; heure *f* limite. **'deadlock** *n* impasse *f*. **'deadly 1.** *a* (*of enemy, silence, paleness*) mortel; (*of weapon*) meurtrier; (*of fight*) à mort; **d. sins**, péchés capitaux; **in d. earnest**, tout à fait sérieux (*b*) ennuyeux, rasant **2.** *adv* mortellement; **d. dull**, rasant. **'deadpan** *a F:* (visage) figé, impassible; (air) pince-sans-rire *inv*.

deaf [def] **1.** *a* sourd (**to**, à); **d. in one ear**, sourd d'une oreille; **d. and dumb**, sourd-muet; **d. as a (door)post**, sourd comme un pot; **to turn a d. ear (to)**, faire la sourde oreille (à) **2.** *npl* **the d.**, les sourds *m*. **'deaf-aid** *n* audiophone *m*, prothèse auditive. **'deafen** *vtr* (*temporarily*) assourdir; (*permanently*) rendre sourd. **'deafening** *a* assourdissant. **deaf-'mute** *n* sourd-muet, *f* sourde-muette. **'deafness** *n* surdité *f*.

deal¹ [diːl] *n & adv* **a good, great, d.**, beaucoup (**of**, de); **that's saying a good d.**, ce n'est pas peu dire; **I think a great d. of him**, je l'estime beaucoup; **he is a good d. better**, il va beaucoup mieux.

deal² 1. *n* (*a*) *Cards:* donne *f*; **whose d. is it?** à qui de donner? (*b*) *Com:* affaire *f*; marché *m*; coup *m* (de Bourse); **cash d.**, transaction *f* au comptant; **it's a d.!** d'accord! **fair d.**, traitement *m*, arrangement *m*, équitable; **to give s.o. a fair, a raw, d.**, agir équitablement, injustement, envers qn *F:* **it's no big d.**, c'est pas dramatique; (*not difficult*) c'est pas sorcier; *Iron:* **big d.!** la belle affaire! tu parles d'un coup! **2.** *v* **(dealt)** (*a*) *vtr* **to d. (out)**, distribuer (de l'argent, etc) (**to, among**, entre); **to d. out justice**, rendre la justice; **to d. s.o. a blow**, porter un coup à qn (*b*) *vi* traiter (**with s.o.**, avec qn); **to d. with**, s'occuper de; (*concern*) traiter de, parler de; **I know how to d. with him**, je sais comment m'y prendre avec lui; **difficult man to d. with**, homme pas commode; *Com:* **to d. in timber**, faire le commerce du bois **3.** *Cards* (*a*) *vtr* **to d. (out)**, donner (les cartes) (*b*) *vi* donner les cartes. **'dealer** *n* (*a*) *Cards:* donneur, -euse (*b*) *Com:* marchand, -ande (**in**, de); (*agent*) dépositaire *mf*; (*for cars*) concessionnaire *mf*; *P:* revendeur, -euse, de drogues. **'dealing(s)** *n*(*pl*) relations *f* (**with**, avec); *Com:* transactions *fpl*.

deal³ *n* (*wood*) sapin *m*.

dean [diːn] *n Ecc: Sch:* doyen *m*.

dear ['diər] **1.** *a* (*a*) cher (**to**, à); (*in letter*) **D. Madam**, Madame, Mademoiselle; **D. Sir**, Monsieur; **D. Mr Smith**, cher Monsieur; **D. Uncle**, (mon) cher oncle; **d. me!** mon Dieu! **oh d.!** oh là là! oh mon Dieu! *F:* **d. little child**, enfant adorable (*b*) (*expensive*) cher, coûteux; (*of price*) élevé **2.** *n* **(my) d.**, (mon) chérie, (ma) chérie; mon cher, ma chère; **you're a d.!** tu es un amour! **be a d.**, sois un ange **3.** *adv* (vendre, payer) cher **'dearly** *adv* tendrement; **I should d. love to go**, j'aimerais beaucoup y aller; **to pay d. for sth**, payer qch cher.

dearth [dəːθ] *n* manque *m*, pénurie *f*.

death [deθ] *n* mort *f*; *Adm:* décès *m*; **to be at d.'s door**, être à l'article de la mort; **to put s.o. to d.**, mettre qn à mort; **to drink oneself to d.**, se tuer à force de boire; **to be in at the d.**, assister au dénouement (d'une affaire); *F:* **to look like d. (warmed up)**, avoir un air de déterré; **to die a violent d.**, mourir de mort violente; *F:* **he'll be the d. of me**, il me fera damner; *F:* **to catch one's d. (of cold)**, attraper la crève; *F:* **to be sick to d. of sth**, en avoir vraiment marre de qch; **many deaths**, de nombreux morts; *Journ:* **deaths**, nécrologie *f*; **d. mask**, masque mortuaire; **d. wish**, pulsion de mort; **d. duty**, *NAm:* **d. tax**, droits *mpl* de succession; **d. penalty, sentence,**

peine *f* de mort; **d. warrant,** ordre d'exécution. **'deathbed** *n* lit *m* de mort. **'deathblow** *n* coup mortel, fatal. **'deathly 1.** *a* de mort; cadavérique **2.** *adv* comme la mort; **d. pale,** d'une pâleur mortelle. **'death's-head** *n* tête *f* de mort. **'deathtrap** *n* endroit, véhicule, dangereux; **it's a d.,** il y a danger de mort.

debar [di'bɑːr] *vtr* **(debarred) to d. s.o. from sth,** exclure qn de qch; **to d. s.o. from doing sth,** interdire à qn de faire qch.

debase [di'beis] *vtr* avilir, dégrader (qn); galvauder (la réputation, les talents); altérer (la monnaie).

debate [di'beit] **1.** *n* débat *m*; discussion *f* **2.** *v* (*a*) *vtr* débattre, discuter (une question) (*b*) *vi* discuter **(with s.o. on sth,** avec qn sur qch); **to d. (with oneself) whether to leave, etc,** se demander si on doit partir, etc; **debating society,** société de débats contradictoires. **de'batable** *a* contestable, discutable.

debauch [di'bɔːtʃ] *vtr* débaucher, corrompre (qn). **de'bauched** *a* débauché, corrompu. **de'bauchery** *n* débauche *f*.

debilitate [di'biliteit] *vtr* débiliter. **de'bility** *n* faiblesse *f*, débilité *f*.

debit ['debit] **1.** *n* débit *m*; doit *m*; **account in d.,** compte débiteur; **d. balance,** solde débiteur; **direct d.,** prélèvement *m* bancaire automatique **2.** *vtr* débiter (un compte); **to d. s.o. with a sum,** débiter qn d'une somme.

debonair [debə'nɛər] *a* jovial; charmant; poli.

debrief [diː'briːf] **1.** *n* (*also* **de'briefing**) compte rendu *m* (de fin de mission) **2.** *vtr* faire faire un compte rendu oral (de fin de mission) à (qn); **to be debriefed,** faire un compte rendu oral.

debris ['debriː] *n* débris *mpl*; détritus *mpl*.

debt [det] *n* dette *f*; créance *f*; **bad debt,** mauvaise créance; **to be in d.,** avoir des dettes; **to be £50 in d.,** devoir 50 livres; **to be out of d.,** ne plus avoir de dettes; **to run, get, into d.,** s'endetter; faire des dettes; **to be no longer in s.o.'s d.,** être quitte envers qn; *Fig:* ne plus être redevable à qn **(for,** de); **d. collector,** agent de recouvrements. **'debtor** *n* débiteur, -trice.

debunk [diː'bʌŋk] *vtr F:* démythifier.

début ['deibjuː] *n Th:* début *m*.

decade ['dekeid] *n* décennie *f*.

decadence ['dekədəns] *n* décadence *f*. **'decadent** *a* décadent.

decaffeinated [diː'kæfiːneitid] *a* (café) décaféiné.

decal ['diːkæl] *n NAm:* décalcomanie *f*.

decamp [di'kæmp] *vi F:* décamper, filer.

decant [di'kænt] *vtr* décanter. **de'canter** *n* carafe *f*.

decapitate [di'kæpiteit] *vtr* décapiter (qn).

decathlon [di'kæθlɔn] *n Sp:* décathlon *m*.

decay [di'kei] **1.** *n* pourriture *f*; *Arch:* délabrement *m*; (*of tooth*) carie(s) *f(pl)*; (*of nation*) décadence *f*; **senile d.,** affaiblissement *m* sénile; (*of house*) **to fall into d.,** tomber en ruine **2.** *vi* se gâter; pourrir; (*of tooth*) se carier, se gâter; (*of house*) tomber en ruine; se délabrer; *Fig:* décliner. **de'cayed** *a* pourri; (*of building*) en ruine; (*of tooth*) carié. **de'caying** *a* (*of nation*) décadent; (*of meat, fruit, etc*) pourrissant.

decease [di'siːs] *n Adm:* décès *m*. **de'ceased 1.** *a* décédé, défunt **2.** *n* **the d.,** le défunt, la défunte; *pl* les défunt(e)s.

deceit [di'siːt] *n* tromperie *f*. **de'ceitful** *a* trompeur, faux; (regard) mensonger. **de'ceitfully** *adv* faussement, avec duplicité. **de'ceitfulness** *n* fausseté *f*.

deceive [di'siːv] *vtr & i* tromper; **to d. oneself,** se bercer d'illusions.

decelerate [diː'seləreit] *vi & tr* ralentir.

December [di'sembər] *n* décembre *m*.

decent ['diːsnt] *a* (*a*) convenable; décent; *F:* **are you d.?** es-tu habillé? **the food is quite d.,** la nourriture n'est pas mal (*b*) *F:* bon; estimable; (*kind*) gentil; **a d. (sort of) chap,** un bon type; **that's very d. of you,** c'est très chic de ta part. **'decency** *n* décence *f*; *F:* gentillesse *f*; **common d.,** les convenances (sociales); **(sense of) d.,** pudeur *f*. **'decently** *adv* décemment.

decentralize [diː'sentrəlaiz] *vtr* décentraliser. **decentrali'zation** *n* décentralisation *f*.

deception [di'sepʃn] *n* tromperie *f*; supercherie *f*; fraude *f*. **de'ceptive** *a* trompeur. **de'ceptively** *adv* **he's d. quiet,** il a un air tranquille bien trompeur. **de'ceptiveness** *n* caractère trompeur.

decibel ['desibel] *n* décibel *m*.

decide [di'said] **1.** *vtr* (*a*) régler, décider, trancher (une question, etc); juger (un différend); **to d. to do,** décider de faire; **to d. that,** décider que; **to d. s.o. to do sth,** décider qn à faire qch (*b*) décider de (l'avenir de qn, etc); **nothing has been decided yet,** il n'y a encore rien de décidé; **I have decided what I shall do,** mon parti est pris **2.** *vi* décider; se décider **(on,** à; **in favour of,** en faveur de); **to d. on sth.,** décider de qch, se décider à qch; se décider pour qch; **to d. on a day,** fixer un jour. **de'cided** *a* (*a*) décidé; (ton) net, résolu; (refus) catégorique (*b*) (succès) incontestable; (changement) net. **de'cidedly** *adv* (*a*) résolument, avec décision (*b*) incontestablement, nettement. **de'cider** *n* facteur, *Sp:* but, décisif; *Games:* la belle. **de'ciding** *a* décisif; **d. game,** la belle.

deciduous [di'sidjuəs] *a Bot:* (arbre) à feuilles caduques.

decimal ['desiməl] **1.** *a* décimal; **d. point,** virgule *f*; **to five d. places,** jusqu'à la cinquième décimale **2.** *n* décimale *f*. **decimali'zation** *n* décimalisation *f*.

decimate ['desimeit] *vtr* décimer.

decipher [di'saifər] *vtr* déchiffrer.

decision [di'siʒn] *n* décision *f*; *Jur:* arrêt *m*; **to come to a d.,** arriver à une décision; se décider. **de'cisive** [di'saisiv] *a* (*a*) (*of tone, defeat, etc*) décisif; (*of victory*) net, incontestable; (*of experiment*) concluant (*b*) (*of pers, manner*) décidé. **de'cisively** *adv* (*to state*) avec décision; (*to win*) nettement, incontestablement.

deck [dek] **1.** *n* (*a*) (*of ship*) pont *m*; *Nau:* **below deck(s),** sous le pont, en bas; (*of bus*) **top d.,** impériale *f* (*b*) *Rec:* platine *f* (*c*) *esp NAm:* **d. of cards,** jeu *m* de cartes **2.** *vtr* **to d. (out),** orner **(with,** de). **'deckchair** *n* transatlantique *m*; chaise longue.

declaim [di'kleim] *vtr & i* déclamer.

declare [di'klɛər] *vtr* déclarer; **(that,** que); proclamer (un verdict, un résultat); **to d. war,** déclarer la guerre **(on, against,** à); *Cust:* **have you anything to**

d.? avez-vous quelque chose à déclarer? **to d. oneself,** se déclarer. **declaration** [deklə'reiʃn] déclaration *f*; proclamation *f*.

declension [di'klenʃn] *n* déclinaison *f*.

decline [di'klain] **1.** *n* déclin *m*; baisse *f*; **to be on the d.,** décliner; (*of prices*) être en baisse **2.** *v* (*a*) *vtr* décliner; refuser (*b*) *vi* (*deteriorate*) décliner; (*of prices, birthrate, etc*) baisser; (*refuse*) refuser (**to do,** de faire). **de'clining** *a* **in one's d. years,** dans ses dernières années.

decode [di:'koud] *vtr* décoder (un message).

decoke [di:'kouk] *Aut: F:* **1.** *n* décalaminage *m* (du moteur) **2.** *vtr* décalaminer.

decolonize [di:'kɔlənaiz] *vtr* décoloniser.

decompose [di:kəm'pouz] *vtr & i* (se) décomposer. **decompo'sition** *n* décomposition *f*.

decompression [di:kəm'preʃn] *n* décompression *f*; **d. chamber,** chambre de décompression; **d. sickness,** maladie, mal, des caissons.

decongestant [di:kən'dʒestənt] *n Med:* décongestif *m*.

decontaminate [di:kən'tæmineit] *vtr* décontaminer.

décor ['deikɔ:r] *n* décor *m*.

decorate ['dekəreit] *vtr* (*a*) décorer (un gâteau, une maison) (**with,** de); peindre (et tapisser) (un appartement); orner (un chapeau, etc) (**with,** de) (*b*) décorer (un soldat). **'decorating** *n* décoration *f*; **interior d.,** décoration d'intérieurs. **deco'ration** *n* (*a*) (*action*) décoration *f* (*b*) (*state*) décor *m* (d'un appartement) (*c*) (*medal*) décoration. **'decorative** *a* décoratif. **'decorator** *n* (*house painter, etc*) peintre *m* décorateur; **(interior) d.,** ensemblier *m*, décorateur, -trice.

decorum [di'kɔ:rəm] *n* bienséances *fpl*. **'decorous** *a* bienséant.

decoy 1. *n* (*pl* **decoys**) ['di:kɔi] (*bird*) appeau *m*; **(police) d.,** policier *m* en civil. **2.** *vtr* [di'kɔi] attirer (qn) (**into a trap,** dans un piège).

decrease 1. *n* ['di:kri:s] diminution *f*, décroissance *f*; baisse *f* (**in price,** de prix); **d. in speed,** ralentissement *m* **2.** *vtr & i* [di'kri:s] diminuer; décroître; baisser. **de'creasing** *a* décroissant. **de'creasingly** *adv* de moins en moins.

decree [di'kri:] **1.** *n Pol: Rel:* décret *m*; *Jur:* jugement *m*; (*municipal*) arrêté *m*; (*divorce*) **d. absolute, nisi,** jugement irrévocable, provisoire **2.** *vtr* décréter, ordonner.

decrepit [di'krepit] *a* (*of pers*) décrépit; (*of house*) en ruine, délabré. **de'crepitude** *n* décrépitude *f*; (*of house*) délabrement *m*.

decry [di'krai] *vtr* décrier.

dedicate ['dedikeit] *vtr* **1.** (*a*) consacrer (une église); **to d. oneself, one's life, to sth,** se consacrer à qch (*b*) dédier (un livre) (**to,** à). **dedi'cation** *n* (*a*) consécration *f* (d'une église) (*b*) (*in book*) dédicace *f* (*c*) (*of pers*) dévouement *m*.

deduce [di'dju:s] *vtr* déduire, conclure.

deduct [di'dʌkt] *vtr* déduire, retrancher (**from,** de); **to d. 5% from salaries,** prélever 5% sur les salaires. **de'ductible** *a* à déduire (**from,** de); (*of expenses*) déductible. **de'duction** *n* (*a*) (*conclusion*) déduction *f* (*b*) *Com:* déduction; (*of pay*) prélèvement *m*.

deed [di:d] *n* (*a*) action *f*, acte *m*; (*feat*) exploit *m*; **in d.,** en fait (*b*) *Jur:* acte (notarié); **by d. poll,** légalement.

deem [di:m] *vtr* juger, estimer.

deep [di:p] **1.** *a* (*a*) profond; (*of snow*) épais; **to be ten metres d.,** avoir dix mètres de profondeur; **d. in thought,** absorbé, plongé, dans ses pensées; (*in swimming pool*) **the d. end,** le grand bain (*b*) (soupir, sommeil, désespoir) profond; **d. concern,** vive préoccupation (*c*) (placard) large; **four d.,** sur quatre rangs (*d*) (*of colour*) foncé, sombre; (*of sound, voice*) grave; *Mus:* (*of note*) bas; **d. red,** rouge foncé (*e*) (*of pers*) insondable **2.** *adv* profondément; **d. into the night,** tard dans la nuit **3.** *n* **the d.,** l'océan *m*. **'deepen 1.** *vtr* approfondir, creuser (un puits); augmenter, rendre plus intense (un sentiment); foncer (une couleur); rendre (un son) plus grave **2.** *vi* devenir plus profond; (*of colour*) devenir plus foncé; (*of sound*) devenir plus grave; (*of mystery*) s'épaissir. **'deepening** *a* grandissant. **deep-'freeze 1.** *n* congélateur *m* **2.** *vtr* surgeler. **deep-'fry** *vtr Cu:* faire frire en friteuse. **deep-'fryer** *n* friteuse *f*. **'deeply** *adv* profondément; **d. moved,** vivement affecté; *Fig:* **to go d. into sth,** approfondir qch. **'deepness** *n* profondeur *f*; gravité *f* (d'un son). **'deep-'rooted, -'seated** *a* bien ancré, profond; (conviction) intime; (préjugé) tenace. **deep-'sea** *a* (animal) pélagique; (*of fishing*) hauturièr. **deep-'set** *a* (yeux) enfoncés.

deer ['diər] *n inv* **(red) d.,** cerf *m*; **(fallow) d.,** daim *m*; **(roe) d.,** chevreuil *m*. **'deerskin** *n* peau *f* de daim. **'deerstalker** *n* chapeau *m* de chasse (à la Sherlock Holmes).

deface [di'feis] *vtr* dégrader; barbouiller.

defamatory [di'fæmətri] *a* diffamatoire; diffamant. **defa'mation** *n* diffamation *f*.

default [di'fɔ:lt] **1.** *n Jur:* **by d.,** par défaut *m*; **in d. of,** à défaut de; **to win by d.,** gagner par forfait **2.** *vi Jur:* faire défaut; *Fin:* **to d. on one's payments,** être en rupture de paiement. **de'faulter** *n* débiteur, -trice, défaillant(e).

defeat [di'fi:t] **1.** *n* défaite *f*; échec *m* (d'un projet) **2.** *vtr* battre, vaincre (une armée); renverser (un gouvernement); faire échouer (un projet); **to d. the object,** aller à l'encontre du but proposé. **de'featism** *n* défaitisme *m*. **de'featist** *n* défaitiste *mf*.

defect 1. *n* ['di:fekt] défaut *m*; imperfection *f*; vice *m* (de construction); tare *f* **2.** *vi* [di'fekt] *Pol:* déserter, faire défection; **to d. to the West, to the enemy,** passer à l'Ouest, à l'ennemi. **de'fection** *n* défection *f*. **de'fective** *a* défectueux; imparfait; *Med:* déficient; (freins) mauvais; (mémoire) infidèle. **de'fector** *n* transfuge *mf*.

defence, *NAm:* **defense** [di'fens] *n* défense *f*; justification *f* (d'un argument); *Mil:* *pl* ouvrages *mpl* de défense; **the body's defences,** la défense de l'organisme (**against,** contre); *Jur:* **counsel for the d.,** (avocat, -ate, de) la défense; **witness for the d.,** témoin à décharge; **in his d.,** à sa décharge, pour le défendre. **de'fenceless,** *NAm:* **de'fenseless** *a* sans défense. **de'fensible** *a* défendable. **de'fensive 1.** *a* défensif **2.** *n* **to be on the d.,** être sur la défensive.

defend [di'fend] *vtr* défendre (**from, against,** contre); justifier (une opinion). **de'fendant** *n Jur:* prévenu, -ue. **de'fender** *n* défenseur *m*; *Sp:* détenteur, -trice. **de'fending** *a Sp:* (champion) en titre.

defer¹ [di'fəːr] *vtr* (**deferred**) différer, remettre; renvoyer (une affaire); reculer (un paiement); reporter (qch à plus tard). **de'ferment** *n* report *m*.

defer² *vi* déférer (**to,** à). **'deference** *n* déférence *f*. **defe'rential** *a* (ton) déférent; (*of pers*) plein de déférence. **defe'rentially** *adv* avec déférence.

defiance [di'faiəns] *n* défi *m*; **in d. of,** au mépris de. **de'fiant** *a* (*of tone, etc*) de défi; (*of pers*) rebelle. **de'fiantly** *adv* d'un air de défi.

deficiency [di'fiʃənsi] *n* (*pl* **deficiencies**) (*a*) manque *m*, insuffisance *f*, défaut *m*; *Med:* carence *f*; (*mental*) déficience *f*; **d. disease,** maladie de carence (*b*) défaut, imperfection *f*. **de'ficient** *a* insuffisant; *Med:* déficient; **to be d. in sth,** manquer de qch.

deficit ['defisit] *n Com: Fin:* déficit *m*.

defile¹ ['diːfail] *n Geog:* défilé *m*.

defile² [di'fail] *vtr* souiller, salir.

define [di'fain] *vtr* définir; préciser (son attitude); déterminer (l'étendue de qch); formuler (ses pensées); délimiter (des pouvoirs); **well defined outlines,** contours nettement dessinés. **definite** ['definit] *a* (*of date, plan*) précis, déterminé; (*obvious*) net, évident; (réponse) catégorique; (commande) ferme; **it's d. (that) he'll come,** il est certain qu'il viendra; *Gram:* **d. article,** article défini. **'definitely** *adv* certainement; nettement; catégoriquement; **d.!** bien sûr (que oui)! **he'll d. come,** il est certain qu'il viendra. **defi'nition** *n* définition *f*. **de'finitive** *a* définitif.

deflate [di'fleit] *vtr* dégonfler; remettre (qn) à sa place; *Fin:* amener la déflation de (la monnaie). **de'flation** *n* dégonflement *m*; *Fin:* déflation *f*. **de'flationary** *a Fin:* déflationniste.

deflect [di'flekt] **1.** *vtr* faire dévier; détourner **2.** *vi* dévier. **de'flection** *n* déflexion *f*.

deform [di'fɔːm] *vtr* déformer. **de'formed** *a* difforme; contrefait. **de'formity** *n* difformité *f*.

defraud [di'frɔːd] *vtr* frauder (le fisc); **to d. s.o. of sth,** escroquer qch à qn.

defray [di'frei] *vtr* payer (les frais); **to d. s.o.'s expenses,** défrayer qn.

defrost [diː'frɔst] *vtr* dégivrer (un réfrigérateur); décongeler (des aliments).

deft [deft] *a* adroit, habile. **'deftly** *adv* adroitement. **'deftness** *n* adresse *f*.

defunct [di'fʌŋkt] *a* défunt; qui n'existe plus.

defuse [diː'fjuːz] *vtr* désamorcer.

defy [di'fai] *vtr* défier, braver (qn, la mort, etc); résister à (un effort, etc); **to d. s.o to do,** défier qn de faire.

degenerate 1. *vi* [di'dʒenəreit] dégénérer (**into,** en) **2.** *a & n* [di'dʒenərət] dégénéré, -ée. **de'generacy, degene'ration** *n* dégénérescence *f*.

degrade [di'greid] *vtr* dégrader; avilir. **degradation** [degrə'deiʃn] *n Mil: Ch:* dégradation *f*; (*of pers*) déchéance *f*, avilissement *m*. **de'grading** *a* avilissant, dégradant.

degree [di'griː] *n* (*a*) degré *m*; **to some d., to a certain d.,** à un certain degré; jusqu'à un certain point; **not in the slightest d.,** pas du tout; **in some d.,** dans une certaine mesure; **to such a d.,** à tel point (**that,** que); **by degrees,** par degrés; petit à petit; **d. of humidity,** (*in the air*) degré d'humidité; (*in food*) teneur *f* en eau (*b*) *Sch:* diplôme *m* (universitaire); (*Bachelor's*) licence *f*; (*Master's*) maîtrise *f*; (*Ph.D*) doctorat *m*.

dehumanize [diː'hjuːmənaiz] *vtr* déshumaniser.

dehydrate [diːhai'dreit] *vtr* déshydrater. **dehy'dration** *n* déshydratation *f*.

de-ice [diː'ais] *vtr Av: Aut:* dégivrer. **de-'icer** *n* dégivreur *m*. **de-'icing** *n* dégivrage *m*.

deign [dein] *vi* **to d. to do sth,** daigner faire qch.

deity ['diːiti] *n* dieu *m*.

dejected [di'dʒektid] *a* abattu, découragé. **de'jectedly** *adv* d'un air abattu. **de'jection** *n* abattement *m*.

delay [di'lei] **1.** *n* retard *m*; (*waiting period*) délai *m*; **without further d.,** sans plus tarder **2.** *v* (*a*) *vtr* retarder; remettre (une affaire); retenir (qn); différer (un paiement); entraver (le progrès); **delayed-action fuse,** détonateur à retardement (*b*) *vi* tarder (**(in) doing sth,** à faire qch); (*linger*) s'attarder. **de'laying** *a* **d. tactics,** manœuvres *fpl* dilatoires.

delectable [di'lektəbl] *a* délectable.

delegate 1. *n* ['deligət] délégué, -ée **2.** *vtr* ['deligeit] déléguer (**to,** à). **dele'gation** *n* délégation *f*.

delete [di'liːt] *vtr* rayer, supprimer. **de'letion** *n* (*thing deleted*) rature *f*; (*act*) suppression *f*.

deleterious [deli'tiəriəs] *a* néfaste.

deliberate 1. *a* [di'libərət] (*a*) délibéré; réfléchi; prémédité, voulu; calculé (*b*) (pas) mesuré **2.** *v* [di'libəreit] (*a*) *vi* delibérer (*b*) *vtr* délibérer sur. **de'liberately** *adv* (*a*) exprès, délibérément (*b*) (marcher) avec mesure. **delibe'ration** *n* délibération *f*; réflexion *f*; **with d.,** après réflexion.

delicacy ['delikəsi] *n* (*pl* **delicacies**) (*a*) délicatesse *f* (*b*) mets délicat, gourmandise *f*. **'delicate** *a* délicat. **'delicately** *adv* délicatement; avec délicatesse. **delica'tessen** *n* épicerie fine, traiteur *m*.

delicious [di'liʃəs] *a* délicieux; exquis. **de'liciously** *adv* délicieusement.

delight [di'lait] **1.** *n* (*a*) délice *m*, grand plaisir, joie *f*; **much to the d. of,** à la grande joie, au grand plaisir, de; **to take d. in sth, in doing,** se délecter de qch, à faire (*b*) *pl* (*pleasures, things*) délices *fpl*; **to be the d. of,** faire les délices de **2.** *v* (*a*) *vtr* enchanter, ravir, réjouir (*b*) *vi* **to d. in doing sth,** se délecter à faire qch. **de'lighted** *a* enchanté, ravi (**with,** de; **to do sth,** de faire qch; **that,** que); **I shall be d.!** avec grand plaisir! **de'lightful** *a* délicieux; ravissant; charmant. **de'lightfully** *adv* avec beaucoup de charme; marveilleusement.

delineate [de'linieit] *vtr* (*a*) esquisser (*b*) décrire.

delinquency [di'liŋkwənsi] *n* délinquance *f*. **de'linquent** *a & n* délinquant, -ante.

delirious [di'liriəs] *a* délirant; **to be d.,** avoir le délire, délirer. **de'liriously** *adv* **d. happy,** délirant de joie. **de'lirium** *n Med:* délire *m*.

deliver [di'livər] *vtr* (*a*) remettre (un paquet) (**to,** à); livrer (des marchandises); distribuer (des lettres); **to d. a message,** faire une commission (*b*) délivrer, sauver (**from,** de) (*c*) porter, donner (un coup); lancer (un ultimatum, un avertissement) (*d*) faire, prononcer (un discours) (*e*) mettre au monde, accoucher de (enfant); **to d. a woman('s baby),** accoucher une femme. **de'liverance** *n* délivrance *f.* **de'liverer** *n* sauveur *m.* **de'livery** *n* (*a*) livraison *f* (de marchandises); remise *f* (d'un paquet); distribution *f* (de lettres); **d. note,** bulletin *m* de livraison; **d. man,** livreur *m* (*b*) débit *m* (d'un orateur) (*c*) accouchement *m* (d'un enfant).

delta ['deltə] *n* delta *m*; **d. wing aircraft,** avion à ailes (en) delta.

delude [di'lu:d] *vtr* tromper, duper (qn); **to d. oneself,** se faire des illusions. **de'lusion** *n* illusion *f*; *Psy:* aberration mentale; **to be under a d.,** se faire des illusions.

deluge ['delju:dʒ] **1.** *n* déluge *m*; avalanche *f* (de lettres) **2.** *vtr* inonder (**with,** de).

de luxe [di'lʌks] *a* de luxe.

delve [delv] *vi* **to d. into,** fouiller (le passé, une question); fouiller dans (les livres).

demagogue ['deməgɔg] *n* démagogue *mf.*

demand [di'mɑ:nd] **1.** *n* exigence *f*; (*claim*) réclamation *f,* revendication *f*; (*request*) demande *f*; **in great d.,** très demandé; **to make demands on s.o.,** exiger beaucoup de qn; *Com:* **d. (note),** avertissement *m*; **on d.,** sur demande; *Com:* **supply and d.,** l'offre et la demande **2.** *vtr* réclamer (qch à qn); exiger (qch de qn; que + *sub*); revendiquer; (*of thg*) demander. **de'manding** *a* exigeant; (travail) astreignant.

demarcation [dimɑ:'keiʃn] *n* démarcation *f*; *Ind:* **d. dispute,** conflit *m* d'attributions.

demean [di'mi:n] *vtr* **to d. oneself,** s'abaisser.

demeanour, *NAm:* **-or** [di'mi:nər] *n* comportement *m.*

demented [di'mentid] *a* dément.

demerara [demə'rɛərə] *n* **d. (sugar),** cassonade *f,* sucre roux.

demijohn ['demidʒɔn] *n* dame-jeanne *f.*

demilitarize [di:'militəraiz] *vtr* démilitariser.

demise [di'maiz] *n* décès *m,* mort *f*; *Fig:* disparition *f.*

demister [di:'mistər] *n Aut:* (dispositif *m*) antibuée (*m*).

demo ['demou] *n* (*pl* **-os**) *F:* manif *f.*

demobilize [di:'moubilaiz], *F:* **demob** [di:'mɔb] (**demobbed**) *vtr* démobiliser. **demobili'zation** *F:* **de'mob** *n* démobilisation *f.*

democracy [di'mɔkrəsi] *n* (*pl* **democracies**) démocratie *f*; **people's d.,** démocratie populaire. **'democrat** *n* démocrate *mf.* **demo'cratic** *a* démocratique; (*of party, pers*) démocrate. **demo'cratically** *adv* démocratiquement.

demography [di'mɔgrəfi] *n* démographie *f.*

demolish [di'mɔliʃ] *vtr* démolir; *F:* dévorer (un gâteau). **demo'lition** *n* démolition *f.*

demon ['di:mən] *n* démon *m.* **demoniac** [di'mouniæk], **demoniacal** [di:mə'naiəkl], **demonic** [di'mɔnik] *a* démoniaque.

demonstrate ['demənstreit] **1.** *vtr* démontrer (une vérité); décrire, expliquer (un système); faire une démonstration de (appareil) **2.** *vi Pol:* manifester. **'demonstrable** *a* démontrable. **'demonstrably** *adv* manifestement. **demon'stration** *n* démonstration; *Pol:* manifestation *f*; **d. model,** modèle *m* de démonstration. **de'monstrative** *a* démonstratif. **de'monstratively** *adv* avec effusion. **'demonstrator** *n* (*in shop, etc*) démonstrateur, -trice; *Pol:* manifestant, -ante.

demoralize [di'mɔrəlaiz] *vtr* démoraliser. **demorali'zation** *n* démoralisation *f.*

demote [di'mout] *vtr* rétrograder.

demur [di'mɔ:r] *vi* (**demurred**) soulever des objections (**at,** contre).

demure [di'mjuər] *a* sage, réservé. **de'murely** *adv* sagement, d'un air réservé.

den [den] *n* antre *m,* tanière *f,* repaire *m*; *F:* cabinet *m* de travail.

denationalize [di:'næʃnəlaiz] *vtr* dénationaliser.

denial [di'naiəl] *n* (*of truth, etc*) dénégation *f*; (*of rumour*) démenti *m*; (*of authority*) rejet *m*; (*of right*) refus *m*; **to issue a d.,** publier un démenti.

denier ['deniər] *n* **15 d. stocking,** bas (de) 15 deniers *mpl.*

denigrate ['denigreit] *vtr* dénigrer.

denim ['denim] *n Tex:* (toile *f* de) coton *m*; *pl Cl:* (blue-)jean *m*; **d. skirt,** jupe en jean.

Denmark ['denmɑ:k] *Prn Geog:* Danemark *m.*

denomination [dinɔmi'neiʃn] *n* (*a*) dénomination *f* (*b*) *Rel:* confession *f,* religion *f*; secte *m* (*c*) (*of coin, banknote*) valeur *f*; *Mth:* unité *f.* **denomi'national** *n* (*of school*) confessionnel. **de'nominator** *n Mth:* **common d.,** dénominateur commun.

denote [di'nout] *vtr* dénoter; signifier.

denounce [di'nauns] *vtr* dénoncer (qn, une injustice, etc) (**to,** à); **to d. s.o. as a spy,** accuser qn publiquement d'être un espion.

dense [dens] *a* (*a*) dense; épais; (*of crowd*) compact (*b*) *F:* lourd, bête. **'densely** *adv* **d. wooded,** couvert de forêts épaisses; **d. populated,** très peuplé. **'density** *n* densité *f.*

dent [dent] **1.** *n* (*in metal*) bosselure *f*; (*in car*) bosse *f,* gnon *m*; (*of car*) **full of dents,** cabossé; **to make a d. in one's savings,** taper dans ses économies **2.** *vtr* bosseler, cabosser.

dentist ['dentist] *n* dentiste *mf.* **'dental** *a* dentaire; **d. surgeon,** chirurgien *m* dentiste. **'dentifrice** *n* dentifrice *m.* **'dentistry** *n* médecine *f* dentaire; **school of d.,** école *f* dentaire. **'dentures** *npl* dentier *m.*

denude [di'nju:d] *vtr* dénuder.

denunciation [dinʌnsi'eiʃn] *n* dénonciation *f*; accusation publique.

deny [di'nai] *vtr* nier (**doing,** avoir fait; **that,** que); démentir (une nouvelle); rejeter (l'autorité); (*disown*) renier; **I don't d. it,** je n'en disconviens pas; **there is no denying the fact,** c'est un fait indéniable; **to d. s.o. sth,** refuser qch à qn; **to d. oneself sth,** se priver de qch.

deodorant [di:'oudərənt] *n* déodorant *m.*

depart [di'pɑ:t] **1.** *vi* s'en aller, partir; **to d. from,** quitter (un endroit); s'écarter (d'une règle) **2.** *vi Lit:* **to d. this world,** quitter ce monde. **de'parted 1.** *a* (*of glory*) passé, évanoui; (*of pers*) mort, défunt **2.** *n* défunt, -unte. **de'parture** *n* (*a*) départ *m*; **d. lounge,** hall *m* de départ, salle *f* d'embarquement (*b*) **a d. from,** un écart par rapport à, une entorse à (une règle, etc); **to be a new d. for,** constituer une nouvelle voie pour.

department [di'pɑ:tmənt] *n* (*a*) département *m*; (*in* *office*) service *m*; (*in shop*) rayon *m*; comptoir *m*; (*in university*) section *f*, département; **that's your d.,** c'est ton rayon; **d. store,** grand magasin (*b*) ministère *m*. **depart'mental** *a* **d. manager,** (i) chef *m* de service (ii) chef de rayon.

depend [di'pend] *vi* dépendre (**on, upon,** de); **that depends entirely on you,** cela ne tient qu'à vous; **that depends, it all depends,** ça dépend; *F:* c'est selon; **to d. (up)on s.o.,** compter sur qn (**for,** pour); **you can d. on it!** tu peux en être sur! **de'pendable** *a* (*of pers, news*) sûr; (*of machine*) fiable, sûr. **de'pendant** *n* personne *f* à charge, charge *f* de famille. **de'pendence** *n* dépendance *f* (**on,** de). **de'pendency** *n* dépendance. **de'pendent** *a* dépendant (**on, upon,** de); **to be d. (up)on,** dépendre de.

depict [di'pikt] *vtr* dépeindre; représenter. **de'piction** *n* peinture *f*; représentation *f*.

depilatory [di'pilətəri] *a & n* dépilatoire (*m*).

deplete [di'pli:t] *vtr* épuiser; réduire. **de'pletion** *n* épuisement *m*; réduction *f*.

deplore [di'plɔ:r] *vtr* déplorer. **de'plorable** *a* déplorable. **de'plorably** *adv* déplorablement.

deploy [di'plɔi] *vtr* déployer. **de'ployment** *n* déploiement *m*.

depopulate [di:'pɔpjuleit] *vtr* dépeupler. **depopu'lation** *n* dépeuplement *m*; **rural d.,** exode rural.

deport [di'pɔ:t] *vtr* expulser (un étranger); *Hist:* déporter (dans un camp de concentration, etc). **depor'tation** *n* expulsion *f*; déportation *f*.

deportment [di'pɔ:tmənt] *n* maintien *m*.

depose [di'pouz] *vtr* déposer. **depo'sition** *n* déposition *f*.

deposit [di'pɔzit] **1.** *n* (*a*) dépôt *m* (d'argent, de vin); (*part payment*) acompte *m*, arrhes *fpl*; (*against damage*) caution *f*; *Com:* (*on bottle*) consigne *f*; *Pol:* (*of candidate*) cautionnement *m*; **bank d.,** dépôt en banque; **d. account,** compte *m* d'épargne; **to pay a d.,** verser des arrhes (*b*) *Ch:* dépôt; gisement *m* (de minerai); **to form a d.,** se déposer **2.** *vtr* déposer. **de'positor** *n* déposant, -ante, épargnant, -ante. **de'pository** *n* dépôt.

depot ['depou, *NAm:* 'di:pou] *n* dépôt *m*; *NAm:* *Rail:* gare *f*; *NAm:* **(bus) d.,** gare routière.

deprave [di'preiv] *vtr* dépraver. **depravity** [-'præv-] *n* dépravation *f*.

deprecate ['deprəkeit] *vtr* désapprouver. **'deprecating** *a* désapprobateur. **depre'cation** *n* désapprobation *f*.

depreciate [di'pri:ʃieit] *vtr & i* (se) déprécier. **depreci'ation** *n* dépréciation *f*.

depress [di'pres] *vtr* (*a*) abaisser (qch); appuyer sur (un bouton) (*b*) déprimer, décourager (qn). **de'pressed** *a* (*a*) (*of pers*) déprimé; **to feel d.,** avoir le cafard; **to get d.,** se décourager (*b*) (*in decline*) en déclin; (*in crisis*) en crise. **de'pressing** *a* déprimant, décourageant. **de'pressingly** *adv* tristement, de façon affligeante. **de'pression** *n* dépression *f*; crise *f* (économique); marasme *m* (des affaires).

deprive [di'praiv] *vtr* priver (**of,** de); **to d. oneself,** se priver. **de'prived** *a* (enfant) déshérité. **depri'vation** *n* privation *f*; perte *f*.

dept *abbr department.*

depth [depθ] *n* profondeur *f*; (*of water*) fond *m*, hauteur *f*; (*of snow*) épaisseur *f*; (*of sound*) gravité *f*; (*of colour, interest*) intensité *f*; *Fig:* **to get out of one's d.,** perdre pied, nager; **in d.,** en profondeur; **in the depth(s) of,** au cœur de (l'hiver); au plus profond de (la nuit, la forêt); dans le plus profond (désespoir); **d. charge,** grenade sous-marine.

depute [di'pju:t] *vtr* députer (**s.o. to do,** qn pour faire); déléguer (son autorité, etc). **depu'tation** *n* députation *f*. **'deputize 1.** *vi* **to d. for s.o.,** remplacer, assurer l'intérim de, qn **2.** *vtr* députer (**s.o. to do,** qn pour faire). **'deputy** *n* fondé *m* de pouvoir; suppléant, -ante; adjoint, -ointe; **d. chairman,** vice-président, -ente; **d. mayor,** adjoint, -ointe au maire; *NAm:* **d. (sheriff),** shérif *m* adjoint.

derail [di'reil] *vtr* faire dérailler (un train); (*of train*) **to be derailed,** dérailler. **de'railment** *n* déraillement *m*.

deranged [di'reindʒd] *a* (*of pers, mind*) dérangé.

derby ['dɑ:bi, dɔ:bi] *n* (*a*) *NAm:* (*Br* = **bowler (hat)**) (chapeau *m*) melon *m* (*b*) *esp NAm:* *Sp:* course (ouverte à tout le monde).

derelict ['derilikt] *a* à l'abandon, abandonné. **dere'liction** *n* (*a*) négligence *f* (**of duty,** dans le service) (*b*) **in a state of d.,** en ruine(s).

derestricted [di:ri'striktid] *a* *Aut:* (route) sans limitation de vitesse.

deride [di'raid] *vtr* tourner en dérision. **de'rision** [di'riʒn] *n* dérision *f*; **object of d.,** objet de risée *f*. **de'risive** *a* (*of laughter, etc*) moqueur; (*of amount*) dérisoire. **de'risory** *a* dérisoire.

derive [di'raiv] **1.** *vtr* **to d. from,** tirer (du plaisir, du profit, etc) de; *Ling:* dériver de; **to be derived, to d., from,** dériver, provenir, de **2.** *vi* **to d. from,** dériver de. **deri'vation** *n* dérivation *f*. **de'rivative** [di'ri-] *a & n* dérivé (*m*).

dermatitis [dɔ:mə'taitis] *n* dermatite *f*. **derma'tologist** *n* dermatologue *mf*. **derma'tology** *n* dermatologie *f*.

derogatory [di'rɔgətəri] *a* (*of remark*) désobligeant (**to,** pour); (*of word*) péjoratif.

derrick ['derik] *n* *Nau:* mât *m* de charge; *Petr:* derrick *m*; tour *f* de forage.

derv [dɔ:v] *n* gazole *m*, gas-oil *m*.

descale [di:'skeil] *vtr* détartrer.

descend [di'send] **1.** *vi* (*a*) descendre (**from,** de); (*of darkness, rain*) tomber; **to d. to s.o.'s level, to doing sth,** s'abaisser au niveau de qn, à faire qch; **to d. on s.o.,** (i) (*attack*) faire une descente sur, tomber sur (ii) (*of tourists*) envahir (*b*) (*of property*) passer (**from, to,** de, en, à) **2.** *vtr* descendre (un escalier); **to be descended from,** descendre de. **de'scendant** *n* descendant, -ante. **de'scending** *a* (*of order*) décroissant. **de'scent** *n* (*a*) descente *f*; (*into crime*) chute *f* (*b*) descendance *f*, souche *f*, origine *f*.

describe [di'skraib] *vtr* décrire; dépeindre; **to d. s.o. as,** qualifier qn de. **des'cription** *n* description *f*; *Adm:* signalement *m*; **beyond d.,** indescriptible; **of every d.,** de toutes sortes. **des'criptive** *a* descriptif.

desecrate ['desikreit] *vtr* profaner. **dese'cration** *n* profanation *f*.

desegregate [di:'segrigeit] *vtr* supprimer la ségrégation raciale dans (une école). **desegre'gation** *n* déségrégation *f*.

desert[1] ['dezət] **1.** *a* (plante) désertique; **d. island,** île déserte; **d. boot,** chaussure montante **2.** *n* désert *m.*

desert[2] [di'zə:t] **1.** *vtr* déserter, abandonner (qn) **2.** *vi Mil:* déserter. **de'serted** *a* (*of pers*) abandonné; (*of place*) désert. **de'serter** *n Mil:* déserteur *m.* **de'sertion** *n* désertion *f*; abandon *m* (du domicile conjugal).

deserts [di'zə:ts] *n* **one's just d.,** ce qu'on mérite.

deserve [di'zə:v] *vtr* mériter (**to do,** de faire; que + *sub*); être digne de. **deservedly** [di'zə:vidli] *adv* à juste titre. **de'serving** *a* (*of pers*) méritant; (*of action, cause*) louable, méritoire.

desiccate ['desikeit] *vtr* (des)sécher. **'dessicated** *a* (des)séché.

design [di'zain] **1.** *n* (*a*) dessein *m*, intention *f*; **by d.,** intentionnellement; **to have designs on,** avoir des desseins sur (*b*) (*sketch*) plan *m*, dessin *m*; (*of dress, car*) modèle *m*; (*pattern*) motif *m*, dessin; (*planning*) conception *f*, création *f*; **industrial d.,** dessin industriel; **car of the latest d.,** voiture dernier modèle **2.** *vtr* dessiner (une voiture, du mobilier, etc); créer, dessiner (une robe); dessiner (un tissu); (*devise*) concevoir (**for s.o.,** pour qn; **to do,** pour faire); **well designed,** bien conçu. **de'signer** *n* dessinateur, -trice; décorateur, -trice (de théâtre, d'intérieurs); **d. clothes,** vêtements griffés. **de'signing 1.** *a Pej:* trompeur **2.** *n* conception *f*, création *f*; dessin (industriel).

designate 1. ['dezigneit] *vtr* désigner, nommer (qn à une fonction) **2.** *a* ['dezignət] désigné. **desig'nation** *n* désignation *f.*

desire [di'zaiər] **1.** *n* désir *m* (**for, to,** de); **to have a d. to do sth,** avoir envie de faire qch **2.** *vtr* désirer; avoir envie de (qch); **it leaves much to be desired,** cela laisse beaucoup à désirer. **de'sirable** *a* désirable; souhaitable; **d. property,** (très) belle propriété. **de'sirous** *a* désireux (**of,** de).

desk [desk] *n Sch:* pupitre *m*; (*office*) bureau *m*; (*in shop*) caisse *f*; **(reception) d.,** réception *f*; *Journ:* **the news d.,** le service des informations; **d. work,** travail *m* de bureau; *NAm:* (*in hotel*) **d. clerk,** réceptionniste *mf.*

desolate ['desələt] *a* désolé; (lieu) désert; (*in ruins*) dévasté; (*dreary*) morne, triste; (*of pers*) malheureux; (cri) de désolation. **'desolately** *adv* d'un air désolé. **deso'lation** *n* solitude *f*; dévastation *f* (d'un pays).

despair [di'speər] **1.** *n* désespoir *m*; **in d.,** au désespoir; **to drive s.o. to d.,** réduire qn au désespoir **2.** *vi* désespérer (**of,** de). **de'spairing** *a* désespéré. **de'spairingly** *adv* désespérément.

despatch [di'spætʃ] *n & v* = **dispatch.**

desperado [despə'rɑ:dou] *n* (*pl* **-oes, -os**) criminel *m.*

desperate ['despərət] *a* désespéré; (*of battle*) acharné; (*of criminal*) capable de tout; (*of situation*) grave; **to be d. for,** avoir désespérément besoin de (argent, amour, etc); mourir d'envie d'avoir (une cigarette, un bébé, etc); **he's d. for a job,** il ferait n'importe quoi pour avoir un emploi; **to do something d.,** faire un malheur. **'desperately** *adv* désespérément; gravement (malade); éperdument (amoureux). **despe'ration** *n* désespoir *m*; **in d.,** en désespoir de cause.

despicable [di'spikəbl, 'desp-] *a* ignoble, méprisable. **de'spicably, 'desp-** *adv* bassement.

despise [di'spaiz] *vtr* mépriser; dédaigner.

despite [di'spait] *prep* malgré; en dépit de.

despondency [di'spɔndənsi] *n* découragement *m*, abattement *m*. **de'spondent** *a* découragé, abattu. **de'spondently** *adv* d'un air découragé, abattu.

despot ['despɔt] *n* despote *m*; tyran *m*. **de'spotic** *a* despotique; (*of pers*) despote. **de'spotically** *adv* despotiquement. **'despotism** *n* despotisme *m.*

dessert [di'zə:t] *n* dessert *m*; **d. plate,** assiette *f* à dessert; **d. wine,** vin de dessert, vin doux. **de'ssertspoon** *n* cuiller *f* à dessert.

destabilize [di:'steibilaiz] *vtr* déstabiliser.

destination [desti'neiʃn] *n* destination *f.*

destine ['destin] *vtr* destiner (**for,** à); **it was destined to happen,** ça devait arriver. **'destiny** *n* destin *m*; destinée *f.*

destitute ['destitju:t] *a* (*a*) dépourvu, dénué (**of,** de) (*b*) indigent; sans ressources; **utterly d.,** dans la misère. **desti'tution** *n* dénuement *m*, indigence *f*; misère *f.*

destroy [di'strɔi] *vtr* détruire; anéantir; abattre (une bête). **de'stroyer** *n* (*pers*) destructeur, -trice; *Nau:* contre-torpilleur *m*. **de'struct** *vtr Mil:* détruire. **de'struction** *n* destruction *f*; ravages *mpl* (du feu). **de'structive** *a* destructeur; (effet) destructif; **d. child,** brise-fer *m*. **de'structiveness** *n* pouvoir destructeur (d'une bombe); (*of pers*) penchant destructeur. **de'structor** *n* incinérateur *m* (à ordures).

desultory ['desəltri] *a* décousu; sans suite; (lectures) sans méthode.

detach [di'tætʃ] *vtr* détacher (**from,** de). **de'tachable** *a* détachable, amovible. **de'tached** *a* détaché; (*of pers, view*) désintéressé; (air) indifférent; **d. house,** maison individuelle. **de'tachment** *n* (*a*) détachement *m* (*b*) (*removal*) séparation *f.*

detail ['di:teil, *NAm:* di'teil] **1.** *n* (*a*) détail *m*; **in d.,** en détail; **in every d.,** dans le moindre détail; **to go into detail(s),** entrer dans les détails (*b*) *Mil:* détachement *m* **2.** *vtr* (*a*) raconter, exposer, en détail, par le menu; détailler (*b*) *Mil:* détacher. **'detailed,** *NAm:* **de'tailed** *a* (*of account*) détaillé.

detain [di'tein] *vtr* détenir (qn en prison); retenir (qn); empêcher (qn) de partir. **detai'nee** *n Pol: Jur:* détenu, -ue.

detect [di'tekt] *vtr* découvrir, déceler; distinguer; identifier; détecter (une mine); dépister (une maladie. **de'tection** *n* découverte *f*; identification *f*; détection *f*; dépistage *m*; **to escape d.,** se dérober aux recherches; (*of mistake*) passer inaperçu. **de'tective** *n* agent *m* de la Sûreté, policier *m* (en civil); **private d.,** détective (privé); **d. story,** roman policier. **de'tector** *n* détecteur *m* (de fumée).

detention [di'tenʃn] *n Jur:* détention *f*; *Sch:* retenue *f*; **to give a pupil a d.,** consigner, *F:* coller, un élève.

deter [di'tə:r] *vtr* (**deterred**) dissuader, décourager (**s.o. from doing,** qn de faire).

detergent [di'tə:dʒənt] *n* détergent *m.*

deteriorate [di'tiəriəreit] *vi* se détériorer; (*of morals*) dégénérer. **deterio'ration** *n* détérioration *f*; dégénérescence *f.*

determine [di'tɜːmin] *vtr* déterminer; fixer (un prix); délimiter (une frontière); décider (une question); décider de (l'avenir de qn); **to d. s.o. to do,** décider qn à faire; **to d. that,** décider que; **to d. to do sth,** se déterminer à faire qch. **determi'nation** *n* détermination *f*. **de'termined** *a* (*of look, quantity*) déterminé; **d. to do, on doing,** décidé à faire; **I'm d. she'll succeed,** je suis bien décidé à ce qu'elle réussisse.

deterrent [di'terənt, *NAm:* di'tɜːrənt] *n Mil:* force *f* de dissuasion; **to act as a d.,** exercer un effet préventif; *Fig:* **to be a d.,** être dissuasif.

detest [di'test] *vtr* détester. **de'testable** *a* détestable. **de'testably** *adv* détestablement. **dete'station** *n* haine *f*.

dethrone [di'θroun] *vtr* détrôner (un roi).

detonate ['detəneit] **1.** *vtr & i* faire détoner, faire exploser, faire sauter **2.** *vi* détoner. **deto'nation** *n* détonation *f*. **'detonator** *n* détonateur *m*.

detour ['diːtuər] *n* détour *m*; déviation *f*; **a d. via London,** un crochet par Londres.

detract [di'trækt] *vi* **to d. from,** diminuer. **de'tractor** *n* détracteur, -trice.

detriment ['detrimənt] *n* détriment *m*, préjudice *m*; **to the d. of,** au détriment de; **without d. to,** sans nuire à. **detri'mental** *a* préjudiciable (**to,** à).

deuce [djuːs] *n* (*a*) *Cards: etc:* deux *m* (*b*) *Ten:* quarante partout.

devalue [diː'væljuː] *vtr* dévaluer. **devalu'ation** *n* dévaluation *f*.

devastate ['devəsteit] *vtr* dévaster, ravager; anéantir (un adversaire); *Fig:* foudroyer (qn). **'devastating** *a* (*of storm*) dévastateur; (*of reasoning*) confondant, accablant; (*of charm*) irrésistible; (*of shock*) foudroyant. **'devastatingly** *adv* **d. beautiful,** d'une beauté incomparable. **deva'station** *n* dévastation *f*.

develop [di'veləp] **1.** *vtr* développer; mettre en valeur (une région, etc); construire sur (un terrain); contracter (une maladie, une habitude); manifester (un talent); *Phot:* développer; **to d. a liking for,** prendre goût à **2.** *vi* se développer; se manifester; (*of crisis*) se produire; **to d. into,** devenir. **de'veloper** *n* (*a*) **(property) d.,** promoteur *m* (immobilier) (*b*) *Phot:* révélateur *m*. **de'veloping 1.** *a* (pays) en voie de développement **2.** *n Phot:* développement *m*. **de'velopment** *n* (*a*) développement; mise *f* en valeur (d'une région, etc) (*b*) (*housing*) lotissement *m*; (*large*) grand ensemble (*c*) **a (new) d.,** un fait nouveau; **to await further developments,** attendre la suite des événements.

deviate ['diːvieit] *vi* dévier (**from,** de); **to d. from the norm,** s'écarter de la norme. **'deviant** *a* anormal. **devi'ation** *n* déviation *f* (**from,** de); écart *m* (de la norme).

device [di'vais] *n* (*a*) dispositif *m*, engin *m* (*b*) procédé *m*; **left to his own devices,** livré à lui-même (*c*) (*heraldry*) emblème *m*, devise *f*.

devil ['devl] *n* (*a*) diable *m*; *F:* **he's a d.!** (*of child*) c'est un petit démon! (*of man*) il est horrible! *F:* **poor d.!** pauvre diable! *F:* **be a d.,** laisse-toi tenter; **to play d.'s advocate,** se faire l'avocat du diable; **to be between the d. and the deep blue sea,** être entre l'enclume et le marteau; **talk of the d.!** quand on parle du loup (on en voit la queue); *F:* **go to the d.!** va au diable! (*b*) *F:* **what the d. are you doing?** que diable faites-vous là? **where, why, how, the d.?** où, pourquoi, comment, diable? **to run, work, like the d.,** courir, travailler, comme un fou; **to have the, a, d. of a job,** avoir un mal fou (**to do sth,** à faire qch); **a, the, d. of a problem,** un problème épouvantable; **a, the, d. of a noise,** un bruit infernal. **'devilish** *a* diabolique. **'devilled,** *NAm:* **-viled** *a Cu:* fortement épicé, poivré; au curry. **'devil-may-'care** *a* insouciant. **'devilment, 'devilry** *n* (*mischief*) diablerie *f*.

devious ['diːviəs] *a* (*of mind, behaviour*) détourné, tortueux; (*of pers*) retors; **he's d.,** il a l'esprit tortueux. **'deviously** *adv* d'une façon détournée. **'deviousness** *n* esprit *m* tortueux.

devise [di'vaiz] *vtr* inventer (un appareil); combiner (un plan); tramer (un complot).

devitalize [diː'vaitəlaiz] *vtr* rendre exsangue, affaiblir.

devoid [di'vɔid] *a* dénué, dépourvu (**of,** de); exempt (**of guilt,** de culpabilité).

devolution [diːvə'luːʃn] *n Pol:* décentralisation *f*; **the d. of power,** la délégation du pouvoir.

devolve [di'vɔlv] *vi* **to d. on,** revenir, incomber, à.

devote [di'vout] *vtr* consacrer, vouer; **to d. oneself to,** se consacrer, se vouer, s'adonner à. **de'voted** *a* dévoué; fervent. **de'votedly** *adv* avec dévouement. **devo'tee** *n Sp: Mus:* passionné, -ée. **de'votion** *n* dévouement *m*; *Rel:* dévotion *f*; *pl* dévotions. **de'votional** *a* de dévotion.

devour [di'vauər] *vtr* dévorer. **de'vouring** *a* dévorant.

devout [di'vaut] *a* dévot, pieux; (*of supporter, wish*) fervent. **de'voutly** *adv* avec dévotion; avec ferveur.

dew [djuː] *n* rosée *f*. **'dewdrop** *n* goutte *f* de rosée. **dewy-'eyed** *a* aux yeux brillants (de larmes).

dexterity [dek'steriti] *n* adresse *f*, dextérité *f*. **'dext(e)rous** *a* adroit, habile (**in doing,** à faire). **'dext(e)rously** *adv* avec dextérité.

DHSS *abbr Department of Health and Social Security.*

diabetes [daiə'biːtiːz] *n Med:* diabète *m*. **diabetic** [-'betik] *a & n* diabétique (*mf*).

diabolical [daiə'bɔlikl] *a* diabolique; *F:* épouvantable. **dia'bolically** *adv* diaboliquement.

diadem ['daiədem] *n* diadème *m*.

diagnose ['daiəgnouz] *vtr* diagnostiquer. **diag'nosis** *n* (*pl* **-oses**) *Med:* diagnostic *m*.

diagonal [dai'ægənl] **1.** *a* diagonal **2.** *n* diagonale *f*. **di'agonally** *adv* en diagonale.

diagram ['daiəgræm] *n* diagramme *m*, schéma *m*; *Math:* figure *f*. **diagra'mmatic** *a* schématique.

dial ['daiəl] **1.** *n* cadran *m*; *NAm:* **d. tone,** tonalité *f* **2.** *vtr & i* (**dialled**) *Tp:* composer, faire (un numéro); appeler (qn); **to d. s.o. direct,** appeler qn par l'automatique; **to d. 999,** appeler Police Secours; **dialling tone,** tonalité *f*; **dialling code,** indicatif *m*.

dialect ['daiəlekt] *n* dialecte *m*; **local d.,** patois *m*; **d. word,** mot dialectal.

dialogue, *NAm:* **dialog** ['daiəlɔg] *n* dialogue *m*.

dialysis [dai'ælisis] *n* (*pl* **dialyses**) dialyse *f*; **kidney d.,** dialyse péritonéale.

diameter [dai'æmitər] *n* diamètre *m*; **60 cm in d.,** 60 cm de diamètre. **dia'metrical** *a* diamétral. **dia'metrically** *adv* diamétralement.

diamond ['daiəmənd] **1.** *n* (*a*) diamant *m*; **d. necklace,** rivière *f* de diamants; **d. merchant,** diamantaire *m*; *F:* **rough d.,** personne *f* aux dehors grossiers mais bon enfant; **d. jubilee,** fête du soixantième anniversaire (*b*) (*shape*) losange *m*; *Cards:* **diamond(s),** carreau *m*; *NAm:* **(baseball) d.,** terrain *m* (de baseball) **2.** *a* (bague) de diamant(s). **'diamond-shaped** *a* en losange.

diaper ['daiəpər] *n NAm:* couche *f* (de bébé).

diaphragm ['daiəfræm] *n* diaphragme *m*.

diarrh(o)ea [daiə'ri:ə] *n Med:* diarrhée *f*.

diary ['daiəri] *n* (*pl* **diaries**) (*a*) journal *m* (intime) (*b*) (*for engagements*) agenda *m*. **'diarist** *n* auteur *m* d'un journal (intime).

dice [dais] **1.** *npl* (*pl of* **die**[1] (*a*)) *Games:* dés *mpl* **2.** *vtr Cu:* couper en dés. **'dice with** *vtr* **to d. w. death,** risquer sa vie. **'dicey** *a F:* risqué.

dichotomy [dai'kɔtəmi] *n* dichotomie *f*.

dickens ['dikinz] *n F:* **where, why, what, the d.?** où, pourquoi, que, diable?

dicky ['diki] *a F:* branlant; **he has a d. heart,** il a le cœur fragile, malade.

dictate [dik'teit] **1.** *vtr* dicter **2.** *vi* dicter; **to d. to s.o.,** régenter qn; **I won't be dictated to,** on ne me donne pas d'ordres. **'dictates** *npl* préceptes *npl*; **the d. of conscience,** la voix de la conscience. **dic'tation** *n* dictée *f*. **dic'tator** *n* dictateur *m*. **dicta'torial** *a* dictatorial. **dicta'torially** *adv* dictatorialement. **dic'tatorship** *n* dictature *f*.

dictaphone ['diktəfoun] *n Rtm:* dictaphone *m*.

diction ['dikʃn] *n* langage *m*; (*way of speaking*) diction *f*.

dictionary ['dikʃnəri] *n* (*pl* **dictionaries**) dictionnaire *m*.

dictum ['diktəm] *n* dicton *m*.

did [did] *see* **do**[1] **II.**

diddle ['didl] *vtr P:* escroquer, rouler; **to d. s.o. out of sth.,** carotter qch à qn; **to get diddled out of sth.,** se faire refaire de qch.

die[1] [dai] *n* (*pl* **dice**) *Games:* dé *m*; *Num:* (*in minting*) coin *m*; *Metalw:* matrice *f*; *Fig:* **the d. is cast,** les dés sont jetés. **'die-casting** *n* moulage *m* en coquille.

die[2] *vi* (**died**) mourir (**of, from,** de); (*of animals*) crever; *F:* (*of engine*) caler; **to be dying,** mourir; être à l'agonie; **he died yesterday,** il est mort hier; **to d. a natural death,** mourir de mort naturelle; **to d. a hero's death,** mourir en héros; **old superstitions d. hard,** les vieilles superstitions ont la vie dure; **never say d.!** il ne faut jamais désespérer; **I nearly died (laughing),** je mourais de rire; **I'm dying of thirst, for a drink,** je meurs de soif; **to be dying to do sth,** mourir d'envie de faire qch; **his secret died with him,** il a emporté son secret dans le tombeau. **die a'way** *vi* (*of sound*) mourir. **die 'back** *vi* (*of plant*) se faner. **die 'down** *vi* (*of fire*) mourir; (*of wind*) tomber; (*of storm*) se calmer. **'diehard** *n* réactionnaire *mf*. **die 'off** *vi* mourir (les uns après les autres). **die 'out** *vi* (*of custom*) mourir; (*of family*) s'éteindre.

diesel ['di:zəl] *n* (*a*) **d. (engine),** (i) (locomotive *f*) diesel *m* (ii) (moteur *m*) diesel (*b*) **d. (oil),** gazole *m*.

diet ['daiət] **1.** *n* (*a*) alimentation *f*, nourriture *f* (*b*) (*for slimming, etc*) régime *m*; **to go, be, on a d.,** faire un régime **2.** *vi* suivre un régime. **'dietary** *a* diététique; **d. fibre,** fibre(s) *f*(*pl*) alimentaire(s). **die'tetics** *npl* diététique *f*. **die'tician** *n* diététicien, -ienne.

differ ['difər] *vi* différer, être différent (**from,** de); (*of two people*) **to d. about sth,** ne pas être d'accord (**from,** avec); **to agree to d.,** garder chacun son opinion.

difference ['difrəns] *n* (*a*) différence *f* (**in,** de; **between,** entre); écart *m*, différence (d'âge, de poids, etc); **to tell the d. between,** connaître la différence entre; **I don't quite see the d.,** je ne saisis pas la nuance; **it makes no d.,** ça n'a pas d'importance; **it makes no d. to me,** ça m'est égal; **that makes all the d.,** voilà qui change tout; **but with a d.,** mais pas comme les autres; **to split the d.,** partager la différence (*b*) **d. (of opinion),** différend *m*; **settle your differences,** mettez-vous d'accord. **'different** *a* (*a*) différent (**from, to,** de); **quite d.,** pas comme les autres; **that's quite a d. matter,** ça, c'est une autre affaire; **he does it to be d.,** il le fait pour se faire remarquer (*b*) (*various*) différents, divers; **d. kinds of,** différentes sortes de. **diffe'rential 1.** *a* différentiel **2.** *n* (*a*) **(wage) differentials,** écarts salariaux (*b*) *Aut:* différentiel *m*. **diffe'rentiate** *vtr* différencier (**from,** de); **to d. (between),** faire la différence entre. **'differently** *adv* différemment (**from, to,** de); **he speaks d. from you,** il ne parle pas de la même manière, il parle autrement, que vous.

difficult ['difikəlt] *a* difficile; **it's d. for us to ...,** il nous est difficile de; **it is d. to believe that,** on a peine à croire que; **d. to get on with,** (personne) difficile à vivre. **'difficulty** *n* difficulté *f*; **to have d. (in) doing sth,** avoir du mal à faire qch; **d. in breathing,** gêne *f* dans la respiration; **the d. is to,** le plus difficile, c'est de; **I see no d. about it,** je n'y vois pas d'obstacle, d'inconvénient; **to be in d.,** avoir des difficultés; **d. with,** des ennuis *mpl* avec; **financial difficulties,** ennuis d'argent; **to get into difficulties,** se créer des ennuis.

diffidence ['difidəns] *n* manque *m* d'assurance. **'diffident** *a* qui manque d'assurance; (*of smile, tone*) mal assuré; **I was d. about speaking to him,** j'hésitais à lui parler. **'diffidently** *adv* timidement; en hésitant.

diffuse 1. *vtr & i* [di'fju:z] (se) diffuser **2.** *a* [di'fju:s] diffus. **di'ffusion** *n* diffusion *f*.

dig [dig] **1.** *n* (*a*) coup *m* de bêche; coup *m* de poing, de coude (**in the ribs,** dans les côtes); *F:* (*remark*) coup de griffe; **that's a d. at you,** c'est une pierre dans votre jardin (*b*) *Archeol:* fouille *f*; **to go on a d.,** faire des fouilles (archéologiques) **2.** *v* (**digging; dug** [dʌg]) (*a*) *vtr* bêcher, retourner (la terre); creuser (un trou, une tombe, etc); enfoncer (**sth into sth,** qch dans qch); *P:* (*understand*) piger; *P:* (*appreciate*) aimer; *P:* **I d. that!** ça me plaît, ça me botte! (*b*) *vi* creuser; (*of pig*) fouiller; faire des fouilles (archéologiques). **'dig for** *vtr Min:* faire des fouilles pour extraire (de l'or). **'digger** *n* (*a*) (*pers*) bêcheur *m* (*b*) (*machine*) excavatrice *f*, pelleteuse *f*. **dig 'in 1.** *vtr* enterrer (le fumier); enfoncer (un couteau); *Fig:* **to d. one's heels in,**

s'entêter; *Mil:* **to d. oneself in,** se retrancher **2.** *vi (a) Mil:* se retrancher *(b) F:* manger, bouffer; **d. in!** vas-y, mange! **dig 'into** *vtr (a)* enfoncer (un couteau) dans *(b)* fouiller dans (le passé de qn) *(c) F:* attaquer (un repas). **dig 'out** *vtr* déterrer (un animal, un fait); dégager (un accidenté); *F:* dénicher. **digs** *npl F:* chambre (meublée), logement *m.* **dig 'up** *vtr* déterrer; déraciner (une plante); arracher (les mauvaises herbes); retourner (la terre); ouvrir (la chaussée, le sol); *F:* dénicher.

digest 1. *n* ['daidʒest] sommaire *m*; *Journ:* condensé *m* **2.** *vtr* [dai'dʒest] digérer. **di'gestible** *a* digeste. **di'gestion** *n* digestion *f.* **di'gestive** *a & n* digestif; **d. (biscuit),** sablé *m.*

digit ['didʒit] *n (a)* doigt *m*; orteil *m (b)* chiffre *m.* **'digital** *a* (ordinateur, montre, clavier, etc) numérique.

dignify ['dignifai] *vtr* donner de la dignité à; **to d. with the name of,** honorer du nom de. **'dignified** *a* qui a de la dignité; (air) digne. **'dignitary** *n (pl* **-ies)** dignitaire *m.* **'dignity** *n* dignité *f*; **beneath his d.,** au-dessous de lui.

digress [dai'gres] *vi* faire une digression; **to d. from,** s'écarter de. **di'gression** *n* digression *f.*

dike [daik] *n* digue *f*, levée *f.*

dilapidated [di'læpideitid] *a (of house)* délabré. **dilapi'dation** *n* délabrement *m.*

dilate [dai'leit] *vtr & i (of eyes, etc)* (se) dilater. **di'lation** *n* dilatation *f.*

dilatory ['dilətəri] *a (of pers)* lent (à agir); (réponse) dilatoire.

dilemma [dai'lemə] *n* dilemme *m*; **in, on the horns of, a d.,** pris dans un dilemme.

dilettante [dili'tænti] *n* dilettante *mf.*

diligence ['dilidʒəns] *n* zèle *m*, assiduité *f.* **'diligent** *a* assidu, appliqué; **to be d. in doing sth.,** faire qch avec zèle. **'diligently** *adv* avec zèle.

dill [dil] *n Bot:* aneth *m.*

dillydally ['dilidæli] *vi F:* traîner, lambiner, lanterner; tergiverser.

dilute [dai'lju:t] **1.** *vtr* diluer; couper (le vin); délayer (une couleur). **2.** *a* dilué. **di'lution** *n* dilution *f.*

dim [dim] **1.** *a* **(dimmer, dimmest)** *(of light, sight)* faible; *(of room)* sombre; *(of colour)* terne; *(of shape)* obscur; *(of memory, outline)* vague; *F: (of pers)* stupide, bête; **to grow d.,** *(of light, sight)* baisser; *(of memory)* s'effacer; *F:* **to take a d. view of,** avoir une piètre opinion de **2.** *v* **(dimmed)** *(a) vtr* baisser, réduire (la lumière); obscurcir (la vue); ternir (la gloire); estomper (la mémoire) *(b) vi (of light, sight)* baisser; *(of outlines)* s'effacer. **'dimly** *adv* faiblement; vaguement. **'dimmer** *n El:* **d. (switch),** variateur *m* de lumière. **'dimness** *n* faiblesse *f* (d'éclairage); pénombre *f* (d'une pièce); vague *m* (d'un souvenir, etc); *F: (of pers)* stupidité *f.* **'dimwit** *n F:* idiot, -ote. **dim-'witted** *a F:* idiot.

dime [daim] *n NAm:* (pièce *f* de) dix cents *mpl*; **a d. store,** = un Prisunic *(Rtm)*, un Monoprix *(Rtm).*

dimension [dai'menʃn] *n* dimension *f*; *Fig:* étendue *f.*

diminish [di'miniʃ] *vtr & i* diminuer. **di'minishing** *a* qui diminue; **d. returns,** rendements décroissants. **di'minutive 1.** *a & n Gram:* diminutif *(m)* **2.** *a* minuscule.

dimple ['dimpl] *n* fossette *f.* **'dimpled** *a (of chin, cheek)* à fossettes.

din [din] *n* vacarme *m*; *esp Sch:* chahut *m*; **what a d.!** quel boucan! **din 'into** *vtr* **to d. i. s.o. that,** rabâcher à qn que.

dine [dain] *vi* dîner **(off, on,** de); **to d. out,** dîner en ville, chez des amis; **dining room,** salle à manger; *Rail:* **dining car,** wagon-restaurant *m.* **'diner** *n* **1.** *(pers)* dîneur, -euse **2.** *(a) Rail:* wagon-restaurant *(b) NAm: (short-order restaurant)* petit restaurant.

ding(dong) ['diŋ(dɔŋ)] *int (of bell)* dring! ding (dong)!

dinghy ['diŋgi] *n (pl* **dinghies)** petit canot, youyou *m*; **(rubber) d.,** canot pneumatique; **(sailing) d.,** dériveur *m.*

dingy ['dindʒi] *a* **(-ier, -iest)** malpropre; *(of colour)* terne. **'dinginess** *n* malpropreté *f.*

dinner ['dinər] *n* dîner *m*; *(lunch)* déjeuner *m*; *(for dog, cat)* pâtée *f*; **public d.,** banquet *m*; **school d.,** repas *m* scolaire; **to have d., to be at the d. table,** dîner, être à table; **d. dance,** dîner-dansant *m*; **d. jacket** *(NAm:* = **tuxedo),** smoking *m*; **d. party,** dîner (à la maison); **to have s.o. to d.,** avoir qn à dîner; **to go out for, to, d.,** dîner en ville, au restaurant, chez des amis; **d. service, d. set,** service *m* de table; **d. time,** l'heure *f* du dîner.

dinosaur ['dainəsɔ:r] *n* dinosaure *m.*

dint [dint] *n* **by d. of,** à force de.

diocese ['daiəsis] *n Ecc:* diocèse *m.*

dioxide [dai'ɔksaid] *n Ch:* dioxyde *m.*

dip [dip] **I.** *n (a) F:* petite baignade; **to go for a d.,** faire trempette *(b)* déclivité *f* (dans la route) *(c)* **(sheep) d.,** bain *m* parasiticide (pour moutons) *(d) Cu:* hors-d'œuvre *m* (au fromage); mousse *f* (au poisson). **II.** *v* **(dipped) 1.** *vtr (a)* plonger; *(into liquid)* tremper, plonger; immerger (un métal); baigner (des moutons) *(b)* baisser (qch); *Aut:* **to d. one's headlights,** se mettre en code **2.** *vi (of sun)* baisser; *(of road)* plonger; **to d. into,** feuilleter (un livre); puiser dans (sa poche). **dipped** *a* (phares) code. **'dipper** *n (a) DomEc:* louche *f (b) (at fairground)* **big d.,** montagnes *fpl* russes *(c) Aut:* **d. (switch)** *[also* **'dipswitch),** inverseur *m* codes/phares. **'dipstick** *n Aut:* jauge *f* (de niveau) d'huile.

Dip.Ed. *abbr Diploma in Education.*

diphtheria [dif'θiəriə] *n Med:* diphtérie *f.*

diphthong ['difθɔŋ] *n Ling:* diphtongue *f.*

diploma [di'ploumə] *n* diplôme *m.*

diplomacy [di'ploumәsi] *n* diplomatie *f.* **'diplomat** *n*, **di'plomatist** *n* diplomate *mf.* **diplo'matic** *a* diplomatique; **the d. service,** la diplomatie; la carrière diplomatique; *Fig:* **to be d.,** être diplomate. **diplo'matically** *adv* diplomatiquement.

dipsomania [dipsou'meiniə] *n* dipsomanie *f.* **dipso'maniac** *n* dipsomane *mf.*

dire ['daiər] *a* affreux; *(of poverty, need)* extrême; **in d. straits,** dans la plus grande détresse.

direct [d(a)i'rekt] **1.** *vtr* diriger (le travail, ses pas, son attention); adresser (une lettre, une remarque) **(to,** à); diriger, gérer (une entreprise); orienter (ses efforts) **(to, towards,** vers); *Cin:* réaliser (un film); *Th:* mettre en scène (une pièce); **could you d. me to the station?** pourriez-vous m'indiquer le chemin de la gare? **to d. s.o. to do sth,** charger à qn de faire qch; **as directed,** selon les instructions **2.** *a* (*a*) direct; (réponse) catégorique; (*of danger, cause*) immédiat; *El:* (courant) continu; **d. taxation,** contributions directes; *Gram:* **d. object,** complément direct; **to be a d. descendant of s.o.,** descendre de qn en ligne directe; **d. hit,** coup au but (*b*) (*of pers*) franc **3.** *adv* (aller) directement. **di'rective** *n* directive *f*. **di'rectly 1.** *adv* (*a*) (aller) directement; (descendre de qn) en ligne directe (*b*) absolument; diamétralement (opposé); juste (en face) (*c*) (parler) franchement (*d*) (*of time*) tout de suite, tout à l'heure **2.** *conj F:* aussitôt que, dès que. **di'rectness** *n* franchise *f*.

direction [d(a)i'rekʃn] *n* (*a*) direction *f*, administration *f* (d'une société); réalisation *f* (d'un film); mise *f* en scène (d'une pièce) (*b*) direction, sens *m*; **in every d.,** dans tous les sens; **in the d. of,** dans la direction de; **in the opposite d.,** en sens inverse; **you're looking in the wrong d.,** vous ne regardez pas du bon côté; **sense of d.,** sens de l'orientation *f*; *WTel:* **d. finder,** radiogoniomètre *m* (*c*) *pl* indications *fpl*; **directions (for use),** mode *m* d'emploi; *Th:* **stage directions,** indications *fpl* scéniques. **di'rectional** *a* directionnel.

director [dai'rektər] *n* directeur, -trice (d'une société); gérant, -ante (d'une entreprise); administrateur, -trice; *Cin:* réalisateur, -trice; *Th:* metteur *m* en scène; **D. of Public Prosecutions,** *approx* = chef *m* de parquet. **di'rectorate** *n* (conseil *m* d')administration *f*. **di'rectorship** *n Com:* poste *m* de directeur. **di'rectory** *n* (*pl* **-ies**) répertoire *m* (d'adresses); guide *m* (des rues); *Tp:* annuaire *m* (des téléphones); *Rtm:* Bottin *m*; *Tp:* **d. inquiries,** renseignements *mpl*.

dirge [dəːdʒ] *n* chant *m* funèbre.

dirt [dəːt] *n* saleté *f*; (*filth*) ordure *f*, crasse *f*; boue *f*; (*earth*) terre *f*; (*of material*) **to show the d.,** être salissant; **to treat s.o. like d.,** traiter qn comme un chien; *NAm:* **d. farmer,** (petit) exploitant agricole; **d. road,** chemin *m* de terre; *Sp:* **d. track,** cendrée *f*; *F:* **d. cheap,** très bon marché. **'dirtily** *adv* salement. **'dirtiness** *n* saleté *f*, malpropreté *f*. **'dirty 1.** *a* (*a*) sale; malpropre; crasseux; crotté; (*of machine, etc*) encrassé; **d. work,** (i) travail salissant (ii) *Fig:* grosse, sale, besogne; **to get d.,** se salir; **to get sth d.,** salir qch; (*b*) (*obscene, unpleasant*) sale; (mot) grossier, obscène; **d. old man,** vieux cochon; **d. story,** histoire cochonne; **d. trick,** sale tour; *F:* **to do the d. on s.o.,** jouer un sale tour à qn; *F:* **to give s.o. a d. look,** regarder qn d'un sale œil **2.** *adv* (se battre) déloyalement **3.** (*a*) *vtr* salir; encrasser (une machine) (*b*) *vi* se salir.

disability [disə'biliti] *n* (*pl* **disabilities**) incapacité *f*; (*physical*) infirmité *f*; *Fig:* désavantage *m*; *Adm:* **d. allowance,** allocation *f* d'invalidité *f*. **dis'able** *vtr* rendre infirme; mutiler (qn). **dis'abled 1.** *a* infirme, handicapé; mutilé. **2.** *npl* **the d.,** les infirmes *m*, les handicapés *mpl*. **dis'ablement** *n* invalidité.

disadvantage [disəd'vɑːntidʒ] **1.** *n* désavantage *m*; inconvénient *m*; **at a d.,** au dépourvu; désavantagé **2.** *vtr* désavantager. **disad'vantaged** *a* désavantagé. **disadvan'tageous** *a* désavantageux **(to,** à).

disaffected [disə'fektid] *a* mécontent. **disa'ffection** *n* désaffection *f* **(for,** pour); mécontentement *m*.

disagree [disə'griː] *vi* (*a*) ne pas être d'accord, être en désaccord **(with,** avec); (*of figures*) ne pas concorder; **I d.,** je ne suis pas de cet avis (*b*) (*quarrel*) se brouiller **(with s.o.,** avec qn) (*c*) (*of climate*) ne pas convenir **(with,** à); (*of food*) ne pas réussir **(with,** à); **pork disagrees with him,** il digère mal le porc. **disa'greeable** *a* désagréable; (*of incident*) fâcheux; (*of pers*) désobligeant. **disa'greeably** *adv* désagréablement. **disa'greement** *n* (*a*) (*between statements*) différence *f* (*b*) désaccord *m* **(with s.o. about sth,** avec qn sur qch); différend *m*.

disallow [disə'lau] *vtr* rejeter; *Fb:* annuler.

disappear [disə'piər] *vi* disparaître; **he disappeared in(to) the crowd,** il s'est perdu dans la foule. **disa'ppearance** *n* disparition *f*.

disappoint [disə'pɔint] *vtr* décevoir; désappointer (qn); (*after promising*) manquer à sa parole envers (qn). **disa'ppointed** *a* déçu; **I'm d. with, in, you,** vous m'avez déçu. **disa'ppointing** *a* décevant. **disa'ppointment** *n* déception *f*; *pl* déboires *mpl*.

disapprove [disə'pruːv] *vi* **to d. of,** désapprouver; **I d.,** je suis contre. **disa'pproval** *n* désapprobation *f*; **look of d.,** regard désapprobateur. **disa'pproving** *a* (*of look, etc*) désapprobateur. **disa'pprovingly** *adv* avec désapprobation.

disarm [dis'ɑːm] *vtr & i* désarmer. **dis'armament** *n* désarmement *m*. **dis'arming** *a* désarmant. **dis'armingly** *adv* **he was d. frank,** il montrait une franchise désarmante.

disarrange [disə'reindʒ] *vtr* mettre en désordre; déranger.

disarray [disə'rei] *n* **in d.,** en désordre *m*; (*of troops*) en déroute *f*; (*of thoughts*) en désarroi.

disassociate [disə'souʃieit] *vtr* dissocier.

disaster [di'zɑːstər] *n* désastre *m*; catastrophe *f*; (*by fire, flood*) sinistre *m*; **d. area,** région sinistrée. **disaster-stricken** *a* sinistré. **di'sastrous** *a* désastreux. **di'sastrously** *adv* désastreusement.

disband [dis'bænd] **1.** *vtr* disperser **2.** *vi* se disperser.

disbelieve [disbi'liːv] *vtr* ne pas croire (à). **disbe'lief** *n* incrédulité *f*. **disbe'liever** *n* incrédule *mf*.

disc, *NAm:* **disk** [disk] *n* disque *m*; (*of cardboard*) rondelle *f*; **identity d.,** plaque *f* d'identité; **d. jockey,** animateur, -trice (de variétés, etc), disc-jockey *m*; *Med:* **slipped d.,** hernie discale; *Aut:* **d. brake,** frein *m* à disque.

discard [dis'kɑːd] *vtr* mettre de côté; se débarrasser de; abandonner (un projet, un espoir, etc); *Cards:* se défausser de (couleur).

discern [di'səːn] *vtr* distinguer, discerner. **di'scernible** *a* perceptible. **di'scerning** *a* (*of pers*) averti, sagace; (esprit) pénétrant; (goût) délicat. **di'scernment** *n* discernement *m*.

discharge 1. *n* ['distʃɑːdʒ] (*a*) décharge *f* (d'un fusil); échappement *m* (de gaz); écoulement *m* (d'eau); exercice *m* (d'une fonction); renvoi *m* (d'un employé); libération *f* (d'un prisonnier); réforme *f* (d'un soldat) (*b*) *El:* décharge; *Med:* écoulement **2.** *v* [dis'tʃɑːdʒ] (*a*) *vtr* décharger (un fusil); rejeter (de la fumée); déverser (de l'eau); accomplir (son devoir); renvoyer (un malade, un employé); *Mil:* réformer (un soldat); décharger (un accusé); libérer (un prisonnier); réhabiliter (un banqueroutier); **he was discharged from hospital yesterday,** il est sorti de l'hôpital hier (*b*) *vi* (*of wound*) suppurer; (*of river*) se jeter (**into,** dans).

disciple [di'saipl] *n* disciple *m.*

discipline ['disiplin] **1.** *n* discipline *f* **2.** *vtr* discipliner; punir. **discipli'narian** *n* partisan, -ane, de la discipline; **to be a (strict) d.,** être très à cheval sur la discipline. **disci'plinary** *a* disciplinaire.

disclaim [dis'kleim] *vtr* désavouer; (dé)nier (une responsabilité). **dis'claimer** *n* désaveu *m.*

disclose [dis'klouz] *vtr* révéler, divulguer. **dis'closure** *n* révélation *f*, divulgation *f.*

disco ['diskou] *n F:* disco(thèque) *f.*

discolour, *NAm:* **-or** [dis'kʌlər] **1.** *vtr* décolorer; jaunir (les dents) **2.** *vi* se décolorer; jaunir. **discolo(u)'ration** *n* décoloration *f*; jaunissement *m.*

discomfiture [dis'kʌmfitʃər] *n* embarras *m.*

discomfort [dis'kʌmfət] *n* (*physical, mental*) malaise *m*, gêne *f*; (*hardship*) inconvénient *m.*

disconcert [diskən'sə:t] *vtr* déconcerter. **discon'certing** *a* déconcertant. **discon'certingly** *adv* d'une manière déconcertante.

disconnect [diskə'nekt] *vtr* détacher; décrocher (des wagons); *El:* déconnecter (des fils); débrancher (une radio); couper (l'eau, le téléphone). **disco'nnected** *a* détaché; *El:* déconnecté, débranché; *Tp:* coupé; (*of speech*) décousu.

disconsolate [dis'kɔnsələt] *a* inconsolable; désolé. **dis'consolately** *adv* d'un air désolé.

discontent [diskən'tent] *n* mécontentement *m.* **dis-con'tented** *a* mécontent (**with,** de).

discontinue [diskən'tinju:] *vtr* cesser, interrompre. **discon'tinued** *a Com:* (*of article*) qui ne se fait plus. **discon'tinuous** *a* discontinu.

discord ['diskɔ:d] *n* discorde *f*, désaccord *m*; *Mus:* (i) dissonance *f* (ii) accord dissonant. **dis'cordant** *a* discordant; *Mus:* dissonant.

discotheque ['diskətek] *n* (*club*) discothèque *f.*

discount 1. *n* ['diskaunt] (*on article*) remise *f*, rabais *m*; (*on account paid early*) escompte *m*; **to give a d.,** faire une remise (**on,** sur); **at a d.,** (vendre, acheter) au rabais; **d. for cash,** escompte au comptant; **d. store,** solderie *f* **2.** *vtr* [dis'kaunt] (*a*) ne pas tenir compte de; faire peu de cas de (l'avis de qn) (*b*) *Fin:* escompter (un effet).

discourage [dis'kʌridʒ] *vtr* décourager; **to get discouraged,** se décourager. **dis'couragement** *n* (*act*) désapprobation *f*, dissuasion *f*; (*state*) découragement *m.* **dis'couraging** *a* décourageant.

discourse ['diskɔ:s] *n* discours *m.*

discourteous [dis'kə:tiəs] *a* impoli; discourtois. **dis'courteously** *adv* impoliment. **dis'courtesy** *n* impolitesse *f.*

discover [dis'kʌvər] *vtr* découvrir; dénicher; s'apercevoir, se rendre compte (**that,** que). **dis'coverer** *n* découvreur *m.* **dis'covery** *n* découverte *f*; (*find*) trouvaille *f*; **voyage of d.,** voyage *m* d'exploration *f.*

discredit [dis'kredit] **1.** *n* discrédit *m* **2.** *vtr* (*a*) ne pas croire (une rumeur) (*b*) discréditer. **dis'creditable** *a* indigne, peu honorable.

discreet [dis'kri:t] *a* discret; (*careful*) prudent, avisé. **dis'creetly** *adv* discrètement; avec prudence. **dis'cretion** *n* discrétion *f*; prudence *f*; **I shall use my own d.,** je ferai comme bon me semblera; **age of d.,** âge *m* de raison; **at s.o.'s d.,** à la discrétion de qn; **d. is the better part of valour,** l'essentiel du courage c'est la prudence. **dis'cretionary** *a* discrétionnaire.

discrepancy [dis'krepənsi] *n* divergence *f*, contradiction *f* (**between,** entre).

discrete [dis'kri:t] *a Tchn:* discret.

discriminate [dis'krimineit] **1.** *vtr* distinguer (**from,** de) **2.** *vi* distinguer (**between,** entre); **to d. against s.o.,** établir une discrimination contre qn; **to d. in favour of s.o.,** faire des distinctions en faveur de qn. **dis'criminating** *a* (*of pers*) averti, sagace; (acheteur) avisé; (*of taste, ear*) fin; *Adm:* (tarif) différentiel. **discrimi'nation** *n* (*a*) discernement *m*; jugement *m*; **man of d.,** homme judicieux (*b*) distinction *f* (*c*) discrimination *f.* **dis-crimi'natory** *a* discriminatoire.

discus ['diskəs] *n Sp:* disque *m.*

discuss [dis'kʌs] *vtr* discuter, parler, de; discuter, débattre (un problème); délibérer (une question). **dis'cussion** *n* discussion *f*; **under d.,** en question, en discussion.

disdain [dis'dein] **1.** *n* dédain *m* **2.** *vtr* dédaigner. **dis'dainful** *a* dédaigneux; **to be d. of,** dédaigner. **dis'dainfully** *adv* dédaigneusement.

disease [di'zi:z] *n* maladie *f.* **di'seased** *a* malade.

disembark [disem'bɑ:k] *vtr & i* débarquer. **disembar'kation** *n* débarquement *m.*

disembodied [disim'bɔdid] *a* désincarné.

disembowel [disim'baul] *vtr* (**disembowelled,** *NAm:* **-boweled**) éventrer.

disenchant [disin'tʃɑ:nt] *vtr* désenchanter. **disen'chantment** *n* désenchantement *m.*

disengage [disin'geidʒ] *vtr* dégager; désengager (des troupes); *MecE:* débrayer.

disentangle [disin'tæŋgl] *vtr* démêler; dénouer (une intrigue); **to d. oneself from,** se dégager de.

disfavour, *NAm:* **-or** [dis'feivər] *n* défaveur *f*; **to fall into d.,** tomber en disgrâce.

disfigure [dis'figər] *vtr* défigurer. **dis'figurement** *n* défigurement *m.*

disgorge [dis'gɔ:dʒ] *vtr* dégorger; vomir, rendre.

disgrace [dis'greis] **1.** *n* (*a*) disgrâce *f*; **in d.,** en disgrâce (*b*) honte *f*, déshonneur *m*; **to be a d. to one's family,** être la honte de sa famille **2.** *vtr* déshonorer, faire honte à; **to d. oneself,** se conduire indignement. **dis'graced** *a* (*of pers*) disgracié. **dis'graceful** *a* honteux; scandaleux. **dis'gracefully** *adv* honteusement; scandaleusement.

disgruntled [dis'grʌntld] *a* mécontent (**at,** de); (humeur) maussade.

disguise [dis'gaiz] **1.** *n* déguisement *m*; **in d.,** déguisé **2.** *vtr* déguiser (**as,** en); masquer (une odeur); dissimuler (ses sentiments); **there is no disguising the fact that,** il faut avouer que.

disgust [dis'gʌst] **1.** *n* dégoût *m* (**at, for, with,** de); **in d.,** écœuré, dégoûté **2.** *vtr* dégoûter; écœurer (qn). **dis'gusted** *a* dégoûté, (**at, by, with,** de); écœuré (**at, by, with,** par); **to be d. with s.o.,** être fâché contre qn; **d. to hear that . . .,** indigné d'apprendre que . . .

dis'gusting *a* dégoûtant; écœurant. **disgustingly** *adv* d'une façon dégoûtante.

dish [diʃ] *n* (*a*) plat *m* (à poisson); *Tchn:* récipient *m*; *Phot:* cuvette *f*; **vegetable d.**, légumier *m*; **to wash, do, the dishes,** faire la vaisselle; *P:* **she's a (real) d.**, c'est un beau brin de fille (*b*) plat (de viande); mets *m*. **'dishcloth** *n* (*for washing*) lavette *f*; (*for drying*) torchon *m*. **dish 'out** *vtr* (*a*) servir (des légumes, etc) (*b*) distribuer. **'dishpan** *n NAm:* (*Br* = **washing up bowl**) bassine *f* (à vaisselle). **dish 'up** *vtr* servir (de la viande, etc). **'dishwasher** *n* lave-vaisselle *m*. **'dishwater** *n* eau *f* de vaisselle; *F:* (*tasteless coffee*) lavasse *f*. **'dishy** *a F:* (*of man, woman*) beau, sexy, qui a du chien.

dishearten [dis'hɑːtn] *vtr* décourager, abattre; **to be disheartened,** se décourager. **dis'heartening** *a* décourageant.

dishevelled [di'ʃevəld] *a* hirsute, échevelé; (vêtements) en désordre, froissés.

dishonest [dis'ɔnist] *a* malhonnête; de mauvaise foi. **dis'honestly** *adv* malhonnêtement. **dis'honesty** *n* malhonnêteté *f*; mauvaise foi.

dishonour, *NAm:* **-or** [dis'ɔnər] **1.** *n* déshonneur *m* **2.** *vtr* déshonorer; refuser d'honorer (un chèque). **dis'honourable,** *NAm:* **-orable** *a* (*of pers*) peu honorable; (*of action*) honteux. **dis'honourably,** *NAm:* **-orably** *adv* avec déshonneur.

disillusion [disi'luːʒn] **1.** *n* désillusion *f* **2.** *vtr* désillusionner, désabuser, désenchanter. **disi'llusionment** *n* désillusion.

disincentive [disin'sentiv] *n* mesure dissuasive; **to be a d. to s.o.,** décourager qn; **it's a d. to work,** cela n'encourage pas à travailler.

disinclination [disinkli'neiʃn] *n* répugnance *f*, aversion *f* (**for, to,** pour). **disin'clined** *a* peu disposé, peu enclin (**to do,** à faire).

disinfect [disin'fekt] *vtr* désinfecter. **disin'fectant** *a & n* désinfectant (*m*). **disin'fection** *n* désinfection *f*.

disingenuous [disin'dʒenjuəs] *a* peu sincère, sans franchise; déloyal; faux.

disinherit [disin'herit] *vtr* déshériter.

disintegrate [dis'intigreit] *vtr & i* (se) désintégrer. **disinte'gration** *n* désintégration *f*.

disinterested [dis'intristid] *a* (*a*) (*impartial*) désintéressé (*b*) *F:* (*uninterested*) indifférent. (**in,** à). **dis'interestedly** *adv* avec (i) désintéressement (ii) indifférence.

disjointed [dis'dʒɔintid] *a* (discours, style) décousu.

disk [disk] *n* (*a*) *NAm:* = **disc** (*b*) *Comptr:* disque *m*, disquette *f*; **hard d.,** disque dur; **floppy d.,** disquette.

dislike [dis'laik] **1.** *n* aversion *f*, répugnance *f* (**to, of, for,** pour); **to take a d. to,** prendre en grippe; **our likes and dislikes,** nos goûts et dégoûts *mpl* **2.** *vtr* ne pas aimer; **I don't d. him,** il ne me déplaît pas.

dislocate ['disləkeit] *vtr* (*a*) *Med:* disloquer, luxer, déboîter (un membre); **to d. one's shoulder, jaw,** se démettre, se disloquer, l'épaule, la mâchoire (*b*) désorganiser (des affaires); bouleverser (un projet). **dislo'cation** *n* (*a*) *Med:* dislocation *f*, luxation *f*, déboîtement *m* (d'un membre) (*b*) désorganisation *f* (des affaires); bouleversement *m* (d'un projet).

dislodge [dis'lɔdʒ] *vtr* faire bouger, déplacer; déloger (l'ennemi); **to become dislodged,** se détacher.

disloyalty [dis'lɔiəlti] *n* déloyauté *f*. **dis'loyal** *a* déloyal. **dis'loyally** *adv.* déloyalement.

dismal ['dizməl] *a* morne, triste; (échec) lamentable. **'dismally** *adv* tristement; (échouer) lamentablement.

dismantle [dis'mæntl] *vtr* démonter (une machine); démanteler (une organisation).

dismay [dis'mei] **1.** *n* consternation *f*; **in d.,** (d'un air) consterné **2.** *vtr* consterner.

dismember [dis'membər] *vtr* démembrer.

dismiss [dis'mis] *vtr* (*a*) congédier, licencier, renvoyer (un employé); destituer (un fonctionnaire); dissoudre (une assemblée); *Mil:* **d.!** rompez! *Sch:* (**class**) **d.!** vous pouvez partir (*b*) écarter (une pensée, etc); chasser (qch de ses pensées); *Jur:* rejeter (un appel); **to d. a charge, a case,** rendre une ordonnance de non-lieu, rendre un non-lieu. **dis'missal** *n* licenciement *m*, renvoi *m* (d'un employé); destitution *f* (d'un fonctionnaire); rejet *m* (d'un appel).

dismount [dis'maunt] **1.** *vi* descendre (de cheval, de vélo); mettre pied à terre **2.** *vtr* démonter, désarçonner (un cavalier).

disobey [disə'bei] **1.** *vtr* désobéir à **2.** *vi* désobéir. **diso'bedience** *n* désobéissance *f* (**to,** à); **civil d.,** résistance passive. **diso'bedient** *a* désobéissant (**to,** à).

disobliging [disə'blaidʒiŋ] *a* désobligeant.

disorder [dis'ɔːdər] *n* (*a*) désordre *m*, confusion *f*; dérangement *m* (**in,** de); **in d.,** en désordre (*b*) (*riot*) désordres *mpl* (*c*) *Med:* **disorder(s),** troubles *mpl*. **dis'ordered** *a* en désordre, désordonné. **dis'orderly** *a* en désordre; (*of pers, behaviour, meeting*) désordonné; (*of mob*) turbulent, tumultueux.

disorganize [dis'ɔːgənaiz] *vtr* désorganiser; **to become disorganized,** se désorganiser. **disorgani'zation** *n* désorganisation *f*.

disorientate, *esp NAm:* **disorient** [dis'ɔːriənt(eit)] *vtr* désorienter.

disown [dis'oun] *vtr* désavouer (qch); renier (qn).

disparage [dis'pæridʒ] *vtr* dénigrer. **dis'paragement** *n* dénigrement *m*. **dis'paraging** *a* (terme) de dénigrement; (*of remark*) désobligeant, peu flatteur. **dis'paragingly** *adv* **to speak d. of s.o.,** parler de qn en termes peu flatteurs.

disparate ['dispərət] *a* disparate. **dis'parity** *n* disparité *f* (**between,** entre, de).

dispassionate [dis'pæʃənət] *a* (*a*) calme (*b*) impartial. **dis'passionately** *adv* (*a*) avec calme (*b*) impartialement.

dispatch [di'spætʃ] **1.** *n* (*pl* **dispatches**) (*a*) expédition *f* (de qch); envoi *m*; *Com:* **d. note,** bulletin *m* d'expédition (*b*) *Journ: Mil:* dépêche *f*; *Mil:* **mentioned in dispatches,** cité à l'ordre *m* du jour; *Adm:* **d. box,** boîte *f* à documents; *Mil: etc:* **d. rider,** courrier *m* (*c*) promptitude *f* **2.** *vtr* expédier (une lettre, du travail); envoyer (des troupes, un courrier).

dispel [dis'pel] *vtr* (**dispelled**) chasser, dissiper.

dispense [dis'pens] *vtr* distribuer; administrer (la justice); *Pharm:* préparer (des médicaments); exécuter (une ordonnance); **dispensing chemist,** pharmacien, -ienne (diplômé(e)). **dis'pense with** *vtr* se passer de; **to d. w. the need for,** rendre superflu. **dis'pensary** *n* (*a*) pharmacie *f* (d'hôpital) (*b*) officine *f* (de pharmacie). **dispen'sation** *n* (*a*) distribution *f* (*b*) **special d.,** dérogation *f*. **dis'penser** *n* (*a*) pharmacien, -ienne (*b*) (*machine*) distributeur *m*; **(soap) d.,** bac *m* (à lessive); **cash d.,** distributeur de billets.

disperse [dis'pə:s] *vtr & i* (se) disperser. **dis'persal** *n*, **dis'persion** *n* dispersion *f*.

dispirited [di'spiritid] *a* découragé.

displace [dis'pleis] *vtr* (*a*) déplacer; **displaced person,** personne déplacée (*b*) supplanter. **dis'placement** *n* (*a*) déplacement *m* (*b*) remplacement *m* **(by,** par).

display [di'splei] **1.** *n* (*a*) étalage *m* (de marchandises); exposition *f* (de peinture); manifestation *f* (de colère); déploiement *m* (de force); *Elcs:* affichage *m* (de données); **on d.,** exposé; **air d.,** meeting aérien; **d. cabinet,** vitrine *f*; *Cmptr:* **d. (unit),** moniteur *m* (*b*) (*ostentation*) étalage; *Mil:* parade *f* **2.** *vtr* (*a*) montrer; exposer (des marchandises, un tableau); afficher (un avis); manifester (un sentiment); faire preuve de (courage); faire parade de (ses bijoux) (*b*) *Elcs:* afficher (des données).

displease [dis'pli:z] *vtr* déplaire à (qn); contrarier, mécontenter (qn); **displeased with,** mécontent de. **dis'pleasing** *a* déplaisant, désagréable **(to,** à). **displeasure** [dis'pleʒər] *n* mécontentement *m*; déplaisir *m*.

dispose [dis'pouz] **1.** *vtr* (*a*) disposer, arranger (*b*) disposer **(s.o. to do sth,** qn à faire qch). **dis'posable** *a* (*a*) (revenue, etc) disponible (*b*) (assiette, couche, etc) à jeter, jetable; (revenu) disponible. **dis'posal** *n* (*a*) vente *f*; évacuation *f* (de déchets); **bomb d.,** désamorçage *m*; **(waste) d. unit,** broyeur *m* (d'ordures) (*b*) **at s.o.'s d.,** à la disposition de qn; **to have sth at one's d.,** disposer de qch. **dis'posed** *a* disposé **(to,** à); **well d. towards,** bien disposé, bien intentionné, envers. **dis'pose of** *vi* se débarrasser de; disposer de (son temps, son argent); vendre (des marchandises); expédier, liquider (une affaire); liquider (qn); **to be disposed of,** à vendre. **dispo'sition** *n* (*a*) (*arrangement*) disposition *f* (*b*) (*of pers*) caractère *m*, naturel *m* (*c*) inclination *f*, penchant *m*, tendance *f* **(to,** à).

dispossess [dispə'zes] *vtr* déposséder **(of,** de).

disproportion [disprə'pɔ:ʃn] *n* disproportion *f*. **dispro'portionate** *a* disproportionné **(to,** à). **dispro'portionately** *adv* d'une façon disproportionnée.

disprove [dis'pru:v] *vtr* réfuter.

dispute [dis'pju:t] **1.** *n* (*a*) discussion *f*; **beyond d.,** incontestable (*b*) querelle *f*, dispute *f*; *Jur:* litige *m*; *Pol:* conflit *m*; **in d.,** (i) (*of matter*) en litige (ii) (*of territory*) contesté **2.** *vtr* (*a*) contester (une affirmation) (*b*) discuter. **dis'putable** *a* contestable.

disqualify [dis'kwɔlifai] *vtr* rendre inapte **(from (doing) sth,** à faire qch); *Sp:* disqualifier (qn); **to d. s.o. from driving,** retirer le permis à qn. **disqualification** *n Sp: etc:* disqualification *f*.

disquiet [dis'kwaiət] **1.** *n* inquiétude *f* **2.** *vtr* inquiéter. **dis'quieting** *a* inquiétant.

disregard [disri'gɑ:d] **1.** *n* indifférence *f* **(for,** à); désobéissance *f* **(for the law,** a la loi). **2.** *vtr* ne tenir aucun compte de.

disrepair [disri'pɛər] *n* délabrement *m*; **to fall into d.,** se délabrer; tomber en ruine(s); **in (a state of) d.,** en mauvais état.

disrepute [disri'pju:t] *n* discrédit *m*; **to bring into d.,** jeter le discrédit sur. **disreputable** [dis'repjutəbl] *a* peu recommandable; (*of action*) honteux; (*of pers*) de mauvaise réputation.

disrespect [disri'spekt] *n* manque *m* de respect **(for,** envers). **disre'spectful** *a* irrespectueux, irrévérencieux. **disre'spectfully** *adv* sans respect.

disrupt [dis'rʌpt] *vtr* déranger (un projet); interrompre (une réunion, les communications); perturber (les services publics). **dis'ruption** *n* dérangement *m*; interruption *f*; perturbation *f*. **dis'ruptive** *a* perturbateur; (élève) turbulent.

dissatisfaction [disætis'fækʃn] *n* mécontentement *m* **(with,** de). **dis'satisfied** *a* mécontent **(with,** de).

dissect [dai'sekt] *vtr* disséquer. **di'ssection** *n* dissection *f*.

dissemble [di'sembl] *vtr & i* dissimuler.

disseminate [di'semineit] *vtr* disséminer.

dissension [di'senʃn] *n* dissension *f*.

dissent [di'sent] **1.** *n* dissentiment *m*; *Ecc:* dissidence *f* **2.** *vi* différer (d'opinion) **(from sth,** à l'égard de qch); *Ecc:* être dissident. **di'ssenter** *n* dissident, -ente. **dissenting** *a* dissident.

dissertation [disə'teiʃn] *n Sch:* mémoire *m*.

disservice [di'sə:vis] *n* mauvais service; **to do s.o. a d.,** rendre un mauvais service à qn.

dissident ['disidənt] *a & n* dissident, -ente. **'dissidence** *n* dissidence *f*.

dissimilar [di'similər] *a* dissemblable **(to,** à); différent **(to,** de).

dissimulate [di'simjuleit] *vtr & i* dissimuler. **dissimu'lation** *n* dissimulation *f*.

dissipate ['disipeit] *vtr* dissiper; gaspiller (une fortune). **'dissipated** *a* (*of pers*) dissipé, débauché; (*of life*) désordonné. **dissi'pation** *n* (*a*) dissipation *f*; gaspillage *m* (d'une fortune) (*b*) (*of pers*) débauche *f*.

dissociate [di'souʃieit] *vtr* dissocier **(from,** de); **to d. oneself,** se désolidariser **(from,** de). **dissoci'ation** *n* dissociation *f*.

dissolute ['disəlu:t] *a* dissolu; (*of pers*) débauché; **to lead a d. life,** vivre dans la débauche.

dissolve [di'zɔlv] **1.** *vtr* (faire) dissoudre **2.** *vi* se dissoudre; fondre; **to d. into tears,** fondre en larmes. **disso'lution** *n* dissolution *f*.

dissuade [di'sweid] *vtr* **to d. s.o. from doing sth,** dissuader qn de faire qch; **to d. s.o. from sth,** détourner qn de qch. **di'ssuasion** *n* dissuasion *f*.

distance ['distəns] *n* distance *f*; **at a d.,** à quelque distance; **at a d. of 10 km,** à une distance de 10 km; **it's within walking d.,** on peut y aller à pied; **seen from a d.,** vu de loin; **in the d.,** dans le lointain, au loin; **to keep s.o. at a d.,** tenir qn à distance; **to keep one's d.,** garder ses distances. **'distant** *a* (*a*) éloigné; lointain; **5 km d. from,** à (une distance de) 5 km de; **to have a d. view of sth,** voir qch de loin; **in the d. future,** dans un avenir lointain; **d. relative,** parent éloigné (*b*) (*of pers*) distant. **'distantly** *adv* (vu) de loin; **we're d. related,** nous sommes parents éloignés.

distaste [dis'teist] *n* aversion *f* (**for,** de). **dis'tasteful** *a* désagréable; déplaisant (**to,** à).

distemper¹ [di'stempər] **1.** *n* badigeon *m* **2.** *vtr* badigeonner (un mur).

distemper² *n* maladie *f* des jeunes chiens.

distend [dis'tend] *vtr & i* (se) distendre.

distil [di'stil] *vtr* (**distilled**) distiller. **disti'llation** *n* distillation *f*. **dis'tiller** *n* distillateur *m*. **dis'tillery** *n* distillerie *f*.

distinct [di'stiŋkt] *a* (*a*) distinct, différent (**from,** de); **to keep two things d.,** distinguer entre deux choses (*b*) (*of voice, light, etc*) distinct; (*definite, marked*) net, marqué; (*of memory*) clair, précis; (*of promise*) formel. **dis'tinction** *n* distinction *f* (**between,** entre); **to gain d.,** se distinguer; *Sch:* mention *f* très bien; **writer, singer, of d.,** écrivain *m*, chanteur, -euse, de marque. **dis'tinctive** *a* distinctif. **di'stinctly** *adv* distinctement, clairement; (interdire) formellement; (*noticeably*) nettement, sensiblement; **d. possible,** tout à fait possible; **I told him d.,** je le lui ai dit expressément.

distinguish [di'stiŋgwiʃ] **1.** *vtr* (*a*) distinguer, discerner (*b*) distinguer (**from,** de; **between,** entre); **to d. oneself,** se distinguer (**by,** par; **as,** en tant que); **distinguishing mark,** signe particulier **2.** *vi* distinguer (**from,** de; **between,** entre). **di'stinguishable** *a* (*a*) visible (*b*) qu'on peut distinguer. **di'stinguished** *a* distingué; (écrivain) de marque.

distort [di'stɔːt] *vtr* déformer (la vérité); (*of anger*) décomposer (le visage); fausser (le jugement à qn); dénaturer (les faits); **distorted ideas,** idées fausses. **di'stortion** *n El: Med:* distorsion *f*; déformation *f* (de la vérité); altération *f* (des traits).

distract [di'strækt] *vtr* distraire (**from,** de). **di'stracted** *a* préoccupé; (*mad with worry*) affolé, éperdu. **di'stractedly** *adv* comme un fou; éperdument. **di'stracting** *a* gênant, qui dérange. **di'straction** *n* distraction *f*; interruption *f*; **to drive s.o. to d.,** rendre qn fou; **to love s.o. to d.,** aimer qn éperdument.

distraught [di'strɔːt] *a* éperdu, affolé.

distress [dis'tres] **1.** *n* (*pain*) douleur *f*; (*anguish*) angoisse *f*, chagrin *m*; (*misfortune, danger*) détresse *f*; (*of ship, soul*) **in d.,** en détresse; **in (great) d.,** dans la détresse; **d. signal,** signal de détresse **2.** *vtr* faire de la peine à, affliger, peiner (qn). **dis'tressed** *a* affligé, peiné. **dis'tressing** *a* affligeant, pénible.

distribute [dis'tribjuːt] *vtr* distribuer; répartir. **distri'bution** *n* distribution *f*; répartition *f*. **di'stributive** *a* distributif. **di'stributor** *n* (*a*) distributeur, -trice (*b*) *Aut: Cin:* distributeur *m*; *Com:* concessionnaire *mf*.

district ['distrikt] *n* région *f*; (*in town*) quartier *m*; (*administrative*) arrondissement *m*, district *m*, secteur *m*; *Com:* **d. manager,** directeur régional; **d. nurse,** infirmière visiteuse.

distrust [dis'trʌst] **1.** *n* méfiance *f*; défiance *f* **2.** *vtr* se méfier, se défier, de. **dis'trustful** *a* méfiant, défiant (**of,** de); **to be d. of,** se méfier de.

disturb [di'stəːb] *vtr* troubler (le sommeil, l'eau); déranger (des papiers, etc); **to d. s.o.,** (i) déranger qn (ii) troubler qn; **please don't d. yourself!** ne vous dérangez pas! **di'sturbance** *n* (*noise*) tapage *m*; *pl Pol:* troubles *mpl*; **to cause, create, a d.,** troubler l'ordre public. **di'sturbed** *a Psy:* (*of pers, etc*) troublé. **di'sturbing** *a* inquiétant, troublant; gênant.

disunity [dis'juːniti] *n* désunion *f*.

disuse [dis'juːs] *n* désuétude *f*; **to fall into d.,** tomber en désuétude. **dis'used** *a* (*of church*) désaffecté; (*of mine*) abandonné.

ditch [ditʃ] **1.** *n* (*pl* **ditches**) fossé *m* **2.** *v* (*a*) *vtr F:* se débarrasser de; abandonner (*b*) *vtr & i* **to d. (an aircraft),** faire un amerrissage forcé; amerrir.

dither ['diðər] *F:* **1.** *n* **to be all of a d.,** être tout agité, dans tous ses états **2.** *vi* hésiter, tergiverser; **to d. (around),** tourner en rond; **stop dithering!** décide-toi!

ditto ['ditou] *n* idem; de même.

divan [di'væn] *n* **d. (bed),** divan *m*.

dive [daiv] **1.** *n* (*a*) plongeon *m*; (*of submarine*) plongée *f*; (*of aircraft*) piqué *m* (*b*) *Pej:* (*bar, club*) boui-boui *m* **2.** *vi* (*pt* **dived,** *NAm:* **dove** [douv]) plonger (**into,** dans); (*rush*) se précipiter, se jeter (**into,** dans); (*of aircraft*) piquer, descendre en piqué; **to d. head first,** piquer une tête (**into,** dans); **to d. for pearls,** pêcher des perles; **diving bell,** cloche à plongeur; **diving suit,** scaphandre *m*. **'dive-bomb** *vtr* attaquer en piqué. **'dive-bombing** *n* attaque *f* en piqué. **'diver** *n* (*a*) plongeur *m* (*b*) scaphandrier *m*. **'divingboard** *n* plongeoir *m*.

diverge [dai'vəːdʒ] *vi* diverger (**from,** de). **di'vergence** *n* divergence *f*. **di'vergent, di'verging** *a* divergent.

diverse [dai'vəːs] *a* divers, différent; varié. **diversifi'cation** *n* diversification *f*. **di'versify 1.** *vtr* diversifier **2.** *vi* se diversifier. **di'versity** *n* diversité *f*.

diversion [dai'vəːʃn] *n* (*a*) *Aut:* déviation *f*; détournement *m* (d'une route); dérivation *f* (d'un cours d'eau, *El:* du courant) (*b*) *Mil:* diversion *f*; **to create a d.,** faire diversion (*c*) divertissement *m*, distraction *f*. **di'versionary** *a Mil: etc:* (manœuvre) de diversion.

divert [d(a)i'vəːt] *vtr* (*a*) détourner (**from,** de); écarter (un coup); dévier (la circulation); dériver (un cours d'eau); dérouter (un avion); distraire (l'attention de qn) (*b*) divertir, amuser.

divest [dai'vest] *vtr* **to d. of,** priver de (pouvoir, ses droits, etc).

divide [di'vaid] **I.** *n* ligne *f* de partage. **II.** *v* **1.** *vtr* (*a*) diviser (**into,** en; **by,** par) (*b*) partager, répartir (**among,** entre); **to d. one's time between,** partager son temps entre (*c*) **to d. (off),** séparer (**from,** de) (*d*) désunir (une famille) **2.** *vi* se diviser, se partager (**into,** en); (*of road*) bifurquer; *Parl:* aller aux voix; **3 divides into 9,** neuf est divisible par trois. **di'vided** *a* divisé; (*of opinion*) partagé; (peuple) désuni; *Cl:* **d. skirt,** jupe-culotte *f*. **'dividend** *n* dividende *m*. **di'viding** *a* (ligne) de démarcation; (mur) mitoyen.

divine¹ [di'vain] *a* divin. **di'vinely** *adv* divinement. **di'vinity** [-'viniti] *n* (*a*) divinité *f*; dieu *m* (*b*) *Sch:* théologie *f*.

divine² *vtr* deviner, prédire (l'avenir). **di'viner** *n* **water d.,** radiesthésiste *mf*; sourcier, -ière. **di'vining** *n* **water d.,** radiesthésie *f*; **d. rod,** baguette de sourcier.

division [di'viʒn] *n* (*a*) division *f*; partage *m* (**into,**

en); (*dividing object*) séparation *f* (*b*) *Parl:* vote *m*. **divisible** [di'vizibl] *a* divisible (**by**, par). **divisive** [di'vaisiv] *a* qui sème la zizanie. **di'visor** *n Mth:* diviseur *m*.

divorce [di'vɔːs] **1.** *n* divorce *m* **2.** *vtr* divorcer d'avec (son époux, son épouse); séparer (deux idées); **he wants to get divorced,** il veut divorcer. **divor'cee** [-'siː, *NAm:* -'sei] *n* divorcé, -ée.

divulge [d(a)i'vʌldʒ] *vtr* divulguer.

DIY *abbr do-it-yourself*, bricolage *m*.

dizziness ['dizinis] *n* étourdissement *m*, vertige *m*. **'dizzily** *adv* (marcher) avec une sensation de vertige; (monter) vertigineusement. **'dizzy** *a* (**-ier, -iest**) (*of pers*) pris de vertige; (*of height, speed*) vertigineux; **to feel d.,** avoir le vertige; **to make s.o. (feel) d.,** donner le vertige à qn.

DJ *abbr* (*a*) *dinner jacket* (*b*) *disc jockey*.

do[1] [duː] *v* (**does; did; done**) **I.** *n F:* (*a*) soirée *f*; fête *f* (*b*) **it's a poor do!** c'est plutôt minable! **come on, fair dos!** dis donc, sois juste! (*c*) **the dos and don'ts,** ce qu'il faut faire ou ne pas faire. **II.** *vtr* **1.** faire; **to do again,** refaire; **I won't do it again,** je ne le ferai plus; **what are you doing?** (i) qu'est-ce que tu fais? que fais-tu? (ii) qu'est-ce que tu deviens? **what do you do (for a living)?** qu'est-ce que vous faites (dans la vie)? **he did brilliantly at his exam,** il a réussi brillamment (son examen); **he's doing medicine,** il fait (de la) médecine; **the car was doing sixty,** la voiture faisait du soixante; **are you doing anything tomorrow?** avez-vous quelque chose en vue pour demain? **to do 10 years (in prison),** faire 10 ans de prison; **it isn't the done thing, it isn't done,** cela ne se fait pas; **I shall do nothing of the sort, no such thing,** je n'en ferai rien; **what's to be done?** que faire? **what have you done (with) . . .?** qu'as-tu fait (de) . . .? **what can I do for you?** qu'est-ce que je peux faire pour vous? **to do sth for s.o.,** rendre (un) service à qn; *F:* **this music does nothing for me,** je n'aime pas cette musique; **it can't be done,** cela n'est pas possible; **well done!** bravo! *F:* **that's done it!** ça y est! **she did nothing but cry,** elle n'a fait que pleurer; *F:* **nothing doing!** rien à faire! ça ne prend pas! **2.** (*a*) faire (une chambre, un calcul); **to do s.o.'s, one's, hair,** coiffer qn, se coiffer (*b*) (faire) cuire (la viande); **well done,** (steak) bien cuit; **done to a turn,** (cuit) à point (*c*) *F:* visiter, faire (un musée) (*d*) *F:* (*cheat*) escroquer, rouler, avoir (qn); **I've been done,** je me suis fait avoir; **I'll do you!** je t'aurai! **to do s.o. out of sth,** escroquer qch à qn (*e*) *F:* **I'm done!** je suis claqué, vanné! (*f*) *F:* (*of police*) prendre, épingler (qn); **to be, get, done for speeding,** avoir un p.v. pour excès de vitesse (*g*) *F:* **they do you very well here,** on mange très bien ici; **to do oneself well,** faire bonne chère (*h*) **that'll do me,** ça fera mon affaire **3.** (*a*) (*after a bargain made*) **done!** entendu! d'accord! (*b*) **the work is done,** le travail est fait, fini. **III.** *vi* (*a*) (i) (*get along*) aller, marcher (ii) (*suit*) faire l'affaire, convenir (iii) (*be enough*) suffire (iv) (*finish*) finir; **I've done,** j'ai fini; **how do you do?** (i) (*introduction*) enchanté (ii) (*greeting*) bonjour; **to be doing well,** aller bien; **how are you doing?** comment ça va? **he's a young man who will do well,** c'est un garçon qui réussira; **he did well, right, to leave,** il a bien fait de partir; **do as I do,** fais comme moi; **that will do,** (i) c'est bien (ii) ça suffit; en voilà assez! **this room will do for the office,** cette pièce servira de bureau; **that won't do,** ça n'ira pas du tout; *F:* **anything doing?** est-ce qu'il se passe quelque chose? **IV.** *verb substitute* **1. why do you act as you do?** pourquoi agir comme vous le faites? **as their fathers did,** comme (le faisaient) leurs pères; **he writes better than I do,** il écrit mieux que moi, que je ne le fais **2. may I open these letters?—please do,** puis-je ouvrir ces lettres?—je vous en prie! **did you see him?—I did,** l'avez-vous vu?—oui (je l'ai vu); **I like coffee; do you?** j'aime le café; et vous? **you like him, don't you?** vous l'aimez, n'est-ce pas? **you do love me, don't you?** tu m'aimes pas vrai? **oh, does he?** ah oui? **don't!** non! **3. you like Paris? so do I,** vous aimez Paris? moi aussi; **neither do I,** moi non plus. **V.** *v aux* **1.** (*emphasis*) **he 'did go,** il y est bien allé; **why don't you work?—I 'do work!** pourquoi ne travaillez-vous pas?—mais si, je travaille! **'do sit down,** asseyez-vous donc! **'do shut up!** voulez-vous (bien) vous taire! **2.** (*actual form in questions and negative statements*) **do you see him?** le voyez-vous? (est-ce que) vous le voyez? **we do not, we don't, know,** nous ne savons pas; **don't do it!** ne fais pas ça! **he didn't laugh,** il n'a pas ri. **do a'way with** *vtr* supprimer (qch, qn). **'do by** *vtr F:* **to do well by s.o.,** bien agir envers qn; **he's hard done by,** on le traite durement. **'doer** *n F:* personne *f* dynamique. **'do for** *vtr* (*a*) *F:* faire le ménage de (qn) (*b*) *P:* supprimer (qn); *F:* **done f.,** (i) perdu, fichu (ii) (*tired*) claqué (*c*) **what will you do f. food?** qu'est-ce que vous allez faire pour avoir de quoi manger? **do-'gooder** *n F: Pej:* faiseur, -euse, de bonnes œuvres. **do 'in** *vtr P:* supprimer (qn); *F:* **done in,** claqué, vanné. **'doing** *n* **this is her d.,** c'est elle qui a fait ça; **that takes some d.,** ce n'est pas facile; ça ne se fait pas en un tour de main. **'doings** *F: npl* activités *fpl*, occupations *fpl*. **do-it-your'self** *n* bricolage *m*; **do-it-y. store, book,** magasin *m*, livre *m*, de bricolage; **do-it-y. enthusiast,** bricoleur, - euse, passionné(e). **do 'out** *vtr* nettoyer (à fond) (une pièce). **do 'over** *vtr* (*redecorate*) refaire (une pièce). **do 'up** *vtr* (*a*) faire, ficeler (un paquet); emballer (des marchandises); boutonner (un vêtement); (*with zip*) fermer; **do yourself up (well)!** couvre-toi (bien)! (*b*) remettre (qch) à neuf; refaire (une maison). **'do with** *vtr* (*a*) **what have you done w. my pen?** qu'est-ce que tu as fait de mon stylo? **she didn't know what to do w. herself,** elle ne savait pas quoi faire (de sa peau) (*b*) **I don't want (to have) anything to do w. him,** je ne veux pas avoir affaire à lui; **to have nothing to do w.,** n'être pour rien dans, ne rien à voir avec, ne rien faire à (qch); **to have to do with,** (i) (*relate to*) avoir à voir avec (ii) (*concern*) concerner; **it's (something) to do w. computers,** ça a à voir avec l'informatique; **he's had a lot to do w. it,** il y est pour beaucoup (*c*) **it's (all) over and done w.,** c'est fini (*d*) **I could do with a bigger house,** j'aimerais bien avoir une maison plus grande; **I could do w. a cup of tea,** je prendrais bien une tasse de thé. **do with'out** *vtr* se passer de (qch, qn).

do[2] [dou] *n Mus:* do *m*, ut *m*.

doc [dɔk] *n F:* docteur *m*, médecin *m*; toubib *m*.

docile ['dousail] *a* docile. **do'cility** *n* docilité *f*.

dock[1] [dɔk] *n Bot:* patience *f*.

dock² *vtr* couper (la queue à un chien); rogner (un salaire); retenir (une somme) (**from,** sur).

dock³ 1. *n Nau:* dock *m*; **dry d.,** cale sèche; **ship in dry d.,** navire en radoub *m*; *F:* (*of car*) **in d.,** en réparation *f* 2. *vi* (*in port*) relâcher; (*at quayside*) se mettre à quai; *Space:* s'arrimer. **'docker** *n* docker *m*. **'docking** *n* mise *f* à quai; *Space:* arrimage *m*. **'dockyard** *n* chantier naval; **naval d.,** arsenal *m* maritime.

dock⁴ *n Jur:* banc *m* des accusés.

docket ['dɔkit] *n* fiche *f*, bordereau *m*.

doctor ['dɔktər] 1. *n* (*a*) *Sch:* docteur *m* (**of Laws,** en droit; **of Science,** ès sciences) (*b*) *Med:* médecin *m*, docteur; **woman d.,** femme médecin, docteur; **she's a d.,** elle est médecin 2. *vtr* (*a*) *F:* châtrer (un animal) (*b*) altérer (un texte, la nourriture); falsifier, truquer (des comptes); frelater (du vin).

doctrine ['dɔktrin] *n* doctrine *f*. **doctri'naire** *a & n Pej:* doctrinaire (*mf*). **doctrinal** [-'trai-] *a* doctrinal.

document 1. *n* ['dɔkjumənt] document *m*; *pl* dossier *m* (d'une affaire); **d. case,** porte-documents *m* 2. *vtr* [-ment] documenter; *Journ: TV:* (*report in detail*) accorder une large place à. **docu'mentary** *a & n* (*pl* **documentaries**) documentaire (*m*). **documen'tation** *n* documentation *f*.

dodder ['dɔdər] *vi F:* marcher d'un pas branlant. **'dodderer** *n F:* gâteux, -euse. **'doddering, 'doddery** *a F:* (*shaky*) branlant; (*of pers*) gâteux.

dodge [dɔdʒ] 1. *n* (*a*) *Sp: etc:* mouvement *m* de côté, esquive *f* (*b*) *F:* truc *m*, tour *m* 2. *v* (*a*) *vi* faire un saut (de côté); **to d. out of sight,** s'esquiver; **to d. through the crowd,** se faufiler dans la foule (*b*) *vtr* esquiver (un coup, une question, etc); échapper à (ses poursuivants); éviter de payer (ses impôts). **'dodgem** *n F:* **d. (car),** auto tamponneuse. **'dodgy** *a* (**-ier, -iest**) *F:* (*tricky*) délicat; (*dubious*) douteux; (*unreliable*) peu sûr.

doe [dou] *n* (*of deer*) biche *f*; (*of tame rabbit*) lapine *f*; (*of wild rabbit, hare*) hase *f*. **'doeskin** *n* peau *f* de daim.

DOE *abbr Department of the Environment.*

does [dʌz, dəz] *see* **do¹**.

dog [dɔg] 1. *n* chien, *f* chienne; **guard d.,** chien de garde; *F:* **lucky d.!** veinard! *P:* **dirty d.,** sale type *m*; **d. racing,** *F:* **the dogs,** courses *fpl* de lévriers; *F:* **to go to the dogs,** gâcher sa vie; (*of business*) péricliter; **d. show,** exposition canine; **d. biscuit,** biscuit *m*, croquette *f*, pour chien; **d. collar,** (i) collier de chien (ii) *F:* col *m* de pasteur; **d. days,** canicule *f*; *F:* **to lead a d.'s life,** mener une vie de chien; *F:* **not to have a d.'s chance,** ne pas avoir l'ombre d'une chance; **it's a case of d. eat d.,** c'est un cas où les loups se mangent entre eux; *F:* **dressed up like a d.'s dinner,** fringué n'importe comment 2. *vtr* (**dogged**) poursuivre (qn); **to d. s.o.'s footsteps,** talonner qn; **dogged by,** poursuivi par (la malchance). **'dog-eared** *a* écorné. **'dogfight** *n* bataille *f* de chiens; *Av:* combat *m* entre avions de chasse. **dogged** ['dɔgid] *a* obstiné. **'doggedly** *adv* obstinément. **'doggedness** *n* obstination *f*. **'doggo** *adv F:* **to lie d.,** rester coi; faire le mort. **'doggone(d)** *a NAm: F:* sacré. **'doggy, -ie** *n* (*pl* **-gies**) *F:* toutou *m; NAm:* **d. bag,** emporte-restes *m inv*. **'dog(gy)-paddle** (i) *n* nage *f* (ii) *vi* nager, à la chien. **'doghouse** *n* (*a*) *NAm:* (*Br* = **kennel**) niche *f* (de chien) (*b*) *F:* **in the d.,** en disgrâce, mal en cour. **'dogleg** *n* coude *m* (dans une route). **'dogsbody** *n* (*pl* **-ies**) *Pej:* factotum *m*, sous-fifre *m*. **dog-'tired** *a F:* claqué, crevé.

doggerel ['dɔgərəl] *n* vers *mpl* de mirliton.

dogma ['dɔgmə] *n* dogme *m*. **dog'matic** *a* dogmatique; autoritaire. **dog'matically** *adv* d'un ton autoritaire. **'dogmatism** *n* dogmatisme *m*.

doh [dou] *n Mus:* do *m*, ut *m*.

doily ['dɔili] *n* napperon *m*.

doldrums ['dɔldrəmz] *npl F:* **to be in the d.,** avoir le cafard; (*of business*) être en plein marasme.

dole [doul] *n* **d. (money),** allocation *f* (de) chômage; **to go on the d.,** s'inscrire au chômage. **dole 'out** *vtr* distribuer au compte-gouttes.

doleful ['doulful] *a* morne, triste. **'dolefully** *adv* tristement.

doll ['dɔl] *n* (*a*) poupée *f*; **to play with dolls,** jouer à la poupée; **d.'s house,** *NAm:* **'dollhouse** *n* maison *f* de poupée (*b*) *F:* (*girl*) poupée, nana *f*. **doll 'up** *vtr F:* bichonner; **to d. oneself up,** se pomponner, se faire beau. **'dolly** *n F:* (*a*) poupée (*b*) **d. (bird),** poupée, nana.

dollar ['dɔlər] *n* dollar *m*; *F:* **you can bet your bottom d.,** tu peux parier tout ce que tu veux, jusqu'à ton dernier sou.

dollop ['dɔləp] *n F:* gros morceau (de beurre); (bonne) cuillerée (de crème).

dolphin ['dɔlfin] *n Z:* dauphin *m*.

dolt [doult] *n* lourdaud, -aude.

domain [də'mein] *n* domaine *m*.

dome [doum] *n* dôme *m*, coupole *f*.

domestic [də'mestik] *a* familial, domestique; (commerce, vol) intérieur; (animal) domestique; **d. servant,** domestique *mf*; **d. science,** (i) arts ménagers (ii) enseignement ménager. **do'mesticate** *vtr* domestiquer (un animal). **do'mesticated** *a* (animal) domestiqué; (*of pers*) habitué à la vie du foyer. **dome'sticity** *n* (attachement *m* à la) vie familiale.

domicile ['dɔmisail] *n* domicile *m*. **'domiciled** *a* domicilié (**at,** à).

dominate ['dɔmineit] *vtr & i* dominer. **'dominance** *n* prédominance *f* (d'un pays). **'dominant** 1. *a* dominant; (*of pers*) dominateur 2. *n Mus:* dominante *f*. **domi'nation** *n* domination *f*.

domineer [dɔmi'niər] *vi* se montrer autoritaire; (**over,** avec). **domi'neering** *a* dominateur, autoritaire.

dominion [də'minjən] *n* (*a*) domination *f*; (*land*) territoire *m* (*b*) *Pol:* dominion *m*.

domino ['dɔminou] *n* (*pl* **dominoes**) domino *m*; **to play dominoes,** jouer aux dominos.

don [dɔn] 1. *n Sch:* professeur *m* (d'université). 2. *vtr* (**donned**) revêtir. **'donnish** *a* (air) pédant.

donate [dou'neit] *vtr* faire don de; donner (du sang). **do'nation** *n* don *m*; *Jur:* donation *f*.

done [dʌn] *see* **do¹**.

donkey ['dɔŋki] *n* âne, *f* ânesse; baudet *m*; **d. jacket,** grande veste de laine (d'ouvrier); *F:* **to talk the hind leg(s) off a d.,** être bavard comme une pie; *F:* **I haven't seen him for d.'s years,** je ne l'ai pas vu depuis belle lurette, depuis un siècle. **'donkey-work** *n* travail ingrat.

donor ['dounər] *n* donateur, -trice; *Med:* **blood d.,** donneur, -euse (de sang, etc).

don't-know [dount'nou] *n F:* **there were 5 d.-knows,** il y avait 5 "sans opinion".

doodle ['du:dl] **1.** *n* griffonnage *m* **2.** *vi* griffonner.

doom [du:m] **1.** *n* (*a*) destin *m*; sort (malheureux) (*b*) perte *f*, ruine *f* (*c*) *F:* tristesse *f* **2.** *vtr* condamner, destiner (**to,** à); **doomed (to failure),** voué à l'échec. **'doomsday** *n* (jour *m* du) jugement dernier; *F:* **till d.,** indéfiniment.

door [dɔ:r] *n* porte *f*; (*of train, car*) portière *f*, porte; **two doors away,** deux portes plus loin; **out of doors,** dehors; en plein air. **'doorbell** *n* sonnette *f*. **'doorkeeper** *n* portier *m*; concierge *mf*. **'doorknob** *n* poignée *f* de porte. **'doorknocker** *n* marteau *m*. **'doorman** *n* (*pl* **-men**) portier, concierge. **'doormat** *n* paillasson *m*; *F:* (*of pers*) chiffe molle. **'doorstep** *n* seuil *m*, pas *m* de la porte; *F:* grosse tranche de pain. **'doorstop(per)** *n* (*to keep door open*) cale *f*; (*to protect wall*) butoir *m* (de porte). **'door-to-door** *a* **d.-to-d. selling,** porte à porte *m*; **d.-to-d. salesman,** démarcheur *m*. **'doorway** *n* **in the d.,** dans l'encadrement de la porte.

dope [doup] *F:* **1.** *n* (*a*) drogue *f*; (*for horse, athlete*) (produit) dopant *m* (*b*) renseignements *mpl*, tuyaux *mpl*; **to get the d.,** se faire tuyauter (*c*) (*pers*) imbécile *mf* **2.** *vtr* doper (qn, un cheval); verser une drogue dans (une boisson). **'dopey** *a F:* (*a*) drogué, camé; (*sleepy*) endormi (*b*) (*stupid*) abruti.

dormant ['dɔ:mənt] *a* (*of passion*) endormi; (*of volcano, matter*) en sommeil; *Biol:* dormant; **to lie d.,** être en sommeil.

dormer ['dɔ:mər] *n* **d. (window),** lucarne *f*.

dormitory ['dɔ:mitri, *NAm:* 'dɔ:mitɔ:ri] *n* (*a*) dortoir *m*; **d. town,** ville dortoir, cité dortoir (*b*) *NAm:* résidence *f* (universitaire).

dormouse ['dɔ:maus] *n* (*pl* **dormice** [-mais]) loir *m*.

dose [dous] **1.** *n* (*a*) dose *f* (*b*) *Fig:* (*of hard work*) période *f*; (*of illness*) attaque *f* **2.** *vtr* **to d. oneself (up),** se bourrer de médicaments. **'dosage** *n* posologie *f*, dose (d'un médicament).

doss [dɔs] *vi P:* **to d. down,** se coucher, se pieuter. **'dosser** *n P:* clochard, -arde. **'dosshouse** *n P:* asile *m* (de nuit).

dossier ['dɔsiei, -iər] *n* dossier *m*.

dot [dɔt] **1.** *n* point *m*; *Tex:* **(polka) d.,** pois *m*; *F:* **on the d.,** à l'heure (pile) **2.** *vtr* **(dotted)** mettre un point sur (un i); **dotted line,** pointillé *m*; **hillside dotted with houses,** coteau parsemé de maisons. **'dotty** *a F:* cinglé, toqué.

dote [dout] *vi* **to d. on,** être gaga de. **'dotage** *n* gâtisme *m*; **in one's d.,** gâteux. **'doting** *a* affectueux; **her d. husband, father,** son mari, père, qui lui passe tout.

double ['dʌbl] **1.** *a* double; (porte) à deux battants; (chambre) pour deux personnes; **d. chin,** double menton; **d. boiler, saucepan,** bain-marie *m*; **d. whisky,** double whisky; **d. bed,** grand lit; **d. cream,** crème (fraîche) épaisse; **with a d. meaning,** à deux, double, sens; **to reach d. figures,** atteindre les deux chiffres; **to play a d. game,** jouer un double jeu; **"all" is spelt "a, d. l",** "all" s'écrit "a, deux l"; **d. six,** deux fois six; **my phone number is d. three four two,** mon numéro de téléphone est trente-trois quarante-deux; *F:* **to do a d. take,** y regarder de nouveau; **d. the number,** le double; deux fois plus; **I'm d. your age,** je suis deux fois plus âgé que vous **2.** *adv* deux fois; (plier) en deux; (voir) double; **he earns d. what I earn,** il gagne le double de moi, deux fois plus que moi **3.** *n* (*a*) double *m*; *Gaming:* **d. or quits,** quitte ou double; *Ten:* **mixed doubles,** double mixte; **men's doubles,** double messieurs; **on, at, the d.,** au pas de course (*b*) (*pers*) double, sosie *m*; *Cin:* (*stand-in*) doublure *f* **4.** *vtr & i* doubler; *Cards:* (*at bridge*) contrer; *Th:* **to d. parts,** jouer deux rôles. **double 'back 1.** *vtr* replier **2.** *vi* revenir en arrière; (*of road*) faire un brusque crochet. **'double-'barrelled** *a* (fusil) à deux canons; *F:* (nom) à rallonges. **double 'bass** *n Mus:* contrebasse *f*. **'double-'breasted** *a* (veston) croisé. **double-'check** *vtr* revérifier. **double-'cross** *vtr F:* tromper (qn). **double-'dealing** *n* double jeu *m*. **double-'decker** *n* (*a*) **d.-d. (bus),** autobus *m* à impériale (*b*) sandwich *m* double, à trois tranches. **double-de'clutch** *vi Aut:* faire un double débrayage. **double-'edged** *a* à deux tranchants. **double-'glazed** *a* (fenêtre) à double vitrage. **double-'glazing** *n* double vitrage *m*, double(s) fenêtre(s) *f(pl)*. **double-'jointed** *a* désarticulé. **double 'over 1.** *vtr* replier **2.** *vi* se plier, se courber (en deux); se tordre (**with laughter, with pain,** de rire, de douleur). **double-'park** *vi* stationner en double file. **double-'parking** *n* stationnement *m* en double file. **double-'quick** *a & adv F:* **d.-q., in d.-q. time,** en vitesse. **double 'up** *vi* (*a*) se plier, se courber (en deux); **to d. up with laughter, pain,** être plié en deux, se tordre de rire, de douleur (*b*) **to d. up as,** servir aussi, également, à; faire aussi office de. **'doubly** *adv* doublement; **to be d. careful,** redoubler de prudence.

doubt [daut] **1.** *n* doute *m*; **to be in d. about, to have (one's) doubts about,** avoir des doutes sur; **in d.,** (*of result, career, etc*) dans la balance; **when in d.,** dans le doute; **to cast d. on sth,** mettre qch en doute; **it's beyond d.,** c'est hors de doute, il n'y a pas de doute; **I have no d. about it,** je n'en doute pas; **no d.,** sans doute; **without (a) d.,** sans aucun doute **2.** *vtr* douter de; **to d. whether, that, if,** douter que + *sub*; **I d. it,** j'en doute. **'doubtful** *a* douteux; **in d. taste,** d'un goût douteux; **it is d. whether, that,** il est douteux que + *sub*; **to be d. about,** avoir des doutes sur; **I was d. about speaking,** j'hésitais à parler. **'doubtfully** *adv* d'un air de doute; en hésitant. **'doubting** *a* incrédule. **'doubtless** *adv* sans doute; très probablement.

dough [dou] *n* (*a*) pâte *f* (à pain) (*b*) *F:* (*money*) fric *m*, blé *m*. **'doughnut** *n Cu:* beignet *m* (rond).

dour ['duər] *a* austère.

douse [daus] *vtr* arroser, tremper; *F:* éteindre (la lumière).

dove[1] [dʌv] *n* colombe *f*. **'dovecot** *n* colombier *m*. **'dovetail 1.** *n Carp:* queue *f* d'aronde **2.** *v* (*a*) *vtr* assembler à queue d'aronde (*b*) *vi Fig:* concorder.

dove[2] [douv] *see* **dive 2.**

Dover ['douvər] *Prn Geog:* Douvres *f*; **the Straits of D.,** le Pas de Calais.

dowdy ['daudi] *a* peu élégant, mal fagoté, sans chic. **'dowdiness** *n* manque *m* d'élégance, de chic.

down¹ [daun] *n* duvet *m*. **'downy** *a* duveteux, duveté; (fruit) velouté.

down² **1.** *adv* (*a*) (*direction*) vers le bas; (de haut) en bas; (*in crossword*) verticalement; **to come, go, d.,** descendre; **to come d. from,** arriver de; **to fall d.,** tomber (i) (*from a height*) à terre (ii) (*from a standing position*) par terre; **cash d.,** argent comptant; **d. with traitors!** à bas les traîtres! (*to dog*) **(lie) d.!** couché! **to come d. to earth,** redescendre sur terre (*b*) (*position*) **d. (below),** en bas, en contrebas; **d. there, d. here,** en bas; **further d.,** plus bas; **he isn't d. yet,** il n'est pas encore descendu; **to have gone, to be, d. with (the) flu,** être grippé; *F:* **d. under,** aux antipodes, en Australie; **the blinds were d.,** les stores étaient baissés; **face d.,** face en dessous; **head d.,** la tête en bas; **the sun is d.,** le soleil est couché; **the temperature is d.,** la température a baissé; (*of price*) **bread is d.,** le prix du pain a baissé; **your tyres are d.,** vos pneus sont (i) dégonflés (ii) usés; **to hit a man when he's d.,** frapper un homme à terre; **to put sth d.,** poser qch; **to put sth d. (in writing),** écrire, inscrire, qch; **he's £5 d.,** il a un déficit de £5; **to be 10 points d.,** être en retard de 10 points; **d. to recent times,** jusqu'à présent; **d. to here,** jusqu'ici; *F:* **to be d. on s.o.,** en vouloir à qn; *F:* **to feel, be, d.,** avoir le cafard; **d. in the mouth,** découragé, abattu **2.** *prep* (*at bottom of*) en bas de; (*from top to bottom of*) du haut en bas de; (*along*) le long de; **to slide d. the wall,** se laisser couler le long du mur; **her hair hangs d. her back,** les cheveux lui pendent dans le dos; **to go d. the street,** descendre la rue; **to live d. the street,** habiter plus loin dans la rue; **d. (the) river,** en aval; **to fall d. the stairs,** tomber en bas de l'escalier **3.** *a* (train) descendant; **d. payment,** acompte *m* **4.** *n F:* **to have a d. on s.o.,** en vouloir à qn, avoir une dent contre qn; **the ups and downs of life,** les hauts et bas *mpl* de la vie **5.** *vtr* (*shoot down*) abattre (qn); (*knock down*) terrasser (qn); descendre (un avion); **to d. tools,** (i) cesser de travailler (ii) se mettre en grève; **to d. a drink,** vider un verre. **'down-and-'out** **1.** *a* sur le pavé **2.** *n* clochard, -arde, sans-le-sou *m*. **down-at-'heel,** *NAm:* **down at the heels** *a* miteux. **'downbeat** **1.** *n Mus:* temps frappé **2.** *a F:* pessimiste. **'downcast** *a* découragé. **'downfall** *n* chute *f*. **'downgrade** **1.** *n* **on the d.,** sur le déclin **2.** *vtr* rétrograder (qn); déclasser (un poste). **down-'hearted** *a* découragé; déprimé. **down-'hill** *adv* en pente; **to go d.,** (i) (*of road*) aller en descendant; (*of car*) descendre (la côte) (ii) *Fig:* être sur le déclin; (*of business*) péricliter. **'down-market** *a Com:* bas de gamme. **'downpipe** *n* tuyau *m* de descente. **'downpour** *n* averse *f*, pluie torrentielle. **'downright** **1.** nettement, carrément; franchement (mal élevé, etc) **2.** *a* (*a*) (*of pers, language*) direct, franc (*b*) (*of rogue, etc*) véritable; (*of refusal, etc*) catégorique; **a d. nerve, cheek,** un sacré culot. **downstairs** **1.** [daun'steəz] *adv* en bas, au rez-de-chaussée; **to come, go, d.,** descendre (l'escalier) **2.** ['daunsteəz] *a* (pièce, voisin) d'en bas, du rez-de-chaussée. **'downstream** *adv* en aval. **down-to-'earth** *a* terre-à-terre *inv*. **'downtown** *a & adv esp NAm:* en ville; **d. Chicago,** le centre de Chicago. **'downtrodden** *a* opprimé. **'downward** *a* vers le bas; (*of path*) qui descend; (*of trend*) à la baisse. **'downward(s)** *adv* (de haut) en bas; vers le bas; en descendant; **face d.,** face en dessous. **'downwind** *a & adv* vent arrière.

downs [daunz] *npl* collines *fpl*.

dowry ['dauəri] *n* (*pl* **dowries**) dot *f*.

doz *abbr dozen,* douzaine.

doze [douz] **1.** *n* petit somme **2.** *vi* sommeiller; **to d. off,** s'assoupir. **'dozy** *a* assoupi; *F:* bête, gourde.

dozen ['dʌzn] *n* douzaine *f*; **half a d.,** une demi-douzaine; **six d. bottles,** six douzaines de bouteilles; **baker's d.,** treize à la douzaine; *F:* **to talk nineteen to the d.,** avoir la langue bien pendue; **dozens of,** des douzaines de.

DPP *abbr Director of Public Prosecutions.*

Dr *abbr doctor.*

drab [dræb] *a* terne; (*of weather*) gris. **'drabness** *n* caractère *m* terne; (*of weather*) grisaille *f*.

draconian [drə'kouniən] *a* draconien.

draft [drɑ:ft] **1.** *n* (*a*) ébauche *f* (d'un ouvrage); brouillon *m* (d'une lettre); plan *m*, tracé *m* (*b*) *Bank:* traite *f* (*c*) *NAm: Mil:* conscription *f*; (*men*) contingent *m*; **d. dodger,** réfractaire *m* (*e*) *NAm:* = **draught** **2.** *vtr* (*a*) **to d. (out),** rédiger (un acte); faire le brouillon de (lettre) (*b*) *NAm: Mil:* appeler (sous les drapeaux) (*c*) désigner, affecter (qn) (**to a job,** à un poste). **'draftsman** *n* = **draughtsman.**

drag [dræg] **I.** *n* (*a*) *Agr:* herse *f*; *Aut:* **d. race,** concours d'accélération (*b*) *Av: etc:* traînée *f*, résistance *f* (à l'avancement) (*c*) *F:* (*of pers*) raseur, -euse; (*of thg*) corvée *f*; **what a d.!** quelle barbe! (*d*) *F:* travesti *m*; **in d.,** en travesti (*e*) *P:* bouffée *f* (de cigarette). **II.** *v* **(dragged)** **1.** *vtr* (*a*) traîner, tirer; **to d. along,** (en)traîner; **to d. a confession from s.o.,** arracher un aveu à qn; **to d. s.o. into,** entraîner qn dans; **to d. one's feet,** (i) traîner les pieds (ii) *Fig:* (*also* **to d. one's heels**) montrer peu d'empressement (à faire qch) (*b*) draguer (un étang) **2.** *vi* traîner; *Nau:* (*of anchor*) chasser. **drag a'way** *vtr* entraîner, emmener, de force; **to d. s.o. a. from,** arracher qn à. **drag 'down** *vtr* entraîner en bas. **drag 'in** *vtr* faire entrer, amener, de force. **'dragnet** *n* (*a*) drague, *f*, seine *f*, drège *f* (*b*) (*for catching criminals*) opération *f* de ratissage. **drag 'on** *vi* se prolonger; **to d. on endlessly,** s'éterniser. **drag 'out** *vtr* **to d. s.o. out of bed,** tirer qn de son lit; **to d. the truth out of s.o.,** arracher la vérité à qn. **drag 'up** *vtr F:* déterrer (une vieille histoire).

dragon ['drægən] *n* dragon *m*. **'dragonfly** *n* (*pl* **-flies**) libellule *f*.

dragoon [drə'gu:n] *vtr* **to d. s.o. into doing sth,** contraindre qn à faire qch.

drain [drein] **1.** *n* (*sewer*) égout *m*; (*pipe, channel*) canal *m*; (*outside house*) puisard *m*; (*in street*) bouche *f* d'égout; *F:* **to throw money down the d.,** jeter son argent par les fenêtres; *F:* **it's (gone) down the d.,** c'est fichu; **to be a d. on,** épuiser (les ressources, la patience de qn) **2.** *v* (*a*) *vtr* drainer (un terrain); vider (un verre, un réservoir); égoutter (des légumes); épuiser (les ressources); *Aut:* vidanger (l'huile, le carter); **to d. (off),** faire écouler (un liquide); **to d. of,** priver de (*b*) *vi* **to d. (off),** (*of* *water*) s'écouler; (*of vegetables, etc*) s'égoutter; (*of strength*) **to d. away,** s'épuiser. **'drainage** *n* (*a*) écoulement *m* (de l'eau); drainage *m* (du terrain) (*b*) (*sewers*) système *m* d'égouts; **mains d.,** tout-à-l'égout *m inv*. **'drainboard** *n NAm:* paillasse *f*. **'drainer** *n* (*board*) paillasse *f*; (*rack, basket*) égouttoir *m*. **'draining** *n* = **drainage** (*a*); **d. board,** paillasse *f*. **'drainpipe** *n* tuyau *m* d'évacuation.

drake [dreik] *n* canard *m* (mâle).

dram [dræm] *n F:* goutte *f*.

drama ['drɑːmə] *n* drame *m*; *Th:* art *m* dramatique; théâtre *m*; **d. critic,** critique *m* dramatique. **dramatic** [drə'mætik] *a* dramatique; (*striking*) spectaculaire. **dra'matically** *adv* (changer, baisser, etc) de façon spectaculaire. **dra'matics** *npl* théâtre. **'dramatist** *n* dramaturge *m*. **dramati'zation** *n* adaptation *f* (d'un roman, etc) (pour la scène, l'écran). **'dramatize** *vtr* dramatiser; adapter (un roman, etc) (pour la scène, l'écran).

drank [dræŋk] *see* **drink 2.**

drape [dreip] **1.** *npl* tentures *fpl*; *NAm:* (*Br* = **curtains**) rideaux *mpl* **2.** *vtr* draper, tendre (**with, in,** de). **'draper** *n* marchand, -ande, de nouveautés; **d.'s (shop)** (*also* **'drapery** (*NAm:* = **dry goods (store)**), (magasin *m* de) nouveautés *fpl*.

drastic ['dræstik] *a* radical, sévère; (*of reduction*) massif. **'drastically** *adv* radicalement.

drat [dræt] *int F:* **d. (it)!** zut! mince (alors)! **'dratted** *a F:* sacré.

draught, *NAm:* **draft** [drɑːft] *n* (*a*) courant *m* d'air; (*of chimney*) tirage *m*; **d. beer, beer on d.,** bière (à la) pression; **d. excluder,** bourrelet *m* (de porte, de fenêtre); **d. horse,** cheval de trait (*b*) (*drink*) coup *m*; **d. of medicine,** potion *f* (*c*) *Nau:* tirant *m* d'eau (d'un navire) (*d*) **draughts** (*NAm:* = **checkers**) dames *fpl*. **'draughtboard** *n* (*NAm:* = **checkerboard**) damier *m*. **'draughtproof** *a* calfeutré. **'draughtsman, -woman** *n* (*pl* **-men, -women**) dessinateur, -trice (industriel(le), technique). **'draughtsmanship** *n* (*a*) art *m* du dessin industriel, technique (*b*) talent *m* de dessinateur. **'draughty** *a* **(-ier, -iest)** plein de courants d'air.

draw [drɔː] **I.** *n* (*a*) tirage *m*; *F:* **to be quick on the d.,** avoir la gâchette facile (*b*) (*of lottery*) tirage au sort; **that's the luck of the d.,** c'est la vie! (*c*) attraction *f*; clou *m* (de la fête) (*d*) *Sp:* match nul. **II.** *v* **(drew; drawn) 1.** *vtr* (*a*) tirer; (*pass*) passer (**over,** sur; **into,** dans); baisser (un store); remorquer (une caravane); gagner (un prix); provoquer (des applaudissements); attirer (une foule); **to d. a smile,** faire sourire (**from s.o.,** qn); **to d. a bath,** faire couler un bain; **to d. s.o. into the conversation,** faire entrer qn dans la conversation; **to be drawn into doing sth,** se laisser entraîner à faire qch; **to d. sth to a close,** mettre fin à qch (*b*) puiser (de l'eau, du réconfort) (**from,** dans); retirer (de l'argent) (**from, out of,** de); toucher (un salaire); vider (une volaille); **to d. blood,** faire saigner qn; **he refused to be drawn,** il a refusé de [illegible] (*c*) dessiner (une image); tracer (un cercle, un plan), tirer (une ligne); dresser (une carte); faire (un portrait); *Fig:* faire (une distinction, etc) (**between,** entre); *Fig:* **I d. the line at that,** je n'accepte pas cela (*d*) *Sp:* **to d. a match,** faire match nul, (**with,** avec) **2.** *vi* (*a*) **to d. near (to),** s'approcher (de); (*of time*) approcher (de); **to d. to one side,** se ranger, s'écarter; (*of train*) **to d. into a station,** entrer en gare; **to d. round (the table),** s'assembler (autour d'une table); **to d. to a close,** tirer à sa fin; **to d. level with s.o.,** arriver à la hauteur de qn (*b*) (*of chimney*) tirer; (*of pump*) aspirer; (*of tea*) infuser (*c*) dessiner. **draw a'long** *vtr* tirer, traîner, entraîner. **draw a'part** *vi* s'écarter. **draw a'side 1.** *vtr* (*a*) tirer, prendre, à l'écart **2.** *vi* s'écarter. **draw 'back 1.** *vtr* (*a*) tirer en arrière; retirer (la main) (*b*) tirer, ouvrir (les rideaux) **2.** *vi* (*recoil*) reculer. **'drawback** *n* inconvénient *m*, désavantage *m*. **'drawbridge** *n* pont-levis *m*. **draw 'down** *vtr* baisser (les stores). **'drawer** *n* (*a*) tiroir *m*; **chest of drawers,** commode *f*; **bottom d.** (*NAm:* **hope chest**), trousseau *m* (*b*) *pl* (*women's knickers*) culotte *f*. **draw 'in 1.** *vtr* (*a*) (*of cat*) rentrer (ses griffes) (*b*) aspirer (l'air) **2.** *vi* **the days are drawing in,** les jours diminuent. **'drawing** *n* (*a*) dessin *m*; **rough d.,** ébauche *f*, croquis *m*; **d. board,** planche *f* à dessin; *Fig:* **still on the d. board,** encore à l'étude; **d. paper,** papier à dessin; **d. pin** (*NAm:* = **thumbtack**), punaise *f*; **d. room,** salon *m* (*b*) **d. (for) lots,** tirage *m* (au sort). **drawn** *a* (*a*) (visage) tiré, crispé (*b*) **d. match, game,** match nul. **draw 'off** *vtr* retirer (ses gants); soutirer (un liquide). **draw 'on 1.** *vi* (*of time*) s'avancer; **night was drawing on,** la nuit approchait **2.** *vtr* (*a*) puiser dans (ses économies) (*b*) s'inspirer de (ses expériences). **draw 'out** *vtr* (*a*) retirer (de l'argent); arracher (un clou) (*b*) faire parler (qn) (*c*) étirer (le fer); prolonger (une réunion); **long-drawn-out story,** récit prolongé. **'drawstring** *n* cordon *m*. **draw 'up 1.** *vtr* (*a*) approcher (une chaise) (**to the table,** de la table); aligner (des troupes) (*c*) dresser, rédiger (un contrat, une liste, un plan); établir (un compte) **2.** *vi* (*of car*) s'arrêter; (*at kerb*) se ranger (le long du trottoir).

drawl [drɔːl] **1.** *n* voix traînante **2.** *v* (*a*) *vi* parler d'une voix traînante (*b*) *vtr* dire (qch) d'une voix traînante.

dread [dred] **1.** *n* crainte *f*, terreur *f* **2.** *vtr* redouter (**doing,** de faire). **'dreadful** *a* (*a*) terrible, redoutable (*b*) atroce, épouvantable; (*of child*) insupportable; **it's d.,** c'est affreux; **to feel d.,** se sentir mal; **I feel d. (about it),** j'ai vraiment honte. **'dreadfully** *adv* terriblement, horriblement; *F:* **I'm d. sorry,** je regrette infiniment.

dream [driːm] **1.** *n* rêve *m*; *F:* (*wonderful thg, pers*) merveille *f*; **to have a d.,** faire un rêve (**about,** de); **to have dreams of,** rêver de; **sweet dreams!** faites de beaux rêves! **to see sth in a d.,** voir qch en songe; (*of pers*) **to be in a d.,** être dans les nuages; rêvasser; *F:* **a d. house,** une maison de rêve; **my d. car,** la voiture de mes rêves; **a d. world,** un monde imaginaire **2.** *vtr & i* (**dreamed** *or* **dreamt** [dremt]) rêver (**of, about,** de); (*daydream*) rêvasser; **I wouldn't d. of it!** (il n'en est) pas question! **no one would have dreamt of that,** personne n'aurait songé à cela; **to d. sth up,** imaginer qch. **'dreamer** *n* rêveur, -euse. **'dreamily** *adv* d'un air rêveur. **'dreaming** *n* rêves *mpl*. **'dreamy** *a* **(-ier, -iest)** (*a*) rêveur (*b*) *F:* charmant, ravissant.

dreary ['driəri] *a* **(-ier, -iest)** triste, morne; (discours) ennuyeux; (régime) monotone. **'drearily** *adv* tristement. **'dreariness** *n* tristesse *f*.

dredge¹ [dredʒ] *vtr & i* draguer; **to d. for sth,** draguer à la recherche de qch. **'dredger¹** *n* (*a*) (*pers, ship*) dragueur *m* (*b*) (*machine*) drague *f*. **dredge 'up** *vtr* draguer (un objet); *F:* déterrer (un sujet). **'dredging** *n* dragage *m*.

dredge² *vtr Cu:* saupoudrer (**with,** de). **'dredger²** *n DomEc:* saupoudroir *m* (à farine); saupoudreuse *f* (à sucre).

dregs [dregz] *npl* (*of liquid, of society*) **the d.,** la lie.

drench [drentʃ] *vtr* tremper (**with,** de); **to get drenched,** se faire tremper (jusqu'aux os). **'drenching** *a* **d. rain,** pluie battante.

Dresden ['drezdən] *Prn* **D. china,** porcelaine *f* de Saxe.

dress [dres] **1.** *n* (*a*) tenue *f*; costume *m*; habit(s) *m*(*pl*); **evening d.,** tenue de soirée; *Mil:* **(full) d. uniform,** uniforme *m* de cérémonie; *Th:* **d. circle,** (premier) balcon; **d. designer,** dessinateur, -trice, de mode; (*well-known*) couturier *m*; **d. rehearsal,** (répétition) générale *f*; **d. shirt,** chemise *f* de soirée (*b*) (*woman's garment*) robe *f* **2.** *vtr* (*a*) habiller (qn) (**in,** de, en); **well, badly, dressed,** bien, mal, habillé; **to get dressed,** s'habiller; **dressed for tennis,** en tenue de tennis (*b*) orner, parer (**with,** de); *Com:* faire (la vitrine) (*c*) *Mil:* aligner (les troupes) (*d*) *Med:* panser (une blessure) (*e*) dresser, tailler (des pierres); préparer (des peaux); *Cu:* préparer (un poulet); assaisonner (une salade) **3.** *vpr & i* **to d. (oneself),** s'habiller (**in,** de, en) **4.** *vi Mil:* (*of troops*) s'aligner. **'dresser** *n* **1.** (*a*) (*pers*) *Th:* habilleur, -euse; **window d.,** étalagiste *mf* (*b*) **she's a good d.,** elle s'habille toujours bien **2.** *Furn:* (*a*) buffet *m*; vaisselier *m* (*b*) *esp NAm:* (*Br* = **dressing table**) coiffeuse *f*. **'dressing** *n* (*a*) habillement *m*; **d. gown,** robe de chambre; (*toweling*) peignoir *m*; **d. room,** (i) (*in house*) cabinet de toilette; dressing-room *m* (ii) *Th:* loge *f*; **d. table,** (*NAm:* = **dresser**) coiffeuse, (table *f* de) toilette *f*; *F:* **to give s.o. a d. down,** passer un savon à qn (*b*) *Cu:* assaisonnement *m*; **French d., salad d.,** vinaigrette *f* (*c*) *Med:* pansement *m*. **'dressmaker** *n* couturier, -ière. **'dressmaking** *n* couture *f*. **dress 'up 1.** *vi* **to d. up, get dressed up,** bien s'habiller (*b*) (*disguise*) se déguiser (**as,** en) **2.** *vtr* (*a*) habiller (*b*) déguiser (qn) (**as,** en). **'dressy** *a* **(-ier, -iest)** chic, élégant; **(too) d.,** (trop) habillé.

drew [dru:] *see* **draw II.**

dribble ['dribl] **I.** *n* filet *m* (de liquide). **II.** *v* **1.** *vi* (*a*) (*of liquid*) tomber goutte à goutte (*b*) (*of baby*) baver (*c*) *Sp:* dribbler (le ballon) **2.** *vtr* (*a*) laisser tomber goutte à goutte (*b*) *Sp:* dribbler. **'driblet** *n* (*a*) gouttelette *f* (d'eau) (*b*) petite quantité. **'dribs and 'drabs** *npl* **in d. a. d.,** par petites quantités; (arriver) par petits groupes.

dried [draid] (*a*) *v see* **dry II.** (*b*) *a* (*of flowers*) séché; (*of fruit*) sec; (*of milk*) en poudre.

drier ['draiər] *n* = **dryer.**

drift [drift] **1.** *n* (*a*) mouvement *m*; **continental d.,** dérive *f* des continents; **d. ice,** glaces flottantes (*b*) direction *f*, sens *m* (d'un courant) (*c*) cours *m*, marche *f* (des événements) (*d*) (*meaning*) sens général (*e*) (*of snow*) amoncellement *m*, congère *f* **2.** *vi* (*a*) être emporté par le vent, le courant; (*of ship*) dériver; *Fig:* aller à la dérive; **to d. about (aimlessly),** se promener sans but, traînailler; **to d. apart,** (*of friends*) se perdre de vue; (*of husband and wife*) devenir des étrangers l'un pour l'autre; **to d. into, towards,** glisser dans, vers (*b*) (*of snow*) s'amonceler. **'drifter** *n* paumé, -ée. **'driftwood** *n* bois flotté.

drill¹ [dril] **1.** *n* (*a*) (*bit*) foret *m*, mèche *f* (*b*) (*tool*) perceuse *f* (électrique); *Dent:* fraise *f*, roulette *f*; (*for rock*) foreuse *f*; **(pneumatic) d.,** marteau *m* pneumatique (*c*) *Mil: etc:* exercice(s) *m*(*pl*); *Fig:* marche *f* à suivre; *F:* **what's the d.?** qu'est-ce qu'il faut faire? **2.** (*a*) *vtr* percer; *Dent:* fraiser; forer (un puits de pétrole); *Mil: etc:* faire faire l'exercice à (qn) (*b*) *vi Mil: etc:* faire l'exercice; **to d. for oil,** faire de la recherche pétrolière.

drill² *n Tex:* coutil *m*; treillis *m*.

drily ['draili] *adv* = **dryly.**

drink [driŋk] **1.** *n* (*a*) boisson *f*; **food and d.,** le boire et le manger; **to give s.o. a d.,** donner (quelque chose) à boire à qn; offrir à boire à qn; **to have a d.,** boire quelque chose; **to have a d. of water,** boire un verre d'eau (*b*) (*alcoholic*) boisson; (*in bar*) consommation *f*; **to have a d.,** prendre un verre; **come round for a d., for drinks,** venez prendre l'apéritif *m*; **d. problem,** alcoolisme *m*; problème *m* d'alcoolisme; **to take to d.,** s'adonner à la boisson; boire; **to be the worse for d.,** avoir trop bu **2.** *vtr & i* **(drank; drunk)** boire (**out of,** dans); manger (du potage); **will you have something to d.?** voulez-vous boire, prendre, quelque chose? **to d. to s.o., to s.o.'s health,** boire à la santé de qn; **then he started to d.,** à ce moment-là il a commencé à boire. **'drinkable** *a* (vin) buvable; (eau) potable. **drink 'down** *vtr & i* boire. **'drinker** *n* buveur, -euse. **drink 'in** *vtr* boire (de l'eau, les paroles de qn). **'drinking** *n* alcoolisme *m*; **d. trough,** abreuvoir *m*; **d. water,** eau potable; **d. fountain,** fontaine publique, borne-fontaine *f*; **d. song,** chanson *f* à boire. **drink 'up** *vtr & i* boire; finir son verre. **drunk 1.** *a* ivre; soûl; *Fig:* **d. with,** ivre de; **to get d.,** se soûler; s'enivrer; **d. as a lord,** soûl comme un Polonais; *Jur:* **d. and disorderly** = en état d'ivresse manifeste dans un lieu public **2.** *n* ivrogne *mf*, pochard, -arde. **'drunkard** *n* ivrogne. **'drunken** *a* (état) d'ivresse; (personne) ivrogne; (conducteur) ivre; (querelle) d'ivrogne; *Jur:* **d. driving,** (*NAm:* = **driving drunk**) conduite en état d'ivresse. **'drunkenly** *adv* comme un ivrogne. **'drunkenness** *n* ivresse *f*; (*habit*) ivrognerie *f*.

drip [drip] **1.** *n* (*a*) goutte *f*; (*sound*) bruit *m* (de goutte) (*b*) *Med:* goutte-à-goutte *m inv*; perfusion *f* (*c*) *F:* (*pers*) nouille *f* **2.** *v* **(dripped)** (*a*) *vi* dégouliner, dégoutter; (*of washing, vegetables*) s'égoutter; (*of tap*) fuir; (*of walls*) suinter; **dripping with sweat,** ruisselant de sueur (*b*) *vtr* laisser couler. **drip-'dry** *a* (chemise, etc) sans repassage. **'drip-feed** *vtr* **(drip-fed)** *Med:* nourrir par perfusion. **'dripping 1.** *a* ruisselant; (robinet) qui fuit; **d. (wet),** dégoulinant **2.** *n* (*a*) égouttement *m* (*b*) *Cu:* (*NAm:* = **drippings**) graisse *f*.

drive [draiv] **I** *n* (*a*) promenade *f* en voiture; **it's an hour's d. (away),** c'est à une heure de voiture (*b*) battue *f* (de gibier) (*c*) *MecE:* (mouvement *m* de) propulsion *f*; transmission *f*; *Aut:* **left-hand d.,** (véhicule *m* à) conduite *f* à gauche; **I've never driven a left-hand d. (car),** je n'ai jamais conduit avec le volant à gauche; **direct d.**, prise directe; **front-wheel d.**, traction *f* avant (*d*) *Golf:* drive *m* (*e*) (*of pers*) dynamisme *m*, énergie *f*; **to have lots of d.**, être très dynamique (*f*) offensive *f* (contre un abus); *Pol:* campagne *f* (*g*) *Psy:* instinct *m* (*h*) allée *f*; (*to large house*) avenue *f* (*i*) tournoi *m* (de bridge, etc). **II.** *v* (**drove; driven**) **1.** *vtr* (*a*) chasser; conduire (le bétail); rabattre (le gibier) (*b*) (*of pers*) actionner (une machine); conduire (une voiture, un train, qn); piloter (une voiture de course); **to d. s.o. home,** ramener qn chez lui (en voiture) (*of wind*) **to d. the rain, the smoke, against,** rabattre la pluie, la fumée, contre (*c*) **to d. s.o. to do,** pousser qn à faire; **he was driven to it,** on lui a forcé la main; **to d. s.o. mad, out of his mind,** rendre qn fou (*d*) **to d. s.o. hard,** surmener qn; **to d. oneself too hard,** se surmener (*e*) enfoncer (un clou) (**into,** dans); **to d. a bargain,** conclure un marché (*f*) *Golf: Ten:* driver **2.** *vi* (*a*) (*drive a car*) conduire; **to d. (along),** rouler; **to d. to London,** aller (en voiture) à Londres; **to d. on the right,** à droite; **can you d.?** savez-vous conduire? **who was driving?** qui était au volant? **he drives a Ford,** il a une Ford. **'drive at** *vi Fig:* **what are you driving at?** où voulez-vous en venir? **drive a'way 1.** *vtr* chasser, repousser **2.** *vi* partir; démarrer. **drive 'back 1.** *vtr* (*a*) repousser (l'ennemi) (*b*) ramener (qn) (en voiture) **2.** *vi* revenir. **drive 'in 1.** *vtr* enfoncer (un clou); visser (une vis) **2.** *vi* entrer. **'drive-in 1.** *a* **d.-in cinema, restaurant, bank,** cinéma *m*, restaurant *m*, banque *f*, accessible en voiture **2.** *n* (*cinema*) ciné-parc *m*; (*bank*) guichet-auto *m*. **drive 'off** *vi* partir; démarrer. **drive 'on** *vi* continuer. **drive 'out 1.** *vi* sortir en voiture **2.** *vtr* chasser. **drive 'over 1.** *vtr* écraser **2.** *vi* se rendre (chez qn) en voiture. **'driver** *n* conducteur, -trice; chauffeur *m*, conducteur, -trice (de taxi, de camion); **(train) d.**, mécanicien *m*; **racing d.**, coureur, -euse, automobile; **she's a good d.**, elle conduit bien; *NAm:* **d.'s license** (*Br* = **driving licence**), permis *m* de conduire. **'driveshaft** *n Aut:* arbre *m* de transmission. **drive 'through** *vtr* passer par (une ville) en voiture. **drive 'up** *vi* arriver. **'driveway** *n* allée *f*. **'driving 1.** *a* **d. force,** force agissante; **d. rain,** pluie battante **2.** *n* conduite *f*; **d. school,** auto-école *f*; **d. licence** (*NAm:* = **driver's license**), **d. test,** permis *m* de conduire; **to pass one's d. test,** avoir son permis (de conduire); *NAm:* **d. drunk,** (*Br* = **drunken driving**) conduite en état d'ivresse.

drivel ['drivl] **1.** *n* radotage *m* **2.** *vi* (**drivelled,** *NAm:* **driveled**) radoter.

drizzle ['drizl] **1.** *n* bruine *f*, crachin *m* **2.** *vi* bruiner. **'drizzly** *a* (temps) bruineux; **it's d.**, il bruine.

droll [droul] *a* drôle, comique.

dromedary ['drɔmədəri, *NAm:* 'drɔmideri] *n* dromadaire *m*.

drone [droun] **1.** *n* (*a*) *Ent:* abeille *f* mâle (*b*) *Pej:* (*pers*) parasite *m* (*c*) bourdonnement *m* (d'insectes); ronronnement *m*, vrombissement *m* (d'un moteur); *Fig:* débit *m* monotone **2.** *vi* (*of insect*) bourdonner; (*of engine*) ronronner, vrombir; (*of pers*) **to d. (on),** parler d'une voix monotone.

drool [dru:l] *vi* baver; *Fig:* radoter; *Fig:* **to d. over sth,** s'extasier devant qch.

droop [dru:p] *vi* (*a*) (*of head*) pencher; (*of shoulders, eyelids*) tomber; (*of flower*) se faner; (*of pers*) s'affaisser. **'droopy** *a* tombant, pendant.

drop [drɔp] **I.** *n* (*a*) goutte *f*; **d. by d.**, goutte à goutte; *Fig:* **a d. in the ocean,** une goutte d'eau dans la mer (*b*) bonbon *m*, pastille *f* (*c*) baisse *f*, chute *f* (**in,** de); (*slope*) descente *f*; (*distance of fall*) hauteur *f* (de chute); *Av:* (*jump*) saut *m*; **d. in voltage,** chute de tension; *Fig:* **at the d. of a hat,** sans hésiter. **II.** *v* (**dropped**) **1.** *vi* (*a*) tomber; (*of pers*) (se laisser) tomber; **to d. (down) dead,** tomber (raide) mort; *P:* **d. dead!** va au diable! *F:* **I'm ready to d.**, je tombe de fatigue; **to d. into an armchair,** s'affaler dans un fauteuil; **he let it d. that,** il a laissé échapper que; *F:* **let it d.!** laisse tomber! (*b*) (*of price*) baisser; (*of wind*) tomber; (*of conversation*) cesser (*c*) **to d. across,** passer (chez qn); **to d. away,** diminuer **2.** *vtr* (*a*) laisser tomber, lâcher; larguer (une bombe); jeter (l'ancre); *Knit:* sauter (une maille); envoyer (une lettre) (**to,** à); (*put*) mettre; laisser échapper (une remarque); **to d. s.o. a line,** écrire un petit mot à qn; **to d. a hint,** faire une allusion; **to d. a hint that,** laisser entendre que; **to d. a word in s.o.'s ear,** glisser un mot à l'oreille de qn (*b*) (*get rid of*) supprimer; abandonner (une habitude); *Sp:* écarter (un membre de l'équipe) (*c*) (*in car*) déposer (qn, des marchandises); (*in boat*) débarquer (qn) (*d*) omettre (une lettre, une syllabe); **to d. one's h's,** ne pas aspirer les h (*e*) baisser (la voix) (*f*) abandonner (un travail, un projet); renoncer à (une idée); **let's d. the subject!** n'en parlons plus! *F:* **d. it!** en voilà assez! **drop 'back, be'hind** *vi* rester en arrière, se laisser distancer. **drop 'in** *vi* passer (chez qn). **'dropkick** *n Rugby Fb:* coup de pied tombé; drop *m*. **'droplet** *n* gouttelette *f*. **drop 'off 1.** *vi* tomber, se détacher (*b*) (*of numbers, interest, sales*) diminuer (*c*) *F:* **to d. o. (to sleep),** s'endormir, s'assoupir **2.** *vtr* (*in car*) déposer (qn). **'drop-off** *n* diminution *f* (**in,** de). **drop 'out** *vi* (*a*) tomber (*b*) se mettre en marge de la société; **to d. o. of a contest,** se retirer d'un concours; **to d. o. (of college),** laisser tomber ses études. **'dropout** *n* (*a*) étudiant, -ante, qui abandonne ses études (*b*) marginal, -ale. **'dropper** *n Med:* compte-gouttes *m inv*. **'droppings** *npl* (*of bird*) fiente *f*; (*of animal*) crottes *fpl*.

dross [drɔs] *n* déchets *mpl*; *Metall:* scories *fpl*.

drought [draut] *n* sécheresse *f*.

drove [drouv] *see* **drive II.**

droves [drouvz] *npl* troupeaux *mpl* (de bêtes); foules *fpl* (de gens); **in d.**, en foule.

drown [draun] **1.** *vtr* (*a*) noyer; **to d. one's sorrows (in drink),** noyer son chagrin (dans la boisson); **to d. oneself, be drowned,** se noyer; **drowned person,** noyé, -ée (*b*) inonder (du terrain) (*c*) étouffer, couvrir (un son) **2.** *vi* se noyer. **'drowning 1.** *a* (homme) qui se noie **2.** *n* noyade *f*.

drowse [drauz] *vi* somnoler. **'drowsily** *adv* d'un air somnolent. **'drowsiness** *n* somnolence *f*. **'drowsy** *a* (**-ier, -iest**) somnolent; **to feel d.**, avoir sommeil; **to make s.o. (feel) d.**, assoupir qn.

drubbing ['drʌbiŋ] *n* raclée *f*.

drudge [drʌdʒ] **1.** *n* bête *f* de somme, esclave *mf* du travail **2.** *vi* trimer. **'drudgery** *n* travail ingrat; corvée(s) *f*(*pl*).

drug [drʌg] **1.** *n* (*a*) *Med:* médicament *m*, drogue *f* (*b*) (*narcotic*) stupéfiant *m*, drogue; *Fig:* drogue; **drugs,** la drogue; **to take, be on, drugs,** se droguer; **d. addict,** drogué, -ée; **d. addiction,** toxicomanie *f*; **d. taking,** usage *m* de la drogue **2.** *vtr* (**drugged**) droguer (qn); mêler un stupéfiant à (une boisson). **'druggist** *n NAm:* pharmacien, -ienne; droguiste *mf*. **'drugstore** *n NAm:* drugstore *m*.

druid ['dru:id] *n* druide *m*.

drum [drʌm] **1.** *n* (*a*) *Mus:* tambour *m*; **the big d.,** la grosse caisse; *Mus:* **the drums,** la batterie; **d. brakes,** freins à tambour (*b*) bidon *m* (à huile); tonneau *m* (en fer) **2.** *v* (**drummed**) (*a*) *vi* battre du tambour; (*of pers, fingers*) tambouriner (*b*) *vtr* tambouriner (un air); *Fig:* **to d. sth into s.o., s.o.'s head,** rabâcher qch à qn. **'drumbeat** *n* roulement *m* de tambour. **'drummer** *n* tambour *m*; (*in popular music*) batteur *m*. **'drum 'out** *vtr* expulser (qn). **'drumstick** *n* (*a*) baguette *f* de tambour (*b*) *Cu:* pilon *m*, cuisse *f* (d'une volaille). **drum 'up** *vtr* susciter (l'intérêt, le soutien); **to d. up business, custom,** attirer les clients.

drunk [drʌŋk] *a also* **'drunkard, 'drunken, 'drunkenly, 'drunkenness** *see* **drink. drunk'ometer** *n Am:* (*Br* = **breathalyser**) alcootest *m*.

dry [drai] **1.** *a* (**drier, driest**) (*a*) sec, *f* sèche; (*of well, river*) tari, à sec; (*of day*) sans pluie; (*of toast*) sans beurre; (*of country*) aride; (*of champagne*) brut; *Ski:* (*of slope*) artificiel; **on d. land,** sur la terre ferme; **to run d.,** se dessécher; **to keep sth d.,** tenir qch au sec; **to be kept d.,** craint l'humidité; **to run d.,** se tarir; *F:* **to feel, be, d.,** avoir soif; **medium d.,** (vin) demi-sec; *NAm:* **d. goods store,** magasin *m* de nouveautés; **as d. as a bone,** tout à fait sec (*b*) (pays) sec (où les boissons alcooliques sont interdites) (*c*) (sujet, livre, discours) aride; **d. humour,** esprit mordant; **d. wit,** esprit caustique; **a man of d. humour,** un pince-sans-rire **2.** *v* (**dried**) (*a*) *vtr* sécher; essuyer (la vaisselle); **to d. one's eyes,** s'essuyer les yeux (*b*) *vi* sécher; se dessécher. **dry-'clean** *vtr* nettoyer à sec. **'dry-'cleaner** *n* (*shop*) teinturerie *f*, pressing *m*; (*pers*) teinturier, -ière. **dry-'cleaning** *n* nettoyage *m* à sec. **'dryer, 'drier** *n* séchoir *m*; *Hairdr:* (*fixed*) casque *m*; **spin d.,** essoreuse *f*. **dry-'eyed** *a* les yeux secs. **'drying** *n* séchage *m*; essuyage *m*. **drying 'up** *n* **to do the d. up,** essuyer la vaisselle. **'dryly** (*also* **'drily**) *adv* sèchement; d'un ton sec. **'dryness** *n* (*a*) sécheresse *f* (*b*) aridité *f* (d'un livre, etc); causticité *f* (de l'esprit). **dry 'off, 'out** *vtr & i* sécher; (*of alcoholic*) **to d. out,** se faire désintoxiquer. **dry 'up 1.** *vi* (*a*) (*of well*) se tarir (*b*) *F:* se taire; sécher; *P:* **d. up!** tais-toi! (*c*) essuyer la vaisselle **2.** *vtr* sécher.

d.t.'s [di:'ti:z] *abbr Med: F: delirium tremens.*

dual ['dju:əl] *a* double; **d. carriageway,** route à deux voies (séparées); **d. control(s),** double commande; **d.-purpose,** à double emploi. **du'ality** *n* dualité *f*.

dub [dʌb] *vtr* (**dubbed**) (*a*) surnommer (qn) (*b*) *Cin:* doubler (un film). **'dubbing** *n Cin:* doublage *m*.

dubious ['dju:biəs] *a* (*of offer, person, etc*) douteux; (air) de doute; (individu) suspect, louche; **to be d. about,** douter de; **I'm d. about going, whether to go,** je me demande si je dois y aller. **'dubiously** *adv* d'un air de doute; en hésitant.

duchess ['dʌtʃis] *n* duchesse *f*. **'duchy** *n* (*pl* **-ies**) duché *m*.

duck [dʌk] **1.** *n* (*a*) *Orn:* canard *m*; (*female of drake*) cane *f*; **wild d.,** canard sauvage; *Fig:* **lame d.,** entreprise *f* qui marche mal; *F:* **dead d.,** (i) (*pers*) pauvre type *m* (ii) fiasco *m*; **sitting d.,** cible *f* facile; **to play at ducks and drakes,** faire des ricochets (sur l'eau) (avec des pierres); *F:* **to play ducks and drakes with one's money,** jeter son argent par les fenêtres; *F:* **to take to sth like a d. to water,** mordre à qch; *F:* **it's like water off a d.'s back,** c'est comme si on chantait (*b*) *Cr:* zéro *m* **2.** *v* (*a*) *vi* se baisser (vivement) (*b*) *vtr* plonger (qn) dans l'eau; baisser (la tête). **'ducking** *n* bain forcé; **to give s.o. a d.,** faire faire le plongeon, faire boire la tasse, à qn. **'duckling** *n* caneton *m*. **'duckpond** *n* mare *f* aux canards.

duct [dʌkt] *n Anat: Tchn:* conduit *m*. **'ductless** *a Anat:* (glande) endocrine.

dud [dʌd] *F:* **1.** *a* (*of bomb*) non éclaté; (*of coin*) faux; (*of watch, etc*) qui ne marche pas; **d. cheque,** chèque *m* en bois **2.** *n* (*pers*) zéro *m*, type nul; **he's a d.,** il est nul; c'est un raté.

dude [du:d] *n NAm: F:* dandy *m*; **d. ranch,** ranch (-hôtel) *m*.

due [dju:] **1.** *a* (*a*) dû, *f* due (**to,** à); (*of rent, bill*) à payer; **bill d. on 1st May,** effet payable le premier mai; **you are d. £5, £5 is d. to you,** on vous doit £5; (*of bill*) **to fall d.,** échoir (*b*) (respect) qu'on doit (**to,** à); (soin) voulu; (*fitting*) qui convient; **after d. consideration,** après mûre réflexion; **in d. course,** (i) (*at proper time*) en temps utile (ii) (*finally*) à la longue; **d. to,** (i) (*attributable to*) dû à (ii) (*because of*) à cause de (iii) (*thanks to*) grâce à; **the train is d. (to arrive) at 2 o'clock,** le train arrive à deux heures; **he is d. (to arrive) this evening,** il doit arriver, il est attendu, ce soir; **I'm d. for a rise,** je dois, je devrais, recevoir une augmentation de salaire; **I'm d. there,** je dois être là-bas **2.** *adv* (tout) droit; **d. north, south,** plein nord, sud. **3.** *n* (*a*) dû *m*; **to give s.o. his d.,** admettre que qn a raison; *F:* **give the devil his d.,** à chacun son dû (*b*) *pl* (*official charges*) droits *mpl*; (*of club*) cotisation *f*.

duel ['dju:əl] **1.** *n* duel *m*; **to fight a d.,** se battre en duel **2.** *vi* (**duelled,** *NAm:* **-l-**) se battre en duel.

duet [dju:'et] *n* duo *m*; (*for piano*) morceau *m* à quatre mains.

duff [dʌf] *a F:* (renseignement) faux; (moteur) crevé.

duffel, duffle ['dʌfəl] *n* **d. coat,** duffel-coat *m*, duffle-coat *m*; **d. bag,** sac de marin.

dug [dʌg] *see* **dig 2. 'dugout** *n* (*a*) (*canoe*) pirogue *f* (*b*) *Mil:* abri souterrain.

duke [djü:k] *n* duc *m*. **'dukedom** *n* duché *m*.

dull [dʌl] **1.** *a* (*a*) (*of pers*) lent, lourd; (*of mind*) lourd, borné; (*of hearing, sight*) faible; (*of ache, sound*) sourd; *Com:* (*of market*) calme, inactif; (*of character*) terne (*b*) (*boring*) ennuyeux; **as d. as ditchwater,** ennuyeux comme la pluie; **deadly d.,** abrutissant, assommant (*c*) (*of colour*) terne; (*of weather*) maussade; (*of blade*) émoussé **2.** *vtr* engourdir (l'esprit); émousser (un outil, les sens); amortir (un bruit, une douleur); ternir (une couleur). **'dullard** *n* lourdaud, -aude. **'dullness** *n* (*a*) lourdeur *f* d'esprit (*b*) (*tedium*) monotonie *f* (*c*) manque *m* d'éclat (d'une couleur). **'dully** *adv* (*a*) lourdement (*b*) d'une manière ennuyeuse (*c*) (briller) faiblement.

duly ['dju:li] *adv* (*a*) comme il convient, convenait, etc; (*in fact*) en effet (*b*) en temps utile.

dumb [dʌm] *a* (*a*) muet, *f* muette; **d. animals**, les bêtes; *Fig:* **we were struck d. by the news**, la nouvelle nous a laissé abasourdis; **d. show**, pantomime *f* (*b*) *F:* idiot, bête; **d. blonde**, blonde évaporée; **to act d.**, faire le niais. **'dumbbell** *n* haltère *m*. **dumb-'found** *vtr* sidérer, ahurir. **'dumbness** *n* (*a*) mutisme *m* (*b*) *F:* bêtise *f* **dumb'waiter** *n* (*for food*) monte-plats *m inv*.

dummy ['dʌmi] **1.** *n* (*a*) *Dressm: etc:* mannequin *m*; pantin *m* (de ventriloque) (*b*) maquette *f* (de livre) (*c*) **(baby's) d.** (*NAm:* = **pacifier**), sucette *f* (*d*) *F:* idiot, -ote (*e*) *Cards:* mort *m* **2.** *a* factice, faux, *f* fausse; (*on car, etc*) **d. run**, essai *m*.

dump [dʌmp] **1.** *n Mil:* dépôt *m* (de munitions); *F:* (*dirty or dull town*) trou *m*; (*house, slum*) baraque *f*; **(rubbish) d.**, tas *m* d'ordures; (*place*) dépôt d'ordures, décharge *f*; *F:* **to be down in the dumps**, avoir le cafard **2.** *vtr* (*a*) décharger (un camion de matériau); déverser (du sable); déposer (des ordures); **to d. (down)**, déposer (*b*) *F:* plaquer (qn) (*c*) *Com:* écouler à perte (des marchandises) à l'étranger, faire du dumping. **'dumper** *n* **d. (truck)** (*esp NAm:* **dump truck**), camion *m* à benne basculante, tombereau *m*. **'dumpy** *a* **(-ier, -iest)** *F:* (*of pers*) boulot.

dumpling ['dʌmpliŋ] *n Cu:* boulette *f* (de pâte); **apple d.**, pomme enrobée (de pâte).

dunce [dʌns] *n* cancre *m*, âne *m*.

dune [dju:n] *n* **(sand) d.**, dune *f*.

dung [dʌŋ] *n* crotte *f*; bouse *f* (de vache); crottin *m* (de cheval); (*manure*) fumier *m*. **'dunghill** *n* (tas *m* de) fumier.

dungarees [dʌŋgə'ri:z] *npl* (*a*) (*NAm:* = **overalls**) (*child's, workman's*) salopette *f* (*b*) *NAm:* (*jeans*) jean *m*.

dungeon ['dʌndʒən] *n* cachot *m*.

dunk [dʌŋk] *vtr F:* tremper (du pain) (dans son café).

Dunkirk [dʌn'kə:k] *Prn Geog:* Dunkerque *f*.

duo ['dju:ou] *n* duo *m*.

duodenal [dju:ou'di:nl] *a Anat:* duodénal.

dupe [dju:p] **1.** *n* dupe *f* **2.** *vtr* duper, tromper (qn).

duplex ['dju:pleks] *n NAm:* duplex *m*.

duplicate 1. *n* ['dju:plikət] double *m*; **in d.**, en deux exemplaires; **a d. copy**, une copie en double; **a d. key**, un double de la clef **2.** *vtr* ['dju:plikeit] faire un double de; (*on machine*) polycopier. **dupli'cation** *n* polycopie *f*; (*of effort*) répétition *f*. **'duplicator** *n* (*also* **'duplicating machine**) duplicateur *m*.

duplicity [dju:'plisiti] *n* duplicité *f*.

durable ['djuərəbl] *a* (*of shoes, etc*) résistant; (*of love, friendship*) durable. **dura'bility** *n* résistance *f*; durabilité *f*.

duration [djuə'reiʃn] *n* durée *f*.

duress [djuə'res] *n* **under d.**, sous la contrainte.

during ['djuəriŋ] *prep* pendant, durant.

dusk [dʌsk] *n* crépuscule *m*; **at d.**, à la nuit tombante. **'dusky** *a* **(-ier, -iest)** (*of complexion*) foncé.

dust [dʌst] **1.** *n* poussière *f*; **d. cover**, (*for furniture*) housse *f*; (*for book*) jaquette *f*; **d. jacket**, jaquette **2.** *vtr* (*a*) saupoudrer (**a cake with sugar**, un gâteau de sucre); *Toil:* **dusting powder**, (poudre *f* de) talc *m* (*b*) épousseter (un meuble). **'dustbin** *n* (*NAm:* = **garbage, trash, can**) poubelle *f*; boîte *f* à ordures. **'dustbowl** *n* zone *f* semi-aride. **'dustcart** *n* (*NAm:* **garbage truck**) camion-benne *m*. **'duster** *n* chiffon *m*; **feather d.**, plumeau *m*. **'dustman** *n* (*pl* **-men**) éboueur *m*, boueux *m*. **'dustpan** *n* petite pelle (à poussière). **'dustsheet** *n* housse *f* (pour meubles). **'duststorm** *n* tempête *f* de poussière. **'dustup** *n F:* querelle *f*, bataille *f*; **to have a d. with s.o.**, se quereller, se battre, avec qn. **'dusty** *a* **(-ier, -iest)** poussiéreux; recouvert de poussière; *F:* **d. answer**, réponse décevante; *F:* **not so d.**, pas mal.

Dutch [dʌtʃ] **1.** *a* néerlandais; hollandais; de Hollande; **D. cheese**, hollande *m*; **D. auction**, vente *f* à la baisse; **D. barn**, hangar *m* à récoltes; **D. courage**, bravoure *f* après boire; **to go D.**, partager les frais (**with**, avec) **2.** (*a*) *n Ling:* hollandais *m*, néerlandais *m*; *F:* **double D.**, baragouin *m* (*b*) *npl* **the D.**, les Hollandais *mpl*, les Néerlandais *mpl*. **'Dutchman, -woman** *n* (*pl* **-men, -women**) Hollandais, -aise; Néerlandais, -aise.

duty ['dju:ti] *n* (*a*) devoir *m* (**to**, envers); **to do one's d.**, faire son devoir; **from a sense of d.**, par devoir; **you are (in) d. bound to do it**, votre devoir vous y oblige; **d. call**, visite de politesse (*b*) fonctions *fpl*; **to take up one's duties**, entrer en fonctions (*c*) service *m*; **to be on d.**, *Mil:* être de service, *Nau:* de garde; (*of doctor, etc*) être de garde; *Sch:* être de permanence; *Mil: etc:* **you must not drink while on d.**, il ne faut pas boire pendant le service; **off d.**, libre; **to do d. for**, (*of pers*) remplacer (qn); (*of thg*) servir de; **d. officer**, officier de service, de jour (*d*) (*tax*) droit *m*; **customs d.**, droit(s) de douane. **'dutiable** *a* soumis aux droits de douane. **'dutiful** *a* respectueux, obéissant; (*of worker*) consciencieux; (*of husband*) plein d'égards. **'dutifully** *adv* respectueusement. **duty-'free** *a* (*at airport, etc*) (magasin, article) hors taxe; (*in town*) (article) en détaxe.

duvet ['du:vei] *n* couette *f*.

dwarf [dwɔ:f] **1.** *a* & *n* nain, *f* naine **2.** *vtr* rapetisser, écraser (un immeuble, qn, etc).

dwell [dwel] *vi* **(dwelt)** *Lit:* demeurer. **'dweller** *n* habitant, -ante. **'dwelling** *n* habitation *f*. **'dwell (up)on** *vtr* penser sans cesse à; parler sans cesse de, s'étendre sur; insister sur.

dwindle ['dwindl] *vi* **to d. (away)**, diminuer (peu à peu). **'dwindling** *a* (intérêt, etc) décroissant.

dye [dai] **1.** *n* teinture *f*, teint *m*; **fast d.**, grand teint **2.** *vtr* teindre; **to d. sth black**, teindre qch en noir; **to d. one's hair**, se teindre les cheveux. **dyed-in-the-'wool** *a Fig:* bon teint *inv*. **'dyeing** *n* teinture *f*; (*industry*) teinturerie *f*. **'dyer** *n* teinturier, -ière. **'dyestuff** *n* matière colorante.

dying ['daiiŋ] *see* **die**[2] **1.** *a* mourant, moribond; (*of sound*) qui s'éteint; (*of custom*) qui se perd; (*of word*) dernier; **to my d. day**, jusqu'à mon dernier jour **2.** (*a*) *n* mort *f*; (*death throes*) agonie *f*; (*b*) *npl* **the d.**, les mourants *mpl*, les moribonds *mpl*.

dyke [daik] *n* (*a*) (*wall*) digue *f*; (*ditch*) fossé *m* (*b*) *P:* (*lesbian*) gouine *f*.

dynamic [dai'næmik] *a* dynamique. **dy'namics** *npl* dynamique *f*. **'dynamism** *n* dynamisme *m*.

dynamite [ˈdainəmait] **1.** *n* dynamite *f* **2.** *vtr* faire sauter (des roches) à la dynamite; dynamiter.

dynamo [ˈdainəmou] *n* dynamo *f*.

dynasty [ˈdinəsti, *NAm:* ˈdainəsti] *n* (*pl* **dynasties**) dynastie *f*. **dyˈnastic** *a* dynastique.

dysentery [ˈdisəntri] *n Med:* dysenterie *f*.

dyslexia [disˈleksiə] *n* dyslexie *f*. **dysˈlexic, dysˈlectic** *a & n* dyslexique (*mf*).

dyspepsia [disˈpepsiə] *n* dyspepsie *f*. **dysˈpeptic** *a & n* dyspepsique (*mf*), dyspeptique (*mf*).

dystrophy [ˈdistrəfi] *n* dystrophie *f*; **muscular d.,** dystrophie musculaire progressive.

E

E, e [iː] *n* (la lettre) E, e *m*; *Mus:* mi *m*.

each [iːtʃ] **1.** *a* chaque; **e. day,** chaque jour; tous les jours; **e. one of us,** chacun, chacune, de nous, d'entre nous **2.** *pron* chacun, -une; **e. of us,** chacun d'entre nous; **we earn £10 e., we e. earn £10,** nous gagnons dix livres chacun; **peaches at 20p e.,** pêches à 20p (la) pièce; **one of e.,** un de chaque; **e. other,** l'un(e) l'autre, les un(e)s les autres; **to see e. other,** se voir (l'un(e) l'autre); **they adore e. other,** ils s'adorent; **to be afraid of e. other,** avoir peur l'un de l'autre; **separated from e. other,** séparés l'un de l'autre.

eager ['iːgər] *a* ardent, passionné; vif (désir); (regard) avide; **to be e. to do sth.,** être impatient de faire qch; (*want*) avoir envie de faire qch; **to be e. for,** désirer vivement; **e. for money,** avide d'argent; **e. to help,** empressé (à aider); *F:* **e. beaver,** zélé, -ée. **'eagerly** *adv* (attendre) avec impatience; (travailler, etc) avec empressement. **'eagerness** *n* impatience *f* (**to do,** de faire); empressement *m* (**to do,** à faire); avidité *f*.

eagle [iːgl] *n Orn:* aigle *mf*; **golden e.,** aigle royal. **eagle-'eyed** *a* au regard d'aigle. **'eaglet** *n* aiglon *m*.

ear¹ [iər] *n* oreille *f*; **e., nose and throat specialist,** oto-rhino-laryngologiste *mf*; **to have sharp ears,** avoir l'oreille, l'ouïe, fine; **to have an e. for music,** avoir de l'oreille; avoir l'oreille musicale; **to keep one's ears open, one's e. to the ground,** se tenir aux écoutes; *Sp:* **e. protector(s),** protège-oreilles *m inv*; **your ears must have been burning,** les oreilles ont dû vous tinter; *F:* **I'm up to my ears in work,** je suis débordé de travail; *F:* **to play it by e.,** agir selon la situation; *F:* **I'm all ears,** je suis tout ouïe; *F:* (*of words*) **to go in one e. and out of the other,** entrer par une oreille et sortir par l'autre; *F:* **thick e.,** gifle *f*. **'earache** *n* mal *m* d'oreille; **to have e.,** avoir mal à l'oreille, aux oreilles. **'eardrum** *n* tympan *m*. **'earmark** *vtr* assigner (**for,** à). **'earmuffs** *npl* protège-oreilles *m inv*. **'earphones** *npl* casque *m*. **'earpiece** *n* écouteur *m*. **'earplug** *n* (*for sleeping*) boule *f* Quiès (*Rtm*). **'earring** *n* boucle *f* d'oreille. **'earshot** *n* **within, out of, e.,** à, hors de, portée de voix. **'earsplitting** *a* (bruit) assourdissant. **'earwig** *n Ent:* perce-oreille *m*.

ear² *n* épi *m* (de blé).

earl [əːl] *n* comte *m* (*f* **countess,** *qv*). **'earldom** *n* comté *m*; titre *m* de comte.

early ['əːli] (**-ier, -iest**) **1.** *a* (*a*) **in the e. morning,** de bon, de grand, matin; **in e. summer,** au début de l'été; **to be e.,** arriver de bonne heure, tôt, être en avance; (*getting up*) être matinal; **to be an e. riser,** être matinal; se lever de bon matin, tôt; **to keep e. hours,** se coucher (et se lever) tôt; **I'm going to have an e. night,** je vais me coucher de bonne heure; **it's e.,** il est tôt; (*referring to appointment, etc*) c'est tôt; **it's too e. to . . .,** il est trop tôt pour . . ., **it's e. days yet,** il est encore trop tôt (*b*) (*first*) premier; (*ancient*) ancien; (*of man, church*) primitif; (*of painting, work*) de jeunesse; **the e. Christians,** les premiers chrétiens; **in e. days,** jadis; **e. youth,** première jeunesse; **e. age;** jeune âge; **at an e. age,** dès l'enfance; **one's e. life,** sa jeunesse (*c*) (*of fruit, flowers, season*) précoce; (*of death*) prématuré; **e. vegetables, fruit,** primeurs *fpl*; **e. reply,** réponse *f* rapide; **e. retirement,** retraite anticipée (*d*) prochain, rapproché; **at an e. date,** prochainement; à une date prochaine **2.** *adv* de bonne heure; tôt; en avance; **earlier (on),** plus tôt; **to arrive five minutes e.,** arriver avec cinq minutes d'avance; **to leave work ten minutes e.,** quitter le bureau dix minutes en avance; **e. in the morning,** le matin de bonne heure; très tôt le matin; **e. in the afternoon,** au début de l'après-midi; **as e. as yesterday,** pas plus tard qu'hier; **as e. as the tenth century,** déjà au, dès le, dixième siècle; **as e. as possible,** le plus tôt possible; **next week at the earliest,** la semaine prochaine au plus tôt; **to die e.,** mourir prématurément. **early-'warning** *a Mil: etc:* **e.-w. system,** dispositif *m* de première alerte.

earn [əːn] *vtr* gagner (de l'argent); *Fin:* rapporter (des intérêts); mériter (des éloges); **to e. one's living,** gagner sa vie. **'earnings** *npl* (*a*) rémunérations *fpl* (*b*) bénéfices *mpl*.

earnest ['əːnist] **1.** *a* sérieux; sincère; (*of request*) pressant; (*of prayer*) fervent **2.** *n* **in e.,** sérieusement **it's raining in e.,** il pleut pour de bon; **to be in e.,** être sérieux. **'earnestly** *adv* sérieusement; sincèrement; (travailler) avec zèle. **'earnestness** *n* sérieux *m*; sincérité *f*; ferveur *f* (d'une prière).

earth [əːθ] **1.** *n* (*a*) (*world, ground*) terre *f*; **on e.,** sur terre; **to fall to e.,** tomber à, par, terre; **nothing on e.,** rien au monde; **where on e. have you been?** où diable étiez-vous? **to cost the e.,** coûter les yeux de la tête (*b*) terrier *m*, tanière *f* (d'un renard); (*of fox*) **to go to e.,** se terrer; **to run s.o. to e.,** dénicher qn (*c*) *El:* terre, masse *f*; **e. cable,** câble de terre **2.** *vtr El:* mettre (un appareil) à la terre, à la masse. **'earthen** *a* en terre. **'earthenware 1.** *a* en faïence **2.** *n* faïence *f*. **'earthly** *a* terrestre; *F:* **for no e. reason,** sans la moindre raison; *F:* **he hasn't an e. (chance),** il n'a pas la moindre chance (de réussir). **'earthquake** *n* tremblement *m* de terre; séisme *m*. **'earthworks** *npl* (*excavations*) terrassements *mpl*. **'earthworm** *n* ver *m* de terre. **'earthy** *a* (**-ier, -iest**) terreux; (*of pers*) terre-à-terre; (*of humour*) truculent.

ease [iːz] **1.** *n* (*a*) (*physical*) bien-être *m*; (*mental*) tranquillité *f*; **to be at e.,** avoir l'esprit tranquille; **(ill) at e.,** (mal) à l'aise; *Mil:* **(stand) at e.!** repos! **to put s.o. at (his) e.,** mettre qn à son aise; **to take one's e.,** se mettre à l'aise; **life of e.,** vie de loisirs *mpl* (*b*) aisance *f* (de manières); simplicité *f* (de réglage); facilité *f* (de manœuvre); **with e.,** facilement; aisément **2.** *v* *(a)* *vtr* adoucir, calmer (la souffrance); soulager (la douleur, un malade); tranquilliser, calmer (l'esprit); diminuer (la tension); *(loosen)* relâcher; **to e. off, along,** enlever, déplacer, doucement; **to e. oneself through,** se glisser par *(b)* *vi* **to e. (off, up),** *(of pain)* se calmer; *(of situation)* se détendre; *(of pressure)* diminuer; *(of demand)* baisser; *(of pers)* se relâcher; *(slow down)* ralentir. **'easily** *adv* facilement, sans difficulté; (se fermer) sans effort, facilement; **he's e. 40,** il a bien 40 ans; **e. the best, etc,** de loin le meilleur, etc; **that could e. be,** ça pourrait bien être. **'easiness** *n* aisance *f*; facilité *f* (d'un travail).

easel ['i:zl] *n* chevalet *m* (de peintre).

east [i:st] **1.** *n* *(a)* est *m*; **to the e.,** à l'est **(of,** de) *(b)* *Geog:* **the E.,** l'Orient *m*; **the Far E.,** l'Extrême-Orient *m*; **the Middle E.,** le Moyen-Orient; **the Near E.,** le Proche-Orient **2.** *adv* à l'est, vers l'est; **to travel e.,** voyager vers l'est; **e. of the Rhine,** à l'est du Rhin **3.** *a* (côté) est; (vent) d'est; (pays) de l'est; **E. End,** quartiers pauvres de la partie est de Londres. **'eastbound** *a* *(of carriageway)* est *inv*; *(traffic, train)* en direction de l'est. **'easterly** *a* *(of point)* est *inv*; *(of direction)* de l'est; *(of wind)* d'est. **'eastern** *a* *(of coast)* est *inv*; **E. France,** l'Est de la France; **E. Europe,** Europe *f* de l'Est. **'easterner** *n* habitant, -ante, de l'Est. **'eastward** *a* à l'est. **'eastward(s)** *adv* vers l'est.

Easter ['i:stər] *n* Pâques *m sing or fpl*; **E. Day,** le jour de Pâques; **E. week,** semaine pascale; **E. egg,** œuf de Pâques; **Happy E.!** joyeuses Pâques!

easy ['i:zi] **(-ier, -iest) 1.** *a* *(a)* à l'aise; (esprit, vie) tranquille; *(of manners)* naturel; *(of pace)* modéré; **to feel e. in one's mind,** être tranquille; **e. chair,** fauteuil *m* (rembourré) *(b)* (travail) facile; aisé; *F:* **as e. as anything,** simple comme bonjour; **that's e. to see,** cela se voit; **within e. reach of (sth),** à distance commode de (qch) *(c)* *(of pers)* facile, accommodant, complaisant; **e. to live with,** facile à vivre; *F:* **I'm e.!** ça m'est égal! **by e. stages,** (voyager) par petites étapes; *Sp:* **to come in an e. first,** arriver bon premier; *Com:* **by e. payments, on e. terms,** avec facilités *fpl* de paiement **2.** *adv* doucement; **to take things e.,** prendre les choses en douceur; **take it e.,** (i) repose-toi (ii) *(work less)* ne te fatigue pas (iii) calme-toi (iv) ne te presse pas; **go e. on,** (i) vas-y doucement, mollo, avec (le sucre, etc) (ii) ne sois pas trop dur avec, envers (qn); **easier said than done,** c'est plus facile à dire qu'à faire. **'easy-'going** *a* insouciant; *(easy to get on with)* traitable.

eat [i:t] *vtr & i* **(ate** [et, *NAm:* eit]; **eaten)** manger; prendre (un repas); **to e. one's breakfast, lunch,** déjeuner; **to e. one's dinner, supper,** dîner; **fit to e.,** mangeable; bon à manger; *Fig:* **to e. one's words,** ravaler ses mots; **to e. like a horse,** manger comme un ogre; **to e. one's fill,** manger à sa faim; *Fig:* **to e. one's heart out,** se ronger le cœur; *F:* **I've got him eating out of my hand,** il fait tout ce que je veux; *F:* **he won't e. you!** il ne te mangera pas! *F:* **I'll e. my hat,** je veux bien être pendu; **to e. s.o. out of house and home,** ruiner qn en nourriture; *F:* **what's eating you?** qu'est-ce qui te tracasse? **'eatable 1.** *a* mangeable **2.** *npl* comestibles *mpl.* **eat a'way** *vtr* ronger, éroder; *(of acid)* ronger (un métal). **'eater** *n* **small, big, e.,** petit(e), gros(se), mangeur, -euse. **'eatery** *n* *F:* *(restaurant)* restau *m.* **'eating** *a* **e. apple,** pomme *f* à couteau; **e. place,** restaurant *m.* **eat 'into** *vtr* ronger. **eat 'out** *vi* déjeuner, dîner, dehors. **eats** *npl F:* manger *m*; bouffe *f.* **eat 'up** *vtr* finir (son pain); **to e. up the miles,** dévorer la route; **car that eats up petrol,** voiture qui consomme trop d'essence; **to be eaten up (with sth),** être dévoré (d'orgueil).

eau de Cologne [oudəkə'loun] *n* eau *f* de Cologne.

eaves [i:vz] *npl* *(of house)* avant-toit *m.* **'eavesdrop** *vi* **(eavesdropped) to e. (on),** écouter (de façon indiscrète). **'eavesdropper** *n* oreille indiscrète.

ebb [eb] **1.** *n* reflux *m*; déclin *m* (de la fortune); **the e. and flow,** le flux et le reflux; **e. tide,** marée descendante; *Fig:* **to be at a low e.,** être très bas **2.** *vi* refluer; *Fig:* *(of strength, etc)* **to e. (away),** décliner; **to e. and flow,** monter et baisser; **to e. away,** s'écouler.

ebony ['ebəni] *n* ébène *f.*

ebullient [i'bʌljənt] *a* exubérant; enthousiaste. **e'bullience** *n* exubérance *f.*

eccentric [ik'sentrik] *a & n* excentrique *(mf).* **ec'centrically** *adv* excentriquement. **eccen'tricity** *n* excentricité *f.*

ecclesiastic [ikli:zi'æstik] *a & n* ecclésiastique *(m).* **ecclesi'astical** *a* ecclésiastique.

ECG *abbr electrocardiogram.*

echelon ['eʃəlɔn] *n* échelon *m* (d'une organisation).

echo ['ekou] **1.** *n* *(pl* **echoes)** écho *m*; **e. chamber,** chambre sonore; **e. sounder,** écho-sondeur *m* **2.** *v* *(a)* *vtr* répercuter (un son); *Fig:* répéter *(b)* *vi* *(of explosion, etc)* se répercuter; **to e. with the sound of,** résonner de l'écho de.

éclair [ei'klεər] *n Cu:* éclair *m.*

eclectic [i'klektik] *a* éclectique.

eclipse [i'klips] **1.** *n* éclipse *f* **2.** *vtr* éclipser.

ecology [i'kɔlədʒi] *n* écologie *f.* **eco'logical** *a* écologique. **e'cologist** *n* écologiste *mf.*

economy [i'kɔnəmi] *n* *(pl* **-ies)** économie *f*; **political e.,** économie politique; **planned e.,** économie planifiée; *Av:* **e. class,** classe *f* touriste. **eco'nomic** *a* *(a)* économique *(b)* (loyer) rentable. **eco'nomical** *a* *(of pers)* économe; *(of methods)* économique. **eco'nomically** *adv* économiquement; **to use sth e.,** ménager qch. **eco'nomics** *npl* *(a)* économie *f* *(b)* aspect financier (de l'urbanisme); rentabilité *f* (d'un projet). **e'conomist** *n* économiste *mf.* **e'conomize** *vtr & i* économiser **(on,** sur); ménager; faire des économies.

ecstasy ['ekstəsi] *n* extase *f*; **to be in e., go into ecstasies, over sth,** s'extasier sur qch. **ec'static** *a* extasié; **to be e. about,** s'extasier sur. **ec'statically** *adv* avec extase.

Ecuador ['ekwədɔ:r] *Prn Geog:* (République *f* de) l'Équateur *m.*

ecumenical [i:kju'menikl] *a* œcuménique.

eczema ['eksimə] *n Med:* eczéma *m.*

eddy ['edi] **1.** *n* *(pl* **eddies)** *(of water, wind)* remous *m*; tourbillon *m* **2.** *vi* **(eddied)** *(of water)* faire des remous; *(of wind)* tourbillonner, tournoyer.

edge [edʒ] **1.** *n* *(a)* fil *m*, tranchant *m* (d'un couteau); **to take the e. off sth,** émousser qch *(b)* arête *f* (d'une pierre); bord *m*, rebord *m*; tranche *f* (d'un livre); marge *f* (d'une page); **on e.,** (*of pers*) énervé; (*of nerves*) tendu; **it sets my teeth on e.,** ça me crispe, ça me fait grincer les dents; *Fig:* **to have the e., a slight e., over, on, s.o.,** être légèrement supérieur à qn; **on a knife e.,** (*of pers*) sur des charbons ardents; (*of result*) qui ne tient qu'à un fil (*c*) lisière *f* (d'une forêt); bord, rive *f* (d'une rivière); abords *mpl* (d'une ville); liséré *m*, bord (d'un tissu) **2.** *vtr* (*a*) border (un mouchoir, etc) (*b*) **to e. (oneself) into a room,** se glisser dans une pièce; **to e. (oneself) forward,** avancer doucement; **to e. one's chair nearer,** rapprocher, avancer, sa chaise; **to e. away,** s'éloigner (tout) doucement (**from,** de). **'edgeways, 'edgewise** *adv* de côté; *F:* **I can't get a word in e.,** impossible de placer un mot. **'edging** *n* (*in garden*) bordure; *Dressm:* liséré. **'edgy** *a F:* (*of pers*) énervé.

edible ['edibl] *a* (*of mushroom, berry, etc*) comestible; (*of meal, food*) mangeable.

edict ['i:dikt] *n* décret *m; Hist:* édit *m*.

edifice ['edifis] *n* édifice *m*.

edify ['edifai] *vtr* (**edified**) édifier.

Edinburgh ['edinb(ə)rə] *Prn Geog:* Édimbourg *m or f*.

edit ['edit] *vtr* éditer (un texte); mettre au point (un article, etc); diriger (un journal, etc); rédiger (un dictionnaire, etc); monter (un film); **edited by,** (série, journal) sous la direction de; **to e. (out),** couper. **'editing** *n* édition *f* (d'un texte); mise *f* au point (d'un article, etc); rédaction *f* (d'un journal, d'un dictionnaire); *Cin:* montage *m*. **edition** [i'diʃn] *n* édition *f*; **limited e.,** édition à tirage limité. **'editor** *n* directeur, -trice (d'un journal, d'une revue); rédacteur, -trice (d'un dictionnaire, etc); *TV: WTel:* **(programme) e.,** réalisateur, -trice. **edi'torial 1.** *a* (bureau) de la rédaction; **the e. staff,** la rédaction **2.** *n Journ:* éditorial *m*.

educate ['edjukeit] *vtr* éduquer (un enfant, la famille); instruire (un élève); former, éduquer (l'esprit). **'educated** *a* (of voice) cultivé; (*of pers*) **(well-)e.,** instruit, cultivé; **he was educated in France,** il a fait ses études en France. **edu'cation** *n* (*a*) éducation *f* (*b*) (*teaching*) enseignement *m*, instruction *f*; (*training*) formation *f*; *Sch:* (*as subject*) pédagogie *f*; **he's had a good e.,** il a reçu une bonne éducation; **adult e.,** enseignement des adultes; **university e.,** éducation supérieure; études supérieures. **edu'cational** *a* (*of establishment*) d'enseignement; (*of method*) pédagogique; (*of game, film*) éducatif; (*of supplies*) scolaire. **edu'cation(al)ist** *n* pédagogue *mf*. **edu'cationally** *adv* du point de vue de l'éducation; **e. subnormal,** (enfant) arriéré. **'educator** *n* éducateur, -trice.

Edward ['edwəd] *Prnm* Édouard. **Ed'wardian** [-'wɔ:rd-] *a* qui a rapport à l'époque du roi Édouard Sept; **the E. era,** la belle époque.

EEC *abbr European Economic Community*, CEE.

eel [i:l] *n* anguille *f*.

eerie ['iəri] *a* (**-ier, -iest**) sinistre, étrange.

efface [i'feis] *vtr* effacer.

effect [i'fekt] **1.** *n* (*a*) effet *m*; résultat *m*; conséquence *f*; action *f* (de la chaleur); (*of medicine, etc*) **to have an e.,** faire de l'effet; **to have no e.,** rester sans effet; **to take e.,** (i) (*of regulations*) entrer en vigueur (ii) (*of drug*) agir; **to come into e.,** entrer en vigueur; **with e. from 10th October,** applicable à partir du 10 octobre; **to no e.,** en vain; sans résultat; **to put into e.,** mettre en application, faire entrer en vigueur; **in e.,** en fait; en réalité; **for e.,** à effet; **to this e.,** dans ce sens; **to the e. that,** comme quoi (*b*) **(personal) effects,** biens *mpl*, effets (personnels); *Th:* **stage effects,** effets scéniques; **sound effects,** bruitage *m*; *Cin:* **special effects,** effets spéciaux; truquage *m*, trucage *m* **2.** *vtr* effectuer, réaliser; opérer. **e'ffective** *a* (*a*) (remède) efficace; (rendement) effectif; (contrat) valide; *Adm:* (date) d'entrée en vigueur; (*of law*) **to become e.,** prendre effet (*b*) (contraste) frappant; (tableau) qui fait de l'effet. **e'ffectively** *adv* (*a*) efficacement, utilement (*b*) effectivement; en réalité (*c*) d'une façon frappante. **e'ffectiveness** *n* (*a*) efficacité *f* (*b*) effet frappant. **e'ffectual** *a* efficace; (contrat) valide; (règlement) en vigueur. **e'ffectually** *adv* efficacement. **e'ffectuate** *vtr* effectuer.

effeminate [i'feminət] *a* efféminé. **e'ffeminacy** *n* caractère efféminé.

effervesce [efə'ves] *vi* être en effervescence; (*of drink*) pétiller; (*of pers*) pétiller de joie. **effer'vescence** *n* effervescence *f*; pétillement *m*. **effer'vescent** *a* (*of mixture, youth*) effervescent; (*of drink*) gazeux.

effete [i'fi:t] *a* mou, faible; décadent.

efficacious [efi'keiʃəs] *a* efficace. **'efficacy** *n* efficacité *f*.

efficiency [i'fiʃ(ə)nsi] *n* efficacité *f*; haut rendement (d'une machine); performances *fpl* (d'une administration); compétence *f* (d'une personne). **e'fficient** *a* (*of method, work*) efficace; (*of machine*) performant, à haut rendement; (*of pers*) compétent, efficace; (*of organization*) efficace, performant. **e'fficiently** *adv* efficacement; avec compétence; (*of machine*) **to work e.,** bien fonctionner.

effigy ['efidʒi] *n* effigie *f*.

effluent ['efluənt] *n* effluent *m*.

effort ['efət] *n* (*a*) effort *m*; **to make an e. to do sth,** faire un effort pour faire qch; **wasted e.,** peine perdue; **it isn't worth the e.,** ça ne, ça n'en, vaut pas la peine (*b*) (coup *m* d')essai *m*; **that's not a bad e.,** ce n'est pas mal réussi; **what do you think of his latest e.?** qu'est-ce que tu penses de ses dernières tentatives? **'effortless** *a* (*of victory, etc*) facile. **'effortlessly** *adv* facilement, sans effort.

effrontery [i'frʌntəri] *n* effronterie *f*.

effusive [i'fju:siv] *a* (*of pers*) expansif; (compliments, excuses) sans fin; **to be e. in one's thanks,** se confondre en remerciements. **e'ffusively** *adv* avec effusion. **e'ffusion** *n*, **e'ffusiveness** *n* effusion *f*; volubilité *f*.

e.g. *abbr exempli gratia*, par exemple.

egalitarian [igæli'tɛəriən] *a* égalitaire.

egg [eg] *n* œuf *m*; **boiled e.,** œuf à la coque; **fried e.,** œuf sur le plat; **scrambled eggs,** œufs brouillés; **e. timer,** sablier *m*; **e. whisk,** fouet *m* (à œufs); *F:* **a bad e.,** un vaurien; *F:* **as sure as eggs is eggs,** aussi sûr que deux et deux font quatre; *F:* **to have e. on one's face,** être couvert de ridicule. **'eggcup** *n* coquetier *m*. **'egghead** *n Pej:* intellectuel, -elle. **egg'nog** *n* (*also* **e. flip**) *Cu:* lait *m* de poule. **egg 'on** *vtr* inciter (qn) (**to do,** à faire). **'eggplant** *n NAm:* (*Br* = **aubergine**) aubergine *f.* **'egg-shaped** *a* ovoïde. **'eggshell** *n* coquille *f* (d'œuf).

ego ['iːgou] *n* **the e.,** le moi; *F:* **e. trip,** glorification *f* de soi-même. **ego'centric** *a* égocentrique. **egoism** ['egouizm] *n* égoïsme *m.* **'egoist** *n* égoïste *mf.* **ego'istic(al)** *a* égoïste. **'egotism** *n* égotisme *m.* **'egotist** *n* égotiste *mf.* **ego'tistic(al)** *a* égotiste.

Egypt ['iːdʒipt] *Prn Geog:* Égypte *f.* **E'gyptian** *a & n* égyptien, -ienne.

eh? [ei] *int F:* hein?

eiderdown ['aidədaun] *n* édredon *m.*

eight [eit] *num a & n* huit (*m*); **to be e. (years old),** avoir huit ans; **page twenty-e.,** page vingt-huit; **it's e. o'clock,** il est huit heures; *F:* **to have had one over the e.,** avoir bu un coup de trop. **eigh'teen** *num a & n* dix-huit (*m*). **eigh'teenth** *num a & n* dix-huitième (*mf*); **(on) the e. (of May),** le dix-huit (mai); **Louis the E.,** Louis Dix-huit. **eighth** *num a & n* huitième (*mf*); **an e.,** un huitième; **(on) the e. (of April),** le huit (avril); **Henry the E.,** Henri Huit. **'eightieth** *num a & n* quatre-vingtième (*mf*). **'eighty** *num a & n* (*pl* **-ies**) quatre-vingts (*m*); **e.-one,** quatre-vingt-un; **e.-first,** quatre-vingt-unième.

Eire ['ɛərə] *Prn Geog:* République *f* d'Irlande.

either ['aiðər, 'iːðər] **1.** *a & pron* l'un(e) ou l'autre; (*with negative*) ni l'un(e) ni l'autre; (*each*) chaque; **on e. side,** de chaque côté; des deux côtés; **e. of them,** soit l'un(e), soit l'autre; n'importe lequel, laquelle; **I don't believe e. of you,** je ne vous crois ni l'un ni l'autre; **there is no evidence e. way,** les preuves manquent de part et d'autre **2.** *conj & adv* **e. . . . or . . .,** ou (bien) . . ., ou (bien) . . .; soit . . ., soit . . .; (*with negative*) ni . . . ni . . .; **e. come in or go out,** entrez ou sortez; **it's not him e.,** ce n'est pas lui non plus; **I don't e.,** (ni) moi non plus; **not so far off e.,** pas si loin d'ailleurs.

ejaculate [i'dʒækjuleit] *vtr & i* (*a*) *Physiol:* éjaculer (*b*) s'écrier. **ejacu'lation** *n* (*a*) *Physiol:* éjaculation *f* (*b*) cri *m*, exclamation *f.*

eject [i'dʒekt] **1.** *vtr* jeter, émettre (des flammes); expulser (un agitateur); *Tchn:* éjecter **2.** *vi Av:* s'éjecter. **e'jection** *n* expulsion *f*; *Av:* éjection *f.* **e'jector** *n Mec:* éjecteur *m*; *Av:* **e. seat,** siège *m* éjectable.

eke [iːk] *vtr* **to e. out,** faire durer (ses revenus); **to e. out a living,** gagner (difficilement) sa vie.

elaborate 1. *a* [i'læbərət] compliqué, détaillé; (*of style, clothes*) recherché; (*of preparation, inspection*) minutieux; (*of meal*) raffiné **2.** [i'læbəreit] (*a*) *vtr* élaborer (une théorie, etc) (*b*) *vi* entrer dans les détails (**on,** sur). **e'laborately** *adv* (*to plan*) minutieusement; (*to decorate*) avec recherche. **elabo'ration** *n* élaboration *f.*

elapse [i'læps] *vi* s'écouler.

elastic [i'læstik] **1.** *a* élastique; **e. band,** élastique *m* **2.** *n* (*fabric*) élastique *m.* **elas'ticity** *n* élasticité *f.*

elated [i'leitid] *a* transporté de joie. **e'lation** *n* exaltation *f.*

elbow ['elbou] **1.** *n* coude *m*; **to lean one's e. on sth,** s'accouder sur qch; **at s.o.'s e.,** aux côtés de qn; *F:* **e. grease,** huile *f* de coude; **to have enough e. room,** avoir assez de place **2.** *vtr* pousser (qn) du coude; **to e. s.o. aside,** écarter qn d'un coup de coude; **to e. one's way through the crowd,** se frayer un chemin (à coups de coude) à travers la foule.

elder[1] ['eldər] **1.** *a* aîné, plus âgé; **my e. brother,** mon frère aîné; **e. statesman,** doyen *m* des hommes politiques **2.** *n* aîné, -ée; (*of Church*) **elders,** anciens *mpl.* **'elderly 1.** *a* assez âgé, entre deux âges **2.** *npl* **the e.,** les personnes âgées. **'eldest** *a & n* aîné, -ée; **his, her, e. brother,** l'aîné de ses frères. **my e. (son),** mon (fils) aîné.

elder[2] *n Bot:* **e. (tree),** sureau *m.* **'elderberry** (*pl* **-ies**), **-flower** *n* baie *f*, fleur *f*, de sureau.

elect [i'lekt] **1.** *vtr* (*a*) **to e. (to do sth),** choisir (de faire qch) (*b*) *Pol:* élire (qn) (**to,** à) **2.** *a* élu; **the Mayor, president, e.,** le maire, le président, désigné. **e'lection** *n* élection *f*; **general, parliamentary, e.,** élections législatives; **e. committee, campaign,** comité électoral, campagne électorale; **e. day, results,** jour *n*, résultats *mpl*, du scrutin, des élections. **election'eering** *n* campagne électorale. **e'lective** *a NAm:* (*of course*) facultatif. **e'lector** *n* électeur, -trice; votant, -ante. **e'lectoral** *a* électoral. **e'lectorate** *n* électorat *m.*

electricity [ilek'trisiti] *n* électricité *f.* **e'lectric** *a* électrique; **e. shock,** décharge *f* électrique; **e. shock treatment,** électrochocs *mpl.* **e'lectrical** *a* électrique; **e. engineer,** ingénieur *m* électricien; **e. engineering,** électrotechnique *f.* **elec'trician** *n* électricien *m.* **electrifi'cation** *n* (*a*) *Rail:* électrification *f* (*b*) *Fig:* électrisation *f.* **e'lectrify** *vtr* (*a*) *Rail:* électrifier (*b*) *Fig:* électriser. **e'lectro'cardiogram** *n* électrocardiogramme *m.* **e'lectrocute** *vtr* électrocuter. **electro'cution** *n* électrocution *f.* **e'lectrode** *n* électrode *f.* **elec'trolysis** *n* électrolyse *f.* **e'lectron** *n* électron *m*; **e. microscope,** microscope *m* électronique. **elec'tronic 1.** *a* électronique **2.** *npl* **electronics,** électronique *f*; **e. engineer,** électronicien, -ienne. **e'lectroplated** *a* (métal) plaqué, argenté.

elegance ['eligəns] *n* élégance *f.* **'elegant** *a* élégant. **'elegantly** *adv* élégamment; avec élégance.

elegy ['elədʒi] *n* (*pl* **elegies**) élégie *f.*

element ['elimənt] *n* élément *m*; (*of heater*) résistance *f*; **an e. of truth,** un grain, une part, de vérité; **to be in one's e.,** être dans son élément; **exposed to the elements,** exposé aux intempéries *fpl*; **the human, chance, e.,** le facteur humain, chance. **ele'mental** *a* élémentaire. **ele'mentary** *a* élémentaire; *NAm:* (*of school*) primaire; *Sch:* **e. algebra,** rudiments *mpl* d'algèbre; **e. courtesy,** la courtoisie la plus élémentaire.

elephant ['elifənt] *n* **(bull) e.,** éléphant *m* (mâle); **cow e.,** éléphant femelle; *Fig:* **white e.,** objet inutile et encombrant. **ele'phantine** *a* (*a*) (*clumsy*) gauche; **e. wit,** esprit lourd (*b*) (*of size, proportions*) éléphantesque.

elevate ['eliveit] *vtr* élever (**to,** à); relever (son style). **'elevated** *a* (*a*) élevé; (*of thoughts*) haut; **e. position,** position élevée (*b*) (*overhead*) surélevé; (chemin de fer) aérien. **'elevating** *a* qui élève l'esprit; (principe) moralisateur. **ele'vation** *n* élévation *f*; **e. above sea level,** altitude *f*, hauteur *f*, au-dessus du niveau de la mer; **sectional e.,** coupe verticale; **front e.,** façade *f.* **'elevator** *n* (*a*) monte-charge *m inv*; **grain e.**, élévateur *m* à grains (*b*) *NAm:* (*Br* = **lift**) ascenseur *m* (*c*) *Av:* gouvernail *m* de profondeur.

eleven [i'levn] **1.** *num a & n* onze (*m*); **there are only e. of them,** ils ne sont que onze; **the e. o'clock train,** le train d'onze heures; **to be e. (years old),** avoir onze ans; **page e.,** page onze; **it's e. o'clock,** il est onze heures **2.** *n Sp:* équipe *f* de onze joueurs. **e'levenses** *n F:* pause-café *f* (vers onze heures du matin). **e'leventh** *num a & n* onzième (*mf*); **at the e. hour,** à la dernière minute; **e. hour decision,** décision *f* de dernière minute; **(on) the e.,** le onze (du mois).

elf [elf] *n* (*pl* **elves**) lutin *m*.

elicit [i'lisit] *vtr* tirer (les faits) au clair; obtenir (une réponse) **(from s.o.,** de qn); découvrir (la vérité).

elide [i'laid] *vtr Ling:* élider. **e'lision** *n* élision *f*.

eligible ['elidʒibl] *a* (*for post, etc*) admissible **(for,** à); (*for political office*) éligible **(for,** à); **to be e.,** avoir droit **(for,** à); **an e. young man,** un beau parti. **eligi'bility** *n* admissibilité *f*; *Pol:* éligibilité *f*.

eliminate [i'limineit] *vtr* éliminer **(from, de)**; écarter (une éventualité). **e'liminating** *a* (épreuve) éliminatoire. **elimi'nation** *n* élimination *f*; **by process of e.,** en procédant par élimination.

élite [ei'li:t] *n* élite *f*. **e'litist** *a & n* élitiste (*mf*).

Elizabethan [ilizə'bi:θən] *a* élisabéthain.

elk [elk] *n Z:* élan *m*; **Canadian e.,** orignal *m*.

ellipse [i'lips] *n Mth:* ellipse *f*. **e'lliptical** *a* elliptique.

elm [elm] *n* orme *m*; **Dutch e. disease,** maladie des ormes.

elocution [elə'kju:ʃn] *n* élocution *f*.

elongate ['i:lɔŋgeit] *vtr* allonger. **elon'gation** *n* allongement *m*.

elope [i'loup] *vi* (*of lovers*) s'enfuir **(with,** avec). **e'lopement** *n* fugue (amoureuse).

eloquence ['eləkwəns] *n* éloquence *f*. **'eloquent** *a* éloquent. **'eloquently** *adv* éloquemment.

else [els] **1.** *adv* autrement; ou bien; **come in, or e. go out,** entrez ou bien sortez; **or e.,** ou bien, sinon **2.** (*a*) *a or adv* d'autre; **anyone e.,** toute autre personne; tout autre, n'importe qui d'autre; **did you see anybody e.?** avez-vous vu quelqu'un d'autre? **anything e.,** n'importe quoi d'autre; (*in shop*) **something, anything e.,** et avec ça? **someone e.,** quelqu'un d'autre, un autre; **something e.,** autre chose; quelque chose d'autre; **everybody e.,** tout le monde à part moi, vous, etc, tous les autres; **no one e., nobody e.,** personne d'autre; **nothing e.,** rien d'autre; **nothing e., thank you,** plus rien, merci; **who e.?** qui d'autre? qui encore? **what e.?** quoi encore? quoi de plus? **what e. can I do?** que puis-je faire d'autre, de mieux, de plus? **how e.?** de quelle autre façon? **everything e.,** tout le reste (*b*) *adv* **everywhere e.,** partout ailleurs; **somewhere e.,** autre part; ailleurs; **nowhere e.,** nulle part ailleurs. **'else'where** *adv* ailleurs; **e. in the house,** dans une autre partie de la maison.

elucidate [i'lu:sideit] *vtr* élucider, éclaircir (un problème). **eluci'dation** *n* élucidation *f*.

elude [i'lu:d] *vtr* éluder (une question); échapper à (l'ennemi); esquiver (un coup); se dérober à (une obligation); se soustraire à (la justice).

elusive [i'lu:siv] *a* (*of enemy, aims*) insaisissable; (*of reply*) évasif; (*of personality*) fuyant.

elves [elvz] *see* **elf.**

emaciated [i'meisieitid] *a* émacié. **emaci'ation** *n* amaigrissement *m* extrême.

emanate ['eməneit] *vi* émaner **(from,** de).

emancipate [i'mænsipeit] *vtr* émanciper; affranchir (un esclave). **emanci'pation** *n* émancipation *f*; affranchissement *m*.

embalm [im'ba:m] *vtr* embaumer (un corps).

embankment [im'bæŋkmənt] *n* (*a*) digue *f*; levée *f* de terre (*b*) (*of path, etc*) talus *m*, remblai *m*; (*of river*) berge *f*.

embargo [im'ba:gou] *n* (*pl* **-oes**) embargo *m*; **to put an e. on,** mettre un embargo sur; **under an e.,** séquestré.

embark [im'ba:k] **1.** *vtr* embarquer (les passagers) **2.** *vi* (s')embarquer; **to e. on,** commencer, entamer; se lancer dans, s'embarquer dans (une affaire). **embar'kation** *n* embarquement *m*; **e. card,** carte d'accès à bord.

embarrass [im'bærəs] *vtr* embarrasser, gêner. **em'barrassing** *a* embarrassant. **em'barrassment** *n* embarras *m*, gêne *f*; (*financial*) embarras *mpl*.

embassy ['embəsi] *n* ambassade *f*.

embattled [im'bæt(ə)ld] *a* (*of political party, pers, etc*) assiégé de toutes parts; (*of attitude*) belliqueux.

embedded [im'bedid] *a* (*of stick, bullet*) enfoncé; (*of jewel*) & *Ling:* enchâssé; (*in one's memory*) gravé; (*in stone*) scellé.

embellish [im'beliʃ] *vtr* embellir, orner (qch); enjoliver (un récit). **em'bellishment** *n* embellissement *m*, ornement *m*; enjolivure *f*.

embers ['embəz] *npl* braise *f*, charbons ardents.

embezzle [im'bezl] *vtr* détourner (des fonds). **em'bezzlement** *n* détournement *m* de fonds. **em'bezzler** *n* escroc *m*, voleur *m*.

embitter [im'bitər] *vtr* aigrir (le caractère); envenimer (une situation). **em'bittered** *a* aigri; envenimé **(by,** par).

emblem ['embləm] *n* emblème *m*; insigne (sportif). **emble'matic** *a* emblématique.

embody [im'bɔdi] *vtr* **(embodied)** (*a*) incarner (*b*) exprimer (une qualité, etc) (*c*) (*include*) réunir. **em'bodiment** *n* incarnation *f* **(of,** de).

embolism ['embəlizm] *n Med:* embolie *f*.

emboss [im'bɔs] *vtr* emboutir (le métal); gaufrer, emboutir (le papier).

embrace [im'breis] **1.** *n* étreinte *f* **2.** *v* (*a*) *vtr* étreindre, embrasser; (*include, adopt*) embrasser (*b*) *vi* s'étreindre, s'embrasser.

embroider [im'brɔidər] *vtr* broder (un tissu); enjoliver (un récit). **em'broidery** *n* broderie *f*.

embroiled [im'brɔild] *a* mêlé **(in,** à).

embryo ['embriou] *n Biol:* embryon *m*; **in e.,** (i) *Biol:* (à l'état) embryonnaire (ii) (stage) embryonnaire, en germe. **embry'onic** *a* embryonnaire; *Fig:* en germe.

emend [i'mend] *vtr* corriger (un texte).

emerald ['emərəld] **1.** *n* émeraude *f* **2.** *a & n* **e. (green),** (vert) émeraude (*m*).

emerge [i'mə:dʒ] *vi* apparaître **(from,** de); (*of truth, from water*) émerger; déboucher **(from,** de); sortir (d'un trou); (*of nation*) naître; **from these facts it emerges that,** de ces faits il apparaît que. **e'mer-**

gence *n* apparition *f*; émergence *f*. **e'mergent** *a* (pays) en voie de développement.

emergency [i'mɔːdʒənsi] *n* situation *f* critique; crise *f*; (*contingency*) éventualité *f*; *Med:* **an e. (case),** une urgence; *Med:* **e. services, ward,** services *mpl*, salle *f*, des urgences; **to provide for emergencies,** parer aux éventualités; **in an e., in case of e.,** en cas d'urgence; **state of e.,** état d'urgence; **e. repairs,** réparations d'urgence; **e. exit,** sortie de secours; **e. landing,** atterrissage forcé; *Pol:* **e. powers,** pouvoirs *mpl* extraordinaires; **e. rations,** vivres de réserve.

emery ['eməri] *n* émeri *m*; **e. cloth,** toile *f* (d')émeri; **e. paper,** papier d'émeri; *Toil:* **e. board,** lime *f* (à ongles) en carton.

emigrate ['emigreit] *vi* émigrer. **'emigrant** *a & n* émigrant, -ante. **emi'gration** *n* émigration *f*.

eminence ['eminəns] *n* (*a*) éminence *f*, élévation *f* (de terrain) (*b*) distinction *f*; *Ecc:* **your E.,** votre Éminence. **'eminent** *a* éminent; distingué. **'eminently** *adv* éminemment, hautement, remarquablement.

emirate ['emirət] *n* émirat *m*.

emissary ['emisəri] *n* émissaire *m*.

emit [i'mit] *vtr* **(emitted)** émettre (de la lumière, de la chaleur, etc); dégager (une odeur); lancer, jeter (des étincelles); rendre (un son). **e'mission** *n* émission *f*; dégagement *m*.

emotion [i'mouʃn] *n* émotion *f*; (*joy, love, etc*) sentiment *m*; **to appeal to the emotions,** faire appel aux sentiments; **full of e.,** ému. **e'motional** *a* (*of pers, reaction*) émotif; (*of story, speech*) émouvant; (*of moment*) d'émotion intense; *Psy:* (*of state*) émotionnel; **e. voice,** voix émue; **to be e.,** être facilement ému, être sensible. **e'motionally** *adv* avec émotion; **I am e. involved,** cela me concerne de trop près; **to be e. unstable,** avoir des troubles émotifs. **e'motive** *a* émotif; (*of word*) affectif; **e. issue,** question sensible.

emperor ['empərər] *n* empereur *m*.

emphasize ['emfəsaiz] *vtr* souligner **(that,** que); appuyer sur, insister sur, souligner (un mot, un fait); faire ressortir (une qualité). **'emphasis** *n* (*a*) insistance *f*; **to lay, put e. on,** mettre l'accent sur (*b*) *Ling:* accent *m* (tonique). **em'phatic** *a* (*of pers, refusal*) catégorique; (*forceful*) énergique; **to be e. about,** insister sur. **em'phatically** *adv* énergiquement; (refuser) catégoriquement; **e. no!** absolument pas!

empire ['empaiər] *n* empire *m*; **e. builder,** constructeur *m* d'empires.

empirical [em'pirikəl] *a* empirique. **em'piricism** *n* empirisme *m*.

employ [im'plɔi] **1.** *n* **to be in s.o.'s e.,** être employé par qn **2.** *vtr* employer; user de (la force); **to be employed in doing sth,** s'occuper, être occupé, à faire qch. **employ'ee** *n* employé, -ée; *pl* personnel *m*. **em'ployer** *n* patron, -onne; employeur, -euse; **(body of) employers,** patronat *m*; **employers' association,** syndicat patronal. **em'ployment** *n* emploi *m*; **place of e.,** lieu *m* de travail; **in the e. of,** employé par; **e. agency,** bureau *m* de placement; **to find e. for s.o.,** placer qn.

empower [im'pauər] *vtr* autoriser (qn) **(to do sth,** à faire qch).

empress ['empris] *n* impératrice *f*.

empty ['empti] **1.** *v* **(emptied)** (*a*) *vtr* **to e. (out),** vider (une boîte, une poche, de l'eau, etc); décharger (un véhicule); vidanger (un carter); sortir (des objets) (*b*) *vi* (*of river*) se jeter **(into,** dans); (*of hall*) se vider **2.** *a* **(-ier, -iest)** vide **(of,** de); (immeuble) inoccupé; (estomac) creux; (*of threat, promise, etc*) vain; **on an e. stomach,** à jeun **3.** *npl* **empties,** bouteilles *fpl* vides. **'emptiness** *n* vide *m*. **'empty-'handed** *a* les mains vides. **'empty-'headed** *a* sans cervelle.

emu ['iːmjuː] *n Orn:* émeu *m*.

emulate ['emjuleit] *vtr* imiter. **emu'lation** *n* émulation *f*.

emulsion [i'mʌlʃn] *n* (*paint*) peinture (mate); *Phot:* émulsion *f*.

enable [i'neibl] *vtr* **to e. s.o. to do sth,** permettre à qn de faire qch.

enact [in'ækt] *vtr* promulguer (une loi); jouer (une partie d'une pièce de theâtre).

enamel [i'næməl] **1.** *n* (*a*) émail *m*; **e. bath,** baignoire en émail (*b*) vernis *m*; **e. paint,** peinture au vernis **2.** *vtr* **(enamelled,** *NAm:* **-l-)** (*a*) émailler (la porcelaine) (*b*) ripoliner (une porte); vernir (du fer); **enamelled kettle,** bouilloire en émail.

enamoured, *NAm:* **-ored** [in'æməd] *a* **e. of,** séduit par (qch); amoureux de (qn).

encamp [in'kæmp] *vi* camper. **encampment** *n* campement *m*.

encapsulate [in'kæpsjuleit] *vtr Fig:* résumer.

encase [in'keis] *vtr* recouvrir **(in,** de).

enchant [in'tʃɑːnt] *vtr* enchanter; charmer, ravir (qn). **en'chanter,** *f* **-tress** *n* enchanteur, enchanteresse. **en'chanting** *a* enchanteur; charmant, ravissant. **en'chantingly** *adv* à ravir. **en'chantment** *n* enchantement *m*; ravissement *m*.

encircle [in'səːkl] *vtr* entourer; *Mil:* encercler. **en'circlement, en'circling** *n* encerclement *m*.

enclave ['enkleiv] *n* enclave *f*.

enclose [in'klouz] *vtr* (*a*) clôturer (un champ); **to e. with,** entourer de (une clôture, un mur) (*b*) joindre **(in, with,** à). **en'closed** *a* (*a*) (espace) clos; (marché) couvert; *Ecc:* (ordre) cloîtré (*b*) (chèque, etc) ci-joint; **please find e.,** veuillez trouver ci-joint. **en'closure** *n* (*a*) (*act*) clôture *f* (*b*) enclos *m*; enceinte *f*; *Turf:* pesage *m* (*c*) *Com:* pièce jointe; document ci-joint.

encompass [in'kʌmpəs] *vtr* (*a*) entourer (*b*) inclure.

encore ['ɔŋkɔːr] **1.** *n & int* bis (*m*) **2.** *vtr* bisser.

encounter [in'kaunter] **1.** *n* rencontre *f* **2.** *vtr* rencontrer (un obstacle); éprouver (des difficultés); affronter (l'ennemi); essuyer (une tempête).

encourage [in'kʌridʒ] *vtr* encourager (qn) **(to do sth,** à faire qch); favoriser (la recherche). **en'couragement** *n* encouragement *m*. **en'couraging** *a* encourageant. **en'couragingly** *adv* d'une manière encourageante.

encroach [in'kroutʃ] *vi* empiéter **(on, upon,** sur); (*of sea*) **to e. on the land,** gagner du terrain. **en'croachment** *n* empiétement *m*.

encrusted [in'krʌstid] *a* **e. with,** incrusté, couvert d'une croûte, de.

encumber [in'kʌmbər] *vtr* encombrer **(with,** de); gêner (qn, le mouvement). **en'cumbrance** *n* embarras *m*, charge *f*; **to be an e. to s.o.,** être à charge à qn; **without (family) encumbrances,** sans charges de famille.

encyclical [in'siklikl] *n Rel:* encyclique *f.*

encyclop(a)edia [insaiklə'pi:diə] *n* encyclopédie *f.* **encyclo'p(a)edic** *a* encyclopédique.

end [end] **1.** *n* (*a*) bout *m*, extrémité *f* (d'une rue, d'un objet, etc); fin *f* (d'une réunion, d'un livre, etc); **cigarette e.,** mégot *m*; *Games:* **to change ends,** changer de camp; (*of swimming pool*) **deep, shallow, e.,** grand, petit, bain; *Fig:* **to be thrown in at the deep e.,** recevoir le baptême du feu; *Fig:* **to go off the deep e.,** se mettre en colère; sortir de ses gonds; **the e. house,** la dernière maison (de la rue); **the third from the e.,** le, la, troisième avant la fin; *Fig:* **to get hold of the wrong e. of the stick,** prendre qch à contresens; *F:* **to keep one's e. up,** ne pas se laisser démonter; tenir bon; **e. to e.,** bout à bout; **from e. to e.,** d'un bout à l'autre; (*of box*) **on e.,** debout; (*of hair*) **to stand on e.,** se dresser (sur la tête); se hérisser; **for two hours on e.,** (pendant) deux heures de suite; **six days on e.,** six jours d'affilée; **for days on e.,** pendant des jours (et des jours) (*b*) limite *f*, borne *f*; **to the ends of the earth,** jusqu'au bout du monde (*c*) bout, fin (du mois); terme *m* (d'un procès); **we shall never hear the e. of it!** on n'entendra jamais la fin! **and there's an e. of it!** et voilà tout! **there's no e. to it,** ça n'en finit plus; *F:* **no e. of,** beaucoup de; **to put an e. to sth, to bring sth to an e.,** mettre fin à qch; **to come to an e.,** prendre fin; **in the e.,** à la fin; enfin; **at the e. (of sth),** à la fin (du mois, de l'hiver); au bout (de six mois); **at the e. of one's resources,** au bout de ses ressources; **at an e.,** (*of discussion, etc*) fini; (*of period*) écoulé; (*of patience*) à bout; **it's not the e. of the world!** ce n'est pas la fin du monde! **e. product,** (i) produit fini (ii) *Fig:* (*also* **e. result**) résultat *m*; *F:* **it'll do you no e. of good,** cela vous fera énormément de bien; **to come to a sticky e.,** mal finir (*d*) (*purpose*) fin, but *m*; dessein *m*; **to this e., with this e. in view,** dans cette intention; dans ce but; *Prov:* **the e. justifies the means,** la fin justifie les moyens **2.** *v* (*a*) *vtr* finir, achever, terminer (un ouvrage); conclure (un discours); mettre fin à (une rumeur, etc); *F:* **to e. it all,** se suicider (*b*) *vi F:* finir, se terminer, s'achever; **to e. in failure,** se solder par un échec; **to e. in a point,** finir en pointe; **to e. up doing,** finir par faire; **I ended up in London,** je me suis retrouvé à Londres; **he ended up in prison, a doctor,** il a fini en prison, par devenir médecin. **'ending** *n* fin; (*outcome*) issue *f*; (*of word*) terminaison *f*; (*act*) achèvement *m*; (*of story*) **happy e.,** dénouement heureux. **'endless** *a* (*a*) (*of speech, series, etc*) interminable; (*of patience*) infini (*b*) innombrable. **'endlessly** *adv* interminablement. **'endpaper** *n Bookb:* page *f*, feuille *f*, de garde. **'endways, -wise** *adv* (*a*) de chant, debout (*b*) (*end to end*) bout à bout.

endanger [in'deindʒər] *vtr* mettre en danger; risquer (sa vie); compromettre (ses intérêts).

endear [in'diər] *vtr* faire aimer, apprécier (**to,** de); **that's what endears him to me,** c'est cela qui me plaît en lui. **en'dearing** *a* attachant, sympathique; (mot, geste) tendre, affectueux. **en'dearment** *n* parole *f* tendre; **term of e.,** terme *m* d'affection.

endeavour, *NAm:* **-or** [in'devər] **1.** *n* effort *m*; **to make every e. to do sth,** faire tout son possible pour faire qch **2.** *vi* s'efforcer, essayer, tâcher (de faire qch).

endemic [en'demik] *a* endémique.

endive ['endiv, *NAm:* 'endaiv] *n Bot:* (*a*) (*curly*) chicorée *f* (*b*) *NAm:* (*Br* = **chicory**) endive *f.*

endorse [in'dɔ:s] *vtr* endosser (un chèque); viser (un passeport); *Com:* avaliser (un effet); appuyer (un candidat); souscrire à (une décision); approuver (une action); **to e. a driving licence,** inscrire les détails d'un délit sur le permis de conduire. **en'dorsement** *n* (*on passport*) mention spéciale; (*on driving licence*) contravention *f.*

endow [in'dau] *vtr* doter (un établissement) (**with,** de); fonder (une chaise, un lit d'hôpital); (*of pers*) **endowed with,** doté de. **en'dowment** *n* dotation *f*; fondation *f*; **e. assurance, policy,** assurance en cas de vie, à capital différé; **e. mortgage,** prêt-logement lié à une assurance en cas de vie.

endure [in'djuər] **1.** *vtr* supporter, endurer; souffrir (avec patience) **2.** *vi* durer. **en'durable** *a* supportable. **en'durance** *n* endurance *f*, résistance *f*, patience *f* (de qn); **beyond e.,** insupportable, intolérable; **e. test,** *MecE:* essai *m* de durée; *Sp:* épreuve *f* d'endurance. **en'during** *a* durable.

enema ['enimə] *n Med:* lavement *m.*

enemy ['enemi] **1.** *n* ennemi, -ie **2.** *a* (*of tank, army, etc*) ennemi; **e. alien,** ressortissant d'un pays ennemi. **'enemy-'occupied** *a* occupé par l'ennemi.

energy ['enədʒi] *n* énergie *f*; force *f*; vigueur *f*; **atomic e.,** énergie atomique; **nervous e.,** mordant *m*; **the e. crisis,** la crise énergétique. **ener'getic** *a* énergique; **to feel e.,** se sentir en pleine forme. **ener'getically** *adv* avec énergie; énergiquement. **'energize** *vtr* donner de l'énergie à (qn); stimuler (qn); alimenter, amorcer (une dynamo). **energy-pro'ducing** *a* (aliment) énergétique.

enervate ['enəveit] *vtr* affaiblir (le corps, la volonté). **'enervating** *a* (climat) débilitant.

enforce [in'fɔ:s] *vtr* faire valoir (un argument, ses droits); appuyer (une demande); faire respecter (la loi); faire observer (un règlement); imposer (la discipline) (**on,** à); **to e. obedience,** se faire obéir; **enforced rest, silence,** repos, silence, forcé.

engage [in'geidʒ] *vtr & i* (*a*) engager, prendre, embaucher (des ouvriers); retenir (l'intérêt de qn); **to e. in,** (i) (*launch into*) se lancer dans (ii) (*be involved in*) être mêlé à; **to e. s.o. in conversation, to e. in conversation with s.o.,** engager la conversation avec qn (*b*) mettre en prise (un engrenage); (*of cogwheel*) s'engrener, s'embrayer; *Aut:* **to e. the clutch,** embrayer. **en'gaged** *a* (*a*) (*of pers*) fiancé; **to get e.,** se fiancer (*b*) (*of pers, toilet*) occupé; *Tp:* (*NAm:* = **busy**) occupé; (*of pers*) **e. in,** occupé (à faire qch); **to be e. in business,** être dans les affaires. **en'gagement** *n* (*a*) engagement *m*; promesse *f*; obligation *f* (*b*) rendez-vous *m*; **to have a prior e.,** être déjà pris, ne pas être libre; **e. book,** agenda *m* (*c*) fiançailles *fpl*; **e. ring,** bague *f* de fiançailles (*d*) *Mil:* combat *m*, engagement (*e*) *MecE:* embrayage *m*; mise *f* en prise. **en'gaging** *a* engageant; attirant; attrayant.

engender [in'dʒendər] *vtr* engendrer.

engine ['endʒin] *n Aut:* moteur *m*; *Rail:* locomotive *f*; *Nau:* machine *f*; **e. driver** (*NAm:* = **engineer**), mécanicien *m*; *Nau:* **e. room,** salle *f* des machines.

engi'neer 1. *n* (*a*) ingénieur *m*; **chemical e.,** ingénieur chimiste; **civil e.,** ingénieur des travaux publics; **mechanical e.,** ingénieur mécanicien (*b*) *Nau: & NAm: Rail:* (*Br* = **engine driver**) mécanicien (*c*) *Mil:* soldat *m* du génie; **the Engineers,** le génie 2. *vtr* (*a*) construire (en qualité d'ingénieur) (*b*) machiner (un coup); manigancer (une affaire). **engi'neering** *n* ingénierie *f*; **(civil) e.,** génie civil, travaux publics; **(mechanical) e.,** mécanique *f*; **chemical e.,** génie *m* chimique; **genetic e.,** manipulations *fpl* génétiques; **industrial e.,** génie industriel; **e. factory, works,** atelier *m* de construction *f* mécanique.

England ['iŋglənd] *Prn Geog:* Angleterre *f*; **in E.,** en Angleterre; **the Church of E.,** l'église anglicane. **'English** 1. *a & n* anglais, -aise; (histoire) d'Angleterre; **the E.,** les Anglais *mpl*; **the E. Channel,** la Manche 2. *n Ling:* anglais *m*; **the Queen's E.,** l'anglais correct. **'Englishman, -woman** (*pl* **-men, -women**) Anglais, -aise. **'English-speaking** *a* (*pays*) anglophone.

engrave [in'greiv] *vtr* graver. **en'graver** *n* graveur *m*. **en'graving** *n* gravure *f*; (*print*) estampe *f*.

engross [in'grous] *vtr* absorber, occuper (qn); **engrossed in,** absorbé par. **en'grossing** *a* absorbant.

engulf [in'gʌlf] *vtr* engloutir; (*of despair*) submerger.

enhance [in'hɑːns] *vtr* rehausser (la beauté de qn, le mérite de qch); augmenter (la valeur).

enigma [i'nigmə] *n* énigme *f*. **enig'matic** *a* énigmatique. **enig'matically** *adv* d'une manière énigmatique.

enjoy [in'dʒɔi] *vtr* (*a*) aimer; apprécier (un repas); goûter (la musique); **to e. the evening,** passer une bonne soirée; **I enjoyed this novel,** ce roman m'a plu; **I e. being in Paris,** je me plais à Paris; **to e. oneself,** s'amuser; **to e. doing sth,** prendre plaisir à faire qch (*b*) jouir de, posséder (la santé, la confiance de qn). **en'joyable** *a* agréable; (*of meal, evening*) excellent. **en'joyably** *adv* agréablement. **en'joyment** *n* (*a*) plaisir *m* (*b*) jouissance *f* (d'un droit).

enlarge [in'lɑːdʒ] 1. *vtr* agrandir; augmenter (sa fortune); élargir (un trou); développer (une idée) 2. *vi* s'agrandir, s'élargir; **to e. (up)on,** s'étendre sur (un sujet). **en'larged** *a* (*of edition*) augmenté; (*of tonsils*) hypertrophié. **en'largement** *n* agrandissement *m*. **en'larger** *n Phot:* agrandisseur *m*.

enlighten [in'laitn] *vtr* éclairer (**s.o. on, about, sth,** qn sur qch). **en'lightened** *a* éclairé. **en'lightening** *a* instructif. **en'lightenment** *n* éclaircissements *mpl* (**on,** sur); **an age of e.,** une époque éclairée.

enlist [in'list] 1. *vtr* engager (un soldat); recruter (des partisans); obtenir (le soutien de qn); **to e. s.o.'s support for a cause,** rallier qn à une cause; **to e. the services of s.o.,** s'assurer le concours de qn 2. *vi* s'engager. **en'listed** *a esp US: Mil:* **e. man,** simple soldat *m*; homme de troupe. **en'listment** *n* engagement *m*; recrutement *m*.

enliven [in'laivən] *vtr* égayer, animer; stimuler (les affaires).

enmeshed [in'meʃt] *a* empêtré (**in,** dans).

enmity ['enmiti] *n* inimitié *f*; hostilité *f*; haine *f*.

enormous [i'nɔːməs] *a* énorme; colossal; (explosion) terrible; (succès) fou. **e'normity** *n* énormité *f*; (*atrocity*) atrocité *f*. **e'normously** *adv* énormément; (*very*) extrêmement.

enough [i'nʌf] 1. *a & n* assez (de); **e. money,** assez d'argent; **they have e. to drink,** ils ont assez à boire; **I've had e. to drink,** j'ai assez bu; **I've had e. of it,** j'en ai assez; *F:* **I've had just about e.,** j'en ai pardessus la tête; **that's e.,** ça suffit, c'est assez; **it's e. for me to see that . . .,** il me suffit de voir que . . .; **more than e.,** plus qu'il n'en faut; **have you e. to pay the bill?** avez-vous de quoi payer? **he has e. to live on,** il a de quoi vivre; **it was e. to drive you crazy,** c'était à vous rendre fou 2. *adv* assez, suffisamment (**to,** pour); **good e.,** assez bon; **close e. to see,** assez près pour voir; **you know well e. what I mean,** vous savez très bien ce que je veux dire; **curiously e., oddly e.,** chose curieuse; **she sings well e.,** elle ne chante pas mal; **he was foolish e. to . . .,** il a eu la sottise de . . ..

enquire [in'kwaiər] *vtr & i* = **inquire. en'quiry** *n* = **inquiry.**

enrage [in'reidʒ] *vtr* mettre en rage.

enrapture [in'ræptʃər] *vtr* ravir, enchanter.

enrich [in'ritʃ] *vtr* enrichir; fertiliser (la terre). **en'richment** *n* enrichissement *m*.

enrol, *NAm:* **enroll** [in'roul] *v* **(enrolled)** 1. *vtr* inscrire 2. *vi* s'inscrire (**in, for,** à).

ensconce [in'skɔns] *vtr* **to e. oneself,** bien s'installer, se nicher. **en'sconced** *a* bien installé (**in,** dans).

ensign ['ensən] *n Nau:* (*a*) (*flag*) pavillon *m*; **red e.** = pavillon marchand (*b*) *US: Navy:* enseigne *m* de vaisseau.

enslave [in'sleiv] *vtr* asservir. **en'slavement** *n* asservissement *m*.

ensue [in'sjuː] *vi* s'ensuivre; **a long silence ensued,** il se fit un long silence. **en'suing** *a* (*of day, years, etc*) suivant; (*of event*) qui s'ensuit.

ensure [in'ʃuər] *vtr* assurer (**against, from,** contre); **to e. that,** s'assurer que.

entail [in'teil] *vtr* entraîner, impliquer; occasionner (des dépenses); comporter (des difficultés).

entangle [in'tæŋgl] *vtr* emmêler, enchevêtrer; **to get entangled,** s'empêtrer; (*of thread*) s'emmêler. **en'tanglement** *n* enchevêtrement *m*; **an e. with,** des démêlés avec (la police).

entente [ɔn'tɔnt] *n* entente *f*.

enter ['entər] 1. *vi* (*a*) entrer (**into, through,** dans, par) (*b*) **to e. for,** s'inscrire pour (une course, un examen) 2. *vtr* (*a*) entrer, pénétrer, dans (une maison); s'engager dans (une route); s'inscrire à (une faculté); **to e. the Army,** se faire soldat; **it never entered my head that,** ça, il, ne m'est pas venu à l'esprit que (*b*) inscrire (**in,** dans, **on,** sur); (*in ledger*) porter (**in,** sur); engager (un cheval) (**for a race,** dans une course); **to e. s.o. for,** présenter qn à (un examen); **to e. a painting in,** présenter un tableau à (un concours); **to e. a protest,** protester formellement. **enter 'into** *vtr* entrer dans (les plans); entrer en (conversation, relations); entrer dans (une carrière); entamer (des négociations); conclure (un accord); **that doesn't e. i. the matter,** c'est en dehors de l'affaire; **you don't e. i. it,** tu n'y es pour rien. **enter u'pon** *vtr* entrer dans (une carrière); entamer (des négociations); conclure (un accord).

enterprise ['entəpraiz] *n* (*a*) entreprise *f* (*b*) *Fig:* initiative *f*. **'enterprising** *a* (*of pers*) plein d'initiative; (*of attempt*) hardi.

entertain [entə'tein] **1.** *vtr* (*a*) amuser, distraire; recevoir (un invité); **to e. s.o. to dinner,** recevoir qn à dîner (*b*) admettre, accueillir (une proposition); envisager (une proposition, une idée); éprouver (des craintes); chérir (un espoir) **2.** *vi* (*receive guests*) recevoir. **enter'tainer** *n* artiste *mf*. **enter'taining 1.** *a* amusant, divertissant **2.** *n* **to do a lot of e.,** recevoir beaucoup (de monde). **enter'tainingly** *adv* d'une manière amusante. **enter'tainment** *n* (*a*) amusement *m*, distraction *f*; **much to the e. of the crowd,** au grand amusement de la foule; *Adm:* **e. allowance,** frais de représentation *f* (*b*) *Th: etc:* spectacle *m*.

enthral, *NAm:* **enthrall** [in'θrɔːl] *vtr* **(enthralled)** captiver, passionner. **en'thralling** *a* passionnant.

enthusiasm [in'θjuːziæzm] *n* enthousiasme *m* **(for, about,** pour). **en'thuse** *vi* **to e. over,** s'emballer pour. **en'thusiast** *n* enthousiaste *mf*; **jazz e.,** passionné, -ée, de jazz. **enthusi'astic** *a* enthousiaste; (*golfer, etc*) passionné; **to be e. about,** être passionné de (photographie, etc); **he was e. about, over, your present,** il a été emballé par ton cadeau; **to get e.,** s'emballer **(about,** pour). **enthusi'astically** *adv* avec enthousiasme.

entice [in'tais] *vtr* attirer (par la ruse); **to e. to do,** entraîner (par la ruse) à faire. **en'ticement** *n* attrait *m*. **en'ticing** *a* (*of offer*) séduisant, attrayant; (*of dish*) alléchant.

entire [in'taiər] *a* entier; **the e. population,** la population (tout) entière. **en'tirely** *adv* entièrement, tout à fait; **you are e. mistaken,** vous vous trompez tout à fait. **en'tirety** *n* intégralité *f*; **in its e.,** en entier, intégralement.

entitle [in'taitl] *vtr* (*a*) intituler (un livre) (*b*) **to e. s.o. to do sth,** donner à qn le droit de faire qch; **to e. to sth,** donner à qn (le) droit à qch; **that entitles me to believe that . . .,** ça m'autorise à croire que . . . . **en'titled** *a* (*of book*) intitulé; **to be e. to do,** avoir le droit de faire; **to be e. to sth,** avoir droit à qch. **en'titlement** *n* **one's e.,** son dû; **holiday e.,** congé annuel.

entity ['entiti] *n* entité *f*.

entomology [entə'mɔlədʒi] *n* entomologie *f*. **entomo'logical** *a* entomologique. **ento'mologist** *n* entomologiste *mf*.

entourage ['ɔnturaːʒ] *n* entourage *m*.

entrails ['entreilz] *npl* entrailles *fpl*.

entrance¹ ['entrəns] *n* (*a*) entrée *f* (to, de); *PN:* **no e.,** défense d'entrer; **to make one's e.,** faire son entrée; **e. hall,** hall *m* (d'hôtel); **main e.,** entrée principale; **side e.,** porte *f* de service (*b*) (*to university, etc*) admission *f* **(to,** à); **e. exam(ination),** examen *m* d'entrée; (*to club*) **e. fee,** droit *m* d'inscription. **'entrant** *n* (*in race*) concurrent, -ente; (*for exam*) candidat, -ate.

entrance² [in'traːns] *vtr* extasier, ravir, transporter (qn); **to be entranced by,** être en extase devant. **en'trancing** *a* enchanteur, ravissant. **en'trancingly** *adv* à ravir.

entreat [in'triːt] *vtr* **to e. s.o. to do sth,** implorer, supplier, qn de faire qch. **en'treating** *a* (ton, regard) suppliant. **en'treaty** *n* supplication *f*; **at s.o.'s urgent e.,** sur les vives instances de qn; **look of e.,** regard suppliant.

entrée ['ɔntrei] *n Cu:* entrée *f*; *NAm:* (*Br* = **main course**) plat principal.

entrench [in'trenʃ] *vtr Mil: & Fig:* **to e. oneself,** se retrancher; **firmly entrenched,** solidement retranché.

entrepreneur [ɔntrəprə'nəːr] *n* entrepreneur *m*; *NAm:* créateur *m* d'entreprise. **entrepre'neurial** *a* (décision) d'entrepreneur.

entrust [in'trʌst] *vtr* confier **(to,** à); **to e. s.o. with,** confier qch à qn.

entry ['entri] *n* (*a*) entrée *f*; début *m* (dans la politique); *PN:* **no e.,** (i) (= **one way street**) sens interdit (ii) entrée interdite; **to make one's e.,** faire son entrée (*b*) (*in ledger*) écriture *f*; (*term in dictionary, etc*) entrée; inscription *f* (d'un nom sur une liste, d'un concurrent); *Book-k:* **single, double, e.,** comptabilité *f* en partie simple, en partie double; **e. form,** feuille *f* d'inscription (*c*) *Sp:* (*competitor*) concurrent, -ente; (*thing to be judged in competition*) objet *m*, œuvre *f*, projet *m*, soumis(e) à un jury. **'entryphone** *n* portier *m* électrique, interphone *m*.

entwine [in'twain] **1.** *vtr* entrelacer; enlacer **(with,** de) **2.** *vi* s'entrelacer.

enumerate [i'njuːməreit] *vtr* énumérer, détailler. **enume'ration** *n* énumération *f*.

enunciate [i'nʌnsieit] **1.** *vtr* énoncer (une théorie) **2.** *vtr & i* articuler (un mot). **enunci'ation** *n* (*a*) énonciation *f* (d'une théorie) (*b*) articulation *f* (d'un mot).

envelop [in'veləp] *vtr* **(enveloped)** envelopper **(in fog, mystery,** de brouillard, de mystère). **envelope** ['envəloup] *n* enveloppe *f*; **to put a letter in an e.,** mettre une lettre sous enveloppe; **in a sealed e.,** sous pli cacheté; **buff, brown, e.,** enveloppe bulle; **manil(l)a e.,** enveloppe kraft.

envious ['enviəs] *a* envieux **(of sth,** de qch); **e. of s.o.,** jaloux de qn. **'enviable** *a* enviable. **'enviously** *adv* avec envie.

environment [in'vaiərənment] *n* milieu *m*, entourage *m*; environnement *m*; **Department of the E.,** Ministère de l'Environnement. **environ'mental** *a* du milieu; de l'environnement. **environ'mentalist** *n* écologiste *mf*.

envisage [in'vizidʒ] *vtr* envisager; prévoir.

envision [in'viʒn] *vtr NAm:* = **envisage**.

envoy ['envɔi] *n Pol:* envoyé, -ée.

envy ['envi] **1.** *n* (*a*) envie *f*; **to be green with e.,** être vert de jalousie (*b*) objet *m* d'envie **2.** *vtr* **(envied)** envier; **to e. s.o. sth,** envier qch à qn.

enzyme ['enzaim] *n Bio-Ch:* enzyme *f*.

eon ['iːən] *n* éternité *f*.

ephemeral [i'femərəl] *a* éphémère.

epic ['epik] **1.** *a* épique **2.** *n* (*a*) poème *m* épique; épopée *f* (*b*) **(screen) e.,** film *m* à grand spectacle.

epicentre, *NAm:* **-center** ['episentər] *n* épicentre *m*.

epicure ['epikjuər] *n* gourmet *m*, gastronome *m*. **epicu'rean** *a* épicurien.

epidemic [epi'demik] **1.** *a* épidémique **2.** *n* épidémie *f*.

epigram ['epigræm] *n* épigramme *f*.

epilepsy ['epilepsi] *n* épilepsie *f*. **epi'leptic** *a & n* épileptique (*mf*); **e. fit,** crise *f* d'épilepsie.

epilogue, *NAm:* **epilog** ['epilɔg] *n* épilogue *m*.

Epiphany [i'pifəni] *n Ecc:* Épiphanie *f*; fête *f* des Rois.

episcopal [i'piskəpəl] *a* épiscopal; **E. Church,** église épiscopale. **Episco'palian** 1. *a* épiscopalien 2. *n* membre *m* de l'Église épiscopale.

episode ['episoud] *n* épisode *m*.

epistle [i'pisl] *n* épître *f*.

epitaph ['epitɑːf] *n* épitaphe *f*.

epithet ['epiθet] *n* épithète *f*.

epitome [i'pitəmi] *n* **the e. of sth**, l'exemple même, l'incarnation, de qch; **the e. of elegance**, l'élégance même. **e'pitomize** *vtr* incarner (qch).

epoch ['iːpɔk] *n* époque. **'epoch-making** *a* (*of event*) qui fait date.

equable ['ekwəbl] *a* uniforme, régulier; (*of temperament*) égal. **'equably** *adv* d'humeur égale.

equal ['iːkwəl] 1. *vtr* (**equalled**, *NAm:* **-l-**) égaler (**in**, en); **four times five equals twenty**, quatre fois cinq font vingt; *Mth:* **equals sign**, signe *m* d'égalité 2. *a* (*a*) égal (**to**, à); **with e. hostility**, avec la même hostilité; **to be on e. terms, on an e. footing**, être sur un pied d'égalité (**with**, avec); **to be e. to**, égaler; **all things being e.**, toutes choses égales (d'ailleurs); **to be e. to the occasion**, être à la hauteur de la situation; **I don't feel e. to (doing) it**, je ne m'en sens pas le courage 3. *n* égal, -ale; pair *m*; **your equals**, vos pareils; **he doesn't have his e.**, il n'a pas son pareil; **to treat s.o. as an e.**, traiter qn en égal, d'égal à égal. **e'quality** *n* égalité *f*. **'equalize** 1. *vtr* égaliser; compenser, équilibrer (des forces) 2. *vi* s'équilibrer; *Sp:* égaliser. **'equalizer** *n* *Sp:* but égalisateur. **'equally** *adv* également; (diviser) en parts égales; **e. tired**, tout aussi fatigué.

equanimity [ekwə'nimiti] *n* égalité *f* d'humeur.

equate [i'kweit] *vtr* mettre sur le même pied (**with**, que), assimiler (**with**, à).

equation [i'kweiʒn] *n* *Mth:* équation *f*.

equator [i'kweitər] *n* équateur *m*; **at, on, the e.**, sous l'équateur. **equa'torial** *a* équatorial.

equestrian [i'kwestriən] 1. *a* (statue) équestre 2. *n* cavalier, -ière.

equidistant [iːkwi'distənt] *a* équidistant (**from**, de).

equilateral [iːkwi'lætərəl] *a* *Mth:* équilatéral.

equilibrium [iːkwi'libriəm] *n* équilibre *m*.

equine ['ekwain] *a* équin; **e. race**, race chevaline.

equinox ['iːkwinɔks] *n* équinoxe *m*. **equi'noctial** *a* équinoxial; (vent) d'équinoxe; **e. tides**, grandes marées.

equip [i'kwip] *vtr* (**equipped**) équiper (**with**, de); meubler (une maison); outiller (une usine); **to e. s.o. with sth**, munir qn de qch; **(well-)equipped with**, pourvu de; **(well-)equipped to do**, compétent pour faire. **e'quipment** *n* (*a*) équipement *m*; outillage *m* (d'une usine) (*b*) équipement; matériel *m*; **sports e.**, équipement sportif; **camping e.**, matériel de camping.

equity ['ekwiti] *n* (*pl* **equities**) équité *f*; justice *f*; *pl* *Fin:* actions *fpl*. **'equitable** *a* équitable; juste. **'equitably** *adv* avec justice, équitablement.

equivalent [i'kwivələnt] *a* & *n* équivalent (*m*). **e'quivalence** *n* équivalence *f*.

equivocate [i'kwivəkeit] *vi* user d'équivoques, tergiverser. **e'quivocal** *a* équivoque. **e'quivocally** *adv* d'une manière équivoque. **equivo'cation** *n* tergiversation *f*.

ER *abbr Elizabeth Regina*.

era ['iərə, *NAm:* 'erə] *n* époque *f*; (*historical, geological*) ère *f*.

eradicate [i'rædikeit] *vtr* supprimer; extirper (le mal, les préjugés).

erase [i'reiz, *NAm:* i'reis] *vtr* effacer; gommer. **e'raser** *n* *NAm:* (*Br* = **rubber**) gomme *f*; (*for blackboard*) brosse *f* à tableau. **e'rasure** *n* rature *f*.

erect [i'rekt] 1. *a* (*upright*) (bien) droit; **with head e.**, la tête haute 2. *vtr* construire (un édifice); ériger, dresser (un monument, une statue); monter (un échaffaudage); dresser (une tente). **e'rection** *n* (*a*) construction *f*; érection *f*; montage *m*; dressage *m* (*b*) construction, édifice (*c*) *Physiol:* érection.

ermine ['əːmin] *n* hermine *f*.

erode [i'roud] *vtr* éroder; *Fig:* miner, ronger (la confiance, etc). **e'rosion** *n* érosion *f*; *Fig:* diminution *f*, érosion (des salaires).

erogenous [i'rɔdʒənəs] *a* érogène.

erotic [i'rɔtik] *a* érotique. **e'roticism** *n* érotisme *m*.

err [əːr] *vi* (*a*) pécher (*b*) se tromper.

errand ['erənd] *n* commission *f*, course *f*; **to run errands**, faire des courses; **e. boy**, garçon *m* de courses.

erratic [i'rætik] *a* (*of conduct, etc*) irrégulier; (*of pers*) lunatique; (*of life*) désordonné. **e'rratically** *adv* irrégulièrement; sans méthode, sans règle.

error ['erər] *n* erreur *f*, faute *f*; (*wrongdoing*) erreur; **typing e.**, faute de frappe; **compass e.**, déviation *f* du compas; **to see the e. of one's ways**, revenir de ses égarements; **in e.**, par erreur. **e'rroneous** *a* erroné. **e'rroneously** *adv* par erreur.

erudite ['erudait, *NAm:* 'erjudait] *a* érudit, savant. **eru'dition** *n* érudition *f*.

erupt [i'rʌpt] *vi* (*of volcano*) entrer en éruption; (*of pimples*) apparaître; (*of war, violence*) éclater; (*of pers*) exploser. **e'ruption** *n* éruption *f* (de volcan, de boutons, de la colère); flambée *f* (de violence).

escalate ['eskəleit] 1. *vi* (*of prices*) faire monter en flèche; (*of war, violence*) s'intensifier 2. *vtr* intensifier. **esca'lation** *n* escalade *f*. **'escalator** *n* escalier roulant.

escape [i'skeip] 1. *n* (*a*) fuite *f*, évasion *f*; **to make one's e.**, s'échapper, se sauver; **to have a lucky, narrow, e.**, l'échapper belle; **e. hatch**, trappe *f* de secours; *Jur: Com:* **e. clause**, clause *f* échappatoire (*b*) fuite (de gaz); **e. velocity**, vitesse *f* de libération de l'attraction terrestre 2. *v* (*a*) *vi* (*of gas, animal, etc*) s'échapper; prendre la fuite; (*of prisoner*) s'évader, s'échapper; **escaped prisoner**, évadé, -ée; **to e. from**, échapper à (qn); s'échapper de (un lieu, qch); **to e. uninjured**, s'en tirer indemne (*b*) *vtr* (*of pers*) échapper à (un danger, la mort); éviter (une punition); **to e. notice**, passer inaperçu; **he just escaped being killed**, il a bien failli être tué; **his name escapes me**, son nom m'échappe. **'escapade** *n* (*prank*) frasque *f*. **esca'pee** *n* évadé, -ée. **e'scapism** *n* évasion *f* (hors de la réalité). **e'scapist** 1. *a* (*of film, etc*) d'évasion 2. *n* personne *f* qui cherche à fuir la réalité. **esca'pologist** *n* prestidigitateur, -trice, spécialiste de l'évasion.

escarpment [i'skɑːpmənt] *n* escarpement *m*.

eschew [i'stʃuː] *vtr* éviter, fuir.

escort 1. *n* ['eskɔːt] escorte *f*; (*of woman*) cavalier *m* 2. *vtr* [i'skɔːt] escorter, faire escorte à (un convoi); (*of*

man) servir de cavalier à (une femme); **to e. s.o. home,** reconduire qn.
Eskimo ['eskimou] *a & n* esquimau, -aude.
ESN *abbr educationally subnormal.*
esophagus [i'sɔfəgəs] *n NAm: see* **oesophagus.**
esoteric [esou'terik] *a* obscur, ésotérique.
ESP *abbr extrasensory perception.*
especial [i'speʃl] *a* particulier. **e'specially** *adv* particulièrement; (*for particular purpose*) (tout) exprès; **e. as,** d'autant plus que.
espionage ['espiənɑːʒ] *n* espionnage *m.*
esplanade [esplə'neid] *n* esplanade *f.*
espouse [i'spauz] *vtr* épouser (une cause).
espresso [es'presou] *n* **e. (coffee),** (café *m*) express *m.*
esquire [i'skwaiər] *n* (*abbr* **Esq**) **J. Martin Esq,** Monsieur J. Martin.
essay ['esei] *n* (*a*) essai *m* (*b*) *Lit:* essai; *Sch:* rédaction *f*; (*at university*) dissertation *f.* **'essayist** *n* essayiste *m.*
essence ['esəns] *n* (*a*) *Phil: Ch:* essence *f*; (*main point*) essentiel *m* (**of,** de); **in e.,** essentiellement (*b*) *Cu:* extrait *m,* essence. **e'ssential 1.** *a* essentiel; (*necessary*) indispensable, essentiel; **it's e. that,** il est indispensable que (+ *sub*) **2.** *n usu pl* l'essentiel *m* (**of,** de); les éléments *mpl* (de la grammaire). **e'ssentially** *adv* essentiellement.
establish [is'tæbliʃ] *vtr* (*a*) établir; fonder (un état, une société, une maison de commerce); créer (une agence); se faire (une réputation); affermir (sa foi); **to e. oneself (in business),** s'établir dans les affaires; **to e. oneself in a new house,** s'installer dans une maison neuve (*b*) établir, constater (un fait); prouver (un alibi); démontrer (l'identité de qn). **e'stablished** *a* **(well-)e.,** (*of firm*) solide; (*of fact*) reconnu; (*of reputation*) établi; **to be (well-)e.,** avoir une réputation établie, bien assise. **es'tablishment** *n* établissement *m*; **business e.,** maison *f* de commerce; **the e. of,** l'établissement de; la fondation de; **the E.,** les classes dirigeantes; **to be anti-E.,** être anticonformiste.
estate [i'steit] *n* (*a*) terre(s) *f*(*pl*), propriété *f,* domaine *m*; **housing e.,** (i) lotissement *m* (ii) cité ouvrière; **industrial e.,** zone industrielle; **e. agency,** agence immobilière; **e. agent,** agent immobilier; **e. agency, e. agents,** agence immobilière; *Aut:* **e. car** (*NAm:* =**station wagon**) break *m,* commerciale *f* (*b*) *Jur:* (*possessions*) fortune *f*; succession *f* (d'un défunt); *NAm:* **e. tax,** droits *mpl* de succession.
esteem [i'stiːm] **1.** *n* estime *f*; **to hold s.o. in high e.,** avoir qn en haute estime; **to go up in s.o.'s e.,** monter dans l'estime de qn **2.** *vtr* estimer; **highly esteemed,** très estimé, très prisé. **'estimable** *a* estimable.
esthete ['iːsθiːt] *n NAm: see* **aesthete. es'thetic** *a NAm: see* **aesthetic.**
estimate 1. *n* ['estimət] (*a*) (*assessment*) évaluation *f,* estimation *f*; (*of judgement*) évaluation; **rough e.,** chiffre approximatif; **at the lowest e.,** au bas mot (*b*) *Com:* devis *m* **2.** *vtr* ['estimeit] estimer; évaluer (les frais); (*consider*) estimer (**that,** que); **estimated cost,** coût estimatif; **estimated time of arrival,** heure prévue d'arrivée. **esti'mation** *n* (*a*) jugement *m*; **in my e.,** à mon avis (*b*) estime *f.*
estranged [i'streinʒd] *a* (*of couple*) **to become e.,** se séparer.
estrogen ['iːstrədʒən] *n NAm: see* **oestrogen.**
estuary ['estjuəri] *n* estuaire *m.*
etc [et'setərə] *abbr et cetera.*
etch [etʃ] *vtr* graver à l'eau-forte. **'etcher** *n* graveur *m* à l'eau-forte. **'etching** *n* eau-forte *f.*
eternity [i'təːniti] *n* éternité *f.* **e'ternal** *a* éternel. **e'ternally** *adv* éternellement.
ether ['iːθər] *n* éther *m.* **e'thereal** *a* éthéré.
ethic ['eθik] *n* éthique *f.* **'ethical** *a* moral, éthique. **'ethics** *n* moralité *f*; *Phil:* éthique.
Ethiopia [iːθi'oupiə] *Prn Geog:* Éthiopie *f.* **Ethi'opian** *a & n* éthiopien, -ienne.
ethnic ['eθnik] *a* ethnique.
ethnology [eθ'nɔlədʒi] *n* ethnologie *f.* **ethno'logical** *a* ethnologique. **eth'nologist** *n* ethnologue *mf.*
ethos ['iːθɔs] *n* génie *m.*
etiquette ['etiket] *n* (*rules*) bienséances *fpl*; **(diplomatic) e.,** protocole *m,* étiquette *f*; **professional e.,** déontologie *f.*
etymology [eti'mɔlədʒi] *n* étymologie *f.* **etymo'logical** *a* étymologique. **etymo'logically** *adv* étymologiquement. **ety'mologist** *n* étymologiste *mf.*
eucalyptus [juːkə'liptəs] *n Bot:* eucalyptus *m.*
Eucharist (the) [ðə'juːkərist] *n Ecc:* l'eucharistie *f.*
eulogy ['juːlədʒi] *n* panégyrique *m,* éloge *m.* **'eulogize** *vtr* faire le panégyrique, l'éloge, de.
eunuch ['juːnək] *n* eunuque *m.*
euphemism ['juːfəmizm] *n* euphémisme *m.* **eupheˈmistic** *a* euphémique. **eupheˈmistically** *adv* par euphémisme.
euphonium [juː'founiəm] *n Mus:* (genre *m* de) tuba *m.*
euphoria [juː'fɔːriə] *n* euphorie *f.* **eu'phoric** *a* euphorique.
Europe ['juərəp] *Prn Geog:* Europe *f.* **'eurocrat** *n* eurocrate *mf.* **'eurodollar** *n* eurodollar *m.* **Euro'pean** *a & n* européen, -enne; **E. Economic Community,** Communauté Économique Européenne. **'Eurovision** *n* Eurovision *f.*
euthanasia [juθə'neiziə] *n* euthanasie *f.*
evacuate [i'vækjueit) *vtr* évacuer. **evacu'ation** *n* évacuation *f.* **evacu'ee** *n* évacué, -ée.
evade [i'veid] *vtr* éviter, esquiver; se soustraire à (la justice); éluder (la loi, une question); déjouer (la vigilance de qn); échapper à (ses poursuivants); **to e. tax,** frauder le fisc.
evaluate [i'væljueit] *vtr* évaluer (**at,** à). **evalu'ation** *n* évaluation *f.*
evangelical [iːvæn'dʒelikl] *a* évangélique. **e'vangelism** *n* évangélisme *m*; **TV e.,** l'Église *f* cathodique. **e'vangelist** *n* évangéliste *m*; **TV e.,** prédicateur *m* cathodique.
evaporate [i'væpəreit] **1.** *vtr* faire évaporer (un liquide) **2.** *vi* s'évaporer; (*of hopes*) s'évanouir. **e'vaporated** *a* **e. milk,** lait concentré. **evapo'ration** *n* évaporation *f.*
evasion [i'veiʒn] *n* (*a*) **e. of,** fuite *f* devant (les poursuivants); esquive *f* de (une question); **tax e.,** fraude fiscale (*b*) échappatoire *f*; faux-fuyant *m*; **without e.,** sans détours. **e'vasive** *a* évasif; **to take**

e. action, faire une manœuvre d'évitement. **e'vasively** *adv* évasivement.

eve [iːv] *n* veille *f* **(of,** de); **Christmas E.,** la veille de Noël.

even ['iːvən] **1.** *a* (*a*) (*flat*) uni, égal, lisse; (*equal*) égal; (*regular*) régulier; **to make e.,** aplanir (une surface); égaliser (l'espacement); **e. pace,** allure *f* uniforme; **e. temper,** humeur égale; **to get e. with,** se venger de; **I'll get e. with him (for that),** je lui revaudrai ça; **we're e.,** (i) nous sommes quittes (ii) *Sp:* nous sommes à égalité; *Fin:* **to break e.,** s'y retrouver; **e. chance,** une chance sur deux; **to lay e. money, evens,** parier à égalité (*b*) (nombre) pair; **odd or e.,** pair ou impair **2.** *adv* même; (*with comparative*) encore; (*with negative*) seulement, même; **e. the cleverest,** même les plus habiles; **e. the children knew,** même les enfants le savaient; **that would be e. worse,** ce serait encore pire; **without e. speaking,** sans dire un mot; sans seulement parler; **e. if, though,** même si; **e. so,** quand même; **e. now,** à l'instant même; **e. then,** même alors **3.** *vtr* **to e. (out, up),** égaliser; aplanir; **to e. things up,** rétablir l'équilibre. **even-'handed** *a* équitable. **'evenly** *adv* de manière égale; (*regularly*) régulièrement; **e. matched,** de force égale. **'evenness** *n* égalité *f*; régularité *f* (de mouvement); égalité (de caractère). **even-'tempered** *a* d'humeur égale.

evening ['iːvniŋ] *n* soir *m*; soirée *f*; **this e.,** ce soir; **tomorrow e.,** demain (au) soir; **in the e.,** *NAm:* **evenings,** le soir; **at nine (o'clock) in the e.,** à neuf heures du soir; **(on) the previous e., the e. before,** la veille au soir; **the next e.,** le lendemain (au) soir; **one fine summer e.,** (par) un beau soir d'été; **every (Tuesday) e.,** tous les (mardis) soirs; **all e.,** toute la soirée; **e. paper,** journal *m* du soir; *Th:* **e. performance,** soirée; **e. dress,** (*man's*) tenue *f* de soirée; (*woman's*) robe *f* du soir, de soirée; **in e. dress,** en tenue de soirée, en robe du soir.

evensong ['iːvnsɔŋ] *n Ecc:* vêpres *fpl*.

event [i'vent] *n* (*a*) cas *m*; **in the e. of his refusing,** au cas, dans le cas, où il refuserait; **in the e. of death,** en cas de décès (*b*) événement *m*; **in the course of events,** par la suite; **in either e.,** dans l'un ou l'autre cas; **in any e.,** en tout cas, quoi qu'il arrive; **at all events,** en tout cas; **wise after the e.,** sage après coup (*c*) **(sports) e.,** rencontre, compétition, sportive; (*athletics*) **field events,** épreuves *fpl* sur terrain; **track events,** courses *fpl* sur piste; *Equit:* **three day e.,** concours complet. **e'ventful** *a* mouvementé; (jour) mémorable.

eventual [i'ventjuəl] *a* final, définitif; **his e. ruin,** sa ruine finale. **eventu'ality** *n* éventualité *f*. **e'ventually** *adv* finalement, à la fin; un jour ou l'autre; (*after all*) en fin de compte.

ever ['evər] *adv* **1.** (*a*) jamais; **has he e. seen it?** l'a-t-il jamais vu? **seldom if e.,** rarement pour ne pas dire jamais; **the first e.,** le tout premier; **if e. I catch him,** si jamais je l'attrape; **nothing e. happens,** il n'arrive jamais rien; **he hardly e. smokes,** il ne fume presque jamais; **he's a liar if e. there was one,** c'est un menteur s'il en fut jamais; **do you e. miss the train?** vous arrive-t-il jamais de manquer le train? **more than e.,** plus que jamais; **it started to rain harder than e.,** il s'est mis à pleuvoir de plus belle; **it's as warm as e.,** il fait toujours aussi chaud; **the best son e.,** le meilleur fils du monde; *P:* **did you e.!** par exemple! **e. since,** depuis; **e. since then,** depuis lors, dès lors; **they lived happily e. after,** dès lors ils vécurent toujours heureux (*b*) toujours; **e. ready,** toujours prêt; **e.-increasing,** toujours plus étendu; *Corr:* **yours e.,** bien (cordialement) à vous; **for e.,** (i) pour toujours (ii) sans cesse; **for e. and e.,** à tout jamais; **Scotland for e.!** vive l'Écosse! **he's for e. grumbling,** il n'arrête pas de se plaindre; il se plaint sans cesse (*c*) *F:* **e. so pretty,** joli comme tout; **e. so sorry, happy, etc,** vraiment désolé, heureux, etc; **e. so long ago,** il y a bien longtemps; **I waited e. so long,** j'ai attendu un temps infini; *F:* **thank you e. so much,** merci mille fois; **it's e. such a pity,** c'est vraiment dommage; **how e. did you manage?** comment diable avez-vous fait? **what e. shall we do?** qu'est-ce que nous allons bien faire? **what e.'s the matter with you?** mais qu'est-ce que vous avez donc? **why e. not?** et pourquoi pas? pourquoi pas, alors? **'evergreen** *n* arbre *m* à feuilles persistantes. **ever'lasting** *a* (*a*) éternel (*b*) (*of object*) solide (*c*) perpétuel; (plaintes) sans fin. **ever'more** *adv* **for e.,** à (tout) jamais.

every ['evri] *a* (*a*) chaque; **e. day,** chaque jour, tous les jours; **e. second, other, day,** tous les deux jours; **e. few days,** tous les deux ou trois jours; **e. time,** chaque fois **(that,** que); **e. few minutes,** toutes les cinq minutes; **e. now and then, e. now and again, e. so often,** de temps en temps (*b*) (*intensive*) **her e. gesture,** ses moindres gestes; **I have e. reason to believe that,** j'ai tout lieu de croire que; **e. bit as good as,** tout aussi bon que; **to have e. confidence in,** avoir pleine confiance en; **e. one,** chacun, chacune; **e. single one (of them),** tous (sans exception); **e. man for himself,** (i) chacun pour soi (ii) (*in danger*) sauve qui peut! **e. one of them was there,** ils étaient tous là. **'everybody, 'everyone** *pron* tout le monde; **e. else,** tous les autres; **e.'s here,** tout le monde est ici; **e. in turn,** chacun à son tour. **'everyday** *a* (*of happening, life, etc*) de tous les jours; **e. occurrence,** fait banal; **in e. use,** d'usage courant. **'everything** *pron* tout; **they sell e.,** on y vend de tout; **e. I have,** tout ce que j'ai; **beauty isn't e.,** il n'y a pas que la beauté (qui compte). **'everywhere** *adv* partout; **e. she goes,** où qu'elle aille, partout où elle va.

evict [i'vikt] *vtr* expulser (qn) **(from,** de). **e'viction** *n* expulsion *f*.

evidence ['evidəns] *n* (*a*) évidence *f*; **in e.,** (bien) en vue (*b*) preuve(s) *f(pl)*; signe *m*, marque *f*; (*testimony*) témoignage *m*; **e. of,** des signes de (usure, etc); **to bear e. of,** faire preuve, témoigner, porter la marque, de; *Jur:* **to give e.,** témoigner; **(against,** contre); **to turn Queen's e.,** *US:* **State's e.,** témoigner contre ses complices (sous promesse de pardon). **'evident** *a* évident **(that,** que); **it is e. from . . .,** il apparaît de . . . **(that,** que). **'evidently** *adv* évidemment, manifestement; apparemment; **he was e. afraid,** il était évident qu'il avait peur.

evil ['iːvəl] **1.** *a* (*of deed, advice, system*) mauvais; (*of consequence*) funeste; (*of spell, influence, pers*) malfaisant; (*of influence*) néfaste **2.** *n* mal *m*; **a social e.,** une plaie sociale; **to speak e.,** dire du mal **(about, of,** de). **'evildoer** *n* malfaiteur *m*. **'evilly** *adv* avec

malveillance. **evil-'minded** *a* malintentionné, malveillant.
evince [i'vins] *vtr* manifester.
evoke [i'vouk] *vtr* évoquer; susciter (l'admiration). **evo'cation** *n* évocation *f*. **e'vocative** *a* évocateur.
evolve [i'vɔlv] **1.** *vtr* développer (un système, etc); élaborer (une méthode); déduire (une théorie) **2.** *vi* (*of society, idea, species etc*) évoluer; (*of plan*) se développer. **evo'lution** [i:və-] *n* évolution *f*.
ewe [ju:] *n* brebis *f*.
ex [eks] *n F:* (*former spouse*) ex *m*.
ex- [eks] *pref* ex-; **ex-minister,** ex-ministre *m*; **ex-schoolmaster,** ancien professeur; **ex-wife,** ex-femme *f*.
exacerbate [eg'zæsəbeit] *vtr* exacerber (une douleur); exaspérer (qn).
exact [ig'zækt] **1.** *a* exact; **to be (more) e. about,** préciser; **e. details,** détails précis; **e. copy,** copie textuelle (d'un document); **the e. word,** le mot juste **2.** *vtr* exiger (**from,** de); extorquer (de l'argent) (**from,** à); réclamer (beaucoup de soins). **e'xacting** *a* (*of pers*) exigeant; (*of work*) astreignant. **e'xactitude, e'xactness** *n* exactitude *f*, précision *f*. **e'xactly** *adv* exactement, précisément; **it's e. 5 o'clock,** il est 5 heures juste; **e.!** parfaitement!
exaggerate [ig'zædʒəreit] **1.** vtr exagérer; (*in one's own mind*) s'exagérer **2.** *vi* exagérer. **exagge'ration** *n* exagération *f*.
exalt [ig'zɔ:lt] *vtr* exalter. **exal'tation** *n* exaltation *f*. **e'xalted** *a* (*of position, rank*) élevé.
exam [ig'zæm] *n F:* examen *m*.
examine [ig'zæmin] *vtr* examiner; inspecter (une machine); contrôler (un passeport); *Cust:* visiter (les bagages); vérifier (les comptes, les bagages); interroger (un témoin, un élève). **exami'nation** *n* (*a*) examen *m*; visite *f*, inspection *f* (d'une machine); vérification *f* (des comptes); contrôle *m* (de passeport); **on e.,** après examen (*b*) *Sch:* (*also F:* **ex'am**) examen; **class e.,** devoir *m* sur table, contrôle (des connaissances); **oral e.,** épreuve orale. **exami'nee** *n Sch:* candidat, -ate. **e'xaminer** *n* (*a*) inspecteur, -trice (de machines) (*b*) *Sch:* examinateur, -trice; **the examiners,** le jury (d'examen).
example [ig'zɑ:mpl] *n* exemple *m*; **to quote sth as an e.,** citer qch en exemple; **for e.,** par exemple; **to set an e.,** donner l'exemple; **to set a good, bad, e.,** donner le bon, le mauvais, exemple; **to make an e. of s.o.,** punir qn pour l'exemple; **to take s.o. as an e.,** prendre exemple sur qn.
exasperate [ig'zɑ:spəreit] *vtr* exaspérer; **to get exasperated,** s'exaspérer (**at,** de). **ex'asperating** *a* exaspérant. **e'xasperatingly** *adv* d'une manière exaspérante. **exaspe'ration** *n* exaspération *f*; **to drive s.o. to e.,** pousser qn à bout.
excavate ['ekskəveit] **1.** *vtr* creuser (un tunnel); (*for relics*) fouiller; (*uncover*) déterrer **2.** *vi* faire des fouilles. **exca'vation** *n Tchn:* creusement *m*; *Archeol:* fouilles *f*. **'excavator** *n CivE:* (*pers*) excavateur, -trice; (*machine*) excavatrice *f*.
exceed [ik'si:d] *vtr* (*a*) excéder, dépasser (les limites); **to e. one's powers,** sortir de sa compétence; *Aut:* **to e. the speed limit,** dépasser la limite de vitesse (*b*) surpasser (**in,** en). **ex'ceedingly** *adv* extrêmement.
excel [ik'sel] *v* (**excelled**) **1.** *vi* exceller (**in sth,** en qch, **in doing,** à faire) **2.** *vtr* surpasser (qn); **to e. oneself,** se surpasser. **'excellence** *n* excellence *f*; perfection *f*; mérite *m*. **'excellency** *n* **Your E.,** (votre) Excellence. **'excellent** *a* excellent, parfait. **'excellently** *adv* admirablement; parfaitement.
except [ik'sept] **1.** *vtr* excepter, exclure (**from,** de); **present company excepted,** les présents exceptés **2.** (*also* **ex'cepting**) *prep* sauf, excepté; à l'exception de; **he does nothing e. sleep,** il ne fait rien sinon dormir; **nobody heard it e. myself,** il n'y a que moi qui l'aie entendu; **e. by agreement,** sauf accord; **e. that,** à part le fait que, sauf que; **e. when, if,** sauf quand, si; **e. for,** à part. **ex'ception** *n* (*a*) exception *f*; **to make an e.,** faire une exception (**to,** à); **the e. proves the rule,** l'exception confirme la règle; **without e.,** sans (aucune) exception; **with the e. of,** à l'exception de; **with certain exceptions,** sauf exceptions (*b*) objection *f*; **to take e. to sth,** (i) désapprouver qch (ii) s'offenser de qch. **ex'ceptionable** *a* blâmable, critiquable. **ex'ceptional** *a* exceptionnel. **ex'ceptionally** *adv* exceptionnellement.
excerpt ['eksə:pt] *n* (*from film, book, etc*) extrait *m*.
excess [ik'ses, 'ekses] *n* (*pl* **excesses**) excès *m*; *Com:* excédent *m*; **one's excesses,** ses excès; **to e.,** à l'excès; **an e. of,** un luxe de (détails); **in e. of,** au-dessus de; *Rail: etc:* **e. fare,** supplément *m* (de billet); **e. luggage,** excédent de bagages; **e. weight,** poids *m* excédentaire, en trop. **ex'cessive** *a* excessif; immodéré. **ex'cessively** *adv* excessivement; (boire) à l'excès; extrêmement; **e. generous,** par trop généreux.
exchange [iks'tʃeindʒ] **1.** *n* (*a*) échange *m*; **in e. (for sth),** en échange (de qch); **part e.,** reprise *f*; **to take a car in part e.,** faire une reprise sur une voiture (*b*) *Fin:* **(foreign) e.,** change *m*; **e. rate, rate of e.,** taux *m* du change; **at the current rate of e.,** au cours (du jour); **e. control,** contrôle *m* des changes (*c*) bourse *f* (des valeurs) (*d*) **(telephone) e.,** central *m* (téléphonique) **2.** *vtr* échanger, troquer (**for,** contre); faire un échange de. **ex'changeable** *a* échangeable.
exchequer [iks'tʃekər] *n* **the E.,** (i) la Trésorerie, le fisc (ii) le Trésor public (iii) = le Ministère des Finances *fpl*; **Chancellor of the E.** = ministre *m* des Finances.
excise ['eksaiz] *n* taxe *f* (**on,** sur); **Customs and E.,** la Régie.
excite [ik'sait] *vtr* exciter; provoquer (un sentiment); susciter (de l'intérêt); piquer (la curiosité de qn); (*enthuse*) passionner, exciter. **ex'citable** *a* excitable. **ex'cited** *a* excité; (*of laughter*) énervé; (*of pers*) énervé, surexcité; **to get e.,** s'exciter; **to be e. about,** se réjouir de (sa nouvelle voiture, etc); **to be e. about the holidays,** être surexcité à l'idée de partir en vacances. **ex'citedly** *adv* avec agitation; (attendre, etc) dans un état de surexcitation. **ex'citement** *n* agitation *f*, excitation *f*, fièvre *f*; vive émotion; aventure *f*; **great e.,** surexcitation *f*; **the e. of departure,** l'émoi *m* du départ; **what's all the e. about?** qu'est-ce qui se passe (de si extraordinaire)? **to cause great e.,** faire sensation. **ex'citing** *a* (*of book, adventure*) passionnant; **e. game,** partie mouvementée.
exclaim [iks'kleim] *vtr & i* s'exclamer, s'écrier (**that,**

que). **excla'mation** *n* exclamation *f*; **e. mark,** *NAm:* **point,** point *m* d'exclamation.

exclude [iks'klu:d] *vtr* exclure (**from,** de); écarter (un nom d'une liste). **ex'cluding** *prep* à l'exclusion de. **ex'clusion** *n* exclusion *f* (**from,** de). **ex'clusive** *a* (*a*) (*of right, interest, design*) exclusif; **to have e. rights in a production,** avoir l'exclusivité *f* d'une production; **e. interview,** interview *f* en exclusivité; (*b*) (*of club, group*) fermé (*c*) **chapters one to twenty e.,** chapitres un à vingt exclusivement; **e. of wine, etc,** vin, etc, non compris. **ex'clusively** *adv* exclusivement.

excommunicate [ekskə'mju:nikeit] *vtr* excommunier. **excommuni'cation** *n* excommunication *f*.

excrement ['ekskrimənt] *n* excrément(s) *m(pl)*.

excrescence [iks'kresns] *n* excroissance *f*.

excrete [iks'kri:t] *vtr* excréter. **ex'creta** *npl* excrétions *fpl*. **ex'cretion** *n* excrétion *f*.

excruciating [iks'kru:ʃieitiŋ] *a* insupportable, atroce. **ex'cruciatingly** *adv* atrocement; **it's e. funny,** c'est à se tordre (de rire).

excursion [iks'kə:ʃn] *n* excursion *f*; *Aut: etc:* randonnée *f*.

excuse 1. *n* [iks'kju:s] excuse *f*; **to make one's excuses,** s'excuser; **it was an e. for,** cela a servi de prétexte à **2.** *vtr* [iks'kju:z] (*a*) excuser (**s.o. for doing,** qn d'avoir fait, qn de faire); **e. me for asking,** permettez moi de demander; **e. me!** excusez-moi! pardon! **to e. oneself,** s'excuser (*b*) dispenser (**from,** de); **may I be excused?** est-ce que je peux sortir? **ex'cusable** *a* excusable.

ex-directory [eksdai'rektəri] *a Tp:* (*of number*) sur la liste rouge.

execrate ['eksikreit] *vtr* exécrer, détester. **'execrable** *a* exécrable. **'execrably** *adv* exécrablement. **exe'cration** *n* exécration *f*.

execute ['eksikju:t] *vtr* exécuter (un criminel, un ordre, un projet, etc); accomplir (une opération); *Jur:* souscrire (un acte); exécuter, jouer (un morceau de musique). **exe'cution** *n* exécution *f* (d'un criminel, d'un projet, etc); *Jur:* souscription *f* (d'un acte); **to put a plan into e.,** mettre un projet à exécution; **in the e. of one's duties,** dans l'exercice *m* de ses fonctions. **exe'cutioner** *n* bourreau *m*. **ex'ecutive 1.** *a* (*of power*) exécutif; (*of ability*) d'exécution; (*of job*) de cadre; (*of car, plane*) de direction **2.** *n* (*pers*) cadre *m;* (*board, committee*) bureau *m*; *Pol:* **the e.,** l'exécutif *m*; **(senior) e.,** cadre supérieur; **junior e.,** jeune cadre; **business e.,** directeur commercial. **ex'ecutor** *f* **-trix** *n* exécuteur, -trice, testamentaire.

exemplary [ig'zempləri] *a* exemplaire; (élève) modèle. **ex'emplify** *vtr* (**exemplified**) exemplifier, illustrer.

exempt [ig'zempt] **1.** *vtr* exempter, dispenser (**from,** de) **2.** *a* exempt, dispensé; (**from,** de); franc (d'impôts). **ex'emption** *n* exemption *f*, dispense *f* (**from,** de).

exercise ['eksəsaiz] **1.** *n* (*of power, etc*) *& Sch: Sp: Mil:* exercice *m*; *pl NAm:* (*at university*) cérémonies *fpl*; **physical e.,** exercice physique; **breathing exercises,** gymnastique *f* respiratoire; **to take e.,** prendre de l'exercice; *Sch:* **written** , exercice écrit; devoir *m*; **e. book,** cahier *m* **2.** *v* (*a*) *vtr* exercer; faire faire l'exercise à (troupes); promener (un chien, etc); faire preuve de (tact, jugement, etc); faire valoir, exercer (ses droits) (*b*) *vi* prendre de l'exercice; s'entraîner.

exert [ig'zə:t] *vtr* exercer; employer (la force); exercer (une influence); **to e. oneself,** se dépenser; **he never exerts himself,** il ne se fatigue jamais; **to e. oneself to do,** s'efforcer de faire. **ex'ertion** *n* effort; (*of force*) emploi *m*.

exhaust [ig'zɔ:st] **1.** *vtr* épuiser; éreinter, exténuer (qn); **to become exhausted,** s'épuiser; **I'm exhausted,** je n'en peux plus **2.** *n* gaz *m* d'échappement *Aut:* **e. (pipe),** pot *m*, tuyau *m*, d'échappement. **ex'hausting** *a* épuisant. **ex'haustion** *n* épuisement *m*; **in a state of e.,** à bout de forces. **ex'haustive** *a* (*of study, list, etc*), exhaustif, complet; **e. enquiry,** enquête approfondie. **ex'haustively** *adv* à fond; exhaustivement.

exhibit [ig'zibit] **1.** *n* (*a*) *Jur:* pièce *f* à conviction (*b*) objet exposé **2.** *vtr* exposer (des tableaux, un objet); montrer (son courage); *Jur:* exhiber (une pièce à conviction). **exhi'bition** *n* exposition *f* (de tableaux); étalage *m* (de marchandises); **an e. of,** une démonstration *f* de; **to make an e. of oneself,** se donner en spectacle; **Ideal Home E.** = Salon *m* des Arts ménagers. **exhi'bitionist** *n* exhibitionniste *mf*. **ex'hibitor** *n* exposant, -ante.

exhilarate [ig'ziləreit] *vtr* stimuler; (*of air*) vivifier; (*elate*) rendre fou de joie. **ex'hilarated** *a* ragaillardi. **ex'hilarating** *a* vivifiant; enthousiasmant. **exhila'ration** *n* liesse *f*, joie *f*.

exhort [ig'zɔ:t] *vtr* exhorter (**to do,** à faire, **to sth,** à qch).

exhume [eks'hju:m] *vtr* exhumer.

exile ['eksail] **1.** *n* (*a*) exil *m* (*b*) (*pers*) exilé, -ée **2.** *vtr* exiler (**from,** de).

exist [ig'zist] *vi* exister; vivre (**on,** de); **(to continue) to e.,** subsister; **the notion exists that ...,** il existe une notion selon laquelle .... **ex'istence** *n* existence *f*; vie *f*; **to be in e.,** exister; **to come into e.,** être créé. **ex'istent** *a* existant. **exis'tential** *a* existentiel. **exis'tentialism** *n* existentialisme *m*. **exis'tentialist** *a & n* existentialiste (*mf*). **ex'isting** *a* (*of law*) existant; **in e. circumstances,** dans les circonstances actuelles.

exit ['eksit, 'egzit] **1.** *n* sortie *f*; (*door, etc*) sortie, issue *f*; **to make one's e.,** sortir; *Th:* quitter la scène; **e. permit,** permis *m* de sortie **2.** *vi Th:* sortir.

exodus ['eksədəs] *n inv* exode *m*; **there was a general e.,** il y a eu une sortie générale.

exonerate [ig'zɔnəreit] *vtr* disculper (qn) (**from,** de). **exone'ration** *n* disculpation *f*.

exorbitant [ig'zɔ:bitənt] *a* exorbitant. **ex'orbitantly** *adv* démesurément.

exorcize ['eksɔ:saiz] *vtr* exorciser. **'exorcism** *n* exorcisme *m*. **'exorcist** *n* exorciste *m*.

exotic [ig'zɔtik] *a* exotique.

expand [iks'pænd] **1.** *vtr* dilater (un gaz, un métal); étendre (son influence, ses connaissances); accroître (sa fortune); développer (le commerce, une idée); augmenter (la production); **to e. one's lungs,** se dilater les poumons; **to e. one's chest,** développer le torse **2.** *vi* se dilater; s'étendre; se développer;

augmenter; **to e. on,** développer ses idées sur; *Com:* **(fast, rapidly) expanding sector,** secteur *m* en (pleine) expansion. **ex'pansion** *n Com: Phys: Pol:* expansion *f*; développement *m*; augmentation *f*. **e'xpansionism** *n* expansionnisme *m*. **ex'pansive** *a* expansif; **in an e. mood,** en veine d'épanchement. **expansively** *adv* avec effusion.

expanse [ik'spæns] *n* étendue *f*.

expatiate [iks'peiʃieit] *vi* disserter, *Pej:* discourir (**on,** sur).

expatriate 1. *vtr* [eks'pætrieit] expatrier (qn) **2.** *a & n* [eks'pætriət, *NAm:* eks'peitriət] expatrié, -ée.

expect [iks'pekt] *vtr* s'attendre à; attendre, escompter; penser (**that,** que); supposer (**that,** que); (*await*) attendre; **I knew what to e.,** je savais à quoi m'attendre; **I expected as much,** je m'y attendais; **it was expected,** c'était prévu (**that,** que); **as expected,** comme prévu; **to e. that s.o. will do sth, e. s.o. to do sth,** s'attendre à ce que qn fasse qch; **to e. to do sth,** compter, espérer, faire qch; **she's expecting a baby,** *F:* **she's expecting,** elle attend un bébé; **to e. sth from s.o., sth,** attendre, qch de qn, de qch; **to e. too much of s.o.,** trop attendre de qn; **what do you e. me to do?** qu'attendez-vous de moi? **I e. you to be punctual,** je vous demanderai d'arriver à l'heure; **how do you e. me to do it?** comment voulez-vous que je le fasse? **I e. so,** je pense, je crois bien, que oui. **ex'pectancy** *n* attente *f*; **eager e.,** vive impatience; **life e.,** espérance *f* de vie. **ex'pectant** *a* (*of crowd*) qui attend; **e. mother,** future mère. **ex'pectantly** *adv* (regarder) avec l'air d'attendre qch. **expec'tation** *n* attente *f*, espérance *f*; **to come up to s.o.'s expectations,** répondre à l'attente de qn; **beyond one's expectations,** au-delà de ses espérances; **contrary to all expectations,** contre toute prévision; **in e. of,** dans l'attente de.

expedience, expediency [iks'piːdiəns(i)] *n* (*a*) avantage *m*, opportunité *f* (d'une mesure) (*b*) (*of pers*) opportunisme *m*. **ex'pedient 1.** *a* avantageux; (*suitable*) opportun **2.** *n* expédient *m*.

expedite ['ekspidait] *vtr* accélérer, hâter (un processus); expédier, dépêcher (une affaire). **expe'dition** *n* (*a*) expédition *f* (*b*) (*speed*) promptitude *f*. **expe'ditionary** *a* expéditionnaire. **expe'ditious** *a* (procédé) expéditif; prompt. **expe'ditiously** *adv* promptement.

expel [iks'pel] *vtr* (**expelled**) expulser (**from,** de); chasser (l'ennemi); renvoyer (un élève).

expend [iks'pend] *vtr* dépenser (de l'argent, son énergie); épuiser (ses ressources). **ex'pendable** *a* (*of object*) remplaçable; (*of troops*) sacrifiable. **ex'penditure** *n* dépenses *fpl* (d'argent); **an e. of,** une dépense de (temps, argent).

expense [iks'pens] *n* dépense *f*, frais *mpl*; *pl Fin:* frais *mpl*; **regardless of e.,** sans regarder à la dépense; **at great e.,** à grands frais; **to go to some e.,** faire des frais; **an, one's, e. account,** une, sa, note de frais (professionnels); **business, travelling, expenses,** frais généraux, de déplacement; **at s.o.'s e.,** aux dépens de qn. **ex'pensive** *a* cher, coûteux; (*of hotel, etc*) cher; (*of tastes*) dispendieux; (*of hobby*) onéreux; **to be e.,** coûter cher; **an e. mistake,** une faute qui coûte cher. **ex'pensively** *adv* à grands frais. **ex'pensiveness** *n* cherté *f*, prix élevé (d'un article).

experience [iks'piəriəns] **1.** *n* (*knowledge, skill, event*) expérience *f*; **practical e.,** pratique *f*; **he's had e. of,** (i) il a déjà fait (ce travail) (ii) il a déjà éprouvé (du chagrin, etc); **I've had e. of driving,** j'ai déjà conduit; **he lacks e.,** il manque de pratique; **from, by, e.,** par expérience; **terrible experiences,** de rudes épreuves *fpl*; **unforgettable e.,** moment *m* inoubliable **2.** *vtr* (*undergo*) connaître, subir; éprouver (du remords, de la difficulté); ressentir (de la joie). **ex'perienced** *a* (*of pers*) expérimenté; (*of eye, ear*) exercé; **to be e. in,** s'y connaître en (matière de).

experiment 1. *n* [iks'perimənt] expérience *f*; essai *m*; **as an e.,** à titre d'essai, d'expérience **2.** *vi* [iks'periment] faire une expérience, des expériences; *Phys: Ch:* **to e. with sth,** expérimenter qch; **to e. with drugs,** toucher à la drogue. **experi'mental** *a* expérimental; **e. period,** période *f* d'expérimentation; **at the e. stage,** au stade expérimental. **experi'mentally** *adv* expérimentalement; à titre d'expérience. **experimen'tation** *n* expérimentation *f*.

expert ['ekspɔːt] **1.** *a* expert (**in sth,** en qch; **in, at, doing,** à faire); (*of advice*) d'un expert, d'expert; (*of eye*) connaisseur; **e. touch,** doigté *m*, grande habileté **2.** *n* expert *m* (**on, in,** en); spécialiste *mf* (**on, in,** de). **exper'tise** *n* compétence *f* (**in,** en); connaissances *fpl* techniques. **'expertly** *adv* habilement.

expire [iks'paiər] *vi* (*a*) expirer, mourir; (*of hope*) s'évanouir (*b*) (*of law*) expirer, cesser; (*of passport, ticket*) **to have expired,** être périmé. **ex'piry** *n*, *NAm:* **expiration** *n* expiration *f*; échéance *f*.

explain [iks'plein] *vtr* expliquer (**to,** à, **that,** que); exposer (les raisons); éclaircir (un mystère); **to e. oneself,** s'expliquer; **to e. away,** justifier. **expla'nation** [eksplə-] *n* explication *f*; éclaircissement *m*. **ex'planatory** *a* explicatif.

expletive [iks'pliːtiv, *NAm:* 'eksplətiv] *n* juron *m*.

explicable [iks'plikəbl] *a* explicable.

explicit [iks'plisit] *a* explicite; **e. instructions,** instructions formelles; **to be more e.,** préciser. **ex'plicitly** *adv* explicitement.

explode [iks'ploud] **1.** *vtr* (*a*) faire exploser; faire éclater (un obus); faire sauter (une mine) (*b*) *Fig:* démythifier, discréditer (une théorie) **2.** *vi* exploser, faire explosion; éclater; sauter; **to e. with laughter,** éclater de rire.

exploit 1. *n* ['eksplɔit] *n* exploit *m* **2.** *vtr* [iks'plɔit] exploiter. **exploi'tation** *n* exploitation *f*.

explore [iks'plɔːr] *vtr* explorer; examiner (les possibilités). **explo'ration** *n* exploration *f*; **voyage of e.,** voyage de découverte. **ex'ploratory** *a* (puits) d'exploration; (voyage) de découverte; (*of talks, step, etc*) préliminaire, exploratoire; *Med:* **e. operation,** sondage *m*. **ex'plorer** *n* explorateur, -trice.

explosion [iks'plouʒn] *n* explosion *f*; (*noise*) détonation *f*. **ex'plosive 1.** *a* (*of substance*) explosible; (*of mixture*) détonant, explosible; (*of gas*) détonant; (*of question, weapon*) explosif **2.** *n* explosif *m*.

exponent [iks'pounənt] *n* interprète *mf* (d'une opinion, d'une théorie).

export 1. *vtr* [iks'pɔːt] exporter (**to,** vers, **from,** de) **2.** *n* ['ekspɔːt] exportation *f*; *pl* articles *mpl* d'exportation; **e. trade, goods,** commerce *m*, articles *mpl*, d'exportation; **e. duty,** droit *m* de sortie. **expor'tation** *n* exportation *f*. **ex'porter** *n* exportateur, -trice; pays exportateur.

expose [iks'pouz] *vtr* exposer; dénuder (un fil électrique); révéler, dévoiler (un complot, un scandale); démasquer (un criminel, etc); **to e. to,** exposer à; **to e. oneself to danger,** s'exposer au danger; *Jur:* **to e. oneself,** commettre un attentat à la pudeur. **ex'posed** *a* exposé; (*laid bare*) à nu. **expo'sition** *n* exposition *f*. **ex'posure** *n* (*a*) exposition *f* (**to,** à); **to die of e.,** mourir de froid; *Jur:* **indecent e.,** outrage *m* à la pudeur (*b*) *Phot:* pose *f*; **e. meter,** posemètre *m* (*c*) révélation (d'un complot, etc); **fear of e.,** crainte *f* d'un scandale (*d*) exposition, orientation *f* (d'un lieu, d'une maison).

expostulate [iks'pɔstjuleit] *vi* **to e. with s.o.,** faire des remontrances à qn. **expostu'lation** *n* (*often in pl*) remontrance(s) *f*(*pl*).

expound [iks'paund] *vtr* exposer (une théorie, etc).

express¹ [iks'pres] **1.** *a* (*a*) (*of order*) exprès, formel; (*of intention*) explicite; **for this e. purpose,** dans ce seul but (*b*) (train) rapide, express *inv*; (lettre, livraison) exprès *inv* **2.** *n Rail:* rapide *m*, express *m inv* **3.** *adv* (envoyer) par exprès. **ex'pressly** *adv* expressément, formellement; **I did it e. to please you,** je l'ai fait dans le seul but de vous plaire. **ex'pressway** *n NAm:* (*Br* = **motorway**) autoroute *f*.

express² *vtr* exprimer; formuler (un souhait); énoncer (une proposition); **to e. oneself,** s'exprimer. **ex'pression** *n* (*phrase, look, etc*) expression *f*; **an e. of,** un témoignage de (reconnaissance, affection, etc); **beyond e.,** inexprimable. **ex'pressive** *a* expressif; (geste) éloquent. **ex'pressively** *adv* avec expression.

expulsion [iks'pʌlʃn] *n* expulsion *f*; renvoi *m* (d'un élève).

expurgate ['ekspəːgeit] *vtr* expurger. **expur'gation** *n* expurgation *f*.

exquisite ['ekskwizit, iks'kwizit] *a* exquis; (plaisir) vif; (supplice) raffiné. **ex'quisitely** *adv* d'une façon exquise.

ex-serviceman [eks'səːvismən] *n* (*pl* **ex-servicemen**) ancien combattant; **disabled ex-s.,** mutilé *m* de guerre.

extant [iks'tænt] *a* existant; qui existe encore.

extempore [iks'tempəri] **1.** *adv* (parler) impromptu **2.** *a* (discours) improvisé, impromptu *inv*. **ex'temporize** *vtr & i* improviser.

extend [iks'tend] **1.** *vtr* étendre (un bras, les limites, les affaires); prolonger (une ligne, une visite, une réunion) (**by,** de); élargir (ses connaissances); reculer (un délai); tendre (la main) (**to s.o.,** à); offrir (de l'aide, ses remerciements) (**to,** à); **to e. an invitation to,** faire une invitation à; **to e. a welcome to s.o.,** souhaiter la bienvenue à qn **2.** *vi* (*of wall, plain, etc*) s'étendre (**to,** jusqu'à); (*in time*) se prolonger; (*of joy, etc*) **to e. to s.o.,** gagner qn. **ex'tension** *n* (*in space*) prolongement *m*; (*in time*) prolongation *f*; extension *f* (de pouvoirs, d'une mesure, d'un sens, d'une grève); rallonge *f* (de table, de câble); (*to building*) agrandissement(s) *m*(*pl*); (*of telephone*) appareil *m* supplémentaire; (*of office telephone*) poste *m*; **an e. (of time),** un délai; **e. ladder,** échelle *f* à coulisse; *Sch:* **e. course,** cours du soir organisé par une université. **ex'tensive** *a* étendu, vaste; (*of repairs, damage*) important; (*of work*) approfondi; **to make e. use of sth,** faire un usage courant de qch. **ex'tensively** *adv* beaucoup, considérablement; **e. used,** largement répandu; **e. tested,** testé sur une grande échelle.

extent [iks'tent] *n* (*scope*) étendue *f*; (*size*) importance *f*; (*degree*) mesure *f*; **to a certain e., to some e.,** jusqu'à un certain point; dans une certaine mesure; **to a great e.,** en grande partie; dans une large mesure; **to such an e. that,** à un tel point que.

extenuating [iks'tenjueitiŋ] *a* **e. circumstances,** circonstances atténuantes.

exterior [iks'tiəriər] **1.** *a* extérieur (**to,** à); en dehors (**to,** de) **2.** *n* extérieur *m*; **on the e.,** à l'extérieur.

exterminate [iks'təːmineit] *vtr* exterminer; supprimer (une maladie); extirper (le mal). **extermi'nation** *n* extermination *f*; suppression *f*.

external [iks'təːnl] *a* (*of influence, trade, etc*) extérieur; *Med:* **for e. use,** à usage externe; *Pol:* **e. affairs,** affaires étrangères. **ex'ternally** *adv* extérieurement.

extinct [iks'tiŋkt] *a* (*of volcano, love*) éteint; (*of species, animal*) disparu. **ex'tinction** *n* extinction *f*; disparition *f*.

extinguish [iks'tiŋgwiʃ] *vtr* éteindre. **ex'tinguisher** *n* (**fire**) **e.,** extincteur, *m*.

extort [iks'tɔːt] *vtr* extorquer (**from s.o.,** à qn); arracher (une promesse) (**from s.o.,** à qn). **ex'tortion** *n Jur:* extorsion *f* de fonds; **it's (sheer) e.!** c'est du vol! **ex'tortionate** *a* (prix) exorbitant.

extra ['ekstrə] **1.** *a* supplémentaire; **one e. glass,** un verre de, en, plus; encore un verre; **(any) e. bread?** encore du pain? **to be e.,** (i) (*spare*) être en trop (ii) (*cost more*) être en supplément (iii) (*of postage*) être en sus; **wine is 30 francs e.,** il y a un supplément de 30 F pour le vin; **e. care,** un soin tout particulier; **as an e. precaution,** pour plus de précaution; **e. charge, portion,** supplément *m*; *Fb:* **e. time,** prolongation *f* **2.** *adv* **e. big, etc,** plus grand, etc, que d'habitude; **e. smart,** ultra-chic **3.** *n* (*a*) (*perk*) à-côté *m*; *pl* (*expenses*) frais *m* supplémentaires; (*for car, etc*) **an optional e.,** un accessoire en option; **this dish is an e.,** il y a un supplément pour ce plat (*b*) *Cin: Th:* figurant, -ante (*c*) *Journ:* édition spéciale. **extra-'dry** *a* (*of champagne*) brut. **extra-'fine** *a* extra-fin. **extra-'special** *a* (*of occasion*) très spécial; **e.-s. care,** un soin tout particulier. **extra-'strong** *a* extra-fort.

extract 1. *n* ['ekstrækt] (*of book, etc*) & *Cu: Ch:* extrait *m*; *Sch:* **extracts,** morceaux choisis **2.** *vtr* [iks'trækt] extraire (**from,** de); arracher, extraire (une dent); arracher, soutirer (une promesse) (**from,** à); soutirer (de l'argent) (**from,** à). **ex'traction** *n* (*a*) extraction *f*, arrachement *m* (*b*) origine *f*; **to be of French e.,** être d'origine française. **ex'tractor** *n* **e. (fan),** ventilateur *m* d'extraction.

extracurricular [ekstrəkə'rikjulər] *a* (*of activities, etc*) en dehors des heures de cours, extrascolaire.

extradite ['ekstrədait] *vtr* extrader. **extra'dition** *n* extradition *f*.

extramarital [ekstrə'mæritl] *a* extra-conjugal, en dehors du mariage.

extramural [ekstrə'mjuərəl] *a* (*of studies*) hors faculté.

extraneous [ik'streiniəs] *a* (*of detail, etc*) accessoire.

extraordinary [iks'trɔːdnri] *a* extraordinaire; (intelligence) rare, remarquable; **e. meeting,** assemblée extraordinaire; **what an e. thing!** quelle affaire étrange! **extra'ordinarily** *adv* extraordinairement.

extrasensory [ekstrə'sensəri] *a* **e. perception,** perception extra-sensorielle.

extraterrestrial [ekstrətə'restriəl] *a* extra(-)terrestre.

extravagance [iks'trævəgəns] *n* extravagance *f*; prodigalité *f*; (*thing bought*) folle dépense. **ex'travagant** *a* (*a*) (*of behaviour, idea, etc*) extravagant; (*of claim*) exagéré (*b*) (*wasteful with money*) dépensier, prodigue. **ex'travagantly** *adv* (*a*) d'une façon extravagante; **to talk e.,** dire des folies (*b*) excessivement; à l'excès. **extrava'ganza** *n Mus: Lit: Fig:* fantaisie *f*.

extreme [iks'triːm] **1.** *a* extrême; (*of danger, poverty*) très grand; (*of praise*) outré; (*of opinion*) extrémiste; **at the e. end,** à l'extrémité; **of e. importance,** de première importance; **e. youth,** grande jeunesse; **an e. case,** un cas exceptionnel; *Pol:* **the e. left,** l'extrême gauche **2.** *n* extrême *m*; **in the e.,** au dernier degré; **to carry, go, take, to extremes,** pousser à l'extrême; **extremes of temperature,** températures *fpl* extrêmes; **extremes of climate,** excès *mpl* du climat. **ex'tremely** *adv* extrêmement; **to be e. witty,** avoir énormément d'esprit. **ex'tremist** *a & n* extrémiste (*mf*). **ex'tremity** [-'trem-] *n* extrémité *f*.

extricate ['ekstrikeit] *vtr* dégager (**from,** de); **to e. oneself,** se tirer (**from a difficulty,** d'une difficulté).

extrovert ['ekstrəvəːt] *a & n* extraverti(e), extroverti(e).

exuberance [ig'zjuːbərəns] *n* exubérance *f*. **ex'uberant** *a* exubérant. **ex'uberantly** *adv* avec exubérance.

exude [ig'zjuːd] *vtr Fig:* respirer (le charme, l'honnêteté, etc); **she exudes kindness,** elle est la bonté même.

exult [ig'zʌlt] *vi* exulter, se réjouir (**at, in,** de); **to e. over s.o.,** triompher de qn. **ex'ultant** *a* (cri) de triomphe; **to be e.,** exulter. **ex'ultantly** *adv* d'un air de triomphe. **exul'tation** *n* exultation *f*.

eye [ai] **1.** *n* œil *m*, *pl* yeux; **e. hospital,** hôpital *m* ophtalmologique; **to have blue eyes,** avoir les yeux bleus; **to open one's eyes wide,** ouvrir les yeux tout grands; **to do sth with one's eyes open,** faire qch les yeux ouverts, *Fig:* en connaissance de cause; **to keep one's eyes open,** *F:* **skinned,** ouvrir l'œil (et le bon); **he couldn't keep his eyes open,** il dormait debout; **keep an e. out! keep your eyes open!** ouvre l'œil! sois vigilant! **to open s.o.'s eyes (to sth),** ouvrir les yeux à qn; **to shut one's eyes to s.o.'s faults,** fermer les yeux sur les défauts de qn; **to have the sun in one's eyes,** avoir le soleil dans les yeux; **with tears in one's eyes,** les larmes aux yeux; **up to one's eyes in debt,** endetté jusqu'au cou; **up to one's eyes in work,** débordé de travail; *F:* **that's one in the e. for him!** ça lui fait les pieds! **to catch the e.,** attirer l'œil, accrocher le regard; **to catch s.o.'s e.,** attirer l'attention de qn; **to lay, set,** *F:* **clap, eyes on sth,** apercevoir, voir, qch; **to have an e. on,** avoir en vue (une maison, etc); **to have eyes in the back of one's head,** avoir des yeux derrière la tête; **he only has eyes for her,** il n'a d'yeux que pour elle; **with one's own eyes,** de ses propres yeux; **before my very eyes,** sous mes yeux; **I could hardly believe my eyes,** j'en croyais à peine mes yeux; **in s.o.'s eyes,** aux yeux de qn; **in the eyes of the law,** au regard, aux yeux, de la loi; **to make eyes at s.o.,** faire de l'œil à qn; **we don't see e. to e.,** nous n'avons pas le même point de vue; **to keep an e. on s.o., sth,** surveiller qn, qch; **to keep one's e. on the ball,** suivre, fixer, la balle; **to take one's eyes off s.o., sth,** quitter qn, qch, des yeux; **to be all eyes,** être tout yeux; **to have an e. for a horse,** s'y connaître en chevaux; **to be very much in the public e.,** être très en vue; (*pers*) **private e.,** détective privé; **e. shadow,** fard *m*, ombre *f*, à paupières; **e. drops, lotion,** collyre *m* **2.** *vtr* reluquer, regarder. **'eyeball** *n* globe *m* oculaire. **'eyebath** *n* œillère *f*. **'eyebrow** *n* sourcil *m*. **'eye-catching** *a* (*of title, etc*) accrocheur. **'eyeful** *n F:* **to get an e.,** se rincer l'œil. **'eyeglasses** *npl NAm:* (*Br* = **spectacles**) lunettes *fpl*. **'eyelash** *n* cil *m*. **'eyelet** *n* œillet *m*. **'eye-level** *a* à la hauteur des yeux; *DomEc:* (gril) surélevé. **'eyelid** *n* paupière *f*. **'eyeliner** *n Toil:* eye-liner *m*. **'eye-opener** *n* révélation *f*. **'eyepiece** *n* oculaire *m* (de microscope, de télescope). **'eyeshade** *n* visière *f*. **'eyesight** *n* vue *f*; **my e. is failing,** ma vue baisse. **'eyesore** *n* (*building, etc*) horreur *f*. **'eyestrain** *n* **to have e.,** avoir les yeux qui tirent. **'eyetooth** *n* (*pl* **-teeth**) canine *f*. **'eyewash** *n Med:* collyre *m*; *F:* **that's all e.,** tout ça, c'est des sottises. **'eyewitness** *n* (*pl* **-es**) témoin *m* oculaire.

F

F, f [ef] *n* (la lettre) F, f *m or f; Mus:* fa *m.*

fable ['feibl] *n* fable *f,* conte *m.* **'fabled** *a* célèbre dans la fable; légendaire. **fabulous** ['fæbjuləs] *a* fabuleux; légendaire; *F:* formidable; (prix) fou. **'fabulously** *adv* fabuleusement; prodigieusement (riche).

fabric ['fæbrik] *n* (*a*) (*material*) tissu *m;* étoffe *f;* **silk and woollen fabrics,** soieries *fpl* et lainages *mpl* (*b*) structure *f* (d'un édifice); **the f. of society,** le tissu social. **'fabricate** *vtr* fabriquer. **fabrication** *n* fabrication *f.*

façade [fə'sɑːd] *n Arch: Fig:* façade *f.*

face [feis] **I.** *n* (*a*) figure *f,* visage *m;* mine *f;* **to strike s.o. in the f.,** frapper qn au visage; **I'll never look him in the f. again,** je ne pourrai jamais plus le regarder dans les yeux; **to show one's f.,** se montrer; **he won't show his f. here again!** il ne remettra pas les pieds ici! **f. to f.,** face à face; vis-à-vis (**with s.o.,** avec qn); **to set one's f. against,** s'opposer résolument à; **in the f. of,** devant; (*despite*) en dépit de; **she laughed in my f.,** elle m'a ri au nez; **to shut the door in s.o.'s f.,** fermer la porte au nez de qn; **I told him so to his f.,** je le lui ai dit tout cru; **f. cream,** crème de beauté; **f. pack,** masque (hydratant); **f. powder,** poudre *f* de riz; *NAm: Cards:* **f. card** (*Br* = **court card**), figure; **to make, pull, faces,** faire des grimaces; **to keep a straight f.,** garder son sérieux; **to put a brave, good, f. on it,** faire contre mauvaise fortune bon cœur; **on the f. of it,** au premier aspect, à première vue; (*of stamp, etc*) **f. value,** valeur *f;* **to take sth at f. value,** prendre qch au pied de la lettre; **I took him at f. value,** je l'ai jugé sur les apparences; **to save, lose, f.,** sauver, perdre, la face; **they disappeared off the f. of the earth,** ils ont disparu de la surface du globe (*b*) face (d'une pièce de monnaie); recto *m* (d'un document); façade *f* (d'un immeuble); paroi *f* (d'une falaise); cadran *m* (de montre, de pendule); *Min:* front *m* de taille; **f. down(wards),** (i) (*of person*) face contre terre (ii) (*of thg*) tourné à l'envers. **II.** *v* **1.** *vtr* (*a*) affronter, faire face à (l'ennemi, un danger); (*accept*) accepter; **to f. facts,** regarder les choses en face; **let's face it!** voyons les choses comme elles sont! ne nous leurrons pas! **the problem that faces us,** le problème qui se pose; **faced with,** face à, devant (un problème, etc); menacé par (une défaite); contraint à payer (une facture); **he can't f. leaving,** il n'a pas le courage de partir; *F:* **to f. the music,** braver la tempête (*b*) **to f., to be facing,** être en face de; (*of window*) donner sur; (*of pers*) regarder (qn) bien en face; **facing each other,** l'un en face de l'autre; **picture facing page 10,** gravure en regard de la page dix **2.** *vi* (*a*) **to f., be facing north,** (i) (*of house*) être exposé, orienté, au nord; (ii) (*of pers*) se tourner (**towards,** vers); **to f. both ways,** (i) faire face des deux côtés (ii) *Fig:* ménager la chèvre et le chou; **f. this way!** tournez-vous de ce côté! (*b*) **to f. up to,** faire face à (un danger); accepter (un fait). **'facecloth** *n* gant *m* de toilette. **'faceless** *a* anonyme. **'facelift** *n Surg:* lifting *m;* (*of building*) ravalement *m;* **to have a f.,** se faire faire un lifting. **'face-saving** *a* qui sauve la face. **'facial 1.** *a* du visage; *Med:* facial **2.** *n* soin *m* du visage. **'facing** *n Const:* parement *m,* revêtement *m* (d'un mur); *Dressm:* parement (d'un vêtement).

facet ['fæsit] *n* facette *f* (d'un diamant, d'un problème, etc).

facetious [fə'siːʃəs] *a* (*of pers*) facétieux; (*of remark*) plaisant. **fa'cetiously** *adv* d'une manière facétieuse.

facile ['fæsail, *NAm:* 'fæsl] *a* facile, superficiel.

facility [fə'siliti] *n* (*a*) facilité *f* (**in,** à, pour) (*b*) *pl* (*possibilities*) facilités *pl;* (*for sports*) équipements *mpl;* (*in harbour, port*) installations *fpl;* (*means*) moyens *mpl,* ressources *fpl;* **special facilities,** conditions spéciales (**for,** pour). **fa'cilitate** *vtr* faciliter.

facsimile [fæk'simili] *n* fac-similé *m.*

fact [fækt] *n* fait *m;* **f. and fiction,** le réel et l'imaginaire; **it is a f. that,** il est de fait que; **is that a f.!** c'est vrai? **apart from the f. that,** hormis que; **to know for a f. that,** savoir pertinemment que; **the facts of life,** les choses *fpl* de la vie; **the f. is,** le fait est que, c'est que; **as a matter of f., in (point of) f.,** en fait. **'fact-finding** *a* (commission) d'enquête. **'factual** *a* objectif, basé sur les faits, factuel; (erreur) de fait; (connaissance) des faits. **'factually** *adv* en ce qui concerne les faits.

faction ['fækʃn] *n Pol:* faction *f.*

factor ['fæktər] *n* facteur *m;* **safety f.,** facteur, marge *f,* de sécurité; **the human f.,** le facteur humain.

factory ['fæktəri] *n* (*pl* **factories**) usine *f;* (*small*) fabrique *f;* **f. inspector,** inspecteur du travail; **arms, porcelain, f.,** manufacture *f* d'armes, de porcelaine; **f. farming,** élevage industriel.

faculty ['fækəlti] *n* faculté *f.*

fad [fæd] *n* marotte *f;* (*fashion*) folie *f,* mode *f* (**for,** de).

fade [feid] **1.** *vi* (*of flowers*) se faner, se flétrir; (*of light*) baisser; (*of colour*) passer; (*of cloth*) se décolorer; **to f. (away),** (*of sound*) s'affaiblir; (*of memory, smile*) s'effacer; (*of pers*) dépérir; **to f. from view,** disparaître; *Cin: TV:* **to f. in, out,** apparaître, disparaître, en fondu **2.** *vtr* décolorer (un tissu); *Cin: TV:* **to f. in, out,** faire apparaître, faire disparaître, en fondu; *WTel: etc:* monter (le son); couper (le son) par un fondu sonore. **'fadeout** *n Cin: TV:* fondu *m; WTel:* fondu sonore.

faeces, *NAm:* **feces** ['fiːsiːz] *npl* fèces *fpl.*

fag [fæg] *n* (*a*) corvée *f* (*b*) *Sch:* jeune élève attaché au service d'un grand (*c*) *F:* (*cigarette*) clope *m,* tige *f;* **f. end,** mégot *m* (*d*) *NAm: P:* pédé *m.* **fagged 'out** *a F:* épuisé, claqué.

faggot ['fægət] *n* (*a*) fagot *m* (de bois) (*b*) *Cu:*

boulette *f* (de viande) (*c*) *P:* **old f.**, vieille chipie (*d*) *NAm: P:* pédé *m*.

fail [feil] **I.** *n* **without f.**, sans faute; à coup sûr. **II.** *v* **1.** *vi* (*a*) manquer, faillir, faire défaut; **to f. in one's duty,** manquer à son devoir; **to f. to do sth,** manquer de faire qch; (*not be able*) ne pas arriver à faire; **I f. to see,** je ne vois pas (*b*) *Aut:* (*of brakes*) lâcher; (*of engine*) tomber en panne; **to f. to start,** refuser de démarrer (*c*) (*of light, sight, health*) baisser; (*of memory, strength*) défaillir (*d*) (*of pers, plan, etc*) échouer; *Sch:* être refusé (à un examen); **to f. in an exam,** échouer à un examen (*e*) *Com:* faire faillite (*f*) (*run short*) manquer; (*of gas, electricity*), être coupé **2.** *vtr* (*a*) *Sch:* échouer à (un examen); refuser, recaler (un candidat) (*b*) **to f. s.o.,** laisser tomber qn, décevoir qn; (*of words*) manquer à qn, faire défaut à qn; **I won't f. you,** vous pouvez compter sur moi. **failed** *a* (*of artist, poet, etc*) raté; (*of attempt*) avorté. **'failing 1.** *n* (*a*) défaillance *f* (de forces); baisse *f* (de la vue) (*b*) défaut *m* **2.** *prep* à défaut de; **f. this, that,** à défaut. **'fail-safe** *a* (dispositif) à sûreté intégrée. **'failure** *n* (*a*) manque *m*, manquement *m* (à une promesse); défaut (de paiement); **f. to do,** incapacité *f* de faire; **her f. to leave,** le fait qu'elle n'est pas partie (*b*) (*of engine machine*) panne *f*; (*of gas, etc*) coupure *f*, panne; *Med:* **heart f.,** arrêt *m* du cœur (*c*) échec *m*, insuccès *m*; *Com:* faillite *f*; *Th:* four *m*, fiasco *m*; **to end in f.,** se solder par un échec (*d*) (*pers*) raté, -ée.

faint [feint] **1.** *a* (*a*) léger; (*of voice, hope*) faible; (*of colour*) pâle; (*of idea*) vague; **not the faintest idea,** pas la moindre idée; (*of sound*) **to grow fainter,** diminuer (*b*) *Med:* défaillant (**with,** de); (*of pers*) **to feel f.,** se trouver mal, défaillir **2.** *vi* s'évanouir (**from,** de). **faint-'hearted** *a* timoré; timide. **'fainting** *n* évanouissement. **'faintly** *adv* faiblement; légèrement; **f. visible,** à peine visible. **'faintness** *n* faiblesse *f*, légèreté *f*.

fair[1] ['fɛər] *n* foire *f*; (*for charity*) fête *f*; (*funfair*) fête foraine; (*larger*) parc *m* d'attractions. **'fairground** *n* champ *m* de foire.

fair[2] **1.** *a* (*a*) (*of pers, hair*) blond; (*of complexion, skin*) clair (*b*) juste, équitable; (*of game, fight*) loyal; **f. play,** fair-play *m inv*; **that's not f. play!** ce n'est pas du jeu! **fair's f.!** il faut être juste; **it's not f.!** ce n'est pas juste! **as is only f.,** comme il se doit; **f. enough!** très bien! **f. (and square),** honnête(ment); **it's all f. and above board,** c'est de bonne guerre; **by f. means or foul,** d'une manière ou d'une autre (*c*) passable; assez bon; (nombre) raisonnable; **a f. amount (of),** pas mal (de); **he has a f. chance of success,** il a des chances de réussir; **the room's a f. size,** la pièce est assez grande (*d*) (*of weather*) beau; (*of wind*) favorable; (*of barometer*) **(at) set f.,** au beau fixe; **the f. sex,** le beau sexe; **f. copy,** copie *f* au propre **2.** *adv* (agir) loyalement; **to play f.,** jouer beau jeu; **to hit s.o. f. (and square) on the chin,** frapper qn en plein menton. **fair-'haired** *a* blond; aux cheveux blonds. **'fairly** *adv* (*a*) (traiter qn) équitablement; (*b*) (agir) honnêtement; **to come by sth f.,** obtenir qch par des moyens honnêtes (*c*) assez, plutôt; **f. good,** assez bon; **f. certain,** à peu près certain. **fair-'minded** *a* impartial. **'fairness** *n* (*a*) blond *m*, blondeur *f* (des cheveux); blancheur *f* (de la peau) (*b*) justice *f*; (*of decision*) équité *f*; **in all f.,** en toute justice. **fair-'sized** *a* assez grand. **fair-'skinned** *a* à la peau claire.

fairy ['fɛəri] **1.** *n* (*pl* **fairies**) (*a*) fée *f*; **f. godmother,** (i) marraine fée (ii) (*benefactress*) marraine gâteau; **f. queen,** reine *f* des fées; **f. story, tale,** (i) conte *m* de fées (ii) conte invraisemblable; **f. lights,** guirlande *f* multicolore (*b*) *F:* (*male homosexual*) pédé *m*, tante *f* **2.** *a* féerique. **'fairyland** *n* (*a*) royaume *m* des fées (*b*) féerie *f*.

faith [feiθ] *n* foi *f*, confiance *f*; **to have f. in,** avoir confiance en; **to put one's f. in,** se fier à (la justice, la médecine, etc); **f. healer,** guérisseur, -euse; **f. healing,** guérison *f* par la foi; **to keep f. with s.o.,** tenir ses engagements envers qn; **good f.,** bonne foi; **to do sth in good f.,** faire qch de bonne foi; **bad f.,** mauvaise foi; perfidie *f*. **'faithful 1.** *a* (*a*) fidèle; (*of friend*) loyal (*b*) exact; (traduction) fidèle **2.** *npl* **the f.,** les fidèles *mpl*. **'faithfully** *adv* (*a*) fidèlement, loyalement; (promettre) formellement; *Corr:* **yours f.,** veuillez agréer l'expression de mes salutations distinguées (*b*) (copier) exactement. **'faithfulness** *n* fidélité *f*. **'faithless** *a* déloyal, infidèle.

fake [feik] **1.** *a* faux; (*of elections*) truqué **2.** *n* (*painting, etc*) faux *m*; (*pers*) imposteur *m* **3.** (*a*) *vtr* falsifier, maquiller (un document, une signature, etc); truquer (des élections); **to f. illness,** faire semblant d'être malade (*b*) *vi* (*pretend*) faire semblant.

falcon ['fɔːlkən] *n Orn:* faucon *m*.

fall [fɔːl] **1.** *n* (*a*) chute *f*; éboulement *m* (de terre); baisse *f* (des prix, de la demande, etc); dépréciation *f* (de la monnaie); perte *f*, ruine *f* (de qn); renversement *m* (d'un gouvernement); *Th:* baisser *m* (du rideau); **there has been a heavy f. of snow,** il est tombé beaucoup de neige (*b*) *pl* chutes *fpl* (d'eau) (*c*) *NAm:* **the f.,** (*Br* = **autumn**), l'automne *m* **2.** *vi* (**fell; fallen**) (*a*) tomber; (*of building*) s'effondrer; (*of tide, price, thermometer*) baisser; (*of ground*) aller en pente, descendre; **to f. into,** tomber dans; *Fig:* prendre (une habitude); **to f. into a trap,** donner dans un piège; **he fell (a hundred metres) to his death,** il a fait une chute mortelle (de cent mètres); **to f. into s.o.'s hands,** tomber entre les mains de qn; **to f. on one's feet,** retomber sur ses pieds; avoir de la chance; **to let sth f.,** laisser tomber qch; **night is falling,** la nuit tombe; (*of event*) **to f. on a Thursday, etc,** tomber un jeudi, etc; **to f. on, to, one's knees,** tomber à genoux; **to f. to pieces,** tomber en morceaux; **falling star,** étoile filante; **her eyes fell,** elle a baissé les yeux; *Fig:* **his face fell,** son visage se rembrunit; **to f. from one's position,** déchoir de sa position; **the blame, the responsibility, falls on me,** le blâme, la responsabilité, retombe sur moi; **it fell to me to do it,** c'est moi qui ai dû le faire; **to f. into conversation,** entrer en conversation (**with,** avec); **to f. into a certain category,** entrer dans une certaine catégorie; **to f. on hard times,** connaître de mauvais jours; en voir de dures; **to f. short of,** ne pas répondre à (l'attente); **to f. short of being,** être loin d'être (*b*) **to f. ill,** tomber malade; **to f. asleep,** s'endormir; **to f. vacant,** se trouver vacant; **to f. victim to,** devenir victime de. **fall a'bout** *vi F:* **to f. a. (laughing),** se tordre (de rire). **fall a'part** *vi* (*of mechanism*) tomber en morceaux; *Fig:* se désagréger. **fall a'way** *vi* (*a*) (*of ground*) s'affaisser brusquement; aller en pente, descendre (*b*) se détacher, tomber; (*of numbers*) diminuer. **fall 'back** *vi* (*a*) tomber en arrière, à la renverse; (*of troops*) reculer (*b*) (*as last resort*) **to f. b. on,** se rabattre sur; **some money to f. b. on,** de l'argent en réserve. **fall be'hind** *vi* rester en arrière; (*in work*) prendre du retard; **to f. b. with the rent,** être en retard pour payer son loyer. **fall 'down** *vi* tomber; (*of building*) s'effondrer; **to f. d. a ladder,** tomber (en bas) d'une échelle; *F:* **to f. d. on the job,** louper le travail; échouer dans une entreprise. **'fallen 1.** *a* tombé; (*of angel, woman*) déchu; **f. leaf,** feuille morte **2.** *n* **the f.,** les morts *mpl* (sur le champ de bataille). **'fall for** *vtr* (*a*) **to f. f. a trick,** se laisser prendre (*b*) *F:* tomber amoureux de (qn). **'fallguy** *n esp NAm:* (*Br*=**scapegoat**), bouc *m* émissaire. **fall 'in** *vi* (*of roof*) s'écrouler; *Mil:* former les rangs; **f. in!** rassemblement! **to f. in with,** (i) (*tally with*) cadrer avec (ii) accepter (une proposition); accéder à (une demande). **falling-'off** *n* diminution *f.* **fall 'off** *vi* (*a*) se détacher, tomber; (*of numbers, profits*) diminuer (*b*) **to f. o. a bicycle, etc,** tomber d'une bicyclette, etc; **to f. o. a ladder,** tomber (en bas) d'une échelle. **fall 'out** *vi* (*a*) tomber (dehors); *Mil:* rompre les rangs; **f. o.!** rompez! **to f. o. of a window,** tomber d'une fenêtre (*b*) se brouiller, (**with,** avec). **'fallout** *n* retombées (radioactives). **fall 'over** *vi* (*a*) (*of pers*) tomber (par terre); (*of thg*) se renverser (*b*) **to f. o. sth,** tomber en butant contre qch; *Fig:* **to f. o. oneself to do sth,** se mettre en quatre pour faire qch. **fall 'through** *vi* (*of plan*) tomber à l'eau, échouer. **fall 'to** *vi* (*a*) se mettre à manger (*b*) (*of responsibility*) **to f. to s.o.,** retomber sur qn. **fall (up)'on** *vtr* attaquer.

fallacy ['fæləsi] *n* (*a*) faux raisonnement (*b*) erreur *f.* **fa'llacious** *a* faux.

fallible ['fælibl] *a* faillible. **falli'bility** *n* faillibilité *f.*

fallopian [fə'loupiən] *a Anat:* (trompe) de Fallope.

fallow[1] ['fælou] *a* (*of land*) en jachère.

fallow[2] *a* **f. deer,** daim *m.*

false [fɔls] *a* faux; **a f. bottom,** un double fond; **f. report,** canard *m*; **f. alarm,** fausse alerte; **f. start,** faux départ. **'falsehood** *n* mensonge *m*; **to distinguish truth from f.,** distinguer le vrai du faux. **'falsely** *adv* faussement; à faux. **'falseness, 'falsity** *n* fausseté *f.* **'falsies** *npl F:* faux seins. **falsifi'cation** *n* falsification *f.* **'falsify** *vtr* (**falsified**) falsifier (un document); fausser (un calcul).

falsetto [fɔ:l'setou] *n* **f. (voice),** voix *f* de fausset.

falter ['fɔ:ltər] *vi* (*of step, resolution*) chanceler; (*of voice, pers*) hésiter; (*of courage*) vaciller.

fame [feim] *n* renommée *f*; gloire *f*; **to win f.,** bâtir sa renommée. **famed** *a* renommé.

familiar [fə'miliər] *a* familier, intime; (*of event*) habituel; **to be on f. terms with s.o.,** avoir des rapports d'intimité avec qn; **f. with s.o.,** (*too friendly*) familier avec qn; **I'm f. with her voice,** je connais bien sa voix, sa voix m'est familière; **to make oneself f. with,** se familiariser avec; **in f. surroundings,** en pays de connaissance; **to be on f. ground,** être sur son terrain; **to be f. with sth,** connaître qch; **he looks f. (to me),** je l'ai déjà vu (quelque part). **famili'arity** *n* familiarité *f*, intimité *f*; (*of event, sight, etc*) caractère familier. **fa'miliarize** *vtr* familiariser (**with,** avec); **to f. oneself with sth,** se familiariser avec qch. **fa'miliarly** *adv* familièrement.

family ['fæmili] *n* (*pl* **families**) famille *f*; **to be one of, a friend of, the f.,** être de la maison, un ami de la maison; **it runs in the f.,** cela tient de famille; **f. name, doctor,** nom *m*, médecin *m*, de famille; **f. dinner,** dîner en famille; **f. tree,** arbre *m* généalogique; **f. likeness,** air *m* de famille; **f. life,** vie familiale; **f. man,** père *m* de famille; *Com:* **in a f.-size(d) jar,** en pot familial; **f. planning,** planning familial.

famine ['fæmin] *n* famine *f.* **'famished** *a* affamé; *F:* **I'm f.,** je meurs de faim.

famous ['feiməs] *a* célèbre (**for,** par, pour). **'famously** *adv F:* rudement bien.

fan[1] [fæn] **1.** *n* (*a*) éventail *m* (*b*) (*mechanical*) ventilateur *m*; *Aut:* **f. belt,** courroie *f* de ventilateur; *DomEc:* **f. heater,** radiateur soufflant **2.** *vtr* (**fanned**) éventer (qn); attiser (un feu, une passion, une querelle). **'fanlight** *n* imposte *f* (au-dessus d'une porte). **fan 'out** *vi* se déployer (en éventail).

fan[2] *n* (*of pers*) admirateur, -trice, fan *m*; *Sp:* supporter *m*; **to be a jazz f.,** être passionné, mordu, de jazz; **film f.,** cinéphile *mf*; **f. club,** club *m* de fans. **'fanmail** *n* courrier *m* des admirateurs (d'une vedette).

fanatic [fə'nætik] *n* fanatique *mf.* **fa'natical** *a.* fanatique. **fa'natically** *adv* fanatiquement. **fa'naticism** *n* fanatisme *m.*

fancy ['fænsi] **1.** *n* (*pl* **fancies**) (*a*) fantaisie *f*; imagination *f* (*b*) idée *f* (*c*) fantaisie, caprice *m*; **when the f. takes me,** quand ça me chante (*d*) (*liking*) goût *m*; **to take a f. to s.o.,** se prendre d'affection pour qn; **I took a f. to it, it took, caught, my f.,** j'en ai eu envie **2.** *a* (*of hat, button, etc*) fantaisie *inv*; (*of idea*) fantaisiste; (*of price*) exorbitant; (*of car*) de luxe; (*of house, restaurant*) chic; **f. goods,** nouveautés *fpl*; **f. dress,** travesti *m*; déguisement *m*; **f. dress ball,** bal masqué **3.** *vtr* (**fancied**) (*a*) s'imaginer, se figurer (**that,** que); **f. that!** tiens (donc)! **f. meeting you!** je ne m'attendais guère à vous rencontrer! (*b*) croire (**that,** que); **I f. I've seen him before,** j'ai l'impression de l'avoir déjà vu (*c*) avoir envie de; (*like*) aimer; **I don't f. his offer,** son offre ne me dit rien; **I f. a bit of chicken,** je mangerais volontiers un morceau de poulet; *F:* **he fancies her,** elle lui plaît; *F:* **to f. oneself,** se prendre pour qn; **he fancies himself as a speaker,** il se prend pour un orateur. **'fancier** *n* **horse, etc, f.,** amateur *m* de chevaux, etc. **'fanciful** *a* fantaisiste; (projet) chimérique.

fanfare ['fænfɛər] *n* fanfare *f.*

fang [fæŋ] *n* croc *m* (de loup); crochet *m* (de vipère).

fantasy ['fæntəsi] *n* (*pl* **fantasies**) fantaisie *f*; *Psy:* fantasme *m.* **'fantasize** *vi* fantasmer. **fan'tastic** *a* fantastique; invraisemblable; *F:* formidable; incroyable; **a f. idea,** une idée aberrante; *Com:* **f. reductions,** promotions inouïes. **fan'tastically** *adv* incroyablement.

far [fɑ:r] (*comp* **farther, further**; *sup* **farthest, furthest**) **1.** *adv* (*a*) (*of place*) loin; **to go f.,** aller loin; **how f. is it from Paris to Bonn?** combien y a-t-il de Paris à

Bonn? **is it far to London?** sommes-nous, suis-je, etc, loin de Londres? **how f. are you going?** jusqu'où vas-tu? **as f. as the eye can see,** à perte de vue; **to live f. away, f. off,** habiter loin (d'ici) **to be (too) f. away,** être (trop) loin (**from,** de); **f. and wide,** partout; **f. and near,** partout; **f. from,** loin de; **to go so f. as to do sth,** aller jusqu'à faire qch; **that's going too f.,** cela dépasse les bornes; **how f. have you got?** où en êtes-vous (**with,** de)? **as f., so f., as I know,** autant que je sache; **as f., so f., as I'm concerned,** en ce qui me concerne; **as f. as I can,** dans la mesure de mes moyens; **so f. so good,** c'est fort bien jusque-là; **in so f. as,** dans la mesure où; en tant que; **f. from it,** loin de là; **f. be it from me to,** loin de moi l'idée de; **he's not f. off sixty,** il approche de la soixantaine; **by f.,** de loin; **by f. the best,** de beaucoup le meilleur; **so f.,** (i) (*time*) jusqu'ici; (ii) (*place*) jusque-là; **as f. as,** jusqu'à; **as f. as I can see,** autant que je puisse prévoir; **f. into the night,** très avant dans la nuit; **as f. back as 1900,** dès 1900 (*b*) (*for emphasis*) beaucoup; **f. bigger,** beaucoup plus grand (**than,** que); **it's f. better,** c'est beaucoup mieux; **f. advanced,** très avancé; **f. and away the best,** de beaucoup le meilleur **2.** *a* (*of side*) autre; **at the f. end of the street,** à l'autre bout de la rue. **'faraway** *a* lointain, éloigné; (regard) distrait, dans le vague. **far-'fetched** *a* (*of argument, etc*) forcé, exagéré. **far-'flung** *a* (*a*) vaste (*b*) lointain, éloigné. **far-'gone** *a F:* bien parti. **far-'off** *a* lointain, éloigné. **far-'out** *a F:* (*a*) d'avant-garde (*b*) super, génial. **far-'reaching** *a* de grande portée. **far-'seeing, far-'sighted** *a* clairvoyant; perspicace. **far-'sightedness** *n* perspicacité *f*.

farce [fɑːs] *n* farce *f*; **the trial was a f.,** le procès a été grotesque. **'farcical** *a* grotesque, ridicule.

fare ['fɛər] **1.** *n* (*a*) prix *m* du billet; (*in taxi*) prix de la course; (*ticket*) billet *m*; **single f.,** (prix du) billet simple; **return f.,** aller et retour *m*; **fares, please!** prenez vos billets, s'il vous plaît! **to pay one's f.,** payer son billet (*b*) (*in taxi*) client, -ente (*c*) chère *f*, **bill of f.,** menu *m* nourriture *f*; **prison f.,** régime *m* de prison **2.** *vi* se débrouiller; **how did she f.?** comment ça c'est passé (pour elle)? **fare'well** *int & n* adieu (*m*); **to bid s.o. f.,** dire adieu, faire ses adieux, à qn; **f. dinner,** dîner *m* d'adieu.

farm [fɑːm] **1.** *n* ferme *f*; élevage *m* (de truites); **f. labourer,** ouvrier agricole; **f. land,** terres cultivées **2.** *v* (*a*) *vtr* cultiver (des terres) (*b*) *vi* être cultivateur. **'farmer** *n* agriculteur *m*; cultivateur, -trice; fermier, -ière; **stock f.,** éleveur, -euse. **'farmhand** *n* ouvrier, -ière, agricole. **'farmhouse** *n* ferme. **'farming** *n* agriculture *f*; élevage; **dairy f.,** industrie laitière; **f. communities,** collectivités rurales. **farm 'out** *vtr* mettre (des enfants) en nourrice; sous-traiter (du travail). **'farmyard** *n* basse-cour *f*.

farrier ['færiər] *n* maréchal-ferrant *m*.

fart [fɑːt] *P:* **1.** *n* pet *m* **2.** *vi* péter.

farther ['fɑːðər] (*comp of* **far**) **1.** *adv* plus loin (**than,** que); **f. forward,** plus avancé; **f. on,** plus en avant; plus loin; plus en avance; **f. back,** plus en arrière; **nothing is f. from my mind, the truth,** rien n'est plus éloigné de ma pensée, de la vérité; **to get f. away,** s'éloigner **2.** *a* **at the f. end of the room,** à l'autre bout de la pièce. **'farthest** (*sup of* **far**) **1.** *a* le plus lointain, le plus éloigné **2.** *adv* le plus loin.

fascinate ['fæsineit] *vtr* fasciner; **to be fascinated by sth,** être fasciné par qch. **'fascinating** *a* fascinant; (livre) passionnant. **fasci'nation** *n* fascination *f*.

fascism ['fæʃizm] *n* fascisme *m*. **'fascist** *a & n* fasciste (*mf*).

fashion ['fæʃn] **1.** *n* (*a*) façon *f* (de faire qch); (*custom*) habitude *f*; **after a f.,** tant bien que mal, plus ou moins (*b*) mode *f*, vogue *f*; **in f.,** à la mode; en vogue; **out of f.,** démodé; **in the latest f.,** à la dernière mode; **to set the f.,** mener la mode; **to become the f., come into f.,** devenir la mode; **it's (all) the f.,** c'est la grande vogue; **f. designer,** (grand) couturier; **f. house,** maison *f* de couture; **f. show,** présentation *f* de collections; **f. magazine,** journal *m* de modes **2.** *vtr* façonner; confectionner. **'fashionable** *a* à la mode; en vogue; (endroit) chic *inv*; **it's f. to do.,** il est de bon ton de faire. **'fashionably** *adv* à la mode. **'fashioned** *a Cl:* **fully f.,** (entièrement) diminué, proportionné.

fast¹ [fɑːst] **1.** *n* jeûne *m* **2.** *vi* jeûner.

fast² **1.** *a* (*a*) ferme, fixe, solide; (*of colour*) grand teint *inv*; (*of grip*) tenace; *Nau:* **to make f.,** amarrer (un cordage) (*b*) rapide; **f. train,** rapide *m*; **you're a f. walker,** vous marchez vite; *F:* **he pulled a f. one on me,** il m'a joué un mauvais tour (*c*) **my watch is five minutes f.,** ma montre avance de cinq minutes (*d*) **f. living,** vie dissolue **2.** *adv* (*a*) ferme; **to hold f.,** tenir ferme; tenir bon; **to stand f.,** tenir bon; **to stick f.,** rester pris, collé; **to play f. and loose,** jouer double jeu (**with,** avec); **to be f. asleep,** être profondément endormi, dormir profondément (*b*) vite, rapidement; **how f.?** à quelle vitesse? **not so f.!** pas si vite! doucement! **as f. as his legs could carry him,** à toutes jambes; **he'll do it f. enough if you pay him,** il ne se fera pas prier si vous le payez.

fasten ['fɑːsn] **1.** *vtr* attacher, fixer (**to,** à); (bien) fermer (la porte); **to f. down, up,** attacher **2.** *vi* s'attacher, se fixer; (*of garment*) s'attacher, s'agrafer, se boutonner; (*of door*) se fermer. **'fastener, 'fastening** *n* (*clip*) attache *f*; (*of garment, window*) fermeture *f*; (*of bag*) fermoir *m*; (*hook*) agrafe *f*.

fastidious [fæs'tidiəs] *a* difficile (à contenter), exigeant. **fas'tidiously** *adv* avec une délicatesse exagérée.

fat [fæt] **1.** *a* (**fatter; fattest**) gras; (*of cheek, salary, volume*) gros; **to get f.,** grossir; *Iron:* **that's a f. lot of use!** ça nous, me, etc, fait une belle jambe! *Iron:* **a f. lot you know about it!** comme si vous en saviez quelque chose! **2.** *n* graisse *f*; (*on meat*) gras *m*; **vegetable f.,** huile végétale; **deep f.,** (grande) friture; **to live off the f. of the land,** vivre comme un coq en pâte. **'fathead** *n F:* imbécile *mf*. **'fatness** *n* corpulence *f*. **'fatted** *a* **to kill the f. calf,** tuer le veau gras. **fatten ('up)** *vtr & i* engraisser. **'fattening** *a* (aliment) qui fait grossir. **'fatty** *a* (aliment) gras; *Med:* (*of tissue*) adipeux.

fate [feit] *n* destin *m*, sort *m*; **to leave s.o. to his f.,** abandonner qn à son sort. **'fatal** *a* mortel; (*of error, blow, etc*) fatal. **fa'tality** *n* (*a*) (*pers killed*) victime *f* (*b*) (*of event*) fatalité *f*. **'fatally** *adv* (*a*) mortellement (blessé) (*b*) fatalement. **'fated** *a* (*a*) destiné (**to do sth,** à faire qch); **our meeting, his death, was f.,** notre rencontre, sa mort, devait arriver (*b*) (jour) fatal. **'fateful** *a* (parole) fatidique; (jour) décisif, fatal; (événement) néfaste.

father ['fɑːðər] **1.** *n* père *m*; **from f. to son,** de père en fils; **like f. like son,** tel père tel fils; **yes, F.,** oui, (mon) père; **God the F.,** Dieu le Père; **the Holy F.,** le Saint-Père; **F. Martin,** (i) (*belonging to religious order*) le Père Martin (ii) (*priest*) l'abbé Martin; **F. confessor,** père spirituel; **F. Christmas,** le père Noël; **F.'s Day,** la Fête des Pères **2.** *vtr* inventer (une idée). **'fatherhood** *n* paternité *f*. **'father-in-law** *n* beau-père *m*. **'fatherland** *n* patrie *f*. **'fatherless** *a* orphelin de père. **'fatherly** *a* paternel.

fathom ['fæðəm] **1.** *n Nau:* brasse *f* (1,8 m) **2.** *vtr* sonder (un mystère); **I can't f. it (out),** je n'y comprends rien; **I can't f. him,** je ne le comprends pas.

fatigue [fə'tiːg] **1.** *n* (*a*) fatigue *f* (*b*) *Mil:* **f. (duty),** corvée *f*; **f. dress, fatigues,** treillis *m* **2.** *vtr* fatiguer.

fatuous ['fætjuəs] *a* stupide. **fa'tuity, 'fatuousness** *n* stupidité *f*. **'fatuously** *adv* d'un air stupide.

faucet ['fɔːsət] *n NAm:* (*Br* = **tap**) robinet *m*.

fault [fɔːlt] **1.** *n* (*a*) (*failing, defect*) défaut *m*; imperfection *f*; vice *m* (de construction); (*mistake*) erreur *f*; *Geol:* faille *f*; **scrupulous to a f.,** scrupuleux à l'excès; **to find f. with s.o.,** critiquer qn; **her memory is at f.,** sa mémoire lui fait défaut (*b*) (*blame*) faute *f*; **he's at f.,** c'est sa faute, il est fautif; **whose f. is it?** à qui la faute? **it wasn't my f.,** ce n'était pas de ma faute **2.** *vtr* trouver des défauts (chez qn, à qch). **'faultfinder** *n* critiqueur, -euse, chicaneur, -euse. **'faultfinding** *a* (*of pers*) critique, chicanier. **'faultiness** *n* défectuosité *f*. **'faultless** *a* sans défaut; irréprochable. **'faultlessly** *adv* parfaitement, d'une manière impeccable. **'faulty** *a* (**-ier, -iest**) défectueux; (*of reasoning*) erroné; (*of style*) incorrect.

fauna ['fɔːnə] *n* faune *f*.

favour, *NAm:* **-or** ['feivər] **1.** *n* (*a*) faveur *f*, approbation *f*; **in f.,** (i) (*of pers*) bien vu (ii) (*of fashion*) en vogue; **to be out of f.,** (i) être mal vu (ii) ne plus être en vogue; **to find f. with s.o.,** trouver grâce aux yeux de qn (*b*) service *m*; **to do s.o. a f.,** rendre service à qn; **as a f.,** à titre gracieux; **to ask a f. of s.o.,** solliciter une grâce, une faveur, de qn (*c*) partialité *f*, préférence *f*; **to show f. to s.o.,** favoriser qn (*d*) **in f. of,** au profit de, en faveur de; **to have everything in one's f.,** avoir tout pour soi; **it's in her f. to do,** elle a intérêt à faire; **to decide in s.o.'s f.,** donner gain de cause à qn; **to be in f. of sth,** être pour, partisan de, qch; préférer qch **2.** *vtr* favoriser; préférer; être partisan de (un projet); **I don't f. the idea,** l'idée ne me plaît pas; **circumstances that f. our interests,** circonstances favorables à nos intérêts; **he favoured me with a visit,** il a eu la gentillesse de me rendre visite. **'favourable,** *NAm:* **-orable** *a* favorable; (*of weather*) propice. **'favourably,** *NAm:* **-orably** *adv* favorablement. **'favoured,** *NAm:* **-ored** *a* favorisé; **most f. nation,** nation la plus favorisée; **the f. few,** les élus *m*. **'favourite,** *NAm:* **-orite** *a & n* favori, -ite; préféré, -ée. **'favouritism,** *NAm:* **-oritism** *n* favoritisme *m*.

fawn[1] [fɔːn] **1.** *n Z:* faon *m* **2.** *a & n* (*colour*) fauve (*m*).

fawn[2] *vi* **to f. on s.o.,** (i) (*of dog*) caresser qn (ii) (*of pers*) flatter, flagorner, qn. **'fawning** *a* servile.

Fax [fæks] **1.** *n Rtm:* télécopie *f*; **F. machine,** télécopieur *m* **2.** *vtr* télécopier, transmettre par télécopie.

FBI *abbr US: Federal Bureau of Investigation.*

fear ['fiər] **1.** *n* crainte *f*, peur *f*; respect *m* (des lois); **deadly f.,** effroi *m*; **to be, go, stand, in f. of,** redouter, craindre, avoir peur de; **to go in f. of one's life,** craindre pour sa vie; **have no f.,** ne craignez rien! **for f. that,** de peur que + ne + *sub*; **for f. of making a mistake,** de peur de faire une erreur; **there's no f. of his going,** il ne risque pas d'y aller; **there are fears (that) he might leave,** on craint qu'il ne parte; **to put the f. of God in(to) s.o.,** faire trembler qn; *F:* **no f.!** pas de danger! **2.** *vtr* craindre, avoir peur de (qn, qch); appréhender (un événement); **to f. that,** craindre, avoir peur, que + ne + *sub*; **to f. for s.o.,** s'inquiéter au sujet de qn; **to f. for one's life,** craindre pour sa vie; **I f. it is too late,** je crains qu'il ne soit trop tard; **I f. I'm late,** je crois bien être en retard. **'fearful** *a* (*a*) (bruit) affreux, effrayant; **a f. mess,** un désordre effrayant (*b*) (*of pers*) peureux, craintif. **'fearfully** *adv* (*a*) affreusement, terriblement (*b*) peureusement. **'fearless** *a* intrépide, courageux. **'fearlessly** *adv* intrépidement, sans peur. **'fearlessness** *n* intrépidité *f*. **'fearsome** *a* redoutable, effrayant.

feasible ['fiːzəbl] *a* faisable, possible, praticable; (*of story, explanation, etc*) plausible. **feasi'bility** *n* possibilité *f*; **(of doing,** de faire); plausibilité *f*.

feast [fiːst] **1.** *n* (*a*) *Rel:* fête *f* (*b*) (*meal*) festin *m*, banquet *m* **2.** *v* (*a*) *vi* banqueter; **to f. on,** se régaler de (*b*) *vtr* régaler, fêter (qn); **to f. one's eyes on sth,** repaître ses yeux de qch.

feat [fiːt] *n* exploit *m*, tour *m* de force; **f. of engineering,** miracle *m* d'ingénierie; **f. of skill,** tour d'adresse.

feather ['feðər] **1.** *n* plume *f*; *pl* plumage *m* (d'oiseau); **f. bed,** lit de plume(s); **f. duster,** plumeau *m*; **you could have knocked me down with a f.,** j'en suis resté baba; **birds of a f. flock together,** qui se ressemble s'assemble; **that's a f. in his cap,** il peut en être fier **2.** *vtr Fig:* **to f. one's nest,** faire sa pelote. **'featherbrained** *a* écervelé, étourdi. **'featherweight** *n Box:* poids *m* plume.

feature ['fiːtʃər] **1.** *n* (*a*) trait *m* (du visage) (*b*) caractéristique *f* (d'un objet, d'un lieu, d'une machine); **main features,** grands traits; **special f.,** particularité *f*; spécialité *f* (*c*) *Journ:* **f. (article),** article *m*; *Journ:* **to be a regular f.,** paraître régulièrement; *Cin:* **f. (film),** grand film de fond **2.** *v* (*a*) *vtr* représenter (**as,** comme); *Journ: Cin:* présenter; **a film featuring Charlie Chaplin,** un film avec Charlot en vedette (*b*) *vi* figurer (**in,** dans). **'featureless** *a* sans traits bien marqués.

feces ['fiːsiːz] *npl NAm: see* **faeces**.

February ['februəri] *n* février *m*; **in F.,** en février, au mois de février.

feckless ['fekləs] *a* propre à rien.

fed [fed] *see* **feed 2. fed 'up** *a F:* **to be f. up,** en avoir marre, plein le dos (**with,** de)

federate 1. *v* ['fedəreit] (*a*) *vtr* fédérer (*b*) *vi* se fédérer **2.** *a* ['fedərət] fédéré. **'federal** *a* fédéral. **fede'ration** *n* fédération *f*.

fee [fiː] *n (price)* prix *m*; *(sum)* somme *f*; **fee(s),** honoraires *mpl* (d'un avocat, etc); cachet *m* (d'un acteur, etc); droits *mpl* (d'inscription); **tuition, school, fees,** frais *mpl* de scolarité; **entrance f.,** droit *m* d'entrée; **f.-paying school,** école privée; **for a small f.,** contre une somme modique. **'fee-paying** *a* **f.-p. school** = collège privé.

feeble ['fiːbl] *a* faible; mou; *(of excuse)* pauvre; *(of joke)* médiocre. **feeble-'minded** *a* imbécile. **'feebleness** *n* faiblesse *f*. **'feebly** *adv* faiblement.

feed [fiːd] **1.** *n (a)* nourriture *f*; *(for animals)* pâture *f*; *(baby's breast feed)* tétée *f*; *(baby's bottle feed)* biberon *m*; **to give a horse his f.,** donner à manger à un cheval; *F:* **to have a good f.,** bien manger *(b) Tchn:* alimentation (d'une machine); **gravity f., pressure f.,** alimentation par gravité, sous pression **2.** *v* **(fed)** *(a) vtr* nourrir, donner à manger à; *(breast-feed)* allaiter (un bébé); *(bottle-feed)* donner le biberon à (un bébé); ravitailler (une armée); alimenter (une machine); **to f. s.o. on sth,** nourrir qn de qch *(b) vi* manger; *(of cattle)* paître, brouter; **to f. on sth,** se nourrir de qch. **feed 'back** *vtr Cmptr:* réintroduire (de l'information). **'feedback** *n* réaction(s) *f(pl)*. **feeder** *n (a)* mangeur, -euse *(b)* route *f* de raccordement. **'feeding** *n* alimentation *f*; **f. bottle,** biberon *m* (de bébé). **feed 'up** *vtr* engraisser.

feel [fiːl] **1.** *n (a)* toucher *m*; **to recognize sth by the f. of it,** reconnaître qch au toucher *(b)* sensation *f*; **to get the f. of sth,** s'habituer à qch; **he's got the f. of his car,** il a sa voiture bien en main **2.** *v* **(felt)** *(a) vtr* toucher, palper; tâter (le pouls) *(b) vtr & i* **to f. about in the dark,** tâtonner dans l'obscurité; **to f. (about) for sth,** chercher qch à tâtons; **to f. one's way** (i) avancer à tâtons (ii) *Fig:* explorer le terrain; **to f. (about) in one's pockets,** fouiller dans ses poches *(c) vtr* sentir; **to f. the floor trembling,** sentir trembler le plancher *(d) vtr & i* ressentir, éprouver; **to f. the cold,** être sensible au froid; être frileux; **to make one's authority felt,** affirmer son autorité; **to f. for,** (i) chercher (qch) (ii) éprouver de la pitié pour (qn); **I f. for him,** il a toute ma sympathie *(e) vtr* avoir l'impression **(that,** que); **I felt it in my bones that,** qch m'a dit que; **I felt it necessary to intervene,** j'ai jugé nécessaire d'intervenir *(f) vi* se sentir (fatigué, vieux, etc); **to f. cold,** avoir froid; **to f. ill,** se sentir malade; **my foot feels better,** mon pied va mieux; **he's not feeling himself,** il ne se sent pas très bien; **to f. all the better for it,** s'en trouver mieux; **to f. certain that,** être certain que; **I f. as if,** j'ai l'impression que; **what do you feel about . . .?** que pensez-vous de . . .? **I f. bad about it,** ça m'ennuie, ça me fait de la peine; **what does it f. like?** quelle impression ça (te) fait? **I felt like crying,** j'avais envie de pleurer; **I don't f. like it,** ça ne me dit rien; **I f. like a cup of tea,** j'ai envie d'une tasse de thé; **to f. up to doing,** être (assez) en forme pour faire *(g) vi (of thg)* **to f. hard,** être dur (au toucher); **it feels like cotton,** on dirait du coton; **this room feels damp (to me),** cette pièce (me) paraît humide. **'feeler** *n* antenne *f* (d'escargot, etc); *Fig:* **to put out feelers,** lancer un ballon d'essai. **'feeling** *n (a)* **(sense of) f.,** toucher *m*; **to have no f. in one's arm,** avoir le bras mort *(b) (physical)* sensation *f (c)* sentiment *m*; **public f.,** le sentiment populaire; **feelings are running very high,** les esprits sont très montés; **no hard feelings!** sans rancune! **I had a f. of danger,** j'avais le sentiment d'être en danger; **there is a general f. that,** l'impression *f* règne que; **a f. for,** de la sympathie pour (qn); une appréciation de (la musique); **have you no feelings!** vous n'avez donc pas de cœur! **with f.,** (parler) avec émotion; (chanter) avec âme; **bad f.,** animosité *f*.

feet [fiːt] *npl see* **foot 1.**

feign [fein] *vtr* feindre, simuler; affecter (la surprise). **feint 1.** *n Mil: Box: etc:* feinte *f* **2.** *vi* feinter.

feisty ['faisti] *a* **(ier, -iest)** *NAm: F:* plein d'entrain.

felicity [fə'lisiti] *n* félicité *f*, bonheur *m*. **fe'licitous** *a* heureux.

feline ['fiːlain] *a* félin.

fell[1] [fel] *vtr* abattre (un arbre).

fell[2] *see* **fall 2.**

fellow ['felou] *n (a)* compagnon *m*, compagne *f*; **f. being, creature, man,** semblable *m*; **f. sufferer,** compagnon de misère; **f. feeling,** sympathie *f*; **f. citizen,** concitoyen, -enne; **f. countryman, -woman,** compatriote *mf*; **f. passenger,** compagnon, compagne, de voyage *(b) (at university)* (professeur) chargé *m* de cours *(c)* membre *m*, associé, -ée (d'une société savante) *(d) F:* garçon *m*; type *m*; **a good f.,** un brave garçon, un bon type; **an old f.,** un vieux; **poor f.!** pauvre malheureux! **'fellowship** *n (a)* camaraderie *f (b) (group)* association *f (c) (membership)* qualité *f* de membre *(d) (grant)* bourse *f* universitaire.

felon ['felən] *n Jur:* criminel, -elle. **fe'lonious** [-'louniəs] *a* criminel. **'felony** *n* crime *m*.

felt[1] [felt] *n* feutre *m*; *n* **f.-tip(ped) (pen),** crayon *m* feutre *m*.

felt[2] *see* **feel 2.**

female ['fiːmeil] **1.** *a (of animal, etc)* femelle; *(of quality, name, voice, etc)* féminin; (enfant) du sexe féminin; **f. student,** étudiante *f*; **f. vote,** vote *m* des femmes **2.** *nf* femme; *(of animals, plants)* femelle. **'feminine** *a* féminin; *Gram:* **this word is f.,** ce mot est (du) féminin. **femi'ninity** *n* féminité *f*. **'feminism** *n* féminisme *m*. **'feminist** *a & n* féministe *(mf)*.

fen [fen] *n* marais *m*, marécage *m*.

fence [fens] **1.** *n (a)* clôture *f*, barrière *f*; *(of stakes)* palissade *f*; *Equit:* obstacle *m*; *Fig:* **to sit on the f.,** ménager la chèvre et le chou *(b) F:* receleur, -euse (d'objets volés) **2.** *v (a) vi Sp:* faire de l'escrime *(b) vtr* **to f. (in),** clôturer (un terrain). **'fencer** *n Sp:* escrimeur, -euse. **'fencing** *n (a) Sp:* escrime *f*; **f. master,** maître *m* d'armes, moniteur, -trice d'escrime; **f. match,** assaut *m* d'escrime *(b)* matériaux *mpl* pour clôture.

fend [fend] *vi* **to f. for oneself,** se débrouiller. **fender** *n Furn:* garde-feu *m inv*; *(on boat)* bourrelet *m*; *NAm: Aut:* (*Br* = **wing**) aile *f*. **fend 'off** *vtr* parer, éviter (un coup, etc); éviter (une crise).

fennel ['fenl] *n Hort:* fenouil *m*.

ferment 1. *n* ['fəːment] *(a)* ferment *m (b)* fermentation *f* (des liquides) *(c) Fig:* **the town is in a (state of) f.,** la ville est en effervescence **2.** *vtr & i* [fə'ment] fermenter. **fermen'tation** *n* fermentation.

fern [fəːn] *n Bot:* fougère *f*.

ferocious [fə'rouʃəs] *a* féroce. **fe'rociously** *adv* férocement. **ferocity** [-'rɔsiti] *n* férocité *f*.

ferret ['ferit] **1.** *n Z:* furet *m* **2.** *vi* (*a*) **to f. about, around,** fureter (*b*) chasser au furet. **ferret 'out** *vtr* dénicher. **'ferreting** *n* chasse *f* au furet.

Ferris wheel ['feriswiːl] *n* (*at funfair*) grande roue.

ferrous ['ferəs] *a Ch:* ferreux.

ferry ['feri] **1.** *n* (*a*) (*small, for river*) bac *m*; **(passenger, car) f.,** ferryboat *m*, car-ferry *m* **2.** *vtr* **to f. (across),** passer (qn) (en bac); transporter (en voiture). **'ferryman** *n* (*pl* **-men**) passeur *m*.

fertile ['fəːtail, *NAm:* 'fəːtl] *a* (*of land, imagination*) fertile; (*of pers, creature*) fécond; (*of egg*) fécondé. **fer'tility** [-'til-] *n* fertilité *f*; fécondité *f*. **fertili'zation** *n* fertilisation *f*; fécondation *f*. **'fertilize** *vtr* fertiliser (la terre); féconder (un œuf, un animal, etc). **'fertilizer** *n* engrais *m*.

fervour, *NAm:* **-or** ['fəːvər] *n* ferveur *f*; ardeur *f*. **'fervent** *a* fervent, ardent.

fester ['festər] *vi* (*of wound*) suppurer; (*of anger, etc*) couver. **'festering** *a* (*of wound*) ulcéreux, suppurant.

festive ['festiv] *n* (air) de fête; **the f. season,** la période des fêtes; **in a f. mood,** le cœur joyeux. **'festival** *n Mus: Cin:* festival *m*; *Rel:* fête *f*. **fes'tivities** *npl* réjouissances *fpl*, festivités *fpl*.

festoon [fes'tuːn] **1.** *n* feston *m*, guirlande *f* **2.** *vtr* orner (**with,** de).

fetch [fetʃ] *vtr* (*a*) **to (go and) f.,** aller chercher; **come and f. me,** venez me chercher; **to f. water from the river,** aller puiser de l'eau dans la rivière (*b*) apporter (qch); amener (qn); (*to dog*) **f. (it)!** va chercher! **to f. and carry for s.o.,** être aux ordres de qn (*c*) (*be sold for*) rapporter (**ten pounds, etc,** dix livres, etc); atteindre (un prix); **it fetched a high price,** cela s'est vendu cher. **fetch 'back** *vtr* ramener (qn); rapporter (qch). **fetch 'in** *vtr* rentrer. **'fetching** *a* charmant, séduisant. **fetch 'up** *vtr* monter (qch); faire monter (qn). **fetch 'out** *vtr* sortir.

fête [feit] **1.** *n* fête **2.** *vtr* fêter.

fetid ['fetid, 'fiː-] *a* fétide.

fetish ['fetiʃ] *n* fétiche *m*; *Fig:* **to make a f. of,** être obsédé par.

fetter ['fetər] **1.** *vtr* enchaîner (qn); (*hinder*) entraver **2.** *n usu pl* chaînes *fpl*, fers *mpl*; *Fig:* entraves *fpl*; **in fetters,** enchaîné.

fettle ['fetl] *n* **in fine f.,** en pleine forme.

fetus, fetal ['fiːtəs, 'fiːtl] *NAm: see* **foetus**.

feud ['fjuːd] **1.** *n* querelle *f*, dissension *f*; **(family, blood) f.,** vendetta *f* **2.** *vi* se quereller (**over,** au sujet de).

feudal ['fjuːdl] *a* féodal. **'feudalism** *n* système féodal; féodalité *f*.

fever ['fiːvər] *n* fièvre *f*; **to have a f.,** avoir de la fièvre; **f. of excitement,** excitation fébrile, fiévreuse; **to be at f. pitch,** être fiévreux. **'fevered** *a* fiévreux. **'feverish** *a* fiévreux; fébrile. **'feverishly** *adv* fiévreusement, fébrilement. **'feverishness** *n* état fiévreux, fébrile.

few [fjuː] **1.** *a* (*a*) peu de; **he has f. friends,** il a peu d'amis; **with f. exceptions,** à de rares exceptions près; **trains every f. minutes,** trains à quelques minutes d'intervalle; **every f. days,** tous les trois ou quatre jours; **a f. (books, etc),** quelques (livres, etc); **one of the f. books,** l'un des rares livres; **a f. more,** encore quelques-un(e)s; **he had a good f. enemies,** il avait beaucoup d'ennemis; **in a f. minutes,** dans quelques minutes (*b*) **to be f.,** être peu nombreux; **f. and far between,** rares (et espacés) **2.** *pron* (*a*) peu (de gens); **f. of them,** peu d'entre eux; **there are very f. of us,** nous sommes peu nombreux; **the happy f.,** une minorité de gens heureux; **f. came,** peu sont venus (*b*) quelques-uns, -unes; **I know a f. of them,** j'en connais quelques-uns; **a f. of us,** quelques-uns d'entre nous; **there were a good f., quite a f., of them,** il y en avait un bon nombre. **'fewer** *a & pron* moins (de) (**than,** que); **to be f.,** être moins nombreux (**than,** que); **20% f. visitors,** 20% de visiteurs en moins; **no f. than,** pas moins de; **the houses became f.,** les maisons devenaient plus rares. **'fewest** *a & pron* le moins (de).

fiancé(e) [fi'ɔnsei] *n* fiancé, -ée.

fiasco [fi'æskou] *n* fiasco *m*.

fib [fib] *F:* **1.** *n F:* blague *f*, bobard *m* **2.** *vi* **(fibbed)** raconter des blagues. **'fibber** *n F:* blagueur, -euse.

fibre, *NAm:* **fiber** ['faibər] *n* fibre *f*; *Fig:* caractère *m*. **'fibreboard**, *NAm:* **'fiber-** *n* panneau *m* de fibres (agglomérées). **'fibreglass**, *NAm:* **'fiber-** *n* (*also* **glass fibre**) fibre de verre. **'fibroid** *Med:* **1.** *a* fibroïde **2.** *n* fibrome *m*. **fibro'sitis** *n Med:* rhumatisme *m*. **'fibrous** *a* fibreux.

fickle ['fikl] *a* inconstant, volage.

fiction ['fikʃn] *n* (*a*) fiction *f*; **legal f.,** fiction légale; **these stories are pure f.,** ces histoires sont de pure invention (*b*) **(works of) f.,** romans *mpl*; **light f.,** romans de lecture facile. **'fictional, fic'titious** *a* fictif.

fiddle ['fidl] *F:* **I.** *n* (*a*) violon *m*; *Fig:* **to play second f.,** jouer un rôle secondaire (**to s.o.,** auprès de qn) (*b*) combine *f*, fraude *f*; **to be on the f.,** traficoter. **II.** *v* **1.** *vi* (*a*) jouer du violon (*b*) **to f. about, around,** trainailler, glandouiller; **to f. (about, around) with,** tripoter, (un stylo, sa montre, etc); bricoler (des voitures, etc); **don't f. with that drawer!** ne touche pas au tiroir! laisse le tiroir tranquille! **stop fiddling (about, around)!** tiens-toi tranquille! (*c*) faire de la fraude **2.** *vtr* falsifier (les comptes, etc). **'fiddler** *F: n* (*a*) joueur, -euse, de violon; violoniste *m* (*b*) combinard, -arde. **'fiddlesticks** *int F:* quelle blague! **'fiddling** *F:* **1.** *a* insignifiant **2.** *n* combines *fpl*. **'fiddly** *a* **(-ier, -iest)** *F:* (travail) délicat, minutieux.

fidelity [fi'deliti] *n* fidélité *f*, loyauté *f*; *Rec:* **high f.,** haute fidélité.

fidget ['fidʒit] **1.** *n F:* **he's a f.,** il ne tient pas en place; **what a f. you are!** tiens-toi donc tranquille! **2.** *vi* **to f. (about),** gigoter, se trémousser; **don't f.!** tiens-toi tranquille! **'fidgets** *npl F:* **to have the f.,** ne pas tenir en place. **'fidgety** *a* (*a*) remuant, agité (*b*) nerveux, impatient.

field [fiːld] **1.** *n* (*a*) champ *m*; *Min:* gisement *m* (pétrolifère); **in the fields,** aux champs; **f. glasses,** jumelles *fpl*; **f. sports,** la chasse et la pêche; *Sp:* **f. events,** épreuves *fpl* d'athlétisme; *Mil:* **f. (of battle),** champ de bataille; **in the f.,** en campagne; **f. hospital,** antenne chirurgicale; **f. gun,** canon *m* de campagne; **f. marshal**, maréchal *m*; **f. day**, (i) *Mil:* jour *m* de grandes manœuvres (ii) *Sch:* réunion sportive; **to have a f. day**, s'en donner à cœur joie (*b*) *Fb: etc:* terrain *m*; *Av:* **landing f.**, terrain d'atterrissage (*c*) (*sphere*) domaine *m*, sphère *f*; **in the political f.**, sur le plan politique; **f. study**, étude *f* sur le terrain; **f. of vision**, champ visuel (*d*) *Turf:* **the f.**, le champ, les partants *m* **2.** *v* (*a*) *vi Games:* tenir le champ (*b*) *vtr* arrêter (une balle); réunir (une équipe); présenter (des candidats). **'fielder** *n Games:* chasseur *m*. **'fieldmouse** *n Z:* mulot *m*. **'fieldwork** *n* travaux *mpl* sur le terrain.

fiend [fi:nd] *n* (*a*) démon *m*, diable *m* (*b*) *F:* **(sex) f.**, satyre *m* (*c*) *F:* **fresh air f.**, maniaque *mf* du plein air; **jazz, etc, f.**, passionné, -ée, de jazz, etc. **'fiendish** *a* diabolique. **'fiendishly** *adv* diaboliquement.

fierce ['fiəs] *a* féroce; (*of battle*) acharné; (*of wind, attack*) furieux; (frein) brutal; (feu) ardent. **'fiercely** *adv* férocement; violemment; avec acharnement. **'fierceness** *n* férocité *f*; fureur *f*; ardeur *f* (du feu); acharnement *m* (de la bataille).

fiery ['faiəri] *a* (*of sun, eyes*) ardent; (*of pers, speech*) fougueux.

fiesta [fi'estə] *n* fiesta *f*.

fife [faif] *n Mus:* fifre *m*.

fifteen [fif'ti:n] *num a & n* quinze (*m*); **she's f.**, elle a quinze ans; *Rugby Fb:* **the French f.**, le quinze de France. **fif'teenth** *num a & n* quinzième (*mf*); **Louis the F.**, Louis Quinze; **(on) the f. (of August)**, le quinze (août).

fifth [fifθ] *num a & n* cinquième (*mf*); **a f.**, un cinquième; **Henry the F.**, Henri Cinq.

fifty ['fifti] *num a & n* cinquante (*m*); **to go f.-f. with s.o.**, se mettre de moitié avec qn; **about f.**, une cinquantaine (de livres, etc); **in the fifties**, dans les années cinquante. **'fiftieth** *num a & n* cinquantième (*mf*).

fig [fig] *n* figue *f*; **green figs**, figues fraîches; **f. tree**, figuier *m*. **'figleaf** *n* feuille *f* (i) de figuier (ii) *Art:* de vigne.

fight [fait] **1.** *n* bagarre *f*, rixe *f*; *Mil: Box:* combat *m*; (*struggle*) lutte *f* (**against**, contre); (*quarrel*) dispute *f*; (*spirit*) combativité *f*; **f. to the death**, combat à mort; **to show f.**, résister; **to put up a (good) f.**, bien se défendre; **there was no f. left in him**, il n'avait plus de cœur à se battre **2.** *v* (**fought**) (*a*) *vi* se battre (**against**, contre); *Mil:* se battre, combattre; (*struggle*) lutter; (*quarrel*) se disputer; **dogs fighting over a bone**, chiens qui se disputent un os (*b*) *vtr* se battre avec (qn); lutter contre, combattre (qn, le mal, etc); **to f. a battle**, livrer bataille; **to f. off**, repousser (un assaillant, une attaque); lutter contre (une maladie); **to f. it out**, se bagarrer; **to f. one's way (out)**, se frayer un passage (pour sortir); *Jur:* **to f. a case**, se défendre dans un procès. **fight 'back 1.** *vtr* refouler (ses larmes) **2.** *vi* se défendre. **'fighter** *n* (*a*) combattant, -ante; *Box:* boxeur *m*; *Fig:* battant *m*, lutteur, -euse (*b*) *Av:* chasseur *m*; avion *m* de chasse; **f.-bomber**, chasseur-bombardier *m*. **'fighting 1.** *n Mil:* combat(s) *m(pl)*; *Sp:* boxe *f*; (*in crowd*) rixes *fpl*, bagarres *fpl*; **I've still got a f. chance**, il me reste une chance (si je résiste jusqu'au bout); *Mil:* **f. strength**, effectif *m* de combat **2.** *a* (*of pers*) combatif; (*of troops*) de combat.

figment ['figmənt] *n* **a f. of one's imagination**, une création de son esprit.

figure ['figər, *NAm:* 'figjər] **I.** *n* (*a*) (*shape*) forme *f*; (*outlined shape*) silhouette *f*; (*of woman*) ligne *f*; *Art:* figure *f*; **a fine f. of a man**, un bel homme; **a f. of fun**, un grotesque; **to keep one's f.**, garder sa ligne; **she has a nice f.**, elle est bien faite (*b*) personnage *m*, personnalité *f*; figure; (*in play*) **the central f.**, le pivot de l'action; **father f.**, personne *f* qui joue le rôle du père; **to cut a fine f.**, faire belle figure (*c*) (*diagram*) *& Lit:* figure; **f. of speech**, (i) figure de rhétorique (ii) *Fig:* façon *f* de parler; **f. of eight**, *NAm:* **f. eight**, huit *m*; **f. skating**, patinage *m* artistique (*d*) chiffre *m*; (*price*) prix; **in round figures**, en chiffres ronds; **double figures**, dix ou plus; **a mistake in the figures**, une erreur de calcul; **to be good at figures**, être bon en calcul; **to fetch a high f.**, se vendre cher; **the figures for 1975**, les statistiques *f* pour 1975. **II.** *v* **1.** *vtr* (*imagine*) (s')imaginer; (*guess*) penser (**that**, que) **2.** *vi* (*a*) (*make sense*) s'expliquer; *NAm:* **to f. on doing**, compter faire (*b*) (*appear*) figurer, (**on**, sur). **'figurative** *a* figuré; (art) figuratif. **'figuratively** *adv* au figuré. **'figurehead** *n* (*a*) *Nau:* figure *f* de proue (*b*) *Fig:* (*pers*) potiche *f*. **figure 'out** *vtr* (*a*) calculer (une somme); résoudre (un problème) (*b*) arriver à comprendre.

filament ['filəmənt] *n* filament *m*.

filbert ['filbət] *n* noisette *f*.

filch [filtʃ] *vtr* voler, chiper (**sth from s.o.**, qch à qn).

file[1] [fail] **1.** *n* lime *f* **2.** *vtr* **to f. (down)**, limer. **'filing** *n* limage *m*. **'filings** *npl* limaille *f*.

file[2] **1.** *n* (*folder, information*) dossier *m*; (*loose-leaf*) classeur *m*; (*for card index, computer data*) fichier *m*; *esp NAm:* **f. clerk**, documentaliste *mf*; *Publ:* **f. copy**, exemplaire d'archives **2.** *vtr* déposer (une réclamation, sa candidature); **to f. (away)**, classer; *Jur:* **to f. a petition**, enregistrer une requête. **'filing** *n* classement *m*; **f. clerk**, documentaliste; **f. cabinet**, classeur.

file[3] **1.** *n* file *f*; **in single f.**, en file, à la queue leu leu **2.** *vi* **to f. past s.o.**, défiler devant qn; **to f. in, out**, entrer, sortir, à la queue leu leu.

filial ['filiəl] *a* filial.

filigree ['filigri:] *n* filigrane *m*; **f. work**, travail en filigrane.

fill [fil] **I.** *n* (*a*) **to eat one's f.**, manger à sa faim; *Pej:* **to have had one's f. of**, en avoir assez de (*b*) (*quantity*) plein *m*; **a f. of tobacco**, une pipe. **II.** *v* **1.** *vtr* (*a*) remplir (**with**, de); bourrer (sa pipe); charger (un wagon); **to be filled with admiration**, être rempli d'admiration (*b*) combler (une brèche); plomber (une dent); gonfler (les voiles) (*c*) pourvoir à (une vacance); **post to be filled**, emploi à pourvoir (*d*) occuper (un poste); **the thoughts that filled his mind**, les pensées qui occupaient son esprit (*e*) (*fulfil*) répondre à (un besoin) **2.** *vi* (*a*) se remplir; **the hall was beginning to f.**, la salle se garnissait peu à peu (*b*) (*of sail*) se gonfler. **'filler** *n* (*for cracks in wood*) mastic *m*. **fill 'in** *vtr* combler, remplir (un trou); condamner (une porte); remblayer (un fossé); remplir (un formulaire); insérer (la date); *F:* **to f. s.o. in on sth**, mettre qn au courant de qch. **'filling 1.** *a* (*of meal*) substantiel, nourrissant **2.** *n* (*a*) remplissage *m*; chargement *m* (d'un wagon); comblement *m* (d'un trou); *Dent:* plombage *m*; *Aut:* **f. station,** poste *m* d'essence, station-service *f* (*b*) *Cu:* garniture *f* (d'un sandwich); **cake with chocolate f.,** gâteau fourré au chocolat. **fill 'out** *v* **1.** *vtr* remplir (un formulaire) **2.** *vi* se gonfler; (*of pers*) grossir, se remplumer. **fill 'up 1.** *vtr* remplir (un verre); combler (une mesure, un trou); remplir (un formulaire) **2.** *vi* se remplir; *Aut:* faire le plein (**with petrol,** d'essence).

fillet ['filit, *NAm:* fi'lei] **1.** *n* filet *m* (de bœuf, de poisson); **f. steak,** tournedos *m* **2.** *vtr Cu:* découper (un poisson) en filets; désosser (de la viande); **filleted sole,** filets *npl* de sole.

fillip ['filip] *n* coup *m* de fouet; stimulant *m*.

filly ['fili] *n* (*pl* **fillies**) pouliche *f*.

film [film] **1.** *n* (*layer*) couche *f*, pellicule *f*, voile *m* (de brume); *Phot:* pellicule; *Cin:* film *m*; **colour f.,** film en couleurs; **to make a f.,** tourner un film; **the film industry,** l'industrie cinématographique; le cinéma; **f. festival,** festival *m* du film; **f. library,** cinémathèque *f*; **f. club,** ciné-club *m*; **f. buff, fan,** cinéphile *mf*; **f. critic,** critique *m* de cinéma; **f. studio, technician,** studio *m*, technicien, -ienne, de cinéma; **f. script,** scénario *m*; **f. star,** vedette *f* (de cinéma); **f. test,** bande *f* d'essai **2.** *vtr Cin:* filmer; tourner (une scène). **'filmstrip** *n* film fixe. **'filmy** *a* (**-ier, -iest**) léger.

filter ['filtər] **1.** *n* (*a*) filtre *m*; **f. paper,** papier *m* filtre; (*of cigarette*) **f. tip,** (bout *m*) filtre; *Phot:* **colour f.,** filtre de couleur (*b*) (*traffic sign*) flèche *f*; *Aut:* **f. lane,** couloir *m* (pour tourner) **2.** *v* (*a*) *vtr* filtrer (l'eau); épurer (l'air) (*b*) *vi* (*of water*) filtrer (**through sth,** à travers qch); *Aut:* changer de file; **to f. to the right, to the left,** glisser à droite, à gauche; **to f. through,** filtrer. **'filter-tipped** *a* (*of cigarette*) (à bout) filtre.

filth [filθ] *n* saleté *f*; **to talk f.,** dire des obscénités *f*. **'filthy** *a* (**-ier, -iest**) (*a*) sale; (*of habit*) dégoûtant; **f. hovel,** taudis infect; **f. weather,** un temps infect, un sale temps; **in a f. temper,** d'une humeur massacrante; *F:* **f. dirty,** crasseux; **f. rich,** pourri de fric (*b*) (*of book, talk*) obscène.

fin [fin] *n* (*of fish*) nageoire *f*; (*of shark*) aileron *m*; *NAm:* (*Br* = **flipper**) (*of frogman*) palme *f*; *Av:* empennage *m*; *Aut:* ailette *f* (de radiateur).

final ['fainl] **1.** *a* (*a*) dernier; (*of cause*) final; **to put the f. touches to sth,** mettre la dernière main à qch; *Com:* **f. instalment,** dernier versement (*b*) (*of decision*) définitif; (jugement) sans appel; **am I to take that as f.?** c'est votre dernier mot? **2.** *n Sp:* finale *f*; *Sch:* **finals,** examens *mpl* de dernière année. **finale** [fi'nɑːli] *n Mus:* finale *m*; *Fig:* **grand f.,** apothéose *f*. **'finalist** *n* finaliste *mf*. **fi'nality** *n* irrévocabilité *f*. **'finalize** *vtr* mettre au point (un projet); fixer (définitivement) (une date). **'finally** *adv* (*lastly*) enfin, en dernier lieu; (*eventually*) finalement, enfin; (*once and for all*) définitivement.

finance ['fainæns] **1.** *n* finance *f*; **f. company,** société financière **2.** *vtr* financer, commanditer (une entreprise). **fi'nancial** *a* financier; **f. backer,** bailleur *m* de fonds; **f. statement,** bilan *m*; **f. year,** exercice *m*, année *f* budgétaire. **fi'nancier** *n* (grand) financier *m*. **fi'nancing** *n* financement *m*.

finch [fintʃ] *n Orn:* fringillidé *m*.

find [faind] **1.** *n* découverte *f* (de pétrole); trouvaille *f* **2.** *vtr* (**found**) (*a*) trouver; découvrir; rencontrer (le bonheur); **to f. some difficulty in doing sth,** éprouver, trouver, quelque difficulté à faire qch; **we must leave everything as we f. it,** il faut tout laisser tel quel; **to f. oneself,** se trouver; **I often f. myself smiling,** je me surprends souvent à sourire (*b*) (*by searching*) **to f. a (lost) key,** retrouver une clef; **the key has been found,** la clef est retrouvée; **to try to f. sth,** chercher qch; **to f. s.o. a job,** trouver un emploi à qn; **he's nowhere to be found,** il est introuvable; **to f. a leak,** localiser une fuite; **I can't f. (the) time,** je n'ai pas le temps (de faire qch) (*c*) constater (**that,** que); **I f. that,** je trouve que; **you'll f. that I'm right,** vous verrez que j'ai raison; **they will f. it easy,** cela leur sera facile; **to f. it impossible to do sth,** se trouver dans l'impossibilité de faire qch; **how do you f. this wine?** comment trouvez-vous ce vin? *Jur:* **to f. s.o. guilty,** prononcer qn coupable (*d*) fournir (l'argent), procurer (les capitaux) (pour une entreprise); obtenir (une sûreté); **£20 all found,** £20 livres logé et nourri. **'findings** *npl* conclusions *fpl*. **find 'out 1.** *vtr* découvrir (des faits, etc); démasquer (qn) **2.** *vi* se renseigner (**about,** sur); **to f. out how to do sth,** découvrir le moyen de faire qch; **to f. out about sth,** découvrir qch.

fine[1] [fain] **1.** *n* amende *f*; *Aut:* contravention *f* **2.** *vtr* **to f. s.o. (£10, etc),** infliger une amende (de dix livres, etc) à qn.

fine[2] **1.** *a* (*a*) fin; (*of metal*) pur; (*of feeling*) délicat; (*of distinction*) subtil; **to appeal to s.o.'s finer feelings,** faire appel aux sentiments élevés de qn (*b*) beau; bon; excellent; magnifique; **the f. arts,** les beaux-arts *m*; **of the finest quality,** de premier choix; **how's your wife?—f., thanks!** comment va votre femme?—(très) bien, merci! **that's f.!** voilà qui est parfait! *Iron:* **you're a f. one, you are!** tu en as de bonnes! **you're a f. one to talk,** ça te va bien de dire cela! **the weather's f.,** il fait beau; **one f. day,** un de ces beaux jours (*c*) effilé; (tranchant) affilé; **f. nib,** plume pointue; *Fig:* **not to put too f. a point on it,** pour parler carrément **2.** *int* bon! entendu! d'accord! **3.** *adv* (*a*) (couper, écrire) menu; *Fig:* **to cut it f.,** arriver de justesse (*b*) très bien. **'finely** *adv* (*a*) finement (*b*) délicatement, subtilement (*c*) finement (brodé, moulu); **f. chopped,** haché menu (*d*) magnifiquement (vêtu). **'fineness** *n* (*a*) titre *m*, aloi *m* (de l'or); pureté *f* (d'un vin) (*b*) excellence *f* (*c*) finesse *f* (d'un tissu); délicatesse *f* (des sentiments). **'finery** *n* parure *f*, belle toilette; **decked out in all her f.,** parée de ses plus beaux atours. **fi'nesse** *n* (*skill, tact*) doigté *m*; (*refinement*) finesse *f*. **'fine-tooth** *a* (peigne) fin; *Fig:* **to go through sth with a f.-t. comb,** passer qch au peigne fin.

finger ['fiŋgər] **1.** *n* (*a*) doigt *m* (de la main); **first f.,** index *m*; **middle f.,** majeur *m*; **ring f.,** annulaire *m*; **little f.,** auriculaire *m*, petit doigt; **f. mark,** trace *f* de doigt; **to put one's f. on sth,** mettre le doigt sur qch; *F:* **don't you dare lay a f. on him,** je vous défends de le toucher; **he wouldn't lift a f. to help you,** il ne remuerait pas le petit doigt pour vous aider; **you could count them on the fingers of one hand,** on pourrait les compter sur les doigts de la main; **he**

has a f. in every pie, il est mêlé à tout; **to keep one's fingers crossed** = toucher du bois; *P:* **pull your f. out!** grouille-toi! (*b*) *DomEc:* **f. bowl,** rince-doigts *m inv* **2.** *vtr* toucher, tâter, palper; *F:* tripoter. **'fingerboard** *n* touche *f* (de violon, etc). **'fingering** *n* (*a*) maniement *m* (*b*) *Mus:* doigté *m*. **'fingernail** *n* ongle *m*. **'fingerprint 1.** *n* empreinte digitale **2.** *vtr* prendre les empreintes digitales de (qn). **'fingerstall** *n* doigtier *m*. **'fingertip** *n* bout *m* du doigt; **with f. control,** d'un maniement (très) léger; **French to his fingertips,** français jusqu'au bout des ongles; **to have sth at one's fingertips,** savoir qch sur le bout du doigt.

finicky ['finiki] *a* méticuleux, vétilleux; difficile **(about,** sur).

finish ['finiʃ] **1.** *n* (*a*) fin *f*; *Sp:* arrivée *f* (d'une course); **to fight to the f.,** se battre jusqu'au bout; **to be in at the f.,** (i) assister à l'arrivée (ii) assister au dénouement (*b*) *Tchn:* finition *f* (d'une voiture, etc); **paint with a gloss, matt, f.,** peinture brillante, mate **2.** *v* (*a*) *vtr* finir, terminer, achever; **to f. doing,** finir de faire (*b*) *vi* (*of meeting, etc*) finir, se terminer; **to have finished with,** ne plus avoir besoin de (qch); en avoir fini avec (qn, une affaire); **wait till I've finished with him!** attendez que je lui aie réglé son compte! **to f. first,** terminer premier; (*in race*) arriver premier; **to f. up in,** se retrouver à; **to f. up doing,** finir par faire. **'finished** *a* (*a*) fini (*b*) (*of pers, performance*) soigné, parfait; (orateur) accompli. **'finishing 1.** *a* dernier; **f. touch,** touche finale **2.** *n* achèvement *m*; *Tchn:* finition; **f. school,** institution *f* pour jeunes filles; *Sp:* **f. line,** ligne *f* d'arrivée. **finish 'off** *vtr & i* finir, terminer; achever (qn, une bête blessée).

finite ['fainait] *a* fini.

Finland ['finlənd] *Prn Geog:* Finlande *f*. **Finn** *n* Finlandais, -aise; Finnois, -oise. **'Finnish 1.** *a* finlandais, finnois **2.** *n Ling:* finnois *m*.

fir [fəːr] *n* (*a*) **f. (tree),** sapin *m*; **f. plantation,** sapinière *f*; **f. cone,** pomme *f* de pin (*b*) (bois *m* de) sapin.

fire ['faiər] **1.** *n* (*a*) feu *m*; **to light a f.,** faire du feu; **electric, gas, f.,** radiateur *m* électrique, à gaz; **log f.,** feu de bois; **a roaring f.,** une belle flambée; **f. irons,** garniture de foyer; **f. screen,** (i) devant de cheminée (ii) écran ignifuge (*b*) (*accidental*) incendie *m*; **bush f.,** feu de brousse; **f. broke out,** un incendie s'est déclaré; **to catch f.,** prendre feu; **to set f. to sth,** mettre (le) feu à qch; **on f.,** en feu; **the house is on f.,** la maison brûle; **(there's a) f.!** au feu! *F:* **to get on like a house on f.,** (*with pers*) s'entendre à merveille; **f. fighting,** lutte *f* contre l'incendie; **f. alarm,** avertisseur *m* d'incendie; **f. brigade,** *NAm:* **department,** pompiers *mpl*; **f. engine,** (i) (*vehicle*) camion *m* de pompiers (ii) (*machine*) pompe *f* à incendie; **f. station,** caserne *f* de pompiers; **f. escape,** escalier *m* de secours; **f. extinguisher,** extincteur *m* d'incendie; **f. insurance,** assurance-incendie *f*; **f. drill,** exercice *m* de sauvetage (en cas d'incendie); **f. door,** porte ignifugée, anti-incendie (*c*) lumière *f*, éclat *m*; feux (d'un diamant) (*d*) enthousiasme *m* (*e*) *Mil:* feu; tir *m*; coups *mpl* de feu; **to open f.,** ouvrir le feu; **f.!** feu! **to cease f.,** cesser le feu; **to come, be, under f.,** essuyer le feu (de l'ennemi); **we are under f.,** on tire sur nous **2.** *vtr & i* (*a*) **to f. the imagination,** enflammer l'imagination; **to be fired with enthusiasm,** brûler d'enthousiasme (*b*) cuire (de la poterie) (*c*) **oil-fired (central) heating,** chauffage (central) à mazout (*d*) tirer (un canon); lancer (une fusée); **to f. a gun,** tirer un coup de fusil; **to f. at, on,** tirer sur; **to f. at s.o. with a revolver, to f. a revolver at s.o.,** tirer un coup de revolver sur qn; **to f. questions at s.o.,** bombarder qn de questions; **without firing a shot,** sans tirer un coup; **the revolver failed to f.,** le revolver a fait long feu; **the engine is firing badly,** le moteur tourne mal; **f. away!** vas-y, parle! (*e*) *F:* renvoyer (un employé). **'firearm** *n* arme *f* à feu. **'fireball** *n Meteor:* (*a*) bolide *m* (*b*) boule *f* de feu. **'firebrand** *n* (*a*) tison *m*, brandon *m* (*b*) (*pers*) brandon de discorde. **'firebreak** *n* coupe-feu *m inv*. **'firebug** *n* pyromane *mf*. **'firecracker** *n NAm:* pétard *m*. **'firedog** *n* chenet *m*. **'fire-eater** *n* (*a*) avaleur *m* de feu (*b*) personne belliqueuse. **'firefly** *n* (*pl* **-flies)** *Ent:* luciole *f*. **'fireguard** *n* pare-étincelles *m inv*; garde-feu *m inv*. **'firelight** *n* lueur *f* du feu. **'firelighter** *n* allume-feu *m inv*. **'fireman** *n* (*pl* **-men)** (*a*) (sapeur-)pompier *m* (*b*) *Rail:* chauffeur *m*. **'fireplace** *n* cheminée *f*, foyer *m*. **'fireproof 1.** *a* incombustible, ignifuge; **f. door,** porte ignifugée, anti-incendie; **f. dish,** plat allant au four, plat en Pyrex (*Rtm*) **2.** *vtr* ignifuger. **'fire-raiser** *n* pyromane *mf*. **'fireside** *n* foyer; coin *m* du feu; **f. chair,** fauteuil. **'firetrap** *n* **this building's a real f.,** ce bâtiment est une véritable souricière (en cas d'incendie). **'firewater** *n F:* gnôle *f*. **'firewood** *n* bois *m* de chauffage; bois à brûler. **'firework** *n* feu *m* d'artifice; **a f. display, fireworks,** un feu d'artifice. **'firing** *n* (*a*) *Cer:* cuisson *f* (*b*) chauffage *m*, chauffe *f* (d'un four) (*c*) *Aut:* allumage *m* (des cylindres) (*d*) (*of gun*) tir; feu; **f. squad,** peloton *m* d'exécution; **f. line,** ligne *f* de tir; **to be in,** *NAm:* **on, the f. line,** (i) être exposé au feu (de l'ennemi) (ii) *Fig:* être en butte aux attaques.

firm¹ [fəːm] *n* maison *f* (de commerce); firme *f*; entreprise *f*; **a big f.,** une grosse entreprise; **f. of solicitors** = étude *f* de notaire.

firm² 1. *a* (*a*) ferme; (*of step*) assuré; **as f. as a rock,** inébranlable (*b*) (*of friendship*) constant; (*of character, intention*) résolu; (*of belief*) ferme; (*of faith*) solide; **to be f.,** être ferme **(with,** avec) **2.** *adv* **to stand f.,** tenir bon, tenir ferme. **'firmly** *adv* (*a*) fermement; **I f. believe that,** j'ai la ferme conviction que (*b*) (parler) d'une voix ferme. **'firmness** *n* fermeté *f*; (*of faith*) solidité *f*.

first [fəːst] **1.** *a* premier; **the f. of April,** le premier avril; **one hundred and f.,** cent unième; **at f. sight,** à première vue; **in the f. place,** d'abord; en premier lieu; **at the f. opportunity,** dès que possible; **I'll do it f. thing in the morning,** je le ferai dès demain matin, sans faute; **at f. light,** au point du jour; **head f.,** (tomber) la tête la première; **on the f. floor,** (i) au premier étage (ii) *NAm:* au rez-de-chaussée; **Charles the F.,** Charles Premier; **f. cousin,** cousin, -ine, germain(e); **f. name,** prénom *m*; **f. aid,** premiers soins, secours; **f.-aid kit,** trousse *f* de (premiers) secours; **f.-aid post,** poste de *m* secours; *Publ:* **f. edition,** première édition; (*rare*) édition originale; *Th:* **f. night, performance,** première *f*; *Sch:* **f. year,**

form = (classe de) sixième *f*; *Post:* **f. day cover,** enveloppe *f* premier jour; *Aut:* **f. gear,** première vitesse; **to put f. things f.,** mettre en avant les choses essentielles **2.** *n* (*a*) premier, -ière; *Sch:* (*degree*) = licence *f* avec mention très bien; **we were the f. to arrive,** nous sommes arrivés les premiers; **to be the f. to do sth,** être le premier à faire qch; **to come in an easy f.,** arriver bon premier; **f. come, f. served,** les premiers vont devant (*b*) commencement *m*; **from f. to last,** depuis le début jusqu'à la fin; **from the f.,** dès le début (*c*) *Aut:* première *f*; **in f.,** en première **3.** *adv* (*a*) premièrement; d'abord; **f. and foremost,** surtout et avant tout; **f. of all,** tout d'abord; **at f.,** d'abord; **f. and last,** en tout et pour tout; **to say f. one thing and then another,** dire tantôt blanc, tantôt noir (*b*) **when I f. saw him,** quand je l'ai vu pour la première fois (*c*) plutôt; **I'd die f.,** plutôt mourir (*d*) **to come f.,** (i) (*in race*) arriver premier (ii) (*in exam*) être le premier; **he arrived f.,** il est arrivé le premier; **you go f.!** passez devant! **ladies f.!** les dames d'abord! **'firstborn** *a & n* (enfant) premier-né, premièrenée. **first-'class 1.** *a* (*of ticket, etc*) de première (classe); (marchandises) de première qualité; (hôtel) de premier ordre; (courrier) ordinaire **2.** *adv* (voyager) en première; *Post:* (envoyer une lettre) par courrier ordinaire. **first'hand** *a & adv* de première main; **to have (had) f. experience of,** avoir fait l'expérience personnelle de. **'firstly** *adv* premièrement; en premier lieu. **first-'rate** *a* excellent; de première classe; *F:* **that's f.-r.!** ça c'est parfait!

fiscal ['fiskəl] *a* fiscal; **f. year,** exercice *m*, année *f* budgétaire.

fish [fiʃ] **1.** *n* (*pl* **fishes,** *coll* **fish**) poisson *m*; **f. bone,** arête *f*; **f. bowl,** bocal *m*, **f. farm,** centre *m* de pisciculture; **f. tank,** vivier *m*; **f. market,** marché *m* aux poissons; **f. shop,** poissonnerie *f*; **fried f.,** poisson frit; **f. and chips,** poisson frit, servi avec des frites; **f. and chip shop,** friterie *f*; **f. fingers,** *NAm:* **sticks,** bâtonnets *mpl* de poisson; **f. knife,** couteau *m* à poisson; *Fig:* **I've other f. to fry,** j'ai d'autres chats à fouetter; *F:* **he's a queer f.,** c'est un drôle de type; *F:* **he's like a f. out of water,** il n'est pas dans son élément; *F:* **to drink like a f.,** boire comme un trou **2.** *vtr & i* pêcher; **to go fishing,** aller à la pêche; **to f. for trout,** pêcher la truite; **to f. for compliments,** chercher des compliments; **to f. up, out, a corpse,** (re)pêcher un cadavre; **he fished a pencil out of his pocket,** il a sorti un crayon de sa poche. **'fishbone** *n* arête *f* (de poisson). **'fishcake** *n Cu:* croquette *f* de poisson. **'fisherman** *n* (*pl* **-men**) pêcheur *m*. **'fishery** *n* (*pl* **-ies**) (*a*) (*place*) pêcherie *f* (*b*) (*fishing*) pêche. **'fish-hook** *n* hameçon *m*. **'fishing** *n* pêche; **f. boat,** bateau *m* de pêche; **f. line,** ligne (de pêche); **f. net,** filet *m* de pêche; (*of angler*) épuisette *f*; **f. rod,** canne *f* à pêche; **f. tackle,** articles *mpl* de pêche. **'fishmonger** *n* poissonnier, -ière; **fishmonger's** poissonnerie. **'fishpond** *n* vivier; étang *m* (à poissons). **'fishy** *a* (**-ier, -iest**) (odeur) de poisson; *F:* louche.

fission ['fiʃn] *n Ph:* fission *f*.

fissure ['fiʃər] *n* fissure *f*, fente *f*; crevasse *f*.

fist [fist] *n* poing *m*; **to clench one's fists,** serrer les poings. **'fistful** *n* poignée *f*. **'fisticuffs** *npl* coups *mpl* de poing.

fit¹ [fit] *n* accès *m*, crise *f*; **f. of coughing,** quinte *f* de toux; **fainting f.,** évanouissement *m*; **to have,** *F:* **throw, a f.,** piquer une crise; **he'll have a f. when he knows,** il en aura une congestion quand il le saura; **f. of crying,** crise de larmes; **to be in fits (of laughter),** avoir le fou rire; **to work in fits and starts,** travailler par à-coups. **'fitful** *a* irrégulier; (sommeil) agité. **'fitfully** *adv* irrégulièrement; **to sleep f.,** avoir le sommeil agité.

fit² **I.** *a* (**fitter; fittest**) (*a*) bon, propre (**for sth,** à qch); (*fitting*) convenable; **f. to eat,** bon à manger; mangeable; **f. to drink,** buvable, potable; **I've nothing f. to wear,** je n'ai rien à me mettre; **I'm not f. to be seen,** je ne suis pas présentable; **to think, see, f. to do sth,** juger à propos de faire qch; **do as you think, see, f.,** faites comme bon vous semble (*b*) (*able*) capable (**for,** de, **to do,** de faire); (*worthy*) digne (**for,** de); **f. for duty,** bon pour le service; *Mil:* valide; **he's not f. for anything,** il n'est propre à rien; **that's all he's f. for,** il n'est bon qu'à cela; *F:* **I was f. to drop,** j'étais prêt à tomber (*c*) en bonne santé; **as f. as a fiddle, fighting f.,** en parfaite santé; **to keep f.,** rester, se maintenir, en forme. **II.** *n* (*of suit, etc*) **a good f.,** à la bonne taille; **a close, tight, f.,** ajusté; **my dress is a tight f.,** ma robe est un peu serrée, un peu juste; **her dress is a perfect f.,** sa robe lui va parfaitement. **III.** *v* **1.** *vtr* (*a*) (*of clothes*) aller (bien) à (qn); être à la taille de (qn); **these shoes don't f. me very well,** ces souliers ne me vont pas très bien (*b*) (*match*) répondre à; (*equal*) égaler; **to f. sth on s.o.,** ajuster qch à qn; **to f. sth (on) to sth,** poser qch sur qch; adapter qch à qch; fixer qch à qch; **to be fitted for a new dress,** faire l'essayage *m* d'une nouvelle robe; **to make the punishment f. the crime,** proportionner les peines aux délits (*c*) poser (une fenêtre); (*of key*) **to f. (in) the lock,** aller dans la serrure; **to f. parts together,** monter, assembler, des pièces **2.** *vi* (*a*) **to f. (together),** s'ajuster, s'adapter; **your dress fits well,** votre robe vous va (bien) (*b*) (*go in*) aller, entrer; (*of plans, facts*) s'accorder, cadrer (**with,** avec). **fit 'in 1.** *vtr* poser (une fenêtre); faire entrer (un objet); prendre (un patient, un client) **2.** *vi* (*go in*) aller, entrer; **to f. in with sth,** être en harmonie avec qch; **your plans don't f. in with mine,** vos projets ne s'accordent pas, ne cadrent pas, avec les miens; **he doesn't f. in,** il ne peut pas s'intégrer. **'fitment** *n* meuble encastré; *Tchn:* accessoire *m*. **'fitness** *n* (*a*) (*of pers*) aptitude *f*; **f. to drive,** aptitude pour conduire (*b*) **(physical) f.,** santé *f* (*c*) à-propos *m* (d'une remarque). **fit 'out** *vtr* équiper (un maison, un navire, etc) (**with,** de); **to f. s.o. out,** équiper qn (de vêtements). **'fitted** *a* (*of cupboard*) encastré; (*of garment*) ajusté; **f. sheet,** drap *m* housse; **f. carpet,** moquette *f*; **f. (kitchen) units,** éléments *mpl* de cuisine. **'fitter** *n* monteur, -euse; installateur *m* (d'appareils électriques, à gaz); poseur *m* (de tapis); *Dressm:* essayeur, -euse. **'fitting 1.** *a* convenable, approprié **2.** *n* (*a*) ajustement *m*; **f. of sth on sth,** montage *m* de qch sur qch (*b*) essayage *m* (de vêtements); **f. room,** salon *m* d'essayage; (*booth*) cabine *f* d'essayage (*c*) *Com:* **made in three fittings,** fabriqué en trois tailles, (*of shoes*) en trois largeurs (*d*) **f. out,** équipement *m*; **f. up,** aménagement *m* (d'un magasin) (*e*) *pl* (*in house, etc*) installations *fpl*; accessoires *mpl;* **brass fittings,**

garnitures *fpl* en cuivre. **'fittingly** *adv* à propos. **fit 'up** *vtr* équiper (une maison, etc) (**with,** de).

five [faiv] *num a & n* cinq (*m*). **'fivefold 1.** *a* quintuple **2.** *adv* au quintuple. **'fivepenny** *a* **f. piece,** pièce *f* de cinq pence. **'fiver** *n F:* billet *m* de cinq livres.

fix [fiks] **1.** *n* (*a*) *Av: Nau:* position *f* (*b*) embarras *m,* difficulté *f;* **to be in a f.,** être dans le pétrin; *P:* piqûre *f* (*d*) truquage *m* (d'une élection); **it's a f.!** c'est truqué! **2.** *vtr* (*a*) fixer; caler; attacher; mettre en place (un couvercle, etc); mettre (ses espoirs, etc) (**on,** en); **to f. sth in one's memory,** se graver qch dans la mémoire; **to f. one's eyes on s.o.,** fixer qn du regard; **to f. one's attention on sth,** fixer son attention sur qch (*b*) fixer, établir (une limite); nommer (un jour); **there's nothing fixed yet,** il n'y a encore rien de décidé; *F:* **how are you fixed for money?** as-tu assez d'argent? **how are you fixed for tomorrow?** qu'est-ce tu fais pour demain? (*c*) arranger (qch avec qn); **I've fixed it with him,** je me suis arrangé avec lui (*d*) réparer (qch); *F:* **I'll f. him!** je lui règlerai son compte! (*e*) *esp NAm:* préparer, faire (un repas); *F:* **just wait while I f. my hair,** attends que je me coiffe (*f*) *F:* acheter (qn); truquer (une élection, un match). **fix'ation** *n Psy:* fixation *f.* **'fixative** *n* fixatif *m.* **fixed** *a* (*a*) fixe; (sourire) figé; (résolution) inébranlable (*b*) *F:* (match) truqué. **fixedly** ['fiksədli] *adv* fixement. **'fixer** *n F:* combinard, -arde. **'fixing** *n* (*a*) fixation (*b*) *NAm: Cu:* **fixings,** garniture *f.* **fix 'on** *vtr* mettre en place (un couvercle, etc). **'fixture** *n* (*a*) meuble *m* fixe, installations *fpl;* **£1000 for fixtures and fittings,** £1000 de reprise (*b*) *Sp:* match (prévu); rencontre (prévue); **f. list,** calendrier *m* (de la saison). **fix 'up** *vtr* arranger; **it's all fixed up,** c'est une affaire réglée; **to f. s.o. up with sth,** procurer qch à qn; **I can f. you up for the night,** je peux vous héberger pour la nuit.

fizz ['fiz] *vi* (*of wine*) pétiller; (*of gas*) siffler. **'fizzy** *a* (**-ier, -iest**) pétillant; (*of wine*) mousseux.

fizzle ['fizl] *vi* siffler; (*of liquid*) pétiller; **to f. out,** (i) (*of firework*) rater, faire long feu (ii) *Fig:* (*of plan*) tomber à l'eau; (*of custom*) disparaître.

flabbergasted ['flæbəgɑːstid] *a F:* sidéré.

flabby ['flæbi] *a* (**-ier, -iest**) flasque; mou; (*of cheeks*) pendant. **'flabbiness** *n* flaccidité *f;* mollesse *f* (de qn).

flag¹ [flæg] *n* dalle *f.*

flag² **1.** *n* drapeau *m; Nau:* pavillon *m;* (*for charity*) insigne *m;* **f. of convenience,** pavillon de complaisance; **f. officer,** officier général; **f. day,** jour de quête pour une œuvre de bienfaisance; *NAm:* **f. stop,** arrêt facultatif; *Fig:* **to keep the f. flying,** ne pas se laisser abattre **2.** *vtr* (**flagged**) pavoiser (un édifice); **to f. down a car,** faire signe à une voiture (de s'arrêter). **'flagpole, -staff** *n* mât *m.* **'flagship** *n* (navire *m*) amiral *m.*

flag³ *vi* (**flagged**) (*of plant*) dépérir; (*of pers*) décliner, *F:* décoller; (*of conversation*) languir; (*of attention*) faiblir; (*of zeal*) se relâcher.

flagon ['flægən] *n* grosse bouteille, bonbonne *f.*

flagrant ['fleigrənt] *a* (*of offence*) flagrant; (cas) notoire. **'flagrantly** *adv* d'une manière flagrante.

flagstone ['flægstoun] *n* dalle *f.*

flair ['flɛər] *n* flair *m;* aptitude *f;* **to have a f. for,** avoir un don pour.

flake [fleik] **1.** *n* flocon *m* (de neige); paillette *f* (de métal, de savon); **soap flakes,** savon *m* en paillettes **2.** *vi* **to f. (off),** s'écailler. **flake 'out** *vi F:* (*a*) s'évanouir (*b*) s'endormir; **flaked out,** crevé. **'flaky** *a* **f. pastry,** pâte feuilletée.

flamboyant [flæm'bɔiənt] *a* (*of pers, manner*) extravagant.

flame [fleim] **1.** *n* flamme *f;* (*colour*) rouge *m* feu; **in flames,** en feu; **to burst into flame(s), go up in flames,** s'enflammer; *F:* **an old f.,** un ancien amour **2.** *vi* flamber. **'flameproof, 'flame-resistant** *a* ignifuge; ininflammable. **'flamethrower** *n* lance-flammes *m inv.* **'flaming** *a* (*a*) (feu) flambant; (maison) en flammes; (soleil) flamboyant; **in a f. temper,** d'une humeur massacrante; *F:* **a f. row,** une querelle de tous les diables (*b*) *F:* fichu; **you f. idiot!** espèce imbécile!

flamingo [flə'miŋgou] *n* (*pl* **flamingoes**) *Orn:* flamant *m* (rose).

flammable ['flæməbl] *a* inflammable.

flan [flæn] *n Cu:* tarte *f.*

Flanders ['flɑːndəz] *Prn Geog:* Flandre *f.*

flange [flændʒ] *n* bride *f;* collerette *f,* collet *m;* **cooling f.,** ailette *f* de refroidissement. **flanged** *a Aut:* (radiateur) à ailettes.

flank [flæŋk] **1.** *n* flanc *m; Cu:* flanchet *m* **2.** *vtr* flanquer (**with,** de).

flannel ['flænl] *n Tex:* flannelle *f;* **f. trousers,** *npl* **flannels,** pantalon *m* de flanelle; **(face) f.,** gant *m* de toilette, carré-éponge *m.* **flanne'lette** *n Tex:* pilou *m,* finette *f.*

flap [flæp] **1.** *n* (*a*) battement *m,* coup *m* (d'aile); *F:* affolement *m; F:* **to get in(to) a f.,** s'agiter, s'affoler (*b*) rabat *m* (de poche, d'une enveloppe); abattant *m* (de table); battant *m* (de porte); trappe *f* (de cave); *Av:* volet *m* **2.** *v* (**flapped**) (*a*) *vtr* agiter (les bras); (*of bird*) **to f. its wings,** battre des ailes (*b*) *vi* (*of wings, sail, shutter*) battre; *F:* (*of pers*) s'affoler. **'flapping** *n* battement *m.*

flare ['flɛər] **1.** *n* (*a*) éclat *m* (*b*) *Mil:* fusée éclairante; *Av:* balise *f;* **f. path,** piste éclairée (*c*) évasement *m* (d'une jupe) **2.** *vi* (*a*) flamber; briller (*b*) (*of skirt*) s'évaser. **flared** *a* (*of skirt*) évasé; (*of trousers*) à pattes d'éléphant. **flare 'up** *vi* s'enflammer; (*of pers*) s'emporter; *Fig:* (*of region*) s'embraser; (*of war, anger*) éclater; **he flares up at the least thing,** il monte comme une soupe au lait. **'flare-up** *n* (*a*) flambé *f;* embrasement *m* (d'une région); déclenchement *m* (d'une guerre); éruption *f* (de colère) (*b*) altercation *f.*

flash [flæʃ] **1.** *n* (*a*) éclat *m* (de flamme); lueur *f* (d'une arme à feu); éclair *m* (de colère, de génie); **a f. of lightning,** un éclair; **in a f.,** en un clin d'œil; *Fig:* **a f. in the pan,** un feu de paille; **f. flood,** crue subite; *AtomPh:* **f. burn,** brûlure *f* par irradiation (*b*) *Phot:* flash *m;* **f. gun,** flash; **f. bulb,** ampoule *f* (de) flash (*c*) **news f.,** flash **2.** *v* (*a*) *vi* jeter des éclairs; lancer des étincelles; briller; (*of diamonds*) étinceler; (*on and off*) clignoter; **to f. past,** passer comme un éclair; **it flashed across my mind that,** l'idée m'est venue tout d'un coup que (*b*) *vtr* projeter, diriger (un rayon de lumière); jeter (un regard); **to f. (around),** étaler (son argent, etc); *Aut:* **to f. one's headlights,** faire un appel de phares. **'flashback** *n*

Cin: retour *m* en arrière. **'flasher** *n* (*a*) (*light*) clignotant *m* (*b*) *F:* (*pers*) exhibitionniste *m.* **'flashily** *adv* **f. dressed,** à toilette tape-à-l'œil. **'flashing** *a* éclatant; (yeux) étincelants; (feu, signal) clignotant. **'flashlight** *n* lampe *f* électrique, de poche; *Phot:* flash. **'flashpoint** *n Ch:* point *m* d'inflammabilité; *Fig:* situation explosive. **'flashy** *a* **(-ier, -iest)** voyant, tape-à-l'œil.

flask [flɑːsk] *n Ch:* flacon *m*; fiole *f*; **(vacuum) f.,** thermos (*Rtm*) *m or f inv.*

flat [flæt] **1.** *a* **(flatter; flattest)** (*a*) plat; (pneu, accumulateur) à plat; (nez) aplati; **to put sth (down) f.,** mettre qch à plat; **as f. as a pancake,** plat comme une galette; *Turf:* **f. racing,** le plat (*b*) (refus) net, catégorique; **that's f.!** un point c'est tout! (*c*) monotone, ennuyeux; (voix) terne; (son) sourd (*d*) (*of drink*) éventé; **to go f.,** s'éventer (*e*) (taux, tarif) fixe (*f*) *Mus:* **in D f.,** en ré bémol; **you're f.,** vous chantez faux **2.** *adv* (*a*) à plat; **to fall f. (on one's face),** tomber à plat ventre; **stretched out f. on the ground,** étendu à plat sur le sol; *Fig:* **to fall f.,** tomber à plat; **to work f. out,** travailler d'arrache-pied; **to go f. out,** filer à toute vitesse; *F:* **to be f. broke,** être complètement fauché; **in two minutes f.,** en deux minutes pile (*b*) carrément; **he told me f. that,** il m'a dit carrément que (*c*) *Mus:* (chanter) faux **3.** *n* (*a*) plat *m*; **with the f. of the hand,** du plat de la main (*b*) *Aut:* crevaison *f* (*c*) appartement *m*; **service f.,** appartement avec service; **block of flats,** immeuble *m* (*d*) *Mus:* bémol *m.* **flat-'bottomed** *a* à fond plat. **flat-'chested** *a* qui a la poitrine plate. **'flatfish** *n* poisson plat. **flat-'footed** *a* **to be f.-f.,** avoir les pieds plats. **'flatiron** *n* fer *m* à repasser. **'flatlet** *n* petit appartement; studio *m.* **'flatly** *adv* (refuser, etc) catégoriquement. **'flatness** *n* égalité *f* (d'une surface); manque *m* de relief; monotonie *f* (de l'existence); (*of beer*) évent *m.* **'flatten** *vtr & i* (*a*) (s')aplatir; (s')aplanir; coucher (le blé); raser (une ville); **to f. (out),** aplatir (le métal, etc); **to f. oneself against a wall,** se plaquer contre un mur (*b*) *F:* écraser (qn) (*c*) *Mus:* bémoliser (une note). **flatten 'out** *vi Av:* se redresser (après un vol piqué).

flatter ['flætər] *vtr* flatter (qn); (*of clothes*) avantager (qn). **'flatterer** *n* flatteur, -euse. **'flattering** *a* flatteur; (*of clothes*) avantageux. **'flatteringly** *adv* flatteusement. **'flattery** *n* flatterie *f.*

flatulence ['flætjuləns] *n* **to have f.,** avoir des gaz.

flaunt [flɔːnt] *vtr* faire étalage de; *NAm:* narguer, défier.

flautist ['flɔːtist] (*NAm:* = **flutist**) *n Mus:* flûtiste *mf.*

flavour, *NAm:* **-or** ['fleivər] **1.** *n* goût *m*; saveur *f*; (*of ice cream, etc*) parfum *m* **2.** *vtr* assaisonner, parfumer; relever (une sauce); **vanilla flavoured,** (parfumé) à la vanille. **'flavouring,** *NAm:* **-oring** *n* assaisonnement *m*; parfum. **'flavourless,** *NAm:* **-orless** *a* sans saveur; insipide.

flaw [flɔː] **1.** *n* défaut *m*; défectuosité *f*, imperfection *f*; point *m* faible (d'un projet); (*in glass*) fêlure *f* **2.** *vtr* endommager, défigurer. **flawed** *a* imparfait. **'flawless** *a* sans défaut; parfait; (technique) impeccable. **'flawlessly** *adv* parfaitement.

flax [flæks] *n Bot:* lin *m.* **'flaxen** *a* de lin; (*of hair*) blond (filasse); **f.-haired,** aux cheveux très blonds.

flay [flei] *vtr* écorcher (un animal); *Fig:* éreinter (qn).

flea [fliː] *n Ent:* puce *f*; *F:* **to send s.o. off with a f. in his ear,** envoyer promener qn; **f. market,** marché *m* aux puces. **'fleabag** *n F:* sac *m* à puces. **'fleabite** *n* morsure *f* de puce; *Fig:* vétille *f*, bagatelle *f.* **'fleapit** *n F:* cinéma miteux.

fleck [flek] **1.** *n* petite tache; moucheture *f* (de couleur); particule *f* (de poussière) **2.** *vtr* tacheter, moucheter (**with,** de); **hair flecked with grey,** cheveux grisonnants.

fled [fled] *see* **flee.**

fledged [fledʒd] *a see* **fully-fledged.**

fledgling ['fledʒliŋ] *n Orn:* oisillon *m*; (*novice*) blanc-bec *m.*

flee [fliː] **(fled** [fled]**) 1.** *vi* fuir, s'enfuir, se sauver; se réfugier. **2.** *vtr* s'enfuir de; fuir (le danger). **'fleeing** *a* en fuite.

fleece [fliːs] **1.** *n* toison *f* **2.** *vtr F:* voler (qn). **'fleece-lined** *a* doublé de molleton. **'fleecy** *a* (*of wool, clouds*) floconneux; (*of cloud*) moutonné; (*of material*) laineux.

fleet [fliːt] *n* (*a*) flotte *f*; **the F.** = la Marine nationale; **the F. Air Arm** = l'Aéronavale *f*; **a fishing f.,** une flottille de pêche (*b*) **a f. of cars,** un parc automobile.

fleeting ['fliːtiŋ] *a* bref, (bonheur) éphémère; **f. visit,** courte visite.

Fleming ['flemiŋ] *n Geog:* Flamand, -ande. **'Flemish 1.** *a* flamand **2.** (*a*) *n Ling:* flamand *m* (*b*) *npl* **the F.,** les Flamands *mpl.*

flesh [fleʃ] *n* chair *f*; **to make s.o.'s f. creep,** donner la chair de poule à qn; **f. wound,** blessure superficielle; **f. colour,** couleur (de) chair; **in the f.,** en chair et en os; **his (own) f. and blood,** la chair de sa chair; **it's more than f. and blood can bear,** c'est plus que la nature humaine ne saurait endurer. **'fleshy** *a* charnu.

flew [fluː] *see* **fly².**

flex [fleks] **1.** *vtr* fléchir (les genoux); faire jouer, bander (ses muscles) **2.** *n Tp:* cordon *m*; *El:* fil *m* (souple). **flexi'bility** *n* flexibilité *f*, souplesse *f.* **'flexible** *a* flexible; souple. **'flexitime** *n* horaire *m* souple.

flick [flik] **1.** *n* petit coup; (*with finger*) chiquenaude *f*; **f. of the wrist,** tour *m* de main; **at the f. of a switch,** juste en appuyant sur un bouton **2.** *vtr* donner un petit coup à; (*with finger*) donner une chiquenaude à (qch); **to f. sth off with a duster,** faire envoler, enlever, qch d'un coup de torchon; **to f. through a book,** feuilleter un livre. **'flick-knife** *n* (*pl* **-knives**) couteau *m* à cran d'arrêt. **flicks** *npl F:* cinéma *m*; cinoche *m.*

flicker ['flikər] **1.** *n* vacillement *m*; (*of eyelid*) battement *m*; **f. of light,** lueur *f* **2.** *vi* vaciller; (*of eyelids*) cligner; (*of light*) clignoter; (*of needle*) osciller. **'flickering 1.** *a* vacillant, clignotant **2.** *n* vacillement, clignotement *m.*

flier ['flaiər] *n* (*a*) aviateur, -trice (*b*) *NAm:* prospectus *m*, *Pol:* tract *m.*

flies [flaiz] *npl* (*a*) braguette *f* (de pantalon) (*b*) *Th:* **the f.,** les cintres.

flight¹ [flait] *n* (*a*) vol *m*; trajectoire *f* (d'un projectile); (*distance*) volée *f*; **f. of fancy,** élan *m* de l'imagination; **time of f.,** durée du trajet (d'un projectile); *Av:* **it's an hour's f. from London,** c'est à une heure de vol de Londres; **f. 217 to Brussels,** vol 217 à destination de Bruxelles; **f. path,** trajectoire de vol; **f. deck,** cabine *f* de pilotage; **f. plan,** plan *m* de vol; **f. recorder,** enregistreur *m* de vol (*b*) (*group*) vol, volée (d'oiseaux); escadrille *f* (d'avions); *MilAv:* **f. lieutenant,** capitaine aviateur: *Fig:* **in the top f.,** parmi les tout premiers (*c*) étage *m*; **f. of stairs,** escalier *m*.

flight² *n* fuite *f*; **to take f.,** prendre la fuite; **to put to f.,** mettre en fuite.

flighty ['flaiti] *a* **(-ier, -iest)** inconstant, volage. **'flightiness** *n* inconstance *f*.

flimsy ['flimzi] **1.** *a* **(-ier, -iest)** (tissu) (trop) léger, (trop) mince; (*of excuse*) mince, frivole **2.** *n* papier *m* pelure. **'flimsily** *adv* **f. built,** (d'une construction) peu solide. **'flimsiness** *n* fragilité *f*; construction *f* peu solide.

flinch [flintʃ] *vi* reculer; tressaillir (de douleur); **to f. from,** se dérober à (son devoir, etc); **without flinching,** sans broncher.

fling [fliŋ] **1.** *n* jet *m*, coup *m*; *Fig:* **to have a f. at sth,** essayer (de faire) qch; **to have one's f., a f.,** s'en donner à cœur joie, faire la fête **2.** *vtr* **(flung** [flʌŋ]) jeter; lancer; **to f. one's arms round s.o.'s neck,** se jeter au cou de qn; **to f. money about,** gaspiller son argent; **to f. sth away,** jeter qch de côté; se défaire de qch; **to f. open the door,** ouvrir la porte brutalement; **to f. s.o. out,** flanquer qn à la porte; **to f. out one's arm,** étendre le bras d'un grand geste.

flint [flint] *n* silex *m*; (*for cigarette lighter*) pierre *f*; *Prehist:* **f. implements,** outils *mpl* en silex taillés.

flip [flip] **1.** *n* chiquenaude *f*; **the f. side,** la face deux (d'un disque) **2.** *a NAm: F:* effronté **3.** *vtr & i* **(flipped)** donner une chiquenaude à; **to f. sth over,** retourner qch; **to f. through,** feuilleter (un livre); *F:* **to f. (one's lid),** sortir de ses gonds. **'flip-flops** *npl* tongs *fpl*. **'flipper** *n* (*of animal*) nageoire *f*; (*of swimmer*) palme *f*. **'flipping** *F:* **1.** *a* sacré **2.** *adv* sacrément, bougrement.

flippant ['flipənt] *a* irrévérencieux; désinvolte. **'flippancy** *n* irrévérence *f*, désinvolture *f*. **'flippantly** *adv* d'une manière désinvolte.

flirt [flə:t] **1.** *n* flirteur, -euse **2.** *vi* flirter. **flir'tation** *n* flirt *m*. **flir'tatious** *a* flirteur.

flit [flit] **1.** *vi* **(flitted)** voltiger; **to f. about,** aller et venir sans bruit; **to f. in and out,** entrer et sortir rapidement **2.** *n F:* **to do a moonlight f.,** déménager à la cloche de bois.

float [flout] **1.** *n* (*a*) *Tchn:* flotteur *m*; (*cork*) bouchon *m* (*b*) (*vehicle*) char *m* (de carnaval); **milk f.,** voiture *f* de laitier **2.** *v* (*a*) *vi* flotter; surnager; (*in air*) planer; (*of swimmer*) faire la planche (*b*) *vtr* flotter (des bois); faire flotter (un navire, la monnaie); *Com:* lancer (une compagnie); *Fin:* émettre (un emprunt). **'floating** *a* flottant; (*of population*) instable; **f. voter,** voteur indécis. **float 'off 1.** *vtr* renflouer (une épave) **2.** *vi* (*of ship*) se déséchouer.

flock [flɔk] **1.** *n* troupeau *m* (de moutons, etc); volée *f* (d'oiseaux); foule *f* (de touristes); *Ecc:* ouailles *fpl* (d'un pasteur) **2.** *vi* venir en foule; **to f. together,** s'attrouper, s'assembler; **everyone is flocking to see the exhibition,** tout le monde se précipite pour voir l'exposition; **to f. round s.o.,** s'attrouper autour de qn.

floe [flou] *n* **(ice) f.,** banquise *f*.

flog [flɔg] *vtr* **(flogged)** (*a*) flageller; **to f. oneself (to death),** s'éreinter (à faire qch); *Fig:* **to f. a dead horse,** se dépenser en pure perte (*b*) *F:* vendre, bazarder (qch). **'flogging** *n* flagellation *f*; châtiment *m* du fouet.

flood [flʌd] **1.** *n* (*a*) **f. (tide),** flux *m* (de la marée); marée montante (*b*) inondation *f*; déluge *m*; crue *f* (d'une rivière); flot m, déluge, torrent *m* (de larmes, de lettres, etc) **2.** *v* (*a*) *vtr* inonder **(with,** de); faire déborder (une rivière); *Aut:* noyer (le carburateur); **to f. (out),** inonder (une maison) (*b*) *vi* (*of street*) être inondé; (*of river*) déborder; être en crue; (*of people, money*) **to f. in,** affluer; (*of tourists, etc*) **to f. into,** envahir (un musée, etc). **'floodgate** *n* vanne *f*. **'flooding** *n* inondation *f*; (*of river*) débordement *m*; *PN:* **road liable to f.,** route inondable. **'floodlight 1.** *n* projecteur *m* **2.** *vtr* **(floodlit)** illuminer; *Sp:* **floodlit match,** (match *m* en) nocturne *m*. **'floodlighting** *n* illumination *f* (par des projecteurs).

floor [flɔ:r] **1.** *n* (*a*) sol *m*; plancher *m*; parquet *m*; **(dance) f.,** piste *f* (de danse); **on the f.,** par terre; **f. polish,** encaustique *m*; (*in meeting*) **to have the f.,** prendre la parole; *F:* **to wipe the f. with s.o.,** battre qn à plate(s) couture(s) (*b*) (*storey*) étage *m*; **ground f.,** rez-de-chaussée *m*; **first f.,** (i) premier étage (ii) *NAm:* rez-de-chaussée **2.** *vtr* (*a*) parqueter (une pièce) (*b*) terrasser (un adversaire); *F:* stupéfier (qn). **'floorboard** *n* planche *f*. **'floorcloth** *n* serpillière *f*. **'floorshow** *n* spectacle *m* de cabaret. **'floorwalker** *n* chef *m* de rayon.

flop [flɔp] **1.** *n* (*a*) bruit sourd; floc *m* (*b*) *F:* échec *m*, fiasco *m*; *Th: Cin:* four *m* **2.** *vi* **(flopped)** (*a*) **to f. down,** s'effondrer; **to f. about,** s'agiter mollement (*b*) *F:* échouer; (*of play, film*) faire un four. **'floppy** *a* **(-ier, -iest)** pendant, souple; (chapeau) mou; *Cmptr:* **f. disk,** disquette *f*.

flora ['flɔ:rə] *n* flore *f*. **'floral** *a* floral.

florid [flɔrid] *a* (*of style*) fleuri; (*of complexion*) rougeaud, fleuri.

florist ['flɔrist] *n* fleuriste *mf*.

floss [flɔs] *n* **(dental) f.,** fil *m* (de soie) dentaire; *Comest:* **candy f.,** barbe *f* à papa.

flotilla [flə'tilə] *n* flottille *f*.

flounce [flauns] **1.** *n Dressm:* volant *m* **2.** *vi* **to f. in, out,** entrer, sortir, brusquement.

flounder ['flaundər] **1.** *n Ich:* carrelet *m* **2.** *vi* (*in water, etc*) patauger, se débattre; (*in speech*) hésiter, patauger.

flour ['flauər] *n* farine *f*; **f. mill,** minoterie *f*; moulin à farine.

flourish ['flʌriʃ] *n* (*a*) grand geste; brandissement *m* (d'épée) (*b*) trait *m* de plume; (*after signature*) parafe *m*; fioriture *f* (de style) (*c*) *Mus:* fanfare *f* (de trompettes) **2.** *v* (*a*) *vi* (*of plant*) prospérer; (*of pers*) être florissant, prospérer; (*of arts*) fleurir (*b*) *vtr* brandir (un bâton). **'flourishing** *a* florissant; (commerce) prospère.

flout [flaut] *vtr* narguer, braver.

flow [flou] **1.** *n* (*a*) écoulement *m* (d'un liquide, de la circulation); courant *m* (d'une rivière); flux *m* (de la marée); (*of blood*) *& El:* circulation *f*; flot *m* (de paroles); **f. diagram, chart,** organigramme *m* (*b*) volume *m* (de liquide débité); débit *m* (d'un lac) **2.**

vi couler; (*of river*) se jeter (**into the sea,** dans la mer); (*of tide*) monter, remonter; (*of traffic*) s'écouler; (*of blood, electric current*) circuler; (*of people*) aller, venir, en masse; (*of hair, clothes*) flotter; (*of tears*) se répandre; jaillir; (*result*) dériver, découler (**from,** de). **flow 'back** *vi* refluer. **flow 'in** *vi* (*of money, people*) affluer. **'flowing** *a* (*of style*) coulant; (*of draperies, beard*) flottant; (*of movement*) gracieux.

flower ['flauər] **1.** *n* fleur *f*; **bunch of flowers,** bouquet *m* (de fleurs); **f. show,** floralies *fpl*; **f. bed,** plate-bande *f*, parterre *m*; **f. garden,** jardin *m* d'agrément; **f. shop,** (boutique *f* de) fleuriste *mf*; **in f.,** en fleur(s); **in full f.,** en plein épanouissement; **to burst into f.,** fleurir **2.** *vi* fleurir. **'flowered** *a* (tissu) à fleurs. **'flowering 1.** *a* (plante) à fleurs; (jardin) en fleurs **2.** *n* floraison *f*. **'flowerpot** *n* pot *m* à fleurs. **'flowery** *a* (*of style, etc*) fleuri; (*of material*) à fleurs.

flown [floun] *see* **fly²**.

flu [flu:] *n F:* grippe *f*.

fluctuate ['flʌktjueit] *vi* fluctuer; varier. **'fluctuating** *a* variable. **fluctu'ation(s)** *n*(*pl*) fluctuation(s) *f*(*pl*).

flue [flu:] *n* conduit *m* (de cheminée); **f. brush,** hérisson *m* (de ramoneur).

fluency ['flu:ənsi] *n* facilité *f* (de parole). **'fluent** *a* (*style*) aisé; **to be f., a f. speaker,** s'exprimer avec facilité; **he is f. in French, his French is f.,** il parle couramment le français. **'fluently** *adv* (parler) couramment; (s'exprimer) avec facilité.

fluff [flʌf] **1.** *n* duvet *m*; peluches *fpl*; (*under bed*) moutons *mpl* **2.** *vtr* (*a*) **to f. (out, up),** faire bouffer (les cheveux); hérisser (ses plumes) (*b*) *F:* rater. **'fluffy** *a* **(-ier, -iest)** (drap) pelucheux; (poussin) duveteux; (jouet) en peluche; **f. hair,** cheveux bouffants.

fluid ['flu:id] **1.** *a* fluide; (*of plans*) flexible, non arrêté **2.** *n* fluide *m*; liquide *m*. **flu'idity** *n* fluidité *f*.

fluke [flu:k] *n* coup *m* de chance; **by a f.,** par raccroc.

flummox ['flʌməks] *vtr F:* désorienter, dérouter.

flung [flʌŋ] *see* **fling 2.**

flunk [flʌŋk] *NAm: F:* **1.** *vi* (*in exam*) être collé **2.** *vtr* coller (un élève); être collé à (un examen); **to f. school,** laisser tomber les études.

flunk(e)y ['flʌŋki] *n Pej:* larbin *m*.

fluorescence [fluə'resns] *n* fluorescence *f*. **fluo'rescent** *a* fluorescent.

fluoride ['fluəraid] *n* (*in water, toothpaste*) fluor *m*.

flurry ['flʌri] **1.** *n* poussée *f* (d'activité); rafale *f* (de neige) **2.** *vtr* **to get flurried,** perdre la tête.

flush¹ [flʌʃ] **1.** *n* (*a*) (*in toilet*) chasse *f* (d'eau) (*b*) accès *m*, élan *m*; **in the first f. of victory,** dans l'ivresse *f* de la victoire (*c*) éclat *m* (de la beauté, de la jeunesse) (*d*) flux *m* (de sang); rougeur *f* (au visage); **hot f.,** bouffée *f* de chaleur **2.** *v* (*a*) *vtr* **to f. (out),** nettoyer à grande eau; **to f. the toilet,** tirer la chasse d'eau; **to f. s.o. out,** faire sortir qn (**from,** de) (*b*) *vi* rougir; **he, his face, flushed,** il a rougi; le sang lui est monté au visage. **flushed** *a* rouge; **f. with success,** ivre de succès.

flush² *a* (*a*) *F:* **f. (with money),** bourré de fric (*b*) de niveau (**with,** de); **to be f. with sth,** être à fleur, au ras, de qch.

fluster ['flʌstər] **1.** *n* agitation *f*, trouble *m*; **in a f.,** tout en émoi, bouleversé **2.** *vtr* énerver, troubler (qn); **to get flustered,** s'énerver.

flute [flu:t] *n* flûte *f*; **f. player,** joueur, -euse, de flûte. **'fluted** *a* à cannelures *fpl*; (*of column*) cannelé. **'flutist** *n NAm:* (*Br* = **flautist**) flûtiste *mf*.

flutter ['flʌtər] **1.** *n* (*a*) voltigement *m* (d'un oiseau); battement *m* (des ailes); palpitation *f* (du cœur) (*b*) agitation *f*, trouble *m*; **(all) in a f.,** tout en émoi (*c*) *F:* **to have a (little) f.,** parier (**on,** sur) **2.** (*a*) *vi* voltiger; battre des ailes; (*of flag*) flotter (au vent); (*of heart*) palpiter, battre (*b*) *vtr* **to f. its wings,** battre des ailes.

flux [flʌks] *n* **to be in a state of f.,** être sujet à des changements continuels.

fly¹ [flai] *n* (*pl* **flies**) (*a*) *Ent:* mouche *f*; *Fig:* **a f. in the ointment,** un cheveu sur la soupe; **there are no flies on him,** il n'est pas bête; **he wouldn't hurt a f.,** il ne ferait pas de mal à une mouche (*b*) *Fish:* mouche; **f. fishing,** pêche à la mouche. **'fly-blown** *a* plein d'œufs de mouche. **'flypaper** *n* papier *m* tue-mouches. **'flyspray** *n* (bombe *f* d')insecticide *m*. **'flytrap** *n Bot:* **(Venus) f.,** dionée *f*, attrape-mouche *m*. **'fly-weight** *n Box:* poids *m* mouche.

fly² **I.** *n* (*also* **flies**) braguette *f* (de pantalon). **II.** *v* (**flies; flew** [flu:]; **flown** [floun]) **1.** *vi* (*a*) (*of bird, aircraft*) voler; (*of passenger*) aller en avion; (*of flag*) flotter; (*of sparks*) jaillir; **the bird has flown,** l'oiseau s'est envolé; **to f. high,** (i) voler haut (ii) *Fig:* (*of pers*) avoir de l'ambition; **as the crow flies,** à vol d'oiseau; **to f. to Paris,** se rendre à Paris en avion; **to f. over London,** survoler Londres; **to f. out,** partir en avion; sortir (d'une pièce) à toute vitesse (*b*) courir, aller à toute vitesse; (*of time*) passer vite; **it's late, I must f.,** il se fait tard, il faut que je file; **to f. into a rage, off the handle,** s'emporter; **the door flew open,** la porte s'est ouverte en coup de vent; **to send s.o. flying,** envoyer rouler qn; **to f. at s.o.,** sauter sur qn (*c*) fuir, s'enfuir; **to f. to s.o. (for protection),** se réfugier auprès de qn **2.** *vtr* arborer (un drapeau); faire voler (un cerf-volant); piloter (un avion); transporter (qn, qch) (par avion); voyager par (une ligne aérienne); **to f. the French f.,** battre pavillon français; **to f. across, over,** survoler (la Manche, etc). **fly a'way** *vi* s'envoler. **'fly-away** *a* (*of hair*) fin. **'flyby** *n NAm: Av:* défilé aérien. **'fly-by-night** *a Fig:* véreux. **'flyer, 'flier** *n* aviateur, -trice. **fly 'in 1.** *vtr* amener en avion **2.** *vi* arriver en avion. **'flying 1.** *a* (*a*) volant; **f. boat,** hydravion *m*; *Mil:* **f. column,** colonne mobile; **f. time,** durée *f* du vol; **ten hours' f. time,** dix heures de vol; **f. visit,** visite éclair; **to get off to a f. start,** faire un très bon départ; **to take a f. leap over a wall,** franchir un mur d'un saut **2.** *n* vol *m*, aviation *f*; **to like f.,** aimer l'avion; **f. club,** aéro-club *m*. **'flyleaf** *n* (*pl* **-leaves**) (page *f* de) garde *f*. **fly 'off** *vi* s'envoler. **'flyover** *n Aut:* (*NAm:* = **overpass**) toboggan *m*. **'flypast** *n* défilé aérien. **'flysheet** *n* double toit *m* (de tente). **'flywheel** *n Mec:* volant *m*.

foal [foul] *n* poulain *m*.

foam [foum] **1.** *n* (*on sea, mouth*) écume *f*; (*on beer*) mousse *f*; **f. rubber,** caoutchouc *m* mousse; **f. (rubber) mattress,** matelas *m* mousse; **bath f., f. bath,** bain *m* de mousse **2.** *vi* (*of sea*) écumer; (*of beer, soap*) mousser; **to f. (at the mouth) (with rage),** écumer (de rage).

fob [fɔb] *vtr* **(fobbed) to f. s.o. off with sth, to f. sth off on s.o.,** refiler qch à qn.

fo'c'sle ['fouksl] *n* (*abbr* **forecastle**) *Nau:* gaillard *m*; (*in merchant vessel*) poste *m* d'équipage.

focus ['foukəs] **1.** *n* (*pl* **focuses, foci** ['fousai]) foyer *m*; (*of attention, interest*) centre *m*; **in f.,** au point **2.** *v* **(focus(s)ed)** (*a*) *vtr* faire converger (des rayons); *Phot:* mettre au point; concentrer (ses efforts, son attention) (**on,** sur); **all eyes were focused on him,** il était le point de mire de tous les yeux (*b*) *vi* (*of light*) converger (**on,** sur); **to f. on,** *Phot:* mettre au point sur un objet; se concentrer sur. **'focal** *a* focal; **f. point,** point central. **'focusing** *n* mise *f* au point (d'un appareil).

fodder ['fɔdər] *n* fourrage *m*.

foe [fou] *n* ennemi, -ie.

foetus *NAm:* **fetus** ['fiːtəs] *n* (*pl* **f(o)etuses**) *Biol:* fœtus *m*. **'foetal** *NAm:* **fetal** *a* fœtal.

fog [fɔg] **1.** *n* brouillard *m*; brume *f*; *F:* **I'm in a f.,** je ne sais plus où j'en suis; *Rail:* **f. signal,** pétard *m* **2.** *v* **(fogged)** (*a*) *vtr* brouiller (les idées); embrouiller (qn); *Phot:* voiler (un cliché) (*b*) *vi* **to f. (up),** (*of spectacles*) se couvrir de buée; *Phot:* (*of negative*) se voiler. **'fogbank** *n* banc *m* de brume. **'fogbound** *a* bloqué par le brouillard. **'foggy** *a* **(-ier, -iest)** brumeux, de brouillard; (esprit) confus; *Phot:* (cliché) voilé; **f. day,** jour de brouillard; **f. weather,** brouillard *m*; **it's f.,** il fait du brouillard; *F:* **I haven't the foggiest idea,** je n'en ai pas la moindre idée. **'foghorn** *n* corne *f* de brume; *Pej:* **voice like a f.,** voix tonitruante. **'foglamp, -light** *n Aut:* (phare *m*) anti-brouillard *m*.

fog(e)y ['fougi] *n* (*pl* **fogies**) *F:* **old f.,** vieille baderne.

foible ['fɔibl] *n* petit défaut.

foil[1] [fɔil] *n Metalw:* feuille *f* (d'or, d'argent); **kitchen, aluminium, cooking, f.,** papier *m* alu(minium); **to serve as a f. to (s.o., sth),** servir de repoussoir à (qn, qch).

foil[2] *n Fenc:* fleuret *m*.

foil[3] *vtr* déjouer (un complot).

foist [fɔist] *vtr* refiler (**sth on s.o.,** qch à qn); **to f. oneself on s.o.,** s'imposer à qn.

fold[1] [fould] *n* parc *m* à moutons; *Rel:* bercail *m*; *Fig:* **to return to the f.,** rentrer au bercail.

fold[2] **1.** *n* pli *m*, repli *m*; *Geol:* plissement *m* **2.** *v* (*a*) *vtr* plier; **to f. sth (up) in sth,** envelopper qch dans, de, qch; **to f. one's arms,** (se) croiser les bras (*b*) *vi* (*of shutters, screen*) se plier; *F:* (*of business*) s'écrouler; *Th:* (*of play*) être retiré; (*of chair, etc*) **to f. away, down, up,** se plier; (*of blanket, etc*) **to f. back, over,** se replier. **'foldaway** *a* (siège) pliant; (lit) escamotable. **fold 'back** *vtr* rabattre. **'folder** *n* chemise *f*, dossier *m*; (*leaflet*) dépliant *m*. **fold 'in** *vtr Cu:* incorporer (des blancs d'œufs). **'folding** *a* pliant. **-fold** [fould] *suffix* **tenfold 1.** *a* par dix **2.** *adv* dix fois.

foliage ['fouliidʒ] *n* feuillage *m*.

folio ['fouliou] *n* folio *m*, feuille *f* (de manuscrit); **(book in) f.,** (livre) in-folio *m*.

folk [fouk] *n* (*pl* **folk,** *occ* **folks**) gens *mfpl*; *F:* (*parents*) parents *mpl*; **country f.,** campagnards *mpl*; *F:* **hello folks!** salut la compagnie, tout le monde! **old folks like it,** les vieux l'apprécient; **f. dance,** danse folklorique; **f. music,** (musique *f*) folk *m*. **'folklore** *n* folklore *m*. **'folksy** *a F:* (*a*) sociable (*b*) folklorique.

follow ['fɔlou] *v* **1.** *vtr* (*a*) suivre; poursuivre (l'ennemi, une carrière); **followed by his dog,** suivi de son chien; *F:* **to f. one's nose,** aller tout droit devant soi; **night follows day,** la nuit succède au jour; **to f. s.o.'s advice,** suivre le conseil de qn (*b*) suivre, comprendre (une explication); **I don't quite f. you,** je ne vous comprends pas très bien **2.** *vi* (*a*) **to f. (after),** suivre; **as follows,** ainsi qu'il suit; **our method is as follows,** notre méthode est la suivante; **to f. in s.o.'s footsteps,** marcher sur les traces de qn; **to f. close behind s.o.,** emboîter le pas à qn (*b*) s'ensuivre, résulter (**from,** de); **it follows that,** il s'ensuit que; **it doesn't f.,** ce n'est pas logique (*c*) suivre, comprendre. **follow a'bout, a'round** *vtr* suivre partout. **'follower** *n* partisan *m*. **'following 1.** *a* suivant; **the f. day,** le jour suivant; le lendemain; **the f. resolution,** la résolution que voici **2.** *n* (*a*) (*in speech, document*) **the f.,** ce qui suit (*b*) partisans *mpl*; **to have a large f.,** avoir de nombreux partisans; **programme that has a wide f.,** programme très suivi **3.** *prep* (*a*) à la suite de (*b*) après. **follow 'on** *vi* suivre; **to f. on (from) sth,** résulter de qch. **follow 'through** *vtr* poursuivre (un projet) jusqu'au bout. **follow 'up** *vtr* suivre (une suggestion, un cas); exploiter (un avantage); donner suite à (une lettre); faire suivre (une remarque) (**with,** de). **'follow-up** *n* suite *f*; **f.-up letter,** lettre *f* de rappel.

folly ['fɔli] *n* (*pl* **follies**) folie *f*; sottise *f*.

foment [fou'ment] *vtr* fomenter. **fomen'tation** *n* fomentation *f*.

fond [fɔnd] *a* affectueux, tendre; indulgent; (*of memory*) doux; (*of wish, ambition*) naïf; **to be f. of s.o., sth,** aimer qn, qch; **they are f. of each other,** ils s'aiment; **to be f. of music,** être amateur *m* de musique; **f. of sweets,** friand de sucreries. **'fondly** *adv* tendrement, affectueusement. **'fondness** *n* affection *f*, tendresse *f* (**for s.o.,** pour, envers, qn); penchant *m*, prédilection *f*, goût *m* (**for sth,** pour qch).

fondle ['fɔndl] *vtr* caresser, câliner.

font [fɔnt] *n* fonts baptismaux.

food [fuːd] *n* nourriture *f*; aliment *m*; cuisine *f*; (*for animals*) pâtée *f*; (*for plants*) engrais *m*; (*foodstuffs*) aliments *pl*; **to be off one's f.,** ne pas avoir d'appétit; **hotel where the f. is good,** hôtel où la cuisine est bonne; **f. and drink,** le boire et le manger; **f. and clothing,** le vivre et le vêtement; (*in large store*) **f. hall,** rayon (d')alimentation; **a fast f. shop,** un fast-food; **the fast f. industry,** la restauration rapide; **f. value,** valeur nutritive; **f. poisoning,** intoxication *f* alimentaire; **f.(-processing) industry,** industrie alimentaire; **to give s.o. f. for thought,** donner à penser à qn. **'foodie** *n F:* (*pers*) fine gueule, bec fin. **'foodstuffs** *npl* denrées *fpl*, produits *mpl*, alimentaires.

fool [fuːl] **1.** *n* (*a*) imbécile *mf*; idiot, -ote; **to play, act, the f.,** faire l'imbécile; **to make a f. of oneself,** se couvrir de ridicule; **to make a f. of s.o.,** ridiculiser qn; duper qn; **silly f.!** espèce d'idiot! **to be f. enough to do,** être assez stupide pour faire; **he's no f., nobody's f.,** il n'est pas bête; **any f. knows that,** le premier imbécile venu sait cela; **some f. of a politician,** quelque imbécile d'homme politique; **to go on a fool's errand,** y aller pour des prunes; **he lives in a fool's paradise,** il se fait des illusions; **more f. you!** ça t'apprendra à faire l'idiot! (*b*) *Cu:* purée *f* de fruits à la crème **2.** *v* (*a*) *vi* **to f. about, around,** (i) faire l'imbécile (ii) perdre son temps; *NAm: F:* **to f. around,** faire l'amour (**with,** avec); **I was only fooling,** je plaisantais (*b*) *vtr* duper (qn). **'foolery** *n* sottise *f,* bêtise *f.* **'foolhardiness** *n* témérité *f.* **'foolhardy** *a* téméraire. **'foolish** *a* bête, idiot; **it's f. of him to,** c'est idiot de sa part de; **to do sth f.,** faire une bêtise; **to look f.,** avoir l'air penaud; **to feel f.,** se sentir idiot. **'foolishly** *adv* bêtement. **'foolishness** *n* bêtise *f,* sottise *f.* **'foolproof** *a* (mécanisme) indéréglable; (plan, etc) infaillible. **'foolscap** *n* papier *m* ministre.

foot [fut] **1.** *n* (*pl* **feet** [fi:t]) pied *m*; patte *f* (de chien, d'oiseau); bout *m* (d'une table); base *f* (d'une colonne); *Meas:* pied (=30,48cm); **to get to one's feet,** se lever; **to be on one's feet,** se tenir debout; **he leaped to his feet,** il se leva d'un bond; (*after illness*) **he's on his feet again,** il s'est remis; il est de nouveau sur pied; *Fig:* **he's beginning to find his feet,** il commence à s'adapter; **to put one's feet up,** se reposer; *F:* **to put one's f. down,** (i) faire acte d'autorité (ii) *Aut:* accélérer; appuyer sur le champignon; **to put one's best f. forward,** (i) avancer vite (ii) faire de son mieux; **not to put a f. wrong,** ne faire aucune erreur; *F:* **to put one's f. in it,** mettre les pieds dans le plat; faire une gaffe; **to get one's f. in the door,** s'implanter chez qn; *F:* **to have cold feet,** avoir la frousse; *F:* **he gets under your feet,** il se met dans vos jambes; **to trample sth under f.,** fouler qch aux pieds; **on f.,** à pied; *F:* **my f.!** mon œil! **at the f. of the stairs, the page, the table,** au bas de l'escalier, de la page; au bout de la table; **f. passenger,** voyageur à pied; **f. soldier,** soldat *m* de l'infanterie; fantassin *m*; *Aut:* **f. brake,** frein *m* au plancher; **f. pump,** pompe *f* à pied **2.** *vtr F:* (*a*) **to f. it,** aller à pied (*b*) **to f. the bill,** payer la note. **'footage** *n Cin:* métrage *m.* **'foot-and-'mouth (di'sease)** *n Vet:* fièvre aphteuse. **'football** *n* (*a*) ballon *m* (*b*) football *m*; **f. ground,** terrain *m* de football. **'footballer** *n* joueur, -euse, de football. **'footbath** *n* bain *m* de pieds. **'footbridge** *n* passerelle *f.* **'footfall** *n* (bruit *m* de) pas *m.* **'foothills** *npl* contreforts *mpl.* **'foothold** *n* prise *f* (de pied); *Fig:* position *f*; **to get a f.,** prendre pied. **'footing** *n* prise (de pied); *Fig:* position; **to lose one's f.,** perdre pied; **to miss one's f.,** poser le pied à faux; *Fig:* **to gain a f.,** prendre pied; **to be on an equal f.,** être sur un pied d'égalité; **to be on a friendly f. with s.o.,** être en bons termes avec qn; **on a war f.,** sur le pied de guerre. **'footlights** *npl Th:* rampe *f.* **'footloose** *a* (*of pers*) libre de toute attache. **'footman** *n* (*pl* **-men**) valet *m* de pied. **'footmark** *n* empreinte *f* (de pied). **'footnote** *n* note *f* en bas de page, au bas de la page; *Fig:* post-scriptum *m.* **'footpath** *n* sentier *m*; (*at roadside*) chemin (piétonnier). **'footplate** *n Rail:* plate-forme *f* (de locomotive). **'footprint** *n* empreinte (de pied). **'footstep** *n* pas *m*; **to follow in s.o.'s footsteps,** suivre les traces de qn. **'footstool** *n* tabouret *m.* **'footwear** *n* chaussures *fpl.* **'footwork** *n* jeu *m* des pieds, des jambes.

footle ['fu:tl] *vi F:* **to f. about,** perdre son temps (à des futilités). **'footling** *a F:* insignifiant.

for [fɔ:r] **I.** *prep* pour **1.** (*a*) (*representing*) **A for Alpha,** A comme Alpha; **member f. Liverpool,** député de Liverpool; **to act f. s.o.,** agir pour qn (*b*) **to have s.o. f. a teacher,** avoir qn comme professeur; **he wants her f. his wife,** il la veut pour femme (*c*) **to exchange one thing f. another,** échanger une chose contre une autre; **to sell sth f. £100,** vendre qch cent livres; *F:* **f. free,** gratis, pour rien; **what's the French f. cat?** comment dit-on *cat* en français? (*d*) (*in favour of*) **he's (all) f. free trade,** il est pour le libre-échange; il est partisan du libre-échange (*e*) (*purpose*) **what f.?** pourquoi (faire)? **what's it f.?** ça sert à quoi? **what's that thing f.?** à quoi sert ce truc-là? **clothes f. men,** vêtements pour hommes; **f. sale,** à vendre; **f. example,** par exemple; *F:* **he's (in) f. it!** qu'est-ce qu'il va prendre! (*f*) (*because of*) **f. love,** par amour; **to marry s.o. f. his money,** épouser qn pour son argent; **to choose s.o. f. his ability,** choisir qn en raison de sa compétence; **to jump f. joy,** sauter de joie (*g*) (*direction*) **ship (bound) f. America,** navire à destination de l'Amérique; **a train f.,** un train à destination de, en direction de; **the road f. London,** la route (en direction) de Londres; **change here f. York,** direction de, pour, York, changez de train; **I'm leaving f. France,** je pars pour la France; **to swim f.,** nager vers (*h*) **his feelings f. you,** ses sentiments envers vous (*i*) (*extent in space*) **the road is lined with trees f. 2km,** la route est bordée d'arbres sur 2km; **we didn't see a house f. miles,** nous avons fait des kilomètres sans voir de maison; **bends f. 5km,** virages sur 5km (*j*) (*extent in time*) (*future*) **I'm going away f. a fortnight,** je pars pour quinze jours; **he'll be away f. a year,** il sera absent pendant un an; **he won't be back f. a month,** il ne sera pas de retour avant un mois; (*past*) **he was away f. a fortnight,** il a été absent pendant quinze jours; **I haven't seen him f. 3 years,** voilà trois ans que je ne l'ai vu; (*past extending to present*) **I've been here f. three days,** je suis ici depuis trois jours, il y a trois jours que je suis ici (*k*) (*intention*) **this book is f. you,** ce livre est pour vous; **I'll come f. you tomorrow,** je viendrai vous prendre demain; **to make a name f. oneself,** se faire un nom; **to write f. the papers,** écrire dans les journaux; **to act f. the best,** agir pour le mieux (*l*) **to care f. s.o., sth,** aimer qn, qch; **fit f. nothing,** bon à rien; **eager f.,** avide de; **ready f. dinner,** prêt à dîner; **time f. dinner,** l'heure du dîner; **to come f. dinner,** venir dîner; **too stupid f. words,** d'une bêtise incroyable; **oh f. a bit of peace!** que ne donnerais-je pour avoir la paix! **now f. it!** allons-y! **cheque f. £50,** chèque de £50 (*m*) (*with regard to*) **he's big f. his age,** il est grand pour son âge; **as f. him,** quant à lui; **see f. yourself!** voyez vous-même! (*n*) (*in spite of*) **f. all that,** malgré tout (*o*) (*owing to*) **but f. her, if it wasn't f. her,** sans elle (*p*) (*corresponding to*) **word f. word,** mot pour mot;

(traduire) mot à mot; **they sell 20 red bikes f. every black one,** pour chaque vélo noir vendu il y en a 20 rouges **2.** (*introducing inf clause*) **it's easy (enough) f. him to come,** il lui est facile de venir; **I've brought it f. you to see,** je l'ai apporté pour que vous le voyiez; **it's not f. me to decide,** ce n'est pas à moi de décider; **he gave orders f. the trunks to be packed,** il a donné l'ordre de faire les malles; **it took an hour f. the taxi to get to the station,** le taxi a mis une heure pour aller à la gare; **to wait f. sth to be done,** attendre que qch soit fait; **it would be a disgrace f. you to back out now,** vous retirer maintenant serait honteux; **the best thing would be f. you to go away for a while,** le mieux serait que vous vous absentiez pendant quelque temps. **II.** *conj* car. **for'ever** *adv* (*also* **for ever**) (*a*) sans cesse (*b*) pour toujours. *see* **ever**.

forage ['fɔridʒ] **1.** *n* fourrage(s) *m(pl)*; *Mil:* **f. cap,** bonnet *m* de police **2.** *vi* **to f. (about),** fourrager (**for,** pour trouver).

foray ['fɔrei] *n* incursion *f*.

forbade [fə'beid, fə'bæd] *see* **forbid**.

forbearance [fɔː'bɛərəns] *n* patience *f*. **for'bearing** *a* patient, indulgent.

forbid [fə'bid] *vtr* (**forbade** [fə'bæd]; **forbidden** [fə'bidn]) défendre, interdire (**s.o. to do sth,** à qn de faire qch); **smoking is forbidden,** il est défendu, interdit, de fumer; défense de fumer; **I'm forbidden to drink alcohol,** l'alcool m'est défendu; **God f.!** à Dieu ne plaise! **for'bidden** *a* défendu; (sujet) tabou; **she's f. to leave,** il lui est défendu de partir. **for'bidding** *a* sinistre; (temps) sombre; (ciel) menaçant.

force [fɔːs] **1.** *n* (*a*) force *f*; **by (sheer, brute), f.,** de force; **by sheer f. of will,** à force de volonté; **the f. of circumstances,** la contrainte, la force, des circonstances; **to resort to f.,** faire appel à la force; (*of law*) **to come into, to be in, f.,** entrer, être, en vigueur (*b*) influence *f*, autorité *f* (*c*) force, énergie *f* (d'un coup); intensité *f* (du vent); effort *m*; **f. of gravity,** (force de la) pesanteur; **nuclear f.,** force nucléaire (*d*) (*group of people*) force; **the (armed) forces,** les forces armées; **the police f.,** la police; **in (full) f.,** en grand nombre, en force (*e*) vertu *f*, valeur *f* (d'un argument); signification *f* (d'un mot) **2.** *vtr* (*a*) forcer; **to f. s.o.'s hand,** forcer la main à qn; **to f. the pace,** forcer l'allure; **she forced a smile,** elle s'est forcée à sourire (*b*) forcer (une porte, une serrure); **to f. one's way,** se frayer un chemin; **to f. one's way into a house,** entrer, pénétrer, de force dans une maison (*c*) pousser (qch); faire entrer (qn, qch) de force (**into,** dans) (*d*) **to f. s.o. to do sth,** forcer, contraindre, qn à faire qch; **to be forced to do sth,** être forcé de faire qch; **to f. sth on s.o.,** forcer qn à accepter qch; imposer qch à qn; **to f. a confession from s.o.,** arracher une confession à qn. **force 'back** *vtr* faire reculer (l'ennemi); refouler (ses larmes). **forced** *a* forcé. **force 'down** *vtr* forcer (un avion) à atterrir; avaler (qch) avec un grand effort. **force-'feed** *vtr* (**-fed** [-fed]) nourrir (qn) de force; gaver (une oie). **'forceful** *a* énergique, puissant; (langage) vigoureux. **'forcefully** *adv* avec force, énergiquement. **force 'out** *vtr* faire sortir de force. **'forcible** *a* (entrée) de force; (*of pers, argument*) énergique. **'forcibly** *adv* (*a*) (entrer) de force (*b*) énergiquement.

forceps ['fɔːseps] *n inv in pl Surg:* **(pair of) f.,** forceps *m*.

ford [fɔːd] **1.** *n* gué *m* **2.** *vtr* passer à gué.

fore [fɔːr] **1.** *a* antérieur; de devant **2.** *n* avant *m*; **to come to the f.,** se mettre en évidence **3.** *int Golf:* attention! gare devant! **'forearm 1.** *n* avant-bras *m inv* **2.** *vtr* prémunir (qn). **fore'bode** *vtr* présager. **fore'boding** *n* pressentiment. **'forecast 1.** *n* prévision *f*; *Meteor:* prévisions *fpl*; *Sp:* pronostic *m* **2.** *vtr* prévoir. **forecastle** ['fouksl] *n* = **fo'c'sle**. **'forecourt** *n* avant-cour *f*; (*of filling station*) aire *f* (de service), devant *m*. **'forefather** *n* aïeul *m*, *pl* aïeux. **'forefinger** *n* index *m*. **'forefront** *n* **to be in the f.,** être au premier rang (of, de). **fore'go** *vtr* (**-went** [-'went]; **-gone** [-'gɔn]) renoncer à (qch). **'foregoing** *a* précédent, antérieur. **'foregone** *a* décidé d'avance; **it was a f. conclusion,** c'était couru d'avance. **'foreground** *n* premier plan. **'forehand** *a & n Ten:* **f. (drive),** coup droit. **forehead** ['fɔːhed, 'fɔrid] *n Anat:* front *m*. **'foreland** *n* cap *m*, promontoire *m*. **'foreleg** *n* jambe *f*, patte *f*, de devant. **'forelock** *n* mèche *f* (de cheveux) sur le front. **'foreman** *n* (*pl* **-men**) (*a*) *Jur:* président *m* du jury (*b*) *Ind:* contremaître *m*. **'foremast** *n Nau:* mât *m* de misaine. **'foremost 1.** *a* principal **2.** *adv* **first and f.,** tout d'abord. **'forename** *n* prénom *m*. **'foreplay** *n* travaux *mpl* d'approche. **'forerunner** *n* précurseur *m*. **fore'see** *vtr* (**-saw** [-'sɔ]; **-seen** [-'siːn]) prévoir. **fore'seeable** *a* prévisible. **fore'shadow** *vtr* présager, annoncer. **'foreshore** *n* (*a*) plage *f* (*b*) laisse *f* de mer. **'foresight** *n* prévoyance *f*. **'foreskin** *n Anat:* prépuce *m*. **fore'stall** *vtr* devancer. **'foretaste** *n* avant-goût *m*. **fore'tell** *vtr* (**-told** [-'tould]) prédire. **'forethought** *n* prévoyance. **fore'warn** *vtr* avertir (qn); *Prov:* **forewarned is forearmed,** un homme averti en vaut deux. **'forewoman** *n* (*pl* **-women**) (*a*) *Jur:* président *m* du jury (*b*) *Ind:* contremaîtresse *f*. **'foreword** *n* avant-propos *m inv*.

foreign ['fɔrən] *a* étranger; **feelings f. to his nature,** sentiments qui lui sont étrangers; **f. travel, correspondent,** voyages, envoyé, à l'étranger; **f. produce,** produits *mpl* de l'étranger; **the F. Service,** le corps diplomatique; **the F. Legion,** la Légion étrangère; **f. trade,** commerce extérieur; **the F. Office, Minister,** le Ministère, le ministre, des Affaires étrangères; *Med:* **f. body,** corps étranger. **'foreigner** *n* étranger, -ère.

forensic [fə'rensik] *a* (*of medicine*) légal; (*of laboratory*) médico-légal.

forest ['fɔrist] *n* forêt *f*. **'forester** *n* (garde) forestier *m*. **'forestry** *n* sylviculture *f*; **F. Commission** = (service *m* des) Eaux *fpl* et Forêts.

forfeit ['fɔːfit] **1.** *n* (*a*) peine *f* (*b*) (*in game*) gage *m* **2.** *vtr* perdre (ses droits); **to f. one's life,** payer de sa vie. **'forfeiture** *n* perte *f* (de ses droits).

forgave [fə'geiv] *see* **forgive**.

forge [fɔːdʒ] **1.** *n* forge *f* **2.** *vtr* (*a*) forger (le fer) (*b*) contrefaire (une signature, une monnaie); falsifier (un document) (*c*) forger (une amitié, un lien). **forge a'head** *vi* aller de l'avant. **forged** *a* (*a*) (fer) forgé (*b*) (document) faux, contrefait. **'forger** *n* faussaire *mf*. **'forgery** *n* (*a*) contrefaçon *f* (d'une signature); falsification *f* (de documents) (*b*) faux;

the signature was a f., la signature était contrefaite. **'forging** *n* **1.** *Metalw:* (*a*) travail *m* de forge (*b*) pièce forgée **2.** = **forgery.**

forget [fə'get] *vtr & i* (**forgot** [-'gɔt]; **forgotten** [-'gɔtən]) oublier; négliger (son devoir); **I forgot all about those books**, j'ai complètement oublié ces livres; **to f. how to do sth**, oublier comment faire qch; ne plus savoir faire qch; (*in reply to thanks, apology*) **f. it!** (i) pas de quoi! (ii) peu importe! **f. about it!** n'y pensez plus! **and don't you f. it!** faites-y bien attention! **never to be forgotten**, inoubliable; **to f. to do sth**, oublier de faire qch; **don't f. to do it**, ne manquez pas de le faire; **to f. oneself**, s'oublier. **for'getful** *a* (*a*) **to be f. (of)**, oublier, être oublieux (de); **he's very f.**, il a très mauvaise mémoire (*b*) négligent. **for'getfulness** *n* (*a*) manque *m* de mémoire; **in a moment of f.**, dans un moment d'oubli *m* (*b*) négligence *f*. **for'get-me-not** *n Bot:* myosotis *m inv*.

forgive [fə'giv] *vtr* (**forgave** [-'geiv]; **forgiven** [-'givn]) pardonner (**s.o. sth**, qch à qn); **to f. s.o.**, pardonner à qn. **for'givable** *a* pardonnable. **for'giveness** *n* (*a*) pardon *m* (*b*) clémence *f*. **for'giving** *a* indulgent.

forgo [fɔː'gou] *vtr* (**-went** [-'went]; **-gone** [-'gɔn]) renoncer à (qch).

forgot, forgotten *see* **forget.**

fork [fɔːk] **1.** *n* fourchette *f*; *Agr:* fourche *f*; bifurcation *f*, fourche (de routes); **take the left f.**, prenez le chemin à gauche; *Mus:* **tuning f.**, diapason *m* **2.** *vi* (*of road*) bifurquer; **f. right for York**, prenez à droite pour York. **forked** *a* fourchu; (éclair) qui fait des zigzags. **'forklift truck** *n* chariot élévateur. **fork 'out** *vtr & i F:* **to f. (the money)**, payer, les allonger. **fork 'over** *vtr* fourcher (le sol).

forlorn [fə'lɔːn] *a* abandonné, délaissé; triste, affligé; **f. appearance**, mine triste.

form [fɔːm] **1.** *n* (*a*) forme *f*; **different forms of worship**, différentes façons d'adorer Dieu; **in the f. of a cross**, en forme de croix; **statistics in tabular f.**, statistique sous forme de tableau; **to take f.**, prendre forme (*b*) forme, formalité *f*; **for form's sake**, pour la forme; **it's a mere matter of f.**, c'est une pure formalité; *F:* **you know the f.**, vous savez bien ce qu'il faut faire; **it's good f.**, c'est ce qui se fait; **it's bad f.**, ça ne se fait pas (*c*) formule *f*, forme (d'un acte); **it's only a f. of speech**, ce n'est qu'une façon de parler; **correct f. of words**, tournure correcte; **forms of address**, titres *mpl* de politesse (*d*) (*document*) formulaire *m*; formule (de télégramme); **printed f.**, imprimé *m* (*e*) *Sp:* forme; état *m*, condition *f*; **to be on f.**, **in good f.**, être en (pleine) forme (*f*) *Sch:* classe *f*; **f. teacher**, professeur principal (*g*) banc *m*; banquette *f* **2.** *v* (*a*) *vtr* former (un groupe, un caractère); façonner (de l'argile); arrêter (un plan); contracter (une liaison, une habitude); se faire (une idée); se former (une opinion); **to f. part of sth**, faire partie de qch; **they formed themselves into a committee**, ils se sont constitués en comité; **to be formed by**, se former par; **the ministers who f. the cabinet**, les ministres qui composent, constituent, le gouvernement (*b*) *vi* se former; **to f. into line**, se mettre en ligne. **'format** *n* format *m*. **for'mation** *n* formation *f*; **f. flying**, vol *m* de groupe. **'formative** *a* formateur; (année) de formation. **'formroom** *n* (salle *f* de) classe *f*.

formal ['fɔːm(ə)l] *a* (*a*) officiel; (*of order*) positif; (contrat) en bonne et due forme; (*of occasion*) cérémonieux, solennel; (*of denial, structure, logic*) formel; (*of resemblance*) extérieur; **f. dress**, tenue *f*, habit *m*, de cérémonie; **f. dinner**, grand dîner; dîner officiel; **f. education**, éducation *f* scolaire (*b*) (*of pers*) cérémonieux; *Pej:* compassé; (*of tone*) cérémonieux; (*art*) conventionnel; (jardin) à la française. **for'mality** *n* (*a*) (*formal act*) formalité *f* (*b*) (*attention to rules*) cérémonie *f*. **'formalize** *vtr* formaliser. **'formally** *adv* (déclarer, etc) officiellement; **f. dressed**, en tenue de cérémonie.

former ['fɔːmər] **1.** *a* (*a*) antérieur, précédent; ancien; **my f. pupils**, mes anciens élèves; **her f. husband**, son ex-mari *m*; **in f. times**, autrefois; **he is a shadow of his f. self**, il n'est plus que l'ombre de ce qu'il était autrefois (*b*) (*as opposed to the latter*) **the f. alternative**, la première alternative **2.** *pron* **the f.**, celui-là, celle-là, ceux-là, celles-là. **'formerly** *adv* autrefois.

formidable ['fɔːmidəbl] *a* effroyable, terrible; **f. opponent**, adversaire *m* redoutable.

formula ['fɔːmjulə] *n* (*pl* **formulas**, *Tchn:* **formulae** [-mjuliː]) (*a*) formule *f* (*b*) *NAm:* (*baby's feed*) mélange lacté. **'formulate** *vtr* formuler. **formu'lation** *n* formulation *f*.

fornicate ['fɔːnikeit] *vi* forniquer. **forni'cation** *n* fornication *f*.

forsake [fə'seik] *vtr* (**forsook** [fə'suk]; **forsaken** [fə'seikn]) abandonner; délaisser (qn); renoncer à (qch).

forsythia [fɔː'saiθiə] *n Bot:* forsythia *m*.

fort [fɔːt] *n Hist: Mil:* fort *m*; *F:* **hold the f.**, monter la garde; prendre la relève.

forte ['fɔːtei, *NAm:* fɔːt] *n* fort *m*.

forth [fɔːθ] *adv* en avant; **to walk back and f.**, marcher de long en large; **and so f.**, et ainsi de suite; *Lit:* **from this day f.**, désormais. **forth'coming** *a* (*a*) prochain, à venir; (livre, film) qui va sortir; **my f. book**, mon prochain livre; **the promised help was not f.**, les secours promis ont fait défaut (*b*) disponible (*c*) (*of pers*) communicatif; serviable; **not (very) f.**, réservé. **'forthright** *a* direct, franc. **forth'with** *adv* sur-le-champ.

fortify ['fɔːtifai] *vtr* (**fortified**) fortifier; (*food, drink*) **to f. s.o.**, réconforter, remonter, qn. **fortifi'cation** *n* fortification *f*.

fortitude ['fɔːtitjuːd] *n* courage (moral).

fortnight ['fɔːtnait] *n* quinzaine *f*; quinze jours *m*. **'fortnightly 1.** *a* bimensuel **2.** *adv* tous les quinze jours.

fortress ['fɔːtris] *n* forteresse *f*; place forte.

fortuitous [fə'tjuːitəs] *a* fortuit, imprévu. **for'tuitously** *adv* fortuitement; par hasard.

fortune ['fɔːtʃən, -tjuːn] *n* (*a*) (*luck*) chance *f*; (*chance*) sort *m*, hasard *m*, fortune *f*; **by good f.**, par bonheur; **to tell s.o.'s f.**, dire la bonne aventure à qn; **f. teller**, diseur, -euse, de bonne aventure; **f. telling**, la bonne aventure (*c*) fortune; **to make one's f.**, faire fortune; **to come into a f.**, hériter une fortune; *F:* **to cost a small f.**, coûter une fortune, les yeux de la tête. **'fortunate** *a* heureux; **to be f.**, avoir de la chance; **to be f. enough to**, avoir la chance de; **it's f. (for her) that,** c'est heureux (pour elle) que; **how f.!** quelle chance! **'fortunately** *adv* (*a*) heureusement (*b*) par bonheur.

forty ['fɔːti] *num a & n* quarante (*m*); **about f. guests,** une quarantaine d'invités; **f.-one, f.-two,** quarante et un, quarante-deux; **the forties,** les années quarante; **to be in one's forties,** avoir passé la quarantaine; *F:* **to have f. winks,** faire un petit somme. **'fortieth** *num a & n* quarantième (*mf*).

forum ['fɔːrəm] *n* forum *m*.

forward ['fɔːwəd] **1.** *a* (*a*) (mouvement) en avant; *Aut:* (*of gears*) avant *inv*; (*of plant, child*) précoce (*b*) *Pej:* (*of pers*) effronté **2.** *adv* (*also* **forwards**) (*a*) **from this time f.,** désormais; **from that day f.,** à partir de ce jour-là; **to look f. to sth,** attendre qch avec plaisir, avec impatience (*b*) (*direction*) en avant; **to go, move, f.,** avancer; **to go straight f.,** aller tout droit; **f.!** en avant! *Fig:* **to come f.,** se proposer, s'offrir; **to thrust, push, oneself f.,** se mettre en évidence; *Com:* **carried f.,** à reporter (*c*) (*position*) à l'avant; **the seat is too far f.,** la banquette est trop avancée **3.** *vtr* (*a*) avancer, favoriser (un projet) (*b*) expédier, envoyer; faire suivre (une lettre); (*on letter*) **please f.,** prière de faire suivre **4.** *n Sp:* avant *m*. **'forwarding** *n* (*a*) avancement *m* (*d'un projet*) (*b*) expédition *f*, envoi *m* (des marchandises); **f. address,** nouvelle adresse (pour faire suivre le courrier). **'forward-looking** *a* tourné vers l'avenir. **'forwardness** *n* précocité *f*; *Pej:* effronterie *f*.

forwent [fɔː'went] *see* **forgo**.

fossil ['fɔsl] *a & n* fossile (*m*); *F:* **an old f.,** un vieux fossile, une vieille croûte. **'fossilized** *a* fossilisé.

foster ['fɔstər] **1.** *vtr* (*a*) élever (un enfant) (*b*) encourager; nourrir (un espoir) favoriser (un projet) **2.** *a* **f. child,** enfant adoptif; **f. family,** famille adoptive; *Adm:* **placing of children in f. homes,** placement familial des enfants.

fought [fɔːt] *see* **fight 2**.

foul [faul] **1.** *a* (*a*) infect; (*of breath*) fétide; (air) vicié; (*of water*) croupi; (*of action, place*) immonde; (*of language*) grossier; (crime) atroce; *F:* horrible; *F:* **what f. weather!** quel sale temps! quel temps infect! **to fall f. of s.o.,** se brouiller avec qn; *Sp:* **f. play,** jeu irrégulier; *Jur:* **f. play is not suspected,** on ne croit pas à un acte criminel **2.** *n Sp:* coup irrégulier; *Fb:* faute *f*; *Box:* coup bas **3.** *v* (*a*) *vtr* **to f. (up),** salir, souiller; vicier (l'air); encrasser (un égout); *F:* **to f. up one's life,** gâcher sa vie (*b*) *vi* (*of rope*) s'engager. **foul-'mouthed** *a* **to be f.-m.,** avoir un langage grossier, parler comme un charretier. **'foul-up** *n F:* raté *m*.

found¹ [faund] *vtr* fonder; créer (une institution); fonder (son opinion) (**on,** sur); (*of novel*) **founded on fact,** reposant sur des faits véridiques. **foun'dation** *n* (*a*) fondation *f*; *Fig:* fondement *m*, base *f* (d'une doctrine); **to lay the f. stone,** poser la première pierre; **rumour without f.,** bruit sans fondement; *Cl:* **f. garment,** gaine *f* (*b*) *Toil:* **f. cream,** fond *m* de teint. **'founder¹** *n* fondateur, -trice.

found² *see* **find 2**. **'foundling** *n* enfant trouvé(e).

founder² ['faundər] *vi* (*of hope, horse*) s'effondrer; (*of ship*) sombrer.

foundry ['faundri] *n* (*pl* **foundries**) fonderie *f*.

fount [faunt] *n Lit:* source *f*; *Typ:* fonte *f*.

fountain ['fauntin] *n* fontaine *f*; **drinking f.,** poste *m*, jet *m*, d'eau potable; **f. pen,** stylo(-plume) *m*.

four [fɔːr] *num a & n* quatre (*m*); **twenty-f.,** vingt-quatre; **the f. corners of the earth,** les quatre coins du monde; **to go on all fours,** courir à quatre pattes; **f. at a time,** quatre à quatre; *Pol:* **the big F.,** les quatre Grands. **four-'engined** *a* quadrimoteur. **'fourfold 1.** *a* quadruple **2.** *adv* au quadruple. **four-'footed** *a* quadrupède; à quatre pattes. **four-'leaf(ed), -'leaved** *a Bot:* (trèfle) à quatre feuilles. **four-letter 'word** *n F:* =mot *m* de cinq lettres. **four-'part** *a Mus:* à quatre voix. **four-'poster (bed)** *n* lit *m* à colonnes. **'foursome** *n* deux couples *mpl*. **four'teen** *num a & n* quatorze (*m*). **four'teenth** *num a & n* quatorzième (*mf*); **Louis the F.,** Louis Quatorze. **fourth 1.** *num a & n* quatrième (*m*); **on the f. of June,** le quatre juin **2.** *n* (*a*) (*fraction*) quart *m* (*b*) *Mus:* quarte *f*. **'fourthly** *adv* quatrièmement; en quatrième lieu. **'four-wheel** *a* (voiture) à quatre roues; **car with f.-w. drive,** voiture à quatre roues motrices.

fowl [faul] *n* (*inv in pl or* **fowls**) volaille *f*; **a f.,** une volaille; **wild f.,** gibier *m* d'eau; *Cu:* **boiling f.,** poule *f*; *Vet:* **f. pest,** peste *f* aviaire.

fox [fɔks] **1.** *n* (*pl* **foxes**) renard *m*; **f. cub,** renardeau *m*; *Cl:* **f. fur,** (fourrure *f* de) renard; *F:* (*of pers*) **a sly old f.,** un fin renard **2.** *vtr F:* mystifier, tromper (qn). **'foxglove** *n Bot:* digitale *f*. **'foxhole** *n Mil:* trou *m* de tirailleur. **'foxhound** *n* chien courant. **'foxhunt(ing)** *n* chasse *f* au renard, chasse à courre. **'foxtrot** *n Danc:* fox-trot *m inv*. **'foxy** *a* (**-ier, -iest**) *F:* (*a*) rusé, futé (*b*) *esp NAm:* (*of woman*) sexy.

foyer ['fɔiei] *n Th:* foyer *m*; (*in hotel*) hall *m*.

fraction ['frækʃn] *n* fraction *f*; **to escape death by a f. of a second,** être à deux doigts de la mort. **'fractional** *a* fractionnaire. **'fractionally** *adv* un tout petit peu.

fractious ['frækʃəs] *a* (*a*) revêche (*b*) grincheux; (enfant) pleurnicheur, -euse. **'fractiousness** *n* mauvaise humeur; (*of baby*) pleurnicherie *f*.

fracture ['fræktʃər] **1.** *n* fracture *f*; *Med:* **compound f.,** fracture compliquée **2.** *vtr & i* fracturer; **to f. one's leg,** se fracturer la jambe.

fragile ['frædʒail, *NAm:* 'frædʒl] *a* fragile; (*of pers*) faible; *F:* **to feel f.,** avoir mal aux cheveux. **fragility** [frə'dʒiliti] *n* fragilité *f*.

fragment 1. *n* ['frægmənt] fragment *m*; morceau *m* **2.** *vtr & i* [fræg'ment] (se) fragmenter. **'fragmentary, frag'mented** *a* fragmentaire.

fragrance ['freigrəns] *n* parfum *m*. **'fragrant** *a* parfumé; odorant.

frail [freil] *a* fragile; frêle. **'frailty** *n* fragilité *f*.

frame [freim] **1.** *n* (*of pers, building*) charpente *f*; (*of body*) ossature *f*; cadre *m* (d'une bicyclette); monture *f* (d'un parapluie, d'une paire de lunettes); carcasse *f* (d'un navire); cadre, encadrement *m* (d'un tableau); chambranle *m*, châssis *m* (d'une fenêtre); châssis (d'une voiture); *Cin:* *TV:* image *f*; *Hort:* châssis (de couches); **f. of mind,** humeur *f*; **man with a gigantic f.,** homme d'une taille colossale; **f. of reference,** système *m* de référence; **f. house,** maison en bois **2.** *vtr* (*a*) formuler (des propositions, etc);

former (ses pensées); composer (un poème); imaginer (une idée); se faire (une opinion) (*b*) encadrer (un tableau) (*c*) *F:* monter un coup contre (qn); **I've been framed,** c'est un coup monté (contre moi). **'frame-up** *n F:* coup monté. **'framework** *n* structure *f*; **within the f. of the United Nations,** dans le cadre des Nations Unies.

franc [fræŋk] *n* franc *m*.

France [frɑːns] *Prn Geog:* France *f*; **in F.,** en France. **Franco-'British** *a* franco-britannique.

franchise ['fræntʃaiz] *n* (*a*) *Pol:* droit *m* de vote (*b*) *Com:* franchise *f*.

frank¹ [fræŋk] *a* franc, *f* franche. **'frankly** *adv* franchement. **'frankness** *n* franchise *f*.

frank² *vtr* affranchir (une lettre); **franking machine,** machine *f* à affranchir.

frankfurter ['fræŋkfəːtər] *n Cu:* saucisse *f* de Francfort.

frankincense ['fræŋkinsens] *n* encens *m*.

frantic ['fræntik] *a* frénétique; fou (de joie); (effort) désespéré; (*of rush, desire*) effréné; *F:* **it drives him f.,** cela le met hors de lui. **'frantically** *adv* frénétiquement; (courir) comme un fou.

fraternal [frə'təːnl] *a* fraternel. **fra'ternity** *n* fraternité *f*; (*society*) & *NAm:* confrérie *f*. **fraterni'zation** *n* fraternisation *f*. **'fraternize** *vi* fraterniser (**with,** avec).

fraud [frɔːd] *n* (*a*) *Jur:* fraude *f* (*b*) supercherie *f*, tromperie *f* (*c*) (*pers*) imposteur *m*. **'fraudulence** *n* caractère frauduleux. **'fraudulent** *a* frauduleux. **'fraudulently** *adv* frauduleusement.

fraught [frɔːt] *a* (*a*) **f. with,** plein de, chargé de (*b*) **to be f.,** (i) (*of situation*) être tendu (ii) *F:* (*of pers*) être contrarié.

fray¹ [frei] *n* rixe *f*; **ready for the f.,** prêt à se battre.

fray² *vtr & i* (*of material, garment*) (s')effilocher, (s')effranger; (*of rope*) (s')user; **my nerves are frayed,** j'ai les nerfs à vif, à fleur de peau; **tempers were getting a little frayed,** on commençait à se fâcher.

frazzle ['fræzl] *n F:* **burnt to a f.,** carbonisé.

freak [friːk] **1.** *n* **f. of fortune,** jeu *m* de la fortune; (*pers*) **f. (of nature),** phénomène *m*, monstre *m*; *F:* **jazz f.,** fana *mf* de jazz; **f. storm,** orage complètement inattendu; **f. weather,** temps anormal; **f. accident,** accident incroyable, extraordinaire **2.** *vi F:* **to f. (out),** se défouler; (*of drug taker*) se défoncer. **'freakish** *a* anormal.

freckle ['frekl] *n* tache *f* de rousseur. **'freckled** *a* couvert de taches de rousseur.

free [friː] **1.** *a & adv* (**freer; freest**) (*a*) libre; en liberté; **f. house,** débit de boissons libre de vendre les produits de n'importe quelle brasserie; **f. will,** libre arbitre *m*; **of one's own f. will,** de son propre gré; **man is a f. agent,** l'homme est libre; *F:* **it's a f. country,** vous avez (le droit d'agir selon) votre libre arbitre; **to set f.,** libérer; **to get f.,** se libérer; **to let s.o. go f.,** relâcher qn; **to be allowed to go f.,** être mis en liberté; **f. speech,** liberté *f* d'expression; **f. love,** amour libre; **f. trade,** libre-échange *m*; *Fb:* **f. kick,** coup franc; **f. fall,** chute *f* libre; **f. verse,** vers *mpl* libres; **f. church,** église *f* non-conformiste; **to be f. to do sth,** être libre de faire qch; **f. of,** sans; **f. of s.o.,** débarrassé de qn; **f. from care,** sans souci; **f. of tax,** exempt d'impôt; **you can bring in half a litre f.,** il y a une tolérance d'un demi-litre (*b*) (*unoccupied*) libre; **is this table f.?** est-ce que cette table est libre? **I'm f. tomorrow,** je suis libre demain; **f. end,** brin libre (d'un cordage); **with his f. hand,** avec sa main libre; **to give s.o. a f. hand,** donner carte blanche à qn (*c*) généreux; (*of style*) franc; (*of bearing*) souple, désinvolte; (*of pers*) libéral; **to be f. with one's money,** être prodigue de son argent; **f. and easy,** décontracté; **to make f. with sth,** se servir de qch sans se gêner; **he made very free with my whisky,** il ne se gênait pas pour boire mon whisky; *F:* **feel f.!** faites comme chez vous! servez-vous! (*d*) **f. (of charge),** gratuit; **admission f.,** entrée gratuite; **post f.,** franco de port; **catalogue sent f. on request,** catalogue franco sur demande; *Com:* **f. gift, sample,** cadeau *m*, échantillon *m* **2.** *adv* **(for) f., f. (of charge),** gratuitement; gratis; pour rien **3.** *vtr* affranchir, libérer (un pays); libérer (un prisonnier); débarrasser (**from,** de); dégager (une personne coincée, une route); détacher; **to f. oneself from s.o.'s grasp,** se dégager des mains de qn. **'freebie** *n F:* prime (accordée à un journaliste). **'freedom** *n* liberté *f*; franchise *f* (d'une conversation); **f. from,** absence *f* de (responsabilité, etc); **f. of speech,** liberté d'expression; **f. to do sth,** liberté de faire qch; **to receive the f. of the city,** être nommé citoyen d'honneur de la ville; **to give s.o. the f. of one's house,** mettre sa maison à la disposition de qn. **'Freefone** *n Rtm: Tp:* = numéro vert. **'free-for-all** *n F:* mêlée générale. **'freehand** *a & adv* à main levée. **'freehold** *a & n* **f. (property),** propriété foncière libre. **'freelance 1.** *a* indépendant **2.** *n* collaborateur, -trice, indépendant(e) **3.** *vi* faire du travail indépendant. **'free'loader** *n NAm:* parasite *m*. **'freely** *adv* (parler, circuler, etc) librement; (donner) libéralement. **'freeman** *n* (*pl* **-men**) citoyen, -enne, d'honneur (d'une ville). **'Freemason** *n* franc-maçon *m*. **'Freemasonry** *n* franc-maçonnerie *f*. **free-'range** *a* (œuf) de ferme. **'freestyle** *a & n* **f. (swimming),** nage *f* libre. **free'thinker** *n* libre penseur, -euse. **'freeway** *n NAm: Aut:* autoroute *f*. **free'wheel** *vi Cy:* faire roue libre; *Aut:* rouler en roue libre.

freesia ['friːziə] *n Bot:* freesia *m*.

freeze [friːz] **1.** *n* gel *m*; blocage *m* (de prix) **2.** *vtr & i* (**froze** [frouz]; **frozen** ['frouzn]) geler; *Cu:* (se) congeler, surgeler; (*of weather*) **it's freezing,** il gèle; **the river is, has, frozen,** la rivière est prise; *F:* **I'm freezing, frozen,** je (me) gèle; **my hands are freezing, frozen,** j'ai les mains gelées, glacées; **the smile froze on his lips,** le sourire s'est figé sur ses lèvres; **to f., be frozen, to death,** mourir de froid; **to f. the blood (in one's veins),** glacer le sang, le cœur; **to f. wages,** bloquer les salaires. **freeze-'dry** *vtr* (**-'dried**) lyophiliser. **freeze 'over** *vi* geler; (*of windscreen*) se givrer. **'freezer** *n* congélateur *m*; (*in refrigerator*) freezer *m*. **freeze 'up** *vi* geler; (*of windscreen*) se givrer. **'freezing** *a & n* (temps) glacial; (brouillard) givrant; **it's f.,** on gèle; **below f.,** au-dessous de zéro; **f. point,** point de congélation; **the temperature dropped to f. point,** la température a baissé jusqu'à zéro (degré). **'frozen** *a* gelé; glacé; **f. food,** surgelés *mpl*.

freight [freit] *n* (*a*) fret *m* (*b*) transport *m*; **f. train,** train *m* de marchandises; **air f.,** transport par avion. **'freighter** *n* (*ship*) cargo *m*; avion-cargo *m*.

French [frentʃ] 1. *a* français; **F. Canadian,** canadien français; **F. Canada,** le Canada français; **F. lesson,** leçon de français; **F. master, mistress,** professeur de français; **F. Embassy,** ambassade de France; *esp NAm:* **F.-fried potatoes, F. fries** (*Br* = **(potato) chips**), (pommes) frites *fpl*; **F. bread, loaf, stick,** baguette *f*; **F. dressing,** vinaigrette *f*; **F. windows,** *esp NAm:* **doors,** portes-fenêtres *fpl*; **to take F. leave,** filer à l'anglaise; *F:* **F. letter,** capote anglaise 2. (*a*) *n Ling:* français *m*; **to speak F.,** parler français; **Canadian F.,** français canadien, du Canada (*b*) *npl* **the F.,** les Français *m*. **'Frenchman** *n* (*pl* **-men**) Français *m*. **'French-'speaking** *a* francophone. **'Frenchwoman** *n* (*pl* **-women**) Française *f*.

frenzy ['frenzi] *n* frénésie *f*. **'frenzied** *a* (*of applause*) frénétique; (*of pers*) effréné; (*of attack*) violent.

frequent 1. *a* ['fri:kwənt] (*of visits*) fréquent; **f. visitor,** habitué, -ée **(to,** de) 2. *vtr* [fri'kwent] fréquenter. **'frequency** *n* fréquence *f*; *WTel:* **very high f.,** très haute fréquence; **f. modulation,** modulation *f* de fréquence. **'frequently** *adv* fréquemment.

fresco ['freskou] *n* (*pl* **-oes, -os**) fresque *f*.

fresh [freʃ] 1. *a* (*a*) frais; (*of paragraph, attempt*) nouveau; **to put f. courage into s.o.,** ranimer le courage de qn; **it is still f. in my mind,** je l'ai encore frais à la mémoire; **f. from London,** nouvellement arrivé de Londres; **bread f. from the oven,** pain qui sort du four; **in the f. air,** en plein air; au grand air; **to get some f. air,** prendre le frais; **f. water,** (i) (*newly drawn*) eau fraîche (ii) (*not salt*) eau douce; **as f. as a daisy,** frais et dispos (*b*) (*of pers*) vigoureux, alerte; (*of horse*) fougueux (*c*) *F:* (*of pers*) culotté; **to get f. with s.o.,** prendre des libertés avec qn 2. *adv* **f. from,** fraîchement arrivé de; **f. out of, f. from, university,** frais émoulu de l'université. **'freshen** *vi* (*of wind*) fraîchir. **'freshener** *n* **air f.,** désodorisant *m*. **freshen 'up** 1. *vi* faire un brin de toilette 2. *vtr* retaper (une maison, etc); (*of bath*) **to f. s.o. up,** rafraîchir qn. **'fresher, 'freshman** *n* (*pl* **-men**) *Sch:* étudiant, -ante, de première année. **'freshly** *adv* fraîchement; nouvellement. **'freshness** *n* (*a*) fraîcheur *f* (*b*) vigueur *f*, vivacité *f* (*c*) *F:* culot *m*. **'freshwater** *a* (poisson) d'eau douce.

fret [fret] *vi* **(fretted)** se faire du souci, s'en faire; (*of baby*) pleurer; **child fretting for his mother,** enfant qui réclame sa mère en pleurnichant; **stop fretting,** ne te fais pas de mauvais sang. **'fretful** *a* (*of baby, etc*) grognon. **'fretfully** *adv* d'un air inquiet. **'fretfulness** *n* irritabilité *f*.

fretwork ['fretwə:k] *n* travail ajouré (en bois). **'fretsaw** *n* scie *f* à découper.

Freudian ['frɔidiən] *a Psy:* freudien; **F. slip,** lapsus *m*.

friar ['fraiər] *n* frère *m*, moine *m*.

friction ['frikʃn] *n* friction *f*.

Friday ['fraidi] *n* vendredi *m*; **he's coming (on) F.,** il viendra vendredi; **he comes on Fridays,** *esp NAm:* **he comes Fridays,** il vient le vendredi; **Good F.,** Vendredi Saint; *F:* **man F.,** factotum *m*; **girl F.,** aide *f* de bureau.

fridge [fridʒ] *n F:* frigo *m*.

fried, fries [fraid, fraiz] *see* **fry²**.

friend [frend] *n* ami, *f* amie; (*from school, work*) camarade *mf*; **a f. of mine,** un(e) de mes ami(e)s; **to make friends with s.o.,** se lier avec qn; **to make friends,** se faire des amis; **to be friends with s.o.,** être ami avec qn; **the Society of Friends,** les Quakers *m*; *Fig:* **to have friends at court,** avoir des amis bien placés. **'friendless** *a* sans amis. **'friendliness** *n* bienveillance *f* **(to, towards,** envers); dispositions amicales. **'friendly** *a* **(-ier, -iest)** amical; gentil; sympathique; (*of child, animal*) gentil, affectueux; **to be f. with s.o.,** être ami avec qn; **f. gathering,** réunion d'amis; **some f. advice,** un conseil d'ami; **to be on f. terms with s.o.,** être en bons termes avec qn; **f. society,** association de bienfaisance. **'friendship** *n* amitié *f*.

frieze [fri:z] *n Arch:* frise *f*; (*on wallpaper*) bordure *f*.

frigate ['frigət] *n Navy:* frégate *f*.

fright [frait] *n* (*a*) peur *f*; **to have a f.,** avoir peur; **to take f.,** s'effrayer **(at,** de); **to give s.o. a f.,** faire peur à qn; **I got an awful f.,** j'ai eu une peur bleue (*b*) *Fig: F:* horreur *f*. **'frighten** *vtr* effrayer; faire peur à (qn); **to be frightened,** avoir peur **(of,** de); **to be frightened to death,** mourir de peur; **to f. s.o. out of his wits,** faire une peur bleue à qn. **frighten a'way, 'off** *vtr* effaroucher (des oiseaux); chasser (qn). **'frightened** *a* effrayé; **easily f.,** peureux. **'frightening** *a* effrayant. **'frighteningly** *adv* à faire peur. **'frightful** *a* effroyable, affreux, épouvantable. **'frightfully** *adv* terriblement, affreusement; **to be f. sorry,** regretter énormément. **'frightfulness** *n* horreur *f*, atrocité *f* (d'un crime).

frigid ['fridʒid] *a* froid; (*of woman*) frigide. **'frigidly** *adv* froidement. **fri'gidity** *n* frigidité *f*; grande froideur.

frill [fril] *n Tex:* volant *m*, ruche *f*; *Cu:* papillote *f*; *pl Fig:* manières *fpl*, chichis *mpl*; fioritures *fpl*, superflu *m*; **no frills,** spartiate. **'frilly** *a* **(-ier, -iest)** (*of dress*) froncé, ruché; (*of style*) orné, fleuri.

fringe [frindʒ] *n* (*a*) (*of hair, clothes*) frange *f* (*b*) (*edge*) bordure *f*, bord *m*; lisière *f* (d'une forêt); *pl* banlieue *f* (d'une ville); **to live on the fringe(s) of society,** vivre en marge de la société; **f. group, theatre,** groupe, théâtre, marginal; **f. area,** zone limitrophe; **f. benefits,** avantages divers.

frisk [frisk] 1. *vi* **to f. (about),** gambader 2. *vtr* fouiller (qn) (au corps). **'friskiness** *n* vivacité *f*. **'frisky** *a* **(-ier, -iest)** vif, folâtre; (cheval) fringant.

fritter ['fritər] 1. *n Cu:* beignet *m* 2. *vtr* **to f. (away),** gaspiller (son argent).

frivolous ['frivələs] *a* frivole; (*of question*) vain, futile. **fri'volity** [-'vɔliti] *n* frivolité *f*. **'frivolously** *adv* frivolement.

frizzle ['frizl] *vi* (*of food*) **to f. up,** brûler.

frizzy ['frizi] *a* (*of hair*) crépu.

fro [frou] *adv* **to go to and f.,** aller et venir.

frock [frɔk] *n Cost:* robe *f*; (*of monk*) froc *m*.

frog [frɔg] *n* grenouille *f*; *F:* **to have a f. in one's throat,** avoir un chat dans la gorge. **'frogman** *n* (*pl* **-men**) homme-grenouille *m*. **'frogmarch** *vtr* porter (qn) à quatre, le derrière en l'air. **'frogspawn** *n* œufs *mpl* de grenouille.

frolic ['frɔlik] 1. *n* ébats *mpl*; gamineries *fpl* 2. *vi* **(frolicked) to f. (about),** gambader.

from [frɔm, frəm] *prep* (*a*) (*place*) de; **to return f. London,** revenir de Londres; **f. Paris to London,** de Paris à Londres; **f. town to town,** de ville en ville; **f. above,** d'en haut; **f. a long way off,** de loin (*b*) **the bird lays f. four to six eggs,** l'oiseau pond de quatre à six œufs; **wine f. ten francs a bottle,** vins à partir de dix francs la bouteille (*c*) (*time*) depuis, dès, à partir de; **f. the beginning,** dès le commencement; **f. time to time,** de temps en temps; **f. his childhood,** dès, depuis, son enfance; **f. now on,** à partir d'aujourd'hui; **f. today (on), as f. today,** à partir d'aujourd'hui, dès aujourd'hui; **f. that day (on),** à partir de ce jour (*d*) (*distance*) **not far f.,** pas loin de; **10km f. Paris,** à 10km de Paris; **ten metres (away) f. the house,** à dix mètres de la maison (*e*) à; **to hide, take, borrow, f.,** cacher, prendre, emprunter, à; **he stole a pound f. her,** il lui a volé une livre; **to dissuade s.o. f. doing sth,** dissuader qn de faire qch; **to shelter f. the rain,** s'abriter contre la pluie (*f*) (*change*) **f. bad to worse,** de mal en pis; **to increase the price f. five to ten pence,** augmenter le prix de cinq à dix pence (*g*) (*difference*) d'avec, de; **to distinguish good f. bad,** distinguer le bon d'avec le mauvais (*h*) (*out of*) dans; sur; **to take f.,** prendre dans (une boîte); prendre sur (une table); **to drink f. a cup,** boire dans une tasse; **to pick s.o. out f. the crowd,** distinguer qn parmi la foule; **to drink f. the brook,** boire au ruisseau; **to drink f. the bottle,** boire à (même) la bouteille; **to take sth f. one's pocket,** prendre qch de, dans, sa poche; **he grabbed the gun f. the table,** il a saisi le revolver sur la table (*i*) (*origin*) **a train f. the north,** un train en provenance du nord; **where are you f.?** d'où êtes-vous? **he comes f. Manchester,** (i) il est natif, originaire, de Manchester (ii) il habite à Manchester; **a quotation f. Shakespeare,** une citation tirée de Shakespeare; **f. your point of view,** à votre point de vue; **I've brought you it f. a friend,** je te l'apporte de la part d'un ami; **tell him that f. me,** dites-lui cela de ma part; **I'm surprised at that (coming) f. him,** cela m'étonne de sa part; **painted f. nature,** peint d'après nature (*j*) **to act f. conviction,** agir par conviction; **f. what I heard,** d'après ce que j'ai entendu dire; **f. what I can see,** à ce que je vois; **f. the way he looks,** à le voir.

frond [frɔnd] *n Bot:* fronde *f* (de fougère).

front [frʌnt] **1.** *n* (*a*) devant *m*; façade *f*, devant (d'un bâtiment); avant *m* (d'une voiture); premier rang (de la foule, la classe); début *m* (d'un livre); **in the f.,** à l'avant (d'une voiture); devant (une maison); **in the f. of the train,** en tête de train; **in f.,** en avant; *Sp:* en tête; **in f. (of),** devant; (*of pers*) **to put on a bold f.,** faire bonne contenance (*b*) *Mil: Pol: Meteor:* front *m*; *Fig:* **on all fronts,** de tous côtés (*c*) (*at seaside*) front de mer; **on the f.,** face à la mer (*d*) *Fig:* (*cover*) façade; (*of pers*) prête-nom *m* **2.** *a* (*of tooth, etc*) de devant; (*of row, page*) premier; (*of view*) de face; **f. seat,** siège (i) *Th:* au premier rang (ii) (*in car*) avant *inv*; *Fig:* **to have a f. seat,** être aux premières loges; **f. door,** porte *f* d'entrée; **f. room,** salon *m*; **f. wheel,** roue avant; (*of car*) **f.-wheel drive,** traction *f* avant; *Journ:* **f. page,** première page; *F:* la une; **f.-page news,** nouvelles sensationnelles; *Mil:* **f. line,** front *m*; **f.-line troops,** troupes du front; **f.** *Fig:* **runner,** favori, -ite; **f.-loading washing machine,** machine à laver à hublot; *F:* **f. man,** prête-nom *m* **3.** (*a*) *vi* (*of windows, etc*) **to f. on to,** donner sur (*b*) *vtr* **house fronted with stone,** maison avec façade en pierre. **'frontage** *n* façade. **'frontal** *a Anat:* frontal; (attaque, etc) de front; (nudité) (vue) de face. **front'bencher** *n Parl:* membre *m* de la Chambre siégeant aux premières banquettes.

frontier ['frʌntiər, -'tiər] *n* frontière *f*; **f. town,** ville frontière *inv*.

frontispiece ['frʌntispiːs] *n Typ:* frontispice *m*.

frost [frɔst] **1.** *n* gelée *f*, gel *m*; (*frozen drops on glass, etc*) gelée blanche, givre *m*; **ground f.,** gelée blanche; **ten degrees of f.,** dix degrés au-dessous de zéro **2.** (*a*) *vtr* geler (un arbre fruitier); givrer (les vitres) (*b*) *vi* (*of windscreen*) **to f. up,** se givrer. **'frostbite** *n* gelure *f*. **'frostbitten** *a* gelé. **'frostbound** *a* gelé. **'frosted** *a* (*of windows*) givré; (*of glass*) dépoli. **'frostily** *adv* d'une manière glaciale. **'frosting** *n* givrage *m* (de vitres); dépolissage *m* (de verre); glaçage *m* (d'un gâteau). **'frosty** *a* (**-ier, -iest**) glacial; (jour) de gelée; (*of window*) givré; **it's f.,** il gèle.

froth [frɔθ] **1.** *n* écume *f*; mousse *f* (de la bière) **2.** *vi* écumer; mousser; **to f. at the mouth,** avoir l'écume aux lèvres. **'frothy** *a* (**-ier, -iest**) écumeux, mousseux; (tissu) léger; (discours) vide.

frown [fraun] **1.** *n* froncement *m* de sourcils; regard *m* sévère **2.** *vi* froncer les sourcils; **to f. at s.o.,** regarder qn en fronçant les sourcils; **to f. (up)on a suggestion,** désapprouver une suggestion.

frowsty ['frausti] *a* (pièce) qui sent le renfermé.

frowzy ['frauzi] *a* (*a*) (pièce) qui sent le renfermé (*b*) (*of pers, clothes*) mal tenu, peu soigné.

froze, frozen ['frouz, 'frouzn] *see* **freeze 2.**

frugal ['fruːgəl] *a* frugal; (*of pers*) parcimonieux. **fru'gality** [-'gæl-] *n* frugalité *f*. **'frugally** *adv* parcimonieusement.

fruit [fruːt] *n* fruit *m*; **(some) f.,** un fruit; des fruits; **dried f.,** fruits secs; **stewed f.,** compote *f* de fruits; **f. basket,** corbeille *f* à fruits; **f. drink,** boisson *f* aux fruits; **f. tree,** arbre fruitier; **f. salad,** salade de fruits; **f. machine,** machine à sous; **to bear f.,** porter fruit. **'fruitcake** *n* cake *m*. **'fruiterer** *n* fruitier, -ière. **'fruitful** *a* (*of tree*) productif; (*of soil*) fertile, fécond; (*of work*) fructueux. **'fruitfully** *adv* fructueusement; à profit. **fru'ition** *n* **to come to f.,** se réaliser; **to bring to f.,** réaliser. **'fruitless** *a* stérile, infructueux; (efforts) sans résultat(s). **fruity** *a* (**-ier, -iest**) (goût) de fruit; (vin) fruité; (*of voice*) étoffé; *F:* (*of joke*) corsé.

frump [frʌmp] *n* femme mal fagotée. **'frumpish, 'frumpy** *a F:* (mal) fagoté.

frustrate [frʌs'treit] *vtr* faire échouer (un projet); frustrer (qn); **to f. s.o.'s hopes,** frustrer qn dans son espérance. **frus'trated** *a* frustré; déçu; (*of effort*) vain. **fru'strating** *a* irritant. **frus'tration** *n* frustration *f*; déception *f*.

fry[1] [frai] *n coll Ich:* frai *m*, fretin *m*, alevin *m*; **small f.,** menu fretin.

fry[2] *v* (**fried**) **1.** *vtr* (faire) frire (la viande); **fried egg,** œuf sur le plat **2.** *vi* (*of food*) frire. **fries** *npl NAm: F:* (*Br* = **chips**) (pommes) frites *fpl*. **frier, 'fryer** *n DomEc:* friteuse *f*. **'frying** *n* friture *f*; **f. pan,** poêle *f* (à frire); **to jump out of the f. pan into the**

fire, tomber de Charybde en Scylla. **'fry-up** *n F:* (plat *m* de) restes réchauffés à la poêle.

ft *abbr foot, feet.*

fuck [fʌk] *V:* **1.** *n* coït *m*; baise *f*; **I don't give a f.!** je m'en fous! **2.** *vtr* coïter avec, baiser (qn); **f. off!** va te faire foutre! **'fucking** *a V:* foutu.

fuddle ['fʌdl] *vtr* soûler, brouiller les idées de (qn). **'fuddled** *a* soûl, gris; embrouillé.

fuddy-duddy ['fʌdidʌdi] *n* (*pl* **fuddy-duddies**) **he's an old f.-d.,** il est vieux jeu.

fudge [fʌdʒ] **1.** *n Cu:* caramel mou **2.** *vtr* **to f. the issue,** refuser d'aborder le problème.

fuel ['fjuəl] **1.** *n* combustible *m*; (*for engine*) carburant *m*; **to add f. to the flames,** jeter de l'huile sur le feu; **f. tank,** réservoir *m* à carburant; **f. (oil),** mazout *m*, fioul *m* **2.** *v* **(fuelled)** (*a*) *vtr* alimenter (un fourneau); ravitailler (un navire) en combustible; attiser (la colère de qn) (*b*) *vi* **to f. (up),** se ravitailler en combustible, en carburant.

fug [fʌg] *n* atmosphère étouffante et chaude, qui sent le renfermé. **'fuggy** *a F:* qui sent le renfermé.

fugitive ['fju:dʒitiv] *a & n* fugitif, -ive.

fugue [fju:g] *n Mus:* fugue *f*.

fulfil, *NAm: also* **-fill** [ful'fil] *vtr* accomplir, réaliser (une ambition, un rêve); remplir (une condition, son devoir); satisfaire (un désir); exaucer (une prière); accomplir (une tâche); **to f. oneself,** s'épanouir. **ful'filling** *a* (travail) satisfaisant. **ful'filment,** *NAm:* **-'fill-** *n* accomplissement *m*, réalisation *f*; satisfaction *f*.

full [ful] **1.** *a* (*a*) plein (**of,** de); (*of life, day*) (bien) rempli; (*of bus, theatre*) complet; **f. to the brim,** rempli jusqu'au bord; **f. to overflowing,** plein à déborder; (*of pers*) **to be f. (up),** n'avoir plus faim; (*of hotel*) être complet; *Th:* **f. house,** salle comble; **to be f. of one's own importance, f. of oneself,** être pénétré de sa propre importance, de soi-même (*b*) **the f. facts, particulars,** tous les faits, tous les détails; **in the fullest detail,** dans le plus grand détail (*c*) complet, entier; **f. pay,** paie entière; **in f. flower,** en pleine fleur; **f. meal,** repas complet; **to pay (the) f. fare,** payer plein tarif; **f. weight,** poids juste; **f. price,** prix fort; **f. stop,** point *m*; *F:* **to come to a f. stop,** s'arrêter net; **roses in f. bloom,** roses épanouies; **in f. uniform,** en grande tenue; **I waited two f. hours,** j'ai attendu deux heures entières; **f. member,** membre à part entière (*d*) (*of face*) plein; (*of figure*) rond; (*of lips*) gros; (*of sleeve*) large; (*of skirt*) ample **2.** *n* **in f.,** (texte) intégral; (publier, lire) intégralement; (écrire son nom) en toutes lettres; **name in f.,** nom et prénom(s); **to the f.,** tout à fait **3.** *adv* **f. well,** fort bien; **f. in the face,** en pleine figure; **to turn a tap f. on,** ouvrir un robinet grand; **to turn the radio f. on,** mettre la radio au plus fort. **'fullback** *n Fb:* arrière *m*. **full-'blooded** *a* (*a*) de race pure; (cheval) pur-sang (*b*) vigoureux. **full'blown** *a* épanoui; en pleine fleur; **he's a f. doctor,** il a tous ses diplômes (de médecin). **full-'bodied** *a* (vin) corsé, qui a du corps. **full-'dress** *a* (tenue) de cérémonie; (débat) solennel. **full-'grown** *a* (*of pers*) adulte; (*of foetus*) arrivé à terme. **full-'length** *a* (portrait) en pied; (robe) longue; **f.-l. film,** film *m* de long métrage. **'ful(l)ness** *n* plénitude *f*, totalité *f* (de qch); ampleur *f* (d'un vêtement); abondance *f* (de détail); **in the f. of time,** quand les temps seront révolus. **full-'page** *a Journ:* (réclame) d'une page entière. **full-'scale,** *a* grandeur nature *inv*; *Fig:* (attaque) de grande envergure. **full-'sized** *a* grandeur nature. **full-'time** *a & adv* à plein temps. **'fully** *adv* entièrement, complètement; (armé) de toutes pièces; **I'll write more f.,** j'écrirai plus longuement; **f. two hours,** au moins deux heures. **fully-'fashioned** *a* entièrement diminué. **fully-'fledged,** *NAm:* **full-'fledged** *a* (*of doctor*) diplômé; (*of member*) à part entière. **fully-'formed** *a* (*of baby, etc*) formé. **fully-grown** *a* = **full-grown.**

fulminate ['fʌlmineit] *vi* fulminer.

fulsome ['fulsəm] *a* excessif; **f. flattery,** flagornerie *f*, adulation *f*.

fumble ['fʌmbl] *vi* **to f. (about, around),** fouiller; tâtonner; **to f. (about) with sth,** tripoter qch. **'fumbling** *a* maladroit, gauche.

fume [fju:m] *vi* fumer, émettre de la fumée; *F:* (*of pers*) rager, fumer (de rage). **fumes** *npl* émanations *fpl*; **(exhaust) fumes,** gaz *m* (d'échappement).

fumigate ['fju:migeit] *vtr* désinfecter (par fumigation).

fun [fʌn] *n* amusement *m*, gaieté *f*; plaisanterie *f*; **to make f. of, poke f. at, s.o.,** se moquer de qn; **in f.,** pour rire; par plaisanterie; **for f., for the f. of it,** pour le plaisir; **he's, it's, great f.,** il est, c'est, très amusant; **to have (some) f.,** s'amuser **'funfair** *n* (*a*) fête foraine (*b*) (*amusement park*) parc *m* d'attractions.

function ['fʌŋkʃn] **1.** *n* (*a*) fonction *f*; **in his f. as a magistrate,** en sa qualité de magistrat; **to discharge one's functions,** s'acquitter de ses fonctions (*b*) réception *f*, réunion *f*; cérémonie (publique) **2.** *vi* fonctionner; **to f. as,** faire fonction de. **'functional** *a* fonctionnel. **'functionary** *n* fonctionnaire *mf*.

fund [fʌnd] **1.** *n* (*money, resources*) fonds *mpl*; *Fin:* (*for pension, etc*) caisse *f*; (*for special purpose*) crédits *mpl*; *Fig:* fond *m*; **to start a f.,** lancer une souscription; ressources *fpl* pécuniaires; **to be in funds,** être en fonds; *Bank:* **no funds,** défaut de provision *f* **2.** *vtr* fournier des fonds, des crédits, à. **'fund-raising** *n* moyens *mpl* de se procurer des fonds (pour une œuvre de bienfaisance, des réparations).

fundamental [fʌndə'mentl] **1.** *a* fondamental; essentiel **2.** *n usu pl* principes essentiels. **funda'mentally** *adv* fondamentalement.

funeral ['fju:nərəl] *n* enterrement *m*; funérailles *fpl*; obsèques *fpl*; *F:* **that's your f.!** ça c'est votre affaire! **f. service, march,** service *m*, marche *f*, funèbre; **f. (procession),** convoi *m* funèbre; **f. director,** entrepreneur de pompes *f* funèbres; **f. expenses,** frais *mpl* funéraires; **f. parlour,** établissement de pompes funèbres. **funereal** [fju:'niəriəl] *a* lugubre, funèbre; (*of voice*) sépulcral.

fungus ['fʌŋgəs] *n* (*pl* **fungi** ['fʌŋgai, 'fʌndʒai]) champignon *m*; (*mould*) moisissure *f*. **'fungicide** [-dʒi-] *n* fongicide *m*.

funicular [fju'nikjulər] *a & n* funiculaire (*m*).

funk [fʌŋk] *F:* **1.** *n* frousse *f*; **to be in a f.,** (i) avoir la frousse (ii) *NAm:* faire la gueule **2.** *vtr & i* **to f. it,** caner, se dégonfler. **'funky** *a P:* funky.

funnel ['fʌnl] *n* (*a*) (*for pouring liquids*) entonnoir *m* (*b*) cheminée *f* (d'un bateau).

funny ['fʌni] *a* (**-ier, -iest**) (*a*) drôle; comique, amusant; **he's trying to be f.**, il veut faire de l'esprit (*b*) curieux, bizarre; **a f. idea**, une drôle d'idée; **he's f. that way**, il est comme ça; **there's sth f. about it**, il y a qch de louche dans cette affaire; **this butter tastes f.**, ce beurre a un drôle de goût; **to feel f.**, ne pas se sentir très bien; *F:* **I came over all f.**, je me suis senti tout chose; **(that's) f.!** voilà qui est curieux! *F:* **no f. business!** pas d'histoires! pas de blagues! **'funnily** *adv* drôlement, bizarrement; **f. enough**, chose curieuse, bizarre. **'funnybone** *n F:* petit juif.

fur [fəːr] **1.** *n* (*a*) fourrure *f*; poil *m*, pelage *m* (d'un animal); **f. coat**, manteau de fourrure; *Fig:* **to make the f. fly**, faire une scène violente (*b*) (*in kettle*) dépôt *m* (de tartre) **2.** *vi* (**furred**) **to f. (up)**, s'entartrer; **furred tongue**, langue chargée. **'fur-lined** *a* (manteau) doublé de fourrure; (gant) fourré. **'furrier** *n* fourreur *m*. **'furry** *a* (**-ier, -iest**) (animal) à poil; (tissu) pelucheux.

furbish ['fəːbiʃ] *vtr* **to f. (up)**, (i) fourbir, polir (ii) remettre à neuf.

furious ['fjuːriəs] *a* furieux (**with, at**, contre); (*of look*) furibond; (*of battle*) acharné; (*of pace, speed*) fou; **to become f.**, entrer en fureur; **fast and f.**, frénétique. **'furiously** *adv* furieusement; avec acharnement; (conduire) à une allure folle.

furl [fəːl] *vtr* serrer, ferler (une voile); rouler (un parapluie).

furlough ['fəːlou] *n Mil:* congé *m*, permission *f*.

furnace ['fəːnis] *n* fourneau *m*, four *m*; (*hot place*) fournaise *f*; **blast f.**, haut fourneau.

furnish ['fəːniʃ] *vtr* (*a*) fournir, donner; pourvoir; **to f. s.o. with sth**, fournir, pourvoir, munir, qn de qch (*b*) meubler (une maison); **furnished flat**, appartement meublé; **to live in a furnished flat**, loger en meublé. **'furnishings** *npl* ameublement *m*; **soft f.**, tapis *mpl* et rideaux *mpl*; **furnishing fabric**, tissu *m* d'ameublement.

furniture ['fəːnitʃər] *n* meubles *mpl*, mobilier *m*; **piece of f.**, meuble; **f. polish**, encaustique *f*; **f. shop**, magasin d'ameublement; **f. remover**, déménageur *m*.

furore [fjuə'rɔːri], *NAm:* **furor** ['fjuərɔːr] *n* enthousiasme démesuré; **to create a f.**, faire fureur.

furrow ['fʌrou] **1.** *n* sillon *m* **2.** *vtr* sillonner (une surface, le visage).

further ['fəːðər] **1.** *adv* (*a*) = **farther 1.** (*b*) davantage, plus; **until you hear f.**, jusqu'à nouvel avis; **to go no f. into sth**, en rester là; **f. back**, à une période plus reculée (*c*) en outre **2.** *a* (*a*) = **farther 2.** (*b*) supplémentaire; **without f. delay**, sans plus attendre; **without f. ado**, sans plus de cérémonie; **on f. consideration**, après plus ample réflexion; **f. details**, de plus amples détails; **a f. case**, un autre cas; **f. education**, enseignement post-scolaire **3.** *vtr* promouvoir (une cause, la recherche, etc). **further-more** *adv* en outre. **'furthermost** *a* (endroit) le plus lointain, le plus éloigné. **'furthest** *a & adv* = **farthest**.

furtive ['fəːtiv] *a* (*of glance*) furtif; (*of pers*) sournois. **'furtively** *adv* furtivement.

fury ['fjuəri] *n* furie *f*, fureur *f*; violence *f* (du vent); **to get into a f.**, entrer en fureur; *F:* **to work like f.**, travailler comme un fou.

furze [fəːz] *n Bot:* ajonc *m*.

fuse[1] [fjuːz] *n* fusée *f* (d'obus); amorce *f*; *Min:* **(safety) f.**, cordeau *m*.

fuse[2] **I.** *n El:* fusible *m*; plomb *m*; **f. box**, boîte à fusibles; **f. wire**, (fil *m*) fusible; **the f. has gone, blown**, le plomb a sauté; **to blow a f.**, faire sauter un plomb. **II.** *v* **1.** *vtr* (*a*) fondre (un métal); *Fig:* fusionner (deux partis) (*b*) **to f. the lights**, faire sauter les plombs **2.** *vi* (*a*) (*of metals*) fondre; (*of parties*) fusionner (*b*) *El:* **the lights have fused**, les plombs ont sauté. **fused** *a El:* (*of plug*) avec fusible incorporé.

fuselage ['fjuːzəlɑːʒ] *n Av:* fuselage *m*.

fusilier [fjuːzə'liər] *n Mil:* fusilier *m*.

fusillade [fjuːzi'leid] *n* fusillade *f*.

fusion ['fjuːʒn] *n* (union) *& Ph: Biol:* fusion *f*.

fuss [fʌs] **1.** *n* agitation *f*; façons *fpl*, histoires *fpl*, chichis *mpl*; **a lot of f. (and bother) about nothing**, beaucoup de bruit pour rien; **what's all the f. about!** qu'est-ce que c'est que toutes ces histoires? **what a (lot of) f.!** quelle histoire! **to kick up, make, a f.**, faire des histoires; **to make a f. of s.o.**, être aux petits soins pour qn **2.** *vi* (*a*) faire des chichis; **to f. (about, around)**, s'agiter; **to f. over s.o.**, être aux petits soins pour qn (*b*) se tracasser (**about**, pour). **'fussily** *adv* d'une manière tatillonne; (habillé) avec trop de recherche. **'fussiness** *n* façons. **'fusspot**, *n NAm:* **'fussbudget** *F:* enquiquineur, -euse. **'fussy** *a* (**-ier, -iest**) tatillon; méticuleux; (*of style, dress*) trop pomponné; **don't be so f.!** ne soyez pas si difficile! (**about**, sur).

fusty ['fʌsti] *a* (**-ier, -iest**) (odeur) de renfermé; (pièce) qui sent le renfermé. **'fustiness** *n* odeur *f* de renfermé.

futile ['fjuːtail, *NAm:* 'fjuːtl] *a* futile, vain. **fu'tility** [-'til-] *n* futilité *f*.

future ['fjuːtʃər] **1.** *a* futur; (*of events*) à venir; **my f. wife**, ma future; **at a f. date**, à une date ultérieure; *Gram:* **f. tense**, temps futur **2.** *n* (*a*) avenir *m*; **in f.**, à l'avenir; **in the f.**, un jour (futur), dans l'avenir; **in the near f.**, dans un proche avenir; **there's no f. in it**, cela n'a pas d'avenir (*b*) *Gram:* futur *m*; **f. perfect**, futur antérieur; **in the f.**, au futur. **futu'ristic** *a* futuriste.

fuzz [fʌz] *n* (*a*) (*on fabric*) peluches *fpl*; (*on skin*) duvet *m* (*b*) cheveux crêpelés, crépus (*c*) *P:* (*police*) **the f.**, les flics *m*. **'fuzziness** *n* crêpelure *f* (des cheveux); *Art:* flou *m*. **'fuzzy** *a* (**-ier, -iest**) (*of hair*) crépu; (*of idea, picture*) flou.

G

G, g [dʒiː] *n* (*c*) (la lettre) G, g *m* (*b*) *Mus:* sol *m*; **G-string** (i) *Mus:* corde de sol (ii) *Cl:* cache-sexe *m inv.*
g *abbr grams*(*s*).
gab [gæb] *n F:* **to have the gift of the g.,** avoir du bagou(t).
gabardine, gaberdine [gæbə'diːn] *n* gabardine *f.*
gabble ['gæbl] **1.** *n* baragouin *m* **3.** *v* (*a*) *vi* jacasser; bredouiller; **don't go.,** ne parlez pas si vite (*b*) *vtr* **to g. (out),** débiter (un discours) à toute vitesse.
gable ['geibl] *n* **g. (end),** pignon *m.*
gad [gæd] *vi* **(gadded) to g. about,** se balader, vadrouiller.
gadget ['gædʒit] *n* gadget *m*; *F:* machin *m*, truc *m.* **'gadgetry** *n* gadgets *mpl*; *F:* trucs *mpl.*
Gaelic ['geilik] *a & n* gaélique (*m*).
gaff¹ [gæf] *Fish:* **1.** *n* gaffe *f* **2.** *vtr* gaffer.
gaff² *n F:* **to blow the g.,** vendre la mèche.
gaffe [gæf] *n* gaffe *f*, bévue *f.*
gaffer ['gæfər] *n* (*a*) vieux *m* (*b*) *P:* contremaître *m*; patron *m.*
gag [gæg] **1.** *n* (*a*) bâillon *m* (*b*) *F:* plaisanterie *f*; *Cin: Th:* gag *m* **2.** *v* **(gagged)** (*a*) *vtr* bâillonner (une victime, la presse) (*b*) *vi NAm:* s'étouffer **(on,** avec).
gaga ['gɑːgɑ] *a F:* gaga; gâteux.
gage [geidʒ] *n & v NAm:* = **gauge.**
gaggle ['gægl] *n* (*of geese*) troupeau *m.*
gaiety ['geiəti] *n* gaieté *f*; éclat *m* (de couleur).
gaily ['geili] *adv* gaiement; allègrement: **g. coloured,** aux couleurs vives.
gain [gein] **1.** *n* (*a*) *Com:* bénéfice *m*, gain *m*, profit *m*; *Fig:* avantage *m* (*b*) augmentation *f*; hausse *f* (de valeur) **2.** *vtr & i* (*a*) gagner; atteindre (un objectif); acquérir (une réputation, de l'expérience); **you will g. nothing by it,** vous n'y gagnerez rien; **to g. weight,** prendre du poids; **to g. in strength,** gagner en force; **to g. the upper hand,** prendre le dessus; **to g. (ground) on s.o.,** rattraper qn; (*in race*) **to g. on s.o.,** prendre de l'avance sur qn (*b*) (*of clock*) avancer; **to g. five minutes a day,** avancer de, prendre, cinq minutes par jour. **'gainful** *a* profitable; rémunérateur; (emploi) rémunéré. **gain'say** *vtr* **(-'said** [-'sed]) contredire; nier (les faits).
gait [geit] *n* démarche *f*; façon *f* de marcher.
gaiter ['geitər] *n Cl:* guêtre *f.*
gala ['gɑːlə] *n* fête *f*, gala *m*; **swimming g.,** concours *m* de natation.
galaxy ['gæləksi] *n* (*pl* **galaxies**) *galaxie f.* **ga'lactic** *a* galactique.
gale [geil] *n* grand vent, rafale *f* (de vent); **it's blowing a g.,** le vent souffle en tempête; **g. force winds,** vents forts; **g. warning,** avis *m* de tempête; **gales of laugher,** éclats *mpl* de rires.
gal(l) *abbr gallon*(*s*).
gall¹ [gɔːl] *n* (*a*) bile *f*; *Fig:* fiel *m*; **g. bladder,** vésicule *f* biliaire (*b*) *F:* effronterie *f*, culot *m.* **'gallstone** *n* calcul *m* biliaire.
gall² *n Bot:* **g. (nut),** (noix *f* de) galle *f.*
gall³ *vtr* blesser, froisser (qn). **'galling** *a* blessant, humiliant.
gallant ['gælənt] *a* (*a*) courageux, brave, vaillant (*b*) magnifique (*c*) (*of man*) (*occ* [gə'lænt]) galant. **'gallantly** *adv* (*a*) bravement; courageusement (*b*) (*occ* [gəlæntli]) galamment. **'gallantry** *n* (*a*) courage *m* (*b*) galanterie *f.*
galleon ['gæliən] *n Hist:* galion *m.*
gallery ['gæləri] *n* (*pl* **galleries**) (*a*) galerie *f*; *Th:* (troisième) galerie; (*for public, press*) tribune *f*; *Fig:* **to play to the g.,** jouer pour la galerie (*b*) **(art) g.,** galerie d'art; (*public*) musée *m* d'art.
galley ['gæli] *n* (*a*) yole *f* (d'amiral) (*b*) *Hist:* galère *f*; **g. slave,** galérien *m* (*c*) *Nau: Av:* cuisine *f* (*d*) *Typ:* **g. (proof),** (épreuve *f* en) placard *m.*
Gallic ['gælik] *a* (*a*) *Hist:* gaulois (*b*) français. **'gallicism** *n Ling:* gallicisme *m.*
gallivant ['gælivænt] *vi F:* courir, vadrouiller.
gallon ['gælən] *n* gallon *m* (= 4,5 litres; *US:* = 3,8 litres).
gallop ['gæləp] **1.** *n* galop *m*; **to go for a g.,** faire une galopade; **(at) full g.,** au grand galop **2.** *v* **(galloped)** (*a*) *vi* galoper; aller au galop; **to g. away, off,** partir au galop, en vitesse (*b*) *vtr* faire aller (un cheval) au galop. **'galloping** *a* (cheval) au galop; **g. inflation,** inflation galopante.
gallows ['gælouz] *n* potence *f*, gibet *m.*
galore [gə'lɔːr] *adv* en abondance, à profusion; à gogo.
galoshes [gə'lɔʃiz] *npl* caoutchoucs *mpl.*
galvanize ['gælvənaiz] *vtr* galvaniser; **to g. s.o. into action,** galvaniser qn. **galvani'zation** *n* galvanisation *f.* **galva'nometer** *n* galvanomètre *m.*
Gambia (the) [ðə'gæmbiə] *Prn Geog:* la Gambie.
gambit ['gæmbit] *n Chess:* gambit *m*; *Fig:* **opening g.,** manœuvre *f* stratégique.
gamble ['gæmbl] **1.** *n* coup risqué **2.** *vi* jouer **(on,** sur, **with,** avec); **to g. on a throw of the dice,** miser sur un coup de dé; **to g. on the Stock Exchange,** boursicoter; **to g. on a rise in prices,** jouer à la hausse; **she's gambling on getting home by 8 o'clock,** elle compte rentrer avant 8 heures. **gamble a'way** *vtr* perdre (une fortune) au jeu. **'gambler** *n* joueur, -euse; **g. on the Stock Exchange,** spéculateur, -trice. **'gambling** *n* le jeu; **g. debts,** dettes du jeu: **g. den,** maison de jeu; tripot *m.*
gambol ['gæmbəl] *vi* **(gambolled)** gambader.
game¹ [geim] **1.** *n* (*a*) jeu *m*; amusement *m*, divertissement *m*; **g. of skill, of chance,** jeu d'adresse, de hasard; **card games,** jeux de cartes; **Olympic games,** jeux olympiques; *Sch:* **games,** le sport; **games teacher,** professeur d'éducation physique; **he's good at games,** c'est un sportif; **to play the g.,** jouer franc jeu; **to beat s.o. at his own g.,** battre qn avec ses propres armes; **two can play at that g.,** à bon chat

bon rat; *Fig:* **what's his g.?** où veut-il en venir? **I can see your g.,** je vous vois venir; **to spoil s.o.'s g.,** déjouer les plans de qn; **the game's up,** l'affaire est dans l'eau (*b*) partie *f* (de cartes); manche *f* (d'une partie de cartes); match *m* (de football); **to have a g. of,** jouer un match de; faire une partie de; *Ten:* **g., set and match,** jeu, set et partie (*c*) gibier *m*; **big g.,** (i) gros gibier (ii) (*esp in Africa*) les grands fauves; **g. birds,** gibier à plumes: **g. reserve,** parc à gibier; *Cu:* **g. pie,** pâté de gibier en croûte: *Fig:* **he's fair g.,** c'est une proie idéale (**for,** pour) **2.** *a* courageux, résolu; **to be g.,** avoir du cran; **I'm g.!** d'accord! **g. for anything,** prêt à tout. **'gamekeeper** *n* garde-chasse *m*. **'gamesmanship** *n* art *m* de gagner. **'gaming** *n* jeu *m*; **g. table,** table de jeu.

game² *a* estropié; **to have a g. leg,** être boiteux.

gamma ['gæmə] *n* gamma *m*; **g. rays,** rayons gamma.

gammon ['gæmən] *n* jambon fumé.

gammy ['gæmi] *a F:* = **game²**.

gamut ['gæmət] *n* gamme *f*.

gander ['gændər] *n Orn:* jars *m*.

gang [gæŋ] *n* bande *f*; équipe *f* (d'ouvriers); convoi *m* (de prisonniers); gang *m* (de voleurs); **the whole g.,** toute la bande. **'gangland** *n* monde criminel; le milieu. **'gangplank** *n* passerelle *f*. **'gangster** *n* gangster *m*. **gang 'up** *vi* **to g. up on, against,** se liguer contre. **'gangway** *n* passage *m*; (*in train*) couloir *m*; (*in bus, cinema, theatre*) allée *f*; *Nau:* passerelle *f*; **g. please!** dégagez, s'il vous plait!

gangling ['gæŋgliŋ] *a* dégingandé.

ganglion ['gæŋgliən] *n Anat:* ganglion *m*.

gangrene ['gæŋgri:n] *n Med:* gangrène *f*. **'gangrenous** *a* gangreneux.

gannet ['gænit] *n Orn:* fou *m* (de Bassan).

gantry ['gæntri] *n* (*pl* **gantries**) pont (roulant) (à signaux); portique (roulant, *Space:* de lancement).

gaol [dʒeil] *n & vtr* = **jail**.

gap [gæp] *n* trou *m*; trouée *f*, ouverture *f*; vide *m* (dans une haie); blanc *m* (sur une page); brèche *f* (dans un mur); jour *m* (entre des planches); interstice *m* (entre des rideaux); *El:* distance *f*, intervalle *m* (entre les électrodes); écartement *m* (des contacts); **his death leaves a g.,** sa mort laisse un vide; **the gaps in his education,** les lacunes *f* de son éducation; **trade g.,** déficit commerical; **wage g.,** écart *m* des salaires; **credibility g.,** crise *f* de confiance; **age g.,** écart d'âge; **g. of 20 years,** intervalle de vingt ans; **generation g.,** conflit *m* des générations; **to fill (in, up), to stop, a g.,** boucher un trou, combler un vide; **the g. between,** l'écart entre.

gape [geip] *vi* (*a*) bâiller; (*of thg*) **to g. (open),** s'ouvrir (tout grand); (*of hole*) être béant; **boards that g.,** planches qui ne joignent pas (*b*) (*of pers*) rester, être, bouche bée; **to g. at s.o.,** regarder qn bouche bée. **'gaping** *a* béant.

garage ['gærɑ:ʒ, 'gæridʒ, *NAm:* gə'rɑ:ʒ] **1.** *n* garage *m*; **g. proprietor,** garagiste *m* **2.** *vtr* mettre au garage.

garb [gɑ:b] *n Lit: & Hum:* costume *m*.

garbage ['gɑ:bidʒ] *n* ordures *fpl*; *NAm:* **g. can** (*Br* = **dustbin**), poubelle *f*; *NAm:* **g. truck** (*Br* = **dustcart**), camion-benne *m*; *NAm:* **g. collector, man,** (*Br* = **dustman**), éboueur *m*.

garble ['gɑ:bl] *vtr* déformer, embrouiller (les mots, etc); dénaturer (des faits); altérer (un texte); **garbled account,** compte rendu embrouillé, trompeur.

garden ['gɑ:dn] **1.** *n* jardin *m*; **kitchen g., vegetable g.,** (jardin) potager (*m*); **g. of remembrance** = cimetière *m* d'un crématorium; **zoological gardens,** jardin zoologique; *F:* **to lead s.o. up the g. path,** faire marcher qn; **(public) garden(s),** jardin public, parc *m*; **g. centre,** jardinerie *f*; (*nursery*) pépinière *f*; **g. party,** garden-party *f*; **g. produce,** produits maraîchers; **g. suburb, g. city,** cité-jardin *f*; **g. tools,** outils de jardinage **2.** *vi* **to be gardening,** jardiner; faire du jardinage. **'gardener** *m* jardinier, -ière; **landscape g.,** jardinier paysagiste; **market g.,** *NAm:* **truck g.,** maraîcher, -ère. **'gardening** *n* jardinage; horticulture *f*; **market g.,** *NAm:* **truck g.,** maraîchage *m*.

gargle ['gɑ:gl] *Med:* **1.** *n* gargarisme *m* **2.** *vi* se gargariser.

gargoyle ['gɑ:gɔil] *n* gargouille *f*.

garish ['gɛəriʃ] *a* voyant, criard.

garland ['gɑ:lənd] *n* guirlande *f*; couronne *f* (de fleurs).

garlic ['gɑ:lik] *n* ail *m*; **g. sausage,** saucisson à l'ail. **'garlicky** *a* qui sent, qui a le goût de, l'ail.

garment ['gɑ:mənt] *n* vêtement *m*.

garnet ['gɑ:nit] *n* grenat *m*.

garnish ['gɑ:niʃ] **1.** *n* garniture *f* **2.** *vtr* garnir (un plat). **'garnishing** *n* garniture *f* (d'un plat).

garret ['gærət] *n* mansarde *f*, soupente *f*.

garrison ['gærisən] **1.** *n* garnison *f*; **g. town,** ville de garnison **2.** *vtr* mettre (des troupes) en garnison; **to g. a town,** (i) mettre une garnison (ii) être en garnison, dans une ville.

garrulous ['gærələs, -rjul-] *a* loquace, bavard. **'garrulously** *adv* avec volubilité.

garter ['gɑ:tər] *n* (*a*) jarretière *f*; fixe-chaussette *m*; *Knit:* **g. stitch,** point *m* mousse (*b*) *NAm:* (*for woman's stocking*) (*Br* = **suspender**) jarretelle *f*.

gas [gæs] **1.** *n* (*pl* **gases**) (*a*) gaz *m*; *Dent: F:* anesthésie *f* au masque; **natural g.,** gaz naturel; **g. industry,** industrie du gaz; **cooking with g.,** cuisine au gaz; **g. cooker,** cuisinière à gaz, gazinière *f*; **g. stove,** réchaud *m* à gaz; (*large*) cuisinière à gaz; **g. fire, heater,** appareil *m* de chauffage à gaz; **g. lighter,** (i) allume-gaz *m inv* (ii) briquet *m* (à gaz); **g. mask,** masque à gaz; **g. meter,** compteur à gaz; **g. main, g. pipe,** tuyau à gaz; (*pers*) **g. fitter,** gazier *m*; poseur, ajusteur, d'appareils à gaz; *Dent: Med:* **to have g.,** se faire anesthésier; **tear g., CS g.,** gaz lacrymogène; **g. chamber,** chambre à gaz (*b*) *NAm:* essence *f*; **g. station,** poste *m* d'essence; **to step on the g.,** marcher à pleins gaz **2.** *v* **(gassed)** (*a*) *vtr* asphyxier, *Mil:* gazer (qn); **to g. oneself,** s'asphyxier (*b*) *vi F:* bavarder. **'gasbag** *n F:* commère *f*. **'gaseous** *a* gazeux. **'gas-fired** *a* (chauffage central) au gaz. **'gaslight** *n* **by g.,** à lumière du gaz. **'gasman** *n* (*pl* **-men**) employé *m* du gaz. **'gasoline** *n NAm:* essence *f*. **gas'ometer** *n* gazomètre *m*. **'gassy** *a* **(-ier, iest)** gazeux. **'gasworks** *npl* usine *f* à gaz.

gash [gæʃ] *n* entaille *f*; (*on face*) balafre *f* **2.** *vtr* entailler; balafrer (le visage).

gasket ['gæskit] *n MecE:* joint *m* d'étanchéité; garniture *f* (de joint); *ICE:* **cylinder head g.,** joint de culasse.

gasp [gɑːsp] **1.** *n* (*a*) halètement *m*; **to be at one's last g.,** (i) être à l'agonie (ii) être à bout de souffle (*b*) **a g. of surprise,** un hoquet de surprise **2.** (*a*) *vi* **to g. with, in, surprise,** avoir le souffle coupé de surprise; **the news made me g.,** cette nouvelle m'a coupé le souffle; **to g. (for breath),** haleter (*b*) *vtr* **to g. (out) sth,** hoqueter qch.

gastric ['gæstrik] *a* gastrique; **g. flu,** grippe gastro-intestinale; **g. ulcer,** ulcère de l'estomac. **ga'stritis** *n* gastrite *f*. **gastroente'ritis** *n* gastro-entérite *f*. **'gastronome** *n* gastronome *mf*. **gastro'nomic** *a* gastronomique. **ga'stronomy** *n* gastronomie *f*.

gate [geit] *n* (*a*) (*of castle, airport, etc*) porte *f*; (*in garden, at level crossing, field*) barrière *f*; (*iron*) grille *f*; (*at sportsground*) entrée *f*; (*in Paris Metro*) portillon *m*; *HydE:* (*of lock*) vanne *f* (*b*) (*number of spectators*) public *m* (à un match); **g. (money),** recette *f*; entrées *fpl*. **'gatecrash** *vtr & i* **to g. (a party),** s'inviter de force (à une réception). **'gatecrasher** *n* resquilleur, -euse. **'gateleg(ged)** *a* **g. table,** table anglaise, table Victoria. **'gatepost** *n* montant *m* de barrière; *F:* **between you, me and the g.,** soit dit entre nous. **'gateway** *n* porte, portail *m*; *Fig:* chemin *m* (du succès, etc).

gâteau ['gætou] *n* (*pl* **gâteaux** [-ouz]) gros gâteau à la crème.

gather ['gæðər] **1.** *vtr* (*a*) rassembler; ramasser; cueillir (des fleurs); récolter (des fruits); **to g. in,** rentrer (la récolte); ramasser (les copies, etc); **to g. up,** ramasser (les papiers); **to g. together,** rassembler (les chaises, etc); recueillir (des renseignements); **to g. speed,** prendre de la vitesse; **to g. up one's strength,** rassembler ses forces; **to g. one's thoughts,** se recueillir; **he gathered her (up) in his arms,** il l'a serrée dans ses bras (*b*) *Needlew:* froncer (une jupe) (*c*) comprendre; **I g. that,** je crois comprendre que **2.** *vi* (*a*) **to g. (together),** (*of people*) se rassembler; s'assembler, s'amasser; (*of thgs*) s'accumuler, s'amonceler, s'amasser; **a crowd gathered,** une foule s'est formée, **g. round!** approchez-vous! **to g. round s.o.,** entourer qn; **a storm is gathering,** un orage se prépare. **'gathered** *a Needlew:* froncé; (jupe) à fronces. **'gathering** *n* (*a*) **(family) g.,** réunion *f* (de famille); **we were a large g.,** nous étions nombreux (*b*) *Needlew:* (*also* **gathers**) fronces *fpl*.

gauche [gouʃ] *a* gauche, maladroit.

gaudy ['gɔːdi] *a* **(-ier, -iest)** voyant, criard, éclatant; de mauvais goût. **'gaudily** *adv* de manière voyante; (peint) en couleurs criardes.

gauge, *NAm:* **gage** [geidʒ] **1.** *n* (*a*) calibre *m* (d'un écrou); *Rail:* écartement *m* (de la voie); **narrow g.,** voie étroite (*b*) (*instrument*) jauge *f*, indicateur *m*; **fuel g.,** jauge d'essence; **oil pressure g.,** manomètre *m* de pression d'huile; **tyre (pressure) g.,** indicateur de pression des pneus; manomètre pour pneus **2.** *vtr* calibrer (un écrou); mesurer; prévoir (l'avenir); **to g. s.o.'s capacities,** estimer, jauger, les capacités de qn.

Gaul [gɔːl] *Hist:* **1.** *Prn* Gaule *f* **2.** *n* Gaulois, -oise.

gaunt [gɔːnt] *n* maigre, décharné.

gauntlet ['gɔːntlit] *n* gant *m*; *Arm:* gantelet *m*; *Fig:* **to run the g.,** essuyer (le feu) **(of criticism,** de critiques adverses).

gauze [gɔːz] *n* gaze *f*.

gave [geiv] *see* **give.**

gavel ['gævl] *n* marteau *m* (de commissaire-priseur).

gawk [gɔːk] *vi* **to g. (at),** bayer aux corneilles.

gawky ['gɔːki] *a* dégingandé, gauche.

gawp [gɔːp] *vi* = **gawk.**

gay [gei] **1.** *a* gai, joyeux; (*of colour*) vif, gai; **to lead a g. life,** mener une vie de plaisir(s) **2.** *a F:* homo(sexuel), gay *inv*.

gaze [geiz] **1.** *n* regard *m* (fixe) **2.** *vi* regarder; **to g. at sth,** regarder (fixement) qch.

gazebo [gə'ziːbou] *n* kiosque *m* de jardin, gloriette *f*.

gazelle [gə'zel] *n Z:* gazelle *f*.

gazette [gə'zet] *n* journal officiel; (*title*) gazette *f*. **gaze'tteer** *n* répertoire *m* géographique.

GB *abbr Great Britain.*

GCSE *abbr General Certificate of Secondary Education.*

gear ['giər] **1.** *n* (*a*) équipement *m*, matériel *m*; attirail *m* (de pêche); affaires *fpl*; *F:* vêtements *mpl* (à la mode) (*b*) *MecE:* mécanisme *m*; *Av:* **landing g.,** train *m* d'atterrissage (*c*) *MecE:* **(driving, transmission) g.,** transmission *f*, commande *f*; engrenages *mpl* (de transmission); *Aut:* vitesse *f*; **in g.,** en prise; **out of g.,** hors de prise; **not in g.,** au point mort; *Aut:* **first, bottom, g.,** première vitesse; **top g.,** prise (directe); **g. lever, stick,** *NAm:* **shift,** levier *m* de (changement de) vitesse; **to change,** *NAm:* **shift, g.,** changer de vitesse **2.** *vtr* **to g. up, down,** multiplier, démultiplier (un moteur); **wages geared to the cost of living,** salaires indexés au coût de la vie; **book geared to the needs of students,** livre adapté aux besoins des étudiants; **to be geared up to do sth,** être prêt à faire qch; **to g. oneself up for,** se préparer pour. **'gearbox** *n* (*pl* **-boxes)** *Aut:* boîte *f* de vitesses. **'gearwheel** *n* (roue *f* d')engrenage *m*; (*on bicycle*) pignon *m*.

gee [dʒiː] *int* (*a*) (*to horse*) **g. up!** hue! (*b*) *esp NAm:* **g.!** ça alors!

geese [giːs] *see* **goose.**

geezer ['giːzər] *n F:* type *m*.

gel [dʒel] **1.** *n* gel *m* **2.** *vi* **(gelled)** (*of jelly*) prendre; (*of ideas*) se former, prendre. **'gelatin(e)** *n* gélatine *f*. **ge'latinous** *a* gélatineux.

gelding ['geldiŋ] *n* (cheval *m*) hongre (*m*).

gelignite ['dʒelignait] *n* dynamite *f* (au nitrate de soude).

gem [dʒem] *n* pierre précieuse; joyau *m*; *Fig:* (*of pers, mistake*) perle *f*. **'gemstone** *n* pierre gemme.

Gemini ['dʒeminai] *Prnpl Astr:* les Gémeaux *mpl*.

gen [dʒen] **1.** *n P:* coordonnées *fpl* **2.** *vi* **(genned)** *P:* **to g. up on,** se rencarder sur.

gender ['dʒendər] *n* genre *m*; (*of pers*) sexe *m*.

gene [dʒiː] *n Biol:* gène *m*.

genealogy [dʒiːni'ælədʒi] *n* généalogie *f*. **genea'logical** *a* généalogique, **gene'alogist** *n* généalogiste *mf*.

general ['dʒenərəl] **1.** *a* général; (effet) d'ensemble; **as a g. rule, in g.,** en général; **to be g.,** être très répandu; **the rain has been pretty g.,** il a plu un peu partout; **g. election,** élections législatives; **in g. use,** (d'usage) courant; **for g. use,** (destiné au) grand public; **the g. public,** le (grand) public; **a g. favourite,** aimé, apprécié, de tous; *NAm:* **g. delivery,** poste restante; **g. knowledge,** connaissances générales; **g. store(s), shop,** magasin de village **2.** *n* général *m*.

gene'rality *n* (*pl* **-ies**) généralité *f*. **generali'zation** *n* généralisation *f*. **'generalize** *vtr & i* généraliser. **'generally** *adv* généralement, en général, **g. speaking,** en général, généralement parlant. **general-'purpose** *a* (à) toutes fins, (pour) tous usages; (d'usage) universel.

generate ['dʒenəreit] *vtr* produire (de la chaleur); engendrer (la peur, un espoir, etc); *Ling:* engendrer; *El:* **generating station,** centrale électrique. **gene'ration** *n* génération *f*; **the g. of,** la production de (chaleur). **'generator** *n El: etc:* groupe *m* électrogène, génératrice *f*.

generic [dʒi'nerik] *a* générique.

generous ['dʒenərəs] *a* généreux; (repas) copieux; **to take a g. helping,** se servir copieusement. **gene'rosity** [-'rɔsiti] *n* générosité *f*. **'generously** *adv* généreusement; (servir) copieusement.

genesis ['dʒenəsis] *n* genèse *f*.

genetic [dʒi'netik] *a* génétique. **ge'neticist** *n* généticien, -ienne. **ge'netics** *npl* génétique *f*.

Geneva [dʒə'ni:və] *Prn Geog:* Genève *m or f*; **Lake G.,** le lac Léman.

genial ['dʒi:niəl] *a* affable; jovial; (climat) doux. **geni'ality** *n* bonne humeur. **'genially** *adv* affablement.

genie ['dʒi:ni] *n* (*goblin*) génie *m*.

genital ['dʒenitl] *a* génital. **'genitals** *npl* organes génitaux.

genitive ['dʒenitiv] *a & n Gram:* génitif (*m*).

genius ['dʒi:niəs] *n* (*pl* **geniuses**) génie *m*; **to have a g. for business,** avoir le génie des affaires; **to have a g. for doing sth,** avoir le génie pour faire qch; **work of g.,** œuvre géniale.

Genoa ['dʒenouə] *Prn Geog:* Gênes *f*. **Geno'ese** *a & n* génois, -oise.

genocide ['dʒenousaid] *n* génocide *m*.

gent [dʒent] *n F:* monsieur *m*; *Com:* **gents' footwear,** chaussures *fpl* pour hommes; **the gents,** les toilettes (pour hommes); **where's the gents** (*NAm:* **the men's room**)? où sont les WC?

genteel [dʒen'ti:l] *a Iron:* distingué. **gen'tility** *n* manières distinguées.

gentle ['dʒentl] *a* doux; (*of hint, reminder*) discret; (*of touch*) léger; (*of pace*) mesuré; (*of exercise, progress*) modéré; (*of birth*) noble. **'gentleness** *n* douceur *f*. **'gently** *adv* doucement; discrètement; en douceur; **g. does it!** allez-y doucement!

gentleman ['dʒentlmən] *n* (*pl* **gentlemen**) monsieur *m* (bien élevé); gentleman *m*; **g. farmer,** gentleman-farmer *m*; (*to audience*) **ladies and gentlemen!** mesdames, mesdemoiselles, messieurs! *PN:* (*public lavatory*) **gentlemen,** hommes; **gentlemen's hairdresser,** coiffeur *m* pour hommes. **'gentlemanly** *a* bien élevé; (air) distingué.

gentry ['dʒentri] *n* petite noblesse; **landed g.,** aristocratie terrienne.

genuine ['dʒenjuin] *a* (*a*) authentique, véritable; *Com:* (article) garanti d'origine (*b*) (*pers*) sincère; vrai; (acheteur) sérieux. **'genuinely** *adv* authentiquement; sincèrement. **'genuineness** *n* authenticité *f*; sincérité *f*.

genus ['dʒi:nəs] *n* (*pl* **genera** ['dʒenərə]) genre *m*.

geography [dʒi'ɔgrəfi] *n* géographie *f*. **ge'ographer** *n* géographe *mf*. **geographical** [dʒiə'græfikl] *a* géographique.

geology [dʒi'ɔlədʒi] *n* géologie *f*. **geo'logical** *a* géologique. **ge'ologist** *n* géologue *mf*.

geometry [dʒi'ɔmətri] *n* géométrie *f*. **geo'metrical** [dʒiə'metrikl] *a* géométrique.

geophysics [dʒiou'fiziks] *mpl* géophysique *f*.

geranium [dʒə'reiniəm] *n Bot:* géranium *m*.

geriatric [dʒeri'ætrik] *a* (hôpital) du troisième âge; **g. ward,** service *m* de gériatrie; **g. medicine,** gériatrie *f*. **geri'atrics** *mpl* gériatrie.

germ [dʒə:m] *n* germe *m*; *Med:* microbe *m*; **g. warfare,** guerre *f* bactériologique. **'germ-free** *a* (milieu) stérile. **'germicide** *n* germicide *m*. **'germinate** *vtr & i* (faire) germer. **germi'nation** *n* germination *f*.

Germany ['dʒə:məni] *Prn Geog:* Allemagne *f*; **West G.,** Allemagne de l'Ouest; **East G.,** Allemagne de l'Est. **'German 1.** *a* allemand; **West G., East G.,** ouest-allemand, est-allemand; *NAm:* (*dog*) **G. shepherd,** berger allemand **2.** *n* (*a*) Allemand, -ande (*b*) *Ling:* allemand *m*. **Ger'manic** *a* allemand; *Hist: Ling:* germanique.

gerund ['dʒerənd] *n Gram:* gérondif *m*.

gestation [dʒes'teiʃn] *n* gestation *f*.

gesticulate [dʒes'tikjuleit] *vi* gesticuler. **gesticu'lation** *n* gesticulation *f*.

gesture ['dʒestʃər] **1.** *n* geste *m* **2.** *vi* **to g. to s.o. to do,** faire signe à qn de faire.

get [get] *v* (*pt & pp* **got** [gɔt]; *pp NAm:* **gotten**) **1.** *vtr* (*a*) (se) procurer; obtenir; **to g. sth for s.o.,** procurer qch à qn; **to g. sth to eat,** (i) trouver de quoi manger (ii) manger qch (au restaurant); **where did you g. that?** où avez-vous trouvé, acheté, pris, ça? **I got this car cheap,** j'ai eu cette voiture bon marché (*b*) acquérir, gagner; (*derive*) tirer (**from,** de); **I'll see what I can g. for it,** je verrai ce qu'on m'en donnera; **to g. 10% interest,** recevoir 10% d'intérêt; **to g. nothing out of it,** n'y rien gagner; **if I g. the time,** si j'ai le temps; **to g. one's own way,** faire valoir sa volonté (*c*) recevoir (une lettre); attraper (un rhume); **he gets his shyness from his mother,** il tient sa timidité de sa mère; **he got a bullet in the shoulder,** il a reçu une balle dans l'épaule; (*on radio*) **we can't g. Moscow,** nous ne pouvons pas avoir Moscow; *F:* **to g. the sack,** être congédié; **to g. ten years,** prendre, en prendre pour, dix ans de prison **to g. a reputation,** se faire une réputation (*d*) prendre, attraper (une bête); **we'll g. them yet!** on les aura! **you've got me this time!** cette fois-ci vous m'avez eu! (*e*) ennuyer (qn); **that really gets me, gets my goat,** ça m'énerve (*f*) *F:* comprendre; **I don't g. you,** je ne vous comprends pas; **g. me?** tu saisis? tu piges? **you've got it!** vous y êtes! (*g*) **to (go and) g. sth, s.o.,** aller chercher qch, qn; **how can I g. it to you?** comment vous le faire parvenir? **to g. the children to bed,** faire coucher les enfants; **that gets us nowhere, doesn't g. us anywhere,** cela ne nous mène à rien; **to g. lunch (ready),** préparer le déjeuner (*h*) **to g. s.o. to do sth,** faire faire qch à qn; **to g. the house painted,** faire repeindre la maison; **to g. things going, started,** faire démarrer les choses; **to g. oneself noticed,** se faire remarquer; **g. him to read it,** faites-le-lui lire; **I can't g. the door to shut,** je n'arrive pas à fermer la porte; **to g. s.o. to agree,** décider qn à consentir; **to g. one's work finished,** venir à bout de son travail **2.** avoir; **I have got,** *NAm:* **I have gotten,** j'ai; **what have you got there?** qu'avez-vous là? **I haven't got any,** je n'en ai pas **3.** *vi* (*a*) devenir, se faire; **to g. old,** devenir vieux; vieillir; **I'm getting used to it,** je commence à m'y habituer; **it's getting late,** il se fait tard; **to g. married,** se marier; **to g. dressed,** s'habiller; **to g. killed,** se faire tuer; **let's g. going!** allons-y! en route! **to g. working,** se mettre à travailler, au travail; **to g. talking to s.o.,** se mettre à parler à qn; entrer en conversation avec qn (*b*) aller; arriver (à un endroit); **how do you g. there?** comment fait-on pour y aller? **he'll g. here tomorrow,** il arrivera demain; **we're not getting anywhere, we're getting nowhere (fast),** nous n'aboutissons à rien; **to g. within s.o.'s reach,** se mettre à la portée de qn; **where have you got,** *NAm:* **gotten, to?** où en êtes-vous? **where has he got to?** qu'est-ce qu'il est devenu? **he got as far as saying,** il a été jusqu'à dire; **to g. to do,** parvenir à faire; **to g. to know,** (i) faire la connaissance de (qn) (ii) apprendre (qch); **when you g. to know him,** quand on le connaît mieux; **you'll g. to like him,** tu finiras par l'aimer (*c*) **you've got to stay,** tu dois rester; **it's got to be done,** il faut le faire. **get a'bout, a'round** *vi* (*of news*) circuler; (*of pers*) se déplacer; (*after illness*) sortir. **get a'cross 1.** *vtr* (*a*) traverser (une rue); passer (une rivière) (*b*) faire passer; faire traverser (qn) (*c*) communiquer (un message, ses idées) **2.** *vi* traverser, passer; (*of speaker*) se faire comprendre (**to,** de); **to g. a. to s.o. that,** faire comprendre à qn que. **get a'long** *vi* (*a*) se sauver; **I'd better be getting a.,** il est temps que je parte; *F:* **g. a. with you!** (i) va-t'en! (ii) allons donc! tu plaisantes! (*b*) se débrouiller (*c*) avancer, faire des progrès (dans son travail) (*d*) s'entendre (avec qn). **get 'at** *vtr* (*a*) parvenir à, atteindre (un endroit, qn); découvrir (la vérité); **what's he getting at?** où veut-il en venir? (*b*) *F:* acheter (qn); suborner (un témoin) (*c*) *F:* attaquer, dénigrer (qn); s'en prendre à (qn). **get-'at-able** *a F:* d'accès facile. **get a'way 1.** *vi* partir, s'en aller; (*of car*) démarrer; (*of prisoner, etc*) s'échapper; **to g. a. from,** quitter (un endroit, qn); *F:* **g a. (with you)!** (i) va-t'-en! (ii) allons donc! tu plaisantes! **there's no getting a. from it,** il faut le reconnaître, c'est comme ça; (*of burglar*) **to g a. with £100,** rafler £100; *F:* **to g. a. with it,** (i) faire accepter qch (ii) s'en tirer à bon compte **2.** *vtr* éloigner, emmener (qn). **'getaway** *n F:* fuite *f*, évasion *f*; (*of car*) démarrage *m*; **to make one's g.,** s'enfuir; **g. car,** voiture de fuite. **get 'back 1.** *vi* (*a*) reculer; **g. back!** reculez! (*b*) revenir, retourner; **to g. b. home,** rentrer chez soi; **to g. b. (in)to bed,** se recoucher; **to g. back at, g. one's own b. at,** se venger de **2.** *vtr* (*a*) récupérer (qch); reprendre (ses forces); **t. g. one's money b.,** (i) rentrer dans ses fonds (ii) se faire rembourser (*b*) remettre (qch). **get 'by** *vi* (*a*) passer (*b*) se débrouiller; s'en tirer. **get 'down** *vtr & i* (*a*) descendre (**from,** de); **to g. d. to work, to business,** se mettre au travail; **to g. d. to the facts,** en venir aux faits (*b*) **to g. sth d. (in writing),** noter qch (par écrit) (*c*) avaler (qch) (*d*) *F:* déprimer, décourager (qn). **get 'in 1.** *vtr & i* entrer (dans une maison); monter (dans une voiture, etc) **2.** *vi* rentrer (chez soi); (*of water*) pénétrer; (*of train, etc*) arriver; *Pol:* (*of candidate*) être élu **3.** *vtr* rentrer (le linge, etc); faire une provision de (charbon, bois); acheter (qch), faire venir (qn); **I can't g. a word in (edgeways),** je n'arrive pas à placer un mot; *Fig:* **to g. one's hand in,** se faire la main; **to g. one's eye in,** ajuster son coup d'œil. **get 'into** *vtr* entrer dans (une maison); monter dans (une voiture, etc); pénétrer dans (un bois); **to g. i. parliament,** être élu député (*b*) mettre (des vêtements); **to g. i. bed, a rage,** se mettre au lit, en colère; **to g. i. a habit,** prendre une habitude; *F:* **what's got i. him?** qu'est-ce qu'il a? **get 'off 1.** *vtr & i* descendre (d'un train, etc); **to g. o. (from) a chair,** se lever d'une chaise; *F:* **g o.!** ôte-toi de là! **g. o. (me)!** lâche-moi! *F:* **I told him where to g. o.,** je lui ai dit ses quatre vérités **2.** *vi* (*a*) partir; *Av:* décoller; to **g. o. (to sleep),** s'endormir (*b*) s'en tirer; (*finish work*) sortir; *Jur:* être acquitté; **to g. o. lightly,** s'en tirer à bon compte; **to g. o. with a fine,** en être quitte pour une amende (*c*) *F:* **to g. o. doing,** se dispenser de faire **3.** *vtr* (*a*) enlever (des vêtements, une tache) (*b*) expédier (une lettre); faire partir (qn); *Fig:* **to g. sth o. one's hands,** se débarrasser de qch (*c*) faire acquitter (un prévenu); tirer (qn) d'affaire. **get 'on 1.** *vtr & i* monter (sur une échelle, dans un train) **2.** *vi* (*a*) **to g. on (with sth),** continuer (qch); (*of pers*) **to be getting on,** se faire vieux; **to be getting on for forty,** friser la quarantaine; **time's getting on,** l'heure avance; **it's getting on for midnight,** il est presque minuit (*b*) marcher avancer; faire des progrès; réussir (dans la vie); **how are you getting on?** comment ça va? comment ça marche? **to g. on with,** continuer (un travail); **how did you g. on in your exam?** comment votre examen a-t-il marché? **I can't g. on without him,** je ne peux pas me passer de lui (*c*) s'entendre (**with s.o.,** avec qn) (*d*) (*by telephone*) **to g. on to s.o.,** toucher, contacter, joindre, qn **3.** *vtr* mettre (des vêtements). **get 'onto** *vtr* (*a*) monter sur (une échelle); monter dans (un train); **we got o. (the subject of) divorce,** nous en sommes venus à parler du divorce; **to g. s.o. o. a subject,** amener qn à parler d'un sujet (*b*) *F:* découvrir le vrai caractère de (qn). **get 'out 1.** *vtr* sortir (qch); arracher (un clou); tirer (un bouchon); enlever (une tache); faire sortir (qn); emprunter (un livre) (**from the library,** à la bibliothèque); prendre (qch) (**from a drawer,** dans un tiroir); **to g. nothing o. of it,** n'y rien gagner **2.** *vi* (*a*) sortir (**of sth,** de qch); descendre (**from, of, a train,** d'un train); s'échapper (**of a cage,** d'une cage); **to g. o. of bed,** se lever; **to g.o. of s.o.'s way,** faire place à qu; **g. o. (of here)!** fiche-moi le camp! **to g. o. of a difficult position,** se tirer d'une position difficile; t· **g. o. of (doing) sth,** échapper à qch; **to g. o. of a habit,** perdre une habitude (*b*) (*of secret*) se faire jour. **get 'over 1.** *vtr & i* traverser (une rue); surmonter (un obstacle); franchir (une barrière, un mur) **2.** *vtr* (*a*) se remettre de (maladie); venir à bout de, surmonter (ses difficultiés); revenir de (sa surprise); communiquer (ses idées); **he can't g. o. it,** il n'en revient pas (*b*) **to g. sth o. (and done with),** en finir avec qch. **get 'round** *vtr & i* contourner (une difficulté); entortiller (qn); **to g. r. to doing sth,** en venir à faire qch. **get 'through** *vtr & i* (*a*) passer (par un trou); se frayer un chemin (à travers la foule); to g. t. **(an exam),** être reçu (à un examen) (*b*) finir, achever (son travail, etc); venir à bout de (son repas, une tâche); faire passer (la journée); **to g. t. a lot of work,** abattre du travail (*c*) parvenir (à franchir un obstacle); **to g. t. to s.o.,** se faire comprendre de qn; *Tp:* contacter qn; **g. me t. to your boss,** passe-moi ton patron (*d*) faire adopter (un projet de loi); (faire) passer (qch) (à la douane). **get to'gether 1.** *vi* (*of people*) se rassembler, se réunir **2.** *vtr* rassembler; réunir. **'get-together** *n* réunion *f*. **get 'up 1.** *vtr & i* monter (une échelle, etc) **2.** *vi* se lever (**from a chair,** d'une chaise); se mettre debout; (*of wind*) se lever; **to g. up to chapter 5,** en arriver au chapitre 5; **where have you got up to?** où en êtes-vous? **what are they getting up to?** qu'est-ce qu'ils font? **3.** *vtr* (*a*) aider (qn) à monter (l'escalier); monter (qch); **to g. up speed,** prendre de la vitesse (*b*) réveiller (qn) (*c*) organiser (une fête, etc); **to g. oneself up as a sailor,** se déguiser en marin. **'get-up** *n F:* accoutrement *m*.

geyser [giːzər] *n* (*a*) *Geol:* geyser *m* (*b*) chauffe-eau *m inv*.

Ghana ['gɑːnə] *Prn Geog:* Ghana *m*.

ghastly ['gɑːstli] *a* (*a*) blême, pâle (*b*) horrible; (accident) affreux; *F:* (temps) abominable.

Ghent [gent] *Prn Geog:* Gand *m*.

gherkin ['gəːkin] *n Cu:* cornichon *m*.

ghetto ['getou] *n* ghetto *m*.

ghost [goust] **1.** *n* fantôme *m*, revenant *m*; **g. story,** histoire de fantômes **g. ship,** navire fantôme; **g. town,** ville morte, ville fantôme; **not the g. of a chance,** pas l'ombre d'une chance; **g. of a smile,** sourire vague; **Holy G.,** Saint-Esprit *m*; *F:* **g. writer,** collaborateur, -trice, anonyme; nègre *m* **2.** *vi & tr* **to g. for s.o.,** servir de nègre à qn; écrire (les discours de qn). **'ghostly** *a* **(-ier, -iest)** spectral.

ghoul [guːl] *n Myth:* goule *f*; **he's a g.,** il est morbide. **'ghoulish** *a* morbide.

GI *abbr US:* (*a*) *general, government, issue* (*b*) *soldat américain*.

giant ['dʒaiənt] **1.** *a* géant, gigantesque; *Com:* (*of packet*) géant; **g. strides,** pas de géant **2.** *n* géant *m*.

gibber ['dʒibər] *vi* baragouiner. **'gibberish** *n* baragouin *m*, charabia *m*.

gibe [dʒaib] **1.** *n* raillerie *f* **2.** *vi* **to g. at s.o.,** railler qn; se moquer de qn.

giblets ['dʒiblits] *npl* abattis *mpl*, abats *mpl* (de volaille).

giddy ['gidi] *a* (*a*) **to feel g.,** avoir le vertige; **I feel g.,** la tête me tourne; **it makes me g.,** cela me donne le vertige (*b*) (*of height*) vertigineux. **'giddiness** *n* vertige.

gift [gift] *n* (*a*) *Jur:* don *m* (*b*) cadeau *m*; **I wouldn't have it as a g.,** je n'en voudrais pas même comme cadeau; **g. voucher,** chèque-cadeau *m* (*c*) talent *m*; don; **to have a g. for mathematics,** être doué pour les mathématiques. **'gifted** *a* doué. **'gift-wrapped** *a* en paquet-cadeau.

gig [gig] *n Mus: F:* engagement *m*, séance *f*.

gigantic [dʒai'gæntik] *a* géant, gigantesque; colossal.

giggle ['gigl] **1.** *n* petit rire sot; **to get the giggles,** avoir le fou rire **2.** *vi* rire (sottement).

gild [gild] *vtr* dorer; *Fig:* **to g. the lily,** orner la beauté même. **'gilding** *n* dorure *f*. **gilt 1.** *a* doré; *Fin:* **g.-edged securities,** fonds *mpl* d'État **2.** *n* dorure; doré *m*; *Fin:* **gilts,** fond d'État; *F:* **that takes the g. off the gingerbread,** voilà qui en enlève le charme.

gill [dʒil] *n Meas:* canon *m* (de vin) (= *approx* 0,142 l).

gills [gilz] *npl* ouïes *fpl*, branchies *fpl* (de poisson); lames *fpl*, lamelles *fpl* (d'un champignon); *F:* (*of pers*) **to be green about the gills,** avoir le teint vert.

gimlet ['gimlit] *n* vrille *f*; foret *m*.

gimmick ['gimik] *n F:* truc *m*; **advertising g.,** truc publicitaire. **'gimmickry** *n F:* trucs *mpl*. **'gimmicky** *a* plein de trucs.

gin [dʒin] *n* gin *m*.

ginger ['dʒindʒər] **1.** *n* gingembre *m*; **g. ale beer,** boisson gazeuse au gingembre; *Pol:* **g. group,** groupe de pression **2.** *a* (*of hair, pers*) roux, *F:* rouqin; (biscuit) au gingembre. **'gingerbread** *n* pain *m* d'épice. **'gingerly** *a & adv* **g., in a g. fashion,** doucement, avec précaution. **'gingernut, -snap** *n* biscuit *m* au gingembre. **ginger'up** *vtr* stimuler, activer.

gingham ['giŋəm] *n Tex:* vichy *m*.

gipsy ['dʒipsi] *n* (*pl* **gipsies**) bohémien, -ienne; romanichel, -elle; (*Central European*) Tsigane *mf*; (*Spanish*) gitan, -ane; **g. music,** musique tsigane; *Ent:* **g. moth,** zigzag *m*.

giraffe [dʒi'rɑːf] *n Z:* girafe *f*.

girder ['gəːdər] *n* poutre *f*.

girdle ['gəːdl] *n* (*belt*) ceinture *f*; (*corset*) gaine *f*; *Anat:* **pelvic g.,** ceinture pelvienne.

girl [gəːl] *nf* (jeune) fille; (*servant*) bonne *f*; *F:* (*girlfriend*) petite amie; **little g.,** petite fille, fillette; **girls' school,** école de filles; **old g.,** (i) ancienne élève (d'un lycée) (ii) *F:* (petite) vieille; **a French g.,** une jeune Française; **chorus g.,** girl *f*; **my oldest g.,** ma fille aînée; **when I was a g.,** quand j'étais jeune, petite. **'girlfriend** *n* amie; (*of boy*) petite amie. **'girlie** *n F:* jeune fille; **g. magazine,** revue contenant des photos de femmes nues. **'girlish** *a* de (jeune) fille; (*of boy*) mou, efféminé.

giro ['dʒai(ə)rou] *n Bank:* **National G.,** (service *m* de) compte-chèques postaux, CCP; **bank g. (transfer, credit), g. (bank) system,** virement *m* bancaire; **(bank) g. credit slip,** bulletin *m* de versement.

girth [gəːθ] *n* circonférence *f* (d'un arbre); tour *m* (de taille); (*of pers*) **of great g.,** d'une belle corpulence.

gist [dʒist] *n* essentiel *m*; **to get the g. of,** comprendre l'essentiel de.

give [giv] **I.** *v* **(gave** [geiv]; **given** ['givn]) **1.** *vtr* (*a*) **to g. sth to s.o., to g. s.o. sth,** donner qch à qn; **to g. s.o. a present,** faire un cadeau à qn; **to g. s.o. lunch,** offrir un déjeuner à qn; **g. me the good old days!** parlez-moi du bon vieux temps! (*on telephone*) **g. me Mr Smith,** passez-moi M. Smith; **to g. and take,** faire des concessions mutuelles; **g. or take a few minutes,** à quelques minutes près; **to g. s.o. sth to eat,** donner à manger à qn; **to g. s.o. ten years,** condamner qn à dix ans de prison; **to g. s.o. a note from s.o.,** remettre à qn un petit mot de qn; **g. him our congratulations,** félicitez-le de notre part; **g. her our love,** embrassez-la pour nous; **to g. s.o. one's support,** prêter son appui à qn; **to g. one's word,** donner sa parole; **to g. sth in exchange for sth,**

donner qch contre qch; **what did you g. for it?** combien l'avez-vous payé? **I'll g. you £10 for it,** je vous en donnerai £10; **I'd g. a lot to know,** je donnerais beaucoup pour savoir; (*of woman*) **to g. oneself,** se donner (*b*) faire (un saut); laisser échapper (un rire); pousser (un cri, un soupir); adresser (un sourire à qn); jeter (un coup d'œil); lancer (un regard); porter (un coup); faire, donner (une réponse); **to g. sth a squeeze,** serrer qch; **to g. orders,** donner des ordres; (*at shop*) **to g. an order,** faire une commande; **to g. s.o. one's attention,** faire attention à qn; **to g. sth some thought,** considérer qch (*c*) donner, fournir (des détails); donner (un exemple); faire (une description); rendre (une moyenne, de l'intérêt); **given a triangle ABC,** soit un triangle ABC (*d*) donner (un concert); **to g. a toast,** proposer un toast (*e*) donner, passer (un rhume) (à qn); **to g. pleasure,** faire plaisir; **to g. oneself trouble,** se donner du mal; **to g. s.o. to believe, understand, that,** faire croire, donner à entendre, à qn que; **lamp that gives a poor light,** lampe qui éclaire mal; *F:* **to g. as good as one gets,** rendre coup pour coup; **g. it all you've got!** faites le maximum! *P:* **I gave him what for!** je l'ai arrangé de la belle façon! (*f*) **to g. way,** céder; s'effondrer; (*of ladder*) (se) casser; (*of ground*) s'affaisser; (*of legs*) fléchir; *Aut:* céder la priorité (to, à) **2.** *vi* céder; **the springs don't g. enough,** les ressorts manquent de souplesse; **the door will g. if you push,** la porte cédera si vous la poussez. **II.** *n* élasticité *f*; **g. and take,** concessions mutuelles. **give a'way** *vtr* (*a*) donner; faire cadeau de (qch); distribuer (des prix); conduire (la mariée) à l'autel; révéler (les faits) (*b*) trahir (qn); **to g. oneself a.,** se révéler; **to g. the game a.,** vendre la mèche. **'giveaway** *n F:* révélation *f* involontaire; *Com:* prime *f*. **give 'back** *vtr* rendre, restituer; renvoyer (un écho). **give 'in 1.** *vtr* remettre (sa copie) **2.** *vi* céder (to, à). **'given** *a* (*a*) donné; **at a g. time,** à une heure convenue; *NAm:* **g. name,** prénom *m* (*b*) porté, enclin, à; adonné (à la boisson); **to be g. to doing,** avoir l'habitude de faire (*c*) **g. your age,** étant donné votre âge; **g. that,** étant donné que. **give 'off** *vtr* dégager, émettre (une odeur, de la chaleur). **give 'onto** *vtr* (*of window*) donner sur. **give 'out 1.** *vtr* distribuer (des livres); **to g. out a notice,** lire une communication; **it was given out that,** on a annoncé que **2.** *vi* manquer; faire défaut; (*of supplies, patience*) s'épuiser; (*of brakes*) lâcher; (*of engine*) rendre l'âme; **my strength was giving o.,** j'étais à bout de forces. **give 'over 1.** *vtr* donner, consacrer (to, à); **to g. oneself o. to,** s'adonner à **2.** *vi P:* **g. o.!** arrête! assez! **'giver** *n* donateur, -trice. **give 'up** (*a*) *vtr* abandonner (ses biens); céder (sa place) (à qn); renoncer à (un projet); résigner (son emploi); livrer (un prisonnier) (to, à); **to g. onself up,** se constituer prisonnier; **to g. up smoking,** cesser de fumer; **to g. sth up as a bad job,** y renoncer; **to g. s.o. up (for lost),** considérer qn comme perdu; **the doctors had given him up,** les médecins l'avaient condamné; **I'd given you up!** je ne vous attendais plus! (*b*) *vi* abandonner, renoncer; (*of riddle*) **I g. up,** je donne ma langue au chat.

gizzard ['gizəd] *n* (*of bird*) gésier *m*.

glacier ['glæsiər, *NAm:* 'gleiʃər] *n* glacier *m*. **glacial** ['gleiəl] *a* (vent, accueil) glacial; (érosion) glaciaire.

glad [glæd] *a* **(gladder, gladdest)** heureux, content; **he is only too g. to help,** il ne demande pas mieux que de vous aider. **'gladden** *vtr* réjouir. **'gladly** *adv* avec plaisir, volontiers; avec joie. **'gladness** *n* joie *f*.

glade [gleid] *n* clairière *f*.

gladiolus [glædi'ouləs] *n* (*pl* **gladioli** [-lai]) *Bot:* glaïeul *m*.

glamour, *NAm:* **-or** ['glæmər] *n* enchantement *m*, éclat *m*; **to lend g. to sth,** prêter de l'éclat à qch; **g. girl,** pin-up *f inv*. **'glamorous** *a* séduisant. **'glamorize** *vtr* montrer sous un jour séduisant.

glance [glɑːns] **1.** *n* regard *m*, coup *m* d'œil; **at a g.,** d'un coup d'œil; **at first g.,** à première vue **2.** *vi* **to g. at,** jeter un coup d'œil à, sur; **to g. through, over,** parcourir, feuilleter (un livre). **glance 'off** *vtr* (*of bullet*) ricocher sur (qch). **'glancing** *a* (*of blow*) oblique.

gland [glænd] *n Anat:* glande *f*. **'glandular** *a* glandulaire; *Med:* **g. fever,** mononucléose infectieuse.

glare ['glɛər] **1.** *n* (*a*) éclat aveuglant; éblouissement *m*, lumière éblouissante (du soleil); **in the full g. of publicity,** sous les feux *m* de la rampe (*b*) regard furieux **2.** *vi* (*a*) briller d'un éclat aveuglant (*b*) **to g. at s.o.,** foudroyer qn du regard. **'glaring** *a* (*of light*) éblouissant; (soleil) aveuglant; (*of eyes*) furieux; (*of colour*) voyant; (*of fact*) manifeste; (*of injustice*) flagrant; **g. mistake,** faute grossière.

glass [glɑːs] *n* (*pl* **glasses**) (*a*) verre *m*; **g. industry,** industrie du verre; verrerie *f*; **stained g. window,** vitrail *m*; **safety g.,** verre de sûteé; **pane of g.,** vitre *f*, carreau *m*; **cut g.,** verre taillé; **g. wool, paper,** laine, papier, de verre; **g. fibre,** fibre de verre; **g. bowl,** bol en verre; **g. door,** porte vitrée; **g. case,** vitrine *f*; **grown under g.,** cultivé sous verre, en serre *f* (*b*) vitre (de fenêtre); glace *f* (de voiture); verre (de montre) (*c*) verre (à boire); **g. of wine,** verre de vin; **liqueur g.,** verre à liqueur (*d*) lentille *f* (d'un instrument d'optique); *pl* (*spectacles*) lunettes *fpl*; **magnifying g.,** loupe *f*; **(field) g.,** longuevue *f*; **field glasses,** jumelles *fpl*; **to wear glasses,** porter des lunettes *fpl*; **dark glasses,** lunettes de soleil (*e*) **(looking) g.,** glace, miroir *m* (*f*) baromètre *m*. **'glassful** *n* (plein) verre. **'glasshouse** *n* (*a*) *Hort:* serre (*b*) *F:* prison *f* militaire. **'glassware** *n* articles *mpl* de verre; verrerie *f*. **'glassy** *a* vitreux.

glaucoma [glɔː'koumə] *n Med:* glaucome *m*.

glaze [gleiz] **1.** *n Cer:* vernis *m*; (*on paper*) glacé *m*; (*on food*) glaçage *m* **2.** *vtr & i* vitrer (une maison); vernisser (une poterie); glacer (du papier); *Cu:* glacer; (*of eyes*) **to g. (over),** devenir vitreux. **glazed** *a* (*of door, window*) vitré; *Cer:* vernissé; (papier) glacé; (regard) vitreux. **'glazier** *n* vitrier *m*. **'glazing** *n* vitrerie *f*; **double g.,** double vitrage *m*; double(s) fenêtre(s) *f*(*pl*).

gleam [gliːm] **1.** *n* (*a*) lueur *f*; **g. of hope,** lueur d'espoir (*b*) reflet *m* (d'un couteau); miroitement *m* (d'un lac) **2.** *vi* luire, reluire; (*of water*) miroiter.

glean [gliːn] *vtr* glaner. **'gleanings** *npl* glanure(s) *f*(*pl*).

glee [gliː] *n* joie *f*; *Mus:* **g. club** = chorale *f*. **'gleeful** *a* joyeux. **'gleefully** *adv* avec joie, joyeusement.

glen [glen] *n esp Scot:* vallon *m*.

glib [glib] *a* (*of pers*) qui a la parole facile; (*of speech*) facile, peu sincère; (*of answer*) spécieux; **g. tongue,** langue bien pendue. **'glibly** *adv* (dire) peu sincèrement.

glide [glaid] *vi* (*a*) glisser; (*of vehicle*) avancer silencieusement (*b*) (*of bird, aircraft*) planer; faire un vol plané; *Av:* **g. path,** trajectoire *f* de descente. **'glider** *n* planeur *m*. **'gliding** *n Av:* vol *m* à voile.

glimmer ['glimər] **1.** *n* (faible) lueur *f*; reflet *m* (de l'eau) **2.** *vi* luire (faiblement); (*of water*) miroiter.

glimpse [glimps] **1.** *n* aperçu *m*; **to catch, get, a g. of (s.o., sth),** entrevoir (qn, qch) **2.** *vtr* entrevoir.

glint [glint] **1.** *n* éclair *m* (de lumière); (*in eye*) étincelle *f* **2.** *vi* briller, étinceler.

glisten ['glisn] *vi* (*of water*) miroiter.

glitter ['glitər] **1.** *n* scintillement *m* **2.** *vi* scintiller, briller. **'glittering** brillant; resplendissant.

gloat [glout] *vi* **to g. over (sth),** jubiler à la vue de (qch); se réjouir méchamment de (la nouvelle); triompher de (l'infortune d'autrui).

globe [gloub] *n* globe *m*; sphère *f*; *Hort:* **g. artichoke,** artichaut *m*. **'global** *a* (*a*) (*of point of view*) global (*b*) universel, mondial; **g. warfare,** guerre mondiale. **'globe-trotter** *n* globe-trotter *m*.

globule ['glɔbju:l] *n* globule *m*, gouttelette *f*.

gloom [glu:m] *n* (*a*) obscurité *f*, ténèbres *fpl* (*b*) *Fig:* mélancolie *f*; tristesse *f*; **to cast a g. over, on,** jeter une ombre sur. **'gloomy** *a* **(-ier, -iest)** lugubre, sombre; triste; (*of thoughts*) noir; **to take a g. view of things,** voir tout en noir.

glory ['glɔri] **1.** *n* (*pl* **glories**) gloire *f*; *Fig:* **in all one's g.,** dans toute sa splendeur; *F:* **to be in one's g.,** être à son affaire; *F:* **g. hole,** capharnaüm *m*; débarras *m* **2.** *vi* **(gloried) to g. in sth,** se glorifier de qch. **glorifi'cation** *n* glorification *f*. **'glorify** *vtr* **(glorified)** glorifier; rendre gloire à; exalter; **it was only a glorified shed,** ce n'était guère plus qu'une remise. **'glorious** *a* (*a*) glorieux; (*of victory*) éclatant (*b*) magnifique, splendide; (temps) superbe.

gloss [glɔs] *n* (*a*) lustre *m*; brillant *m*; **lip g.,** brillant à lèvres; **g. paint,** peinture brillante; **g. finish,** brillant (*b*) glose *f*, commentaire *m*. **gloss 'over** *vtr* glisser sur (les défauts de qn); dissimuler (qch); passer (un fait) sous silence. **'glossy** *a* **(-ier, -iest)** brillant; (*of paper*) glacé; **g. magazines,** *n* **glossies,** revues *fpl* de luxe.

glossary ['glɔsəri] *n* glossaire *m*.

glove [glʌv] *n* gant *m*; (*in large shop*) **g. counter,** ganterie *f*; **rubber gloves,** gants de caoutchouc; **boxing gloves,** gants de boxe; **to handle s.o. with kid gloves,** ménager qn; *Aut:* **g. compartment,** vide-poches *m inv*; boîte *f* à gants. **gloved** *a* ganté.

glow [glou] **1.** *n* (*a*) rougeoiement *m*; feux *mpl* (du soleil couchant); éclat *m* (de couleurs); lueur *f* (d'une lampe) (*b*) chaleur *f*; éclat (du teint); **the exercise had given me a g.,** l'exercice m'avait fouetté le sang **2.** *vi* (*of sky, fire*) rougeoyer; (*of lamp*) luire; (*of eyes*) rayonner; **to g. with pleasure, with enthusiasm,** rayonner de plaisir, brûler d'enthousiasme; **to be glowing with health,** éclater de santé; **his cheeks were glowing,** il avait les joues en feu. **'glowing** *a* rougeoyant; rayonnant; (*of colours, words*) chaleureux; (*of accounts, terms*) très favorable, enthousiaste; **to paint sth in g. colours,** présenter qch sous un jour des plus favorables. **'glow-worm** *n* ver luisant.

glower ['glauər] *vi* **to g. at,** fixer les yeux sur (qch, qn) d'un air menaçant. **'glowering** *a* (air) menaçant; (regard) farouche.

glucose ['glu:kous] *n* glucose *m*.

glue [glu:] **1.** *n* colle **2.** *vtr* **(glued, gluing)** coller. **glued** *a F:* (*of eyes*) **g. to,** fixés, rivés, sur; *F:* **g. to the television,** cloué devant la télévision.

glum [glʌm] *a* **(glummer, glummest)** renfrogné, maussade; (air) triste. **'glumly** *adv* d'un air maussade.

glut [glʌt] **1.** *n Com:* surplus *m* **(of,** de) **2.** *vtr* **(glutted)** rassasier; *Com:* surcharger **(with,** de).

glutamate ['glu:təmeit] *n Ch:* **monosodium g.,** glutamate *m* (de sodium).

glutton ['glʌtn] *n* glouton, -onne; **a g. for work,** un bourreau de travail; **g. for punishment,** masochiste *mf*. **'gluttonous** *a* glouton. **'gluttony** *n* gloutonnerie *f*.

glycerin(e) ['glisərin, -i:n] *n* glycérine *f*.

GMT *abbr Greenwich Mean Time*.

gnarled [nɑ:ld] *a* noueux.

gnash [næʃ] *vtr* **to g. one's teeth,** grincer des dents.

gnat [næt] *n* (*insect*) cousin *m*.

gnaw [nɔ:] *vtr & i* **to g. (at),** ronger. **'gnawing** *a* (*of hunger*) dévorant, tenaillant.

gnome [noum] *n Myth:* gnome *m*; *F:* **the gnomes of Zurich,** les banquiers internationaux suisses.

gnu [nu:] *n Z:* gnou *m*.

go [gou] **I.** *v* **(goes** [gouz]; *pt* **went** [went]; *pp* **gone** [gɔn]) **1.** *vi* (*a*) aller; **to come and go,** aller et venir; **to go to Paris, to France,** aller à Paris, en France; **to go to a party,** aller à une soirée; **to go to the doctor's,** aller voir, aller chez, le médecin; **to go on a journey,** faire un voyage, partir en voyage; **to go to prison,** être mis en prison; **to go for a walk,** faire une promenade; aller se promener; **to go by the shortest way,** prendre par le plus court; **there he goes!** le voilà (qui passe)! **who goes there?** qui va là? **to go at 100km an hour,** faire 100 km, du cent, à l'heure; **you go first!** (i) partez le premier! (ii) à vous d'abord! (*b*) (*see also compound vbs*) **to go up, down, across, a street,** monter, descendre, traverser, une rue; **to go into a room,** entrer dans une pièce; **to go behind s.o.'s back,** faire qch derrière le dos de qn (*c*) **which road goes to London?** quel est le chemin qui va à Londres? **to go to school,** aller à l'école; **to go to sea, into the army,** se faire marin, soldat; **to go hungry, thirsty,** souffrir de la faim, de la soif; **wine that goes to the head,** vin qui monte à la tête; **to go one's own way,** faire à sa guise; **promotion goes by seniority,** l'avancement se fait à l'ancienneté; *F:* **anything goes,** on fait ce qu'on veut; *F:* (*of woman*) **six months gone,** enceinte de six mois (*d*) (*of machinery*) marcher, fonctionner; **to get sth going,** mettre qch en marche; *F:* **get going!** file! vas-y! *F:* **when he gets going he never stops,** une fois lancé il ne sait pas s'arrêter; **my watch won't go,** ma montre ne marche pas; **to keep industry going,** faire marcher l'industrie; **to keep the conversation going,** entretenir la conversation; (*of event*) **to go well, badly,** se passer bien, mal; **the way things are going,** au train où vont les choses; **how are things going?** comment ça va? **if all goes well,** si tout va bien; **what he says goes,** c'est lui qui commande (*e*) **the bell is going,** la cloche sonne; **it has just gone eight,** huit heures viennent de sonner; **it's gone four (o'clock),** il est passé quatre heures; **to go crack,** faire crac; **go like this with your left foot,** faites comme ça du pied gauche; **I forget how the tune goes,** l'air de la chanson m'échappe; **how does the chorus go?** quelles sont les paroles du refrain? **the tune goes like this,** l'air fait comme ceci; *vendre* **goes like** *descendre*, *vendre* se conjugue comme *descendre*; **these colours don't go (together),** ces couleurs jurent (*f*) (*of time*) passer; **two hours to go,** encore deux heures; **there were only 5 minutes to go,** il ne restait que 5 minutes; **the story goes that,** à ce qu'on raconte; **that's not dear as things go,** ce n'est pas cher au prix où sont les choses; **that goes without saying,** ça va sans dire; **it goes without saying that,** il va de soi que (*g*) partir; s'en aller; **after I've gone,** après mon départ; **we must go, be going,** il est temps de partir; **let me go!** laissez-moi partir, y aller! *Sp:* **go!** partez! **from the word go,** dès le commencement (*h*) disparaître; **it's all gone,** il n'y en a plus; **my strength is going,** mes forces s'affaiblissent; **her sight is going,** sa vue baisse (*i*) se casser; (*of cable*) céder; (*of fuse*) sauter; (*of material*) s'user; (*of dress*) **to go at the seams,** se déchirer aux coutures (*j*) **to be going cheap,** se vendre bon marché; **is there any beer going?** y a-t-il de la bière? (*at auction*) **going! going! gone!** une fois! deux fois! adjugé! (*k*) mourir; **when I'm gone,** après ma mort (*l*) **to go and see s.o.,** aller voir qn; **to go and fetch, get, s.o., to go for s.o.,** aller chercher qn; **he went (forward) to help her,** il a fait un mouvement pour l'aider; **I'm not going to be cheated,** je ne me laisserai pas avoir; **I was going to walk there,** j'avais l'intention d'y aller à pied; **I'm going to do it,** je vais le faire; **to go fishing,** aller à la pêche; **to go riding,** faire du cheval; **to go looking for sth,** partir à la recherche de qch; **there you go again!** vous voilà reparti! **to go to war,** entrer en guerre; **to go to a lot of trouble,** se donner beaucoup de mal (pour faire qch) (*m*) **it won't go into my case,** ça n'entre pas dans ma valise; **the key won't go into the lock,** la clef n'entre pas dans la serrure; **where does this book go?** où faut-il mettre ce livre? **six goes into twelve,** douze se divise par six; **four into three won't go,** trois n'est pas divisible par quatre; **the proceeds will go to charity,** les bénéfices seront distribués à des œuvres charitables (*n*) contribuer (à qch); **it (only) goes to show that,** ça montre, prouve, tout simplement que; **that just goes to show!** c'est dire! (*o*) **the garden goes down to the river,** le jardin s'étend jusqu'à la rivière; **as far as the style goes,** quant au style (*p*) **to go mad,** devenir fou; **to go white, red,** pâlir, rougir (*q*) **to let go,** lâcher prise; **let me go! let go of me!** lâchez-moi! **to let go of sth,** lâcher qch; **to let oneself go,** se laisser aller; **we'll let it go at that!** cela ira comme ca! **2.** *vtr* **to go it,** aller grand train; **to go it alone,** agir tout seul; **to go one better (than s.o.),** surenchérir (sur qn). **II.** *n* (*pl* **goes**) *F:* (*a*) **on the go,** en mouvement, actif; **to be always on the go,** être toujours à courir, à trotter; **it's all go,** ça n'arrête pas (*b*) (*of pers*) dynamisme *m*, énergie *f*; **to be full of go,** être plein d'entrain *m* (*c*) coup *m*, essai *m*; **to make a go of,** réussir; **it's your go,** à vous de jouer; **to have a go at (doing) sth,** essayer (de faire) qch; **at one go,** d'un seul coup; **no go!** rien à faire! **III.** *a Space: F:* **all systems go,** tout paré et en ordre de marche (pour le départ). **go a'bout 1.** *vi* se déplacer; (*of news, rumour*) circuler. **2.** *vtr* **to go a. one's duties,** s'occuper de ses responsabilités; **to know how to go a. it,** savoir s'y prendre. **go a'cross 1.** *vtr* traverser **2.** *vi* traverser; aller (to, à); **to go a. to s.o.('s),** faire un saut chez qn. **go 'after** *vtr* suivre; viser (un poste). **go a'gainst** *vtr* aller contre (les désirs de qn); (*of conditions*) être défavorable à; nuire à. **go a'head** *vi* aller de l'avant; **to go a. (with sth),** poursuivre (qch); **go a.!** allez-y! **'go-ahead** *F:* **1.** *a* dynamique, entreprenant **2.** *n* **to give s.o. the go-a.,** donner le feu vert à qn. **go a'long** *vi* aller, avancer; **I check the figures as I go a.,** je vérifie les chiffres à mesure; **to go a. with s.o.,** (i) accompagner qn (ii) être d'accord avec qn. **go a'round** *vtr & i* = **go about 1. go 'at** *vtr* s'attaquer à. **go a'way** *vi* s'en aller; partir; **to go a. for the weekend,** s'absenter pour le weekend. **go 'back** *vi* (*a*) retourner; revenir; **to go b. home,** rentrer chez soi; **to go b. to a subject,** revenir sur un sujet; **to go b. to the beginning,** recommencer; **to go b. to sleep,** se rendormir; **to go b. on one's word,** revenir sur sa parole (*b*) (*step back*) reculer (*c*) (*in time*) remonter (**to,** à). **'go-between** *n* intermédiaire *mf*. **go 'by 1.** *vi* passer; **as the years go by,** à mesure que les années passent; **to let an opportunity go by,** laisser passer une occasion **2.** *vtr* se fonder sur; suivre (les instructions); **to go by appearances,** juger d'après les apparences; **that's nothing to go by,** on ne peut pas se fonder là-dessus. **go 'down 1.** *vtr & i* descendre (l'escalier, la rue) **2.** *vi* (*a*) (*to fall*) tomber; (*of sun*) se coucher; (*of ship*) couler; (*of storm*) s'apaiser; (*of wind, temperature*) baisser; (*of swelling*) désenfler; (*of tyre*) se dégonfler; **to go d. well,** (*of food*) se laisser manger; (*of drink*) se laisser boire; (*of speech*) être bien reçu; *F:* **to go d. with flu,** attraper la grippe (*b*) continuer (jusqu'à la fin de la page) (*c*) (*to lose*) perdre le coup. **'goer** *n* (*a*) *F:* personne active; **he's a g.,** il est plein d'allant (*b*) **cinema g.,** habitué, -ée, du cinéma. **go 'for** *vtr F:* (*a*) attaquer (qn); tomber sur (le dos de) (qn) (*b*) aller chercher, essayer d'obtenir (qch) (*c*) *F:* **I don't go f. him much,** je ne l'aime pas beaucoup. **go 'forward(s)** *vi* avancer. **go-'getter** *n F:* fonceur, -euse. **go 'in** *vtr & i* entrer, rentrer; (*of sun*) se cacher; **to go in for,** faire (de la peinture, etc); se présenter à (un examen); prendre part à (un concours); entrer dans (une carrière). **'going 1.** *a* **the g. price,** le prix pratiqué (**for,** pour); **a g. concern,** une entreprise qui marche bien **2.** *n* départ *m*; allure *f*; conditions *fpl*; *Sp:* **good, heavy, g.,** terrain bon, lourd; *Fig:* **the g. is rough,** le chemin est rude; **to get out while the going's good,** partir pendant que la voie est libre; **that's good g.!** voilà qui n'est pas mal du tout! **it's hard go.,** c'est difficile; **it's heavy g. getting him to talk,** on a du mal à le faire parler; **comings and goings,** allées *fpl* et venues *fpl*; (*of bride*) **g. away outfit,** tenue *f* de voyage de noces. **going-'over** *n F:* **to give sth, s.o., a g.-o.,** examiner qch, fouiller qn. **goings-'on** *npl Pej:* activités *fpl*; **strange g.-on,** histoires *fpl* extraordinaires. **go 'into** *vtr* (*a*) entrer dans; **to go i. fits of laughter,** éclater de rire (*b*) examiner, étudier (une question). **'go-kart** *n* kart *m*. **'goner** *n F:* **he's a g.,** il est fichu. **go 'off 1.** *vi* (*a*) partir, s'en aller; *Th:* quitter la scène; **to go o. with sth,** emporter qch; **to go o. (to sleep),** s'endormir (*b*) (*of gun*) partir (*c*) (*of lights*) s'éteindre; (*of alarm*) se déclencher (*d*) (*of feeling*) passer (*e*) **everything went o. well,** tout s'est bien passé (*f*) (*of food*) se gâter; (*of milk*) tourner **2.** *vtr* perdre le goût de (qch); **I've gone o. cheese,** je ne mange plus de fromage. **go 'on 1.** *vi* (*a*) continuer; poursuivre sa route; **time goes on,** le temps passe; **go on looking!** cherchez toujours! **I've got enough to be going on with,** j'en ai assez pour le moment; *F:* **to go on about,** parler sans cesse de; *F:* **he *does* go on,** il n'arrête pas (de parler); **he's going on for forty,** il frise la quarantaine; **it's going on for midnight,** il est presque minuit; **to go on to another question,** passer à une autre question; *F:* **go on (then)!** vas-y (alors)! *F:* **go on (with you)!** allons donc! tu plaisantes! *F:* **to go on at s.o.,** s'en prendre à qn (*b*) **what's going on here?** qu'est-ce qui se passe ici? **it's been going on for years,** cela dure depuis des années (*c*) *Th:* entrer en scène (*e*) (*of lights*) s'allumer **2.** *vtr* se baser sur (qch). **go 'out** *vi* (*a*) sortir; (*of newspaper, product*) être distribué (**to,** à); *WTel: TV:* (*of programme*) être diffusé; **to go o. for a walk,** aller se promener, faire une promenade; **to go o. to work,** travailler (au dehors); **to go o. to dinner,** (aller) dîner (i) au restaurant (ii) chez des amis; **he doesn't go o. much,** il sort peu; **to go o. (on strike),** se mettre en grève; **my heart went o. to him,** j'ai ressenti de la pitié pour lui (*b*) (*of fashion*) passer de mode; se démoder (*c*) (*of light, fire*) s'éteindre; (*of tide*) descendre. **go 'over 1.** *vtr* vérifier (un compte); examiner, revoir (un rapport); relire (un document); retoucher; réviser (un véhicule, une montre); **to go o. sth in one's mind,** repasser qch dans son esprit **2.** *vi* passer (**to the enemy,** à l'ennemi); **to go o. to so.o('s),** faire un saut chez qn. **go 'round 1.** *vi* (*a*) (*of wheel*) tourner; **my head's going r.,** la tête me tourne (*b*) faire un détour (*c*) (*of rumour, bottle*) circuler (*d*) suffire; **there isn't enough to go r.,** il n'y en a pas assez pour tout le monde (*e*) **to go r. to s.o.('s),** passer, faire un saut, chez qn **2.** *vtr* **to go r. a corner,** tourner un coin. **go-'slow** *n* grève perlée. **go 'through 1.** *vtr* (*a*) remplir (des formalités); subir (de rudes épreuves) (*b*) examiner (des documents); repasser (une leçon, qch dans son esprit); trier (des vêtements); *Cust:* fouiller (des valises); **to go t. s.o.'s pockets,** fouiller dans les poches de qn (*c*) dépenser (de l'argent) (*d*) user (un pantalon, etc) **2.** *vi* (*a*) (*of law*) passer; (*of deal*) être conclu (*b*) **to go t. with,** réaliser, aller jusqu'au bout de; **I mean to go t. with it,** j'irai jusqu'au bout. **go 'under** *vi* couler; (*of business*) faire faillite. **go 'up 1.** *vtr & i* monter (l'escalier, la rue) **2.** *vi* (*a*) (*of prices*) augmenter; **to go up to bed,** monter se coucher; *Th:* **before the curtain goes up,** avant le lever du rideau; **a shout went up,** un cri s'est élevé (*b*) (*explode*) sauter; **to go up in flames,** s'enflammer. **go 'with** *vtr* (*a*) marcher, aller, (de pair) avec (qch); accompagner (qn) (*b*) s'accorder avec; (*of colours*) s'assortir avec, être assorti à. **'go with'out** *vtr* se passer de.

goad [goud] **1.** *n* aiguillon *m* **2.** *vtr* **to g. s.o. (on),** aiguillonner qn; **to g. s.o. into doing sth,** talonner qn jusqu'à ce qu'il fasse qch.

goal [goul] *n* but *m*. **'goalkeeper** *F:* **'goalie** *n Fb:* gardien *m* de but, goal *m*. **'goalmouth** *n Fb:* entrée *f* du but. **'goalpost** *n* poteau *m* de but; **the goalposts,** le but.

goat [gout] *n* chèvre *f*; (*male*) bouc *m*; *F:* **it gets my g.,** ça me tape sur les nerfs. **goa'tee** *n* barbiche *f*.

gob [gɔb] *n P:* bouche *f*; gueule *f*; **shut your g.!** ferme-la!

gobble ['gɔbl] *vtr* **to g. (up),** engloutir, engouffrer; (*to child*) **don't g.!** mange plus lentement! **'gobbledegook** *n F:* charabia *m*.

goblet ['gɔblit] *n* verre *m* à pied; *DomEc:* bol *m* (de mixeur); *Hist:* coupe *f*.

goblin ['gɔblin] *n Myth:* lutin *m*.

god [gɔd] *n* dieu *m*; **G.,** Dieu *m*; *Th: F:* **the gods,** le poulailler, le paradis; *F:* **(my) G.!** mon Dieu! **thank G.!** Dieu merci! **'godchild** *n* (*pl* **-children**) filleul, *f* filleule. **'goddamn(ed)** *a P:* foutu. **'goddaughter** *n* filleule. **'goddess** *n* (*pl* **-es**) déesse *f*. **'godfather** *n* parrain *m*. **'god-fearing** *a* croyant. **'godforsaken** *a* misérable; (endroit) perdu. **'godmother** *nf* marraine. **'godparents** *npl* le parrain et la marraine. **'godsend** *n* aubaine *f*. **'godsend** *n* aubaine *f*. **'godson** *n* filleul.

goes [gouz] *see* **go I. & II.**

goggle ['gɔgl] *vi* **to g. at sth,** regarder qch en roulant de gros yeux; *F:* **the g. box,** la télé. **'goggle-eyed** *a* aux yeux saillants. **'goggles** *npl* lunettes (protectrices).

gold [gould] **1.** *n* or *m*; *Fin:* **g. standard,** étalon-or *m* **2.** *a* (collier) en or; **g. leaf,** feuille d'or, or en feuille; **g. plate,** vaisselle d'or. **'gold-digger** *n* (*a*) chercheur *m* d'or (*b*) *F:* (*woman*) croqueuse *f* de diamants. **'golden** *a* d'or; (*in colour*) doré, d'or; **g. wedding,** noces d'or; **g. eagle,** aigle royal; **g. opportunity,** excellente occasion; **the g. mean,** le juste milieu; *Bot:* **g. rod,** verge *f* d'or; *F:* **g. handshake,** cadeau d'adieu, indemnité de départ. **'goldfinch** *n* (*pl* **-es**) *Orn:* chardonneret *m*. **'goldfish** *n* (*inv in pl*) poisson *m* rouge; **g. bowl,** bocal *m* à poissons rouges. **'goldmine** *n* mine *f* d'or; *Fig:* **it's a g.,** c'est une affaire d'or, **'gold-'plated** *a* plaqué or. **'goldrush** *n* ruée *f* vers l'or. **'goldsmith** *n* orfèvre *m*.

golf [gɔlf] **1.** *n* golf *m*; **g. club,** (i) crosse, club, de golf (ii) (*place*) club de golf; **g. course,** terrain de golf **2.** *vi* **to go golfing,** (aller) jouer au golf. **'golfer** *n* golfeur, -euse.

golly ['gɔli] *int F:* **(by) g.!** mince (alors)!

gondola ['gɔndələ] *n* gondole *f*. **gondo'lier** *n* gondolier *m*.

gone [gɔn] *see* **go I.**

gong [gɔŋ] *n* (*a*) gong *m* (*b*) *F:* médaille *f*.

goo [gu:] *n F:* (*a*) substance collante (*b*) sentimentalité *f* à l'eau de rose. **'gooey** *a* **(gooier, gooiest)** *F:* (*a*) gluant; collant (*b*) (sentimentalité) à l'eau de rose.

good [gud] **1.** *a* **(better, best)** (*a*) bon; **g. handwriting,** belle écriture; **g. story,** bonne histoire; **it feels g.,** c'est agréable; **to feel g.,** se sentir bien; **this isn't g.**

enough, (i) (*bad*) ça ne va pas (ii) (*not sufficient*) ça ne suffit pas; **to look, smell, g.,** avoir l'air, sentir, bon; **g. weather,** beau temps; **this is g. enough for me,** cela fera mon affaire; cela me suffit; *F:* **that's a g. one!** en voilà une bonne! **it's a g. thing (that)...,** heureusement que...; **g. to eat,** bon à manger; **to have g. sight,** avoir de bons yeux; **to have a g. time,** (bien) s'amuser; **he's too g. for that job,** il mérite une meilleure situation; **g. doctor,** médecin de premier ordere; **g. reason,** raison valable; **this car ought to be g. for another 5 years,** cette voiture devrait me faire encore 5 ans; *F:* **he's g. for another 10 years,** il a encore bien 10 ans à vivre (*b*) avantageux; **g. opportunity,** bonne occasion; **I thought it a g. idea to do it,** il m'a semblé bon de le faire; **to earn g. money,** gagner largement sa vie (*c*) heureux; **g. news,** bonnes nouvelles; **too g. to be true,** trop beau pour être vrai; **g. (for you, on you)! g. show!** bravo! **very g.!** très vien! **it's g. to be alive!** il fait bon vivre! (*d*) **g. morning! g. afternoon!** bonjour! (*on leaving*) au revoir! **g. evening!** bonsoir! **g. night!** bonsoir! bonne nuit! (*e*) **this medicine is very g. for coughs,** ce remède est très bon pour la toux; **yoghurt is g. for you,** le yaourt vous fait du bien; **to drink more than is g. for one,** boire plus que de raison (*f*) **g. with one's hands,** habile de ses mains; **to be g. with children,** savoir s'y prendre avec les enfants; **g. at French,** fort, bon, en français; **he's g. at games,** c'est un sportif (*g*) **g. man,** homme (de) bien; **g. conduct,** bonne conduite; **g. old Martin!** ce bon vieux Martin! **my g. friend,** mon cher ami (*h*) (*of child*) sage; **be g.!** sois sage! **as g. as gold,** sage comme une image (*i*) aimable; **that's very g. of you,** c'est bien aimable, gentil, de votre part; **would you be g. enough to,** auriez-vous la gentillesse de? **he's always been g. to me,** il s'est toujours montré bon pour moi; **a g. chap, fellow,** un brave type; **he's a g. sort,** c'est un bon garçon; *F:* **g. Lord! g. heavens!** grand Dieu! (*j*) **a g. half,** une bonne moitié; **a g. time, a g. while,** pas mal de temps; **a g. hour,** une bonne heure; **a g. 10 kilometres,** dix bons kilomètres; **a g. 20 years ago,** il y a bien 20 ans; **a g. many, a g. deal,** beaucoup (**of,** de); **to come in a g. third,** arriver bon troisième; **g. and strong,** bien fort (*k*) **it's as g. a way as any other,** c'est une façon qui en vaut une autre; **it's as g. as saying that,** autant vaut dire que; **my family is as g. as his,** ma famille vaut bien la sienne; **to give as g. as one gets,** rendre coup pour coup; **it's as g. as new,** c'est pratiquement neuf (*l*) **to make g.,** compenser (ses pertes); réparer (une injustice); combler (un déficit); remplir (sa promesse); effectuer (sa retraite); assurer (sa position); faire prévaloir (ses droits); (*of pers*) réussir; (*after setback*) se refaire une vie **2.** *n* (*a*) bien *m*; **to do g.,** faire du bien; **there's some g. in him,** il a du bon; **he's up to no g.,** il prépare quelque mauvais coup (*b*) **I did it for your g.,** je l'ai fait pour votre bien; **for the g. of one's health,** pour son bien; en vue de sa santé; **for the common g.,** dans l'intérêt commun; **it will do you g.,** cela vous fera du bien (**to,** de); **what g. will that do you?** à quoi cela vous avancera-t-il? **that won't be much g.,** cela ne servira pas à grand-chose; **what's the g. of that?** à quoi bon (faire) cela? **that's no g.,** ça ne vaut rien; (*bad*) ça ne va pas; **he's no g.,** il est nul; **much g. may it do you!** grand bien vous fasse! **it's no g. crying,** ça ne sert à rien de pleurer; **it's no g. talking about it,** inutile d'en parler; **he'll come to no g.,** il tournera mal (*c*) **to be £5 to the g.,** avoir £5 de gagné, de profit; **it's all to the g.,** autant de gagné; tant mieux; **he's gone for g.,** il est parti pour de bon. **good'bye** *int & n* au revoir (*m inv*); *F:* **you can say g. to that,** tu peux en faire ton deuil. **'good-for-nothing** *a & n* propre à rien (*mf*). **'good-'hearted** *a* (*of pers*) qui a bon cœur. **'good-'humoured,** *NAm:* **-'humored** *a* (*of pers*) de bonne humeur, d'un caractère facile; facile à vivre. **good-'humouredly,** *NAm:* **-'humoredly** *adv* avec bonne humeur. **'good-'looking** *a* beau. **'goodly** *a* (*of size, etc*) grand. **'good-'natured** *a* (*of pers*) au bon naturel; (sourire) bon enfant. **'good-'naturedly** *adv* avec bonhomie. **'goodness** *n* bonté *f* (de qn, de cœur); *F:* **(my) g.! g. me! g. gracious!** mon Dieu! **thank g.!** Dieu merci! **for goodness' sake!** pour l'amour de Dieu! **g. (only) knows!** Dieu seul le sait! **goods** *npl* (*a*) *Jur:* biens *mpl*, effets *mpl* (*b*) articles *mpl*; *Com:* marchandises *fpl*; **manufactured g.,** produits fabriqués; **consumer g.,** biens de consommation; **g. train, yard,** train, dépôt, de marchandises; *F:* **to deliver the g.,** tenir sa parole. **good-'tempered** *a* de caractère facile, égal; facile à vivre. **good'will** *n* (*a*) bonne volonté; bienveillance *f*; zèle *m* (*b*) *Com:* clientèle *f*; actif incorporel. **'goody** *F:* **1.** *n* (*pl* **-ies**) (*a*) (*pers*) bon type (*b*) *pl* friandises *fpl* **2.** *int* chouette! **'goody-goody** *n F:* (*pers*) sainte nitouche *f*.

gooey ['guːi] *a F:* gluant, poisseux.

goof [guːf] *vi NAm:* **to g. (up),** faire une gaffe.

goon [guːn] *n F:* idiot, -ote.

goose [guːs] *n* (*pl* **geese** [giːs]) (*a*) oie *f*; **to cook s.o.'s g.,** faire son affaire à qn (*b*) *F:* (*pers*) niais, -aise. **'gooseberry** *n* (*pl* **gooseberries**) groseille *f* à maquereau; **g. (bush),** groseillier *m* (à maquereau). **'gooseflesh** *n* (*also* **g. pimples,** *NAm:* **bumps**) chair *f* de poule. **'goosestep** *n Mil:* pas *m* de l'oie.

gore [gɔːr] *vtr* (*of bull*) blesser (qn) à coups de cornes; encorner (qn).

gorge[1] [gɔːdʒ] *n* (*a*) *Geog:* gorge *f* (*b*) *Fig:* **it makes my g. rise,** cela me soulève le cœur.

gorge[2] *vtr* engloutir (la nourriture); **to g. oneself,** s'empiffrer (**on,** de).

gorgeous ['gɔːdʒəs] *a* magnifique, splendide; *F:* épatant; superbe.

gorilla [gə'rilə] *n Z:* gorille *m*.

gormless ['gɔːmlis] *a F:* stupide.

gorse [gɔːs] *n Bot:* ajonc(s) *m(pl)*.

gory ['gɔːri] *a* sanglant; *Fig:* horrible (détails).

gosh [gɔʃ] *int* mince (alors)!

gosling ['gɔzliŋ] *n Orn:* oison *m*.

gospel ['gɔspəl] *n* évangile *m*; **to take sth for g.,** *F:* **for the g. truth,** accepter qch comme parole d'évangile.

gossip ['gɔsip] **1.** *n* (*a*) (*pers*) bavard, -arde; (*ill-natured*) commère *f* (*b*) bavardage(s) *m(pl)*; (*ill-natured*) commérages *mpl*, cancan(s) *m(pl)*; *Journ:* **g. column,** échos *mpl*; **g. columnist,** échotier, -ière **2.** *vi* bavarder; (*ill-naturedly*) cancaner (**about,** sur). **'gossiping 1.** *a* bavard, cancanier **2.** *n* bavardage;

(*ill-natured*) commérage *m*. **'gossipy** *a* bavard, cancanier.

got, *NAm:* **gotten** [gɔt, 'gɔtn] *see* **get.**

Gothic ['gɔθik] *a & n* gothique (*m*).

gouge [gaudʒ] **1.** *n Tls:* gouge *f* **2.** *vtr* creuser (une cannelure) à la gouge; **to g. out,** crever (un œil).

goulash ['gu:læʃ] *n Cu:* goulasch *m or f.*

gourmet ['guəmei] *n* gourmet *m*.

gout [gaut] *n Med:* goutte *f.*

govern ['gʌvən] *vtr & i* (*a*) gouverner; administrer (une province); gérer (une affaire); maîtriser, gouverner (ses passions); **governing body,** conseil *m* d'administration (*b*) déterminer. **'governess** *n* gouvernante *f*. **'government** *n* gouvernement *m*; (*local*) administration *f*; **g. policy,** politique gouvernementale; **g. loan,** emprunt *m* d'État. **govern'mental** *a* gouvernemental. **'governor** *n* gouverneur *m*; membre *m* du conseil d'administration (d'une école); directeur, -trice (d'une prison).

gown [gaun] *n* robe *f*; toge *f* (d'universitaire, d'avocat); **dressing g.,** robe de chambre.

GP *abbr General Practitioner.*

GPO *abbr General Post Office.*

grab [græb] **1.** *n* **to make a g. for, at, sth,** faire un mouvement pour saisir qch **2.** *vtr* **(grabbed) to g. (hold of) sth,** saisir, agripper, qch, s'emparer de, faire main basse sur; **to g. sth from s.o.,** arracher qch à qn.

grace [greis] **1.** *n* (*a*) grâce *f*; **with (a) good g.,** de bonne grâce; **to fall from g.,** tomber en disgrâce; **to be in s.o.'s good graces,** être dans les bonnes grâces de qn; **he had the g. to apologize,** il a eu la bonne grâce de faire ses excuses; **it has the saving g. that,** cela a au moins ce mérite que; **to give s.o. seven days' g.,** accorder à qn un délai de grâce de sept jours (*b*) **to say g.,** (*before meal*) dire le bénédicité; (*after meal*) dire les grâces (*c*) (*also* **'gracefulness**) grâce, élégance *f* **2.** *vtr* (*a*) orner (*b*) honorer (**with,** de). **'graceful** *a* gracieux; élégant. **'gracefully** *adv* avec grâce, avec élégance. **gracious** ['greiʃəs] *a* gracieux, aimable; (*of lifestyle*) élégant; *F:* **(good) g.!** bonté divine! **good g. no!** jamais de la vie! **'graciously** *adv* gracieusement.

gradation [grə'deiʃn, *NAm:* grei'deiʃn] *n* gradation *f*.

grade [greid] **1.** *n* (*a*) catégorie *f*; *Mil: Mth:* grade *m;* (*of milk*) qualité *f*; (*of eggs*) calibre *m*; *Sch:* (*mark*) note *f*; **to make the g.,** atteindre le niveau requis; **high g.,** de qualité supérieure (*b*) *NAm: Sch:* classe *f*; **g. school,** école *f* primaire (*c*) *NAm:* pente *f*, rampe *f*; *Rail:* **g. crossing,** passage *m* à niveau **2.** *vtr* classer (des marchandises); graduer (les couleurs, etc); régulariser (une pente); *Sch:* noter (des dissertations).

gradient ['greidiənt] *n CivE:* inclinaison *f*; pente *f*.

gradual ['grædjuəl] *a* graduel; progressif; (*of slope*) doux. **'gradually** *adv* progressivement; peu à peu.

graduate 1. *n* ['grædjuət] *Sch:* = licencié, -ée; diplômé, -ée **2.** *v* ['grædjueit] (*a*) *vi Sch:* obtenir son diplôme; *NAm:* obtenir son baccalauréat (*b*) *vtr* graduer. **'graduated** *a* gradué; **graduated income tax,** impôt progressif; *NAm: Sch:* **to be g.** = **to graduate** *vi.* **'gradu'ation** *n Sch:* remise *f* des diplômes.

graffiti [grə'fi:ti] *npl* graffiti *mpl.*

graft [grɑ:ft] **1.** *n* (*a*) greffe *f*; greffon *m*; *F:* **hard g.,** travail *m*, boulot *m* (*b*) *esp NAm: F:* graissage *m* de patte; gratte *f* **2.** *vtr* greffer. **'grafting** *n* greffe, greffage *m*; **skin g.,** greffe épidermique.

grain [grein] *n* (*a*) grain *m* (de blé, de sel); *Fig:* (*of truth*) once *f* (*b*) (*seeds*) grain(s) *m*(*pl*) (*c*) fibre *f* (du bois); fil *m* (du tissu, de la viande); grain (du cuir, du papier); **against the g.,** à contre-fil; *F:* **it goes against the g.,** c'est à contrecœur que je le fais.

grammar ['græmər] *n* grammaire *f*; **that's bad g.,** ce n'est pas grammatical; **g. school,** lycée *m*. **gra'mmatical** *a* grammatical. **gra'mmatically** *adv* grammaticalement.

gram(me) [græm] *n Meas:* gramme *m.*

gramophone ['græməfoun] *n* phonographe *m.*

granary ['grænəri] *n* grenier *m*; **g. loaf,** pain complet.

grand [grænd] **1.** *a* (*a*) grand; **g. piano,** piano à queue; **g. duke,** grand-duc *m*; **g. total,** total global (*b*) grandiose, magnifique; imposant; **g. old man,** vétéran *m* (*c*) *F:* excellent, splendide; épatant; **I'm not feeling too g.,** je ne suis pas dans mon assiette **2.** *n F:* mille livres *fpl* (sterling); *NAm:* mille dollars *mpl.* **'grandchild** *n* (*pl* **-children**) petit(e)-enfant. **'grand(d)ad** *n F:* grand-papa *m*, pépé *m*, papi *m*. **'grand-daughter** *n* petite-fille *f*. **grandeur** ['grændʒər] *n* magnificence *f*; (*of pers, country*) grandeur *f*. **'grandfather** *n* grand-père *m*. **'gran-diose** *a* grandiose. **'grandly** *adv* grandement; grandiosement. **'grandma** *n F:* grand-maman *f*, mémé *f*, mamie *f*. **'grandmother** *n* grand-mère *f*. **'grandpa** *n F:* = **grand(d)ad. 'grandparents** *npl* grands-parents *mpl.* **'grandson** *n* petit-fils. **'grandstand** *n Sp:* tribune *f*.

grange [greindʒ] *n* manoir *m.*

granite ['grænit] *n* granit(e) *m*.

gran(ny) ['græn(i)] *n* (*pl* **grannies**) *F:* mamie *f*.

grant [grɑ:nt] **1.** *n* subvention *f*, allocation *f*; *Sch:* bourse *f* **2.** *vtr* accorder, concéder; exaucer (une prière); accéder à (une requête); admettre (un argument); **he was granted permission to do it,** il a reçu la permission de le faire; **to take sth, s.o., for granted,** considérer qch comme allant de soi; considérer qn comme faisant partie du décor; **you take too much for granted,** vous présumez trop; **it must be granted that,** il faut reconnaître que; **granting, granted, that this story is true,** si l'on admet la vérité de cette histoire. **'grant-aided** *a* subventionné.

granule ['grænju:l] *n* granule *m*. **'granular** *a* granulaire, granuleux. **'granulated** *a* granulé; (sucre) cristallisé.

grape [greip] *n* grain *m* de raisin *m*; *pl* le raisin, les raisins; **bunch of grapes,** grappe de raisin; **dessert grapes,** raisin(s) de table; **g. harvest,** vendange *f*; *F:* **sour grapes!** bisque, bisque, rage! *Bot:* **g. hyacinth,** muscari *m*. **'grapefruit** *n* (*no pl*) pamplemousse *m*. **'grapevine** *n* vigne *f*; *F:* **on the g.,** par le téléphone *m* arabe.

graph [grɑ:f] *n* graphique *m*, courbe *f*; **g. paper,** papier millimétré. **'graphic** *a* graphique; (*of description*) explicite, vivant. **'graphically** *adv* (décrire) explicitement. **'graphics** *npl* graphique *f*; art *m* graphique.

graphite ['græfait] *n* graphite *m*; mine *f* de plomb.

grapple ['græpl] *vi* **to go. with,** se colleter avec.

grasp [grɑːsp] **1.** *n* (*a*) poigne *f*; **to have a strong g.,** avoir de la poigne (*b*) prise *f*; **to lose one's g.,** lâcher prise; **within one's g.,** (avoir qch) à sa portée (*c*) compréhension *f*; **to have a good g. of modern history,** avoir une bonne connaissance de l'histoire moderne **2.** *vtr* (*a*) saisir; empoigner; **to g. s.o.'s hand,** serrer la main à qn; **to g. the opportunity,** saisir l'occasion (de faire qch) (*b*) comprendre; saisir. **'grasping** *a* rapace.

grass [grɑːs] **1.** *n* (*a*) herbe *f*; (*as food*) herbage *m*; (*lawn*) gazon *m*; **blade of g.,** brin *m* d'herbe; *PN:* **keep off the g.,** défense de marcher sur le gazon; **to put out to g.,** mettre (un cheval) à l'herbe; *F:* mettre (qn) à la retraite; **g. snake,** couleuvre *f* (à collier); *F:* **he doesn't let the g. grow under his feet,** il ne perd pas son temps; *F:* **g. widow,** femme dont le mari est absent; *Pol:* **g. roots,** la base (*b*) *P:* dénonciateur, - trice; cafardeur, -euse (*c*) *P:* marijuana *f* **2.** *vi* cafarder; **to g. on s.o.,** dénoncer qn. **'grasshopper** *n* sauterelle *f*. **'grassland** *n* prés *mpl*; prairies *fpl*. **'grassy** *a* herbeux.

grate[1] [greit] *n* (*a*) grille *f* de foyer (*b*) foyer *m*, âtre *m*; **a fire in the g.,** un feu dans la cheminée. **'grating[1]** *n* grille *f*, grillage *m*.

grate[2] **1.** *vtr* râper (du fromage); **to g. one's teeth,** grincer des dents **2.** *vi* grincer, crisser; **to g. on the ears,** écorcher les oreilles; **to g. on s.o.'s nerves,** taper sur les nerfs de qn. **'grater** *n* râpe *f*. **'grating[2]** *a* grinçant; *Fig:* irritant; **g. sound,** grincement *m*.

grateful ['greitfəl] *a* reconnaissant (**to s.o. for sth,** à qn de qch); (*of words, etc*) de remerciement; (*of friend, attitude*) plein de reconnaissance; **I'm g. (to you) for your help,** je vous suis reconnaissant de votre aide; **I'd be g. if you'd be quieter,** j'aimerais bien que tu fasses moin de bruit; **g. thanks,** mes sincères remerciements. **'gratefully** *adv* avec reconnaissance. **gratitude** ['græt-], **'gratefulness** *n* gratitude *f*, reconnaissance *f* (**to,** envers).

gratify ['grætifai] *vtr* (**gratified**) faire plaisir, être agréable, à (qn); satisfaire (le désir de qn). **'gratification** *n* satisfaction . **'gratified** *a* satisfait, très content. **'gratifying** *a* très satisfaisant; **it's g. to,** ça fait plaisir de.

gratis ['grætis] *a* & *adv* gratis.

gratuity [grə'tjuiti] *n* (*pl* **gratuities**) (*a*) prime *f* (de démobilisation) (*b*) (*tip*) gratification *f*, pourboire *m*. **gra'tuitous** *a* gratuit. **gra'tuitously** *adv* gratuitement.

grave [greiv] **1.** *n* tombe *f*, tombeau *m*; **mass g.,** charnier *m*; *F:* **to have one's foot in the g.,** avoir un pied dans la tombe; **to make s.o. turn in his g.,** faire frémir qn dans sa tombe **2.** *a* grave. **'gravedigger** *n* fossoyeur *m*. **'gravely** *adv* gravement; sérieusement; grièvement (blessé); extrêmement. **'gravestone** *n* pierre tombale. **'graveyard** *n* cimetière *m*; *NAm: F:* **auto g.,** cimetière de voitures.

gravel ['grævəl] *n* gravier *m*; **g. path,** allée sablée; **g. pit,** carrière de gravier.

gravity ['græviti] *n* (*a*) (*seriousness*) gravité *f*, sérieux *m* (*b*) *Ph:* pesanteur *f*, gravité; **zero g.,** apesanteur *f*; **specific g.,** poids *m* spécifique; **g. feed,** alimentation par gravité; **centre of g.,** centre de gravité. **'gravitate** *vi* graviter (**round,** autour de); **to g. towards,** être attiré vers; se diriger vers. **gravi'tation** *n* gravitation .

gravy ['greivi] *n Cu:* (i) jus *m* de viande (ii) sauce *f* (au jus); **g. boat,** saucière *f*.

gray [grei] *a* & *n see* **grey.**

graze[1] [greiz] **1.** *vi* paître, brouter **2.** *vtr* faire paître (un troupeau); paître (l'herbe); pâturer (un champ).

graze[2] **1.** *n* écorchure *f*, éraflure *f* **2.** *vtr* (*a*) écorcher, érafler (ses genoux) (*b*) effleurer, frôler (qn, qch).

grease [griːs] **1.** *n* graisse *f*; **g. gun,** pistolet graisseur **2.** *vtr* graisser. **'greasepaint** *n Th:* fard *m*. **'greaseproof** *a* **g. paper,** papier sulfurisé. **'greasy** *a* (**-ier, -iest**) graisseux, huileux; (cheveux) gras; (chemin) glissant.

great [greit] *a* grand; (*of effort, heat, parcel*) gros, grand; **Greater London,** le grand Londres; **a g. deal of money,** beaucoup d'argent; **a g. many people,** beaucoup de gens; **the greater part of the day,** la plus grande partie de la journée; **the g. majority of women,** la plupart des femmes; **to a g. extent,** en grande partie; **to reach a g. age,** parvenir à un âge avancé; **g. difference,** grande, forte, différence; **to have a g. opinion of s.o.,** avoir une haute opinion de qn; **they are g. friends,** ils sont grands amis; **to be g. at tennis,** être doué pour le tennis; **to have a g. time,** s'amuser follement; **the greatest team, etc,** la meilleure équipe, etc; *F:* **(that's) g.!** magnifique! merveilleux! super! **isn't he g.?** quel homme! *F:* **g. Scott!** grands dieux! **great-'aunt** *n* grand-tante *f*. **'greatcoat** *n* pardessus *m*; *Mil:* capote *f*. **great-'grandchild** *n* (*pl* **-'children**) arrière-petit(e)-enfant. **'great-'granddaughter** *n* arrière-petite-fille. **'great-'grandfather, -'grandmother** *n* arrière-grand-père *m*; arrière-grand-mère *f*. **'great-'grandson** arrière-petit-fils. **'great-'grandfather, -mother** *n* trisaïeul, -eule. **'greatly** *adv* beaucoup; très, bien; **g. irritated,** très irrité; fort mécontent; **I would g. prefer,** je préférerais de beaucoup. **'greatness** *n* grandeur *f*; intensité *f*. **'great-'uncle** *n* grand-oncle *m*.

Great Britain [greit'britn] *n* Grande-Bretagne *f*.

Greece [griːs] *Prn Geog:* Grèce *f*. **Greek** **1.** *a* grec **2.** *n* (*a*) Grec, *f* Grecque (*b*) *Ling:* grec *m*; *F:* **it's all G. to me,** c'est de l'hébreu pour moi.

greed [griːd] *n* (*also* **'greediness**) avidité *f*, cupidité *f*; (*for food*) gourmandise *f*, gloutonnerie *f*. **'greedily** *adv* avidement; (manger) gloutonnement. **'greedy** *a* (**-ier, -iest**) avide, cupide; âpre (au gain); (*for food*) gourmand, glouton.

green [griːn] **1.** *a* (*a*) vert; (*of bacon*) non fumé; (*of skin, face*) blême; **to grow g.,** verdir; (*of pers*) **to go, turn, g.,** blêmir; **the g. belt,** la ceinture verte; *Fig:* **the g. light,** le (feu) vert; **to keep s.o.'s memory g.,** entretenir la mémoire de qn; **she has g. fingers,** *NAm:* **a g. thumb,** elle a la main verte: **to make s.o. g. with envy,** rendre qn vert de jalousie (*b*) (*of pers*) inexpérimenté; naïf; **he's not as g. as he looks,** il n'est pas si niais qu'il en a l'air **2.** *n* (*a*) vert *m*; *Cu:* **greens,** légumes verts (*b*) pelouse *f*, gazon *m*; *Golf:* vert; **village g.,** place gazonnée. **'greenback** *n NAm:* le billet vert. **'greenery** *n* verdure *f*, feuillage *m*. **'greenfinch** *n* (*pl* **-finches**) verdier *m*. **'greenfly** *n* (*pl* **-flies**) puceron *m* (des plantes), aphis *m*. **'greengage** *n Bot:* reine-claude *f*. **'greengrocer** *n* marchand, -ande, de légumes; fruitier, -ière. **'greenhouse** *n* serre *f*. **'greenish** *a* verdâtre. **'greenness** *n* verdeur *f*; verdure *f* (du paysage). **'greenroom** *n Th:* foyer *m* des artistes.

Greenland [gri:nlənd] *Prn Geog:* Groenland *m*.

greet [gri:t] *vtr* saluer, accueillir (qn); (*of sight*) **to g. s.o.,** s'offrir aux regards de qn. **'greeting** *n* salutation *f*, salut *m*; accueil *m*; *pl* (*for birthday, etc*) vœux *npl*; **greetings card,** carte de vœux; **to send one's greetings,** envoyer son bon souvenir (à qn).

gregarious [gri'gεəriəs] *a* grégaire; (*of pers*) sociable.

gremlin ['gremlin] *n F:* petit diable.

grenade [grə'neid] *n* grenade *f*; **hand g.,** grenade à main. **grenadier** [grenə'diər] *n Mil:* grenadier *m*.

grew [gru:] *see* **grow**.

grey [grei] **1.** *a & n* gris (*m*); (*of skin, face*) blême; (*of outlook, day*) sombre, morne; **g. matter,** matière grise (du cerveau); **to go, turn, g.,** grisonner **2.** *vi* **to be greying,** être grisonnant. **'grey-'haired** *a* aux cheveux gris. **'greyhound** *n* lévrier *m*; **g. racing,** courses de lévriers; **g. track,** cynodrome *m*. **'greyish** *a* grisâtre.

grid [grid] *n* grille *f*, grillage *m*; *Cu:* gril *m*; *El:* **the (national) g.,** le réseau (électrique national). **'gridiron** *n* (*a*) *Cu:* gril *m* (*b*) *NAm:* terrain *m* de football.

griddle ['gridl] *n Cu:* plaque *f* à griller.

grief [gri:f] *n* chagrin *m*, douleur *f*; peine *f*; **to come to g.,** (i) avoir des ennuis (ii) avoir un accident (iii) (*of plan*) échouer; *F:* **good g.!** ciel! bon sang! **'grievance** *n* (*a*) grief *m*; **to air one's grievances,** conter ses doléances *fpl* (*b*) injustice *f*. **grieve 1.** *vtr* chagriner, affliger; peiner; **we are grieved to learn,** nous apprenons avec peine **2.** *vi* se chagriner, s'affliger (**over sth,** de qch); **to g. for s.o.,** pleurer qn. **'grievous** *a* douloureux; pénible; (*of loss*) cruel; (*of injury*) très grave; *Jur:* **g. bodily harm,** graves blessures.

grill [gril] **1.** *n* (*a*) *Cu:* (*food*) grillade *f*; **g. (room),** grill(-room) *m* (*b*) *Cu:* (*appliance*) gril *m* (*c*) = **grille 2.** (*a*) *vtr & i Cu:* griller (*b*) *vtr F:* cuisiner (un détenu).

grille [gril] *n* grille *f*; *Aut:* **(radiator) g.,** calandre *f*.

grim [grim] *a* **(grimmer, grimmest)** sinistre; (humour) macabre; (paysage) lugubre; (*of truth*) brutal; (visage) sévère; *F:* (plutôt) affreux; **it's a g. prospect,** ça s'annonce mal; **to hold on like g. death,** se cramponner en désespéré; **g. determination,** volonté inflexible; **how do you feel? — pretty g.,** comment ça va? — plutôt mal. **'grimly** *adv* sinistrement; sévèrement.

grimace ['griməs] **1.** *n* grimace *f* **2.** *vi* grimacer.

grime [graim] *n* saleté *f*; poussière *f* de charbon. **'grimy** *a* **(-ier, -iest)** sale, encrassé, noirci.

grin [grin] **1.** *n* large sourire *m*; rictus *m*; **to give a broad g.,** avoir un grand sourire **2.** *vi* **(grinned)** avoir un large sourire; (*with pain*) avoir un rictus; **to g. and bear it,** (tâcher de) garder le sourire.

grind [graind] **1.** *n* corvée *f*, travail long et monotone; **the daily g.,** le boulot journalier; **what a g.!** quelle corvée! **2.** *v* **(ground)** (*a*) *vtr* moudre (du café, du blé); dépolir (le verre); aiguiser (un outil); passer (un couteau) à la meule; tourner (une manivelle); jouer de (un orgue de Barbarie); **to g. sth (down) to dust,** pulvériser qch; **to g. out a tune,** tourner un air; **to g. sth under one's heel,** écraser qch sous ses pieds; **to g. the faces of the poor,** opprimer les pauvres; **to g. one's teeth,** grincer des dents (*b*) *vi* grincer; crisser; **to g. to a halt,** s'arrêter (progressivement). **'grinder** *n* broyeur *m*; *Dom Ec:* **coffee g.,** moulin *m* à café. **'grinding 1.** *a* **g. sound,** grincement *m*, crissement *m*; **g. poverty,** la misère noire **2.** *n* (*a*) mouture *f* (du blé); broyage *m*; **g. mill,** broyeur (*b*) aiguisage *m* (*c*) grincement, crissement. **'grindstone** *n* meule *f* à aiguiser; **to keep s.o.'s nose to the g.,** faire travailler qn sans répit.

grip [grip] **1.** *n* (*a*) prise *f*; serrement *m*; étreinte *f*; adhérence *f* (de pneus); **to have a strong g.,** avoir une bonne poigne; **to get to grips with,** s'attaquer à (un problème); **to get a g. on sth,** prendre prise à qch; **to lose one's g.,** lâcher prise; *Fig:* baisser (du point de vue mental); **to get a g. on oneself,** se contrôler, se maîtriser; **in the g. of,** en proie à (*b*) poignée *f* (d'aviron, de pistolet) (*c*) (*NAm:* = **bobby pin**) pince *f* à cheveux (*d*) *esp NAm:* (*Br* = **holdall**) valise *f*, sac *m* **2.** *v* **(gripped)** (*a*) *vtr* saisir, empoigner; serrer (*b*) *vi* (*of tyres*) adhérer. **'gripping** *a* (*of book, etc*) prenant, passionnant.

gripe [graip] *F:* **1.** *n* plainte *f*, ronchonnement *m* **2.** *vi* rouspéter **'griping 1.** *a* **g. pain(s),** coliques *fpl* **2.** *n F:* ronchonnement.

grisly ['grizli] *a* horrible.

gristle ['grisl] *n* cartilage *m*. **'gristly** *a* cartilagineux.

grit [grit] **1.** *n* (*a*) grès *m*, sable *m*; gravillon *m* (*b*) *F:* courage *m*, cran *m* **2.** *vtr* **(gritted)** (*a*) **to g. one's teeth,** serrer les dents (*b*) sabler (une route). **grits** *npl NAm: Cu:* **(hominy) g.,** gruau *m* de maïs. **'gritty** *a* sablonneux, cendreux; (fruit) graveleux.

grizzle ['grizl] *vi F:* (*a*) ronchonner, grognonner (*b*) pleurnicher, geindre. **'grizzled** *a* (*of hair*) grisonnant. **'grizzly 1.** *a F:* (*of child*) pleurnicheur **2.** *a & n* **g. (bear),** our gris (d'Amérique); grizzli *m*.

groan [groun] **1.** *n* gémissement *m*; grognement *m* **2.** *vi* gémir; grogner.

grocer ['grousər] *n* épicier, -ière; **grocer's (shop),** épicerie *f*. **'grocery** *n* (*pl* **-ies**) *n* épicerie *f*; *pl* (*food*) épicerie.

grog [grɔg] *n* grog *m*. **'groggy** *a* faible; pas solide sur les jambes; (boxeur) groggy; **to feel (a bit) g.,** avoir les jambes en coton.

groin [grɔin] *n Anat:* aine *f*.

groom [gru:m] **1.** *n* lad *m*; (*before wedding*) fiancé *m*; (*at wedding*) marié *m* **2.** *vtr* panser (un cheval); *Fig:* **to g. s.o. for,** préparer qn pour (une situation); **well groomed,** très soigné.

groove [gru:v] *n* rainure *f*; cannelure *f* (de colonne); sillon *m* (de disque); onglet *m* (de canif). **'groovy** *a F:* branché.

grope [group] *vi* **to g. (about),** tâtonner; **to g. for sth,** chercher qch à tâtons; **to g. one's way,** avancer à tâtons.

gross[1] [grous] *n* (*no pl*) (= 144) grosse *f*; douze douzaines *fpl*.

gross[2] **1.** *a* (*a*) (*fat*) gras; gros (*b*) grossier; (ignorance) crasse; (*of error*) gros, grossier; **g. injustice,** injustice flagrante (*c*) *Com: etc:* (poids) brut **2.** *vtr* (*of company, undertaking*) faire une recette brute de. **'grossly** *adv* grossièrement; énormément (exagéré).

grotesque [grou'tesk] *a* grotesque; monstrueux.

grotto ['grɔtou] *n* (*pl* **grotto(e)s**) grotte *f*.

grotty ['grɔti] *a* (**-ier, -iest**) *F:* moche, affreux.

grouch [grautʃ] *vi* grogner. **'grouchy** *a* (**-ier, -iest**) grognon.

ground¹ [graund] *a* moulu; *see* **grind 2.**

ground² **1.** *n* (*a*) sol *m*, terre *f*; **g. floor** (*NAm:* = **first floor**), rez-de-chaussée *m inv*; **sitting on the g.,** assis par terre; **to fall to th g.,** tomber à, par, terre; **to get off the g.,** (*of aircraft*) décoller; (*of scheme*) démarrer; **above g.,** sur terre; *Min:* à la surface; **at g. level,** au niveau du sol; **burnt to the g.,** brûlé de fond en comble; **that suits me down to the g.,** cela m'arrange le mieux du monde; **to be on firm g.,** connaître le terrain; être sûr de son fait; **to cut the g. from under s.o.'s feet,** couper l'herbe sous les pieds de qn; *Av:* **g. crew,** équipage *m* au sol (*b*) terrain *m*; **parade g.,** terrain de manœuvre; **football g.,** terrain de football; *Fig:* **to find (a) common g.,** trouver un terrain d'entente; **to cover a lot of g.,** faire beaucoup de chemin; **to shift one's g.,** changer d'arguments; **to gain g.,** gagner du terrain; (*of idea*) faire son chemin; **to lose g.,** perdre du terrain; **to stand one's g.,** tenir bon (*c*) *NAm: El:* (*Br* = **earth**) terre, masse *f* (*d*) *pl* parc *m*, jardin *m* (d'une maison); terres *fpl* (*e*) *pl* raisons *fpl*, motifs *mpl*; **grounds for complaint,** grief *m*; **on what grounds?** à quel titre? **on health grounds,** pour des raisons de, pour raison de, santé; *Jur:* **grounds for divorce,** motifs de divorce (*f*) **(coffee) grounds,** marc *m* (de café) **2.** *vtr* (*a*) *Av:* bloquer, retenir (un avion) au sol (*b*) *NAm: El:* mettre à la terre. **'grounding** *n* connaissances *fpl* (de fond) (**in,** en); *Av:* interdiction *f* de vol. **'groundless** *a* (soupçon) sans fondement. **'groundnut** *n Bot:* arachide *f*. **'groundsheet** *n* tapis *m* de sol. **'groundsman** *n* (*pl* **-men**) préposé *m* d'un terrain de jeux. **'groundswell** *n Nau:* lame *f* de fond. **'groundwork** *n* préparation *f*; **to do the g.,** préparer le terrain.

group [gru:p] **1.** *n* groupe *m*; **blood g.,** groupe sanguin; **in groups,** en, par, groupes; **g. action,** action collective; **to form a g.,** se grouper; **pop g.,** groupe pop; *Mil: Av:* **g. captain,** colonel *m* **2.** *vtr & i* (se) grouper; **to g. together,** grouper.

grouse¹ [graus] *n* (*no pl*) *Orn:* coq *m* de bruyère, grouse *f*.

grouse² *F:* **1.** *n* (*a*) grogne *f* (*b*) (*cause for complaint*) grief *m* **2.** *vi* rouspéter. **'grousing** *n F:* ronchonnement *m*.

grouting [grautiŋ] *n* (*for tiles*) mortier *m* à jointoyer, barbotine *f*.

grove [grouv] *n* bocage *m*; **orange g.,** orangeraie *f*.

grovel ['grɔvəl] *vi* (**grovelled,** *NAm:* **groveled**) ramper, s'aplatir (**to s.o.,** devant qn). **'grovelling** *a* rampant.

grow [grou] *v* (**grew** [gru:]; **grown** [groun]) **1.** *vi* (*a*) (*of plant, hair*) pousser; (*of seeds*) germer; **olives won't g. here,** l'olivier ne pousse pas ici (*b*) (*of pers*) grandir; **to g. into a man,** devenir homme; **to g. up,** devenir adulte; **when I g. up,** quand je serai grand; **to g. out of one's clothes,** devenir trop grand pour ses vêtements; **he'll g. out of it,** cela lui passera avec l'âge; **to g. to like,** finir par aimer (*c*) augmenter, grandir, croître; s'agrandir; **the crowd grew,** la foule augmentait; **habit that grows on one,** habitude qui vous gagne; **that picture's growing on me,** plus je regarde ce tableau plus il me plaît (*d*) **to g. into,** devenir; **to g. old,** devenir vieux, vieillir; **to g. big(ger),** grandir; s'agrandir; **to g. fat(ter),** grossir; **to g. angry,** se fâcher; **it's growing dark,** il commence à faire nuit **2.** *vtr* cultiver, faire pousser (des roses, etc); laisser pousser (sa barbe, ses cheveux). **'grower** *n* cultivateur, -trice. **'growing** *a* (*a*) croissant; qui pousse (*b*) grandissant; (enfant) qui grandit, en pleine croissance; (avis) de plus en plus répandu. **grown** *a* (**fully**) **g.,** grand; (*of pers*) adulte; **when you are g. up,** quand tu seras grand. **grown-'up** **1.** *n* grande personne, adulte *mf* **2.** *a* (*of ideas, etc*) d'adulte. **growth** *n* (*a*) croissance *f*; augmentation *f*; développement *m* (économique); expansion *f* (de la population) (*b*) **yearly g.,** pousse annuelle (*c*) pousse (des cheveux); **a week's g. on his chin,** le menton couvert d'une barbe de huit jours (*d*) *Med:* tumeur *f*.

growl [graul] **1.** *n* grognement *m* (d'un chien) **2.** *vtr & i* grogner.

grown [groun] *see* **grow.**

grub [grʌb] **1.** *n* (*a*) larve *f*; ver (blanc); asticot *m* (*b*) *P:* bouffe *f*; **grub's up!** à la soupe! **2.** *vi* (**grubbed**) fouiller (dans la terre); **to g. up a plant,** déraciner une plante. **'grubbiness** *n* saleté *f*. **'grubby** *a* (**-ier, -iest**) sale.

grudge [grʌdʒ] **1.** *n* rancune *f*; **to bear s.o. a g., have a g. against s.o.,** en vouloir à qn **2.** *vtr* donner à contrecœur; reprocher (**s.o. sth,** qch à qn); **to g. doing,** faire à contrecœur. **'grudging** *a* peu généreux. **'grudgingly** *adv* (faire qch) à contrecœur, de mauvaise grâce.

gruelling, *NAm:* **grueling** ['gruəliŋ] *a* éprouvant, atroce.

gruesome ['gru:səm] *a* horrible, macabre, affreux.

gruff [grʌf] *a* bourru, brusque. **'gruffly** *adv* d'un ton bourru.

grumble ['grʌmbl] **1.** *n* **without a g.,** (faire qch) sans murmurer; **to have a good g.,** rouspéter **2.** *vi* grogner (**about, at,** contre); se plaindre (**about, at,** de); rouspéter; **to g. at s.o.,** rouspéter contre qn. **'grumbler** *n* grognon *mf*; rouspéteur, -euse. **'grumbling** **1.** *a* grognon, grondeur; *F:* **g. appendix,** appendicite chronique **2.** *n* rouspétance *f*; mécontentement *m*.

grumpy ['grʌmpi] *a* (**-ier, -iest**) maussade, renfrogné, grincheux. **'grumpily** *adv* maussadement.

grunt [grʌnt] **1.** *n* grognement *m* **2.** *vi* grogner; pousser un grognement. **'grunting** *n* grognement(s) *m(pl)*.

guarantee [gærən'ti:] **1.** *n* (*a*) (*pers*) garant, -ante (*b*) garantie *f*; **two-year g.,** garantie de deux ans **2.** *vtr* garantir; se porter garant de; **to g. (s.o.) that,** certifier, garantir (à qn) que. **guaran'tor** *n* garant, -ante.

guard [ga:d] **1.** *n* (*a*) garde *f*; **to be on one's g.,** être sur ses gardes; **to put s.o. on his g.,** mettre qn en garde; **to be caught off one's g.,** être pris au dépourvu; (*of sentry*) **to be on g. (duty),** être de garde; **to go on, come off, g.,** monter la garde, descendre de garde; **to stand, keep, g.,** monter la garde; **to keep a g. on,** surveiller; **under g.,** sous surveillance; **to march s.o. off under g.,** emmener qn sous escorte *f* (*b*) *Mil:* garde *f*; (*one sentry*) garde *m*; **g. of honour,** garde d'honneur; **to form a g. of honour,** faire la haie (*c*) *Rail:* chef *m* de train (*d*) *Mil:* **the Guards,** les Gardes *m* du corps (*e*) garde-feu *m inv* **2.** *vtr & i* garder; protéger (qn, un mécanisme); surveiller (un prisonnier); **to g. against sth,** se prémunir contre; empêcher; **to g. against doing,** se garder de faire. **'guarded** *a* prudent; circonspect; (réponse) qui n'engage à rien. **'guardhouse, 'guardroom** *n Mil:* (*a*) corps de garde *m inv* (*b*) salle *f*, poste *m*, de police. **'guardian** *n* (*a*) gardien, -ienne (*b*) *Jur:* tuteur, -trice (d'un mineur); **g. angel,** ange gardien. **'guardrail** *n* garde-corps *m*. **'guardsman** *n* (*pl* **-men**) officier *m*, soldat *m*, de la Garde.

Guernsey ['gəːnzi] *Prn Geog:* Guernesey *m*.

guer(r)illa [gə'rilə] *n Mil:* guérillero *m*; **band of guer(r)illas,** guérilla *f*; **g. warfare,** guérilla.

guess [ges] **1.** *n* (*pl* **guesses**) conjecture *f*; intuition *f*; estimation *f*; **to have, make, a g.,** (essayer de) deviner; **an educated, informed, g.,** une conjecture fondée; **you've made a lucky g.,** tu es bien tombé; **your g. is as good as mine,** j'en sais autant que toi; **I give you three guesses,** tu devines? **it's anybody's g.,** qui sait? **at a g.,** au jugé, a vue de nez **2.** *vtr & i* (*a*) deviner (**that,** que); **to g. at sth,** (essayer de) deviner qch; **to g. the length of sth,** estimer la longueur de qch; **to keep s.o. guessing,** mystifier qn; **g. who did it,** devinez qui l'a fait; **to g. right, wrong,** bien, mal, deviner; **you've guessed it!** vous y êtes (*b*) *NAm:* supposer; croire, penser; **I g. you're right,** je crois que vous avez raison; **I g. so,** je suppose; je crois. **'guesswork** *n* hypothèse *f*; **by g.,** au jugé; **by sheer g.,** à vue de nez.

guest [gest] *n* invité, -ée; (*at a meal*) convive *mf*; (*in a hotel*) client, -ente; **paying g.,** pensionnaire *mf*; **the landlord and his guests,** l'hôtelier et ses hôtes *mpl*; **g. artist,** artiste invité. **'guesthouse** *n* pension *f* de famille. **'guestroom** *n* chambre *f* d'ami.

guffaw [gə'fɔː] **1.** *n* gros rire (bruyant) **2.** *vi* rire bruyamment.

guide [gaid] **1.** *n* (*a*) guide *m*; **to take sth as a g.,** prendre qch pour règle; **g. dog,** chien *m* d'aveugle (*b*) **(girl) g.,** éclaireuse *f* (*c*) **g. book,** guide (*d*) indication *f*, exemple *m*; **as a g.,** à titre indicatif **2.** *vtr* guider; conduire, diriger; **to be guided by,** se laisser guider par (qn); suivre (les conseils de qn). **'guidance** *n* (*a*) conseils *mpl*; **for your g.,** à titre d'indication; *Sch:* **vocational g.,** orientation professionnelle (*b*) guidage *m* (d'un missile). **'guided** *a* (missile, etc) téléguidé; **g. tour,** visite guidée. **'guidelines** *npl* lignes directrices, indications *fpl* à suivre. **'guiding** *a* (principe) directeur; **g. star,** guide *m*.

guild [gild] *n* association *f*; confrérie *f*; *Hist:* corporation *f*.

guile [gail] *n* artifice *m*, ruse *f*, astuce *f*. **'guileless** *a* (*a*) franc, sincère (*b*) candide, naïf.

guillotine ['gilətiːn] **1.** *n* guillotine *f*; (*for paper*) massicot *m* **2.** *vtr* guillotiner (qn); massicoter (du papier).

guilt [gilt] *n* culpabilité *f*. **'guiltily** *adv* d'un air coupable. **'guilty** *a* **(-ier, -iest)** coupable; **g. person, party,** coupable *mf*; **to plead g., not g.,** plaider coupable, non coupable; **to find s.o. g.,** déclarer qn coupable; **to feel g.,** se culpabiliser; **g. conscience,** mauvaise conscience; **g. look,** regard confus.

Guinea ['gini] **1.** *Prn Geog:* Guinée *f* **2.** *n* **g. fowl,** pintade *f*; **g. pig,** cobaye *m*, cochon *m* d'Inde; *Fig:* **to be a g. pig,** servir de cobaye.

guise [gaiz] *n* **under the g. of,** sous l'apparence de.

guitar [gi'tɑːr] *n Mus:* guitare *f*. **gui'tarist** *n* guitariste *mf*.

gulf [gʌlf] *n* (*a*) *Geog:* golfe *m*; **the G. Stream,** le Gulfstream (*b*) gouffre *m*; *Fig:* **a g. between,** un abîme entre.

gull [gʌl] *n Orn:* mouette *f*; goéland *m*.

gullet ['gʌlit] *n Anat:* gosier *m*.

gullible ['gʌlibl] *a* crédule. **'gulli'bility** *n* crédulité *f*; jobarderie *f*.

gully ['gʌli] *n* (*pl* **gullies**) (*a*) *Geog:* ravine *f* (*b*) rigole *f*.

gulp [gʌlp] **1.** *n* (*a*) gorgée *f*, lampée *f*; grosse bouchée; **at one g.,** d'une seule gorgée (*b*) serrement *m* de gorge **2.** *v* (*a*) *vtr* **to g. sth (down),** avaler qch (vite); n'en faire qu'une bouchée, qu'une gorgée (*b*) *vi* (*with emotion*) avoir la gorge serrée; **he gulped,** sa gorge s'est serrée.

gum[1] [gʌm] **1.** *n* (*a*) (*adhesive*) gomme *f*, colle *f*; **g. arabic,** gomme arabique (*b*) **(chewing) g.,** chewing-gum *m* (*c*) **(fruit) g.,** boule *f* de gomme (*d*) *Bot:* **g. (tree),** gommier *m*; *F:* **to be up a g. tree,** être dans le pétrin **2.** *vtr* **(gummed)** coller. **'gumboot** *n* botte *f* de caoutchouc. **gummed** *a* (*of label*) collant.

gum[2] *n Anat:* gencive *f*. **'gumboil** *n* abcès *m* (dentaire).

gumption ['gʌmpʃn] *n F:* initiative *f*; jugeotte *f*.

gun [gʌn] **1.** *n* (*a*) canon *m*; **the big guns,** l'artillerie *f*; les grosses pièces; *F:* (*of people*) les gros bonnets; **g. carriage,** affût *m* (de canon); (*at funeral*) prolonge *f* d'artillerie; **six-g. salute,** salve de six coups de canon; *F:* **to be going great guns,** être en pleine forme, en plein succès (*b*) (*rifle*) fusil *m* (de chasse); (*handgun*) revolver *m*; pistolet *m*; **spray g.,** pistolet (à peinture) **2.** *vtr* **(gunned) to g. down,** abattre. **'gunboat** *n* canonnière *f*. **'gunfight** *n* échange *m* de coups de feu. **'gunfire** *n* coups *mpl* de feu; *Mil:* tir *m* d'artillerie. **'gun 'for** *vtr F:* pourchasser; **he's gunning for us,** c'est à nous qu'il en veut. **'gunman** *n* (*pl* **-men**) bandit armé. **'gunner** *n Mil:* artilleur *m*; *Navy:* canonnier *m*. **'gunnery** *n* artillerie; tir au canon. **'gunpoint** *n* **at g.,** sous la menace d'un pistolet, d'une arme; **to hold s.o. at g.,** menacer qn d'un pistolet, d'un fusil. **'gunpowder** *n* poudre *f* à canon. **'gunrunner** *n* contrebandier *m* d'armes. **'gunship** *n Av:* **(helicopter) g.,** hélicoptère *m* de protection. **'gunshot** *n* coup de feu; **g. wound,** blessure *f* par balle. **gunwale** ['gʌnl] *n Nau:* plat-bord *m*.

gurgle ['gəːgl] **1.** *n* glouglou *m* (d'un liquide); murmure *m* (d'un ruisseau); gloussement *m*, roucoulement *m* (de rire) **2.** *vi* glouglouter; faire glouglou; (*of stream*) murmurer; (*of pers*) glousser, roucouler.

guru ['guːruː] *n* gourou *m*.

gush [gʌʃ] **1.** *n* jaillissement *m*; effusion *f* (de larmes);

jet *m*, flot *m* (de sang) **2.** *vi* (*a*) **to g. (out),** jaillir (*of torrent*) bouillonner (*b*) faire de longs discours flatteurs, sentimentaux. **'gushing** *a* jaillissant; (*torrent*) bouillonnant; (*pers*) exubérant, expansif.

gust [gʌst] *n* bouffée *f* (de fumée); **g. of wind,** coup *m* de vent; rafale *f*, bourrasque *f*, *Nau:* grain *m*. **'gusty** *a* (temps) venteux; (vent) à rafales; (journée) de (grand) vent.

gusto ['gʌstou] *n* **to do sth with g.,** faire qch (i) avec plaisir (ii) avec élan, avec entrain.

gut [gʌt] **1.** *n* (*a*) *Anat:* boyau *m*, intestin *m*; *Mus:* boyau; *pl F:* ventre *m*, tripes *fpl*; *F:* **to have guts,** avoir du cran, des tripes; *P:* **to sweat one's guts out,** se casser les reins; *F:* **she hates his guts,** elle ne peut pas le sentir; *Fig:* **g. reaction,** réaction dans son for intérieur **2.** *vtr* **(gutted)** vider (un poisson, une volaille); **the fire gutted the house,** le feu a dévasté la maison. **'gutsy** *a F:* (*a*) goinfre (*b*) qui a du cran.

gutter ['gʌtər] *n* (*on roof*) gouttière *f*; (*in street*) caniveau *m*; *F:* **g. press,** bas-fonds *mpl* du journalisme. **'guttersnipe** *n* gamin, -ine, des rues.

guttural ['gʌtərəl] *a* guttural.

guy[1] [gai] *n* (*a*) effigie *f* burlesque de Guy Fawkes, chef de la Conspiration des Poudres (1605) (*b*) *F:* type *m*, individu *m*; **a tough g.,** un dur.

guy[2] *n* (*also* **'guyrope**) corde *f* (de tente).

Guyana [gai'ɑːnə] *Prn Geog:* Guyane *f*.

guzzle ['gʌzl] *vtr & i* (*a*) bâfrer; engloutir (la nourriture); s'empiffrer (*b*) siffler (la boisson).

gym [dʒim] *n F:* (*a*) gymnase *m* (*b*) gym(nastique) *f*; **g. shoes,** tennis *mpl*. **'gymslip** *n* tunique *f* (d'écolière).

gymnasium [dʒim'neiziəm] *n* gymnase *m*. **'gymnast** [-næst] *n* gymnaste *mf*. **gym'nastic** *a* gymnastique. **gym'nastics** *npl* gymnastique *f*.

gynaecology, *NAm:* **gynecology** [gaini'kɔlədʒi] *n* gynécologie *f*. **gynae'cologist,** *NAm:* **gyne'cologist** *n* gynécologue *mf*.

gypsy ['dʒipsi] *n* (*pl* **gypsies**) *see* **gipsy.**

gyrate [dʒaiə'reit] *vi* tourner; tournoyer. **gy'ration** *n* giration *f*.

gyro ['dʒaiərou] *n Av:* **g. control,** commande *f* gyroscopique. **gyro'compass** *n* (*pl* **-es**) gyrocompas *m*. **'gyroscope** *n* gyroscope *m*, gyro *m*. **gyro'scopic** *a* gyroscopique.

H

H, h [eiʃ] *n* (a lettre) H, h *m or f*; **to drop one's h's** ['eitʃiz] ne pas aspirer les h; **H-bomb,** bombe *f* H.

haberdasher ['hæbədæʃər] *n* mercier, -ière; *NAm:* chemisier *m*. **haber'dashery** *n* mercerie *f*; *NAm:* chemiserie *f*.

habit ['hæbit] *n* (*a*) habitude *f*, coutume *f*; **to be in, get into, the h. of doing sth,** avoir, prendre, l'habitude de faire qch; **to make a h. of doing,** avoir pour habitude de faire; **I don't make a h. of it,** ce n'est pas une habitude chez moi; **from, out of, by, (sheer) force of h.,** par (pure) habitude; **to get into bad habits,** prendre de mauvaises habitudes; **to get into, out of, the h. (of doing sth),** prendre, perdre, l'habitude (de faire qch) (*b*) *Med:* accoutumance *f* (*c*) *Cl:* habit *m* (de religieuse); **riding h.,** amazone *f*. **'habit-forming** *a* (drogue) qui crée une accoutumance. **ha'bitual** [-juəl] *a* habituel; (menteur, fumeur) invétéré. **ha'bitually** *adv* habituellement; d'habitude. **ha'bituate** *vtr* **to h. s.o. to (doing) sth,** habituer, accoutumer, qn à (faire) qch.

habitat ['hæbitæt] *n Z: Bot:* habitat *m*.

habitation [hæbi'teiʃn] *n* habitation *f*; **fit for h.,** habitable. **'habitable** *a* habitable.

hack¹ [hæk] *vtr & i* tailler, hacher; **to h. sth to pieces,** tailler qch en pièces. **'hacking¹** *a* **h. cough,** toux sèche et pénible. **'hacksaw** *n* scie *f* à métaux.

hack² **1.** *n* (*a*) (*old horse*) rosse *f*; (*hired*) cheval *m* de louage; (*b*) *Pej:* **h. (writer), (literary) h.,** écrivaillon *m* **2.** *vi* **to go hacking,** (aller) se promener à cheval; **hacking jacket,** jaquette *f* de cheval. **'hackwork** *n* travail *m* d'écrivaillon.

hacker ['hækər] *n Cmptr:* pirate *m* informatique. **'hacking²** *n* piratage *m* informatique.

hackney ['hækni] *n Hist:* **h. (cab, carriage),** fiacre *m*. **'hackneyed** *a* (sujet) rebattu, usé; **h. phrase,** expression devenue banale; cliché *m*.

had [hæd] *see* **have.**

haddock ['hædək] *n* (*no pl*) *Ich:* aiglefin *m*; **smoked h.,** haddock *m*.

haemoglobin, *NAm:* **hemo-** [hi:mə'gloubin] *n* hémoglobine *f*. **haemo'philia,** *NAm:* **hemo-** *n Med:* hémophilie *f*. **'haemorrhage,** *NAm:* **'hemo-** ['hemərid3] *n* hémorragie *f*. **'haemorrhoids,** *NAm:* **'hemorrhoids** *npl Med:* hémorroïdes *fpl*.

hag [hæg] *n* (vieille) sorcière; *F:* **old h.,** vieille taupe.

haggard ['hægəd] *a* hâve; émacié; (visage) égaré, hagard.

haggle ['hægl] *vi* marchander; **to h. over,** marchander (qch); débatre, discuter (le prix).

Hague (the) [ðə'heig] *Prn Geog:* La Haye.

hail¹ [heil] **1.** *n* grêle *f* **2.** *vi & tr* grêler; **it's hailing,** il grêle. **'hailstone** *n* grêlon *m*. **'hailstorm** *n* averse *f* de grêle.

hail² **1.** *n esp Nau:* appel *m*; **within h.,** à portée de voix **2.** *v* (*a*) *vtr* saluer (qn); héler (qn, un navire, un taxi); **h.!** salut! *RCCh:* **the H. Mary,** l'Ave Marie *m* (*b*) *vi* **to h. from,** (*of ship*) être en provenance de; (*of pers*) être originaire de; **where does he h. from?** d'où vient-il? **hail-'fellow-well-'met** *a* **to be h.-f.-w.-m. with everyone,** être à tu et à toi avec tout le monde.

hair ['hɛər] *n* (*of head*) cheveu *m*; (*on body*) poil *m*; *coll* cheveux; (*on body*) poils; (*of animal*) pelage *m*, poil(s); (*of horse*) crin *m*; **head of h.,** chevelure *f*; **to do one's h.,** se coiffer; **to have one's h. done, cut,** se faire coiffer, se faire couper les cheveux; **to wash one's h.,** se laver les cheveux, la tête; **to have one's h. set,** se faire faire une mise en plis; *Fig:* **to split hairs,** couper les cheveux en quatre; **a hair's breadth,** de justesse; **he escaped death by a h.'s breadth,** il a été à deux doigts de la mort; *F:* **to let one's h. down,** (i) se mettre à son aise (ii) s'éclater, s'en donner (à cœur joie); **it was enough to make your h. stand on end,** c'était à faire dresser les cheveux (sur la tête); *F:* **h. of the dog that bit one,** boisson alcoolique prise pour faire passer une gueule de bois; *P:* **keep your h. on!** calme-toi! *F:* **to get in s.o.'s h.,** taper sur les nerfs à qn; **h. drier,** sèche-cheveux *m inv*; **h. spray,** (bombe *f* de) laque *f*. **'hairbrush** *n* brosse *f* à cheveux. **'haircut** *n* coupe *f* de cheveux; **to have a h.,** se faire couper les cheveux. **'hairdo** *n F:* coiffure *f*. **'hairdresser** *n* coiffeur, -euse. **'hairdressing** *n* coiffure. **'hairgrip** *n* (*NAm:* = **bobby pin**) pince *f* à cheveux. **'hairless** *a* sans cheveux; (*of animal*) sans poils. **'hairline** *n* naissance *f* des cheveux; *Fig:* **h. distinction,** distinction *f* subtile. **'hairnet** *n* résille *f*. **'hairpiece** *n* postiche *m*. **'hairpin** *n* épingle *f* à cheveux; (*in road*) **h. bend,** virage *m* en épingle à cheveux. **'hair-raising** *a* à faire dresser les cheveux sur la tête. **'hairslide** *n* barrette *f*. **'hair-splitting** *n* ergotage *m*. **'hairspring** *n* ressort spiral (de montre). **'hairstyle** *n* coiffure. **'hairy** *a* **(-ier, -iest)** velu, poilu; (*of scalp*) chevelu; (*of pers*) hirsute; *F:* (*of situation*) effroyable.

hake [heik] *n* (*no pl*) *Ich:* colin *m*.

hale [heil] *a* **h. and hearty,** vigoureux.

half [hɑ:f] **1.** *n* (*pl* **halves** [hɑ:vz]) (*a*) moitié *f*; **h. (of) the loaf,** la moitié du pain; **to cut sth in h.,** couper qch en deux; **to go halves with s.o.,** partager les frais avec qn; **bigger by h., h. as big again,** moitié plus grand; *F:* **he's too clever by h.,** il est beaucoup trop malin; **to do things by halves,** faire les choses à demi; *F:* **my better h.,** mon mari, ma femme; (*of wife*) ma chère moitié (*b*) demi *m*, demie *f*; **three and a h.,** trois et demi; **two hours and a h., two and a h. hours,** deux heures et demie (*c*) *Rail:* **return h.,** (billet *m* de) retour *m* (*d*) (*in train, bus*) demi-place *f*; (*in cinema*) demi-tarif *m* (*e*) *Sp:* mi-temps *f* (*f*) *Sp:* (*pers*) demi **2.** *a* demi; **h. an hour,** une demi-heure; **in h. a second,** en moins de rien; **h. a day, a**

h.-day, une demi-journée; **at h. price,** à moitié prix; **h. man h. beast,** mi-homme mi-bête; **h. sleeves,** manches mi-longues 3. *adv* (*a*) à moitié; **he only h. understands,** il ne comprend qu'à moitié; **h. dressed,** à demi habillé; **h. naked,** à moitié nu; (*of work*) **h. done,** à moitié fait; **h. full, empty,** à moitié plein, vide; **h. closed, open,** entrouvert; **h. laughing, h. crying,** moitié riant, moitié pleurant; **I was h. afraid that,** j'avais quelque crainte que; *F:* **not h. bad,** pas mal du tout; *F:* **he isn't h. lazy,** il est rudement paresseux; *F:* **it isn't h. cold!** il fait rudement froid! *P:* **not h.!** tu parles! (*b*) **it's h. past two,** il est deux heures et demie (*c*) **h. as big,** moitié aussi grand; **h. as big again,** moitié plus grand; **h. as much money as you,** moitié moins d'argent que vous. **half-and-'half** *adv* moitié-moitié; moitié l'un, moitié l'autre; **how shall I mix them?—h.-and-h.,** comment faut-il les mélanger?—à doses égales; je vous en mets combien de chaque (sorte)?—moitié-moitié. **'half-back** *n Sp:* demi *m*. **'half-baked** *a F:* (*of pers*) niais; (projet) à la manque, à la noix. **'half-breed** *n* métis, -isse. **half-'brother** *n* demi-frère *m*. **'half-caste** *a & n* métis, -isse. **'half-'circle** *n* demi-cercle *m*. **half'cock(ed)** *a & n F:* **to go off at halfcock, to go off halfcock(ed),** mal démarrer. **half-(a-)'dozen** *n* demi-douzaine *f*. **half-'fare** *n* (*in train, bus*) demi-place; (*in cinema*) demi-tarif. **half-'hearted** *a* peu enthousiaste; (effort) timide. **half-'heartedly** *adv* sans enthousiasme. **half-'holiday** *n* demi-journée *f* de congé. **half-'hour** *n* demi-heure *f*. **half-'hourly** *a & adv* (qui a lieu) toutes les demi-heures. **half-'landing** *n* palier *m* (intermédiaire). **half-'light** *n* demi-jour *m*. **half-'mast** *n* **at h.-m.,** en berne. **half-'moon** *n* demi-lune *f*; (*on fingernails*) lunule *f*. **half-'pay** *n* **on h.-p.,** en demi-solde *f*. **'halfpenny** ['hɑːfpeni, *occ* 'heipni] *n* (*pl* **-ies**) demi-penny *m*. **'half-shaft** *n Aut:* demi-arbre *m*. **'half-'sister** *n* demi-sœur *f*. **'half-slip** *n Cl:* jupon *m*. **half-'term** *n Sch:* **h.-t. (holiday),** petites vacances, congé *m* de mi-trimestre. **half-'timbered** *a* (maison) à colombage. **half-'time** *n Sp:* mi-temps *f*. **'half-tone** *n Phot:* simili *f*. **'half-track** *n Veh:* half-track *m*. **'halfway** *adv* à moitié chemin; à mi-chemin; **to fill, etc, h.,** remplir, etc, à moitié; **h. up, down (the hill),** à mi-côte, à mi-pente; **h. through,** à la moitié de; *Fig:* **to meet s.o. h.,** faire la moitié des avances; couper la poire en deux. **'half-wit** *n* imbécile *mf*. **half-'witted** *a* imbécile. **'half-'yearly** 1. *a* semestriel 2. *adv* tous les six mois.

halibut ['hælibət] *n* (*pl*) *Ich:* flétan *m*.

halitosis [hæli'tousis] *n Med:* mauvaise haleine.

hall [hɔːl] *n* (*a*) salle *f*; **dining h.,** salle à manger (d'un château); *Sch:* (*of college*) réfectoire *m*; **concert h.,** salle de concert; **music h.,** music-hall *m*; *Sch:* **lecture h.,** amphithéâtre *m* (*b*) **(entrance) h.,** entrée *f*, vestibule *m*; (*of hotel*) hall *m*; *esp NAm:* couloir *m*; **h. porter,** concierge *mf* (*c*) (*large house*) manoir *m*; *Sch:* **h. of residence,** pavillon *m* universitaire; *Sch:* **halls of residence,** cité *f* universitaire. **'hallmark** *n* poinçon *m* (sur les objets d'orfèvrerie); *Fig:* sceau *m*. **'hallstand** *n* portemanteau *m*. **'hallway** *n* vestibule *m*, entrée; *esp NAm:* couloir.

hallelujah [hæli'luːja] *n & int* alléluia (*m*).

hallo [hə'lou] *int* (*greeting*) bonjour! salut! (*calling attention*) holà! ohé! (*indicating surprise*) tiens! *Tp:* allô!

hallow ['hælou] *vtr* sanctifier, consacrer; *Ecc:* **hallowed be thy name,** que ton nom soit sanctifié; **hallowed ground,** terre sainte. **Hallow'e'en** [-'iːn] *n* veille *f* de la Toussaint.

hallucination [həluːsi'neiʃn] *n* hallucination *f*.

halo ['heilou] *n* (*pl* **haloes**) (*a*) *Astr:* halo *m* (*b*) auréole *f*, nimbe *m* (d'un saint).

halt [hɔlt] 1. *n* (*a*) halte *f*, arrêt *m*; **to come to a h.,** s'arrêter; **to call a h. to sth,** mettre fin à qch (*b*) *Rail:* (*small station*) halte 2. *v* (*a*) *vi* s'arrêter; *Mil:* **h.!** halte! (*b*) *vtr* faire faire halte à. **'halting** *a* hésitant.

halter ['hɔ(ː)ltər] *n* licou *m*. **'halterneck** *n Cl:* encolure *f* bain-de-soleil.

halve [hɑːv] *vtr* (*a*) diviser, partager, en deux (*b*) réduire de moitié.

halves [hɑːvz] *see* **half 1.**

ham [hæm] 1. *n* (*a*) *Cu:* jambon *m*; **h. and eggs,** œufs au jambon; **boiled h.,** jambon cuit (*b*) **h. (actor),** cabotin, -ine (*c*) **(radio) h.,** amateur *m* de radio 2. *vtr & i* **(hammed)** *Th:* **to h. (it up),** jouer (son rôle) en charge. **'ham-fisted** *a* maladroit. **'hamstring** 1. *n* tendon *m* du jarret 2. *vtr* **(hamstrung)** *Fig:* couper les moyens à (qn).

Hamburg ['hæmbəːg] *Prn Geog:* Hambourg. **'hamburger** *n Cu:* hamburger *m*.

hamlet ['hæmlit] *n* hameau *m*.

hammer ['hæmər] 1. *n Tls:* marteau *m*; (*heavy*) masse *f*; (*at auction*) **to come under the h.,** être mis aux enchères; **to go at it h. and tongs,** se bagarrer. II. *v* 1. *vtr* (*a*) marteler, battre au marteau; enfoncer (un clou) **(into,** dans); **to h. into shape,** façonner (un pot); **to h. sth into s.o.,** faire entrer qch dans la tête à qn (*b*) *F:* battre (qn) à plate(s) couture(s) (*c*) *F:* démolir (qn, un livre) 2. *vi* frapper (au marteau); **to h. at, on, the door,** frapper à la porte à coups redoublés. **'hammer 'in** *vtr* enfoncer (un clou) à coups de marteau. **'hammering** *n F:* raclée *f*, défaite *f*; **to give s.o. a good h.,** battre qn à plate(s) couture(s). **'hammer 'out** *vtr* mettre au point (un projet).

hammock ['hæmək] *n* hamac *m*.

hamper¹ ['hæmpər] *n* manne *f*; panier *m* (à provisions); *NAm:* panier, corbeille *f*, à linge.

hamper² *vtr* embarrasser, gêner.

hamster ['hæmstər] *n Z:* hamster *m*.

hand [hænd] 1. *n* (*a*) main *f*; **on one's hands and knees,** à quatre pattes; **to vote by show of hands,** voter à main levée; **to hold (sth) in one's h.,** tenir (un revolver) à la main, (des graines) dans la main, (le succès) entre les mains; **to take s.o. by the h.,** prendre qn par la main; **give me your h.!** donne-moi la main! **to take s.o.'s h.,** donner la main à qn; **to lay hands on sth,** mettre la main sur qch; s'emparer de qch; **hands off!** pas touche! bas les pattes! **hands up!** haut les mains! *Sch:* levez la main! **he can turn his h. to anything,** il sait tout faire; **to have a h. in sth,** se mêler de qch; y être pour qch; **I had no h. in it,** je n'y suis pour rien; **to give s.o. a (helping) h.,** donner un coup de main à qn; **to have one's hands full,** avoir fort à faire; **my hands are full,** je suis trés occupé; **to have sth on one's hands,** avoir qch à sa charge, sur les bras; *Com:* **goods left on our hands,** marchandises invendues; **to change hands,** changer de main, de propriétaire; **to be in good hands,** être en bonnes mains; **to put oneself in s.o.'s (good) hands,** s'en remettre à qn; **h. luggage,** bagages *mpl* à main (*b*) applaudissement(s) *m(pl)*; **to give s.o. a good h.,** applaudir bien fort qn (*c*) *phrs* **to be (close) at h.,** être tout près; être proche; **made by h.,** fait (à la) main; **to deliver by h.,** livrer, apporter, personnellement, soi-même; (*of messenger, etc*) livrer, apporter (à domicile); **hat in h.,** chapeau bas; **revolver in h.,** revolver au poing; **to have some money in h.,** avoir de l'argent disponible; **cash in h.,** espèces en caisse; **I've got 5 minutes in h.,** j'ai encore 5 minutes; **the matter in h.,** la chose en question; **to take sth in h.,** prendre qch en main; se charger de qch; **situation well in h.,** situation bien en main; **work in h.,** travail en cours; **on h.,** disponible; **on the right h.,** du côté droit; **on (the) one h.,** d'une part; **on the other h.,** d'autre part; **to do sth out of h.,** faire qch immédiatement, sur-le-champ; **to get out of h.,** (i) (*of pers*) devenir impossible (ii) (*of situation*) devenir incontrôlable; **at, to, h.,** sous la main, à portée de la main; **your parcel has come to h.,** votre paquet m'est parvenu, est arrivé à destination; **the first excuse to h.,** le premier prétexte venu; **at first h.,** de première main; **to be h. in glove with s.o.,** être d'intelligence, de mèche, avec qn; **to wait on s.o. h. and foot,** être aux petits soins pour qn; **h. in h.,** la main dans la main; *Fig:* **h. in h. with,** de concert avec; **h. to h.,** (lutter) corps à corps; **to make money h. over fist,** faire des affaires d'or; **to live from h. to mouth,** vivre au jour le jour; **to win hands down,** gagner haut la main; **horse 15 hands high,** cheval de quinze paumes *fpl* (*d*) (*pers*) ouvrier, -ière; manœuvre *m*; *Nau:* matelot *m*; (*of ship*) **the hands,** l'équipage *m*; **all hands on deck!** tout le monde sur le pont! **to be lost with all hands,** périr corps et biens; *Ind:* **to take on hands,** embaucher de la main-d'œuvre; **to be a good, dab, h. at doing sth,** être adroit à faire qch; **an old h.,** un expert (*e*) *Cards:* jeu *m*; (*cards*) main; (*game*) partie *f* (*f*) aiguille *f* (de montre) (*g*) écriture *f* **2.** *vtr* passer, remettre, donner (qch à qn); *Fig:* **to h. it to s.o.,** reconnaître la supériorité de qn. **hand 'back** *vtr* rendre (qch à qn). **'handbag** *n* sac *m* à main. **'handball** *n esp NAm: Games:* hand-ball *m*. **'handbell** *n* sonnette *f*. **'handbill** *n* prospectus *m*. **'handbook** *n* manuel *m*; guide *m*; livret *m* (d'un musée). **'handbrake** *n* frein *m* à main. **'handbrush** *n* balayette *f*. **'handclap** *n* **to give s.o. the slow h.,** battre lentement des mains pour manifester son ennui, son impatience, vis à vis de qn. **'handcuff 1.** *n pl* menottes *fpl* **2.** *vtr* passer les menottes à (qn). **hand 'down** *vtr* descendre (qch); transmettre (une tradition). **'handful** *n* poignée *f*; **a h. of people,** une poignée de gens; **by the h.,** par poignées; **that child is quite a h.,** cet enfant est difficile. **'handicap 1.** *n* handicap *m*; désavantage *m*; **to have a physical h.,** être handicapé physiquement **2.** *vtr* **(handicapped)** handicaper; **to be handicapped,** être handicapé, désavantagé. **'handicapped 1.** *a* handicapé **2.** *npl* **the physically, mentally, h.,** les handicapés *m* physiques, mentaux. **'handicraft** *n* artisanat *m* d'art. **hand 'in** *vtr* remettre. **'handiwork** *n* artisanat d'art; *Fig:* ouvrage *m*; œuvre *f*; **is that your h.?** c'est toi qui as fait cela? **'handkerchief** ['hæŋkətʃi(:)f] *n* mouchoir *m*; (*for neck*) foulard *m*. **'hand-'knitted** *a* tricoté à la main. **hand-'made** *a* fait à la main. **hand 'on** *vtr* transmettre. **'hand 'out** *vtr* distribuer. **handout** *n* (*a*) communiqué *m* (à la presse); prospectus *m* (publicitaire); *Sch:* polycopié *m* (*b*) aumône *f*. **hand 'over** *vtr* remettre (qch à qn); livrer (qn à la justice); transmettre (ses pouvoirs) **(to,** à); céder (sa propriété). **'handover** *n* prise *f* en compte. **hand'picked** *a* trié sur le volet. **'handrail** *n* garde-fou *m*; rampe *f*, main courante (d'escalier). **hand 'round** *vtr* passer, faire circuler (la bouteille, les gâteaux). **'handshake** *n* poignée *f* de main. **'handstand** *n Gym:* **to do a h.,** faire l'arbre droit. **'hand-to-'hand** *a* **h.-to-h. fighting,** corps à corps *m*. **'handwriting** *n* écriture *f*. **'handwritten** *a* manuscrit; écrit à la main. **'handy** *a* **(-ier, -iest)** (*a*) (*of pers*) habile **(at doing,** à faire); **he's very h. about the house,** c'est un bon bricoleur (*b*) (*of tool*) maniable (*c*) commode, pratique; utile; **to come in h.,** se révéler utile; **that would come in very h.,** cela ferait bien l'affaire (*d*) proche, accessible; **to keep sth h.,** avoir qch sous la main. **'handyman** *n* (*pl* **-men)** homme *m* à tout faire; (*for pleasure*) bricoleur *m*.

handle ['hændl] **1.** *n* manche *m* (de couteau); poignée *f* (de porte); anse *f* (de seau, de panier); bras *m* (de brouette, de pompe); queue *f* (de casserole); *Aut:* **starting h.,** manivelle *f*; *F:* **to fly off the h.,** s'emporter, sortir de ses gonds **2.** (*a*) *vtr* manier, manipuler (qch); toucher à (qch); manœuvrer (un navire); conduire (une voiture); se servir de (un fusil); prendre en main (une situation); s'occuper de (l'affaire); s'y prendre avec (un enfant); (*of pers*) **he's hard to h.,** il n'est pas commode (*b*) *vi* (*of machine*) **to h. well,** être facile à manier. **'handlebar(s)** *n* (*pl*) guidon *m* (de vélo, de moto). **'handler** *n* **(dog) h.,** dresseur, -euse (de chiens). **'handling** *n* maniement *m*; manœuvre *f* (d'une voiture, d'un bateau); manutention *f* (de marchandises); traitement *m* (de qn); **rough h.,** traitement brutal.

handsome ['hænsəm] *a* beau; (meuble) élégant; (*of gift*) généreux; (*of action, conduct*) gracieux, généreux; **a h. man,** un bel homme; **to make a h. profit,** réaliser de coquets bénéfices. **'handsomely** *adv* (*a*) élégamment, avec élégance (*b*) généreusement.

hang [hæŋ] **I.** *v* **(hung) 1.** *vtr* (*a*) suspendre **(on, from,** à); (*on hook*) accrocher, suspendre (qch) **(on, from,** à); laisser pendre **(from, out of,** de); monter (une porte); **hall hung with flags,** salle ornée de drapeaux; **to h. one's head,** baisser la tête; (*of plan*) **to h. fire,** traîner (en longueur) (*b*) poser (un papier peint) (*c*) **(hanged)** pendre (un criminel) **2.** *vi* (*a*) pendre, être suspendu **(on, from,** à); **picture hanging on the wall,** tableau suspendu, accroché, au mur; **to h. out of the window,** (*of pers*) se pencher par la fenêtre; (*of thg*) pendre à la fenêtre (*b*) (*of threat*) planer; (*of fog, smoke*) flotter; (*of silence*) peser; (*of curtains, hair*) tomber (*c*) (*of criminal*) être pendu. **II.** *n F:* **to get the h. of sth,** (i) attraper le coup, saisir le truc, de, pour, qch (ii) comprendre, piger, qch. **hang a'bout, a'round** *vtr & i* traîner, rôder; *F:* attendre. **'hang 'back** *vi* rester en arrière; hésiter.

'hangdog *a* **h. look,** air de chien battu. **hang 'down** *vi* pendre; (*of hair*) tomber. **'hanger** *n* **(clothes, coat) h.,** cintre *m*. **'hanger-'on** *n* (*pl* **hangers-on**) (*pers*) parasite *m*. **'hang-glider** *n* *Sp:* (*a*) delta-plane (*Rtm*) *m* (*b*) (*pers*) libriste *mf*. **'hang-gliding** *n* *Sp:* vol *m* libre. **'hanging 1.** (*a*) suspension *f* (de qch) (*b*) pendaison *f* (d'un criminel) (*c*) *usu pl* tenture(s) *f(pl)*; tapisserie(s) *f(pl)* **2.** *a* pendant; (pont) suspendu.; **h. on,** accroché à (un mur). **'hangman** *n* (*pl* **-men**) bourreau *m*. **'hangnail** *n* petites peaux, envies *fpl*. **hang 'on 1.** *vi* résister; *F:* attendre; **to h. on to,** ne pas lâcher; garder; **h. on to your job,** ne lâchez pas votre situation; **h. on!** minute! *Tp:* ne quittez pas! **h. on (for) a minute!** attendez un instant! **2.** *vtr* être suspendu à (qch); (*of result*) dépendre de (qch); **to h. on s.o.'s every word,** écouter avidement qn. **hang 'out 1.** *vtr* pendre (qch) au dehors; étendre (le linge); arborer (un pavillon) **2.** *vi* pendre (au dehors); *F:* habiter; **where do you h. out?** où nichez-vous? **'hangover** *n* (*a*) gueule *f* de bois (*b*) reliquat *m* (d'une habitude). **hang to'gether** *vi* (*of facts*) se tenir; (*of plan*) tenir debout. **hang 'up** (*a*) *vtr* accrocher, pendre (un tableau); *F:* **to be hung up,** être complexé (*b*) *vi* *Tp:* raccrocher; **to h. up on s.o.,** couper la communication avec qn. **'hangup** *n* *F:* complexe *m*.

hangar ['hæŋər] *n* *Av:* hangar *m*.

hank [hæŋk] *n* écheveau *m* (de laine).

hanker ['hæŋkər] *vi* **to h. after, for, sth,** avoir envie de qch. **'hankering** *n* (forte) envie, (vif) désir; **to have a h. for sth,** avoir envie de qch.

hankie, -y ['hæŋki] *n* (*pl* **hankies**) *F:* mouchoir *m*.

hanky-panky ['hæŋki'pæŋki] *n* (*no pl*) *F:* manigances *fpl*, magouilles *fpl*; (*sexual*) papouilles *fpl*, pelotage *m*.

haphazard [hæp'hæzəd] *a* au hasard; aléatoire. **hap'hazardly** *adv* au hasard; au petit bonheur.

hapless ['hæplis] *a* *Lit:* infortuné.

happen ['hæpən] *vi* (*a*) arriver; se passer, se produire; **don't let it h. again!** que cela n'arrive plus! **(just) as if nothing had happened,** comme si de rien n'était; **whatever happens,** quoi qu'il arrive; **as it happens,** justement; *F:* **worse things h. at sea,** il y a pire; **what's happened to him?** (i) qu'est-ce qui lui est arrivé? (ii) qu'est-ce qu'il est devenu? **if anything happened to you,** s'il vous arrivait quelque chose; **something has happened to him,** il lui est arrivé quelque chose (*b*) (*chance*) **it (so) happens that I know, I h. to know,** il se trouve que je sais; **he happened to pass that way,** il s'est trouvé passer par là; **if I h. to forget,** s'il m'arrive d'oublier; **the house happened to be empty,** la maison se trouvait vide; **do you h. to know whether,** sauriez-vous par hasard si? **to h. upon sth,** tomber sur qch. **'happening** *n* événement *m*; *Th:* happening *m*.

happy ['hæpi] *a* (**-ier, -iest**) heureux; **(to do,** de faire, **about sth,** de qch); **I'm not (too, very) h. about (doing) it,** ça ne me plaît pas beaucoup (de le faire); **h. thought!** bonne inspiration! **H. Christmas!** joyeux Noël! **H. New Year!** bonne année! **'happily** *adv* heureusement; joyeusement; tranquillement; **to live h.,** vivre heureux. **'happiness** *n* bonheur *m*; félicité *f*. **'happy-go-'lucky** *a* (*of pers*) insouciant; **in a h.-go-l. way,** au petit bonheur.

harangue [hə'ræŋ] **1.** *n* harangue *f* **2.** *vtr* haranguer (la foule).

harass ['hærəs, *NAm:* hə'ræs] *vtr* harceler; tourmenter (qn). **'harassment,** *NAm:* **ha'rassment** *n* harcèlement *m*.

harbour, *NAm:* **harbor** ['hɑːbər] **1.** *n* port *m*; **h. master,** capitaine *m* de port **2.** *vtr* héberger (qn); receler, cacher, abriter (un criminel); retenir (la saleté); entretenir (des soupçons); nourrir (la peur, un secret); **to h. a grudge against s.o.,** garder rancune à qn.

hard [hɑːd] **1.** *a* (*a*) dur; (*of snow*) durci; (*of drink*) alcoolisé; **to get h.,** durcir; (*of pers*) **to be as h. as nails,** (i) être musclé (ii) être dur; **h. currency,** devise forte; **h. cash,** espèces *fpl*; **h. frost,** forte gelée; **h. water,** eau calcaire; **h. liquor,** spiritueux *mpl*; **h. drinker, worker,** gros buveur, travailleur (*b*) difficile, dur; (tâche) pénible; **h. work,** (i) travail difficile (ii) travail assidu (iii) travail ingrat; **it was h. work to,** j'avais du mal à; **to be h. to please,** être exigeant, difficile; **h. of hearing,** malentendant; *Com:* **h. sell,** vente agressive; **I find it h. to believe that,** j'ai du mal à croire que; **it's h. to understand,** c'est difficile à comprendre (*c*) (*of pers, manner*) dur, sévère (**on, to, towards,** envers); (fait) brutal; (hiver) rigoureux; **times are h.,** les temps sont rudes, durs; **to have a h. time of it,** en voir de dures; *F:* **h. luck! h. lines!** pas de chance! **to try one's hardest,** faire tout son possible **2.** *adv* fort; **as h. as one can,** de toutes ses forces; **to hit h.,** cogner dur; **to look h. at s.o.,** regarder fixement qn; **to think h.,** réfléchir sérieusement; **to be h. at work,** *F:* **at it,** être en plein travail; **it's raining h.,** il pleut à verse; **to snow h.,** neiger dru; **to freeze h.,** geler dur, fort; *F:* **to be h. up,** être fauché; **to be h. up for,** manquer de; **to be h. pushed,** être dans la gêne; **h. by,** tout près; **h. done by,** traité injustement; **to try h.,** faire un grand effort; **to try harder,** faire de plus grands efforts; **to study h.,** travailler assidûment; **to work h.,** travailler dur. **'hard-and-'fast** *a* (*of rule*) strict. **'hardback** *n* livre cartonné. **'hardboard** *n* Isorel *m* (*Rtm*). **'hard-'boiled** *a* (œuf) dur; (*of pers*) dur à cuire. **'hardcore 1.** *a* *Pej:* inflexible **2.** *n* *Const:* blocaille *f*. **hard-'earned** *a* (salaire) péniblement gagné; (prix) bien mérité. **'harden** *vtr & i* durcir; (*of pers*) **to become hardened,** s'endurcir **(to,** à); **hardened criminal,** criminel endurci. **'hardening** *n* durcissement *m*. **hard-'fought** *a* (*of election, battle*) chaudement contesté; âprement disputé. **hard-'headed** *a* (*of pers*) réaliste. **hard-'hearted** *a* impitoyable, au cœur dur. **hard-'liner** *n* *Pol:* faucon *m*. **'hardly** *adv* (*a*) à peine; ne . . . guère; **I h. know,** je n'en sais trop rien; **she can h. read,** c'est à peine si elle sait lire; **you'll h. believe it,** vous aurez du mal à le croire; **I need h. say,** pas besoin de dire; **h. anyone,** presque personne (*b*) **he could h. have said that,** il n'aurait sûrement pas dit cela, **'hardness** *n* dureté *f*; difficulté *f* (d'un travail); sévérité *f*, rigueur *f* (d'une règle). **'hardship** *n* privation(s) *f(pl)*; épreuve(s) *f(pl)*. **'hardware** *n* (*a*) quincaillerie *f*; **h. dealer,** quincaillier *m*; **h. shop,** quincaillerie *f* (*b*) *Mil:* *Cmptr:* matériel *m*. **hard-'wearing** *a* (vêtement) résistant. **'hardwood** *n* bois *m* (d'œuvre) de feuillu. **'hard-'working** *a* travailleur, assidu. **'hardy** *a* **(-ier, -iest)** robuste; endurci; (*of plant*) résistant; *Bot:* (plante) de pleine terre.

hare [hɛər] **1.** *n Z:* lièvre *m*; **doe h.,** hase *f*; **young h.,** levraut *m*; *Cu:* **jugged h.,** civet *m* de lièvre **2.** *vi F:* **to h. off,** se sauver, s'élancer, courir, à toutes jambes. **'harebell** *n Bot:* campanule *f*. **'harebrained** *a* écervelé, étourdi; (projet) insensé. **'harelip** *n* bec-de-lièvre *m*.

harem [hɑː'riːm] *n* harem *m*.

haricot ['hærikou] *n Bot:* **h. (bean)** haricot blanc.

hark [hɑːk] *vi Lit:* écouter. **hark 'back** *vi F:* **to h. b. to,** revenir sur (un sujet).

harm [hɑːm] **1.** *n* mal *m*; tort *m*; **to do s.o. h.,** faire du mal, du tort à qn; nuire à qn; **he means (us) no h.,** il ne nous veut pas de mal; **to see no h. in sth,** ne pas voir de mal à qch; **you'll come to no h.,** il ne vous arrivera rien; **out of harm's way,** à l'abri du danger; en sûreté; **that won't do any h.,** cela ne gâtera rien; **there's no h. in trying,** on peut toujours essayer; **there's no h. in saying so,** il n'y a pas de mal à le dire **2.** *vtr* faire du mal, du tort, à (qn); nuire à (qn); endommager, abîmer (un objet). **'harmful** *a* malfaisant, pernicieux; nuisible. **'harmless** *a* (animal, individu) inoffensif; (passe-temps) innocent; (*of gas, fumes, etc*) qui n'est pas nuisible, inoffensif; (médicament) anodin.

harmony ['hɑːməni] *n* harmonie *f*; (*agreement*) accord *m*; **to live in perfect h.,** vivre en parfaite harmonie; **in h. with,** conforme à, qui s'accorde avec. **har'monic** *a & n Mus:* harmonique (*m*). **har'monica** *n Mus:* harmonica *m*. **har'monious** *a* harmonieux. **har'monium** *n Mus:* harmonium *m*. **'harmonize 1.** *vtr* harmoniser **2.** *vi* s'harmoniser; (*of facts, pers*) s'accorder.

harness ['hɑːnis] **1.** *n* (*pl* **harnesses**) (*a*) harnais *m*; *Fig:* **to get back into h.,** reprendre le collier; **to die in h.,** mourir à la peine (*b*) ceinture *f* (de parachutiste, de sécurité) **2.** *vtr* harnacher (un cheval); atteler (un cheval à une voiture); aménager (une chute d'eau); *Fig:* exploiter (l'énergie atomique).

harp [hɑːp] **1.** *n Mus:* harpe *f*; **to play the h.,** jouer de la harpe **2.** *vi* **to be always harping on about sth,** rabâcher toujours la même chose. **'harpist** *n* harpiste *mf*.

harpoon [hɑː'puːn] **1.** *n* harpon *m* **2.** *vtr* harponner.

harpsichord ['hɑːpsikɔːd] *n Mus:* clavecin *m*.

harrow ['hærou] *n Agr:* herse *f*. **'harrowing** *a* poignant; (cri) déchirant.

harsh [hɑːʃ] *a* (*a*) dur, rêche, rude (au toucher); (*of surface*) rugueux; (*of sound, taste*) âpre; (voix) rude (*b*) (caractère) dur, bourru; (maître) dur, sévère. **'harshly** *adv* durement; (traiter qn) sévèrement. **'harshness** *n* dureté *f*; rugosité *f*; âpreté *f* (au goût); (*of pers, punishment*) sévérité *f*.

harum-scarum ['hɛərəm'skɛərəm] *a F:* étourdi, écervelé.

harvest ['hɑːvist] **1.** *n* (*a*) moisson *f*; récolte *f*; vendange *f* (du vin); *Fig:* ribambelle *f* (de gens, etc); **to get in the h.,** faire la moisson; **h. festival,** action de grâces (après la rentrée des récoltes); **h. home,** fête de la moisson (*b*) (époque *f* de) la moisson **2.** (*a*) *vtr* moissonner (les blés); récolter (les fruits) (*b*) *vi* rentrer, faire, la moisson. **'harvester** *n* (*pers*) moissonneur, -euse; (*machine*) **(combine) h.,** moissonneuse(-batteuse) *f*.

has [hæz] *see* **have. 'has-been** *n* (*pl* **-beens**) *F:* personne finie.

hash [hæʃ] **1.** *n* (*a*) *Cu:* hachis *m*; *F:* **to make a h. of sth,** gâcher, faire un beau gâchis de, qch; **he made a h. of it,** il a tout bousillé, saboté (*b*) *P:* hasch *m*, H *m* **2.** *vtr* **to h. (up) meat,** hacher de la viande.

hashish ['hæʃiʃ] *n* haschisch *m*.

hassle ['hæsl] *F:* **1.** *n* (*a*) histoires *fpl* (*b*) mal *m*, peine *f* **2.** *vtr* embêter (qn).

haste [heist] *n* hâte *f*; **to make h.,** se hâter, se dépêcher (**to do,** de faire); **in h.,** à la hâte. **hasten** ['heisn] **1.** *vtr* hâter **2.** *vi* se hâter, se dépêcher (**to do,** de faire). **'hastily** *adv* en hâte; hâtivement. **'hastiness** *n* précipitation *f*, hâte *f*; (*of temper*) emportement *m*. **'hasty** *a* **(-ier, -iest)** (départ) précipité; (repas) sommaire; (visite) rapide; (croquis) fait à la hâte; (*of decision, work*) hâtif.

hat [hæt] *n* chapeau *m*; **to raise one's h. to s.o.,** saluer qn (d'un coup de chapeau); **to take off one's h.,** enlever son chapeau; *Fig:* **I take my h. off to him (for that)!** je lui tire mon chapeau! **to pass the h. round (for s.o.),** faire la quête (pour qn); *F:* **keep it under your h.,** gardez ça pour vous; *F:* **old h.,** vieux jeu; **to talk through one's h.,** débiter des sottises; *Sp:* **to score a h. trick,** réussir trois coups consécutifs. **'hatshop** *n* (*for men*) chapellerie *f*; (*for women*) (boutique *f* de) modiste *f*; **at the h.,** chez la modiste.

hatch[1] [hætʃ] *n* (*pl* **hatches**) (*a*) *Nau:* écoutille *f*; **under hatches,** dans la cale; *F:* (*when drinking*) **down the h.!** cul sec! (*b*) passe-plats *m inv*. **'hatchback** *n Aut:* (*door*) hayon *m*; (*car*) trois-portes *f inv*, cinq-portes *f inv*.

hatch[2] **1.** *vtr* faire éclore (des poussins); (faire) couver (des œufs); ourdir, tramer (un complot) **2.** *vi* **to h. (out),** éclore.

hatchet ['hætʃit] *n* hachette *f*; hache *f* à main; *Fig:* **h. man,** tueur à gages; *Pol:* homme de main.

hate [heit] **1.** *n* haine *f*; *F:* **pet h.,** bête noire; **h. mail,** lettres *fpl* d'injures **2.** *vtr* haïr, détester (qn); avoir horreur de (qch); **to h. to do sth,** détester faire qch; **I h. to trouble you,** je suis désolé de vous déranger; **I h. to say it,** ça me gêne de le dire; **she hates being kissed,** elle a horreur d'être embrassée; **she hates to be contradicted,** elle n'admet pas qu'on la contredise; **to h. oneself for sth,** s'en vouloir de qch. **'hateful** *a* haïssable. **'hatred** *n* haine *f* (**of,** de, contre).

haughty ['hɔːti] *a* **(-ier, -iest)** hautain, arrogant, altier. **'haughtily** *adv* avec hauteur. **'haughtiness** *n* hauteur *f*, arrogance *f*.

haul [hɔːl] **1.** *vtr* tirer; traîner; remorquer (un bateau); camionner (des marchandises) **2.** *n* (*a*) *Fish:* coup *m* de filet (*b*) *Fish:* prise *f*; pêche *f* (*c*) *F:* (*of burglar*) butin *m* (*d*) *Aut: etc:* parcours *m*, trajet *m*; **a long h.,** un long voyage; *Av:* **short, long, h.,** étape courte, longue. **'haulage** *n* (*a*) camionnage *m*; **h. contractor,** transporteur routier (*b*) frais *mpl* de transport. **haul 'down** *vtr* descendre. **'haulier,** *NAm:* **'hauler** *n* transporteur routier. **haul 'in** *vtr* tirer. **'haul 'up** *vtr* monter; hisser (un pavillon).

haunch [hɔːntʃ] *n Anat:* hanche *f*; *Cu:* cuissot *m* (de chevreuil); **haunches,** arrière-train *m* (d'un animal); **sitting on his haunches,** (*of pers*) accroupi; (chien) assis (sur son derrière).

haunt [hɔːnt] **1.** *n* endroit favori; repaire *m* (d'un criminel); **it's a favourite h. of mine,** (i) c'est un de mes endroits favoris (ii) c'est un lieu où j'aime souvent aller **2.** *vtr* fréquenter, hanter (un endroit); (*of ghost*) hanter; **this house is haunted,** il y a des revenants dans cette maison; **haunted by memories,** obsédé par des souvenirs. **'haunted** *a* hanté; (air) égaré. **'haunting** *a* qui vous hante; (souvenir) obsédant.

Havana [hə'vænə] **1.** *Prn Geog:* Havane *f* **2.** *n* **H. (cigar),** havane *m.*

have [hæv] **(had;** *pr* **he has)** *vtr* **1.** (*a*) avoir, posséder; **he has no friends, hasn't got any friends,** il n'a pas d'amis; **all I h.,** tout ce que je possède; **he has a shop,** il tient un magasin; **I h. it!** j'y suis! **my bag has no name on it,** ma valise ne porte pas de nom; **I h. nothing to do,** je n'ai rien à faire; **I h. work to do,** j'ai à travailler (*b*) **we don't h. many visitors,** nous ne recevons pas beaucoup de visites; **we're having visitors tomorrow,** nous attendons des invités demain; **to h. s.o. to dinner,** avoir qn à dîner **2. to h. a child,** avoir, donner naissance à, un enfant **3.** (*a*) **there was no work to be had,** on ne pouvait pas obtenir de travail (*b*) **to h. news from s.o.,** recevoir des nouvelles de qn; **I h. it on good authority that,** je tiens de bonne source que (*c*) **I must h. them by tomorrow,** il me les faut pour demain; **let me h. your keys,** donnez-moi vos clefs; **I will let you h. it for £10,** je vous le céderai pour dix livres; **let me h. an early reply,** répondez-moi sans retard; *F:* **I let him h. it,** (i) je lui ai dit son fait (ii) je lui ai réglé son compte; *F:* **you've had it!** tu es fichu! **4. to h. tea with s.o.,** prendre le thé avec qn; **to h. lunch,** déjeuner; **to h. a drink,** prendre, boire, un verre; **will you h. some wine?** voulez-vous du vin? **I had some more,** j'en ai repris; **he is having his dinner,** il est en train de dîner; **to h. a cigar,** fumer un cigare; *F:* **I'm not having any!** on ne me la fait pas! ça ne prend pas! **5.** (*a*) **to h. an idea,** avoir une idée; **to h. a right to sth,** avoir droit à qch (*b*) **to h. measles,** avoir la rougeole; **I h. (got) a cold,** je suis enrhumé; **he has (got) a sore throat, he has (got) earache,** il a mal à la gorge, aux oreilles; **to h. a walk, a dream,** faire une promenade, un rêve; **to h. a game,** faire une partie (*c*) **to h. a lesson,** prendre une leçon; **to h. a bath, a shower,** prendre un bain, une douche; **to h. a wash,** se laver (*d*) **to h. a holiday,** passer des vacances; **to h. a pleasant evening,** passer une soirée agréable; **I didn't h. any trouble at all,** cela ne m'a donné aucune peine; **we had a rather strange adventure,** il nous est arrivé une aventure assez étrange **6.** (*a*) prétendre, soutenir; **he will not h. it that she is delicate,** il n'admet pas qu'elle soit de santé délicate; **rumour has it that,** le bruit court que (*b*) **to h. s.o. by the hair,** tenir qn par les cheveux; **to h. s.o. by the throat,** tenir qn à la gorge; *F:* **you've been had!** tu t'es fait avoir! **7. to h. sth done,** faire faire qch; **to h. a house built,** faire construire une maison; **to have one's suitcase brought up,** faire monter sa valise; **to h. one's hair cut,** se faire couper les cheveux; **I had my watch stolen,** on m'a volé ma montre; **he had his leg broken,** il s'est cassé la jambe **8.** (*a*) **which (one) will you h.?** lequel voulez-vous? **as luck would h. it,** le hasard a voulu que; **I'd h. you know that,** sachez que (*b*) **what would you h. me do?** que voulez-vous que je fasse? (*c*) **I will not h. such conduct,** je ne tolérerai pas une telle conduite; **I won't h. him teased,** je ne veux pas qu'on le taquine **9. to h. to do sth,** devoir faire qch; être obligé de faire qch; être forcé de faire qch; **I've got to go, I h. to go,** je dois partir, je suis obligé de partir, il faut que je parte; **we shall h. to walk faster,** il nous faudra marcher plus vite; **I haven't got to work,** je n'ai pas besoin de travailler **10.** (*as auxiliary*) (*a*) **to h. been,** avoir été; **to h. come, to h. hurt oneself,** être venu, s'être blessé; **I h. lived in London for three years,** voici, cela fait, trois ans que j'habite Londres; j'habite Londres depuis trois ans; **I've been doing it for months,** je le fais depuis des mois; (*emphatic*) **well, you *h.* grown!** ce que tu as grandi! (*b*) **you h. forgotten your gloves—so I h.!** vous avez oublié vos gants—en effet! **you haven't swept the room—(yes,) I h.!** vous n'avez pas balayé la pièce—si! mais si! **I've just done it,** je viens de la faire; **haven't I? hasn't she? etc,** n'est-ce-pas? **(no,) I haven't!** non! (*c*) **after he had eaten, he left,** après avoir mangé, il partit **11. I had, I'd, better say nothing,** je ferais mieux de ne rien dire; **I had, I'd, as soon stay here,** j'aimerais autant rester ici; **I'd much rather start at once,** j'aimerais bien mieux partir tout de suite. **'have 'in** *vtr* **I had them in for a cup of tea,** je les ai fait entrer pour prendre une tasse de thé; **I had the doctor in,** j'ai fait venir le médecin; *F:* **to h. it in for s.o.,** garder à qn un chien de sa chienne. **'have-nots** *npl* **the h.-n.,** les pauvres *m.* **have 'on** *vtr* **1.** (*a*) porter (un vêtement); **to h. nothing on,** être à poil, être nu (*b*) **I h. a lecture on this evening,** ce soir, je dois (i) faire (ii) assister à, une conférence; **I haven't got anything on,** je ne suis pas pris **2. to h. s.o. on,** duper, faire marcher, qn **3. to h. something on (a horse),** faire un pari. **have 'out** *vtr* (se) faire arracher (une dent); *F:* **to h. it o. with s.o.,** s'expliquer avec qn. **have 'over** *vtr* **to h. s.o. over,** inviter qn chez soi. **'haves** *npl* **the h.,** les riches *m.* **have 'up** *vtr* citer (qn) en justice; **to be had up,** être cité devant le tribunal.

haven ['heivn] *n* refuge *m*, havre *m.*

haversack ['hævəsæk] *n* havresac *m*; *Mil:* musette *f.*

havoc ['hævək] *n* ravages *mpl*, dégâts *mpl*; **to play, wreak, h. (with sth),** faire de grands dégâts (dans qch); ravager (les récoltes); désorganiser (des projets).

haw [hɔː] *n Bot:* cenelle *f.*

Hawaii [hə'wai] *Prn Geog:* Hawaï *m.*

hawk [hɔːk] **1.** *n Orn: Pol:* faucon *m*; **to have eyes like a h.,** avoir des yeux d'aigle **2.** *vtr* colporter (des marchandises). **'hawker** *n* colporteur, -euse, démarcheur, -euse.

hawthorn ['hɔːθɔːn] *n Bot:* aubépine *f.*

hay [hei] *n* foin *m*; **to make h.,** faire les foins; faner; *Prov:* **to make h. while the sun shines,** battre le fer pendant qu'il est chaud; *Med:* **h. fever,** rhume *m* des foins. **'haycock** *n* tas *m*, meulon *m*, de foin. **'hayfork** *n* fourche *f* à foin. **'hayloft** *n* fenil *m*; grenier *m* à foin. **'haymaker** *n* (*pers*) faneur, -euse. **'haymaking** *n* fenaison *f*. **'hayrick, 'haystack** *n* meule *f* de foin. **'haywire** *a F:* **to go h.,** (*of plans*) mal tourner; (*of mechanism*) se détraquer.

hazard ['hæzəd] **1.** *n* risque *m*; danger *m*; **health h.,**

risque pour la santé; **it's a fire h.**, ça risque de provoquer un incendie **2.** *vtr* hasarder, risquer (une remarque). **'hazardous** *a* hasardeux.

haze [heiz] *n.* brume *f*; *Fig:* (*of pers*) **in a h.**, dans le brouillard. **'hazily** *adv* vaguement, indistinctement. **'hazy** *a* **(-ier, -iest)** brumeux, embrumé; (soleil) voilé; (contour) flou; (*of ideas*) nébuleux, vague; **I'm a bit h. about it,** je n'en ai qu'une connaissance vague, qu'un souvenir vague; **I'm h. about my plans,** je ne suis pas sûr de mes projets.

hazel ['heizl] **1.** *n* **h. (tree),** noisetier *m*, coudrier *m*, **2.** *a* noisette *inv*. **'hazelnut** *n* noisette *f*.

he [hi:] *pers pron m* **1.** (*unstressed*) il; (*a*) **what did he say?** qu'a-t-il dit? qu'est-ce qu'il a dit? (*b*) **here he comes,** le voici qui vient; **he's an honest man,** c'est un honnête homme **2.** (*a*) (*stressed*) lui; **he and I,** lui et moi; **if I were he,** si j'étais lui; **I'm as tall as he is,** je suis aussi grand que lui; ***he* knows nothing about it,** il n'en sait rien, lui (*b*) *esp Lit:* celui; **he who believes,** celui qui croit **s.** *n* (*of child*) garçon *m*; (*of animal*) mâle *m*; **he-bear,** ours *m* mâle; **he-goat,** bouc *m*. **'he-man** *n* (*pl* **-men**) homme viril.

head [hed] **I.** *n* **1.** tête *f*; **from h. to foot,** de la tête aux pieds; **he gives orders over my h.,** il donne des ordres sans me consulter; **h. down,** (la) tête baissée; **h. downwards,** la tête en bas; **h. first, h. foremost,** la tête la première; **to stand on one's h.,** faire le poirier; *F:* **I could do it standing on my h.,** c'est simple comme bonjour; **to turn h. over heels,** faire la culbute; **to fall h. over heels in love with s.o.,** tomber follement amoureux de qn; *Rac:* **to win by a h.,** gagner d'une tête; **to win by a short h.,** gagner de justesse; **to give s.o. his h.,** donner libre cours à qn; *F:* **a h. start,** une grosse avence; **to shout one's h. off,** crier à tue-tête; *F:* **to laugh one's h. off,** rire comme un fou; *F:* **to talk s.o.'s h. off,** bavarder comme une pie; *F:* **to bite s.o.'s h. off,** rembarrer qn **2. to have a good h. for business,** avoir le sens des affaires; **to have a good h., no h., for heights,** ne pas avoir, avoir, le vertige; **what put that into your h.?** où avez-vous pris cette idée-là? **to take it into one's h. to do sth,** se mettre en tête de faire qch; **to put ideas into s.o.'s h.,** donner des idées à qn; **to get sth into one's h.,** se mettre qch dans la tête; **I can't get it into his h.,** je ne peux pas le lui enfoncer dans la tête; **it didn't enter my h.,** ça ne m'est pas venu à l'esprit **(that,** que); **his name has gone out of my h.,** j'ai complètement oublié son nom; **we put our heads together,** nous avons conféré ensemble; *Prov:* **two heads are better than one,** deux conseils valent mieux qu'un; **wine that goes to one's h.,** vin qui (vous) monte à la tête; **to be over the heads of the audience,** dépasser (l'entendement de) l'auditoire; **it's above my h.,** ça me dépasse; **to lose one's h.,** perdre la tête; **to keep one's h.,** garder son sang-froid; **to go off one's h.,** devenir fou; **not right, weak, in the h.,** faible d'esprit; *F:* **to have a bad h.,** avoir mal à la tête; **h. cold,** rhume *m* de cerveau **3.** tête (d'arbre, d'épingle, de marteau); pointe *f* (de flèche, d'asperge); pomme *f* (de chou, de canne); pied *m* (de céleri); haut *m* (de page, d'un escalier); chevet *m*, tête (de lit); source *f* (d'une rivière); mousse *f* (de bière); **to bring matters to a h.,** forcer une décision; (*of abscess*) **to come to a h.,** mûrir; **things are coming to a h.,** ça devient critique **4.** (*subject heading*) rubrique *f* **5.** (*a*) **at the h. of,** en tête de (liste, d'un cortège); à la tête (d'un groupe); **at the h. of the table,** au haut bout de la table (*b*) (*pers*) chef *m* (de famille, d'une entreprise); *Sch:* **the h. = the headmaster, the headmistress; h. of State,** chef d'État; **h. of a department,** chef de service, (*in large shop*) de rayon; **h. clerk,** chef de bureau; **h. gardener,** jardinier en chef; **h. office,** siège social, bureau principal; *Sch:* **h. teacher,** directeur, -trice **6.** *inv* **thirty h. of cattle,** trente bœufs; **to pay so much per h., a h.,** payer tant par tête, par personne **7.** (*of coin*) face *f*; **to toss, play, heads or tails,** jouer à pile ou face; *F:* **I can't make h. or tail of this,** je n'y comprends rien **8.** *Mch:* **h. of steam, of water,** pression *f* de vapeur, d'eau. **II.** *v* **1.** *vtr* (*a*) être à la tête de (un groupe, une compagnie, un parti); être en tête de (une liste, un scrutin); diriger (un véhicule) **(towards,** vers); **to h. a letter,** mettre l'en-tête à une lettre; **the article is headed,** l'article est intitulé; **headed notepaper,** papier à en-tête (*b*) *Fb:* **to h. the ball,** faire une tête **2.** *vi* s'avancer, se diriger **(for,** vers); (*of ship*) avoir le cap (sur); **we were heading for,** *NAm:* **we were headed for,** nous nous dirigions vers; *Fig:* nous allions à (la ruine, etc). **'headache** *n* mal *m* de tête; *Fig:* problème *m*, tracasserie *f*; **to have a h.,** avoir mal à la tête. **'headband** *n* bandeau *m*. **'headdress** *n* (*pl* **-es**) coiffe *f*. **'header** *n* (*a*) plongeon *m*; **to take a h.,** plonger (dans l'eau) la tête la première; piquer une tête (*b*) *Fb:* coup *m* de tête. **'headgear** *n* couvre-chef *m*. **'heading** *n* titre *m* (de chapitre, de page); (*of subject*) rubrique *f*; (*printed on letter*) en-tête *m*; **under different headings,** sous des rubriques différentes. **'headlamp, 'headlight** *n Aut:* phare *m*; **to dip the headlights,** se mettre en code; **dipped headlights,** codes *mpl*. **'headland** *n* cap *m*, promontoire *m*. **'headline** *n* manchette *f* (d'un journal); titre *m* (de rubrique); *pl WTel: TV:* (grands) titres; *Journ:* **(banner) headlines,** gros titres; **to hit the headlines,** faire les gros titres. **'headlong 1.** *adv* (tomber) la tête la première; (courir) tête baissée **2.** *a* (chute) la tête la première; **h. flight,** panique *f*. **head'master** *n* directeur *m* (d'un école); proviseur *m* (d'un lycée). **head'mistress** *n* (*pl* **-mistresses**) directrice *f*; proviseur *m* (d'un lycée). **head 'off 1.** *vi* se diriger **(towards,** vers) **2.** *vtr* détourner (qn) de son chemin; empêcher (qch). **head-'on** *a & adv* de front; (collision) de plein fouet; (réunion) en face à face, en tête à tête. **'headphones** *npl* casque *m* (à écouteurs). **'headquarters** *npl Mil:* quartier général; *Com: Pol:* siège (central). **'headrest** *n* appuie-tête *m inv*. **'headroom** *n* encombrement vertical; **there's not much h.,** le toit, le plafond, est plutôt bas. **'headscarf** *n* (*pl* **-scarves**) foulard *m*. **'headset** *n* casque *m* (à écouteurs). **'headship** *n* direction *f* (d'une école). **'headstone** *n* pierre tombale. **'headstrong** *a* têtu. **'headway** *n* **to make h.,** faire des progrès; avancer; (*of ship*) faire de la route. **'headwind** *n* vent *m* contraire. **'heady** *a* **(-ier, -iest)** (*of wine, etc*) capiteux; (*of speech, action*) emporté.

heal [hi:l] **1.** *vtr* guérir; cicatriser (une blessure) **2.** *vi* (*of wound*) **to h. (up),** se cicatriser, se refermer. **'healer** *n* guérisseur, -euse. **'healing 1.** *a* (onguent) cicatrisant **2.** *n* guérison *f*; cicatrisation *f*.

health [helθ] *n* santé *f*; **good h.,** bonne santé; **ill, poor, h.,** mauvaise santé; **to be in good h.,** être en bonne santé; **to be in poor h.,** se porter mal; **the (National) H. Service** = la Sécurité sociale; **h. insurance,** assurance maladie; **to drink (to) s.o.'s h.,** boire à la santé de qn; **(your very) good h.!** (à votre) santé! **h. food,** aliment naturel; **h. food shop,** *NAm:* **store,** magasin *m* diététique. **'healthful** *a* salubre, bon pour la santé; (*of climate*) sain. **'health-giving** *a* (effet) salutaire; (air) tonifiant. **'healthily** *adv* sainement. **'healthy** *a* **(-ier, -iest)** (*of pers*) en bonne santé, sain, bien portant; (*of food, attitude, etc*) sain; (appétit) bon, robuste.

heap [hi:p] **1.** *n* tas *m*, monceau *m*; **in a h.,** en tas; *F:* (*of pers*) **to be struck all of a h.,** en rester abasourdi; *F:* (*large number*) **heaps of,** des tas de; **heaps of times,** bien des fois, très souvent; **heaps of time,** largement le temps; **to have heaps of money,** avoir beaucoup d'argent **2.** *vtr* **to h. (up),** entasser, empiler; **to h. on s.o.,** couvrir qn de (cadeaux, louanges); accabler qn (de travail, d'injures); **to h. one's plate with strawberries,** remplir son assiette de fraises; *Cu:* **heaped measure,** mesure comble; **heaped spoonful,** grosse cuillerée. **'heaping** *a NAm:* **h. spoonful,** grosse cuillerée.

hear ['hiər] *vtr & i* **(heard** [hə:d]) (*a*) entendre; **to h. s.o. speak,** entendre parler qn; **to make oneself heard,** se faire entendre; *F:* **I've heard that one before!** connu! **h.! h.!** bravo! (*b*) apprendre (une nouvelle); **to h. from s.o.,** recevoir des nouvelles, une lettre, de qn; *Corr:* **hoping to h. from you,** dans l'attente de vous lire; **to h. of, about, s.o.,** avoir des nouvelles de qn; entendre parler de qn; **he hasn't been heard of since,** depuis on n'en a plus entendu parler; **have you heard the news?** connais-tu la nouvelle? **I never heard of such a thing!** a-t-on jamais entendu une chose pareille! **to h. it said that,** entendre dire que; **I've heard that he's leaving,** on m'a dit, j'ai appris, qu'il allait partir; **this is the first I've heard of it,** c'est la première fois que j'en entends parler; **father won't h. of it,** mon père ne veut pas en entendre parler; mon père s'y oppose formellement; **I wouldn't h. of it!** pas question! (*c*) (*listen to*) écouter (qn, une prière); *Ecc:* assister à (la messe). **'hearing** *n* (*a*) *Jur:* audition *f* (*b*) ouïe *f*; **within h.,** à portée de la voix; **it was said in my h.,** on l'a dit en ma présence; **h. aid,** appareil auditif. **hear 'out** *vtr* écouter jusqu'au bout. **'hearsay** *n* ouï-dire *m inv*.

hearse [hə:s] *n* corbillard *m*.

heart [hɑ:t] *n* (*a*) cœur *m*; *Med:* **to have h. trouble, a weak h.,** être cardiaque; **h. disease,** maladie *f* de cœur; **h. attack,** crise *f* cardiaque; **h. transplant,** greffe *f* du cœur; **h.-lung machine,** cœur-poumon artificiel; **h. failure,** défaillance cardiaque; **to have one's h. in one's mouth,** avoir un serrement de cœur; **his heart's in the right place,** il a la cœur bien placé; **h. of gold, of stone,** cœur d'or, de pierre; **have a h.!** ayez un peu de cœur! **my h. sank,** j'ai eu un serrement de cœur; **to break s.o.'s h.,** briser la cœur à qn; **he died of a broken h.,** il est mort de chagrin; **with a heavy h.,** le cœur serré; **in my h. of hearts,** au plus profond de mon cœur; **from the bottom of my h.,** du fond de mon cœur; **he's a reactionary at h.,** au fond c'est un réactionnaire; **to learn sth (off) by h.,** apprendre qch par cœur; **to love s.o. with all one's h.,** aimer qn de tout son cœur; **to have s.o.'s welfare at h.,** avoir à cœur le bonheur de qn; **to take sth to h.,** prendre qch à cœur; **to have set one's h. on sth,** avoir qch à cœur; **his h. is set on it,** il le veut à tout prix, il y tient; **he's a man after my own h.,** c'est un homme selon mon cœur; **to one's heart's content,** tout son saoul, content; **his h. isn't in it,** le cœur n'y est pas; **to lose h.,** perdre courage; **to take h.,** prendre courage; **not to have the h. to do sth,** ne pas avoir le cœur, le courage, de faire qch; **lonely h.,** personne célibataire, solitaire, (qui se sent bien) seule (*b*) cœur (de chou); fond *m* (d'artichaut); vif *m* (d'un arbre); **the h. of the matter,** le fond du problème; **in the h. of,** au cœur (d'une ville); au beau milieu (d'une forêt) (*c*) *Cards:* **queen of hearts,** dame de cœur; **have you any hearts?** avez-vous du cœur? **'heartache** *n* chagrin *m*. **'heartbeat** *n* battement *m* de cœur. **'heartbreaking** *a* navrant. **'heartbroken** *a* navré, au cœur brisé; **to be h.,** avoir le cœur brisé. **'heartburn** *n Med:* brûlures *fpl*, aigreurs *fpl*, d'estomac. **'hearten** *vtr* encourager (qn). **'heartening** *a* encourageant. **'heartfelt** *a* sincère; qui vient du cœur. **'heartily** *adv* (saluer) cordialement; (accueillir) chaleureusement; (travailler) de bon cœur; (rire) de tout son cœur; (manger) de bon appétit, avec appétit; **to be h. sick of sth,** être absolument dégoûté de qch. **'heartless** *a* sans cœur; dur, cruel. **'heartrending** *a* à fendre le cœur; navrant; (cri) déchirant. **'heartsearching** *n* examen *m* de conscience. **'heart-throb** *n F:* idole *f*. **'heart-to-'heart 1.** *a* (conversation) intime **2.** *n* **to have a h.-to-h. with s.o.,** parler à qn à cœur ouvert. **'hearty** *a* **(-ier, -iest)** (accueil) cordial, chaleureux; (rire) jovial; (*of pers*) vigoureux, robuste; (repas) copieux.

hearth [hɑ:θ] *n* foyer *m*, âtre *m*. **'hearthrug** *n* devant *m* de foyer.

heat [hi:t] **1.** *n* (*a*) chaleur *f*; température *f* (du four); ardeur *f* (du soleil, d'un foyer); feu *m* (d'une discussion); *Cu:* **at low h., on a low h.,** à feu doux; **in the h. of,** au plus chaud de (la journée); dans le feu de (la dispute); **h. haze,** brume due à la chaleur; *Med:* **prickly h., h. rash, spot,** rougeur *f* (sur la peau due à la chaleur); (*of animal*) **on h.,** en chaleur; **to reply with some h.,** répondre avec une certaine vivacité; **in the h. of the moment,** dans la chaleur du moment (*b*) *Sp:* éliminatoire *f*; **it was a dead h.,** ils sont arrivés ex aequo **2.** *vtr & i* **to h. (up),** chauffer. **'heated** *a* chauffé; (argument) passionné. **'heatedly** *adv* avec passion. **'heater** *n* radiateur *m*, appareil *m* de chauffage; **water h.,** chauffe-eau *m inv*; **car h.,** chauffage *m* (de voiture); **electric h.,** radiateur électrique. **'heating** *n* chauffage *m*; **central h.,** chauffage central. **'heatproof, 'heat-resistant, -resisting** *a* calorifuge; thermorésistant; (plat) allant au four. **'heatstroke** *n Med:* coup *m* de chaleur. **'heatwave** *n Meteor:* vague *f* de chaleur; canicule *f*.

heath [hi:θ] *n* bruyère *f*; lande *f*.

heathen ['hi:ðən] *a & n* païen, -ïenne.
heather ['heðər] *n Bot:* bruyère *f*.
heave [hi:v] **I.** *v* **1.** *vtr* (*a*) soulever (un fardeau); tirer; traîner; pousser (un soupir) (*b*) *F:* lancer, jeter (**sth at s.o.,** qch contre qn) **2.** *vi* (*a*) (*of stomach, chest*) se soulever (*b*) *F:* (*of pers*) avoir des haut-le-cœur *m* (*c*) *Nau:* (*pt & pp* **hove** [houv]) **to h. to,** se mettre en panne, à la cape; **to h. in(to) sight,** paraître. **II.** *n* effort *m* (pour soulever qch).
heaven ['hevən] *n* ciel *m*, paradis *m*; **in h.,** au ciel; **to go to h.,** aller au ciel, en paradis; **it's h. on earth,** c'est le paradis sur terre; *F:* **it's h.,** c'est divin; **the heavens opened,** il a commencé à pleuvoir à torrents; **(good) heavens! heavens above!** mon Dieu! **thank h. (for that)!** Dieu merci! **for h.'s sake!** pour l'amour du ciel! **h. only knows!** Dieu seul le sait! **'heavenly** *a* céleste; *F:* divin; *F:* **what h. peaches!** quelles pêches délicieuses! **'heaven-sent** *a* providentiel.
heavy ['hevi] **1.** *a* **(-ier, -iest)** (*a*) lourd, pesant; (coup) violent; (pas) pesant; **h. goods vehicle,** poids lourds; **h. losses,** grosses pertes; **h. casualties,** de nombreuses victimes; **h. luggage,** gros bagages; **h. features,** gros traits; **h. beard,** forte barbe; **h. meal,** repas lourd à digérer; **h. cold,** gros rhume; **h. eyes,** yeux battus; **h. shower,** grosse averse; **h. rain,** pluie battante, forte; **h. traffic,** circulation dense; *Mil:* **h. fire,** feu nourri; **air h. with scent,** air chargé de parfums; *Aut:* **to be h. on petrol,** *NAm:* **gas** consommer beaucoup (*b*) (travail) pénible, laborieux; (film, texte) difficile; (critique) sévère; **h. day,** journée chargée; **h. work,** gros travail; **it's h. going,** c'est difficile; **h. weather,** gros temps; **he made h. weather of it,** il s'est compliqué la tâche; **h. sea,** grosse mer; **h. eater,** gros mangeur; **h. smoker, drinker,** grand fumeur, buveur; **to be a h. sleeper,** avoir le sommeil profond **2.** *adv* **food that lies h. on ones stomach,** nourriture lourde, indigeste. **'heavily** *adv* lourdement; (respirer) péniblement; **time hangs h. on his hands,** le temps lui pèse; **h. underlined,** fortement souligné; **h. involved,** très impliqué, engagé; **to lose h.,** perdre gros; **to sleep h.,** dormir profondément; **to drink h.,** boire beaucoup; **to rain h.,** pleuvoir à verse. **'heaviness** *n* (*a*) lourdeur *f*, pesanteur *f*; poids *m* (d'un fardeau) (*b*) engourdissement *m*, lassitude *f*. **heavy--'duty** *a* (machine) à grand rendement; (pneu) tous-terrains; (vêtement) solide. **heavy-'handed** *a* à la main lourde; maladroit. **'heavyweight** *n Box:* poids lourd; *Fig:* personnage important.
Hebrew ['hi:bru:] **1.** *a* hébreu (*no f*); hébraïque **2.** *n* (*a*) Hébreu *m* (*b*) *Ling:* hébreu *m*.
heck [hek] *int F:* zut! flûte! **what the h. are you doing?** que diable faites-vous? **a h. of a lot,** des masses de.
heckle ['hekl] *vtr* (*at public meetings*) interpeller, interrompre (l'orateur). **'heckler** *n* interpellateur, -trice. **'heckling** *n* interpellations *fpl*.
hectic ['hektik] *a* fiévreux; (*of period*) très agité; (*of lifestyle*) bousculé; (*of day, trip*) mouvementé; **h. life,** vie trépidante; **to have a h. time,** ne pas savoir où donner de la tête.
hector ['hektər] *vtr* intimider, rudoyer (qn). **'hectoring** *a* (ton) autoritaire, impérieux.
hedge [hedʒ] **1.** *n* haie *f*; **quickset h.,** haie vive **2.** *v* (*a*) *vtr* enfermer, enclore (un terrain); **to be hedged in with difficulties,** être entouré de difficultés; **to h. one's bets,** se couvrir (*b*) *vi* ne pas se mouiller, éviter de se compromettre. **'hedgehog** *n* hérisson *m*. **'hedgerow** *n* haie.
heebie-jeebies [hi:bi'ji:biz] *npl F:* **to have the h.-j.,** avoir la frousse, la trouille.
heed [hi:d] **1.** *vtr* faire attention à, prendre garde à, tenir compte de **2.** *n* **to pay h. to,** faire attention à. **'heedless** *a* étourdi, insouciant, imprudent; **h. of,** inattentif à. **'heedlessly** *adv* étourdiment.
heel [hi:l] **1.** *n* (*a*) talon *m*; **to wear high heels,** porter des talons hauts; **to tread on s.o.'s heels,** marcher sur les talons de qn; **to follow hard on s.o.'s heels,** suivre qn de très près; **to take to one's heels,** prendre ses jambes à son cou; **to come to h.,** (*of dog*) venir au pied; (*of pers*) se soumettre; (*to dog*) **h.!** au pied! **to bring s.o. to h.,** rappeler qn à l'ordre; *F:* **to cool, kick, one's heels,** attendre, poireauter (*b*) talon (d'un soulier); **h. bar,** cordonnerie *f* express; *PN:* 'talon minute'; (*of pers*) **to be down at h.,** *NAm:* **down at the heels,** être miteux (*c*) *F:* (*pers*) salaud *m* **2.** *v* (*a*) *vtr* mettre un talon à (une chaussure) (*b*) *vi* (*of ship*) **to h. (over),** avoir de la bande, de la gîte. **'heeled** *a F:* **well h.,** riche.
hefty ['hefti] *a* **(ier, -iest)** (homme) fort, solide; costaud; (*of amount, price*) gros, important.
heifer ['hefər] *n Husb:* génisse *f*.
height [hait] *n* (*a*) hauteur *f*; élévation *f*; **wall six metres in h.,** mur haut de six mètres, qui a six mètres de haut (*b*) taille *f* (de qn); **or average h.,** de taille moyenne (*c*) altitude *f*; **h. above sea level,** altitude au-dessus du niveau de la mer (*d*) (*hill*) hauteur; éminence *f* (de terrain) (*e*) **the h. of,** le sommet de, l'apogée de (le succès, la renommée); le comble de (la folie); **at the h. of the storm, of summer,** au cœur de l'orage, de l'été; **the season is at its h.,** la saison bat son plein; **it's the h. of fashion,** c'est la (toute) dernière mode. **'heighten** *vtr* rehausser; augmenter (un plaisir); accentuer, relever (un contraste).
heinous ['heinəs] *a* (crime) atroce.
heir [ɛər] *n* héritier *m*; *Jur:* **h. apparent,** héritier présomptif. **'heiress** *n* (*pl* **-es**) héritière *f*. **'heirloom** *n* héritage *m*; meuble *m*, tableau *m*, bijou *m*, de famille.
heist [haist] *n NAm: P:* hold-up *m inv*.
held [held] *see* **hold II.**
helicopter ['helikɔptər] *n Av:* hélicoptère *m*. **'heliport** *n* héliport *m*, héligare *f*.
helium ['hi:liəm] *n Ch:* hélium *m*.
hell [hel] *n* (*a*) enfer *m*; *F:* **all h. was let loose,** c'était infernal (*b*) *F:* **(oh) h.!** mince, zut (alors)! **it's h. on earth!** c'est infernal! **to make a h. of a noise,** faire un bruit d'enfer, un vacarme infernal; **a h. of a price,** un prix élevé, salé; **a h. of a nerve,** un culot du diable; **a h. of a guy,** un type super; **a h. of a lot,** énormément, vachement; **a h. of a lot of,** énormément de; **go to h.!** va au diable! **to h. with him!** qu'il aille se faire voir! **come h. or high water,** advienne que pourra; **h. for leather,** à toute vitesse; ventre à terre; **to give s.o. h.,** faire damner qn; **to work like h.,** travailler comme un dératé; **what the h. are you doing?** qu'est-ce que tu fous? **what the h. do you want?** que diable veux-tu? **hell'bent** *a F:* **to be h. on doing sth,** être acharné à faire qch. **'hellish** *a*

infernal; diabolique. **'hellishly** *adv F:* diaboliquement; **h. expensive,** vachement cher.

hello [he'lou] *int* = **hallo.**

helm [helm] *n Nau:* barre *f* (du gouvernail); gouvernail *m*, timon *m*. **'helmsman** *n* (*pl* **-men**) homme *m* de barre; timonier *m*.

helmet ['helmit] *n* casque *m*.

help [help] **1.** *n* (*a*) aide *f*, assistance *f*, secours *m*; **with the h. of a friend,** avec l'aide d'un ami; **to call, shout, for h.,** crier au secours; **can I be (of) any h. (to you)?** puis-je vous aider? **to come to s.o.'s h.,** venir au secours de qn; **to be a h. to s.o.,** être d'un grand secours, rendre service, à qn (*b*) (*pers*) aide *mf*; (*in shop, office*) employés, -ées; **(daily) h.,** femme *f* de ménage; **home h.,** aide ménagère **2.** *vtr & i* (*a*) aider, secourir, assister (qn); **to h. s.o. to do sth,** aider qn à faire qch; **to h. s.o. upstairs,** aider qn à monter l'escalier; **so h. me (God)!** que Dieu me juge si je ne dis pas la vérité! **that will not h. you,** cela ne vous servira à rien; **I got a friend to h. me,** je me suis fait aider par un ami; **h.!** au secours (*b*) faciliter (le progrès) (*c*) (*at table*) servir (qn); **to h. s.o. to soup,** servir du potage à qn; **h. yourself,** servez-vous (to, de) (*d*) (*with negation, expressed or implied*) **things we can't h.,** choses qu'on ne saurait empêcher; **I can't h. it,** je n'y peux rien; c'est plus fort que moi; **it can't be helped,** on n'y peut rien; **I can't h. laughing,** je ne peux m'empêcher de rire; **he can't h. being blind,** ce n'est pas sa faute s'il est aveugle; **don't be away longer than you can h.,** essayez d'être absent le moins de temps possible. **'helper** *n* aide; assistant, -ante. **'helpful** *a* (personne) serviable; (objet) utile. **'helpfully** *adv* utilement. **'helping 1.** *a* **to lend a h. hand,** prêter la main, son aide (à qn) **2.** *n* portion *f* (de nourriture); **I had two helpings,** j'en ai repris. **'helpless** *a* (*a*) sans ressource, sans appui (*b*) faible, impuissant; impotent; (bébé) désarmé. **'helplessly** *adv* (se débattre) en vain; (regarder) en spectateur impuissant. **help 'out** *vtr & i* aider (qn); dépanner (qn). **help 'up** *vtr* aider (qn) à monter, à se relever.

helter-skelter ['heltə'skeltər] **1.** *adv* (courir, fuir) à la débandade **2.** *a & n* **h.-s. (flight),** fuite désordonnée; débandade **3.** *n* (*at fair*) toboggan *m*.

hem [hem] **1.** *n* bord *m* (d'un vêtement); ourlet *m* (d'un mouchoir, d'une jupe) **2.** *vtr* **(hemmed)** ourler. **hem 'in** *vtr* cerner, entourer (l'ennemi); **hemmed in by mountains,** serré entre les montagnes, enserré par les montagnes.

hemisphere ['hemisfiər] *n* hémisphère *m*.

hemo- [hi:mou-] *pref NAm:* = **haemo-.**

hemp [hemp] *n* chanvre *m*.

hen [hen] *n* (*chicken*) poule *f*; **h. bird,** oiseau *m* femelle; *F:* **h. party,** réunion de femmes. **'hencoop, -house** *n* poulailler *m*. **'henpeck** *vtr* (*of wife*) régenter (son mari). **'henpecked** *a* (*of husband*) harcelé, dominé, par sa femme.

hence [hens] *adv* (*a*) (*of time*) dorénavant, désormais; **five years h.,** d'ici cinq ans (*b*) (*consequence*) **h. his anger,** d'où sa fureur. **hence'forth** *adv* désormais, dorénavant, à l'avenir.

henchman ['hentʃmən] *n* (*pl* **henchmen**) *Pej:* acolyte *m*.

henna ['henə] *n Toil:* henné *m*.

hepatitis [hepə'taitis] *n Med:* hépatite *f*.

her [hər, hə:r] **1.** *pers pron* (*a*) (*unstressed*) (*direct*) la, (*before vowel sound*) l'; (*indirect*) **to h.,** lui; **have you seen h.?** l'avez-vous vue? **look at h.,** regardez-la; **tell h.,** dites-lui; (*refl*) **she took her luggage with h.,** elle a pris ses bagages avec elle (*b*) (*stressed*) elle; **I'm thinking of h.,** je pense à elle; **I remember h.,** je me souviens d'elle; **I found him and h. at the station,** je les ai trouvés, lui et elle, à la gare; **it's h.,** c'est elle; **that's h.!** la voilà! **2.** *poss a* son, *f* sa, *pl* ses; **h. husband,** son mari; **h. sister,** sa sœur; **h. handwriting,** son écriture; **h. friends,** ses ami(e)s; **she hurt h. hand,** elle s'est blessée (à) la main. **hers** *poss pron* le sien, la sienne, les siens, les siennes; **this book is h.,** ce livre est à elle, est le sien; (*written by her*) ce livre est d'elle; **a friend of h.,** un(e) ami(e) à elle. **her'self** *pers pron* elle-même; (*refl*) se; **I saw Louise h.,** j'ai vu Louise elle-même; **she hurt h.,** elle s'est blessée, s'est fait mal; **by h.,** toute seule; **she thinks of h.,** elle pense à elle; (*after illness*) **she's looking h. again,** elle paraît complètement remise.

herald ['herəld] **1.** *n* (*a*) héraut *m* (*b*) précurseur *m* **2.** *vtr* annoncer, proclamer. **he'raldic** *a* héraldique. **'heraldry** *n* héraldique *f*.

herb [hə:b, *NAm:* ə:b] *n Bot:* herbe *f*; *Cu:* **herbs,** fines herbes. **her'baceous** *a Bot:* herbacé; **h. border,** bordure de plantes herbacées. **'herbal 1.** *n* (*book*) herbier *m* **2.** *a* (*of remedy*) de plantes (médicinales); **h. tea,** infusion *f* (d'herbes, de plantes). **'herbalist** *n* herboriste *mf*. **her'bivorous** *a Z:* herbivore.

Hercules ['hə:kjuli:z] *n* hercule *m*.

herd [hə:d] **1.** *n* troupeau *m* (de bétail, de moutons, de gens); troupe *f*, bande *f* (d'animaux); foule *f* (de gens); **the h. instinct,** l'instinct grégaire **2.** *v* (*a*) *vi* **to h. (together),** se rassembler (en troupeau) (*b*) *vtr* garder (des animaux); diriger (des touristes); **to h. together,** rassembler en troupeau. **'herdsman** *n* (*pl* **-men**) gardien *m* de troupeau.

here ['hiər] **1.** *adv* (*a*) ici; **in h.,** ici; **come in h., please,** venez par ici, s'il vous plaît; **near, round, h.,** près d'ici; **up to h., down to h.,** jusqu'ici; **from h. to London,** d'ici jusqu'à Londres; **between h. and London,** d'ici à Londres; entre ici et Londres; **h. and now,** tout de suite; **h. goes!** allons-y! (*on tombstone*) **h. lies,** ci-gît (*b*) (*at roll call*) présent! (*c*) (*on this earth*) **h. below,** ici-bas; **here's your hat,** voici votre chapeau; **h. are your books,** voici vos livres; **h. you are!** (i) vous voici! (ii) tenez! **h. she comes!** la voici (qui vient)! **h. I am!** me voici! me voilà! **here's to you!** à la tienne! **this man h.,** cet homme-ci; **my friend h. will tell you,** mon ami que voici vous le dira (*d*) **h. and there,** çà et là; **h., there, and everywhere,** un peu partout; **that's neither h. nor there,** cela ne fait rien, cela n'a rien à voir (à l'affaire) **2.** *int* (*calling attention*) holà! ohé! écoutez! (*giving s.o. sth*) tenez! **'hereabout(s)** *adv* par ici. **here'after** *adv* après; (*in book*) ci-après. **here'by** *adv* (déclarer) par le présent acte. **here'with** *adv* ci-joint, ci-inclus; sous ce pli.

heredity [hi'rediti] *n* hérédité *f*. **he'reditary** *a* héréditaire.

heresy ['herəsi] *n* hérésie *f*. **'heretic** *n* hérétique *mf*. **he'retical** *a* hérétique.

heritage ['heritidʒ] *n* héritage *m*, patrimoine *m*.

hermetic [hɜːˈmetik] *a* hermétique. **herˈmetically** *adv* (scellé) hermétiquement.

hermit [ˈhɜːmit] *n* solitaire *mf*, ermite *m*. **ˈhermitage** *n* ermitage *m*.

hernia [ˈhɜːniə] *n Med:* hernie *f*.

hero [ˈhiərou] *n* (*pl* **heroes**) héros *m*; **h. worship,** culte *m* (des héros). **heˈroic** *a* héroïque. **heˈroically** *adv* héroïquement. **ˈheroine** *n* héroïne *f*. **ˈheroism** *n* héroïsme *m*.

heroin [ˈherouin] *n Ch:* héroïne *f*.

heron [ˈherən] *n Orn:* héron *m*.

herpes [ˈhɜːpiːz] *n Med:* herpès *m*.

herring [ˈheriŋ] *n Ich:* hareng *m*; **red h.,** (i) hareng saur (ii) diversion *f*. **ˈherringbone** *n* arête *f* de hareng; **h. (pattern),** (dessin *m* à) chevrons *mpl*.

hesitate [ˈheziteit] *vi* hésiter; **to h. to do sth,** hésiter à faire qch. **ˈhesitant** *a* hésitant, irrésolu. **ˈhesitantly** *adv* avec hésitation. **ˈhesitating** *a* hésitant, incertain. **ˈhesitatingly** *adv* avec hésitation; en hésitant. **hesiˈtation** *n* hésitation *f*; **he had no h. about it,** il n'a pas hésité une seconde.

hessian [ˈhesiən] *n Tex:* toile *f* de jute.

heterogeneous [hetərouˈdʒiːniəs] *a* hétérogène. **heteroˈsexual** *a & n* hétérosexuel, -elle.

het up [hetˈʌp] *a F:* **to get h. up,** s'énerver; **don't get h. up about it,** ne t'en fais pas pour cela.

hew [hjuː] *vtr* (**hewed; hewed, hewn**) couper, tailler.

hexagon [ˈheksəgən] *n* hexagone *m*. **hexˈagonal** *a* hexagonal.

hey [hei] *int* (*calling attention*) ohé! holà! hé!

heyday [ˈheidei] *n* (*of pers*) apogée *m*, zénith *m*; (*of thg*) âge *m* d'or.

HGV *abbr heavy goods vehicle.*

hi [hai] *int* (*calling attention*) hé! là-bas! ohé! *esp NAm:* (*greeting*) salut!

hiatus [haiˈeitəs] *n* (*pl* **hiatuses**) hiatus *m*.

hibernate [ˈhaibəneit] *vi* (*of animal*) hiberner. **hiberˈnation** *n* hibernation *f*.

hiccup, hiccough [ˈhikʌp] **1.** *n* hoquet *m*; **to have (the) hiccups,** avoir le hoquet **2.** *vi* hoqueter.

hick [hik] *n NAm: P: Pej:* plouc *mf*.

hide[1] [haid] *v* (**hid; hidden** [ˈhidn]) **1.** *vtr* cacher, dissimuler (**from,** à); **to h. one's face,** se cacher la figure; **to h. one's light under a bushel,** cacher son talent; **to h. sth from sight,** dérober, soustraire, qch aux regards; **clouds hid the sun,** des nuages voilaient le soleil **2.** *vi* **to h. (away, out),** se cacher (**from,** de). **hide-and-ˈseek** *n Games:* cache-cache *m inv*. **ˈhideaway, ˈhideout** *n* cachette *f*. **ˈhiding**[1] *n* **to go into h.,** se cacher; **to be in h.,** se tenir caché; **h. place,** cachette.

hide[2] *n* peau *f*; *Com:* cuir *m*; **to save one's h.,** sauver sa peau. **ˈhidebound** *a* (*of pers*) aux vues étroites. **ˈhiding**[2] *n F:* **to give s.o. a good h.,** flanquer une bonne volée, correction, à qn.

hideous [ˈhidiəs] *a* hideux, affreux, d'une laideur repoussante. **ˈhideously** *adv* hideusement; horriblement. **ˈhideousness** *n* hideur *f*, laideur *f*.

hierarchy [ˈhaiərɑːki] *n* hiérarchie *f*.

hi-fi [ˈhaiˈfai] **1.** *a* hi-fi *inv* **2.** *n* hi-fi *f inv*; (*system*) chaîne *f* hi-fi.

higgledy-piggledy [higldiˈpigldi] *adv F:* en pagaille, pêle-mêle.

high [hai] **1.** *a* (*a*) haut; **wall two metres h.,** mur haut de deux mètres, mur qui a deux mètres de haut; **how h. is that tree?** quelle est la hauteur de cet arbre? **at h. tide,** à (la) marée haute (*b*) (*of neckline, collar*) haut, montant; **h. cheekbones,** pommettes saillantes; **to hold one's head h.,** porter la tête haute; **to be in a h. position, very h. up,** avoir un poste élevé; **higher,** supérieur (**than,** à); **higher education,** enseignement supérieur; **h. table,** table d'honneur; *Sch:* table des professeurs (au réfectoire); **h. and mighty,** arrogant (*c*) (*of price, amount*) élevé; (*of idea, number*) grand, élevé; (*of aims, thoughts*) noble; **it fetches a h. price,** cela se vend cher; cela atteint un prix élevé; **to play for h. stakes,** jouer gros (jeu); **h. speed,** grande vitesse; **to have a h. opinion of s.o.,** tenir qn en haute estime; **to have a h. opinion of oneself,** avoir une bonne opinion de soi; s'estimer; **to a h. degree,** à un haut degré; **to, in, the highest degree,** au plus haut degré; **h. fever,** forte, grosse, fièvre; **h. summer,** le cœur de l'été; **h. wind,** vent fort, violent; **h. treason,** haute trahison; **h. colour, complexion,** couleur vive, teint vif; **to be in h. spirits,** être plein d'entrain; **h. spot,** point culminant (de la journée, etc); clou *m* (d'un spectacle); **h. voice,** voix haute, élevée (*d*) (*principal*) **the h. street,** la grand-rue; *Ecc:* **h. mass,** la grand-messe; **h. altar,** maître autel; **h. priest,** grand prêtre (*e*) (*far advanced*) **h. noon,** plein midi; **it's h. time he went to school,** il est grand temps qu'il aille à l'école (*f*) *Cu:* (*of meat, game*) faisandé; *F:* (*on drugs*) défoncé; **to get h. (on drugs),** se défoncer; (*of ship*) **h. and dry,** échoué; à sec; (*of pers*) **to leave s.o. h. and dry,** laisser qn en plan **2.** *adv* (*a*) **h. (up),** haut; **higher (up),** plus haut; **higher and higher,** de plus en plus haut; **to aim h.,** viser haut; **to look h. and low for sth,** chercher qch dans tous les coins; **to go as h. as £2000,** aller jusqu'à 2000 livres (*b*) fort, fortement; **to run h.,** (*of the sea*) être grosse, houleuse; (*of feelings*) s'échauffer **3.** *n* (*a*) *Meteor:* anticyclone *m*; zone *f* de haute pression (*b*) **on h.,** en haut (*c*) (*of prices*) maximum *m*; **a new h., an all-time h.,** un nouveau record. **ˈhighball** *n NAm:* (i) whisky *m* à l'eau (ii) whisky-soda *m*. **ˈhighbrow** **1.** *a* pour les intellectuels **2.** *n* intellectuel, -elle. **ˈhigh-chair** *n* chaise haute. **ˈhigh-ˈclass** *a* (marchandises) de premier ordre, de première qualité; (hôtel) de luxe; (*of pers*) raffiné. **ˈhighflown** *a* (style, discours) ampoulé. **ˈhigh-flying** *a* (avion) qui vole très haut, à haute altitude. **highˈgrade** *a* (marchandises) de première qualité, de (premier) choix. **ˈhigh-ˈhanded** *a* autoritaire; (autorité) tyrannique. **ˈhighland** **1.** *n pl* régions montagneuses **2.** *a* (*a*) des montagnes; montagnard (*b*) des montagnes écossaises. **ˈhighlander** *n* montagnard écossais. **high-ˈlevel** *a* à un niveau supérieur. **ˈhighlight** **1.** *n* rehaut *m* (d'une peinture); (*in hair*) reflet *m*; clou *m* (de la fête); point culminant (de la journée, etc); **to have highlights put in one's hair,** se faire faire un balayage **2.** *vtr* souligner; (*with highlighter*) surligner. **ˈhighlighter** *n* surligneur *m*, Stabilo *m* (*Rtm*). **ˈhighlighting** *n* (*of hair*) balayage *m*. **ˈhighly** *adv* hautement, fortement; **h. interesting,** très intéressant; **h. coloured,** haut en couleur; **h. paid,** très bien payé; **I h. recommend it,** je le recommande chaudement; (*of pers*) **h. strung,** nerveux; **to think h. of s.o.,**

avoir une haute opinion de qn; **to speak h. of s.o.,** dire beaucoup de bien de qn. **high-'minded** à l'âme noble. **high-'pitched** *a* (*of sound*) aigu. **'high-'powered** *a* (machine, avion) de grande puissance; (*of pers*) très dynamique. **'high-pressure** *a* (machine) à haute pression; (vendeur) agressif; *Meteor:* (aire) anti-cyclonique. **'high-ranking** *a* haut (fonctionnaire). **'high-rise** *a* **h.-r. flats,** tour *f.* **'highroad** *n* grand-route *f.* **'high-speed** *a* ultra-rapide; *Phot:* (objectif) à très grande ouverture. **high-'spirited** *a* plein d'ardeur; (cheval) fougueux. **high-'strung** *a* *NAm:* nerveux. **high-'up** *a* (*of pers*) haut placé. **'highway** *n* grande route; *NAm:* autoroute *f*; **public h.,** voie publique; **the H. Code,** le code de la route; **the highways and byways,** les chemins et sentiers; *NAm:* **h. patrolman,** motard *m.* **'highwayman** *n* (*pl* **-men**) *Hist:* voleur *m* de grand chemin.

hijack ['haidʒæk] **1.** *n* détournement *m* **2.** *vtr* détourner (un avion, un véhicule). **'hijacker** *n* pirate *m* de l'air. **'hijacking** *n* (*a*) piraterie aérienne (*b*) détournement.

hike [haik] **1.** *n* (*a*) excursion *f* à pied (*b*) *NAm: F:* hausse *f* **2.** (*a*) *vi* marcher à pied (*b*) *vtr NAm: F:* augmenter (le prix). **'hiker** *n* excursionniste *mf.* **'hiking** *n* excursions *fpl,* tourisme *m,* à pied.

hilarious [hi'lɛəriəs] *a* désopilant. **hi'lariously** *adv* avec hilarité. **hi'larity** *n* hilarité *f,* gaieté *f.*

hill [hill] *n* (*a*) colline *f*; coteau *m*; **up h. and down dale,** par monts et par vaux (*b*) éminence *f*; monticule *m* (*c*) (*on road*) pente *f,* côte *f*; *PN:* **h. 1 in 10,** pente 10%. **'hillbilly** *n* (*pl* **-ies**) *US: F:* péquenaud, -aude. **'hillock** *n* petite colline; butte *f*; tertre *m.* **'hillside** *n* coteau; **on the h.,** à flanc de coteau. **'hilltop** *n* sommet *m* de la colline. **'hilly** *a* (terrain) accidenté; (route) à fortes pentes.

hilt [hilt] *n* poignée *f,* garde *f* (d'épée); *Fig:* **to the h.,** au maximum.

him [him] *pers pron* (*a*) (*unstressed*) (*direct*) le, (*before vowel sound*) l'; (*indirect*) lui; **do you love h.?** l'aimez-vous? **call h.,** appelez-le; **I am speaking to h.,** je lui parle; (*refl*) **he took his luggage with h.,** il a pris ses bagages avec lui (*b*) (*stressed*) lui; **I'm thinking of h.,** je pense à lui; **I remember h.,** je me souviens de lui; **I found h. and her at the station,** je les ai trouvés, lui et elle, à la gare; **it's h.,** c'est lui; **that's h.!** le voilà! **him'self** *pers pron* lui-même; (*refl*) se, s'; **I saw Louis h.,** j'ai vu Louis lui-même; **he hurt h.,** il s'est blessé, s'est fait mal; **by h.,** tout seul; **he thinks of h.,** il pense à lui; (*after illness*) **he's looking h. again,** il paraît complètement remis.

hind [haind] *a* **h. legs,** (*of dog*) pattes *f* de derrière; (*of horse*) jambes *f* de derrière. **'hindquarters** *npl* arrière-train *m.* **'hindsight** *n* **with h.,** rétrospectivement.

hinder ['hindər] *vtr* (*a*) gêner, embarrasser (qn); retarder, entraver (qch) (*b*) empêcher, retenir, arrêter (**s.o. from doing sth,** qn de faire qch). **'hindrance** *n* gêne *f,* empêchement *m*; **to be a h. to s.o.,** gêner qn.

Hindu [hin'du:, 'hin-] *a & n* hindou, -oue. **'Hindi** *n* *Ling:* hindi *m.* **'Hinduism** *n* hindouisme *m.*

hinge [hindʒ] **1.** *n* gond *m* (de porte); charnière *f* **2.** *vi* tourner, pivoter (**on,** autour de); **everything hinges on his reply,** tout dépend de sa réponse. **hinged** *a* (couvercle) à charnière(s); (*of counter*) **h. flap,** battant *m.*

hint [hint] **1.** *n* (*a*) allusion *f*; **broad h.,** allusion à peine voilée; **to drop a h.,** faire une allusion; **to know how to take a h.,** savoir entendre (qn) à demi-mot (*b*) indication *f*; (*trace*) trace *f*; **not a h. of surprise,** pas une ombre de surprise; **not the slightest h. of,** pas le moindre soupçon de; **hints for housewives,** conseils *mpl* aux ménagères **2.** *vtr & i* **to h. (at) (sth),** insinuer (qch); laisser entendre (qch); faire allusion à (qch).

hip [hip] *n Anat:* hanche *f*; **h. measurement,** tour de hanches; **h. pocket,** poche revolver. **'hipbone** *n* *Anat:* os *m* iliaque. **'hippie, -y** *n* (*pl* **-ies**) *F:* hippie *mf,* hippy *mf.* **'hipsters** *npl* pantalon *m* taille basse.

hippopotamus [hipə'pɔtəməs] *n* (*pl* **hippopotamuses**) *Z:* hippopotame *m.*

hire ['haiər] **1.** *n* location *f* (d'une voiture); louage *m* (d'un bateau, d'un cheval); embauchage *m* (de main-d'œuvre); **on h.,** en location; **for h.,** à louer; **h. purchase,** vente *f* à crédit, location-vente *f*; **on h. purchase,** à credit **2.** *vtr* (*a*) louer (une voiture); embaucher (un ouvrier); **hire(d) car,** voiture de location (*b*) **to h. (out),** louer, donner en location (une voiture).

his [hiz] **1.** *poss a* son, *f* sa, *pl* ses; **h. master,** son maître; **h. wife,** sa femme; **h. handwriting,** son écriture; **h. friends,** ses ami(e)s; **he fell on h. back,** il tomba sur le dos **2.** *poss pron* le sien, la sienne, les siens, les siennes; **he took my pen and h.,** il a pris mon stylo et le sien; **this book is h.,** ce livre est à lui, est le sien; (*written by him*) ce livre est de lui; **a friend of h.,** un(e) ami(e) à lui.

Hispanic [his'pænik] *a & n NAm:* hispano-américain, -aine.

hiss [his] **1.** *n* sufflement *m* (du gaz); *Th:* sifflet *m* **2.** *vtr & i* siffler. **'hissing** *n* sifflement(s).

history ['histəri] *n* (*pl* **histories**) histoire *f*; **h. book,** livre d'histoire; **natural h.,** histoire naturelle; **it will go down in h., it will make h.,** ça va faire date; *Med:* **(case) h.,** dossier médical (d'un malade); **your medical h.,** vos antécédents médicaux. **historian** [hi'stɔːriən] *n* historien, -ienne. **historic(al)** [hi'stɔrik(l)] *a* (événement) historique; **place of h. interest,** monument historique. **hi'storically** *adv* historiquement.

histrionic [histri'ɔnik] *a* théâtral. **histri'onics** *npl Pej:* attitude théâtrale.

hit [hit] **I.** *n* (*a*) coup *m* (*b*) coup réussi; *Th:* succès *m*; *F:* **to make a h. with,** avoir un succès avec; **h. (song),** chanson *f* à succès; **h. parade,** palmarès *m*; hit-parade *m.* **II.** *v* (**hit; *prp* hitting**) **1.** *vtr* (*a*) frapper; *Aut: etc:* heurter; **to h. one's foot against sth,** se heurter, se cogner, le pied contre qch; *Fig:* **to h. the headlines,** faire les gros titres; **to h. the nail on the head,** tomber juste; *F:* **to h. the roof,** être furieux; **to h. the bottle,** picoler; **to h. the sack, the hay,** se coucher, *F:* se pieuter; **to h. the road,** se mettre en route; **he didn't know what had h. him,** il se demandait ce qui lui était arrivé; **you've h. it!** vous y êtes! (*b*) atteindre; toucher, affecter; **to be h. by a bullet,** être atteint d'une balle; (*of allusion*) **to h.**

home, porter (coup); piquer (qn) au vif; **to be hard h.,** être sérieusement touché (par qch) (*c*) trouver, recontrer **2.** *vi* se heurter, se cogner (**against,** contre). **hit-and-'run** *a & n* **h.-a.-r. (accident),** accident *m* dont l'auteur est coupable du délit de fuite; **h.-a.-r. driver,** chauffard (qui a pris la fuite). **hit 'back** *vtr & i* se défendre; rendre coup pour coup; riposter. **hit 'off** *vtr* **to h. it off with s.o.,** s'entendre bien avec qn. **hit-or-'miss** *a* aléatoire. **'hit 'out** *vi F:* **to h. out at s.o.,** attaquer qn. **hit (up)'on** *vtr & i* tomber sur; **I h. (up)on the idea of,** j'ai eu l'idée de.

hitch [hitʃ] **1.** *n* anicroche *f,* os *m,* problème *m;* **there's a h. somewhere,** il y a quelque chose qui cloche; **it went off without a h.,** tout s'est passé sans accroc; **technical h.,** incident *m* technique **2.** *v* (*a*) *vtr* accrocher, attacher, fixer (qch); **to h. (up) one's trousers,** remonter son pantalon; *F:* **to get hitched,** se marier (*b*) *vtr & i F:* **to h. (a lift, a ride),** faire du stop; **we hitched a ride to Paris,** on nous a pris en stop jusqu'à Paris. **'hitch-hike** *vi* faire du stop, de l'auto-stop. **'hitch-hiker** *n* auto-stoppeur, -euse. **'hitch-hiking** *n* auto-stop *m.*

hitherto [hiðə'tu:] *adv* jusqu'ici.

hive [haiv] *n* ruche *f;* **a h. of industry,** une véritable ruche. **hive 'off** *vtr* dénationaliser (une entreprise).

HM *abbr Her, His, Majesty.*

hoard [hɔ:d] **1.** *n* réserve *f;* **h. of money,** trésor *m,* magot *m* **2.** *vtr* amasser, accumuler (de l'argent); mettre en réserve (des vivres). **'hoarder** *n* personne qui accumule des vivres (en temps de disette).

hoarding ['hɔ:diŋ] *n* palissade *f* (de chantier); (*for advertisement*) panneau *m* d'affichage.

hoarfrost ['hɔ:frɔst] *n* gelée blanche; givre *m.*

hoarse [hɔ:s] *a* enroué, rauque. **'hoarsely** *adv* d'une voix enrouée, rauque. **'hoarseness** *n* enrouement *m.*

hoax [houks] **1.** *n* (*pl* **hoaxes**) canular *m;* farce *f* **2.** *vtr* (**hoaxes**) faire un canular à, mystifier.

hobble ['hɔbl] *vi* boitiller, clopiner; **to h. along,** avancer clopin-clopant.

hobby ['hɔbi] *n* (*pl* **hobbies**) passe-temps (favori); violon *m* d'Ingres. **'hobbyhorse** *n Fig:* dada *m.*

hobnailed ['hɔbneild] *a* (soulier) ferré, à gros clous.

hobnob ['hɔbnɔb] *vi* (**hobnobbed**) être à tu et à toi, frayer (**with s.o.,** avec qn).

hobo ['houbou] *n* (*pl* **hobo(e)s**) *NAm:* vagabond *m.*

hock[1] [hɔk] *n* jarret *m* (de quadrupède).

hock[2] *n* vin *m* du Rhin.

hock[3] **1.** *vtr* mettre au clou **2.** *n* **in h,** au clou.

hockey ['hɔki] *n* hockey *m;* **ice h.,** hockey sur glace.

hocus-pocus [houkəs'poukəs] *n* charabia *m;* tromperie *f.*

hod [hɔd] *n* hotte *f* (de maçon).

hodgepodge ['hɔdʒpɔdʒ] *n* fatras *m.*

hoe [hou] **1.** *n Tls:* houe *f,* binette *f* **2.** *vtr* (**hoed**) biner (le sol); sarcler (les mauvaises herbes).

hog [hɔg] **1.** *n* cochon *m;* porc *m; F:* (*pers*) goinfre *m,* glouton *m; Fig:* **road h.,** chauffard *m;* **to go the whole h.,** aller jusqu'au bout **2.** *vtr* (**hogged**) *F:* garder pour soi, monopoliser (qch); **to h. the limelight,** accaparer la vedette; **to h. the road,** tenir toute la route. **'hogshead** *n* tonneau *m,* barrique *f.*

Hogmanay ['hɔgmənei] *n Scot:* la Saint-Sylvestre.

hoi polloi [hɔipə'lɔi] *n* **the h. p.,** la foule, les masses *f.*

hoist [hɔist] **1.** *n* (*a*) **to give s.o. a h. (up),** aider qn à monter (*b*) palan *m;* treuil *m;* (*for goods*) monte-charge *m inv* **2.** *vtr* **to h. (sth) (up),** hisser (qch).

hold [hould] **I.** *v* (**held**) **1.** *vtr* (*a*) tenir (qch); supporter (un poids); **to h. sth in one's hand,** tenir qch à, dans, la main; **they held (each other's) hands,** ils se tenaient (par) la main; **to h. sth tight,** serrer qch; tenir qch serré; **to h. sth in position,** tenir qch en place; **to h. oneself in readiness,** se tenir prêt; **to h. s.o. to his promise,** contraindre qn à tenir sa promesse; *Fig:* **to h. sth against s.o.,** tenir rigueur à qn de qch (*b*) **to h. one's ground,** tenir bon, tenir ferme; **to h. one's own,** se débrouiller; (*of sick pers*) se maintenir; *Mil:* **to h. a fort,** défendre une forteresse; **to h. one's drink,** bien tenir le vin; **car that holds the road well,** voiture qui tient bien la route; *Tp:* **h. the line!** ne quittez pas! **to h. oneself upright,** se tenir droit; **to h. one's head high,** porter la tête haute; marcher le front haut (*c*) contenir, renfermer; **car that holds six people,** voiture à six places; **what the future holds,** ce que l'avenir nous réserve (*d*) tenir (une séance); célébrer (une fête, une messe); avoir (une consultation); **the motor show is held in October,** le salon de l'automobile a lieu au mois d'octobre (*e*) retenir, arrêter, empêcher; **to h. one's breath,** retenir son souffle; **there was no holding him,** il n'y avait pas moyen de l'arrêter; **h. it!** *F:* **h. your horses!** un moment! attendez! (*said by photographer*) **h. it!** ne bougez pas, plus! **to h. water,** tenir l'eau; être étanche; *F:* (*of theory*) tenir debout (*f*) retenir (l'attention); occuper (un poste, une position); avoir, posséder (un titre) détenir (un record, une charge, *Fin:* des actions) (*g*) **to h. s.o. responsible,** tenir qn responsable; *F:* **to be left holding the baby,** devoir payer les pots cassés; **to h. s.o. in respect,** avoir du respect pour qn; **to h. an opinion,** avoir, professer, une opinion (*h*) (*believe, maintain*) maintenir (**that,** que) **2.** *vi* (*a*) (*of rope, board, nail*) tenir (bon); être solide; tenir ferme; (*on bus*) **h. tight!** = attention au départ! (*b*) durer; continuer; (*of weather*) se maintenir; **to h. (good),** (*of argument*) valoir; (*of promise*) être valable. **II.** *n* (*a*) prise *f;* **to have a h. over s.o.,** avoir prise sur qn; **to take h. of sth,** saisir qch; **to get h. of,** saisir; joindre (qn); trouver (qch); *F:* **where did you get h. of that?** où avez-vous trouvé, pêché, ça? **to get a h. of oneself,** se maîtriser; *Wr: & Fig:* **no holds barred,** toutes prises autorisées (*b*) (*in ship*) cale *f;* (*in aircraft*) soute *f.* **'holdall** *n* fourre-tout *m inv.* **hold 'back 1.** *vtr* contenir (la foule, ses larmes); cacher, dissimuler (la vérité) **2.** *vi* rester en arrière; hésiter; se retenir (**from doing sth,** de faire qch). **hold 'down** *vtr* baisser (la tête) maintenir (qn) au sol, occuper, garder (un emploi); maintenir le niveau (des prix). **'holder** *n* (*a*) (*pers*) propriétaire *mf* (d'une terre); titulaire *mf* (d'un poste, d'un passeport); détenteur, -trice (d'un record, d'une carte) (*b*) (*device*) support *m;* monture *f;* **cigarette h.,** porte-cigarettes *m inv* (*c*) (*vessel*) récipient *m.* **hold 'forth** *vi* disserter, pérorer. **hold 'in** *vtr* contenir, maîtriser (une passion); rentrer (l'estomac).

'holding *n* (*a*) *Fin:* avoir *m* (en actions); *pl* possessions *fpl*; **h. company,** holding *m* (*b*) (petite) propriété; terrain *m*; ferme *f*. **hold 'off 1.** *vtr* tenir (qn, l'ennemi) à distance **2.** *vi* (*a*) **the rain is holding off,** jusqu'ici il ne pleut pas (*b*) s'abstenir; se réserver. **hold 'on 1.** *vtr* tenir en place (son chapeau, etc) **2.** *vi* tenir bon; attendre; **h. on!** (i) tenez bon! (ii) *Tp:* ne quittez pas! (iii) (attendez) un instant! **h. on (tight)!** tenez bon! **hold 'onto** *vi* tenir bien; garder (qch). **hold 'out 1.** *vtr* offrir; étendre (le bras) **2.** *vi* résister; durer; **how long can you h. out?** combien de temps pouvez-vous tenir? **to h. out to the end,** tenir jusqu'au bout; **to h. o. against an attack,** soutenir une attaque; **to h. o. for sth,** exiger qch. **hold 'over** *vtr* remettre (à plus tard). **hold to'gether 1.** *vtr* assurer l'union de (une nation, un groupe) **2.** *vi* tenir ensemble. **hold 'up 1.** *vtr* (*a*) (*support*) soutenir (*b*) lever (qch) (en l'air); **to h. s.o. up as an example,** citer qn comme exemple; **to h. s.o. up to ridicule,** tourner qn en ridicule (*c*) retarder; entraver, bloquer, gêner (la circulation) (*d*) attaquer (qn, une banque) (à main armée) **2.** *vi* se soutenir; (*of weather*) se maintenir. **'holdup** *n* (*a*) (*traffic jam*) bouchon *m* (*b*) retard *m* (*c*) attaque *f* à main armée; hold-up *m*. **hold 'with** *vtr* **I don't h. w. his opinions, his behaviour,** je ne partage pas ses opinions; je n'approuve pas sa conduite.

hole [houl] **1.** *n* trou *m*; creux *m*, cavité *f*; orifice *m*, ouverture *f*; œillet *m* (de ceinture); terrier *m* (de lapin); *F:* **to be in a h.,** être dans le pétrin; **what a rotten h.!** (*of house*) quel taudis! (*of town*) quel bled! quel trou! (*of room*) quelle bauge! quel bazar! *Med:* **h. in the heart,** communication *f* interventriculaire; *Mec: etc:* **inspection h.,** regard *m*; **to bore a h.,** percer un trou; **to make a h. (in sth),** faire un trou (à qch); trouer (un vêtement) **2.** *vtr* trouer, percer. **hole 'up** *vi esp NAm: F:* se cacher, se terrer.

holiday ['hɔlidei] **1.** *n* vacances *fpl*; **holiday(s),** vacances; **a h.,** un congé; **bank, public,** *NAm:* **legal, h.,** jour férié; **to take a h.,** prendre un congé; **the summer holidays,** les grandes vacances; **holidays with pay,** congés payés; **a month's h.,** un mois de vacances; **where did you go on h., spend your h.?** où avez-vous passé vos vacances? **h. camp,** (i) camp (ii) (*for children*) colonie, de vacances; **in h. mood,** d'humeur folâtre; **h. season,** période des vacances **2.** *vi* passer les vacances. **'holidaymaker** *n* vacancier, -ière; (*in summer*) estivant, -ante.

Holland ['hɔlənd] *Prn Geog:* Hollande *f*.

hollow ['hɔlou] **1.** *a* creux, caverneux; (*of eyes*) cave; (son) sourd; (*of victory*) faux (*of promise, threat*) vain; **in a h. voice,** d'une voix caverneuse **2.** *adv* **to sound h.,** sonner creux; *F:* **to beat s.o. h.,** battre qn à plate(s) couture(s) **3.** *n* creux *m* (de la main); cavité *f* (d'une dent); excavation *f*; dépression *f* (du sol); bas-fond *m*; cuvette *f* **4.** *vtr* **to h. (out),** creuser, évider. **'hollow-'cheeked, -'eyed** *a* aux joues creuses, aux yeux caves.

holly ['hɔli] *n Bot:* houx *m*.

hollyhock ['hɔlihɔk] *n Bot:* rose trémière.

holocaust ['hɔləkɔːst] *n* holocauste *m*.

holster ['houlstər] *n* étui *m* de revolver.

holy ['houli] *a* (**-ier, -iest**) saint, sacré; **the H. Ghost, Spirit,** le Saint-Esprit; **h. bread, water,** pain bénit, eau bénite; **the H. Father,** le Saint-Père; *Geog:* **the H. Land,** la Terre Sainte. **'holier-than-thou** *a Pej:* tartuf(f)e. **'holiness** *n* sainteté *f*; *Ecc:* **His H.,** Sa Sainteté.

homage ['hɔmidʒ] *n* hommage *m*; **to pay h. to s.o.,** rendre hommage à qn.

home [houm] **1.** *n* (*a*) chez-soi *m inv*; (*for soldiers*) foyer *m* (*house*) intérieur *m*; (*of animal*) habitat *m*; **to have a h. of one's own,** avoir un chez-soi; **Ideal H. Exhibition** = Salon des arts ménagers; **to make one's h. in France,** s'installer en France; **my h. is here,** j'habite ici; **it's (a) h. from h.,** on y est comme chez soi; **there's no place like h.,** on n'est nulle part si bien que chez soi; **to leave h.,** (i) quitter la maison (ii) partir (définitivement); quitter la famille; **(at) h.,** à la maison, chez soi; *Sp:* (jouer) à domicile; **to stay at h.,** rester à la maison; **is Mr X at h.?** M. X est-il chez lui? est-ce que je puis voir M. X? **to be not at h. to anyone,** consigner sa porte à tout le monde; **to feel at h. with s.o.,** se sentir à l'aise avec qn; **to make oneself at h.,** faire comme chez soi; **far from h.,** loin de chez soi; **a broken h.,** un foyer désuni; **a good h.,** une bonne famille (*b*) patrie *f*; pays (natal); **at h. and abroad,** chez nous, dans notre pays, et à l'étranger; **to take an example nearer h.,** sans chercher plus loin (*c*) asile *m*, hospice *m*; **old people's h.,** maison de retraite; **children's h.,** home *m* d'enfants; **convalescent h.,** maison de repos; **nursing h.,** clinique *f* **2.** *adv* à la maison; chez soi; **to go, come, h.,** (i) rentrer (à la maison) (ii) rentrer dans sa famille (iii) retourner au pays; **the train h.,** le train pour rentrer; **on the way h.,** en revenant, en rentrant (chez soi); **to be h.,** être rentré; *NAm:* **to stay h.,** rester à la maison; **to drive h.,** ramener (qn) (en voiture); enfoncer (un clou); faire (bien) comprendre (qch à qn); **to send s.o. h. (from abroad),** rapatrier qn; *F:* **that's nothing to write h. about,** ce n'est pas bien extraordinaire; **the reproach went h.,** le reproche l'a touché au vif; **to strike h.,** frapper juste; **to bring sth h. to s.o.,** faire voir qch à qn; **it will come h. to him one day,** il s'en rendra compte un jour; *Mec:* **to screw sth h.,** visser qch à fond, à bloc **3.** *a* (*of life, pleasures, etc*) de famille; *Pol:* national; **h. address,** adresse personnelle; **h. cooking,** cuisine familiale; **h. economics,** économie domestique; **h. town,** ville natale; **the h. counties,** les comtés avoisinant Londres; *Sp:* **h. side,** équipe qui reçoit; **h. ground,** terrain du club; **h. match,** match à domicile; *Rac:* **h. straight,** dernière ligne droite; **the H. Office** = le Ministère de l'Intérieur; **the H. Secretary** = le Ministre de l'Intérieur; **h. trade,** commerce intérieur; *Pol:* **h. rule,** autonomie *f*; **to tell s.o. a few h. truths,** dire son fait à qn **4.** *vi* (*of pigeon*) revenir au colombier; (*of pers, missile*) **to h. in on,** se diriger automatiquement sur. **'home-'baked** *a* fait à la maison; **h.-b. cake,** gâteau maison. **'home-'brewed** *a* (*of beer*) brassé à la maison. **'homecoming** *n* retour *m* au foyer, à la maison, au pays. **'home'grown** *a Pol: etc:* du pays; (fruits) du jardin. **'homeland** *n* patrie. **'homeless 1.** *a* sans abri **2.** *npl* **the h.,** les sans-abri *m inv*. **'homeloving** *a* casanier. **'homely** *a* (*a*) (nourriture) simple, ordinaire; (goût) modeste; (atmosphère) accueillante (*b*) *NAm:* (*of pers*) laid. **home**

'made *a* (fait à la) maison *inv.* **'homesick** *a* nostalgique; **she's h.,** elle a le mal du pays. **'homesickness** *n* nostalgie *f*; mal *m* du pays. **'homeward 1.** *a* (voyage) de retour **2.** *adv* (*also* **'homewards**) vers sa maison; *Nau:* **cargo h.,** cargaison de retour; **homeward bound,** sur le chemin de retour. **'homework** *n Sch:* devoir(s) *m(pl)*. **'homing** *a* **h. pigeon,** pigeon voyageur; **h. device,** (dispositif) auto-directeur *m*. **'homey** *a NAm: F:* accueillant.

homeopathy [houmi'ɔpəθi] *n Med: esp NAm:* = **homoeopathy.**

homicide ['hɔmisaid] *n* (*crime*) homicide *m*; (*pers*) homicide *mf*. **homi'cidal** *a* homicide.

homily ['hɔmili] *n* homélie *f*.

hominy ['hɔmini] *n US:* maïs *m*; *Cu:* **h. grits,** gruau *m* de maïs.

homoeopathy, *esp NAm:* **homeo-** [houmi'ɔpəθi] *n Med:* homéopathie *f*. **'homoeopath,** *esp NAm:* **'homeo-** *n* homéopathe *mf*. **homoeo'pathic,** *esp NAm:* **homeo** *a* homéopathique.

homogeneous [hɔmou'dʒi:niəs] *a* homogène.

homogenize [hə'mɔdʒənaiz] *vtr* homogénéiser (le lait).

homosexual [hɔmou'seksjuəl, hou-] *a & n* homosexuel, -elle. **homosexuality** *n* homosexualité *f*.

honest ['ɔnist] *a* (*of pers*) honnête; franc; (*of actions, words, appearance*) vrai, sincère; (*of profit, money*) honnêtement gagné; (*of method, means*) légitime, juste; **the h. truth,** la pure vérité. **'honestly** *adv* honnêtement; loyalement; (dire) sincèrement; **I can h. say that,** je peux dire franchement que. **'honesty** *n* (*a*) (*of pers*) honnêteté *f*; franchise *f*; probité *f*; (*of statement*) véracité *f*, sincérité *f*; **in all h.,** en toute sincérité (*b*) *Bot:* lunaire *f*; monnaie-du-pape *f*.

honey ['hʌni] *n* miel *m*; *F:* (*term of endearment*) chéri, *f* chérie. **'honeybee** *n Ent:* abeille *f*. **'honeycomb 1.** *n* rayon *m* de miel; *Tex:* nid *m* d'abeille **2.** *vtr* cribler (de petits trous). **'honeydew** *n Hort:* **h. (melon),** melon *m* (à peau jaune) (d'hiver). **'honeyed** *a* (*of words*) mielleux. **'honeymoon** *n* lune *f* de miel; **h. (trip),** voyage *m* de noces; **couple on h., h. couple,** couple en voyage de noces. **'honeysuckle** *n Bot:* chèvrefeuille *m*.

honk [hɔŋk] **1.** *vi* (*of goose*) cacarder; (*of car horn*) klaxonner. **2.** *n* coup *m* d'avertisseur, de klaxon (*Rtm*).

honor ['ɔnər] *n & vtr NAm:* = **honour. 'honorable** *a*, **'honorably** *adv NAm:* = **honourable, honourably.**

honorary ['ɔnərəri] *a* (emploi, membre) honoraire; (service) bénévole; (président) d'honneur; (rang, titre) honorifique; *Sch:* **h. degree,** grade honorifique, honoris causa.

honour, *NAm:* **honor** ['ɔnər] **1.** *n* (*a*) honneur *m*; **the seat of h.,** la place d'honneur; **in h. of s.o.,** (statue) à la gloire de qn; (dîner) à l'honneur de qn; **to make (it) a point of h. to do sth,** mettre son (point d')honneur à faire qch; **in h. bound,** obligé par l'honneur, engagé d'honneur (**to do,** à faire); **word of h.,** parole d'honneur; **on my (word of) h.!** je vous donne ma parole! **to have the h. of doing, to do, sth,** avoir l'honneur de faire qch (*b*) distinction *f* honorifique; **honours list,** tableau d'honneur, palmarès *m*; *Sch:* **honours degree** = licence *f*; (*when introducing people, serving sth*) **to do the honours,** faire les honneurs (de sa maison) (*c*) **Your H., His H.,** Monsieur le juge, Monsieur le président **2.** *vtr* honorer (**with,** de); *Com:* honorer, faire honneur à (un effet). **'honourable,** *NAm:* **'honorable** *a* honorable; (*title*) **the H.** (*abbr* **the Hon.**), l'Honorable. **'honourably,** *NAm:* **'honorably** *adv* honorablement.

hooch [hu:tʃ] *n F:* boisson alcoolisée; gnôle *f*.

hood [hud] *n* (*a*) *Cl:* capuchon *m*; cagoule *f* (de pénitent, de cambrioleur); capuche *f* (de femme, d'enfant); (*of car, pram*) capote *f*; *NAm:* (*Br* = **bonnet**) capot *m*; (*of cooker*) hotte *f*; *Phot:* **lens h.,** parasoleil *m* (*b*) *NAm: P:* gangster *m*. **'hooded** *a* (*of pers*) encapuchonné; (*of coat*) à capuchon.

hoodlum ['hu:dləm] *n F:* voyou *m*; gangster *m*.

'hoodwink *vtr* tromper, duper (qn).

hoof [hu:f, *NAm:* huf] *n* (*pl* **hoofs** *or* **hooves** [hu:vz]) sabot *m* (d'animal).

hoo-ha ['hu:hɑ:] *n F:* tumulte *m*; **what's all this h.-ha about?** qu'est-ce qui se passe?

hook [huk] **1.** *n* crochet *m*; *Cl:* agrafe *f*; **h. and eye,** agrafe et œillet *m*; **(coat) h.,** patère *f*; **(fish) h.,** hameçon *m*; **(reaping) h.,** faucille *f*; **to take, leave, the phone off the h.,** décrocher le récepteur; *Fig:* **by h. or by crook,** d'une manière ou d'une autre; *Fig:* **to swallow sth h., line and sinker,** gober tout ce qu'on vous dit; *P:* **to sling one's h.,** décamper; plier bagage; *F:* **to let, get, s.o. off the h.,** tirer qn d'affaire **2.** *vtr* accrocher (qch à qch); prendre (un poisson) (à l'hameçon); gaffer (un poisson) (avec une gaffe); crocher (un bateau); *F:* attraper (un mari); **to h. (up) a garment,** agrafer un vêtement. **hooked** *a* (*a*) (nez, bec) recourbé; crochu; (objet, bout) recourbé (*b*) muni de crochets, d'hameçons (*c*) *F:* **to be h. on,** être enragé de qch, entiché de qn; **be h. on drugs,** ne plus pouvoir se passer de la drogue. **hook-'nosed** *a* au nez crochu. **'hook-up** *n WTel: TV:* conjugaison *f* de postes. **'hooker** *n NAm: P:* prostituée *f*. **'hook(e)y** *n NAm: F:* **to play h.,** faire l'école buissonnière.

hooligan ['hu:ligən] *n* vandale *m*, voyou *m*. **'hooliganism** *n* vandalisme *m*.

hoop [hu:p] *n* cercle *m* (de tonneau); jante *f* (de roue); cerceau *m* (d'enfant); (*in croquet*) arceau *m*; (*of performing animal*) **to jump through hoops,** sauter à travers les cerceaux; *Fig:* **to put s.o. through the hoops,** rendre la vie dure à qn. **'hoop-la** *n* (*at fairs*) jeu *m* des anneaux.

hoot [hu:t] **1.** *vi* (*of owl*) hululer; (*of car*) klaxonner; (*of train*) siffler; (*of siren*) mugir; (*of pers*) huer; (*of pers*) **to h. with laughter,** rire aux éclats **2.** *n* hululement *m* (de hibou); coup *m* de sirène, de klaxon (*Rtm*), de sifflet; mugissement *m* (de sirène); (*of pers*) huée *f* (de dérision); *F:* **what a h.!** c'est à se tordre de rire! **I don't care a h., two hoots, about it,** je m'en fiche comme de l'an quarante. **'hooter** *n* sirène *f*; *Aut:* klaxon *m* (*Rtm*); *P:* nez *m*, pif *m*.

hoover ['hu:vər] *Rtm:* **1.** *n* aspirateur *m* **2.** *vtr* passer (qch) à l'aspirateur.

hop[1] [hɔp] *n Bot:* houblon *m*. **'hopfield** *n* houblonnière *f*. **'hop-picker** *n* cueilleur, -euse, de houblon.

hop² 1. *n* saut; sautillement *m*; (*on one foot*) saut à cloche-pied; *F:* (*dance*) sauterie *f*; *Av:* étape *f*; **to catch s.o. on the h.**, prendre qn au pied levé 2. *vtr & i* (**hopped** [hɔpt]) sauter, sautiller; (*on one foot*) sauter à cloche-pied; **h. in!** montez! **to h. on a bus**, monter dans un autobus; **to h. on a plane**, attraper un vol; *F:* **to h. it**, filer, ficher le camp; **h. it!** fiche le camp! **'hopper** *n* trémie *f*. **'hopping** *a F:* **h. mad**, fou de colère. **'hopscotch** *n Games:* marelle *f*.

hope [houp] 1. (*a*) *vi* espérer; **to h. for sth**, espérer qch; attendre qch; **to h. against h.**, espérer contre toute espérance; **I h. to see you again**, j'espère vous revoir; **I h. so, not**, j'espère que oui, que non; *Corr:* **hoping to hear from you**, dans l'attente de vous lire; **to h. for the best**, ne pas désespérer (*b*) *vtr* espérer (**to do**, de faire, **that**, que) 2. *n* espérance *f*; espoir *m*; **to be full of h., have high hopes**, avoir bon espoir; **in the h. of**, dans l'espoir, l'attente *f*, de; **to live in h. that**, caresser l'espoir que; **to have hopes of doing sth**, avoir l'espoir de faire qch; *NAm:* **h. chest** (*Br* = **bottom drawer**), trousseau *m* (de mariage); *Geog:* **the Cape of Good H.**, le cap de Bonne Espérance; *F:* **what a h.! some h.!** si vous comptez là-dessus! **'hopeful** *a* optimiste, plein d'espoir; prometteur; **the situation looks more h.**, la situation est plus encourageante; **to be h. that**, avoir bon espoir que. **'hopefully** *adv* (travailler) avec bon espoir, avec optimisme; *F:* **h. the snow will be gone by tomorrow**, espérons, on espère, que la neige aura fondu demain. **'hopefulness** *n* (bon) espoir; confiance *f*. **'hopeless** *a* sans espoir; désespéré; nul; (enfant) incorrigible; (menteur) invétéré; **it's a h. job**, c'est désespérant; *F:* **you're h.!** tu es impossible! **'hopelessly** *adv* (vivre) sans espoir; (regarder) avec désespoir; complètement; éperdument (amoureux). **'hopelessness** *n* état désespéré.

horde [hɔːd] *n* horde *f*.

horizon [hə'raizn] *n* horizon *m*; **on the h.**, à l'horizon. **hori'zontal** *a* horizontal. **hori'zontally** *adv* horizontalement.

hormone ['hɔːmoun] *n* hormone *f*.

horn [hɔːn] 1. *n* corne *f*; bois *m* (d'un cerf); (*of insects*) antenne *f*; (*on vehicle*) klaxon *m* (*Rtm*); *Mus:* cor *m*; *Fig:* **to draw in one's horns**, (i) faire des économies (ii) en rabattre; *Mus:* **French h.**, cor d'harmonie; **hunting h.**, trompe *f* de chasse. 2. *vi NAm: F:* **to h. in**, dire son mot, interrompre. **'horn-'rimmed** *a* (lunettes) à monture en corne. **'horny** *a* (**-ier, -iest**) corné, en corne; (*of hands*) calleux.

hornet ['hɔːnit] *n Ent:* frelon *m*.

horoscope ['hɔrəskoup] *n* horoscope *m*.

horrify ['hɔrifai] *vtr* (**horrifies**) horrifier; faire horreur à (qn); (*shock*) scandaliser (qn). **ho'rrendous** *a F:* horrible. **'horrible** *a* horrible, affreux; atroce. **'horribly** *adv* horriblement, affreusement. **'horrid** *a* horrible, affreux; (*of child*) épouvantable, méchant; **to be h. to s.o.**, être méchant envers qn; **don't be h.!** (i) ne dites pas des horreurs pareilles! (ii) ne faites pas le, la, méchant(e)! **ho'rrific** *a* horrible; horrifiant. **'horrifying** *a* horrifiant.

horror ['hɔrər] *n* horreur *f*; **to have a h. of (doing) sth**, avoir horreur de (faire) qch; **h. film**, film d'épouvante, d'horreur; **it gives me the horrors**, cela me donne le frisson; (*of child*) **a little h.**, un petit monstre. **'horror-stricken, -struck** *a* saisi d'horreur.

hors-d'œuvre [ɔː'dɔːv] *n* hors-d'œuvre *m inv*.

horse [hɔːs] *n* (*a*) cheval *m*; **draught h.**, cheval de trait; **to go h. riding**, faire du cheval; **the (Royal) H. Guards** = la Garde du corps (à cheval); **h. dealer**, maquignon *m*; *Bot:* **h. chestnut**, marron *m* (d'Inde); **h. chestnut (tree)**, marronnier d'Inde; *Fig:* **dark h.**, personne *f* dont on ne sait rien; *Fig:* **to get on one's high h.**, monter sur ses grands chevaux; **h. show**, concours *m* hippique (*b*) *Gym:* **(vaulting) h.**, cheval d'arçons; **(clothes) h.**, séchoir *m*; (*on sea*) **white horses**, moutons *mpl* (d'écume). **'horseback** *n* **on h.**, à cheval. **'horsebox** *n* (*pl* **-boxes**) (*trailer on car*) van *m*. **'horse-drawn** *a* tiré par des chevaux; (véhicule) attelé. **'horseflesh, -meat** *n Cu:* viande *f* de cheval. **'horsefly** *n* (*pl* **-flies**) *Ent:* taon *m*. **'horsehair** *n* crin *m* (de cheval). **'horseman, *f* -woman** *n* (*pl* **-men, -women**) cavalier, -ière; écuyer, -ère. **'horsemanship** *n* (art *m* de) l'équitation *f*. **'horseplay** *n* jeux brutaux. **'horsepower** *n* (*abbr* **hp**) *Aut: Mec:* puissance *f* (en chevaux); *Meas:* cheval (vapeur). **'horseracing** *n* courses *fpl*. **'horseradish** *n Hort: Cu:* radis noir, raifort *m*. **'horseshoe** *n* fer *m* à cheval. **'hors(e)y** *a* (profil) chevalin; (*of pers*) qui ne parle que chevaux; qui s'intéresse aux chevaux.

horticulture ['hɔːtikʌltʃər] *n* horticulture *f*. **horti'cultural** *a* horticole.

hose [houz] 1. *n* (*a*) *Com:* bas *mpl* (*b*) (*also* **'hosepipe**) tuyau *m*; manche *f* (d'arrosage) 2. *vtr* arroser (au jet d'eau); **to h. (down)**, donner un coup de jet à (qch). **'hosiery** *n Com:* bonneterie *f*.

hospice ['hɔspis] *n* hospice *m* (pour incurables).

hospitable [hɔ'spitəbl] *a* hospitalier; accueillant. **ho'spitably** *adv* avec hospitalité. **hospi'tality** *n* hospitalité *f*.

hospital ['hɔspitl] *n* hôpital *m*; **in h.**, à l'hôpital; **teaching h.**, centre hospitalier universitaire; **h. bed, nurse**, lit *m*, infirmière *f*, d'hôpital; **h. services, staff**, services hospitaliers, personnel hospitalier; **patients in h.**, hospitalisés *mpl*. **'hospitalize** *vtr* hospitaliser (qn).

host [houst] *n* (*a*) hôte *m* (*b*) *Ecc:* hostie *f* (*c*) (*large number*) armée *f*, foule *f*. **'hostess** *n* (*pl* **-es**) hôtesse *f*; **air h.**, hôtesse de l'air.

hostage ['hɔstidʒ] *n* otage *m*; **to take s.o. h.**, prendre qn en otage.

hostel ['hɔstəl] *n* foyer *m* (sous la direction d'une œuvre sociale); **youth h.**, auberge *f* de jeunesse. **'hosteller** *n* **youth h.**, ajiste *mf*.

hostile ['hɔstail, *NAm:* 'hɔstəl] *a* hostile; opposé (**to**, à); ennemi (**to**, de). **ho'stility** *n* (*pl* **-ies**) hostilité *f* (**to**, contre); *pl Mil:* hostilités.

hot [hɔt] 1. *a* (**hotter; hottest**) chaud; *Cu:* (*spiced*) fort; piquant; épicé; (*of feelings*) violent; (*of temperament*) passionné; (*of struggle*) acharné; *F:* (*of news*) dernier; *F:* (*of goods*) recherché par la police; volé; **boiling h.**, bouillant; **burning h.**, brûlant; **to be (very) h.**, (*of thg*) être (très) chaud; (*of pers*) avoir (très) chaud; (*of weather*) faire (très) chaud; **h. flush,**

rougeur brûlante; *Cu:* **h. dog,** hot-dog *m*; **h. water bottle,** bouillotte *f*; *F:* **to be in h. water,** être dans le pétrin; *F:* **to get into h. water,** se créer des ennuis; *F:* **h. air,** platitudes *fpl*; galimatias *m*; **h. air balloon,** ballon *m*; *F:* **to get all h. and bothered,** s'échauffer; *F:* **to get h. under the collar,** se mettre en colère; *F:* **how are you?—not so h.,** comment ça va?—pas fameux; *F:* **not so h. at,** pas très calé en; *F:* **he's h. stuff at tennis,** au tennis c'est un as; **news h. off the press,** nouvelles de dernière minute; **to be h. on the scent, the trail,** être sur la bonne piste; **to be h. on the trail of s.o., in h. pursuit of s.o.,** poursuivre qn de près; *Games:* **you're getting h.,** tu brûles; *Tp: F:* **h. line,** ligne directe; *F:* **h. seat,** situation difficile; **h. spot,** (i) boîte de nuit (ii) point névralgique; **to have a h. temper,** s'emporter facilement; **h. contest,** chaude dispute; *Sp:* **h. favourite,** grand favori; **h. tip,** tuyau *m* increvable; *F:* **to make things too h. for s.o.,** rendre la vie intolérable à qn **2.** *adv* **to blow h. and cold,** souffler le chaud et le froid; agir de façons contradictoires. **'hotbed** *n* foyer *m* (de corruption). **'hot-'blooded** *a* (*of pers*) ardent. **hot'-foot 1.** *adv* à toute vitesse **2.** *vtr* **to h. it,** se magner. **'hothead** *n* (*pers*) tête chaude, emballée. **'hot'headed** *a* impétueux; à la tête chaude. **'hothouse** *n* serre (chaude). **'hotly** *adv* passionnément; (répondre) vivement, avec chaleur; (poursuivre) de près; (disputer) chaudement. **'hotplate** *n* plaque chauffante (de cuisinière); chauffe-plats *m inv*. **'hotpot** *n Cu:* ragoût *m*. **'hotrod** *n F:* voiture gonflée. **hot-'tempered** *a* (*of pers*) emporté. **hot 'up** *v* **(hotted) 1.** *vtr* chauffer, réchauffer (qch); *F:* gonfler (une voiture, un moteur) **2.** *vi* (*of campaign, affair, argument*) s'intensifier; chauffer.

hotchpotch ['hɔtʃpɔtʃ] *n* fatras *m*.

hotel [hou'tel] *n* hôtel *m*; **private h., residential h.,** pension *f* de famille; **h. keeper,** hôtelier, -ière; **the h. trade,** l'industrie hôtelière; l'hôtellerie *f*. **ho'telier** *n* hôtelier, -ière.

hound [haund] **1.** *n* chien courant; **the (pack of) hounds,** la meute; **master of hounds,** maître d'équipage; **to ride to hounds,** chasser à courre **2.** *vtr* **to h. s.o. (down),** traquer qn, poursuivre qn, avec acharnement, sans relâche; harceler qn; **to be hounded from place to place,** être pourchassé d'un endroit à l'autre; **to be hounded out of a country,** être chassé d'un pays.

hour ['auər] *n* heure *f*; **an h. and a half,** une heure et demie; **half an h., a half-h.,** une demi-heure; **a quarter of an h.,** un quart d'heure; **h. by h.,** heure par heure; **to pay s.o. by the h.,** payer qn à l'heure; **to be paid £5 an h.,** être payé £5 (de) l'heure; **to take hours over sth,** mettre des heures à faire qch; **five kilometres an h.,** cinq kilomètres à l'heure; **office hours,** heures de bureau; **after hours,** après l'heure de fermeture; **open all hours,** ouvert à toute heure; **in the early, small, hours (of the morning),** fort avant dans la nuit; au petit matin; **h. hand,** petite aiguille (de montre, de pendule). **'hourglass** *n* (*pl* **-es**) sablier *m*. **'hourly 1.** *a* (de) toutes les heures; (salaire, rendement) horaire; **an h. bus, train,** un bus, train, toutes les heures **2.** *adv* toutes les heures; **h. paid, paid h.,** payé à l'heure.

house 1. *n* [haus] (*pl* **houses** ['hauziz]) (*a*) maison *f*; **from h. to h.,** de porte en porte; **country h.,** (*large*) château *m*; (*small*) maison de campagne; **at, to, in, my h.,** chez moi; **to keep h. for s.o.,** tenir la maison de qn; **to move h.,** déménager; **to keep open h.,** tenir table ouverte; **h. of cards,** château de cartes; **h. agent,** agent immobilier; **h. prices,** prix immobiliers; **h. arrest,** résidence surveillée; **under h. arrest,** aux arrêts; **h. mouse,** souris commune; **h. surgeon,** interne *mf* en chirurgie (d'un hôpital); *Parl:* **the H.,** la Chambre; **business h.,** maison de commerce; **publishing h.,** maison d'édition; **public h.,** café *m*, débit *m* de boissons; **drink on the h.,** consommation (offerte) aux frais de la maison (*b*) famille *f*, maison, dynastie *f*; **the H. of Valois,** les Valois *mpl*, la maison des Valois (*c*) *Th: Cin:* salle *f*; auditoire *m*; *Th:* (*performance*) séance *f*; **full h.,** salle pleine; *PN:* **h. full,** complet; **first h.,** première séance **2.** *vtr* [hauz] loger, héberger (qn); (*of building*) abriter; pourvoir au logement de (la population); (*of object*) **to be housed,** être gardé **(in,** dans, à). **'houseboat** *n* péniche (aménagée). **'housebound** *a* confiné chez soi. **'housebreaker** *n* cambrioleur *m*. **'housebreaking** *n* cambriolage *m*. **'house-broken** *a NAm:* (*Br* = **housetrained**) (*of dog, etc*) propre. **'housecoat** *n Cl:* peignoir *m*; robe *f* d'intérieur; (*quilted*) douillette *f*. **'housefly** *n* (*pl* **-flies**) mouche *f* domestique. **'houseful** *n* maisonnée *f*; pleine maison (d'invités). **'household** *n* maison, famille; ménage *m*; **h. expenses,** frais de, du, ménage; **h. goods,** articles ménagers; **h. name,** nom très connu; **h. word,** mot d'usage courant. **'householder** *n* chef *m* de famille; propriétaire *mf*. **'housekeeper** *n* gouvernante *f* (d'une maison); ménagère *f*. **'housekeeping** *n* ménage; économie *f* domestique; soins *mpl* du ménage; **h. (money),** argent *m* du ménage. **'housemaid** *n* bonne *f*; femme *f* de chambre. **'houseman** *n* (*pl* **-men**) interne *mf* (des hôpitaux). **'housemaster, -mistress** *n* (*pl* **-mistresses**) *Sch:* professeur chargé de la surveillance d'un internat. **'house-party** *n* (*pl* **-ies**) partie *f* de campagne. **'house-proud** *a* qui s'occupe méticuleusement de sa maison. **'houseroom** *n* **I wouldn't give it h.,** je n'en voudrais pas même si on me le donnait. **'house-to-house** *a* (vente) à domicile; **h.-to-h. canvassing,** porte-à-porte *m*. **'housetop** *n* **to proclaim sth from the housetops,** crier qch sur les toits. **'housetrained** *a* (*NAm:* **housebroken**) (*of dog, etc*) propre. **'housewarming** *n* **to have a h. (party),** pendre la crémaillère. **'housewife** *n* (*pl* **-wives**) maîtresse *f* de maison; ménagère. **'housework** *n* travaux *mpl* domestiques, de ménage; **to do the h.,** faire le ménage. **housing** ['hauziŋ] *n* (*a*) logement *m*; (*houses*) logements; **the h. problem,** la crise du logement; **h. estate,** lotissement *m*; cité ouvrière (*b*) *MecE:* logement; bâti *m*; cage *f*; carter *m*.

hove [houv] *see* **heave I. 2.** (*c*).

hovel ['hɔvl] *n* taudis *m*.

hover ['hɔvər] *vi* planer; (*of pers*) rôder, traîner. **'hovercraft** *n Nau:* aéroglisseur *m*. **'hoverport** *n* port *m* d'aéroglisseurs.

how [hau] *adv* (*a*) comment; **h. do you do?** bonjour; enchanté (de faire votre connaissance); **h. are you?**

comment allez-vous? **h. is it that?** comment se fait-il que? *F:* **h.'s that? h. so? h. come?** comment ça? **to learn h. to do sth,** apprendre à faire qch; *F:* **and h.!** et comment! **h. do you like this wine?** comment trouvez-vous ce vin? *(b)* **h. much, h. many,** combien (de); **h. long ago?** il y a combien de temps? **h. long is this room?** quelle est la longueur de cette pièce? **h. old are you?** quel âge avez-vous? **h. about a walk?** si on faisait une promenade? **h. about some coffee?** (si on prenait) du café? **h. about me?** et moi? *(c)* **h. pretty she is!** comme elle est jolie! qu'elle est jolie! **h. I wish I could!** si seulement je pouvais! **h. she has changed!** ce qu'elle a changé! **how'ever 1.** *adv* **h. he may do it,** de quelque manière qu'il le fasse; **h. that may be,** quoi qu'il en soit; **h. good his work is,** quelque excellent que soit son travail; **h. intelligent she is,** si intelligente qu'elle soit; **h. little,** si peu que ce soit **2.** *conj* cependant, pourtant.

howdy! ['haudi] *int NAm: F:* salut! bonjour!

howl [haul] **1.** *vi* hurler; pousser des hurlements; *(of baby)* brailler; *(of wind)* mugir, rugir **2.** *n (also* **'howling)** hurlement *m*; braillement *m*; mugissement *m* (du vent); *(of laughter)* éclat *m*. **'howler** *n F:* grosse gaffe; **schoolboy h.,** perle *f*. **'howling** *a (of crowd)* hurlant; **h. tempest,** tempête furieuse; *F:* **h. success,** succès fou.

hp *abbr horsepower.*

HP *abbr hire purchase.*

HQ *abbr headquarters.*

hub [hʌb] *n* moyeu *m* (de roue); *Fig:* pivot *m* (de l'univers); centre *m* (d'activité). **'hubcap** *n Aut:* enjoliveur *m*.

hubbub ['hʌbʌb] *n* remue-ménage *m inv*, vacarme *m*; **h. of voices,** brouhaha *m* de voix.

huckleberry ['hʌklbəri] *n Bot: NAm:* myrtille *f*.

huddle ['hʌdl] **1.** *vtr & i* entasser pêle-mêle, sans ordre; **to h. together,** se blottir (les uns contre les autres); **huddled (up) in a corner,** blotti dans un coin **2.** *n* tas confus, fouillis *m* (d'objets); (petit) groupe (de personnes); **to go into a h.,** se réunir en petit comité.

hue[1] [hju:] *n* teinte *f*, nuance *f*.

hue[2] *n* **h. and cry,** clameur *f* de haro; *Jur:* clameur publique.

huff [hʌf] **1.** *n F:* **to be in a h.,** être fâché; **to go into a h.,** prendre la mouche. **2.** *vi* **to h. (and puff),** souffler (comme un phoque). **'huffy** *a* vexé, fâché.

hug [hʌg] **1.** *n* étreinte *f*; **to give s.o. a h.,** serrer qn dans ses bras; embrasser qn **2.** *vtr* **(hugged)** étreindre, embrasser, serrer dans ses bras (qn); *(of ship)* serrer (la côte); *(of pers)* longer, raser (un mur); *(of car)* **to h. the kerb,** serrer le trottoir.

huge [hju:dʒ] *a* énorme, vaste; (succès) énorme, immense. **'hugely** *adv* énormément; extrêmement. **'hugeness** *n* énormité *f*, immensité *f*.

hulk [hʌlk] *n (a)* carcasse *f* (de navire) *(b) (pers)* lourdaud, -aude. **'hulking** *a* gros, lourd; lourdaud.

hull [hʌl] *n* coque *f* (de navire).

hullabaloo [hʌləbə'lu:] *n F:* tintamarre *m*, vacarme *m*; histoire(s) *f(pl)*.

hullo [hʌ'lou] *int* = **hello.**

hum [hʌm] **1.** *v* **(hummed)** *(a) vi (of insect)* bourdonner; *(of top, radio)* ronfler; *(of engine)* vrombir; *(of pers)* fredonner; **to make things h.,** faire marcher rondement les choses *(b) vtr* fredonner (un air) **2.** *n* bourdonnement *m*; ronflement *m*; vrombissement *m*. **'hummingbird** *n* colibri *m*; oiseau-mouche *m*.

human ['hju:mən] **1.** *a* humain; **h. being,** être humain; **h. nature,** nature humaine; **h. rights,** droits de l'homme **2.** *n* être humain; *pl* humains *mpl*. **humani'tarian** *a & n* humanitaire *(mf)*. **hu'manity** *n (pl* **-ies)** humanité *f*. **'humanize** *vtr* humaniser. **'humanly** *adv* **everything h. possible,** tout ce qui est humainement possible. **'humanoid** *a & n* humanoïde *(mf)*.

humane [hju(:)'mein] *a* humain, compatissant. **hu'manely** *adv* humainement; avec humanité.

humble ['hʌmbl] **1.** *a* humble; modeste; *Fig:* **to eat h. pie** *(NAm:* = **to eat crow),** s'humilier **2.** *vtr* humilier, mortifier (qn); **to h. oneself,** s'humilier; **to h. s.o.'s pride,** (r)abattre l'orgueil de qn. **'humbleness** *n* humilité *f*. **'humbly** *adv* humblement.

humbug ['hʌmbʌg] *n (a)* fumisterie *f*; blagues *fpl*; **h.!** tout ça c'est de la blague! *(b) (pers)* blagueur, -euse; fumiste *mf (c) (sweet)* berlingot *m*; = bêtise *f* de Cambrai.

humdinger [hʌm'diŋər] *n F:* quelque chose, quelqu'un, d'extraordinaire; **a real h. of a speech,** un discours formidable, sensationnel.

humdrum ['hʌmdrʌm] *a* monotone; **my h. daily life,** mon train-train quotidien.

humerus ['hju:mərəs] *n (pl* **humeri** ['hju:mərai]) *Anat:* humérus *m*.

humid ['hju:mid] *a* humide; *(of heat)* moite. **hu'midifier** *n* humidificateur *m*. **hu'midify** *vtr* **(humidifies)** humidifier. **hu'midity** *n* humidité *f*.

humiliate [hju:'milieit] *vtr* humilier, mortifier (qn) **hu'miliating** *a* humiliant. **humili'ation** *n* humiliation *f*. **hu'mility** *n* humilité *f*.

humour, *NAm:* **humor** ['hju:mər] **1.** *n (a)* humeur *f*; disposition *f*; **to be in a good, bad, h.,** être de bonne, de mauvaise, humeur; **to be out of h.,** être (d'humeur) maussade *(b)* humour *m*; **to have a (good) sense of h.,** avoir (le sens) de l'humour; **to have no sense of h.,** ne pas avoir le sens de l'humour; **the h. of the situation,** le côté comique de la situation **2.** *vtr* faire plaisir à, ménager (qn); se prêter à tous les caprices de qn. **'humorist** *n (a)* farceur, -euse; *Th:* comique *(b)* humoriste *mf*. **'humorous** *a* humoristique; *(of pers)* plein d'humour; drôle; comique; *(of writer)* humoriste. **humorously** *adv* avec humour. **'humourless,** *NAm:* **'humorless** *a* dépourvu d'humour.

hump [hʌmp] **1.** *n (a)* bosse *f* (de bossu, de chameau); *Fig:* **we're over the h. now,** le plus difficile est passé maintenant *(b) F:* **to have the h.,** avoir le cafard; être en rogne **2.** *vtr (a)* voûter (les épaules, le dos) *(b) F:* porter; coltiner (un fardeau). **'humpback** *a* **h. bridge,** pont *m* en dos d'âne. **'humpbacked** *a (of pers)* bossu.

humus ['hju:məs] *n Hort:* humus *m*; terreau *m*.

hunch [hʌntʃ] **1.** *vtr* arrondir (le dos); voûter (les épaules); **hunched (up),** accroupi (le menton sur les genoux) **2.** *n F:* intuition *f*, idée *f*; **I have a h. that,** je soupçonne que; j'ai idée que. **'hunchback** *n (pers)* bossu, -ue. **'hunchbacked** *a* bossu.

hundred ['hʌndrəd] *num a & n* cent (*m*); **a h. and one,** cent un; **about a h. houses,** une centaine de maisons; **two h. apples,** deux cents pommes; **hundreds of,** des centaines de; **two h. and one pounds,** deux cent une livres; **in 1900,** en dix-neuf cent; **to live to be a h.,** atteindre la centaine; **they were dying in hundreds,** ils mouraient par centaines; **a h. per cent,** cent pour cent. **'hundredfold 1.** *a* centuple **2.** *adv* au centuple. **'hundredth** *num a & n* centième (*mf*). **'hundredweight** *n* (*a*) 112 livres = 50,8kg (*b*) *NAm:* 100 livres = 45,3kg.

hung [hʌŋ] *see* **hang I; h. parliament,** parlement *m* sans majorité, ingouvernable.

Hungary ['hʌŋgəri] *Prn Geog:* Hongrie *f*. **Hun'garian** *a & n* hongrois, -oise.

hunger ['hʌŋgər] **1.** *n* faim *f*. **h. strike,** grève de la faim **2.** *vi* **to h. after, for,** être affamé de. **'hungrily** *adv* avidement; voracement. **'hungry** *a* **(-ier, -iest) to be h.,** avoir faim; **to go h.,** souffrir de la faim; **to make h.,** donner faim à; **to be ravenously h.,** avoir une faim de loup; **h for,** avide de (nouvelles, etc); **a h. look,** l'œil avide.

hunk [hhunk] *n* (gros) morceau (de fromage); quignon *m* (de pain).

hunt [hʌŋt] **1.** *n* (*a*) chasse *f* (*esp* à courre); recherche *f* (d'un objet, de qn); **tiger h.,** chasse au tigre (*b*) équipage *m* de chasse **2.** *v* (*a*) *vi* chasser; **to h. for sth,** (re)chercher qch (*b*) *vtr* chasser (un animal); poursuivre (un voleur); être à recherche de, cherches. **hunt'down** *vtr* traquer; *F:* mettre (qn) aux abois. **'hunter** *n* (*a*) chasseur *m*; tueur (de lions); dénicheur, -euse (d'antiquités) (*b*) cheval *m* de chasse. **'hunting** *n* chasse *f*; **bargain h.,** chasse aux soldes; **to go house h.,** se mettre à la recherche d'une maison, d'un logement; **h. ground,** (i) terrain de chasse (ii) endroit propice (aux collectionneurs); **h. lodge,** pavillon de chasse. **'hunt 'out** *vtr* déterrer, dénicher (qch). **'huntsman** *n* (*pl* **-men**) chasseur *m*.

hurdle ['hə:dl] *n* claie *f*; *Sp: Turf:* haie *f*; *Fig:* obstacle *m*; **the hundred metre hurdles,** le cent mètres haies.

hurl [hə:l] *vtr* jeter, lancer (qch) (**at,** contre); **to h. oneself at s.o.,** se ruer, se jeter, sur qn; **to h. abuse at s.o.** lancer des injures à qn. **hurl'down** *vtr* jeter bas; précipiter.

hurly-burly ['hə:libə:li] *n* tumulte *m*.

hurrah [hu'rɑ:], **hurray** [hu'rei] *int & n* hourra (*m*); **h. for the holidays!** vivent les vacances!

hurricane ['hʌrikən, *NAm:* 'hʌrikein] *n* ouragan *m*; **h. lamp,** lampe-tempête *f*.

hurry ['hʌri] **1.** *v* **(hurried)** (*a*) *vtr* presser; bousculer (qn); **work that cannot be hurried,** travail qui demande du temps; **to h. one's meal,** manger à toute vitesse; **to h. s.o. out,** faire sortir qn à la hâte (*b*) *vi* se hâter, se presser; se dépêcher; presser le pas; **to h. to a place,** se rendre à la hâte à un endroit: **she hurried home,** elle s'est dépêchée de rentrer; **to h. into, out of, a room,** entrer dans une, sortir d'une, pièce à la hate; **to h. after s.o.,** courir après qn **2.** *n* hâte *f*; précipitation *f*; **to be in a h.,** être pressé; **to go out in a h.,** sortir à la, en, hâte; **to be in a h. to do,** avoir hâte de faire; **he was in no h. to leave,** il n'était pas pressé de partir; **there's no h.,** rien ne presse. **'hurried** *a* (pas) précipité, pressé; (travail) fait à la hâte; (mot) dit à la hâte; (visite) éclair *inv*. **'hurriedly** *adv* à la hâte, en toute hâte; précipitamment. **hurry a'long 1.** *vi* se dépêcher. **2.** *vtr* entraîner (qn) précipitamment. **hurry 'back 1.** *vtr* faire rentrer (qn) à la hâte **2.** *vi* rentrer à la hâte. **hurry 'on 1.** *vtr* faire hâter le pas à (qn); avancer (un travail); précipiter (une affaire) **2.** *vi* se dépêcher. **'hurry 'up 1.** *vtr* presser; faire hâter le pas à (qn) **2.** *vi* se dépêcher, se hâter; **h. up!** dépêchez-vous!

hurt [hə:t] **1.** *vtr & i* **(hurt)** (*a*) faire du mal à, blesser (qn); **to h. one's foot,** se blesser au pied; **to be, get, h.,** être blessé; **to h. oneself,** se faire (du) mal, se blesser; **his arm hurts (him),** son bras lui fait mal (*b*) faire de la peine à (qn); blesser; **to h. s.o.'s feelings,** blesser qn (*c*) nuire à, abîmer, endommager (qch) **2.** *n* mal *m*; blessure *f*. **'hurtful** *a* nuisible, nocif; préjudiciable (à qn); blessant.

hurtle ['hə:tl] *vi* **to h. along,** aller à toute vitesse; **to h. down,** dégringoler.

husband ['hʌzbənd] *n* mari *m*; époux *m*; **h. and wife,** les (deux) époux; **to live as h. and wife,** vivre maritalement. **'husbandry** *n* **animal h.,** élevage *m*.

hush [hʌþ] **1.** *v* (*a*) *vtr* calmer (un enfant); faire taire (qn) (*b*) *vi* se taire; faire silence **2.** *n* silence *m*; calme *m*; **h. money,** prime du silence; pot-de-vin *m* **3.** *int* chut! **hushed** *a* (*of conversation*) étouffé; (*of silence*) profond; **to talk in a h. voice,** chuchoter. **'hush-'hush** *a F:* ultra-secret. **hush 'up** *vtr* étouffer (un scandale).

husk [hʌsk] *n* enveloppe *f*; cosse *f*, gousse *f* (de pois); écale *f* (de noix).

husky[1] ['hʌski] *a* **(-ier, -iest)** (*a*) (*of voice*) enroué, voilé (*b*) (*of pers*) costaud, fort. **'huskily** *adv* (parler) d'une voix enrouée. **'huskiness** *n* enrouement *m* (de la voix).

husky[2] *n* (*pl* **huskies**) chien *m* esquimau.

hussy ['hnsi] *n Pej:* friponne *f*, coquine *f*.

hustings ['hnstiŋz] *npl* campagne électorale, élections *fpl*.

hustle ['hʌsl] **1.** *v* (*a*) *vtr* bousculer; pousser (qn); **to h. things on,** pousser le travail; faire activer les choses (*b*) *vi NAm:* se démener (**to get sth,** pour avoir qch) **2.** *n* bousculade *f*; **h. and bustle,** agitation *f*, activité *f*, tourbillon *m*.

hut [hʌt] *n* hutte *f*, cabane *f*; **mountain h.,** refuge *m*.

hutch [hʌtʃ] *n* **(rabbit) h.,** clapier *m*.

hyacinth ['haiəsinθ] *n Bot:* jacinthe *f*.

hybrid ['haibrid] *a & n Biol:* hybride (*m*).

hydrangea [hai'dreindʒə] *n Bot:* hortensia *m*.

hydrant ['haidrənt] *n* prise *f* d'eau; **(fire) h.,** bouche *f* d'incendie.

hydraulic [hai'drɔ:lik] *a* hydraulique.

hydrochloric [haidrou'klɔrik] *a Ch:* (acide) chlorhydrique.

hydroelectric [haidroui'lektrik] *a* hydro-électrique; **h. power,** énergie hydraulique.

hydrofoil ['haidroufɔil] *n* hydrofoil *m*.

hydrogen ['haidrədʒən] *n Ch:* hydrogéne *m*; **h. peroxide,** eau oxygénée.

hydrophobia [haidrə'foubiə] *n Med:* hydrophobie *f*.

hydroplane ['haidrouplein] *n* hydroglisseur *m*.

hyena [hai'i:n] *Z:* hyène *f*.

hygiene ['haidʒi:n] *n* hygiène *f*. **hy'gienic** *a* hygiénique. **hy'gienically** *adv* hygiéniquement.

hymn [him] *n Ecc:* hymne *m & f*; cantique *m*; **h. book,** (*also* **hymnal** ['himnəl]) *n* livre *m* de cantiques.

hypermarket ['haipəmɑ:kit] *n* hypermarché *m*.

hypersensitive [haipə'sensitiv] *a* hypersensible.

hyphen ['haifən] *n* trait *m* d'union. **'hyphenate** *vtr* mettre un trait d'union à (un mot); **hyphenated word,** mot à trait d'union.

hypnosis [hip'nousis] *n* hypnose *f*. **hypnotic** [hip'nɔtik] *a* hypnotique. **'hypnotism** *n* hypnotisme *m*. **'hypnotist** *n* hypnotiseur *m*. **'hypnotize** *vtr* hypnotiser.

hypochondria [haipou'kɔndriə] *n* hypocondrie *f*. **hypo'chondriac** *a & n* hypocondriaque (*mf*); malade *mf* imaginaire.

hypocrisy [hi'pɔkrisi] *n* hypocrisie *f*. **'hypocrite** *n* hypocrite *mf*. **hypo'critical** *a* hypocrite. **hypo'critically** *adv* hypocritement.

hypodermic [haipə'də:mik] **1.** *a* hypodermique **2.** *n* seringue *f* hypodermique.

hypotenuse [hai'pɔtənju:z] *n Mth:* hypoténuse *f*.

hypothermia [haipou'θə:miə] *n Med:* hypothermie *f*.

hypothesis [hai'pɔθisis] *n* (*pl* **hypotheses** [hai'pɔθisi:z]) hypothése *f*. **hypothetical** [haipə'θetikl] *a* hypothétique; supposé. **hypo'thetically** *adv* par hypothèse.

hysterectomy [histə'rektəmi] *n* (*pl* **hysterectomies**) *Surg:* hystérectomie *f*.

hysteria [hi'stiəriə] *n Med:* hystérie *f*. **hysterical** [hi'sterikl] *a Med:* hystérique; (rire) nerveux, énervé; **h. sobs,** sanglots convulsifs; **she was, became, h.,** elle eut une crise de nerfs. **hysterically** *adv* **to weep h.,** pleurer sans pouvoir s'arrêter; **to laugh h.,** rire aux larmes. **hy'sterics** *npl* crise de nerfs; fou rire; **to have, go into, h.,** avoir une crise de nerfs, de rire.

I

I¹, i [ai] *n* (la lettre) I, i *m*; **to dot one's i's,** mettre les points sur les i.

I², *pers pron* (*a*) je, (*before vowel sound*) j'; **I sing,** je chante (*b*) moi; **it is I,** c'est moi; **I too,** moi aussi; **here I am,** me voici; (*stressed*) **I'll do it,** c'est moi qui le ferai; **he and I,** lui et moi.

ice [ais] **I.** *n* **1.** glace *f*; **my feet are like i.,** j'ai les pieds glacés; *Fig:* **to break the i.,** briser la glace; **to skate on, to be on, thin i.,** toucher à un sujet délicat; **to cut no i. with s.o.,** ne faire aucune impression sur qn; **to put a project on i.,** mettre un projet en veilleuse **2.** (*a*) *Cu:* **strawberry i.,** glace à la fraise (*b*) *Ind:* **dry i.,** neige *f* carbonique (*c*) (*on roads*) **black i.,** verglas *m* (*d*) *Geol:* **i. age,** période glaciaire; *Geog:* **i. floe,** banquise *f*; **i. bucket,** seau à glace; **i. cube,** glaçon *m*; *Sp:* **i. hockey,** hockey *m* sur glace, *FrC:* hockey; **i. skating,** patinage *m* (sur glace); **i. rink,** patinoire *f*; **i. pick,** (i) *Mount: piolet m* (ii) *DomEc:* poinçon *m*, pic *m*, à glace. **II.** *v* **1.** *vtr* geler, congeler **2.** *vtr* rafraîchir, frapper (une boisson) **3.** *vtr* glacer (un gâteau) **4.** *vi* **to i. (over, up),** (*of lake*) **geler;** (*of windscreen*) givrer; **to i. up,** se givrer. **'iceberg** *n* iceberg *m*. **'icebox** *n* (*a*) glacière *f* (*b*) freezer *m* (*c*) *NAm:* réfrigérateur. **'ice-breaker** *n* brise-glace(s) *m*. **ice-cold** *a* glacial; (eau) glacée. **'ice-cream** *n* glace *f*. **iced** *a* (*of tea*) glacé. **'icehouse** *n* glacière *f*; **it's an i. in here,** on gèle ici. **'icicle** *n* glaçon *m*. **'icily** *adv* glacialement, d'un air glacial. **'iciness** *n* **1.** froid glacial **2.** froideur glaciale (d'un accueil). **'icing** *n* glaçage *m* (sur un gâteau); **i. sugar,** sucre *m* glace. **'icy** *a* **1.** couvert de glace; glacial; **i. road,** route verglacée **2.** (vent, accueil) glacial; **i. hands,** mains glacées.

Iceland ['aislənd] *Prn Geog:* l'Islande *f*. **'Icelander** *n* Islandais, -aise. **Ice'landic** (*a*) *a* islandais, d'Islande (*b*) *n Ling:* l'islandais *m*.

icon ['aikən] *n Ecc:* icône *f*.

idea [ai'diːə] *n* idée *f*; **what a funny i.!** en voilà une idée! quelle drôle d'idée! **to have some i. of chemistry,** avoir des notions de chimie; **the i. is to make him pay for it,** il s'agit de le lui faire payer; **I've got the general i.,** je vois à peu près le dont il s'agit; **it was not my i.,** ce n'est pas moi qui en ai eu l'idée; **it's not my i. of pleasure,** ce n'est pas ce que j'appelle du plaisir; **that's the i.!** c'est ça! **I have an i. that,** j'ai l'impression que; **I had no i., I hadn't the faintest, the foggiest, i.** je n'en avais pas la moindre idée; **I have an i. that I've already seen it,** j'ai l'impression de l'avoir déjà vu; **to get ideas into one's head,** se faire des idées; **who put that i. into your head?** qui t'a mis cette idée dans la tête? *F:* **what's the big i.?** qu'est-ce qui vous prend? **get the i.?** tu y es? tu piges? *F:* **that's the i.!** c'est ça!

ideal [ai'diːəl] *a & n* idéal (*m*); **ideals,** l'idéal. **i'dealism** *n* idéalisme *m*. **i'dealist** *n* idéaliste *mf*. **idea'listic** *a* idéaliste. **i'dealize** *vtr* idéaliser. **i'deally** *adv* idéalement; **i., everyone should go,** l'idéal, ce serait que nous y allions, d'y aller.

identify [ai'dentifai] *vtr* identifier (**sth with sth,** qch avec qch); **to i. s.o.,** établir l'identité de qn; **to i. (oneself) with,** s'identifier avec. **i'dentical** *a* identique (**with, to,** à). **i'dentically** *adv* identiquement. **identifi'cation** *n* identification *f*; **i. papers,** pièces *fpl* d'identité; **I have (some) i.,** j'ai une pièce d'identité. **i'dentikit** *n* **i. picture,** portrait-robot *m*. **i'dentity** *n* identité *f*; **i. card,** carte *f* d'identité; **i. bracelet,** bracelet *m* d'identité; **mistaken i.,** erreur *f* sur la personne.

ideology [aidi'ɔlədʒi] *n* idéologie *f*. **ideo'logical** *a* idéologique.

idiom ['idiəm] *n* **1.** langue *f*, idiome *m* (d'un pays, d'une région) **2.** expression *f* idiomatique, idiotisme *m*, locution *f*; **a French i.,** un gallicisme; **an English i.,** un anglicisme. **idio'matic** *a* idiomatique; **i. phrase,** idiotisme *m*; expression *f* idiomatique. **idio'matically** *adv* (parler, s'exprimer) d'une façon idiomatique.

idiosyncrasy [idiou'siŋkrəsi] *n* idiosyncrasie *f*; particularité *f*. **idiosyn'cratic** *a* particulier, caractéristique.

idiot ['idiət] *n* (*a*) *Med:* idiot, -ote (*b*) imbécile *mf*; *F:* **you i.!** espèce d'imbécile! **'idiocy** *n* (*a*) idiotie (congénitale) (*b*) stupidité *f*. **idi'otic** *a* bête; **don't be i.!** ne fais pas l'imbécile! **that's i.,** (ça) c'est stupide. **idi'otically** *adv* idiotememt.

idle ['aidl] **1.** *a* (*a*) désœuvré, oisif; (*unemployed*) au chômage; (*of machine*) au repos; **to be, stand, i.,** rester à ne rien faire; **in my i. moments,** à mes heures de loisir; **capital lying i.,** fonds dormants (*b*) paresseux, fainéant (*c*) (*of promise*) vain; (*of pleasure, question*) futile; (*of rumour*) sans fondement; **i. threats,** menaces en l'air; **out of i. curiosity,** par simple curiosité **2.** *vi* (*a*) (*of pers*) fainéanter, paresser; flâner (*b*) (*of engine*) tourner au ralenti. **idle a'way** *vtr* gaspiller (le temps). **'idleness** *n* (*a*) oisiveté *f*, désœuvrement *m* (*b*) paresse *f*, fainéantise *f*. **'idler** *n* (*a*) oisif, -ive; désœuvré, -ée; flâneur, -euse (*b*) fainéant, -ante; paresseux, -euse. **'idly** *adv* (*a*) sans rien faire; sans travailler (*b*) paresseusement; (dire) négligemment.

idol ['aidl] *n* idole *f*. **ido'latrous** *a* idolâtre. **i'dolatry** *n* idolâtrie *f*. **'idolize** *vtr* idolâtrer, adorer (qn, qch).

idyll ['(a)idil] *n* idylle *f*. **i'dyllic** *a* idyllique.

i.e. *abbr id est,* c'est à dire.

if [if] *conj* **1.** (*a*) si; **if I'm late I apologize,** si je suis en retard, je m'en excuse; **if I wanted him I rang,** si j'avais besoin de lui, je sonnais (*b*) **if he does it, he will be punished,** s'il le fait, il sera puni; **if I am free, I shall go out,** si je suis libre, je sortirai; **if they are to be believed nobody was saved,** à les croire, personne n'aurait survécu; **you'll get five pence for it, if that,** on vous en donnera cinq pence et encore!

even if, même si; **if not,** sinon; **if possible,** si possible; **if necesary,** s'il le faut; **go and see him, if only to please me,** allez le voir, ne serait-ce que pour me faire plaisir; **if so,** dans ce cas, si c'est le cas (*c*) **if I were you,** si j'étais vous, à votre place; **if I am not mistaken,** si je ne me trompe (*d*) (*exclamatory*) **if only I had known!** si seulement je l'avais su! **if only he comes in time!** pourvu qu'il vienne à temps! **if it isn't Simon!** ça, par exemple! mais c'est Simon! (*e*) **as if,** comme (si); **as if nothing had happened,** comme si de rien n'était; **as if by chance,** comme par hasard; **as if to,** comme pour; **he leant forward as if to pick it up,** il s'est penché comme pour le ramasser **2.** (*concessive*) **pleasant weather, if rather cold,** temps agréable, bien qu'un peu froid **3.** (= *whether*) **do you know if he is at home?** savez-vous s'il est chez lui? **4.** *n* **your ifs and buts,** vos si (*inv*) et vos mais; **it's a very big if,** c'est une condition difficile à remplir.

igloo ['iglu:] *n* igloo *m*.

ignite [ig'nait] **1.** *vtr* mettre le feu à (qch) **2.** *vi* prendre feu; s'enflammer. **ig'nition** *n* (*a*) ignition *f* (*b*) *Aut:* allumage *m*; **i. key,** clef de contact; **to switch on the i.,** mettre le contact.

ignoble [ig'noubl] *a* ignoble; infâme, vil.

ignominious [ignə'miniəs] *a* ignominieux; déshonorant. **igno'miniously** *adv* ignominieusement; avec ignominie. **'ignominy** *n* ignominie *f*, honte *f*.

ignoramus [ignə'reiməs] *n* ignare *mf*.

ignore [ig'nɔ:r] *vtr* ne prêter aucune attention à, ne tenir aucun compte de (qch); fermer les yeux sur (une façon d'agir); ne pas relever (une injure); passer (qch) sous silence; **to i. s.o.,** faire semblant de ne pas voir qn, de ne pas reconnaître qn; **to i. the facts,** méconnaître les faits; **to i. an invitation,** ne pas répondre à une invitation; **the problem can't be ignored,** c'est un problème incontournable. **'ignorance** *n* ignorance *f*; **i. of the law is no excuse,** nul n'est censé ignorer la loi. **'ignorant** *a* ignorant; **to be i. of a fact,** ignorer un fait.

ILEA *abbr Inner London Education Authority.*

ilk [ilk] *n* **of that i.,** de cet acabit.

ill [il] **(worse, worst) 1.** *a* (*a*) mauvais; **i. effects,** effets pernicieux; **of i. repute,** mal famé (*b*) méchant, mauvais; **i. deed,** mauvaise action (*c*) malade, souffrant; **to be i.,** être malade, souffrant; *F:* vomir; avoir mal au cœur; **to be taken i.,** tomber malade; **to be seriously i.,** être dans un état grave; être atteint d'une grave maladie; **to look i.,** avoir mauvaise mine; **i. health,** mauvaise santé **2.** *n* (*a*) mal *m*; **to speak i. of s.o.,** dire du mal de qn (*b*) *pl* maux *mpl*, malheurs *mpl* **3.** *adv* mal; **i. informed,** (i) mal renseigné (ii) ignorant; **to be i. at ease** (i) être mal à l'aise (ii) être inquiet. **ill-ad'vised** *a* **1.** malavisé **2.** (*of action*) peu judicieux. **ill-'bred** *a* mal élevé. **ill-dis'posed** *a* malintentionné, malveillant. **ill-'fated** *a* malheureux; (*of pers*) infortuné; (jour) néfaste. **ill-'feeling** *n* ressentiment *m*, rancune *f*; **no i.-f.!** sans rancune! **ill-'gotten** *a* mal acquis. **ill-'humoured,** *NAm:* **-humored** *a* de mauvaise humeur; maussade, grincheux. **ill-informed** *a* (*a*) mal renseigné (*b*) ignorant. **ill-'mannered** *a* mal élevé. **ill-'natured** *a* méchant; désagréable. **illness** *n* maladie *f*. **ill-'tempered** *a* de mauvais caractère; maussade. **ill-'timed** *a* mal à propos; **i.-t. arrival,** arrivée inopportune. **ill-'treat** *vtr* maltraiter, brutaliser (qn, un animal). **ill-treatment** *n* mauvais traitements. **ill-' use** *vtr maltraiter.* **ill-'will** *n* malveillance *f*, rancune *f*.

illegal [i'li:gəl] *a* illégal. **i'llegally** *adv* illégalement.

illegible [i'ledʒibl] *a* illisible. **i'llegibly** *adv* illisiblement.

illegitimate [ili'dʒitimət] *a* illégitime. **ille'gitimacy** *n* illégitimité *f*. **ille'gitimately** *adv* illégitimement.

illicit [i'lisit] *a* illicite; clandestin; **i. betting,** paris clandestins. **i'llicitly** *adv* illicitement.

illiteracy [i'litərəsi] *n* analphabétisme *m*. **i'lliterate** *a & n* analphabète (*mf*); illettré, -ée.

illogical [i'lɔdʒik(ə)l] *a* illogique. **i'llogically** *adv* illogiquement.

illuminate [i'lu:mineit] *vtr* **1.** éclairer (une salle, l'esprit de qn) **2.** illuminer (un bâtiment pour une fête) **3.** enluminer (un manuscrit). **i'lluminated** *a* (enseigne) lumineuse. **i'lluminating** *a* **1.** éclairant **2. i. talk,** entretien qui apporte des éclaircissements. **illumi'nation** *n* **1.** (*a*) éclairage *m* (*b*) illumination *f* (d'un édifice) **2.** (*usu pl*) (*a*) illuminations (*b*) enluminures *fpl* (d'un manuscrit).

illusion [i'lu:ʒ(ə)n] *n* illusion *f*; tromperie *f*; **he had no illusions, he was under no i.,** il ne se faisait aucune illusion (**about,** sur, quant à). **i'llusionist** *n* prestidigitateur *m*; illusionniste *mf*. **i'llusory** *a* illusoire.

illustrate ['iləstreit] *vtr* illustrer (**with,** de); **illustrated magazine,** (journal, magazine) illustré (*m*). **illus'tration** *n* illustration *f*; **by way of i.,** à titre d'exemple. **illustrative** *a* (*of examle*) explicatif. **'illustrator** *n* illustrateur *m*.

illustrious [i'lʌstriəs] *a* illustre, célèbre.

ILO *abbr International Labour Organization,* Organisation internationale du travail, OIT.

image ['imidʒ] *n* **1.** image (sculptée); représentation *f* (d'un dieu); idole *f* **2. he's the living, spitting, very, i. of his father,** c'est (tout) le portrait de son père **3. (public) i.,** image de marque. **'imagery** *n* images *fpl*.

imagine [i'mædʒin] *vtr* **1.** (*a*) (s')imaginer, concevoir; se figurer, se représenter (qch); **i. yourself in Paris,** supposez que vous êtes à Paris; **i. meeting you here!** qui aurait jamais pensé vous rencontrer ici! **just i. my despair,** imaginez(-vous) (un peu) mon désespoir; **you can't i. it!** vous n'avez pas idée! **as may (well) be imagined,** comme on peut (se) l'imaginer (*b*) **I i. them to be fairly rich,** je les crois assez riches; **don't i. that I am satisfied,** n'allez pas croire que je sois satisfait **2. to be always imagining things,** se faire des idées; **you're imagining things!** tu te fais des illusions! **i'maginable** *a* imaginable; **the finest thing i.,** la plus belle chose que l'on puisse imaginer. **i'maginary** *a* imaginaire. **imagi'nation** *n* imagination *f*; **to have no i.,** manquer d'imagination; **in i.,** en imagination; **vivid i.,** imagination fertile; **it's your i.!** vous avez rêvé! **i'maginative** *a* plein d'imagination, imaginatif. **i'maginings** *npl* imaginations *fpl*.

imbalance [im'bæləns] *n* déséquilibre *m*.

imbecile ['imbisi:l, *NAm:* 'imbəsl] *n* imbécile *mf*; *F:* **you i.!** espèce d'idiot! **imbe'cility** *n* imbécillité *f*; faiblesse *f* d'esprit.

imbibe [im'baib] *vtr* (*a*) absorber, s'assimiler (des connaissances) (*b*) boire, avaler (une boisson); aspirer (l'air frais) (*c*) (*of thg*) imbiber (qch); s'imprégner, se pénétrer, de (qch).

IMF *abbr International Monetary Fund,* Fonds Monétaire International, FMI.

imitate ['imiteit] *vtr* (*a*) imiter, copier (*b*) mimer, singer (qn); contrefaire (la voix de qn). **imi'tation** *n* (*a*) imitation *f*; **beware of imitations,** méfiez-vous des contrefaçons *f* (*b*) artificiel; **i. leather,** imitation cuir; **i. jewellery,** faux bijoux. **'imitative** [-tətiv] *a* imitateur. **'imitator** *n* imitateur, -trice.

immaculate [i'mækjulət] *a* **1.** immaculé; sans tache; **the I. Conception,** l'Immaculée Conception **2.** (*of pers, shirt, appearance*) impeccable. **i'mmaculately** *adv* **1.** sans défaut **2.** (vêtu) impeccablement.

immaterial [imə'tiəriəl] *a* **1.** (esprit) immatériel **2.** peu important; **that's quite i. to me,** cela m'est indifférent; **it's i. whether he comes or not,** il importe peu qu'il vienne ou non; **the fact is (quite) i.,** cela n'a aucune importance.

immature [imə'tjuər] *a* (*of fruit*) vert, pas mûr; (*of animal*) jeune; (*of plan*) insuffisamment mûri; (*of pers*) qui manque de maturité. **imma'turity** *n* manque *m* de maturité.

immeasurable [i'meʒərəbl] *a* incommensurable.

immediate [i'mi:djət] *a* **1.** immédiat; sans intermédiaire; direct; **my i. object,** mon premier but; **in the i. future,** dans l'immédiat *m*; **in the i. vicinity,** dans le voisinage immédiat; **the i. family,** les proches parents **2.** instantané; sans retard. **i'mmediacy** *n* caractère immédiat. **i'mmediately 1.** *adv* (*a*) immédiatement; **it does not affect me i.,** cela ne me touche pas directement (*b*) tout de suite; **i. on his return,** dès son retour; **i. after,** aussitôt après **2.** *conj* **i. he received the money,** dès qu'il eut reçu l'argent; **i. I arrived,** dès mon arrivée.

immemorial [imi'mo:riəl] *a* **from time i.,** de temps immémorial, de toute antiquité.

immense [i'mens] *a* (étendue) immense, vaste; (quantité) énorme. **i'mmensely** *adv* immensément; *F:* **to enjoy oneself i.,** s'amuser énormément. **i'mmensity** *n* immensité *f*.

immerse [i'mə:s] *vtr* **1.** immerger, submerger, plonger (qch) (dans un liquide) **2. to be immersed in work,** être plongé dans le travail. **i'mmersion** *n* immersion *f*; **i. heater,** chauffe-eau *m inv* électrique.

immigrate ['imigreit] *vi* immigrer. **'immigrant 1.** *a* immigré **2.** *n* immigrant, -ante; immigré, -ée; **illegal i.,** clandestin, -ine. **immi'gration** *n* immigration *f*; **i. officer,** agent *m* du service de l'immigration.

imminent ['iminənt] *a* (danger) imminent. **'imminence** *n* imminence *f*.

immobile [i'moubail, *NAm:* i'moubl] *a* fixe; immobile. **immobility** [-'bili-] *n* immobilité *f*. **immobili'zation** [-bilai-] *n* immobilisation *f* (i) *Med:* d'un membre fracturé (ii) de la circulation (iii) *Fin:* de capitaux. **i'mmobilize** [-bil-] *vtr* immobiliser.

immoderate [i'mɔdərət] *a* immodéré, intempéré; extravagant. **i'mmoderately** *adv* immodérément.

immodest [i'mɔdist] *a* impudique.

immoral [i'mɔrəl] *a* immoral; (*of pers*) dissolu. **immo'rality** *n* immoralité *f*.

immortal [i'mɔ:tl] *a & n* immortel (*m*). **immor'tality** *n* immortalité *f*. **i'mmortalize** *vtr* immortaliser (qn, le nom de qn); perpétuer (la mémoire de qn).

immovable [i'mu:vəbl] **1.** *a* (*a*) fixe; à demeure (*b*) (volonté) inébranlable (*c*) (visage) impassible **2.** *npl Jur:* **immovables,** biens immobiliers, immeubles.

immune [i'mju:n] *a Med: & Fig:* immunisé **(to, form,** contre). **i'mmunity** *n* immunité *f*. **immuni'zation** *n* immunisation *f*. **'immunize** *vtr* immuniser (qn) **(against,** contre) (une maladie).

immutable [i'mju:təbl] *a* immuable; inaltérable. **i'mmutably** *adv* immuablement.

imp [imp] *n* (*a*) diablotin *m*, lutin *m* (*b*) (*of child*) petit diable.

impact ['impækt] *n* (*a*) choc *m*, impact *m* (*b*) **to make a great i. on (sth),** avoir une forte répercussion, une grande incidence, un effet retentissant, sur (qch).

impair [im'pɛər] *vtr* détériorer; altérer, abîmer (la santé); diminuer (les forces).

impale [im'peil] *vtr* empaler.

impart [im'pɑ:t] *vtr* communiquer (des connaissances); annoncer (une nouvelle).

impartial [im'pɑ:ʃəl] *a* (*of pers, conduct*) impartial. **imparti'ality** *n* impartialité *f*. **im'partially** *adv* impartialement.

impassable [im'pɑ:səbl] *a* (rivière) infranchissable; (chemin) impraticable.

impasse ['æmpa:s, *NAm:* 'impæs] *n* impasse *f*.

impassioned [im'pæʃənd] *a* (discours) enflammé, passionné.

impassive [im'pæsiv] *a* impassible. **im'passively** *adv* sans s'émouvoir. **im'passiveness** *n* impassibilité *f*.

impatient [im'peiʃənt] *a* impatient; **to get, grow, i.,** s'impatienter; **i. of, with,** intolérant à l'égard de. **im'patience** *n* (*a*) impatience *f* (*b*) intolerance *f*. **im'patiently** *adv* avec impatience; impatiemment.

impeach [im'pi:tʃ] *vtr* **1.** *Jur:* accuser (qn) (de haute trahison **2.** mettre en doute; attaquer (la probité de qn).

impeccable [im'pekəbl] *a* impeccable. **im'peccably** *adv* impeccablement.

impecunious [impi'kju:niəs] *a Hum:* sans le sou, impécunieux.

impede [im'pi:d] *vtr* gêner, empêcher (qn, qch); **to i. s.o. from doing,** empêcher qn de faire. **im'pediment** *n* obstacle *m* **(to,** à); **speech i.,** défaut *m* d'élocution.

impel [im'pel] *vtr* **(impelled) 1.** pousser; obliger **(s.o. to do sth,** qn à faire qch) **2.** pousser (en avant); **boat impelled by the wind,** bateau poussé par le vent.

impending [im'pendiŋ] *a* (danger) imminent, menaçant; **her i. arrival,** son arrivée prochaine; **the i. landing,** l'imminence du débarquement.

impenetrable [im'penitrəbl] *a* impénétrable **(to,** à); **i. mystery,** mystère insondable. **impenetra'bility** *n* impénétrabilité *f*.

imperative [im'perətiv] **1.** *a & n Gram:* impératif (*m*); **in the i.,** à l'impératif **2.** *a* urgent, impérieux essentiel; **discretion is i.,** la discrétion s'impose; **it is i. that he should come,** il faut absolument, il est indispensable, qu'il vienne. **im'peratively** *adv* impérativement.

imperceptible [impə'septibl] *a* imperceptible; **an i. difference,** une différence insensible. **im'per'ceptibly** *adv.* imperceptiblement, insensiblement.

imperfect [im'pə:fikt] **1.** *a* imparfait; défectueux **2.** *a & n Gram:* **i. (tense),** (temps) imparfait (*m*); **verb in the i.,** verbe à l'imparfait. **imper'fection** *n* imperfection *f*, défectuosité *f*. **im'perfectly** *adv* imparfaitement.

imperial [im'piəriəl] *a* (*a*) impérial; majestueux (*b*) (*of measure*) légal (dans le Royaume-Uni); **i. pint,** pinte légale. **im'perialism** *n* impérialisme *m*. **im'perialist** *a & n* impérialiste (*mf*). **im'perially** *adv* impérialement; majestueusement.

imperil [im'peril] *vtr* **(imperilled)** mettre en péril, en danger.

imperious [im'piəriəs] *a* impérieux, arrogant. **im'periously** *adv* impérieusement.

impermeable [im'pə:miəbl] *a* imperméable, étanche.

impersonal [im'pə:sənəl] *a* (style) impersonnel; *Gram:* **i. verb,** verbe impersonnel. **im'personally** *adv* impersonnellement.

impersonate [im'pə:səneit] *vtr* se faire passer pour (qn); imiter (qn). **imperso'nation** *n* imitation *f* (de qn). **im'personator** *n* (*a*) imitateur, -trice (*b*) imposteur *m*.

impertinence [im'pə:tinəns] *n* impertinence *f*, insolence *f*; **a piece of i.,** une impertinence. **im'pertinent** *a* impertinent, insolent. **im'pertinently** *adv* avec impertinence; d'un ton insolent.

imperturbable [impə(:)'tə:bəbl] *a* imperturbable; calme; impassible.

impervious [im'pə:viəs] *a* (*a*) impénétrable; **i. to water,** imperméable, étanche à l'eau (*b*) (*of pers*) **i. to reason,** inaccessible, fermé, à la raison.

impetigo [impə'taigou] *n Med:* impétigo *m*; *F:* gourme *f*.

impetuous [im'petjuəs] *a* impétueux. **impetu'osity, im'petuousness** *n* impétuosité *f*. **im'petuously** *adv* impétueusement.

impetus ['impitəs] *n* impulsion *f*; **to give an i. to sth,** donner l'impulsion à qch.

impiety [im'paiəti] *n* impiété *f*.

impinge [im'pin(d)ʒ] *vi* **to i. on,** affecter; empiéter sur (les droits d'autrui).

impish ['impiʃ] *a* espiègle.

implacable [im'plækəbl] *a* implacable (**towards s.o.,** à, pour, qn). **im'placably** *adv* implacablement.

implant ['implɑ:nt] **1.** *vtr* inculquer (une idée); *Med:* faire une implantation **2.** *n* implant *m*.

implement¹ ['implimənt] *n* outil *m*, instrument *m*; *Cu:* ustensile *m*; *pl Agr:* matériel *m*.

implement² ['impliment] *vtr* mettre en œuvre, exécuter; rendre effectif (un contrat); remplir (un engagement).

implicate ['implikeit] *vtr* impliquer. **impli'cation** *n* **1.** implication *f* (**in,** dans); **the i. of his words,** la portée de ses paroles; **by i.,** implicitement **2.** insinuation *f*.

implicit [im'plisit] *a* (condition) implicite; **i. faith,** confiance aveugle (**in,** dans); **i. obedience,** obéissance absolue. **im'plicitly** *adv* absolument; aveuglément.

implore [im'plɔ:r] *vtr* implorer; **to i. s.o. to do sth,** supplier qn de faire qch. **im'ploring** *a* (ton, regard) suppliant. **im'ploringly** *adv* d'un ton, d'un air, suppliant.

imply [im'plai] *vtr* **1.** impliquer, supposer (**that,** que); **what is implied,** ce qui en découle **2.** laisser entendre (**that,** que); *Pej:* insinuer (**that,** que). **im'plied** *a* (consentement) implicite, tacite.

impolite [impə'lait] *a* impoli (**to, towards,** envers). **impo'litely** *adv* impoliment. **impo'liteness** *n* impolitesse *f*.

imponderable [im'pɒndrəbl] *a & n* impondérable (*m*).

import I. *n* ['impɔ:t] **1.** sens *m*, signification *f* (d'un mot) **2.** importation *f*; **i. duty,** droit *m* d'entrée **II.** *vtr* [im'pɔ:t] *Com:* importer (des marchandises). **impor'tation** *n* importation *f*. **im'porter** *n* importateur, -trice.

importance [im'pɔ:təns] *n* (*a*) importance *f*; **to be of i.,** avoir de l'importance; **it is of the highest i. (that),** il est de la plus haute importance (que); **of vital i.,** d'une importance capitale; **of no i.,** sans importance; **to give i. to a word,** mettre un mot en valeur; **to attach the greatest i. to a fact,** attacher la plus haute importance à un fait (*b*) importance (d'une personne); **to be full of one's own i.,** être pénétré de son importance. **im'portant** *a* (*a*) important; **that's not i.,** ça n'a pas d'importance; **it's i. (that),** il est important (de, que); il importe (de, que) (*b*) (*of pers*) **to look i.,** prendre des airs d'importance.

importune [impɔ:'tju:n] *vtr* importuner (qn); harceler (qn). **im'portunate** *a* importun; (visiteur) ennuyeux. **impor'tunity** *n* importunité *f*.

impose [im'pouz] **1.** *vtr* (*a*) **to i. conditions on s.o.,** imposer des conditions à qn (*b*) **to i. a tax on sugar,** imposer, taxer, le sucre; **to i. a penalty on s.o.,** infliger une peine à qn, **to i (oneself) on s.o.,** s'imposer à qn **2.** *vi* s'imposer. **im'posing** *a* (air) imposant; (spectacle) grandiose. **impo'sition** *n* **1.** imposition *f* (i) de conditions (ii) d'une tâche (iii) d'une taxe, d'un impôt **2.** dérangement *m*.

impossible [im'pɒsəbl, -ibl] **1.** *a* (*a*) impossible; **it's i. for me to do it,** il m'est impossible de le faire; **to make it i. for s.o. to do sth,** mettre qn dans l'impossibilité de faire qch (*b*) (histoire) invraisemblable; **i. person,** personne *f* difficile à vivre, impossible **2.** *n* **to do the i.,** faire l'impossible *m*. **impossi'bility** *n* impossibilité *f*. **im'possibly** *adv* **1. not i.,** peut être bien **2.** *F:* (habillé) d'une façon impossible; incroyablement (tard, dur); **i. long,** insupportablement long.

impostor [im'pɒstər] *n* imposteur *m*. **im'posture** *n* imposture *f*.

impotence ['impətəns] *n* (*a*) *Med:* impuissance (sexuelle) (*b*) impotence *f*, faiblesse *f*. **'impotent** *a* (*a*) *Med:* impuissant (*b*) impotent.

impound [im'paund] *vtr* confisquer, saisir (des marchandises); emmener (un véhicule) à la fourrière.

impoverish [im'pɔvəriʃ] *vtr* appauvrir (qn, un pays). **im'poverished** *a* appauvri, pauvre.

impracticable [im'præktikəbl] *a* irréalisable, impraticable. **impracti'bility** *n* impraticabilité *f*.

impractical [im'præktikl] (projet) peu réaliste.

imprecise [impri'sais] *a* imprécis, vague.

impregnable [im'pregnəbl] *a* (forteresse) imprenable; *Fig:* inattaquable.

impregnate ['impregneit] *vtr* (*a*) *Biol:* féconder (une femelle) (*b*) imprégner (**sth with sth**, qch de qch).

impresario [impre'sɑːriou] *n* (*pl* **impresarios**) impresario *m*.

impress I. *n* ['impres] (*a*) impression *f*, empreinte *f* (*b*) marque distinctive; cachet *m* **II.** *vtr* [im'pres] **1.** imprimer (un dessin sur du tissu); **to i. sth on the mind,** graver qch dans la mémoire **2. to i. sth upon s.o.,** faire comprendre qch à qn **3.** impressionner (qn); **he impressed me,** il m'a fait une impression favorable; **I'm not impressed,** cela me laisse froid; je ne suis pas emballé. **im'pression** *n* **1.** (*a*) impression *f*; **to make a good i. on s.o.,** faire (une) bonne impression sur qn; **to make an i.,** marquer un point (*b*) **I'm under the i. (that),** j'ai l'impression (que); **to create the i. (that),** donner l'impression (que) **2.** tirage *m* (d'un livre). **im'pressionable** *a* (*of pers*) impressionnable; (*of age*) où l'on est impressionnable. **im'pressionism** *n Art:* impressionnisme *m*. **im'pressionist** *n & n Art:* impressionniste (*mf*). **impressio'nistic** *a* impressionniste. **im'pressive** *a* impressionnant. **im'pressively** *adv* d'une manière impressionnante.

imprint ['imprint] **1.** *n* (*a*) empreinte *f* (*b*) firme *f*, rubrique *f* (d'un éditeur) **2.** *vtr* imprimer; graver, fixer (dans la mémoire).

imprison [im'prizn] *vtr* emprisonner (qn). **im'prisonment** *n* emprisonnement *m*; **ten days' i.,** dix jours de prison; **life i.,** la prison à vie.

improbable [im'prɔbəbl] *a* improbable; (histoire) invraisemblable. **improba'bility** *n* improbabilité *f*; invraisemblance *f*. **im'probably** *adv* peu probablememt; invraisemblablement.

impromptu [im'prɔm(p)tjuː] **1.** *adv* (faire qch) sans préparation; impromptu **2.** *a* (discours) impromptu *inv*, improvisé **3.** *n Lit: Mus:* impromptu *m*.

improper [im'prɔpər] *a* **1.** (expression) impropre; (terme) incorrect, inexact **2.** inconvenant, indécent. **im'properly** *adv* **1. word i. used,** mot employé abusivement **2.** (se conduire) d'une façon inconvenante, indécente. **impropriety** [imprə'praiəti] *n* (*a*) impropriété *f* (de langage) (*b*) inconvenance *f* (de conduite).

improve [im'pruːv] **1.** *vtr* améliorer; cultiver, développer (l'esprit); **to i. the appearance of sth,** embellir qch; **to i. one's English,** se perfectionner en anglais; **to i, s.o.'s looks,** embellir qn; **to i. oneself,** se cultiver **2.** *vi* s'améliorer; **to i. (up)on sth,** améliorer qch; **to i. on s.o.,** faire mieux que qn; **he has greatly improved,** il a fait de grands progrès; **business is improving,** les affaires vont de mieux en mieux, reprennent. **im'provement** *n* amélioration *f*; perfectionnement *m*; développement *m* (de l'esprit); embellissement *m* (d'une maison); progrès *m(pl)*; **there has been some, an, i.,** il y a du mieux; **to be an i. on sth,** surpasser qch; **my new car is a great i. on the old one,** ma nouvelle voiture est bien supérieure à l'ancienne.

improvident [im'prɔvidənt] *a* (*a*) imprévoyant (*b*) prodigue. **im'providence** *n* imprévoyance *f*. **im'providently** *adv* sans prévoyance.

improvise ['imprəvaiz] *vtr* improviser (un discours). **improvi'sation** *n* improvisation *f*.

imprudent [im'pruːdənt] *a* imprudent. **im'prudence** *n* imprudence *f*. **im'prudently** *adv* imprudemment.

impudent ['impjudənt] *a* impudent, effronté, insolent. **'impudence** *n* impudence *f*, effronterie *f*, insolence *f*; **to have the i. to say,** avoir l'audace *f*, *F:* le culot, de dire. **'impudently** *adv* effrontément, insolemment.

impugn [im'pjuːn] *vtr* attaquer, contester (une proposition); mettre en doute (la véracité de qch).

impulse ['impʌls] *n* **1.** impulsion *f*; poussée motrice **2.** impulsion; **to act on i.,** agir sur un coup de tête; **on the, a, first i.,** à première vue; **i. buying,** achat spontané; **sudden, rash, i.,** coup *m* de tête. **im'pulsive** *a* (*of pers*) impulsif, irréfléchi; **i. action,** coup de tête. **im'pulsively** *adv* (agir) de manière impulsive.

impunity [im'pjuːniti] *n* impunité *f*; **with i.,** impunément.

impure [im'pjuːər] *a* impur. **im'purity** *n* (*pl* **-ies**) impureté *f*.

impute [im'pjuːt] *vtr* imputer. **impu'tation** *n* imputation *f*.

in [in] **I.** *prep* **1.** (*of place*) (*a*) en, à, dans, **in Europe,** en Europe; **in Japan,** au Japon; **in Paris,** à Paris; **in the United States,** aux États-Unis; **in the country,** à la campagne; **in the garden,** dans le jardin, au jardin; (*of book*) **in the press,** sous presse; **in school,** à l'école; **in bed,** au lit; **in one's house,** chez soi; **in my hand,** dans ma main; **in the water,** dans l'eau; **the best in the class,** le meilleur de la classe; **in here,** ici; **in there,** là-dedans; **in the distance,** au loin; **in your place,** à votre place (*b*) (*among*) **in the crowd,** dans la foule; **he's in his sixties,** il a passé la soixantaine; **in the thirties,** dans les années trente **2.** (*in respect of*) **blind in one eye,** aveugle d'un œil; **two metres in length,** long de deux mètres **3.** (*of ratio*) **one in ten,** un sur dix; **once in ten years,** une fois en dix ans **4.** (*of time*) (*a*) **in 1927,** en 1927; **in those days,** en ce temps-là; à cette époque-la; **at four o'clock in the afternoon,** à quatre heures de l'après-midi; **in the daytime,** pendant la journée; **in the evening,** le soir, pendant la soirée; **in summer, autumn, winter,** en été, en automne, en hiver; **in spring,** au printemps; **in August,** au mois d'août, en août; **in season,** en saison; **in the future,** à l'avenir; **in the past,** par le passé; **never in my life,** jamais de ma vie; **in my time,** de mon temps; (*b*) **to do sth in three hours,** faire qch en trois heures; **he'll be here in three hours,** il sera là dans trois heures; **in an hour,** au bout d'une heure; **in a little while,** sous peu; **I haven't seen you in years,** ça fait des années que je ne vous ai vu **5. in tears,** en larmes; **in good health,** en bonne santé; **in despair,** au désespoir **6.** (*clothed in*) **in his shirt,** en chemise; **dressed in white,** habillé en blanc **7. to go out in the rain,** sortir sous la pluie;

to work in the rain, travailler sous la pluie; **in the sun,** au soleil **8. in my opinion,** à mon avis **9.** (*a*) **in a gentle voice,** d'une voix douce; **to be in (the) fashion,** être à la mode (*b*) **to write in French,** écrire en français; **to write in ink,** écrire à l'encre; **in writing,** par écrit (*c*) **in alphabetical order,** par ordre alphabétique (*d*) **in the form of,** sous forme de (*e*) **in doing,** en faisant (*f*) **I've nothing in your size,** je n'ai rien à votre taille (*g*) (*of degree, extent*) **in part,** en partie; **in places,** par endroits; **in large quantities,** en grandes quantités; **in thousands,** par milliers (*h*) **in wood,** de, en, bois **10. in that,** parce que, vu que, en ce sens que; **in all,** en tout. **II.** *adv* **1.** (*a*) à la maison, chez soi; **Mr Smith is in,** M. Smith est là, est à la maison (*b*) **the harvest is in,** la moisson est rentrée (*c*) **the train is in,** le train est arrivé, est en gare (*d*) **what is he in for?** pour quel crime est-il en prison? **2.** (*a*) **strawberries are in,** les fraises sont en saison, c'est la saison des fraises; **stripes are in this year,** les rayures sont en vogue, à la mode, cette année; *F:* **it's the in thing,** c'est ce qui se fait (*b*) **I've got my hand in,** j'ai le tour de main bien en train (*c*) **to be (well) in with s.o.,** être en bons termes avec qn; **the Labour Party is in,** le parti travailliste est au pouvoir (*d*) **my luck is in,** j'ai le tour de main **3.** (*a*) **to be in for £100,** en avoir pour £100; **we're in for a storm,** nous aurons sûrement de l'orage; *F:* **he's in for it,** (i) le voilà dans de beaux draps! (ii) qu'est-ce qu'il va prendre! **you don't know what you're in for,** tu ne sais pas ce qui t'attend (*b*) **I wasn't in on it,** je n'étais pas au courant, dans le coup (*c*) **day in, day out,** jour après jour (*d*) **all in,** (i) (prix) tout compris (ii) *F:* **I'm all in,** je suis éreinté **III.** *n* **the ins and outs of a matter,** les moindres détails d'une affaire. **in-be'tween 1.** *n* celui qui sont est entre les deux **2.** *a* intermédiaire; **in-b. times,** dans les intervalles. **'in-depth** *a* (*of analysis, enquiry, etc*) approfondi. **'in-flight** *a* en vol. **'in-laws** *npl* belle-famille *f*, beaux-parents *mpl*. **'in-patient** *m* malade hospitalisé(e).

inability [inə'biliti] *n* incapacité *f* (de faire qch); impuissance *f* (à faire qch).

inaccessible [inæk'sesəbl] *a* inaccessible (**to,** à); (*of pers*) inabordable. **inaccessi'bility** *n* inaccessibilité *f*.

inaccurate [in'ækjurət] *a* (calcul) inexact; (sens) incorrect. **in'accuracy** *n* inexactitude *f*; manque *m* de précision; imprécision *f*.

inactive [in'æktiv] *a* inactif. **in'action** *n* inaction *f*. **inac'tivity** *n* inactivité *f*, inaction *f*.

inadequate [in'ædikwət] *a* inadéquat, insuffisant; (*of pers*) pas à la hauteur, insuffisant; (*of work*) médiocre. **in'adequacy** *n* insuffisance *f*. **in'adequately** *adv* insuffisamment.

inadmissible [inəd'misəbl] *a* inadmissible; (offre) inacceptable.

inadvertent [inəd'vəːtənt] *a* commis par inadvertance, par mégarde, par étourderie. **inad'vertence** *n* inadvertance *f*, étourderie *f*. **inad'vertently** *adv* par inadvertance, par mégarde.

inadvisable [inəd'vaizəbl] *a* à déconseiller; **it is i. to,** il est déconseillé de.

inane [i'nein] *a* inepte, stupide; bête; niais; **i. remark,** ineptie *f*. **i'nanely** *adv* bêtement, stupidement. **inanity** [i'næniti] *n* inanité *f*, niaiserie *f*.

inanimate [in'ænimət] *a* inanimé.

inapplicable [inə'plikəbl] *a* inapplicable (**to,** à); (*on form*) **delete where i.,** rayer les mentions inutiles.

inappropriate [inə'proupriət] *a* (*a*) peu approprié, inadéquat; (*of words*) impropre (*b*) inopportun. **in'appropriately** *adv* d'une façon inadéquate.

inapt [in'æpt] *a* inapte **1.** (*of pers*) (*a*) incapable (*b*) inhabile, inexpert **2.** peu approprié (**to,** à). **in'aptitude** *n* inaptitude *f* (**for,** à).

inarticulate [inɑːtikjulət] *a* (son) inarticulé; (*of pers*) incapable de s'exprimer; **i. with rage,** bégayant de colère. **inar'ticulately** *adv* (parler, prononcer) indistinctement.

inartistic [inɑː'tistik] *a* sans valeur artistique; (*of pers*) dépourvu de sens artistique.

inasmuch as [inəz'mʌtʃəz] *adv* vu que; en ce sens que.

inattentive [inə'tentiv] *a* (*a*) inattentif, distrait; *Sch:* (élève) dissipé (*b*) peu attentionné, peu prévenant. **ina'ttention** *n* inattention *f*, distraction *f*. **ina'ttentively** *adv* distraitement.

inaudible [in'ɔːdibl] *a* inaudible, imperceptible; **he is almost i.,** on l'entend à peine. **in'audibly** *adv* sans bruit; (parler, bouger) de manière à ne pas être entendu.

inaugurate [i'nɔːgjureit] *vtr* inaugurer (une politique, un monument); installer (qn) (dans ses fonctions). **in'augural** *a & n* inaugural; **i. (address),** discours *m* d'inauguration. **inaugu'ration** *n* inauguration *f*; investiture *f*.

inauspicious [inɔːs'piʃəs] *a* peu propice; (jour) néfaste; (retard) malencontreux. **inaus'piciously** *adv* d'une manière peu propice; malencontreusement.

inborn ['inbɔːn] *n* (*a*) inné; naturel (*b*) *Med:* congénital.

inbred ['inbred] *a* inné, naturel.

Inc. *abbr Incorporated.*

incalculable [in'kælkjuləbl] *a* incalculable. **in'calculably** *adv* incalculablement.

incandescent [inkæn'desnt] *a* incandescent. **incan'descence** *n* incandescence *f*.

incantation [inkæn'teiʃən] *n* incantation *f*.

incapable [in'keipəbl] *a* **1.** incapable (**of,** de); **i. of speech,** incapable de parler; **i. of pity,** inaccessible à la pitié **2.** (*a*) (*of pers*) incapable, incompétent (*b*) **drunk and i.,** ivre mort. **incapa'bility** *n* incapacité *f*.

incapacity [inkə'pæsiti] *n* incapacité *f*, incompétence *f*; **the i. of the staff,** la nullité du personnel. **inca'pacitate** *vtr* rendre (qn) incapable (de travailler). **inca'pacitated** *a* infirme.

incarcerate [in'kɑːsəreit] *vtr* incarcérer; emprisonner. **incarce'ration** *n*. incarcération *f*.

incarnation [inkɑː'neiʃ(ə)n] *n* **1.** incarnation *f* (du Christ) **2. to be the i. of wisdom,** être la sagesse incarnée. **in'carnate** *a* incarné; (*of Christ*) **to become i.,** s'incarner; **the devil i.,** le diable incarné.

incautious [in'kɔːʃəs] *a* imprudent. **in'cautiously** *adv* imprudemment.

incendiary [in'sendjəri] *a & n* incendiaire (*m*); **i. bomb,** bombe incendiaire.

incense[1] ['insens] *n* encens *m*.

incense[2] [in'sens] *vtr* mettre en colère; exaspérer (qn). **in'censed** *a* exaspéré, en colère.

incentive [in'sentiv] **1.** *n* encouragement *m*, motivation *f*; **it gave me an i.,** cela m'a encouragé **2.** *a* **i. pay,** prime *f* de rendement.

inception [in'sepʃn] *n* commencement *m*, début *m* (d'une entreprise).

incessant [in'sesnt] *a* incessant, continuel. **in'cessantly** *adv* sans cesse; incessamment.

incest ['insest] *n* inceste *m*. **in'cestuous** *a* incestueux.

inch [in(t)ʃ] **1.** *n Meas:* pouce *m* (= 2,54 cm); *Fig:* centimétre *m*; **he couldn't see an i. in front of him,** il ne, n'y, voyait pas à deux pas devant lui; **he's every i. a soldier,** il est soldat jusqu'au bout des ongles; **by inches, i. by i.,** peu à peu, petit à petit; **not to give way an i.,** ne pas céder d'un pouce; **within an i. of,** à deux doigts de **2.** *vtr & i* **to i. (one's way) forward, along,** avancer petit à petit.

incident ['insidənt] *n* incident *m*; (*in book, film, etc*) épisode *m*; **journey full of incidents,** voyage mouvementé. **'incidence** *n* fréquence *f*; **the high i. of traffic accidents,** le taux élevé des accidents de la route. **incidental 1.** *a* accessoire, secondaire; **i. expenses,** frais *mpl* accessoires; **i. music,** musique de fond **2.** *n* éventualité; *pl* **the incidentals,** les frais accessoires. **incidentally** *adv* **1.** accessoirement **2.** à propos.

incinerate [in'sinəreit] *vtr* incinérer. **in'cinerator** *n* incinérateur *m*; **domestic i., refuse i.,** incinérateur d'ordures.

incipient [in'sipiənt] *a* naissant; **i. beard,** barbe naissante; **i. crack,** amorce *f* de cassure.

incise [in'saiz] *vtr* **1.** faire une incision **2.** *Art:* graver. **in'cision** *n* incision *f*. entaille *f*. **in'cisive** *a* incisif, tranchant; (ton) mordant; (esprit) pénétrant. **in'cisively** *adv* incisivement; d'un ton mordant. **in'cisor** *n* incisive *f*.

incite [in'sait] *vtr* inciter, stimuler, pousser (**s.o. to sth,** qn à qch); **to i. s.o. to revolt,** pousser qn à la révolte. **in'citement** *n* incitation *f* (**to,** à).

inclement [in'klemənt] *a* inclément.

incline [in'klain] **1.** *vi* (*a*) incliner, pencher (**to, towards,** à, vers); **inclined at an angle of 45°,** incliné à un angle de 45° (*b*) **to i., be inclined, towards,** incliner à; **to i. to pity,** incliner à la pitié **2.** *vtr* **to i. s.o. to do,** incliner qn à faire; **to be inclined to do,** être enclin à faire; avoir tendance à faire; **I'm inclined to think that he's right,** je suis porté à croire qu'il a raison **3.** *n* ['inklain] pente *f*, déclivité *f*. **incli'nation** [-kli-] *n* **1.** inclination *f* (de la tête) **2.** inclinaison *f* (d'une pente) **3.** inclination, penchant *m* (**to, for,** à pour); **to follow one's own i.,** en faire à sa tête; **to do sth from i.,** faire qch par goût; **to have no i. to do,** n'avoir aucune envie de faire. **in'clined** *a* **1.** (plan) incliné **2.** enclin, porté (**to,** à); **if you feel so i.,** si le cœur vous en dit.

include [in'klu:d] *vtr* comprendre, renfermer, englober, comporter; **we were six including our host,** nous étions six y compris notre hôte; **does that i. her?** est-ce que cela s'applique à elle aussi? **the invitation includes you,** l'invitation s'adresse aussi à vous; **up to and including 31st December,** jusqu'au 31 décembre inclus. **in'cluded** *a* **to be i.,** être compris; (*on list*) être inclus; (*on bill*) **service i., not i.,** service compris, non compris; **the children i.,** y compris les enfants. **in'clusion** *n* inclusion *f*. **in'clusive** *a* inclus; **i. sum,** somme globale; (*at hotel*) **i. terms,** prix *m* tout compris; **to be i. of,** comprendre; **five i. of the driver,** cinq y compris le chauffeur; **from the 4th to the 12th i.,** du 4 au 12 inclus(ivement). **in'clusively** *adv* inclusivement.

incognito [inkɔg'ni:tou] **1.** *adv* incognito **2.** *n* incognito *m*; (*pers*) personne *f* (en) incognito.

incoherent [inkou'hiərənt] *a* incohérent; (style) décousu. **inco'herence** *n* incohérence *f*. **inco'herently** *adv* sans cohérénce.

incombustible [inkəm'bʌstəbl] *a* incombustible.

income ['inkəm] *n* revenu *m*; **earned i.,** revenus salariaux; **unearned, private, i.,** rentes; *fpl*; **i. group,** tranche *f* de salaire, de revenu(s); **the lowest i. group,** les économiquement faibles; **i. tax,** impôt *m* sur le revenu; **i.-tax return,** déclaration *f* de revenu.

incoming ['inkʌmiŋ] *a* (*of tenant, president*) nouveau; **i. tide,** marée montante; *Tp:* **i. calls,** appels *mpl* de l'extérieur.

incommunicable [inkə'mju:nikəbl] *a* incommunicable.

incommunicado [inkəmju:ni'kɑ:dou] *a* (*of pers*) (tenu) au secret.

incomparable [in'kɔmprəbl] *a* incomparable (**to, with,** à); **i. artist,** artiste hors ligne. **in'comparably** *adv* incomparablement.

incompatible [inkəm'pætibl] *a* incompatible, inconciliable (**with,** avec). **incompati'bility** *n* incompatibilité *f*; inconciliabilité *f* (de deux théories, etc); **i. of temper,** incompatibilité d'humeur.

incompetent [in'kɔmpitənt] *a* inhabile; incompétent. **in'competence** *n* incompétence *f*, inhabilité *f* (d'une personne).

incomplete [inkəm'pli:t] *a* incomplet; inachevé. **incom'pletely** *adv* incomplètement.

incomprehensible [inkɔmpri'hensibl] *a* incompréhensible. **incompre'hensibly** *adv* incompréhensiblement. **incompre'hension** *n* manque *m* de compréhension, incompréhension *f*.

inconceivable [inkən'si:vəbl] *a* inconcevable. **incon'ceivably** *adv* inconcevablement; **i. ugly,** d'une laideur inconcevable.

inconclusive [inkən'klu:siv] *a* peu concluant. **incon'clusively** *adv* d'une manière peu concluante.

incongruous [in'kɔŋgruəs] *a* **1.** sans rapport (**to, with,** avec) **2.** (*of building*) qui jure (**with,** avec); (*of remark*) incongru, déplacé; absurde.

inconsequent [in'kɔnsikwənt] *a* inconséquent, illogique. **in'consequence** *n* inconséquence *f*. **inconse'quential** *a* (*a*) inconséquent (*b*) (affaire) sans importance.

inconsiderable [inkən'sidərəbl] *a* peu considérable; insignifiant.

inconsiderate [inkən'sidərət] *a* (*of action, remark*) irréfléchi, inconsidéré; (*of pers*) **to be i.,** manquer d'égards (**towards,** envers). **incon'siderately** *adv* **to behave i. towards s.o.,** manquer d'égards envers qn.

inconsistent [inkən'sistənt] *a* inconséquent; illogique; incohérent; (histoire) qui ne tient pas debout; (*of reports, etc, at variance*) contradictoire;

i. with incompatible avec. **incon'sistency** *n* inconsistance *f*; inconséquence *f*.
inconsolable [inkən'souləbl] *a* inconsolable.
inconspicuous [inkən'spikjuəs] *a* peu en évidence, peu frappant; effacé; **to remain i.**, passer inaperçu. **incon'spicuously** *adv* discrètement.
inconstant [in'kɔnstənt] *a* inconstant, volage. **in'constancy** *n* inconstance *f*.
incontestable [inkən'testəbl] *a* incontestable, indéniable. **incon'testably** *adv* incontestablement.
incontinent [in'kɔntinənt] *a* incontinent.
inconvenience [inkən'vi:njəns] **1.** *n* dérangement *m*; inconvénient *m*; **I'm putting you to a lot of i.**, je vous dérange beaucoup; **he went to a great deal of i.**, il s'est donné beaucoup de mal; **without the slightest i.**, sans le moindre inconvénient **2.** *vtr* déranger, gêner (qn). **incon'venient** *a* incommode; gênant; (*of time*) inopportun; **if it's not i. for you,** si cela ne vous dérange pas; **that's very i.**, c'est très gênant. **incon'veniently** *adv* incommodément; d'une façon gênante; (arriver) à un moment inopportun.
incorporate [in'kɔ:pəreit] *vtr* incorporer (**into,** dans); contenir; *NAm:* **incorporated society** société *f* anonyme, société à responsabilité limitée.
incorrect [inkə'rekt] *a* **1.** inexact; **that's quite i.**, c'est tout à fait inexact **2.** (*of wording, behaviour*) incorrect; **it would be i. to say so,** on aurait tort de le dire. **inco'rrectly** *adv* **1.** inexactement **2.** incorrectement.
incorrigible [in'kɔridʒəbl] *a* incorrigible.
incorruptible [inkə'rʌptəbl] *a* incorruptible.
increase 1. *n* ['inkri:s] (*a*) augmentation *f* (de prix, de salaire); intensification *f*; accroissement *m* (de vitesse); redoublement *m* (d'efforts); hausse *f* (du coût de la vie); **i. in value,** plus-value *f* (d'une propriété); **I've had an i. in salary,** j'ai été augmenté, j'ai reçu une augmentation (*b*) *adv phr* **to be on the i.**, être en hausse **2.** *vi* [in'kri:s] augmenter; (*of effort, noise*) s'intensifier; **to i. in weight,** prendre du poids **3.** *vtr* [in'kri:s] augmenter (la production); intensifier; grossir (le nombre); accroître (sa fortune); **to i. the cost of goods,** hausser le prix des marchandises; **to i. speed,** accélérer; **increased cost of goods,** hausse des prix des marchandises. **in'creasing** *a* croissant. **in'creasingly** *adv* de plus en plus (grand, difficile).
incredible [in'kredibl] *a* incroyable. **in'credibly** *adv* incroyablement.
incredulous [in'kredjuləs] *a* incrédule; **i. smile,** sourire *f*. d'incrédulité. **incre'dulity** *n* incrédulité *f*. **in'credulously** *adv* avec incrédulité.
increment ['inkrimənt] *n* augmentation *f*.
incriminate [in'krimineit] *vtr* **1.** incriminer (qn) **2.** impliquer (qn) (dans une accusation). **in'criminating** *a* compromettant; **i. documents,** pièces à conviction *f*. **incrimi'nation** *n* incrimination *f* (de qn).
incubate ['inkjubeit] *vtr* couver (des œufs, une maladie). **incu'bation** *n* incubation *f* *Med:* **i. period,** période d'incubation (d'une maladie). **'incubator** *n* incubateur *m*; couveuse (artificielle).
inculcate ['inkʌlkeit] *vtr* inculquer (**in,** à).
incumbent [in'kʌmbənt] **1.** *n* *Rel: Pol:* titulaire *m* **2.** *a* **to be i. on s.o. to do sth,** incomber, appartenir, à qn de faire qch.
incur [in'kə:r] *vtr* (incurred); encourir (un blâme); faire (des frais); s'attirer (la critique); contracter (des dettes).
incurable [in'kjuərəbl] *a & n* incurable. **in'curably** *adv* **to be i. lazy,** être d'une paresse incurable.
incurious [in'kju:riəs] *a* sans curiosité.
incursion [in'kə:ʃən] *n* incursion *f*.
indebted [in'detid] *a* **1.** endetté **2.** redevable (**to s.o. for sth,** à qn de qch). **in'debtedness** *n* dette *f*.
indecent [in'di:sənt] *a* indécent; *Jur:* **i. assault,** attentat *m* à la pudeur; *Jur:* **i. exposure,** outrage *m* à la pudeur. **in'decency** *n* indécence *f*; *Jur:* outrage à la pudeur. **in'decently** *adv* indécemment.
indecipherable [indi'saifərəbl] *a* indéchiffrable.
indecisive [indi'saisiv] *a* (*of argument, battle*) indécis, incertain; **an i. sort of person,** une personne plutôt irrésolue. **inde'cision** *n*, **inde'cisiveness** *n* indécision *f*, irrésolution *f*.
indeed [in'di:d] *adv* **1.** (*a*) en effet; (*b*) (*intensive*) **very good i.**, vraiment trés bon; **I'm very glad i.**, je suis très très content; **thank you very much i.**, merci infiniment, mille fois (*c*) (*concessive*) **I may i. be wrong,** il se peut toutefois que j'aie tort **2.** même; à vrai dire; **I think so, i. I am sure of it,** je le pense et même j'en suis sûr **3. yes i.!** bien sûr!
indefatigable [indi'fætigəbl] *a* infatigable, inlassable. **inde'fatigably** *adv* infatigablement, inlassablement.
indefensible [indi'fensəbl] *a* indéfendable; (argument) insoutenable.
indefinable [indi'fainəbl] *a* indéfinissable.
indefinite [in'definit] *a* indéfini; (idée) vague; (nombre) indéterminé; (*projet*) mal déterminé; *Gram:* (article, pronom) indéfini; **i. leave,** congé illimité. **in'definitely** *adv* indéfiniment; vaguement; **to postpone sth i.**, remettre qch indéfiniment.
indelible [in'delibl] *a* (*of ink, memory*) indélébile; **i. pencil,** crayon *m* à marquer. **in'delibly** *adv* ineffaçablement; de façon indélébile.
indelicate [in'delikət] *a* indélicat.
indemnify [in'demnifai] *vtr* **1.** garantir (**from, against,** contre) **2.** indemniser, dédommager (**for a loss,** d'une perte). **in'demnity** *n* (*a*) garantie *f*, assurance *f* (contre une perte) (*b*) indemnité *f*, dédommagement *m*.
indent [in'dent] **1.** *vtr* denteler, découper (le bord de qch); *Typ:* renfoncer (une ligne) **2.** *vi* **to i. for sth,** (i) réquisitionner qch (à qn) (ii) passer commande (à qn) de qch. **inden'tation** *n* dentelure *f*, découpure *f*; *Typ:* renfoncement *m*. **in'dented** *a* (bord) dentelé; (littoral) échancré; *Typ:* (*of line*) renfoncé. **inden'tures** *npl* contrat *m* d'apprentissage.
independent [indi'pendənt] *a* indépendant; (*of reports, opinions*) de sources différentes; *Pol:* **i. candidate,** candidat non-inscrit; **to be i.**, être son propre maître; **to be (of) i. (means),** vivre de ses rentes; **i. school** = école libre. **inde'pendence** *n* indépendance *f*; **to show i.**, faire preuve d'indépendance; *US:* **I. Day,** le quatre juillet. **inde'pendently** *adv* (*a*)

indépendamment (**of,** de) (*b*) de façon indépendante.

indescribable [indis'kraibəbl] *a* indescriptible; (joie) indicible. **indes'cribably** *adv* indescriptiblement, indiciblement.

indestructible [indis'trʌktəbl] *a* indestructible.

indeterminate [indi'tə:minət] *a* indéterminé.

index ['indeks] **I.** *n* **1.** (*pl* **indexes**) **i. finger,** index *m* **2.** (*pl* **indices**) indice *m*; **cost of living i.,** indice du coût de la vie **3.** (*pl* **indexes**) index (d'un livre); (*in library*) catalogue *m*; **card i.,** fichier *m*; **i. card,** fiche *f* **4.** *Ecc:* **to put a book on the I.,** mettre un livre à l'Index. **II.** *vtr* classer. **index-'linked** *a* indexé (**to,** sur).

India ['indjə] *Prn* l'Inde *f*. **Indian 1.** (*a*) *a* de l'Inde; des Indes; indien; (encre) de Chine (*b*) *n* Indien, -ienne **2.** *n* (*a*) Indien, -ienne, d'Amérique; **Red Indians,** (les) Peaux-Rouges *m* (*b*) **West I.,** Antillais, -aise.

indiarubber [indjə'rʌbər] *n* gomme *f* (à effacer).

indicate ['indikeit] *vtr* indiquer (**that,** que); *Aut:* **I was indicating right,** j'avais mis mon clignotant droit. **indi'cation** *n* indice *m*, indication *f*; idée *f*; **there is every i. (that),** tout porte à croire (que); **there is no i. (that),** rien ne porte à croire (que). **in'dicative** *a & n* indicatif (*m*); *Gram:* (présent) de l'indicatif; **in the i.,** à l'indicatif. **'indicator** *n* indicateur *m*; (*sign*) indication; *Aut:* clignotant *m*; tableau (indicateur).

indict [in'dait] *vtr Jur:* inculper (*qn*) (**for,** de); traduire, poursuivre (qn) en justice (**for,** pour). **in'dictable** *a* **i. offence,** délit *m*. **in'dictment** *n* inculpation *f*; **i. for theft,** inculpation *f* de vol.

Indies (the) [i'indiz] *Prnpl* **the East I.,** les Indes (orientales), **the West I.,** les Antilles *f*.

indifferent [in'difərənt] *a* **1.** indifférent (**to,** à); **he's i. to everything,** tout lui est indifférent, égal **2.** *Pej:* médiocre; **very i. quality,** qualité *f* très médiocre. **in'difference** *n* indifférence *f*, manque *m* d'intérêt (**to, towards, sth, s.o.,** pour qch, à l'égard de qn). **in'differently** *adv* **1.** indifféremment; avec indifférence **2.** *Pej:* médiocrement.

indigenous [in'didʒənəs] *a* indigène (**to,** de).

indigestion [indi'dʒestʃən] *n* dyspepsie *f*; mauvaise digestion; **(an attack of) i.,** une indigestion, une crise de foie. **indi'gestible** *a* indigeste.

indignant [in'dignənt] *a* (air) indigné; (cri) d'indignation; **to become i.,** s'indigner; **to make s.o. i.,** indigner qn. **in'dignantly** *adv* avec indignation. **indig'nation** *n* indignation *f*.

indignity [in'digniti] *n* indignité *f*, affront *m*.

indigo ['indigou] *a & n* (*pl* **-o(e)s**) indigo *m & a inv*.

indirect [indi'rekt], -dai-] *a* indirect; *Gram:* **i. speech,** discours indirect. **indi'rectly** *adv* indirectement.

indiscreet [indis'kri:t] *a* **1.** indiscret; **would it be i. to ask you what you are going to do?** peut-on vous demander sans indiscrétion ce que vous compter faire? **2.** peu judicieux; imprudent. **indis'creetly** *adv* (*a*) indiscrètement (*b*) imprudemment. **indis'cretion** *n* (*a*) manque *m* de discrétion (*b*) indiscrétion *f* (*c*) action inconsidérée; imprudence *f* (*d*) écart *m* de conduite.

indiscriminate [indis'kriminət] *a* (*of pers*) qui manque de discernement; fait, donné, etc, au hasard; **i. blows,** coups frappés au hasard. **indis'criminately** *adv* sans discernement; au hasard.

indispensable [indis'pensəbl] *a* indispensable, de première nécessité; **it is not i.,** on peut s'en passer. **indis'pensably** *adv* indispensablement.

indisposed [indis'pouzd] *a* **1.** peu enclin, peu disposé (**to do sth,** à faire qch) **2. to be i.** être indisposé, souffrant. **indisposition** [-pə'ziʃən] *n* malaise *m*; indisposition *f*.

indisputable [indis'pju:təbl] *a* incontestable, indiscutable. **indis'putably** *adv* incontestablement, indiscutablement.

indissoluble [indi'sɔljubl] *a* indissoluble.

indistinct [indis'tiŋkt] *a* indistinct; (bruit) confus; (souvenir) vague. **indis'tinctly** *adv* indistinctement.

indistinguishable [indis'tiŋgwiʃəbl] *a* indifférenciable (**from,** de); **i. to the naked eye,** imperceptible à l'œil nu.

individual [indi'vidjuəl] **1.** *a* (*a*) (*of portion, attention*) individuel (*b*) (*of style, ideas*) singulier, particulier **2.** *n* individu *m*; **a private i.,** un simple particulier. **indi'vidualist,** *n* individualiste *mf*. **indi'vidualistic** *a* individualiste. **individu'ality** *n* individualité *f*. **indi'vidualize** *vtr* individualiser. **indi'vidually** *adv* individuellement; de façon (très) personnelle.

indivisible [indi'vizibl] *a* indivisible.

Indo-China [indou'tʃainə] *Prn Geog:* Indochine *f*.

indoctrinate [in'dɔktrineit] *vtr* endoctriner (qn). **indoctri'nation** *n* endoctrinement *m*.

Indo-European [indoujuərə'pi:ən] **1.** *a Ling: Ethn:* indo-européen **2.** *n* (*a*) Indo-Européen, -enne (*b*) *Ling:* indo-européen *m*.

indolence ['indələns] *n* indolence *f*, paresse *f*. **'indolent** *a* indolent, paresseux. **'indolently** *adv* paresseusement.

Indonesia [ində'ni:zjə] *Prn Geog:* Indonésie *f*. **Indo'nesian** *a & n Geog: Ethn:* indonésien, -ienne.

indoor ['indɔ:r] *a* (travail) d'intérieur; (plante) d'appartement; **i. games,** sports d'intérieur; **i. swimming pool,** piscine couverte. **in'doors** *adv* à l'intérieur; **to go i.,** rentrer; **stay i.,** restez dans la maison.

indubitable [in'dju:bitəbl] *a* indubitable. **in'dubitably** *adv* indubitablement.

induce [in'dju:s] *vtr* **1. to i. s.o. to do sth,** persuader qn de faire qch; décider qn à faire qch **2.** provoquer; *Med:* **to i. labour,** déclencher le travail (artificiellement). **in'ducement** *n* encouragement *m*; **the i. of a good salary,** les attraits *m* d'un bon salaire.

induction [in'dʌkʃən] *n* **1. i. course,** stage *m* préparatoire **2.** *El:* induction *f*.

indulge [in'dʌldʒ] **1.** *vtr* satisfaire (les désirs de qn); gâter, tout passer à (qn); **to i. oneself,** ne rien se refuser; **to i. s.o.'s fancies,** flatter les caprices de qn **2.** *vi* **to i. in a practice,** s'adonner à une habitude; **to i. in a cigar,** se permettre un cigare. **in'dulgence** *n* indulgence *f*, complaisance *f* (**to, towards, s.o.,** envers qn); *RCCh:* indulgence *f*. **in'dulgent** *a* indulgent (**to s.o.,** envers, pour, qn). **in'dulgently** *adv* avec indulgence.

industry ['indəstri] *n* (*pl* **industries**) **1.** application *f*; assiduité *f* au travail; diligence *f* **2.** industrie *f*; **heavy i., light i.,** l'industrie lourde, légère; **the car i.,** l'industrie automobile. **in'dustrial** *a* industriel; (accidents, conflits, etc) du travail; (maladie) professionnelle; **i. action,** action revendicative; **to take i. action,** se mettre en grève; *NAm;* **i. park,** complexe industriel. **in'dustrialist** *n* industriel, -ielle. **industriali'zation** *n* industrialisation *f.* **in'dustrialize** *vtr* industrialiser. **in'dustrious** *a* travailleur, assidu, industrieux. **in'dustriously** *adv* industrieusement. **in'dustriousness** *n* assiduité *f* (au travail).

inedible [in'edibl] *a* **1.** immangeable **2.** non comestible.

ineffective [ini'fektiv] *a* inefficace, sans effet; (*of pers*) incapable. **ine'ffectiveness** *n* inefficacité *f.*

ineffectual [ini'fektjuəl] *a* inefficace; **i. person,** personne incompétente. **ine'ffectually** *adv* inefficacement; vainement.

inefficacious [inefikeiʃəs] *a* inefficace. **in'efficacy** *n* inefficacité.

inefficient [ini'fiʃənt] *a* (personne, moyen, remède) inefficace; (*of machine*) peu performant. **ine'fficiency** *n* inefficacité *f.* **ine'fficiently** *adv* inefficacement.

inelegant [in'eligənt] *a* inélégant. **in'elegantly** *adv* sans élégance.

ineligible [in'elidʒibl] *a* inéligible; inapte (au service militaire); **to be i. for,** ne pas avoir droit à.

inept [i'nept] *a* (*of remark*) inepte, absurde; peu habile (**at sth,** à qch); incapable, inapte. **i'neptitude** *n* ineptie *f*; inaptitude *f.* **i'neptly** *adv* ineptement; stupidement.

inequality [iniːkwɔliti] *n* inégalité *f.*

inequitable [in'ekwitəbl] *a* inéquitable. **in'equitably** *adv* inéquitablement, injustement.

ineradicable [ini'rædikəbl] *a* indéracinable; inextirpable.

inert [i'nəːt] *a* inerte. **i'nertia** [-ʃ(i)ə] *n* inertie *f*; *Ph: Mec:* force *f* d'inertie; (*of pers*) inertie, paresse *f*; *Aut:* **i. reel seat belt,** ceinture (de sécurité) à enrouleur.

inescapable [inis'keipəbl] *a* inéluctable, inévitable.

inestimable [in'estiməbl] *a* inestimable, incalculable.

inevitable [in'evitəbl] *a* (*a*) inévitable (*b*) fatal; **it was i. that he should come back,** il devait inévitablement revenir. **in'evitably** *adv* inévitablement; fatalement.

inexact [inig'zækt] *a* inexact. **inex'actitude** *n* (*a*) inexactitude *f* (*b*) erreur *f.* **inex'actly** *adv* inexactement.

inexcusable [iniks'kjuːzəbl] *a* inexcusable; impardonnable. **inex'cusably** *adv* inexcusablement.

inexhaustible [inig'zɔːstəbl] *a* inépuisable; (source) intarissable.

inexorable [in'eksərəbl] *a* inexorable. **in'exorably** *adv* inexorablement.

inexpensive [iniks'pensiv] *a* peu coûteux; bon marché *inv*; pas cher. **inex'pensively** *adv* (acheter) (à) bon marché; (vivre) économiquement; à peu de frais.

inexperience [iniks'piəriəns] *n* inexpérience *f.* **inex'perienced** *a* **1.** inexpérimenté; **he's still i.,** il est encore novice **2.** inaverti; **i. eye,** œil inexercé.

inexpert [in'ekspəːt] *a* maladroit, peu habile. **in'expertly** *adv* mal, maladroitement.

inexplicable [iniks'plikəbl] *a* inexplicable. **inex'plicably** *adv* inexplicablement.

inexpressible [iniks'presəbl] *a* inexprimable; (charme) indicible. **inex'pressive** *a* (geste) inexpressif; sans expression; (visage) fermé.

inextricable [in'ekstrikəbl, iniks'trik-] *a* inextricable. **in'extricably** *adv* inextricablement.

infallible [in'fæləbl] *a* infaillible. **infalli'bility** *n* infaillibilité *f.* **in'fallibly** *adv* infailliblement.

infamous ['infəməs] *a* infâme; (personne, conduite) abominable. **'infamy** *n* infamie *f.*

infant ['infənt] *n* **1.** petit(e) enfant *mf*; nourrisson *m*; bébé *m*; **i. mortality,** mortalité *f* infantile; **i. school,** classes *fpl* préparatoires; **i. class,** classe préparatoire **2.** *Jur:* mineur, -eure. **'infancy** *n* **1.** petite enfance; (*of art, technique, etc*) **to be in its i.,** en être à ses premiers balbutiements. **2.** *Jur:* minorité *f.* **'infantile** *a* (maladie, réaction, etc) infantile; (*of remark*) puéril, enfantin.

infantry ['infəntri] *n* infanterie *f.*

infatuated [in'fætjueitid] *a* amoureux; **i. with,** amoureux de, engoué de (qn); engoué de (sport, etc). **infatu'ation** *n* engouement *m.*

infect [in'fekt] *vtr* infecter, corrompre, vicier (l'air, les mœurs); *Med:* infecter; **to become infected,** s'infecter; **to i. s.o. with sth,** communiquer qch à qn. **in'fection** *n esp Med:* infection *f,* contagion *f*; **source of i.,** foyer *m* d'infection. **in'fectious** *a* (*a*) infectieux; **i. disease,** maladie contagieuse (*b*) **i. laughter,** rire contagieux. **in'fectiousness** *n* nature infectieuse (d'une maladie); contagion *f* (du rire).

infer [in'fəːr] *vtr* **(inferred) 1.** déduire, conclure (**sth from sth,** qch de qch; **that,** que). **inference** ['infərəns] *n* déduction *f*, conclusion *f*; **by i.,** par déduction.

inferior [in'fiəriər] **1.** *a* inférieur; **i. piece of work, goods,** ouvrage *m*, produits *mpl*, de qualité inférieure; **to feel i.,** avoir un sentiment d'infériorité; **to be in no way i. to s.o.,** ne le céder en rien à qn **2.** *n* (*a*) inférieur, -eure (*b*) *Adm:* subordonné, -ée; subalterne *m.* **inferi'ority** *n* infériorité *f*; **i. complex,** complexe *m* d'infériorité.

infernal [in'fəːnəl] *a* **1.** infernal **2.** *F:* (*a*) infernal, diabolique (*b*) **i. row,** bruit infernal. **in'fernally** *adv F: épouvantablement;* **it's i. hot,** il fait une chaleur d'enfer.

inferno [in'fəːnou] (*pl* **infernos**) *n* brasier *m*, incendie *m*; (*hell*) enfer *m.*

infertile [in'fəːtail, *NAm:* in'fəːtl] *a* infertile. **infer'tility** *n* infertilité *f.*

infest [in'fest] *vtr* (*of vermin*) infester (**with,** de). **infes'tation** *n* invasion *f* (de parasites); infestation *f.*

infidelity [infi'deliti] *n* infidélité *f.*

infighting ['infaitiŋ] *n* luttes intestines.

infiltrate ['infiltreit] **1.** *vtr* s'infiltrer dans (qch); *Pol:* noyauter **2.** *vi* s'infiltrer (dans qch). **infil'tration** *n* infiltration *f*; *Pol:* noyautage *m.*

infinite ['infinit] **1.** *a* (*a*) infini; illimité; sans bornes (*b*) **to have i. trouble (in) doing sth,** avoir une peine infinie à faire qch. **2.** *n* infini *m.* **'infinitely** *adv* infiniment. **infini'tesimal** *a* infinitésimal. **in'finitive** *a & n Gram:* infinitif (*m*); **in the i.,** à l'infinitif. **in'finity** *n* **1.** infinité *f*, infinitude *f* (de l'espace) **2.** *Mth: Phot:* infini *m*; **to i.,** à l'infini.

infirm [in'fəːm] *a* (*of pers*) infirme. **in'firmary** *n* (*a*) infirmerie *f* (d'école, de caserne) (*b*) hôpital *m*. **in'firmity** *n* infirmité *f*.

inflame [in'fleim] **1.** *vtr* enflammer (une plaie); allumer (les désirs); envenimer (une querelle) **2.** *vi* s'enflammer; prendre feu; *Med:* (*of wound*) s'enflammer. **in'flamed** *a* enflammé. **inflamma'bility** *n* inflammabilité *f*. **in'flammable** *a* inflammable. **infla'mmation** *n* **1.** inflammation *f* (d'un combustible) **2.** *Med:* inflammation; **i. of the lungs,** *F:* fluxion *f* de poitrine. **in'flammatory** *a* (*remark*) incendiaire.

inflate [in'fleit] *vtr* **1.** gonfler (un pneu) **2.** hausser, faire monter (les prix). **in'flatable** *a* gonflable; (canot) pneumatique. **in'flated** *a* (*a*) gonflé; **i. with pride,** gonflé d'orgueil (*b*) **i. prices,** prix exagérés. **in'flation** *n* (*a*) gonflement *m* (*b*) *PolEc:* inflation *f*; **galloping i.,** inflation galopante. **in'flationary** *a* **i. policy,** politique *f* inflationniste.

inflection [in'flekʃn] *n Gram:* flexion *f*; (*of voice*) inflexion *f*.

inflexible [in'fleksəbl] *a* inflexible, rigide. **inflexi'bility** *n* inflexibilité *f*. manque *m* de souplesse; rigidité *f*. **in'flexibly** *adv* inflexiblement. **in'flexion** *n* = **inflection**.

inflict [in'flikt] *vtr* infliger (**sth to s.o.,** qch à qn); occasionner (du chagrin à qn); *Jur:* infliger (une punition) à qn; **to i. oneself on s.o.,** s'imposer à qn.

influence ['influəns] **1.** *n* (*a*) influence *f* (**on s.o.,** sur qn); **to have great i. over s.o.,** avoir beaucoup d'influence sur qn; **to have an i. on sth,** influencer qch; influer sur qch; **under the i. of,** sous l'effet de (la drogue, la colère, etc); **under the i. of drink, alcohol,** *F:* **under the i.,** en état d'ébriété; *Jur:* **undue i.,** intimidation *f* (*b*) **to have i.,** avoir de l'influence, de l'autorité **2.** *vtr* (*of pers*) influencer (qn); (*of thg*) influer sur (qch); **don't be influenced by what he says,** ne te laisse pas influencer par ce qu'il dit; **she's easily influenced,** elle est très influençable. **influ'ential** *a* influent; **to be i.,** avoir de l'influence; avoir le bras long; **to have i. friends,** avoir des amis en haut lieu, bien placés.

influenza [infl'uenzə] *n Med:* grippe *f*.

influx ['inflʌks] *n* affluence *f*, afflux *m* (de gens); flot *m* (d'idées nouvelles).

info ['infou] *n P:* tuyaux *mpl*, renseignements *mpl*.

inform [in'fɔːm] **1.** *vtr* (*a*) **to i. s.o. of sth,** informer, avertir, qn de qch; faire part de qch à qn; **to keep s.o. informed,** tenir qn au courant; **to i. the police,** avertir la police (*b*) **to i. s.o. about sth,** renseigner qn sur qch; **I regret to have to i. you (that),** j'ai le regret de vous annoncer (qu) **2.** *vi* **to i. on s.o.,** dénoncer qn. **in'formant** *n* informateur, -trice. **infor'mation** *n* **1.** renseignements *mpl*; **a piece of i.,** un renseignement, une information; **for your i.,** à titre d'information *f*; **to get i. about sth,** se renseigner sur qch; **i. bureau,** (bureau de) renseignements; **Ministry of I.,** le Ministère de l'Information; *Cmptr:* **i. processing,** informatique *f*; **i. retrieval (system),** (système de) recherche *f* documentaire **2.** savoir *m*, connaissances *fpl*. **in'formative** *a* instructif. **in'formed** *a* informé, bien renseigné; **to keep s.o. i. of,** tenir qn au courant de. **in'former** *n* dénonciateur, -trice; *Pej:* délateur, -trice; **(police) i.,** indicateur, - trice; **to turn i.,** dénoncer ses complices.

informal [in'fɔːml] *a* simple, sans façon; (dîner, etc) sans cérémonie, dénué de formalité; (*of tone, expression*) familier; (*of announcement*) officieux; (*of meeting*) non-officiel; **it will be quite i.,** ce sera sans cérémonie, à la bonne franquette; **i. dress,** tenue de ville. **infor'mality** *n* absence *f* de cérémonie; simplicité *f*; familiarité *f* (de ton). **in'formally** *adv* à titre non officiel; sans cérémonie; sans formalités; officieusement; (s'habiller) simplement.

infra dig [infrə'dig] *adj phr F:* au-dessous de la dignité de (qn); au-dessous de soi.

infra-red [infrə'red] *a* infrarouge.

infrasonic ['infrə'sɔnik] *a* infrasonore; **i. vibration,** infra-son *m*.

infrastructure ['infrəstrʌktʃər] *n* infrastructure *f*.

infrequent [in'friːkwənt] *a* rare; peu fréquent. **in'frequency** *n* rareté *f*. **in'frequently** *adv* rarement; **not i.,** assez souvent.

infringe [in'frindʒ] **1.** *vtr* enfreindre, violer (une loi); contrevenir à (un règlement); **to i. a patent,** empiéter sur un brevet **2.** *v ind tr* **to i. upon s.o.'s rights,** empiéter sur les droits de qn. **in'fringement** *n* infraction *f* (d'un règlement); violation *f* (d'une loi); **i. of patent, of copyright,** délit *m* de contrefaçon.

infuriate [in'fjuərieit] *vtr* exaspérer. **in'furiated** *a* exaspéré. **in'furiating** *a* exaspérant; **I find him i.,** il me met hors de moi. **in'furiatingly** *adv* à rendre furieux.

infuse [in'fjuːz] *vtr* **1. to i. courage into s.o.,** insuffler du courage à qn **2.** infuser, faire infuser (le thé, une tisane). **in'fusion** *n* infusion *f*.

ingenious [in'dʒiːniəs] *a* ingénieux. **in'geniously** *adv* ingénieusement. **ingenuity** [indʒi'njuːiti] *n* ingéniosité *f*.

ingenuous [in'dʒenjuəs] *a* ingénu, candide; naïf, *f* naïve. **in'genuously** *adv* ingénument, naïvement. **in'genuousness** *n* ingénuité *f*, naïveté *f*, candeur *f*.

ingot ['iŋgət] *n* lingot *m* (d'or).

ingrained [in'greind] *a* **i. dirt,** crasse *f*; **i. with dirt,** encrassé; **i. prejudices,** préjugés enracinés; **i. habits,** habitudes invétérées.

ingratiate [in'greiʃieit] *vpr* **to i. oneself with s.o.,** s'insinuer dans les bonnes grâces de qn. **in'gratiating** *a* insinuant.

ingratitude [in'grætitjuːd] *n* ingratitude *f*.

ingredient [in'griːdiənt] *n* ingrédient *m*; élément *m*.

ingrowing ['ingrouiŋ] *a* (*also* **ingrown**) *a* (ongle) incarné.

inhabit [in'hæbit] *vtr* habiter, habiter dans (une maison, un endroit). **in'habitable** *a* habitable. **in'habitant** *n* habitant, -ante (d'un village, d'une maison). **in'habited** *a* habité.

inhale [in'heil] *vtr* aspirer, humer, respirer (un parfum); avaler (la fumée d'une cigarette). **inha'lation** *n* inhalation *f*. **in'haler** *n Med:* inhalateur *m*.

inherent [in'hiərənt, -'her-] *a* inhérent, naturel (**in,** à); **i. defect,** vice propre. **in'herently** *adv* essentiellement; intrinsèquement; **i. lazy,** né paresseux.

inherit [in'herit] *vtr* (*a*) hériter de; succéder à (un titre) (*b*) **to i. sth from s.o.,** hériter qch de qn. **in'heritance** *n* héritage *m*; *Jur:* succession *f*; patrimoine (national).

inhibit [in'hibit] *vtr* inhiber, gêner; maîtriser; empêcher (**from,** de); **to be inhibited,** être inhibé, avoir des inhibitions. **inhi'bition** *n* inhibition *f.*

inhospitable [inhɔs'pitəbl] *a* inhospitalier.

inhuman [in'hju:mən] *a* inhumain; brutal. **inhu'mane** *a* inhumain. **inhu'manity** [-'mæniti] *n* inhumanité *f,* cruauté *f.* **in'humanly** *adv* inhumainement.

inimical [i'nimik(ə)l] *a* ennemi, hostile.

inimitable [i'nimitəbl] *a* inimitable. **i'nimitably** *adv* d'une manière inimitable.

iniquitous [i'nikwitəs] *a* inique. **i'niquitously** *adv* iniquement. **i'niquity** *n* iniquité *f.*

initial [i'niʃ(ə)l] **1.** *a* initial, premier; **the i. difficulties,** les difficultés du début; **i. cost,** coût initial **2.** *n* (*usu pl*) **initials,** initiales *f;* paraphe *m;* sigle *m* (d'une organisation). **3.** *vtr* (**initialled,** *NAm:* **-l-**) parapher (une correction); viser (un acte). **i'nitially** *adv* au commencement; au début; initialement.

initiate I. [i'niʃieit] *vtr* **1.** commencer, ouvrir, amorcer (des négociations); inaugurer (des projets); lancer (une mode); **to i. a reform,** prendre l'initiative d'une réforme; **to i. proceedings against s.o.,** engager des poursuites, intenter une action; contre qn **2.** initier (qn) (**into,** à); **the initiated,** les initiés *mpl.* **II** [i'niʃiət] *a & n* initié, -ée. **initi'ation** *n* **1.** amorce *f;* inauguration *f;* début(s) *m(pl)* (d'une entreprise) **2.** initiation *f* (**into,** à). **i'nitiative** *n* initiative *f;* **to do sth on one's own i.,** faire qch par soi-même; **to show, lack, i.,** faire preuve, manquer, d'initiative. **i'nitiator** *n* initiateur, -trice.

inject [in'dʒekt] *vtr* injecter; faire une piqûre à (qn); *Fig:* insuffler (**into,** à). **in'jection** *n* piqûre *f;* injection *f;* **to have an i.,** se faire faire une piqûre; **intramuscular, intravenous, i.,** piqûre intramusculaire, intraveineuse.

injudicious [indʒu(:)'diʃəs] *a* peu judicieux; malavisé.

injunction [in'dʒʌŋkʃən] *n* **1.** injonction *f,* ordre *m;* **to give s.o. strict injunctions to do sth,** enjoindre strictement à qn de faire qch **2.** *Jur:* ordonnance *f.*

injure ['indʒər] *vtr* **1.** nuire à, faire tort à (qn); **to i. s.o.'s interests,** compromettre, léser, les intérêts de qn **2.** (*a*) blesser; faire mal à (qn); **he injured his foot,** il s'est blessé au pied; **fatally injured,** blessé mortellement (*b*) endommager; avarier (des marchandises); **to i. one's eyes,** se gâter la vue. **'injured 1.** *a* (*a*) **the i. party,** l'offensé, -ée; **in an i. tone (of voice),** d'une voix offensée (*b*) (bras) blessé, estropié **2.** *n* **the i.,** les blessés *m;* (*from accident*) les accidentés *m.* **in'jurious** *a* **1.** préjudiciable, nuisible, pernicieux (**to,** à) **2.** (langage) offensif. **'injury 1.** préjudice *m,* tort *m,* mal *m;* **to do s.o. an i.,** faire du tort à qn **2.** blessure *f;* fracture *f;* foulure *f;* contusion *f;* **to do oneself an i.,** se blesser, se faire du mal; **industrial i.,** accident *m* du travail **s.** *Com: etc:* dommage *m;* avarie *f.*

injustice [in'dʒʌstis] *n* **1.** injustice *f* **2. you do him an i.,** vous êtes injuste envers lui.

ink [iŋk] **1.** *n* encre *f;* **Indian i.,** encre de Chine; **invisible i.,** encre sympathique; **written in i.,** écrit à l'encre **2.** *vtr* noircir d'encre, tacher d'encre. **ink 'in, ink 'over** *vtr* encrer (les lettres); **to i. in, over, a drawing,** repasser un dessin à l'encre. **ink 'out** *vtr* rayer (un mot) à l'encre. **'inkpad** *n* tampon encreur. **'inkpot** *n,* **'inkstand** *n,* **'inkwell** *n* encrier *m.* **'inky** *a* couvert d'encre; **i.-black,** noir comme de l'encre.

inkling ['iŋkliŋ] *n* (petite) idée; **he had an i. of the truth,** il soupçonnait, il avait une (petite) idée de, la vérité; **he has no i. of the matter,** il ne se doute de rien.

inland ['inlænd] **1.** *a* intérieur; **i. trade,** commerce intérieur; **the I. Revenue,** le fisc **2.** *adv* **to go i.,** pénétrer à l'intérieur (des terres).

inlay ['in'lei, in'lei] *vtr* (**inlaid**) incruster (**with,** de); marqueter (une table); *Metalw:* damasquiner. **'inlaid** *a* incrusté, marqueté; **i. work,** marqueterie *f.*

inlet ['inlet] *n* (*a*) (orifice *m* d')admission *f* (d'eau, d'essence); **i. pipe,** (tuyau) *m* d'arrivée (*b*) *Geog:* petit bras de mer; crique *f.*

inmate ['inmeit] *n* (*a*) résident, -ente; pensionnaire *mf* (d'une maison de retraite); interné, -ée, (d'un asile) (*b*) détenu, -ue (dans une prison).

inmost ['inmoust] *a* le plus profond; **i. thoughts,** pensées les plus secrètes.

inn [in] *n* auberge *f;* hôtellerie *f.* **'innkeeper** *n* aubergiste *mf;* hôtelier, -ière.

innards ['inədz] *npl F:* intestins *m;* entrailles *fpl.*

innate [i'neit] *a* inné; naturel; **i. common sense,** bon sens foncier.

inner ['inər] *a* intérieur; de dedans; **i. meaning,** sens intime; **i. feelings,** sentiments intimes, profonds; **an i. circle,** un cercle restreint; **the i. circle,** le saint des saints; **i ear,** oreille interne; **the i. city,** le cœur de la ville; **i. harbour,** arrière-port *m; Aut:* **i. tube,** chambre *f* à air; *F:* **the i. man,** l'estomac *m.* **'innermost** *a* le plus profond.

inning ['iniŋ] *n Sp:* (*baseball*) tour *m* de batte. **innings** *n inv* (*at cricket*) tour *m* de batte; **he had a good i.,** il a vécu longtemps.

innocent ['inəsənt] *a* **1.** innocent **2.** (*a*) pur; innocent (*b*) naïf, *f* naïve; **to put on an i. air,** faire l'innocent. **'innocence** *n* (*a*) innocence *f* (d'un accusé) (*b*) innocence; candeur *f,* naïveté *f.* **'innocently** *adv* innocemment.

innocuous [i'nɔkjuəs] *a* inoffensif. **i'nnocuously** *adv* inoffensivement.

innovate ['inəveit] *vi* innover. **inno'vation** *n* innovation *f,* changement *m.* **'innovator** *n* innovateur, -trice.

innuendo [inju'endou] (*pl* **innuendo(e)s**) *n* allusion (malveillante), insinuation *f.*

innumerable [i'nju:mərəbl] *a* innombrable.

inoculate [i'nɔkjuleit] *vtr Med:* inoculer, vacciner (qn contre une maladie). **inocu'lation** *n Med:* inoculation *f.*

inoffensive [inə'fensiv] *a* inoffensif.

inoperable [in'ɔpərəbl] *a Med:* inopérable.

inoperative [in'ɔpərətiv] *a* inopérant.

inopportune [in'ɔpətju:n] *a* inopportun; intempestif; hors de propos. **in'opportunely** *adv* inopportunément; mal à propos.

inordinate [i'nɔ:dinət] *a* excessif, démesuré, immodéré. **i'nordinately** *adv* excessivement.

inorganic [inɔ:'gænik] *a* inorganique; **i. chemistry,** chimie minérale.

input ['input] *n* **1.** *El:* énergie *f* **2.** *Cmptr:* entrée *f;* données *fpl.*

inquest ['inkwest] *n* enquête *f*; **(coroner's) i.**, enquête judiciaire (en cas de mort suspecte).

inquire [in'kwaiər] *vtr & i* se renseigner (sur qch); **to i. the price of sth**, demander le prix de qch; **to i. how to get to**, demander le chemin de; *PN:* **i. within**, s'adresser ici; **to i. after s.o.'s health**, s'informer de la santé de qn; **to i. about sth**, se renseigner sur qch; **to i. for s.o.** demander qn; **to i. into sth**, examiner, faire une enquête sur, qch. **in'quiring** *a* curieux; **an i. glance**, un coup d'œil interrogateur. **in'quiringly** *adv* d'un air, d'un ton, interrogateur; **to glance i. at s.o.**, interroger qn du regard. **in'quiry** *n* **1.** *Jur:* enquête; (*of police*) **to make inquiries**, enquêter **2.** question *f*; demande *f* de renseignements; renseignements; **to make inquiries**, demander des renseignements; **i. office, inquiries**, (bureau de) renseignements.

inquisitive [in'kwizitiv] *a* curieux. **inqui'sition** *n* inquisition *f*. **in'quisitively** *adv* avec curiosité. **in'quisitiveness** *n* curiosité (indiscrète).

inroads ['inroudz] *n* incursions *fpl* **(into**, dans); *Fig:* **to make inroads into**, entamer.

inrush ['inrʌʃ] *n* irruption *f* (d'eau, de gens); entrée soudaine (d'air, de gaz).

insane [in'sein] *a* **1.** fou, dément; (esprit) dérangé; **to become i.**, perdre la raison; **to drive s.o. i.**, rendre qn fou **2.** (désir) insensé, fou **3.** *npl* **the i.**, les aliénés. **in'sanely** *adv* comme un fou. **insanity** [in'sæniti] *n* folie *f*, démence *f*; *Med:* aliénation mentale.

insanitary [in'sænit(ə)ri] *a* insalubre; malsain.

insatiable [in'seiʃəbl] *a* insatiable. **in'satiably** *adv* insatiablement.

inscribe [in'skraib] *vtr* **1.** inscrire; graver (un nom sur un tombeau) **2.** dédicacer (un livre à qn). **in'scription** [-ipʃ(ə)n] *n* **1.** inscription *f* (sur un monument); légende *f* (d'une pièce de monnaie) **2.** dédicace *f* (d'un livre).

inscrutable [in'skru:təbl] *a* (dessein) impénétrable, incompréhensible; (visage) fermé.

insect ['insekt] *n* insecte *m*; **i. eater**, insectivore *m*; **i. powder**, poudre insecticide; **i. repellent**, (crème) anti-insecte. **in'secticide** *n* insecticide *m*.

insecure [insi'kjuər] *a* **1.** peu solide; (*of furniture, etc*) branlant, bancal; (*of window*) mal fermé **2.** incertain; peu sûr; **to feel i.**, manquer d'assurance. **inse'curely** *adv* peu solidement; sans sécurité. **inse'curity** *n* insécurité *f*.

insemination [insemi'neiʃn] *n* **artificial i.**, insémination artificielle.

insensible [in'sensibl] *a* (*a*) insensible (*b*) inconscient, sans connaissance. **insensi'bility** *n* insensibilité *f*. **in'sensibly** *adv* insensiblement.

insensitive [in'sensitiv] *a* insensible (**to**, à). **in'sensitiveness** *n*, **insensi'tivity** *n* insensibilité *f*.

inseparable [in'sepərəbl] *a* inséparable (**from**, de). **in'separably** *adv* inséparablement.

insert 1. *vtr* [in'sə:t] insérer, introduire (la clef dans la serrure) **2.** *n* ['insə:t] (*a*) *Typ:* insertion *f* (*b*) encart *m* (*c*) *Dressm:* incrustation *f*. **in'sertion** *n* insertion *f*; *Typ:* **i. mark**, guidon *m* de renvoi.

inshore ['inʃɔ:r] *n* côtier.

inside ['in'said] **1.** *n* (*a*) dedans *m*, intérieur *m*; **on the i.**, à l'interieur (**of**, de); **to know the i. of an affair**, connaître les dessous d'une affaire; **his sweater is i. out**, son pull est à l'envers; **to turn a pocket i. out**, retourner une poche; *Fig:* **to turn everything i. out**, tout chambouler; **to know sth i. out**, savoir qch à fond (*b*) intérieur (d'une maison) (*c*) *pl F:* ventre *m*; **I've got a pain in my insides**, j'ai mal à l'estomac, au ventre (*d*) *Fb:* **i. left**, intérieur gauche **2.** *a* intérieur, d'intérieur; **i. information**, renseignements obtenus à la source; **it's an i. job**, c'est un coup monté avec des complices sur place; *Aut:* **the i. lane**, la voie de gauche; *NAm:* la voie de droite **3.** *adv* dedans; à l'intérieur; **i. of three hours**, en moins de trois heures; **i. and outside**, au dedans et au dehors; **come i.!** entrez! **he's waiting i.**, il attend à l'intérieur; **to put s.o. i.**, mettre qn en taule **4.** *prep* à l'intérieur de; dans; **i. a week**, en moins d'une semaine.

insidious [in'sidiəs] *a* insidieux; (raisonnement) astucieux. **in'sidiously** *adv* insidieusement.

insight ['insait] *n* perspicacité *f*; pénétration *f*; aperçu *m*; **to get an i. into sth**, avoir un aperçu de qch; **to give an i. into**, permettre de comprendre, éclairer (le caractère de qn); donner un aperçu de (une question).

insignia [in'signiə] *npl* insignes *mpl*.

insignificant [insig'nifikənt] *a* insignifiant; de peu d'importance; (personne) sans importance. **insig'nificance** *n* insignifiance *f*.

insincere [insin'siər] *a* (*a*) peu sincère; de mauvaise foi (*b*) (*of smile*) faux, *f* fausse. **insin'cerity** *n* manque *m* de sincérité.

insinuate [in'sinjueit] **1.** *vtr* insinuer **2.** *vpr* **to i. oneself into s.o.'s favour**, s'insinuer dans les bonnes grâces de qn **3.** *vtr* insinuer (que); laisser entendre, sous-entendre (que). **insinu'ation** *n* insinuation *f*; sous-entendu *m*.

insipid [in'sipid] *a* insipide, fade. **insi'pidity** *n* insipidité *f*; fadeur *f*.

insist [in'sist] **1.** *vi* insister (**on doing**, pour faire); **to i. on sth**, exiger qch; affirmer qch; **I i. (up)on it**, je le veux, j'y tiens, absolument; **if you i.**, si vous y tenez; **I won't i.**, je n'insiste pas **2.** *vtr* insister (**that**, pour que); affirmer (**that**, que); **I i. that you come, on your coming**, j'insiste pour que tu viennes. **in'sistence** *n* insistance *f*; **her i. on seeing me**, l'insistance qu'elle met à vouloir me voir. **in'sistent** *a* insistant; (créancier) importun, pressant. **in'sistently** *adv* instamment; avec insistance.

insolent ['insələnt] *a* insolent (**to**, envers). **'insolence** *n* insolence *f* (**to**, envers). **'insolently** *adv* insolemment; avec insolence.

insoluble [in'sɔljubl] *a* insoluble. **insolu'bility** *n* insolubilité *f*.

insolvent [in'sɔlvənt] *a* (débiteur) insolvable; **to become i.**, faire faillite. **in'solvency** *n* (*a*) insolvabilité *f* (*b*) faillite *f*.

insomnia [in'sɔmniə] *n* insomnie *f*. **in'somniac** *a & n* insomniaque (*mf*).

insomuch as [insou'mʌtʃəz] *adv* = **inasmuch as**.

inspect [in'spekt] *vtr* examiner (qch) de près; inspecter; contrôler (les billets); vérifier (un moteur); *Mil:* passer (les troupes) en revue. **in'spection** *n* inspection *f*; vérification *f*; contrôle *m* (de billets);

Mil: revue *f*; **i. chamber,** regard *m*; *Aut:* **i. pit,** fosse *f* (à réparations); *Pub:* **i. copy,** spécimen *m*. **in-spector** *n* inspecteur, -trice; contrôleur, -euse (d'autobus, des contributions). **in'spectorate** *n* corps *m* d'inspecteurs.

inspire [in'spaiər] *vtr* **to i. s.o. with confidence, with admiration, with hatred,** inspirer confiance, de l'admiration, de la haine, à qn; **to be inspired (by),** être inspiré (par); **to be inspired to do sth,** avoir l'inspiration de faire qch. **inspi'ration** [-spi-] *n* inspiration *f*; (*of pers*) source *f* d'inspiration. **in'spired** *a* inspiré. **in'spiring** [-spai-] *a* qui inspire.

instability [instə'biliti] *n* instabilité *f*.

install [in'stɔːl] *vtr* installer (qn dans une fonction); installer, poser (une machine); **to i. oneself in a place,** s'installer dans un endroit; **to i. a workshop,** monter un atelier. **insta'llation** *n* installation *f*.

instalment, *NAm:* **installment** [in'stɔːlmənt] *n* **1.** acompte *m*; versement (partiel); **monthly i.,** mensualité *f*; **to pay by instalments,** échelonner les paiements; *NAm:* **to buy sth on the i. plan,** acheter qch à crédit, à tempérament **2.** fascicule *m* (d'un ouvrage); épisode *m* (d'une histoire).

instance ['instəns] **1.** *n* exemple *m*, cas *m*; circonstance *f*; **for i.,** par exemple; **in the first i.,** en premier lieu; **in the present i., in this i.,** dans le cas actuel; dans cette circonstance **2.** *vtr* citer (qch, qn) en exemple; illustrer (par un exemple).

instant ['instənt] **I.** *n* instant *m*, moment *m*; **come this (very) i.,** venez à l'instant; **the i. that,** dès que. **II.** *a* **1.** *Com:* (*abbr* **inst**) de ce mois; **the 5th inst.,** le 5 courant **2.** immédiat **3. i. coffee,** café-soluble, (café) instantané *m*. **instan'taneous** *a* instantané. **'instantly** *adv* immédiatement.

instead [in'sted] **1.** *prep phr* **i. of sth,** au lieu de qch; **i. of s.o.,** à la place de qn **2.** *adv* au lieu de cela, plutôt; **he did not go to Rome, he went to Venice i.,** au lieu d'aller à Rome, il est allé à Venise; **if he can't come, take me i.,** s'il ne peut pas venir, emmenez-moi à sa place.

instep ['instep] *n* cou-de-pied *m* cambrure *f* (du pied, d'une chaussure).

instigate ['instigeit] *vtr* inciter, provoquer (qn) (**to do sth,** à faire qch). **insti'gation** *n* instigation *f*; **at his i.,** à son instigation. **'instigator** *n* **1.** instigateur, -trice **2.** auteur *m* (de troubles).

instil [in'stil] *vtr* (**instilled**) instiller (un liquide) (**into,** dans); inculquer (des connaissances, des principes); **to i. courage into s.o.,** insuffler du courage à qn.

instinct ['instiŋkt] *n* instinct *m*; **by i.,** d'instinct; **to have an i. for business,** avoir l'instinct des affaires. **in'stinctive** *a* instinctif. **'instinctively** *adv* d'instinct; instinctivement.

institute ['institjuːt] **1.** *vtr* (*a*) instituer, établir (*b*) *Jur:* entamer, intenter (une enquête); **to i. (legal) proceedings against s.o.,** entamer, intenter, un procès à qn **2.** *n* institut *m*. **insti'tution** *n* **1.** institution *f*; (*school, hospital*) établissement *m*; *Med:* **(mental) i.,** asile *m* **2.** institution; chose établie. **insti'tutional** *a* institutionnel; **i. life,** vie dans un asile. **insti'tutionalized** *a* **to be i.,** être marqué par sa vie dans un asile, etc.

instruct [in'strʌkt] *vtr* **1.** instruire (qn de qch); enseigner (qch à qn) **2. to i. s.o. to do sth,** charger qn de faire qch. **in'struction** *n* **1.** instruction *f*, enseignement *m* **2.** *usu pl* indications *f*, instructions, ordres *m*; (*to sentry*, etc) consigne *f*; **strict instructions,** ordre(s) formel(s); **instructions for use,** mode *m* d'emploi; **i. book,** manuel *m* d'entretien; *Adm:* **standing instructions,** règlement *m*; **to go beyond one's instructions,** aller au delà des ordres reçus. **in'structive** *a* instructif. **in'structor** *n* professeur *m*; *Mil:* instructeur *m*; *Sp:* moniteur, -trice; *NAm: Sch:* maître-assistant, -ante; **swimming i., fencing i.,** professeur *m* de natation, d'escrime; **driving i.,** moniteur, -trice, de conduite.

instrument ['instrumənt] *n* (*a*) instrument *m*, appareil *m* (*b*) **musical i.,** instrument de musique; **wind, stringed, i.,** instrument à vent, à cordes. **instru'mental** *a* **1. to be i. in doing sth,** contribuer à faire qch **2. i. music,** musique instrumentale. **instru'mentalist** *n Mus:* instrumentaliste *mf*. **instrumen'tation** *n Mus:* orchestration *f*.

insubordinate [insə'bɔːdinət] *a* insubordonné; indiscipliné. **'insubordi'nation** *n* insubordination *f*; indiscipline *f*.

insufferable [in'sʌfərəbl] *a* insupportable, intolérable. **in'sufferably** *adv* insupportablement.

insufficient [insə'fiʃənt] *a* insuffisant. **insu'fficiency** *n* insuffisance *f*. **insu'fficiently** *adv* insuffisamment.

insular ['insjulər] *a* (*a*) (climat) insulaire (*b*) (esprit) étroit, borné. **insu'larity** *n* insularité *f*.

insulate ['insjuleit] *vtr* isoler; calorifuger (une chaudière); *Fig:* protéger (contre qch); *Const: Cin:* insonoriser (une salle). **'insulating** *a* **i. material,** isolant *m*; matériau isolant; **i. tape,** ruban isolant; chatterton *m*. **insu'lation** *n* isolation *f*; calorifugeage *m*; insonorisation *f*; (*material*) isolant *m*. **'insulator** *n* (*a*) (*material*) isolant *m* (*b*) (*device*) isolateur *m*.

insulin ['insjulin] *n* insuline *f*.

insult 1. *n* ['insʌlt] insulte *f*, affront *m* **2.** *vtr* [in'sʌlt] insulter (qn). **in'sulting** *a* offensant, injurieux.

insuperable [in'sjuːp(ə)rəbl] *a* insurmontable.

insure [in'ʃuər] *vtr* **1.** (i) assurer (ii) faire assurer (sa maison, sa voiture); **to i. one's life,** s'assurer, se faire assurer, sur la vie; prendre une assurance-vie **2.** garantir, assurer (le succès) **3.** *NAm:* = **ensure**. **in'surance** *n* assurance *f*; **i. agent,** agent d'assurance; **i. company,** compagnie d'assurance; **i. scheme,** régime d'assurance; **i. policy,** police *f* d'assurance; **life i.,** assurance-vie *f*; *Aut:* **third party i.,** assurance aux tiers; **comprehensive i.,** assurance tous-risques *inv*.

insurgent [in'səːdʒənt] *a & n* insurgé, -ée.

insurmountable [insə'mauntəbl] *a* insurmontable.

insurrection [insə'rekʃn] *n* insurrection *f*, soulèvement *m*, émeute *f*.

intact [in'tækt] *a* intact.

intake ['inteik] *a* (*a*) appel *m* (d'air); prise *f*, adduction *f* (d'eau); admission *f* (de vapeur); **i. valve,** soupape *f* d'admission (*b*) (*of food*) consommation *f* (*c*) *Mil:* le contingent (*d*) *Sch:* admissions *fpl*.

intangible [in'tændʒəbl] *a* intangible, impalpable.

integral ['intigrəl] *a* **1.** (*a*) **to be an i. part of sth,** faire partie intégrante de qch (*b*) *Mth:* **i. calculus,** calcul intégral (*c*) (paiement) intégral **2.** *n Mth:* intégrale *f*.

integrate [ˈintigreit] **1.** *vtr* intégrer (**into,** dans) (*b*) *NAm:* **to i. a school,** imposer la déségrégation raciale dans une école **2.** *vi* s'intégrer (**into,** dans); *NAm:* (*of school, etc*) (**racially**) **integrated,** où se pratique la déségrégation raciale. **inteˈgration** *n* intégration *f*; **(racial) i.,** déségrégation raciale.

integrity [inˈtegriti] *n* intégrité *f*, honnêteté *f*, probité *f*; **man of i.,** homme intègre.

intellect [ˈintəlekt] *n* intellect *m*; intelligence *f*. **inteˈllectual** *a & n* intellectuel, -elle. **inteˈllectually** *adv* intellectuellement.

intelligence [inˈtelidʒəns] *n* **1.** intelligence *f*; entendement *m*, sagacité *f*; **i. test,** test *m* d'intelligence; **i. quotient,** quotient intellectuel **2.** *Mil:* renseignements *mpl*; *Mil:* **I. service,** service secret. **inˈtelligent** *a* intelligent; avisé. **inˈtelligently** *adv* intelligemment; avec intelligence. **intelliˈgentsia** *n* intelligentsia *f*.

intelligible [inˈtelidʒəbl] *a* intelligible. **inˈtelligibility** *n* intelligibilité *f*. **inˈtelligibly** *adv* intelligiblement.

intemperance [inˈtempərəns] *n* intempérance *f*. **inˈtemperate** *a* **1.** (*of pers*) intempérant, immodéré **2.** adonné à la boisson.

intend [inˈtend] *vtr* **1. to i. to do sth,** avoir l'intention de faire qch; compter faire qch; **was it intended?** était-ce fait avec intention? **I i. to be obeyed,** je veux qu'on m'obéisse **2. to i. sth for s.o.,** destiner qch à qn; **he intends to be a schoolmaster,** il se destine au professorat; **I intended it as a compliment,** mon intention ètait de (vous) faire un compliment; **he intended no harm,** il l'a fait sans mauvaise intention. **inˈtended** *a* **1.** (*a*) (voyage) projeté (*b*) **the i. effect,** l'effet voulu **2.** intentionnel; **i to be,** destiné à être.

intense [inˈtens] *a* (*a*) vif; fort, intense (*b*) **i. expression,** expression d'intérêt profond (*c*) (*of pers*) passionné. **inˈtensely** *adv* excessivement; avec intensité; *Fig:* extrêment; **to hate s.o. i.,** détester qn profondément, intensément. **intensfiˈcation** *n* intensification *f*. **inˈtensify 1.** *vtr* intensifier, augmenter; (*of sound*) rendre plus fort, plus vif; (*of colour*) renforcer **2.** *vi* s'intensifier. **inˈtensity** *n* intensité *f*; force *f*; violence *f* (d'une douleur). **inˈtensive** *a* intensif; *Med:* **i. care unit,** service *m* de soins intensifs; **in i. care,** en réanimation. **inˈtensively** *adv* intensivement.

intent [inˈtent] **1.** *a* (*a*) **to be i. on sth,** être absorbé par qch, être tout entier à qch; **to be i. on doing sth,** être résolu, déterminé, à faire qch (*b*) attentif; absorbé (par son travail); **i. gaze,** regard fixe, profond. **2.** *n* intention *f*; dessein *m*; **with i. to defraud,** dans le but de frauder; **to all intents and purposes,** en fait, essentiellement. **inˈtently** *adv* attentivement; (regarder) fixement.

intention [inˈtenʃən] *n* (*a*) intention *f*; dessein *m*; **to do sth with the best (of) intentions,** faire qch avec les meilleures intentions du monde; **I had no i. of accepting,** je n'avais nullement l'intention d'accepter; **with the i. (of doing sth),** dans l'intention (de faire qch) (*b*) but *m*. **inˈtentional** *a* intentionnel, voulu; **it wasn't i.,** ce n'était pas fait exprès. **inˈtentionally** *adv* exprès; intentionnellement.

inter [inˈtəːr] *vtr* **(interred),** ensevelir, enterrer (qch un mort). **inˈterment** *n* enterrement *m*.

inter- [ˈintər] *pref* inter-.

interact [intəˈrækt] *vi* (*of ideas, etc*) être interdépendants; (*of people*) agir conjointement; *Ch:* interagir. **inteˈraction** *n* interaction *f*.

interbreed [intəˈbriːd] **(interbred) 1.** *vtr* croiser (des races) **2.** *vi* se croiser.

intercede [intəˈsiːd] *vi* **to i. (with s.o.) for s.o.,** intercéder (auprès de qn) en faveur de qn.

intercept [intəˈsept] *vtr* intercepter; arrêter (qn) au passage. **interˈception** *n* interception *f*.

intercession [intəˈseʃən] *n* intercession *f*.

interchange 1. *n* [ˈintətʃeindʒ] (*a*) échange *m*, communication *f* (d'idées) (*b*) *Aut:* échangeur *m* (d'autoroute) **2.** *vtr* [intəˈtʃeindʒ] échanger; changer (deux choses de place). **interˈchangeable** *a* interchangeable.

intercom [ˈintəkɔm] *n* interphone *m*.

interconnected [intəkəˈnektid] *a* (*of facts, etc*) liés. **intercoˈnnecting** *a* **i. rooms,** pièces communicantes.

intercontinental [intəkɔntiˈnentl] *a* (vol, missile) intercontinental.

intercourse [ˈintəkɔːs] *n* (*a*) commerce *m*; relations *fpl*; rapports *mpl* (*b*) rapports (sexuels).

interdependent [intədiˈpendənt] *a* interdépendant; (*of parts of machine*) solidaire.

interest [ˈintrəst] **I.** *n* **1.** *Com:* intérêt *m*; **an i. in,** des intérêts dans; **to have an i. in the profits,** participer aux bénéfices; **to have a financial i. in sth,** avoir des capitaux, être intéressé, dans qch; **the shipping i.,** les armateurs *mpl*; le commerce maritime; **we look after British interests,** nous défendons les intérêts britanniques **2.** avantage *m*, profit *m*; **to act in one's own i.,** agir dans son propre intérèt; **it's in my i. to do this,** j'ai intérêt à le faire **3. to take an i. in s.o.,** s'intéresser à qn; **to be of i. to s.o.,** intéresser qn; **questions of public i.,** questions d'intérêt public; **to take no (further) i. in sth,** se désintéresser de qch; **his, her, i. is,** ce qui l'interésse c'est **4.** *Fin:* **simple, compound i.,** intérêts simples, composés; **to bear i. at 10%,** porter intérêt à dix pour cent **II.** *vtr* **1.** intéresser (qn à, dans, une affaire) **2.** éveiller l'intérêt de (qn); **to be interested in music,** s'intéresser à la musique; **I am not i.,** cela ne m'intéresse pas; **can I i. you (in)?** est-ce que cela vous intéresserait (de)? **ˈinterested** *a* intéressé; (*of look*) d'intérêt; **the i. party,** l'intéressé *m*. **ˈinteresting** *a* intéressant. **ˈinterestingly** *adv* **i (enough), she . . .,** curieusement, elle. . . .

interface [ˈintəfeis] *n Tchn:* interface *f*.

interfere [intəˈfiːər] *vi* (*a*) se mêler des affaires d'autrui; **to i. in,** s'ingérer dans; **he's always interfering,** il a toujours le nez fourré partout (*b*) **don't i. with it!** n'y touchez pas! (*c*) **it interferes with my plans,** cela dérange mes plans (*d*) *Ph:* interférer; *WTel:* brouiller. **interˈference** *n* **1.** ingérence *f* **2.** *Ph:* interférence *f*; *WTel:* parasites *mpl*. **interˈfering** *a* importun.

interim [ˈintərim] **1.** *n* **in the i.,** pendant, dans, l'intérim **2.** *a* (rapport, dividende) intérimaire.

interior [inˈtiəriər] *a & n* intérieur (*m*); *NAm:* **Department of the I.,** ministère *m* de l'Intérieur.

interjection [intəˈdʒekʃən] *n* interjection *f*.

interloper [ˈintəloupər] *n* intrus, -use.

interlude ['intəlu:d] *n* intervalle *m*; *Th:* intermède *m*; *Mus: TV:* interlude *m*.

intermarry [intə'mæri] *vi* se marier (entre eux). **inter'marriage** *n* mariage *m* (entre personnes de races, etc, différentes).

intermediary [intə'mi:djəri] *a* & *n* intermédiaire (*mf*).

intermediate [intə'mi:diət] *a* intermédiaire; *Sch:* (*of course*) moyen.

interminable [in'tə:minəbl] *a* interminable; sans fin. **in'terminably** *adv* interminablement; sans fin.

intermingle [intə'miŋgl] **1.** *vtr* mélanger **2.** *vi* se mélanger.

intermission [intə'miʃən] *n* (*a*) *Th:* entracte *m* (*b*) interruption *f*; **without i.**, sans arrêt *m*.

intermittent [intə'mitənt] *a* intermittent. **inter'mittently** *adv* par intermittence.

intern 1. *vtr* [in'tə:n] *Pol:* interner **2.** *n* ['intə:n] *NAm: Med:* (*Br* = **houseman**) interne *mf* (des hôpitaux). **inter'nee** *n* interné, -ée. **in'ternist** *n Med:* spécialiste *mf* des maladies organiques. **in'ternment** *n Pol:* internement *m*.

internal [in'tə:nəl] *a* **1.** intérieur; (maladie) organique; (conviction) intime; (angle, lésion) interne; **i. combustion engine,** moteur à explosion **2. i. trade,** commerce *m* intérieur; *NAm:* **the I. Revenue Service,** le fisc. **in'ternally** *adv* intérieurement; *Pharm:* **not to be taken i.,** à usage *m* externe; ne pas avaler.

international [intə'næʃənəl] **1.** *a* international; (*of fame, etc*) mondial **2.** *n Sp:* rencontre internationale; (*player*) international *m*. **inter'nationally** *adv* mondialement.

interphone ['intəfoun] *n* interphone *m*, téléphone intérieur.

interplanetary [intə'plænit(ə)ri] *a* (exploration, vol) interplanétaire.

interplay ['intəplei] *n* interaction *f*, jeu *m*.

interpolate [in'tə:pəleit] *vtr* interpoler. **interpo'lation** *n* interpolation *f*.

interpose [intə'pouz] **1.** *vtr* interposer **2.** *vi* s'interposer, intervenir.

interpret [in'tə:prit] *vtr* **1.** interpréter, expliquer (un texte) **2.** faire l'interprète. **interpre'tation** *n* interprétation *f*. **in'terpreter** *n* interprète *mf*.

interrelated [intəri'leitid] *a* en corrélation. **interre'lation** *n* corrélation *f*.

interrogate [in'terəgeit] *vtr* interroger, questionner (qn); faire subir un interrogatoire (à qn). **interro'gation** *n* interrogation *f*; interrogatoire *m* (d'un prévenu); *Gram:* **i. mark,** *NAm:* **i. point,** point d'interrogation. **inte'rrogative** *a* interrogateur; (pronom) interrogatif. **inte'rrogatively** *adv* d'un air, d'un ton, interrogateur. **in'terrogator** *n* interrogateur, -trice.

interrupt [intə'rʌpt] *vtr* interrompre; couper la parole à (qn). **inte'rruption** *n* interruption *f*.

intersect [intə(:)'sekt] **1.** *vtr* couper, entrecroiser (**with, by,** de) **2.** *vi* (*of lines*) s'entrecouper, se couper, se croiser. **inter'section** *n* **1.** intersection *f* (de lignes); (point) d'intersection **2.** carrefour *m*; croisement *m*.

intersperse [intə'spə:s] *vtr* parsemer (**with,** de).

interval ['intəvəl] *n* (*a*) intervalle *m*; **at intervals,** de temps à autre; par intervalles; **an hour's i. between two lectures,** une heure de battement entre deux conférences; **meetings held at short intervals,** séances très rapprochées (*b*) *Meteor:* **bright intervals,** éclaircies *fpl* (*c*) *Th:* entracte *m*; *Sp:* mi-temps *f inv* (*d*) écart *m*, distance *f* (entre deux objets, points).

intervene [intə(:)'vi:n] *vi* **1.** intervenir, s'interposer **2.** (*of event*) survenir, arriver; (*of time*) **ten years intervened,** dix années s'écoulèrent; **if nothing intervenes,** s'il n'arrive rien entre-temps. **inter'vening** *a* **during the i. week,** pendant la semaine qui s'est écoulée. **inter'vention** *n* intervention *f*.

interview ['intəvju:] **1.** (*a*) *n* entrevue *f*, entretien *m* (**with,** avec); **to call s.o. for an i.,** convoquer qn (*b*) *Journ: TV:* interview *f* **2.** *vtr* (*a*) avoir une entrevue avec (qn) (*b*) *Journ: TV:* interviewer (qn). **'interviewer** *n Journ: TV:* interviewer *m*; *Com: Pol:* enquêteur, -euse.

intestine [in'testin] *n Anat:* intestin *m*.

intimate[1] ['intimət] **1.** *a* (ami) intime; (*of friendship*) profond; **to become i. with s.o.,** se lier d'amitié (avec qn); **to be on i. terms with s.o.,** être à tu et à toi avec qn; **to have an i. knowledge of sth,** avoir une connaissance approfondie de qch; **i. connection,** rapport intime, étroit; **to be i. with s.o.,** (i) être intime avec qn (ii) (*sexually*) avoir des relations intimes avec qn **2.** *n* **his intimates,** ses intimes *mf*, ses familiers *m*. **'intimacy** *n* (*a*) intimité *f* (*b*) relations *fpl* intimes, rapports sexuels. **'intimately** *adv* intimement; à fond.

intimate[2] ['intimeit] *vtr* suggérer (**that,** que). **inti'mation** *n* (*a*) annonce *f* (*b*) suggestion *f* (*c*) indication *f*.

intimidate [in'timideit] *vtr* intimider (qn); **easily intimidated,** timide, peureux. **in'timidating** *a* intimidant. **intimi'dation** *n* intimidation *f*; menaces *fpl*.

into ['intu, 'intə] *prep* **1.** dans, en; **to go i. a house,** entrer dans une maison; **to get i. a car,** monter dans une voiture; **to go i. town,** aller en ville; **to fall i. the hands of the enemy,** tomber entre les mains de l'ennemi; **to get i. difficulties,** s'attirer des ennuis; **late i. the night,** tard dans la nuit; *F:* **to be i. sth,** être à fond dans qch **2. to change sth i. sth,** transformer, changer, qch en qch; **to change dollars i. francs,** changer des dollars contre des francs; **to translate i.,** traduire en; **to divide i. four,** diviser en quatre; **two i. four goes two,** quatre divisé par deux égale deux; **to grow i. a man,** devenir un homme; **to burst i. tears,** fondre en larmes.

intolerable [in'tɔlərəbl] *a* intolérable, insupportable. **in'tolerably** *adv* insupportablement.

intolerant [in'tɔlərənt] *a* intolérant (**of,** de). **in'tolerance** *n* intolérance *f*. **in'tolerantly** *adv* avec intolérance.

intonation [intə'neiʃ(ə)n] *n* intonation *f*.

intoxicate [in'tɔksikeit] *vtr* enivrer, griser (qn). **in'toxicated** *a* ivre; **i. with praise,** grisé d'éloges. **in'toxicating** *a* enivrant, grisant; **i. drink,** boisson alcoolisée. **intoxi'cation** *n* ivresse *f*.

intra- ['intrə] *pref* intra-.

intransigent [in'trænzidʒənt] *a* intransigeant. **in'transigence** *n* intransigeance *f*.

intransitive [in'trænsitiv] *a* & *n Gram:* intransitif *m*.

intravenous [intre'vi:nəs] *a Med:* intraveineux.

intrepid [in'trepid] *a* intrépide.

intricate ['intrikət] *a* compliqué; complexe. **'intricacy** *n* complexité *f*; **'intricately** *adv* de façon complexe.

intrigue 1. *vi* [in'tri:g] intriguer; mener des intrigues **2.** *vtr* intriguer; **I'm intrigued to know...,** je suis curieux de savour **3.** *n* ['intri:g] intrigue *f*. **in'triguing** *a* curieux.

intrinsic [in'trinsik] *a* intrinsèque. **in'trinsically** *adv* intrinsèquement.

introduce [intrə'dju:s] *vtr* **1.** (*a*) introduire; faire entrer; mettre (dans); **to i. s.o. (into s.o.'s presence),** faire entrer (qn); introduire (qn auprès de qn); **to i. s.o. to Dickens, etc,** faire découvrir Dickens, etc, à qn (*b*) **to i. a Bill (before Parliament),** déposer un projet de loi (*c*) *Com:* lancer (un produit) (*d*) présenter (une émission, un sujet) **2. to i. s.o. to s.o.,** présenter qn à qn. **intro'duction** *n* **1.** introduction *f*; **her i. to,** son premier contact avec (la vie à l'étranger, etc) **2.** présentation *f* (de qn à qn) **3.** initiation *f* (d'un livre); *Mus:* introduction **4.** manuel *m* élémentaire; introduction (**to,** à). **intro'ductory** *a* (mots) d'introduction; (discours) de présentation; (stage) d'initiation; *Com:* (prix) de lancement.

introspective [intrə'spektiv] *a* introspectif. **intro'spection** *n* introspection *f*.

introvert ['intrəvə:t] *n* introverti, -ie. **intro'version** *n* introversion *f*.

intrude [in'tru:d] *vi* s'imposer (**on s.o.,** à qn), déranger (**on s.o.,** qn); **to i. on s.o.'s time,** abuser du temps de qn. **in'truder** *n* intrus, -use. **in'trusion** *n* intrusion *f* (**into,** dans); **forgive my i.,** pardonnez-moi de vous avoir dérangé. **in'trusive** *a* importun, indiscret; *Ling:* (liaison) abusive.

intuition [intju(:)'iʃ(ə)n] *n* intuition *f*. **in'tuitive** *a* intuitif. **in'tuitively** *adv* intuitivement; par intuition.

inundate ['inʌndeit] *vtr* inonder (**with,** de); **to be inundated with work,** être submergé de travail. **inun'dation** *n* inondation *f*.

inure [i'njuər] *vtr* accoutumer, habituer, rompre, endurcir (qn à ch); **inured to hardship,** habitué aux privations.

invade [in'veid] *vtr* **1.** envahir **2.** empiéter sur (les droits de qn); violer (l'intimité). **in'vader** *n* envahisseur -euse. **in'vading** *a* (armée) d'invasion.

invalid[1] [in'vælid] *a Jur:* (mariage *m*) non valide; non-valable; (arrêt) nul et non avenu. **in'validate** *vtr Jur:* invalider, rendre nul (un testament); annuler (un contrat); casser (un jugement).

invalid[2] ['invəlid] *a & n* malade (*mf*); infirme (*mf*); invalide (*mf*); **i. car,** voiture *f* d'infirme. **invalid 'out** [-li:d] *vtr Mil:* réformer.

invaluable [in'vælju(ə)bl] *a* inestimable; d'un prix incalculable.

invariable [in'veəriəbl] *a* invariable. **in'variably** *adv* invariablement, immanquablement.

invasion [in'veiʒən] *n* invasion *f*, envahissement *m*; **i. of s.o.'s privacy,** intrusion *f* dans la vie privée de qn.

invective [in'vektiv] *n* invective *f*; **a torrent of i.,** un torrent d'injures *f*.

inveigh [in'vei] *vi* invectiver (**against,** contre).

inveigle [in'veigl] *vtr* **to i. s.o. into doing,** amener qn à faire par la ruse.

invent [in'vent] *vtr* inventer; **newly invented process,** procédé *m* d'invention récente. **in'vention** *n* invention *f*; **a story of his own i.,** une histoire de son cru. **in'ventive** *a* inventif. **in'ventiveness** *n* esprit inventif, d'invention; imagination *f*. **in'ventor** *n* inventeur, -trice.

inventory ['invəntri] *n* inventaire *m*; *NAm:* stock *m*.

inverse ['in'və:s] **1.** *a* inverse; **in i. ratio, proportion,** en raison inverse (**to,** dé) **2.** *n* inverse *m*, contraire *m* (**of,** de). **in'versely** *adv* inversement. **in'version** *n* interversion *f*; *Gram: Anat: etc:* inversion *f*.

invert [in'və:t] *vtr* **1.** intervertir; invertir, renverser (l'ordre, les positions) **2.** retourner, mettre à l'envers. **in'verted** *a* (*a*) **inverted commas,** guillemets *m* (*b*) *Dressm:* (pli) creux (*c*) (*of pers*) inverti.

invertebrate [in'və:tibrət] *a & n Z:* invertébré (*m*).

invest [in'vest] **1.** *vtr* (*a*) **to i. s.o. with an office,** investir qn d'une fonction (*b*) *Fin:* placer, investir; **to i. money,** engager des capitaux, faire des placements; **to i. time in,** consacrer du temps à **2.** *vi* placer son argent dans (un projet); investir dans (une société); **to i. in property,** faire des placements immobiliers; **to i. in a new piece of furniture,** se payer un nouveau meuble. **in'vestiture** *n* (*a*) investiture *f* (d'un évêque) (*b*) remise *f* de décorations. **in'vestment** *n* placement *m*, investissement *m*, mise *f* de fonds; (société) de portefeuille de placement. **in'vestor** *n* actionnaire *mf*; épargnant, -ante.

investigate [in'vestigeit] *vtr* examiner, étudier (une question); **to i. a crime,** enquêter sur un crime. **investi'gation** *n* examen *m*, étude *f*; (*by police*) enquête *f* (**of,** sur); (*inquiry*) enquête, investigation *f*; **question under i.,** question à l'étude. *f*. **in'vestigator** *n* enquêteur, -euse; **private i.,** détective privé.

inveterate [in'vetərət] *a* (*of smoker, drunkard, criminal*) invétéré; **i. hatred,** haine implacable.

invidious [in'vidiəs] *a* **1.** blessant; odieux; **i. task,** tâche ingrate **2.** qui suscite la jalousie; **i. comparison,** comparaison désobligeante.

invigilate [in'vidʒileit] *vi Sch:* être de surveillance (à un examen). **in'vigilator** *n* surveillant, -ante (à un examen).

invigorate [in'vigəreit] *vtr* (*a*) fortifier (qn) (*b*) (*of the air, etc*) vivifier, tonifier; revigorer. **in'vigorating** *a* stimulant.

invincible [in'vinsəbl] *a* invincible. **invinci'bility** *n* invincibilité *f*. **in'vincibly** *adv* invinciblement.

invisible [in'vizəbl] *a* invisible; **i. mending,** stoppage *m*. **invisi'bility,** invisibilité *f*. **in'visibly** *adv* invisiblement.

invite 1. *vtr* [in'vait] inviter; chercher (des ennuis); **to i. s.o. in,** prier qn d'entrer; **to i. s.o. out,** inviter qn (à sortir); **to i. s.o. over for a meal,** inviter qn à venir dîner chez soi **2.** *n* ['invait] *F:* invitation *f*. **invitation** [invi'teiʃ(ə)n] *n* invitation *f*. **in'viting** *a* invitant, engageant; (plat) appétissant. **in'vitingly** *adv* d'une manière attrayante.

invoice ['invɔis] *Com:* **1.** *n* facture *f*; **i. clerk,** facturier, -ière **2.** *vtr* facturer (des marchandises). **'invoicing** *n* **i. of goods,** facturation *f* de marchandises.

invoke [in'vouk] *vtr* (*a*) invoquer (Dieu) (*b*) appeler (qn à son secours) (*c*) *Jur:* invoquer (les termes d'un contrat).

involuntary [in'vɔlənt(ə)ri] *a* involontaire. **in'voluntarily** *adv* involontairement.

involve [in'vɔlv] *vtr* **1.** mêler (qn) (**in,** à), impliquer (qn) (**in,** dans); associer (qn) (**in,** à); **to i. oneself, get involved,** s'engager (**in,** dans); **the car involved,** la voiture en cause (dans l'accident); **the factors involved,** les facteurs en jeu; **the person involved,** la personne en question; **I am emotionally involved,** cela me touche de trop, de très, près **2.** entraîner; **to i. s.o. in expense,** entraîner qn à des dépenses; **the job involves going abroad,** le poste nécessite des déplacements à l'étranger. **in'volved** *a* compliqué; **i. with s.o.,** mêlé aux affaires de qn; **personally i.,** concerné; **to be i. emotionally with s.o.,** être amoureux de qn; (*of police*) **to become i.,** intervenir. **in'volvement** *n* participation *f* (**in,** à), implication *f* (**in,** dans); engagement *m* (**in,** dans); difficulté *f*; **emotional i.,** liaison *f*.

invulnerable [in'vʌlnərəbl] *a* invulnérable.

inward ['inwəd] **1.** *a* intérieur **2.** *adv* vers l'intérieur. **'inward-looking** *a* replié sur soi. **'inwardly** *adv* intérieurement; vers l'intérieur; **I was i. pleased,** dans mon for intérieur j'étais content. **'inwards** *adv* vers l'intérieur.

iodine ['aiədi:n] *n* iode *m*; *Pharm:* teinture *f* d'iode.

ion ['aiən] *n El: Ph:* ion *m*.

iota [ai'outə] *n* iota *m*; **not an i. of truth,** pas un grain de vérité.

IOU *abbr I owe you,* reconnaissance *f* de dette.

IQ *abbr intelligence quotient.*

IRA *abbr Irish Republican Army.*

Iran [i'rɑ:n] *Prn Geog:* l'Iran *m*. **Iranian** [i'reinjən] *a & n* iranien, -ienne.

Iraq [i'rɑ:k] *Prn Geog:* l'Irak *m*. **I'raqi** *a & n* irakien, -ienne.

irascible [i'ræsibl] *a* irascible.

irate [ai'reit] *a* furieux; en colère.

ire ['aiər] *n Lit:* courroux *m*.

Ireland ['aiələnd] *Prn Geog:* Irlande *f*.

iridescent [iri'des(ə)nt] *a* irisé, iridescent; **i. colours,** couleurs chatoyantes.

iris ['aiəris] *n* **1.** *Anat:* (*pl* **irides**) iris *m* (de l'œil] **2.** *Bot:* (*pl* **irises**) iris *m*.

Irish ['aiəriʃ] **1.** *a* irlandais; (République) d'Irlande **2.** *n* (*a*) *Ling:* irlandais *m* (*b*) *pl* **the I.,** les Irlandais *m* **'Irishman,** *pl* **-men** *n* Irlandais *m*. **'Irishwoman,** *pl* **-women** *n* Irlandaise *f*.

irk [ə:k] *vtr* ennuyer. **'irksome** *a* (travail) ennuyeux, ingrat.

iron ['aiən] **I.** *n* **1.** fer *m*; **made of i.,** de, en, fer; **cast i.,** fonte *f*; **corrugated i.,** tôle (ondulée); **old, scrap, i.,** ferraille *f*; **i. ore,** minerai *m* de fer; *Med:* **i. lung,** poumon d'acier *m*; **will of i.,** volonté *f* de fer **2.** fer (à repasser) **3.** *pl* **irons,** fers, chaînes *f* **II.** *vtr* repasser (le linge); **to i. out difficulties,** aplanir des difficultés. **'ironing** *n* repassage *m* (du linge); **i. board,** planche *f* à repasser. **'ironmonger** [-mʌŋgər] *n* quincaillier *m*. **'ironmongery** *n* quincaillerie *f*. **'ironwork** *n* **1.** serrurerie *f*; ferronnerie *f* (d'art) **2.** *pl* **ironworks,** usine *f* sidérurgique; forges *fpl*. **'ironworker** *n* serrurier *m*; ferronnier *m* (d'art).

irony ['aiərəni] *n* ironie *f*. **i'ronic(al)** *a* ironique. **i'ronically** *adv* ironiquement.

irradiate [i'reidieit] *vtr* (*of light, heat*) irradier, rayonner; (*of light rays*) illuminer. **irradi'ation** *n* irradiation *f*; illumination *f*.

irrational [i'ræʃənəl] *a* (*of act*) irrationnel; (*of fear*) irraisonné; (*of pers*) peu rationnel, illogique. **i'rrationally** *adv* illogiquement.

irreconcilable [irekən'sailəbl] *a* **1.** (ennemi) irréconciliable; (haine) implacable **2.** (croyance) incompatible, inconciliable (**with,** avec).

irrecoverable [iri'kʌv(ə)rəbl] *a* irrécouvrable.

irredeemable [iri'di:məbl] *a* (*of pers*) incorrigible; (perte) irrémédiable; (faute) irréparable; *Fin:* (obligation) non amortissable.

irrefutable [iri'fju:təbl] *a* irréfutable.

irregular [i'regjulər] *a* (*a*) irrégulier; **i. life,** vie déréglée (*b*) (*of surface*) inégal. **irregu'larity** *n* irrégularité *f* (de conduite); accident (de terrain); *pl Adm: etc:* anomalies *fpl*. **i'rregularly** *adv* irrégulièrement.

irrelevant [i'relivənt] *a* non pertinent; hors de propos; peu utile; **i. to,** sans rapport avec; **that's i.,** ça n'a rien à voir avec la question. **i'rrelevance** *n* manque *m* de rapport. **i'rrelevantly** *adv* mal à propos; hors de propos.

irremediable [iri'mi:diəbl] *a* irrémédiable; sans remède. **irre'mediably** *adv* irrémédiablement.

irreparable [i'repərəbl] *a* irréparable; (perte) irrémédiable. **i'rreparably** *adv* irréparablement.

irreplaceable [iri'pleisəbl] *a* irremplaçable.

irrepressible [iri'presəbl] *a* irrépressible. **irre'pressibly** *adv* irrésistiblement.

irreproachable [iri'proutʃəbl] *a* irréprochable. **irre'proachably** *adv* irréprochablement.

irresistible [iri'zistəbl] *a* irrésistible. **irre'sistibly** *adv* irrésistiblement.

irresolute [i'rezəl(j)u:t] *a* **1.** indécis **2.** (caractère) irrésolu. **i'rresolutely** *adv* d'un air indécis.

irrespective [iri'spektiv] **1.** *a* indépendant (**of,** de) **2.** *adv* **i. of sth,** indépendamment, sans tenir compte, de qch.

irresponsible [iri'spɔnsəbl] *a* (*of pers*) irresponsable; (*of action*) irréfléchi. **irresponsi'bility** *n* manque *m* de sérieux. **irre'sponsibly** *adv* sans réfléchir.

irretrievable [iri'tri:vəbl] *a* irréparable, irrémédiable; introuvable. **irre'trievably** *adv* irréparablement, irrémédiablement; (perdu) à tout jamais.

irreverent [i'rev(ə)rənt] *a* irrévérencieux. **i'rreverence** *n* irrévérence *f*; manque *m* de respect (**towards s.o.,** envers, pour, qn). **i'rreverently** *adv* irrévérencieusement.

irreversible [iri'və:sibl] *a* (*of process*) irréversible, (*of decision*) irrévocable.

irrevocable [i'revəkəbl] *a* irrévocable. **i'rrevocably** *adv* irrévocablement.

irrigate ['irigeit] *vtr* irriguer (des champs); (*of river*) arroser (une région). **irri'gation** *n* irrigation *f*.

irritate ['iriteit] *vtr* **1.** irriter, agacer **2.** *Med:* irriter (une plaie). **'irritable** *a* irritable, irascible. **'irritably** *adv* d'un ton de mauvaise humeur. **'irritant** *a & n* irritant (*m*). **'irritating** *a* irritant; agaçant; *Med:* irritant. **irri'tation** *n* irritation *f*;

agacement *m*; *Med:* irritation (de la gorge); **nervous i.**, énervement *m*.

irruption [i'rʌpʃ(ə)n] *n* irruption *f*.

is [iz] *see* **be**.

ISBN *abbr International Standard Book Number(ing)*.

Islam ['izlɑːm] *n* islam *m*. **Islamic** [iz'læmik] *a* islamique.

island ['ailənd] *n* île *f*; **traffic i.**, refuge *m*. **'islander** *n* insulaire *mf*; habitant, -ante, d'une île. **isle** *n* (*esp in Prn*) île *f*; **the British Isles**, les îles Britanniques. **'islet** *n* îlot *m*.

ism [is(ə)m] *n F:* doctrine *f*, théorie *f*.

isolate ['aisəleit] *vtr* isoler (**s.o., sth, from s.o., sth,** qn, qch, de, qn, qch). **'isolated** *a* isolé. **iso'lation** *n* isolement *m*; solitude *f*; **in i.**, isolément; **i. hospital**, hôpital d'isolement (des contagieux); **i. ward**, salle des contagieux. **iso'lationism** *n Pol:* isolationnisme *m*. **iso'lationist** *a & n* isolationniste (*mf*).

isotope ['aisoutoup] *n Ch: Ph:* isotope *m*.

Israel ['izreil] *Prn Geog:* Israël *m*. **Is'raeli** *a & n* israélien, -ienne.

issue ['isjuː] **I.** *n* **1.** écoulement *m* **2.** issue *f*, sortie *f*, débouché *m* (**out of,** de) **3.** question *f*; problème *m*; résultat *m*, dénouement *m*; **major i.**, thème majeur; **to bring a matter to an i.**, faire aboutir une question; **to await the i.**, attendre le résultat; **the point at i.**, la question en discussion; **to force the i.**, forcer la main (à qn); **to confuse the i.**, brouiller les cartes; **I don't want to make an i. of it,** je ne veux pas en faire toute une affaire **4.** progéniture *f*, descendance *f* **5.** (*a*) *Fin:* émission *f* (de billets de banque, d'actions, de timbres-poste) (*b*) publication *f* (d'un livre) (*c*) numéro *m* (d'une revue, d'un journal) (*d*) délivrance *f* (d'un passeport) (*e*) *Mil:* distribution *f*, versement *m* (de vivres); **i. shirt,** chemise *f* réglementaire **II.** *v* **1.** *vi* (*a*) jaillir, s'écouler (**from,** de); (*of smell*) se dégager (**from,** de) (*b*) provenir, dériver (**from,** de) **2.** *vtr* (*a*) émettre, mettre en circulation (des billets de banque, etc) (*b*) publier (un livre); lancer (un avertissement); donner (un ordre) (*c*) fournir (**with,** de, to, à); distribuer (des billets); délivrer (un passeport).

isthmus ['is(θ)məs] (*pl* **isthmuses**) *n Geog:* isthme *m*.

it [it] *pers pron* **1.** (*a*) (*subject*) il, *f* elle; **where is your hat?—it's in the cupboard,** où est ton chapeau?—il est dans l'armoire (*b*) (*object*) le, *f* la; **I don't believe it,** je ne le crois pas; **give it to me, give me it,** donne-le, -la, moi; **he took her hand and pressed it,** il lui prit la main et la serra; **and my cake, have you tasted it?** et mon gâteau, y avez-vous goûté? (*c*) (*indirect object*); **bring the cat and give it a drink,** amenez le chat et donnez-lui à boire (*d*) *F:* **this book is absolutely it!** c'est un livre épatant! **this is it!** nous y voilà! ça y est! **he thinks he's it** [hiːz'it], il se croit sorti de la cuisse de Jupiter **2.** (*impersonal use*) **now for it!** et maintenant allons-y! **there is nothing for it but to run,** il n'y a qu'une chose à faire, c'est de filer; **to have a bad time of it,** en voir de dures; **to face it,** faire front; **he hasn't got it in him (to),** il n'est pas capable (de); il n'a pas ce·qu'il faut (pour); **the worst of it is that,** le pire de l'histoire c'est que **3.** ce, cela, il; **who is it?** qui est'ce? **that's it,** (i) c'est ça (ii) ça y est! **it doesn't matter,** cela ne fait rien; **it's Monday,** c'est lundi aujourd'hui; **it's raining,** il pleut **4.** **it's nonsense talking like that,** c'est absurde de parler comme ça; **it makes you think,** cela (vous) fait réfléchir; **how is it that?** comment se fait-il que? **it's said that,** on dit que; **I thought it well to warn you,** j'ai jugé bon de vous avertir **5.** **at it, in it, to it,** y; **to consent to it,** y consentir; **to fall in it,** y tomber; **above it, over it,** au-dessus; dessus; **for it,** en; pour lui, pour elle, pour cela; **I feel (the) better for it,** je m'en trouve mieux; **from it,** en; **far from it,** tant s'en faut, il s'en faut; **of it,** en; **he's afraid of it,** il en a peur; **on it,** y, dessus; **don't tread on it,** ne marche pas dessus.

italic [i'tælik] *a & n* italique (*m*); **to print in italics,** imprimer en italique; **the i. are mine,** c'est moi qui souligne.

Italy ['itəli] *Prn Geog:* Italie *f*. **Italian** [i'tæljən] **1.** *a* italien, d'Italie **2.** *n* (*a*) Italien, -ienne (*b*) *Ling:* italien *m*.

itch [itʃ] **1.** *vi* démanger; (*of pers*) avoir des démangeaisons; **my hand itches,** la main me démange; **to be itching to do sth,** brûler d'envie de faire qch **2.** *n* (*also* **itching**), démangeaison *f*; **to have an i. to do,** avoir une envie folle de faire. **'itching** *n* démangeaison; **i. powder,** poil *m* à gratter. **'itchy** *a* qui démange; **to have i. feet,** brûler d'envie de partir; avoir la bougeotte.

item ['aitəm] *n* article *m*; **a news i.**, une information; **news items,** faits divers; **the last i. on the programme,** le dernier numéro du programme; **items on the agenda,** questions *f* à l'ordre du jour. **'itemize** *vtr* détailler.

itinerary [i'tinərəri] *n* itinéraire *m*. **i'tinerant** *a* (musicien, etc) ambulant; (juge, etc) itinérant.

its [its] *poss a* son, *f* sa, (*before vowel sound*) son; *pl* ses; **I cut off its head,** je lui ai coupé la tête.

it's = **it is; it has.**

itself [it'self] *pers pron* lui-même, elle-même; (*refl*) se, s'; **goodness i.**, la bonté même; **by i.**, tout seul.

ITV *abbr Independent Television.*

IUD *abbr* (*birth control*) *intra-uterine device,* stérilet *m*.

IUS *abbr International Union of Students.*

I've = **I have.**

ivory ['aivəri] **1.** *n* ivoire *m*; (objet *m* d')ivoire **2.** *a* d'ivoire, en ivoire; (*of colour*) ivoire *inv*; **i. tower,** tour d'ivoire; *Geog:* **the I. Coast (Republic),** la (République de la) Côte d'Ivoire.

ivy ['aivi] *n* **1.** (*a*) *Bot:* lierre *m* (*b*) *Bot:* **poison i.**, sumac vénéneux; *FrC:* herbe à la puce **2.** *NAm:* **I. League,** qui fait partie du cercle des vieilles universités prestigieuses des états de l'est.

J

J, j [dʒei] *n* (la lettre) J, j *m.*

jab [dʒæb] **I.** *n* (*a*) coup (*sec*) (*b*) *Med: F:* piqûre *f.* **II.** *vtr & i* **(jabbed) to j. (at) s.o., sth, with sth.,** piquer qn, qch, du bout de qch; **to j. sth into sth,** enfoncer qch dans qch.

jabber ['dʒæbər] **1.** *vi* jacasser; jaser, bavarder **2.** *vtr* bredouiller. **'jabbering** *n* bavardage *m.*

Jack¹ [dʒæk] **1.** *Prnm* (*dim of* **John**) Jeannot; **before you could say J. Robinson,** sans qu'on ait le temps de dire ouf; *F:* **I'm all right, J.,** je m'en tire bien (et tant pis pour les autres) **2.** *n* (*a*) (*pers*) **j. tar,** marin *m*; **every man j.,** tout le monde (*b*) *Cards:* valet *m* (*c*) *Aut:* cric *m* (*d*) *Games:* (*bowls*) cochonnet *m* **3.** *vtr* (*a*) **to j. up,** soulever (une voiture) avec un cric; *Fig:* augmenter (les prix) (*b*) *F:* **to j. (in),** plaquer (son travail); abandonner (ses études, etc). **'jackass** *n* âne *m.* **'jackboots** *npl* bottes *fpl* à genouillère. **'jackdaw** *n* choucas *m.* **'jackhammer** *n NAm:* (*Br* = **pneumatic drill**) marteau-piqueur *m.* **'jack-in-the-box** *n* diable *m* (à ressort). **'jack-knife 1.** *n* (*pl* **-knives**) couteau *m* de poche **2.** *vi* (*of articulated vehicle*) se mettre en travers de la route. **jack-of-'all-trades** *n* homme *m* à tout faire. **'jackpot** *n* pot *m*; **to hit the j.,** gagner le gros lot. **jacks** *npl* (jeu *m* d')osselets *mpl.*

jack² *n Nau:* **the Union J.,** le pavillon britannique.

jackal ['dʒækəl] *n* chacal *m.*

jacket ['dʒækit] *n* **1.** *Cl:* veste *f*; (*of man's suit*) veston *m*, veste, jaquette *f* (de femme); (*bullet proof*) gilet *m*; **dinner j.,** smoking *m*; **bed j.,** liseuse *f*; *Cu:* **j. potatoes, potatoes in their jackets,** pommes de terre en robe des champs, de chambre **2. (dust) j.,** jaquette (de livre).

jacuzzi [dʒə'ku:zi] *n* jacousi *m.*

jade [dʒeid] *n* **1.** *Miner:* jade *m*; **j. (green),** vert jade *inv* **2.** (*horse*) rosse *f*, canasson *m.*

jaded ['dʒeidid] *a* (*of pers, horse*) surmené, fatigué, éreinté; (goût) blasé.

jagged ['dʒægid] *a* déchiqueté, dentelé, ébréché; (pierre) aux arêtes vives.

jaguar ['dʒægjuər] *n Z:* jaguar *m.*

jail [dʒeil] **1.** *n* prison *f*, *F:* taule *f*; **in j.,** en prison **2.** *vtr* emprisonner **(for theft,** pour vol); **to j. for life,** condamner à perpétuité. **'jailbird** *n F:* récidiviste *mf.* **'jailbreak** *n* évasion *f* (de prison). **'jailbreaker** *n* évadé, -ée (de prison). **'jailer** *n* geôlier, -ière.

jalopy [dʒə'lɔpi] *n* (*pl* **jalopies**) *F:* vieux tacot.

jam¹ [dʒæm] **I.** *n* **(traffic) j.,** embouteillage *m*; *F:* **to be in a j.,** être dans le pétrin. **II.** *v* **1.** *vtr* (*a*) **to j. sth into,** (en)tasser qch dans; enfoncer, fourrer, qch dans; **to j. one's finger, get one's finger jammed, in the door,** se coincer le doigt dans la porte (*b*) coincer, bloquer; enrayer (une roue, un fusil) (*c*) encombrer (un couloir); envahir (un immeuble) (*d*) *WTel:* brouiller (un message) (*e*) **to j. on the brakes,** bloquer les freins **2.** *vi* (*a*) (*of crowd*) **to j. into,** s'entasser dans (*b*) (*of machine*) se coincer, se bloquer; (*of rifle*) s'enrayer; (*of brakes*) se bloquer. **'jamming** *n WTel:* brouillage *m.* **jam-'packed** *a F:* (autobus) bondé, comble; (*of hall, etc*) bourré de monde.

jam² *n* confiture *f*; **strawberry j.,** confiture de fraises; *F:* **it's money for j.,** c'est donné. **'jamjar** *n* pot *m* à confitures.

Jamaica [dʒə'meikə] *Prn Geog:* Jamaïque *f.* **Ja'maican** *a & n* jamaïquain, -aine.

jamb [dʒæm] *n* jambage *m*, montant *m*, chambranle *m* (de porte).

jamboree [dʒæmbə'ri:] *n* (*a*) réjouissances tapageuses (*b*) *Scout:* jamboree *m.*

jangle ['dʒæŋgl] **1.** (*a*) *vi* cliqueter; s'entrechoquer (*b*) *vtr* faire cliqueter, entrechoquer; **jangled nerves,** nerfs en pelote **2.** *n* cliquetis *m.* **'jangling** *a* (*of noise*) discordant.

janitor ['dʒænitər] *n* concierge *m.*

January ['dʒænjuəri] *n* janvier *m*; **in J.,** en janvier; **(on) J. the first, (on) the first of J.,** le premier janvier.

Japan [dʒə'pæn] *Prn Geog:* Japon *m*; **in J.,** au Japon. **Japa'nese 1.** *a & n* japonais, -aise **2.** *n Ling:* japonais *m.*

japonica [dʒə'pɔnikə] *n Bot:* cognassier *m* du Japon.

jar¹ [dʒɑ:r] **I.** *n* choc *m*; secousse *f*; ébranlement *m.* **II.** *v* **(jarred) 1.** *vi* (*a*) (*of noise*) grincer; *Mus:* (*of note*) détonner; (*of colours, words*) jurer **(with,** avec); **to j. on s.o.'s ears,** écorcher les oreilles à qn (*b*) heurter, cogner; **to j. on s.o.'s feelings,** choquer les sentiments de qn; **to j. on s.o.'s nerves,** porter sur les nerfs de qn **2.** *vtr* ébranler, secouer. **'jarring** *a* (*of sound*) discordant.

jar² *n* récipient *m*; pot *m*; bocal *m.*

jargon ['dʒɑ:gən] *n* jargon *m.*

jasmine ['dʒæzmin] *n Bot:* jasmin *m.*

jaundice ['dʒɔ:ndis] *n Med:* jaunisse *f.* **'jaundiced** *a* **to take a j. view of things,** voir les choses d'un mauvais œil.

jaunt [dʒɔ:nt] *n* balade *f.*

jaunty ['dʒɔ:nti] *a* insouciant, désinvolte; allègre; (*of hat*) coquet, chic. **'jauntily** *adv* avec insouciance; allégrement.

javelin ['dʒævlin] *n* javelot *m*; *Sp:* **j. throwing,** lancer *m* du javelot.

jaw [dʒɔ:] *n* mâchoire *f*; **jaws of death,** griffes *fpl* de la mort. **'jawbone** *n* (os *m*) maxillaire *m*; mâchoire.

jay [dʒei] *n Orn:* geai *m.* **'jaywalker** *n* piéton *m* imprudent.

jazz [dʒæz] **I.** *n* **1.** *Mus:* jazz *m* **2.** *F:* baratin *m*; **and all that j.,** et tout le bataclan. **II.** *vtr* **to j. up** (i) jazzifier (une mélodie) (ii) animer; égayer (une pièce, etc).

JC *abbr Jesus Christ,* Jésus-Christ.

jealous ['dʒeləs] *a* jaloux **(of,** de). **'jealously** *adv* jalousement. **'jealousy** *n* jalousie *f.*

jeans [dʒiːnz] *npl Cl:* jean *m*; blue-jean *m*.
jeep [dʒiːp] *n Aut:* jeep *f*.
jeer [ˈdʒiər] **I.** *n* raillerie *f*, moquerie *f*; *pl* huées *fpl*. **II.** *vtr & i* **to j. (at) s.o., sth,** se moquer de, railler, qn, qch; (*of crowd*) huer qn, qch. **'jeering I.** *a* railleur, moqueur. **II.** *n* railleries; huées.
jell [dʒel] *vi F:* (*of ideas*) prendre tournure. **'jello** *n Rtm: NAm: Cu:* gelée *f*. **jelly** *n* (*pl* **-ies**) *Cu:* gelée *f*. **'jellyfish** *n* méduse *f*.
jemmy [ˈdʒemi] *n* (*pl* **jemmies**) pince-monseigneur *f*.
jeopardize [ˈdʒepədaiz] *vtr* mettre en danger; compromettre. **'jeopardy** *n* danger, péril *m*; **in j.,** en danger, en péril.
jerk [dʒəːk] **I.** *n* (*a*) saccade *f*, secousse *f*; à-coup *m* (*b*) *F: Pej:* pauvre type *m*; **(stupid) j.,** idiot, -ote. **II.** *vtr* donner une secousse à (qch); tirer (qch) d'un coup sec; **he jerked himself free,** il s'est dégagé d'une secousse. **'jerkily** *adv* d'une manière saccadée; par à-coups. **'jerky** *a* (*a*) saccadé; (style) décousu (*b*) *NAm: F:* stupide, bête.
jerkin [dʒəːkin] *n* gilet *m*.
jerry [ˈdʒeri] *n F:* pot *m* de chambre. **'jerry-built** *a* construit comme une cabane à lapins. **'jerrycan** *n* jerrycan *m*.
Jersey [ˈdʒəːzi] **1.** *Prn Geog:* (Île de) Jersey **2.** *n Cl:* jersey *m*; tricot *m*; chandail *m*; **football j.,** maillot *m* **3.** (*cloth*) jersey.
jest [dʒest] **I.** *n* plaisanterie *f*; **in j.,** pour rire. **II.** *vi* plaisanter. **'jester** *n* bouffon *m*.
Jesus [ˈdʒiːzəs] *Prnm* Jésus; **J. Christ,** Jésus-Christ. **Jesuit** [ˈdʒezjuit] *n* jésuite *m*.
jet¹ [dʒet] *n* jais *m*; **j. black,** noir comme (du) jais, (noir) de jais.
jet² *n* **1.** jet *m* (d'eau, etc) **2.** (*a*) ajutage *m*, jet (de tuyau d'arrosage) (*b*) brûleur *m* (à gaz); *Aut:* gicleur *m* **3.** *Av:* **j. (aircraft),** avion *m* à réaction; jet; **j. engine,** moteur à réaction; **j. propulsion,** propulsion par réaction; **j. lag,** fatigue (due au décalage horaire); *F:* **jet-lagged,** qui souffre du décalage horaire; **j. set,** jet set *m*, les riches oisifs. **jet-pro'pelled** *a* (avion) à réaction.
jetsam [ˈdʒetsəm] *n* épaves rejetées sur la côte.
jettison [ˈdʒetisn] *vtr* jeter à la mer, se délester de (la cargaison); *Av:* larguer (des bombes); *Fig:* abandonner (un espoir).
jetty [ˈdʒeti] *n* (*pl* **jetties**) jetée *f*, digue *f*; **(landing) j.,** embarcadère *m*.
Jew [dʒuː] *n* juif *m*, juive *f*. **'Jewess** *nf* juive. **'Jewish** *a* juif.
jewel [ˈdʒuːəl] *n* **1.** (*a*) bijou *m*, joyau *m*; **j. case,** coffret à bijoux (*b*) *pl* pierres précieuses **2.** (*in watch*) rubis *m*. **'jewelled,** *NAm: also* **'jeweled** *a* **1.** orné de bijoux **2.** (*of watch*) monté sur rubis. **'jeweller,** *NAm: also* **'jeweler** *n* bijoutier, -ière, joaillier *m*; **j.'s (shop),** bijouterie *f*. **'jewel(le)ry** *n* bijoux *mpl*; **costume j.,** bijoux de fantaisie.
jib¹ [dʒib] *n Nau:* foc *m*; *MecE:* flèche *f* (de grue).
jib² *vi* **(jibbed)** (*of horse, pers*) regimber; **to j. at doing sth.,** se refuser, rechigner, à faire qch.
jiffy [ˈdʒifi] *n F:* **in a j.,** en un instant, en moins de rien; **I won't be a j.,** j'arrive.
jig [dʒig] *n* **1.** *Danc:* gigue *f* **2.** *MecE:* calibre *m*, gabarit *m*. **'jigsaw (puzzle)** *n* puzzle *m*.
jiggle [ˈdʒigl] *vtr & i* secouer (qch) légèrement.
jilt [dʒilt] *vtr F:* plaquer (un amant).
jingle [ˈdʒiŋgl] **I.** *n* **1.** tintement *m* (de clochettes); cliquetis *m* (de clefs) **2.** **(advertising) j.,** ritournelle *f* publicitaire. **II.** *v* **1.** *vi* (*of bells*) tinter; (*of keys*) cliqueter **2.** *vtr* faire tinter, faire cliqueter. **'jingling** *n* = **jingle I. 1.**
jingoism [ˈdʒiŋgouizm] *n* chauvinisme *m*. **jingo'istic** *a* chauvin(iste).
jinx [dʒiŋks] *n F:* porte-malheur *m inv*; (mauvais) sort, poisse *f*.
jitters [ˈdʒitəz] *n F:* **to have the j.,** avoir la frousse. **'jittery** *a F:* **to be j.,** avoir la frousse.
jive [dʒaiv] **I.** *n* rock (and roll) *m*. **II.** *vi* danser le rock.
Jnr [ˈdʒuːniər] *abbr Junior*.
job [dʒɔb] *n* **1.** (*a*) tâche *f*, travail *m*, besogne *f*; **to do a j.,** exécuter un travail; **odd jobs,** petits travaux; **to do odd jobs,** bricoler; *F:* **odd j. man,** homme à tout faire; **to have the j. of doing.** (i) être obligé de faire (ii) être chargé de faire; *F:* **to make a good j. of sth,** réussir qch, *F:* faire du bon boulot; **to make a bad j. of sth,** bousiller qch; **that's a good j.!** à la bonne heure! **it's a good j. that,** heureusement que + *sub*; **to give sth up as a bad j.,** y renoncer; *F:* **that's a lovely j.,** c'est du beau travail; **that's just the j.,** c'est juste ce qu'il faut (*b*) tâche difficile; corvée *f*; **to have a j. to do sth, doing sth,** avoir du mal à faire qch **2.** emploi *m*; poste *m*, situation *f*; **to look for a j.,** chercher du travail, un emploi; **he knows his j.,** il connaît son affaire; *F:* **jobs for the boys,** distribution des planques; **to be out of a j.,** être au chômage, chômer; **j. centre,** agence nationale pour l'emploi; **j. description,** description de la fonction; **j. lot,** lot *m* (de marchandises, de livres, etc); **to sell as a j. lot,** vendre en lot, en vrac **3.** *F:* (*crime*) coup *m*. **'jobber** *n StExch:* marchand *m* de titres. **'jobbing** *a* (ouvrier) à la tâche; (jardinier) à la journée. **'jobless 1.** *a* au chômage **2.** *npl* **the j.,** les chômeurs *mpl*, les demandeurs *mpl* d'emploi.
jockey [ˈdʒɔki] **I.** *n* jockey *m*. **II.** *vtr & i* entraîner, amener (qn) **(into doing,** à faire); **to j. for,** manœuvrer pour obtenir (une situation, etc).
jockstrap [ˈdʒɔkstræp] *n Cl:* slip *m* à coquille.
jocular [ˈdʒɔkjulər] *a* jovial, amusant.
jodhpurs [ˈdʒɔdpəz] *npl Cl:* culotte *f* de cheval.
jog [dʒɔg] **I.** *n* **1.** (*a*) coup *m* de coude (*b*) secousse *f*; cahot *m* (d'une voiture) **2.** (*a*) **j. (trot),** footing *m*; (*of horse*) petit trot (*b*) *Sp:* **to go for a j.,** faire du footing. **II.** *v* **(jogged) 1.** *vtr* (*a*) pousser (le coude à qn) (*b*) rafraîchir (la mémoire à qn) (*c*) (*of vehicle*) secouer (les passagers) **2.** *vi* (*a*) **to j. along,** (i) aller au petit trot (ii) (*of vehicle*) cahoter (iii) *Fig:* (*of work*) aller tant bien que mal; (*of pers*) faire son petit bonhomme de chemin; **we're jogging along,** les choses vont leur train (*b*) *Sp:* **to j., go jogging,** faire du jogging. **'jogger** *n Sp:* joggeur, -euse. **'jogging** *n Sp:* jogging *m*.
joggle [ˈdʒɔgl] *vtr & i F:* ballotter.
john [dʒɔn] *n NAm P:* cabinets *mpl*.
join [dʒɔin] **I.** *n* raccord *m*, joint *m*, jointure *f*; ligne *f* de jonction. **II.** *v* **1.** *vtr* (*a*) **to j. (together, up),** joindre, réunir; relier (une chose à une autre); raccorder (des tuyaux, etc); **to j. forces with s.o.,** se joindre à qn; **to j. hands with s.o.,** prendre qn par la

main; **to j. hands,** se donner la main (*b*) **to j. (on),** ajouter (*c*) se joindre, s'unir, à (qn); rejoindre (qn); **will you j. us?** voulez-vous vous joindre à nous? voulez-vous être des nôtres? **to go and j. s.o.,** aller retrouver qn; **to j. s.o. in a drink,** prendre un verre avec qn (*d*) *Mil:* rejoindre (son unité, son navire) (*e*) s'inscrire à (un club); adhérer, s'affilier, à (un parti); devenir membre de (une société); s'engager dans (l'armée); **to j. the queue,** prendre la queue (*f*) se joindre, s'unir, à (qch); (*of river*) **to j. the sea,** rejoindre la mer; **the path joins the road,** le sentier rejoint la route **2.** *vi* (*a*) **to j. (together, up),** se joindre, s'unir (**with,** à); (*of lines*) se rencontrer (*b*) devenir membre. **'joiner** *n* menuisier *m*. **'joinery** *n* menuiserie *f*. **'join 'in 1.** *vtr & i* **to j. in (with),** participer, s'associer, à (un projet); joindre sa voix à (une protestation) **2.** *vi* participer; **to j. in a game,** prendre part à un jeu. **joint I.** *n* **1.** joint, jointure; *Carp:* assemblage *m* **2.** *Anat:* articulation *f*; **out of j.,** (i) (bras) démis (ii) *Fig:* (système) détraqué; **to put s.o.'s nose out of j.,** dépiter qn, faire pâlir qn (de dépit) **3.** *Cu:* rôti *m* (de viande) **4.** *P:* (*a*) (*nightclub, etc*) boîte *f*; **gambling j.,** tripot *m* (*b*) (*drug*) joint. **II.** *vtr* **1.** joindre, assembler (des pièces de bois) **2.** découper (un poulet). **III.** *a* (travail) commun, combiné, collectif; (commission) mixte; *Bank:* (compte) conjoint; *Fin:* **j. stock,** capital social; **j. author,** coauteur *m*; **j. heir,** cohéritier, -ière; **j. owner,** copropriétaire *mf*; **j. ownership,** copropriété *f*; **j. tenant,** colocataire *mf*. **'jointed** *a* articulé. **'jointly** *adv* ensemble, conjointement; **to manage a business j.,** cogérer une affaire. **join 'up** *vi Mil:* s'engager.

joist [dʒɔist] *n Const:* solive *f*, poutre *f*.

joke [dʒouk] **1.** *n* plaisanterie *f*; *F:* blague *f*; **for a j.,** pour rire; **practical j.,** tour *m*; farce *f*; **to play a j. on s.o.,** jouer un tour à qn; **he can't take a j.,** il ne comprend pas la plaisanterie; **it's no j.,** ce n'est pas drôle (**doing,** de faire) **2.** *vi* plaisanter (**about,** sur); **you must be joking!** vous voulez rire! sans blague! **'joker** *n* **1.** (*a*) plaisantin *m*; farceur, -euse; *F:* blagueur, -euse (*b*) *F:* type *m* **2.** *Cards:* joker *m*. **'joking 1.** *a* (ton) de plaisanterie **2.** *n* plaisanterie(s) *f(pl)*. **'jokingly** *adv* en plaisantant; pour rire.

jolly ['dʒɔli] **I. 1.** *a* **(-ier, -iest)** joyeux, gai; agréable; *F:* éméché **2.** *adv F:* rudement, drôlement; **j. quickly,** bien vite. **II.** *vtr* **to j. s.o. along,** encourager qn par des plaisanteries. **jollifi'cation** *n F:* réjouissances *fpl*. **'jollity** *n* jovialité *f*; réjouissances.

jolt [dʒoult] **1.** *n* secousse *f*; (*of vehicle*) cahot *m*; *Fig:* secousse **2.** *vtr & i* cahoter; *Fig:* secouer; **to j. (along),** cahoter.

Jordan ['dʒɔːdən] *Prn Geog:* **1.** (*country*) Jordanie *f* **2.** (*river*) Jourdain *m*.

joss stick ['dʒɔsstik] *n* bâton *m* d'encens.

jostle ['dʒɔsl] **1.** *vi* se bousculer (**for,** pour obtenir); **to j. against s.o.,** bousculer qn; **to j. to the front of the crowd,** jouer des coudes jusqu'au premier rang de la foule **2.** *vtr* bousculer, coudoyer (qn).

jot [dʒɔt] **I.** *n* **not a j.,** pas un iota. **II.** *vtr* **(jotted) to j. sth down,** noter, prendre note de, qch. **'jotter** *n* bloc-notes *m*. **'jottings** *npl* notes *fpl*.

journal ['dʒəːnl] *n* journal *m*, -aux; revue *f*; *Book-k:* (livre) journal; *Nau:* journal de bord; *Pol:* compte rendu. **journa'lese** *n F:* jargon *m* journalistique. **'journalism** *n* journalisme *m*. **'journalist** *n* journaliste *mf*. **journa'listic** *a* journalistique.

journey ['dʒəːni] *n* voyage *m*; trajet *m*; **return j.,** (voyage de) retour *m*; **j. there and back,** voyage aller (et) retour; **train j.,** voyage en chemin de fer; **on a j.,** en voyage.

jovial ['dʒouvjəl] *a* jovial. **jovi'ality** *n* jovialité *f*. **'jovially** *adv* jovialement.

jowl [dʒaul] *n* (*a*) mâchoire *f* (*b*) joue *f*.

joy [dʒɔi] *n* joie *f*, allégresse *f*. **'joyful** *a* joyeux. **'joyfully** *adv* joyeusement. **'joyous** *a* joyeux. **'joyride** *n* virée *f* (dans une voiture volée). **'joystick** *n Av:* manche *m* à balai.

JP *abbr Justice of the Peace*.

Jr ['dʒuːniər] *abbr Junior*.

jubilant ['dʒuːbilənt] *a* joyeux; (visage) épanoui; **to be j.,** jubiler. **jubi'lation** *n* (*a*) joie *f*; jubilation *f* (*b*) réjouissance(s) *f(pl)*.

jubilee ['dʒuːbiliː] *n* **(golden) j.,** jubilé *m*.

Judaism ['dʒuːdeiizm] *n* judaïsme *m*.

judder ['dʒʌdər] **1.** *n* (violente) secouse **2.** *vi* (*of brakes*) trépider; (*of vehicle*) cahoter; **the train juddered to a halt,** le train s'arrêta avec de violentes secousses.

judge [dʒʌdʒ] **I.** *n* **1.** juge *m* **2.** connaisseur, -euse; **to be a good j. of wine,** être spécialiste en vins; **I'll be the j. of that,** c'est moi qui jugerai de cela. **II.** *vtr & i* juger; apprécier, estimer (une distance); **to j. it necessary to do sth,** juger nécessaire de faire qch; **j. for yourself,** jugez(-en) par vous-même; **judging by,** à en juger par. **'judg(e)ment** *n* **1.** jugement *m*; décision *f* judiciaire; arrêt *m*, sentence *f* **2.** opinion *f*, avis *m* **3.** bon sens; discernement *m*; **to have good j.,** avoir du jugement.

judicial [dʒu'diʃl] *a* juridique; (enquête) judiciaire; (esprit) critique. **ju'diciary** *n* magistrature *f*. **ju'dicious** *a* judicieux. **ju'diciously** *adv* judicieusement.

judo ['dʒuːdou] *n Sp:* judo *m*.

jug [dʒʌg] *n* **1.** cruche *f*; (*for milk*) pot *m*; (*small*) cruchon *m*; (*big*) broc *m*; **coffee j.,** verseuse *f* **2.** *P:* prison *f*, taule *f*. **jugged** *a Cu:* **j. hare,** civet *m* de lièvre.

juggernaut ['dʒʌgənɔːt] *n Veh:* poids lourd, mastodonte *m*.

juggle ['dʒʌgl] *vtr & i* jongler (**sth, with sth,** avec qch). **'juggler** *n* jongleur, -euse. **'juggling** *n* jonglerie *f*.

jugular ['dʒʌgjulər] *a Anat:* jugulaire.

juice [dʒuːs] *n* jus *m* (de viande, de fruit); suc *m* (gastrique); **to stew in one's own j.,** mijoter dans son (propre) jus. **'juicer** *n NAm: DomEc:* centrifugeuse *f*. **'juiciness** *n* juteux *m* (de la viande); fondant *m* (d'un fruit). **'juicy** *a* **(-ier, -iest)** juteux; (*of meat*) succulent; (récit) savoureux.

jukebox, -es ['dʒuːkbɔks, -iz] *n* juke-box *m*.

July [dʒuː'lai] *n* juillet *m*; **in J.,** en juillet; **(on) the seventh of J., (on) J. the seventh,** le sept juillet.

jumble ['dʒʌmbl] **I.** *n* **1.** fouillis *m*; méli-mélo *m* **2.** (objets *mpl* de) rebut *m*; **j. sale** (*NAm:* = **rummage sale**), vente de charité. **II.** *vtr* **to j. (up),** brouiller; mettre pêle-mêle.

jumbo ['dʒʌmbou] **1.** *a* géant **2.** *a & n* (*pl* **-os**) *Av:* **j. (jet),** gros-porteur *m*; jumbo-jet *m*.

jump [dʒʌmp] **I.** *n* **1.** saut *m*, bond *m*; hausse *f* (des prix); *Sp:* **high, j.,** saut en hauteur; **long,** *NAm:* **broad, j.,** saut en longueur; *F:* **he's for the high j.!** qu'est-ce qu'il va prendre! *Av: F:* **j. jet,** avion *m* à décollage et atterrissage verticaux; *Aut:* **j. leads** (*NAm:* = **jumper leads**), câble *m* de démarrage **2.** sursaut *m* **3.** *Equit:* obstacle *m.* **II.** *v* **1.** *vi* (*a*) sauter; bondir; (*of price, heart*) faire un bond; **to j. off a wall,** sauter (à bas) d'un mur; **to j. up and down,** sautiller; **to j. at an offer,** sauter sur une offre; **to j. to conclusions,** tirer des conclusions hâtives; *F:* **j. to it!** grouillez-vous! (*b*) sursauter **2.** *vtr* sauter; franchir (une haie); (*of train*) **to j. the rails,** dérailler; **to j. the queue,** resquiller; *Aut:* **to j. the lights,** griller un feu rouge; **to j. ship,** déserter le navire; **to j. the gun,** (i) *Sp:* voler le départ (ii) faire qch prématurément. **jump a'bout** *vi* sautiller. **jump a'cross** *vtr* traverser (qch) d'un bond. **jump 'down** *vi* sauter à terre. **'jumped-'up** *a*; *Pej:* **a j.-up clerk,** un (petit) péteux de vendeur. **'jumper** *n* **1.** *Cl:* (*a*) pull(-over) *m*, tricot *m* (*b*) *NAm:* (i) robe *f* chasuble (ii) barboteuse *f* (pour enfant) **2.** *NAm:* **j. leads,** (*Br* = **jump leads**) câble *m* de démarrage. **jump 'in** *vi* **1.** entrer d'un bond; (*into vehicle*) **j. in!** montez! **2.** se jeter à l'eau. **jump 'off** *vi* sauter; **to j. o. sth,** sauter de qch. **jump 'on** *vi* **to j. on a bus,** sauter dans un autobus; **j. on!** montez! **jump 'out** *vi* sauter de; **to j. out of bed,** sauter (à bas) du lit; **to j. out of the window,** sauter par la fenêtre; **I nearly jumped out of my skin,** cela m'a fait sursauter. **'jump 'up** *vi* se lever d'un bond. **'jumpy** *a* agité, nerveux.

junction ['dʒʌŋkʃn] *n* (*a*) (point *m* de) jonction *f*; confluent *m* (de rivières); raccordement *m* (de tuyaux); embranchement *m*, bifurcation *f* (de routes, de voies de chemin de fer); **(road) j.,** carrefour *m* (*b*) *Rail:* gare *f* de jonction.

juncture ['dʒʌŋktʃər] *n* conjoncture *f* (de circonstances); **at this j.,** en ce moment même.

June [dʒu:n] *n* juin *m*; **in J.,** en juin; **(on) the seventh of J., (on) J. the seventh,** le sept juin.

jungle ['dʒʌŋgl] *n* jungle *f*.

junior ['dʒu:njər] **1.** *a* (*in age*) plus jeune; (*in rank*) subalterne; **j. doctor, teacher,** jeune médecin *m* jeune professeur *m*; **to be j. to s.o., to be s.o.'s j.,** être plus jeune que qn; **Martin J.,** Martin fils, junior; **j. school,** école *f* primaire; *NAm:* **j. high school** = collège *m* d'enseignement secondaire; *Sp:* **j. event,** épreuve des cadets **2.** *n* cadet, -ette; *Sch:* petit, -ite, petit(e) élève *mf*; *Sp:* junior *mf*, cadet, -ette.

juniper ['dʒu:nipər] *n Bot:* (*tree*) genévrier *m*; (*tree and berry*) genièvre *m*.

junk¹ [dʒʌŋk] *n Nau:* jonque *f*.

junk² **1.** *n* bric-à-brac *m inv*; ferraille *f*; camelote *f*; *Pej:* (*of book, film*) idiotie *f*; **j. heap,** dépotoir *m*; tas de ferraille; **j. shop,** (magasin de) brocanteur *m* **2.** *vtr F:* balancer. **'junkie** *n F:* drogué, -ée, camé, -ée.

junket ['dʒʌŋkit] *n* **1.** *Cu:* lait caillé **2.** *F: esp NAm:* voyage officiel aux frais de la princesse. **'junketing** *n F:* partie *f* de plaisir; bombe *f*.

junta ['dʒʌntə] *n Pol:* junte *f*.

jurisdiction [dʒu:ris'dikʃn] *n* juridiction *f*; **within our j.,** de notre compétence. **juris'prudence** *n* jurisprudence *f*.

jury ['dʒu:ri] *n* jury *m*; jurés *mpl*; **to be, serve, on the j.,** être du jury. **'juror, 'juryman, -woman** *n* juré, -ée; membre *m* du jury.

just [dʒʌst] **I.** *a* juste; **it's only j.,** ce n'est que justice; **as was only j.,** comme de juste. **II.** *adv* **1.** (*a*) juste, justement, au juste; **j. here,** juste ici; **j. by the door,** tout près de la porte; **not j. yet,** pas encore; **j. how many are there?** combien y en a-t-il au juste? **j. over £50,** un peu plus de £50; **that's j. it!** justement! **j. so!** parfaitement! **he did it j. for a joke,** il l'a fait simplement histoire de rire (*b*) **j. as big,** tout aussi grand (**as,** que); **j. as well as him,** tout aussi bien que lui; **j. as you please!** comme vous voudrez! **leave my things j. as they are,** laissez mes affaires telles quelles; **j. as he was starting out,** au moment où il partait; **it's j. as I thought,** c'est bien ce que je pensais; **I'd j. as soon have this one,** j'aimerais tout autant celui-ci; **j. as . . ., so . . .,** de même que . . ., de même . . .; **j. now,** (i) actuellement; en ce moment (ii) pour l'instant; pour le moment (iii) tout à l'heure; **j. at that moment, time,** à cet instant même; **j. you wait!** tu verras! **2. he has j. written to you,** il vient de vous écrire; **he has j. come,** il ne fait que d'arriver; **she has j. come from Paris,** elle arrive de Paris; (*of book*) **j. out,** vient de paraître **3. (I'm) j. coming!** j'arrive! **j. about,** à peu prés; presque; **she has j. left,** elle vient de partir; **he's j. going out, j. about to go out,** il est sur le point de sortir **4. he (only) j. managed to do it,** c'est tout juste s'il est arrivé à le faire; **they j. missed the train,** ils ont manqué le train de peu; **I (only) j. managed to avoid it,** je l'ai évité de justesse; **I was only j. saved from drowning,** j'ai failli me noyer; **I've only j. got enough,** j'en ai tout juste assez; **you're j. in time,** vous arrivez juste à temps **5.** (*a*) seulement; **j. once,** rien qu'une fois; **j. one,** un seul; **j. a little bit,** un tout petit peu; **j. over ten,** un peu plus de dix (*b*) **j. listen!** écoutez donc! **j. a moment** un instant! **j. look at that!** regarde-moi ça! **'justice** *n* **1.** justice *f*; **to do s.o. j.,** faire justice à qn; (*of attitude*) **it doesn't do you j.,** ça ne vous fait pas honneur; **the photo didn't do him j.,** la photo ne l'avantageait pas; **to do oneself j.,** se faire valoir; **to do j. to a meal,** faire honneur à un repas; **to bring s.o. to j.,** traduire qn en justice **2.** magistrat *m*; juge *m*; **J. of the Peace,** juge de paix. **'justly** *adv* avec justice; avec juste raison; (célèbre) à juste titre. **'justness** *n* **1.** justice (d'une cause) **2.** justesse *f* (d'une remarque).

justify ['dʒʌstifai] *vtr* (**justified**) justifier; légitimer (une action); prouver le bien-fondé de (ses mots). **justi'fiable** *a* justifiable. **'justifiably** *adv* légitimement. **justifi'cation** *n* justification *f*. **'justified** *a* justifié; **fully j. decision,** décision bien fondée; **to be j. in doing sth,** être en droit de faire qch; avoir toutes les bonnes raisons de faire qch.

jut [dʒʌt] *vi* (**jutted**) **to j. (out),** faire saillie; **to j. out over sth,** surplomber qch.

jute [dʒu:t] *n Bot: Tex:* jute *m*.

juvenile ['dʒu:vənail] **1.** *a* (livre, tribunal) pour enfants; *Pej:* (*of behaviour*) puéril; **j. delinquency,** délinquance *f* juvénile; **j. delinquent,** jeune délinquant, -ante **2.** *n.* adolescent, -ente.

juxtapose ['dʒʌkstəpouz] *vtr* juxtaposer. **juxtapo'sition** *n* juxtaposition *f*; **to be in j.,** se juxtaposer.

K

K, k [kei] *n* (la lettre) K, k *m.*
kaftan ['kæftæn] *n Cl:* kaftan *m.*
kale [keil] *n* **(curly) k.,** chou frisé.
kaleidoscope [kə'laidəskoup] *n* kaléidoscope *m.*
kangaroo [kæŋgə'ru:] *n Z:* kangourou *m.*
kaolin ['keiəlin] *n* kaolin *m.*
kapok ['keipɔk] *n* kapok *m.*
kaput [kə'put] *a F:* fichu, foutu.
karate [kə'rɑ:ti] *n Sp:* karaté *m.*
kayak ['kaiæk] *n* kayak *m.*
kebab [ki'bæb] *n Cu:* brochette *f.*
kedgeree [kedʒə'ri:] *n Cu:* plat *m* de riz accommodé avec du beurre, des œufs durs et du poisson.
keel [ki:l] *n Nau:* quille *f*; **on an even k.,** (i) (*of ship*) sans différence de tirant d'eau (ii) *Fig:* stable; calme. **keel 'over** *vi* (*of ship*) chavirer; (*of pers*) tomber, *esp* s'évanouir.
keen [ki:n] *a* **1.** (couteau) affilé, aiguisé; **k. edge,** fil tranchant **2.** (vent) coupant, piquant; (son, chagrin) aigu; (appétit) rude; (*of interest, feeling*) vif **3.** (*a*) enthousiaste; **k. golfer,** passionné *m* de golf; *F:* **to be k. on sth,** être enthousiaste de, emballé pour, qch; **to be k. to do, on doing,** tenir (beaucoup) à faire; **he's k. on her,** elle lui plaît beaucoup; **he isn't k. on it,** il n'y tient pas beaucoup; **to be k. on,** être passionné de (musique, etc) (*b*) **k. competition,** concurrence acharnée **5.** (œil) perçant, vif; **to have a k. ear,** avoir l'ouïe fine **6.** (esprit) fin, pénétrant. **'keenly** *adv* âprement, vivement; avec enthousiasme. **'keenness** *n* **1.** finesse *f*, acuité *f* (d'un outil) **2.** âpreté *f* (du froid) **3.** enthousiasme *m*; (*of mind*) pénétration *f*; (*of interest*) intensité *f*; **k. to do,** empressement à faire.
keep [ki:p] **I.** *n* **1.** donjon *m* **2.** subsistance *f*; nourriture *f*; **to earn one's k.,** gagner de quoi vivre; subvenir à ses (propres) besoins; **£20 a week and one's k.,** £20 par semaine logé et nourri **3.** *F:* **for keeps,** pour toujours. **II.** *v* **(kept) 1.** *vtr* (*a*) observer, respecter (un règlement); tenir (une promesse); rester fidèle à (un vœu); respecter (un traité); se rendre à, ne pas manquer à (un rendez-vous) (*b*) célébrer (une fête); fêter (un anniversaire); observer (le carême) (*c*) tenir (un journal, des comptes, un hôtel); avoir (un magasin, une voiture); élever (des animaux); **badly kept road,** route mal entretenue; (*in shop*) **we don't k. cigars,** nous ne vendons pas de cigares (*d*) subvenir aux besoins de (qn); entretenir (une famille); **he doesn't earn enough to k. himself,** il ne gagne pas de quoi vivre; **he has his parents to k.,** il a ses parents à sa charge; **to k. s.o. in whisky,** fournir qn en whisky (*e*) garder, conserver; réserver (une place) (**for s.o.,** à qn); maintenir (l'ordre); tenir, garder (propre, chaud, en réserve); **to k. sth to oneself,** garder qch pour soi; **to k. sth from s.o.,** cacher qch à qn; **to k. s.o. waiting,** faire attendre qn; **to k. s.o. from doing sth,** empêcher qn de faire qch; **to k. the engine going,** laisser le moteur en marche; **they k. themselves to themselves,** ils font bande à part; **to k. one's figure,** garder sa ligne; **where do you k. the glasses?** où mettez-vous les verres? (*f*) (*detain*) retenir (qn) (en prison); garder (qn) (à la maison); **what's keeping you?** qu'est-ce qui vous retient? **2.** *vi* (*a*) rester, se tenir; **to k. quiet,** rester tranquille; **to k. smiling,** garder le sourire; **to k. left,** tenir la gauche; *Aut: etc:* serrer à gauche; **how are you keeping?** comment allez-vous?; **it will k.,** ça peut attendre (*b*) continuer; **to k. (on) doing sth,** continuer à, ne pas cesser de, s'obstiner à, faire qch; **to k. from doing,** s'abstenir de faire; **to k. going,** continuer; **k. (on) looking!** cherchez toujours! **to k. straight on,** continuer tout droit; *F:* **to k. (on) at s.o.,** être toujours sur le dos de qn; **to k. at it,** continuer à le faire (*c*) (*of food*) se garder, se conserver. **keep a'way 1.** *vtr* éloigner (**from,** de) **2.** *vi* ne pas s'approcher (**from,** de). **keep 'back 1.** *vtr* (*a*) arrêter (l'ennemi); retenir (la foule, de l'argent) (*b*) cacher (la vérité) (**from,** à) **2.** *vi* ne pas s'approcher; **k. back!** n'avancez pas! **keep 'down** *vtr* (*a*) empêcher de monter; maintenir bas (les prix); **she kept her head down,** elle se tenait la tête baissée (*b*) maîtriser; limiter (*c*) ne pas vomir (la nourriture) **'keeper** *n* gardien, -ienne; surveillant, -ante; conservateur, -trice (de musée); (*gamekeeper*) garde-chasse *m.* **keep-'fit (class)** *n* (cours *m* de) gymnastique *f* d'entretien. **keep 'in 1.** *vtr* (*a*) empêcher de sortir; *Sch:* consigner, *F:* coller (un élève) (*b*) entretenir (un feu) (*c*) **to k. one's hand in,** se faire la main **2.** *vi* **to k. in with s.o.,** rester en bons termes avec qn; cultiver qn. **'keeping** *n* **1.** observation *f* (d'une règle); célébration *f* (d'une fête) **2. to be in s.o.'s (safe) k.,** être sous la garde de qn **3. in k. with,** en accord avec; **out of k. with,** en désaccord avec. **keep 'off 1.** *vtr* éloigner (**from,** de); **k. your hands off!** n'y touchez pas! *PN:* **k. off the grass,** ne pas marcher sur les pelouses **2.** *vi* ne pas s'approcher; **if the rain keeps off,** s'il ne pleut pas. **keep 'on 1.** *vtr* garder (son chapeau, un employé); maintenir (le chauffage) **2.** *vi* (*a*) continuer; **to k. on at s.o.,** harceler qn (*b*) parler sans cesse (**about,** de). **keep 'out 1.** *vtr* empêcher d'entrer **2.** *vi* rester en dehors; **to k. out of danger,** rester à l'abri du danger; **k. out of this!** mêlez-vous de ce qui vous regarde! *PN:* **k. out,** défense d'entrer. **'keepsake** *n* souvenir *m.* **keep 'to 1.** *vtr* obliger (qn) (à tenir sa promesse) **2.** *vi* s'en tenir à (une résolution); ne pas s'écarter (du sujet); garder (la chambre); **to k. to the left,** tenir la gauche; **to k. to oneself,** se tenir à l'écart. **keep to'gether 1.** *vi* rester ensemble **2.** *vtr* garder ensemble. **keep 'up 1.** *vtr* (*a*) entretenir (une route); maintenir (une maison) (en bon état) (*b*) conserver (l'allure); **k. it up!** allez toujours! continuez! (*c*) soutenir (l'intérêt); sauver (les appa-

rences) (*d*) empêcher (qn) de se coucher **2.** *vi* (*a*) continuer (*b*) suivre; **to k. up with s.o.,** suivre qn; **to k. up with the Joneses,** se maintenir à la hauteur des voisins.

keg [keg] *n* baril *m*, tonnelet *m* (de bière); caque *f* (de harengs).

kelp [kelp] *n* varech *m*.

ken [ken] *n* **to be beyond s.o.'s k.,** dépasser la compétence de qn.

kennel ['kenl] *n* (*a*) (*NAm:* = **doghouse**) niche *f* (de chien) (*b*) (*also pl*) chenil *m*.

Kenya ['kenjə, 'ki:njə] *Prn Geog:* Kenya *m*.

kept [kept] *see* **keep II.**

kerb [kə:b] *n* (*NAm:* = **curb**) bord *m* du trottoir; **to hit the k.,** heurter le trottoir.

kernel ['kə:nl] *n* amande *f* (de noyau).

kerosene ['kerəsi:n] *n* kérosène *m*; *NAm:* (*Br* = **paraffin**) pétrole (lampant).

kestrel ['kestrəl] *n Orn:* (faucon *m*) crécerelle (*f*).

ketchup ['ketʃəp] *n* ketchup *m*.

kettle ['ketl] *n* bouilloire *f*; **the k. is boiling,** l'eau bout.

key [ki:] *n* **1.** (*a*) clef *f*, clé *f*; remontoir *m* (de pendule); **k. man,** pivot *m*; **k. position, industry,** poste clef, industrie clef; **k. word,** mot-clé *m* (*b*) clef (d'une énigme); *Sch:* corrigé *m*; solutions *fpl* (de problèmes) **2.** *Mus:* ton (majeur, mineur); **k. of C.,** ton d'ut; **in a high k.,** sur un ton haut; **k. signature,** armature *f* (de la clef) **3.** touche *f* (de piano, de machine). **'keyboard** *n* clavier *m* (de piano, de machine). **keyed up** *a* **to be k. up,** avoir les nerfs tendus. **keyhole** *n* trou *m* de (la) serrure. **'keynote** *n* (*a*) *Mus:* tonique *f* (*b*) note dominante (d'un discours). **'keyring** *n* porte-clefs *m inv*. **'keystone** *n Arch: & Fig:* clef *f* de voûte.

kg *abbr* kilogram(me).

khaki ['kɑ:ki] *a & n* kaki (*m*) *inv*.

kHz *abbr kilohertz.*

kibbutz [ki'buts] *n* (*pl* **kibbutzim**) kibboutz *m*.

kick [kik] **I.** *n* **1.** coup *m* de pied; (*of horse*) ruade *f*; *F:* **drink with a k. in it,** boisson qui a du montant, qui tape; **to get a k. out of (doing) sth,** prendre un malin plaisir à (faire) qch; **for kicks,** pour le plaisir **2.** (*of gun*) recul *m*. **II.** *v* **1.** *vi* (*a*) donner des coups de pied; (*of horse*) ruer (*b*) (*of gun*) reculer **2.** *vtr* donner un coup de pied à; (*of horse*) lancer une ruade à; **I could have kicked myself,** je me serais donné des gifles. **'kick a'bout, a'round 1.** *vtr* (*a*) donner des coups de pied à (un ballon) (*b*) *F:* maltraiter **2.** *vi F:* traîner. **kick a'gainst, 'at** *vtr* regimber contre. **kick a'way** *vtr* repousser du pied. **kick 'back** *vtr* renvoyer (du pied). **'kickback** *n F:* (*a*) réaction violente (*b*) ristourne *f*, dessous-de-table *m*. **kick 'down, 'in** *vtr* démolir (une porte) à coups de pied. **kick 'off 1.** *vtr* enlever d'un coup de pied **2.** *vi* (*a*) *Fb:* donner le coup d'envoi (*b*) *Fig:* démarrer. **'kick-off** *n Fb:* coup d'envoi. **kick 'out 1.** *vtr F:* flanquer (qn) dehors **2.** *vi* lancer (i) des coups de pied (ii) (*of horse*) des ruades (**at,** à). **'kickstart(er)** *n* démarreur *m* au pied; kick *m*. **'kick 'up** *vtr F:* **to k. up a row,** faire du tapage; **to k. up a fuss,** faire des histoires.

kid [kid] **I.** *n* **1.** *Z:* chevreau *m*, *f* chevrette; **k. gloves,** gants (en peau) de chevreau; **to handle s.o. with k. gloves,** ménager qn **2.** *F:* gosse *mf*; **my k. brother,** mon petit frère. **II.** *vtr & i* (**kidded**) *F:* faire marcher (qn); blaguer; **to k. s.o. (on) that,** faire croire à qn que; **I was kidding,** je l'ai dit par plaisanterie; **no kidding!** sans blague! **to k. oneself,** se faire des illusions. **'kiddie, -y** *n F:* gosse.

kidnap ['kidnæp] *vtr* (**kidnapped**) enlever, kidnapper. **'kidnapper** *n* kidnappeur, -euse; ravisseur, -euse. **'kidnapping** *n* enlèvement *m*; kidnapping *m*; *Jur:* rapt *m*.

kidney ['kidni] *n* **1.** *Anat:* rein *m*; **(on a) k. machine,** (sous) rein artificiel **2.** *Cu:* rognon *m*; **k. bean,** haricot (i) nain (ii) rouge.

kill [kil] **I.** *n* (*a*) mise *f* à mort (d'un animal); *Fig:* **to be in at the k.,** participer au dénouement (*b*) animaux tués; (*of animal*) proie *f*. **II.** *vtr* **1.** tuer; abattre (un animal); **to k. two birds with one stone,** faire d'une pierre deux coups; *F:* **dressed to k.,** pomponné; *F:* **to k. oneself (laughing),** crever de rire; *F:* **my feet are killing me,** je ne sens plus mes pieds, j'ai les pieds en compote **2.** tuer (le temps, une odeur, une couleur); *Pol:* repousser, faire échouer (un projet de loi); détruire (des chances); étouffer (une rumeur); *F:* arrêter (un moteur); *F:* supprimer (un reportage). **'killer** *n* tueur, -euse; meurtrier, -ière; **k. disease,** maladie mortelle; **k. whale,** épaulard *m*. **'killing I.** *a* **1.** (travail) tuant, assommant; (coup) meutrier, fatal **2.** *F:* tordant. **II.** *n* meurtre *m*; tuerie *f*, massacre *m*; mise *f* à mort (d'animaux); *F:* **to make a k.,** réussir un beau coup. **'killjoy** *n* rabat-joie *m inv*. **kill 'off** *vtr* détruire.

kiln [kiln] *n* four *m* (à céramique).

kilo ['ki:lou] *n* kilo *m*. **kilogram(me)** *n* kilogramme *m*. **'kilohertz** *n* kilohertz *m*. **kilometre,** *NAm:* **kilometer** ['kiləmi:tər, ki'lɔmitər] *n* kilomètre *m*. **'kilovolt** *n* kilovolt *m*. **'kilowatt** *n* kilowatt *m*.

kilt [kilt] *n* kilt *m*. **'kilted** *a* portant le kilt.

kilter ['kiltər] *n F:* **out of k.,** détraqué.

kimono [ki'mounou] *n* (*pl* **-os**) kimono *m*.

kin [kin] *n* parents *mpl*; **next of k.,** plus proche parent; famille *f*. **'kinship** *n* parenté *f*.

kind[1] [kaind] *n* **1.** genre *m*, espèce *f*; sorte *f*; **what k. of drink is it?** qu'est-ce que c'est comme boisson? **that's the k. of man he is,** il est comme ça; **nothing of the k.,** absolument pas; **sth of the k.,** qch de ce genre; **the only one of its k.,** unique en son genre; *F:* **I k. of expected it,** je m'en doutais presque; *F:* **he looks k. of stupid,** il a l'air plutôt bête; *F:* **k. of fascinated,** comme fasciné; **in a k. of way,** d'une certaine façon; **we are two of a k.,** nous nous ressemblons **2. payment in k.,** paiement en nature.

kind[2] *a* gentil, aimable (avec qn); bon (pour, envers); bienveillant; **it's very k. of you,** c'est bien aimable de votre part, à vous; **would you be so k. as to do it?** auriez-vous la gentillesse de le faire? **'kind-'hearted** *a* bon; qui a bon cœur. **'kindliness** *n* bonté *f*, gentillesse *f*. **'kindly 1.** *a* bon, bienveillant **2.** *adv* avec bonté; **(would you) k. put it back,** voulez-vous avoir la bonté de le remettre; *Com:* **k. remit by cheque,** prière de nous couvrir par chèque; **not to take k. to sth.,** ne pas apprécier qch. **'kindness** *n* **1.** gentillesse, bonté (pour); amabilité *f* **2. to do s.o. a k.,** rendre service *m* à qn.

kindergarten ['kindəgɑ:tn] *n* jardin *m* d'enfants.

kindle ['kindl] **1.** *vtr* allumer **2.** *vi* s'allumer. **'kindling** *n* petit bois.

kindred ['kindrəd] *n* parenté *f*; parents *mpl*; **k. spirit,** semblable *mf*, âme sœur.

kinetic [ki'netik] *a Ph:* (énergie) cinétique.

king [kiŋ] *n* **1.** (*a*) roi *m*; **K. John,** le roi Jean (*b*) magnat (industriel) **2.** (*at draughts*) dame *f*. **'kingcup** *n Bot:* bouton *m* d'or. **'kingdom** *n* **1.** royaume *m* **2.** règne (animal, végétal); *F:* **k. come,** paradis *m*, éternité *f*. **'kingfisher** *n* martin-pêcheur *m*. **'kingpin** *n* cheville ouvrière. **'king-size(d)** *a Com:* (format) géant; (*of cigarette*) long.

kink [kiŋk] *n* **1.** entortillement *m* (dans une corde) **2.** aberration *f* (de l'esprit). **'kinky** *a* **1.** (*of hair*) crépu **2.** *F:* (*of clothes*) bizarre; *Psy: Pej:* (*of pers*) vicieux.

kiosk ['ki:ɔsk] *n* kiosque *m*; **telephone k.,** cabine *f* téléphonique.

kipper ['kipər] *n* hareng salé et fumé; kipper *m*.

kirk [kə:k] *n Scot:* église *f*.

kiss [kis] **I.** *n* (*pl* **kisses**) baiser *m*; *Med:* **k. of life,** bouche-à-bouche *m*. **II.** *vtr* embrasser (qn); donner un baiser à (qn); baiser (la main de qn); **to k. (one another),** s'embrasser.

kit [kit] *n* **1.** effets *mpl*, bagages *mpl* (de voyageur); **gym k.,** affaires *fpl* de gym **2.** matériel *m*, équipement *m*; trousse *f*; **tool k.,** trousse à outils; **first-aid k.,** trousse de premiers secours; **(do-it-yourself) k.,** kit *m*; **in k. form,** en kit. **'kitbag** *n* sac *m* (de soldat). **kit 'out** *vtr* (**kitted**) équiper.

kitchen ['kitʃin] *n* cuisine *f*; **k. table,** table de cuisine; **k. cabinet,** buffet *m* de cuisine; **k. unit,** bloc-cuisine *m*; **k. garden,** jardin *m* potager. **kitche'nette** *n* kitchenette *f*, coin-cuisine *m*. **'kitchenware** *n* (i) vaisselle *f* (ii) ustensiles *mpl*, batterie *f*, de cuisine.

kite [kait] *n* **1.** *Orn:* milan *m* **2.** cerf-volant *m*.

kith [kiθ] *n* **k. and kin,** amis *mpl* et parents *mpl*.

kitsch [kitʃ] *n* kitsch; art pompier.

kitten ['kitn] *n* chaton *m*; petit(e) chat(te); *F:* **to have kittens,** être dans tous ses états. **'kittenish** *a* espiègle. **'kitty** *n F:* **1.** chaton *m* **2.** cagnotte *f*, pot *m*, caisse *f*.

kiwi ['ki:wi:] *n* (*a*) Orn: kiwi *m*; aptéryx *m* (*b*) **k. fruit,** kiwi.

kleptomania [kleptə'meiniə] *n* kleptomanie *f*. **klepto'maniac** *a & n* kleptomane (*mf*).

km *abbr kilometre*.

knack [næk] *n* tour *m* de main; *F:* truc *m*; **to have a k. for, the k. of, doing sth,** avoir le don de faire qch.

knacker ['nækər] **1.** *n.* abatteur *m* de chevaux; équarrisseur *m*; **knacker's yard,** chantier d'équarrissage **2.** *vtr F:* éreinter; **I'm knackered,** je suis vanné.

knapsack ['næpsæk] *n* havresac *m*; sac à dos.

knave [neiv] *n* **1.** *Cards:* valet *m* **2.** *A:* fripon *m*.

knead [ni:d] *vtr* pétrir (la pâte); masser (les muscles).

knee [ni:] *n* genou *m*; **on one's knees,** à genoux; **to go down on one's knees,** s'agenouiller; se mettre à genoux; *Sp:* **k. pad,** genouillère *f*. **'kneecap** *n Anat:* rotule *f*. **'knee-'deep** *a* jusqu'aux genoux.

kneel [ni:l] *vi* (**knelt** [nelt]) **to k. (down),** s'agenouiller; **to be kneeling (down),** être à genoux.

knell [nel] *n* glas *m*.

knelt [nelt] *see* **kneel**.

knew [nju:] *see* **know**.

knickers ['nikəz] *npl* culotte *f*, slip *m* (de femme).

knick-knack ['niknæk] *n* babiole *f*, bibelot *m*.

knife [naif] **I.** *n* (*pl* **knives**) couteau *m* (de table); (*pocketknife*) canif *m*; **k. and fork,** couvert *m*; **flick k.,** couteau à cran d'arrêt; **Stanley k.,** couteau à lame rétractable; *F:* **to get one's k. into s.o.,** en vouloir à qn. **II.** *vtr* donner un coup de couteau à (qn); poignarder (qn).

knight [nait] **I.** *n* **1.** chevalier *m* **2.** *Chess:* cavalier *m* **II.** *vtr* faire (qn) chevalier. **'knighthood** *n* titre *m* de chevalier.

knit [nit] *v* (**knitted**) **1.** *vtr* (*a*) tricoter; **k. two,** deux à l'endroit (*b*) **to k. one's brow,** froncer les sourcils (*c*) *Fig:* **to k. together,** souder **2.** *vi* (*a*) tricoter (*b*) **to k. (together),** (*of bones*) se souder. **'knitted** *a* en tricot. **'knitting** *n* **1.** (*action*) tricotage *m*; **k. wool,** laine à tricoter; **k. machine,** tricoteuse *f*; **k. needle,** aiguille *f* à tricoter **2.** tricot *m*. **'knitwear** *n* tricots *mpl*.

knob [nɔb] *n* **1.** pommeau *m* (de canne); bouton *m* (de porte, de radio) **2.** noix *f* (de beurre); morceau *m* (de charbon). **'knobb(l)y** *a* noueux.

knock [nɔk] **I.** *n* **1.** coup *m*; heurt *m*, choc *m*; **there was a k. (at the door),** on a frappé à la porte; **I heard a k.,** j'ai entendu frapper **2.** *ICE:* cognement *m*. **II.** *v* **1.** *vtr* (*a*) frapper, heurter, cogner; **to k. s.o. on the head,** frapper qn sur la tête; **to k. one's head on, against, sth,** se cogner la tête contre qch; **to k. s.o. senseless,** assommer qn; **to k. to the ground,** jeter à terre (*b*) *F:* critiquer, taper sur **2.** *vi* (*a*) frapper (**at, on,** à); cogner (*b*) se heurter, se cogner (**against, into,** contre). **'knock a'bout, a'round** *F:* **1.** *vtr* malmener (qn); maltraiter **2.** *vi* (*a*) bourlinguer (*b*) traîner. **knock 'back** *vtr F:* s'envoyer (derrière la cravate), siffler (un verre). **knock 'down** *vtr* **1.** renverser; démolir (un immeuble); abattre (un mur) **2.** (*at auction*) adjuger (qch) (**to s.o.,** à qn) **3.** baisser, casser (le prix). **'knockdown** *a* (prix) imbattable. **'knocker** *n* marteau *m* (de porte). **'knocking** *n* **1.** coups *mpl* (à la porte) **2.** *ICE:* cognement. **knock 'in(to)** *vtr* **1.** enfoncer (un clou) **2.** se cogner, se heurter, contre. **'knock-'kneed** *a* **to be k.-k.,** être cagneux. **knock-knees** *npl* **to have k.-k.,** avoir les jambes cagneuses. **knock 'off 1.** *vtr* (*a*) faire tomber (qch) (**from,** de) (*b*) **to k. £5 o. (the price),** baisser le prix de 5 livres, fair 5 livres sur le prix (*c*) *F:* expédier (un travail) (*d*) *F:* voler, piquer (qch) **2.** *vi F:* s'arrêter de travailler; débrayer. **knock 'out** *vtr* **1.** faire sortir (un clou); repousser (un rivet) **2.** (*a*) assommer (qn); *Box:* mettre (qn) knock-out; *F:* **to k. oneself o.,** s'esquinter (**doing,** à faire) (*b*) (*of drug*) faire perdre connaissance à (qn) **3.** *Sp:* (*in tournament*) éliminer. **'knockout** *n* **1.** (*a*) *Box:* knock-out *m*; *F:* **k. drops,** soporifique *m* (*b*) *F:* **to be a k.,** être formidable **2. k. (competition),** concours *m* avec épreuves éliminatoires. **knock 'over** *vtr* renverser; faire tomber (qch). **knock to'gether** *vtr* assembler (qch) à la hâte. **knock 'up 1.** *vtr* (*a*) réveiller (qn) (*b*) *F:* construire (qch) à la hâte; préparer (un repas) à la hâte (*c*) *Pej:* mettre (une femme) enceinte **2.** *vi Ten:* (*also* **to have a knock-up**) faire des balles.

knoll [noul] *n* tertre *m*, monticule *m*, butte *f*.

knot [nɔt] **I.** *n* **1.** nœud *m*; **to tie a k.,** faire un nœud **2.** *Meas:* nœud; *Nau:* **to make ten knots,** filer dix nœuds **3.** groupe *m* (de personnes). **II.** *vtr* **(knotted)** nouer; faire des nœuds, un nœud, à (une ficelle). **'knotty** *a* (bois, doigt) noueux; (problème) épineux.

know [nou] **I.** *n F:* **to be in the k.,** être au courant. **II.** *vtr & i* **(knew** [nju:]; **known) 1.** savoir (qch, un fait, que, quand, pourquoi); **as far as I k., for all I k.,** (autant) que je sache; **as everyone knows,** comme tout le monde (le) sait; **I don't k.,** je ne sais pas; **I wouldn't k.,** je n'en sais rien; **not that I k. (of),** pas que je sache; **I k. (that) only too well,** je ne le sais que trop; *F:* **(and) don't I k. it!** à qui le dites-vous! **I'll have you k. that . . .,** sachez que . . .; **to k. a thing or two,** être roublard; **to k. one's (own) mind,** savoir ce qu'on veut; **to k. how to do sth,** savoir faire qch; **I k. about that,** je le sais, je suis au courant; **I don't k. about that,** je n'en suis pas bien sûr; **I k. nothing about it,** je n'en sais rien; **she knows (a lot) about him,** elle en sait long sur lui; **he knows (all) about electronics,** il s'y connaît en électronique; **you (should) k. better than to do that,** tu es trop intelligent pour faire ça; **he ought to have known better,** il aurait dû réfléchir; **she doesn't k. any better,** elle ne peut (pas) faire mieux; **you k. best,** vous en êtes le meilleur juge; **he is known to be in France,** on sait qu'il est en France; **he had never been known to laugh,** on ne l'avait jamais vu rire; **to get to k. (about) sth.,** apprendre qch; **to get to k. s.o.,** faire la connaissance de qn **2.** connaître (qn, un endroit, un sujet); **to k. of,** connaître; **do you k. his son?** avez-vous fait la connaissance de son fils? **3.** (*a*) reconnaître **(by his walk,** à sa démarche) (*b*) distinguer **(one from the other,** l'un de l'autre). **'know-all,** *NAm: also* **'know-it-all** *n F:* je-sais-tout *mf*. **'know-how** *n F:* compétence *f*, savoir-faire *m*; technique *f*; connaissances *fpl* (techniques). **'knowing I.** *a* fin, malin, rusé; (sourire) entendu. **II.** *n* **there's no k. (how),** (il n'y a) pas moyen de savoir (comment). **'knowingly** *adv* **1.** sciemment **2.** (sourire) d'un air entendu. **knowledge** ['nɔlidʒ] *n* **1.** connaissance (d'un fait, de qn); **lack of k.,** ignorance *f*; **I had no k. of it,** je ne le savais pas; je l'ignorais; **to (the best of) my k.,** à ma connaissance; **it's common k. that,** il est notoire que; **without my k.,** à mon insu *m*; **not to my k.,** pas que je sache **2.** savoir *m*; connaissances; **general k.,** culture générale; **to have a k. of several languages,** connaître plusieurs langues; **to have a thorough k. of a subject,** connaître, posséder, un sujet à fond; **to have a working k. of sth,** posséder des connaissances élementaires sur qch. **'knowledgeable** *a* bien informé. **known** *a* connu; (fait) avéré; **a k. expert,** un expert reconnu.

knuckle ['nʌkl] *n* **1.** articulation *f* du doigt, jointure *f* **2.** *Cu:* manche *m* (d'un gigot); jarret *m* (de veau). **knuckle 'down** *vi F:* s'atteler (to, à). **'knuckle-duster** *n* coup-de-poing (américain). **knuckle 'under** *vi* se soumettre; céder.

koala [kou'ɑ:lə] *n Z:* **k. (bear),** koala *m*.

kohlrabi [kɔl'rɑ:bi] *n Bot:* chou-rave *m*.

Koran (the) [ðəkɔ'rɑ:n] *n Rel:* le Coran, le Koran.

Korea [kə'riə] *Prn Geog:* Corée *f*. **Ko'rean** *a & n* coréen, -enne.

kosher ['kouʃər] *a* kascher *inv*, cascher *inv*.

kowtow [kau'tau] *vi* se prosterner (**to s.o.,** devant qn).

kudos ['kju:dɔs] *n F:* prestige *m*; gloire *f*.

Kuwait [ku'weit] *Prn Geog:* Kuweit *m*, Koweït *m*.

kw *abbr kilowatt*.

L

L, l [el] *n* (la lettre) L, l *m*; *Aut:* **L plates,** plaques *fpl* d'apprenti conducteur.

l *abbr* **litre.**

lab [læb] *n F:* (= *laboratory*) labo *m*.

label ['leibl] **I.** *n* **1.** étiquette *f* **2.** *Com:* label *m*. **II.** *vtr* (**labelled,** *NAm:* **labeled**) étiqueter (**as,** comme).

labial ['leibjəl] **1.** *a* labial, -aux **2.** *n Ling:* labiale *f*.

labor ['leibər] *n & v NAm:* = **labour.**

laboratory [lə'bɔrətri, *NAm:* 'læbrətəri] *n* laboratoire *m*; **l. assistant,** laborantin, -ine; **language l.,** laboratoire de langues.

labour, *NAm:* **labor** ['leibər] **I.** *n* **1.** travail *m*; *Lit:* labeur *m*, peine *f*; **l. of love,** travail fait avec plaisir; *Jur:* **hard l.,** travaux forcés **2.** (*a*) main-d'œuvre *f*; ouvriers *mpl*; travailleurs *mpl*; **l. force,** main-d'œuvre; **l. situation, market,** situation *f*, marché *m*, du travail; **l. troubles,** agitation ouvrière; **l. relations,** relations ouvriers-patronat *inv*; *NAm:* **l. union,** syndicat *m* (*b*) *Pol:* **L.,** les travaillistes *m*; **the L. Party,** le parti travailliste **3.** *Med:* travail; **in l.,** en travail. **II.** *v* **1.** *vi* (*a*) peiner; **to l. up a hill,** gravir péniblement une côte (*b*) **to l. under a delusion,** se faire des illusions; être victime d'une illusion (*c*) (*of car engine*) peiner **2.** *vtr* insister (trop) sur (qch); **I won't l. the point,** je n'insisterai pas sur ce point. **la'borious** *a* laborieux. **la'boriously** *adv* laborieusement. **'laboured,** *NAm:* **'labored** *a* **1.** laborieux; (style) travaillé **2.** (respiration) pénible. **'labourer,** *NAm:* **'laborer** *n* (*on roads, etc*) manœuvre *m*; *Agr:* ouvrier *m* agricole. **'labour-saving,** *NAm:* **'labor-** *a* (appareil) allégeant le travail.

Labrador ['læbrədɔːr] *n* **L. (dog, retriever),** labrador *m*.

laburnum [lə'bəːnəm] *n Bot:* cytise *m*.

labyrinth ['læbirinθ] *n* labyrinthe *m*.

lace [leis] **I.** *n* **1.** lacet *m* (de soulier); cordon *m* **2.** dentelle *f*; point *m* (d'Alençon). **II.** *vtr* **1. to l. (up),** lacer (des chaussures) **2.** additionner, arroser (une boisson) (**with,** de). **'lace-up (shoe)** *a & n* (chaussure *f*) à lacets. **'lacy** *a* de dentelles.

lacerate ['læsəreit] *vtr* lacérer; déchirer. **lace'ration** *n* lacération *f*, déchirure *f*.

lack [læk] **I.** *n* manque *m*; **for l. of,** à défaut de. **II.** *vtr & i* **to l. (for), be lacking (in),** manquer (de qch). **'lacklustre,** *NAm* **-luster** *a* terne.

lackadaisical [lækə'deizikl] *a* apathique.

lackey ['læki] *n Hist: & Fig:* laquais *m*.

laconic [lə'kɔnik] *a* laconique. **la'conically** *adv* laconiquement.

lacquer ['lækər] **I.** *n* **1.** (*liquid*) laque *f* **2.** (*surface*) laque *m*. **II.** *vtr* laquer.

lactation [læk'teiʃ(ə)n] *n Physiol:* lactation *f*. **'lactose** *n Ch:* lactose *f*.

lad [læd] *n* (*a*) gars *m*, garçon *m*; **when I was a l.,** quand j'étais gosse; *F:* **come on, lads!** allez les gars! (*b*) **(stable) l.,** lad *m*, garçon d'écurie.

ladder ['lædər] **I.** *n* **1.** échelle *f* **2.** (*in stocking*) maille filée, échelle. **II.** *vtr & i* filer.

laden ['leidn] *a* chargé; *Nau:* **fully l.,** (navire) en pleine charge.

ladle ['leidl] **I.** *n* louche *f*. **II.** *vtr* **to l. (out),** servir (du potage) à la louche; *Fig:* donner (des renseignements).

lady ['leidi] *n* (*pl* **ladies**) **1.** dame *f*; **young l.,** (i) (*girl*) jeune fille *f*; demoiselle *f* (ii) (*married*) jeune femme *f*; **l. of the house,** maîtresse *f* de maison; **Ladies and Gentlemen!** mesdames, mesdemoiselles, messieurs! (*on WC*) **ladies,** *NAm:* **ladies' room,** dames; *F:* **where's the ladies?** où sont les toilettes? **l. doctor,** femme médecin; **l. friend,** amie *f*; **ladies' tailor,** tailleur pour dames; **lady's watch,** montre de dame **2.** (*a*) **Our L.,** Notre-Dame; **L. Day,** fête de l'Annonciation (*b*) **my l.,** madame *f* (la comtesse). **'ladybird,** *NAm:* **'ladybug** *n Ent:* coccinelle *f*, bête *f* à bon Dieu. **lady-in-'waiting** *n* dame d'honneur. **'ladylike** *a* distingué; **she's (very) l.,** elle est très grande dame. **'ladyship** *n* **her l.,** madame (la comtesse).

lag¹ [læg] **I.** *n* **time l.,** décalage *m* (entre deux opérations); décalage *m* horaire (entre deux pays). **II.** *vi* (**lagged**) **to l. behind,** (i) (*in progress, work*) avoir du retard (ii) (*dawdle*) traîner; **to l. behind s.o.,** avoir du retard sur qn.

lag² *vtr* (**lagged**) calorifuger (un tuyau, une chaudière). **'lagging** *n* (revêtement *m*) calorifuge *m*.

lag³ *n F:* **old l.,** récidiviste *mf*.

lager ['lɑːgər] *n* bière blonde.

lagoon [lə'guːn] *n* (*sand, shingle*) lagune *f*; (*small*) lagon *m*.

la(h) [lɑː] *n Mus:* **1.** (*fixed*) la *m* **2.** (*movable*) sus-dominante *f*.

laid [leid] *see* **lay².** **laid-'back** *a F:* relax.

lain [lein] *see* **lie².**

lair [lɛər] *n* tanière *f*, repaire *m*.

laity ['leiiti] *n coll* **the l.,** les laïcs *mpl*.

lake [leik] *n* lac *m*.

lama ['lɑːmə] *n Rel:* lama *m*.

lamb [læm] *n* agneau *m*; *F:* **poor l.!** pauvre petit(e)! **'lambswool** *n* laine *f* d'agneau.

lame [leim] **I.** *a* **1.** boiteux; (*through accident*) estropié; **to be l.,** boiter (**in one leg,** d'une jambe) **2.** (excuse) pauvre, faible, piètre. **II.** *vtr* estropier (qn). **'lameness** *n Med:* claudication *f*; *Fig:* faiblesse *f* (d'une excuse).

lament [lə'ment] **I.** *n* lamentation *f*. **II.** *vtr & i* **to l. (for, over),** se lamenter (sur). **'lamentable** *a* lamentable, déplorable. **'lamentably** *adv* lamentablement. **lamen'tation** *n* lamentation. **la'mented** *a* **the late l. X,** le regretté X.

laminated ['læmineitid] *a* (métal) laminé; (verre) feuilleté; (papier) plastifié.

lamp [læmp] *n* (*a*) lampe *f* (à pétrole, de mineur);

standard l., lampadaire *m*; **street l.**, réverbère *m* (*b*) ampoule *f* (électrique); *Aut:* feu *m*. **'lamplight** *n* lumière *f* de la lampe. **'lamppost** *n* réverbère. **'lampshade** *n* abat-jour *m inv*. **'lampstand** *n* pied *m* de lampe.

lance [lɑːns] I. *n* lance *f*; *Mil:* **l. corporal**, soldat *m* de première classe. II. *vtr Med:* inciser (un abcès). **'lancet** *n Med:* lancette *f*.

land [lænd] I. *n* 1. terre *f*; **on dry l.**, sur la terre ferme; **by l. and sea**, sur terre et sur mer; **to see how the l. lies**, tâter le terrain; **l. breeze**, brise de terre; **l. battle**, bataille terrestre; *Jur:* **l. act**, loi agraire 2. (*country*) terre, pays *m* 3. (*property*) terre(s); **(plot of) l.**, terrain; **l. tax**, impôt foncier. II. *v* 1. *vtr* (*a*) mettre à terre; débarquer; décharger (qch); poser (un avion) (*b*) amener (un poisson) à terre; *Fig:* flanquer (un coup) (**on**, à); *F:* décrocher (une situation, un prix); (*c*) amener; *F:* **that will l. you in prison**, cela vous vaudra de la prison; **to l. s.o. in trouble**, mettre qn dans le pétrin; **to be landed with sth**, avoir qch sur les bras; ramasser, écoper de (amende) 2. *vi* (*a*) (*of pers*) débarquer; (*of aircraft*) atterrir, se poser; (*of ship*) mouiller, relâcher; (*on moon*) alunir (*b*) (*of bomb, etc*) (re)tomber; **to l. on one's feet**, retomber sur ses pieds; **to l. up**, se retrouver. **'landed** *a* (*owning land*) terrien. **'landfall** *n* arrivée *f* en vue de terre. **'landing** *n* 1. (*a*) débarquement *m*; **l. stage**, débarcadère *m*; **l. card**, carte de débarquement; *Nau:* **l. craft**, chaland de débarquement (*b*) *Av:* atterrissage *m*; **forced l.**, atterrissage forcé; **parachute l.**, parachutage *m*; **l. gear**, train *m* d'atterrissage (*c*) *Fish:* **l. net**, épuisette *f* 2. palier *m* (d'un escalier); (*floor*) étage *m*. **'landlady** *n* logeuse *f*, propriétaire. **'landlocked** *a* sans accès à la mer. **'landlord** *n* propriétaire *m*; (*of pub*) patron *m*. **'landmark** *n* 1. point *m* de repère *m* 2. point décisif. **'landowner** *n* propriétaire foncier. **'landscape** 1. *n* paysage *m*; **l. gardener**, paysagiste *m*; **l. gardening**, aménagement(s) paysager(s) 2. *vtr* aménager (un terrain). **'landslide** *n* 1. éboulement *m*, glissement *m* de terrain 2. *Pol:* raz-de-marée *m inv* (électoral).

lane [lein] *n* 1. (*in country*) chemin *m*; (*in town*) ruelle *f* 2. *Av: Nau: Sp:* couloir *m* 3. *Aut:* voie *f*; (*line of traffic*) file *f*; **bus l.**, couloir (réservé aux autobus); **four-l. road**, route à quatre voies; **to change lanes**, changer de file; *PN:* **get in l.** = serrez à gauche, à droite.

language ['læŋgwidʒ] *n* 1. langue *f*; **modern languages**, langues vivantes; **l. teacher, studies**, professeur *m*, études *fpl*, de langue(s) 2. langage *m*; **bad l.**, gros mots, langage grossier; **computer l.**, langage machine.

languid ['læŋgwid] *a* languissant. **'languidly** *adv* languissamment.

languish ['læŋgwiʃ] *vi* languir (**for, after**, après). **'languishing** *a* languissant.

languor ['læŋgər] *n* langueur *f*. **'languorous** *a* langoureux.

lank [læŋk] *a* 1. (*of pers*) maigre; sec 2. (*of hair*) plat et terne. **'lanky** *a* (**-ier, -iest**) dégingandé.

lanolin ['lænəlin] *n* lanoline *f*.

lantern ['læntən] *n* lanterne *f*; (*bigger*) falot *m*; **Chinese l.**, lampion *m*. **lantern-'jawed** *a* aux joues creuses.

lap¹ [læp] *n* genoux *mpl*; **the l. of luxury**, le plus grand luxe. **'lapdog** *n* chien *m* d'appartement.

lap² *n Sp:* tour *m* (de piste); boucle *f*; circuit *m*; étape *f* (d'un voyage).

lap³ (lapped) 1. *vtr* **to l. up**, (i) (*of animal*) laper (ii) *F:* adorer (iii) *F:* (*believe*) gober; *F:* **he lapped it up**, il a tout gobé 2. *vi* (*of waves*) clapoter.

lapel [lə'pel] *n* revers *m* (de veston).

lapis lazuli [læpis'læzulai] *n Miner:* lazulite *m*; lapis(-lazuli) *m inv*.

Lapland ['læplænd] *Prn Geog:* Laponie *f*. **'Laplander** *n* Lapon, -one. **Lapp** 1. *a* lapon 2. *n* Lapon, -one 3. *n Ling:* lapon *m*.

lapse [læps] I. *n* 1. erreur *f*, faute *f*; manquement *m* (**from duty**, au devoir); défaillance *f*; **a l. of memory**, un trou de mémoire; **a l. in behaviour**, un écart de conduite 2. intervalle *m*; **l. of three months**, délai *m* de trois mois. II. *vi* 1. commettre une erreur; manquer (**from duty**, au devoir); **to l. into silence**, retomber dans le silence 2. (*of passport*) se périmer, expirer; (*of subscription*) prendre fin; (*of legacy*) devenir caduc; (*of law*) cesser d'être en vigueur. **lapsed** *a* 1. (catholique) non pratiquant 2. (passeport) périmé; (contrat) caduc.

lapwing ['læpwiŋ] *n Orn:* vanneau (huppé).

larceny ['lɑːsəni] *n Jur:* vol *m* simple.

larch [lɑːtʃ] *n* (*pl* **larches**) *Bot:* mélèze *m*.

lard [lɑːd] *n* saindoux *m*; graisse *f* de porc.

larder ['lɑːdər] *n* garde-manger *m inv*.

large [lɑːdʒ] *a* (**-er, -est**) (*a*) grand; gros; vaste; fort; **to become, grow, get, large(r)**, grossir, grandir (*b*) (*of quantity*) grand, important; (repas) copieux; **a l. sum**, une grosse somme; **l. family**, famille nombreuse; **to a l. extent**, pour une grande part (*c*) **at l.**, en liberté; en général; **the public at l.**, le grand public; **by and l.**, dans l'ensemble, généralement. **'largely** *adv* en grande mesure, pour une grande part; **very l.**, pour la plupart. **'largeness** *n* grosseur *f* (du corps); grandeur *f*; importance *f* (des profits). **'large-scale** *a* gros; (carte) à grande échelle; (entreprise) sur une grande échelle. **lar'gesse** *n* largesse *f*.

lark¹ [lɑːk] *n Orn:* alouette *f*; **to be up with the l.**, se lever au chant du coq. **'larkspur** *n Bot:* pied-d'alouette *m*.

lark² *n F:* blague *f*, rigolade *f*; **for a l.**, pour rire, histoire de rigoler. **lark a'bout, a'round** *vi F:* rigoler; s'amuser.

larva, -ae ['lɑːvə, -iː] *n Ent:* larve *f*.

larynx ['læriŋks] *n* (*pl* **larynxes**) larynx *m*. **laryn'gitis** [lærin'dʒaitis] *n Med:* laryngite *f*.

lascivious [lə'siviəs] *a* lascif.

laser ['leizer] *n Ph:* laser *m*.

lash¹ [læʃ] I. *n* (*pl* **lashes**) 1. (*a*) coup *m* de fouet (*b*) lanière *f* (de fouet) 2. cil *m*. II. *vtr & i* (*a*) fouetter; (*of rain*) **to l. (against)**, cingler (les vitres) (*b*) **to l. oneself into a fury**, entrer dans une violente colère (*c*) (*of animal*) **to l. its tail**, donner un coup de queue. **'lashings** *npl Cu: F:* des masses, une montagne (**of**, de). **lash 'out** *vi* (*a*) (*of horse*) ruer; (*of pers*) **to l. o. at s.o.**, (i) invectiver qn; *Fig:* fustiger qn (ii) envoyer des coups à qn (*b*) *F:* claquer son argent; **to l. out on sth**, se payer le luxe de qch.

lash² *vtr* attacher; *Nau:* amarrer; **to l. down,** lier, brider (un chargement).

lass [læs] *n* (*pl* **lasses**) jeune fille *f*.

lassitude ['læsitju:d] *n* lassitude *f*.

lasso [læ'su:] **I.** *n* lasso *m*. **II.** *vtr* attraper (un cheval) au lasso.

last¹ [lɑ:st] *n* forme *f* (à chaussure).

last² **I.** *a* **1.** dernier; **she was the l. (one) to arrive,** elle est arrivée la dernière; **the l. ten lines,** les dix dernières lignes; **the l. but one,** l'avant-dernier; **l. but not least,** le dernier, mais non le moindre; **l. thing (at night),** tard dans la soirée; **I'm down to my l. bottle,** il ne me reste plus qu'une bouteille **2. l. Monday,** lundi dernier; **l. week,** la semaine dernière; **l. year,** l'année dernière; **l. night** (i) hier soir (ii) cette nuit; **(the) l. time I saw him,** la dernière fois que je l'ai vu; **the day before l.,** avant-hier *m*; **the week before l.,** il y a deux semaines; **the year before l.,** il y a deux ans. **II.** *n* (*a*) dernier, -ière; fin *f*; **we shall never hear the l. of it,** on ne nous le laissera pas oublier; **that's the l. I saw of him,** je ne l'ai pas revu depuis; **the l. of the wine,** le reste du vin (*b*) **to the l.,** jusqu'au bout (*c*) **at (long) l.,** enfin. **III.** *adv* (*a*) **when I saw him l., l. saw him,** la dernière fois que je l'ai vu (*b*) **he came l.,** il est arrivé le dernier, en dernier (*c*) en dernier lieu, enfin; (pour) la dernière fois. **last-'ditch** *a* (effort) désespéré. **'lastly** *adv* en dernier lieu, enfin. **'last-minute** *a* de dernière minute.

last³ *vi & tr* durer; (*of weather*) tenir; **too good to l.,** trop beau pour durer; **to l. (out),** tenir; (*of money, supplies*) durer; **my coat will l. the winter (out),** mon pardessus fera encore l'hiver; **it lasted me ten years,** ça m'a duré, fait, dix ans; **it will l. me a lifetime,** j'en ai pour la vie; **he won't l. long in that job,** il ne fera pas long feu dans ce poste. **'lasting** *a* durable.

latch [lætʃ] *n* (*pl* **latches**) (*a*) loquet *m*; **the door is on the l.,** la porte n'est pas fermée à clef (*b*) serrure *f* de sûreté. **'latchkey** *n* clef *f* de maison. **latch 'on** *vi F:* **to l. on to,** (i) s'accrocher (qn, qch) (ii) saisir (qch).

late [leit] **I.** *a* **(-er, -est) 1.** en retard **(for,** à); **I am l.,** je suis en retard; **the train is l., is ten minutes l.,** le train a du retard, a dix minutes de retard; **to be l. (in) coming,** arriver en retard **2.** tard; **at a l. hour,** à une heure avancée; **it's (getting) l.,** il est, il se fait, tard; **Easter is l.,** Pâques est tard; **I was too l.,** je suis arrivé trop tard, je ne suis pas arrivé à temps; **to be l. going to bed,** se coucher tard; **in the l. afternoon,** en fin d'après-midi; **in l. summer,** vers la fin de l'été; **in l. June,** fin juin; **in the l. sixties,** dans les années approchant 1970; **in later life,** plus tard dans la vie; **to take a later train,** prendre un train plus tard; **at a later meeting,** à une réunion ultérieure; **latest date,** date limite; **at the latest,** au plus tard **3.** (*of fruit, frost*) tardif **4.** (*a*) ancien, ex-; **the l. minister,** l'ancien ministre, l'ex-ministre (*b*) **my l. father,** feu mon père; **the l. queen,** feu la reine, la feue reine; **our l. friend,** notre regretté ami **5.** récent, dernier; **of l.,** dernièrement; depuis peu; **his latest novel,** son dernier roman; **a later edition,** une édition plus récente; **the latest edition,** la dernière édition; **is there any later news?** a-t-on des nouvelles plus récentes? *F:* **have you heard the latest?** sais-tu la dernière? **II.** *adv* **(-er, -est) l.** (arriver) en retard; **too l.,** trop tard; **better l. than never,** mieux vaut tard que jamais. **2.** tard; (arriver) en retard; **sooner or later,** tôt ou tard; **to stay up, go to bed, l.,** se coucher tard; **very l. at night,** très tard dans la nuit; **l. in life,** à un âge avancé; **l. in the day,** sur le tard; **a moment later,** un instant après; **not, no, later than yesterday,** pas plus tard qu'hier; **later (on),** plus tard; **see you later!** à tout à l'heure! **'latecomer** *n* retardataire *mf*. **'lately** *adv* dernièrement; depuis peu; **till l.,** jusqu'à ces derniers temps. **'lateness** *n* retard *m*; **the l. of the hour,** l'heure tardive.

latent ['leitənt] *a* latent; caché.

lateral ['lætərəl] *a* latéral. **'laterally** *adv* latéralement.

latex ['leiteks] *n Bot:* latex *m*.

lath [lɑ:θ] *n* latte *f*.

lathe [leið] *n Tls:* tour *m*.

lather ['lɑ:ðər] **I.** *n* **1.** mousse *f* (de savon) **2.** (*on horse*) écume *f*. **II.** *v* **1.** *vtr* savonner **2.** *vi* (*of soap*) mousser.

Latin ['lætin] **1.** *a* latin **2.** *n* (*pers*) Latin, -ine; *Ling:* latin *m*; **L. America,** Amérique latine; **L. American,** d'Amérique latine.

latitude ['lætitju:d] *n* latitude *f*; **at a l. of 30° north,** à 30° de latitude nord.

latrines [lə'tri:nz] *npl* latrines *fpl*.

latter ['lætər] **1.** *a* dernier; **the l. half of June,** la deuxième moitié de juin. **2.** *n* dernier, -ière; second, -onde. **'latterly** *adv* dernièrement, sur le tard.

lattice ['lætis] *n* treillis *m*, treillage *m*; **l. window,** fenêtre (i) treillagée (ii) à losanges.

laudable ['lɔ:dəbl] *a* louable. **'laudably** *adv* louablement. **'laudatory** *a* élogieux.

laugh [lɑ:f] **I.** *n* rire *m*; **with a l.,** en riant; **to have a good l.,** bien rire; **to raise a l.,** faire rire; **to do sth. for a l.,** faire qch histoire de rire. **II.** *v* **1.** *vi* (*a*) rire; **to l. till one cries,** rire aux larmes; **to l. to oneself,** rire sous cape; **to l. up one's sleeve,** rire sous cape; **to l. in s.o.'s face,** rire au nez de qn; **to l. on the other side of one's face,** perdre son envie de rire (*b*) **to l. about, at, over, sth,** rire de qch; **there's nothing to l. at,** il n'y a pas de quoi rire; **to l. at s.o.,** se moquer, rire, de qn **2.** *vtr* **to l. s.o. out of court,** se moquer des prétentions de qn. **'laughable** *a* risible, ridicule, (offre) dérisoire. **'laughing 1.** *a* riant; rieur **2.** *n* rires *mpl*; **it's no l. matter,** il n'y a pas de quoi rire; **l. gas,** gaz hilarant. **'laughingly** *adv* en riant. **'laughingstock** *n* **to be the l. of,** être la risée de. **laugh 'off** *vtr* tourner (qch) en plaisanterie. **'laughter** *n* rire(s); **to roar with l.,** rire aux éclats.

launch [lɔ:n(t)ʃ] **I.** *n* (*pl* **launches**) (*a*) chaloupe *f*; bateau *m* de plaisance; **motor l.,** vedette *f*; **police l.,** vedette de la police (*b*) lancement *m*. **II.** *v* **1.** *vtr* lancer (un projectile, un bateau, une mode, etc); déclencher (une offensive) **2.** *vi* **to l. (out),** se lancer **(into,** dans). **'launching** *n* lancement *m*; **l. pad,** rampe *f* de lancement.

launder ['lɔ:ndər] *vtr* blanchir (des vêtements, de l'argent). **'laundering** *n* blanchissage *m*.

laundry ['lɔ:ndri] *n* (*pl* **laundries**) **1.** (*place*) blanchisserie *f* **2.** lessive *f*; linge (i) blanchi (ii) à blanchir; **l. list,** liste de blanchissage. **launde'rette,** *NAm: Rtm:* **'laundromat** *n* laverie *f* automatique.

laureate ['lɔːriət] *a & n* lauréat, -ate.

laurel ['lɔrəl] *n Bot:* laurier *m*; **to rest on one's laurels,** se reposer sur ses lauriers.

lava ['lɑːvə] *n* lave *f*.

lavatory ['lævətri] *n* cabinets *mpl*; toilettes *fpl*; W-C *mpl*.

lavender ['lævindər] **1.** *n* lavande *f*; **l. water,** eau de lavande **2.** *a (colour)* lavande *inv*.

lavish ['læviʃ] **I.** *a* **1.** prodigue; (*of meal, helping*) généreux; **to be l. with sth,** prodiguer qch **2.** (*of decor, house, etc*) somptueux; **l. expenditure,** dépenses excessives. **II.** *vtr* prodiguer (**sth on s.o.,** qch à qn). **'lavishly** *adv* **1.** (dépenser) avec prodigalité; (donner) généreusement **2.** somptueusement. **'lavishness** *n* prodigalité *f*.

law [lɔː] *n* **1.** loi *f*; *pl* législation *f*; **l. and order,** l'ordre public **2. his word is l.,** sa parole fait loi; **to lay down the l. to s.o.,** faire la loi à qn; **to be a l. unto oneself,** n'en faire qu'à sa tête **3.** droit *m*; **to study, read, l.,** faire son droit; **civil, criminal, l.,** droit civil, criminel; **l. student,** étudiant en droit **4.** (*a*) **court of l.** = LAWCOURT; **to go to l.,** avoir recours à la justice; **to take the l. into one's own hands,** faire soi-même la justice (*b*) *F:* **the l.,** la police, les flics *m*. **'law-abiding** *a* respectueux des lois. **'lawbreaker** *n* transgresseur *m* de la loi. **'lawcourt** *n* cour *f* de justice; tribunal *m*. **'lawful** *a* légal; légitime. **'lawfully** *adv* légalement. **'lawless** *a* (*of country*) anarchique. **'lawlessness** *n* anarchie *f*. **'lawsuit** *n* procès *m*. **'lawyer** *n* (*in court*) avocat *m*; (*legal expert*) juriste *m*; (*for wills, sales*) notaire *m*.

lawn [lɔːn] *n* pelouse *f*; gazon *m*; **l. tennis,** tennis *m* (sur gazon). **'lawnmower** *n* tondeuse *f* (à gazon).

lax [læks] *a* (*of conduct*) relâché; (*of pers*) négligent; (morale) facile; **to be l. in doing,** faire avec négligence. **'laxative** *a & n Med:* laxatif (*m*). **'laxity, 'laxness** *n* relâchement *m* (des mœurs); négligence *f*.

lay¹ [lei] *a* laïque; *Ecc:* (*of monk, nun*) convers; (frère) lai; **to the l. mind,** aux yeux du profane. **'layman, -men** *n* (*a*) *Ecc:* laïc *m*, laïque *m* (*b*) profane.

lay² *vtr* (**laid** [leid]) **1.** coucher; **to l. s.o. low,** terrasser, abattre, qn **2.** abattre (la poussière); exorciser (un fantôme) **3.** mettre, placer, poser (**sth on sth,** qch sur qch); reposer (la tête); étendre (une couverture) (**over,** sur); **to l. a hand, a finger on s.o.,** lever la main sur qn; **to l. one's hand(s) on sth,** mettre la main sur qch; **to l. s.o. to rest,** mettre qn au tombeau **4.** *vtr & i* pondre (un œuf) **5.** miser (de l'argent) (**on,** sur); **to l. a bet,** parier **6.** soumettre (une demande); exposer, présenter (les faits) (**before s.o.,** à qn); imposer (une peine) (**upon s.o.,** à qn); **to l. a charge against s.o.,** porter plainte contre qn **7.** (*a*) poser (un tapis); asseoir (des fondements); ranger (des briques); préparer (un feu); **to l. the table,** mettre la table, le couvert; **to l. for three,** mettre trois couverts (*b*) tendre (un piège) (*c*) former, faire (des projets). **'layabout** *n F:* fainéant, -ante. **lay a'side, lay 'by** *vtr* mettre (qch) de côté. **'lay-by** *n* (*on road*) aire *f* de stationnement, de repos. **lay 'down** *vtr* **1.** (*a*) poser (qch); déposer (les armes); mettre (du vin) en cave; *Cards:* étaler (son jeu) (*b*) coucher, étendre (qn) (*c*) donner, sacrifier (sa vie) **3.** poser, établir (une règle); (im)poser (des conditions); **to l. d. that,** stipuler que; **to l. d. the law,** faire la loi (**to,** à). **'layer** *n* **1.** (*of hen*) **good l.,** bonne pondeuse **2.** couche *f* (de peinture); assise *f*, lit *m* (de béton). **lay 'in** *vtr* faire provision de, s'approvisionner de (qch). **lay 'into** *vi F:* attaquer (qn). **lay 'off 1.** *vtr* licencier, (des ouvriers) **2.** *vi F:* arrêter; **to l. o. s.o.,** laisser qn tranquille; **l. o!** pas touche! **'lay-off** *n* licenciement *m* (des ouvriers). **lay 'on** *vtr* **1.** appliquer (un enduit); *F:* **to l. it on thick,** y aller un peu fort **2.** *vtr* installer (le gaz); **with water laid on,** avec l'eau courante **3.** arranger (qch) (**for s.o.,** pour qn). **lay 'out 1.** *vtr* (*a*) préparer; arranger, disposer, étaler (des objets, des marchandises) (*b*) dépenser (de l'argent) (*c*) dessiner (un jardin); concevoir (une maison); faire le tracé de (route) **2.** *vi F:* payer. **'layout** *n* tracé *m*; dessin *m*; disposition *f*; *Typ:* mise *f* en pages. **'lay-over** *n NAm:* halte *f*. **lay 'up** *vtr* **1.** accumuler (des provisions); **to l. up trouble for oneself,** se préparer bien des ennuis **2.** remiser (une voiture) **3. to be laid up,** être alité.

lay³ *see* **lie²**.

lazy ['leizi] *a* (**-ier, -iest**) paresseux, fainéant; (*of holiday*) passé à ne rien faire. **'laze (a'bout, a'round)** *vi* paresser, fainéanter. **'lazily** *adv* paresseusement. **'laziness** *n* paresse *f*; fainéantise *f*. **'lazybones** *n F:* paresseux, -euse.

lb *abbr libra, pound.*

lead¹ [led] *n* **1.** plomb *m*; **white l.,** blanc *m* de plomb; **l. pencil,** crayon *m* à mine de plomb; **l. pipe,** tuyau de plomb **2.** mine *f* (de crayon, de plomb) **3.** *Nau:* (plomb de) sonde *f*. **'leaded** *a* (*a*) (*of window*) plombé (*b*) (*of petrol*) plombifère. **'leaden** *a* (teint, ciel) de plomb. **'lead-free** *a* (essence) sans plomb.

lead² [liːd] **I.** *n* **1.** *Sp:* avance *f*; (*example*) exemple *m*, initiative *f*; (*clue*) piste *f*, indice *m*; **to be in the l.,** (*in race*) être en tête; (*in match*) mener; **to take the l.,** prendre la tête; **to follow s.o.'s l.,** suivre l'exemple de qn; **to give s.o. a l.,** mettre qn sur la voie; **a l. of ten metres,** une avance de dix mètres **2.** *Cards:* **to have the l.,** jouer le premier; **your l.!** à vous de jouer! **3.** *Th:* rôle principal **4.** (*for dog*) laisse *f*; **on a l.,** en laisse **5.** *El:* fil *m*. **II.** *v* (**led,** [led]) **1.** *vtr* (*a*) mener, conduire; guider; **to l. s.o. in, out,** faire entrer, sortir, qn; **to l. s.o. to do,** amener qn à faire; **to l. the way,** montrer le chemin; **to l. the world,** tenir le premier rang mondial; **he is easily led,** il est influençable (*b*) mener (sa vie) (*c*) porter, amener (**s.o. to do sth,** qn à faire qch) (*d*) être à la tête de (la file); commander (un régiment); diriger (un mouvement, une équipe, etc); **to l. the field,** être à la tête (*e*) *Cards:* jouer (trèfle); attaquer de (la dame) **2.** *vi* (*a*) (*of street, etc*) mener, conduire (**to,** à); **to l. to,** aboutir à; (*cause*) causer, amener (*b*) (*in match*) mener; (*in race*) être en tête; (*go ahead*) aller devant (*c*) *Cards:* jouer (le premier). **lead a'way, off** *vtr* emmener. **lead 'back** *vtr* ramener, reconduire. **'leader** *n* **1.** (*a*) conducteur, -trice; guide *m* (*b*) chef *m*; *Pol:* dirigeant, -ante; meneur, -euse (d'une émeute); *Mil:* commandant *m* **2.** *Sp:* coureur, -euse, cheval *m*, de tête **3.** *Journ:* éditorial *m*. **'leader-**

ship *n* (*a*) conduite *f*; **under s.o.'s l.,** sous la conduite de qn (*b*) qualités *fpl* de chef (*c*) commandement *m*; direction *f* (d'un parti); *Pol:* dirigeants *mpl.* **'leading** *a* **1. l. question,** question tendancieuse **2.** (*a*) premier, principal; **a l. man,** un homme important; **a l. figure,** un personnage marquant; *Journ:* **l. article** éditorial *m*; **l. part,** (i) *Th:* premier rôle (ii) rôle prépondérant; **l. lady,** vedette féminine (*b*) (voiture) de tête. **lead 'on** *vi* **1. l. on!** en avant! **2.** (*a*) entraîner (qn) (*b*) faire marcher (qn). **lead 'up** *vi* **to l. up to,** (i) (*of street*) conduire à, mener à (ii) précéder (iii) en venir à.

leaf [li:f] *n* (*pl* **leaves**) **1.** feuille *f*; **in l.,** en feuilles **2.** feuillet *m* (de livre); **to turn over the leaves of a book,** feuilleter un livre; *Fig:* **to turn over a new l.,** changer de conduite; **to take a l. out of s.o.'s book,** prendre exemple sur qn **3.** rallonge *f* (de table). **'leaflet** *n* imprimé *m*; prospectus *m*; notice *f*; papillon *m* (publicitaire); *Pol:* tract *m.* **leaf 'through** *vtr* feuilleter (un livre). **'leafy** *a* feuillu.

league [li:g] *n* **1.** ligue *f*; **he was in l. with them,** il était de connivence avec eux **2.** *Sp:* championnat *m.*

leak [li:k] **I.** *n* fuite *f* (d'un liquide, d'informations); (*in boat*) voie *f* d'eau. **II.** *v* **1.** *vi* (*a*) (*of pipe*) fuir (*b*) (*of roof*) laisser entrer la pluie; (*of shoes*) prendre l'eau; (*of boat*) faire eau (*c*) **to l. (out),** (i) (*of liquid*) fuir, couler (ii) (*of information*) être divulgué; **2.** *vtr* répandre (un liquide); divulguer (des informations). **'leakage** *n* fuite (d'eau); perte *f.* **'leaky** *a* (tuyau) qui fuit, qui coule; (toit) qui laisse entrer la pluie; (chaussure) qui prend l'eau; (bateau) qui fait eau.

lean¹ [li:n] *a* & *n* (**-er, -est**) maigre (*m*); **l. year,** année difficile. **'leanness** *n* maigreur *f.*

lean² *v* (**leant** [lent] *or* **leaned**) **1.** *vi* (*a*) s'appuyer (**against, on,** contre, sur); **to l. on one's elbow(s),** s'accouder; *F:* **to l. on s.o.,** faire pression sur qn (*b*) (*of pers*) se pencher (**over,** sur; **towards,** vers); (*of wall*) incliner, pencher **2.** *vtr* appuyer (une échelle) (**against,** contre); **to l. one's head on, out of,** pencher la tête sur, par. **lean 'back** *vi* se pencher, se renverser, en arrière; s'adosser (**against,** à). **lean 'forward** *vi* se pencher (en avant). **'leaning 1.** *a* appuyé (**against,** contre); (*not upright*) penché **2.** *npl* tendances *fpl* (**towards,** à). **lean 'out** *vi* se pencher au dehors. **lean 'over** *vi* (*of pers*) se pencher (en avant); (*of tree*) pencher; *Fig:* **to l. over backwards to do sth,** se mettre en quatre pour faire qch. **'lean-to** *n* appentis *m.*

leap [li:p] **I.** *n* **1.** saut *m*, bond *m*; **a l. in the dark,** un saut dans l'inconnu; **by leaps and bounds,** à pas de géant **2. l. year,** année bissextile. **II.** *v* (**leapt** [lept] *or* **leaped**) **1.** *vi* (*a*) sauter, bondir; (*of profits*) faire un bond; **to l. up, to l. to one's feet,** se lever d'un bond; **to l. at an offer,** sauter sur une offre (*b*) (*of flame*) **to l. (up),** jaillir **2.** *vtr* **to l. (over),** sauter (un fossé); franchir (qch) d'un saut. **'leapfrog** *n* saute-mouton *m inv.* **leap 'over** *vi* sauter par-dessus.

learn [lə:n] *vtr* & *i* (**learnt** [lə:nt] *or* **learned**) apprendre; **to l. (how) to do sth,** apprendre à faire qch; **to l. about,** étudier; apprendre; *Fig:* **he's learnt his lesson,** cela lui a donné une bonne leçon. **learned** ['lə:nid] *a* savant, instruit. **'learner** *n* **1. to be a quick l.,** apprendre facilement **2.** débutant, -ante **3. l. (driver),** apprenti(e) conducteur, -trice. **'learning** *n* **1.** étude *f* (de leçons); apprentissage *m* (d'une langue) **2.** érudition *f*, savoir *m.*

lease [li:s] **I.** *n Jur:* bail *m*; *Fig:* **a new l. of,** *NAm:* **on, life,** un regain de vie, une nouvelle vie. **II.** *vtr* louer (une maison) à bail. **'leasehold 1.** *n* (*a*) (tenure *f* à) bail (*b*) propriété louée à bail **2.** *a* tenu à bail. **'leaseholder** *n* locataire *mf* à bail.

leash [li:ʃ] *n* (*pl* **leashes**) laisse *f*; **on a l.,** en laisse.

least [li:st] **1.** *a* (*a*) **the l.,** le moins de; le, la, moindre; **the l. meat,** le moins de viande; **not the l. chance,** pas la moindre chance (*b*) le moins important; **that's the l. of my worries,** c'est le dernier, le cadet, le moindre, de mes soucis **2.** *n* **the l.,** le moins; **to say the l. (of it),** pour ne pas dire plus; **it's the l. I can do,** c'est la moindre des choses; **at (the) l.,** (tout) au moins; **at l. it didn't rain,** du moins il n'a pas plu; **at l. that's what she says,** du moins c'est ce qu'elle dit; **I can at l. try,** je peux toujours essayer; **not in the l.,** pas le moins du monde, pas du tout; **it doesn't matter in the l.,** cela n'a pas la moindre importance **3.** *adv* **(the) l.,** (le) moins; **he deserves it l. of all,** il ne le mérite vraiment pas.

leather ['leðər] *n* cuir *m*; **l. articles,** articles de, en, cuir; maroquinerie *f*; **(wash) l.,** peau *f* de chamois.

leave [li:v] **I.** *n* **1.** permission *f*, autorisation *f*, permis *m*; **without so much as a by your l.,** sans même demander la permission **2.** congé *m*; *Mil:* permission *f*; **l. of absence,** congé exceptionnel; **on l.,** en congé **3. to take (one's) l. (of s.o.),** prendre congé (de qn); **to take l. of one's senses,** perdre la raison. **II.** *vtr* (**left** [left]) **1.** (*a*) laisser; **take it or l. it,** c'est à prendre ou à laisser (*b*) laisser, léguer (de l'argent) (**to s.o.,** à qn) (*c*) **to l. the door open,** laisser la porte ouverte; **l. me alone!** laisse-moi tranquille! **left to oneself,** livré à soi-même; **let's l. it at that,** demeurons-en là (*d*) **to l. go of sth,** lâcher qch (*e*) **left luggage (office),** (bagages en) consigne *f* (*f*) **to l. s.o. to do sth,** laisser qn faire qch; **to l. s.o. in charge of s.o., sth,** laisser à qn la garde de qn, qch; **to l. sth with s.o.,** laisser qch à qn; **l. it to me,** laissez-moi faire; je m'en charge; **I'll l. it (up) to you,** je m'en remets à toi (*g*) **to be left (over),** rester; **I've none left,** il ne m'en reste plus **2.** (*a*) quitter (un endroit, qn); sortir de, quitter (la salle); **to l. home,** (i) (*forever*) partir (ii) (*to go out*) sortir, de la maison; **to l. the table,** sortir de table; **to l. harbour,** sortir du port (*b*) abandonner; quitter (sa femme) (*c*) (*of train*) **to l. the rails,** dérailler. **III.** *vi* partir (**from,** de, **for,** pour). **leave be'hind** *vtr* laisser (qch); partir sans (qn); dépasser; *Sp:* (*in race*) distancer. **leave 'in** *vtr* laisser, retenir. **leave 'off 1.** *vtr* (*a*) ne pas (re)mettre (un couvercle) (*b*) **to l. off work, working,** arrêter de travailler **2.** *vi* s'arrêter; **where did we l. off?** où en sommes-nous restés? **leave 'on** *vtr* garder (le chapeau, les gants). **leave 'out** *vtr* **1.** (*deliberately*) exclure **2.** (*a*) omettre (*b*) oublier; sauter (une ligne). **leave 'over** *vtr.* **1.** remettre (une affaire) à plus tard **2. to be left over,** rester. **'leaving** *n* **1.** départ *m* **2. leavings,** restes *mpl.*

leaven ['levn] *n* levain *m.*

Lebanon ['lebənən] *Prn Geog:* Liban *m.* **Leba'nese** *a* & *n* libanais, -aise.

lecher ['letʃər] *n* débauché *m.* **'lecherous** *a* lubrique, luxurieux.

lectern ['lektən] *n* pupitre *m*; *Rel:* lutrin *m*.

lecture ['lektʃər] **I.** *n* **1.** conférence *f*, *Sch:* cours *m* (magistral) (**on,** sur); **to give a l.,** faire une conférence; **l. theatre,** salle de conférences **2.** sermon *m*. **II.** *v* **1.** *vi* faire une conférence, faire un cours (**on,** sur); **I l. in chemistry,** je suis professeur de chimie **2.** *vtr Fig:* faire la morale à, sermonner (qn). **'lecturer** *n* (*a*) conférencier, -ière (*b*) *Sch:* enseignant, -ante; **(junior, assistant) l.,** maître assistant. **'lectureship** *n* poste *m* à l'université.

led [led] *see* **lead²** II.

ledge [ledʒ] *n* rebord *m*; saillie *f*; (*on building*) corniche *f*.

ledger ['ledʒər] *n* **1.** *Com:* registre *m*, grand livre **2.** *Mus:* **l. line,** ligne supplémentaire (à la portée).

lee [liː] *n* (*a*) *Nau:* côté *m* sous le vent; **l. shore,** terre sous le vent (*b*) abri *m* (contre le vent); **in the l. of a rock,** abrité par un rocher. **'leeward** *Nau:* **1.** *a & adv* sous le vent **2.** *n* côté sous le vent. **'leeway** *n* (*a*) *Nau:* dérive *f* (*b*) retard *m* (à rattraper) (*c*) liberté *f* d'action; marge *f* de sécurité.

leech [liːtʃ] *n* (*pl* **leeches**) sangsue *f*.

leek [liːk] *n* poireau *m*.

leer ['liər] **I.** *n* regard sournois. **II.** *vi* **to l. (at s.o.),** lorgner (qn).

left¹ [left] **1.** *a* gauche; **on my l. hand,** à ma gauche **2.** *adv* à gauche; *Mil:* **eyes l.!** tête (à) gauche! **3.** *n* (*a*) gauche *f*; **on my l.,** à ma gauche; **on, to, the l.,** à gauche (*b*) *Box:* gauche *m* (*c*) *Pol:* **the L.,** la gauche. **'lefthand** *a* (poche) de gauche; (virage) à gauche; **on the l. side,** à gauche. **left'handed** *a* (*a*) (*of pers*) gaucher (*b*) (compliment) équivoque (*c*) (ciseaux) pour gaucher. **left'hander** *n* **1.** (*pers*) gaucher, -ère **2.** coup *m* du gaucher. **'leftist** *a & n Pol:* gauchiste (*mf*). **left-'wing** *a* (*of pers*) gauchiste; (politique) de gauche.

left² *see* **leave** II; *a* **l. luggage office,** consigne *f*.

leftovers ['leftouvəz] *npl* restes *mpl*.

leg [leg] **1.** *n* jambe *f*; patte *f* (d'animal, d'oiseau); *F:* (*of machine*) **on its last legs,** prêt à rendre l'âme; **to be on one's last legs** avoir un pied dans la tombe; **to give s.o. a l. up,** (i) faire la courte échelle à qn (ii) *Fig:* donner à qn un coup d'épaule; **to stand on one l.,** se tenir sur un pied; *F:* **to pull s.o.'s l.,** mettre qn en boîte **2.** *Cu:* cuisse *f* (de volaille); gigot *m* (d'agneau) **3.** jambe (de pantalon); tige *f* (d'une bottine) **4.** pied *m* (de table) **5.** étape *f* (d'un voyage); *Sp:* manche *f* (d'un championnat) **2.** *vtr F:* **to l. it,** faire la route à pied. **-legged** [-'legid, -legd] *a* **short-l.,** aux jambes courtes; **four-l.,** (animal) à quatre pattes. **'leggings** *npl Cl:* jambières *fpl*. **'leggy** *a* **(ier, -iest)** (*of pers*) aux longues jambes, tout en jambes. **'legless** *a F:* (*drunk*) complètement bourré. **'leg-pull** *n F:* blague *f*. **'legroom** *n* place *f* pour les jambes. **'leg-warmers** *npl* jambières *fpl*.

legacy ['legəsi] *n* legs *m*; **to leave s.o. a l.,** faire un legs à qn. **lega'tee** *n* légataire *mf*.

legal ['liːgl] *a* **1.** légal, licite; (propriétaire) légitime **2.** légal; (*of error*) judiciaire; (*of mind, affairs, adviser*) juridique; **l. document,** acte authentique; **the l. profession,** les hommes de loi; **to go into the l. profession,** faire une carrière juridique; **to take l. advice** = consulter un avocat; (*of company*) **l. department,** (service du) contentieux; **l. expert,** juriste *m*; **l. aid,** assistance judiciaire; **l. proceedings,** procès *m*. **le'gality** *n* légalité *f*. **'legalize** *vtr* légaliser. **'legally** *adv* légalement; **l. responsible,** responsable en droit.

legation [li'geiʃn] *n Pol:* légation *f*.

legend ['ledʒənd] *n* légende *f*. **'legendary** *a* légendaire.

legible ['ledʒibl] *a* lisible. **legi'bility** *n* lisibilité *f*. **'legibly** *adv* lisiblement.

legion ['liːdʒən] *n* légion *f*. **legio'nnaire** *n* légionnaire ; *Med:* **l.'s disease,** maladie *f* du légionnaire.

legislate ['ledʒisleit] *vi* légiférer. **legis'lation** *n* législation *f*; élaboration *f* des lois; **(piece of) l.,** loi *f*. **'legislative** *a* législatif. **'legislator** *n* législateur, -trice. **'legislature** *n* corps législatif.

legitimacy [li'dʒitiməsi] *n* légitimité *f*. **le'gitimate** *a* légitime; (théâtre) régulier. **le'gitimately** *adv* légitimement.

leisure ['leʒər, *NAm:* 'liːʒər] *n* **l. (time),** loisirs *mpl*; **l. activities,** loisirs; **moment of l.,** moment *m* de loisir; **at (one's) l.,** à tête reposée. **'leisured** *a* qui a beaucoup de loisirs. **'leisurely** *a* (*of walk, occupation*) peu fatigant; (*of meal, life*) calme; **at a l. pace, in a l. way, fashion,** sans se presser.

lemon ['lemən] **1.** *n* citron *m*; **l. (tree),** citronnier *m*; **l. drink, squash,** citronnade *f*; **l. squeezer,** presse-citron *m inv*; **l. juice,** jus de citron; (*drink*) citron pressé; **l. tea,** thé *m* au citron **2.** *a* **l. (yellow),** (jaune) citron *inv*. **lemon'ade** *n* limonade *f*; *NAm:* (*still*) citronnade.

lemur ['liːmər] *n Z:* maki *m*.

lend [lend] *vtr* **(lent)** prêter; *Fig:* donner (du charme, de la couleur, etc) (**to,** à); **to l. s.o. a hand,** donner un coup de main à qn; **to l. an ear,** prêter l'oreille; **to l. oneself, itself, to sth,** se prêter à qch; **to l. credence to,** ajouter foi à. **'lender** *n* prêteur, -euse. **'lending** *n* prêt *m*; **l. library,** bibliothèque de prêt; *Fin:* **l. rate,** taux *m* de crédit.

length [leŋθ] *n* **1.** longueur *f*; **to be two metres in l.,** avoir deux mètres de long, de longueur; *Sp:* **by a l.,** (gagner) d'une longueur; **throughout the l. and breadth of the country,** dans toute l'étendue du pays; **to fall full l.,** tomber de tout son long **2.** durée *f* (d'un séjour); **stay of some l.,** séjour assez prolongé; **l. of time,** temps *m*; **l. of service,** ancienneté *f*; **at l.,** (i) (parler) longuement; (expliquer qch) dans le détail (ii) (*at last*) enfin **3.** **to go to the l. of doing sth,** aller jusqu'à faire qch; **to go to great lengths,** se donner beaucoup de mal (**to do,** pour faire); **to go to any length(s),** ne reculer devant rien **4.** morceau *m* (de tuyau, etc); bout *m* (de ficelle); métrage *m* (de tissu); tronçon *m* (de route). **'lengthen** **1.** *vtr* allonger (une jupe, etc); prolonger (la vie) **2.** *vi* s'allonger; se prolonger; (*of days*) allonger. **'lengthily** *adv* longue- ment. **'lengthways, 'lengthwise** *adv* dans le sens de la longueur; en long. **'lengthy** *a* **(-ier, - iest)** (discours) long, plein de longueurs.

leniency ['liːniənsi] *n* indulgence *f* (**to, towards,** envers, pour). **'lenient** *a* indulgent. **'leniently** *adv* avec indulgence.

lens [lenz] *n* (*pl* **lenses**) (*a*) lentille *f*; verre *m* (de lunettes); **contact l.,** verre, lentille, de contact (*b*) *Phot:* objectif *m* (*c*) *Anat:* cristallin *m*.

Lent¹ [lent] *n Ecc:* Carême *m.*

lent² *see* **lend.**

lentil [ˈlentl] *n Bot: Cu:* lentille *f.*

Leo [ˈliːou] *Prn Astr:* le Lion.

leopard [ˈlepəd] *n* léopard *m.*

leotard [ˈliːətɑːd] *n* maillot *m* (de danseur); collant *m* (de danse).

leper [ˈlepər] *n* lépreux, -euse. **ˈleprosy** *n* lèpre *f.* **ˈleprous** *a* lépreux.

leprechaun [ˈleprəkɔːn] *n Myth:* farfadet *m,* lutin *m.*

lesbian [ˈlezbiən] *a & n* lesbienne (*f*).

lesion [ˈliːʒ(ə)n] *n Jur: Med:* lésion *f.*

less [les] **1.** *a* (*a*) moins (de); moindre; **the distance is l. than I thought,** la distance est moindre que je ne le pensais; **a number l. than six,** un chiffre inférieur à, au-dessous de, six (*b*) **eat l. meat,** mangez moins de viande **2.** *prep* moins; **l. £5,** moins £5 **3.** *n* moins *m*; **in l. than an hour,** en moins d'une heure; **at l. than cost price,** à moins du prix de revient **4.** *adv* moins; **l. (often),** moins souvent; **l. known,** moins connu; **one man l.,** un homme de moins; **l. than six,** moins de six; **l. and l.,** de moins en moins; **even l.,** moins encore; **he's much l. happy than his sister,** il est beaucoup moins heureux que sa sœur; **I'm l. afraid of it now,** je le crains moins maintenant; **no l.,** rien de moins; **no l. a person than,** rien moins que. **ˈlessen 1.** *vi* diminuer, s'amoindrir; (*of symptoms*) s'atténuer **2.** *vtr* diminuer, amoindrir; atténuer (une douleur). **ˈlessening** *n* diminution *f.* **ˈlesser** *a* moindre; **to choose the l. of two evils,** de deux maux choisir le moindre.

lessee [leˈsiː] *n* locataire *mf* à bail. **leˈssor** *n Jur:* bailleur, -eresse.

lesson [ˈlesn] *n* leçon *f*; cours *m*; **to take French lessons,** prendre des leçons de français; **driving lessons,** leçons de conduite; **I have lessons now,** j'ai cours maintenant; **let that be a l. to you!** que cela vous serve de leçon!

lest [lest] *conj Lit:* de peur que (+ ne + *sub*).

let [let] *v* **(lit; letting) I.** *vtr* **1.** (*a*) laisser; **to l. s.o. do sth,** laisser qn, permettre à qn de, faire qch; **to l. go of sth, to l. sth go,** lâcher qch; **to l. s.o. have sth,** donner qch à qn; **when can you l. me have it?** quand pourrai-je l'avoir? (*b*) **to l. s.o. know about sth,** faire savoir qch à qn, faire part à qn de qch; **l. me hear the story,** racontez-moi l'histoire (*c*) **to l. s.o. pass,** laisser passer qn **2.** louer (une maison). **II.** *v aux* (*1st & 3rd pers of imp*) **let's go!** allons! **let's hurry!** dépêchons-nous! **don't let's start yet,** ne partons pas encore; **just l. me catch you at it again!** que je vous y reprenne! **l. there be no mistake about it!** qu'on ne s'y trompe pas! **l. them all come!** qu'ils viennent tous! **l. me see!** voyons! attendez un peu! **let ˈdown** *vtr* **1.** baisser (la glace, etc); dénouer (les cheveux); dégonfler (une pneu); rallonger (une robe) **2.** décevoir (qn); **I won't l. you down,** vous pouvez compter sur moi; **the car l. me down,** ma voiture est tombée en panne, *F:* en rade. **ˈletdown** *n* déception *f,* désappointement *m.* **let ˈin** *vtr* **1.** (*a*) laisser entrer, faire entrer; **to l. oneself in,** entrer (avec une clef); **my shoes l. in water,** mes chaussures prennent l'eau; *Aut:* **to l. in the clutch,** embrayer (*b*) **to l. s.o. in on a secret,** mettre qn dans le secret **2. to l. oneself in for,** se laisser entraîner à (des dépenses); s'attirer (des ennuis); **I didn't know what I was letting myself in for,** je ne savais pas à quoi je m'engageais. **let ˈinto** *vtr* **to l. s.o. i. the house,** laisser entrer qn dans la maison; **to l. s.o. i. a secret,** mettre qn dans le secret. **let ˈoff** *vtr* **1.** (*a*) faire éclater (une bombe); faire partir (un revolver, un feu d'artifice) (*b*) lâcher (de la vapeur) **2.** (*a*) **to l. s.o. o.,** laisser partir qn; **to l. s.o. off (from) doing sth,** dispenser qn de faire qch (*b*) ne pas punir (qn); **to be l. off with a fine,** s'en tirer avec une amende. **let ˈon** *vi F:* **to l. on that,** avouer que; **don't l. on that I was there,** n'allez pas dire que j'y étais; *F:* **not to l. on,** ne rien dire, garder la bouche cousue. **let ˈout** *vtr* **1.** laisser sortir, faire sortir; relâcher (un prisonnier); élargir une (jupe); laisser échapper (un cri, un secret); vider (l'eau); **to l. s.o. o. (of the house),** ouvrir la porte à qn; **to l. oneself out,** sortir (en fermant la porte); **to l. the air out of sth,** dégonfler qch; *Aut:* **to l. out the clutch,** débrayer **2.** louer (des canots). **let ˈthrough** *vtr* laisser passer. **ˈletting** *n* location *f*; louage *m.* **let ˈup** *vi* (*of rain, pers*) s'arrêter. **ˈletup** *n* arrêt *m,* répit *m.*

lethal [ˈliːθl] *a* mortel; **l. weapon,** arme meurtrière.

lethargy [ˈleθədʒi] *n* léthargie *f*; torpeur *f.* **leˈthargic** *a* léthargique.

letter [ˈletər] **I.** *n* **1.** lettre *f*; **to the l.,** à la lettre, au pied de la lettre **2.** lettre; **are there any letters for her?** y a-t-il du courrier pour elle? **l. bomb,** lettre piégée; **l. writer,** correspondant, -ante **3. man of letters,** homme de lettres. **II.** *vtr* marquer (qch) avec des lettres, graver des lettres sur (qch). **ˈletterbox** *n* (*pl* **-es**) boîte *f* aux, à, lettres. **ˈlettercard** *n* carte-lettre *f.* **ˈletterhead** *n* en-tête *m.* **ˈlettering** *n* **1.** lettrage *m* **2.** lettres *fpl*; inscription *f.* **ˈletterpress** *n* **1.** impression *f* typographique **2.** texte *m* (d'un livre).

lettuce [ˈletis] *n* laitue *f*; salade *f.*

leuka(e)mia [luːˈkiːmiə] *n Med:* leucémie *f.*

level [ˈlevl] **I.** *n* **1.** niveau *m* (de la mer, de la société); **on a l. with,** au niveau, à la hauteur, de; *Fig:* correspondant à; **at eye l.,** à la hauteur des yeux; **room on a l. with the garden,** pièce de plain-pied avec le jardin; **at ministerial l.,** à l'échelon ministériel **2.** terrain *m,* surface *f,* de niveau; *Aut: Rail:* palier *m*; **on the l.,** (i) sur un terrain plat (ii) *F:* (*of pers*) honnête, franc; (parler) honnêtement, franchement; **speed on the l.,** vitesse en palier **3.** *Tls:* **spirit l.,** niveau à bulle (d'air). **II.** *a* **1.** (*a*) (*not sloping*) horizontal; (terrain) de niveau, à niveau (*b*) (*flat*) plat, uni (*c*) **l. with,** au même niveau, à la même hauteur, que; à égalité avec; **l. with the ground,** à ras de terre; **l. spoonful,** cuillerée rase; **to draw l. with,** arriver à la hauteur de; *Rail:* **l. crossing,** passage *m* à niveau **2.** (ton) soutenu; *F:* **to do one's l. best,** faire tout son possible. **III.** *v* **(levelled,** *NAm:* **-l-) 1.** *vtr* (*a*) niveler, aplanir (un terrain); raboter (une planche); (*b*) raser (une maison) (*c*) braquer (un fusil); diriger (une longue-vue) **(at,** sur); lancer (des accusations) **(against s.o.,** contre qn); porter (un coup) **(at s.o.,** à qn) **2.** *vi esp NAm: F:* **to l. with s.o.,** être franc avec qn. **level-ˈheaded** *a* (*of pers*) (bien) équilibré. **level ˈoff, ˈout** *vi* (*a*) **1.** (*of aircraft*) voler en palier **2.** (*of prices*) se stabiliser.

lever ['li:vər, *NAm:* 'levər] **I.** *n* levier *m*. **II.** *vtr* **to l. sth up,** soulever qch au moyen d'un levier. **'leverage** *n* force *f*, puissance *f*, de levier; *Fig:* influence *f* (**on s.o.,** sur qn).

leveret ['levərit] *n Z:* levraut *m*.

levity ['leviti] *n* légèreté *f*.

levy ['levi] **I.** *n* **1.** levée *f* (d'un impôt) **2.** impôt *m*, contribution *f*. **II.** *vtr* lever, percevoir (un impôt); imposer (une amende).

lewd [lju:d] *a* lubrique, obscène.

lexicon ['leksikən] *n* lexique *m*. **lexi'cographer** *n* lexicographe *mf*.

liable ['laiəbl] *a* **1.** *Jur:* responsable (**for,** de) **2.** sujet, exposé (**to,** à); **l. to a fine,** passible d'une amende; **l. for military service,** astreint au service militaire; **he's l. to do,** il est susceptible de faire, il pourrait faire; **difficulties are l. to occur,** des difficultés pourraient bien se présenter. **lia'bility** *n* (*pl* **-ies**) **1.** *Jur:* responsabilité **2.** (*a*) *Com:* **liabilities,** dettes *fpl;* **assets and liabilities,** actif et passif *m* (*b*) *Fig:* poids mort; (*of thg*) handicap *m* **3.** (*a*) **l. to a fine,** risque *m* d'amende (*b*) disposition *f*, tendance *f* (**to (do) sth,** à (faire) qch); **l. to explode,** danger *m* d'explosion.

liaison [li'eizɔn] *n* liaison *f*. **li'aise** *vi F:* travailler en liaison (**with,** avec).

liar ['laiər] *n* menteur, -euse.

lib [lib] *abbr F: liberation.*

libel ['laibl] **I.** *n* diffamation *f* (par écrit); calomnie *f*; **l. action,** procès en diffamation. **II.** *vtr* **(libelled,** *NAm:* **-l-)** *Jur:* diffamer (qn) (par écrit); calomnier (qn). **'libellous,** *NAm:* **'libelous** *a* (écrit) diffamatoire; calomnieux.

liberal ['libərəl] **1.** *a* libéral; (*of pers*) d'esprit large; sans préjugés (*b*) libéral, généreux; **l. with one's money,** prodigue de son argent (*c*) abondant; **l. provision,** ample provision (de qch) **2.** *a & n Pol:* libéral, -ale. **'liberalism** *n Pol:* libéralisme *m*. **libe'rality** *n* (*a*) libéralité *f*; générosité *f* (*b*) largeur *f* d'esprit. **'liberally** *adv* libéralement.

liberate ['libəreit] *vtr* libérer; mettre en liberté. **libe'ration** *n* libération *f*; mise *f* en liberté. **'liberator** *n* libérateur, -trice.

liberty ['libəti] *n* (*pl* **liberties**) liberté *f*; **at l.,** en liberté; **at l. to do sth,** libre de faire qch; **to take the l. of doing sth,** se permettre de faire qch; **to take liberties,** se permettre des familiarités (**with s.o.,** avec qn); *F:* **what a l.!** quel culot!

Libra ['li:brə] *Prn Astr:* la Balance.

library ['laibrəri] *n* (*pl* **libraries**) bibliothèque *f*; **record l.,** discothèque *f*. **li'brarian** *n* bibliothécaire *mf*.

libretto [li'bretou] *n* (*pl* **libretti, -os**) *Mus:* livret *m* (d'opéra). **li'brettist** *n* librettiste *mf*.

Libya ['libiə] *Prn Geog:* Libye *f*. **'Libyan** *a & n* libyen, -enne.

lice [lais] *npl see* **louse**.

licence, *NAm:* **license** ['laisəns] *n* **1.** permis *m*, autorisation *f*; *Com:* licence *f*; **l. to sell alcoholic drinks,** licence de débit de boissons; **(television) l. fee,** redevance *f*; **marriage l.** = dispense *f* de bans; **driving,** *NAm:* **driver's, l.,** permis de conduire; **pilot's l.,** brevet *m* de pilote; *Aut:* **l. plate, number,** plaque *f*, numéro *m*, d'immatriculation **2.** licence; **poetic l.,** licence poétique.

license ['laisəns] **1.** *n NAm:* = **licence 2.** *vtr* accorder une licence à, autoriser; **licensed premises,** établissement *m* qui a une licence de débit de boissons; **licensed pilot,** pilote breveté. **licen'see** *n* (*of public house*) propriétaire *mf*; gérant, -ante.

licentious [lai'senʃəs] *a* licencieux.

lichen ['laikən, 'litʃən] *n* lichen *m*.

licit ['lisit] *a* licite.

lick [lik] **I.** *n* **1.** coup *m* de langue; *F:* **a l. and a promise,** un brin de toilette **2. l. of paint,** coup de peinture **3.** *F:* **at a great l.,** à toute vitesse. **II.** *vtr* **1.** lécher; **to l. one's lips,** se (pour)lécher les babines; **to l. s.o. into shape,** dégrossir qn; **to l. s.o.'s boots,** lécher les bottes de, à, qn **2.** *F:* rosser (qn); écraser (qn); *F:* **to be licked,** être dépassé (par un problème, etc). **'licking** *n F:* (*a*) rossée *f*, raclée *f* (*b*) défaite *f*, déculottée *f*.

licorice ['likəriʃ, -ris] *n NAm:* réglisse *f*.

lid [lid] *n* **1.** couvercle *m*; *F:* **that puts the l. on it!** ça, c'est le comble! il ne manquait plus que ça! **2.** (*eyelid*) paupière *f*.

lido ['li:dou] *n* (*pl* **-os**) piscine (découverte).

lie[1] [lai] **I.** *n* (*a*) mensonge *m*; **it's a pack of lies,** pure invention que tout cela; **to tell lies,** mentir; dire des mensonges (*b*) **to give the l. to sth,** démentir qch. **II.** *vi* **(lying)** mentir. **'lying[1]** **1.** *a* (*of pers*) menteur **2.** *n* mensonge(s) *m*(*pl*).

lie[2] **I.** *vi* **(lay** [lei]**; lain** [lein]**; lying)** **1.** (*a*) s'allonger, s'étendre; (*of corpse*) reposer; **he was lying on the floor,** il était allongé, étendu, par terre; **to l. asleep,** dormir; **to l. dead,** être (étendu) mort; (*on tombstone*) **here lies,** ci-gît (*b*) être, rester, se tenir; **to l. still,** rester tranquille, immobile; **to l. low** se cacher; se faire tout petit **2.** (*of thg*) être, se trouver; **his clothes were lying on the ground,** ses vêtements étaient éparpillés par terre; **the snow lay thick, deep,** la neige était épaisse; **the snow did not l.,** la neige n'a pas tenu; **to l. heavy on,** peser sur; **the responsibility lies with the author,** la responsabilité incombe à l'auteur; **the problem lies in,** le problème réside dans; **a vast plain lay before us,** une vaste plaine s'étendait devant nous; **a brilliant future lies before him,** un brillant avenir s'ouvre devant lui. **II.** *n* (*a*) (*NAm:* = **lay**) disposition *f* (du terrain) **2.** *Golf:* assiette *f* (de la balle). **lie a'bout, around** *vi* (*of thgs, pers*) traîner. **lie 'back** *vi* se renverser (en arrière); **to l. back and take things easy,** se reposer. **lie 'down** *vi* se coucher, s'allonger; (*to rest*) se reposer; *Fig:* **he won't take it lying down,** il ne se laissera pas faire. **'lie-down** *n F:* **to have a l.-d.,** se coucher, s'allonger; faire une sieste. **lie 'in** *vi* faire la grasse matinée. **'lie-in** *n* **to have a l.-in,** faire la grasse matinée. **lie 'up** *vi* (*a*) garder le lit (*b*) se cacher. **'lying[2]** *a* **l. down,** couché, allongé.

lieu [lju:] *n* **in l. of,** au lieu de.

lieutenant [lef'tenənt, *NAm:* lu:-] *n* (*a*) lieutenant *m*; *Navy:* lieutenant de vaisseau; **second l.,** sous-lieutenant *m*; *Navy:* **l.-commander,** capitaine *m* de corvette; *Mil:* **l.-general,** général *m* de corps d'armée; **l.-colonel,** lieutenant-colonel *m*; *MilAv:* **flight l.,** capitaine (d'aviation) (*b*) (*deputy*) adjoint, -ointe.

life [laif] *n* (*pl* **lives**) **1.** vie *f*; **it's a matter of l. and death,** c'est une question de vie ou de mort; **l.-and-**

death struggle, lutte désespérée; **loss of l.,** perte *f* en vies humaines; **true to l.,** comforme à la réalité; **to come to l.,** s'animer; **to take s.o.'s l.,** tuer qn; **to take one's (own) l.,** se donner la mort; **to save s.o.'s l.,** sauver la vie de, à, qn; **to escape with one's l.,** s'en tirer la vie sauve; **run for your lives!** sauve qui peut! **I can't for the l. of me understand,** je ne comprends absolument pas; **not on your l.!** jamais de la vie! **full of l.,** plein de vie; **to put new l. into s.o., sth,** ranimer, galvaniser (qn, une entreprise); **he's the l. and soul of the party,** c'est le boute-en-train de la bande; **animal l.,** la vie animale; **bird l.,** les oiseaux *m* **2.** (*a*) vie, vivant *m* (de qn); **never in (all) my l.,** jamais de la vie; **at my time of life,** à mon âge; **early l.,** enfance *f*; **appointed for l.,** nommé à vie; **l. cycle, style,** cycle *m*, style *m*, de vie; **l. force,** force vitale; **l. annuity,** rente viagère; **l. insurance,** assurance-vie *f* (*b*) **l. (story),** biographie *f*; vie; **l. history,** histoire *f* de vie (*c*) durée *f* (de vie) (d'une ampoule) **3. to depart this l.,** quitter ce monde; mourir; **the American way of l.,** la vie américaine; *F:* **what a l.!** quelle vie! **that's l.! such is l.!** c'est la vie! **he's seen l.,** il a beaucoup vécu. **'lifebelt** *n* ceinture *f* de sauvetage. **'lifeblood** *n* (*a*) sang *m* (*b*) *Fig:* âme *f* (d'une entreprise); pivot *m* (de l'économie). **'lifeboat** *n* canot *m* de sauvetage. **'lifebuoy** *n* bouée *f* de sauvetage. **'lifeguard** *n* (*at seaside*) maître-nageur *m* sauveteur. **'lifejacket** *n* gilet *m* de sauvetage. **'lifeless** *a* sans vie; inanimé; sans vigueur. **'lifelike** *a* qui semble vivant. **'lifeline** *n* (*a*) *Nau:* ligne *f* de sauvetage (*b*) corde *f* de communication (de plongeur) (*c*) *Fig:* moyen *m* unique de communication. **'lifelong** *a* (amitié) de toute sa vie; (ami) de toujours. **'lifesaving** *n* sauvetage *m*. **'life-size(d)** *a* grandeur nature *inv*. **'lifetime** *n* vie; *Fig:* éternité *f*; **in his l.,** de son vivant; **it's the work of a l.,** c'est le travail de toute une vie; **once in a l.,** une fois dans la vie; **a once-in-a-l. experience,** l'expérience de votre vie.

lift [lift] **I.** *n* **1. to give s.o. a l.,** (i) (*in vehicle*) emmener, accompagner, qn (en voiture) (ii) (*hitchhiker*) prendre qn en stop (iii) *F:* remonter le moral à qn **2.** (*NAm:* = **elevator**) ascenseur *m*; **(goods) l.,** monte-charge *m inv*; **l. attendant,** liftier *m*. **II.** *v* **1.** *vtr* (*a*) lever, soulever (un poids); **to l. up,** lever (les yeux, le bras); (sou)lever (qch); **to l. up one's head,** redresser la tête; **to l. sth down, off,** descendre qch; **to l. out,** sortir (*b*) arracher (des pommes de terre) (*c*) *Fig:* voler, prendre (*d*) lever (un embargo) **2.** *vi* se soulever; (*of fog*) se lever. **'liftboy, -man** *n* liftier. **lift 'off** *vi Av:* décoller. **'lift-off** *n Av:* décollage *m*.

ligament ['ligəmənt] *n Anat:* ligament.

ligature ['ligətjər] *n* ligature *f*; *Mus:* liaison *f*.

light¹ [lait] **I.** *n* **1.** (*a*) lumière *f*; **by the l. of,** à la lumière de; **l. year,** année-lumière *f*; *Phot:* **l. meter,** photomètre *m*; (*of crime, etc*) **to come to l.,** être découvert; **to bring to l.,** mettre en lumière; **to see the l.,** (i) voir le jour (ii) comprendre (iii) trouver son chemin de Damas (*b*) jour *m*, lumière *f*; éclairage *m*; **against the l.,** à contre-jour; **to be, stand, in s.o.'s l.,** cacher le jour, la lumière, à qn; **to be in one's own l.,** tourner le dos à la lumière; *Fig:* **in a new l.,** sous un jour nouveau; **in that l.,** sous ce jour, sous cet éclairage; **in the l. of,** à la lumière de; **to throw l. on sth,** éclaircir qch **2.** (*a*) lumière; lampe *f* (de bureau); **l. bulb,** ampoule *f* (électrique); (*pers*) **leading l.,** sommité *f*, lumière *f* (*b*) feu *m*; **traffic lights,** feux de signalisation (routière); *F:* feu rouge; **the lights were (on) green,** le feu était au vert; *Fig:* **to see the red l.,** se rendre compte du danger; (*on vehicle*) **lights,** feux; phares *mpl*; **tail, rear, lights,** feux arrière (*c*) (*on coast, at sea*) phare *m* **3. to set l. to sth,** mettre le feu à qch; (*for cigarette*) **have you got a l.?** avez-vous du feu? **4.** *Art: Phot:* clair *m* (d'une œuvre). **II.** *v* **(lit** *or* **lighted) 1.** *vtr* (*a*) allumer; gratter (une allumette); **to l. a fire,** faire du feu (*b*) éclairer (une maison) (**by electricity,** à l'électricité) **2.** *vi* s'allumer; (*of fire, wood*) prendre (feu). **III.** *a* **(-er, -est) 1.** clair; (bien) éclairé; **it's l.,** il fait jour **2.** (*of hair*) blond; (*of colour*) clair; **l. blue,** bleu clair *inv*. **'lighten¹ 1.** *vtr* éclairer (les ténèbres, un visage); éclaircir (une couleur, les cheveux) **2.** *vi* s'éclairer. **'lighter¹** *n* briquet *m* (à gaz, à essence); *Cu:* allume-gaz *m inv*. **'lighthouse** *n Nau:* phare. **'lighting** *n* **1.** allumage *m* (d'une bougie, d'une lampe) **2.** éclairage; *Th:* éclairages *mpl*; **l. engineer,** éclairagiste *m*; **l.-up time,** heure d'éclairage (de véhicules). **'lightness¹** *n* clarté *f*. **'lightship** *n* bateau-feu *m*. **light 'up 1.** *vtr* allumer, éclairer; illuminer (un chemin, un visage) **2.** *vi* (*a*) (*of window*) s'allumer; (*of face*) s'éclairer, s'illuminer (*b*) *F:* allumer une cigarette, en allumer une.

light² **I.** *a* **(-er, -est) 1.** (*a*) léger; **to be l. on one's feet,** avoir le pas léger; **l. rain,** pluie fine (*b*) (*deficient*) (poids) faible **2. to be a l. sleeper,** avoir le sommeil léger **3.** (*a*) (*of punishment*) léger (*b*) (travail) facile, peu fatigant **4. l. reading,** lecture(s) délassante(s), amusante(s); **to make l. of sth,** prendre qch à la légère. **II.** *adv* **to travel l.,** voyager avec peu de bagages. **'lighten²** *vtr* alléger. **'lighter²** *n Nau:* allège *f*. **light-'fingered** *a* chapardeur. **light-'headed** *a* étourdi; to feel **l.-h.,** être pris de vertige; avoir la tête qui tourne. **light-'hearted** *a* au cœur léger; allègre; gai. **'lightly** *adv* légèrement; à la légère; **to sleep l.,** avoir le sommeil léger; **to get off l.,** s'en tirer à bon compte. **'lightness²** *n* légèreté *f*. **light 'on** *vtr* trouver par hasard. **lights** *npl* mou *m* (de bœuf). **'lightweight 1.** *n Box:* poids léger **2.** *a* (*a*) (pantalon) léger (*b*) pas sérieux, léger.

lightning ['laitniŋ] **I.** *n* éclair *m*, foudre *f*; **(flash of) l.,** un éclair; **struck by l.,** frappé par la foudre; **like l., as quick as l.,** rapide comme l'éclair; **l. conductor,** paratonnerre *m*. **II.** *a* (*of speed, progress*) foudroyant; (visite) éclair *inv*; *Ind:* (grève) surprise *inv*.

like¹ [laik] **I.** *a* **1.** semblable, pareil, tel; **l. father, l. son,** tel père, tel fils; **they are as l. as two peas (in a pod),** ils se ressemblent comme deux gouttes d'eau **2.** (*a*) **I want to find one l. it,** je veux trouver le pareil, la pareille; **a woman l. you,** une femme comme vous; **to be, look, l. s.o., sth,** ressembler à qn, qch; **what's he l.?** comment est-il? **what's the weather l.?** quel temps fait-il? **what was the book l.?** comment as-tu trouvé le livre? **she has been l. a mother to him,** elle lui a servi de mère; **I never saw anything l. it,** je n'ai jamais rien vu de pareil; **it costs something l. ten pounds,** cela coûte dans les dix livres; **that's something l.!** voilà qui est réussi, qui est bien! **there's nothing l. being frank,** rien de tel que de parler franchement; **she's nothing l. as pretty as you,** elle est loin d'être aussi jolie que vous (*b*) **that's just l. a man, woman!** voilà bien les hommes, les femmes! **that's just l. me!** c'est bien de moi! **II.** *prep* comme; **just l. anybody else,** tout comme un autre; **he ran l. anything, l. mad,** il courait comme un dératé; **don't talk l. that,** ne parlez pas comme ça. **III.** *adv F:* **l. enough, as l. as not,** probablement. **IV.** *n* semblable *mf*, pareil, -eille; **music, painting and the l.,** la musique, la peinture et ainsi de suite; **his l.,** son pareil, ses pareils; **the likes of which we shan't see again,** comme on n'en reverra plus; **the likes of him,** des gens de son acabit. **V.** *conj F:* (= AS) **it's l. I say,** c'est comme je vous le dis. **'likelihood** *n* probabilité *f*; vraisemblance *f*; **in all l.,** selon toute probabilité; vraisemblablement. **'likely I.** *a* **1.** probable; vraisemblable; **that's a l. story!** la belle histoire! **it's l. to rain,** il est probable qu'il pleuvra; il y a des chances (pour) qu'il pleuve; **it's very l. (to happen),** c'est très probable; **it's not (very) l.,** c'est peu probable; il y a peu de chances; **he's l. to come,** il viendra probablement; **he's not l. to succeed,** il ne risque pas de réussir; **he's the most l., the likeliest, (one) to win,** c'est lui qui a le plus de chances de gagner **2.** (endroit) propice; (projet) qui promet; (candidat) prometteur; (livre) susceptible (**to interest s.o.,** d'intéresser qn); **the likeliest place to find him,** l'endroit où on a le plus de chances de le trouver. **II.** *adv* **most, very, l.,** *NAm:* **l.,** très probablement; vraisemblablement; **as l. as not,** probablement; *F:* **not l.!** pas question! **'likelihood** *n* probabilité *f*; **there's little l. that,** il y a peu de chances que (+*sub*). **'liken** *vtr* comparer (**to,** à). **'likeness** *n* ressemblance *f* (**to,** à); **family l.,** air *m* de famille; **portrait that is a good l.,** portrait bien ressemblant. **'likewise** *adv* **1.** (*moreover*) de plus; aussi **2.** (*similarly*) **to do l.,** faire de même, faire pareillement, en faire autant.

like² *vtr* **1.** aimer; **I l. him,** je l'aime bien; il me plaît; je le trouve sympathique; **which do you l. best, better, most?** lequel préférez-vous? **how do you l. him?** comment le trouvez-vous? **he likes school,** il se plaît à l'école; **as much as you l.,** tant que vous voudrez; **your father won't l. it,** votre père ne sera pas content; **whether he likes it or not,** qu'il le veuille ou non; *F:* **I l. that!** par exemple! **2.** (*a*) **I l. to see them,** j'aime les voir; **he doesn't l. people to talk about it,** il n'aime pas qu'on en parle; **would you l. some more?** en voulez-vous, en voudriez-vous, encore un peu? **I should have liked to go there,** j'aurais bien voulu y aller (*b*) **as you l.,** comme vous voudrez; **as he likes,** comme il lui plaira; **to do (just) as one likes,** en faire à sa tête; **he thinks he can do anything he likes,** il se croit tout permis; **if you l.,** si vous voulez. **'likeable** *a* agréable, sympathique. **likes** *npl* goûts *mpl*, préférences *fpl*; **likes and dislikes,** sympathies *f* et antipathies. **'liking** *n* goût *m*; penchant *m*; **to one's l.,** à souhait; **is it to your l.?** cela est-il à votre goût? **to take a l. to sth,** prendre goût à qch; **I've taken a l. to him,** il m'est devenu sympathique; **to have a l. for,** aimer.

lilac ['lailək, *NAm:* 'lailɔk] **1.** *n Bot:* lilas *m* **2.** *a* lilas *inv*.

Lilo ['lailou] *n* (*pl* **-os**) *Rtm:* matelas *m* pneumatique.

lilt [lilt] *n* rythme *m*, cadence *f*.

lily ['lili] *n* (*pl* **lilies**) *Bot:* lis *m*, lys *m*; **l. of the valley,** muguet *m*.

limb [lim] *n* **1.** membre *m*; **to tear l. from l.,** mettre en pièces **2.** (grosse) branche (d'un arbre); *Fig:* **to be out on a l.,** être le seul de son opinion.

limber ['limbər] *vtr* assouplir (le corps). **limber 'up** *vi* faire des exercices d'assouplissement.

limbo ['limbou] *n Theol:* les limbes *mpl*; **to be in l.,** être dans l'expectative.

lime¹ [laim] *n* chaux *f*; **slaked l.,** chaux éteinte. **'limestone** *n* pierre *f* à chaux; calcaire *m*.

lime² *n Bot:* citron vert; lime *f*; **l. juice,** jus *m* de citron vert.

lime³ *n* **l. (tree),** tilleul *m*.

limelight ['laimlait] *n* **in the l.,** bien en vue; en vedette.

limerick ['limərik] *n* poème *m* comique en cinq vers.

limit ['limit] **I.** *n* limite *f*; borne *f*; **within a l. of ten kilometres,** dans un rayon de dix kilomètres; **within limits,** dans une certaine limite; **age l.,** limite d'âge; **speed l.,** limitation *f* de vitesse; vitesse limite, maximale; *F:* **that's the l.!** ça, c'est le comble! **you're the l.!** vous êtes impossible! **II.** *vtr* limiter, borner, restreindre. **limi'tation** *n* limitation *f*; restriction *f*; **to know one's limitations,** connaître ses limites. **'limited** *a* limité; restreint; (esprit) borné; *Com:* **l. company,** société à responsabilité limitée; (*with shareholders*) **(public) l. company,** société *f* anonyme; **l. edition;** (édition à) tirage limité; **to a l. degree,** jusqu'à un certain point. **'limitless** *a* illimité.

limo ['limou] *n F:* limousine *f*.

limousine [limə'zi:n] *n* limousine *f*; *NAm:* voiture-navette *f*.

limp¹ [limp] **1.** *n* claudication *f*; **to have a l.,** boiter. **II.** *vi* boiter; *Fig:* (*of car, etc*) avancer tant bien que mal. **'limping** *a* boiteux.

limp² *a* mou; flasque; (*of pers*) avachi; (reliure) souple. **'limply** *adv* mollement. **'limpness** *n* mollesse *f*.

limpet ['limpit] *n Moll:* patelle *f*.

limpid ['limpid] *a* limpide; clair.

linchpin ['lintʃpin] *n* (*pers*) pivot *m*.

linctus ['liŋktəs] *n Pharm:* sirop *m* (contre la toux).

line¹ [lain] **I.** *n* **1.** ligne *f*; trait *m*; (*on skin*) ride *f*; **l. drawing,** dessin au trait; *Fig:* **one must draw the l. somewhere,** il y a limite à tout; **where do we draw the l.?** où fixer les limites? (*telephone*) **on the l.,** au téléphone; au bout du fil; **to be on the l.,** être en danger; *Tp:* **hold the l.!** ne quittez pas! *Tp:* **the hot l.,** le téléphone rouge **2.** (*a*) ligne; (*row*) rangée *f*, ligne; **to fall, get, into l.,** se mettre en ligne; former des rangs; s'aligner; *Fig:* **to come into l., be in l.,** se conformer (**with,** à); **to bring into l.,** mettre (qn) d'accord, (qch) en accord (**with,** avec); **to step out, get out, of l.,** refuser de se conformer; faire une incartade; (*of ideas, etc*) **out of l. with,** en désaccord avec; **in l. with,** conforme à (*b*) (*one behind the other*) file *f* (de personnes, de voitures); *NAm:* file, queue *f*; **in l.,** à la file; en file; **to be, stand, in (a) l.,** s'aligner, se ranger dans une file; *NAm:* **to stand in l.,** faire la queue; **he's in l. for promotion,** il doit recevoir une promotion (*c*) *Mil:* **l. of battle,** ligne de combat; **l. of attack,** ligne d'attaque; *Fig:* **all along the l.,** sur toute la ligne (*d*) (*direction*) **l. of argument,** raisonnement *m*; **what l. are you going to take?** quel parti allez-vous prendre? **along the same lines,** (penser, etc) de la même façon; **sth along those lines,** qch dans ce genre-là; **on the right lines,** dans la bonne voie; **to take a hard, tough, l.,** adopter une attitude ferme; *F:* **to get a l. on,** (i) obtenir des tuyaux sur (qch) (ii) se renseigner sur (qn) (*e*) ligne (de mots écrits); vers *m* (de poésie); (*of actor*) **one's lines,** son texte; (*in dictating*) **new l.,** à la ligne; *F:* **to drop s.o. a l.,** envoyer un mot à qn **3.** ligne (*a*) compagnie *f* (de navigation) (*b*) *Rail:* (*track*) voie *f* (*c*) (*rope*) corde *f* **4.** (*family*) lignée *f*; **in direct l.,** en ligne directe **5.** métier *m*, rayon *m*; **what's his l. (of business)?** qu'est-ce qu'il fait (comme travail)? **it's not (in) my l.,** ce n'est pas mon rayon **6.** *Com:* article *m*. **II.** *vtr* **1. lined paper,** papier réglé; **lined face,** visage ridé; (*of face*) **to become lined,** se rider **2. troops lined the streets,** des troupes faisaient la haie le long des rues; **street lined with trees,** rue bordée d'arbres. **'linesman, -men** *n Fb: etc:* juge *m* de touche. **line 'up 1.** *vtr* (*a*) aligner (*b*) organiser; préparer; **to have sth lined up,** avoir qch en vue **2.** *vi* s'aligner; se mettre en ligne. **'line-up** *n* (*a*) file *f* (de personnes) (*b*) *Sp:* (formation *f* d'une) équipe (*c*) *Pol:* front *m* (*d*) *TV:* programme(s) *m*(*pl*).

line² *vtr* doubler (un vêtement); *Tchn:* garnir, revêtir; *Fig:* **to l. one's pocket(s),** se remplir les poches. **'lining** *n* doublure *f* (de robe); *Aut:* garniture *f* (de frein); *Tchn:* revêtement *m*.

lineage ['liniidʒ] *n* lignée *f*.

linear ['liniər] *a* linéaire.

linen ['linin] *n* **1.** (toile *f* de) lin *m*, fil *m*; **l. sheets,** draps fil **2.** linge *m*; lingerie *f*; **table l.,** linge de table; **l. basket,** panier à linge; **l. cupboard,** armoire à linge; *F:* **don't wash your dirty l. in public,** il faut laver son linge sale en famille.

liner ['lainər] *n* (*a*) *Nau:* paquebot *m* (*b*) **(dust)bin l.,** sac *m* poubelle; **nappy l.,** couche *f* à jeter.

linger ['liŋər] *vi* **to l. (on),** s'attarder (**over,** sur); (*of smell, memory*) persister; (*of doubt*) subsister; **to l. over a meal,** prolonger un repas. **'lingering** *a* (regard) prolongé; (doute) qui subsiste encore; (*of death*) lent.

lingerie ['lɛ̃:nʒəri(:)] *n* lingerie *f* (pour femmes).

lingo ['liŋgou] *n F: Hum:* jargon *m*.

linguist ['liŋgwist] *n* linguiste *mf*. **lin'guistic** *a* linguistique. **lin'guistics** *npl* linguistique *f*.

liniment ['linimənt] *n* onguent *m*, pommade *f*.

link [liŋk] **I.** *n* **1.** chaînon *m*, maillon *m*, anneau *m* (d'une chaîne) **2.** (*by road, rail*) liaison *f*; lien *m*, trait *m* d'union; **missing l.,** vide *m*, lacune *f* (dans une théorie); anneau manquant; **air l.,** liaison aérienne. **II.** *v* **1.** *vtr* relier (**to,** à); lier (**to,** à); **to l. (together, up),** enchaîner, relier (**with, to,** à); **closely linked facts,** faits étroitement unis; **to l. arms,** se donner le bras; *Tp:* **to l. up,** relier **2.** *vi* (*of roads*) **to l. up,** se rejoindre; **to l. on to sth., up with sth.,** se (re)joindre, s'attacher s'unir, à qch. **'link-up** *n TV: Rad:* liaison; *Space:* jonction *f*.

links [liŋks] *npl* terrain *m* de golf.

linoleum, *F:* **lino** [li'nouliəm, 'lainou] *n* linoléum *m*, lino *m*.

linseed ['linsi:d] *n* **l. oil,** huile *f* de lin.

lint [lint] *n* (*a*) *Med:* tissu, pansement, ouaté (*b*) peluche(s) *f*(*pl*) (d'une étoffe).

lintel ['lintl] *n* linteau *m*.

lion ['laiən] *n* (*a*) lion *m*; **l. cub,** lionceau *m*; **the l.'s share,** la part du lion; **mountain l.,** puma *m*, couguar *m* (*b*) *Fig:* célébrité *f*. **'lioness** *n* lionne *f*. **'lion-'hearted** *a* au cœur de lion.

lip [lip] *n* **1.** (*a*) lèvre *f*; babine *f* (d'un animal); *Fig:* **to keep a stiff upper l.,** serrer les dents; **to pay l. service to sth,** rendre à qch des hommages peu sincères (*b*) *F:* insolence *f*, toupet *m*; **none of your l.!** en voilà assez! **2.** bord *m*, rebord *m* (d'une tasse); bec *m* (d'un pot). **'lipread** *vtr & i* (**lipread** [-red]) lire sur les lèvres. **'lipreading** *n* lecture *f* sur les lèvres. **'lipstick** *n* rouge *m* à lèvres; tube *m* de rouge.

liquefy ['likwifai] *vtr & i* (se) liquéfier. **lique'faction** *n* liquéfaction *f*.

liqueur [li'kjuər] *n* liqueur *f*; **l. brandy,** fine *f*.

liquid ['likwid] **1.** *a* (*a*) liquide; *Fin:* **l. assets,** disponibilités *f* (*b*) (œil) limpide; (son) doux **2.** *n* liquide *m*; **l. measure,** mesure pour les liquides. **'liquidate** *vtr* liquider. **liqui'dation** *n* liquidation *f*; (*of business*) **to go into l.,** déposer son bilan. **'liquidize** *vtr Cu:* liquéfier; passer au mixeur. **'liquidizer** *n DomEc:* centrifugeuse *f*; robot *m*, moulinette (*Rtm*) *f*.

liquor ['likər] *n* alcool *m*, spiritueux *m*; *NAm:* **l. store** magasin *m* de vins et de spiritueux.

liquorice ['likəriʃ, -ris] *n* réglisse *f*.

lira ['liərə] *n* (*pl* **lire** ['liərei] *n* lire *f*.

lisp [lisp] **I.** *n* zézaiement *m*; **to have a l.,** zézayer. **II.** *vi & tr* zézayer.

lissom ['lisəm] *a* souple, agile, leste.

list¹ [list] **I.** *n* (*a*) liste *f*; **wine l.,** carte *f* des vins; **to make a l.,** faire une liste (*b*) *Com:* catalogue *m*; **l. price,** prix (de) catalogue. **II.** *vtr* mettre (des noms) sur la liste; faire la liste de; énumérer; cataloguer (des articles); classer (un monument).

list² *vi* (*of ship*) gîter.

listen ['lisn] *vi* **1. to l. to s.o., sth,** écouter qn, qch; **to l. to s.o. singing,** écouter chanter qn **2.** faire attention; écouter; **he wouldn't l. (to us),** il a refusé de nous entendre. **'listener** *n* auditeur, -trice; **to be a good l.,** savoir écouter. **'listening** *n* écoute *f*. **listen 'in (to)** *vi WTel:* écouter. **listen ('out) 'for** *vi* tendre l'oreille pour, guetter.

listless ['listləs] *a* apathique, indolent. **'listlessly** *adv* sans énergie. **'listlessness** *n* manque *m* d'énergie; apathie *f*.

lit [lit] *see* **light¹**.

litany ['litəni] *n* litanies *fpl*.

liter ['li:tər] *n NAm:* litre *m*.

literacy ['litərəsi] *n* capacité *f* de lire et d'écrire; degré *m* d'alphabétisation.

literal ['litərəl] *a* littéral; réel; (sens) propre (d'un mot); (*of pers, mind*) prosaïque; **in a l. sense,** au pied de la lettre. **'literally** *adv* littéralement; réellement; (interpréter qch) au pied de la lettre.

literary ['lit(ə)rəri] *a* littéraire.

literate ['litərət] *a* qui sait lire et écrire; **highly l.,** très instruit.

literature ['litərətʃər] *n* (*a*) littérature *f* (*b*) *Com:* prospectus *mpl*; documentation *f*.

lithe [laið] *a* souple, agile.

lithograph ['liθəgrɑːf, -æf] **I.** *n* lithographie *f*. **II.** *vtr* lithographier. **li'thographer** *n* lithographe *mf*. **litho'graphic** *a* lithographique. **li'thography** *n* lithographie.

litigation [liti'geiʃn] *n Jur:* litige. **'litigant** *n* plaideur, -euse. **li'tigious** *a* litigeux.

litmus ['litməs] *n* tournesol *m*; **l. paper,** papier de tournesol; *Fig:* **l. test,** révélateur *m*.

litre, *NAm:* **liter** ['liːtər] *n* litre *m*.

litter ['litər] **I.** *n.* **1.** (*bed*) litière *f* **2.** *Agr:* litière (de paille) **3.** (*a*) détritus *m*; papiers *mpl* (*b*) fouillis *m*, désordre *m* **4.** portée *f* (d'un animal). **II.** *vtr* **to. l. (with papers, rubbish),** laisser traîner des papiers, des détritus dans (la rue, etc); (*of clothes*) **to l. the floor,** traîner sur le plancher; **street littered with,** rue jonchée de; **table littered with papers,** table encombrée de papiers.**'litterbin** *n* boîte *f* à ordures. **'litterlout,** *NAm:* **-bug** *n* personne *f* qui jette des ordures n'importe où.

little ['litl] (*comp* **less;** *superl* **least**) **I.** *a* **1.** petit; **l. finger,** petit doigt; **wait a l. while!** attendez un petit moment! **poor l. girl!** pauvre petite! *F:* **tiny l.,** tout petit **2.** peu (de); **l. money,** peu d'argent; **a l. money,** un peu d'argent. **II.** *n* **1.** **(a, the) l.,** (un, le) peu; **to eat l. or nothing,** manger peu ou point; **he knows, does, very l.,** il ne sait pas, ne fait pas, grand-chose; **I took very l. (of it),** j'en ai pris très peu, moins que rien; **too l., so l., time,** trop peu, si peu, de temps; **I see very l. of him,** je le vois rarement; **you can get them for as l. as £10,** ils ne coûtent pas plus cher que £10; **the l. that I have,** le peu que j'ai; *Prov:* **every l. helps,** on fait feu de tout bois **2.** **a l. more (tea),** encore un peu (de thé); **a l. longer,** (i) (objet) un peu plus long (ii) (rester) encore un peu. **III.** *adv* peu; **l. by l.,** peu à peu; **l. more than an hour ago,** il n'y a guère, il y a à peine, plus d'une heure; **l. did he know that,** il ne se doutait guère que; **l. known,** peu connu. **'littleness** *n* petitesse *f*.

liturgy ['litədʒi] *n* liturgie *f*. **li'turgical** *a* liturgique.

live I. *a* [laiv] **1.** (*a*) vivant; en vie; **a real l. burglar,** un cambrioleur en chair et en os (*b*) (question) d'actualité (*c*) (charbon) ardent (*d*) *TV: WTel:* (émission) en direct; **a l. audience,** le, un, public; **a l. recording,** un enregistrement public **2.** (*a*) (*of ammunition*) réel, de combat; (*of bomb*) non explosé (*b*) *El:* (fil) sous tension; (*of switch*) mal isolé; (*plugged in*) branché; *F:* **he's a real l. wire,** il est dynamique. **II.** *adv* [laiv] *TV: WTel:* (émettre) en direct. **III.** *v* [liv] **1.** *vi* (*a*) vivre; **long l. the king!** vive le roi! **as, so, long as I l.,** tant que je vivrai; *Prov:* **you l. and learn,** on apprend à tout âge; **l. and let l.,** il faut que tout le monde vive; **to l. by doing sth,** gagner sa vie à faire qch; **to l. well,** faire bonne chère (*b*) **where do you l.?** où habitez-vous? **he lives at number 7 rue de Rivoli,** il habite au numéro 7, rue de Rivoli; **to l. in the country, in Bonn, in Spain, in a big house,** habiter (à) la campagne, (à) Bonn, en Espagne, (dans) une grande maison; **house not fit to l. in,** maison inhabitable; **to l. with s.o.,** habiter, vivre, avec, chez, qn; **to be easy to l. with,** être facile à vivre; **to l. together,** habiter, vivre, ensemble **2.** *vtr* vivre (sa vie); mener (une vie heureuse); vivre pleinement (sa foi, etc). **live 'down** *vtr* faire oublier (un scandale) (avec le temps). **'live for** *vtr* ne vivre que pour (qn, qch). **live 'in** *vi* être logé et nourri; (*of student*) être interne. **livelihood** ['laiv-] *n* moyens *mpl* de subsistance; **my l.,** mon gagne-pain; **to earn a l.,** gagner sa vie. **liveliness** ['laiv-] *n* vivacité *f*, animation *f*, entrain *m*; vie. **lively** ['laiv-] *a* **(-ier, -iest)** (*a*) vif, animé, plein d'entrain; vivant; vigoureux; (*of day*) mouvementé; (*of tune*) entraînant; (*of discussion, etc*) animé; (*of pers*) gai; *F:* **things are getting l.,** ça chauffe! (*b*) **to take a l. interest in sth,** s'intéresser vivement à qch. **liven 'up** ['laiv-] **1.** *vtr* égayer (qn); animer (une soirée) **2.** *vi* (*of pers, party*) s'animer. **live 'off** *vtr* (*a*) vivre de (légumes, de la terre) (*b*) vivre aux crochets, aux dépens, de (qn). **live 'on 1.** *vtr* vivre, se nourrir, de (légumes); **to have enough to l. on,** avoir de quoi vivre; **to l. on £100 a week,** vivre avec £100 par semaine **2.** *vi* (*of memory*) survivre, se perpétuer. **live 'out** *vi* ne pas être logé; (*of student*) être externe. **livestock** ['laiv-] *n* bétail *m*, bestiaux *mpl*. **live 'through** *vtr & i* passer (l'hiver); vivre (une expérience); survivre à. **live 'up 1.** *vtr F:* **to l. it up,** mener la grande vie **2.** *vi* **to l. up to,** vivre selon (ses principes); faire honneur à (sa réputation); remplir (sa promesse); se montrer à la hauteur de (l'attente de qn). **living** ['liv-] **I.** *a* vivant; en vie; **l. or dead,** mort ou vif; **I didn't see a l. soul,** je n'ai vu personne, je n'ai pas vu âme qui vive. **II.** *n* **1.** vie; **l. standard, standard of l.,** niveau de vie; **l. space,** espace vital; **l. room,** salle de séjour; **l. wage,** salaire qui permet de vivre **2.** **to earn, make, a l., one's l.,** gagner sa vie, de quoi vivre; **to work for one's l., for a l.,** travailler pour vivre; **the cost of l.,** le coût de la vie **3.** *Ecc:* bénéfice *m*, cure *f* **4.** **the l.,** les vivants *m*; **he's still in the land of the l.,** il est encore de ce monde.

liver ['livər] *n Anat:* foie *m*. **'liverish** *a F:* **to feel l.,** avoir une crise de foie.

livery ['livəri] *n* livrée *f*.

livid ['livid] *a* (teint) livide; blême (**with cold,** de froid); (ciel) plombé; *F:* **to be absolutely l.,** être furieux, dans une colère folle.

lizard ['lizəd] *n* lézard *m*.

llama ['lɑːmə] *n Z:* lama *m*.

load [loud] **I.** *n* (*a*) poids *m*; **that's a l. off my mind,** ça m'ôte un grand poids, quel soulagement! (*b*) charge *f*, chargement *m* (d'un camion); cargaison *f* (d'un navire) (*c*) *F:* **loads of, a l. of,** des tas *m*, des quantités *f*, énormément, de; **we've got loads of time,** nous avons largement le temps. **II.** *v* **1.** *vtr* **to l. sth (down, up) with sth,** charger qch de qch; **to l. s.o. with favours,** combler qn de faveurs; **to be loaded (down) with,** être surchargé de; (*of pers*) être accablé de (soucis) **2.** *vi* **to l. (up),** charger la voiture, le navire, etc. **'loaded** *a* (*a*) (camion) chargé (**with,** de); **l. (down) with,** accablé de (dettes) (*b*) (dé) pipé (*c*) **l. question,** question *f* piège (*d*) *F:* (*of pers*) **to be l.,** rouler sur l'or. **'loading** *n* chargement.

loaf[1] [louf] *n* (*pl* **loaves**) pain *m*; **French l.,** baguette *f*; **sugar l.,** pain de sucre.

loaf[2] *vi* **to l. (about),** fainéanter. **'loafer** *n* fainéant, -ante.

loam [loum] *n* terreau *m*; terre grasse.

loan [loun] I. *n* 1. prêt *m*; **on l.**, prêté (**from**, par); (*of book*) **(out) on l.**, sorti 2. emprunt *m*; **to have the l. of sth.**, emprunter qch; *Fin:* **to get, raise, a l.**, emprunter de l'argent (**on**, sur); **l. word**, mot d'emprunt. II. *vtr* prêter.

loath [louθ] *a* **to be l. to do sth**, répugner à faire qch; faire qch à contrecœur.

loathe [louð] *vtr* détester (qch; **doing sth**, (de) faire qch). **'loathing** *n* dégoût *m*, répugnance *f*. **'loathsome** *a* détestable, dégoûtant.

loaves [louvz] *npl see* **loaf**.

lobby ['lɔbi] I. *n* 1. (*a*) vestibule *m*, hall *m*; *Th:* foyer *m* (*b*) *Parl:* = salle *f* des pas perdus 2. *Pol: etc:* lobby *m*, groupe *m* de pression. II. *vtr* faire pression sur.

lobe [loub] *n* lobe *m*.

lobster ['lɔbstər] *n* homard *m*; (*spiny*) langouste *f*; **l. pot**, casier *m* à homards.

local ['loukəl] 1. *a* local, régional; (vin) du pays; de, du, quartier; *Tp:* (*of call*) urbain; **are you l.?** êtes-vous du coin, d'ici? **the doctor is l.**, le médecin est tout près d'ici; **l. government** = administration départementale, communale 2. *n* (*a*) habitant, -ante, du pays; **she's a l.**, elle est du coin; **the locals**, les gens *m* du coin (*b*) *F:* bistrot *m* du coin, pub *m*. **lo'cality** *n* localité *f*; environs *mpl*; voisinage *m*; région *f*; lieu *m*; emplacement *m*; **in this l.**, dans cette région. **'localize** *vtr* localiser. **'locally** *adv* localement; dans les environs, dans le coin; dans la région; **staff recruited l.**, personnel engagé sur place. **lo'cate** *vtr* 1. localiser; découvrir; repérer 2. situer (un bâtiment); construire (une maison). **lo'cation** *n* emplacement *m*; repérage *m*; localisation *f*; *Cin:* **on l.**, en extérieur.

loch [lɔχ] *n Scot:* lac *m*.

lock[1] [lɔk] *n* mèche *f*, boucle *f* (de cheveux).

lock[2] I. *n* 1. serrure *f*; fermeture *f*; (*of gun*) cran *m* de sûreté; **mortise l.**, serrure encastrée; **under l. and key**, sous clef; (*of pers*) sous les verrous; **l., stock and barrel**, tout sans exception 2. *Aut:* **(steering) l.**, rayon *m* de braquage; **on full l.**, braqué au maximum; **(anti-theft) l.**, antivol *m* 3. écluse *f*; **l. keeper**, gardien d'écluse; éclusier *m*. II. *v* 1. *vtr* (*a*) fermer à clef; **to l. s.o. in a room**, enfermer qn dans une pièce (*b*) bloquer, enrayer (les roues); **to be locked (together) in a struggle**, être engagés corps à corps dans une lutte; **to be locked in each other's arms**, se tenir étroitement embrassés 2. *vi* (*a*) (*of door*) fermer à clef (*b*) (*of wheels*) se bloquer, s'enrayer. **'locker** *n* casier *m*; *Rail:* casier de consigne automatique; (*for clothes*) vestiaire *m* (métallique); *NAm: Sp:* **l. room**, vestiaire. **lock 'in** *vtr* enfermer (qn). **'lockjaw** *n Med:* tétanos *m*. **lock 'on(to)** *vtr & i esp Ball:* accrocher (un objectif). **lock 'out** *vtr* empêcher (qn) d'entrer en fermant la porte à clef; (*accidentally*) enfermer qn dehors; *Ind:* lock-outer (le personnel). **'lockout** *n Ind:* lock-out *m inv*. **'locksmith** *n* serrurier *m*. **lock 'up** 1. *vtr* mettre sous clef, enfermer (ses bijoux, etc); fermer (une maison) à clef; enfermer (qn) 2. *vi* fermer (boutique, la maison). **'lockup** *n* (*a*) cellule *f*, prison *f* (*b*) **l. (shop)**, petit magasin (sans logement) (*c*) **l. (garage)**, box *m*.

locket ['lɔkit] *n Jewel:* médaillon *m*.

locomotive [loukə'moutiv] 1. *a* locomotif 2. *n* locomotive *f*. **loco'motion** *n* locomotion *f*.

locum (tenens) ['loukəm('tenenz)] *n* remplaçant, -ante (d'un médecin).

locust ['loukəst] *n Ent:* criquet *m* pèlerin; (grande) sauterelle.

lodge [lɔdʒ] I. *n* 1. loge *f* (de concierge); pavillon *m* de gardien (d'une propriété); **shooting l.**, pavillon de chasse 2. (*in freemasonry*) loge, atelier *m*. II. *v* 1. *vtr* (*a*) loger, héberger (qn); déposer (ses bijoux, etc) (**with**, chez) (*b*) **to l. a complaint**, porter plainte 2. *vi* (*a*) (se) loger, être en pension (**with s.o.**, chez qn) (*b*) (*of thg*) rester, se loger. **'lodger** *n* locataire *mf*; (*meals provided*) pensionnaire *mf*. **'lodging** *n* 1. logement *m*, hébergement *m* 2. **lodgings**, logement; chambre meublée; **to live in lodgings**, vivre en meublé *m*.

loft [lɔft] *n* (*a*) grenier *m* (*b*) (*in church*) **organ l.**, tribune *f* (de l'orgue).

lofty ['lɔfti] *a* 1. haut, élevé 2. (*of pers*) hautain. **'loftily** *adv* (répondre) avec hauteur. **'loftiness** *n* hauteur *f*.

log[1] [lɔg] I. *n* 1. bûche *f*; tronçon *m* (de bois); rondin *m*; **to sleep like a l.**, dormir comme une souche; **l. cabin**, cabane en rondins; **l. fire**, feu *m* de bois 2. *Nau:* (*device*) loch *m* 3. carnet *m* de route; *Nau: Av:* journal *m* de bord. II. *vtr* **(logged)** (*a*) porter (un fait) au journal, au carnet; **to l. (up)**, faire, couvrir (une distance) (*b*) noter (des résultats). **'logbook** *n* = **log**[1] 3; *Aut: F:* = carte grise.

logarithm, *F:* **log**[2] ['lɔgəriðm] *n* logarithme *m*, log *m*; **log table**, table de logarithmes.

loggerheads ['lɔgəhedz] *npl* **to be at l. with s.o.**, être en conflit, en désaccord, avec qn.

logic ['lɔdʒik] *n* logique *f*. **'logical** *a* logique. **'logically** *adv* logiquement. **lo'gistics** *npl* logistique *f*.

logo ['lougou] *n* logo *m*.

loin [lɔin] *n* 1. **loins**, reins *m*; **l. cloth**, pagne *m* 2. *Cu:* filet *m* (d'agneau); longe *f* (de veau); aloyau *m* (et faux-filet *m*) (de bœuf); **l. chop**, côtelette *f* de filet.

loiter ['lɔitər] *vi* flâner, traîner; *Jur:* rôder d'une manière suspecte. **'loiterer** *n* flâneur, -euse; rôdeur, -euse.

loll [lɔl] *vi* (*of tongue*) pendre; **to l. (back) in an armchair**, se prélasser dans un fauteuil. **loll a'bout** *vi* fainéanter.

lollipop ['lɔlipɔp] *n* sucette *f*; (*ice*) esquimau *m*.

lolly ['lɔli] *n F:* 1. sucette *f*; **(ice) l.**, esquimau *m* 2. argent *m*, pognon *m*, fric *m*.

London ['lʌndən] *Prn Geog:* Londres *m or f*; **L. taxi**, taxi londonien. **'Londoner** *n* Londonien, -ienne.

lone [loun] *a* solitaire, seul; *Fig:* **l. wolf**, solitaire *mf*.

lonely ['lounli] *a* solitaire, isolé; (endroit) désert; **to feel very l.**, se sentir bien seul. **'loneliness** *n* solitude *f*, isolement *m*. **'lonesome** *a* = **lonely**. **'loner** *n* solitaire *mf*.

long[1] [lɔŋ] I. *a* (-**er**, -**est**) 1. long, longue; **to be ten metres l.**, avoir dix mètres de long, être long de dix mètres; **how l. is the room?** quelle est la longueur de la pièce? **the best by a l. way**, de beaucoup le meilleur; **the longest way round**, le chemin le plus long; **to make sth longer**, (r)allonger qch; **to pull a l. face**, faire une grimace; **a l. memory**, une bonne mémoire 2. (*in time*) **how l. are the holidays?**

combien de temps durent les vacances? **how l. is the film?** quelle est la durée du film? **the days are getting longer,** les jours commencent à allonger; **it will take a l. time,** ce sera long; **they're a l. time (in) coming,** ils se font attendre; **a l. time ago,** il y a longtemps; **to wait for a l. time,** attendre longtemps; **he's been there for a l. time,** il est là depuis longtemps; **in the l. run,** à la longue; **three days at the longest,** trois jours (tout) au plus. **II.** *n* **1. the l. and the short of it is that,** le fin mot de l'affaire c'est que **2. before l.,** avant peu; sous peu; **for l.,** pendant longtemps; **he hasn't been there for l.,** il n'est pas là depuis longtemps; **it won't take l.,** cela ne sera pas long. **III.** *adv* **1.** (*a*) longtemps; **so l. as, as l. as,** (i) tant que (ii) pourvu que + *sub*; **as l. as I live,** tant que je vivrai; **he wasn't l. in putting things straight,** il avait bientôt fait de réparer le désordre; **you weren't l. about it,** vous avez vite fait; **he won't be l.,** il ne tardera pas; il n'en a pas pour longtemps; **don't be l.!** dépêchez-vous! *F:* **so l.!** à bientôt! (*b*) **he hasn't been back l.,** il n'est pas de retour depuis longtemps; **I have l. been convinced of it,** j'en suis convaincu depuis longtemps (*c*) **how l. (ago)?** (il y a) combien de temps? **how l. have you been here?** depuis combien de temps êtes-vous ici? **how l. do the holidays last?** combien de temps durent les vacances? **2. l. before, after,** longtemps avant, après; **not l. before,** peu de temps avant; **l. ago,** il y a longtemps; **he died l. ago,** il est mort depuis longtemps; **not l. ago,** il y a peu de temps, depuis peu **3. all day l.,** à longueur de journée; **all summer l.,** tout l'été **4. I could no longer see him,** je ne le voyais plus; je ne pouvais plus le voir; **I couldn't wait any longer,** je ne pouvais pas attendre plus longtemps; **three months longer,** encore trois mois; pendant trois mois encore; **how much longer?** combien de temps encore? **long-'distance** *a* (vol) long-courrier; *Sp:* (coureur, course) de fond; *Tp:* (*of call*) interurbain; **l.-d. lorry driver,** routier *m.* **long-drawn-'out** *a* prolongé; (histoire) interminable. **lon'gevity** *n* longévité *f.* **long'haired** *a* (personne) aux cheveux longs; (animal) à poils longs. **'longhand** *n* écriture *f* normale. **long-'lived** *a* (race) qui vit longtemps; (amitié) de longue durée. **long-'lost** *a* perdu depuis longtemps. **long-'playing** *a* **l.-p. record,** 33 tours *m inv*; microsillon *m.* **long-'range** *a* (avion) long-courrier; (canon) à longue portée; (prévision météorologique) à long terme. **long-'sighted** *a* presbyte. **'long-standing** *a* ancien; de longue date. **long-'suffering** *a* très patient; indulgent. **long-'term** *a* à long terme; (chômeurs) de longue-durée. **'longways** *adv* en longueur. **long-'winded** *a* (*of pers*) verbeux, intarissable; (*of speech*) interminable.

long² *vi* avoir très envie (**to do sth,** de faire qch). **'long for** *vi* avoir très envie de (qch); désirer (qch) ardemment; **to l. for s.o.,** languir après qn. **'longing** *n* désir *m*, (grande) envie (**for,** de). **'longingly** *adv* avec envie.

longitude ['lɒndʒitju:d] *n* longitude *f.*

loo [lu:] *n F:* cabinets *mpl*; toilettes *fpl*, W-C *mpl.*

look [luk] **I.** *n* **1.** regard *m*; **to have a l. (at),** jeter un coup d'œil (à); regarder; **to have a l. (for),** chercher; **to have a l. (a)round,** regarder; **to have a l. round the town,** faire un tour dans la ville; **let me have a l.,** fais voir **2.** (*a*) aspect *m*, air *m*; allure *f*, apparence *f*; mine *f* (de qn); **I like the l. of him,** il me plaît, il me fait bonne impression; **by the look(s) of him,** à le voir; **by the look(s) of it,** autant qu'on puisse en juger (*b*) **(good) looks,** la beauté, un beau physique. **II.** *vi & tr* **1.** regarder; *Prov:* **l. before you leap,** il faut réfléchir avant d'agir; **to l. the other way,** (i) regarder de l'autre côté (ii) détourner les yeux; **l. (and see) what time it is,** regardez quelle heure il est; **l. where you're going,** regardez où vous allez **2. to l. s.o. (full) in the face,** regarder qn (bien) en face, dans les yeux; **I could never l. him in the face again,** je me sentirais toujours honteux devant lui; **to l. s.o. up and down,** regarder qn de haut en bas **3.** avoir l'air, paraître, sembler; **to l. one's age,** faire son âge; **he looks young for his age,** il ne paraît pas son âge; **she looks her age,** elle paraît bien son âge; **to l. tired, happy,** sembler, avoir l'air, fatigué, heureux; **to l. pretty, ugly,** être joli, laid; **he looks ill, well,** il a mauvaise, bonne, mine; **you l. good in that hat,** ce chapeau te va très bien; **you l. like, as if, you're tired,** tu as l'air fatigué, on dirait que tu es fatigué; **to l. like a child,** avoir l'air d'un enfant; **that looks good,** cela a l'air bon; cela fait bon effet; **things are looking bad,** les choses prennent une mauvaise tournure; **what does he l. like?** comment est-il? **he looks like his brother,** il ressemble à son frère; **he looks the part,** il a le physique de l'emploi; **it looks as if, it looks like, he's going to win,** on dirait qu'il va gagner; **you l. as if you've slept badly,** tu as l'air d'avoir mal dormi; **it looks like it,** cela en a l'air; c'est probable; **it looks like rain,** on dirait qu'il va pleuvoir **4.** *F:* **l. here! dites donc! look a'bout** *vi* regarder; **to l. a. for sth, s.o.,** chercher qch, qn, du regard. **look 'after** *vtr* soigner, s'occuper de; veiller à (ses intérêts); entretenir (une voiture); garder (un magasin); **to l. a. oneself,** faire bien attention à soi; **he can l. a. himself,** il assez grand pour se débrouiller. **'look-alike** *n* sosie *m* (de qn). **look a'round 1.** *vtr* visiter (un musée) **2.** *vi* regarder; faire un tour. **'look at** *vtr* regarder, considérer; vérifier; **to l. at him,** à le voir; **the hotel is not much to l. at,** l'hôtel ne paie pas de mine; **way of looking at things,** manière de voir les choses; **whichever way you l. at it,** de n'importe quel point de vue. **look a'way** *vi* détourner les yeux. **look 'back** *vi* (*a*) regarder derrière soi; regarder en arrière; *Fig:* **he never looked b.,** il est allé de mieux en mieux (*b*) **what a day to l. b. on!** quelle journée à se rappeler plus tard! **look 'down 1.** *vtr* parcourir (une liste) **2.** *vi* regarder en bas; baisser les yeux; **to l. d. on,** (*also* **l. d. at**) regarder de haut, mépriser. **'look for** *vtr* chercher; **go and l. f. him,** va le chercher. **look 'forward to** *vtr* attendre (qch) avec impatience; **I'm looking f. to seeing him again,** je me réjouis, il me tarde, de le revoir. **look 'in** *vi* (*a*) regarder (à l'intérieur) (*b*) **to l. in (again),** (re)passer; **to l. in on s.o.,** passer voir qn. **'look-in** *n F:* **he won't get a l.-in,** il n'a pas la moindre chance. **'looking-glass** *n* miroir *m*, glace *f.* **look 'into** *vtr* (*a*) **to l. i. s.o.'s eyes,** regarder qn dans les yeux (*b*) examiner, étudier (une question); se renseigner sur, s'informer de (qch). **look 'on 1.**

vtr considérer (**as,** comme); **I don't l. on it in that light,** je n'envisage pas la chose ainsi **2.** *vi* être spectateur; **suppose you helped me instead of looking on,** si vous m'aidiez au lieu de me regarder faire. **look 'onto** *vtr* (*of building*) donner sur. **look 'out 1.** *vi* (*a*) regarder (au) dehors; **to l. o. of the window,** regarder par la fenêtre (*b*) **room that looks out on to the garden,** pièce qui donne sur le jardin (*c*) **to l. o. for s.o.,** chercher qn; guetter (l'arrivée de) qn (*d*) *F:* **l. o.!** (faites) attention! prenez garde! **2.** *vtr* chercher (qch). **'lookout** *n* **1.** (*a*) guet *m*, surveillance *f*; *Nau:* veille *f*; **to be on the l.,** faire le guet; **to be on the l. for,** guetter (*b*) **l. (post),** poste *m* de guet; (*on ship*) vigie *f* (*c*) (*pers*) guetteur *m*; *Nau:* vigie *f* **2.** *F:* **that's a poor l. for him,** c'est de mauvais augure pour lui; **that's his l.,** ça c'est son affaire. **look 'over** *vtr* jeter un coup d'œil sur, à; parcourir (qch) des yeux; examiner (qch); parcourir, visiter (une région, une ville). **look 'round 1.** *vi* (*a*) regarder; faire un tour; **to l. r. for s.o.,** chercher qn du regard (*b*) se retourner (pour voir); **don't l. r.!** ne vous retournez pas! **2.** *vtr* visiter (des jardins). **look 'through** *vtr* parcourir, examiner (des papiers); repasser (un compte). **'look to** *vtr* compter sur (qn) (**to, for,** pour). **look 'up 1.** *vi* (*a*) regarder en l'air; lever les yeux (*b*) **to l. up to s.o.,** respecter qn (*c*) (*of business*) reprendre; **things are looking up for him,** ses affaires vont mieux **2.** *vtr* (*a*) chercher (un mot dans le dictionnaire, un train dans l'indicateur) (*b*) **to l. s.o. up,** passer voir qn. **'look upon** *vtr* = **look on 1.**

loom¹ [lu:m] *n* métier *m* à tisser.

loom² *vi* **to l. (up),** apparaître indistinctement; surgir, sortir (**out of the fog,** du brouillard); (*of danger*) menacer; (*of event*) **to l. large,** paraître imminent.

loony ['lu:ni] *a & n F:* fou, folle; toqué, -ée; **l. bin,** maison de fous.

loop [lu:p] **I.** *n* (*a*) boucle *f* (*b*) (*contraceptive*) stérilet *m*. **II.** *vtr* faire une boucle à (qch); *Av:* **to l. the loop,** boucler la boucle. **'loophole** *n* **1.** (*in wall*) meurtrière *f* **2.** *Fig:* point *m* faible, lacune *f*; (*way out*) échappatoire *f*.

loose [lu:s] **I.** *a* (*a*) (*of tooth, stone*) branlant; (*of page*) détaché; (*of knot, screw, belt*) desserré; *El:* (*of connection*) mauvais; (*of animal*) libre; lâché; **to come, get, work, l.,** se dégager, se détacher; branler; (*of knot*) se défaire; se relâcher; (*of screw*) se desserrer; (*of machine parts*) prendre du jeu; **to set, turn, l.,** lâcher, libérer (un animal); **to break l.,** s'échapper; **l. sheets (of paper),** feuilles volantes; **l. covers,** housses *fpl*; **l. end,** bout pendant (d'une corde); *Fig:* **to be at a l. end,** *NAm:* **at l. ends,** ne pas trop savoir quoi faire (*b*) (vêtement) ample, flottant; (peau, chair) flasque; (*of hair*) dénoué (*c*) (marchandises) en vrac; (fromage, thé, etc) au poids (*d*) (terre) meuble; (tissu) lâche; (*of bowels*) relâché; **l. change,** petite monnaie (*e*) (raisonnement) vague, peu exact; (style) lâche; (*of translation*) approximatif, vague (*f*) (*of pers, behaviour*) dissolu; (*of morals*) relâché; (*of woman*) facile; **l. living,** vie dissolue. **II.** *n* (*of prisoner, etc*) **on the l.,** en liberté. **III.** *vtr* lâcher (un animal). **'loosebox** *n* box *m* (d'écurie); *Aut:* van *m*. **loose-'fitting** *a* (vêtement) ample, flottant. **'looseleaf** *a* (album) à feuillets mobiles; **l. binder,** classeur *m*. **'loosely** *adv* **1.** (tenir qch) sans serrer; (pendre) lâchement **2.** (traduire) librement; (lier) vaguement. **'loosen** *v* **1.** *vtr* défaire, relâcher (un nœud); desserrer (un écrou); détendre (une corde); relâcher (son étreinte, les intestins); délier (la langue à qn); calmer (une toux) **2.** *vi* (*of knot*) se défaire; (*of screw*) se desserrer; (*of rope*) se relâcher. **'looseness** *n* **1.** état branlant (d'une dent); (*of machine parts*) jeu **2.** relâchement *m* (d'une corde); ampleur *f* (d'un vêtement) **3.** (*a*) vague *m*, imprécision *f* (d'un raisonnement) (*b*) relâchement (de la discipline, des mœurs). **loosen 'up** *vi Sp:* faire des exercices d'assouplissement.

loot [lu:t] **I.** *n* butin *m*; *P:* (*money*) fric *m*. **II.** *v* **1.** *vtr* piller, saccager (une ville) **2.** *vi* se livrer au pillage. **'looter** *n* pillard, -arde. **'looting** *n* pillage *m*.

lop [lɔp] *vtr* (**lopped**) élaguer, tailler (un arbre); **to l. (off),** couper. **'lop-eared** *a* (lapin) aux oreilles pendantes. **lop'sided** *a* de travers, de guingois; **to walk l.,** se déhancher.

lope [loup] *vi* **to l. (along),** aller, courir, à petits bonds.

loquacious [lɔ'kweiʃəs] *a* loquace. **lo'quacity** [-'kwæs-] *n* loquacité *f*.

lord [lɔ:d] *n* **1.** seigneur *m*; maître *m* **2. the L.,** le Seigneur; Dieu *m*; *F:* **good L.!** bon sang! *F:* **oh L.!** mince! **3.** (*title*) lord *m*; **to live like a l.,** vivre en grand seigneur; **my l.,** (i) monsieur le baron, etc (ii) (*to bishop*) monseigneur (iii) monsieur le juge; monsieur le président; *Parl:* **the House of Lords,** la Chambre des Lords. **'lord 'it** *vi* prendre de grands airs; **to l. it over s.o.,** dominer qn. **'lordliness** *n* **1.** dignité *f* **2.** hauteur *f*. **'lordly** *a* **1.** digne d'un grand seigneur; noble **2.** hautain, altier. **'lordship** *n* **Your L.,** Monsieur le comte, etc; (*to bishop*) Monseigneur; (*to judge*) Monsieur le juge.

lore [lɔ:r] *n* traditions *fpl*.

lorry ['lɔri] *n* (*pl* **lorries**) camion *m*; (*heavy*) poids lourd; **l. driver,** camionneur *m*; (*long-distance*) routier *m*. **'lorryload** *n* chargement *m* (d'un camion).

lose [lu:z] *v* (**lost** [lɔst]) **1.** *vtr* (*a*) perdre; **to l. one's way, get lost,** perdre son chemin; se perdre; s'égarer; *F:* **get lost!** fiche(moi) le camp! *F:* **you've lost me!** je n'y suis plus! **to l. one's life,** trouver la mort (**in,** dans); **there were no lives lost,** personne n'a été tué; **to be lost at sea,** périr en mer; **to l. strength,** s'affaiblir; **to l. one's voice,** perdre la voix; **to l. weight,** perdre du poids; **I've lost 5 kilos,** j'ai maigri de 5 kilos; **to l. interest in,** se désintéresser de (*b*) faire perdre (qch à qn); **the mistake lost him the match,** cette faute lui a coûté le match (*c*) semer (un poursuivant) (*d*) ne pas entendre (les paroles de qn); **I lost most of his last sentence,** la plupart de sa dernière phrase m'a échappé (*e*) (*of clock*) retarder (**5 minutes a day,** de 5 minutes par jour) **2.** *vi* (*a*) perdre (**on a deal, on an article,** au change, sur un article); **you can't l. (by it),** vous n'y perdez rien; *Sp:* **to l. to s.o.,** être battu par qn (*b*) (*of clock*) retarder. **lose 'out** *vi* perdre (**on the deal,** au change); être perdant. **'loser** *n* **1. I'm the l. by it,** j'y perds; **he's a born l.,** c'est un paumé **2.** perdant, -ante; **to be a good, bad, l.,** être bon, mauvais, joueur. **'losing** *a* (joueur) perdant; **l. battle,** bataille perdue d'avance. **lost** *a* perdu; (âme) en peine; **l. in thought,** perdu dans ses pensées; **he looks l.,** il a l'air dépaysé; **he's l. to the world,** le monde n'existe plus pour lui; **I'm l. for words,** les mots me manquent; *F:* **I'm l.!** je n'y suis plus! **l. property,** *NAm:* **l. and found,** objets trouvés; **the joke was l. on him,** il n'a pas compris, saisi, la plaisanterie.

loss [lɔs] *n* (*a*) perte *f*; extinction *f* (de la voix); **dead l.,** perte sèche; **to sell at a l.,** vendre à perte; **it's her l.,** c'est elle qui y perd; **he's no great l.!** la perte n'est pas grande; **to be at a l.,** être dépaysé, désorienté; **to be at a l. what to do, say,** ne pas savoir que faire, que dire; **I'm at a l. for words,** les mots me manquent (*b*) *Tchn:* déperdition *f* (de chaleur); écoulement *m* (de sang).

lot [lɔt] *n* **1. to draw lots for sth,** tirer au sort pour qch, tirer qch au sort; **by l.,** par le tirage au sort; **to throw in one's l. with s.o.,** partager le sort, la fortune, de qn **2.** (*a*) sort, part *f*, partage *m*; **it fell to my l. to decide,** c'était à moi de décider (*b*) destin *m*, destinée *f* **3.** (*a*) (*at auction*) lot *m* (*b*) *esp NAm:* (lot de) terrain *m*; **parking l.,** parking *m* (*c*) *F:* (*pers*) **a bad l.,** un mauvais sujet (*d*) **the l.,** (le) tout; **that's the l.,** c'est tout; **the (whole) l. of you,** vous tous **4.** (*a*) **a l. of, lots of,** beaucoup de; **lots of things to do,** un tas de choses à faire; **lots of people,** enormément de gens; **what a l. of people!** que de monde! **what a l.!** quelle quantité! **what a l. of flowers you have!** que vous avez (beaucoup) de fleurs! **such a l. of,** tant, tellement, de; **quite a l.,** une quantité considérable, pas mal, (de); **I see quite a l. of him,** je le vois assez souvent; *adv phr* **times have changed a l.,** les temps ont beaucoup, bien, changé.

loth [louθ] *a see* **loath.**

lotion ['louʃn] *n* lotion *f*.

lottery ['lɔtəri] *n* (*pl* **lotteries**) loterie *f*.

lotto ['lɔtou] *n Games:* loto *m*.

lotus ['loutəs] *n* lotus *m*; (*in yoga*) **l. position,** posture de méditation.

loud [laud] **1.** *a* (**-er, -est**) (*a*) bruyant, retentissant; grand (bruit, cri); gros (rire); **l. radio, voice,** radio, voix, forte; **in a l. voice,** à haute voix; **l. cheers,** vifs applaudissements (*b*) (*of colour*) criard, voyant; (*of clothes*) tapageur **2.** *adv* haut, fort, à haute voix; **loudest,** le plus fort; **out l.,** tout haut. **loud'hailer** *n* mégaphone *m*. **'loudly** *adv* (crier) haut, fort, à voix haute; (rire) bruyamment. **'loudmouth** *n F:* (*pers*) grande gueule. **'loudmouthed** *a F:* fort en gueule, gueulard. **'loudness** *n* force *f* (d'un bruit); (grand) bruit. **loud'speaker** *n* haut-parleur *m*; enceinte *f* (de chaîne stéréo).

lounge [laundʒ] **I.** *n* **1.** salon *m*; **sun l.,** véranda *f*; **l. suit,** (i) complet *m* veston (ii) (*on invitation*) tenue de ville **2.** *NAm: Furn;* canapé *m;* **l. chair,** fauteuil *m*. **II.** *vi* se prélasser (dans un fauteuil). **'lounge a'bout** *vi* flâner; paresser, fainéanter. **'lounger** *n* lit *m* de plage; (fauteuil) relax(e) *m*.

louse [laus] *n* (*pl* **lice**) (*a*) pou *m*, *pl* poux (*b*) *P: Pej:* salaud *m*. **'lousy** [-zi] *a* **1.** pouilleux **2.** *F:* infect; *P:* **l. with,** bourré de; **l. trick,** sale tour; (*of pers*) **to feel l.,** se sentir patraque.

lout [laut] *n* rustre *m*. **'loutish** *a* de rustre.

love [lʌv] **I.** *n* **1.** amour *m*; **there's no l. lost between them,** ils ne peuvent pas se sentir; **for the l. of God,** pour l'amour de Dieu; **to work for l.,** travailler pour rien; **art is her l.,** l'art est sa passion; **give your parents my l.,** dis bien des choses à tes parents de ma part; *Corr:* **l. to all,** affectueusement à tous; **not for l. or money,** à aucun prix; **to fall in l. with s.o.,** tomber amoureux de qn; **to be in l.,** être amoureux (**with,** de); **they're in l.,** ils s'aiment; **to make l.,** faire l'amour (**with, to,** avec); **to marry for l.,** faire un mariage d'amour; **l. affair,** liaison (amoureuse); **l. match,** mariage d'amour; **l. letter,** billet doux; **l. story,** histoire, roman, d'amour **2.** (*pers*) (*a*) **my l.,** mon amour (*b*) *F:* mon petit, ma petite **3.** *Ten:* zéro *m*, rien *m*; **l. 15,** rien à quinze. **II.** *vtr* aimer; **to l. doing sth,** aimer (beaucoup), adorer, faire qch; **will you do it?—I'd l. to,** voulez-vous le faire?—avec le plus grand plaisir; très volontiers; **she'd l. to see you,** elle serait ravie de te voir. **'lovable** *a* adorable. **'lovebite** *n* suçon *m*. **'loveliness** *n* beauté *f*, charme *m*. **'lovely** *a* beau, charmant, ravissant; joli; gentil; (repas) excellent; (soirée) très agréable; **l. and warm,** bien chaud; **it's been l. seeing you again,** j'ai été ravi de vous revoir. **'lovemaking** *n* (*a*) cour (amoureuse) (*b*) rapports sexuels. **'lover** *n* **1.** amant *m*; maîtresse *f* **2.** amateur *m* (de musique, etc); **nature l.,** ami, amoureux, de la nature. **'lovesick** *a* amoureux. **'loving** *a* affectueux, aimant; **nature-l.,** qui aime la nature; *Corr:* **your l. son,** votre fils affectueux. **'lovingly** *adv* affectueusement, tendrement.

low¹ [lou] **I.** *a* (**-er, -est**) (*a*) bas; (vitesse, intelligence, rendement) faible; (*of opinion, quality*) mauvais; **l. down,** (bien) bas; **l. tide,** marée basse; *Geog:* **the L. Countries,** les Pays-Bas *m*; **cook over a l. heat,** faire cuire à feu doux; **the coal is getting l., we're (getting) l. on coal,** le charbon commence à manquer; **she's l. on money,** elle n'a pas beaucoup d'argent; **l. prices,** bas prix; **the lowest price,** le dernier prix; **£100 at the lowest,** £100 au bas mot; **l. speed,** petite vitesse; **in a l. voice,** à voix basse, à mi-voix; **lower jaw,** mâchoire inférieure; **lower classes, animals,** classes inférieures, animaux inférieurs; **lower school,** petites classes; *Ecc:* **l. mass,** messe basse (*b*) (malade) bien bas; **to feel, be, l., to be in l. spirits,** être déprimé, abattu (*c*) (*of behaviour*) mauvais; **l. trick,** sale tour; **lowest of the l.,** dernier des derniers. **II.** *adv* bas; **l. down,** (bien) bas; **l. paid,** mal payé; **the lowest paid workers,** les employés les moins payés; **to turn (down) l.,** baisser; (*of stocks*) **to run l.,** s'épuiser. **III.** *n* (*a*) *Meteor:* dépression *f* (*b*) **all-time l.,** niveau le plus bas. **'lowbrow** *a* peu intellectuel. **low-'budget** *a* bon marché; peu coûteux. **low-'calorie** *a* (*of diet*) (à) basses calories. **low-'cost** *a* bon marché *inv*. **'low-cut** *a* (*of dress*) décolleté. **'low-down** *a* bas; ignoble; méprisable; sale (coup). **'lowdown** *n F:* tuyaux *mpl*. **'lower** *vtr* baisser; descendre; mettre (une embarcation) à la mer; abaisser (une vitre); diminuer la hauteur de (qch); réduire (un prix); **to l. oneself,** s'abaisser. **'lowering¹** *n* descente *f*; mise *f* à la mer (d'une embarcation); abaissement *m* (d'une vitre); diminution *f* de la hauteur (de qch); baisse *f*; réduction *f*, diminution (de prix). **'low-fat** *a* (lait) écrémé; (yaourt) maigre; (fromage) de régime. **'low-**

flying *a* (avion) volant à basse altitude. **low-'grade** *a* de qualité inférieure. **low-'key** *a* discret; (décor) neutre, sobre. **'lowland** *n* plaine *f*; *Geog:* **the Lowlands,** la Basse-Écosse. **low-'lying** *a* situé en bas; (terrain) bas. **low-'paid** *a* mal payé. **low-'pitched** *a* (son) grave. **low-'salt** *a* à faible teneur en sel.

low² *vi* (*of cattle*) meugler. **'lowing** *n* meuglement *m*.

lowering² ['lauəriŋ] *a* (ciel) sombre, menaçant.

lowly ['louli] *a* (**-ier, -iest**) humble.

loyal ['lɔiəl] *a* fidèle (**to,** à); loyal (**to,** envers). **'loyalist** *a & n* loyaliste (*mf*). **'loyally** *adv* loyalement. **'loyalty** *n* fidélité *f*; loyauté *f*.

lozenge ['lɔzindʒ] *n* (*sweet*) pastille *f*; *Mth:* losange *m*.

LP *abbr long-playing* (*record*).

LSD *abbr lysergic acid diethylamide.*

Ltd *abbr limited* (*company*).

lubricate ['lu:brikeit] *vtr* lubrifier; *Aut:* graisser; **lubricating oil,** huile de graissage. **'lubricant** *n* lubrifiant *m*. **lubri'cation** *n* lubrification *f*; *Aut:* graissage *m*. **'lubricator** *n* graisseur *m*.

lucid ['lu:sid] *a* lucide. **lu'cidity** *n* lucidité *f*. **'lucidly** *adv* lucidement.

luck [lʌk] *n* **1.** hasard *m*, chance *f*, fortune *f*; **good l.,** bonne chance, bonheur *m*; **bad l.,** malchance *f*, malheur *m*; **good l. (to you)!** bonne chance! **to be down on one's l.,** être dans la déveine; **to try one's l.,** tenter sa chance; **to bring s.o. (good) l., bad l.,** porter bonheur, malheur, à qn; **better l. next time!** ça ira mieux une autre fois; **worse l.,** malheureusement; **bad, hard, tough, l.!** pas de chance, de veine *f*! **as l. would have it,** le hasard a fait que; par bonheur **2.** bonheur, bonne fortune, (bonne) chance; **to keep sth for l.,** garder qch comme porte-bonheur; **stroke, bit, of l.,** coup de chance, de hasard, de veine; **to be in l., out of l.,** avoir de la chance, ne pas avoir de chance. **'luckily** *adv* heureusement; par bonheur. **'lucky** *a* (*a*) (*of pers*) heureux, chanceux; **to be l.** avoir de la chance; *F:* **(you) l. thing!** veinard, -arde! *Iron:* **you'll be l.!** tu peux toujours courir! (*b*) (*of guess, event*) heureux; (jour) de veine; **I've had a l. day,** j'ai eu de la chance aujourd'hui; **how l.!** quelle chance! (*of thg*) **to be l.,** porter bonheur; **l. charm,** porte-bonheur *m inv*; **l. number,** chiffre *m* porte-bonheur.

lucrative ['lu:krətiv] *a* lucratif.

ludicrous ['lu:dikrəs] *a* ridicule; risible. **'ludicrously** *adv* ridiculement.

ludo ['lu:dou] *n* jeu *m* des petits chevaux.

lug [lʌg] *vtr* **(lugged)** traîner, tirer; **to l. around,** trimbaler.

luggage ['lʌgidʒ] *n* bagages *mpl*; **l. label,** étiquette à bagages; **l. rack,** *Rail:* filet *m*, porte-bagages *m inv*; *Aut:* galerie *f*; *Rail:* **l. van,** fourgon *m* (à bagages).

lugubrious [lu:'gu:briəs] *a* lugubre.

lukewarm [lu:k'wɔ:m] *a* tiède.

lull [lʌl] **I.** *n* moment *m* de calme; arrêt *m* (dans une conversation); (*in storm*) accalmie *f*. **II.** *vtr* calmer, apaiser, endormir (les soupçons); **to l. to sleep,** endormir. **lullaby** ['lʌləbai] *n Mus:* berceuse *f*.

lumbago [lʌm'beigou] *n* lumbago *m*.

lumber¹ ['lʌmbər] **I.** *n* **1.** bric-à-brac *m inv*; **l. room,** débarras *m* **2.** bois *m* de charpente. **II.** *vtr* **1.** encombrer (une pièce); *F:* **to l. s.o. with sth,** coller qch à qn; **to be lumbered with s.o., sth,** avoir qn, qch, sur les bras; **he got lumbered with the chore,** il s'est appuyé la corvée **2.** *NAm:* abattre (des arbres); débiter (du bois). **'lumberjack** *n NAm:* bûcheron *m*. **'lumberjacket** *n* blouson *m*. **'lumberman,** *pl* **-men** *n NAm:* (*a*) exploitant forestier (*b*) bûcheron. **'lumberyard** *n* chantier *m* de bois.

lumber² *vi* **to l. along,** avancer à pas pesants, pesamment. **'lumbering** *a* lourd, pesant.

luminous ['lu:minəs] *a* (*of dial, etc*) lumineux.

lump¹ [lʌmp] **I.** *n* **1.** (*a*) (gros) morceau; bloc *m* (de pierre); motte *f* (d'argile); morceau (de sucre); (*in sauce*) grumeau *m*; **l. sum,** somme *f* forfaitaire; **to have a l. in one's throat,** avoir la gorge serrée (*b*) bosse *f* (au front); *Med:* grosseur *f* **2.** *F:* (*pers*) empoté, -ée. **II.** *vtr* mettre en bloc, en tas. **lump to'gether** *vtr* réunir; *Fig: Pej:* mettre dans le même sac. **'lumpy** *a* (*of sauce*) grumeleux; (*of surface*) bosselé.

lump² *vtr F:* **if he doesn't like it he can l. it,** si cela ne lui plaît pas, qu'il s'arrange.

lunacy ['lu:nəsi] *n* folie *f*, démence *f*; **it's sheer l.,** c'est de la folie. **'lunatic** *a & n* fou, folle; dément, -ente; **l. fringe,** extrémistes *mfpl* (d'un groupe).

lunar ['lu:nər] *a* lunaire; (éclipse) de (la) lune.

lunch [lʌn(t)ʃ] **I.** *n* (*pl* **lunches**) déjeuner *m*; **to have l.,** déjeuner; **l. break, l. hour,** heure *f* du déjeuner. **II.** *vi* déjeuner. **luncheon** ['lʌn(t)ʃən] *n* déjeuner; **l. meat,** mortadelle *f*; **l. voucher,** chèque-repas *m*, ticket-repas *m*. **'lunchtime** *n* heure *f* du déjeuner

lung [lʌŋ] *n* poumon *m*; **iron l.,** poumon d'acier; **l. cancer,** cancer *m* du poumon.

lunge [lʌndʒ] **I.** *n* coup *m* en avant. **II.** *vi* **to l. forward,** se précipiter en avant; **to l. at s.o.,** se ruer sur qn.

lurch¹ [lə:tʃ] *n* **to leave s.o. in the l.,** planter là qn.

lurch² **I.** *n* (*pl* **lurches**) **1.** (*of ship, car*) embardée *f* **2.** (*of pers*) pas titubant **3.** *F:* **to leave s.o. in the l.,** laisser qn en plan, laisser tomber qn. **II.** *vi* **1.** (*of ship, car*) faire une embardée **2.** (*of pers*) tituber; **to l. along, in,** marcher, entrer, en titubant.

lure ['ljuər] **I.** *n* **1.** *Fish:* leurre *m* **2.** (*a*) piège *m* (*b*) attrait *m* (de la mer). **II.** *vtr* attirer (par la ruse) (**into,** dans).

lurid ['ljuərid] *a* **1.** voyant; (*of colour, sunset*) sanglant **2.** (*of description*) horrible, affreux; à sensation; **l. description,** description saisissante; **he described it in l. detail,** il l'a décrit en n'omettant aucun détail horrible.

lurk [lə:k] *vi* (*a*) se cacher (*b*) rôder; (*of suspicion, etc*) persister. **'lurking** *a* caché; (*of suspicion*) persistant; **l. thought,** arrière-pensée *f*.

luscious ['lʌʃəs] *a* succulent, savoureux.

lush [lʌʃ] **1.** *a* (*of vegetation*) luxuriant; (*of furnishings*) luxueux, riche; *F:* opulent **2.** *n NAm: P:* ivrogne *mf*.

lust [lʌst] **1.** *n* convoitise *f* (**for,** de); désir (charnel); **l. for power,** soif *f* du pouvoir **2.** *vi* **to l. after,** convoiter (qn, qch); avoir soif de (pouvoir, etc).

lustre, *NAm:* **luster** ['lʌstər] *n* lustre *m*.

lusty ['lʌsti] *a* vigoureux, fort, robuste. **'lustily** *adv* vigoureusement.

lute [luːt] *n Mus:* luth *m.*

luxuriance [lʌg'zjuəriəns] *n* luxuriance *f,* exubérance *f.* **lu'xuriant** *a* luxuriant, exubérant. **lu'xuriantly** *adv* avec exubérance. **lu'xuriate** *vi* paresser (**in bed,** au lit); s'abandonner (**in,** à).

luxury ['lʌkʃəri] *n* (*pl* **luxuries**) luxe *m;* **to live in (the lap of) l.,** vivre dans le plus grand luxe; **it's quite a l. for us,** c'est du luxe pour nous; **l. flat,** appartement de luxe. **luxurious** [lʌg'zjuəriəs] *a* luxueux, somptueux; (vie) de luxe. **lu'xuriously** *adv* luxueusement; dans le luxe. **lu'xuriousness** *n* luxe.

lychee [lai'tʃiː] *n* litchi *m.*

lying[1, 2] ['laiiŋ] *a & n see* **lie[1, 2]**

lymph [limf] *n Physiol:* lymphe *f;* **l. gland,** ganglion *m* lymphatique. **lym'phatic** *a* lymphatique.

lynch [lin(t)ʃ] *vtr* lyncher. **'lynching** *n* lynchage *m.*

lynx [liŋks] *n* (*pl* **lynxes**) *Z:* lynx *m;* loup-cervier *m.*

lyre ['laiər] *n Mus:* lyre *f.* **'lyrebird** *n* oiseau-lyre *m.*

lyric ['lirik] **1.** *a* lyrique **2.** *n* (*a*) poème *m* lyrique (*b*) *pl.* paroles *fpl* (d'une chanson); **l. writer,** parolier, -ière. **'lyrical** *a* lyrique. **lyricism** ['lirisizm] *n* lyrisme *m.*

M

M, m [em] *n* (la lettre) M, m *m or f.*
m *abbr* **1.** *metre* **2.** *mile.*
M *abbr motorway.*
MA *abbr Sch: Master of Arts.*
ma'am [mɑːm] *n* madame; *F:* **school m.,** maîtresse *f* d'école.
mac [mæk] *n F:* imper *m.*
macabre [mə'kɑːbrə] *a* macabre.
macaroni [mækə'rouni] *n Cu:* macaroni(s) *m(pl)*; **m. cheese,** macaroni au gratin.
macaroon [mækə'ruːn] *n Cu:* macaron *m.*
macaw [mə'kɔː] *n Orn:* ara *m.*
mace[1] [meis] *n* masse *f.*
mace[2] *n Bot: Cu:* macis *m.*
macerate ['mæsəreit] *vtr & i* macérer.
Mach [mæk] *n* **M. (number),** (nombre de) Mach.
machete [mə'tʃeti] *n* machette *f.*
Machiavellian [mækiə'veliən] *a* machiavélique.
machination [mæki'neiʃn] *n* machination *f,* complot *m.*
machine [mə'ʃiːn] **1.** *n* (*a*) machine *f;* **m. tool,** machine-outil *m;* **sewing m., washing m.,** machine à coudre, à laver; **m. operator,** machiniste *m;* **m. shop,** atelier d'usinage; *Med:* **kidney m.,** rein artificiel; *Com:* **slot m.,** (i) distributeur *m* automatique (ii) *F:* machine à sous (*b*) (*pers*) automate *m,* robot *m* (*c*) *Pol:* **the party m.,** les rouages *mpl* du parti (*d*) **m. gun,** mitrailleuse *f;* **to m.-gun,** mitrailler; **m. gunner,** mitrailleur *m* **2.** *vtr Ind:* façonner (une pièce); usiner; *Dressm:* coudre, piquer, à la machine. **machine-'made** *a* fait à la machine. **ma'chinery** *n* (*a*) mécanisme *m;* machines *fpl* (*b*) **the m. of government,** les rouages du gouvernement. **ma'chining** *n* usinage *m; Dressm:* couture *f* à la machine. **ma'chinist** *n* machiniste, mécanicien *m; Dressm:* piqueur, -euse.
machismo [mə'tʃizmou] *n F:* machisme *m.*
macho ['mætʃou] **1.** *n* (*pl* **-os**) macho *m* **2.** *a* (*of attitude, etc*) macho (*f inv*).
mackerel ['mækrəl] *n Ich:* maquereau *m.*
mackintosh ['mækintɔʃ] *n* imperméable *m.*
mad [mæd] *a* **(madder, maddest)** (*a*) fou, *f* folle; dément; **raving m., as m. as a hatter,** fou à lier; **to drive s.o. m.,** rendre qn fou; énerver qn; **nationalism gone m.,** nationalisme forcené; **m. with fear,** affolé (de peur); **m. plan,** projet incensé; *F:* **to run like m.,** courir comme un fou; **m. for revenge,** assoiffé de revanche; **to be m. about, on, sth,** être fou de qn; se passioner, s'emballer, pour (le cinéma, etc); **he's m. (keen) on sport,** c'est un sportif passionné (*b*) *F:* furieux, furibond; **to be m. at s.o.,** être furieux contre qn; **hopping m.,** fou furieux; **m. bull,** taureau furieux; **m. dog,** chien enragé. **'madden** *vtr* rendre fou; exaspérer. **'maddening** *a* à rendre fou; exaspérant, enrageant. **'maddeningly** *adv* à rendre fou. **'madhouse** *n* maison *f* de fous. **'madly** *adv* **1.** follement; comme un fou **2.** (aimer) à la folie, éperdument. **'madman** *n* (*pl* **-men**) fou *m;* **like a m.,** (faire qch) comme un forcené. **'madness** *n* folie *f.* **'madwoman** *nf* (*pl* **-women**) folle.
madam ['mædəm] *nf* (*a*) madame; (*unmarried*) mademoiselle; **M. Chairman,** Madame la Présidente; *Corr:* **Dear M.,** Madame, Mademoiselle (*b*) *F:* (*pl* **madams**) **she's a little m.,** c'est une pimbêche.
madder ['mædər] *n Bot:* garance *f.*
made [meid] *see* **make.**
Madeira [mə'diərə] (*a*) *Prn Geog:* Madère *f;* **M. cake** = gâteau *m* de Savoie (*b*) *n* (*wine*) madère *m.*
madonna [mə'dɔnə] *n* madone *f.*
madrigal ['mædrigl] *n Mus:* madrigal *m.*
maestro ['maistrou] *n* (*pl* **-os**) *Mus:* maestro *m.*
Mafia ['mæfia] *n* maf(f)ia *f.*
mag [mæg] *n F:* = **magazine 3.**
magazine [mægə'ziːn] **1.** *Mil:* magasin *m;* dépôt (d'armes) **2.** (*of gun, camera*) magasin; (*for slides*) panier *m* **3.** revue *f* (périodique), magazine *m.*
maggot ['mægət] *n* ver *m,* asticot *m.* **'maggoty** *a* véreux, plein de vers.
magic ['mædʒik] **1.** *n* magic *f,* enchantement *m;* **like m.,** comme par enchantement, comme par magic **2.** *a* magique, enchanté. **'magical** *a* magique. **'magically** *adv* magiquement; (comme) par enchantement. **ma'gician** *n* magicien, -ienne.
magisterial [mædʒi'stiəriəl] *a* magistral.
magistrate ['mædʒistreit] *n* magistrat *m.*
magnanimous [mæg'næniməs] *a* magnanime. **magna'nimity** *n* magnanimité *f.* **mag'nanimously** *adv* magnanimement.
magnate ['mægneit] *n* magnat *m.*
magnesia [mæg'niːʃə] *n Ch:* magnésie *f; Pharm:* **milk of m.,** magnésie hydratée.
magnesium [mæg'niːziəm] *n Ch:* magnésium *m.*
magnet ['mægnit] *n* (*a*) aimant *m* (*b*) électro-aimant *m.* **mag'netic** *a* (*a*) aimanté (*b*) magnétique; **m. pole,** pôle magnétique; **m. tape,** bande magnétique. **mag'netically** *adv* magnétiquement. **'magnetism** *n* magnétisme *m.* **'magnetize** *vtr* (*a*) aimanter (une aiguille) (*b*) magnétiser, attirer (qn). **mag'neto** *n* (*pl* **-tos**) *El:* magnéto *f.*
magnificence [mæg'nifis(ə)ns] *n* magnificence *f.* **mag'nificent** *a* magnifique; (repas) somptueux. **mag'nificently** *adv* magnifiquement.
magnify ['mægnifai] *vtr* **(magnified)** grossir, agrandir; amplifier (un son); exagérer (un incident); **magnifying glass,** loupe *f.* **magnifi'cation** *n* grossissement *m,* amplification *f.*
magnitude ['mægnitjuːd] *n* ampleur *f; Astr:* magnitude *f.*
magnolia [mæg'nouliə] *n Bot:* magnolia *m.*
magnum ['mægnəm] *n* magnum *m* (de champagne).
magpie ['mægpai] *n Orn:* pie *f.*

mahogany [mə'hɔgəni] *n* acajou *m*; **m. table,** table en acajou.

maid [meid] *n* (*a*) *Lit:* jeune fille *f*; **the M. of Orleans,** la pucelle d'Orléans (*b*) **old m.,** vieille fille (*c*) bonne *f*, domestique *f*; **lady's m.,** femme *f* de chambre; **m. of honour,** première demoiselle d'honneur. **'maiden** *n* (*a*) *Lit:* jeune fille (*b*) *Lit:* vierge *f* (*c*) **m. aunt,** tante non mariée; **m. name,** nom de jeune fille; **m. voyage, flight,** voyage, vol, inaugural; **m. speech,** premier discours (d'un député, etc). **'maidenhair** *n Bot:* **m. (fern),** capillaire *m*; cheveu *m* de Vénus. **'maidenly** *a* virginal.

mail¹ [meil] *n Arm:* (*also* **chainmail**) mailles *fpl*.

mail² **1.** *n* (*a*) courrier *m*; lettres *fpl*; *NAm:* **m. drop** (*Br* = **letterbox**), boîte à, aux, lettres (*b*) poste *f*; *Com:* **m. order,** vente *f* par correspondance **2.** *vtr* envoyer, expédier (une lettre) par la poste; mettre (une lettre) à la poste. **'mailbag** *n* sac postal. **'mailbox** *n* (*pl* **-es**) *NAm:* (*Br* = **letterbox**) boîte *f* à, aux, lettres. **'mailing** *n* **m. list,** liste *f* de diffusion; liste d'adresses. **'mailman** *n* (*pl* **-men**) *NAm:* (*Br* = **postman**) facteur *m*.

maim [meim] *vtr* estropier, mutiler.

main [mein] **1.** *n CivE:* canalisation maîtresse; *El:* conducteur principal; câble *m* de distribution; **water m., gas m.,** conduite *f* d'eau, de gaz; **m. drainage,** tout-à-l'égout *m*; **mains water,** eau de ville; *El:* **the mains,** le secteur; **a mains radio,** une radio secteur; **in the m.,** en gros, dans l'ensemble **2.** *a* principal; premier, essentiel; **m. body,** gros *m* (de l'armée); *Agr:* **m. crop,** culture principale; **m. point, m. thing,** l'essentiel *m*, le principal; **m. course,** plat principal, de résistance; **m. road,** grande route; **m. street,** rue principale; *Rail:* **m. line,** grande ligne. **'mainland** *n* continent *m*. **'mainly** *adv* (*a*) principalement, surtout (*b*) en grande partie. **'mainmast** *n Nau:* grand mât. **'mainsail** *n Nau:* grand-voile *f*. **'mainspring** *n* **1.** grand ressort, ressort moteur **2.** mobile essentiel, cause principale. **'mainstay** *n* (*of family, etc*) soutien *m*; (*of organization, policy*) pilier *m*. **'mainstream** *n* tendance dominante.

maintain [mein'tein] *vtr* (*a*) maintenir (l'ordre); soutenir (la conversation); entretenir (des relations); conserver (la santé); garder, observer (une attitude, le silence); **to m. the speed,** conserver l'allure (*b*) entretenir (une famille, une voiture) (*c*) entretenir (une armée); soutenir, défendre (une cause); garder (un avantage) (*d*) maintenir (**that,** que). **'maintenance** *n* (*a*) maintien *m* (de l'ordre); enretien *m* (d'une famille) (*b*) *Jur:* pension *f* alimentaire (*c*) entretien (d'une voiture, des routes, du matériel); **m. handbook,** manuel de maintenance.

maison(n)ette [meizə'net] *n* duplex *m*.

maize [meiz] *n* maïs *m*.

majesty ['mædʒisti] *n* (*pl* **majesties**) majesté *f*; **His M., Her M.,** Sa Majesté le Roi, Sa Majesté la Reine. **ma'jestic** *a* magestueux. **ma'jestically** *adv* majestueusement.

major¹ ['meidʒər] *n Mil:* (*a*) commandant *m* (*b*) **drum m.,** tambour-major *m*. **major-'general** *n* général *m* de division.

major² **1.** *a* **the m. portion,** la majeure partie, la plus grande partie; **m. decision,** décision capitale; *Mus:* **m. key,** ton majeur; *Adm:* **m. road,** grande route; **m. firms,** grandes entreprises **2.** *n* (*a*) *Jur:* (*pers*) majeur, -eure (*b*) *Sch:* *NAm:* dominante *f* **3.** *vi Sch:* *NAm:* **to m. in,** se spécialiser en. **majo'rette** *n* **(drum) m.,** majorette *f*. **ma'jority** *n* **1.** (*a*) majorité *f*; **to be in a m.,** être en majorité, majoritaire; **elected by a m.,** élu à la pluralité des voix; **m. party,** parti majoritaire (*b*) la plus grande partie; le plus grand nombre; la plupart (des hommes) **2.** *Jur:* **to attain one's m.,** atteindre sa majorité, devenir majeur.

Majorca [mə'jɔːkə] *Prn Geog:* Majorque *f*.

make [meik] *n* **1.** (*a*) façon *f*, fabrication *f*, construction *f* (*b*) *Com:* *Ind:* marque *f* (d'un produit); **of French m.,** de fabrication française; *F:* **to be on the m.,** chercher à faire fortune, par tous les moyens. **II** *v* (**made** [meid]) **1.** *vtr* (*a*) faire; construire (une machine); fabriquer (du papier); confectionner (des vêtements); ménager (une ouverture); **God made man,** Dieu a créé l'homme; *Knit:* **m. one,** faire un jeté simple; **you're made for this work,** vous êtes fait pour ce travail; **what's it made of?** c'est (fait) en quoi? **I don't know what to m. of it,** je n'y comprends rien; **what do you m. of it?** qu'en pensez-vous? **to show what one is made of,** montrer de quoi l'on est capable; **to m. a friend of s.o.,** faire de qn son ami (*b*) faire (son testament, le lit, le thé); **to m. trouble,** causer des ennuis (**for s.o.,** à qn); **to m. a noise,** faire du bruit; **to m. peace,** faire, conclure, la paix (*c*) faire (une loi); établir (une règle); effectuer, faire (un versement); opérer (un changement); faire (un discours); **to m. one's escape,** s'échapper, se sauver (*d*) établir, assurer (un raccordement); *El:* (*of contact points*) fermer (le circuit); **two and two m. four,** deux et deux font quatre; **they m. a handsome couple,** il font un beau couple; **he made an excellent captain,** il s'est montré excellent (i) chef d'équipe (ii) *Sp:* capitaine (*e*) **to m. a living,** gagner sa vie; **to m. £100 a week,** gagner £100 par semaine; **to m. one's fortune,** faire fortune; **he made ten francs on it,** ça lui a rapporté dix francs; *F:* **to m. a bit on the side,** se faire de la gratte; **to m. a name,** se faire un nom; **to m. friends,** (i) se faire des amis (ii) devenir amis; **to m. it,** (i) arriver (ii) réussir (iii) dire; **what time do you m. it?** quelle heure avez-vous? **we just made it,** nous sommes arrivés juste à temps; **she made the train,** elle a eu le train; **he's made, he's got it made,** son avenir est assuré (*f*) faire la fortune de (qn); **the book that made his name,** le livre qui l'a rendu célèbre; **this will m. or break him,** cela fera ou son succès ou sa ruine; **that made my day,** ça m'a rendu heureux pour toute la journée; **it makes all the difference,** ça change tout; **to m. s.o. happy,** rendre qn heureux; **to m. s.o. angry,** fâcher qn; **to. m. s.o. hungry,** donner faim à qn; **to m. s.o. one's heir,** constituer qn son héritier; **to m. sth known,** faire connaître qch; **to m. yellow,** jaunir; **to m. ready,** préparer; **to m. oneself comfortable,** se mettre à l'aise; **to m. oneself heard,** se faire entendre; **to m. oneself ill,** se rendre malade (*g*) **to m. s.o. speak,** faire parler qn, obliger qn à parler; **you should m. him do it,** vous devriez le forcer à le faire; **what made you say that?** pourquoi avez-vous dit cela? **to m. believe,** faire semblant (**that one is,** d'être) **2.** *vi* (*a*) **to m. for,** aller vers, se diriger vers (un endroit), *Nau:* mettre le cap sur; **to m. for the open sea,**

prendre le large (*b*) **to m. as if to do sth,** faire mine, faire semblant, de faire qch. **make a'way** *vi* **to m. a. with sth,** partir avec qch; voler (de l'argent). **'make-believe** *n* semblant *m*; **that's all m.-b.,** tout cela c'est pure invention; **to live in a world of m.-b.,** se bercer d'illusions. **make 'do** *vi* se débrouiller; **to m. do with sth,** se contenter de qch; s'arranger, se débrouiller, avec qch. **make 'off** *vi* se sauver; décamper, filer; **to m. o. with the cash,** filer avec l'argent. **make 'out 1.** *vtr* (*a*) faire, établir, dresser (une liste); rédiger (un mémoire); établir, relever (un compte); faire, établir (un chèque) (*b*) prétendre (**that,** que); **how do you m. that out?** comment arrivez-vous à ce résultat, à cette conclusion? **he's made out to be richer than he is,** on le fait plus riche qu'il ne l'est; **he's not such a fool as people m. out,** il n'est pas si bête qu'on le croit; **you made me o. to be an idiot,** tu m'as fait passer pour un idiot (*c*) comprendre (une énigme); déchiffrer (une écriture); **I can't m. it out,** je n'y comprends rien; **I can't m. out his features,** je ne peux pas distinguer ses traits **2.** *vi F:* se débrouiller. **make 'over** *vtr* céder, transférer (**sth to s.o.,** qch à qn); transformer (**into,** en). **'maker** *n* **1.** faiseur, -euse; *Com: Ind:* fabricant *m*; constructeur *m* (de machines) **2. Our M.,** le Créateur. **'makeshift** *n* expédient *m*; **a m. shelter,** un abri de fortune, provisoire. **make 'up 1.** *vtr* (*a*) compléter (une somme); combler (un déficit); compenser (une perte); **to m. up the difference,** parfaire la différence; **to m. up lost ground,** regagner le terrain perdu; **to m. it up to s.o. for sth,** dédommager qn de qch (*b*) préparer; faire (un lit, un paquet); *Pharm:* exécuter (une ordonnance); faire, confectionner (des vêtements); dresser (une liste); régler (un compte); inventer (une histoire, des excuses); **the whole thing is made up!** pure invention (que) tout cela! (*c*) **to m. up the fire,** arranger le feu (*d*) former, composer (un ensemble) (*e*) maquiller; **to m. (oneself) up,** se maquiller (*f*) **to m. up one's mind,** se décider; prendre son parti (*g*) régler (une dispute); arranger, accommoder (un différend); **to m. it up (again),** se réconcilier **2.** *vi* (*a*) **to m. up for a loss,** compenser une perte; **to m. up for lost time,** rattraper le temps perdu; **that makes up for it,** c'est une compensation; **to m. up for the lack of sth,** suppléer au manque de qch (*b*) **to m. up to s.o.,** faire des avances à qn; flatter qn. **'make-up** *n* **1.** (*a*) constitution *f* (de qch) (*b*) (*of pers*) caractère *m* **2.** maquillage *m*; **m. bag,** trousse à maquillage; **m. remover,** démaquillant *m*; **m. artist,** maquilleur, -euse. **'making** *n* fabrication *f*; confection *f* (de vêtements); construction *f* (d'un pont); création *f* (d'un poste); **this incident was the m. of him,** c'est à cet incident qu'il doit sa fortune; **history in the m.,** l'histoire en train de se faire; **the makings of,** les éléments (essentiels) de; **I haven't the makings of a hero,** je n'ai rien du héros; **he has the makings of a statesman,** il a l'étoffe d'un homme d'État.

maladjusted [mælə'dʒʌstid] *a* inadapté.

maladroit [mælə'drɔit] *a* maladroit.

malady ['mælədi] *n* (*pl* **maladies**) maladie *f*.

malaise [mæ'laiz] *n* malaise *m*.

malaria [mə'lɛəriə] *n Med:* malaria *f*, paludisme *m*.

Malaya [mə'leiə] *Prn Geog:* Malaisie *f*. **Ma'lay** *a* & *n* malais, -aise. **Ma'layan** *a* malais.

Malaysia [mə'leiʒiə] *Prn Geog* Malaisie *f*.

male [meil] **1.** *a* mâle; (sexe) masculin; **m. child,** enfant mâle **2.** *n* mâle *m*.

malevolence [mə'levələns] *n* malveillance *f* (**towards,** envers). **ma'levolent** *a* malveillant. **ma'levolently** *adv* avec malveillance.

malformation [mælfɔː'meiʃn] *n* malformation *f*, difformité *f*.

malfunction [mæl'fʌŋkʃən] **1.** *n* mauvais fonctionnement **2.** *vi* fonctionner mal.

malice ['mælis] *n* **1.** méchanceté *f*; rancune *f*; **out of m.,** par méchanceté; **to bear s.o. m.,** vouloir du mal à qn **2.** *Jur:* intention criminelle; **with m. aforethought,** avec préméditation *f*. **ma'licious** *a* (*a*) méchant, malveillant; rancunier (*b*) *Jur:* fait avec intention criminelle. **ma'liciously** *adv* avec méchanceté, avec malveillance; pour rancune.

malign [mə'lain] **1.** *a* pernicieux, nuisible **2.** *vtr* calomnier, diffamer. **malignancy** [mə'lignənsi] *n* (*a*) méchanceté *f*, malveillance *f* (*b*) *Med:* malignité *f*. **ma'lignant** *a* (*a*) malin, *f* maligne; méchant (*b*) *Med:* **m. tumour,** tumeur maligne. **ma'lignantly** *adv* avec malignité, méchamment.

malinger [mə'liŋgər] *vi* faire semblant d'être malade. **ma'lingerer** *n* simulateur, -trice.

mall [mɔːl] *n* **(shopping) m.,** (i) galerie marchande (ii) rue piétonnière.

mallard ['mælɑːd] *n Orn:* col-vert *m*; canard *m* sauvage.

malleable ['mæliəbl] *a* malléable.

mallet ['mælit] *n* maillet *m*.

mallow ['mælou] *n Bot:* mauve *f*.

malnutrition [mælnju'triʃn] *n* malnutrition *f*, sous-alimentation *f*.

malpractice [mæl'præktis] *n Med: Jur:* faute professionnelle.

malt [mɔːlt] *n* malt *m*; **m. whisky,** whisky pur malt. **'malted** *a* **m. milk,** lait malté.

Malta ['mɔːltə] *Prn Geog:* Malte *f*. **'Maltese 1.** *a* maltais; **M. cross,** croix *f* de Malte **2.** *n* Maltais, -aise; *Ling:* maltais *m*.

maltreat [mæl'triːt] *vtr* maltraiter, malmener. **mal'treatment** *n* mauvais traitement.

mam(m)a [mə'mɑː] *nf F:* maman.

mammal ['mæməl] *n Z:* mammifère *m*.

mammary ['mæməri] *a* & *n Anat:* **the m. glands,** *npl* **the mammaries,** les glandes *f* mammaires.

mammoth ['mæməθ] **1.** *n* mammouth *m* **2.** *a* immense.

man [mæn] **I.** *n* (*pl* **men** [men]) **1.** (*a*) homme *m*; chacun; **any m.,** n'importe qui; **no m.,** personne *m*; **no man's land,** (i) terrain *m* vague (ii) *Mil:* zone *f* neutre; **few men,** peu de gens (*b*) l'homme; **the m. in the street,** l'homme de la rue (*c*) *Ind: etc:* **m. hour,** heure de travail, de main-d'œuvre; heure-homme *f*; **m. year,** année-homme **2.** (*a*) *PN:* (*on public convenience*) **men,** hommes; *Com:* **men's department,** rayon *m* hommes; **they replied as one m.,** ils ont répondu d'une seule voix; **to speak to s.o. as m. to m.,** parler à qn d'homme à homme; **to make a m. of s.o.,** faire un homme de qn; **he took it like a m.,** il a pris ça courageusement; **he's not the m. to refuse,** il n'est pas homme à refuser; **I'm your m.!** je suis votre homme! *F:* **come here, young m.!** venez ici (i) jeune homme! (ii) mon petit! *F:* **yes old m.!** oui mon vieux! *F:* **good m.!** bravo (mon vieux)! *F:* **look at that, m.!** regarde un peu, mon vieux! (*b*) **an old m.**, un vieillard; **an ambitious m.**, un ambitieux; **a dead m.**, un mort (*c*) **an Oxford m.**, (i) un originaire, un habitant, d'Oxford (ii) un étudiant de l'Université d'Oxford; **a golf m.**, un amateur de golf (*d*) **odd-job m.**, homme à tout faire; *F:* **the weather m.**, Monsieur Météo **3. m. and wife,** mari *m* et femme; **to live as m. and wife,** vivre maritalement; **her young m.**, (i) son amoureux (ii) son fiancé; *F:* **my old m.**, mon père; (*husband*) mon homme **4.** (*a*) domestique *m* (*b*) employé *m*; *Ind:* **the employers and the men,** les patrons et les ouvriers (*c*) *Mil:* **officers and men,** officiers et hommes de troupe (*d*) *Sp:* joueur *m* **5.** (*chess*) pièce *f*; (*draughts*) pion *m*. **II.** *vtr* **(manned)** (*a*) fournir du personnel à (une organisation); être de service à; assurer le service (d'une machine); faire partie de l'équipage (d'un avion) (*b*) *Mil:* **to m. a gun,** servir une pièce (*c*) pourvoir (un navire) d'un équipage; armes (une forteresse) (*d*) **we need s.o. to m. this stall,** nous avons besoin de qn pour tenir ce stand; **the telephone is manned 24 hours a day,** la permanence téléphonique est assurée 24 heures sur 24. **'maneater** *n* (*of animal*) mangeur *m* d'hommes. **'maneating** *a* (tigre) mangeur d'hommes. **'manful** *a* vaillant, courageux. **'manfully** *adv* vaillamment, courageusement. **man'handle** *vtr* maltraiter, malmener (qn); manutentionner (des marchandises). **'manhole** *n* trou *m* d'homme; **m. cover,** plaque *f* d'égout. **man-'hood** *n* âge *m* d'homme. **'manhunt** *n* chasse *f* à l'homme. **man'kind** *n* le genre humain; l'homme, les hommes. **'manlike** *a* (à l'aspect) humain; (*of quality*) d'homme, viril. **'manliness** *n* virilité *f*. **'manliness** *n* virilité *f*. **'manly** *a* viril. **man-'made** *a* artificiel, synthétique. **manned** *a* (*of spacecraft*) habité. **'mannish** *a* masculin; *Pej:* hommasse. **'manpower** *n* (*a*) *Ind:* main-d'œuvre *f*; *Mil:* effectifs *mpl* (*b*) force *f*. **'manservant** *n* (*pl* **menservants**) domestique *m*, valet *m* de chambre. **'mansize(d)** *a* de la grandeur, de la taille, d'un homme; (travail) d'homme. **'manslaughter** *n* *Jur:* homicide *m* involontaire. **'mantrap** *n* piège *m* à hommes.

manacle ['mænəkl] **1.** *n* menotte *f* **2.** *vtr* mettre, passer, les menottes à (qn).

manage ['mænidʒ] *vtr* **1.** diriger, gérer (une entreprise, une affaire); diriger (une banque); régir (une propriété); **to m. s.o.'s business,** gérer les affaires de qn **2.** manier; *F:* (*take*) prendre; *F:* (*eat*) manger **3. to m. to do sth,** réussir, arriver, à faire qch; se débrouiller pour fair qch; **I'll m. it,** j'y arriverai; **if you can m. to see him,** si vous pouvez vous arranger pour le voir; **how do you m. not to dirty your hands?** comment faites-vous pour ne pas vous salir les mains? **£100 is the most that I can m.**, je ne peux offrir plus de £100 **4.** *vi* y arriver; se débrouiller; **m. as best you can,** arrangez-vous comme vous pourrez; **to m. without sth,** se passer de qch. **'manageable** *a* **1.** (outil) maniable; (canot) manœuvrable; (*of hair*) souple, facile à peigner **2.** (*of pers*) maniable **3.** (*of undertaking*) réalisable, faisable. **'management** *n* **1.** direction *f*, gérance *f*; gestion *f* (d'une propriété, etc); **m. consultant,** conseil en gestion; **bad m.**, mauvaise gestion; **under new m.**, (i) changement *m* de propriétaire (ii) nouvelle direction **2.** cadres *mpl*. **'manager** *n* directeur *m*; gérant *m* (d'un magasin, d'un café); régisseur *m* (d'une propriété); *Cin: Sp:* **(business) m.**, manager *m*; **general m.**, directeur général; **joint m.**, cogérant *m*; **sales m.**, directeur commercial; **personnel m.**, chef *m* du personnel; **area m.**, directeur régional. **'manageress** *nf* directrice, gérante. **mana'gerial** [-'dʒiəriəl] *a* directorial; (poste) de commande; **m. staff,** les cadres *mpl*. **'managing** *a* **m. director,** directeur général; **the m. director,** le PDG.

mandarin ['mændərin] *n* **1.** haut fonctionnaire *m*; *Pol:* bonze *m*; *Pej:* (*in university*) mandarin *m* **2.** *Bot:* **m. (orange),** mandarine *f*.

mandate ['mændeit] *n* mandat *m*. **'mandatory** obligatoire.

mandolin(e) ['mændəlin] *n Mus:* mandoline *f*.

mane [mein] *n* crinière *f*.

maneuver [mə'nuːvər] *n & v NAm:* = **manoeuvre.**

manganese [mæŋgə'niːz] *n Ch:* manganèse *m*.

mange [meindʒ] *n* gale *f*. **'mangy** *a* **(-ier, -iest)** (*a*) galeux (*b*) *F:* minable, miteux.

manger ['mein(d)ʒər] *n* mangeoire *f*; crèche *f*; **he's a dog in the m.**, c'est un empêcheur de tourner en rond.

mangetout [mɔnʒ'tuː] *n Bot: Cu:* **m. (peas),** (pois) mange-tout *mpl inv*, pois goulus, gourmands.

mangle ['mæŋgl] **1.** *n* essoreuse *f* (à rouleaux) **2.** *vtr* (*a*) essorer (le linge) (*b*) lacérer, mutiler (qn); charcuter (un morceau de viande); mutiler (un texte); déformer (un mot); estropier (une citation).

mango ['mæŋgou] *n* (*pl* **mangoes**) *Bot:* (*a*) mangue *f* (*b*) **m. (tree),** manguier *m*.

mangrove ['mæŋgrouv] *n* palétuvier *m*; **m. swamp,** mangrove *f*.

mania ['meiniə] *n* **1.** *Med:* manie *f* **2. to have a m. for (doing) sth,** avoir la passion de (faire) qch. **'maniac** *n* fou, folle; *Psy: Med:* maniaque *mf*; **sex m.**, obsédé sexuel.

manicure ['mænikjuər] **1.** *n* soin *m* des mains; **to give oneself a m.**, se faire les ongles; **m. set,** trousse de manucure **2.** *vtr* manucurer (qn); **to m. one's nails,** se faire les ongles. **'manicurist** *n* manucure *mf*.

manifest ['mænifest] **1.** *a* manifeste, évident **2.** *n* *Nau:* manifeste *m*; *Av:* état *m* de chargement **3.** *vtr* manifester, témoigner (qch); (*of symptom*) **to m. itself,** se manifester, se révéler. **manifes'tation** *n* manifestation *f*. **'manifestly** *adv* manifestement. **mani'festo** *n* (*pl* **-os, -oes**) *Pol:* manifeste *m*.

manifold ['mænifould] **1.** *a* (*a*) divers, varié; de diverses sortes (*b*) multiple, nombreux **2.** *n ICE:* tubulure *f*; collecteur *m*.

manil(l)a [mə'nilə] *n* (papier *m*) kraft (*m*); **m. envelope,** enveloppe *f* kraft.

manipulate [mə'nipjuleit] *vtr* **1.** manœuvrer; actionner (un dispositif mécanique) **2.** *Pej:* manipuler (les faits, les électeurs, etc). **manipu'lation** *n* **1.** manœuvre *f* **2.** *Pej:* manipulation *f*.

manna ['mænə] *n* manne *f*.

mannequin ['mænikin] *n* mannequin *m*.

manner ['mænər] *n* **1.** manière *f*, façon *f* (de faire qch); **in this m.,** de cette manière; **in a m. of speaking,** en quelque sorte; pour ainsi dire; **it's a m. of speaking,** c'est une façon de parler **2.** attitude *f*, comportement *m*; **I don't like his m.,** je n'aime pas son attitude **3.** *pl* (*a*) manières; **bad manners,** mauvaises manières; **it's very bad manners to do that,** c'est très mal élevé de faire ça (*b*) **(good) manners,** bonnes manières, savoir-vivre *m*, politesse *f*; **to teach s.o. manners,** donner à qn une leçon de politesse *f*; **to forget one's manners,** oublier les convenances; s'oublier; (*to child*) **where are your manners?** tu ne dis pas bonjour, au revoir, merci, etc? **4.** espèce *f*, sorte *f*; **all m. of things,** toutes sortes de choses. **'mannered** *a* maniéré; **well-m., bad-m.,** bien, mal, élevé. **'mannerism** *n* **1.** maniérisme *m*; *Pej:* tic *m* **2.** particularité *f* (d'un écrivain). **'mannerly** *a* poli, bien élevé.

man(n)ikin ['mænikin] *n* **1.** nabot *m* **2.** *Art: Med:* mannequin *m*.

manoeuvre, *NAm:* **maneuver** [mə'nu:vər] **1.** *n* (*a*) manœuvre *f* (*b*) *Mil:* **troops on manoeuvres,** troupes en manœuvre **2.** *vtr & i* manœuvrer; **to m. s.o. into a corner,** (i) acculer qn dans un coin (ii) amener adroitement qn dans une impasse. **ma'noeuvrable** *a* manœuvrable, maniable.

manor ['mænər] *n* **m. (house),** manoir *m*.

mansion ['mænʃən] *n* (*in town*) hotel particulier; **m. (house),** manoir *m*.

mantel(piece) ['mæntl(pi:s)] *n* (*a*) manteau *m* de cheminée (*b*) dessus *m*, tablette *f*, de cheminée, cheminée *f*.

mantle ['mæntl] *n* **1.** *Cl:* cape *f* **2.** manteau *m* (de neige) **3.** manchon *m* (de bec de gaz).

manual ['mænjuəl] **1.** *a* manuel; **m. labour,** travail de manœuvre **2.** *n* (*a*) manuel *m* (*b*) *Mus:* clavier *m* (d'un orgue). **'manually** *adv* manuellement, à la main.

manufacture [mænju'fæktʃər] **1.** *n* (*a*) fabrication *f* (d'un produit industriel); confection *f* (de vêtements) (*b*) produit manufacturé **2.** *vtr* fabriquer; confectionner (des vêtements); **manufacturing industries,** industries de fabrication. **manu'facturer** *n* fabricant, -ante.

manure [mə'njuər] **1.** *n* engrais *m*, fumier *m*; **liquid m.,** purin *m*; **m. heap,** tas *m* de fumier **2.** *vtr* fumer, engraisser (la terre).

manuscript ['mænjuskript] *a & n* manuscrit (*m*).

Manx [mæŋks] **1.** *a Geog:* de l'île de Man; **M. cat,** chat sans queue de l'île de Man **2.** *n Ling:* mannois *m*.

many [meni] *a & n* (**mre, most** *qv*) un grand nombre (de); beaucoup (de); bien des; plusieurs; **m. a time, m. times,** bien des fois; **before m. days have passed,** avant longtemps; **for m. years,** pendant plusieurs années; **m. of us,** beaucoup d'entre nous; **m. of them,** un grand nombre d'entre eux; **there were so m. of them,** ils étaient si nombreux; **m. kinds of,** toutes sortes de; **in so m. words,** en propres termes; **too m. people,** trop de monde; **a card too m.,** une carte de trop; **how m. horses?** combien de chevaux? **so m.,** tant (de); **I have as m. books as you,** j'ai autant de livres que vous; **as m. again, twice as m.,** deux fois plus; **as m. as,** jusqu'à; **as m. as ten people saw it,** au moins dix personnes l'ont vu; **a good m. things,** pas mal de choses; **a great m. tourists,** un grand nombre de touristes. **many-'coloured,** *NAm:* **-'colored** *a* multicolore. **many-'sided** (*a*) (figure) à plusieurs côtés (*b*) (problème) complexe (*c*) (*of pers*) aux talents variés; polyvalent.

map [mæp] **1.** *n* (*a*) carte *f*; **ordnance survey m.** = carte d'état-major; **town m.,** plan *m* d'une ville; **m. of the world,** mappemonde *f* (*b*) **to put a town on the m.,** mettre une ville en vedette; **the village was wiped off the m.,** le village a été rayé de la carte; **it's off the m.,** c'est au bout du monde **2.** *vtr* **(mapped)** (*a*) faire la carte, le plan, de (*b*) **to m. out,** faire le tracé de (route); tracer (un itinéraire); *Fig:* organiser. **'mapmaker** *n* cartographe *m*. **'mapmaking, 'mapping** *n* cartographie *f*.

maple ['meipl] *n* érable *m*; **m. sugar, syrup,** sucre, sirop, d'érable.

maquis ['mæki:] *n Geog: Pol:* maquis *m*.

mar [mɑ:r] *vtr* **(marred)** gâter, gâcher (le plaisir de qn); troubler (la joie de qn); **to make or m. s.o.,** faire la fortune ou la ruine de qn.

maraschino [mærə'ski:nou] *n* marasquin *m*.

marathon ['mærəθən] *n Sp:* marathon *m*; **m. runner,** marathonien *m*.

maraud [mə'rɔ:d] *vi* piller. **ma'rauder** *n* pillard, -arde. **ma'rauding** *a* pillard.

marble ['mɑ:bl] *n* **1.** marbre *m*; **m. statue,** statue de marbre; **m. staircase,** escalier en marbre; **m. quarry,** marbrière *f* **2.** *Games:* bille *f*; **to play marbles,** jouer aux billes.

March[1] [mɑ:tʃ] *n* mars *m*; **in M.,** en mars, au mois de mars; **(on) the fifth of M.,** le cinq mars.

march[2] **I.** *n* (*a*) marche *f*; déroulement *m* (des événements); **on the m.,** en marche; **to do a day's m.,** faire une étape; **route m.,** marche d'entraînement (*b*) pas *m*, allure *f*; **slow m.,** pas de parade; **quick m.,** pas cadencé. **II.** *v* **1.** *vi* marcher (au pas); **quick . . . m.!** en avant . . . marche! **to m. by, past (s.o.),** défiler (devant qn); *Fig:* **to m. in., out,** entrer, sortir, d'un pas décidé; **time marches on,** l'heure avance **2.** *vtr* faire marcher (des troupes); **to m. s.o. off to prison,** emmener qn en prison. **'marching** *n Mil:* marche *f*; **m. orders,** ordre de marche; *F:* **to give s.o. his m. orders,** donner son congé à qn; mettre qn à la porte. **march-'past** *n* défilé *m*.

marchioness ['mɑ:ʃənis] *nf* (*pl* **marchionesses**) marquise.

mare ['mɛər] *n* jument *f*.

margarine, *F:* **marge** [mɑ:dʒə'ri:n, mɑ:dʒ] *n* margarine *f*.

margin ['mɑ:dʒin] *n* **1.** (*a*) marge *f*; lisière *f*; bord *m* (*b*) marge, écart *m*; **profit m.,** marge bénéficiaire; **safety m.,** marge de sécurité; **to give s.o. some m.,** accorder quelque liberté à qn; **m. of error,** marge d'erreur; **by a narrow m.,** (gagner) de justesse (*c*) *Com:* couverture *f*, provision *f* **2.** marge, blanc *m* (d'une page); **to write sth in the m.,** écrire qch en marge, dans la marge. **'marginal** *a* marginal; en marge; *Pol:* **m. seat,** siège disputé. **'marginally** *adv* très légèrement.

marguerite [mɑ:gə'ri:t] *n Bot:* marguerite *f*.

marigold ['mærigould] *n Bot:* souci *m*; **French m.**, œillet *m* d'Inde; **African m.**, rose *f* d'Inde.

marihuana, marijuana [mæri'(h)wɑːnə] *n* marihuana *f*, marijuana *f*.

marina [mə'riːnə] *n* marina *f*.

marinade [mæri'neid] *Cu:* **1.** *n* marinade *f* **2.** *vtr & i* (*also* **marinate**) mariner.

marine [mə'riːn] **1.** *a* (*of life, flora, etc*) marin; **m. insurance**, assurance maritime; **m. engineering**, génie maritime **2.** *n* (*a*) marine *f*; **merchant, mercantile, m.**, marine marchande (*b*) *Mil:* fusilier marin, *NAm:* marine *m*; *F:* **tell that to the marines!** à d'autres! **'mariner** *n* marin *m*.

marionette [mæriə'net] *n* marionnette *f*.

marital ['mæritl] *a* matrimonial; (*of relations*) conjugal; **m. status**, situation *f* de famille.

maritime ['mæritaim] *a* maritime.

marjoram ['mɑːdʒərəm] *n Bot:* marjolaine *f*.

mark[1] [mɑːk] **I.** *n* (*a*) but *m*, cible *f*; **to hit the m.**, atteindre le but; frapper juste; **wide of the m.**, loin de la réalité (*b*) marque *f*, preuve *f*, signe *m*, témoignage *m*; **as a m. of respect**, en signe de respect (*c*) marque, tache *f*, trace, *f*, empreinte *f*; **to make one's m.**, s'imposer; **distinguishing m.**, marque distinctive; *F:* **he's not up to the m.**, il n'est pas à la hauteur; *Ind:* **m. II, III**, série *f* II, III; **punctuation m.**, signe de ponctuation; **question m.**, point *m* d'interrogation; **guide m., reference m.**, point de repère (*d*) *Sch:* note *f* (*e*) *Nau:* amer *m*; **high-water m.**, niveau *m* de la marée haute (*f*) *Sp:* ligne *f* de départ; **on your marks!** à vos marques! **to be quick off the m.**, prendre un départ **2.** *vtr* (*a*) marquer; estampiller (des marchandises); piper (les cartes); **face marked by chickenpox**, visage marqué par la varicelle; **to m. an article**, mettre le prix à un article (*b*) *Sch:* corriger, noter (un devoir); **to m. s.o., sth, as**, désigner qn, qch, pour (*c*) marquer, repérer, indiquer; témoigner (son approbation); accentuer (le rythme); **to m. time**, *Mil:* marquer le pas; *Fig:* piétiner; **to m. an era**, faire époque (*d*) faire attention à; **m. you . . .**, remarquez que . . .; **m. my words!** croyez-moi! **mark 'down** *vtr* baisser le prix de (qch); démarquer. **marked** *a* **1.** marqué; **m. man**, homme repéré **2.** marqué, prononcé; (différence) marquée; **m improvement**, amélioration sensible; **strongly m. features**, traits fortement accusés. **markedly** ['mɑːkidli] *adv* visiblement. **'marker** *n* **1.** (*pers*) marqueur, -euse **2.** (*a*) *Tls:* marquoir *m* (*b*) (*stake*) jalon *m*; (*flag, etc*) marque *f* (*c*) (*pen*) feutre *m*, marqueur *m*. **'marking** *n* **1.** (*a*) marquage *m*; **m. ink**, encre à marquer (*b*) estampillage *m* **2. marking(s)**, marques *f*; (*on animal*) taches *f*, rayures *f*; *Aut:* signalisation horizontale **3.** *Sch:* correction *f* (d'un devoir). **mark 'off** *vtr* (*a*) séparer, distinguer (*b*) cocher (des noms). **mark 'out** *vtr* **1.** délimiter (une frontière) **2. to m. s.o., sth, out, for**, désigner qn, qch, pour. **'marksman** *n* (*pl* **-men**) tireur *m* d'élite. **'marksmanship** adresse *f* au tir. **mark 'up** *vtr* (*a*) marquer (le score) (*b*) augmenter, majorer, le prix (de qch). **'mark-up** *n* marge *f* (bénéficiaire); majoration *f* (d'un prix).

mark[2] *n Num:* mark *m*.

market ['mɑːkit] **1.** *n* (*a*) marché *m*; **covered m.**, marché couvert, halle(s) *f*(*pl*); **m. gardening**, culture maraîchère; **m. garden**, jardin maraîcher; **m. gardener**, maraîcher, -ère; **m. day**, jour de marché; **cotton m.**, marché du coton (*b*) marché; débouchés *mpl* (d'un produit); **the Common M.**, le Marché Commun; **black m.**, marché noir; **m. research**, étude *f* de marché; **on the open m.**, en vente libre; **he put his house on the m.**, il a mis sa maison en vente; (*of pers*) **to be in the m. for sth**, être acheteur de qch; **to find a m. for sth**, trouver un débouché pour qch; **m. price**, prix courant; **m. value**, valeur marchande (*c*) **stock m.**, marché des titres; la Bourse **2.** *vtr* **(marketed)** commercialiser; lancer (un article) sur le marché; vendre (un article). **'marketable** *a* commercialisable; vendable. **marke'teer** *n* **black m.**, trafiquant, -ante, du marché noir. **'marketing** *n* (*a*) commercialisation *f* (*b*) marketing *m*, vente *f*.

marmalade ['mɑːməleid] *n Cu:* confiture *f* d'oranges.

marmoset [mɑːmə'zet] *n Z:* ouistiti *m*.

marmot ['mɑːmət] *n Z:* marmotte *f*.

maroon[1] [mə'ruːn] *a & n* (rouge) bordeaux *inv*.

maroon[2] *vtr* (*a*) abandonner (qn) sur une île déserte (*b*) **marooned**, bloqué (**by**, par).

marquee [mɑː'kiː] *n* (*for garden parties, etc*) chapiteau *m*; *NAm:* (*awning*) marquise *f*.

marquess, marquis ['mɑːkwis] *n* (*pl* **marquesses, marquises**) marquis *m*.

marriage ['mæridʒ] *n* marriage *m*; union (conjugale); **relation by m.**, parent par alliance; **m. settlement**, contrat de marriage; **m. certificate**, acte de mariage; **m. bureau**, agence matrimoniale. **'marriageable** *a* en état de se marier; **of m. age**, d'âge à se marier. **'married** *a* **m. man**, homme marié; **m. couple**, ménage *m*; **m. life**, vie conjugale; **m. name**, nom de femme mariée. **'marry** *v* **(married) 1.** *vtr* (*a*) (*of priest, parent*) marier; **to m. (off) a daughter**, marier sa fille (*b*) se marier avec, à (qn); épouser (qn) **2.** *vtr & i* **to m., to get married**, se marier; **to m. (for) money**, faire un mariage d'argent; **to m. again**, se remarier.

marrow ['mærou] *n* **1. (bone) m.**, moelle *f*; **frozen to the m.**, transi de froid; glacé jusqu'à la moelle **2.** *Bot:* **(vegetable) m.**, courge *f*. **'marrowbone** *n* os *m* à moelle.

marsh [mɑːʃ] *n* marais *m*, marécage *m*; **m. marigold**, souci *m* d'eau. **'marshland** *n* marécages *mpl*. **marsh'mallow** *n* (*a*) *Bot:* guimauve *f* (*b*) (pâte *f* de) guimauve. **'marshy** *a* marécageux.

marshal ['mɑːʃl] **1.** *n* (*a*) *Mil:* **field m.** = maréchal *m*; *Av:* **M. of the R.A.F.** = Commandant *m* en Chef des Forces aériennes; **Air Chief M.** = général *m* d'armée aérienne (*b*) *NAm: Jur*: shérif *m* (*c*) membre *m* du service d'ordre; **fire m.**, chef *m* du service d'incendie (dans une région, une usine) **2.** *vtr* **(marshalled,** *NAm:* **marshaled)** rassembler; mener cérémonieusement; *Mil:* ranger (des troupes); *Rail:* trier (des wagons). **'marshalling** *n Rail:* triage *m* (des wagons); **m. yard**, gare *f* de triage.

marsupial [mɑː'suːpiəl] *a & n Z:* marsupial (*m*).

marten ['mɑːtin] *n Z:* mart(r)e *f*.

martial ['mɑːʃl] *a* martial; **m. law**, loi martiale.

Martian ['mɑːʃən] *a & n* martien, -ienne.

martin ['mɑːtin] *n Orn:* **(house) m.**, martinet *m*; hirondelle *f* de fenêtre.

martinet [mɑːti'net] *n* personne *f* à cheval sur la discipline.

martyr ['mɑːtər] **1.** *n* martyr, *f* martyre; **to be a m. to migraine,** être torturé par la migraine **2.** *vtr* martyriser. **'martyrdom** *n* martyre *m*.

marvel ['mɑːvl] **1.** *n* merveille *f*; prodige *m*, miracle *m* **2. (marvelled,** *NAm:* **marveled)** *(a) vi* s'émerveiller **(at,** de) *(b) vtr* **to m. that,** s'étonner de ce que (+ *sub or ind*). **'marvellous,** *NAm:* **'marvelous** *a* merveilleux, étonnant. **'marvel(l)ously** *adv* à merveille; merveilleusement.

Marxism ['mɑːksizm] *n PolEc:* marxisme *m*. **'Marxist** *a & n* marxiste *(mf)*.

marzipan ['mɑːzipæn] *n* pâte *f* d'amandes; massepain *m*.

mascara [mæs'kɑːrə] *n Toil:* mascara *m*.

mascot ['mæskət] *n* mascotte *f*; porte-bonheur *m inv*.

masculine ['mæskjulin] *a* **1.** masculin, mâle **2.** (nom) masculin; *n* **in the m.,** au masculin. **mascu'linity** *n* masculinité *f*.

mash [mæʃ] **1.** *n (for poultry, etc)* pâtée *f*; *Cu:* purée *f* (de pommes de terre) **2.** *vtr* broyer, écraser (qch); réduire (qch) en purée; *Cu:* **mashed potatoes,** purée (de pommes de terre). **'masher** *n* broyeur *m*; **potato m.,** presse-purée *m inv*.

mask [mɑːsk] **1.** *n* masque *m*; *(silk or velvet)* loup *m*; **to throw off the m.,** lever le masque; se démasquer **2.** *vtr* masquer **(from,** à); **to m. one's face,** se masquer. **masked** *a* masqué; **m. ball,** bal masqué. **'masking** *a* **m. tape,** papier adhésif de masquage.

masochism ['mæsəkizm] *n* masochisme *m*. **'masochist** *n* masochiste *mf*. **maso'chistic** *a* masochiste.

mason ['meisn] *n* **1.** maçon *m* **2.** *(freemason)* franc-maçon *m*. **ma'sonic** *a* franc-maçonnique. **'masonry** *n* **1.** maçonnerie *f* **2.** *(freemasonry)* franc-maçonnerie *f*.

masquerade [mæskə'reid] **1.** *n* mascarade *f* **2.** *vi* **to m. as,** se déguiser en; se faire passer pour.

mass[1] [mæs] *n (pl* **masses)** *Ecc:* messe f; **high m.,** grand-messe *f*; **low m.,** messe basse; **requiem m.,** messe des morts; **to say m.,** dire la messe.

mass[2] **1.** *n (a)* masse *f*, amas *m*; **atomic m.,** masse atomique *(b)* foule *f*, multitude *f* (de gens); collection *f*, grande quantité (de choses); *F:* **I've got masses of things to do,** j'ai des masses, un tas, de choses à faire; **he was a m. of bruises,** il était (tout) couvert de bleus; **m. meeting,** réunion de masse; **m. grave,** fosse commune; **m. production,** fabrication en série, en masse; **the great m. of the people,** la plus grande partie de la population; **the masses,** les masses; **m. education,** éducation *f* des masses; **m. culture, demonstration,** culture *f*, manifestation *f*, de masse; **m. hysteria,** hystérie collective; **m. media,** mass média *mpl*; **m. protest,** protestation en masse **2.** *vi* se masser; *(of clouds)* s'amonceler. **'massive** *a* massif; énorme, considérable. **'massively** *adv* (augmenter, etc) considérablement. **mass-pro'duce** *vtr* fabriquer en série.

massacre ['mæsəkər] **1.** *n* massacre *m*, tuerie *f* **2.** *vtr* massacrer.

massage ['mæsɑːʒ] **1.** *n* massage *m* **2.** *vtr* masser (le corps). **ma'sseur, ma'sseuse** *n* masseur, -euse.

mast [mɑːst] *n* **1.** *Nau:* mât *m*; **to sail before the m.,** servir comme simple matelot **2.** *WTel: TV:* pylône *m*. **'masthead** *n* tête *f* de mât.

master ['mɑːstər] **1.** *n (a)* maître *m*; **to be m. in one's own house,** être maître chez soi; **to be one's own m.,** ne dépendre que de soi; **to be m. of the situation,** être maître de la situation; **to meet one's m.,** trouver son maître *(b) (employer)* maître, patron *m*, chef *m* *(c) Nau:* capitaine *m* (d'un navire marchand); patron (d'un bateau de pêche); **m. mariner,** capitaine au long cours *(d)* **m. of ceremonies,** maître des cérémonies; *NAm: (presenter)* animateur, -trice *(e) Sch: (primary)* maître, instituteur *m*; *(secondary)* professeur *m*; **fencing m.,** maître d'armes; **m. class,** cours de grand maître; **a m.'s degree,** une maîtrise **(in,** de); **M. of Arts,** maître ès lettres; **to be m. of one's art,** posséder son art en maître; *Art:* **an old m.,** (i) un maître (ii) tableau *m* de maître *(f) (form of address to small boys)* **M. David Thomas,** Monsieur David Thomas *(g)* **m. mason,** maître maçon; **it is the work of a m. hand,** c'est fait de main de maître; **m. stroke,** coup de maître; **m. card,** carte maîtresse; **m. switch,** commutateur principal; **m. plan,** stratégie *f* d'ensemble; **m. key,** passe-partour *m inv*; **m. race,** race supérieure **2.** *vtr* maîtriser (un cheval); maîtriser, dompter (ses passions); dominer (une situation); surmonter (une difficulté); **to have mastered a subject,** posséder un sujet. **'masterful** *a* impérieux, autoritaire. **'masterfully** *adv* impérieusement, avec autorité. **'masterly** *a* de maître; magistral; **in a m. way,** magistralement. **'mastermind 1.** *n* cerveau *m* **2.** *vtr* organiser, orchestrer (une campagne de presse, etc); diriger (un projet); tramer (un complot). **'masterpiece** *n* chef-d'œuvre *m*. **'mastery** *n (a)* maîtrise *f* **(of,** de); domination *f* **(over,** sur) *(b)* connaissance approfondie (d'un sujet).

mastic ['mæstik] *n* mastic *m* (silicone).

masticate ['mæstikeit] *vtr* mâcher, mastiquer. **masti'cation** *n* mastication *f*.

mastiff ['mæstif] *n* mâtin *m*; mastiff *m*.

mastoid ['mæstɔid] *Anat:* **1.** *a* mastoïde **2.** *n* mastoïde *f*; *Med: F:* **mastoids,** mastoïdite *f*.

masturbate ['mæstəbeit] *vi & tr* (se) masturber. **mastur'bation** *n* masturbation *f*.

mat[1] ['mæt] *n (a)* natte *f* (de paille) *(b)* (petit) tapis; carpette *f* *(c) (doormat)* paillasson *m*, essuie-pieds *m inv*; *F:* **to be on the m.,** être sur la sellette *(d)* **table m.,** (i) dessous-de-plat *m* (ii) rond *m* de table; napperon *m*; **(place) m.,** set *m* (de table). **'matted** *a (of cloth)* feutré; **m. hair,** cheveux emmêlés. **'matting** *n* nattage *m*; **a piece of m.,** une natte.

mat[2] *a (of colour, surface)* mat.

match[1] [mætʃ] **I.** *n* **1.** *(a)* égal, -ale; **to meet one's m.,** trouver à qui parler; **to be a m. for s.o.,** être de force à lutter avec qn; **he's more than a m. for me,** il est plus fort que moi *(b) (of thgs)* **to be a good m.,** être bien assortis; **perfect m. of colours,** assortiment parfait de couleurs **2.** *Sp:* lutte *f*, partie *f*, match *m*; **football m.,** match de football; **tennis m.,** match de tennis **3.** mariage *m*, alliance *f*; **good m.,** beau mariage; **he's a good m.,** c'est un bon parti. **II.** *v* **1.** *vtr (a)* **to m. (up to),** égaler (qn); **evenly matched,** de force égale; **there's nobody to m. him,** il n'a pas son pareil *(b)* **to m. s.o. against s.o.,** opposer qn à qn *(c)* to **m. (up),** apparier (des gants); rappareiller (un service à thé); assortir (des couleurs); **a well matched couple,** un couple bien assorti; **I need a hat to m. my dress,** j'ai besoin d'un chapeau qui aille avec ma robe **2.** *vi* être assortis, aller (bien) ensemble; **dress with hat to m.,** robe avec chapeau assorti. **'matching** *a* assorti. **'matchless** *a* incomparable, sans égal; sans pareil. **'matchmake** *vi* marier les gens. **'matchmaker** *n* marieur, -euse.

match² *n* allumette *f*; **safety m.,** allumette de sûreté; **to strike a m.,** frotter une allumette; **book of matches,** pochette *f* d'allumettes. **'matchbox** *n* (*pl* **-es**) boîte *f* d'allumettes (vide). **'matchstick** *n* allumette *f*. **'matchwood** *n* bois d'allumettes; **smashed to m.,** réduit en miettes.

mate¹ [meit] *Chess:* **1.** *n* mat *m* **2.** *vtr* faire, mettre (le roi) mat.

mate² **1.** *n* (*a*) camarade *mf*, compagnon *m*, *f* compagne; *F:* copain, copine; **builder's m.,** aide-maçon *m*; *F:* **listen m.!** écoute mon vieux! (*b*) (*one of a pair*) (*pers, animal*) compagnon, compagne; (*of animals*) mâle *m*, femelle *f* (*c*) *Sp:* **team m.,** coéquipier, -ière (*d*) *Nau:* (*on merchant vessel*) officier *m*; *Navy:* second maître; **first m.,** second ; **second m.,** lieutenant *m* **2.** *vtr & i* (*of birds, animals*) (s')accoupler. **'mating** *n* accouplement *m*; **m. season,** saison *f* des amours.

material [mə'tiəriəl] **1.** *a* (*a*) matériel; matérialiste; (*of comfort, interests*) matériel; **to have enough for one's m. needs,** avoir de quoi vivre matériellement (*b*) important, essentiel **(to,** pour); **m. witness,** témoin essentiel, témoin-clé *m* (*c*) (fait) pertinent **2.** *n* (*a*) matière *f*; (*for book*) matériaux *mpl*; **material(s),** matériel *m*; **raw material(s),** matière(s) première(s); **building material(s),** matériaux de construction; **he was collecting m. for a book,** il se documentait pour écrire un livre; **war m.,** matériel de guerre; **writing materials,** tout ce qu'il faut pour écrire (*b*) *Tex:* tissu *m*; étoffe *f*. **ma'terialism** *n* matérialisme *m*. **ma'terialist** *n* matérialiste *mf*. **materia'listic** *a* matérialiste. **ma'terialize** *vi* se matérialiser; se réaliser. **ma'terially** *adv* matériellement, essentiellement; sur le plan matériel.

maternal [mə'tə:nəl] *a* maternel. **ma'ternally** *adv* maternellement. **ma'ternity** *n* maternité *f*; **m. hospital,** maternité; clinique *f* d'accouchement; **m. dress,** robe de grossesse; **m. allowance,** allocation de maternité.

math [mæθ] *n NAm: F:* = **maths.**

mathematics [mæθə'mætiks] *npl* mathématiques *fpl*. **mathe'matical** *a* mathématique; **to have a m. brain,** être doué pour les maths; **he's a m. genius,** c'est un mathématicien de génie. **mathe'matically** *adv* mathématiquement. **mathema'tician** *n* mathématicien, -ienne. **maths,** *NAm:* **math** *npl F:* maths *fpl*.

matinée ['mætinei] *n* (*a*) *Th:* matinée *f* (*b*) **m. coat,** veste *f* (de bébé).

matins ['mætinz] *npl Ecc:* matines *fpl*.

matriarch ['meitriɑ:k] *nf* femme qui exerce une autorité matriarcale. **'matriarchal** *a* matriarcal.

matricide ['mætrisaid] *n* (*crime*) matricide *m*; (*pers*) matricide *mf*.

matriculate [mə'trikjuleit] *vtr & i Sch:* (s')inscrire. **matricu'lation** *n* inscription *f*.

matrimony ['mætriməni] *n* mariage *m*. **matri'monial** *a* matrimonial.

matrix ['meitriks] *n* (*pl* **matrixes, matrices** [-triksiz, -trisi:z]) *Tchn:* matrice *f*.

matron ['meitrən] *n* **1.** *Lit:* mère *f* de famille, dame âgée; **m. of honour,** dame d'honneur **2.** *Sch:* infirmière *f* (en) chef. **'matronly** *a* (air, etc) de mère de famille; mûr; corpulent.

matt [mæt] *a* (*of colour, surface*) mat.

matter ['mætər] **I.** *n* **1.** matière *f*; substance *f*; **vegetable m.,** matières végétales; *Anat:* **grey m.,** matière grise; **to have plenty of grey m.,** être très intelligent **2.** *Med:* pus *m* **3.** (*a*) matière, sujet *m* (d'un discours); **reading m.,** livres *mpl*, choses *fpl* à lire; **it's no laughing m.,** il n'y a pas de quoi rire (*b*) *Adm:* **printed m.,** imprimé *m* **4. no m.!** peu importe! **no m. what he says,** quoi qu'il dise; **no m. how,** de n'importe quelle manière; **no m. who you are,** qui que vous soyez; **no m. when,** quel que soit le moment **5.** affaire *f*, question *f*, cas *m*; **it's an easy m.,** c'est facile; **it's no great m.,** ce n'est pas grand-chose; **that's quite another m.,** c'est tout autre chose; **as matters stand,** au point où en sont les choses; **business matters,** affaires; **in matters of religion,** en ce qui concerne la religion; **a m. of taste, of opinion,** une question de goût, d'opinion; **within a m. of hours,** en quelques heures; **there's the m. of the £100,** il y a la question des £100; **for that m.,** quant à cela; **I can't go, and for that m. neither can Louise,** je ne peux pas y aller et Louise non plus, d'ailleurs; **as a m. of fact,** (i) à vrai dire; en réalité (ii) aussi bien; **as a m. of course,** normalement; **what's the m.?** qu'est-ce qu'il y a? qu'y a-t-il? **what's the m. with you?** qu'avez-vous? qu'est-ce que vous avez? **there's something the m.,** il y a quelque chose qui ne va pas; **there's sth the m. with his leg,** il a qch à la jambe; **I don't know what's the m. with me,** je ne sais pas ce que j'ai; **there's nothing the m. with him,** il n'a rien. **II.** *vi* importer **(to s.o.,** à qn); **it doesn't m.,** peu importe; cela ne fait rien; cela n'a pas d'importance; **nothing else matters,** tout le reste n'a pas d'importance; **what does it m. to you?** qu'est-ce que cela peut vous faire? **'matter-of-'fact** *a* pratique, terre à terre; (*of voice*) neutre.

Matterhorn (the) [ðə'mætəhɔ:n] *Prn Geog:* le (Mont) Cervin.

mattins ['mætinz] *npl* = **matins.**

mattress ['mætris] *n* (*pl* **mattresses**) matelas *m*.

mature (mə'tjuər] **1.** *a* mûr; (*of cheese*) fait (*a*) *vtr* (faire) mûrir (*b*) *vi* mûrir; (*of cheese*) se faire. **ma'turity** *n* maturité *f*.

maudlin ['mɔ:dlin] *a* larmoyant, pleurard.

maul [mɔ:l] *vtr* (*of animal*) mutiler; *Fig:* malmener (qn).

Maundy Thursday ['mɔ:ndi'θə:zdi] *n* le jeudi saint.

Mauritania [mɔri'teiniə] *Prn Geog:* Mauritanie *f*.

Mauritius [mə'riʃəs] *Prn Geog:* l'île *f* Maurice.

mausoleum [mɔ:sə'liəm] *n* mausolée *m*.

mauve (mouv] *a & n* mauve (*m*).

maverick ['mævərik] *a & n Pol:* dissident, -ente.

mawkish ['mɔ:kiʃ] *a* (*a*) fade, insipide (*b*) d'une sensiblerie excessive, mièvre.

maxi ['mæksi] *a & n Cl: F:* (jupe f, manteau *m*) maxi (*m or f*).

maxim ['mæksim] *n* maxime *f*, dicton *m*.
maximum ['mæksiməm] **1.** *n* (*pl* **maxima, -mums**) maximum *m*; **to reach one's m.,** plafonner **2.** *a* maximum; **m. load,** charge limite; **m. speed,** vitesse maximale; vitesse limite, maximum; **m. temperatures,** températures maximales. **'maximize** *vtr* porter au maximum, maximiser (le profit).
may¹ [mei] *v aux* (*pt* **might** [mait]) **1.** (*a*) **he m. come,** il peut arriver; **he might c.,** il pourrait arriver; **I m. do it with luck,** avec de la chance je peux le faire; **he m., might, not be hungry,** il n'a peut-être pas faim; **he m. miss the train,** il se peut qu'il rate le train (*b*) **how old might she be?** quel âge peut-elle bien avoir? **and who might you be?** qui êtes-vous, sans indiscrétion? **and what might you be doing here?** peut-on savoir ce que vous faites ici? **mightn't it be as well to warn him?** es-ce qu'on ne ferait pas bien de l'avertir? (*c*) **it m. be, might be, that he'll come tomorrow,** il se peut bien, il se pourrait bien, qu'il vienne demain; **be that as it m.,** quoi qu'il en soit; **that's as m. be,** c'est selon; **run as he might he couldn't overtake me,** il a eu beau courir, il n'a pas pu me rattraper (*d*) **we m., might, as well stay where we are,** nous ferions aussi bien de rester où nous sommes (*e*) **you might shut the door!** vous pourriez quand même fermer la porte! **he might have offered to help,** il aurait bien pu offrir son aide **2. m. I?** vous permettez? **m. I come in?** puis-je entrer? **if I m. say so,** si j'ose dire **3. I only hope it m. last,** pourvu que ça dure **4. m. he rest in peace!** qu'il repose en paix! **much good m. it do you!** grand bien vous fasse! **'maybe** *adv* peut-être.
May² *n* **1.** mai *m*; **in (the month of) M.,** en mai; au mois de mai; **(on) the seventh of M.,** le sept mai **2.** *Bot:* aubépine *f*; fleurs *fpl* d'aubépine. **'Mayday 1.** *n* (*also* **May Day**) le premier mai **2.** *int* (*distress signal*) mayday! **'mayfly** *n pl* **-flies**) *Ent:* éphémère *m*. **'maypole** *n* mai *m*.
mayhem ['meihem] *n* pagaille *f*; ravages *mpl*.
mayonnaise [meiə'neiz] *n Cu:* mayonnaise *f*.
mayor ['mεər] *n* maire *m*. **'mayoress** *nf* (*pl* **-es**) femme du maire.
maze [meiz] *n* labyrinthe *m*, dédale *m*.
MB *abbr Bachelor of Medicine.*
MBE *abbr Member of the Order of the British Empire.*
MC *abbr* **1.** *Master of Ceremonies* **2.** *NAm: Member of Congress* **3.** *Military Cross.*
MD *abbr Doctor of Medicine.*
me [mi, mi:] *pers pron* (*a*) (*unstressed*) me; (*before a vowel sound*) m'; moi; **he sees me,** il me voit; **he told me so,** il me l'a dit; **he gives (to) me,** il me donne; **listen to me!** écoutez-moi! **he wrote me a letter,** il m'a écrit une lettre; **I'll take it with me,** je le prendrai avec moi (*b*) (*stressed*) moi; **he was thinking of me,** il pensait à moi; **that's for me,** ça c'est pour moi; *F:* **it's me,** c'est moi; **he's younger than me,** il est plus jeune que moi; **dear me!** mon Dieu! vraiment!
mead [mi:d] *n* hydromel *m*.
meadow ['medou] *n* pré *m*, prairie *f*; *Bot:* **m. saffron,** safran *m* des prés. **'meadowsweet** *n Bot:* reine *f* des prés.
meagre, *NAm:* **meager** ['mi:gər] *a* maigre; peu copieux. **'meagrely,** *NAm:* **'meagerly** *adv* maigrement.
meal¹ [mi:l] *n* farine *f* (d'avoine, de seigle, de maïs). **'mealy** *a* farineux. **mealy-'mouthed** *a* doucereux, mielleux.
meal² *n* repas *m*; **to have a huge m.,** manger comme quatre; *F:* **to make a m. of it,** en faire tout un plat. **'mealtime** *n* heure *f* du repas.
mean¹ [mi:n] **1.** *n* (*a*) milieu *m* **happy, golden, m.,** juste milieu (*b*) *Mth:* moyenne *f* (*c*) (*often with sg const*) **means,** moyen(s) *m*(*pl*); **to find the means of doing sth,** trouver moyen de faire qch; **there's no means of doing it,** il n'y a pas moyen de le faire; **by all means!** très certainement! **may I come in? – by all means!** puis-je entrer? – je vous en prie; **by no means,** pas du tout, en aucune façon; nullement; **he's not stupid by any means,** il est loin d'être stupide; **by some means or other,** de toute manière; d'une manière ou de l'autre; **by means of sth,** au moyen de qch; à force de (travail, etc); **a means to an end,** un moyen d'arriver au but (*d*) **means,** moyens; **independent, private, means,** fortune personnelle; **it's beyond my means,** c'est au-delà de mes moyens; **means test,** examen *m* des ressources **2.** *a* moyen.
mean² *a* (*a*) miserable, pauvre; humble; minable; **he has no m. opinion of himself,** il ne se prend pas pour de la petite bière; **he's no m. scholar,** c'est un grand érudit; *esp NAm: F:* **he plays a m. guitar,** c'est un guitariste formidable (*b*) bas, méprisable; mesquin; méchant; **a m. trick,** un vilain tour; un sale coup; **how m. of him!** ce n'est pas chic de sa part! (*c*) *esp NAm:* (*Br* = **bad tempered**) difficile; méchant **3.** avare, radin, mesquin; **he's m. about tipping,** il n'aime pas donner des pourboires. **'meanly** *adv* (*a*) misérablement, pauvrement (*b*) (se conduire) peu loyalement, indignement (*c*) en lésinant. **'meanness** *n* (*a*) médiocrité *f*, pauvreté, petitesse *f*; bassesse *f* (d'esprit); méchanceté *f* (*b*) mesquinerie *f*, avarice *f*.
mean³ *vtr* (**meant** [ment]) **1.** (*purpose*) (*a*) avoir l'intention (**to do sth,** de faire qch); vouloir (**to do,** faire); se proposer (de faire qch); **what do you m. to do?** que comptez-vous faire? **he means no harm,** il le fait très innocemment; **I m. him no harm,** je ne lui veux pas de mal; **he didn't m. (to do) it,** il ne l'a pas fait exprès; **without meaning it,** sans le vouloir (*b*) **he means well,** il a de bonnes intentions (*c*) **I m. to be obeyed,** j'entends qu'on m'obéisse; **I m. to succeed,** je veux réussir; **to m. business,** avoir des intentions sérieuses; **I m. to have it,** je suis résolu à l'avoir **2.** (*a*) **I meant this book for you,** je vous destinais ce livre; **the remark was meant for you,** la remarque s'adressait à vous (*b*) **do you m. me?** est-ce de moi que vous parlez? est-ce de moi qu'il s'agit? **this portrait is meant to be the duke,** ce portrait est censé représenter le duc **3.** (*a*) (*of words*) vouloir dire; signifier; **the name means nothing to me,** ce nom ne me dit rien; **what is meant by this?** que veut dire ceci? (*b*) **what do you m.?** que voulez-vous dire? **what do you m. by that?** qu'entendez-vous par là? **you don't m. it!** vous voulez rire! vous plaisantez! **I m. it, I m. what I say,** je suis sérieux; **when I say** *no* **I m.** *no*, quand je dis non c'est non (*c*) **twenty pounds means a lot to him!** vingt livres, c'est une somme importante pour lui! **you don't know what it**

means to live alone, vous ne savez pas ce que c'est que de vivre seul. **'meaning** **1.** *a* (*a*) (*with adv prefixed*) **well m.,** bien intentionné (*b*) (regard) significatif; (sourire) d'intelligence **2.** *n* signification *f*, sens *m*, acception *f* (d'un mot); **if you take my m.,** si vous me comprenez; **look full of m.,** regard significatif; **what's the m. of that word?** que veut dire ce mot? (*indignation*) **what's the m. of this?** qu'est-ce que cela signifie? **'meaningful** *a* (*a*) plein de sens (*b*) significatif. **'meaningless** *a* qui n'a pas de sens; *Fig:* insensé; **m. remark,** non-sens *m*.

meander [mi'ændər] **1.** *n* méandre *m*, repli *m* **2.** *vi* (*a*) (*of river*) faire des méandres, serpenter (*b*) (*of pers*) errer çà et là.

meant [ment] *see* **mean**[3].

meantime ['mi:ntaim], **meanwhile** ['mi:n(h)wail] *n & adv* **(in the) meantime, meanwhile,** entretemps.

measles ['mi:zlz] *npl* (*usu with sg const*) *Med:* rougeole *f*; **German m.,** rubéole *f*.

measly ['mi:zli] *a F:* minable.

measure ['meʒər] **I.** *n* **1.** (*a*) mesure *f*; **cubic m.,** mesure de volume; **liquid m.,** mesure de capacité pour les liquides; **weights and measures,** poids et mesures (*b*) *Tail: etc:* **made to m.,** fait sur mesure **2.** (*a*) mesure (à grain, à lait); **half m.,** demi-mesure *f* (*b*) (*ruler*) règle *f*; **tape m.,** mètre *m* (à ruban) **3.** mesure, limite *f*; **beyond m.,** outre mesure; **in some m.,** dans une certaine mesure; **a m. of independence,** une certaine indépendance **4.** (*a*) mesure, démarche *f*; **safety measures,** mesures de sécurité; **to take extreme measures,** employer les grands moyens; **as a m. of,** par mesure de (*b*) projet *m* de loi. **II.** *v* **1.** *vtr* (*a*) mesurer; métrer; arpenter (un terrain); **to m. one's length (on the ground),** s'étaler par terre (*b*) *Tail: etc:* mesurer (qn); prendre la mesure de (qn) (*c*) **to m. one's strength with s.o.,** estimer, mesurer, ses forces avec qn (*d*) peser (ses paroles) **2.** *vi* **the column measures 10 metres,** la colonne mesure 10 mètres. **'measured** *a* **1.** mesuré, déterminé **2.** (pas) cadencé; **m. tread,** marche scandée; **with m. steps,** à pas comptés **3.** (langage, ton) modéré. **'measurement** *n* **1.** mesurage *m* **2.** tour *m* (de poitrine, etc); *pl* mesures *fpl*, dimensions *fpl*; **to take s.o.'s measurements,** mesurer, prendre les mesures de, qn; **hip m.,** tour de hanches. **measure 'off** *vtr* mesurer (un tissu). **'measure 'out** *vtr* répartir (qch); verser (qch) dans une mesure. **measure 'up** **1.** *vtr* mesurer **2.** *vi* **to m. up to s.o., sth,** être à la hauteur de qn, qch. **'measuring** *n* mesurage *m*; métrage *m*; mesure *f* (du temps); **m. cap,** bouchon doseur; **m. glass,** verre gradué; **m. spoon,** cuillère-mesure *f*; **m. tape,** mètre *m* (à ruban).

meat [mi:t] *n* viande *f*; chair *f* (de crabe, etc); *Fig:* substance *f*; **m. extract,** concentré de viande; **minced,** *NAm:* **ground, m.,** hachis *m* (de viande); **m. diet,** régime carné; **m. broth,** bouillon gras; **m. hook,** croc de boucherie; **m. eater,** carnivore *m*, mangeur de viande; **m. and drink,** le boire et le manger; **it was m. and drink to them,** c'était leur plus grand plaisir; *Prov:* **one man's m. is another man's poison,** ce qui guérit l'un tue l'autre. **'meatball** *n* boulette *f* de viande. **'meaty** *a* (odeur, goût) de viande; charnu; *Fig:* substantiel.

Mecca ['mekə] *Prn Geog:* la Mecque.

mechanic [mi'kænik] *n* mécanicien, ienne, *F:* mécano *m*; **motor m., car m.,** mecanicien garagiste. **me'chanical** *a* **1.** mécanique **2.** **m. engineering,** mécanique *f*; **m. engineer,** ingénieur mécanicien **3.** (*of reply, smile*) machinal; automatique. **me'chanically** *adv* **1.** mécaniquement **2.** machinalement; automatiquement. **me'chanics** *npl* (*a*) mécanique *f* (*b*) mécanisme *m*. **'mechanism** *n* mécanisme *m*. **mechani'zation** *n* mécanisation *f*. **'mechanize** *vtr* mécaniser.

medal ['medl] *n* médaille *f*. **me'dallion** *n* médaillon *m*. **'medallist**, *NAm:* **'medalist** *n* médaillé, -ée; *Sp:* **to be a gold m.,** être médaille d'or.

meddle ['medl] *vi* se mêler (**in,** de); toucher (**with,** à); **don't m. in my affairs,** ne vous mêlez pas de mes affaires. **'meddler** *n* touche-à-tout *m inv*. **'meddlesome** *a* qui touche à tout; qui se mêle de tout. **'meddling** **1.** *a* qui touche à tout **2.** *n* intervention *f* (**in, with,** dans).

media ['mi:diə] *npl* (*a*) **the (mass) m.,** les médias *mpl* (*b*) *see* **medium I.**

mediaeval [medi'i:vl] *a* du moyen âge; médiéval; *Pej:* moyenâgeux.

median ['mi:diən] *a NAm: Aut:* **m. strip,** bande médiane.

mediate ['mi:dieit] **1.** *vi* servir d'intermédiaire (**between,** entre) **2.** *vtr* **to m. peace,** obtenir la paix par médiation. **medi'ation** *n* médiation *f*; intervention (amicale). **'mediator** *n* médiateur, -trice.

medical ['medikl] **1.** *a* médical; (livre, faculté) de médecine; **the m. profession,** (i) le corps médical (ii) la profession de médecin; **m. student,** étudiant, -ante, en médecine; **m. practitioner,** médecin *m*; **m. officer of health** = médecin départemental; **m. examination,** examen médical **2.** *n* (*in school, army*) visite médicale; (*private*) examen médical. **'medically** *adv* médicalement; **to be m. examined,** subir un examen médical. **'medicated** *a* médical, traitant. **medi'cation** *n* médicaments *mpl*.

medicine ['med(i)sin] *n* **1.** médecine *f*; **to study m.,** étudier la médecine **2.** (*a*) médicament *m*; remède *m*; **to give s.o. a dose of his own m.,** rendre la pareille à qn; **m. cabinet, chest, cupboard,** pharmacie *f* (*b*) **m. man,** (sorcier *m*) guérisseur (*m*). **me'dicinal** *a* médicinal.

medieval [medi'i:vl] *a* = **mediaeval.**

mediocre [mi:di'oukər] *a* médiocre. **medi'ocrity** *n* médiocrité *f*.

meditate ['mediteit] **1.** *vtr* méditer (un projet) **2.** *vi* (*a*) **to m. on sth,** méditer sur qch (*b*) méditer; se recueillir. **medi'tation** *n* méditation *f*; recueillement *m*. **'meditative** *a* méditatif; recueilli. **'meditatively** *adv* d'un air méditatif.

Mediterranean [meditə'reiniən] *a Geog:* méditerranéen; **the M. (Sea),** la (mer) Méditerranée.

medium ['mi:diəm] **I.** *n* (*pl* **media, -iums**) **1.** milieu *m*; **happy m.,** juste milieu **2.** (*a*) *Bot:* milieu; *Ph:* véhicule *m* (*b*) **(social) m.,** milieu, atmosphère *f*, ambiance *f* **3.** (*a*) intermédiaire *m*, entremise *f*; **through the m. of the press,** par voie de presse (*b*) moyen *m* (d'expression); agent *m*; support *m*; **advertising m.,** organe *m* de publicité (*c*) moyen d'expression **4.** *Psychics:* médium *m*. **II.** *a* moyen; **m. sized,** moyen, de grandeur moyenne, de taille moyenne; **m. wave,** onde moyenne.

medley ['medli] *n* mélange *m*; méli-mélo *m*; *Mus:* pot-pourri *m*.

meek [mi:k] *a* doux; **m. and mild,** doux comme un agneau. **'meekly** *adv* avec douceur; humblement. **'meekness** *n* douceur *f*; humilité *f*.

meet [mi:t] **I.** *v* (**met** [met]) **1.** *vtr* (*a*) se rencontrer; **to m. s.o. on the stairs,** croiser qn dans l'escalier; **to meet another car,** croiser une voiture (*b*) rencontrer (l'ennemi); affronter (la mort, un danger); faire face à (une difficulté) (*c*) rejoindre, retrouver (qn); **to go to m. s.o.,** aller au-devant de qn; aller à la rencontre de qn; **to arrange to m. s.o.,** donner rendez-vous à qn; **I'll m. you at the station,** (i) je viendrai vous chercher à la gare (ii) je vous attendrai à la gare (*d*) faire la connaissance de (qn); **I've already met him,** je l'ai déjà rencontré (*e*) **the scene that met my eyes,** le spectacle qui s'offrait à mes yeux; **there's more in it than meets the eye,** on ne voit pas le dessous des cartes (*f*) **the road meets the railway,** la route rejoint le chemin de fer (*g*) **to m. s.o.,** faire des concessions à qn (*h*) combler, satisfaire à (un besoin); faire face à (une demande); prévoir (une objection); **to m. s.o.'s wishes,** remplir les désirs de qn; (*i*) *Com:* honorer (un chèque) (*j*) **to m. expenses,** subvenir aux frais **2.** *vi* (*a*) se rencontrer, se voir; (*by arrangement*) se retrouver; **they met in 1960,** ils se sont connus en 1960; **when shall we m. again?** quand nous reverrons-nous? (*b*) (*of society*) se réunir; s'assembler (*c*) (*of thgs*) se réunir, se joindre; (*of trains, etc*) se croiser; **our eyes met,** nos regards se sont croisés; **to make (both) ends m.,** joindre les deux bouts (*d*) **to m. with sth,** rencontrer, trouver, qch; **to m. with a loss,** subir une perte; **to m. with difficulties,** rencontrer, éprouver, des difficultés; **to m. with a refusal,** essuyer un refus; **he met with an accident,** il a eu un accident; **to m. up,** se rencontrer; se retrouver; **we met up with him in Paris,** nous l'avons rencontré, retrouvé, à Paris; *NAm:* **to m. with s.o.,** rencontrer qn; retrouver qn. **II.** *n* (*a*) rendez-vous de chasse (*b*) *NAm: Sp:* réunion *f*; *F:* **to make a m. with,** donner rendez-vous à. **'meeting** *n* **1.** rencontre *f*; **m. place,** lieu de réunion; rendez--vous *m* **2.** (*a*) assemblée *f*; réunion *f*; *Pol: Sp:* meeting *m*; **to call a m. of the shareholders,** convoquer les actionnaires; **to address the m.,** prendre la parole; **she's in a m.,** elle est en conférence (*b*) *Rel:* (*Quakers*) **to go to m.,** aller au temple.

megacycle ['megəsaikl] *n El:* mégacycle *m*.

megalith ['megəliθ] *n* mégalithe *m*.

megalomania [megəlou'meiniə] *n* mégalomanie *f*. **megalo'maniac** *n* mégalomane *mf*.

megaphone ['megəfoun] *n* porte-voix *m inv*; *Sp:* mégaphone *m*.

megaton ['megətʌn] *n* mégatonne *f*.

melamine ['meləmi:n] *n* mélaminé *m*.

melancholy ['melənkəli] **1.** *n* mélancolie *f* **2.** *a* (*of pers*) mélancolique; triste; (*of news*) triste, attristant. **melan'cholic** *a* mélancolique.

mellow ['melou] **I.** *a* **1.** (fruit) mûr; (vin) moelleux **2.** (*of voice*) moelleux, doux; (*of colour*) moelleux, velouté **3.** (*a*) (caractère) mûri par l'expérience; **to grow m.,** s'adoucir (*b*) *F:* un peu gris. **II.** *v* **1.** *vtr* (*a*) (faire) mûrir (des fruits); donner du moelleux à (un vin, une couleur) (*b*) mûrir, adoucir (le caractère de qn) **2.** *vi* (*a*) mûrir; prendre du moelleux (*b*) (*of character*) s'adoucir. **'mellowness** *n* maturité *f* (des fruits); moelleux *m* (du vin); douceur *f* (du caractère).

melodrama ['melədrɑ:mə] *n* mélodrame *m*. **melodra'matically** *adv* d'un air mélodramatique.

melody ['melədi] *n* (*pl* **melodies**) mélodie *f*, air *m*. **me'lodic** *a* mélodique. **me'lodious** [-'loud-] *a* mélodieux. **me'lodiously** *adv* mélodieusement.

melon ['melən] *n* melon *m*; **water m.,** pastèque *f*.

melt [melt] *v* (**melted,** *pp adj* **molten** ['moult(ə)n]) **1.** *vi* (*a*) fondre (*b*) (*of pers*) s'attendrir; **to m. into tears,** fondre en larmes (*c*) (i) (*of solid in liquid*) fondre, se dissoudre (ii) (*of colour*) **to m. into,** se fondre, se perdre, dans; **to m. into thin air,** disparaître **2.** *vtr* (*a*) (faire) fondre (*b*) attendrir, émouvoir (qn). **melt a'way** *vi* (*a*) (*of snow*) fondre complètement (*b*) (*of clouds*) se dissiper; (*of crowd*) se disperser; (*of anger*) s'évaporer. **melt 'down** *vtr* fondre (de la ferraille, un métal). **'meltdown** *n* (*in nuclear reactor*) fusion *f* du réacteur. **'melting 1.** *a* (*a*) (*of snow*) fondant; (*of voice*) attendri (*b*) (*of words, scene*) attendrissant, émouvant **2.** *n* (*a*) fonte *f*; fusion *f*; **m. point,** point *m* de fusion; **m. pot,** creuset *m*; *Fig:* **to put everything back in the m. pot,** remettre tout en question; **it's still in the m. pot,** c'est encore au stade des discussions (*b*) attendrissement *m* (des cœurs).

member ['membər] *n* **1.** *Anat: Z:* organe *m*; **male m.,** membre viril **2.** (*a*) membre *m* (d'une famille, d'un club); adhérent, -ente (d'un parti); **he's a m. of the family,** il fait partie de la famille; **m. of the audience,** spectateur, -trice, auditeur, -trice, assistant, -ante; **m. of staff,** (i) employé, -ée (ii) *Sch:* professeur *m*; **the m. countries,** les pays membres (*b*) **M. of Parliament,** député *m*. **'membership** *n* **1.** adhésion *f* (**of, à**); **m. card,** carte de membre; **m. (fee),** cotisation *f* **2.** nombre *m* de(s); membres *mpl*.

membrane [membrein] *n* membrane *f*; **mucus m.,** muqueuse *f*.

memento [mi'mentou] *n* (*pl* **memento(e)s**) mémento *m*, souvenir *m*.

memo ['memou] *n* (*pl* **memos**) *F:* note *f*; **m. pad,** bloc-notes *m*.

memoir ['memwɑ:r] *n* (*a*) mémoire *m*, dissertation *f* (scientifique) (*b*) notice *f* biographique (*c*) **memoirs,** mémoires.

memorandum [memə'rændəm] *n* (*pl* **memoranda, -dums**) note *f*; *Pol: Com:* mémorandum *m*.

memory ['meməri] *n* (*pl* **memories**) (*a*) mémoire *f*; **m. like a sieve,** mémoire de lièvre; **I've no m. for names,** je n'ai pas la mémoire des noms; **loss of m.,** perte de mémoire; amnésie *f*; **if my m. serves me right,** si j'ai bonne mémoire; **within living m.,** de mémoire d'homme; **to play sth from m.,** jouer qch de mémoire (*b*) souvenir *m*; **childhood memories,** souvenirs d'enfance; **in m. of s.o.,** à la mémoire de qn; en souvenir de qn. **'memorable** *a* mémorable. **'memorably** *adv* mémorablement. **me'morial 1.** *a* commémoratif **2.** *n* monument *m*, mémorial *m*; **war m.,** monument aux morts. **'memorize** *vtr* apprendre (qch) par cœur; retenir (des chiffres).

men [men] *npl see* **man 1. 'menfolk** *nmpl* les

hommes. **'menswear** *n coll Com:* vêtements *mpl* pour hommes; habillement masculin; **m. (department)**, rayon *m* hommes.

menace ['menəs] **1.** *n* danger *m*; (*threat*) menace *f*; (*of pers*) *F:* plaie *f* **2.** *vtr* menacer (qn). **'menacing** *a* menaçant. **'menacingly** *adv* d'un air, d'un ton, menaçant; d'une manière menaçante.

menagerie [mə'nædʒəri] *n* ménagerie *f*.

mend [mend] **1.** *n* (*in fabric*) racommodage *m*; (*after illness*) **to be on the m.**, aller mieux. **II.** *v* **1.** *vtr* (*a*) raccommoder (un vêtement); repriser (des chaussettes); réparer (une machine, une route) (*b*) rectifier, corriger; **to m. one's ways**, se corriger, s'amender (*c*) réparer (une faute) **2.** *vi* (*of invalid, health*) se remettre; (*of pers*) se corriger; (of condition) s'améliorer. **'mending** *n* (*a*) raccommodage *m*; réparation *f* (*b*) vêtements *mpl* à raccommoder.

mendacious [men'deiʃəs] *a* menteur; mensonger.

menial ['mi:niəl] *a* inférieur; (*of duties*) servile, bas.

meningitis [menin'dʒaitis] *n Med:* méningite *f*.

menopause ['menoupɔ:z] *n Med:* ménopause *f*. **meno'pausal** *a* (femme) à la ménopause; (symptôme) dû à la ménopause.

menstruate ['menstrueit] *vi* (*of woman*) avoir ses règles. **menstru'ation** *n* menstruation *f*.

mental ['mentl] *a* mental; **m. reservation**, restriction mentale; arrière-pensée *f*; **m. arithmetic**, calcul mental, de tête; **m. deficiency**, débilité mentale; **m. defective**, débile (mental(e)); **m. hospital, home**, hôpital psychiatrique; **m. patient**, malade mental, -ale; **m. powers**, facultés intellectuelles; **m. strain**, tension nerveuse; *F:* **he's m.!** il est fou! **men'tality** *n* mentalité *f*. **'mentally** *adv* mentalement; **m. defective, m. deficient**, débile (mental(e)); **m. handicapped**, handicapé mental; **she's m. ill**, c'est une malade mentale.

menthol ['menθəl] *n* menthol *m*.

mention ['menʃən] **1.** *n* mention *f*; **he made no m. of it**, il n'en a pas parlé **2.** *vtr* mentionner, citer, faire mention de (qch); parler de (qn, qch); **the sum mentioned**, la somme indiquée; **I forgot to m. that**, j'ai oublié de vous dire que; **I'll m. it to him**, je lui en toucherai un mot; **it must never be mentioned again**, il ne faut plus jamais en reparler; **it's not worth mentioning**, cela est sans importance; **no money worth mentioning**, pratiquement pas d'argent; **nothing worth mentioning**, pour ainsi dire rien; **not to m.**, sans parler de, sans compter; **I heard my name mentioned**, j'ai entendu prononcer mon nom; **mentioning no names**, sans nommer personne; **don't m. it!** il n'y a pas de quoi!

mentor ['mentɔ:r] *n* mentor *m*, guide *m*.

menu ['menju:] *n* menu *m*; carte *f*.

mercantile ['mə:kəntail] *a* (*of activity, etc*) commercial; (*of ship*) marchand; (*of nation*) commerçant.

mercenary ['mə:sinəri] *a & n* mercenaire (*m*).

merchant ['mə:tʃənt] **1.** *n Fin:* négociant, -ante; **(retail) m.**, commerçant *m* (de détail); **wine m.**, négociant en vins **2.** *a* marchand; de commerce; **m. bank**, banque de commerce; **m. ship, vessel**, navire marchand; **m. seaman**, marin de la marine marchande; **m. navy**, marine marchande. **'merchandise** *n* marchandise(s) *f*(*pl*). **'merchandising** *n* marchandisage *m*, marchéage *m*.

Mercury ['mə:kjuri] **1.** *Prnm Astr: Myth:* Mercure **2.** *n Ch:* mercure *m*. **mer'curial** *a* (*a*) vif, éveillé (*b*) (*of pers*) inconstant.

mercy ['mə:si] *n* (*a*) pitié *f*; *Rel:* miséricorde *f*; **to have m. on s.o.**, avoir pitié de qn; **to beg for m.**, demander grâce; **to throw oneself on s.o.'s m.**, s'abandonner à la merci de qn; **m. killing**, euthanasie *f* (*b*) **at s.o.'s m.**, à la merci de qn; *Iron:* **I leave him to your tender mercies**, je le livre à vos soins (*c*) **thankful for small mercies**, reconnaissant des moindres bienfaits; **it's a m. that . . .**, c'est une chance que. . . . **'merciful** *a* miséricordieux (**to**, pour); clément (**to**, envers). **'mercifully** *adv* (*a*) miséricordieusement (*b*) *F:* heureusement. **'merciless** *a* unpitoyable; sans pitié. **'mercilessly** *adv* impitoyablement; sans merci.

mere ['miər] *a* simple, pur, seul; **the m. sight of her**, sa seule vue; **by m. chance**, par pur hasard; **I shudder at the m. thought of it**, je frissonne rien que d'y penser; **he's a m. child**, ce n'est qu'un enfant. **'merely** *adv* simplement, seulement; **he m. smiled**, il s'est contenté de sourire.

merge [mə:dʒ] **1.** *vtr Pol:* unifier; *Com:* fusionner **2.** *vi* se mêler (**with**, à); se fondre, se perdre (**in, into**, dans); se confondre (**in, into**, avec); (*of banks, companies*) fusionner; (*of roads*) se (re)joindre (**with**, avec); (*of rivers*) confluer (**with**, avec). **'merger** *n Com:* fusion *f*.

meridian [mə'ridiən] *n* méridien *m*.

meringue [mə'ræŋ] *n Cu:* meringue *f*.

merino [mə'ri:nou] *n Agr: Tex:* mérinos *m*.

merit ['merit] **1.** *n* (*a*) mérite *m*; **according to one's merits**, (être récompensé) selon ses mérites; *Jur:* **the merits of a case**, le bien-fondé d'une cause; **to judge sth on its merits**, juger qch objectivement; **to go into the merits of sth**, discuter le pour et le contre de qch (*b*) valeur *f*, mérite **2.** *vtr* mériter. **meri'tocracy** *n* méritocratie *f*. **meri'torious** *a* méritoire.

mermaid ['mə:meid] *nf* sirène. **'merman** *nm* (*pl* **-men**) triton.

merry ['meri] *a* (**merrier, merriest**) (*a*) joyeux, gai; **to make m.**, s'amuser; **m. Christmas!** joyeux Noël! *Prov:* **the more the merrier**, plus on est de fous plus on rit; *A: & Lit:* **m. England**, l'aimable Angleterre (*b*) *F:* éméché. **'merrily** *adv* gaiement, joyeusement. **'merriment** *n* gaieté *f*, rires *fpl*. **'merry-go-round** *n* manège *m* (de chevaux *mpl* de bois). **'merrymaker** *n* fêtard, -arde. **merry-making** *n* réjouissances *fpl*.

mesh [meʃ] *n* (*a*) maille *f* (d'un filet); tissu *m* à mailles; **wire m.**, grillage *m*; **m. tights**, (i) collant filet (ii) collant indémaillable; **m. bag**, filet *m* (à provisions) (*b*) *Fig:* réseau *m*; (*of circumstances*) engrenage *m*; **to be caught in the meshes**, être pris dans l'engrenage.

mesmerize ['mezməraiz] *vtr* hypnotiser.

mess [mes] **1.** *n* (*a*) saleté *f*; **to make a m. of the tablecloth**, salir la nappe; **dog's m.**, crotte *f* de chien (*b*) fouillis *m*, pagaille *f*, désordre *m*; gâchis *m*; **in a m.**, en désordre; *F:* dans le pétrin; dans un triste état; **what a m.!** quel désordre! (*of pers*) **to get into a m.**, tomber dans le pétrin; **to make a m. of things**, tout gâcher; **he looks a m.**, il n'est pas présentable (*c*) (i) (*for officers*) mess *m inv*; (*for men*) *Mil:*

ordinaire *m*; *Navy:* plat *m* (ii) (*room*) mess; *Navy:* carré *m*; **m. dress, kit,** tenue de mess, de soirée; **m. tin,** gamelle *f*; **m. jacket,** spencer *m* **2.** *vi Mil: etc:* manger (en commun), faire gamelle (**with,** avec). **mess a'bout, mess a'round** *F:* **1.** *vtr* (*a*) embêter (qn); tripoter (qch) (*b*) déranger (qn); chambouler (les projets de qn) **2.** *vi* (*a*) patauger (dans la boue) (*b*) s'amuser; faire l'idiot; **to m. a. with,** s'amuser avec. **mess 'up** *vtr* salir (qch); mettre en désordre; ébouriffer (les cheveux); gâcher, bousiller (un travail). **'mess-up** *n F:* gâchis *m*. **'messy** *a* (**-ier, -iest**) **1.** (*a*) sale (*b*) en désordre; (*of work*) peu soigné; *Fig:* embrouillé, confus **2.** qui salit; salissant.

message ['mesidʒ] *n* **1.** message *m*; **telephone m.,** message téléphonique; **to leave a m. for s.o.,** laisser un message, un mot, pour qn; *F:* **has he got the m.?** est-ce qu'il a compris, pigé? **2.** commission *f*, course *f*. **'messenger** *n* (*a*) messager, -ère; coursier, -ière; **motorcycle m.,** estaffette *f* motocycliste (*b*) commissionnaire *m*; **m. boy,** garçon de courses (*c*) courrier *m* (diplomatique).

Messiah [mi'saiə] *Prn* Messie *m*.

Messrs ['mesəz] *nmpl Com: etc: Messieurs, abbr* MM.

met¹ [met] *see* **meet 1**.

met² *a F:* (*abbr* **meteorological**) **the m. office,** la météo.

metabolism [me'tæbəlizm] *n* métabolisme *m*. **meta'bolic** *a* métabolique.

metal ['metl] **1.** *n* (*a*) métal *m*; **m. polish,** produit *m* d'entretien (pour métaux) (*b*) métal, fonte *f*; **sheet m.,** métal en feuilles; **m. casing,** enveloppe métallique; *CivE:* **road m.,** cailloutis *m*, pierraille *f*; *Rail:* **the metals,** les rails *m* **2.** *vtr* (**metalled,** *NAm:* **metaled**) empierrer (une route). **me'tallic** *a* métallique. **me'tallurgist** *n* métallurgiste *m*. **me'tallurgy** *n* métallurgie *f*. **'metalwork** *n* (*a*) travail *m* des métaux (*b*) ferronnerie *f*. **'metalworker** *n* ouvrier *m* en métaux, métallurgiste.

metamorphosis [metə'mɔːfəsis] *n* (*pl* **metamorphoses** [-əsiːz]) métamorphose *f*. **meta'morphose** *vtr & i* (se) me'tamorphoser (**to, into,** en).

metaphor ['metəfər] *n* métaphore *f*; **mixed m.,** métaphore baroque. **meta'phorical** *a* métaphorique. **meta'phorically** *adv* métaphoriquement.

metaphysics [metə'fiziks] *npl* (*usu with sg const*) métaphysique *f*. **meta'physical** *a* métaphysique.

mete [miːt] *vtr Lit:* **to m. out,** rendre (justice); infliger (des punitions); décerner (des récompenses).

meteor ['miːtiər] *n* météore *m*. **mete'oric** *a* météorique; *Fig:* **m. rise,** ascension fulgurante. **'meteorite** *n* météorite *m or f*. **meteoro'logical** *a* météorologique *mf*. **meteo'rologist** *n* météorologue *mf*, météorologiste *mf*. **meteo'rology** *n* météorologie *f*.

meter¹ ['miːtər] **1.** *n* compteur *m*; **electricity m.,** compteur électrique, d'électricité; **gas, water, m.,** compteur à gaz, à eau; (**parking**) **m.,** parcmètre *m*; *NAm: Aut:* **m. man, m. maid** (*Br* = **traffic warden**), contractuel(le); **m. reader,** releveur, -euse, de(s) compteur(s).

meter² *n NAm:* = **metre¹·²**

methane ['miːθein] *n Ch:* méthane *m*.

method ['meθəd] *n* méthode *f*; **m. of doing sth,** façon *f*, méthode, manière *f*, de faire qch; *Adm:* **m. of payment,** modalités *fpl* de paiment; **there's m. in his madness,** il n'est pas si fou qu'il en a l'air. **me'thodical** *a* méthodique; **to be m.,** avoir de l'ordre. **me'thodically** *adv* méthodiquement, avec méthode. **'Methodism** *n Rel:* méthodisme *m*. **'Methodist** *a & n Rel:* méthodiste (*mf*). **metho'dology** *n* méthodologie *f*.

meths [meθs] *n F:* alcool *m* à brûler.

methyl ['meθil] *n Ch:* méthyle *m*. **'methylated** *a* **m. spirit(s),** alcool *m* à brûler.

meticulous [mi'tikjuləs] *a* méticuleux. **me'ticulously** *adv* méticuleusement. **me'ticulousness** *n* soin méticuleux.

metre¹, *NAm:* **meter** ['miːtər] *n* (*in poetry*): mètre *m*, mesure *f*; **in m.,** en vers.

metre², *NAm:* **meter** *n* mètre *m*; **square m., cubic m.,** mètre carré, cube. **'metric** *a* (système) métrique; *F:* **to go m.,** adopter le système métrique. **metri'cation** *n* adoption *f* du système métrique.

metronome ['metrənoum] *n* métronome *m*.

metropolis [mi'trɔpəlis] *n* métropole *f*. **metro'politan** *a* métropolitain.

mettle [metl] *n* **1.** (*of pers*) ardeur *f*, courage *m*, feu *m*; (*of horse*) fougue *f*; **to be on one's m.,** se piquer d'honneur **2.** caractère *m*, tempérament *m*; **to show one's m.,** donner sa mesure.

mew [mjuː] **1.** *n* miaulement *m* **2.** *vi* miauler. **'mewing** *n* miaulement *m*.

mews [mjuːz] *n* (*a*) *A:* écuries *fpl* (*b*) ruelle *f*; **m. flat,** appartement *m* chic (aménagé dans une ancienne écurie).

Mexico ['meksikou] *Prn Geog:* Mexique *m*; **M. (City),** Mexico *f*. **'Mexican** *a & n* mexicain, -aine.

mezzanine ['mezəniːn] *n* **m. (floor),** mezzanine *f*, entresol *m*.

mezzo(-so'prano) ['metsou(sə'prɑːnou)] *n* (*a*) (*voice*) mezzo-soprano *m* (*b*) (*singer*) mezzo(-soprano) *f*.

MF *abbr WTel: Medium Frequency.*

mi [miː] *n Mus:* (*fixed*) mi; (*movable*) médiante *f*.

MI *abbr Military Intelligence.*

miaow [miː'au] **1.** *n* miaulement *m* **2.** *int* miaou *m* **3.** *vi* miauler.

mica ['maikə] *n* mica *m*.

mice [mais] *npl see* **mouse**.

Michaelmas ['miklməs] *n* **M. (Day)** la Saint-Michel; *Bot:* **M. daisy,** aster *m* d'automne.

mickey ['miki] *n F:* **to take the m. out of s.o.,** se payer la tête de qn, charrier qn.

micro- ['maikrou] *pref* micro-. **microbi'ology** *n* microbiologie *f*. **'microchip** *n Cmptr:* puce *f*. **'microdot** *n* micropoint *m*. **microelec'tronics** *n* (*used as sg const*) micro-électronique *f*. **'microfilm** *n* microfilm *m*. **'microgroove** *n* microsillon *m*. **microlight** *a & n Av:* **m. (aircraft),** (*NAm:* **microlite**) ultra-léger motorisé, ULM *m*. **'micromesh** *a* (*bas*) super-fin. **micro-'processor** *n* microprocesseur *m*. **'microwave** *n* micro-onde *f*; **m. oven,** four *m* à micro-ondes.

microbe ['maikroub] *n* microbe *m*.

microcosm ['maikroukɔzm] *n* microcosm *m*.

microphone ['maikrəfoun] *n* microphone *m.*

microscope ['maikrəskoup] *n* microscope *m*; **electron m.,** microscope électronique; **visible under the m.,** visible au microscope. **micro'scopic** *a* microscopique. **mi'croscopy** *n* microscopie *f.*

mid [mid] *a* du milieu; mi-; **in m. afternoon,** au milieu de l'après-midi; **in m. air,** en plein ciel; **(in) m. June,** (à) la mi-juin; **in m. ocean,** en plein océan; **m. season,** demi-saison *f*; **to be in one's m.-twenties,** avoir environ vingt-cinq ans. **mid'day** *n* midi *m*; **m. sun,** soleil de midi. **'Midland 1.** *a* du centre (d'un pays) **2.** *npl* **the Midlands,** les comtés *m* du centre de l'Angleterre. **'midnight** *n* minuit *m*; **m. mass,** messe de minuit; **to burn the m. oil,** travailler tard dans la nuit. **'midriff** *n Anat:* diaphragme *m*; *F:* **(bare) m.,** ventre (nu). **'midshipman** *n* (*pl* **-men**) aspirant *m* (de marine). **midst** *n* **in the m. of,** au milieu de; **in the m. of all this,** sur ces entrefaites; **in our m.,** parmi nous. **'midstream** *n* **in m.,** au milieu du courant. **'midsummer** *n* (*a*) milieu *m* de l'été (*b*) solstice *m* d'été; **M. day,** la Saint-Jean. **'midterm** *a Sch:* **m. holidays,** petites vacances; *Pol:* **m. elections,** élections *fpl* à mi-parcours du mandat présidentiel. **mid'way** *adv* à mi-chemin, à moitié chemin; **m. between Paris and London,** à mi-distance entre Paris et Londres. **mid'week** *n* milieu *m* de la semaine. **mid'winter** *n* (*a*) milieu *m* de l'hiver (*b*) solstice *m* d'hiver.

middle [midl] **1.** *a* du milieu; central; moyen intermédiaire; **to take a m. course,** adopter une solution intermédiaire ; **m. class,** classe moyenne, bourgeoisie *f*; **the upper, lower, m. class,** la haute, petite, bourgeoisie; **m. name,** deuxième prénom; *Hist:* **the M. Ages,** le moyen âge; *Geog:* **(the) M. East,** le Moyen-Orient; **m. finger,** médius *m*, majeur *m* **2.** *n* (*a*) milieu *m*, centre *m*; **in the m. of,** au milieu de; **in the m. of work,** en plein travail; **in the m. of August,** à la mi-août; **right in the m. of sth,** au beau milieu de qch; **to be in the m. of doing sth,** être en train de faire qch; *F:* **in the m. of nowhere,** en plein bled (*b*) *F:* taille *f*, ceinture *f*; **the water came up to his m.,** l'eau lui arrivait à mi-corps. **middle-'aged** *a* d'un certain âge. **middle-'class** *a* bourgeois. **'middleman** *nm* (*pl* **-men**) *Com:* intermédiaire. **'middle-of-the-'road** *a Fig:* (*of politics, views*) modéré; (*of music, tastes*) sage. **'middleweight** *a & n* (poids *m*) moyen (*m*). **'middling 1.** *a* passable; moyen **2.** *adv* assez bien; passablement.

midge [midʒ] *n Ent:* moucheron *m.*

midget ['midʒit] *n* **1.** nain, *f* naine **2.** *a* minuscule.

midwife ['midwaif] *n* (*pl* **midwives**) sage-femme *f*. **midwifery** ['midwifri] *n* obstétrique *f.*

might¹ [mait] *n* puissance *f*, force *f*; **to work with all one's m.,** travailler de toutes ses forces. **'mighty 1.** *a* (*a*) puissant, fort (*b*) (*of ocean*) vaste (c) *F:* sacré; **you're in a m. hurry,** vous êtes drôlement pressé **2.** *adv F:* extrêmement, rudement. **'mightily** *adv* (*a*) puissamment, fortement (*b*) *F:* extrêmement.

might² *v aux see* **may¹**. **'might-have-been** *n F:* (*pers*) raté(e).

mignonette [minjə'net] *n Bot:* réséda *m.*

migraine ['mi:grein, 'maigrein] *n Med:* migraine *f.*

migrate [mai'greit] *vi* émigrer. **'migrant 1.** *a* (oiseau) migrateur; (ouvrier) migrant **2.** *n* (*bird*) migrateur *m*; (*worker*) migrant, -ante. **mi'gration** *n* migration *f*. **'migratory** *a* = **migrant 1.**

mike [maik] *n F:* micro *m.*

mild [maild] *a* (*a*) (*of pers*) doux; (*of reproach*) peu sévère; (*of regulation*) doux, peu sévère; (*of punishment*) léger; (climat) doux, tempéré; (ciel) clément; (hiver) doux; **it's milder here,** il fait meilleur ici (*b*) (plat) peu relevé; (*of beer*) peu alcoolisé, pas fort; *Med:* **m. form of measles,** forme bénigne de la rougeole (*c*) (exercise) modéré; **the play was a m. success,** la pièce a obtenu un succès modéré. **'mildly** *adv* doucement; légèrement; **to put it m.,** pour ne pas dire plus. **'mildness** *n* douceur *f*, clémence *f* (de qn, du temps); légèreté (d'une punition); caractère bénin (d'une maladie, etc).

mildew ['mildju:] **1.** *n* (*on cheese, etc*) moisissure *f*; (*on plants*) rouille *f*; (*on vine*) mildiou *m* **2.** *vi* moisir, se rouiller. **'mildewed** *a* moisi; piqué de rouille; mildiousé.

mile [mail] *n Meas:* mile *m*, mille *m* (= 1,6 km); **you don't see anyone for miles (and miles),** on parcourt des kilomètres sans voir personne; **he lives miles away,** il habite loin d'ici; *F:* **to be miles away,** être dans la lune; *F:* **it sticks out a m.,** ça vous crève les yeux; *F:* **miles better,** beaucoup mieux. **'mileage** *n* = kilométrage *m*; **m. (per gallon)** = consommation *f* aux cent kilomètres; **with low m.,** (voiture) qui a très peu roulé; **m. allowance,** indemnité *f* de déplacement. **mil(e)'ometer** *n* (*NAm* = **odometer**) = compteur *m* kilométrique. **'milestone** *n* **1.** = borne *f* kilométrique **2.** *Fig:* jalon *m.*

milieu ['mi:ljə:] *n* milieu (social).

militant ['militənt] *a & n* militant, -ante; activiste (*mf*). **'militarism** *n* militarisme *m* **'militarist** *n* militariste *mf* **milita'ristic** *a* militariste. **'military 1.** *a* militaire; **m. service,** service militaire **2.** *npl coll* **the m.,** les militaires *m*; l'armée *f*. **'militate** *vi* militer (**against,** contre). **militia** [mi'liʃə] *n* milice *f*. **mi'litiaman** *n* (*pl* **-men**) milicien *m.*

milk [milk] **1.** *n* (*a*) lait *m*; **m. diet,** régime lacté; **evaporated m.,** lait concentré; **powdered m.,** lait en poudre; *Cu:* **m. pudding,** entremets au lait; **m. produce,** produits laitiers; **m. chocolate,** chocolat au lait; **m. shake,** milk-shake *m*; **m. bar,** milk-bar *m*; **m. jug,** pot à lait; *Lit:* **land of m. and honey,** pays de cocagne; *Prov:* **it's no use crying over spilt m.,** ce qui est fait est fait (*b*) **m. tooth,** dent de lait; *Toil:* **cleansing m.,** lait démaquillant (*c*) **coconut m.,** lait de coco **2.** *vtr* (*a*) traire (une vache) (*b*) *Fig:* soutirer (**s.o. of sth.,** qch à qn); *Fig:* exploiter (qn). **milk-and-'water** *a* insipide. **'milking** *n* traite *f*; **m. machine,** trayeuse *f* (mécanique). **'milkman** *nm* (*pl* **-men**) laitier *m*. **'milksop** *n F:* poule mouillée. **'milky** *a* (**-ier, -iest**) (*of diet*) *lacté;* (*of colour*) laiteux; (*of coffee, tea*) au lait; **the M. Way,** la Voie lactée.

mill [mil] **I.** *n* **1.** (*a*) moulin *m*; (*large*) minoterie *f*; **m. wheel,** roue de moulin; *F:* **to go through the m.,** passer par de dures épreuves (*b*) **coffee, pepper, m.,** moulin à café, à poivre **2.** *Metalw:* **(rolling) m.,** laminoir *m* **3.** (*a*) usine *f*, *esp* usine textile; **cotton m.,** filature *f* de coton; **m. hand,** ouvrier, -ière, de textile ; **m owner,** industriel du textile (*b*) **paper m.,**

papeterie *f.* **II.** *v* **1.** *vtr* moudre (le blé); broyer (du minerai); créneler (une pièce de monnaie); **milled edge,** crénelage *m* **2.** *vi* (*of crowd*) **to m. (about, around),** fourmiller; grouiller. **'millboard** *n* carton-pâte *m inv.* **'miller** *n* meunier, -ière; *Ind:* minotier *m.* **'millpond** *n* réservoir *m* de moulin; **sea like a m.,** mer d'huile. **'millrace** *n* bief *m* de moulin. **'millstone** *n* meule *f* (de moulin); *Fig:* **a m. around his neck,** un boulet qu'il traîne avec lui. **'millstream** *n* courant *m* du bief.

millennium [mi'leniəm] *n* (*a*) *RelH:* millenium *m* (*b*) millénaire *m;* mille ans *mpl.*

millet ['milit] *n Bot:* millet *m*, mil *m.*

millgram(me) ['miligræm] *n Meas:* milligramme *m.* **'millibar** *n Meas:* millibar *m.* **'millilitre,** *NAm:* **'milliliter** *n Meas:* millilitre *m.* **'millimetre,** *NAm:* **'millimeter** *n Meas:* millimètre *m.*

milliner ['milinər] *n* modiste *f.* **'millinery** *n* (articles *mpl* de) modes (*fpl*).

million ['miljən] *n* million *m;* **two m. men,** deux millions d'hommes; *F:* **he's one in a m.,** c'est la perle des hommes; **thanks a m.!** merci mille fois! *NAm:* **I feel like a m. dollars,** je me sens en pleine forme. **millio'naire** *n* millionnaire *m.* **'millionth** *a & n* millionième (*mf*).

millipede ['milipi:d] *n* mille-pattes *m inv.*

mime [maim] **1.** *n* (*actor*) mime *mf;* (*art*) mime *m* **2.** *vtr & i* mimer.

mimic ['mimik] **1.** *n* imitateur, -trice **2.** *vtr* **(mimicked)** imiter, mimer; singer. **'mimicry** *n* mimique *f*, imitation *f.*

mimosa [mi'mouzə] *n Bot:* mimosa *m.*

minaret [minə'ret] *n* minaret *m.*

mince [mins] **1.** *n Cu:* (*a*) (*NAm:* = **ground meat**) hachis *m* (de viande) (*b*) **m. pie,** tarte fourrée au *mincemeat* (mangée à Noël) (*c*) *NAm:* = **mincemeat 2.** (*a*) *vtr* hacher (menu); **minced meat** (*NAm:* = **ground meat**), hachis; viande hachée (*b*) *vtr* **not to m. matters, not to m. one's words,** ne pas mâcher ses mots (*c*) *vi* parler du bout des lèvres (*d*) *vi* marcher d'un air affecté. **'mincemeat** *n* mélange *m* de fruits secs; *F:* **to make m. of,** pulvériser (qch); réduire (qn) en bouillie. **'mincer** *n* hachoir *m.* **'mincing** *a* affecté, minaudier.

mind [maind] **I.** *n* **1. to bring to m.,** rappeler; **to bear, keep, sth. in m.,** se souvenir de qch; **to call sth to m.,** se rappeler qch; **he puts me in m. of his father,** il me rappelle son père; **it went (clean) out of my m.,** je l'ai (complètement) oublié **2.** (*a*) pensée *f*; avis *m*, idée *f*; **to give s.o. a piece of one's m.,** dire son fait à qn; **we're of one m., of the same m.,** nous sommes du même avis, nous sommes d'accord; **to my m.,** à mon avis (*b*) (*purpose, desire*) **to know one's own m.,** savoir ce qu'on veut; **to make up one's m.,** se décider; **to make up one's m. about sth,** prendre une décision au sujet de qch; **in two minds,** irrésolu; **to be in two minds about sth,** être indécis sur qch; **to change one's m.,** changer d'avis; se raviser; **I've a good m. to do it,** je suis bien tenté, j'ai bien envie, de le faire (*c*) **to set one's m. on sth,** désirer qch ardemment; se mettre en tête de faire qch; **to give one's m. to sth,** s'adonner, s'appliquer, à qch; **to have sth in m.,** avoir qch en vue; **the person I have in m.,** la personne à qui je pense **3.** esprit *m*, âme *f*; **state of m.,** état d'esprit; **turn of m.,** mentalité *f* (de qn); **attitude of m.,** manière de penser; **peace of m.,** tranquillité d'esprit; **he has no strength of m.,** c'est un homme sans caractère **4.** (*a*) (*opposed to body*) âme; (*opposed to matter*) esprit; (*opposed to emotions*) intelligence *f* (*b*) esprit; **it never entered her m.,** cela ne lui est jamais venu à l'esprit; **she has something on her m.,** il y a quelque chose qui la préoccupe; **in the mind's eye,** dans l'imagination; **a walk will take my m. off it,** une promenade me changera les idées; **to be easy in one's m.,** avoir l'esprit tranquille; **that's a weight off my m.,** voilà qui me soulage l'esprit; **put it out of your m.,** n'y pensez plus (*c*) *Prov:* **great minds think alike,** les grands esprits se rencontrent (*d*) **m. reader,** liseur, -euse, de pensées **5.** raison *f*; **to be out of one's m.,** avoir perdu la raison; **are you out of your m.? you must be out of your m.!** vous êtes fou! **to be in one's right m.,** avoir toute sa raison. **II.** *vtr & i* **1.** (a) faire attention à (qn, qch); **never m. that!** qu'à cela ne tienne! **never m. the money,** ne regardez pas à l'argent; *F:* **never you m.!** ça c'est mon affaire! **m. you, I've always thought that,** remarquez (que) j'ai toujours pensé que (*b*) s'occuper de (qch); **m. your own business! never you m.!** occupez-vous, mêlez-vous, de ce qui vous regarde! (*c*) surveiller (son langage); **m. you do it,** n'oublie pas de le faire; **m. you're not late!** veillez à ne pas être en retard! **m. what you're doing!** faites attention à ce que vous faites! **m. you don't fall!** prenez garde de ne pas tomber! **m. the step!** attention à la marche! **m. your backs!** dégagez (s'il vous plaît)! **m. (out)!** attention! **2.** (*a*) **to m. the noise,** être gêné par le bruit; **would you m. shutting the door?** voudriez-vous bien fermer la porte? **do you m. if I smoke?** ça ne vous gêne pas si je fume? la fumée ne vous gêne pas? **you don't m. my leaving?** ça ne vous fait rien si je part? **if you don't m.,** si vous n'y voyez pas d'inconvénient; **I don't m.,** (i) cela m'est égal (ii) je veux bien; **I wouldn't m. a cup of tea,** j'aimerais bien une tasse de thé; **I don't m. if I do,** ce n'est pas de refus; **I m. that . . .,** ça m'ennuie, ça me gêne, que . . . (*b*) **never m.!** (i) ça ne fait rien! tant pis! (ii) ne vous en faites pas! **who minds what he says?** qui s'occupe de ce qu'il dit? **he doesn't m. the cost,** il ne regarde pas à la dépense; **don't m. them,** ne vous inquiétez pas d'eux **3.** soigner (qn); surveiller, s'occuper de (enfants); garder (des animaux); garder, veiller sur (la maison); s'occuper de (magasin). **'mind-blowing** *a P:* hallucinant. **'mind-boggling** *a* stupéfiant, qui confond l'imagination. **'minded** *a* disposé, enclin (**to do sth,** à faire qch); **commercially-m.,** commerçant; **fair-m.,** impartial; **like-m.,** de même opinion. **'minder** *n* (*a*) **(child) m.,** gardien, -ienne (d'enfants), nourrice *f* (de jour) (*b*) (*bodyguard*) gorille *m.* **'mindful** *a* attentif (**of,** à). **'mindless** *a* stupide; **m. violence,** violence *f* aveugle.

mine[1] [main] **1.** *n* (*a*) mine *f*; **to work a m.,** exploiter une mine; **it's a m. of information,** c'est une mine de renseignements (*b*) *Mil: etc:* mine; **to lay a m.,** poser une mine; **m. detector,** détecteur *m* de mines **2.** *vtr & i* (*a*) **to m. (for) coal,** extraire le charbon (*b*) *Mil:* miner, saper (une muraille) (*c*) *Mil: etc:* miner (un pont, etc). **'minefield** *n Mil: Navy:* champ *m* de mines. **'minelayer** *n Navy:* mouilleur *m* de mines. **'minelaying** *n Mil: Navy:* pose *f*, mouillage *m*, de mines. **'miner** *n Min:* mineur *m* (de fond). **'mineshaft** *n* puits *m* de mine. **'minesweeper** *n Navy:* dragueur *m* de mines. **'mining** *n* **1.** *Min:* exploitation minière; **the m. industry,** l'industrie minière; **m. town,** ville minière; **m. engineer,** ingénieur des mines **2.** *Mil: Navy:* pose *f*, mouillage *m*, de mines.

mine² *poss pron* (*a*) le mien, la mienne, les miens, les miennes; **your country and m.,** votre patrie et la mienne; **these gloves are m.,** ces gants sont à moi, m'appartiennent; **this signature is not m.,** cette signature n'est pas de moi; **a friend of m.,** un(e) de mes ami(e)s; un(e) ami(e) à moi; **it's no business of m.,** ce n'est pas mon affaire (*b*) (*my family*) les miens (*c*) (*my property*) **m. and yours,** le mien et le tien, le vôtre; *F:* **what's yours is m.,** ce qui est à toi est à moi.

mineral ['minərəl] **1.** *a* minéral; **m. spring,** source (d'eau) minérale; **m. water,** (i) eau minérale (ii) boisson gazeuse **2.** *n* (*a*) minéral *m*; **m. deposits,** gisements miniers (*b*) **minerals,** boissons gazeuses. **mine'ralogist** *n* minéralogiste *mf*. **mine'ralogy** *n* minéralogie *f*.

mingle ['miŋgl] **1.** *vtr* mêler, mélanger **2.** *vi* (*a*) se mêler, se mélanger, se confondre (**with,** avec); (*socially*) fréquenter (*b*) **to m. with the crowd,** se mêler à, dans, la foule.

mingy ['mindʒi] *a F:* **1.** (*pers*) radin **2.** (*portion*) misérable.

mini ['mini] **1.** *n* (*a*) *Aut: Rtm:* mini *f* (*b*) *Cl:* mini-jupe *f* mini *f*, **2.** *a* **a m. demonstration,** une mini manifestation. **'minibus** *n* (*pl* **-es**) minibus *m*. **'minicab** *n* (radio-)taxi *m*, minitaxi *m*. **'minipill** *n* mini-pilule *f*. **'miniskirt** *n* mini-jupe *f*, mini *f*.

miniature ['minitʃər] **1.** *n* miniature *f*; **in m.,** en miniature **2.** *a* (train, etc) miniature *inv*; (livre) minuscule; (appareil-photo) de petit format; (caniche) nain.

minim ['minim] *n Mus:* (*NAm:* = **half note**) blanche *f*.

minimum ['minimәm] **1.** *a* minimum, minimal **2.** *n* (*pl* **minima**) minimum *m*; **to reduce sth to a m.,** réduire qch au minimum. **'minimal** *a* minimal. **'minimize** *vtr* réduire au minimum, minimiser.

minister ['ministər] **1.** *n* (*a*) *Pol:* ministre *m* (d'État) (*b*) *Ecc:* ministre, pasteur *m* **2.** *vi* **to m. to s.o.'s needs,** pourvoir aux besoins de qn. **minis'terial** *a* (*a*) *Pol:* ministériel; gouvernemental (*b*) *Ecc:* sacerdotal. **'ministering** *a* (ange) secourable. **minis'tration** *n* ministère *m*, soins *mpl*; *Ecc:* sacerdoce *m*; **to receive the ministrations of a priest,** être administré par un prêtre. **'ministry** *n* **1.** (*a*) *Pol:* ministère *m*, gouvernement *m* (*b*) *Adm:* ministère, département *m* **2.** *Ecc:* **the m.,** le sacerdoce; **he was intended for the m.,** on le destinait à l'Église **3.** entremise *f* (**of,** de).

mink [miŋk] *n Z:* vison *m*; **m. coat,** manteau de vison; vison.

minnow ['minou] *n Ich:* vairon *m*.

minor ['mainər] **1.** *a* (*a*) mineur; **Asia M.,** l'Asie mineure (*b*) petit, peu important; **m. detail,** petit détail; **of m. interest,** d'intérêt secondaire; **to play a m. part,** jouer un rôle subalterne; *Med:* **m. operation,** petite opération (*c*) *Mus:* **m. key,** ton mineur; *F:* **in a m. key,** plutôt triste **2.** *n* (*a*) *Jur:* mineur, -eure (*b*) *NAm: Sch:* matière *f* secondaire. **mi'nority** *n* (*pl* **-ies**) (*a*) minorité *f*; **in a, the, m.,** en minorité, minoritaire; **m. party,** parti minoritaire (*b*) *Jur:* minorité.

Minorca [mi'nɔːkə] *Prn Geog:* Minorque *f*.

minster ['minstər] *n* église abbatiale; grande église.

minstrel ['minstrəl] *n* ménestrel *m*.

mint¹ [mint] **1.** *n* **the M.** = Hôtel *m* de la Monnaie; **in m. condition,** à l'état neuf; **to be worth a m. (of money),** (*of pers*) rouler sur l'or; (*of thg*) valoir une petite fortune **2.** *a* (*of stamp, coin*) neuf **3.** *vtr* (*a*) **to m. money,** (i) frapper de la monnaie (ii) *F:* amasser de l'argent à la pelle (*b*) monnayer (de l'or).

mint² *n* (*a*) *Bot:* menthe *f*; *Cu:* **m. sauce,** vinaigrette *f* à la menthe (*b*) pastille *f* de menthe.

minuet [minju'et] *n Mus: Danc:* menuet *m*.

minus ['mainəs] **1.** *prep* moins; **ten m. two equals eight,** dix moins deux égale huit; **it's m. ten (degrees),** il fait moins dix (degrés); **he escaped, but m. his luggage,** il s'est échappé, mais sans ses bagages **2.** *a & n Mth:* **m. (sign),** (signe *m*) moins *m*; **m. quantity,** quantité négative.

minuscule ['minəskjuːl] *a* minuscule.

minute¹ ['minit] *n* **1.** (*a*) minute *f*; **ten minutes past, to, three,** *NAm:* **ten minutes after, of, three,** trois heures dix, trois heures moins dix; **m. hand,** grande aiguille (d'une montre) (*b*) **wait a m.!** (i) attendez un instant! *F:* (une) minute! (ii) mais dites donc . . .; **he came in this (very) m.,** il rentre à l'instant (même); **he'll be here any m. (now),** il va arriver d'une minute à l'autre; **I'll come in a m.,** j'arrive(rai) dans un instant; **I shan't be a m.,** j'en ai pour une seconde; **I've just popped in for a m.,** je ne fais qu'entrer et sortir **2.** *Mth:* minute (de degré) **3.** (*a*) note *f* (*b*) **minutes of a meeting,** procès-verbal *m* d'une séance; **m. book,** registre *m* des délibérations.

minute² [mai'njuːt] *a* (*a*) tout petit; menu, minuscule, minime; **the minutest details,** les moindres détails *m* (*b*) minutieux, détaillé. **mi'nutely** *adv* minutieusement; en détail, dans les moindres détails. **minutiae** [mai'njuːʃiiː] *npl* minuties *fpl*, menus détails.

minx [miŋks] *n Pej:* (*girl*) diablesse *f*, chipie *f*.

miracle ['mirəkl] *n* miracle *m*; **by a m.,** par miracle; *F:* **it's a m. he's still alive,** c'est un miracle qu'il soit encore en vie; **m. cure,** remède-miracle *m*; *Th:* **m. play,** miracle. **mi'raculous** *a* (*a*) miraculeux; **it's m.,** cela tient du miracle (*b*) extraordinaire, merveilleux. **mi'raculously** *adv* miraculeusement, par miracle.

mirage ['miraːʒ] *n* mirage *m*.

mire ['maiər] *n Lit:* fange *f*.

mirror ['mirər] **1.** *n* miroir *m*, glace *f*; *Fig:* miroir; **hand m.,** glace à main; **shaving m.,** miroir à raser; *Aut:* **driving m., rear view m.,** rétroviseur *m* **2.** *vtr* refléter; **the trees are mirrored in the water,** les arbres se reflètent dans l'eau.

mirth [məːθ] *n* gaieté *f*; hilarité *f*.

misadventure [misəd'ventʃər] *n* mésaventure *f*; contretemps *m*; **death by m.,** mort accidentelle.

misanthrope ['misənθroup], **misanthropist**

[mi'sænθrəpist] *n* misanthrope *mf.* **mi-san'thropic** *a* (personne) misanthrope; (humeur) misanthropique. **mi'santhropy** *n* misanthropie *f.*

misapply [misə'plai] *vtr* **(misapplied) 1.** mal appliquer, mal employer (qch) **2.** détourner (des fonds).

misapprehend [misæpri'hend] *vtr* mal comprendre. **misappre'hension** *n* malentendu *m*; méprise *f*; **to be (labouring) under a m.,** se tromper.

misappropriate [misə'prouprieit] *vtr* détourner (des fonds). **misappropri'ation** *n* détournement *m* (de fonds).

misbehave [misbi'heiv] *vi & pr* se conduire mal; (*of child*) faire des sottises. **misbe'haviour,** *NAm:* **-havior** *n* mauvaise conduite; inconduite *f*; écart *m* de conduite.

miscalculate [mis'kælkjuleit] **1.** *vtr* mal calculer (une somme) **2.** *vi Fig:* se tromper (sur qch). **mis-calcu'lation** *n* erreur *f* de calcul; mécompte *m.*

miscarriage [mis'kæridʒ] *n* **1.** (*a*) échec *m*, insuccès *m* (d'un projet) (*b*) **m. of justice,** erreur *f* judiciaire **2.** *Med:* fausse couche; **to have a m.,** avorter; faire une fausse couche. **mis'carry** *vi* **(miscarried) 1.** (*of scheme*) échouer; ne pas réussir **2.** *Med:* avorter; faire une fausse couche.

miscast [mis'kɑːst] *vtr* **(miscast)** *Th: Cin:* donner une mauvaise distribution à (une pièce, un film); **he was m. in the part,** il était mal choisi pour ce rôle.

miscellaneous [misə'leiniəs] *a* varié, divers. **mis-cellany** [mi'seləni] *n* mélange *m*; collection *f* d'objets variés; *Lit:* recueil *m.*

mischance [mis'tʃɑːns] *n* **by m.,** par malchance, par malheur.

mischief ['mistʃif] *n* (*a*) espièglerie *f*; méchanceté *f*; **out of pure m.,** (i) par pure espièglerie (ii) par pure méchanceté; **full of m.,** = **mischievous**; **to make m. for,** créer des ennuis à; **to get into m.,** faire des bêtises; **to keep s.o. out of m.,** empêcher qn de faire des sottises; **to do s.o. a m.,** faire mal à qn (*b*) (*pers*) **a little m.,** un petit démon. **'mischiefmaker** *n* brandon *m* de discorde; mauvaise langue. **'mis-chievous** *a* (*a*) méchant (*b*) (enfant) espiègle, malicieux; **m. trick,** espièglerie *f.* **'mischievously** *adv* (*a*) méchamment (*b*) malicieusement, par espièglerie. **'mischievousness** *n* (*a*) méchanceté *f* (*b*) malice *f*, espièglerie *f.*

misconception [miskən'sepʃn] *n* (*a*) idée fausse (*b*) malentendu *m.*

misconduct [mis'kɔndʌkt] *n* mauvaise conduite; *Com:* mauvaise gestion.

misconstrue [miskən'struː] *vtr* mal interpréter (qch). **miscon'struction** *n* fausse interprétation.

miscount 1. *n* ['miskaunt] faux calcul; mécompte *m*; erreur *f* d'addition; *Pol:* erreur dans le dépouillement du scrutin **2.** *vtr & i* [mis'kaunt] mal compter.

misdeal [mis'diːl] *Cards:* **1.** *n* maldonne *f* **2.** *vtr & i* **(misdealt** [mis'delt]) faire maldonne.

misdeed [mis'diːd] *n* méfait *m.*

misdemeanour, *NAm:* **-demeanor** [mis-di'miːnər] *n* **1.** *Jur:* délit *m* **2.** écart *m* de conduite.

misdirect [misd(a)i'rekt] *vtr* mal adresser (une lettre); mal diriger (une entreprise, son énergie); mal renseigner (qn); *Jur:* (*of judge*) mal instruire (le jury).

miser ['maizər] *n* avare *mf.* **'miserliness** *n* avarice *f.* **'miserly** *a* avare.

miserable ['mizrəbl] *a* (*a*) (*of pers*) malheureux, triste; **I feel m.,** j'ai le cafard; **to make s.o.'s life m.,** rendre la vie dure à qn (*b*) (*of event, condition*) misérable, déplorable; (*of journey*) pénible, désagréable; **what m. weather!** quel temps abominable! (*c*) misérable, pauvre; (*of sum*) insignificant; (*of salary*) dérisoire; **a m. £70,** soixante-dix misérables livres. **'miserably** *adv* (*a*) malheureusement, tristement (*b*) misérablement; (échouer) lamentablement (*c*) pauvrement. **'misery** *n* (*pl* **-ies**) (*a*) souffrance(s) *f* (*pl*); **his life was sheer m.,** sa vie fut un martyre; **to put s.o. out of his m.,** mettre fin aux souffrances de qn; **to put an animal out of its m.,** achever un animal (*b*) tristesse *f*; *pl* misères *fpl*; **to make s.o.'s life a m.,** rendre qn malheureux; *F:* **what a m. you are!** comme tu es grincheux!

misfire [mis'faiər] **1.** *n* (*of gun, engine*) raté *m* **2.** *vi* (*a*) (*of gun*) rater (*b*) (*of engine*) avoir des ratés (*c*) (*of joke*) manquer son effet; foirer; (*of plan*) rater, échouer.

misfit ['misfit] *n* (*of pers*) inadapté(e).

misfortune [mis'fɔːtʃən] *n* infortune *f*, malheur *m.*

misgiving [mis'giviŋ] *n* doute *m*, crainte *f*; **not without misgivings,** non sans appréhension.

misgovern [mis'gʌvən] *vtr* mal gouverner.

misguided [mis'gaidid] *a* (*of pers*) qui manque de jugement; (*of action*) imprudent; (*of conduct*) peu judicieux; **to be m.,** se tromper. **mis'guidedly** *adv* sans jugement; avec imprudence.

mishandle [mis'hændl] *vtr* s'y prendre mal avec (qn); mal manier (une machine); traiter (une situation, etc) avec maladresse.

mishap ['mishæp] *n* mésaventure *f*, contretemps *m.*

mishear [mis'hiər] *vtr* **(misheard** [mis'həːd]) mal entendre.

mishmash ['miʃmæʃ] *n F:* méli-mélo *m.*

misinform [misin'fɔːm] *vtr* mal renseigner (qn).

misinterpret [misin'təːprit] *vtr* mal interpréter. **misinterpre'tation** *n* (*a*) fausse interprétation (*b*) (*in translating*) contresens *m.*

misjudge [mis'dʒʌdʒ] *vtr* mal juger; mal évaluer; se tromper sur le compte de (qn).

misjudge [mis'dʒʌdʒ] *vtr* mal juger; mal évaluer; se tromper sur le compte de (qn).

mislay [mis'lei] *vtr* **(mislaid)** égarer, perdre (qch).

mislead [mis'liːd] *vtr* **(misled)** [-'led]) (*a*) induire (qn) en erreur; tromper (qn) (*b*) égarer, fourvoyer (qn). **mis'leading** *a* trompeur; fallacieux.

mismanage [mis'mænidʒ] *vtr* mal administrer, mal gérer (une affaire). **mis'management** *n* mauvaise administration, mauvaise gestion.

misname [mis'neim] *vtr* mal nommer.

misnomer [mis'noumər] *n* nom *m*, terme *m*, impropre.

misogynist [mi'sɔdʒinist] *n* misogyne *mf.*

misplace [mis'pleis] *vtr* (*a*) mal placer (sa confiance) (*b*) égarer (un objet). **mis'placed** *a* (*of remark, etc*) déplacé.

misprint ['misprint] *n* faute *f* d'impression, coquille *f.*

mispronounce [misprəˈnauns] *vtr* mal prononcer. **mispronunciˈation** *n* faute *f* de prononciation.

misquote [misˈkwout] *vtr* citer (qch) inexactement. **misquoˈtation** *n* citation inexacte.

misread [misˈriːd] *vtr* (**misread** [misˈred]) mal lire, mal interpréter (qch).

misrepresent [misrepriˈzent] *vtr* présenter sous un faux jour. **misrepresenˈtation** *n* présentation *f* sous un faux jour.

miss[1] [mis] **1.** *n* coup manqué, raté; **it was, we had, a near m.,** on l'a échappé belle; **we had a near m. with that car,** cette voiture a failli nous percuter; *F:* **I'll give it a m.,** je n'irai pas; je n'en prendrai pas **2.** *vtr* (*a*) manquer, rater (le but); *vi* **he never misses,** il ne manque jamais son coup; **to m. the point,** (i) répondre à côté (ii) ne pas comprendre; *Th:* **to m. one's cue,** manquer la réplique; **to m. one's way,** se tromper de route; s'égarer; **he missed his footing,** le pied lui a manqué (*b*) ne pas trouver, ne pas rencontrer, rater (qn); manquer, rater (un train); manquer, laisser échapper, rater (une occasion); **an opportunity not to be missed,** une occasion à saisir; **don't m. (seeing) this play,** ne manque pas (de voir) cette pièce; *F:* **you haven't missed much,** vous n'avez pas manqué, raté, grand-chose; *Fig:* **to m. the boat, the bus,** manquer le coche; **I missed my holiday this year,** je n'ai pas eu de vacances cette année (*c*) manquer (un rendez-vous); *F:* sécher (un cours); **I never m. going there,** je ne manque jamais d'y aller; **he just missed being killed,** il a failli se faire tuer (*d*) ne pas comprendre (une plaisanterie); ne pas voir (qch); **I missed that,** je n'ai pas (i) compris (ii) entendu; **you can't m. the house,** vous reconnaîtrez la maison sans hésiter (*e*) **to m. (out) a word,** sauter un mot; *vi* **to m. out,** rater l'occasion; *vi* **to m. out on sth,** rater, laisser passer, qch (*f*) remarquer l'absence de (qn, qch); remarquer qu'il manque (qch, qn); **we're sure to be missed,** on va sûrement remarquer notre absence (*g*) regretter (qn); regretter l'absence de (qn); **he misses Paris,** Paris lui manque; **I m. you,** vous me manquez; **I don't m. it,** cela ne me manque pas (du tout). **ˈmissing** *a* absent; (*in war, after disaster*) disparu; (*of object*) manquant; **one man is m.,** il manque un homme à l'appel; *mpl* **the m.,** les disparus *m*.

miss[2] *nf* (*title*) mademoiselle; *pl* **the Misses Martin,** *F:* **the Miss Martins,** les demoiselles Martin; (*as address*) Mesdemoiselles Martin; **thank you, Miss Martin,** merci mademoiselle.

missal [ˈmisl] *n Ecc:* missel *m*.

misshapen [misˈʃeipən] *a* difforme; (*of figure*) déformé.

missile [ˈmisail, *NAm:* ˈmisl] *n* (*a*) projectile *m* (*b*) *Mil:* missile *m*, engin *m*; **guided m.,** missile, engin, guidé; **anti-m. m.,** missile antimissile(s); **m. base,** base de lancement de missiles; **m. launcher,** lance-missiles *m inv*.

mission [ˈmiʃən] *n* mission *f*; **her m. in life is to help lame dogs,** elle s'est donné pour mission de secourir les malheureux; **trade m.,** mission commerciale. **ˈmissionary 1.** *n* (*pl* **-ies**) missionnaire *m* **2.** *a* de missionnaire; **m. work,** œuvre missionnaire.

missive [ˈmisiv] *n* lettre *f*, missive *f*.

misspell [misˈspel] *vtr* (**misspelt**) mal épeler, mal orthographier. **misˈspelling** *n* faute *f* d'orthographe.

mist [mist] **1.** *n* (*a*) brume *f*; **Scotch m.,** bruine *f*, crachin *m*; **lost in the mists of time,** perdu dans la nuit des temps (*b*) buée *f* (sur une glace); voile *m* (devant les yeux); **to see things through a m.,** voir trouble **2.** *vi* **to m. over, up,** (i) (*of landscape*) disparaître sous la brume (ii) (*of windscreen, mirror*) s'embuer (iii) (*of eyes*) se voiler. **ˈmisty** *a* brumeux, embrumé; (*of windscreen, mirror*) embué; (*of eyes*) troublé; (*of shape*) estompé; **it's m.,** le temps est brumeux; **m. outlines,** contours vagues; **m. recollection,** souvenir vague, confus.

mistake [miˈsteik] **1.** *n* erreur *f*, méprise *f*, faute *f*; **grammatical mistake,** faute de grammaire; **to make a m.,** faire (une) erreur; se tromper (**about, over,** sur, au sujet de); **to do sth by m.,** faire qch par erreur; **there is, can be, no m. about that,** il n'y a pas à se tromper; **make no m.,** que l'on ne s'y trompe pas; *F:* **I'm unlucky and no m.!** décidément je n'ai pas de chance! **2.** *vtr* (**mistook; mistaken**) (*a*) mal comprendre (les paroles de qn); se tromper sur (les intentions de qn); **if I'm not mistaken,** si je ne me trompe (pas); **there's no mistaking it,** il n'y a pas à s'y tromper (*b*) **to m. s.o., sth, for s.o., sth,** prendre qn, qch, pour qn, qch. **misˈtaken** *a* **1.** (*of opinion*) erroné; (*of idea*) faux; **to be m.,** se tromper **2. m. identity,** erreur *f* sur la personne. **misˈtakenly** *adv* par erreur, par méprise.

mister [ˈmistər] *nF:* monsieur *m*.

mistime [misˈtaim] *vtr* faire (qch) mal à propos, à contretemps; mal calculer (un coup).

mistletoe [ˈmisltou] *n Bot:* gui *m*.

mistranslate [mistrænsˈleit] *vtr* mal traduire. **misˈtransˈlation** *n* mauvaise traduction; erreur *f* de traduction.

mistreat [misˈtriːt] *vtr* maltraiter.

mistress [ˈmistris] *nf* (*pl* **mistresses**) (*a*) maîtresse; **to be one's own m.,** être indépendante; **to be m. of oneself,** être maîtresse de soi(-même) (*b*) maîtresse (d'école); institutrice; professeur *m* (de lycée); **the French m.,** le professeur de français.

mistrust [misˈtrʌst] **1.** *n* méfiance *f*, défiance *f* (**of,** à l'égard de) **2.** *vtr* se méfier de (qn, qch); ne pas avoir confiance en (qn). **misˈtrustful** *a* méfiant. **misˈtrustfully** *adv* avec méfiance.

misunderstand [misʌndəˈstænd] *vtr* (**misunderstood**) **1.** mal comprendre, se méprendre sur (qch); mal interpréter (une action); **if I have not misunderstood,** si j'ai bien compris; **we misunderstood each other,** il y a eu un malentendu **2.** méconnaître (qn); se méprendre sur le compte de (qn). **misunderˈstanding** *n* **1.** malentendu *m*; erreur *f* **2.** mésentente *f*; brouille *f*. **misunderˈstood** *a* mal compris; (*of pers*) incompris.

misuse 1. *n* [misˈjuːs] abus *m* (de pouvoir); usage *m* abusif (d'une arme); emploi abusif (d'un mot) **2.** *vtr* [misˈjuːz] mal employer (un outil); abuser de (pouvoir); **to m. a word,** employer un mot abusivement.

mite [mait] *n* **1.** *A & Lit:* **the widow's m.,** le denier de la veuve **2. poor little m.!** pauvre petit! **3.** *Arach:* acarien *m*; mite *f* **4.** *F:* a m., un petit peu.

miter[1,2] [ˈmaitər] *n NAm:* = **mitre**[1,2].

mitigate [ˈmitigeit] *vtr* **1.** adoucir, atténuer (la

souffrance); apaiser (la douleur); mitiger (une peine 2. atténuer (une faute); **mitigating circumstances,** circonstances atténuantes. **miti'gation** *n* adoucissement *m*; mitigation *f* (d'une peine); atténuation *f* (d'une faute).

mitre[1], *NAm:* **miter**[1] ['maitər] *n Ecc:* mitre *f*.

mitre[2], *NAm:* **miter**[2] *n Carp:* onglet *m*.

mitt [mit] *n* (*also* **mitten**) 1. mitaine *f* 2. moufle *f*.

mix [miks] 1. *n* mélange *m*; *Cu:* **cake m.,** préparation *f* pour gâteau(x) 2. *vtr* (*a*) mêler, mélanger (*b*) préparer (un gâteau, une boisson) (*c*) gâcher (du mortier); *Cu:* retourner, remuer (la salade); *NAm:* (*Br* = **shuffle**) battre, mélanger (les cartes) 3. *vi* se mêler, se mélanger (**with,** avec, à); (*of colours*) s'allier; **to m. with people,** fréquenter les gens; **to m. with the crowd,** se mêler à la foule; **she doesn't m. (in),** elle n'est pas sociable. **mixed** *a* (*of school, marriage*) mixte; **person of m. blood,** sang-mêlé *mf inv*; *Cu:* **m. grill,** mixed-grill *m*; **m. sweets,** bonbons assortis; **m. vegetables,** jardinière *f*, macédoine *f*, de légumes; **m. feelings,** sentiments mitigés, mêlés; **m. motives,** motifs complexes; **m. company,** milieu hétéroclite; **m. society,** société mêlée, hétérogène; **m. results,** résultats divers; *F:* **they were a m. bag,** il y en avait de toutes sortes; il y avait un peu de tout; **m. blessing,** bonne chose qui a son mauvais côté; *Sp:* **m. doubles,** double *m* mixte. **mixed-'up** *a F:* (*of pers*) désorienté; (*of facts, etc*) embrouillé. **'mixer** *n* (*a*) *Tchn:* (*for mortar*) malaxeur *m*; **concrete m.,** bétonnière *f* (*b*) *DomEc:* **(electric) m.,** mixe(u)r *m* (*c*) (*of pers*) **to be a good m.,** être sociable. **'mixing** *n* 1. mélange *m* (de qch avec qch) 2. (*a*) préparation *f* (d'un gâteau); **m. bowl,** bol à mélanger (*b*) gâchage *m* (du mortier). **mixture** ['mikstʃər] *n* mélange *m*; *Pharm:* mixtion *f*, mixture *f*; **cough m.,** sirop *m* contre la toux. **mix 'up** *vtr* (*a*) mélanger; embrouiller (ses papiers); **I always m. him up with his brother,** je le confonds toujours avec son frère; **to be mixed up in (sth),** être mêlé à (une affaire); être compromis dans (une affaire); **to be mixed up with s.o.,** être mêlé aux affaires de qn; **to m. up in,** mêler à (*b*) embrouiller (qn); **I was getting all mixed up,** je ne savais plus ou j'en étais; **everything had got mixed up,** tout était en pagaille. **'mix-up** *n* (*pl* **mix-ups**) confusion *f*; embrouillement *m*, pagaille *f*.

ml *abbr millilitre.*

mm *abbr millimetre.*

MO *abbr Medical Officer.*

moan [moun] 1. *n* gémissement *m*, plainte *f* 2. (*a*) *vi* gémir; se plaindre; pousser des gémissements (*b*) *vtr* dire (qch) en gémissant. **'moaning** *n* gémissement(s) *m*(*pl*).

moat [mout] *n* douve(s) *f*(*pl*).

mob [mɔb] 1. *n* (*a*) *Pej:* **the m.,** la populace; *NAm: P:* la mafia; **m. rule,** voyoucratie *f* (*b*) foule *f*, cohue *f*; rassemblement *m*, attroupement *m*; émeutiers *mpl* (*c*) *F:* bande *f* 2. *vtr* **(mobbed)** (*a*) (*of angry crowd*) houspiller, attaquer, malmener (qn) (*b*) (*of admiring crowd*) assiéger (qn); faire foule autour de (qn). **'mobster** *n NAm: P:* gangster *m*.

mobile ['moubail, *NAm:* 'moubl] 1. *a* (*a*) mobile (*b*) itinérant, mobile; **m. library,** bibliobus *m*; *NAm:* **m. home,** mobil-home *m*; *F:* **are you m.?** êtes-vous motorisé? 2. *n* (*NAm:* ['moubi:l]) mobile *m*. **mo'bility** *n* mobilité *f*. **mobili'zation** *n* mobilisation *f*. **'mobilize** *vtr & i* mobiliser.

moccasin ['mɔkəsin] *n Cl:* mocassin *m*.

mocha ['mɔkə] *n Comest:* moka *m*.

mock [mɔk] 1. *a* simulé; d'imitation; **m. leather,** imitation *f* cuir; **m. turtle soup,** consommé à la tête de veau; **m. trial,** simulacre *m* de procès; **m. exam,** examen blanc 2. (*a*) *vtr & i* **to m. (at) s.o., sth,** se moquer de qn qch; railler qn, qch (*b*) *vtr* singer. **'mocker** *n* moqueur, -euse. **'mockery** *n* (*a*) moquerie *f*, raillerie *f* (*b*) sujet *m* de moquerie; **to make a m. of sth,** tourner qch en ridicule (*c*) semblant *m*, simulacre *m* (**of,** de); parodie *f*; **the trial is a mere m.,** le procès n'est qu'un simulacre. **'mocking** 1. *a* moqueur, railleur 2. *n* moquerie *f*, raillerie *f*. **'mockingbird** *n Orn:* moqueur *m*. **'mockingly** *adv* d'un ton, d'un air, moqueur, railleur; par dérision. **'mock-up** *n* maquette *f*.

mod [mɔd] *F* 1. *a* moderne; **m. cons,** tout le confort moderne 2. *n* mod *m*.

mode [moud] *n* 1. mode *m*, méthode *f*, manière *f*; **m. of life,** train *m* de vie 2. (*fashion*) mode *f*. **'modal** *a* modal.

model ['mɔdl] I. *n* modèle *m*; **(scale) m.,** maquette *f*, modèle (réduit); **new m.,** nouveau modèle; **1975 m.,** modèle 1975; **to take s.o. as one's m.,** prendre modèle sur qn; **to be a m. of virtue,** être un exemple de vertu; **(artist's) m.,** modèle *mf*; **(fashion) m.,** mannequin *m*; **male m.,** mannequin masculin. II. *a* (*a*) **m. husband,** époux modèle (*b*) **m. aircraft,** modèle réduit d'avion; **m. railway,** train *m* miniature. III. *v* **(modelled,** *NAm:* **modeled)** 1. *vtr* (*a*) modeler; **to m. oneself on s.o.,** prendre exemple sur qn (*b*) (*of mannequin*) **to m. hats,** présenter des (modèles de) chapeaux 2. *vi* (*for fashion*) être mannequin; (*for artist*) poser. **'modelling,** *NAm:* **'modeling** *n* 1. modelage *m*; **m. clay,** pâte à modeler 2. présentation *f* (d'une robe) par un mannequin.

moderate I. *a & n* ['mɔdərət] 1. *a* modéré; moyen; (buveur) tempéré; (langage) mesuré; (prix) modéré, modique; (résultat) passable; **of m. size,** de grandeur, de taille, moyenne; **m. opinions,** opinions modérées 2. *n Pol:* modéré(e). II. *v* ['mɔdəreit] *vtr* modérer, tempérer; **moderating influence,** influence modératrice. **'moderately** *adv* modérément; avec modération; modiquement, moyennement. **mode'ration** *n* modération *f*, mesure *f*; sobriété *f* (de langage); **in, with, m.,** avec modération.

modern ['mɔdən] *a & n* moderne (*m*); **m. times,** les temps modernes; **m. languages,** langues vivantes. **'modernism** *n* modernisme *m*. **moderni'zation** *n* modernisation *f*. **'modernize** *vtr* moderniser.

modest ['mɔdist] *a* (*a*) modeste; **to be m. about one's achievements,** ne pas se vanter de son succès (*b*) *O:* pudique (*c*) modéré; (fortune) modeste; **m. in one's requirements,** peu exigeant (*d*) (*of style*) sans prétentions. **'modestly** *adv* (*a*) modestement, avec modestie (*b*) pudiquement (*c*) modérément (*d*) sans prétentions. **'modesty** *n* (*a*) modestie *f*; **with all m.,** soit dit sans vanité (*b*) *O:* pudeur *f* (*c*) modération *f* (d'une demande); modicité (d'un prix) (*d*) absence *f* de prétention.

modicum ['mɔdikəm] *n* **a m. of,** un soupçon de; un petit peu de; **a m. of truth,** une petite part de vérité.

modify ['mɔdifai] *vtr* **(modified)** (*a*) modifier; apporter des modifications à (qch) (*b*) modérer; mitiger, atténuer (une peine); **to m. one's demands,** rabattre de ses prétentions. **modifi'cation** *n* modification *f* **'modifier** *n* modificateur *m*; *Gram:* modificatif *m*.

modulate ['mɔdjuleit] *vtr & i* moduler. **modu'lation** *n* modulation *f*.

module ['mɔdju:l] *n* module *m*; **command m.,** module de commande.

Mogul ['mougəl] *n Hist:* mogol *m* 2. magnat *m*, manitou *m*.

mohair ['mouhɛər] *n* mohair *m*.

Mohammedan [mə'hæmidən] *a & n* musulman, -ane.

moist [mɔist] *a* (climat) humide; (peau) moite; **eyes m. with tears,** yeux mouillés de larmes. **moisten** ['mɔisən] 1. *vtr* humecter, mouiller; arroser (la pâte); **to m. a rag with water,** imbiber un chiffon d'eau 2. *vi* s'humecter, se mouiller. **'moistness** *n* humidité *f*; moiteur *f* (de la peau). **'moisture** *n* humidité *f*; buée *f* (sur une glace). **'moisturize** humidifier; hydrater (la peau). **'moisturizer** *n* crème hydratante, hydratant *m*. **'moisturizing** *a* **m. cream,** crème hydratante.

molar ['moulər] *n* molaire *f*.

molasses [mə'læsiz] *n* mélasse *f*.

mold [mould] *etc: NAm:* = **mould,** *etc.*

mole¹ [moul] *n* grain *m* de beauté.

mole² *n* (*animal and spy*) taupe *f*; **m. catcher,** taupier *m*. **'molehill** *n* taupinière *f*. **'moleskin** *n* (*a*) (peau *f* de) taupe (*f*) (*b*) *Tex:* velours *m* de coton.

mole³ *n* môle *m*; brise-lames *m inv*.

molecule ['mɔlikju:l] *n* molécule *f*. **mo'lecular** *a* moléculaire.

molest [mə'lest] *vtr* (*a*) molester, importuner (qn) (*b*) *Jur:* attenter à la pudeur de (qn). **mo'lester** *n* (*of women*) satyre *m*; **child m.,** satyre, pédophile *m*.

mollify ['mɔlifai] *vtr* **(mollified)** apaiser, calmer (qn).

mollusc, *NAm:* **mollusk** ['mɔləsk] *n* mollusque *m*.

mollycoddle ['mɔlikɔdl] *vtr F:* dorloter, chouchouter.

molt [moult] *n & v NAm:* = **moult.**

molten [moultən] *a* (*of metal*) en fusion.

mom [mɔm] *n NAm: F:* maman *f*.

moment ['moumənt] *n* 1. moment *m*, instant *m*; **I haven't a m. to spare,** je n'ai pas un instant de libre; **wait a m.! just a m.! one m.!** un moment! une seconde! **to expect s.o. (at) any m.,** attendre qn d'un instant à l'autre; **this (very) m.,** à l'instant; **to interrupt at every m.,** interrompre à tout bout de champ; **any m. (now),** d'un moment, d'un instant, à l'autre; **I have just this m., only this m., heard of it,** je l'apprends à l'instant; **a m. ago,** il y a un instant; **the m. he arrives,** dès son arrivée, dès qu'il arrive; **at this m., at the (present) m.,** en ce moment; actuellement; **I'll come in a m.,** je viendrai dans un instant; **for the m.,** pour le moment; **not for a m.!** jamais de la vie! **the m. of truth,** la minute de vérité; *F:* **he has his moments,** de temps en temps il lui arrive de faire des étincelles 2. *Mec:* **m. of intertia,** moment d'inertie 3. (*of fact, event*) **of little m.,** de peu d'importance. **'momentarily** (*NAm:* [moumən'terili]) *adv* momentanément; *NAm:* tout à l'heure. **'momentary** *a* momentané. **mo'mentous** *a* important; (décision) capitale; **m. occasion,** occasion mémorable. **mo'mentum** *n* 1. *Mec: Ph:* moment *m* 2. (*impetus*) élan *m*; **to gather m.,** prendre de la vitesse; **to lose m.,** perdre son élan; (*of ideas*) **to gather, gain, m.,** gagner du terrain.

mommy ['mɔmi] *n NAm: F:* maman *f*.

Monaco ['mɔnəkou] *Prn Geog:* **(Principality of) M.,** (Principauté *f* de) Monaco *m*.

monarch ['mɔnək] *n* monarque *m*. **mo'narchic** [-'nɑ:k-] *a* monarchique. **'monarchist** *a & n* monarchiste (*mf*). **'monarchy** *n* (*pl* **-ies**) monarchie *f*.

monastery ['mɔnəstri] *n* (*pl* **monasteries**) monastère *m*. **mo'nastic** *a* monastique; monacal. **mo'nasticism** *n* monachisme *m*.

Monday ['mʌndi] *n* lundi *m*.

monetary ['mʌnitəri] *a* monétaire. **'monetarism** *n* politique *f* monétaire.

money ['mʌni] *n* argent *m*; **paper m.,** billets *mpl* (de banque); papier-monnaie *m*; *F:* **he's (just) coining m.,** il gagne un argent fou; **m. market,** marché monétaire; *Com:* **ready m.,** argent liquide; **to pay in ready m.,** payer (au) comptant; *Post:* **m. order,** mandat *m*; **to throw good m. after bad,** s'enfoncer davantage dans une mauvaise affaire; **spending m.,** argent pour dépenses courantes; **to be worth a lot of m.,** (i) (*thg*) avoir de la valeur (ii) (*pers*) être riche; **to have m. to burn,** avoir de l'argent à n'en savoir que faire; *F:* **I'm not made of m.,** je ne suis pas cousu d'or; **to be short of m.,** être à court d'argent; **to earn, to make, m.,** gagner de l'argent; faire fortune; **he gets, earns, good m.,** il gagne bien (sa vie); **to be rolling in m., to be in the m.,** rouler sur l'or; **there's big m. in it,** c'est une bonne affaire; **it will bring in big m.,** cela rapportera gros; **I want to get my m. back.,** je voudrais être remboursé; **you've had your m.'s worth,** vous en avez eu pour votre argent; *F:* **for my m.,** à mon avis; **m. belt,** ceinture à porte-monnaie; *Arach:* **m. spider,** petite araignée rouge. **'moneybags** *n Pej: F:* richard, -arde. **'moneybox** *n* (*pl* **-es**) tirelire *f*. **'moneychanger** *n* changeur *m*. **'moneyed** *a* riche; qui a de l'argent; **the m. classes,** les gens riches, fortunés. **'moneygrubber** *n* grippe-sou *m*. **'moneygrubbing** 1. *n* rapacité *f* 2. *a* rapace. **'moneylender** *n* prêteur, -euse, sur gages. **'moneymaking** 1. *a* lucratif 2. *n* acquisition *f* de l'argent. **'money-spinner** *n F:* mine *f* d'or.

Mongolia [mɔŋ'gouliə] *Prn Geog:* Mongolie *f*. **'Mongol** *a & n* 1. *Geog:* mongol, -ole 2. *Med:* **m. (child),** mongolien, -ienne. **Mon'golian** *a Geog:* mongol. **'mongolism** *n Med:* mongolisme *m*.

mongoose ['mɔŋgu:s] *n* (*pl* **mongooses**) *Z:* mangouste *f*.

mongrel ['mʌŋgrəl] *n* (*dog*) bâtard *m*.

monitor ['mɔnitər] 1. *n* (*a*) *Sch:* chef *m* de classe (*b*) *Tp:* opérateur *m* d'interception (*b*) *Tchn:* moniteur *m* 2. *vtr* (*a*) *WTel: etc:* écouter (des émissions); *Tp:* se mettre à l'écoute de (conversation) (*b*) *Fig:* contrôler. **'monitoring** *n WTel:* interception *f* des émissions; *Med:* monitoring *m*; **m. station,** centre *m* d'écoute.

monk [mʌŋk] *nm* moine, religieux. **'monkish** *a* de moine. **'monkshood** *n Bot:* (aconit *m*) napel (*m*).

monkey ['mɔŋki] *n* (*a*) *Z:* singe *m*; **female m., she-m.,** guenon *f*; *F:* **you little m.!** petit(e) polisson(ne)! **to make a m. out of s.o.,** se payer la tête de qn; **m. business,** combine *f*, fricotage *m*; **m. tricks,** singeries *fpl*; *P:* **I don't give a monkey's,** je m'en fous éperdument (*b*) **m. nut,** arachide *f*; *Com:* cacah(o)-uète *m*; *Bot:* **m. puzzle (tree),** araucaria *m*; *NAm:* **m. wrench,** (*Br* = **adjustable spanner**) clef anglaise; clef à molette. **monkey a'bout, a'round** *vi* faire des sottises, faire l'imbécile; **to m. a. with sth,** tripoter qch.

mono ['mɔnou] *a Rec: F:* mono *inv*.

monochrome ['mɔnəkroum] *n* monochrome *m*; *Art:* camaïeu *m*.

monocle ['mɔnəkl] *n* monocle *m*.

monogamous [mə'nɔgəməs] *a* monogame. **mo'nogamy** *n* monogamie *f*.

monogram ['mɔnəgræm] *n* monogramme *m*.

monograph [mɔnəgræf] *n* monographie *f*.

monolith ['mɔnəliθ] *n* monolithe *m*.

monologue ['mɔnəlɔg] *n* monologue *m*.

monomania [mɔnə'meiniə] *n* monomanie *f*. **mono-'maniac** *n* monomane *mf*.

monoplane ['mɔnəplein] *n* monoplan *m*.

monopolist [mə'nɔpəlist] *n* monopolisateur, -trice. **monopoli'zation** *n* monopolisation *f*. **mo'nopolize** *vtr* monopoliser. **mo'nopoly** *n* (*pl* **-ies**) monopole *m*.

monorail ['mɔnəreil] *n* monorail *m*.

monosyllable [mɔnə'siləbl] *n* monosyllabe *m*. **monosy'llabic** *a* monosyllabe; monosyllabique.

monotonous [mə'nɔtənəs] *a* monotone. **'monotone** *n* **in a m.,** sur un ton monocorde. **mo'notonously** *adv* avec monotonie. **mo'notony** *n* monotonie *f*.

monoxide [mə'nɔksaid] *n Ch:* **carbon m.,** oxyde *m* de carbone.

monsoon [mɔn'su:n] *n Meteor:* mousson *f*.

monster ['mɔnstər] **1.** *n* monstre *m* **2.** *a F:* monstre; colossal; énorme. **monstrosity** [mɔn'strɔsiti] *n* (*pl* **-ies**) monstruosité *f*. **'monstrous** *a* monstrueux. **'monstrously** *adv* monstrueusement.

month [mʌnθ] *n* mois *m*; **calendar m.,** mois civil; **on the 19th of this m.,** le 19 courant; **what day of the m. is it?** quel jour du mois, le combien, sommes-nous? **a m. ago today,** il y a aujourd'hui un mois; **once a m.,** une fois par mois; *F:* **never in a m. of Sundays,** jamais de la vie; la semaine des quatre jeudis. **'monthly 1.** *a* mensuel; **m. instalment, payment,** mensualité *f*; *Rail:* **m. season ticket,** billet *m* d'abonnement, abonnement *m*, valable pour un mois **2.** *adv* mensuellement; tous les mois **3.** *n* mensuel *m*.

Montreal [mɔntri'ɔ:l] *Prn Geog:* Montréal *m or f*.

monument ['mɔnjumənt] *n* monument *m*; **ancient m.,** monument historique. **monu'mental** *a* monumental; **m. mason,** marbrier *m*.

moo [mu:] **1.** *n* meuglement *m*, beuglement *m*; *int* meuh! **2.** *vi* **(mooed)** meugler, beugler.

mooch [mu:tʃ] **1.** *vi F:* **to m. around,** flâner, trainer **2.** *vtr NAm: P:* **to m. sth off s.o.,** taper qch à qn.

mood¹ [mu:d] *n Gram:* mode *m*.

mood² *n* humeur *f*, disposition *f*; état *m* d'esprit (d'un pays); **he's in one of his bad moods,** il est de (très) mauvaise humeur; **to be in the m. for reading,** avoir envie de lire; **he's in no m. for laughing,** il n'est pas d'humeur à rire; **I'm not in the mood,** ça ne me dit rien. **'moodily** *adv* d'un air maussade, morose. **'moodiness** *n* humeur changeante, maussade. **'moody** *a* (**-ier, -iest**) d'humeur changeante; maussade; de mauvaise humeur.

moon¹ [mu:n] *n* lune *f*; **new, full, m.,** nouvelle lune, pleine lune; *Fig:* **to ask, cry, for the m.,** demander la lune; **once in a blue m.,** tous les trente-six du mois; *F:* **to be over the m.,** être enchanté, ravi (**about,** de). **'moonbeam** *n* rayon *m* de lune. **'moonlight 1.** *n* clair *m* de lune; **in the m., by m.,** au clair de lune; à la clarté de la lune; *F:* **to do a m. flit,** déménager à la cloche de bois **2.** *vi F:* travailler au noir, faire du travail (au) noir. **'moonlighting** *n F:* travail *m* (au) noir. **'moonlighter** *n F:* travailleur, -euse, au noir. **'moonlighter** *n F:* travailleur, -euse, au noir. **'moonlit** *a* éclairé par la lune. **'moonrise** *n* lever *m* de la lune **'moonshine** *n* (*a*) clair *m* de lune (*b*) *F:* balivernes *fpl*, fadaises *fpl*. **'moonstone** *n* pierre *f* de lune. **'moonstruck** *a* à l'esprit dérangé, dingue.

moon² *vi* **to m. about, around,** musarder, flâner; **to m. over s.o.,** languir pour qn.

moor¹ ['muər], **moorland** ['muələnd] *n* lande *f*, bruyère *f*. **'moorhen** *n Orn:* poule *f* d'eau.

moor² *v Nau:* **1.** *vtr* amarrer (un navire); mouiller (une bouée) **2.** *vi* mouiller. **'mooring** *n* (*place*) mouillage *m*; **ship at her moorings,** navire sur ses amarres *f*.

moose [mu:s] *n inv in pl Z:* élan *m* du Canada, orignal *m*.

moot [mu:t] **1.** *a* **m. point,** point discutable **2.** *vtr* **the question was mooted,** la question fut soulevée, suggérée.

mop [mɔp] **1.** *n* (*a*) balai *m* (à laver), balai éponge; **dish m.,** lavette *f* (*b*) **m. of hair,** tignasse *f* **2.** *vtr* **(mopped)** éponger, essuyer (le parquet); **to m. one's brow,** s'éponger le front. **mopping 'up** *n Mil:* nettoyage *m*. **mop 'up** *vtr* (*a*) éponger (de l'eau); essuyer (une surface) (*b*) *Mil:* nettoyer (une position)

mope [moup] *vi* **to m. (about),** être déprimé, avoir le cafard.

moped ['mouped] *n* cyclomoteur *m*, mobylette (*Rtm*) *f*.

moral ['mɔrəl] **1.** *a* moral; **to raise m. standards,** relever les mœurs; **m. courage,** courage moral **2.** *n* (*a*) morale (d'un conte) (*b*) **morals,** moralité, morale. **mo'rale** *n* moral *m*. **'moralist** *n* moraliste *mf*. **mo'rality** *n* (*a*) moralité *f*; sens moral (*b*) bonnes mœurs. **'moralize** *vi* moraliser. **'moralizing 1.** *a* moralisant; moralisateur **2.** *n* leçons *fpl* de morale. **'morally** *adv* moralement; **m. wrong,** immoral.

morass [mə'ræs] *n* marais *m*; *Fig:* bourbier *m*.

moratorium [mɔrə'tɔ:riəm] *n* moratoire *m*.

morbid ['mɔ:bid] *a* morbide; **m. curiosity,** curiosité malsaine, maladive. **'morbidly** *adv* morbidement. **'morbidness** *n* (*a*) morbidité *f* (*b*) tristesse maladive (des pensées).

mordant ['mɔːdənt] *a* mordant, caustique.

more [mɔːr] **1.** *a & indef pron* plus (de); **m. than ten men,** plus de dix hommes; **he's m. than 30,** il a plus de 30 ans; **he has m. (than you),** il en a plus (que toi); **one m.,** un de plus, encore un; **one or m.,** un ou plusieurs; **there's only one m. thing to do,** il n'y a plus qu'une chose à faire; **(some) m. bread,** encore du pain; **(some) m. details,** d'autres détails; **to have some m. wine,** reprendre du vin; **do you want any, some, m.?** en voulez-vous encore? **what m. can I say?** que puis-je dire de plus? **nothing m.,** plus rien; **a few m. months,** encore quelques mois, quelques mois de plus; **have you any m.?** en avez-vous d'autres? **I need m.,** il m'en faut davantage **2.** *n or indef pron* **I needn't say m.,** pas besoin d'en dire davantage; **that's m. than enough,** c'est plus qu'il n'en faut; **what is m.,** de plus, (et) qui plus est **3.** *adv* (*a*) plus, davantage; **m. and m.,** de plus en plus; **far m. serious,** beaucoup plus grave; **he was m. surprised than annoyed,** il était plutôt surpris que fâché; **m. than satisfied,** plus que satisfait; **m. like 30 than 20,** plutôt 30 que 20; **that's m. like it!** ça, c'est mieux! **m. or less,** plus ou moins (*b*) **once m.,** encore une fois, une fois de plus; **I don't want to go there any m.,** je ne veux plus jamais y aller **4.** (*a*) *a* **(the) more's the pity,** c'est d'autant plus regrettable (*b*) *n* **the m. one has the m. one wants,** plus on a, plus on désire avoir (*c*) *adv* **all the m. reason,** à plus forte raison; raison de plus; **I'm all the m. surprised as,** je suis d'autant plus étonné que **5.** (*a*) *a* **I have no m. money,** je n'ai plus d'argent; **no m. soup, thank you,** plus de potage, merci (*b*) *n* **I have no m.,** je n'en ai plus; **I can do no m.,** je ne peux pas faire plus; **let's say no m. about it,** n'en parlons plus; **is there any m.?** y en a-t-il encore? en reste-t-il? **many m.,** beaucoup d'autres; **as many m.,** encore autant (*c*) *adv* **the house doesn't exist any m.,** la maison n'existe plus; **I don't want to see him—no m. do I,** je ne veux pas le voir—ni moi non plus. **'moreish** *a F:* **it's very m.,** ça a un goût de revenez-y. **more'over** *adv* de plus; en outre; d'ailleurs; du reste.

mores ['mɔːreiz] *npl* mœurs *fpl.*

morgue [mɔːg] *n* morgue *f.*

moribund ['mɔribʌnd] *a* moribond.

morning ['mɔːniŋ] *n* (*a*) matin *m*; **tomorrow m.,** demain matin; **(the) next m.,** le lendemain matin; **the m. before,** la veille au matin; **every Monday m.,** tous les lundis matins; **at four in the m.,** à quatre heures du matin; **first thing in the m.,** dès le matin, dès demain matin; **in the early m., early in the m.,** au petit matin; **what do you do in the m.?** que faites-vous le matin? **good m.!** bonjour! **m. breeze,** brise matinale; **m. newspaper,** journal du matin; **m. sickness,** nausées du matin; **m. coat** (*NAm:* = **cutaway**) frac *m*, jaquette *f*, habit *m*; **m. dress,** tenue *f* de cérémonie, frac (*b*) matinée *f*; **in the (course of the) m.,** dans la matinée; **a morning's work,** une matinée de travail. **'mornings** *adv NAm:* le matin.

Morocco [mə'rɔkou] **1.** *Prn Geog:* Maroc *m* **2.** *n* (*leather*) maroquin *m*. **Mo'roccan** *a & n* marocain, -aine.

moron ['mɔːrɔn] *n* crétin, -ine. **mo'ronic** *a* crétin.

morose [mə'rous] *a* chagrin, morose. **mo'rosely** *adv* d'un air chagrin, morose.

morphia ['mɔːfiə], **morphine** ['mɔːfiːn] *n* morphine *f*; **m. addict,** morphinomane *mf.*

morphology [mɔː'fɔlədʒi] *n* morphologie *f.*

Morse [mɔːs] *Prn* **M. (code),** morse *m.*

morsel ['mɔːsl] *n* petite bouchée; **choice m.,** morceau friand, de choix.

mortadella [mɔːtə'delə] *n* **m. (sausage),** mortadelle *f.*

mortal ['mɔːtl] **1.** *a* (*a*) mortel; **m. remains,** dépouille mortelle (*b*) humain (*c*) mortel; funeste, fatal; **m. blow,** coup mortel; **m. sin,** péché mortel; **m. enemy,** ennemi mortel; **m. combat,** combat à mort; **to be in m. fear of sth,** avoir une peur mortelle de qch; *F:* **it's no m. use,** ça ne sert absolument à rien **2.** *n* mortel, -elle; humain, -aine. **mor'tality** *n* mortalité *f.* **'mortally** *adv* mortellement; **m. wounded,** blessé à mort; **to be m. afraid,** avoir une peur mortelle.

mortar ['mɔːtər] *n* mortier *m.* **'mortarboard** *n Sch:* toque universitaire anglaise.

mortgage ['mɔːgidʒ] **1.** *n* prêt-logement *m*, hypothèque *f;* **to take out a m.,** obtenir un prêt-logement, prendre une hypothèque; **to pay off a m.,** rembourser un prêt-logement, purger une hypothèque **2.** *vtr* hypothéquer. **mortga'gee** *n* créancier *m* hypothécaire. **'mortgager, 'mortgagor** *n* débiteur *m* hypothécaire.

mortice ['mɔːtis] *n* = **mortise.**

mortician [mɔː'tiʃn] *n NAm:* (*Br* = **undertaker**) entrepreneur *m* de pompes funèbres, *F:* croque-mort *m.*

mortification [mɔːtifi'keiʃn] *n* **1.** mortification **2.** humiliation *f.* **'mortify** *vtr* **(mortified)** mortifier; humilier (qn). **'mortifying** *a* mortifiant, humiliant.

mortise ['mɔːtis] *n Carp:* mortaise *f*; **m. lock,** serrure encastrée.

mortuary ['mɔːtjuəri] **1.** *a* mortuaire **2.** *n* (*pl* **mortuaries**) morgue *f.*

mosaic [mou'zeiik] *n* mosaïque *f*; **m. flooring,** dallage en mosaïque.

Moscow ['mɔskou, *NAm:* 'mɔskau] *Prn Geog:* Moscou *m.*

Moses ['mouziz] *Prn* Moïse *m*; **M. basket,** couffin *m.*

Moslem [mɔzlim] *a & n* musulman, -ane.

mosque [mɔsk] *n* mosquée *f.*

mosquito (mɔs'kiːtou] *n* (*pl* **mosquitoes**) *Ent:* moustique *m*; **m. net,** moustiquaire *f.*

moss [mɔs] *n Bot:* mousse *f*; **m. rose,** rose moussue; *Knit:* **m. stitch,** point *m* de riz. **'mossy** *a* **(-ier, -iest)** moussu.

most [moust] **1.** *a* (*a*) le plus (de); **who made (the) m. mistakes?** qui a fait le plus de fautes? **I have (the) m.,** j'en ai le plus (*b*) **m. men,** la plupart des hommes; **m. (of the) books,** la plupart des livres; **in m. cases,** dans la majorité des cas; **for the m. part,** (i) pour la plupart (ii) le plus souvent **2.** *n & indef pron* (*a*) le plus; **at m., at the (very) m.,** tout au plus; **to make the m. of,** profiter (au maximum) de; faire valoir (son argent); bien employer (son temps) (*b*) **m. of them,** la plupart d'entre eux; **m. of the work,** la plus grande partie du travail (*c*) **he's more reliable than m.,** on peut compter sur lui plus que sur la plupart des gens **3.** *adv* (*a*) (*as superlative of* *comparison*) **what I want m.**, ce que je désire le plus; **to talk (the) m.**, parler le plus; **the m. beautiful woman,** la plus belle femme; **the m. beautiful of stories,** une histoire des plus belles; **those who have answered m. accurately,** ceux qui ont répondu le plus exactement (*b*) (*intensive*) très fort, bien; **m. displeased,** fort mécontent; **m. likely, probably,** très probablement; **it's m. remarkable,** c'est tout ce qu'il y a de plus remarquable; **m. unhappy,** bien malheureux; **he has been m. rude,** il a été on ne peut plus grossier; **m. of all,** surtout. **'mostly** *adv* (*a*) pour la plupart; principalement (*b*) le plus souvent, la plupart du temps.

motel [mou'tel] *n* motel *m*.

moth [mɔθ] *n Ent:* (*a*) **(clothes) m.**, mite *f* (*b*) papillon *m* de nuit. **'mothball** *n* boule *f* de naphtaline. **'motheaten** *a* mité. **'mothproof 1.** *a* traité à l'antimite; antimite(s) **2.** *vtr* traiter à l'antimite.

mother ['mʌðər] **1.** *n* mère *f*; **unmarried m.**, mère célibataire; **Mother's Day,** la fête des mères; **m.'s help,** aide familiale, maternelle; **m. country,** mère-patrie *f*; **m. tongue,** langue maternelle; *Ecc:* **M. Superior,** Mère supérieure **2.** *vtr* (*a*) materner (qn) (*b*) dorloter (qn). **'mothercraft** *n* puériculture *f*. **'motherhood** *n* maternité *f*. **Mothering 'Sunday** *n* la fête des mères. **'mother-in-law** *n* (*pl* **mothers-in-law**) belle-mère *f*. **'motherland** *n* patrie *f*. **'motherless** *a* sans mère; orphelin (de mère). **'motherly** *a* maternel. **'mother-of-pearl** *n* nacre *f*. **mother-to-'be** *n* (*pl* **mothers-to-be**) future mère *f*.

motion ['mouʃən] **1.** *n* (*a*) mouvement *m*, déplacement *m*; **in m.**, en mouvement (*b*) (*of vehicle, apparatus*) marche *f*, mouvement; **car in m.**, voiture en marche; **to set in m.**, mettre en mouvement, en marche, en jeu; faire agir (une loi); *esp NAm:* **m. picture** (*Br* = **film**), film *m*; **m. picture industry,** cinéma *m* (*c*) mouvement (du bras); *F:* **to go through the motions,** faire semblant d'agir selon les règles (*d*) signe *m*, geste *m* (*e*) *Pol:* motion *f*, proposition *f*; **to propose a m.**, faire une proposition **2.** *vtr & i* **to m. (to) s.o to do sth,** faire signe à qn de faire qch. **'motionless** *a* immobile; sans mouvement.

motive ['moutiv] **1.** *a* moteur; **m. power,** force motrice **2.** *n* (*a*) motif *m* **(for, of,** de); **from the best motives,** avec les meilleures intentions (*b*) *Jur:* mobile *m*; **I wonder what his m. is,** je me demande pour quelle raison il fait cela. **'motivate** *vtr* motiver (qn, une décision, etc). **moti'vation** *n* motivation *f*; encouragement *m*.

motley ['mɔtli] *a* (*a*) *Lit:* (*multicoloured*) bariolé, bigarré (*b*) divers, hétéroclite.

motocross ['moutoukrɔs] *n Sp:* moto-cross *m*.

motor ['moutər] **1.** *n* moteur *m*; *F:* (*car*) auto *f* **2.** *a* (*of industry, vehicle, etc*) automobile; (*of accident*) d'auto; **m. mechanic,** mécanicien-auto *m*; **m. show,** salon de l'automobile; **m. mower,** tondeuse *f* à moteur **2.** *vi* rouler en auto. **'motorbike** *n F:* moto *f*. **'motorboat** *n* canot *m* automobile. **'motorcade** *n* cortège officiel. **'motorcar** *n* automobile *f*. **'motorcycle** *n* motocyclette *f*, *F:* moto *f*. **'motorcycling** *n* motocyclisme *m*. **'motorcyclist** *n* motocycliste *mf*. **'motoring** *n* automobilisme *m*; **school of m.**, auto-école *f*. **'motorist** *n* automobiliste *mf*. **motori'zation** *n* motorisation. **'motorize** *vtr* motoriser. **'motorman** *nm* (*pl* **-men**) conducteur (de train, de métro). **'motorway** *n* (*NAm:* = **highway, freeway**) autoroute *f*.

mottled ['mɔtld] *a* tacheté, moucheté; marbré.

motto ['mɔtou] *n* (*pl* **mottoes**) devise *f*.

mould[1], *NAm:* **mold**[1] [mould] *n* terre végétale; terreau *m*.

mould[2], *NAm:* **mold**[2] **1.** *n* moule *m;* **casting m.**, moule à fonte **2.** *vtr* mouler; modeler (une statue, le caractère de qn). **'moulding,** *NAm:* **'molding** *n* **1.** moulage *m*; formation *f* (du caractère) **2.** moulure *f*.

mould[3], *NAm:* **mold**[3] *n* moisissure *f*. **'mouldy,** *NAm:* **'moldy** *a* **(-ier, -iest)** moisi; **to go m.**, moisir.

moulder, *NAm:* **molder** ['mouldər] *vi* **to m. (away),** tomber en poussière; s'effriter; *Fig:* (*of pers*) moisir.

moult, *NAm* **molt** [moult] **1.** *n* mue *f* **2.** *vi* muer. **'moulting,** *NAm* **'molting 1.** *a* en mue **2.** *n* mue *f*.

mound [maund] *n* (*a*) tertre *m*, monticule *m*, butte *f*; **burial m.**, tumulus *m* (*b*) monceau *m*, tas *m* (de pierres).

mount[1] [maunt] *n* mont *m*; **M. Sinai,** le mont Sinaï.

mount[2] **I.** *n* **1.** (*a*) montage *m*, support *m* (*b*) monture *f* (d'une lentille); **lens m.**, porte-objectif *m inv* (d'un microscope) (*c*) cadre *m* (d'une photo, d'une diapo); charnière *f* (d'un timbre) **2.** monture (d'un cavalier). **II.** *v* **1.** *vi* monter; *Equit:* **to m. (up),** se mettre en selle **2.** *vtr* (*a*) monter sur, à, grimper à (une échelle, etc); (*of car*) **to m. the pavement,** monter sur le trottoir; **to m. a horse,** monter un cheval; **to m. a bicycle,** enfourcher une bicyclette (*b*) monter, gravir (un escalier, une colline); **to m. s.o. (on a horse),** hisser qn sur un cheval; **the mounted police,** la police montée; **to m. guard,** monter la garde (*c*) monter, sertir (un diamant); monter (un tableau, une photo); coller (un timbre) (dans un album); *Th:* monter (une pièce). **'mounting** *n* montage *m* (d'un tableau, d'une photographie). **mount 'up** *vi* s'accumuler; (*of costs*) augmenter; **it all mounts up,** ça finit par chiffrer.

mountain ['mauntin] *n* montagne *f*; **to make a m. out of a molehill,** se faire une montagne de qch; **m. range,** chaîne de montagnes; **m. scenery,** paysage de montagne; **m. tribe,** tribu montagnarde; **m. rescue,** secours en montagne; *Bot:* **m. ash,** sorbier commun, sauvage; **a m. of work,** un travail monstre. **mountai'neeer 1.** *n* alpiniste *mf* **2.** *vi* faire de l'alpinisme. **mountai'neering** *n* alpinisme *m*. **'mountainous** *a* (pays) montagneux; *Fig:* gigantesque. **'mountainside** *n* flanc *m* de la montagne.

mountebank ['mauntibæŋk] *n* charlatan *m*.

mourn [mɔːn] *vtr & i* **to m. (for),** pleurer. **'mourner** *n* parent, -ente, ami, -ie, du défunt, de la défunte; **the mourners,** le cortège funèbre. **'mournful** *a* triste, lugubre, mélancolique. **'mournfully** *adv* tristement, lugubrement. **'mourning** *n* deuil *m*; **in m.**, en deuil; **to go into m.**, prendre le deuil; **house of m.**, maison endeuillée.

mouse [maus] **1.** *n* (*pl* **mice** [mais]) souris *f* **2.** *vi* (*of cat*) chasser les souris. **'mousehole** *n* trou *m* de souris. **'mouser** *n* (*cat*) souricier *m*. **'mousetrap** *n* souricière *f*; tapette *f*; *F*: **m. (cheese),** fromage *m* ordinaire. **'mousy** *a* (*a*) timide (*b*) gris (de) souris; (*of hair*) châtain terne.

mousse [muːs] *n Cu:* mousse *f*.

moustache, *NAm:* **mustache** [mə'stɑːʃ, *NAm:* 'mʌstæʃ] *n* moustache *f*.

mouth I. *n* [mauθ] (*pl* **mouths** [mauðz] **1.** bouche *f*; **to make s.o.'s m. water,** faire venir l'eau à la bouche de qn; *F*: **big m.,** gueulard *m*; grande gueule; **shut your m.!** ta gueule! **he kept his m. shut,** il n'a parlé à personne; **to put words into s.o.'s m.,** attribuer des paroles à qn; **by word of m.,** de bouche à oreille; *F*: **to be down in the m.,** avoir le cafard **2.** bouche (de cheval); gueule *f* (de chien, de lion, etc); *Fig:* **it's straight from the horse's m.,** ça vient de surce sûre, c'est un tuyau increvable **3.** (*a*) bouche (de puits); gueule (de four, de canon); entrée *f* (de tunnel, de cave, de port) (*b*) embouchure *f* (de fleuve). **II.** *vtr & i* [mauð] *Pej:* dire. **'mouthful** *n* **1.** bouchée *f*; gorgée *f* (d'eau) **2.** *F*: nom *m* à coucher dehors. **'mouthorgan** *n* harmonica *m*. **'mouthpiece** *n* **1.** *Mus:* embouchure *f* **2.** *Fig:* porte-parole *m inv*. **'mouth-to-'mouth** *n* **m.-to-m. (resuscitation),** bouche-à-bouche *m inv*. **'mouthwash** *n* bain *m* de bouche. **'mouth-watering** *a* appétissant; qui fait venir l'eau à la bouche.

move [muːv] **I.** *n* (*a*) *Chess:* coup *m*; **to have first m.,** commencer; jouer le premier; **to make a m.,** jouer; **whose m. is it?** c'est à qui le tour, à qui de jouer? (*b*) coup, démarche *f*; tentative *f*; **what's the next m.?** qu'est-ce qu'il faut faire maintenant? **he must make the first m.,** c'est à lui de faire le premier pas (*c*) mouvement *m*; **we must make a m.,** il faut se préparer à partir; *Fig:* il faut passer à l'action; **on the m.**, en marche; *F*: **to get a m. on,** se dépêcher; se grouiller (*d*) déménagement *m* (*e*) changement *m* d'emploi; mutation *f*. **II.** *v* **1.** *vtr* (*a*) déplacer, bouger (qch); faire partir (la foule); transporter (qch); **to m. one's position,** changer de place; **to m. one's chair nearer the fire,** approcher son fauteuil du feu; **he was moved to London,** on l'a envoyé (travailler) à Londres; *Chess:* **to m. a piece,** jouer une pièce (*b*) **to m. house,** déménager (*c*) remuer (la tête, le bras); (*of wind*) agiter (les branches); **he didn't m. a muscle,** il n'a pas (sour)cillé (*d*) ébranler la résolution de (qn); **nothing will m. him,** il est inflexible (*e*) **to m. s.o. to do sth,** pousser, inciter, qn à faire qch (*f*) émouvoir, toucher (qn); **to m. s.o. to anger,** provoquer la colère de qn; **to m. s.o. to tears,** émouvoir qn (jusqu')aux larmes; **to m. s.o. to pity,** exciter la pitié de qn (*g*) **to m. a resolution,** proposer une motion; **I m. that,** je propose que + *sub* (*h*) **to m. s.o.,** muter qn **2.** *vi* (*a*) se mouvoir, se déplacer, changer de place; **keep moving! m. along!** circulez! **to m. to another seat,** changer de place; **moving train,** train en marche; **to m. in high society,** fréquenter la haute société (*b*) bouger, remuer; **don't m.!** ne bougez pas! (*c*) aller (**to,** à); passer (**to,** à); **the earth moves round the sun,** la terre tourne autour du soleil; **to m. towards the table,** s'avancer, se diriger, vers la table; **it's time we were moving, we must be moving,** il est temps de partir, il faut partir (*d*) déménager; **to m. to the country,** aller habiter (à) la compagne (*e*) avancer; agir; **he must m. first,** c'est à lui d'agir le premier (*e*) (*play*) jouer. **'movable 1.** *a* mobile **2.** *npl* **movables,** mobilier *m*. **move a'bout** *vi* (*a*) se déplacer (*b*) remuer. **move a'long 1.** *vi* avancer; (*on bench*) se pousser **2.** *vtr* faire avancer. **move a'way 1.** *vi* s'éloigner, s'en aller **2.** *vtr* écarter, éloigner (qch). **move 'back 1.** *vi* reculer; retourner **2.** *vtr* reculer (un objet). **move 'down 1.** *vi* descendre **2.** *vtr* descendre (qch). **move 'forward 1.** *vtr* avancer (qch); faire avancer (qn) **2.** *vi* avancer. **move 'in 1.** *vi* emménager **2.** *vtr* (*a*) faire entrer (qn) (*b*) installer (son mobilier). **move 'into** *vi* emménager dans. **'movement** *n* mouvement *m*; geste *m* (du bras); **to watch s.o.'s movements,** surveiller les allées et venues de qn; *Physiol:* **(bowel) m.,** selle *f*. **move 'off** *vi* s'éloigner, s'en aller; (*of train*) se mettre en marche; (*of car*) démarrer. **move 'on 1.** *vi* (*a*) avancer; **m. on please!** circulez, avancez, s'il vous plaît! (*b*) (*of car*) se remettre en route **2.** *vtr* faire circuler (la foule). **move 'out 1.** *vi* déménager **2.** *vtr* (*a*) sortir (qch); faire sortir (qn) (*b*) déménager (ses meubles). **move 'over 1.** *vi* se pousser, se ranger **2.** *vtr* pousser. **'mover** *n* **1. prime m.,** premier moteur; inspirateur, -trice (d'un project) **2.** auteur *m* (d'une motion). **move 'up 1.** *vi* se pousser; (*of employee*) avoir de l'avancement; *Sch:* passer dans la classe supérieure **2.** *vtr* (faire) monter; donner de l'avancement à (un employé). **'movie** *F*: film *m;* **the movies,** le cinéma; **home movies,** films d'amateur; **m. house,** (salle *f* de) cinéma; **m. camera,** caméra *f*. **'moviegoer** *n* cinéphile *mf*. **'moving 1.** *a* (*a*) en mouvement; en marche (*b*) *Tchn;* mobile; (escalier) mécanique; (tapis) roulant (*c*) moteur; **the m. spirit,** l'âme *f* (d'une entreprise) (*d*) émouvant *m*; **m. in,** emménagement *m*. **'movingly** *adv* d'une manière émouvante.

mow [mou] *vtr* **(mowed; mown)** (*á*) faucher (le blé, un champ); *Fig:* **to mow s.o. down,** faucher qn (*b*) tondre (le gazon). **mower** *n* (*pers*) faucheur *m*; (*machine*) faucheuse *f*; **(lawn) m.,** tondeuse *f* (à gazon); **motor m.,** tondeuse à moteur.

MP *abbr Member of Parliament.*

m.p.g. *abbr miles per gallon.*

m.p.h. *abbr miles per hour.*

Mr ['mistər] *abbr Mister,* Monsieur, M.

Mrs ['misiz] *abbr Mistress,* Madame, Mme.

Ms [miz] *abbr* (*married or unmarried woman*) Madame, Mme.

much [mʌtʃ] **1.** *a* beaucoup (de); bien (du, de la, des); **with m. care,** avec beaucoup de soin; *Iron:* **m. good may it do you!** grand bien vous fasse! **how m. bread?** combien de pain? **how m. is it?** *F:* **how m.?** c'est combien? *F:* combien? **2.** *adv* beaucoup, bien; **m. better,** beaucoup mieux; **m. worse,** bien pire; **it doesn't matter m.,** cela ne fait pas grand-chose; **m. the biggest,** de beaucoup le plus grand; **thank you very m.,** merci beaucoup; **it's (pretty, very) m. the same,** c'est presque le même, c'est à peu près la même chose; **m. to my surprise,** à ma grande surprise; *P:* **not m.!** et comment! **3.** *n* (*a*) **m. remains to be done,** il reste encore beaucoup à faire; **do you**

see m. of one another? vous voyez-vous souvent? **there isn't m. of it,** il n'y en a pas beaucoup; **it's not worth m., not up to m.,** cela ne vaut pas grand-chose (*b*) **I know this m.,** je sais ceci (du moins); **this m. wine,** ça de vin; **I'll say this m. for him,** je dirai ceci en sa faveur; **this m. is certain,** il y a ceci de certain; **there isn't all that m.,** il n'y en a pas tellement; **it's not m. of a garden,** ce n'est pas merveilleux comme jardin (*c*) **to make m. of sth,** attacher beaucoup d'importance à qch; faire grand cas de qch; **to make m. of s.o.,** (i) être aux petits soins pour (qn) (ii) flatter (qn); **I don't think m. of it,** je n'en pense pas beaucoup de bien **4.** *adv phrs* (*a*) **m. as I like him,** quelle que soit mon affection pour lui (*b*) **as m.,** autant (de); **twice as m.,** deux fois plus (de); **I thought as m.,** je m'y attendais; je m'en doutais bien (*c*) **as m. as possible,** autant que possible; **it's as m. as he can do to read,** c'est tout juste s'il sait lire; **he looked at me as m. as to say,** il m'a regardé avec l'air de dire (*d*) **as m. (as), so m. (as),** tant (que), autant (que); **as m. as that?** tant que ça? à ce point-là? **he went away without so m. as saying goodbye,** il est parti sans même dire au revoir; **I haven't so m. as my fare,** je n'ai pas même le prix de mon voyage (*e*) **so m.,** tant (de), tellement (de); **so m. money,** tant d'argent; **he has drunk so m.,** il a tellement bu; **so m. the better,** tant mieux; **so m. so that,** à ce point, à tel point, que; **so m. for his friendship!** et voilà ce qu'il appelle l'amitié! **so m. for that!** voilà pour cela! **so m. per cent,** tant pour cent (*f*) **too m.,** trop (de); **m. too m.,** beaucoup trop (de); **£10 too m.,** £10 de trop; **it costs too m.,** ça coûte trop cher; **to make too m. of sth,** attacher trop d'importance à qch; **they were too m. for him,** il n'était pas de taille à leur résister; **this is (really) too m.!** *F:* **that's a bit m.!** (ça) c'est (vraiment) trop fort! **you can't have too m. of a good thing,** abondance de bien ne nuit pas. **'muchness** *n F:* **they're much of a m.,** ils se ressemblent beaucoup; **it's all much of a m.,** c'est la même chose.

mucilage ['mjuːsilidʒ] *n* mucilage *m.*

muck [mʌk] *n* (*a*) fumier *m* (*b*) fange *f*; crotte *f*; ordures *fpl* (*c*) *F:* saletés *fpl* (*d*) *F:* **to make a m. of sth,** faire un gâchis de qch. **muck a'bout, a'round** *F:* **1.** *vi* (*a*) s'amuser (*b*) faire l'imbécile (*c*) **to m. a. with,** s'amuser avec; changer (un texte, etc) **2.** *vtr* **to m. s.o. a.,** embêter, déranger, qn. **muck 'in** *vi F:* participer (**with s.o.,** avec qn), contribuer. **'muckiness** *n* saleté *f.* **muck 'out** *vtr* nettoyer (une écurie). **'muckraking** *n F:* déterrement *m* de scandales. **muck 'up** *vtr F:* (i) salir (qch) (ii) bousiller, gâcher (qch). **'muck-up** *n* gâchis *m.* **'mucky** *a* **(-ier, -iest)** sale.

mucus ['mjuːkəs] *n* mucosités *fpl.* **'mucous** *a* muqueux; **m. membrane,** muqueuse *f.*

mud [mʌd] *n* boue *f*, bourbe *f*; **(river) m.,** vase *f*; **m. hut,** hutte de terre; *Fig:* **to throw m. at s.o.,** traîner qn dans la boue; *F:* **his name is m.,** il est très mal vu; *F:* **as clear as m.,** clair comme de l'eau de boudin; *F:* **m. pie,** pâté de sable. **'mudbank** *n* banc de vase. **'muddy** *a* **(-ier, iest) 1.** (*a*) boueux, fangeux, bourbeux; (cours d'eau) vaseux (*b*) (vêtement, etc) couvert de boue **2.** (liquide) trouble; (couleur) sale; (teint) brouillé. **'mudflap** *n* pare-boue *m inv.* **'mudflat** *n Geog:* plage *f* de vase. **'mudguard** *n* garde-boue *m inv.* **'mudpack** *n Toil:* masque *m* de beauté.

muddle ['mʌdl] **1.** *n* confusion *f*, désordre *m*, embrouillement *m*; **in a m.,** (i) (*of thgs, room, etc*) en désordre, en pagaille, sens dessus dessous (ii) (*of pers*) désorienté; (*of mind, ideas*) embrouillé; **to get into a m. (about sth),** s'embrouiller (au sujet de qch) **2.** *vtr* (*a*) embrouiller (qch); mélanger (des papiers); **to m. things (up),** embrouiller les choses; *F:* brouiller les fils (*b*) embrouiller (qn); brouiller l'esprit de (qn). **muddle a'long** *vi* se débrouiller tant bien que mal. **muddle-'headed** *a* à l'esprit confus, brouillon; (*of ideas*) embrouillé. **'muddler** *n* esprit brouillon. **muddle 'through** *vi* se débrouiller, s'en tirer, tant bien que mal.

muff [mʌf] **1.** *n Cl:* manchon *m* **2.** *vtr F:* **to m. it,** rater, louper, son coup.

muffin ['mʌfin] *n* petit pain brioché.

muffle ['mʌfl] *vtr* **1.** emmitoufler; **to m. oneself up,** s'emmitoufler **2.** assourdir (une cloche); étouffer (un son). **'muffled** *a* (*of sound*) sourd. **'muffler** *n* **1.** cache-nez *m inv*, cache-col *m inv* **2.** *N Am: Aut:* (*Br* = **silencer**) silencieux *m.*

mufti ['mʌfti] *n Mil:* tenue civile; **in m.,** en civil.

mug[1] [mʌg] *n* **1.** (*for coffee, etc*) tasse (haute); (*metal or plastic*) gobelet *m*; **(beer) m.,** chope *f* **2.** *P:* gueule *f*; **ugly m.,** vilain museau; *Pej:* **m. shot,** photo *f* (d'identité) **3.** *F:* (*pers*) dupe *f*, poire *f*; **it's a mug's game,** on se fait toujours avoir.

mug[2] *vtr* **(mugged) 1.** *Sch: F:* **to m. up,** bûcher (un sujet) **2.** agresser (qn). **'mugger** *n* agresseur *m.* **'mugging** *n* agression *f.*

muggy ['mʌgi] *a* **(-ier, -iest)** (temps) lourd.

mulatto [mju'lætou] *n* (*pl* **mulattoes**) mulâtre, -esse.

mulberry ['mʌlbəri] *n* (*pl* **mulberries**) *Bot:* mûre *f*; (*tree*) mûrier *m.*

mulch [mʌltʃ] *Hort:* **1.** *n* (genre *m* de) terreau *m* **2.** *vtr* couvrir de terreau.

mule [mjuːl] *n Z:* **(he-)m.,** mulet *m*; **(she-)m.,** mule *f*; **m. driver,** muletier *m*; **m. track,** chemin muletier; **stubborn as a m.,** têtu comme une mule. **mule'teer** *n* muletier *m.* **'mulish** *a* entêté, têtu (comme une mule).

mull [mʌl] *vtr* **1.** *F:* **to m. over an idea,** ruminer une idée **2.** chauffer (du vin); **mulled wine,** vin chaud épicé.

mullet ['mʌlit] *n Ich:* **(grey) m.,** mulet *m*; **(red) m.,** rouget *m.*

mulligatawny [mʌligə'tɔːni] *n* potage *m* au curry.

multi- ['mʌlti] *pref* multi-. **multicoloured** *a* multicolore. **multi'farious** *a* divers. **multimillio'naire** *n* milliardaire *mf.* **multi'national 1.** *a* multinational **2.** *n* multinationale *f.* **multi'purpose** *a* multi-usages; polyvalent. **multi'racial** *a* multiracial. **multi'storey,** *NAm:* **multi'storied** *a* à étages.

multiple ['mʌltipl] *a* & *n* multiple (*m*); **m. store,** magasin à succursales (multiples). **'multiple-'choice** *a* (questionnaire) à choix multiples, QCM. **multipli'cation** *n* multiplication *f.* **multi'plicity** *n* multiplicité *f.* **'multiply** *vtr* & *i* **(multiplied)** (se) multiplier.

multitude ['mʌltitjuːd] *n* multitude *f*; foule *f.*

mum[1] [mʌm] **1.** *int* **m.'s the word!** motus! **2.** *a* **to keep m.,** garder le silence.

mum[2] *n F:* maman *f.*

mumble ['mʌmbl] *vtr & i* marmotter, marmonner.

mumbo-jumbo [mʌmbou'dʒʌmbou] *n* charabia *m.*

mummy[1] [mʌmi] *n* (*pl* **mummies**) momie *f.* **'mummify** *vtr* **(mummified)** momifier.

mummy[2] *n* (*pl* **mummies**) *F:* maman *f.*

mumps [mʌmps] *Med:* oreillons *mpl.*

munch [mʌntʃ] *vtr* mastiquer; *F:* **to m. (on),** bouffer.

mundane [mʌn'dein] *a* banal; terre-à-terre.

municipal [mju:'nisipəl] *a* municipal; **m. buildings** = hôtel *m* de ville. **munici'pality** *n* municipalité .

munificence [mju:'nifisəns] *n* munificence *f.* **mu'nificent** *a* munificent, généreux.

munitions [mju:'niʃənz] *n pl* munitions *fpl*; **m. factory,** usine de munitions.

mural ['mjuərəl] **1.** *a* mural **2.** *n* fresque *f,* peinture murale.

murder ['mə:dər] **1.** *n* meurtre *m,* assassinat *m*; *Jur:* homicide *m* volontaire; **m.!** au meurtre! à l'assassin! **the m. weapon,** l'arme *f* du crime; *F:* **it's (sheer) m.,** c'est infernal; *F:* **to shout blue m.,** crier comme un perdu; *F:* **he gets away with m.,** il peut faire n'importe quoi impunément **2.** *vtr* (*a*) assassiner (qn) (*b*) *Fig:* massacrer (une chanson). **'murderer** *n* meurtrier, -ière, assassin *m.* **'murderess** *nf* meurtrière. **'murderous** *a* meurtrier, assassin.

murky ['mə:ki] *a* obscur, ténébreux; (*of water, business*) trouble; (*of weather*) nuageux; **m. past,** passé trouble.

murmur ['mə:mər] **1.** *n* murmure *m*; bourdonnement *m* (de voix, de la circulation); *Med:* **heart m.,** souffle *m* au cœur **2.** *vtr & i* murmurer.

muscle ['mʌsl] *n* muscle *m.* **muscle 'in on** *vi F:* s'introduire par la force à. **'muscular** *a* **1.** (force) musculaire **2.** (homme) musculeux, musclé.

muse[1] [mju:z] *n* muse *f.*

muse[2] *vi* méditer (**on,** sur); rêver, songer (**on,** à). **'musing** *a* pensif, rêveur.

museum [mju:'ziəm] *n* musée *m.*

mush [mʌʃ] *n* **1.** bouillie *f* **2.** *Fig:* sentimentalité *f* (à l'eau de rose). **'mushy** *a* **(-ier, -iest). 1.** en bouillie; (fruit) blet; **m. peas,** purée *f* de poix **2.** *Fig:* sentimental.

mushroom ['mʌʃrum] **1.** *n* champignon *m* (comestible); **m. soup,** potage aux champignons; **m. town,** ville champignon; **m. cloud,** champignon atomique **2.** *vi F:* pousser comme des champignons; se multiplier. **'mushrooming** *n* **to go m.,** aller aux champignons.

music ['mju:zik] *n* (*a*) musique *f*; **to set to m.,** mettre en musique; **background m.,** musique de fond; **canned m.,** musique (de fond) enregistrée; **m. centre,** chaîne *f* stéréo compacte; **m. critic,** critique musical; **m. lover,** mélomane *mf* (*b*) **m. case,** porte-musique *m inv*; **m. stand,** pupitre à musique (*c*) **m. hall,** music-hall *m.* **'musical 1.** *a* (*a*) musical; (instrument) de musique; **m. box,** boîte à musique (*b*) (*of pers*) **to be (very) m.,** être (très) musicien (*c*) (*of sound*) harmonieux, mélodieux **2.** *n* comédie musicale. **mu'sician** *n* musicien, -ienne. **mu'sicianship** *n* sens *m* de la musique. **musi'cologist** *n* musicologue *mf.* **musi'cology** *n* musicologie *f.*

musk [mʌsk] *n* (*a*) musc *m*; **m. cat,** civet *m* (*b*) **m. rose,** rose musquée. **'muskrat** *n* rat musqué. **'musky** *a* musqué; (odeur) de musc.

musket ['mʌskit] *n Sma: Hist:* mousquet *m.* **muske'teer** *n Hist:* mousquetaire *m.*

Muslim ['muzlim] *a & n* musulman, -ane.

muslin ['mʌslin] *n* mousseline *f.*

musquash ['mʌskwɔʃ] *n* rat musqué.

mussel ['mʌsl] *n Moll:* moule *f.*

must [mʌst] **1.** *n F:* **it's a m.,** c'est une nécessité, c'est (absolument) indispensable; **this film's a m.,** c'est un film à ne pas manquer **2.** *modal aux v inv* (**must not** *is often contracted into* **mustn't**) (*finite tenses of*) falloir, devoir (*a*) (*obligation*) **you m. be ready at four o'clock,** vous devrez être prêt à quatre heures; **you m. hurry up,** il faut vous dépêcher; **you mustn't tell anyone,** il ne faut le dire à personne; **do it if you m.,** faites-le s'il le faut; **he's stupid, I m. say,** il est stupide, il faut l'avouer (*b*) (*probability*) **it m. be the doctor,** ce doit être le médecin; **I m. have made a mistake,** j'ai dû me tromper; **if he says so it m. be true,** s'il le dit c'est que c'est vrai (*c*) **I saw that he m. have suspected something,** j'ai bien vu qu'il avait dû douter de quelque chose.

mustache ['mʌstæʃ] *n NAm:* = **moustache.**

mustang ['mʌstæŋ] *n Z:* mustang *m.*

mustard ['mʌstəd] *n* moutarde *f*; **m. pot,** moutardier *m.*

muster ['mʌstər] **I.** *n* (*a*) rassemblement *m* (*b*) *Mil:* revue *f*; **to pass m.,** passer; être acceptable; être à la hauteur (*c*) appel *m*; **m. roll,** feuille *f* d'appel (*d*) assemblée *f,* réunion *f.* **II.** *v* **1.** *vtr* (*a*) rassembler (ses partisans); réunir (une somme) (*b*) *Mil:* passer (des troupes) en revue (*c*) faire l'appel (*d*) **to m. (up) one's courage,** prendre son courage à deux mains; **he couldn't m. (up) enough energy,** il n'a pas eu suffisamment d'énergie (**to,** pour) **2.** *vi* se réunir, se rassembler.

musty ['mʌsti] *a* **(-ier, -iest) 1.** (goût, odeur) de moisi; (*of room*) **to smell, be, m.,** sentir le moisi, le renfermé **2.** (*of ideas*) vieux jeu. **'mustiness** *n* goût *m,* odeur *f,* de moisi; relent *m.*

mutate [mju:'teit] *vtr & i* (faire) subir une mutation. **'mutant** *a & n* mutant (*m*). **mu'tation** *n* mutation *f.*

mute [mju:t] **1.** *a* (*a*) muet (*b*) *Ling:* (lettre) muette; **h m.,** h muet **2.** *n* (*of pers*) (*a*) muet., -ette (*b*) *Mus:* sourdine *f* **3.** *vtr* assourdir (un son, une couleur). **'muted** *a* (*of sound, colour*) assourdi; (*of criticism*) voilé; (*of violin*) en sourdine.

mutilate ['mju:tileit] *vtr* mutiler. **muti'lation** *n* mutilation *f.*

mutiny ['mju:tini] **1.** *n* (*pl* **mutinies**) révolte *f,* mutinerie *f* **2.** *vi* se révolter, se mutiner. **muti'neer** *n* mutiné *m,* mutin *m.* **'mutinous** *a* rebelle, mutiné, mutin; (équipage) en révolte.

mutter ['mʌtər] **1.** *n* marmonnement *m* **2.** *vtr & i* marmonner, marmotter. **'muttering** *n* marmonnement, marmottement *m.*

mutton ['mʌtn] *n Cu:* mouton *m*; **leg of m.,** gigot *m*; **m. chop,** côtelette de mouton.

mutual ['mju:tjuəl] *a* (*of feelings*) mutuel, réciproque; **m. friend,** ami commun; *NAm: Fin:* **m. fund,** fonds commun de placement. **'mutually** *adv* mutuellement, réciproquement.

muzak ['mju:zæk] *n Rtm:* musique *f* d'ambiance, de supermarché.

muzzle ['mʌzl] **1.** *n* (*a*) museau *m* (d'un animal) (*b*) gueule *f* (d'une arme à feu) (*c*) muselière *f* (pour chien) **2.** *vtr* museler (un chien, la presse).

muzzy ['mʌzi] *a* (*a*) (*of pers*) brouillé, confus; **I feel m.,** je me sens un peu abruti (*b*) (*of outline*) flou.

my [mai] *poss a* mon, *f* ma, *pl* mes; **in my opinion,** à mon avis; **one of my friends,** un de mes amis; un ami à moi; **I've broken my arm,** je me suis cassé le bras; **my hair is grey,** j'ai les cheveux gris; **my idea would be to,** mon idée à moi serait de. **myself** *pers pron* (*a*) moi-même; **I did it m.,** je l'ai fait moi-même; **I'm not m.,** je ne suis pas dans mon assiette; **I m. believe that,** pour ma part je crois que (*b*) **I've hurt m.,** je me suis fait mal; **I was enjoying m.,** je m'amusais (*c*) **I live by m.,** je vis tout seul; **I'll keep it for m.,** je le garderai pour moi.

myopia [mai'oupiə] *n Med:* myopie *f*. **my'opic** *a* myope.

myriad ['miriəd] *n* myriade *f*.

myrtle ['mə:tl] *n Bot:* myrte *m*.

mystery ['mistəri] *n* (*pl* **mysteries**) mystère *m*; **to make a m. of sth,** faire mystère de qch; **it's a m. to me,** je n'y comprends rien; **there's no m. about it,** ça n'a rien de mystérieux. **my'sterious** *a* mystérieux. **mys'teriously** *adv* mystérieusement.

mystic ['mistik] *a & n* mystique (*mf*). **'mystical** *a* mystique. **'mysticism** *n* mysticisme *m*. **my'stique** *n* mystique *f* (**of,** de).

mystify ['mistifai] *vtr* (**mystified**) **1.** mystifier, intriguer (qn) **2.** laisser perplexe. **mystifi'cation** *n* **1.** mystification *f* **2.** perplexité *f*.

myth [miθ] *n* mythe *m*. **'mythical** *a* mythique. **mytho'logical** *a* mythologique. **my'thology** *n* mythologie *f*.

myxomatosis [miksəmə'tousis] *n* myxomatose *f*.

N

N n [en] *n* (la lettre) N, n *m*.
nab [næb] *vtr* **(nabbed)** *P:* arrêter, pincer, épingler (qn); **to get nabbed,** se faire pincer.
nadir ['neidiər] *n* nadir *m*.
nag[1] [næg] *n F:* bidet *m*, bourrin *m*.
nag[2] *vtr & i* **(nagged)** critiquer; **n. (at) s.o.,** harceler, persécuter, embêter, qn (**to do,** pour qu'il fasse). **'nagging** 1. *a* (*of pain*) qui subsiste 2. *n* critiques *fpl*.
nail [neil] **I.** *n* **1.** ongle *m* (de doigt); **n. file,** lime à ongles; **n. scissors,** ciseaux à ongles; **n. varnish,** vernis à ongles **2.** clou *m*, *pl* clous; **to drive in a n.,** enfoncer un clou; *F:* **to hit the n. on the head,** tomber juste; mettre le doigt dessus **3.** *F:* **to pay on the n.,** payer argent comptant, payer rubis sur l'ongle. **II.** *vtr* **1. to n. (sth down),** clouer (qch); **he stood nailed to the spot,** il est resté cloué sur place **2.** clouter (des chaussures) **3.** *P:* épingler (qn). **'nail-biting 1.** *n* habitude *f* de se ronger les ongles **2.** *a* **n. suspense,** suspense *m* insoutenable. **'nailbrush** *n* brosse *f* à ongles.
naive [nai'i:v] *a* naïf, ingénu. **na'ively** *adv* naïvement. **na'ivety** *n* naïveté *f*.
naked ['neikid] *a* **1.** (*a*) (*of pers*) (tout) nu; **stark n.,** complètement nu (*b*) (bras) découvert, nu; (pays, arbre) dénudé **2. n. sword,** épée nue; **n. flame, n. light,** feu nu, flamme nue; **visible to the n. eye,** visible à l'œil nu; **the n. truth,** la pure vérité. **'nakedness** *n* nudité *f*.
namby-pamby [næmbi'pæmbi] *a & n* gnan-gnan (*mf*).
name [neim] **I.** *n* **1.** (*a*) nom *m*; *Com:* raison sociale (d'une maison); (*on form*) **full n.,** nom et prénom(s); **Christian n., first n.,** *NAm:* **given n.,** prénom *m*; **last n.,** nom de famille; **n. day,** fête *f* (de qn); **what's your n.?** comment vous appelez-vous? **my n. is,** je m'appelle; **to go by the n. of,** être connu sous le nom de; **to mention s.o. by n.,** nommer qn; (*to caller*) **what n. shall I say?** qui dois-je annoncer? **to put one's n. down for,** (i) s'inscrire à (une école, un stage) (ii) demander, faire une demande pour avoir (un poste, une maison); **by n.,** de nom; **in the n. of,** au nom de; **to be master in n. only,** n'être maître que de nom (*b*) **to call s.o. names,** injurier qn **2.** réputation *f*, renommée *f*; **to get a good, bad, n.,** se faire une bonne, mauvaise, réputation; **he has several books to his n.,** il est l'auteur de plusieurs livres; **to have a n. for honesty,** avoir la réputation d'être honnête; **to make a n. for oneself, to make one's n.,** se faire une réputation; **to give sth a bad n.,** faire une mauvaise réputation à qch. **II.** *vtr* **1.** nommer; baptiser (un navire, une rue); **he was named after ...,** *NAm:* **for....,** il a reçu le nom de ... **2.** désigner, nommer **3.** (*a*) citer (un exemple) (*b*) fixer (le jour, un prix). **'name-dropping** *n* habitude *f* de se dire ami de gens connus. **'nameless** *a* **1.** sans nom; inconnu **2.** anonyme; **someone who shall be n.,** quelqu'un dont je tairai le nom **3.** (*of fear*) indicible, inexprimable; (vice) abominable. **'namely** *adv* à savoir; c'est-à-dire. **'nameplate** *n* plaque *f*; **manufacturer's n.,** plaque de constructeur. **'namesake** *n* homonyme *m*.
nanny ['næni] *nf* **1.** (*pl* **nannies**) (*a*) nourrice (de jour), bonne d'enfant, nurse (*b*) *F:* (*grandmother*) mamie **2. n. goat,** chèvre, *F:* bique.
nap[1] [næp] **I.** *n* petit somme; **afternoon n.,** sieste *f*. **II.** *vi* **(napped) to be napping,** sommeiller; *Fig:* **to catch s.o. napping,** prendre qn au dépourvu.
nap[2] *n* (*of velvet, cloth*) poil *m*; (*of cloth*) duvet *m*, lainer *m*; **against the n.,** à rebrousse-poil, à rebours.
nap[3] *n* **1.** *Cards:* napoléon *m*, nap *m* **2.** *Turf:* tuyau sûr.
napalm ['neipɑ:m] *n* napalm *m*.
nape [neip] *n* **n. (of the neck),** nuque *f*.
naphtha ['næfθə] *n* naphte *m*. **'naphthalene** *n* (*a*) *Ch:* naphtalène *m* (*b*) *DomEc:* naphtaline *f*.
napkin ['næpkin] *n* **1. (table) n.,** serviette *f* (de table); **n. ring,** rond de serviette **2.** (*see also* **nappy**) (*NAm:* = **diaper**) couche *f* (de bébé).
Napoleonic [næpouli'ɔnik] *a* napoléonien.
nappy ['næpi] *n* (*pl* **nappies**) (*NAm:* = **diaper**) couche *f* (de bébé).
narcissus [nɑ:'sisəs] *n* (*pl* **narcissi**) *Bot:* narcisse *m*. **'narcissism** *n* narcissisme *m*. **narci'ssistic** *a* narcissique.
narcotic [nɑ:'kɔtik] *a & n* narcotique (*m*).
nark [nɑ:k] **I.** *n F:* mouchard *m*. **II.** *vtr* embêter (qn), foutre (qn) en rogne.
narrate [nə'reit] *vtr* raconter (qch). **na'rration** *n* (*a*) narration *f* (*b*) récit *m*, narration. **'narrative 1.** *a* narratif **2.** *n* récit, narration. **na'rrator** *n* narrateur, -trice.
narrow ['nærou] **I.** *a* **(-er, -est)** (*a*) (chemin) étroit; (jupe) étriquée; **to grow n.,** se rétrécir (*b*) restreint, étroit; de faibles dimensions; (esprit) étroit, borné; **n. limits,** limites restreintes; **in the narrowest sense,** dans le sens le plus exact (*c*) **n. majority,** faible, petite, majorité; **he had a n. escape,** il l'a échappé belle. **II.** *v* **1.** *vtr* (*a*) resserrer, rétrécir (*b*) restreindre, limiter, borner; **to n. (down) an investigation,** limiter une enquête **2.** *vi* devenir plus étroit; se rétrécir; (*of choice, etc*) **to n. down,** se limiter (to à). **'narrowboat** *n* péniche *f*; plate *f*. **'narrowly** *adv* **1.** (*a*) (interpréter) étroitement, strictement (*b*) (examiner) minutieusement, de près **2.** de justesse; **he n. missed being run over,** il a failli être écrasé. **narrow-'minded** *a* borné; à l'esprit étroit. **narrow-'mindedness** *n* étroitesse *f*, petitesse *f*, d'esprit. **'narrowness** *n* **1.** (*a*) étroitesse *f* (*b*) petitesse *f*; limitation *f*; étroitesse (d'esprit) **2.** minutie *f* (d'un examen). **'narrows** *npl* passe étroite; goulet *m*.

NASA ['næsə] *abbr NAm: National Aeronautics and Space Administration.*

nasal ['neiz(ə)l] **1.** *a* nasal; **n. accent,** accent nasillard **2.** *n Ling:* nasale *f.* **'nasalize** *vtr* nasaliser.

nascent ['neisənt] *a* (*of plant, society*) naissant.

nasturtium [nə'stəːʃəm] *n Hort:* capucine *f.*

nasty ['nɑːsti] *a* **(-ier, -iest) 1.** (*a*) désagréable, dégoûtant; **to smell n.,** sentir mauvais (*b*) **n. weather,** sale, vilain, mauvais, temps; **n. job,** besogne difficile, dangereuse; **n. accident,** accident sérieux; **n. corner,** tournant dangereux; **a n. mess,** un gâchis **2.** (*of pers*) méchant, désagréable; *F:* rosse; **to turn n.,** prendre un air méchant; **he's a n. piece of work,** c'est un sale type **3.** (*a*) (*of language, book*) indécent, obscène (*b*) **to have a n. mind,** avoir l'esprit mal tourné. **'nastily** *adv* désagréablement; méchamment. **'nastiness** *n* méchanceté *f*; **the n. of the taste,** le mauvais goût.

nation ['neiʃ(ə)n] *n* **1.** nation *f*; **people of all nations,** des gens de toutes les nationalités; **the United Nations,** les Nations Unies **2. the whole n. rose in arms,** tout le pays s'est soulevé. **national** ['næʃənəl] *a* national, de l'État; (costume, hymne) national; (coutume) du pays; **n. insurance** = assurances sociales; **n. park,** parc national; *Mil:* **n. service,** service militaire. **'nationalism** *n* nationalisme *m.* **'nationalist** *a & n,* **national'istic** *a* nationaliste (*mf*). **natio'nality** *n* nationalité *f.* **nationali'zation** *n* nationalisation *f.* **'nationalize** *vtr* nationaliser. **'nationally** *adv* (voyager, être connu, etc) dans le pays (tout) entier. **'nationwide** *a & adv* dans le pays (tout) entier.

native ['neitiv] **1.** *a* (*a*) (*of charm, ability*) naturel, inné (*b*) (*of place*) natal, de naissance; (*of habits, costume*) du pays; (*of tribe, plant*) indigène; **n. country,** terre natale; patrie *f*, pays *m*; **n. language,** langue maternelle; **n. speaker of English,** personne dont la langue maternelle est l'anglais **2.** *n* (*a*) (*pers*) autochtone *mf*; indigène *mf*; **to be a n. of,** être originaire, natif, de (*b*) (*of plant, animal*) indigène.

nativity [nə'tiviti] *n* nativité *f*; **n. play,** mystère *m* de la Nativité.

NATO ['neitou] *abbr North Atlantic Treaty Organization,* Organisation du Traité de l'Atlantique Nord, OTAN.

natter ['nætər] *F:* **I.** *n* causerie *f*; **to have a n.,** bavarder, jacter **II.** *vi* bavarder, jacter.

natty ['næti] *a* (*a*) (*of pers, dress*) pimpant, coquet (*b*) (*of gadget*) bien imaginé.

natural ['nætʃərəl] **1.** *a* (*a*) naturel; **n. history,** histoire naturelle; **n. law,** loi naturelle; **n. size,** grandeur nature; **in the n. state,** à l'état naturel, primitif; **n. gas,** gaz naturel; **she's a n. blond,** c'est une vraie blonde; *Med:* **n. childbirth,** accouchement *m* sans douleur (*b*) natif, inné; **it is n. for a man to,** il est dans la nature de l'homme de; **it's n. he should go away,** il est (bien) naturel qu'il s'en aille; **as is n.,** comme de raison **2.** *n F:* **to be a n. for,** être celui qu'il faut pour, être fait pour (un poste, etc). **'naturalism** *n* naturalisme *m.* **'naturalist** *n* naturaliste *mf.* **natural'istic** *a* naturaliste. **naturali'zation** *n* naturalisation *f* (d'un étranger); acclimatation *f* (d'une plante). **'naturalize** *vtr* naturaliser (un étranger); acclimater (une plante, un animal). **'naturally** *adv* naturellement; de nature; avec naturel; **it comes n. to him,** c'est un don chez lui. **'naturalness** *n* **1.** naturel *m*; absence *f* d'affectation.

nature ['neitʃər] *n* **1.** (*a*) (*of thg*) nature *f*, essence *f*, caractère *m*; **it is in the n. of things that,** il est dans l'ordre des choses que; **by, from, the n. of things,** vu la nature de l'affaire (*b*) (*of pers*) nature; naturel *m*, caractère; **it is not in his n.,** ce n'est pas dans sa nature; **by n.,** de nature; **it's second n. to him,** il le fait presque par instinct **2.** espèce *f*, sorte *f*, genre *m*; **something of that n.,** quelque chose de la sorte **3.** (*a*) (*natural world*) nature; **the laws of n.,** les lois *fpl* de la nature; **to draw from n.,** dessiner d'après nature; **n. study,** sciences naturelles (*b*) **human n.,** la nature humaine. **-'natured** *suff* de nature; **good-natured,** d'un bon naturel. **'naturism** *n* naturisme *m.* **'naturist** *n* naturiste *mf.*

naught [nɔːt] *n* **1.** rien *m*; *Lit:* **to bring sth to n.,** faire échouer qch **2.** *Mth:* zéro *m.*

naughty ['nɔːti] *a* **(-ier, -iest)** (*of child*) vilain, méchant; (*of joke, story*) osé, grivois. **'naughtily** *adv* (dire) avec malice; **to behave n.,** se conduire mal, ne pas être sage. **'naughtiness** *n* mauvaise conduite.

nausea ['nɔːziə] *n* **1.** nausée *f* **2.** *F:* dégoût *m*, nausée, écœurement *m.* **'nauseate** *vtr* écœurer, dégoûter (qn). **'nauseating** *a* écœurant, dégoûtant. **'nauseous** *a* (*a*) nauséabond (*b*) *NAm:* **to feel n.,** (i) avoir envie de vomir (ii) *Fig:* être écœuré; **it makes me n.,** ça m'écœure.

nautical ['nɔːtik(ə)l] *a* nautique, marin.

naval ['neiv(ə)l] *a* naval; (*of power, hospital*) maritime; **n. war(fare),** guerre navale; **n. base,** base navale; **n. officer,** officier de marine; **n. dockyard,** arsenal maritime.

nave [neiv] *n* nef *f* (d'église).

navel ['neiv(ə)l] *n Anat:* nombril *m*; **n. orange,** (orange *f*) navel *f.*

navigate ['nævigeit] **1.** *vi* naviguer; *Aut:* faire le navigateur **2.** *vtr* diriger, piloter (un bateau); naviguer sur (un fleuve). **naviga'bility** *n* navigabilité *f.* **'navigable** *a* (fleuve) navigable; (bateau) en état de naviguer. **navi'gation** *n* navigation *f*; **radio n.,** navigation par radio; **n. officer,** officier de navigation. **'navigator** *n* navigateur *m.*

navvy ['nævi] *n* (*pl* **navvies**) terrassier *m.*

navy ['neivi] *n* **1.** (*pl* **navies**) marine *f;* **the Royal N.** = la Marine nationale britannique; **merchant n.,** marine marchande **2. n. (blue),** bleu marine *inv.*

Nazi ['nɑːtsi] *a & n* nazi, -ie. **'Nazism** *n* nazisme *m.*

NB *abbr nota bene,* notez bien, NB.

neap [niːp] *a & n* **n. (tide),** marée *f* de morte-eau *f.*

Neapolitan [niə'pɔlitən] *a & n* napolitain, -aine; **N. ice cream,** tranche napolitaine.

near ['niər] **(-er, -est) I.** *adv* **1.** (*a*) près, proche; **to come n., draw n., to s.o., sth,** s'approcher de qn, qch; **come nearer,** approchez-vous; **time is drawing n.,** l'heure approche; **quite n., n. at hand,** à proximité, tout près (*b*) **those n. and dear to him,** ceux qui le touchent de près **2.** (*a*) **as n. as I can remember,** autant que je puisse m'en souvenir; **n. to,** près de; **I came n. to crying,** j'étais sur le point de pleurer; **to**

come n. to being killed, faillir être tué; *F:* n. enough, plus ou moins (*b*) he's nowhere n. finished, il est loin d'avoir fini. II. *prep* 1. près de, auprès de; bring your chair near(er) the fire, (r)approchez votre chaise du feu; to come n. s.o., s'approcher de qn 2. n. death, sur le point de mourir; to be n. (to) victory, frôler la victoire; n. the end, vers la fin 3. to come n. to s.o., sth, se rapprocher de qn, qch (par la ressemblance); ressembler à qn, à qch; nobody can come anywhere n. her, il n'y a personne à son niveau; you're nowhere n. it! vous n'y êtes pas du tout! III. *a* 1. (ami) intime, cher; our n. relations, nos proches (parents) 2. in the n. future, dans un avenir proche; the nearest hotel, l'hôtel le plus proche; the time is n. when, l'heure est proche où; to the nearest franc, (i) à un franc près (ii) (*to round up or down*) au franc supérieur, inférieur 3. to go by the nearest road, prendre par la route la plus directe 4. it was a n. thing, nous l'avons échappé belle; *F:* il était moins une. IV. *vtr* approcher de (qch); the road is nearing completion, la route est près d'être achevée; to be nearing one's goal, toucher au but. **'nearby** *a* voisin, proche. **near 'by** *adv* tout près; tout proche. **'nearly** *adv* 1. (de) près 2. (*a*) presque, à peu près, près de; it's n. midnight, il est bientôt minuit; very n., peu s'en faut; I (very) n. fell, j'ai failli tomber (*b*) she's not n. as pretty as her sister, elle est loin d'être aussi jolie que sa sœur. **'nearness** *n* proximité *f*. **'nearside** *n* *Aut:* côté *m* gauche; *NAm:* côté droit. **near-'sighted** *a* myope. **near-'sightedness** *n* myopie *f*.

neat [ni:t] *a* (-er, -est) 1. (*of spirits*) (*NAm:* = straight) pur; sans eau; n. whisky, whisky sec 2. (*a*) (*of clothes, work*) soigné, propre, net; (*of room*) bien rangé, ordonné; n. handwriting, écriture soignée; as n. as a new pin, tiré à quatre épingles (*b*) (*of style*) élégant; (*of phrase*) bien tourné (*c*) *F:* joli, beau 3. (*of pers*) ordonné; qui a de l'ordre. **'neaten** *vtr* ajuster (qch); ranger (qch). **'neatly** *adv* 1. n. dressed, habillé avec soin; n. written, écrit soigneusement 2. habilement, adroitement; n. turned, (compliment) bien tourné. **'neatness** *n* 1. simplicité *f*, bon goût (dans la mise); apparence soignée (d'un jardin); netteté *f* (d'écriture); ordre *m* (d'une chambre) 2. (*of pers*) (*a*) ordre *m*, propreté *f* (*b*) adresse *f*, habileté *f*.

nebula ['nebjulə] *n* (*pl* nebulæ [-li:]) *Astr:* nébuleuse *f*. **'nebulous** *a* nébuleux.

necessary ['nesəsri] 1. *a* (*a*) nécessaire, indispensable (to, for, à); it is n. to do it, il est nécessaire de le faire, il faut le faire; to make it n. for s.o. to do, mettre qn dans l'obligation de faire; to make all n. arrangements, prendre toutes dispositions utiles; if n., s'il le faut; le cas échéant; s'il y a lieu; au besoin; to do no more than is strictly n., ne faire que le strict nécessaire, que l'essentiel (*b*) (résultat) inévitable 2. *n* (*a*) *pl* the necessaries, l'indispensable *m* (*b*) *F:* the n., (i) le nécessaire (ii) de l'argent *m*; to do the n., (i) faire le nécessaire (ii) payer, casquer. **nece'ssarily** *adv* nécessairement; de (toute) nécessité; inévitablement; forcément. **ne'cessitate** *vtr* nécessiter (qch); rendre (qch) nécessaire. **ne'cessity** *n* 1. (*a*) nécessité *f*, obligation *f*, contrainte *f*; there's no n. for you to do that, vous n'êtes pas obligé de faire cela; of n., nécessairement; case of absolute n., cas de force majeure (*b*) indigence *f* 2. *usu pl* le nécessaire; the bare necessities, le (strict) nécessaire; for me a car is a n., une voiture m'est indispensable.

neck [nek] I. *n* 1. (*a*) cou *m*; encolure *f* (d'un cheval); to have a stiff n., avoir un, le, torticolis; *F:* to be up to one's n. in work, avoir du travail par-dessus la tête; to throw one's arms round s.o.'s n., se jeter au cou de qn; *F:* to breathe down s.o.'s n., talonner qn; *Rac:* to win by a n., gagner par une encolure; to finish n. and n., arriver à égalité; it's n. or nothing, il faut jouer le tout pour le tout; *F:* to save one's n., sauver sa peau; *F:* to get it in the n., écoper; *F:* to stick one's n. out, prendre des risques; he's a pain in the n., c'est un casse-pieds (*b*) *Cu:* collet *m* (d'agneau); collier *m* (de bœuf); (*of lamb*) best end of n., côte(lette)s découvertes (*c*) encolure *f* (de robe); V n., encolure en pointe, en V; high n., col montant; low n., décolleté *m* 2. (*a*) col *m*, goulot *m* (de bouteille); col (d'un vase); *Anat:* col (de l'utérus) (*b*) langue *f* (de terre). II. *vi F:* se peloter, se faire des mamours. **'necking** *n* pelotage *m*. **'necklace** *n* collier *m* (de diamants, de perles). **'necklet** *n* collier (de fourrure). **'neckline** *n* encolure *f*; décolletage *m* (d'une robe du soir). **'necktie** *n* cravate *f*.

necromancy ['nekrəmænsi] *n* nécromancie *f*.

nectar ['nektər] *n* nectar *m*.

nectarine ['nektəri(:)n] *n* brugnon *m*; *Com:* nectarine *f*.

née [nei] *a* née; Mrs Smith, n. Taylor, Mme Smith, née Taylor.

need [ni:d] I. *n* 1. besoin *m*; if n. be, si besoin est, s'il le faut; in case of n., en cas de besoin; there's no n. to go there, il n'est pas nécessaire d'y aller; there's no. n. (for you) to do, tu n'as pas besoin de faire; what n. is there to send for him? à quoi bon le faire venir? (there's) no n. to wait, inutile d'attendre; I have no n. of your help, je n'ai pas besoin de votre aide 2. (*a*) adversité *f*; difficulté *f*; in times of n., aux moments difficiles (*b*) besoin, indigence *f*; to be in n., être dans le besoin 3. to supply s.o.'s needs, pourvoir aux besoins de qn; that will meet my needs, cela fera mon affaire. II. *v* 1. *vtr* (*a*) avoir besoin de (qn, qch); (*of thg*) réclamer, exiger, demander (qch); this needs explaining, ceci demande à être expliqué; these facts n. no comment, ces faits se passent de commentaires; what he needs is a thrashing, ce qu'il lui faudrait c'est une bonne raclée; you n. a haircut, your hair needs cutting, il faut que tu te fasses couper les cheveux, tu ne ferais pas mal d'aller chez le coiffeur (*b*) to n. to do sth, être obligé, avoir besoin, de faire qch; they n. to be told everything, il faut qu'on leur dise tout; you only needed to ask, vous n'aviez qu'à demander 2. *modal aux* adults only n. apply, seuls les adultes peuvent postuler; you needn't wait, inutile (pour vous) d'attendre; I needn't have rushed, ce n'était pas la peine de me presser; I n. hardly tell you how grateful I am, je n'ai guère besoin de vous dire combien je vous suis reconnaissant 3. *impers* it needs a great deal of skill, il faut beaucoup d'habileté. **'needful** *a* nécessaire (to, for, à, pour). **'neediness** *n* indigence *f*, nécessité *f*. **'needless** *a* inutile, peu nécessaire, superflu; she's very pleased, n. to say, il va sans dire qu'elle est très contente; **n. to say we'll refund the money,** il va de soi que nous rembourserons l'argent. **'needlessly** *adv* inutilement. **'needs** *adv* **if n. must,** s'il le faut. **'needy** *a* nécessiteux.

needle ['ni:dl] **I.** *n* (*a*) aiguille *f*; **knitting n.,** aiguille à tricoter; *Med:* **hypodermic n.,** aiguille hypodermique; **to look for a n. in a haystack,** chercher une aiguille dans une botte de foin (*b*) saphir *m* (de tourne-disque). **II.** *vtr* agacer (qn). **'needlecord** *n* velours *m* mille-raies. **'needlepoint** *n* tapisserie *f* à l'aiguille. **'needlewoman** *n* **she's a good n.,** elle travaille adroitement à l'aiguille. **'needlework** *n* travaux *mpl* d'aiguille; couture *f*.

ne'er-do-well ['nɛədu:wel] *a & n* propre à rien (*mf*).

nefarious [ni'fɛəriəs] *a* infâme.

negative ['negətiv] **I.** *a* négatif. **II.** *n* **1.** *Gram:* négation *f*; forme négative; **to answer in the n.,** répondre par la négative **2.** *Phot:* négatif *m*. **III.** *vtr* **1.** s'opposer à, rejeter (un projet) **2.** contredire, nier (un rapport). **ne'gate** *vtr* (*a*) annuler (*b*) contredire, nier. **ne'gation** *n* négation *f*. **'negatively** *adv* négativement.

neglect [ni'glekt] **I.** *n* **1.** (*a*) manque de soins (**of,** envers); mauvais entretien (d'une machine); (*of garden, etc*) **in a state of n.,** mal tenu (*b*) désobéissance (**of a rule,** à un règlement); **n. of duty,** manquement *m* à ses devoirs **2.** négligence *f*, inattention *f*; **from n.,** par négligence. **II.** *vtr* **1.** manquer de soins pour (qn); négliger (ses enfants); ne pas s'occuper de (son jardin, etc); **the garden looks neglected,** le jardin est mal tenu **2.** manquer à (ses devoirs); désobéir à, méconnaître (un règlement); **to n. an opportunity,** laisser échapper une occasion; **to n. to do sth,** négliger de faire qch. **ne'glected** *a* (*of appearance*) négligé; peu soigné; abandonné; **n. garden,** jardin mal tenu; **to feel n.,** se sentir délaissé. **ne'glectful** *a* négligent; **to be n. of,** négliger.

négligé ['negliʒei] *n* négligé *m*, déshabillé *m*.

negligence ['neglidʒəns] *n* négligence *f*, incurie *f*; **through n.,** par négligence. **'negligent** *a* **1.** négligent **2.** (air, ton) nonchalant, insouciant. **'negligently** *adv* négligemment; avec négligence. **'negligible** *a* négligeable.

negotiate [ni'gouʃieit] **1.** *vtr* (*a*) négocier, traiter (une affaire); négocier (un emprunt); **price to be negotiated,** prix à débattre (*b*) franchir (une haie); surmonter (une difficulté); *Aut:* **to n. a bend,** négocier un virage **2.** *vi* **to n. for peace,** entreprendre des pourparlers de paix; **they refuse to n.,** ils refusent de négocier. **ne'gotiable** *a* **1.** *Fin:* (effet) négociable **2.** (barrière) franchissable; (chemin) praticable. **negoti'ation** *n* **1.** négociation *f* (d'un emprunt); **to start negotiations,** engager des négociations (avec qn); **in n. with,** en pourparlers avec **2.** franchissement *m* (d'un obstacle); négociation (d'un virage). **ne'gotiator** *n* négociateur, -trice.

negro ['ni:grou] (*pl* **negroes**) **1.** *a* noir; (*of art, sculpture*) nègre **2.** *n* Noir, -e. **'negress** *nf* (*pl* **negresses**) Noire. **'negroid** *a* négroïde.

neigh [nei] **I.** *n* hennissement *m*. **II.** *vi* hennir. **'neighing** *n* hennissement *m*.

neighbour, *NAm:* **neighbor** ['neibər] *n* voisin, -ine; *B:* prochain *m*. **'neighbourhood,** *NAm:* **-borhood** *n* **1.** voisinage *m*; **to live in the n. of,** habiter à proximité de; *F:* **in the n. of ten pounds,** dans les dix livres **2.** (*a*) région *f* (*b*) voisinage, quartier *m*. **'neighbouring,** *NAm:* **-boring** *a* avoisinant, voisin; proche. **'neighbourly,** *NAm:* **-borly** *a* de bon voisinage, amical; **they're n. (people),** ils sont bons voisins; **in a n. fashion,** en bon voisin, amicalement.

neither ['naiðər, 'ni:ðər] **1.** *adv & conj* (*a*) **he will n. eat nor drink,** il ne veut ni manger ni boire; **n. here nor anywhere else,** ni ici ni ailleurs (*b*) non plus; **if you don't go n. shall I,** si vous n'y allez pas, je n'irai pas non plus (*c*) **n. does it seem that,** il ne semble pas non plus que; **I haven't read it, n. do I intend to,** je ne l'ai pas lu et d'ailleurs je n'en ai pas l'intention **2.** *a & pron* ni l'un(e) ni l'autre; aucun(e); **n. boy (came),** aucun des deux garçons (n'est venu); **n. (of them),** ni l'un(e) ni l'autre, aucun(e) (des deux); **on n. side,** ni d'un côté ni de l'autre.

nemesis ['neməsis] *n* châtiment mérité.

neo-classical [ni:ou'klasikəl] *a* néo-classique. **neo'fascist** *a & n* néo-fasciste (*mf*). **neo'nazi** *a & n* néo-nazi, -ie.

neolithic [ni:ou'liθik] *a & n* **the n. (age),** l'époque *f* néolithique, le néolithique.

neologism [ni'ɔlədʒizm] *n* néologisme *m*.

neon ['ni:ɔn] *n* néon *m*; **n. sign,** enseigne *f* au néon.

neophyte ['ni:oufait] *n* néophyte *mf*.

nephew ['nefju:] *n* neveu *m*.

nepotism ['nepətizm] *n* népotisme *m*.

nerve [nə:v] **I.** *n* **1.** (*a*) *Anat:* nerf *m*; **n. centre,** centre nerveux; **n. gas,** gaz neurotoxique; **to be in a state of nerves,** être énervé; **to have (an attack of) nerves,** avoir le trac; *F:* **a bundle, mass, bag, of nerves,** un paquet de nerfs; **to have bad nerves,** être nerveux; **to get on s.o.'s nerves,** porter, taper, sur les nerfs à qn; *Med:* **n. specialist,** neurologue *mf* (*b*) courage *m*; assurance *f*; **to lose one's n.,** perdre son sang-froid; **he lost his n.,** le courage lui a manqué; il s'est dégonflé (*c*) *F:* audace *f*; culot *m*; **what a n.!** quel culot! **you've got a n.!** tu es gonflé! **2.** *Bot:* nervure *f* **3.** *Lit:* tendon *m*, nerf; **to strain every n. to do sth,** déployer tous ses efforts pour faire qch. **II.** *vtr* **to n. oneself to do sth,** s'armer de courage pour faire qch. **'nerveless** *a* (*of pers, limb*) inerte, faible. **'nerve-racking** *a* éprouvant pour les nerfs. **'nerviness** *n F:* nervosité *f*. **'nervous** *a* **1.** *Anat:* **n. system,** système nerveux **2.** (*of pers*) (*a*) nerveux (*b*) inquiet (**about,** de); **to be, feel, n.,** se sentir mal à l'aise; (*before exam, etc*) avoir le trac; **it makes me n.,** cela m'intimide. **'nervously** *adv* nerveusement; avec inquiétude. **'nervousness** *n* (*a*) nervosité (*b*) trac *m*. **'nervy** *a F:* (*a*) nerveux; **to feel n.,** avoir les nerfs en pelote (*b*) *NAm:* culotté.

nest [nest] **I.** *n* **1.** (*a*) nid *m*; **n. egg,** (i) nichet *m*; œuf en faïence (ii) *F:* pécule *m* (*b*) repaire *m*, nid (de brigands) **2.** nichée *f* (d'oiseaux) **3. n. of tables,** table *f* gigogne. **II.** *vi* (se) nicher; faire son nid.

nestle ['nesl] *vi* se nicher; se pelotonner; **to n. close (up) to s.o.,** se serrer contre qn; **to n. against s.o.,** se blottir contre qn. **'nestling** *n* oisillon *m*.

net[1] [net] **I.** *n* **1.** (*a*) filet *m*; **butterfly n.,** filet à papillons (*b*) **hair n.,** filet, résille *f* (à cheveux) (*c*)

Ten: filet (*d*) (*at circus*) **safety n.**, filet 2. *Tex:* voile *m*; **n. curtain,** voilage *m*. **II.** *vtr* **(netted)** prendre (des poissons) au filet. **'netball** *n Sp:* netball *m*. **'netting** *n* (*a*) filets; mailles *fpl*; **(wire) n.**, treillis *m* (*b*) *Tex:* voile *m*. **'network** *n* réseau *m*; **spy n.**, réseau d'espionnage.

net² **I.** *a* (*of price, weight*) net, *f* nette; **n. proceeds of a sale,** (produit) net (*m*) d'une vente; **terms strictly n.**, sans déduction; payable au comptant. **II.** *vtr* **(netted)** gagner net; **this venture netted her . . .**, cette entreprise lui a rapporté . . . .

nether ['neðər] *a* inférieur, bas. **'Netherlands (the)** *Prn pl* les Pays-Bas *m*.

nettle ['netl] **I.** *n Bot:* **(stinging) n.**, ortie *f*. **II.** *vtr* piquer, irriter (qn). **'nettlerash** *n Med:* urticaire *f*.

neural ['njuərəl] *a* neural.

neuralgia [njuə'rældʒiə] *n Med:* névralgie *f*.

neuritis [njuə'raitis] *n Med:* névrite *f*.

neurology [njuə'rɔlədʒi] *n Med:* neurologie *f*. **neuro'logical** *a* neurologique. **neu'rologist** *n* neurologue *mf*.

neurosis [njuə'rousis] *n* (*pl* **neuroses**) *Med:* névrose *f*. **neurotic** [njuə'rɔtik] *a & n* névrosé, -ée; névrotique.

neurosurgery [njuərou'sə:dʒəri] *n* neurochirurgie *f*. **neuro'surgeon** *n* neurochirurgien, -ienne.

neuter ['nju:tər] **I.** *a & n* (*a*) *Gram:* neutre (*m*) (*b*) animal châtré. **II.** *vtr* châtrer (un animal). **'neutral** *a & n* neutre (*m*); **n. policy,** politique *f* de neutralité; **to remain n.**, rester neutre, garder la neutralité; *Aut:* **in n. (gear),** au point mort. **neu'trality** *n* neutralité *f*. **'neutralize** *vtr* neutraliser.

neutron ['nju:trɔn] *n* neutron *m*; **n. bomb,** bombe *f* à neutrons.

never ['nevər] *adv* (*a*) (ne . . .) jamais; **I n. go there,** je n'y vais jamais; **n. again,** plus jamais; **he n. came back,** il n'est plus revenu; **I shall n. forget it,** jamais je ne l'oublierai; **n. in (all) my life,** jamais de ma vie (*b*) (*emphatic*) **I n. expected him to come,** je ne m'attendais pas du tout à ce qu'il vînt; **he n. said a word,** il n'a pas dit un mot; **he's eaten it all—n.!** il a tout mangé—pas possible! *F:* **well I n.!** ça par exemple! (*c*) **n. mind!** ne vous en faites pas! (*d*) *F:* **I n. did it,** je ne l'ai pas fait. **never-'ending** *a* interminable. **never-'never** *n F:* **to buy sth on the n.-n.**, acheter qch à crédit, à tempérament. **neverthe'less** *adv* néanmoins, quand même, toutefois, pourtant. **never-to-be-for'gotten** *a* inoubliable.

new [nju:] *a* **(-er, -est) 1.** (*a*) nouveau; (pays) neuf; **what's n.?** quoi de neuf? **that has made a n. man of him,** cela a fait de lui un autre homme; (*for torch, radio*) **n. battery,** pile *f* de rechange; **take a n. pen,** prend un autre stylo; *Sch:* **the n. boys,** les nouveaux; **n. look,** style nouveau (*b*) **he's n. to this job,** il est nouveau dans ce poste; **I'm n. to this town,** je suis un nouveau venu, je suis fraîchement installé, dans cette ville **2.** neuf, *f* neuve; **dressed in n. clothes,** habillé de neuf; *Com:* **as n.**, à l'état (de) neuf; **as good as n.**, comme neuf; **to make sth like n.**, remettre qch à neuf; **the subject is quite n.**, ce sujet n'a pas encore été traité **3.** (pain) frais; (vin) nouveau, jeune; **n. moon,** nouvelle lune; **n. potatoes,** pommes de terre nouvelles. **'newborn** *a* nouveau-né; **n. baby,** nouveau-né, nouveau-née. **New 'Brunswick** *Prn Geog:* le Nouveau-Brunswick. **'newcomer** *n* nouveau venu, nouvelle venue. **New 'England** *Prn Geog:* la Nouvelle-Angleterre. **new'fangled** *a Pej:* moderne. **'new-found** *a* nouveau. **Newfoundland** ['nju:fəndlænd] **1.** *Prn Geog:* Terre-Neuve *f* **2.** *n* (*dog*) terre-neuve *m inv*. **'Newfoundlander** *n* Terre-neuvien, -ienne. **New 'Guinea** *Prn Geog:* Nouvelle-Guinée. **'new-laid** *a* (œuf) tout frais, du jour. **'newly** *adv* récemment, nouvellement, fraîchement; **the n.-elected members,** les députés nouveaux élus; **n.-painted wall,** mur fraîchement peint. **'newlyweds** *npl* nouveaux mariés. **'newness** *n* **1.** nouveauté *f* (d'une mode) **2.** état neuf (d'un objet). **New 'Orleans** *Prn Geog:* Nouvelle-Orléans. **New 'World** *n* Nouveau Monde. **New 'Year** *n* nouvel an; nouvelle année; **N. Y.'s Day,** le jour de l'an; **N. Y.'s Eve,** la Saint-Sylvestre; **to wish s.o. a happy N. Y.**, souhaiter la bonne année à qn. **New 'York** *Prn Geog:* New York; *attrib* newyorkais. **New 'Yorker** *n* Newyorkais, -aise. **New 'Zealand** *Prn Geog:* la Nouvelle-Zélande; *attrib* néo-zélandais. **New 'Zealander** *n* Néo-Zélandais, -aise.

news [nju:z] *n* **1.** nouvelle(s) *f*(*pl*); **what's the n.?** quelles nouvelles? quoi de nouveau, de neuf? **I have some n. for you,** j'ai une nouvelle à vous annoncer; **a sad piece of n.**, une triste nouvelle; **to break the n. to s.o.**, révéler une nouvelle à qn; **no n. is good n.**, pas de nouvelles, bonnes nouvelles **2.** (*a*) *Journ:* **official n.**, communiqué officiel; **sports n.**, chronique, rubrique, sportive; **business n.**, informations *fpl* (économiques et) financières; **n. in brief,** faits divers; **to be in the n.**, faire vedette; **n. stand,** kiosque *m* (à journaux); bibliothèque *f* de gare (*b*) *WTel: TV:* informations *fpl*, actualités *fpl*; *TV:* **the nine o'clock news,** le journal de 21 heures; **a piece of n.**, une information; **n. bulletin,** bulletin d'informations; **n. headlines,** titres *mpl* du journal; **n. flash,** flash *m* (*c*) **to make n.**, faire sensation. **'newsagent** *n* marchand, -ande, de journaux. **'newsboy** *n* vendeur *m* de journaux. **'newscast** *n TV:* bulletin *m* d'informations. **'newscaster** *n WTel: TV:* présentateur, -trice **'newsletter** *n* bulletin *m* (d'une société); circulaire *f*. **'newsman** *n* journaliste *m*. **'newspaper** *n* journal *m*; **n. report,** reportage *m*; **n. man,** (i) marchand *m* de journaux (ii) journaliste. **'newsprint** *n* papier *m* journal. **'newsreader** *n* présentateur, -trice. **'newsreel** *n Cin:* actualités *fpl*. **'newsroom** *n* salle *f* de rédaction. **'newsworthy** *a* digne de faire l'objet d'un reportage. **'newsy** *a F:* plein de nouvelles.

newt [nju:t] *n* triton *m*.

newton ['nju:tn] *n Ph:* newton *m*.

next [nekst] **I.** *a* **1.** (*of place*) prochain; le plus proche; **the n. room,** la chambre d'à-côté, voisine; **her room is n. to mine,** sa chambre est à côté de la mienne; **sitting n. to me,** assis à côté de moi; **n. to the skin,** à même la peau; **the n. house,** la maison d'à-côté; **n. door,** à côté; **n.-door neighbour,** voisin immédiat, d'à-côté **2.** (*a*) (*of time*) prochain, suivant; **n. month,** le mois prochain; **he returned the n. month,**

il revint le mois suivant; **the n. day,** le lendemain; **the n. day but one,** le surlendemain; **within the n. ten days,** d'ici (à) dix jours, dans un délai de dix jours; **the n. moment,** l'instant d'après; **n. year,** l'année prochaine; **(by) this time n. year,** d'ici (à) l'année prochaine; **from one year to the n.,** d'une année à l'autre (*b*) **the n. chapter,** le chapitre suivant; **the n. time I see him,** la prochaine fois que je le reverrai; *F:* **what n.!** par exemple! et puis quoi encore! **n. (person), please!** au suivant! **who's n.?** c'est à qui? à qui le tour? (*c*) **the n. size (up),** la taille au-dessus; **the n. best solution would be to,** la seconde solution serait de; **I got it for n. to nothing,** je l'ai eu pour presque rien. **II.** *adv* **1.** ensuite, après; **what shall we do n.?** qu'est-ce que nous allons faire maintenant? **2. when you are n. that way,** la prochaine fois que vous passerez par là; **when I n. saw him,** quand je l'ai revu. **III.** *n* prochain(e), suivant(e); **the year after n.,** dans deux ans. **IV.** *prep* **n. to,** auprès de, à côté de (qn, qch). **next-of-'kin** *n* (i) parent le plus proche (ii) *pl* la famille; **to inform the n.-of-k.,** prévenir la famille.

NHS *abbr National Health Service.*

nib [nib] *n* (bec *m* de) plume *f*, pointe *f* de stylo.

nibble ['nibl] **I.** *n* (*a*) grignotement *m* (*b*) *Fish:* touche *f*. **II.** *vtr & i* grignoter; mordiller (qch); (*of fish, F: of pers*) **to n. (at the bait),** mordre à l'hameçon; **to n. away, at,** réduire (qch) petit à petit.

nice [nais] *a* (-er, -est) **1. n. distinction,** distinction délicate **2.** (*a*) (*of pers*) charmant, gentil; sympathique; agréable; **he was as n. as could be,** il s'est montré aimable au possible; **to be n. to s.o.,** se montrer gentil, aimable, avec qn; **it's not n. of you to make fun of him,** ce n'est pas bien de vous moquer de lui; *Iron:* **that's a n. way to talk!** c'est du joli de parler comme ça! **n.-looking,** beau, joli; **she's a n.-looking woman,** c'est une jolie femme (*b*) (*of thg*) joli, bon; **a n. dress,** une jolie robe; **it's n. here,** c'est bien ici; il fait bon ici; **the weather's n.,** il fait beau; **the garden is beginning to look n.,** le jardin s'embellit (*c*) (*intensive*) **it's n. and cool,** le temps est d'une fraîcheur agréable; **n. and easy, warm,** bien facile, chaud (*d*) **n. people,** des gens bien; **not n.,** pas tout à fait convenable (*e*) **this is a n. mess we're in!** nous voilà dans de beaux draps! **that's a n. way to behave!** en voilà des manières! **'nicely** *adv* agréablement; gentiment; bien; **that will do n.,** cela fera très bien l'affaire; **he's getting on n.,** (i) (*of invalid*) il fait des progrès (ii) ses affaires marchent bien. **'niceness** *n* gentillesse *f*, amabilité *f* (de qn). **'nicety** *n* **1. to a n.,** exactement, à la perfection **2.** *pl* **niceties,** agréments *mpl*, subti- lités *fpl*.

niche [nitʃ, ni:ʃ] *n* (*a*) niche *f* (*b*) (bonne) situation; *Com:* créneau *m*; **to find one's n.,** trouver sa voie; **to make a n. for oneself,** faire son trou.

Nick¹ [nik] *Prnm* Nicolas; *F:* **Old N.,** le diable.

nick² **I.** *n* **1.** entaille *f*, encoche *f*; (*in blade, crockery*) brèche *f* **2. in the n. of time,** juste à temps **3.** *P:* **in good n.,** en bon état **4.** *P:* prison *f*, taule *f*. **II.** *vtr* **1.** entailler, encocher **2.** *F:* (*a*) arrêter; **to get nicked,** se faire pincer (*b*) **to n. sth,** piquer qch.

nickel ['nikl] **I.** *n* **1.** nickel *m*; **n. plating,** nickelage *m* **2.** *NAm:* pièce *f* de cinq cents. **II.** *vtr* **(nickelled)** nickeler (qch).

nickname ['nikneim] **I.** *n* surnom *m*, sobriquet *m*; diminutif *m*. **II.** *vtr* surnommer (qn).

nicotine ['nikəti:n] *n* nicotine *f*.

niece [ni:s] *n* nièce *f*.

nifty ['nifti] *a* (*a*) chic *inv* (*b*) habile (*c*) rapide.

Niger *Prn Geog:* (*a*) (*river*) ['naidʒər] Niger *m* (*b*) [ni:'ʒeər] (République du) Niger. **Ni'gerian¹** (*a*) *a* nigérien (*b*) *n* Nigérien, -ienne.

Nigeria [nai'dʒi:riə] *Prn Geog:* Nigeria *m*. **Ni'gerian²** (*a*) *a* nigérian (*b*) *n* Nigérian, -ane.

niggardly ['nigədli] *a* (*of pers*) avare, pingre; (*of sum*) mesquin.

nigger ['nigər] *a & n P: Pej:* nègre (*m*).

niggle ['nigl] *vi* vétiller, tatillonner. **'niggler** *n* (*of pers*) tatillon, -onne. **'niggling** *a* irritant; **n. details,** détails insignifiants; **n. doubts,** doutes persistants.

nigh [nai] *adv Lit:* proche.

night [nait] *n* **1.** (*a*) (i) nuit *f* (ii) soir *m*; **last n.,** (i) la nuit dernière; cette nuit (ii) hier soir; **the n. before,** la veille (au soir); **tomorrow n.,** demain soir; **ten o'clock at n.,** dix heures du soir; **good n.!** bonsoir! bonne nuit! **to have an early, late, n.,** se coucher tôt, tard; **to have a good n.,** bien dormir; **at n.,** la nuit; **in the n.,** (pendant) la nuit; **by n.,** de nuit; **to have a n. out,** sortir le soir; **n. life,** vie *f* nocturne; **n. shift,** équipe de nuit; **to be on n. shift,** être de nuit; **n. school,** cours *mpl* du soir; **n. nurse,** infirmière de nuit; **n. flight,** vol de nuit (*b*) *Th:* soirée *f*; **first n.,** première *f* **2.** obscurité *f*, ténèbres *fpl*; **n. is falling,** il commence à faire nuit, la nuit tombe. **'nightcap** *n* boisson (alcoolisée ou chaude prise avant de se coucher). **'nightclothes** *npl* vêtements *m* de nuit. **'nightclub** *n* boîte *f* de nuit. **'nightdress** *n* chemise *f* de nuit. **'nightfall** *n* tombée *f* du jour, de la nuit; **at n.,** à la nuit tombante. **'nightgown,** *F:* **'nightie** *n* chemise de nuit. **'nightingale** *n Orn:* rossignol *m*. **'nightjar** *n Orn:* engoulevent *m*. **'nightlight** *n* veilleuse *f*. **'nightly 1.** *a* de chaque nuit, soir **2.** *adv* chaque nuit, soir. **'nightmare** *n* cauchemar *m*. **'nightmarish** *a* cauchemardesque. **'nightshade** *n Bot:* **woody n.,** douce-amère *f*; **deadly n.,** belladone *f*. **'nightshirt** *n* chemise de nuit (d'homme). **'night-time** *n* nuit *f*. **'nightwatchman** *n* (*pl* **-men**) veilleur *m* de nuit.

nihilism ['niilizm] *n* nihilisme *m*. **'nihilist** *n* nihiliste *mf*.

nil [nil] *n* rien *m*, zéro *m*; **the risk is n.,** le risque est nul.

Nile (the) [ðə'nail] *Prn Geog:* le Nil.

nimble ['nimbl] *a* (*of pers*) agile, leste; (*of mind*) délié, subtil. **nimble-'footed** *a* aux pieds agiles. **nimble-'witted** *a* à l'esprit délié. **'nimbly** *adv* agilement; lestement, légèrement.

nimbus ['nimbəs] *n* (*a*) *Meteor:* nimbus *m* (*b*) *Art:* nimbe *m*.

nincompoop ['niŋkəmpu:p] *n* nigaud *m*, niais *m*.

nine [nain] *num a & n* neuf (*m*); **n. times out of ten,** neuf fois sur dix; en général; **to be dressed up to the nines,** être sur son trente et un. **'ninepins** *npl* (jeu *m* de) quilles *fpl*; *F:* **to go down like n.,** tomber comme des mouches. **nine'teen** *num a & n* dix-neuf (*m*). **nine'teenth** *num a & n* dix-neuvième (*m*). **'ninetieth** *num a & n* quatre-vingt-dixième (*m*). **'ninety** *num a & n* quatre-vingt-dix (*m*); **n.-one,** quatre-vingt-onze. **ninth** *num a & n* neuvième (*m*).

nip [nip] **I.** *n* **1.** pincement *m*; **to give s.o. a n.,** pincer qn **2.** morsure *f* (du froid); *Hort:* coup *m* de gelée; **there's a n. in the air,** l'air est piquant, ça pince. **II.** *v* **(nipped) 1.** *vtr* (*a*) pincer (*b*) **to n. (sth) in the bud,** étouffer (qch) dans l'œuf (*c*) (*of cold*) pincer, piquer, mordre; brûler (les bourgeons) **2.** *vi F:* **just n. round to the baker's,** cours, fais un saut, chez le boulanger; **to n. in, out,** entrer, sortir, un instant. **'nipper** *n F:* (*a*) gamin *m*, gosse *m* (*b*) *pl* pince(s) *f(pl)*, pincette(s) *f(pl)*. **'nippy** *a F:* **1.** alerte, vif; **tell him to look n.,** dis-lui de se grouiller **2.** frais; (vent) froid, piquant; **it's n.,** ça pince.

nipple ['nipl] *n* (*a*) *Anat:* mamelon *m*, bout *m* de sein; *NAm:* (*on bottle*) tétine *f* (*b*) *MecE:* graisseur *m*.

nirvana [niə'vɑːnə] *n* nirvâna *m*.

nisi ['naisai] *see* **decree 1.**

Nissen ['nisən] *n* **N. hut,** hutte préfabriquée (en tôle).

nit [nit] *n* **1.** lente *f* (de poux) **2.** *F:* (*pers*) nigaud, -aude; andouille *f*, crétin, -ine. **'nit-pick** *vi F:* couper les cheveux en quatre. **nitty-'gritty** *n F:* **to get down to the n.-g.,** en venir au fond du problème. **'nit-wit** *n* = **nit 2.**

nitrogen ['naitrədʒən] *n* azote *m*. **'nitrate** *n* nitrate *m*. **'nitric** *a* **n. acid,** acide nitrique. **nitro-'glycerin(e)** *n* nitroglycérine *f*. **'nitrous** *a* nitreux, d'azote.

no [nou] **I.** *a* **1.** nul, pas de, point de, aucun; **to have no heart,** n'avoir pas de cœur; **he made no reply,** il n'a pas répondu; **I have no idea,** je n'ai aucune idée; **it's no distance,** ce n'est pas loin; **no two men are alike,** il n'y a pas deux hommes qui se ressemblent; **of no interest,** sans intérêt; **it's of no importance,** ça n'a aucune importance; **with no gloves on,** sans gants; **no-man's land,** (i) terrains *m* vagues (ii) *Mil:* no man's land *m*; *Mil:* **no-go area,** zone interdite; **no surrender!** on ne se rend pas! **no nonsense!** pas de bêtises! **no admittance,** entrée interdite; **no smoking,** défense de fumer **2.** (*a*) peu; **it's no easy job,** ce n'est pas une tâche facile; **no such thing,** pas du tout; nullement (*b*) **he's no artist,** il n'est pas artiste; *NAm: F:* **no way!** pas question! (*c*) **there's no pleasing him,** il n'y a pas moyen de le satisfaire; **there's no getting out of it,** impossible de s'en tirer **3.** *pron* **no one** = **nobody 1. II.** *adv* **I'm no richer than he is,** je ne suis pas plus riche que lui; **he's no longer here,** il n'est plus ici; **you can do no better,** tu ne peux pas faire mieux **3.** non; **have you seen him?—no,** l'avez-vous vu?—non; **no, no, you're mistaken!** mais non, vous vous trompez! **III.** *n* non *m inv*; **I won't take no for an answer,** je n'accepterai pas de refus; (*in voting*) **ayes and noes,** les oui et les non.

no. *abbr number*.

nob [nɔb] *n F:* (*a*) tête *f* (*b*) richard *m*, aristo *m*.

nobble ['nɔbl] *vtr F:* (*a*) acheter (un témoin) (*b*) doper (un cheval de course).

noble ['noubl] **1.** *a* noble; (*of building*) majestueux **2.** *n* noble *mf*. **no'bility** *n* noblesse *f*. **'nobleman** *n* (*pl* **-men**) noble *m*; gentilhomme *m*. **'nobleness** *n* noblesse *f* d'esprit. **'noblewoman** *n* (*pl* **-women**) noble *f*. **'nobly** *adv* (*a*) noblement (*b*) magnifiquement; superbement.

nobody ['noubədi] **1.** *pron* personne *m*; nul *m*; aucun *m*; **who's there?—n.,** qui est là?—personne; **n. is perfect,** nul n'est parfait; **n. spoke to me,** personne ne m'a parlé; **there was n. else on board,** personne d'autre n'était à bord; **there was n. about,** il n'y avait personne **2.** *n* (*of pers*) nullité *f*, zéro *m*; **when he was still a n.,** quand il était encore inconnu.

nocturnal [nɔk'təːn(ə)l] *a* nocturne. **'nocturne** *n Mus:* nocturne *m*; *Art:* effet *m* de nuit.

nod [nɔd] **I.** *n* (*a*) inclination *f* de tête; signe *m* de tête (affirmatif) (*b*) **he gave me a n.,** il me fit un petit signe de la tête. **II.** *vtr & i* **(nodded) 1. to n. (one's head),** (i) faire un signe de tête; incliner la tête (ii) faire un signe de tête affirmatif **2.** dodeliner de la tête **3. to n. off,** s'assoupir. **'nodding** *n* inclination *f* de tête; **to have a n. acquaintance with s.o.,** connaître qn vaguement.

node [noud] *n Bot: etc:* nœud *m*.

nog [nɔg] *n* **egg n.,** boisson faite d'alcool et d'un œuf battu; = lait *m* de poule. **'noggin** *n* verre *m*, petit pot.

noise [nɔiz] *n* **1.** bruit *m*, tapage *m*, vacarme *m*; **to make a n.,** faire du bruit, du tapage; **to make a n. in the world,** faire parler de soi; *F:* **the big n.,** le grand manitou (d'une entreprise) **2.** bruit; son *m*; **clicking n.,** cliquetis *m*; *WTel:* **background n.,** bruit de fond; **n. level,** niveau de bruit. **'noiseless** *a* sans bruit; silencieux. **'noiselessly** *adv* silencieusement; sans bruit. **'noisily** *adv* bruyamment. **'noisy** *a* bruyant, tapageur; (enfant) turbulent; (*of street*) tumultueux; **to be n.,** faire du bruit, du tapage.

nomad ['noumæd] *m* nomade *mf*. **no'madic** *a* nomade.

nom de plume [nɔmdə'pluːm] *n* (*pl* **noms de plume**) pseudonyme *m*.

nomenclature [nə'meŋklətʃər] *n* nomenclature *f*.

nominal ['nɔmin(ə)l] *a* (*a*) nominal; **to be the n. head,** être chef de nom; **n. rent,** loyer purement insignificant (*b*) **n. value,** valeur nominale. **'nominally** *adv* nominalement; de nom.

nominate ['nɔmineit] *vtr* (*a*) nommer, désigner (qn à un emploi) (*b*) *Pol:* désigner, proposer (**for,** comme candidat à). **nomi'nation** *n* nomination *f*, proposition *f*, de candidat. **'nominative** *a & n Gram:* nominatif (*m*). **'nominator** *n* personne *f* qui propose (un candidat). **nomi'nee** *n* candidat, -ate.

nonagenarian [nɔnədʒə'nɛəriən] *a & n* nonagénaire (*mf*).

non-aggression [nɔnə'greʃən] *n* non-agression *f*.

non-alcoholic [nɔnælkə'hɔlik] *a* non alcoolisé.

non-aligned [nɔnə'laind] *a* non aligné. **non-a'lignment** *n* non-alignement *m*.

nonchalant ['nɔnʃələnt] *a* nonchalant; indifférent. **'nonchalance** *n* nonchalance *f*. **'nonchalantly** *adv* nonchalamment; avec nonchalance.

non-combattant [nɔn'kɔmbətənt] *a & n* non-combattant (*m*).

non-commissioned [nɔnkə'miʃ(ə)nd] *a Mil:* **n.-c. officer,** sous-officier *m*.

noncommittal [nɔnkə'mit(ə)l] *a* (*of pers, answer*) évasif.

non-conductor [nɔnkən'dʌktər] *n* non-conducteur *m*; (*of heat*) calorifuge *m*; (*of electricity*) isolant *m*. **non-con'ducting** *a* non conducteur.

nonconformist [nɔnkən'fɔːmist] *a & n* non-conformiste (*mf*). **non-con'formism** *n* non-conformisme *m*.

non(-)contributory [nɔnkən'tribjutri] *a* sans versements, sans cotisations.

non-cooperation [nɔnkəopə'reiʃn] *n* refus *m* de coopération.

nondescript ['nɔndiskript] *a* indéfinissable, inclassable; *Pej:* médiocre.

none [nʌn] **1.** *pron* (*a*) aucun(e); **n. at all,** pas un(e) seul(e); **n. of this concerns me,** rien de ceci ne me regarde; **n. at all,** pas un(e) seul(e); **I know n. of them,** je n'en connais aucun; **strawberries! there are n.,** des fraises! il n'y en a pas; **n. of your cheek!** pas d'insolences de votre part! (*b*) **n. can tell,** personne ne peut le dire; **he knew, n. better, that,** il savait mieux que personne que (*c*) (*on forms*) néant **2.** *adv* (*a*) **I like him n. the worse for it,** je ne l'en aime pas moins; **he was n. the worse for his accident,** il ne s'en portait pas plus mal après l'accident; **n. the less,** néanmoins (*b*) **he was n. too soon,** il est arrivé juste à temps. **nonethe'less** *adv* néanmoins.

nonentity [nɔn'entiti] *n* (*pl* **nonentities**) (*pers*) nullité *f*.

non-event [nɔni'vent] *n F:* ratage (complet).

nonexistent [nɔnig'zist(ə)nt] *a* inexistant.

non-fiction [nɔn'fikʃən] *n* littérature *f* non-romanesque; (*in library*) ouvrages généraux.

non(-)inflammable [nɔnin'flæməbl] *a* uninflammable.

non(-)intervention [nɔnintə'venʃn] *n Pol:* non-intervention *f*.

non-iron [nɔn'aiən] *a* (tissu) n'exigeant aucun repassage.

non(-)member [nɔn'membər] *n* (*at club*) personne étrangère, invité, -ée; **open to n.-members,** ouvert au public.

non-payment [nɔn'peimənt] *n* non-paiement *m*; défaut *m* de paiement.

nonplus [nɔn'plʌs] *vtr* (**nonplussed**) confondre, dérouter (qn); **to be nonplussed,** être désemparé.

non-profitmaking [nɔn'prɔfitmeikiŋ] *a* (société) sans but lucratif.

non-resident [nɔn'rezid(ə)nt] *a & n* non-résident (*m*); (*hotel*) **open to non-residents,** repas servis aux voyageurs de passage.

non-returnable [nɔnri'təːnəbl] *a* (emballage) perdu, non repris, non consigné.

nonsense ['nɔnsəns] *n* **1.** non-sens *m* **2.** absurdités *fpl*; **piece of n.,** bêtise *f*; **to talk n.,** dire des bêtises; **(what) n.!** quelle bêtise! **that's n.,** c'est absurde; **no n.!** pas de bêtises! **non'sensical** *a* absurde.

non sequitur [nɔn'sekwitər] *n* phrase *f*, conclusion *f*, illogique.

non-skid [nɔn'skid] *a* antidérapant.

non-smoker [nɔn'smoukər] *n* (*a*) (*of pers*) non-fumeur *m* (*b*) *Rail: Av:* siège *m*, compartiment *m*, non-fumeurs.

non-starter [nɔn'stɑːtər] *n* (*a*) (cheval) non partant (*b*) projet voué d'avance à l'échec.

non-stick [nɔn'stik] *a* **n.-s. saucepan,** casserole anti-adhésive, qui n'attache pas.

nonstop [nɔn'stɔp] **1.** *a* (train, vol) direct **2.** *adv* sans arrêt; (voler) sans escale; **to talk n.,** parler sans arrêt.

non-taxable [nɔn'tæksəbl] *a* non imposable.

non-union [nɔn'juːniən] *a* (ouvrier) non syndiqué.

non-violence [nɔn'vaiələns] *n* non-violence *f*.

noodles ['nuːdlz] *npl Cu:* nouilles *f*; vermicelle(s) *m*(*pl*).

nook [nuk] *n* coin *m*; recoin *m*; **in every n. and cranny,** dans tous les coins (et recoins).

noon [nuːn] *n* midi *m*. **'noonday** *n* **the n. sun,** le soleil de midi.

noose [nuːs] *n* nœud coulant; (*for trapping animals*) lacet *m*, collet *m*; (*of hangman*) corde *f*.

nor [nɔːr] *conj* **1.** (ne, ni . . .) ni; **he has neither father n. mother,** il n'a ni père ni mère; **she neither drinks n. smokes,** elle ne fume ni ne boit; **he hasn't any, n. have I,** il n'en a pas, (ni) moi non plus **2. I don't know, n. can I guess,** je n'en sais rien, et je ne peux pas le deviner; **n. was this all,** et ce n'était pas tout.

norm [nɔːm] *n* norme *f*. **'normal** **1.** *a* normal, régulier, ordinaire **2.** *n* normale *f*; **temperature above n.,** température au-dessus de la normale. **nor'mality** *n* normalité *f*. **'normally** *adv* normalement.

Normandy ['nɔːməndi] *Prn Geog:* Normandie *f*. **'Norman** *a & n* normand, -ande; **N. architecture,** (i) l'architecture normande (ii) l'architecture romane (anglaise).

Norse [nɔːs] **1.** *a* norvégien **2.** *n* (*a*) *pl* Scandinaves *mfpl*, *esp* Norvégiens, -iennes (*b*) *Ling:* (i) norvégien *m* (ii) (*in Orkneys, Shetlands*) norse *m*. **'Norseman** *n* (*pl* **-men**) Scandinave.

north [nɔːθ] **1.** *n* nord *m*; **on the n., to the n. (of),** au nord (de); **in the n. of England,** dans le nord de l'Angleterre **2.** *adv* au nord; **to travel n.,** voyager vers le nord; **it's n. of here,** c'est au nord d'ici **3.** *a* nord *inv*; **the n. coast,** la côte nord; **n. wall,** mur exposé au nord; **n. wind,** vent du nord; **the N. Sea,** la mer du Nord; **the N. Pole,** le Pôle nord. **North-'African** *a & n* nord-africain, -aine. **North-A'merican** *a & n* nord-américain, -aine. **'northbound** *a* (*of traffic*) en direction du nord; (*of carriageway*) nord *inv*. **north-'east** *a & n* nord-est *m & a inv*. **north-'eastern** *a* (du) nord-est. **'northerly** [-ð-] *a* du nord; (*of point*) nord *inv*; **n. wind,** vent du nord. **'northern** [-ð-] *a* nord; septentrional; **n. town,** ville du nord; **N. Ireland,** Irlande *f* du Nord; **N. France,** le Nord de la France; **N. Europe,** Europe *f* du Nord; **n. lights,** aurore boréale. **'northener** *n* habitant(e) du nord. **'northernmost** *a* le plus au nord. **'northward** **1.** *a* au, du, nord **2.** *n* **to the n. (of),** au nord (de). **'northward(s)** *adv* vers le nord. **north'west** *a & n* nord-ouest *m & a inv*. **north'western** *a* (du) nord-ouest.

Norway ['nɔːwei] *Prn Geog:* Norvège *f*. **Norwegian** [nɔː'wiːdʒən] **1.** *a & n* norvégien, -ienne **2.** *n Ling:* norvégien *m*.

nose [nouz] **I.** *n* **1.** (*of pers*) nez *m*; (*of many animals*) museau *m*; **to blow one's n.,** se moucher; **to hold one's n.,** se boucher le nez; **her n. is bleeding,** elle saigne du nez; **to speak through one's n.,** nasiller; parler du nez; **to pay through the n. for sth,** payer qch trop cher; **I did it under his very n.**, je l'ai fait sous son nez; **to poke one's n. into sth**, fourrer son nez dans qch; **to lead s.o. by the n.**, mener qn par le bout du nez; **to look down one's n. at s.o.**, regarder qn de haut en bas; **to turn one's nose up**, faire le dégoûté (**at**, devant); **to cut off one's n. to spite one's face**, agir par colère contre son propre intérêt **2.** odorat *m*; **to have a n. for sth**, avoir du flair pour qch **3.** nez (d'un avion); *Aut:* **n. to tail**, pare-choc contre pare-choc. **II.** *v* **1.** *vtr* (*of dog*) **to n. out the game**, flairer le gibier; *F:* **to n. sth out**, découvrir (qch); flairer (qch) **2.** *vi* **to n. about, (a)round**, fureter, fouiner; **to n. one's way into sth**, entrer discrètement dans (une pièce, un club). **'nosebag** *n* musette *f* (de cheval). **'nosebleed** *n* saignement *m* de nez; **to have a n.**, saigner du nez. **'nosecone** *n* cône *m* avant (d'avion); ogive *f* (de fusée). **'nosedive 1.** *n* piqué *m*; chute *f* (des prix) **2.** *vi* descendre en piqué; piquer de l'avant. **'nosegay** *n* bouquet *m*. **'nosey, 'nosy** *a* curieux, fouineur; **n. parker**, fouineur, -euse, indiscret, -ète.

nosh [nɔʃ] *P:* **1.** bouffe *f* **2.** *vi F:* bouffer; grignoter (entre les repas).

nostalgia [nɔs'tældʒ(i)ə] *n* nostalgie *f*. **nos'talgic** *a* nostalgique.

nostril ['nɔstril] *n* (*of pers*) narine *f*; (*of horse*) naseau *m*.

nostrum ['nɔstrəm] *n* panacée *f*, remède *m* de charlatan.

not [nɔt] *adv* **1.** (*a*) (ne) pas, (ne) point; **he will n., won't, come**, il ne viendra pas; **she is n., isn't, there**, elle n'est pas là; **you understand, do you n., don't you?** vous comprenez, n'est-ce pas? (*b*) **n. at all**, (i) pas du tout (ii) je vous en prie; **I think n.**, je crois que non; **why n.?** pourquoi pas? **n. negotiable**, non négociable **2. n. including**, sans compter; **he asked me n. to move**, il m'a demandé de ne pas bouger; *F:* **n. to worry!** ne vous en faites pas! (*of party*) **we can't n. go**, impossible de s'en tirer **3. n. that**, ce n'est pas que; **n. that I'm afraid of him**, non (pas) que je le craigne; **n. that I can remember**, pas autant qu'il m'en souvienne **4. n. only, but also**, non seulement, mais encore; **n. yet**, pas encore; **respected but n. loved**, respecté mais non pas aimé **5. I was n. sorry to leave**, j'étais bien content de partir; **n. without reason**, non sans raison **6. n. a murmur was heard**, on n'entendait pas un murmure.

notable ['noutəbl] *a* notable, insigne; (*of pers*) éminent. **'notably** *adv* **1.** notablement, remarquablement **2.** notamment, particulièrement.

notary ['noutəri] *n* (*pl* **notaries**) *Jur:* **n. (public)**, notaire *m*.

notation [nou'teiʃ(ə)n] *n* notation *f*.

notch [nɔtʃ] **I.** *n* (*pl* **notches**) (*a*) (*in wood*) entaille *f*, encoche *f*; (*in belt, wheel*) cran *m* (*b*) brèche *f* (dans une lame). **II.** *vtr* (*a*) en tailler, encocher (un bâton); **to n. up**, marquer (un point); enregistrer (une victoire) (*b*) ébrécher (une lame).

note [nout] **I.** *n* **1.** (*a*) note *f* (de musique) (*b*) touche *f* (d'un piano) (*c*) note, son *m*; **to sing a wrong n.**, chanter faux; **to strike the right n.**, être bien dans la note **2.** (*a*) note, mémorandum *m*; (*summary, preface*) notice *f*; **to make, keep, a n. of sth**, noter qch; prendre note de qch; **I must make a n. of it**, il faut que je m'en souvienne (*b*) note, commentaire *m*, annotation *f*; **to make notes on a text**, annoter un texte (*c*) petit mot **4.** (*a*) *Com:* billet, bordereau *m*; **n. of hand**, reconnaissance *f* (de dette); **advice n.**, note, lettre, d'avis (*b*) (*NAm:* = **bill**) **(bank) n.**, billet (de banque) **5.** (*a*) distinction *f*, renom *m*; **a person of n.**, un homme de marque (*b*) attention *f*, remarque *f*; **to take (a) n. of sth**, prendre note de qch. **II.** *vtr* **1.** noter, constater, remarquer, prendre note de (qch); **it's worth noting that**, il convient de remarquer que **2. to n. sth (down)**, noter (qch). **'notebook** *n* carnet *m*; *Sch:* cahier *m*; bloc-notes *m*. **'notecase** *n* porte-billets *m inv*, portefeuille *m*. **'noted** *a* (*of pers*), éminent; (*of thg*) célèbre; **to be n. for**, être connu pour. **'notepad** *n* bloc-notes *m*. **'notepaper** *n* papier *m* à lettres. **'noteworthy** *a* notable, remarquable.

nothing ['nʌθiŋ] **I.** *n or pron* rien (*with* ne *expressed or understood*) (*a*) **he knows n.**, il ne sait rien; **n. to do**, rien à faire; **n. could be simpler**, rien de plus simple; **to say n. of**, sans parler de; **it looks like n. on earth**, cela ne ressemble à rien; **as if n. had happened**, comme si de rien n'était; **there's n. in these rumours**, ces bruits sont sans fondement; *F:* **there's n. to it, in it**, c'est simple comme bonjour; **there's n. like it**, il n'y a rien de tel; **to be n. if not discreet**, être discret avant tout; **to create sth out of n.**, créer qch de toutes pièces (*b*) **n. new**, rien de nouveau; **n. much**, pas grand-chose; **there's n. more to be said**, il n'y a plus rien à dire (*c*) **I have, I've got, n. to do with it**, je n'y suis pour rien; **that's n. to do with you**, cela ne vous regarde pas; **I can do n. about it**, je n'y peux rien; **there's n. to cry about**, il n'y a pas de quoi pleurer; **n. doing!** rien à faire! (*d*) **he is n. of a scholar**, ce n'est pas du tout un savant; **n. of the kind**, rien de la sorte (*e*) **n. else**, rien d'autre; **n. but the truth**, rien que la vérité; **he does n. but complain**, il ne fait que se plaindre; **there was n. for it but to wait**, il ne nous restait plus qu'à attendre (*f*) **for n.**, pour rien; **it's not for n. that**, ce n'est pas sans raison que; **all my efforts came to n.**, tous mes efforts n'ont rien donné; **it counts for n.**, ça ne compte pour rien; **I got n. out of it**, j'en suis pour mes frais (*g*) **he is n. to me**, il m'est indifférent; **it's n. to me either way**, cela m'est égal (*h*) **to think n. of sth**, ne faire aucun cas de qch. **II.** *n* **1.** *Mth:* zéro *m* **2.** néant *m*; rien *m*; vétille *f*, bagatelle *f*; **a (mere) n.**, (*pers*) une nullité; (*thg*) un rien. **III.** *adv* aucunement, nullement; pas du tout; **n. like as big**, loin d'être aussi grand; **it's n. less than madness**, c'est de la folie ni plus ni moins; **n. daunted**, nullement intimidé. **'nothingness** *n* néant *m*.

notice ['noutis] **I.** *n* **1.** (*a*) avis *m*, notification *f*; **n. of delivery**, accusé *m* de réception (*b*) **(advance) n.**, préavis *m*; **to give s.o. n. of sth**, prévenir, avertir, qn de qch; **to do sth without n.**, faire qch sans avis préalable; **public n.**, avis au public; **until further n.**, jusqu'à nouvel ordre; **at short n.**, à bref délai (*c*) avis formel, instructions formelles; **to give s.o. n. to do sth**, aviser qn de faire qch (*d*) **ready to leave at short n., at a moment's n.**, prêt à partir à l'instant (*e*) **n. (to quit), n. (of dismissal)**, congé *m*; **to give n. to an employee**, donner son congé à un employé; to **give (in) one's n.**, donner sa démission **2.** (*a*) (*sign*) pancarte *f*, écriteau *m*; (*poster*) affiche *f*; **n. board,** tableau d'affichage (*b*) (*in newspaper*) annonce *f* (*c*) *Journ:* critique *f* **3.** attention *f*; connaissance *f*; **to take n. of sth,** faire attention à qch; **to take no n. of sth,** ne prêter aucune attention à qch; **to bring sth to s.o.'s n.,** porter qch à la connaissance de qn; **to attract n.,** se faire remarquer; *F:* **to sit up and take n.,** dresser l'oreille. **II.** *vtr* observer, remarquer, s'apercevoir de (qn, qch); **I have never noticed it,** je ne l'ai jamais remarqué; **I n. that,** je m'aperçois que. **'noticeable** *a* perceptible, visible; **it's not n.,** ça ne se voit pas; **she's n.,** elle se fait remarquer. **'noticeably** *adv* perceptiblement, sensiblement.

notify ['noutifai] *vtr* annoncer, notifier (qch); déclarer (une naissance); **to n. s.o. of sth,** avertir, aviser, qn de qch; **to n. the police of sth,** signaler qch à la police. **noti'fiable** *a* qu'on est obligé de déclarer aux autorités. **notifi'cation** *n* avis *m*, notification *f*, annonce *f*; déclaration *f* (de naissance).

notion ['nouʃ(ə)n] *n* (*a*) notion *f*, idée *f*; **to have no n. of sth,** n'avoir aucune notion de qch; **I have a n. that,** j'ai dans l'idée que; **to have some n. of,** avoir quelques notions de (*b*) *NAm:* **notions,** mercerie *f*. **'notional** *a Gram:* notionnel, -elle.

notorious [nou'tɔːriəs] *a* tristement célébre; (menteur) insigne; (malfaiteur) notoire; (endroit) mal famé. **notoriety** [noutə'raiəti] *n* (triste) notoriété *f*. **no'toriously** *adv* notoirement; **n. cruel,** connu pour sa cruauté.

notwithstanding [nɔtwiθ'stændiŋ, -wið-] **1.** *prep* malgré, en dépit de; **n. any clause to the contrary,** nonobstant toute clause contraire **2.** *adv* tout de même.

nougat ['nuːgɑː] *n* nougat *m*.

nought [nɔːt] *n Mth:* zéro *m*; **noughts and crosses** = morpion *m*.

noun [naun] *n Gram:* substantif *m*, nom *m*.

nourish ['nʌriʃ] *vtr* nourrir (qn). **'nourishing** *a* nourrissant. **'nourishment** *n* nourriture *f*.

nous [naus] *n F:* savoir-faire *m*.

nova ['nouvə] *n* (*pl* **novae** [-viː]) *Astr:* nova *f*.

Nova Scotia [nouvə'skouʃə] *Prn Geog:* Nouvelle-Écosse.

novel[1] ['nɔv(ə)l] *n* roman *m*; **detective n.,** roman policier. **'novelist** *n* romancier, -ière.

novel[2] *a* nouveau; original; **that's a n. idea!** voilà qui est original! **'novelty** *n* **1.** chose nouvelle; innovation *f*; *Com:* (article *m* de) nouveauté *f* **2.** nouveauté (de qch).

November [nou'vembər] *n* novembre *m*; **in N.,** au mois de novembre; **(on) the fifth of N.,** le cinq novembre.

novice ['nɔvis] *n* novice *mf*; apprenti, -ie; débutant, -ante. **no'viciate** *n* noviciat *m*.

now [nau] **I.** *adv* **1.** (*a*) maintenant; actuellement, à l'heure actuelle; **n. or never!** c'est le moment où jamais! (*b*) **he won't be long n.,** il ne va pas tarder (*c*) maintenant; tout de suite; **and n. I must go,** sur ce je vous quitte; **n. is the time to,** c'est le bon moment pour (*d*) (*in narrative*) alors; à ce moment-là; **all was n. ready,** dès lors tout était prêt (*e*) **just n.,** (i) (*past*) à l'instant (ii) (*present*) en ce moment; **for n.,** pour le moment; **even n.,** encore maintenant (*f*) **(every) n. and then,** de temps en temps; de temps à autre; **n. here n. there,** tantôt ici tantôt là **2.** (*a*) or; déjà; **n. it happened that,** or il advint que (*b*) **n. what's all this about?** qu'avez-vous donc? **come n.!** voyons, voyons! **well n.!** eh bien! **n. (then)!** (i) bon! alors! (ii) (*telling s.o. off*) voyons! allons! **II.** *conj* maintenant que, à présent que; **n. I'm older I think differently,** maintenant que je suis plus âgé je pense autrement. **III.** *n* **in three days from n.,** d'ici trois jours; **between n. and then,** d'ici là; **by n.,** avant; **he ought to be here by n.,** il devrait déjà être arrivé; **until n., up to n.,** jusqu'à présent, jusqu'ici; **from n. on,** désormais, à partir de maintenant. **'nowadays** *adv* aujourd'hui; de nos jours; à l'heure actuelle.

noway ['nouwei] *adv NAm:* nullement.

nowhere ['nouwɛər] *adv* nulle part; **it's n. I know,** ce n'est pas un endroit que je connais; **n. near the house,** loin de la maison; **it's n. near big enough,** c'est loin d'être assez grand; **I'm getting n.,** je n'y arrive pas; **flattery will get you n.,** la flatterie ne vous mènera à rien.

noxious ['nɔkʃəs] *a* nuisible, nocif; malfaisant; (gaz) délétère.

nozzle ['nɔzl] *n* (*of hose*) jet *m*, lance *f* (à eau); (*of syringe, tube*) embout *m*; bec *m*, tuyau *m* (de soufflet); suceur *m* (d'aspirateur); *Av:* injecteur *m*; *Aut:* gicleur *m*.

NSPCC *abbr National Society for the Prevention of Cruelty to Children.*

nth [enθ] *a F:* **to the n. degree,** au suprême degré; **for the n. time,** pour la (é)nième fois.

nuance ['njuːɑːns] *n* nuance *f*.

nub [nʌb] *n* cœur *m* (d'un problème).

nubile ['njuːbail] *a* nubile.

nucleus ['njuːkliəs] *n* (*pl* **nuclei**) noyau *m* (de cellule). **'nuclear** *a* nucléaire; **n. power,** énergie atomique; **n. power station,** centrale nucléaire; **n. scientist,** spécialiste *mf* du nucléaire, atomiste *mf*; **n. weapon,** arme nucléaire.

nude [njuːd] *a & n* nu (*m*); **to draw from the n.,** dessiner d'après le nu; **in the n.,** (tout) nu. **'nudism** *n* nudisme *m*, naturisme *m*. **'nudist** *n* nudiste *mf*, naturiste *mf*; **n. camp,** camp de nudistes, de naturistes **'nudity** *n* nudité *f*.

nudge [nʌdʒ] **I.** *n* coup *m* de coude. **II.** *vtr* pousser (qn) du coude.

nugget ['nʌgit] *n* pépite *f* (d'or).

nuisance ['njuːs(ə)ns] *n* (*a*) (*pers*) peste *f*; **he's a perfect n.,** il est assommant; **go away, you're (being) a n.!** va-t'en, tu m'embêtes! **to make a n. of oneself,** embêter le monde (*b*) embêtement *m*; **that's a n.!** c'est embêtant! **what a n.!** quel ennui! que c'est agaçant!

null [nʌl] *a Jur:* **n. (and void),** nul (et non avenu); **to declare a contract n. and void,** déclarer un contrat nul et non avenu. **'nullify** *vtr* annuler, *Jur:* infirmer (un acte). **'nullity** *n* nullité *f*.

numb [nʌm] **I.** *a* engourdi; *Fig:* paralysé. **II.** *vtr* engourdir; **numbed with horror,** paralysé d'horreur. **'numbness** *n* engourdissement *m*; torpeur *f* (de l'esprit).

number ['nʌmbər] **I.** *n* **1.** (*a*) *Mth:* nombre *m* (*b*) **they were six in n.,** ils étaient au nombre de six; **they**

are few in n., il sont peu nombreux; **without n.**, sans nombre (*c*) **a (large) n. of men came**, un grand nombre, beaucoup, d'hommes sont venus; **a great n. of people are of this opinion**, beaucoup de gens sont de cet avis; **a n. of people**, plusieurs personnes; **any n. of**, un certain, un grand, nombre de (*d*) **in small numbers**, en petit nombre; **in ever increasing numbers**, de plus en plus nombreux (*e*) *Lit:* **one of their n.**, (l')un d'entre eux **2.** chiffre *m*; **to write the n. on a page**, numéroter une page **3.** numéro *m* (d'une maison, d'une page); **I live at n. forty**, j'habite au numéro quarante; *F:* **to look after n. one**, penser à mézigue; *Aut:* **registration, licence, n.**, numéro minéralogique, d'immatriculation; **n. plate**, plaque *f* d'immatriculation; **telephone n.**, numéro d'appel; *F:* **his number's up**, il a son compte; il est fichu **4.** *Gram:* nombre **5.** numéro (d'un journal); *Th:* numéro (de chant, de danse). **II.** *vtr* **1.** compter, dénombrer; **they n. eight**, ils sont au nombre de huit; **his days are numbered**, ses jours sont comptés **2.** numéroter (les maisons). **'numbering** *n* numérotage *m*; **n. machine, stamp**, numéroteur *m*. **'numberless** *a* innombrable; sans nombre.

numeral ['nju:mərəl] **1.** *a* numéral **2.** *n* chiffre *m*, nombre *m*. **'numeracy** *n* degré *m* d'aptitude en calcul. **'numerate** *a* qui sait compter. **'numerator** *n* *Mth:* numérateur *m*. **nu'merical** *a* numérique. **nu'merically** *adv* numériquement. **'numerous** *a* nombreux.

numismatics [nju:miz'mætiks] *npl* (*usu with sg const*) numismatique *f*. **nu'mismatist** *n* numismate *mf*.

nun [nʌn] *n* *Ecc:* religieuse *f*; *F:* (bonne) sœur. **'nunnery** *n* couvent *m* (de religieuses).

nuncio ['nʌnsiou] *n* nonce *m*.

nuptial ['nʌpʃəl] *a* nuptial. **'nuptials** *npl* noces *fpl*.

nurse [nə:s] **I.** *n* **1.** infirmière *f*, garde-malade *f*; **(male) n.**, infirmier *m*, garde-malade *m* **2. (wet) n.**, nourrice *f*; **(children's) n.**, nurse *f*. **II.** *vtr* **1.** soigner (un malade); *vi* **she wants to n.**, elle voudrait être infirmière **2.** (*a*) allaiter, nourrir (un enfant) (*b*) nourrir, entretenir (un chagrin, un espoir); cultiver (une plante); épauler (qn) *Pol:* **to n. a constituency**, chauffer ses électeurs **3.** bercer (un enfant); tenir (qn, qch) dans ses bras. **'nursemaid** *n* bonne *f* d'enfants. **'nursery** *n* **1.** (*a*) chambre *f* d'enfants; nursery *f*; **n. rhyme**, chanson enfantine *f* (*b*) **(day) n.**, crèche *f*; garderie *f*; **n. school**, (école) maternelle (*f*), jardin *m* d'enfants **2.** *Hort:* pépinière *f*; **n. gardener**, pépiniériste *mf*. **'nurseryman** *n* pépiniériste *m*. **'nursing I.** *a* **1. n. mother**, mère qui allaite son enfant **2.** (*in hospital*) **n. staff**, personnel infirmier. **II.** *n* (*a*) soins *mpl* (*b*) profession *f* d'infirmière, d'infirmier (*c*) **n. home**, (i) clinique (ii) maison *f* de santé (iii) maison de retraite.

nurture ['nə:tʃər] *vtr* éduquer.

nut [nʌt] *n* **1.** (*a*) fruit *m* à coque; (*walnut*) noix *f*; (*hazelnut*) noisette *f*, aveline *f*; (*peanut*) cacah(o)uète *m*; **Brazil, cashew, n.**, noix du Brésil, de cajou; **mixed nuts**, mélange *m* de graines (salées); **nuts and raisins**, cocktail *m* de graines et raisins (secs); *F:* **tough, hard, n. to crack**, (i) problème *m* difficile à résoudre (ii) personne *f* difficile, peu commode; *F:* **he can't sing for nuts**, il ne sait pas chanter du tout (*b*) *P:* (*head*) caboche *f*; (*person*) cinglé, -ée; **off one's n.**, timbré, toqué; **to go nuts**, perdre la boule; **he's nuts**, il est cinglé; **to be nuts about sth**, être fou de qch; raffoler de qch **2.** écrou *m*; **wing n., butterfly n.**, écrou à oreilles, à ailettes; **nuts and bolts**, (i) écrous et boulons, visserie *f* (ii) *Fig:* éléments essentiels (d'une affaire). **nutcase** *n* cinglé,-ée. **'nutcracker(s)** *n*(*pl*) casse-noisettes *m inv*, casse-noix *m inv*. **'nutmeg** *n* (noix *f*) muscade (*f*). **'nutshell** *n* coquille *f* de noix; **in a n.**, en un mot. **'nutty** *a* **1.** au goût de noisette, de noix **2.** *F:* **to be n. about s.o., sth**, raffoler de qn, de qch **3.** *F:* cinglé.

nutrient ['nju:triənt] *n* élément nutritif. **nu'trition** *n* nutrition *f*. **nu'tritious, 'nutritive** *a* nutritif.

nuzzle ['nʌzl] *vi* fourrer son nez (contre l'épaule de qn); se blottir contre qn.

nylon ['nailɔn] *n* *Tex:* nylon *m*; **n. stockings, nylons**, bas *mpl* nylon.

nymph [nimf] *n* nymphe *f*. **nympho'mania** *n* nymphomanie *f*. **nympho'maniac** *n* nymphomane *f*.

O

O¹, o [ou] *n* **1.** (la lettre) O, o *m* **2.** (*nought*) zéro *m*; *Tp:* **3103** ['θri:wʌnou'θri:] = 31.03 [trãtecezerotrwɑ].

O² *int* ô! oh!

oaf [ouf] *n* rustre *m*. **'oafish** *a* de rustre.

oak [ouk] *n* (*a*) **o. (tree),** chêne *m*; **o. apple,** noix *f* de galle (*b*) (bois *m* de) chêne; **o. furniture,** meubles de, en, chêne.

oakum ['oukəm] *n* étoupe *f*, filasse *f*.

OAP *abbr old-age pensioner*, retraité(e).

oar [ɔ:r] *n* (*a*) aviron *m*, rame *f*; *F:* **to stick one's o. in,** intervenir (mal à propos) (*b*) **good o.,** bon rameur. **'oarlock** *n NAm:* (*Br*=**rowlock**) tolet *m*. **'oarsman** (*pl* **-men**) *n* rameur *m*; *Nau:* nageur *m*.

oasis [ou'eisis] *n* (*pl* **oases** [ou'eisi:z]) oasis *f*.

oasthouse ['ousthaus] *n* sécherie *f* de houblon.

oath [ouθ] *n* (*pl* **oaths**) **1.** serment *m*; **to take an o. to do,** faire le serment de faire; **I'll take my o. on it,** j'en jurerais; **on o.,** sous serment; (témoin) assermenté **2.** juron *m*; gros mot; **to swear an o.,** jurer.

oats [outs] *npl* avoine *f*; **field of o.,** champ d'avoine; **to sow one's wild o.,** faire des frasques. **'oatcake** *n* galette *f* d'avoine. **'oatmeal** *n* flocons *mpl* d'avoine.

obdurate ['ɔbdjurət] *a* (*a*) endurci; têtu (*b*) inexorable, inflexible. **'obduracy** *n* (*a*) endurcissement *m* (de cœur); entêtement *m* (*b*) inflexibilité *f*.

OBE *abbr Order of the British Empire.*

obedience [ə'bi:djəns] *n* obéissance *f*; **to secure o.,** se faire obéir. **o'bedient** *a* obéissant; soumis; docile. **o'bediently** *adv* avec obéissance, avec soumission; docilement.

obelisk ['ɔbilisk] *n* obélisque *m*.

obese [ou'bi:s] *a* obèse. **o'besity** *n* obésité *f*.

obey [ə'bei] *vtr* obéir à (qn, un ordre); (*of machine*) répondre (à); **to be obeyed,** être obéi.

obituary [ə'bitjuri] *a & n* (*pl* **obituaries**) **o. (notice),** notice *f* nécrologique, nécrologie *f*; *Journ:* **o. column,** nécrologie, carnet *m* de deuil.

object I. *n* ['ɔbdʒikt] **1.** (*a*) objet *m*, chose *f*; **o. lesson,** exemple *m* (*b*) **o. of pity,** objet, sujet *m*, de pitié **2.** (*a*) but *m*, objectif *m*, objet; **with the o. of,** dans le but de; **what is the o. of all this?** à quoi vise tout cela? **to defeat one's o.,** manquer son but (*b*) **distance is no o.,** la longueur du trajet importe peu; **money is no o.,** l'argent ne pose pas de problème; **price no o.,** prix indifférent **3.** *Gram:* complément *m* (d'objet); **direct, indirect, o.,** complément direct, indirect. **II.** *vi* [əb'dʒekt] **to o. to s.o., sth,** désapprouver qn, qch; **to o. to doing sth,** se refuser à faire qch; **he objects to it,** il s'y oppose; **I o. to you(r) doing that,** ça me gêne que tu fasses ça; **if you don't o.,** si vous n'y voyez pas d'inconvénient; **I o.!** je proteste! **she didn't o. when . . .,** elle n'a fait aucune objection quand . . .. **ob'jection** *n* objection *f*; **to raise an o.,** soulever une objection; **the o. has been raised that,** on a objecté que; **to take o. to s.o., to sth,** être mécontent de qn, se fâcher de qch; **I've got no o. (to that),** ça ne me gêne pas, je n'y vois pas d'objection, d'inconvénient; **if you have no o.,** si cela ne vous fait rien; **I have no o. to him,** je n'ai rien à dire contre lui. **ob'jectionable** *a* **1.** répréhensible, inacceptable, inadmissible **2.** très désagréable; (langage) choquant; **idea that is most o. to me,** idée qui me répugne; **a most o. man,** un homme insupportable. **ob'jective 1.** *a* objectif **2.** *n* (*a*) but *m*; objectif *m* (*b*) *Phot:* objectif. **objectively** *adv* objectivement. **objec'tivity** *n* objectivité *f*. **ob'jector** *n* opposant, -ante (**to,** à); **conscientious o.,** objecteur *m* de conscience.

oblige [ə'blaidʒ] *vtr* **1.** obliger, astreindre (qn à faire qch); **to be obliged to do sth,** être obligé, tenu, de faire qch **2.** (*a*) **to o. a friend,** (i) rendre service à (ii) faire plaisir à, un ami; **(in order) to o. you,** pour vous être agréable; **he's always willing to o.,** il est très obligeant (*b*) **to be obliged to s.o.,** être reconnaissant à qn; **much obliged!** merci infiniment! **obligation** [ɔbli'geiʃ(ə)n] *n* (*a*) obligation *f*; **to be under an o. to do sth,** être dans l'obligation de faire qch; **I'm under no o.,** rien ne m'oblige (à faire qch); *Ecc:* **day of o.,** fête *f* d'obligation (*b*) dette *f*; **to be under an o. to s.o.,** être redevable à qn; **to put, lay, s.o. under an o. (to do sth),** obliger qn (à faire qch) (*c*) *Com:* **without o.,** sans engagement; **to meet, fail to meet, one's obligations,** faire honneur, manquer, à ses engagements. **obligatory** [ə'bligətri] *a* obligatoire; de rigueur; **to make it o. to do sth,** imposer l'obligation de faire qch. **o'bliging** *a* obligeant, complaisant, serviable. **o'bligingly** *adv* obligeamment.

oblique [ə'bli:k] *a* oblique; de biais; *Fig:* (*of reference*) indirect; **o. angle,** angle oblique. **o'bliquely** *adv* obliquement, de biais, en biais.

obliterate [ə'blitəreit] *vtr* (*a*) effacer (*b*) oblitérer (un timbre). **oblite'ration** *n* **1.** (*a*) effacement *m* (*b*) rature *f* **2.** oblitération *f* (d'un timbre).

oblivion [ə'bliviən] *n* oubli *m*; **to sink into o.,** tomber dans l'oubli. **o'blivious** *a* **o. of what is going on,** inconscient de ce qui se passe; **to be o. of the difficulties,** ignorer les difficultés.

oblong ['ɔblɔŋ] **1.** *a* oblong; rectangulaire **2.** *n* rectangle *m*.

obnoxious [əb'nɔkʃəs] *a* (*a*) odieux; antipathique (**to s.o.,** à qn) (*b*) repoussant; (*of smell*) nauséabond.

oboe ['oubou] *n Mus:* hautbois *m*. **'oboist** *n* hautboïste *mf*.

obscene [əb'si:n] *a* obscène; indécent, scandaleux. **ob'scenely** *adv* d'une manière obscène. **obscenity** [əb'seniti] *n* obscénité *f*.

obscure [əb'skjuər] **I.** *a* **1.** obscur, ténébreux, sombre **2.** (livre, mot, acteur, etc) obscur; (sentiment) vague; (argument) peu clair **3.** (auteur) peu connu. **II.** *vtr* cacher; embrouiller, obscurcir; **clouds obscured the sun,** des nuages voilaient le soleil. **ob'scurely** *adv* obscurément. **ob'scurity** *n* obscurité *f*.

obsequies ['ɔbsikwiz] *npl* obsèques *f*, funérailles *f*.

obsequious [əb'si:kwiəs] *a* obséquieux. **ob'sequiously** *adv* obséquieusement. **ob'sequiousness** *n* servilité *f*.

observe [əb'zə:v] *vtr* **1.** observer (la loi); garder (le silence); se conformer à (un ordre); **to o. the speed limit,** respecter la limitation de vitesse **2.** observer, regarder (les étoiles); surveiller (l'ennemi) **3.** (faire) remarquer (**that,** que); **at last I observed a dark stain,** enfin j'aperçus une tache foncée. **ob'servable** *a* visible; perceptible. **ob'servance** *n* **1.** observation *f* **2. religious observances,** pratiques religieuses. **ob'servant** *a* (*a*) observateur (*b*) **he's very o.,** rien ne lui échappe. **obser'vation** *n* **1.** (*a*) observation *f*; (*by police*) surveillance *f*; **to keep, put, s.o. under o.,** mettre (un malade) en observation; surveiller qn; **to escape o.,** se dérober aux regards (*b*) *Nau:* **to take an o.,** faire le point (*c*) *Rail:* **o. car, coach,** voiture panoramique **2. to make an o.,** faire une remarque. **ob'servatory** *n* observatoire *m*. **ob'server** *n* observateur, -trice.

obsess [əb'ses] *vtr* obséder; **to be obsessed with an idea,** être obsédé par une idée. **ob'session** *n* obsession *f*; **to have an o. with, about,** avoir l'obsession, la hantise, de. **ob'sessive** a (*of memory, idea*) obsédant; (*of fear*) obsessif; *Psy:* obsessional; **to be o. about,** avoir l'obsession de. **ob'sessively** *adv* d'une façon obsédante.

obsolete ['ɔbsəli:t] *a* désuet, dépassé; (*of ticket*) périmé; (*of machinery*) archaïque. **obsolescence** [ɔbsə'lesəns] *n* désuétude *f*; obsolescence *f* (d'un outillage). **obso'lescent** *a* quelque peu désuet; (mot) vieilli.

obstacle ['ɔbstəkl] *n* obstacle *m*, empêchement *m*; **to be an o. to sth,** faire obstacle à qch; **to put obstacles in s.o.'s way,** faire obstacle à qn; *Sp:* **o. race,** course d'obstacles.

obstetrics [əb'stetriks] *npl* obstétrique *f*. **obste'trician** *n* obstétricien, -ienne, médecin accoucheur.

obstinate ['ɔbstinət] *a* obstiné (**in doing sth,** à faire qch); opiniâtre; (*of disease, pain*) rebelle, opiniâtre; **o. as a mule,** entêté, têtu, comme une mule. **'obstinacy** *n* obstination *f*, entêtement *m*, opiniâtreté *f*; **to show o.,** s'obstiner. **'obstinately** *adv* obstinément, opiniâtrement; **to refuse o.,** s'entêter à refuser.

obstreperous [əb'strep(ə)rəs] *a* bruyant, tapageur; turbulent.

obstruct [əb'strʌkt] *vtr* (*a*) obstruer, encombrer (la rue); boucher (un tuyau); **to o. the view,** gêner la vue (*b*) gêner, entraver (les mouvements de qn) (*c*) bloquer, entraver (la circulation). **ob'struction** *n* **1.** (*a*) (*act, state*) & *Med: Pol: Sp:* obstruction *f* (*b*) obstacle *m* (*c*) bouchon *m* (d'un tuyau) **2.** embouteillage *m*; *Rail:* **o. on the line,** obstacle *m* sur la voie. **ob'structionist** *n Pol:* obstructionniste *mf*. **ob'structive** *a* **to be o.,** faire de l'obstruction.

obtain [əb'tein] **1.** *vtr* obtenir; se procurer (qch) **2.** *vi* (*of practice*) avoir cours. **ob'tainable** *a* disponible; en vente.

obtrude [əb'tru:d] *vtr & i* mettre (qch) en avant; **to o. oneself on s.o.,** importuner qn. **ob'trusion** *n* intrusion *f*; importunité *f*. **ob'trusive** *a* importun, indiscret; (*of building, etc*) trop en évidence; (*of smell*) pénétrant. **ob'trusiveness** *n* importunité *f*.

obtuse [əb'tju:s] *a* (angle, esprit) obtus. **ob'tuseness** *n* stupidité *f*.

obverse ['ɔbvə:s] *n* avers *m*, face *f* (d'une médaille).

obviate ['ɔbvieit] *vtr* éviter, parer à, obvier à (une difficulté).

obvious ['ɔbviəs] *a* évident, clair, manifeste; **it's quite o.,** c'est bien évident; **it's quite o. that he is lying,** il est évident qu'il ment; **it's the o. thing to do,** c'est tout indiqué, cela s'impose. **'obviously** *adv* évidemment, manifestement; visiblement; **she's o. wrong,** il est clair qu'elle a tort.

occasion [ə'keiʒ(ə)n] **I.** *n* **1.** raison *f*, occasion *f*; **I've no o. for complaint,** je n'ai pas à me plaindre; **if the o. arises, should the o. arise,** s'il y a lieu; le cas échéant **2.** occasion, occurrence *f*; (*event, etc*) événement *m*; **on the o. of his marriage,** à l'occasion de son mariage; **on one o.,** une fois; **on o.,** à l'occasion; **on several occasions,** à plusieurs reprises, occasions; **on great occasions,** dans les grandes occasions; **on rare occasions,** rarement; **on such an o.,** en pareille occasion. **II.** *vtr* occasionner, donner lieu à (qch). **o'ccasional** *a* (*of event*) qui a lieu de temps en temps; (*of rain, showers*) intermittent; **o. visitor,** visiteur *m* qui vient de temps en temps; **she drinks the o. whisky,** elle boit un whisky de temps en temps. **o'ccasionally** *adv* de temps en temps; **very o.,** rarement, très peu souvent.

occident ['ɔksidənt] *n* occident *m*. **occi'dental** *a* occidental.

occult [ɔ'kʌlt] *a* occulte. **'occultism** *n* occultisme *m*.

occupy ['ɔkjupai] *vtr* **1.** (*a*) occuper, habiter (une maison) (*b*) *Mil:* occuper (un pays ennemi); s'emparer de (une ville); **occupied territory,** territoire occupé **2.** remplir (un espace); occuper (une place, le temps); **this seat is occupied,** cette place est prise **3.** occuper (qn); donner du travail à (qn); **to keep oneself occupied,** s'occuper (**doing,** à faire); **to o. one's mind,** s'occuper l'esprit. **'occupancy** *n* occupation *f*, habitation *f* (d'un immeuble). **'occupant** *n* occupant, -ante; locataire *mf* (d'une maison); titulaire *mf* (d'un poste). **occu'pation** *n* **1.** occupation *f*; (*of house*) **fit for o.,** habitable; **army of o.,** armée d'occupation **2.** (*a*) occupation; **to find s.o. (some) o.,** occuper qn (*b*) emploi *m*; métier *m*; profession *f*; **what's his o.?** quel est son métier, sa profession? **occu'pational** *a* **o. disease,** maladie du travail; **o. therapy,** ergothérapie *f*; **o. hazards,** risques *mpl* du métier. **'occupier** *n* occupant, -ante; locataire *mf* (d'une maison); *Mil:* occupant *m*.

occur [ə'kə:r] *vi* (**occurred**) **1.** (*of event*) avoir lieu; arriver; se produire; **if another opportunity occurs,** si une autre occasion se présente; **don't let it o. again!** que cela ne se répète pas! **2.** se rencontrer, se trouver **3. it occurs to me that . . .,** il me vient à l'esprit que . . .; **the idea occurred to her to . . .,** l'idée lui est venue de . . .. **o'ccurrence** *n* événement *m*; existence *f*; (*of word*) occurrence *f*; **an everyday o.,** un fait journalier.

ocean [ˈouʃ(ə)n] *n* océan *m*; **o. floor,** fond sous-marin; **o. current,** courant océanique; **o.-going ship,** navire de haute mer. **oceanic** [ousiˈænik] *a* océanique. **ocea'nographer** *n* océanographe *mf.* **ocean'ography** *n* océanographie *f.*

Oceania [ouʃiˈɑːniə] *Prn Geog:* Océanie *f.*

ocelot [ˈɔsilɔt] *n Z:* ocelot *m.*

ochre, *NAm:* **ocher** [ˈoukər] *n* ocre *f*; **yellow, red, o.,** ocre jaune, rouge.

o'clock [əˈklɔk] *adv phr* **six o'c.,** six heures; **twelve o'c.,** (i) midi *m* (ii) minuit *m.*

octagon [ˈɔktəgən] *n* octogone *m.* **oc'tagonal** *a* octogonal.

octane [ˈɔktein] *n* **o. rating,** indice d'octane *m*; **high o. petrol,** essence à haut indice d'octane.

octave [ˈɔktiv, ˈɔkteiv] *n* octave *f.*

octet [ɔkˈtet] *n Mus:* octuor *m.*

October [ɔkˈtoubər] *n* octobre *m*; **in O.,** au mois d'octobre; **(on) the sixth of O.,** le six octobre.

octogenarian [ɔktoudʒiˈnεəriən] *a & n* octogénaire (*mf*).

octopus [ˈɔktəpəs] *n* poulpe *m*; pieuvre *f.*

ocular [ˈɔkjulər] *a* oculaire. **'oculist** *n* oculiste *mf.*

odd [ɔd] *a* (**odder, oddest**) **1.** (*a*) (nombre) impair (*b*) **I have an o. penny,** il me reste un penny; **a few o. stamps,** quelques timbres (qui restent); **£6 o.,** six livres et quelques; **fifty o.,** cinquante et quelques; **a hundred o. sheep,** une centaine de moutons; **a thousand o. soldiers,** un millier de soldats; **the o. man out, the o. one out,** l'exception *f*; *Games:* **find the o. one out,** trouver l'intrus **2.** (*a*) dépareillé; **o. socks,** chaussettes dépareillées (*b*) **at o. times, moments,** de temps en temps; **he writes the o. letter,** il écrit de temps en temps; **o.-job man,** homme à tout faire; **odd jobs,** menus travaux; **to do o. jobs,** bricoler; *Com:* **o. lot,** soldes *mpl* **3.** bizarre, curieux, singulier; (*of pers*) excentrique, original; **that's o.!** c'est curieux, bizarre, singulier! **'oddball** *n NAm: F:* excentrique *mf.* **'oddity** *n* **1.** *pl* (*of language, etc*) bizarreries *fpl* **2.** (*a*) personne *f* excentrique; original, -ale (*b*) chose *f* bizarre; curiosité *f.* **'oddly** *adv* bizarrement, singulièrement; **o. enough nobody arrived,** chose curieuse, personne n'est arrivé. **'oddments** *npl* **1.** *Com:* fin *f* de série **2.** petits bouts; restes *m.* **'oddness** *n* singularité *f*, bizarrerie *f.* **odds** *npl* **1.** (*a*) chances *fpl*; **the o. are against him,** les chances sont contre lui; **we have heavy odds against us,** nous avons très peu de chances de réussir; **to fight against great o.,** lutter contre des forces supérieures (*b*) différence *f*; **what's the o.?** qu'est-ce que ça fait? **it makes no o.,** ça ne fait rien (*c*) *Rac:* cote *f*; **long, short, o.,** forte, faible, cote; **the o. are that,** il y a gros à parier que **2. to be at o. with s.o.,** être en désaccord avec qn **3. o. and ends,** des petite choses.

ode [oud] *n* ode *f.*

odious [ˈoudjəs] *a* odieux (**to,** à); détestable. **'odiously** *adv* odieusement. **'odiousness** *n* caractère odieux, l'odieux *m* (d'une action). **'odium** *n* réprobation *f.*

odometer [ouˈdɔmitər] *n NAm:* (*Br* = **mileometer**) odomètre *m.*

odour, *NAm:* **odor** [ˈoudər] *n* **1.** (*a*) odeur *f* (*b*) parfum *m* **2. to be in good, bad, o. with s.o.,** être bien, mal, vu de qn. **'odourless** *a* inodore; sans odeur.

odyssey [ˈɔdisi] *n* odyssée *f.*

oecumenical [iːkjuːˈmenikl] *a Rel:* œcuménique.

oedema, *NAm:* **edema** [iˈdiːmə] *n* œdème *m.*

oesophagus, *NAm:* **esophagus** [iˈsɔfəgəs] *n Anat:* œsophage *m.*

oestrogen [ˈiːstrədʒən] *n BioCh:* œstrogène *m.*

of [*accented* ɔv, *unaccented* əv, v] *prep* de **1.** (*a*) (*separation*) **south of,** au sud de; **free of,** libre de; *NAm:* **five (minutes) of one,** une heure moins cinq (*b*) **of the boy,** du garçon; (i) (*origin*) **the works of Shakespeare,** les œuvres de Shakespeare (ii) (*cause*) **of necessity,** par nécessité; **to die (as the result) of a wound,** mourir (des suites) d'une blessure **2. it's very kind of you,** c'est bien aimable de votre part **3.** (*a*) **made of wood,** fait de, en, bois (*b*) **of no value,** sans intérêt **4.** (*a*) **to think of s.o.,** penser à qn (*b*) **guilty of,** coupable de (*c*) **doctor of medicine,** docteur en médecine; **bachelor of arts** = licencié(e) ès lettres (*d*) **well, what of it?** eh bien, et après? **5.** (*a*) (i) **the town of Rouen,** la ville de Rouen; **child of ten,** enfant (âgé) de dix ans (ii) **hard of hearing,** (un peu) sourd, dur d'oreille (*b*) **that fool of a sergeant,** cet imbécile de sergent (*c*) **all of a sudden,** tout d'un coup, tout à coup **6.** (*a*) **how much of it do you want?** combien en voulez-vous? **two of them,** deux d'entre eux; **she has a lot of them, of it,** elle en a beaucoup; **there are several of us,** nous sommes plusieurs; **of the twenty only one was bad,** sur les vingt un seul était mauvais (*b*) **the best of men,** le meilleur des hommes; **the one he loved most of all,** celui qu'il aimait entre tous (*c*) **the one thing of all others that I want,** ce que je désire par-dessus tout, avant tout **7.** (*a*) **the widow of a doctor,** la veuve d'un médecin; **the first of June,** le premier juin (*b*) **a friend of mine,** un de mes amis; **it's no business of yours,** cela ne vous regarde pas. **8. of late,** dernièrement, ces derniers temps.

off [ɔf] **I.** *adv* **1.** (*a*) **one kilometre o.,** à un kilomètre (d'ici, de là), distant d'un kilomètre; **some way o.,** à quelques kilomètres d'ici; **to keep s.o. o.,** empêcher qn d'approcher (*b*) absent, parti; **I'm o. to London,** je pars pour Londres; **where are you o. to?** où allez-vous? **be o. with you!** allez-vous-en! filez! **they're o.!** les voilà partis! **I must be o.,** (il faut que) je me sauve; **o. we go!** (i) en route! (ii) nous voilà partis! **to go o. to sleep,** s'endormir **2.** (*a*) détaché; enlevé; **to take o. one's shoes,** enlever ses chaussures; **with his coat o.,** sans manteau; **o. with your shoes!** enlève tes chaussures! **a button has come o.,** un bouton a sauté; **he gave me 10% o.,** il m'a fait une remise de 10%; **to take a day o.,** prendre un jour de congé; se libérer pour la journée; **I'm o. today, I have today o.,** j'ai congé aujourd'hui (*b*) (*of gas, electricity, stove*) éteint, fermé; (*of tap*) fermé; (*at mains*) coupé; *Aut:* **the ignition is o.,** l'allumage est coupé; (*in restaurant*) *F:* **chicken is o.,** il n'y a plus de poulet (*c*) annulé; **the deal's o.,** l'affaire ne se fera pas (*d*) mauvais; (*of meat*) tourné; **the beer's o.,** la bière est éventée; **the milk's o.,** le lait a tourné; *F:* **that's a bit o.,** ce n'est pas chic (*e*) **to finish o. a piece of work,** achever un travail **3. badly o.,** dans la gêne; **well o.,** riche, prospère; **he's better o. where he is,** il est bien mieux où il est; **he's worse o.,** sa situation a empiré

4. **on and o., o. and on,** de temps à autre; **right o., straight o.,** immédiatement, tout de suite. **II.** *prep* **1.** (*a*) de; **to fall o. a horse,** tomber de cheval; **to take sth o. a table,** prendre qch sur une table; **to eat o. a plate,** manger dans une assiette; **door o. its hinges,** porte qui est hors de ses gonds; **to take sth o. the price,** rabattre qch du prix; faire une remise (*b*) écarté de, éloigné de; **a few kilometres o. the coast,** à quelques kilomètres de la côte; **street o. the main road,** rue qui débouche sur la grande route; **house o. the road,** maison en retrait; maison éloignée de la route; **to keep, stay, o. the grass,** ne pas marcher sur les pelouses; **o. limits,** interdit (*c*) *F:* **to be o. one's food,** ne pas avoir d'appétit, ne plus rien manger **2.** *Nau:* **o. the Cape,** au large du Cap. **III.** *a* (*a*) *Aut:* **o. side,** côté droit; *NAm:* côté gauche (*b*) **o. day,** (i) jour de liberté (ii) jour où l'on n'est pas en forme; **o. season,** morte-saison *f*. **'off-beat** *a F:* excentrique. **off-'centre** *a* décentré. **'off-chance** *n* **on the o.-c.,** au hasard. **off-'colour** *a* (*a*) (*ill*) patraque (*b*) (*indecent*) scabreux. **'offcut** *n* (*of wood, cloth*) chute *f*. **off'hand 1.** *adv* (*a*) sans préparation; **to speak o.,** parler impromptu (*b*) sans façon; d'un air dégagé **2.** *a* brusque, cavalier; désinvolte. **off-'handed** *a* **in an o. way,** sans façon, avec désinvolture. **off-'handedly** *adv* sans façon, avec désinvolture. **off'handedness** *n* désinvolture *f*. **off-'key** *a & adv Mus:* faux. **'off-licence** *n* magasin *m* de vins et de spiritueux. **off'load** *vtr* décharger (un véhicule, etc); **to o. sth onto s.o.,** se décharger de qch sur qn. **off-'peak** *a* (*of crowds, traffic*) aux heures creuses; (*of rate, price*) heures creuses *inv*; **o.-p. hours,** heures creuses; **off-'putting** *a F:* rebutant. **'offset 1.** *n* (*a*) compensation *f*, dédommagement *m*; **as an o. to my losses,** en compensation de mes pertes (*b*) *Typ:* offset *m*; **o. printing,** impression *f* offset **2.** *vtr* (*a*) compenser (des pertes); faire ressortir (la beauté de qn, etc) (*b*) *Typ:* imprimer (un livre) en offset. **'offshoot** *n* (*a*) ramification *f* (d'une firme) (*b*) conséquence *f*. **'offshore** *a* **o. wind,** vent de terre; **o. islands,** îles au large de la côte; *Fin:* **o. finances,** finances extraterritoriales. **'offside 1.** *n Aut:* côté droit; *NAm:* côté gauche **2. off'side** *a & adv Sp:* hors jeu. **off'stage** *a & adv* (*a*) dans les coulisses (*b*) (*of life*) privé. **off-'white** *a* blanc cassé *inv*.

offal ['ɔfl] *n* (*NAm:* = **variety meats**) abats *mpl*; abattis *mpl*.

offend [ə'fend] **1.** *vi* **to o. against,** violer (la loi); pécher contre (la politesse) **2.** *vtr* (*a*) offenser, froisser (qn); **to be offended at, by, sth,** s'offenser, se froisser, de qch; **easily offended,** très susceptible (*b*) (*of thg*) **to o. the eye,** choquer la vue; **it offends our sense of justice,** cela choque notre sentiment de la justice. **o'ffence,** *NAm:* **offense** *n* **1. to take o. at sth,** s'offenser de qch; **to give o. to s.o.,** offenser qn; **I mean no o.,** je ne veux offenser personne **2.** offense *f*, faute *f*; infraction *f* (à la loi); *Jur:* délit *m*; **minor o.,** contravention *f*. **o'ffender** *n* **1.** *Jur:* délinquant, -ante; (*habitual*) récidiviste *mf*; **the chief o.,** le grand coupable **2.** offenseur *m*. **o'ffending** *a* (*of object, remark*) incriminé. **o'ffensive 1.** *a* (*a*) *Mil:* offensif (*b*) choquant, repoussant; (odeur) nauséabonde (*c*) insultant, offensant; **to be o. to s.o.,** insulter qn **2.** *n Mil:* **to take the o.,** prendre l'offensive *f*. **o'ffensively** *adv* **1.** *Mil:* offensivement **2.** désagréablement; d'un ton injurieux. **o'ffensiveness** *n* nature offensante.

offer ['ɔfər] **1.** *n* offre *f*; **any offers?** combien m'en offrez-vous? **that's the best o. I can make,** c'est le plus que je puis offrir; **o. of marriage,** demande *f* en mariage; *Com:* **£10 or near(est) o.,** environ £10; **on (special) o.,** en promotion, en réclame **2.** *vtr* (*a*) **to o. s.o. sth,** offrir qch à qn; **how much will you o. for it?** combien m'en offrez-vous? **house offered for sale,** maison mise en vente; **to o. to do sth,** offrir, proposer, de faire qch (*b*) **to o. a remark, an opinion,** faire, proposer, une remarque, proposer une opinion (*c*) **to o. resistance,** offrir, opposer, une résistance. **'offering** *n* offrande *f*; offre *f*; **peace o.,** cadeau *m* de réconciliation. **'offertory** *n Ecc:* **1.** offertoire *m* **2.** quête *f*.

office ['ɔfis] *n* **1.** office *m*, service *m*; **through the good offices of s.o.,** par les bons offices de qn **2.** (*post*) fonction *f*; (*duty*) fonctions *fpl*; **to be in o.,** (*of government*) être au pouvoir; (*of pers*) être en fonction; *NAm:* **o. holder,** fonctionnaire *mf* **3.** (*a*) bureau *m*; *NAm:* cabinet *m* (de médecin); **(lawyer's) o.,** étude *f*; (*of company*) **head o., registered offices,** siège central; **o. automation,** bureautique *f*; **o. hours,** heures de bureau; **o. worker,** employé, -ée, de bureau; **o. block,** immeuble *m* de bureaux; **o. work,** travail *m* de bureau; **o. boy,** coursier *m*, garçon *m* de courses (*b*) **private o.,** cabinet particulier (*c*) **the Foreign O.** = le ministère des Affaires étrangères (*d*) (*of house*) **the usual offices,** cuisine *f*, salle *f* de bains, sanitaires *mpl*.

officer ['ɔfisər] *n* **1.** (*a*) fonctionnaire *m*, officier *m*; **police o.,** agent *m* (de police, de la sûreté) (*b*) *Com:* directeur, -trice **2.** *Mil: Navy:* officier; *Mil:* **staff o.,** officier d'état-major; *Av:* **pilot o.,** sous-lieutenant *m*; **flying o.,** lieutenant *m*.

official [ə'fiʃ(ə)l] **1.** *a* (*a*) officiel; **to do sth in one's o. capacity,** faire qch dans l'exercice de ses fonctions (*b*) (style, uniforme) réglementaire; **o. news,** nouvelles officielles **2.** *n* officiel *m*; fonctionnaire *mf*; **railway o.,** employé(e) des chemins de fer. **o'fficialdom** *n* bureaucratie *f*. **officia'lese** *n F:* jargon administratif. **o'fficially** *adv* officiellement. **o'fficiate** *vi* faire fonction d'officiel (**at,** à); présider; *Rel:* officier (à un office). **o'fficious** *a* empressé; trop zélé. **o'fficiously** *adv* **to behave o.,** faire l'empressé. **o'fficiousness** *n* excès *m* de zèle.

offing ['ɔfiŋ] *n Nau:* **in the o.,** au large; *F:* **I've got a job in the o.,** j'ai un emploi en perspective, en vue.

offspring ['ɔfspriŋ] *n* progéniture *f*.

often ['ɔfn, 'ɔftən] *adv* souvent, fréquemment; **less o.,** moins souvent; **not o.,** rarement; **once too o.,** une fois de trop; **how o.?** combien de fois? **how o. does the bus run?** il y a un autobus tous les combien? **as o. as not, more o. than not,** le plus souvent; **every so o.,** de temps en temps.

ogle ['ougl] **1.** *n* œillade *f* **2.** *vtr & i* lorgner, reluquer.

ogre, *f* **ogress** ['ougər, 'ougris] *n* ogre, *f* ogresse.

oh [ou] *int* oh! ah! **oh yes?** ah oui? ah bon?

ohm [oum] *n El:* ohm *m*.

OHMS *abbr On His, Her, Majesty's Service.*

oil [ɔil] **I.** *n* **1.** huile *f*; **olive o.,** huile d'olive; **fried in o.,** frit à l'huile; **o. painting,** peinture à l'huile **to paint in oils,** faire de la peinture à l'huile **2. mineral o.,** pétrole *m*; **fuel o.,** mazout *m*; **the o. industry,** l'industrie pétrolière; **o.-producing country,** pays producteur de pétrole; **o.(-fired) heating,** chauffage au mazout; **o. lamp,** lampe *f* à pétrole, à huile; *Aut:* **o. change,** vidange *f*; **o. well,** puits de pétrole; **o. rig,** (i) plate-forme *f* de forage (ii) (*on land*) derrick *m*; **o. slick,** nappe de pétrole; marée noire **3. essential o.,** essence *f*. **II.** *v* **1.** *vtr* huiler, graisser, lubrifier (une machine); **to o. the wheels,** graisser les roues; *F:* faciliter les choses **2.** *vi Nau:* faire le plein de mazout. **'oil-bearing** *a* pétrolifère. **'oilcan** *n* (*a*) bidon *m* à huile (*b*) burette *f*. **oiled** *a* graissé, huilé; *F:* **he's well o.,** il est un peu parti, (un peu) éméché. **'oilfield** *n* gisement *m* pétrolifère. **'oiling** *n* graissage *m*, huilage *m*, lubrification *f*. **'oilskin(s)** *n(pl) Cl:* ciré *m*. **'oilstone** *n Tls:* pierre *f* à huile (pour affûter). **'oil-tanker** *n* pétrolier *m*. **'oily** *a* **(oilier, oiliest)** (*a*) (*of substance, skin*) huileux; (*of food*) gras; (*of hands*) graisseux (*b*) (*of manner*) onctueux.

ointment ['ɔintmənt] *n* onguent *m*, pommade *f*.

O.K. (*also* **okay**) [ou'kei] *F:* **1.** *int* très bien! ça va! d'accord! entendu! OK! **2.** *a* bien; sain et sauf; intact; tranquille; **that's O.K.,** d'accord! **I'm O.K.,** (moi) ça va; **it's OK now,** ça marche maintenant; **if it's O.K. with you,** si vous êtes d'accord; **everything's O.K.,** tout est en règle; tout va bien **3.** *adv* (marcher) bien **4.** *n* approbation *f*; **to give the O.K.,** donner le feu vert **5.** *vtr* **(O.K.'d, okayed)** approuver (un projet).

okay [ou'kei] = **O.K.**

okey-doke, okey-dokey, okie-doke, okie-dokey [ouki'douk(i)] *int P:* ça va! d'accord!

okra ['ɔkrə] *n* okra *m*.

old [ould] **I.** *a* **(older, oldest) 1.** (*a*) vieux; âgé; **to get, grow, old(er),** vieillir; **to be getting o.,** se faire vieux; **to make s.o. look o.,** vieillir qn; **an o. man,** un vieillard, un vieil homme; **an o. woman,** une vieille (femme); **o. people, o. folk(s),** les vieux; **o. people's home,** maison de retraite; **an o. maid,** une vieille fille; **o. wives' tale,** conte de bonne femme; **o. age,** vieillesse *f*; **in my o. age,** quand je serai vieux; sur mes vieux jours; **to die at a good o. age,** mourir à un âge avancé, à un bel âge (*b*) **o. clothes,** vieux habits; **o. wine,** vin vieux **2. how o. are you?** quel âge avez-vous? **to be five years o.,** avoir cinq ans, être âgé de cinq ans; **he's older than I am,** il est plus âgé que moi; il est mon aîné; **older brother,** frère aîné; **the oldest boy,** le plus âgé; l'aîné (des garçons); **to be o. enough to do sth,** être assez grand pour faire qch; **o. enough to vote,** en âge de voter **3.** (*a*) ancien; (famille) de vieille souche; **an o. friend of mine,** un vieil ami à moi; **an o. dodge,** un coup classique (*b*) **o. hand,** ouvrier expérimenté; **he's an o. hand (at it),** il a du métier **4.** (*a*) *Sch:* **an o. boy,** un ancien élève; *F:* **the o. boy network** = la franc-maçonnerie des grandes écoles; **in the o. days,** autrefois (*b*) **the O. World,** l'ancien monde; **the O. Country,** la mère-patrie **5.** *F:* (*a*) **any o. thing,** la première chose venue; n'importe quoi; **any o. how,** n'importe comment; **it's the same o. story,** c'est toujours la même histoire (*b*) **the o. man,** (i) papa (ii) le patron. **II.** *n* **the o.,** les vieux *mpl*; **o. and young,** grands et petits. **'old-'age** *a* **o.-a. pension,** pension *f* de retraite; allocation *f* de vieillesse; **o.-a. pensioner,** retraité, -ée. **'olden** *a Lit:* **in o. days,** jadis. **old-es'tablished** *a* ancien; établi depuis longtemps. **old-'fashioned** *a* (*of customs, etc*) d'autrefois; *Pej:* (*of idea, attitude*) vieux jeu *inv*; (*of pers*) de la vieille école, *Pej:* vieux jeu; **she is, it is, a bit o.-f.,** elle est, c'est, un peu vieux jeu; *F:* **an o.-f. look,** un regard de travers. **'oldish** *a* vieillot. **old-'time** *a* **o.-t. dances,** danses *fpl* du bon vieux temps. **old-'timer** *n F:* vieillard *m*. **old-'world** *a* (*a*) (village) vieux et pittoresque (*b*) du temps jadis.

oleaginous [ouli'ædʒinəs] *a* oléagineux.

oleander [ouli'ændər] *n Bot:* laurier-rose *m*.

olfactory [ɔl'fæktəri] *a* (nerf) olfactif.

oligarchy ['ɔligɑːki] *n* oligarchie *f*.

olive ['ɔliv] *n* **1. o. tree,** olivier *m*; **o. grove,** oliv(er)aie *f*; **o. branch,** rameau *m* d'olivier; **to hold out the o. branch,** faire les premiers pas (pour une réconciliation) **2.** olive *f*; **o. oil,** huile *f* d'olive **3.** *Cu:* paupiette *f* **4.** *a* (teint) olivâtre; **o.(-green) dress,** robe (vert) olive.

Olympic [ə'limpik] *a* **the O. Games,** *n* **the Olympics,** les jeux olympiques.

ombudsman ['ɔmbudzmən] *n Pol:* médiateur *m*.

omelet(te) ['ɔmlit] *n Cu:* omelette *f*.

omen ['oumen] *n* présage *m*, augure *m*; **to take sth as a good o.,** tirer un bon augure de qch; **bird of ill o.,** oiseau de malheur, de mauvais augure. **'ominous** ['ɔm-] *a* de mauvais augure; sinistre; menaçant. **'ominously** *adv* sinistrement.

omit [ou'mit] *vtr* **(omitted) 1.** omettre (qch) **2. to o. to do sth,** omettre, oublier, de faire qch. **omission** [ə'miʃn] *n* **1.** omission *f* **2.** négligence *f*.

omnibus ['ɔmnibəs] (*pl* **omnibus(s)es**) *a & n Publ:* **o. (volume),** gros recueil (de contes).

omnipotence [ɔm'nipətəns] *n* omnipotence *f*. **om'nipotent** *a* omnipotent.

omniscience [ɔm'nisiəns] *n* omniscience. **om'niscient** *a* omniscient.

omnivorous [ɔm'nivərəs] *a* omnivore.

on [ɔn] **I.** *prep* **1.** (*a*) sur; **to tread on sth,** marcher sur qch; **don't tread on it,** ne marchez pas dessus; **to be on the telephone,** (i) être abonné au téléphone (ii) parler au téléphone; **on the piano,** au piano; **on the blackboard,** au tableau; **on the radio,** à la radio; **dinner on the train,** dîner dans le train; **to keep, stay, on the road,** suivre la route; **on the high seas,** en haute mer; **on the third floor,** au, du, troisième (étage) (*b*) **on shore,** à terre; **on foot,** à pied; **on a, my, bicycle,** à bicyclette; **on horseback,** à cheval (*c*) **to be on,** suivre (un stage); travailler à (un projet); toucher (un salaire); **to be on the committee,** être membre du comité; **to be on the staff,** faire partie du personnel **2.** (*a*) **hanging on the wall,** pendu au mur; **on the ceiling,** au plafond; **have you any money on you?** avez-vous de l'argent (sur vous)? **on page four,** à la page quatre (*b*) **just on a year ago,** il y a près d'un an; **just on £5,** (tout) près de £5 **3.** (*a*) **on the right, left,** à droite, à gauche; **on this side,** de ce côté (*b*) **to turn one's back on s.o.,** tourner le dos à qn (*c*) **to hit s.o. on the head,** frapper qn sur la tête (*d*) **house on the main road,** maison sur la grande route (*e*) **on (to),** sur, à; **the cat jumped on (to) the table,** le chat a sauté sur la table; **room that looks out on to the street,** pièce qui donne sur la rue **4.** (*concerning, about*) sur; **an article on,** un article sur; **to talk on Dickens,** parler sur Dickens **5. to have sth on good authority,** savoir qch de source certaine; **on pain of death,** sous peine de mort; **it all depends on circumstances,** tout dépend des circonstances; **on condition that,** à condition que **6.** (*a*) **on Monday,** lundi; **on Sundays,** le(s) dimanche(s); **on the following day,** le lendemain; **on April 3rd,** le trois avril; **on the evening of June the first,** le premier juin au soir; **on the day of my arrival,** le jour de mon arrivée (*b*) **on a warm day like this,** par une chaleur comme celle-ci; **on and after Monday,** à partir de lundi; **on or about the twelfth,** vers le douze; **on that occasion,** à, en, cette occasion; **on my arrival,** à mon arrivée; **on application,** sur demande; **on examination,** après examen **7. on the cheap,** à bon marché; **on the sly,** en cachette, en douce **8. on sale,** en vente **9. to congratulate s.o. on his success,** féliciter qn de son succès; **keen on sth,** amateur de qch **10. I am here on business,** je suis ici pour affaires; **on holiday,** *NAm:* **on vacation,** en vacances; **on the way,** en chemin **11. to have pity on s.o.,** avoir pitié de qn; **attack on s.o.,** attaque contre qn; *F:* **the drinks are on me,** c'est moi qui paie cette tournée; **the police have nothing on him,** la police n'a rien contre lui **12.** (*a*) **many live on less than that,** beaucoup vivent avec moins que ça (*b*) **he's on insulin,** il suit un traitement à l'insuline; **to be on drugs,** se droguer **13. to put money on a horse,** parier sur un cheval **14. on learning that . . .,** en apprenant que . . .; **on seeing this,** en voyant ceci. **II.** *adv* **1.** (*a*) **to put the kettle on,** mettre la bouilloire à chauffer; (*of actor*) **to be on,** être en scène; *F:* **it's just not on,** il n'en est pas question; on ne peut pas tolérer ça (*b*) **to put one's clothes on,** s'habiller; **what did he have on?** qu'est-ce qu'il portait? **she has her coat on,** elle a mis son manteau; **to have nothing on,** être tout(e) nu(e); **put the lid on,** mets le couvercle **2. to fly on, work on,** continuer son vol, son travail; **to talk on,** continuer à parler; **go on!** (i) continuez! allez toujours! (ii) *P:* pas vrai! **move on!** circulez! **and so on,** et ainsi de suite **3. to be sideways on to sth,** présenter le côté à qch **4.** (*a*) en avant; **later on,** plus tard; **from that day on,** à dater de ce jour; **well on in April,** bien avant dans le mois d'avril; **well on in years,** d'un âge avancé (*b*) *F:* **to have s.o. on,** monter un bateau à qn **5.** (*of light, radio*) allumé; (*of gas, tap*) ouvert; (*of electric circuit*) fermé; **to turn the tap on,** ouvrir le robinet; **to turn the light on,** allumer (la lumière); **the engine is on,** le moteur est en marche; **the brakes are on,** les freins sont serrés; **to leave the light on,** laisser la lumière allumée; **what's on?** qu'est-ce qu'il y a à la télé? *Cin: Th:* qu'est-ce qu'on joue? **there's a film on,** on passe un film; **the film's on,** le film est commencé; **this film was on last week,** ce film a passé la semaine dernière; **have you anything on this evening?** êtes-vous pris ce soir? **the strike's on,** la grève aura lieu; **on with your work!** va vite faire ton travail! **6.** *F:* (*a*) **I'm on!** ça me va! (*b*) *Tp:* **I've been on to him,** je l'ai eu au bout du fil; **the police are on to him,** la police est sur sa piste (*c*) **he's always on at me,** il s'en prend toujours à moi **7. on and off,** par intervalles; à différentes reprises; **on and on,** sans arrêt, sans cesse; **from then on,** à partir de là. **'oncoming** *a* **o. traffic,** véhicules venant en sens inverse. **'on-going** *a* (*of project*) en cours. **'onlooker** *n* spectateur, -trice. **'onrush** *n* ruée *f*, attaque *f*. **'onset** *n* début *m* (d'une maladie); **at the o.,** de prime abord; **the o. of winter,** l'approche *f* de l'hiver. **'onslaught** *n* assaut *m*, attaque *f*. **'on-the-'job** *a* **o.-the-j. training,** formation sur le tas. **'onto** *prep* = **on (to),** sur, à. **'onward(s)** *adv* (*a*) en avant; plus loin (*b*) **from tomorrow o.,** à partir de demain; **from that time o.,** à partir de là.

once [wʌns] *adv* **1.** (*a*) une fois; **o. only,** une seule fois; **o. before,** une fois déjà; **o. a week,** une fois par semaine, tous les huit jours; **o. more,** encore une fois; **o. in a while,** une fois en passant; **o. and for all,** une fois pour toutes; **o. again, o. more,** encore une fois; **more than o.,** plus d'une fois; **o. or twice,** une ou deux fois; **just for this o.,** pour cette fois; **for o. you are right,** pour une fois tu as raison; **o. in a while,** de temps en temps (*b*) **(if) o. you hesitate . . .,** pour peu que vous hésitiez . . . **2.** autrefois; **o. (upon a time) there was,** il était une fois; **I knew him o.,** je l'ai connu autrefois; **o. when I was young,** un jour, quand j'étais petit(e) **3.** (*a*) **at o.,** (i) tout de suite; immédiatement (ii) à la fois, en même temps; **don't all speak at o.,** ne parlez pas tous à la fois (*b*) **all at o.,** (i) tout d'un coup (ii) à la fois. **'once-over** *n* *F:* **to give sth the o.-o.,** regarder qch d'un coup d'œil.

one [wʌn] **I.** *num a* **1.** (*a*) un; **twenty-o. apples,** vingt et une pommes; **seventy-o.,** soixante et onze; **eighty-o.,** quatre-vingt-un; **a hundred and o.,** cent un (*b*) **that's o. way of doing it,** c'est une manière comme une autre de le faire; **that's o. comfort,** c'est déjà une consolation; **for o. thing I am tired,** entre autres raisons, je suis fatigué **2.** (*a*) seul, unique; **my o. and only suit,** mon seul (et unique) costume; **the o. way of doing it,** le seul moyen de le faire (*b*) **as o. man,** comme un seul homme (*c*) même; **all in o. direction,** tous dans la même direction; **it's all o.,** ça revient au même; **it's all o. to me,** ça m'est égal. **II.** *n* **1. the typist has left out a o.,** la dactylo a oublié un un; **number o.,** numéro un; *F:* soi-même; **chapter o.,** premier chapitre; **to look after number o.,** faire passer ses intérêts en premier; *F:* **it's Paul's o.,** c'est celui de Paul; *F:* **it's my o.,** c'est à moi **2.** (*a*) **there's only o. left,** il n'en reste qu'un; **the top step but o.,** l'avant-dernière marche; **the last but o.,** l'avant-dernier, -ière; **all in o.,** (vêtement) en une pièce; **to be at o.,** être d'accord (avec qn) (*b*) **o. (pound) fifty,** une livre cinquante pence; **o. (o'clock),** une heure (*c*) *F:* **to land s.o. o.,** balancer un coup de poing à qn (*d*) **another o.,** un autre; **one too many,** un de trop. **III.** *dem pron* (*a*) **this o.,** celui-ci, *f* celle-ci; **which o. do you like best?** lequel, laquelle, préférez-vous? **the o. on the table,** celui, celle, qui est sur la table; **she's the o. who helped him,** c'est elle qui l'a aidé (*b*) **our dear ones,** ceux qui nous sont chers; **to pick the ripe plums and leave the green ones,** cueillir les prunes mûres et laisser les vertes; *F:* **that's a good o.!** en voilà une bonne! **he's a sharp o.**, c'est un malin (*c*) *F:* **to have a quick o.**, prendre un pot. **IV.** *indef a* **o. day**, un jour; **o. stormy evening**, (par) un soir de tempête. **V.** *indef pron* **1.** (*pl* **some, any**) **I haven't a pencil, have you got o.?** je n'ai pas de crayon, en avez-vous un? **o. of them**, l'un d'entre eux; l'un d'eux; **he's o. of the family**, il est de la famille; **he's o. of us**, il est des nôtres; **not o. (of them)**, pas un; **o. and all**, tous sans exception; **o. after the other**, l'un après l'autre; **o. by o.**, un(e) à un(e); **o. of these ladies will see to it**, une de ces dames va s'en occuper; **you can't have o. without the other**, l'un ne va pas sans l'autre; **this book is o. that I've read**, ce livre est parmi ceux que j'ai lus **2. I for o.**, pour ma part; **I'm not o. to**, je ne suis pas de ceux qui; *F:* **I'm not much of a o. for sweets**, je ne suis pas grand amateur de bonbons **3.** (*subject*) on; (*object*) vous; **o. never knows**, on ne sait jamais; **it's enough to kill o.**, il y a de quoi vous faire mourir **4. one's**, son, *f* sa, *pl* ses; votre, *pl* vos; **to give one's opinion**, donner son avis; **one's family**, sa famille; **to cut one's finger**, se couper le doigt **5. o. another**, l'un l'autre; **to look at o. another**, se regarder. **one-'armed** *a* (*of pers*) manchot; *F:* **o.-a. bandit**, machine *f* à sous. **one-'eyed** *a* borgne. **'one-horse** *a F:* **o.-h. town**, trou *m*; bled *m*. **'one-legged** [-'legid] *a* unijambiste. **'one-man** *a* **o.-m. show**, exposition individuelle; (spectacle) solo. **'one-off**, *NAm:* **one-of-a-'kind** *a* unique, ponctuel, exceptionnel. **one'self** *pron* (*a*) **to flatter o.**, se flatter; **to talk to o.**, se parler à soi-même; **to speak of o.**, parler de soi (*b*) **one must do it o.**, il faut le faire soi-même. **one-'sided** *a* (*a*) (*of contest*) inégal (*b*) (*of judgment*) partial; (*of decision*) unilatéral. **one-'storey(ed)** *a* (maison) de plein-pied. **'one-time** *a* **o.-t. mayor**, ancien maire. **one-to-'one** *a* univoque; **on a o.-to-o. basis**, seul à seul, en tête-à-tête; **o.-to-o. conversation**, tête-à-tête *m inv*. **'one-track** *a* **he's got a o.-t. mind**, il est complètement polarisé; il a une idée fixe. **one-'upmanship** *n* l'art de se faire mousser, l'art de se faire valoir. **one-'way** *a* (*a*) *esp NAm:* (billet) simple (*b*) (rue) à sens *m* unique; (circulation) en sans unique.

onerous ['ounərəs] *a* onéreux; (tâche) pénible.

onion ['ʌnjən] *n* oignon *m*; **spring o.**, ciboule *f*, oignon de printemps; **o. soup**, soupe à l'oignon; **o. skin**, pelure d'oignon.

only ['ounli] **I.** *a* seul, unique; **o. son**, fils unique; **his one and o. hope**, son seul (et unique) espoir; **his o. answer was to burst out laughing**, pour toute réponse il éclata de rire; **you're the o. one**, il n'y a que vous; **you are not the o. one**, vous n'êtes pas le seul. **II.** *adv* seulement; ne . . . que; **I o. have three, I have three only**, je n'en ai que trois, j'en ai trois seulement; **staff o.**, réservé au personnel; **o. he can say**, lui seul pourrait le dire; **I o. touched it**, je n'ai fait que le toucher; **you've o. to ask for it**, vous n'avez qu'à le demander; **I will o. say**, je me bornerai à dire; **o. to think of it**, rien que d'y penser; **if o. I knew!** si seulement je le savais! **o. yesterday**, hier encore; pas plus tard qu'hier; **not o.**, non seulement; **I have o. just seen it**, je viens tout juste de le voir. **III.** *conj* mais; **it's a beautiful dress o. it's rather expensive**, c'est une belle robe, seulement elle coûte cher.

onomatopoeia [ɔnəmætə'piːə] *n* onomatopée *f*.

ono *abbr or near(est) offer*, environ.

Ontario [ɔn'tɛəriou] *Prn Geog:* Ontario *m*. **On'tarian** *n* Ontarien, -ienne.

onus ['ounəs] *n* **the o. is on you**, c'est votre responsabilité (**to do**, de faire).

onyx ['ɔniks] *n* onyx *m*.

oodles ['uːdəlz] *npl F:* des tas (de qch).

ooze [uːz] **I.** *n* vase *f*, limon *m*. **II.** (*a*) *vi* **to o. (out)**, suinter, dégoutter; **his courage oozed away**, son courage l'abandonnait; *F:* **he's oozing with money**, il roule sur l'or (*b*) *vtr* laisser couler (le sang, etc). **'oozing** *n* suintement *m*.

op [ɔp] *n F:* **1.** *Med:* opération *f* **2.** *Mil:* **combined op(s)**, opération (i) amphibie (ii) inter-armées.

opacity [ou'pæsiti] *n* opacité *f*.

opal ['oup(ə)l] *n* opale *f*.

opaque [ou'peik] *a* opaque; *Fig:* obscur.

OPEC ['oupek] *abbr Organization of Petroleum Exporting Countries*, Organisation des pays exportateurs de pétrole, OPEP.

open ['oup(ə)n] **I.** *a* **1.** ouvert (*a*) **half o.**, entrouvert, entrebâillé; **to cut o.**, ouvrir (avec un couteau, un ciseau); **wide o.**, grand ouvert; **to throw the door wide o.**, ouvrir brusquement la porte toute grande (*b*) (*of box*) ouvert; (*of bottle*) débouché; (*of letter*) décacheté; (*of parcel*) défait (*c*) **o. to the public**, ouvert, accessible, au public; (*of shop, office*) **o. from ten to five**, ouvert de dix heures à cinq heures; **to leave the date o.**, ne pas préciser la date (*d*) *Jur:* **in o. court**, en plein tribunal **2.** sans limites; sans bornes; **in the o. air**, au grand air, en plein air; (dormir) à la belle étoile; **in (the) o. country**, en rase campagne; **the o. sea**, la haute mer; le large **3.** (*a*) (*of car*) décapoté, découvert; **o. carriage**, voiture découverte (*b*) (*of site, view, road*) dégagé; **o. ground**, (*in forest*) clairière *f*; (*in town*) terrain *m* vague; **o. space**, espace *m* libre; **the o. spaces**, les grands espaces; **o. field**, champ sans enclos (*c*) **o. to every wind**, exposé à tout les vents (*d*) **o. to ideas**, ouvert aux idées; **to lay oneself o. to criticism**, s'exposer à la critique; **o. to doubt**, douteux; **o. to conviction**, accessible à la conviction; **o. to improvement**, susceptible d'amélioration **4.** (*a*) (*of meeting*) public; **o. secret**, secret de polichinelle; **o. letter**, lettre ouverte (dans la presse); **o. scandal**, scandale public (*b*) franc; (*of attempt, envy*) manifeste; **o. admiration**, franche admiration; **o. enemy**, ennemi déclaré; **to be o. with s.o.**, parler franchement à qn; ne rien cacher à qn **5. o. wound**, plaie (i) béante (ii) non cicatrisée; **o. at the neck**, (chemise) à col ouvert **6.** non serré **7.** (*of competition*) ouvert à tous; **the job is still o.**, le poste est toujours vacant; **two courses are o. to us**, deux possibilités nous sont offertes; **it's o. to you to object**, vous avez le droit de faire des objections **8.** (*of question*) non résolu; (*of result*) indécis; **to keep an o. mind**, rester sans parti pris; **I've got an o. mind on it**, je n'ai pas d'opinion arrêtée là-dessus **9.** *Av:* (*of ticket*) open *inv* **10.** *Com:* **o. account**, compte ouvert; compte courant; **o. cheque**, chèque ouvert, non barré **II.** *n* **(out) in the o.**, en plein air; **to sleep (out) in the o.**, dormir à la belle étoile; **to bring (out) into the o.**, divulguer. **III.** *v* **1.** *vtr* (*a*) ouvrir (une porte); baisser (une glace);

déboucher, entamer (une bouteille); décacheter (une lettre); défaire, ouvrir (un paquet); inaugurer (une fête); *Med:* relâcher (les intestins); **to o. one's mail,** dépouiller son courrier; **to o. a new shop,** ouvrir un nouveau magasin (*b*) ouvrir (la main, les yeux); écarter (les jambes) (*c*) **to o. a way, path, through sth,** ouvrir, frayer, un chemin à travers qch (*d*) commencer; entamer, engager (des négociations, une conversation); ouvrir (le feu); *Com:* ouvrir (un compte) **2.** *vi* (*a*) (*of eyes, etc*) s'ouvrir; **door that opens into the garden,** porte qui ouvre sur le jardin; **the window opens on to the yard,** la fenêtre donne sur la cour; **exit opening on to the street,** sortie qui donne accès à la rue; **the bank opens at ten,** la banque ouvre (ses portes) à dix heures; **as soon as the season opens,** dès l'ouverture de la saison (*b*) (*of flower*) s'ouvrir, s'épanouir; (*of view*) s'étendre (*c*) (*of play*) débuter; (*of film*) sortir. **open-'air** *a* (assemblée, piscine) en plein air; (activités, jeux) de plein air. **'opencast** *a* (exploitation) à ciel ouvert. **'opener** *n* **can, tin, o.,** ouvre-boîtes *m inv*; **bottle o.,** décapsuleur *m*; **letter o.,** coupe-papier *m inv*. **open-'handed** *a* libéral, généreux. **'open-'heart** *a* (chirurgie) à cœur ouvert. **open-'hearted** *a* **1.** franc, expansif **2.** au cœur tendre, compatissant. **'opening** *n* **1.** (*a*) ouverture *f*; débouchage *m* (d'une bouteille); dépouillement *m* (du courrier); éclosion *f* (d'une fleur); *Com:* **late o. Friday,** nocturne *f* le vendredi (*b*) **formal o.,** inauguration *f* (*c*) (*at cards*) attaque *f* **2.** trou *m*, ouverture, orifice *m*; clairière *f* (dans un bois) **3.** (*career prospect*) & *Com:* débouché, *m*; créneau *m* (pour une marchandise); **to give s.o. an o. against you,** prêter le flanc à un adversaire **4.** *a* d'ouverture; inaugural; **o. sentence,** phrase de début; *Th:* **o. night,** première *f*. **'openly** *adv* ouvertement, franchement; publiquement. **open-'minded** *a* qui a l'esprit ouvert, large; impartial; **to be o.-m. about sth,** être sans préjugés, sans parti pris, sur qch. **open-'mouthed** *a* **to stand o.-m.,** rester bouche bée. **open-'necked** *a* sans cravate.**'openness** *n* franchise *f*; **o. of mind,** ouverture d'esprit. **open 'out** *v* **1.** *vtr* ouvrir, déplier (une feuille de papier) **2.** *vi* s'élargir; (*of view*) s'ouvrir, s'étendre. **open-'plan** *a Arch:* sans cloisons. **open 'up** *v* **1.** *vtr* ouvrir (une mine); exposer, révéler (une perspective); frayer (un chemin); ouvrir (un pays au commerce) **2.** *vi* (*a*) ouvrir; **o. up!** ouvrez! (*b*) *F:* **to make s.o. o. up,** délier la langue à qn.

opera ['ɔp(ə)rə] *n* opéra *m*; *TV:* **soap o.,** téléroman *m*; **o. glasses,** jumelles *f* de théâtre; **o. house,** opéra; **o. singer,** chanteur, -euse, d'opéra. **ope'ratic** *a* d'opéra; **o. singer,** chanteur, -euse, d'opéra. **ope'retta** *n* opérette *f*.

operate ['ɔpəreit] **1.** *vi* (*a*) opérer; (*of machine*) fonctionner (*b*) *Med:* **to o. on s.o.,** opérer qn (**for,** de); **to be operated on,** subir une opération **2.** *vtr* faire fonctionner (une machine); faire jouer (un mécanisme); gérer (une affaire). **'operable** *a Med:* (tumeur) opérable. **'operating** *n Med:* **o. theatre,** *NAm:* **room,** salle *f* d'opération; **o. wing,** bloc *m* opératoire; **o. table,** table *f* d'opération (*b*) **o. costs,** frais *mpl* d'exploitation. **ope'ration** *n* **1.** fonctionnement *m*, action *f*; **to be in o.,** fonctionner; jouer; (*of machine*) être en service; (*of plan, law*) **to come into o.,** entrer en vigueur **2.** *Mil: etc* opération *f* **3.** *Med:* opération, intervention chirurgicale; **to have, to undergo, an o.,** subir une opération, se faire opérer; **to perform an o. on s.o.,** opérer qn. **ope'rational** *a* opérationnel. **'operative 1.** *a* opératif, actif; *Med:* opératoire; (*of law, measure, etc*) **to become o.,** entrer en vigueur; **the o. word,** le mot qui compte **2.** *n* ouvrier, -ière. **'operator** *n* (*a*) (*on machine*) opérateur, -trice; **(switchboard) o.,** standardiste *mf*; **radio o.,** radio *m* (*b*) **tour o.,** organisateur, -trice, de voyages, voyagiste *m* (*c*) escroc *m*.

ophthalmic [ɔf'θælmik] *a Med:* ophtalmique. **ophthal'mologist** *n* ophtalmologiste *mf*, ophtalmologue *mf*. **ophthal'mology** *n* ophtalmologie *f*.

opinion [ə'pinjən] *n* (*a*) opinion *f*; avis *m*; **in my o.,** à mon avis; **to be entirely of s.o.'s o.,** être tout à fait de l'avis de qn; **to be of the o. that,** être d'avis que; **matter of o.,** affaire d'opinion; **to express an o., to give one's o.,** donner, exprimer, son opinion; **to ask s.o.'s o.,** consulter qn, demander l'avis de qn; **to form an o.,** se faire une opinion; **to have a high, low, o. of s.o.,** avoir une bonne, une mauvaise, opinion de qn; **what's your o. of him?** que pensez-vous de lui? **public o.,** l'opinion (publique); **o. poll,** sondage *m* d'opinion publique (*b*) consultation *f* (de médecin). **o'pinionated** *a* dogmatique.

opium ['oupjəm] *n* opium *m*; **o. addict,** opiomane *mf*.

Oporto [ə'pɔːtou] *Prn Geog:* Porto *m*.

opossum [ə'pɔsəm] *n Z:* opossum *m*.

opponent [ə'pounənt] *n* adversaire *mf*.

opportune ['ɔpətjuːn] *a* opportun, commode; à propos; **the o. moment,** le moment opportun. **'opportunely** *adv* opportunément, à propos; (arriver) juste à point. **oppor'tunism** *m* opportunisme *m*. **oppor'tunist** *n* opportuniste *mf*. **oppor'tunity** *n* occasion *f*; *pl* perspectives *fpl*; **golden o.,** affaire *f* d'or; **when the o. occurs,** à l'occasion; **at the earliest, first, o.,** à la première occasion; **to miss an o.,** laisser passer une occasion; **if I get an o.,** si l'occasion se présente; *Com:* **fantastic sales opportunities,** soldes et occasions exceptionnels; **job opportunities,** débouchés *mpl*; **equal opportunities,** des chances égales.

oppose [ə'pouz] *vtr* **1.** (*set against*) opposer **2.** s'opposer à (qn, qch); résister à (qn, qch); *Pol: etc:* **to o. the motion,** faire opposition à la proposition. **o'pposed** *a* **1.** opposé, hostile; **papers o. to the government,** journaux hostiles au gouvernement **3. as o. to,** par opposition à, par contraste avec. **o'pposing** *a* opposé; **the o. forces,** les forces qui s'opposent; *Sp:* **o. team,** équipe adverse.

opposite ['ɔpəzit] **1.** *a* (*a*) opposé (**to,** à); vis-à-vis, en face; **see the diagram on the o. page,** voir la figure ci-contre; **the house o.,** la maison d'en face (*b*) contraire; **the o. sex,** l'autre sexe *m*; **o. poles,** pôles *m* contraires; **in the o. direction,** en sens opposé, inverse; (*of pers*) **o. number,** homologue *mf* **2.** *n* l'opposé *m*; **the o. of what he said,** le contraire de ce qu'il a dit **3.** *adv* vis-à-vis; en face **4.** *prep* **o. (to),** en face de, vis-à-vis de; **o. the church,** en face de l'église. **oppo'sition** *n* (*a*) opposition *f*; **in o. to public opinion,** contrairement à l'opinion publique (*b*) résistance *f*; **to meet with no o.,** ne rencontrer aucune résistance (*c*) **the o.**, l'adversaire; *Pol:* (le parti de) l'opposition; **o. spokesman,** porte-parole de l'opposition (*d*) **to set up (shop) in o. to s.o.,** ouvrir un magasin en concurrence avec qn.

oppress [ə'pres] *vtr* (*a*) opprimer; **the oppressed,** les opprimés *mpl* (*b*) (*of heat, anguish*) oppresser. **oppression** *n* oppression *f*. **o'ppressive** *a* **1.** (*of ruler, etc*) oppressif; (*of regime*) tyrannique **2.** (*a*) (*of atmosphere*) oppressant (*b*) (*of grief*) accablant. **o'ppressively** *adv* **1.** oppressivement, tyranniquement **2.** d'une manière accablante. **o'ppressiveness** *n* **1.** caractère oppressif (d'un gouvernment) **2.** lourdeur (du temps). **o'ppressor** *n* oppresseur.

opprobrium [ə'proubriəm] *n* opprobre *m*. **o'pprobrious** *a* injurieux.

opt [ɔpt] *vi* opter (**for,** pour); **to o. to do,** choisir de faire. **'opt 'out** *vi* **to o. o. (of sth),** refuser de participer (à qch).

optical ['ɔptik(ə)l] *a* **1.** optique **2.** (instrument) d'optique; **o. illusion,** illusion d'optique. **'optic** *a* *Anat:* **o. nerve,** nerf *m* optique. **op'tician** *n* opticien, -ienne. **'optics** *npl* l'optique *f*.

optimal ['ɔptiməl] *a* optimal.

optimist ['ɔptimist] *n* optimiste *mf*. **'optimism** *n* optimisme *m*. **opti'mistic** *a* optimiste. **opti'mistically** *adv* avec optimisme. **'optimum** *n* (*pl* **-a**) optimum; **o. temperature,** température *f* optimum.

option ['ɔpʃ(ə)n] *n* option *f*, choix *m*; *Sch:* matière *f* à option; **I have no o.,** je n'ai pas le choix; **to take an o. on,** prendre une option sur. **'optional** *a* facultatif; (*on car, etc*) **o. extra,** option *f*, accessoire *m* en option.

optometrist [ɔp'tɔmətrist] *n* optométriste *mf*.

opulence ['ɔpjuləns] *n* opulence *f*, richesse *f*. **'opulent** *a* opulent. **'opulently** *adv* avec opulence.

opus ['oupəs] *n* opus *m*.

or [ɔ:r] *conj* ou; (*with neg*) ni; **either one or the other,** soit l'un soit l'autre; l'un ou l'autre; **he can't read or write,** il ne sait ni lire ni écrire; **he doesn't drink or smoke,** il ne boit ni ne fume; **without money or luggage,** sans argent ni bagages; **in a day or two,** dans un jour ou deux; **ten kilometres or so,** environ dix kilomètres; **do it or else!** fais-le sinon (tu seras puni)! **keep still or I'll shoot!** ne bougez pas, ou je tire!

oracle ['ɔrəkl] *n* oracle *m*. **o'racular** *a* (style) oraculaire, d'oracle.

oral ['ɔ:rəl] *a* **1.** oral; *Sch:* **o. examination** *n* **o.,** (examen) oral (*m*) **2.** *Med:* **o. vaccine,** vaccin buccal; **o. administration,** administration par la bouche. **'orally** *adv* **1.** oralement; de vive voix **2.** *Med:* par la bouche; par voie buccale.

orange ['ɔrindʒ] *n* **1.** orange *f*; **blood o.,** sanguine *f* **2.** **o. (tree),** oranger *m*; **o. blossom,** fleurs *fpl* d'oranger; **o. grove,** orangeraie *f*; **o. drink,** boisson *f* à l'orange **3.** *a & n* (*colour*) orangé (*m*); orange (*m*) *inv*. **oran'geade** *n* orangeade *f*.

orang-outang, -utan [ɔ:ræŋu:'tæŋ, -'tæn] *n* *Z:* orang-outan(g) *m*.

oration [ɔ:'reiʃ(ə)n] *n* discours *m*; **funeral o.,** oraison *f* funèbre. **'orator** *n* orateur *m*. **ora'torical** *a* (*a*) (style) oratoire (*b*) (discours) verbeux. **'oratory¹** *n* rhétorique *f*.

oratorio [ɔrə'tɔ:riou, -ouz] *n* (*pl* **oratorios**) *Mus:* oratorio *m*.

oratory² ['ɔrət(ə)ri] *n* *Ecc:* oratoire *m*; chapelle privée.

orb [ɔ:b] *n* orbe *m*; globe *m*, sphère *f*.

orbit ['ɔ:bit] **I.** *n* (*a*) orbite *f*; **to put a satellite into o.,** mettre un satellite en orbite; **to go into o.,** entrer sur orbite (*b*) **the Russian o.,** la sphère d'influence soviétique. **II.** *vtr* graviter autour de (soleil, etc).

orchard ['ɔ:tʃəd] *n* verger *m*; **apple o.,** verger de pommiers.

orchestra ['ɔ:kistrə] *n* orchestre *m*. **or'chestral** [-'kes-] *a* orchestral; (*of concert*) symphonique. **'orchestrate** *vtr Mus: etc:* orchestrer. **orches'tration** *n* orchestration *f*, instrumentation *f*.

orchid ['ɔ:kid] *n* *Hort:* orchidée *f*. **'orchis** *n* *Bot:* orchis *m*.

ordain [ɔ:'dein] *vtr* **1.** *Ecc:* **to o. s.o. priest,** ordonner qn prêtre; **to be ordained,** recevoir les ordres; être reçu, ordonné, prêtre **2.** (*a*) **so fate ordains,** ainsi le veut le sort (*b*) (*of pers*) décréter (une mesure); prescrire, ordonner.

ordeal [ɔ:'di:l] *n* épreuve *f*; **it is an o. for me,** cela me met au supplice.

order ['ɔ:dər] **I.** *n* **1.** ordre *m* (*a*) **workmanship of the highest o.,** travail de premier ordre, de qualité supérieure (*b*) *Ecc:* **holy orders,** ordres sacrés; **to be in holy orders,** être prêtre (*c*) **monastic o.,** ordre religieux; communauté *f*; **o. of knighthood,** ordre de chevalerie (*d*) **to wear all one's orders,** porter toutes ses décorations **2.** ordre, succession *f*, suite *f*; **in alphabetical o.,** en, par, ordre alphabétique; **in (numerical) o.,** dans l'ordre numérique; **out of o.,** dans la désordre; **in o. of age,** par ordre d'âge **3.** *Mil:* (*a*) **close o., open o.,** ordre serré, ouvert (*b*) **in review o.,** en grande tenue **4.** (*a*) **to set one's house in o.,** remettre de l'ordre dans ses affaires; **is your passport in o.?** votre passeport est-il en règle? (*of machine*) **in working o.,** en état de marche; **out of o.,** (machine) en panne; (téléphone) en dérangement; **to get out of o.,** se dérégler, se détraquer (*b*) **in o.,** dans les règles; **it's in o. to smoke,** il est permis de fumer; **to call s.o. to o.,** rappeler qn à l'ordre **5. law and o.,** l'ordre public **6. in o. to do sth,** afin de, pour, faire qch; **in o. to put you on your guard,** pour que vous soyez sur vos gardes; **in o. that they may see it,** afin qu'ils puissent le voir **7.** (*a*) commandement *m*, instruction *f*, *Mil: etc:* consigne *f*; **I have orders to do it,** j'ai ordre de le faire; **orders are orders,** les ordres sont les ordres; **until further orders,** jusqu'à nouvel ordre (*b*) *Com:* commande *f*; **to make, place, an o.,** passer une commande; **on o.,** commandé; **o. book,** carnet de commandes; **made to o.,** fait sur commande; *F:* **that's a tall o.!** c'est demander un peu trop! **8.** (*a*) arrêt *m*; *Jur:* **o. of the court,** injonction *f* de la cour; **deportation o.,** arrêté *m* d'expulsion; *Mil:* **mention in orders,** citation *f* (à l'ordre du jour) (*b*) **money o.,** mandat *m*; **postal o.,** mandat postal; **banker's o.,** ordre de virement bancaire; **standing o.,** ordre de virement permanent. **II. 1.** *vtr* (*a*) **to o. s.o. to do sth,** ordonner à qn de faire qch; **to o. s.o. about, around,** commander, régenter, qn (*b*) *Med:* prescrire, ordonner (un traitement) (*c*) commander (un repas, des marchandises, etc); **to o. a taxi,** appeler un taxi **2.** *vi* (*in café, etc*) commander. **'orderliness** *n* **1.** bon ordre; méthode *f;* discipline *f;* calme *m.* **'orderly 1.** *a* (*a*) ordonné; (*of mind*) méthodique; (*of life*) réglé, rangé, régulier; (*of pers*) **to be very o.,** avoir beaucoup de méthode (*b*) (*of crowd*) discipliné **2.** *n Mil:* planton *m;* **to be on o. duty,** être de planton; **o. officer,** officier de service; **(medical) o.,** garçon *m* de salle; **o. room,** salle des rapports.

ordinal ['ɔːdinəl] *a & n* ordinal (*m*).

ordinance ['ɔːdinəns] *n* (*NAm:* = **bylaw**) ordonnance *f,* décret *m,* règlement *m;* **police o.,** arrêté *m,* ordonnance, de police.

ordinary ['ɔːdin(ə)ri] *a* ordinaire; normal; médiocre; **an o. tourist,** un simple touriste; **the o. Englishman,** l'Anglais moyen, typique; **in o. use,** d'usage courant; **in the o. course of events,** en temps normal; **in the o. way,** normalement; **out of the o.,** exceptionnel; **it's out of the o.,** ça sort de l'ordinaire. **'ordinarily, ordi'narily** *adv* ordinairement, normalement; à l'ordinaire d'ordinaire; d'habitude.

ordination [ɔːdi'neiʃ(ə)n] *n Ecc:* ordination *f.*

ordnance ['ɔːdnəns] *n* **1.** artillerie *f* **2.** *Mil:* **Royal Army O. Corps** = Service *m* du Matériel; **O. Survey,** service *m* topographique.

ore [ɔːr] *n* minerai *m;* **iron o.,** minerai de fer.

oregano [ɔri'gɑːnou] *n* origan *m.*

organ ['ɔːgən] n **1.** *Mus:* orgue *m,* orgues *fpl;* **barrel, street, o.,** orgue de Barbarie **2.** (*a*) organe *m;* **the vocal organs,** l'appareil vocal (*b*) journal *m,* bulletin *m,* organe. **or'ganic** *a* **1.** (maladie) organique **2.** (*a*) **o. beings,** êtres organisés (*b*) **o. chemistry,** chimie *f* organique (*c*) **o. foods,** aliments biologiques, produits à l'aide d'un engrais organique. **or'ganically** *adv* **1.** organiquement **2.** foncièrement; **the system is o. wrong,** le système est foncièrement mauvais **3. o. grown foods,** aliments biologiques, produits à l'aide d'un engrais organique. **'organism** *n* organisme *m.* **'organist** *n Mus:* organiste *mf.* **organi'zation** *n* organisation *f;* organisme *m* (politique); enterprise *f;* **youth o.,** mouvement *m* de jeunesse. **'organize** *vtr* organiser (qch); arranger (un concert); **to get organized,** s'organiser. **'organizer** *n* organisateur, - trice.

orgasm ['ɔːgæzm] *n* orgasme *m.*

orgy ['ɔːdʒi] *n* orgie *f;* **o. of colour,** orgie de couleurs.

orient ['ɔːriənt] *vtr NAm:* = **orientate. 'orientate** *vtr* orienter. **orien'tation** *n* orientation *f.* **orien'teering** *n Sp:* exercice *m* d'orientation.

Orient ['ɔːriənt] *n Geog:* **the O.,** l'Orient *m.* **ori'ental 1.** *a* oriental; d'Orient **2.** *n* Oriental, -ale.

orifice ['ɔrifis] *n* orifice *m.*

origin ['ɔridʒin] *n* origine *f;* **country of o.,** pays de provenance; **certificate of o.,** certificat d'origine. **o'riginal 1.** *a* (*a*) premier, originel; primitif; **o. meaning of a word,** sens premier d'un mot; **o. sin,** péché originel (*b*) (*unusual*) original (*c*) (*of copy, version*) original; **it's not an o. scheme,** le projet n'est pas inédit **2.** *n* original *m* (d'un tableau); **to read a French author in the o.,** lire un auteur français dans l'original. **origi'nality** *n* originalité *f.* **o'riginally** *adv* **1.** (*a*) à l'origine; **she comes o. from,** elle est originaire de (*b*) originellement; dès l'origine **2.** originalement. **o'riginate 1.** *vtr* faire naître, donner naissance à, être l'auteur de (qch) **2.** *vi* prendre naissance (**in,** dans); tirer son origine, dériver, provenir (**from, in,** de); **to o. from,** (*of idea*) émaner de; (*of pers*) être originaire de. **origi'nation** *n* création *f,* imitation *f* (d'une œuvre). **o'riginator** *n* créateur, -trice; auteur *m;* initiateur, -trice.

oriole ['ɔːrioul] *n Orn:* (*European*) loriot *m;* (*American*) troupiale *m, Fr C:* oriole *m.*

Orkneys (the) [ðiː'ɔːkniz] *Prn pl Geog:* les Orcades *f.*

ornament 1. *n* ['ɔːnəmənt] ornement *m; pl* bibelots *mpl* **2.** *vtr* ['ɔːnəment] orner, ornementer, décorer. **orna'mental** *a* ornemental. **ornamen'tation** *n* **1.** ornementation *f,* décoration *f* **2.** les ornements.

ornate [ɔː'neit] *a* (très) orné. **or'nately** *adv* (décoré) de façon surchargée, à outrance.

ornery ['ɔːnəri] *a NAm: F:* grincheux.

ornithology [ɔːni'θɔlədʒi] *n* ornithologie *f.* **ornitho'logical** *a* ornithologique. **orni'thologist** *n* ornithologue *mf,* ornithologiste *mf.*

orphan ['ɔːf(ə)n] **1.** *n* orphelin, -ine **2.** *a* orphelin. **'orphanage** *n* orphelinat *m.* **'orphaned** *a* orphelin; **he was o. by the accident,** l'accident l'a rendu orphelin.

orthodontics [ɔːθou'dɔntiks] *npl Dent:* orthodontie *f.*

orthodox ['ɔːθədɔks] *a* orthodoxe. **'orthodoxy** *n* orthodoxie *f.*

orthography [ɔː'θɡrəfi] *n* orthographe *f.* **ortho'graphical** *a* orthographique.

orthop(a)edic [ɔːθə'piːdik] *a* orthopédique. **ortho'p(a)edics** *npl Med:* orthopédie *f.* **orthop(a)edist** *n Med:* orthopédiste *mf.*

oscillate ['ɔsileit] *vi & tr* osciller; faire osciller. **osci'llation** *n* oscillation *f.* **o'scilloscope** *n* oscilloscope *m.*

osier ['ouziər] *n* osier *m;* **o. bed,** oseraie *f.*

osmosis [ɔz'mousis] *n Ph: Ch:* osmose *f.*

osprey ['ɔsprei] *n Orn:* balbuzard pêcheur.

osseous ['ɔsiəs] *a* osseux. **ossifi'cation** *n* ossification *f.* **'ossify** *vtr & i* (s')ossifier.

Ostend [ɔs'tend] *Prn Geog:* Ostende.

ostensible [ɔs'tensibl] *a* prétendu; qui sert de prétexte; soi-disant; feint. **os'tensibly** *adv* apparemment, en apparence; **he went out o. to,** il est sorti sous prétexte de, soi-disant pour.

ostentation [ɔsten'teiʃ(ə)n] *n* ostentation *f.* **osten'tatious** *a* plein d'ostentation; prétentieux. **osten'tatiously** *adv* avec ostentation.

osteopath ['ɔstiəpæθ] *n* ostéopathe *m.*

ostracism ['ɔstrəsizm] *n* ostracisme *m.* **'ostracize** *vtr* proscrire, frapper d'ostracisme.

ostrich ['ɔstritʃ] *n* (*pl* **ostriches**) autruche *f;* **o. feather,** plume *f* d'autruche.

other ['ʌðər] **1.** *a* autre (*a*) **the o. one,** l'autre; **the o. day,** l'autre jour; **every o. day,** tous les deux jours; **some o. day,** un autre jour (*b*) **the o. four,** les quatre autres; **o. things being equal,** toutes choses égales (*c*) **o. people have seen it,** d'autres l'ont vu; **o. people's property,** le bien d'autrui; **any o. book,** tout autre livre **2.** *pron* autre (*a*) **one after the o.,** l'un après l'autre (*b*) **the others,** les autres, le reste (*c*) **some . . . others . . .,** les uns . . . les autres . . .; **I have no o.,** je n'en ai pas d'autre; **someone or o.,** quelqu'un; je ne sais qui; **one or o. of us,** l'un de nous; **this day of all others,** ce jour entre tous; **none o. than, no o. than,** nul autre que (*d*) (*of pers*) **others,** d'autres; **the happiness of others,** le bonheur d'autrui **3.** *adv* autrement; **I could not do o. than,** je n'ai pu faire autrement que. **'otherwise 1.** *adv* (*a*) autrement (**than,** que); **he couldn't do o.,** il n'a pu faire autrement; **should it be o.,** dans le cas contraire; **if he's not o. engaged,** s'il n'est pas occupé à autre chose; **except where o. stated,** sauf indication contraire (*b*) autrement; sans quoi, sans cela; dans le cas contraire (*c*) sous d'autres rapports; **o. he's quite sane,** à part ça il est complètement sain d'esprit **2.** *a* (tout) autre. **other 'worldly** *a* détaché de ce monde.

otter ['ɔtər] *n Z:* loutre *f*; **o. (skin),** loutre.

ouch [autʃ] *int* aïe! ouille!

ought [ɔːt] *v aux* (*with present and past meaning, inv;* **o. not** *is frequently abbreviated to* **oughtn't**) (*parts of*) devoir, falloir **1.** (*obligation*) **I o. to have done it,** j'aurais dû le faire; **he said he o. to stay,** il a dit qu'il devait rester; **one o. never to be unkind,** il ne faut, on ne doit, jamais être malveillant; **I thought I o. to tell you,** j'ai cru devoir vous en faire part; **to behave as one o.,** se conduire comme il faut **2.** (*desirability*) **you o. not to have waited,** vous n'auriez pas dû attendre; **you o. to see the exhibition,** vous devriez aller voir l'exposition; **you o. to have seen it!** il fallait voir ça! *F:* **I o. to be going,** il est temps que je parte **3.** (*probability*) **it o. to be ready,** ça devrait être prêt; **your horse o. to win,** votre cheval a de grandes chances de gagner; **that o. to do,** je crois que cela suffira; *F:* **you o. to know,** vous êtes bien placé pour le savoir.

ounce [auns] *n Meas: Fig:* once *f* (= 28.35 g); **he hasn't an o. of courage,** il n'a pas pour deux sous de courage.

our [ɑːr, 'auər] *poss a* notre, *pl* nos; **o. house and garden,** notre maison et notre jardin; **o. friends,** nos ami(e)s; **it's one of o. books,** c'est un livre (i) à nous (ii) que nous avons écrit (iii) publié par notre maison. **ours** *poss pron* le nôtre, la nôtre, les nôtres; **this is o.,** c'est le, la, nôtre; ceci est à nous; ceci nous appartient; **a friend of o.,** un(e) de nos ami(e)s. **our'selves** *pers pron pl* (*a*) **we did it o.,** nous l'avons fait nous-mêmes; **we o. are to blame,** c'est notre faute (*b*) (*at meal*) **we can help o.,** nous pouvons nous servir; **we enjoyed o.,** nous nous sommes amusés (*c*) (*after preposition*) **we say to o.,** nous nous disons; **amongst o.,** entre nous; **by o.,** tout seuls, toutes seules.

oust [aust] *vtr* **1. to o. s.o. from his post,** déloger qn de son poste **2.** prendre la place de (qn); évincer, supplanter (qn).

out [aut] **I.** *adv* **1.** dehors (*a*) **to go o.,** sortir; **to be, go, o. a lot,** sortir beaucoup; **o. you go!** sortez! **to throw sth o.,** jeter qch dehors; **the trip, journey, voyage, out.,** l'aller *m* (*b*) **my father is o.,** mon père est sorti; **he's o. in the garden,** il est dans le jardin; **he's o. and about again,** il est de nouveau sur pied; **to have a day o.,** sortir pour la journée; *Ind:* **the men are o.,** les ouvriers sont en grève; **a long way o. (of the town),** loin (de la ville); *Nau:* **5 km o.,** à 5 km du rivage; **o. at sea,** en mer, au large; **o. there,** là-bas; **o. here,** ici; **the tide is o.,** la marée est basse **2. to lean o.,** se pencher au dehors; **to hang o. the washing,** étendre le linge **3.** (*a*) au clair; découvert, exposé; **the sun is o.,** il fait (du) soleil; **the book is just o.,** le livre vient d'être publié, de sortir, de paraître; **the secret is o.,** le secret est connu, révélé (*b*) **to pull o. a revolver,** tirer, sortir, un revolver; *F:* **o. with it!** achevez donc! allons, dites-le! expliquez-vous! (*c*) (*of flower*) ouvert, épanoui; **the hawthorn is o.,** l'aubépine est en fleur (*d*) **all o.,** (aller) à toute vitesse (*e*) **o. loud,** tout haut, à haute voix; **to tell s.o. sth straight o.,** dire qch à qn carrément (*f*) **to be o. to win,** être résolu à gagner; **I'm not o. to do that,** je n'ai pas l'intention de faire ça **4. shoulder o. (of joint),** épaule luxée; **I'm (quite) o. of practice,** je n'ai plus la main; **the Conservatives are o.,** les Conservateurs ne sont plus au pouvoir; *Games:* **you're o.,** tu es éliminé; *F:* **to be o. on one's feet,** tomber de fatigue **5. to be o. in one's calculations,** être loin de, du, compte; **I'm five pounds o.,** j'ai une erreur de cinq livres dans mes comptes; **I wasn't far o.,** je ne me suis pas trompé de beaucoup; **you've put me o.,** vous m'avez dérouté **6.** (*of fire*) éteint **7.** (*a*) fini; à bout; achevé; **before the week is o.,** avant la fin de la semaine (*b*) **hear me o.,** écoutez-moi jusqu'au bout; **to fight it o.,** se battre jusqu'à une décision (*c*) **the plan is now definitely o.,** le plan a été définitivement abandonné. **II.** *prep* (*a*) **o. of,** en dehors de; hors de (danger, portée, l'eau); **it is o. of my power to,** il n'est pas en mon pouvoir de; **to be o. of things,** être laissé à l'écart; **to feel o. of it, o. of things,** se sentir hors du coup (*b*) **o. of season,** hors saison; **times o. of number,** maintes et maintes fois; **to be o. of one's mind,** avoir perdu la raison (*c*) **to throw sth o. of the window,** jeter qch par la fenêtre; **to turn s.o. o. of the house,** mettre qn à la porte; **to get money o. of s.o.,** obtenir de l'argent de qn (*d*) dans, à; **to drink o. of a glass,** boire dans un verre; **to drink o. of the bottle,** boire à (même) la bouteille; **he took it o. of the drawer,** il l'a pris dans le tiroir; **to copy sth o. of a book,** copier qch dans un livre; **to look o. of the window,** regarder par la fenêtre (*e*) **a page o. of,** une page de; **she's o. of town,** elle n'est pas en ville; **5 km o. of,** à 5 km de (*f*) parmi, d'entre; **choose one o. of these ten,** choisissez-en un parmi les dix; **one o. of every three,** un sur trois; **o. of the blue,** de manière inattendue (*g*) **made o. of wood,** fait en bois; **to make sth o. of a box,** faire qch avec une boîte; **hut made o. of a few old planks,** cabane faite de quelques vieilles planches (*h*) **o. of respect,** par respect (pour qn); **o. of curiosity,** par curiosité; **to act o. of fear,** agir sous le coup de la peur (*i*) **to be o. of, to have run o. of, tea,** ne plus avoir de thé; *Publ:* **o. of print,** épuisé. **III.** *n* **to know the ins and outs of sth,** connaître les moindres détails de qch. **'out and 'out 1.** *adv phr* complètement, absolument **2.** *a* (*of believer*) à tout crin; **an o. a. o. liar,** un menteur fieffé, achevé. **'outback** *n Austr:* l'intérieur *m*. **out'bid** *vtr* **(outbid; outbid)** (*at auction*) (sur)renchérir sur (qn). **'outboard** *a Nau:* **o. motor,** moteur *m* hors-bord. **'outbreak** *n* éruption *f* (de violence, de boutons); début *m* (de la guerre); ouverture *f* (des hostilités); *Med:* épidémie *f* (de grippe); accès *m* (de fièvre). **'outbuilding** *n* dépendance *f* (d'un château, d'une ferme). **'outburst** *n* explosion *f* (de colère, de joie); flambée *f* (de violence); éclat *m* (de rire); élan *m* (de générosité). **'outcast** *n* **(social) o.,** paria *m*. **'outcaste** *a & n* hors-caste (*mf*). **out'class** *vtr Sp:* surpasser. **'outcome** *n* issue *f*, résultat *m*, dénouement *m*. **'outcrop** *n Geol:* affleurement *m*. **'outcry** *n* tollé *m*. **out'dated** *a* démodé; vieux jeu. **out'distance** *vtr* distancer, dépasser (un concurrent). **out'do** *vtr* **(outdid; outdone)** surpasser (qn); l'emporter sur (qn). **'outdoor** *a* (jeux) de plein air; (vie, piscine) en plein air; **o. clothes,** tenue *f* pour sortir; **to put on one's o. clothes,** s'habiller pour sortir. **out'doors** *adv* dehors; hors de la maison; en plein air; (coucher) à la belle étoile. **'outer** *a* extérieur, externe; **o. space,** l'espace *m* (cosmique); **o. garments,** vêtements *m* de dessus; **the o. suburbs,** la grande banlieue. **'outermost** *a* le plus écarté; le plus à l'extérieur. **'outfit** *n* **1.** équipement *m*, équipage *m*; attirail *m*; (*kit*) trousse *f*; (*toy*) panoplie *f* (de pompier, de cowboy, etc) **2.** (*clothes*) costume *m*; (*for woman*) toilette *f*; *Mil:* équipement; **sports o.,** tenue *f* de sport **3.** *F:* (*group*) bande *f*; (*firm*) boîte *f*. **'outfitter** *n Com:* chemisier *m*. **out'flank** *vtr* (*a*) *Mil:* déborder (l'ennemi) (*b*) circonvenir (qn). **'outflow** *n* écoulement *m*, dépense *f* (d'eau); décharge *f* (d'un égout). **'outgoing** *a* (*a*) (*of minister, etc*) sortant; (*of mail, ship*) en partance; **o. tide,** marée descendante (*b*) (*of pers*) liant, ouvert. **'outgoings** *npl* dépenses *fpl*. **out'grow** *vtr* **(outgrew; outgrown)** devenir trop grand pour (ses vêtements); perdre (une habitude, le goût de qch) (en grandissant); **to o. s.o.,** grandir plus vite que qn. **'outhouse** *n* (*a*) dépendance *f* (*b*) *NAm:* cabinets extérieurs. **'outing** *n* (*a*) promenade *f* (*b*) excursion *f*, sortie *f*. **out'landish** *a* bizarre, étrange; barbare. **out'last** *vtr* durer plus longtemps que (qch); survivre à (qn). **'outlaw 1.** *n* hors la loi *m inv* **2.** *vtr* proscrire (qn). **'outlay** *n* débours *mpl*, dépense(s) *f*(*pl*), frais *mpl*; **capital o.,** dépenses d'établissement. **'outlet** *n* **1.** (*for liquid, of tunnel, etc*) sortie *f*; *El:* prise *f* de courant; (*for feelings, energy*) moyen *m* d'exprimer, exutoire *m* **2.** *Com:* débouché *m*; **retail o.,** point *m* de vente, magasin *m*. **'outline 1.** *n* contour *m*, profil *m*; **(rough) o.,** esquisse *f*, ébauche *f* (d'un article, d'un projet); **the broad, general, main, outline(s),** les grandes lignes **2.** *vtr* décrire à grands traits, esquisser; résumer (un livre, un discours); (*of tree, etc*) **to be outlined against,** se profiler sur. **out'live** *vtr* survivre à (qn). **'outlook** *n* perspective(s) *f*(*pl*); (*point of view*) perspective (**on,** sur), attitude *f* (**on,** à l'égard de); *Meteor:* prévisions *fpl*. **'outlying** *a* isolé; (*of neighbourhood*) périphérique. **outma'noeuvre,** *NAm:* **outma'neuver** *vtr* déjouer (qn). **out'moded** *a* démodé. **out'number** *vtr* l'emporter en nombre sur, être plus nombreux que (l'ennemi). **'out-of-'date** *a* (*a*) vieilli; démodé; vieux jeu (*b*) (passeport) périmé. **'out-of-'doors** *adv* = **outdoors**. **out-of-'pocket** *a* **o.-o.-p. expenses,** menues dépenses; débours *mpl*. **out-of-the-'way** *a* **1.** (*of house*) écarté **2.** peu ordinaire; (*of price*) **not o.-of-t.-w.,** pas exorbitant. **out'pace** *vtr* dépasser; distancer. **'out-patient** *n* malade *mf* en consultation externe, consultant, -ante (extérieur(e)); **out-patients' department,** service *m* de consultations externes. **'outpost** *n Mil:* avant-poste *m*. **output** *n* rendement *m* (d'une machine); production *f* (d'une mine); *Comptr:* (i) sortie *f* (ii) donnée(s) *f*(*pl*) de sortie.

outrage ['autreidʒ] **1.** *n* (*a*) atrocité *f*, crime *m*; **(bomb) o.,** attentat *m* (à la bombe) (*b*) indignité *f* (*c*) scandale *m* (*d*) indignation *f* **2.** *vtr* outrager, faire outrage à (la morale); **outraged by sth,** indigné de qch. **out'rageous** *a* (*a*) atroce; scandaleux (*b*) (*of hat, etc*) grotesque; (*of price*) excessif. **out'rageously** *adv* (*a*) immodérément; outre mesure; **o. expensive,** horriblement cher (*b*) d'une façon scandaleuse, indigne.

outright I. [aut'rait] *adv* **1.** (*a*) complètement; **to buy sth o.,** acheter qch comptant (*b*) **to be killed o.,** être tué sur le coup **2.** franchement, carrément; **to say sth o.,** dire qch franchement; **to refuse o.,** refuser net, carrément. **II.** ['autrait] *a* **1. o. sale,** vente à forfait; **o. purchase,** marché *m* forfaitaire **2.** complet; **o. lie,** pur mensonge; **o. refusal,** refus net, catégorique; **o. winner,** gagnant incontesté.

outset ['autset] *n* **at the o.,** au début; tout d'abord; **from the o.,** dès le départ.

outside [aut'said] **1.** *n* (*a*) extérieur *m*, dehors *m*; **on the o. of sth,** à l'extérieur de qch; **to open a door from the o.,** ouvrir une porte du dehors (*b*) **at the o.,** tout au plus; au maximum (*c*) *Fb:* ailier *m* **2.** *a* (*a*) du dehors, extérieur; (*of bus, train, seat*) côté couloir; *Aut:* **the o. lane,** la voie de droite, *NAm:* de gauche (*b*) **an o. opinion,** un avis du dehors, un avis étranger (*c*) **it's an o. chance,** il y a faible une chance (de réussite) **3.** *adv* dehors, à l'extérieur, en dehors; **I've left my dog o.,** j'ai laissé mon chien dehors, à la porte; **he's playing o.,** il joue dehors; **seen from o.,** vu de dehors **4.** *prep* en dehors de, hors de, à l'extérieur de; **o. the house,** en dehors de la maison; **o. the door,** à la porte. **out'sider** *n* (*a*) étranger, -ère; profane *mf*; intrus, -use (*b*) *Sp:* outsider *m*.

outsize ['autsaiz] *a* (*of clothes*) grande taille *inv*.

outskirts ['autskə:ts] *npl* abords *mpl*; lisière *f* (d'une forêt); faubourgs *mpl*, banlieue *f*, approches *fpl* (d'une ville).

outsmart [aut'smɑ:t] *vtr* être plus malin que.

outspoken [aut'spoukən] *a* (*of pers*) franc; **to be o.,** avoir son franc-parler. **out'spokenly** *adv* franchement; carrément. **out'spokenness** *n* franchise *f*; franc-parler *m*.

outstanding [aut'stændiŋ] *a* **1.** (résultat) remarquable, exceptionnel; (trait) saillant; (incident) marquant; (artiste) éminent **2.** (problème, etc) non réglé, en suspens; **debt o.,** dette impayée; **work o.,** travail *m* à faire. **out'standingly** *adv* éminemment; remarquablement, exceptionnellement; **he's not o. talented,** son talent n'est pas exceptionnel.

outstay [aut'stei] *vtr* **1.** rester plus longtemps que (qn) **2. to o. one's welcome,** abuser de l'hospitalité de son hôte, s'incruster.

outstretched [aut'stretʃt] *a* déployé; étendu; (bras) tendu; **with arms o.,** les bras étendus.

outstrip [aut'strip] *vtr* **(outstripped)** devancer.

outvote [aut'vout] *vtr* obtenir une majorité sur (qn); **to be outvoted,** être mis en minorité.

outward ['autwəd] **1.** *a* (*a*) en dehors; *Nau:* pour l'étranger; *Rail:* **o. half,** billet *m* d'aller; **o. journey, trip,** aller *m* (*b*) (mouvement, regard) vers l'extérieur; (signe, etc) extérieur **2.** *adv* vers l'extérieur; *Nau:* **o. bound,** (navire) (i) en partance, sortant (ii) faisant route pour l'étranger. **'outwardly** *adv* **1.** à l'extérieur, au dehors **2.** en apparence. **'outwards** *adv* vers l'extérieur.

outwear [aut'wɛər] *vtr* **(outwore, outworn)** (*of clothes*) user (complètement); **outworn idea,** idée désuète, démodée.

outweigh [aut'wei] *vtr* **1.** peser plus que qch **2.** l'emporter sur qch.

outwit [aut'wit] *vtr* **(outwitted) 1.** circonvenir (qn); déjouer les intentions de (qn); duper (qn) **2.** dépister (la police).

oval ['ouv(ə)l] **1.** *a* ovale; en ovale **2.** *n* ovale *m*.

ovary ['ouvəri] *n* ovaire *m*.

ovation [ou'veiʃ(ə)n] *n* **(standing) o.,** ovation *f*.

oven ['ʌv(ə)n] *n* four *m*; *Fig:* fournaise *f*; **in the o.,** au four; **to cook sth in a very slow o.,** faire cuire qch à four très doux; (*of poultry*) **o. ready,** prêt à cuire (au four); **o. glove,** *NAm:* **o. mitt,** gant isolant. **'oven-proof** *a* (plat) allant au four. **'ovenware** *n* plats *mpl* allant au four.

over ['ouvər] **I.** *prep* **1.** (*a*) sur, par-dessus; **to spread a cloth o. sth,** étendre une toile par-dessus, sur, qch; **I spilled water o. it,** j'ai renversé de l'eau dessus (*b*) **famous all o. the world,** célèbre dans le monde entier (*c*) **o. it,** dessus, au-dessus; (sauter) par-dessus; **o. the top of sth,** par-dessus qch; **to throw sth o. the wall,** jeter qch par-dessus le mur; **to fall o. a cliff,** tomber du haut d'une falaise; **to stumble, trip, o. sth,** buter contre qch; **we're o. the worst,** le pire (moment) est passé; **he's o. his flu,** il est remis de sa grippe (*c*) **all o. Spain,** dans toute l'Espagne, partout en Espagne; **all o. the carpet,** partout sur le tapis **2.** (*a*) **jutting out o. the street,** faisant saillie sur la rue; **his name is o. the door,** il a son nom au-dessus de la porte; **with water o. one's ankles,** avec de l'eau au-dessus des chevilles (*b*) **to have an advantage o. s.o.,** avoir un avantage sur, par rapport à, qn (*c*) **bending o. his work,** courbé sur son travail; **to chat o. a glass of wine,** bavarder devant un verre de vin; **o. the phone,** au téléphone; **o. the radio,** à la radio; **sitting o. the fire,** assis tout près du feu **3.** (*a*) **the house o. the road,** la maison d'en face; **o. the border,** au-delà de la frontière (*b*) **o. the river,** de l'autre côté du fleuve; **the bridge o. the river,** le pont sur le fleuve; **to jump o. a wall,** sauter (par-dessus) un mur **4. o. fifty pounds,** plus de cinquante livres; **o. five (years old),** au-dessus, de plus, de cinq ans; **he's o. fifty,** il a plus de cinquante ans; **he spoke for o. an hour,** il a parlé pendant plus d'une heure; **o. and above,** en plus de; **o. and above his wages,** en plus de son salaire **5. o. the holidays,** pendant les vacances; **o. the last three years,** au cours des trois dernières années. **II.** *adv* **1.** (*a*) sur toute la surface; **all o.,** partout; **to be dusty all o.,** être tout couvert de poussière; **to ache all o.,** avoir mal partout; **that's you all o.,** je vous reconnais bien là; **he's French all o.,** il est français jusqu'au bout des ongles (*b*) **to read a letter o.,** lire une lettre en entier; **to do sth all o. again,** refaire qch entièrement; **to start all o. (again),** recommencer à zéro (*c*) **ten times o.,** dix fois de suite; **twice o.,** à deux reprises; **o. and o. (again),** à plusieurs reprises; maintes et maintes fois **2.** (*a*) (par-)dessus (qch); **to jump o.,** sauter par-dessus; **the milk boiled o.,** le lait s'est sauvé (*b*) **to lean o.,** (*of pers*) se pencher (à la fenêtre); (*of thg*) pencher **3.** (*a*) **to fall o.,** (*of pers*) tomber (par terre); (*of thg*) se renverser; être renversé; **to knock sth o.,** renverser qch; **she's o.,** elle est tombée (*b*) **please turn o.,** voir au dos; tournez, s'il vous plaît; **to turn sth o. and o.,** tourner et retourner qch; **to bend sth o.,** replier qch **4. to cross o.,** traverser (la rue); faire la traversée (de la Manche); **to be, come, go, o.,** passer; **he's coming o. tomorrow,** il vient nous voir demain; **I've invited him o.,** je l'ai invité à venir (nous voir); **he's o. in Italy,** il est (parti) en Italie; **she's o. from Paris,** elle est venue de Paris; **o. there,** là-bas; **o. here,** ici; de ce côté **5.** en plus, en excès (*a*) **children of sixteen and o.,** les enfants qui ont seize ans et plus (*b*) **keep what's left o.,** gardez le surplus; **there's some bread (left) o.,** il reste du pain; **I have a card o.,** j'ai une carte de, en, trop (*c*) **the question is held o.,** la question est différée (*d*) (*in compounds*) (i) trop; à l'excès; **o.-abundant,** surabondant; **o.-familiar,** trop familier; **o.-particular,** trop exigeant; **o.- scrupulous,** scrupuleux à l'excès (ii) **o.-confidence,** excès *m* de confiance (iii) **to overstretch a spring,** trop tendre, distendre, un ressort **6.** fini; **the danger is o.,** le danger est passé; **the rain is o.,** la pluie s'est arrêtée; **o. and done with,** terminé; tout à fait fini; **the concert is just o.,** le concert vient de finir, de se terminer; **it's (all) o.,** c'est fini; tout est fini; **it's all o. with me,** c'en est fait de moi. **over'act** *vi* exagérer; *F:* en faire trop. **'overall 1.** *a* total; (*of result, effort*) global; **o. length,** longueur *f* totale **2.** *n* (*a*) (*NAm:* = **work coat**) blouse *f* (de travail) (*b*) *pl* **overalls** (i) (*NAm:* = **an overall**) bleus *mpl* de travail (ii) *NAm:* (*Br* = **dungarees**) salopette *f*. **over'anxious** *a* trop inquiet, anxieux. **'overarm** *a Cr:* (service) par le haut. **over'awe** *vtr* intimider (qn). **over'balance 1.** *vtr* renverser (qch) **2.** *vi* (*of pers*) perdre l'équilibre; (*of thg*) basculer. **over'bearing** *a* arrogant, impérieux, autoritaire. **'overboard** *adv Nau:* par-dessus bord; **to fall o.,** tomber à la mer; **to throw sth o.,** (i) jeter qch à la mer (ii) abandonner (un projet); **man o.!** un homme à la mer! **to go o. for sth,** s'emballer pour qch. **over'burden** *vtr* surcharger, accabler (**with,** de); *F:* **he's not overburdened with work,** ce n'est pas le travail qui l'écrase. **'overcast** *a* (ciel) couvert, nuageux. **over'charge 1.** *n* prix excessif **2.** *vtr & i* **to o. s.o.,** faire payer trop cher un article à qn; majorer une facture. **'overcoat** *n* pardessus *m*. **over'come 1.** *vtr* **(overcame)** vaincre (ses ennemis, sa timidité); venir à bout de (ses difficultés); surmonter (un obstacle, son dégoût, un problème); maîtriser, dominer (son émotion) **2.** *a* **to be o. with, by (sth),** être accablé par (la fatigue; le chagrin); être gagné par (le sommeil); succomber à (la chaleur, la tentation); être paralysé (par la peur); **he was o. by emotion,** l'émotion eut raison de lui. **over'crowded** *a* (*a*) (train) bondé (**with people,** de monde) (*b*) (*of town,* *forest*) surpeuplé. **over'crowding** *n* encombrement *m*; surpeuplement *m*. **over-de'veloped** *a Phot:* (cliché) trop développé. **over'do** *vtr* (**overdid; overdone**) **1. to o. things,** (i) se surmener (ii) exagérer **2.** *Cu:* trop cuire (qch). **'overdose** *n* overdose *f*, dose excessive (de barbituriques, etc). **'overdraft** *n Bank:* découvert *m*. **over'draw** *vtr* (**overdrew; overdrawn**) *Bank:* mettre (son compte) à découvert; **overdrawn account,** compte à découvert. **over'dress** *vtr & i* s'habiller avec trop de recherche. **'overdrive** *n Aut:* vitesse surmultipliée. **over'due** *a* (*of train, etc*) en retard; (*of debt*) arriéré; (*of apology, thanks*) tardif; **he's long o.,** il devrait être là depuis longtemps. **over'eat** *vi* (**overate; overeaten**) trop manger. **over'eating** *n* excès *mpl* de table. **over'estimate** *vtr* surestimer; exagérer (le danger). **overex'cited** *a* surexcité. **over'exert** *vtr* **to o. oneself,** se surmener. **overex'ertion** *n* surmenage *m*. **overex'pose** *vtr Phot:* surexposer. **overex'posure** *n Phot:* surexposition *f*. **over'feed** *vtr* (**overfed**) suralimenter. **over'feeding** *n* suralimentation *f*. **over'filled** *a* (verre) plein à déborder. **overflow I.** ['ouvəflou] *n* **1.** (*a*) débordement *m* (d'un liquide) (*b*) inondation *f* **2.** trop-plein *m inv*; *Fig:* excédent *m*; **o. pipe,** (tuyau *m* de) trop-plein. **II.** [ouvə'flou] *v* **1.** *vtr* (*a*) déborder de (la coupe) (*b*) (*of river*) inonder (un champ) **2.** *vi* déborder. **over'flowing 1.** *a* (*of town, shop, etc*) **to be o. with,** regorger de (visiteurs, livres, etc) **2.** *n* **full to o.,** plein à déborder; rempli à ras bord. **over'grown** *a* envahi par la végétation; **o. with weeds,** (jardin) envahi par les mauvaises herbes; *Pej:* **he's an o. schoolboy,** il a la mentalité d'un écolier. **over'hang 1.** *vi* faire saillie **2.** *vtr* (**overhung**) surplomber. **over'hanging** *a* surplombant, en surplomb. **overhaul 1.** *n* ['ouvəhɔːl] (*a*) révision *f* (d'une machine) (*b*) remise *f* en état (d'une machine) **2.** [ouvə'hɔːl] *vtr* (*a*) examiner en détail; réviser; remettre en état, réparer (*b*) *Nau:* rattraper, dépasser (un autre navire). **overhead 1.** *adv* [ouvə'hed] au-dessus (de la tête); en haut, en l'air **2.** *a* ['ouvəhed] (*a*) **o. cable,** câble aérien (*b*) *Com:* **o. expenses,** *npl* **overheads,** frais généraux (*c*) *Aut:* (soupapes) en tête. **over'hear** *vtr* (**overheard**) surprendre, entendre (une conversation). **over'heat 1.** *vtr* surchauffer, trop chauffer **2.** *vi Aut:* **the engine is overheating,** le moteur chauffe. **over-in'dulge 1.** *vtr* trop gâter (ses enfants); céder trop facilement à (ses désirs) **2.** *vi* **to o. in wine,** abuser du vin. **over'joyed** *a* ravi, enchanté; **to be o. to see s.o.,** être ravi de voir qn. **'overland 1.** *adv* par voie de terre **2.** *a* **o. route,** voie *f* de terre. **overlap 1.** [ouvə'læp] *vtr & i* (**overlapped**) (*a*) **to o. (one another),** (se) chevaucher (*b*) faire double emploi **2.** ['ouvə-] *n* chevauchement *m*. **over'lay** *vtr* (**overlaid**) recouvrir (de qch). **over'leaf** *adv* au dos, au verso (de la page); **see o.,** voir au verso. **over'load** *vtr* **1.** surcharger **2.** surmener (une machine). **over'look** *vtr* **1.** avoir vue sur (qch); (*of building*) dominer, commander; (*of window*) donner sur (la rue). **2.** (*a*) ne pas remarquer; oublier, négliger; **I overlooked the fact,** ce fait m'a échappé (*b*) passer sur (qch); **we'll o. it,** passons; **o. it this time,** fermez les yeux pour cette fois. **'overly** *adv* excessivement. **over'much** *adv* trop; excessivement. **overnight 1.** *adv* [ouvə'nait] (*a*) la veille (au soir) (*b*) (pendant) la nuit; *Fig:* (changer d'idée) du jour au lendemain; **to stay o.,** passer la nuit; (*of food*) **to keep o.,** se conserver jusqu'au lendemain **2.** *a* ['ouvənait] **o. stay,** séjour d'une nuit; **o. clothes,** vêtements pour une nuit; **o. bag,** sac de voyage; **o. trip,** voyage de nuit. **'overpass** *n CivE: NAm:* (*Br* = **flyover**) toboggan *m*. **over'pay** *vtr* (**overpaid**) trop payer; payer (£10) de trop. **'over'payment** *n* paiement *m* en trop. **over'play** *vtr* **to o. one's hand,** viser trop haut. **over'populated** *a* surpeuplé. **over'power** *vtr* maîtriser; dominer; vaincre; *Fig:* accabler. **over'powering** *a* (*of heat, etc*) accablant; (désir, charme) irrésistible; (odeur) très forte; *F:* (femme) imposante. **over'priced** *a* surévalué. **overpro'duction** *n* surproduction *f*. **over'rate** *vtr* surestimer; **overrated restaurant,** restaurant surfait. **over'reach** *vtr* **to o. oneself,** trop entreprendre. **overre'act** *vi* réagir excessivement. **over'ride** *vtr* (**overrode; overriden**) (*a*) annuler; passer outre à (*b*) l'emporter sur (qch); **considerations that o. all others,** considérations qui l'emportent sur toutes les autres. **'overriding** *a* (*of passion*) prédominant; (*of importance*) primordial. **'over'ripe** *a* trop mûr. **over'rule** *vtr Jur:* annuler, casser (un arrêt); rejeter (une réclamation, une objection). **over'run 1.** *vtr* (**overran; overrun**) (*of invaders*) envahir (un pays); dévaser (un pays); (*of weeds*) envahir (un jardin); **house o. with mice,** maison infestée de souris **2.** *vtr & i* dépasser, aller au-delà de. **over'seas 1.** *adv* outre-mer; à l'étranger **2.** *a* d'outre-mer; étranger; (*of trade*) extérieur. **over'see** *vtr* (**oversaw; overseen**) surveiller (un atelier). **'overseer** *n* surveillant, -ante; *Ind:* contremaître *m*; chef *m* d'atelier. **over'shadow** *vtr* **1.** assombrir **2.** éclipser (qn); surpasser en éclat. **over'shoot** *vtr* (**overshot**) *Av: etc:* dépasser, aller plus loin que (le point d'arrêt); **to o. the mark,** dépasser le but. **'oversight** *n* oubli *m*, omission *f*; **through, by, an o.,** par erreur, par inadvertance. **over'simplify** *vtr* trop simplifier. **'oversize(d)** *a* trop grand. **over'sleep** *vi* (**overslept**) dormir trop longtemps, ne pas se réveiller à temps. **over'spend** *vi* (**overspent**) dépenser trop. **'overspill** *n* surplus de population; **o. town,** cité-satellite *f*. **over'staffed** *a* au personnel pléthorique. **over'state** *vtr* exagérer (les faits). **over'statement** *n* exagération *f*; récit exagéré. **over'stay** *vtr* dépasser (son congé); **to o. one's welcome,** abuser de l'hospitalité de son hôte, s'incruster. **over'step** *vtr* (**overstepped**) dépasser (les bornes); **don't o. the mark,** n'y allez pas trop fort. **'overstuffed** *a* rembourré, capitonné. **over-sub'scribed** *a* (*of course*) ayant trop d'inscrits. **over'take** *v* (**overtook; overtaken**) **1.** *vtr* (*a*) dépasser; doubler, dépasser (une voiture) (*b*) (*of catastrophe*) frapper (qn); **overtaken by,** surpris par **2.** *vi Aut* doubler, dépasser. **over'taking** *n Aut:* dépassement *m*; **no o.,** défense de doubler. **over-'tax** *vtr* (*a*) surimposer (le contribuable) (*b*) trop exiger de (qn); fatiguer (le cerveau); **to o. one's strength,** excéder ses forces. **over-the-'counter** *a* (vente) au comptant; (médicament) vendu sans ordonnance. **overthrow 1.** *vtr* [ouvə'θrou] (**overthrew;**

overthrown) défaire, vaincre (qn); *Pol:* renverser (un ministère); ruiner (les projets de qn) **2.** [ˈouvə-] renversement *m.* **ˈovertime 1.** *n Ind:* heures *f* supplémentaires **2.** *adv* **to work o.,** faire des heures supplémentaires. **ˈovertones** *npl Fig:* note *f,* nuance *f* (de tristesse, d'amertume).

overt [ouˈvəːt] *a* évident, manifeste. **oˈvertly** *adv* ouvertement.

overture [ˈouvətjuər] *n Mus: Fig:* ouverture *f.*

overturn [ouvəˈtəːn] **1.** *vtr* renverser; retourner (une voiture, un canot) **2.** *vi* (*of car, boat*) se retourner.

overweight [ˈouvəweit] *a* **to be o.,** (i) (*of parcel, etc*) peser trop (ii) (*of pers*) avoir des kilos en trop; (*of pers*) **to become o.,** prendre de l'embonpoint; engraisser; grossir; **I'm 10 pounds o.,** j'ai 5 kilos en trop.

overwhelm [ouvəˈwelm] *vtr* **1.** submerger **2.** (*a*) écraser (l'ennemi) (*b*) bouleverser (qn). **overˈwhelmed** *a* ravi (**by, with,** de); **o. with,** accablé de (chagrin, de travail, etc); submergé par (les offres); **o. by,** vivement touché par (la bonté de qn, etc). **overˈwhelming** *a* (*of heat, grief, etc*) accablant; (*of desire*) irrésistible; (*of impression*) dominant; **o. majority,** majorité écrasante; **of o. importance,** de toute première importance. **overˈwhelmingly** *adv* (*a*) **to vote o. (for),** voter en masse (pour); **to win o.,** gagner par une victoire écrasante (*b*) carrément.

overwork [ouvəˈwəːk] **1.** *n* surmenage *m.* **2.** *v* (*a*) *vtr* surmener; surcharger (qn) de travail (*b*) *vi* se surmener.

owe [ou] *vtr* **1. to o. s.o. sth, to o. sth to s.o.,** devoir qch à qn; **I still o. you for the petrol,** je vous dois encore l'essence **2. I o. my life to you,** je vous dois la vie; **to what do I o. this honour?** qu'est-ce qui me vaut cet honneur? **I o. you an apology,** je vous dois des excuses; **you o. it to yourself to do your best,** vous vous devez de faire de votre mieux. **ˈowing 1.** *a* dû, qu'on doit; **the money o. to me,** l'argent qui m'est dû **2.** *prep phr* **o. to,** à cause de, par suite de; **o. to a recent bereavement,** en raison d'un deuil récent.

owl [aul] *n Orn:* hibou *m;* **barn o.,** (chouette *f*) effraie *f;* **tawny o.,** chouette des bois. **ˈowlet** *n* jeune hibou. **ˈowlish** *a* de hibou.

own [oun] **I.** *vtr* **1.** posséder; **who owns this land?** qui est le propriétaire de, à qui appartient, cette terre? **I don't o. a car,** je n'ai pas de voiture **2.** (*a*) reconnaître; **dog that nobody will o.,** chien que personne ne réclame (*b*) avouer (qch); convenir de (qch); **I o. I was wrong,** j'admets que j'ai eu tort **3.** *vi* **to o. up to a mistake,** reconnaître, avouer, une erreur; **to o. up to sth,** faire l'aveu de qch; **to o. up,** faire des aveux; avouer. **II.** *a* (*a*) propre; **her o. money,** son propre argent; **I saw him with my o. eyes,** je l'ai vu de mes propres yeux; **I do my o. cooking,** je fais la cuisine moi-même (*b*) le mien, le tien, etc; à moi, à toi, etc; **the house is my o.,** la maison m'appartient. **III.** *n* **my o., his o., etc,** (*a*) le mien, le sien, etc; **I have money of my o.,** j'ai de l'argent à moi; **he has a copy of his o.,** il a son propre exemplaire; **for reasons of his o.,** pour des raisons qui lui sont personnelles; **to come into one's o.,** s'épanouir; *F:* **to get one's o. back,** prendre sa revanche; **he can hold his o.,** il sait se défendre (*b*) **to do sth on one's o.,** faire qch (i) de sa propre initiative (ii) indépendamment, tout seul; **I'm (all) on my o. today,** je suis tout seul aujourd'hui; **you're on your o. now!** défend-toi comme tu peux! **ˈowner** *n* propriétaire *mf;* possesseur *m;* patron, -onne (d'une maison de commerce); **who is the o. of this ball?** à qui appartient ce ballon? **joint owners,** copropriétaires *mpl;* *Aut:* **o.-driver,** conducteur *m* propriétaire; **o.-occupier,** propriétaire-occupant. **ˈownerless** *a* **o. dog,** chien sans maître. **ˈownership** *n* (droit *m* de) propriété *f;* possession *f;* **home o.,** accession *f* à la propriété; **public o.,** nationalisation *f.*

ox [ɔks] *n* (*pl* **oxen**) bœuf *m.* **ˈoxcart** *n* char *m* à bœufs. **ˈoxeye** *n* **o. daisy,** marguerite *f* des champs. **ˈoxtail** *n Cu:* queue *f* de bœuf. **ˈox-tongue** *n Cu:* langue *f* de bœuf.

OXFAM [ˈɔksfæm] *abbr Oxford Committee for Famine Relief.*

oxide [ˈɔksaid] *n Ch:* oxyde *m.* **oxidization** [ɔksidaiˈzeiʃ(ə)n] *n* oxydation *f.* **oxidize** [ˈɔksidaiz] *vtr & i* (s')oxyder.

Oxon [ˈɔksɔn] *abbr* **1.** *Geog: Oxfordshire* **2.** *Oxoniensis, of Oxford,* d'Oxford.

oxyacetylene [ɔksiəˈsetiliːn] *a* **o. torch,** chalumeau *m* oxyacétylénique.

oxygen [ˈɔksidʒən] *n Ch:* oxygène *m;* **o. bottle,** bouteille d'oxygène; *Med:* **o. mask, tent,** masque *m,* tente *f,* à oxygène.

oyster [ˈɔistər] *n* huître *f;* **pearl o.,** huître perlière; **o. bed,** huîtrière *f;* **o. breeding,** ostréiculture *f;* **o. farm,** parc à huîtres; clayère *f;* **o. shell,** écaille d'huître; **the world is his o.,** son ambition est sans limites.

oz *abbr Meas: ounce(s),* once(s).

ozone [ˈouzoun] *n Ch:* ozone *m.*

P

P, p [piː] *n* (*a*) (la lettre) P, p *m*; **to mind one's P's and Q's,** se surveiller (*b*) *F:* penny *m*; **a ten p (10p) stamp,** un timbre à dix pence.

p *abbr page.*

pa [pɑː] *n F:* papa *m*.

PA *abbr* (*a*) *personal assistant* (*b*) *public address* (*system*).

p.a. *abbr per annum.*

pace [peis] **1.** *n* (*a*) pas *m*; **ten paces off,** à dix pas de distance (*b*) pas, train *m*, allure *f*; **at a walking p.,** au pas; **at a good, smart, p.,** à vive allure; **at a slow p.,** au petit pas; **to put s.o. through his paces,** mettre qn à l'épreuve; *Sp:* **to set the p.,** donner le pas; mener le train; **to keep p. with,** (i) suivre (ii) (*in work, etc*) se maintenir à la hauteur de, marcher de pair avec (qn, qch) **2.** *vi* **to p. up and down,** faire les cent pas **3.** *vtr* (*a*) arpenter (une pièce); **to p. off a distance,** mesurer une distance au pas (*b*) *Sp:* entraîner (qn). **'pacemaker** *n Med:* stimulateur *m* cardiaque.

Pacific [pə'sifik] **1.** *a* (*of coast, etc*) pacifique **2.** *n* **the P.,** le Pacifique.

pacify ['pæsifai] *vtr* **(pacifies)** pacifier; apaiser, calmer. **'pacifier** *n NAm:* (*Br* = **dummy**) tétine *f*, sucette *f*. **'pacifism** *n* pacifisme *m*. **'pacifist** *a & n* pacifiste (*mf*).

pack [pæk] **I.** *v* **1.** *vtr* (*a*) emballer, empaqueter (qch); faire (sa valise); mettre (qch) dans sa valise (*b*) entasser, serrer (des voyageurs dans une voiture); **to p. into,** entasser dans; mettre dans; **to p. (down),** tasser (*c*) remplir, bourrer (**sth with sth,** qch de qch) **2.** *vi* (*a*) faire ses valises; *F:* **to send s.o. packing,** envoyer promener qn (*b*) (*of earth*) se tasser (*c*) (*of people*) **to p. into,** s'entasser dans. **II.** *n* (*a*) paquet *m*; ballot *m* (de colporteur); (*bale*) balle *f*; (*of animal*) charge *f*; sac *m* (à dos); **p. of lies,** tissu *m* de mensonges (*b*) meute *f*, bande *f* (de loups); bande (de voleurs); *Sp:* peloton *m*; **p. (of hounds),** meute; *Rugby Fb:* **the p.,** le pack (*c*) jeu *m* (de cartes) (*d*) *Med:* enveloppement *m* (froid, humide). **'package 1.** *n* paquet, colis *m*; **p. deal,** contrat global, train *m* de propositions; **p. tour,** voyage organisé **2.** *vtr* emballer, empaqueter (des marchandises). **'packaging** *n* emballage *m*. **pack a'way** *vtr* ranger. **packed** *a* (train) bondé, bourré; (cinéma) bourré; (salle) comble; **p. lunch,** panier-repas *m*; sandwiches *mpl*; *F:* **p. out,** bourré. **'packer** *n* emballeur, -euse. **'packet** *n* paquet; sachet *m*, paquet (de bonbons); *F:* **that'll cost a p.,** ça va coûter les yeux de la tête. **'packhorse** *n* cheval *m* de somme. **pack 'in 1.** *vtr F:* laisser tomber **2.** *vi F:* (*of machine*) tomber en panne, en rade. **'packing** *n* (*a*) emballage *m*, empaquetage *m*; **to do one's p.,** faire sa valise; **p. case,** caisse d'emballage (*b*) (*material*) emballage. **pack 'off** *vtr* envoyer (qn); **his father packed him off to America,** son père l'a expédié en Amérique. **pack 'up 1.** *vtr* emballer (ses affaires); faire (sa valise); mettre (ses affaires) dans sa valise; *F:* laisser tomber **2.** *vi F:* (*of machine*) tomber en panne, en rade; (*of pers*) s'arrêter; plier bagage; **the telly has packed up,** la télé ne marche plus.

pact [pækt] *n* pacte *m*, convention *f*.

pad [pæd] **1.** *n* (*a*) bourrelet *m*, coussinet *m*; *Sp:* jambière *f*; (*on knee*) genouillère *f* (*b*) tampon *m*; **ink(ing) p.,** tampon encreur (*c*) bloc *m* (de papier); (*for notes*) bloc-notes *m* (*d*) patte *f* (de renard, de lièvre); pulpe *f* (du doigt); **launch(ing) p.,** rampe *f* de lancement (d'une fusée) **2.** *vtr* **(padded)** rembourrer, matelasser; capitonner (un meuble); **to p. out a speech,** délayer un discours; **padded cell,** cabanon *m*. **'padding** *n* (*a*) remplissage *m*, rembourrage *m*; **p. (out),** délayage *m* (d'un discours) (*b*) rembourrage; ouate *f*, bourre *f*.

paddle ['pædl] **1.** *n* pagaie *f*; **p. boat, steamer,** bateau à roues **2.** *v* (*a*) *vtr & i* **to p. (a canoe),** pagayer (*b*) *vi* barboter, patauger (dans l'eau, la boue); se mouiller les pieds; **paddling pool,** piscine *f* de jardin.

paddock ['pædək] *n* enclos *m* (pour chevaux); *Turf:* pesage *m*, paddock *m*.

paddy ['pædi] *n* **p. (field),** rizière *f*.

padlock ['pædlɔk] **1.** *n* cadenas *m*; (*on bicycle, etc*) antivol *m* **2.** *vtr* cadenasser.

p(a)ediatrician [piːdiə'triʃn] *n Med:* pédiatre *mf*.

pagan ['peigən] *a & n* païen, -ïenne. **'paganism** *n* paganisme *m*.

page¹ [peidʒ] **1.** *n* **p. (boy),** page *m*; (*in hotel*) groom *m*; chasseur *m* **2.** *vtr* faire appeler (qn).

page² *n* page *f*; **on p. 6,** à la page 6; **continued on p. 6,** suite page 6.

pageant ['pædʒənt] *n* grand spectacle historique. **'pageantry** *n* pompe *f*, apparat *m*.

pagoda [pə'goudə] *n* pagode *f*.

paid [peid] *see* **pay 1**; *a* (*of assassin, etc*) à gages; **to put p. to,** anéantir (des projets, un espoir); couler (qn).

pail [peil] *n* seau *m*.

pain [pein] **1.** *n* douleur *f*; souffrance *f*; (*mental*) peine *f*; *pl* efforts *mpl*; **to be in (great) p.,** souffrir (beaucoup); **to give, cause, s.o. p.,** faire mal à qn; **I've got a p. in my arm,** j'ai mal, j'ai une douleur, au bras; **shooting pains,** élancements *mpl*; *F:* **he's a p. (in the neck),** il est casse-pieds; **to go to, take, (great) pains, to be at pains, to do sth,** se donner du mal à faire qch; **to go to, take, (great) pains not to do,** prendre bien soin de ne pas faire; **on p. of death,** sous peine de mort **2.** *vtr* peiner. **pained** *a* (air) peiné. **'painful** *a* douloureux; (*of spectacle, effort*) pénible; *F:* affreux; **my hand is p.,** j'ai mal à la main, la main me fait mal. **'painfully** *adv* douloureusement; péniblement. **'painkiller** *n* analgésique *m*, calmant *m*. **'painless** *a* sans douleur; indolore; *F:* facile. **'painlessly** *adv* sans douleur. **'painstak-**

ing *a* soigneux, assidu; (élève) appliqué; (travail) soigné.

paint [peint] **1.** *n* peinture *f*; *pl* (*in box, tube*) couleurs *fpl*; *PN* **wet p.!** attention à la peinture! **2.** *v* (*a*) *vtr & i* peindre; (*in words*) dépeindre; *Th:* brosser (les décors); **to p. blue,** peindre en bleu; *F:* **to p. the town red,** faire la noce (*b*) *vi* peindre. **'paintbrush** *n* (*pl* **-brushes**) pinceau *m*. **'painter¹** *n* (*artist*) peintre *m*; (**house**) **p.,** peintre en bâtiment; peintre décorateur. **'painting** *n* (*a*) peinture *f* (de tableaux, de maisons) (*b*) (*picture*) tableau *m*, peinture. **'paintwork** *n* peinture(s) *f*(*pl*).

painter² *n Nau:* amarre *f*.

pair [pɛər] **1.** *n* (*a*) paire *f*; **p. of scissors,** paire de ciseaux; **a p. of trousers,** un pantalon; **these two pictures are a p.,** ces deux tableaux se font pendant; **in pairs,** (deux) par deux *F:* **the p. of you,** vous deux (*b*) (*man and woman*) couple *m* **2.** *vtr* appareiller, assortir (des gants); accoupler (des oiseaux). **pair 'off 1.** *vi* (*of people*) former un couple **2.** *vtr* marier.

pajamas [pə'dʒæməz] *npl NAm:* (*Br* = **pyjamas**) pyjama *m*.

Pakistan [pɑːki'stɑːn, pæk-] *Prn Geog:* Pakistan *m*. **Paki'stani** *a & n* pakistanais, -aise.

pal [pæl] **1.** *n F:* copain *m*, copine *f* **2.** *vi* (**palled**) **to p. up,** devenir copains; **to p. up with,** devenir copain avec.

palace ['pæləs] *n* palais *m*.

palate ['pælət] *n Anat:* palais *m*. **'palatable** *a* agréable au palais, au goût.

palatial [pə'leiʃl] *a* comme un palais.

palaver [pə'lɑːvər] *n F:* palabre(s) *f*(*pl*); **what a p.!** quelle histoire!

pale [peil] **1.** *a* (*a*) pâle, blême; **deadly p.,** pâle comme la mort; **to turn p.,** pâlir (*b*) (*of colour*) clair; (*of moonlight*) blafard **2.** *vi* pâlir; blêmir. **'paleness** *n* pâleur *f*.

Palestine ['pæləstain] *Prn Geog:* Palestine *f*. **Pales'tinian** *a & n* palestinien, -ienne.

palette ['pælit] *n Art:* palette *f*.

paling ['peiliŋ] *n* palissade *f*.

palisade [pæli'seid] *n* palissade *f*.

pall [pɔːl] **1.** *n* (*a*) *Ecc:* drap *m* mortuaire (*b*) manteau *m* (de neige); voile *m* (de fumée) **2.** *vi* devenir insipide, ennuyeux; **it never palls on you,** on ne s'en dégoûte jamais. **'pallbearer** *n* personne *f* qui aide à porter un cercueil.

palliate ['pælieit] *vtr* pallier (une faute); atténuer (un vice). **'palliative** *a & n* palliatif (*m*).

pallid ['pælid] *a* pâle, décoloré; (*of light*) blafard; (*of face*) blême. **'pallor** *n* pâleur *f*.

pally ['pæli] *a* copain, copine (**with,** avec).

palm¹ [pɑːm] *n* (*a*) **p.** (**tree**), palmier *m*; **p.** (**leaf**), palme *f*; **p. grove,** palmeraie *f*; *Ecc:* **P. Sunday,** le dimanche des Rameaux, les Rameaux (*b*) (*branch*) palme *f*.

palm² 1. *n* paume *f* (de la main); *F:* **to grease s.o.'s p.,** graisser la patte à qn; *F:* **to have s.o. in the p. of one's hand,** avoir qn sous sa coupe **2.** *vtr* escamoter (une carte). **'palmist** *n* chiromancien, -ienne. **'palmistry** *n* chiromancie *f*. **palm 'off** *vtr* refiler, coller (qch) (**on,** à); **to p. s.o. off on s.o.,** coller qn à qn.

palpable ['pælpəbl] *a* palpable; que l'on peut toucher; (mensonge) manifeste. **'palpably** *adv* manifestement.

palpitate ['pælpiteit] *vi* palpiter. **palpi'tation** *n* palpitation *f*.

paltry ['pɔːltri] *a* (**-ier, -iest**) misérable, dérisoire.

pamper ['pæmpər] *vtr* choyer, dorloter.

pamphlet ['pæmflit] *n* brochure *f*.

pan [pæn] **1.** *n* (*a*) *Cu:* casserole *f*; **frying p.,** poêle *f* (à frire); **baking p., roasting p.,** plat *m* à rôtir; **pots and pans,** batterie *f* de cuisine (*b*) plateau *m* (d'une balance); cuvette *f* (de WC) **2.** *v* (**panned**) (*a*) *vtr & i Cin:* panoramiquer (*b*) *vtr* décrier, éreinter (qn). **'pancake** *n* crêpe *f*; **p. day,** mardi gras. **pan 'out** *vi* réussir, aboutir; **things did not p. out as he intended,** les choses ne se sont pas passées comme il l'aurait voulu.

panacea [pænə'siːə] *n* panacée *f*.

panache [pə'næʃ] *n* panache *m*.

panchromatic [pænkrou'mætik] *a Phot:* panchromatique.

pancreas ['pæŋkriəs] *n Anat:* pancréas *m*.

panda ['pændə] *n Z:* panda *m*; **P. car** = voiture *f* pie *inv* (de la police).

pandemonium [pændi'mouniəm] *n* chaos *m*; tumulte *m*.

pander ['pændər] *vi* **to p. to,** sacrifier à (la mode, etc); **to p. to s.o., to s.o.'s desires,** se plier au désirs de qn.

pane [pein] *n* vitre *f*, carreau *m*.

panel ['pænl] **1.** *n* (*a*) panneau *m* (de porte); caisson *m* (de plafond); *Aut: Av:* (**instrument**) **p.,** tableau *m* de bord; *Elcs: Cmptr:* (**control**) **p.,** console *f* (*b*) tableau, liste *f*; *Jur: TV: Sch: etc:* jury *m*; **a p. of guests,** des invités; *WTel: TV:* **p. game,** jeu *m* par équipes **2.** *vtr* (**panelled**) recouvrir (une cloison) de panneaux; lambrisser. **'panelling,** *NAm:* **paneling** *n* lambris *m*; boiserie *f*; **oak p.,** panneaux *mpl* de chêne. **'panellist** *n WTel: TV:* invité -ée; expert *m*; candidat, -ate.

pangs [pæŋz] *npl* **the p. of conscience,** remords *mpl* (de conscience); **the p. of death,** les affres *f* de la mort; **p. of jealousy,** tourments *mpl* de la jalousie; **p. of hunger,** tiraillements *mpl* d'estomac.

panic ['pænik] **1.** *n* panique *f*; affolement *m*; **in a p.,** pris de panique; **to get into a p.,** paniquer **2.** *vi* (**panicked**) s'affoler, paniquer. **'panicky** *a F:* qui s'affole facilement. **'panic-stricken** *a* pris de panique; affolé.

panorama [pænə'rɑːmə] *n* panorama *m*. **panoramic** [-'ræm-] *a* panoramique.

pansy ['pænzi] *n* (*pl* **pansies**) (*a*) *Bot:* pensée *f* (*b*) *F:* homosexuel *m*, tante *f*.

pant [pænt] *vi* haleter; **to p. for breath,** chercher à reprendre haleine. **'panting** *n* essoufflement *m*.

panther ['pænθər] *n Z:* panthère *f*.

pantie ['pænti] *n Cl:* (**pair of**) **panties,** slip *m* (de femme); **p. girdle,** gaine-culotte *f*.

pantomime ['pæntəmaim] *n* (*dumb show*) pantomime *f*; *Th:* spectacle *m* de Noël.

pantry ['pæntri] *n* (*pl* **pantries**) garde-manger *m inv*; **butler's p.,** office *m or f*.

pants [pænts] *npl Cl:* (**pair of**) **p.,** (*underwear*) caleçon *m*; slip *m* (d'homme, de femme, d'enfant); *esp NAm:* (*Br* = **trousers**) pantalon *m*; *F:* **a kick in the p.,** un coup de pied au cul.

pantyhose ['pæntihouz] *n NAm:* (*Br* = **tights**) collant(s) *m(pl)*.

papacy ['peipəsi] *n* papauté *f*. **'papal** *a* papal.

paper ['peipər] **1.** *n* (*a*) papier *m*; **brown p.**, papier d'emballage; **cigarette p.**, papier à cigarettes; **carbon p.**, papier carbone; **a sheet, a piece, of p.**, une feuille, un morceau, de papier; **to put sth down on p.**, mettre qch par écrit; **it's a good scheme on p.**, c'est un bon projet en théorie; **the p. industry**, l'industrie papetière; **p. mill**, papeterie *f*; **p. clip**, trombone *m*; **p. knife**, coupe-papier *m inv*; **p. shop**, marchand *m* de journaux (*b*) (morceau de) papier; document *m*, pièce *f*; **old papers**, paperasse(s) *f(pl)*; **identity papers**, papiers d'identité; **voting p.**, bulletin *m* de vote; *Sch:* **examination p.**, épreuve écrite; copie *f*; **to correct papers**, corriger l'écrit (*c*) journal *m*; **weekly p.**, hebdomadaire *m* (*d*) étude *f*, mémoire *m* (sur un sujet scientifique, savant); communication *f*, exposé *m* (à une société savante) **2.** *a* (sac) en papier; (assiette, verre) en carton; (profit) fictif; **p. money**, papier-monnaie *m* **3.** *vtr* tapisser (une chambre); *Fig:* **to p. over the cracks**, cacher les défauts. **'paperback** *n* livre *m* de poche. **'paperboy** *n* livreur *m* de journaux. **'paperweight** *n* presse-papiers *m inv*. **'paperwork** *n Com:* écritures *fpl*; *Pej:* paperasserie(s) *f*(pl).

paprika ['pæprikə] *n Cu:* paprika *m*.

par [pɑːr] *n* pair *m*, égalité *f*; **to be on a p. with**, être au même niveau que; *F:* **to feel below p.**, ne pas être en forme.

parable ['pærəbl] *n* parabole *f*.

parachute ['pærəʃuːt] **1.** *n* parachute *m*; **to drop sth by p.**, parachuter qch; **p. jump**, saut en parachute; **p. drop**, parachutage *m*; **p. regiment**, régiment de parachutistes **2.** *v* (*a*) *vtr* parachuter (*b*) *vi* **to p. (down)**, descendre en parachute. **'parachutist** *n* parachutiste *mf*.

parade [pə'reid] **1.** *n* (*a*) procession *f*, défilé *m*; parade *f*; *Mil:* rassemblement *m*; exercice *m*; **on p.**, à l'exercice; **to make a p. of**, faire étalage de; **p. ground**, terrain de manœuvres; **fashion p.**, défilé de mode, de mannequins (*b*) avenue *f* **2.** *v* (*a*) *vtr* faire étalage de (ses richesses); *Mil:* faire l'inspection (des troupes) (*b*) *vi* défiler.

paradise ['pærədais] *n* paradis *m*; **bird of p.**, paradisier *m*, oiseau *m* de paradis.

paradox ['pærədɔks] *n* (*pl* **paradoxes**) paradoxe *m*. **para'doxical** *a* paradoxal. **para'doxically** *adv* paradoxalement.

paraffin ['pærəfin] *n* pétrole (lampant); *NAm:* (*wax*) paraffine *f*; *Pharm:* **liquid p.**, huile *f* de paraffine; **p. stove**, poêle à pétrole.

paragon ['pærəgən] *n* modèle *m* (de vertu).

paragraph ['pærəgrɑːf, -græf] *n* (*a*) paragraphe *m*, alinéa *m*; (*when dictating*) **new p.**, à la ligne (*b*) *Journ:* entrefilet *m*.

parakeet [pærə'kiːt] *n Orn:* perruche *f*.

parallel ['pærəlel] **1.** *a* parallèle (**with, to**, à); *Fig:* semblable; (cas) analogue (**to, with**, à); **to run p. to, with**, être parallèle à **2.** *n* (*a*) *Mth:* parallèle *f* (*b*) *Geog:* parallèle *m* (de latitude) (*c*) parallèle *m*, comparaison *f*; **to draw a p.**, établir un parallèle (entre deux choses) **3.** *vtr* être semblable à. **para'llelogram** *n* parallélogramme *m*.

paralyse, *NAm:* **paralyze** ['pærəlaiz] *vtr* paralyser; **paralysed in one leg**, paralysé d'une jambe; **paralysed with fear**, paralysé par la peur. **'paralysing** *a* paralysant. **pa'ralysis** *n Med:* paralysie *f*. **para'lytic** *a & n* paralytique (*mf*); *P:* ivre mort.

parameter [pə'ræmitər] *n* paramètre *m*.

paramilitary [pærə'militri] *a* paramilitaire.

paramount ['pærəmaunt] *a* éminent, souverain; suprême; **of p. importance**, de la plus haute importance.

paranoia [pærə'nɔiə] *n Med:* paranoïa *f*. **para'noiac** *a* paranoïaque. **'paranoid** *a & n* paranoïaque (*mf*).

parapet ['pærəpit] *n* parapet *m*; garde-fou *m*.

paraphernalia [pærəfə'neiliə] *npl* (*a*) effets *mpl*; affaires *fpl* (*b*) attirail *m*, appareil *m* (de pêche, de sport).

paraphrase ['pærəfreiz] **1.** *n* paraphrase *f* **2.** *vtr* paraphraser.

paraplegic [pærə'pliːdʒik] *a & n Med:* paraplégique (*mf*).

parasite ['pærəsait] *n* parasite *m*. **parasitic** [pærə'sitik] *a* parasite (**on**, de).

parasol ['pærəsɔl] *n* ombrelle *f*; parasol *m*.

paratrooper ['pærətruːpər] *n* parachutiste *m*. **'paratroops** *npl* parachutistes.

parboil ['pɑːbɔil] *vtr Cu:* faire blanchir.

parcel ['pɑːsl] **1.** *n* paquet *m*, colis *m*; **parcels office**, bureau *m* de(s) messageries; **p. post**, service des colis postaux **2.** *vtr* (**parcelled**, *NAm:* **-l-**) **to p. up**, empaqueter, faire un paquet de. **parcel 'out** *vtr* partager; lotir (des terres).

parch [pɑːtʃ] *vtr* rôtir, griller (des céréales); **grass parched by the wind**, herbe desséchée par le vent; **to be parched (with thirst)**, être assoiffé; **to make parched**, donner très soif à.

parchment ['pɑːtʃmənt] *n* parchemin *m*.

pardon ['pɑːdn] **1.** *n* pardon *m*; *Ecc:* indulgence *f*; **I beg your p.!** (i) je vous demande pardon! (ii) (*asking s.o. to repeat sth*) (*also* **p.**) comment? que dites-vous? **p. (me)!** pardon! *Jur:* **(free) p.**, grâce *f*; **general p.**, amnistie *f* **2.** *vtr* pardonner (qch à qn); pardonner à (qn); *Jur:* gracier, amnistier (qn). **'pardonable** *a* pardonnable, excusable.

pare [peər] *vtr* rogner (ses ongles); éplucher (un légume); **to p. down**, réduire, rogner. **'parings** *npl* rognures *fpl* (d'ongles); épluchures *fpl* (de fruits).

parent ['peərənt] *n* père *m*, mère *f*; *pl* parents *mpl*; **p. firm, company**, maison *f* mère. **'parentage** *n* origine *f*. **pa'rental** *a* (autorité) des parents; (pouvoir) parental. **'parenthood** *n* paternité *f*, maternité *f*.

parenthesis [pə'renθəsis] *n* (*pl* **parentheses** [-'siːz]) parenthèse *f*; **in parentheses**, entre parenthèses.

Paris ['pæris] *Prn Geog:* Paris *m*. **Parisian** [pə'riziən, *NAm:* pə'riːʒən] *a & n* parisien, -ienne.

parish ['pæriʃ] *n Ecc:* paroisse *f*; *Adm:* commune *f*; **p. church**, église paroissiale; **p. priest**, curé *m*; **p. council**, conseil municipal. **pa'rishioner** *n* paroissien, -ienne.

parity ['pæriti] *n* égalité *f*; parité *f* (de rang, de valeur).

park [pɑːk] **1.** *n* parc (clôturé); **(public) p.**, jardin public; **national p.**, parc national; **p. keeper**, gardien de parc **2.** *v* (*a*) *vtr* garer, parquer (sa voiture) (*b*) *vi* se garer; stationner. **'parking** *n* stationnement *m* (d'une voiture); *PN:* **no p.**, défense de stationner: stationnement interdit; **p. place**, endroit *m* pour se garer; **p. meter**, parcmètre *m*; *NAm:* **p. lot** (*Br* = **carpark**), parking *m*; **p. ticket** contravention f.

parka ['pɑːkə] *n Cl:* parka *m*.

parkway ['pɑːkwei] *n NAm:* avenue *f*.

parliament ['pɑːləmənt] *n* parlement *m*; **Member of P.**, membre du Parlement; **(the Houses of) P.**, (le) Parlement; **in p.**, au parlement. **parlia'men'tarian** *n* parlementaire *mf* (expérimenté(e)). **parlia'mentary** *a* parlementaire; **p. election**, élection législative.

parlour, *NAm:* **parlor** ['pɑːlər] *n* (petit) salon *m*; **p. games**, jeux de société; **beauty p.**, salon de beauté; *NAm:* **ice-cream p.**, salon de glaces.

parochial [pə'roukiəl] *a Ecc:* paroissial; *Pej:* (*of pers*) provincial, borné; (esprit) de clocher.

parody ['pærədi] **1.** *n* (*pl* **parodies**) parodie *f*, pastiche *m* **2.** *vtr* **(parodied)** parodier, pasticher.

parole [pə'roul] **1.** *n* **prisoner on p.**, prisonnier (i) *Mil:* sur parole (ii) *Jur:* en liberté conditionnelle **2.** *vtr* mettre (un prisonnier) (i) sur parole (ii) en liberté conditionnelle.

paroxysm ['pærəksizm] *n* paroxysme *m*; crise *f* (de fou rire).

parquet ['pɑːkei] *n* **p. (floor)**, parquet *m*; **p. flooring**, parquetage *m*.

parrot ['pærət] *n Orn.* perroquet *m*; **p. fashion**, comme un perroquet.

parry ['pæri] **1.** *vtr* **(parried)** parer, détourner (un coup); éluder (une question) **2.** *n Sp:* parade *f*.

parsimony ['pɑːsiməni] *n* parcimonie *f*. **parsi'monious** *a* parcimonieux. **parsi'moniously** *adv* parcimonieusement.

parsley ['pɑːsli] *n Bot:* persil *m*; *Cu:* **p. sauce**, sauce persillée, au persil.

parsnip ['pɑːsnip] *n Cu: Hort:* panais *m*.

parson ['pɑːsn] *n Ecc:* titulaire *m* d'un bénéfice (de l'église anglicane); ecclésiastique *m*; pasteur *m*; (*on chicken*) **p.'s nose**, croupion *m*. **'parsonage** *n* = presbytère *m*; cure *f*.

part [pɑːt] **I.** *n* (*a*) partie *f*; **good in parts**, bon en partie; **the funny p. is that**, le comique, c'est que; **to be (a), form, p. of sth**, faire partie de qch; **it's p. and parcel of**, ça fait partie intégrante de; **for the most p.**, dans l'ensemble; **ten parts (of) water to one of milk**, dix mesures d'eau pour une mesure de lait; **in that p. of the world, in those parts**, dans cette région; **what are you doing in these parts?** que fais-tu dans ces parages? **in my p. of the world**, chez moi; **p. owner**, copropriétaire *mf*; **p. payment**, paiement partiel (*b*) (*of periodical*) livraison *f*; (*of serial*) épisode *m* (*c*) pièce *f* (d'une machine, d'un moteur); **spare parts**, pièces de rechange, pièces détachées; **parts of speech**, parties du discours; **principal parts**, temps principaux (d'un verbe) (*d*) part *f*; **to take p. in sth**, prendre part, participer, à qch (*e*) *Th:* rôle *m*; **to play one's p.**, remplir son rôle; **orchestral parts**, parties d'orchestre; **p. song**, chanson à plusieurs voix (*f*) *NAm:* (*Br* = **parting**) (*of hair*) raie *f* (*g*) parti *m*; **to take s.o.'s p.**, prendre parti pour qn; **an indiscretion on the p. of s.o.**, une indiscrétion de la part de qn; **for my p.**, quant à moi, pour ma part; **to take sth in good p.**, prendre qch en bonne part, du bon côté; **man of (many) parts**, homme à facettes. **II.** *adv* **p. eaten**, mangé en partie; **p. American**, en partie américain. **III.** *v* **1.** *vtr* (*a*) séparer (**from**, de); diviser; **to p. one's hair**, se faire une raie; **to p. one's hair in the middle**, porter la raie au milieu (*b*) rompre (une amarre) **2.** *vi* (*a*) se diviser; (*of two people*) se quitter; (*of married couple*) se séparer; (*of roads*) diverger; **to p. from s.o.**, quitter, se séparer de, qn; **to p. with sth**, se séparer de qch; **to p. with one's money**, débourser. **'parting** *n* séparation *f*; (*of waters*) partage *m*; (*of hair*) raie *f*; **the p. of the ways**, la croisée des chemins; **p. kiss**, baiser d'adieu; **p. shot**, riposte (lancée en partant). **'partly** *adv* en partie; **p. English p. French**, moitié anglais moitié français. **part-'time** *a & adv* à mi-temps; à temps partiel.

partake [pɑː'teik] *vi* **(partook, partaken) to p. in**, participer à; **to p. of**, prendre, manger (un repas, etc).

partial ['pɑːʃl] *a* (*a*) partial; injuste; **to be p. to sth**, avoir un faible pour qch; **I'm p. to a pipe**, je fume volontiers une pipe (*b*) partiel; en partie. **parti'ality** *n* partialité *f* (**for, to**, pour, envers); prédilection *f*; penchant *m* (pour la boisson). **'partially** *adv* (*a*) avec partialité (*b*) partiellement; en partie.

participate [pɑː'tisipeit] *vi* **to p. in sth**, prendre part, participer, s'associer, à qch. **par'ticipant** *n* participant, -ante. **partici'pation** *n* participation *f* (**in**, à).

participle ['pɑːtisipl] *n Gram:* participe *m*.

particle ['pɑːtikl] *n* particule *f*; parcelle *f* (d'or); grain *m* (de sable, de bons sens, de vérité).

particular [pə'tikjulər] **1.** *a* (*a*) particulier; spécial; (objet) déterminé; **that p. book**, ce livre-là en particulier; **my own p. feelings**, mes propres sentiments, mes sentiments personnels; **to take p. care over doing sth**, faire qch avec un soin particulier; **for no p. reason**, sans raison précise; **in p.**, en particulier; notamment (*b*) (*of pers*) méticuleux, minutieux; pointilleux; **to be p. about**, faire très attention à; **to be p. about one's food**, être difficile sur la nourriture; **to be p. about one's clothes**, soigner sa mise; **I'm not p. (about it)**, je n'y tiens pas tellement **2.** *n* détail *m*; particularité *f*; **alike in every p.**, semblables en tout point; **for further particulars apply to . . .**, pour plus de renseignements, s'adresser à . . .; **s.o.'s particulars**, le nom et l'adresse de qn; le signalement de qn. **particu'larity** *n* (*pl* **-ies**) particularité *f*. **par'ticularly** *adv* particulièrement; spécialement, en particulier.

partisan [pɑːti'zæn, *NAm:* 'pɑːtizən] *n* partisan, -ane.

partition [pɑː'tiʃn] **1.** *n* (*a*) *Pol:* partition *f*; partage *m* (d'un pays); morcellement *m* (d'une terre) (*b*) cloison *f*; **glass p.**, vitrage *m* (*c*) compartiment *m* (de cale) **2.** *vtr Pol:* partager (un pays); morceler (une terre); **to p. off a room**, cloisonner une pièce.

partner ['pɑːtnər] *n* associé, -ée; (*lover*) & *Sp: Pol:* partenaire *mf*; (*of racing driver, etc*) coéquipier, -ière; **(dancing) p.**, cavalier, -ière; **sleeping p.**, (associé) commanditaire *m*. **'partnership** *n* association *f*; *Com:* société *f*; **in p. with**, en association avec; **to go into p. with s.o.**, s'associer avec qn; **to take s.o. into**

p., prendre qn comme associé(e); **limited p.**, (société en) commandite *f*.

partridge ['pɑːtridʒ] *n* perdrix *f*; *Cu:* perdreau *m*.

party ['pɑːti] *n* (*pl* **parties**) (*a*) parti *m* (politique); **to follow the p. line,** obéir à la ligne du parti; **p. politics,** politique de parti (*b*) réception *f*; soirée *f*; (*informal*) surprise-partie *f*; (*for birthday*) fête *f*; **private p.**, réunion *f* intime; **dinner p.**, dîner *m*; **tea p.**, thé *m*; (*of child*) **p. dress,** belle robe; **to give a p.**, recevoir; donner une réception, une soirée; **will you join our p.?** voulez-vous être des nôtres? (*c*) bande *f*, groupe *m* (de touristes); équipe *f* (de secours); *Mil:* détachement *m*; **p. ticket,** billet collectif (*d*) *Jur:* partie *f*; *Tp:* correspondant, -ante; **a third p.**, un tiers, une tierce personne; **third p. insurance,** assurance au tiers; **innocent p.**, innocent, -ente; **to be (a) p. to a crime,** être complice d'un crime; **p. wall,** mur mitoyen; *Tp:* **p. line,** ligne partagée.

pass [pɑːs] **I.** *v* **(passes) 1.** *vi* (*a*) passer; (*move out of sight*) disparaître; *Aut:* dépasser, doubler; **they passed into the dining room,** ils sont passés dans la salle à manger; **words passed between them,** il y a eu un échange d'injures; **to p. along a street,** passer par une rue; **to p. by,** passer (à côté); **everyone smiles as he passes (by),** chacun sourit sur son passage; **the procession passed (by) slowly,** le cortège défila lentement; **to let s.o. p.**, laisser passer qn; (*of time*) **to p. (by),** passer; s'écouler; **when five minutes had passed,** au bout de cinq minutes; **I don't know what passed between them,** j'ignore ce qui s'est passé entre eux (*b*) *Sch* (*in exam*) être reçu (**in French,** en français); **that'll p.**, ca ira; **he can p. for thirty,** on lui donnerait trente ans **2.** *vtr* (*a*) **to p. (by),** passer devant, près de (qn, qch); **to p. (by) s.o. on the stairs,** croiser qn dans l'escalier (*b*) passer, franchir (la frontière); dépasser, doubler (une autre voiture) (*c*) dépasser (le but); outrepasser (les bornes de qch) (*d*) être reçu à, réussir (un examen) (*e*) *Sch:* recevoir (un candidat) (*f*) autoriser; *Parl:* voter, adopter (un projet de loi) (*g*) transmettre, donner; refiler, écouler (un faux billet de banque); **p. me the salt,** passe-moi le sel; **to p. round,** distribuer; **to p. round the cakes,** faire passer, faire circuler, les gâteaux; *Fb: Games:* **to p. the ball,** passer le ballon; faire une passe; **to p. the time,** passer le temps; **it passes the time,** cela fait passer le temps; **to p. water,** uriner (*h*) faire (des observations) (**on,** sur); **to p. sentence,** prononcer le jugement (**on,** sur). **II.** *n* (*pl* **passes**) (*a*) col *m* (de montagne) (*b*) **things have come to a pretty p.!** voilà où en sont les choses! **things have come to such a p. that,** les choses en sont venues à (un) tel point que (*c*) *Sch:* (*in exam*) mention *f* passable (**in French,** en français); **to get, obtain, a p.**, être reçu; **p. mark,** moyenne *f*, barre *f* d'admissibilité (*d*) permis *m*, laissez-passer *m inv*; carte *f* d'abonnement; **(free) p.**, *Rail: Trans:* carte *f* de circulation; *Th:* billet de faveur (*e*) *Fb: Games:* passe *f*; *F:* **to make a p. at s.o.**, faire des avances (amoureuses) à qn. **'passable** *a* (*a*) (rivière) franchissable; (route) praticable (*b*) passable; assez bon. **'passably** *adv* passablement; assez. **passage** ['pæsidʒ] *n* (*a*) passage *m*; *Nau:* traversée *f*, passage; (*of time*) écoulement *m* (*b*) adoption *f* (d'un projet de loi) (*c*) corridor *m*, couloir *m* (*d*) passage (d'un texte). **'passageway** *n* passage; couloir *m*. **pass a'way** *vi* (*of memory*) disparaître; (*of pers*) mourir. **'passbook** *n* livret *m* de caisse d'épargne. **'passenger** *n* (*a*) (*on train*) voyageur, -euse; (*on ship, aircraft*) passager, -ère; **p. train,** train de voyageurs; *Aut:* **p. seat,** siège à côté du conducteur (*b*) *Pej:* non-valeur *f*; poids mort. **passer-'by** *n* (*pl* **passers-by**) passant, -ante. **pass 'for** *vtr* passer pour. **'passing 1.** *a* (*a*) passing; qui passe; (remarque) en passant (*b*) passager; éphémère; (désir) fugitif **2.** *n* (*a*) passage (d'un train, etc); écoulement *m* (du temps); (*overtaking*) dépassement *m* (d'une voiture); (*on road*) **p. place,** garage *m*; **in p.**, en passant; à propos (*b*) disparition *f*, mort *f* (de qn). **'passkey** *n* passe-partout *m inv*. **pass 'off 1.** *vi* (*of pain*) disparaître; **everything passed o. well,** tout s'est bien passé **2.** *vtr* repasser (qch) (**on s.o.,** à qn); faire passer (qch) (**as sth,** pour qch); **to p. oneself o. as s.o., sth,** se faire passer pour qn, qch. **pass 'on 1.** *vi* (*a*) continuer son chemin; passer (**to another subject,** à un nouveau sujet) (*b*) mourir **2.** *vtr* remettre, faire circuler (qch); (faire) passer (qch); transmettre (un message, un titre, une maladie. **pass 'out** *vi* (*a*) *Sch:* sortir (après l'examen final) (*b*) (*to faint*) s'évanouir. **pass 'over** *vtr* passer sur, oublier; (*for promotion*) **to p. o. s.o.**, donner la préférence à qn d'autre. **'Passover** *n Jew Rel:* Pâque *f*. **'passport** *n* passeport *m*; *Fig:* passe-partout. **pass 'through** *vtr* traverser (un pays, une crise); **I'm just passing through (Paris),** je ne suis que de passage (à Paris). **pass 'up** *vtr* laisser passer (une occasion). **'password** *n* mot *m* de passe. **past 1.** *a* passé; ancien; **p. president,** président sortant; ancien président; **he's a p. master at (doing) it,** il est expert en la matière; **the p. week,** la semaine dernière, passée; **for some time p.**, depuis quelque temps; **that's all p.**, c'est du passé; *Gram:* **in the p. tense,** au passé **2.** *n* passé *m*; **in the p.**, autrefois; dans le temps; *Gram:* au passé; **to be a thing of the p.**, ne plus exister **3.** *prep* (*a*) au-delà de; **a little p. the bridge,** un peu plus loin que le pont; **just p. the corner,** juste après le coin; **to walk p. the house,** passer devant la maison (*b*) plus de; **it's p. four (o'clock),** il est quatre heures passées, il est plus de quatre heures; **half, quarter, p. four,** quatre heures et demie, et quart; **ten (minutes) p. four,** quatre heures dix; **it's half p.**, il est la demie; **he's p. eighty,** il a quatre-vingt ans passés; **she's p. thirty,** elle a passé la trentaine; **p. endurance,** insupportable; **p. belief,** incroyable; **to be p. caring about sth,** être revenu de qch; **I'm p. work,** je ne suis plus d'âge à travailler; *F:* **he's p. it,** il est trop vieux (pour faire qch); *F:* **I wouldn't put it p. him,** ça ne m'étonnerait pas de lui, il en est bien capable **4.** *adv* devant; **to walk, go, p.**, passer.

passion ['pæʃn] *n* passion *f*; (*anger*) colère *f*, emportement *m*; **p. for work,** acharnement *m* au travail; **to have a p. for music,** avoir la passion de, adorer, la musique; *Ecc:* **P. Sunday,** dimanche de la Passion; *Lit:* **p. play,** mystère de la Passion. **'passionate** *a* passionné; (*angry*) emporté; (discours) véhément. **'passionately** *adv* passionnément; (aimer qn) à la folie. **'passionflower** *n Bot:* passiflore *f*.

passive ['pæsiv] **1.** *a* passif **2.** *n Gram:* passif. **'passively** *adv* passivement.

pasta [ˈpæstə] *n* (*no pl*) *Cu:* pâtes *fpl* (alimentaires).

paste [peist] **1.** *n* (*a*) *Cu: Cer:* pâte *f*; pâté *m* (de viande); mousse *f* (de poisson); **anchovy p.,** beurre *m* d'anchois (*b*) (*glue*) colle (blanche) (*c*) (*of jewellery*) stras(s) *m*; **it's only p.,** c'est du toc **2.** *vtr* **to p. (up),** coller (une affiche).

pastel [ˈpæstl, *NAm:* pæˈstel] *n Art:* pastel *m*; **p. drawing,** (dessin au) pastel; **p. shades,** tons pastel.

pasteurize [ˈpæstjəraiz] *vtr* pasteuriser. **pasteurˈization** *n* pasteurisation *f*.

pastiche [pæˈstiːʃ] *n* pastiche *m*.

pastille [ˈpæstil, *NAm:* pæˈstiːl] *n* pastille *f*; (*soft*) pâte *f* (de fruits).

pastime [ˈpɑːstaim] *n* passe-temps *m inv*.

pastor [ˈpɑːstər] *n Ecc:* pasteur *m*. **ˈpastoral** *a* pastoral.

pastry [ˈpeistri] *n* (*a*) (*pl* **pastries**) pâtisserie *f* (*b*) pâte *f* (de pâtisserie). **ˈpastrycook** *n* pâtissier, -ière.

pasture [ˈpɑːstjər] *n* pâturage *m*.

pasty¹ [ˈpeisti] *a* pâteux; (visage) terreux.

pasty² [ˈpæsti] *n* (*pl* **pasties**) *Cu:* (petit) pâté (en croûte).

pat [pæt] **1.** *n* (*a*) coup léger; petite tape; caresse *f*; *Fig:* **to give s.o. a p. on the back,** féliciter qn (*b*) rondelle *f*, médaillon *m* (de beurre) **2.** *vtr* **(patted)** taper, tapoter; caresser; *Fig:* **to p. s.o. on the back,** féliciter qn; **to p. oneself on the back,** se féliciter **3.** *adv* **he had his answer off p.,** il avait la réponse toute prête; **to know sth off p.,** savoir qch sur le bout du doigt.

patch [pætʃ] **1.** *n* (*a*) pièce *f* (pour raccommoder); (*over eye*) bandeau *m*; *Cy:* (*on inner tube*) pastille *f*, rustine *f* (*Rtm*); (*on tyre*) rustine *f* (*Rtm*); *F:* **not to be a p. on s.o.,** ne pas arriver à la cheville de qn (*b*) tache *f* (de couleur); flaque *f* (d'huile); plaque *f* (de verglas); nappe *f* (de brouillard); pan *m*, coin *m*, morceau *m* (de ciel bleu); morceau, parcelle *f* (de terre); carré *m*, plant *m* (de légumes); **to go through a bad p.,** être dans une mauvaise passe **2.** *vtr* **to p. (up),** rapiécer (un vêtement); *Cy:* poser une pastille, une rustine, à (une chambre à air). **patch ˈup** *vtr* régler (une querelle); replâtrer (un mariage). **ˈpatchwork** *n* patchwork *m*. **ˈpatchy** *a* **(-ier, -iest)** inégal.

pâté [ˈpætei] *n Cu:* pâté *m*.

patent 1. *a* [ˈpeitənt] (*a*) **letters p.,** lettres patentes (*b*) (*of invention*) breveté; **p. medicine,** spécialité *f* pharmaceutique; **p. leather,** cuir verni (*c*) (fait) manifeste, clair; patent **2.** *n* [ˈpeitənt, ˈpæ-] (*a*) **p. of nobility,** lettres *fpl* de noblesse (*b*) brevet *m* (d'invention); **to take out a p. for an invention,** faire breveter une invention; **infringement of a p.,** contrefaçon *f* (*c*) invention brevetée **3.** *vtr* (faire) breveter. **ˈpatently** *adv* manifestement.

paternity [pəˈtəːniti] *n* paternité *f*. **paˈternal** *a* paternel. **paˈternally** *adv* paternellement.

path [pɑːθ] *n* (*pl* **paths** [pɑːðz]) (*a*) chemin *m*; sentier *m*; (*in garden*) allée *f* (*b*) cours *m*, trajet *m*, course *f* (d'un corps en mouvement); route *f* (du soleil); trajectoire *f* (d'une balle, d'une fusée). **ˈpathway** *n* sentier, chemin.

pathetic [pəˈθetik] *a* pathétique, attendrissant; (*of pers*) pitoyable. **paˈthetically** *adv* pathétiquement.

pathology [pəˈθɔlədʒi] *n* pathologie *f*. **pathoˈlogical** *a* pathologique. **paˈthologist** *n* pathologiste *mf*; **(forensic) p.,** médecin *m* légiste.

pathos [ˈpeiθɔs] *n* pathétique *m*.

patience [ˈpeiʃns] *n* (*a*) patience *f*; **to have p.,** prendre patience; **to lose p.,** perdre patience; **to try s.o.'s p.,** éprouver la patience de qn; **I've lost (my) p., my p. is exhausted,** je suis à bout de patience; **I have no p. with him,** il m'impatiente (*b*) *Cards:* réussite *f*. **ˈpatient 1.** *a* patient; endurant; **to be p.,** patienter **2.** *n* malade *mf*; patient, -ente. **ˈpatiently** *adv* patiemment.

patio [ˈpætiou] *n* patio *m* (d'une maison).

patriarch [ˈpeitriɑːk] *n* patriarche *m*.

patrimony [ˈpætriməni] *n* (*pl* **patrimonies**) patrimoine *m*.

patriot [ˈpeitriət, ˈpæ-] *n* patriote *mf*. **patriˈotic** *a* (*of pers*) patriote; (discours, etc) patriotique. **patriˈotically** *adv* (agir) en patriote, patriotiquement. **ˈpatriotism** *n* patriotisme *m*.

patrol [pəˈtroul] **1.** *n* patrouille *f*; **p. boat,** patrouilleur *m*; **p. leader,** chef de patrouille; **to be on p.,** être de patrouille; **to go on p.,** faire la patrouille; **police p. car,** voiture de police; *NAm:* **p. wagon** (*Br* = **Black Maria**), fourgon *m* cellulaire; *F:* panier *m* à salade **2.** *vtr & i* **(patrolled)** patrouiller (dans) un quartier. **paˈtrolman** *n* (*pl* **-men**) (*a*) patrouilleur *m* (*b*) *NAm:* agent *m* de police; *Aut:* dépanneur *m*.

patron [ˈpeitrən] *n* (*a*) protecteur, -trice (des arts); patron, -onne (d'une œuvre de charité); **p. saint,** patron, -onne (*b*) *Com:* client, -ente (d'un magasin); habitué, -ée (d'un théâtre). **ˈpatronage** *n* (*a*) patronage *m*; protection *f* (*b*) *Pej:* air protecteur (envers qn) (*c*) clientèle *f* (d'un hôtel). **patronize** [ˈpæ-, *Nm:* ˈpei-] *vtr* (*a*) protéger (un artiste) (*b*) traiter (qn) avec condescendance (*c*) accorder sa clientèle à (un magasin); fréquenter (un cinéma). **patronizing** [ˈpæ-] *a* (ton) condescendant. **ˈpatronizingly** *adv* d'un air condescendant.

patter¹ [ˈpætər] *n* baratin *m*, boniment *m*, bagout *m*.

patter² 1. *vi* (*of pers*) trottiner, marcher à petits pas rapides et légers; (*of hail, rain*) crépiter, tambouriner **2.** *n* petit bruit (de pas rapides); crépitement *m* (de la pluie, de la grêle).

pattern [ˈpætən] **1.** *n* (*a*) *Dressm:* patron *m* (en papier) (*b*) *Com:* échantillon *m* (de tissu); **p. book,** livre d'échantillons (*c*) dessin *m*, motif *m* (de papier peint, de tissu) (*d*) *Fig:* modèle *m*; plan *m*; formule *f*; scénario *m* (d'un crime) **2.** *vtr* modeler (**on,** sur). **ˈpatterned** *a* (tissu) à motifs.

patty [ˈpæti] *n* (*pl* **patties**) *Cu:* = (petit) pâté (en croûte).

paucity [ˈpɔːsiti] *n* pénurie *f*.

paunch [pɔːntʃ] *n* panse *f*, bedon *m*. **ˈpaunchy** *a* bedonnant.

pauper [ˈpɔːpər] *n* pauvre *mf*, indigent, -ente.

pause [pɔːz] **1.** *n* pause *f*, arrêt *m*; *Mus:* repos *m*; **a p. (in the conversation),** un silence **2.** *vi* faire une pause; s'arrêter un instant; marquer un temps; hésiter.

pave [peiv] *vtr* paver (une rue); carreler (une cour); **to p. the way for,** ouvrir la voie à. **ˈpavement** *n* (*NAm:* = **sidewalk**) trottoir *m*; *NAm:* (*Br:* = **road, roadway**) chaussée *f*. **ˈpaving** *n* pavage *m*, dallage *m*; **p. stone,** pavé *m*.

pavilion [pə'viliən] *n Sp: Arch:* pavillon *m*.

paw [pɔː] **1.** *n* patte *f* **2.** *vtr* donner des coups de patte à; *F:* (*of pers*) tripoter; (*of horse*) **to p. (the ground),** piaffer.

pawn[1] [pɔːn] **1.** *n* **in p.,** en gage; **to put one's watch in p.,** mettre sa montre en gage **2.** *vtr* mettre (qch) en gage; engager (qch). **'pawnbroker** *n* prêteur, -euse, sur gages. **'pawnshop** *n* mont-de-piété *m*.

pawn[2] *n Chess:* pion *m*; **to be s.o.'s p.,** être le jouet de qn.

pay [pei] **1.** *vtr & i* **(paid)** (*a*) payer; rembourser (un créancier); verser (un acompte); **to p. s.o. £100,** payer £100 à qn; **to p. cash (down),** payer (argent) comptant; **to p. a lot (for),** payer cher; *F:* **to p. through the nose,** payer un prix excessif; *F:* **to make s.o. p. through the nose,** écorcher qn; *Adm:* **p. as you earn, PAYE,** retenue *f* de l'impôt à la source; (*on receipted bill*) **paid,** pour acquit; **to p. a bill,** régler un compte; **to p. a debt,** payer une dette; **to p. for sth,** payer qch; **how much did you p. for it?** combien l'avez-vous payé? **to p. in a cheque,** mettre un chèque sur son compte, faire porter un chèque au crédit de son compte; **to p. money into s.o.'s account,** verser de l'argent sur le compte de qn; **to be paid by the hour,** être payé à l'heure; **to p. s.o. to do sth,** payer qn pour faire qch; **I wouldn't do it if you paid me,** je ne le ferais pas même si on me payait (*b*) faire (attention); rendre (hommage); **to p. s.o. a visit,** rendre visite à qn; *F:* **to p. a visit,** aller faire pipi (*c*) **he'll p. for this! I'll make him p. for this!** il me le payera! **it will p. you,** vous y gagnerez; **business that doesn't p.,** affaire qui ne rapporte pas, qui n'est pas rentable; **it pays to advertise,** la publicité rapporte; **it pays (one) to be cautious,** on a intérêt à être prudent **2.** *n* paie *f*, salaire *m* (d'un ouvrier, d'un employé); traitement *m* (d'un fonctionnaire); *Mil:* solde *f*, paie; **holidays with p.,** congés payés; **to be in s.o.'s p.,** être à la solde, aux gages, de qn; **p. day,** jour de paie; **p. slip,** bulletin, fiche, de paie; **p. cheque,** chèque de salaire; **p. packet,** paie; **p. desk,** caisse *f*; **p. phone,** *NAm:* **p. station,** téléphone public. **paid** *a* payé; rétribué; rémunéré; (employé) salarié; (tueur) à gages; **p. holidays,** congés payés; **to put p. to,** anéantir (des espoirs, des projets); *Pol:* **(fully) p. up,** (membre) qui a payé, qui est à jour de, sa cotisation. **'payable** *a* payable; **rates p. by the tenant,** impôts à la charge du locataire; **to make a cheque p. to s.o.,** faire un chèque à l'ordre de qn. **pay 'back** *vtr* rendre, rembourser, restituer (de l'argent emprunté); rembourser (qn); **to p. s.o. back (in his own coin),** rendre à qn la monnaie de sa pièce; **I'll p. you b. for this!** je te revaudrai ça! **pay'ee** *n* bénéficiaire *mf*. **'paying 1.** *a* rémunérateur; qui rapporte; rentable; payant; **p. guest,** hôte payant(e), pensionnaire *mf* **2.** *n* paiement *m*, versement *m* (d'argent); remboursement *m* (d'un créancier); règlement *m* (d'une dette); *Bank:* **p. in book, slip,** carnet, bulletin, de versement. **'paymaster** *n* trésorier *m*. **'payment** *n* paiement; versement (d'un acompte); remboursement; règlement; rémunération *f* (de services rendus); récompense *f*; **on p. of £10,** moyennant dix livres; **without p.,** à titre gracieux; **down p.,** acompte *m*. **pay 'off 1.** *vtr* (*a*) régler (une dette); rembourser (un créancier); (*in instalments*) rembourser en plusieurs fois (*b*) licencier (des ouvriers, des troupes); *Fig:* **to p. o. an old score, a grudge,** régler un vieux compte **2.** *vi* (*of deal, efforts*) être payant, rentable; porter fruit. **'payoff** *n F:* (*a*) récompense (*b*) règlement *m* de comptes. **pay 'out** *vtr* (*a*) dépenser (*b*) *esp Nau:* (laisser) filer (un câble). **'payroll** *n* registre *m* des salaires; **to be on the p. of,** être employé par; **to have twenty workers on the p.,** employer vingt ouvriers. **pay 'up** *vtr & i* payer.

PAYE *abbr pay as you earn.*

PC *abbr police constable.*

PE *abbr physical education.*

pea [piː] *n Hort:* pois *m*; *Cu:* **garden, green, peas,** petits pois; *Cu:* **p. soup,** soupe aux pois; *Bot:* **sweet peas,** pois de senteur; **p. green,** vert feuille *m inv*. **'peashooter** *n* sarbacane *f*.

peace [piːs] *n* (*a*) paix *f*; **at p.,** en paix (**with,** avec); **p. treaty,** traité de paix; **p. offering,** cadeau de réconciliation; **to make (one's) p. with s.o.,** faire la paix avec qn; **to keep the p.,** (i) ne pas troubler l'ordre public (ii) veiller à l'ordre public (*b*) traité *m* de paix (*c*) tranquillité *f*; **to live in p.,** vivre en paix; **to leave s.o. in p.,** laisser qn tranquille; **p. of mind,** tranquillité d'esprit; **to have (some) p. and quiet,** avoir la paix; **to hold one's p.,** garder le silence. **'peaceable** *a* pacifique; qui aime la paix. **'peaceably** *adv* pacifiquement. **'peaceful** *a* (*a*) paisible, calme, tranquille (*b*) pacifique. **'peacefully** *adv* (*a*) paisiblement; tranquillement (*b*) pacifiquement. **'peacefulness** *n* tranquillité, paix. **'peacekeeping** *a* (*of measure*) de pacification; **p.-k. force,** force de maintien de la paix. **'peace-loving** *a* qui aime la paix; pacifique. **'peacemaker** *n* pacificateur, -trice. **'peacetime** *n* temps *m* de paix.

peach [piːtʃ] **1.** *n Hort:* pêche *f*; **p. (tree),** pêcher *m* **2.** *a* (*of colour*) pêche *inv*.

peacock ['piːkɔk] *n Orn:* paon *m*. **'peahen** *n* paonne *f*.

peak [piːk] *n* (*a*) visière *f* (de casquette) (*b*) pic *m*, cime *f*, sommet *m* (de montagne); pointe *f* (d'un toit, d'une fièvre, d'une courbe); apogée *f* (d'une courbe, d'une charge); *Fig:* sommet, apogée (de la gloire, etc); *El:* **p. load,** charge maximum (d'un générateur); *Ind:* **p. output,** record *m* (de production); **prosperity was at, had reached, its p.,** la prospérité était à son apogée, son maximum; **p. hours,** heures de pointe, d'affluence. **peaked** *a* **p. cap,** casquette *f*. **'peaky** *a F:* pâlot.

peal [piːl] **1.** *n* (*a*) **p. of bells,** carillon *m*; **to ring a p.,** carillonner (*b*) roulement *m* (de tonnerre); retentissement *m* (de l'orgue); **p. of laughter,** éclat *m* de rire **2.** *v* **to p. (out)** (*a*) *vi* (*of bells*) carillonner; (*of thunder*) rouler; (*of the organ*) retentir; (*of laughter*) résonner (*b*) *vtr* sonner (les cloches) à toute volée.

peanut ['piːnʌt] *n Bot:* arachide *f*; *Com:* cacah(o)uète *f*; **p. oil,** huile d'arachide; **p. butter,** beurre d'arachide; *F:* **to earn peanuts,** gagner des clopinettes.

pear [pɛər] *n* poire *f*; **p. tree,** poirier *m*.

pearl [pəːl] *n* perle *f*; **string of pearls, p. necklace,** collier de perles; **cultured pearls,** perles de culture; **p. oyster,** huître perlière; **mother of p.,** nacre *f*; **p. button,** bouton de nacre; **p. barley,** orge perlé; **p. diver,** pêcheur, -euse, de perles. **'pearly** *a* perlé, nacré.

peasant ['pezənt] *n* paysan, -anne; campagnard, -arde.

peat [pi:t] *n* tourbe *f*.

pebble ['pebl] *n* caillou *m*; (*on shore*) galet *m*; *F*: **you're not the only p. on the beach,** il n'y a pas que toi (sur la terre). **'pebbledash** *n* crépi (moucheté). **'pebbly** *a* (*of beach*) (couvert) de galets.

pecan ['pi:kæn] *n* (*nut*) pacane *f*.

peck [pek] **1.** *n* coup *m* de bec; *F*: (*kiss*) bécot *m* **2.** *v* (*a*) *vtr & i* **to p. (at),** picorer, picoter, becqueter; *Fig*: donner un coup de bec à (qn); **to p. at one's food,** manger du bout des dents; *F*: **pecking order,** hiérarchie (sociale) (*b*) *vtr F*: (*kiss*) bécoter. **'peckish** *a F*: **to feel (a bit) p.,** avoir un petit creux.

peculiar [pi'kju:liər] *a* (*a*) particulier; spécial; propre (**to s.o.,** à qn) (*b*) étrange; bizarre, singulier. **peculi'arity** *n* (*a*) trait distinctif; particularité *f*; (*on passport*) **special peculiarities,** signes particuliers (*b*) bizarrerie *f*, singularité *f*. **pe'culiarly** *adv* (*a*) particulièrement (*b*) étrangement, bizarrement.

pecuniary [pi'kju:niəri] *a* pécuniaire; **p. difficulties,** ennuis *m* d'argent.

pedagogical [pedə'gɔdʒikl] *a* pédagogique.

pedal ['pedl] **1.** *n* pédale *f*; *Aut*: **clutch p.,** pédale d'embrayage; (*of piano*) **soft, loud, p.,** petite, grande, pédale **2.** *v* **(pedalled,** *NAm*: **-l-)** (*a*) *vi* pédaler (*b*) *vtr* actionner les pédales de. **'pedalbin** *n DomEc*: poubelle *f* à pédale. **'pedalboat** *n* pédalo *m*. **'pedalcar** *n* voiture *f* à pédales.

pedant ['pedənt] *n* pédant, -ante. **pe'dantic** *a* pédant; pédantesque. **pe'dantically** *adv* en pédant. **'pedantry** *n* pédantisme *m*.

peddle ['pedl] **1.** *vtr* colporter (des marchandises); **to p. drugs,** faire le trafic de drogues **2.** *vi* faire du colportage. **peddler** *n NAm*: (*door-to-door*) colporteur, -euse; (*in street*) camelot *m*; **drug p.,** revendeur, -euse, de drogues.

pedestal ['pedistl] *n* piédestal *m*; socle *m*.

pedestrian [pi'destriən] **1.** *a* (*a*) pédestre (*b*) (style, livre) prosaïque, terre à terre **2.** *n* piéton *m*; **p. crossing,** passage pour piétons; **p. precinct,** zone piétonnière. **pe'destrianize** *vtr* rendre piétonnier.

pedicure ['pedikjuər] *n* soins *mpl* du pédicure.

pedigree ['pedigri:] **1.** *n* (*a*) arbre *m* généalogique (*b*) ascendance *f*, généalogie *f* (de qn) (*c*) *Breed*: certificat *m* d'origine, pedigree *m* (d'un animal) **2.** *a* (chien) de race; (taureau) de bonne lignée.

pedlar ['pedlər] *n* (*door-to-door*) colporteur, -euse; (*in street*) camelot *m*.

pee [pi:] *vi & n P*: **to p., have a p.,** faire pipi, pisser.

peek [pi:k] *vi & n F*: **to p., have a p., at,** jeter un coup d'œil (furtif) à.

peel [pi:l] **1.** *n* pelure(s) *f(pl)*, épluchure(s) (de fruits, etc); écorce *f* (d'orange); *f*; écorce *f*, peau *f*; *Cu*: zeste *m* (de citron, d'orange); **candied p.,** zeste confit **2.** *v* (*a*) *vtr* peler, éplucher (un fruit, des pommes de terre); décortiquer (des amandes); écorcer (un bâton) *F*: **to keep one's eyes peeled,** ouvrir l'œil (*b*) *vi* (*of paint*) s'écailler; (*of skin, nose*) peler; (*of fruit*) **to p. easily,** se peler facilement. **'peeler** *n* éplucheur *m*. **'peelings** *npl* pelures *fpl*, épluchures *fpl*. **peel 'off 1.** *vtr* enlever (la peau d'un fruit, des vêtements); décoller (une étiquette, etc) **2.** *vi* (*a*) (*of paint*) s'écailler; (*of skin*) peler (*b*) (*of pers*) se déshabiller (*c*) (*of aircraft*) se détacher (de la formation).

peep [pi:p] **1.** *n* coup d'œil (furtif); **to get a p. at sth,** entrevoir qch **2.** *vi* **to p. at sth,** regarder qch furtivement, jeter un coup d'œil (furtif) à qch; **to p. out,** se montrer. **'peephole** *n* judas *m*; (trou *m* de) regard *m*. **peeping 'Tom** *n* voyeur *m*.

peer¹ [piər] *n* pair *m*; égal, -ale; **p. of the Realm,** pair *m* du Royaume-Uni; **life p.,** pair à vie. **'peerage** *n* (*a*) pairie *f* (*b*) *coll* les pairs; la noblesse. **'peeress** *n* (*pl* **-es**) pairesse *f*.

peer² *vi* **to p. (at),** regarder attentivement (comme pour mieux voir); **to p. at s.o., sth,** scruter qn, qch, du regard; **to p. over the wall,** risquer un coup d'œil par-dessus le mur.

peevish ['pi:viʃ] *a* irritable, grincheux. **peeved** *a F*: irrité. **'peevishly** *adv* avec humeur, grincheusement. **'peevishness** *n* maussaderie *f*.

peewit ['pi:wit] *n Orn*: vanneau (huppé).

peg [peg] **1.** *n* cheville *f* (en bois); fiche *f* (en métal); piquet *m* (de tente); **(hat, coat) p.,** patère *f*; **clothes p.** (*NAm*: = **clothespin**) pince *f* à linge; **clothes off the p.,** prêt-à-porter *m inv*, vêtements *mpl* de confection; **to buy off the p.,** acheter en prêt-à-porter; **he's a square p. in a round hole,** il n'est pas à sa place; *F*: **to take s.o. down a p. (or two),** rabattre le caquet à qn **2.** *vtr* **(pegged)** cheviller (un assemblage); *Fin*: stabiliser (les prix); *Sp*: **it's still level pegging,** ils sont encore à égalité. **peg a'way** *vi F*: travailler assidûment (**at,** à). **peg 'down** *vtr* fixer (une tente) avec des piquets; *Fig*: entraver (qn). **peg 'out 1.** *vtr* accrocher (du linge) avec des pinces **2.** *vi F*: mourir; casser sa pipe.

pejorative [pi'dʒɔrətiv] *a* péjoratif.

pekin(g)ese [pi:ki'ni:z], *F*: **peke** [pi:k] *n* (chien) pékinois *m*.

pelican ['pelikən] *n Orn*: pélican *m*; **p. crossing,** passage clouté (avec feux commandés par les piétons).

pellet ['pelit] *n* boulette *f* (de papier); pelote *f* (d'argile); pastille *f* (de plastique); *Sma*: (grain *m* de) plomb *m*; *Pharm*: pilule *f*; *Husb*: granulé *m*.

pell-mell [pel'mel] **1.** *adv* pêle-mêle **2.** *a* en désordre.

pelmet ['pelmit] *n* (*NAm*: = **valence**) lambrequin *m*.

pelt [pelt] **1.** *n* peau *f*; fourrure *f* **2.** *vtr* **to p. s.o. with stones,** bombarder qn de pierres; **he pelted abuse at them,** il les a abreuvés d'injures **3.** *vi* (*a*) (*of rain*) **to p. (down),** pleuvoir à verse; **pelting rain,** pluie battante (*b*) **to p. along,** foncer, courir.

pelvis ['pelvis] *n Anat*: bassin *m*.

pen¹ [pen] **1.** *n* parc *m*, enclos *m*; abri *m* (de sous marins) **2.** *vtr* **(penned) to p. (in, up),** parquer.

pen² **1.** *n* (*dipped in ink*) porte-plume *m inv*; **fountain p.,** stylo *m* (à encre, à plume); **ballpoint p.,** stylo à bille, stylo(-)bille *m*; **to put p. to paper,** écrire; **to live by one's p.,** vivre de sa plume; **p. friend,** *NAm*: **p. pal,** correspondant, -ante; **p. name,** pseudonyme *m*; **p. nib,** (bec *m* de) plume *f*; **p.-and-ink drawing,** dessin à la plume; *Pej*: **p. pusher,** gratte-papier *m inv* **2.** *vtr* **(penned)** écrire. **'pen-knife** *n* (*pl* **-knives)** canif *m*.

penal ['pi:nl] *a* (*of laws*) pénal; (*of colony*) pénitentiaire; **p. servitude,** travaux forcés. **'penalize** *vtr* sanctionner (un délit) d'une peine; infliger une peine à (qn); *Sp:* pénaliser (un joueur); désavantager (un coureur, un cheval). **penalty** ['pen-] *n* (*pl* **-ies**) (*a*) *Jur:* peine *f*; amende *f*; *Adm:* sanction (pénale); **the death p.,** la peine de mort; **to pay the p.,** subir les conséquences (*b*) *Sp:* pénalisation *f*; **p. (kick),** *Fb:* penalty *m*; *Rugby Fb:* pénalité *f*; **p. area,** surface de réparation.

penance ['penəns] *n* pénitence *f*.

pence [pens] *npl see* **penny.**

pencil ['pensl] **1.** *n* crayon *m*; **lead p.,** crayon à mine (de plomb); **coloured p.,** crayon de couleur; **written in p.,** écrit au crayon; **p. box,** plumier *m*; **p. mark,** trait au crayon; **p. sharpener,** taille-crayon(s) *m inv* **2.** *vtr* (**pencilled,** *N Am:* **-l-**) crayonner; *Fig:* **to p. in,** noter provisoirement.

pendant ['pendənt] *n* pendentif *m*; (*on earring, chandelier*) pendeloque *f*.

pending ['pendiŋ] **1.** *a* (*of matter*) en suspens; *Jur:* (procès) pendant, en instance **2.** *prep* en attendant (qch).

pendulum ['pendjuləm] *n* pendule *m*, balancier *m*.

penetrate ['penitreit] **1.** *vtr* percer (une substance, un mystère); découvrir (un plan, un secret, etc) **2.** *vtr & i* **to p. (into),** pénétrer dans (une forêt, un groupe, etc). **'penetrating** *a* pénétrant. **pene'tration** *n* pénétration *f*.

penguin ['peŋgwin] *n Orn:* manchot *m*; pingouin *m*.

penicillin [peni'silin] *n Med:* pénicilline *f*.

peninsula [pi'ninsjulə] *n* péninsule *f*; presqu'île *f*. **pe'ninsular** *a* péninsulaire.

penis ['pi:nis] *n Anat:* pénis *m*.

penitence ['penitəns] *n* pénitence *f*; contrition *f*. **'penitent** *a & n* pénitent, -ente. **peni'tentiary** *n US:* prison *f* (centrale). **'penitently** *adv* d'un air contrit.

pennant ['penənt] *n* (*flag*) flamme *f*, banderole *f*; *Sp:* fanion *m*.

penny ['peni] *n* (*pl* **pennies, pence** ['peniz, pens]) penny *m*; *N Am: Can:* cent *m*; **a ten pence piece,** une pièce de dix pence; **there were ten pennies on the table,** il y avait dix pennies sur la table; **they haven't got a p. to their name,** ils n'ont le sou; *F:* **the p.'s dropped,** j'y suis! ça y est! *F:* **to spend a p.,** aller faire pipi; **they're two a p. nowadays,** c'est monnaie courant à l'heure actuelle; **a p. for your thoughts,** à quoi rêvez-vous? *Prov:* **in for a p., in for a pound,** quand le vin est tiré il faut le boire; **that will cost a pretty p.,** cela coûtera cher. **'penniless** *a* sans le sou, sans ressources. **'penny-pinching** *a F:* avare.

pension ['penʃən] *n* pension *f*; **Government p.,** pension sur l'État; **old age p.,** retraite (de) vieillesse; **retirement p.,** (pension de) retraite *f*; (*private*) retraite complémentaire; **p. fund,** caisse de retraite. **'pensionable** *a* (*pers*) qui a droit à une pension, à une retraite; (*of job*) qui donne droit à une pension, à une retraite; (âge) de la retraite. **'pensioner** *n* pensionné, -ée; **(old age) p.,** retraité, -ée. **pension 'off** *vtr* mettre (qn) à la retraite.

pensive ['pensiv] *a* pensif, songeur. **'pensively** *adv* pensivement; d'un air pensif.

pent [pent] *a* **p. up,** renfermé; (*of emotion*) refoulé; **to be p. up,** avoir les nerfs tendus.

pentagon ['pentəgən] *n* pentagone *m*.

pentathlon [pen'tæθlən] *n Sp:* pentathlon *m*.

Pentecost ['pentəkɔst] *n Ecc:* Pentecôte *f*.

penthouse ['penthaus] *n* appartement *m* de luxe (construit sur le toit d'un immeuble).

penultimate [pen'ʌltimət] *a & n* pénultième (*mf*); avant-dernier, -ière.

penury ['penjuri] *n* indigence *f*; pauvreté *f*. **pe'nurious** *a* pauvre.

peony ['pi:əni] *n* (*pl* **peonies**) *Bot:* pivoine *f*.

people ['pi:pl] **1.** *n coll* (*with pl const except* (*a*) *where pl is* **peoples**) (*a*) peuple *m*; nation *f*; habitants *mpl*, gens *mpl or fpl* (d'une ville); **the French p.,** les Français *m*, le peuple français; **country p.,** les populations rurales; **the King and his p.,** le roi et ses sujets *mpl* (*b*) parents *mpl*; famille *f*; **my p. are abroad,** mes parents sont à l'étranger (*c*) citoyens *mpl*; **government by the p.,** gouvernement par le peuple; **people's democracy,** démocratie populaire (*d*) gens *mpl*; **young p.,** jeunes gens; **old p.,** les personnes âgées; **old people's home,** maison *f* de retraite; hospice *m* de vieillards; (*private*) **what do you p. think?** qu'en pensez-vous, vous autres? **why him, of all p.?** pourquoi lui? **there weren't many p.,** il n'y avait pas beaucoup de monde, de gens (*e*) personnes *fpl*; **two p.,** deux personnes; **one thousand p.,** mille personnes (*f*) (*indefinite*) on; **p. say,** on dit **2.** *vtr* peupler (**with,** de).

pep [pep] *n* entrain *m*, fougue *f*; **full of p.,** plein d'allant *m*; **p. pill,** excitant *m*; **p. talk,** petit laïus d'encouragement. **pep 'up** *vtr* (**pepped**) *F:* ragaillardir (qn); remonter (une affaire); *Th:* corser (une pièce).

pepper ['pepər] **1.** *n* (*a*) (*spice*) poivre *m*; *Bot:* **p. plant,** poivrier *m*; *Cu:* **black, white, p.,** poivre noir, gris; **p. pot,** poivrière *f* (*b*) (*vegetable*) **red, green, p.,** poivron *m* rouge, vert **2.** *vtr* poivrer. **'peppercorn** *n* grain *m* de poivre. **'peppermill** *n* moulin *m* à poivre. **'peppermint** *n* (*a*) *Bot:* menthe poivrée (*b*) pastille *f* de menthe; **p. sweet, toothpaste,** bonbon, pâte dentifrice, à la menthe. **'peppery** *a Cu:* poivré.

per [pə:r] *prep* par; **ten francs p. kilo,** dix francs le kilo; **as p. invoice,** suivant facture; **as p. sample,** conformément à l'échantillon; **sixty kilometres p. hour,** soixante kilomètres à l'heure; **p. day,** par jour; **p. annum,** par an; **p. cent,** pour cent; **p. head, p. person,** par personne; *F:* **as p. usual,** comme d'habitude. **per'centage** *n* pourcentage *m*.

perambulator [pə:'ræmbjuleitər] *n A: & Lit:* voiture *f* d'enfant; landau *m*.

perceive [pə'si:v] *vtr* percevoir (la vérité, une odeur); remarquer (qch, que); apercevoir (qn). **per'ceptible** *a* perceptible (à l'oreille, à l'œil); (différence) sensible. **per'ceptibly** *adv* sensiblement. **per'ception** *n* perception *f*; intuition *f*. **per'ceptive** *a* (*of pers*) perspicace; (*of study, remark*) pénétrant.

perch[1] [pə:tʃ] **1.** *n* perchoir *m* **2.** *vtr & i* (se) percher; (se) jucher.

perch[2] *n* (*no pl*) *Ich:* perche *f*.

percolate ['pə:kəleit] **1.** *vi* (*of liquid*) filtrer, passer (**through,** par) **2.** *vtr* faire (du café) dans une cafetière. **'percolator** *n* cafetière *f*; (*in restaurant, etc*) percolateur *m*.

percussion [pə'kʌʃn] *n* percussion *f*; *Mus:* **p. instrument,** instrument de, à, percussion.

peremptory [pə'remptəri] *a* péremptoire; (*of refusal*) absolu; (*of tone*) dogmatique, tranchant. **pe'remptorily** *adv* péremptoirement; (parler) impérieusement.

perennial [pə'reniəl] **1.** *a* éternel, perpétuel; (plante) vivace **2.** *n* plante *f* vivace. **pe'rennially** *adv* à perpétuité.

perfect 1. ['pə:fikt] (*a*) *a* parfait; (ouvrage) achevé; **his English is p.,** son anglais est impeccable; *F:* **p. idiot,** parfait imbécile; **he's a p. stranger to me,** il m'est tout à fait inconnu (*b*) *a & n Gram:* **p. (tense),** parfait (*m*) **2.** *vtr* [pə'fekt] parachever, parfaire (un livre, etc); mettre (une invention) au point; parfaire ses connaissances en (français, etc). **per'fecting** *n* perfectionnement *m*. **per'fection** *n* perfection *f*; (*act*) parachèvement *m*; mise *f* au point; **to p.,** à la perfection. **per'fectionist** *n* perfectionniste *mf*. **'perfectly** *adv* parfaitement.

perfidy ['pə:fidi] *n* perfidie *f*. **per'fidious** *a* perfide. **per'fidiously** *adv* perfidement.

perforate ['pə:fəreit] *vtr* perforer, percer. **perfo'ration** *n* perforation *f*.

perform [pə'fɔ:m] **1.** *vtr* (*a*) célébrer (un rite); exécuter (un mouvement); accomplir (une tâche, un miracle); remplir (une fonction, son devoir); *Surg:* **to p. an operation on s.o.,** pratiquer une intervention chirurgicale sur, opérer, qn (*b*) jouer (une pièce, une symphonie); interpréter (une sonate); exécuter (une danse); **performing dogs,** chiens savants **2.** *vi* jouer; chanter; danser; (*of circus animal*) faire un numéro; fonctionner; se comporter; **to p. in a play,** jouer dans une pièce; **to p. on the flute,** jouer de la flûte; **you performed very well!** tu as très bien fait! **per'formance** *n* (*a*) fonctionnement *m* (d'une machine); rendement *m*, performance *f* (d'un moteur); performance *f* (d'un athlète); interprétation *f* (d'un acteur, d'un musicien, etc); numéro *m* (de cirque); **the p. of one's duties,** l'exercice *m* de ses fonctions (*b*) *Th:* représentation *f*, séance *f*; *Cin: Mus:* séance; **evening p.,** soirée *f*; **afternoon p.,** matinée *f*; **no p. tonight,** ce soir relâche; *F:* **what a p.!** quelle histoire! **per'former** *n* interprète *mf* (**of,** de); artiste *mf*.

perfume 1. *n* ['pə:fju:m] parfum *m*; odeur *f* agréable; **bottle of p.,** flacon de parfum **2.** *vtr* [pə'fju:m] parfumer. **per'fumery** *n* parfumerie *f*.

perfunctory [pə'fʌŋktəri] *a* (*a*) (*of action*) superficiel; (*of smile, etc*) de commande; **p. inquiry,** enquête peu poussée (*b*) (*of pers*) négligent; peu zélé. **per'functorily** *adv* superficiellement.

perhaps [pə'hæps] *adv* peut-être; **p. so, p. not,** peut-être (bien) que oui, que non; **p. we'll come back tomorrow,** peut-être reviendrons-nous demain; **p. I have it,** il se peut que je l'aie.

peril ['peril] *n* péril *m*, danger *m*; **in p. of one's life,** en danger de mort; **at one's (own) p.,** à ses risques *m* et périls. **'perilous** *a* périlleux, dangereux. **'perilously** *adv* périlleusement, dangereusement.

perimeter [pə'rimitər] *n* périmètre *m*; *Sp: etc:* **p. track,** piste périphérique.

period ['piəriəd] *n* (*a*) période *f*; (*time limit*) délai *m*; **within the agreed p.,** dans le délai convenu; **in the p. of a month,** en l'espace d'un mois; *Meteor:* **clear periods,** éclaircies *fpl* (*b*) époque *f*, âge *m*; **p. costume;** costume de l'époque; **p. furniture,** meubles d'époque (*c*) *Sch:* leçon *f*, (heure *f* de) cours *m* (*d*) *Gram:* point *m*; *F: esp NAm:* **he's no good, p.,** il est nul, un point, c'est tout! (*e*) règles *fpl* (d'une femme). **peri'odic** *a* périodique. **peri'odical** *n* périodique *m*. **peri'odically** *adv* périodiquement.

peripheral [pə'rifərəl] *a* (*of question*) sans rapport direct (**to,** avec); (*of interest*) accessoire; (*of neighbourhood*) périphérique. **pe'riphery** *n* périphérie *f*.

periscope ['periskoup] *n* périscope *m*.

perish ['periʃ] *vi* périr, mourir; (*of rubber, etc*) se détériorer; *F:* **I'm perishing, I'm perished,** je suis frigorifié; **it's perishing,** il fait un froid glacial. **'perishable 1.** *a* périssable **2.** *npl* denrées *fpl* périssables.

peritonitis [peritə'naitis] *n Med:* péritonite *f*.

periwinkle[1] ['periwiŋkl] *n Bot:* pervenche *f*.

periwinkle[2] *n Moll:* bigorneau *m*.

perjure ['pə:dʒər] *vpr* **to p. oneself,** se parjurer. **'perjurer** *n* parjure *mf*. **'perjury** *n* parjure *m*; **to commit p.,** se parjurer.

perk[1] [pə:k] *v* **to p. up** (*a*) *vi* se ragaillardir (*b*) *vtr* remonter, ragaillardir (qn). **'perkily** *adv* d'un air éveillé, dégagé. **'perky** *a* (**-ier, -iest**) éveillé; guilleret; (ton) désinvolte.

perk[2] *n F:* avantage *m*; à-côté *m*.

perm [pə:m] *F:* **1.** *n* permanente *f* **2.** *vtr* **to p. s.o.'s hair,** faire une permanente à qn; **to have one's hair permed,** se faire faire une permanente.

permanent ['pə:mənənt] *a* permanent; **p. address,** adresse fixe; **p. wave,** permanente *f*; **she's p. here,** elle est ici à titre permanent. **'permanence** *n* permanence *f*. **'permanently** *adv* à titre permanent; en permanence.

permeate ['pə:mieit] *vtr* (*of ideas, etc*) se répandre dans; (*of liquid, etc*) **to p. (through) sth,** pénétrer qch. **permea'bility** *n* perméabilité *f*. **'permeable** *a* perméable; pénétrable.

permissible [pə'misibl] *a* permis; acceptable. **per'mission** *n* permission *f*; autorisation *f*; **to ask (for), give, p.,** demander, donner, la permission. **per'missive** *a* (trop) tolérant, laxiste. **per'missiveness** *n* laxisme *m*.

permit 1. *vtr* [pə'mit] **(permitted)** permettre; **to p. s.o. to do sth,** permettre à qn de faire qch; **p. me to tell you the truth,** laisser-moi vous dire la vérité; **I was permitted to visit the works,** on m'a autorisé à visiter l'usine; **weather permitting,** si le temps le permet **2.** *n* ['pə:mit] permis *m*; autorisation *f*; (*to enter*) laissez-passer *m inv*; *Cust:* passavant *m*.

permutation [pə:mju:'teiʃən] *n* permutation *f*.

pernicious [pə'niʃəs] *a* pernicieux. **per'niciously** *adv* pernicieusement.

pernickety [pə'nikiti] *a F:* (*of pers*) vétilleux, pointilleux; (*of job*) délicat, minutieux; **p. old fool!** vieux tatillon! **p. about one's food,** difficile sur sa nourriture.

peroxide [pə'rɔksaid] *n Ch:* **(hydrogen) p.,** eau oxygénée; **p. hair, blond,** cheveux oxygénés, blond oxygéné.

perpendicular [pə:pən'dikjulər] *a & n* perpendiculaire (*f*); (*of cliff*) (à) pic.

perpetrate ['pɜːpitreit] *vtr* commettre, perpétrer (un crime). **'perpetrator** *n* auteur *m* (d'un crime, d'une farce).

perpetual [pə'petjuəl] *a* (*a*) perpétuel, éternel (*b*) sans fin; continuel. **per'petually** *adv* (*a*) perpétuellement (*b*) sans cesse. **per'petuate** *vtr* perpétuer, éterniser. **perpetu'ation** *n* préservation *f* (de qch) de l'oubli. **perpetuity** [pɜːpi'tjuːiti] *n* perpétuité *f*; **in p.**, à perpétuité.

perplex [pə'pleks] *vtr* dérouter (qn); rendre (qn) perplexe. **per'plexed** *a* (*of pers*) perplexe. **per'plexedly** [-idli] *adv* d'un air perplexe. **per'plexing** *a* déroutant, troublant; difficile (à comprendre). **per'plexity** *n* perplexité *f*; complexité *f*.

perquisite ['pɜːkwizit] *n* avantage *m*; à-côté *m*.

persecute ['pɜːsikjuːt] *vtr* persécuter (qn); tourmenter; harceler. **perse'cution** *n* persécution *f*; **p. mania**, délire, manie, de la persécution. **'persecutor** *n* persécuteur, -trice.

persevere [pɜːsi'viər] *vi* persévérer (**with, in,** dans). **perse'verance** *n* persévérance *f*. **perse'vering** *a* persévérant, assidu (**in doing sth,** à faire qch).

Persia ['pɜːʃə] *Prn Geog:* Perse *f*. **'Persian 1.** *a* persan; *AHist:* perse; **the P. Gulf,** le Golfe Persique; **P. carpet,** tapis persan **2.** *n* (*a*) Persan, -ane; *AHist:* Perse *mf* (*b*) *Ling:* persan *m*.

persist [pə'sist] *vi* persister; continuer; **to p. in doing sth,** persister, s'obstiner, à faire qch. **per'sistence** *n* persistance *f* (**in doing sth,** à faire qch). **per'sistent** *a* persistant; (*of pers*) obstiné; (*of attempts, noise, etc*) continuel. **per'sistently** *adv* avec persistance; obstinément; continuellement.

person ['pɜːsn] *n* personne *f*; **in p.**, en personne; **on one's p.**, sur soi; *Tp:* **p. to p. call,** communication *f* avec préavis; *Gram:* **in the first p. plural,** à la première personne du pluriel. **'personable** *a* avenant, qui présente bien. **'personage** *n* personnage *m*; personnalité *f*. **'personal** *a* personnel; **p. liberty,** liberté individuelle; **p. friend,** ami intime; **p. life,** vie privée; **p. matter,** affaire privée, personnelle; **p. appearance,** tenue *f*; **p. assistant, p. secretary,** secrétaire particulier, secrétaire particulière; **to give a p. touch to sth,** personnaliser qch; *Journ:* **p. column,** petites annonces; **don't make p. remarks, don't be p.**, ne soyez pas indiscret; **to make a p. application,** se présenter en personne; *Jur:* **p. property,** biens mobiliers; *Gram:* **p. pronoun,** pronom personnel. **perso'nality** *n* (*pl* **-ies**) personnalité *f*; **to have no, be lacking in, p.**, manquer de personnalité; **a television p.**, une vedette de la télévision. **'personalized** *a* personnalisé. **'personally** *adv* personnellement; (intervenir) en personne; **p. I think,** pour ma part, je pense; **to deliver sth to s.o. p.**, remettre qch à qn en main propre. **personifi'cation** *n* personnification *f*. **per'sonify** *vtr* (**personified**) personnifier. **perso'nnel** *n* personnel *m*; service *m* du personnel; **p. department, manager,** service, directeur, du personnel.

perspective [pə'spektiv] *n* perspective *f*; **to see sth in (its true) p.**, voir qch sous son vrai jour.

perspex ['pɜːspeks] *n* (*no pl*) *Rtm:* plexiglas *m*.

perspicacious [pɜːspi'keiʃəs] *a* perspicace; pénétrant. **perspicacity** [-'kæsiti] *n* perspicacité *f*.

perspire [pə'spaiər] *vi* transpirer; suer. **perspiration** [pɜːspi'reiʃn] *n* transpiration *f*; sueur *f*; **bathed in p.**, trempé de sueur; en nage.

persuade [pə'sweid] *vtr* **to p. s.o. of sth,** persuader, convaincre, qn de qch; **to p. s.o. to do sth,** persuader qn de faire qch; **he persuaded me not to,** il m'en a dissuadé. **per'suasion** *n* persuasion *f*; *Ecc:* religion *f*, confession *f*. **per'suasive** *a* persuasif. **per'suasively** *adv* de façon persuasive.

pert [pɜːt] *a* impertinent; gai, plein d'entrain; (*of hat, etc*) coquet, chic. **'pertly** *adv* avec impertinence. **'pertness** *n* impertinence *f*.

pertain [pə'tein] *vtr* **to p. to,** se rapporter à; appartenir à.

pertinacious [pɜːti'neiʃəs] *a* obstiné, entêté, opiniâtre. **perti'naciously** *adv* obstinément, opiniâtrement. **pertinacity** [-'næsiti] *n* obstination *f*, opiniâtreté *f*, entêtement *m* (à faire qch).

pertinent ['pɜːtinənt] *a* pertinent; à propos, juste; **to be p. to,** avoir rapport à. **'pertinently** *adv* pertinemment; à propos.

perturb [pə'tɜːb] *vtr* troubler, perturber. **pertur'bation** *n* perturbation *f*.

Peru [pə'ruː] *Prn Geog:* Pérou *m*. **Pe'ruvian** *a & n* péruvien, -ienne.

peruse [pə'ruːz] *vtr* lire (attentivement); parcourir. **pe'rusal** *n* lecture (attentive).

pervade [pɜː'veid] *vtr* s'infiltrer, se répandre, dans. **per'vading** *a* (*of smell*) pénétrant, envahissant; **(all) p.**, qui se répand partout; (*of influence*) dominant. **per'vasive** *a* qui se répand partout; pénétrant.

perverse [pə'vɜːs] *a* (*a*) pervers, méchant (*b*) contrariant (*c*) entêté. **per'versely** *adv* (*a*) avec perversité *f* (*b*) d'une manière contrariante. **per'verseness, per'versity** *n* (*a*) perversité *f* (*b*) esprit *m* de contradiction (*c*) entêtement *m*. **per'version** *n* perversion *f*; travestissement *m* (de la justice, de la vérité). **pervert 1.** *vtr* [pə'vɜːt] pervertir; corrompre (l'esprit); travestir (la justice, la vérité) **2.** *n* ['pɜːvɜːt] perverti, -ie.

pesky ['peski] *a NAm: F:* embêtant.

pessary ['pesəri] *n* (*pl* **pessaries**) *Med:* pessaire *m*.

pessimism ['pesimizm] *n* pessimisme *m*. **'pessimist** *n* pessimiste *mf*. **pessi'mistic** *a* pessimiste. **pessi'mistically** *adv* avec pessimisme.

pest [pest] *n* insecte *m*, animal *m*, plante *f*, nuisible; *F:* (*pers*) casse-pieds *mf inv*, peste *f*; **p. control,** (service de) dératisation *f*, désinsectisation *f*. **'pester** *vtr* tourmenter, importuner (qn); harceler (qn) (**with questions,** de questions). **'pesticide** *n* pesticide *m*. **pesti'lential** *a F:* assommant, empoisonnant.

pestle ['pesl] *n* pilon *m*.

pet [pet] **1.** *n* (*a*) animal *m* (domestique); **to have, keep, a p.**, avoir un animal chez soi; **p. shop,** magasin *m* d'animaux; *PN:* **no pets,** les animaux sont interdits (*b*) chouchou, -oute; **my p.!** mon chou! **2.** *a* (*of dog, etc*) domestique; (*of tiger, etc*) apprivoisé; favori; **p. subject,** marotte *f*, dada *m*; **p. name,** petit nom *m* (d'amitié); **p. hate,** bête noire **3.** *v* (**petted**) (*a*) *vtr* chouchouter; (*touch*) caresser, câliner; *F:* peloter (*b*) *vi F:* se peloter. **'petting** *n F:* pelotage *m*.

petal [petl] *n Bot:* pétale *m*.

peter ['pi:tər] *vi* **to p. out,** s'épuiser; (*of flame*) mourir; (*of stream, conversation*) (se) tarir; (*of path*) disparaître, se perdre; (*of plan*) tomber à l'eau.

petite [pə'ti:t] *a* (*of woman*) menue (et svelte).

petition [pə'tiʃn] **1.** *n* prière *f* (à Dieu); pétition *f*; *Jur:* requête *f*; *Jur:* **p. for a reprieve,** recours *m* en grâce; **p. for divorce,** demande *f* en divorce. **2.** *vtr* adresser une pétition; une requête à (**for sth,** pour demander qch).

petrify ['petrifai] *vtr* (**petrified**) pétrifier (le bois); pétrifier (qn) de terreur.

petrol ['petrəl] *n* (*NAm:* = **gas(oline)**) essence *f*; **high-grade, four-star, p.,** supercarburant *m*, *F:* super *m*; **to run out of p.,** tomber en panne d'essence; **p. engine,** moteur *m* à essence; **p. tank,** réservoir à essence; (*at garage*) **p. pump,** pompe à essence. **pe'troleum** *n* pétrole *m*; **p. industry,** industrie pétrolière; **p. jelly,** vaseline *f*.

petticoat ['petikout] *n* (*full-length*) combinaison *f*; (*waist slip*) jupon *m*.

pettifogging ['petifɔgiŋ] *a* chicanier.

petty [peti] *a* (**-ier, -iest**) petit, insignifiant, menu, sans importance; **p.(-minded),** mesquin; **p. cash,** petite caisse, menue monnaie; *Nau:* **p. officer,** officier marinier; gradé *m*. **'pettiness** *n* insignifiance *f*; petitesse *f* (d'esprit), mesquinerie *f*.

petulant ['petjulənt] *a* irritable; susceptible. **'petulance** *n* irritabilité *f*; **outburst of p.,** accès de mauvaise humeur. **'petulantly** *adv* avec humeur, avec irritation.

pew [pju:] *n* banc *m* d'église; *F:* **take a p.!** assieds-toi!

pewter ['pju:tər] *n* étain *m*. **'pewterware** *n* vaisselle *f* d'étain.

phallic ['fælik] *a* phallique.

phantom ['fæntəm] *n* fantôme *m*, spectre *m*.

pharmacy ['fɑ:məsi] *n* pharmacie *f*. **pharmaceutical** [fɑ:mə'sju:tikl] *a* pharmaceutique. **'pharmacist** *n* pharmacien, -ienne.

pharynx ['færiŋks] *n Anat:* pharynx *m*. **pharyn'gitis** *n Med:* pharyngite *f*.

phase [feiz] **1.** *n* phase *f* **2.** *vtr* faire (qch) progressivement; échelonner (un programme). **phased** *a* par phases; progressif; par étapes; (programme) échelonné. **phase 'in** *vtr* introduire, progressivement. **phase 'out** *vtr* supprimer progressivement. **'phase-out** *n* retrait progressif.

PhD *abbr Doctor of Philosophy*, doctorat *m*.

pheasant ['feznt] *n Orn:* faisan *m*; (*hen*) faisane *f*.

phenobarbitone [fi:nou'bɑ:bitoun] *n Med:* phénobarbital *m*.

phenomenon [fi'nɔminən] *n* (*pl* **phenomena** [fi'nɔminə]) phénomène *m*. **phe'nomenal** *a* phénoménal; prodigieux. **phe'nomenally** *adv* phénoménalement.

phew! [fju:] *int* ouf!

philanderer (fi'lændərər] *n* coureur *m* de jupons.

philanthropy [fi'lænθrəpi] *n* philanthropie *f*. **philan'thropic** *a* philanthropique. **phi'lanthropist** *n* philanthrope *mf*.

philately [fi'lætəli] *n* philatélie *f*. **phi'latelist** *n* philatéliste *mf*.

philharmonic [filə'mɔnik] *a* philharmonique.

Philippines (the) [ðə'filipi:nz] *Prn Geog:* les Philippines *f*.

philology [fi'lɔlədʒi] *n* philologie *f*. **philo'logical** *a* philologique. **phi'lologist** *n* philologue *mf*.

philosophy [fi'lɔsəfi] *n* philosophie *f*; **one's own p. about sth,** sa conception personnelle de qch. **phi'losopher** *n* philosophe *mf*. **philo'sophical** *a* (argument) philosophique; (*of pers*) philosophe, calme, modéré. **philo'sophically** *adv* philosophiquement. **phi'losophize** *vi* philosopher.

phlebitis [fli'baitis] *n Med:* phlébite *f*.

phlegm [flem] *n Med:* glaires *fpl*; *Fig:* flegme *m*. **phlegmatic** [fleg'mætik] *a* flegmatique. **phleg'matically** *adv* flegmatiquement.

phobia ['foubiə] *n* phobie *f*.

phone [foun] **1.** *n* téléphone *m*; **on the p.,** au téléphone; au bout du fil; (*as subscriber*) **to be on the p.,** avoir le téléphone; **p. call,** coup de fil, de téléphone; **to make a p. call,** téléphoner (**to,** à); **p. book,** annuaire *m*; **p. box, booth,** cabine téléphonique; **p. number,** numéro *m* de téléphone **2.** (*a*) *vtr* téléphoner (un message) (**to,** à); **to p. s.o. (up),** téléphoner à qn (*b*) *vi* **to p. (up),** téléphoner; **to p. back,** rappeler. **'phonecard** *n* télécarte *f*. **'phone-in** *n WTel: TV:* programme *m* à ligne ouverte.

phonetic [fə'netik] *a* phonétique. **pho'netically** *adv* phonétiquement. **pho'netics** *npl* (*usu with sg const*) phonétique *f*.

phoney ['founi] *F:* **1.** *a* (**phonier, -iest**) (*of jewels, writer, etc*) faux; (*of story, company*) bidon *inv*; (*of attitude*) fumiste; **that's a p. story,** c'est un canard, un bobard **2.** *n* (*pl* **phonies**) imposteur *m*; fumiste *mf*; (*of jewel, etc*) **it's a p.,** c'est du toc.

phonograph ['founəgræf] *n NAm:* électrophone *m*.

phosphate ['fɔsfeit] *n Ch:* phosphate *m*.

phosphorescent [fɔsfə'resnt] *a* phosphorescent. **phospho'rescence** *n* phosphorescence *f*. **'phosphorus** *n Ch:* phosphore *m*.

photo ['foutou] *n* photo *f*; **to have one's p. taken,** se faire photographier. **'photocopier** *n* photocopieur *m*. **'photocopy 1.** *n* (*pl* **-ies**) photocopie *f* **2.** *vtr* (**photocopied**) photocopier (un document). **photoe'lectric** *a* (cellule) photo-électrique. **photo-'finish** *n Sp:* photo-finish *f inv*. **photogenic** [-'dʒenik] *a* photogénique. **'photograph 1.** *n* photographie *f*; **to take s.o.'s p.,** prendre une photographie de qn; **to have one's p. taken,** se faire photographier **2.** (*a*) *vtr* photographier (*b*) *vi* **to p. well,** être photogénique. **pho'tographer** *n* photographe *mf*; *Journ:* **press p.,** reporter *m* photographe. **photo'graphic** *a* photographique. **photo'graphically** *adv* photographiquement. **pho'tography** *n* photographie; **colour p.,** photographie en couleurs. **'photostat** *Rtm:* **1.** *n* photocopie **2.** *vtr* (**photostatted**) photocopier.

phrase [freiz] **1.** *n* expression *f*; locution *f*; tournure *f* de phrase; *Mus:* phrase *f* **2.** *vtr* exprimer (sa pensée); *Mus:* phraser; **a well phrased letter,** une lettre bien rédigée. **'phrasebook** *n* (*for tourists*) manuel *m* de conversation. **phraseology** [-i'ɔlədʒi] phraséologie *f*.

physical ['fizikəl] *a* physique; (objet) matériel; **p. education, exercises, training,** *F:* **jerks,** éducation *f* physique; culture physique; *Med:* **p. examination,** examen médical. **'physically** *adv* physiquement; **a p. handicapped person,** un(e) handicapé(e) physique; **p. impossible,** matériellement impossible. **phy'sician** [fi'ziʃn] *n* médecin *m*.

physics ['fiziks] *npl* (*usu with sg const*) physique *f*. **'physicist** *n* physicien, -ienne.

physiognomy [fizi'ɔnəmi] *n* physionomie *f*.

physiology [fizi'ɔlədʒi] *n* physiologie *f*. **physio'logical** *a* physiologique. **physi'ologist** *n* physiologiste *mf*.

physiotherapy [fiziou'θerəpi] *n* kinésithérapie *f*. **physio'therapist** *n* kinésithérapeute *mf*, *F:* kiné(si) *mf*.

physique [fi'zi:k] *n* physique *m*; constitution *f*; **to have a fine p.,** avoir un beau physique.

piano [pi'ænou] *n Mus:* piano *m*; **grand p.,** piano à queue; **p. key,** touche de piano. **pianist** ['piənist, 'pjæ-] *n* pianiste *mf*.

piazza [pi'ætsə] *n* place *f*; (*covered*) passage couvert.

pick [pik] **1.** *vtr & i* (*a*) **to p. a hole in sth,** faire un trou dans, à, qch (avec ses ongles, un outil); *Fig:* **to p. holes in sth,** relever les défauts de qch; **to p. one's teeth,** se curer les dents; **to p. one's nose,** se mettre les doigts dans le nez, se curer le nez; **to p. a spot,** gratter un bouton; **to p. a bone,** ronger un os; *F:* **to have a bone to p. with s.o.,** avoir un compte à régler avec qn (*b*) (*of birds*) picoter, becqueter; **to p. at one's food,** manger du bout des dents (*c*) choisir; sélectionner; repérer (les gagnants); **to p. and choose,** choisir avec soin; *Games:* **to p. sides,** tirer les camps (*d*) cueillir (des fruits, des fleurs); **to p. s.o.'s pocket,** voler qch dans la poche de qn; **to p. pockets,** pratiquer le vol à la tire (*e*) crocheter (une serrure); **to p. s.o.'s brains,** exploiter l'intelligence de qn; **to p. a fight, a quarrel, with s.o.,** chercher la bagarre à qn; chercher querelle avec qn **2.** *n* (*a*) pic *m*, pioche *f* (*b*) choix *m*; **the p. of,** le meilleur de; **the p. of the bunch,** le dessus du panier; **take your p.!** faites votre choix, choisissez! **'pickaxe,** *NAm:* **'pickax** *n* (*pl* **-axes**) pioche, pic. **'picker** *n* cueilleur, -euse (de fruits, de fleurs). **'pickings 1.** *n* choix (**of,** de); cueillette *f* (de fleurs, etc) **2.** *npl* restes *mpl*; *Com:* profits *mpl*. **'pick-me-up** *n F:* remontant *m*. **'pick 'off** *vtr* enlever (des fleurs mortes). **'pick on** *vtr* harceler (qn); accuser (qn); **why p. on me?** pourquoi moi? **pick 'out** *vtr* (*a*) enlever (qch) (avec les doigts, avec un outil) (*b*) désigner, choisir; identifier (qn); reconnaître, distinguer (une mélodie). **'pick 'over** *vtr* trier. **'pickpocket** *n* pickpocket *m*. **'pick 'up 1.** *vtr* (*a*) prendre; (*off the ground*) ramasser, relever (qch); décrocher (le téléphone); recueillir (des naufragés); soulever (qn, un poids); *Fig:* ramasser (de l'argent); attraper (un rhume); prendre (une habitude, un accent); **to p. up a child,** prendre un enfant dans ses bras; relever un enfant (qui est tombé); **to p. s.o. up on the way,** (passer) prendre qn; **I'll p. you up at the station,** je passerai vous chercher à la gare; *Knit:* **to p. up a stitch,** relever une maille (*b*) apprendre; s'initier (rapidement) à (une langue) (*c*) trouver, relever (une erreur); **to p. sth up cheap,** acheter qch bon marché (*d*) *F:* faire la connaissance de, ramasser (qn) (*e*) arrêter, ramasser (qn) (*f*) *WTel:* capter (un poste); (*of car, engine*) **to p. up (speed),** prendre de la vitesse **2.** *vi* (*a*) (*after illness*) aller mieux, retrouver ses forces; **business is picking up,** les affaires reprennent (*b*) continuer. **'pick(-)up** *n* (*a*) *Rec:* pick-up *m inv;* lecteur *m* (*b*) *Veh:* pick-up (*c*) *F:* partenaire *mf*, connaissance *f*, de rencontre.

picket ['pikit] **1.** *n* (*a*) piquet *m* (*b*) *Ind:* gréviste *mf*; **p. (line), strike p.,** piquet (de grève) **2.** *vtr* **to p. a factory,** installer des piquets de grève aux portes d'une usine.

pickle ['pikl] **1.** *n Cu:* saumure *f*; vinaigre *m*; **pickles,** pickles *mpl*; *NAm:* concombres *mpl*, cornichons *mpl*; *F:* **to be in a p.,** être dans le pétrin **2.** *vtr Cu:* mariner; conserver (au vinaigre).

picky ['piki] *a NAm:* (*choosy*) difficile.

picnic ['piknik] **1.** *n* pique-nique *m*; **the Vietnam war was no p.,** la guerre du Vietnam n'a pas été une partie de plaisir **2.** *vi* (**picnicked**) pique-niquer; faire un pique-nique. **'picknicker** *n* pique-niqueur, -euse.

picture ['piktʃər] **1.** *n* (*a*) image *f*; tableau *m*; portrait *m* (de qn); (*painted*) peinture *f*; (*drawing*) dessin *m*; (*in book*) illustration *f*; (*photo*) photo *f*; *Fig:* tableau; **p. book,** livre d'images; **p. postcard,** carte postale illustrée; **p. frame,** cadre *m*; **he's the p. of health,** il respire la santé; **she's a perfect p.,** elle est à peindre; *Fig:* **to be in the p.,** être au courant; **put me in the p.,** mets-moi au courant; **to get a (mental) p. of sth,** se représenter qch; *F:* **I get the p.,** je vois ce que c'est (*b*) *Cin:* film *m*; **to go to the pictures,** aller au cinéma **2.** *vtr* **to p. sth (to oneself),** se représenter, se figurer, s'imaginer, qch; revoir qch; décrire qch. **pic'torial** *a* en images; (*of periodical*) illustré. **pictu'resque** *a* pittoresque.

piddling ['pidliŋ] *a Pej:* dérisoire.

pie [pai] *n Cu:* (*of meat, vegetable*) tourte *f*; (*compact filling*) pâté *m* en croûte; **shepherd's, cottage, p.,** hachis *m* Parmentier; **apple p.,** (*with pastry lid*) tourte *f*, (*open*) tarte *f*, aux pommes. **'piecrust** *n Cu:* pâte *f*, croûte *f* (d'une tourte, d'une tarte). **'piedish** *n DomEc:* terrine *f*. **'pie-'eyed** *a F:* ivre, soûl.

piebald ['paibɔ:ld] *a & n* (cheval) pie (*m*).

piece [pi:s] **1.** *n* (*a*) morceau *m*; bout *m*, morceau (de pain, de papier, de chocolat, etc); parcelle *f* (de terrain); fragment *m* (de verre); **p. by p.,** pièce *f* à pièce; **to come to pieces,** se démonter; **in pieces,** en morceaux, en pièces; (*of pers, team*) **to go (all) to pieces,** craquer; **to break sth to pieces,** mettre qch en morceaux; **to smash to pieces,** briser en morceaux; **to fall to pieces,** tomber en morceaux; **in one p.,** (*of object*) intact; (*of pers*) indemne; **to pull s.o., sth, to pieces,** critiquer qn, qch, sévèrement (*b*) pièce (d'une machine); **to take a machine to pieces,** démonter une machine (*c*) *Com:* pièce (de drap); **to pay by the p.,** payer à la pièce; **all in one p.,** tout d'une pièce (*d*) **p. of work,** travail *m*; **a p. of my work,** un échantillon de mon travail; **p. out of a book,** passage *m* d'un livre; **p. of folly,** acte *m* de folie; **a p. of (good) luck,** une chance **a p. of advice,** un conseil; **a p. of carelessness,** une étourderie; **a p. of news,** une nouvelle; **a p. of luggage,** une valise; **a p. of furniture,** un meuble (*e*) pièce (de monnaie); **five pence p.,** pièce de cinq pence (*f*) morceau (de musique, de poésie); *Journ:* article *m*; **to say one's p.,** prononcer son discours; *Mus:* **three p. ensemble,** trio *m* (*g*) *Chess: etc:* pièce **2.** *vtr* rapiécer, raccommoder (qch); **to p. together,** joindre, unir; reconstituer (les faits); refaire (sa vie). **'piece-**

meal 1. *adv* petit à petit **2.** *a* peu méthodique. **'piecework** *n* travail *m* à la pièce, à la tâche.

pier [piər] *n* (*a*) jetée *f*; digue *f*; **(landing) p.,** appontement *m* (*b*) *CivE:* pilier *m*.

pierce [piəs] *vtr* percer, transpercer, pénétrer; **to have one's ears pierced,** se faire percer les oreilles. **'piercing** *a* (cri, regard) perçant; (froid, vent) glacial.

piety ['paiəti] *n* piété *f*.

piffling ['pifliŋ] *a F:* insignificant.

pig [pig] *n* (*a*) cochon *m*, porc *m*; **sucking, suckling, p.,** cochon de lait; **p. farm,** porcherie *f*; **p. breeding,** élevage de porcs; **to buy a p. in a poke,** acheter chat en poche; *F:* **pigs might fly,** dans la semaine des quatre jeudis; **to eat like a p., make a p. of oneself,** manger comme un goinfre (*b*) *F:* (*pers*) (*greedy*) goinfre; (*dirty*) sale type *m*; (*unkind*) vache *f*; (*evil*) cochon; *Metall:* **p. iron,** fer en gueuse. **'piggery** *n* (*pl* **-ies**) porcherie. **'piggish** *a* (*a*) sale, malpropre (*b*) goinfre (*c*) égoïste, désagréable. **'piggy** *a F:* goinfre. **'piggyback** *n* **to give s.o. a p.,** porter qn sur le dos. **'piggybank** *n* tirelire *f* (en forme de cochon). **'pigheaded** *a* obstiné, entêté. **'piglet** *n* porcelet *m*, cochonnet *m*. **'pigskin** *n* peau *f* de porc. **'pigsty** *n* (*pl* **-ies**) porcherie. **'pigtail** *n* natte *f*.

pigeon ['pidʒin] *n* pigeon *m*; **wood p.,** (pigeon) ramier *m*; **p. loft,** pigeonnier *m*; *Sp:* **clay p. shooting,** ball-trap *m*. **'pigeonhole 1.** *n* casier *m*; case *f* (de bureau) **2.** *vtr* classer; (*shelve*) mettre en suspens.

pigment ['pigmənt] *n* pigment *m*; *Art:* colorant *m*. **pigmen'tation** *n* pigmentation *f*.

pike [paik] *n* (*no pl*) *Ich:* brochet *m*.

pilchard ['piltʃəd] *n Ich:* pilchard *m*, sardine *f*.

pile¹ [pail] *n CivE:* pieu *m*; **built on piles,** bâti sur pilotis *m*; **p. driver,** sonnette *f*.

pile² 1. *n* (*a*) tas *m*, monceau *m*; pile *f* (d'assiettes, de linge); **atomic p.,** pile atomique; **to put in a p.,** mettre en tas; empiler; *F:* **to have piles of work,** avoir beaucoup, un tas, de travail (*b*) *F:* fortune *f*, magot *m*; **to make one's p.,** faire fortune **2.** *v* (*a*) *vtr* entasser (des objets); empiler (du bois); **to p. a table (high) with dishes,** charger une table de plats (*b*) *vi* **they piled into the car,** ils se sont entassés dans la voiture; **fifteen of them piled out of the compartment,** ils sont descendus quinze du compartiment; (*of cars*) **to p. into one another,** se caramboler. **'pile 'on** *vtr F:* **to p. on the agony,** dramatiser (qch); **to p. it on,** exagérer. **'pile 'up 1.** *vtr* entasser, amonceler (de la terre); empiler (du bois); amasser (de l'argent) **2.** *vi* s'amonceler, s'accumuler. **'pile-up** *n Aut:* collision *f* en chaîne, carambolage *m*.

pile³ *n* poils *mpl* (d'un tapis).

piles [pailz] *npl Med:* hémorroïdes *fpl*.

pilfer ['pilfər] *vtr & i* chaparder, chiper (**sth from s.o.,** qch à qn). **'pilferer** *n* chapardeur, -euse. **'pilfering** *n* chapardage *m*.

pilgrim ['pilgrim] *n* pèlerin *m*. **'pilgrimage** *n* pèlerinage *m*; **to go on a p.,** faire un pèlerinage.

pill [pil] *n* pilule *f*; (*of woman*) **to be on the p.,** prendre la pilule; **to go on, off, the p.,** se mettre à, arrêter, la pilule; *Fig:* **to sugar the p.,** dorer la pilule.

pillage ['pilidʒ] **1.** *n* pillage *m* **2.** *vtr & i* piller.

pillar ['pilər] *n* pilier *m*: colonne *f* (de fumée); **he's a p. of the Church,** c'est un pilier de l'Église; **to drive s.o. from p. to post,** envoyer qn de droite à gauche; **p. box** (*NAm:* = **mailbox**), boîte *f* à, aux, lettres; **p. box red,** rouge drapeau (*m*).

pillion ['piliən] *n* siège *m* arrière (de moto); **to ride p.,** monter derrière.

pillory ['piləri] *vtr* (*ridicule, scorn*) mettre au pilori.

pillow ['pilou] *n* oreiller *m*. **'pillowcase, -slip** *n* taie *f* d'oreiller.

pilot ['pailət] **1.** *n* (*a*) *Nau: Av:* pilote *m*; **p. light,** veilleuse *f* (de cuisinière, de chauffe-eau); **p. film,** film d'essai; *TV:* **p. series,** série(-)pilote *f*; **p. scheme,** projet(-)pilote *m* (*b*) guide *m* **2.** *vtr* piloter (un navire, un avion); mener, conduire, guider (qn à travers des obstacles).

pimento [pi'mentou] *n Bot: Cu:* piment *m*.

pimp [pimp] *n* souteneur *m*.

pimple ['pimpl] *n* bouton *m*; **to come out in pimples,** avoir une poussée de boutons. **'pimply** *a* **(-ier, -iest)** boutonneux.

pin [pin] **1.** *n* épingle *f*; *Tchn:* goupille *f*, fiche *f*; broche *f* (de serrure, *Surg:* dans un membre cassé); *El:* fiche *f*, broche (de prise de courant); *Games:* quille *f*; **safety p.,** épingle de nourrice; **drawing p.** (*NAm:* = **thumbtack**), punaise *f*; *F:* **p. money,** argent *m* de poche; **you could have heard a p. drop,** on aurait entendu voler une mouche; **for two pins I'd punch his face,** pour un rien je lui casserais la figure; **he doesn't care two pins,** il s'en moque, il s'en fiche; **to have pins and needles,** avoir des fourmis (**in,** dans) **2.** *vtr* **(pinned)** épingler (qch); attacher (qch) avec une épingle; *Tchn:* goupiller; **to p. up one's hair,** épingler ses cheveux; **to p. up a hem,** rabattre un ourlet avec des épingles; **to p. sth (up) on the wall,** fixer qch au mur (avec des punaises), punaiser qch au mur; **to p. s.o. against a wall,** clouer qn à un mur; **to p. s.o.'s arms to his sides,** coller les bras de qn au corps. **'pinball** *n Games:* **p. machine,** flipper *m*. **'pincushion** *n* pelote *f* (à épingles). **pin 'down** *vtr* immobiliser; fixer; clouer (l'ennemi); **pinned d. under a tree,** coincé sous un arbre; **to p. s.o. d.,** forcer qn à préciser ses idées; **without pinning himself d. (to anything),** sans s'engager à rien. **'pinhead** *n* tête *f* d'épingle. **pin 'on** *vtr* **to p. (sth) on s.o.,** épingler (qch) sur qn; *Fig:* rendre qn responsable de (qch); accuser qn de (un crime); coller (un crime) sur le dos de qn; **to p. one's hopes on s.o., sth,** mettre tous ses espoirs dans qn, qch. **'pinpoint** *vtr* repérer; définir. **'pinprick** *n* piqûre *f* d'épingle; *Fig:* tracasserie *f*. **'pin-stripe** *n Tex:* rayure fine; **p. suit,** costume rayé. **'pinup (girl)** *n* pin-up *f inv*.

pinafore ['pinəfɔːr] *n* tablier *m*; **p. (dress)** (*NAm:* = **jumper**), robe *f* chasuble.

pincers ['pinsəz] *npl* **(pair of) p.,** tenailles *fpl*.

pinch [pintʃ] **1.** *vtr* (*a*) pincer; serrer; **to p. off,** épincer (un bourgeon) (*b*) *F:* voler, piquer; **my purse has been pinched,** on m'a piqué mon porte-monnaie (*c*) arrêter, pincer (un criminel); **to get pinched,** se faire pincer **2.** *vi* (*of shoes*) faire mal, serrer; **to p. and scrape,** faire de petites économies **3.** *n* (*a*) pincement *m*; **to give s.o. a p.,** pincer qn; *Fig:* **to feel the p.,** souffrir (du manque d'argent, etc); **at a p.,** *NAm:* **in a p.,** au besoin (*b*) (*mark*) pinçon *m* (*c*) pincée *f* (de sel); prise *f* (de tabac). **pinched** *a* (*of face*) tiré, hâve; **to be p. (for money),** être à court d'argent.

pine¹ [pain] *n* (*a*) **p. (tree),** pin *m*; *Comest:* **p. kernel, nut,** pigne *f*; **p. forest,** pinède *f* (*b*) (bois *m* de) pin. **'pinecone** *n* pomme *f* de pin. **'pinewood** *n* (*a*) (bois de) pin (*b*) (*plantation*) pinède *f*.

pine² *vi* **to p. (away),** dépérir languir; **to p. for,** désirer vivement (retrouver), languir après.

pineapple ['painæpl] *n* ananas *m*.

ping [piŋ] *n* bruit *m* métallique. **'pinger** *n* (*on applicance*) signal *m* sonore.

ping-pong ['piŋpɔŋ] *n Games:* ping-pong *m*.

pinion ['pinjən] *n* (*a*) *Orn:* penne *f* (*b*) *MecE:* pignon *m*; **p. wheel,** roue à pignon.

pink [piŋk] **1.** *n Bot:* œillet *m*; **garden p.,** mignardise *f*; *F:* **in the p.,** en excellente santé **2.** *a & n* rose (*m*); **'pinkish** *a* rosé, rosâtre. **'pinky** *n* petit doigt.

pinnacle ['pinəkl] *n* pinacle *m* (d'un bâtiment); cime *f*, pic *m* (d'une montagne); apogée *m* (de la gloire).

pint [paint] *n Meas:* pinte *f* (= 0,57 litre; *US:* = 0,47 litre); **a p. of beer** = un demi. **'pint-sized** *a* minuscule.

pioneer [paiə'niər] **1.** *n* pionnier, -ière **2.** *vtr* entreprendre (des recherches, une étude) pour la première fois.

pious ['paiəs] *a* pieux. **'piously** *adv* pieusement.

pip [pip] **1.** *n* (*a*) point *m* (d'une carte, d'un dé) (*b*) pépin *m* (de fruit) (*c*) *Mil: F:* = galon *m*, sardine *f* (*d*) *WTel:* top *m*; *Tp:* **the pips,** le bip-bip **2.** *vtr F:* **to be pipped at the post,** se faire coiffer sur le poteau. **'pippin** *n Hort:* (pomme *f*) reinette *f*.

pipe [paip] **1.** *n* (*a*) tuyau *m*, conduit *m*, conduite *f* (*b*) *Mus:* pipeau *m*, chalumeau *m*; tuyau (d'orgue); *pl* (*bagpipes*) cornemuse *f* (*c*) pipe *f* (de fumeur); **(peace) p.,** calumet *m* de la paix; **to smoke a p.,** fumer la pipe; *F:* **put that in your p. and smoke it!** mettez ça dans votre poche et votre mouchoir pardessus; **p. cleaner,** cure-pipe *m*; **p. dream,** chimère *f* **2.** *vtr* (*a*) transporter (l'eau, le gaz) par tuyaux, par canalisation; amener (du pétrole) par pipeline; **piped music,** musique (de fond) enregistrée (*b*) dire, chanter, d'une voix flûtée; *Navy:* **to p. s.o. aboard,** rendre les honneurs du sifflet à qn (*c*) *Needlew:* passepoiler (une robe) (*d*) *Cu:* décorer (un gâteau) avec une douille. **pipe 'down** *vi F:* se taire; la boucler. **'pipeline** *n* conduite, canalisation *f*; (*for oil*) pipeline *m*, oléoduc *m*; (*for gas*) gazoduc *m*; *F:* **it's in the p.,** c'est en route. **'piper** *n* joueur *m* de cornemuse; cornemuseur *m*. **pipe 'up** *vi* (*of voice*) se faire entendre. **'piping 1.** *n* (*no pl*) (*a*) canalisations *fpl*, tuyaux *mpl*, tuyauterie *f*; **length of p.,** buyau *m* (*b*) *Needlew:* passepoil *m* **2.** *a* (*of voice*) flûté **3.** *adv* **p. hot,** très chaud, bouillant.

piquant ['pi:kənt] *a* piquant. **'piquancy** *n* goût piquant (d'un plat); piquant *m* (d'un conte, d'une situation).

pique ['pi:k] **1.** *n* pique *f*, ressentiment *m*; **fit of p.,** accès de dépit *m* **2.** *vtr* (*a*) piquer, dépiter (qn) (*b*) piquer, exciter (la curiosité de qn).

pirate ['paiərət] **1.** *n* pirate *m*; contre-facteur *m* (d'un ouvrage littéraire); voleur, -euse (d'idées); **p. radio station,** poste émetteur pirate **2.** *vtr* s'approprier, voler (une invention); contrefaire (une marque de fabrique); démarquer (un livre). **'piracy** *n* piraterie *f*; contrefaçon *f* (d'un livre). **'pirated** *a* (*of book, record, etc*) pirate. **pi'ratical** *a* de pirate.

Pisces ['paisi:z] *Prn Astr:* les Poissons *m*.

piss [pis] *P:* **1.** *n* urine *f*; pisse *f* **2.** *vi* uriner, pisser.

pistachio [pis'tæʃiou] *n* (*pl* **pistachios**) *Bot:* pistache *f*.

pistil ['pistil] *n Bot:* pistil *m*.

pistol ['pistil] *n* pistolet *m*; **p. shot,** coup de pistolet.

piston ['pistən] *n* piston *m*; **p. engine,** moteur à pistons; **p. ring,** segment *m* de piston.

pit¹ [pit] **1.** *n* (*a*) fosse *f*, trou *m*; *Aut:* **inspection p.,** fosse de visite, à réparations; **p. of the stomach,** creux *m* de l'estomac (*b*) *Min:* puits *m* de mine; mine *f* (de charbon); **chalk p.,** carrière *f* à chaux; **to work in the pits,** être mineur (de fond) (*c*) *Th:* orchestre *m*; **orchestra p.,** fosse d'orchestre (*d*) *Rac:* stand *m* de ravitaillement **2.** *vtr* opposer (qn) **(against,** à); **to p. oneself, one's wits, against,** se mesurer à. **'pitfall** *n* piège *m*. **'pithead** *n* bouche *f* de puits; carreau *m* de mine; **p. baths,** bains de la mine. **'pitted¹** *a* (métal) piqué; (visage) grêlé.

pit² *n esp NAm:* noyau *m* (de fruit). **'pitted²** *a* (fruit) dénoyauté.

pit-a-pat ['pitəpæt] *adv* **to go p.-a-p.,** (*of rain*) crépiter; (*of feet*) trottiner; (*of heart*) battre, palpiter.

pitch¹ [pitʃ] *n* poix *f*; (*from coal tar*) brai *m*. **'pitch-'black, -'dark** *a* **it's p.-d.,** il fait nuit noire, il fait noir comme dans un four. **'pitchpine** *n* faux sapin; pitchpin *m*.

pitch² **1.** *vtr* (*a*) dresser (une tente); établir (un camp) (*b*) *Mus:* **to p. one's voice higher, lower,** hausser, baisser, le ton de sa voix (*c*) lancer; jeter (une balle) **2.** *vi* (*a*) tomber; **to p. forward,** être projeté en avant (*b*) (*of aircraft, ship*) tanguer **3.** *n* (*a*) hauteur *f* (de la voix); *Mus:* ton *m*; diapason *m* (d'un instrument); **to have perfect p.,** avoir l'oreille absolue; **to rise in p.,** monter de ton (*b*) degré *m* (d'insolence); **to such a p. that,** à tel point que; **to the highest p.,** au plus haut degré (*c*) (*of aircraft, ship*) tangage *m* (*d*) *Sp:* terrain *m* (de football, de rugby) (*e*) emplacement *m*, place *f* (dans un marché) (*f*) (degré de) pente *f* (d'un toit). **'pitched** *a* **p. battle,** *Mil:* bataille rangée; *Fig:* belle bagarre. **'pitchfork** *n* fourche *f* (à foin). **pitch 'in** *vi F:* se mettre de la partie. **'pitch 'into** *vtr* (*a*) tomber la tête la première dans (un étang) (*b*) se mettre à (un travail) avec ardeur, se mettre à (un repas) avec appétit (*c*) tomber sur (qn).

pitcher ['pitʃər] *n* cruche *f*; broc *m*; *esp NAm:* pot *m* (à lait).

pith [piθ] *n* moelle *f* (d'une plante, d'un ouvrage); peau blanche (d'une orange); vigueur *f* (de l'esprit); essence *f* (d'un livre). **'pithiness** *n* (*of style*) concision *f*. **'pithy** *a* **(-ier, -iest)** (*of plant stem*) moelleux; (*of orange*) couvert de peau blanche; (*of style*) concis, vigoureux; (*of remark*) piquant et concis.

pittance ['pitəns] *n* revenu *m*, salaire *m*, de misère; somme *f* dérisoire.

pitter-patter ['pitəpætər] *n* = **patter² 2.**

pity ['piti] **1.** *n* (*a*) pitié *f*; compassion *f*; **to have, take, p. on s.o.,** avoir pitié de qn; **out of p. for s.o.,** par pitié pour qn; **for p.'s sake,** par pitié; de grâce (*b*)

what a p.! quel dommage! **it's a p. that,** c'est dommage que **2.** *vtr* plaindre (qn); avoir pitié de, s'apitoyer sur (qn). **'piteous** *a* pitoyable. **'piteously** *adv* pitoyablement. **'pitiable** *a* pitoyable, piteux. **'pitiful** *a* (*a*) pitoyable; **it's p. to see him,** il fait pitié (*b*) *Pej:* piteux, lamentable; **he's a p. speaker,** c'est un orateur minable, lamentable. **'pitifully** *adv* (*a*) pitoyablement; **p. thin,** maigre à faire pitié; d'une maigreur pitoyable (*b*) *Pej:* lamentablement. **'pitiless** *a* impitoyable; (vent) cruel. **'pitilessly** *adv* sans pitié; impitoyablement. **'pitying** *a* compatissant; (regard) de pitié. **'pityingly** *adv* avec pitié.

pivot ['pivət] **1.** *n* pivot *m*; axe *m* (de rotation) **2.** *v* (*a*) *vi* pivoter, tourner (*b*) *vtr* monter (une pièce) sur pivot.

pixie ['piksi] *n* lutin *m*.

pizza ['pi:tsə] *n Cu:* pizza *f*.

placard ['plækɑ:d] **1.** *n* écriteau *m*; affiche *f* **2.** *vtr* placarder (un mur, une annonce); afficher (une annonce).

placate [plə'keit, *NAm:* 'pleikeit] *vtr* apaiser, calmer (qn).

place ['pleis] **1.** *n* (*a*) endroit *m*; lieu *m*; **this is the p.,** c'est ici; nous y voilà; nous voilà arrivés; **a native of the p.,** quelqu'un du pays; **to move from p. to p.,** se déplacer d'un endroit à un autre; **all over the p.,** partout; **in another p.,** autre part; ailleurs; **in places,** par endroits; *NAm:* **some p.,** quelque part; *NAm:* **no p.,** nulle part; **this is no p. for you,** vous n'avez que faire ici; *F:* **to be going places,** réussir (dans la vie); **p. of worship,** église *f*; **my p. of work,** mon lieu de travail; **meeting p.,** (lieu de) rendez-vous *m*; **p. of business,** maison *f* de commerce; établissement *m*; **at my p.,** chez moi; **market p.,** place *f* du marché; **p. name,** nom de lieu; **a little p. in the country,** une petite maison à la campagne (*b*) (*position*) place; **to hold sth in p.,** tenir qch en place; **he sat in my p.,** il s'est assis à ma place; **to change places with s.o.,** changer de place avec qn; **in your p.,** à votre place; **in p. of,** à la place de; **remark out of p.,** observation déplacée; **to look out of p.,** avoir l'air dépaysé; **to take p.,** avoir lieu; se dérouler; se passer; arriver; **his anger gave p. to pity,** sa colère a fait place à un sentiment de pitié (*c*) (*at table*) place; **p. setting,** couvert *m*; **p. mat,** set *m* (de table); **to lay three places,** mettre trois couverts (*d*) (*in street names*) rue *f*, ruelle *f* (*e*) place, rang *m*; **to put s.o. in his p.,** remettre qn à sa place; *Rac:* **to back a horse for a p.,** jouer un cheval placé; *Mth:* **answer to three decimal places,** résultat à trois décimales; **in the first p.,** en premier lieu; **in the second p.,** en second lieu; **who came in third p.?** qui a été (placé) troisième? **to lose one's p.,** perdre sa place; (*in book*) **to lose, find, one's p.,** perdre, retrouver, la page (*f*) poste *m*, emploi *m*, situation *f*; **to take s.o.'s p.,** remplacer qn; **it's not my p. to do it,** ce n'est pas à moi de le faire **2.** *vtr* (*a*) placer, mettre; **to p. a book back on a shelf,** remettre un livre sur un rayon; (*of pers*) **to be awkwardly placed,** se trouver dans une situation délicate (*b*) *Com:* placer (des marchandises); passer (une commande); faire (un pari); faire accepter (un livre) **(with a publisher,** par un éditeur); **to p. a matter in s.o.'s hands,** (re)mettre une affaire entre les mains de qn (*c*) placer; donner un rang à (qn); **to be well placed,** avoir une bonne place; être bien placé **(to,** pour); **to be placed third,** se placer, se classer, troisième; (*d*) se rappeler; reconnaître; **I know his face but I can't p. him,** je le reconnais mais je n'arrive pas à le resituer. **'placing** *n* placement *m* (d'argent).

placid ['plæsid] *a* placide, calme, tranquille. **pla'cidity** *n* placidité *f*, calme *m*, tranquillité *f*. **'placidly** *adv* avec calme; tranquillement.

plagiarism ['pleidʒərizm] *n* plagiat *m*. **'plagiarist** *n* plagiaire *mf*. **'plagiarize** *vtr* plagier.

plague [pleig] **1.** *n* (*a*) fléau *m*, plaie *f* (*b*) *Med:* peste *f* **2.** *vtr* tourmenter, harceler, embêter (qn); **to p. s.o. with questions,** harceler qn de questions.

plaice [pleis] *n* (*no pl*) *Ich:* carrelet *m*, plie *f*.

plaid [plæd] *n* tissu écossais.

plain [plein] **1.** *a* (*a*) clair, évident; (*outspoken*) franc, **as p. as day,** clair comme le jour; **to make sth, oneself, p. to s.o.,** faire comprendre qch, se faire comprendre, à qn; **in p. English,** pour parler clairement; **marked in p. figures,** marqué en chiffres connus (*b*) simple; (*of fabric*) (*not patterned*) uni; (papier) non réglé; (*of cigarette*) sans filtre; **under p. cover,** sous pli discret; **in p. clothes,** en civil; *Knit:* **p. (stitch),** maille à l'endroit; **p. cooking,** cuisine simple; **p. chocolate,** chocolat à croquer; **p. truth,** vérité pure, simple; **I'll be quite p. with you,** je vais vous parler franchement; **p. answer,** réponse carrée; **p. speaking,** franc-parler *m*; **a p. man,** un homme ordinaire (*c*) (*of woman, man*) sans beauté; **to be p.,** manquer de beauté **2.** *adv* tout bonnement (fatigué, etc); **I can't put it any plainer,** je ne peux pas m'exprimer plus clairement **3.** *n Geog:* plaine *f*. **'plain-clothes** *a* (policier) en civil. **'plainly** *adv* (*a*) clairement; manifestement (*b*) (vivre) simplement; (parler) franchement; **to put it p.,** pour parler clair. **'plainness** *n* clarté *f* (de langage); netteté *f* (d'un objet lointain); simplicité *f* (de vie); franchise *f* (de langage); manque *m* de beauté. **'plainsong** *n* plain-chant *m*. **'plain-'spoken** *a* franc, carré

plaintiff ['pleintif] *n Jur:* plaignant, -ante.

plaintive ['pleintiv] *a* plaintif. **'plaintively** *adv* plaintivement; d'un ton plaintif.

plait [plæt] **1.** *n* natte *f*, tresse *f* (de cheveux) **2.** *vtr* natter, tresser.

plan [plæn] **I.** *n* (*a*) plan *m* (d'une maison, d'un livre); *Surv:* levé *m* (d'un terrain); **to draw a p.,** tracer un plan (*b*) projet *m*, plan; **to draw up a p.,** dresser un plan; **to have no plans,** n'avoir rien de prévu; **to change one's plans,** changer d'idée; **according to p.,** comme prévu; **the best p. would be to,** le mieux serait de; **it would be a good p. to,** ce serait une bonne idée de. **II.** *v* **(planned) 1.** *vtr* (*a*) faire, dessiner, tracer, le plan de (qch); planifier (la production); **the school was planned for 500 pupils,** l'école était prévue pour 500 élèves (*b*) prévoir, projeter; organiser; préparer; concevoir; **to p. to do sth,** projeter, former le projet, se proposer, de faire qch; **they were planning to rob a bank,** ils avaient l'intention d'attaquer une banque; **as planned,** comme prévu **2.** *vi* faire des projets. **'planner** *n* planificateur, -trice; **town p.,** urbaniste *mf*. **'planning** *n* organisation *f* (d'un projet, d'un complot); *PolEc:* planification *f*; *Ind: Com:* planning *m*; **town p.,** urbanisme *m*; **family p.,** planning familial.

plane[1] [plein] **1.** *n* (*a*) *Mth: etc:* plan *m*; **horizontal p.,** plan horizontal; *Mec:* **inclined p.,** plan incliné (*b*) avion *m* **2.** *a* plan, uni.

plane[2] **1.** *n Tls:* rabot *m* **2.** *vtr* raboter; aplanir.

plane[3] *n Bot:* **p. (tree),** platane *m*.

planet [ˈplænit] *n Astr:* planète *f*. **plane'tarium** *n* planétarium *m*. **'planetary** *a* (système) planétaire.

plank [plæŋk] *n* planche *f*; madrier *m*. **'planking** *n coll* planches *fpl*.

plankton [ˈplæŋktən] *n* plancton *m*.

plant [plɑːnt] **1.** *n* (*a*) plante *f*; **p. life,** (i) la vie végétale (ii) flore *f* (d'une région); **house p., pot p.,** plante d'appartement (*b*) installation *f*; usine *f*; **automobile p.,** usine d'automobiles (*c*) matérial *m*, équipment *m*; **heavy p.,** grosses machines **2.** *vtr* planter; (dé)poser (une bombe); implanter (une idée); **to p. sth on s.o.,** cacher qch sur qn; *F:* **to p. oneself in front of s.o.,** se planter, se camper, devant qn. **plan'tation** *n* plantation *f*. **'planter** *n* planteur *m*. **plant 'out** *vtr Hort:* repiquer (des semis).

plaque [plɑːk, plæk] *n* (*a*) plaque *f* (*b*) (*on teeth*) plaque dentaire.

plasma [ˈplæzmə] *n Med:* plasma *m*.

plaster [ˈplɑːstər] **1.** *n* (*a*) *Med:* emplâtre *m*; **(sticking) p.,** pansement (adhésif); sparadrap *m* (*b*) *Const: Art: Med:* plâtre *m*; **p. of Paris,** plâtre de moulage; **p. cast,** *Med:* plâtre; (moulage *m* en) plâtre; **to put a leg in p.,** mettre une jambe dans le plâtre **2.** *vtr* plâtrer (un mur); **to p. down,** plaquer (les cheveux); **to p. sth over,** enduire qch de plâtre; **plastered with mud,** couvert de boue. **'plastered** *a F:* ivre, soûl. **'plasterer** *n* plâtrier *m*.

plastic [ˈplæstik] **1.** *a* (*a*) (art) plastique; **p. surgery,** chirurgie esthétique; **p. surgeon,** chirurgien esthétique **2.** *a & n* (matière *f*) plastique (*m*); **a p. cup,** une tasse en (matière) plastique; **the plastics industry,** l'industrie des plastiques; **p. bomb, explosive,** plastic *m*. **'plasticine** *n Rtm:* pâte *f* à modeler.

plate [pleit] **1.** *n* (*a*) plaque *f*; lame *f* (de métal); *Dent:* appareil *m* dentaire; dentier *m*; *DomEc:* **hot p.,** (i) plaque chauffante (de cuisinière électrique) (ii) chauffe-assiettes *m inv*; *Aut:* **clutch p.,** disque *m* d'embrayage; **p. glass,** verre, *m* à vitre de vitrage (*b*) (*in book*) gravure *f*, estampe *f*; **full-page p.,** gravure hors texte (*c*) orfèvrerie *f*; vaisselle *f* d'or, d'argent; **it's only p.,** c'est du plaqué (*d*) *Sp:* coupe (donnée en prix) (*e*) assiette *f*; **dinner p.,** grande assiette, assiette plate; **soup p.,** assiette creuse; *F:* **to have a lot on one's p.,** avoir du pain sur la planche; *F:* **to hand s.o. sth on a p.,** servir qn sur un plateau; *Ecc:* **collection p.,** plateau de quête **2.** *vtr* plaquer (un article) (en argent, en or). **'plateful** *n* assiettée *f*, assiette. **'platelayer** *n Rail:* poseur *m* de rails. **'platerack** *n DomEc:* égouttoir *m*.

plateau [ˈplætou] *n* (*pl* **plateaux, -eaus** [ˈplætouz]) *Geog:* plateau *m*.

platform [ˈplætfɔːm] *n* (*a*) (*on bus*) *& Pol:* plateforme *f*; *Petr:* plate-forme de forage; **p. shoes,** chaussures à semelles compensées (*b*) *Rail:* quai *m*; **departure p.,** (quai de) départ *m*; **arrival p.,** (quai d')arrivée *f* (*c*) estrade *f*; (*for speaker*) tribune *f*.

platinum [ˈplætinəm] *n* platine *m*; **p., p. blond(e), hair,** cheveux platinés.

platitude [ˈplætitjuːd] *n* platitude *f*; lieu commun.

platonic [pləˈtɔnik] *a* platonique.

platoon [pləˈtuːn] *n Mil:* section *f*.

platter [ˈplætər] *n Cu:* plat *m*.

plaudits [ˈplɔːdits] *npl* applaudissements *mpl*.

plausible [ˈplɔːzibl] *a* (argument) plausible; (prétexte) spécieux; (*of pers*) convaincant. **plausi'bility** *n* plausibilité *f*. **'plausibly** *adv* plausiblement.

play [plei] **I.** *n* (*a*) jeu *m*; activité *f*; **in full p.,** en pleine activité; **to come into p.,** entrer en jeu; **to bring sth into p.,** mettre qch en jeu; **to make a p. for sth,** jouer le grand jeu pour obtenir qch; **to give full p. to sth,** donner libre cours à qch (*b*) *Tchn:* jeu (d'une pièce) (*c*) jeu; amusement *m*; **to be at p.,** être en train de jouer; **it's child's p.,** c'est un jeu d'enfant; **to say sth in p.,** dire qch pour plaisanter; **p. on words,** calembour *m*; jeu de mots (*d*) *Games:* jeu; **p. began at one o'clock,** la partie a commencé à une heure; **ball in p., out of p.,** balle en jeu, hors jeu (*e*) pièce *f* (de théâtre), spectacle *m*; **Shakespeare's plays,** le théâtre de Shakespeare. **II.** *v* **1.** *vi* (*of fountains, music, children*) jouer; (*of animals*) folâtrer; (*of record player, etc*) marcher; **to p. (at) soldiers,** jouer aux soldats; *F:* **what do you think you're playing at?** mais qu'est-ce que tu fais? **to p. about, around,** jouer, s'amuser; **to p. with a doll,** jouer avec une poupée; **to p. with one's glasses,** jouer (distraitement) avec ses lunettes; **to p. with fire,** jouer avec le feu; **to p. fair,** jouer franc jeu; **to p. for money,** jouer (pour) de l'argent; **to p. high, for high stakes,** jouer gros jeu; **to p. into s.o.'s hands,** fournir à qn des armes contre soi **2.** *vtr* (*a*) **to p. football, chess,** jouer au football, aux échecs; **to p. ball,** jouer au ballon; *Fig:* coopérer; **(with,** avec); **to p. a match,** disputer un match; **to p. an opponent, a team,** jouer contre un adversaire, une équipe; **to p. the piano, the flute,** jouer du piano, de la flûte; **to p. a piece of music,** jouer un morceau de musique (*b*) faire marcher (un tourne-disque); passer (un disque, une cassette) (*c*) *Th: Cin:* jouer (un rôle); **to p. Macbeth,** jouer Macbeth; tenir le rôle de Macbeth; **to p. the fool,** faire l'idiot; **to p. a part in doing, in sth,** contribuer à faire, à qch; **to p. a joke, a trick, on s.o.,** jouer un tour à qn (*d*) *Cards:* jouer (une carte); **to p. clubs,** jouer trêfle; **to p. s.o. at chess,** faire une partie d'échecs avec qn (*e*) *Sp:* inclure (qn) dans l'équipe (*f*) diriger (une lance) (sur un feu). **'play-act** *vi Fig:* jouer la comédie. **'play-acting** *n Fig:* comédie. **play 'back** *vtr* (faire) repasser, réécouter (une bande). **'playbill** *n* affiche *f* (de théâtre). **'playboy** *n* playboy *m*. **play 'down** *vtr* minimiser (l'importance de qch). **played 'out** *a* très fatigué, éreinté; (*of idea, method*) périmé, vieux jeu. **'player** *n* (*a*) joueur, -euse (de football, de cartes); *Mus:* musicien, -ienne; *Th:* acteur, -trice; **flute p.,** joueur, -euse, de flûte (*b*) **record p.,** tourne-disque *m*; **cassette p.,** lecteur *m* de cassettes; magnétophone *m* à cassettes. **'playful** *a* enjoué; (*of child*) joueur. **'playfulness** *n* enjouement *n*. **'playfully** *adv* gaiement; en badinant. **'playgoer** *n* amateur *m* de théâtre. **'playground** *n Sch:* cour *f* de récréation; (*in park*) aire *f* de jeu; **covered p.,** préau *m*. **'playgroup** *n* = **playschool**. **'playhouse** *n* théâtre *m*. **'play-**

ing *n* jeu; **p. card,** carte à jouer; **p. field,** terrain de jeux. **'playmate** *n* camarade *mf* de jeu. **play 'off** *vtr (a)* **to p. s.o. o. against s.o.,** opposer qn à qn *(b) Sp:* rejouer (un match nul). **'play-off** *n Sp:* second match nécessité par un match nul. **play 'on** *vi* jouer de (piano, etc); jouer sur (les sentiments de qn). **'playpen** *n* parc *m* (pour enfants). **'play-room** *n* salle *f* de jeux. **'playschool** *n* garderie *f* (d'enfants). **'plaything** *n* jouet *m*. **'playtime** *n Sch:* récréation *f*. **play 'up 1.** *vtr* **to p. s.o. up,** *(of bad luck, etc)* tracasser qn; *(of child, etc)* faire enrager qn; **my rheumatism is playing me up,** mon rhumatisme me fait mal **2.** *vi (of pers, machine)* faire des siennes; **to p. up to s.o.,** flatter qn, faire de la lèche à qn. **'playwright** *n* auteur *m* dramatique; dramaturge *mf*.

PLC, plc *abbr Public Limited Company*, SA.

plea [pliː] *n (a)* appel *m*; **to put forward a p. of insanity,** plaider la folie *(b)* excuse *f*, prétexte *m*; **p. for mercy,** appel *m* à la clémence.

plead [pliːd] **1.** *vi (a) Jur:* plaider (**for,** pour; **against,** contre); **to p. guilty, not guilty,** plaider coupable, non coupable *(b)* **to p. with s.o. to do sth,** implorer, supplier, qn de faire qch **2.** *vtr (a)* plaider; **to p. s.o.'s cause with s.o.,** plaider la cause de qn, intercéder pour qn, auprès de qn; **to p. insanity,** plaider la folie *(b)* prétexter (l'ignorance); invoquer, alléguer (une excuse). **'pleading 1.** *n* prières *fpl* (**for,** en faveur de); *Jur:* plaidoyer *m* **2.** *a* suppliant. **'pleadingly** *adv* d'un ton, d'un regard, suppliant.

pleasant ['plezənt] *a* agréable, charmant, aimable; plaisant; *(of pers)* gentil; **it's very p. here,** il fait bon ici. **'pleasantly** *adv* agréablement. **'pleasantness** *n* charme *m*; *(of pers)* amabilité *f*. **'pleasantries** *npl* plaisanteries *fpl*; civilités *fpl*.

please [pliːz] *vtr & i* plaire à (qn); faire plaisir à (qn); contenter (qn); **to be easily pleased,** être facile à contenter; **there is no pleasing him,** il n'y a pas moyen de lui plaire; **he's hard to p.,** il est difficile; **p. yourself! do as you p.!** faites comme il vous plaira, comme vous voudrez; **as much as you p.,** autant qu'il vous plaira; **p.,** s'il vous plaît; s'il te plaît; **p. don't cry,** ne pleurez pas, je vous en prie; **p. tell me,** veuillez me dire; **p. sit down,** asseyez-vous, je vous prie; **may I?—p. do!** vous permettez?—bien sûr! je vous en prie! *PN:* **p. do not walk on the grass,** pelouse interdite. **pleased** *a* satisfait, content; **to be p. with sth,** être satisfait de qch; **p. to meet you!** enchanté! **as p. as Punch,** heureux comme tout; **I'm very p. he's coming,** cela me fait grand plaisir, je suis très content, qu'il vienne; **I'll be p. to come,** je viendrai avec plaisir. **'pleasing** *a* agréable, plaisant; (expression) sympathique. **'pleasurable** *a* très agréable. **'pleasurably** *adv* agréablement. **'pleasure** ['pleʒər] *n (a)* plaisir; *m*; **with p.,** avec plaisir; volontiers; **to take p. in doing sth,** prendre (du) plaisir à faire qch; **it gave me great p.,** cela m'a fait grand plaisir; **p. trip,** partie de plaisir; **p. boat,** bateau de plaisance *(b)* volonté *f*, bon plaisir; **at p.,** à volonté; **at s.o.'s p.,** au gré de qn.

pleat [pliːt] *Dressm:* **1.** *n* pli *m*; **flat pleats,** plis couchés; **box pleats,** doubles plis; **inverted pleats,** plis creux **2.** *vtr* plisser (une jupe).

plebeian [pli'biːən] *a & n* plébien, -ienne.

plebiscite ['plebisit, -sait] *n* plébiscite *m*.

pledge [pledʒ] **1.** *n (a)* gage *m*, nantissement *m*; **p. of good faith,** garantie *f* de bonne foi *(b)* promesse *f*, engagement *m*; **I'm under a p. of secrecy,** j'ai promis de garder le secret **2.** *vtr (a)* mettre (qch) en gage, engager *(b)* promettre (**to do,** de faire).

plenary ['pliːnəri] *a* complet; entier; **p. powers,** pouvoirs absolus; pleins pouvoirs; **p. assembly,** assemblée plénière.

plenipotentiary [plenipə'tenʃəri] *a & n* plénipotentiaire *(m)*.

plenty ['plenti] *n* abondance *f*; **he has p. of everything,** il a tout ce qu'il faut; **p. of money,** beaucoup d'argent; **you have p. of time,** vous avez largement le temps; **to have p. to live on,** avoir largement de quoi vivre; **it's p. big enough,** c'est bien assez grand; **that's p.,** c'est assez, ça suffit; **in p.,** en abondance; **to live in p.,** vivre dans l'abondance; **land of p.,** pays de cocagne. **'plentiful** *a* abondant, copieux. **'plentifully** *adv* abondamment; copieusement.

plethora ['pleθərə] *n* pléthore *f*.

pleurisy ['pluərisi] *n Med:* pleurésie *f*.

pliable ['plaiəbl] *a* flexible; souple; (caractère) docile. **plia'bility** *n* flexibilité *f*; souplesse *f*; docilité *f* (de caractère).

pliers ['plaiəz] *npl Tls:* **(pair of) p.,** pince(s) *f(pl)*, tenaille(s) *f(pl)*.

plight [plait] *n* situation *f* critique; **(sorry) p.,** triste situation.

plimsolls ['plimsoulz] *npl (NAm:* = **sneakers)** chaussures *fpl* de tennis; tennis *mpl*.

plinth [plinθ] *n Arch:* plinthe *f*; socle *m*.

PLO *abbr Palestinian Liberation Organization*, Organisation de libération de la Palestine, OLP.

plod [plɔd] *vi* **(plodded)** marcher lourdement, péniblement; **to p. (along),** avancer, travailler, laborieusement; **to p. on,** persévérer; **to p. (away),** travailler laborieusement (**at sth,** à qch); **to p. through,** lire laborieusement (un livre). **'plodder** *n* bûcheur, -euse. **'plodding** *a* lent; *(of step)* pesant.

plonk [plɔŋk] *F:* **1.** *n (a)* bruit sourd *(b) P: (wine)* pinard *m* **2.** *int* plouf! *vtr* **to p. sth down,** poser qch (bruyamment); **to p. oneself down,** s'asseoir lourdement; se laisser tomber.

plop [plɔp] *F:* **1.** *n* flac *m*, plouf *m* **2.** *vi* **(plopped)** faire flac; tomber en faisant plouf.

plot [plɔt] **1.** *n (a)* **p. (of land),** terrain *m*; *(in garden)* carré *m* de terre; **building p.,** terrain à bâtir; **vegetable p.,** carré *m* des légumes *(b)* intrigue *f*, action *f* (d'un roman, d'une pièce de théâtre); **the p. thickens,** l'affaire se corse *(c)* complot *m*, conspiration *f* **2.** *v* **(plotted)** *(a) vtr* **to p. (out),** déterminer; tracer (une route, un graphique); relever (sa position); *Nav:* **to p. the position,** faire le point *(b) vtr & i* comploter, conspirer (**against s.o.,** contre qn). **'plotter** *n* conspirateur, -trice. **'plotting** *n (a)* levé *m* (d'un terrain) *(b)* tracé *m*, graphique *m* *(c)* complots *mpl*.

plough, *NAm:* **plow** [plau] **1.** *n* charrue *f* **2.** *vtr & i* labourer (la terre); tracer, creuser (un sillon); **to p. into,** percuter; **to p. (one's way) through the snow,** avancer péniblement dans la neige; **to p. through a fence,** défoncer une barrière; **to p. through a book,**

lire laborieusement un livre jusqu'au bout; **to p. on,** continuer avec difficulté, laborieusement. **plough 'back** *vtr Com:* réinvestir (les bénéfices) dans (une société). **'ploughing** *n* labour *m*; labourage *m*; *Com:* **p. back of profits,** autofinancement *m*. **'ploughman** *n* (*pl* **-men**) laboureur *m*; **ploughman's lunch,** assiette composée (de crudités et de fromage). **plough 'up** *vtr* faire passer la charrue sur (un champ); (*of animals, explosions*) défoncer (le terrain).

plover ['plʌvər] *n Orn:* pluvier *m*.

plow [plau] *n & v NAm: see* **plough**.

ploy [plɔi] *n* stratagème *m*.

pluck [plʌk] **1.** *vtr* plumer (une volaille); cueillir (des fleurs); pincer (de la guitare); **to p. one's eyebrows,** s'épiler les sourcils; **to p. (at) s.o.'s sleeve,** tirer qn par la manche **2.** *n* courage *m*; *F:* cran *m*. **pluck 'up** *vtr* **to p. up (one's) courage,** s'armer de courage; prendre son courage à deux mains (**to do sth,** pour faire qch). **'pluckily** *adv* avec courage. **'plucky** *a* **(-ier, -iest)** courageux; **to be p.,** avoir du cran.

plug [plʌg] **1.** *n* (*a*) tampon *m* bouchon *m* (de coton hydrophile, de bois, etc); bonde *f* (de baignoire, de lavabo, de tonneau); *El:* fiche *f*, prise *f* (mâle); *Elcs: Tp:* fiche; *ICE:* **(spark) p.,** bougie *f* (*b*) *F:* battage *m* publicitaire **2.** *vtr* **(plugged)** (*a*) **to p. (up),** boucher, obturer (une ouverture); obstruer (une cavité dentaire) (*b*) *F:* faire du battage publicitaire pour (un produit). **plug a'way** *vi F:* bosser (**at,** à). **'plughole** *n* trou *m* (d'écoulement) (de baignoire, de lavabo), vidange *f*. **plug 'in** *vtr & i El:* brancher (la télévision, une lampe).

plum [plʌm] *n* (*a*) prune *f*; **p. (tree),** prunier *m*; *Cu:* **p. pudding,** pudding *m* (de Noël) (*b*) morceau *m* de choix; **a p. job,** un travail en or, un bon fromage (*c*) **p. (colour),** prune.

plumage ['plu:midʒ] *n* plumage *m*.

plumb [plʌm] **1.** *n* plomb *m* (de fil à plomb); **p. line,** fil à plomb; *Nau:* (ligne de) sonde *f* **2.** *a* droit; vertical; d'aplomb **3.** *adv NAm: F:* complètement (fou, etc); **p. in the middle,** en plein milieu **4.** *vtr* sonder; vérifier l'aplomb de (qch); plomber (un mur). **'plumber** *n* plombier *m*. **plumb 'in** *vtr* raccorder (une machine à laver). **'plumbing** *n* plomberie *f*.

plume [plu:m] *n* plume *f*; plumet *m* (de casque); **a p. of smoke,** un panache de fumée.

plummet ['plʌmit] *vi* (*of aircraft, etc*) plonger; (*of prices*) dégringoler.

plump¹ [plʌmp] *a* (*of pers*) grassouillet, dodu; (*of chicken, arm*) dodu, bien en chair; (*of hands*) potelé; (*of cushion, cheek*) rebondi. **'plumpness** *n* rondeur *f*. **plump 'up** *vtr* secouer, brasser (un oreiller).

plump² *vtr & i* **to p. (down),** jeter, flanquer, déposer brusquement (qch); **to p. (oneself) down,** tomber lourdement; s'affaler (**in a chair,** dans un fauteuil). **plump 'for** *vtr F:* se décider pour, choisir.

plunder ['plʌndər] **1.** *n* (*a*) (*act*) pillage *m* (*b*) (*goods*) butin *m* **2.** *vtr* piller.

plunge ['plʌndʒ] **1.** *n* plongeon *m*; chute *f*; *Fig:* **to take the p.,** se jeter à l'eau **2.** *v* (*a*) *vtr* plonger; immerger; **plunged in darkness,** plongé dans l'obscurité (*b*) *vi* plonger (**into,** dans); tomber (**from,** de); se lancer; se jeter (à corps perdu); (*of ship*) tanguer; **to p. forward,** s'élancer en avant; **she plunged to her death,** elle a fait une chute mortelle. **'plunger** *n DomEc:* ventouse *f* (pour déboucher un tuyau), débouchoir *m*. **'plunging** *a* (décolleté) plongeant.

pluperfect [plu:'pə:fikt] *a & n Gram:* plus-que-parfait (*m*).

plural ['pluərəl] *a & n Gram:* pluriel (*m*); **in the p.,** au pluriel; **p. noun,** nom au pluriel.

plus [plʌs] **1.** *prep* plus **2.** *n* (*pl* **pluses** ['plʌsiz]) **p. (sign),** plus *m*; *Fig:* atout *m*, avantage *m*; **it's a p.,** c'est un (avantage en) plus **3.** *a* positif; **twenty p.,** vingt et quelques.

plush [plʌʃ] **1.** *n Tex:* peluche *f* **2.** *a F:* (*also* **'plushy**) luxueux, somptueux.

plutocrat ['plu:təkræt] *n* ploutocrate *m*. **plu'tocracy** *n* ploutocratie *f*.

plutonium [plu:'touniəm] *n Ch:* plutonium *m*.

ply¹ [plai] *v* **(plied) 1.** *vtr* manier (qch) (vigoureusement); exercer (son métier); **to p. s.o. with questions,** bombarder qn de questions; **to p. s.o. with drink,** faire boire continuellement à qn **2.** *vi* faire le service, la navette (**between, and,** entre, et); **to p. for hire,** faire un service de taxi.

ply² *n* épaisseur *f* (de contre-plaqué); fil *m* (de corde, de laine); **three-p. wool,** laine trois fils. **'plywood** *n* contre-plaqué *m*.

PM *abbr Prime Minister.*

p.m. [pi:'em] *adv* de l'après-midi, du soir; **at four p.m.,** à quatre heures de l'après-midi.

pneumatic [nju:'mætik] *a* pneumatique; **p. drill,** marteau-piqueur *m*, marteau *m* pneumatique.

pneumonia [nju:'mouniə] *n Med:* pneumonie *f*.

PO *abbr Post Office;* **PO Box,** *Post Office Box,* Boîte Postale, BP.

poach¹ [poutʃ] *vtr Cu:* pocher (des œufs). **'poacher¹** *n DomEc:* **(egg) p.,** pocheuse *f*.

poach² *vtr & i* braconner (le gibier); débaucher, piquer (un employé d'une firme rivale); **to p. on s.o.'s preserves,** empiéter sur les prérogatives de qn; braconner sur les terres de qn. **'poacher²** *n* braconnier *m*. **'poaching** *n* braconnage *m*.

pocket ['pɔkit] **1.** *n* poche *f*; *Bill:* blouse *f*; *Fig:* poche, îlot *m* (de résistance); **air p.,** trou *m* d'air; (*in pipe*) poche d'air; **trouser p.,** poche de pantalon; **hip p.,** poche revolver; **breast p.,** poche de poitrine; **to put one's hands in one's pockets,** mettre les mains dans ses poches; **he's always got his hand in his p.,** il est toujours à débourser; **to have s.o. in one's p.,** avoir qn dans sa manche; **to go through s.o.'s pockets,** faire les poches à qn; **p. handkerchief,** mouchoir de poche; **p. dictionary,** dictionnaire de poche; **p. money,** argent de poche; **to be in p.,** être béneficiaire; **to be out of p.,** en être de sa poche; **I'm £5 out of p.,** j'ai perdu 5 livres **2.** *vtr* (*a*) empocher, mettre (qch) dans sa poche (*b*) *Pej:* soustraire (de l'argent); *F:* empocher, chiper (qch) (*c*) *Bill:* blouser (la bille). **'pocketbook** *n* (*a*) carnet *m* (*b*) *NAm:* sac *m* à main. **'pocketful** *n* pleine poche. **'pocketknife** *n* (*pl* **-knives**) canif *m*.

pockmarked ['pɔkma:kt] *a* marqué de la petite vérole; (visage) grêlé.

pod [pɔd] *n* cosse *f*, gousse *f*.

podgy ['pɔdʒi] *a* **(-ier, -iest)** dodu; rondelet.

podium ['poudiəm] *n* podium *m*.

poem ['pouim] *n* poème *m*; poésie *f*. **'poet** *n* poète *m*. **poe'tess** *n* (*pl* **-es**) femme *f* poète; poétesse *f*. **po'etic(al)** *a* poétique. **po'etically** *adv* poétiquement. **'poetry** *n* poésie; **to write p.**, écrire des vers; **a piece of p.**, une poésie.

poignant ['pɔinjənt] *a* poignant; vif. **'poignancy** *n* caractère poignant (d'une émotion). **'poignantly** *adv* d'une façon poignante.

poinsettia [pɔin'setiə] *n Bot:* poinsettia *f*.

point [pɔint] **I.** *n* (*a*) point *m*; **decimal p.**, virgule *f*; **three p. five (3.5)**, trois virgule cinq (3,5); **p. of departure**, point de départ; **p. of view**, point de vue; **to consider sth from all points of view**, considérer qch sous tous ses aspects (*b*) point, détail *m* (d'un argument); intérêt *m*; remarque *f*; **the main p.**, l'essentiel *m*, l'important *m*; **figures that give p. to his argument**, chiffres qui ajoutent du poids à sa thèse; **I see, take, your p.**, je vois ce que vous voulez dire; **p. taken!** très juste! **to make a p.**, faire ressortir un argument; **points to be remembered**, considérations *fpl* à se rappeler; **to make a p. of doing sth**, prendre garde, ne pas manquer, de faire qch; **p. of grammar, of law**, question *f* de grammaire, de droit; **p. of honour**, point d'honneur; **in p. of fact**, en fait; à vrai dire; **case in p.**, cas d'espèce (*c*) **the p.**, le point, le sujet, la question; **the p. is (that)**, c'est que; **that's the p.**, justement; **that's not the p.**, il ne s'agit pas de ça; **beside the p.**, à côté de la question; hors de propos; **this is very much to the p.**, c'est très pertinent; **p. of interest**, détail intéressant; **his good points**, ses qualités *f*; **his bad points**, ses défauts; **to be on the p. of doing sth**, être sur le point de faire qch; **at this p. in time**, en ce moment; **p. of no return**, point de non-retour; **up to a (certain) p.**, jusqu'à un certain point; **to come to the p.**, arriver au fait; **on this p.**, à cet égard; **your remark is not to the p.**, votre observation manque d'à-propos; **let's get back to the p.**, revenons à nos moutons; **get to the p.!** au fait! (*d*) sens *m* **what would be the p.? what's the p.?** à quoi bon (**of waiting, etc**, attendre, etc)? **there is no p. in (doing) it**, ça ne servirait à rien; **I don't see the p. of the story**, je ne vois pas où l'histoire veut en venir; **severe to the p. of cruelty**, sévère jusqu'à la cruauté (*e*) *Games:* point; *Box:* **to win on points**, gagner aux points; *Ten:* **match p., set p.**, balle *f* de match, de set (*f*) *Meas:* degré *m* (de thermomètre); **freezing, boiling, p.** point de congélation, d'ébullition (*g*) pointe *f* (d'une aiguille); piquant *m* (d'une plaisanterie); **to dance on point(s)**, faire les pointes; *Rail:* **points**, aiguillage *m*; **the points of the compass**, les aires *f* du vent; **policeman on p. duty**, agent de circulation (*h*) *Geog:* pointe, promontoire *m* (*i*) *El:* **(power) p.**, prise *f* (de courant). **II.** *v* **1.** *vtr* (*a*) pointer, diriger (une longue-vue); braquer (un fusil) (**at,** sur); tourner (un véhicule) (**towards,** vers); **to p. one's finger at s.o., sth**, montrer, indiquer, qn, qch, du doigt, pointer son doigt vers qn, qch; **to p. the way**, montrer, indiquer, le chemin (à qn, vers un endroit); *Fig:* montrer la voie (**to,** à) (*b*) *Const:* jointoyer (un mur) **2.** *vi* **to p. at s.o., sth**, indiquer, montrer, qn, qch, du doigt; **to p. east**, indiquer l'est; **the needle of the compass always points (to the) north**, l'aiguille de la boussole est toujours orientée vers le nord; **to be pointing**, (*of car*) être tourné (**towards,** *vers*); (*of gun*) être braqué (**at,** sur); **everything seems to p. to success**, tout semble indiquer le succès; **this points to the fact that**, ceci laisse supposer que. **point-'blank 1.** *a* (tir) à bout portant; (refus) net, catégorique; (*of question*) fait de but en blanc **2.** *adv* (tirer) à bout portant; (refuser) catégoriquement; (tirer, demander) de but en blanc. **'pointed** *a* pointu; (barbe) en pointe; (*of comment*) pertinent; mordant; (allusion) peu équivoque. **'pointedly** *adv* avec pertinence; d'un ton mordant. **'pointer** *n* (*a*) chien *m* d'arrêt; pointer *m* (*b*) index *m* (sur un cadran); aiguille (d'horloge); baguette *f* (pour indiquer qch au tableau noir) (*c*) conseil *m*; (*clue*) indice *m*; **to be a p. to,** laisser entrevoir (une solution possible, etc). **'pointless** *a* (histoire) qui ne rime à rien; (plaisanterie) fade; (démarche) inutile, futile; **it would be p. to,** il ne servirait à rien de. **'pointlessly** *adv* inutilement. **'pointlessness** *n* inutilité *f*. **point 'out** *vtr* (*a*) indiquer, montrer (qch) du doigt (**to s.o.,** à qn) (*b*) signaler, relever (une erreur); **to p. o. sth to s.o.,** attirer l'attention de qn sur qch; faire remarquer qch à qn. **point-to-'point** *n Equit:* course *f* au clocher.

poise [pɔiz] **1.** *n* (*a*) équilibre *m*, aplomb *m* (*b*) port *m* (du corps); grâce *f* (*c*) assurance *f*, calme *m* **2.** *vtr* équilibrer; tenir en équilibre. **poised** *a* en équilibre; suspendu; calme; **p. ready to spring,** prêt à bondir; **p. between life and death,** entre la vie et la mort.

poison ['pɔizn] **1.** *n* poison *m*; venin *m* (de serpent); **to take p.**, s'empoisonner; **p. gas,** gaz toxique; **to hate s.o. like p.**, ne pas pouvoir sentir qn; *Bot:* **p. ivy,** sumac vénéneux **2.** *vtr* empoisonner; intoxiquer (qn); corrompre, pervertir (l'esprit de qn). **'poisoner** *n* empoisonneur, -euse. **'poisoning** *n* empoisonnement *m*; intoxication *f*; **food p.**, intoxication alimentaire; **blood p.**, empoisonnement du sang. **'poisonous** *a* toxique; (*of animal*) venimeux; (*of plant*) vénéneux; **p. doctrine,** doctrine pernicieuse, empoisonnée; **she has a p. tongue,** elle a une langue de vipère; **she's a p. creature!** c'est une vraie poison!

poke [pouk] **I.** *n* (petit) coup; poussée *f*; (*nudge*) coup *m* de coude; (*with finger*) coup du bout du doigt; **to give s.o. a p. in the ribs,** cogner qn du coude. **II.** *v* **1.** *vtr* (*a*) toucher (qn, qch) du bout du doigt; pousser (qn) du coude (*b*) tisonner (le feu) (*c*) fourrer, enfoncer (qch) (**into,** dans); **to p. one's finger at,** pointer le doigt vers; **to p. one's head out of the window,** passer la tête par la fenêtre; **to p. one's nose into other people's business,** fourrer le nez dans les affaires d'autrui; **to p. a hole in,** faire un trou dans; **to p. out s.o.'s eye,** crever un œil à qn; **to p. fun at s.o.,** se moquer de qn **2.** *vi* pousser; **to p. about, around, in,** fouiner, fouiller, fureter dans; **to p. into other people's business,** fourrer le nez dans les affaires d'autrui. **'poker**[1] *n* tisonnier *m*.

poker[2] ['poukər] *n Cards:* poker *m*.

poky ['pouki] *a* (**-ier, -iest**) (*of room*) exigu et misérable; rikiki; *NAm:* (*slow*) lent.

Poland ['poulənd] *Prn Geog:* Pologne *f*. **Pole**[1] *n* Polonais, -aise. **'Polish**[1] **1.** *a & n* polonais, -aise **2.** *n Ling:* polonais *m*.

pole² [poul] *n* perche *f*; mât *m* (de tente, de drapeau); **telegraph p.,** poteau *m* télégraphique; *F:* **to be up the p.,** être fou, toqué; *Sp:* **p. vaulting,** saut à la perche. **'poleax(e)** *vtr* assommer.

pole³ *n Geog:* pôle *m*; **South P.,** pôle sud; **the p. star,** l'étoile polaire; *Fig:* **to be poles apart,** être aux antipodes l'un de l'autre. **'polar** *a* polaire; **p. bear,** ours blanc. **polari'zation** *n* polarisation *f*. **'polarize** *vtr* polariser.

polemic [pə'lemik] *n* polémique *f*.

police [pə'li:s] **1.** *n inv* (*no pl*) **p. (force),** police *f*; **p. superintendent** = commissaire de police; **p. inspector** = inspecteur de police; (*in CID*) commissaire de police; **p. constable, officer** = agent de police; **p. station** = commissariat *m* (de police); **p. cadet,** agent de police stagiaire; **p. car,** voiture de police; **p. dog,** chien policier; **p. inquiry,** enquête de la police; **p. state,** état policier; **river p.,** police fluviale; **Royal Canadian Mounted P.,** Gendarmerie royale du Canada **2.** *vtr* maintenir l'ordre, la paix, dans (un pays); contrôler (la frontière). **po'liceman** *n* (*pl* **-men**) agent *m* de police. **po'licewoman** *nf* (*pl* **-women**) femme-agent.

policy ['pɔlisi] *n* (*pl* **policies**) (*a*) politique *f*; règle *f*, façon *f* d'agir; *pl Pol:* politique; **matter of p.,** question *f* de principe; **foreign p.,** politique extérieure; **our p. is to satisfy our customers,** notre but *m* est de satisfaire nos clients (*b*) **(insurance) p.,** police *f* (d'assurance); **p. holder,** assuré, -ée.

poliomyelitis, *F:* **polio** [poulioumaiə'laitis, 'pouliou] *n Med:* poliomyélite *f*, polio *f*; **p. victim,** polio *mf*.

polish² ['pɔliʃ] **1.** *n* (*pl* **polishes**) (*a*) vernis *m* poli *m*, brillant *m*, lustre *m*; **to give sth a p.,** faire briller qch; **to take the p. off sth,** dépolir qch (*b*) **household p.,** produit *m* d'entretien; (*for furniture, floors*) encaustique *f*, cire *f*; **(shoe) p.,** cirage *m*; **nail p.,** vernis *m* à ongles (*c*) *Fig:* raffinement *m* **2.** *vtr* polir; cirer (des chaussures, des meubles, le parquet); astiquer (le métal); *Fig:* raffiner (ses manières); polir (son style). **polish 'off** *vtr F:* liquider, finir (en vitesse) (un repas, son travail, etc). **polish 'up** *vtr* faire reluire (qch); astiquer (du métal); travailler (son français). **'polished** *a* poli; (*of furniture, shoes*) ciré; (style) raffiné. **'polisher** *n Tls:* polissoir *m*; (*for floors*) cireuse *f*.

polite [pə'lait] *a* poli, courtois (**to s.o.,** envers, avec, qn); **p. society,** la bonne société. **po'litely** *adv* poliment; avec politesse. **po'liteness** *n* politesse *f*.

politics ['pɔlitiks] *npl* (*usu with sg const*) politique *f*; **to talk p.,** parler politique; **to go into p.,** se lancer dans la politique. **'politic** *a* politique, avisé. **po'litical** *a* politique; **p. parties,** partis politiques; **p. science,** sciences politiques. **po'litically** *adv* politiquement. **poli'tician** *n* homme *m*, femme *f*, politique; *Pej:* politicien, -ienne. **po'liticize** *vtr* politiser.

polka [pɔlkə, *NAm:* 'poulkə] *n Danc:* polka *f*; **p. dot,** pois *m*.

poll [poul] **1.** *n* (*a*) vote *m*; scrutin *m*; élection *f*; (*turnout*) participation électorale; (*list*) liste électorale; **to go to the polls,** aller aux urnes *f*; **to declare the p.,** proclamer le résultat du scrutin; **50% of the p.,** 50% des votants (*b*) **(opinion) p.,** sondage *m* (d'opinion); **Gallup p.,** (sondage) Gallup *m* **2.** *vtr* (*of candidate*) obtenir (des voix); sonder l'opinion de (qn); **to p. a vote,** donner sa voix. **'polling** *n* élections *fpl*; **p. booth,** isoloir *m*; **p. station,** bureau *m* de vote.

pollen ['pɔlən] *n Bot:* pollen *m*. **'pollinate** *vtr* transporter du pollen sur les stigmates (d'une fleur).

pollute [pə'lu:t] *vtr* polluer; *Fig:* souiller, corrompre. **po'llutant** *n* polluant *m*. **po'llution** *n* pollution *f*; *Fig:* souillure *f*.

polo ['poulou] *n Sp:* polo *m*; **water p.,** water-polo *m*; *Cl:* **p. neck,** col roulé. **'poloneck(ed)** *a* (chandail) à col roulé.

poltergeist ['pɔltəgaist] *n* esprit frappeur.

polyester [pɔli'estər] *n Tex:* polyester *m*.

polyethylene [pɔli'eθili:n] *n Ch:* polyéthylène *m*.

polygamy [pə'ligəmi] *n* polygamie *f*. **po'lygamist** *n* polygame *mf*.

polyglot ['pɔliglɔt] *a & n* polyglotte (*mf*).

polygon ['pɔligən] *n* polygone *m*. **po'lygonal** *a* polygonal.

Polynesia [pɔli'ni:ziə] *Prn Geog:* Polynésie *f*. **Poly'nesian** *a & n* polynésien, -ienne.

polyp ['pɔlip] *n* polype *m*.

polystyrene [pɔli'stairi:n] *n Ch:* polystyrène *m*.

polytechnic, *F:* **poly** [pɔli'teknik, 'pɔli] *n* (*pl* **polys**) institut *m* universitaire de technologie.

polythene ['pɔliθi:n] *n* polyéthylène *m*; **p. bag,** sac *m* en plastique.

polyurethane [pɔli'juərəθein] *n Ch:* polyuréthane *m*.

pomegranate ['pɔmigrænit] *n Bot:* grenade *f*.

pom(my) ['pɔm(i)] *n* (*pl* **pommies**) *Austr: & NZ: F:* Anglais, -aise.

pomp [pɔmp] *n* pompe *f*, éclat *m*, faste *m*; **p. and circumstance,** (grand) apparat. **pom'posity** *n* emphase *f*, solennité *f*. **'pompous** *a* pompeux; (homme) suffisant. **'pompously** *adv* pompeusement, avec suffisance.

pompon ['pɔmpɔn] *n* pompon *m*.

pond [pɔnd] *n* étang *m*; mare *f*; bassin *m* (de jardin).

ponder ['pɔndər] **1.** *vtr* réfléchir à (une question); ruminer **2.** *vi* réfléchir; **to p. on, over, sth,** réfléchir à, méditer sur, qch. **'ponderous** *a* lourd, pesant.

pong [pɔŋ] *F:* **1.** *n* puanteur *f* **2.** *vi* puer, *P:* schlinguer.

pontiff ['pɔntif] *n Ecc:* pontife *m*; **the (sovereign) p.,** le (souverain) pontife, le pape. **pon'tifical** *a* pontifical. **pon'tificate** *vi Pej:* pontifier.

pontoon [pɔn'tu:n] *n* ponton *m*; **p. bridge,** pont de bateaux, pont flottant (*b*) *Cards:* vingt-et-un *m*.

pony ['pouni] *n* (*pl* **ponies**) poney *m*; **p. trekking,** randonnées *fpl* à dos de poney. **'ponytail** *n Hairdr:* queue *f* de cheval.

poodle ['pu:dl] *n* caniche *m*.

poof(ter) [puf(tər)] *n P: Pej:* (*homosexual*) pédé *m*.

pooh! [pu:] *int* (*a*) bah! bof! (*b*) ça pue!

pooh-pooh [pu:'pu:] *vtr F:* dédaigner; se moquer de; traiter à la légère.

pool¹ [pu:l] *n* (*a*) étang *m*; **(swimming) p.,** piscine *f* (*b*) flaque *f* (d'eau, d'huile); mare *f* (de sang).

pool² **1.** *n* (*a*) **(football) pools,** pronostics *mpl* (sur les matchs de football) (*b*) réservoir *m* (de talent, d'expérience); équipe *f* (de conseillers); **typing p.,**

pool *m* dactylographique, de dactylos (*c*) cagnotte *f* (*d*) billard américain **2.** *vtr* mettre en commun (des capitaux); unir.

pooped [pu:pt] *a NAm: F:* vanné, crevé.

poor ['puər] **1.** *a* (*a*) pauvre; **as p. as a church mouse,** pauvre comme Job (*b*) (*not good*) mauvais; (*of quality*) médiocre; (*of soil*) maigre; **p. excuse,** mauvaise excuse; **to have a p. opinion of s.o.,** avoir une pauvre opinion de qn; **he's p. at maths,** il est faible en maths; **p. thing!** le, la, pauvre! **2.** *npl* **the p.,** les pauvres *mpl.* **'poorly 1.** *adv* pauvrement (vêtu, meublé); **p. lit,** mal éclairé **2.** *a* malade, souffrant; **to look p.,** avoir mauvaise mine. **'poorness** *n* pauvreté *f*; infériorité *f*; mauvaise qualité.

pop¹ [pɔp] **1.** *n* (*a*) bruit sec; pan *m*; **to go p.,** faire pan; (*of champagne bottle*) faire pop (*b*) *NAm:* **(soda) p.,** soda *m* **2.** *v* **(popped)** (*a*) *vi* éclater, péter; (*of cork*) sauter; (*of balloon*) crever; (*of ears*) se déboucher; *F:* **to p. across, over, round, to the grocer's,** faire un saut chez l'épicier (*b*) *vtr* crever (un ballon); faire sauter (un bouchon); *F:* **to p. sth into a drawer,** mettre, fourrer, qch dans un tiroir; **to p. one's head out of the window,** sortir sa tête par la fenêtre; *F:* **he popped the question,** il lui a demandé de l'épouser. **'popcorn** *n Comest:* pop-corn *m.* **'pop-eyed** *a* aux yeux exorbités. **'popgun** *n* pistolet *m* d'enfant. **pop 'in** *vi F:* entrer (en passant); ne faire qu'entrer et sortir. **pop 'off** *vi F:* (*a*) filer, déguerpir (*b*) mourir (subitement). **pop 'out** *vi F:* sortir (un instant); **his eyes were popping out of his head,** les yeux lui sortaient de la tête. **'popper** *n F:* bouton-pression *m*, pression *m or f.* **pop 'up** *vi F:* (*of pers*) surgir, réapparaître; (*of question*) surgir. **'pop-up book** *n* livre *m* animé, en relief.

pop² *n NAm: F:* papa *m.*

pop³ *F:* (= **popular**) *a & n* pop (*m inv*); **p. song,** chanson pop; **p. concert, singer,** concert, chanteur pop; **p. music,** musique pop; **p. art,** pop'art *m.*

pope [poup] *n* pape *m*; **p.'s nose,** croupion *m* (de poulet).

poplar ['pɔplər] *n Bot:* peuplier *m.*

poppy ['pɔpi] *n* (*pl* **poppies**) *Bot:* pavot *m*; **field p.,** coquelicot *m*; **p. day,** anniversaire *m* de l'Armistice. **'poppycock** *n F:* fadaises *fpl.* **'poppyseed** *n* graine(s) *f*(*pl*) de pavot.

popsicle ['pɔpsikl] *n NAm:* (*ice lolly*) esquimau *m.*

popular ['pɔpjulər] *a* (*a*) populaire; du peuple; **p. work, treatise,** ouvrage de vulgarisation; **p. error,** erreur courante (*b*) populaire; (livre) à la mode; **to be p. with,** plaire beaucoup à. **popu'larity** *n* popularité *f.* **populari'zation** *n* vulgarisation *f.* **'popularize** *vtr* populariser; vulgariser. **'popularly** *adv* communément; **it is p. believed that,** les gens croient que.

populate ['pɔpjuleit] *vtr* peupler; **thickly populated area,** région très peuplée. **popu'lation** *n* population *f*; **p. explosion,** explosion *f* démographique. **'populous** *a* populeux.

porcelain ['pɔ:slin] *n* porcelaine *f.*

porch [pɔ:tʃ] *n* (*a*) porche *m*, portique *m* (*b*) *NAm:* véranda *f.*

porcupine ['pɔ:kjupain] *n Z:* porc-épic *m.*

pore¹ [pɔ:r] *n Anat:* pore *m.*

pore² *vi* **to p. over,** étudier de près (un livre, une question, etc).

pork [pɔ:k] *n Cu:* (viande *f* de) porc *m*; **salt p.,** porc salé; **p. chop,** côtelette *f* de porc; **p. pie,** pâté *m* de porc (en croûte); **p. butcher,** charcutier, -ière.

pornography, *F:* **porn** [pɔ:'nɔgrəfi, pɔ:n] *n* pornographie *f.* **porno'graphic.** *F:* **'porny** *a* **(-ier, -iest)** pornographique, *F:* porno.

porous ['pɔ:rəs] *a* poreux.

porpoise ['pɔ:pəs] *n Z:* marsouin *m.*

porridge ['pɔridʒ] *n* porridge *m*; **p. oats,** flocons *mpl* d'avoine.

port¹ [pɔ:t] *n* port *m*; **free p.,** port franc; **naval p., fishing p.,** port militaire, de pêche; **p. of call,** escale *f*; **p. authorities,** autorités *fpl* portuaires; **p. charges,** droits de port.

port² **1.** *n Nau: Av:* **p. (side),** bâbord *m* **2.** *a* de babord.

port³ *n* vin *m* de Porto; porto *m.*

portable ['pɔ:təbl] *n* portatif, portable.

portal [pɔ:tl] *n* portail *m* (de cathédrale).

porter ['pɔ:tər] *n* (*a*) portier *m*, concierge *m*; gardien, -ienne; **porter's lodge,** loge de concierge (*b*) *Rail: etc:* porteur *m.* **'porterage** *n* frais *mpl* de transport.

porterhouse ['pɔ:təhaus] *n Cu:* **p. steak,** steak coupé entre le filet et le faux-filet.

portfolio [pɔ:t'fouliou] *n* (*a*) serviette *f* (pour documents) (*b*) chemise *f* (de carton) (*c*) portefeuille *m* (de ministre); **minister without p.,** ministre sans portefeuille (*d*) *Com:* portefeuille (d'assurances, de valeurs.

porthole ['pɔ:thoul] *n Nau: Av:* hublot *m.*

portico ['pɔ:tikou] *n* (*pl.* **-oes, -os**) *Arch:* portique *m*; porche *m* (d'une maison).

portion ['pɔ:ʃn] *n* (*a*) partie *f* (d'un train, d'un livre, etc); côté *m* (d'un billet) (*b*) portion *f*, ration *f.* **portion 'out** *vtr* répartir.

portly ['pɔ:tli] *a* **(-ier, -iest)** corpulent, ventru.

portrait ['pɔ:trit, 'pɔ:treit] *n* portrait *m*; **p. painter,** portraitiste *mf.* **por'tray** *vtr* représenter; dépeindre, décrire (des scènes, des personnages, des caractères). **por'trayal** *n* portrait, représentation *f*; description *f* (d'une scène, d'un personnage).

Portugal ['pɔ:tjugəl] *Prn Geog:* Portugal *m.* **Portuguese** [-'gi:z] **1.** *a & n* portuguais, -aise **2.** *n Ling:* portugaise *m.*

pose [pouz] **1.** *n* pose *f*; attitude *f* (du corps) **2.** (*a*) *vtr* poser (une question, un problème) (*b*) *vi* (*of model, etc*) poser **(for,** pour); **to p. as a Frenchman,** se faire passer pour un Français. **'poser** *n* (*a*) *F:* question *f* difficile; colle *f* (*b*) = **poseur. poseur** [pou'zə:r] *n Pej:* poseur, -euse.

posh [pɔʃ] *a F:* chic *inv*; snob (*f inv*).

position [pə'ziʃən] **1.** *n* position *f;* emplacement *m*, position (d'une ville, etc); (*job, circumstances*) situation *f*; *Post: Bank: etc:* guichet *m*; *Mil:* emplacement *m*; **in p.,** en place, en position; **to put sth in p.,** mettre qch en place; *Nav:* **to work out one's p.,** faire le point; **to manoeuvre for p.,** manœuvrer pour s'assurer l'avantage; **to be in an awkward p.,** se trouver dans une situation difficile; **to be in a p. to do sth,** être en mesure, en position, de faire qch; **in a good p. to,** bien placé pour; **put yourself in my p.,** mettez-vous à ma place; **p. in society,** rang social; **in a high p.,** haut placé; *Sch:* **p.**

in class, place dans la classe; (*at work*) **p. of trust,** poste *m* de confiance **2.** *vtr* mettre en place. en position: placer. **positioning** *n* mise *f* en place, en position.

positive ['pɔzitiv] *a*(*a*) positif; (*of order*) catégorique; (*of progress, change*) réel, (fait) authentique, indiscutable; **a p. miracle,** un véritable miracle (*b*) (*of pers, attitude*) convaincu, sûr, certain (**of,** de); (ton) assuré; **a p. genius,** un vrai génie. **'positively** *adv* positivement; indéniablement; complètement; catégoriquement.

possess [pə'zes] *vtr* posséder; avoir (une qualité, des facultés); **all I p.,** tout mon avoir; **what possessed you (to do that)?** qu'est-ce qui vous a pris (de faire cela)? **to scream like one possessed,** crier comme un possédé. **po'ssession** *n* possession *f*; **to have sth. in one's p.,** avoir qch en sa possession; **to take p. of sth,** s'emparer de qch; **to take p. of a house,** prendre possession d'une maison; **the information in my p.,** les renseignements dont je dispose; **in full p. of his faculties,** en pleine possession de ses facultés; **vacant p. (of a house),** libre possession, jouissance immédiate (d'une maison). **po'ssessive 1.** *a & n Gram:* possessif (*m*) **2.** *a* possessif; **a p. mother,** une mère abusive **po'ssessiveness** *n* possessivité *f*. **po'ssessor** *n* possesseur *m*; propriétaire *mf*.

possible ['pɔsibl] **1.** *a* possible; **it's p.,** c'est possible; cela se peut bien; **it's p. (that) he'll come,** il se peut qu'il vienne; **it isn't p. to do it,** il n'est pas possible de le faire; **as much, as many, as p.,** autant que possible; **as many details as p.,** le plus de détails possible; **as far as p., if at all p.,** dans la mesure du possible; **as early as p.,** le plus tôt possible; **what p. interest can you have in it?** quel(le) (sorte d')intérêt cela peut-il présenter pour vous? **if p.,** si possible; **the p. nomination of this candidate,** la nomination éventuelle de ce candidat; **he is a p. candidate,** c'est un candidat possible, acceptable **2.** *n F:* choix *m* possible. **possi'bility** *n* (*pl* **-ies**) possibilité *f*; **within the bounds of p.,** dans la limite du possible; **some p. of,** quelques chances *fpl* de; **there's some p. that,** il est (tout juste) possible que (+*sub*); **to prepare for all possibilities,** parer à toute éventualite; **she has possibilities,** elle promet; **this plan has possibilities,** ce projet offre des chances *f* de succès; **it's a distinct p.,** c'est bien possible. **'possibly** *adv* (*a*) **I cannot p. do it,** il ne m'est pas possible de le faire; **he cannot p. stay,** il ne peut absolument pas rester; **it can't p. be!** ce n'est pas possible! **I'll do all I p. can,** je ferai tout mon possible (*b*) peut-être (bien); **p.!** c'est possible.

post[1] [poust] **1.** *n* poteau *m*; pieu *m*; montant *m* (de porte, de lit); **as deaf as a p.,** sourd comme un pot; *Sp:* **starting p., finishing, winning, p.,** poteau de départ, d'arrivée **2.** *vtr* **to p. (up),** afficher (un avis); coller (des affiches); *PN:* **p. no bills,** défense d'afficher; **to be posted missing,** être porté (i) (*of ship*) disparu (ii) (*of pers*) manquant. **'poster** *n* affiche; (*as decoration*) poster *m*.

post[2] **1.** *n* poste *m*; **trading p.,** comptoir *m*; *Mil:* **the last p.,** (i) la retraite au clairon (ii) la sonnerie aux morts **2.** *vtr Mil:* poster (une sentinelle, etc); affecter un employé) (**to,** à). **'posting** *n* affectation *f* (à un poste).

post[3] (*NAm:* = **mail**) **1.** *n* (*a*) courrier *m*; **by return of p.,** par retour du courrier; **the p. has come,** le facteur est passé; **to miss the p.,** manquer la levée; **what time's the next p.?** à quelle heure est la prochaine levée? (*b*) poste *f*; **to send sth by p.,** envoyer qch par la poste; **p. office,** (bureau de) poste; **P. Office** (service *m* des) postes; **p. office box,** boîte postale; **to take a letter to, put a letter in, the p.,** porter, mettre, une lettre à la poste **2.** *vtr* (*a*) mettre (une lettre) à la poste; poster (une lettre); **to p. sth to s.o.,** envoyer qch à qn par la poste (*b*) **to keep s.o. posted,** tenir qn au courant. **'postage** *n* tarif (postal), tarifs (postaux) (**to,** pour); **p. paid,** franco; **p. stamp,** timbre-poste *m*; **p. rates,** tarifs postaux; **additional p.,** surtaxe (postale). **'postal** *a* postal; (*of inquiries*) par la poste; (*of clerk*) des postes; **the p. service,** les Postes et Télécommunications; **p. rates,** tarifs postaux; **p. order,** mandat (postal); **p. vote,** vote *m* par correspondance. **'postbag** *n* sac postal. **'postbox** *n* (*pl* **-es**) boîte *f* à, aux, lettres. **'postcard** *n* carte postale. **'postcode** *n* code postal. **post-'free, post'paid** *adv* franco. **post'haste** *adv* en toute hâte. **'postman** *n* (*pl* **-men**) facteur *m*. **'postmark 1.** *n* cachet *m* de la poste **2.** *vtr* oblitérer (une lettre). **'postmaster, -mistress** *n* (*pl* **-mistresses**) receveur, -euse, des postes.

post- [poust-] *pref* post-; **p.-1800;** après 1800. **post'date** *vtr* postdater (un chèque). **post-'graduate** *Sch:* **1.** *a* (*of studies, etc*) de troisième cycle **2.** *n* étudiant, -ante, de troisième cycle. **posthumous** ['pɔstjuməs] *a* posthume. **'posthumously** *adv* à titre posthume. **post-im'pressionism** *n* post-impressionisme *m*. **post-'mortem** *n* **p.-m. (examination),** autopsie *f*; *Fig:* **to conduct a p. on sth,** examiner critiquement les résultats de qch. **post'natal** *a* post-natal. **post'pone** *vtr* remettre, ajourner, renvoyer (à plus tard) (une action, un départ); différer, arriérer (un paiement). **post'ponement** *n* remise *f*, renvoi *m* (à plus tard); ajournement *m*. **'postscript** *n* (*abbr* **PS**) post-scriptum *m inv*. **'post'war** *a* d'après-guerre; **the p. period,** l'après-guerre *m inv*.

posterior [pɔs'tiəriər] *a & n* postérieur (*m*). **pos'terity** *n* postérité *f*.

posture ['pɔstʃər] **1.** *n* posture *f* (du corps); *Fig:* attitude *f* **2.** *vi Pej:* poser.

posy ['pouzi] *n* (*pl* **posies**) petit bouquet (de fleurs).

pot [pɔt] **1.** *n* (*a*) pot *m*; *DomEc:* marmite *f*; (*for tea*) théière *f*; **pots and pans,** casseroles *fpl*; **flower p.,** pot à fleurs; **jam p.,** pot à confiture; **p. of jam,** pot de confiture; **coffee p.,** cafetière *f*; **chamber p.,** pot de chambre; *Cu:* **p. roast,** morceau de viande cuit à l'étouffée; *F:* **pots of money,** tas *mpl* d'argent; **to have pots of money,** rouler sur l'or; **to take p. luck,** tenter sa chance; (*with food*) manger à la fortune du pot; *F:* **to go to p.,** aller à la ruine; *F:* **gone to p.,** fichu (*b*) *P:* (*marijuana*) marie-jeanne *f*; (*hashish*) haschisch *m* **2.** *vtr* (**potted**) (*a*) mettre en pot (de la viande, une plante) (*b*) *Bill:* blouser (une bille) (*c*) abattre (du gibier). **'pot at** *vtr* lâcher un coup de fusil à (une bête). **'pot'bellied** *a F:* ventru. **'potbelly** *n* (*pl* **-ies**) *F:* bedaine *f*. **'potbound** *a* (plante) dont le pot est trop petit. **'pothole** *n* (*in road*) trou *m*; nid *m* de poule; *Geol:* gouffre *m*;

caverne *f*. '**potholer** *n* spéléologue *mf*. '**potholing** *n* spéléologie *f*. '**potshot** *n F:* **to take a p. at sth,** faire un carton sur qch. '**potted** *a* (*a*) en pot; **p. meat,** viande *f* en bocaux (*b*) (*of book, version*) abrégé, condensé. '**potter¹** *n* potier *m*; **potter's wheel,** tour de potier. '**pottery** *n* (*pl* **-ies**) poterie *f*; (*objects*) poteries *fpl*; **a piece of p.,** une poterie; **p. dish,** plat de, en, terre. '**potting** *n Hort:* **p. (up),** mise *f* en pot (de plantes); **p. shed,** serre *f* de bouturages. '**potty** *F:* **1.** *a* toqué, timbré **2.** *n* (*pl* **-ies**) pot (de chambre) (d'enfant).

potash ['pɔtæʃ] *n Ch:* potasse *f*.

potassium [pə'tæsiəm] *n Ch:* potassium *m*.

potato [pə'teitou] *n* (*pl* **-oes**) pomme *f* de terre; **sweet p.,** patate *f* (douce); **boiled potatoes,** pommes (de terre) à l'eau; **baked potatoes,** pommes (de terre) au four; **mashed potatoes,** purée *f* de pommes (de terre); **chipped potatoes,** *NAm:* **French-fried potatoes,** pommes (de terre) frites; frites *fpl*; **p. peeler,** couteau *m* à éplucher, éplucheur *m*; **p. crisps,** *NAm:* **chips,** (pommes) chips *mpl*; *F:* **to drop sth like a hot p.,** laisser tomber qch.

potency ['poutənsi] *n* force *f* (d'un alcool); puissance *f*, force (d'un argument); efficacité *f* (d'un médicament); virilité *f* (d'un homme). '**potent** *a* puissant; (*of drink*) fort; (*of motive*) convaincant; (*of drug*) efficace, puissant; (*of man*) viril.

potential [pə'tenʃl] **1.** *a* (*of leader, hero*) en puissance; (*of value*) virtuel; (danger) potentiel; (*of client, sales*) éventuel; *Tchn:* potentiel **2.** *n* potentiel *m*; *Fig:* (perspectives *fpl* d')avenir *m*. **potenti'ality** *n* (*pl* **-ies**) potentialité *f*. **po'tentially** *adv* potentiellement.

potion ['pouʃən] *n* breuvage *m* magique; *Med:* potion *f*.

potpourri [poupu'ri:] *n* (*a*) fleurs séchées (*b*) *Lit: Mus:* pot-pourri *m*.

potter² ['pɔtər] *vi* **to p. about (at odd jobs),** bricoler; **to p. about the house,** s'occuper à de petites tâches dans la maison; **he just potters (about),** il bricole; (*in car*) **to p. along,** y aller doucement.

pouch [pautʃ] *n* petit sac; bourse *f*; blague *f* (à tabac); *Dipl:* valise *f*; *Z:* poche *f* (des marsupiaux).

pouf(fe) [pu:f] *n Furn:* pouf *m*.

poultice ['poultis] *n Med:* cataplasme *m*.

poultry ['poultri] *n coll* (*no pl*) volaille *f*; **p. farming,** élevage de volaille. '**poulterer** *n* volailler *m*.

pounce [pauns] **1.** *n* bond *m* **2.** *vi* (*of animal*) bondir, sauter (**on,** sur); (*of pers*) se précipiter, se jeter (**on,** sur); *Fig:* sauter sur (une idée).

pound¹ [paund] *n* (*a*) (*abbr* **lb**) (= 453,6 grammes) livre *f*; **to sell sugar by the p.,** vendre le sucre à la livre; **40 pence a p.,** quarante pence la livre (*b*) (*symbol* **£**) livre; **p. sterling,** livre sterling; **p. coin,** pièce *f* d'une livre.

pound² *n* fourrière *f* (pour animaux errants, pour voitures).

pound³ **1.** *vtr* broyer, piler, concasser (des pierres, des noix); attendrir (la viande); pilonner (la terre); battre (qn); bourrer (qn) de coups de poing; *Mil:* pilonner; *Fig:* **to p. (on),** taper sur, marteler; (*of sea*) battre; **to p. sth to pieces,** réduire qch en miettes **2.** *vi* frapper, taper, dur; (*of heart*) battre à tout rompre; (*walk heavily*) marcher à pas pesants; **to p. away at sth,** cogner dur sur qch; **we heard their feet pounding on the stairs,** nous avons entendu résonner leurs pas dans l'escalier. '**pounding** *n* battement *m* frénétique (du cœur); grands coups *mpl* (à la porte); *F:* **to take a p.,** être pilonné, battu.

pour [pɔ:r] **1.** *vtr* verser (du vin dans un verre); couler (de la cire); **to p. money into,** investir beaucoup d'argent dans; **to p. away, off,** vider **2.** *vi* (*of liquid*) couler, sortir, à flots; (*of rain*) tomber à verse; **it's pouring (with rain), it's pouring down,** il pleut à verse; **water poured into the cellar,** l'eau entrait à flots dans la cave; **sweat was pouring off him,** il ruisselait de sueur; **to p. in,** (*of liquid, sunshine*) entrer à flots; (*of people, money*) affluer; **tourists were pouring into the castle,** les touristes entraient dans le château en masse; **invitations came pouring in,** ce fut une avalanche d'invitations. '**pouring** *a* **p. rain,** pluie torrentielle. **pour 'out** **1.** *vtr* verser (une tasse de thé); vider (un verre, etc); épancher (ses sentiments) (to, devant); déverser (un torrent d'injures) **2.** *vi* (*of liquid*) couler, sortir, à flots; (*of people*) sortir en masse (**from,** de).

pout [paut] **1.** *n* moue *f* **2.** *vtr & i* **to p. (one's lips),** faire la moue.

poverty ['pɔvəti] *n* pauvreté *f*; **(grinding, extreme) p.,** misère *f*; **to live in p.,** vivre dans la misère. '**poverty-stricken** *a* (*of pers*) indigent; (*of housing*) misérable.

PoW *abbr prisoner of war.*

powder ['paudər] **1.** *n* poudre *f*; **face p.,** poudre de riz; **foot p.,** poudre pour les pieds; **washing, soap, p.,** lessive *f*; **to reduce sth to p.,** réduire qch en poudre; pulvériser qch; *Fig:* **p. keg,** poudrière *f*; **p. room,** toilettes *fpl* (pour dames) **2.** *vtr* (*a*) poudrer; saupoudrer (un gâteau) (**with,** de); se poudrer (le visage); **to p. one's face, nose,** se poudrer (*b*) pulvériser (qch); **powdered milk,** lait en poudre. '**powdery** *a* (*a*) poudreux; couvert de poudre (*b*) friable.

power ['pauər] **1.** *n* (*a*) pouvoir *m*; **I'll do everything in my p.,** je ferai tout ce qui est en mon pouvoir, tout mon possible; **it is beyond my p.,** cela ne m'est pas possible (*b*) faculté *f*, capacité *f*; **the p. of speech,** la faculté de la parole; **mental powers,** facultés intellectuelles (*c*) vigueur *f*, force *f*; énergie *f*; *F:* **more p. to your elbow!** allez-y! (*d*) puissance *f* (d'une machine); force (d'un aimant); **nuclear p.,** énergie nucléaire; *El:* **p. station,** *NAm:* **p. plant,** centrale *f* (électrique); **p. cut,** coupure *f* de courant; **p. failure,** panne *f* d'électricité; **p. point,** prise de courant *m*; **p. press,** presse mécanique (*e*) pouvoir, influence *f*, autorité *f*; **to come to p.,** arriver au pouvoir; **to be in p.,** être au pouvoir; **to fall into s.o.'s p.,** tomber au pouvoir de qn; **p. of life and death,** droit *m* de vie et de mort; **to have s.o. in one's p.,** avoir du pouvoir sur qn; *Jur:* **to act with full powers,** agir de pleine autorité (*f*) *Jur:* procuration *f*, mandat *m*, pouvoir (*g*) (*pers, country*) puissance; **world p.,** puissance mondiale; **the powers that be,** les autorités constituées; **he's a p. within the firm,** c'est un homme de poids au sein de l'entreprise; **the powers of darkness,** les puissances des ténèbres; *F:* **that'll do you a p. of good!** cela vous fera énormément de bien! (*h*) *Mth:* puissance; **three to the p. (of) ten (3^{10}),** trois (à la) puissance dix **2.** *vtr* fournir de l'énergie à (une machine); actionner; propulser; **nuclear powered,** à propulsion nucléaire; **to be powered by gas, oil,** fonctionnant au gaz, au mazout. **'power-a'ssisted** *a Aut:* (*of steering*) assisté. **'power-boat** *n* vedette *f* automobile. **'powerful** *a* puissant; (*of physical strength*) fort, vigoureux; (remède) énergique. **'powerfully** *adv* puissamment, fortement; (*of man*) **p. built,** à forte carrure. **'power-house** *n* centrale *f* (électrique); *Fig:* personne vigoureuse et dynamique. **'powerless** *a* impuissant; **they are p. in the matter,** ils n'y peuvent rien.

p.p. *abbr per procurationem.*

PR *abbr public relations.*

practicable ['præktikəbl] *a* practicable. **practica'bility** *n* practicabilité *f.*

practical ['præktikəl] *a* pratique; **of no p. value,** sans utilité immédiate; **p. joke,** farce *f*; **he's very p.,** il a beaucoup de bon sens. **practi'cality** *n* (*pl* **-ies**) aspect *m* pratique (d'un projet, etc); sens *m* pratique (de qn); détail *m* pratique. **'practically** *adv* pratiquement; pour ainsi dire; **there's been p. no snow,** il n'y a presque pas eu de neige.

practice, *NAm:* **practise** ['præktis] *n* (*a*) pratique *f*; exercice *m* (de la médecine, etc); **to put one's ideas into p.,** mettre ses idées en pratique; **in p.,** en pratique; (*of doctor, etc*) **to be in p.,** exercer; (*of doctor*) **to be in general p.,** faire de la médecine générale (*b*) (*of doctor*) clientèle *f*, cabinet *m*; (*of solicitor*) étude *f*; **group p.,** médecine de groupe (*c*) habitude *f*, coutume *f*, usage *m*; **to make a p. of doing sth,** faire une habitude de faire qch; **it's the usual p.,** c'est l'usage (*d*) *Sp: Mus:* entraînement *m*; (*rehearsal*) répétition *f*; **to be in p.,** être en forme; **to be out of p.,** avoir perdu la pratique, la main; **it takes years of p.,** cela demande des années de pratique; *Prov:* **p. makes perfect,** c'est en forgeant qu'on devient forgeron; **piano p.,** travail *m* au piano; **choir p.,** répétition (chorale); **p. match,** match d'entraînement; **target p.,** exercices de tir (*e*) *usu pl* pratiques, menées *fpl.*

practise, *NAm: also* **practice** ['præktis] **1.** *vtr* (*a*) pratiquer (une vertu); mettre en pratique, en action (un principe, une règle); **to p. what one preaches,** prêcher d'exemple (*b*) exercer (une profession) (*c*) s'exercer à (la flûte, etc) *Sp:* s'exercer à (un coup, un mouvement); (s'exercer à) parler (une langue) (**on s.o.,** avec qn); travailler; faire **2.** *vi* (*a*) (*of doctor*) exercer (*b*) *Sp: Mus:* s'exercer. **'practised**, *NAm: also* **'practiced** *a* chevronné, expérimenté; (*of ear, eye*) exercé; **p. in sth,** habile à qch. **'practising**, *NAm: also* **'practicing** *a* (avocat, médecin) exerçant; (chrétien, catholique) pratiquant. **prac'titioner** *n* practicien, -ienne; **medical p.,** médecin *m*; **general p.** (*abbr* **GP**), (médecin) généraliste (*m*).

pragmatic [præg'mætik] *a* pragmatique.

prairie(s) ['prɛəri(z)] *n*(*pl*) (*in North America*) Prairies *fpl.*

praise [preiz] **1.** *n* (*deserved*) éloge(s) *m*(*pl*); (*adulation or worship*) louange(s) *f*(*pl*); **I've nothing but p. for him,** je n'ai qu'à me louer de lui; **beyond all p.,** au-dessus de tout éloge; **in p. of,** à la louange de; **p. be to God!** Dieu soit loué! **2.** *vtr* louer (qn); faire l'éloge de. **'praiseworthy** *a* digne d'éloges; (travail) méritoire.

pram [præm] *n* (*NAm:* = **baby carriage**) landau *m*, voiture *f* d'enfant.

prance [prɑːns] *vi* **to p. about,** (*of dancer, etc*) caracoler; se pavaner; *F:* se balader.

prank [præŋk] *n* (*a*) escapade *f*, frasque *f*, fredaine *f* (*b*) tour *m*, farce *f*; **to play pranks on s.o.,** jouer des tours à qn.

prattle ['prætl] *n F:* jacasser.

prawn [prɔːn] *n* crevette *f* (rose); bouquet *m*; **Dublin Bay p.,** langoustine *f*; *Cu:* **p. cocktail,** crevettes à la mayonnaise.

pray [prei] *vtr & i* prier (**s.o. to do sth,** qn de faire qch); **to p. (to God) for sth,** prier Dieu pour qu'il nous accorde qch; **to p. for s.o., for sth,** prier pour qn, pour avoir qch; **he's past praying for,** il est perdu. **'prayer** *n* prière *f*; **the Lord's P.,** l'oraison dominicale; le Pater; **to say one's prayers,** dire ses prières; *Ecc:* **Morning, Evening, P.,** office *m* du matin, du soir; **p. book,** livre de prières; **the P. Book,** le rituel de l'Église anglicane; *Sch:* **prayers,** prière du matin en commun; **p. meeting,** réunion pour prières en commun; **p. wheel,** moulin à prières; **p. mat,** tapis à prières.

pre- [priː] *pref* **p.-1800,** avant 1800.

preach [priːtʃ] *vtr & i* prêcher; faire (un sermon); annoncer (l'Évangile); **to p. to the converted,** prêcher un converti. **'preacher** *n* prédicateur *m*; *NAm:* pasteur *m*. **'preaching** *n* prédication *f.*

preamble [priː'æmbl] *n* préambule *m.*

prearrange [priə'reindʒ] *vtr* arranger à l'avance.

precarious [pri'kɛəriəs] *a* précaire, incertain; **to make a p. living,** gagner précairement sa vie. **pre'cariously** *adv* précairement.

precast ['priːkɑːst] *a* (béton) prémoulé.

precaution [pri'kɔːʃn] *n* précaution *f*; **to take precautions against sth,** prendre ses précautions contre qch; **as a p.,** par (mesure de) précaution. **pre'cautionary** *adv* (mesures) de précaution.

precede [pri'siːd] *vtr & i* précéder; **for a week preceding this match,** pendant une semaine avant ce match; **to p. sth by sth,** faire précéder qch de qch. **precedence** ['presidəns] *n* préséance *f*; priorité *f*; **to take p. over,** avoir la préséance; avoir la priorité sur; **ladies take p.,** les dames passent avant. **precedent** ['presidənt] *n* précédent *m*; **to create a p.,** créer un précédent; **according to p.,** conformément à la tradition. **pre'ceding** *a* précédent; **the p. day,** la veille; **in the p. article,** dans l'article ci-dessus.

precept ['priːsept] *n* précepte *m.*

precinct ['priːsiŋkt] *n* (*a*) enceinte *f*, enclos *m*; **precincts,** pourtour *m* (d'une cathédrale); environs *mpl* (d'un endroit); **shopping, pedestrian, p.,** zone (piétonnière) (*b*) limite *f* (*c*) *NAm Pol:* circonscription *f* (d'une ville).

precious ['preʃəs] **1.** *a* (*a*) précieux; **p. stones,** pierres précieuses (*b*) *F: Iron:* fameux, beau; sacré; *Iron:* **her p. little car,** sa chère petite voiture; **a p. lot he cares about it!** il s'en fout comme de l'an quarante! (*c*) *Lit:* (style) précieux **2.** *n* **my p.!** mon trésor! mon amour! **3.** *adv F:* **there are p. few of them,** il y en a très peu; **p. little hope,** très peu d'espoir.

precipice ['presipis] *n Geog:* à-pic *m inv*; *Fig:* précipice *m*. **pre'cipitous** *a* (*a*) escarpé, abrupt; à pic (*b*) (départ) précipité. **pre'cipitously** *adv* à pic.

precipitate [pri'sipiteit] *vtr* précipiter; *Meteor:* condenser; **to p. matters,** brusquer les choses. **precipi'tation** *n* précipitation *f.*

précis ['preisi:, *pl* -i:z] *n inv* précis *m*, résumé *m.*

precise [pri'sais] *a* (*a*) précis; exact; **at the p. moment when,** au moment précis où (*b*) (*of pers*) minutieux, méticuleux. **pre'cisely** *adv* avec précision; **at six (o'clock) p.,** à six heures précises; **p. (so)!** précisément! **p. nothing,** absolument rien. **pre'ciseness** *n* précision *f*; méticulosité *f*; formalisme *m.* **precision** [pri'siʒn] *n* précision; exactitude *f*; **p. instruments,** instruments de précision.

preclude [pri'klu:d] *vtr* prévenir, exclure; empêcher **(from doing,** de faire); **to be precluded from doing sth,** être dans l'impossibilité de faire qch.

precocious [pri'kouʃəs] *a* précoce; (*of plant*) hâtif. **pre'cociously** *adv* précocement; avec précocité. **pre'cociousness** *n* précocité *f.*

preconceived [pri:kən'si:vd] *a* préconçu. **precon'ception** *n* préconception *f*; idée, opinion, préconçue; préjugé *m.*

precondition [pri:kən'diʃn] *n* préalable *m.*

precursor [pri(:)'kə:sər] *n* précurseur *m.*

predate [pri:'deit] *vtr* antidater (un document); précéder (un fait historique).

predatory ['predətəri] *a* (*of pers*) rapace; (*of soldiers*) pillard; **p. animals,** animaux prédateurs. **'predator** *n* prédateur *m.*

predecease [pri:di'si:s] *vtr* prédécéder.

predecessor ['pri:disesər] *n* prédécesseur *m.*

predestine [pri:'destin] *vtr* prédestiner.

predetermine [pri:di'tə:min] *vtr* déterminer d'avance; *Theol: Phil:* prédéterminer.

predicament [pri'dikəmənt] *n* situation fâcheuse; **we're in a fine p.!** nous voilà dans de beaux draps!

predict [pri'dikt] *vtr* prédire (un événement). **pre'dictable** *a* prévisible. **pre'dictably** *adv* comme on s'y attendait. **pre'diction** *n* prédiction *f.*

predilection [pri:di'lekʃn] *n* prédilection *f* **(for,** pour).

predispose [pri:dis'pouz] *vtr* prédisposer; **to p. s.o. in favour of doing sth,** prédisposer qn à faire qch. **predispo'sition** *n* prédisposition *f* **(to,** à).

predominate [pri'dɔmineit] *vi* prédominer **(over,** sur). **pre'dominance** *n* prédominance *f.* **pre'dominant** *a* prédominant. **pre'dominantly** *adv* pour la plupart, en majorité. **pre'dominating** *a* prédominant.

preeminent [pri:'eminənt] *a* prééminent.

preempt [pri:'empt] *vtr* devancer (une décision, un projet, etc).

preemy ['pri:mi] *n NAm: F:* (*premature baby*) prématuré(e).

preen [pri:n] *vtr* (*of bird*) lisser, nettoyer (ses plumes); **to p. oneself,** se bichonner.

prefabricate [pri:'fæbrikeit] *vtr* préfabriquer. **'prefab** *n F:* maison préfabriquée.

preface ['prefəs] **1.** *n* préface *f*; avant-propos *m inv*; préambule *m* (d'un discours) **2.** *vtr* écrire une préface pour (un ouvrage); faire précéder (des remarques) **(with,** de).

prefect ['pri:fekt] *n FrAdm:* préfet *m*; *Sch:* élève *mf* chargé(e) de la discipline.

prefer [pri'fə:r] *vtr* **(preferred)** (*a*) préférer **(to,** à), aimer mieux **(to,** que); **I would p. to go without,** j'aimerais mieux m'en passer (*b*) *Jur:* intenter (une action en justice); **to p. charges,** porter plainte **(against,** contre). **preferable** ['pref-] *a* préférable **(to,** à). **'preferably** *adv* de préférence. **preference** ['pref-] *n* préférence *f* **(for,** pour); **in p. to,** de préférence à; *Fin:* **p.,** *NAm:* **preferred, stock,** actions privilégiées, de priorité. **prefe'rential** [pref-] *a* (traitement) préférentiel; (tarif) de faveur.

prefix ['pri:fiks] **1.** *n* (*pl* **prefixes)** préfixe *m* **2.** *vtr* préfixer.

pregnancy ['pregnənsi] *n* (*pl* **pregnancies)** grossesse *f.* **'pregnant** *a* (*a*) (femme) enceinte, grosse; (vache, jument) pleine; **three months p.,** enceinte de trois mois (*b*) (silence) chargé de sens; **p. with consequences,** lourd de conséquences.

preheat [pri:'hi:t] *vtr* préchauffer.

prehensile [pri'hensail] *a* préhensile.

prehistory [pri:'histəri] *n* préhistoire *f.* **prehi'storic** *a* préhistorique.

prejudge [pri:'dʒʌdʒ] *vtr* préjuger de (la question); juger (qn) d'avance.

prejudice ['predʒədis] **1.** *n* (*a*) *Jur:* préjudice *m*, tort *m*, dommage *m*; **without p.,** sous toutes réserves (*b*) préjugé *m*, parti pris; (*attitude*) préjugés *mpl*; **to have a p. against sth,** avoir un préjugé contre qch **2.** *vtr* (*a*) nuire, porter préjudice, à (ses chances, etc) (*b*) prévenir **(s.o. against s.o.,** qn contre qn). **'prejudiced** *a* (*of idea*) partial; **to be p.,** avoir des préjugés, un préjugé **(against,** contre); (*on an issue*) être de parti pris. **preju'dicial** *a* préjudiciable, nuisible **(to,** à).

prelate ['prelət] *n* prélat *m.*

preliminary [pri'liminəri] **1.** *a* initial; préliminaire, **2.** *n* prélude *m* (à une conversation); **preliminaries,** préliminaires *mpl.*

prelude ['prelju:d] **1.** *n* prélude *m* **(to,** de) **2.** *vtr* préluder à.

premarital [pri:'mæritl] *a* avant le mariage.

premature ['premətʃuər, *NAm:* pri:mə'tʃuər] *a* prématuré; *F:* **you're a bit p.!** tu vas trop vite! **'prematurely** *adv* prématurément; (né) avant terme.

premeditate [pri:'mediteit] *vtr* préméditer. **pre'meditated** *a* prémédité; **p. insolence,** insolence calculée. **premedi'tation** *n* préméditation *f.*

premenstrual [pri:'menstruəl] *a* prémenstruel.

premier ['premiər, *NAm:* pri'miər] **1.** *a* premier (en rang, en importance) **2.** *n* premier ministre.

première ['premiɛər, *NAm:* pri'mjeər] *n Th: Cin:* première *f.*

premise ['premis] *n* (*a*) prémisse *f* (*b*) **premises,** le local, les locaux *m*; **business premises,** locaux commerciaux; **on the p.,** sur les lieux; **off the premises,** hors des lieux.

premium ['pri:miəm] *n* prime *f*; indemnité *f*; **(insurance) p.,** prime (d'assurance); **to be at a p.,** faire prime, être (une) denrée rare; **p. bond,** bon *m* à lots.

premonition [premə'niʃn, *NAm:* 'pri:-] *n* prémonition *f*; pressentiment *m* (de malheur).

prenatal [pri:'neitl] *a NAm:* (*Br* = **antenatal)** prénatal.

preoccupation [pri:ɔkju'peiʃn] *n* préoccupation *f* **(with,** de); obsession *f* (de l'argent, etc); **my greatest p.,** mon plus grand souci. **pre'occupied** *a* préoccupé; absorbé (par ses études, un souci).

prep [prep] *Sch: F:* **1.** *n* devoirs *mpl*; **p. room,** salle d'étude **2.** *a* **p. school,** école *f* primaire privée; *NAm:* école secondaire privée.

prepack [priː'pæk] *vtr Com:* préconditionner.

prepaid [priː'peid] *a* payé; **carriage p.,** port payé; franco de port.

prepare [pri'pɛər] **1.** *vtr* préparer; accommoder (un mets); **to p. a surprise for s.o.,** réserver une surprise à qn; **to p. the way for negotiations,** amorcer des négociations **2.** *vi* se préparer (**for sth,** pour qch); **to p. to do,** se préparer à faire **to p. for departure,** faire ses préparatifs de départ; **to p. for an examination,** préparer un examen. **prepa'ration** *n* (*a*) préparation *f*; *pl* préparatifs *mpl* (de voyage, de guerre); **in (course of) p.,** en (cours de) préparation; **to make one's preparations for sth,** faire ses préparatifs en vue de qch (*b*) *Sch:* = **prep 1.** **pre'paratory** *a* préparatoire, préalable (**to,** à); **p. school,** = **prep school. pre'pared** *a* prêt, disposé; **to be p. for anything,** s'attendre à toute éventualité; **be p. to be coolly received,** attendez-vous à être mal accueilli.

preponderance [pri'pɒndərəns] *n* prépondérance *f* (**over,** sur). **pre'ponderant** *a* prépondérant.

preposition [prepə'ziʃn] *n* préposition *f*.

prepossessing [priːpə'zesiŋ] *a* (visage) agréable; (aspect) attrayant, avenant; (*of pers*) avenant, sympathique.

preposterous [pri'pɒstərəs] *a* absurde.

prerecord [priːri'kɔːd] *vtr* enregistrer à l'avance; *WTel: TV:* **prerecorded broadcast,** émission *f* en différé.

prerequisite [priː'rekwizit] *n* (condition *f*) préalable; *m*.

prerogative [pri'rɒgətiv] *n* prérogative *f*, privilège *m*.

Presbyterian [prezbi'tiəriən] *a & n Rel:* presbytérien, -ienne (*mf*).

preschool [priː'skuːl] *a* préscolaire.

prescribe [pri'skraib] *vtr* prescrire (qch à qn); **prescribed task,** tâche imposée; **prescribed textbook,** manuel (inscrit) au programme; **in the prescribed time,** dans le délai prescrit. **prescription** [-'skripʃn] *n* prescription *f*; *Med:* ordonnance *f*; **on p.,** sur ordonnance.

presence ['prezəns] *n* présence *f*; **in the p. of,** en présence de; **p. of mind,** présence d'esprit; **to keep one's p. of mind,** garder son sang-froid. **'present[1]** **1.** *a* (*a*) présent; **to be p. at a ceremony,** être présent, assister, à une cérémonie; **nobody else was p.,** personne d'autre n'était là; **those p.,** les personnes présentes (*b*) présent, actuel; (*of job, house, etc*) actuel; **at the p. time,** à présent; de nos jours; actuellement; aujourd'hui; *Gram:* **the p. tense,** le temps présent (*c*) présent, en question; **the p. volume,** le présent volume, ce volume **2.** *n* présent *m*; **the p.,** le (temps) présent; **up to the p.,** jusqu'à présent; jusqu'ici; **at p.,** à présent; actuellement; **no more at p.,** rien de plus pour le moment; **as things are at p.,** au point où en sont les choses; **for the p.,** pour le moment; *Gram:* **in the p.,** au présent. **'present-day** *a* actuel; d'aujourd'hui. **'presently** *adv* (*a*) tout à l'heure; dans un instant; bientôt (*b*) à présent.

present[2] **1.** *n* ['prezənt] cadeau *m*; **to make s.o. a p. of sth,** faire cadeau de qch à qn; **it's for a p.,** c'est pour offrir **2.** *vtr* [pri'zent] présenter (**to,** à); donner (une pièce, un film, une émission); fournir (des preuves); **matter that presents some difficulty,** affaire qui présente des difficultés; **to p. oneself for an exam,** se présenter à un examen; **a good opportunity presents itself,** une bonne occasion se présente (de faire qch); **to p. sth to s.o., to p. s.o. with sth,** offrir qch à qn; faire cadeau de qch à qn; remettre (un prix) à qn; **to p. one's compliments (to s.o.),** présenter ses compliments (à qn); *Mil:* **to p. arms,** présenter les armes. **pre'sentable** *a* présentable; (*of garment*) portable, mettable. **presen'tation** *n* présentation *f*; remise *f* (d'un prix). **pre'senter** *n WTel: TV:* présentateur, -trice.

presentiment [pri'zentimənt] *n* pressentiment *m*.

preserve [pri'zəːv] **1.** *vtr* (*a*) préserver, garantir (qn) (**from,** de) (*b*) conserver (un bâtiment); maintenir (la paix); garder (le silence) (*c*) *Cu:* mettre en conserve (des aliments); **she's well preserved,** elle ne paraît pas son âge (*d*) élever (du gibier) dans une réserve; garder (une chasse) **2.** *n* (*a*) *Cu:* **preserve(s),** confiture *f* (*b*) domaine *m*; *Fig:* **to trespass on s.o.'s preserves,** marcher sur les plates-bandes de qn. **preser'vation** [prezə-] *n* (*a*) conservation *f*; maintien *m* (de la paix) (*b*) préservation *f* (de qn) (**from,** de). **pre'servative** *n Comest:* agent *m* de conservation. **pre'served** *a* conservé; (aliments) en conserve; **p. food,** conserves *fpl*; **well p.,** (bâtiment) en bon état de conservation; (*of pers*) bien conservé. **pre'server** *n NAm:* **life p.,** (*Br* = **life jacket**) gilet *m* de sauvetage. **pre'serving** *n Cu:* conservation; *DomEc:* **p. pan,** bassine *f* à confitures.

preshrunk [priː'ʃrʌŋk] *a* irrétrécissable.

preside [pri'zaid] *vi* présider; **to p. at, over, a meeting,** présider une réunion. **presidency** ['prez-] *n* présidence *f*. **'president** *n* président, -ente. **presi'dential** *a* présidentiel.

press [pres] **I.** *n* (*pl* **presses**) (*a*) pressoir *m* (à vin, à cidre, à huile); presse *f* (hydraulique, à raquette, pour pantalons); (*printing firm*) imprimerie *f*; (**printing**) **p.,** presse; **to pass (a proof) for p.,** donner le bon à tirer; **ready for p.,** prêt à mettre sous presse; **to go to p.,** être mis sous presse (*b*) la presse, les journaux *m*; **p. agency,** agence de presse; **p. conference,** conférence de presse; **p. cutting,** coupure de journal; **p. photographer,** photographe de presse; **to write for the p.,** faire du journalisme; **to have a good, bad, p.,** avoir une bonne, mauvaise, presse (*c*) **to give sth a p.,** repasser qch. **II.** *v* (**presses**) **1.** *vtr* (*a*) appuyer sur; presser (un tube, des fruits, une fleur); serrer (la main de qn); **to p. down,** appuyer sur (un bouton, etc); **his face was pressed against the window,** il avait le visage collé à la vitre (*b*) repasser, donner un coup de fer à (un vêtement) (*c*) insister sur; renouveler (une demande); **to p. s.o. to do sth,** presser qn de faire qch; **he didn't need much pressing,** il ne s'est pas fait prier; **to p. s.o. for an answer,** insister pour avoir une réponse immédiate; **to p. a point,** insister sur un point; **to p. one's advantage,** poursuivre son avantage; **to p. a gift on s.o.,** forcer qn à accepter un cadeau; *Jur:* **to p. charges,** engager des poursuites (**against,** contre) **2.**

vi (*a*) appuyer (**on,** sur); (*of crowd*) se presser; (*of weight*) faire pression (**on,** sur); **time presses,** le temps presse; **to p. for sth,** faire des démarches pour obtenir qch; insister pour obtenir qch. **pressed** *a* **(hard) p.,** débordé; **to be hard p.,** être en difficultés; **p. for time,** à court de temps; **to be hard p. to find the money,** avoir beaucoup de difficultés à trouver l'argent. **'pressgang 1.** *n Hist:* presse (de matelots) **2.** *vtr F:* **to p. s.o. into doing sth,** faire pression sur qn pour qu'il fasse qch. **'pressing 1.** *a* pressant; (travail) urgent; **since you are so p.,** puisque vous insistez **2.** *n* repassage *m* (d'un vêtement); *Rec:* matriçage *m* (d'un disque). **'pressman** *n* (*pl* **-men**) journaliste *m.* **press 'on** *vi* presser le pas; continuer (**with sth,** qch); *F:* **p. on regardless!** allons-y et tant pis! **'press-stud** *n* bouton-pression *m*, pression *m or f.* **'press-up** *n Gym:* pompe *f.* **'pressure** ['preʃər] **1.** *n* pression *f*; *Ph:* poussée *f* (d'un corps); **tyre p.,** pression des pneus; **blood p.,** tension artérielle; **low blood p., high blood p.,** hypotension *f*, hypertension *f*; **to bring p. to bear, put p. on,** exercer une pression sur; **p. of business,** le poids des affaires; **the p. of work,** le surmenage; **under p.,** sous pression; sous la contrainte; **p. cabin,** cabine pressurisée; *DomEc:* **p. cooker,** cocotte-minute *f* (*Rtm*), autocuiseur *m*; *Pol:* **p. group,** groupe de pression **2.** *vtr* = **pressurize** (*b*). **pressuri'zation** *n* pressurisation *f.* **'pressurize** *vtr* (*a*) pressuriser (une cabine) (*b*) faire pression sur (qn) (**into doing,** pour qu'il fasse).

prestige [pre'stiːʒ] *n* prestige *m*; **p. apartments,** appartements de grand standing. **prestigious** [pre'stidʒəs, *NAm:* -'stiːdʒəs] *a* prestigieux.

presume [pri'zjuːm] **1.** *vtr* présumer; supposer; **he was presumed dead,** on le croyait mort; **to p. too much,** trop présumer de soi **2.** *vi* (*a*) se montrer présomptueux; prendre des libertés; **to p. to do sth,** se permettre de faire qch; **may I p. to advise you?** puis-je me permettre de vous donner un conseil? **to p. on s.o.'s friendship,** abuser de l'amitié de qn (*b*) **I p. you've written to him,** je suppose que vous lui avez écrit. **pre'sumably** *adv* **p. he'll come,** je présume qu'il viendra; **p. you told him,** je suppose que tu le lui as dit. **pre'suming** *a* présomptueux. **pre'sumption** *n* (*a*) présomption *f*; **the p. is that he's dead,** on présume qu'il est mort (*b*) présomption, arrogance *f.* **pre'sumptuous** *a* présomptueux.

presuppose [priːsə'pouz] *vtr* présupposer.

pretend [pri'tend] **1.** *vtr* (*a*) faire semblant (**to do,** de faire; **that,** que); feindre, simuler; **to p. ignorance,** faire l'ignorant; **he pretended he was, to be, a doctor,** il s'est fait passer pour un médecin; *F:* **it's only p.,** c'est pour rire (*b*) prétendre; **he does not p. to be artistic,** il ne prétend pas être artiste; **I can't p. to advise you,** je n'ai pas la prétention de vous conseiller **2.** *vi* faire semblant; **to p. to,** prétendre à (un trône, un titre). **pre'tence,** *NAm:* **pre'tense** *n* (*a*) feinte *f*; prétexte *m*; **to make a p. of doing sth,** feindre de faire qch; **under the p. of friendship,** sous prétexte d'amitié; **to obtain sth on, under, false pretences,** obtenir qch sous des prétextes fallacieux (*b*) prétention *f*, vanité *f.* **pre'tended** *a* (*of emotion*) feint, simulé; (*of pers*) prétendu. **pre'tender** *n* prétendant, -ante (**to the throne,** au trône); *Hist:* **the Young P.,** le jeune Prétendant. **pre'tension** *n* prétention (**to,** à); **to have pretensions to literary taste,** se piquer de littérature. **pre'tentious** *a* prétentieux. **pre'tentiously** *adv* prétentieusement.

preterite ['pretərit] *a & n Gram:* **p. (tense),** passé *m* (simple); prétérit *m.*

pretext ['priːtekst] *n* prétexte *m*; **to find a p. for refusing,** trouver prétexte à un refus; **on, under, the p. of consulting me,** sous prétexte de me consulter.

pretty ['priti] **1.** *a* (**-ier, -iest**) joli; beau; (*of manner*) gentil; **p. as a picture,** gentil, joli, à croquer; mignon comme tout; *Iron:* **this is a p. state of affairs!** c'est du joli! **that'll cost me a p. penny,** ça va me coûter cher **2.** *adv* assez; passablement; **p. well, p. much, p. nearly,** pratiquement, à peu de choses près; **I'm p. well,** cela ne va pas trop mal; **p. much the same,** à peu près la même chose; *F:* **to be sitting p.,** être bien placé. **'prettily** *adv* joliment; gentiment. **'prettiness** *n* gentillesse *f.* **'pretty-pretty** *a* trop joli; mignard.

prevail [pri'veil] *vi* (*a*) prévaloir (**over, against,** sur, contre); l'emporter (sur qn); **to p. (up)on s.o. to do sth,** amener, décider, qn à faire qch; **he was prevailed on by his friends,** il s'est laissé persuader par ses amis (**to,** de) (*b*) prédominer, régner; **calm prevails,** le calme règne; **the conditions prevailing in France,** les conditions qui règnent en France. **pre'vailing** *a* prédominant; (vent) dominant; **p. fashion,** mode actuelle; **p. opinion,** opinion courante. **prevalence** ['prevələns] *n* prédominance *f*; généralité *f* (de la corruption); fréquence *f* (d'une épidémie). **'prevalent** *a* répandu, courant.

prevaricate [pri'værikeit] *vi* user de faux-fuyants; tergiverser. **prevari'cation** *n* tergiversation *f.*

prevent [pri'vent] *vtr* (*a*) empêcher (qch); **to be unavoidably prevented from doing sth,** être dans l'impossibilité (matérielle) de faire qch (*b*) prévenir, détourner (un malheur); parer à (un accident); éviter (que qch se passe). **pre'ventable** *a* évitable. **pre'vention** *n* prévention *f*; **p. of accidents,** précautions *fpl* contre les accidents; **society for the p. of cruelty to children,** société protectrice des enfants. **pre'ventive** (*also* **pre'ventative**) **1.** *a* (médicament) préventif; **p. medicine,** médecine préventive **2.** *n* empêchement *m*; mesure préventive; **rust p.,** antirouille *m.*

preview ['priːvjuː] *n Art: Cin:* avant-première *f*; *Fig:* aperçu *m.*

previous ['priːviəs] *a* précédent; préalable; antérieur, antécédent (**to,** à); **the p. day,** le jour précédent; la veille; **p. engagement,** engagement antérieur; **she's had a p. job,** elle a déjà eu un emploi; **p. to my departure,** avant mon départ. **'previously** *adv* préalablement; auparavant; avant, précédemment.

prewar [priː'wɔːr] *a* d'avant-guerre.

prey [prei] **1.** *n* proie *f*; **bird of p.,** rapace *m*, oiseau *m* de proie; **beasts of p.,** les prédateurs; **to be (a) p. to,** être la proie (d'une bête); être en proie à (la peur); **to fall (a) p. to,** tomber en proie à (la tentation) **2.** *vi* **to p. (up)on sth,** faire sa proie de qch; **sth is preying on his mind,** il y a qch qui le tracasse.

price [prais] **1.** *n* prix *m*; *Turf:* cote *f*; *StExch:* cours *m*; **cost p.**, prix de revient, prix coûtant; **at a reduced p.**, à prix réduit; au rabais; **p. range**, écart des prix; **p. list**, tarif *m*; **p. tag**, étiquette *f*; **p. cut**, réduction des prix; **p. freeze**, blocage des prix; **p. control**, contrôle des prix; **to rise in p.**, augmenter de prix; **what p. is that article?** quel est le prix de cet article? **his pictures fetch huge prices**, ses tableaux se vendent à prix d'or; **beyond p.**, sans prix; hors de prix; **you can buy it at a p.**, vous pouvez l'acheter en y mettant le prix; **this must be done at any p.**, il faut que cela se fasse à tout prix, coûte que coûte; **not at any p.**, pour rien au monde; à aucun prix; **to set a high p. on sth**, faire grand cas de qch; **to put a p. on s.o.'s head**, mettre à prix la tête de qn; **every man has his p.**, il n'y a pas d'homme qu'on ne puisse acheter; *F:* **what p. my chances of being appointed?** quelles sont mes chances d'être nommé? **2.** *vtr* (*a*) mettre un prix à (qch); fixer le prix de (qch); **it's priced at £50**, ça coûte cinquante livres (*b*) estimer, évaluer (qch) (*c*) s'informer du prix de (qch). **'priceless** *a* hors de prix; inestimable; *F:* (*of joke, pers*) impayable. **price 'out** *vtr* **to p. oneself o. of the market**, perdre sa clientèle en pratiquant des prix excessifs. **'pricey** *a* **(-ier, -iest)** *F:* cher, coûteux.

prick [prik] **1.** *n* (*a*) piqûre *f* (d'aiguille); **pricks of conscience**, aiguillons *mpl* de la conscience (*b*) *V:* (*penis*) verge *f*; (*of pers*) **you stupid p.!** sale con! **2.** *v* (*a*) *vtr* piquer; crever (un ballon); **to p. one's finger**, se piquer le, au, doigt; **his conscience is pricking him**, sa conscience l'aiguillonne, le tourmente; **to p. a hole in sth**, faire un trou d'épingle dans qch (*b*) *vi* (*of skin*) picoter. **'pricking** *n* picotement *m* (de la peau); **prickings of conscience**, remords *mpl* (de conscience); *Hort:* **p. out**, repiquage *m* (de plants). **'prickle 1.** *n* piquant *m* (d'animal); épine *f*, piquant (de plante); picotement *m* (de la peau) **2.** *v* (*a*) *vtr* piquer, picoter (*b*) *vi* avoir des picotements. **'prickly** *a* **(-ier, -iest)** (*of plant, question*) épineux; (*of animal*) hérissé, armé de piquants; (sensation) de picotement; *F:* (*of pers*) irritable; *Bot:* **p. pear**, figue, (*tree*) figuier, de Barbarie; *Med:* **p. heat**, (fièvre) miliaire *f*. **prick 'out** *vtr Hort:* repiquer (des plants). **prick 'up** *vtr* **to p. up one's ears**, (*of animal*) dresser les oreilles; (*of pers*) dresser l'oreille.

pride [praid] **1.** *n* (*a*) fierté *f*; (*self-respect*) amour-propre *m*, orgueil *m*; (*arrogance*) orgueil; **puffed up with p.**, bouffi d'orgueil; **false p.**, vanité *f*; **proper p.**, orgueil légitime; **to take p. in sth**, être fier de qch; prendre soin de qch; **to have p. of place**, avoir la place d'honneur; **to be s.o.'s p. and joy**, être la fierté de qn (*b*) bande *f* (de lions) **2.** *vpr* **to p. oneself on (doing) sth**, s'enorgueillir de (faire) qch.

priest [pri:st] *n* prêtre *m*; **parish p.** = curé *m*; **assistant p.**, vicaire *m*. **'priestess** *n* (*pl* **-es**) prêtresse *f*. **'priesthood** *n* (*a*) *coll* **the p.**, le clergé (*b*) (*function*) sacerdoce *m*; **to enter the p.**, se faire prêtre.

prig [prig] *n* hypocrite *mf*, pharisien, -ienne; **he's a real little p.**, il fait toujours le petit saint. **'priggish** *a* hypocrite, suffisant. **'priggishness** *n* hypocrisie *f*.

prim [prim] *a* **(primmer, primmest) p. (and proper)**, (*of pers*) collet monté *inv*; (*of manner*) guindé, compassé; convenable; impeccable. **'primly** *adv* d'un air collet monté. **'primness** *n* air collet monté.

primacy ['praiməsi] *n* primauté *f*.

prima facie [praimə'feiʃi] *adv & a* de prime abord, à première vue; *Jur:* **p. f. case**, affaire qui paraît bien fondée.

primary ['praiməri] **1.** *a* (*a*) primaire; **p. product**, produit de base; **p. colours**, couleurs fondamentales; *Sch:* **p. education**, enseignement primaire; *Geol:* **p. era**, ère primaire (*b*) premier, principal, essentiel; **p. cause**, cause première; **of p. importance**, de (toute) première importance **2.** *n* (*pl* **-ies**) *US: Pol:* primaire *f*. **'primarily** *adv* essentiellement.

primate *n* (*a*) *Ecc:* ['praimit] primat *m*; archevêque *m* (*b*) *Z:* ['praimeit] primate *m*.

prime¹ [praim] **1.** *a* (*a*) (*of quality, number*) premier; (*of reason, etc*) principal; de premier ordre; **P. Minister**, Premier ministre; **of p. importance**, primordial (*b*) (*of example, condition*) excellent, parfait; **p. (quality) meat**, viande de premier choix (*c*) premier, primitif; **p. cause**, cause première **2.** *n* perfection *f*; **in the p. of life, in one's p.**, dans la force de l'âge; **to be past one's p.**, avoir passé le bel âge; être sur le retour.

prime² *vtr* (*a*) amorcer (une pompe) (*b*) faire la leçon à (qn); **to p. s.o. for a speech**, préparer qn à faire un discours; **to be well primed (with information)**, être bien au courant (*c*) *Paint:* apprêter (une surface). **'primer** *n* (*a*) premier livre (de lecture); premier cours (de géographie); initiation *f* (*b*) *Paint:* apprêt *m*.

primeval [prai'mi:vəl] *a* primitif; (forêt) vierge.

primitive ['primitiv] *a* primitif; (*of method*) rude, grossier. **'primitively** *adv* (vivre) dans des conditions primitives.

primordial [prai'mɔ:diəl] *a* primordial.

primrose ['primrouz] *n Bot:* primevère *f* (jaune).

primula ['primjulə] *n Bot:* primevère *f*.

prince [prins] *n* prince *m*; **p. charming**, prince charmant. **'princely** *a* princier; (cadeau) magnifique. **prin'cess** *n* (*pl* **-es**) princesse *f*. **princi'pality** *n* (*pl* **-ies**) principauté *f*.

principal ['prinsipəl] **1.** *a* principal; **p. clerk**, premier commis **2.** *n* (*a*) (*pers*) directeur, -trice (d'école); *Th:* rôle principal; *Mus:* soliste *mf* (*b*) *Com:* capital *m*, principal *m* (d'une dette). **'principally** *adv* principalement.

principle ['prinsipl] *n* principe *m*; **in p.**, en principe; **man of high principles**, homme qui a des principes; **to do sth on p.**, faire qch par principe; **this works on the same p.**, ceci fonctionne sur, d'après, le même principe.

print [print] **1.** *n* (*a*) empreinte (digitale, d'un pied); impression *f*; **thumb p.**, empreinte du pouce (*b*) *Typ:* matière imprimée; **he wants to see himself in p.**, il veut se faire imprimer; (*of book*) **out of p.**, épuisé; **in p.**, disponible (en librairie) (*c*) *Typ:* caractères *mpl*; **large, small, p.**, gros, petits, caractères (*d*) édition *f*, impression; **to make a p. from a negative**, tirer une épreuve d'un cliché (*e*) estampe *f*, gravure *f*, image *f*; *Phot:* épreuve *f* (*f*) *Tex:* imprimé *m* **2.** *v* (*a*) *vtr* imprimer; tirer (un journal); **to have a book printed**, publier un livre; **to p. 1000 copies of a book**, tirer un livre à 1,000 exemplaires; *Post:* **printed matter,**

papers, imprimés *mpl*; **please p.,** écrire en caractères d'imprimerie; *Phot:* **to p. a negative,** tirer une épreuve (d'un cliché); **incidents that p. themselves in the memory,** incidents qui se gravent dans la mémoire (*b*) *vi* **the book is now printing,** le livre est sous presse. **'printable** *a* imprimable; *Fig:* (*of word*) **not p.,** obscène. **'printer** *n* imprimeur *m*; typographe *m*; *Cmptr:* imprimante *f*; **printer's error,** faute d'impression; coquille *f*. **'printing** *n* (*a*) impression; tirage *m* (d'un livre); (*art of printing*) imprimerie *f*; typographie *f*; **p. press,** presse *f*; **p. house, works,** imprimerie (*b*) écriture *f* en lettres moulées. **print 'out** *vtr Cmptr:* imprimer. **'print-out** *n Cmptr:* sortie *f* sur imprimante.

prior[1] ['praiər] *a* préalable; précédent, antérieur (**to sth,** à qch); **to have a p. claim,** être le premier en date; **p. to my departure,** avant mon départ; **p. to sending the letter,** avant d'envoyer la lettre. **prior'ity** [prai'ɔriti] *n* (*pl* **-ies**) priorité *f*; **to have p. over,** avoir la priorité sur.

prior[2] *n Ecc:* prieur *m*. **'prioress** *n* (*pl* **-es**) prieure *f*. **'priory** *n* (*pl* **-ies**) prieuré *m*.

prise [praiz] *vtr* **to p. sth open, off,** ouvrir, enlever (en faisant levier).

prism ['prizəm] *n* prisme *m*. **pris'matic** *a* prismatique.

prison ['prizən] *n* prison *f*; maison *f* d'arrêt; **to send s.o. to p.,** mettre qn en prison; **in p.,** en prison; **he's been in p.,** il a fait de la prison; **p. camp,** camp de prisonniers; **p. system, life,** système *m*, vie *f*, pénitentiaire; **p. officer,** gardien, -ienne, de prison. **'prisoner** *n* prisonnier, -ière; **p. of war,** prisonnier de guerre; **to take s.o. p.,** faire qn prisonnier; *Jur:* **p. at the bar,** prévenu, -ue; accusé, -ée; (*after sentence*) détenu, -ue; coupable *mf*.

prissy ['prisi] *a* bégueule.

pristine ['pristi:n] *a* (*of condition*) parfait.

private ['praivit] **1.** *a* privé; **p. citizen,** simple particulier; **in p. life,** dans la vie privée; **to keep a matter p.,** tenir une affaire secrète; **to be a very p. person,** aimer la solitude; **p. entrance,** entrée particulière; **p. study,** études particulières; **p. tutor,** précepteur *m*; **in my p. opinion,** à mon avis personnel; **p. parts,** parties génitales; **p. and confidential,** secret et confidentiel; **to mark a letter p.,** marquer une lettre confidentiel, personnel; **p. conversation,** conversation intime; **p. interview,** entretien à huis clos; **p. arrangement,** accord à l'amiable; **p. house,** maison particulière; **p. room,** (*in hotel*) salon réservé; (*in hospital*) chambre particulière; **p. place,** coin retiré; **the funeral will be p.,** les obsèques auront lieu dans la plus stricte intimité; **p. education,** enseignement privé, libre; **p. detective, investigator,** *F:* **eye,** détective privé; (*of doctor*) **p. practice,** cabinet privé; **p. property,** propriété privée; **p. wedding,** mariage *m* intime; *PN:* **p.,** défense d'entrer; entrée interdite au public; **p. income,** rentes *fpl*; fortune personnelle **2.** *n* (*a*) **in p.,** en privé; (*of ceremony*) dans l'intimité; **to speak to s.o. in p.,** parler à qn en particulier (*b*) *Mil:* (simple) soldat *m*. **privacy** ['prai-, 'priv-] *n* intimité *f*, solitude *f*; coin retiré; secret *m*; **to live in p.,** vivre retiré du monde; **in the p. of one's own home,** dans l'intimité du chez-soi; **there's no p. here,** on n'est jamais seul ici; **desire for p.,** désir de se cacher aux regards indiscrets; **lack of p.,** manque de secret; **to give s.o. some p.,** laisser qn seul. **'privately** *adv* en privé; intérieurement; à titre personnel; (se marier, dîner, etc) dans l'intimité; **p. owned,** appartenant à un particulier; **to speak to s.o. p.,** parler à qn en particulier; (*of medical treatment*) **I've had it done p.,** je l'ai fait faire à mes frais.

privation [prai'veiʃn] *n* privation *f*.

privet ['privit] *n Bot:* troène *m*.

privilege ['privilidʒ] *n* privilège *m*; prérogative *f*; **parliamentary p.,** immunité parlementaire. **'privileged** *a* privilégié; **a p. few,** quelques privilégiés; **to be p. to do sth,** jouir du, avoir le, privilège de faire qch.

privy ['privi] *a* **p. to,** au courant de.

prize[1] [praiz] **1.** *n* prix *m*; (*in lottery*) lot *m*; **the first p.,** le premier prix; (*in lottery*) le gros lot; **the Nobel (peace) p.,** le prix Nobel (de la paix); **p. list,** palmarès *m*; **p. money,** prix en espèces; *Box:* **p. ring,** ring des professionnels; **p. fighter,** boxeur professionnel; **p. fighting,** boxe professionnelle **2.** *a* (animal, poème) primé; **a p. fool,** un parfait idiot **3.** *vtr* estimer, priser, apprécier (qch); **to p. sth highly,** faire grand cas de qch. **prized** *a* (*of possession, etc*) précieux. **'prize-giving** *n Sch:* distribution *f* des prix. **'prizewinner** *n* gagnant, -ante (d'un prix); lauréat, -ate. **'prizewinning** *a* (roman, etc) primé; (billet) gagnant.

prize[2] *vtr* = **prise**.

pro[1] [prou] *n* **the pros and cons,** le pour et le contre.

pro[2] *a & n Sp: F:* professionnel, -elle; pro *mf*.

probable ['prɔbəbl] *a* probable; (histoire) vraisemblable; **it's p. he'll come,** il est probable qu'il viendra. **proba'bility** *n* (*pl* **-ies**) probabilité *f*; vraisemblance *f*; **in all p.,** selon toute probabilité. **'probably** *adv* probablement; vraisemblablement.

probate ['proubeit] *n Jur:* validation *f*, homologation *f* (d'un testament). **pro'bation** *n* épreuve *f*, stage *m*; *Ecc:* probation *f* (d'un novice); *Jur:* mise *f* en liberté surveillée; **to be on p.,** (*of employee*) être à l'essai; (*of offender*) être en liberté surveillée, sous contrôle judiciaire; **p. officer,** responsable *mf* des délinquants mis en liberté surveillée. **pro'bationary** *a* (période) d'essai, *Jur:* de liberté surveillée. **pro'bationer** *n* (*employee*) stagiaire *mf*; *Ecc:* novice *mf*; (*offender*) jeune délinquant, -ante, en liberté surveillée.

probe [proub] **1.** (*a*) *vtr* sonder; explorer (une plaie); examiner (*b*) *vi* faire des recherches; *Pej:* fouiner; **to p. into,** sonder, fouiller (le passé) **2.** *n* (*a*) sonde *f*; **space p.,** sonde spatiale (*b*) enquête *f*, sondage *m*. **'probing** *a* (*of question*) pénétrant.

problem ['prɔbləm] *n* problème *m*; **the housing p.,** la crise du logement; **he's got a drug p.,** c'est un drogué; **you've got a drink p.,** tu bois beaucoup trop; **no p.!** pas de problème! **p. child,** enfant difficile, caractériel; **it's a p. to know what to do,** il est bien difficile de savoir quoi faire. **proble'matic** *a* problématique; douteux, incertain.

proceed [prə'si:d] *vi* (*a*) avancer, aller; **to p. (on one's way),** continuer (son chemin); **before we p. any further,** avant d'aller plus loin; **to p. to a place,** aller, se rendre, à un endroit; **how shall we p.?** comment procéder? **to p. cautiously,** agir avec prudence; **to p.**

to do sth, se mettre à faire qch; **I'll now p. to another matter,** je passe maintenant à une autre question (*b*) (*of action, game, play*) continuer, se poursuivre; **things are proceeding as usual,** les choses se déroulent normalement; **to p. with,** poursuivre, continuer (ses études); **sounds proceeding from a room,** sons qui proviennent d'une pièce; *Jur:* **to p. against s.o.,** intenter un procès contre qn. **pro'cedure** *n* (*a*) procédé *m*; **the correct p.,** la bonne méthode; la marche à suivre (*b*) procédure *f* (du Parlement, d'une réunion). **pro'ceeding** *n* procédé *m*. **pro'ceedings** *npl* événements *mpl*; séance *f*; débats *mpl* (d'une assemblée); actes *mpl* (d'un congrès); réunion *f* (d'une société); **the whole p.,** toute l'affaire; **the evening's p.,** ce qui s'est passé pendant la soirée; *Jur:* **to take (legal) p. against s.o.,** intenter un procès contre qn. **'proceeds** *npl* produit *m*, bénéfices *mpl* (d'une vente).

process 1. *n* ['prouses] (*pl* **processes** ['prousesiz]) (*a*) processus *m*; **it's a slow p.,** c'est un long travail; **by a p. of elimination,** en procédant par élimination (*b*) cours *m*, déroulement *m* (des événements); **building in (the) p. of construction,** immeuble en cours de construction; **to be in (the) p. of moving,** être en train de déménager (*c*) *Ind:* méthode *f*; procédé *m*; opération *f* (technique) (*d*) *Jur:* procès *m* **2.** *v* **(processes)** (*a*) *vtr* ['prouses] *Ind:* traiter (un produit, *Cmptr:* une information); examiner; *Phot:* développer; *Tex:* apprêter; *Adm:* faire l'analyse préalable de (documents); **processed cheese,** fromage fondu (*b*) *vi* [prə'ses] défiler en cortège. **'processing** *n* traitement *m* (d'une matière première); préparation industrielle (d'aliments); *Phot:* développement *m* (d'un film); **food p. industry,** industrie alimentaire; **data, information, p.,** informatique. **pro'cession** *n* cortège *m*; défilé *m*; (*religious*) procession *f*. **'processor** *n* (*a*) *DomEc:* **food p.,** robot (ménager) (*b*) *Cmptr:* **word p.,** machine *f* de traitement de texte.

proclaim [prə'kleim] *vtr* proclamer (**s.o. king,** qn roi; **that,** que); déclarer (l'état d'urgence). **procla'mation** [prɔklə-] *n* proclamation *f*; déclaration (publique).

proclivity [prə'kliviti] *n* (*pl* **-ies**) penchant *m*, tendance *f*, inclination *f* (**to sth,** à qch).

procrastinate [prou'kræstineit] *vi* temporiser, tergiverser. **procrasti'nation** *n* temporisation *f*.

procreate ['proukrieit] *vtr* procréer. **procre'ation** *n* procréation *f*.

procure [prə'kjuər] *vtr* obtenir, procurer; **to p. sth for s.o.,** procurer qch à qn; **to p. sth (for oneself),** se procurer qch. **pro'curable** *a* procurable. **procu'ration** [prɔkjuə-] *n* acquisition *f* (de qch pour qn); *Jur:* procuration *f*. **pro'curement** *n* approvisionnement *m*. **pro'curer** *n* (*a*) personne *f* qui procure (qch à qn) (*b*) proxénète *m*. **pro'curing** *n* proxénétisme *m*.

prod [prɔd] **1.** *vtr & i* **(prodded) to p. (at),** pousser (du coude, avec un bâton, etc); *Fig:* **to p. s.o. into doing,** aiguillonner, pousser qn à faire **2.** *n* (petit) coup; poussée *f*; *Fig:* **give him a p.,** aiguillonnez-le un peu.

prodigal ['prɔdigəl] *a* prodigue. **prodi'gality** *n* prodigalité *f*. **'prodigally** *adv* avec prodigalité.

prodigy ['prɔdidʒi] *n* prodige *m*; merveille *f*; **child, infant, p.,** enfant *mf* prodige. **pro'digious** *a* prodigieux; merveilleux. **pro'digiously** *adv* prodigieusement; merveilleusement, énormément.

produce 1. *vtr* [prə'dju:s] (*a*) présenter (son passeport); fournir, présenter (des documents, des preuves); donner (des raisons); sortir (un pistolet, un mouchoir, etc); faire sortir (un lapin) (**out of a hat,** d'un chapeau) (*b*) *Th: TV:* mettre en scène (une pièce); *Cin:* produire (un film); *WTel:* réaliser (une émission); *Publ:* publier (un livre) (*c*) créer; donner naissance à (un bébé); *El:* faire jaillir (une étincelle) (*d*) *Ind:* fabriquer; produire (*e*) produire, causer, provoquer (un effet); **to p. a sensation,** faire sensation (*f*) rapporter, rendre (un bénéfice) (*g*) *vi* (*of factory, etc*) produire **2.** *n* ['prɔdju:s] (*a*) rendement *m* (d'une mine, d'une exploitation) (*b*) *coll* produit(s) *m(pl)*; denrées *fpl*; **dairy p.,** produits laitiers. **pro'ducer** *n* (*of goods*) & *Cin*; producteur, -trice; *Th: TV:* metteur *m* en scène; *WTel:* réalisateur, -trice. **'product** ['prɔdʌkt] *n* produit *m*. **pro'duction** *n* (*a*) présentation *f* (d'un billet) (*b*) *Th: TV:* mise *f* en scène; *WTel:* réalisation *f*; *Cin:* production *f* (*c*) production; fabrication *f* (de marchandises); **p. line,** chaîne de fabrication; **to work on the p. line,** travailler à la chaîne. **pro'ductive** *a* productif; (*of land*) fécond, fertile; (*of mine*) en rapport. **produc'tivity** *n* productivité *f*.

profane [prə'fein] **1.** *a* profane; sacrilège; (langage) impie **2.** *vtr* profaner. **profanity** [-'fæn-] *n* impiété *f* (d'une action); **to utter profanities,** proférer des blasphèmes.

profess [prə'fes] *vtr* professer, faire profession de (sa foi); **to p. oneself satisfied,** se déclarer satisfait; **I do not p. to be a scholar,** je ne prétends pas être savant. **pro'fessed** *a* (*of monk, nun*) profès; (ennemi) déclaré; prétendu (savant). **pro'fession** *n* profession *f*; métier *m*; **he is a doctor by p.,** il est médecin de profession; **the (learned) professions,** les professions libérales; **the p.,** (les membres *m* de) la profession; les gens du métier. **pro'fessional 1.** *a* professionnel; (*of man, woman*) qui exerce une profession libérale; (*of army*) de métier; (*of diplomat*) de carrière; **p. people, the p. classes,** les membres des professions libérales; **to take p. advice,** consulter un avocat, un médecin **2.** *n* professionnel, -elle; membre *m* des professions libérales; **to turn p.,** passer professionnel. **pro'fessionalism** *n* caractère professionnel (de qch); *esp Sp:* professionnalisme *m*. **pro'fessionally** *adv* professionnellement; (*to perform, play*) en professionnel; (*to meet s.o.*) dans le cadre de son travail; **to consult s.o. p.,** consulter qn pour affaires. **pro'fessor** *n* professeur *m* (titulaire d'une chaire). **profe'ssorial** *a* professoral. **pro'fessorship** *n* professorat *m*.

proffer ['prɔfər] *vtr* offrir.

proficient [prə'fiʃənt] *a* capable, compétent; **to be p. in maths,** être fort en maths; posséder à fond les mathématiques. **pro'ficiency** *n* capacité *f*, compétence *f* (**in a subject,** en une matière).

profile ['proufail] *n* profil *m*; silhouette *f*; *Journ:* portrait *m*; **in p.,** de profil; *Fig:* **to keep a low p.,** garder un profil bas; se faire discret, tout petit; *Pol:* ne pas monter au créneau (sur une question, etc).

profit ['prɔfit] **1.** *n* profit *m*, bénéfice *m*; avantage *m*; **to turn sth to p.,** tirer profit de qch; *Com:* **net, clear,**

p., bénéfice net; **to sell at a p.**, vendre à profit; **to make huge profits**, réaliser de gros bénéfices; **p. and loss**, profits et pertes; **p. margin**, marge *f* bénéficiaire; **p. motive**, recherche *f* du profit **2.** *vi* **to p. by, from, sth**, profiter, bénéficier, de qch; tirer profit de (qch). **profita'bility** *n Com:* rentabilité *f*. **'profitable** *a* profitable, avantageux, rentable. **'profitably** *adv* profitablement, avantageusement; avec profit. **profi'teer** *Pej:* **1.** *n* profiteur, -euse **2.** *vi* faire des profits malhonnêtes. **profi'teering** *n* affairisme *m*. **'profitless** *a* sans profit. **'profit-making** *a* à but lucratif. **'profit-sharing** *n Ind:* participation *f* aux bénéfices.

profligate ['prɔfligət] *a & n* (*a*) débauché, -ée (*b*) prodigue. **'profligacy** *n* (*a*) débauche *f* (*b*) prodigalité *f*.

profound [prə'faund] *a* profond; (secret) absolu. **pro'foundly** *adv* profondément. **profundity** [-'fʌnd-] *n* profondeur *f*.

profuse [prə'fjuːs] *a* profus, abondant; **p. in**, prodigue de (louanges, etc); **to be p. in one's apologies**, se répandre en excuses. **pro'fusely** *adv* (pousser, couler) à profusion; (saigner, transpirer) abondamment; (remercier) avec effusion; **to apologize p.**, se répandre en excuses. **profusion** [-'fjuːʒn] *n* profusion *f*, abondance *f*; **flowers in p.**, des fleurs à profusion.

progeny ['prɔdʒəni] *n* progéniture *f*.

prognosticate [prɔg'nɔstikeit] *vtr* pronostiquer, présager, prédire (qch). **prog'nosis** *n* (*pl* **-es**) *Med:* pronostic *m*.

program[1] ['prougræm] **1.** *n Cmptr:* programme *m* **2.** *vtr* **(programmed)** *Cmptr:* programmer. **'programmer** *n* **(computer) p.**, programmeur, -euse. **'programming** *n* programmation *f*.

programme, *NAm:* **-gram**[2] ['prougræm] **1.** *n* programme *m*; *WTel: TV:* émission *f*; **what's (on) the p. today?** que faisons-nous aujourd'hui? *Th:* **p. seller**, vendeur, -euse, de programmes; *TV: etc:* **p. editor**, éditorialiste *mf*; *WTel:* **request p.**, émission des auditeurs **2.** *vtr* **(programmed)** programmer; **programmed teaching**, enseignement programmé.

progress 1. *n* ['prougres] (*a*) marche *f* (du temps); évolution *f* (d'une maladie); avancement *m* (d'un travail); cours *m*, déroulement *m* (des événements); **the work now in p.**, le travail en cours (*b*) progrès *m(pl)*; **to make (good) p.**, faire des progrès; (*in walking, driving, negotiations, etc*) bien avancer; **to make p. in one's studies**, faire des progrès dans ses études; **to make slow p.**, n'avancer que lentement; *Com: Ind:* **p. report**, état d'avancement (des travaux); rapport périodique **2.** *vi* [prə'gres] **(progresses)** (*a*) (*of story, meeting*) se dérouler; **as the year progresses**, au cours de l'année; **as the inquiry progresses**, à mesure que l'enquête avance (*b*) faire des progrès (**with**, dans); avancer; progresser. **pro'gression** *n* progression *f*. **pro'gressive** *a* progressif; (*of party*) progressiste; (*of firm, ideas*) moderniste; **by p. stages**, par degrés. **pro'gressively** *adv* progressivement; au fur et à mesure.

prohibit [prə'hibit] *vtr* (*a*) prohiber; défendre, interdire (qch); *PN:* **smoking prohibited**, défense de fumer; **to p. s.o. from doing sth**, défendre, interdire, à qn de faire qch (*b*) empêcher (qn) (**from doing**, de faire). **prohibition** [prou(h)i'biʃn] *n* prohibition *f*; interdiction *f*, défense *f* (de faire qch). **pro'hibitive** *a* prohibitif; (prix) inabordable; **the price of peaches is p.**, les pêches sont hors de prix.

project 1. *v* [prə'dʒekt] (*a*) *vtr* projeter; **projected buildings**, édifices en projet (*b*) *vi* faire saillie; (s')avancer; **to p. over sth**, surplomber qch **2.** *n* ['prɔdʒekt] (*a*) projet *m*; plan *m*; enterprise *f*; *Sch:* étude *f*; **to form, carry out, a p.**, former, réaliser, un projet (*b*) *NAm:* **(housing) p.**, cité (ouvrière). **pro'jected** *a* prévu. **pro'jectile** *n* projectile *m*. **pro'jecting** *a* saillant, en saillie. **pro'jection** *n* (*a*) projection *f*; lancement *m* (d'un projectile); *Cin:* **p. room**, cabine de projection (*b*) conception *f* (d'un projet) (*c*) saillie *f*; porte-à-faux *m inv* (d'un balcon); avant-corps *m inv* (de façade). **pro'jectionist** *n Cin:* projectionniste *mf*. **pro'jector** *n Cin:* projecteur *m*; **slide p.**, projecteur de diapositives.

proletariat [prouli'tɛəriət] *n* prolétariat *m*. **prole'tarian 1.** *a* prolétarien; (*of outlook*) de prolétaire **2.** *n* prolétaire *mf*.

prolific [prə'lifik] *a* prolifique; fécond (**in, of**, en). **pro'liferate** *vi* proliférer. **prolife'ration** *n* prolifération *f*.

prologue ['proulɔg] *n* prologue *m* (**to**, de, à).

prolong [prə'lɔŋ] *vtr* prolonger. **prolon'gation** [proulɔŋ'geiʃn] *n* prolongation *f* (de la durée de qch); prolongement *m* (d'une ligne); (*in time*) délai accordé.

promenade, *F:* **prom** [prɔmə'nɑːd, prɔm] *n* promenade *f*; (*at seaside*) front *m* de mer; esplanade *f*; *Th:* promenoir *m*; **p. concert**, concert promenade; *Nau:* **p. deck**, pont promenade. **prome'nader** *n* auditeur, -trice, à un concert promenade.

prominence ['prɔminəns] *n* (*a*) proéminence *f*; relief *m* (*b*) saillie *f*, protubérance *f* (*c*) importance *f*, éminence *f*; **to give sth p.**, faire ressortir qch; **to come into p.**, (*of pers*) percer; (*of thg*) acquérir de l'importance. **'prominent** *a* (*a*) (*of chin, tooth*) saillant; (*of nose*) proéminent (*b*) *Fig:* frappant, remarquable; **in a p. position**, bien en vue; **to play a p. part**, jouer un rôle majeur (*c*) éminent; **a p. politician**, un homme, une femme, politique marquant(e). **'prominently** *adv* **goods p. displayed**, marchandises bien en vue.

promiscuous [prə'miskjuəs] *a* de mœurs faciles; (*of behaviour*) immoral; **she's completely p.**, elle couche avec n'importe qui. **promi'scuity** *n* liberté *f* de mœurs; immoralité *f*. **pro'miscuously** *adv* immoralement.

promise ['prɔmis] **1.** *n* promesse *f*; **to make a p.**, faire une promesse; **to break one's p.**, manquer à sa promesse, sa parole; **to keep one's p.**, tenir sa promesse; **it shows (great) p., its full of p.**, c'est très prometteur; **he shows (great) p.**, il promet; **to hold out a p. of sth to s.o.**, faire espérer qch à qn **2.** *vtr & i* **to p. s.o. sth**, promettre qch à qn; **to p. s.o. to do sth**, promettre à qn de faire qch; **he promised me he'd do it**, il m'a promis qu'il le ferait, de le faire; **to p. oneself sth**, se promettre qch; **I p.!** je te le promets! **p.?** promis? **it promises to be hot**, le temps s'annonce chaud; **the scheme promises well**, le projet s'annonce bien. **'promising** *a* personne qui promet; (début) prometteur; (avenir) qui s'annonce bien. **'promisingly** *adv* d'une façon prometteuse.

promontory ['prɔməntri] *n* (*pl* **promontories**) promontoire *m*.

promote [prə'mout] *vtr* (*a*) promouvoir (qn); donner de l'avancement à (qn); **to be promoted,** être promu; monter en grade (*b*) encourager (les arts); favoriser (le succès); avancer (les intérêts de qn); lancer (une société, un produit). **pro'moter** *n* promoteur, -trice (d'une société, de vente); *Sp:* organisateur, -trice. **pro'motion** *n* avancement *m*, promotion *f*; *Com:* promotion; **to gain p.,** être promu.

prompt [prɔmpt] **1.** *a* prompt; rapide; immédiat; à l'heure, ponctuel; **p. to act,** prompt à agir; **p. delivery,** livraison immédiate **2.** *adv* **at three o'clock p.,** à trois heures pile, précises **3.** *vtr* (*a*) provoquer, **to p. s.o. to do sth,** pousser, inciter, qn à faire qch; **to be prompted by a feeling of pity,** être animé par un sentiment de pitié (*b*) *Th:* souffler (son rôle) à (un acteur). **'prompter** *n Th:* souffleur, -euse. **'prompting** *n* incitation *f* (**to do,** à faire). **'promptly** *adv* promptement; sur-le-champ; immédiatement; (payer) ponctuellement. **'promptness** *n* promptitude.

prone [proun] *a* (*a*) sur le ventre (*b*) **p. to sth,** prédisposé à qch; **to be p. to do,** avoir tendance à faire; **to be accident p.,** être enclin aux accidents.

prong [prɔŋ] *n* fourchon *m* (de fourche); dent *f* (de fourchette). **pronged** *a* à fourchons; à dents; **three-p. attack,** attaque triple, sur trois fronts.

pronoun ['prounaun] *n Gram:* pronom *m*. **pro'nominal** *a* pronominal.

pronounce [prə'nauns] **1.** *vtr* (*a*) déclarer; *Jur:* prononcer (une sentence) (*b*) prononcer, articuler (un mot) **2.** *vi* prononcer; se prononcer (**on,** sur). **pro'nounced** *a* prononcé, marqué; (goût) très fort. **pro'nouncement** *n* déclaration *f*. **pronunci'ation** [-nʌn] *n* prononciation *f*.

pronto ['prɔntou] *adv F:* illico; sur-le-champ.

proof [pru:f] **1.** *n* (*a*) preuve *f*; **positive p.,** preuve patente; **to give p. of sth,** faire preuve de, témoigner, qch; **this is p. that he is lying,** cela prouve qu'il ment; **to produce p. to the contrary,** fournir la preuve contraire; **to put sth to the p.,** mettre qch à l'épreuve (*b*) teneur *f* en alcool (d'un spiritueux) (*c*) (*of book, photo*) épreuve *f* **2.** *a* **p. against sth,** résistant à qch; à l'épreuve de qch; étanche à (l'humidité); immunisé contre (une maladie); insensible à (la flatterie) **3.** *vtr* imperméabiliser (un tissu). **'proofread** *vtr & i* (**proofread**) *Typ:* corriger les épreuves. **'proofreader** *n Typ:* correcteur, -trice.

prop [prɔp] **1.** *n* support *m*; étai *m*; perche *f* (d'une corde à linge); *Fig:* soutien *m* **2.** *vtr* (**propped**) **to p. up,** appuyer, (une échelle, etc) (**against,** centre); caler (sa tête); étayer (un mur); *Fig:* soutenir (qn).

propaganda [prɔpə'gændə] *n* propagande *f*. **propa'gandist** *n* propagandiste *mf*.

propagate ['prɔpəgeit] *vtr & i* (se) propager; **to p. itself,** se propager. **propa'gation** *n* propagation *f*.

propel [prə'pel] *vtr* (**propelled**) propulser. **pro'pellant** *n* combustible *m*; *Space:* propergol *m*; **aerosol p.,** gaz propulseur (d'aérosol). **pro'peller** *n* propulseur *m*; *Nau: Av:* hélice *f*; **p. shaft,** *Aut:* arbre de transmission; *Av:* arbre de l'hélice; *Nau:* arbre de porte-hélice. **pro'pelling** *a* propulsif; **p. pencil,** porte-mine *m inv*.

propensity [prə'pensiti] *n* (*pl* **propensities**) propension *f*, penchant *m*, inclination *f*, tendance *f* (**to, for,** à, vers; **for doing sth,** à faire qch).

proper ['prɔpər] **1.** *a* (*a*) **p. to sth,** propre, particulier, à qch; **to put sth to its p. use,** utiliser rationnellement qch; *Gram:* **p. noun,** nom propre (*b*) vrai, juste, approprié; **in a p. sense,** au sens propre; **architecture p.,** l'architecture proprement dite; *Mth:* **p. fraction,** fraction inférieure à l'unité (*c*) véritable; **to get a p. hiding,** recevoir une belle raclée; **we're in a p. mess,** nous voilà dans de beaux draps; **he's a p. fool,** c'est un parfait imbécile (*d*) convenable; **at the p. time,** en temps utile; **in the p. way,** comme il faut; **to think it p. to (do sth),** juger bon de (faire qch); **do as you think.,** faites comme bon vous semblera; **to do the p. thing by s.o.,** agir loyalement envers qn; **the p. way to do it,** la meilleure manière de le faire; **the p. tool,** le bon outil; **to keep sth in p. condition,** tenir qch en bon état (*e*) correct **2.** *adv P:* (parler) correctement; **p. poorly,** vraiment malade. **'properly** *adv* (*a*) **word p. used,** mot employé correctement; **p. speaking,** proprement dit (*b*) bien; de la bonne façon; **do it p. or not at all,** faites-le comme il faut ou pas du tout (*c*) *F:* (*intensive*) **he was p. drunk,** il était complètement, vraiment, soûl; **to tick s.o. off p.,** rembarrer vertement qn (*d*) convenablement; **to behave p.,** se conduire comme il faut.

property ['prɔpəti] *n* (*pl* **properties**) (*a*) propriété *f*; biens *mpl*, avoir(s) *m*(*pl*); **that's my p.,** cela m'appartient; **landed p.,** biens fonciers; **lost p.,** objets trouvés; **p. market,** marché immobilier; **p. tax,** impôt foncier (*b*) *Th: Cin:* accessoire *m*; **p. man,** accessoiriste *m* (*c*) propriété; **inherent p.,** attribut *m*. **'propertied** *a* possédant.

prophecy ['prɔfisi] *n* (*pl* **prophecies**) prophétie *f*. **prophesy** ['prɔfisai] *v* (**prophesied**) *vtr & i* prophétiser; **to p. that,** prédire que. **'prophet, 'prophetess** *n* (*pl* **prophetesses**) prophète *m*, prophétesse *f*. **pro'phetic** *a* prophétique. **pro'phetically** *adv* prophétiquement.

propitiate [prə'piʃieit] *vtr* apaiser (qn); se faire pardonner par (qn). **propiti'ation** *n* propitiation *f*; apaisement *m* (de qn); expiation *f* (d'une faute). **pro'pitious** *a* propice; favorable. **pro'pitiously** *adv* d'une manière propice.

proponent [prə'pounənt] *n* défenseur *m*, partisan, -ane (d'une cause, etc).

proportion [prə'pɔ:ʃn] **1.** *n* (*a*) partie *f*; portion *f*; part *f*; pourcentage *m*; **to divide expenses in equal proportions,** répartir équitablement les frais; **p. of an ingredient in a mixture,** dose *f* d'un ingrédient dans un mélange (*b*) proportion *f*; **p. of the net load to the gross load,** rapport *m* du poids utile au poids mort; **in due p.,** en proportions raisonnables; **in p. as,** à mesure que; **in p. to,** en proportion de; **out of p.,** mal proportionné; **out of p. to,** hors de proportion avec; **to have no sense of p.,** ne pas avoir le sens des proportions; **to lose all sense of p.,** ne garder aucune mesure (*c*) **proportions,** proportions (d'un édifice); dimensions *fpl* (d'une machine) **2.** *vtr* proportionner; **well proportioned,** bien proportionné. **pro'por-**

tional *a* proportionnel (**to,** à); en proportion (**to,** de); proportionné (**to,** à); *Pol:* **p. representation,** représentation proportionnelle. **pro'portionally** *adv* en proportion (**to,** de); proportionnellement (**to,** à). **pro'portionate** *a* proportionnel (**to,** à).

propose [prə'pouz] **1.** *vtr* proposer (une ligne de conduite, une motion); parrainer (un candidat); **to p. a toast,** porter un toast (à la santé de qn); **to p. to do sth,** se proposer de faire qch; **what do you p. to do now?** que comptez-vous faire maintenant? **2.** *vi* faire une demande (en mariage) (**to,** à); **he proposed to her,** il lui a demandé de l'épouser. **pro'posal** [-zəl] *n* (*a*) proposition *f*, offre *f*; **to make a p.,** faire, formuler, une proposition (*b*) demande *f* (en mariage) (*c*) dessein *m*; projet *m*. **pro'poser** *n* auteur *m* d'une offre, d'une proposition. **propo'sition** [prɔpə'ziʃn] **1.** *n* proposition, offre; **paying p.,** affaire qui rapporte; affaire intéressante, rentable; **it's a tough p.,** c'est une question difficile à résoudre; *F:* **he's a tough p.,** il n'est guère commode **2.** *vtr P:* faire des propositions (indécentes) à (qn).

propound [prə'paund] *vtr* proposer (une théorie); poser (une question, un problème).

proprietor, proprietress [prə'praiətər, -tres] *n* propriétaire *mf*; patron, -onne (d'un hôtel); **garage p.,** garagiste *m*. **pro'prietary** *a* (*a*) (droit) de propriété, de propriétaire (*b*) *Com:* **p. article,** article *m* de marque déposée; **p. name,** marque déposée.

propriety [prə'praiəti] *n* (*pl* **proprieties**) (*a*) justesse *f*, à-propos *m* (d'une expression); rectitude *f* (de conduite) (*b*) bienséance *f*, décence *f*; **to observe the proprieties,** observer les convenances *fpl*.

prop(s) [prɔp(s)] *n(pl) Th:* accessoire(s) *m(pl)*.

propulsion [prə'pʌlʃn] *n* propulsion *f*. **pro'pulsive** *a* propulsif; (effort) de propulsion.

pro rata [prou'rɑːtə] *a & adv phr* au prorata.

prosaic [prou'zeiik] *a* prosaïque; (esprit) banal. **pro'saically** *adv* prosaïquement.

proscribe [prou'skraib] *vtr* proscrire. **pro'scription** *n* proscription *f*.

prose [prouz] *n* (*a*) prose *f*; **in p.,** en prose; **p. writer,** prosateur *m* (*b*) *Sch:* **p. (translation),** thème *m*.

prosecute ['prɔsikjuːt] *vtr* poursuivre (qn) (en justice); (**for stealing, etc,** pour vol, etc); engager des poursuites contre (qn). **prose'cution** *n Jur:* poursuites *fpl* (judiciaires); (*the lawyers*) **the p.,** = le ministère public; **witness for the p.,** témoin à charge. **prosecutor** *n Jur:* **(public) p.,** procureur *m*.

prospect 1. *n* ['prɔspekt] (*a*) vue *f*; perspective *f*; **wide p.,** horizon très étendu (*b*) perspective, expectative *f*; **to have sth in p.,** avoir qch en perspective, en vue; **there is very little p. of it,** on ne peut guère y compter; **no p. of agreement,** aucune possibilité d'accord (*c*) **prospects,** perspectives d'avenir; **prospects of success,** chances *fpl* de succès; **it has prospects,** c'est prometteur; **the prospects for the harvest are excellent,** la récolte s'annonce excellente; **his prospects are brilliant,** un brillant avenir s'ouvre devant lui; **she has prospects,** elle a de l'avenir **2.** *vtr & i* [prəs'pekt] prospecter; **to p. for gold,** chercher de l'or. **pro'specting** *n* prospection *f*. **pro'spective** *a* éventuel; **my p. son-in-law,** mon futur gendre; **p. visit,** visite prochaine; **a p. buyer,** un acheteur éventuel. **pro'spector** *n* prospecteur, - trice; chercheur *m* (d'or, de minerais). **pro'spectus** *n* (*pl* **-uses**) prospectus *m*; *Sch:* guide *m* (de l'étudiant).

prosper ['prɔspər] *vi* prospérer. **pro'sperity** *n* prospérité *f*. **'prosperous** *a* prospère; riche. **'prosperously** *adv* avec prospérité.

prostate ['prɔsteit] *n Anat:* **p. (gland),** prostate *f*.

prosthesis [prɔs'θiːsis] *n* (*pl* **prostheses** [-siːz]) prothèse *f*.

prostitute ['prɔstitjuːt] **1.** *n* prostituée *f*; **male p.,** prostitué *m* **2.** *vtr* prostituer. **prosti'tution** *n* prostitution *f*.

prostrate 1. *vtr* [prɔ'streit] **to p. oneself before s.o.,** se prosterner devant qn; **prostrated by the heat,** accablé par la chaleur **2.** *a* ['prɔstreit] (*a*) prosterné; sur le ventre (*b*) soumis (*c*) abattu; *Med:* prostré. **pro'stration** *n* (*a*) prosternement *m*, prosternation *f* (*b*) abattement *m*; *Med:* prostration *f*.

protagonist [prou'tægənist] *n* protagoniste *mf*.

protect [prə'tekt] *vtr* protéger (**from,** de; **against,** contre); sauvegarder (les intérêts de qn). **pro'tection** *n* (*a*) protection *f*, défense *f* (**against,** contre); sauvegarde *f* (des intérêts de qn); **under s.o.'s p.,** sous la protection de qn; **p. racket,** racket *m* (*b*) abri *m*. **pro'tective** *a* protecteur; (vêtement, etc) de protection. **pro'tectively** *adv* d'un geste protecteur. **pro'tector** *n* protecteur, -trice. **pro'tectorate** *n* protectorat *m*.

protégé ['prɔtəʒei] *n* protégé, -ée.

protein ['proutiːn] *n* protéine *f*.

protest 1. *n* ['proutest] protestation *f*; **to make a p.,** protester; faire des représentations *f*; **a day of p.,** une journée revendicative; **p. meeting,** réunion de protestation; **under p.,** contre son gré **2.** *vtr & i* [prə'test] protester; *Pol:* (*in the streets, etc*) contester; **to p. one's innocence,** protester de son innocence. **Protestant** ['prɔtistənt] *a & n Ecc:* protestant, -ante. **'Protestantism** *n* protestantisme *m*. **prote'station** *n* protestation. **pro'tester** *n Pol:* contestataire *mf*.

protocol ['proutəkɔl] *n* protocole *m*.

prototype ['proutətaip] *n* prototype *m*.

protract [prə'trækt] *vtr* prolonger; faire traîner (une affaire) en longueur. **pro'tractor** *n Mth:* rapporteur *m*.

protrude [prə'truːd] *vi* dépasser; (*of balcony, cliff, etc*) faire saillie; (*of tooth*) avancer. **pro'truding** *a* saillant; **p. teeth,** dents qui avancent. **pro'trusion** *n* saillie *f*; protubérance *f*.

protuberance [prə'tjuːbərəns] *n* protubérance *f*; **pro'tuberant** *a* protubérant.

proud [praud] **1.** *a* (*a*) fier; orgueilleux; **to be p. of sth,** être fier de qch (*b*) (*of view, city*) noble, magnifique **2.** *adv F:* **to do s.o. p.,** se mettre en frais pour qn; **to do oneself p.,** ne se priver de rien. **'proudly** *adv* fièrement; orgueilleusement.

prove [pruːv] **1.** *vtr* (*a*) prouver, démontrer; **it remains to be proved,** cela n'est pas encore prouvé; **to p. oneself,** faire ses preuves (*b*) *Jur:* homologuer (un testament) **2.** *vi* se montrer; **to p. (to be) useful,** s'avérer utile; **the news proved false,** la nouvelle s'est révélée fausse. **'proven** *a* (*of method, etc*) éprouvé.

proverb ['prɔvəːb] *n* proverbe *m*. **pro'verbial** *a* proverbial. **pro'verbially** *adv* proverbialement.

provide [prə'vaid] **1.** *vtr* (*a*) **to p. s.o. with sth,** fournir qch à qn; (*equip*) pourvoir qn de qch (*b*) donner, offrir (to, à) **2.** *vi* **to p. that,** stipuler que; **to p. against** se prémunir contre (une attaque); **expenses provided for in the budget,** dépenses prévues au budget; **to p. for s.o.,** pourvoir aux besoins de qn; assurer l'avenir de qn; **to p. for oneself,** se suffire; **to be well provided for,** avoir largement de quoi vivre; **he provided for everything,** il a subvenu à tout; **this has been provided for,** on y a pourvu. **pro'vided (that), pro'viding (that)** *conj* pourvu que + *sub*; à condition que + *ind or sub*. **pro'vider** *n* pourvoyeur, -euse; fournisseur, -euse.

providence ['prɔvidəns] *n* providence *f*. **provi'dential** *a* providentiel. **provi'dentially** *adv* providentiellement.

provident ['prɔvidənt] *a* (*of society*) de prévoyance; (*of pers*) prévoyant.

province ['prɔvins] *n* province *f*; **in the provinces,** en province; *Fig:* **that is not (within) my p.,** ce n'est pas de mon domaine, de ma compétence. **provincial** [prə'vinʃl] *a & n* provincial, -ale.

provision [prə'viʒn] **1.** *n* (*a*) provision *f*; **the p. of,** la fourniture de; **to make p. for sth,** pourvoir à qch; **the law makes no p. for a case of this kind,** la loi n'a pas prévu un cas semblable; **to make p. for one's family,** pourvoir aux besoins de sa famille; assurer l'avenir de sa famille; **to lay in (a store of) provisions,** faire des vivres (*b*) article *m* (d'un traité); disposition *f*, clause *f*, stipulation *f* (d'un contrat); *pl* dispositions *fpl* (d'un décret); **p. must be made for,** il faudra prévoir; **there's no p. to the contrary,** il n'y a pas de clause contraire; **to come within the provisions of the law,** tomber sous le coup de la loi **2.** *vtr* approvisionner; ravitailler (une armée). **pro'visional** *a* provisoire; *Jur:* provisionnel. **pro'visionally** *adv* provisoirement; (nommer qn) à titre provisoire. **pro'visioning** *n* approvisionnement *m* (de troupes). **proviso** [prə'vaizou] *n* stipulation *f*; condition *f*; **with the p. that,** à condition que. **pro'visory** *a* conditionnel.

provoke [prə'vouk] *vtr* (*a*) provoquer, pousser, inciter (**s.o. to do sth,** qn à faire qch); **to p. s.o. to anger,** mettre qn en colère (*b*) irriter, fâcher, agacer (*c*) exciter (la curiosité); provoquer (une réaction, etc). **provocation** [prɔvə'keiʃn] *n* provocation *f*; **under p.,** en réponse à une provocation. **provocative** [-'vɔk-] *a* (*of pers, remark, etc*) provocant. **pro'vocatively** *adv* d'une manière provocante.

provost ['prɔvəst] *n Sch:* principal *m* (de collège); *Scot:* maire *m*.

prow [prau] *n Nau:* proue *f*, avant *m*.

prowess ['prauis] *n* prouesse *f*; courage *m*, talent *m*.

prowl [praul] **1.** *vi* **to p. (around),** rôder **2.** *n* **to be on the p.,** rôder. '**prowler** *n* rôdeur, -euse.

proximity [prɔk'simiti] *n* proximité *f*; **in p. to,** à proximité de.

proxy ['prɔksi] *n Jur:* (*a*) procuration *f*; pouvoir *m*; mandat *m*; **by p.,** par procuration (*b*) (*pers*) mandataire *mf*; fondé *m* de pouvoir(s).

prude [pru:d] *n* prude *mf*; bégueule *f*. '**prudery,** '**prudishness** *n* pruderie *f*; pudibonderie *f*. '**prudish** *a* prude; pudibond. '**prudishly** *adv* avec pruderie; en prude.

prudence ['pru:dəns] *n* prudence *f*, sagesse *f*. '**prudent** *a* prudent, sage. '**prudently** *adv* prudemment.

prune[1] [pru:n] *n* pruneau *m*.

prune[2] *vtr* tailler (un rosier); élaguer (une branche); faire des coupures dans (un article); élaguer (un discours, etc). '**pruning** *n* taille *f*; **p. knife,** serpette *f*.

prurient ['pruəriənt] *a* lascif. '**prurience** *n* lascivité *f*.

Prussia ['prʌʃə] *Prn* Prusse *f*. '**Prussian** *a & n* prussien, -ienne; **P. blue,** bleu de Prusse.

pry[1] [prai] *vi* **(pried)** être indiscret; **to p. into,** se mêler de; chercher à découvrir (les raisons de qn, etc). '**prying** *a* curieux, indiscret.

pry[2] *vtr* **(pried) to p. open,** forcer (en faisant levier).

PS *abbr postscript*, P.-S.

psalm [sɑ:m] *n* psaume *m*. '**psalmist** *n* psalmiste *m*.

pseud [sju:d] *n F:* bêcheur, -euse. '**pseudo,** '**pseudy** *a F:* faux.

pseudonym ['sju:dənim] *n* pseudonyme *m*.

psychiatry [sai'kaiətri] *n* psychiatrie *f*. **psychi'atric** *a* psychiatrique. **psy'chiatrist** *n* psychiatre *mf*.

psychic ['saikik] **1.** *a* (méta)psychique; *F:* **I'm not p.,** je ne suis pas devin **2.** *n* (*pers*) médium *m*.

psychoanalysis [saikouə'næləsis] *n* (*pl* **psychoanalyses**) psychanalyse *f*. **psycho'analyst** *n* psychanalyste *mf*. **psycho'analyze** *vtr* psychanalyser.

psychology [sai'kɔlədʒi] *n* psychologie *f*. **psycho'logical** *a* psychologique. **psycho'logically** *adv* psychologiquement. **psy'chologist** *n* psychologue *mf*.

psychopath ['saikoupæθ] *n* psychopathe *mf*. **psycho'pathic** *a* psychopathe; (état) psychopathique.

psychosis [sai'kousis] *n* (*pl* **-oses** [-ousi:z]) *n* psychose *f*.

psychosomatic [saikousə'mætik] *a Med:* psychosomatique.

PT *abbr physical training*.

ptarmigan ['tɑ:migən] *n Orn:* lagopède muet.

PTO *abbr please turn over*, TSVP.

pub [pʌb] *n* pub *m*; **to go on a p. crawl,** faire la tournée des pubs.

puberty ['pju:bəti] *n* puberté *f*.

pubis ['pju:bis] *n Anat:* pubis *m*. '**pubic** *a* pubien; **p. hair,** poils du pubis.

public ['pʌblik] **1.** *a* public, *f* publique; **p. holiday,** fête légale; **p. building,** édifice public; **p. library,** bibliothèque municipale; **p. company,** société *f* par actions; **p. corporation,** société nationalisée; (*of company*) **to go p.,** être introduit en Bourse; **p. transport,** transports en commun; **p. conveniences,** toilettes publiques; **p. house,** pub *m*; **p. figure,** personnalité connue; **to make a p. protest,** protester publiquement; **in the p. eye,** très en vue; **p. life,** les affaires publiques; **p. spirit,** civisme *m*; **to be p.-spirited,** avoir le sens civique; **p. relations,** relations publiques; **p. address system,** sonorisation *f* pour diffusion en public **2.** *n* public *m*; **the general p.,** le grand public; **in p.,** en public. '**publican** *n* patron, -onne, d'un pub. '**publicly** *adv* publiquement; en public, *Com:* **p. owned,** nationalisé.

publicity [pʌ'blisiti] *n* publicité *f*; *Com:* réclame *f*; **p. campaign,** campagne de publicité. **'publicize** *vtr* rendre public; faire de la réclame, de la publicité, pour (un article).

publish ['pʌbliʃ] *vtr* publier; éditer, publier (un livre); **to p. s.o.,** éditer qn; **just published,** vient de paraître. **publi'cation** *n* (*a*) publication *f*, parution *f* (d'un livre) (*b*) ouvrage publié; publication. **'publisher** *n* éditeur, -trice. **'publishing** *n* publication *f*; **p., the p. business,** l'édition *f*; **p. house,** maison d'édition.

puck [pʌk] *n* (*in ice hockey*) palet *m*.

pucker ['pʌkər] **1.** *n* ride *f*, pli *m* (du visage); fronce *f*, faux pli (d'un tissu) **2.** *v* (*a*) *vtr* **to p. (up),** rider, plisser; froncer; faire goder (un tissu) (*b*) *vi* **to p. (up),** se plisser, se froncer; (*of material*) goder; (*of face*) se crisper.

pudding ['pudiŋ] *n Cu:* (*a*) **(plum) p.,** pudding *m*, pouding *m*; **rice p.,** riz *m* au lait; **Christmas p.,** pudding de Noël; **black p.,** boudin *m*; **p. basin,** moule *m* à puddings (*b*) entremets sucré; dessert *m*, gâteau *m*.

puddle ['pʌdl] *n* flaque *f* (d'eau).

pudgy ['pʌdʒi] = **podgy**.

puerile ['pjuərail] *a* puéril.

puff [pʌf] **1.** *n* (*a*) bouffée *f*, souffle *m* (d'air, etc); bouffée *f* (de fumée); **to take a p. at one's pipe,** tirer une bouffée de sa pipe; **p. sleeves,** manches bouffantes; *F:* **out of p.,** à bout de souffle (*b*) **(powder) p.,** (*large*) houppe *f*; (*small*) houppette *f* (*c*) *Cu:* **cream p.,** feuilleté *m* à la crème; **p. pastry,** pâte feuilletée **2.** *v* (*a*) *vi* souffler; haleter; **to p. (away) at one's pipe,** tirer sur sa pipe (*b*) *vtr* souffler (de la fumée) (**into,** dans); fumer (un cigare) par petites bouffées. **'puffball** *n Fung:* vesse-de-loup *f*. **puffed** *a* **p. sleeves,** manches bouffantes; *F:* (*of pers*) **p. out,** à bout de souffle. **'puffiness** *n* bouffissure *f* (du visage). **puff 'out** *vtr* gonfler (les joues); lancer (des bouffées de fumée). **puff 'up** *vtr* gonfler (les joues). **'puffy** *a* **(-ier, -iest)** gonflé, bouffi; boursouflé.

pug [pʌg] *n* **p. (dog),** carlin *m*. **'pug-nosed** *a* au nez camus.

pugnacious [pʌg'neiʃəs] *a* querelleur, batailleur. **pugnacity** [-'næs-] *n* humeur querelleuse, batailleuse.

puke [pju:k] *vtr & i F:* vomir, dégueuler.

pukka ['pʌkə] *a F:* authentique; excellent.

pull [pul] **I.** *n* (*a*) traction *f*, tirage *m*; attraction *f*; force *f* d'attraction (d'un aimant); **to give a p.,** tirer (*b*) effort *m* de traction; **uphill p.,** effort à la montée (*c*) *Row:* coup *m* (d'aviron) (*d*) influence *f*; **to have a great deal of p.,** avoir du piston (**with s.o.,** chez qn) (*e*) *O:* gorgée *f* (de bière); **to take a p. at one's pipe,** tirer une bouffée de sa pipe (*f*) (*object*) **bell p.,** cordon *m* de sonnette. **II.** *v* **1.** *vtr* (*a*) tirer; enlever (un bouchon); se déchirer, se claquer (un muscle); appuyer sur (la gâchette d'un revolver); manier (un aviron); traîner (une charrette); attirer (la clientèle); **to p. a gun,** tirer, sortir, un revolver; **to p. the door to,** tirer, fermer, la porte; **to p. sth apart, to bits, to pieces,** mettre qch en pièces; **to p. s.o. to pieces,** critiquer sévèrement qn; **p. your chair nearer to the fire,** approchez votre chaise du feu; **to p. a face,** faire la moue; *F:* **to p. a fast one on s.o.,** avoir qn; *Fig:* **to (get s.o. to) p. strings,** se faire pistonner; *Fig:* **to p. one's punches,** se retenir; tempérer ses critiques (*b*) arracher (une plante); extraire, arracher (une dent) **2.** *vi* tirer; aller; *Row:* ramer; *Rac:* **to p. ahead,** se détacher du peloton; *Aut:* **the engine, the car, is not pulling very well,** le moteur ne tire pas. **pull a'bout** *vtr* tirailler (qch); malmener (qn). **pull a'long** *vtr* traîner (**to,** jusqu'à). **pull 'at** *vtr* tirer; tirer sur (sa pipe, un cordage). **pull a'way 1.** *vtr* éloigner; arracher (qch) (**from s.o.,** à qn) **2.** *vi* (*of car*) démarrer; (*of pers*) s'arracher (des bras de qn); (*of runner*) se détacher (**from,** de); **to p. a. from,** s'éloigner de. **pull 'back 1.** *vi* hésiter; *Mil:* se retirer **2.** *vtr* retirer; ouvrir (les rideaux). **pull 'down** *vtr* baisser, (faire) descendre (un store); faire tomber (qch); démolir, abattre (une maison); (*of illness*) abattre, affaiblir (qn). **pull 'in 1.** *vtr* ramener (une corde); rentrer (un filet); retenir (un cheval); faire entrer (qn, qch); rentrer (le ventre); attirer (le public); *F:* (*of police*) arrêter (un suspect) **2.** *vi Aut:* arriver; (*stop*) se garer; (*of train*) **to p. in(to the station),** entrer en gare; *Aut:* **to p. into the kerb,** se garer. **'pull-in** *n Aut:* café *m*, restaurant *m*, routier *m*. **pull 'off** *vtr* (*a*) détacher (un couvercle); enlever (un vêtement) (*b*) *Sp: F:* gagner, remporter, décrocher (un prix) (*c*) *Fig:* mener à bien (un projet, etc); **to p. it off,** réussir son coup. **pull 'on** *vtr* tirer (sur) (un cordage); mettre (ses bottes, etc). **pull 'out 1.** *vtr* tirer; extraire, arracher (une dent); enlever (**from,** de); tirer, sortir (**from,** de); retirer (des troupes) **2.** *vi* se retirer; partir; (*of car*) démarrer; (*move out*) déboîter; (*of train*) **to p. out (of the station),** sortir de la gare; **to p. out from,** se retirer de (négociations). **'pull-out** *n* supplément *m* détachable (de magazine). **pull 'over 1.** *vtr* traîner (**to,** jusqu'à); faire tomber **2.** *vi Aut:* se ranger (sur le côté). **'pullover** *n Cost:* pull(over) *m*. **'pull 'round, 'through 1.** *vtr* remettre (qn) sur pied; ranimer (qn) **2.** *vi* s'en tirer; (*after illness*) se remettre. **pull to'gether** (*a*) *vi* tirer ensemble (*b*) *vtr* **to p. oneself t.,** se reprendre, se ressaisir. **pull 'up 1.** *vtr* (*a*) (re)monter; hisser (un poids); hausser, lever (un store); retrousser (sa jupe); approcher (une chaise); **to p. one's socks up,** remonter ses chaussettes; *Fig:* se remuer, s'activer (*b*) arracher (une mauvaise herbe) (*c*) réprimander (qn); **to be pulled up (by the police),** se faire arrêter, siffler, (par un agent) **2.** *vi Aut:* s'arrêter. **'pull-up** *m Sp:* traction *f*.

pullet ['pulit] *n* jeune poule *f*; poulet *m*.

pulley ['puli] *n* poulie *f*.

Pullman ['pulmən] *Prn Rail:* **P. (car),** voiture *f* Pullman.

pulp [pʌlp] **1.** *n* pulpe *f*; pâte *f* à papier; **to reduce sth to (a) p.,** réduire qch en pulpe; **p. magazine, book,** magazine, livre, à sensation; *Fig:* **in a p.,** en bouillie **2.** *vtr* réduire en pulpe, en pâte; mettre au pilon. **'pulpy** *a* pulpeux, charnu.

pulpit ['pulpit] *n* chaire *f* (de prédicateur).

pulse [pʌls] *n* (*a*) pouls *m*; **to take, feel, s.o.'s p.,** prendre le pouls de qn (*b*) *Elcs:* pulsation *f*; *WTel:* impulsion *f*. **pul'sate** *vi* (*a*) produire des pulsations, battre (*b*) vibrer. **pul'sation** *n* pulsation *f*; battement *m*.

pulverize ['pʌlvəraiz] *vtr* pulvériser. **pulveri'zation** *n* pulvérisation *f*.
puma ['pju:mə] *n Z:* puma *m*.
pumice ['pʌmis] *n* **p. (stone),** pierre *f* ponce.
pummel ['pʌml] *vtr* **(pummelled)** bourrer, rouer (qn) de coups. **'pummelling** *n* volée *f* de coups.
pump¹ [pʌmp] **1.** *n* pompe *f*; **hand p.,** pompe à bras; **foot p.,** pompe à pied; **bicycle p.,** pompe à bicyclette; **petrol p.,** pompe à essence; **(petrol) p. attendant,** pompiste *mf*; (*at spa*) **p. room,** pavillon *m* (où l'on prend les eaux) **2.** (*a*) *vtr* pomper; faire circuler (le sang); *Fig:* injecter **(into,** dans); **to p. in,** refouler (à l'aide d'une pompe); **to p. out,** pomper **(of,** de); **to p. up a tyre, to p. air into a tyre,** gonfler un pneu; **to p. a well dry,** assécher un puits; **to p. s.o.'s hand,** serrer vigoureusement la main à qn; **to p. s.o. (for information),** tirer les vers du nez à qn (*b*) *vi* pomper; (*of heart*) battre.
pump² *n* escarpin *m*; (*plimsoll*) tennis *m*.
pumpkin ['pʌmpkin] *n Hort:* potiron *m*, citrouille *f*.
pun [pʌn] *n* calembour *m*; jeu *m* de mots.
punch¹ [pʌntʃ] **1.** *n* (*a*) *Tls:* chasse-clou(s) *m*; (*for piercing*) perçoir *m*; *Rail:* poinçon *m* (de contrôleur); (*machine*) poinçonneuse *f*; **(paper) p.,** perforeuse *f*; **hollow p.,** emporte-pièce *m inv*; **p. card,** carte perforée (*b*) coup *m* de poing; *Fig:* punch *m*; *Box:* & *Fig:* **to pack a p.,** avoir du punch, **p. line,** chute finale (d'une plaisanterie) **2.** *vtr* (*a*) percer; poinçonner (un billet); (*with date*) composter; perforer (le papier, etc); **to p. a hole in,** faire un trou dans; **punched card,** carte perforée (*b*) donner un coup de poing à (qn); frapper (un ballon, etc) du poing; **to p. s.o.'s face, to p. s.o. in the face,** donner à qn un coup de poing dans la figure. **'punchball** *n Box:* punching-ball *m*. **punch-'drunk** *a* abruti (par les coups); groggy. **'punch-up** *n F:* bagarre *f*.
punch² *n* (*beverage*) punch *m*. **'punchbowl** *n* (*a*) bol *m* à punch (*b*) cuvette *f* (entre collines).
Punch³ *Prn* = Polichinelle *m*, Guignol *m*; **P. and Judy show,** (théâtre *m* de) Guignol.
punctilious [pʌŋk'tiliəs] *a* pointilleux, méticuleux. **punc'tiliously** *adv* méticuleusement.
punctual ['pʌŋktjuəl] *a* à l'heure; ponctuel, exact; **always p.,** toujours à l'heure. **punctu'ality** *n* ponctualité *f*, exactitude *f*. **'punctually** *adv* à l'heure, ponctuellement.
punctuate ['pʌŋktjueit] *vtr* ponctuer. **punctu'ation** *n* ponctuation *f*; **p. mark,** signe *m* de ponctuation.
puncture ['pʌŋktʃər] **1.** *n* crevaison *f*; (*hole*) piqûre *f*; perforation *f*; *Surg:* ponction *f*; *Aut:* **to have a p.,** crever **2.** *v* (*a*) *vtr* crever; piquer; perforer (un abcès) (*b*) *vi* (*of tyre*) crever.
pundit ['pʌndit] *n* expert *m*; ponte *m*.
pungent ['pʌndʒənt] *a* (*of style, sarcasm*) mordant, caustique; (*of smell*) âcre, piquant, irritant. **'pungency** *n* goût piquant; odeur forte; âcreté *f*, aigreur *f* (de paroles); mordant *m* (de sarcasme). **'pungently** *adv* d'une manière piquante.
punish ['pʌniʃ] *vtr* punir; corriger (un enfant); malmener (un adversaire); fatiguer (le moteur); **to p. s.o. for sth,** punir qn de qch. **'punishable** *a* punissable; **p. by a fine,** passible d'une amende. **'punishing 1.** *a F:* dur; (coup) violent; (travail) éreintant **2.** *n* punition *f*. **'punishment** *n* punition *f*; châtiment *m*; (*for a child*) correction *f*; **capital p.,** peine capitale; **as a p.,** en punition; *Fig:* **to take a (lot of) p.,** en encaisser. **'punitive** *a* (*of measure, etc*) punitif.
punk [pʌŋk] *F:* **1.** *n* (*a*) (*fan*) punk *mf*; *Mus:* **p. (rock),** punk *m* (*b*) *NAm: F:* voyou *m* **2.** *a* punk *inv*.
punt [pʌnt] **1.** *n* barque *f* (à fond plat); **p. pole,** gaffe *f*, perche *f* **2.** (*a*) *vtr* conduire (une barque) à la perche (*b*) *vi F:* parier. **'punter** *n* (*a*) canotier *m* qui conduit à la perche (*b*) *Turf:* parieur, -euse (*c*) *P:* client, -ente. **'punting** *n* canotage *m*.
puny ['pju:ni] *a* **(-ier, -iest)** (*of pers*) chétif; petit; (*of effort*) faible.
pup [pʌp] *n* jeune chien *m*; chiot *m*; *F:* (*of pers*) freluquet *m*; *F:* **to sell s.o. a p.,** tromper qn. **'puppy** *n* (*pl* **-ies**) jeune chien; chiot; (*of pers*) **p. fat,** adiposité d'enfance, d'adolescence; **p. love,** premier amour.
pupil¹ ['pju:pəl] *n Sch:* élève *mf*; écolier, -ière.
pupil² *n* pupille *f* (de l'œil).
puppet ['pʌpit] *n* marionnette *f*; **glove, hand, p.,** marionnette à gaine; **p. government,** gouvernement fantoche; *Th:* **p. show,** spectacle, théâtre, de marionnettes. **puppe'teer** *n* marionnettiste *mf*.
purchase ['pə:tʃəs] **1.** *n* (*a*) achat *m*; acquisition *f*; **p. price,** prix d'achat (*b*) prise *f*; (point *m* d')appui *m*; **to get a p. on sth,** prendre appui sur qch **2.** *vtr* acheter, acquérir (qch); **purchasing power,** pouvoir d'achat. **'purchaser** *n* acheteur, -euse.
pure ['pjuər] *a* pur; (*of pers*) innocent; **p. gold,** or pur; **p. silk,** pure soie; **p. maths,** mathématiques pures; **p. chance,** pur hasard; **p. and simple,** pur et simple. **'purebred** *a* & *n* (chien *m*, animal *m*) de race (pure). **'purely** *adv* purement. **'pureness** *n* pureté *f*.
purée ['pjuərei] *n* purée *f*.
purgatory ['pə:gətri] *n* purgatoire *m*; **it was p. to me,** j'étais au supplice.
purge [pə:dʒ] **1.** *n Pol: Med:* purge *f* **2.** *vtr* purger; nettoyer (un égout); *Pol:* épurer (un groupe); **to p. oneself of a crime,** se disculper d'un crime. **'purgative** [-gə-] *a* & *n* purgatif (*m*).
purify ['pjuərifai] *vtr* **(purified)** purifier; épurer (le gaz, l'huile). **purifi'cation** *n* purification *f*; épuration *f*. **'purifier** *n* épurateur *m* (de gaz, d'huile); purificateur *m* (d'atmosphère). **'purist** *n* puriste *mf*. **'purity** *n* pureté *f*.
puritan ['pjuəritən] *a* & *n* puritain, -aine. **puri'tanical** *a* puritain.
purl [pə:l] *Knit:* **1.** *n* **p. (stitch),** maille *f* à l'envers **2.** *vi* tricoter (des mailles) à l'envers.
purple ['pə:pl] *a* & *n* violet (*m*); pourpre (*m*); **to go p. (in the face),** (*with anger*) devenir pourpre; (*with shame*) devenir cramoisi; *Lit:* **p. passage,** morceau de bravoure. **'purplish** *a* violacé; (*of the face*) cramoisi.
purport [pə:'pɔ:t] *vi* **to p. to be,** (*of pers*) prétendre être; (*of thg*) être censé être.
purpose ['pə:pəs] **1.** *n* (*a*) dessein *m*, objet *m*; but *m*, fin *f*, intention *f*; **fixed p.,** dessein bien arrêté; **to do sth on p.,** faire qch exprès, de propos délibéré; **for, with, the p. of doing sth,** dans le but de faire qch (*b*)

résolution *f*; **steadfastness of p.**, ténacité *f* de caractère; détermination *f*; **man of p.**, homme résolu; **to have a sense of p.**, être résolu (*c*) **intended p.**, destination *f*; **for this p.**, à cet effet; **for all necessary purposes**, à tous usages; **for (the) purposes of**, pour les besoins de; **for all practical purposes**, en réalité; dans la pratique; **to serve no p.**, ne servir à rien; **we're (talking) at cross purposes**, il y a malentendu (entre nous); **to no p.**, inutilement; **to work to good p., to some p.**, travailler utilement, efficacement. **purpose-'built** *a* construit spécialement. **'purposeful** *a* (*of action*) prémédité; réfléchi; (*of pers*) résolu. **'purposefully** *adv* dans un but précis; résolument. **'purposely** *adv* exprès.

purr [pɜːr] **1.** *n* ronron *m*, ronronnement *m* (de chat); ronflement *m*, vrombissement *m* (d'un moteur) **2.** *vi* (*of cat*) ronronner; (*of engine*) ronfler, vrombir; **the cat's purring**, le chat fait ronron.

purse [pɜːs] **1.** *n* (*NAm:* = **change purse**) porte-monnaie *m inv*; *NAm:* (*Br* = **handbag**) sac *m* à main; somme *f* d'argent; **that car is beyond my p.**, cette voiture est au-delà de mes moyens; *Adm:* **the public p.**, le Trésor **2.** *vtr* **to p. (up) one's lips**, pincer les lèvres. **'purser** *n Nau: Av:* commissaire *m* du bord. **'pursestrings** *npl Fig:* **to hold the p.**, tenir les cordons *m* de la bourse.

pursue [pə'sjuː] *vtr* (*a*) poursuivre (qn); rechercher (le plaisir); être à la poursuite (du bonheur) (*b*) continuer, suivre (son chemin); poursuivre (une enquête); **to p. a line of conduct**, suivre une ligne de conduite. **pur'suer** *n* poursuivant, -ante. **pur'suit** *n* (*a*) poursuite *f*; **to go in p. of**, se mettre à la poursuite de; **in p. of happiness**, à la recherche du bonheur (*b*) (*activity, pastime*) occupation *f*; **his literary pursuits**, ses travaux *m* littéraires.

purveyor [pɜː'veiər] *n Com:* fournisseur *m*.

pus [pʌs] *n Med:* pus *m*.

push [puʃ] **I.** *n* (*a*) poussée *f*, impulsion *f*; **to give sth a p.**, pousser qch; *F:* **to give s.o. the p.**, flanquer qn à la porte (*b*) *Fig:* dynamisme *m*; **to have plenty of p.**, avoir beaucoup d'initiative *f*, d'énergie *f*; être dynamique; *F:* **at a p.**, à la rigueur (*c*) (*help*) coup *m* de pouce (*d*) (*campaign*) campagne *f*. **II.** *v* **1.** *vtr* (*a*) pousser; **to p. (down)**, appuyer sur (un bouton); **to p. one's finger into s.o.'s eye**, enfoncer, fourrer, le doigt dans l'œil de qn; **don't p. (me)!** ne (me) poussez pas! ne (me) bousculez pas! **to p. oneself (forward)**, se mettre en avant; **to p. one's luck**, aller un peu fort; **to p. s.o. into doing sth**, pousser qn à faire qch; **I'm terribly pushed (for time)**, je suis très bousculé; **to be pushed for money**, être à court d'argent; **to p. sth home**, pousser qch à fond; *F:* **he's pushing sixty**, il frise la soixantaine (*b*) *Com:* pousser la vente de (produits); *F:* revendre (des drogues) **2.** *vi* pousser; **to p. for**, faire pression pour obtenir. **push a'bout, a'round** *vtr F:* marcher sur les pieds à (qn). **push a'side** *vtr* écarter. **push a'way** *vtr* repousser. **push 'back** *vtr* repousser, faire reculer; ouvrir (les rideaux). **'push-bike** *n F:* bicyclette *f*, vélo *m*. **'push-button 1.** *a* (*of telephone, etc*) à touches; (guerre) presse-bouton *inv* **2.** *n* poussoir *m*. **'pushchair** *n* (*NAm:* = **buggy**) poussette *f* (pliante); (*with two handles*) poussette-canne *f*. **'pusher** *n* (*a*) *F:* arriviste *mf* (*b*) revendeur, -euse (de drogues). **push 'forward 1.** *vtr* pousser en avant; (faire) avancer; mettre en avant (son opinion) **2.** *vi* avancer; se porter en avant. **push 'in 1.** *vtr* enfoncer **2.** *vi F:* (*in queue*) resquiller. **'pushing** *a* entreprenant, énergique; **a p. man**, un ambitieux. **push 'off 1.** *vtr* **to p. sth off the table**, faire tomber qch de la table (en le poussant); **to p. s.o. off a cliff**, pousser qn du haut d'une falaise **2.** *vi Nau:* pousser au large; *F:* **it's time to p. o.**, il est temps de se mettre en route, de partir; **p. o.!** fiche le camp! file! **push 'on 1.** *vtr* pousser (en avant) **2.** *vi* continuer (**with sth**, qch); poursuivre sa route. **push 'out** *vtr* pousser dehors; faire sortir; mettre (un bateau) à l'eau; *Fig:* **to p. the boat out**, faire la fête. **push 'over** *vtr* faire tomber, renverser. **'pushover** *n F:* chose *f* facile à faire; **it's a p.**, c'est facile, c'est du gâteau. **'push 'through 1.** *vtr* faire passer (qch) à travers (qch); mener à bien (un travail); faire adopter (un projet de loi) **2.** *vtr & i* **to p. (one's way) t.**, se frayer un chemin (à travers). **push 'to** *vtr* pousser, fermer (la porte). **push 'up** *vtr* relever (qch) *F:* augmenter, relever. **'push-up** *n Gym:* pompe *f*. **'pushy** *a* **(-ier, -iest)** *Pej:* entreprenant; arriviste.

pusillanimous [pjuːsi'lænimǝs] *a* pusillanime.

puss, pussy [pus, 'pusi] *n* (*pl* **pusses, pussies**) minet *m*, minette *f*; minou *m*.

put [put] *v* **(putting; put) 1.** *vtr* (*a*) mettre; **p. it on the table**, mettez-le, posez-le, placez-le, sur la table; **to p. milk in one's tea**, mettre du lait dans son thé; **to p. s.o. in his place**, remettre qn à sa place; **to p. one's signature to sth**, apposer sa signature sur, à, qch; **to p. the matter right**, arranger l'affaire; **to p. the law into operation**, appliquer la loi; **to p. money into an undertaking**, placer de l'argent dans une affaire; **to p. s.o. against s.o.**, monter qn contre qn; **to p. money on a horse**, miser, parier, sur un cheval; **to p. a problem to s.o.**, présenter un problème à qn; **to p. a question to s.o.**, poser une question à qn; **to p. pressure on**, faire pression sur; **to p. sth to s.o.**, dire qch à qn; **I p. it to you that**, n'est-il pas vrai que? **to p. the case clearly**, exposer clairement la situation; **p. it to him nicely**, présentez-lui la chose gentiment; **to p. it bluntly**, pour parler franc; **if one may p. it that way**, si l'on peut s'exprimer ainsi (*b*) **to p. the population at 10,000**, estimer, évaluer, la population à 10 000; **to p. a stop to sth**, mettre fin à qch; **to p. s.o. to bed**, mettre qn au lit; coucher (un enfant); **to p. s.o. through an ordeal**, faire subir une rude épreuve à qn; *F:* **to p. s.o. through it**, faire passer un mauvais quart d'heure à qn; **to p. s.o. to sleep**, endormir qn; **I'm putting you to a lot of trouble**, je vous donne beaucoup d'embarras; **to p. a bullet through s.o.'s head**, loger une balle dans la tête de qn; **to p. one's fist through the window**, enfoncer la fenêtre d'un coup de poing; *Sp:* **to p. the shot**, lancer le poids **2.** *vi Nau:* **to p. (out) to sea**, prendre le large; **to p. into port**, faire escale. **put a'bout 1.** *vtr* faire circuler (un bruit) **2.** *vi Nau:* virer de bord. **put a'cross** *vtr* faire comprendre, faire accepter (qch à qn); communiquer (un message, une idée). **put a'side** *vtr* mettre de côté. **put a'way** *vtr* (*a*) ranger (des livres); remettre (qch) à sa place; garer (sa voiture); mettre de côté (de l'argent) (*b*) mettre (qn) en prison; *F:* coffrer (qn); enfermer (un aliéné) (*c*) *F:* bouffer (de la nourriture) (*d*) tuer (qn, un animal) (*e*) écarter, chasser (une pensée). **put 'back 1.** *vtr* (*a*) remettre (qch); *Tp:* raccrocher (le combiné) (*b*) retarder (une horloge, un départ, qn); **this decision has p. us b.,** cette décision nous a ramenés en arrière **2.** *vi Nau:* rentrer au port. **put 'by** *vtr* mettre de côté. **put 'down 1.** *vtr* (*a*) déposer, poser; (*of bus*) débarquer (des voyageurs; *Fin:* verser (des arrhes); **p. it down!** laissez cela! (*b*) réprimer (une révolte) (*c*) inscrire; mettre par écrit; **to p. down one's name,** s'inscrire; se faire inscrire (**for,** pour); **p. it down to my account,** mettez-le sur mon compte; **to p. sth down to s.o.,** attribuer qch à qn; **I'd p. her d. as 30,** je lui donnerais 30 ans (*d*) tuer, (faire) abattre (un animal); faire piquer (un chien, etc) **2.** *vi* (*of aircraft*) atterrir. **put 'forward** *vtr* (*a*) avancer (un argument); proposer (un projet); exprimer (une opinion); proposer (un candidat); **to p. oneself f.,** se mettre en avant; **to p. one's best foot f.,** presser le pas; *Fig:* s'efforcer de faire de son mieux (*b*) avancer (une horloge). **put 'in 1.** *vtr* (*a*) introduire; ajouter; faire (une demande); **to p. one's head in at the window,** passer sa tête par la fenêtre; **to p. in a (good) word for s.o.,** dire, placer, un mot en faveur de qn; **to p. s.o. in for,** inscrire qn à (un stage, etc) (*b*) présenter (une réclamation, des élèves à un examen) (*c*) passer (le temps); **to p. in an hour's work,** faire une heure de travail **2.** *vi* **to p. in at a port,** faire escale; **to p. in for a job,** faire une demande de poste; **to p. in for 2 days' leave,** demander 2 jours de congé. **put 'off 1.** *vtr* (*a*) renvoyer, remettre (à plus tard); **to p. off a case for a week,** ajourner une affaire à huitaine; **to p. s.o. off with an excuse,** se débarrasser de qn avec une excuse (*b*) déposer (des passagers) (*c*) déconcerter, déranger (qn); **you p. me off,** vous m'intimidez (*d*) dégoûter (qn); **to p. s.o. off doing,** ôter à qn l'envie de faire (*e*) éteindre (la lumière); fermer (le gaz) **2.** *vi Nau:* pousser au large; démarrer. **put 'on** *vtr* (*a*) mettre; **to p. the kettle on,** mettre de l'eau à chauffer (*b*) passer (un disque, une bande); monter (une pièce de théâtre); jouer (un film); mettre (un train) en service; *Aut:* **to p. the brakes on,** freiner (*c*) mettre (ses vêtements, etc); **to p. on one's shoes,** se chausser (*d*) prendre (un accent); affecter, prendre (un air innocent); *F:* **to p. it on,** poser; afficher de grands airs (*e*) **to p. on weight,** grossir; prendre du poids (*f*) (*bet*) miser (de l'argent) (*g*) avancer (la pendule) (*h*) mettre, allumer (la lumière, la radio); faire marcher (la télévision); **to p. s.o. on to sth,** indiquer qch à qn; **she p. me on to you,** elle m'a donné votre adresse; **who p. you on to it?** qui vous a donné le tuyau? *Tp:* **would you p. me on to Mr Martin, please?** voulez-vous me passer M. Martin, s'il vous plaît? (*i*) *NAm:* **to p. s.o. on,** faire marcher qn. **put 'out** *vtr* (*a*) tendre, avancer (la main); étendre (le bras) (*b*) sortir; mettre (le chat) dehors; **to p. s.o. out (of the house),** mettre qn à la porte; **to p. the washing out to dry,** mettre le linge à sécher; **to p. one's head o. of the window,** passer sa tête par la fenêtre (*c*) tirer (la langue); **to p. o. (of joint),** se démettre, se déboîter (l'épaule, le genou) (*d*) éteindre, fermer (la lumière, le gaz) (*e*) déconcerter; ennuyer, contrarier (qn); déranger (qn); **he never gets p. out,** il ne s'émeut jamais; **to p. oneself out for s.o.,** se déranger pour qn (*f*) publier (*g*) démettre (l'épaule, etc). **put 'over** *vtr* = **put across. put 'through** *vtr* mener à bien (un projet); faire accepter (un marché); *Tp:* passer (qn); **I'll p. you t. to him,** je vous le passe. **put to'gether** *vtr* (*a*) mettre ensemble; monter, assembler (une robe, une machine) (*b*) composer (*c*) préparer; faire (une collection). **put 'up 1.** *vtr* (*a*) lever (une glace); ouvrir (un parapluie); dresser (une tente, une statue, une barrière, une échelle); hisser (un drapeau); construire (un immeuble); ériger (un monument); mettre (un tableau, une affiche); poser (un rideau); **p. up your hands!** haut les mains! (*b*) augmenter (les prix, le nombre, etc) (*c*) proposer (un candidat) (**for,** à); **to p. sth up for sale,** mettre qch en vente; **to p. sth up for auction,** mettre qch aux enchères (*d*) fournir (de l'argent) (*e*) offrir, opposer (une résistance); **to p. up a stout resistance,** se défendre vaillamment (*f*) loger, héberger (qn); **to p. a friend up for the night,** héberger à un ami pour la nuit (*g*) **to p. s.o. up to sth,** pousser qn à qch **2.** *vi* (*a*) descendre (**at a hotel,** dans un hôtel) (*b*) (*of candidate*) **to p. up for sth,** poser sa candidature à qch (*c*) **to p. up with,** supporter, *F:* encaisser; s'accommoder de (qch); se résigner à (qch); souffrir (des railleries). **put-up** *a F:* **a p.-up job,** un coup monté. **'put upon** *vtr* en imposer à (qn); **I won't be p. u.,** je refuse qu'on se fiche de moi. **'put-you-up** *n* canapé-lit *m*, convertible *m*.

putrefy ['pju:trifai] *vtr & i* (**putrefied**) (se) putréfier. **putre'faction** *n* putréfaction *f*.

putrid ['pju:trid] *a* putride; en putréfaction; infect; *F:* moche.

putt [pʌt] *Golf:* **1.** *n* putt *m* **2.** *vtr & i* putter. **'putting** *n* putting *m*; **p. green,** green *m*.

putter ['pʌtər] *vi NAm:* **to p. around,** bricoler.

putty ['pʌti] *n* mastic *m*; **p. knife,** couteau à mastic.

puzzle ['pʌzl] **1.** *n* (*a*) embarras *m*; perplexité *f* (*b*) mystère *m*, énigme *f*; problème *m*; devinette *f*; *Games:* casse-tête *m inv*; (*jigsaw*) puzzle *m*; **crossword p.,** mots croisés **2.** *vtr* laisser perplexe. **puzzle 'out** *vtr* **to p. o. how, when, etc,** essayer de comprendre comment, quand, etc. **'puzzled** *a* perplexe. **puzzle 'over** *vi* se creuser la tête sur (un problème, etc). **'puzzler** *n F:* énigme; question *f* difficile. **'puzzling** *a* mystérieux, surprenant.

PVC [pi:vi:'si:] *n* PVC *m*.

pygmy ['pigmi] **1.** *n* (*pl* **pygmies**) pygmée *mf* **2.** *a* pygmée.

pyjama [pi'dʒɑ:mə] *a* (*of jacket, etc*) de pyjama. **py'jamas** *npl* pyjama *m*; **a pair of p.,** un pyjama.

pylon ['pailən] *n* pylône *m*.

pyramid ['pirəmid] *n* pyramide *f*.

pyre ['paiər] *n* bûcher *m* (funéraire).

Pyrenees (the) [ðəpirə'ni:z] *Prn Geog:* les Pyrénées *fpl*. **Pyre'nean** *a* pyrénéen; des Pyrénées.

pyrites [pai'raiti:z] *n* pyrite *f*.

pyromaniac [pairou'meiniæk] *n* pyromane *mf*.

pyrotechnics [pairou'tekniks] *npl* pyrotechnie *f*.

python ['paiθən] *n Rept:* python *m*.

Q

Q, q [kju:] *n* (la lettre) Q, q *m*.

QC *abbr Jur: Queen's Counsel.*

QED *abbr quod erat demonstrandum*, ce qu'il fallait démontrer, CQFD.

quack¹ [kwæk] **1.** *n & int* coin-coin (*m inv*) **2.** *vi* (*of duck*) crier; faire coin-coin; (*of pers*) bavarder.

quack² *F: a & n* **q. (doctor),** charlatan *m*; **q. remedy,** remède de charlatan.

quad [kwɔd] *n* **1.** = **quadrangle 2.** = **quadruplet.**

Quadragesima [kwɔdrə'dʒesimə] *n Ecc:* la Quadragésime.

quadrangle ['kwɔdræŋgl] *n* quadrilatère *m*; *Sch:* cour (carrée).

quadrant ['kwɔdrənt] *n Mth:* quadrant *m*; quart *m* de cercle.

quadraphonic [kwɔdrə'fɔnik] *a* quadriphonique.

quadratic [kwɔ'drætik] *a Mth:* **q. equation,** équation *f* du second degré.

quadrilateral [kwɔdri'læt(ə)rəl] *a & n* quadrilatère (*m*).

quadruped ['kwɔdruped] *n* quadrupède *m*.

quadruple [kwɔ'drupl] **1.** *a & n* quadruple (*m*) **2.** *vtr & i* quadrupler. **qua'druplet** *n* quadruplé(e). **qua'druplicate 1.** *a* quadruple; **in q.,** en quatre exemplaires **2.** *vtr* quadrupler; faire, tirer, quatre exemplaires (d'une lettre).

quaff [kwɔf] *vtr* avaler (une boisson).

quagmire ['kwægmaiər, 'kwɔg-] *n* bourbier *m*, fondrière *f*.

quail¹ [kweil] *n Orn:* caille *f*.

quail² *vi* fléchir, faiblir; **his heart, spirit, quailed,** il a perdu courage.

quaint [kweint] *a* pittoresque; vieillot; **q. ideas,** idées *f* (i) bizarres (ii) baroques; **q. style,** style (i) original (ii) désuet. **'quaintly** *adv* d'une façon originale, pittoresque. **'quaintness** *n* pittoresque *m*; caractère vieillot; bizarrerie *f*.

quake [kweik] **1.** *n F:* tremblement *m* de terre **2.** *vi* trembler (**with fear,** de peur); **to q. in one's shoes,** trembler dans sa peau.

Quaker ['kweikər] *n Ecc:* quaker, -eresse.

qualify ['kwɔlifai] **1.** *vtr* (*a*) *Gram:* qualifier (*b*) acquérir les connaissances *f*, qualités *f*, nécessaires (**for a job,** pour remplir un emploi) (*c*) faire des réserves à (un consentement); nuancer (une opinion); modifier, atténuer (une affirmation) **2.** *vi* obtenir son diplôme (**as a doctor, etc,** de médecin, etc); *Sp:* se qualifier (**for,** pour), remplir les conditions requises (**for,** pour); *Av:* **to q. as a pilot,** obtenir son brevet de pilote. **qualifi'cation** [-fi-] *n* (*a*) compétence *f* (**for,** pour); diplôme *m*; **qualifications for a job,** conditions *f* requises pour remplir une fonction; **what are your qualifications?** quels diplômes avez-vous? (*b*) réserve *f*; **to accept without q.,** accepter (i) sans réserve (ii) sans condition. **'qualified** *a* **1.** (*a*) (instituteur, -trice) diplômé(e); (pilote) breveté; (employé) compétent, qualifié; **to be q. to do sth,** être qualifié pour faire qch (*b*) autorisé; **to be q. to vote,** avoir le droit de voter **2.** (*of success*) limité; (*of opinion*) nuancé; (*of support*) conditionnel; **q. acceptance,** acceptation conditionnelle. **'qualifying** *a* **1.** *Gram:* (adjectif) qualificatif **2.** (*a*) **q. exam(ination),** examen d'entrée (*b*) *Sp:* **q. round,** (épreuve *f*) éliminatoire *f*.

quality ['kwɔliti] *n* (*pl* **qualities**) (*a*) qualité *f*; **of good, poor, q.,** de bonne, mauvaise, qualité; *Com:* **q. goods,** marchandises de qualité; **q. (news)paper,** journal sérieux; **of the best q.,** de premier choix; **q. control,** contrôle de la qualité (*b*) **he has many good qualities, bad qualities,** il a beaucoup de qualités, de défauts *m* (*c*) **to act in the q. of,** agir en (sa) qualité de (*d*) qualité, timbre *m* (d'un son). **'qualitative** *a* qualitatif.

qualms [kwɑ:mz] *npl* (*a*) scrupules *mpl*; **to have no q. about doing sth,** ne pas se faire le moindre scrupule de faire qch (*b*) inquiétudes *fpl*.

quandary ['kwɔndri] *n* (*pl* **quandaries**) **to be in a q.,** (i) se trouver dans une impasse; être bien embarrassé (ii) ne pas savoir que faire.

quango ['kwæŋgou] *n* **(Quasi autonomous non-governmental organization)** = société nationale de service public.

quantify ['kwɔntifai] *vtr* **1.** *Log:* quantifier **2.** déterminer la quantité de (qch); évaluer avec précision.

quantity ['kwɔntiti] *n* (*a*) quantité *f*; **a q. of,** une quantité, des quantités de; **a small, a large, q. of,** une petite, une grande, quantité, de; **in great quantities,** en grande quantité, en abondance; **to buy sth in q.,** acheter qch en grande(s) quantité(s) (*b*) *Mth:* quantité; **unknown q.,** inconnue *f*; *F:* **he's an unknown q.,** on ne sait rien de lui (*c*) *CivE:* **q. surveying,** toisé *m*; métrage *m*; **q. surveyor,** métreur (vérificateur) **'quantitative** *a* quantitatif.

quantum ['kwɔntəm] *n* (*pl* **quanta**) quantum *m*; *Ph:* **q. theory,** théorie des quanta, théorie quantique; *Fig:* **q. leap,** percée *f*, pas *m* de géant.

quarantine ['kwɔrənti:n] **1.** *n* quarantaine *f*; **to be in q.,** être en quarantaine **2.** *vtr* mettre (qn, un chien) en quarantaine.

quarrel ['kwɔrəl] **1.** *n* querelle *f*, dispute *f*, brouille *f*; **to (try) to pick a q. with s.o.,** chercher querelle à qn; **they've had a q.,** ils se sont disputés; ils (se) sont brouillés; **I have no q. with, against, him,** je n'ai rien à lui reprocher **2.** *vi* (**quarrelled,** *NAm:* **quarreled**) (*a*) se quereller, se disputer (**with s.o. over, about, sth,** avec qn à propos de qch); se brouiller (avec qn) (*b*) **to q. with s.o. for having done sth,** reprocher à qn d'avoir fait qch; **to q. with sth,** trouver à redire à qch. **'quarrelling,** *NAm:* **quarreling 1.** *n* querelle(s) *f(pl)*, dispute(s) *f(pl)* **2.** *a* querelleur. **'quarrelsome** *a* querelleur; **he's a q. fellow,** il est mauvais coucheur.

quarry¹ ['kwɔri] *n* (*pl* **quarries**) *Ven:* proie *f*; (*pers*) gibier *m*.

quarry² 1. *n* (*pl* **quarries**) (*a*) carrière *f* (de pierres) (*b*) **q. tile,** carreau *m* (de céramique) 2. *vtr* extraire, tirer (la pierre) de la carrière; exploiter une carrière. **'quarrying** *n* exploitation *f* de carrières. **'quarryman** *n* (*pl* **-men**) (ouvrier) carrier.

quart [kwɔːt] *n Meas: approx* litre *m* (*Br* = 1,14 litres, *NAm:* = 0,95 litre).

quarter ['kwɔːtər] **I.** *n* **1.** (*a*) quart *m*; **three quarters,** trois quarts; **two and a q.,** deux et un quart; **q. (of a) pound,** quart de livre; **a q. (of a pound) of coffee,** un quart (de livre) de café; **to divide sth in(to) quarters,** diviser qch en quatre; **bottle one q. full,** bouteille au quart pleine (*b*) *Cu:* quartier *m* (de bœuf) **2.** (*a*) trimestre *m*; terme *m* (de loyer) (*b*) quartier (de lune); **moon at the first q.,** lune au premier quartier (*c*) **a q. of an hour,** un quart d'heure; **a q. to,** *NAm:* **of, six,** six heures moins le quart; **a q. past,** *NAm:* **after, six,** six heures un quart, et quart; **it's a q. to,** *NAm:* **of,** il est moins le quart (*d*) *NAm:* quart de dollar **3.** (*a*) **what q. is the wind in?** de quel côté souffle le vent? (*b*) **the four quarters of the globe,** les quatre parties du globe; **from all quarters,** de toutes parts; **in high quarters,** en haut lieu; **to apply to the proper q.,** s'adresser à qui de droit **4.** quartier *m* (d'une ville); *pl* milieux; **(living) quarters,** logement(s) *m*(*pl*); *Mil:* quartier(s) *m*(*pl*). **II.** *vtr* **1.** diviser (une pomme) en quatre **2.** *Mil:* cantonner, caserner (des troupes). **'quarterback** *n NAm: Fb* (*in American football*) demi *m* d'ouverture. **'quarter day** *n* (jour du) terme *m*. **'quarterdeck** *n* **1.** *Nau:* gaillard *m* (d')arrière; *Navy:* plage *f* arrière **2.** *Navy:* les officiers *mpl*. **quarter'final** *n Sp:* quart de finale. **quarter-'hourly** *adv* tous les quarts d'heure. **'quarterly 1.** *a* trimestriel **2.** *n* publication trimestrielle **3.** *adv* trimestriellement.

quartet(te) [kwɔː'tet] *n Mus:* quatuor *m*; **(jazz) q.,** quartette *m*.

quarto ['kwɔːtou] *a & n* in-quarto (*m*) *inv*.

quartz [kwɔːts] *n Miner:* quartz *m*; **q. watch.** montre à quartz.

quash [kwɔʃ] *vtr* (*a*) *Jur:* casser, annuler (un jugement) (*b*) étouffer (un sentiment); réprimer, écraser (une révolte).

quasi ['kweisai] *pref* quasi, presque; **q.-contract,** quasi-contrat *m*.

quaver ['kweivər] **1.** *n* (*a*) *Mus:* (*NAm:* = **eighth note**) croche *f* (*b*) *Mus:* trille *m*, tremolo *m* (*c*) tremblement *m*, chevrotement *m* (de la voix) **2.** *vi* chevroter, trembloter. **'quavering 1.** *a* **q. voice,** voix chevrotante, tremblotante **2.** *n* tremblement, chevrotement.

quay [kiː] *n* quai *m*. **'quayside** *n* quai *m*; **on the q.,** sur les quais; **at the q.,** à quai.

queasy ['kwiːzi] *a* **(-ier, -iest) to be, feel, q.,** avoir l'estomac barbouillé, avoir mal au cœur; **q. conscience,** conscience scrupuleuse à l'excès. **'queasiness** *n* mal *m* au cœur.

Quebec [kwi'bek] *Prn Geog:* (*a*) (*town*) Québec (*b*) (*province*) le Québec.

queen ['kwiːn] **I.** *n* **1.** reine *f*; **Q. Anne,** la reine Anne; **the q. mother,** la reine mère; **the kings and queens,** les souverains *mpl* **2.** (*a*) *Cards:* dame *f* (*b*) *Chess:* dame, reine **3.** *Ent:* (*of bees, ants*) reine **4.** **beauty q.,** reine de beauté **5.** *P:* (*homosexual*) pédé *m*; pédale *f*. **II.** *vtr* **1. to q. it,** faire la grande dame, la reine **2.** *Chess:* damer (un pion). **'queenly** *a* de reine; digne d'une reine.

queer [kwiər] **1.** *a* (*a*) bizarre, étrange, singulier; **q. ideas,** idées bizarres, biscornues; **q. in the head,** toqué, timbré; **a q.-looking chap,** une drôle de tête; *F:* **to be in Q. Street,** être dans une situation (financière) embarrassée (*b*) louche, suspect (*c*) *P:* homosexuel (*d*) *F:* **I feel very q.,** je me sens patraque; je me sens tout drôle **2.** *n Pej: F:* (*homosexual*) pédé *m* **3.** *vtr F:* déranger, détraquer; **to q. s.o.'s pitch,** faire échouer les projets de qn. **'queerly** *adv* étrangement, bizarrement. **'queerness** *n* étrangeté *f*, bizarrerie *f*.

quell [kwel] *vtr* calmer, apaiser (une émotion); dompter, étouffer (une passion); réprimer (une révolte).

quench [kwen(t)ʃ] *vtr* éteindre (un incendie); **to q. one's thirst,** étancher sa soif; se désaltérer.

querulous ['kwerjuləs] *a* (ton) plaintif; grognon.

query ['kwiəri] **1.** *n* (*pl* **queries**) (*a*) question *f* (*b*) doute *m* **2.** *vtr* (*a*) mettre (une affirmation) en question, en doute (*b*) chercher à savoir (**whether,** si).

quest [kwest] *n* quête *f*; **in q. of,** en quête de.

question ['kwestʃən] **1.** *n* (*a*) question *f*; **to ask s.o. a q., to put a q. to s.o.,** poser une question à qn; interroger qn; **to answer a q.,** répondre à une question; **list, set, of questions,** questionnaire *m*; *Gram:* **q. mark,** point *m* d'interrogation (*b*) (*doubt*) **without q.,** sans aucun doute; incontestable(ment); **to obey without q.,** obéir aveuglément; **that's beyond q.,** c'est incontestable; **there is no q. about it,** il n'y a pas de doute (*c*) (*subject of discussion*) **that's the q.,** c'est toute la question; **that's not the q., that's another q.,** il ne s'agit pas de cela; **the matter, the person, in q.,** l'affaire, la personne, en question, dont il s'agit; **the q. is (whether),** il s'agit de savoir (si); **there's some q. of it,** il en est question; **there's no q. of it, it's (quite) out of the q.,** il n'en est pas question, c'est hors de question (*d*) (*problem*) **the human rights q.,** la question des droits de l'homme; **the q. of unemployment,** le problème du chômage; **a q. of life or death,** une question de vie ou de mort; **a q. of time,** une question de temps **2.** *vtr* (*a*) questionner, interroger (qn) (*b*) mettre (qch) en question, en doute; **to q. whether,** douter que (+*sub*); **I q. whether it would not be better,** je me demande s'il ne vaudrait pas mieux. **'questionable** *a* **1.** contestable, discutable **2.** équivoque; **in q. taste,** d'un goût douteux. **'questioner** *n* interrogateur, -trice. **'questioning 1.** *a* (regard) interrogateur **2.** *n* interrogation *f*. **'question(-)master** *n* animateur, -trice (d'un jeu-concours). **questio'nnaire** *n* questionnaire *m*.

queue [kjuː] **1.** *n* queue *f*; file *f* (de voitures); **to form a q., to stand in a q.,** faire la queue; **to jump the q.,** passer avant son tour; **ticket q.,** la file d'attente devant le guichet **2.** *vi* **to q. (up),** faire la queue; (*of cars*) prendre la file.

quibble ['kwibl] **1.** *n* **I have one q.,** il y a juste une chose qui me tracasse **2.** *vi* chicaner (sur les mots); ergoter, discuter. **'quibbler** *n* ergoteur, -euse; chicaneur, -euse. **'quibbling** *n* ergotage *m*.

quiche [kiːʃ] *n Cu:* quiche *f.*

quick [kwik] **1.** *a* (*a*) rapide; **the quickest way,** le chemin le plus court; **q. sale,** vente facile; **to have a q. lunch,** déjeuner en vitesse, sur le pouce; *F:* **to have a q. one,** prendre un pot en vitesse; **as q. as lightning, as a flash,** en un clin d'œil; **be q.!** faites vite! dépêchez-vous! **to be a q. worker,** travailler vite (*b*) **q. child,** enfant vif, éveillé; **q. wit,** esprit prompt à la repartie; **q. ear,** oreille fine; **she has a q. temper,** elle s'emporte facilement; **q. to anger,** prompt à se fâcher (*c*) *Mus:* animé (*d*) **q. hedge,** haie vive **2.** *n* vif *m*; chair vive; **to cut s.o. to the q.,** blesser qn au vif; **the q. and the dead,** les vivants et les morts **3.** *adv* vite, rapidement; **as q. as possible,** aussi vite que possible; **to run quicker,** courir plus vite. **'quick-'acting** *a* (mécanisme) à action immédiate; (médicament) à action rapide. **'quicken 1.** *vtr* (*a*) exciter, stimuler (l'appétit); animer (la conversation) (*b*) hâter, presser, accélérer (le pas); (*of pulse*) accélérer **2.** *vi* (*of baby in womb*) donner des signes de vie. **'quickie** *n F:* (*a*) chose faite à la hâte (*b*) **let's have a q.,** viens prendre un pot en vitesse. **'quicklime** *n* chaux vive. **'quickly** *adv* vite; rapidement; promptement, sans tarder. **'quickness** *n* **1.** vitesse *f*, rapidité *f* **2.** acuité *f* (de vision); finesse *f* (d'oreille); vivacité *f* (d'esprit). **'quicksand** *n* sable(s) mouvant(s); **to get caught in a q.,** s'enliser. **'quicksilver** *n* vif-argent *m*, mercure *m*. **'quickstep** *n Danc:* fox-trot *m* rapide. **quick-'tempered** *a* irascible. **quick-'witted** *a* à l'esprit vif; éveillé.

quid [kwid] *n F:* livre *f* (sterling); **five q.,** cinq livres.

quiescent [kwai'esənt] *a* en repos; tranquille. **qui'escence** *n* repos *m*; tranquillité *f*.

quiet ['kwaiət] **1.** *n* (*a*) tranquillité *f*, repos *m*, calme *m* (*b*) *F:* **to do sth on the q.,** faire qch en cachette; **I'm telling you that on the q.,** je vous dis ça entre nous (deux) **2.** *a* (*a*) tranquille, calme; (*of machine, car*) silencieux; (*of voice*) bas, doux; (*of sound*) léger, doux; **to be, keep, q.,** se taire; ne pas faire de bruit; **to keep q. about sth, to keep sth q.,** ne pas parler de qch; **be q.!** taisez-vous! **q. (please)!** silence (s'il vous plaît)! **try to be quieter,** essaye de faire moins de bruit (*b*) **q. disposition,** caractère doux, calme (*c*) simple; (*of dress, colour*) sobre; discret; **q. dinner,** dîner intime; **q. wedding,** mariage célébré dans l'intimité (*d*) calme, tranquille, paisible; **to lead a q. life,** mener une vie calme; **he's had a q. sleep,** il a dormi paisiblement; **you may be q. on that score,** quant à cela vous pouvez être tranquille **3.** (*also* **quieten**) *vtr & i* **to q. (down),** (se) calmer. **'quietly** *adv* (*a*) tranquillement, doucement (*b*) silencieusement, sans bruit (*c*) en cachette (*d*) discrètement. **quietness** *n* tranquillité *f*, repos *m*, calme *m*.

quill [kwil] *n* **1.** (*a*) *Orn:* **q. (feather),** penne *f* (*b*) **q. (pen),** plume *f* (d'oie) **2.** piquant *m* (de porc-épic).

quilt [kwilt] **1.** *n* (*NAm:* = **comforter**) édredon *m*; couverture piquée; courtepointe *f*; **(continental) q.,** couette *f*; **q. cover,** housse de couette **2.** *vtr* piquer; matelasser.

quince [kwins] *n* coing *m*; (*tree*) cognassier *m*.

quinine [kwi'niːn, *NAm:* 'kwainain] *n Med:* quinine *f*.

quinsy ['kwinzi] *n Med:* amygdalite aiguë.

quintessence [kwin'tesəns] *n* quintessence *f*. **quinte'ssential** *a* quintessenciel.

quintet(te) [kwin'tet] *n Mus:* quintette *m*.

quintuple ['kwintjupl] *a & n* quintuple (*m*). **quin'tuplet** *n* **1.** groupe *m* de cinq **2.** (*F:* **quin**) quintuplé(e).

quip [kwip] **1.** *n* sarcasme *m*, boutade *f* **2.** (*a*) *vi* faire des boutades (*b*) *vtr* dire (qch) sur le ton de la boutade.

quire ['kwaiər] *n* = main *f* (de papier).

quirk [kwəːk] *n* bizarrerie *f*; **by a q. of fate,** par un caprice du sort. **'quirky** *a* **(-ier, -iest)** bizarre.

quit [kwit] **1.** *a* quitte; **to be q. of s.o.,** être débarrassé de qn **2.** *vtr & i* (*pt & pp* **quitted** *or* **quit**) (*a*) quitter (qn, un endroit); s'en aller (*b*) abandonner; **to q. (one's job),** démissionner; *NAm:* **to q. doing sth,** arrêter de faire qch; **q. fooling!** arrête de faire l'idiot! **'quitter** *n* personne *f* qui se laisse facilement décourager.

quite [kwait] *adv* (*a*) tout à fait; entièrement; vraiment; **q. new,** tout nouveau; **q. recovered,** complètement rétabli; **q. a genius,** un véritable génie; **q. the best story of its kind,** sans exception la meilleure histoire de ce genre; **q. another matter,** une tout autre affaire; **q. as much,** tout autant; **q. enough,** bien assez; **I q. understand,** je comprend très bien; je me rends parfaitement compte; **q. right,** très bien; **q. so!** *F:* **q.!** exactement! **not q.,** pas tout à fait; **I don't q. know what he will do,** je ne sais pas trop ce qu'il fera (*b*) assez; **q. good,** pas mal (du tout); **I q. like him,** je l'aime assez; **q. a lot,** pas mal **(of,** de); **q. a (long) time ago,** il y a pas mal de temps; **it's q. interesting,** cela ne manque pas d'intérêt; **I q. believe that,** je veux bien croire que (*c*) *F:* **it's been q. a day!** quelle journée! **she's q. a girl,** elle est formidable.

quits [kwits] *a* quitte; **we are q.,** nous sommes quittes; **to call it q.,** en rester là.

quiver ['kwivər] **1.** *n* (*a*) tremblement *m*; frisson *m*; **with a q. in his voice,** d'une voix mal assurée; avec un frémissement dans la voix; **q. of the eyelid,** battement *m* de paupière (*b*) (*for arrows*) carquois *m* **2.** *vi* frémir **(with fear,** de crainte); (*of voice*) trembler, frémir; (*of flame*) vaciller, trembler.

quixotic [kwik'sɔtik] *a* exalté, visionnaire; (projet) donquichottesque.

quiz [kwiz] **1.** *n* (*pl* **quizzes**) devinette *f*; test *m*; *WTel: TV:* **q. (programme),** jeu(-concours) *m* **2.** *vtr* **(quizzed)** questionner (qn). **'quizmaster** *n* animateur, -trice. **'quizzical** *a* railleur, narquois; perplexe; **a q. smile,** un sourire moqueur.

quoit [kɔit] *n Games:* palet *m*; **to play quoits,** jouer au palet.

quorum ['kwɔːrəm] *n* quorum *m*; nombre voulu; **not to have a q.,** ne pas atteindre le quorum.

quota ['kwoutə] *n* quote-part *f*; quotité *f*; quota *m*; *Com: Adm:* **to fix quotas for imports of butter,** fixer les quotas d'importation pour le beurre, contingenter les importations du beurre.

quote [kwout] **1.** *vtr* (*a*) citer (un auteur, un passage, un exemple); **can I q. you?** est-ce que je peux vous citer? *Com:* **please q. this number,** prière de rappeler ce numéro; **q., unquote,** ouvrez les guillemets, fermez les guillemets (*b*) *Com:* indiquer (un prix) (*c*)

StExch: coter **2.** *vi* **to q. from,** citer (un auteur, etc) **3.** *n F:* (*a*) citation *f* (*b*) *pl* guillemets *mpl.* **quo'tation** *n* (*a*) citation; **q. marks,** guillemets (*b*) *Com:* devis *m* (*c*) *StExch:* cote *f*, cours *m.* **'quoted** *a* *StEx:* **q. shares,** valeurs cotées en Bourse.

quotient ['kwouʃ(ə)nt] *n Mth:* quotient *m.*

R

R, r [ɑːr] *n* (la lettre) R, r *m*; **the three Rs** (*Reading*, (*w*) *Riting and* (*a*) *Rithmetic*), l'enseignement *m* primaire.

RA *abbr Royal Academy*.

rabbi [ˈræbai] *n JewRel:* rabbin *m*; **chief r.,** grand rabbin.

rabbit [ˈræbit] *n* lapin *m*; **buck r.,** lapin mâle; **doe r.,** lapine *f*; **wild r.,** lapin de garenne; **r. hole,** terrier *m* (de lapin); **r. hutch,** clapier *m*; *Cu:* **Welsh r.,** fondue *f* au fromage sur canapé.

rabble [ˈræbl] *n:* cohue *f*; *Pej:* **the r.,** la populace.

rabid [ˈræbid] *a* (*a*) *Vet:* (chien) enragé (*b*) furieux; (haine) farouche; (partisan) fanatique.

rabies [ˈreibiːz] *n Med: Vet:* rage *f*.

RAC *abbr Royal Automobile Club*.

rac(c)oon [rəˈkuːn] *n Z:* raton laveur.

race¹ [reis] **1.** *n Sp: & Fig:* course *f*; **to run a r.,** courir, disputer, une course; **long-distance r.,** course de fond; **to go to the races,** aller aux courses; **a r. against time,** une course contre la montre **2.** *v* (*a*) *vi* faire une course (**with,** avec); courir (à toute vitesse); (*of engine*) s'emballer; (*of propeller*) s'affoler; (*of pulse*) battre rapidement, à tout rompre (*b*) *vtr* faire courir (un cheval); *Aut:* emballer (le moteur); **to r. (against, with) s.o.,** faire une course avec qn; **I'll r. you to school,** faisons une course jusqu'à l'école! au premier arrivé (de nous deux) à l'école! **ˈracecourse** *n* champ *m* de courses; hippodrome *m*. **ˈracegoer** *n* turfiste *mf*. **ˈracehorse** *n* cheval *m* de course. **ˈracer** *n* (*a*) (*pers*) coureur, -euse (*b*) cheval de course; bicyclette *f*, motocyclette *f*, voiture *f*, de course. **ˈracetrack** *n* piste *f* (pour voitures); *NAm:* champ de courses (pour chevaux); hippodrome *m*. **ˈracing** *n* courses *fpl* (de chevaux, d'automobiles); **r. car,** voiture de course; **r. driver,** coureur *m* automobile; **r. stable,** écurie de courses. **ˈracy** *a* (**-ier, -iest**) piquant; (*style*) osé, plein de verve.

race² *n* (*a*) race *f*; **the human r.,** la race humaine; **r. relations,** rapports entre les races; **r. riot,** bagarre raciale (*b*) descendance *f*; lignée *f*. **racial** [ˈreiʃl] *a* racial; **r. discrimination,** discrimination raciale; **r. minorities,** les minorités raciales. **ˈracialism** *n* racisme *m*. **ˈracism** *n* racisme. **ˈracist** *a & n* raciste (*mf*).

rack¹ [ræk] *n* **to go to r. and ruin,** (*of pers*) aller à la ruine; (*of house*) se délabrer, tomber en ruine; (*of health*) se délabrer.

rack² *n* râtelier *m* (d'écurie, à bicyclettes); casier *m* (à bouteilles, etc); (*shelf*) étagère *f*; (*for dishes*) égouttoir *m*; **coat r.,** portemanteau *m*, patère *f*; *Av:* **bomb r.,** lance-bombes *m inv*; **(luggage) r.,** (*on bicycle*) porte-bagages *m inv*; (*on bus, train*) filet *m* à bagages; *Aut:* **roof r.,** galerie *f*; **r. railway,** chemin de fer à crémaillère *f*.

rack³ **1.** *n Hist:* chevalet *m* (de torture) **2.** *vtr* tourmenter, torturer (qn); **to r. one's brains,** se creuser la cervelle; **racked by remorse,** tenaillé par le remords.

racket¹, racquet [ˈrækit] *n* raquette *f*.

racket² *n* (*a*) tapage *m*, vacarme *m*; **to make a r.,** faire du boucan (*b*) (*crime*) racket *m*; combine *f*; **the drug(s) r.,** le trafic de (la) drogue; **it's a r.,** c'est une escroquerie, c'est du vol; **is he in on this r.?** est-il dans le coup? **rackeˈteer** *n* racketteur *m*; gangster *m*; escroc *m*. **rackeˈteering** *n* racket *m*.

racoon [rəˈkuːn] *n* = **raccoon**.

radar [ˈreidɑːr] *n* radar *m*; **navigation by r.,** navigation au radar; **r. operator,** radariste *mf*; **r. screen,** écran radar.

radiate [ˈreidieit] **1.** *vi* rayonner; irradier; émettre des rayons; (*of lines*) partir d'un même centre **2.** *vtr* émettre, dégager (de la chaleur); rayonner de (bonheur). **ˈradial** *a & n Aut:* **r. (tyre),** pneu radial. **ˈradiance** *n* rayonnement *m*; éclat *m* (de la beauté). **ˈradiant** *a* rayonnant (**with,** de); (sourire) radieux; **r. heat,** chaleur rayonnante. **ˈradiantly** *adv* d'un air radieux; (briller) avec éclat; **r. happy,** rayonnant de joie. **radiˈation** *n* irradiation *f*; rayonnement *m* (de la chaleur); radiation *f* (nucléaire); **r. sickness,** mal *m* des rayons. **ˈradiator** *n* radiateur *m*; *Aut:* **r. cap,** bouchon de radiateur; **r. grill,** calandre *f*.

radical [ˈrædikəl] *a & n* radical, -ale; **to make a r. change in sth,** changer qch radicalement. **ˈradically** *adv* radicalement.

radii [ˈreidiai] *npl see* **radius**.

radio [ˈreidiou] **1.** *n* (*a*) radio *f*; **r. communication,** contact radio; **r. station,** poste radiotélégraphique, radiophonique; poste (émetteur) de radio; **r. operator,** radio *m*; **r. wave,** onde hertzienne; **r. beacon,** radiobalise *f*; **r. control,** téléguidage *m* (*b*) **r. set,** poste *m* (récepteur de) radio; radio *f*; **on the r.,** à la radio; **car r.,** autoradio *m* **2.** *vtr* transmettre (un message) (par radio); **to r. s.o.,** appeler qn par radio. **radioˈactive** *a* radioactif. **radioacˈtivity** *n* radioactivité *f*. **radioconˈtrolled** *a* radioguidé. **ˈradiogram** *n* (*a*) radiogramme *m* (*b*) combiné *m* (radiophone). **ˈradiograph** *n Med:* radiographie *f*, *F:* radio *f*. **radiˈographer** *n* radiologue *mf*. **radiˈography** *n Med:* radiographie. **radiˈologist** *n* radiologue. **radiˈology** *n* radiologie *f*. **radioˈtherapy** *n* radiothérapie *f*.

radish [ˈrædiʃ] *n* radis *m*.

radium [ˈreidiəm] *n* radium *m*.

radius [ˈreidiəs] *n* (*pl* **radii** [ˈreidiai]) *Mth:* rayon *m* (de cercle); **within a r. of three kilometres,** dans un rayon de trois kilomètres.

RAF *abbr Royal Air Force*.

raffia [ˈræfiə] *n* raphia *m*.

raffle [ˈræfl] **1.** *n* tombola *f* **2.** *vtr* mettre (qch) en loterie.

raft [rɑːft] *n* radeau *m.*

rafter [ˈrɑːftər] *n Const:* chevron *m.*

rag¹ [ræg] *n* (*a*) chiffon *m*; lambeau *m*; loque *f*, haillon *n*; **rags (and tatters),** haillons *mpl*, guenilles *fpl*, loques *fpl*; **in rags,** (*of clothes*) en loques; (*of pers*) en haillons; *F:* **the r. trade,** la confection; *F:* **to feel like a wet r.,** se sentir mou comme une chiffe (*b*) *F: Pej:* (*newspaper*) feuille *f* de chou, torchon *m.* **rag-and-ˈbone man** *n* chiffonnier *m.* **ˈragbag** *n Fig: Pej:* collection *f* hétéroclite (de choses, d'idées). **ˈragged** [-gid] *a* en lambeaux, en loques; (*of pers*) en haillons; (*of edge*) irrégulier. **ˈragman** *n* (*pl* **-men**) chiffonnier *m.*

rag² **1.** *n Sch:* carnaval *m* (au profit d'œuvres de charité) **2.** *v* **(ragged)** (*a*) *vtr* brimer, taquiner (un camarade); chahuter (un professeur) (*b*) *vi* chahuter; faire du chahut.

ragamuffin [ˈrægəmʌfin] *n* va-nu-pieds *m inv.*

rage [reidʒ] **1.** *n* rage *f*, fureur *f*; emportement *m*; furie *f* (de la mer); **to be in a r. with s.o.,** être furieux, en fureur, contre qn; **to fly into a r.,** se mettre en rage; s'emporter; (*of the*) **to be all the r.,** faire fureur **2.** *vi* rager; (*of storm, battle*) faire rage; (*of sea*) être démonté; (*of epidemic*) sévir. **ˈraging** *a* furieux; en fureur; violent; **a r. fire,** un grand incendie; **in a r. temper,** furieux; **r. sea,** mer déchaînée; **r. thirst,** soif ardente; **r. toothache,** rage de dents.

raid [reid] **1.** *n* (*by thieves*) hold-up *m*; (*by police*) descente *f*; *Mil:* raid *m*; **air r.,** raid aérien, attaque aérienne; **bank r.,** attaque *f* de banque **2.** *vtr* faire une descente, un raid, dans; attaquer (une banque); *F:* dévaliser, faire une razzia sur (le frigo). **ˈraider** *n* malfaiteur *m*; *pl Mil:* commando *m.*

rail [reil] *n* (*a*) barre *f*, barreau *m*; barre d'appui; garde-fou *m*, parapet *m* (de pont); balustrade *f* (de balcon); rampe *f* (d'escalier, de spot); **curtain r.,** tringle *m* (à rideau); **(towel) r.,** porte-serviettes *m inv* (*c*) *pl* (*iron*) grille *f*; (*wood*) palissade *f*; clôture *f* (*d*) *Rail:* rail *m*; **live r.,** rail de contact; **to go off the rails,** dérailler; **to travel by r.,** voyager par le train; **to send by r.,** envoyer par chemin de fer; **r. traffic,** trafic ferroviaire; **r. strike,** grève des cheminots. **ˈrailcar** *n* automotrice *f*; autorail *m.* **ˈrailhead** *n* tête *f* de ligne. **ˈrailing** *n* balustrade *f*; parapet (de pont); *pl* grille *f.* **ˈrailway,** *NAm:* **ˈrailroad** *n* chemin *m* de fer; (*track*) voie ferrée; **r. line,** ligne de chemin de fer; voie ferrée; **r. station,** gare *f*; **r. ticket,** billet *m* de chemin de fer; **r. cutting,** déblai *m*; **r. embankment,** remblai *m*; **r. network,** réseau ferroviaire; **r. timetable,** indicateur des chemins de fer. **ˈrailwayman** *n* (*pl* **-men**) cheminot *m.*

rain [rein] **1.** *n* pluie *f*; **driving r.,** pluie battante; **it looks like r.,** le temps est à la pluie; (*in tropics*) **the rains,** la saison des pluies; **r. cloud,** nuage de pluie **2.** *vtr & i* pleuvoir; **it's raining,** il pleut; (*of blows, bullets*) **to r. (down),** pleuvoir; *F:* **it's raining cats and dogs,** il pleut à torrents, à seaux. **ˈrainbow** *n* arc-en-ciel *m.* **ˈraincheck** *n NAm:* **I'll take a r. (on that),** ce sera partie remise; **I'll give you a r.,** j'accepterai volontiers à une date ultérieure. **ˈraincoat** *n* imperméable *m*, *F:* imper *m.* **ˈraindrop** *n* goutte *f* de pluie. **ˈrainfall** *n* chute *f* de pluie; précipitations *fpl*; **area of heavy r.,** région pluvieuse. **ˈrainproof** *a* imperméable. **ˈrainstorm** *n* trombe *f* d'eau. **ˈrainwater** *n* eau *f* de pluie. **ˈrainy** *a* **(-ier, -iest)** pluvieux; **a r. day,** un jour de pluie; **r. season,** saison des pluies; **to put sth by for a r. day,** garder une poire pour la soif.

raise [reiz] **1.** *vtr* (*a*) dresser, mettre debout (une échelle); relever (qch qui est tombé); soulever (un malade, le peuple); **to r. s.o. from the dead,** ressusciter qn d'entre les morts (*b*) élever (un palais); ériger, élever (une statue) (*c*) élever (une famille, du bétail); cultiver (des légumes) (*d*) produire (une ampoule); faire (une bosse); **to r. a laugh,** faire rire; **to r. s.o.'s hopes,** faire naître les espérances de qn; **to r. s.o.'s spirits,** remonter le moral de qn; **he couldn't r. a smile,** il ne pouvait pas esquisser un sourire (*e*) soulever (une objection) (*f*) lever (le bras); (sou) lever (un poids); porter (qn au pouvoir); relever (un store); **to r. one's voice,** élever, hausser, la voix (*g*) augmenter (le salaire de qn, les prix); lever (les impôts) (*h*) faire monter (la température) (*i*) lever, mettre sur pied (une armée) (*j*) se procurer (de l'argent); réunir (des fonds); (*of the State*) contracter (un emprunt) (*k*) évoquer (un esprit); *F:* **to r. hell,** faire un bruit de tous les diables (*l*) lever (un siège, un blocus) **2.** *n NAm:* (*Br* = **rise**) augmentation *f* (de salaire).

raisin [ˈreizn] *n* raisin sec.

rake¹ [reik] **1.** *n Tls:* râteau *m* **2.** *v* (*a*) *vtr* ratisser (le jardin); ramasser (les feuilles) (avec un râteau) (*b*) *vi* **to r. (about) among some papers,** fouiller dans des documents. **rake ˈin** *vtr* ramasser (de l'argent) à la pelle. **rake ˈoff** *vtr* enlever au râteau. **ˈrake-off** *n F:* pot-de-vin *m*, ristourne *f*, gratte *f.* **rake ˈout** *vtr* enlever les cendres (du feu). **rake ˈup** *vtr* ramasser (les feuilles) (avec un râteau); attiser (le feu); **to r. up s.o.'s past,** remuer le passé de qn.

rake² *n A:* viveur *m*, roué *m.* **ˈrakish** *a* libertin, dissolu; (air) bravache, cavalier; **to wear one's hat at a r. angle,** porter son chapeau avec désinvolture sur l'oreille.

rally [ˈræli] **1.** *n* (*a*) ralliement *m* (de partisans); réunion *f* (de scouts); *Pol:* rassemblement *m* (*b*) *Aut:* **(car) r.,** rallye *m* automobile (*c*) reprise *f* (des forces); amélioration *f* (d'un malade); *Sp:* dernier effort (pour gagner le match); *Ten:* échange *m* **2.** *v* **(rallied)** (*a*) *vtr* rallier (ses partisans) **(round,** autour de); *Fig:* reprendre (des forces) (*b*) *vi* se rallier; (*of troops*) se reformer; (*of pers*) se remettre (après une maladie); *StExch:* (*of shares*) se redresser, reprendre; **to r. round,** venir en aide **(s.o.,** à qn); **rallying point,** point de ralliement; **rallying cry,** cri de guerre.

ram [ræm] **1.** *n Z:* bélier *m*; *MecE:* bélier hydraulique; mouton *m* (de marteau-pilon) **2.** *vtr* **(rammed)** (*a*) battre, damer, tasser (le sol); enfoncer (un pieu) (*b*) emboutir (une voiture); heurter (un navire); heurter (qch) **(against, into,** contre); **t. r. sth into,** enforcer qch dans.

ramble [ˈræmbl] **1.** *n* promenade *f*; randonnée *f*; **to go for a r.,** faire une randonnée **2.** *vi* (*a*) faire une randonnée, des randonnées (*b*) parler à bâtons rompus; **to r. on,** discourir. **ˈrambler** *n* (*a*) promeneur, -euse, excursionniste *mf* (*b*) *Hort:* rosier grimpant. **ˈrambling** **1.** *a* (*a*) errant, vagabond; (*of plant*) grimpant (*b*) vaste; (discours) décousu, sans suite; **r. house,** maison construite sans plan, pleine de coins et de recoins **2.** *npl* divagations *fpl.*

ramify [ˈræmifai] *vi* **(ramified)** se ramifier. **ramiˈfiˈcation** *n* ramification *f*.

ramp [ræmp] *n* rampe *f*; *Av:* passerelle *f*; *Aut:* **(repair) r.**, pont *m* (de graissage); *PN: Aut:* **(beware) r.!** dénivellation *f*!

rampage [ræmˈpeidʒ] **1.** *n* **to go on the r.**, se déchaîner; se livrer au pillage **2.** *vi* **to r. (about)**, se déchaîner; faire du tapage.

rampant [ˈræmpənt] *a* **r. corruption**, la corruption omniprésente; (*of crime, disease, etc*) **to be r.**, sévir.

rampart [ˈræmpɑːt] *n Fort:* rempart *m*.

ramshackle [ˈræmʃækl] *a* délabré.

ran [ræn] *see* **run I.**

ranch [ræntʃ] *n NAm:* ranch *m*; **r. house**, maison *f* genre bungalow (sur sous-sol).

rancid [ˈrænsid] *a* rance; **to smell r.**, sentir le rance.

rancour, *NAm:* **rancor** [ˈræŋkər] *n* rancune *f*; rancœur *f*. **ˈrancorous** [ˈræŋkərəs] *a* rancunier.

random [ˈrændəm] **1.** *n* **at r.**, au hasard; **to hit out at r.**, donner des coups au hasard **2.** *a* (*of choice*) fait au hasard; (*of sample*) prélevé au hasard; (*of pattern*) irrégulier; **r. shot**, coup tiré au hasard.

randy [ˈrændi] *a* **(-ier, -iest)** *F:* sensuel, lascif; **to be r.**, être porté sur la chose.

rang [ræŋ] *see* **ring² II.**

range [reindʒ] **I.** *n* (*a*) rangée *f* (de bâtiments); chaîne *f* (de montagnes) (*b*) direction *f*, alignement *m* (*c*) *Fig:* champ *m*, étendue *f* (*d*) *NAm:* prairie *f* (*e*) portée *f* (de la voix, etc); *Mus:* étendue *f*; **r. of action**, champ d'activité; **within, beyond, my r.**, à, hors de, ma portée (*f*) gamme *f* (de couleurs); variations *fpl* (du baromètre, de la température); choix *m* (d'échantillons); éventail *m* (des prix, des salaires) (*g*) distance *f* (franchissable); rayon *m* d'action (d'un avion, d'un navire); portée (d'une arme à feu); **within r.**, à portée de tir; **r. finder**, télémètre *m* (*h*) **(shooting, rifle) r.** champ de tir; (*at funfair*) stand *m* de tir (*i*) *NAm: DomEc:* fourneau *m* de cuisine, cuisinière *f*. **II.** *v* **1.** *vtr* ranger, aligner **2.** *vi* (*a*) s'étendre; errer, rôder; **researches ranging over a wide field**, recherches qui couvrent un vaste domaine; **his eyes ranged over the audience**, il a parcouru l'auditoire du regard (*b*) varier; **strip that ranges from 2 to 3 cm in width**, bande qui varie de deux à trois centimètres en largeur; **temperatures ranging from ten to thirty degrees**, températures comprises entre dix et trente degrés; **prices ranging from £10 to £100**, prix s'échelonnant entre £10 et £100, de £10 à £100 (*c*) **these guns r. over nine kilometres**, ces pièces ont une portée de neuf kilomètres. **ˈranger** *n NAm:* **(forest) r.**, garde forestier.

rank¹ [ræŋk] **1.** *n* (*a*) *Mil:* rang *m*; **the ranks**, les rangs (**of**, de); **to close the ranks**, serrer les rangs; **to rise from the ranks**, sortir du rang; **the other ranks**, les hommes de troupe; **the r. and file**, (i) *Mil:* la troupe (ii) *Pol:* la base; **the r. and file of trade union members**, la base des syndiqués (*b*) rang (social); *Mil:* grade *m*, rang; **to attain the r. of captain**, passer capitaine; **person of (high) r.**, personne de haut rang (*c*) **taxi r.**, station *f* de taxi **2.** *v* (*a*) *vtr* ranger; compter (qn parmi les grands écrivains) (*b*) *vi* se ranger, être classé, compter (**among**, parmi); **to r. above s.o.**, occuper un rang supérieur à qn.

rank² *a* (*a*) (*of vegetation*) luxuriant (*b*) (*smelling, tasting, foul*) rance; fétide (*c*) grossier, répugnant (*d*) (*thorough*) complet, absolu; **r. injustice**, injustice criante.

rankle [ˈræŋkl] *vi* **to r. (with s.o.)**, rester sur le cœur, **it rankled with me**, cela m'est resté sur le cœur.

ransack [ˈrænsæk] *vtr* fouiller (un tiroir); piller, saccager (une ville).

ransom [ˈrænsəm] **1.** *n* rançon *f*; **to hold s.o. to r.**, rançonner qn, prendre qn en rançon **2.** *vtr* (*a*) prendre (qn) en rançon; rançonner (qn) (*b*) racheter; payer la rançon de (qn).

rant [rænt] *vi* **to r. (and rave)**, tempêter. **ˈranting** *n* déclamation extravagante; **r. and raving**, discours extravagant.

rap [ræp] **1.** *n* petit coup sec; **to give s.o. a r. on, over, the knuckles**, taper sur les doigts à qn; *Fig:* remettre qn à sa place; **there was a r. on the door**, on a frappé à la porte; *F:* **to take the r.**, payer les pots cassés **2.** *vtr & i* **(rapped)** (*a*) frapper; **to r. s.o. on, over, the knuckles**, taper sur les doigts de qn; **to r. at the door**, frapper à la porte (*b*) **to r. out**, lancer (un ordre).

rapacious [rəˈpeiʃəs] *a* rapace. **raˈpaciously** *adv* avec rapacité. **rapacity** [-ˈpæs-] *n* rapacité *f*.

rape [reip] **1.** *n* viol *m* **2.** *vtr* violer (une femme). **ˈrapist** *n* violeur *m*.

rapid [ˈræpid] **1.** *a* rapide **2.** *n* (*usu pl*) (*in river*) rapide(s) *m(pl)*. **raˈpidity** *n* rapidité *f*. **ˈrapidly** *adv* rapidement.

rapier [ˈreipiər] *n* rapière *f*.

rapport [ræˈpɔːr] *n* (*understanding*) rapport *m*.

rapt [ræpt] *a* (*of attention*) profond.

rapture [ˈræptʃər] *n* ravissement *m*, extase *f*; **to be in raptures**, être ravi (**with, over**, de); **to go into raptures**, s'extasier (**about, over**, sur). **ˈrapturous** *a* (cris) de ravissement, d'extase; **r. applause**, applaudissements enthousiastes, frénétiques. **ˈrapturously** *adv* avec ravissement; (applaudir) avec enthousiasme, frénésie.

rare [rɛər] *a* (*a*) (*of atmosphere*) raréfié (*b*) (événement) rare; **it is r. for him to do that**, il est rare qu'il fasse cela; *F:* **we had a r. old time**, on s'est drôlement amusé (*c*) (*of meat*) saignant; **very r.**, (bifteck) bleu. **ˈrarefied** *a* (air) raréfié. **ˈrarely** *adv* rarement. **ˈrareness, ˈrarity** *n* (*a*) rareté *f* (d'un objet, d'un événement) (*b*) (*pl* **-ies**) objet *m*, événement *m*, rare.

rarebit [ˈrɛəbit] *n Cu:* **Welsh r.**, fondue *f* au fromage sur canapé.

raring [ˈrɛəriŋ] *a F:* **to be r. to go**, être impatient de partir, piaffer d'impatience.

rascal [ˈrɑːskəl] *n* coquin, -ine. **ˈrascally** *a* (enfant) coquin; (comportement) de coquin; (homme de loi) retors; **r. trick**, mauvais, vilain, tour.

rash¹ [ræʃ] *n Med:* éruption *f*.

rash² *a* irréfléchi; (jugement) téméraire; (*of words*) imprudent; **r. act**, coup *m* de tête. **ˈrashly** *adv* (agir) sans réfléchir. **ˈrashness** *n* irréflexion *f*.

rasher [ˈræʃər] *n Cu:* tranche *f* de lard.

rasp [rɑːsp] **1.** *v* (*a*) *vtr* râper (le bois) (*b*) *vi* grincer, crisser **2.** *n* (*a*) *Tls:* râpe *f* (*b*) crissement *m*; ton *m* rauque, âpre (d'une voix). **ˈrasping** *a* (son) grinçant; (voix) rauque, âpre.

raspberry [ˈrɑːzbəri] *n* (*pl* **raspberries**) (*a*) framboise *f*; **r. bush,** framboisier *m*; **r. jam,** confiture de framboises (*b*) *P:* **to blow a r.,** faire pftt (avec la bouche).

rat [ræt] **1.** *n* (a) *Z:* rat *m*; **r. poison,** mort-aux-rats *f*; **I smell a r.,** il y a anguille sous roche; **like a drowned r.,** trempé jusqu'aux os; *Fig:* **the r. race,** la course au bifteck, la jungle (*b*) *F:* (*pers*) sale type *m*, salopard *m* **2.** *vi* **(ratted)** (*a*) (*of dog*) **to go ratting,** faire la chasse aux rats (*b*) *F:* **to r. (on s.o.),** lâcher (qn); manquer à (sa promesse) (envers qn); vendre, dénoncer, cafarder sur, qn. **'ratcatcher** *n* chasseur *m* de rats. **'ratty** *a* **(-ier, -iest)** *F:* (*a*) fâché, grincheux; **to get r.,** prendre la mouche (*b*) *NAm:* minable.

ratchet ['rætʃit] *n* cliquet *m*; **r. wheel,** roue à rochet *m*.

rate [reit] **I.** *n* (*a*) nombre proportionnel; **r. per cent,** pourcentage *m*; **birth, death, r.,** (taux *m* de) natalité *f*, mortalité *f*; **the success r.,** les chances *fpl* de succès; (*candidates*) le pourcentage de reçus (*b*) taux, raison *f*; **r. of growth,** taux de croissance; **at the r. of ten per minute,** à raison de dix par minute; **r. of flow,** vitesse *f* d'écoulement; débit *m* (*c*) cadence *f*, rythme *m*; allure *f*, vitesse; train *m*; **at the r. of,** à une vitesse de; **to go at a great r.,** aller à grande allure, à grand train; **he ran off at a r. of knots,** il s'est sauvé à toute vitesse; **at this r. he won't get home today,** à ce train-là il n'arrivera pas chez lui aujourd'hui; *Med:* **pulse r.,** fréquence *f* du pouls (*d*) tarif *m*; *Com: Fin:* taux, cours *m*; **r. of interest,** taux d'intérêt; **r. of exchange, exchange r.,** cours, taux, du change; **minimum lending r., bank r.,** taux de l'escompte; *Com:* **market r.,** taux du marché; **advertising rates,** tarif *m* de publicité; **insurance rates,** primes *fpl* d'assurance; **at any r.,** en tout cas, de toute façon (*e*) *Adm:* **rates,** impôts locaux; **the r. is 60 pence in the pound,** le taux est de soixante pence par livre; **rates and taxes,** impôts et contributions. **II.** *v* **1.** *vtr* (*a*) estimer, évaluer (qch); considérer **(as,** comme); **to r. sth highly,** apprécier (beaucoup) qch; **to be highly rated,** être très apprécié (*b*) classer (un navire, qn) (*c*) *Adm:* imposer, taxer; **to r. a property at £500,** taxer un immeuble à 500 livres (*d*) mériter **2.** *vi* être classé **(as,** comme). **'rateable** *a Adm:* **r. value,** valeur locative nette (d'un immeuble). **'ratepayer** *n* contribuable *mf*. **'rating** *n* (*a*) estimation *f*, évaluation *f*; *Adm:* répartition *f* des impôts locaux (*b*) classement *m* (d'un athlète, etc) (*c*) *Navy:* **the ratings,** les matelots *m* et gradés *m* (*d*) indice *m*; *Fin:* **credit r.,** réputation *f* de solvabilité; *WTel: TV:* **the ratings,** l'indice *m* d'écoute.

rather ['rɑːðər] *adv* (*a*) un peu; assez; **r. pretty,** assez joli; **r. plain,** plutôt laid; **r. a lot,** un peu trop; **I r. think you know him,** je crois bien que vous le connaissez; **r. nice,** pas mal, bien; **r. more tired,** un peu plus fatigué **(than,** que) (*b*) plutôt **(than,** que); **I would r. leave,** j'aimerais mieux partir; **I would r. that you came tomorrow,** je préférerais que vous veniez demain; **r. than leave, etc,** plutôt que de partir, etc; **I'd r. not,** j'aime mieux pas; *F:* **do you know him?— r.!** le connaissez-vous?—bien sûr que oui! *F:* un peu!

ratify ['rætifai] *vtr* **(ratified)** ratifier; entériner (un décret); approuver (un contrat). **ratifi'cation** *n* ratification *f*.

ratio ['reiʃiou] *n* **1.** proportion *f*, raison *f*, rapport *m*; **in the r. of,** dans le rapport, la proportion, de; **in direct r. to,** en raison directe de; **the student–staff r. is twenty to one,** le rapport élèves–maître est de vingt pour un **2.** *MecE: etc:* taux *m* (de compression).

ration ['ræʃən, *NAm:* 'reiʃən] **1.** *n* ration *f*; *pl* vivres *mpl*; **to put s.o. on short rations,** rationner qn; **r. book,** carte d'alimentation **2.** *vtr* rationner; **I was rationed to . . .,** ma ration était. . . . **'rationing** *n* rationnement *m*.

rational ['ræʃənl] *a* (*a*) raisonnable; **to be quite r.,** avoir toute sa tête (*b*) (*of explanation, argument*) raisonné; **r. belief,** croyance rationnelle. **rationale** [ræʃə'nɑːl] *n* analyse raisonnée; raison *f* d'être. **rationali'zation** *n* rationalisation *f*. **'rationalize** *vtr & i* rationaliser; **to r. (one's behaviour),** justifier sa conduite. **'rationally** *adv* rationnellement; raisonnablement.

rattle ['rætl] **I.** *n* (*a*) hochet *m* (d'enfant); (*used at matches, etc*) crécelle *f*; *Rept:* **rattles,** sonnettes *f* (d'un crotale) (*b*) petit bruit (sec); bruit *m* (d'une voiture); tapotis *m* (d'une machine à écrire); cliquetis *m* (d'une chaîne); crépitement *m*; grésillement *m* (de la grêle); *Med:* **(death) r.,** râle *m*. **II.** *v* **1.** *vi* faire du bruit; (*of bottles*) cliqueter; (*of window*) trembler; (*of hail*) grésiller; (*of gunfire*) crépiter; (*of articles in box*) ballotter; **to make the windows r.,** faire trembler les vitres; *Aut:* **to r. along,** rouler à grand bruit de ferraille **2.** *vtr* (*a*) agiter (qch); faire cliqueter (des clefs); faire trembler (la fenêtre) (*b*) *F:* ébranler (qn); **he never gets rattled,** il ne se laisse pas épater. **rattle 'off** *vtr* réciter, débiter (à toute vitesse) (un poème). **rattle 'on** *vi* continuer à bavarder. **'rattlesnake** *n Rept:* crotale *m*, serpent *m* à sonnettes.

raucous ['rɔːkəs] *a* (voix) rauque. **'raucously** *adv* d'une voix rauque.

raunchy ['rɔːntʃi] *a F:* (*of joke, etc*) grivois.

ravage ['rævidʒ] **1.** *npl* ravages *mpl* **2.** *vtr* ravager, dévaster (un pays, une ville).

rave [reiv] **1.** *a* **r. review,** critique *f* dithyrambique **2.** *vi* délirer, divaguer; (*in anger*) tempêter **(at,** contre); *F:* **to r. about sth,** s'extasier sur qch. **'rave-up** *n F:* bringue *f*. **'raving 1.** *a* délirant, en délire; **r. mad,** fou furieux; *F:* **you're r. mad!** t'es complètement fou! **r. lunatic,** fou furieux **2.** *npl* délire *m*, divagations *fpl*.

raven ['reivən] *n Orn:* (grand) corbeau.

ravenous ['rævənəs] *a* (animal, appétit) vorace; (*of hunger*) dévorant; (*of pers*) affamé; **to be r.,** avoir une faim de loup. **'ravenously** *adv* voracement; (manger) gloutonnement.

ravine [rə'viːn] *n* ravin *m*.

ravioli [rævi'ouli] *n Cu:* ravioli *mpl*.

ravish ['ræviʃ] *vtr Lit:* (*rape*) violenter. **'ravishing** *a* ravissant; (spectacle) enchanteur. **'ravishingly** *adv* **r. beautiful,** d'une beauté ravissante.

raw [rɔː] **1.** *a* (*a*) cru; (*of sugar*) brut; **r. meat,** viande crue; **r. materials,** matières premières; **r. silk,** soie grège; **r. metal,** métal brut; *F:* **to get a r. deal,** être mal traité (*b*) sans expérience, inexpérimenté; **a r. hand,** un novice; **r. troops,** troupes non aguerries (*c*) (*of wound*) à vif; (*of skin*) écorché; (*of material*) **r.**

edge, bord coupé (*d*) (*of weather*) rigoureux **2.** *n* **to touch s.o. on the r.,** piquer qn au vif; **in the r.,** cru, brut; *F:* nu, à poil; **life in the r.,** la vie rude. **raw-'boned** *a* décharné. **'rawhide** *n Leath:* cuir vert. **'rawness** *n* crudité *f* (des fruits); inexpérience *f* (d'une recrue); écorchure *f* (de la peau).

Rawlplug ['rɔːlplʌg] *n Rtm:* cheville *f*, tampon *m*.

ray¹ [rei] *n* rayon *m*; **r. of light,** rayon lumineux; **a r. of hope,** une lueur d'espoir.

ray² *n Ich:* raie *f*.

rayon ['reiɔn] *n Tex:* rayonne *f*.

raze [reiz] *vtr* **to r. (to the ground),** raser (un édifice).

razor ['reizər] *n* rasoir *m*; **safety r.,** rasoir de sûreté; **electric r.,** rasoir électrique; **r. blade,** lame *f* de rasoir; *Fig:* **to be on a r. edge,** se trouver dans une situation critique.

RC *abbr Roman Catholic.*

Rd *abbr road.*

re¹ [rei] *n Mus:* ré *m*.

re² [riː] *prep* **re your letter of June 10th,** en référence à votre lettre du 10 juin.

re³ *pref* re-; ré-; r-; de nouveau; **to reread,** relire; **to reprint,** réimprimer; **to revisit,** revisiter, visiter de nouveau; **to reaccustom,** réhabituer.

reach [riːtʃ] **I.** *n* (*pl* **reaches**) (*a*) extension *f* (de la main); portée *f* (du bras); *Box:* allonge *f*; **within s.o.'s r.,** à la portée de qn; **out of r., beyond r.,** hors de portée; **within r. of,** à portée de; à proximité de; **within easy r.,** à portée de main; (*of shop*) facilement accessible; **hotel within easy r. of the station,** hôtel à proximité de la gare; **beyond the r. of human intellect,** au-dessus de l'entendement humain (*b*) partie droite (d'un fleuve) entre deux coudes; bief *m* (d'un canal). **II.** *v* **(reaches) 1.** *vtr* (*a*) atteindre; arriver à (un endroit); accéder à; parvenir à (un but); joindre (qn); **to r. perfection,** atteindre à la perfection; **your letter reached me today,** votre lettre m'est parvenue aujourd'hui; **r. me (over) my gloves,** passez-moi mes gants (*b*) arriver à (une conclusion); **to r. an agreement,** arriver à un accord **2.** *vtr & i* **to r. (to) sth,** arriver, s'élever, monter, descendre, jusqu'à qch; **to r. the bottom,** atteindre le fond; descendre jusqu'au fond **3.** *vi* s'étendre; (*of voice*) porter; **as far as the eye could r.,** à perte de vue; **to r. (out) for sth,** (é)tendre le bras pour prendre qch; **he reached over to the table,** il a étendu la main vers la table. **reach 'out** *vtr & i* **to r. o. (one's hand),** étendre, tendre, avancer, la main.

react [ri'ækt] *vi* réagir (**(up)on,** sur; **against,** contre). **re'action** *n* réaction *f*. **re'actionary** *a & n* (*pl* **-ies**) réactionnaire (*mf*). **re'actor** *n* réacteur *m*; **atomic r.,** réacteur atomique; **breeder r.,** pile couveuse.

read [riːd] **1.** *vtr & i* (**read** [red]) (*a*) lire; relever (un compteur); *Typ:* corriger (des épreuves); **to teach s.o. to r.,** apprendre à lire à qn; enseigner la lecture à qn; *Adm:* **read** [red] **and approved,** lu et approuvé; **I read it in a newspaper,** je l'ai lu dans un journal; (*at university*) **he's reading French,** il fait des études de français; **to r. law,** faire son droit; **to r. sth aloud,** lire qch à haute voix; **to r. to s.o.,** faire la lecture à qn; **to take the minutes as read,** approuver le procès-verbal sans lecture; **the letter reads as follows,** la lettre est libellée comme suit; (*of pers*) **well read,** instruit, érudit; versé (**in,** dans); **to r. s.o.'s thoughts,** lire dans la pensée de qn; **to r. between the lines,** lire entre les lignes; **I can r. him like a book,** je le connais comme le fond de ma poche; *WTel:* **do you r. me?** vous (me) comprenez? (*b*) **the clause reads both ways,** l'article peut s'interpréter dans les deux sens; **the thermometer reads 30°,** le thermomètre indique trente degrés **2.** *n F:* **to have a r.,** faire un peu de lecture; **he was having a quiet r.,** il lisait tranquillement; **this book is a good r.,** ce livre est agréable à lire. **'readable** *a* (*of writing*) lisible; (*of book*) intéressant à lire. **read 'back** *vtr* relire. **'reader** *n* (*a*) lecteur, -trice; *Typ:* correcteur, -trice (d'épreuves); **he's not much of a r.,** il n'aime pas beaucoup la lecture; **publisher's r.,** lecteur, -trice, de manuscrits (*b*) *Sch:* = professeur *m* (de faculté) (*c*) *Sch:* livre *m* de lecture. **'readership** *n* lecteurs *mpl*, public *m*. **'reading 1.** *a* **the r. public,** le public qui lit **2.** *n* (*a*) lecture *f*; **to be fond of r.,** aimer la lecture; **book that makes good r.,** livre intéressant à lire; **r. lamp,** lampe de bureau, de chevet; **r. room,** salle de lecture; **r. list,** liste de livres à lire; **r. matter,** choses *fpl* à lire (*b*) interprétation *f* (d'une énigme); indication *f* (d'un instrument de précision); relevé *m* (d'un compteur à gaz); (*variant*) variante *f*; **barometric r.,** hauteur *f* barométrique; **to take readings,** faire des relevés *m*; **what is your r. of the facts?** comment interprétez-vous les faits? **read 'off** *vtr* lire (qch) d'un trait; relever (des cotes). **read 'out** *vtr* lire (qch) à haute voix. **read 'over** *vtr* relire. **read 'through** *vtr* parcourir. **read 'up** *vtr & i* **to r. up (on) sth,** se documenter sur, étudier (un sujet).

readdress [riːə'dres] *vtr* faire suivre (une lettre).

readjust [riːə'dʒʌst] **1.** *vtr* régler (un instrument); réajuster (un salaire) **2.** *vi* se réadapter. **rea'djustment** *n* réglage *m*; réajustement *m*; réadaptation *f*.

ready ['redi] **1.** *a* **(-ier, -iest)** (*a*) prêt (**to do,** à faire); *Sp:* **r., steady, go!** à vos marques, prêts, partez! **to get sth r.,** préparer qch; **to get r.,** se préparer (**to,** à); **r. for use,** prêt à l'emploie; **r. for anything,** prêt à tout; **to be r. to face s.o.,** attendre qn de pied ferme; **r. to hand,** sous la main; **r. cash, money,** argent *m* liquide (*b*) prêt, disposé (à faire qch); **r. to die of hunger,** sur le point de mourir de faim (*c*) prompt; facile; **to be r. with an answer,** avoir la réplique prompte **2.** *adv* **r. dressed,** tout habillé; **table r. laid,** table toute préparée **3.** *n* **at the r.,** tout prêt; (*of gun*) paré à faire feu. **'readily** *adv* (faire qch) volontiers; (imaginer qch) facilement. **'readiness** *n* empressement *m* (à faire qch); bonne volonté; **r. of wit,** vivacité *f* d'esprit; **to be in r. for,** être prêt pour. **ready-'cooked** *a* (plat) tout cuit. **ready-'made** *a* (article) tout fait; **r.-m. clothes,** prêt-à-porter *m inv*, vêtements *mpl* de confection. **ready-to-'wear** *a* **r.-to-w. clothes,** prêt-à-porter.

real [ri(ː)əl] **1.** *a* vrai, véritable; **r. silk,** soie naturelle; **r. gold,** or véritable; **a r. friend,** un vrai ami, un véritable ami; **it's the r. thing,** c'est du vrai de vrai; **in r. life,** dans la réalité; *NAm:* **r. estate,** immobilier *m* **2.** *n F:* **for r.,** pour de vrai **3.** *adv NAm: F:* vraiment, très; **r. stupid,** vraiment bête; **a r. fine day,** une très belle journée. **'realism** *n* réalisme *m*. **'realist** *n* réaliste *mf*. **rea'listic** *a* réaliste.

rea'listically *adv* avec réalisme. **re'ality** [ri'æliti] *n* (*pl* **-ies**) la réalité; le réel; **in r.,** en réalité. **'really** *adv* vraiment; réellement; **you r. must go,** il faut absolument que vous y alliez, que vous partiez; **is it r. true?** est-ce bien vrai? **not r.!** pas possible!

realize ['riəlaiz] *vtr* (*a*) réaliser (un projet, *Fin:* une propriété); atteindre (un prix); *Com:* convertir (des biens) en espèces (*b*) se rendre compte de, réaliser (qch); comprendre (**that,** que); **to r. that,** se rendre compte que. **reali'zation** *n* (*a*) réalisation *f* (d'un projet, *Fin:* d'une propriété); *Com:* conversion *f* en espèces (de biens) (*b*) (prise *f* de) conscience *f*.

reallocate [ri:'æləkeit] *vtr* redéployer (du personnel, etc).

realm [relm] *n* royaume *m*; *Fig:* monde *m* (de l'imagination).

realtor ['riəltər] *n* *NAm:* (*Br* = **estate agent**) agent immobilier.

ream [ri:m] *n* = rame *f* (de papier); *Fig:* **he's written reams,** il a écrit des pages et des pages.

reanimate [ri:'ænimeit] *vtr* ranimer, réanimer.

reap [ri:p] *vtr* moissonner (le blé, un champ); récolter (le fruit de son travail); **to r. profit from sth,** tirer profit de qch. **'reaper** *n* (*pers*) moissonneur, -euse; (*machine*) moissonneuse *f*; **r. binder,** moissonneuse-lieuse *f*.

reappear [ri:ə'piər] *vi* réapparaître, reparaître. **rea'ppearance** *n* réapparition *f*.

reappraisal [ri:ə'preizl] *n* réévaluation *f*.

rear[1] [riər] **1.** *n* (*a*) *Mil:* (*also* **rearguard**) arrière-garde *f* (d'une armée); **to bring up the r.,** fermer la marche; **in, at, the r.,** à l'arrière (**of,** de); **from the r.,** par derrière (*b*) arrière *m* (d'une maison); dernier rang, queue *f* (d'un cortège) **2.** *a* arrière *inv*, de derrière; **r. admiral,** contre-amiral *m*; *Aut:* **r.-view mirror,** rétroviseur *m*. **'rearguard** *n* *Mil:* arrière-garde; **r. action,** combat d'arrière-garde. **'rearmost** *a* dernier; de queue.

rear[2] **1.** *vtr* (*a*) élever (une famille, des animaux); cultiver (des plantes) (*b*) relever (la tête) **2.** *vi* (*of horse*) **to r. (up),** se cabrer.

rearm [ri:'ɑ:m] *vtr & i* réarmer. **re'armament** *n* réarmement *m*.

rearrange [ri:ə'reindʒ] *vtr* réarranger; remettre en ordre. **rea'rrangement** *n* nouvel arrangement; remise *f* en ordre.

reason ['ri:zən] **1.** *n* (*a*) raison *f*, cause *f* (**for,** de); **for reasons best known to myself,** pour des raisons que je suis le seul à connaître; **for no r.,** sans raison, sans motif; **the r. for, why,** le raison de, pour laquelle; **you have r. to be glad,** vous avez des raisons de vous réjouir; **I have r. to believe that,** j'ai lieu de croire que; **within r.,** avec modération; **everything within r.,** tout ce qui est raisonnable; **with (good) r.,** à bon droit; **all the more r. for going,** raison de plus pour y aller; **by r. of his infirmity,** à cause de, en raison de, son infirmité (*b*) raison; faculté *f* de raisonner; bon sens; **to lose one's r.,** perdre la raison; **to listen to r.,** entendre raison; **it stands to r.,** cela va sans dire; c'est logique, c'est évident **2.** *v* (*a*) *vi* **to r. with s.o.,** raisonner (avec) qn; **to r. that,** calculer que (*b*) *vtr* **to r. s.o. out of doing sth,** faire entendre raison à qn. **'reasonable** *a* raisonnable; (offre) acceptable; (soupçon) bien fondé. **'reasonableness** *n* caractère *m* raisonnable; raison; modération *f*. **'reasonably** *adv* raisonnablement; **r. priced,** d'un prix abordable; **r. fit,** en assez bonne forme. **'reasoned** *a* (*of analysis*) raisonné; motivé; raisonnable. **'reasoning** *n* raisonnement *m*.

reassemble [ri:ə'sembl] **1.** *vtr* rassembler; remonter, remettre (une machine) un état **2.** *vi* se rassembler; **school reassembles tomorrow,** demain c'est la rentrée (des classes).

reassure [ri:ə'ʃuər] *vtr* rassurer, tranquilliser (qn) (**on, about,** sur); **to feel reassured,** se rassurer. **rea'ssurance** *n* réconfort *m*. **rea'ssuring** *a* rassurant.

reawaken [ri:ə'weikən] *vtr* réveiller (l'intérêt, etc). **rea'wakening** *n* réveil *m*.

rebate ['ri:beit] *n* rabais *m*, escompte *m*, ristourne *f*; remboursement (partiel).

rebel **1.** *a & n* ['rebəl] rebelle (*mf*); insurgé, -ée **2.** *vi* [ri'bel] (**rebelled**) se rebeller, se soulever (**against,** contre). **re'bellion** *n* rébellion *f*, révolte *f* (**against,** contre). **re'bellious** *a* rebelle. **re'belliousness** *n* esprit *m* de rébellion.

rebirth ['ri:bɜ:θ] *n* renaissance *f*.

rebound **1.** *vi* [ri'baund] (*of ball*) rebondir; (*of stone*) ricocher; *Fig:* (*of lies, action, etc*) retomber (**on,** sur) **2.** *n* ['ri:baund] rebond *m*, rebondissement *m*; ricochet *m*; **on the r.,** (épouser qn, etc) par dépit.

rebuff [ri'bʌf] **1.** *n* rebuffade *f* **2.** *vtr* repousser.

rebuild [ri:'bild] *vtr* (**rebuilt**) rebâtir, reconstruire.

rebuke [ri'bju:k] **1.** *n* réprimande *f*, reproche *m* **2.** *vtr* réprimander (qn).

rebuttal [ri'bʌtl] *n* réfutation *f*.

recalcitrant [ri'kælsitrənt] *a* récalcitrant.

recall [ri'kɔ:l] **1.** *n* (*a*) rappel *m* (de qn, d'un souvenir); **to have total r.,** tout se rappeler avec clarté (*b*) rétractation *f*, révocation *f*; **decision beyond r.,** décision irrévocable; **lost beyond r.,** perdu irrévocablement **2.** *vtr* (*a*) rappeler (un ambassadeur, qch à qn); **I don't r. his name,** je ne me souviens pas de son nom; **to r. sth (to mind),** se rappeler qch (*b*) annuler (un jugement, etc).

recant [ri'kænt] *vi* se rétracter.

recapitulate [ri:kə'pitjuleit], *F:* **recap** ['ri:kæp] (**recapped**) *vtr & i* récapituler. **recapitu'lation,** F: **'recap** *n* récapitulation *f*; résumé *m*; **let's do a recap,** faisons le point.

recapture [ri:'kæptʃər] **1.** *n* arrestation *f* **2.** *vtr* reprendre; retrouver (sa joie); recréer (un moment).

recast [ri:'kɑ:st] *vtr* (**recast**) refondre (une cloche); refaire (une pièce, un roman); redistribuer les rôles (d'une pièce).

recede [ri'si:d] *vi* s'éloigner, reculer; (*of floods*) baisser; (*of forehead*) fuir; **his hair(line) is receding,** son front se dégarnit. **re'ceding** *a* qui s'éloigne; **r. tide,** marée descendante; **r. forehead,** front fuyant.

receipt [ri'si:t] **1.** *n* (*a*) *pl* recettes *fpl* (*b*) réception *f*; **on r. of this letter,** dès réception de cette lettre; **to acknowledge r. of a letter,** accuser réception d'une lettre; **to pay on r.,** payer à la réception; *Com:* **I am in r. of your letter of 4th March,** j'ai bien reçu votre lettre du 4 mars (*c*) (*for payment*) reçu *m*; (*for letter, parcel*) récépissé *m*, accusé *m* de réception, **to give a r. for sth,** donner acquit de qch **2.** *vtr* *Com:* acquitter (une facture).

receive [ri'si:v] *vtr* (*a*) recevoir; toucher (de l'argent); essuyer (un refus); *WTel:* capter (un poste); *Jur:* receler (des objets volés); (*on receipt*) **received with thanks,** pour acquit; **to be well received,** trouver un accueil chaleureux; **to r. s.o. with open arms,** accueillir qn à bras ouverts; (*of pers*) **to r. 30 days,** être condamné à un mois de prison. **re'ceived** *a* reçu; *Ling:* **r. pronunciation,** prononciation *f* standard (de l'anglais). **re'ceiver** *n* (*a*) personne *f* qui reçoit (qch); destinataire *mf* (d'une lettre); réceptionnaire *mf* (d'un envoi); *Jur:* receleur, -euse (d'objets volés); (*in bankruptcy*) **the (official) r.,** l'administrateur *m* judiciaire; (*in Fr*) = syndic *m* de faillite (*b*) *WTel:* récepteur; *Tp:* combiné *m* (de téléphone); **to pick up, lift, the r.,** décrocher (le combiné). **re'ceiving** *n* réception *f*; *Jur:* recel *m* (d'objets volés).

recent ['ri:sənt] *a* récent; nouveau; frais; **of r. date,** de fraîche date; **in r. months,** ces mois-ci, ces derniers mois. **'recently** *adv* récemment; tout dernièrement; **as r. as yesterday,** pas plus tard qu'hier; **until quite r.,** jusqu'à ces derniers temps.

receptacle [ri'septəkl] *n* récipient *m*.

reception [ri'sepʃn] *n* (*a*) réception *f*; (*in hotel*) **r. (desk),** réception; *WTel:* **the r. is poor in the evenings,** le soir, la réception est médiocre (*b*) (*welcome*) accueil *m*; **the play had a warm r.,** la pièce a été favorablement accueillie; **r. centre,** centre d'accueil (pour réfugiés); **r. room,** salle *f* de séjour. **re'ceptionist** *n* réceptionniste *mf*.

receptive [ri'septiv] *a* réceptif (**to,** à); **r. to s.o.,** compréhensif envers qn. **recep'tivity** *n* réceptivité *f*.

recess [ri'ses, 'ri:ses] **1.** *n* (*pl* **recesses**) (*a*) vacances *fpl*; *NAm: Sch:* (*Br* = **break**) récréation *f*; *NAm: Jur:* (*Br* = **adjournment**) suspension *f* (d'audience) (*b*) recoin *m*; enfoncement *m* (de muraille); embrasure *f* (de fenêtre); niche *f* (de statue); alcôve *f* **2.** *vi* (**recesses**) *NAm:* (*of assembly*) suspendre la séance. **re'cession** *n* récession *f*.

recharge [ri:'tʃɑ:dʒ] *vtr* recharger (une batterie). **re'chargeable** *a* rechargeable, qui peut être rechargé.

recipe ['resipi] *n Cu:* & *Fig:* recette *f*.

recipient [ri'sipiənt] *n* (*pers*) récipiendaire *m* (d'un prix, d'un honneur); donataire *mf*; destinataire *mf* (d'une lettre); bénéficiaire *mf* (d'un chèque).

reciprocate [ri'siprəkeit] **1.** *vtr* se rendre mutuellement (des services); retourner (un compliment); faire à son tour (un geste); **to r. s.o.'s kindness,** rendre l'amabilité de qn **2.** *vi* en faire autant. **re'ciprocal** *a* réciproque, mutuel. **re'ciprocally** *adv* réciproquement, mutuellement. **reciprocity** [resi'prɔsiti] *n* réciprocité *f*.

recite [ri'sait] **1.** *vtr* & *i* réciter **2.** *vtr* énumérer (des dates, des détails). **re'cital** *n* (*a*) *Mus:* récital *m*; récitation *f* (d'une poésie) (*b*) récit *m* (d'un incident); énumération *f* (de détails). **reci'tation** *n* récitation. **recitative** [resitə'ti:v] *n Mus:* récitatif *m*.

reckless ['reklis] *a* insouciant (**of,** de); imprudent; téméraire; *Aut:* **r. driving,** conduite imprudente. **'recklessly** *adv* témérairement; avec insouciance; imprudemment; **he spends r.,** il dépense sans compter. **'recklessness** *n* insouciance *f* (**of,** de); imprudence *f*, témérité *f*.

reckon ['rekən] *vtr* & *i* compter, calculer; estimer, juger; **to r. s.o. as,** considérer qn comme; **to r. on sth,** compter sur qch; *F:* **to r. on doing,** compter, penser, faire; **to have to r. with s.o.,** avoir affaire à qn; **a man to be reckoned with,** un homme avec qui il faut compter; **he had reckoned without his rivals,** il avait compté sans ses rivaux; *F:* **I. r. that . . .,** je pense que . . .. **'reckoner** *n* **ready r.,** barème *m* (de calculs tout faits). **'reckoning** *n* calculs *mpl*; **to be out in one's r.,** s'être trompé dans ses calculs; **day of r.,** jour d'expiation.

reclaim [ri'kleim] *vtr* mettre en valeur (un terrain); (*from the sea*) assécher; récupérer (un sous-produit); réclamer (qch); récupérer (ses bagages); **reclaimed land,** terrain reconquis. **recla'mation** [reklə-] *n* mise *f* en valeur (d'un terrain); assèchement *m* (des terres); récupération *f* (des sous-produits).

recline [ri'klain] **1.** *vtr* reposer, appuyer (sa tête sur qch) **2.** *vi* être couché, allongé; (*of head*) reposer, être appuyé (**on,** sur); **reclining on a couch,** étendu sur un canapé. **re'clining** *a* (siège) à dossier inclinable, réglable.

recluse [ri'klu:s] *n* reclus, -use.

recognize ['rekəgnaiz] *vtr* reconnaître (qn, qch); **to r. one's mistake,** reconnaître, admettre, son erreur; **I don't r. you,** je ne vous remets pas; **to r. s.o. by his walk,** reconnaître qn à sa démarche. **recog'nition** *n* reconnaissance *f*; **he has changed beyond, out of, all r.,** il est devenu méconnaissable; **to gain r.,** être reconnu; **in r. of,** en reconnaissance de. **recog'nizable** *a* reconnaissable. **'recognized** *a* reconnu, admis, reçu; **the r. term,** le terme consacré; *Com:* **r. agent,** agent accrédité.

recoil **1.** *n* ['ri:kɔil] recul *m* (d'une arme à feu); mouvement *m* de recul, répugnance *f* (de qn) **2.** *vi* [ri'kɔil] (*a*) (*of spring*) se détendre; (*of firearm*) reculer (*b*) (*of pers*) reculer (**from doing,** à l'idée de faire); se révolter (**from,** contre).

recollect [rekə'lekt] **1.** *vtr* se rappeler; se souvenir de (qch); **as far as I r.,** autant que je m'en souvienne **2.** *vi* se souvenir. **reco'llection** *n* souvenir *m*; **to the best of my r.,** autant que je m'en souvienne.

recommend [rekə'mend] *vtr* recommander; conseiller (à qn de faire qch); **she has little to r. her,** elle n'a pas grand-chose pour elle; **not to be recommended,** à déconseiller. **recommen'dation** *n* recommandation *f*.

recompense ['rekəmpens] **1.** *n* (*a*) récompense *f* (**for,** de) (*b*) dédommagement *m* (**for,** de) **2.** *vtr* (*a*) récompenser (**s.o. for sth,** qn de qch) (*b*) dédommager (**s.o. for sth,** qn de qch).

reconcile ['rekənsail] *vtr* (*a*) réconcilier (**with, to,** avec); **to become reconciled,** se réconcilier; **to r. oneself to sth,** se résigner à qch; **to r. s.o. to sth,** faire accepter qch à qn (*b*) concilier, faire accorder (des opinions). **recon'cilable** *a* conciliable (**with,** avec). **reconcili'ation** [-sili-] *n* réconciliation *f* (entre deux personnes); conciliation *f* (d'opinions contraires).

recondite ['rekəndait] *a* (*of knowledge*) profond; (*of style*) obscur.

recondition [ri:kən'diʃn] *vtr* rénover; remettre à neuf, en état; *Com:* reconditionner; **reconditioned engine,** moteur refait (à neuf).

reconnaissance [ri'kɔnisəns] *n Mil:* reconnaissance *f*; **r. aircraft,** avion de reconnaissance.

reconnoitre, *NAm:* **reconnoiter** [rekə'nɔitər] **1.** *vtr* reconnaître (le terrain) **2.** *vi* faire une reconnaissance.

reconsider [ri:kən'sidər] **1.** *vtr* reconsidérer (une question) **2.** *vi* revenir sur sa décision.

reconstruct [ri:kən'strʌkt] *vtr* reconstruire (un édifice); reconstituer (un crime). **recon'struction** *n* reconstruction *f*; reconstitution *f* (d'un crime).

record 1. *n* ['rekɔ:d] *(a)* rapport *m*; *Jur:* enregistrement *m* (d'un fait); **to be on r.,** être attesté; **to go on r. as a pacifist,** se déclarer pacifiste; **(to say sth) off the r.,** (dire qch) à titre confidentiel *(b)* minute *f* (d'un acte) *(c)* note *f*, mention *f*; **to make, keep, a r. of sth,** noter qch; **for the r., to keep the r. straight,** pour mémoire *(d)* registre *m*; *Sch:* cahier *m* d'appel *(e)* **(public) records,** archives *fpl*, annales *fpl* *(f)* monument *m*, document *m*, souvenir *m* (de qch) *(g)* antécédents *mpl*; dossier *m* (de qn); *Med:* fiche *f* (de patient); **service r.,** état *m* de service; **his past r.,** sa conduite passée; **(police) r.,** casier *m* judiciaire; **their safety r.,** leurs résultats *mpl* en matière de sécurité *(h)* *Sp: & Fig:* record *m*; **world r.,** record mondial; **at r. speed,** à une vitesse record; **in r. time,** en un temps record; **to break the r.,** battre le record; **r. holder,** détenteur, -trice (d'un record) *(i)* disque *m*; **long-playing r.,** 33 tours *m inv*; **r. library,** discothèque *f*; **r. player,** tourne-disque *m*, électrophone *m* **2.** [ri'kɔ:d] *(a)* *vtr* enregistrer (un fait); prendre acte de (qch); noter (qch); rapporter **(that,** que); *Adm:* recenser (des faits); *(of thermometer)* marquer; enregistrer (une chanson, une émission, sur bande) *(b)* *vi* *(on tape, etc)* enregistrer. **'record-breaking** *a* (succès) qui bat tous les records. **re'corded** *a* enregistré; *TV:* en différé; *(of fact)* attesté; **letter sent (by) r. delivery** = lettre *f* avec avis, avec accusé, de réception. **re'corder** *n* *(a)* *Jur:* = juge *m* *(b)* **tape r.,** magnétophone *m*; **cassette r.,** enregistreur *m*, magnétophone *m*, à cassette(s) *(c)* *Mus:* flûte *f* à bec. **re'cording 1.** *a* enregistreur **2.** *n* enregistrement *m*; **tape r.,** enregistrement sur bande.

recount[1] [ri'kaunt] *vtr* raconter.

recount[2] 1. *vtr* [ri:'kaunt] recompter **2.** *n* ['ri:kaunt] *Pol:* nouveau dépouillement du scrutin.

recoup [ri'ku:p] *vtr* **to r. one's losses,** ses pertes.

recourse [ri'kɔ:s] *n* *(a)* recours *m*; **to have r. to sth,** avoir recours, recourir, à qch *(b)* expédient *m*.

recover[1] [ri'kʌvər] **1.** *vtr* *(a)* recouvrer; (son bien, son argent); retrouver (un objet perdu, son appétit); repêcher (un noyé); récupérer (des sous-produits, son argent); rattraper (le temps perdu); **to r. one's breath,** reprendre haleine; **to r. lost ground,** regagner, refaire le terrain perdu; se rattraper; **to r. one's health,** se rétablir; recouvrer la santé; **to r. consciousness,** reprendre connaissance **2.** *vi* *(a)* guérir, se rétablir, se remettre **(from an illness,** d'une maladie) *(b)* **to r. from one's astonishment,** revenir, se remettre, de son étonnement *(d)* **to r. (oneself),** se remettre, se ressaisir *(e)* *(of economy, country)* se redresser; *(of currency)* remonter; *(of market)* se ranimer, reprendre. **re'coverable** *a* récupérable. **re'covery** *n* *(a)* recouvrement *m* (d'un objet perdu); récupération *f* (de sous-produits); *Jur:* obtention *f* (de dommages-intérêts) *(b)* rétablissement *m*, guérison *f* (de qn); **to be past r.,** être dans un état désespéré; **he is making a good r.,** il est en bonne voie de guérison *(c)* redressement *m* (économique).

recover[2] [ri:'kʌvər] *vtr* recouvrir (un canapé).

recreation [rekri:'eiʃn] *n* récréation *f*; divertissement *m*; **r. ground,** terrain de jeux. **recre'ational** *a* *(of activity, etc)* de loisir.

recrimination [rikrimi'neiʃn] *n Jur:* contre-accusation *f*.

recruit [ri'kru:t] **1.** *n* recrue *f* **2.** *vtr* recruter (une armée, des partisans); *Fig:* **to r. s.o. to do,** embaucher qn pour faire. **re'cruiting, re'cruitment** *n Mil:* recrutement *m*.

rectangle ['rektæŋgl] *n* rectangle *m*. **rec'tangular** *a* rectangulaire.

rectify ['rektifai] *vtr* **(rectified)** rectifier, corriger (une erreur); réparer (un oubli). **rectifi'cation** *n* rectification *f*.

rector ['rektər] *n Ecc:* = curé *m*; *Sch:* président *m* (d'une université); directeur *m* (d'un collège). **'rectory** *n* = presbytère *m*.

recumbent [ri'kʌmbənt] *a* couché, étendu; *(on tomb)* **r. figure,** gisant *m*.

recuperate [ri'ku:pəreit] **1.** *vtr* récupérer **2.** *vi* récupérer (ses forces); se rétablir; se remettre (d'une maladie). **recupe'ration** *n* récupération *f* (de chaleur); rétablissement *m* (d'un malade).

recur [ri'kə:r] *vi* **(recurred)** *(of theme)* revenir; *(of event)* se reproduire, se renouveler; *(of occasion)* se représenter; *(of illness)* réapparaître. **recurrence** [-'kʌr-] *n* répetition *f*; réapparition *f*, retour *m*; récidive *f* (d'une maladie). **recurrent** [-'kʌr-] *a* fréquent; *Mth:* **r. series,** série récurrente. **re'curring** *a* périodique.

recycle [ri:'saikl] *vtr* recycler (les vieux papiers).

red [red] *a & n* **(redder, reddest)** rouge *(m)*; *(of hair)* roux; **to turn, go, r.,** rougir; **to see r.,** voir rouge, se mettre en colère; **it's like a r. rag to a bull,** c'est comme le rouge pour le taureau; **r. light,** feu rouge; *Fig:* **to see the r. light,** sentir le danger; *Fig:* **r. tape,** bureaucratie *f*; paperasserie *f*; **to be in the r.,** *(of account, firm)* être en déficit; *(of pers)* être à découvert; *Pol:* *(pers)* **R.,** rouge *mf*. **red-'blooded** *a* vigoureux. **'redbreast** *n Orn:* **(robin) r.,** rouge-gorge *m*. **'redbrick** *a* **r. university,** université provinciale moderne. **'redcurrant** *n* groseille *f* (rouge). **'redden 1.** *vtr* rendre rouge; rougir **2.** *vi* *(of pers)* rougir; *(of sky)* rougeoyer; *(of leaves)* roussir. **'reddish** *a* rougeâtre; *(of hair)* roussâtre. **red-'eyed** *a* aux yeux rouges. **red-'faced** *a* rougeaud; *Fig:* rouge de confusion. **red-'haired, red-'headed** *a* roux. **red-'handed** *a* **to be caught r.-h.,** être pris en flagrant délit. **'redhead** *n* roux *m*, rousse *f*. **red-'hot** *a* brûlant; (révolutionnaire) ardent. **red-'letter** *a* **r.-l. day,** jour à marquer d'une pierre blanche. **red-'light** *a* **r.-l. district,** quartier réservé (des bordels). **'redness** *n* rougeur *f*; rousseur *f* (des cheveux). **'redskin** *n Ethn:* Peau-Rouge *mf*. **'redwood** *n Bot:* séquoia *m*.

redecorate [ri:'dekəreit] **1.** *vtr* refaire (une pièce, etc) **2.** *vi* refaire la peinture et les papiers.

redeem [ri'di:m] *vtr* *(a)* *(pay off)* racheter; *(convert* *into cash*) réaliser; rembourser (une obligation); dégager (une propriété hypothéquée); tenir (une promesse); amortir (une dette); purger (une hypothèque); **to r. one's watch (from pawn),** retirer sa montre (*b*) libérer, racheter; **his good points r. his faults,** ses qualités compensent ses défauts; **to r. oneself,** se racheter. **re'deemer** *n* **the R.,** le Rédempteur. **re'deeming** *a* rédempteur; **r. feature,** point *m* favorable. **re'demption** *n* rachat *m*; réalisation *f*; *Rel:* rédemption *f*; **crime past r.,** crime irréparable.

redeploy [riːdiˈplɔi] *vtr* réorganiser (le personnel); rédéployer (les troupes).

redirect [riːdaiˈrekt] *vtr* faire suivre (une lettre).

redo [riːˈduː] *vtr* **(redid, redone)** refaire.

redouble [riːˈdʌbl] *vtr* redoubler (ses efforts).

redoubt [riˈdaut] *n Fort:* redoute *f*.

redoubtable [riˈdautəbl] *a* redoutable, formidable.

redress [riˈdres] **1.** *n* réparation *f* (d'un tort); réforme *f* (d'un abus); **to seek r.,** demander réparation **(for,** de); **legal r.,** réparation légale **2.** *vtr* rétablir (l'équilibre); réparer (un tort); corriger, réformer (un abus).

reduce [riˈdjuːs] *vtr* (*a*) réduire, **(to,** à, **by,** de); (*in length*) raccourcir; *Cu:* (faire) réduire (une sauce) (*b*) faire baisser (la température); diminuer, baisser (le prix); **to r. speed,** réduire la vitesse; ralentir la marche; *Ind:* **to r. output,** ralentir la production; **to r. sth to ashes,** réduire qch en cendres; **to r. s.o. to silence,** faire taire qn; **she was reduced to tears,** elle a fondu en larmes; *Med:* **to r. a fracture, a dislocation,** réduire une fracture, une luxation; *Mil:* **to r. s.o. to the ranks,** casser qn. **re'duced** *a* réduit; **at a r. price,** (*of ticket*) à prix réduit; (*of goods*) au rabais; **at r. prices,** au rabais; en solde; **in r. circumstances,** dans la gêne. **re'duction** *n* réduction *f*, diminution *f* (des prix); baisse *f* (de température); *Com:* rabais *m*; **to make a r. on an article,** faire un remise sur un article.

redundant [riˈdʌndənt] *a* (*a*) (mot) redondant (*b*) superflu, de trop; (*of worker*) **to be made r.,** être mis au chômage, être licencié. **re'dundancy** *n* (*of workers*) licenciement *m*; **r. pay(ment),** indemnité *f* de licenciement.

re-echo [riːˈekou] *v* **(re-echoed) 1.** *vtr* répercuter (un son); *Fig:* répéter **2.** *vi* résonner.

reed [riːd] *n Bot:* roseau *m*; jonc *m* (à balais); *Mus:* anche *f* (de hautbois, etc); (*in orchestra*) **r. instruments, the reeds,** les instruments *m* à anche. **'reedy** *a* **(-ier, -iest)** (endroit) couvert de roseaux; **r. voice,** voix flûtée, ténue.

re-educate [riːˈedjukeit] *vtr* rééduquer.

reef¹ [riːf] *Nau:* **1.** *n* ris *m*; **r. knot,** nœud plat **2.** *vtr* prendre un ris dans (une voile).

reef² *n* (*a*) récif *m*, écueil *m*; **coral r.,** récif de corail (*b*) *Min:* filon *m*.

reek [riːk] **1.** *n* puanteur *f*; **r. of tobacco,** relent *m* de tabac **2.** *vi* puer; **to r. of garlic,** puer, empester, l'ail.

reel [riːl] **1.** *n* (*a*) dévidoir *m* (pour tuyaux, câbles); bobine *f* (pour fil); moulinet *m* (de canne à pêche); *Cin:* bobine (de film) (*b*) danse écossaise **2.** *v* (*a*) *vtr* dévider (le fil) (*b*) *vi* tournoyer; (*stagger*) chanceler, tituber; (*of mind*) chavirer; **my head's reeling,** la tête me tourne; **to make s.o.'s senses r.,** donner le vertige à qn. **reel 'in** *vtr* remonter (un poisson). **reel 'off** *vtr* débiter (à toute vitesse) (des vers).

re-elect [riːiˈlekt] *vtr* réélire. **re-e'lection** *n* réélection *f*.

re-embark [riːimˈbɑːk] *vtr & i* rembarquer. **re-embar'kation** *n* rembarquement *m*.

re-enact [riːinˈækt] *vtr* reconstituer (une scène).

re-enter [riːˈentər] **1.** *vi* rentrer; **to re-e. for an exam,** se représenter à un examen **2.** *vtr* rentrer dans (un endroit). **re-'entry** *n* (*pl* **-ies**) rentrée *f*.

re-establish [riːiˈstæbliʃ] *vtr* rétablir.

ref *abbr* (*a*) *reference* (*b*) *F: referee.*

refectory [riˈfektəri] *n* (*pl* **refectories**) réfectoire *m*.

refer [riˈfəːr] *v* **(referred) 1.** *vtr* rapporter, rattacher (un fait à une cause); **to r. to s.o.,** soumettre qch à qn; **to r. a matter to a tribunal,** soumettre une affaire à un tribunal; *Bank:* **to r. a cheque to drawer,** refuser d'honorer un chèque; **to r. s.o. to,** renvoyer qn à (un bureau, un article, etc) **2.** *vi* (*a*) se référer, se reporter à (une autorité); **to r. to a work,** consulter un ouvrage; **referring to your letter,** comme suite à votre lettre (*b*) faire allusion à (qn); s'appliquer à (qch); **I'm not referring to you,** je ne parle pas de vous; (*of statement*) **to r. to,** se rapporter, avoir rapport, à; **this remark refers to you,** cette remarque vous concerne; **to r. to a fact,** faire mention d'un fait; **let's not r. to it again,** n'en reparlons plus. **referee** [refəˈriː] **1.** *n* (*a*) *Sp:* (*F:* **ref**) arbitre *m* (*b*) (*for job, etc*) répondant, -ante; **to give s.o. as a r.,** se recommander de qn **2.** *vtr & i Sp:* arbitrer (un match). **reference** [ˈrefrəns] *n* (*a*) référence *f* (d'une question à une autorité); **terms of r.,** compétence *f* (de qn, d'une commission); étendue *f* (de la loi); **r. library,** bibliothèque de référence; **r. book, work of r.,** livre, ouvrage, de référence; ouvrage à consulter; **in, with, r. to,** concernant; *Com:* suite à; **with r. to my letter,** comme suite à ma lettre; **r. was made to this conversation,** on a fait allusion à cette conversation; **to make r. to a fact,** faire mention d'un fait; **to have r. to sth,** avoir rapport à qch; **without r. to,** sans tenir compte de (*b*) renvoi *m* (dans un livre); (*on map*) **r. point,** point coté, point de référence; coordonnée *f* (*c*) référence (d'employé); **to give a r. about s.o.,** fournir des renseignements sur qn; **to have good references,** avoir de bonnes références; **to give s.o. as a r.,** se recommander de qn. **refe'rendum** *n* référendum *m*.

refill 1. *vtr* [riːˈfil] remplir (qch) (à nouveau); recharger (un briquet, un stylo, etc) **2.** *n* [ˈriːfil] recharge *f*, cartouche *f* (d'encre, de stylo); mine *f* de rechange (pour porte-mine); recharge (pour classeur); *F:* **a r.,** un autre verre. **re'fillable** *a* (briquet) rechargeable.

refine [riˈfain] *v* **1.** *vtr* raffiner; affiner (les métaux); perfectionner (une technique, une machine) **2.** *vi* **to r. upon,** raffiner sur. **re'fined** *a* (or) fin, affiné; (sucre, goût) raffiné; (homme) cultivé, distingué. **re'finement** *n* raffinement *m* (d'une personne, des métaux); raffinage *m* (du sucre, du pétrole); perfectionnement *m* (d'une technique, d'une machine); *pl Tchn:* améliorations *fpl*. **re'finer** *n* raffineur, -euse. **re'finery** *n* (*pl* **-ies**) raffinerie *f*. **re'fining** *n* raffinage *m* (du pétrole, du sucre); affinage *m* (des métaux).

refit *Nau:* **1.** *n* [ˈriːfit] radoub *m* **2.** *vtr* [riːˈfit] **(refitted)** remettre en état.

reflate [riːˈfleit] *vtr* relancer (l'économie). **reˈflation** *n* relance *f* économique.

reflect [riˈflekt] **1.** *vtr* (*of surface*) réfléchir, refléter, renvoyer (la lumière, une image); *Fig:* refléter; **to be reflected,** se réfléchir; (*of behaviour*) **to be reflected on s.o.,** rejaillir sur qn **2.** *vi* (*a*) (*think*) **to r. (up)on,** méditer sur; réfléchir à, sur; **to r. that,** penser, se dire, que (*b*) (*of action*) faire du tort (**on s.o.,** à qn); nuire à (la réputation de) (qn); **to r. on s.o.,** rejaillir sur qn. **reˈflection** *n* (*a*) réflexion *f* (de la lumière, de la chaleur) (*b*) reflet *m*, image *f* (réfléchie) (*c*) (*thought*) réflexion; *pl* réflexions, pensées *fpl*, considérations *fpl*; **this is a r. on your character,** c'est une atteinte à votre intégrité; **on r.,** (toute) réflexion faite, tout bien réfléchi; **to do sth without due r.,** faire qch sans avoir suffisamment réfléchi. **reˈflector** *n* réflecteur *m*; *Cy:* cataphote *m*.

reflex [ˈriːfleks] **1.** *n* (*pl* **reflexes**) *Med:* réflexe *m* **2.** *a* réflexe; **r. action,** réflexe *m*; *Phot:* **single lens r. (camera),** (appareil *m*) reflex *m*; *Mth:* **r. angle,** angle rentrant.

reflexion [riˈflekʃən] *n* = **reflection.**

reflexive [riˈfleksiv] *a & n Gram:* **r. (verb),** verbe réfléchi; **r. pronoun,** pronom (personnel) réfléchi.

refloat [riːˈflout] *vtr Nau: Com:* renflouer.

reform [riˈfɔːm] **1.** *v* (*a*) *vtr* réformer; corriger (qn) (*b*) *vi* (*of pers*) se réformer **2.** *n* réforme *f*. **reforˈmation** [refə-] *n* réforme; *Hist:* **the R.,** la Réforme, la Réformation. **reˈformatory** *n Hist:* maison *f* de correction. **reˈformer** *n* réformateur, -trice.

refractory [riˈfræktəri] *a* réfractaire.

refrain[1] [riˈfrein] *n Mus:* refrain *m*.

refrain[2] *vi* se retenir, s'abstenir (**from,** de); **he could not r. from smiling,** il n'a pas pu s'empêcher de sourire.

refresh [riˈfreʃ] *vtr* (*of bath, drink*) rafraîchir; (*of sleep, rest*) délasser; **to awake refreshed,** s'éveiller bien reposé; **to r. oneself,** se rafraîchir; **to r. one's memory,** se rafraîchir la mémoire. **reˈfresher** *n Sch:* **r. course,** cours de recyclage *m*. **reˈfreshing** *a* rafraîchissant; (*of sleep*) réparateur; (*pleasant*) agréable; (*original*) nouveau. **reˈfreshments** *npl* rafraîchissements *mpl*; collation *f*.

refrigerator [riˈfridʒəreitər] *n* réfrigérateur *m*; frigidaire *m* (*Rtm:*) *F:* frigo *m*. **reˈfrigerate** *vtr* réfrigérer; frigorifier. **refrigeˈration** *n* réfrigération *f*.

refuel [riːˈfjuəl] *v* (**refuelled,** *NAm:* **refueled**) **1.** *vtr Av:* ravitailler (en carburant) **2.** *vi Av:* se ravitailler (en carburant). **reˈfuelling** *n* ravitaillement *m* (en carburant).

refuge [ˈrefjuːdʒ] *n* refuge *m*, abri *m* (**from,** contre); **place of r.,** lieu d'asile *m*; **to take r.,** se réfugier. **refuˈgee** *n* réfugié, -ée.

refund 1. *vtr* [riˈfʌnd] rembourser (qn, de l'argent à qn); ristourner (une somme) **2.** *n* [ˈriːfʌnd] remboursement *m*; *Adm:* ristourne *f*; **to get a r.,** se faire rembourser.

refurbish [riːˈfəːbiʃ] *vtr* remettre à neuf, rénover.

refuse[1] [ˈrefjuːs] *n* ordures *fpl*, détritus *m*; déchets *mpl* (du marché, de fabrique); **household r.,** ordures ménagères; **r. bin,** poubelle *f*; boîte à ordures; **r. dump,** décharge publique, dépôt *m* d'ordures; **r. collector,** éboueur *m*; **r. collection,** service de voirie.

refuse[2] [riˈfjuːz] *vtr & i* refuser (une offre, un don); rejeter, repousser (une requête); **to r. s.o. sth,** refuser qch à qn; **to r. to do sth,** refuser de faire qch; se refuser à faire qch. **reˈfusal** *n* (*a*) refus *m*; **to give a flat r.,** refuser (tout) net (*b*) droit *m* de refuser; **to have the first r. of sth,** avoir la première offre de qch.

refute [riˈfjuːt] *vtr* réfuter.

regain [riˈgein] *vtr* regagner; recouvrer (la liberté); récupérer, retrouver, reprendre (des forces); retrouver (la santé, la vue); **to r. possession of sth,** rentrer en possession de qch; **to r. consciousness,** reprendre connaissance, revenir à soi.

regal [ˈriːgəl] *a* royal, majestueux. **reˈgalia** *npl* insignes (royaux). **ˈregally** *adv* royalement.

regale [riˈgeil] *vtr* régaler (**s.o. with a good meal,** qn d'un bon repas).

regard [riˈgɑːd] **1.** *n* (*a*) considération *f*, égard *m* (**for,** pour); attention *f* (**to, for,** à); **in, with, r. to,** quant à; **in this r.,** à cet égard; **to have no r. for human life,** faire peu de cas de la vie humaine; **with r. to,** en ce qui concerne; **without r. for, to, race or colour,** sans distinction de race ni de couleur (*b*) égard, respect *m*, estime *f*; **to have (a) great r. for s.o.,** avoir de l'estime pour qn; **out of r. for s.o.,** par égard pour qn; **give my kind regards to your brother,** faites mes amitiés à votre frère **2.** *vtr* (*a*) considérer, regarder (**as,** comme); **to r. sth with suspicion,** avoir des soupçons au sujet de qch (*b*) regarder, concerner; **as regards,** en ce qui concerne. **reˈgarding** *prep* en ce qui concerne, concernant; quant à; **r. your enquiry,** en ce qui concerne votre demande; **questions r. France,** questions relatives à la France. **reˈgardless 1.** *a* **r. of,** sans tenir compte de **2.** *adv F:* quand même; *F:* **press on r.!** allez-y quand même!

regatta [riˈgætə] *n* régates *fpl*.

regenerate [riˈdʒenəreit] **1.** *vtr* régénérer **2.** *vi* se régénérer. **regeneˈration** *n* régénération *f*.

regent [ˈriːdʒənt] *n* régent, -ente; **prince r.,** prince régent. **ˈregency** *n* (*pl* **-ies**) régence *f*; **R. armchair,** fauteuil régence.

reggae [ˈregei] **1.** *n Mus:* reggae *m* **2.** *a* reggae *inv*.

regime [reiˈʒiːm] *n* régime *m*; **the parliamentary r.,** le régime parlementaire.

regiment [ˈredʒimənt] *n* régiment *m*. **regiˈmental** *a* du régiment, régimentaire. **ˈregimented** *a* réglementé. **regimenˈtation** *n* discipline excessive.

region [ˈriːdʒən] *n* région *f*; *Fig:* **in the r. of,** environ; **the car cost in the r. of £1000,** la voiture a coûté dans les mille livres sterling. **ˈregional** *a* régional.

register [ˈredʒistər] **I.** *n* (*a*) registre *m*; *Sch:* cahier m d'appel; **electoral r.,** liste électorale; **r. office** = **registry office** (*b*) étendue *f* (de la voix) (*c*) **cash r.,** caisse enregistreuse. **II.** *v* **1.** *vtr* (*a*) enregistrer; inscrire (un nom); immatriculer (une voiture); faire enregistrer (une société); déclarer (une naissance, un décès); déposer (une marque de fabrique) (*b*) enregistrer (des bagages); recommander (une lettre) (*c*) (*of thermometer*) indiquer (*d*) exprimer (une émotion) (*e*) *F:* réaliser **2.** *vi* s'inscrire; signer le registre (d'un hôtel); se faire inscrire (**with the police,** à la police); *F:* **his name didn't r. with me,** son nom ne me disait rien; *F:* **it didn't r. (with her),** elle n'avait pas encore réalisé ça. **'registered** *a* enregistré, inscrit, immatriculé; *Com:* (modèle) déposé; *Post:* **r. letter,** lettre recommandée; **r. parcel,** envoi en recommandé; **State r. nurse,** infirmière diplômée d'État. **regis'trar** *n Jur:* greffier *m*; *Adm:* officier *m* de l'état civil; *Sch:* secrétaire *mf* général(e) (d'une université); *Med:* interne *mf* (d'un hôpital). **regi'stration** *n* enregistrement *m*; inscription *f*; immatriculation *f* (d'une voiture); recommandation *f* (d'une lettre); dépôt *m* (d'une marque de fabrique); **r. of luggage,** enregistrement des bagages; *Aut:* **r. number,** numéro d'immatriculation, minéralogique; **car with r. number SPF 342X,** voiture immatriculée SPF 342X; *Aut:* **r. document** = carte grise; **r. fee,** *Post:* taxe de recommandation; *Adm:* droit d'inscription. **'registry** *n* **r. office,** bureau *m* de l'état civil; **to be married at a r. office** = se marier civilement, à la mairie.

regress [ri'gres] *vi* régresser.

regret [ri'gret] **1.** *n* regret *m*; **to have no regrets,** n'avoir aucun regret; ne rien regretter; **I say so with r.,** je le dis à regret; **much to my r.,** à mon grand regret **2.** *vtr* **(regretted)** regretter; **I r. to have to tell you,** je regrette d'avoir à vous dire; **I r. to have to inform you that,** j'ai le regret d'avoir à vous annoncer que; **we very much r. to hear,** nous sommes désolés d'apprendre; **it is to be regretted that,** il est regrettable, à regretter, que. **re'gretful** *a* (*of pers*) plein de regrets; (sentiment) de regret. **re'gretfully** *adv* avec regret, à regret; **r., I have to go,** à mon grand regret, je dois partir. **re'grettable** *a* regrettable. **re'grettably** *adv* malheureusement; fâcheusement.

regroup [ri:'gru:p] **1.** *vi* se regrouper **2.** *vtr* regrouper.

regular ['regjulər] **1.** *a* (*a*) régulier; (*of surface*) uni; (*of price, size*) normal; **as r. as clockwork,** réglé, exact, comme une horloge; **my r. time for going to bed,** l'heure habituelle à laquelle je me couche; **to do sth as a r. thing,** faire qch régulièrement; **r. customer,** habitué, -ée; **r. listener, reader,** auditeur, -trice, lecteur, -trice, fidèle; **r. staff,** employés permanents (*b*) réglé, rangé; **man of r. habits,** homme rangé dans ses habitudes (*c*) régulier, dans les règles; réglementaire; **r. troops,** troupes régulières; **r. officer,** officier de carrière (*d*) *NAm:* **r. wine,** vin ordinaire; **a r. guy,** un chic type (*e*) *F:* (*intensive*) vrai, véritable; **a r. hero,** un vrai héros; **a r. swindle,** une véritable escroquerie **2.** *n* (*a*) *Mil:* régulier *m* (*b*) *F:* habitué, -ée (d'un restaurant). **regu'larity** *n* régularité *f*. **'regularize** *vtr* régulariser (un document, une situation). **'regularly** *adv* régulièrement. **'regulate** *vtr* régler. **regu'lation** *n* (*a*) réglage *m* (d'une machine) (*b*) règlement *m*; ordonnance *f*; **r. uniform,** uniforme réglementaire. **'regulator** *n* régulateur *m*. **'regulo** *n* (*on gas oven*) **at r. 5, 6, etc,** à four 5, 6, etc.

rehabilitate [ri:(h)ə'biliteit] *vtr* réhabiliter; rééduquer (des handicapés); réadapter (des mutilés, des réfugiés); rénover, réhabiliter (un immeuble, un quartier, etc). **rehabili'tation** *n* réhabilitation *f*; rééducation *f* (des handicapés); réadaptation *f*; **r. centre,** centre de rééducation professionnelle.

rehash 1. *n* ['ri:hæʃ] *Cu:* & *Fig:* réchauffé *m* **2.** *vtr* [ri:'hæʃ] *Pej:* remanier (un vieux conte, une œuvre); *Cu:* réchauffer.

rehearse [ri'hə:s] *vtr* & *i* répéter (une pièce); *Fig:* préparer. **re'hearsal** *n Th:* répétition *f*; **dress r.,** (répétition) générale *f*; avant-première *f*.

rehouse [ri:'hauz] *vtr* reloger.

reign [rein] **1.** *n* règne *m*; **in the r. of George VI,** sous le règne de Georges VI **2.** *vi* régner (**over,** sur). **'reigning** *a* régnant.

reimburse [ri:im'bə:s] *vtr* rembourser (**for,** de). **reim'bursement** *n* remboursement *m*.

rein [rein] **reins,** rênes *fpl*; **to hold the reins of government,** tenir les rênes du gouvernement; **to give free r. to one's imagination,** donner libre cours *m* à son imagination; **to keep a tight r. on s.o.,** tenir la bride serrée à qn.

reincarnation [ri:inka:'neiʃn] *n* réincarnation *f*.

reindeer ['reindiər] *n inv Z:* renne *m*.

reinforce [ri:in'fɔ:s] *vtr* renforcer; consolider (un bâtiment); arc-bouter (un mur); appuyer (une demande); **reinforced concrete,** béton armé. **rein'forcement** *n* renforcement *m*; renforçage *m* (d'un bâtiment); armature *f* (du béton); *Mil: usu pl* renforts *mpl*.

reinstate [ri:in'steit] *vtr* réintégrer (qn dans ses fonctions); rétablir (un fonctionnaire, qch); remettre (qch). **rein'statement** *n* réintégration *f* (de qn); rétablissement *m*.

reissue [ri:'isju:] *vtr* rééditer (un livre).

reiterate [ri:'itəreit] *vtr* réitérer, répéter. **reite'ration** *n* réitération *f*, répétition *f*.

reject 1. *vtr* [ri'dʒekt] rejeter, repousser (qch); refuser (qch, un candidat); *Ind:* mettre (une pièce) au rebut **2.** *n* ['ri:dʒekt] article déclassé; **export r.,** article declassé non exportable; **r. shop,** solderie *f*. **re'jection** *n* rejet *m*; refus *m* (d'un candidat, d'une offre); *Publ:* **r. slip,** note refusant un manuscrit.

rejoice [ri'dʒɔis] *vi* se réjouir (**at, over,** de); **to r. in sth,** jouir de qch; posséder qch. **re'joicing(s)** *n(pl)* réjouissances *fpl*.

rejoin[1] [ri'dʒɔin] *vi* répliquer, répondre. **re'joinder** *n* réplique *f*.

rejoin[2] [ri:'dʒɔin] **1.** *vtr* rejoindre; **to r. one's ship,** rallier le bord **2.** *vi* (*of lines*) se réunir, se rejoindre.

rejuvenate [ri:'dʒu:vəneit] *vtr* rajeunir. **rejuve'nation** *n* rajeunissement *m*.

rekindle [ri:'kindl] **1.** *vtr* rallumer (le feu); ranimer (l'espoir) **2.** *vi* se rallumer.

relapse [ri'læps] **1.** *n Med:* rechute *f* **2.** *vi* retomber (**into,** dans); (*of patient*) rechuter, faire une rechute.

relate [ri'leit] **1.** *vtr* (*a*) raconter, conter; faire le récit de (ses aventures); rapporter (**that,** que); **strange to r.!** chose étonnante à dire (*b*) *Biol:* rapporter, rattacher (une espèce à une famille); établir un rapport entre (deux faits) **2.** *vi* se rapporter, avoir rapport (**to,** à); communiquer, s'entendre avec (qn); **relating to,** relatif à. **re'lated** *a* (*a*) lié (**to,** à); **r. ideas,** idées connexes (*b*) (*of languages, styles*) apparentés; (*of pers, family*) **to be r. to,** être parent de; **he's r. to us,** il est notre parent; **they are closely r.,** ils sont proches parents. **re'lation** *n* (*a*) relation *f*, récit *m* (d'événements) (*b*) relation, rapport *m* (**between,** entre; **with,** avec); **in r. to,** relativement à; par rapport à; **sexual relations,** rapports sexuels;

Adm: Com: **public relations,** service des relations publiques; **that bears no r. to the present situation,** cela n'a aucun rapport avec la situation actuelle; **to enter into relations with s.o.,** entrer en rapport, en relations, avec qn (*c*) parent, -ente; **r. by marriage,** parent, -ente, par alliance; **is he a r. of yours?** est-il de vos parents? **what r. is he to you?** quelle est son lien de parenté avec vous? **re'lationship** *n* (*a*) rapport(s) *m*(*pl*) (entre deux personnes ou deux choses); relations *fpl*; **in r. to,** relativement à (*b*) lien(s) *m*(*pl*) de parenté; **blood r.,** consanguinité *f*.

relative ['relətiv] **1.** *a* relatif, qui se rapporte (**to,** à); respectif; **r. to,** relativement à; **to be r. to,** être fonction de; *Gram:* **r. pronoun,** pronom relatif **2.** *n* parent, -ente. **'relatively** *adv* relativement (**to,** à); par rapport (à); **she's r. happy,** elle est assez heureuse. **rela'tivity** *n* relativité *f*; **theory of r.,** théorie de la relativité.

relax [ri'læks] *v* **(relaxes) 1.** *vtr* relâcher (les muscles, son emprise); assouplir (des règles, des restrictions, etc); détendre (qn, l'esprit); mitiger (une loi, une peine) **2.** *vi* (*of muscles*) se relâcher; (*of pers*) se détendre; **his face relaxed into a smile,** son visage s'est détendu et il a souri; **to r. for an hour,** se détendre pendant une heure; *F:* **r.!** du calme! **relax'ation** *n* (*a*) relâchement *m* (des muscles, de son emprise); décontraction *f* (du corps); assouplissement *m* (des restrictions, etc); mitigation *f* (d'une peine) (*b*) détente *f*; **for r.,** pour se détendre, se délasser. **re'laxed** *a* (*of pers, atmosphere*) détendu, décontracté. **re'laxing** *a* qui détend; (bain) délassant; (séjour) reposant; (*of atmosphere*) relaxant.

relay 1. *vtr* [ri'lei] relayer; retransmettre (une émission de radio, de télévision); *Fig:* transmettre (**to,** à) **2.** *n* ['ri:lei] (*a*) relais *m*; relève *f* (d'ouvriers); **to work in relays,** se relayer; *Sp:* **r. (race),** course *f* de relais (*b*) *WTel:* radiodiffusion relayée; **r. station,** (station *f*) relais.

release [ri'li:s] **1.** *n* (*a*) libération *f*; décharge *f*, libération (**from an obligation,** d'une obligation); mise *f* en liberté, libération (d'un prisonnier); *Fig:* délivrance *f*; *Psy:* défoulement *m*; **order of r.,** (ordre de) levée *f* d'écrou (*b*) *Com:* sortie *f*, lancement *m*, mise en vente (d'un nouveau produit); sortie (d'un livre, d'un film); *Journ:* autorisation *f* de publier (un article); **new r.,** nouveau disque; nouveau film; (*of film*) **to be on general r.,** passer dans toutes les salles; **press r.,** communiqué *m* de presse (*c*) *Av:* largage *m* (d'une bombe, d'un parachute) **2.** *vtr* (*a*) libérer; décharger (**from an obligation,** d'une obligation); *Adm:* mettre (du matériel) en disponibilité; **to r. s.o. from his promise,** relever qn de sa promesse; **to r. the tension,** éliminer la tension (*b*) libérer (un prisonnier); **released on bail,** remis en liberté sous caution (*c*) mettre en vente, lancer, sortir (un nouveau produit); permettre la publication (d'un article); publier (des nouvelles, des faits); sortir (un livre, un film, un disque) (*d*) dégager (qn, de la fumée, une pièce coincée, du gaz); *Av:* larguer, lâcher (une bombe); lancer (un parachute); desserrer (le frein); déclencher (un ressort); **to r. one's hold,** lâcher prise; *Phot:* **to r. the shutter,** déclencher l'obturateur.

relegate ['religeit] *vtr* reléguer. **rele'gation** *n* relégation *f*.

relent [ri'lent] *vi* se laisser attendrir; se laisser fléchir; revenir sur sa décision. **re'lentless** *a* implacable. **re'lentlessly** *adv* implacablement. **re'lentlessness** *n* inflexibilité *f*.

relevant ['reləvənt] *a* pertinent (**to,** à); approprié, important; **all r. information,** tous renseignements utiles; **that's not r.,** ça n'a rien à voir. **'relevance** *n* pertinence *f*, à-propos *m*; intérêt *m*; rapport *m* (**to,** avec).

reliable [ri'laiəbl] *a* (*of pers, information, firm*) sérieux; sûr, fiable; (machine) fiable, d'un fonctionnement sûr; **r. guarantee,** garantie solide; **from a r. source,** de bonne source, de source sûre. **relia'bility** *n* sérieux *m*; fiabilité *f*. **re'liably** *adv* sûrement; **to be r. informed that,** savoir de bonne source, de source sûre, que.

reliant [ri'laiənt] *a* **to be r. on s.o.,** avoir confiance en qn, dépendre de qn, compter sur qn. **re'liance** *n* confiance *f*.

relic ['relik] *n* (*a*) *Ecc:* relique *f* (*b*) *pl* reliques *fpl*, restes *mpl*; vestiges *mpl* (du passé).

relief[1] [ri'li:f] *n* (*a*) soulagement *m*; allégement *m*; **to heave a sigh of r.,** pousser un soupir de soulagement; **tax r.,** dégrèvement *m*; **r. valve,** soupape *f* de sûreté (*b*) secours *m*; **to go to s.o.'s r.,** aller au secours de qn; **to be on r.,** recevoir l'aide sociale; **r. fund,** caisse de secours; **(refugee) r. work,** œuvre de secours (aux réfugiés); **r. train,** train supplémentaire; **r. road,** route *f* de délestage (*c*) *Mil:* délivrance *f* (d'une ville). **re'lieve** *vtr* (*a*) soulager, alléger (les souffrances); tranquilliser (l'esprit de qn); remédier à (une situation); **to r. one's feelings,** se décharger le cœur; *F: Hum:* **to r. oneself,** faire ses besoins; se soulager; **to r. boredom,** dissiper l'ennui (*b*) secourir, aider (qn); venir en aide à (qn) (*c*) **to r. s.o. of sth,** soulager, délester, qn de (un fardeau); débarrasser qn de (un manteau); décharger, dégager, qn de (une obligation); relever qn de (ses fonctions); *Aut:* **to r. congestion in,** décongestionner (*d*) relayer (qn); *Mil:* relever (la garde); délivrer (une ville).

relief[2] *n Art: Geog:* relief *m*; modelé *m*; **to stand out in r.,** ressortir, se détacher (**against,** sur); **r. map,** carte en relief.

religion [ri'lidʒən] *n* religion *f*; culte *m*; *Adm:* confession *f*. **re'ligious** *a* religieux; pieux, dévot; (vie, livre, guerre) de religion; (soin) scrupuleux. **re'ligiously** *adv* religieusement; pieusement; (faire qch) scrupuleusement.

relinquish [ri'liŋkwiʃ] *vtr* abandonner (une habitude, tout espoir); renoncer à (un projet); lâcher (un objet); *Jur:* délaisser (un droit, une succession). **re'linquishment** *n* abandon *m*; renonciation *f*.

reliquary ['relikwəri] *n* (*pl* **reliquaries**) reliquaire *m*.

relish ['reliʃ] **1.** *n* (*a*) goût *m*, saveur *f*; plaisir *m*; **to eat sth with r.,** manger qch de bon appétit; **he used to tell the story with great r.,** il se délectait à raconter cette histoire (*b*) *Comest:* sauce piquante (à base de légumes et de vinaigre); condiment *m* **2.** *vtr* goûter, savourer (un mets); **to r. doing sth,** trouver du plaisir à, aimer, faire qch; **we didn't r. the idea,** l'idée ne nous souriait pas.

relocate [ri:lou'keit] *vtr & i* déménager; **to r. in, to,** (s')installer à.

reluctant [ri'lʌktənt] *a* (*a*) **to be r. to do sth,** être peu disposé à faire qch (*b*) (*of gift, consent, greeting, promise*) accordé à contrecœur. **re'luctance** *n* répugnance *f* (à faire qch); **to do sth with r.,** faire qch à regret, à contrecœur. **re'luctantly** *adv* à contrecœur; **I say it r.,** il m'en coûte de le dire.

rely [ri'lai] *vtr* **(relied) to r. (up)on s.o., sth,** compter sur qn, qch; se fier à qn; dépendre de qn, qch.

remain [ri'mein] *vi* rester; **the fact remains that,** il n'en est pas moins vrai que; **it remains to be seen whether,** reste à savoir si; **that remains to be seen,** c'est ce que nous verrons; **to r. sitting,** rester, demeurer, assis; **to r. at home,** rester à la maison; **to r. behind,** rester, ne pas partir; **the weather remains fine,** le temps se maintient au beau; *Corr:* **I r., Sir, yours truly,** veuillez agréer, Monsieur, l'expression de mes sentiments distingués. **re'mainder 1.** *n* reste *m*; restant *m*; **the r. of his life,** le reste, restant, de sa vie; **the r.,** les autres *mf*; **the r. of the books,** les autres livres; *Com:* **remainders,** fin(s) *f(pl)* de série; invendus soldés; (*books*) solde *m* d'édition **2.** *vtr Publ:* solder (une édition). **re'maining** *a* qui reste(nt); **I have four r.,** il m'en reste quatre; **the r. travellers,** le reste des voyageurs; **our only r. hope,** le seul espoir qui nous reste. **re'mains** *npl* restes *mpl*; vestiges *mpl* (d'une civilisation); **mortal r.,** dépouille mortelle.

remake ['ri:meik] *n Cin:* nouvelle version; remake *m.*

remand [ri'ma:nd] **1.** *vtr Jur:* **to r. (in custody),** (un prévenu) en détention préventive; **to r. s.o. for a week,** remettre le cas de qn à huitaine **2.** *n Jur:* **to be on r.,** en détention préventive: **r. home** = maison d'éducation surveillée.

remark [ri'ma:k] **1.** *n* remarque *f*; observation *f*, commentaire *m*; **to make a r.,** faire une observation, une réflexion; **to venture a r.,** se permettre un mot; *Pej:* **to pass remarks about s.o.,** faire des observations sur qn **2.** *v* (*a*) *vtr* remarquer, observer; **it may be remarked that,** constatons que (*b*) *vi* faire une remarque, des remarques **(on,** sur); **I remarked (up)on it to my neighbour,** j'en ai fait l'observation à mon voisin. **re'markable** *a* remarquable; frappant. **re'markably** *adv* remarquablement.

remarry [ri:'mæri] *vtr & i* **(remarried)** se remarier (avec qn).

remedy ['remidi] **1.** *n* remède *m* **2.** *vtr* **(remedied)** remédier à (qch). **remedial** [ri'mi:diəl] *a Sch:* (classe) de rattrapage; (mesure) de redressement; *Med:* (traitement) thérapeutique; **r. exercises,** gymnastique corrective.

remember [ri'membər] *vtr & i* se souvenir de; se rappeler (qch); **to r. that,** se rappeler que; **to r. to do,** penser à faire; **if I r. rightly,** si je m'en souviens bien; si j'ai bonne mémoire; **as far as I r.,** autant qu'il m'en souvient, qu'il m'en souvienne; **don't you r. me?** vous ne me remettez pas? **it will be something to r. you by,** ce sera un souvenir de vous; **that's worth remembering,** cela est à noter; **he remembered me in his will,** il ne m'a pas oublié dans son testament; **r. me to them,** rappelez-moi à leur bon souvenir. **re'membrance** *n* souvenir *m*; **in r. of s.o.,** en souvenir de qn; **R. Day,** le dimanche le plus proche du 11 novembre (commémorant les victimes des deux guerres mondiales).

remind [ri'maind] *vtr* **to r. s.o. of sth,** rappeler qch à qn; **that reminds me!** à propos! **r. me to write to him,** faites-moi penser à lui écrire. **re'minder** *n* (*a*) rappel *m*; pense-bête *m*; **as a r. that,** pour rappeler que; *Com:* **(letter of) r.,** lettre *f* de rappel *m*; **it's a r. (for him, her) that...,** c'est pour lui rappeler que . . . (*b*) *Com:* rappel de compte, d'échéance.

reminiscence [remi'nisəns] *n* réminiscence *f*; souvenir *m*; **to write one's reminiscences,** écrire ses souvenirs. **remi'nisce** *vi* raconter, se rappeler, ses souvenirs. **remi'niscent** *a* **r. of s.o., sth,** qui rappelle, fait penser à, qn, qch. **remi'niscently** *adv* **he smiled r.,** il a souri à ce souvenir; **to talk r. of,** évoquer des souvenirs de.

remiss [ri'mis] *a* négligent, insouciant.

remission [ri'miʃn] *n Theol:* pardon *m*, rémission *f* (des péchés); *Med:* rémission; *Jur:* remise *f* (de peine); **with r. of sentence,** avec sursis *m.*

remit [ri'mit] *vtr* **(remitted)** (*a*) remettre, pardonner (les péchés) (*b*) remettre (une peine, une dette); *Jur:* renvoyer (un procès) (*c*) *Com:* remettre, envoyer (de l'argent à qn). **re'mittal** *n* remise *f* (d'une dette, d'une peine); *Jur:* renvoi *m* (d'un procès à un autre tribunal). **re'mittance** *n Com:* paiement *m*; versement *m.*

remnant ['remnənt] *n* reste *m*, restant *m*; vestige *m*; *Com:* coupon *m* (de tissu); **remnants,** fins *fpl* de série.

remodel [ri:'mɔdl] *vtr* **(-ll-,** *NAm;* **-l-)** remodeler.

remonstrate ['remənstreit] *vi* **to r. with s.o. about sth,** faire des remontrances *f* à qn au sujet de qch; **to r. against sth,** protester contre qch. **re'monstrance** *n* protestation *f*; remontrance.

remorse [ri'mɔ:s] *n* remords *m(pl)*; **a feeling of r.,** un remords; **without r.,** sans pitié. **re'morseful** *a* plein de remords; repentant. **re'morsefully** *adv* avec remords. **re'morseless** *a* implacable; sans pitié; impitoyable. **re'morselessly** *adv* implacablement; impitoyablement.

remote [ri'mout] *a* lointain, éloigné, écarté; (endroit) isolé; (*aloof*) distant; **in the remotest part of Asia,** au fin fond de l'Asie; **in the r. future,** dans un avenir lointain; **r. control,** télécommande *f*; **to operate sth by r. control,** télécommander qch; **a r. resemblance,** une vague ressemblance; **without the remotest chance of success,** sans la moindre chance de réussir; **I haven't the remotest idea,** je n'ai pas, je n'en ai pas, la moindre idée; **r. prospect,** éventualité peu probable. **remote-con'trolled** *a* télécommandé. **re'motely** *adv* (*a*) au loin; **we're r. related,** nous sommes parents éloignés (*b*) vaguement, un peu; **not r. aware,** nullement conscient. **re'moteness** *n* éloignement *m*; isolement *m*; *Fig:* attitude distante.

remould ['ri:mould] *n* pneu rechapé.

remove [ri'mu:v] **1.** *vtr* (*a*) enlever; faire partir, enlever (une tache); supprimer (un obstacle, une menace, un mot); retirer (un élève, son chapeau); emmener **(to,** à); résoudre (une objection); dissiper (un doute, la peur); renvoyer (un employé); révoquer (un fonctionnaire); **to r. (one's) make-up,** (se) démaquiller; **to r. s.o.'s name from a list,** rayer qn d'une liste (*b*) déplacer (qch); déménager (ses meubles); **(far) removed from,** loin de; **first cousin**

once removed, cousin issu de germain **2.** *n* **at a certain r. from,** à une certaine distance de; **only one r. from,** tout près de. **re'movable** *a* (*a*) détachable; amovible (*b*) transportable. **re'moval** *n* (*a*) enlèvement *m*; suppression *f*; *Surg:* ablation *f* (d'une tumeur) (*b*) déménagement *m*; **r. expenses,** frais de déplacement; **r. man,** déménageur *m*; **(furniture) r. van,** camion *m* de déménagement. **re'mover** *n* (*a*) **(furniture) r.,** déménageur *m* (*b*) décapant *m* (pour vernis, pour peinture); **make-up r.,** démaquillant *m*; **hair r.,** crème *f* épilatoire; **nail varnish r.,** dissolvant *m* (pour vernis à ongles); **stain r.,** détachant *m*.

remunerate [ri'mju:nəreit] *vtr* rémunérer (qn de ses services). **remune'ration** *n* rémunération *f* (**for,** de). **re'munerative** *a* (travail) rémunérateur.

renaissance [rə'neisəns, -sɑ̃:s] *n* renaissance *f*; **R. style,** style (de la) Renaissance.

renal ['ri:nəl] *a Anat:* rénal; des reins.

rename [ri:'neim] *vtr* rebaptiser (une rue).

render ['rendər] *vtr* (*a*) rendre; **to r. good for evil,** rendre le bien pour le mal; **to r. a service to s.o.,** rendre un service à qn; **to r. assistance to s.o.,** prêter secours à qn; **to r. oneself liable to (legal) proceedings,** s'exposer à des poursuites (judiciaires); **to r. an account of sth,** rendre compte de qch; *Com:* **as per account rendered, to account rendered,** suivant compte remis (*b*) interpréter (un morceau de musique); traduire (*c*) *Cu:* fondre (de la graisse) (*d*) *Const:* **to r. a wall (with cement),** enduire un mur de ciment. **'rendering** *n* interprétation *f* (d'un morceau de musique); traduction *f* (d'une phrase); enduit *m* (de ciment).

rendezvous ['rɔndivu:] **1.** *n* (*inv in pl* ['rɔndivu:z]) rendez-vous *m inv* **2.** *vi* **(rendezvoused)** [-vu:d]) se rencontrer.

renegade ['renigeid] *n* renégat, -ate.

reneg(u)e [ri'ni:g] *vi* **to r. on,** revenir sur (une promesse).

renew [ri'nju:] *vtr* (*a*) renouveler; reprendre; **to r. one's subscription,** se réabonner (**to a paper,** à un journal); **to r. a library book,** renouveler le prêt d'un livre; **to r. one's acquaintance with s.o.,** renouer connaissance avec qn (*b*) remplacer (une pièce d'une machine, un vêtement). **re'newable** *a* renouvelable. **re'newal** *n* renouvellement *m*; regain *m* (de forces); **r. of subscription,** réabonnement *m* (**to,** à); **r. of acquaintance,** renouement *m* des relations; **r. of negotiations,** reprise *f* de négociations. **re'newed** *a* (*of efforts*) renouvelés, redoublés; (*of attempt*) nouveau; **with r. vigour,** avec un regain de vigueur.

renounce [ri'nauns] *vtr* renoncer à, abandonner (un droit, un projet); renier (son fils); dénoncer (un traité); abjurer (sa foi). **re'nouncement** *n* renoncement *m*; *Jur:* répudiation *f* (d'une succession).

renovate ['renəveit] *vtr* remettre à neuf; rénover, restaurer (une maison); restaurer (un tableau). **reno'vation** *n* rénovation *f*; remise *f* à neuf; restauration *f*.

renown [ri'naun] *n* renommée *f*, renom *m*. **re'nowned** *a* renommé (**for,** pour); célèbre (**for,** par).

rent¹ [rent] *n* déchirure *f*, accroc *m* (à un vêtement); fissure *f* (de terrain).

rent² **1.** *n* loyer *m*; (*of television*) (prix *m* de) location *f*; **quarter's r.,** terme *m*; **r. collector,** encaisseur *m* de loyers **2.** (*a*) *vtr* (*of owner*) louer (une maison); (*of tenant*) louer, prendre en location (une maison); **to r. out,** louer (*b*) *vi* (*of house, etc*) se louer. **'rental** *n* (prix *m* de) location *f* (d'un téléviseur); abonnement *m* (au téléphone); **yearly r.,** redevance annuelle. **rent-'free** **1.** *adv* sans payer de loyer **2.** *a* gratuit.

renunciation [rinʌnsi'eiʃn] *n* renoncement *m*, renonciation *f* (**of,** à, de); reniement *m* (de son fils).

reopen [ri:'oup(ə)n] **1.** *vtr* (*a*) rouvrir (un livre); *Fig:* **to r. an old wound,** raviver une plaie (*b*) reprendre (les hostilités) **2.** *vi* (*of wound*) se rouvrir; (*of theatre*) rouvrir; (*of school*) rentrer.

reorganize [ri:'ɔ:gənaiz] **1.** *vtr* réorganiser **2.** *vi* se réorganiser. **reorgani'zation** *n* réorganisation *f*.

rep [rep] *n F:* (*a*) représentant, -ante, de commerce (*b*) *Th:* **to play in r.,** jouer dans un théâtre de répertoire.

repaid [ri:'peid] *see* **repay**.

repair [ri'pɛər] **1.** *n* réparation *f* (d'une machine); réfection *f* (des routes); **emergency repairs,** réparations d'urgence; dépannage *m*; **to be under r.,** être en réparation; **'road under r.',** 'travaux'; **beyond r.,** irréparable; **r. shop,** atelier de réparations; **r. kit,** trousse de réparation; **r. man, woman,** réparateur, -trice; **to be in good r.,** être en bon état; **in bad, poor, r.,** en mauvais état, mal entretenu; **to keep sth in (good) r.,** entretenir qch **2.** *vtr* réparer; remettre en état; raccommoder (un vêtement). **re'pairer** *n* réparateur, -trice; **shoe r.,** cordonnier *m*. **reparable** ['repərəbl] *a* réparable. **repa'ration** *n* réparation *f*; *pl Mil: Hist:* réparations *fpl*.

repartee [repɑ:'ti:] *n* repartie *f*.

repatriate [ri:'pætrieit] *vtr* rapatrier. **repatri'ation** *n* rapatriement *m*.

repay [ri:'pei] *vtr* **(repaid)** rembourser; payer de retour (une gentillesse); s'acquitter de (une obligation); récompenser (qn) (**for,** de); **to r. s.o. with ingratitude,** payer qn d'ingratitude; **how can I r. you?** comment pourrai-je m'acquitter envers vous? **to r. s.o. in full,** s'acquitter envers qn. **re'payable** *a* remboursable. **re'payment** *n* remboursement *m*; récompense *f* (d'un service).

repeal [ri'pi:l] **1.** *n* abrogation *f* (d'une loi); révocation *f* (d'un décret); annulation *f* (d'une sentence) **2.** *vtr* abroger, annuler (une loi); révoquer (un décret).

repeat [ri'pi:t] **1.** *v* (*a*) *vtr* répéter; réitérer (une promesse, une menace); renouveler (ses efforts, *Com:* une commande); *Sch:* redoubler (une classe); *Pej:* rapporter (un méfait); **to r. oneself, itself,** se répéter (*b*) *vi* répéter; *F:* (*of food*) **to r. on s.o.,** revenir à qn **2.** *n* répétition *f*; *Mus:* reprise *f*; *TV: WTel:* rediffusion *f*; **r. performance,** deuxième représentation. **re'peated** *a* répété, réitéré, renouvelé, redoublé. **re'peatedly** *adv* à plusieurs, à maintes, reprises.

repel [ri'pel] *vtr* **(repelled)** repousser; dégoûter, répugner à (qn). **re'pellent** **1.** *a* répugnant, repoussant; **to have a r. manner,** être d'un abord antipathique; **water r.,** (tissu) imperméable **2.** *n* **insect r.,** insectifuge *m*.

repent [ri'pent] *vtr & i* se repentir (**(of) sth,** de qch). **re'pentance** *n* repentir *m*. **re'pentant** *a* repentant, repenti.

repercussion [riːpəˈkʌʃn] *n* répercussion *f*.
repertoire [ˈrepətwɑːr] *n Th:* répertoire *m*.
repertory [ˈrepətri] *n Th: & Fig:* répertoire *m*; **r. (theatre),** théâtre de répertoire.
repetition [repiˈtiʃn] *n* répétition *f*; réitération *f* (d'une action); renouvellement *m* (d'un effort). **repeˈtitions, reˈpetitive** *a* répétitif; (livre) plein de répétitions; (*of pers*) rabâcheur.
replace [riˈpleis] *vtr* (*a*) replacer; remettre (qch) (à sa place, en place); *Tp:* **to r. the receiver,** raccrocher (le combiné) (*b*) remplacer (**by, with,** par); **I shall ask to be replaced,** je demanderai à me faire remplacer. **reˈplaceable** *a* remplaçable. **reˈplacement** *n* (*a*) remise *f* (à sa place) (d'un objet) (*b*) remplacement *m*; (*pers*) remplaçant, -ante; (*of machine*) **r. (part),** pièce *f* de rechange.
replay [ˈriːplei] *n Sp:* match rejoué; *TV:* **(action) r.,** répétition *f* immédiate (au ralenti).
replenish [riˈpleniʃ] *vtr* remplir (de nouveau) (**with,** de); **to r. one's supplies,** se réapprovisionner (**with,** de). **reˈplenishment** *n* (*of fuel*) remplissage *m*; (*of food*) réapprovisionnement *m*.
replete [riˈpliːt] *a* rempli (**with,** de); **r (with food),** rassasié.
replica [ˈreplikə] *n* copie exacte.
reply [riˈplai] **1.** *n* **(replies)** réponse *f*; **in r. to,** en réponse à; **what have you to say in r.?** qu'avez-vous à répondre? **r. paid,** réponse payée **2.** *vi & tr* **(replied)** répondre, répliquer (**to,** à).
report [riˈpɔːt] **1.** *n* (*a*) rapport *m* (**on,** sur); compte rendu *m* (d'une réunion); exposé *m* (d'une affaire); *Journ: TV: WTel:* reportage *m*; procès-verbal *m* (d'une assemblée, d'un policier); *Pol:* enquête *f*; *Sch:* bulletin (trimestriel); état *m* (d'ordinateur); **expert's r.,** expertise *f*; **weather r.,** bulletin *m* météorologique (*b*) bruit *m* qui court; rumeur *f* (*c*) détonation *f* (d'une arme à feu); coup *m* (de fusil) **2.** (*a*) *vtr* rapporter (un fait); rendre compte de (qch); annoncer (**that,** que); (*of journalist*) faire un reportage sur (qch); faire le compte rendu (d'une séance); signaler (un accident) (à la police); dénoncer (qn) (à la police); **reported missing,** porté absent (*b*) *vi* faire un rapport, *Journ:* un reportage (**on,** sur); se présenter (**to,** à; **to s.o.,** chez qn; **for work,** au travail); rendre compte de ses activités (**to s.o.,** à qn); **to r. (oneself) sick,** se (faire) porter malade; *Mil:* **to r. to one's unit,** rallier son unité. **reˈportedly** *adv* à ce qu'on dit; **he r. said that,** il aurait dit que. **reˈporter** *n* journaliste *mf*; reporter *m*. **reˈporting** *n Journ:* reportage *m*.
repose [riˈpouz] **1.** *n Lit:* repos *m*; sommeil *m*; calme *m*. tranquillité *f* (d'esprit) **2.** *vi* se reposer; (*of corpse*) reposer. **reˈpository** *n* (*pl* **-ies**) (*a*) dépôt *m*, entrepôt *m*; **furniture r.,** garde-meuble *m* (*b*) *Fig:* mine *f* (de renseignements).
repossess [riːpəˈzes] *vtr Jur:* reprendre possession de.
reprehensible [repriˈhensibl] *a* répréhensible. **repreˈhensibly** *adv* de façon répréhensible.
represent [repriˈzent] *vtr* représenter; **he represents himself as a model of virtue,** il se donne pour un modèle de vertu; **exactly as represented,** conforme à la description. **represenˈtation** *n* (*a*) représentation *f*; *Pol:* **proportional r.,** représentation proportionnelle (*b*) *Dipl:* démarche *f*; **joint representations,** démarche collective; **to make representations to s.o.,** faire des démarches auprès de qn (*c*) *pl* (*complaints*) remontrances *fpl*. **repreˈsentative 1.** *a* représentatif; *Com:* **r. sample,** échantillon type **2.** *n* (*a*) représentant, -ante, délégué, -ée (*b*) représentant (d'une maison de commerce) (*c*) *US: Pol:* député *m*.
repress [riˈpres] *vtr* réprimer; retenir (ses désirs); refouler (ses sentiments). **reˈpressed** *a* réprimé, contenu; **a r. young man,** un jeune homme renfermé. **reˈpression** *n* répression *f*; *Psy:* **unconscious r.,** refoulement *m*. **reˈpressive** *a* répressif, réprimant; (mesures) de répression.
reprieve [riˈpriːv] **1.** *n Jur:* sursis *m*; *Fig:* répit *m*, sursis **2.** *vtr* accorder un sursis, *Fig:* un répit, à (qn).
reprimand [ˈreprimɑːnd] **1.** *n* réprimande *f* **2.** *vtr* réprimander (qn).
reprint 1. *vtr* [riːˈprint] réimprimer **2.** *n* [ˈriːprint] réimpression *f*; nouveau tirage.
reprisal [riˈpraizəl] *n* **reprisals,** représailles *fpl*; **as a r.,** en représailles (**for,** de).
reproach [riˈproutʃ] **1.** *n* reproche *m*; **to be a r. to (one's family),** être la honte de (sa famille); **beyond, above, r.,** irréprochable, sans reproche **2.** *vtr* **to r. s.o. with sth,** reprocher qch à qn; **to r. s.o. about sth,** faire des reproches à qn au sujet de qch; **I have nothing to r. myself with,** je n'ai rien à me reprocher. **reˈproachful** *a* réprobateur; (ton, air) de reproches. **reˈproachfully** *adv* d'un air, d'un ton, réprobateur, de reproche.
reprobate [ˈreprəbeit] *n* réprouvé, -ée; vaurien *m*.
reproduce [riːprəˈdjuːs] **1.** *vtr* reproduire; copier (un texte) **2.** *vi Biol: Bot:* se reproduire; se multiplier. **reproˈduction** *n* reproduction *f*; *Cin: etc:* **sound r.,** reproduction sonore; *Art:* **correct r. of colour,** rendu exact des couleurs. **reproˈductive** *a Anat:* (organe) reproducteur.
reproof[1] [riˈpruːf] *n* reproche *m*, blâme *m*; réprimande *f*.
reproof[2] [riːˈpruːf] *vtr* réimperméabiliser.
reprove [riˈpruːv] *vtr* reprendre, réprimander (qn). **reˈproving** *a* réprobateur. **reˈprovingly** *adv* d'un ton, d'un air, de reproche.
reptile [ˈreptail] *n* reptile *m*.
republic [riˈpʌblik] *n* république *f*. **reˈpublican** *a & n* républicain, -aine. **reˈpublicanism** *n* républicanisme *m*.
repudiate [riˈpjuːdieit] *vtr* repousser (une offre); rejeter (une accusation); répudier (une idée, une épouse); désavouer (une opinion); *Com: Jur:* refuser d'honorer (un contrat). **repudiˈation** *n* répudiation *f*; désaveu *m* (d'une opinion).
repugnant [riˈpʌgnənt] *a* répugnant (**to s.o.,** à qn); **to be r. to s.o.,** répugner à qn. **reˈpugnance** *n* répugnance *f* (**for,** pour); antipathie *f* (**for, against,** pour).
repulse [riˈpʌls] *vtr* repousser (un ennemi, une demande). **reˈpulsion** *n* répulsion *f*; aversion *f*. **reˈpulsive** *a* répulsif, repoussant. **reˈpulsively** *adv* **r. ugly,** d'une laideur repoussante. **reˈpulsiveness** *n* caractère repoussant.
repute [riˈpjuːt] *n* réputation *f*, renom *m*; **to know s.o. by r.,** connaître qn de réputation; **doctor of r.,**

médecin de bonne réputation, réputé; **place of ill r.**, endroit mal famé. **reputable** ['repjutəbl] *a* honorable, de bonne réputation. **repu'tation** [repju-] *n* réputation, renom; **to have a r. for being amusing**, avoir la réputation d'être amusant; **to ruin s.o.'s r.**, perdre qn de réputation. **re'puted** *a* réputé, (to **be**, pour être); censé, supposé; **a. r. Hogarth**, un tableau attribué à Hogarth; *Jur:* **r. father**, père putatif; **he's r. wealthy**, il a la réputation d'être riche. **re'putedly** *adv* à ce qu'on dit; **he's r. the best heart specialist**, il passe pour le meilleur cardiologue.

request [ri'kwest] **1.** *n* demande *f*, requête *f*; **at s.o.'s r.**, à la demande de qn; **samples sent on r.**, échantillons sur demande; **r. (bus) stop**, arrêt facultatif; *WTel:* **r. programme**, programme des auditeurs; **to make a r.**, faire une demande (**for**, de); **by popular r.**, à la demande générale; **to grant a r.**, accéder à une demande **2.** *vtr* demander (qch à qn, à qn de faire qch); *Com:* **as requested**, conformément à vos instructions.

requiem ['rekwiem] *n* requiem *m inv*; **r. mass**, messe *f* des morts.

require [ri'kwaiər] *vtr* demander, exiger; (*of pers*) avoir besoin de (qn, qch); rechercher (du personnel); **to r. sth of s.o.**, demander, exiger, qch à qn; **to r. s.o. to do sth**, exiger de qn qu'il fasse qch; demander à qn de faire qch; **work that requires great precision**, travail qui nécessite une grande précision; **have you got all you r.?** avez-vous tout ce qu'il vous faut? **I'll do whatever is required**, je ferai tout ce qu'il faudra. **re'quired** *a* requis, exigé, demandé; **in the r. time**, dans le délai prescrit; **the qualities r. for this post**, les qualités requises pour ce poste; **if r.**, s'il le faut; au besoin; **when r.**, au besoin. **re'quirement** *n* (*a*) demande *f*, réclamation *f* (*b*) exigence *f*, besoin *m* (*c*) condition (requise).

requisition [rekwi'ziʃn] *Mil:* **1.** *vtr* réquisitionner (des vivres, des locaux); avoir recours aux (services de qn) **2.** *n* demande *f*; *Mil:* réquisition *f*. **'requisite 1.** *a* (objet) requis (**to do sth**, pour faire qch); nécessaire (**to**, à); indispensable (**to**, pour) **2.** *n* (*a*) condition requise (**for**, pour) (*b*) article *m*; **toilet requisites**, articles *mpl*, nécessaire *m*, de toilette; **office requisites**, fournitures *fpl* de bureau; **travel requisites**, articles *mpl* de voyage.

reread [riː'riːd] *vtr* (**reread** [riː'red]) relire.

reredos ['riədɔs] *n Ecc:* retable *m*.

reroute [riː'ruːt] *vtr* dérouter.

resale ['riːseil] *n* revente *f*.

resat [riː'sæt] *see* **resit**.

rescind [ri'sind] *vtr Jur:* rescinder (un jugement); annuler (un vote); abroger (une loi).

rescue ['reskjuː] **1.** *n* sauvetage *m*; secours *mpl*; **to come, go, to s.o.'s r.**, venir, aller, au secours de qn; **to the r.**, à la rescousse; **r. party**, équipe de sauvetage; **air-sea r.**, sauvetage aérien en mer **2.** *vtr* sauver; secourir (qn); délivrer (**from**, de); **to r. s.o. from drowning**, sauver qn qui se noie. **'rescuer** *n* (*from fire, drowning*) secouriste *mf*; sauveteur *m*; libérateur, -trice.

research [ri'səːtʃ] **1.** *n* **r. (work)**, recherches *fpl* (**on, into**, sur; **for**, de); **scientific r.**, recherche scientifique; **some r.**, de la recherche; **a piece of r. (work)**, un travail de recherche; **to do r.**, faire des recherches (**on**, sur); **r. worker**, chercheur, -euse; *Ind:* **r. department**, service de recherches **2.** *vtr & i* **to r. (on, into) sth**, faire des recherches sur qch; **well researched**, bien étudié, étudié à fond. **re'searcher** *n* chercheur, -euse.

resemble [ri'zembl] *vtr* ressembler à. **re'semblance** *n* ressemblance *f* (**to**, avec; **between**, entre); **to bear a r. to s.o.**, ressembler à qn.

resent [ri'zent] *vtr* (*a*) s'indigner de, ne pas aimer; éprouver de l'amertume à l'égard de; **I r. that**, ça m'indigne; **you r. my being here**, ma présence vous déplait (*b*) s'offenser de (qch). **re'sentful** *a* (*a*) plein d'amertume, rancunier; **to be r.**, éprouver de l'amertume (*b*) froissé, irrité (**of**, de). **re'sentfully** *adv* avec ressentiment. **re'sentment** *n* amertume *f*, ressentiment *m*.

reserve [ri'zəːv] **1.** *vtr* réserver (**sth for s.o.**, qch pour qn); mettre (qch) en réserve; ménager (ses forces); **to r. a seat for s.o.**, retenir une place pour qn; **to r. the right to do sth**, se réserver le droit de faire qch **2.** *n* (*a*) réserve *f* (*b*) (*stock, land*) réserve; **to keep sth in r.**, tenir qch en réserve; **cash reserves**, réserve de caisse; **r. fund**, fonds de réserve; **r. (petrol) tank**, réservoir de secours; (*at sale*) **r. price**, prix minimum; **without r.**, sans réserve; **nature r.**, réserve naturelle (*b*) *Sp:* **r. (player)**, remplaçant, -ante; *Mil:* **the r.**, la réserve; *Mil:* **the reserves**, les réserves (*c*) *Can:* **(Indian) r.**, réserve (indienne). **reser'vation** [rezə-] *n* (*a*) réservation *f*; **with reservations**, avec certaines réserves; **to accept sth without r.**, accepter qch sans réserve, sans arrière-pensée (*b*) *US:* réserve (zoologique, indienne) (*c*) (*on roads*) **central r.**, terre-plein *m*. **re'served** *a* réservé; (homme) réservé, renfermé, peu communicatif; **to be r. with s.o.**, se tenir sur la réserve avec qn. **re'servist** *n Mil:* réserviste *m*. **'reservoir** [-wɑːr] *n* réservoir *m*.

resettle [riː'setl] *vtr* implanter (des réfugiés).

reshape [riː'ʃeip] *vtr* réorganiser (l'industrie).

reshuffle [riː'ʃʌfl] **1.** *n* **(cabinet) r.**, remaniement *m* (ministériel) **2.** *vtr* remanier.

reside [ri'zaid] *vi* résider. **residence** ['rezidəns] *n* résidence *f*, demeure *f*; (*of students*) foyer *m*; *Com:* **desirable r. for sale**, belle propriété à vendre; *Sch:* **(students') halls of r.**, cité *f* universitaire; **to take up r. in a country**, s'établir dans un pays; **r. permit**, permis de séjour; **in r.**, en résidence; (*of doctor*) sur place; (*of students*) sur le campus; (*in halls of residence*) rentrés. **'resident 1.** *a* résidant; qui réside; (population) fixe; *Journ:* (envoyé) permanent; (professeur) à demeure; (*in hospital*) **r. physician**, interne *m*; **to be r. in London**, résider à Londres **2.** *n* habitant, -ante; (*in hotel*) pensionnaire *mf*; (*of street*) riverain, -aine; *Adm:* (*living abroad*) résident, -ente. **resi'dential** *a* (quartier) résidentiel.

residue ['rezidjuː] *n* reste(s) *m(pl)*; *Ch:* résidu *m*; *Jur:* reliquat *m* (d'une succession). **re'sidual** *a* qui reste; restant; *Ch:* résiduel. **residuary** [ri'zidjuəri] *a Jur:* **r. legatee**, légataire (à titre) universel.

resign [ri'zain] **1.** *vtr* abandonner (un droit, etc); **to r. (from) one's job**, démissionner; **to r. oneself to doing sth**, se résigner à faire qch **2.** *vi* démissionner (**from**, de). **resignation** [rezig'neiʃn] *n* (*a*) démission *f* (d'un emploi); abandon *m* (d'un droit) (*b*) résignation *f.* **re'signed** *a* résigné (to, à); **to become r. to sth,** se résigner à qch. **re'signedly** [-idli] *adv* avec résignation; d'un air, d'un ton, résigné.

resilient [ri'ziliənt] *a* élastique; (*of pers*) **to be r.,** être résistant. **re'silience** *n* résistance *f,* élasticité *f;* (*of pers*) résistance.

resin ['rezin] *n* résine *f.* **'resinous** *a* résineux.

resist [ri'zist] **1.** *vtr* résister à (la chaleur, la tentation, l'opinion); s'opposer à (un projet); refuser d'obéir à (un ordre); repousser (une suggestion); **I couldn't r. telling him,** je n'ai pas pu m'empêcher de lui dire; **I can't r. cakes,** je ne peux pas résister devant des gâteaux; **he can't r. her,** il ne peut rien lui refuser; il ne peut pas résister à son charme **2.** *vi* résister. **re'sistance** *n* résistance *f;* **to offer no r.,** n'opposer aucune résistance; **she made no r.,** elle s'est laissé faire; **r. (movement),** résistance; **r. fighter,** résistant, -ante; **to take the line of least r.,** aller au plus facile. **re'sistant** *a* résistant; *Med:* **r. to,** rebelle à. **re'sistor** *n El:* résistance.

resit [ri:'sit] *vtr* **(resat; resitting)** repasser (un examen).

resolute ['rezəl(j)u:t] *a* résolu, déterminé. **'resolutely** *adv* résolument. **reso'lution** *n* (*a*) résolution *f,* délibération *f* (d'une assemblée); **to put a r. to the meeting,** soumettre une résolution (*b*) résolution, détermination *f;* fermeté *f;* **to make a r.,** prendre une résolution; **lack of r.,** manque de caractère.

resolve [ri'zɔlv] **1.** *n* résolution *f* **2.** *v* (*a*) *vtr* résoudre, dissiper (un doute) (*b*) *vi* résoudre, décider (de faire qch); se résoudre (**to do sth,** à faire qch). **re'solved** *a* résolu (**to do,** à faire).

resonant ['rezənənt] *a* réson(n)ant; (voix) sonore; **to be r. with,** résonner de. **'resonance** *n* résonance *f; Mus:* vibration *f* (de la voix).

resort [ri'zɔ:t] **1.** *n* (*a*) recours *m;* **without r. to compulsion,** sans avoir recours à la force; **as a, in the, last r.,** en dernier ressort (*b*) lieu *m* de séjour; **health r.,** station climatique, thermale; **(holiday) r.,** station *f* de vacances; **seaside, ski, r.,** station balnéaire, de ski **2.** *vi* avoir recours, recourir (**to,** à); user (**to,** de); **to r. to blows,** en venir aux coups; **to r. to drink,** se rabattre sur la boisson.

resound [ri'zaund] *vi* résonner; retentir (**with cries,** de cris); (*of event*) avoir du retentissement. **re'sounding** *a* réson(n)ant, retentissant; (rire) sonore; (succès) éclatant; **r. victory,** victoire fracassante.

resource [ri'zɔ:s, -'sɔ:s] *n* ressource *f;* **natural resources,** ressources naturelles; **to be at the end of one's resources,** être au bout de ses ressources; **he was left to his own resources,** il a dû se débrouiller tout seul. **re'sourceful** *a* (*of pers, scheme*) ingénieux. **re'sourcefully** *adv* ingénieusement. **re'sourcefulness** *n* ingéniosité *f,* ressource.

respect [ri'spekt] **1.** *n* (*a*) égard *m;* **in r. of, with r. to,** en ce qui concerne; quant à; **in some respects,** à certains égards; **in this r.,** à cet égard (*b*) respect *m;* **to have r. for s.o.,** avoir du respect pour qn; **to command r.,** savoir se faire respecter; **out of r. for,** par respect, par égard, pour; **worthy of r.,** respectable; digne d'estime *f;* **with (all) due r. (to you),** sans vouloir vous vexer; **to pay one's respects to s.o.,** présenter ses respects à qn **2.** *vtr* respecter; **to r. s.o.'s opinion,** respecter l'opinion de qn. **respecta'bility** *n* respectabilité *f.* **re'spectable** *a* respectable; digne de respect; convenable; (famille) honnête; **to put on some r. clothes,** mettre des vêtements convenables; **a r. sum (of money),** une somme respectable, rondelette. **re'spectably** *adv* (*a*) (vêtu) convenablement (*b*) pas mal; passablement. **re'spectful** *a* respectueux (**to,** envers; **of,** de). **re'spectfully** *adv* respectueusement; avec respect. **re'spective** *a* respectif. **re'spectively** *adv* respectivement.

respiration [respi'reiʃn] *n* respiration *f;* **artificial r.,** respiration artificielle. **'respirator** *n* **(artificial) r.,** respirateur *m.* **respiratory** ['respirətri] *a* respiratoire.

respite ['respait] *n* répit *m,* relâche *m; Jur:* sursis *m,* délai *m;* **to work without r.,** travailler sans relâche.

resplendent [ri'splendənt] *a* resplendissant; éblouissant (de beauté, de santé).

respond [ri'spɔnd] *vi* répondre; être sensible (à la bonté, à l'affection); (*of nerves*) réagir; **to r. to music,** apprécier la musique; *Med:* **to r. to treatment,** réagir postivement au traitement; (*of machine*) **to r. to the controls,** obéir aux commandes. **re'sponse** *n* réponse *f;* réplique *f; Ecc:* répons *m;* (*of nerves*) réaction *f;* **in r. to,** en réponse à. **responsi'bility** *n* (*pl* **-ies**) responsabilité *f;* **on one's own r.,** sous sa responsabilité, de son propre chef; **to take (the) r. for sth,** prendre la responsabilité de qch. **re'sponsible** *a* responsable; **to be r. for,** être (le) responsable de, être chargé de; **to be r. to s.o.,** être responsable devant qn (**for sth,** de qch); **he's not r. for his actions,** il n'est pas maître de ses actes; **r. job,** poste à responsabilités; **job for a r. person,** emploi pour une personne sérieuse; **she's a r. woman,** c'est une femme compétente. **re'sponsibly** *adv* avec sérieux. **re'sponsive** *a* qui réagit bien; éveillé; qui fait attentions; (*of engine*) nerveux; **r. to,** sensible à (la gentillesse); réceptif à (une suggestion). **re'sponsiveness** *n* (bonne) réaction.

respray [ri:'sprei] *vtr* repeindre (une voiture) au pistolet.

rest¹ [rest] **I.** *n* (*a*) repos *m;* **to have a good night's r.,** passer une bonne nuit; **at r.,** au repos; **to set, put, s.o.'s mind at r.,** calmer, tranquilliser, l'esprit de qn; **to have, take, a r.,** se reposer; **to be laid to r.,** être enterré; **to come to r.,** (*of ball, etc*) s'arrêter, s'immobiliser; (*of birds, eyes*) se poser (**on,** sur); **r. cure,** cure de repos; **r. centre,** centre d'accueil; **r. home,** maison de repos (pour convalescents, personnes âgées); *NAm:* **r. room,** toilettes *fpl;* (*in factory*) salle de repos (*b*) *Mus:* pause *f,* silence *m;* **crotchet r.,** soupir *m* (*c*) support *m;* (*of chair*) **arm r.,** accoudoir *m.* **II.** *v* **1.** *vi* (*a*) se reposer; **may they r. in peace!** qu'ils reposent en paix! (*of actor*) **to be resting,** se trouver sans engagement; **there the matter rests,** l'affaire en reste là, en est là, **I won't r. till . . .,** je n'aurai de repos que (+ *sub*) . . . (*b*) se poser, s'appuyer; **his hand resting on the table,** sa main posée, appuyée, sur la table; **a heavy responsibility rests on them,** une lourde responsabilité pèse sur eux; **resting place,** lieu de repos **2.** *vtr* (*a*) reposer (sa tête, etc); appuyer (qch sur qch); poser (la main); déposer (un fardeau par terre); laisser reposer (un cheval, etc); **to r. one's eyes,** se reposer les yeux; **to feel (quite) rested,** se sentir (bien) reposé; **God r. his soul!** Dieu donne le repos à son âme! (*b*) fonder. **'restful** *a* paisible, tranquille; reposant. **'restless** *a* agité; **r. audience,** assistance impatiente, énervée; **to get r.,** s'impatienter. **'restlessly** *adv* avec agitation; nerveusement. **'restlessness** *n* agitation *f*; turbulence *f*; nervosité *f*.

rest² **1.** *n* reste *m*, restant *m*; **to do the r.,** faire le reste; **for the r.,** quant au reste; **and all the r. of it,** et tout le reste; et tout ce qui s'ensuit; (*others*) **the r.,** les autres *mf*; **the r. of us,** nous autres **2.** *vi* **it rests with you to do,** il vous incombe de faire; **r. assured,** soyez assuré **(that,** que).

restaurant ['restərɔnt] *n* restaurant *m*; *Rail:* **r. car,** wagon-restaurant *m*; **r. owner, manager,** restaurateur, -trice.

restitution [resti'tju:ʃn] *n* restitution *f*; *Jur:* réparation *f*; **to make r. of sth,** restituer qch.

restive ['restiv] *a* (cheval) rétif; (*of pers*) indocile; nerveux, énervé, agité.

restore [ri'stɔ:r] *vtr* (*a*) restituer, rendre (qch à qn) (*b*) restaurer (un monument); rénover (un meuble); **to r. sth to its former condition,** remettre qch en état (*c*) rétablir, réintégrer (qn dans ses fonctions); ramener (qn) (à la vie, au pouvoir); **to r. s.o. to health,** rétablir la santé de qn (*d*) rétablir (la liberté); ramener (la confiance); **to r. s.o.'s strength,** redonner des forces à qn. **resto'ration** [restə-] *n* restitution *f* (de qch à qn); restauration *f* (d'un régime, d'un monument); rétablissement *m* (de la santé). **re'storative** *a & n Med:* fortifiant (*m*); reconstituant (*m*). **re'storer** *n* restaurateur, -trice (d'un monument, d'un tableau, de meubles); *Toil:* **hair r.,** régénérateur *m* de cheveux.

restrain [ri'strein] *vtr* retenir, maîtriser (qn, ses sentiments); contenir (une foule); limiter; retenir, empêcher **(s.o. from doing sth,** qn de faire qch); **to r. one's laughter,** se retenir de rire; **to r. oneself,** se maîtriser; **to r. s.o.'s activities,** freiner les, mettre un frein aux, activités de qn. **re'strained** *a* (*of anger*) contenu; (style) sobre; **in r. terms,** en termes mesurés. **re'straint** *n* retenue *f*, mesure *f*; contrainte *f*; réserve *f*; sobriété *f* (de style); **wage r.,** limitation *f* des salaires; **to put a r. on oneself,** se contenir; **lack of r.,** abandon *m*; manque de réserve; **to speak without r.,** parler en toute liberté.

restrict [ri'strikt] *vtr* restreindre; limiter; réduire (les libertés). **re'stricted** *a* restreint, limité; (*of document*) secret; (*of sale*) contrôlé; **r. diet,** régime sévère; *Adm: Aut:* **r. area,** zone à vitesse limitée. **re'striction** *n* restriction *f*; limitation *f* (de vitesse, de dépenses). **re'strictive** *a* restrictif.

result [ri'zʌlt] **1.** *n* résultat *m* **(of,** de); aboutissement *m* (des efforts de qn); **the r. is that,** il en résulte que; **without r.,** sans résultat; **as a r.,** en conséquence; **as a r. of,** par suite de **2.** *vi* résulter, provenir **(from,** de); aboutir **(in,** à); **little will r. from all this,** il ne sortira pas grand-chose de tout cela; **it will r. in unpleasant arguments,** cela entraînera des désagréments.

resume [ri'zju:m] **1.** *vtr* (*a*) reprendre; **to r. one's seat,** se rasseoir (*b*) renouer (des relations); **to r. work,** se remettre au travail **2.** *vi* reprendre; **the meeting will r. at 3 p.m.,** la séance est suspendue jusqu'à 15h. **resumption** [ri'zʌmpʃn] *n* reprise *f* (de négociations, des travaux).

résumé ['rezju:mei] *n* résumé *m*; *NAm:* curriculum vitae *m inv*.

resurface [ri:'sə:fis] **1.** *vtr* refaire le revêtement de (une route) **2.** *vi* (*of submarine*) revenir à la surface.

resurgence [ri:'sə:dʒəns] *n* réapparition *f*.

resurrect [rezə'rekt] *vtr* ressusciter. **resu'rrection** *n* résurrection *f*.

resuscitate [ri'sʌsiteit] *vtr* ressusciter; réanimer (un malade). **resusci'tation** *n* réanimation *f*.

retail ['ri:teil] **1.** *n Com:* (vente *f* au) détail *m*; **wholesale and r.,** en gros et au détail **2.** *a* (prix) de détail **3.** *v* (*a*) *vtr* détailler, vendre (au détail) (*b*) *vi* (*of goods*) se vendre (au détail); **this retails at £20,** ceci se vend vingt livres **4.** *adv* (vendre) au détail. **'retailer** *n* détaillant, -ante.

retain [ri'tein] *vtr* (*a*) retenir, maintenir (qch dans une position) (*b*) conserver; garder (un bien); **to r. control of the car,** rester maître de la voiture (*c*) garder (qch) en mémoire; **I can't r. anything,** j'oublie tout. **re'tainer** *n* avance *f*, acompte *m*.

retaliate [ri'tælieit] *vi* riposter **(against s.o.,** contre qn; **against an attack,** à une attaque); rendre la pareille à (qn). **retali'ation** *n* riposte *f*, représailles *fpl*; **in r.,** en représailles **(for,** de). **re'taliatory** *a* **r. measures,** représailles *fpl*.

retarded [ri'tɑ:did] *a* **(mentally) r.,** arriéré.

retch [ri:tʃ, retʃ] **1.** *n* haut-le-cœur *m inv* **2.** *vi* avoir un, des, haut-le-cœur.

retd *abbr retired*.

retention [ri'tenʃn] *n* conservation *f* (d'un usage); maintien *m* (d'une autorité); *Psy:* mémoire *f*; *Med:* rétention *f*. **re'tentive** *a* (mémoire) fidèle.

rethink [ri:'θiŋk] *vtr* **(rethought)** repenser.

reticent ['retisənt] *a* peu communicatif; réticent; réservé. **'reticence** *n* caractère peu communicatif; réticence *f*; réserve *f*. **'reticently** *adv* avec réticence.

retina ['retinə] *n Anat:* rétine *f* (de l'œil).

retinue ['retinju:] *n* suite *f* (d'un prince).

retire [ri'taiər] *v* **1.** *vi* (*a*) se retirer **(from,** de; **to,** à); *Mil:* reculer; *Sp:* abandonner; **to r. into oneself,** rentrer en soi-même (*b*) aller se coucher (*c*) **to r. from business,** se retirer des affaires; **to r. (on a pension),** prendre sa retraite **2.** *vtr* mettre (qn) à la retraite. **re'tired** *a* (*of place, life*) retiré; (*of pers*) à la retraite, retraité. **re'tirement** *n* retraite *f*; **r. age,** âge *m* de la retraite. **re'tiring** **1.** *a* (*a*) (*of pers*) réservé (*b*) (*of age*) de la retraite; (*giving up work*) (président) sortant.

retort¹ [ri'tɔ:t] **1.** *n* réplique *f* **(to,** à) **2.** *vtr & i* rétorquer, répliquer.

retort² *n Ch: Ind:* (*bottle*) cornue *f*.

retrace [ri:'treis] *vtr* remonter à l'origine de (qch); se remémorer, reconstituer, retracer (le passé); **to r. one's steps,** revenir sur ses pas, rebrousser chemin.

retract [ri'trækt] **1.** *vtr* rétracter (qch); *Av:* escamoter, rentrer (le train d'atterrissage) **2.** *vi* se rétracter; se dédire. **re'tractable** *a* (*of undercarriage*) rentrant, escamotable. **re'traction** *n* rétractation *f* (d'une déclaration).

retrain [ri:'trein] **1.** *vi* se recycler **2.** *vtr* recycler. **re'training** *n* recyclage *m*.

retread ['ri:tred] *n* pneu rechapé.

retreat [ri'tri:t] **1.** *n* retraite *f*; recul *m* (des eaux); refuge *m*; **to beat a r.,** battre en retraite **2.** *vi* se retirer; (*of glacier*) reculer; *Mil:* battre en retraite.

retrench [ri'trentʃ] **1.** *vtr* restreindre, réduire (ses dépenses) **2.** *vi* faire des économies. **re'trenchment** *n* réduction *f* (des dépenses); **policy of r.,** politique d'économies.

retrial ['ri:traiəl] *n Jur:* nouveau procès.

retribution [retri'bju:ʃn] *n* châtiment *m*.

retrieve [ri'tri:v] *vtr* (*a*) (*of dog*) rapporter (le gibier); *Cmptr:* extraire (une information) (*b*) récupérer; retrouver (un objet perdu); rétablir (l'honneur, la fortune, de qn); réparer (une erreur). **re'trievable** *a* (somme) recouvrable; (perte, erreur) réparable. **re'trieval** *n* récupération *f*; réparation *f* (d'une erreur); *Cmptr:* **information r.,** recherche *f* documentaire; **beyond r.,** irréparable. **re'triever** *n* (*dog*) chien *m* d'arrêt (qui rapporte le gibier), retriever *m*.

retroactive [retrou'æktiv] *a* rétroactif.

retrograde ['retrougreid] *a* rétrograde.

retrospect ['retrouspekt] *n* **in r.,** rétrospectivement; **when I consider these events in r.,** quand je jette un coup d'œil rétrospectif sur ces événements. **retro'spective 1.** *a* rétrospectif; (*of law, effect*) rétroactif **2.** *n Art: Cin:* rétrospective *f*. **retro'spectively** *adv* rétrospectivement; rétroactivement.

return [ri'tə:n] **I.** *n* (*a*) retour *m*; **the r. to school,** la rentrée (des classes); **(immediately) on my r.,** dès mon retour, à mon retour; **on my r. home,** de retour à la maison; **by r. (of post),** par retour (du courrier); **many happy returns (of the day)!** bon anniversaire! **r. (ticket),** (billet d')aller et retour *m*; **r. journey,** voyage de retour (*b*) profit *m*, rendement; **returns,** bénéfices *mpl*; **quick returns,** un prompt débit; **to bring in a fair r.,** rapporter un bénéfice raisonnable (*c*) renvoi *m*, retour (de marchandises avariées); **on sale or r.,** (marchandises) vendues avec faculté de retour, en dépôt (avec reprise des invendus), à condition (*d*) restitution *f* (d'un objet volé); ristourne *f* (d'une somme payée en trop); **in r. for sth,** en échange de qch; **in r. for which,** moyennant quoi; **in r.,** en retour (*e*) *Ten:* retour; *Sp:* **r. match** match *m* retour (*f*) *Fin:* rapport *m*; recensement *m* (de la population); **sales returns,** statistiques *fpl* de vente; **(income) tax r.,** déclaration *f* de revenus (*g*) élection *f* (d'un député); **to announce the election returns,** annoncer les résultats du scrutin. **II.** *v* **1.** *vi* (*come back*) revenir; (*go back*) retourner; **to r. (home),** rentrer (chez soi); **they have returned,** ils sont de retour; **to r. to work,** reprendre le travail; **I shall r. to this subject later,** je reviendrai à ce sujet plus tard **2.** *vtr* (*a*) rendre; restituer (un objet volé); renvoyer (un cadeau); rembourser (un emprunt); **to r. a book to its place,** remettre un livre à sa place; **to r. the compliment,** répondre à un compliment (*b*) déclarer, rapporter; *Fin:* rapporter; *Jur:* **to r. a verdict of guilty,** déclarer l'accusé coupable (*c*) élire (un député); **returning officer,** directeur *m* du scrutin. **re'turnable** *a* qui peut être rendu; (*of bottle*) consigné.

reunion [ri:'ju:niən] *n* réunion *f*; assemblée *f*. **reu'nite** *vtr* réunir.

Rev. *abbr Ecc: Reverend.*

rev [rev] *F:* **1.** *n Aut:* (*abbr of* **revolution**) **4000 revs a minute,** 4 000 tours *mpl* (à la) minute; **r. counter,** compte-tours *m inv* **2.** *v* **(revved)** (*a*) *vtr* **to r. (up),** faire ronfler (le moteur) (*b*) *vi* **to r. up,** (*of engine*) ronfler; (*of driver*) faire ronfler le moteur.

revalue [ri:'vælju] *vtr* réévaluer.

revamp [ri:'væmp] *F:* remanier (une méthode, une pièce de théâtre, etc).

reveal [ri'vi:l] *vtr* révéler, découvrir; laisser voir (une qualité); dévoiler (un mystère); **to r. one's identity,** se faire connaître. **re'vealing** *a* révélateur; (*of dress*) décolleté. **revelation** [revə'leiʃn] *n* révélation *f*; **(the Book of) Revelation(s),** l'Apocalypse *f*.

reveille [ri'væli] *n Mil:* réveil *m*.

revel ['revl] **1.** *n usu pl* festivités *fpl* **2.** *vi* **(revelled)** (*a*) **to r. in sth,** se délecter de qch (*b*) faire la fête, festoyer, faire la noce. **'reveller** *n* noceur, -euse. **revelling, 'revelry** *n* (*pl* **-ies**) festivités.

revenge [ri'vendʒ] **1.** *n* vengeance *f*; *Sp:* revanche *f*; **to take r., to have, get one's r.,** se venger (**on s.o.;** de qn; **on s.o. for sth,** de qch sur qn); **in r.,** pour se venger **2.** *vtr* venger; **to r. oneself, to be revenged,** se venger (**for sth,** de qch; **on s.o.,** de, sur, qn). **re'vengeful** *a* vindicatif.

revenue ['revənju:] *n* revenu *m*; rentes *fpl*; *Adm:* **the Inland R.,** le fisc.

reverberate [ri've:bəreit] *vi* (*of sound*) se répercuter. **reverbe'ration** *n* répercussion *f* (d'un son).

revere [ri'viər] *vtr* révérer, vénérer. **reverence** ['revərəns] *n* révérence *f*. **'reverend** *a Rel:* révérend; (*as title*) **R. Smith,** le révérend Smith; (*Catholic*) l'abbé *m* Smith; (*Jewish*) le rabbin Smith; **the R. Mother Superior,** la révérende Mère supérieure. **'reverent** *a* respectueux. **'reverently** *adv* avec respect.

reverie ['revəri] *n* rêverie *f*.

reversal [ri'və:səl] *n* renversement *m*; revirement *m* (d'opinion, de politique); *Jur:* réforme *f*, annulation *f* (d'un jugement); revers *m* (de fortune). **re'verse 1.** *a* inverse, contraire, opposé (**to,** à); **in the r. order,** en ordre inverse; **r. side,** revers *m*, envers *m* (d'une médaille); verso *m* (d'un feuillet); dos *m* (d'un tableau) **2.** *n* (*a*) inverse *m*, contraire *m*, opposé *m*; **quite the r. of s.o., sth,** tout le contraire de qn, qch; *Aut:* **in r. (gear),** en marche *f* arrière (*b*) revers, envers (d'une médaille); revers (d'un tissu); dos (d'un tableau); verso *m* (d'un feuillet); **to suffer a r.,** essuyer une défaite **3.** *v* (*a*) *vtr* renverser (une situation); inverser (l'ordre, une politique); annuler (une décision); *Jur:* réformer (un jugement); révoquer (une sentence); *Tp:* **to r. the charges** (*NAm:* = **to call collect),** téléphoner, appeler, en PCV (*b*) *vtr & i* **to r. (the car),** faire marche arrière; **to r. in, out,** entrer, sortir, en marche arrière. **reversible** *a* (vêtement, tissu) réversible. **re'versing** *n* renversement; *Aut:* marche arrière; **r. light,** phare *m* de recul.

revert [ri'və:t] *vi* (*of property*) revenir, retourner (**to,** à); *Biol:* **to r. to type,** revenir au type primitif; **to r. to our subject,** pour en revenir à notre sujet. **re'version** *n* retour *m*; réversion *f*.

review [ri'vju:] **1.** *n* (*a*) revue *f* (de troupes, du passé); examen *m*; **to keep sth under r.**, suivre qch de très près (*b*) critique *f* (d'un livre, d'un film); **r. copy,** exemplaire fourni au critique (*c*) (*magazine*) revue *f* **2.** *vtr* passer (des faits, des troupes) en revue; réexaminer (la situation); faire la critique de (un livre). **re'viewer** *n* critique *m* (littéraire, de cinéma).

revile [ri'vail] *vtr* injurier; insulter (qn).

revise [ri'vaiz] **1.** *vtr* réviser (une leçon, un texte, des lois); revoir, relire (un travail, une leçon); corriger (des épreuves) **2.** *vi Sch:* réviser (**for,** pour). **revision** [-'viʒn] *n* révision *f*.

revisit [riː'vizit] *vtr* revisiter; visiter de nouveau.

revitalize [riː'vaitəlaiz] *vtr* revitaliser.

revive [ri'vaiv] **1.** *vi* (*of country, dying pers*) ressusciter; (*of unconscious pers*) reprendre connaissance; (*of courage*) se ranimer; (*of arts, of feelings*) renaître; (*of trade, customs*) reprendre **2.** *vtr* réanimer (un mourant); ranimer (qn sans connaissance, la mémoire, la conversation); faire renaître (l'espérance, l'intérêt); ressusciter (une coutume, un projet, une mode, un journal, etc); remonter (le courage de qn); remettre (une pièce au théâtre); remettre (une loi) en vigueur. **re'vival** *n* renaissance *f* (des arts, des lettres); reprise *f* (d'une pièce de théâtre, d'une coutume, *Com:* des affaires); nouvel essor *m* (d'un pays); (*of pers*) retour *m* à la vie; retour des forces; (*of faith, fashion, theatre*) renouveau *m*; (*of interest, tension, etc*) regain *m*.

revoke [ri'vouk] **1.** *vtr* révoquer (un contrat); annuler (une décision, un ordre); rétracter (une promesse); retirer (un permis de conduire) **2.** *vi Cards:* faire une fausse renonce. **revo'cation** *n* révocation *f*; annulation *f* (d'un ordre); abrogation *f* (d'un décret).

revolt [ri'voult] **1.** *n* révolte *f* **2.** *v* (*a*) *vi* se révolter, se soulever (**against,** contre) (*b*) *vtr* révolter. **re'volting** *a* révoltant; dégoûtant, écœurant.

revolution [revə'l(j)uːʃn] *n* (*a*) rotation *f* (autour d'un axe) (*b*) tour *m*, révolution *f*; *Pol:* révolution. **revo'lutionary** *a & n* (*pl* **-ies**) révolutionnaire (*mf*). **revo'lutionize** *vtr* révolutionner.

revolve [ri'vɔlv] **1.** *vtr* retourner, repasser (un problème, une pensée); faire tourner (des roues) **2.** *vi* tourner (**around,** autour de). **re'volving** *a* (planète) en rotation; (fauteuil) pivotant; **r. door(s),** (porte *f*) à tambour *m*.

revolver [ri'vɔlvər] *n* revolver *m*.

revue [ri'vjuː] *n Th:* revue *f*.

revulsion [ri'vʌlʃn] *n* (*a*) revirement *m* (de sentiments); **r. from s.o.,** réaction *f* contre qn (*b*) (*disgust*) dégoût *m*, révulsion *f*.

reward [ri'wɔːd] **1.** *n* récompense *f*; **as a r. for,** en récompense de **2.** *vtr* récompenser, rémunérer (**s.o. for sth,** qn de, pour, qch). **re'warding** *a* qui (en) vaut la peine; satisfaisant; (*financially*) rémunérateur.

rewind [riː'waind] *vtr* (**rewound**) rembobiner (une bande, une cassette).

rewire [riː'waiər] *vtr* refaire l'installation électrique (d'une maison).

rewrite [riː'rait] *vtr* (**rewrote, rewritten**) récrire; (*edit*) réécrire.

rhapsody ['ræpsədi] *n* rhapsodie *f*; *Fig:* transports *mpl*, dithyrambe *m*. **'rhapsodize** *vi* **to r. over sth,** s'extasier sur qch.

rheostat ['riːoustæt] *n El:* rhéostat *m*.

rhesus ['riːsəs] *n Z:* **r. (monkey),** (macaque) rhésus *m*; *Med:* **r. factor,** facteur rhésus (du sang); **r. positive, negative,** rhésus positif, négatif.

rhetoric ['retərik] *n* rhétorique *f*, éloquence *f*. **rhe'torical** *a* (terme) de rhétorique; (style) ampoulé; **r. question,** question de pure forme. **rhe'torically** *adv* (parler) avec emphase.

rheumatism ['ruːmətizm] *n* rhumatisme *m*. **rheu'matic 1.** *a* (*of pain*) rhumatismal; (*of pers*) rhumatisant; **r. fever,** rhumatisme articulaire aigu **2.** *n* rhumatisant, -ante. **'rheumatoid** *a* **r. arthritis,** rhumatisme chronique articulaire.

Rhine (the) [ðə'rain] *Prn Geog:* le Rhin.

rhinoceros, *F:* **rhino** [rai'nɔsərəs, 'rainou] *n* (*pl* **rhinoceroses, rhino(s)**) *Z:* rhinocéros *m*.

rhododendron [roudə'dendrən] *n Bot:* rhododendron *m*.

rhubarb ['ruːbɑːb] *n Bot:* rhubarbe *f*.

rhyme [raim] **1.** *n* (*a*) rime *f*; **without r. or reason,** sans rime ni raison (*b*) vers *mpl* **2.** (*a*) *vi* rimer (avec); faire des vers (*b*) *vtr* faire rimer (un mot).

rhythm ['riðəm] *n* rythme *m*; cadence *f*. **'rhythmic(al)** *a* rythmique, rythmé; cadencé; **r. tread,** marche scandée. **'rhythmically** *adv* avec rythme.

rib [rib] *n* côte *f*; nervure *f* (d'une feuille); baleine *f* (de parapluie).

ribald ['ribəld] *a Lit:* grivois, licencieux, paillard; **r. song,** chanson grivoise. **'ribaldry** *n* paillardises *fpl*; grivoiserie *f*.

ribbon ['ribən] *n* ruban *m*; cordon *m* (d'un ordre); **to tear sth to ribbons,** mettre qch en lambeaux *mpl*; *Adm:* **r. development,** extension urbaine en bordure de route.

rice [rais] *n* riz *m*; **ground r.,** farine de riz; **brown r.,** riz complet, riz brun; **polished r.,** riz glacé; *Cu:* **r. pudding** = riz au lait; **r. grower,** riziculteur *m*; **r. growing,** riziculture *f*; **r. field, plantation,** rizière *f*.

rich [ritʃ] **1.** *a* riche (**in,** en); (*of soil*) fertile; (*of profits*) gros; (festin) somptueux; (voix) ample; **to grow r.,** s'enrichir; **r. food,** nourriture riche **2.** *npl* **the r.,** les riches *mpl*. **'riches** *npl* richesses *fpl*. **'richly** *adv* richement; somptueusement; **r. deserved,** bien, amplement, mérité. **'richness** *n* richesse, abondance *f*; fertilité *f* (du sol); somptuosité *f*; ampleur *f* (de la voix).

rick [rik] **1.** *n* meule *f* (de foin) **2.** *vtr* **to r. one's back,** se tordre le dos.

rickets ['rikits] *n Med:* rachitisme *m*; **to have r.,** être rachitique.

rickety ['rikiti] *a* (*of furniture*) branlant; délabré; (fauteuil) bancal.

ricochet ['rikəʃei] **1.** *n* ricochet *m* **2.** *vi* (**ricocheted** [-ʃeid]) ricocher.

rid [rid] *vtr* (**rid**) débarrasser, délivrer (**s.o. of sth,** qn de qch); **to get r. of sth, to r. onself of sth,** se débarrasser de qch; *Com:* **article hard to get r. of,** article d'écoulement difficile. **'riddance** *n F:* **good r.!** bon débarras!

ridden ['ridn] *see* **ride II.**

-ridden ['ridən] *suffix* **debt-r.,** criblé de dettes; **disease-r.,** en proie à la maladie.

riddle[1] ['ridl] *n* énigme *f*, devinette *f*.

riddle² **1.** *n* crible *m* **2.** *vtr* cribler (**with,** de); **riddled with,** criblé de (balles, trous, erreurs); plein de (criminels); en proie à (la corruption).

ride [raid] **I.** *n* (*a*) promenade *f* (à cheval, à bicyclette, en voiture); trajet *m*; (*in taxi*) course *f*; (*on merry-go-round*) tour *m*; **to go for a r.,** faire une promenade (en voiture, à cheval); **to go for a r. in the car,** faire un tour en voiture; **to give s.o. a r.,** emmener qn en voiture, **to have a r. on,** monter sur (un vélo, etc); **it's a short r. on the bus,** c'est un court trajet en autobus; *F:* **to give a child a r. on one's back,** porter un enfant sur son dos; *F:* **to take s.o. for a r.,** mener qn en bateau (*b*) (*in forest*) allée cavalière; piste *f*. **II.** *v* **(rode; ridden) 1.** *vi* (*a*) aller, monter, à cheval; **he rides well,** il est bon cavalier; il monte bien; **to r. on an elephant,** monter à dos d'éléphant (*b*) aller (à bicyclette, à moto, etc); **to be riding in a car,** être en voiture (*c*) (*of boat*) **to r. at anchor,** mouiller **2.** *vtr* (*a*) faire (une distance) (à cheval, etc); courir (une course) (*b*) monter (un cheval); *Sp:* **to r. a horse, horses,** monter à cheval; **to r. (on) a bike,** être à bicyclette; **to r. an elephant,** monter à dos d'éléphant; **to know how to r. a bike,** savoir faire de la bicyclette; **to r. a bike to,** aller à bicyclette à; **may I r. your bike?** puis-je monter sur ta bicyclette? **to r. one's horse at a fence,** diriger son cheval sur une barrière; **ridden by fear,** hanté par la peur; *NAm: F:* **to r. s.o.,** harceler qn. **ride 'out** *vtr* **to r. o. the storm,** *Nau:* étaler la tempête; *Fig:* surmonter la crise. **'rider** *n* (*a*) cavalier, -ière; (*horseracing*) jockey *m*; (*in circus*) écuyer, -ère; (*cyclist*) cycliste *mf*; **he's a good r.,** il monte bien (à cheval) (*b*) *Jur:* annexe *f*, clause additionnelle (d'un document); avenant *m* (d'un verdict). **'riderless** *a* (cheval) sans cavalier. **ride 'up** *vi* (*of garment*) remonter. **'riding** *n* **(horse) r.,** équitation *f*; **r. habit,** amazone *f*; **r. breeches,** culotte de cheval; **r. boots,** bottes de cheval; **r. school,** école d'équitation; (*enclosed*) manège *m*.

ridge [ridʒ] *n* arête *f*, crête *f* (de montagne); faîte *m*, crête (d'un comble); chaîne *f* (de coteaux); *Agr:* billon *m*, butte *f* (de terre); ride *f* (sur le sable); strie *f* (sur une surface); *Meteor:* **r. of high pressure,** dorsale *f* barométrique.

ridicule ['ridikju:l] **1.** *n* ridicule *m*; moquerie *f*, raillerie *f*; **to hold s.o., sth, up to r.,** se moquer de qn, de qch; tourner qn, qch, en ridicule; **object of r.,** objet *m* de risée **2.** *vtr* tourner en ridicule, ridiculiser (qn, qch). **ri'diculous** *a* ridicule; **to make oneself r.,** se rendre ridicule. **ri'diculously** *adv* ridiculement; d'une façon ridicule. **ri'diculousness** *n* ridicule *m*.

rife [raif] *a* répandu; (*of disease*) **to be r.,** régner, sévir; (*of rumour*) courir (les rues).

riffraff ['rifræf] *n F:* canaille *f*, racaille *f*.

rifle¹ ['raifl] *vtr* piller (une armoire); (fouiller et) vider (les poches de qn); violer, spolier (un tombeau).

rifle² *n* carabine *f*, fusil *m*.

rift [rift] *n* fente *f*; fissure *f*; *Pol:* scission *f*; désaccord *m*; **r. in the clouds,** éclaircie *f*.

rig [rig] **1.** *n* **(oil) r.,** derrick *m*; (*offshore*) plate-forme pétrolière **2.** *vtr* **(rigged)** truquer (les élections); **to r. the market,** provoquer une hausse, une baisse, factice. **'rigging** *n* gréement *m* (d'un navire). **rig 'out** *vtr F:* attifer (qn). **'rig-out** *n F:* tenue *f*. **rig 'up** *vtr* monter, installer (un appareil); mâter (un mât de charge); *F:* arranger (une réunion, etc); **to r. sth up,** faire une installation de fortune.

right [rait] **1.** *a* (*a*) *Mth:* **r. angle,** angle droit; **to meet at r. angles,** se croiser à angle droit (*b*) bon, juste; honnête, droit; **more than is r.,** plus que de raison; **it's only r.,** ce n'est que justice, c'est juste; **I thought it r. to,** j'ai cru, jugé, bon de; **to do the r. thing,** se conduire honorablement; **it's not r. to steal,** ce n'est pas bien de voler (*c*) correct, juste, exact; **to give the r. answer,** répondre juste; donner la bonne réponse; **the sum is r.,** l'addition est exacte; **to put an error r.,** redresser, corriger, rectifier, une erreur; **the r. time,** l'heure exacte; **my watch is r.,** ma montre est à l'heure; **at the r. time,** au bon moment; **to be r.,** être juste; (*of pers*) avoir raison; **the r. word,** le mot juste; **the r. side of a material,** l'endroit *m* d'un tissu; **have you the r. amount?** avez-vous votre compte? **is that the r. house?** est-ce bien la maison? **the r. train,** le bon train; **the r. way, r. side, up,** à l'endroit; **to know the r. people,** avoir des relations utiles; **it's the r. road,** c'est la bonne route, c'est bien la route; **to be on the r. road,** être sur le bon chemin; **it doesn't look r.,** ça ne va pas; **to put r.,** rectifier (une erreur); arranger qch; **to put s.o. r.,** éclairer qn, détromper qn; **in the r. place,** bien placé; à sa place; **the r. man (for the job),** l'homme qu'il faut (pour la tâche); **you came at the r. moment,** vous êtes venu au bon moment; **the r. thing to do,** la meilleure chose à faire; **that's r.!** c'est ça! c'est bien cela! c'est exact! **quite r.!** parfaitement! *F:* **r.!** bien! bon! **to get on the r. side of s.o.,** s'insinuer dans les bonnes grâces de qn; **he's on the r. side of forty,** il n'a pas encore quarante ans; **to be in one's r. mind,** avoir toute sa raison; **as r. as rain,** en parfaite santé; **to set things r.,** rétablir les choses; **things will come r. in the end,** les affaires s'arrangeront; **all r.,** bien *inv;* sain et sauf; intact; tranquille; **it's all r.,** ça va; **it's all r. now,** ça marche maintenant; **everything's all r.,** tout va bien; **all r.,** bien! entendu! O.K.! d'accord! **it's all r. with, by, me,** je n'ai rien contre; **I'm all r.,** je vais bien, ça va; **I'm all r. again now,** je suis tout à fait remis maintenant; **he's all r.!** c'est un bon type! (*d*) (côté) droit; **r. hand,** main droite; **on the r. side,** du côté droit; à droite, sur la droite **2.** *n* (*a*) le droit; la justice; le bien; **r. and wrong,** le bien et le mal; **to be in the r.,** avoir raison; être dans son droit (*b*) droit, titre *m*; **to have a r., the r., to sth,** avoir droit à qch; **to have a r., the r., to do sth,** avoir le droit de faire qch; **by what r.?** de quel droit? **he's famous in his own r.,** il est lui-même célèbre; **r. of way,** *Jur:* (*across property*) servitude *f* de passage; *Aut:* priorité *f*; **human rights,** les droits de l'homme; **by rights,** en toute justice; **to be within one's rights,** être dans son droit (*c*) droite *f*; côté droit; **on the r.,** à droite; **on your r.,** à votre droite; *Aut:* **to keep to the r.,** tenir la droite; *Pol:* **the R.,** la droite **3.** *adv* (*a*) (tout) droit; tout à fait; **to go r. on,** continuer tout droit; **to do sth r. away, r. now,** *NAm:* **r. off,** faire qch tout de suite, sur-le-champ, immédiatement; **I'll be r. back,** je reviens tout de suite; **r. here,** ici même; **to sink r. to the bottom,** couler droit au fond; **r. at the top,** tout en haut; **r. in the middle,** au beau milieu; **he**

threw it r. in my face, il me l'a jeté en pleine figure; **a wall r. round the house,** un mur tout autour de la maison; **r. behind,** juste derrière; **the wind was r. behind us,** nous avions le vent juste dans le dos (*b*) **to do r.,** bien faire; bien agir; **it serves you r.!** vous n'avez que ce que vous méritez! (*c*) (répondre) correctement; (deviner) juste; **nothing goes r. with me,** rien ne me réussit; **if I remember r.,** si je me souviens bien; **to turn out (all) r.,** s'arranger; **all r.! r. you are!** d'accord! **I got your letter all r.,** j'ai bien reçu votre lettre (*d*) à droite; **to keep r.,** tenir la droite; **he owes money r. and left,** il doit de l'argent de tous les côtés (*e*) *Pol:* **R. Honourable,** Très Honorable **4.** *vtr* redresser, réparer (un tort); **to r. itself,** se redresser. **'right-angled** *a* à angle droit; (triangle) rectangle. **righteous** ['raitʃəs] *a* juste, vertueux; (*of anger*) justifié. **'righteousness** *n* droiture *f*, vertu *f*. **'rightful** *a* légitime; juste. **'rightfully** *adv* légitimement; à juste titre. **'right-hand** *a* (pouce, gant) de la main droite; (tiroir) de droite; **on my r.-h. side,** à ma droite; **on the r.-h. side,** à droite **(of,** de); *Fig:* **r.-h. man,** homme de confiance; bras droit. **right-'handed** *a* (*of pers*) droitier; (coup) du droit. **'rightly** *adv* bien; correctement; à juste titre; **to act r.,** bien agir; **I can't r. say,** je ne saurais dire au juste; **r. or wrongly,** à tort ou à raison; **if I remember r.,** si je me souviens bien. **right-'minded** *a* bien pensant. **'rightness** *n* justesse *f* (d'une décision); exactitude *f* (d'une réponse). **right-'wing** *a Pol:* (politique) de droite.

rigid ['ridʒid] *a* rigide, raide; (*of conduct*) sévère, strict. **ri'gidity** *n* rigidité *f*; (*of conduct*) sévérité *f*; intransigeance *f*. **'rigidly** *adv* rigidement; (agir) sévèrement; rigoureusement (opposé) **(to,** à).

rigmarole ['rigməroul] *n* procédure compliquée.

rigour, *NAm:* **rigor** ['rigər] *n* rigueur *f*; sévérité *f* (de la loi). **'rigorous** *a* rigoureux. **'rigorously** *adv* rigoureusement.

rile [rail] *vtr F:* agacer.

rim [rim] *n* jante *f* (d'une roue); bord *m* (d'un vase, d'une tasse); monture *f* (de lunettes). **'rimless** *a* (lunettes) sans monture.

rime [raim] *n* givre *m*; gelée blanche.

rind [raind] *n* écorce *f* (de melon, de citron); couenne *f* (de lard); croûte *f* (de fromage).

ring¹ [riŋ] **1.** *n* (*a*) (*on finger*) anneau *m*; (*jewelled*) bague *f*; **wedding r.,** alliance *f*; **r. finger,** annulaire *m* (*b*) rond *m*, anneau; *MecE:* segment *m* (de piston); (*on stove*) brûleur *m*; **napkin r.,** rond de serviette; **r. binder,** classeur à anneaux; **r. road,** route de ceinture; périphérique *m*; **r. dove,** (pigeon) ramier *m* (*c*) anneau (d'une planète); cerne *m* (autour des yeux); rond (de fumée); **to have rings round one's eyes,** avoir les yeux cernés; *Fig:* **to run rings round s.o.,** surpasser qn (*d*) cercle *m*; **sitting in a r.,** assis en rond (*e*) groupe *m*, petite coterie (de personnes); réseau *m* (d'espionnage); *Com:* syndicat *m*, cartel *m*; *Pej:* bande *f*, gang *m* (*f*) arène *f*, piste *f* (de cirque); *Box:* ring *m*; *Rac:* **the R.,** l'enceinte *f* (du pesage, des bookmakers) **2.** *vtr* **to r. (round),** entourer, encercler; entourer d'un cercle (un nom sur une liste, etc). **'ringleader** *n* leader *m*, tête *f*; meneur, -euse (de révolte); chef *m* de bande. **'ringlet** *n* anglaise *f*. **'ringmaster** *n* maître *m* de manège (d'un cirque). **'ringworm** *n Med:* teigne *f*.

ring² **I.** *n* (*a*) son (clair); sonnerie *f* (de cloches); tintement *m*; timbre *m* (de la voix); **r. of truth,** accent *m* de vérité; **it has a hollow r.,** ça sonne creux (*b*) coup *m* de sonnette; **there's a r. at the door,** on sonne (à la porte) (*c*) coup de téléphone, de fil; appel *m* téléphonique; **I'll give you a r.,** je vous passerai un coup de fil. **II.** *v* **(rang; rung) 1.** *vi* (*a*) sonner; (*of bell*) tinter; **his answer didn't r. true,** sa réponse a sonné faux (*b*) résonner, retentir **(with,** de); **my ears are ringing,** les oreilles me tintent; mes oreilles bourdonnent; **to r. for s.o.,** sonner qn; **to r. for the lift,** appeler l'ascenseur (*c*) téléphoner; **to r. back,** rappeler **2.** *vtr* (*a*) (faire) sonner (une cloche); **to r. the bell,** sonner; **to r. the doorbell,** sonner à la porte; *F:* **does that r. a bell?** est-ce que cela vous rappelle quelque chose? (*b*) téléphoner, donner un coup de téléphone, passer un coup de fil, à (qn); **to r. s.o. back,** rappeler qn. **'ring in** *vtr* carillonner (la nouvelle année). **'ringing 1.** *a* (son) sonore; retentissant; **in r. tones,** d'une voix vibrante **2.** *n* sonnerie *f*; tintement *m* (de cloches); bourdonnement *m* (dans les oreilles); *Tp:* **r. tone,** tonalité *f*. **ring 'off** *vi Tp:* raccrocher. **ring 'out** *vi* sonner; retentir. **ring 'up 1.** *vi* téléphoner **2.** *vtr* téléphoner, donner un coup de téléphone, passer un coup de fil, à (qn).

rink [riŋk] *n* **(ice skating) r.,** patinoire *f*; **(roller skating) r.,** skating *m*.

rinse [rins] **1.** *vtr* rincer; **to r. one's hands,** se rincer les mains; se passer les mains à l'eau; **to r. one's mouth (out),** se rincer la bouche **2.** *n* rinçage *m*; (*hair colouring*) shampooing colorant; **to give the washing a r.,** rincer le linge.

riot ['raiət] **1.** *n* émeute *f*; manifestation violente; *Fig:* orgie *f* (de couleurs, de fleurs); **to run r.,** se déchaîner; *F:* **it's, he's, a r.,** c'est rigolo; c'est un rigolo; **the r. police** = les CRS *mpl*; *F:* **to read s.o. the r. act,** semoncer, tancer, qn **2.** *vi* faire une émeute, se manifester de façon violente; se bagarrer. **'rioter** *n* émeutier, -ière; manifestant, -ante, violent(e). **'rioting** *n* émeutes *fpl*; bagarres *fpl*. **'riotous** *a* tapageur, bruyant; **r. living,** vie dissolue. **'riotously** *adv* tapageusement.

rip [rip] **1.** *n* déchirure *f*; fente *f* **2.** *v* **(ripped)** (*a*) *vtr* fendre; déchirer; **to r. open,** ouvrir en déchirant (*b*) *vi* se déchirer; se fendre. **'ripcord** *n* corde *f* d'ouverture (de parachute). **rip 'off** *vtr* (*a*) arracher, déchirer (ce qui recouvre qch) (*b*) *F:* voler, rouler (qn). **'rip-off** *n F:* escroquerie *f*; **it's a r.-o.!** c'est du vol organisé! **rip 'out** *vtr* arracher (une page d'un livre). **'rip-roaring** *a F:* tumultueux; (succès) fulgurant. **rip 'up** *vtr* déchirer.

ripe [raip] *a* (*of fruit*) mûr; (fromage) (bien) fait; **a r. old age,** un bel âge. **'ripen** *vtr & i* mûrir. **'ripeness** *n* maturité *f*.

ripple ['ripl] **1.** *n* ride *f* (sur l'eau); ondulation *f*; (léger) clapotis (de l'eau); murmure(s) *m(pl)* (de conversation); cascade *f* (de rires) **2.** *vi* (*of lake*) se rider; (*of corn, hair*) onduler.

rise [raiz] **1.** *vi* **(rose; risen)** (*a*) (*of sun, wind, curtain*) se lever; (*of pers*) se lever; se mettre debout; (*after a fall*) se relever; **to r. from the dead,** ressusciter (*b*) (*of parliament*) lever la séance (*c*) **to r. (up, in**

revolt), se soulever (**against,** contre) (*d*) (*of smoke, ground*) monter, s'élever; (*of dough*) lever; **to r. to the surface,** (re)monter à la surface; **to r. to the bait,** mordre à l'hameçon; **the barometer is rising,** le baromètre est à la hausse, est en hausse; **prices have risen,** les prix ont augmenté; **to r. in price,** augmenter de prix (*e*) (*of hopes*) croître; (*of spirits*) remonter; **to r. to the occasion,** se montrer à la hauteur de la situation; **to r. to the rank of colonel,** monter au grade de colonel; **to r. to power,** accéder au pouvoir; **he rose from nothing,** il est parti de rien (*f*) (*of river*) prendre sa source (**in,** dans) **2.** *n* (*a*) montée *f*, côte *f* (sur une route); rampe *f*; éminence *f*, élévation *f* (de terrain); hausse *f*, augmentation *f* (des prix); **r. in value of a possession,** appréciation *f* d'un bien; **to ask for a r.** (*NAm:* **a raise),** demander une augmentation (de salaire); **to give r. to,** donner lieu à (*b*) *Fig:* ascension *f*; avancement *m* (dans sa carrière); essor *m*; accession *f* (au pouvoir); *F:* **to get, to take, a r. out of s.o.,** mettre qn en colère (*c*) (*in river*) crue *f*. **'riser** *n* **early r.,** personne matinale; lève-tôt *mf inv*; **to be an early r.,** être matinal; **late r.,** lève-tard *mf inv*. **'rising 1.** *a* (soleil) levant; (route) qui monte; (nombre) croissant; (baromètre) en hausse; (vent) qui se lève; (sentiment) croissant; (artiste, etc) d'avenir; **r. damp,** humidité qui monte du sol; **r. tide,** marée montante; **r. prices** la hausse des prix; **the r. generation,** la nouvelle génération; (*of child*) **to be r. five,** aller sur ses cinq ans **2.** *n* soulèvement *m* (de la population); lever *m* (du soleil, du rideau); hausse *f* (du baromètre); crue *f* (des eaux); **r. and falling,** mouvement *m* de hausse et de baisse.

risk [risk] **1.** *n* risque *m*; péril *m*; **to take, run, risks,** courir, prendre, des risques; **to run the r. of,** risquer de; **to be at r.,** être en danger; (*of job*) être menacé; **at the r. of his life,** au risque, au péril, de sa vie; **at one's own r.,** à ses risques et périls; **it isn't worth the r.,** ça ne vaut pas le coup; **fire r.,** risque d'incendie **2.** *vtr* risquer; hasarder (qch); **I'll r. it,** je vais risquer le coup; **I wouldn't r. a crossing in such weather,** je ne me risquerais pas à tenter la traversée par un temps pareil. **'riskiness** *n* risques *mpl*. **'risky** *a* (**-ier, -iest)** risqué; hasardeux.

rissole ['risoul] *n Cu:* croquette *f*.

rite [rait] *n* rite *m*; **the last rites,** les derniers sacrements. **ritual** ['ritjuəl] **1.** *a* rituel **2.** *n* rituel *m*; rites *mpl*. **'ritually** *adv* selon les rites; rituellement.

ritzy ['ritsi] *a* (**-ier, -iest)** *F:* luxueux, classe *inv*.

rival ['raivəl] **1.** *a* rival; (*of forces, claim, etc*) opposé **2.** *n* rival, -ale, concurrent, -ente **3.** *vtr* (**rivalled,** *NAm:* **-l-)** rivaliser avec (**in,** de); égaler (**in,** en). **'rivalry** *n* (*pl* **-ies)** rivalité *f*; émulation *f*.

river ['rivər] *n* (*major, flowing into sea*) fleuve *m*; (*tributary, smaller river*) rivière *f*; **r. port,** port fluvial; **r. bank,** rive *f* (d'un fleuve, d'une rivière). **'riverside** *n* bord *m* de l'eau; rive; **r. inn,** auberge au bord de l'eau.

rivet ['rivit] **1.** *n* rivet *m* **2.** *vtr* river; *Tchn:* riveter; **to r. s.o.'s attention,** fixer, capter, l'attention de qn. **'riveter** *n* (*pers*) riveur *m*. **'riveting** *a* fascinant, passionnant.

Riviera (the) [ðərivi'eərə] *Prn* **the (French) R.,** la Côte d'Azur.

RN *abbr Royal Navy*.

road [roud] *n* route *f* (**to,** qui va à); (*small*) chemin *m*; voie *f*; (*in town*) rue *f*; (*roadway*) chaussée *f*; *Fig:* (*path*) voie, chemin, route; **the Paris r.,** la route de Paris; (*of building*) **across, over, the r.,** en face; **by r.,** par le route; **get out of the r.!** ne reste pas sur la chaussée! **r. works,** travaux *mpl* (de voirie); **r. (traffic) accident,** accident de la route; **r. map,** carte routière; **r. sign,** panneau *m* (routier, de signalisation); **r. transport,** transports routiers; **r. users,** usagers de la route; *F:* **r. hog,** chauffard *m*; **to take the r.,** se mettre en route; **to be on the r.,** être en route; (*Th: of company, Com: of representative*) être en tournée; **r. sense,** sens pratique des dangers de la route; **he's on the right r.,** il est sur le bon chemin, *Fig:* dans la bonne voie; **the r. to London,** la route de Londres; **(on) the r. to success,** (sur) le chemin du succès; (*of car*) **to hold the r. well,** bien tenir la route; **r. test,** essai *m* (de voiture) sur route. **'roadblock** *n* barrage routier. **'roadhouse** *n* hôtellerie *f* en bord de route. **'roadside** *a & n* **(by the) r.,** au bord de la route; **r. repairs,** dépannage *m*; **r. café,** café au bord de la route. **'roadway** *n* chaussée. **'roadworthy** *a* (*of car*) en état de marche.

roam [roum] **1.** *vi* errer, rôder; **to r. (about) the streets,** traîner dans les rues **2.** *vtr* parcourir (les rues). **'roaming 1.** *a* errant, vagabond **2.** *n* course *f* à l'aventure.

roar [rɔːr] **1.** *n* hurlement *m*; rugissement *m* (de qn, de lion); grondement *m* (de canon); mugissement *m* (de taureau, de la mer); ronflement *m* (de fourneau); **roars of laughter,** grands éclats de rire **2.** *v* (*a*) *vi* hurler; (*of lion, wind, engine*) rugir; (*of sea*) mugir; (*of thunder*) gronder; (*of fire*) ronfler; **to r. with laughter,** éclater de rire; (*of lorry, etc*) **to r. past,** passer dans un bruit de tonnerre (*b*) *vtr* **to r. (out),** hurler, vociférer (un ordre). **'roaring 1.** *a* (homme) hurlant; (lion) rugissant; (taureau, vent) mugissant; (tonnerre) grondant; **r. fire,** belle flambée; **r. success,** succès fou; **to do a r. trade,** vendre beaucoup, faire des grosses ventes **2.** *n* = **roar 1.**

roast [roust] **1.** *v* (*a*) *vtr* (faire) rôtir (la viande); torréfier, griller (le café) (*b*) *vi* (*of meat*) rôtir; (*of pers*) se rôtir (au soleil) **2.** *n Cu:* rôti *m*; **a r. of veal, of pork,** un rôti de veau, de porc **3.** *a* **r. meat,** viande rôtie; **r. beef,** rôti de bœuf; rosbif *m*; **r. chicken,** poulet rôti. **'roaster** *n Cu:* volaille *f* à rôtir. **'roasting 1.** *n* rôtissage *m* (de la viande); torréfaction *f* (du café); **r. chicken,** poulet à rôtir **2.** *a* brûlant; *F:* **it's r. in here!** on crève de chaleur ici!

rob [rɔb] *vtr* **(robbed)** voler (qn); dévaliser (une banque, une maison); piller (un verger); **to r. s.o. of sth,** voler qch à qn; priver qn de qch. **'robber** *n* voleur, -euse. **'robbery** *n* (*pl* **-ies)** vol *m*; **armed r.,** vol à main armée; *F:* **it's daylight r.!** c'est de l'escroquerie! c'est du vol organisé!

robe [roub] *n* robe *f* (d'office, de cérémonie, de magistrat); toge *f* (universitaire); **(bath) r.,** peignoir *m* (de bain).

robin ['rɔbin] *n* (*a*) *Orn:* **r. (redbreast),** rouge-gorge *m* (*b*) *Bot:* **ragged r.,** lychnide *f* des prés.

robot ['roubɔt] *n* robot *m*; automate *m*.

robust [rou'bʌst] *a* robuste, vigoureux, solide. **ro'bustness** *n* robustesse *f*; vigueur *f*.

rock¹ [rɔk] *n* (*a*) rocher *m*, roc *m*; *Geol:* roche *f*; *NAm:* (*Br* = **stone**) pierre *f*; **a r.**, un rocher, une roche; *Geog:* **the R. (of Gibraltar)**, le Rocher de Gibraltar; *Nau:* **to run on the rocks**, donner sur les écueils; *F:* **to be on the rocks**, (*of pers*) être sans le sou, fauché; (*of marriage*) être en pleine débâcle; **whisky on the rocks**, whisky aux, avec des, glaçons *m*; **r. face**, paroi rocheuse; **r. climbing**, varappe *f*; **r. climber**, varappeur *m*; **r. crystal**, cristal *m* de roche; **r. salt**, sel gemme; *Ich:* **r. salmon**, roussette *f*; *Cu:* **r. cake, bun**, rocher; **r. plant**, plante alpine; **r. garden**, (jardin de) rocaille *f*; **r. bottom**, point le plus bas; **prices have reached r. bottom**, les prix sont au plus bas; **r-bottom prices**, prix très bas (*b*) *Comest:* **(stick of) r.**, (bâton de) sucre *m* d'orge. **'rockery** *n* (*pl* **-ies**) (jardin *m* de) rocaille. **'rocky¹** *a* **(-ier, -iest)** rocailleux; rocheux; *Geog:* **the R. Mountains**, *npl* **the Rockies**, les (montagnes) Rocheuses.

rock² **I.** *v* **1.** *vtr* (*a*) bercer, balancer; basculer (un levier); **to r. a child on one's knees**, balancer un enfant sur ses genoux; **the earthquake rocked the house**, le tremblement de terre a ébranlé la maison (*b*) (*shock*) secouer; *Fig:* **to r. the boat**, secouer la barque **2.** *vi* se balancer; (*of building*) trembler. **II.** *n* *Mus:* rock *m*; **r. and roll**, rock (and roll) *m*. **'rocker** *n* (*a*) bascule *f* (de fauteuil); *F:* **to be off one's r.**, être fou, timbré (*b*) fauteuil *m* à bascule. **'rocking 1.** *a* oscillant; (*unsteady*) branlant; **r. chair, horse**, fauteuil, cheval, à bascule **2.** *n* balancement *m*, bercement *m*; oscillation *f*. **rocky²** *a* **(-ier, -iest)** *F:* branlant; chancelant.

rocket ['rɔkit] **1.** *n* fusée *f*; **to fire, launch, a r.**, lancer une fusée; **r. launcher**, lance-fusées *m inv*; **r. base**, base de lancement de fusées; *F:* **he's just had a r. from his father**, son père vient de lui passer un savon **2.** *vi* (*of prices*) monter en flèche.

rod [rɔd] *n* baguette *f*; *MecE:* tige *f*; **to make a r. for one's own back**, se préparer des ennuis; **to rule s.o. with a r. of iron**, gouverner qn avec une main de fer; mener qn à la baguette; **(fishing) r.**, canne *f* à pêche; **r. and line**, ligne *f* de pêche; **curtain, stair, r.**, tringle *f* de rideau, d'escalier.

rode [roud] *see* **ride II.**

rodent ['roudənt] *n Z:* rongeur *m*.

rodeo ['roudiou] *n* (*pl* **-os**) *NAm:* rodéo *m*.

roe¹ [rou] *n* (*pl* **roe(s)**) *Z:* **r. (deer)**, chevreuil *m*. **'roebuck** *n* chevreuil (mâle).

roe² *n inv in pl* **(hard) r.**, œufs *mpl* de poisson; **soft r.**, laite *f*, laitance *f*.

roger ['rɔdʒər] *int WTel:* (message) reçu et compris.

rogue [roug] *n* crapule *f*; (*mischievous*) coquin, -ine; (*child*) fripon, -onne; **rogues' gallery**, collection de portraits de criminels *mpl*; **r. elephant**, éléphant solitaire. **'roguish** *a* coquin, espiègle. **'roguishly** *adv* avec espièglerie. **'roguishness** *n* espièglerie *f*.

rôle [roul] *n* rôle *m*.

roll [roul] **1.** *n* (*a*) rouleau *m* (de papier); bobine *f* (de film); bourrelet *m* (de graisse, de chair); (*of sweater*) **r. neck**, col roulé (*b*) **(bread) r.**, petit pain; **spring, pancake, r.**, *NAm:* **egg r.**, pâté, rouleau, impérial (*c*) *Adm:* rôle *m*, contrôle *m*, liste *f*; **to call the r.**, faire l'appel *m*; **r. call**, appel *m* (nominal); **to have a r. call**, faire l'appel; **r. of honour**, liste de ceux qui sont morts pour la patrie; *Sch:* tableau *m* d'honneur; *Jur: etc:* **to strike s.o. off the rolls**, rayer qn du tableau (*d*) (*of ship*) roulis *m*; (*of aircraft*) (vol *m* en) tonneau *m* (*e*) roulement *m* (de tambour, de tonnerre) **2.** *v* (*a*) *vtr* rouler (une bille, ses yeux, une cigarette); enrouler (du papier); cylindrer (une route); laminer (des métaux); *Cu:* étaler (la pâte) (au rouleau); **to r. one's r's**, rouler les r; grasseyer (*b*) *vi* rouler; (*of pers, animal*) se rouler; (*of thunder*) gronder; *F:* **to be rolling (in money, in it)**, rouler sur l'or. **roll a'bout** *vi* rouler çà et là. **roll a'long** *vi* rouler. **roll a'way** *vi* s'éloigner (en roulant). **roll 'back** *vtr & i* rouler (en arrière). **roll 'by** *vi* passer (en roulant). **rolled** *a* **r. gold**, doublé *m*; plaqué *m* (or). **roll 'down 1.** *vtr* baisser (un store); descendre (une pente) (en roulant) **2.** *vi* **tears rolled down his cheeks**, les larmes coulaient sur ses joues. **'roller** *n* (*a*) rouleau *m* (à peinture, à cheveux, transporteur); enrouleur *m* (de store); roulette *f* (de fauteuil); *Paperm:* calendre *f*; *Mec:* laminoir *m*; **road r.**, rouleau compresseur; **r. skating**, patin *m* à roulettes; **r. skates**, patins à roulettes; **r. towel**, serviette sans fin; **r. blind**, store sur rouleau; (*at fair*) **r. coaster**, montagnes *fpl* russes (*b*) (*of the sea*) lame *f* de houle. **'roller-skate** *vi* faire du patin à roulettes. **roll 'in** *vi* (*of waves*) déferler; *F:* (*of orders, letters*) affluer; *F:* (*of pers*) s'amener; **he rolled in at midnight**, il a rappliqué à minuit. **'rolling 1.** *a* roulant; qui roule; (pays) ondulé, onduleux; (*of sea*) gros, houleux; **to have a r. gait**, se balancer, se dandiner, en marchant; *F:* **he's a r. stone**, il roule sa bosse **2.** *n* roulement *m*; **r. pin**, rouleau *m* à pâtisserie; **r. mill**, usine de laminage *m*; *Rail:* **r. stock**, matériel roulant. **'roll-neck(ed)** *a* (chandail) à col roulé. **roll 'on 1.** *vtr* mettre (de la peinture, un bas) **2.** *vi* (*of time*) s'écouler; *F:* **r. on the holidays!** vivement les vacances! **'roll-on** *n* flacon *m* à bille. **roll 'out 1.** *vtr* débiter (des vers); *Cu:* étaler (la pâte) (au rouleau) **2.** *vi* sortir en roulant. **roll 'over 1.** *vtr* retourner; culbuter (qn) **2.** *vi* (*once*) se retourner; (*many times*) se rouler (sur le sol); (*of animal, esp dog*) se rouler (sur le dos); **to r. o. and over**, rouler sur soi-même. **'rolltop** *n* **r. desk**, bureau à cylindre *m*. **roll 'up 1.** *vtr* rouler, enrouler (une carte); retrousser (ses manches); envelopper (qch) **2.** *vi* se rouler (**into**, en); *F:* s'amener; **to r. (oneself) up in a blanket**, s'enrouler dans une couverture; **to r. up into a ball**, se rouler en boule; *F:* **he rolled up at midnight**, il a rappliqué à minuit.

rollicking ['rɔlikiŋ] *a* joyeux (et bruyant).

roly-poly [rouli'pouli] **1.** *a F:* grassouillet **2.** *n Cu:* **(jam) r. p. (pudding)**, roulé *m* à la confiture.

Roman ['roumən] **1.** *a & n* romain, -aine; **R. numerals**, chiffres romains; **R. nose**, nez busqué, aquilin **2.** *a & n* **R. Catholic**, catholique (*mf*). **Roma'nesque** *a Arch:* roman.

romance [rə'mæns, rou-] **1.** *n* (*a*) **the R. languages**, les langues romanes (*b*) histoire *f*, roman *m*, d'amour; **it's quite a r.**, c'est tout un roman; **love of r.**, amour du romanesque; **the r. of the sea**, la poésie de la mer (*c*) (*between two people*) amour *m*; aventure amoureuse **2.** *vi* exagérer; inventer à plaisir. **ro'mantic 1.** *a* (histoire) romanesque; (paysage, amour, tendresse, *Art: Lit:* école, mouvement) romantique **2.** *n* (*pers*) romantique *mf*. **ro'mantically** *adv* (décrire) de façon romanesque; (chanter) en romantique; (se conduire) de façon romantique. **ro'manticism** *n* romantisme *m*. **ro'manticize 1.** *vtr* romancer (une idée, un incident); faire tout un roman de (un incident) **2.** *vi* donner dans le romantique.

Romania [rou'meiniə] *Prn Geog:* = **Rumania**.

Rome [roum] *Prn* Rome *f*; *Ecc:* **the Church of R.**, l'Église romaine; le catholicisme.

romp [rɔmp] **1.** *n* ébats *mpl* **2.** *vi* s'ébattre (bruyamment); *Rac:* **to r. home,** gagner haut la main; arriver dans un fauteuil; **to r. through an exam,** avoir un examen les doigts dans le nez. **'romper(s)** *n(pl)* *Cl:* barboteuse *f* (d'enfant).

roof [ru:f] **1.** *n* toit *m*; plafond *m* (de mine, de tunnel, etc); voûte *f* (de caverne); **the r. of the mouth,** la voûte du palais; **to be without a r. over one's head,** se trouver sans logement; **under the same r.,** sous le même toit; *F:* **to raise the r.,** faire beaucoup de bruit, du vacarme; *F:* (*of pers*) **to go through, to hit, the r.,** sortir de ses gonds; *Aut:* **sunshine r.,** toit ouvrant; **r. rack,** galerie *f* **2.** *vtr Const:* couvrir (une maison); **to r. sth (over),** recouvrir qch d'un toit. **'roofing** *n* toiture *f*; couverture *f*. **'rooftop** *n* toit; *Fig:* **to shout sth from the rooftops,** crier qch sur les toits.

rook¹ [ruk] *n Orn:* corneille *f*, freux *m*. **'rookery** *n* (*pl* **-ies**) colonie *f* de corneilles, de freux.

rook² *n Chess:* tour *f*.

rook³ *vtr F:* refaire, rouler (qn).

rookie ['ruki] *n Mil: F:* bleu *m*.

room [ru(:)m] **1.** *n* (*a*) place *f*; espace *m*; **to take up a lot of r.,** occuper beaucoup de place; être très encombrant; **to be cramped for r.,** être à l'étroit; **to make r. for s.o.,** faire place à qn; **there's r. for improvement,** cela laisse à désirer; **there's r. for doubt,** le doute est permis; **no r. for doubt,** aucun doute possible (*b*) pièce *f*; salle *f*; (*bedroom*) chambre *f* (à coucher); **double r.,** chambre à deux personnes; **single r.,** chambre à une personne; **living r.,** salle de séjour; living *m*; (*in hospital*) **delivery r.,** salle d'accouchement; **r. and board,** chambre et pension; (*in hotel*) **r. service,** repas servis dans les chambres; (*of wine*) **at r. temperature,** chambré; **furnished rooms to let,** chambres meublées à louer; **I have rooms in town,** j'ai un appartement en ville; **in rooms,** en meublé; *NAm:* **men's r., ladies' r.,** toilettes *fpl* **2.** *vi NAm:* (*Br* = **lodge**) vivre en meublé; partager un logement (**with s.o.,** avec qn). **'roomful** *n* salle pleine. **'rooming house** *n NAm:* (*Br* = **lodging house**) maison *f* de rapport; immeuble *m*. **'roommate** *n* camarade *mf* de chambre. **'roomy** *a* (**-ier, -iest**) (appartement) spacieux; (vêtement) ample.

roost [ru:st] **1.** *n* juchoir *m*, perchoir *m*; (*of crime*) **to come home to r.,** se retourner contre son auteur; **to rule the r.,** faire la loi (chez soi) **2.** *vi* (*of birds*) (se) percher, (se) jucher. **'rooster** *n* coq *m*.

root [ru:t] **I.** *n* racine *f* (d'une plante, d'un mot); *Fig:* cause *f*, origine *f*; **to take r.,** prendre racine; **to pull up a plant by the roots,** déraciner une plante; **to put down (new) roots,** s'enraciner; **r. crops,** racines alimentaires; *NAm:* **r. beer,** bière non alcoolisée (faite de racines); **r. cause,** cause première; *Mth:* **square r.,** racine carrée. **II.** *v* **1.** *vtr* enraciner; **to remain rooted to the spot,** rester cloué sur place **2.** *vi* (*a*) (*of plant*) s'enraciner; prendre racine (*b*) **to r. about, around,** fouiller (**among, in,** dans) (**for,** pour trouver) (*c*) *F:* **to r. for,** encourager. **'rooted** *a* **deeply r.,** bien enracine (**in,** dans); **r. to the spot,** cloué sur place. **root 'out, 'up** *vtr* dénicher; extirper (un abus).

rope [roup] **1.** *n* corde *f*; *Nau:* cordage *m*; cordon *m* (de sonnette); grand collier (de perles); **to know the ropes,** être au courant; **to show s.o. the ropes,** mettre qn au courant; **r. ladder,** échelle de corde **2.** *vtr* lier (un paquet); encorder (des alpinistes); **roped together,** en cordée. **rope 'in** *vtr* embrigader (qn) (**to do,** pour faire). **rope 'off** *vtr* séparer (par une corde). **'rop(e)y** *a* (**-ier, -iest**) *F:* de mauvaise qualité, minable; (*of pers*) patraque.

rosary ['rouzəri] *n* (*pl* **-ies**) rosaire *m*; chapelet *m*.

rose¹ [rouz] *see* **rise 1.**

rose² 1. *n* (*a*) rose *f*; **r. (bush, tree),** rosier *m*; **wild r.,** églantine *f*; **r. garden,** roseraie *f*; **life is not a bed of roses, not all roses,** tout n'est pas rose dans la vie (*b*) pomme *f* (d'arrosoir); rosace *f* (de plafond); **r. window,** rosace **2.** *a & n* (*colour*) rose (*m*). **rosé** ['rouzei] *n* (vin) rosé *m*. **'rosebud** *n* bouton *m* de rose. **'rose-coloured** *a* **to see things through r.-c. spectacles,** voir tout en rose. **'rosemary** *n Bot: Cu:* romarin *m*. **'rosewood** *n* bois *m* de rose. **'rosy** *a* (**-ier, -iest**) rose; rosé; **r. cheeks,** joues vermeilles; **a r. future,** un avenir tout en rose; **to paint everything in r. colours,** peindre tout en rose.

rosette [rou'zet] *n Sp:* cocarde *f*; (rose-shaped) rosette *f*.

rosin ['rɔzin] *n* colophane *f*.

roster ['rɔstər] *n* **(duty) r.,** liste *f* (de service).

rostrum ['rɔstrəm] *n* tribune *f*; (*at auction sale*) estrade *f*; *Sp:* podium *m*.

rot [rɔt] **1.** *n* (*a*) pourriture *f*; carie *f*; (*in timber*) **dry, wet, r.,** pourriture sèche, humide; **to stop the r.,** parer à la démoralisation; **the r. has set in,** le moral (de l'équipe) a flanché (*b*) *F:* inepties *fpl*; **to talk r.,** dire des imbécillités **2.** *v* **(rotted)** (*a*) *vi* **to r. (away),** pourrir; se décomposer (*b*) *vtr* (faire) pourrir; putréfier. **'rotten** *a* pourri; (œuf) gâté; *Fig:* corrompu; *F:* moche; sale; (temps) de chien; **what r. luck!** quelle guigne! **r. job,** sale besogne; **I feel r.,** je suis mal fichu, patraque. **'rottenness** *n* pourriture *f*. **'rotter** *n F:* **he's a r.!** quel sale type! **'rotting** *a* (*of meat, fruit, etc*) qui pourrit.

rota ['routə] *n* liste *f* (de service).

rotate [rou'teit] **1.** *vi* tourner; (*of pers*) remplir ses fonctions à tour de rôle **2.** *vtr* faire tourner (qch); alterner (des cultures). **'rotary 1.** *a* rotatif; **r. motion,** mouvement de rotation; **r. airer, drier,** séchoir *m* parapluie; **r. (printing) press,** rotative *f* **2.** *n NAm: Aut:* rond-point *m* (à sens giratoire) **ro'tating** *a* tournant. **ro'tation** *n* rotation *f*; **in, by, r.,** à tour de rôle; **r. of crops,** assolement *m*; *Mec:* **rotations per minute,** tours-minute *mpl*. **ro'tatory** *a* rotatoire; de rotation. **'rotor** *n* rotor *m*.

rote [rout] *n* **by r.,** machinalement.

rotund [rou'tʌnd] *a* rond, arrondi; rondelet. **ro'tundity** *n* rondeur *f*.

rouble [ˈruːbəl] *n* rouble *m*.

rouge [ruːʒ] **1.** *n Toil:* rouge *m* (à joues) **2.** *vtr* **to r. one's cheeks,** se farder (les joues); se mettre du rouge aux joues.

rough [rʌf] **1.** *a* (*a*) (*of surface*) rêche, rugueux, rude; (*of road*) raboteux; (*of ground*) inégal, accidenté; rocailleux; (*of diamond*) brut; **in the r. state,** à l'état brut; **to feel r.,** être patraque, mal fichu (*b*) (*violent*) brutal; (*of neighbourhood*) mauvais; **r. sea,** mer agitée; *Nau:* **r. weather,** gros temps; **to have a r. crossing,** faire une mauvaise traversée; *F:* **he's had a r. time, r. deal,** il a mangé de la vache enragée; *F:* **it was r. on him,** c'était dur pour lui; **r. handling,** *F:* **stuff,** brutalités *fpl*; **to be r. with s.o.,** brutaliser, rudoyer, qn; **a r. child,** un enfant dur; *F:* **a r. customer,** un sale type; **to give s.o. a r. handling,** malmener qn; (*of conditions, solution*) **r. and ready,** grossier (mais adéquat) (*c*) (*of manners*) grossier; bourru, rude; **r. justice,** justice sommaire (*d*) approximatif; **r. sketch,** ébauche *f*, esquisse *f*; **r. translation,** essai de traduction, premier jet; **r. copy, draft,** brouillon *m*; **r. paper,** du papier brouillon; **r. guess, estimate,** approximation *f*; **at a r. guess,** approximativement (*e*) (*of voice*) rude, rauque, âpre **2.** *adv* rudement; grossièrement; (jouer) brutalement; *F:* (dormir, vivre) à la dure; *F:* **to cut up r.,** se mettre en colère **3.** *n* (*a*) **to take the r. with the smooth,** prendre le bien avec le mal; *Golf:* **in the r.,** dans l'herbe longue (*b*) *F:* (*pers*) vaurien *m*, voyou *m* **4.** *vtr F:* **to r. it,** vivre à la dure. **ˈroughage** *n* (*in diet*) fibres *fpl* (alimentaires). **ˈrough-and-ˈtumble** *n* mêlée *f*; (*of one's life*) remue-ménage *m inv*. **ˈroughen** *vtr* rendre rude, rugueux. **ˈrough-house** *n F:* chahut *m*, bousculade *f*. **ˈroughly** *adv* (*a*) rudement; brutalement; **to treat s.o. r.,** malmener qn (*b*) grossièrement; **r. made,** grossier; **to sketch sth r.,** faire un croquis sommaire de qch (*c*) approximativement; en gros; à peu (de choses) près; **r. speaking,** en général. **ˈroughneck** *n F:* voyou *m*. **ˈroughness** *n* rudesse *f*; rugosité *f*; inégalité *f* (du sol); (*of pers*) grossièreté *f*, brusquerie *f*; brutalité *f*; agitation *f* (de la mer). **rough ˈout** *vtr* ébaucher (un plan). **ˈroughshod** *a* **to ride r. over s.o.,** traiter qn sans ménagement; fouler qn aux pieds. **rough ˈup** *vtr* ébouriffer (les cheveux); *F:* malmener, rudoyer (qn).

roulette [ruːˈlet] *n* roulette *f*.

round [raund] **1.** *a* rond, circulaire; **r. table conference,** table ronde; **r. shoulders,** épaules voûtées, rondes; **to make sth r.,** arrondir qch; **r. dance,** ronde *f*; **r. trip,** (voyage) aller et retour *m*; **r. robin,** pétition (revêtue de signatures); **r. dozen,** bonne douzaine; **in r. figures,** en chiffres ronds **2.** *n* (*a*) cercle *m*, rond *m*; **theatre in the r.,** théâtre en rond (*b*) tranche *f* (de pain); *Cu:* **r. of sandwiches,** sandwich fait de deux tranches de pain de mie (coupé en quatre); **r. of toast,** rôtie *f*; **r. of beef,** gîte *f* à la noix (*c*) **the daily r.,** la routine de tous les jours; le train-train quotidien; **one continual r. of pleasures,** une succession perpétuelle de plaisirs (*d*) *Pol:* manche *f*; série *f* (de pourparlers); tournée *f* (de visites, etc); **to stand a r. (of drinks),** payer une tournée (générale); **to have a r. of golf,** faire une partie de golf; **the story went the round(s) (of the village),** l'histoire a fait le tour (du village) (*e*) **rounds** tournée (d'un facteur, d'un laitier); visites *fpl* (d'un médecin); ronde (d'un agent de police, d'un soldat); **to do one's round(s),** faire sa tournée; (*of doctor*) faire ses visites; (*of policeman, soldier*) faire sa ronde; **delivery r.,** livraisons *fpl*, tournée (*f*) *Box:* round *m*; *Ten:* tour, série *f* (d'un tournoi); *Sp:* manche (d'une compétition); **r. of applause,** salve *f* d'applaudissements; *Mil:* **a r. of ammunition,** une cartouche, une balle (*g*) *Mus:* canon *m* **3.** *adv* autour; **to go r.,** tourner (en rond); décrire un cercle, des cercles; **the wheels go r.,** les roues tournent; **to turn r.,** se retourner; **all (the) year r.,** (pendant) toute l'année; **winter came r.,** l'hiver est revenu; **garden with a wall right r., all r.,** jardin avec un mur tout autour; **to be six feet r.,** avoir six pieds de tour; **all the country r. about,** tout le pays à l'entour; **taking it all r.,** dans l'ensemble; **to hand r. the cakes,** faire circuler les gâteaux; **there isn't enough to go r.,** il n'y en a pas assez pour tout le monde; **r. here,** par ici; **it's a long way r.,** cela fait un grand détour; **to take the long(est) way r.,** prendre le chemin le plus long; **to ask s.o. r. (for the evening),** inviter qn (à venir passer la soirée) chez soi; **if you're r. this way,** si vous passez par ici **4.** *prep* autour de; **r. the table,** autour de la table; **r. about,** autour de (la maison, etc); environ; **r. (about) midday,** vers midi; **to go, travel, r. the world,** faire le tour du monde; **to show s.o. r. the garden,** faire faire à qn le tour du jardin; **to look r. the room,** jeter un coup d'œil autour de la pièce; **to go r. the museum,** visiter le musée; **to go r. an obstacle,** contourner un obstacle; **to go r. the corner,** (*of pers*) tourner le coin; (*of car*) prendre le virage; *F:* **to go r. the bend,** devenir fou, dingue **5.** *v* (*a*) *vtr* arrondir; contourner (un obstacle); (*of pers*) tourner (un coin); (*of car*) prendre (un virage); *Nau:* doubler, franchir (un cap) (*b*) *vi* s'arrondir; **to r. on s.o.,** s'en prendre à qn. **ˈroundabout 1.** *n* (*at fair*) (manège *m* de) chevaux *mpl* de bois; manège; *Aut:* rond-point *m* (à sens giratoire) **2.** *a* détourné; indirect; **to take a r. way,** faire un détour. **ˈrounded** *a* arrondi. **ˈrounders** *n Sp:* sorte *f* de baseball, balle *f* au camp. **round-ˈeyed** *a* les, aux, yeux ronds. **roundish** *a* rondelet; arrondi. **roundly** *adv* (parler) rondement, carrément. **ˈround-necked** *a* (pullover) (au) ras du cou. **ˈroundness** *n* rondeur *f*. **round ˈoff** *vtr* terminer (des négociations, un discours). **ˈround on** *vtr* tomber sur (qn). **round-ˈshouldered** *a* voûté, aux épaules rondes. **round ˈup** *vtr* rassembler (le bétail); faire une rafle de (criminels); arrondir (une somme) au chiffre supérieur. **ˈroundup** *n* rafle *f* (de criminels).

rouse [rauz] *vtr* (*a*) **to r. s.o. (from sleep),** (r)éveiller qn; **to r. oneself,** se secouer; **to r. s.o. to action,** inciter qn à agir (*b*) **to r. (to anger),** mettre (qn) en colère (*c*) éveiller (les passions); soulever (l'indignation); susciter (l'admiration, l'opposition). **ˈrousing** *a* (applaudissements) chaleureux; (discours) vibrant; (accueil) enthousiaste; (musique) allègre; **r. chorus,** refrain entraînant.

rout[1] [raut] *Mil:* **1.** *n* déroute *f* **2.** *vtr* mettre (une armée) en déroute. **ˈrouted** *a* en déroute.

rout[2] *vtr & i* fouiller (dans des papiers). **ˈrout ˈout** *vtr* dénicher (qn); tirer (qn) (de son lit).

route [ru:t, *NAm:* raut] **1.** *n* (*a*) itinéraire *m*; route *f* (d'un avion); **sea r.**, route maritime; **bus r.**, ligne *f* d'autobus; *PN:* **all routes**, toutes directions; *Mil:* **r. march**, marche d'entraînement (b) *NAm:* tournée *f* **2.** *vtr* **(routeing)** fixer l'itinéraire de (train, etc).

routine [ru:'ti:n] *n* (*a*) routine *f*; **r. work**, travail de routine, *Pej:* routinier; **daily r.**, le train-train quotidien; **one's daily r.**, son travail journalier; **r. inquiries**, renseignements *mpl* de routine; **to do sth as a matter of r.**, faire qch d'office (*b*) *Th:* numéro *m* (de danse).

rove [rouv] **1.** *vi* errer **2.** *vtr* parcourir. **roving** *a* (vie) nomade; (ambassadeur) itinérant; **to have a r. eye**, avoir l'œil égrillard.

row¹ [rou] *n* rang *m* (de chaises, de gens); rangée *f* (de maisons, d'arbres); ligne *f*; file *f* (de voitures); **in a r.**, en rang, en ligne; **three times in a r.**, trois fois de suite; **two days in a r.**, deux jours de suite, d'affilée; **in rows**, par rangs; **in the front r.**, au premier rang; *US:* **death r.**, cellules *fpl* des condamnés à mort.

row² [rou] **I.** *v* **1.** *vi* ramer; *Nau:* nager; *Sp:* faire de l'aviron; **to r. round the island**, faire le tour de l'île à la rame **2.** *vtr* faire aller (un bateau) à la rame; transporter (qn) en canot; **to r. a race**, faire une course d'aviron. **II.** *n* promenade *f* en canot; **to go for a r.**, canoter, faire une promenade en canot; *NAm:* **r. boat**, bateau *m* à rames. **'rower** *n* rameur, -euse. **'rowing** *n* canotage; *Sp:* aviron *m*; **r. boat**, bateau à rames. **rowlocks** ['rɔləks] *npl* dames *fpl* de nage; tolets *mpl*.

row³ [rau] *n* (*a*) chahut *m*, tapage *m*, vacarme *m*; **to make a r.**, faire du chahut, du tapage (*b*) querelle *f*, dispute *f*; scène *f*; **to have a r. with s.o.**, se quereller avec qn; **to get into a r.**, se faire attraper.

rowan ['rouən] *n Bot:* **r. (tree)**, sorbier *m*.

rowdy ['raudi] **1.** *a* **(-ier, -iest)** chahuteur (et brutal) **2.** *n* (*pl* **-ies**) voyou *m*. **'rowdiness** *n* chahut *m*. **'rowdyism** *n* chahut; violence *f*.

royal ['rɔiəl] **1.** *a* (*a*) royal; **the R. household**, la maison du roi, de la reine; **r. blue**, bleu roi (*b*) royal, princier; magnifique; **a r. feast**, un festin de roi **2.** *npl F:* **the royals**, la famille royale. **'royalist** *a & n* royaliste (*mf*). **'royally** *adv* royalement. **'royalty** *n* (*pl* **-ies**) (*a*) royauté *f* (*b*) personnages royaux (*c*) *pl* droits *mpl* d'auteur; (*from patent, on oil*) royalties *fpl*; redevances *fpl* (d'un inventeur).

rpm *abbr revolutions per minute.*

RSPB *abbr Royal Society for the Protection of Birds.*

RSPCA *abbr Royal Society for the Prevention of Cruelty to Animals.*

RSVP *abbr répondez s'il vous plaît; please answer.*

Rt *abbr Right.*

rub [rʌb] **1.** *v* **(rubbed)** (*a*) *vtr* frotter; prendre un frottis (d'un cuivre); astiquer; **to r. one's hands (together)**, se frotter les mains; **to r. shoulders with**, coudoyer, côtoyer; **to r. sth dry**, sécher qch en le frottant; **to r. sth over a surface**, enduire une surface de qch; *Cu:* **to r. sth through a sieve**, passer qch au tamis (*b*) *vi* frotter (**against**, contre); (*of pers*) se frotter (contre) **2.** *n* frottement *m*; friction *f*; **to give sth a r.**, frotter (qch); astiquer (des cuivres); *Fig:* **there's the r.!** c'est là la difficulté! **'rub a'long** *vi F:* se débrouiller; s'accorder (bien, mal). **rub a'way** *vtr* effacer (une tache); essuyer (des larmes). **'rubbing** *n* frottement, frottage *m*; frottis *m* (d'un cuivre); **r. alcohol**, alcool *m* à 90°. **rub 'down** *vtr* bouchonner (un cheval); frictionner (qn); poncer (du bois, de la peinture). **'rub-down** *n* **to give a horse, s.o., a r.-d.**, bouchonner un cheval; frictionner qn; **to give sth a r.-d.**, donner un coup de torchon à qch; poncer la peinture. **rub 'in** *vtr* faire pénétrer (une crème) (en massant); *Pej:* **don't r. it in!** ne retournez pas le couteau dans la plaie! **rub 'off** **1.** *vtr* effacer (une tache) **2.** *vi* (*of mark*) partir; *Fig:* **it rubs o. on them**, cela déteint sur eux. **rub 'out** *vtr* effacer. **rub 'up** *vtr* astiquer, frotter; *F:* **to r. s.o. up the wrong way**, prendre qn à rebrousse-poil.

rubber¹ ['rʌbər] *n* (*a*) caoutchouc *m*; (*eraser*) **(India) r.**, gomme *f*; **foam r.**, caoutchouc mousse; **r. dinghy**, canot pneumatique; **r. stamp**, tampon *m*; **r. ball**, balle en caoutchouc; **r. band**, élastique *m*; *Bot:* **r. tree**, arbre à gomme; *Hort:* **r. plant**, caoutchouc (*b*) *NAm: P:* (*contraceptive*) capote *f*. **'rubberized** *a* (tissu) caoutchouté. **rubber-'stamp** *vtr Pej:* approuver (sans discuter). **'rubbery** *a* caoutchouteux.

rubber² *n* **the r. (game)**, la belle.

rubbish ['rʌbiʃ] *n* (*a*) ordures *fpl*, détritus *mpl*; (*waste*) déchets *mpl*; **household r.**, ordures ménagères; **r. bin**, poubelle *f*; **r. dump**, dépôt *m* d'ordures, dépotoir *m*; décharge (publique); *F:* **put it on the r.**, mets-le aux ordures (*b*) (*junk*) saleté(s) *f*(*pl*), camelote *f*; (*nonsense*) absurdités *fpl*; **to talk r.**, dire des bêtises *f*; **that's r.**, c'est absurde; ça ne vaut rien. **'rubbishy** *a* (livre, etc) sans valeur; (marchandises) de mauvaise qualité.

rubble ['rʌbl] *n* (*for building*) blocage *m*, blocaille *f*; (*after demolition*) décombres *mpl*.

rubicund ['ru:bikənd] *a* (*of s.o.'s face*) rougeaud.

ruble ['ru:bəl] *n* rouble *m*.

ruby ['ru:bi] **1.** *n* (*pl* **rubies**) *Miner:* rubis *m* **2.** *a & n* rubis (*m*) *inv*; **r. wedding**, noces de vermeil.

rucksack ['rʌksæk] *n* (*NAm:* = **backpack**) sac *m* à dos.

ruckus ['rʌkəs] *n F:* chahut *m*.

ructions ['rʌkʃnz] *npl F:* disputes *fpl*; **there'll be r.**, il va y avoir du grabuge; **if you're late there'll be r.**, si tu es en retard, tu te feras engueuler.

rudder ['rʌdər] *n* gouvernail *m*. **'rudderless** *a* (navire) sans gouvernail, à la dérive.

ruddy ['rʌdi] *a* **(-ier, -iest)** (*a*) (teint) coloré, haut en couleur; **a large, r. man**, un gros rougeaud (*b*) rougeâtre; **the r. glow (of the fire)**, la lueur rouge (du feu) (*c*) *P:* (= *bloody*) fichu; **all this r. work**, tout ce fichu travail; **he's a r. nuisance**, c'est un sacré enquiquineur, casse-pieds.

rude [ru:d] *a* (*a*) primitif, rude (*b*) grossier; (vers) scabreux; (dessin) obscène; (*of conversation*) indécent (*c*) rude; violent, brusque; **r. shock**, choc violent (*d*) (santé) robuste (*e*) impoli; mal élevé; **to be r. to s.o.**, être impoli avec qn. **'rudely** *adv* (*a*) primitivement (*b*) violemment; brusquement (*c*) impoliment; grossièrement. **'rudeness** *n* impolitesse *f*; grossièreté *f*.

rudiments ['ru:dimənts] *n* rudiments *mpl*. **rudi'mentary** *a* rudimentaire.

ruffian ['rʌfiən] *n* bandit *m*, brute *f*; voyou *m*.

ruffle ['rʌfl] **1.** *vtr* ébouriffer (les cheveux); (*of bird*) hérisser (ses plumes); troubler, rider (la surface de l'eau); **to r. s.o., s.o.'s feelings,** froisser, contrarier, qn; **nothing ever ruffles him,** rien ne le trouble jamais **2.** *n* (*frill*) ruche *f*.

rug [rʌg] *n* (*a*) (*blanket*) couverture *f*; **travelling r.,** plaid *m* (*b*) (*for floor*) (petit) tapis; carpette *f*; **(bedside) r.,** descente *f* de lit.

rugby ['rʌgbi] *n* **r. (football),** *F:* **rugger** ['rʌgər], rugby *m*; **R. Union,** rugby à quinze; **R. League,** rugby à treize; **r. player,** rugbyman *m*.

rugged ['rʌgid] *a* (*a*) (*of surface*) rugueux, rude; (*of ground*) raboteux, accidenté, inégal; (*of rock*) déchiqueté; **r. features,** traits rudes, irréguliers (*b*) (*of character*) bourru, rude; (*of determination*) farouche.

rugger ['rʌgər] *n F:* rugby *m*.

ruin ['ru:in] **1.** *n* ruine *f*; **to fall in ruins, to go to r.,** tomber en ruine; **in ruins,** en ruine; **to be the r. of s.o.,** ruiner, perdre, qn; **the building is a r.,** l'édifice est en ruine **2.** *vtr* ruiner; abîmer (un vêtement); gâter; **to r. one's prospects,** gâcher son avenir; **to r. one's health,** se ruiner la santé; **to r. s.o.'s reputation,** perdre qn de réputation; **her extravagance ruined him,** ses folles dépenses l'ont ruiné. **rui'nation** *n* ruine, perte *f*; **it'll be the r. of him,** ce sera sa ruine. **'ruined** *a* (*of building*) en ruine; (*of pers, country, etc*) ruiné. **'ruinous** *a* ruineux; **r. expense,** dépenses ruineuses. **'ruinously** *adv* **r. expensive,** ruineux.

rule [ru:l] **I.** *n* (*a*) règle *f*; règlement *m*; coutume *f*; **as a (general) r.,** en règle générale; **r. of thumb,** méthode *f* empirique; **to make it a r. to,** se faire une règle de; **r. of conduct,** norme *f* de conduite; **rules and regulations,** statuts *mpl* et règlements *mpl*; *Ind:* **work(ing) to r.,** grève *f* du zèle; **the rules of the game,** les règles du jeu; **it's the, a, r. that,** il est de règle que + *sub*; **it's against the rules,** c'est contraire à la règle; *Aut:* **the r. of the road,** le code de la route (*b*) empire *m*, autorité *f*; *Pol:* gouvernement *m*; **under British r.,** sous l'autorité britannique; **majority r.,** règle majoritaire (*c*) *Meas:* règle; **meter r.,** mètre *m*. **II.** *v* **1.** *vtr* (*a*) *Pol:* gouverner (un état); régner sur (une nation); *Jur: Sp:* décider (**that,** que); contenir (ses passions); **to r. s.o.,** mener qn; **to be ruled by s.o.,** être sous la coupe de qn; subir la loi de qn (*b*) régler, rayer (du papier); tracer (une ligne) à la règle **2.** *vi* régner (**over,** sur); (*of judge*) statuer (**against,** contre; **on,** sur); **the prices ruling in London,** les prix qui se pratiquent à Londres. **ruled** *a* (*of paper*) réglé, ligné. **rule 'out** *vtr* exclure; écarter, éliminer (une possibilité). **'ruler** *n* (*a*) *Pol:* dirigeant, -ante; souverain, -aine (*b*) règle. **'ruling 1.** *a* souverain; (*of passion*) dominant; (*of party*) au pouvoir; (cours, prix) actuel, en viguer, du jour; **the r. classes,** les classes dirigeantes **2.** *n* décision *f* (d'un juge, d'un arbitre); **to give a r. in favour of s.o.,** décider en faveur de qn.

rum [rʌm] *n* rhum *m*.

Rumania [ru:'meiniə] *Prn: Geog:* Roumanie *f*. **Ru'manian 1.** *a* roumain **2.** *n* (*a*) Roumain, -aine (*b*) *Ling:* roumain *m*.

rumble ['rʌmbl] **1.** *n* grondement *m*; roulement *m* (d'un train, d'un camion); *F:* **tummy rumbles,** gargouillement *m*, borborygmes *mpl* **2.** *vi* (*of train, thunder, gun*) gronder; (*of stomach*) gargouiller; (*of cart*) passer avec bruit. **'rumbling** *n* grondement (de tonnerre, d'un train, etc); roulement *m* (de charrette); *F:* **tummy rumblings,** gargouillement, borborygmes.

ruminate ['ru:mineit] *vi* **to r. over,** ruminer; (*of pers*) méditer. **'ruminant** *a & n Z:* ruminant (*m*). **rumi'nation** *n* rumination *f*. **'ruminative** *a* méditatif.

rummage ['rʌmidʒ] **1.** *vi* **to r. (about),** farfouiller; **to r. (about) through old papers,** fouiller, fourrager, dans de vieux documents **2.** *n* fouille *f* (dans de vieux objets); *NAm:* **r. sale,** (*Br* = **jumble sale**) vente de charité (d'objets usagés).

rumour, *NAm:* **rumor** ['ru:mər] *n* rumeur *f*, bruit *m* (qui court); on-dit *m inv*; **r. has it, there's a r. going round, that,** le bruit court que. **'rumoured** *a* **it's r. that,** le bruit court, on dit, que.

rump [rʌmp] *n* croupe *f* (d'un quadrupède); croupion *m* (de volaille); *Cu:* culotte *f* (de bœuf); *F:* (*of pers*) postérieur *m*, derrière *m*; *Cu:* **r. steak,** rumsteck *m*, romsteck *m*.

rumple ['rʌmpl] *vtr* chiffonner, froisser (une robe); ébouriffer (les cheveux).

rumpus ['rʌmpəs] *n F:* chahut *m*, vacarme *m*; **to kick up a r.,** faire du chahut.

run [rʌn] **I.** *v* **(ran; run;** *prp* **running) 1.** *vi* (*a*) courir; **to r. upstairs,** monter l'escalier quatre à quatre; **to r. up, down, the street,** monter, descendre, la rue en courant; **to r. like the devil,** courir comme un dératé; *Sp:* **to go running,** faire du jogging (*b*) fuir, s'enfuir, se sauver; filer; (*of yacht*) **to r. before the wind,** courir vent arrière; **to r. aground,** (s')échouer; **now we must r. for it!** maintenant sauvons-nous! *Pol:* **to r. for office,** se porter candidat; **to r. for president,** être candidat à la présidence (*c*) aller, marcher; circuler; (*of curtain*) glisser; **train running at fifty kilometres an hour,** train qui marche à cinquante kilomètres à l'heure; **train running to Paris,** train à destination de Paris; **trains running between London and the coast,** trains qui font le service entre Londres et la côte; **this train is not running today,** ce train est supprimé aujourd'hui; **the thought keeps running through my head,** cette idée me trotte continuellement par la tête; **it runs in the family,** ça tient de famille; **the talk ran on this subject,** la conversation a roulé sur ce sujet; **the contract runs for two years,** le contrat est valable pour deux ans; *Th:* **the play has been running for a year,** la pièce se joue, tient l'affiche, depuis un an; (*of amount, number*) **to r. to,** monter, s'élever, à; **I can't r. to that,** c'est au-dessus de mes moyens (*d*) (*of engine, car*) fonctionner, marcher; (*of wheel*) tourner; **the engine's running,** le moteur tourne; *El:* **to r. off the mains,** se brancher sur le secteur (*e*) (*of colour*) déteindre (au lavage); (*of ink*) baver; (*of paint, nose, tap, river*) couler; (*of eyes*) pleurer; (*of ice cream*) fondre; **the floor was running with water,** le parquet ruisselait d'eau; **to r. with blood,** ruisseler de sang; **the river runs into a lake,** la rivière se jette dans un lac; **a heavy sea was running,** la mer était grosse; (*of mountain chain*) **to r. north and south,** s'étendre du nord au sud; **the road runs to . . .,** la route va à . . .;

the road runs quite close to the village, la route passe tout près du village; **prices are running high,** les prix sont élevés; **it runs into a hundred pounds,** ça va chercher dans les cent livres; **money runs through his fingers,** l'argent lui fond dans les mains (*f*) (*of stocking*) filer, se démailler **2.** *vtr* (*a*) **to r. a race,** courir, disputer, une course; **to r. 6 km,** faire 6 km de course à pied; **to r. an errand,** faire une course; **to r. the blockade,** forcer le blocus; **to r. a temperature,** avoir de la fièvre; **to r. s.o. close,** serrer qn de près; *F:* **to be r. off one's feet,** être éreinté; **to r. the car into the garage,** rentrer la voiture dans le garage; **to r. s.o. into town,** conduire qn en ville (en voiture); **to r. trains between London and the coast,** établir un service de trains entre Londres et la côte; (*of illness, etc*) **to r. its course,** suivre son cours (*b*) faire fonctionner (une machine); *Aut:* faire tourner (le moteur); (*drive*) conduire (une voiture); **to r. a car,** avoir une voiture; **I can't afford to r. a car,** je n'ai pas les moyens d'entretenir une voiture; **my car is cheap to r.,** ma voiture est économique (*c*) tenir (un hôtel, un commerce); éditer, gérer (un journal); diriger (une affaire, un théâtre, un pays); organiser (des cours, etc); publier (un article); **to r. one's house,** tenir sa maison (*d*) faire la contrebande (des armes, de l'alcool) (*e*) faire courir (un cheval) (*f*) faire passer (des tuyaux) (sous le plancher, etc); to **r. a thorn into one's finger,** s'enfoncer une épine dans le doigt; **to r. one's eye over sth,** jeter un coup d'œil à, sur, qch, parcourir qch des yeux; **he ran his hand through his hair,** il s'est passé la main dans les cheveux (*g*) faire couler (de l'eau, un bain). **II.** *n* (*a*) **at a r.,** au pas de course; **to break into a r.,** se mettre à courir; **we've got them on the r.,** nous les avons mis en déroute; **criminal on the r.,** criminel en fuite; **to make a r. for it,** se sauver (*b*) course *f* (à pied); **to go for a r,** courir, faire une course à pied; *Fig:* **to have had a good r. for one's money,** en avoir pour son argent; *Cr:* **to make, score, six runs,** marquer six points (*c*) *Aut:* **to go for a r.,** faire une promenade; **trial r.,** course d'essai (*d*) trajet *m*; parcours *m* (en voiture, par le train); *Av:* **take-off r.,** parcours au décollage; **to have a r. of luck,** être en veine; **a r. of bad luck,** une suite de malheurs (*e*) ruée *f* (**on,** sur); **there's a r. on that novel,** ce roman est très demandé, on demande beaucoup ce roman (*f*) série *f*; *Typ:* **r. of ten thousand copies,** tirage *m* à dix mille (*g*) période *f*; cours *m*, marche *f* (des événements); *Cards:* suite *f*; *Gaming:* série *f* (à la rouge); **the ordinary r. of things,** la routine de tous les jours; *Th:* (*of play*) **to have a long r.,** tenir longtemps l'affiche; **in the long r.,** avec le temps, à la longue; **the ordinary r. of mankind,** le commun des mortels; **to have the r. of s.o.'s house,** avoir la maison de qn à sa disposition; **to give s.o. the r. of one's library,** mettre sa bibliothèque à la disposition de qn (*h*) pâturage *m* (pour animaux); piste *f* (de toboggan, de ski) (*i*) (*in stocking*) maille filée (*j*) *Med: F:* **the runs,** la diarrhée, la courante. **run a'bout** *vi* courir çà et là; se balader. **'runabout** *n* petite voiture. **run a'cross** *vtr* (*a*) traverser en courant (*b*) rencontrer (qn) par hasard, tomber sur (qn). **run a'long** *vi* **road that runs a. the river,** chemin qui longe la rivière; **r. a.!** allez-vous-en! va-t-en! filez! **run a'way** *vi* s'enfuir, se sauver; filer; (*of horse*) s'emballer; **don't r. a. with the idea that,** n'allez pas vous mettre dans la tête, vous imaginer, que; **that runs a. with a lot of money,** cela mange beaucoup d'argent. **'runaway 1.** *n* fugitif, -ive **2.** *a* (*of car, horse*) emballé; (*of lorry*) fou; (*of wedding*) clandestin; (*of victory*) qu'on emporte haut la main; (*of inflation*) galopant. **run 'back** *vtr Aut:* ramener (qn) (to, à). **run 'down 1.** *vi* (*a*) (*of clockwork, battery*) se décharger; (*of clock*) s'arrêter (*b*) **the sweat ran down his forehead,** la sueur lui coulait sur le front **2.** *vtr* (*a*) dénigrer (*b*) *Aut:* renverser (un piéton); **to get r. down,** se faire écraser (par une voiture) (*c*) limiter peu à peu; laisser épuiser (les stocks); restreindre la production (d'une industrie); diminuer (les effectifs); (*of pers*) **to be, to feel, r. d.,** se sentir épuisé. **'run-down** *a* (*of pers, look*) à plat, épuisé; (*of building*) délabré; (*of district, etc*) miteux. **'rundown** *n* restriction *f* (de la production); *F:* **to give s.o. a r. of sth,** mettre qn au courant de qch. **run 'in 1.** *vi* entrer en courant **2.** *vtr* (*a*) *Aut:* roder (un moteur, une voiture); **running in,** en rodage (*b*) *F:* (*of police*) arrêter (qn). **run 'into** *vi* (*a*) **to r. into debt,** s'endetter (*b*) (*of car, etc*) **to r. into s.o., sth,** renverser qn, percuter qch; (*of pers*) **to r. i. s.o.,** se heurter contre qn; (*meet*) tomber sur qn. **'runner** *n* (*a*) coureur, -euse; (*horse*) partant *m* (*b*) contrebandier *m* (*c*) *Hort:* coulant *m*, stolon *m* (d'une plante); **r. bean,** haricot *m* (grimpant) (*d*) patin *m* (de traîneau); lame *f* (de patin); chariot *m* de roulement; trolley *m*; coulisseau *m* (de tiroir); glissière *f* (de siège de voiture, etc) (*e*) **carpet r.,** chemin *m* d'escalier, de couloir; **table r.,** chemin de table. **runner-'up** *n* (*pl* **runners-up**) second, -onde. **'running 1.** *a* (*a*) **r. water,** eau courante; **r. cold,** rhume de cerveau; **r. commentary,** reportage suivi; *Needlew:* **r. stitch,** point devant; **three days r.,** trois jours de suite; **to keep up a r. battle,** lutter continuellement (**with,** avec) (*b*) (ruisseau) coulant; (plaie) qui suppure **2.** *n* (*a*) *Sp:* course(s) *f*(*pl*) (à pied); **to be in, out of, the r.,** être, ne plus être, dans la course; **to make the r.,** mener la course (*b*) marche *f*, fonctionnement *m* (d'une machine); roulement *m* (d'une voiture); **in r. order,** en (bon) état de marche; **r. costs,** (*of factory*) frais *mpl* d'exploitation; (*of car*) dépenses courantes (*c*) direction *f* (d'une compagnie, d'un pays); exploitation *f* (d'une mine). **'runny** *a* (**-ier, -iest**) (nez) qui coule; (sauce) liquide. **run 'off 1.** *vi* = **run away 2.** *vtr* (*a*) faire écouler (un liquide) (*b*) (*print*) tirer. **run-of-the-'mill** *a* ordinaire. **run 'on 1.** *vi* (*a*) continuer sa course; (*of time*) s'écouler; *Typ:* (*of text*) suivre sans alinéa; (*of words, letters*) être liés (*b*) continuer à parler **2.** *vtr Typ:* faire suivre (le texte) sans alinéa. **run 'out 1.** *vi* (*a*) sortir en courant; (*of liquid*) couler, fuir; (*of time*) manquer; (*of lease*) expirer; (*of supplies*) s'épuiser; **to r. o. of time, money,** manquer de temps, d'argent; **I've r. o. of cigarettes,** je n'ai plus de cigarettes (*b*) (*of rope*) filer, se dérouler **2.** *vtr* (laisser) filer (une corde); **to r. s.o. out of,** chasser qn de. **run 'over 1.** *vtr* (*a*) parcourir (un document) (du regard) (*b*) *Aut:* écraser (qn); renverser (qn); **he's been r. o.,** il s'est fait écraser **2.** *vi* (*of liquid*) déborder. **'run-proof,**

'run-resist *a* (bas) indémaillable. **run 'round** *vtr* entourer. **run 'through** *vtr* (*a*) traverser (une salle) en courant (*b*) parcourir (un document) (*c*) (*recap*) revoir; *Th:* répéter (son rôle) (*d*) gaspiller, dissiper (une fortune). **run 'up 1.** *vi* monter en courant; **to come running up,** arriver en courant; **to r. up to s.o.,** courir vers qn; **to r. up against s.o.,** (i) tomber sur qn (ii) se trouver en conflit avec qn; **to r. up against difficulties,** se heurter à des difficultés **2.** *vtr* (*a*) laisser grossir (un compte); laisser s'accumuler (des dettes) (*b*) hisser (un pavillon) (*c*) *F:* confectionner (une robe) (à la hâte). **'run-up** *n* **the r.-up to,** la période qui précède (les élections, etc). **'run-way** *n Av:* piste *f* (d'envol).

rung¹ [rʌŋ] *see* **ring² II.**

rung² *n* échelon *m*, barreau *m* (d'une échelle); bâton *m* (d'une chaise).

rupture ['rʌptʃər] **1.** *n* rupture *f*; brouille *f* (entre amis); *Med:* hernie *f* **2.** *v* (*a*) *vtr* rompre (des relations); *Med:* se rompre (un tendon); **to r. oneself,** se donner une hernie (*b*) *vi* se rompre.

rural ['ruərəl] *a* rural; champêtre.

ruse [ru:z] *n* ruse *f*, stratagème *m*.

rush¹ [rʌʃ] *n* (*pl* **rushes**) jonc *m*.

rush² I. *n* (*pl* **rushes**) (*a*) ruée *f* (**for,** vers; **on,** sur); bousculade *f*; **to make a r. at s.o.,** se précipiter sur qn; **the gold r.,** la ruée vers l'or; **the r. hour,** l'heure d'affluence, de pointe (*b*) hâte *f*; avalanche *f* (de commandes); **a r. job,** un travail d'urgence; **r. order,** commande urgente; **the r. of modern life,** la vie fiévreuse d'aujourd'hui; **to be in a r.,** être pressé; **to leave in a r.,** partit en vitesse (*c*) bouffée *f* (d'air); **r. of blood to the head,** coup *m* de sang (*d*) *Cin:* **rushes,** épreuves *fpl*. **II.** *v* **1.** *vi* se précipiter, se ruer, s'élancer (**at,** sur; **towards,** vers); se dépêcher; (*of vehicle*) foncer; **to r. into the room,** entrer précipitamment, faire irruption, dans la pièce; **to r. into things,** agir à la hâte; **to r. back,** revenir à toute vitesse; **to r. out,** partir en vitesse; **to r. at, on, s.o.,** se ruer, se jeter, sur qn; **to r. about,** courir ça et là; **the wind rushes up the chimney,** le vent s'engouffre dans la cheminée; **the blood rushed to his face,** le sang lui est afflué au visage **2.** *vtr* (*a*) pousser, entraîner, violemment; **they were rushed to hospital,** on les a transportés d'urgence à l'hôpital; **I don't want to r. you,** je ne voudrais pas vous bousculer; **don't r. me,** laissez-moi le temps de souffler; **to be rushed into a decision,** être forcé à prendre une décision; **to r. (through) sth,** faire (un travail), manger (un repas), envoyer (une commande), en vitesse; **to r. a bill through (the House),** faire passer un projet de loi à la hâte, en toute hâte; **to be rushed,** être pressé; être débordé de travail (*b*) dépêcher, expédier (un travail); exécuter (une commande) d'urgence (*c*) *Mil:* foncer sur (une position); (*of crowd*) envahir (l'estrade).

rusk [rʌsk] *n Comest:* = biscotte *f* (*esp* pour bébés).

russet ['rʌsit] **1.** *n Hort:* reinette grise **2.** *a* roux, roussâtre.

Russia ['rʌʃə] *Prn Geog:* Russie *f*. **'Russian 1.** *a & n* russe (*mf*) **2.** *n Ling:* russe *m*.

rust [rʌst] **1.** *n* rouille *f* **2.** *vi* (se) rouiller. **'rustproof** *a* inoxydable. **'rusty** *a* (**-ier, -iest**) rouillé; **to get r.,** se rouiller.

rustic ['rʌstik] **1.** *a* rustique; paysan **2.** *n* paysan, -anne; campagnard, -arde.

rustle ['rʌsl] **I.** *n* bruissement *m*; frou-frou *m* (de la soie, etc); froissement *m* (de papiers). **II.** *v* **1.** *vi* (*of wind, leaves, paper*) bruire; (*of silk*, etc) froufrouter **2.** *vtr* (*a*) faire bruire (des papiers) (*b*) *esp NAm:* voler (du bétail). **'rustler** *n esp NAm:* voleur, -euse (de bétail). **rustle 'up** *vtr* **to r. up support,** rassembler des partisans; **to r. up a meal,** préparer à manger. **'rustling** *n esp NAm:* vol *m* (de bétail).

rut [rʌt] *n* ornière *f*; (*of pers*) **to be in a r.,** être encroûté, sclérosé; **to get out of the r.,** sortir de l'ornière. **'rutted** *a* (chemin) coupé d'ornières.

rutabaga [ru:tə'beigə] *n NAm:* rutabaga *m*.

ruthless ['ru:θlis] *a* impitoyable, cruel, sans pitié; (*in taking decisions*) très ferme. **'ruthlessly** *adv* impitoyablement; sans pitié. **'ruthlessness** *n* cruauté *f*.

rye [rai] *n* (*a*) seigle *m*; **r. bread,** pain de seigle (*b*) *NAm:* **r. (whiskey),** whisky *m*.

S

S, s [es] *n* (la lettre) S, s *m*.

Sabbath ['sæbəθ] *n* (*a*) *Jew Rel:* sabbat *m* (*b*) *Ecc:* dimanche *m*. **sa'bbatical** *a & n* **s. (year),** année de congé (accordée à un professeur); année sabbatique.

sable ['seibl] *n* (martre *f*) zibeline *f*; (manteau) de zibeline, de martre; (pinceau) en poil de martre.

sabotage ['sæbətɑːʒ] **1.** *n* sabotage *m* **2.** *vtr* saboter (des appareils, une usine, un projet). **sabo'teur** *n* saboteur, -euse.

sabre, *NAm:* **saber** ['seibər] *n Mil:* sabre *m*; **s. cut,** (i) coup de sabre (ii) (*scar*) balafre *f*.

saccharin(e) ['sækərin] *n* saccharine *f*.

sachet ['sæʃei] *n* sachet *m*; dosette *f* (de shampooing).

sack¹ [sæk] **1.** *n* (grand) sac; **to put (sth) into sacks,** ensacher (qch); *F:* **to give s.o. the s.,** virer, congédier, sa(c)quer (qn); **to get the s.,** se faire virer, être sa(c)qué **2.** *vtr F:* virer, congédier, sa(c)quer (qn). **'sackcloth** *n* toile *f* à sac, d'emballage; **s. and ashes,** le sac et la cendre. **'sackful** *n* plein sac (de qch). **'sacking¹** *n* (*a*) *Tex:* toile *f* à sac (*b*) *F:* renvoi *m*.

sack² *vtr* saccager, mettre à sac (une ville). **'sacking²** *n* sac *m*.

sacrament ['sækrəmənt] *n Ecc:* sacrement *m*; **to receive the s.,** communier.

sacred ['seikrid] *a* (*a*) *Ecc:* sacré, saint; **the S. Heart,** le Sacré-Cœur (*b*) **s. music,** musique religieuse; **s. books,** livres sacrés (*c*) sacré, inviolable; **nothing was s. to him,** il ne respectait rien. **'sacredness** [-idnis] *n* (*a*) caractère sacré (**of a place,** d'un lieu) (*b*) inviolabilité *f* (d'une promesse).

sacrifice ['sækrifais] **1.** *n* (*a*) sacrifice *m*; **to offer sth as a s.,** offrir qch en sacrifice (**to,** à) (*b*) victime *f*; offrande *f* (*c*) sacrifice (de qch); renoncement *m* (à qch); **he succeeded at the s. of his health,** il a réussi en sacrifiant sa santé; **to make great sacrifices,** faire de grands sacrifices **2.** *vtr* sacrifier; renoncer à (qch); *Com:* vendre à perte. **sacri'ficial** *a* sacrificiel.

sacrilege ['sækrilidʒ] *n* sacrilège *m*. **sacri'legious** *a* sacrilège.

sacristy ['sækristi] *n* (*pl* **sacristies**) *Ecc:* sacristie *f*. **'sacristan** *n Ecc:* sacristain *m*.

sacrosanct ['sækrousæŋkt] *a Iron:* sacro-saint.

sad [sæd] *a* (**sadder, saddest**) (*a*) triste; **to make s.o. s.,** attrister qn; **to look s.,** avoir l'air triste; **to be s. at heart,** avoir le cœur gros (*b*) (*of news*) triste, affligeant; (*of loss*) cruel; (*of mistake*) fâcheux; **to come to a s. end,** avoir une triste fin. **'sadden** *vtr* attrister. **'sadly** *adv* tristement; malheureusement; **to be s. mistaken,** se tromper lourdement. **'sadness** *n* tristesse *f*, mélancolie *f*.

saddle ['sædl] **1.** *n* (*a*) selle *f* (de cheval, de vélo, de moto); **in the s.,** en selle; *Fig:* **to be in the s.,** tenir les rênes; **hunting s.,** selle anglaise (*b*) col *m* (de montagne) (*c*) *Cu:* selle (de mouton) **2.** *vtr* (*a*) seller (un cheval) (*b*) **to s. s.o. with sth,** coller qch à qn; **she's saddled with five children,** elle a cinq enfants sur le dos. **'saddlebag** *n* sacoche *f* (de selle). **'saddler** *n* sellier *m*. **'saddlery** *n* sellerie *f*.

sadism ['seidizm] *n* sadisme *m*. **'sadist** *n* sadique *mf*. **sa'distic** *a* sadique.

sae [esei'iː] *abb stamped addressed envelope.*

safari [sə'fɑːri] *n* (*pl* **safaris**) safari *m*; **to be, go, on s.,** faire un safari; **s. park,** réserve *f* d'animaux sauvages.

safe [seif] **1.** *a* (*a*) en sécurité, en sûreté; à l'abri; hors de danger; **s. (and sound),** sain et sauf (*b*) (*of toy, equipment, etc*) sans danger; (*of bridge, ladder*) solide; **not s.,** dangereux; **to put sth in a s. place,** mettre qch en lieu sûr; **in s. hands,** en mains sûres; **it's s. to go out,** on peut sortir sans danger; **is it s. to leave him alone?** n'est-ce pas imprudent de le laisser seul? **s. from,** à l'abri de; **s. journey!** bon voyage! (*d*) (choix) prudent; (investissement) sûr; (*of winner*) assuré, garanti; **to be on the s. side,** pour plus de sûreté; **to play a s. game,** jouer serré; **it's s. to say (that),** on peut dire à coup sûr (que) **2.** *n* (*a*) coffre-fort *m* (*b*) **meat s.,** garde-manger *m*. **'safebreaker** *n* perceur *m* de coffre-fort. **safe-'conduct** *n* sauf-conduit *m*. **'safeguard 1.** *n* sauvegarde *f*, garantie *f* (**against,** contre) **2.** *vtr* sauvegarder, protéger (les droits de qn); mettre (ses intérêts) à couvert. **'safekeeping** *n* **in s.,** en sécurité, en lieu sûr; **for s.,** à garder en lieu sûr. **'safely** *adv* (*a*) **to arrive s.,** arriver sans accident, sain et sauf; arriver à bon port (*b*) en sûreté; sans danger, sans risque (*c*) en lieu sûr (*d*) sans risque d'erreur. **'safety** *n* sûreté *f*, sécurité *f*; solidité *f*; salut *m*; **in a place of s.,** en lieu sûr; **road s.,** prévention routière; **s. precaution,** mesure *f* de sécurité; *Ind: etc:* **s. measures,** mesures de sécurité; **s. factor,** coefficient *m* de sécurité: *Av: Aut:* **s. belt,** ceinture *f* de sécurité; (*on gun*) **s. catch,** cran *m* d'arrêt; **s. curtain,** rideau *m* de fer; **s. pin,** épingle de sûreté, de nourrice; **s. valve,** soupape *f* de sûreté.

saffron ['sæfrən] **1.** *n* safran *m* **2.** *a & n* (jaune *m*) safran *inv*.

sag [sæg] *vi* (**sagged**) (*of roof, ground*) s'affaisser; (*of prices, knees*) fléchir; (*of cable*) se relâcher, se détendre; (*of cheek, hemline, curtain*) pendre. **'sagging** *a* (*of roof, breasts*) affaissé.

saga ['sɑːgə] *n Lit:* saga *f*; roman-fleuve *m*; *Fig:* feuilleton *m*.

sagacious [sə'geiʃəs] *a* sagace, avisé; perspicace. **'sagaciously** *adv* avec sagacité. **sa'gacity** *n* sagacité *f*; sagesse *f* (d'une remarque); intelligence *f* (d'un animal).

sage¹ [seidʒ] **1.** *a* sage, prudent **2.** *n* philosophe *m*, sage *m*. **'sagely** *adv* sagement, avec sagesse.

sage² 1. *n Bot: Cu:* sauge *f* 2. *a & n* **s. green,** vert cendré *inv.*
Sagittarius [sædʒi'tɛəriəs] *Prn Astr:* Sagittaire *m.*
sago ['seigou] *n Cu:* sagou *m*; **s. pudding,** sagou au lait.
Sahara [sə'hɑːrə] *Prn* **the S. (desert),** le Sahara.
said [sed] *see* **say I.**
sail [seil] **I.** *n* (*a*) *Nau:* voile *f*; *coll* voile(s), voilure *f*, toile *f*; (*trip*) tour *m* en bateau; **to set s.,** partir, prendre la mer (**for,** à destination de) (*b*) aile *f* (de moulin). **II.** *v.* **1.** *vi* (*a*) (*of sailing ship*) faire voile; (*of steamer*) naviguer, faire route; *Sp:* faire de la voile; *Fig:* glisser; **to s. up the coast,** remonter la côte; **to s. around the world,** faire le tour du monde en bateau; **to s. around the cape,** doubler le cap; **to s. into a room,** entrer majestueusement dans une pièce; **to s. through an exam,** réussir un examen haut la main (*b*) **to s. for New York,** partir, appareiller, pour New York; **to s. into port,** entrer en port; **the boat sailed into Southampton,** le bateau est arrivé à Southampton; **the boat sails at 10 o'clock,** le bateau part, prend la mer, à dix heures; **to be about to s.,** être en partance **2.** *vtr* piloter (un bateau); **to s. the seas,** parcourir les mers. **'sailboard** *n* planche *f* (à voile). **'sailboat** *n NAm:* (*Br* = **sailing boat**) voilier *m.* **'sailcloth** *n* toile *f* (à voile). **'sailing 1.** *a* **s. ship, boat,** (*NAm:* = **sailboat**) voilier *m* **2** *n* (*a*) navigation *f*; *Sp:* voile *f*; **it's all plain s.,** cela marche (i) tout seul (ii) comme sur des roulettes (*b*) départ *m*; traversée *f*; **port of s.,** port de départ. **'sailor** *n* marin *m*; matelot *m*; **s. hat,** béret de marin; **s. suit,** costume marin; **to be a good s.,** avoir le pied marin; **to be a bad s.,** être sujet au mal der mer. **'sailplane** *n Av:* planeur *m.*
saint [seint] *n abbr* **St, S.** saint, -e; **All Saints' (Day),** la Toussaint; **saint's day,** fête (de saint); **St Peter's,** (l'église *f*) Saint-Pierre; **St Bernard** *n* saint-bernard *m inv*; **St George's day,** la Saint-Georges; *Geog:* **St Helena** *Prn* Sainte-Hélène *f*; **St Lawrence** *Prn* le (fleuve) Saint-Laurent. **'saintliness** *n* sainteté *f.* **'saintly** *a* (**-ier, -iest**) (de) saint.
sake [seik] *n used only in the phr* **for the s. of s.o., sth,** à cause de, pour l'amour de, qn, qch; **(just) for the s. of eating, etc,** simplement pour manger, etc; **it's for your own s.,** c'est pour ton bien; **for your father's s.,** pour (l'amour de) ton père; **I forgive you for her s.,** je vous pardonne par égard pour elle; **do it for my s.,** faites-le pour moi, pour me faire plaisir; **for goodness', heaven's, God's, s.,** pour l'amour de Dieu, du ciel; **for old times' s.,** en souvenir du passé; **for economy's s.,** par (souci d')économie; **art for art's s.,** l'art pour l'art.
salacious [sə'leiʃəs] *a* obscène.
salad ['sæləd] *n* salade *f*; **green s.,** salade verte; **fruit s.,** macédoine *f* de fruits; **s. bowl,** saladier *m*; **s. dressing,** vinaigrette *f*; **s. cream,** sauce genre mayonnaise; **ham s.,** jambon servi avec de la salade; **s. oil,** huile de table; **s. shaker,** panier à salade; **s. days,** années *f* de jeunesse.
salamander ['sæləmændər] *n Rept:* salamandre *f.*
salami [sə'lɑːmi] *n Cu:* salami *m*; saucisson *m.*
salary ['sæləri] *n* (*pl* **salaries**) traitement *m*, appointements *mpl*; (*wage*) salaire *m.* **'salaried** *a* **s. staff,** salariés *mpl.*
sale [seil] *n* **1.** vente *f*; mise *f* en vente; **cash s.,** vente au comptant; **hire-purchase s.,** vente à crédit; **house (up) for s.,** maison à vendre; **business for s.,** fonds à céder; **to put sth up for s.,** mettre qch en vente; **on s.,** en vente; **s. by auction,** vente aux enchères; *NAm:* **sales check, slip,** reçu *m* **2.** *Com:* **s., sales,** soldes *mpl*; **clearance s.,** coup *m* de balai; (*as notice*) 'tout doit disparaître'; **s. price,** prix de solde; **in a, the, s.,** *Am:* **on s.,** en solde **3. sales department,** service commercial, des ventes; **sales manager,** directeur commercial; **sales force,** équipe de vente. **'saleable** *a* vendable. **'saleroom** *n* salle *f* de(s) vente(s). **'salesclerk** [-klɑːk] *n NAm:* (*Br* = **sales, shop, assistant**) vendeur, -euse. **'salesgirl, -lady** (*pl* **-ladies**), *nf* vendeuse. **'salesman** *n* (*pl* **-men**) **1.** vendeur *m* **2. (travelling) s.,** représentant *m* (de commerce). **'salesmanship** *n* l'art *m* de la vente. **'saleswoman** *n* (*pl* **-women**) vendeuse; représentante *f* de commerce.
salient [seiliənt] *a* (*a*) (*of angle*) saillant; en saillie (*b*) (trait) saillant, frappant; (fait) marquant.
saliva [sə'laivə] *n* salive *f.* **'salivate** *vi* saliver.
sallow ['sælou] *a* (teint) jaunâtre, olivâtre. **'sallowness** *n* teint *m* jaunâtre.
sally ['sæli] *n* (*pl* **sallies**) *Mil:* sortie *f*; *Fig:* boutade *f*, trait *m* d'esprit. **sally out, sally forth** *vi* **(sallied)** *Fig:* sortir allégrement.
salmon ['sæmən] **1.** *n inv in pl Ich:* saumon *m*; **s. trout,** truite saumonée; **s. steak,** darne *f* de saumon **2.** *a & n* (*colour*) **s. (pink),** saumon *inv.*
salmonella [sælmə'nelə] *n Biol: Med:* salmonelle *f*; (*food poisoning*) salmonellose *f.*
salon ['sælən] *n* **hairdressing s.,** salon *m* de coiffure; **beauty s.,** salon, institut *m*, de beauté.
saloon [sə'luːn] *n* (*a*) *Nau:* salon *m*; (*of pub*) **s. bar,** salle *f* chic; **billiard s.,** salle de billard; **hairdressing s.,** salon de coiffure (pour hommes) (*b*) *NAm:* bar *m* (*c*) *Aut:* **s. (car),** (*NAm:* = **sedan**) berline *f.*
salsify ['sælsifai] *n Bot:* salsifis *m.*
salt [sɔlt] **I.** *n* **1.** (*a*) *Cu:* sel *m*; **cooking s.,** sel de cuisine; gros sel; **table s.,** sel fin; **bath salts,** sels de bain; **to take a story with a pinch of s.,** prendre une histoire avec un grain de sel; **he isn't worth his s.,** il ne vaut pas le pain qu'il mange (*b*) *F:* **old s.,** loup *m* de mer **2.** *Ch:* sel; **spirit(s) of salts,** acide *m* chlorhydrique; **Epsom salts,** sulfate *m* de magnésie, *Com:* sels anglais. **II.** *a* salé; **s. water,** eau salée; **s. mine,** mine *f* de sel. **III.** *vtr* saler; saupoudrer (qch) de sel. **'saltcellar,** *NAm:* **'saltshaker** *n* salière *f.* **salt-'free** *a Med:* **s.-f. diet,** régime *m* sans sel. **'salt(i)ness** *n* salinité *f.* **salt'petre,** *NAm:* **-'peter** *n* salpêtre *m.* **'saltwater** *n* **s. fish,** poisson de mer. **'salty** *a* (**-ier, -iest**) salé; saumâtre.
salubrious [sə'luːbriəs] *a* salubre, sain. **sa'lubrity** *n* salubrité *f.*
saluki [sə'luːki] *n* (*dog*) sloughi *m.*
salutary ['sæljutəri] *a* salutaire (**to,** à).
salute [sə'l(j)uːt] **I.** *n* (*a*) salut *m*, salutation *f*; *Mil:* **to give a s.,** faire un salut; **to take the s.,** passer les troupes en revue (*b*) **to fire a s.,** tirer une salve. **II.** *v* **1.** *vtr* saluer (qn) **2.** *vi Mil:* faire un salut. **salu'tation** *n* salutation *f.*
salvage ['sælvidʒ] **1.** *n* (*a*) indemnité *f*, prime *f*, de sauvetage (*b*) sauvetage *m* (d'un navire); assistance

f maritime; **s. company,** société *f* de sauvetage (*c*) objets sauvés (d'un navire, d'un incendie); récupération *f* (de matières pour l'industrie). **2.** *vtr* sauver (un navire); sauver (des objets dans un incendie); récupérer (des matières usagées, des vieux journaux).

salvation [sæl'veiʃn] *n* salut *m*; **to find s.,** faire son salut; **the S. Army,** l'Armée du Salut. **sal'vationist** *n* salutiste *mf*.

salve [sælv] *n* baume *m*, onguent *m*.

salver ['sælvər] *n* plateau *m* (d'argent).

salvo ['sælvou] (*pl* **salvoes**) *n* salve *f*; **s. of applause,** salve d'applaudissements.

Samaritan [sə'mæritən] *n* samaritain; (*telephone service*) **the Samaritans** = SOS Amitié.

same [seim] **1.** *a & pron* (le, la) même, (les) mêmes; **the s. person,** la même personne; **he's the s. age as myself,** il a le même âge que moi; **they're sold the s. day as they come in,** ils sont vendus le jour même de leur arrivée; **of the s. kind,** similaire; **in the s. way,** de la même façon, de même; **to do the s.,** en faire autant; **I'd do the s. again,** je recommencerais; **he got up and I did the s.,** il s'est levé et j'ai fait de même; **the s. (thing),** la même chose; **the very s. thing,** exactement la même chose; **at the s. time,** (i) en même temps (ii) à la fois; **at the s. time that I heard it,** au moment où je l'ai entendu; **it all comes to the s. thing,** tout cela revient au même; **it's all the s.,** c'est tout un; **it's all the s. to me,** ça m'est égal; **he's much, about, the s.,** son état reste inchangé; il ne va ni mieux, ni plus mal; **the s. train as usual,** le train habituel; **always the s. old thing,** toujours la même chose: *F:* **the s. again?** encore (un verre)? **the s. again please!** remets-moi ça, s'il te plait! *F:* **s. here!** et moi aussi! et moi de même! d'accord! **2.** *adv* **to think the s.,** penser de même; **just the s., all the s.,** malgré tout; quand même; **all the s. it cost us a lot,** n'empêche que cela nous a coûté cher; **things go on just the s.,** tout marche comme d'habitude. **'sameness** *n* **1.** (*a*) identité *f* (**with s.o., sth,** avec qn, qch) (*b*) ressemblance *f* (**with,** à) **2.** monotonie *f*; uniformité *f* (d'un paysage).

sample ['sɑːmpl] **1.** *n* échantillon *m* (de tissu, de blé, *Med:* d'urine); prélèvement *m* (de minerai, de sang); **fair s.,** échantillon représentatif; **s. survey,** (enquête *f* par) sondage *m*; **up to s.,** conforme à l'échantillon **2.** *vtr* (*a*) *Com:* prendre des échantillons de (qch) (*b*) déguster, goûter (un vin, un fromage, etc); goûter (un plat); essayer (une recette, un nouveau restaurant); goûter de (la vie militaire, etc).

sanatorium [sænə'tɔːriəm] *n* (*pl* **sanatoria, -iums**) sanatorium *m*, *F:* sana *m*; *Sch:* infirmerie *f*.

sanctify ['sæŋktifai] *vtr* (**sanctified**) sanctifier; consacrer; **custom sanctified by time,** usage consacré par le temps. **'sanctified** *a* (*of pers*) sanctifié, saint; (*of thg*) consacré. **'sanctity** *n* (*pl* **-ies**) **1.** sainteté *f* **2.** inviolabilité *f*; caractère sacré (de qch).

sanctimonious [sæŋkti'mouniəs] *a* (*of pers, manner*) tartuffe; *F:* bondieusard.

sanction ['sæŋ(k)ʃən] **I.** *n* **1.** *Jur:* sanction *f*; **to impose sanctions against a country,** infliger des sanctions à un pays **2.** sanction, consentement *m*, approbation *f*. **II.** *vtr* **1.** *Jur:* imposer des sanctions pénales à (qn) **2.** (*a*) ratifier (une loi) (*b*) sanctionner, approuver, autoriser (qch); **sanctioned by usage,** consacré par l'usage. **'sanction-busting** *n* non-observation *f* des sanctions.

sanctuary ['sæŋktjuəri] *n* (*pl* **sanctuaries**) **1.** *Rel:* sanctuaire *m* **2.** (*refuge*) & *Pol:* asile *m*; **to take s.,** chercher asile **3.** réserve *f* (d'animaux); **bird s.,** réserve d'oiseaux, ornithologique.

sand [sænd] **1.** *n* sable *m*; **choked (up) with s.,** ensablé; **to build on s.,** bâtir sur le sable **2.** *pl* **the sands,** la plage **2.** (*a*) *vtr* sabler (une route) (*b*) *vtr & i* **to s. (down),** poncer; frotter, passer, au papier de verre. **'sandbag 1.** *n* sac *m* de sable. **2.** *vtr* (**sandbagged**) protéger (un bâtiment) avec des sacs de sable. **'sandbank** *n* banc *m* de sable. **'sandcastle** *n* château *m* de sable. **'sand-dune, -hill** *n* dune *f*. **'sander** *n* ponceuse *f*. **'sandman** *n* (*pl* **-men**) marchand de sable. **'sandpaper 1.** *n* papier *m* de verre **2.** *vtr* poncer, frotter, passer, (qch) au papier de verre. **'sandpit** *n* carrière *f* de sable; (*for children*) (*NAm:* = **sandbox**) tas *m* de sable. **'sandstone** *n* *Geol:* grès *m*. **'sandstorm** *n* tempête *f* de sable. **'sandy** *a* (**-ier, -iest**) **1.** (*of beach*) de sable; (*of road, ground*) sablonneux; (*of water*) sableux; **s. stretches of coast,** longues plages de sable **2.** (*of hair*) blond roux *inv*.

sandal ['sændl] *n* sandale *f*; **rope-soled sandals,** espadrilles *f*.

sandwich ['sænwidʒ, -witʃ] **1.** *n* sandwich *m*; **two ham sandwiches,** deux sandwiches au jambon; **s. course,** cours intercalaire **2.** *vtr* serrer, intercaler (**between,** entre); **to be sandwiched (in) between,** être coincé entre. **'sandwich-board** *n* double panneau *m* publicitaire (porté par un homme-sandwich).**'sandwich-man** *n* (*pl* **-men**) homme-sandwich *m*.

sane [sein] *a* (**saner, sanest**) sain (d'esprit); (*of idea, attitude*) raisonnable, sensé; **to be s.,** avoir toute sa raison. **'sanely** *adv* raisonnablement. **sanity** ['sæniti] *n* santé mentale; raison *f*.

sang [sæŋ] *see* **sing**.

sanguinary ['sæŋgwinəri] *a* (*of battle*) sanguinaire, sanglant.

sanguine ['sæŋgwin] *a* (*a*) (*of complexion*) d'un rouge sanguin; rubicond (*b*) (*of temperament*) sanguin (*c*) (*of pers*) confiant, optimiste; **to feel s. about the future,** avoir confiance en l'avenir.

sanitarium [sæni'tɛəriəm] *n* (*pl* **sanitaria, -iums**) *NAm* = **sanatorium**.

sanitation [sæni'teiʃn] *n* hygiène *f* (publique); installations *fpl* sanitaires. **'sanitary** *a* hygiénique; sanitaire; (ingénieur) sanitaire; (inspecteur) de la Santé publique; **s. towel,** *NAm:* **napkin,** serviette hygiénique.

sank [sæŋk] *see* **sink**[2].

Santa Claus ['sæntəklɔːz] *Prn* le Père Noël.

sap[1] [sæp] *n* sève *f*. **'sappy** *a* plein de sève; (*of timber*) vert.

sap[2] *vtr & i* (**sapped**) saper, miner. **'sapper** *n* *Mil:* sapeur *m*; *F:* **the Sappers,** le Génie.

sapling ['sæpliŋ] *n* jeune arbre *m*.

sapphire ['sæfaiər] **1.** *n* saphir *m* **2.** *a & n* (couleur de) saphir.

sarcasm ['sɑːkæzm] *n* **1.** esprit *m* sarcastique **2.** **(piece of) s.,** sarcasme *m*. **sar'castic** *a* sarcastique, mordant; **s. remark,** sarcasme *m*. **sar'castically** *adv* d'une manière sarcastique.

sarcophagus [sɑː'kɔfəgəs] (*pl* **sarcophagi** [-gai]) *n* sarcophage *m*.
sardine [sɑː'diːn] *n Ich:* sardine *f*; **tinned sardines,** sardines à l'huile.
Sardinia [sɑː'diniə] *Prn Geog:* Sardaigne *f*. **Sar'dinian** *a & n* sarde (*mf*).
sardonic [sɑː'dɔnik] *a* (rire) sardonique. **sar'donically** *adv* sardoniquement; d'une manière sardonique.
sartorial [sɑː'tɔriəl] *a* de tailleur; **s. elegance,** élégance de mise.
sash[1] [sæʃ] *n Cl:* écharpe *f* (de maire, etc); ceinture *f* (de robe); cordon *m* (de la Légion d'honneur).
sash[2] *n Const:* châssis *m*, cadre *m* (d'une fenêtre à guillotine); **s. window,** fenêtre à guillotine.
sat [sæt] *see* **sit**.
Satan ['seitən] *Prn* Satan *m*. **satanic** [sə'tænik] *a* satanique, diabolique.
satchel ['sætʃəl] *n Sch:* cartable *m*.
satellite ['sætəlait] *n* satellite *m*; *Pol:* **s. (country),** pays *m* satellite; (*town planning*) **s. town,** agglomération *f* satellite.
satiate ['seiʃieit] *vtr* rassasier (qn) (**with,** de); blaser (qn) (**with,** de). **'satiated** *a* rassasié. **sati'ation** *n* rassasiement *m*; satiété *f*. **satiety** [sə'taiəti] *n* satiété *f*; **to s.,** (jusqu')à satiété.
satin ['sætin] *n Tex:* satin *m*; **s. finish,** (apprêt) satiné *m*.
satire ['sætaiər] *n* satire *f* (**on,** contre). **satirical** [sə'tirikəl] *a* satirique. **sa'tirically** *adv* satiriquement. **'satirist** *n* auteur *m*, écrivain *m*, satirique; chansonnier *m*. **'satirize** *vtr* faire la satire (de qch).
satisfaction [sætis'fækʃən] *n* **1.** (*a*) acquittement *m* paiement *m* (d'une dette) (*b*) **s. for an offence,** réparation *f*, expiation *f*, d'une offense (*c*) assouvissement *m* (de la faim, d'un désir) **2.** satisfaction *f* contentement *m* (**at, with,** de); **to give s.o. s.,** satisfaire, contenter, qn; **it has not been done to my s.,** je ne, n'en, suis pas satisfait; **the work will be done to your s.,** le travail sera fait de manière à vous satisfaire **3. that's a great s.,** c'est une grand source de satisfaction. **satis'factorily** *adv* de façon satisfaisante. **satis'factory** *a* satisfaisant; **to bring negotiations to a s. conclusion,** mener à bien des négociations; **to give a s. account of one's movements,** justifier ses déplacements.
satisfy ['sætisfai] **1.** *vtr* **(satisfied)** (*a*) satisfaire à (une demande, une condition); s'acquitter de (obligation) (*b*) satisfaire (qn); faire réparation à (qn); **to s. one's conscience,** par acquit de conscience (*c*) satisfaire, contenter (qn); **to be satisfied with sth,** (i) être content, satisfait, de qch (ii) se contenter de qch (*d*) satisfaire, assouvir (un appétit, un désir); **food that satisfies,** nourriture rassasiante (*e*) persuader, convaincre, satisfaire (qn); **I have satisfied myself (that),** je me suis assuré (de, que); **I am satisfied that he was telling the truth,** je suis convaincu qu'il disait la vérité **2.** *vi* donner satisfaction. **'satisfied** *a* **1.** (client) content, satisfait (de qch) **2.** convaincu. **'satisfying** *a* satisfaisant; (*of food*) substantiel, nourrissant; (*of argument, reasons*) convaincant.
satsuma [sæt'suːmə] *n* mandarine *f*.
saturate ['sætjureit] *vtr* (*a*) saturer, tremper, imbiber (**with,** de); **to become saturated (with),** s'imprégner (de) (*b*) *Ch: Ph:* saturer (une solution). **satu'ration** *n* imprégnation *f*; *Ph: Ch:* saturation *f*; **s. point,** point de saturation; *Com:* **the market has reached s. point,** le marché est saturé.
Saturday ['sætədi] *n* samedi *m*; **she's coming on S.,** elle viendra samedi; **he comes on Saturday,** il vient le samedi.
Saturn ['sætən] *Prn Astr: Myth:* Saturne *m*.
saturnine ['sætənain] *a* taciturne, sombre.
sauce [sɔːs] *n* **1.** (*a*) sauce *f* (*b*) assaisonnement *m*; condiment *m*; **apple s.,** compote *f* de pommes; **white s.,** (sauce) béchamel (*f*); **tomato s.,** sauce tomate **3.** *F:* (i) impertinence *f*, insolence *f* (ii) culot *m*, toupet *m*. **'sauceboat** *n* saucière *f*. **saucepan** ['sɔːspən] *n* casserole *f*; **double s.,** bain-marie *m*. **'saucer** *n* soucoupe *f*; **flying s.,** soucoupe volante. **'saucily** *adv* avec impertience, effronterie. **'sauciness** *n F:* impertinence *f*; toupet *m*. **'saucy** *a* **(-ier, -iest)** *F:* impertinent, effronté; coquin; (chapeau) coquet.
Saudi Arabia [saudiə'reibiə, *NAm:* sɔːdiə'rei-] *Prn Geog:* l'Arabie *f* Saoudite, Séoudite. **Saudi (A'rabian)** *a & n* arabe (*mf*) (saoudit, séoudit, -ite).
sauerkraut ['sauəkraut) *n Cu:* choucroute *f*.
sauna ['sɔːnə] *n* sauna *m*.
saunter ['sɔːntər] **1.** *vi* **to s. (along),** flâner; marcher nonchalamment **2.** *n* flânerie *f*; promenade.
sausage ['sɔsidʒ] *n Cu:* (*a*) (*raw, to cook*) saucisse *f* (*b*) (*precooked, smoked, dried*) saucisson *m*; **s. meat,** chair *f* à saucisse; **s. roll** = friand *m*.
sauté ['soutei] *a Cu:* sauté.
savage ['sævidʒ] **1.** *a* (*a*) sauvage, barbare; non civilisé (*b*) (animal) féroce; (coup) brutal **2.** *n* sauvage *mf* **3.** *vtr* (*of animals*) attaquer (férocement) (qn, un autre animal); **the lion savaged his trainer,** le lion a attaqué son dompteur et l'a grièvement blessé. **'savagely** *adv* sauvagement, férocement. **'savagery** *n* **1.** sauvagerie *f*, barbarie *f* (d'une nation) **2.** férocité *f*; brutalité *f* (d'un coup).
save[1] [seiv] **1.** (*a*) sauver; **to s. s.o.'s life,** sauver la vie de, à, qn; **to s. s.o. from death,** arracher qn à la mort; **to s. s.o. from falling,** empêcher qn de tomber; *Fb:* (*of goalkeeper*) **to s. a goal,** arrêter le ballon; **to s. a game,** éviter la défaite (*b*) sauver, protéger; **to s. the situation,** se montrer, être, à la hauteur de la situation, des circonstances; **to s. appearances,** sauver, sauvegarder, les apparences (*c*) garder, réserver, mettre de côté; collectionner (des timbres); **s. a dance for me,** réservez-moi une danse; **s. some ice cream for me,** gardez-moi de la glace (*d*) économiser, épargner; **I have money saved,** j'ai de l'argent de côté; **to s. up,** économiser (de l'argent) (*e*) ménager (ses vêtements); éviter (une dépense, de la peine); **to s. time,** gagner du temps; **I'm saving my strength,** je me ménage (*f*) **to s. s.o. sth,** éviter, épargner, qch à qn; **this has saved him a great deal of expense, of trouble,** cela lui a évité beaucoup de dépenses, d'ennuis. **2.** *vi* **to s. (up),** faire des économies **(for sth, to buy sth,** pour (s')acheter qch) **3.** *n Fb* arrêt *m*. **'saving 1.** *a Jur: Com:* **s. clause,** clause de sauvegarde; réservation *f* **2.** *n* (*a*) sauvetage *m*; délivrance *f*, salut *m* (de qn); **this was the s. of him,** cela a été son salut (*b*) économie *f*, épargne *f* (*c*) *pl* **savings,** économies *f*; **to live on one's savings,**

vivre de ses économies; **savings bank,** caisse *f* d'épargne.

save[2] *prep* sauf, excepté.

saveloy ['sævəlɔi] *n Cu:* cervelas *m.*

saviour, *NAm:* **savior** ['seivjər] *n* sauveur *m*; *Ecc:* **Our S.,** Notre Sauveur.

savory ['seivəri] *n Bot: Cu:* sarriette *f.*

savour, *NAm:* **savor** ['seivər] **I.** *n* saveur *f*, goût *m.* **II.** *v* **1.** *vtr* savourer, déguster (un bon vin, des huîtres) **2.** *vi* (*of thg*) **to s. of sth,** sentir qch, tenir de qch. **'savouriness,** *NAm:* **'savoriness** *n* saveur *f.* succulence *f.* **'savoury,** *NAm:* **'savory** **1.** *a* savoureux, appétissant; succulent; *Cu:* salé; **s. omelette,** omelette aux fines herbes; *Fig:* (*of neighbourhood*) **not very s.,** peu recommandable. **2.** *n* (*pl* **-ies**) entremets non sucré.

saw[1] [sɔː] **1.** *n Tls:* scie *f*; **chain s., power s.,** tronçonneuse *f* **2.** *vtr* **(sawed; sawn)** scier; **to s. up wood,** scier du bois. **'sawdust** *n* sciure *f.* **'sawmill** *n* scierie *f.* **sawn-off,** *NAm:* **sawed-off** *a* **s.-o. shotgun,** fusil *m* à canon scié. **'sawpit** *n* fosse *f* de scieur de long.

saw[2] [sɔː] *see* **see**[1].

saxophone, *F:* **sax** ['sæksəfoun, sæks] *n Mus:* saxophone *m*, *F:* saxo *m.* **saxophonist** [sæk'sɔfənist] *n* saxophoniste *mf*, *F:* saxo *mf.*

say [sei] **I.** *vtr* **(said** [sed]**)** **1.** (*a*) dire; **to ask s.o. to s. a few words,** prier qn de prendre la parole; **who shall I s.?** qui dois-je annoncer? **to s. again,** répéter; **it isn't said,** cela ne se dit pas; **he says** [sez] **not,** il dit que non; **what did you s.?** qu'avez-vous dit? **to s. yes,** dire (que) oui; **to s. yes, no, to an invitation,** accepter, refuser, une invitation; **what do you s. to a walk?** que dirais-tu d'une promenade? **what do you s. to a drink?** si on prenait un verre? **so he says!** à l'en croire! qu'il dit! (*b*) **all that can be said in a couple of words,** tout ça tient en deux mots; **you don't mean to s. he's 86!** vous n'allez pas me dire qu'il at 86 ans! **as one might s.,** comme qui dirait; **one might as well s.,** autant dire; **I must s.,** j'avoue franchement; **that's to s.,** c'est-à-dire; à savoir; **have you said anything about it to him?** lui en avez-vous parlé? **the less said the better,** moins nous parlerons, mieux cela vaudra; **s. no more!** n'en dites pas davantage! **to s. the least,** c'est le moins que l'on puisse dire; **to s. nothing (of),** sans parler (de); **that's to s.,** c'est-à-dire; **he has very little to s. for himself,** il est peu communicatif; **there's something to be said on both sides,** il y a du pour et du contre; *F:* **you don't s. (so)?** sans blague! pas possible! (*c*) **it is said that,** on dit que; **he's said to be rich,** on le dit riche; **he's said to have been there,** il y serait allé (*d*) **anyone would s. that he was asleep,** on dirait qu'il dort; **I should s. not,** je ne crois pas; je crois que non; **didn't I s. so!** quand je vous le disais! **let us, shall we, shall I, s.,** disons; **come soon, s. Sunday,** venez bientôt, disons dimanche (*e*) **well, s. it were true, what then?** eh bien, mettons que ce soit vrai, et alors? (*f*) **I s.!** (eh bien) ça alors! *NAm: F:* **s.!** dis donc! **2.** dire, réciter; faire (ses prières); dire (la messe). **II.** *n* dire *m*, parole *f*, mot *m*; **to have one's s.,** dire ce que l'on a à dire, s'exprimer; **to have a lot of s.,** avoir beaucoup d'influence, de poids; **I've no s. in the matter,** je n'ai pas voix au chapitre. **'saying** *n* **1.** (*a*) **it goes without s. (that),** il va de soi, cela va sans dire (que) (*b*) **there's no s.,** (il est) impossible de dire **2. (common) s.,** dicton *m*; **as the s. goes,** comme dit le proverbe.

scab [skæb] *n* **1.** (*on wound*) croûte *f* **2.** *Ind: F:* (*of pers*) jaune *m.*

scaffold ['skæfəld] *n* échafaudage *m*; échafaud *m* (pour exécutions). **'scaffolding** *n Const:* échafaudage.

scald [skɔːld] *vtr* ébouillanter (qn, qch); stériliser; **to s. one's foot,** s'échauder le pied. **'scalding 1.** *a* **s. (hot),** bouillant **2.** *n* brûlure *f.*

scale[1] [skeil] **I.** *n* **1.** (*on fish, bud*) écaille *f*; *Med:* (*dead skin*) squame *f* **2.** incrustation *f*, dépôt *m*; tartre *m* (des dents); **boiler s.,** dépôt calcaire; tartre; **s. remover,** détartrant *m.* **II.** *v* **1.** *vtr* (*a*) écailler (un poisson) (*b*) détartrer, nettoyer (ses dents, une chaudière) **2.** *vi* (*a*) **to s. (off),** s'écailler; (*of skin*) se desquamer; (*of paint*) s'écailler (*b*) (*of boiler*) s'entartrer, s'incruster. **'scaly** *a* écailleux; squameux; tartreux.

scale[2] *n* **1.** (*a*) échelle *f*, graduation(s) *f* (*pl*) (d'un thermomètre); série *f* (de nombres); **s. of salaries, salary s.,** échelle, barème *m*, des traitements (*b*) échelle (d'une carte); **to draw sth to s.,** dessiner qch à l'échelle; **on a small, large, s.,** à petite, grande, échelle; **s. drawing,** dessin *m* à l'échelle; **s. model,** modèle réduit (*c*) *Com:* **s. of prices,** éventail *m* des prix (*d*) envergure *f* (d'une entreprise); étendue *f* (d'une catastrophe); **on a national s.,** à l'échelle nationale; **to keep house on a small s.,** avoir un train de maison très simple **2.** *Mus:* gamme *f.*

scale[3] *vtr* **1.** escalader; **to s. a mountain,** faire l'ascension d'une montagne **2. to s. a map,** tracer une carte à l'échelle **3. to s. down,** réduire (proportionnellement); **to s. wages up, down,** augmenter, réduire, les salaires selon le barème; **to s. down production,** ralentir la production.

scales [skeilz] *npl* **(pair of) s.,** balance *f*; **platform s.,** bascule *f*; **letter s.,** pèse-lettre *m*; **steelyard s.,** balance romaine; **(bathroom) s.,** pèse-personne *m*; **(baby) s.,** pèse-bébé *m*; **to turn the s. at 68 kilos,** peser 68 kilos; **to tip the s.,** faire pencher la balance (en faveur de qn).

scallion ['skæljən] *n NAm:* ciboule *f.*

scallop ['skɔləp] *n* (*a*) *Moll: Cu:* coquille *f* Saint-Jacques (*b*) *Needlew:* feston *m*, dentelure *f.*

scalp [skælp] **1.** *n* (*a*) *Anat:* cuir chevelu (*b*) scalp *m* **2.** *vtr* scalper (un ennemi); *Fig: Hum:* tondre (qn).

scalpel ['skælpəl] *n Surg:* bistouri *m*, scalpel *m.*

scamp [skæmp] **1.** *n* coquin, -ine, garnement *m* **2.** *vtr F:* bâcler (un travail).

scamper ['skæmpər] **1.** *n* course *f* folâtre, allègre; course rapide; **to take the dog for a s.,** aller promener le chien **2.** *vi* courir joyeusement, en gambadant; **to s. away, off,** détaler.

scampi ['skæmpi] *npl Cu:* grosses crevettes; gambas *fpl.*

scan [skæn] **I.** *v.* **(scanned) 1.** *vtr* (*a*) scander, mesurer (des vers) (*b*) parcourir (des yeux); examiner, scruter (l'horizon, la foule); **to s. the paper,** parcourir le journal (*c*) *Rad:* balayer **2.** *vi* (*of verse*) se scander. **II.** *n Rad:* balayage *m*; **s. frequency,** fréquence *f* de balayage; *Med:* **(ultrasound) s.,** échographie *f*; **to**

have a s., passer une échographie. **'scanner** *n* **radar s.**, balayeur *m* de radar; *Med:* **(ultrasound) s.**, scanner *m*. **'scanning** *n* **1.** scansion *f* (de vers) **2.** *Rad:* balayage *m*; **s. device**, appareil *m* explorateur; *Med:* **(ultrasound) s.**, échographie *f*.

scandal ['skændəl] *n* **1.** scandale *m*; honte *f*; **it's a s.**, c'est scandaleux, c'est un scandale; **to create a s.**, faire un scandale; **to cause a s.**, (*of film, etc*) causer un scandale; (*of attitude, etc*) faire (du) scandale **2.** médisance *f*; cancans *mpl*; **to talk s.**, cancaner. **'scandalize** *vtr* scandaliser (qn); **to be scandalized**, être scandalisé. **'scandalous** *a* **1.** scandaleux, infâme, honteux **2.** *Jur:* (*of statement*) diffamatoire, calomnieux. **'scandalously** *adv* scandaleusement.

Scandinavia [skændi'neiviə] *Prn* Scandinavie *f*. **Scandi'navian** *a & n* scandinave (*mf*).

scant [skænt] *a* **(scantier, scantiest)** (*in certain phrases*) insuffisant, peu abondant, limité; **s. weight**, poids bien juste; **to have s. regard (for)**, avoir peu d'égard, de considération (pour); **with s. courtesy**, peu poliment. **'scantily** *adv* insuffisamment, peu abondamment; **s. dressed**, à peine vêtu. **'scantiness** *n* insuffisance *f*, rareté *f*; pauvreté *f* (de la végétation); **the s. of my resources**, l'exiguïté *f* de mes ressources; **the s. of her dress**, l'étroitesse *f* de sa robe. **'scanty** *a* **(-ier, -iest)** insuffisant; à peine suffisant; peu abondant; (*of bikini*) minuscule; **s. hair**, cheveux rares; **s. meal**, repas sommaire.

scapegoat ['skeipgout] *n* bouc *m* émissaire.

scar [skɑ:r] **I.** *n* cicatrice *f*. **II.** *v* **(scarred) 1.** *vtr* laisser une cicatrice sur (la peau); marquer (qn) d'une cicatrice; balafrer; *Fig:* marquer (qn) **2.** *vi* (*of wound*) se cicatriser.

scarce [skεəs] *a* rare; peu abondant; **good craftsmen are growing s.**, les bons artisans se font rares; **to make oneself s.**, se tenir à l'écart. **'scarcely** *adv* **1.** à peine; presque pas; **she could s. speak**, c'est à peine si elle pouvait parler; **you'll s. believe it**, vous aurez de la peine à le croire; **I s. know what to say**, je ne sais trop que dire **2.** (*expressing incredulity*) sûrement pas; **s.!** j'en doute! **'scarcity** *n* (*pl* **-ies**), **'scarceness** *n* rareté *f*; manque *m*, pénurie *f*; **s. of rain**, rareté des pluies; **s. of labour**, manque de main-d'œuvre; **s. of water**, disette *f* d'eau.

scare [skεər] **1.** *n* peur *f*; rumeurs *fpl* (de guerre, d'épidémie); **you did give me a s.**, vous m'avez fait rudement peur; **bomb s.**, alerte *f* à la bombe **2.** *v* (*a*) *vtr* effrayer, alarmer (qn); faire peur à (qn); **to s. away, off**, faire fuir (qn); effaroucher (le gibier) (*b*) *vi* s'effrayer, s'alarmer; **I don't s. easily**, je ne m'effraie pas facilement. **'scarecrow** *n* épouvantail *m*. **'scared** *a* effrayé; (air) effaré, épouvanté; affolé; **to be s. to death, out of one's wits**, *F:* **to be s. stiff**, avoir une peur bleue. **'scaremonger** *n* alarmiste *mf*. **'scary** *a* **(-ier, -iest)** effrayant; qui fait peur; (film, roman) d'épouvante.

scarf [skɑ:f] *n* (*pl* **scarfs, scarves**) écharpe *f*; cache-col *m*; (*in silk*) foulard *m*.

scarlet ['skɑ:lət] *a & n* écarlate (*f*); **to blush s.**, devenir cramoisi; *Med:* **s. fever**, scarlatine *f*.

scarper ['skɑ:pər] *vi F:* s'enfuir, déguerpir.

scathing ['skeiðiŋ] *a* acerbe, cinglant; **to be s. about**, critiquer de façon acerbe. **'scathingly** *adv* d'une manière acerbe; d'un ton cinglant.

scatter ['skætər] **1.** *vtr* (*a*) disperser (les nuages, la foule, etc) (*b*) éparpiller; jeter ça et là; répandre; **to s. the floor with paper**, joncher le sol de papiers; **the region is scattered over with small towns**, la région est parsemée de petites villes **2.** *vi* (*of crowd*) se disperser; (*of shot*) s'éparpiller; (*of clouds*) se dissiper. **'scatterbrain** *n* étourdi, -ie; écervelé, -ée. **'scatterbrained** *a F:* étourdi, écervelé; **to be s.**, avoir une tête de linotte. **'scattered** *a* dispersé, éparpillé; épars; **thinly s. population**, population clairsemée; **s. light**, lumière diffuse. **'scattering** *n* **a s. of houses**, quelques maisons dispersées. **'scatty** *a* **(-ier, -iest)** *F:* écervelé, farfelu.

scavenge ['skævindʒ] *vi* fouiller dans les ordures. **'scavenger** *n Z:* insecte *m*, animal *m*, nécrophage; *Pej:* clochard, -arde (qui fait les poubelles); **s. beetle**, nécrophore *m*.

scenario [si'nɑ:riou] *n* (*pl* **scenarios**) *Cin: & Fig:* scénario *m*.

scene [si:n] *n* **1.** *Th:* (*a*) scène *f*; **Act III, s. 2**, Acte III, scène 2 (*b*) **the s. is set in London**, l'action se passe à Londres; **to appear on the s.**, entrer en scène (*c*) **behind the scenes**, dans les coulisses **2.** lieu *m* (d'un événement); situation *f*; **a change of s. will do him good**, un changement d'air lui fera du bien; **on the s.**, sur les lieux; **at the s. of the crime**, sur le(s) lieu(x) du crime; **the s. of operations**, le théâtre des opérations; *F:* **it's not my s.**, ce n'est pas mon genre **3. the s. from my window**, la vue de ma fenêtre **4.** incident *m*; scène; scandale *m*; dispute bruyante; **to make a s.**, faire une scène (à qn); **family scenes**, disputes de famille. **'scenery** *n* **1.** *Th:* décor(s) *m*(*pl*); mise *f* en scène **2.** paysage *m*, décor. **'sceneshifter** *n Th:* machiniste *m*. **'scenic** *a* (*of beauty, etc*) pittoresque; **s. road**, route touristique; **area of great s. beauty**, région qui offre de très beaux panoramas; (*at fairground*) **s. railway**, montagnes *fpl* russes.

scent [sent] **1.** *n* (*a*) parfum *m*, senteur *f*; odeur *f* agréable (*b*) **bottle of s.**, flacon *m* de parfum (*c*) (*of animal*) fumet *m*, vent *m*; (*of hounds*) **to be on the right s.**, être sur la piste; **to put (s.o.) off the s.**, dérouter, déjouer (qn) (*d*) odorat *m*, flair *m* (d'un chien) **2.** *vtr* (*a*) (*of hounds*) flairer (le gibier); (*of pers*) **to s. trouble**, flairer des ennuis (*b*) (*of flowers*) parfumer, embaumer (l'air). **'scented** *a* parfumé (**with**, de); (*of air*) embaumé (**with**, de); **keen-s. dog**, chien qui a beaucoup de flair.

sceptic, *NAm:* **skeptic** ['skeptik] *a & n* sceptique (*mf*). **'sceptical**, *NAm:* **skep-** *a* sceptique. **'sceptically**, *NAm:* **skep-** *adv* sceptiquement; avec scepticisme. **'scepticism**, *NAm:* **skep-** *n* scepticisme *m*.

sceptre, *NAm:* **scepter** ['septər] *n* sceptre *m*.

schedule ['ʃedju:l, *NAm:* 'skedjul] **I.** *n* **1.** (*a*) inventaire *m*; barème *m* (des prix); **s. of charges**, liste officielle des taux; tarif *m* (*b*) *Adm:* cédule *f* (d'impôts) **2.** programme *m*; plan *m* (d'exécution d'un travail); calendrier *m* (de travaux); horaire *m* (d'un train); **everything went off according to s.**, tout a marché tel que, comme, prévu, selon les prévisions; **on s.**, (*of train*) à l'heure; (*of work*) à jour; **ahead of, behind s.**, en avance, en retard; (*of pers, train*) **to be behind s.**, avoir du retard; **I work to a**

very tight s., mon temps est très minuté. **II.** *vtr* **1.** inscrire (qch) sur une liste, un inventaire; **scheduled as a place of historical interest,** classé comme monument historique **2.** prévoir; fixer le programme, l'horaire, de (qch); **the mayor is scheduled to make a speech,** le maire doit prononcer un discours; **it's scheduled for 3 o'clock,** c'est prévu pour 3 heures; **the train is scheduled to arrive at noon,** selon l'horaire *m*, l'indicateur *m*, le train arrive à midi; **scheduled flight,** vol régulier; *Rail: etc:* **scheduled services,** services réguliers.

scheme [ski:m] **I.** *n* **1.** arrangement *m;* **colour s.,** combinaison *f* de couleurs **2.** résumé *m*, exposé *m* (d'un sujet d'étude); plan *m* (d'un livre) **3.** *(a)* idée *f*; plan, projet *m*; **s. for a canal,** étude *f* d'un canal *(b)* *Adm:* **pension s.,** plan, régime *m*, de retraite **4.** combine *f* manœuvre *f*. **II.** *v* **1.** *vi* manœuvrer, comploter (**to do sth,** pour faire qch) **2.** *vtr* machiner, comploter, organiser (une prise d'otages); projeter (de faire qch). **sche'matic** *a* schématique. **'schemer** *n Pej:* intrigant, -ante. **'scheming 1.** *a* intrigant **2.** *n* machinations *fpl*, combines *fpl*.

schism ['s(k)izm] *n* schisme *m*. **schis'matic** *a & n* schismatique (*mf*).

schist [ʃist] *n Geol:* schiste *m*.

schizophrenia [skitsou'fri:niə] *n* schizophrénie *f*. **schizo'phrenic** *a & n* schizophrène (*mf*).

schnorkel ['ʃnɔ:kl] *see* **snorkel**.

scholar ['skɔlər] *n* lettré, -ée, érudit, ite; spécialiste *mf*; (*grant holder*) boursier, -ière; **he's no s.,** son éducation laisse à désirer. **'scholarly** *a* érudit; **a very s. man,** un homme d'un grand savoir, d'une grande érudition. **'scholarship** *n* **1.** savoir *m*; érudition *f* **2.** *Sch:* bourse *f* (d'études). **scho'lastic** *a* *(a)* (philosophie) scolastique *(b)* (année) scolaire.

school¹ [sku:l] **1.** *n* *(a)* école *f*; classe *f*; *NAm:* (*university*) faculté *f*; (*within university*) institut *m*, département *m*; **in, at, s.,** à l'école; en classe; **to go to s.,** aller à l'école; **s. leaving age,** âge *m* de fin de scolarité; **nursery s.,** (école) maternelle (*f*); **infant s.** = cours *m* préparatoire **primary s.,** école primaire; **junior s.** = école primaire (de 8 à 11 ans); **grammar s., secondary s.,** collège *m*, lycée *m*; **independent, private, s.,** école privée; **public s.,** (i) école privée (ii) *NAm:* (*Br:* = **State school**) école publique; **preparatory s.,** école privée pour élèves de 8 à 13 ans; *NAm:* **junior high s.** = collège d'enseignement secondaire (de 12 à 15 ans); *NAm:* **high s.,** (i) collège d'enseignement secondaire (de 15 à 18 ans) (ii) = lycée; **what s. were you at?** où avez-vous fait vos études? **s. equipment,** matériel scolaire; fournitures scolaires; **the s. year,** l'année scolaire; **s. hours,** heures de classe; **s. bag,** cartable *m*; **s. bus,** car scolaire; **s. bus service,** service de ramassage scolaire; **s. fees,** frais *mpl* de scolarité; *NAm:* **to teach s.** (*Br:* = **to teach**), être dans l'enseignement *(b)* *Art: etc:* **s. of art,** école des beaux-arts; **the Italian s.,** l'école italienne; **s. of dancing,** cours *m* de danse; **s. of music,** académie *f* de musique; conservatoire *m*; **summer s.,** cours de vacances, cours d'été; **driving s., s. of motoring,** auto-école *f* **2.** *vtr* former (un enfant, l'esprit de qn); discipliner (sa voix, ses gestes); dresser (un cheval, un chien). **'schoolbook** *n* livre *m* de classe. **'schoolboy** *n* écolier *m*, élève *m*; **s. slang,** argot scolaire. **'schoolgirl** *n* écolière, *f*, élève *f*. **'schoolhouse** *n* école *f*. **'schooling** *n* instruction *f*, éducation *f*; (*attendance*) scolarité *f*. **school-'leaver** *n* jeune *mf* qui a terminé ses études secondaires. **'schoolma'am, -marm** *n* institutrice *f*; *Pej:* **a real s.,** (i) une pédante (ii) une vraie prude. **'schoolmaster** *n* professeur *m*; (*in primary school*) instituteur *m*. **'schoolmate** *n* camarade *mf* de classe. **'schoolmistress** *n* (*pl* **-es**) professeur *m*; (*in primary school*) institutrice *f*. **'schoolroom** *n* (salle *f* de) classe *f*. **'schoolteacher** *n* professeur *m*; instituteur, institutrice.

school² *n* banc *m* (de poissons); bande *f* (de marsouins).

schooner¹ ['sku:nər] *n Nau:* schooner *m*; goélette *f*.

schooner² *n* *(a)* *NAm:* grande flûte (à bière) *(b)* grand verre (à porto, à vin de xérès).

science ['saiəns] *n* science *f*; **to study s.,** faire des sciences; **s. faculty,** faculté *f* des sciences; **s. teacher,** professeur de sciences; **s. subject,** sujet scientifique; **s. fiction,** science-fiction *f*. **scien'tific** *a* scientifique; **s. instruments,** instruments de précision. **scien'tifically** *adv* scientifiquement. **'scientist** *n* scientifique *mf*; savant *m*.

sci-fi ['saifai] *n F:* science-fiction *f*; la S.F.

Scilly ['sili] *Prn Geog:* **the S. Isles, the Scillies,** les Sorlingues *f*.

scintillate ['sintileit] *vi* scintiller, étinceler. **'scintillating** *a* scintillant, étincelant; (*of conversation*) brillant. **scinti'llation** *n* scintillation *f*; scintillement *m*.

scissors ['sizəz] *npl* **(a pair of) s.,** (une paire de) ciseaux *mpl*; **cutting-out s.,** ciseaux de couturière; **nail s.,** ciseaux à ongles.

sclerosis [sklə'rousis] *n Med:* sclérose *f*; **multiple s.,** sclérose en plaques.

scoff¹ [skɔf] *vi* se moquer; **to s. at s.o.,** se moquer de qn; **to s. at dangers,** mépriser les dangers. **'scoffer** *n* moqueur, -euse; railleur, -euse. **'scoffing 1.** *a* moqueur **2.** *n* moquerie *f*, raillerie *f*.

scoff² *vtr & i P:* bouffer.

scold [skould] *vtr* gronder, réprimander (qn). **'scolding** *n* semonce *f*, réprimande *f*.

scone [skɔn] *n* = petit pain au lait.

scoop [sku:p] **I.** *vtr* **1.** rafler (les prix); **to s. (out),** (é)vider (qch); **to s. up,** ramasser (avec une pelle, une cuiller) **2.** *Journ: F:* **to s. (a rival paper),** faire un scoop. **II.** *n* **1.** *(a)* pelle *f* (à main); (*for ice cream, etc*) cuiller *f* (à glace); **(coal) s.,** pelle *f* à charbon **2. at one s.,** d'un seul coup **3.** *Journ:* exclusivité *f*, scoop *m*.

scoot [sku:t] *vi F:* filer.

scooter ['sku:tər] *n* *(a)* (*child's*) trottinette *f*, patinette *f* *(b)* (*motorized*) scooter *m*.

scope [skoup] *n* *(a)* portée *f*, étendue *f*; envergure *f*; compétence(s) *f*(*pl*); limites *fpl*; **s. for sth, for doing,** des possibilités *fpl* de qch, de faire; **that's outside my s.,** cela n'est pas de ma compétence; **it's outside the s. of this book,** cela sort du cadre de ce livre; **to extend the s. of one's activities,** élargir le champ de son activité *(b)* espace *m*, place *f*; **to give full s. to s.o.,** donner (libre) cours, libre carrière, à qn.

scorch [skɔ:tʃ] **I.** *v* **1.** *vtr* roussir (du linge, l'herbe)

2. *vi* roussir; *F:* **to s. (along),** brûler le pavé; aller un train d'enfer. **II.** *n* **s. (mark),** brûlure légère. **scorched** *a* roussi, légèrement brûlé; (*of grass*) desséché; (visage) brûlé; **s. earth policy,** politique de la terre brûlée. **'scorcher** *n F:* (*a*) journée *f* torride (*b*) riposte cinglante. **'scorching 1.** *a* (*of sun, sand*) brûlant (*of day*) torride; **s. heat,** chaleur *f* torride; **s. hot,** brûlant; **it's s. (hot) here,** on cuit ici **2.** *n* roussissement *m*.

score [skɔːr] **I.** *n* (*a*) éraflure *f*, entaille *f*; (*on paint*) rayure *f* (*b*) (nombre *m* de) points *mpl*; *Sp:* score *m*, marque *f*; **to keep the s.,** marquer les points; *F:* **to know the score,** être au courant; connaître la musique; *Fig:* **to settle old scores,** régler de vieux comptes (*c*) *Mus:* partition *f* (*d*) (*ind in pl*) vingt; vingtaine *f* (de gens) (*e*) *pl F:* **scores,** un grand nombre; **scores of people,** un grand nombre de gens (*f*) point *m*, question *f*, sujet *m*; **have no fear on that s.,** n'ayez aucune crainte à cet égard, n'ayez aucune crainte là-dessus **II.** *v* **1.** *vtr* (*a*) érafler; strier; rayer; **faced scored with wrinkles,** visage sillonné de rides (*b*) souligner (un passage); marquer (du papier) (*c*) *Sp:* marquer (les points); gagner (une partie); (*in exam*) avoir (des points); *Cr:* **to s. a century,** faire une centaine; *Fb:* **to s. a goal,** marquer un but; **to s. a success,** remporter un succès (*d*) *Mus:* orchestrer (une composition) **2.** *vi Games: Sp:* marquer les points; marquer un point, un but; *Fig:* **that's where he scores,** c'est là son point fort. **'scoreboard** *n Sp:* tableau *m* d'affichage. **'scorecard** *n Golf:* carte *f* du parcours; (*shooting*) carton *m*; *Games:* feuille *f* de marque. **score 'off** *vi* **to s. off s.o.,** *F:* river son clou à qn. **score 'out** *vtr* rayer, biffer (un mot). **'scorer** *n Sp:* marqueur *m*. **'scoring** *n* **1.** éraflement *m*; striation *f*; rayage *m* **2.** *Sp:* marque *f* des points.

scorn [skɔːn] **1.** *n* dédain *m*, mépris *m* **2.** *vtr* dédaigner, mépriser (qn, qch). **'scornful** *a* dédaigneux, méprisant; **to be s. of,** mépriser. **'scornfully** *adv* dédaigneusement; avec mépris.

Scorpio ['skɔːpiou] *Prn Astr:* le Scorpion.

scorpion ['skɔːpiən] *n Arach:* scorpion *m*.

Scot [skɔt] *n* Écossais, -aise; **she's a S.,** elle est Écossaise.

Scotch [skɔtʃ] **1.** *a* (*not used of pers in Scotland*) écossais; **S. terrier,** scottish-terrier *m*; **S. broth,** potage *m* à base de mouton, de légumes et d'orge; **S. mist,** bruine *f*, crachin *m*; **S. egg,** œuf dur enrobé de chair à saucisse **2.** *n* (*a*) dialecte écossais (*b*) whisky (écossais); **a (glass of) S.,** un whisky, un scotch (*c*) *Rtm:* **s. tape,** ruban adhésif, scotch *m* (*Rtm*) **3.** *vtr* étouffer (une rumeur); faire échouer (un projet).

scot-free [skɔt'friː] *a* **to get off s.-f.,** s'en tirer sans être puni.

Scotland ['skɔtlənd] *Prn Geog:* l'Écosse *f*; **S. Yard,** = la Sûreté.

Scots [skɔts] *a & n* (*used in Scotland*) écossais, -aise; *Ling:* écossais *m*; **S. law,** le droit écossais; *Mil:* **the S. Guards,** la Garde écossaise. **'Scotsman** *nm* (*pl* **-men**) Écossais. **'Scotswoman** *nf* (*pl* **-women**) Écossaise. **'Scottish** *a* écossais.

scoundrel ['skaundrəl] *n* vaurien *m*; (*child*) coquin, -ine.

scour¹ ['skauər] **1.** *vtr* nettoyer, lessiver, frotter (le plancher); décaper (une surface métallique); **to s. a saucepan,** récurer une casserole; **scouring powder,** poudre à récurer **2.** *n* nettoyage *m*, récurage *m*. **'scourer** *n* tampon *m* à récurer.

scour² *vtr* parcourir (les rues, etc) (**for,** à la recherche de).

scourge [skɔːdʒ] *n* fléau *m*.

scout [skaut] **I.** *n* **1.** *Mil:* éclaireur *m*; **s. car, plane,** véhicule *m*, avion *m*, de reconnaissance **2. (boy) s.,** (*Catholic*) scout *m*; (*non-Catholic*) éclaireur *m*: *NAm:* **girl s.,** éclaireuse *f*; **s. camp,** camp *m* de scout **3. talent s.,** dénicheur *m* de talents. **II.** *vi* **1.** *Mil: etc:* aller en reconnaissance **2. to s. around for sth,** chercher qch; *Cin:* **to s. for talent,** rechercher de futures vedettes. **'scoutmaster** *n* chef *m* de troupe. **'scouting** *n* **1.** *Mil:* reconnaissance *f* **2.** scoutisme *m*.

scowl [skaul] **1.** *n* air menaçant, renfrogné; froncement *m* de(s) sourcils **2.** *vi* se renfrogner; froncer les sourcils; **to s. at s.o.,** regarder qn de travers, d'un air mauvais. **'scowling** *a* renfrogné.

scrabble ['skræbl] *vi* **to s. about,** gratter (ça et là) (**for sth,** pour trouver qch).

scraggy ['skrægi] *a* **(-ier, -iest)** (*bony*) osseux, maigrichon; (*unkempt*) débraillé.

scram [skræm] *vi* **(scrammed)** *F:* décamper; filer.

scramble ['skræmbl] **I.** *v* **1.** *vi* (*a*) monter, descendre à quatre pattes; jouer des pieds et des mains; **to s. up a hill,** grimper une colline; **to s. for sth,** se ruer vers qch; **to s. through,** traverser avec difficulté (*b*) *Av: F:* décoller rapidement (en cas d'alerte) (*d*) *Sp:* faire du moto-cross **2.** *vtr* brouiller (des œufs, un message); **scrambled eggs,** œufs brouillés. **II.** *n* **1.** *Mount:* ascension *f* difficile; *Sp:* **(motorcycle) s.,** moto-cross *m* **2.** (*a*) ruée (**for,** vers) (*b*) *Av: F:* décollage immédiat (en cas d'alerte). **'scrambler** *n Tp:* brouilleur *m*. **'scrambling** *n* **1.** *Tp:* brouillage *m* **2.** *Sp:* moto-cross *m*.

scrap¹ [skræp] **I.** *n* **1.** petit morceau (de qch); fragment *m* (d'information, etc); **not a s. of evidence,** pas la moindre preuve; **to catch scraps of conversation,** saisir des bribes de conversation; **s. of comfort,** brin *m* de consolation **2.** (*a*) *pl* **scraps,** restes *mpl* (d'un repas); déchets *m* (de papeterie, d'usine) (*b*) **s. paper,** (papier) brouillon *m*; **s. heap,** tas de ferraille; *Fig:* **on the s. heap,** au rebut; **to put a plan on the s. heap,** mettre un projet au rancart; **s. (metal, iron),** ferraille *f*; **s. dealer, merchant,** marchand de ferraille; casseur *m*; **to sell sth for s.,** vendre qch à la casse. **II.** *vtr* **(scrapped) 1.** mettre (qch) au rebut; envoyer (une voiture) à la ferraille, à la casse **2.** mettre (un projet) au rancart. **'scrapbook** *n* album *m* (pour collages, etc). **'scrappy** *a* **(-ier, -iest) s. knowledge,** bribes *fpl* de connaissances; **s. dinner,** maigre repas (composé de restes).

scrap² *F:* **1.** *vi* **(scrapped)** se bagarrer, se battre **2.** *n* bagarre *f*.

scrape [skreip] **I.** *n* **1.** (*a*) coup *m* de grattoir, de racloir (*b*) raclement *m*; éraflure *f* **2.** *F:* mauvaise affaire; **to get into a s.,** s'attirer des ennuis; **to get out of a s.,** se tirer d'affaire, d'embarras. **II.** *v.* **1.** *vtr* (*a*) érafler, écorcher (la peau) (*b*) racler, gratter (qch); gratter (des carottes, des salsifis); **to s. one's**

boots, s'essuyer les pieds; **to s. the (bottom of the) barrel,** racler les fonds de tiroirs (*c*) **to s. one's feet along the floor,** (se) frotter les pieds sur le plancher; **to s. the fiddle,** gratter du violon (*d*) **to s. together a sum of money,** réunir (difficilement) une somme d'argent; **to s. a living,** trouver tout juste de quoi vivre; vivoter **2.** *vi* (*a*) gratter; grincer (*b*) **to s. against the wall,** frotter contre le mur, raser le mur (*c*) **to s. clear (of disaster),** échapper tout juste (à un accident); friser (la catastrophe). **scrape a'long** *vi Fig:* se débrouiller. **scrape 'off** *vtr* racler (la boue, etc). **'scraper** *n Tls:* racloir *m*. **'scrape 'through** *vi* réussir de justesse (un examen). **'scrapings** *npl* raclures *fpl*.

scratch [skrætʃ] **I.** *n* **1.** (*a*) coup *m* d'ongle, de griffe (*b*) égratignure *f*, éraflure *f*; (*on glass*) rayure *f*; **to escape without a s.,** en sortir indemne, sans une égratignure **2.** (*a*) grattement *m*; *F:* **to have a s.,** se gratter; **to give one's head a s.,** se gratter la tête (*b*) grincement *m* (d'une plume) **3.** *Sp:* scratch *m*; **to start from s.,** (re)partir de zéro; **to come up to s.,** se montrer, être, à la hauteur; **he's not up to s.,** il ne fait pas le poids. **II.** *v.* **1.** *vtr* égratigner, griffer; donner un coup de griffe à (qn); (*of thorn*) écorcher, érafler (la peau); rayer (le verre); (*of animal*) gratter (le sol); graver (son nom); **to s. oneself,** s'égratigner; **to s. s.o.'s eyes out,** arracher les yeux à qn; **to s. one's head,** se gratter la tête; **you s. my back and I'll s. yours,** un service en vaut un autre; *Fig:* **to s. the surface,** effleurer le problème; **to s. together a few coins,** ramasser quelques pièces; **to s. out,** rayer, biffer (un mot); **to s. s.o. off a list,** rayer qn d'une liste **2.** *vi* (*a*) **cat that scratches,** chat qui griffe (*b*) (*of pers, animal*) se gratter; (*of bird, animal*) gratter (dans la terre); **to s. about, around for evidence,** dénicher des preuves; **to s. at the door,** gratter à la porte (*c*) (*of pen*) accrocher, gratter (*d*) *Sp:* (*of competitor*) déclarer forfait. **III.** *a* (repas) improvisé, sommaire; *Sp:* **s. team,** équipe improvisée. **'scratchy** *a* **(-ier, -iest)** qui gratte; qui grince; (*of cloth*) rugueux, qui gratte la peau.

scrawl [skrɔ:l] **1.** *vtr* griffonner, gribouiller **2.** *n* griffonnage *m*, gribouillage *m*, gribouillis *m*.

scrawny ['skrɔ:ni] *a* **(-ier, -iest)** osseux, maigrichon.

scream [skri:m] **I.** *n* (*a*) cri (perçant); **screams of laughter,** de grands éclats de rire (*b*) *F:* chose amusante, grotesque; **it was a perfect s.,** c'était tordant, *F:* marrant; **he's a s.,** il est marrant, impayable **II.** *v* **1.** *vi* pousser un cri perçant; crier, hurler; (de peur, de douleur); **to s. at s.o.,** crier après qn; **to s. with pain,** hurler de douleur; *F:* **to s. with laughter,** rire aux éclats **2.** *vtr* **to s. oneself hoarse,** s'enrouer à (force de) crier; **to s. abuse,** hurler des injures. **'screamingly** *adv F:* **s. funny,** tordant, crevant.

scree [skri:] *n* éboulis *m*.

screech [skri:tʃ] **1.** *n* cri perçant; hurlement *m*; *Orn:* **s. owl,** effraie *f* **2.** *vi* pousser des cris perçants; crier, hurler; (*of brakes*) hurler.

screen [skri:n] **I.** *n* **1.** (*a*) *Furn:* écran *m*; **(folding) s.,** paravent *m* (*b*) cloison *f*; grille *f* (en fer forgé); **choir s.,** grille de chœur (*c*) rideau (protecteur); *Fig:* masque *m*; **s. of trees,** rideau d'arbres; **to act as a s. for a criminal,** couvrir un criminel; **smoke s.,** nuage artificiel; rideau de fumée (*d*) **safety s.,** écran de sécurité; **fire s.,** écran ignifuge **2.** *Cin: TV:* écran (de projection); *coll* **the s.,** le cinéma; **s. star,** vedette de l'écran; **television s.,** écran de télévision; *F:* **the small s.,** le petit écran; **s. rights,** droits d'adaptation à l'écran; **s. test,** bande *f* d'essai **3.** (*for camera*) filtre *m* **4.** *CivE:* crible *m*, tamis *m*. **II.** *vtr* **1.** (*a*) **to s. sth from view,** cacher, masquer, dérober, qch aux regards (*b*) abriter, protéger (qn, qch) **2.** cribler (du gravier) **3.** filtrer (des documents, des visiteurs); sélectionner (du personnel); *Med:* **to s. s.o. for cancer,** faire subir à qn un test de dépistage pour le cancer **4.** *Cin:* mettre, porter (un roman) à l'écran; projeter (un film); *TV:* passer (une émission) à la télévision. **'screening** *n* **1.** projection (d'un film) **2.** tri *m*; sélection *f* (du personnel); filtrage *m* (des nouvelles); *Med:* (test *m* de) dépistage *m* **3.** criblage *m* (de gravier). **'screenplay** *n Cin:* scénario *m*. **'screenwriter** *n* scénariste *mf*.

screw [skru:] **I.** *n* **1.** vis *f*; **wing, butterfly, s.,** vis à oreilles, à ailettes; (écrou *m*) papillon *m*; **s. cap, top,** couvercle vissant (d'un bocal, d'une bouteille); *F:* **to have a s. loose,** être dingue, cinglé; **there's a s. loose somewhere,** il y a quelque chose qui cloche **2.** *Av: Nau:* hélice *f* **3.** (*a*) coup *m* de tournevis; tour *m* de vis; **give it another s.,** serrez-le encore un peu (*b*) *P:* gardien *m* de prison, gaffe *m* (*c*) *V:* coït *m*. **II.** *v* **1.** *vtr* (*a*) visser; **to s. down, on,** visser; **to s. off,** dévisser; **to s. sth tight,** visser qch à bloc; *F:* **his head's screwed on the right way,** il a la tête solide, la tête sur les épaules (*b*) **to s. money from s.o.,** extorquer de l'argent à qn **2.** *vi* (*of tap*) tourner (à droite, à gauche); **the knob screws into the drawer,** le bouton se visse dans le tiroir. **'screwball** *a & n NAm: F:* cinglé, -ée. **'screwdriver** *n* tournevis *m*. **'screwed** *a F:* ivre, soûl. **screw 'up** *vtr* visser; **to s. up a piece of paper,** chiffonner du papier; **to s. up one's eyes,** plisser les yeux; **to s. one's face up,** grimacer; **to s. up one's courage,** prendre son courage à deux mains; *P:* **to s. sth up,** gâcher, bousiller, qch. **'screwy** *a* **(-ier, -iest)** *F:* farfelu.

scribble ['skribl] **1.** *vtr* griffonner (quelques mots, une note dans un carnet) **2.** *n* (*a*) griffonnage *m* (*b*) écriture *f* illisible; pattes *fpl* de mouche. **'scribbler** *n* écrivailleur, -euse; gratte-papier *m inv*. **'scribbling** *n* griffonnage *m*; **s. paper,** papier *m* brouillon.

scribe [skraib] *n* scribe *m*.

scrimmage ['skrimidʒ] *n* bousculade *f*, bagarre *f*: *NAm: Fb:* mêlée *f*.

script [skript] *n* (*a*) manuscript *m*: *Sch:* copie *f* (d'examen) (*b*) *Cin:* scénario *m*; *Th:* texte *m*; **s. girl,** script(-girl) *f*. **'scriptwriter** *n Cin:* scénariste *mf*, dialoguiste *mf*; *TV: WTel:* dialoguiste.

scripture ['skriptʃər] *n* **Holy S.,** l'Écriture sainte; *Sch:* **S. (lesson),** leçon *f* d'histoire sainte. **'scriptural** *a* biblique; des saintes Écritures.

scroll [skroul] *n* (*a*) rouleau *m* (de parchemin, de papier); (*book*) manuscrit *m* (*b*) *Arch:* volute *f* (d'un chapiteau).

scrooge [skru:dʒ] *n* (*miser*) harpagon *m*.

scrounge [skraundʒ] **1.** *vtr* se faire payer (un repas) (**off, from, s.o.,** par qn); piquer (**off, from, s.o.,** à qn); **to s. £5 off, from, s.o.,** taper qn de £5 **2.** *vi* vivre en parasite; quémander; *Pej:* **to s. around for,** chercher. **'scrounger** *n* parasite *m*, pique-assiette *m*; tapeur *m*.

scrub¹ [skrʌb] **(scrubbed) 1.** *vtr* récurer (une casserole); laver, frotter, nettoyer (le plancher) (à la brosse); *Fig:* annuler; **to s. out,** effacer **2.** *vi* frotter les planchers **3.** *n* **to give sth a s.,** frotter qch; *NAm:* **s. brush,** brosse *f* dure. **'scrubber** *n* tampon *m* à récurer. **'scrubbing** *n* récurage *m*, nettoyage *m* (à la brosse); **s. brush,** brosse de chiendent, brosse dure. **scrub 'off** *vtr* faire disparaître (qch) en frottant. **scrub 'up** *vi* (*of surgeon*) se brosser (les mains).

scrub² *n* broussailles *fpl*, brousse *f*. **'scrubby** *a* **(-ier, -iest)** (*of land*) couvert de broussailles. **'scrubland** *n* terrain broussailleux.

scruff [skrʌf] *n* (*a*) (peau *f* de la) nuque; **to seize an animal by the s. of the neck,** saisir un animal par la peau du cou (*b*) *F:* (*pers*) individu débraillé. **'scruffy** *a* **(-ier, -iest)** négligé; malpropre. **'scruffily** *adv* **s. dressed,** débraillé.

scrum [skrʌm] *n Rugby Fb:* mêlée *f*; **s. half,** demi *m* de mêlée; *F:* **what a s. in the Underground!** quelle bousculade dans le Métro!

scrumptious ['skrʌmpʃəs] *a F:* super bon, succulent.

scruple ['skru:pl] **1.** *n* scrupule *m*; **to have no scruples about doing sth,** n'avoir aucun scrupule à faire qch **2.** *vi* **to s. to do sth,** avoir des scrupules à faire qch. **'scrupulous** *a* scrupuleux (**about, over, as to,** sur); méticuleux. **'scrupulously** *adv* scrupuleusement; méticuleusement; absolument; **s. clean,** d'une propreté irréprochable; impeccable. **'scrupulousness** *n* caractère scrupuleux; caractère méticuleux.

scrutinize ['skru:tinaiz] *vtr* scruter; examiner (qch) minutieusement. **'scrutinizing** *a* (regard) scrutateur, inquisiteur. **'scrutiny** *n* examen minutieux.

scuba ['sk(j)u:bə] *n* scaphandre *m* autonome; **s. driving,** la plongée sous-marine.

scuff [skʌf] *vtr* **to s. (up),** érafler.

scuffle ['skʌfl] **1.** *n* mêlée *f*, bousculade *f*; bagarre *f* **2.** *vi* (*a*) se bousculer (*b*) se bagarrer (*c*) traîner les pieds.

scull [skʌl] **1.** *n* aviron *m* de couple **2.** *vi* ramer, nager, en couple. **'sculler** *n* rameur *m* de couple. **'sculling** *n* nage *f* à couple.

scullery ['skʌləri] *n* (*pl* **sculleries**) arrière-cuisine *f*.

sculpt [skʌlpt] **1.** *vtr* sculpter (une statue) **2.** *vi* sculpter, faire de la sculpture. **'sculptor** *n* sculpteur *m*. **'sculptress** *n* (*pl* **-es**) femme sculpteur. **'sculpture 1.** *n* sculpture *f* **2.** *vtr & i* sculpter.

scum [skʌm] *n* (*a*) écume *f*, mousse *f* (sur un liquide); **to take the s. off,** écumer (*b*) *Pej:* racaille *f*; (*pers*) salaud *m*; **the s. of society,** la lie de la société.

scupper ['skʌpər] *vtr F:* saboter (un projet).

scurf [skə:f] *n* pellicules *fpl* (sur la tête).

scurrilous ['skʌriləs] *a* (*of criticism, attack*) haineux, violent et grossier.

scurry ['skʌri] *vi* **(scurried)** se précipiter, courir; **to s. off, away,** détaler, décamper; **to s. through one's work,** expédier son travail.

scuttle¹ ['skʌtl] *n* **coal s.,** seau *m* à charbon.

scuttle² *vtr Nau:* saborder (un navire).

scuttle³ *vi* courir; **to s. off,** déguerpir, filer.

scythe [saið] **1.** *n Tls:* faux *f* **2.** *vtr* faucher.

sea [si:] *n* **1.** (*a*) mer *f*; **by, beside, the s.,** au bord de la mer; **(out) at s.,** en mer; **s. bathing,** bains de mer; **by s.,** par mer; **beyond the sea(s),** outre-mer; **s. voyage,** voyage en mer; **s. route,** route *f* maritime; **s. breeze,** brise de la mer; **s. battle,** bataille navale; **s. bed, floor,** fond *m* de la mer; **s. salt,** sel marin, de mer (*b*) **the open s., the high seas,** le large; **to put (out) to s.,** prendre le large; *Fig:* **to be all at s.,** nager complètement; **to get one's s. legs,** s'amariner; **to have one's s. legs,** avoir le pied marin (*c*) **inland s.,** mer intérieure; **the seven seas,** toutes les mers du monde (*d*) **S. Lord,** lord *m* de l'Amirauté (*e*) **s. fish,** poisson de mer; **s. fishing,** pêche maritime; **s. trout,** truite de mer; **s. elephant,** éléphant de mer; **s. anemone,** actinie *f* **2.** (*a*) **heavy s.,** grosse mer; mer houleuse (*b*) lame *f*, houle *f*; **head s.,** mer debout (*c*) coup *m* de mer; paquet *m* de mer **3.** océan *m*, multitude *f*; **a s. of faces,** un océan de visages. **'seabird** *n* oiseau *m* de mer. **'seaboard** *n* littoral *m*. **'sea 'coast** *n* littoral *m*; côte *f*. **'seafarer** *n* marin *m*. **'seafood** *n* fruits *mpl* de mer. **'seafront** *n* front *m* de mer, esplanade *f*; **a house on the s.,** une maison qui donne sur la mer. **'seagull** *n Orn:* mouette *f*; goéland *m*. **'sealion** *n Z:* otarie *f*. **'seaman** *n* (*pl* **-men**) **1.** marin *m*; matelot *m* **2. a good s.,** un bon navigateur. **'seamanship** *n* manœuvre *f* et matelotage *m*, la manœuvre. **'seaplane** *n* hydravion *m*. **'seaport** *n* port *m* de mer. **'seascape** *n Art:* marine *f*. **'seashell** *n* coquillage *m*. **'seashore** *n* (*a*) bord *m* de la mer (*b*) plage *f*. **'seasick** *a* **to be s.,** avoir le mal de mer. **'seasickness** *n* mal *m* de mer. **'seaside** *n* bord *m* de la mer; **s. resort,** station *f* balnéaire; plage *f*; **s. town,** ville au bord de la mer. **'seaway** *n* **1.** sillage *m* (d'un navire) **2.** route *f* maritime; **the St Lawrence S.,** la voie maritime du Saint-Laurent. **'seaweed** *n* algue(s) *f(pl)*. **'seaworthy** *a* (*of ship*) en état de naviguer.

seal¹ [si:l] *n Z:* phoque *m*. **'sealer** *n* (*a*) navire armé pour la chasse au phoque (*b*) (*pers*) chasseur *m* de phoques. **'sealskin** *n* peau *f* de phoque.

seal² 1. *n* (*a*) (*on deed*) sceau *m*; (*on letter*) cachet *m* (de cire); **to set one's s. to sth,** autoriser qch; donner son approbation à qch; **under the s. of secrecy,** sous le sceau du secret (*b*) cachet (de bouteille de vin); *Ind:* **s. of approval,** label *m*; *Jur:* (*on property*) **official s.,** scellé *m*; *Com:* **lead s.,** plomb *m* (pour sceller une caisse) (*c*) (*putty for sealing*) joint *m* **2.** *vtr* sceller (un acte, une caisse, etc); (*with wax*) cacheter (une lettre, une bouteille); plomber (un colis); coller; (*with putty*) boucher; **my lips are sealed,** mes lèvres sont scellées; **his fate is sealed,** son sort est réglé; **sealing sax,** cire *f* à cacheter. **seal 'off** *vtr* **to s. o. a room,** interdire l'accès d'une pièce; **the area was sealed off by the police,** le quartier a été bouclé par la police. **seal 'up** *vtr* fermer hermétiquement (un contenant).

seam [si:m] *n* (*a*) couture *f*; **French s.,** couture double; **flat s.,** couture rabattue; **saddle-stitched s.,** couture piquée; **room bursting at the seams,** salle pleine à craquer (*b*) (*on face*) fissure *f*, gerçure *f* (*c*) (*in metal pipe*) joint *m*; **welded s.,** joint soudé, soudure *f* (*d*) *Min:* veine *f*. **'seamless** *a* sans couture; sans soudure. **'seamstress** *n* (*pl* -es) couturière *f*. **'seamy** *a* (-ier, -iest) **the s. side of life,** les dessous *m*, le côté peu reluisant, de la vie.

séance ['seiɑːns] *n* séance *f* de spiritisme.

search [sɜːtʃ] **I.** *n* **1.** recherche(s) *f*(*pl*); **in s. (of),** à la recherche (de); **s. party,** équipe *f* de secours *m* **2.** (*a*) *Cust:* visite *f* (*b*) *Jur:* perquisition *f*; **s. warrant,** mandat *m* de perquisition **3.** fouille *f* (de qn, d'un lieu). **II.** *v* **1.** *vtr* inspecter; chercher dans (un endroit); fouiller (un suspect); scruter (un visage); examiner (des documents); *Cust:* visiter (les valises de qn); *Jur:* perquisitionner dans (une maison); **to s. (through) one's papers for sth,** chercher qch dans ses papiers; *P:* **s. me!** je n'ai pas la moindre idée! **2.** *vi* chercher; **to s. for sth,** chercher qch. **'searching** *a* (examen) minutieux; (regard) pénétrant, scrutateur. **'searchlight** *n* projecteur *m*.

season¹ ['siːzən] *n* saison *f*; **holiday s.,** saison des vacances; **the festive s.,** la période des fêtes; **close s., open s.,** chasse, pêche, fermée, ouverte; (*of fruit*) **to be in s.,** être de saison; **strawberries are in s.,** c'est la saison des fraises; **when in s.,** pendant la saison; **out of s.,** hors saison; **low-s. price,** prix hors saison; **in the peak s., in (the) high s.,** en pleine, haute, saison; **in the low, off, s.,** en basse saison; *Cin:* **a Hitchcock s.,** une rétrospective Hitchcock; **in s. and out of s.,** à tout propos; **s. ticket,** *F:* **s.,** carte *f* d'abonnement; **s. ticket holder,** abonné, -ée. **'seasonable** *a* **1.** de saison; **s. weather,** temps de saison **2.** (*of advice*) à propos, opportun. **'seasonably** *adv* opportunément, à propos. **'seasonal** *a* (commerce) saisonnier; **s. worker,** saisonnier, -ière.

season² **1.** *vtr* (*a*) assaisonner, relever (un mets) (*b*) dessécher, étuver, conditionner (le bois); mûrir (le vin) (*c*) acclimater, endurcir (qn) (*d*) *F:* tempérer, modérer (une opinion) **2.** *vi* (*of wood*) se sécher; (*of wine*) mûrir, se faire. **'seasoned** *a* assaisonné; (*of wine*) mûr, fait; (*of wood*) sec; (*of worker*) expérimenté; (*of soldier*) aguerri; **highly s. dish,** plat relevé, épicé. **'seasoning** *n Cu:* assaisonnement *m*, condiment *m*; **to add s.,** assaisonner.

seat [siːt] **I.** *n* **1.** (*a*) siège *m*; banquette *f* (de train, d'autobus); gradin *m* (d'amphithéâtre); *Cin: Th:* fauteuil *m*; selle *f* (de vélo, de moto); lunette *f* (de WC); **folding s.,** pliant *m*; **flap s.,** strapontin *m*; **to take, have, a s.,** s'asseoir; **to keep one's s.,** rester assis; *Fig:* **in the hot s.,** sur la sellette (*b*) *Rail: Th:* place *f*; **keep a s. for her,** gardez-lui une place (*c*) **he has a s. in the House,** il siège au Parlement **2.** (*a*) siège, fond *m* (d'une chaise) (*b*) fond (de culotte); *F:* postérieur *m*; derrière *m* **3.** siège, centre *m* (du gouvernement); foyer m (d'infection); **country s.,** château *m* **4.** *Equit:* assiette *f*, assise *f*; **to have a good s.,** se tenir bien en selle; avoir de l'assiette. **II.** *vtr* **1.** placer (qn); (*on one's lap*) asseoir (qn); **please be seated,** veuillez vous asseoir; asseyez-vous; **the room seats 50,** la salle a 50 places (assises); **this table seats twelve,** on tient douze à cette table **2.** (re)mettre, (re)faire, le siège (d'un chaise), (re)mettre un siège (à une chaise). **'seatbelt** *n* ceinture *f* de sécurité. **'seater** *a & n* **a two-s. (car),** une voiture à deux places. **'seating** *n* (*a*) allocation *f* des places (*b*) **s. (room),** places assises; **the s. arrangements,** la disposition des places; **s. capacity,** nombre *m* de places assises.

secateurs [sekə'tɜːz] *npl Hort:* sécateur *m*.

secede [si'siːd] *vi* faire sécession (**from,** de); se séparer (d'un parti politique). **se'ceding** *a* sécessionniste. **se'cession** *n* sécession *f*.

seclude [si'kluːd] *vtr* tenir (qn, qch) retiré (**from,** de). **se'cluded** *a* (endroit) écarté, retiré; isolé; à l'abri des regards. **se'clusion** *n* solitude f, retraite *f*.

second¹ ['sekənd] *n* (*a*) seconde *f*; **I'll be back in a s.,** je reviens dans un instant; **in a split s.,** en un rien de temps; **wait a s.!** (attendez) une seconde! un instant! (*on watch*) **s. hand,** trotteuse *f* (*b*) *Mth:* seconde (de degré).

second² **I.** *a* second, deuxième; **the s. of January,** le deux janvier; **to live on the s. floor,** habiter au deuxième, *NAm:* au troisième (étage); **every s. day,** tous les deux jours; un jour sur deux; **the s. largest city in the world,** la deuxième ville du monde en ordre de grandeur; **the s. richest country,** le deuxième pays le plus riche; **at tennis he is s. to none,** c'est le meilleur joueur de tennis; **s. to last,** avant-dernier; **in (the) s. place,** deuxièmement, en second lieu; **to marry for the s. time,** se marier en secondes noces; **it's only s. best,** c'est un pis-aller; **to travel s. class,** voyager en seconde; *Aut:* **s. (gear),** deuxième (vitesse); **in s. (gear),** en seconde; **s. in command,** second *m*; *Mil:* commandant *m* en second; **to be s. in command,** commander en second; **s. nature,** seconde nature; **s. sight,** clairvoyance *f*. **II.** *n* **1.** (le) second, (la) seconde; (le, la) deuxième: **Charles the S.,** Charles Deux **2.** *pl Com:* **seconds,** articles *mpl* de second choix. **III.** *vtr* **1.** seconder (qn); appuyer (qn), soutenir (ses amis); **to s. a motion,** appuyer une proposition **2.** *Mil: etc:* [sə'kɔnd] mettre (un officier) en disponibilité; détacher (un employé) (**to,** à); **to be seconded for service (with),** être détaché (auprès de). **'secondary** *a* secondaire; *Sch:* **s. education,** enseignement du second degré; **s. causes,** causes secondes; **s. road** = route départementale. **second-'class** *a* (*of product*) de qualité inférieure; *Rail:* (*of ticket*) de seconde (classe); (*of rail*) non urgent. **'secondhand** *a & adv* d'occasion; (*of report, news*) de seconde main; **s. dealer,** brocanteur, -euse; **s. bookseller,** bouquiniste *mf*. **'secondly** *adv* deuxièmement; en second lieu. **se'condment** *n* détachement *m*. **second-'rate** *a* médiocre, inférieur; de second ordre.

secret ['siːkrit] **1.** *a* (*a*) secret; caché; **to keep sth s.,** tenir qch secret; garder le secret au sujet de qch; **s. agent,** agent secret **2.** *n* secret *m*; **in s.,** en secret; **there's no s. about it,** il n'y a pas de mystère; **to let s.o. into the s.,** mettre qn dans le secret; **to be in the s.,** être au courant (de qch). **'secrecy** *n* secret, discrétion *f*; **in s.,** en secret. **secrete¹** [si'kriːt] *vtr* cacher (qch); receler (des objets volés). **'secretive** *a* (*of pers*) réservé, dissimulé; *F:* cachottier; (*of organization*) qui a le goût du secret; **to be s. about,** faire un mystère de; (*of organization*) être très discret sur. **'secretly** *adv* secrètement; en secret; en catimini.

secretary ['sekrətri] *n* (pl **secretaries**) secrétaire *mf*; *Adm:* **executive s.,** secrétaire de direction; **company s.,** secrétaire général (d'une société); **private s.,** secrétaire particulier, -ière; *Pol:* **S. of State,** (i) Ministre *m* (ii) Secrétaire d'État; **Foreign S.,** *NAm:* **S. of**

State = ministre *m* des Affaires étrangères; **S.-General to the United Nations,** Secrétaire général des Nations Unies. **secre'tarial** *a* (travail) de secrétaire; de secrétariat; (cours) de secrétariat. **secre'tariat** *n* secrétariat *m*.

secrete[2] [si'kri:t] *vtr* (*of glands*) sécréter. **se'cretion** *n Physiol:* sécrétion *f*.

sect [sekt] *n* secte *f*. **sec'tarian** *a & n* sectaire (*mf*).

section ['sekʃən] **1.** *n* (*a*) tranche *f* (*b*) *Mth:* **conic sections,** sections coniques (*c*) coupe *f*, profil *m*; **vertical s.,** coupe verticale (*d*) section *f*; partie *f*, division *f*; (*of machine, etc*) élément *m*; (*in store*) rayon *m*; **made in sections,** démontable; *Journ:* **sports s.,** la page, la rubrique, des sports **2.** *vtr* **to s. off,** séparer. **'sectional** *a* (*a*) (dessin) en coupe, en profil (*b*) (intérêts) d'une classe, d'un parti (*c*) en sections; **s. bookcase,** bibliothèque démontable, par éléments.

sector ['sektər] *n* secteur *m*.

secular ['sekjulər] *a* séculier; laïque; **s. music,** musique profane.

secure [si'kjuər] **I.** *a* **1.** sûr; (avenir) assuré; (*in one's mind*) tranquille; **to feel s. of victory,** être certain de la victoire **2.** en sûreté, en sécurité; sauf; **s. against attack,** à l'abri de toute attaque; **(emotionally) s.,** sécurisé **3.** (*of beam*) fixé, assujetti; solide; (*of door, window*) bien fermé; (*of foothold*) ferme, sûr. **II.** *vtr* **1.** (*a*) mettre (qch) en sûreté, à l'abri; **to s. against,** protéger de (*b*) mettre en lieu sûr **2.** attacher; bien fermer (une fenêtre, etc); assurer (le succès, l'avenir) **3.** procurer, obtenir, acquérir; **to s. sth (for oneself),** se procurer qch; **to s. s.o.'s services,** s'assurer l'aide de qn. **se'curely** *adv* (*a*) en sûreté (*b*) solidement. **se'curity** *n* **1.** (*a*) sécurité *f*, sûreté *f*; *Pol:* **S. Council (of UNO),** Conseil *m* de sécurité (de l'ONU); *Adm:* **social s.,** sécurité sociale; **job s.,** sécurité de l'emploi (*b*) **s. firm,** société *f* de surveillance; **s. guard,** agent *m* de sécurité; convoyeur *m* de fonds **3.** *Com:* (*a*) caution *f*; **s. for a debt,** garantie *f* d'une créance; **to pay (in) a sum as a s.,** verser une provision; verser une somme en nantissement; **without s.,** à découvert (*b*) (*pers*) caution; garant *m*; **to stand s. for s.o.,** se porter garant pour qn, de qn (*c*) *Fin: usu pl* **securities,** titres *mpl*, valeurs *fpl*.

sedan [si'dæn] *n NAm: Aut:* (*Br* = **saloon**) berline *f*.

sedate [si'deit] **1.** *vtr Med:* mettre (qn) sous calmants **2.** *a* posé, calme; (maintien) composé. **se'dately** *adv* posément. **se'dation** *n Med:* **under s.,** sous calmants. **'sedative** *a & n* sédatif (*m*); calmant (*m*).

sedentary ['sedəntri] *a* sédentaire.

sediment ['sedimənt] *n* sédiment *m*, dépôt *m*; lie *f* (de vin). **sedi'mentary** *a* sédimentaire. **sedimen'tation** *n* sédimentation *f*.

sedition [si'diʃən] *n* sédition *f*. **se'ditious** *a* séditieux.

seduce [si'dju:s] *vtr* séduire, corrompre (qn). **se'ducer** *n* séducteur, -trice. **seduction** [-'dʌkʃən] *n* séduction *f*, corruption *f* (de qn). **se'ductive** *a* séduisant, attrayant; **s. offer,** offre alléchante. **se'ductively** *adv* d'une manière attrayante.

see[1] [si:] *vtr & i* **(saw; seen) 1.** (*a*) voir; **to s. the sights of the town,** visiter les monuments de la ville; **I saw him leave,** je l'ai vu partir; **there's nothing to s.,** il n'y a rien à voir; **there was no one to be seen,** il n'y avait pas âme qui vive; **to s. s.o. in the distance,** apercevoir qn dans le lointain; **he's not fit to be seen,** il n'est pas présentable; **we'll s.,** on verra (bien); **to s. reason,** entendre raison (*b*) **as far as the eye can s.,** à perte de vue; **I can s. clearly,** j'y vois clair; **it was too dark to s. clearly,** il faisait trop noir pour bien distinguer (*c*) **to s. s.o. coming,** voir venir qn; *Fig:* **you could s. it coming,** on voyait venir cela de loin (*d*) **I'll s. you to the door,** je vais vous accompagner jusqu'à la porte **2.** (*a*) comprendre, saisir; **to s. the joke,** comprendre la plaisanterie; **I don't s. the point,** je ne saisis pas la nuance; **I s.!** je vois! **as you can s.,** comme tu vois (*b*) observer, remarquer (qch); s'apercevoir de (qch); **I can s. no fault in him,** je ne lui connais pas de défaut; **s. for yourself,** voyez par vous-même; **what** *can* **you s. in him, her?** que pouvez-vous lui trouver? (*c*) voir, juger, apprécier; **this is how I s. it,** voici comment j'envisage la chose; **if you s. fit to leave,** si vous trouvez bon de partir **3.** examiner; regarder avec attention; **I'll go and s.,** je vais aller voir; **s. who it is,** va voir qui c'est; **let me s.,** (i) attendez un peu (ii) faites voir! **4. to s. (to it) that everything's in order,** s'assurer que tout est en ordre **5.** (*a*) fréquenter, avoir des rapports avec (qn); **he sees a great deal of the Smiths,** il fréquente beaucoup les Smith; **s. you on Thursday!** à jeudi! **s. you (soon)!** à bientôt! **s. you later,** à tout à l'heure; **s. you tomorrow!** à demain! (*b*) **to go and s. s.o.,** aller trouver qn; **to s. the doctor,** consulter le médecin; **to s. s.o. on business,** voir qn pour discuter affaires (*c*) recevoir (un visiteur). **see a'bout** *vtr* s'occuper de (qch); se charger de (qch); **I'll s. a. it,** (i) je m'en occuperai (ii) j'y songerai, j'y réfléchirai. **see 'in** *vtr* faire entrer (qn); **to s. the New Year in,** fêter la Nouvelle Année. **'seeing** *n* vue *f*; vision *f*; **s. is believing,** voir c'est croire; **it's worth s.,** cela vaut la peine d'être vu; *conj phr* **s. that,** puisque, vu que. **see 'off** *vtr* accompagner qn (à la gare, etc). **see 'out** *vtr* raccompagner (qn). **see 'over** *vtr* visiter (une maison). **see 'through 1.** *vi* (*a*) voir à travers (qch) (*b*) deviner le jeu de (qn); pénétrer (un mystère) **2.** *vtr* **to s. a business through,** mener une affaire à bonne fin; **to s. it through,** tenir jusqu'au bout; **it will s. me t.,** ça me suffira. **'see-through** *a* (chemisier) transparent. **'see to** *vtr* s'occuper de (qn, qch); veiller à (qn, qch); réparer (qch); **to s. (to it) that,** veiller à ce que (+*sub*); s'assurer que; **to s. to everything,** avoir l'œil à tout; **to s. s.o. to,** raccompagner qn à.

see[2] *n Ecc:* siège épiscopal.

seed [si:d] *n* (*a*) graine *f*; pépin *m* (de pomme, de raisin); *Fig:* germe *m*; (*b*) *coll* semence *f*; graine(s); **to go to s.,** (i) monter en graine (ii) *F:* (*of pers*) se laisser aller; **s. potatoes,** pommes de terre de semence (*c*) *Ten:* tête *f* de série. **'seedbed** *n* semis *m*; *Fig:* foyer *m* (**of,** de). **'seeded** *a Ten:* **s. player,** tête *f* de série. **'seediness** *n* aspect miteux. **'seedling** *n Hort:* semis, (jeune) plant *m*. **'seedsman** *n* (*pl* **-men**) grainetier *m*. **'seedy** *a* **(-ier, iest)** (*a*) (fruit) plein de graines (*b*) *F:* (*of pers, hotel*) miteux; **s.-looking,** d'aspect *m* minable (*c*) (*of pers*) mal en train.

seek [si:k] *vtr* **(sought** [sɔ:t]**)** (*a*) chercher (un objet perdu); rechercher (de l'avancement, un emploi); **to s. shelter,** chercher un abri, chercher refuge (*b*) **to s. sth from s.o.,** demander qch à qn; **to s. advice,** demander conseil; **much sought after,** très recherché; **to s. out,** aller trouver.

seem [siːm] **1.** *vi* (*a*) sembler, paraître; (*of pers*) avoir l'air (fatigué); **how does it s. to you?** que vous en semble? **how did he s. to you?** comment l'avez-vous trouvé? **it seems like a dream,** on croirait, on croit, rêver (*b*) **she seems to understand,** elle a l'air de comprendre; **I s. to have heard his name,** il me semble avoir entendu son nom; **I can't s. to do it,** je n'arrive pas à le faire **2.** *impers* **it seems that ...,** il semble que ... (+ *sub or ind*); il paraît que ...; **it seems to me that you are right,** il me semble que vous avez raison; **it seems best to leave her alone,** il vaut mieux la laisser seule; **it seemed as though, as if,** il semblait que + *sub*; on aurait dit que + *ind*; **so it seems,** à ce qu'il paraît, paraît-il. **'seeming** *a* apparent. **'seemingly** *adv* apparemment; à ce qu'il paraît. **'seemly** *a* convenable.

seen [siːn] *see* **see**[1].

seep [siːp] *vi* (*of liquids*) suinter; **to s. into,** s'infiltrer dans. **'seepage** *n* suintement *m*; infiltration(s) *f*(*pl*) (**into,** dans); fuite *f*.

seersucker ['siːəsʌkər] *n Tex:* crépon *m* de coton.

seesaw ['siːsɔː] **1.** *n* (jeu *m* de) bascule *f* **2.** *vi* basculer; osciller; (*of pers*) **to s. between two opinions,** osciller entre deux opinions.

seethe [siːð] *vi* bouillonner; (*of crowd*) s'agiter; **the street is seething with people,** la rue grouille de monde; **country seething with discontent,** pays en effervescence; **to s. with anger,** bouillir de colère.

segment ['segmənt] *n* segment *m*; quartier *m* (d'orange).

segregate ['segrigeit] *vtr* séparer; mettre (qch) à part. **'segregated** *a* (*of school*) (**racially**) **s.,** où se pratique la ségrégation raciale. **segre'gation** *n* ségrégation *f*; *Pol:* **racial s.,** ségrégation raciale. **segre'gationist** *n* ségrégationniste *mf*; partisan, -ane, de la ségrégation raciale.

seismology [saiz'mɔlədʒi] *n* sismologie *f*. **'seismic** *a* sismique. **'seismograph** *n* sismographe *m*.

seize [siːz] **1.** *vtr* saisir; se saisir, s'emparer, de (pouvoir, pays); **to s. s.o. by the throat,** prendre qn à la gorge; **to s. the opportunity,** saisir l'occasion; **to be seized with fright,** être saisi de peur **2.** *vi* (*a*) **to s. on,** saisir (une offre, etc); **to s. up,** (*of engine*) (se) gripper, coincer, caler; (se) bloquer; *Med:* (*of joint*) s'ankyloser. **'seizure** *n* **1.** saisie *f* (de marchandises) **2.** *Med:* crise *f* **3.** *Mil:* prise *f*.

seldom ['seldəm] *adv* rarement; **I s. see him now,** je ne le vois pas souvent.

select [si'lekt] **1.** *vtr* choisir (**from,** parmi); sélectionner (des candidats, des coureurs, etc) **2.** *a* choisi; de (premier) choix; d'élite; sélect, chic *inv*; **s. club,** club très fermé; **s. audience,** public choisi. **se'lected** *a Lit:* **s. passages,** morceaux choisis. **se'lection** *n* choix *m*, sélection *f*; **a good s. of wines,** un bon choix de vins; **to make a s.,** faire un choix; **selections from Byron,** morceaux choisis de Byron. **se'lective** *a* sélectif; (*of pers*) qui opère un choix; **to be s.,** choisir avec discernement.

self [self] *n* (*pl* **selves**) **the s.,** le moi; **one's better s.,** son meilleur côté; **he's back to his old s. again,** il est redevenu lui-même. **self-a'ddressed** *a* (enveloppe) à son adresse personnelle. **self-a'dhesive** *a* autocollant. **self-a'ssertive** *a* autoritaire. **self-a'ssurance** *n*, **self-'confidence** *n* confiance *f* en soi; assurance *f*; aplomb *m*. **self-a'ssured, self-'confident** *a* sûr de soi; plein d'assurance. **self-'catering** *n* **s.-c. apartment,** appartement (loué pour les vacances) où l'on fait la cuisine soi-même. **self-'centred** *a* égocentrique. **self-'cleaning** *a* (four) autonettoyant. **self-con'fessed** *a* (voleur) de son propre aveu. **self-'conscious** *a* embarrassé, gêné; intimidé. **self-'consciousness** *n* contrainte *f*, embarras *m*, gêne *f*; timidité *f*. **self-con'tained** *a* **1.** (*of pers*) indépendant (d'esprit); peu communicatif **2.** (appareil, industrie) autonome **3. s.-c. flat,** appartement indépendant. **self-con'trol** *n* maîtrise *f* de soi. **self-de'feating** *a* qui a un effet contraire à celui qui est recherché. **self-de'fence** *n* défense personnelle; *Jur:* légitime défense. **self-de'nial** *n* abnégation *f*. **self-determi'nation** *n Pol:* autodétermination *f*; **right of peoples to s.-d.,** droit des peuples à disposer d'eux-mêmes. **self-'discipline** *n* autodiscipline *f*. **self-'drive** *a* **s.-d. cars for hire,** location *f* de voitures sans chauffeur. **self-'educated** *a* autodidacte. **self-em'ployed** *a* qui travaille à son (propre) compte. **self-e'steem** *n* amour-propre *m*. **self-'evident** *a* (fait) évident, qui va de soi. **self-ex'planatory** *a* qui tombe sous le sens, qui se passe d'explications. **self-ex'pression** *n* libre expression *f*. **self-'governing** *a* (territoire) autonome. **self-'government** *n* autonomie *f*. **self-'help** *n* efforts personnels. **self-im'portant** *a* suffisant, présomptueux. **self-in'dulgent** *a* sybarite; qui se dorlote; qui ne se refuse rien. **self-'interest** *n* intérêt (personnel). **'selfish** *a* égoïste; (*of motive*) intéressé. **'selfishly** *adv* égoïstement, en égoïste. **'selfishness** *n* égoïsme *m*. **'selfless** *a* désintéressé. **'selflessness** *n* désintéressement *m*. **'self-made** *a* **s. man,** homme qui est arrivé par lui-même. **self-o'pinionated** *a* entêté. **self-'pity** *n* **to feel s.-p.,** s'apitoyer sur son propre sort; **full of s.-p.,** attendri sur soi-même. **self-'portrait** *n* autoportrait *m*. **self-po'ssessed** *a* assuré, maître de soi. **self-po'ssession** *n* assurance *f*, maîtrise *f* de soi. **self-preser'vation** *n* instinct de conservation (de soi-même). **self-pro'pelled** *a* (*of vehicle*) autopropulsé. **self-'raising,** *NAm:* **-rising** *n Cu:* **s.-r. flour,** farine à levure. **self-re'liance** *n* indépendance *f*. **self-re'liant** *a* indépendant. **self-re'spect** *n* amour-propre *m*. **self-re'specting** *a* qui se respecte. **self-'righteous** *a* pharisaïque, satisfait de soi. **self-'sacrifice** *n* abnégation *f*. **'selfsame** *a* même, identique. **self-'satisfied** *a* suffisant; content de soi. **self-'service** *a & n Com:* libre-service (*m inv*); self-service; *n F:* self *m*. **self-'starter** *n Aut:* démarreur *m*. **self-'styled** *a* soi-disant *inv*; prétendu. **self-su'fficient** *a* indépendant, qui a son indépendance. **self-su'pporting** *a* financièrement indépendant. **self-'taught** *a* autodidacte.

self-'willed *a* opiniâtre, volontaire, obstiné. **self-'winding** *a* (montre) à remontage automatique.

sell [se] **(sold) 1.** *vtr (a)* vendre (to, à); **he sold it for fifty pounds,** il l'a vendu cinquante livres; *F:* **to s. an idea,** faire accepter une idée; **to be sold on sth,** être entiché de qch; **oranges are sold by the kilo,** les oranges se vendent au kilo; **to s. back,** revendre *(b)* vendre, trahir (un secret) *(c)* duper, tromper; *F:* **you've been sold a pup,** on vous a refait **2.** *vi* se vendre; *Fig: (of idea, etc)* être accepté; **this book sells well,** se livre se vend bien. **'sell-by** *a F:* **s.-by date,** date de péremption, date limite de vente. **'seller** *n* vendeur, -euse; **seller's market,** marché à la hausse. **'selling** *n* vente *f*; écoulement *m*, placement *m*; **s. price,** prix *m* de vente. **selling 'off** *n* liquidation *f*. **sell 'off** *vtr* solder; liquider (son stock). **sell 'out** *vtr* **1. we're sold out of this article,** nous n'avons plus cet article; **the book is sold out,** le livre est épuisé **2.** *Fin:* réaliser (des actions). **'sellout** *n (a)* trahison *f (b) Th: Cin:* **it was a s.,** tous les billets ont été vendus; **this play is a s.,** on a fait salle comble; on a joué à guichets fermés; **this article has been a s.,** cet article s'est vendu à merveille (et il ne nous en reste plus). **sell 'up** *vtr* vendre sa maison; *Com:* vendre son affaire.

sellotape ['selouteip] *n Rtm:* ruban adhésif, scotch *m (Rtm).*

selvage, selvedge ['selvidʒ] *n Tex:* lisière *f*.

semantic [si'mæntik] *a* sémantique. **se'mantics** *n* sémantique *f*.

semaphore ['seməfɔːr] *n Rail: Nau: (device)* sémaphore *m*; *(system)* signaux *mpl* à bras.

semblance ['sembləns] *n* semblant *m*, apparence *f*; **to put on a s. of gaiety,** faire semblant d'être gai.

semen ['siːmən] *n (no pl)* sperme *m*, semence *f*.

semester [sə'mestər] *n esp NAm: Sch: (Br =* **term)** semestre *m*.

semi- ['semi] *pref* semi-; demi-; **s.-automatic gun,** arme (à feu) semi-automatique. **'semibreve** *n Mus: (NAm: =* **whole note)** ronde *f*. **'semicircle** *n* demi-cercle *m*. **semi'circular** *a* semi-circulaire. **semi-'colon** *n* point-virgule *m*. **semi-'conscious** *a* à demi conscient. **semi-de'tached** *a* **s.-d. house,** maison jumelle. **semi-'final** *n Sp:* demi-finale *f*. **'semi-o'fficial** *a* officieux. **semi-'precious** *a (of stone)* semi-précieux. **'semiquaver** *n Mus: (NAm: =* **sixteenth note)** double croche *f*. **semi-'skilled** *a* (ouvrier) spécialisé.

seminar ['seminɑːr] *n Sch:* séminaire *m*.

seminary ['seminəri] *n (pl* **seminaries)** *Rel:* séminaire *m*. **'seminarist** *n* séminariste *m*.

Semite ['siːmait, *NAm:* 'semait] *n* Sémite *mf*. **Se'mitic** *a* sémite; *(of language)* sémitique.

semolina [semə'liːnə] *n Cu:* semoule *f*.

senate ['senət] *n (a) Pol:* sénat *m (b) Sch:* conseil de l'université. **'senator** *n Pol:* sénateur *m*.

send [send] *v* **(sent) 1.** *vtr (a)* envoyer; **to s. s.o. for sth,** envoyer qn chercher qch; **to s. s.o. home,** renvoyer qn chez lui; **to s. a child to bed,** envoyer un enfant se coucher; **to s. a child to school,** envoyer un enfant à l'école; **to s. s.o. on an errand,** envoyer qn faire une course *(b)* envoyer, expédier (un colis); **I'm sending you a present by post,** je vous fais parvenir un cadeau par la poste; **to s. clothes to the wash,** donner du linge à laver; **it sent a shiver down my spine,** cela m'a fait froid dans le dos; **the blow sent him sprawling,** le coup l'a envoyé dinguer; **to s. s.o. crazy, mad,** rendre qn fou; *F:* **to s. s.o. packing,** envoyer promener qn; flanquer qn à la porte; *Fig:* **to s. s.o. to Coventry,** mettre qn en quarantaine **2.** *vi* **to s. for s.o.,** faire venir qn, envoyer chercher qn; **I shall s. for it,** je vais le faire apporter; **to s. (out) for,** envoyer chercher (des provisions, etc). **send a'long** *vtr* **s. him along,** dis-lui de venir me voir. **send a'way 1.** *vtr (a)* renvoyer, congédier (qn) *(b)* envoyer, expédier (un colis) **2.** *vi* **to s. away for,** commander (par courrier). **send 'back** *vtr* renvoyer. **send 'down** *vtr* faire descendre; renvoyer, expulser (un étudiant); faire baisser (les prix). **'sender** *n* expéditeur, -trice (d'une lettre). **send 'in** *vtr* **1.** *(a)* faire entrer (qn) *(b)* **to s. in one's name,** se faire annoncer **2.** *(a)* envoyer (un formulaire); remettre, faire parvenir (une demande) *(b)* **to s. in one's resignation,** donner sa démission. **send 'off 1.** *vtr (a)* envoyer (qn) (en mission) *(b)* envoyer, expédier (une lettre) *(c) Sp:* exclure (un joueur) du terrain. **2.** *vi* **to s. off for,** commander (par courrier). **'send-off** *n* réception *n* d'adieu; **to give s.o. a s.-o.,** faire des adieux chaleureux à qn. **send 'on** *vtr (a)* faire suivre (une lettre) *(b)* transmettre (un message); expédier (des bagages) à l'avance. **send 'out** *vtr (a)* faire sortir (qn); mettre (un élève) à la porte *(b)* envoyer (des invitations); lancer (des circulaires) *(c)* émettre (des signaux, de la chaleur). **send 'round** *vtr (a)* faire circuler, faire passer (la bouteille *(b)* envoyer **(to s.o., to s.o.'s house,** chez qn); **I'll s. s.o. round tomorrow,** j'enverrai qn demain. **send 'up** *vtr* **1.** faire monter (qn); lancer (un ballon, une fusée); faire monter (les prix, les bagages) **2.** *F:* parodier (qn, qch).

senile ['siːnail] *a* gâteux, sénile. **senility** [si'niliti] *n* gâtisme *m*, sénilité *f*.

senior ['siːniər] **1.** *a (a)* plus âgé; **William Jones s.,** William Jones père; **he's two years s. to me,** il est mon aîné de deux ans *(b)* **s. (in rank),** (de grade) supérieur; **to be s. to s.o.,** être au-dessus de qn; **s. partner,** associé principal; **the s. officer,** le doyen des officiers; **s. clerk,** premier commis; *Jur:* premier clerc; *Sch:* **s. boys, girls,** les grand(e)s; *NAm: Sch:* **s. year,** dernière année; *Adm:* **s. citizen,** personne âgée **2.** *n (a)* aîné, -ée *(b)* (le plus) ancien, (la plus) ancienne; *Sch:* grand, -ande; *NAm: Sch:* étudiant, -ante, de dernière année; *Sp:* senior *mf*; **to be s.o.'s s.,** être plus âgé que qn; être au-dessus de qn. **seniority** [-'ɔriti] *n* **1.** priorité *f* d'âge **2.** ancienneté *f*; *(in rank)* supériorité *f*; **to be promoted by s.,** avancer à l'ancienneté.

sensation [sen'seiʃən] *n* **1.** sensation *f*; sentiment *m* (de malaise); **I had a s. of falling,** j'avais l'impression de tomber **2.** sensation; effet sensationnel; **to create, make, cause, a s.,** faire sensation. **sen'sational** *a* (roman, film, etc) à sensation; **s. happening,** sensation *f*; **s. writer,** auteur à sensation; *F:* **it's s.!** c'est fantastique, sensationnel!

sense [sens] **1.** *n (a)* sens *m*; **the five senses,** les cinq sens; **the s. of smell,** l'odorat *m*; **the s. of hearing,** l'ouïe *f*; **to have a keen s. of smell,** avoir l'odorat fin; **to be in one's senses,** être sain d'esprit; **any man in his senses,** tout homme jouissant de son bon sens; **to frighten s.o. out of his senses,** effrayer qn jusqu' à lui faire perdre la raison; **to bring s.o. to his senses,** ramener qn à la raison; **to come to one's senses,** (i) revenir à la raison (ii) (*regain consciousness*) revenir à soi; **to take leave of one's senses,** perdre la raison, la tête (*b*) sensation *f* (de plaisir, de chaleur); sens; **s. of injustice,** sentiment *m* d'injustice; **to have a s. of time,** avoir la notion de l'heure; **s. of humour,** sens de l'humour; **s. of direction,** sens de l'orientation (*c*) bon sens, intelligence *f*; **to have (good) s.,** avoir du bon sens; **common s.,** bon sens; sens commun; **to see s.,** entendre raison; **to talk s.,** parler raison; **to have more s. than to do sth,** avoir trop de bons sens pour faire qch (*d*) sens, signification *f*; (*of story, action, etc*) **to make s.,** avoir un sens; se tenir; **this sentence doesn't make s.,** cette phrase ne veut rien dire; **I can't make s. of this passage,** je n'arrive pas à comprendre ce passage; **in the full s. of the word,** dans toute l'acception du terme; **in a s.,** d'une certaine façon; **in the s. (that),** en ce sens (que) **2.** *vtr* sentir (qch) (intuitivement); pressentir (qch). **'senseless** *a* **1.** insensé; **a s. remark,** une bêtise **2.** sans connaissance; **to knock s.o. s.,** assommer qn. **'senselessly** *adv* stupidement; bêtement. **'senselessness** *n* manque *m* de bon sens; stupidité *f*.

sensibility [sensi'biliti] *n* (*pl* **sensibilities**) sensibilité *f*; *pl* susceptibilité *f*. **'sensible** *a* sensé, raisonnable; (choix) judicieux; (*of clothes*) pratique; confortable. **'sensibly** *adv* raisonnablement; judicieusement.

sensitive ['sensitiv] *a* (*a*) (*of skin, tooth*) sensible; (*of skin, question*) délicat; (*of pers*) **to be s. to cold,** être frileux (*b*) (*of pers*) susceptible; impressionnable (*c*) *Ind: Fin:* **s. market,** marché instable. **'sensitively** *adv* d'une manière sensible. **'sensitiveness, sensi'tivity** *n* (*pl* **-ies**) sensibilité *f*; susceptibilité *f*.

sensory ['sensəri] *a* sensoriel.

sensual ['sensjuəl] *a* sensuel; voluptueux. **sensu'ality** *n* sensualité *f*. **'sensually** *adv* avec sensualité, sensuellement.

sensuous ['sensjuəs] *a* sensuel. **'sensuously** *adv* avec sensualité. **'sensuousness** *n* sensualité *f*.

sent [sent] *see* **send.**

sentence ['sentəns] **1.** *n* (*a*) *Jur:* condamnation *f*; **death s.,** arrêt *m* de mort; **life s.,** condamnation à vie; **to pass a s.,** prononcer une condamnation (**on s.o.,** contre qn) (*b*) (*term of imprisonment*) peine *f*; **to serve a s.,** purger une, sa, peine (*c*) *Gram:* phrase *f* **2.** *vtr Jur:* prononcer une condamnation contre; **to s. to,** condamner à.

sententious [sen'tenʃəs] *a* sentencieux, pompeux. **sen'tentiously** *adv* sentencieusement.

sentiment ['sentimənt] *n* **1.** (*a*) sentiment *m*; **noble sentiments,** sentiments nobles (*b*) opinion *f*, avis *m*; **those are my sentiments,** voilà ce que je pense **2.** sentimentalité *f*. **senti'mental** *a* sentimental. **senti'mentalist** *n* sentimental, -ale. **sentimen'tality** *n* sentimentalité *f*. **senti'mentally** *adv* sentimentalement.

sentry ['sentri] *n* (*pl* **sentries**) sentinelle *f*; factionnaire *m*; **s. box,** guérite *f*; **to stand s., to be on, to do, s. duty,** être de faction; monter la garde.

sepal ['sepəl] *n Bot:* sépale *m*.

separate ['sepərət] **1.** *a* (*a*) séparé, détaché (**from,** de); **keep these bottles s.,** mettez ces bouteilles à part (*b*) distinct, indépendant; différent; (*of entrance*) particulier; (*of organization*) indépendant; **entered in a s. column,** inscrit dans une colonne spéciale. **II.** *vtr & i* ['sepəreit] (se) séparer; (se) détacher (de qn, qch); **he's separated (from his wife),** il est séparé (de sa femme). **'separable** *a* séparable. **'separately** *adv* séparément; à part; **sell them s.,** vends-les séparément. **'separates** *npl Com:* coordonnés *mpl*. **sepa'ration** *n* **1.** séparation *f* (d'avec qn); **legal s. (of husband and wife),** séparation de corps (et de biens); séparation judiciaire **2.** écart *m*, distance *f*.

sepia ['si:piə] *n Art:* sépia *f*; **s. photograph,** photographie *f* à la sépia.

September [sep'tembər] *n* septembre *m*; **in S.,** au mois de septembre, en septembre.

septic ['septik] *a Med:* infecté; **to become s.,** s'infecter; **s. tank,** fosse *f* septique. **septicaemia,** *NAm:* **-cemia** [-'si:miə] *n Med:* septicémie *f*.

septuagenarian [septjuədʒi'neəriən] *n & a* septuagénaire (*mf*).

sepulchre, *NAm:* **sepulcher** ['sepəlkər] *n* sépulcre *m*, tombeau *m*. **se'pulchral** *a* sépulcral; **s. vault,** caveau *m*; **s. stone,** pierre tumulaire; **s. voice,** voix caverneuse.

sequel ['si:kwəl] *n* suite *f* (d'un roman).

sequence ['si:kwəns] *n* **1.** (*a*) succession *f*; ordre *m*; **in s.,** dans l'ordre, successivement; **logical s.,** enchaînement *m* logique (*b*) suite *f*, série *f* (*c*) *Gram:* **s. of tenses,** concordance *f* des temps **2.** *Mus: Cards:* séquence *f* **3.** *Cin:* **film s.,** séquence de film.

sequin ['si:kwin] *n* paillette *f*.

sequoia [si'kwɔiə] *n Bot:* séquoia *m*.

serenade [serə'neid] **1.** *n* sérénade *f* **2.** *vtr* donner une, la, sérénade à (qn).

serene [sə'ri:n] *a* serein, calme, tranquille; (ciel) clair. **se'renely** *adv* tranquillement; avec sérénité. **serenity** [-'reniti] *n* sérénité *f*, calme *m*, tranquillité *f*.

serge [sə:dʒ] *n Tex:* serge *f*.

sergeant ['sɑ:dʒənt] *n* (*a*) *Mil:* (*infantry*) sergent *m*; (*artillery, armoured corps, cavalry*) maréchal *m* des logis; (*in all arms*) sous-officier *m* (*b*) **police s.,** brigadier *m*. **sergeant-'major** *n Mil:* adjudant *m*; **regimental s.-m.,** adjudant-chef *m*.

serial ['siəriəl] **1.** *a* **s. number,** numéro de série **2.** *n* feuilleton *m*; *TV:* téléroman *m*. **'serialize** *vtr* publier en feuilleton; *TV: WTel:* adapter en feuilleton.

series ['siəri:z] *n inv* **1.** série *f*, suite *f*; échelle *f*, gamme *f* (de couleurs); *Ch: etc:* **s. of reactions,** réactions en chaîne **2.** *adv phr* **in s.,** en série.

serious ['siəriəs] *a* **1.** sérieux; **s. injury,** blessure *f* grave; **s. mistake,** faute grave, sérieuse; **s. damage,** dégâts importants; **his condition is s.,** il est dans un état grave, gravement malade **2.** (*a*) **s. promise,** promesse sérieuse, sincère (*b*) (*of pers*) réfléchi; **to give s. thought,** réfléchir; **I'm s.,** je ne plaisante pas. **'seriously** *adv* **1.** sérieusement; **s. ill,** gravement malade; **s. wounded,** grièvement blessé **2. to take sth s.,** prendre qch au sérieux. **'seriousness** *n* **1.** gravité *f* (d'une maladie, d'un événement); importance *f* (des dégâts) **2.** sérieux *m*; **in all s.,** sérieusement.

sermon ['sɜːmən] *n* sermon *m*.

serpent ['sɜːpənt] *n* serpent *m*.

serrated [sə'reitid] *a* à dents (de scie); **s. knife,** couteau à scie; **s. edge,** denture *f*.

serum ['siərəm] *n* (*pl* **serums, sera**) sérum *m*.

serve [sɜːv] **1.** *vtr* (*a*) servir (un maître, un client, une cause); **to s. (at table),** servir (à table); (*in shop*) **are you being served?** est-ce qu'on s'occupe de vous? **he served ten years,** il a fait (i) dix ans de service (ii) dix ans de prison; **to s. one's apprenticeship,** faire son apprentissage; **to s. one's sentence,** *F:* **one's time,** purger sa peine (*b*) (*of thg*) être utile à (qn, qch); **it serves its purpose,** ça fait l'affaire; **if my memory serves me right,** si j'ai bonne mémoire (*c*) (*of bus route, railway*) **to s. a place,** desservir (une localité) (*d*) (*in shop*) **to s. in a shop,** être vendeur, -euse; (*at table*) **to s. (up, out) a dish,** servir un plat (*e*) *F:* **it serves you right!** c'est bien fait! ça t'apprendra! (*f*) (*of bull*) couvrir (une vache) (*g*) *El:* alimenter (*h*) *Ten:* servir (la balle) (*i*) **to s. a writ on s.o.,** assigner qn (en justice) **2.** *vi* (*a*) servir **(as, for, sth,** de qch); faire fonction **(as sth,** de qch); **to s. as an example,** servir d'exemple; **to s. as a pretext,** servir de prétexte; **to s. on a jury, on a committee,** être membre d'un jury, d'un comité; **to s. in the army,** servir dans l'armée; **to s. to show,** montrer **3.** *n Ten:* service *m*. **'servant** *n* **1.** domestique *mf* **2.** serviteur *m* **3. civil s., public s.,** fonctionnaire *mf*. **'server** *n* **1.** (*a*) serveur, -euse (*b*) *Ecc:* acolyte *m*, répondant *m* **2. salad, fish, servers,** service *m*, couvert *m*, à salade, à poisson. **'service I.** *n* **1.** service *m*; **public services,** services publics; **military s.,** service national, militaire; **to be in (domestic) s.,** être domestique **2. the civil s.,** l'administration *f*; **to go into the civil s.,** devenir fonctionnaire; **the foreign s.,** le service diplomatique; **he's in the diplomatic s.,** il est de la carrière; **the (armed) services,** les forces armées; **the Senior S.,** la Marine nationale britannique; **s. families,** les familles de militaires **3. s. flat,** appartement avec service; **s. lift,** monte-plats *m*; **s. hatch,** guichet *m*; **24-hour s.,** service permanent; (*in restaurant*) **s. (charge),** service; **s. industry,** (i) secteur *m* tertiaire (ii) (*particular company*) société de service; **s. department,** atelier *m* **4. to do s.o. a s.,** rendre (un) service à qn; **I'm at your s.,** je suis à votre disposition *f*; **social services,** services sociaux; **to be of s. to s.o.,** être utile à, rendre service à, qn **5.** *Ecc:* service, office *m*, culte *m* **6.** *Ten:* service **7. tea s.,** service à thé; **dinner s.,** service de table **8. bus s.,** service d'autobus **9.** révision *f* (d'une voiture, d'une machine); **s. area,** *NAm:* **s. center,** aire *f* de service (sur une autoroute); **s. station,** station-service *f*; **after-sales s.,** service après-vente. **II.** *vtr Aut: Mec: etc:* réviser (une voiture, une machine). **'serviceable** *a* (*a*) utilisable (*b*) pratique, commode (*c*) solide. **'serviceman** *n* (*pl* **-men**) militaire *m*; soldat *m*; (*esp in wartime*) mobilisé *m*; **disabled ex-s.,** mutilé *m* de guerre. **'servicing** *n* révision *f* (d'une voiture, d'une machine).

serviette [sɜːvi'et] *n* serviette *f* (de table).

servile ['sɜːvail] *a* servile. **servility** [-'viliti] *n* servilité *f*.

servitude ['sɜːvitjuːd] *n* servitude *f*, esclavage *m*.

session ['seʃən] *n* séance *f*; *Jur: Pol:* session *f*, séance; année *f*, trimestre *m*, universitaire; *NAm:* semestre *m* universitaire; (*of Parliament*) **the House is now in s.,** la Chambre siège actuellement.

set [set] **I.** *n* **1.** (*a*) jeu *m* (d'outils, de clefs, d'aiguilles); série *f* (de timbres, de nombres); *Mth: etc:* ensemble *m*; batterie *f* (d'ustensiles de cuisine); collection *f* (de livres, des œuvres de qn); service *m* (de porcelaine); train *m* (de pneus); mobilier *m* (de salle à manger); **tea s.,** service à thé; **chess s.,** jeu d'échecs; **a s. of teeth,** une rangée de dents, une denture (*b*) (*kit*) trousse *f* (*c*) **television s.,** téléviseur *m*; **radio s.,** poste *m* de radio (*d*) *Ten:* set *m* (*e*) groupe *m* (de personnes); bande *f* (de voleurs); **(literary) s.,** coterie *f* (littéraire); **the racing s.,** le monde des courses **2.** (*of hair*) mise *f* en plis **3.** direction *f* (du vent, du courant); assiette *f* (d'une poutre); voie *f*, chase *f* (des dents d'une scie) **4.** *Th: Cin:* plateau *m*; (*scenery*) décor *m*, scène *f*. **II.** *v* **(setting; set) 1.** *vtr* mettre, poser (un plat sur la table); fixer (une date, une limite); établir (un record); *Tchn:* régler; plâtrer (un bras, etc); poser (un problème); monter, sertir (une pierre précieuse); créer (un précédent); **I haven't s. eyes on him,** je ne l'ai pas vu; **to s. one's heart on doing sth.,** avoir, prendre, à cœur de faire qch; **to s. the table,** mettre le couvert, la table; **to s. the alarm for 6 o'clock,** mettre le réveil sur six heures; *Aut:* **to s. the milometer to zero,** ramener le compteur à zéro; **to have one's hair s.,** se faire faire une mise en plis; *Th:* **to s. a scene,** monter un décor; **the scene is s. (in),** l'action se passe (à); **ring s. with rubies,** bague ornée de rubis; **to s. words to music,** mettre des paroles en musique; **to s. a trap,** dresser, tendre, un piège; **to s. a chisel,** affûter un ciseau; *Typ:* **to s. type,** composer; **to s. the fashion,** fixer, mener, la mode; **to s. a bone,** réduire (une fracture); **to s. one's teeth,** serrer les dents; **to s. a dog (loose) on s.o.,** lâcher un chien contre qn; **to s. sth going,** mettre qch en train, en marche; **to s. s.o. to do sth,** mettre qn à faire qch; **to s. a task for s.o.,** donner, assigner, une tâche à qn; **to s. a man to work,** mettre un homme au travail; **to s. s.o. (off) crying,** faire pleurer qn; **to s. a good example,** donner un bon exemple; **to s. a problem,** donner un problème à résoudre; *Sch:* **to s. an exam paper,** choisir les questions d'examen; **to s. an essay,** donner un sujet de dissertation (à une classe); **to s. a book,** mettre un livre au programme **2.** *vi* (*a*) (*of sun*) se coucher (*b*) (*of broken bone*) se ressoudre (*c*) (*of egg white*) se coaguler; (*of blood*) se figer; (*of milk*) (se) cailler; (*of jelly*) prendre; (*of cement*) prendre, durcir (*d*) **to s. to work,** se mettre au travail. **III.** *a* (*a*) **s. face, smile,** visage rigide; sourire figé; *F:* **all s.,** prêt à (*b*) **s. price,** prix fixe; **s. meal,** table *f* d'hôte; repas *m* à prix fixe; **the s. menu,** le plat du jour; **s. phrase,** cliché *m*, expression consacrée; **at s. hours,** à des heures réglées; **s. purpose,** but déterminé; **s. speech,** discours préparé à l'avance; **s. task,** tâche assignée; *Sch:* **s. book,** auteur au programme (*c*) (*in one's habits*) régulier (*d*) situé (*e*) **dead s. against,** absolument opposé à; **to be (dead) s. on doing,** être résolu, déterminé, à faire qch; **to be s. on sth,** vouloir qch à tout prix. **set a'bout** *vi* **to s. about doing sth,** se mettre à faire qch; **I don't know how to s. about it,** je ne sais pas comment m'y prendre. **'set a'part, 'set a'side** *vtr* **1.** mettre (qch) à part **2.** (*esp* **set aside**) rejeter; mettre de côté (de l'argent); écarter (une proposition). **set 'back** *vtr* (*a*) **house s. back from the road,** maison en retrait (de la route) (*b*) retarder (une horloge); **this will s. him back,** cela retardera sa guérison; *F:* **it s. me back £500,** ça m'a coûté £500. **'setback** *n* revers *m*; *Med:* rechute *f*. **set 'down** *vtr* **1.** poser (qch); déposer (qn); (*of bus, etc*) **to s. down passengers,** déposer des passagers **2. to s. sth down (in writing),** coucher qch par écrit; consigner (un fait). **set 'in** *vi* commencer; surgir; **before winter s. in,** avant la venue de l'hiver; **it's setting in for rain,** le temps se met à la pluie; **if no complications s. in,** s'il ne survient pas de complications. **set 'off 1.** *vtr* (*a*) déclencher (un mécanisme, etc); faire partir (une fusée); faire exploser (une bombe); rehausser (le teint, la beauté) (*b*) **to s. off a gain against a loss,** compenser une perte par un gain **2.** *vi* partir; se mettre en route. **set 'out 1.** *vtr* arranger, disposer (des livres, une exposition); (*explain*) exposer (**to,** à); **his work is well s. out,** son travail est bien présenté **2.** *vi* partir; se mettre en route; s'embarquer; **to s. out to do,** entreprendre de faire; **to s. out in search of s.o.,** se mettre à la recherche de qn. **'setsquare** *n Mth:* équerre *f*. **'setting** *n* cadre *m*; *Th:* mise *f* en scène; monture *f* (d'une diamant); aiguisage *m*, affûtage *m* (d'un outil); mise en plis (des cheveux); coucher *m* (du soleil); *Med:* réduction *f* (d'une fracture); *Typ:* composition *f*. **set 'to** *vtr* **to s. to work,** se mettre au travail; s'y mettre. **set-'to** *n F:* prise *f* de bec. **set 'up 1.** *vtr* installer (des meubles); dresser (une statue, une tente); monter (une machine); (*of printer*) composer (un texte); fonder (une école, une maison de commerce); ouvrir, créer (une agence, un magasin); établir (un gouvernement); créer (un commerce); ouvrir (une enquête); **to s. up house,** établir son domicile; **to s. s.o. up in business,** lancer qn dans les affaires **2.** *vi* **to s. up in business,** monter une affaire. **'setup** *n F:* situation; *f*; **political s.,** paysage *m* politique. **'set upon** *vtr* attaquer (qn).

settee [se'tiː] *n* canapé *m*; **bed s.,** canapé-lit *m*, divan-lit *m*.

setter ['setər] *n* chien couchant; setter *m*.

settle ['setl] **I.** *n* banc *m* à dossier. **II.** *v* **1.** *vtr* (*a*) installer (qn) (dans son lit, etc); s'installer (*b*) **to s. one's affairs,** mettre ses affaires en ordre (*c*) **to s. s.o.'s doubts,** dissiper les doutes de qn (*d*) calmer (les nerfs) (*e*) fixer (une date) (*f*) régler; résoudre, décider (une question); vider (une querelle); arranger, liquider, conclure (une affaire); **s. it among yourselves,** arrangez cela entre vous; **that settles it!** (i) voilà qui tranche la question! (ii) cela me décide! **it's (all) settled,** c'est décidé; **nothing is settled,** rien n'est décidé (*g*) régler, solder (un compte); payer (une dette) (*h*) coloniser (un pays) **2.** *vi* (*a*) s'installer, s'établir; (*of bird*) se poser; **to s. (down) in an armchair,** s'installer dans un fauteuil; **to s. (down) in a place,** s'établir dans un lieu (*b*) (*of dust*) se déposer; (*of snow*) tenir, ne pas fondre; (*of liquid*) se clarifier, déposer; (*of sediment*) se précipiter; **to let (sth) s.,** laisser déposer (un précipité); laisser reposer (une solution) (*c*) (*of ground, soil*) se tasser; (*of foundations*) s'affaisser (*d*) **to s. for,** se contenter de, accepter; **I settled for £100,** j'ai accepté £100. **'settled** *a* (*a*) (*of weather, etc*) stable; (*of habits*) régulier; (*of idea*) fixe, enraciné; **s. policy,** politique continue; **s. intention,** intention bien arrêtée (*b*) (*of pers*) rangé; *esp* marié, casé (*c*) (*of question*) arrangé, décidé; (*of pers*) domicilié, établi. **settle 'down** *vi* (*in chair, house*) s'installer; (*of nerves*) se calmer; (*in one's lifestyle*) se ranger; (*marry*) se caser; **to s. down to,** s'habituer à; se mettre à; **he's settled down since he married,** le mariage l'a assagi; **he's beginning to s. down at school,** il commence à s'habituer à l'école. **'settlement** *n* **1.** établissement *m*; installation *f* **2.** règlement *m* (d'une affaire, d'un compte); *Com:* **in (full) s.,** pour solde de tout compte; **they have reached a s.,** ils sont parvenus à un accord **3.** colonie *f*. **'settler** *n* colon *m*. **settle 'up** *vi* régler ses comptes (**with s.o.,** avec qn), régler (**with s.o.,** qn).

seven ['sevən] *num a & n* sept (*m*); **two sevens are fourteen,** deux fois sept (font) quatorze. **seven'teen** *num a & n* dix-sept (*m*). **seven'teenth** *num a & n* dix-septième (*m*); **Louis the S.,** Louis Dix-sept; **the s. of August, August the s.,** le dix-sept août. **'seventh** *num a & n* septième (*m*); **the s. of July, July the s.,** le sept juillet; **to be in s. heaven,** être aux anges. **'seventieth** *num a & n* soixante-dixième (*m*). **'seventy** *num a & n* soixante-dix (*m*); *Belg: SwFr:* septante (*m*); **s.-one, s.-nine,** soixante et onze, soixante-dix-neuf; **she's in her seventies,** elle est septuagénaire; ell a plus de soixante-dix ans.

sever ['sevər] *vtr* couper (des liens); sectionner; rompre, cesser (les relations avec qn); interrompre (les communications); **to s. one's connection with s.o.,** cesser toutes relations avec qn; se dissocier de qn. **'severance, 'severing** *n* séparation *f* (**from,** de); rupture *f* (de relations); interruption *f* (de communications); **s. pay,** prime *f*, indemnité *f*, de licenciement.

several ['sevərəl] **1.** *a* plusieurs (**of,** d'entre); divers; quelques; **s. times,** plusieurs fois; **he and s. others,** lui et quelques autres **2.** *pron* **I have s.,** j'en ai plusieurs. **'severally** *adv* séparément, individuellement.

severe [sə'viər] *a* **1.** sévère, strict (**with s.o,** envers qn) **2.** (*of winter, training*) rigoureux; (*of test*) dur; (*of injury*) grave; (*of blow, pain*) violent; (*of overwork*) excessif; **the cold was s.,** le froid; *Med:* **a s. cold,** un gros rhume. **se'verely** *adv* **1.** sévèrement; avec sévérité **2.** grièvement; gravement (blessé). **severity** [-veriti] *n* sévérité *f*, rigueur *f*; inclémence *f* (du temps); gravité *f* (d'une maladie); violence *f*.

sew [sou] *vtr* (**sewed; sewn**) coudre; **to s. on a button,** (re)coudre un bouton; **to s. up,** (re)coudre; **to s. (up) a seam,** faire une couture· *F:* **everything's sewn up,** tout est arrangé. **'sewing** *n* **1.** couture *f*; **s. needle,** aiguille à coudre; **s. cotton,** fil à coudre; **s. machine,** machine à coudre; **s. kit,** nécessaire à couture **2.** ouvrage *m* (à l'aiguille).

sewer ['s(j)uːər] *n CivE:* égout *m*; **main s.,** égout collecteur. **'sewage** *n* eaux *fpl* usées, d'égout; **s.**

farm, champs *mpl* d'épandage; **s. system,** système du tout-à-l'égout.

sewn [soun] *see* **sew**.

sex [seks] *n* sexe *m*; relations sexuelles; **the opposite s.,** l'autre sexe; **to have s. with s.o.,** coucher avec qn; **s. act,** l'acte sexuel; **s. education,** éducation sexuelle; **s. organs,** organes sexuels; **s. shop,** sex shop *m*; **s. appeal,** charme *m*, *F:* sex-appeal *m*. **'sexless** *a* **1.** asexué **2.** *F:* froid, frigide. **'sexist** *a & n* sexiste (*mf*). **'sexual** *a* sexuel; **s. intercourse,** rapports sexuels; **s. harassment,** harcèlement sexuel; **s. reproduction,** reproduction sexuelle. **sexu'ality** *n* sexualité *f*. **'sexually** *adv* sexuellement. **'sexy** *a* **(-ier, -iest)** (*of pers, book garment*) sexy; (*aroused*) qui a envie (de faire l'amour); **to feel s.,** avoir envie.

sextet [seks'tet] *n Mus:* sextuor *m*.

sexton ['sekstən] *n Ecc:* (*a*) sacristain *m* (*b*) sonneur *m* (des cloches, du carillon, d'une église) (*c*) fossoyeur *m*.

sh! [ʃ] *int* chut!

shabby ['ʃæbi] *a* **(-ier, -iest) 1.** miteux; (vêtement) râpé, usé; (mobilier) pauvre, minable; (*of pers*) pauvrement vêtu; **to look s.,** avoir l'air dépenaillé **2.** mesquin; **s. trick,** mesquinerie *f*. **'shabbily** *adv* **1.** pauvrement; **s. dressed,** dépenaillé **2.** (se conduire) mesquinement. **'shabbiness** *n* **1.** usure *f*, état usé (d'un vêtement); aspect miteux (de qn) **2.** mesquinerie *f* (de conduite).

shack [ʃæk] **1.** *n* cabane *f*, hutte *f* **2.** *vi P:* **to s. up with s.o.,** vivre, se coller, avec qn.

shackle ['ʃækl] *vtr* enchaîner (**s.o. to sth,** qn à qch); **to s. prisoners together,** enchaîner des prisonniers les uns aux autres. **shackles** *npl* chaînes *fpl*.

shade [ʃeid] **I.** *n* **1.** ombre *f*; **in the s. (of a tree),** à l'ombre (d'un arbre); **temperature in the s.,** température à l'ombre; **to put s.o. in(to) the s.,** éclipser qn; *Art:* **light and s.,** l'ombre et la lumière **2.** (*a*) ton *m*, nuance *f*; teinte *f*; nuance (d'opinion, etc); **different shades of blue,** différentes nuances de bleu (*b*) **he's a s. better,** il va un tout petit peu mieux; **a s. longer,** un rien, un tantinet, plus long **3.** (*a*) (*for eyes*) visière *f*; (*for lamp*) abat-jour *m inv* (*b*) *NAm:* (*Br* = **blind**) store *m* (de fenêtre); *esp NAm:* **shades** (*Br* = **sunglasses**) lunettes *fpl* de soleil. **II.** *v* **1.** *vtr* (*a*) ombrager; couvrir (qch) d'ombre; abriter (qch) (du soleil); voiler, masquer (une lumière); **a shaded spot,** un coin ombragé (*b*) **to s. in,** ombrer (un dessin); nuancer (une couleur) **2.** *vi* (*of colour*) se fondre (**into,** en). **shade 'off 1.** *vtr* dégrader (une couleur) **2.** *vi* **blue that shades off into green,** bleu qui se fond en vert. **'shadiness** *n* **1.** ombre, ombrage *m* (d'un sentier, d'un arbre) **2.** *F:* aspect *m* louche (d'une affaire). **'shady** *a* **(-ier, iest) 1.** (*a*) qui donne de l'ombre, ombreux (*b*) ombragé, couvert d'ombre; **s. walk,** allée couverte **2.** *F:* (*of pers, etc*) louche; **s. pub,** bistrot louche; **the s. side of politics,** les dessous *m* de la politique.

shadow ['ʃædou] **1.** *n* (*a*) ombre *f*; **in the s.,** à, dans, l'ombre; dans l'obscurité; **to have shadows under one's eyes,** avoir les yeux cernés; *Toil:* **eye s.,** ombre à paupières; **to cast a s.,** projeter une ombre; faire ombre; **to be afraid of one's s.,** avoir peur de son ombre; **he's a s. of his past self,** il n'est plus que l'ombre de lui-même; **not the s. of a doubt,** pas l'ombre d'un doute; **to wear oneself to a s.,** s'épuiser; *Pol:* **s. cabinet,** cabinet fantôme; **s. minister,** ministre de l'opposition (*b*) compagnon, *f* compagne, inséparable **2.** *vtr* filer (qn). **'shadowing** *n* filature *f* (d'une personne suspecte). **'shadowy** *a* vague, indécis; **a s. form in the dusk,** une ombre dans la nuit tombante.

shaft[1] [ʃɑːft] *n* **1.** (*a*) hampe *f* (de lance) (*b*) manche *m* (d'outil, de club de golf) **2.** flèche *f*, trait *m* (d'une satire) **3. s. of light,** trait de lumière **4.** tige *f* (de plume d'oiseau); fût *m* (d'une colonne) **5.** (*a*) *Mec:* arbre *m* (de transmission, à cames) (*b*) (*of horse-drawn vehicle*) brancard *m*.

shaft[2] *n Min:* puits *m*; cage *f* (d'un ascenseur).

shaggy ['ʃægi] *a* **(-ier, -iest)** poilu; à longs poils; (cheveux, sourcils) broussailleux; (barbe) touffue; *F:* **s. dog story** = histoire à dormir debout.

shake [ʃeik] **I.** *n* secousse *f*; **to give sth a good s.,** bien secouer, bien agiter, qch; **with a s. of the head,** en secouant la tête; *F:* **in two shakes (of a lamb's tail),** en deux coups de cuillère à pot; **to be all of a s.,** trembler de tous ses membres; **to have the shakes,** avoir la tremblote; *F:* **to be no great shakes,** ne pas valoir grand-chose. **II.** *v* **(shook; shaken) 1.** *vtr* (*a*) secouer; agiter (une bouteille); **to s. one's head,** secouer la tête; **to s. one's fist at s.o.,** menacer qn du poing; **to s. hands with s.o.,** serrer la main à qn; **we shook hands,** nous nous sommes serré la main; **s.!** tope là! **to s. oneself free,** se dégager d'une secousse (*b*) ébranler; **to feel shaken after a fall,** se ressentir d'une chute; **he was shaken by the accident,** il a été bouleversé, secoué, par l'accident **2.** *vi* trembler; (*of building*) chanceler, branler; (*of voice*) trembloter; chevroter; **to s. with fright,** trembler de peur; **to s. all over,** trembler de tout son corps. **shake 'down 1.** *vtr* secouer (des fruits) **2.** *vi F:* s'habituer à une routine, un travail. **'shaken** *a* secoué; ébranlé; bouleversé. **shake 'off** *vtr* **1.** se débarrasser, se défaire, de (qch); **to s. the dust of sth,** secouer la poussière de qch; **to s. off a bad habit,** se débarrasser d'une mauvaise habitude **2.** se débarrasser de (rhume, infection, etc). **shake 'out** *vtr* (*a*) secouer; vider (un sac) en le secouant (*b*) déferler (une voile, un drapeau). **'shake 'up** *vtr* **1.** secouer, brasser; agiter (une bouteille) **2.** éveiller, secouer, stimuler (qn). **'shake-up** *n* (*a*) **to get a good s.-up,** être pas mal secoué (*b*) *Fig:* réorganisation *f*, remaniement *m* (de l'administration, du personnel). **'shakily** *adv* peu solidement; faiblement; (marcher) à pas chancelants; (écrire) d'une main tremblante; (parler) d'une voix chevrotante. **'shaking 1.** *a* tremblant, branlant; **s. voice,** voix tremblante, chevrotante **2.** *n* secousse *f*; ébranlement *m*; tremblement *m*; tremblotement *m*. **'shaky** *a* **(-ier, -iest)** tremblant; (*of ladder*) branlant; (*of memory, health*) chancelant; (*on one's legs, in a language*) mal assuré.

shale [ʃeil] *n* schiste (argileux, ardoisier).

shall [ʃæl, ʃ(ə)l] *modal aux v* **(should** [ʃud]; **shall not** *and* **should not** *are often contracted into* **shan't** [ʃɑːnt] *and* **shouldn't** ['ʃudnt]) **I.** (*implying command, insistence*) **1.** (*a*) **thou shalt not kill,** tu ne tueras point; **ships s. carry three lights,** les navires sont tenus de porter trois feux; **all is as it should be,** tout est très bien (*b*) **he s. not, shan't, do it,** je lui interdis de le faire; **you s. do it!** vous le ferez, je le veux! (*c*) **you should do it at once,** vous devriez le faire tout de suite; **I should have stayed,** j'aurais dû rester; **you should have seen him!** il fallait le voir! (*d*) **he should have arrived by this time,** il devrait être arrivé à l'heure qu'il est; **that should be Helen,** ça doit être Hélène, ça serait bien Hélène; **I should think so!** je crois bien! **2.** (*polite request*) **s. I open the window?** voulez-vous que j'ouvre la fenêtre? **s. we go?** on part? **3.** (*a*) (*exclamative & rhetorical questions*) **why should you suspect me?** pourquoi me soupçonner (,moi)? **whom should I meet but Paul!** voilà que je rencontre Paul! (*b*) **if he should come,** s'il vient; **should I be free,** si je suis libre; **should the occasion arise,** le cas échéant; **in case he shouldn't be there,** au cas où il n'y serait pas, s'il n'y était pas. **II.** *aux v forming the future tenses* **1. you shan't have any!** tu n'en auras pas! **you s. pay for this!** vous me le payerez! **2. tomorrow I s. go and he'll arrive,** demain, moi je partirai et lui arrivera; **will you be there?—I s.,** y serez-vous?—oui (j'y serai); **no, I shan't,** non (je n'y serai pas, etc) **3. if he comes I s. speak to him,** s'il vient je lui parlerai; **we should come if we were invited,** nous irions si nous étions invités **4. I should like to,** j'aimerais bien; **I should like a drink,** je prendrais bien quelque chose; **I shouldn't be surprised (if),** cela ne me surprendrait pas (que + *pr sub*); **it's strange she should say no,** il est étrange qu'elle dise non.

shallot [ʃə'lɔt] *n* échalote *f.*

shallow ['ʃælou] **1.** *a* (*a*) (*of water, dish*) peu profond (*b*) *Fig: Pej:* (*of pers*) superficiel, frivole **2.** *npl* bas-fond *m*, haut-fond *m*. **'shallowness** *n* manque *m* de profondeur; *Fig: Pej:* (*of pers, book*) caractère superficiel.

sham [ʃæm] **1.** *a* simulé, feint; (*of jewellery*) faux, *f* fausse, en toc **2.** *n* (*a*) comédie *f*, feinte *f* (*b*) **he's a s.,** c'est un imposteur (*c*) (*jewels*) imitation *f* **3.** *vtr* (**shammed**) feindre, simuler; **to s. sleep,** faire semblant de dormir; **he's only shamming,** tout ça c'est de la frime.

shamble ['ʃæmbl] *vi* **to s. along,** s'avancer d'un pas traînant, mal assuré.

shambles ['ʃæmblz] *npl* (*with sg const*) désordre *m*, pagaille *f*; **it's a s.!** tout est en pagaille! **what a s.!** quelle pagaille! **to make a s. of,** gâcher.

shame [ʃeim] **1.** *n* honte *f*; **to put s.o. to s.,** faire honte à qn; **s. on you!** quelle honte! **to blush for, with, s.,** rougir (i) de honte (ii) de pudeur; **without s.,** (i) effronté (ii) effrontément; **it's a s.!** c'est honteux! **what a s.!** (quel) dommage! **it would be a s. (to),** il serait dommage (de) **2.** *vtr* faire honte à, humilier (qn); **to be shamed into doing sth,** faire qch par amour-propre. **'shame-faced** *a* honteux, penaud; timide. **'shameful** *a* honteux, scandaleux. **'shamefully** *adv* honteusement. **'shamefulness** *n* honte *f*, infamie *f*. **'shameless** *a* (*a*) éhonté, effronté; impudique (*b*) honteux, scandaleux. **'shamelessly** *adv* effrontément; **to lie s.,** mentir impudement. **'shamelessness** *n* effronterie *f*, impudence *f*. **'shaming** *a* mortifiant.

shammy ['ʃæmi] *n* **s. leather,** peau *f* de chamois.

shampoo [ʃæm'puː] **1.** *n* shampooing *m*; **to give s.o. a s.,** faire un shampooing à qn; **s. and set,** shampooing et mise en plis; **carpet s.,** shampooing pour moquette **2.** *vtr* (*a*) **to s. s.o.'s hair,** laver la tête, faire un shampooing, à qn; **to s. one's hair,** se laver la tête; se faire un shampooing (*b*) nettoyer (une moquette).

shamrock ['ʃæmrɔk] *n* trèfle *m* d'Irlande.

shandy ['ʃændi] *n* (*pl* **shandies**) panaché *m*.

shan't [ʃɑːnt] = **shall not.**

shanty[1] ['ʃænti] *n* (*pl* **shanties**) hutte *f*, cabane *f*, baraque *f*; **s. town,** bidonville *m*.

shanty[2] *n* (*pl* **shanties**) **(sea) s.,** chanson *f* de marins.

shape [ʃeip] **I.** *n* **1.** (*a*) forme *f*, configuration *f* (du terrain); façon *f*, coupe *f* (d'un habit); **square in s., of square s.,** carré, de forme carrée; **in the s. of a pear,** en forme de poire; **to get out of s., to lose (its) s.,** se déformer; **to put, knock, an article into s.,** mettre un article au point; **to take s.,** prendre forme, prendre tournure; (*of pers*) **in (good) s.,** en forme; **to be in good, bad, s.,** (*of car, house, etc*) être en bon, mauvais, état; (*of business*) marcher bien, mal; **no communication in any s. or form,** aucune communications de n'importe quelle sorte (*b*) *Cu:* moule *m*. **II.** *v* **1.** *vtr* façonner; tailler (la pierre); **to s. one's life,** déterminer sa vie; **to s. a coat,** ajuster un manteau **2.** *vi* **to s. up,** (*of plans*) prendre (bonne) tournure, s'annoncer bien; (*of pupil, wrongdoer*) s'y mettre, s'appliquer; (*of patient*) faire des progrès. **-shaped** *suffix* **pear-s.,** en forme de poire. **'shapeless** *a* informe; difforme. **'shapelessness** *n* manque *m* de forme. **'shapely** *a* (**-ier, -iest**) bien fait, bien tourné.

share [ʃɛər] **I.** *n* **1.** part *f* (**of,** de); portion *f*; **the lion's s.,** la part du lion; **in equal shares,** par portions égales; **s. in profits,** participation *f* aux bénéfices; **to go shares,** partager (**with,** avec); **s. and s. alike,** en partageant également; **one's (fair) s. of,** sa part de; **to do one's (fair) s.,** fournir sa part d'efforts; **I had my (fair) s. of worries,** j'ai eu ma part de soucis **2.** contribution *f*, cotisation *f*; **to pay one's s.,** payer sa (quote-)part; **to take a s. in the conversation,** prendre part, participer, à la conversation; **to have a s. in an undertaking,** avoir un intérêt dans une entreprise **3.** *Fin:* action *f*, titre *m*; **s. index,** indice *m* de la Bourse. **II.** *v* **1.** *vtr* partager; avoir en commun; **to s. sth with s.o.,** partager qch avec qn; **to s. out,** partager; **to s. and s. alike,** partager entre tous également **2.** *vtr & i* **to s. (in) sth,** prendre part à, participer à, qch; **to s. (in) s.o.'s grief,** partager la douleur de qn. **'sharecropper** *n Agr:* métayer, -ère. **'sharecropping** *n Agr:* métayage *m*. **'shareholder** *n Fin:* actionnaire *mf*, sociétaire *mf*. **'sharing** *n* **1.** partage *m* **2.** participation *f*; *Pol:* **power s.,** cohabitation *f*. **'share-out** *n* partage *m*.

shark [ʃɑːk] *n* **1.** *Ich:* requin *m* **2.** (*pers*) escroc *m*; requin.

sharp [ʃɑːp] **I.** *a* **1.** (*a*) tranchant, aiguisé, affilé; (*of point*) aigu, pointu (*b*) (*of features*) anguleux; (*of angle*) aigu; saillant; **s. turn,** tournant *m* brusque (*c*) (*of outline*) net (*d*) (descente) abrupte; **a s. rise in prices,** une forte augmentation de prix; **s. contrast,** contraste marqué **2.** (*of pers*) (*a*) fin, éveillé; (*of hearing*) fin, subtil; (*of sight*) perçant; (*of glance*) pénétrant; **a s. child,** un enfant à l'esprit vif, *Pej:* futé (*b*) rusé, malin; *Pej:* peu scrupuleux; **s. practice,**

procédé(s) *m(pl)* malhonnête(s); **to be too s. for s.o.,** être trop malin pour qn 3. (*a*) (combat) vif, acharné (*b*) (orage) violent; **s. shower,** forte averse (*c*) (hiver) rigoureux; (vent) âpre, perçant; (froid) pénétrant; **s. pain,** douleur aiguë, vive douleur (*d*) **s. pace,** allure vive (*e*) **s. tongue,** langue acérée; **in a s. tone,** d'un ton âpre, acerbe, cassant **4.** (*of sauce*) piquant; (*of apple*) aigre, acide; (*of wine*) vert **5.** (*of sound*) pénétrant, aigu; (*of cry*) perçant **II.** *n Mus:* dièse *m.* **III.** *adv* **1.** (s'arrêter) net; (tourner) brusquement; **turn s. right,** tournez, prenez, tout de suite à droite **2.** ponctuellement, exactement; **at four o'clock s.,** à quatre heures pile **3.** *F:* **look s.!** fais vite! dépêche-toi! *F:* grouille-toi! **4.** *Mus:* **to sing s.,** chanter faux (en haussant le ton). **'sharpen** *vtr* **1.** (*a*) affiler, affûter, aiguiser; (*of cat*) faire (ses griffes) (*b*) tailler en pointe; **to s. a pencil,** tailler un crayon **2. to s. s.o.'s wits,** dégourdir qn. **'sharpener** *n* aiguisoir *m*; (*for pencil*) taille-crayon(s) *m inv* **'sharply** *adv* **1. s. divided,** nettement divisé **2. the road dips s.,** la route plonge brusquement **3.** (*a*) **he looked s. at her,** il dirigea sur elle un regard pénétrant (*b*) (réprimander) sévèrement; **to answer s.,** répondre avec brusquerie. **'sharpness** *n* **1.** (*a*) acuité *f*, finesse *f*; tranchant *m* (d'un couteau) (*b*) netteté *f* (des contours) (*c*) caractère marqué (d'un contraste) **2.** (*a*) **s. of sight,** acuité de la vue (*b*) intelligence *f* **3.** sévérité *f*, acerbité *f*. **'sharpshooter** *n Mil:* tireur *m* d'élite. **sharp-'witted** *a* éveillé; intelligent; dégourdi.

shatter ['ʃætər] **1.** *vtr* fracasser; faire voler en éclats; détruire, ruiner, anéantir (qn, les espérances, la confiance); briser (une carrière, la santé); *F:* **I was absolutely shattered!** j'étais complètement (i) bouleversé, anéanti (ii) éreinté! **2.** *vi* voler en éclats; se fracasser. **'shattering** *a* (*of defeat*) accablant; (*of blow*) écrasant; (*of news, experience*) bouleversant.

shave [ʃeiv] **I.** *n* rasage *m*; **to have a s.,** (i) se faire raser (ii) se raser, se faire la barbe; *Fig: F:* **to have a close s.,** l'échapper belle. **II.** *v* **1.** *vtr* raser; faire la barbe à (qn); **to s. off one's moustache,** se raser la moustache **2.** *vi* **to s. (oneself),** se raser. **'shaven** *a* rasé (de près). **'shaver** *n* **electric s.,** rasoir *m* électrique. **'shaving** *n* **1.** rasage *m*; **s. brush,** blaireau *m*; **s. cream, foam,** crème, mousse, à raser; **s. soap,** savon à barbe; **s. stick,** bâton de savon à barbe **2.** *usu pl* **shavings,** copeaux *mpl* (de bois, de métal).

shawl [ʃɔ:l] *n* châle *m.*

she [ʃi, ʃi:] *pers pron nom* **1.** (*a*) elle; **what's s. doing?** que fait-elle? **here s. comes,** la voici (qui vient); **she's a happy woman,** c'est une femme heureuse (*b*) (i) (*of female animals, motor cars*) elle (ii) (*of ships*) il; **s. sails tomorrow,** il appareille demain **2.** (*a*) (*stressed*) elle; *she* **and I,** elle et moi; *she* **knows nothing about it,** elle n'en sait rien, elle; **if I were s.,** si j'étais elle, à sa place (*b*) (*antecedent to a rel pron*) (i) celle; *she* **who believes,** celle qui croit (ii) **it's** *she* **who did it,** c'est elle qui l'a fait **3.** (*used as a noun*) femelle *f*; **s.-ass,** ânesse *f*; **s.-bear,** ourse *f*; **s.-cat,** chatte *f*; **s.-monkey,** guenon *f*.

sheaf [ʃi:f] (*pl* **sheaves** [ʃi:vz]) *n* **1.** gerbe *f* (de blé, de fleurs) **2.** liasse *f* (de papiers).

shear [ʃiər] *vtr* **(sheared;** *pp* **shorn, sheared) 1. to s. (off),** couper (une branche); **to s. through sth,** trancher qch; *Metalw:* cisailler (une tôle) **2.** tondre (un mouton); **to be shorn of sth,** être dépouillé, privé, de qch. **'shearer** *n* tondeur *m* (de moutons). **'shearing** *n* taille *f* (d'une haie); cisaillement *m* (d'une tôle); tonte *f* (des moutons). **shears** *npl* **(pair of) s.,** cisaille(s) *f* (*pl*); grands ciseaux; **pruning s.,** sécateur *m.* **shorn** *a* (mouton) tondu; **s. of all his possessions,** dépouillé de tout ce qu'il possédait.

sheath [ʃi:θ] *n* fourreau *m*; gaine *f*; **(contraceptive) s.,** préservatif *m*; **s.-knife,** couteau *m* à gaine.

sheathe [ʃi:ð] *vtr* (re)mettre au fourreau, rengainer.

shed¹ [ʃed] *n* hangar *m*; remise *f*; **lean-to s.,** appentis *m*; **building s.,** atelier *m* de construction; **vehicle s.,** remise *f* de véhicules; **garden s.,** resserre *f* dans un jardin; **bicycle s.,** remise, resserre, de vélos.

shed² *vtr* **(shedding; shed) 1.** (*a*) perdre (ses feuilles) (*b*) se défaire de (qch) (*c*) **to s. one's clothes,** enlever ses vêtement's, se dévêtir (*d*) (*of animal, bird*) **to s. its skin, feathers,** changer de peau, de plumage, de poil; muer **2.** répandre, verser (des larmes, du sang); **to s. light on a matter,** éclairer une affaire; *El:* **to s. the load,** délester.

sheen [ʃi:n] *n* luisant *m*, lustre *m*; chatoiement *m.*

sheep [ʃi:p] *n inv* mouton *m*; *Fig:* **black s. (of the family),** brebis galeuse (de la famille); **to make sheep's eyes (at s.o.),** faire les yeux doux (à qn); **s. farmer,** éleveur, -euse, de moutons; **s. farming,** élevage *m* de moutons; **s. pen,** parc, enclos, à moutons. **'sheepdog** *n* chien *m* de berger. **'sheepfold** *n* parc *m* à moutons; bercail *m.* **'sheepish** *a* (*a*) (*ashamed*) penaud (*b*) (*afraid*) timide; gauche. **'sheepishly** *adv* (*a*) d'un air penaud (*b*) d'un air timide. **'sheepishness** *n* (*a*) air penaud (*b*) timidité *f*. **'sheepskin** *n* peau *f* de mouton; **s. jacket,** canadienne *f*.

sheer¹ ['ʃi:ər] *vi* (*of ship, car*) **to s. off,** faire une embardée; **to s. away,** changer de direction; **to s. away from sth,** éviter qch.

sheer² **1.** *a* (*a*) pur, véritable, absolu; **it's s. madness,** c'est de la folie pure (et simple); c'est de la pure folie; **a s. impossibility,** une impossibilité absolue; **a s. waste of time,** une pure perte de temps; **it's s. hard work,** ça demande beaucoup de travail; **by s. hard work,** à force de travail (*b*) (rocher) à pic; (*of silk*) léger, très fin, diaphane; **s. nylon tights,** collant en nylon extra-fin **2.** *adv* (*a*) tout à fait (*b*) à pic.

sheet [ʃi:t] *n* **1.** drap *m* (de lit); (*dust cover*) housse *f*; (*canvas*) bâche *f*; **fitted s.,** drap housse **2.** feuille *f* (de papier); **loose s.,** feuille volante; *Com:* **order s.,** bulletin *m* de commande **3.** plaque *f* (de verre); **s. metal,** tôle *f* **4.** plaque (de glace); nappe *f* (d'eau); **s. lightning,** éclairs diffus; éclairs en nappe(s).

sheik(h) [ʃeik, ʃi:k] *n* cheik(h) *m*, scheik *m.*

shelf [ʃelf] *n* (*pl* **shelves** [ʃelvz]) **1.** rayon *m*, étagère *f*; tablette *f* (d'armoire); (*in shop*) rayon; **set of shelves,** étagère *f*; **s. space,** linéaire *m*; *F:* **to be (left) on the s.,** être laissé pour compte; (*not married*) être toujours célibataire **2.** rebord *m*, corniche *f* (d'un rocher); *Geog:* **the continental s.,** le plateau continental **3.** *Com:* (*in supermarket*) **s. filler,** réassortisseur, -euse; **s. life (of product),** durée de vie (d'un produit); (*of goods*) **to stay on the shelves,** être difficile à vendre.

shell [ʃel] **1.** *n* (*a*) coquille *f* (de mollusque, d'escargot); carapace *f* (de tortue); écaille *f* (d'huître); **(empty) shells,** coquillages *m*; **to retire into one's s.,** rentrer dans sa coquille (*b*) coquille (d'œuf, de noix); cosse *f* (de pois) (*c*) forme *f* vide; simple apparence *f* (*d*) *Cu:* fond *m* de tarte (*e*) carcasse *f* (de bâtiment); carcasse, coque (de navire) (*f*) *Mil:* obus *m* **2.** *vtr* (*a*) écosser (des petits pois); décortiquer, écaler (des noix) (*b*) *Mil:* bombarder (une ville, etc). **'shellfish** *n inv* fruits *mpl* de mer. **shell 'out** *vtr & i F:* payer (la note); casquer.

shelter ['ʃeltər] **I.** *n* lieu *m* de refuge; abri *m*; asile *m*; **bus s.,** abribus *m*; **bomb, air raid, s.,** abri; **fallout s.,** abri anti-atomique; **under s.,** à l'abri, à couvert; **to take s.,** s'abriter, se mettre à l'abri; **to seek s.,** chercher un abri. **II.** *v* **1.** *vtr* abriter (qn); donner asile à, recueillir (un malheureux); protéger (un criminel) **2.** *vi & pr* s'abriter; se mettre à l'abri, à couvert (**from,** contre). **'sheltered** *a* abrité; (*of life*) très protégé.

shelve[1] [ʃelv] *vtr* laisser en suspens; ajourner (une question); mettre au rancart (un projet); **my request has been shelved,** ma demande est restée dans les cartons. **'shelving**[1] *n* **1.** ajournement *m* (d'une question) **2.** (ensemble *m* de) rayons *mpl*; rayonnage(s) *m*(*pl*); **adjustable s.,** rayons mobiles; **s. unit,** étagère *f*.

shelve[2] *vi* aller en pente. **'shelving**[2] *a* en pente; (*of shore*) incliné.

shepherd ['ʃepəd] **1.** *n* berger *m*; *Ecc:* **the Good S.,** le bon Pasteur; *Cu:* **shepherd's pie,** hâchis *m* Parmentier **2.** *vtr* **to s. in,** faire entrer; **to s. s.o. around,** piloter qn. **shepher'dess** *n* (*pl* **-es**) bergère *f*.

sherbet ['ʃɜːbət] *n* **1.** poudre acidulée (pour préparer une boisson gazeuse) **2.** *NAm:* (*Br* = **water ice**) sorbet *m*.

sheriff ['ʃerif] *n NAm:* shérif *m*.

sherry ['ʃeri] *n* (*pl* **sherries**) vin *m* de Xérès; xérès *m*, sherry *m*.

Shetland ['ʃetlənd] *Prn Geog:* **the S. Islands,** les îles *f* Shetland; **S. wool,** shetland *m*; **S. pony,** poney shetlandais. **'Shetlander** *n* Shetlandais, -aise.

shh! [ʃ] *int* chut!

shield [ʃiːld] **1.** *n* bouclier *m*; (*on coat of arms*) écu *m*; *Tchn:* écran (protecteur) **2.** *vtr* protéger (**from, against,** contre); **to s. one's eyes,** se protéger les yeux.

shift [ʃift] **I.** *n* (*a*) changement *m*; renverse *f* (de la marée); **to make a s.,** changer de place; **s. of the wind,** saute *f* du vent; *Typew:* **s. key,** touche des majuscules (*b*) *NAm: Aut:* **gear s.,** (*Br:* = **gearstick, gear lever**) levier *m* de vitesse (*c*) *Ind:* (*period*) poste *m*; (*workers*) équipe *f*; **to work in shifts,** se relayer; travailler par équipes; **day, night, s.,** équipe de jour, de nuit; **he's on day, night, s.,** il est de jour, de nuit; **s. work,** travail en équipe (*d*) expédient *m*; **to make s.,** s'arranger, se débrouiller. **II.** *v* **1.** *vtr* (*a*) changer (qch) de place; déplacer, bouger; **to s. places,** changer de place; *Th:* **to s. scenery,** changer le décor; *NAm: Aut:* **to s. gear(s),** changer de vitesse (*b*) muter (un employé) (**to,** à) (*c*) rejeter (le blâme) (**on to,** sur) **2.** *vi* (*a*) bouger; changer de place; se déplacer; (*of views*) changer; (*pass*) passer (**to,** à); (*go*) aller (**to,** à); déménager à; **to s. along,** avancer; **to s. over, up,** se pousser; *NAm: Aut:* (*Br* = **to change**) **to s. into third gear,** passer en troisième; **the wind has shifted,** le vent a tourné (*b*) **to s. for oneself,** se débrouiller. **'shiftiness** *n* sournoiserie *f*; manque *m* de franchise. **'shifting 1.** *a* (*a*) qui se déplace; **s. sands,** sables mouvants (*b*) (*of scene*) changeant; (*of wind*) inégal **2.** *n* déplacement *m*; changement *m* (de position); *NAm: Aut:* (*Br* = **changing**) changement de vitesse. **'shiftless** *a* velléitaire, paresseux; peu débrouillard; (*of pers, action*) futile. **'shifty** *a* (**-ier, -iest**) roublard, retors; sournois; louche; **s. eyes,** yeux fuyants.

shilling ['ʃiliŋ] *n* shilling *m*.

shilly-shally ['ʃiliʃæli] *vi* hésiter; tergiverser. **'shilly-shallying** *n* hésitation *f*; tergiversation *f*; **stop this s.-s.,** décide-toi!

shimmer ['ʃimər] *vi* miroiter, luire, chatoyer. **'shimmering 1.** *a* miroitant, luisant; chatoyant **2.** *n* miroitement *m*, chatoiement *m*.

shin [ʃin] **1.** *n Anat:* tibia *m*; *Cu:* jarret *m* (de bœuf); *Sp:* **s. pad,** jambière *f*. **2.** *vi* (**shinned**) *F:* **to s. up a tree,** grimper à un arbre. **'shinbone** *n Anat:* tibia *m*.

shindig ['ʃindig] *n*, **shindy** ['ʃindi] *n F:* réunion bruyante; **to kick up a shindy,** faire du boucan.

shine [ʃain] **I.** *v* (**shone** [ʃɔn]) **1.** *vi* (*a*) briller; reluire; **the light is shining in my eyes,** j'ai la lumière dans les yeux; **the sun is shining,** il fait du soleil; **his face shone with happiness,** sa figure rayonnait de bonheur; **he doesn't s. in conversation,** il ne brille pas dans la conversation (*b*) **to s. on sth,** illuminer qch **2.** *vtr* (*a*) **to s. a light on sth,** éclairer qch (avec une lampe); braquer une lampe sur qch (*b*) faire briller, cirer (des chaussures). **II.** *n* **1.** éclat *m*, lumière *f*; **come rain or s.,** par tous les temps **2.** brillant *m*, luisant *m*; **to give a s. to the brasses,** faire reluire les cuivres; **to take the s. off sth,** défraîchir, délustrer, qch; faire ternir qch; **to give one's shoes a s.,** faire briller, cirer, ses chaussures. **'shining** *a* brillant, (re)luisant; **a s. example,** un bel exemple (**of,** de). **'shiny** *a* (**-ier, -iest**) brillant; luisant; (vêtement) lustré (par l'usage).

shingle ['ʃiŋgl] *n* (*a*) (*on beach*) galets *mpl*; (gros) cailloux *mpl* (*b*) *Const:* (*on roof*) bardeau *m* (*c*) *NAm:* (*Br* = **plaque**) plaque *f* (de cuivre) (de médecin, d'avocat). **'shingly** *a* couvert de galets; caillouteux.

shingles ['ʃiŋglz] *npl Med:* zona *m*.

ship [ʃip] **I.** *n* (*usu referred to as* **she, her**) navire *m*; bateau *m*; **by s.,** en bateau; **s. owner,** armateur *m*; **passenger s.,** paquebot *m*; **merchant s.,** navire marchand; **training s.,** navire-école *m*; **His, Her, Majesty's ships,** les vaisseaux *m* de la Marine Royale; **the ship's company,** l'équipage *m*; **on board s.,** à bord; **to take s., to go on board (a) s.,** (s')embarquer. **II.** *v* (**shipped**) (*a*) embarquer (une cargaison); transporter; expédier (des marchandises) (*b*) *Nau:* **to s. a sea,** embarquer une lame. **'shipbuilder** *n* constructeur *m* de navires. **'shipbuilding** *n* construction navale. **'shipmate** *n* camarade *m* de bord. **'shipment** *n* **1.** (*a*) embarquement *m* (*b*) expédition *f*, envoi *m* (de marchandises) **2.** chargement *m*; cargaison *f*. **'shipper** *n* **1.** chargeur *m*; expéditeur *m* **2.** affréteur *m*. **'shipping** *n* **1.** embarquement *m*; expédition *f*, envoi *m* (de marchandises); **s. agent,** agent *m* maritime; **s. line,**

compagnie *f* de navigation; **s. route,** route *f* de navigation **2.** navigation *f*, navires *mpl.* **'shipshape** *a* bien tenu; en ordre. **'shipwreck 1.** *n* naufrage *m* **2.** *vtr* **to be shipwrecked,** faire naufrage. **'shipwrecked** *a* naufragé. **'shipwright** *n* constructeur *m* de navires. **'shipyard** *n* chantier *m* de constructions navales; chantier naval.

shire ['ʃaiər, *as suffix usu* ʃ(i)ər] *n* comté *m*; **s. horse,** cheval de gros trait.

shirk [ʃəːk] **1.** *vtr* manquer à, se dérober à (une obligation); négliger son devoir; éviter de faire (le travail); **to s. the question,** éluder la question **2.** *vi* tirer au flanc. **'shirker** *n* tire-au-flanc *m inv.*

shirt [ʃəːt] *n* chemise *f*; **sport s.,** chemise sport; **lady's s.,** chemisier *m*; *F:* **to put one's s. on a horse,** parier tout ce qu'on possède sur un cheval; *F:* **keep your s. on!** ne vous emballez pas! **'shirtfront** *n* plastron *m.* **'shirtsleeves** *npl* **to be in (one's) s.,** être en bras de chemise. **'shirtwaister,** *NAm:* **'shirtwaist** *n Cl:* robe *f* chemisier. **shirty** *a* **(-ier, -iest)** *F:* irritable; en rogne; **to get s.,** se fâcher.

shiver[1] ['ʃivər] (*esp of glass*) **1.** (*a*) *vtr* fracasser; faire voler (une vitre) en éclats (*b*) *vi* voler en éclats **2.** *n* éclat *m.*

shiver[2] **1.** *vi* **to s. (with cold, with fear, with fever),** frissonner, trembler (de froid, de peur, de fièvre); grelotter (de froid). **2.** *n* frisson *m*, grelottement *m*, tremblement *m*; **it gives me the shivers to think of it,** ça me donne le frisson rien que d'y penser. **'shivery** *a* **to feel s.,** (i) avoir le frisson (ii) se sentir fiévreux.

shoal[1] [ʃoul] *n* haut-fond *m*, banc *m.*

shoal[2] *n* banc *m* (de poissons).

shock[1] [ʃɔk] *n* **s. of hair,** tignasse *f*; toison *f.*

shock[2] **1.** *n* choc *m*; coup *m*; (*bump*) heurt *m*; secousse *f* (d'une explosion); **it gave me a dreadful s.,** cela m'a porté un coup terrible; cela m'a donné un choc; **a feeling of s.,** un sentiment d'horreur; **suffering from s., in a state of s.,** en état de choc; **to come as a s. to s.o.,** stupéfier qn; **the s. killed him,** il est mort de saisissement; **(electric) s.,** décharge *f* (électrique) **(from sth,** en touchant qch); *Med:* **electric s. treatment,** traitement par électrochocs; **s. wave,** onde de choc; **s. effect,** effet-choc *m*; *Aut:* **s. absorber,** amortisseur *m*; *Mil:* **s. troops,** troupes d'assaut, de choc **2.** *vtr* choquer, scandaliser (qn); stupéfier; bouleverser; dégoûter; **to be shocked at, by, sth,** être choqué de, scandalisé par, qch; **easily shocked,** pudibond; **I was shocked to hear (that),** j'ai été bouleversé d'apprendre (que). **'shocker** *n F:* **it's a s.,** c'est affreux, horrible. **'shocking** *a* affreux; choquant; scandaleux; révoltant; (temps) abominable; **s. pink,** rose violent, agressif; **how s.!** quelle horreur! **'shockingly** *adv* (*a*) abominablement; affreusement (*b*) extrêmement; **in s. bad taste,** du dernier mauvais goût. **'shockproof** *a* résistant aux chocs.

shoddy ['ʃɔdi] *a* **(-ier, -iest)** (article) de mauvaise qualité. **'shoddily** *adv* mal. **'shoddiness** *n* mauvaise qualité.

shoe [ʃuː] **I.** *n* **1.** chaussure *f*; **to put one's shoes on,** se chausser; **I shouldn't like to be in his shoes,** je ne voudrais pas être à sa place; **s. polish,** cirage *m* **2.** fer *m* (à cheval) **3.** *Aut:* sabot *m* (de frein). **II.** *vtr* **(shod) 1. to be well shod,** être bien chaussé **2.** ferrer (un cheval). **'shoebrush** *n* (*pl* **-es**) brosse *f* à cirer; brosse à chaussures. **'shoehorn** *n* chausse-pied *m* **'shoelace** *n* lacet *m* (de chaussure). **'shoemaker** *n* **1.** bottier *m*; fabricant *m* de chaussures **2.** cordonnier *m.* **'shoestring** *n* (*a*) *NAm:* (*Br* = **shoelace**) lacet *m* (de chaussure) (*b*) *Fig:* **on a s.,** avec peu d'argent (en poche); **they're doing it on a s.,** ils tirent sur la corde.

shone [ʃɔn, *NAm:* ʃoun] *see* **shine I.**

shoo [ʃuː] **1.** *vtr* **(shooed) to s. (away, off),** chasser **2.** *int* ouste!

shook [ʃuk] *see* **shake.**

shoot [ʃuːt] **I.** *v* **(shot** [ʃɔt]**) 1.** *vi* (*a*) **to s. ahead, off,** avancer, partir, à toute vitesse; **to s. ahead of s.o.,** devancer qn rapidement; **he shot into the room,** il est entré dans la pièce en trombe; **he shot past him,** il est passé devant lui à toute vitesse (*b*) (*of pain*) lanciner, élancer; (*of tree, bud*) pousser, bourgeonner; (*of plant*) germer **2.** *vtr* (*a*) franchir (un rapide); *Aut:* **to s. the lights,** brûler le feu rouge (*b*) tirer (une balle); tirer un coup de, décharger (un fusil); **don't s.!** ne tirez pas! **to s. at s.o., at sth,** tirer, faire feu, sur qn, sur qch; **to s. wide of the mark,** mal viser; *Sp:* **to s. a goal,** marquer un but; *F:* **to s. a line,** exagérer (*c*) tuer (d'un coup de feu), abattre; (*wound*) blesser (d'un coup de feu); (*execute*) fusiller; **he was shot dead,** il a été abattu, il a été tué net (d'un coup de feu) (*d*) lancer (un missile, un regard, des questions) **(at,** à) (*e*) chasser (le gibier) (*f*) *Cin:* tourner (un film); *Phot:* prendre (qn). **II.** *n* **1.** pousse *f* (d'une plante); (*of vine*) sarment *m* **2.** (*a*) partie *f* de chasse (*b*) concours *m* de tir (*c*) (*area of land*) chasse gardée. **shoot 'down** *vtr* abattre, descendre (qn, un avion). **'shooting 1.** *a* qui s'élance; jaillissant; **s. star,** étoile filante; **s. pains,** douleurs lancinantes **2.** *n* (*a*) tir *m* (au pistolet) (*b*) chasse *f*; **s. stick,** canne-siège *f* (*c*) tournage *m* (d'un film) (*d*) fusillade *f*; coups *mpl* de feu (*e*) meurtre *m* (*f*) *F:* **the whole s. match,** tout le bataclan, tout le tremblement. **'shoot-out** *n F:* fusillade. **shoot 'up** *vi* (*of flames*) jaillir; (*of prices*) monter en flèche; (*of plant*) pousser vite; (*of child*) grandir (rapidement).

shop [ʃɔp] **1.** *n* (*a*) magasin *m*; (*small*) boutique *f*; **s. assistant,** vendeur, -euse; employé(e) de magasin; **s. window,** vitrine *f*; devanture *f* (de magasin); étalage *m*; **wine s., tobacconist's s.,** débit *m* de vins, de tabac; **grocer's s.,** épicerie *f*; (magasin d')alimentation *f*; **baker's s.,** boulangerie *f*; **butcher's s.,** boucherie *f*; **at the butcher's s.,** à la boucherie, chez le boucher; **shoe s.,** magasin de chaussures; **mobile s.,** camionnette-boutique *f*; **to set up s.,** ouvrir un magasin; s'établir comme commerçant(e); **to shut up s.,** fermer boutique; **to keep a s.,** tenir un commerce; **to go round the shops,** courir les magasins; **to talk s.,** parler métier; *F:* **you've come to the wrong s.,** vous tombez mal; *F:* **everything was all over the s.,** tout était en confusion, en désordre (*b*) *Ind:* atelier *m*; **closed s.,** atelier fermé aux (ouvriers) non-syndiqués; **s. floor,** (i) l'atelier (ii) *coll* les ouvriers *mpl*; **s. steward,** délégué(e) syndical(e) **2. (shopped)** (*a*) *vi* **to s., to go shopping,** faire des achats; faire ses courses; **to s. around,** comparer les prix (*b*) *vtr F:* **to s. s.o.,** dénoncer qn (à la police, etc). **'shopgirl** *nf* vendeuse. **'shopkeeper** *n* commerçant, -ante. **shoplifter** *n* voleur, -euse, à l'étalage. **'shoplifting** *n* vol *m* à l'étalage. **'shopper** *n* (*a*) acheteur, -euse; client, -ente (dans un magasin) (*b*) sac *m* à provisions. **'shopping** *n* achats *mpl*; **to go s.**, faire des courses; **to do one's s.**, faire ses courses *fpl*; **to go window s.**, faire du lèche-vitrines; **s. centre,** centre commercial; **s. basket,** panier à provisions; **s. bag,** sac à provisions, cabas *m*; **s. street,** rue commerçante. **'shopsoiled,** *NAm:* **'shopworn** *a* abîmé. **'shopwalker** *n* inspecteur, -trice, surveillant, -ante (de magasin).

shore¹ [ʃɔːr] *n* (*a*) rivage *m*, littoral *m*; côte *f*, bord *m* de (la) mer; plage *f* (*b*) *Nau:* **on s.**, à terre; **off s.**, au large.

shore² 1. *n Const: etc:* étai *m*; étançon *m* 2. *vtr* **to s. up,** étayer, étançonner (un mur).

shorn [ʃɔːn] *see* **shear.**

short [ʃɔːt] I. *a* 1. court; (*of pers, distance*) petit; (*of syllable*) bref; **a s. way off,** à peu de distance; **s. steps,** petits pas; **a s. man,** un homme de petite taille; **to be s. in the arm,** avoir les bras courts; (*route*) **s. cut,** raccourci *m*; *El:* **s. circuit,** court-circuit *m* 2. (*a*) court, bref; **of s. duration,** de peu de durée; **the days are getting shorter,** les jours raccourcissent; **for a s. time,** pour peu de temps; **in a s. time,** sous peu; bientôt; **a s. time, while, ago,** il y a peu de temps; **a s. sleep,** un petit somme; **it was s. and sweet,** cela s'est fait vite; **to make s. work of sth,** expédier qch (*b*) **s. story,** nouvelle *f*; **in s.**, bref; **he's called Bob for s.**, on l'appelle familièrement Bob; **Bob is s. for Robert,** Bob est l'abréviation, le diminutif, de Robert (*c*) (*of reply*) brusque; sec; **to be s. with s.o.**, être sec, cassant, avec qn; **s. temper,** caractère emporté 3. (*a*) (*of weight*) insuffisant; **to give s. weight,** ne pas donner le poids; **I'm twenty francs s.**, il me manque vingt francs; **not far s. of,** pas loin de; **it is little s. of folly,** ça frise la folie (*b*) **to be s. of sth,** être à court de qch; **to be s. of hands,** manquer de main-d'œuvre; **to go s. of sth,** se priver de qch; **they never went s.**, ils n'ont jamais manqué du nécessaire; **money, time, is s.**, l'argent, le temps, manque. II. *n* (*a*) **the long and the s. of it,** le fin mot de l'affaire (*b*) *Cin:* court métrage (*c*) *El:* court-circuit *m*. III. *adv* 1. **to stop s.**, s'arrêter net; **to cut s.**, abréger (une visite, etc); couper la parole à (qn); **to go, get, run, s. of,** manquer de; **to get, run, s.**, manquer; **to be taken s.**, (i) être pris au dépourvu (ii) *F:* être pris d'un besoin pressant 2. **to fall s. of sth,** être au-dessous de qch; **s. of burning it,** à moins de le brûler; **to stop s. of crime,** s'arrêter au seuil du crime. IV. *vtr El: F:* court-circuiter. **'shortage** *n* 1. insuffisance *f*, manque *m*; **the housing s.**, la crise du logement 2. pénurie *f*; **food s.**, disette *f*. **'shortbread** *n Cu:* = sablé *m*. **'shortcake** *n NAm: Cu:* gâteau fourré aux fruits et à la crème fraîche. **short-'change** *vtr* ne pas rendre juste à (l'acheteur); tricher (qn) sur la monnaie; ne pas donner son dû à (qn); *F:* rouler (qn). **short-'circuit** *El: & Fig:* 1. *vtr* court-circuiter 2. *vi* se mettre en court-circuit. **'shortcoming** *n* défaut *m*, imperfection *f*. **'shortcrust** *n Cu:* **s. (pastry),** pâte brisée. **'shorten** *vtr* raccourcir. **'shortening** *n Cu:* matière grasse. **'shortfall** *n* manque *m*. **'shorthand** *n* sténo(graphie) *f*; **s. typist,** sténo(dactylo) *mf*. **short-'handed** *a* à court de main-d'œuvre, de personnel. **'shortlist** 1. *n* liste de candidats choisis. 2. *vtr* sélectionner un candidat; retenir une candidature. **short-'lived** *a* éphémère, de courte durée. **'shortly** *adv* 1. brièvement 2. (répondre) brusquement, sèchement 3. bientôt, prochainement; sous peu; **s. after(wards),** peu (de temps) après. **'shortness** *n* 1. (*a*) (*of pers*) petitesse *f*; (*of hair, stick, legs*) manque *m* de longueur (*b*) brièveté *f*, courte durée (de la vie); **s. of memory,** manque *m* de mémoire (*c*) brusquerie *f* (d'humeur) 2. manque, insuffisance *f* (de vivres). **shorts** *npl Cl:* **(pair of) s.**, short *m*. **short-'sighted** *a* 1. myope 2. *Fig:* imprévoyant. **short-'sightedness** *n* 1. myopie *f* 2. imprévoyance *f*. **short-'sleeved** *a* (robe, chemise) à manches courtes. **short-'staffed** *a* à court de personnel. **short-'tempered** *a* vif; d'un caractère emporté. **'short-term** *Fin:* (placement) à court terme.

shot [ʃɔt] 1. *see* **shoot** I. 2. *a* chatoyant; **s. silk,** soie gorge-de-pigeon 3. *n* (*a*) plomb *m*; *F:* **like a s.**, (partir) comme une flèche; (accepter) sans hésitation; *Sp:* **putting the s.**, lancement *m* du poids (*b*) coup *m* (de feu); balle *f*; **to fire a s.**, tirer un coup de feu; *F:* **parting s.**, remarque qu'on lance en partant; *F:* **that was a s. in the dark,** il l'a dit, fait, à tout hasard (*c*) tireur, -euse; **he's a good s.**, il est bon tireur (*d*) coup; **it's your s.**, à vous de jouer; **good s.!** bien joué! bien visé! *F:* **I'll have a s. at it,** je vais essayer, je vais tenter le coup; **a long s.**, un coup à tenter; *F:* **big s.**, gros bonnet (*e*) *Cin: Phot:* prise *f* de vues (*f*) *Med:* piqûre *f*. **'shotgun** *n* fusil *m* de chasse.

should [ʃud, *unstressed* ʃəd] *see* **shall.**

shoulder ['ʃouldər] 1. *n* (*a*) épaule *f*; **breadth of shoulders,** carrure *f*; **to have round shoulders,** avoir le dos voûté, être voûté; **slung across the s.**, en bandoulière; **s. blade,** omoplate *f*; **s. strap,** bretelle *f*; **s. bag,** sac à bandoulière; **to weep on s.o.'s s.**, pleurer sur l'épaule de qn; **put it round your s.**, mets-le sur les épaules; **s. to s.**, l'un à côté de l'autre; **s.-length hair,** cheveux mi-longs; **to put one's s. to the wheel,** travailler d'arrache-pied (*b*) *Cu:* épaule (de mouton) (*c*) (*on motorway*) **hard s.**, bande *f* d'arrêt d'urgence 2. *vtr* pousser avec l'épaule; **to s. one's way through the crowd,** se frayer un chemin à travers la foule; **to s. s.o. out of the way,** écarter qn d'un coup d'épaule; **to s. the responsibility,** endosser, assumer, la responsabilité; **to s. the burden of . . .,** supporter le poids, le fardeau, de . . . .

shout [ʃaut] I. *n* (*a*) cri *m* (de joie, de douleur); **shouts of laughter,** éclats *mpl* de rire (*b*) clameur *f*; **shouts of applause,** acclamations *fpl*. II. *v* 1. *vi* **to s. (out),** crier; pousser des cris; **to s. to, at, s.o. to do,** crier à qn de faire; **to s. at s.o.**, crier après qn; **to s. for help,** appeler, crier, au secours; *vpr* **to s. oneself hoarse,** s'enrouer à force de crier 2. *vtr* **to s. (out),** crier (qch); vociférer (des injures); **to s. s.o. down,** huer qn. **'shouting** *n* cris *mpl*; acclamations *fpl*; **it's all over bar the s.**, c'est dans le sac, les applaudissements suivront.

shove [ʃʌv] *n F:* 1. coup *m* (d'épaule); poussée *f*; **to give s.o., sth, a s., to give a s. to s.o., sth,** pousser qn, qch 2. (*a*) *vtr* pousser (qn, qch); enfoncer (ses doigts) (dans qch); **to s. s.o., sth, aside,** écarter qn, qch, d'une poussée; **to s. sth into a drawer,** enfoncer, fourrer, qch dans un tiroir (*b*) *vi* pousser; *F:* **to s. over,** se pousser; *P:* **s. off!** fiche le camp! file!

shovel ['ʃʌvəl] **1.** *n* pelle *f* **2.** *vtr* **(shovelled,** *NAm:* **shoveled)** pelleter; **to s. up, away,** enlever (le charbon, la neige) à la pelle; *F:* **to s. sth into,** fourrer qch dans; *F:* **to s. food into one's mouth,** enfourner sa nourriture. **'shovelful** *n* pelletée *f.*

show [ʃou] **I.** *n* (*a*) démonstration *f*; étalage *m*; **to vote by s. of hands,** voter *m* à main levée; **s. flat, house,** appartement *m*, maison *f*, témoin; **s. window,** vitrine *f*; **to be on s.,** être exposé; être en vitrine (*b*) exposition *f* (de tableaux, de marchandises); comices *m* agricoles; **the Boat s., the Motor S.,** le Salon de la Navigation, de l'Automobile; **fashion s.,** présentation *f* de collection; **horse s.,** concours *m* hippique; **s. breeder, s. breeding,** éleveur *m*, élevage *m*, de bêtes à concours; *Equit:* **s. jumping,** jumping *m* (*c*) spectacle *m* (de théâtre); séance *f* (de cinéma); **s. business,** le monde du spectacle; **to go to a s.,** aller au spectacle; **the last s.,** la dernière représentation; *Sp: Mus: Th:* **to give a good s.,** bien jouer; **to steal the s.,** (r)emporter la vedette; **to make a s. of oneself,** se donner en spectacle; *F:* **to run the s.,** diriger l'affaire; *F:* **good s.!** bravo! **3.** (*a*) apparence *f*; semblant *m*; **with some s. of reason,** avec quelque apparence de raison; **s. of resistance,** simulacre *m* de résistance; **to make a great s. of friendship,** faire de grandes démonstrations d'amitié (*b*) parade *f*, ostentation *f*; **to make a s. of learning,** étaler son érudition; **to do sth (just) for s.,** faire qch pour l'effet. **II.** *v* **(showed; shown) 1.** *vtr* (*a*) montrer; faire voir, exhiber (qch): exposer (des tableaux); passer, donner (un film); **to s. s.o. sth,** montrer, faire voir, qch à qn; **s. me it, s. it to me,** montre-le moi; *F:* fais voir; **we're going to s. some films this evening,** on va passer des films ce soir; *TV:* **this programme will be shown tomorrow,** cette émission passera demain; **to have sth to s. for one's money,** en avoir pour son argent; **he won't s. his face here again,** il ne se montrera plus ici; **colour that doesn't s. the dirt,** couleur qui n'est pas salissante; (*of thg*) **to s. itself,** devenir visible; se révéler (*b*) représenter, figurer; **machine shown in section,** machine représentée en coupe (*c*) indiquer, montrer; (*of watch*) **to s. the time,** indiquer, marquer, l'heure; **to s. a profit,** se solder par un bénéfice; être bénéficiaire (*d*) **to s. s.o. the way,** indiquer le chemin à qn; **to s. s.o. to his room,** conduire qn à sa chambre; **to s. s.o. in(to a room),** faire entrer qn (dans une pièce); **s. her in!** faites-la entrer! **to s. s.o. (a)round,** faire visiter à qn; **she was shown (a)round the house,** on lui a fait visiter la maison; **to s. s.o. out,** reconduire qn; **to s. s.o. the door,** mettre qn à la porte; **to s. s.o. to the door,** reconduire qn (*e*) **to s. an interest in s.o.,** témoigner de l'intérêt à qn; **he shows his age,** il accuse son âge; **time will s.,** qui vivra verra; **it (only, just) goes to s. (that),** ça (dé)montre (bien) que, ça prouve que; *F:* **I'll s. him!** je lui apprendrai! **2.** *vi* se montrer, apparaître; se voir; (*of film*) passer; *Cin:* **'now showing',** 'à l'affiche' **(at,** à); **your slip's showing,** votre combinaison dépasse; **it shows in your face,** cela se voit, se lit, sur votre visage; **to s. willing,** faire preuve de bonne volonté; **to s. to advantage,** faire bonne figure. **'showcase** *n* vitrine *f.* **'showdown** *n* confrontation *f*, conflit *m*; **if it comes to a s.,** s'il faut en venir au fait. **'showgirl** *n* girl *f.* **'showiness** *n* prétention *f*, clinquant *m*, faste *m*; ostentation *f.* **'showing** *n* projection *f* (d'un film); *Cin:* séance *f*; performance *f* (d'un joueur, d'une équipe). **'showman** *n* (*pl* **-men)** (*a*) forain, *m*; **he's a great s.,** il a le sens de la mise en scène (*b*) montreur *m* de curiosités (à la foire). **'showmanship** *n* art *m* de la mise en scène. **show 'off 1.** *vtr* faire valoir (un bijou); mettre (un tableau) en valeur; *Pej:* étaler **2.** *vi Pej:* crâner; **stop showing off!** arrête de faire l'important, de te donner des airs! **'show-off** *n* crâneur, -euse. **'showpiece** *n* modèle *m* du genre. **'showroom** *n Com:* salle *f* d'exposition. **show 'up 1.** *vtr* (*a*) démasquer (un imposteur); faire ressortir (un défaut) (*b*) faire honte à (qn) **2.** *vi* (*a*) se détacher, ressortir **(against,** sur); (*of error*) être visible (*b*) *F:* arriver, s'amener. **'showy** *a* **(-ier, -iest)** prétentieux; voyant; **s. hat,** chapeau un peu tape-à-l'œil.

shower ['ʃauər] **1.** *n* (*a*) averse *f*; ondée *f* (*b*) déluge *m*, grêle *f* (de coups); avalanche *f* (d'injures); **s. of stones,** volée *f* de pierres (*c*) douche *f*; **to make a s.,** prendre une douche; **s. unit,** bloc-douche *m*; **s. cap,** bonnet de douche (*e*) *NAm:* réception *f* (pour la remise de cadeaux) **2.** *vtr* (*a*) verser, faire pleuvoir (de l'eau) (*b*) **to s. abuse on s.o.,** couvrir, accabler, qn d'injures; **to s. blows (on s.o.),** faire pleuvoir les coups (sur qn); **to s. s.o. with gifts,** couvrir qn de cadeaux. **showery** *a* (temps) pluvieux.

shrank [ʃræŋk] *see* **shrink.**

shrapnel ['ʃræpnəl] *n* éclats *mpl* d'obus.

shred [ʃred] **1.** *n* brin *m*; lambeau *m*, fragment *m* (de tissu); *Fig: m:* **to tear sth to shreds,** mettre qch en lambeaux; **there isn't a s. of evidence,** il n'y a pas la moindre preuve, pas l'ombre d'une preuve **2.** *vtr* **(shredded)** mettre en lambeaux; râper (des légumes); couper (qch) en languettes; effilocher, déchiqueter (qch). **'shredder** *n Cu:* râpe *f*; (*for paper*) destructeur *m* (de documents).

shrew[1] [ʃru:] *n Z:* musaraigne *f.*

shrew[2] *n* mégère *f.* **'shrewish** *af* (femme) acariâtre.

shrewd [ʃru:d] *a* astucieux, sagace, perspicace; qui a du flair; **s. businessman,** homme d'affaires très habile, astucieux; **s. reasoning,** raisonnement judicieux; (*intensive*) **I have a s. idea (that),** je suis porté à croire (que). **'shrewdly** *adv* astucieusement, avec perspicacité. **'shrewdness** *n* astuce *f*; sagacité *f*; perspicacité.

shriek [ʃri:k] **1.** *n* cri (aigu, déchirant, perçant); **shrieks of laughter,** grands éclats de rire **2.** *v* (*a*) *vi* pousser des cris aigus; **to s. with pain, laughter,** hurler de douleur, de rire (*b*) *vtr* **to s. (out) a warning,** pousser un cri d'avertissement; hurler un avertissement.

shrift [ʃrift] *n* **to get short s.,** être traité sans ménagement.

shrill [ʃril] *a* aigu, strident. **'shrillness** *n* stridence *f.* **'shrilly** *adv* d'un ton aigu, criard.

shrimp [ʃrimp] *n Crust:* crevette (grise); *Pej:* (*pers*) nabot, -ote; (*child*) puce *f.* **'shrimping** *n* pêche *f* à la crevette; **to go s.,** pêcher la crevette.

shrine [ʃrain] *n* lieu saint; (*tomb*) châsse *f*.

shrink [ʃriŋk] (**shrank** [ʃræk]; **shrunk** [ʃrʌŋk]) **1.** *vi* (*a*) se contracter; (*of aging pers*) se tasser; (*of amount, audience, etc*) diminuer; **my shirt has shrunk in the wash,** ma chemise a rétréci au lavage (*b*) faire un mouvement de recul; **to s. (back) from (danger, etc),** reculer devant (un danger, etc); **to s. from doing sth,** répugner à faire qch; reculer devant l'idée de faire qch; **to s. into oneself,** rentrer dans sa coquille **2.** *vtr* rétrécir (un tissu). **3.** *n NAm: Hum:* psy(chiatre) *m*. **'shrinkage** *n* contraction *f* (du métal); rétrécissement *m* (d'un tissu); diminution *f*. **'shrinking** *a* **1.** qui se contracte **2.** (*of pers*) timide, craintif. **'shrunken** *a* contracté; rétréci; (*of pers*) ratatiné; **s. head,** tête réduite.

shrivel ['ʃrivəl] (**shrivelled,** *NAm:* **shriveled) to s. (up) 1.** *vtr* rider, ratatiner (la peau); (*of sun, frost*) brûler (les plantes) **2.** *vi* se ratatiner.

shroud [ʃraud] *n* linceul *m*, suaire *m*; *Fig:* voile *m*. **'shrouded** *a* **s. in mist,** enseveli sous la brume; **s. in mystery,** enveloppé de mystère.

shrove [ʃrouv] *a* **S. Tuesday,** Mardi gras.

shrub [ʃrʌb] *n* arbrisseau *m*, arbuste *m*. **'shrubbery** *n* (*pl* **-ies**) plantation *f*, massif *m*, d'arbustes.

shrug [ʃrʌg] **1.** *vtr* (**shrugged**) **to s. (one's shoulders),** hausser les épaules; **to s. off,** écarter (dédaigneusement) **2.** *n* haussement *m* d'épaules; **a resigned s.,** un geste de résignation; **with a s.,** en haussant les épaules.

shrunk, shrunken ['ʃrʌŋk(ən)] *see* **shrink.**

shudder ['ʃʌdər] **1.** *n* frisson *m*, frémissement *m* (d'horreur); vibration *f*; **it gives me the shudders,** j'en ai le frisson **2.** *vi* **to s. with horror,** frissonner, frémir, d'horreur; **I s. at the thought of it,** j'ai le frisson rien que d'y penser.

shuffle ['ʃʌfl] **1.** *vtr & i* **to s. (one's feet),** traîner les pieds; *Cards:* **to s. (the cards),** battre (les cartes); **to s. off,** s'en aller en traînant les pieds **2.** *vtr* mêler (des papiers).

shun [ʃʌn] *vtr* (**shunned**) fuir, éviter (qn, qch); **to s. doing,** éviter de faire; **to s. everybody,** s'éloigner du monde.

shunt [ʃʌnt] *vtr* aiguiller (un train, la conversation) (**on to,** sur); *F:* **we were shunted (to and fro),** on nous a baladés (**from office to office, etc,** de bureau en bureau, etc). **'shunting** *n Rail:* aiguillage *m*; **s. yard,** gare *f* de manœuvre et de triage.

shush [ʃuʃ] **1.** *int* chut! **2.** *vtr* faire taire (qn).

shut [ʃʌt] *v* (**shutting; shut**) **1.** *vtr* fermer (une porte, une boîte); **to s. one's mouth,** (i) fermer la bouche (ii) *F:* se taire; **to s. one's finger in the door,** se prendre le doigt dans la porte **2.** *vi* (*of door, etc*) se fermer; (*of shop, museum, etc*) fermer; **the door won't s.,** la porte ne se ferme pas; **the door s.,** la porte s'est (re)fermée. **shut a'way** *vtr* enfermer; mettre (qch) sous clef. **shut 'down 1.** *vtr* rabattre (un couvercle); fermer (une usine) **2.** *vi* (*of factory, etc*) fermer (définitivement). **'shutdown** *n* fermeture *f* (d'une usine). **shut 'in** *vtr* (*a*) enfermer (*b*) (*of hills*) entourer, encercler (un endroit). **shut 'off** *vtr* **1.** couper (le courant); arrêter (le moteur); fermer (l'eau) **2.** séparer, isoler (**from,** de). **shut 'out** *vtr* (*a*) empêcher (la lumière) d'entrer; exclure (qn); **the trees s. out the view,** les arbres bouchent la vue (*b*) **to s. s.o. out,** enfermer qn dehors; **s. the cat out!** mets le chat dehors! **'shutter** *n* **1.** volet *m*; **outside s.,** contrevent *m*; **Venetian, metal, shutters,** persiennes *fpl* **2.** *Phot:* obturateur *m*; **s. speed,** vitesse *f* d'obturation. **'shuttering** *n Const:* coffrage *m* (pour le béton armé). **'shutting** *n* fermeture *f*. **shut 'up 1.** *vtr* (*a*) fermer (une maison); **to s. the dog up,** enfermer le chien; **to s. up shop,** fermer boutique (*b*) *F:* faire taire (qn); réduire (qn) au silence **2.** *vi F:* se taire; **s. up!** *F:* la ferme! ta gueule!

shuttle ['ʃʌtl] **1.** *n* navette *f*; **(to run a) s. service,** (faire la) navette; **space s.,** navette spatiale **2.** (*a*) *vi* faire la navette (**between,** entre) (*b*) *vtr* transporter. **'shuttlecock** *n Games:* volant *m*.

shy¹ [ʃai] *vi* (**shying; shied**) (*of horse*) faire un écart; broncher; **to s. away,** reculer (**from s.o.,** devant qn, **from doing,** à l'idée de faire).

shy² *a* (**shier, shiest**) (*of pers*) timide; sauvage, farouche; **to be s. of doing,** avoir peur de faire; **to make s.o. s.,** intimider qn; **to fight s. of sth,** se défier, se méfier, de qch; **don't pretend to be s.,** ne faites pas le, la, timide, **'shyly** *adv* timidement. **'shyness** *n* timidité; **to lose one's s.,** s'enhardir.

shy³ 1. *vtr* (**shying; shied**) *F:* lancer (une pierre, une balle) (**at, à**) **2.** *n* (*pl* **shies**) **coconut s.** = jeu *m* de massacre.

Siamese [saiə'mi:z] *a & n* siamois, -oise; **S. twins,** frères siamois, sœurs siamoises; **s. cat,** (chat) siamois (*m*).

Siberia [sai'biəriə] *Prn* Sibérie *f*. **Si'berian** *a & n* sibérien, -ienne.

sibling ['sibliŋ] *n* frère *m*, sœur *f*.

Sicily ['sisili] *Prn* Sicile *f*. **Si'cilian** *a & n* sicilien, -ienne.

sick [sik] **1.** *a* (*a*) malade; (*of mind*) malsain; (*of humour*) noir; (*cruel*) sadique; **he's a s. man,** il est malade; *esp NAm:* **she's s.** (*Br* = **ill**), elle est malade; **to go, report, s.,** se faire porter malade; **to fall s.,** tomber malade; **s. pay,** indemnité de maladie *f*; **s. leave,** congé de maladie; **to be off s., to be on s. leave,** être en congé de maladie; *npl* **the s.,** les malades (*b*) **to be s.,** vomir, rendre; **a s. feeling,** un malaise; **to feel s.,** *NAm:* **to feel s. to the stomach,** avoir mal au cœur; **s. headache,** migraine *f* (*c*) *Fig:* **to be s. at heart,** être abattu; *F:* **he did look s.!** il en faisait une tête! *F:* **to be s. of sth,** être dégoûté de qch; *F:* **I'm s. of it!** j'en ai plein le dos! *F:* **I'm s. (and tired) of telling you,** j'en ai marre de te le dire; *P:* **you make me s.!** tu me dégoûtes! tu m'écœures! **2.** *n F:* vomi *m* **3.** *vtr F:* **to s. up,** vomir, rendre (qch). **'sickbay** *n* infirmerie *f*. **'sickbed** *n* lit *m* de malade. **'sicken 1.** *vi* (*a*) tomber malade (**of, with,** de); **to be sickening for an illness,** *F:* **for sth,** couver une maladie (*b*) **to s. of sth,** se lasser de qch **2.** *vtr* dégoûter, écœurer (qn); **his methods s. me,** ses procédés me soulèvent le cœur. **'sickening** *a* écœurant; dégoûtant; navrant. **'sickeningly** *adv* d'une façon écœurante, dégoûtante; à vous écœurer, dégoûter; à vous soulever le cœur. **'sickliness** *n* état maladif (de qn). **'sickly** *a* (**-ier, -iest**) maladif, souffreteux; (couleur) délavée; (sourire) pâle; (teint) terreux; (goût) écœurant. **'sickness** *n* **1.** maladie *f*; **air, car, s.,** mal *m* de l'air, de la route; *NAm:* **motion s.,**

mal de la route; **s. benefit,** assurance maladie **2.** nausées *fpl*; vomissement(s) *m(pl)*. **'sickroom** *n* chambre *f* de malade.

sickle ['sikl] *n Agr:* faucille *f*.

side [said] **1.** *n (a)* côté *m*; flanc *m* (d'un animal); bord *m* (d'une route, d'une rivière); quartier *m* (de bœuf); **by s.o.'s s.,** à côté de qn; **by, at, my s.,** à côté de moi, à mes côtés; **s. by s.,** l'un à côté de l'autre; côte à côte; **to split one's sides (laughing),** se tordre (de rire); **to be lying on one's s.,** être couché sur le côté; **s. of bacon,** flèche *f* de lard *(b)* côté (d'un triangle); versant *m*, flanc (d'une montagne); paroi *f* (d'un fossé) *(c)* (*surface*) face *f*, côté (d'un disque, d'une médaille); aspect *m* (d'une question); facette *f*, aspect (d'un caractère); **the right s.,** le bon côté; l'endroit *m* (d'un tissu); le recto (d'une feuille de papier); **the wrong s.,** l'envers *m* (d'un tissu, d'une robe); le verso (d'une feuille de papier); **wrong s. out,** à l'envers; (*on box*) **this s. up** = haut *m*; **the bright s. of things,** le bon côté des choses; **the other s. of the picture,** le revers de la médaille; **to hear both sides,** entendre le pour et le contre; **his good sides,** ses bons côtés; **on the big s.,** plutôt grand; **the weather's on the cool s.,** il fait plutôt froid; **on his mother's s.,** du côté maternel; **on this s.,** de ce côté(-ci); **on the other s.,** de l'autre côté; *TV: F:* **the other s.,** l'autre chaîne *f*; **on all sides,** de tous côtés; **with a dog on either s.,** flanqué de deux chiens; **to be on the right s. of forty,** avoir moins de quarante ans; **to move to one s.,** s'écarter; **to put sth on one s.,** mettre qch de côté; *F:* **on the s.,** (*secretly*) en catimini; (*to make money*) en plus; **to make sth on the s.,** se faire des petits à-côtés; **s. entrance,** entrée de côté; **s. door,** porte latérale; **s. issue,** question d'intérêt secondaire; **s. effect,** effet secondaire; **s. street,** rue transversale; **s. view,** vue de côté; **s. plate,** petite assiette; **s. dish,** plat d'accompagnement *(d)* parti *m*; **he's on our s.,** il est de notre côté, avec nous; **you have the law on your s.,** vous avez la loi pour vous; **to take sides with s.o.,** se ranger du côté, du parti, de qn; **time's on our s.,** le temps travaille pour nous *(e)* section *f*, division *f(f) Sp:* équipe *f* **2.** *vi* **to s. with s.o.,** se ranger du côté de qn; se mettre du parti de qn. **'sideboard** *n* buffet *m*. **'sideboards** *npl*, **'sideburns** *npl* pattes *fpl*. **'sidecar** *n* side-car *m*. **-sided** *suffix* **ten-s.,** à dix côtés. **'sidekick** *n F:* associé, -ée. **'sidelight** *n* **1.** *Phot: etc:* lumière *f* oblique; **to throw a s. on a subject,** donner un aperçu secondaire, indirect, sur un sujet **2.** *Aut:* feu *m* de position, de stationnement. **'sideline** *n (a) Sp:* ligne *f* de touche; **to be on the sidelines,** rester sur la touche *(b)* activité *f* secondaire. **'sidelong** *a* (regard) oblique. **'sidesaddle** **1.** *n* selle *f* de dame **2.** *adv* **to ride s.,** monter en amazone. **'sideshow** *n* (*at fair*) spectacle forain. **'side-splitting** *a* (*of joke*) tordant. **'sidestep** *v* **(sidestepped)** *(a) vtr* éviter (une question) *(b) vi* faire un pas de côté. **'sidetrack** *vtr* **to get sidetracked,** s'écarter du sujet. **'sidewalk** *n NAm:* (*Br* = **pavement**) trottoir *m*. **'sideways** **1.** *adv* de côté, latéralement; **to walk s.,** marcher en crabe **2.** *a* (mouvement) de côté, latéral. **'siding** *n Rail:* voie *f* de garage.

sidle ['saidl] *vi* **to s. along,** s'avancer de côté; **to s. up to s.o.,** s'approcher furtivement de qn.

siege [siːdʒ] *n Mil:* siège *m*; **to lay s. to a town,** assiéger une ville; **to declare a state of s.,** déclarer l'état de siège.

sienna [si'enə] *n Art:* terre *f* de Sienne; **raw, burnt, s.,** terre de Sienne naturelle, brûlée.

siesta [si'estə] *n* sieste *f*.

sieve [siv] **1.** *n* cribble *m*; tamis *m*; *Cu:* (*for liquids*) passoire *f*; **he's got a memory like a s.,** sa mémoire est une passoire **2.** *vtr* passer au tamis; tamiser; passer.

sift [sift] **1.** *vtr (a)* passer au tamis; tamiser; passer au crible, au sas; **to s. sugar over a cake,** saupoudrer un gâteau de sucre *(b)* **to s. out the truth,** dégager la vérité **2.** *vi* **to s. through,** examiner (minutieusement, à la loupe). **'sifter** *n* saupoudreuse *f* (à sucre); saupoudroir *m* (à farine).

sigh [sai] **1.** *n* soupir *m*; **to breathe, heave, a s. of relief,** pousser un soupir de soulagement **2.** *vi* soupirer; pousser un soupir; **to s. for sth.,** soupirer après qch. **'sighing** *n* soupirs *mpl*.

sight [sait] **I.** *n* **1.** *(a)* vue *f*; **short s.,** myopie *f*; **good, bad, s.,** bonne, mauvaise, vue; **to lose one's s.,** perdre la vue; devenir aveugle *(b)* **to catch s. of s.o.,** apercevoir qn; **to lose s. of s.o.,** perdre qn de vue; **I can't bear, I hate, the s. of him,** je ne peux pas le voir, le sentir; **to shoot s.o. at, on, s.,** tirer sur qn à vue; **at the s. of,** à la vue de, en voyant; **at first s.,** à première vue, au premier abord; **love at first s.,** le coup de foudre; **to know s.o. by s.,** connaître qn de vue **2. to come into s.,** apparaître; (*of target, end, etc*) **in s.,** en vue; **to be within s.,** être à portée de la vue; être en vue; **out of s.,** caché aux regards; **to vanish out of s.,** disparaître; **keep out of s.!** ne te montre pas! **out of s. out of mind,** loin des yeux, loin du cœur **3.** *(a)* spectacle *m*; **sad s.,** spectacle navrant; **it's a s. well worth seeing,** cela vaut la peine d'être vu *(b) F:* **his face was a s.!,** si vous aviez vu son visage! **you do look a s., what a s. you are!** de quoi avez-vous l'air! **it was a s. for sore eyes,** c'était réjouissant à voir; **it's not a pretty s.,** ce n'est pas beau, joli, à voir *(c) pl* **the (tourist) sights,** les hauts lieux touristiques **4.** *Opt:* visée *f*; (*on gun*) mire *f*; **to take s.,** viser; **to set one's sights on,** viser (un poste, etc) **5.** *F:* **not by a long s.,** loin de là; **he's a damn s. better,** il va beaucoup mieux; **a s. too much,** vraiment trop. **II.** *vtr* **1.** apercevoir **2.** pointer (un fusil). **'sighted** *a* qui voit, clairvoyant; *npl* **the s.,** les voyants; **to be partially s.,** avoir un certain degré de vision; **short-sighted,** myope; **long-s.,** presbyte; **far-sighted,** prévoyant. **'sighting** *n* **several sightings of dolphin have been reported,** on a vu des dauphins à plusieurs reprises. **'sightless** *a* aveugle. **'sightly** *a* **not very s.,** laid. **'sightread** *vtr & i* (*pp* **sightread**) *Mus:* déchiffrer. **'sightreading** *n Mus:* déchiffrage *m*. **'sightseeing** *n* tourisme *m*; **to go s.,** faire du tourisme. **'sightseer** *n* touriste *mf*.

sign [sain] **1.** *n* **1.** signe *m*; **to make an affirmative s.,** faire signe que oui; **s. of the cross,** signe *m* de la croix; **to make the s. of the cross,** se signer; (*of deaf*) **s. language,** langage par signes; **to use s. language,** parler par signes **2.** *(a)* indice *m*, indication *f*; **sure s.,** indice certain; **s. of rain,** signe de pluie; **there's no s. of his coming,** rien n'annonce sa venue; **as a s. of friendship,** en signe d'amitié *(b)* trace *f*; **no s. (of),**

nulle, aucune, trace (de); **to show no s. of life,** ne donner aucun signe de vie; **there was no s. of him,** il restait invisible 3. (*a*) enseigne *f* (d'auberge, de magasin); **neon s.,** réclame *f* néon (*b*) (*notice*) panneau *m*; **international road signs,** signalisation routière internationale: **s. of the Zodiac,** signe du zodiaque. **II.** *v* **1.** *vtr* signer (une lettre, son nom); to **s. away, over,** céder (to, à) **2.** *vi* signer; **to s. for,** signer le reçu de (lettre, etc); **to s. for the key,** signer pour obtenir la clef; **to s. in,** signer le registre. **sign 'off** *vi* dire au revoir; *WTel: TV:* terminer l'émission. **sign 'on 1.** *vtr* engager (un soldat, un ouvrier) **2.** *vi* (*of soldier, worker*) s'engager; (*for course*) s'inscrire; (*of unemployed person*) s'inscrire au chômage. **'signpost 1.** *n* poteau indicateur. **2.** *vtr* flécher (une route); **badly signposted road,** route mal fléchée. **sign 'up 1.** *vtr* engager (un soldat, un ouvrier) **2.** *vi* (*of soldier, worker*) s'engager; (*for course*) s'inscrire.

signal[1] ['signəl] **1.** *n* signal *m*; **time s.,** signal horaire; **all clear s.,** signal de fin d'alerte; **line engaged,** *NAm:* **busy, signal,** signal d'occupation (de ligne); **to give the s. (for departure),** donner le signal (du départ); *WTel: TV:* **station s.,** indicatif *m* (de l'émetteur); *Aut:* **traffic signals,** feux *m* de circulation; *Rail:* **s. box,** *NAm:* **s. tower,** poste *m* d'aiguillage **2.** *v* (**signalled,** *NAm:* **signaled**) (*a*) *vi* faire des signaux: *Aut:* **to s. before stopping,** mettre le clignotant avant de s'arrêter (*b*) *vtr* communiquer (un message); signaler (un train); *Aut:* **to s. a turn,** annoncer, indiquer, un changement de direction; **to s. (to) s.o. to stop,** faire signe à qn de s'arrêter. **'signalman** *n* (*pl* **-men**) *Rail:* aiguilleur *m*.

signal[2] *a* insigne; (succès) éclatant, remarquable. **'signally** *adv* remarquablement.

signature ['signətʃər] *n* signature *f*; **to put one's s. to a letter,** apposer sa signature à une lettre; **s. tune,** indicatif (musical). **'signatory** *a & n* signataire (*mf*).

signet ['signit] *n* sceau *m*, cachet *m*; **s. ring,** chevalière *f*.

signify ['signifai] *v* (**signified**) **1.** *vtr* signifier; vouloir dire; indiquer, signifier (to, à); **a broad forehead signifies intelligence,** un front large est signe d'intelligence **2.** *vi* importer; **it doesn't s.,** cela ne fait rien; peu importe. **significance** [-'nifikəns] *n* **1.** signification *f*; **what is the s. of it?** qu'est-ce que cela signifie? **2.** importance *f*, conséquence *f*; **of no s.,** sans importance, de peu d'importance. **sig'nificant** *a* **1.** (mot) significatif **2.** (événement) important. **sig'nificantly** *adv* sensiblement; **s., he ...,** fait significatif, il. ... **signifi'cation** *n* signification *f*, sense *m* (d'un mot).

silence ['sailəns] **1.** *n* (*a*) silence *m*; **dead s.,** silence absolu; **to keep s.,** garder le silence; se taire; **to break (the) s.,** rompre le silence; **to suffer in s.,** souffrir en silence (*b*) **to pass over sth in s.,** passer qch sous silence **2.** *vtr* (*a*) réduire (qn) au silence; faire taire (qn); étouffer (les plaintes); **to s. criticism,** faire taire la critique (*b*) étouffer, amortir (un bruit); *Aut:* **to s. the exhaust,** assourdir l'échappement *m*. **'silencer** *n* silencieux *m*; *Aut:* (*on exhaust system*) (*NAm:* = **muffler**) pot *m* d'échappement. **'silent** *a* silencieux; (*of film, anger*) muet; **to keep, be, s.,** garder le silence (**about,** sur); **a s. man,** un homme silencieux, taciturne; **s. as the grave,** muet comme la tombe; **s. h,** h muet. **'silently** *adv* silencieusement; en silence.

silhouette [silu:'et] **1.** *n* silhouette *f* **2.** *vtr* **to be silhouetted against,** se profiler contre.

silicon ['silikən] *n Ch:* silicium *m*; **s. chip,** puce *f* de silicium.

silicone ['silikoun] *n Ch:* silicone *f*.

silicosis [sili'kousis] *n Med:* silicose *f*.

silk [silk] *n* soie *f*; **raw s.,** soie grège; **sewing s.,** soie à coudre; **a black s. dress,** une robe de, en, soie noire; *pl Com:* **silks,** soierie *f*. **'silken** *a* soyeux. **'silkiness** *n* nature soyeuse (d'un tissu); moelleux *m* (d'une voix). **'silkscreen** *n* **s. printing,** sérigraphie *f*. **'silkworm** *n* ver *m* à soie. **'silky** *a* (**-ier, -iest**) soyeux; **s. voice,** voix moelleuse, doucereuse.

sill [sil] *n* rebord *m* (de fenêtre); seuil *m* (de porte).

silly ['sili] *a* (**-ier, -iest**) idiot, bête; **s. answer,** réponse stupide, ridicule; **you s. boy!** petit nigaud! **s. fool!** *F:* **s. billy!** idiot, -ote! imbécile! **to do sth s.,** faire une bêtise; **to knock s.o. s.,** étourdir, assommer, qn. **'silliness** *n* sottise *f*, niaiserie *f*, bêtise *f*.

silo ['sailou] *n* (*pl* **siloes**) **1.** *Agr:* silo *m* **2.** *Mil:* (*for guided missile*) **launching s.,** puits *m* de lancement.

silt [silt] **1.** *n* vase *f*; limon *m* **2.** *vtr & i* (*of harbour, river*) **to s. up,** (s')envaser; (s')ensabler.

silver ['silvər] *n* **1.** (*metal*) argent *m*; **£5 in s.,** 5 livres en pièces d'argent **2.** (*a*) d'argent, en argent; **s. hair,** cheveux argentés; **s. spoon,** cuiller d'argent; **he was born with a s. spoon in his mouth,** il est né coiffé; **s.-mounted,** monté en argent; **s.-plated,** plaqué argent; **s. plate,** argenterie *f*; **s. paper,** papier d'argent; **s. grey,** gris argenté; **s. jubilee,** vingt-cinquième anniversaire *m* (d'un événement); **s. wedding,** noces d'argent **3.** argent monnayé; **s. coin,** pièce d'argent; **one pound in s.,** une livre en monnaie, en pièces d'argent **4.** *coll* argenterie *f*. **'silverside** *n Cu:* gîte *m* à la noix. **'silversmith** *n* orfèvre *m*. **'silverware** *n* argenterie *f*. **'silvery** *a* (nuage) argenté; (écailles) d'argent; (son) argentin.

similar ['similər] *a* semblable, pareil (**to,** à). **simi'larity** *n* (*pl* **-ies**) ressemblance *f*, similarité *f*. **'similarly** *adv* pareillement, semblablement; de la même façon; de même.

simile ['simili] *n* comparaison *f*, image *f*.

simmer ['simər] **1.** *vi* (*a*) (*of liquid*) frémir; (*of soup, stew*) mijoter, cuire à feu doux (*b*) (*of revolt, hatred, etc*) couver; **to s. with rage,** bouillir de rage; *F:* (*of pers*) **to s. down,** se calmer **2.** *vtr* faire cuire à feu doux; laisser frémir (l'eau).

simper ['simpər] **1.** *n* sourire affecté, minaudier **2.** *vi* minauder. **'simpering 1.** *n* minauderie(s) *f* (*pl*) **2.** *a* minaudier.

simple ['simpl] *a* simple; naturel (de caractère); sans affectation; **s. problem,** problème simple, peu difficile; **as s. as ABC,** simple comme bonjour; *Com:* **s. interest,** intérêts *m* simples! **it's robbery, pure and s.!** c'est du vol pur et simple! **simple-'minded** *a* simple d'esprit. **simple-'mindedness** *n* simplicité *f* d'esprit. **'simpleton** *n* nigaud, -aude, niais, -aise. **sim'plicity** *n* simplicité *f*, candeur *f* (d'esprit); absence *f* de recherche, simplicité (dans la mise); **it's s. itself,** c'est simple comme bonjour. **simplifi'cation** *n* simplification *f*. **'simplify** *vtr* **(simplified)** simplifier; **to become simplified,** se simplifier. **sim'plistic** *a* simpliste. **'simply** *adv* **1.** (parler) simplement **2.** (*a*) absolument; **you s. must,** il le faut absolument; **the weather's s. ghastly!** il fait un temps de chien (*b*) uniquement; tout simplement; **he did it s. to test you,** il l'a fait uniquement pour vous éprouver; **I s. said (that),** je me suis borné à dire (que).

simulate ['simjuleit] *vtr* simuler, feindre (une maladie). **simu'lation** *n* simulation *f*, feinte *f*. **'simulator** *n* simulateur *m*.

simultaneous [siməl'teiniəs, *NAm:* saiməl-] *a* simultané. **simulta'neity** *n* simultanéité *f*. **simul'taneously** *adv* (*a*) simultanément (*b*) en même temps (**with,** que).

sin [sin **1.** *n* péché *m*; **original s.,** péché originel; **the seven deadly sins,** les sept péchés capitaux; **the forgiveness of sins,** le pardon des offenses; (*of man and woman*) **to live in s.,** vivre en concubinage **2.** *vi* **(sinned)** pécher; commettre un péché, des péchés. **'sinful** *a* coupable; **that's s.,** c'est un péché; **s. person,** pécheur, *f* pécheresse; **s. pleasure,** plaisir coupable; **s. waste,** gaspillage scandaleux. **sinfully** *adv* d'une façon coupable. **'sinfulness** *n*. **1.** caractère *m* coupable (d'une action); culpabilité *f* **2.** le péché. **'sinner** *n* pécheur, pécheresse.

since [sins] **1.** *adv* (*a*) depuis; **I have not seen him s.,** je ne l'ai pas revu depuis; **ever s.,** depuis (*b*) **many years s.,** il y a bien des années; **long s.,** (i) depuis longtemps (ii) il y a longtemps; **not long s.,** il n'y a pas très longtemps; **how long s.?** depuis combien de temps? **2.** *prep* depuis; **s. his death,** depuis sa mort; **he'd been up s. dawn,** il était levé dès l'aube; **s. when have you been here?** depuis quand êtes-vous ici? **s. that time, s. then,** depuis ce tempts-là; depuis lors **3.** *conj* (*a*) depuis que; que; **s. I've been here,** depuis que je suis ici; **it's a week s. he came,** il y a huit jours qu'il est arrivé; **it's a long time s. I saw her,** il y a longtemps que je ne l'ai pas vue; je ne l'ai pas vue depuis longtemps (*b*) puisque; **s. he's not of age,** puisqu'il est mineur; **I'll do it s. I must,** je le ferai puisqu'il le faut.

sincere [sin'siər] *a* sincère; franc. **sin'cerely** *adv* sincèrement; *Corr:* **yours s.,** veuillez croire (Monsieur, Madame,) à mes sentiments dévoués. **sin'cerity** *n* sincérité *f*; bonne foi; **speaking in all s.,** en toute bonne foi.

sinecure ['sainikjuər] *n* sinécure *f*.

sinew ['sinju:] *n* **1.** *Anat:* tendon *m* **2.** *pl* **sinews,** nerf *m*, force *f*. **'sinewy** *a* (*of meat*) tendineux; **s. arm,** bras musclé, nerveux.

sing [siŋ] *v* **(sang** [sæŋ]; **sung** [sʌŋ]) **1.** *vtr & i* chanter; **s. me a song!** chante-moi une chanson! **to s. in tune,** chanter juste; **to s. out of tune,** chanter faux; détonner; **to s. up,** chanter plus fort **2.** *vi* (*of the cars*) tinter, bourdonner; (*of kettle*) chanter; **to s. away,** chanter à cœur joie. **'singer** *n* chanteur, -euse; (*operatic*) chanteur d'opéra; cantatrice *f*; *Ecc:* chantre *m*. **'singing 1.** *a* (oiseau) chanteur; qui chante; (leçon, professeur) de chant **2.** *n* (*a*) chant *m*; façon *f* de chanter (*b*) bourdonnement *m*, tintement *m* (d'oreilles). **'singsong 1.** *a* (ton) traînant; **in a s. voice,** en psalmodiant **2.** *n* **to get together for a s.,** se réunir pour chanter.

Singapore [siŋgə'pɔ:r] *Prn Geog:* Singapour *m*.

singe [sindʒ] *vtr* brûler (les cheveux); roussir (le tissu, etc); flamber (une volaille); *Hairdr:* **to s. s.o.'s hair,** faire un brûlage à qn.

single ['siŋgl] **I.** *a* **1.** (*a*) seul, unique; **not a s. one,** pas un seul; pas un; **I haven't seen a s. soul,** je n'ai pas vu âme qui vive; **(one) s. case,** un cas unique; **every s. day,** tous les jours sans exception; *Pol:* **s. party,** parti *m* unique **2.** (*a*) **s. bed,** lit pour une personne; **s. bedroom,** chambre à un lit, pour une personne (*b*) célibataire; non marié(e); **a s. man, woman,** un, une, célibataire; **s. parent,** père, mère, célibataire; **she, he, is s.,** elle, il, n'est pas marié(e) (*c*) *Rail:* **s. ticket,** billet *m* simple (*d*) *Bot:* **s. flower,** fleur simple; *Cu:* **s. cream,** crème fraîche légère **II.** *n* (*a*) *pl Ten:* simples *mpl*; *Ten:* **men's singles,** simple messieurs (*b*) *Rail:* aller *m* (simple) (*c*) (*record*) 45 tours *m inv* (*d*) *esp NAm:* **singles,** célibataires *mpl*; **singles bar,** bar *m* pour célibataires. **III.** *vtr* **to s. (s.o., sth) out,** (i) choisir (qn, qch) (ii) remarquer, distinguer (qn, qch) (**for,** pour; **as,** comme). **single-'barrelled** *a* (fusil) à un canon. **single-'breasted** *a* (veston) droit. **single-'decker** *n* autobus *m* sans impériale. **single-'engined** *a* **s.-e. aircraft,** (avion) monomoteur *m*. **single-'handed** *a* seul, sans aide. **single-'minded** *a* obstiné; résolu, qui n'a qu'une idée en tête. **'singleness** *n* **with s. of purpose,** avec un seul but en vue. **single-'track** *a Rail:* (ligne) à voie unique. **'singly** *adv* séparément; un à un.

singlet ['siŋglit] *n* **1.** maillot *m* de corps **2.** *Sp:* maillot.

singular ['siŋgjulər] **1.** *a & n Gram:* singulier (*m*); **s. noun,** nom *m* au singulier; **in the s.,** au singulier **2.** *a* singulier, bizarre. **singu'larity** *n* singularité *f*. **'singularly** *adv* singulièrement (*a*) remarquablement (*b*) bizarrement.

sinister ['sinistər] *a* sinistre; **a s.-looking man,** un homme à la mine patibulaire.

sink[1] [siŋk] *n* **(kitchen) s.,** évier *m*; (*washbasin*) lavabo *m*; **to pour sth down the s.,** jeter qch à l'égout.

sink[2] *v* **(sank** [sæŋk]; **sunk** [sʌŋk]) **1.** *vi* (*a*) aller au fond; (*of pers, ship*) couler; sombrer (*b*) s'enfoncer, pénétrer (**into,** dans); **to s. in,** (*of ink, etc*) pénétrer; *F:* (*of fact, etc*) rentrer (dans le crâne); **his words begin to s. in,** ses paroles commencent à faire impression; *F:* **has it sunk in?** tu as compris? (*c*) tomber (dans le vice, dans l'oubli); **to s. deep(er) into crime,** s'enfoncer dans le crime; **to s. into insignificance,** devenir insignifiant; **to s. into deep sleep,** s'endormir profondément (*d*) **to s. (down),** s'affaisser; **the fire is sinking,** le feu baisse; **to s. (down) into the mud,** s'enfoncer dans la boue; **to s. (down) into a chair,** s'affaler dans un fauteuil; **his heart sank,** le cœur lui a manqué; son cœur s'est serré (*e*) descendre; aller en descendant; s'abaisser; **the sun is sinking,** le soleil baisse (*f*) baisser (en valeur); diminuer; s'affaiblir; (*of pers*) **the patient is sinking fast,** le malade baisse rapidement; **he has sunk in my esteem,** il a baissé dans mon estime **2.** *vtr* (*a*) couler, faire sombrer (un navire) (*b*) enfoncer (un pieu); **to s. one's teeth into sth,** mordre dans qch; to s. **money in an undertaking,** investir de l'argent dans une entreprise (*c*) creuser (un puits) (*d*) supprimer (une objection, des différends). **'sinking 1.** *a* qui s'enfonce; **with a s. heart,** avec un serrement de cœur **2.** enfoncement *m*; **a s. feeling,** un serrement de cœur.

sinuous ['sinjuəs] *a* **1.** sinueux **2.** (*of pers*) souple, agile. **sinu'osity** *n* (*pl* **-ies**) sinuosité *f*.

sinus ['sainəs] *n* (*pl* **sinuses**) *Anat:* sinus *m inv*; **she has bad s. trouble,** elle a une mauvaise sinusite. **sinu'sitis** *n Med:* sinusite *f*.

sip [sip] **1.** *n* petite gorgée; goutte *f* **2.** *vtr* **(sipped)** boire (qch) à petites gorgées; siroter.

siphon ['saifən] **1.** *n* siphon *m* **2.** *vtr* **to s. off,** siphonner (un liquide); détourner (de l'argent).

sir [səːr, sər] *n* **1.** monsieur *m*; **yes, s.,** oui, monsieur; *Corr:* **(Dear) Sir,** Monsieur **2.** (*title*) sir (*always used with first name*).

sire ['saiər] **1.** *n* (*a*) (*in addressing a King*) Sire (*b*) *Breed:* père *m*; (*of horses*) étalon *m*; (*of cattle*) taureau *m* **2.** *vtr* (*of stallion*) engendrer, procréer (un poulain).

siren ['saiərən] *n* sirène *f*.

sirloin ['səːlɔin] *n Cu:* (*joint*) aloyau *m*; (*steak*) faux-filet *m*.

sissy ['sisi] *n* (*pl* **sissies**) *F:* (*a*) (*boy, man*) femmelette *f* (*b*) enfant peureux; poule mouillée.

sister ['sistər] *n* **1.** sœur *f* **2.** (*a*) *Ecc:* religieuse *f*; sœur (*b*) *Med:* infirmière *f* en chef; **(ward) s.,** surveillante *f* **3. s. nations,** nations sœurs; **s. company,** société sœur; **s. ship,** sister(-)ship *m*. **'sisterhood** *n* fraternité *f*. **'sister-in-law** *n* (*pl* **sisters-in-law**) belle-sœur *f*. **'sisterly** *a* de sœur; comme une sœur; fraternel.

sit [sit] *v* **(sitting; sat) 1.** *vi* (*a*) (*of pers*) s'asseoir; être assis; rester assis; **to be sitting,** être assis; (*of bird*) être perché; **to s. still,** rester tranquille; **to s. tight,** ne pas céder; **to s. reading,** être assis à lire, en train de lire; **to s. around,** ne rien faire; **to s. back,** (i) (*in chair*) se caler (ii) se reposer (iii) ne rien faire; **to s. at (the) table,** s'asseoir, se mettre, à table; s'attabler; **he sat through the whole play,** il est resté jusqu'à la fin de la pièce; **to s. in on,** assister à (une conférence, etc); **s. straight!** tiens-toi droit! **to s. for an exam(ination),** se présenter à un examen, passer un examen; **to s. for one's portrait,** poser pour son portrait (*b*) **to s. on,** être membre de (jury, etc); *F:* garder pour soi (un fait, etc); **to s. on a committee,** faire partie d'un comité; **to s. in Parliament,** siéger au parlement; (*of assembly*) siéger; être en séance; **to s. on a project,** laisser dormir un projet; (*of hen*) **to s. (on eggs),** couver (des œufs); (*of food*) **to s. heavy on the stomach,** peser sur l'estomac **2.** *vtr* **to s. a horse,** se tenir à cheval; **to s. a child on a chair,** asseoir un enfant sur une chaise. **sit 'down 1.** *vi* s'asseoir; **please s. d.,** veuillez vous asseoir; **to s. d. to table,** s'attabler, se mettre à table **2.** *vtr* **to s. s.o. d.,** asseoir qn. **'sit-down** *a* **s.-d. strike,** grève *f* sur le tas. **sit-in** *n Pol:* sit-in *m inv*. **'sitter** *n* **1.** (*for painter*) modèle *m* **2. (baby) s.,** baby-sitter *mf*. **'sitting** *n* séance *f*, réunion *f* (d'une commission); (*for one's portrait*) séance de pose; **to paint a portrait in three sittings,** faire, exécuter, un portrait en trois séances; **to serve 200 people at one s.,** servir 200 personnes à la fois; (*for a meal*) **second s.,** deuxième service *m*; **to write two chapters at one s.,** écrire deux chapitres d'un seul jet; **s. room** salon *m*, salle *f* de séjour, *F:* living *m* **2.** *a* assis; (*of committee, etc*) en séance; **s. tenant,** locataire *mf* en possession des lieux; *Parl:* **our s. member,** le député qui nous représente actuellement. **sit 'out** *vtr* (*a*) sauter, ne pas prendre part à (une danse, etc) (*b*) rester (patiemment) jusqu'à la fin (d'une conférence). **sit 'up 1.** *vi* (*a*) se redresser (sur sa chaise); **to make s.o. s. up,** étonner qn; **to s. up (straight),** s'asseoir (bien droit); **s. up straight!** tiens-toi droit! (*b*) **to s. up late,** veiller tard; **to s. up (waiting) for s.o.,** veiller en attendant le retour de qn; **to s. up with s.o.,** veiller qn, un malade **2.** *vtr* **to s. s.o. up,** soulever qn pour l'asseoir.

sitcom ['sitkɔm] (*abbr = situation comedy*) *n* comédie *f* de situation.

site [sait] **1.** *n* emplacement *m* (d'un édifice, d'une ville); site *m* (archéologique); **caravan, camping, s.,** (i) camping *m* (ii) emplacement; **building s.,** (i) terrain *m* à bâtir (ii) chantier *m*; **launching s.,** aire *f* de lancement **2.** *vtr* placer, situer, installer.

situate ['sitjueit] *vtr* situer (une maison). **'situated** *a* **well s. house,** maison bien située. **situ'ation** *n* **1.** situation *f* **2.** (*job*) emploi *m*, place *f*; **situations wanted,** demandes *f* d'emplois; **situations vacant,** offres *f* d'emplois **3.** *Th:* **s. comedy,** comédie de situation.

six [siks] *num a & n* six (*m*); **to be s. (years old),** avoir six ans; **s. o'clock,** six heures; **four sixes are twenty-four,** quatre fois six font vingt-quatre; **there are s. of us,** nous sommes six; *Cards:* **the s. of hearts,** le six de cœur; **they arrived in sixes,** ils sont arrivés par groupes de six; *F:* **everything's at sixes and sevens,** tout est en désordre, est désorganisé; *F:* **it's s. of one and half a dozen of the other,** c'est blanc bonnet et bonnet blanc. **six-'sided** *a* hexagonal. **six'teen** *num a & n* seize (*m*); **she's s.,** elle a seize ans. **six'teenth** *num a & n* seizième (*mf*); **Louis the S.,** Louis Seize; **(on) the s. (of August),** le seize (août). **sixth** *num a & n* sixième (*mf*); (*fraction*) **a s.,** un sixième; **(on) the s. of June,** le six juin; *Sch:* **(lower) s. form** = (classe de) première *f*; **(upper) s. form** = (classe) terminale *f*; **s. former** = élève de première, de terminale **'sixtieth** *num a & n* soixantième (*mf*). **'sixty** *num a & n* soixante (*m*); **he's in his sixties,** il a passé la soixantaine; **in the sixties,** dans les années soixante. **sixty-'four** *num a & n* soixante-quatre; *F:* **the s.-f. thousand dollar question,** la question cruciale.

size¹ [saiz] **1.** *n* (*a*) (*of egg, packet*) grosseur *f*, (*of book*) grandeur *f*, format *m*; importance *f*, étendue *f* (d'un problème, etc); montant *m*, importance (d'une somme); **to take the s. of sth,** mesurer qch; **all of a s.,** tous de même taille; **full s.,** grandeur naturelle; **a town of that s.,** une ville de cette importance; **it's the s. of an orange,** c'est gros comme une orange; *F:* **that's about the s. of it,** c'est à peu près cela; **to cut a piece to s.,** couper un morceau à la dimension voulue; **to cut s.o. down to s.,** remettre qn à sa place (*b*) (*of pers, animal*) taille *f*; (*measurements*) dimensions *fpl*; taille (de vêtements); encolure *f* (de chemise); pointure *f* (de chaussures, de gants); **hip, chest, s.,** tour *m* de hanches, de poitrine; **what s. do you take? what's your s.? what s. are you?** quelle taille de robes, de chemises, de pantalons, prenez-vous? (*in shoes*) quelle est votre pointure? quelle pointure faites-vous? **a s. larger, smaller,** une taille, pointure, au-dessus, au-dessous; **I take s. 7 in shoes,** je chausse, fais, du 40½ **2.** *vtr* classer (qn) par taille, par dimension. **'sizeable** *a* assez grand, gros; d'une belle taille. **size 'up** *vtr* **to s. s.o. up,** jauger qn; **to s. the situation up,** évaluer la situation.

size² *n* apprêt *m*; colle *f*.

sizzle ['sizl] **1.** *vi* grésiller; **sizzling (hot),** brûlant **2.** *n* grésillement *m*.

skate¹ [skeit] *n Ich:* raie *f*.

skate² **1.** *n* patin *m*; **ice s.,** patin à glace; **roller s.,** patin à roulettes; *F:* **get your skates on!** dépêche-toi! **2.** *vi* patiner; **to s. over sth,** effleurer un sujet (difficile); *Fig:* **to s. on thin ice,** toucher à un sujet délicat. **'skateboard** *n* planche *f* à roulettes, skateboard *m*. **'skater** *n* patineur, -euse. **'skating** *n* patinage *m*; **s. rink,** patinoire *f*; (*for roller skating*) skating *m*.

skedaddle [ski'dædl] *vi F:* déguerpir.

skein [skein] *n* écheveau *m* (de laine).

skeleton ['skelitən] *n* **1.** squelette *m*, ossature *f* (de l'homme, d'un animal); *F:* **he's a real s.,** il n'a plus que la peau et les os; *F:* **s. in the cupboard,** *NAm:* **in the closet,** secret honteux de la famille; **s. at the feast,** rabat-joie *m*; trouble-fête *m* **2.** charpente *f*, carcasse *f* (d'un navire); **s. key,** passe-partout *m inv* **3. s. staff,** personnel (réduit au) minimum; **s. staff of three,** permanence *f* de trois employés. **'skeletal** *a* squelettique.

skeptic ['skeptik] *a NAm:* = **sceptic.**

sketch [sketʃ] **1.** *n*(*a*) croquis *m*, esquisse *f*; **free-hand s.,** dessin *m* à main levé; **s. map,** croquis topographique (*b*) exposé *m*, ébauche *f* (d'un projet); aperçu *m* (*c*) *Th:* sketch *m*; saynète *f* **2.** (*a*) *vtr* **to s. (out),** esquisser (un object, un projet); faire le croquis (d'un objet); ébaucher (un projet) (*b*) *vi* faire un, des, croquis. **'sketchbook, -pad** *n* cahier *m*, bloc *m*, à croquis. **'sketchily** *adv* d'une manière incomplète, imprécise, vague. **sketch 'in** *vtr* ajouter (des détails). **'sketching** *n* (i) action *f* de dessiner un croquis (ii) dessin *m* à main levée. **'sketchy** *a* **(-ier, -iest)** incomplet, superficiel; **s. knowledge,** connaissances superficielles.

skew [skju:] *n* **on the s.,** de travers.

skewer ['skju:ər] **1.** *n Cu:* broche *f*; (*for kebab*) brochette *f* **2.** *vtr* embrocher (une volaille).

ski [ski:] **1.** *n* ski *m*; **s. binding,** fixation *f*; **s. boots,** chaussures de ski; **s. sticks,** *NAm:* **poles,** bâtons de ski; **s. run,** piste de ski; **s. jump,** saut de ski; **s. lift,** remonte-pente *m*, télésiège *m*; **s. tow,** téléski *m* **2.** *vi* **(skied)** faire du ski; skier; **to s. down the slope,** descendre la piste à, en, skis. **'skier** *n* skieur, -euse. **'skiing** *n* ski; **to go s.,** faire du ski; **s. clothes,** vêtements de ski.

skid [skid] *Aut:* **1.** *n* dérapage *m*; *NAm:* **s. row,** quartier *m* de clochards, de squats **2.** *vi* **(skidded)** *Aut:* déraper; glisser; **to s. into,** déraper et heurter. **'skidding** *n* dérapage *m*. **'skidlid** *n F:* casque *m* (de moto). **'skidpan** *n Aut:* piste savonnée.

skiff [skif] *n* **1.** *Nau:* yole *f* **2.** (*rowing*) skiff *m*.

skill [skil] *n* habileté *f*, adresse *f*, dextérité *f*; technique *f*; **one's skills,** ses compétences *fpl*; **lack of s.,** maladresse *f*; manque *m* d'habileté. **'skilful,** *NAm:* **'skillful** *a* adroit, habile. **'skilfulness** *n* habileté *f*, adresse *f*, dextérité *f*. **'skilled** *a* habile; (ouvrier) qualifié; (travail) de spécialiste, de professionnel; **s. labour,** main-d'œuvre spécialisée; **to be s. in business,** se connaître en affaires; **it's a s. job,** c'est un travail de spécialiste. **'skil(l)fully** *adv* habilement, adroitement; avec adresse.

skillet ['skilit] *n NAm: DomEc:* (*Br* = **frying pan**) poêle *f* (à frire).

skim [skim] **1.** *n* **s. milk,** lait écrémé **2.** *vtr & i* **(skimmed)** (*a*) écumer (le bouillon); écrémer (le lait) (*b*) **to s. (over),** effleurer, raser (une surface); **to s. through a book,** parcourir rapidement un livre; **to s.** (*NAm* = **skip**) **stones,** faire des ricochets. **'skimmed** *a* **s. milk,** lait écrémé. **skim off** *vtr* prendre la meilleure part (de qch); sélectionner (des candidats, des élèves).

skimp [skimp] *vtr* **1. to s. (on),** lésiner sur (la nourriture); être parcimonieux **2. to s. one's work,** bâcler son travail. **'skimpy** *a* **(-ier, -iest) s. meal,** repas insuffisant; **s. garment,** vêtement étriqué.

skin [skin] **I.** *n* **1.** (*a*) peau *f*; **rabbit s.,** peau de lapin; *Fig:* **to have a thin s.,** être susceptible; **to have a thick s.,** être insensible; **he has thick s.,** c'est un dur; **next (to) one's s.,** à même, sur, la peau; **s.-deep,** superficiel; *Prov:* **beauty is only s.-deep,** la beauté n'est pas tout; (*of snake*) **to cast, throw, its s.,** muer; **to strip to the s.,** se mettre (tout) nu; **wet to the s.,** mouillé jusqu'aux os; *Toil:* **s. care,** soins de la peau; **s. cream,** crème de beauté; *Med:* **s. graft,** greffe cutanée; **s. test,** cuti-réaction *f*; *F:* **I nearly jumped out of my s.,** cela m'a fait sursauter; **I escaped by the s. of my teeth,** je l'ai échappé belle; **to save one's s.,** sauver sa peau; *F:* **I've got her under my s.,** je l'ai dans la peau; *F:* **it's no s. off my nose,** (i) ce n'est pas mon problème (ii) ça ne me coûte rien; pour ce que ça me coûte! (*b*) **s. diving,** plongée sous-marine (autonome); **s. diver,** plongeur, -euse, sous-marin(e) (autonome) **2.** peau (d'orange, de banane); pelure *f* (d'oignon); *Cu:* **potatoes baked in their skins,** pommes de terre en robe de chambre, en robe des champs. **II.** *vtr* **(skinned)** écorcher, dépouiller (un lapin); peler (un fruit). **'skinflint** *n* avare *mf*. **'skinhead** *n F:* skinhead *m*, jeune voyou *m*. **'skinny** *a* **(-ier, -iest)** maigre, décharné. **'skinny'dip** *esp NAm: F:* **1.** *n* baignade *f* à poil **2.** *vi* **(skinnydipped)** se baigner, nager, tout nu, à poil. **'skintight** *a* (vêtement) moulant, collant.

skint [skint] *a F:* fauché.

skip¹ [skip] **I.** *v* **(skipped) 1.** *vi* (*a*) sauter; sautiller; *F:* **to s. off,** filer (*b*) **to s.,** *NAm:* **to s. rope,** sauter à la corde **2.** *vtr & i* sauter, passer (un passage dans un livre); sauter (un repas); sécher (un cours); **to s. over a word,** sauter un mot; **to s. from one subject to another,** sauter d'un sujet à un autre; passer du coq à l'âne; *NAm:* **to s.** (*Br* = **skim**) **stones,** faire des ricochets; *F:* **s. it!** laisse tomber! **II.** *n* petit saut. **'skipping** *n* saut *m* à la corde; **s. rope,** corde à sauter.

skip² *n Const:* (*NAm:* = **dumpster**) benne *f*.

skipper ['skipər] *n Nau: Sp:* capitaine *m*.

skirmish ['skə:miʃ] *n* accrochage *m*; *Mil:* escarmouche *f*, échauffourée.

skirt [skə:t] **1.** *n Cl:* jupe *f* **2.** *vtr* **to s. round,** contourner (un village); longer, serrer (le mur); **the path skirts round the wood,** le sentier côtoie, contourne, le bois. **'skirting ('board)** *n* (*NAm:* = **baseboard**) plinthe *f*.

skit [skit] *n Th:* pièce *f* satirique; **a s. on,** une parodie de.

skittle ['skitl] *n* quille *f*; *pl* **(game of) skittles,** jeu *m* de quilles.

skive [skaiv] *vi F:* tirer au flanc; **to s. off,** se défiler. **'skiver** *n* tire-au-flanc *m inv*.

skivvy ['skivi] *n* (*pl* **skivvies**) *Pej:* bon(n)iche *f*.

skulduggery [skʌl'dʌgəri] *n F:* maquignonnage *m*.

skulk [skʌlk] *vi* **1.** se cacher **2.** rôder (furtivement).

skull [skʌl] *n* crâne *m*; **s. and crossbones,** tibias croisés et tête *f* de mort. **'skullcap** *n* calotte *f*.

skunk [skʌŋk] *n* **1.** *Z:* mouffette *f* **2.** (*fur*) skunks *m*, sconse *m* **3.** *Pej:* (*pers*) mufle *m*; salaud *m*.

sky [skai] *n* (*pl* **skies**) ciel *m*; **under the open s.,** (dormir) à la belle étoile; **to praise s.o. to the skies,** élever qn aux nues: *F:* **the s.'s the limit!** tout est possible! *Art:* **Turner's skies,** les ciels de Turner; **we live under other skies,** nous vivons sous un autre climat. **sky-'blue** *a & n* bleu ciel. **'skydiving** *n* parachutisme *m* (en chute libre). **'sky-'high 1.** *a* (*of prices*) exorbitant **2.** *adv* **to blow sth s.-h.,** faire sauter qch jusqu'au ciel. **'skylark 1.** *n Orn:* alouette *f* des champs **2.** *vi F:* rigoler. **'skylarking** *n* rigolade *f*. **'skylight** *n* lucarne *f*. **'skyline** *n* ligne *f* d'horizon *m*. **'skyrocket** *F:* (*of prices*) monter en flèche. **'skyscraper** *n* gratte-ciel *m inv*. **'skyway** *n* **1.** route aérienne **2.** *NAm: Aut:* (*Br* = **flyover**) route surélevée. **'skywriting** *n* publicité aérienne (tracée par un avion).

slab [slæb] *n* bloc *m* (de béton, etc); plaque *f*, tranche *f* (de marbre); dalle *f* (de béton); **s. of gingerbread,** pavé *m* de pain d'épice; **s. of cake,** grosse tranche de gâteau; **s. of chocolate,** tablette *f*, plaque, de chocolat.

slack [slæk] **I.** *n* **1.** (*a*) mou *m*, ballant *m* (d'un câble); **to take up the s. in a cable,** tendre un câble, rattraper le mou d'un câble (*b*) *Mec:* jeu *m*; **to take up the s.,** reprendre le jeu (*c*) période creuse; morte-saison *f*; ralentissement *m* (dans les affaires) **2.** *npl Cl:* **slacks,** pantalon *m*. **II.** *a* **1.** (*a*) (*of knot, spring*) lâche; (*of discipline, security*) relâché, lâche; (*of rope*) **to be s.,** avoir du mou (*b*) (*of grip*) faible, mou **2.** (*of pers*) négligent; (*of worker, student*) peu sérieux; **to be s. about one's work,** négliger son travail **3.** (*of trade*) faible, mou; **business is s.,** les affaires ne marchent pas fort; **s. periods,** périodes creuses; heures creuses; **s. time,** accalmie *f*; **the s. season,** la morte-saison. **III.** *vi* **to s. off,** (*of rope*) prendre du lâche, du mou; (*of pers*) se relâcher; **to s. up,** ralentir. **'slacken 1.** *vtr* (*a*) ralentir (le pas); diminuer (de vitesse) (*b*) **to s. (off),** relâcher, détendre (un cordage); desserrer (un écrou) **2.** *vi* **to s. (off),** (*of pers*) se relâcher; (*of production, speed, zeal*) diminuer; (*of rope*) prendre du mou. **'slackening** *n* diminution *f* (de force, du zèle, de vitesse); relâchement *m* (d'un cordage, d'un effort); **s. of speed,** ralentissement *m*. **'slacker** *n* paresseux, -euse, *F:* flemmard, -arde. **'slackly** *adv* **1.** (lier qch) lâchement **2.** (agir) négligemment. **'slackness** *n* **1.** manque *m* d'énergie; négligence *f*; fainéantise *f* **2.** mou *m* (d'un cordage) **3.** *Com:* stagnation *f*, marasme *m* (des affaires).

slag [slæg] *n* (*a*) *Metall:* scories *fpl*, crasses *fpl*; **s. heap,** crassier *m*; *Min:* terril *m* (*b*) *P:* (*woman*) salope *f*, traînée *f*.

slain [slein] *see* **slay**.

slake [sleik] *vtr* **1. to s. one's thirst,** étancher sa soif; se désaltérer **2.** éteindre, amortir (la chaux).

slam[1] [slæm] **1.** *n* claquement *m* (d'une porte). **II.** *v* **(slammed) 1.** *vtr* (*a*) (faire) claquer (une porte); envoyer, lancer violemment, *F:* flanquer (**against,** contre; **into,** dans); frapper violemment; **to s. the door in s.o.'s face,** claquer la porte au nez de qn; **she slammed the book (down) on the table,** elle a jeté le livre sur la table; **to s. on the brakes,** écraser le frein, freiner à bloc (*b*) *F:* critiquer (avec virulence) **2.** *vi* (*of door*) claquer. **'slam-'bang** *adv NAm:* (*Br* = **slap-bang**) en plein (**into,** dans).

slam[2] *n* (*at Bridge, Rugby*) chelem *m*.

slander ['slɑ:ndər] **1.** *n* calomnie *f*; diffamation *f* **2.** *vtr* calomnier, diffamer (qn). **'slanderer** *n* calomniateur, -trice; diffamateur, -trice. **'slanderous** *a* (propos) calomnieux, diffamatoire. **'slanderously** *adv* calomnieusement.

slang [slæŋ] **1.** *n* argot *m*; **s. word,** mot *m* d'argot, argotique; **s. phrase, expression,** expression argotique **2.** *vtr* injurier, *F:* engueuler (qn); **slanging match,** dispute *f*, *F:* engueulade *f*.

slant [slɑ:nt] **1.** *n* **1.** pente *f*, inclinaison *f*; biais *m*, biseau *m*; **on a s.,** penché; (*of roof*) en pente **2.** *Fig:* angle *m*, point *m* de vue; *Fig:* (*bias*) parti-pris *m*; **he has an interesting s. on the question,** il envisage la question d'une manière intéressante. **II.** *v* **1.** *vi* (*a*) être en pente; pencher (*b*) être oblique, être en biais (*c*) (*of opinion*) pencher (vers), incliner (à) **2.** *vtr* faire pencher (l'écriture); *Fig:* présenter (les informations) de façon partiale. **III.** *a* **s. eyes,** yeux bridés. **'slanted** *a* (nouvelle) faussée; (yeux) bridés. **'slant-eyed** *a* aux yeux bridés. **'slanting** *a* (*a*) penché; (toit) en pente (*b*) (direction) oblique. **'slantwise** *adv* obliquement; de biais.

slap [slæp] **1.** *n* claque *f*, tape *f*; **s. in the face,** (i) gifle *f* (ii) *Fig:* affront *m*; **s. on the back,** félicitations *fpl* **2.** *adv* **to run s. into sth,** se heurter en plein contre qch; **s. in the middle,** en plein milieu **3.** *vtr* (*a*) **(slapped)** donner une tape à; **to s. s.o.'s bottom,** donner une fessée à qn; **to s. s.o.'s face,** gifler qn (*b*) (*put*) mettre, flanquer; **to s. on,** appliquer à la va-vite; ajouter. **slap-'bang** *adv* (*NAm:* = **slam-bang**) en plein (**into,** dans). **'slapdash 1.** *a* négligent; (*of task*) fait à la va-vite; **s. work,** travail bâclé **2.** *adv* à la va-vite. **slap'happy** *a F:* (*a*) (*of pers*) insouciant; (travail) sans soin (*b*) plein d'entrain, fougueux. **'slapstick** *n* **s. (comedy),** farce bouffonne. **'slap-up meal** *n F:* gueuleton *m*.

slash [slæʃ] **1.** *n* taillade *f*, entaille *f*; balafre *f* **2.** *vtr* (*a*) entailler, taillader; balafrer (le visage); trancher net (un cordage) (*b*) réduire radicalement; **to s. a speech,** couper un discours; **to s. prices,** écraser les prix (*c*) critiquer, *F:* esquinter (un ouvrage littéraire) (*d*) cingler (un cheval) (d'un coup de fouet). **'slashing** *a* (*of criticism*) mordant, cinglant.

slat [slæt] *n* lame *f*, lamelle *f*.

slate [sleit] **1.** *n Const:* ardoise *f*; **s. industry,** ardoiserie *f*; **s. quarry,** ardoisière *f*; **s. (grey),** gris ardoise; *F:* **put it on the s.,** mettez-le sur mon compte **2.** *vtr F:* critiquer, démolir (un livre, etc).

slaughter ['slɔːtər] **I.** *n* **1.** abbattage *m* (de bétail) **2.** carnage *m*, massacre *m*. **II.** *vtr* **1.** abattre (un animal) **2.** tuer, massacrer (des gens). **'slaughterhouse** *n* abattoir *m*.

Slav [slɑːv] *a & n Ethn:* slave (*mf*). **Sla'vonic 1.** *a* slave **2.** *n Ling:* slave *m*.

slave [sleiv] **1.** *n* esclave *mf*; *Hist:* **s. trade,** traite des noirs; *Fig: Pej:* **s. driver,** négrier *m* **2.** *vi* **to s. (away),** se crever (au travail), bosser comme une bête; **to s. away doing,** se tuer à faire. **'slavery** *n* **1.** esclavage *m* **2.** travail tuant. **'slavish** *a* (imitation) servile. **'slavishly** *adv* (obéir) en esclave; (imiter) servilement.

slaver ['slævər] **1.** *n* bave *f*, salive *f* **2.** *vi* baver (**over,** sur).

slaw [slɔː] *n NAm:* (*Br* = **coleslaw**) salade *f* de chou cru.

slay [slei] *vtr* (**slew** [sluː]; **slain** [slein]) tuer. **'slaying** *n* tuerie *f*; massacre *m*.

sleazy ['sliːzi] *a* (**-ier, -iest**) *F:* sordide, répugnant, *F:* dégueulasse.

sled, sledge [sled(ʒ)] **1.** *n* (*horse-drawn*) traîneau *m*; luge *f* **2.** *vi* aller en traîneau; faire de la luge.

sledgehammer ['sledʒhæmər] *n* marteau *m* de forgeron; masse *f*.

sleek [sliːk] *a* lisse; luisant; (*of animal*) au poil soyeux; (*of manner*) onctueux. **'sleekness** *n* (*of hair, skin*) luisant *m*.

sleep [sliːp] **I.** *n* sommeil *m*; **sound s.,** sommeil profond; **short s.,** somme *m*; **to go to s.,** s'endormir; **to drop off to s.,** s'assoupir; **to send s.o. to s.,** endormir qn; **to have a s., to get some s.,** dormir; **to have a good night's s.,** bien dormir; passer une bonne nuit; **to put a dog to s.** (= *kill*), piquer un chien; **to rouse s.o. from s.,** réveiller qn; **in my s.,** pendant que je dormais; **to walk in one's s.,** être somnambule; **my foot has gone to s.,** mon pied s'est engourdi, j'ai le pied engourdi. **II.** *vi & tr* (**slept**) **1.** dormir; **to s. like a log,** dormir à poings fermés; dormir comme une marmotte; **I've not slept a wink all night,** je n'ai pas fermé l'œil de (toute) la nuit; j'ai passé une nuit blanche; **s. well! s. tight!** dors bien! **I'll s. on it,** je déciderai demain, la nuit portera conseil; **to s. the sleep of the just,** dormir du sommeil du juste **2.** coucher; **to s. at a hotel,** coucher à un hôtel; **to s. away from home,** découcher; **to s. rough,** coucher sur la dure; **to s. with s.o.,** coucher avec qn **3. this room sleeps six,** on peut coucher, loger, six personnes dans cette chambre; *F:* **to s. it off,** cuver son vin. **sleep a'round** *vi F:* coucher avec n'importe qui. **'sleeper** *n* **1.** dormeur, -euse; **to be a light, a heavy, s.,** avoir le sommeil léger, profond, lourd **2.** *Rail:* traverse *f* **3.** *Rail:* train *m* couchettes; couchette *f*. **'sleepily** *adv* d'un air endormi, somnolent. **'sleep 'in** *vi* faire la grasse matinée; ne pas se réveiller à l'heure. **'sleepiness** *n* envie *f* de dormir; torpeur *f*. **'sleeping 1.** *a* dormant, endormi; *Prov:* **let s. dogs lie,** ne réveillez pas le chat qui dort; *Com:* **s. partner,** commanditaire *m*; *Aut:* **s. policeman,** gendarme couché, ralentisseur *m* **2.** *n* sommeil *m*; **s. pill,** somnifère *m*; **s. bag,** sac de couchage; *Rail:* **s. car,** wagon-lit *m*; **s. quarters,** chambre(s) *f(pl)*, dortoir *m*; *Med:* **s. sickness,** maladie du sommeil. **'sleepless** *a* sans sommeil; **s. night,** nuit d'insomnie, blanche. **'sleeplessness** *n* insomnie *f*. **'sleepwalk** *vi* être somnambule. **'sleepwalker** *n* somnambule *mf*. **'sleepwalking** *n* somnambulisme *m*. **'sleepy** *a* (**-ier, -iest**) endormi; somnolent; **to feel s.,** avoir envie de dormir; avoir sommeil; **s. look,** air endormi; **s. little town,** petite ville endormie. **'sleepyhead** *n F:* endormi, -ie.

sleet [sliːt] **1.** *n* neige fondue; *NAm:* verglas *m* **2.** *vi* **it's sleeting,** il tombe de la neige fondue.

sleeve [sliːv] *n* manche *f*; pochette *f* (de disque); chemise *f* (de cylindre); **to have something up one's s.,** avoir une petite idée en réserve; **to have a few tricks up one's s.,** avoir plus d'un tour dans son sac **'sleeveboard** *n* jeannette *f*. **'sleeveless** *a* (robe) sans manches.

sleigh [slei] *n* traîneau *m*.

sleight [slait] *n* **s. of hand,** prestidigitation *f*; tours *mpl* de passe-passe.

slender ['slendər] *a* **1.** mince, ténu; (*of figure*) (*tall*) mince, svelte, élancé; (*small*) menu; (*of finger*) fuselé; (*of neck, land*) fin **2.** (*of hope*) faible; (*of income*) exigu, mince; **our s. means,** nos faibles ressources. **'slenderness** *n* **1.** minceur *f*, ténuité *f*; sveltesse *f* **2.** faiblesse *f* (des ressources).

slept [slept] *see* **sleep 2.**

sleuth ['sluːθ] *n F:* (fin) limier *m*, détective *m*.

slew [sluː] *see* **slay.**

slice [slais] **I.** *n* **1.** tranche *f*; darne *f* (de gros poisson); rond *m*, rondelle *f* (de saucisson, de citron, de concombre); *Fig:* partie *f*, part *f*; **s. of bread and butter,** tartine *f* de beurre; **s. of (good) luck,** coup *m* de veine **2. fish s.,** pelle *f* à poisson. **II.** *vtr* **1. to s. (up),** couper (qch) en tranches; **to s. thinly,** émincer (la viande) **2.** *Sp:* (i) couper (ii) faire dévier, la balle. **slice 'off** *vtr* trancher, couper (un morceau). **'slicer** *n* machine *f* à trancher (le pain); **bacon s.,** coupe-jambon *m inv*.

slick [slik] **1.** *a F:* qui a la parole facile; (*of manner*) mielleux; astucieux; (*smooth, slippery*) lisse; **a s. customer,** un arnaqueur **2.** *n* **oil s.,** nappe *f* de pétrole; marée noire.

slide [slaid] **I.** *n* **1.** (*a*) glissade *f*, glissement *m*; éboulement *m*, glissement (de terrain); (*on ice*) glissoire *f*; (*in playground*) toboggan *m* (*b*) *Fig:* (légère) baisse **2.** (*a*) (*for microscope*) lamelle *f*, lame *f* (*b*) *Phot:* diapositive *f*, *F:* diapo *f* **3. (hair) s.,** barrette *f* **4. s. rule,** règle *f* à calcul. **II.** *v* (**slid**) **1.** *vi* glisser; (*of door*) coulisser; (*of land*) s'ébouler; **to s. (on ice),** faire des glissades; **to s. into,** se glisser dans; **he slid on the floor,** il a glissé sur le parquet; *Fig:* **to let things s.,** se désintéresser de tout **2.** *vtr* (faire) glisser. **'sliding** *a* glissant; coulissant; **s. door,** porte à glissière, porte coulissante; **on a s. scale,** suivant une échelle mobile; **s. panel,** panneau mobile; **s. seat,** siège réglable; *Aut:* **s. roof,** toit ouvrant.

slight [slait] **1.** *a* (*of pers*) mince; frêle; menu; (*of pain*) léger; (*of error*) petit; de peu d'importance;

not the slightest danger, pas le moindre danger; **not in the slightest,** pas le moins du monde; **the slightest thing,** la moindre chose; **to take offence at the slightest thing,** se piquer d'un rien; **I haven't the slightest idea,** je n'en ai pas la moindre idée **2.** *n* manque *m* d'égards; affront *m* **3.** *vtr* offenser (qn); traiter (qn) sans considération; bouder (qn). **'slighting** *a* (air) de mépris. **'slightingly** *adv* avec mépris, dédaigneusement. **'slightly** *adv* **1. s. built,** fluet; à la taille mince, svelte **2.** légèrement, un peu; faiblement; **s. better,** un petit peu mieux; **I know him s.,** je le connais un peu.

slim [slim] **1.** *a* **(slimmer, slimmest)** *(a)* mince; svelte, élancé; **s.-waisted,** à la taille svelte *(b)* *(of chance, hope)* mince, léger **2.** *vi* **(slimmed)** *(a)* maigrir *(b)* suivre un régime amaigrissant. **'slimming** *a* (régime) amaigrissant; (nourriture) qui ne fait pas grossir. **'slimness** *n* minceur *f*; sveltesse *f*.

slime [slaim] *n* **1.** boue (visqueuse), limon *m*, vase *f* **2.** bave *f* (de limace). **'sliminess** *n* *(a)* état vaseux *(b)* viscosité *f*. **'slimy** *a* **(-ier, -iest) 1.** *(a)* boueux, limoneux, vaseux *(b)* visqueux, gluant **2.** *(of pers)* servile, obséquieux.

sling [sliŋ] **1.** *n* *(a)* fronde *f*; *(toy)* lance-pierres *m inv* *(b)* *Med:* écharpe *f*; **in a s.,** en écharpe *(c)* *(carrying strap)* bandoulière *f* *(d)* *(for hoisting)* élingue *f*. **2.** *vtr* **(slung)** *(a)* lancer, jeter; *F:* **to s. away, out,** balancer (qch); *F:* **to s. s.o. out,** flanquer qn à la porte *(b)* suspendre (un hamac); **to s. sth over one's shoulder,** jeter qch sur l'épaule *(c)* élinguer (un fardeau). **'slingshot** *n* *NAm:* lance-pierres *m inv*.

slink [sliŋk] *vi* **(slunk) to s. off,** partir furtivement. **'slinking** *a* furtif. **'slinky** *a* **(-ier, -iest)** (forme) svelte; (vêtement) collant.

slip [slip] **I.** *n* **1.** *(a)* glissade *f*, glissement *m*; dérapage *m*; *Aut:* **s. road,** bretelle *f* *(b)* **to give s.o. the s.,** fausser compagnie à qn *(c)* faute *f*; erreur *f* d'inattention; **a s. (of the tongue),** un lapsus *(d)* écart *m* (de conduite); peccadille *f* **2.** *(a)* combinaison *f* (de femme) *(b)* **(pillow) s.,** taie *f* d'oreiller **3.** *Nau:* cale *f*, chantier *m* de construction **4.** bout *m* (de papier) **5.** *Th:* **the slips,** les coulisses *fpl*. **II.** *v* **(slipped) 1.** *vi* *(a)* glisser; **to s. from s.o.'s hands,** glisser des mains de qn; *F:* **you're slipping!** tu perds les pédales! *(b)* **to s. into,** se glisser dans (une pièce); prendre (une habitude); mettre (un vêtement); *F:* **I slipped along, over, round, to the baker's,** j'ai fait un saut jusqu'à la boulangerie; **to s. through,** se faufiler dans (la foule); **to s. away,** s'esquiver; **to s. back, in,** retourner, rentrer, furtivement; **to s. out,** sortir furtivement; sortir (un instant); *(of secret)* s'éventer; **to s. past,** passer sans être vu de; **to let s.,** laisser échapper (une belle occasion, un secret) **2.** *vtr* glisser **(to,** à, **into,** dans); pousser (un verrou); *Knit:* glisser (une maille); **to s. one's arm around s.o.,** passer le bras autour de qn; **your name has slipped my memory,** votre nom m'échappe; **to s. a disc,** se faire une hernie discale; *Aut:* **to s. the clutch,** laisser patiner l'embrayage; **to s. s.o.'s notice,** échapper à l'attention de qn; **it slipped his notice,** ça lui a échappé; **it slipped her mind,** ça lui est sorti de l'esprit; **to s. off,** enlever (un vêtement); **to s. on,** mettre (un vêtement). **'slipcase** *n esp Publ:* étui *m*. **'slipcover** *n Furn:* housse *f*; *Publ:* étui. **'slipknot** *n* nœud coulant. **'slip-on** *n* *(a)* *F:* **s.-ons,** *a* **s.-on shoes,** mocassins *mpl* *(b)* *NAm:* *Cl:* (*Br* = **pullover**) pull-over *m*. **'slipover** *n* pull-over. **'slipper** *n Cl:* pantoufle *f*. **'slippery** *a* **1.** glissant; **he's as s. as an eel,** il est souple comme une anguille **2. to be on a s. slope,** être sur un terrain glissant **3.** malin, rusé; **he's a s. customer,** on ne sait par où le prendre. **'slippy** *a* **(-ier, -iest)** *F:* glissant; **look s.!** *P:* grouille-toi! **'slipshod** *a* *(of pers)* mal soigné; négligent; *(of work)* négligé, bâclé. **'slipstream** *n* sillage *m*; *Av:* souffle *m* (de l'hélice). **slip 'up** *vi F:* gaffer. **'slip-up** *n F:* gaffe *f*, erreur. **'slipway** *n* *Nau:* cale *f*, chantier *m* de construction.

slit [slit] **1.** *n* fente *f*; fissure *f*; coupure *f*; **skirt with a s. on the side,** jupe fendue sur le côté **2.** *vtr* **(slitting; slit)** fendre; **to s. s.o.'s throat,** couper la gorge à qn; égorger qn; **to s. open a sack,** éventrer un sac; **the blow s. his cheek (open),** le coup lui a déchiré la joue.

slither ['sliðər] *vi* glisser; *(of snake)* se couler.

sliver ['slivər] *n* lichette *f* (de pomme, etc); lamelle *f*; éclat *m* (de bois).

slob [slɔb] *n F:* malotru *m*, goujat *m*.

slobber ['slɔbər] **1.** *vi* baver; **to s. over s.o.,** témoigner une tendresse exagérée envers qn **2.** *n* bave *f*.

sloe [slou] *n Bot:* **1.** prunelle *f*; **s. gin,** (eau de vie de) prunelle **2.** *(tree)* prunellier *m*.

slog [slɔg] **1.** *n* **a (hard) s.,** un gros effort; un travail dur **2.** *vi* **(slogged)** *(a)* **to s. away,** travailler avec acharnement **(at sth,** à qch); *F:* bosser, trimer *(b)* **to s. along,** marcher d'un pas lourd *(c)* donner un grand coup à. **'slogger** *n* bûcheur, -euse, bosseur.

slogan ['slougən] *n* slogan *m*.

slop [slɔp] **1.** *npl* **slops** *(a)* aliments *m* liquides; bouillon *m* (pour un malade) *(b)* eaux sales, ménagères *(c)* fond *m* de tasse **2.** *v* **(slopped)** *(a)* *vtr* répandre (un liquide) *(b)* *vi* *(of liquid)* se répandre. **'sloppily** *adv* **s. dressed,** débraillé. **'sloppy** *a* **(-ier, -iest)** *(of appearance)* peu soigné; négligé; (travail) bâclé, négligé; *(of pers)* négligent; (vêtement) mal ajusté, trop grand; (roman, film) sentimental; *(wet)* détrempé; *(watery)* liquide; **s. sentimentality,** sensiblerie *f*; *F:* **s. joe,** gros pull très ample.

slope [sloup] **1.** *n* pente *f*, inclinaison *f*; **steep, gentle, s.,** pente raide, douce; **s. down,** descente *f*; talus *m*; **s. up,** montée *f*; **mountain s.,** flanc *m*, versant *m* de montagne; **ski s.,** piste *f* (de ski); **half-way down, up, the s.,** à mi-pente **2.** *vi* être en pente; incliner; *(of writing)* pencher; **to s. down,** descendre en pente; **to s. up,** monter en pente. **'sloping** *a* en pente, incliné; (jardin) en talus; *(of writing)* penché; **s. shoulders,** épaules tombantes.

slosh [slɔʃ] **1.** *vi* *(of liquid)* **to s. (around),** clapoter; *(of animal, child)* **to s. (about),** patauger **2.** *vtr* répandre (de l'eau, etc). **sloshed** *a F:* ivre, bourré.

slot [slɔt] **I.** *n* fente *f*; *(groove)* rainure *f*; *(hole)* trou *m*; *TV: WTel:* créneau *m*; **s. machine,** (i) distributeur *m* automatique (ii) machine à sous; **s. meter,** compteur à paiement préalable; **to put a coin in the s.,** introduire une pièce (de monnaie) dans la fente. **II.** *v* **(slotted) 1.** *vtr* insérer, mettre **(sth into sth,** qch dans qch) **2.** *vi* s'insérer **(into,** dans). **'slotted** *a* *DomEc:* **s. spoon,** cuillère à trous.

sloth [slouθ] *n* (*a*) paresse *f* (*b*) *Z:* paresseux *m*. **'slothful** *a* paresseux, fainéant; indolent. **'slothfully** *adv* paresseusement.

slouch [slautʃ] **1.** *vi* ne pas se tenir droit; avoir le dos voûté; se vautrer (dans un fauteuil); **don't s.!** tenez-vous droit! **slouching over,** penché sur (une table, etc) **2.** *n* (*a*) mauvaise tenue; **with a s.,** en se tenant mal; le dos voûté (*b*) *F:* (*pers*) lourdaud, -aude; paresseux, -euse.

slovenly ['slʌvənli] *a* **1.** (*of pers*) mal peigné, mal soigné; débraillé **2.** (*a*) négligent; sans soin (*b*) (travail) négligé, *F:* bousillé; **done in a s. way,** fait sans soin. **'slovenliness** *n* négligence *f*; manque *m* de tenue, de soin; laisser-aller *m inv*; débraillé *m* (de la tenue).

slow [slou] **I.** *a* **1.** (*a*) lent; **at (a) s. speed,** à vitesse réduite; au ralenti; **to be a s. walker,** marcher lentement; *Cin:* **(in) s. motion,** (au) ralenti; **it's s. work,** ça ne va pas vite; *Cu:* **to cook in a s. oven,** cuire à feu doux; *Rail:* **s. train,** train *m* omnibus (*b*) **to be s. in starting sth, to start sth,** être lent à commencer qch (*c*) **s. (of intellect),** à l'esprit lourd; **s. child,** enfant retardé, arriéré (*d*) qui manque d'entrain; (*of party, etc*) ennuyeux; **business is s.,** les affaires sont calmes **2.** (*of clock*) en retard; **your watch is five minutes s.,** votre montre retarde de cinq minutes. **II.** *adv* lentement; **to go slower,** ralentir sa marche; **to go s.,** (i) aller lentement (ii) *Ind:* faire la grève perlée; **to go s. with one's provisions,** ménager ses vivres; *PN:* **s.!** ralentir! **III.** *v* **1.** *vi* **to s. down, to s. up,** ralentir **2.** *vtr* **to s. sth down, up,** ralentir qch; **to s. s.o. down,** retarder qn. **'slow-'burning** *a* à combustion lente. **'slowcoach,** *NAm:* **'slowpoke** *n* lambin, -ine. **'slowdown** *n* ralentissement *m; NAm:* **s. (strike),** grève perlée. **'slowly** *adv* lentement; peu à peu; **s. but surely,** lentement mais sûrement; **engine running s.,** moteur au ralenti. **'slow-'moving** *a* (*of vehicle, etc*) lent. **'slowness** *n* lenteur *f*.

sludge [slʌdʒ] *n* gadoue *f*; vase *f*; fange *f*; *Ind:* tartres *mpl* boueux; **(sewage) s.,** vidanges *fpl*. **'sludgy** *a* **(-ier, -iest)** vaseux, fangeux; boueux.

slue [slu:] *n NAm: F:* = **slew**.

slug [slʌg] **1.** *n* (*a*) *Moll:* limace *f* (*b*) *esp NAm: P:* (*bullet*) pruneau *m* (*c*) *NAm: F:* coup *m*, marron *m* **2.** *vtr* **(slugged)** *NAm: F:* frapper.

sluggish ['slʌgiʃ] *a* lent, mou; (*of market*) stagnant; *Aut:* (moteur) peu nerveux. **'sluggishly** *adv* lentement, mollement; (*of river*) **to flow s.,** couler lentement. **'sluggishness** *n* lenteur *f* (de qn, d'une rivière); lourdeur *f* (de l'esprit).

sluice [slu:s] **1.** *n* (*a*) écluse *f*; **s. (gate),** vanne *f* (*b*) canal *m* de décharge (*c*) **to give sth a s. down,** laver (qch) à grande eau. **2.** *vtr* laver (qch) à grande eau; débourber (un égout).

slum [slʌm] **1.** *n* taudis *m*; **the slums,** les quartiers *mpl* pauvres; **s. clearance campaign,** lutte *f* contre les taudis **2.** *a* (*of district*) pauvre. **3.** *vtr* **(slummed)** *F:* **to s. it,** manger de la vache enragée. **'slummy** *a* (rue) sordide, misérable; (quartier) pauvre.

slumber ['slʌmbər] *Lit:* **1.** *n* (*a*) sommeil *m* (paisible); assoupissement *m*; somme *m* **2.** *vi* sommeiller; dormir (paisiblement). **'slumberwear** *n Com:* vêtements *mpl* de nuit.

slump [slʌmp] **1.** *n Com:* baisse soudaine; effondrement *m* (des cours, des prix); dégringolade *f* (de la livre sterling); **the s.,** la crise économique **2.** *vi* (*a*) *Ind:* baisser; (*of prices*) s'effondrer; dégringoler (*b*) (*of pers*) s'affaisser (**into a chair,** dans un fauteuil).

slung [slʌŋ] *see* **sling 2.**

slunk [slʌŋk] *see* **slink**.

slur[1] [slə:r] *n* affront *m*; **to cast a s. on s.o.,** porter atteinte à, ternir, la réputation de qn.

slur[2] *vtr & i* **(slurred)** prononcer indistinctement, mal articuler; **to s. one's words,** manger ses mots; **to s. (over) a fact,** glisser sur un fait. **slurred** *a* brouillé, indistinct; (*of outline*) estompé.

slurp [slə:p] *vtr & i F:* boire (qch) avec bruit.

slurry ['slʌri] *n* purin *m*.

slush [slʌʃ] *n* neige fondue; (*mud*) gadoue *f*; *Fig:* sentimentalité *f*; *F:* **s. fund,** caisse noire (pour payer des pots-de-vins). **'slushy** *a* **(-ier, -iest)** couvert de neige fondue; *Fig:* (roman, film) sentimental.

slut [slʌt] *n* (*dirty*) souillon *f*; (*immoral*) salope *f*, traînée *f*. **'sluttish** *a* (femme) malpropre, sale.

sly [slai] **1.** *a* **(slyer, slyest)** (*a*) rusé (*b*) sournois (*c*) malin, espiègle **2.** *n* **on the s.,** en cachette; **to do sth on the s.,** faire qch furtivement. **'slyly** *adv* (*a*) avec finesse (*b*) sournoisement. **'slyness** *n* (*a*) finesse *f* (*b*) sournoiserie *f* (*c*) malice *f*.

smack[1] [smæk] *vi* **to s. of sth,** avoir des relents de qch; **opinions that s. of heresy,** opinions qui sentent le fagot.

smack[2] **I.** *n* **1.** claquement *m* **2.** tape *f*; claque *f*; **s. in the face,** (i) gifle *f* (ii) affront *m*; **s. on the bottom,** fessée *f*; *F:* **to have a s. (at doing sth),** tenter, essayer (de faire qch). **II.** *vtr* donner une claque à, taper (qn); **to s. s.o.'s face,** gifler qn, donner une gifle à qn; **to s. s.o.('s bottom),** donner une fessée à qn; *F:* **to s. one's lips,** se lécher les babines. **III.** *adv* **s. in the middle,** en plein milieu. **'smacking** *n* fessée *f*.

smack[3] *n* **(fishing) s.,** bateau *m* de pêche.

small [smɔ:l] **1.** *a* (*a*) petit, menu; **s. man,** petit homme; homme de petite taille; **s. stature,** petite taille; **to make sth smaller,** rapetisser qch; **to make oneself s.,** se faire tout petit; **s. coffee,** une demi-tasse (de café); **he's a s. eater,** il n'est pas gros mangeur; **s. arms,** armes portatives, légères; **s. game,** menu gibier; *Typ:* **s. letters,** minuscules *f*; **s. print,** texte en petits caractères; **in s. numbers,** en petit nombre; **in the s. hours,** au petit matin; **s. party,** réunion peu nombreuse; **s. talk,** menus propos; **s. voice,** voix fluette (*d*) **s. income,** revenu modeste; **s. harvest,** maigre récolte (*b*) peu important; peu considérable; **s. change,** menue monnaie; **in a s. way,** en petit; **a s. matter,** une bagatelle; **it's s. wonder (that),** il n'est guère étonnant (que); **it was no s. surprise to me,** à ma grande surprise; **the smallest detail,** le moindre détail; **s. hotel,** hôtel modeste; **s. shopkeeper,** petit commerçant; **in a small way,** en petit; **the smallest possible number of people,** le moins de gens possible (*c*) mesquin; **s. mind,** petit esprit; **to look s.,** avoir l'air penaud; **to make s.o. look s.,** humilier qn **2.** *n* (*a*) **s. of the back,** creux *m* des reins (*b*) *F:* **smalls,** sous-vêtements *m* **3.** *adv* (hacher) menu, en petits morceaux. **'smallholding** *n* petite ferme, petite exploitation agricole. **'smallish** *a* plutôt petit; assez petit. **small-'minded** *a* (à l'esprit) mesquin. **'smallness** *n* petitesse *f*; modicité *f* (de revenus); le peu d'importance (d'une somme d'argent). **'smallpox** *n* petite vérole; variole *f*. **'small-scale** *a* **1. s.-s. model,** modèle réduit **2. s.-s. business,** entreprise peu importante. **'small-time** *a* insignifiant, médiocre; **s.-t. crook,** petit escroc, escroc sans grande envergure. **'small-town** *a* provincial.

smarmy ['smɑːmi] *a* **(-ier, -iest)** *Pej: F:* visqueux, obséquieux.

smart [smɑːt] **I.** *n* douleur cuisante (d'une blessure). **II.** *vi* (*a*) (*of wound*) brûler, faire mal; **my eyes are smarting,** les yeux me piquent (*b*) **to s. under an injustice,** souffrir sous le coup d'une injustice. **III.** *a* **1.** (coup) cinglant; (coup) sec **2. to walk at a s. pace,** marcher à vive allure; **look s. (about it)!** dépêchez-vous! **3.** habile; débrouillard, dégourdi; astucieux; intelligent; **s. answer,** réponse adroite; **to try to be s.,** faire le malin; *F:* **s. aleck,** je-sais-tout *m inv* **4.** élégant, distingué, chic; **to make oneself s.,** se faire beau. **'smarten** *vtr & i* **to s. up,** donner du chic à (qn); embellir, égayer (une pièce); **to s. (oneself) up,** se faire beau, s'arranger. **'smartly** *adv* (*a*) en vitesse, promptement (*b*) habilement, adroitement, astucieusement (*c*) (s'habiller) élégamment. **'smartness** *n* (*a*) vivacité *f*; esprit débrouillard (*b*) à-propos *m* (d'une réponse) (*c*) habileté peu scrupuleuse (*d*) élégance *f*; chic *m*.

smash [smæʃ] **I.** *n* (*a*) fracas *m*; coup *m*; *Ten:* smash *m* (*b*) collision *f*; **car s.,** accident *m* (de la route) (*c*) *Fin:* débâcle *f*; faillite (commerciale) (*d*) *F:* **s. hit,** succès fou. **II.** *v* **1.** *vtr* (*a*) casser, briser, fracasser; **to s. sth to pieces,** briser qch en morceaux; **to s. the door open,** enfoncer la porte; **to s. down, in,** fracasser (une porte); *F:* **to s. s.o.'s face in,** casser la gueule à qn (*b*) détruire (qch); écraser (une armée, l'ennemi); pulvériser (un record) **2.** *vi* (*a*) se fracasser (contre qch); **the car smashed into the wall,** la voiture s'est écrasée contre le mur (*b*) éclater en morceaux; se briser (*c*) *Fin:* faire faillite. **III.** *adv* (se heurter) de front **(into,** contre). **'smash-and-'grab** *n F:* **s.-and-g. (raid),** cambriolage *m* après bris de vitrine; *F:* casse *m*. **'smasher** *n* **she's a s.!** elle est drôlement belle! **it's a s.!** c'est formidable! **'smashing** *a F:* **that's s.!** c'est formidable! c'est super! **smash 'up** *vtr* briser en morceaux; fracasser; esquinter (une voiture); démolir (une pièce). **'smash-up** *n Aut: Rail:* collision *f*.

smattering ['smætəriŋ] *n* **to have a s. of chemistry,** avoir quelques notions *fpl* de chimie.

smear ['smiər] **1.** *n* trace *f*; tache *f*, souillure *f*; *Med:* **(cervical) s. (test),** frottis vaginal; *Fig:* **a s. on,** une atteinte à; **s. campaign,** campagne de diffamation **2.** *vtr* (*a*) salir **(with,** de) (*b*) enduire **(with,** de) (*c*) tacher **(with,** de); faire une trace sur; maculer (une page écrite).

smell [smel] **I.** *n* **1. (sense of) s.,** odorat *m*; flair *m* (d'un chien); **to have a keen sense of s.,** avoir l'odorat fin **2.** (*a*) odeur *f*; parfum *m* (de fleurs); **musty s., stale s.,** relent *m*; **there's a nice, bad, s.,** ça sent bon, mauvais; **a s. of burning,** une odeur de brûlé (*b*) mauvaise odeur. **II.** *v* **(smelt) 1.** *vtr & i* flairer (qch); sentir (une odeur, une fleur); sentir l'odeur de (qch); **I can s. sth burning,** ça sent le brûlé; **the dog smelt at my shoes,** le chien a flairé mes souliers **2.** *vi* (*a*) **to s. nice,** sentir bon; **to s. of smoke,** sentir la fumée; **smelling salts,** sels *mpl* (*b*) sentir (mauvais); avoir une odeur; **it smells!** ça sent mauvais! **smell 'out** *vtr* (*of dog*) dépister (le gibier); (*of pers*) découvrir (un secret). **'smelly** *a* **(-ier, -iest)** malodorant; puant; **it's s.!** ça sent mauvais! ça pue!

smelt¹ [smelt] *see* **smell.**

smelt² *vtr Metall:* **1.** fondre; faire fondre (le minerai) **2.** extraire (le métal) par fusion. **'smelting** *n* (*a*) fonte *f* (*b*) extraction *f* (du métal); **s. works,** fonderie *f*.

smidgen ['smidʒən] *n F:* **a s.,** un brin **(of,** de).

smile [smail] **1.** *n* sourire *m*; **to be all smiles,** être tout souriant; **with a s.,** en souriant, avec un sourire; **with a s. on his lips,** le sourire aux lèvres; **to give s.o. a s.,** sourire, faire un sourire, à qn **2.** *vi* sourire; **to s. at s.o.,** sourire à qn; **to keep smiling,** garder le sourire. **'smiling** *a* souriant. **'smilingly** *adv* en souriant.

smirk [smɜːk] **1.** *n* sourire satisfait, suffisant; sourire goguenard **2.** *vi* sourire d'un air satisfait, suffisant.

smith [smiθ] *n* forgeron *m*; **shoeing s.,** maréchal ferrant. **'smithy** ['smiði] *n* (*pl* **-ies**) forge *f*.

smithereens [smiðə'riːnz] *npl F:* morceaux *mpl*; miettes *fpl*; **to blow, smash, sth to s.,** réduire qch en miettes; briser qch en mille morceaux.

smitten ['smitn] *a* frappé (de cécité); pris (de remords); **to be s. with the desire to do sth,** être pris du désir de faire qch; *F:* **to be s. (with a girl),** tomber amoureux, être épris, d'une jeune fille.

smock [smɔk] **1.** *n* blouse *f*, sarrau *m* **2.** *vtr Needlw:* orner (une robe) de smocks. **'smocking** *n* smocks *mpl*.

smog [smɔg] *n* brouillard épais; smog *m*.

smoke [smouk] **1.** *n* fumée *f*; **there's no s. without fire,** il n'y a pas de fumée sans feu; **to go up in s.,** brûler; (*of project*) s'en aller en fumée, n'aboutir à rien; **s. bomb,** bombe fumigène; **do you want to have a s.?** voulez-vous fumer? **2.** *vtr & i* fumer; **do you s.?** fumez-vous? **I s. a pipe,** je fume la pipe; **do you mind if I s.?** la fumée vous gêne-t-elle? **to s. out,** enfumer (une pièce). **smoked** *a* (jambon, poisson, verre) fumé. **'smokeless** *a* (combustible) sans fumée; (zone) où la fumée est interdite. **'smoker** *n* (*a*) fumeur, -euse; **heavy s.,** grand fumeur (*b*) *Rail:* compartiment *m* fumeurs. **'smoking** *n* **1.** fumage *m* (du jambon) **2.** action *f*, habitude *f*, de fumer (le tabac); *PN:* **no s.,** défense de fumer; *Rail:* **s. compartment,** compartiment fumeurs. **'smoky** *a* **(-ier, -iest)** (*of atmosphere*) fumeux; enfumé; (*of room*) plein, rempli, de fumée; (*of wall*) noirci de fumée.

smooth [smuːð] **I.** *a* **1.** (*a*) (surface, pâte, papier) lisse; (chemin) uni, égal; (route) à la surface égale; (front) sans rides; (*of cream*) onctueux; **sea as s. as a millpond,** mer calme; mer d'huile; **s. skin,** peau douce, satinée; **to make s.,** lisser (ses cheveux); aplanir (une route) (*b*) (menton) glabre **2.** (*a*) (mouvement) régulier, sans à-coups; (voyage, vol) agréable; (*of machine*) **s. running,** bonne marche (*b*) (vin) moelleux (*c*) (*of manners*) onctueux; (*of pers,* *words*) doucereux, mielleux; **he has a s. tongue,** c'est un beau parleur. **II.** *vtr* **to s. down, out,** lisser; aplanir (une planche); **to s. out, over,** aplanir (une difficulté); **to s. off,** arrondir (un angle). **'smoothie** *n F:* beau parleur; personne mielleuse. **'smoothly** *adv* (atterrir, se passer) en douceur. **'smoothness** *n* **1.** (*a*) aspect *m* lisse; égalité *f* (d'une surface); surface égale (d'une route); satiné *m* (de la peau) (*b*) calme *m* (de la mer) **2.** douceur *f* (de la marche d'une machine). **smooth-'running** *a* qui marche bien.

smother ['smʌðər] **1.** *vtr* (*a*) étouffer; suffoquer (qn) (*b*) recouvrir (un gâteau de crème Chantilly); **to be smothered in furs,** être emmitouflé de fourrures; **to s. with kisses,** couvrir, manger, de baisers **2.** *vi* suffoquer.

smoulder, *NAm: also* **smolder** ['smouldər] *vi* (*of coal*) brûler lentement; (*of fire, rebellion, passion*) couver.

smudge [smʌdʒ] **1.** *n* tache *f*; bavure *f* **2.** *vtr* salir, faire des taches sur (la page); maculer (son écriture). **'smudgy** *a* taché; (contour) estompé.

smug [smʌg] *a* (sourire, etc) béat; (*of pers*) suffisant, content de soi. **'smugly** *adv* d'un air suffisant. **'smugness** *n* suffisance *f*.

smuggle ['smʌgl] **1.** *vtr* passer (en fraude); **smuggled goods,** contrebande *f* **2.** *vi* faire de la contrebande. **'smuggler** *n* contrebandier, -ière. **'smuggling** *n* contrebande *f*.

smut [smʌt] *n* **1.** parcelle *f*, tache *f*, de suie **2.** *coll* grivoiseries *fpl*, indécences *fpl*, saleté(s) *f(pl)*; **to talk s.,** dire des saletés *f*, des cochonneries *f*. **'smuttiness** *n* **1.** noirceur *f*, saleté *f* **2.** obscénité *f*, grivoiserie *f*. **'smutty** *a* **(-ier, -iest) 1.** noirci, sali (de suie) **2.** (*of joke, etc*) cochon.

snack [snæk] *n* léger repas; casse-croûte *m inv*; **to have a s.,** manger sur le pouce; manger un morceau; **s. bar,** snack(-bar) *m*.

snafu [snæ'fu:] *n NAm: P:* embrouillamini *m*.

snag [snæg] *n* (*a*) chicot *m* (d'arbre); souche *f* au ras de l'eau (*b*) *Fig:* inconvénient *m*, os *m*; **that's the s.!** voilà la difficulté! **the s. is that he's left,** l'embêtant c'est qu'il est parti (*c*) accroc *m* (dans un vêtement).

snail [sneil] *n* escargot *m*; **edible s.,** escargot comestible; **at a snail's pace,** comme une tortue.

snake [sneik] **1.** *n* serpent *m*; **(common) grass s.,** couleuvre *f* à collier; *F:* **a s. in the grass,** un traître; **s. charmer,** charmeur de serpent; *Games:* **snakes and ladders** = le jeu de l'oie **2.** *vi* (*of river*) serpenter. **'snakebite** *n* morsure *f* de serpent. **'snakeskin** *n* peau *f* de serpent.

snap [snæp] **I.** *n* **1.** (*a*) coup *m* de dents (*b*) bruit sec, claquement *m* (de dents, de doigts); **with a s. of the fingers,** en faisant claquer ses doigts **2.** cassure *f*; rupture soudaine; **there was a s.,** qch a cassé, a pété **3. cold s.,** coup de froid **4. s. (fastener),** (*on clothes*) bouton-pression *m*; pression *m or f*; (*on bag*) fermoir *m* **5.** *Cu:* **ginger s.,** biscuit croquant au gingembre **6.** *Phot:* photo *f*, instantané *m* **7.** *Cards:* (jeu de) bataille *f*. **II.** *a* soudain, brusque; **to make a s. decision,** décider sans réfléchir. **III.** *v* **(snapped) 1.** *vi* (*a*) **to s. at sth, s.o.,** chercher à mordre qch, qn; (*of trigger*) **to s. back,** revenir brusquement (en place); **"that's enough!" he snapped,** "ça suffit!" dit-il sèchement; *Fig: F:* (*of pers*) **to s. out of it,** se secouer (*b*) (*of teeth, whip*) claquer; faire un bruit sec; **to s. shut,** se fermer avec un bruit sec (*c*) (*break*) se casser net **2.** *vtr* (*a*) (*of dog*) happer (qch) (*b*) faire claquer (ses doigts); *Fig:* **to s. one's fingers at s.o.,** narguer qn, se moquer de qn (*c*) casser (avec un bruit sec). **'snapdragon** *n Bot:* muflier *m*; gueule-de-loup *f*. **'snap 'off 1.** *vtr* enlever d'un coup de dents; casser net; *F:* **to s. s.o.'s head off,** rembarrer qn **2.** *vi* se casser. **'snappish** *a* hargneux; de mauvaise humeur. **'snappy** *a* **(-ier, -iest)** (*a*) irritable; hargneux (*b*) (*of reply, style*) vif; *F:* **look s.! make it s.!** grouille-toi! **'snapshot** *n Phot:* photo *f*, instantané *m*. **snap 'up** *vtr* saisir, happer (qch); **to s. up a bargain,** sauter sur une occasion.

snare [snɛər] **1.** *n* (*a*) *Ven:* lacet *m*, collet *m* (*b*) piège *m* **2.** *vtr* prendre au piège.

snarl¹ [snɑ:l] **1.** *vi* grogner, gronder (en montrant les dents); (*of tiger*) feuler **2.** *n* grondement *m*, grognement *m*; (*of tiger*) feulement *m*. **'snarling** *a* (*of pers, animal*) hargneux.

snarl² *vtr* (*in traffic*) **to be snarled up,** être pris dans un embouteillage; (*of wool*) **to get snarled up,** s'emmêler. **'snarl-up** *n Aut: F:* embouteillage *m*, bouchon *m*.

snatch [snætʃ] **1.** *vtr & i* saisir, empoigner (qch); s'emparer brusquement (de qch); **to s. at sth,** essayer de saisir qch; **to s. sth up,** ramasser vivement qch; **to s. an opportunity,** saisir une occasion; **to s. a meal,** avaler un repas en vitesse; **to s. some sleep,** (réussir à) faire un petit somme; **to s. sth out of s.o.'s hands,** arracher qch des mains de qn **2.** *n* (*a*) **to make a s. at sth,** chercher à saisir qch (*b*) courte période; **to work in, by, snatches,** travailler par à-coups; **snatches of song,** fragments *m* de chanson; **snatches of conversation,** bribes *f* de conversation (*c*) vol *m* (à l'arraché).

snazzy ['snæzi] *a F:* tapageur; (*smart*) élégant, chic.

sneak [sni:k] **I.** *v* **1.** *vi* (*a*) **to s. off,** s'esquiver; **to s. in, out,** entrer, sortir, furtivement; **s. visit,** visite furtive (*b*) *Sch: P:* **to s. on,** dénoncer, moucharder, cafarder **2.** *vtr* **to s. a look,** jeter un coup d'œil furtif (**at sth,** à qch). **II.** *n Sch: F:* mouchard *m*; rapporteur, -euse. **'sneakers** *npl* (chaussures *fpl* de) tennis *mpl*; baskets *mpl*. **'sneaking** *a* **1.** (*a*) furtif (*b*) (*of suspicion*) vague; (*of desire*) secret **2.** rampant, servile. **'sneaky** *a* (*a*) furtif (*b*) sournois.

sneer [sniər] **I.** *n* **1.** sourire *m* de mépris; ricanement *m* **2.** sarcasme *m*. **II.** *vi* ricaner; **to s. at s.o.,** se moquer de qn. **'sneering** *a* ricaneur; moqueur. **'sneeringly** *adv* d'un air méprisant; en ricanant.

sneeze [sni:z] **1.** *n* éternuement *m* **2.** *vi* éternuer; **that's not to be sneezed at,** cela n'est pas à dédaigner, *F:* il ne faut pas cracher dessus. **'sneezing** *a* **s. powder,** poudre à éternuer.

snicker ['snikər] *n & vi NAm:* = **snigger**.

snide [snaid] *a* sarcastique; insidieux.

sniff [snif] **1.** *n* reniflement *m* **2.** *vtr & i* renifler; (*of dog*) flairer, renifler; inhaler (de la cocaïne); *P:* sniffer; *F:* **it's not to be sniffed at,** il ne faut pas cracher dessus; **the dog sniffed (at) my hand,** le chien m'a flairé la main.

sniffle ['snifl] **1.** *n F:* **a s., the sniffles,** un petit rhume **2.** *vi* renifler; être légèrement enrhumé. **'sniffling** *a* (*a*) enrhumé (*b*) pleurnicheur.

snigger ['snigər] **1.** *n* (petit) ricanement *m* **2.** *vi* rire sous cape; ricaner. **'sniggering** *n* ricanement(s) *m(pl)*.

snip [snip] **1.** *vtr* **(snipped)** couper avec des ciseaux. **2.** *n* (*a*) morceau coupé; **to make a s.**, couper (*b*) coup *m* de ciseaux (*c*) *F:* bonne affaire.

snipe [snaip] *n* (*inv in pl*) *Orn:* bécassine *f*.

sniper ['snaipər] *n Mil:* tireur embusqué.

snippet ['snipit] *n* (*a*) bout *m*; morceau (coupé) (*b*) bribe *f* (de conversation).

snivel ['snivl] *vi* **(snivelled,** *NAm:* **sniveled)** pleurnicher, larmoyer. **'snivelling 1.** *a* pleurnicheur; larmoyant **2.** *n* pleurnicherie *f*.

snob [snɔb] *n* snob *mf*; **intellectual s.**, poseur, -euse. **'snobbery** *n* snobisme *m*; **intellectual s.**, snobisme intellectuel; **inverted s.**, snobisme à rebours. **'snobbish** *a* snob *inv*. **'snobbishness** *n* snobisme *m*.

snog [snɔg] *vi P:* (*of couple*) s'embrasser; *P:* se peloter.

snook [snu:k] *n* **to cock a s.**, faire un pied de nez (**at,** à).

snooker ['snu:kər] *n* snooker *m*, billard anglais.

snoop [snu:p] *vi F:* fureter, fouiner; fourrer son nez partout; **to s. on s.o.**, espionner qn. **'snooper** *n F:* fureteur *m*, fouineur *m*.

snooty ['snu:ti] *a* **(-ier, -iest)** *F:* snob *inv*.

snooze [snu:z] *F:* **1.** *n* petit somme, *F:* roupillon *m* **2.** *vi* sommeiller; faire un petit somme; *F:* piquer un roupillon. **'snoozing** *a* endormi, assoupi.

snore [snɔ:r] **1.** *vi* ronfler **2.** *n* ronflement *m*. **'snoring** *n* ronflements *mpl*.

snorkel ['snɔ:kl] *n Nau:* schnorkel *m*; *Swim:* tuba *m*.

snort [snɔ:t] **1.** *vi* (*a*) grogner; renifler; (*of horse*) s'ébrouer, renâcler (*b*) **to s. at sth,** dédaigner qch **2.** *n* grognement *m*; reniflement *m*; ébrouement *m*. **'snorter** *F:* *n* (*a*) problème *m* difficile à résoudre; **that's a real s.!** cela va nous donner du fil à retordre! (*b*) petit verre (d'alcool). **'snorting** *n* reniflement.

snot [snɔt] *n Pej: F:* morve *f*; **s. rag,** mouchoir *m*. **'snotty** *a F:* (*of nose*) qui coule; (*of child*) morveux. **snotty-'nosed** *a F:* morveux.

snout [snaut] *n* museau *m*; groin *m* (de porc).

snow [snou] **I.** *n* **1.** neige *f*; **there's been a fall of s.,** il est tombé de la neige; **s. shower,** chute de neige; **flurry of s.,** rafale de neige; *Ski:* **crusted s.,** neige tôlée; **powdered s.,** (neige) poudreuse (*f*) **2.** *P:* (*drug*) cocaïne *f*, *P:* coco *f*. **II.** *v impers* neiger; **it's snowing,** il neige; **to be snowed in, up,** être bloqué par la neige; **I'm snowed under with work,** je suis débordé, submergé, de travail. **'snowball 1.** *n* boule *f* de neige **2.** *vi* faire boule de neige. **'snow-blindness** *n* cécité *f* des neiges. **'snowbound** *a* bloqué par la neige. **'snow-capped** *a* (*of mountain*) enneigé. **'snowdrift** *n* congère *f*. **'snowdrop** *n Bot:* perce-neige *m or f inv*. **'snowfall** *n* (*a*) chute *f* de neige (*b*) (profondeur *f* d')enneigement *m*. **'snowflake** *n* flocon *m* de neige. **'snowline** *n* limite *f* des neiges éternelles. **'snowman** *n* (*pl* **-men**) bonhomme *m* de neige; **the abominable s.,** l'abominable homme des neiges; le yéti. **'snowmobile** *n* motoneige *f*, scooter *m* des neiges. **'snowplough,** *NAm:* **snowplow** *n* chasse-neige *m inv*. **'snowshoes** *npl* raquettes *fpl*. **'snowstorm** *n* tempête *f* de neige. **'snow-'white 1.** *a* blanc comme neige **2.** *Prnf* Blanche-Neige. **'snowy** *a* **(-ier, -iest)** neigeux; de neige; enneigé.

snub¹ [snʌb] **1.** *n* rebuffade *f* **2.** *vtr* **(snubbed)** rejeter (une offre, etc); **to s. s.o.,** snober qn. **snub²** *a* (nez) camus, retroussé. **snub-'nosed** *a* au nez retroussé.

snuff [snʌf] **1.** *n* tabac *m* à priser; **to take s.,** priser; **a pinch of s.,** une prise **2.** *vtr* **to s. (out),** moucher (une bougie). **'snuffbox** *n* (*pl* **-es**) tabatière *f*.

snuffle ['snʌfl] *vi & n* = **sniffle.**

snug [snʌg] *a* **(snugger, snuggest)** confortable, douillet; (*of garment*) bien ajusté; **to lie s. in bed,** être bien au chaud dans son lit; **it's very s. in here,** on est bien ici; il fait très bon ici. **'snuggle** *vi* **to s. up (to s.o.),** se pelotonner, se blottir (contre qn); **to s. down in bed,** se blottir dans son lit. **'snugly** *adv* confortablement; bien au chaud; **jacket that fits s.,** veste bien ajustée.

so [sou] **I.** *adv* **1.** si, tellement; tant, aussi; **it's so easy,** c'est tellement, si, facile; **he's so (very) kind,** il est si aimable; **the young and the not so young,** les jeunes et les moins jeunes; **I am not so sure of that,** je n'en suis pas bien sûr; **so serious a wound,** une blessure aussi grave; **he's not so feeble as he appears,** il n'est pas aussi faible qu'il en a l'air; **would you be so kind as to come?** voudriez-vous avoir la bonté de venir? **he's so rich (that) he doesn't know what he's worth,** il est riche au point d'ignorer sa fortune; **so much,** tellement, tant (**that,** que); **so much courage,** tant, tellement, de courage; **we enjoyed ourselves so much,** on s'est tellement bien amusé; **I loved him so much,** je l'aimais tant; **so many,** tant, tellement; **so very fast,** vraiment si vite **2.** (*a*) ainsi; de cette manière; **stand just so,** tenez-vous ainsi, comme ça; **do so!** faites-le! **why do you cry so?** pourquoi pleurez-vous ainsi? **it so happened (that),** le hasard a voulu que (+ *sub*); **and so on, and so forth,** et ainsi de suite; **so to speak,** pour ainsi dire; **so saying,** à ces mots; *F:* **so long!** au revoir! (*b*) **I think so,** je le pense, je pense que oui; **I'm afraid so,** j'en ai bien peur; **so I have been told,** c'est ce qu'on m'a dit; **so it seems,** à ce qu'il paraît; **I didn't say so!** je n'ai pas dit ça! **I told you so! didn't I say so!** je vous l'avais bien dit! **I suppose so,'I expect so,** je le suppose; **I hope so,** je l'espère bien; **so much so that,** à tel point que; tellement que; **is that so?** vraiment? c'est vrai? **it's not so,** il n'en est rien; **that's so,** c'est bien vrai; **so be it!** soit! (*c*) **if so,** s'il en est ainsi; si oui; **how so?** comment cela? **perhaps so,** cela se peut; **not so,** pas du tout; **quite so!** parfaitement! **a week or so,** une semaine environ; **a £100 or so,** environ cent livres, une centaine de livres (*d*) **he's right and so are you,** il a raison et vous aussi; **and so am I,** et moi aussi (*e*) **you're late—so I am!** vous êtes en retard—c'est vrai! **3.** *conj phr* **so that, so as to** (*a*) pour que; **we hurried so as not to be late,** nous nous sommes dépêchés pour ne pas être en retard (*b*) si bien que (+ *ind*); de sorte que (+ *ind or sub*); **speak so as to be understood,** parlez de sorte qu'on vous comprenne. **II.** *conj* **1.** donc; c'est pourquoi; **he has a bad temper so be careful,** il a mauvais caractère, alors faites attention **2. so there you are!** vous voilà donc! **so**

you're not coming? ainsi vous ne venez pas? **so what?** et alors? **so that's what it is!** ah! c'est comme ça! **'so-and-so** *n F:* (*a*) *Pej:* sale type *m* (*b*) **Mr So-and-so,** Monsieur Untel. **so-'called** *a* soi-disant. **so-so** *a F:* comme çi comme ça, couci-couça.

soak [souk] **I.** *v* **1.** *vtr* (*a*) tremper, détremper (*b*) faire tremper (du linge, des légumes); **to s. sth in sth,** tremper qch dans qch (*c*) *F:* écorcher (un client); **to s. the rich,** faire payer les riches **2.** *vi* (*a*) (*of washing, etc*) tremper (**in sth,** dans qch) (*b*) s'infiltrer (**into,** dans). **II.** *n* **1. to give sth a s.,** faire tremper (le linge); faire macérer (des cornichons); (faire) dessaler (la morue) **2.** *P:* ivrogne *m*, soûlard *m*. **soaked** *a* trempé; **s. to the skin, s. through,** trempé jusqu'aux os. **soak 'in 1.** *vi* pénétrer; s'infiltrer **2.** *vtr* s'imprégner (d'eau), absorber (l'eau). **'soaking 1.** *n* trempage *m*; **to get a (good) s.,** se faire tremper **2.** *a* trempé, mouillé **2.** *a & adv* **s. (wet),** trempé. **soak 'up** *vtr* absorber.

soap [soup] **1.** *n* savon *m*; **bar of s.,** savonnette *f*; **s. powder,** lessive *f*; *TV: F:* **s. opera,** téléroman *m* **2.** *vtr* savonner. **'soapdish** *n* porte-savon *m inv*. **'soapflakes** *npl* savon *m* en paillettes. **'soapsuds** *npl* mousse *f* de savon. **'soapy** *a* **(-ier, -iest) 1.** savonneux, couvert de savon **2.** *Pej:* (*of pers*) mielleux, doucereux.

soar [sɔːr] *vi* prendre son essor; monter, s'élever (dans les airs); (*of price*) monter (en flèche); (*of hope*) grandir. **'soaring 1.** *a* (*a*) qui monte dans les airs (*b*) **s. flight,** vol plané (*c*) (ambition) sans bornes **2.** *n* (*a*) essor *m* (*b*) hausse *f* (des prix) (*c*) vol plané (d'un oiseau).

sob [sɔb] **1.** *n* sanglot *m*; *F:* **s. story,** histoire à faire pleurer; *F:* **s. stuff,** littérature sentimentale; *F:* mélo *m* **2.** (*a*) *vi* **(sobbed)** sangloter (*b*) *vtr* dire (qch) en sanglotant. **'sobbing** *n* sanglots *mpl*.

sober ['soubər] **1.** *a* (*a*) sérieux, sensé; (*of meal, etc*) sobre (*b*) calme, posé (*c*) **s. truth,** simple vérité (*d*) (couleur) sobre, peu voyante; (vêtement) discret, simple (*e*) **he's s.,** il n'est pas ivre; **he's never s.,** il est toujours ivre; **to sleep oneself s.,** cuver son vin. **II.** *vtr & i* **to s. up,** dégriser, dessoûler. **'sobering** *a* **s. thought,** réflexion sérieuse. **'soberly** *adv* (*a*) sobrement, modérément (*b*) avec calme; tranquillement. **sober-'minded** *a* (*of pers*) sérieux; pondéré. **'soberness** *n* (*a*) sobriété *f*, tempérance *f* (*b*) calme *m*, tranquillité *f*, modération *f*. **sobriety** [-'braiəti] *n* sobriété *f*, tempérance *f*.

soccer ['sɔkər] *n* football *m*.

sociable ['souʃəbl] *a* sociable; (*of evening*) amical. **socia'bility** *n* sociabilité *f*. **'sociably** *adv* aimablement.

social ['souʃəl] *a* (*a*) social; **s. problems,** problèmes sociaux; **s. science(s),** sciences humaines; **s. security,** aide sociale; *NAm:* pension *f* de retraite; **s. services** = sécurité sociale; **s. worker,** assistant(e) social(e); **s. system,** société *f* (*b*) **s. ladder,** l'échelle sociale; **s. climber,** (i) arriviste *mf* (ii) parvenu(e); **s. club,** foyer *m*; **s. life, gathering,** vie, réunion, mondaine; **to have a busy s. life,** sortir beaucoup; **s. events,** mondanités *f*; **s. evening,** *n* **s.,** réunion (amicale). **'socialite** *n* mondain, -aine. **'socialize 1.** *vtr Pol:* socialiser **2.** *vi* se mêler aux autres; bavarder (**with,** avec). **'socially** *adv* socialement; **to know s.o. s.,** avoir des rapports sociaux avec qn.

socialism ['souʃəlizm] *n* socialisme *m*. **'socialist** *a & n* socialiste (*mf*). **socia'listic** *a* socialiste.

society [sə'saiəti] *n* (*pl* **-societies**) société *f*; association *f*; *Sch:* club *m*; **consumer s.,** société de consommation; **charitable s.,** œuvre *f* de bienfaisance; **learned s.,** société savante; **s. wedding,** mariage mondain.

sociology [sousi'ɔlədʒi] *n* sociologie *f*. **socio'logical** *a* sociologique. **soci'ologist** *n* sociologue *mf*.

sock[1] [sɔk] *n* chaussette *f*; **ankle socks,** socquettes *f*; *F:* **pull your socks up!** tu peux faire mieux que ça!

sock[2] **1.** *n P:* marron *m*; **to give s.o. a s. on the jaw,** casser la gueule à qn **2.** *vtr P:* flanquer un marron à.

socket ['sɔkit] *n El:* (*for plug*) prise *f* de courant; (*for lightbulb*) douille *f*; alvéole *m or f* (de dent); orbite *f* (de l'œil); cavité *f* (d'un os).

sod [sɔd] *n NAm:* gazon *m*.

soda ['soudə] *n* (*a*) *Ch:* soude *f*; **caustic s.,** soude caustique; **baking s.,** bicarbonate *m* de soude; **washing s.,** cristaux *mpl* de soude (*b*) **s. (water),** eau *f* de seltz; **s. fountain,** bar *m* pour glaces et rafraîchissements; *NAm:* **s (pop),** soda *m*.

sodden ['sɔdn] *a* (*of field, lawn*) détrempé.

sodium ['soudiəm] *n Ch:* sodium *m*.

sofa ['soufə] *n* canapé *m*; divan *m*; **s. bed,** canapé-lit *m*, divan-lit *m*.

soft [sɔft] *a* **1.** (*a*) (fromage, matelas) mou; (crayon, bois, couleur) tendre; (cuir) souple; (*flabby*) flasque, mou; *Com:* **s. fruit,** fruits rouges; **s. water,** eau douce, non calcaire; **s. drink,** boisson non alcoolisée, sans alcool; **s. drugs,** drogues douces; **s. furnishings,** tissus d'ameublement; *Anat:* **s. palate,** voile *m* du palais; *Fin:* **s. currency,** devise faible; **s. landing,** atterrissage en douceur (*b*) **s. to the touch,** doux au toucher **2.** (*a*) doux; **s. voice,** voix douce; (*of radio*) **it's too s.,** ce n'est pas assez fort; *F:* **s. job, option,** petit boulot pépère; planque *f* (*b*) facile; indulgent; **s. heart,** cœur tendre; **you mustn't be so s. with them,** il faut les traiter plus sévèrement; **to become s.,** s'amollir; **to have a s. spot (for s.o.),** avoir un faible pour qn **3.** *F:* (*of pers*) **s. (in the head),** ramolli. **'softback, 'softcover** *n NAm:* (*Br* = **paperback**) livre *m* de poche. **'softball** *n NAm: Sp:* genre *m* de baseball (joué avec une balle plus grande et plus molle). **soft-'boiled** *a Cu:* (œuf) mollet, à la coque. **soften** ['sɔfn] **1.** *vtr* (*a*) ramollir; assouplir (le cuir) (*b*) adoucir (la voix, la douleur, une couleur) (*c*) attendrir, émouvoir (qn) **2.** *vi* (*a*) se ramollir (*b*) s'adoucir (*c*) s'attendrir. **softener** ['sɔfnər] *n* **water s.,** adoucisseur *m* d'eau; **fabric s.,** adoucissant *m*. **softening** ['sɔfniŋ] *n* (*a*) amollissement *m* (du beurre) (*b*) attendrissement *m* (de qn) (*c*) assouplissement *m* (du cuir) (*d*) adoucissement *m* (du caractère). **soft-'hearted** *a* au cœur tendre. **'softie, 'softy** *n* (*pl* **-ies**) *F:* sentimental(e); gros bébé. **'softly** *adv* (*a*) doucement; (marcher) sans bruit; **s. spoken,** à voix douce (*b*) tendrement (*c*) mollement. **'softness** *n* douceur *f* (de la peau, d'un climat); souplesse (du cuir, de caractère); flou *m* (des contours); mollesse *f* (du beurre, de la neige, etc); manque de sévérité (d'une personne envers une autre). **soft-'pedal (soft-pedalled) 1.** *vi Mus:* appuyer sur la pédale douce **2.** *vtr & i F:* y aller doucement. **'soft-'spoken** *a* (*of pers*) à voix douce. **'software** *n inv Cmptr:* logiciel *m*, soft-.ware *m*. **'softwood** *n* bois résineux, bois (d'œuvre) de résineux.

soggy ['sɔgi] *a* (**-ier, -iest**) **1.** détrempé; saturé d'eau **2.** (*of bread*) ramolli.

soil [sɔil] **1.** *n* sol *m*, terrain *m*, terre *f*; **rich s.,** terre grasse; **light s.,** terre meuble **2.** *vtr* souiller, salir **3.** *vi* se souiller, se salir. **soiled** *a* souillé, sali; **s. linen,** linge sale; **shop s.,** (article) défraîchi, abîmé (en magasin); qui a fait l'étalage.

solar ['soulər] *a* (système) solaire; *Anat:* (plexus) solaire.

sold [sould] *see* **sell**.

solder ['souldər, *NAm:* sɔdər] **1.** *n* soudure *f*; **soft s.,** soudure tendre; **hard s.,** brasure *f* **2.** *vtr* souder, ressouder; **soldering iron,** fer *m* à souder.

soldier ['souldʒər] **1.** *n* soldat *m*, militaire *m*; **three soldiers and two civilians,** trois militaires *m* et deux civils; **private s.,** simple soldat; **old s.,** vétéran *m* **2.** *vi F:* **to s. on,** persévérer. **'soldierly** *a* (allure) militaire, de militaire; martial.

sole[1] [soul] **1.** *n* plante *f* (du pied); semelle *f* (de chaussure) **2.** *vtr* ressemeler (des chaussures). **'soling** *n* ressemelage *m*.

sole[2] *n Ich:* sole *f*; **lemon s.,** limande-sole *f*.

sole[3] *a* seul, unique; **s. agent,** agent exclusif. **'solely** *adv* uniquement; seulement; **you're s. to blame,** tu es seul coupable.

solemn ['sɔləm] *a* (*a*) solennel; **s. fact,** réalité sérieuse; **s. duty,** devoir sacré; **s. ceremony,** solennité *f* (*b*) (*of pers*) grave, sérieux; **to keep a s. face,** composer son visage. **solemnity** [-'lemniti] *n* (*pl* **-ies**) solennité *f*; gravité *f* (de maintien). **solemni'zation** [-nai-] *n* célébration *f* (d'un mariage, d'une fête religieuse). **'solemnize** *vtr* célébrer (un mariage, une fête religieuse). **'solemnly** *adv* (*a*) solennellement (*b*) gravement, sérieusement.

sol-fa ['sɔlfɑː] *n Mus:* solfège *m*.

solicit [sə'lisit] **1.** *vtr* solliciter (une faveur); **to s. s.o. for sth,** solliciter qch de qn **2.** *vi* (*of prostitute*) racoler. **solici'tation** *n* sollicitation *f*, demande *f*.

solicitor [sə'lisitər] *n Jur:* = avocat *m*; (*for wills, etc*) notaire *m*.

solicitous [sə'lisitəs] *a* soucieux, désireux (**of sth,** de qch); **s. about sth,** préoccupé de qch; **to be s. for s.o.'s comfort,** se soucier du confort de qn. **so'licitously** *adv* avec sollicitude. **so'licitude** *n* sollicitude *f*, souci *m*, préoccupation *f*.

solid ['sɔlid] **1.** *a* (*a*) solide; (*of crowd*) compact; **s. food,** aliment solide; (*of fluid*) **to become s.,** se solidifier; **steps cut in the s. rock,** escalier taillé dans la pierre vive (*b*) (or, argent) massif; (*of wall, line, ball*) plein; **s. mahogany table,** table en acajou massif; **s. measures,** mesures de volume; **to sleep for nine s. hours,** dormir neuf heures d'affilée; **three days' s. rain,** trois jours de pluie continue; **s. vote,** vote unanime **2.** *adv* **pond frozen s.,** étang complètement gelé **3.** *n* solide *m*; *pl Cu:* aliments *mpl* solides. **soli'darity** *n* solidarité *f*. **so'lidify** *v* (**solidified**) **1.** *vtr* solidifier **2.** *vi* se solidifier; se figer. **so'lidity** *n* solidité *f*. **'solidly** *adv* solidement; fermement; (travailler) sans interruption, sans s'arrêter; (voter) en masse. **solid-'state** *a* (appareil) transistorisé.

soliloquy [sə'liləkwi] *n* (*pl* **soliloquies**) monologue *m*; soliloque *m*.

solitary ['sɔlitri] *a* (*a*) solitaire; seul; **not a s. one,** pas un seul; **s. confinement,** isolement *m* (cellulaire) (*b*) (lieu) solitaire, retiré. **'solitude** *n* solitude *f*.

solo ['soulou] *n Mus:* solo *m*; **to play s.,** jouer en solo; **violin s.,** solo de violon; **s. violin,** violon solo; *Cards:* **s. whist,** whist *m* de Gand; *Av:* **to make a s. flight, to fly s.,** voler en solitaire. **'soloist** *n Mus:* soliste *mf*.

solstice ['sɔlstis] *n Astr:* solstice *m*.

soluble ['sɔljubl] *a* **1.** (sel) soluble **2.** (problème) (ré)soluble. **solu'bility** *n* solubilité *f* (d'un sel); (ré)solution *f* (d'un problème).

solution [sə'luːʃn] *n* solution *f*.

solve [sɔlv] *vtr* résoudre (un problème, une énigme, etc). **'solvable** *a* soluble. **'solvency** *n Com: etc:* solvabilité *f* (d'une entreprise). **'solvent 1.** *a Com:* solvable **2.** *a & n* dissolvant (*m*); *Ch:* solvant *m*.

Somalia [sə'mɑːliə] *Prn Geog:* la (République démocratique de) Somalie.

sombre, *NAm:* **somber** ['sɔmbər] *a* sombre, morne. **'sombrely,** *NAm:* **'somberly** *adv* sombrement.

some [sʌm] *a* **1.** (*a*) quelque, quelconque; **some books are expensive,** il y a des livres qui sont chers; **some people say,** certains disent (que); **he'll arrive s. day,** il arrivera un de ces jours; **I'll see you s. day this week,** je vous verrai dans le courant de la semaine; **s. other solution will have to be found,** il faudra trouver une autre, quelque autre, solution; **s. way or another,** d'une manière ou d'une autre; **to make s. sort of reply,** répondre d'une façon quelconque; **s. man (or other),** un homme (quelconque); **s. book or other,** un livre quelconque; **give it to s. lawyer or other,** remettez-le à n'importe quel notaire; **ask s. experienced person,** demandez l'avis d'une personne d'expérience (*b*) (*partitive*) de; **s. wine,** du vin; **to drink s. water,** boire de l'eau; **to eat s. fruit,** manger des fruits; **s. pretty flowers,** de jolies fleurs (*c*) quelque; **s. distance away,** à quelque distance; **after s. time,** après un, au bout d'un, certain temps; **s. days ago,** il y a quelques jours; **it takes s. time,** cela prend pas mal de temps; **at s. length,** assez longuement; **for s. time,** (i) pendant quelque temps (ii) depuis quelque temps; **s. charm,** un certain charme (*d*) **there are s. others,** il y en a d'autres (*e*) *F:* (*intensive*) **(that was) s. storm!** quelle tempête! **it was s. dinner,** c'était un dîner superbe; **she's s. girl!** c'est une fille formidable! (*f*) (*a few*) quelques, certains; (*a little*) un peu de **2.** *pron* (*a*) quelques-un(e)s, certain(e)s (**of,** de, d'entre); **s. agree with us, and s. disagree,** les uns sont de notre avis, d'autres ne le sont pas; **s. of my friends,** certains de mes amis (*b*) **I have s.,** j'en ai; **take s.!** prenez-en! **if you have s.,** si vous en avez; **s. of them,** quelques-uns d'entre eux. **3.** *adv* (*a*) environ, quelque *inv*; **s. twenty pounds,** une vingtaine de livres (*b*) **I waited s. few minutes,** j'ai attendu quelques minutes.

somebody, someone ['sʌmbədi, 'sʌmwʌn] *n or pron* (*a*) quelqu'un; **s.'s knocking,** on frappe; **s. told me so,** quelqu'un, on, me l'a dit; **s. is missing,** il manque quelqu'un; **s. (or other) told him,** je ne sais qui lui a dit; **s. else,** quelqu'un d'autre; **at s.'s house,**

chez quelqu'un; **Mr S.**, Monsieur Chose, Machin (*b*) **he's (a) somebody,** c'est un personnage; **he thinks he's somebody,** il se croit quelqu'un.

someday ['sʌmdei] *adv* un jour.

somehow ['sʌmhau] *adv* **1.** de façon ou d'autre, d'une manière ou d'une autre; **we shall manage it s.,** nous y parviendrons tant bien que mal **2. I never liked him s.,** je ne sais pourquoi, mais il ne m'a jamais été sympathique; **s. it's different,** il y a pourtant une différence.

someone ['sʌmwʌn] *see* **somebody.**

someplace ['sʌmpleis] *adv NAm:* (*Br* = **somewhere**) quelque part; **s. else,** ailleurs.

somersault ['sʌməsɔ:lt] **1.** *n* culbute *f*; (*in air*) saut périlleux; **to turn a s.,** (*of pers*) faire la, une, culbute; (*of car*) capoter; *Gym:* faire un saut périlleux **2.** *vi* faire la, une, culbute.

something ['sʌmθiŋ] **I.** *n or pron* **1.** quelque chose *m*; **s. has happened,** quelque chose est arrivé; il est arrivé quelque chose; **s. terrible,** quelque chose de terrible; **say s.!** dites quelque chose! **s. or other went wrong,** quelque chose a cloché; **s. to drink,** de quoi boire; **can I get you s.?** que puis-je vous offrir (à boire, à manger)? **let's have s. to eat,** mangeons quelque chose; **to ask for s. to drink,** demander à boire; **s. tells me he'll come,** quelque chose me dit qu'il viendra; **s. of the kind,** quelque chose du genre; **s. of a liar,** un peu menteur; **s. to live for,** une raison de vivre; **I have s. else to do,** j'ai autre chose à faire; **I'll give you s. to cry about,** je vais te donner une (bonne) raison de pleurer; *F:* **the four s. train,** le train de quatre heures et quelque **2.** (*a*) **perhaps we shall see s. of you now,** peut-être nous verrons-nous plus (souvent) maintenant (*b*) **there's s. in what you say,** il y a un fond de vérité dans ce que vous dites; **there's s. in him,** il a du fond; **well, that's s.!** c'est toujours quelque chose! **that was quite s.!** c'était vraiment quelque chose! **II.** *adv* **she plays s. like . . .,** elle joue un peu comme; **it was s. awful,** c'était vraiment affreux.

sometime ['sʌmtaim] **1.** *adv* (*often written in two words*) un jour; **s. (or other),** tôt ou tard; **s. last year,** au cours de l'année dernière; **s. before his departure,** avant son départ; **s. soon,** bientôt, un de ces jours; **I'll do it s.,** je le ferai un de ces jours; *F:* **see you s.!** à bientôt! **2.** *a* **s. chairman of the company,** ancien président de la société.

sometimes ['sʌmtaimz] *adv* quelquefois, parfois; **s. one, s. the other,** tantôt l'un, tantôt l'autre.

somewhat ['sʌm(h)wɔt] *adv* quelque peu; un peu; assez; **to be s. surprised,** être assez étonné; **he was s. of a coward,** il était quelque peu poltron; **it was s. of a relief,** c'était en quelque sorte un soulagement.

somewhere ['sʌm(h)wεər] *adv* quelque part; **s. else,** ailleurs; autre part; **s. or other,** je ne sais où; **s. in the world,** quelque part dans le monde; **he's s. about fifty,** il a dans les cinquante ans; **he lives s. near Oxford,** il habite dans les environs d'Oxford.

somnambulism [sɔm'næmbjulizm] *n* somnambulisme *m*. **som'nambulist** *n* somnambule *mf*.

somnolence ['sɔmnələns] *n* somnolence *f*. **'somnolent** *a* somnolent.

son [sʌn] *n* fils *m*. **'son-in-law** *n* (*pl* **sons-in-law**) gendre *m*, beau-fils *m*.

sonar ['souna:r] *n* sonar *m*.

sonata [sə'na:tə] *n Mus:* sonate *f*.

song [sɔŋ] *n* **1.** chant *m* (des oiseaux); **to burst into s.,** se mettre tout à coup à chanter; **s. thrush,** grive musicienne **2.** chanson *f*; **marching s.,** chanson de route; *F:* **to buy sth for a s.,** acheter qch pour une bouchée de pain; **it went for a s.,** cela s'est vendu pour rien; *F:* **to make a s. (and dance) about sth,** faire des histoires *f* à propos de qch. **'songbird** *n* oiseau chanteur. **'songbook** *n* recueil *m* de chansons. **'songwriter** *n* compositeur, -trice, de chansons, chansonnier *m*.

sonic ['sɔnik] *a* sonique; *Nau:* **s. depth-finder,** sondeur acoustique; *Av:* **s. barrier,** mur du son; **s. boom,** bang *m* (supersonique).

sonnet ['sɔnit] *n* sonnet *m*.

sonorous ['sɔnərəs] *a* sonore. **so'nority** *n* (*pl* **-ies**) sonorité *f*. **'sonorously** *adv* d'un ton sonore.

soon [su:n] *adv* **1.** (*a*) bientôt, tôt; **s. after,** peu après; **s. after four,** un peu après quatre heures; **he'll be here very s.,** il sera ici sous peu; **see you again s.!** à bientôt! **how s. can you be ready?** en combien de temps serez-vous prêt? **too s.,** trop tôt; avant l'heure; **all too s.,** bien trop tôt; **he escaped none too s.,** il s'est échappé juste à temps (*b*) **as s. as,** aussitôt que, dès, que; **as s. as I arrived in London,** dès mon arrivée à Londres; **as s. as he saw them,** dès qu'il les a vus; **as s. as possible,** le plus tôt possible (*c*) **I'd just as s. stay,** j'aime(rai) autant rester **2.** (*a*) **the sooner the better,** le plus tôt sera le mieux; **sooner or later,** tôt ou tard; **no sooner said than done,** aussitôt, dit, aussitôt fait; **no sooner had he finished than he was arrested,** à peine avait-il fini qu'il fut arrêté (*b*) **I'd sooner die,** je préférerais, j'aimerais mieux, mourir; plutôt mourir! **I'd sooner come,** j'aimerais mieux venir.

soot [sut] *n* suie *f*. **'sooty** *a* **(-ier, -iest)** couvert de suie; noir de suie.

soothe [su:ð] *vtr* calmer, apaiser (la douleur); rassurer (qn); tranquilliser (l'esprit de qn). **'soothing** *a* calmant, apaisant. **'soothingly** *adv* avec douceur; (d'un ton) calmant.

sop [sɔp] *vtr* **(sopped** [sɔpt]**) to s. up a liquid,** éponger un liquide. **'sopping** *a & adv* **to be s. (wet),** être (tout) trempé. **'soppy** *a* **(-ier, -iest)** *F:* (*of pers*) idiot, bête; (*of story*) sentimental.

sophistication [səfisti'keiʃn] *n* sophistication *f*; savoir-vivre *m inv*; raffinement *m*; recherche *f*; perfectionnement *m*. **so'phisticated** *a* (*of pers, taste*) raffiné; (*of method, beauty*) sophistiqué; (*of style*) recherché; (*of machinery*) perfectionné, sophistiqué.

sophomore ['sɔfəmɔ:r] *n NAm: Sch:* étudiant, -ante, de seconde année.

soporific [sɔpə'rifik] *a & n* soporifique (*m*); somnifère (*m*).

soprano [sə'pra:nou] *n* (*pl* **sopranos**) *Mus:* soprano *mf*; **s (voice),** soprano *m*.

sorbet ['sɔ:bei] *n Cu:* sorbet *m*.

sorcery ['sɔ:səri] *n* sorcellerie *f*. **'sorcerer, 'sorceress** *n* sorcier *m*; magicien, -ienne.

sordid ['sɔ:did] *a* (*a*) sordide; sale, crasseux (*b*) vil, bas, ignoble. **'sordidness** *n* sordidité *f*; saleté *f*; crasse *f*.

sore [sɔ:r] **1.** *a* (*a*) douloureux; **s. to the touch,**

douloureux au toucher; **that's s.!** ça me fait mal! **to be s. all over,** avoir mal partout (*b*) enflammé, irrité; **s. throat,** mal *m* de gorge; **he's got a s. throat,** il a mal à la gorge; **a. s. point,** un sujet délicat; **that's his s. spot,** c'est son endroit sensible; *Lit:* **to be in s. need of sth,** avoir grandement besoin de qch (*c*) *NAm: F:* (*Br* = **cross**) fâché; **to get s.,** se fâcher **2.** *n* plaie *f*; blessure *f*; écorchure *f*; ulcère *m*; **to (re)open an old s.,** raviver une douleur ancienne. **'sorely** *adv* très; gravement; **s. needed,** dont on a grand besoin; **s. wounded,** grièvement blessé; **s. tried,** cruellement éprouvé. **'soreness** *n* (*a*) endolorissement *m* (*b*) *NAm: F:* (*Br* = **anger**) (sentiment *m* de) rancune *f*.

sorrel¹ ['sɔrəl] *n Bot:* oseille *f*; **s. sour,** soupe *f* à l'oseille.

sorrel² *a & n* (cheval) alezan *m*.

sorrow ['sɔrou] *n* peine *f*, chagrin *m*, tristesse *f*; **to my s.,** à mon regret; **this was a great s. to me,** j'en ai eu beaucoup de peine. **'sorrowful** *a* affligé, chagriné, triste. **'sorrowfully** *adv* tristement.

sorry ['sɔri] *a* **(-ier, -iest)** (*of sight, state, etc*) triste; **to be s.,** être désolé, regretter (**to do,** de faire); **(I'm) s.!** pardon! **to say s.,** demander pardon; **I'm** *so* **s. about it,** j'en suis désolé; **I'm extremely s.,** je regrette infiniment; **I'm so s. to hear that your father has died,** je suis désolé d'apprendre le décès de votre père; **he's s. he did it,** il regrette de l'avoir fait; **I'm s. to say (that),** je regrette d'avoir à vous dire (que); **I'm s. to keep you waiting,** je m'excuse de vous faire attendre; **I'm s. for him,** je le plains; **to be, feel, s. for oneself,** s'apitoyer sur son (propre) sort.

sort [sɔːt] **1.** *n* sorte *f*, genre *m*, espèce *f*; **all sorts of people,** des gens de toutes sortes; **a strange s. of fellow,** un type bizarre; **they're not our s.,** ce ne sont pas des gens comme nous; **that's the s. of man he is,** il est comme ça; **he's a good s.,** c'est un brave type; **she's a (real) good s.,** c'est une brave fille; **something of that s.,** quelque chose de ce genre, dans ce genre-là; **nothing of the s.!** (i) rien de la sorte! (ii) pas du tout! **I shall do nothing of the s.,** je n'en ferai rien; **what s. of man is he?** comment est-il? **what s. of tree is it?** quelle sorte d'arbre est-ce? **what s. of day was it?** (i) quel temps faisait-il? (ii) avez-vous passé une journée agréable? **I have a s. of idea (that),** j'ai comme une idée, j'ai une sorte d'idée (que); **the trees formed a s. of arch,** les arbres formaient comme une arche; **it's a s. of table,** c'est une espèce de table; **it's s. of sad,** c'est plutôt triste; *Pej:* **we had coffee of a s.,** on nous a donné du soi-disant café (*c*) **to be out of sorts,** être indisposé **2.** (*a*) *vtr* trier; classer (des papiers); *Post:* **to s. the letters,** trier les lettres; **to s. out,** trier; séparer (**from,** de); arranger; ranger (un placard, etc); régler (un problème); *F:* **to s. s.o. out,** faire voir à qn (*b*) *vi* **to s. through,** trier (des papiers, etc). **'sorter** *n* (*a*) (*pers*) trieur, -euse; classeur, -euse (*b*) (*machine*) trieuse *f*. **'sorting** *n* triage *m*, tri *m*; classement *m*; *Post:* **s. office,** centre *m* de tri.

sortie ['sɔːtiː] *n Mil: Av:* sortie *f*, mission *f*.

soufflé ['suːflei] *n Cu:* soufflé *m*; **cheese s.,** soufflé au fromage; **s. dish,** moule *m* à soufflé.

sought [sɔːt] *see* **seek**.

soul [soul] *n* âme *f*; **with all my s.,** de tout mon cœur, de toute mon âme (*b*) **he's the s. of honour,** il est l'honneur personnifié, la probité même; **he's the life and s. of the party,** c'est le boute-en-train de la soirée; **he's the s. of the enterprise,** c'est lui qui mène, fait marcher, l'affaire; **All Souls' Day,** la fête des Morts; **ship lost with all souls,** navire perdu corps et biens; **not a living s.,** pas âme qui vive; **without meeting a living s.,** sans rencontrer âme qui vive; **s. (music),** soul *m*; **he's a good s.,** c'est un brave type; **poor s.!** le, la, pauvre! **s. mate,** âme sœur. **'soul-destroying** *a* (emploi) abrutissant. **'soulful** *a* (*a*) plein d'âme; **s. eyes,** yeux expressifs (*b*) sentimental. **'soulfully** *adv* (chanter) (i) avec expression (ii) sentimentalement. **'soulless** *a* sans âme; terre à terre; (travail) abrutissant, dégradant. **'soul-searching** *n* examen *m* de conscience; **after a lot of s.-s.,** après mûre réflexion.

sound¹ [saund] **I.** *n* (*a*) son *m*, bruit *m*; **without a s.,** sans bruit; **there was not a s. to be heard,** on n'entendait pas le moindre bruit; **the s. of a dog barking,** le bruit d'un chien qui aboie; **to turn up, to turn down, the s.,** augmenter, diminuer, le volume (*b*) *Av:* **s. barrier,** mur du son; **s. wave,** onde sonore; **s. engineer,** ingénieur du son; **s. effects,** bruitage *m*; **s. archives,** phonothèque *f* (*c*) **(the science of) s.,** l'acoustique *f* (*d*) **to catch the s. of sth,** entendre qch à demi; **I don't like the s. of it,** ça ne me plaît pas du tout; **he's angry by the s. of it,** il est furieux à ce qu'il paraît. **II.** *v* **1.** *vi* (*a*) sonner; résonner; retentir; **to s. hollow,** sonner creux (*b*) **that sounds well in a speech,** cela fait bon effet dans un discours; **it sounded a long way off,** on aurait dit que cela venait de loin; **to s. like,** être sembler être; ressembler à; **it sounds like, as if,** il semble que (+ *sub or ind*); **it sounds like Mozart,** on dirait du Mozart **2.** *vtr* (*a*) sonner (la cloche, le tocsin); **to s. the trumpet,** sonner de la trompette; *Aut:* **to s. the horn,** klaxonner (*b*) prononcer (une lettre) (*c*) *Med:* ausculter (un malade). **'sounding¹** *n* résonnement *m*, retentissement *m* (du tambour); *Med:* auscultation *f*. **'soundless** *a* silencieux; muet. **'soundlessly** *adv* sans bruit; silencieusement. **sound 'off about** *vi Pej:* se vanter de; rouspéter à propos de. **'soundproof 1.** *a* (*of room*) insonorisé **2.** *vtr* insonoriser. **'soundproofing** *n* insonorisation *f*. **'soundtrack** *n* bande *f* sonore (qn) (**about,** sur).

sound² *Nau: vtr* sonder. **'sounding²** *n Nau:* sondage *m*; **to take soundings,** sonder; **s. balloon,** ballon-sonde *m*. **sound 'out** *vtr* sonder (qn) (**about,** sur).

sound³ *n* détroit *m*; goulet *m*.

sound⁴ 1. *a* (*a*) sain; **of s. mind,** sain d'esprit; **to be as s. as a bell,** (*of pers*) être en parfaite santé; (*of thing*) être en parfait état (*b*) (*of structure*) solide; en bon état; pas endommagé; **s. timber,** bois sans tare; (*c*) **s. financial position,** situation financière solide; **s. statesman,** homme d'état au jugement sain (*d*) (argument) valide; (raisonnement) juste; (instinct) sûr; **a s. piece of advice,** un bon conseil; **it isn't s. finance,** ce n'est pas de la finance sérieuse (*e*) (sommeil) profond; **I'm a s. sleeper,** je dors bien; **to give s.o. a s. thrashing,** donner une bonne correction à qn **2.** *adv* **s. asleep,** profondément endormi. **'soundly** *adv* **1.** (*reasoned*) solidement **2. to sleep s.,** dormir profondément; dormir à poings fermés;

to thrash s.o. s., donner une bonne correction à qn. **'soundness** *n* (*a*) santé *f*; bon état (des marchandises) (*b*) solvabilité *f*; solidité *f* (d'une maison de commerce) (*c*) solidité (d'un argument); justesse *f* (d'un jugement).

soup [su:p] *n* soupe *f*, potage *m*; **thick s.,** crème *f*, purée *f*; **cream s.,** velouté *m*; **clear s.,** consommé *m*; **onion s.,** soupe à l'oignon; *F:* **to be in the s.,** être dans le pétrin; **s. ladle,** louche *f*; **s. spoon,** cuillère à soupe; **s. plate,** assiette creuse; **s. tureen,** soupière *f*. **soup 'up** *vtr F:* augmenter (la puissance de qch); *Pej:* **souped-up,** revu et corrigé; *Aut:* **souped-up engine,** moteur gonflé; **souped-up publicity campaign,** publicité exagérée, mensongère.

sour ['sauər] **1.** *a* (*a*) (fruit, crème, vin) aigre; (pomme) acide; **to turn s.,** (*of wine*) s'aigrir; (*of milk*) tourner; (*of friendship*) se détériorer; (*of conversation*) tourner au vinaigre; **to turn sth s.,** (faire) aigrir qch; **to smell s.,** sentir l'aigre; **the plan went s.,** le projet a mal tourné (*b*) (*of pers*) revêche; aigre **2.** *vi* (*of temper*) s'aigrir. **'sourly** *adv* avec aigreur. **'sourness** *n* (*a*) aigreur *f*, acidité *f* (d'un fruit) (*b*) (*of pers*) aigreur; humeur *f* revêche.

source [sɔ:s] *n* source *f*; **s. of energy,** source d'énergie; **light s.,** source lumineuse; **the Rhone has its s. in the Alps,** le Rhône prend sa source dans les Alpes; **I have it from a good s.,** je le tiens de bonne source; **idleness is the s. of all evil,** l'oisiveté est (la) mère de tous les vices; **to trace a tradition back to its s.,** remonter aux sources, à l'origine, d'une tradition.

souse [saus] *vtr* (*a*) *Cu:* faire mariner (un aliment) (*b*) plonger, immerger (**in,** dans); tremper, noyer (qch, qn) (**with water,** d'eau).

south [sauθ] **1.** *n* sud *m*; **house facing the s.,** maison exposée au sud; **to the s. (of),** au sud (de); **the S. of France,** le Midi (de la France) **2.** *adv* au sud; **to travel s.,** voyager vers le sud; (*of wind*) **to blow s.,** souffler du sud **3.** *a* sud *inv*; (vent) du sud; **to be s. of,** être au sud de; **the s. side,** le côté sud; **the s. coast,** la côté sud; **S. Africa, America,** Afrique, Amérique, du Sud; **S. African,** *a & n* sud-africain, -aine; **S. American,** *a & n* sud-américain -aine. **'southbound** *a* (*of carriageway*) sud *inv*; (*of traffic, train*) en direction du sud. **south-'east 1.** *n* sud-est *m* **2.** *adv* vers le sud-est **3.** *a* (du) sud-est. **south-'easterly, south-'eastern** *a* (du) sud-est. **southerly** ['sʌð-] *a* (*of point*) sud *inv*; (vent, direction) du sud; **s. aspect,** exposition *f* au sud. **southern** ['sʌð-] *a* (du) sud; méridional; **s. lights,** aurore australe; **the S. Cross,** la Croix du Sud; **S. Italy,** le Sud de l'Italie; **S. Africa,** Afrique australe. **southerner** ['sʌð-] *n* habitant, -ante, du sud; méridional, -ale; *US: Hist:* sudiste *mf*. **'southernmost** *a* le plus au sud. **'southward(s)** *adv* vers le sud. **south-'west 1.** *n* sud-ouest *m* **2.** *adv* vers le sud-ouest **3.** *a* du sud-ouest. **south-'westerly, south-'western** *a* (du) sud-ouest.

souvenir [su:və'ni(:)ər] *n* souvenir *m*.

sou'wester [sau'westər] *n Cl:* chapeau *m* imperméable; suroît *m*.

sovereign ['sɔvrin] **1.** *n* (*a*) souverain, -aine (*b*) souverain *m* (ancienne pièce en or, valeur £1) **2.** *a* souverain, suprême; (droits) de souveraineté. **'sovereignty** *n* souveraineté *f*.

soviet ['souviet, 'sɔv-] **1.** *n* soviet *m* **2.** *a* soviétique; **the S. Union,** l'Union *f* soviétique; **Union of S. Socialist Republics (USSR),** Union des Républiques Socialistes Soviétiques (URSS).

sow¹ [sou] *vtr* **(sowed; sown)** semer; **to s. land with wheat,** ensemencer une terre de blé; **to s. discord,** semer la discorde. **'sower** *n* (*pers*) semeur, -euse; (*machine*) semoir *m*. **'sowing** *n* semailles *fpl*, semis *m*; **s. machine,** semoir *m*.

sow² [sau] *n* truie *f*.

soya ['sɔi(ə)] *n* **s. (bean),** graine *f* de soja *m*; **s. sauce,** sauce soja. **'soybean** *n NAm:* graine *f* de soja.

sozzled ['sɔzəld] *a P:* (*drunk*) bourré.

spa [spɑ:] *n* station thermale; source minérale.

space [speis] **1.** *n* (*a*) espace *m*; période *f* (*b*) **(outer) s.,** l'espace (cosmique); **he sat staring into s.,** il était assis le regard perdu dans le vide; **s. flight,** voyage spatial; **s. station,** station spatiale; **s. travel,** l'astronautique *f*; **s. race,** course interplanétaire (*c*) espace; place *f*; **in a confined s.,** dans un espace restreint; **to take up a lot of s.,** prendre, occuper, beaucoup de place; **s. heater,** radiateur *m* (électrique) (*d*) espace libre; espacement *m*, intervalle; (*between lines of writing*) interligne *m*; (*on form*) **blank s.,** espace, blanc *m*; **s. between two things,** écartement *m* de deux choses; **sign in the s. indicated,** signez dans la case indiquée **2.** *vtr* **to s. out,** espacer; échelonner (des paiements). **'spacecraft** *n* engin spatial. **'spaceman** *n* (*pl* **-men**) astronaute *m*, cosmonaute *m*. **'space-saving** *a* qui permet de gagner de la place; compact. **'spaceship** *n* engin spatial. **'spacesuit** *n* scaphandre *m* (de cosmonaute). **'spacing** *n* espacement *m*; écartement; échelonnement *m*; *Typew:* **single, double, s.,** simple, double, interligne *m*. **'spacious** *a* spacieux, grand; (*of garment*) ample. **'spaciousness** *n* grandeur *f*; proportions spacieuses (d'une salle).

spade¹ [speid] *n Tls:* bêche *f*; (*child's*) pelle *f*; *F:* **to call a s. a s.,** appeler les choses par leur nom; appeler un chat un chat. **'spadeful** *n* pleine bêche; pelletée *f*. **'spadework** *n Fig:* travail *m* préparatoire; (*around problem*) débroussaillage *m*.

spade² *n Cards:* pique *m*.

spaghetti [spə'geti] *n Cu:* spaghetti(s) *mpl*.

Spain [spein] *Prn Geog:* Espagne *f*.

span [spæn] **1.** *n* (*a*) (*of wings, aircraft*) envergure *f* (*b*) portée *f*, largeur *f* (d'une voûte, d'une arche); écartement *m* (de deux piliers); travée *f* (d'un pont) (*c*) **life s.,** durée *f*, espérance *f*, de vie **2.** *vtr* **(spanned)** (*of bridge*) franchir, enjamber (un ravin); (*in time*) couvrir, embrasser (un siècle).

Spaniard ['spænjəd] *n* Espagnol, -ole.

spaniel ['spænjəl] *n* épagneul *m*.

Spanish ['spæniʃ] **1.** *a* espagnol; (oignon) d'Espagne **2.** *n* (*a*) *npl* **the S.,** les Espagnols *m* (*b*) *n Ling:* espagnol *m*. **Spanish-A'merican** *a* hispano-américain.

spank [spæŋk] **1.** *n* fessée *f* **2.** *vtr* fesser, donner une fessée à (un enfant). **'spanking** *n* fessée *f*.

spanner ['spænər] *n* (*NAm:* = **wrench**) clef *f*, clé *f*; **adjustable s.,** (*NAm:* = **monkey wrench**) clef anglaise, clef à molette; **ring s.,** clef polygonale; **open-end(ed) s.,** clef à fourche, clef plate; *F:* **to throw a s. in the works,** mettre des bâtons dans les roues.

spar¹ [spɑːr] *n Nau:* espar *m.*
spar² *vi* **(sparred) to s. with s.o.,** (*of boxer*) s'entraîner, *Fig:* (*of pers*) argumenter, avec qn; **sparring partner,** *Box:* sparring-partner *m; Fig:* adversaire *m.*
spare¹ [spɛər] **1.** *a* de, en trop; (*available*) disponible; **s. time,** loisirs *mpl;* **in my s. time,** quand j'ai du temps libre; **s. capital,** fonds disponibles; **s. clothes,** vêtements de rechange; **s. room,** chambre d'ami; *Tchn:* **s. part,** *n* **spare,** pièce de rechange, pièce détachée; **s. engine,** moteur de remplacement; **s. tyre,** *n* **s.,** pneu de rechange; **s. wheel,** roue de secours **2.** *vtr* (*a*) épargner; **to s. no expense,** ne pas regarder à la dépense; **to s. no pains,** ne pas ménager, marchander, sa peine (*b*) se passer de (qch); **can you s. it?** pouvez-vous vous en passer? **I can't s. you the money,** je ne peux pas vous donner l'argent; **we can s. him,** nous n'avons pas besoin de lui; **to have nothing to s.,** n'avoir que le strict nécessaire; **to have enough and to s.,** avoir plus qu'il n'en faut (de qch); **I can't s. the time,** je n'ai pas le temps; **five to s.,** cinq de trop; **I have a minute to s.,** je peux disposer d'un instant; **no time to s.,** pas de temps libre; **can you s. me a few moments?** pouvez-vous m'accorder quelques moments? (*c*) **to s. s.o.,** épargner qn; épargner à qn (le chagrin, les détails, etc); **to s. s.o.'s life,** épargner la vie à qn; **to s. s.o.'s feelings,** ménager qn; **to s. s.o. the trouble of doing sth,** éviter à qn la peine de faire qch. **spare'rib** *n Cu:* côte *f* de porc (garnie de peu de viande). **'sparing** *a* frugal; (usage) modéré; **to be s. with the butter,** ménager le beurre; **s. of praise,** avare de louanges. **'sparingly** *adv* frugalement; **to use sth s.,** ménager qch.
spare² *a* maigre.
spark [spɑːk] **1.** *n* étincelle *f;* (*from fire*) flammèche *f; Fig:* lueur *f* (d'esprit); *Aut:* **s. plug,** bougie *f* **2.** *vi* émettre des étincelles. **'sparking** *n El:* émission *f,* (*accidental*) jaillissement *m,* d'étincelles; *Aut:* **s. plug,** bougie. **spark 'off** *vtr* provoquer (une idée); déclencher (une révolution).
sparkle ['spɑːkl] **1.** *n* (*a*) étincelle *f;* brève lueur (*b*) étincellement *m;* éclat *m* (des yeux); feux *mpl* (d'un diamant) **2.** *vi* étinceler, scintiller; (*of wine*) pétiller; (*of eyes*) briller. **'sparkler** *n* (*firework*) cierge *m* magique. **'sparkling** *a* étincelant, brillant; (*of water*) pétillant; (vin) pétillant, mousseux.
sparrow ['spærou] *n Orn:* moineau *m;* **hedge s.,** fauvette *f* d'hiver. **'sparrowhawk** *n Orn:* épervier *m.*
sparse [spɑːs] *a* clairsemé; épars. **'sparsely** *adv* peu abondamment; **s. populated,** peu peuplé.
spartan ['spɑːtən] *a* spartiate; (vie) austère.
spasm ['spæzəm] *n* accès *m* (de toux, de jalousie); *Med:* spasme *m;* **to work in spasms,** travailler par à-coups *mpl.* **spas'modic** *a* irrégulier, intermittent; (travail) fait par à-coups; *Med:* spasmodique. **spas'modically** *adv* (travailler) par à-coups.
spastic ['spæstik] *Med:* **1.** *a* (paralysie) spasmodique **2.** *n* handicapé, -ée, moteur.
spat [spæt] *see* **spit² I.**
spate [speit] *n* crue *f;* avalanche *f* (de lettres); **river in s.,** rivière en crue; **to have a s. of work,** être débordé de travail.
spatial ['speiʃəl] *a* spatial.
spatter ['spætər] **1.** *vtr* **to s. s.o. with mud,** éclabousser qn de boue; **spattered with mud, blood,** maculé de boue, de sang **2.** *vi* (*of mud, etc*) **to s. over s.o.,** éclabousser qn.
spatula ['spætjulə] *n* spatule *f.*
spawn [spɔːn] **1.** *n* frai *m,* œufs *mpl* (de poisson); blanc *m* (de champignon) **2.** *v* (*a*) *vi* (*of fish*) frayer (*b*) *vtr* pondre; *Fig:* engendrer, donner naissance à (qch).
spay [spei] *vtr Vet:* châtrer (une femelle).
speak [spiːk] *v* (**spoke** [spouk]; **spoken**) **1.** *vi* (*a*) parler; **without speaking,** sans rien dire; **to s. to s.o.,** parler à qn; s'adresser à qn, adresser la parole à qn; **I'll s. to him about it,** je lui en toucherai un mot; **I know him to s. to,** je le connais assez pour lui dire bonjour; **speaking for myself,** pour ma part; *F:* **s. for yourself!** parle pour toi-même! **roughly speaking,** approximativement; **so to s.,** pour ainsi dire; *Tp:* **who's speaking?** qui est à l'appareil? c'est de la part de qui? **Mr Thomas?—(yes,) speaking,** M. Thomas?—lui-même; **that speaks for itself,** c'est évident; **the facts s. for themselves,** ces faits parlent d'eux-mêmes, se passent de commentaires (*b*) faire un discours; prendre la parole **2.** *vtr* (*a*) dire (un mot, sa pensée); **to s. the truth,** dire la vérité; **to s. one's mind,** dire ce que l'on pense; (*of actor*) **to s. one's lines,** dire son texte; **to s. s.o.'s name,** prononcer le nom de qn (*b*) parler; **do you s. French?** parlez-vous français? **English is spoken everywhere,** l'anglais se parle partout; *PN:* **French spoken,** ici on parle français. **'speaker** *n* (*a*) (*in dialogue*) interlocuteur, -trice; (*in public*) orateur *m;* **to be a Spanish s.,** parler espagnol; **to be a fluent s.,** avoir la parole facile; **native s.,** locuteur natif (*b*) *Pol:* **the S.** = le Président (des Communes) (*c*) (*loudspeaker*) haut-parleur *m;* (*of hi-fi*) baffle *m;* **set of speakers,** enceinte *f* (acoustique). **'speak for** *vtr* prendre la parole, parler, plaider, pour (qn); **that speaks well for your courage,** cela en dit long sur votre courage; **to be spoken for,** être pris, réservé. **'speaking** *a & n* **1.** *a* (*of doll*) parlant; **English-s.,** de langue anglaise; anglophone **2.** *n* parler *m;* parole *f;* **plain s.,** franchise *f,* franc-parler *m;* **to be on s. terms with,** parler à; **not to be on s. terms (with s.o.),** être brouillé (avec qn); **public s.,** art *m* oratoire. **speak 'of** *vtr* parler de; **speaking of,** à propos de; **she has no voice to s. of,** elle n'a pour ainsi dire pas de voix; **it's nothing to s. of,** ce n'est pas grand-chose, cela ne vaut pas la peine d'en parler; **to s. well of s.o.,** dire du bien de qn; **to be well spoken of,** avoir une bonne réputation. **speak 'out** *vi* parler (franchement). **speak 'up** *vi* parler plus fort; parler (franchement); **to s. up for s.o.,** parler en faveur de qn; **what is it?—s. up!** qu'est-ce qu'il y a?—allez, dis-le!
spear [spiər] *n* lance *f;* (*for throwing*) javelot *m; Fish:* harpon *m.* **'spearhead 1.** *n* fer *m* de lance **2.** *vtr* être le fer de lance de (attaque, campagne); *Mil:* **to s. the crossing of a river,** forcer le premier le passage d'un fleuve. **'spearmint 1.** *n* menthe (verte) **2.** *a* à la menthe; (*of chewing gum*) mentholé.
spec [spek] *n F:* **on s.,** à tout hasard.
special ['speʃəl] **1.** *a* spécial; (*of care, attention*) (tout) particulier; préféré; **s. feature,** particularité *f;* *Journ:* **s. correspondent,** envoyé spécial; **to make a s.**

study of sth, se spécialiser dans qch; *Com:* **s. price,** prix de faveur; *Pol:* **s. measures,** mesures *fpl* extraordinaires; **s. friend,** ami(e) intime; *Post:* **s. delivery,** envoi par porteur spécial; **there will be a s. delivery on . . .,** il y aura une distribution (de courrier) exceptionnelle le . . ., **on s. occasions,** dans les grandes occasions; **I've nothing s. to tell you,** je n'ai rien de particulier à vous dire; *Cin:* **s. effects,** trucage *m* **2.** *a & n* **s. (constable),** personne *f* qui fait fonction d'agent de police **3.** *n* train spécial; édition spéciale (d'un journal); (*in restaurant*) **today's s.,** le plat du jour. **'specialist** *n* spécialiste *mf*; **heart s.,** spécialiste en cardiologie, cardiologue *mf*; **s. dictionary,** dictionnaire *m* technique, spécialisé. **speciality** [speʃi'æliti] *n*, *NAm:* **specialty** ['speʃəlti] *n* (*pl* **-ies**) spécialité *f*; **that's my s.,** c'est mon fort; **s. chocolates,** chocolats *mpl* de luxe. **speciali'zation** *n* spécialisation *f*. **'specialize** *vi* se spécialiser (**in,** dans). **'specialized** *a* (*of staff, system*) spécialisé (**in,** dans); **s. field,** spécialité *f*; **s. knowledge,** connaissances spéciales, techniques. **'specially** *adv* spécialement; particulièrement; surtout.

species ['spi:ʃi:z] *n* (*inv in pl*) espèce *f*; **closely related s.,** espèces voisines.

specify ['spesifai] *vtr* **(specified)** spécifier, déterminer; préciser; **specified load,** charge prévue; **unless otherwise specified,** sauf indication contraire. **spe'cific** *a* (*a*) *Tchn:* spécifique; *Ph:* **s. gravity,** poids *m* spécifique (*b*) (*of statement*) précis; (*of order*) explicite; **s. aim,** but déterminé. **spe'cifically** *adv* (*a*) *Tchn:* spécifiquement (*b*) expressément; précisément. **specifi'cation** *n* spécification *f* (des détails); *pl* caractéristiques *fpl* (d'une voiture, d'une machine, etc).

specimen ['spesimin] *n* (*a*) spécimen *m* (d'une espèce); (*of plant or insect, etc in collection*) pièce *f*; (*b*) échantillon *m* (d'urine); prélèvement *m* (de sang); (*for microscope*) préparation *f*; *F:* (*of pers*) **queer s.,** drôle *m* de type; **s. page,** page spécimen; **s. signature,** spécimen de signature; *Publ:* **s. copy,** spécimen.

specious ['spi:ʃəs] *a* spécieux; trompeur; captieux. **'speciousness** *n* apparence trompeuse.

speck [spek] *n* petite tache; point *m*; grain *m*, atome *m* (de poussière); **s. on the horizon,** point noir à l'horizon. **'speckled** *a* tacheté, moucheté; (*of plumage*) grivelé.

specs [speks] *npl F:* lunettes *fpl*.

spectacle ['spektəkl] *n* spectacle *m*; (*glasses*) **spectacles,** lunettes *fpl*; **s. case,** étui à lunettes. **spectacular** [-'tæk-] **1.** *a* spectaculaire **2.** *n Th:* superproduction *f*. **spectator** [-'teit-] *n* spectateur, -trice; **the spectators,** l'assistance *f*; **s. sport,** sport *m* populaire.

spectre, *NAm:* **specter** ['spektər] *n* spectre *m*, fantôme *m*.

spectrum ['spektrəm] *n* (*pl* **spectra**) *Ph:* spectre *m*; *Fig:* gamme *f* (de produits); **the colours of the s.,** les couleurs spectrales.

speculate ['spekjuleit] **1.** *vi* (*a*) **to s. about, on, sth,** s'interroger, faire des conjectures, sur qch (*b*) *Fin: Phil:* spéculer **2.** *vtr* **to s. that,** conjecturer que. **specu'lation** *n* (*a*) méditation *f* (**on,** sur); conjectures *fpl* (*b*) *Fin: Phil:* spéculation *f*. **'speculative** *a Fin: Phil:* spéculatif; **that's s.,** c'est (très) hypothétique. **'speculator** *n Fin:* spéculateur, -trice; *StExch:* agioteur *m*, joueur, -euse en Bourse.

sped [sped] *see* **speed 2.**

speech [spi:tʃ] *n* (*a*) **(faculty of) s.,** la parole; **(manner of) s.,** élocution *f*; façon *f* de parler; **to lose the power of s.,** perdre la parole; **freedom of s.,** liberté *f* d'expression; **s. therapy,** orthophonie *f*; **s. therapist,** orthophoniste *mf*; *Gram:* **part of s.,** catégorie grammaticale; **reported, indirect, s.,** discours indirect (*b*) langage *m* (d'un groupe); langue *f* (d'un peuple); parler *m* (d'une région) (*c*) discours; *Th:* tirade *f*, monologue *m*; **to make a s.,** faire, prononcer, un discours; **a short s.,** une allocution; *Sch:* **s. day,** distribution *f* des prix. **'speechless** *a* muet (**with,** de); incapable de parler; (*with surprise*) interdit, interloqué.

speed [spi:d] **1.** *n* (*a*) vitesse *f*; rapidité *f*; **at s.,** à grande vitesse; **at full s., at top s.,** à toute vitesse, à toute allure; **maximum s.,** vitesse maximum, limite; (*of car*) (vitesse) plafond (*m*); **to pick up s.,** prendre de la vitesse; **s. limit,** (*of engine*) vitesse maximale; (*of car on a road*) limitation *f* de vitesse; *F:* **s. merchant,** fou, folle, de volant, chauffard *m*; *F:* **s. cop,** motard *m*; (*b*) *Phot:* sensibilité *f* (d'un film) (*c*) *Aut:* (*gear*) vitesse; **three-s. gearbox,** boîte à trois vitesses; **s. control,** programmateur *m* de vitesse **2.** *vi* **(speeded,** *occ* **sped)** (*a*) faire de la vitesse; **the holidays sped by,** on n'a pas vu passer les vacances (*b*) *Aut:* aller trop vite; faire un excès de vitesse. **'speedboat** *n* canot *m* automobile; vedette *f*. **'speedily** *adv* rapidement, promptement, vite. **'speeding** *n Jur:* excès *m* de vitesse. **spee'dometer,** *F:* **'speedo** *n* indicateur *m*, compteur *m*, de vitesse. **speed 'up 1.** *vtr* accélérer, activer (le travail) **2.** *vi* (*of pers*) aller plus vite; (*of pace*) s'accélérer. **'speedway** *n Sp:* piste *f* de vitesse pour motos; *NAm: Sp: Aut:* circuit *m* (automobile); **s. (racing),** courses *fpl* de moto. **'speedy** *a* **(-ier, -iest)** rapide; prompt.

speleology [spi:li'ɔlədʒi] *n* spéléologie *f*. **spele'ologist** *n* spéléologue *mf*.

spell¹ [spel] *n* (*a*) incantation *f*; formule *f* magique (*b*) charme *m*, sortilège *m*; *Fig:* charme; **to cast a s. over s.o.,** jeter un sort à qn; ensorceler qn; *Fig:* mettre qn sous le charme. **'spellbound** *a* captivé; **to hold one's audience s.,** tenir ses auditeurs sous le charme.

spell² *vtr & i* **(spelled** *or* **spelt)** (*a*) épeler; (*in writing*) orthographier (un mot); **he can't s.,** il ne sait pas l'orthographe; **to s. out,** épeler; *Fig:* expliquer très clairement; *Fig:* **do I have to s. it out for you?** faut-il que je mette les points sur les i? **how is it spelt?** comment cela s'écrit-il? **this word is spelt wrongly,** ce mot est mal écrit, mal orthographié; **what do these letters s.?** quel mot forment ces lettres? (*b*) *Fig:* signifier; **that would s. disaster!** ce serait le désastre! **'spelling** *n* orthographe *f*; **s. mistake,** faute *f* d'orthographe.

spell³ *n* (*a*) **to do a s. of duty,** faire un tour de service; **to take spells at the pumps,** se relayer aux pompes (*b*) (courte) période; moment *m*; **a s. of cold weather,** une période de froid; **during the cold s.,**

pendant le coup de froid; **after a short s. as a teacher,** après avoir enseigné pendant quelque temps; **a long s. in hospital, etc.,** un long séjour à l'hôpital, etc.

spend [spend] **(spent) 1.** *vtr* (*a*) dépenser (**on,** en, pour); **to s. money on s.o.,** faire des dépenses pour qn; **without spending a penny,** sans rien débourser; *F:* **to s. a penny,** aller faire pipi (*b*) consacrer (du soin, du temps) (**on,** à) (*c*) passer, employer (son temps); **to s. Monday working,** passer lundi à travailler **2.** *vi* dépenser. **'spender** *n* **to be a big s.,** dépenser beaucoup. **'spending** *n* dépenses *fpl*; **s. power,** pouvoir d'achat; **s. money,** argent de poche; **defence s.,** budget *m* de la défense. **'spendthrift** *n* dépensier, -ière. **spent** *a* utilisé; (*of energy*) épuisé; (*of bullet*) utilisé; **s. cartridge,** douille *f* vide.

sperm [spəːm] *n* (*pl* **sperm, sperms**) (*single male cell*) spermatozoïde *m*; (*semen*) sperme *m*; **s. bank,** banque *f* de sperme; *Z:* **s. whale,** cachalot *m*.

spew [spjuː] *vtr* vomir.

sphere ['sfiər] *n* sphère *f*; milieu *m*, domaine *m*; **limited s.,** cadre restreint; **social s.,** milieu social; **that doesn't come within my s.,** cela sort de ma compétence; **s. of influence,** sphère, zone *f*, d'influence; **in the political s.,** sur le plan politique. **'spherical** *a* sphérique.

sphinx [sfiŋks] *n* sphinx *m*.

spice [spais] **1.** *n* épice *f*; aromate *m*; piquant *m* (de la vie); piment *m* (de l'aventure); **mixed spice(s),** épices mélangées; **s. rack,** étagère *f* (porte-pots) à épices; **to give s. to a story,** pimenter un récit **2.** *vtr* épicer; pimenter (un récit). **'spiciness** *n* goût épicé; piquant, sel *m* (d'un récit). **'spicy** *a* **(-ier, -iest)** (*of food*) épicé; (goût) relevé; (*of story*) pimenté.

spick-and-span [spikən'spæn] *a* impeccable; reluisant, étincelant, de propreté; nickel; (*of pers*) propre comme un sou neuf.

spider ['spaidər] *n* araignée *f*; **spider's web,** toile *f* d'araignée; *Bot:* **s. plant,** chlorophytum *m*. **'spidery** *a* **s. handwriting,** pattes *fpl* de mouche.

spiel [ʃpiːl] *n F:* boniment *m*, baratin *m*.

spigot ['spigət] *n* fausset *m*, broche *f* (de tonneau).

spike [spaik] **1.** *n* pointe *f*; piquant *m* (de fil barbelé); *Sp:* **spikes,** chaussures *fpl* (de course) à pointes **2.** *vtr* transpercer; corser (une boisson); *Fig:* **to s. s.o.'s guns,** contrarier les projets de qn. **'spiky** *a* garni de pointes.

spill [spil] **1.** *v* (**spilt** *or* **spilled**) (*a*) *vtr* répandre, renverser (du vin, de l'eau); verser (du sang); *F:* **to s. the beans,** vendre la mèche (*b*) *vi* (*of liquid*) **to s. (out),** se répandre; s'écouler, **to s. over,** déborder **2.** *n* **to have a s.,** culbuter; (*from bicycle*) ramasser une pelle.

spillikins ['spilikinz] *n Games:* mikado *m*.

spin [spin] **1.** *v* (**spun; spinning**) (*a*) *vtr* filer (la laine); faire tourner (une toupie, une roue); essorer (le linge); *Fig:* débiter (une histoire); **to s. a coin,** jouer à pile ou face; **to s. s.o. round,** faire tourner qn (*b*) *vi* (*of spinner, spider*) filer; (*of wheel*) patiner (sur place); (*of aircraft*) descendre en vrille; (*of compass*) s'affoler; (*of wheel*) **to s. (round),** tourner; (*of pers*) **to s. round,** se retourner vivement; **to s. round and round,** tournoyer; **my head's spinning,** la tête me tourne; **blow that sent him spinning,** coup qui l'a envoyé rouler; **the car spun round,** la voiture a fait un tête-à-queue **2.** *n* (*a*) tour *m*; tournoiement *m*; *Av:* vrille *f*; (*car ride*) petit tour; *F:* **to be in a flat s.,** ne pas savoir où donner de la tête; **to put s. on a ball,** donner de l'effet à une balle (*b*) *DomEc:* essorage *m* (du linge); **s. drier,** essoreuse *f*. **spin-'dry** *vtr* **(spin-dried)** *DomEc:* essorer (du linge). **'spinner** *n* (*pers*) fileur, -euse; *DomEc:* (*machine*) essoreuse. **'spinning** *n* filage *m*; *Ind:* filature *f*; **s. wheel,** rouet *m*; **s. top,** toupie. **'spin-off** *n* (*a*) avantage *m*, inattendu (*b*) dérivé *m*. **spin 'out** *vtr* faire traîner (une affaire) en longueur; faire durer (un discours, une discussion).

spinach ['spinidʒ] *n* épinard *m*; *Cu:* épinards *mpl*.

spindle ['spindl] *n Tex:* fuseau *m*; *MecE:* mandrin *m*; axe *m* (de pompe); arbre *m* (de tour). **'spindly** *a* (*of pers*) maigrelet; (*of legs*) grêle.

spindrift ['spindrift] *n* embrun *m*; poudrin *m*.

spine [spain] *n* (*a*) *Anat:* épine dorsale; colonne vertébrale (*b*) dos *m* (d'un livre); épine (de poisson); piquant *m* (de hérisson); arête *f* (de colline). **'spinal** *a* spinal; **s. column,** colonne vertébrale; **s. cord,** moelle épinière. **'spinechilling** *a* (film, histoire) à vous glacer le sang. **'spineless** *a* (*of pers*) mou; qui manque de caractère. **'spiny** *a* **(-ier, -iest)** épineux; couvert de piquants.

spinney ['spini] *n* petit bois; bosquet *m*.

spinster ['spinstər] *n Adm:* célibataire *f*; *Pej:* vieille fille.

spiral ['spaiərəl] **1.** *n* spirale *f*; **in a s.,** en spirale; *Av:* **s. dive,** descente spirale; **wage-price s.,** montée *f* en flèche des prix et des salaires **2.** *a* spiral; en spirale; vrillé; **s. staircase,** escalier en colimaçon **3.** *vi* **(spiralled,** *NAm:* **spiraled)** (*of prices*) monter en flèche; (*of rocket*) **to s. up,** monter en vrille.

spire ['spaiər] *n* aiguille *f*, flèche *f* (d'église).

spirit ['spirit] **1.** *n* (*a*) esprit *m*, âme *f*; **I'll be with you in s.,** je serai avec vous de cœur; **the Holy S.,** le Saint-Esprit; **evil s.,** esprit malin; **the leading s.,** l'âme, le chef (d'une entreprise) (*b*) esprit, disposition *f*; **party s.,** l'esprit du parti; **to enter into the s. of sth,** entrer de bon cœur dans (la partie); **the right s.,** l'attitude *f* qu'il faut; **to take sth in the wrong s.,** prendre qch en mauvaise part, de travers; **that's the s.!** à la bonne heure! (*c*) courage *m*, vigueur *f*; **to show s.,** montrer du caractère, du courage; **to be in high spirits,** être plein d'entrain; **to be in low spirits,** être abattu, accablé; **to be in good spirits,** être de bonne humeur; **to keep up one's spirits,** ne pas perdre courage; **their spirits rose,** ils reprenaient courage; **to raise s.o.'s spirits,** remonter le moral de qn (*d*) *usu pl* spiritueux *mpl*; alcool *m*; **surgical s.** = alcool à 90°; **s. lamp,** lampe à alcool; **s. level,** niveau *m* à bulle (d'air) **2.** *vtr* **to s. sth away,** faire disparaître mystérieusement (qn); *Hum:* (*steal*) subtiliser, escamoter, qch. **'spirited** *a* (*of pers*) fougueux, animé; (*of horse*) fougueux; (*of campaign*) vigoureux; **he gave a s. performance,** il a joué avec brio, avec verve. **'spiritual 1.** *a* spirituel **2.** *n Mus:* **(negro) s.,** (negro-)spiritual *m*. **'spiritualism** *n* spiritisme *m*. **'spiritualist** *a & n* spirite (*mf*). **'spiritually** *adv* spirituellement.

spit¹ [spit] *n* (*a*) *Cu:* broche *f* (*b*) *Geog:* langue *f* de sable; flèche (littorale).

spit² **1.** *v* **(spat; spitting)** (*a*) *vi* cracher; (*of fire*) crépiter; **it's spitting (with rain),** il tombe quelques gouttes (*b*) *vtr* cracher (du sang); **to s. sth out,** (re)cracher qch; *F:* **s. it out!** vide ton sac! **2.** *n* crachat *m*; salive *f*; *F:* **he's the dead s. of his father,** c'est son père tout craché; *F:* **s. and polish,** astiquage *m*. **'spitting** **1.** *n* crachement *m*; *PN:* **no s.,** défense de cracher **2.** *a F:* **he's the s. image of his father,** c'est le portrait tout craché de son père, c'est son père tout craché. **'spittle** *n* salive *f*; crachat(s) *m*(*pl*); bave *f*. **spi'ttoon** *n* crachoir *m*.

spite [spait] **1.** *n* (*a*) rancune *f*; malveillance *f*; dépit *m* (*b*) *prep phr* **in s. of,** en dépit de; malgré; **in s. of the fact that,** bien que (+ *sub*) **2.** *vtr* **to do sth to s. s.o.,** faire qch pour contrarier, vexer, qn. **'spiteful** *a* rancunier, vindicatif, méchant, malveillant; **s. tongue,** langue venimeuse. **'spitefully** *adv* par dépit; méchamment. **'spitefulness** *n* méchanceté *f*; rancœur *f*; malveillance.

splash [splæʃ] **1.** *n* (*a*) éclaboussement *m*; clapotement *m*, clapotis *m* (des vagues); **to make a s.,** (*in water*) faire floc; *F:* (*of pers, event*) faire sensation *f*; **to fall into the water with a s.,** tomber dans l'eau en faisant floc; *Journ:* **s. headline,** grosse manchette (*b*) éclaboussure *f* (de boue); tache *f* (de couleur, de lumière) **2.** *v* (*a*) *vtr* éclabousser (**with,** de; **over,** sur); répandre; **to s. one's money about,** prodiguer son argent, jeter son argent par les fenêtres; *Journ:* **to s. a piece of news,** faire la une des journaux; **to s. oneself, one's face, with water,** s'asperger (la figure) d'eau (*b*) *vi* (*of mud, ink, etc*) faire des éclaboussures; (*of waves*) clapoter, déferler; (*of tap*) cracher; **to s. over sth, s.o.,** éclabousser qch, qn; **to s. up,** gicler; **to s. (about),** (*in river, mud*) patauger; (*in bath*) barboter; *F:* **to s. out,** claquer de l'argent; **I've splashed out on a new hat,** je me suis payé un nouveau chapeau. **splash 'down** *vi* (*of spacecraft*) amerrir. **'splashdown** *n* amerrissage *m* (d'un engin spatial).

spleen [spli:n] *n Anat:* rate *f*; *Fig:* mauvaise humeur; *Lit:* spleen *m*.

splendid ['splendid] *a* splendide; superbe; magnifique; **that's s.!** à la bonne heure! **'splendidly** *adv* splendidement; magnifiquement. **'splendour,** *NAm:* **'splendor** *n* splendeur *f*, magnificence *f*; éclat *m*.

splice [splais] *vtr* **1.** épisser (un cordage) **2.** *Cin:* coller (un film); raccorder (une bande magnétique).

splint [splint] *n Surg:* éclisse *f*; attelle *f*; **to put a limb in splints,** éclisser un membre.

splinter ['splintər] **1.** *n* éclat *m* (de bois); écharde (logée sous la peau); esquille *f* (d'os fracturé); *Pol:* **s. group,** groupe dissident **2.** *vtr & i* (faire) voler en éclats; (faire) éclater. **'splintered** *a* (bois) en éclats; (os) en esquilles.

split [split] **1.** *n* fente *f*; fissure *f*; déchirure *f* (dans une robe); crevasse *f* (dans une roche); division *f*, scission *f* (dans un parti politique); rupture *f* (d'un couple); *Cu:* **banana s.,** banana split *m*; *Gym:* **to do the splits,** faire le grand écart **2.** *v* **(split; splitting)** (*a*) *vtr* fendre (du bois); cliver (la roche); déchirer (un vêtement); diviser (un groupe); partager (une somme); **to s. sth in two,** couper qch en deux; **to s. one's head open,** s'ouvrir la tête; *Ph:* **to s. the atom,** fissionner l'atome; *Fig:* **to s. hairs,** couper les cheveux en quatre (*b*) *vi* se fendre; (*of cloth*) se déchirer; (*of party*) se diviser; (*of group*) éclater; (*of couple*) rompre, se séparer; **to s. open,** se fendre; **to s. off,** se séparer, se détacher; *F:* **my head's splitting,** j'ai un mal de tête atroce; *F:* **to s. on s.o.,** dénoncer qn; vendre (un complice) **3.** *a* fendu; **s. peas,** pois cassés; **(in) a s. second,** (en) une fraction de seconde; **s. personality,** dédoublement *m* de la personnalité. **split-'level** *a* **s.-l. apartment,** duplex *m*. **'splitting** **1.** *a* **to have a s. headache,** avoir un mal de tête atroce **2.** *n* fendage *m*; *Ph:* fission *f* (de l'atome); **s. up,** division; séparation *f* (de deux personnes). **split 'up** **1.** *vtr* diviser (un groupe); partager (une somme, un travail) (**between,** entre) **2.** *vi* (*of group*) éclater; (*of two people*) se séparer, rompre; (*of crowd*) se disperser; **the party s. up into three groups,** le parti s'est divisé en trois groupes.

splodge, splotch [splɔdʒ, splɔtʃ] *n* tache *f*.

splurge [splə:dʒ] *vi F:* claquer de l'argent.

splutter ['splʌtər] **1.** *v* (*a*) *vi* (*of sparks, fat*) crépiter; (*stutter*) bredouiller, bafouiller; (*of engine*) bafouiller (*b*) *vtr* **to s. (out),** bredouiller (une excuse) **2.** *n* bredouillement *m* (de qn); bafouillage *m* (de qn, d'un moteur).

spoil [spɔil] *v* **(spoiled *or* spoilt)** **1.** *vtr* (*a*) gâter; abîmer; gâcher, gâter (le plaisir, la vie); **to s. a piece of work,** gâcher un travail; **to get spoiled,** s'abîmer; **to s. s.o.'s appetite,** couper l'appétit à qn (*b*) gâter (un enfant) **2.** *vi* (*of fruit*) se gâter, s'abîmer; s'avarier; **to be spoiling for a fight,** brûler du désir de se battre. **spoils** *npl* butin *m*; **to claim one's share of the s.,** demander sa part du gâteau. **'spoilsport** *n* rabat-joie *m inv*. **spoilt** *a* gâté, abîmé, avarié; (bulletin de vote) nul; **s. child,** enfant gâté(e).

spoke¹, [spouk] *see* **speak. spoken** *see* **speak**; *a* (*of language, etc*) parlé; **(badly s.,** bredouillé; (*of speech*) mal prononcé; (*of pers*) **softly s.,** à la voix douce. **'spokesman** *n* (*pl* **-men**), **'spokesperson** *n* porte-parole *m inv* (**for, of,** de).

spoke² *n* rayon *m* (de roue); **to put a s. in s.o.'s wheel,** mettre des bâtons dans les roues de qn.

sponge [spʌndʒ] **1.** *n* éponge *f*; *Fig:* **to throw in the s.,** s'avouer vaincu; **s. bag,** trousse *f* de toilette; *Cu:* **s. (cake),** gâteau *m* de Savoie; **s. finger,** langue-de-chat *f* **2.** *v* (*a*) *vtr* éponger (qch); **to s. down, off,** laver, enlever, à l'éponge, éponger; *F:* **to s. sth off s.o.,** taper qn de qch (*b*) *vi F:* **to s. on s.o.,** vivre aux crochets de qn. **'sponger** *n F:* parasite *m*; écornifleur, -euse; pique-assiette *mf inv*. **'spongy** *a* **(-ier, -iest)** spongieux.

sponsor ['spɔnsər] **1.** *n Jur:* garant, -ante (**for s.o.,** de qn); (*at baptism, for membership*) parrain *m*, marraine *f*; (*of appeal, advertiser, etc*) personne *f* assurant le patronage (**of,** de); *Sp:* commanditaire *mf*, sponsor *m* **2.** *vtr* être le garant de (qn); parrainer (un membre, une firme); patronner (un appel, etc); **sponsored walk,** marche pour aider une œuvre de charité. **'sponsorship** *n* patronage *m*; parrainage *m*.

spontaneous [spɔn'teiniəs] *a* spontané. **spon-**

taneity [spɔntə'neiəti] *n*, **spon'taneousness** *n* spontanéité *f*. **spon'taneously** *adv* spontanément.

spoof [spu:f] *n F:* parodie *f* **(on, de).**

spooky ['spu:ki] *a F:* qui donne le frisson; (histoires) de revenants; (endroit) hanté.

spool [spu:l] *n* bobine *f* (de coton); (*of sewing machine, loom*) can(n)ette *f*; *Fish:* tambour *m* (de moulinet); *Typew:* **ribbon spools,** bobines du ruban.

spoon [spu:n] **1.** *n* cuillère *f*, cuiller *f*; **dessert s.,** cuillère à dessert; **soup s.,** cuillère à soupe **2.** *vtr* **to s. sth out,** servir qch avec une cuillère. **'spoonfeed** *vtr* **(-fed)** nourrir (un enfant) à la cuillère; *Fig:* mâcher le travail à (un élève); subventionner (une industrie). **'spoonful** *n* cuillerée *f*.

spoor [spuər] *n* foulées *fpl*, piste *f* (d'un cerf).

sporadic [spə'rædik] *a* sporadique; **s. fighting,** échauffourées *fpl*. **sporadically** *adv* sporadiquement.

sport [spɔ:t] **1.** *n* (*a*) jeu *m*, divertissement *m*; (*of hunting, fishing, shooting*) **to have good s.,** faire bonne chasse, bonne pêche (*b*) sport *m*; **to play s., sports,** faire du sport; **school sports (day),** fête sportive; *Aut:* **sports car, model,** voiture de sport; **sports club,** club sportif; **sports ground,** terrain de sport, de jeux; **sports car, jacket,** voiture, veste, de sport; **sports equipment,** accessoires, fournitures, articles, de sport; **sports results,** résultats sportifs (*c*) *F:* **he's a good s.,** c'est un chic type **2.** *vtr* porter, arborer (une fleur, un vêtement). **'sporting** *a* (*of conduct, attitude, etc*) sportif; **s. man,** amateur *m* de sport; **in a s. spirit,** sportivement; *F:* **it's very s. of him,** c'est très chic de sa part; **you've a s. chance,** ça vaut la peine d'essayer. **'sportingly** *adv* sportivement. **'sportsman, -woman** *n* (*pl* **-men, -women**) (*a*) chasseur, -euse; pêcheur, -euse (*b*) sportif, -ive; **a real s.,** un vrai sportif, une vraie sportive. **'sportsmanlike** *a* sportif. **'sportsmanship** *n* (*a*) qualités *fpl* d'un vrai sportif; pratique *f* des sports (*b*) sportivité *f*, esprit sportif. **'sportswear** *n* vêtements *mpl* de sport. **'sporty** *a F:* sportif.

spot [spɔt] **1.** *n* (*a*) endroit *m*, coin *m*; **the police are on the s.,** la police est sur place, sur les lieux; **you should always be on the s.,** vous devriez toujours être là; **the man on the s.,** l'homme qui est sur place; **to do sth on the s.,** faire qch sur-le-champ, immédiatement; **to be killed on the s.,** être tué sur le coup; *F:* **to put s.o. on the s.,** mettre qn dans une situation difficile; *F:* **to be in a (tight) s.,** être dans le pétrin; *Aut:* **(accident) black s.,** point noir; *Com:* **s. cash,** argent comptant; **to put one's finger on a weak s.,** mettre le doigt sur un point faible; **s. check,** contrôle ponctuel, contrôle au hasard, à l'improviste (*b*) tache *f*; point *m*; (*polka dot*) pois *m*; (*on face*) bouton *m*; **blue tie with red spots,** cravate bleue à pois rouges; **a leopard's spots,** la moucheture d'un léopard; *f:* **to knock spots off s.o.,** battre qn à plate(s) couture(s) (*c*) goutte *f* (de pluie, de vin); *F:* **a s. of whisky,** deux doigts *m* de whisky; **what about a s. of lunch?** si nous allions déjeuner? **a s. of work,** un peu de travail; **a s. of trouble,** un petit ennui (*d*) *Th:* numéro *m*; *TV: WTel:* spot *m* publicitaire (*e*) (*light*) projecteur *m*; spot **2.** *vtr* **(spotted)** (*a*) tacher, souiller; **it's spotting with rain,** il commence à pleuvoir (*b*) repérer; apercevoir remarquer; *Turf:* prédire (le gagnant). **spot-'check** *vtr* contrôler à l'improviste. **'spotless** *a* impeccable, sans tache; immaculé. **'spotlessly** *adv* **s. clean,** impeccable. **'spotlight** *n* projecteur; *Phot:* spot; **to put the s. on sth,** mettre qch en vedette *f*; *Th:* **in the s.,** sous le feu des projecteurs. **spot-'on** *F:* **1.** *a* tout à fait exact; **to be s.-on,** mettre dans le mille **2.** *adv* au poil, au point; exactement. **'spotted** *a* tacheté, moucheté; *Tex:* à pois; (*stained*) taché. **'spotter** *n* (*a*) *Mil:* observateur *m* (*b*) **aircraft, train, s.,** personne *f* qui regarde passer les avions, les trains (pour repérer les différents modèles). **'spotty** *a* **(-ier, -iest)** (*a*) tacheté, moucheté; (visage) couvert de boutons, boutonneux (*b*) *NAm:* (*patchy*) inégal.

spouse [spauz] *n* époux *m*, épouse *f*; *Jur:* conjoint, -jointe.

spout [spaut] **1.** *n* bec *m* (de théière, etc); jet *m* (de pompe); **rainwater s.,** tuyau *m* (de décharge); *F:* **up the s.,** perdu, fichu **2.** *v* (*a*) *vi* **to s. (out),** (*of liquid*) jaillir; (*of whale*) souffler (*b*) *vtr* faire jaillir, lancer (de l'eau); *F:* débiter (des sottises).

sprain [sprein] **1.** *n* entorse *f*, foulure *f* **2.** *vtr* **to s. one's wrist,** se fouler le poignet; **to s. one's ankle,** se fouler la cheville, se faire une entorse (à la cheville).

sprang [spræŋ] *see* **spring II.**

sprat [spræt] *n Ich:* sprat *m*, harenguet *m*.

sprawl [sprɔ:l] **1.** *n* **the urban s.,** les banlieues *fpl* tentaculaires **2.** *vi* (*of town, pers*) s'étaler; (*on a sofa*) se vautrer; **to go sprawling,** s'étaler par terre; **to be sprawling,** être étalé. **'sprawling** *a* vautré; (ville) tentaculaire.

spray[1] [sprei] *n* **s. (of flowers),** petit bouquet (de fleurs).

spray[2] **1.** *n* (*a*) (*from sea*) embruns *mpl* (*b*) (nuage *m* de) gouttelettes *fpl*; jet (pulvérisé) (de parfum) (*c*) (*container*) atomiseur *m* (à parfum); bombe *f*, vaporisateur *m*; **hair s.,** laque *f* à cheveux; **s. deodorant, paint,** déodorant, peinture, en bombe **2.** *vtr* atomiser, vaporiser (un liquide); arroser, traiter (des plantes, des cultures); peindre (qch) au pistolet, à la bombe. **'sprayer** *n* = **spray 1.** (*c*). **'spray-gun** *n* pistolet *m* (à peinture). **'spraying** *n* traitement *m* (des cultures).

spread [spred] **I.** *n* **1.** (*a*) étendue *f* (de pays) (*b*) (*of bird's wings, aircraft*) envergure *f*; **middle-age s.,** l'embonpoint *m* de l'âge mûr (*c*) diffusion *f* (de l'éducation); propagation *f* (d'un incendie, d'une maladie, d'idées, d'une doctrine); répartition *f* (des richesses) (*d*) festin *m*; repas (somptueux) (*e*) *Comest:* pâte *f* (à tartiner); **cheese s.,** fromage *m* à tartiner (*f*) *Journ:* **double-page s.,** annonce *f*, article *m*, sur deux pages. **II.** *v* **(spread) 1.** *vtr* (*a*) étendre; tendre (un filet); déployer (des voiles); écarter (les doigts, les jambes); **to s. out,** étaler (des marchandises) (*b*) répandre, étaler (**over,** sur); étaler (la peinture, des cartes, etc); répandre (du sable); épandre (du fumier); disperser (des gens); répandre (la peur, une nouvelle); propager (une maladie); **to s. out,** étendre; écarter; étaler; **instalments s. over several months,** versements échelonnés sur plusieurs mois; **to s. butter on a slice of bread,** tartiner une tranche de pain **2.** *vi* (*of town, fog*) s'étendre; (*of news*) se répandre; (*of disease*) se propager; (*of* *group*) **to s. out**, se disperser; **to s. (oneself) out**, s'étendre (sur un divan); **the fire is spreading**, l'incendie gagne du terrain. **spread-'eagled** *a* bras et jambes écartés.

spree [spri:] *n F:* partie *f* de plaisir; **to go on a s.**, faire la noce; **to go on a spending s.**, faire des achats extravagants.

sprig [sprig] *n* brin *m*, brindille *f*; bouquet *m* (de persil).

sprightly ['spraitli] *a* **(-ier, -iest)** éveillé, alerte. **'sprightliness** *n* vivacité *f*.

spring [spriŋ] **I.** *n* (*a*) source *f*; **s. water**, eau *f* de source (*b*) printemps *m*; **in (the) s.**, au printemps; **s. flowers**, fleurs printanières; **s. day**, jour de printemps (*c*) saut *m*, bond *m*; **to take a s.**, prendre son élan; faire un bond (*d*) élasticité *f* (*e*) ressort *m*; (*in seat*) *pl* suspension *f*; **s. (interior) mattress**, matelas à ressorts. **II.** *v* **(sprang** [spræŋ]; **sprung** [sprʌŋ]) **1.** *vi* (*a*) bondir, sauter; **to s. up**, surgir; **to s. to one's feet**, se lever d'un bond; **to s. forward**, se précipiter en avant; **to s. out of bed**, sauter du lit; **where did you s. from?** d'où sortez-vous? **it springs from**, ça provient de; **the lid sprang open**, le couvercle s'est relevé brusquement; **hope springs eternal**, l'espérance reste toujours vivace; **to s. into existence**, naître, surgir; **to s. to mind**, venir à l'esprit; **to s. into action**, passer à l'action (*b*) (*of water*) jaillir **2.** *vtr* (*a*) **to s. a leak**, commencer à faire eau (*b*) faire jouer (un piège); annoncer brusquement (une nouvelle) (**on**, à); **to s. a surprise on s.o.**, faire une surprise à qn; **to s. a question on s.o.**, poser à qn une question imprévue (*c*) **sprung mattress**, matelas à ressorts; **sprung carriage**, voiture suspendue. **'springboard** *n* tremplin *m*. **'springbok** *n Z:* springbok *m*. **spring-'clean** *vtr* **(spring-cleaned)** nettoyer à fond (une maison), *FrC:* faire le grand ménage. **spring-'cleaning** *n* grand nettoyage, nettoyage de printemps. **'springiness** *n* élasticité *f*. **'springlike** *a* (temps) printanier; (jour) de printemps. **'springtime** *n* printemps. **'springy** *a* **(-ier, -iest)** élastique; flexible; (pas) léger; (tapis) moelleux.

sprinkle ['spriŋkl] *vtr* répandre (de l'eau, du sel, du sable); **to s. with water, to s. water on**, asperger (d'eau), arroser; **to s. with**, saupoudrer (de sucre, de sel, de farine). **'sprinkler** *n* (*for gardens*) arroseur (automatique rotatif, à jet tournant); (*for sugar*) saupoudreuse *f*; *Ecc:* goupillon *m*; **(automatic) fire s.**, extincteur *m* (automatique) d'incendie. **'sprinkling** *n* arrosage *m* (d'eau); (léger) saupoudrage (de sucre); légère couche (de gravier); **a s. of knowledge**, quelques connaissances *fpl*.

sprint [sprint] *Sp:* **1.** *n* sprint *m* **2.** *vi* sprinter. **'sprinter** *n* sprinter *m*, sprinteuse *f*.

sprite [sprait] *n* lutin *m*.

sprout [spraut] **1.** *v* (*a*) *vi* pousser; (*of seed*) germer **to s. up**, pousser vite; surgir (*b*) *vtr* pousser (des feuilles, des cornes); laisser pousser (une moustache) **2.** *n Bot:* jet *m*, rejeton *m*, pousse *f*; bourgeon *m*; **(Brussels) sprouts**, choux *mpl* de Bruxelles; **bean sprouts**, germes *mpl* de soja.

spruce[1] [spru:s] **1.** *a* pimpant, net; soigné; tiré à quatre épingles **2.** *vpr* **to s. oneself up**, se faire beau; se pomponner. **'spruceness** *n* mise pimpante.

spruce[2] *n Bot:* (sapin *m*) épicéa *m*.

sprung [sprʌŋ] *see* **spring II**.

spry [sprai] *a* **(spryer, spryest)** (*esp of elderly people*) alerte, actif; plein d'entrain; plein d'allant.

spud [spʌd] *n F:* pomme *f* de terre, *F:* patate *f*.

spun [spʌn] *see* **spin 1**.

spur [spə:r] **1.** *n* (*a*) éperon *m*; *Fig:* **to win one's spurs**, faire ses preuves (*b*) coup *m* d'éperon; *Fig:* aiguillon *m*; **on the s. of the moment**, sur un coup de tête (*c*) *Geog:* éperon, contrefort *m* (d'une chaîne de montagnes) **2.** *vtr* **(spurred)** éperonner (un cheval); **to s. s.o. on**, aiguillonner, stimuler, qn.

spurious ['spjuəriəs] *a* faux; contrefait. **'spuriousness** *n* fausseté *f*.

spurn [spə:n] *vtr* repousser, rejeter (une offre) avec mépris; traiter (qn) avec mépris.

spurt [spə:t] **1.** *n* (*a*) jaillissement *m*; jet *m*; giclée *f* (d'essence) (*b*) effort soudain; sursaut *m* (d'énergie); *Sp:* **to put on a s.**, foncer; **final s.**, pointe finale **2.** *vi* jaillir; foncer; **to s. (up, out)**, jaillir, gicler.

spy [spai] **1.** *n* (*pl* **spies**) espion, -onne; *F:* **police s.**, mouchard, -arde; **s. story**, histoire *f* d'espionnage; **s. ring**, réseau *m* d'espionnage **2.** *v* **(spied)** (*a*) *vi* espionner; *F:* moucharder; **to s. on s.o.**, épier, espionner, qn (*b*) *vtr* apercevoir; **to s. out the land**, explorer le terrain. **'spyglass** *n* (*pl* **-es**) lunette *f* d'approche. **'spyhole** *n* judas *m*. **'spying** *n* espionnage *m*.

sq *abbr square*.

squabble ['skwɔbl] **1.** *n* querelle *f*, chamaillerie *f*; prise *f* de bec **2.** *vi* se quereller, se chamailler **(over**, à propos de). **'squabbling** *n* chamailleries.

squad [skwɔd] *n* (*a*) *Mil:* escouade *f*; **firing s.**, peloton *m* d'exécution (*b*) brigade *f* (de cheminots); équipe *f* (de secours, de footballeurs); **s. car**, voiture de police.

squadron ['skwɔdrən] *n* (*a*) *Mil:* escadron *m* (*b*) *Nau: Av:* escadrille *f*; escadre *f*; **s. leader**, commandant *m* (de groupe). **squalid** ['skwɔlid] *a* sale; misérable; sordide. **'squalor** *n* conditions *fpl* sordides.

squall[1] [skwɔ:l] *vi* (*of child*) crier, brailler, piailler. **'squalling** *a* criard, braillard.

squall[2] *n Nau:* grain *m*; coup *m* de vent; bourrasque *f*; rafale *f*. **'squally** *a* (temps) à grains, à rafales.

squander ['skwɔndər] *vtr* gaspiller (l'argent); dissiper, dilapider (sa fortune). **'squandering** *n* gaspillage *m*.

square [skwɛər] **I.** *n* (*a*) carré *m*; case *f* (d'échiquier, de papier millimétré); **to divide a map into squares**, quadriller une carte; **to go back to s. one**, repartir à zéro; revenir à la case départ (*b*) *Cl:* (*scarf*) carré, foulard *m* (*c*) (*of town*) place *f*; (*with garden*) square *m*; *Mil:* terrain *m* de manœuvre(s); *NAm:* bloc *m*, pâté *m* (de maisons) (*d*) *Draw:* **set s.**, équerre *f* (à dessin); **T s.**, équerre en T (*e*) *Mth:* carré (d'une expression) (*f*) *F:* **he's a s.**, il est un peu vieux jeu. **II.** *a* carré; **s. dance**, danse à quatre; **s. measure**, mesure de surface; **s. metre**, mètre carré; **s. shoulders**, épaules carrées; *Mth:* **s. root**, racine carrée; **to get things s.**, mettre tout en ordre; **a s. deal**, une affaire honnête; **he always gives you a s. deal**, il est toujours honnête en affaires; **to be s. (all) with s.o.**, être quitte envers qn; **s. meal**, repas solide, copieux; *F:*

to be s., être vieux jeu. III. *adv* à angles droits (to, with, avec); set s. on its base, d'aplomb sur sa base; s. on the jaw, en plein menton; fair and s., loyalement, carrément. IV. *v* 1. *vtr* (*a*) carrer, équarrir (la pierre) (*b*) balancer, régler (un compte); mettre en ordre, régler; arranger; (*reconcile*) faire cadrer; *F:* acheter (qn); graisser la patte à (qn) (*c*) *Mth:* élever (un nombre) au carré; four squared, quatre au carré (*d*) to s. (off), quadriller (une feuille de papier) 2. *vi* his actions don't s. with his principles, ses actions ne s'accordent pas, ne cadrent pas, avec ses principes. **'square-bashing** *n Mil: F:* = l'exercice *m*. **'squared** *a* (papier) quadrillé. **'squarely** *adv* carrément, tout à fait; (agir) honnêtement; s. in the face, bien en face. **square 'up** *vi* to s. up to, faire face à; to s. up with s.o., régler ses comptes avec qn; to s. up to s.o., se mettre en posture de combat.

squash[1] [skwɔʃ] 1. *v* (*a*) *vtr* écraser, aplatir; serrer; *F:* remettre (qn) à sa place (*b*) *vi* s'écraser; (*of people*) to s. (up), se serrer, se presser 2. *n* (*a*) cohue *f*; bousculade *f* (*b*) lemon, orange, s., citronnade *f*, orangeade *f*; (*concentrated*) sirop *m* de citron, d'orange (*c*) *Sp:* squash *m*; s. court, terrain *m* de squash. **'squashy** *a* mou (et humide); (terrain) détrempé.

squash[2] *n Bot:* gourde *f*; *esp NAm:* (*Br* = vegetable marrow) courge *f*.

squat [skwɔt] 1. *vi* (squatted) (*a*) to s. (down), s'accroupir; (*of animals*) se tapir; to be squatting, être accroupi, tapi (*b*) s'établir comme squatter dans une maison inoccupée 2. *a* ramassé, trapu. 3. *n* (*house*) squat *m*. **'squatter** *n* squatter *m*.

squaw [skwɔ:] *n* femme *f* Peau-Rouge.

squawk [skwɔ:k] 1. *n* cri *m* rauque; couic *m* 2. *vi* pousser des cris rauques; faire couic.

squeak [skwi:k] 1. *n* cri aigu (d'oiseau, de souris); crissement *m*; grincement *m*; craquement *m* (de chaussures); to have a narrow s., l'échapper belle 2. *vi* (*of mouse*) faire couic; (*of child*) pousser des cris aigus; (*of shoes*) craquer; (*of machine, door*) grincer. **'squeaky** *a* (-ier, -iest) (*of door*) grinçant; (chaussures) qui craquent.

squeal [skwi:l] 1. *n* cri aigu; cri perçant; grincement *m* (de freins); crissement *m* (de pneus) 2. *vi* pousser des cris aigus; pousser de hauts cris; (*of brakes*) grincer; (*of tyres*) crisser; *F:* (*denounce*) to s. on s.o., balancer qn.

squeamish ['skwi:miʃ] *a* (*a*) sujet aux nausées; to feel s., avoir mal au cœur (*b*) bien délicat; facilement dégoûté; don't be so s., ne faites pas tant de façons. **'squeamishness** *n* (*a*) disposition *f* aux nausées (*b*) délicatesse exagérée.

squeegee ['skwi:dʒi:] *n* raclette *f* (à vitres).

squeeze [skwi:z] I. *n* pression *f*; serrement *m*; étreinte *f*; to give sth a s., presser qch; it was a tight s., il y avait peu de place; on tenait tout juste; a s. of lemon, quelques gouttes *f* de citron; *Fin:* credit s., restrictions *fpl* de crédit. II. *v* 1. *vtr* (*a*) presser; serrer; étreindre (qn); to s. s.o.'s hand, serrer la main à qn; to s. a lemon, exprimer le jus d'un citron; presser un citron; to s. sth into a box, faire rentrer qch dans une boîte; to s. (out), exprimer (from, de) (*b*) exercer une pression sur (qn); to s. information out of s.o., soutirer des renseignements à qn; to s. money out of s.o., extorquer de l'argent à qn 2. *vi* to s. through, into, se glisser par, dans; to s. in, trouver un peu de place; to s. up, se serrer; to s. into a train, entrer de force, se presser, dans un train. **'squeezer** *n DomEc:* lemon s., presse-citron *m inv*.

squelch [skweltʃ] 1. *vi* (*of pers*) patauger (dans la boue) (en faisant floc-floc) 2. *vtr F:* faire taire, réduire au silence.

squib [skwib] *n* pétard *m*; *F:* damp s., affaire ratée.

squid [skwid] *n Moll:* calmar *m*.

squiggle ['skwigl] *n* ligne onduleuse; gribouillis *m*, écriture *f* illisible.

squint [skwint] 1. *n* strabisme *m*; he has a s., il louche; *F:* let's have a s. (at it)! fais voir! 2. *vi* loucher; (*in the sunlight, etc*) plisser les yeux; to s. at sth, regarder qch de côté.

squire ['skwaiər] *n* propriétaire terrien.

squirm [skwə:m] *vi* (*a*) se tordre, se tortiller; to s. in pain, se tordre de douleur (*b*) ne pas savoir où se mettre; être au supplice; to make s.o. s., donner mal au cœur à qn; mettre qn au supplice.

squirrel ['skwirəl, *NAm:* 'skwə:rəl] *n Z:* écureuil *m*.

squirt [skwə:t] 1. *v* (*a*) *vtr* faire gicler (un liquide); to s. in oil, injecter de l'huile (*b*) *vi* (*of liquid*) gicler 2. *n* (*a*) jet *m*; giclée *f* (de liquide) (*b*) *F:* little s., petit morveux.

SRN *abbr State Registered Nurse*.

St *abbr* (*a*) *Street* (*b*) *Saint*.

stab [stæb] 1. *vtr* (stabbed) poignarder (qn); donner un coup de couteau à (qn); to s. s.o. in the back, poignarder qn dans le dos 2. *n* coup de poignard, de couteau; *Fig:* s. in the back, attaque déloyale; s. of pain, élancement *m*; *F:* to have a s. at sth, tenter le coup. **'stabbing** 1. *n* there was a s., quelqu'un a été poignardé 2. *a* s. pain, élancement *m*, douleur lancinante.

stable[1] ['steibl] 1. *n* écurie *f*; racing s., écurie de courses 2. *vtr* loger (un cheval). **'stableboy, -lad** *n* lad *m*. **'stabling** *n* (*a*) logement *m* (de chevaux) (*b*) *coll* écuries *fpl*.

stable[2] *a* stable; solide, fixe; (*of pers*) mentally s., (bien) équilibré. **sta'bility** [stə-] *n* stabilité *f*; solidité *f* (d'une construction); mental s., équilibre *m*. **stabili'zation** *n* stabilisation *f*. **'stabilize** *vtr & i* (se) stabiliser. **'stabilizer** *n* stabilisateur *m*; *Av:* empennage *m*.

stack [stæk] 1. *n* (*a*) meule *f* (de foin); pile *f*, tas *m* (de bois); *F:* I've got stacks of work, j'ai beaucoup de travail, j'ai du pain sur la planche; I've got stacks of them, j'en ai un tas, des tas (*b*) souche *f* (de cheminée) (*c*) *pl* (*in library*) réserve *f* 2. *vtr* mettre (le foin) en meule; to s. (up), empiler, entasser.

stadium ['steidiəm] *n* (*pl* stadia, -iums ['steidiə, -iəmz]) stade *m*.

staff [stɑ:f] 1. *n* (*a*) bâton *m*; mât *m* (de pavillon) (*b*) personnel *m*; *Sch:* professeurs *mpl*; *Mil:* état-major *m*; (domestic) s., employés *mpl*, gens *mpl*, de maison; teaching s., personnel enseignant; *Journ:* editorial s., la rédaction; s. officer, officier d'état-major; *Sch:* s. meeting, conseil *m* des professeurs; *Sch:* s. room, salle des professeurs *mpl*; *Mil:* s. college = école supérieure de guerre 2. *vtr* pourvoir (un bureau) en personnel; to be staffed with, se composer de.

stag [stæg] *n Z:* cerf *m*; *Ent:* s. beetle, cerf-volant *m*; *F:* s. party, réunion *f* entre hommes.

stage [steidʒ] **1.** *n* (*a*) (*platform*) estrade *f*; *Th:* scène *f*; *F:* les planches *f*; **the s.,** le théâtre; **s. play,** pièce de théâtre; **front of the s.,** avant-scène *f*; **on s.,** sur (la) scène; **to come on s.,** entrer en scène; **to go on the s.,** se faire acteur, actrice; **s. directions,** indications scéniques; **s. door,** entrée *f* des artistes; **s. fright,** trac *m*; **s. name,** nom de théâtre; **s. manager,** régisseur *m*; **s. whisper,** aparté *m* (*b*) *Fig:* champ *m* (d'action); théâtre (*c*) phase *f*, période *f*, stade *m*; étape *f*; **the stages of an evolution,** les étapes d'une évolution; **to rise by successive stages,** monter par échelons *m*; **at this s.,** à ce point (*d*) (*of journey*) étape; (*on bus route*) **fare s.,** section *f*; **in (easy) stages,** par étapes; **at an early s.,** au début; (*e*) (*of space rocket*) étage **2.** *vtr* monter (une pièce); organiser, effectuer; monter (un coup); **it was staged,** c'était un coup monté. **'stagecoach** *n Hist:* diligence *f*. **'stagecraft** *n Th:* technique *f* de la scène. **'stagehand** *n* machiniste *m*. **'stagestruck** *a* passionné de théâtre; **he's s.-s.,** il brûle d'envie de faire du théâtre. **'staging** *n Th:* mise *f* en scène. **'stagy** *a usu Pej:* théâtral; histrionique.

stagger ['stægər] **1.** *vi* chanceler, tituber; **to s. along,** avancer en titubant; **to s. to one's feet,** se relever en chancelant **2.** *vtr* (*a*) stupéfier, consterner, renverser (qn); frapper (qn) de stupeur (*b*) disposer (des rivets) en quinconce; étaler, échelonner (les vacances, etc). **'staggered** *a* **s. holidays,** congés échelonnés. **'staggering** *a* (*of news*) stupéfiant, renversant; **s. blow,** coup *m* d'assommoir.

stagnant ['stægnənt] *a* (*of water*) stagnant; (*of trade*) en stagnation, dans le marasme. **stag'nate** *vi* être stagnant; stagner. **stag'nation** *n* stagnation *f*; marasme *m* (du commerce).

staid [steid] *a* posé, sérieux; sage. **'staidness** *n* caractère posé, sérieux.

stain [stein] **1.** *n* (*a*) tache *f*; souillure *f*; **s. remover,** détachant *m*; **he came out of the affair without a s. on his character,** il est sorti de l'affaire sans atteinte à sa réputation (*b*) couleur *f*, colorant *m*; **wood s.,** teinture *f* pour bois **2.** *vtr* (*a*) tacher; souiller (**with,** de); ternir (une réputation) (*b*) teindre, teinter (le bois). **'stainless** *a* sans tache; immaculé; **s. steel,** (acier) inoxydable (*m*), inox *m*.

stair [stɛər] *n* marche *f*, degré *m* (d'un escalier); **stairs,** (*also* **staircase**) escalier *m*; **s. rod,** tringle *f* d'escalier. **'stairwell** *n* cage *f* d'escalier.

stake [steik] **1.** *n* (*a*) pieu *m*, poteau *m*; *Hort:* tuteur *m*; **to be burnt at the s.,** mourir sur le bûcher (*b*) *Gaming:* mise *f*, enjeu *m*; *Fin:* investissement *m*; *Fin:* intérêts *mpl*; **to play for high stakes,** jouer gros jeu; **the interests at s.,** les intérêts en jeu; **to have a s. in sth,** avoir des intérêts dans une affaire **2.** *vtr* (*a*) **to s. (off, out),** jalonner; **to s. a claim,** établir ses droits, délimiter; **to s. one's claim to,** revendiquer (*b*) *Hort:* ramer (des haricots); tuteurer (des tomates) (*c*) mettre (une somme) en jeu; jouer (une somme); miser (sur un cheval); **I'd s. my life on it,** j'en mettrais ma tête à couper.

stalactite ['stæləktait] *n* stalactite *f*.

stalagmite ['stæləgmait] *n* stalagmite *f*.

stale [steil] *a* (*a*) (*of food*) pas frais; (*of bread*) rassis; (*of beer*) éventé; (*of air*) vicié; **s. smell,** odeur de renfermé (*b*) vieux, passé; **s. goods,** articles défraîchis; **s. joke,** plaisanterie usée, vieille plaisanterie (*c*) (*of artist*) manquant d'invention; (*of athlete*) **to go s.,** se surentraîner; **I'm s.,** je n'ai plus d'enthousiasme. **'stalemate** *n Chess:* pat *m*; *Fig:* **to reach s.,** arriver à une impasse. **'staleness** *n* manque *m* de fraîcheur (de la nourriture, d'un article, d'une nouvelle); odeur *f* de renfermé.

stalk[1] [stɔːk] **1.** *vi* **to s. out,** partir avec raideur, en marchant à grands pas **2.** *vtr* traquer (un animal, un criminel). **'stalker** *n* chasseur *m* à l'approche. **'stalking** *n* **(deer) s.,** chasse *f* à l'approche.

stalk[2] *n* tige *f*, queue *f* (de plante); queue (de fruit); trognon *m* (de chou).

stall [stɔːl] **1.** *n* (*a*) stalle *f* (d'écurie, d'étable); (*in church*) **choir s.,** stalle (*b*) (*in market*) étal *m*, éventaire *m*; (*at exhibition*) stand *m*; **flower, newspaper, s.,** kiosque *m* de fleuriste, à journaux; *Th:* **(orchestra) stalls, the stalls** fauteuils *mpl* d'orchestre, l'orchestre *m* **2.** *v* (*a*) *vtr Aut:* caler (le moteur); *Av:* mettre (l'appareil) en perte de vitesse; *F:* repousser; faire attendre (qn) (*b*) *vi* (*of engine*) caler; (*of aircraft*) se mettre en perte de vitesse; (*of pers*) **to s. (for time),** chercher à gagner du temps. **'stallholder** *n* marchand, -ande en plein air, qui tient un kiosque; (*at exhibition*) vendeur, -euse

stallion ['stæljən] *n* étalon *m*.

stalwart ['stɔːlwət] **1.** *a* (*a*) robuste, vigoureux (*b*) vaillant, résolu; (*of supporter*) brave, fidèle **2.** *n* fidèle *m* (d'un parti, etc).

stamen ['steimen] *n Bot:* étamine *f*.

stamina ['stæminə] *n* vigueur *f*, résistance *f*.

stammer ['stæmər] **1.** *n* (*stutter*) bégaiement *m*; (*mumble*) balbutiement *m*; **to have a s.,** être bègue **2.** *vtr & i* bégayer; balbutier. **'stammerer** *n* bègue *mf*. **'stammering 1.** *a* (personne) bègue **2.** *n* bégaiement; balbutiement. **'stammeringly** *adv* en bégayant.

stamp [stæmp] **I.** *n* (*a*) battement *m* de pied; **with a s. (of the foot),** en frappant du pied (*b*) timbre *m*, empreinte *f*; **date s.,** timbre dateur; **rubber s.,** tampon *m* (*c*) étampe *f*, poinçon *m* (*d*) cachet *m*, timbre; marque (apposée); **to bear the s. of genius,** porter la marque du génie; **men of his s.,** les hommes de sa trempe (*e*) **(postage) s.,** timbre(-poste) *m*; **used s.,** timbre oblitéré; **National Insurance s.** = cotisation *f* de la sécurité sociale; *Com:* **trading s.,** timbre-prime *m*; **s. collecting,** philatélie *f*; **s. collector,** philatéliste *mf*; **s. album,** album de timbres; **s. machine,** distributeur automatique de timbres-poste; *Adm:* **s. duty,** droit de timbre. **II.** *v* **1.** *vtr* (*a*) **to s. one's foot,** frapper du pied; trépigner; **to s. one's feet,** taper, frapper des pieds; trépigner, piétiner; (*for warmth*) battre la semelle (*b*) frapper, imprimer, une marque sur (qch); frapper, estamper (la monnaie, le cuir); contrôler, poinçonner (l'or, l'argent) (*c*) tamponner, timbrer (un document); viser (un passeport); estampiller (des marchandises); timbrer, affranchir (une lettre); **to s. sth on sth,** apposer qch sur qch; **the letter is insufficiently stamped,** l'affranchissement est insuffisant (*d*) *Metalw:* estamper, étamper (une feuille de métal) **2.** *vi* taper, frapper, des pieds; trépigner, piétiner; **to s. upstairs,** monter l'escalier à pas bruyants; **to s. on sth,** piétiner qch;

fouler qch aux pieds. **stamped** *a* (document) timbré; **s. addressed envelope,** enveloppe timbrée à votre adresse. **'stamping** *n* (*a*) timbrage *m* (de documents) (*b*) piétinement *m*; *Fig:* **s. ground,** endroit, lieu, favori. **stamp 'out** *vtr* éteindre (un feu) en piétinant dessus; écraser (une rébellion, le mal); éliminer (une maladie, un abus).

stampede [stæm'pi:d] **1.** *n* fuite précipitée; panique *f*; débandade *f*; ruée *f* **2.** *v* (*a*) *vi* fuir en désordre, à la débandade; se ruer, se précipiter (**for, towards,** vers, sur) (*b*) *vtr* jeter la panique parmi (des animaux).

stance [stæns, stɑ:ns] *n* position *f*; posture *f*; **to take up one's s.,** se mettre en posture (pour jouer).

stanch [stɔ:ntʃ] *vtr NAm* = **staunch²**.

stand [stænd] **I.** *n* (*a*) **to take a firm s.,** se planter, se camper solidement, sur ses jambes; *Fig:* se montrer résolu (*b*) résistance *f*; **to make a s. against s.o., sth,** résister, s'opposer, à qn, qch (*c*) position *f*; **to take (up) one's s. near the door,** se placer, prendre position, près de la porte; **to take one's s. on a principle,** se fonder sur un principe (*d*) station *f* (de taxis) (*e*) support *m*, pied *m* (de lampe); dessous *m* (de carafe); **(display) s.,** présentoir *m*; **hat s.,** porte-chapeaux *m inv*; **music s.,** pupitre *m* à musique (*f*) (*at exhibition*) stand *m*; (*in sports ground*) tribune *f*; **news, flower, s.,** kiosque *m* à journaux, à fleurs; *NAm: Jur:* **(witness) s.** (*Br* = **witness box**) barre *f*. **II.** *v* (**stood** [stud]) **1.** *vi* (*a*) être debout; se tenir debout; rester debout; **I could hardly s.,** je pouvais à peine me tenir; **to s. on one's own feet,** ne dépendre que de soi; **I didn't leave him a leg to s. on,** j'ai détruit ses arguments de fond en comble; **to s. six feet high,** avoir six pieds de haut; **to s. (up),** se lever; **(go and) s. by the window,** mettez-vous à la fenêtre; **to let a liquid s.,** laisser reposer un liquide; **to let the tea s.,** laisser infuser le thé (*b*) se trouver, être; (*of object, argument*) reposer (**en,** sur); **the chapel stands on a hill,** la chapelle se dresse sur une colline; **the tears stood in his eyes,** il avait les larmes aux yeux; **to let sth s. in the sun,** laisser qch exposé au soleil; **to buy the house as it stands,** acheter la maison en l'état; **nothing stands between you and success,** rien ne s'oppose à votre succès; **he stood in the doorway,** il se tenait dans l'embrasure de la porte; **to s. talking,** rester à parler; **don't leave her standing there,** ne la laissez pas plantée là; (*in competition*) **to be left standing,** être laissé sur place (*c*) rester, durer; **to s. fast,** tenir (pied); tenir bon; **the contract stands,** le contrat tient; **the objection stands,** cette objection subsiste (*d*) **to s. convicted of a crime,** être déclaré coupable d'un crime; **to s. in need of sth,** avoir besoin de qch; **you s. in danger of being killed,** vous risquez de vous faire tuer; **to s. to lose,** risquer de perdre; **I don't s. to lose anything,** je n'ai rien à perdre; **to s. as candidate, as surety,** se porter candidat, caution; **he stands first on the list,** il vient en tête de la liste; **the thermometer stands at 30°,** le thermomètre marque 30°; **the amount standing to your credit,** votre solde créditeur; **how do we s.?** où en sont nos comptes? **as things s., as it stands,** au point où en sont les choses; **I don't know where I s.,** j'ignore quelle est ma position **2.** *vtr* (*a*) mettre (debout); poser; **to s. sth against the wall,** dresser qch contre le mur; **to s. sth upright,** mettre qch debout (*b*) **to s. one's ground,** tenir bon, ferme (*c*) supporter, subir; **to s. the cold,** supporter le froid; **to s. rough handling,** résister à des manipulations brutales; **we had to s. the loss,** nous avons supporté la perte; **I can't s. him,** je ne peux pas le sentir; **I can't s. it any longer,** je n'y tiens plus; j'en ai assez; **I won't s. (for) any more of that,** je ne supporterai plus ce genre de chose; j'en ai assez (*d*) payer, offrir; **to s. s.o. a drink,** payer à boire à qn; **I'm standing this one,** c'est ma tournée. **stand a'round** *vi* (*in street, etc*) traîner. **stand a'side** *vi* s'écarter, se ranger; **to s. a. in favour of s.o.,** se désister en faveur de qn. **stand 'back** *vi* se tenir en arrière; reculer; **house standing back from the road,** maison en retrait (de la route). **stand 'by** *vi* (*a*) se tenir, être, prêt (à partir, à intervenir); *Mil:* être en état d'alerte; *Nau: Av:* se tenir paré (*b*) rester là (sans rien faire) (*c*) se tenir près de (qn) (*d*) soutenir, défendre (qn); rester fidèle à (un ami, sa promesse); **I s. by what I said,** je m'en tiens à ce que j'ai dit. **'standby** *n* ressource *f*; **s. engine,** locomotive de réserve; **on s.,** prêt à partir, à intervenir; *Mil:* **to be on s. (duty),** être en état d'alerte; *Av:* (*of passenger*) **to be on s.,** être sur la, sur une, liste d'attente; **s. battery,** pile *f* de réserve; **s. ticket,** billet *m* sans garantie. **stand 'down** *vi* se désister (**in favour of s.o.,** en faveur de qn); *Mil:* quitter son service; (*of guard*) descendre de garde. **stand 'for** *vi* (*a*) représenter; signifier, vouloir dire (qch) (*b*) *Pol:* être candidat à (*c*) supporter, tolérer (qch). **stand 'in** *vi* **to s. in for s.o.,** remplacer qn. **'stand-in** *n* remplaçant, -ante (temporaire); *Th:* doublure *f*; **to be s.o.'s s.-in,** doubler qn. **'standing** **1.** *a* (*a*) debout *inv*; (récoltes) sur pied; (*of water*) stagnant, dormant; **s. room,** places *fpl* debout; **s. stone,** menhir *m* (*b*) (*of committee, offer, etc*) permanent; (prix) fixe; *Com:* **s. expenses,** frais généraux; **s. rule,** règle fixe; *Bank:* **s. order,** ordre de virement permanent; **s. joke,** plaisanterie *f* classique **2.** *n* (*a*) station *f* debout (*b*) durée *f*; **of six years' s.,** qui dure depuis six ans; **friend of long s., of 20 years' s.,** ami de longue date, de vingt ans (*c*) rang *m*, position *f*; réputation *f*; (*financial*) situation *f*; **s. of a firm,** importance *f* d'une maison. **stand-'offish** *a F:* (*of pers*) peu accessible, distant, froid, réservé. **stand 'out** *vi* (*a*) **to s. o. against sth,** résister à qch, tenir bon contre qch; **to s. o. for sth,** s'obstiner à demander qch (*b*) (*jut out*) avancer; faire saillie; (*be visible, conspicuous*) ressortir (**against,** sur); **to s. o. against sth,** se détacher sur qch; **to s. o. in relief,** ressortir; **to make a figure s. o.,** détacher une figure; **the qualities that s. o. in his work,** les qualités marquantes de son œuvre; *Nau:* **to s. o. to sea,** gagner le large. **stand 'over** *vi* (*a*) rester en suspens; **to let a question s. o.,** remettre une question à plus tard (*b*) surveiller (qn) (de près); **if I don't s. o. him he does nothing,** si je ne suis pas toujours sur son dos il ne fait rien. **'standpoint** *n* point *m* de vue. **'standstill** *n* arrêt *m*; immobilisation *f*; **to come to a s.,** s'immobiliser; **to bring sth to a s.,** immobiliser qch; **at a s.,** immobile; (*of industry, negotiations*) paralysé; **business is at a s.,** les affaires ne marchent pas. **stand 'to** *vi Mil:*

être en état d'alerte. **stand 'up 1.** *vi (a)* se lever, se mettre debout; **to s. up straight,** se tenir droit; **to s. up for s.o., sth,** défendre qn, soutenir (une cause); **to s. up to s.o.,** résister à qn; tenir tête à qn **2.** *vtr* mettre (qch) debout; *F:* **to s. s.o. up,** poser un lapin à qn, faire faux bond à qn. **'stand-up** *a* (col) droit, montant; (combat) en règle; (repas) pris debout.

standard ['stændəd] *n (a) Mil: etc:* étendard *m*; *Nau:* pavillon *m*; *Mil:* **s. bearer,** porte-étendard *m inv (b)* étalon *m* (de poids); *Fin:* **the gold s.,** l'étalon (d')or; **s. weight,** poids étalon *inv*; **s. thickness,** épaisseur ordinaire, courante; **s. model,** modèle standard *inv*; *(car)* voiture de série; **British s. time,** heure légale anglaise; **s. authors,** auteurs classiques; **s. book, dictionary,** livre, dictionnaire, classique; **s. English,** anglais standard; **s. joke,** plaisanterie habituelle *(c)* modèle *m*, type *m*; norme *f*, critère *m*; **s. of living,** niveau *m* de vie; **judged by that s.,** selon ce critère; **to aim at a high s.,** rechercher l'excellence; **to be, come, up to s.,** *(of pers)* être à la hauteur; *(of work)* être au niveau *(d) pl (morals)* principes *mpl (e) (stand)* pied *m*; *(in street)* **(lamp) s.,** réverbère *m*; torchère *f*; pylône *m* d'éclairage; *Furn:* **s. lamp,** (*NAm:* = **floor lamp**) lampadaire *m*. **standardi'zation** *n* étalonnage *m*, étalonnement *m* (des poids); standardisation *f* (d'une machine). **'standardize** *vtr* étalonner; normaliser (une condition); *Ind:* standardiser (des produits).

stank [stæŋk] *see* **stink 2.**

stanza ['stænzə] *n* strophe *f*.

staple[1] ['steipl] **1.** *n* agrafe *f* **2.** *vtr* agrafer (qch); brocher (un livre). **'stapler** *n* agrafeuse *f*. **'stapling** *n* agrafage *m*; brochage *m* (d'un livre).

staple[2] **1.** *n (a)* produit principal (d'un pays) *(b)* matière première, matière brute **2.** *a* de base; **s. food, diet,** nourriture de base; **s. industry,** industrie principale.

star [stɑːr] **1.** *n (a)* étoile *f*; astre *m*; *Typ:* astérisque *m*; **I thank my lucky stars that,** je bénis mon étoile de ce que (+ *ind*); **born under a lucky s.,** né sous une bonne étoile; *F:* **to see stars,** voir trente-six chandelles; **the Stars and Stripes, the S.-Spangled Banner,** la bannière étoilée (des États-Unis); **four s. hotel,** hôtel quatre étoiles, de grand luxe; **two-s. (petrol),** de l'ordinaire *m*; **four-s. (petrol),** du super *(b) Cin: Th:* étoile, vedette *f*, star *f*; **s. part,** rôle principal, de vedette **2.** *v* **(starred)** *(a) vtr* marquer (un mot) d'un astérisque; *(of film)* avoir pour vedette *(b) vi Th: Cin:* être la vedette **(in,** de); **starring role,** rôle de vedette, de star. **'stardom** *n Cin: Th:* célébrité *f*; **to rise to s.,** devenir une vedette. **'starfish** *n* astérie *f*; étoile *f* de mer. **'stargazing** *n* rêvasserie(s) *f(pl)*. **'starless** *a* (nuit) sans étoiles. **'starlet** *n Cin:* starlette *f*. **'starlight** *n* lumière *f* des étoiles; **by s.,** à la lumière des étoiles. **'starlit** *a* (ciel) étoilé. **'starry** *a* **(-ier, -iest)** étoilé; (par)semé d'étoiles. **starry-'eyed** *a* ingénu, naïf; (amoureux) extasié.

starboard ['stɑːbəd] *n Nau: Av:* tribord *m*.

starch [stɑːtʃ] **1.** *n* amidon *m*; fécule *f* (de pommes de terre); *pl (foods)* féculents *mpl* **2.** *vtr* empeser, amidonner. **starch-re'duced** *a* (produit) débarrassé de matières féculentes. **'starchy** *a* **(-ier, -iest) s. foods,** féculents *mpl*; *Fig:* guindé.

stare [stɛər] *n* regard *m* (fixe); **stony s.,** regard dur; **vacant s.,** regard vague **2.** *v (a) vi* regarder fixement; **to s. into the distance,** regarder au loin; **to s. in s.o.'s face,** dévisager qn; **to s. at s.o.,** fixer qn (du regard) *(b) vtr* **to s. s.o. in the face,** dévisager qn; fixer qn du regard; **ruin is staring us in the face,** notre ruine est imminente; *F:* **it's staring you in the face,** ça vous saute aux yeux. **'staring 1.** *a* **s. eyes,** yeux fixes; yeux grands ouverts.

stark [stɑːk] **1.** *a (of place)* désolé; austère; *(of town)* morne; *(of desolation)* absolu; *(of light)* cru; *(of fact, reality)* brutal; **the s. truth,** la verité toute nue **2.** *adv* **s. naked,** tout, complètement, nu; nu comme un ver; **s. staring mad,** complètement fou. **'starkers** *a P:* complètement nu, à poil.

starling ['stɑːliŋ] *n Orn:* étourneau *m*.

start [stɑːt] **I.** *n (a)* tressaillement *m*, sursaut *m*; **to wake with a s.,** se réveiller en sursaut; **he gave a s.,** il a tressailli, sursauté; **to give s.o. a s.,** faire sursauter qn *(b)* saut *m*; mouvement *m* brusque; **to work by fits and starts,** travailler par à-coups *(c)* commencement *m*, début *m*; *(of race, journey)* départ *m*; *Fig:* avance *f* **(on,** sur); **for a s.,** pour commencer; **to make a (good) s.,** (bien) commencer; **to make an early s.,** commencer, partir, de bonne heure; **from the s.,** dès le début; **at the s.,** au début; **from s. to finish,** du commencement jusqu'à la fin; **to give s.o. a s.,** lancer qn (dans les affaires); **he had a good s. in life,** il a bien débuté dans la vie; **to make a fresh s. (in life),** recommencer (sa vie); *Sp:* **false s.,** faux départ; **to give s.o. a two second s.,** donner à qn deux secondes d'avance, une avance de deux secondes. **II.** *v* **1.** *vi (a)* sursauter, tressaillir, tressauter; **to s. with surprise,** avoir un mouvement de surprise; **tears started from his eyes,** les larmes ont jailli de ses yeux *(b) (of rivets)* se détacher *(c)* commencer, débuter; **starting Monday,** à partir de lundi; **to s. again,** recommencer; **he started (out) as a doctor,** il a commencé par être médecin; **to s. in life,** débuter dans la vie; **to s. in business,** se lancer, se mettre, dans les affaires; **to s. with,** pour commencer; d'abord; en premier lieu; au début; **to s. by doing sth,** commencer par faire qch; **to s. on a job,** commencer un travail; **to s. (off, out),** partir, se mettre en route; *(in job)* débuter; **to s. back,** repartir; reprendre le chemin (de la maison); **to s. (up),** commencer; *(of car)* démarrer; **I can't get it to s.,** je ne peux pas la faire marcher **2.** *vtr (a)* commencer (un travail); entamer, commencer (une bouteille, un nouveau pain); **to s. life afresh,** recommencer sa vie; **to s. doing sth,** commencer à, se mettre à, faire qch *(b) Sp:* donner le signal de départ à (des coureurs) *(c)* lancer (une entreprise, une mode); fonder (un commerce); ouvrir (une école); *F:* **now you've started sth!** en voilà une affaire! **to s. a war,** provoquer une guerre; **to s. a fire,** allumer un feu; *(accidentally)* provoquer un incendie *(d)* **to s. (up),** mettre (une machine, un moteur) en marche; démarrer (une voiture); **to s. up a business,** faire naître, créer, une entreprise; **to s. s.o. (off) on a career,** lancer qn dans une carrière; **if you s. him on this subject he'll never stop,** si vous le lancez sur ce sujet il ne tarira pas. **'starter** *n (a) Sp: (runner)* partant *m (b) Sp: (official)* starter *m (c) Aut:* démarreur *m (d) Cu:* hors-d'œuvre *m inv*; **to have sth**

as a s., prendre qch comme entrée. **'starting** *n* **s. point**, point de départ; *Sp:* **s. pistol**, pistolet de starter; *Sp:* **s. post**, ligne *f* de départ; **s. price**, *Com:* prix initial; *Turf:* dernière cote (d'un cheval) avant le départ; **s. from**, à partir de.

startle ['stɑːtl] *vtr* faire tressaillir, faire sursauter (qn); *Fig:* alarmer; surprendre (qn); **to s. s.o. out of his sleep**, éveiller qn en sursaut. **'startled** *a* effrayé; (cri) d'alarme. **'startling** *a* effrayant, saisissant; (événement) sensationnel.

starve [stɑːv] **1.** *vi* (*a*) **to s. (to death)**, mourir de faim (*b*) souffrir de la faim; *Fig:* **I'm starving**, je meurs de faim **2.** *vtr* (*a*) laisser mourir (qn) de faim (*b*) faire souffrir de la faim; *Fig:* priver (qn) (**of**, de) **star'vation** *n* faim *f*; privation *f*, manque *m*, de nourriture; **to die of s.**, mourir de faim; **s. wages**, salaire de famine; **on a s. diet**, à la diète. **starved** *a* affamé; **s. of affection**, privé d'affection. **'starving** *a* affamé; mourant de faim.

stash [stæʃ] *vtr F:* **to s. (sth) away**, cacher (un trésor); mettre (son argent) de côté.

state [steit] **1.** *n* (*a*) état *m*, condition *f*; **in a good s.**, en bon état; **this is a fine s. of things to be in!** nous voilà bien! c'est du joli! **I am not in a fit s. to travel**, je ne suis pas en état de voyager; **s. of health**, état de santé; **s. of mind**, disposition *f* d'esprit; *F:* **to be in a terrible s.**, être dans tous ses états (*b*) rang *m*, dignité *f* (*c*) pompe *f*, parade *f*; apparat *m*; **to live in s.**, mener grand train; **to dine in s.**, dîner en grand gala; (*of body*) **to lie in s.**, être exposé (sur un lit de parade); **lying in s.**, exposition *f* (d'un corps); **robes of s.**, costume d'apparat; **s. coach**, voiture d'apparat; **s. ball**, grand bal officiel; **s. reception**, réception solennelle (d'un prince); **s. apartments**, salons d'apparat (*d*) **the S.**, l'État; **Secretary of S.**, (i) Secrétaire d'État (ii) *US:* = Ministre des Affaires étrangères; *US: Pol:* **S. Department**, Département *m* d'État; **head of s.**, chef d'état; **affairs of s.**, affaires d'État; **s.-aided**, subventionné par l'État; **s. control**, étatisme *m*; **s.-controlled**, étatisé; **s. secret**, secret *m* d'État; **s. security**, sécurité *f* de l'État; **s. school**, école *f* publique; **s. visit**, voyage officiel; **the United States of America**, *F:* **the States**, les États-Unis (d'Amérique). **2.** *vtr* déclarer (**that**, que); fixer (une heure, une date); formuler (une opinion); **condition stated in the contract**, condition énoncée dans le contrat; **as stated above**, ainsi qu'il a été mentionné ci-dessus; **I have seen it stated that**, j'ai lu quelque part que; **he is stated to have been in Paris**, on affirme l'avoir vu à Paris; **to s. a claim**, exposer une réclamation; *Jur:* **to s. the case**, exposer les faits. **'stated** *a* **at s. intervals**, à intervalles définis; **on s. days**, à jours fixes. **'stateless** *a Adm:* apatride; **s. person**, apatride *mf*. **'stateliness** *n* majesté *f*; aspect imposant; dignité *f*. **'stately** *a* (**-ier, -iest**) majestueux, imposant; plein de dignité; noble, élevé; **s. home**, château. **'statement** *a* (*a*) déclaration *f*; exposition *f*, exposé *m* (des faits); rapport *m*, compte rendu; *Jur:* déposition *f* (d'un témoin); **official s. (to the press)**, communiqué *m*; **according to his own s.**, suivant sa propre déclaration; **to contradict a s.**, nier une affirmation (*b*) **bank s., s. of account**, relevé *m* de compte. **state-of-the-art** *a* ultramoderne, dernier cri. **state-'owned** *a* étatisé. **'stateroom** *n* grand appartement; *Nau:* cabine *f* de luxe. **'statesman** *n* (*pl* **-men**) homme *m* d'état. **'statesmanlike** *a* diplomatique; **to act in a s. way**, se conduire en homme d'état. **'statesmanship** *n* diplomatie *f*.

static ['stætik] **1.** *a* statique **2.** *n WTel:* parasites *mpl*.

station ['steiʃn] **1.** *n* (*a*) position *f*, place *f*; *Mil:* poste *m*; *Av:* base (aérienne); *Austr:* **sheep s.**, élevage *m* de moutons; **lifeboat s.**, station de sauvetage; *El:* **power s.**, centrale *f* électrique; *Aut:* **petrol, service, s.**, poste d'essence, station-service *f*; **police s.**, commissariat *m*, poste, de police; **fire s.**, caserne *f* de pompiers; **space, observation, s.**, station spatiale, d'observation; **radio, TV, s.**, poste émetteur; station de radio, de télévision; *Ecc:* **the Stations of the Cross**, le chemin de (la) Croix (*b*) position, condition *f*; rang *m*; **s. in life**, situation sociale (*c*) **(railway) s.**, gare *f*; **passenger s., goods s.**, gare de voyageurs, de marchandises; **coach, bus, s.**, gare routière; **underground, tube, s.**, station de métro; **s. hotel**, hôtel de la gare; *NAm: Aut:* **s. wagon** (*Br* = **estate (car)**), break *m*, commerciale *f* **2.** *vtr* placer, mettre (qn dans un endroit); poster (des troupes); **to s. oneself**, se poster; **to be stationed at**, *Mil:* être en garnison à; *Navy:* être en station à. **'stationary** *a* stationnaire; immobile; (voiture) à l'arrêt. **'stationmaster** *n Rail:* chef *m* de gare.

stationer ['steiʃənər] *n* papetier, -ière; **stationer's (shop)**, papeterie *f*. **'stationery** *n* papier *m*; papeterie; **office s.**, fournitures *fpl* de bureau.

statistic [stə'tistik] *n* statistique *f*; *pl* la statistique; *F:* **vital statistics**, mensurations *fpl* (d'une femme). **sta'tistical** *a* statistique; **s. tables**, statistiques. **sta'tistically** *adv* statistiquement. **statis'tician** *n* statisticien, -ienne.

statue ['stætjuː] *n* statue *f*. **statu'esque** *a* sculptural. **statu'ette** *n* statuette *f*.

stature ['stætʃər] *n* stature *f*; taille *f*.

status ['steitəs] *n* (*a*) *Jur:* statut *m* (de qn); *Adm:* **civil s.**, état civil (*b*) condition *f*, position *f*, rang *m*; prestige *m*, standing *m*; **social s.**, rang social; **s. symbol**, marque *f* de standing; **without any official s.**, sans titre officiel; **s. quo**, statu quo *m inv*.

statute ['stætjuːt] *n* (*a*) acte *m* du Parlement; loi *f*; **s. book**, code *m* (des lois); **s. law**, droit écrit; jurisprudence *f* (*b*) *pl* statuts *mpl*, règlements *mpl* (d'un club, d'une société). **'statutory** *a* (*a*) établi, imposé, par la loi; réglementaire; **s. holiday**, fête légale (*b*) (*of right, etc*) statutaire; conforme aux statuts.

staunch[1] [stɔːntʃ] *a* loyal, fidèle, dévoué; **s. friend**, ami à toute épreuve. **'staunchly** *adv* loyalement, avec fermeté; avec résolution. **'staunchness** *n* loyauté *f*; fermeté *f*; dévouement *m*.

staunch[2] *vtr* étancher (le sang); étancher le sang de (la blessure).

stave [steiv] **1.** *n* (*a*) douve *f* (d'un tonneau) (*b*) strophe *f* (d'un poème); *Mus:* portée *f* **2.** *vtr* (**staved** *or* **stove**) **to s. in**, défoncer, enfoncer (un bateau, une barrique); **to s. off**, prévenir, parer à (un danger); conjurer (un désastre); tromper (la faim).

stay[1] [stei] **I.** *n* séjour *m*; visite *f* (chez un ami); **fortnight's s.**, séjour de quinze jours; *Jur:* **s. of**

proceedings, suspension *f* d'instance; **s. of execution,** sursis *m.* **II.** *v* **1.** *vi* (*a*) rester; demeurer sur les lieux; **to s. put,** ne pas bouger; **to s. at home,** rester à la maison; **to s. in bed,** garder le lit; **to s. to dinner, for dinner,** rester à dîner; **this word is here to s.,** ce mot est entré dans la langue; **to s. with a plan,** ne pas lâcher un projet (*b*) loger; séjourner (dans un endroit); **he's staying with us for a few days,** il est venu passer quelques jours chez nous; **to s. at a hotel,** descendre, s'installer, dans un hôtel **2.** *vtr* arrêter (le progrès de qn); enrayer (une épidémie); tromper (la faim); *Jur:* remettre (une décision); surseoir à, suspendre (son jugement); **horse that can s. three km,** cheval qui peut courir, tenir, pendant trois km; **to s. the course,** avoir du fond. **'stay-at-home** *a & n* casanier, -ière. **stay a'way** *vi* ne pas s'approcher (**from,** de); ne pas venir; s'absenter; **to s. a. from school,** ne pas aller à l'école. **'stayer** *n Sp:* coureur *m* de fond; cheval *m* qui a du fond; stayer *m.* **stay 'in** *vi* ne pas sortir; rester à la maison; (*of nail, tooth, etc*) tenir. **'staying** *n* **s. power,** endurance *f*; **horse with good s. power,** cheval qui a du fond. **stay 'out** *vi* rester dehors; ne pas rentrer; **to s. o. all night,** découcher; *Ind:* **the men are staying out,** la grève continue toujours; **to s. o. of sth,** ne pas se mêler de qch; éviter qch. **stay 'up** *vi* ne pas se coucher; (*of fence*) tenir, ne pas tomber; **to s. up late,** se coucher, veiller, tard; (*of child*) se coucher plus tard que d'habitude.

stay² *n* support *m*; soutien *m*; (*for wall*) étai *m.*

St Bernard [sənt'bəːnəd, *NAm:* seintbə'nɑːd] *n* saint-bernard *m.*

STD *abbr* **1.** *Tp: subscriber trunk dialling* = téléphone automatique, l'automatique **2.** *sexually transmitted disease,* MST.

stead [sted] *n* **to stand s.o. in good s.,** être bien utile à qn; **in s.o.'s s.,** à la place de qn.

steadfast ['stedfɑːst] *a* ferme; constant. **'steadfastly** *adv* fermement; avec constance. **'steadfastness** *n* fermeté *f* (d'esprit); constance *f*; ténacité *f.*

steady ['stedi] **1.** *a* (**-ier, -iest**) (*a*) ferme, solide; **to keep s.,** ne pas bouger; **to have a s. hand,** avoir la main sûre; **with a s. hand,** d'une main assurée; **s. (on one's feet),** solide sur ses jambes (*b*) continu, soutenu; régulier; **s. progress,** progrès régulier, constant; **s. pace,** allure modérée, réglée; **s. downpour,** pluie persistante; *Com:* **s. demand for sth,** demande soutenue pour qch (*c*) (*of pers*) ferme, constant; assidu; rangé, posé; sérieux; (*of nerves*) solide; (cheval) calme; **a s. boyfriend, girlfriend,** un(e) petit(e) ami(e) **2.** *adv & int* **s.!** ne bougez pas! **s. (on)!** doucement! du calme! attention (de ne pas tomber)! *F:* (*of boy or girl*) **to go s.,** se fréquenter, sortir ensemble; **to go s. with,** sortir avec **3.** *v* (**steadied**) (*a*) *vtr* maintenir (une chaise, etc) (en place); assurer (la main); (*wedge*) caler; **to s. oneself,** reprendre son aplomb; **to s. oneself against sth,** s'appuyer contre qch; **to s. the nerves,** calmer les nerfs (*b*) *vi* **the market has steadied (down),** le marché s'est redressé; **prices are steadying,** les prix se raffermissent. **'steadily** *adv* (*a*) fermement; **to walk s.,** marcher d'un pas assuré (*b*) régulièrement; progressivement; sans arrêt; **his health gets s. worse,** sa santé va (en) empirant (*c*) (travailler) fermement, avec fermeté; assidûment. **'steadiness** *n* (*a*) fermeté *f*; sûreté *f* (de main) (*b*) assiduité *f,* persévérance *f,* application *f*; régularité *f* (de mouvement) (*c*) stabilité *f* (des prix).

steak [steik] *n Cu:* (*a*) tranche *f* (de viande, de poisson) (*b*) bifteck *m,* steak *m*; (*cut from the ribs*) entrecôte *f*; **fillet s.,** tournedos *m.* **'steakhouse** *n* grill(-room) *m.*

steal [stiːl] *v* (**stole** [stoul]; **stolen** ['stoulən]) **1.** *vtr* voler, dérober, soustraire (**sth from s.o.,** qch à qn); **to s. a glance at s.o.,** jeter un coup d'œil furtif à qn; regarder qn à la dérobée; **to s. a march on s.o.,** devancer qn **2.** *vi* **to s. in, out,** entrer, sortir, furtivement; **to s. away,** s'en aller furtivement; **to s. into the room,** se glisser dans la pièce. **'stealer** *n* voleur, -euse (de moutons). **'stealing** *n* vol *m.*

stealth [stelθ] *n* **by s.,** à la dérobée; furtivement. **'stealthily** *adv* à la dérobée, furtivement; (entrer) à pas de loup. **'stealthiness** *n* caractère furtif (d'une action). **'stealthy** *a* (**-ier, -iest**) furtif; (regard) dérobé.

steam [stiːm] **I.** *n* vapeur *f* (d'eau); buée *f*; **room full of s.,** salle remplie de buée; **heated by s.,** chauffé à la vapeur; **to get up s.,** mettre (la chaudière) sous pression; **to run out of s.,** *Mch:* ne plus être sous pression; *Fig:* être épuisé; **to let off s.,** *Mch:* lâcher la vapeur; *Fig:* se défouler, décompresser; **under one's own s.,** tout seul, sans aide; **at full s.,** à toute vapeur; *Nau:* **full s. ahead,** en avant toute! **s. engine,** machine à vapeur; *Rail:* locomotive *f* (à vapeur); **s. iron,** fer *m* à vapeur. **II.** *v* **1.** *vtr* cuire à la vapeur; **to s. open a letter,** décacheter une lettre à la vapeur **2.** *vi* (*a*) (*of kettle, etc*) fumer (*b*) marcher (à la vapeur); (*of windscreen, spectacles*) **to s. up,** se couvrir de buée; **to get steamed up,** se couvrir de buée; *Fig: F:* s'énerver. **'steamboat** *n* (bateau à) vapeur *m.* **'steamer** *n Nau:* (bateau à) vapeur *m*; (*liner*) paquebot *m*; *Cu:* marmite *f* à vapeur. **'steaming** *a* fumant; **s. hot,** tout chaud. **'steamroller** *n* rouleau compresseur. **'steamship** *n* (bateau à) vapeur; paquebot. **'steamy** *a* (**-ier, -iest**) plein de vapeur, de buée; (*of window*) embué; (*of atmosphere*) humide; (*of love affair, etc*) brûlant.

steel [stiːl] **1.** *n* (*a*) acier *m*; **the iron and s. industry,** la sidérurgie, l'industrie sidérurgique; **stainless s.,** acier inoxydable, inox *m*; **sheet s.,** tôle *f* d'acier; **heart of s.,** cœur de fer, d'acier; **muscles of s.,** muscles d'acier (*b*) (*for sharpening knives*) affiloir *m* **2.** *vtr* **to s. oneself to do sth,** s'endurcir à faire qch; s'armer de courage pour faire qch; **to s. oneself against sth,** s'endurcir contre qch. **'steelworks** *npl* aciérie *f.* **'steely** *a* (**-ier, -iest**) d'acier; (regard) dur; (bleu) acier; (*of pers*) inflexible.

steep¹ [stiːp] *a* escarpé; à pic; raide; **s. climb,** montée raide; *F:* **that's a bit s.!** c'est un peu fort! **s. price,** prix excessif. **'steeply** *adv* en pente rapide; à pic; (*of prices*) **to rise s.,** s'envoler, augmenter excessivement. **'steepness** *n* raideur *f,* escarpement *m* (d'une pente).

steep² *vtr* baigner, tremper; **steeped in,** imprégné de.

steeple ['stiːpl] *n* (*a*) clocher *m* (*b*) flèche *f* (de clocher). **'steeplechase** *n* steeple(chase) *m.* **'steeplejack** *n* réparateur *m* de clochers, de cheminées d'usines.

steer¹ ['stiər] **1.** *vtr* diriger, piloter (une voiture, qn); diriger, gouverner (un navire); **to s. a northerly course,** faire route au nord **2.** *vi* (*of pers*) *Nau:* tenir le gouvernail, gouverner; *Aut:* tenir le volant; **to s. towards,** faire route vers; **to s. clear of sth,** éviter qch. **'steering** *n* direction *f*; **power(-assisted) s.,** direction assistée; **s. wheel,** volant *m*; **s. column,** colonne de direction; *Adm:* **s. committee,** comité d'organisation *f*.

steer² *n* (jeune) bœuf *m*; bouvillon *m*.

stem¹ [stem] **1.** *n* (*a*) *Bot:* tige *f* (de plante, de fleur); queue *f* (de fruit, de feuille); tronc *m*, souche *f* (d'arbre); pied *m* (de verre à boire) (*b*) souche (de famille); *Ling:* thème *m*, radical *m* (d'un mot) (*c*) *Nau:* étrave *f*, avant *m*; **from s. to stern,** de l'avant à l'arrière **2.** *vi* **(stemmed) to s. from,** être issu de, provenir de, être le résultat de (qch).

stem² *vtr* **(stemmed)** contenir, endiguer (un cours d'eau); lutter contre (la marée); remonter (le courant); résister à (une attaque); **to s. (the flow of),** arrêter, contenir.

stench [stentʃ] *n* odeur *f* infecte; puanteur *f*.

stencil ['stensl] **1.** *n* (*a*) patron (ajouré); pochoir *m* (*b*) peinture *f* au pochoir (*c*) *Typewr:* stencil *m* **2.** *vtr* **(stencilled,** *NAm:* **stenciled)** peindre, marquer (qch) au pochoir; polycopier (un document).

stenographer [stə'nɔgrəfər] *n NAm:* sténodactylo *f*.

stentorian [sten'tɔːriən] *a* (voix) de stentor.

step [step] **I.** *n* (*a*) pas *m*; **to take a s.,** faire un pas; **to turn one's steps towards,** se diriger, diriger ses pas, vers; **at every s.,** à chaque pas; **s. by s.,** pas à pas; petit à petit; **to retrace one's steps,** revenir sur ses pas; **that's a great s. forward,** c'est déjà un grand pas de fait; **with a quick s.,** d'un pas rapide (*b*) pas, cadence *f*; **to keep in s.,** marcher au pas; **to fall into s.,** se mettre au pas; **to be out of s.,** marcher à contre-pas (**with,** de); *Fig:* **in s. with,** en accord avec; **waltz s.,** pas de valse (*c*) démarche *f*; mesure *f*; **to take the necessary steps,** faire les démarches nécessaires; prendre toutes dispositions utiles; **to take steps to do sth,** se préparer à faire qch; **a s. in the right direction,** un pas dans la bonne voie; **the first s. will be to,** la première chose à faire sera de; (*in hierarchy*) **to go up a s.,** avancer en grade (*d*) marche *f*, degré *m* (d'un escalier); marchepied *m* (d'un véhicule); pas de la porte; **top s. (of a stair),** marche palière; **(flight of) steps,** escalier; (*outdoors*) perron *m*; **(pair of) steps,** escabeau *m*; échelle *f* double; **folding steps,** échelle pliante **2.** *vi* **(stepped)** faire un pas, des pas; marcher; **s. this way,** (venez) par ici; **to s. aside to let s.o. pass,** s'écarter pour laisser passer qn; **to s. back,** reculer, faire un pas en arrière; **to s. forward,** avancer, faire un pas en avant; **to s. in,** entrer; *Fig:* intervenir; **to s. into,** monter dans (une voiture, etc); **s. inside for a moment,** entrez un instant; **to s. off,** descendre de (chaise, etc); **to s. out of,** descendre de (voiture, etc); **to s. over,** enjamber (un obstacle); **s. over to my place,** venez chez moi; **somebody stepped on my foot,** on m'a marché sur le pied; **to s. on the gas, to s. on it,** *Aut:* appuyer sur le champignon; *F:* se dépêcher; **to s. on the brakes,** donner un coup de frein; **to s. up to s.o.,** s'approcher de qn. **'stepbrother** *n* demi-frère *m*. **'stepchild** *n* (*pl* **-children**) beau-fils *m*, belle-fille *f*. **'stepdaughter** *n* belle-fille. **step 'down** *vi* descendre (**from,** de); *Fig:* se retirer; démissionner. **'stepfather** *n* beau-père *m*. **'stepladder** *n* escabeau *m*. **'stepmother** *n* belle-mère *f*. **'stepping-stone** *n* pierre *f* de gué; *Fig:* tremplin *m* (**to,** pour arriver à). **'stepsister** *n* demi-sœur *f*. **'stepson** *n* beau-fils. **step 'up** *vtr* augmenter (la production); intensifier (une campagne); activer; *El:* survolter (le courant).

steppe [step] *n Geog:* steppe *f*.

stereo ['steriou] **1.** *a* stéréo *inv*; (*of broadcast*) en stéréo **2.** *n* stéréo(phonie) *f*; chaîne *f* (stéréo); **personal s.,** baladeur *m*. **stereo'phonic** *a* stéréophonique. **'stereoscope** *n* stéréoscope *m*. **stereo'scopic** *a* stéréoscopique. **'stereotype 1.** *n* stéréotype *m*; *Typ:* cliché *m* **2.** *vtr* stéréotyper; *Typ:* clicher. **'stereotyped** *a* stéréotypé; **s. phrase,** cliché *m*.

sterile ['sterail, *NAm:* 'sterəl] *a* stérile. **sterility** [stə'riliti] *n* stérilité *f*. **sterili'zation** [sterilai-] *n* stérilisation *f*. **'sterilize** *vtr* stériliser. **'sterilizer** *n* stérilisateur *m*.

sterling ['stəːliŋ] **1.** *a* (*a*) **pound s.,** livre sterling; **s. area,** zone sterling; **s. silver,** argent fin; (*b*) (*of quality, pers*) sûr, solide; **man of s. worth,** homme de valeur *f* **2.** *n* livre(s) *f*(*pl*) sterling *inv*.

stern¹ [stəːn] *a* sévère, dur. **'sternly** *adv* sévèrement, durement. **'sternness** *n* sévérité *f*; austérité *f*; dureté *f*.

stern² *n Nau:* arrière *m*; poupe *f*; **s. light,** feu d'arrière, de poupe.

sternum ['stəːnəm] *n Anat:* sternum *m*.

steroid ['sterɔid] *n Bio-Ch:* stéroïde *m;* **anabolic s.,** stéroïde anabolisant.

stet [stet] *Typ:* **1.** *imp* bon; à maintenir **2.** *vtr* **(stetted)** maintenir (un mot) (sur l'épreuve).

stethoscope ['steθəskoup] *n Med:* stéthoscope *m*.

stetson ['stetsən] *n NAm:* chapeau *m* à larges bords.

stevedore ['stiːvdɔːr] *n* docker *m*; arrimeur *m*.

stew [stjuː] **1.** *n Cu:* ragoût *m*; civet *m* (de chevreuil); **s. pan, pot,** cocotte *f*; *F:* **to be in a s.,** être dans le pétrin **2.** *v* (*a*) *vtr Cu:* cuire (la viande) en ragoût; faire cuire (des fruits) (en compote) (*b*) *vi Cu:* cuire, mijoter; *F:* **to let s.o. s. in his own juice,** laisser qn mijoter (dans son jus). **stewed** *a* (*a*) **s. beef,** ragoût de bœuf; bœuf (à la) mode; bœuf en daube; **s. fruit,** compote *f* (*b*) (thé) trop infusé. **'stewing** *a* (*of pears, etc*) à cuire.

steward ['stjuːəd] *n* (*a*) intendant *m* (d'une propriété); intendant (d'un club, d'un collège, etc) (préposé au ravitaillement); *Nau:* commis *m* aux vivres (*b*) (*waiter*) *Nau: Av:* garçon *m* (de cabine); steward *m* (*c*) commissaire *m* (d'une réunion sportive); *Ind:* **shop s.,** délégué, -ée, syndical(e). **stewar'dess** *n* (*pl* **-es**) *Nau:* femme *f* de chambre; *Av:* hôtesse *f* (de l'air).

stick¹ [stik] *n* bâton *m* (de bois, de sucrerie, d'orge, de dynamite, de cire à cacheter); branche *f* (de céleri); tige *f* (de rhubarbe); **(walking) s.,** canne *f*; **hockey s.,** crosse *f* de hockey; *Av:* **the s.,** le manche à balai; (*for firewood*) **to gather sticks,** ramasser du bois sec, du petit bois; **without a s. of furniture,** sans un meuble; *F:* (*of pers*) **queer s.,** drôle de type *m*; *F:*

to give s.o. some s., engueuler qn; *F:* **to take a lot of s.**, être beaucoup critiqué; **the big s.**, la manière forte; la force; *F:* **he lives out in the sticks**, il vit dans la cambrousse; *Ent:* **s. insect**, phasme *m*.

stick² *v* (**stuck** [stʌk]) **1.** *vtr* (*a*) piquer, enfoncer (**into**, dans); **to s. a pin through sth**, passer une épingle à travers qch; **he stuck the spade into the ground**, il a planté, enfoncé, la bêche dans le sol; *F:* **to get stuck in**, se cramponner, se maintenir (*b*) *F:* **to s. a rose in one's buttonhole**, mettre une rose à sa boutonnière; **to s. one's hat on one's head**, mettre, planter, son chapeau sur sa tête; **s. it in your pocket**, fourrez-le dans votre poche; **s. it down here**, posez-le là (*c*) coller; **to s. a stamp on a letter**, coller un timbre sur une lettre, timbrer une lettre; **to s. down an envelope**, fermer, coller, une enveloppe (*d*) *F:* supporter, souffrir; **to s. it**, tenir (le coup); **I can't s. him**, je ne peux pas le sentir **2.** *vi* (*a*) s'enfoncer, se planter; **with a needle sticking in it**, avec une aiguille piquée dedans (*b*) coller, s'attacher, tenir (**to**, à); **the envelope won't s.**, l'enveloppe ne colle pas; **the vegetables have stuck to the pan**, les légumes ont attaché; **his shirt stuck to his back**, il avait la chemise collée au dos; **the name stuck to him**, ce nom lui est resté; **to s. by, to, a friend**, rester fidèle à un ami; **to s. together**, se serrer les coudes; faire preuve de solidarité; **to s. (to s.o.) like glue**, se cramponner (à qn); **to s. to one's post**, rester à son poste; **s. to it!** persévérez! **to s. to one's promise**, tenir sa promesse; **to s. to an opinion**, maintenir une opinion; **to s. to one's guns**, ne pas en démordre; **to s. to the facts**, s'en tenir aux faits; **to s. to the point**, ne pas s'écarter de la question; *F:* **to s. to sth**, garder qch pour soi; *F:* **I'm stuck with it, him**, je ne peux pas m'en débarrasser; **to s., to be stuck**, (*of drawer, etc*) être bloqué, coincé; (*in mud*) s'embourber, être embourbé; (*of machine parts*) coincer; (*of boat*) s'enliser; **stuck in bed, indoors**, cloué au lit, chez soi; **I'm stuck**, (i) je n'avance plus; je suis en panne; (ii) je ne sais pas quoi faire; **I'm stuck (for an answer)**, je ne sais pas quoi répondre; **to be stuck for a title**, ne pas trouver de titre; **to be stuck with s.o., sth**, se farcir qn, qch; **it sticks in my throat**, je ne peux pas avaler ça; **the lift has stuck**, l'ascenseur est en panne; **the switch was stuck**, le contact était coincé. **stick a'round** *vi F:* attendre; rester dans les parages. **'stick at** *vi* **to s. at nothing**, ne reculer devant rien; **to s. at a job for six hours**, travailler à qch pendant six heures d'arrache-pied; **s. at it!** persévérez! **'sticker** *n* autocollant *m*. **'stickiness** *n* nature collante. **'sticking 1.** *a* adhésif; **s. plaster**, sparadrap *m* **2.** *n* (*a*) adhérence *f* (*b*) arrêt *m*, coincement *m*. **'stick-in-the-mud** *n F:* **an old s.-in-t.-m.**, un vieux routinier. **'stick-on** *a* **s.-on label**, étiquette adhésive, autocollante. **'stick 'out 1.** *vtr* sortir (la tête); bomber (la poitrine); tirer (la langue); *F:* **to s. one's neck o.**, prendre des risques; *F:* **it sticks out a mile!** c'est clair comme le jour! **to s. it out**, tenir le coup, jusqu'au bout **2.** *vi* (*of petticoat, etc*) dépasser; (*of tooth*) avancer; **to s. o. beyond sth**, dépasser qch; **his ears s. o.**, il a les oreilles décollées; *F:* **to s. o. for sth**, s'obstiner à demander qch. **stick 'up 1.** *vtr* (*a*) *F:* lever (la main); **s. 'em up!** haut les mains! (*b*) afficher (un avis) (*c*) *F:* attaquer (une banque) à main armée; braquer **2.** *vi F:* **to s. up for s.o.**, défendre qn, prendre la défense de qn. **'stick-up** *n F:* vol *m* à main armée; braquage *m*, hold-up *m inv*. **'sticky** *a* (**-ier, -iest**) collant, gluant; adhésif; (*of substance, hands*) poisseux; *Fig:* (*of problem*) difficile; **s. tape**, ruban adhésif; **s. weather**, temps lourd; **to get one's hands s.**, s'engluer les mains; *F:* **to be on a s. wicket**, être dans une situation difficile; *F:* **he's s. about these things**, il est peu accommodant sur ces choses; **to come to a s. end**, finir mal. **'stuck-'up** *a F:* prétentieux, snob *inv*.

stickleback ['stiklbæk] *n Ich:* épinoche *f*.

stickler ['stiklər] *n* **a s. for**, intransigeant sur (le règlement, la discipline); **to be a s. for etiquette**, être à cheval sur l'étiquette.

stiff [stif] **1.** *a* (*a*) raide, rigide, dur, inflexible; **s. shirt**, chemise empesée (de soirée); **s. brush**, brosse dure; **s. joint**, articulation ankylosée; **s. neck**, torticolis *m*; (*of pers*) **to be s.**, être courbaturé, avoir des courbatures; (*with cold*) être engourdi; **frozen s.**, complètement gelé; **s. as a post**, droit comme un piquet; **the body was already s.**, le cadavre était déjà raide (*b*) (*of pers*) froid, guindé; **s. bow**, salut contraint, froid (*c*) inflexible, obstiné; **to offer s. resistance**, résister opiniâtrement (*d*) (*of handle, mechanism*) qui fonctionne mal; **s. control lever**, commande dure (*e*) (*of paste, brush*) dur; (*of consistency*) ferme; **s. breeze**, forte brise (*f*) (montée) raide, pénible; (examen) difficile; (prix) élevé; **a s. whisky**, un whisky bien tassé, fort **2.** *n P:* cadavre *m*; macchabée *m*. **'stiffen 1.** *vtr* (*a*) raidir; **age has stiffened his joints**, l'âge lui a noué les membres (*b*) raidir (qn), rendre (qn) obstiné **2.** *vi* se raidir; devenir raide; (*of pers*) se guinder; (*of paste*) durcir; (*of wind*) fraîchir. **'stiffener** *n* amidon *m*; (*in collar*) baleine *f*. **'stiffly** *adv* avec raideur; froidement. **stiff-'necked** *a* obstiné, entêté. **'stiffness** *n* (*a*) raideur *f*, rigidité *f*; dureté *f* (d'un ressort); courbatures *fpl*, engourdissement *m* (dans les jambes); **s. of manner**, raideur, contrainte *f*; air guindé (*b*) fermeté *f*, consistance *f* (d'une pâte); raideur (d'une pente); difficulté *f* (d'un examen).

stifle ['staifl] **1.** *vtr* étouffer; réprimer (une émotion); **stifled by the smoke**, asphyxié par la fumée **2.** *vi* suffoquer, étouffer. **'stifling** *a* étouffant, suffocant; **it's s. in here**, on étouffe ici.

stigma ['stigmə] *n* (*pl* **stigmas, stigmata** ['stigməz, 'stigmətə]) (*moral stain*) flétrissure *f*; (*nail marks*) **stigmata**, stigmates *mpl*. **'stigmatize** *vtr* stigmatiser (qn).

stile [stail] *n* échalier *m*.

stiletto [sti'letou] *n* stylet *m*; **s. heel**, talon *m* aiguille.

still¹ [stil] **1.** *a* tranquille, calme; immobile; (*of drink*) non gazeux; **to keep, lie, stand, s.**, ne pas bouger; rester tranquille; **his heart stood s.**, son cœur a cessé de battre; **s. night**, nuit calme, silencieuse; *Art:* **s. life**, nature morte **2.** *n* (*a*) **in the s. of the night**, dans le silence de la nuit (*b*) *Cin:* photo. **'stillborn** *a* mort-né. **'stillness** *n* tranquillité *f*, calme *m*, silence *m*; immobilité *f*.

still² **1.** *adv* encore; **he's s. here**, il est toujours ici; **I s. have 500 francs**, il me reste encore 500 francs; **they**

are s. playing, ils jouent encore; **s. more, s. less,** encore plus, encore moins; **better s., s. better,** encore mieux **2.** *conj* cependant, pourtant, tout de même; **s. I** *did* **see her,** toujours est-il que je l'ai vue.

still[3] *n* alambic *m.*

stilt [stilt] *n* **(pair of) stilts,** échasses *fpl.* **'stilted** *a* (style) guindé.

stimulate ['stimjuleit] *vtr* stimuler; aiguillonner, activer (**to,** à); aiguiser (l'appétit); encourager (la production). **'stimulant** *n* stimulant *m.* **'stimulating** *a* stimulant. **stimu'lation** *n* stimulation *f.* **'stimulus** *n* (*pl* **-i**) stimulant, aiguillon *m*; (*physiological*) stimulus *m*; **to give trade a s.,** donner de l'impulsion *f* au commerce.

sting [stiŋ] **1.** *n* dard *m*, aiguillon *m* (d'abeille); piqûre *f* (de guêpe); douleur cuisante (d'une blessure); mordant *m* (d'une observation) **2.** *v* **(stung** [stʌŋ]**)** (*a*) *vtr* (*of bee, nettle*) piquer; (*of blow*) cingler (qn); (*of remark*) blesser; (*of smoke*) **to s. the eyes,** picoter les yeux; **that reply stung him (to the quick),** cette réponse l'a piqué (au vif); *F:* **to be stung,** attraper le coup de fusil (*b*) *vi* **my eyes were stinging,** les yeux me cuisaient. **'stinging** *a* cuisant; (coup) cinglant; **s. nettle,** ortie brûlante.

stingy ['stindʒi] *a* **(-ier, -iest)** avare, mesquin; **s. with,** avare de (argent, louanges); mesquin sur (la nourriture, le vin). **'stingily** *adv* mesquinement. **'stinginess** *n* avarice *f*, mesquinerie *f*.

stink [stiŋk] **1.** *n* puanteur *f*; odeur infecte; *F:* **to cause, make, raise, a s. (about sth),** faire du foin (à propos de qch) **2.** *v* **(stank** [stæŋk]; **stunk** [stʌŋk]**)** (*a*) *vi* puer; sentir mauvais; empester; **to s. of garlic,** puer, empester, l'ail; *P:* **he stinks,** c'est un type infect! *P:* (*of thg, plan*) **it stinks!** c'est infect! (*b*) *vtr* **to s. the room out,** empester la pièce. **'stinker** *n P:* (*pers*) sale type *m*; (*question, etc*) vacherie *f*; **to write s.o. a s.,** écrire une lettre carabinée à qn. **'stinking 1.** *a* puant, empesté, infect; *F:* **a s. cold,** un sale rhume **2.** *adv F:* **to be s. rich,** avoir un argent fou.

stint [stint] **1.** *n* part *f* de travail; période *f* de travail; **daily s.,** tâche quotidienne; **he had a two-year s. in the army,** il a fait ses deux ans dans l'armée; **during her s. as . . .,** pendant son passage au poste de . . . **2.** *vtr* lésiner sur (qch); **to s. oneself,** se refuser le nécessaire; **to s. oneself for one's children,** se priver pour ses enfants.

stipend ['staipend] *n* traitement *m*, appointements *mpl* (d'un ecclésiastique, d'un magistrat).

stipple ['stipl] *vtr* pointiller; **stippled design,** dessin au pointillé.

stipulate ['stipjuleit] *vtr & i* stipuler; prescrire (un délai). **stipu'lation** *n* stipulation *f*; **with the s. that,** à condition que.

stir [stəːr] **I.** *n* (*a*) remuement *m*; **to give one's coffee a s.,** remuer son café (*b*) mouvement *m* d'agitation (d'une grande ville); **a great s.,** un grand remue-ménage (*c*) agitation *f*, émoi *m*; **to cause a s.,** faire du bruit; faire sensation. **II.** *v* **(stirred) 1.** *vtr* (*a*) remuer; mouvoir; activer, agiter; tisonner (le feu); tourner (une crème); *Fig:* exciter; inciter (**to do,** à faire); **to s. one's tea,** remuer son thé; **to s. up trouble,** fomenter la discorde; **to s. up the people,** ameuter le peuple; **he needs stirring up!** il a besoin d'être secoué! (*b*) émouvoir, troubler (qn); **to s. s.o. to pity,** émouvoir la compassion de qn **2.** *vi* bouger, remuer; **he didn't s. out of the house,** il n'est pas sorti de la maison; **there's not a breath of air stirring,** on ne sent pas un souffle d'air; **he hasn't stirred yet,** il n'est pas encore levé. **'stirring** *a* (*a*) actif, remuant; **s. times,** époque troublée (*b*) excitant, émouvant; (discours) entraînant.

stirrup ['stirəp] *n* étrier *m*; **s. cup,** coup de l'étrier.

stitch [stitʃ] **1.** *n* (*pl* **stitches**) (*a*) *Needlew:* point *m*; piqûre *f* (à la machine); *Knit:* maille *f*; *Med:* point de suture; **to put a few stitches in a garment,** faire un point à un vêtement; *F:* **he hasn't a dry s. on him,** il est complètement trempé; **without a s. on,** complètement nu; *Knit:* **to drop a s.,** sauter une maille; **to put stitches in a wound,** suturer, faire une suture à, une plaie (*b*) **s. (in one's side),** point de côté; *F:* **to be in stitches,** se tordre (de rire) **2.** *vtr* coudre (un vêtement); (*on machine*) piquer; *Bookb:* brocher (un livre); **to s. up a tear,** recoudre une déchirure; *Med:* **to s. (up) a wound,** suturer une plaie.

stoat [stout] *n Z:* hermine *f.*

stock [stɔk] **I.** *n* (*a*) *Hort:* sujet *m*; porte-greffe *m* (*b*) race *f*, famille *f*, lignée *f*; (*of pers*) **of good s.,** de bonne souche (*b*) fût *m*, bois *m* (de fusil) (*c*) *Nau:* **stocks,** chantier *m*; cale *f* de construction; **ship on the stocks,** navire en construction, sur cale(s) (*d*) *Hist: pl* (*punishment*) le pilori (*e*) provision *f*, approvisionnement *m*; réserve *f*; fonds *m*, mine *f* (de connaissances, etc); **to lay in a s. of wood,** faire (une) provision de, s'approvisionner en, bois (*f*) *Com:* **s. (in trade),** marchandises *fpl*; stock *m*; **surplus s.,** soldes *mpl*; **in s.,** en magasin, disponible, en stock; **out of s.,** épuisé, non disponible; **to take s.,** faire l'inventaire; *Fig:* **to take s.,** faire le point (**of,** de) (*g*) (*livestock*) bétail *m*; **fat s.,** bétail de boucherie; **s. farming,** élevage *m* (de bétail) (*h*) *Cu:* bouillon *m*; **s. cube,** bouillon-cube *m* (*i*) *Fin:* valeurs *fpl*; titres *mpl*; actions *fpl*; **Government s.,** fonds d'état; **stocks and shares,** valeurs (boursières); titres *mpl*; **s. market,** marché des titres; **the S. Exchange, Market,** la Bourse (*j*) *Bot:* matthiole *f*; giroflée *f* des jardins. **II.** *a* normal; **s. size,** taille courante; **s. argument,** argument habituel, bien connu; **s. phrase,** expression *f* toute faite; *Sp:* **s. car,** stock-car *m.* **III.** *v* **1.** *vtr* (*a*) monter (une ferme) en bétail; **to s. (up),** approvisionner (un magasin, un garde-manger) (**with,** de); empoissonner (un étang); peupler (une forêt); **well stocked,** (magasin) bien approvisionné (*b*) vendre; tenir, garder, avoir (qch) en magasin; stocker (des marchandises) **2.** *vi* **to s. up with sth,** s'approvisionner de, en, qch. **'stockbroker** *n* agent *m* de change. **'stockholder** *n Fin:* actionnaire *mf.* **'stockist** *n Com:* dépositaire *mf*, stockiste *m.* **'stockman** *n* (*pl* **-men**) *Austr:* bouvier *m.* **'stockpile 1.** *n* stocks *mpl* de réserve **2.** *vtr & i* stocker, amasser. **'stockpiling** *n* stockage *m.* **'stockpot** *n Cu:* cocotte, *f*, pot-au-feu *m inv.* **'stockroom** *n* magasin *m*, réserve *f.* **'stock-'still** *adv* **to stand s.-s.,** rester complètement immobile. **'stocktaking** *n Com:* inventaire *m.* **'stocky** *a* **(-ier, -iest)** trapu.

stockade [stɔ'keid] *n* palissade *f*, palanque *f.*

stocking ['stɔkiŋ] *n Cl:* bas *m*; **fully fashioned s.,** bas diminué; *Med:* **elastic stockings,** bas pour varices; **body s.,** body *m*, justaucorps *m*; *Knit:* **s. stitch,** point (de) jersey; **to stand six feet in one's s.** (*also* **stockinged**) feet = mesurer 1,82m sans chaussures.

stodge [stɔdʒ] *n F:* aliment bourratif, *F:* étouffe-chrétien *m inv*. **'stodgy** *a* **(-ier, -iest)** (repas) lourd, indigeste; (aliment) bourratif; (livre) indigeste; (*of pers, style*) compassé.

stoic ['stouik] *a & n* stoïque (*mf*). **'stoical** *a* stoïque. **'stoically** *adv* stoïquement. **'stoicism** [-sizm] *n* stoïcisme *m*.

stoke [stouk] *vtr* entretenir (un feu); charger (un foyer); chauffer (un four, une locomotive). **'stoker** *n* chauffeur *m*.

stole[1], **stolen** ['stoul(ən)] *see* **steal**.

stole[2] [stoul] *n Cl:* étole *f*.

stolid ['stɔlid] *a* lourd, lent, impassible. **sto'lidity** *n* flegme *m*. **'stolidly** *adv* flegmatiquement.

stomach ['stʌmək] **1.** *n* (*organ*) estomac *m*; ventre *m*; **to crawl on one's s.**, ramper à plat ventre; **s. pump,** pompe stomacale; **s. trouble, upset s.**, troubles *mpl* de digestion; crise *f* de foie **2.** *vtr* endurer, supporter, tolérer (qch); digérer (une insulte); **I can't s. it any longer,** j'en ai plein le dos. **'stomachache** *n* mal *m* de ventre; douleurs *fpl* d'estomac; **to have (a) s.**, avoir mal au ventre.

stone [stoun] **1.** *n* (*a*) pierre *f*; caillou *m*; **to leave no s. unturned (in order to do sth),** remuer ciel et terre (pour faire qch); **to throw stones at s.o.**, lancer des pierres à qn; **(within) a s.'s throw (from here),** à quelques pas, à deux pas (d'ici) (*b*) *Const:* moellon *m*; pierre de taille; **not to leave a s. standing,** ne pas laisser pierre sur pierre (*c*) (*gravestone*) pierre tombale; (*grindstone*) meule *f* (de moulin); (*oilstone*) pierre à huile; **precious stones,** pierres précieuses; pierreries *fpl* (*d*) (*material*) pierre (à bâtir); **s. quarry,** carrière *f* (de pierre); **broken s.**, pierraille *f*, cailloutis *m* (*e*) *Med:* calcul *m* (du rein) (*f*) noyau *m* (de fruit); **s. fruit,** fruit à noyau (*g*) (*inv in pl*) *Meas:* = 6,348 kg; **to weigh 12 s.** = peser 76 kilos **2.** *a* (mur) de, en, pierre; (pot) de grès; **s. cold,** froid comme (le) marbre, complètement froid; **s. dead,** raide mort; **s. deaf,** sourd comme un pot; **s. blind,** complètement aveugle **3.** *vtr* (*a*) lancer des pierres sur; **to s. s.o. (to death),** lapider qn (*b*) dénoyauter (des fruits); épépiner (des raisins secs). **'stoned** *a P:* ivre, soûl; (*on drugs*) drogué, camé. **'stonemason** *n* tailleur *m* de pierre, maçon *m*. **'stonewall** *vi* (*in debate*) faire de l'obstruction. **'stoneware** *n* poterie *f* de grès. **'stonework** *n* maçonnerie *f*. **'stonily** *adv* froidement; (regarder) d'un air glacial. **'stoniness** *n* nature pierreuse (du sol); dureté *f* (de cœur). **'stony** *a* **(-ier, -iest)** pierreux, caillouteux; dur comme la pierre; (accueil) froid; **s. heart,** cœur de roche, de marbre; **s. look,** regard glacial; *F:* **s. broke,** fauché, à sec; **I'm s. broke,** je suis complètement fauché.

stood [stud] *see* **stand II.**

stooge [stu:dʒ] *n* (*a*) *Th:* comparse *mf* (*b*) *Pej:* larbin *m*, souffre-douleur *m inv*; (*dupe*) pigeon *m*.

stool [stu:l] *n* (*a*) tabouret *m* (de cuisine, de bar); **folding s.**, pliant *m*; **piano s.**, tabouret de piano; **to fall between two stools,** s'asseoir entre deux chaises; *F:* **s. pigeon,** mouchard *m*; indicateur, -trice (de police) (*b*) *Med:* selles *fpl*.

stoop [stu:p] **1.** *n* (*a*) **to have a s.**, être voûté; **to walk with a s.**, marcher le dos voûté (*b*) *NAm:* perron *m* **2.** *vi* (*a*) se pencher, se baisser; **to s. to go through the door,** se baisser pour passer par la porte (*b*) s'abaisser (à (faire) qch); **a man who would s. to anything,** un homme prêt à toutes les bassesses (*c*) être voûté. **'stooping** *a* penché, courbé; voûté.

stop [stɔp] **I.** *n* (*a*) arrêt *m*; interruption *f*; **to put a s. to sth,** arrêter qch; mettre fin à qch (*b*) arrêt, halte *f*; pause *f*; *Av: Nau:* escale *f*; **ten minutes' s.**, dix minutes d'arrêt; **to come to a s.**, s'arrêter, faire halte; **to bring sth to a s.**, arrêter qch; **bus s.**, arrêt d'autobus; **request s.**, arrêt facultatif; *Av:* **scheduled s.**, escale prévue; (*on vehicle*) **s. light,** stop *m*; (*on road*) **s. sign,** stop (*c*) *Gram:* **full s.**, point *m*; (*in telegram*) stop (*d*) *Mus:* jeu *m*, registre *m* (d'orgue); *Fig:* **to pull out all the stops,** donner le maximum (*e*) dispositif *m* de blocage; arrêt, taquet *m*, butée *f*; **door s.**, heurtoir *m*. **II.** *v* **(stopped) 1.** *vtr* (*a*) boucher (une voie d'eau); plomber, obturer (une dent); **to s. (up),** boucher, fermer (un trou); obstruer (un tuyau); (*of pipe*) **to get stopped (up),** se boucher, s'obstruer; **to s. one's ears,** se boucher les oreilles; **to s. a gap,** boucher un trou; combler une lacune (*b*) arrêter; interrompre (la circulation); couper (l'électricité, la respiration à qn); parer (un coup); **to s. s.o. short,** arrêter qn (tout) court; **s. thief!** au voleur! **to s. s.o. from doing sth,** empêcher qn de faire qch; **I can't s. it happening,** je ne peux pas l'empêcher; **to s. (payment of) a cheque,** faire opposition à un chèque; **to s. a clock, a machine,** arrêter une pendule, une machine; (*of abuse*) **it ought to be stopped,** il faudrait y mettre fin (*c*) cesser (ses efforts); arrêter (de parler); **s. it!** assez! ça suffit! **it's stopped raining,** il ne pleut plus; la pluie a cessé (*d*) retenir (le salaire de qn); supprimer (la pension de qn); **to s. s.o.'s allowance,** couper les vivres à qn; *Mil:* **all leave is stopped,** toutes les permissions sont suspendues **2.** *vi* s'arrêter; cesser (de faire qch); (*of car*) stopper; **to s. eating,** arrêter de manger; **to s. snowing,** cesser de neiger; (*of pers*) **to s. short,** s'arrêter tout court; **to s. dead,** s'arrêter net, pile; *PN:* **all buses s. here** = arrêt fixe; *PN: Aut:* **s.**, stop; *Rail:* **how long do we s. at Aix?** combien d'arrêt à Aix? **to pass a station without stopping,** brûler une gare; *Nau:* **to s. at a port,** faire escale dans un port; **my watch has stopped,** ma montre (s')est arrêtée; **without stopping,** (parler) sans s'arrêter, sans arrêt, sans cesse; (travailler) d'arrache-pied; **he didn't s. at that,** il ne s'en est pas tenu là; **the matter won't s. there,** l'affaire n'en demeurera pas là; **the rain's stopped,** la pluie a cessé; **to s. at home,** rester à la maison; **he's stopping with us a few days,** il est venu passer quelques jours chez nous; **to s. at a hotel,** descendre dans, séjourner à, un hôtel. **stop 'by** *vi* passer (**s.o., s.o.'s house,** chez qn). **'stopcock** *n* robinet *m* d'arrêt. **'stopgap 1.** *a* provisoire **2.** *n* bouche-trou *m*; **it'll do as a s.**, cela servira à boucher un trou. **stop 'off, over,** *vi* s'arrêter, faire étape. **'stopoff, 'stopover** *n* halte, *Av:* escale. **'stoppage** *n* (*a*) arrêt; arrêt de travail; retenue *f* (sur un salaire) (*b*) obstruction *f*, engorgement *m* (d'un tuyau); *Med:* occlusion *f* (*c*) arrêt, halte; interruption *f* (du travail); *Ind:* (*strike*) débrayage *m*. **'stopper** *n* bouchon *m*; *F:* **to put a s. on s.o.'s**

activities, enrayer les activités de qn. **'stopping 1.** *n* arrêt; plombage *m* (d'une dent); **s. place,** (point d')arrêt **2.** *a* **s. train,** train omnibus. **stop-'press** *n Journ:* **s.-p. (news),** informations *fpl* de dernière heure. **'stopwatch** *n* (*pl* **-es**) chronomètre *m.*

store [stɔːr] **I.** *n* (*a*) provision *f,* approvisionnement *m; Fig:* fonds *m* (de renseignements, etc); **stores,** provisions, vivres *mpl;* **to lay in a s. of sth,** faire (une) provision de, s'approvisionner en, qch; **to have sth in s. for s.o.,** réserver qch à qn; **to keep sth in s.,** garder qch en réserve; **what the future holds in s.,** ce que l'avenir nous réserve; **that's a treat in s.,** c'est un plaisir à venir; **to set great s. by sth,** attacher une grande importance à, faire grand cas de, qch (*b*) entrepôt *m;* (*for furniture*) garde-meuble *m;* (*shop*) magasin; boutique *f;* **village s.,** alimentation *f,* épicerie *f,* du village; **(department) s.,** grand magasin (*c*) *Cmptr:* mémoire *f.* **II.** *v* **1.** *vtr* (*a*) **to s. (up),** (*in warehouse, etc*) emmagasiner; amasser, accumuler (qch); (*for future use*) mettre (qch) en réserve; *Cmptr:* stocker, mémoriser (des données) (*b*) **to s. (away),** entreposer (des meubles); mettre (le foin) en grange; **stored furniture,** mobilier au garde-meuble **2.** *vi* (*of food*) se conserver. **'storage** *n* (*a*) emmagasinage *m;* accumulation *f* (de pouvoir); mise *f* en réserve; **s. space, room,** espace *m* de rangement; *Furn:* **s. unit,** meuble de rangement; **s. tank,** réservoir de stockage; **(night) s. heating,** chauffage par accumulation (pendant la nuit); **to take goods out of s.,** sortir des marchandises (*b*) caves *fpl,* greniers *mpl* (d'une maison); (*for goods*) entrepôts *mpl,* magasins *mpl* (d'une maison de commerce) (*c*) frais *mpl* d'entrepôt. **'storehouse** *n* magasin, entrepôt; *Fig:* mine *f* (de renseignements). **'storekeeper** *n* magasinier *m; NAm:* (*Br* = **shopkeeper**) commerçant, -ante. **'storeroom** *n* réserve *f.*

storey ['stɔːri] *n* étage *m* (d'une maison); **on the third s.,** *NAm:* **on the fourth s.,** au troisième (étage).

stork [stɔːk] *n Orn:* cigogne *f.*

storm [stɔːm] **1.** *n* orage *m;* (*wind*) tempête *f;* **s. cloud,** nuage orageux; *Fig:* nuage à l'horizon, nuage menaçant; **s. centre,** centre de la tempête, *Fig:* d'agitation; **a s. in a teacup,** une tempête dans un verre d'eau; **to raise a s.,** soulever une tempête; **s. of abuse, of applause,** tempête d'injures, d'applaudissements; **to take by s.,** prendre d'assaut (un fort); emporter (un auditoire); **s. troops,** troupes d'assaut **2.** *v* (*a*) *vi* (*of pers*) **to s. out,** sortir comme un furie (*b*) *vtr* prendre d'assaut (une place forte). **'stormy** *a* **(-ier, -iest)** (temps, ciel) orageux; (vent) d'orage; **s. sea,** mer démontée; **s. discussion,** discussion orageuse; **s. meeting,** réunion houleuse.

story¹ ['stɔːri] *n* (*pl* **stories**) histoire *f,* récit *m,* conte *m; Journ:* article *m; Cin: Th:* **s. (line),** intrigue *f;* **according to his own s.,** d'après lui; *F:* **that's quite another s.,** ça c'est une autre histoire; **it's the (same) old s.,** c'est toujours la même histoire; **it's a long s.,** c'est toute une histoire; **these bruises tell their own s.,** ces meurtrissures en disent long; **short s.,** nouvelle *f,* conte; **detective s.,** (roman *m*) policier *m;* **cock-and-bull s.,** histoire à dormir debout; *F:* **to tell stories,** dire des mensonges. **'storybook** *n* livre *m* de contes. **'storyteller** *n* conteur, -euse; *F:* menteur, -euse.

story² *n* (*pl* **stories**) *NAm:* = **storey.**

stout¹ [staut] *a* (*a*) fort, vigoureux; brave, vaillant; ferme, résolu; **to put up a s. resistance,** se défendre vaillamment; **s. heart,** cœur vaillant; **s. fellow,** gaillard solide (*b*) (*of stick, volume*) gros, épais; (*of shoes*) solide; (*of cloth*) résistant (*c*) gros, corpulent; **to grow s.,** prendre de l'embonpoint. **'stout-'hearted** *a* vaillant, intrépide. **'stoutly** *adv* fortement, vigoureusement; vaillamment; **to maintain sth s.,** affirmer qch énergiquement; **to deny sth s.,** nier qch fort et ferme; **s. built,** solidement bâti. **'stoutness** *n* (*of pers*) corpulence *f,* embonpoint *m.*

stout² *n* bière brune.

stove [stouv] *n* (*a*) (*for heating*) poêle *m;* (*solid fuel*) fourneau *m; DomEc:* **oil s.,** poêle à mazout (*b*) *DomEc:* (*cooker*) cuisinière *f* (à gaz, électrique); (*smaller*) réchaud *m* (*c*) *Ind:* four *m.* **'stovepipe** *n* tuyau *m* de poêle.

stow [stou] **1.** *vtr* (*a*) **to s. away,** mettre en place, ranger (des objets) (*b*) *Nau:* arrimer (des marchandises) **2.** *vi Nau:* **to s. away,** s'embarquer, voyager, clandestinement. **'stowage** *n Nau:* arrimage *m.* **'stowaway** *n* passager, -ère, clandestin(e).

straddle ['strædl] *vtr* enfourcher (un cheval); se mettre, être, à califourchon sur (une chaise); enjamber; *Aut:* chevaucher (la ligne blanche).

straggle ['strægl] *vi* s'étendre (en désordre); traîner (en désordre); **to s. along,** marcher sans ordre, à la débandade; **to s. in,** entrer par petits groupes. **'straggler** *n* traînard, -arde. **'straggling, 'straggly** *a* disséminé; (cheveux) épars.

straight [streit] **1.** *a* (*a*) droit; rectiligne; **s. line,** ligne droite; droite *f;* **s. hair,** cheveux raides, plats (*b*) (mouvement) en ligne droite; **s. route,** chemin direct (*c*) franc; honnête; loyal; **s. answer,** réponse franche, sans équivoque; **to be s. with s.o.,** agir loyalement avec qn (*d*) *F:* (*of pers*) hétérosexuel (*e*) net; tout simple; *Pol:* **s. fight,** campagne électorale à deux candidats; **s. whisky,** whisky sec, sans eau; *Th:* **s. actor, part,** acteur, rôle, sérieux; (*of comedian*) **s. man,** faire-valoir *m* (*f*) droit; d'aplomb; **to put sth s.,** redresser, ajuster, qch; **your tie isn't s.,** votre cravate est de travers; **s. face,** visage impassible; **to keep a s. face,** garder son sérieux (*g*) en ordre; **to put, set, the room s.,** remettre de l'ordre dans, ranger, la pièce; **to put things s.,** arranger les choses; *F:* **get this s.!** comprends-moi bien! **2.** *n* aplomb *m;* (*of pers*) **to be on the s.,** agir loyalement; **material cut on the s.,** tissu coupé de droit fil; *Sp:* **the s.,** la ligne droite **3.** *adv* (*a*) (marcher, etc) droit; **to shoot s.,** tirer juste; **keep s. ahead, on,** continuez tout droit; **to go s.,** aller droit; *Fig:* vivre honnêtement; **to read a book s. through,** lire un livre d'un bout à l'autre (*b*) directement; **I'll come s. back,** je reviens tout de suite, je ne fait que l'aller et retour; **to go s. to the point,** aller droit au fait; **to drink whisky s.,** boire le whisky sec; **to drink s. from the bottle,** boire à même la bouteille; **to walk s. in,** entrer sans frapper; **s. away,** tout de suite; immédiatement; (deviner qch) du premier coup; **s. out, s. off,** sans hésiter (*c*) tout droit, directement; **it's s. across the road,** c'est juste en face; **s. opposite,** juste en face; **s.**

above sth, juste au-dessus de qch; **to look s.o. s. in the face, in the eye(s),** regarder qn bien en face, droit dans les yeux; **I tell you s.,** je vous le dis tout net; **to play s.,** jouer beau jeu. **'straighten** *v* **1.** *vtr* (*a*) **to s. (up),** redresser (qch); défausser (une barre de fer); **to s. one's back,** se redresser (*b*) ranger (qch); mettre (qch) en ordre; **to s. out one's affairs,** mettre ses affaires en ordre; **I'll try to s. things out,** je vais essayer d'arranger les choses; **to s. one's tie,** arranger sa cravate **2.** *vi* se redresser; devenir droit; (*of pers*) **to s. up,** se redresser. **'straight-'forward** *a* franc; simple; **to give a s. answer,** répondre sans détours. **straight'forwardly** *adv* (agir) avec droiture, loyalement; (parler) carrément, franchement, sans détours. **straight'forwardness** *n* droiture *f*, honnêteté *f*, franchise *f*; simplicité *f*. **'straightness** *n* rectitude *f*; droiture *f* (de conduite).

strain¹ [strein] **I.** *n* (*a*) tension *f*; fatigue *f*; *Med:* tension nerveuse; effort *m*; **s. on the rope,** tension de la corde; **breaking s.,** effort *m* de rupture; **the s. of modern life,** la tension de la vie moderne; **mental s.,** surmenage (intellectuel); **eye s.,** fatigue *f* occulaire (*b*) *Med:* entorse *f*, foulure *f*; *MecE:* déformation *f* (d'une pièce); **s. in the back,** tour *m* de reins (*c*) *pl Mus: Poet:* accents *mpl*. **II.** *v* **1.** *vtr* (*a*) tendre excessivement (un câble, etc); *Fig:* mettre à l'épreuve; **to s. one's voice,** forcer sa voix; **to s. one's ears,** tendre l'oreille; **to s. one's eyes doing sth,** se fatiguer, s'abîmer, les yeux à faire qch; **to s. one's eyes to see sth,** s'efforcer pour voir qch; **to s. one's resources,** grever ses ressources; **to s. s.o.'s friendship,** exiger trop de l'amitié de qn (*b*) fouler (un membre); **to s. one's back,** se donner un tour de reins; **to s. one's heart,** se forcer le cœur; **to s. a muscle,** se froisser un muscle; **to s. one's shoulder,** se fouler l'épaule; **to s. oneself,** se faire mal; se fatiguer, se surmener; *F:* **he doesn't exactly s. himself,** il ne se foule pas; il ne se fatigue pas trop (*c*) forcer (une poutre); *MecE:* déformer (une pièce) (*d*) filtrer (un liquide); passer (une soupe); égoutter (les légumes) **2.** *vi* fournir un effort, faire un grand effort (**to do,** pour faire); **to s. at sth,** tirer sur qch. **strained** *a* (*a*) (*of relations*) tendu; **s. ankle,** cheville foulée; **s. heart,** cœur forcé (*b*) (rire) forcé (*c*) (liquide) filtré. **'strainer** *n* filtre *m*, tamis *m*; *Cu:* passoire *f*.

strain² *n* (*a*) qualité héritée, inhérente; tendance *f*; **a s. of weakness,** un fond de faiblesse (*b*) race *f*, lignée *f*; (*of virus*) souche *f*.

strait [streit] *n & npl* détroit *m*; **the Straits of Dover,** le Pas de Calais; **to be in dire straits,** être dans une situation désespérée; **in financial straits,** dans l'embarras. **'straitened** *a* **to be in s. circumstances,** être dans la gêne. **'straitjacket** *n* camisole *f* de force. **'straitlaced** *a* prude; collet monté *inv*.

strand¹ [strænd] *n* brin *m* (de cordage, de laine, de fil à coudre); fil *m* (de perles, d'une histoire); mèche *f* (de cheveux).

strand² *vtr & i* échouer. **'stranded** *a* (*of ship*) échoué; (*of pers, car*) en rade; **to leave s.o. s.,** laisser qn en plan.

strange [streindʒ] *a* (*a*) (*unknown*) inconnu; **I can't work with s. tools,** je ne peux pas travailler avec des outils qui ne sont pas les miens; **this writing is s. to me,** je ne connais pas cette écriture; **I felt s. in those surroundings,** je me sentais dépaysé dans ce milieu (*b*) étrange, singulier, bizarre; **s. to say,** chose étrange (à dire); **it's s. that you haven't heard of it,** il est étonnant que vous ne l'ayez pas appris (*c*) nouveau. **'strangely** *adv* étrangement, singulièrement; **s. enough,** chose étrange. **'strangeness** *n* étrangeté *f*, singularité *f*; bizarrerie *f*; **the s. of the work,** la nouveauté du travail. **'stranger** *n* étranger, -ère; inconnu -ue; **I'm a s. here,** je ne suis pas d'ici; **he's a complete s. to me,** il m'est tout à fait inconnu; **he's no s. to fear,** il sait ce que c'est d'avoir peur; **you're quite a s.!** on ne vous voit plus! vous vous faites rare!

strangle ['stræŋgl] *vtr* étrangler; **strangled voice,** voix étranglée. **'stranglehold** *n* **to have a s. on s.o.,** avoir une emprise totale sur qn. **'strangler** *n* étrangleur, -euse. **strangu'lation** *n* strangulation *f*.

strap [stræp] **1.** *n* courroie *f*; bracelet *m* (de montre); bande *f*, sangle *f* (de cuir, de toile); barrette *f* (de chaussure); lanière *f* (de sandale); bretelle *f* (de robe); *Tchn:* lien *m* (en métal); bride *f* (de bielle); (*in the underground*) **(standing passenger's) s.,** poignée *f* d'appui **2.** *vtr* **(strapped) to s. (down, in),** attacher (avec une courroie); **to s. sth (up),** attacher, lier, qch avec une courroie; *Med:* mettre un pansement adhésif à (une blessure). **'straphanger** *n* voyageur, -euse, debout (dans le métro). **'strapless** *a* (robe) sans bretelles. **'strapping** *a* robuste; **s. fellow,** grand gaillard.

stratagem ['strætədʒəm] *n* ruse *f* (de guerre); stratagème *m*. **strategic** [-'ti:dʒik] *a* stratégique. **stra'tegically** *adv* stratégiquement. **'strategist** *n* stratège *m*. **'strategy** *n* (*pl* **-ies**) stratégie *f*.

stratify ['strætifai] *vtr* **(stratified)** stratifier. **stratifi'cation** *n* stratification *f*. **'stratosphere** *n* stratosphère *f*.

stratum ['strɑ:təm] *n* (*pl* **strata** ['strɑ:tə]) couche *f*; **social strata,** couches sociales.

straw [strɔ:] *n* paille *f*; **s. hat,** chapeau de paille; **s. mat,** paillasson *m*; **s. mattress,** paillasse *f*; **to drink through a s.,** boire (qch) avec une paille; *Fig:* **to clutch at straws,** se raccrocher à n'importe quoi; **s. in the wind,** indication *f* de l'opinion publique; **s. poll, vote,** sondage *m* d'opinion publique; **it's the last s.!** c'est le comble! il ne manquait plus que ça! **s.(-coloured),** paille *inv*.

strawberry ['strɔ:bəri] *n* (*pl* **strawberries**) fraise *f*; (*plant*) fraisier *m*; **wild s.,** fraise des bois; **s. jam,** confiture de fraises; **s. ice,** glace à la fraise; **s. tart,** tarte *f* aux fraises; (*on skin*) **s. mark,** fraise.

stray [strei] **1.** *a* (animal) égaré, perdu; (enfant) abandonné; (exemple) isolé; **s. bullets,** balles perdues; **s. thoughts,** pensées détachées; **a s. car,** une voiture isolée; **a few s. houses,** quelques rares maisons **2.** *n* animal perdu **3.** *vi* s'égarer, errer; **to s. from the subject,** s'écarter du sujet; **to let one's thoughts s.,** donner libre cours à ses pensées.

streak [stri:k] **1.** *n* raie *f*; bande *f*, strie *f* (de couleur); trait *m*, filet *m* (de lumière); trace *f*; tendance *f*; **the first s. of dawn,** la première lueur du jour; (*in hair*) **red streaks,** mèches rousses; **like a s. of lightning,** comme un éclair; *F:* **s. of luck, lucky s.,**

coup *m* de veine; **a mad s.**, une tendance à la folie; **my literary s.**, ma fibre littéraire; **he had a s. of cowardice**, il était un peu lâche de nature **2.** *vi* (*a*) strier; zébrer; **to s. past**, passer comme un éclair; **to s. off**, se sauver à toutes jambes (*b*) *F:* courir tout nu (en public). **streaked** *a* rayé, strié, zébré (**with**, de); taché (**with**, de). **'streaker** *n F:* coureur, -euse, nu(e) (en public). **'streaky** *a* (*a*) en raies (*b*) rayé, strié; (*of bacon*) pas trop maigre.

stream [stri:m] **I.** *n* (*a*) cours *m* d'eau; ruisseau *m*; *Sch:* classe *f* (de niveau); **in a thin s.**, en mince filet *m* (*b*) coulée *f* (de lave); flot(s) *m*(*pl*) (de gens); **s. of abuse**, torrent *m* d'injures; **s. of cars**, défilé ininterrompu de voitures; **in one continuous s.**, à jet continu (*c*) courant *m*; **with the s.**, au fil de l'eau; **against the s.**, contre le courant, à contre-courant. **II.** *v* **1.** *vi* (*of liquid*) couler (à flots); (*of liquid, surface*) ruisseler; (*of hair, banner*) flotter au vent; **people were streaming over the bridge**, les gens traversaient le pont à flot continu; **they streamed in, out**, ils entraient, sortaient, à flots; **her eyes were streaming (with tears)**, ses larmes coulaient à flots **2.** *vtr Sch:* répartir (des élèves) en sections de force homogène. **'streamer** *n* banderole *f*; **paper streamers**, serpentins *mpl*. **'streaming 1.** *a* ruisselant; **face s. with tears**, visage baigné de larmes; **to be s. with perspiration**, être en nage; **I've got a s. cold**, j'ai attrapé un gros rhume **2.** *n Sch:* répartition *f* (des élèves) en sections de force homogène. **'streamline** *vtr* caréner (une voiture); rationaliser (des méthodes). **'streamlined** *a* caréné, fuselé, profilé; (fuselage) aérodynamique; (système) rationalisé. **'streamlining** *n* carénage *m*, profilage *m* (d'une voiture); rationalisation *f* (des méthodes).

street [stri:t] *n* rue *f*; **to turn s.o. (out) onto the s.**, mettre qn sur le pavé; **the man in the s.**, l'homme de la rue; **he's streets ahead of his competitors**, il est très en avance sur ses concurrents; **they're not in the same s. as him**, ils n'arrivent pas à sa hauteur; *Fig:* **that's right up my s.**, c'est parfaitement dans mes cordes; **s. guide**, indicateur des rues; **s. map, plan**, plan *m* de ville; **s. level**, rez-de-chaussée *m inv*; **s. door**, porte d'entrée; **s. light, lamp**, réverbère *m*; **s. lighting**, éclairage des rues; **s. market**, marché en plein air; **s. sweeper**, (*pers*) balayeur des rues; (*machine*) balayeuse *f* (de rues); **s. musician**, musicien des rues, de carrefour. **'streetcar** *n NAm:* (*Br* = **tram**) tramway *m*. **'streetwalker** *n* putain *f*; prostituée *f*.

strength [streŋθ] *n* (*a*) force *f*; (*health, energy*) forces; intensité *f* (d'un courant); solidité *f* (d'un matériel); **with all one's s.**, de toutes ses forces; **s. of mind**, force de caractère; fermeté *f* d'esprit; **s. of will**, résolution *f*; **by sheer s.**, de vive force; **to regain one's s.**, reprendre des forces; **to do sth on the s. of what one has been told**, faire qch en se fiant à ce qu'on vous a dit; **to get the job on the s. of one's qualifications**, obtenir un poste en vertu de ses diplômes; **in full s.**, au (grand) complet; **to be present in great s.**, être présents en grand nombre (*b*) *Mil:* effectif(s) *m*(*pl*) (d'une unité); **at full s.**, à effectif complet; **to be on the s.**, faire partie de l'effectif. **'strengthen 1.** *vtr* consolider (un mur); renforcer (une poutre); fortifier (le corps, l'esprit); (r)affermir (l'autorité de qn) **2.** *vi* se fortifier. **'strengthening 1.** *a* fortifiant; (*of drink*) remontant **2.** *n* renforcement *m*; consolidation *f*; armement *m* (d'une poutre).

strenuous ['strenjuəs] *a* (*of pers*) actif, énergique; (travail) acharné, ardu; (effort) vigoureux, énergique; **s. life**, vie fatigante; **to offer s. opposition to sth**, faire une opposition vigoureuse à qch. **'strenuously** *adv* vigoureusement; avec acharnement; énergiquement. **'strenuousness** *n* ardeur *f*, vigueur *f*; acharnement *m*.

strep [strep] *a NAm: Med:* angine *f*.

stress [stres] **1.** *n* (*pl* **stresses**) (*a*) pression *f*; *Mec:* tension *f*; *Med: Psy:* tension (nerveuse); stress *m*; *Med: Psy:* **under s.**, sous pression; stressé; **period of storm and s.**, période de trouble et d'agitation (*b*) insistance *f*, accent *m*; **to lay s. on a fact**, insister sur un fait (*c*) *Ling:* accent *m*; **s. mark**, accent (écrit) **2.** *vtr* (**stresses**) insister, appuyer, sur (qch); souligner (un mot); accentuer (une syllabe, un mot). **'stressful** *a* stressant.

stretch [stretʃ] **I.** *n* (*a*) allongement *m*, extension *f*; *Rac:* **at full s.**, à toute allure; **by a s. of the imagination**, par un effort d'imagination (*b*) élasticité *f* (d'un tissu) (*c*) étendue *f* (de pays); tronçon *m*, partie *f* (de route); (*trip*) trajet *m*; **for a long s. of time**, longtemps; **at a s.**, d'une (seule) traite; **ten hours at a s.**, dix heures d'affilée; *F:* **to do a five-year s.**, faire cinq ans de prison. **II.** *a* (tissu) extensible, élastique; **s. socks**, chaussettes *fpl* extensibles; **s. nylon**, nylon *m* stretch *inv*. **III.** *v* (**stretches**) **1.** *vtr* (*a*) tendre (une corde, de l'élastique, le cou); étirer (ses chaussures); **to s. (out)**, allonger (le bras); tendre (la main); **to s. (oneself) (out)**, s'étirer; **to s. out**, prolonger (une visite); **to s. one's legs**, allonger les jambes; (*for exercise*) se dégourdir les jambes; **stretched (out) on the ground**, étendu (de tout son long) par terre; (*of bird*) **to s. its wings**, déployer ses ailes; *Fig:* **to s. s.o.**, exiger un effort de qn; *Fig:* **to be (fully) stretched**, (*of pers*) donner son maximum; (*of resources*) être tiré au maximum (*b*) forcer (le sens d'un mot); **to s. the truth**, outrepasser les bornes de la vérité; **to s. a point**, faire une concession **2.** *vi* (*a*) s'étirer; s'élargir; s'allonger; (*of elastic, influence*) s'étendre; **material that stretches**, tissu qui prête; (*of meal*) **it will s. to four**, on en fera quand même quatre portions; **my resources won't s. to that**, mes moyens ne vont pas jusque-là (*b*) (*of rope, landscape*) **to s. (out)**, s'étendre. **'stretcher** *n* brancard *m*; civière *f*; **s. bearer**, brancardier *m*. **'stretchmarks** *npl* (*on body*) vergetures *fpl*. **'stretchy** *a* (**-ier, -iest**) élastique; extensible.

strew [stru:] *vtr* (*pp* **strewed** *or* **strewn**) **to s. the ground with sand, to s. sand over the ground**, jeter, répandre, du sable sur le sol; **toys were strewn all over the floor, the floor was strewn with toys**, des jouets étaient éparpillés sur le plancher, le plancher était jonché de jouets; **to s. the pavement with flowers**, parsemer, joncher, le pavé de fleurs.

stricken ['strikən] *a* **s. with**, atteint de (maladie); frappé de (peur); accablé de (douleur); **the s. city**, la ville sinistrée; **s. vessel**, navire en détresse.

strict [strikt] *a* (*a*) exact; strict; (étiquette) rigide; **in the strict(est) sense of the word**, au sens précis du mot; **s. neutrality**, neutralité rigoureuse: **s. orders**, ordres formels; **s. discipline,** discipline sévère (*b*) (*of pers*) strict, sévère; **to be s. with s.o.,** traiter qn avec beaucoup de rigueur. **'strictly** *adv* (*a*) exactement, rigoureusement; **s. speaking,** à proprement parler; **s. in confidence,** à titre tout à fait confidentiel (*b*) étroitement; strictement; **smoking (is) s. prohibited,** défense absolue de fumer; **it is s. forbidden,** c'est formellement interdit (*c*) sévèrement; (élevé) avec rigueur. **'strictness** *n* exactitude rigoureuse, précision *f* (d'une traduction); rigueur *f* (des règles); sévérité *f* (de la discipline). **'stricture** *n* **to pass strictures on s.o., sth,** adresser des critiques *f* à qn; trouver à redire à qch.

stride [straid] **1.** *n* (grand) pas; enjambée *f*; *Sp:* foulée *f*; *Fig:* **to make great strides,** faire de grands progrès; **to take sth in one's s.,** faire qch sans le moindre effort; **to get into one's s.,** prendre son allure normale; adopter, prendre la cadence (d'un travail) **2.** *vi* (**strode** [stroud]; **stridden** ['stridn]) **to s. along,** avancer à grands pas; **to s. across, over,** enjamber (un obstacle); **to s. up and down a room,** arpenter une pièce.

strident ['straidənt] *a* strident.

strife [straif] *n* lutte *f*; conflit(s) *m*(*pl*).

strike [straik] **I.** *n* (*a*) *Ind:* grève *f*; **to go (out) on s., to come out on s.,** se mettre en grève (**for,** pour obtenir, **against,** pour protester contre); **token s.,** grève symbolique; **sympathy s.,** grève de solidarité; **lightning s.,** grève surprise; **sit-down s.,** grève sur le tas; **s. pay,** allocation de grève (*b*) découverte *f* (de pétrole); **lucky s.,** coup *m* de veine (*c*) *Fish:* touche *f*; *Games:* (*baseball*) balle manquée (par le batteur); (*tenpin bowling*) honneur *m* double (*d*) *Mil:* attaque *f*; *MilAv:* raid (aérien); **s. aircraft,** avion d'assaut. **II.** *v* (**struck** [strʌk]) **1.** *vtr & i* (*a*) frapper; heurter; battre; donner (un coup); **to s. a name from a list,** rayer un nom d'une liste; **ready to s. a blow for freedom,** prêt à se battre pour défendre la liberté; **to s. (at) s.o.,** frapper qn, porter un coup à qn; **to s. home,** frapper juste; **to s. a medal,** frapper une médaille; **to s. a chord,** plaquer un accord; **to s. a balance,** trouver l'équilibre; **that strikes a familiar note,** cela rappelle quelque chose; **to s. a bargain,** conclure un accord; faire, conclure, un marché (*b*) frotter (une allumette); faire jaillir (des étincelles); (*of animal*) **to s. (at) (s.o.),** attaquer (qn); **to s. terror into s.o.,** frapper qn de terreur; (*of plant*) **to s. (root),** prendre (racine); **struck by lightning,** frappé par la foudre; **struck with terror,** saisi d'effroi; **to s. (against) sth,** heurter (contre) qch; **his head struck the pavement,** sa tête a heurté le trottoir; (*of ship*) **to s. (on) the rocks,** donner, toucher, sur les écueils; **a sound struck my ear,** un bruit m'a frappé l'oreille; **the thought strikes me that,** l'idée me vient que; **how did she s. you?** quelle impression vous a-t-elle faite? **he strikes me as (being) sincere,** il me paraît sincère; **that's how it struck me,** voilà l'effet que cela m'a fait; **it strikes me that,** il me semble que; **it strikes me as,** cela me semble être; **what struck me was,** ce qui m'a frappé, c'est; **I was greatly struck,** j'ai été très impressionné (*c*) tomber sur, découvrir (une piste); trouver (du pétrole, de l'or); **I've struck on an idea,** j'ai eu une idée; *F:* **he's struck it rich,** il tient le filon; **to s. tents,** plier les tentes; **to s. camp,** lever le camp; **to s. an attitude,** poser; **to s. an average,** établir, prendre, une moyenne (*d*) (*of clock*) sonner; **it's just struck ten,** dix heures viennent de sonner; **the clock struck six,** six heures ont sonné **2.** *vi* (*a*) **to s. across country,** prendre à travers champs; **to s. into the jungle,** s'enfoncer, pénétrer, dans la jungle; **the road strikes off to the right,** la route tourne à droite (*b*) *Ind:* se mettre en grève. **strike 'back** *vi* riposter. **'strikebound** *a* paralysé par une grève. **'strikebreaker** *n Ind:* briseur, -euse, de grève. **'strike 'down** *vtr* renverser (d'un coup de poing); **struck d. by disease,** terrassé par la maladie. **'strike 'off** *vtr* (*a*) trancher (la tête de qn) (*b*) rayer (un nom d'une liste); (*of doctor*) **to be struck off,** être radié. **'strike 'out 1.** *vtr* rayer (un mot) **2.** *vi* donner des coups; **to s. o. at s.o.,** porter un coup à qn; **to s. o. for the shore,** se mettre à nager dans la direction du rivage; **to s. o. for oneself,** voler de ses propres ailes. **'striker** *n Ind:* gréviste *mf*; *Fb:* buteur *m*. **strike 'up 1.** *vtr & i* entonner (une chanson); commencer à jouer (un morceau) **2.** *vtr* **to s. up a friendship with s.o.,** lier amitié, se lier d'amitié, avec qn; **to s. up (a) conversation,** entrer en conversation (**with s.o.,** avec qn). **'striking 1.** *a* (*a*) **s. clock,** pendule à sonnerie (*b*) (spectacle) remarquable, frappant, saisissant **2.** *n* **within s. distance,** à portée (de la main). **'strikingly** *adv* d'une manière frappante; **s. beautiful,** extraordinairement beau, d'une beauté extraordinaire.

string [striŋ] **1.** *n* (*a*) ficelle *f*; corde *f* (de violon, de raquette, etc); cordon *m* (d'un anorak); **ball of s.,** pelote *f* de ficelle; *Fig:* **to pull strings,** tirer les fils, les ficelles, faire jouer ses relations; **s. bag,** filet à provisions; **s. bean,** haricot vert; *Fig:* **with no strings attached,** sans conditions; *Mus:* **the strings,** les instruments *m* à cordes; **s. instrument, quartet,** instrument, quatuor, à cordes; **to have more than one s. to one's bow,** avoir plus d'une corde à son arc (*b*) rang *m* (de perles); chapelet *m* (d'oignons, d'insultes); file *f* (de voitures, de gens); série *f* (de questions, etc); **long s. of tourists,** longue procession de touristes **2.** *vtr* (**strung** [strʌŋ]) (*a*) garnir (qch) de cordes; corder (une raquette de tennis); bander (un arc); **highly strung,** nerveux; impressionnable (*b*) enfiler (des perles); accrocher (des guirlandes) (*c*) *Cu:* enlever les fils (des haricots). **'string a'long** *F:* **1.** *vtr* tenir (qn) en suspens; tromper (qn); faire marcher (qn) **2.** *vi* **to s. a. with s.o.,** suivre qn, être copain avec qn. **stringed** *a* (instrument) à cordes. **'string 'out** *vtr* faire traîner (une conversation) en longueur. **'string 'up** *vtr* suspendre; pendre (qn) haut et court; *F:* **to be strung up,** s'énerver (**about,** à propos de). **'stringy** *a* (**-ier, -iest**) filandreux; fibreux.

stringent ['strindʒənt] *a* rigoureux, strict. **'stringency** *n* rigueur *f*, sévérité *f* (des règles).

strip [strip] **I.** *n* (*a*) bande *f*; bras *m* (d'eau); **s. of land,** bande, langue *f*, de terre; **(thin) s.,** lamelle *f*; **landing s.,** piste *f*, terrain *m*, d'atterrissage; **s. cartoon, comic s.,** bande dessinée; **s. lighting,** éclairage au néon, fluorescent; *F:* **to tear s.o. off a s.,** laver la tête à qn (*b*) *Sp:* tenue *f* (d'une équipe). **II.** *v* (**stripped**) **1.** *vtr* (*a*) mettre (qn) tout nu; déshabiller (qn); **stripped to the waist,** nu jusqu'à la ceinture; **to s. s.o. of sth,**

dépouiller qn de qch; **trees stripped of their leaves,** arbres dépouillés de leurs feuilles (*b*) défaire (un lit); (*of thieves*) vider (une maison); **to s. (down),** démonter (un moteur, un fusil); **to s. sth off, from, sth,** enlever qch de qch **2.** *vi* (*of pers*) **to s. (off),** se déshabiller; **to s. to the skin,** se mettre tout nu; **to s. to the waist,** se mettre nu jusqu'à la ceinture; (*of paint, bark*) **to s. (off),** s'enlever, se détacher. **'stripper** *n* (*a*) **(paint) s.,** décapant *m* (*b*) *F:* (*pers*) strip-teaseuse *f*. **'strip-tease** *n* strip-tease *m*; **s. artist,** strip-teaseuse.

stripe [straip] *n* rayure *f* (d'un tissu); raie, rayure, zébrure *f* (sur le pelage); bande *f* (de pantalon); *Mil:* galon *m*; **to lose one's stripes,** être dégradé. **striped** *a* (chaussettes) à raies; (pelage) rayé; zébré. **'stripy** *a* rayé.

stripling ['stripliŋ] *n* tout jeune homme; adolescent *m*.

strive [straiv] *vi* (**strove** [strouv]; **striven** ['strivn]) s'efforcer (de faire qch); **to s. for sth,** essayer d'obtenir qch; **to s. after effect,** rechercher l'effet; **to s. against,** lutter contre (qn, qch).

strobe [stroub] *n F:* stroboscope *m*.

strode [stroud] *see* **stride 2.**

stroke [strouk] **1.** *n* (*a*) coup *m*; **with one s., at a s.,** d'un (seul) coup (*b*) coup (d'aviron); *Swim:* brassée *f*; (*style of swimming*) nage *f*; *MecE:* mouvement *m*, course *f* (du piston); **two-s.,** (moteur à) deux temps *m*; *F:* **he hasn't done a s. (of work),** il n'a rien fait; **s. of (good) luck,** coup de chance, de veine; **s. of genius,** trait *m* de génie (*c*) coup (d'horloge); **on the s. of nine,** sur le coup de neuf heures; à neuf heures sonnant(es) (*d*) *Med:* coup de sang; **to have a s.,** avoir une attaque; **heat s.,** insolation *f* (*e*) coup de crayon; trait; touche *f* (de pinceau); *Typ:* barre *f*; **with a s. of the pen,** d'un trait de plume (*f*) *Row:* (*pers*) chef *m* de nage; **to row s.,** donner la nage (*g*) caresse *f* **2.** *vtr* caresser, passer la main sur (un chat, la barbe, etc).

stroll [stroul] **1.** *n* petit tour, promenade *f*; **to go for a s.,** aller faire un tour **2.** *vi* se promener, flâner; se balader. **'stroller** *n* (*a*) flâneur, -euse; promeneur, -euse (*b*) *NAm:* (*Br* = **pushchair**) poussette *f* (d'enfant).

strong [strɔŋ] **1.** *a* fort; solide; (candidat) sérieux; (argument) puissant; *El:* (courant) intense; **s. conviction,** ferme conviction; **s. interest,** vif intérêt; **s. character,** caractère fort, ferme; (*in health*) **he's not very s.,** il est peu robuste; **to grow stronger,** reprendre des forces; **s. voice,** voix forte, puissante; **he's as s. as an ox,** il est fort comme un bœuf; **to be s. in the arm,** avoir le bras fort; **a s. man,** un homme à poigne; **s. measures,** mesures énergiques; **manners aren't his s. point,** la politesse n'est pas son fort; **s. in numbers,** en grand nombre; **company two hundred s.,** compagnie au nombre de deux cents; **s. reasons,** fortes raisons; *Cards:* **s. suit,** (couleur) longue *f*; **s. supporter,** partisan ardent; **s. evidence,** preuves convaincantes; **s. wind,** grand vent; **s. drink,** boissons fortes; **s. light,** vive lumière; (*liquid*) **s. solution,** solution concentrée; **to have a s. smell,** sentir fort; **s. cheese,** fromage qui pique **2.** *adv F:* **it's still going s.,** ça marche toujours bien; **he's still going s.,** il est toujours solide. **'strongarm** *a* **to use s. tactics,** appliquer, avoir recours à, la manière forte. **'strongbox** *n* (*pl* **-es**) coffre-fort *m*. **'stronghold** *n* bastion *m*. **'strongly** *adv* (*a*) fortement; solidement, fermement (*b*) fortement; vigoureusement, énergiquement; **to be s. in favour of sth,** être chaud partisan de qch; **s. worded letter,** lettre en termes énergiques; **I don't feel very s. about it,** cela ne m'enthousiaste guère. **strong-'minded** *a* à l'esprit décidé. **'strongroom** *n* chambre forte. **'strong-willed** *a* résolu.

strove [strouv] *see* **strive.**

struck [strʌk] *see* **strike II.**

structure ['strʌktʃər] *n* structure *f*; armature *f*; construction *f*, édifice *m*; *CivE:* ouvrage *m* d'art; **the social s.,** l'édifice social. **'structural** *a* structural; de construction; **s. steel, iron,** acier, fer, de construction, charpentes métalliques; **s. engineer,** ingénieur constructeur *m*.

struggle ['strʌgl] **1.** *n* lutte *f*; effort *m*; **desperate s.,** lutte désespérée; combat acharné; **to put up a s.,** résister; **to have a s. doing, to do,** avoir du mal à faire; **he gave in without a s.,** il n'a opposé aucune résistance **2.** *vi* lutter, se battre (**with, against,** avec, contre); résister; se débattre; se démener; **to s. to do,** s'efforcer de faire; **to s. hard to succeed,** faire tous ses efforts pour réussir; **to s. out of,** sortir péniblement de; **we struggled through,** nous avons surmonté tous les obstacles; **he struggled to his feet,** il s'est levé avec difficulté; **to s. along, on,** se débrouiller. **'struggling** *a* (artiste) qui vit péniblement; (avocat, etc) qui a du mal à débuter.

strum [strʌm] *vtr & i* (**strummed**) **to s. (on) the piano, the guitar,** tapoter (un air) au piano; jouer (un air) à la guitare; gratter de la guitare.

strung [strʌŋ] *see* **string 2;** *a* **s. out,** espacé; (*of washing*) étendu.

strut[1] [strʌt] **1.** *n* démarche affectée **2.** *vi* (**strutted**) **to s. (about),** se pavaner, se rengorger; **to s. in, out,** entrer, sortir, d'un air important.

strut[2] *n* entretoise *f*; support *m*, étai *m*.

strychnine ['strikni:n] *n* strychnine *f*.

stub [stʌb] **1.** *n* (*a*) souche *f* (d'arbre); bout *m* (de crayon, de cigare); bout, mégot *m* (de cigarette) (*b*) souche, talon *m* (de chèque) **2.** *vtr* (**stubbed**) **to s. one's toe on, against, sth,** se cogner, se heurter, le doigt de pied contre qch; **to s. out a cigarette,** écraser une cigarette. **'stubby** *a* (*of plant*) tronqué; (*of pers*) trapu; (*of fingers*) boudiné.

stubble ['stʌbl] *n* (*a*) chaume *m* (*b*) barbe de plusieurs jours. **'stubbly** *a* **s. beard,** barbe de plusieurs jours.

stubborn ['stʌbən] *a* obstiné, opiniâtre, entêté, têtu; (cheval) rétif; (fièvre) rebelle. **'stubbornly** *adv* obstinément. **'stubbornness** *n* entêtement *m*; obstination *f*, opiniâtreté *f*; ténacité *f* (de volonté).

stucco ['stʌkou] *n* stuc *m*; **s. work,** stucage *m*.

stuck [stʌk] *see* **stick**[2].

stud[1] [stʌd] **1.** *n* clou *m* (à grosse tête); clou (de passage clouté); *pl* (*on football boots*) crampons *mpl*; **(collar) s.,** bouton *m* de col **2.** *vtr* (**studded**) garnir de clous; clouter. **'studded** *a* (*a*) garni de clous; clouté (*b*) parsemé, constellé (**with,** de); **sky s. with stars,** ciel piqué d'étoiles.

stud[2] *n* (*a*) (*horses*) écurie *f*; (*for breeding*) **s. (farm),** haras *m*; **s. (horse),** étalon *m*; **s. mare,** (jument) poulinière *f*; **s. book,** registre *m* (des chevaux); studbook *m*; (*of horse*) **to be at s.,** être en haras (*b*) *P:* (*virile man*) mâle *m*.

student ['stju:dənt] *n* étudiant, -ante; *NAm: Sch:* élève *mf*; **medical s.,** étudiant en médecine; **s. organization,** organisation étudiante; **s. life,** vie étudiante, d'étudiant; **the s. body,** les étudiants; **s. restaurant,** restaurant universitaire; **he is a good s.,** il est très studieux.

studio ['stju:diou] *n* (*of artist*) atelier *m*, studio *m*; *Cin: TV: WTel:* studio *m*; **s. couch,** lit *m* canapé; **s. flat,** *NAm:* **apartment,** studio.

studious ['stju:diəs] *a* studieux; **with s. politeness,** avec une politesse étudiée. **'studiously** *adv* (*a*) studieusement, avec soin (*b*) avec empressement; **he s. avoided me,** il s'ingéniait à m'éviter; **s. polite,** d'une politesse étudiée. **'studiousness** *n* application *f*.

study ['stʌdi] **1.** *n* (*pl* **studies**) (*a*) étude *f*; **to make a s. of sth,** étudier qch; **to finish one's studies,** achever ses études; **home s. course,** programme *m* d'études chez soi; **s. group,** groupe *m* de travail; *F:* **his face was a s.,** il fallait voir sa tête! **brown s.,** rêverie *f* (*b*) (*room*) bureau *m*; cabinet *m* de travail; *Sch:* salle *f* d'étude; **s. bedroom,** chambre d'étudiant(e) **2.** *vtr & i* **(studied)** étudier; observer (les astres); **to s. under Professor Martin,** suivre les cours du professeur Martin; **to s. economics,** faire des études de sciences économiques; étudier l'économie; **he's studying to be a doctor,** il fait des études de médecine pour devenir médecin; **he's studying,** il fait ses études; (*at the moment*) il travaille; **to s. for an examination,** préparer un examen; **to s. hard,** travailler ferme. **'studied** *a* étudié, recherché; prémédité, calculé; **s. carelessness,** négligence voulue.

stuff [stʌf] **1.** *n* (*a*) truc *m*, chose *f*; substance *f*; (*things*) trucs, choses; affaires *fpl*; sottises *fpl*; **he's the s. heroes are made of,** il est du bois dont on fait les héros; *F:* **he writes good s.,** il écrit bien; **this wine is good s.,** ce vin est bon; **I don't like that s. you gave me,** je n'aime pas ce que vous m'avez donné là; **this s.'s good, it's good s.,** c'est bon (ça); **that's the s.!** c'est du bon! voilà ce qu'il faut! **come on, do your s.!** allons! montre-nous ce que tu sais faire! **he knows his s.,** il s'y connaît; **s. and nonsense!** quelle bêtise! allons donc! (*b*) *Tex:* étoffe, tissu *m* (de laine) **2.** *vtr* bourrer **(with,** de); rembourrer (une chaise, un coussin, etc); empailler (un animal); *Cu:* farcir (un poulet); **to s. oneself (with food),** se bourrer; bâfrer; *F:* (*pers*) **stuffed shirt,** individu suffisant; crâneur, -euse; *P:* **get stuffed!** va te faire foutre! **to s. (up) a hole,** colmater, boucher, un trou; **my nose is all stuffed up,** j'ai le nez bouché; **to s. sth into sth,** fourrer qch dans qch; **to s. one's fingers in one's ears,** se boucher les oreilles avec les doigts. **'stuffing** *n* bourre *f*, bourrage *m*, rembourrage *m*; empaillage *m* (d'un animal); *Cu:* farce *f*; **to knock the s. out of s.o.,** (i) battre qn à plates coutures (ii) dégonfler qn (iii) épuiser qn.

stuffy ['stʌfi] *a* **(-ier, -iest)** (*a*) mal ventilé; mal aéré; **room that smells s.,** pièce qui sent le renfermé; **it's a bit s. in here,** cela manque d'air ici (*b*) *Fig:* compassé; (*old-fashioned*) vieux jeu *inv*. **'stuffiness** *n* manque *m* d'air; odeur *f* de renfermé.

stumble ['stʌmbl] **1.** *n* trébuchement *m*; faux pas; bronchement *m* (de cheval) **2.** *vi* trébucher; faire un faux pas; (*of horse*) broncher; **to s. over sth,** buter contre qch; **to s. in one's speech, in speaking,** hésiter en parlant; **to s. across, on, s.o., sth,** tomber sur qn, qch. **'stumbling 1.** *a* qui trébuche; (cheval) qui bronche; (*of speech*) hésitant **2.** *n* (*a*) trébuchement; faux pas; **s. block,** pierre *f* d'achoppement (*b*) hésitation *f*.

stump [stʌmp] **I.** *n* (*a*) souche *f* (d'arbre); chicot *m* (de dent); moignon *m* (de bras, de jambe); bout *m* (de crayon); (*b*) *Cr:* piquet *m* (du guichet). **III.** *v* **1.** *vi* **to s. along,** clopiner; **to s. in, out,** entrer, sortir clopinant **2.** *vtr* (*a*) *F:* coller (un candidat); faire sécher (qn); **to be stumped,** ne plus savoir que faire, que dire, que penser; sécher; **this stumped me,** sur le coup je n'ai su que répondre (*b*) *Cr:* mettre (un batteur) hors jeu. **stump 'up** *vtr & i F:* **to s. up (the money),** payer, *F:* casquer. **'stumpy** *a* **(-ier, -iest)** (*of pers*) trapu, ramassé.

stun [stʌn] *vtr* **(stunned)** (*a*) étourdir, assommer (*b*) stupéfier, renverser, abasourdir; **the news stunned me,** c'était un coup de massue; **stunned with surprise,** stupéfait. **'stunning** *a* (*a*) (coup) étourdissant; (*of news*) stupéfiant; (malheur) accablant (*b*) *F:* sensationnel, épatant; **she's really s.,** elle est ravissante.

stung [stʌŋ] *see* **sting 2.**

stunk [stʌŋk] *see* **stink 2.**

stunt¹ [stʌnt] *vtr* retarder (la croissance). **'stunted** *a* (*of pers*) rabougri.

stunt² *n* tour *m* de force; *Av:* acrobatie *f* (en vol); *Cin:* cascade *f*; truc *m*; *Cin:* **s. man,** cascadeur *m*; **s. woman,** cascadeuse *f*.

stupefy ['stju:pifai] *vtr* **(stupefied)** stupéfier; (*surprise*) abasourdir; **stupefied with grief,** hébété, abruti, par la douleur; **I'm absolutely stupefied,** je n'en reviens pas. **stupe'faction** *n* stupéfaction *f*. **'stupefying** *a* stupéfiant.

stupendous [stju:'pendəs] *a* prodigieux; *F:* formidable. **stu'pendously** *adv* prodigieusement.

stupid ['stju:pid] *a* stupide, *F:* bête; **how s. of me!** que je suis bête!; **don't be s.!** ne faites pas l'idiot! **I did a s. thing,** j'ai fait une bêtise; **s. fool, idiot,** idiot, -ote. **stu'pidity** *n* stupidité *f*; bêtise. **'stupidly** *adv* stupidement; bêtement.

stupor ['stju:pər] *n* stupeur *f*.

sturdy ['stə:di] *a* **(-ier, -iest)** vigoureux, robuste; (*of opposition, resistance*) hardi, résolu, ferme. **'sturdily** *adv* (*a*) fortement; **s. built,** robuste (*b*) hardiment, vigoureusement. **'sturdiness** *n* vigueur *f*, robustesse *f*.

sturgeon ['stə:dʒən] *n Ich:* esturgeon *m*.

stutter ['stʌtər] **1.** *n* bégaiement *m*; **to have a s.,** être bègue **2.** *vtr & i* bégayer. **'stutterer** *n* bègue *mf*. **'stuttering 1.** *a* bègue **2.** *n* bégaiement.

sty [stai] *n* (*pl* **sties**) porcherie *f*.

stye [stai] *n Med:* orgelet *m*.

style [stail] **1.** *n* (*a*) style *m*, manière *f*; mode *f*; modèle *m* (de robe, etc); coiffure *f*; **to have s.,** avoir de la classe; **s. of living,** manière de vivre; **in s.,** de la meilleure façon possible; **to live in s.,** vivre dans le luxe; **to win in fine s.,** gagner haut la main; **furniture in Empire s.,** meubles style Empire; *Com:* **made in three styles,** fabriqué sur trois modèles; **something in**

that s., quelque chose de ce genre; **the latest s.**, la dernière mode; **that's not my s.**, ce n'est pas mon genre (*b*) style, manière d'écrire; **in a humorous s.**, sur un ton de plaisanterie (*c*) ton, chic *m*, cachet *m*; **there's no s. about her**, elle manque de chic **2.** *vtr Com:* créer (une robe); **to s. s.o.'s hair**, coiffer qn; *Pej:* **he styles himself . . .**, il se fait appeler . . . . **'styling** *n Hairdr:* coupe *f*. **'stylish** *a* élégant, chic. **'stylishly** *adv* élégamment; avec chic. **'stylishness** *n* élégance *f*, chic. **'stylist** *n* styliste *mf*; **(hair) s.**, coiffeur, -euse. **sty'listic** *a* de style, stylistique. **styli'zation** *n* stylisation *f*. **'stylize** *vtr* styliser.

stylus ['stailəs] *n* (*pl* **styluses**) *Engr:* style *m*; (*of record player*) pointe *f* de lecture.

suave [swɑːv] *a* courtois; *Pej:* doucereux, mielleux. **'suavely** *adv* courtoisement; doucereusement. **'suaveness, 'suavity** *n* courtoisie *f*; manières mielleuses.

sub [sʌb] *F:* **1.** *n* (*a*) cotisation *f* (à un club) (*b*) *Journ:* secrétaire *mf* de la rédaction; *Publ:* rédacteur, -trice (*c*) *Sp:* remplaçant, -ante (*d*) sous-marin *m* **2.** *v* **(subbed)** *F:* (*a*) *vtr Journ:* mettre au point (un article) (*b*) *vi* **to s. for s.o.**, remplacer qn.

subaltern ['sʌbltən] **1.** *a* subalterne **2.** *n Mil:* lieutenant *m*; sous-lieutenant *m*.

subaqua [sʌb'ækwə] *a* (sport) subaquatique.

subcommittee [sʌbkə'miti] *n* sous-comité *m*.

subconscious [sʌb'kɔnʃəs] *a & n* subconscient (*m*). **sub'consciously** *adv* inconsciemment.

subcontinent [sʌb'kɔntinənt] *n* **the Indian s.**, le sous-continent indien.

subcontract 1. *n* [sʌb'kɔntrækt] sous-traité *m* **2.** *vi* [sʌbkən'trækt] **to s. for (sth)**, sous-traiter (une affaire). **subcon'tractor** *n* sous-traitant *m*.

subdivide [sʌbdi'vaid] *vtr & i* (se) subdiviser. **subdi'vision** *n* subdivision *f*; sous-division *f*.

subdue [səb'djuː] *vtr* subjuguer, asservir (un pays); maîtriser (un incendie, ses sentiments); dompter (un mouvement de colère); adoucir (la lumière, la voix). **sub'dued** *a* (*of pers*) qui manque d'entrain; (*of light*) adouci, atténué; (*of voice*) bas; (conversation) à voix basse; (*of reaction*) faible; **s. colours**, couleurs sobres.

sub-edit [sʌb'edit] *vtr* mettre au point (un article). **sub'editor** *n Journ:* secrétaire *mf* de rédaction; *Publ:* rédacteur, -trice.

subheading [sʌb'hediŋ] *n* sous-titre *m*.

subject 1. ['sʌbdʒikt] *n* (*a*) (*pers*) ressortissant, -ante; sujet, -ette (d'un souverain); **British s.**, sujet britannique (*b*) sujet (du verbe, de conversation); **s. matter**, sujet (d'un livre); contenu *m* (d'une lettre); **this will be the s. of my next lecture**, cela fera l'objet *m* de ma prochaine conférence; **to hark back to a s.**, revenir sur un sujet; **while we are on this s.**, pendant que nous sommes sur ce sujet; **on the s. of**, au sujet de; **to change the s.**, parler d'autre chose; changer de sujet; *Sch:* **what subjets do you teach?** quelles matières enseignez-vous? (*c*) (*in experiment*) sujet **2.** ['sʌbdʒekt] *a* (*a*) (*of country, tribe*) soumis (**to**, à) (*b*) **s. to**, sujet (au rhumatismes, etc); soumis à (une loi, une règle, etc); **prices s. to 5% discount**, prix bénéficiant d'une remise de 5%; **s. to stamp duty**, soumis au timbre; **plan s. to modifications**, projet susceptible d'être modifié; (*conditional*) **s. to ratification**, sous réserve de ratification; **s. to correction**, sauf correction **3.** [səb'dʒekt] *vtr* subjuguer (un peuple); soumettre (**to**, à); exposer (**to**, à); **to be subjected to much criticism**, être en butte à de nombreuses critiques. **sub'jection** *n* soumission *f* (**to**, à); **to be in (a state of) s.**, être soumis (à qn). **sub'jective** *a* subjectif. **sub'jectively** *adv* subjectivement. **subjec'tivity** *n* subjectivité *f*.

sub judice [sʌb'dʒuːdisi] *Jur:* **the case is s. j.**, l'affaire n'est pas encore jugée.

subjugate ['sʌbdʒugeit] *vtr* subjuguer.

subjunctive [səb'dʒʌŋktiv] *a & n* subjonctif (*m*); **in the s.**, au subjonctif.

sublet [sʌb'let] *vtr* (*pt & pp* **sublet**; *prp* **subletting**) sous-louer.

sublieutenant [sʌblef'tenənt] *n Navy:* enseigne *m* (de vaisseau) première classe.

sublimate ['sʌblimeit] *vtr Psy:* sublimer.

sublime [sə'blaim] *a & n* sublime (*m*); **s. indifference**, suprême indifférence *f*. **su'blimely** *adv* sublimement; **s. unconscious of sth**, dans une ignorance absolue de qch.

subliminal [sʌb'liminəl] *a* subliminal; (publicité) subliminaire.

submachine-gun [sʌbmə'ʃiːngʌn] *n* mitraillette *f*.

submarine [sʌbmə'riːn] *a & n* sous-marin (*m*).

submerge [səb'məːdʒ] **1.** *vtr* submerger; immerger (**in**, dans); inonder, noyer (un champ) **2.** *vi* (*of submarine*) s'immerger, plonger; effectuer sa plongée. **sub'merged** *a* submergé; (champ) noyé; **s. speed**, vitesse en plongée (d'un sous-marin); **s. reef**, écueil sous-marin. **sub'mergence, sub'mersion** *n* submersion *f*.

submission [səb'miʃn] *n* (*a*) soumission *f*; résignation *f* (à une défaite); **to starve s.o. into s.**, réduire qn par la famine (*b*) docilité *f*, humilité *f*. **sub'missive** *a* soumis, humble. **sub'missively** *adv* avec soumission; avec docilité; humblement; avec résignation. **sub'missiveness** *n* soumission, docilité. **sub'mit** *v* **(submitted) 1.** *vi & pr* se soumettre (**to**, à); se plier (à une nécessité); se résigner (à un malheur); *Jur:* **to s. that**, suggérer que **2.** *vtr* soumettre; **to s. sth to s.o.'s inspection**, soumettre, présenter, qch à l'inspection de qn; **to s. proofs of identity**, présenter des pièces d'identité.

subnormal [sʌb'nɔːməl] *a* au-dessous de la normale; (*of pers*) faible d'esprit; **(educationally) s.**, arriéré.

subordinate I. [sə'bɔːdinət] *a & n* **1.** *a* (rang) inférieur, subalterne; (rôle) secondaire, accessoire; *Gram:* subordonné (**to**, à) **2.** *n* subordonné, -ée. **II.** [sə'bɔːdineit] *vtr* subordonner (**to**, à). **subordi'nation** *n* subordination *f* (**to**, à); soumission *f* (**to**, à).

subpoena [sʌb'piːnə] *Jur:* **1.** *n* citation *f*, assignation *f* (de témoins, sous peine d'amende) **2.** *vtr* citer (qn) à comparaître; signifier une assignation à (qn).

subscribe [səb'skraib] *vtr & i* souscrire; cotiser; **to s. to an opinion**, souscrire à une opinion; **I cannot s. to that**, je ne peux pas consentir à cela; **to s. ten pounds**, donner dix livres (**to**, à); **to s. to a charity**, verser sa contribution à une œuvre de charité; *Fin:* **subscribed capital**, capital souscrit; **to s. to a loan**, souscrire à un emprunt; **to s. to a newspaper**, s'abonner, être abonné, à un journal. **sub'scriber** *n* abonné, -ée (à un journal, du téléphone); **s. to a**

charity, for shares, souscripteur *m* à une œuvre de charité, à des actions; *Tp:* **s. trunk dialling,** (téléphone) automatique *m*. **subscription** [-'skripʃn] *n* souscription *f* (à une œuvre de charité, *Fin:* à un emprunt); cotisation *f* (à un club, etc); abonnement *m* (à un journal); adhésion *f* (**to an opinion,** à une opinion); **to pay a s.,** verser une cotisation; **to get up a s.,** se cotiser; **s. list,** liste des souscripteurs; **to take out a s. to a newspaper,** s'abonner à un journal.

subsequent ['sʌbsikwənt] *a* (chapitre) qui suit, suivant; postérieur (**to,** à); **our s. problems,** les problèmes que nous avons eus par la suite; **s. to,** consécutif à; **at a s. meeting,** lors d'une séance ultérieure; **at our s. meeting,** quand je l'ai rencontré plus tard. **'subsequently** *adv* la suite; postérieurement (**to,** à).

subservient [səb'sə:viənt] *a* obséquieux, servile; **to be s. to,** être asservi à. **sub'servience** *n* soumission *f*, servilité *f*.

subside [səb'said] *vi* (*of building, land*) s'affaisser; (*of water, wind*) baisser; (*of storm, anger*) s'apaiser; se calmer; **to s. into an armchair,** s'affaler dans un fauteuil; **the flood is subsiding,** la crue diminue. **sub'sidence** *n* affaissement *m*.

subsidiary [səb'sidiəri] *a & n* (*pl* **subsidiaries**) accessoire, subsidiaire; **s. (company),** filiale *f*.

subsidy ['sʌbsidi] *n* (*pl* **subsidies**) subvention *f*; *Ind:* prime *f*. **'subsidize** *vtr* subventionner; primer (une industrie); **to be subsidized by the State,** recevoir une subvention de l'État.

subsist [səb'sist] *vi* (*of pers, doubts, etc*) subsister. **subsistence** *n* subsistance *f*, existence *f*; **means of s.,** moyens de subsistance, de subsister; **a bare s. wage,** un salaire à peine suffisant pour vivre.

subsoil ['sʌbsɔil] *n Geol:* sous-sol *m*.

subsonic ['sʌbsɔnik] *a Av:* subsonique.

substance ['sʌbstəns] *n* substance *f*; matière *f*; fond *m*, essentiel *m* (d'un argument); solidité *f*; **argument that has little s.,** argument qui n'a rien de solide; **he's a man of s.,** il est riche. **sub'stantial** *a* (*a*) substantiel; réel; (point) important; considérable; **s. reasons,** raisons sérieuses; **a s. difference,** une différence appréciable, sensible; **s. meal,** repas copieux (*b*) (construction, livre) solide; (drap) résistant; **of s. build,** (homme) bien taillé. **sub'stantially** *adv* (*a*) substantiellement; réellement (*b*) solidement; **s. built,** (homme) bien taillé, (ameublement) solide (*c*) considérablement, beaucoup; **this contributed s. to our success,** cela a contribué pour une grande part à notre succès; **s. true,** en grande partie vrai; **s. different,** très différent. **sub'stantiate** *vtr* prouver, justifier (une affirmation); établir le bien-fondé de (réclamation).

substandard [sʌb'stændəd] *a* de qualité inférieure.

substantive ['sʌbstəntiv] *a & n* substantif (*m*).

substitute ['sʌbstitju:t] **1.** *n* (*a*) (*pers*) suppléant, -ante; remplaçant, -ante; **to act as a s. for s.o.,** remplacer qn, se substituer à qn; **to find a s. (for oneself),** se faire suppléer (*b*) produit *m* de remplacement; (*of foodstuffs*) succédané *m* (**for,** de); **coffee s.,** ersatz *m* de café; **beware of substitutes,** se méfier des contrefaçons *f*; **there's no s. for...,** rien ne peut remplacer... **2.** *v* (*a*) *vtr* substituer; **to s. steel for stone,** remplacer la pierre par l'acier (*b*) *vi* **to s. for s.o.,** se substituer à qn, remplacer, suppléer, qn. **substi'tution** *n* substitution *f*, remplacement *m*.

substratum [sʌb'strɑ:təm] *n* (*pl* **substrata** [-'strɑ:tə]) couche inférieure.

subtenancy [sʌb'tenənsi] *n* sous-location *f*. **sub'tenant** *n* sous-locataire *mf*.

subterfuge ['sʌbtəfju:dʒ] *n* subterfuge *m*.

subterranean [sʌbtə'reiniən] *a* souterrain.

subtitle ['sʌbtaitl] **1.** *n* sous-titre *m* **2.** *vtr Cin:* sous-titrer.

subtle ['sʌtl] *a* (parfum, esprit) subtil; (esprit) fin, raffiné; (*of pers, method*) rusé, astucieux. **'subtlety** *n* (*pl* **-ies**) subtilité *f* (de l'esprit, d'une distinction); raffinement *m*, finesse *f* (d'une politique); distinction subtile (dans un argument). **'subtly** *adv* subtilement; avec finesse.

subtotal [sʌb'toutəl] *n* total partiel, sous-total *m*.

subtract [səb'trækt] *vtr Mth:* soustraire, retrancher (**from,** de). **sub'traction** *n Mth:* soustraction *f*.

suburb ['sʌbə:b] *n* banlieue *f*; **the suburbs,** la banlieue; **garden s.,** cité-jardin *f*. **su'burban** [sə-] *a* (*of train*) de banlieue; (*of accent*) de la banlieue. **su'burbia** *n* la banlieue.

subvention [sʌb'venʃn] *n* subvention *f*.

subversion [səb'və:ʃn] *n* subversion *f*. **sub'versive** *a* subversif. **sub'vert** *vtr* bouleverser (le système, etc); corrompre (qn).

subway ['sʌbwei] *n* (*a*) passage souterrain (*b*) *NAm:* (*Br* = **underground**) métro *m*.

succeed [sək'si:d] *v* **1.** *vtr & i* succéder à (qn, qch); **to s. to the throne,** succéder à la couronne; **day succeeds day,** les jours se suivent **2.** *vi* réussir (**in sth,** dans qch); mener à bien; **how to s.,** le moyen de parvenir; **to s. in doing sth,** réussir à faire qch. **suc'ceeding** *a* (*a*) suivant (*b*) à venir; futur (*c*) consécutif. **suc'cess** *n* (*pl* **-es**) succès *m*, réussite *f*; **without s.,** sans succès; **to be a s.,** (*of venture*) réussir; (*of play, pers*) avoir du succès; **the evening was a great s.,** la soirée a été très réussie; **to make a s. of sth,** réussir qch; **her s. in the exam,** sa réussite à l'examen; **s. story,** réussite complète, exemplaire. **suc'cessful** *a* (projet) couronné de succès; (résultat) heureux; (portrait) réussi; (compagnie) prospère; **s. play, film,** pièce, film, à succès; **to be s. in doing sth,** réussir à faire qch; **he's s. in everything,** tout lui réussit; **s. candidates,** candidats élus; *Sch:* candidats admis, reçus. **suc'cessfully** *adv* avec succès. **suc'cession** *n* (*a*) succession *f*; suite *f*; série *f*; **in s.,** successivement; **for two years in s.,** pendant deux années successives, consécutives, de suite; **in rapid s.,** coup sur coup; **after a s. of losses,** après des pertes successives (*b*) succession (à la couronne); **in s. to s.o.,** en remplacement de qn. **suc'cessive** *a* successif; **ten s. days,** dix jours consécutifs. **suc'cessively** *adv* successivement. **suc'cessor** *n* successeur *m* (**to, of,** de); **to appoint a s. to s.o.,** remplacer qn.

succinct [sʌk'siŋkt] *a* succinct. **suc'cinctly** *adv* succinctement.

succulence ['sʌkjuləns] *n* succulence *f*. **'succulent** **1.** *a* succulent **2.** *n Bot:* plante grasse.

succumb [sə'kʌm] *vi* succomber; céder; **to s. to one's injuries,** succomber à, mourir de, ses blessures.

such [sʌtʃ] **1.** *a* (*a*) tel, pareil, semblable; **beasts of**

prey s. as the lion or the tiger, des bêtes fauves telles que le lion ou le tigre; **men s. as you, s. men as you,** des gens comme vous; **s. a man,** un tel homme: **s. things,** de telles choses; **did you ever see s. a thing!** a-t-on jamais vu (une) chose pareille! **in s. cases,** en pareils cas; **some s. plan,** un projet de ce genre; **on s. an occasion,** en semblable occasion; **there is no s. thing,** ça n'existe pas; **no s. body exists,** il n'existe aucun corps de cette nature; **I said no s. thing,** je n'ai rien dit de tel; **here it is, s. as it is,** le voici mais il ne vaut pas grand-chose; **in s. (and s.) a place,** en tel (ou tel) endroit; **on s. and s. a date,** à une certaine date; **s. a one,** un tel, une telle; **in s. a way that,** de telle sorte que; de manière, de façon, que; **to take s. steps as (shall) appear necessary,** prendre toutes mesures qui paraîtront nécessaires; **until s. time as,** jusqu'à ce que + *sub* (*b*) (*intensive*) **s. big houses,** de si grandes maisons; **s. happiness,** tant, tellement, de bonheur; **s. a clever man,** un homme si habile; **s. courage,** un tel courage; **I had s. a fright!** j'ai eu une de ces peurs! **I had never heard s. good music,** je n'avais jamais entendu d'aussi bonne musique; **he is s. a liar,** il est si, tellement, menteur **2.** *pron* **I'll send you s. as I have,** je vous enverrai ce que j'ai; **history as s.,** l'histoire en tant que telle; **he was a very gallant man and well known as s.,** il était très courageux et connu pour tel; **s. was my idea,** telle était mon idée. **'suchlike** *F:* **1.** *a* semblable, pareil; de ce genre **2.** *pron usu pl* **tramps and s.,** clochards et autres.

suck [sʌk] **1.** *n* action *f* de sucer; succion *f*; **to take a s. at a sweet,** sucer un bonbon **2.** *vtr & i* sucer; (*of baby*) téter (le lait); aspirer (avec une paille); **to s. (at) sth,** sucer qch; **to s. one's thumb,** sucer son pouce; **to s. s.o. dry,** sucer qn jusqu'au dernier sou, jusqu'à la moelle. **suck 'down** *vtr* engloutir; entraîner au fond. **'sucker** *n* ventouse *f* (de sangsue, sur une machine); *Bot:* rejeton *m*; drageon *m*, surgeon *m* (d'arbre); *F:* (*of pers*) pigeon *m*, dupe *f*; **to be a s. for sth,** raffoler de qch. **suck 'in** *vtr* sucer, absorber; aspirer; engloutir (dans un tourbillon). **'sucking** *a* (*also* **suckling**) **s. pig,** cochon *m* de lait. **'suckle 1.** *vtr* allaiter (un enfant) **2.** *vi* (*of baby*) téter. **suck 'up 1.** *vtr* sucer, aspirer, pomper (un liquide, de l'air); (*of sponge*) absorber, boire (l'eau) **2.** *vi F:* **to s. up to s.o.,** faire de la lèche à qn; lécher les bottes à qn. **'suction** *n* succion *f*; aspiration *f*; appel *m* (d'air); **s. disc, pad,** ventouse *f*; **s. pump,** pompe aspirante.

Sudan [suː'dæn] *Prn Geog:* Soudan *m*. **Suda'nese** [suːdə'niːz] *a & n* soudanais, -aise.

sudden ['sʌdn] *a* soudain; subit; (mouvement, tournant) brusque; **all of a s.,** soudain, tout à coup. **'suddenly** *adv* (*a*) soudain; subitement; tout à coup (*b*) brusquement; soudainement. **'suddenness** *n* (*a*) soudaineté *f*; **with startling s.,** en coup de théâtre (*b*) brusquerie *f* (d'un départ).

suds [sʌdz] *npl* (*bubbles*) mousse *f* de savon; (*water*) eau savonnée.

sue [suː] **1.** *vtr* poursuivre (qn) (en justice); intenter un procès à (qn); **to s. s.o. for damages,** poursuivre qn en dommages-intérêts **2.** *vi* engager des poursuites (judiciaires); **to s. for libel,** attaquer en diffamation.

suede [sweid] *n* (*for shoes*) daim *m*; (*for gloves*) suède *m;* **s. shoes,** chaussures de daim.

suet ['suit] *n Cu:* graisse *f* de rognon.

Suez ['suiz] *Prn Geog:* Suez; **the S. Canal,** le canal de Suez.

suffer ['sʌfər] **1.** *vtr* (*a*) subir (une attaque, une perte, etc); ressentir (une douleur); **to s. defeat,** essuyer, subir, une défaite (*b*) souffrir, tolérer; **he doesn't s. fools gladly,** il ne supporte pas les imbéciles **2.** *vi* souffrir **(from,** de); **to s. from pimples, the flu,** avoir des boutons, la grippe; **to s. for one's misdeeds,** supporter la conséquence de ses méfaits; **to s. from neglect,** souffrir, pâtir, d'un manque de soins; **country suffering from labour troubles,** pays en proie à l'agitatiòn ouvrière; **your work will s.,** ton travail s'en ressentira; **the vines have suffered from the frost,** les vignes ont souffert de la gelée. **'sufferance** *n* **on s.,** (faire qch) par tolérance. **'sufferer** *n* (*from calamity*) victime *f*, sinistré, -ée; (*from accident*) accidenté, -ée; (*from illness*) malade *mf*; (*from misfortune*) victime *f*; **fellow s.,** compagnon *m* d'infortune. **'suffering 1.** *a* souffrant, qui souffre **2.** *n* souffrance(s) *f*(*pl*).

suffice [sə'fais] *vtr & i* suffire (à qn); **that will s. for him,** cela lui suffira; **s. it to say that I got nothing,** il ne me reste à dire que je n'ai rien obtenu. **suf'ficiency** [-'fiʃənsi] *n* quantité, fortune, suffisante; **to have a bare s.,** avoir tout juste de quoi vivre. **su'fficient** *a* assez; suffisant; **one lamp is s.,** il suffit d'une lampe; **s. money,** suffisamment d'argent; **a hundred francs will be s.,** j'aurai assez de cent francs; **this is s. to feed them,** cela suffit pour les nourrir; **to have s.,** en avoir suffisamment. **su'fficiently** *adv* suffisamment; assez.

suffix ['sʌfiks] *n* (*pl* **suffixes**) *Gram:* suffixe *m*.

suffocate ['sʌfəkeit] *vtr & i* étouffer; suffoquer. **'suffocating** *a* suffocant; étouffant; **it's s. in this room,** on suffoque dans cette pièce. **suffo'cation** *n* étouffement *m*, asphyxie *f*.

suffrage ['sʌfridʒ] *n Pol:* suffrage *m*; **universal s.,** suffrage universel.

suffused [sə'fjuːzd] *a* **s. with,** baigné de (lumière, larmes).

sugar ['ʃugər] **1.** *n* sucre *m*; **the s. industry,** l'industrie sucrière; **granulated s.,** sucre cristallisé; **caster s.,** sucre en poudre; sucre semoule; **lump s.,** sucre en morceaux; **brown s.,** cassonade *f*; **s. beet,** betterave *f* à sucre; **s. cane,** canne *f* à sucre; **s. refinery,** raffinerie *f* (de sucre); **s. almond,** dragée *f*; **s. basin, bowl,** sucrier *m*; **s. tongs,** pince *f* à sucre; *Bot:* **s. maple,** érable *m* à sucre; *F:* **s. daddy,** papa-gâteau *m* **2.** *vtr* sucrer; **sugared almond,** dragée; *Fig:* **to s. the pill,** dorer la pilule. **sugar-'free** *a* édulcoré. **'sugarloaf** *n* pain *m* de sucre. **'sugary** *a* sucré; (sourire) mielleux; (ton) doucereux.

suggest [sə'dʒest] *vtr* (*a*) suggérer, proposer (qch à qn); **a solution suggested itself to me,** une solution m'est venue à l'esprit (*b*) inspirer, faire naître (une idée); **prudence suggests a retreat,** la prudence conseille la retraite (*c*) *Pej:* insinuer; **are you suggesting that I'm lying?** est-ce que vous insinuez que je mens? (*d*) évoquer, suggérer; **his nose suggests a rabbit,** son nez fait penser à un lapin. **su'ggestible** *a* (*of pers*) influençable (par la suggestion); suggestible. **su'ggestion** *n* suggestion *f*; *Pej:* insinutation *f*; **to make a s.**, faire une suggestion, une proposition; **a s. of a foreign accent, of regret**, une pointe d'accent étranger, une nuance de regret. **su'ggestive** *a* suggestif; évocateur; **to be s. of**, suggérer.

suicide ['suisaid] *n* (*a*) (*pers*) suicidé, -ée (*b*) (*act*) suicide *m*; **to commit s.**, se suicider; **attempted s.**, tentative *f* de suicide. **sui'cidal** *a* suicidaire; **s. tendencies**, tendances suicidaires; *Fig:* **this would be s.**, ce serait un véritable suicide que d'agir de la sorte.

suit [su:t] **1.** *n* (*a*) *Jur:* procès *m*; **to bring a s. against s.o.**, intenter un procès à qn (*b*) *Cl:* ensemble *m*; costume *m*, complet *m* (pour homme); tailleur *m* (pour femme); **lounge s.**, complet veston; **flying s.**, combinaison *f* de vol (*c*) *Cards:* couleur *f*; **politeness is not his strong s.**, la politesse n'est pas son fort; **to follow s.**, *Cards:* fournir (la couleur demandée); *Fig:* en faire autant; emboîter le pas **2.** *vtr* (*a*) **to be suited to sth**, être adapté à qch; être fait pour qch; être approprié à; **they are suited to each other**, ils sont faits l'un pour l'autre; (*of couple*) **well suited**, bien assorti; *Th:* **he is not suited to the part**, le rôle ne lui convient pas (*b*) convenir à, aller (bien) à, accommoder (qn); **that suits me best**, c'est ce qui m'arrange le mieux; **that suits me**, ça m'arrange; **I shall do it when it suits me**, je le ferai quand cela me conviendra; **s. yourself**, (faites) comme vous voudrez; **this hat suits you**, ce chapeau vous va (bien). **suita'bility** *n* convenance *f*; à-propos *m* (d'une remarque); **s. of s.o. for a job**, aptitudes *fpl* de qn pour un poste. **'suitable** *a* convenable, qui convient; (exemple) approprié; (*socially*) convenable; **I've found nothing s.**, je n'ai rien trouvé qui me convienne; **the most s. date**, la date qui conviendrait le mieux; **s. to, for, sth**, bon à qch; propre, approprié, adapté, à qch; **s. to the occasion**, qui convient à la circonstance; **is it a book s. for children?** est-ce un livre pour les enfants? **'suitably** *adv* convenablement; (répondre) à propos; (agir) comme il convient. **'suitcase** *n* valise *f*. **'suitor** *n* soupirant *m*.

suite [swi:t] *n* suite *f* (d'un prince, d'orchestre); **s. (of rooms)**, appartement *m*; **s. (of furniture)**, mobilier *m*; **dining (room) s.**, salle *f* à manger; **bathroom s.**, salle de bains; **bedroom s.**, chambre *f* à coucher.

sulfur ['sʌlfər] *n NAm: see* **sulphur**.

sulk [sʌlk] **1.** *npl* **to have (a fit of) the sulks**, bouder; faire la tête **2.** *vi* bouder; faire la tête. **'sulkily** *adv* en boudant; d'un air boudeur. **'sulkiness** *n* bouderie; **'sulky** *a* (**-ier, -iest**) boudeur; **to be s.**, bouder; **to look s.**, faire la tête.

sullen ['sʌlən] *a* maussade, renfrogné, morose; sombre; (silence) obstiné. **'sullenly** *adv* d'un air maussade, renfrogné; (obéir) de mauvaise grâce. **'sullenness** *n* maussaderie *f*; air renfrogné.

sulphur, *NAm:* **sulfur** ['sʌlfər] *n* soufre *m*; **s. mine**, soufrière *f*. **'sulphate**, *NAm:* **'sulfate** *n* sulfate *m*; **copper s.**, sulfate de cuivre. **'sulphide**, *NAm:* **'sulfide** *n* sulfure *m*. **sul'phonamide**, *NAm:* **sul'fonamide** *n Ch:* sulfamide *m*. **sulphuric**, *NAm:* **sulfuric** [sʌl'fjuərik] *a* sulfurique. **'sulphurous**, *NAm:* **'sulfurous** *a* sulfureux.

sultan ['sʌltən] *n* sultan *m*. **sul'tana** *n* (*a*) (*woman*) sultane *f* (*b*) raisin *m* de Smyrne.

sultry ['sʌltri] *a* (**-ier, -iest**) (*of heat*) étouffant, suffocant; (*of weather*) très lourd; (*of voice*) chaud; *Fig:* sensuel. **'sultriness** *n* chaleur étouffante; lourdeur *f* (de l'atmosphère).

sum [sʌm] **1.** *n* (*a*) somme *f*, total *m*; montant *m*; **s. total**, somme totale, globale; montant total; résultat *m*; **s. (of money)**, somme (d'argent); **to spend vast sums**, dépenser des sommes folles (*b*) *Mth:* calcul *m*; *pl* le calcul; **to do a s. in one's head**, faire un calcul de tête; **to do sums**, faire du calcul **2.** *vtr & i* **(summed) to s. up**, résumer, faire un résumé de (qch); récapituler; **to s. up the situation at a glance**, évaluer la situation d'un coup d'œil; **to s. s.o. up**, jauger qn. **'summarily** *adv* sommairement. **'summarize** *vtr* résumer; récapituler (les débats). **'summary 1.** *a* sommaire **2.** *n* (*pl* **-ies**) sommaire *m*, résumé *m*; **a. s. of the news, a news s.**, résumé des nouvelles. **summing-'up** *n* évaluation *f* (de la situation); *Jur:* résumé (des débats).

summer ['sʌmər] *n* été *m*; **in (the) s.**, en été; **in high s.**, en plein été; **last s.**, l'été dernier; **Indian s.**, été indien, de la Saint-Martin; **a summer('s) day**, un jour d'été; **s. clothes**, vêtements d'été; **s. visitor**, estivant, -ante; **this bird is a s. visitor to these shores**, cet oiseau fréquente ces rivages en été; **s. resort**, station estivale; **the s. holidays**, les grandes vacances. **'summerhouse** *n* pavillon *m*. **'summertime** *n* été; *Adm:* (*NAm:* = **daylight saving time**) heure *f* d'été. **'summery** *a* (*of weather, etc*) estival; (*of dress*) d'été.

summit ['sʌmit] *n* sommet *m*; cime *f*, faîte *m* (d'une montagne); *Fig:* summum *m* (de la félicité); *Pol:* **s. (conference, meeting)**, (conférence *f*, rencontre *f*, au) sommet.

summon ['sʌmən] *vtr* appeler, faire venir (qn); convoquer (une assemblée); *Jur:* sommer (qn) de comparaître; **to s. a witness to appear**, citer, assigner, un témoin. **'summons 1.** *n* (*pl* **-es**) appel (fait d'autorité); convocation urgente; *Jur:* citation *f* (à comparaître); assignation *f*; sommation *f*; **to take out a s. against s.o.**, faire assigner qn **2.** *vtr Jur:* citer (qn) à comparaître; assigner (qn); appeler (qn) en justice. **summon 'up** *vtr* rassembler (son courage, ses forces).

sump [sʌmp] *n Aut:* carter *m* (à huile); fond *m* de carter; *Min:* puisard *m*.

sumptuous ['sʌmptjuəs] *a* somptueux. **'sumptuously** *adv* somptueusement. **'sumptuousness** *n* somptuosité *f*.

sun [sʌn] **1.** *n* soleil *m*; **the sun's shining**, il fait (du) soleil; **(full) in the s.**, au (grand) soleil; *Fig:* **to have a place in the s.**, avoir une place au soleil; **to get a touch of the s.**, prendre un coup de soleil; **s. lounge**, solarium *m*; **s. oil, lotion**, huile, lotion, solaire; *Aut:* **s. visor**, pare-soleil *m inv* **2.** *vtr* **(sunned) to s. oneself**, se chauffer au soleil. **'sunbaked** *a* brûlé par le soleil. **'sunbathe** *vi* prendre un bain de soleil. **'sunbather** *n* personne *f* qui prend un bain de soleil. **'sunbathing** *n* bains *mpl* de soleil. **'sunbeam** *n* rayon *m* de soleil. **'sunbed** *n* lit *m* de plage. **'sunblind** *n* store *m*. **'sunburn** *n* (*suntan*) bronzage *m*; (*painful*) coup de soleil. **'sunburnt, sunburned** *a* (*suntanned*) bronzé; hâlé; (*painfully*) brûlé par le soleil. **'Sunday** *n* dimanche *m*; **in one's S. best,** dans ses habits du dimanche. **'sundial** *n* cadran *m* solaire. **'sundown** *n* coucher *m* du soleil. **'sundrenched** *a* brûlé par le soleil. **'sundress** *n* (*pl* **-es**) robe *f* bain de soleil. **'sunflower** *n* tournesol *m*; **s. seed oil,** huile *f* de tournesol. **'sunglasses** *npl* lunettes *fpl* de soleil. **'sunlamp** *n* lampe *f* à rayons ultraviolets. **'sunless** *a* sans soleil. **'sunlight** *n* (lumière *f* du) soleil; **in the s.,** au (grand) soleil. **'sunlit** *a* ensoleillé. **'sunlounger** *n* lit *m* de plage. **'sunny** *a* **(-ier, -iest)** (journée) de soleil; (endroit) ensoleillé; (côté) exposé au soleil; (visage) radieux, rayonnant; (caractère) heureux; **it's s.,** il fait (du) soleil; *Meteor:* **s. period,** éclaircie *f*. **'sunrise** *n* (*NAm:* = **sun-up**) lever *m* du soleil. **'sunroof** *n Aut:* toit ouvrant. **'sunset** *n* coucher du soleil; **at s.,** au soleil couchant. **'sunshade** *n* ombrelle *f*; (*for table*) parasol *m*. **'sunshine** *n* soleil; **in the s.,** au soleil; *Aut:* **s. roof,** toit ouvrant. **'sunspot** *n Astr:* tache *f* solaire. **'sunstroke** *n Med:* insolation *f*; coup de soleil. **'suntan** *n* bronzage; **s. oil,** huile solaire. **'suntanned** *a* bronzé; hâlé. **'suntrap** *n* endroit très ensoleillé. **sun-up** *n NAm:* (*Br* = **sunrise**) lever du soleil.

Sun *abbr Sunday.*

sundae ['sʌndei] *n Cu:* glace aux fruits (recouverte d'amandes et de crème Chantilly).

sundry ['sʌndri] **1.** *a pl* divers; **s. expenses,** frais divers; **on s. occasions,** à différentes occasions **2.** *n* **all and s.,** tous sans exception; tout le monde; **he told all and s. about it,** il le racontait à tout venant; **sundries,** (i) articles divers (ii) frais divers.

sung [sʌŋ] *see* **sing**.

sunk [sʌŋk] *see* **sink²**. **'sunken** *a* (rocher) submergé; (navire) sous-marin; (*of cheeks, road*) creux; (*of eyes*) cave; (jardin) en contrebas.

super ['su:pər] *F:* **1.** *a* sensationnel **2.** *n* (= *police superintendent*) commissaire *m* (de police).

superabundance [su:pərə'bʌndəns] *n* surabondance *f* (**of,** de). **supera'bundant** *a* surabondant.

superannuate [su:pər'ænjueit] *vtr* mettre (qn) à la retraite. **super'annuated** *a* (*a*) suranné, démodé (*b*) retraité; (mis) à la retraite. **superannu'ation** *n* **s. (contribution),** cotisations *fpl* (pour la) retraite; **s. fund,** caisse des retraites.

superb [su:'pə:b] *a* superbe. **su'perbly** *adv* superbement.

supercharged ['su:pətʃɑ:dʒd] *a Aut:* (moteur) suralimenté, surcomprimé, à compresseur. **'supercharger** *n Aut:* compresseur *m*.

supercilious [su:pə'siliəs] *a* hautain; (air) dédaigneux. **super'ciliously** *adv* avec hauteur. **super'ciliousness** *n* hauteur *f*.

superficial [su:pə'fiʃəl] *a* superficiel; **to have a s. knowledge of sth,** avoir des connaissances superficielles de qch; **to have a s. mind,** manquer de profondeur. **super'ficially** *adv* superficiellement.

superfine ['su:pəfain] *a* superfin; surfin.

superfluous [su:'pə:fluəs] *a* superflu. **su'perfluously** *adv* d'une manière superflue; inutilement.

superhuman [su:pə'hju:mən] *a* surhumain.

superimpose [su:pərim'pouz] *vtr* superposer (**on,** à); *Phot:* **superimposed,** en surimpression.

superintend [su:prin'tend] *vtr* diriger, surveiller; présider à (un scrutin). **superin'tendent** *n* directeur, -trice; surveillant, -ante; chef *m* (des travaux); **(police) s.** = commissaire *m* (de police).

superior [su:'piəriər] **1.** *a* (*a*) supérieur (**to,** à); (article) de qualité supérieure; **to be s. in numbers,** être supérieur en nombre, avoir la supériorité du nombre (*b*) (*of pers*) orgueilleux; (air) de supériorité; (sourire) suffisant, condescendant **2.** *n* supérieur, -eure; *Ecc:* **Mother S.,** mère supérieure. **superiority** [-'ɔriti] *n* supériorité *f*.

superlative [su:'pə:lətiv] **1.** *a* sans pareil; suprême; excellent **2.** *a & n Gram:* superlatif (*m*). **su'perlatively** *adv* au suprême degré; **s. ugly,** d'une laideur sans pareille.

superman ['su:pəmæn] *n* (*pl* **supermen** [-men] surhomme *m*.

supermarket ['su:pəmɑ:kit] *n* supermarché *m*.

supernatural [su:pə'nætʃərəl] *a & n* surnaturel (*m*).

supernumerary [su:pə'nju:mərəri] *a & n* (*pl* **supernumeraries**) surnuméraire (*mf*).

superpower ['su:pəpauər] *n Pol:* superpuissance *f*.

supersede [su:pə'si:d] *vtr* remplacer; supplanter (qn); **method now superseded,** méthode périmée.

supersonic [su:pə'sɔnik] *a Av:* supersonique.

superstition [su:pə'stiʃn] *n* superstition *f*. **super'stitious** *a* superstitieux. **super'stitiously** *adv* superstitieusement.

superstructure ['su:pəstrʌktʃər] *n* superstructure *f*; tablier *m* (d'un pont).

supertanker ['su:pətæŋkər] *n Nau:* pétrolier géant.

supervise ['su:pəvaiz] *vtr* surveiller (qn, le travail); diriger (un bureau, les recherches). **supervision** [-'viʒn] *n* surveillance *f*; direction *f* (d'une entreprise); **under police s.,** sous la surveillance de la police. **'supervisor** *n* surveillant, -ante; (*in office*) chef *m* de service; (*in shop*) chef de rayon. **'supervisory** *a* (comité) de surveillance; (poste) de surveillant(e).

supine ['su:pain] *a* (*a*) (*of pers*) couché, étendu, sur le dos (*b*) mou; indolent, inerte.

supper ['sʌpər] *n* dîner *m*; (*late-night*) souper *m*; **to have s.,** dîner; souper; **the Last S.,** la (Sainte) Cène. **'suppertime** *n* heure *f* du dîner, du souper.

supplant [sə'plɑ:nt] *vtr* supplanter; prendre la place de (qn); remplacer, évincer (qn).

supple ['sʌpl] *a* souple; flexible; **to become s.,** s'assouplir. **'suppleness** *n* souplesse *f*; flexibilité *f*. **supply¹** ['sʌpli] *adv* avec souplesse.

supplement 1. ['sʌplimənt] *n* supplément *m*; *Journ:* **literary s.,** supplément littéraire; **colour s.,** supplément illustré **2.** ['sʌpliment] *vtr* compléter; **to s. one's income,** arrondir ses fins de mois. **supple'mentary** *a* supplémentaire.

supplication [sʌpli'keiʃn] *n* supplication *f*; supplique *f*.

supply² [sə'plai] **1.** *n* (*pl* **supplies**) (*a*) approvisionnement *m*, fourniture *f*; *Mil:* ravitaillement *m*; **food s.,** ravitaillement en vivres (*b*) provision *f*, réserve *f*; (*equipment*) matériel *m*; **to get, lay, in a s. of sth,** se faire une provision de, s'approvisionner de, en, qch; **the s. of,** la fourniture de; **the s. of gas, electricity, to,** l'alimentation *f* en gaz, en électricité, de; *PolEc:* **s. and demand,** l'offre *f* et la demande; **to be in short s.,** manquer; **(office) supplies,** fournitures (de bureau); **food supplies,** vivres *m*; **s. ship, train,** navire, train, ravitailleur; **s. teacher,** suppléant, -ante **2.** *vtr* **(supplied)** *(a)* **to s. s.o. with sth, to s. sth to s.o.,** fournir, approvisionner, qn en qch; équiper, pourvoir, qn de qch; **to s. s.o. with food,** alimenter qn; **to s. sth,** fournir, apporter, qch; amener (l'eau, le gaz) *(b)* réparer (une omission); subvenir à (un besoin); **to s.o.'s needs,** subvenir aux besoins de qn. **su'pplier** *n* fournisseur *m*. **su'pplying** *n* fourniture *f*; alimentation *f*.

support [sə'pɔːt] **1.** *n* appui *m*, soutien *m*; support *m* (athlétique, d'une voûte); *Hort:* tuteur *m*; **moral s.,** appui moral; **collection in s. of a charity,** quête au profit d'une œuvre; **to be without means of s.,** être sans ressources; *Jur:* **without visible means of s.,** sans moyens de subsistance connus; **the sole s. of his old age,** son seul soutien dans sa vieillesse; **to give s. to a proposal,** venir à l'appui d'une, appuyer la, proposition; **documents in s. of an allegation,** documents à l'appui d'une allégation; **in s. of,** en faveur de; à l'appui de; **in s. of this theory,** pour corroborer cette théorie; *Mil:* **air s.,** soutien aérien; **s. unit,** unité de soutien **2.** *vtr* *(a)* supporter, soutenir; appuyer, maintenir (une voûte); tuteurer (un arbuste) *(b)* appuyer, soutenir (qn); appuyer (une théorie); faire une donation à (une œuvre de charité); **thanks to the team that supported me,** grâce à l'équipe qui me secondait *(c)* assurer la subsistance de (la famille, etc); **to s. oneself,** gagner sa vie *(d)* être en faveur de (qn, une idée) *(e)* supporter, tolérer (une injure). **su'pporter** *n* défenseur *m*; adhérent, -ente (d'un parti); partisan, -ane (de qn); *Sp:* supporter *m*. **su'pporting** *a* (mur) d'appui, de soutènement; *Th: Cin:* *(of role)* secondaire; *(of actor)* qui a un rôle secondaire; *Cin:* (film) supplémentaire; *Th:* **s. cast,** la troupe qui seconde les premiers rôles. **su'pportive** *a* **to be s.,** prêter son appui **(of, to,** à).

suppose [sə'pouz] *vtr* *(a)* supposer; **s. you are right, supposing (that) you are right,** supposez, supposons, que vous ayez raison; **supposing he came back,** si par supposition il revenait; **s. we change the subject,** si nous changions de sujet *(b)* s'imaginer; croire, penser; **you'll do it, I s.,** je suppose que vous le ferez; **you mustn't s. that,** n'allez pas imaginer que; **he's supposed to have a chance,** on lui croit des chances; **so I supposed,** c'est ce que je pensais; **I s. (so),** je pense; **I don't s. so, I s. not,** je ne pense pas; **I don't s. he'll do it,** je ne pense pas qu'il le fasse; **I'm supposed to be working, to work,** je suis censé travailler; **he's supposed to be rich,** on le dit riche; **I'm not supposed to know,** je suis censé ne pas le savoir. **su'pposed** *a* supposé, prétendu; soi-disant; **the s. culprit,** le présumé coupable. **supposedly** [sə'pouzidli] *adv* soi-disant; **he went away, s. with the intention of coming back,** il est parti soi-disant avec l'intention de revenir. **suppo'sition** *n* supposition *f*, hypothèse *f*; **on the s. that,** supposé que + *sub*.

suppository [sə'pɔzitəri] *n* *(pl* **suppositories)** *Pharm:* suppositoire *m*.

suppress [sə'pres] *vtr* *(a)* réprimer (une révolte); supprimer (un journal); interdire (une publication); faire disparaître (un abus); étouffer (un scandale, un bâillement); réprimer, refouler (ses sentiments); **to s. one's feelings,** se contenir *(b)* cacher, dissimuler (qch); supprimer (un fait); *El:* antiparasiter. **su'ppressed** *a* étouffé; **s. anger,** colère réprimée, refoulée; **s. excitement,** agitation contenue. **su'ppression** *n* répression *f* (d'une émeute); suppression *f* (d'un livre); étouffement *m* (d'un scandale); refoulement *m* (des émotions); dissimulation *f* (de la vérité); *El:* antiparasitage *m*. **su'ppressor** *n El:* dispositif *m* antiparasite.

supranational [s(j)uːprə'næʃənl] *a* supranational.

supreme [su(ː)'priːm] *a* suprême; **s. contempt,** mépris souverain; **s. court,** cour souveraine. **supremacy** [-'preməsi] *n* suprématie *f* **(over,** sur). **su'premely** *adv* suprêmement.

su'premo [su'priːmou] *n* *(pl* **-os)** *F:* grand chef, grand manitou.

surcharge ['səːtʃɑːdʒ] **1.** *n* supplément *m*; *(on stamp)* surcharge *f*; *(tax)* surtaxe *f* **2.** *vtr* surcharger; surtaxer.

sure [ʃuər] **1.** *a* sûr, certain; **to be s. of, about, sth,** être sûr, certain, de qch; **I'm s. of it,** j'en suis sûr, certain; j'en ai la certitude; **I'm not so s. of that,** je n'en suis pas bien sûr; **I'm s. (that) you're wrong,** je suis sûr que vous vous trompez; **to be s. of oneself,** être sûr de soi (-même); **I don't know, I'm s.,** ma foi, je ne sais pas; **to make s. of sth,** s'assurer de qch; **with a s. hand,** d'une main assurée; **in s. hands,** en mains sûres; **a s. thing,** une affaire sûre; une chose certaine; *Rac:* certitude *f*; *NAm: F:* **s. thing!** bien sûr! **for s.,** à coup sûr, pour sûr; **I don't know for s.,** je n'en suis pas bien sûr; **tomorrow for s.,** demain sans faute; **he'll be killed for s.,** nul doute qu'il va se faire tuer; **it's s. to be fine,** il fera sûrement beau; **he's s. to come,** il viendra à coup sûr; il viendra sûrement; **she's s. to accept,** il est certain qu'elle acceptera; **be s. to come early,** ne manquez pas d'arriver de bonne heure; **be s. not to lose it,** veillez à ne pas le perdre **2.** *adv* **as s. as eggs are eggs,** aussi sûr que deux et deux font quatre; **s. enough he was there,** en effet il était là; **he'll come s. enough,** il viendra à coup sûr; *esp NAm:* **s.!** bien sûr! **it s. is cold,** il fait vraiment froid. **sure'fire** *a* infaillible. **sure-'footed** *a* au pied sûr; **to be s.-f.,** avoir le pied sûr. **'surely** *adv* sûrement; **slowly but s.,** lentement mais sûrement; **s. you don't believe that!** vous ne croyez pas cela, voyons! **s. you're not going to leave us?** vous n'allez tout de même pas nous quitter? **'sureness** *n* sûreté *f*; certitude *f*. **'surety** *n* *(pers)* caution *f*; garant, -ante; **to stand s. for s.o.,** se porter caution pour qn.

surf [səːf] **1.** *n* barre *f* (de plage); ressac *m*; brisants *mpl* sur la plage **2.** *vi* faire du surfing. **'surfboard** *n* planche *f* (de surf). **'surfboat** *n* surf-boat *m*. **'surfer, 'surfboarder** *n* surfeur, -euse. **'surfing, 'surfriding** *n* surf *m*.

surface ['səːfis] **1.** *n* *(a)* surface *f*; **to rise to the surface (of the water),** remonter sur l'eau; *(of submarine)* revenir en surface; **to send a letter by s. mail,** envoyer une lettre par voie(s) *f(pl)* de surface; **s. water,** eau superficielle *(b)* extérieur *m*, dehors *m*; **on the s. everything was well,** tout allait bien en apparence; **he doesn't probe beneath the s. (of things),** il s'arrête à la surface; **his politeness is only**

on the s., sa politesse est toute en surface; (*on record*) **s. noise,** bruit de surface (*c*) aire *f*, étendue *f*; **s. area,** superficie *f*; **the earth's s.,** la superficie de la terre **2.** *v* (*a*) *vtr* apprêter la surface de (qch); *CivE:* revêtir (une route) (**with,** de) (*b*) *vi* (*of swimmer*) remonter à la surface; (*of submarine*) faire surface, revenir en surface; *Fig:* (*of pers, ideas, etc*) apparaître.

surfeit ['sɜːfit] *n* surabondance *f*; excès *m*; **to have a s. of sth,** être rassasié de qch.

surge [sɜːdʒ] **1.** *n Nau:* levée *f* de la lame; houle *f*; *El:* à-coup *m* (de courant); montée *f*; **s. of anger, of enthusiasm,** vague *f* de colère, d'enthousiasme **2.** *vi* (*of sea*) être houleux; (*of crowd, hatred*) déferler; monter; **the blood surged to her cheeks,** le sang lui a reflué au visage; **anger surged (up) within her,** un flot de colère est monté en elle; **to s. forward,** se lancer en avant. **'surging** *a* (*of sea*) houleux.

surgeon ['sɜːdʒən] *n* chirurgien *m*; **house s.,** interne *mf* en chirurgie; **dental s.,** chirurgien dentiste; **veterinary s.,** vétérinaire *mf*. **'surgery** *n* (*pl* **-ies**) (*a*) chirurgie *f*; **plastic s.,** chirurgie esthétique; **to undergo s.,** subir une intervention (chirurgicale); se faire opérer (*b*) cabinet *m* de consultation (d'un médecin); cabinet (d'un dentiste); **s. (hours),** (heures *f* de) consultation *f*. **'surgical** *a* chirurgical; **s. instruments,** instruments de chirurgie; **s. appliances,** appareils chirurgicaux; appareils orthopédiques; **s. spirit** = alcool *m* à 90°.

surly ['sɜːli] *a* (**-ier, -iest**) bourru; hargneux, revêche. **'surliness** *n* air bourru.

surmise [sə'maiz] **1.** *n* conjecture *f*, supposition *f* **2.** *vtr & i* conjecturer (**that,** que); **as I surmised,** comme je m'en doutais (bien).

surmount [sə'maunt] *vtr* surmonter.

surname ['sɜːneim] *n* nom *m* de famille.

surpass [sə'pɑːs] *vtr* surpasser; **you've surpassed yourself,** vous vous êtes surpassé; **the result surpasses our hopes,** le résultat a excédé, dépassé, nos espérances.

surplice ['sɜːplis] *n* surplis *m*.

surplus ['sɜːpləs] *n* surplus *m*, excédent *m*; **to have a s. of sth,** avoir qch en excès; **s. provisions,** vivres de surplus, en surplus; **s. population,** surplus de la population; *Com:* **s. stock,** surplus *mpl*; **government s. (stock),** les surplus du gouvernement.

surprise [sə'praiz] **1.** *n* surprise *f*; étonnement *m*; **to take s.o. by s.,** prendre qn au dépourvu; *Mil:* **to take a town by s.,** enlever une ville par surprise; **s. visit,** visite inattendue, inopinée; **to give s.o. a s.,** faire une surprise à qn; **it was a great s. to me,** j'en ai été grandement surpris; **to my great s., much to my s.,** à ma grande surprise; **to recover from one's s.,** revenir de son étonnement; **to pause in s.,** s'arrêter surpris **2.** *vtr* surprendre, étonner; (*come upon*) surprendre; **to s. s.o. in the act,** prendre qn sur le fait, en flagrant délit; **to be surprised at sth,** être surpris de qch; **I'm surprised at his stupidity,** sa bêtise m'étonne, me surprend; **I'm surprised to see you,** je m'étonne de vous voir; **I shouldn't be surprised if,** cela ne m'étonnerait pas que; **I'm surprised at you!** vous m'étonnez! **sur'prised** *a* (air, regard) étonné, surpris. **sur'prising** *a* surprenant, étonnant; **that's s.,** cela m'étonne. **sur'prisingly** *adv* étonnamment; **I found him looking s. young,** j'ai été surpris de lui trouver l'air si jeune; **s. (enough) he . . .,** chose étonnante, il . . .

surrealism [sə'riəlizm] *n* surréalisme *m*. **su'rrealist** *a & n* surréaliste (*mf*). **surrea'listic** *a* surréaliste.

surrender [sə'rendər] **1.** *n* (*a*) *Mil:* reddition *f*, capitulation *f*; **no s.!** on ne se rend pas! (*b*) abandon *m*, cession *f* (de biens); remise *f* (des armes à feu); *Ins:* rachat *m* (d'une police) **2.** *v* (*a*) *vtr* remettre, rendre (**to,** à); rendre, livrer (une forteresse); renoncer à (un droit, etc); *Ins:* racheter (une police) (*b*) *vi* se rendre; se livrer (à la justice).

surreptitious [sʌrəp'tiʃəs] *a* subreptice, clandestin. **surrep'titiously** *adv* subrepticement, clandestinement, furtivement.

surrogate ['sʌrəgət] *n* substitut *m*; **s. mother,** mère porteuse.

surround [sə'raund] **1.** *n* encadrement *m*, bordure *f* **2.** *vtr* entourer; **the walls that s. the town,** les murailles qui entourent la ville; **to be surrounded with, by, dangers,** être entouré de dangers. **su'rrounding** *a* entourant, environnant; **the s. countryside,** le pays d'alentour. **su'rroundings** *npl* entourage *m*, milieu *m*, ambiance *f*; cadre *m*; (*countryside*) environs *mpl*, alentours *mpl*; (d'une ville).

surtax ['sɜːtæks] *n* surtaxe (progressive sur le revenu).

surveillance [sə'veiləns] *n* surveillance *f*, contrôle *m*; **under s.,** sous surveillance.

survey 1. ['sɜːvei] *n* (*a*) aperçu *m*; vue générale (d'un sujet); examen attentif; étude *f* (de la situation); enquête *f*; sondage *m* (d'opinion); *Surv:* levé *m* des plans; relevé *m*; (*document*) plan *m*, levé (du terrain); **aerial s.,** levé aérien; **to make a s. of a property,** relever une propriété (*b*) inspection *f*, visite *f* (d'une maison, etc); expertise *f* **2.** [sə'vei] *vtr* (*a*) regarder, contempler, promener son regard sur (un paysage); mettre (une question) à l'étude; passer (la situation) en revue; *Surv:* relever; faire le levé de, lever le(s) plan(s) de (la ville); arpenter (un champ); faire l'hydrographie (d'une côte) (*b*) inspecter (une maison, etc); faire l'expertise de l'état de, expertiser (un navire). **sur'veying** *n* arpentage *m*; **(land) s.,** géodésie *f*; topographie *f*. **sur'veyor** *n* (*of house*) expert *m*; **(land) s.,** géomètre expert; arpenteur *m* (géomètre); **quantity s.,** métreur (vérificateur).

survive [sə'vaiv] **1.** *vi* survivre; (*of custom*) subsister **2.** *vtr* survivre à (qn, à une blessure); **to s. an illness, a shipwreck,** réchapper d'une maladie, d'un naufrage. **sur'vival** *n* survie *f* (d'un accidenté); survivance *f*; (*relic*) vestige *m*; **s. of the fittest,** survivance des plus aptes; **s. kit,** équipement *m* de survie. **sur'vivor** *n* survivant, -ante; rescapé(e) (d'une catastrophe).

susceptible [sə'septibl] *a* sensible (**to,** à); susceptible; **s. to a disease,** prédisposé à une maladie; **s. of proof,** susceptible d'être prouvé. **suscepti'bility** *n* (*pl* **-ies**) sensibilité *f*; susceptibilité *f*; prédisposition *f* (à une maladie); *pl* susceptibilité *f*; **s. to impressions,** suggestibilité *f*.

suspect 1. ['sʌspekt] *a & n* suspect, -e; **to regard s.o. as s.,** tenir qn pour suspect **2.** [sə'spekt] *vtr* (*a*) soupçonner (qn de qch); suspecter (qn); **to be suspected,** être suspect; **I s. him of running into debt,** je le soupçonne de faire des dettes (*b*) suspecter, s'imaginer, se douter de (qch); flairer (le danger); **I suspected as much,** je m'en doutais; **he suspects nothing,** il ne se doute de rien; **yes, I s.,** oui, j'imagine; **I s. you're right,** je crois bien que vous avez raison.

suspend [sə'spend] *vtr* (*a*) **to s. sth from the ceiling,** suspendre, pendre, qch au plafond (*b*) suspendre (son jugement, les paiements, le travail, un service d'autobus, un fonctionnaire); retirer (provisoirement) (un passeport, etc); renvoyer (un élève); *Jur:* **to s. judgement,** surseoir au jugement. **su'spended** *a* suspendu; (*of services*) interrompu; *Jur:* (*of proceedings*) en suspens; *Ch:* (particules) en suspension; *Jur:* **s. sentence,** condamnation *f* avec sursis; *Jur:* **he was given a s. sentence of six months,** il a été condamné à six mois de prison avec sursis; **the scheme is in a state of s. animation,** le projet est en suspens. **su'spenders** *npl Cl:* (*women's, for stockings*) jarretelles *fpl*; (*men's, for socks*) fixe-chaussettes *mpl*; *NAm:* (*Br*= **braces**) (*for trousers*) bretelles *fpl*; (*women's undergarment*) **suspender belt,** porte-jarretelles *m inv.* **su'spense** *n* attente (angoissée); (*in film, novel*) suspense *m*; **to keep s.o. in s.,** tenir qn en suspens, en haleine; **s. novel,** roman à suspense. **su'spension** *n* suspension *f*; retrait *m* provisoire (d'un passeport, etc); **s. bridge,** pont suspendu; **s. file,** dossier suspendu; *Ch:* **in s.,** en suspension.

suspicion [sə'spiʃən] *n* soupçon *m*; **to look at s.o. with s.,** regarder qn avec défiance; **to have suspicions about s.o.,** avoir des doutes sur qn; soupçonner qn; **to arouse s.,** éveiller les soupçons; **to arouse s.o.'s suspicions,** éveiller la défiance de qn; **with s.,** avec méfiance; **under s.,** considéré comme suspect; **above s.,** au-dessus de tout soupçon; **evidence not above s.,** témoignages sujets à caution; *Jur:* **to arrest s.o. on s.,** arrêter qn préventivement; **I had my suspicions about it,** je m'en doutais. **su'spicious** *a* (*a*) (*of conduct*) suspect, louche, équivoque; **it looks s. to me,** cela me paraît louche (*b*) (*of pers*) méfiant, soupçonneux; **to be s. about, of, s.o.,** se méfier de qn. **su'spicious-looking** *a* suspect, louche. **su'spiciously** *adv* (*a*) d'une manière suspecte, équivoque, louche; **it looks to me s. like measles,** ça m'a tout l'air d'être la rougeole (*b*) d'un air méfiant; (*consider, etc*) avec méfiance. **su'spiciousness** *n* (*a*) caractère suspect, louche, équivoque (de qn, qch) (*b*) caractère soupçonneux; méfiance *f*.

suss [sʌs] *vtr P:* **to s. s.o. (out),** cataloguer qn.

sustain [sə'stein] *vtr* (*a*) soutenir, supporter; nourrir; **enough to s. life,** de quoi maintenir la vie; de quoi vivre; *Mus:* **to s. a note,** soutenir, prolonger, une note; *Jur:* **objection sustained,** réclamation admise (*b*) éprouver, subir (une perte); recevoir (une blessure). **su'stained** *a* soutenu; **s. applause,** applaudissements prolongés. **su'staining** *a* soutenant; **s. food,** nourriture fortifiante, qui soutient.

sustenance ['sʌstinəns] *n* aliments *mpl*, nourriture *f*; valeur nutritive; **means of s.,** moyens de subsistance; moyens de vivre.

swab [swɔb] **1.** *n* torchon *m*; serpillière *f*; *Med:* tampon *m* (d'ouate); *Nau:* vadrouille *f*; *Med:* **to take a s. of s.o.'s throat,** faire un prélèvement dans la gorge de qn **2.** *vtr* **(swabbed)** nettoyer, essuyer (avec un torchon, *Med:* avec un tampon).

swag [swæg] *n F:* rafle *f*, butin *m* (d'un cambrioleur); *Austr:* baluchon *m*, paquet *m* (de clochard). **'swagman** *n* (*pl* **-men**) *Austr:* clochard *m*.

swagger ['swægər] **1.** *n* (*a*) démarche fanfaronne; **to walk with a s.,** parader (*b*) rodomontades *fpl*; fanfaronnades *fpl* **2.** *vi* (*a*) parader, crâner, se pavaner; **to s. in, out,** entrer, sortir, d'un air important (*b*) faire de l'esbroufe. **'swaggering** *a* (air) important, crâneur.

swallow¹ ['swɔlou] **1.** *n* gorgée *f* (d'eau); **at one s.,** d'un seul coup **2.** *vtr & i* avaler; ravaler (ses larmes); **to s. sth down,** avaler qch; gober (un œuf); **to s. sth up,** avaler, dévorer, qch; (*of the sea*) engloutir qch; **to s. one's pride,** mettre son orgueil dans sa poche; **you'll have a job to make them s. that story,** tu auras du mal à leur faire avaler ça; *Fig:* **to s. the bait,** se laisser prendre à l'appât; **story that is hard to s.,** histoire invraisemblable. **'swallowhole** *n Geol:* aven *m*, gouffre *m*.

swallow² *n Orn:* hirondelle *f*; *Swim:* **s. dive** (*NAm:* = **swan dive**), saut *m* de l'ange. **'swallowtail** *n Ent:* **s. (butterfly),** machaon *m*.

swam [swæm] *see* **swim 2**.

swamp [swɔmp] **1.** *n* marais *m*, marécage *m* **2.** *vtr* inonder, submerger; remplir (un bateau) d'eau; **to be swamped with work,** être débordé de travail. **'swampy** *a* marécageux.

swan [swɔn] **1.** *n* cygne *m*; *NAm: Swim:* **s. dive** (*Br*= **swallow dive**), saut *m* de l'ange **2.** *vi* **(swanned) to s. around,** se pavaner; flâner. **'swansdown** *n* duvet *m* de cygne. **'swansong** *n* chant *m* du cygne.

swank [swæŋk] *F:* **1.** *n* (*a*) épate *f* (*b*) (*pers*) crâneur, -euse **2.** *vi* crâner, fanfaronner; faire de l'épate. **'swanky** *a F:* (*of pers*) prétentieux; (*of place, thg*) élégant, chic.

swap [swɔp] *F:* **1.** *n* troc *m*, échange *m*; **to get sth as a s. for sth,** recevoir qch en échange de qch; **to do a s.,** faire un troc; (*in stamp collecting*) **swaps,** doubles *mpl* **2.** *vtr & i* **(swapped) to s. sth for sth,** échanger, troquer, qch contre, pour, qch; **shall we s.?** si nous faisions un échange? **to s. places, seats, with s.o.,** changer de place avec qn. **'swapping** *n F:* échange, troc.

swarm [swɔːm] **1.** *n* essaim *m* (d'abeilles); vol *m* (de sauterelles); nuée *f* (de moucherons); fourmillement *m* (d'insectes); **s. of children,** essaim, troupe *f*, d'enfants **2.** *vi* (*of bees*) essaimer; faire l'essaim; (*of streets, insects, people, etc*) fourmiller, pulluler, grouiller; **to s. with,** fourmiller, grouiller, de; **street swarming with people,** rue qui grouille, regorge, de monde; (*of people*) **to s. in,** entrer en foule.

swarthy ['swɔːði] *a* **(-ier, -iest)** (teint) basané, bistré.

swastika ['swɔstikə] *n* croix gammée.

swat [swɔt] **1.** *n* **(fly) s.,** tapette *f* (à mouches) **2.** *vtr* **(swatted)** écraser (une mouche). **'swatter** *n* **(fly) s.,** tapette (à mouches).

swathe [sweið] *vtr* emmailloter; envelopper; **head swathed in bandages,** tête enveloppée de bandages.

sway [swei] **1.** *n* (*a*) balancement *m*, oscillation *f* (*b*)

Fig: influence *f*, empire *m*, domination *f*; **under his s.,** sous son influence. **II.** *v* **1.** *vi* se balancer; osciller; **tree that sways in the wind,** arbre qui se balance au vent **2.** *vtr* (*a*) faire osciller; balancer, agiter (les arbres) (*b*) gouverner, diriger; **papers that s. public opinion,** journaux qui influencent l'opinion. **'swaying 1.** *a* oscillant; **s. crowd,** foule ondoyante **2.** *n* balancement, oscillation; *Rail:* mouvement *m* de lacet (des voitures).

swear [swɛər] *v* (**swore** [swɔːr]; **sworn** [swɔːn]) **1.** *vtr* jurer; **to s. an oath,** prêter serment; **to s. to do sth,** jurer de faire qch; **I could have sworn I heard footsteps,** j'aurais juré entendre des pas; **to s. s.o. to secrecy,** faire jurer le silence à qn; **to s. sth on one's honour,** jurer qch sur l'honneur **2.** *vi* jurer (**to sth,** de qch); jurer, pester (**at,** contre); **to s. like a trooper,** jurer comme un charretier; **to s. at s.o.,** injurier qn; **to s. to sth,** attester qch sous serment; **I'd s. to it,** j'en jurerais; **I s. by aspirin for headaches,** pour les maux de tête, je ne jure que par l'aspirine. **'swear 'in** *vtr* faire prêter serment à (un témoin, un jury); **to be sworn in,** prêter serment. **'swearing** *n* (*a*) attestation *f* sous serment; prestation *f* de serment; **s. in of the jury,** assermentation *f* du jury (*b*) jurons *mpl*; gros mots. **'swearword** *n* gros mot; juron *m*.

sweat [swet] **1.** *n* sueur *f*; transpiration *f*; **s. shirt,** sweat-shirt *m*; **by the s. of one's brow,** à la sueur de son front; *F:* **to be in a s. about sth,** s'inquiéter de qch; **to be in a cold s.,** avoir des sueurs froides; *F:* **it's an awful s.!** quelle corvée! *F:* **no s.!** pas de problème! **2.** *vtr & i* (*a*) suer; transpirer; (*of walls*) suer, suinter; **to s. profusely,** suer à grosses gouttes; **to s. blood,** suer du sang (*b*) (*of worker*) peiner; **to s. workers,** exploiter la main-d'œuvre. **'sweatband** *n Sp:* bandeau *m*. **'sweater** *n Cl:* pull(over). **'sweating** *n* transpiration *f*; suintement *m* (d'un mur); exploitation *f* (de la main-d'œuvre). **'sweat 'out** *vtr Med:* se débarrasser de (rhume) en transpirant; *F:* **to s. it o.,** endurer jusqu'à la fin. **'sweatshop** *n* atelier *m* où les ouvriers sont exploités; atelier clandestin. **'sweaty** *a* (**-ier, -iest**) (*of pers*) (tout) en sueur, (tout) en nage; (vêtement) plein de sueur; (odeur) de sueur; **s. hands,** mains moites.

swede ['swiːd] *n* (*vegetable*) rutabaga *m*.

Sweden ['swiːdən] *Prn Geog:* Suède *f*. **Swede** *n* (*pers*) Suédois, -oise **'Swedish 1.** *a* suédois **2.** *n Ling:* suédois *m*.

sweep [swiːp] **I.** *n* (*a*) coup *m* de balai; **at one s.,** d'un seul coup; **to give the room a s.,** balayer la pièce; **to make a clean s.,** faire table rase (**of,** de); remporter une victoire totale; **to make a clean s. of the staff,** liquider tout le personnel (*b*) (large) mouvement *m*; mouvement *m* circulaire (du bras); courbe *f*; portée *f* (d'un phare); *Mil:* balayage *m* (d'une région); **with a wide s. of the arm,** d'un geste large (*c*) boucle *f* (d'une rivière); **fine s. of grass,** belle étendue de gazon (*d*) (**chimney**) **s.,** ramoneur *m* (*e*) *F:* sweepstake *m*. **II.** *v* (**swept** [swept]) **1.** *vtr* (*a*) balayer (une pièce, la poussière); ramoner (une cheminée); draguer (une rivière); **to s. the horizon with a telescope,** parcourir l'horizon avec une lunette; *Fig:* **to s. the board,** remporter un succès complet; **the latest craze to s. the country,** la dernière chose qui fait fureur dans tout le pays; *Fig:* **to s. sth under the carpet,** enterrer une question (*b*) emporter, entraîner; **a wave swept him overboard,** une lame l'a jeté à la mer; *F:* **to be swept off one's feet by s.o.,** s'emballer pour qn **2.** *vi* **to s. (up),** balayer; **to s. along,** avancer rapidement, d'un mouvement rapide et uni; **to s. in,** entrer rapidement, majestueusement; **to s. into a room,** entrer dans une pièce d'un air majestueux; **the enemy swept down on us,** l'ennemi s'est abattu sur nous; **hills sweeping down to the sea,** collines qui descendent, dévalent, vers la mer; **to s. on,** continuer d'avancer (irrésistiblement); *Nau:* **to s. for mines,** draguer des mines. **sweep a'long** *vtr* entraîner, emporter. **sweep a'side** *vtr* écarter. **sweep a'way** *vtr* balayer (la neige, les nuages); **bridge swept away by the torrent,** pont emporté, entraîné, par le torrent. **'sweeper** *n* (*pers*) balayeur, -euse; (*machine*) balayeuse *f*; balai *m* (mécanique). **'sweeping 1.** *a* (geste) large; **s. bow,** révérence profonde; **s. statement,** déclaration trop générale; **s. reform,** réforme complète, radicale; **s. changes,** changement radical **2.** *n* balayage *m*; (**chimney**) **s.,** ramonage *m*; **sweepings,** balayures *fpl*, ordures *fpl*. **sweep 'off** *vtr* enlever, emporter, avec violence. **sweep 'out 1.** *vtr* balayer (une pièce) **2.** *vi* sortir d'un air majestueux. **'sweepstake** *n* sweepstake. **sweep 'through** *vi* (*of fear, etc*) saisir (un groupe, etc); (*of disease, etc*) ravager (un pays, etc). **sweep 'up** *vtr* balayer, ramasser (la poussière).

sweet [swiːt] **1.** *a* (*a*) doux, sucré; **as s. as honey,** doux comme le miel; **to have a s. tooth,** aimer les sucreries; être friand de sucreries; **my tea is too s.,** mon thé est trop sucré; *Cu:* **s. and sour sauce,** sauce aigre-douce (*b*) **s.(-scented, -smelling),** qui sent bon; odorant; au parfum délicieux; **s. pea,** pois *m* de senteur; **s. potato,** patate douce; **s. william,** œillet *m* des poètes (*c*) (*of breath*) sain, pur; (*of food*) frais; (son) doux, mélodieux; **s. temper,** caractère doux, aimable; **revenge is s.,** la vengeance est douce (*d*) agréable; (*of pers*) charmant, gentil; (sourire) doux; (*of house, kitchen*) mignon, gentil; **a s. little kitten,** un petit chat adorable; **to keep s.o. s.,** cultiver la bienveillance de qn; *F:* **to be s. on s.o.,** être amoureux de qn **2.** *n* (*a*) (*NAm:* = **candy**) bonbon *m*; **boiled s.,** bonbon à sucer; **sweets,** sucreries *fpl*, confiseries *fpl* (*b*) (*at meal*) dessert *m*, entremets sucré (*c*) **my s.!** mon ange! **'sweetbread** *n Cu:* ris *m* de veau, d'agneau. **'sweetcorn** *n Cu:* maïs *m*. **'sweeten** *vtr* sucrer (un plat); purifier (l'air); adoucir (la vie); *F:* graisser la patte à (qn). **'sweetener** *n Cu:* édulcorant *m*, *esp* saccharine *f*. **'sweetening** *n* substance *f* pour sucrer. **'sweetheart** *n* ami, -ie; **they are childhood sweethearts,** ils s'aiment depuis leur enfance; **(my) s.!** mon amour! **'sweetie** *n F:* bonbon; (*to pers*) **s. (pie)!** chéri, -ie! **'sweetish** *a* douceâtre. **'sweetly** *adv* doucement; avec douceur; (chanter) mélodieusement; (agir) gentiment; (*of machine*) **to run s.,** fonctionner sans à-coups. **'sweetness** *n* douceur *f*; goût sucré; (*of pers*) gentillesse *f*, charme *m*. **'sweetshop** *n* (*NAm:* = **candy store**) confiserie *f*. **'sweet-'tempered** *a* au caractère doux.

swell [swel] **I.** *n Nau:* houle *f*; levée *f* (de la lame);

Mus: (*of* org… …ufflet *m.* **II.** *a NAm: F:* (*Br*= great) formi…; **he's a s. guy,** c'est un chic type. **III.** *v* (**swelled** […]d]; **swollen** ['swoulən]) **1.** *vtr* enfler, gonfler; …**ver swollen by the rain,** rivière grossie par la pluie; **eyes swollen with tears,** yeux gonflés de larmes; **to s. the crowd,** se joindre à la foule **2.** *vi* se gonfler; (*of river, numbers*) grossir; (*of crowd*) augmenter; (*of sea*) se soulever; *Med:* **to s. (up),** enfler, gonfler; grossir; **to s. (out),** être bombé; bomber; **his heart swelled with pride,** son cœur se gonflait d'orgueil. **'swelling** *n* enflement *m*, gonflement *m*; (*lump*) bosse *f*, enflure *f* (au front); tumeur *f*; grosseur *f*.

swelter ['sweltər] *vi* étouffer (de chaleur). **'sweltering** *a* **s. heat,** chaleur étouffante; **it's s.,** on étouffe..

swept [swept] *see* **sweep II.**

swerve [swəːv] **1.** *n* écart *m*, déviation *f*; *Aut:* embardée *f* **2.** *vi* faire un écart, un crochet; (*of car*) **to s. (across the road),** faire une embardée.

swift [swift] **1.** *a* rapide; vif; (*of reply*) prompt; **s. to act,** prompt à agir **2.** *n Orn:* martinet *m*. **'swiftly** *adv* rapidement, vite; promptement. **'swiftness** *n* rapidité *f*, vitesse *f*; promptitude *f*.

swig [swig] *F:* **1.** *n* grand trait, lampée *f* (de bière) **2.** *vtr* (**swigged**) boire (un verre) à grands traits; lamper (qch).

swill [swil] **1.** *n* (*a*) lavage *m* à grande eau; **to give a glass a s. (out),** rincer un verre (*b*) pâtée *f* (pour les cochons); eaux grasses **2.** *vtr* laver (le plancher) à grande eau; rincer (un verre); *P:* boire avidement (qch).

swim [swim] **1.** *n* baignade *f*; **to have a s.,** nager; se baigner; **to go for a s.,** aller nager; aller se baigner; *F:* **to be in the s.,** être dans le mouvement **2.** *vtr & i* (**swam** [swæm]; **swum** [swʌm]; **swimming**) nager; *Sp:* faire de la natation; **to s. (across) the river,** traverser la rivière à la nage; **to s. with the tide,** suivre le courant; **to s. (the) breast stroke,** nager la brasse; **to go swimming,** aller nager; **to s. away,** se sauver (à la nage); **to s. a race,** faire une course de natation (**with s.o.,** contre qn); **meat swimming in gravy,** viande nageant dans la sauce; **eyes swimming with tears,** yeux noyés de larmes; **my head's swimming,** la tête me tourne; **everything swam before my eyes,** tout tournait autour de moi. **'swimmer** *n* nageur, -euse. **'swimming 1.** *a* **s. eyes,** yeux noyés de larmes; **s. head,** tête qui tourne **2.** *n* natation *f*; **s. baths, pool,** piscine *f*; **s. trunks,** slip *m*, caleçon *m*, de bain. **'swimmingly** *adv F:* comme sur des roulettes; à merveille. **'swimsuit** *n* maillot *m* de bain.

swindle ['swindl] **1.** *n* escroquerie *f* **2.** *vtr* escroquer (qn); *F:* rouler (qn); **to s. s.o. out of sth,** escroquer qch à qn. **'swindler** *n* escroc *m*.

swine [swain] *n inv in pl* cochon *m*, porc *m*; *Lit:* pourceau *m*; *Pej:* (*of pers*) salaud *m*; sale cochon.

swing [swiŋ] **I.** *n* (*a*) balancement *m*; tour *m* (de manivelle); oscillation *f* (d'un pendule); *Box: Golf:* swing *m*; *F:* **to take a s. at s.o.,** donner un coup de poing à qn; *Pol:* **the s. of the pendulum,** le jeu de bascule (entre les partis); **to be in full s.,** (*of dance, party*) battre son plein; (*of factory, organization*) être en plein travail, en pleine activité; **s. of public opinion,** revirement *m* de l'opinion publique; **to give a child a s.,** balancer un enfant; **s. door,** porte *f* de saloon (*b*) amplitude *f* (d'une oscillation); *Nau:* évitage *m* (d'un navire à l'ancre); *Fig:* rythme *m*; **to walk with a s.,** marcher d'un pas rythmé; **song that goes with a s.,** chanson entraînante; *F:* **everything went with a s.,** tout a très bien marché; **to get into the s. of things,** se mettre dans le bain, au courant (*c*) balançoire *f*. **II.** *v* (**swung** [swʌŋ]) **1.** *vi* (*a*) **to s. (to and fro),** se balancer; (*of bell*) branler; (*of pendulum*) osciller; **to s. (round an axis),** tourner, pivoter; basculer; (*of door*) **to s. open,** s'ouvrir; **to s. to, shut,** se refermer; **to s. on its hinges,** tourner sur ses gonds; (*of ship*) **to s. at anchor,** éviter sur l'ancre (*b*) se balancer (sur une balançoire); (*of pers*) **to s. round,** virer, tourner; (*of pers*) se retourner (vivement); faire volte-face; **the car swung right round,** la voiture a fait un tête-à-queue; **to s. along,** marcher d'un pas rythmé; **to s. (oneself) into the saddle,** sauter en selle; **to s. from branch to branch,** sauter d'une branche à l'autre; **to s. into action,** passer à l'action **2.** *vtr* (*a*) balancer (qch); faire osciller (un pendule); brandir (une hache); **to s. one's arms,** balancer les bras (en marchant); **to s. the hips (in walking),** se dandiner (*b*) faire tourner (qch); *Av:* lancer (l'hélice); *Nau:* **boat swung out,** embarcation parée au dehors; *Aut:* **to s. a car round,** faire tourner une voiture; **to s. it right round,** lui faire faire un tête-à-queue; **to s. the voting in favour of s.o.,** faire voter en faveur de qn; *F:* **to s. a deal,** mener à bien une affaire; **to s. a hammock,** pendre, suspendre, accrocher, un hamac (*c*) *F:* influencer. **'swingbridge** *n* pont tournant. **'swinging 1.** *a* (*a*) balançant, oscillant; **s. arms,** bras ballants; **s. stride,** allure rythmée; **s. tune,** air entraînant (*b*) *F:* dans le vent, avant-garde *inv;* plein de vie. **2.** *n* balancement, oscillation; mouvement *m* de bascule, de rotation; *Nau:* évitage. **'swing-wing** *a* (avion) à géométrie variable.

swingeing ['swindʒiŋ] *a* énorme; (*of tax*) excessif; **s. majority,** majorité écrasante; **s. cuts,** des réductions draconiennes.

swipe [swaip] *F:* **1.** *n* grand coup; (*at ball*) coup *m* à toute volée; **to take a s. at s.o.,** donner un coup de poing, *Fig:* de patte, à qn **2.** *vtr* (*a*) frapper dur; frapper (la balle) à toute volée; donner un coup de poing à (qn) (*b*) (*steal*) piquer (qch) (**from s.o.,** à qn).

swirl [swəːl] **1.** *n* remous *m* (de l'eau); tourbillon *m* (de poussière) **2.** *vi* tournoyer, tourbillonner; (*of dust*) **to s. up,** monter en tourbillons.

swish [swiʃ] **1.** *n* bruissement *m* (de l'eau); froufrou *m* (d'une robe); sifflement *m* (d'un fouet); crissement *m* (d'une faux) **2.** *v* (*a*) *vi* (*of water*) bruire; (*of silk*) froufrouter; (*of whip*) siffler (*b*) *vtr* faire siffler (sa canne); (*of animal*) **to s. its tail,** battre l'air de sa queue **3.** *a F:* chic, rupin.

Swiss [swis] **1.** *a* suisse; **the S. government,** le gouvernement helvétique **2.** *n inv* Suisse *m*, Suissesse *f*; **the S.,** les Suisses *mpl*.

switch [switʃ] **1.** *n Rail:* aiguille *f*; changement *m* de voie; *El:* bouton *m* (électrique), interrupteur *m*; commutateur *m*; changement (**in,** de); revirement *m* (**in,** de); *Aut:* **ignition s.,** contact *m* **2.** *vtr & i* aiguiller (un train) (sur un embranchement); transférer (de l'argent, un employé, etc) (**to,** à); reporter (l'affection, etc) (**to,** sur; **from,** de); échanger (**for,**

contre); **to s. buses, places,** changer de bus, de place; **to s. the conversation to another subject,** détourner la conversation; **to s. on the light,** allumer (l'électricité); *Aut:* **to s. on the ignition,** mettre le contact; **to s. on,** mettre, allumer (la lampe, le gaz, la radio, etc); mettre (le moteur) en marche; **to s. off** éteindre (le gaz, la radio, etc); **to s. off the engine,** arrêter le moteur; **s. the light off, please,** éteignez (l'électricité, la lumière), s'il vous plaît; (*of heating, etc*) **to s. itself off,** s'éteindre tout seul; **to s. (over) to,** passer à; **to s. (over) to another television channel,** changer de chaîne. **'switchback** *n* montagnes *fpl* russes; **s. road,** route qui monte et descend. **'switchblade** *n NAm:* couteau *m* à cran d'arrêt. **'switchboard** *n El: Tp:* tableau *m* de distribution; *Tp:* (*in office*) standard *m*; **s. operator,** standardiste *mf*.

Switzerland ['switsələnd] *Prn Geog:* Suisse *f*; **French-speaking, German-speaking, Italian-speaking, S.,** la Suisse romande, alémanique, italienne.

swivel ['swivl] **1.** *n* émerillon *m*; maillon tournant; pivot *m*; **s. chair,** fauteuil pivotant **2.** *v* **(swivelled,** *NAm:* **swiveled)** (*a*) *vi* **to s. (round),** pivoter, tourner (*b*) *vtr* faire pivoter (un siège).

swollen ['swoulən] **1.** *see* **swell III. 2.** *a* enflé, gonflé; (rivière) en crue; *F:* **to have a s. head,** être bouffi d'orgueil.

swoon [swu:n] *vi Lit:* se pâmer.

swoop [swu:p] **1.** *n* descente *f* (d'un faucon sur sa proie, de police); **at one fell s.,** d'un seul coup **2.** *vi* (*of police*) faire une descente **(on,** dans); **to s. (down) on sth,** fendre, s'abattre, foncer, sur qch.

swop [swɔp] *n & v* **(swopped) = swap.**

sword [sɔ:d] *n* épée *f*; *Mil:* sabre *m*; **to cross swords with s.o.,** croiser le fer avec qn; *Fig:* mesurer ses forces avec qn; **s. arm,** bras droit; **s. thrust,** coup d'épée; **with drawn s.,** sabre au clair; **s. cut,** coup de sabre; (*on face*) balafre *f*; **s. dance,** danse au sabre. **'swordbelt** *n* ceinturon *m*. **'swordfish** *n Ich:* espadon *m*. **'swordplay** *n* maniement *m* de l'épée; escrime *f*. **'swordsman** *n* (*pl* **-men**) épéiste *m*; **fine s.,** fine lame. **'swordsmanship** *n* habileté *f* au maniement de l'épée. **'swordstick** *n* canne *f* à épée.

swore [swɔ:r] *see* **swear.**

sworn [swɔ:n] **1.** *see* **swear 2.** *a* assermenté; **s. enemies,** ennemis jurés, acharnés; **s. statement,** déclaration sous serment.

swot [swɔt] *Sch: F:* **1.** *n* (*pers*) bûcheur, -euse **2.** *vtr & i* **(swotted)** bûcher, potasser; **to s. (up) for an exam,** potasser un examen; **to s. up (on) sth,** potasser qch.

swum [swʌm] *see* **swim 2.**

swung [swʌŋ] *see* **swing II.**

sycamore ['sikəmɔ:r] *n Bot:* (*maple*) sycomore *m*; *NAm:* (*Br* = **plane**) platane *m*.

sycophant ['sikəfænt] *n* flagorneur, -euse.

syllable ['siləbl] *n* syllabe *f*. **syllabic** [-'læbik] *a* syllabique.

syllabus ['siləbəs] *n* (*pl* **syllabuses**) programme *m*, sommaire *m* (d'un cours).

sylph [silf] *n* sylphe *m*, sylphide *f*. **'sylphlike** *a* de sylphide.

symbiosis [simbai'ousis] *n Biol:* symbiose *f*.

symbol ['simbəl] *n* symbole *m*; emblème *m*. **symbolic** [-'bɔlik] *a* symbolique. **sym'bolically** *adv* symboliquement. **'symbolism** *n* symbolisme *m*. **'symbolist** *n* symboliste *mf*. **symboli'zation** *n* symbolisation *f*. **'symbolize** *vtr* symboliser.

symmetry ['simitri] *n* symétrie *f*. **sy'mmetrical** *a* symétrique. **sy'mmetrically** *adv* symétriquement.

sympathize ['simpəθaiz] *vi* **to s. with s.o.,** avoir de la compassion pour, compatir au sort de, qn; (*understanding*) comprendre qn; **they called to s.,** ils sont venus exprimer leurs condoléances; **I s. with his point of view,** je comprends son point de vue. **sympa'thetic** *a* compatissant; compréhensif; **he's always very s.,** il est toujours prêt à vous écouter; **s. to,** bien disposé à l'égard de; **s. audience,** auditoire bien disposé. **sympa'thetically** *adv* avec compassion, d'une manière compatissante; avec compréhension. **'sympathizer** *n* sympathisant, -ante (d'une cause); **to be a s. with s.o. (in his grief),** compatir au chagrin de qn. **'sympathy** *n* (*pl* **-ies**) (*a*) compassion; **accept my deep s.,** agréez mes condoléances *fpl*; **to feel s. for s.o.,** avoir de la compassion pour qn (*b*) compréhension *f*; sympathie *f*, solidarité *f* **(for s.o.,** à l'égard de qn); **popular s. is on his side,** il a l'opinion pour lui; **in s. with s.o.,** en sympathie avec qn; **to be in s. with,** être du côté de (ouvriers, etc); comprendre, être en accord avec (l'opinion de qn); **I know you're in s. with them,** je sais que vous êtes de leur côté; **to strike in s.,** commencer, faire, une grève de solidarité; **prices went up in s.,** les prix sont montés par contrecoup.

symphony ['simfəni] *n* (*pl* **symphonies**) symphonie *f*; **s. concert,** concert *m* symphonique. **sym'phonic** *a* symphonique.

symposium [sim'pouziəm] *n* (*pl* **symposia** [-iə]) symposium *m*; conférence *f* (académique).

symptom ['simptəm] *n* symptôme *m*. **sympto'matic** *a* symptomatique **(of,** de).

synagogue ['sinəgɔg] *n* synagogue *f*.

synchronize ['siŋkrənaiz] **1.** *vtr* synchroniser; *Sp:* **synchronized swimming,** natation synchronisée **2.** *vi* (*of events*) arriver, avoir lieu, simultanément. **synchroni'zation** *n* synchronisation *f*.

syncopate ['siŋkəpeit] *vtr Mus:* syncoper. **synco'pation** *n* syncope *f*.

syndicalism ['sindikəlizm] *n* syndicalisme *m*. **'syndicalist** *n* syndicaliste *mf*.

syndicate 1. ['sindikət] *n* syndicat *m* **2.** ['sindikeit] *vtr* syndiquer (des ouvriers, une industrie); *Journ:* publier (un article) simultanément dans plusieurs journaux.

syndrome ['sindroum] *n Med: & Fig:* syndrome *m*.

synod ['sinəd] *n Ecc:* synode *m*, concile *m*.

synonym ['sinənim] *n* synonyme *m*. **sy'nonymous** *a* synonyme **(with,** de).

synopsis [si'nɔpsis] *n* (*pl* **synopses** [-si:z]) résumé *m*, synopsis *m*; (*of film*) synopsis.

syntax ['sintæks] *n Gram:* syntaxe *f*.

synthesis ['sinθisis] *n* (*pl* **syntheses** [-si:z]) synthèse *f*. **'synthesize** *vtr* synthétiser. **'synthesizer** *n* synthétiseur *m*.

synthetic [sin'θetik] *a* synthétique. **syn'thetically** *adv* synthétiquement.

syphilis ['sifilis] *n Med:* syphilis *f*. **syphi'litic** *a & n* syphilitique (*mf*).

Syria ['siriə] *Prn Geog:* Syrie. *f* **'Syrian** *a & n* syrien, -ienne.

syringe [si'rindʒ] **1.** *n* seringue *f* **2.** *vtr* seringuer.

syrup ['sirəp] *n* sirop *m*; *Cu:* **(golden) s.,** mélasse (raffinée); sirop de sucre. **'syrupy** *a* sirupeux.

system ['sistəm] *n* (*a*) système *m*; (*body*) organisme *m*; réseau (routier, télégraphique); *F:* **the s.,** l'ordre établi; **digestive s.,** appareil digestif; *F:* **to get sth out of one's s.,** se purger de qch; *Cmptr:* **systems analyst,** analyste-programmeur *mf* (*b*) méthode *f*; **to lack s.,** manquer de méthode, d'organisation *f*. **,syste'matic** *a* systématique, méthodique; **he's s.,** il a de l'ordre. **syste'matically** *adv* systématiquement; (travailler) avec méthode. **systemati'zation** *n* systématisation *f*. **'systematize** *vtr* systématiser.

T

T, t [tiː] *n* **1.** (la lettre) T, t *m*; *Fig:* **to cross one's t's,** mettre les points sur les i; **to a T,** exactement; **it suits me to a T,** cela me va à merveille **2. T square,** té *m*, équerre *f* en T; **T-junction,** intersection *f* en T, tête de carrefour; *Cl:* **T-shirt,** tee-shirt *m*, T-shirt.

ta [tɑː] *int P:* merci.

TA *abbr Mil: Territorial Army.*

tab [tæb] *n* **1.** (*a*) patte *f* (de vêtement); écusson *m* (d'officier d'état-major) (*b*) ferret *m* (de lacet) (*c*) attache *f*; patte *f*; tirant *m* (de botte) (*d*) onglet *m* (de fichier) **2.** étiquette *f* (pour bagages); *F:* **to keep tabs on s.o.,** surveiller qn, tenir qn à l'œil **3.** *NAm:* addition *f*, note *f*.

tabby ['tæbi] *n* **t. (cat),** chat, chatte, tigré(e).

tabernacle ['tæbənækl] *n* tabernacle *m*.

table ['teibl] **I.** *n* **1.** (*a*) table *f*; guéridon *m*; **nest of tables,** table gigogne; **card, operating, t.,** table de jeu, d'opération; **picnic t.,** table pliante, de camping (*b*) **to lay, set, the t.,** mettre la table, le couvert; **to clear the t.,** débarrasser la table; **(sitting) at the t.,** à table; *F:* **to drink s.o. under the table,** faire rouler qn sous la table; **he has awful t. manners,** il se tient très mal à table; **t. knife,** couteau de table; **t. linen,** linge de table; **t. top,** dessus *m* de table; **t. wine,** vin de table (*c*) *Ecc:* **the communion t.,** la Sainte Table **2.** *Fig:* **to turn the tables on s.o.,** retourner un argument contre qn; retourner la situation; **the tables are turned,** les rôles sont renversés **3.** table, tableau *m*; **t. of contents,** table des matières; **multiplication t.,** table de multiplication; **tide t.,** annuaire *m* des marées; *Rail:* **t. of fares,** barème *m* des prix. **II** *vtr Parl:* **to t. a bill,** (i) présenter un projet de loi (ii) *NAm:* ajourner un projet de loi. **'tablecloth** *n* nappe *f*. **'tableland** *n Geog:* plateau *m*. **'tablemat** *n* (i) napperon *m* (ii) (*hard*) dessous-de-plat *m inv*. **'tablespoon** *n* = cuiller *f* à soupe. **'tablespoonful** *n* = cuillerée *f* à soupe. **'tableware** *n* articles *mpl*, vaisselle *f*, de table.

tableau ['tæblou] *n* (*pl* **tableaux** [-ouz]) *Th:* tableau (vivant).

tablet ['tæblit] *n* **1.** plaque (commémorative) **2.** (*a*) *Pharm:* comprimé *m*, cachet *m* (*b*) tablette *f* (de chocolat); **t. of soap,** savonnette *f*.

tabloid ['tæblɔid] *n* quotidien *m* populaire.

taboo [tə'buː] **1.** *n* (*pl* **taboos**) tabou *m* **2.** *a* tabou, proscrit.

tabular ['tæbjulər] *a* tabulaire; **appendix in t. form,** annexe en forme de tableau.

tabulate ['tæbjuleit] *vtr* classifier (des résultats); présenter sous forme de table, de tableau. **'tabulator** *n Typwr:* tabulateur *m*.

tachograph ['tækougræf] *n Aut:* tachygraphe *m*.

tacit ['tæsit] *a* (aveu) tacite. **'tacitly** *adv* tacitement.

taciturn ['tæsitəːn] *a* taciturne. **taci'turnity** *n* taciturnité *f*.

tack[1] [tæk] **I.** *n* **1.** semence *f*; petit clou; pointe *f*; broquette *f*; *NAm:* (*Br* = **drawing pin**) punaise *f*; *F:* **to get down to brass tacks,** en venir aux faits **2.** *Needlw:* point *m* de bâti **3.** *Nau:* bord *m*, bordée *f*; **to be on the right t.,** être sur la bonne voie; **let's try another t.,** essayons une autre tactique. **II.** *v* **1.** *vtr* (*a*) **to t. sth (down),** clouer qch; **to t. sth on to sth,** attacher qch à qch (*b*) *Needlw:* **to t. (down, on)** faufiler, bâtir **2.** *vi Nau:* (i) virer (de bord) (ii) louvoyer **3.** *vtr Fig:* **to t. on,** (r)ajouter. **'tacking** *n* (*a*) clouage *m* (*b*) *Needlw:* bâti *m* (*c*) *Nau:* virement *m* de bord.

tack[2] *n Equit:* sellerie *f*; **t. room,** sellerie.

tackle ['tækl] **I.** *n* **1.** matériel *m*, équipement *m*; **fishing t.,** articles *mpl* de pêche **2.** *Nau: etc:* palan *m* **3.** *Sp:* plaquage *m*; (*hockey*) interception *f* **II.** *vtr* (*a*) empoigner; saisir (qn) à bras-le-corps; *Sp:* plaquer; *Fig:* **I'll tackle him about it,** je lui en parlerai (*b*) s'attaquer à (un problème, etc); **I don't know how to t. it,** je ne sais pas comment m'y prendre.

tacky ['tæki] *a* **(-ier, -iest)** (*a*) collant; (vernis) pas sec; (*of surface*) poisseux (*b*) *NAm: F:* moche.

tact [tækt] *n* tact *m*, savoir-faire *m*. **'tactful** *a* plein de tact, diplomatique; **to be t.,** avoir du tact. **'tactfully** *adv* avec tact; **to deal t. with s.o.,** ménager qn. **'tactless** *a* (*a*) qui manque de tact (*b*) **t. question,** question indiscrète. **'tactlessly** *adv* sans tact.

tactic ['tæktik] *n* **a t.,** une tactique; **tactics,** la tactique. **'tactical** *a* tactique; **t. error,** erreur de tactique. **'tactically** *adv* du point de vue tactique. **tac'tician** *n* tacticien, -ienne.

tactile ['tæktail] *a* tactile.

tadpole ['tædpoul] *n* têtard *m*.

taffeta ['tæfitə] *n* taffetas *m*.

tag [tæg] **I.** *n* **1.** (*a*) morceau *m* (de ruban) qui pend; bout *m* (*b*) tirant *m* (de botte) (*c*) étiquette *f* (*d*) ferret *m* (de lacet) **2.** cliché *m* **3. t. end,** queue *f* (d'une affaire); bribes *fpl* (d'une conversation) **4.** (jeu *m* de) chat *m*. **II.** *v* **(tagged) 1.** *vtr* étiqueter (des marchandises) **2.** (*a*) *vtr F:* **to t. on,** rajouter **(to,** à) (*b*) *vi* **to t. along,** suivre; **to t. on to s.o.,** s'attacher à qn.

tail [teil] **I.** *n* **1.** (*a*) queue *f* (d'animal); (*of peacock*) **to spread his t.,** faire la roue; **with his t. between his legs,** (i) (*of dog*) la queue entre les jambes (ii) *F:* (*of pers*) l'oreille basse; **to turn t.,** montrer les talons (*b*) pan *m* (de chemise); *pl* habit *m*, queue-de-pie *f*; **coat tails,** queue *f* d'un habit; (*c*) *Av:* queue (d'un avion); **t. spin,** (descente *f* en) vrille *f* (*d*) arrière *m* (d'une voiture); **to be on s.o.'s t.,** suivre qn de près; (*of detective*) filer qn; **t. end,** fin *f*, bout *m*; queue (d'un défilé); *Aut:* **t. light,** feu *m* arrière **2.** *F:* fileur *m* **3.** (*of coin*) pile *f*, revers *m*; **heads or tails?** pile ou face? **II.** *vtr* (*a*) équeuter, enlever les queues (des cerises) (*b*) (*of detective*) filer (qn). **tail a'way** *vi* (*a*) (*of* *competitors in race*) s'espacer, s'égrener (*b*) diminuer, décroître (*c*) finir en queue de poisson. **'tailback** *n Aut:* bouchon *m*. **'tailcoat** *n* queue-de-pie *f*. **'tailgate** *n* hayon *m* (arrière). **'tailless** *a* sans queue. **tail 'off** *vi* (*a*) (*of sound, etc*) diminuer (*b*) (*of novel*) finir en queue de poisson. **'tailwind** *n* vent *m* arrière.

tailor ['teilər] **I.** *n* tailleur *m* (d'habits); **tailor's chalk,** craie de tailleur; **tailor's dummy,** mannequin *m*. **II.** *vtr* façonner (un complet); *Fig:* adapter (**to, to suit,** à); **(woman's) tailored suit,** (costume *m*) tailleur *m*; **tailored shirt,** chemise cintrée. **'tailoring** *n* **1.** métier *m* de tailleur **2.** ouvrage *m* de tailleur. **tailor-'made** *a* (*a*) (*of suit*) fait sur mesure (*b*) adapté aux besoins particuliers de l'utilisateur; personnalisé; (outil) spécial; **t.-m. for,** conçu pour; **it's t.-m. for me,** c'est fait pour moi.

taint [teint] **1.** *n* (*a*) corruption *f*, infection *f* (*b*) tare *f* héréditaire (*c*) trace *f* (d'infection). **2.** *vtr* polluer (l'air); gâter (la nourriture); *Fig:* souiller. **'tainted** *a* (*of air*) pollué; *Fig:* souillé; **t. meat,** viande gâtée.

take [teik] **I.** *n Cin:* prise *f* de vue(s); *Rec:* enregistrement *m*. **II.** (**took** [tuk]; **taken** ['teik(ə)n]) *vtr* **1.** (*a*) prendre; **to t. sth on one's back,** charger qch sur son dos (*b*) **to t. sth from s.o.,** enlever, prendre, qch à qn; **to t. sth from the table, out of a drawer,** prendre qch sur la table, dans un tiroir; *Mth:* **to t. three from seven,** soustraire trois de sept; **t. the saucepan off the heat,** retirez la casserole du feu (*c*) **to t. (hold of) s.o., sth,** saisir, empoigner, se saisir de, s'emparer de, qn, qch; **she took my arm,** elle m'a pris le bras; **to t. the opportunity,** profiter de l'occasion; **to t. a chance,** risquer le coup (*d*) prendre (une ville); **to t. s.o. prisoner,** faire qn prisonnier; **to t. s.o. by surprise,** surprendre qn; **to be taken ill,** tomber malade; **he was very much taken with the idea,** l'idée l'enchantait; **I wasn't taken with him,** il ne m'a pas fait bonne impression (*e*) **to t. a passage from a book,** emprunter un passage à un livre **2.** (*a*) louer, prendre (une maison, une voiture) (*b*) prendre (un billet); **all the seats are taken,** toutes les places sont prises; (*of seat, table*) **taken,** occupé; **to t. a paper,** s'abonner à un journal (*c*) **to t. a seat,** s'asseoir; **t. your seats!** prenez vos places! (*d*) **t. the turning on the left,** prenez à gauche; **to t. the wrong road,** se tromper de chemin; **he took the corner at full speed,** il a pris le virage à toute vitesse (*e*) **to t. legal advice,** consulter un avocat (*f*) *Ecc:* **to t. (holy) orders,** recevoir les ordres **3.** (*a*) gagner, remporter (un prix); *Cards:* **to t. a trick,** faire une levée (*b*) passer (un examen); **she's taking a degree in law,** elle fait son droit (*c*) *Com:* **to t. so much per week,** faire (une recette de) tant par semaine **4.** prendre (de la nourriture, un médicament) **5.** (*a*) faire (une promenade); prendre (un bain); **to t. a nap,** faire un petit somme; **to t. a few steps,** faire quelques pas; *Phot:* **to t. a print,** tirer une épreuve; **to t. notes,** prendre des notes (*b*) prendre (une photo); **to have one's photograph taken,** se faire photographier (*c*) **to t. sth apart, to pieces,** démonter qch **6.** *Ecc:* célébrer (un office); *Sch:* **she takes them in English,** elle fait la classe d'anglais **7.** (*a*) prendre, accepter, recevoir; **t. it or leave it!** c'est à prendre ou à laisser; **t. that!** attrape (ça)! **what will you t. for it?** combien en voulez-vous? **to t. a bet,** tenir un pari; **to t. all responsibility,** assumer toute la responsabilité; **to t. things as one finds them,** prendre les choses comme elles sont; **t. it from me!** croyez-moi! **to t. s.o. seriously,** prendre qn au sérieux; **to t. sth the wrong way,** mal comprendre qch; **I wonder how he'll t. it,** je me demande comment il va prendre la chose; **he can't t. a joke,** il ne comprend pas la plaisanterie; **I can't take any more,** je n'en peux plus; **I can't t. any more of him,** je ne peux plus le supporter (*b*) contenir; **car that takes six people,** voiture qui tient six personnes; **the petrol tank takes 40 litres,** le réservoir à essence a une capacité de 40 litres; **to t. heavy loads,** supporter de lourdes charges **8. to t. a dislike to s.o.,** prendre qn en grippe; **to t. a decision about sth,** prendre une décision à propos de qch **9.** (*a*) **t. the pensioners,** prenez le cas des retraités; **to t. the news to be true,** tenir la nouvelle pour vraie; **how old do you t. him to be?** quel âge lui donnez-vous? **I t. it that,** je suppose, je présume, que (*b*) **I took him for someone else,** je l'ai pris pour qn d'autre; **I took him for an Englishman,** je le croyais anglais; *F:* **what do you t. me for?** pour qui me prenez-vous? **10.** (*a*) **that will t. some explaining,** voilà qui va demander des explications; **the work took some doing,** le travail a été difficile; **the journey takes five days,** le voyage prend cinq jours; **it took me an hour, I took an hour, to do it, over it,** j'ai mis une heure à le faire, ça m'a pris une heure (pour le faire); **it will t. him two hours,** il en aura pour deux heures; **it won't t. long,** ce ne sera pas long; **it took four men to hold him,** il a fallu le tenir à quatre; *F:* **he hasn't got what it takes,** il lui manque ce qui lui faut (**to be a leader,** pour être chef) (*b*) **verb that takes a preposition,** verbe qui veut la préposition (*c*) **I t. size six,** je chausse du 39 **11.** (*a*) (*lead*) conduire, mener; (*lead away*) emmener; (*by car*) conduire (**to,** à); (*escort*) accompagner (**to,** à); (*of road*) mener (qn); **to t. oneself to bed,** aller se coucher; **to t. the dog for a walk,** promener le chien; **I'll t. you with me,** je t'emmène avec moi; **he took him across the road,** il l'a fait traverser la rue; **to t. s.o. to hospital,** transporter qn à l'hôpital; **to t. s.o. to the theatre,** emmener qn au théâtre; **to t. s.o. home,** ramener qn; **to t. round, along,** apporter (qch); amener (qn); **to t. sth to s.o.,** apporter, porter, qch à qn; **to t. some food,** emporter des provisions (*b*) **his father took a stick to him,** son père lui a donné des coups de bâton. **III.** *vi* (*a*) avoir du succès; **the play has taken,** la pièce marche, a du succès; **the fire has taken,** le feu a pris (*b*) *Med:* (*of vaccine*) prendre. **take 'after** *vi* ressembler à (qn); **she doesn't t. a. her father,** elle n'a rien de son père. **take a'way** *vtr* (*a*) emporter (qch); emmener (qn); **sandwiches to t. a.,** sandwiches à emporter (*b*) enlever (**from,** à); **to t. a knife a. from a child,** retirer un couteau à un enfant (*c*) **to t. a. sth from sth,** ôter qch de qch; soustraire (un nombre d'un autre); **to t. a child a. from school,** retirer un enfant de l'école. **'take(-)away** **1.** *a* (plat, sandwich) à emporter **2.** *n* café *m*, restaurant *m*, qui fait des plats à emporter; (*meal*) plat *m* à emporter. **take 'back** *vtr* (*a*) reconduire (qn); rapporter (qch à qn); **it takes me back to my childhood,** cela me rappelle mon enfance (*b*) reprendre (un employé) (*c*) **I t. back what I said,** je retire ce que j'ai dit. **take 'down** *vtr* (*a*) descendre, décrocher (qch) (*b*) démolir (un mur); démonter (une machine) (*c*) *F:* **to t. s.o. d. a peg (or two),** remettre qn à sa place (*d*) noter, inscrire (un nom); **to t. d. a few notes,** prendre quelques notes; **to t. sth d. in shorthand,** prendre qch en sténo. **take 'in** *vtr* **1.** (*a*) rentrer (une chaise, la voiture, le linge); *Nau:* (*of boat*) **to t. in water,** faire eau; prendre l'eau (*c*) recueillir (qn); loger (qn); **to t. in lodgers,** prendre des locataires; **to t. in washing,** faire des lessives (*d*) reprendre (une couture); serrer (une manche) (*e*) *Nau:* **to t. in sail,** diminuer de voile(s) (*f*) englober, comprendre, couvrir (une distance); **the tour takes in three cities,** l'excursion passe par trois grandes villes (*g*) comprendre; se rendre compte de (qch); **to t. in the situation,** juger de la situation; **to t. in everything at a glance,** tout embrasser d'un coup d'œil (*h*) **he takes it all in,** il croit tout ce qu'on lui dit (*i*) *F:* rouler (qn); **to be taken in,** se laisser avoir; **I've been taken in,** on m'a eu. **take 'off 1.** *vtr* **to t. s.o.'s attention o. sth,** distraire l'attention de qn; **not to t. one's eyes o. sth,** ne pas quitter qch des yeux; **to t. s.o. o. a list,** rayer qn d'une liste **2.** *vtr* (*a*) enlever, ôter, retirer; supprimer (un train, etc); **to t. o. one's clothes,** se déshabiller; *Tp:* **to t. o. the receiver,** décrocher le récepteur; *Aut:* **to t. o. the brake,** desserrer le frein (*b*) emmener (qn); **to t. oneself o.,** s'en aller; *F:* décamper (*c*) *Mth:* déduire (**from,** de) (*d*) imiter, singer (qn) (*e*) **to t. three days o.,** prendre trois jours de congé **3.** *vi* (*a*) *Av:* décoller (*b*) *F:* (*of pers*) décamper. **'takeoff** *n* (*a*) *Av:* décollage *m* (*b*) caricature *f*, imitation *f*. **take 'on** *v* **1.** *vtr* (*a*) se charger de, entreprendre (un travail); assumer (une responsabilité) (*b*) accepter le défi de (qn) (*c*) engager, embaucher (un ouvrier) (*d*) prendre, revêtir (une couleur, l'apparence de qch); **the word takes on another meaning,** le mot prend une autre signification (*e*) (*of train*) **to t. on passengers,** prendre des voyageurs (*f*) mener (qn) plus loin **2.** *vi F:* **don't t. on so!** ne vous désolez pas comme ça! **take 'out** *vtr* (*a*) sortir (qch de sa poche); arracher (une dent); enlever (une tache) (*b*) *F:* **the heat takes it out of me,** la chaleur m'épuise; *F:* **to t. it out on,** passer sa colère sur; **don't t. it o. on me,** ne vous en prenez pas à moi (*c*) faire sortir (qn); promener, sortir (le chien); **he's taking me out to dinner,** il m'emmène dîner (*d*) prendre (un brevet); prendre, souscrire (une police d'assurance). **'take-out** *a & n NAm:* = **'take-away. take 'over 1.** *vtr* (*a*) envahir; **to t. o. a business,** prendre la direction d'une entreprise; (*buy out*) **to t. o. a firm,** racheter une société; **to t. o. the liabilities,** prendre les dettes à sa charge; **to t. o. s.o.'s job,** remplacer qn (*b*) apporter (qch); amener (qn) **2.** *vi* (*a*) *Mil: Pol:* prendre le pouvoir (*b*) prendre la relève (**from,** de); prendre la succession (**from,** de). **'takeover** *n* (*a*) prise *f* de pouvoir (*b*) prise de contrôle; *Com:* rachat *m*; **t. bid,** offre *f* publique d'achat (OPA). **'taker** *n* preneur, -euse (d'un bail); **at that price there were no takers,** à ce prix on n'a pas pu trouver d'acheteurs; **any takers?** est-ce qu'il y a des amateurs? **take 'round** *vtr* (*a*) distribuer (*b*) faire visiter. **'take to** *vi* (*a*) **to t. to flight, to t. to one's heels,** prendre la fuite; **to t. to the woods,** se réfugier dans les bois; **to t. to the road again,** reprendre la route (*b*) **to t. to drink,** se mettre à boire; **to t. to writing,** se mettre à écrire (*c*) **to t. to s.o.,** éprouver de la sympathie pour qn; **I didn't t. to him,** il ne m'a pas plu; **I shall never t. to it,** je ne m'y ferai jamais. **take 'up 1.** *vtr* (*a*) relever, ramasser (qch) (*b*) enlever (un tapis); dépaver (une rue) (*c*) monter (qch); faire monter (qn) (dans sa chambre); **there's a lift to t. you up,** vous pouvez monter en ascenseur (*d*) *Rail:* **to stop to t. up passengers,** s'arrêter pour prendre des voyageurs (*e*) raccourcir (une jupe) (*f*) **to t. up the slack in a rope,** retendre une corde (*g*) absorber (de l'eau) **2.** *vtr* (*a*) *Com:* honorer (un effet); souscrire à (des actions) (*b*) relever (un défi) (*c*) adopter (une idée); suivre (un conseil) (*d*) aborder la discussion (d'une question) (*e*) embrasser (une carrière); s'adonner à (une occupation); adopter (une méthode); épouser (une querelle); **he's taken up photography,** il fait de la photo; **to t. up one's duties again,** reprendre ses fonctions (*f*) prendre (qn) sous sa protection (*g*) **to t. s.o. up on sth,** prendre qn au mot; **I'll t. you up on that,** (i) je vous prendrai au mot sur cela (ii) je vous défie de le prouver; **to t. s.o. up short,** couper la parole à qn (*h*) **to t. up too much room,** occuper trop de place; être encombrant; **to t. up all s.o.'s attention,** absorber l'attention de qn; **he's entirely taken up with his business,** il est entièrement occupé par son entreprise **3.** *vi* **to t. up with s.o.,** (i) se lier d'amitié avec qn (ii) se mettre à fréquenter (qn). **'taking** *n* (*a*) prise *f* (d'une ville) (*b*) *Com:* **takings,** recette *f*.

talc [tælk] *n* talc *m*. **'talcum** *n* (*no pl*) **t. powder,** talc.

tale [teil] *n* conte *m*; récit *m*; (*lie*) histoire *f*; **old wives' t.,** conte de bonne femme; **he lived to tell the t.,** il a survécu; **to tell tales,** rapporter (**on,** sur). **'taletelling** *n* rapportage *m*, cafardage *m*.

talent ['tælənt] *n* **1.** talent *m*; aptitude *f*; don *m* (de faire qch); **he has no t. for business,** il n'est pas doué pour les affaires **2.** (*a*) personne douée (*b*) *pl* (*talented people*) talents *mpl*; **exhibition of local t.,** exposition d'œuvres d'artistes régionaux; *Cin: etc:* **t. scout, spotter,** dénicheur *m* de talents, de vedettes. **'talented** *a* doué, talentueux.

talisman ['tælizmən] *n* talisman *m*.

talk [tɔːk] **I.** *n* **1.** (*a*) paroles *fpl*; **he's all t.,** ce n'est qu'un bavard (*b*) bruit *m*, dires *mpl*, racontages *mpl*; **there's some t. of his returning,** il est question qu'il revienne; **there has been t. of it,** on en a parlé; **it's all t.,** tout ça c'est des racontars (*c*) propos *mpl*; bavardage(s) *m*(*pl*); **idle t.,** paroles en l'air; **small t.,** banalités *fpl*; **to indulge in small t.,** causer de choses et d'autres; **double t.,** propos (i) ambigus (ii) insincères (*d*) **baby t.,** babil enfantin **2.** (*a*) entretien *m*; conversation *f*; **to have a t. with s.o.,** parler avec qn (*b*) *Pol: etc:* **talks,** dialogue *m*, pourparlers *mpl* (*c*) exposé *m*; (*informal*) causerie *f*; **to give a t. on, about, sth,** faire une causerie sur qch; *TV:* **t. show,** entretien télévisé **3. it's the t. of the town,** c'est la fable de la ville; **she's the t. of the town,** elle défraie la chronique. **II.** *v* **1.** *vi* (*a*) parler; **to learn to t.,** apprendre à parler (*b*) parler, discourir; *F:* **that's no**

way to t.! (i) en voilà un langage! (ii) il ne faut pas dire des choses pareilles! **to t. through one's hat,** débiter des sottises; **now you're talking!** à la bonne heure! *you* **can t.!** c'est bien à vous de parler! **to t. about sth,** parler de qch; **to t. of one thing and another,** parler de choses et d'autres; **what are you talking about?** (i) de quoi parlez-vous? (ii) qu'est-ce que vous racontez? **he knows what he's talking about,** il sait ce qu'il dit; il s'y connaît; **t. about luck!** tu parles d'une chance! (*c*) **to t. of doing sth,** parler de faire qch (*d*) **to t. on the radio,** parler à la radio (*e*) **to make s.o. t.,** faire avouer qn; **they're afraid he'll t.,** ils craignent qu'il ne vende la mèche (*f*) **to t. to s.o.,** s'entretenir avec qn; parler à, avec, qn (**about, of,** de); **to t. to oneself,** parler tout seul; *F:* **who do you think you're talking to?** à qui croyez-vous (donc) parler? *F:* **I'll t. to him!** je vais lui dire son fait! (*g*) (*chat*) bavarder (*h*) cancaner; **people will t.,** (i) cela fera scandale (ii) le monde est cancanier; **to get oneself talked about,** faire parler de soi **2.** *vtr* (*a*) **to t. French,** parler français; **to t. politics,** parler politique; **to t. (common) sense,** parler raison; **to t. nonsense,** dire des bêtises; (*b*) **to t. oneself hoarse,** s'enrouer à force de parler (*c*) **to t. s.o. into, out of, doing sth,** persuader, dissuader, qn de faire qch; **to t. s.o. round,** persuader qn. **'talkative** *a* bavard, causeur, loquace. **'talkativeness** *n* loquacité *f.* **talk 'down** *vi* **to t. d. to s.o.,** parler à qn comme à un inférieur. **'talker** *n* causeur, -euse; **she's a good t.,** elle parle bien; **what a t. he is!** ce qu'il est bavard! **'talkie** *n Cin:* film parlant. **'talking 1.** *a* parlant; **t. film,** film parlant **2.** *n* (*a*) discours *mpl,* propos *mpl;* paroles *fpl;* **that's enough t.,** (c'est) assez parlé; **t. point,** sujet de conversation (*b*) (i) conversation *f* (ii) bavardage *m;* **to do all the t.,** faire (tous) les frais de la conversation; **no t. please!** silence s'il vous plaît! (*c*) **to give s.o. a t.-to,** passer un savon à qn. **talk 'over** *vtr* discuter (une question); **let's t. it o.,** discutons la chose.

tall [tɔːl] *a* (**taller, tallest**) **1.** (*of pers*) (*a*) grand; de haute taille (*b*) **how t. are you?** combien mesurez-vous? **he was taller by a head,** il dépassait de la tête; **she is getting t.,** elle se fait grande; **he has grown t.,** il a grandi **2.** (*of thg*) haut, élevé; **how t. is that mast?** quelle est la hauteur de ce mât? **tree ten metres t.,** arbre haut de dix mètres **3.** *Fig:* **a t. story,** une histoire invraisemblable, à dormir debout; **that's a t. story!** vous m'en contez de belles! **that's a t. order!** voilà qui va être difficile. **'tallboy** *n Furn:* grande commode. **'tallness** *n* (*a*) (*of pers*) grande taille (*b*) (*of building*) hauteur *f.*

tallow ['tælou] *n* suif *m*; **t. candle,** chandelle *f.*

tally ['tæli] **1.** *n* (*a*) pointage *m*; **to keep t. of goods,** pointer des marchandises (sur une liste); **t. clerk,** pointeur *m* (*b*) compte *m* **2.** *v* (*a*) *vtr* pointer (des marchandises) (*b*) *vi* **to t. with sth,** correspondre à, s'accorder avec, qch; **they don't t.,** ils ne s'accordent pas.

tally-ho [tæli'hou] *int & n Ven:* taïaut (*m*).

talon ['tælən] *n* serre *f* (d'aigle); griffe *f* (de tigre).

tamarisk ['tæmərisk] *n Bot:* tamaris *m.*

tambourine [tæmbə'riːn] *n Mus:* tambourin *m.*

tame [teim] **1.** *a* (*a*) (animal) apprivoisé, domestiqué (*b*) domestique (*c*) *Fig:* (*of pers*) soumis, docile; (*of book, play*) fade, insipide; **the story has a t. ending,** l'histoire se termine sur une note banale **2.** *vtr* (*a*) apprivoiser (*b*) domestiquer (une bête) (*c*) mater (qn); dompter (un lion, une passion). **'tamely** *adv* (*a*) docilement; **to submit t.,** n'offrir aucune résistance (*b*) fadement. **'tameness** *n* **1.** (*a*) nature douce (d'un animal) (*b*) docilité *f* (de qn) **2.** insipidité *f,* banalité *f* (d'un conte). **'tamer** *n* apprivoiseur, -euse (d'oiseaux); dompteur, -euse (de fauves). **'taming** *n* (*a*) apprivoisement *m* (*b*) domestication *f* (*c*) domptage *m* (de fauves).

tamper ['tæmpər] *vi* (*a*) **to t. with,** toucher à (un mécanisme); altérer (un document); falsifier (un registre); fausser (une serrure); tripatouiller (des comptes) *F:* trafiquer (qch) (*b*) **to t. with a witness,** suborner un témoin.

tampon ['tæmpɔn] *n* tampon hygiénique, périodique.

tan [tæn] **1.** *n* (*a*) tan *m* (*b*) (i) tanne *m* (ii) bronzage *m,* hâle *m,* teint hâlé (de la peau) **2.** *a* (*colour*) marron clair *inv*; (chaussures) en cuir jaune; (gants) en tanné; **black and t. dog,** chien noir et feu *inv* **3.** *v* (**tanned**) *vtr* (*a*) tanner (les peaux); *F:* **to t. s.o.'s hide,** tanner le cuir à qn (*b*) (*of sun*) bronzer (la peau) (*c*) *vi* se bronzer; **I t. easily,** je bronze facilement. **'tanned** *a* (*a*) (cuir) tanné (*b*) (teint) bronzé, basané, hâlé. **'tanner** *n* tanneur *m.* **'tannery** *n* tannerie *f.* **'tanning** *n* **1.** (*a*) tannage *m* (*b*) bronzage *m* **2.** *F:* raclée *f.*

tandem ['tændəm] *n* (*a*) **t. (bicycle),** tandem *m* (*b*) **in t.,** en tandem.

tang [tæŋ] *n* saveur piquante; odeur piquante; **the t. of the sea,** le piquant de l'air marin.

tangent ['tæn(d)ʒənt] *n* tangente *f*; **to fly off at a t.,** changer de sujet.

tangerine [tæn(d)ʒə'riːn] *n* mandarine *f.*

tangible ['tæn(d)ʒibl] *a* **1.** tangible; **t. assets,** valeurs matérielles **2.** réel; **t. difference,** différence sensible. **'tangibly** *adv* **1.** tangiblement **2.** sensiblement.

Tangier(s) [tæn'dʒiər, -'dʒiəz] *Prn Geog:* Tanger *m.*

tangle ['tæŋgl] **1.** *n* enchevêtrement *m*; emmêlement *m* (de cheveux); fouillis (de broussailles); **to be (all) in a t.,** (*of rope*) être (tout) enchevêtré; (*of wool, hair*) être (tout) emmêlé; *Fig:* (*of pers*) ne plus savoir où on en est; **to get into a t.,** (*of rope*) s'enchevêtrer; (*of hair*) s'emmêler; *Fig:* (*of pers*) se mettre dans une situation pas possible **2.** *vtr* **to t. sth (up),** emmêler (des fils); embrouiller (une affaire); **to get tangled (up) = to get into a tangle.**

tango ['tæŋgou] *n Danc:* tango *m.*

tank [tæŋk] *n* **1.** (*a*) réservoir *m*; *Av:* bidon *m*; **water t.,** réservoir à eau, d'eau; **(fish) t.,** aquarium *m,* vivier *m*; **storage t.,** réservoir de stockage; *Aut:* **(petrol) t.,** réservoir à essence (*b*) **t. lorry,** *NAm:* **truck,** camion-citerne *m* **2.** (*a*) *Ind:* cuve *f,* bac *m* (*b*) **think t.,** comité *m* d'experts **3.** (*a*) *Mil:* char *m*; **the tanks,** les blindés (*b*) *Cl:* **t. top,** débardeur *m.* **'tanker** *n Nau:* **(oil) t.,** pétrolier *m*; *Aut:* **t. (lorry),** *NAm:* **t. (truck),** camion-citerne *m.* **tank 'up** *vi* **1.** *Aut:* faire le plein (d'essence) **2.** *P:* **to get tanked up,** se soûler.

tankard ['tæŋkəd] *n* chope *f* (en étain).

Tannoy ['tænɔi] *n Rtm:* système *m* de haut-parleurs; **they announced the flight arrivals over the T.,** ils annonçaient les arrivées aux haut-parleurs.

tantalize ['tæntəlaiz] *vtr* tourmenter, taquiner (qn). **'tantalizing** *a* (irrésistiblement) tentant; **t. slowness,** lenteur désespérante. **'tantalizingly** *adv* d'une manière tentante.

tantamount ['tæntəmaunt] *a* **it's t. to,** cela équivaut à; **that is t. to saying I'm a liar,** cela revient à dire que je mens.

tantrum ['tæntrəm] *n* accès *m* de colère; **to get into a t.,** piquer une colère.

Tanzania [tænzə'ni:ə] *Prn Geog:* Tanzanie *f.*

tap[1] [tæp] **1.** *n* (*a*) (*NAm:* = **faucet**) robinet *m*; (*of cask*) cannelle *f*, cannette *f*; **to turn on, turn off, the t.,** ouvrir, fermer, le robinet; **t. water,** eau du robinet (*b*) **on t.,** (i) (*of beer*) en perce; au tonneau (ii) *Fig:* disponible **2.** *vtr* **(tapped)** (*a*) percer (un fût) (*b*) inciser (un arbre); gemmer (un pin); tirer (du vin); exploiter (les ressources naturelles); faire un branchement (sur une conduite d'eau, de gaz); **to t. a phone,** placer un téléphone sur table d'écoute; **to t. a telephone conversation,** écouter une communication téléphonique; *F:* **to t. s.o. for fifty francs,** taper qn de cinquante francs. **'tapping[1]** *n* (*a*) perçage *m* (d'un tonneau); incision *f*, gemmage *m* (d'un arbre) (*b*) tirage *m* (du vin) (*c*) branchement *m* (sur une conduite d'eau) (*d*) *Tp:* **telephone t.,** écoute(s) *f*(*pl*) téléphonique(s) (*e*) exploitation *f* (des ressources naturelles). **'taproom** *n* bar *m*. **'taproot** *n Bot:* racine pivotante; pivot *m*.

tap[2] **1.** *n* (*a*) petit coup; **there was a t. at the door,** on frappa doucement à la porte (*b*) **t. dance, dancing,** claquettes *fpl*; **t. dancer,** danseur, -euse, de claquettes; **to t. dance,** faire des claquettes **2.** *v* **(tapped)** (*a*) *vtr* frapper légèrement; tapoter (*b*) *v ind tr* **to t. at, on, the door,** frapper doucement à la porte; **to t. out a message,** émettre un message (en morse). **'tapping[2]** *n* petits coups; tapotement *m*.

tape [teip] **1.** *n* (*a*) ruban *m*; bande *f* (de toile); **masking t.,** papier adhésif de masquage; **sticky t.,** ruban adhésif; Scotch *m* (*Rtm*); *El:* **insulating t.,** chatterton *m* (*b*) *Sp:* fil *m* d'arrivée (*c*) **t. measure,** mètre *m* (à) ruban; centimètre *m* (*d*) **ticker t.,** bande de téléimprimeur; **(magnetic) t.,** bande (magnétique); **(video) t.,** bande (vidéo); **t. recorder,** magnétophone *m*; **t. recording,** enregistrement *m* (sur bande) **2.** *vtr* (*a*) coller (avec du ruban adhésif); scotcher (*b*) mesurer (qch) au cordeau; (*of pers*) **I've got him taped,** j'ai pris sa mesure (*c*) **to t.(-record),** enregistrer (qch) (sur bande). **'tapeworm** *n* ténia *m*; ver *m* solitaire. **'taping** *n* enregistrement *m* (sur bande).

taper ['teipər] **1.** *n Ecc:* cierge *m* **2.** (*a*) *vtr* effiler; tailler en pointe (*b*) *vi* (*of fingers, etc*) s'effiler; *Fig:* **to t. off,** diminuer. **'tapered** *a* (*of fingers*) fuselé; (*of trousers*) à bas étroits. **'tapering** *a* en pointe; effilé, fuselé.

tapestry ['tæpistri] *n* (*pl* **tapestries**) tapisserie *f*.

tapioca [tæpi'oukə] *n* (*no pl*) tapioca *m*.

tar [tɑ:r] **1.** *n* goudron *m*; **to spoil the ship for a ha'p'orth of t.,** faire des économies de bouts de chandelle **2.** *vtr* **(tarred)** goudronner. **'tarring** *n* goudronnage *m*. **'tarry** *a* goudronneux; couvert de goudron.

tarantula [tə'ræntjulə] *n* (*pl* **tarantulas, -lae**) *Arach:* tarentule *f*.

tardy ['tɑ:di] *a* tardif; lent.

target ['tɑ:git] **1.** *n* cible *f*; *Fig:* but *m*, objectif *m*; **to hit the t.,** atteindre le but; **t. practice,** exercices de tir; **sitting t.,** cible facile; *Com:* **t. date,** date fixée; **to be on t.,** (i) (*of missile*) suivre la trajectoire prévue (ii) ne pas avoir de retard; **I've set myself a t. of £500,** je me suis fixé comme objectif de réunir £500 **2.** *vtr Fig:* destiner (**at,** à); *Fig:* viser.

tariff ['tærif] *n* **1.** tarif douanier; **t. wall,** barrière douanière **2.** tarif; tableau *m*, liste *f*, des prix.

tarmac ['tɑ:mæk] *n* **1.** *CivE:* macadam (goudronné) **2.** *Av:* (*a*) aire *f* de stationnement (*b*) piste *f* (d'envol).

tarnish ['tɑ:niʃ] **1.** *n* ternissure *f* **2.** *vtr & i* (se) ternir.

tarot ['tærou] *n Cards:* tarot *m*; **t. card,** tarot.

tarpaulin [tɑ:'pɔ:lin] *n* bâche (goudronnée).

tarragon ['tærəgən] *n Bot: Cu:* estragon *m*.

tarry ['tæri] *vi Lit:* rester.

tart[1] [tɑ:t] **1.** *n* (*a*) *Cu:* tarte *f*; (*small*) tartelette *f* (*b*) *P:* prostituée *f*, poule *f* **2.** *vtr F:* **to t. up,** embellir; attifer; **to t. oneself up,** s'attifer.

tart[2] *a* (*a*) aigre, au goût âpre, aigrelet (*b*) (*tone*) acerbe, aigre. **'tartly** *adv* avec aigreur; d'un ton acerbe. **'tartness** *n* acerbité *f*; goût *m* âpre (d'un fruit); verdeur *f* (d'un vin); aigreur *f* (du ton).

tartan ['tɑ:t(ə)n] *n Tex: Cl:* tartan *m*; **t. shirt,** chemise écossaise.

Tartar[1] ['tɑ:tər] **1.** *a & n Geog:* tartare **2.** *a Cu:* **t. sauce,** sauce *f* tartare **3.** *n* homme *m* intraitable; (*of woman*) mégère *f*.

tartar[2] *n Ch:* tartre *m*. **tar'taric** *a* tartrique.

task [tɑ:sk] *n* **1.** tâche *f*; travail *m*; ouvrage *m*; *Sch:* devoir *m*; **to carry out one's t.,** remplir sa tâche **2. to take s.o. to t. for sth,** prendre qn à partie, réprimander qn, pour avoir fait qch **3. t. force,** *Mil:* détachement spécial; *Pol:* commission spéciale. **'taskmaster** *n* chef *m* de corvée; surveillant *m*; **hard t.,** véritable tyran *m*.

Tasmania [tæz'meiniə] *Prn Geog:* Tasmanie *f*. **Tas'manian** *a & n* tasmanien, -ienne.

tassel ['tæsəl] *n* **1.** *Furn: Cl:* gland *m* **2.** *Bot:* épi *m* mâle (du maïs).

taste [teist] **I.** *n* **1.** (*a*) **(sense of) t.,** goût *m*; **t. bud,** papille gustative (*b*) saveur *f*, goût; **it has no t.,** cela n'a pas de goût, est insipide; **it has a burnt t.,** cela a un goût de brûlé (*c*) **a t. of sth,** un petit peu (de fromage); une petite gorgée (de vin); **to have a t. of,** goûter; goûter à; goûter de; **have a t. of this claret,** goûtez donc à ce bordeaux (*d*) **he's already had a t. of prison,** il a déjà tâté de la prison **2.** goût, penchant (particulier), prédilection *f* (**for,** pour); **to have a t. for sth,** avoir du goût pour qch; avoir le goût de (qch); **to get, develop, a t. for sth,** prendre goût à qch; **to find sth to one's t.,** trouver qch à son goût; *Cu:* **add sugar to t.,** ajoutez du sucre à volonté; **it's a matter of t.,** c'est une affaire de goût; **everyone to his t.,** (à) chacun son goût **3. to have (good) t.,** avoir du goût; **it's (in) bad t.,** c'est de mauvais goût. **II.** *v* **1.** *vtr* (*a*) goûter; sentir (le goût de) (*b*) déguster (des vins) (*c*) goûter à (qch); **he hadn't tasted food for three days,** il n'avait pas mangé depuis trois jours (*d*) goûter de; **to t. happiness,** connaître le bonheur **2.** *vi* **to t. of sth,** avoir un goût de qch; **to t. delicious,** avoir un goût délicieux; **how does it t.?** comment le trouves-tu?

'tasteful *a* de bon goût. **'tastefully** *adv* avec goût. **'tastefulness** *n* bon goût. **'tasteless** *a* **1.** sans goût, sans saveur; fade, insipide **2.** (vêtement, ameublement) qui manque de goût; (plaisanterie, etc) de mauvais goût. **'tastelessly** *adv* sans goût. **'tastelessness** *n* **1.** insipidité *f*, fadeur *f* **2.** manque *m* de goût. **'taster** *n* dégustateur, -trice (de vins). **'tastiness** *n* saveur *f*, goût *m* agréable. **'tasting** *n* dégustation *f* (de vins). **'tasty** *a* **(tastier, tastiest)** (mets) savoureux; (morceau) succulent.

tat [tæt] *see* **tit²**.

ta-ta [tæ'tɑː] *int P:* au revoir! salut!

tatters ['tætəz] *npl* **in t.,** (vêtement) en lambeaux *m*, en loques *f*. **'tattered** *a* (vêtement) en lambeaux; (*of pers*) déguenillé.

tattle ['tætl] **1.** *n* (*a*) bavardage *m*, commérage *m* (*b*) cancans *mpl*; potins *mpl* **2.** *vi* (*a*) bavarder (*b*) cancaner; faire des cancans. **'tattler** *n* (*a*) bavard, -arde (*b*) cancanier, -ière.

tattoo¹ [tə'tuː] *n Mil:* **1.** retraite *f* (du soir) **2.** spectacle *m* militaire; **torchlight t.,** retraite aux flambeaux.

tattoo² **1.** *n* (*pl* **tattoos**) tatouage *m* **2.** *vtr* tatouer. **ta'ttooing** *n* tatouage *m*. **ta'ttooist** *n* tatoueur *m*.

tatty ['tæti] *a* **(-ier, -iest)** *F:* défraîchi; miteux.

taught [tɔːt] *see* **teach.**

taunt [tɔːnt] **1.** *n* raillerie *f*; sarcasme *m* **2.** *vtr* (*a*) railler (*b*) **to t. s.o. with sth,** reprocher qch à qn (avec mépris). **'taunting** **1.** *a* railleur **2.** *n* railleries *fpl*.

Taurus ['tɔːrəs] *Prn Astr:* le Taureau.

taut [tɔːt] *a* tendu, raide, raidi. **'tauten** *vtr* raidir (un câble). **'tautness** *n* raideur *f*.

tautology [tɔː'tɔlədʒi] *n* tautologie *f*. **tauto'logical** *a* tautologique.

tavern ['tævən] *n* taverne.

tawdry ['tɔːdri] *a* **(-ier, -iest)** *Pej:* tape-à-l'œil *inv*; (bijoux) de camelote; **t. existence,** misère dorée. **'tawdriness** *n* clinquant *m*; faux brillant.

tawny ['tɔːni] *a* **(-ier, -iest)** fauve; (*of port*) ambré; *Orn:* **t. owl,** chouette *f* hulotte.

tax [tæks] **I.** *n* (*pl* **taxes**) **1.** impôt *m*, contribution *f*, taxe *f*; **(income) t.,** impôts (sur le revenu); **t. collector,** percepteur *m*; **t. year,** année fiscale; **value added t.,** taxe à la valeur ajoutée; **t. avoidance,** évasion fiscale; **t. evasion,** fraude fiscale; **t. relief,** dégrèvement *m* (d'impôt); **I paid £500 in t.,** j'ai payé £500 d'impôts, de contributions **2.** charge *f*; fardeau *m*; **to be a t. on s.o.,** être une charge pour qn. **II.** *vtr* **1.** (*a*) taxer, imposer (les objets de luxe) (*b*) imposer (qn) (*c*) mettre à l'épreuve; fatiguer; **to t. s.o.'s patience to the limit,** mettre à bout la patience de qn **2. to t. s.o. with doing sth,** accuser qn d'avoir fait qch. **'taxable** *a* imposable. **tax'ation** *n* (*a*) imposition *f* (de la propriété); taxation *f*; **the t. authorities,** l'administration fiscale; *F:* le fisc (*b*) charges fiscales (*c*) impôts *mpl*. **tax-de'ductible** *a* sujet à dégrèvements (d'impôts). **tax-'free** *a* exempt, exonéré, d'impôts. **'taxing** *a* éprouvant. **'taxman** *nm* (*pl* **-men**) *F:* percepteur. **'taxpayer** *n* contribuable *mf*.

taxi ['tæksi] **1.** *n* (*pl* **taxis**) taxi *m*; **t. driver,** chauffeur *m* de taxi; **t. rank,** *NAm:* **t. stand,** station *f* de taxis **2.** *vi* **(taxied, taxying)** (*of aircraft*) rouler au sol. **'taxicab** *n* taxi *m*. **'taximeter** *n* taximètre *m*.

taxidermy ['tæksidəːmi] *n* taxidermie *f*. **'taxidermist** *n* taxidermiste *m*; empailleur *m* (d'animaux).

TB *abbr tuberculosis*, tuberculose *f*.

tea [tiː] *n* (*pl* **teas**) **1.** thé *m*; **t. plant,** arbre à thé; **t. rose,** rose thé **2.** (*a*) thé; **China t.,** thé de Chine; **t. caddy,** boîte à thé; **t. chest,** caisse *f* (à thé) (*b*) **(afternoon) t.,** thé; = goûter *m*; **high t.,** goûter (dînatoire); **t. break,** pause-thé *f*; **to give a t. party,** (i) donner un thé (ii) organiser un goûter d'enfants; **t. service, set,** service à thé; **t. towel,** torchon *m* **3.** infusion *f*, tisane *f*; **mint t.,** thé à la menthe. **'teabag** *n* sachet *m* de thé. **'teacake** *n Cu:* (genre de) brioche plate. **'teacloth** *n* **1.** nappe *f*; napperon *m* **2.** torchon *m*. **'teacup** *n* tasse *f* à thé. **'tealeaf** *n* (*pl* **-leaves**) feuille *f* de thé. **'teapot** *n* théière *f*. **'tearoom, 'teashop** *n* salon *m* de thé. **'teaspoon** *n* cuiller *f* à thé, petite cuiller. **'teaspoonful** *n* cuiller(ée) *f* à café. **'teatime** *n* l'heure *f* du thé.

teach [tiːtʃ] *v* **(taught** [tɔːt]**)** **1.** *vtr* enseigner, instruire (qn); enseigner (qch); **to t. s.o. sth,** enseigner, apprendre, qch à qn; **she teaches the young pupils,** elle fait la classe aux petits; **he teaches French,** il enseigne le français; il est professeur de français; *NAm:* **she teaches school,** elle enseigne, elle est dans l'enseignement; **to t. s.o. (how) to do sth,** apprendre à qn à faire qch; **to t. oneself sth,** apprendre qch tout seul; **that will t. him!** ça lui apprendra! **to t. s.o. a thing or two,** dégourdir qn **2.** *vi* enseigner. **'teachable** *a* (sujet) enseignable. **'teacher** *n* (i) instituteur, -trice; maître, maîtresse, d'école (ii) professeur *m* (iii) enseignant, -ante; **to become a t.,** entrer dans l'enseignement; **history t.,** professeur d'histoire. **'teach-in** *n* colloque *m*; séance *f* d'études. **'teaching** **1.** *n* (*a*) enseignement *m*, instruction *f* (*b*) leçons *fpl* (*c*) doctrine *f* **2.** *a* (*of staff*) enseignant; (*of method, material*) pédagogique; **t. profession,** enseignement; (*teachers*) enseignants *mpl*; **t. qualification,** diplôme *m* permettant d'enseigner.

teak [tiːk] *n* teck *m*.

team [tiːm] **1.** *n* (*a*) attelage *m* (de bœufs, de chevaux) (*b*) équipe *f*; **football t.,** équipe de football; **t. member,** équipier *m*; **t. mate,** coéquipier, -ière; **t. games,** jeux d'équipe; **t. spirit,** esprit d'équipe **2.** *vi* **to t. up,** faire équipe **(with,** avec). **'teamster** *n NAm:* camionneur *m*, routier *m*. **'teamwork** *n* collaboration *f*.

tear¹ [tiər] *n* larme *f*; **in tears,** en larmes; **close to, near (to), tears,** au bord des larmes; **to burst into tears,** fondre en larmes; **to shed tears of joy,** verser des larmes de joie; **to bring tears to s.o.'s eyes,** faire venir les larmes aux yeux de qn; **t. gas,** gaz lacrymogène. **'teardrop** *n* larme *f*. **'tearful** *a* (*of eyes*) larmoyant; (*of pers*) en larmes; **in a t. voice,** (i) d'une voix larmoyante (ii) *Pej:* en pleurnichant. **'tearfully** *adv* en pleurant; les larmes aux yeux. **'tearjerker** *n F:* film larmoyant, mélo *m*. **'tear-stained** *a* (visage) ruisselant de larmes.

tear² [tɛər] **1.** *n* déchirure *f*, accroc *m* **2.** *v* **(tore; torn)** (*a*) *vtr* déchirer; **to t. sth to pieces,** déchirer qch en morceaux; **to t. sth in half,** déchirer qch en deux; **to t. a hole in sth,** faire un trou dans, un accroc à, qch; **this material tears easily,** ce tissu se déchire facilement; **to t. a muscle,** se déchirer un muscle; *F:* **that's torn it,** il ne manquait plus que ça; **torn between two choices,** tiraillé entre deux choix; **to t. down,** démolir (une maison, etc); **to t. away, off, out,** arracher; détacher (un timbre, un reçu, etc); **to t. one's hair,** s'arracher les cheveux (*b*) *vi* se déchirer; **to t. at sth,** déchirer, arracher, qch avec des doigts impatients; **to t. along,** aller à toute vitesse, à fond de train; **he was tearing along (the road),** il dévorait la route. **tear a'way** *vtr* arracher (qch); **to t. s.o. a. from his work,** arracher qn à son travail; **I could not t. myself a.,** je ne pouvais me décider à partir. **'tearaway** *n F:* petit voyou. **'tearing** *n* déchirement *m*; **t. away, off, out,** arrachement *m*; *F:* **to be in a t. hurry,** être terriblement pressé. **tear 'off** *vtr* arracher (qch); *F:* **to t. s.o. off a strip,** passer un savon à qn. **tear 'up** *vtr* **1.** déchirer (une lettre) **2. to t. up a tree by the roots,** déraciner un arbre.

tease [ti:z] **1.** *n* taquin, -ine **2.** *vtr* taquiner, tourmenter (qn). **'teaser** *n* (*a*) taquin, -ine (*b*) *F:* colle *f*. **'teasing 1.** *a* taquin, railleur **2.** *n* taquinerie *f*.

teasel ['ti:zl] *n Bot:* cardère *f*.

teat [ti:t] *n* (*a*) mamelon *m*; bout *m* de sein (*b*) tétine *f* (de biberon).

technique [tek'ni:k] *n* technique *f*. **'technical** *a* technique; **t. hitch,** incident technique; **t. offence,** quasi-délit *m*. **techni'cality** *n* détail *m* technique. **'technically** *adv* techniquement; *Fig:* théoriquement. **tech'nician** *n* technicien, -ienne. **'technocrat** *n* technocrate *m*. **tech'nologist** *n* technologue *mf*, technologiste *mf*. **techno'logical** *a* technologique. **tech'nology** *n* technologie *f*.

teddy ['tedi] *n* **t. (bear),** ours *m* (en peluche), nounours *m*.

tedious ['ti:diəs] *a* fastidieux; ennuyeux; pénible. **'tediously** *adv* fastidieusement, d'une manière fastidieuse. **'tediousness, 'tedium** *n* ennui *m*.

tee [ti:] *n Golf:* tee *m*.

teem [ti:m] *vi* **to t. with,** foisonner de (gibier), fourmiller de (insectes); abonder en (poisson); grouiller (de monde); **the rain was teeming down,** il pleuvait à torrents. **'teeming** *a* grouillant; **teeming rain,** pluie torrentielle.

teens [ti:nz] *npl* l'âge *m* de 13 à 19 ans; **in one's t.,** adolescent. **'teenage** *a* adolescent; (*of fashion*) pour adolescents. **'teenager** *n* adolescent, -ente.

teeny(-weeny) ['ti:ni('wi:ni)] *a F:* minuscule.

teeshirt ['ti:ʃə:t] *n* tee-shirt *m*.

teeter ['ti:tər] *vi* chanceler; **to t. on the brink of,** être à deux doigts de.

teeth [ti:θ] *see* **tooth. teethe** [ti:ð] *vi* faire ses (premières) dents. **'teething** *n* dentition *f*; **t. ring,** anneau *m* de dentition; *Fig:* **t. troubles,** difficultés *fpl* de mise en route.

teetotal [ti:'toutl] *a* antialcoolique; qui ne boit pas d'alcool. **tee'totalism** *n* abstention *f* de boissons alcoolisées. **tee'totaller,** *NAm:* **tee'totaler** *n* abstinent, -ente; personne qui ne boit pas d'alcool.

telecommunication [telikəmju:ni'keiʃ(ə)n] *n* télécommunications *fpl*.

telegram ['teligræm] *n* télégramme *m*, dépêche *f*; **radio t.,** radiotélégramme *m*.

telegraph ['teligrɑ:f] **1.** *n* télégraphe *m*; **t. pole,** poteau *m* télégraphique **2.** *vtr & i* télégraphier. **tele'graphic** *a* télégraphique. **te'legraphist** *n* télégraphiste *mf*. **te'legraphy** *n* télégraphie *f*.

telepathy [te'lepəθi] *n* (*no pl*) télépathie *f*. **tele'pathic** *a* télépathique; (personne) télépathe.

telephone ['telifoun] **1.** *n* téléphone *m*; **t. subscriber,** abonné du téléphone; **public t.** = taxiphone *m*; **t. booth, box,** cabine *f* téléphonique; **are you on the t.?** avez-vous le téléphone? **you're wanted on the t.,** on vous demande au téléphone; **t. number,** numéro de téléphone; **t. directory, book,** annuaire *m* du téléphone; **t. operator,** téléphoniste *mf*; standardiste *mf*; **t. call,** appel téléphonique **2.** (*a*) *vi* téléphoner; **to t. for a taxi,** appeler un taxi (par téléphone) (*b*) *vtr* téléphoner (un message); téléphoner à (qn). **tele'phonic** *a* téléphonique. **te'lephonist** *n* téléphoniste *mf*. **te'lephony** *n* téléphonie *f*.

telephoto [teli'foutou] *n* **t. lens,** teléobjectif *m*.

teleprinter ['teliprintər] *n* téléimprimeur *m*, téléscripteur *m*; **t. operator,** télétypiste *mf*.

telescope ['teliskoup] **1.** *n* (*a*) **(refracting) t.,** lunette *f* (d'approche), longue-vue *f* (*b*) **(reflecting) t.,** télescope *m* (à miroir, à réflexion) **2.** *vtr & i* (se) télescoper; **parts made to t.,** pièces qui s'emboîtent. **tele'scopic** *a* (*a*) télescopique; **t. lens,** téléobjectif *m* (*b*) (parapluie) pliant, télescopique.

teletypewriter [teli'taipraitər] *n NAm:* téléscripteur *m*.

televiewer ['telivjuər] *n* téléspectateur, -trice.

television ['teliviʒ(ə)n] *n* télévision *f*; **colour t.,** télévision en couleurs; **on (the) t.,** à la télévision; **t. (set),** téléviseur *m*, (poste *m* de) télévision; **colour t. (set),** téléviseur couleur; **t. programme,** émission de télévision; **t. news,** journal télévisé. **'televise** *vtr* téléviser.

telex ['teleks] **1.** *n* télex *m* **2.** *vtr* envoyer (un message) par télex.

tell [tel] *v* (**told** [tould]) **I.** *vtr* **1.** (*a*) dire; **to t. the truth,** (i) dire la vérité (ii) à vrai dire (*b*) **to t. s.o. sth,** dire, apprendre, qch à qn; faire savoir qch à qn; **to t. the future,** prédire l'avenir; **can you t. me the way to the station?** pouvez-vous m'indiquer le chemin de la gare? **I can't t. you how pleased I am,** je ne saurais vous dire combien je suis content; **I have been told that,** on m'a dit que; **I don't want to have to t. you that again,** tenez-vous cela pour dit; **I told you so!** je vous l'avais bien dit! *F:* **you're telling me!** à qui le dites-vous? **t. me another!** à d'autres! (*c*) raconter (une histoire); **I'll t. you what happened,** je vais vous raconter ce qui est arrivé; **t. me something about yourself,** parlez-moi un peu de vous(-même) (*d*) *F:* **to hear t. that,** entendre dire que (*e*) annoncer, proclamer (un fait); révéler (un secret); *F:* **that would be telling!** ça c'est mon secret! (*f*) (*of clock*) **to t. the time,** marquer l'heure; **to know how to t. the time,** savoir lire l'heure **2.** (*a*) **to t. s.o. about s.o., sth,** parler de qn, de qch, à qn; **t. me what you know about it,** dites-moi ce que vous en savez (*b*) **it's not so easy, let me t. you,** ce n'est pas si facile, je vous assure; **he'll be furious, I can t. you!** il va être furieux, tu peux en être sûr! (*c*) **to t. s.o. to do sth,** dire à qn de faire qch; **do as you're told,** faites ce qu'on vous dit; **he'll do as he's told,** il marchera; **I**

told him not to, je lui ai défendu de (*d*) **to t. right from wrong,** discerner le bien du mal; **you can't t. her from her sister,** on ne peut pas la distinguer de sa sœur; elle ressemble à sa sœur à s'y tromper; **to t. the difference,** voir la différence (**between,** entre); **one can t. him by his voice,** on le reconnaît à sa voix (*e*) **one can t. she's intelligent,** on sent qu'elle est intelligente; **I can t. it from the look in your eyes,** je le lis dans vos yeux **3. all told,** en tout; tout compris; somme toute; toutes dépenses confondues; **I made £100 out of it all told,** tout compte fait j'en ai retiré £100. **II.** *vi* (*a*) dire (*b*) avoir un effet; **these drugs t. on one,** l'effet de ces drogues se fait sentir (*c*) **time will t.,** qui vivra verra; **who can t.?** qui sait? **you never can t.,** on ne sait jamais; **more than words can t.,** plus qu'on ne saurait dire (*d*) **to t. of, about, sth,** parler de qch (*e*) *P:* **to t. on s.o.,** rapporter sur qn. **'teller** *n* (*a*) (**bank**) **t.,** caissier, -ière (*b*) *Pol:* scrutateur *m*; recenseur *m*. **'telling 1.** *a* (*of smile, etc*) révélateur; (*of blow*) efficace **2.** *n* (*a*) récit *m*; narration *f* (d'une histoire) (*b*) divulgation *f*, révélation *f* (d'un secret) (*c*) *F:* **t. off,** engueulade *f*. **tell'off** *vtr F:* gronder, engueuler (qn). **'telltale** *n* (*a*) (*pers*) rapporteur, -euse (*b*) **t. sign,** signe révélateur.

telly ['teli] *n* (*pl* **tellies**) *F:* télé *f*, téloche *f*.

temerity [ti'meriti] *n* témérité *f*, audace *f*.

temp [temp] *n F:* (secrétaire *mf*, dactylo *mf*) intérimaire (*mf*); *F:* intérim *mf*.

temper ['tempər] **I.** *n* **1.** (*of steel*) trempe *f* **2.** (*a*) humeur *f*, caractère *m*, tempérament *m*; **to have a (bad) t.,** avoir un caractère de cochon; **fiery, even, t.,** caractère fougueux, égal; **in a vile t.,** d'une humeur massacrante; **to be in a good, a bad, t.,** être de bonne, de mauvaise, humeur (*b*) colère *f*; mauvaise humeur; **fit of t.,** accès de colère; **to be in a t.,** être en colère; **to get into a t.,** se fâcher; **to lose one's t.,** se mettre en colère; s'emporter; **to put s.o. in a t.,** mettre qn en colère. **II.** *vtr* **1.** tremper (l'acier) **2.** tempérer; modérer (son ardeur); maîtriser (son chagrin). **'temperament** *n* tempérament *m*, humeur *f*. **tempera'mental** *a* (*a*) capricieux, fantasque (*b*) inné.

temperance ['temp(ə)rəns] *n* (*a*) tempérance *f*; modération *f* (*b*) (*in drink*) tempérance. **'temperate** *a* **1.** (*of pers*) tempérant, sobre; (*of language*) modéré, mesuré **2.** (*of climate*) tempéré.

temperature ['tempritʃər] *n* température *f*; **room t.,** température ambiante; *Med:* **to take s.o.'s t.,** prendre la température de qn; **to have a t.,** avoir, faire, de la température, avoir de la fièvre.

tempest ['tempist] *n* tempête *f*. **tem'pestuous** *a* (*a*) tempétueux (*b*) (*of meeting*) orageux; (*of pers*) agité, violent.

template ['templit] *n Metalw: Carp: Tex:* patron *m*; *Mth:* trace-courbes *m inv*.

temple[1] ['templ] *n* temple *m*.

temple[2] *n Anat:* tempe *f*. **'temporal**[1] *a* (os) temporal.

tempo ['tempou] *n* (*pl* **tempi**) (*a*) *Mus:* tempo *m* (*b*) **to upset the t. of production,** perturber la cadence de production.

temporal[2] ['tempərəl] *a* temporel.

temporary ['temp(ə)rəri] *a* (*a*) provisoire; **on a t. basis,** par intérim; provisoirement; **t. appointment,** emploi temporaire; **t. secretary,** secrétaire intérimaire (*b*) momentané; **the improvement is only t.,** l'amélioration n'est que passagère. **'temporarily** *adv* (*a*) temporairement, provisoirement; par intérim (*b*) momentanément; pour le moment. **'temporize** *vi* temporiser; chercher à gagner du temps.

tempt [tem(p)t] *vtr* **1.** tenter; **to t. s.o. to do sth,** persuader qn de faire qch; donner (l')envie à qn de faire qch; **to let oneself be tempted,** se laisser tenter; **I was greatly tempted,** l'occasion était bien tentante; **I am tempted to accept,** j'ai bien envie d'accepter **2. to t. providence, fate,** tenter la providence, le sort. **temp'tation** *n* tentation *f*; **to yield to t.,** céder à la tentation. **'tempter** *n* tentateur. **'tempting** *a* tentant, alléchant; (*of offer*) séduisant, attrayant; (*of food*) appétissant. **'temptingly** *adv* d'une manière tentante. **'temptress** *nf* tentatrice.

ten [ten] *num a & n* dix (*m*); **about t. years ago,** il y a une dizaine d'années; **t. to one he finds out,** je vous parie qu'il le découvrira; **the top t.,** palmarès *m* (de la chanson). **'tenfold 1.** *a* **t. increase,** augmentation *f* par dix **2.** *adv* **to increase t.,** (se) multiplier par dix. **tenth 1.** *num a & n* dixième (*mf*) **2.** *n* (*fractional*) dixième *m*. **'tenthly** *adv* dixièmement.

tenable ['tenəbl] *a* (*of argument*) défendable; (*of post*) qui peut être occupé.

tenacious [tə'neiʃəs] *a* tenace. **te'naciously** *adv* obstinément; avec ténacité. **te'nacity** *n* ténacité *f*.

tenant ['tenənt] *n* locataire *mf*; **sitting t.,** occupant(e). **'tenancy** *n* location *f*; (*period*) occupation *f*; **during my t.,** pendant que j'étais locataire.

tench [tenʃ] *n Ich:* tanche *f*.

tend[1] [tend] *vtr* s'occuper de; soigner (un malade); surveiller (des enfants, une machine); garder (des moutons); entretenir (un jardin); soigner (le feu). **'tender**[1] *n* **1.** *Nau:* ravitailleur *m*; *Rail:* tender *m* **2. bar t.,** barman *m*.

tend[2] *vi* **1.** incliner (**towards,** vers); **that tends to annoy him,** cela tend à le fâcher; **blue tending to green,** bleu tirant sur le vert **2. to t. to do sth,** être porté, enclin, à faire qch; être susceptible de faire qch; **he tends to forget,** il est porté à oublier; **to t. to shrink,** avoir tendance à rétrécir. **'tendency** *n* tendance *f*, inclination *f*, disposition *f* (**to,** à); penchant *m* (à qch); **to have a t. to do sth,** avoir tendance à faire qch.

tendentious [ten'denʃəs] *a Pej:* tendancieux.

tender[2] ['tendər] *a* **1.** (viande) tendre **2.** (cœur) tendre, sensible; (*of conscience*) délicat; **t. to the touch,** sensible, douloureux, au toucher **3.** (*a*) (*of plant*) délicat, fragile; peu résistant (au froid) (*b*) jeune, tendre; **t. youth,** la tendre, verte, jeunesse; **of t. years,** (enfant) en bas âge **4.** (*of pers*) tendre, affectueux. **tender'hearted** *a* compatissant; au cœur tendre, sensible. **'tenderloin** *n Cu:* filet *m* de bœuf. **'tenderly** *adv* **1.** (toucher qch) doucement, délicatement **2.** tendrement; avec tendresse. **'tenderness** *n* **1.** sensibilité *f* (de la peau) **2.** délicatesse *f*, fragilité *f* (d'une plante) **3.** tendresse *f* (des sentiments); affection *f* (**for,** pour) **4.** tendreté *f* (de la viande). **'tenderize** *vtr* attendrir (la viande).

tender[3] **1.** *n* (*a*) *Com:* soumission *f*, offre *f*; **to invite tenders,** faire, lancer, un appel d'offres (*b*) **legal t.,** cours légal; (*of money*) **to be legal t.,** avoir cours **2.** *v* (*a*) *vtr* offrir (ses services); **to t. one's resignation,** donner sa démission; **to t. one's apologies,** présenter ses excuses (*b*) *vi Com:* **to t. for,** faire une soumission pour (qch); soumissionner (qch).

tendon ['tendən] *n Anat:* tendon *m*.

tendril ['tendril] *n Bot:* vrille *f*.

tenement ['tenimənt] *n* **t. (house),** immeuble *m* (de rapport).

tenet ['tenət] *n* principe *m*, croyance *f*.

tenner ['tenər] *n F:* billet *m* de dix livres.

tennis ['tenis] *n* (*no pl*) (*a*) tennis *m*; **to play t.,** jouer au tennis; **t. ball,** balle de tennis; **t. court,** court *m* (de tennis), tennis; **t. shoes,** tennis *mpl*; **t. player,** joueur, -euse, de tennis; *Med:* **t. elbow,** synovite *f* du coude (*b*) **table t.,** tennis de table; ping-pong *m*.

tenor ['tenər] *n* **1.** contenu *m*, sens général (d'un document); cours *m*, marche *f*; progrès *m* (des affaires, de la vie) **2.** *Mus:* ténor *m*; **t. voice,** voix de ténor; **t. sax(ophone),** saxo(phone) *m* ténor.

tenpin ['tenpin] *a* **t. bowling,** bowling *m*. **'tenpins** *n NAm*: bowling.

tense[1] [tens] *n Gram:* temps *m*; **in the future t.,** au temps futur.

tense[2] **1.** *a* (*a*) (*cord*) tendu, raide (*b*) (*of nerves, situation*) tendu; **t. moment,** moment angoissant; **t. silence,** silence impressionnant; **t. voice,** voix étranglée (par l'émotion); **he's t.,** il est tendu **2.** (*a*) *vtr* tendre, crisper (*b*) *vi* **to t. (up),** se crisper. **'tensely** *adv* **1.** raidement **2.** les nerfs tendus; d'une voix tendue; avec anxiété. **'tenseness** *n* rigidité *f*; tension *f* (des muscles, des relations).

tension ['tenʃ(ə)n] *n* (*a*) tension *f*; **muscular t.,** tension musculaire (*b*) pression *f* (d'un gaz); *El:* tension, voltage *m*.

tent [tent] *n* tente *f*; **t. peg,** piquet de tente; **to pitch a t.,** monter une tente; *Med:* **oxygen t.,** tente à oxygène.

tentacle ['tentəkl] *n Z:* tentacule *m*.

tentative ['tentətiv] *a* (*a*) provisoire; **t. offer,** offre préliminaire (*b*) timide; indécis. **'tentatively** *adv* provisoirement; timidement.

tenterhooks ['tentəhuks] *npl* **to be on t.,** être sur des charbons ardents; **to keep s.o. on t.,** faire languir qn.

tenth [tenθ] *see* **ten**.

tenuous ['tenjuəs] *a* ténu.

tenure ['tenjər] *n* (*in job*) période *f* de jouissance; *NAm:* (*job security*) titularisation *f*.

tepee ['tiːpi(ː)] *n* tipi *m*.

tepid ['tepid] *a* tiède. **'tepidly** *adv* tièdement; sans enthousiasme.

term [təːm] **I.** *n* **1.** *A: & Lit:* terme *m*, fin *f*, limite *f* **2.** (*a*) terme, période *f*, durée *f*; **t. of imprisonment,** peine *f* de prison; *Pol:* **t. (of office),** mandat *m*; **during his t. of office,** lorsqu'il exerçait ses fonctions; **long-t., short-t., transaction,** opération à long, à court, terme; **in the long t.,** à long terme; **in the short t.,** à court terme; (*of baby*) **at (full) t.,** à terme (*b*) *Sch:* trimestre *m; NAm:* semestre *m* (*c*) *Jur:* session *f* **3.** *pl* (*a*) *Com: etc:* **terms,** conditions *f*; clauses *f*, termes (d'un contrat); (*prices*) prix *mpl*; **name your own terms,** précisez vos conditions; **under the terms of the clause,** sous le bénéfice de la clause; **to dictate terms,** imposer des conditions; **to come to terms with,** tomber d'accord avec; **to come to terms with death,** faire face à, accepter, la mort; **terms of reference,** attributions *fpl* (d'une commission) (*b*) **terms of payment,** conditions de paiement; **terms strictly cash,** payable au comptant; **easy terms,** facilités *fpl* de paiement; **not on any terms,** à aucun prix **4.** *pl* relations *f*, rapports *m*; **to be on friendly, on good, terms with s.o.,** vivre en bons termes avec qn; **to be on bad terms with s.o.,** être en mauvais termes avec qn; **to be on close terms,** être intime (**with,** avec); **we are on the best of terms,** nous sommes au mieux ensemble **5.** (*a*) *Mth:* terme; **to express one quantity in terms of another,** expliquer une quantité en fonction d'une autre; **in terms of,** sur le plan de; **in terms of financial risk,** en ce qui concerne les risques financiers; **in real terms,** dans la pratique (*b*) **terms of a problem,** énoncé *m* d'un problème **6.** (*a*) terme, expression *f*; **legal, medical, t.,** terme de droit, de médecine (*b*) **to speak in disparaging terms of s.o.,** tenir des propos désobligeants envers qn; **I told him in no uncertain terms,** je le lui ai dit sans mâcher mes mots. **II.** *vtr* appeler, désigner. **terminal** ['təːminl] **1.** *a* terminal; *Med:* (maladie) incurable; **t. case,** malade incurable **2.** *n* (*a*) *Rail:* terminus *m*; *Av:* **(air) t.,** aérogare *f* (*b*) *Cmptr:* terminal *m*; *El:* borne *f* (*c*) **(oil) t.,** terminal (pétrolier). **'terminally** *adv Med:* **to be t. ill,** être incurable; **the t. ill,** les malades incurables. **'terminate** *v* **1.** *vtr* mettre fin à (un engagement); résilier (un contrat); interrompre (une grossesse) **2.** *vi* se terminer, finir (**in,** en, par); aboutir (**in, at,** à). **termi'nation** *n* fin *f* (d'un procès); résiliation *f* (d'un contrat); cessation *f* (de relations); **t. of pregnancy,** interruption *f* de grossesse. **'terminus** *n* (*pl* **-mini**) terminus *m*.

terminology [təːmi'nɔlədʒi] *n* terminologie *f*. **termino'logical** *a* terminologique.

termite ['təːmait] *n Ent:* termite *m*; fourmi blanche.

tern [təːn] *n Orn:* sterne *m*; hirondelle *f* de mer.

terrace ['terəs] **1.** *n* (*a*) terrasse *f* (*b*) *Fb:* **the terraces,** les gradins *mpl* (*c*) **t. (of houses),** maisons *fpl* en bande **2.** *vtr* disposer (un jardin) en terrasses. **'terraced** *a* **1.** (jardin) en terrasse **2. t. house,** maison attenante aux maisons voisines.

terracotta [terə'kɔtə] *n* terre cuite.

terrain [tə'rein] *n Mil: Geol:* terrain *m*.

terrapin ['terəpin] *n* tortue *f* d'eau douce.

terrestrial [te'restriəl] *a* terrestre.

terrible ['teribl] *a* terrible, affreux, épouvantable; atroce; **I'm t. at maths,** je suis nul en math. **'terribly** *adv* terriblement, affreusement, atrocement; **t. rich,** extrêmement riche; **t. expensive,** hors de prix; **that's t. kind of you,** vous êtes vraiment trop aimable.

terrier ['teriər] *n* (chien *m*) terrier (*m*).

terrific [tə'rifik] *a F:* terrible; énorme; **t. speed,** allure vertigineuse; **t.!** formidable! terrible! **ter'rifically** *adv* (*a*) d'une manière terrifiante (*b*) *F:* terriblement; formidablement (bien). **'terrify** *vtr* terrifier, terroriser, épouvanter; **to t. s.o. out of his wits,** rendre qn fou de terreur; **to be terrified of s.o.,**

avoir une peur bleue de qn. **'terrifying** *a* terrifiant. **'terrifyingly** *adv* épouvantablement.

territory ['terit(ə)ri] *n* (*pl* **territories**) territoire *m*. **terri'torial** *a* territorial; **the T. Army,** *n* **the Territorials,** l'armée territoriale.

terror ['terər] *n* **1.** terreur *f*, effroi *m*, épouvante *f*; **to be in (a state of) t.,** être dans la terreur; **to go in t. of s.o.,** avoir une peur bleue de qn; **to be in t. of one's life,** craindre pour sa vie **2.** *F:* (*child*) polisson, -onne; **to be the t. of the village,** être la terreur du village; **he's a little t.,** c'est un enfant terrible. **'terrorism** *n* terrorisme *m*. **'terrorist** *a & n* terroriste (*mf*). **'terrorize** *vtr* terroriser. **'terrorstricken, 'terrorstruck** *a* saisi de terreur; épouvanté.

terry(cloth) ['teri(klɔθ)] *n* (*also* **terry towelling**), tissu éponge *m*; **t. towel,** serviette *f* éponge.

terse [təːs] *a* **1.** (style) concis, net **2.** (réponse) laconique. **'tersely** *adv* **1.** avec concision **2.** laconiquement. **'terseness** *n* **1.** concision *f*; netteté *f* (de style) **2.** laconisme *m* (d'une réponse).

Terylene ['teriliːn] *n Rtm:* Tergal *m Rtm*.

test [test] **I.** *n* **1.** (*a*) épreuve *f*; **to put s.o., sth, to the t.,** mettre qn, qch, à l'épreuve, à l'essai; **to be equal to, to stand, the t.,** supporter l'épreuve; **to undergo a t.,** subir une épreuve; **the acid t.,** l'épreuve concluante (*b*) essai *m*, épreuve; **endurance t.,** épreuve d'endurance; **t. bench,** banc d'essai; **field t.,** essai sur le terrain; *Aut:* **t. drive,** course d'essai; *Av:* **t. pilot,** pilote d'essai (*c*) *Ch: Ph:* test *m*; **t. paper,** papier réactif; **t. tube,** éprouvette *f*; **t.-tube baby,** bébé *m* éprouvette (*d*) *Med:* **blood t.,** analyse *f* de sang; *F:* prise *f* de sang; **Wassermann t.,** réaction *f* de Wassermann (*e*) *Jur:* **t. case,** affaire-test *f* (*f*) *TV:* **t. card,** mire *f* **2.** (*a*) examen *m*; *Aut:* **driving t.,** (examen du) permis *m* de conduire (*b*) *Sch:* interrogation *f*, test; **oral t.,** épreuve orale; oral *m*; *Cin:* **screen t.,** bout *m* d'essai (*c*) *Cr:* **t. (match),** match international. **II.** *vtr & i* (*a*) éprouver; mettre (qn, qch) à l'épreuve, à l'essai (*b*) essayer (une machine); contrôler, vérifier (des poids et mesures); examiner (la vue de qn); tester (un produit) (*c*) *Sch:* faire subir une interrogation à; **to t. s.o. in algebra,** examiner qn en algèbre (*d*) faire des analyses (de sang, etc); *Ch:* analyser (l'eau); tester (l'intelligence); *Ch:* **to t. for alcaloids,** faire la réaction des alkaloïdes; **to t. for sugar,** faire une recherche de sucre; **to t. for gas,** rechercher une fuite de gaz (*e*) (*into microphone*) **testing, testing,** un, deux, trois. **'testing** *a* **t. time,** période éprouvante; **t. ground,** terrain d'essai.

testament ['testəmənt] *n* **1.** (*a*) testament *m* (*b*) (*proof, tribute*) témoignage *m* **2.** *Rel:* **Old T., New T.,** Ancien, Nouveau, Testament. **testa'mentary** *a* testamentaire. **tes'tator,** *f* **tes'tatrix** *n* (*pl* **-trices, -trixes**) testateur, -trice.

testicle ['testikl] *n Anat:* testicule *m*.

testify ['testifai] *v Jur:* (*a*) *vtr* **to t. sth (on oath),** déclarer, affirmer, qch (sous serment); **to t. that,** témoigner que (*b*) *vi* **to t. in s.o.'s favour, against s.o.,** témoigner en faveur de qn; déposer contre qn (*c*) *v ind tr* **to t. to sth,** témoigner de qch, attester, affirmer, qch. **testi'monial** *n* **1.** certificat *m*; références *fpl*, (lettre *f* de) recommandation *f*; attestation *f* **2.** témoignage *m* d'estime (offert en reconnaissance de services). **'testimony** *n* témoignage *m*; *Jur:* attestation *f*; déposition *f* (d'un témoin); **to bear t. to sth,** rendre témoignage de qch.

testy ['testi] *a* (**-ier, -iest**) irritable. **'testily** *adv* d'un air irrité.

tetanus ['tetənəs] *n Med:* tétanos *m*; **t. injection,** injection antitétanique.

tetchy ['tetʃi] *a* (**-ier, -iest**) irritable. **'tetchily** *adv* d'un air irrité.

tête-à-tête [teitɑː'teit] *n* (*pl* **tête-à-têtes**) tête-à-tête *m inv*.

tether ['teðər] **1.** *n* longe *f*, attache *f* (d'un cheval); **to be at the end of one's t.,** être à bout de nerfs **2.** *vtr* attacher (un animal).

text [tekst] *n* **1.** texte *m* (d'un manuscrit) **2.** citation tirée de l'Écriture sainte. **'textbook** *n Sch:* manuel *m*; **t. example,** exemple classique. **'textual** *a* **t. error,** erreur dans le texte.

textile ['tekstail] **1.** *a* textile **2.** *n* textile *m*; **the t. industries,** l'industrie textile; le textile.

texture ['tekstʃər] *n* texture *f*; grain *m* (du bois, du papier); contexture *f* (d'un tissu, des muscles).

TGWU *abbr Transport and General Workers Union.*

Thailand ['tailænd] *Prn Geog:* Thaïlande *f*.

thalidomide [θə'lidəmaid] *n Pharm: Rtm:* thalidomide *f*; **t. baby,** victime *f* de la thalidomide.

Thames [temz] *Prn Geog:* **the T.,** la Tamise; **he'll never set the T. on fire,** il n'a pas inventé le fil à couper le beurre, il n'a pas inventé la poudre.

than [ðæn, *unstressed* ðən] *conj* (*a*) que; (*with numbers*) de; **I have more, less, t. you,** j'en ai plus, moins, que vous; **more t. twenty,** plus de vingt; **more t. once,** plus d'une fois; **better t. anyone,** mieux que personne; **I'd rather phone him t. write,** j'aimerais mieux lui téléphoner que lui écrire; **she would do anything rather t. let him suffer,** elle ferait n'importe quoi plutôt que de le laisser souffrir; **no sooner had we arrived t. the music began,** à peine étions-nous arrivés que la musique a commencé (*b*) **any person other t. himself,** tout autre que lui.

thank [θæŋk] **1.** *npl* **thanks,** remerciements *mpl*; **give him my thanks,** remerciez-le de ma part; **many thanks!** *F:* **thanks very much, thanks awfully!** merci beaucoup! **thanks!** merci! *F:* **thanks for coming,** merci d'être venu; **to give thanks to s.o.,** remercier qn; **to give thanks to God,** rendre grâce à Dieu; to **propose a vote of thanks to s.o.,** voter des remerciements à qn; **thanks to you,** grâce à vous; *F:* **that's all the thanks I get!** voilà comment on me remercie! **2.** *vtr* (*a*) remercier (qn); dire merci à (qn); **to t. s.o. for sth,** remercier qn de qch; **t. God! t. goodness! t. heavens!** Dieu merci! **t. you,** je vous remercie; merci; **no t. you,** (non) merci! **t. you very much,** merci beaucoup, bien; **t. you for coming,** merci d'être venu; **t. you note,** mot de remerciement (*b*) *O:* **I'll t. you to mind your own business!** occupez-vous donc de ce qui vous regarde! (*c*) **to have s.o. to t. for sth,** devoir qch à qn; **you've only yourself to t.,** c'est à vous seul qu'il faut vous en prendre. **'thankful** *a* reconnaissant; **to be t. that,** s'estimer heureux que, être bien heureux que; **that's something to be t. for,** il y a de quoi nous féliciter. **'thankfully** *adv* avec reconnaissance, avec gratitude; heureusement.

'**thankfulness** *n* reconnaissance *f*, gratitude *f*. '**thankless** *a* ingrat. **thanks'giving** *n* action *f* de grâce(s); *NAm:* **T. (Day),** jour *m* d'action de grâce(s).

that [ðæt] **I.** *dem pron, pl* **those** [ðouz] **1.** cela; *F:* ça (*a*) **give me t.,** donnez-moi cela, ça; **what's t.?** qu'est-ce que c'est que ça? **who's t.?** qui est-ce? **that's Mr Martin,** c'est M. Martin; **is t. you, Anne?** c'est toi, Anne? **that's my opinion,** voilà mon avis; **those are my things,** ce sont mes affaires; **is t. all?** c'est tout? **that's the house,** c'est la maison; voilà la maison; **that's where he lives,** c'est là qu'il habite; **after t.,** après cela; **t. was two years ago,** il y a deux ans de cela; **with t. she took out her handkerchief,** là-dessus elle a sorti son mouchoir; **what do you mean by t.?** qu'entendez-vous par là? **they all think t.,** c'est ce qu'ils pensent tous; **t. is (to say),** c'est-à-dire (*b*) (*stressed*) **so that's settled,** alors, c'est décidé; **it needs a good actor and an expert one at t.,** cela demande un bon acteur et de plus, un acteur expérimenté; **that's right,** c'est juste; **that's it!** c'est ça! **that's all,** voilà tout; **that's odd!** comme c'est curieux! **and that's t.!** et voilà! **and t. was t.,** plus rien à dire; **t. will do,** ça suffit; ça ira; **that's enough of t.!** en voilà assez! **2.** celui, *f* celle; *pl* ceux, *f* celles; **what's t. you're holding?** qu'est-ce que vous avez dans la main? **all those I saw,** tous ceux que j'ai vus; **I'm not one of those who,** je ne suis pas de ceux qui; **there are those who maintain it,** certains l'affirment. **II.** *dem a, pl* **those** (*a*) ce, (*before vowel or h mute*) cet; *f* cette; *pl* ces; (*for emphasis and in opposition to* **this, these**) ce . . . -là; **t. book, those books,** ce livre(-là), ces livres(-là); **t. (one),** celui-là, celle-là; **I prefer t. (one),** je préfère celui-là; **at t. time, in those days,** en ce temps-là; à cette époque; **everyone is agreed on t. point,** tout le monde est d'accord là-dessus; **t. fool of a gardener,** cet imbécile de jardinier (*b*) *F:* **well, how's t. leg of yours?** eh bien, et cette jambe? (*c*) **all those flowers that you have there,** toutes ces fleurs que vous avez là (*d*) **I don't have t. much confidence in him,** je n'ai pas tellement confiance en lui (*e*) (**that** *with pl noun*; **those** *with noun sg coll*) **what about t., those, five pounds you owe me?** et ces cinq livres que vous me devez? **III.** *dem adv* **1. t. high,** aussi haut que ça, haut comme ça; **t. far,** aussi loin que ça; **cut off t. much,** coupez-en (un morceau, un bout) comme ça **2.** tellement; si; **is he t. tall?** est-il si grand (que ça)? **not t. good,** pas si bon **IV.** *rel pron sg & pl* **1.** (*for subject*) qui; (*for object*) que; **the house t. stands at the corner,** la maison qui se trouve au coin; **the letter t. I sent you,** la lettre que je vous ai envoyée; **miser t. he was, he wouldn't pay,** avare comme il était, il n'a pas voulu payer; **idiot t. I am!** idiot(e) que je suis! **2.** (*governed by prep*) lequel, *f* laquelle; *pl* lesquels, *f* lesquelles; **the envelope t. I put it in,** l'enveloppe dans laquelle je l'ai mis; **the man t. we're talking about,** l'homme dont nous parlons; **nobody has come t. I know of,** personne n'est venu que je sache **3.** (*after expression of time*) où; que; **the night t. we went to the theatre,** le soir où nous sommes allés au théâtre; **during the years t. he had been in prison,** pendant les années qu'il avait passées en prison. **V.** *conj* **1.** (*introducing subordinate clause; often omitted in rapid speech*) que (*a*) **it was for her t. they fought,** c'est pour elle qu'ils se sont battus; **I'll see to it t. everything is ready,** je veillerai à ce que tout soit prêt; **he's so ill t. he can't work,** il est si malade qu'il est incapable de travailler (*b*) **I wish t. it had never happened,** j'aurai voulu que cela ne soit jamais arrivé; **I hope t. you'll come,** j'espère que vous viendrez (*c*) **so t.,** afin que, pour que + *sub*; **come nearer so t. I can see you,** approchez, que je vous voie; **I'm telling you so t. you'll know,** je vous préviens pour que vous soyez au courant **2. t. he should behave like this!** dire qu'il se conduit comme cela!

thatch [θætʃ] **1.** *n* chaume *m* (de toiture) **2.** *vtr* couvrir (un toit) de, en, chaume; **thatched roof,** toit de chaume; **thatched cottage,** chaumière *f*. '**thatcher** *n* couvreur *m* en chaume.

thaw [θɔ:] **1.** *n* dégel *m*; fonte *f* des neiges **2.** *v* (*a*) *vtr* dégeler, faire fondre (la glace); faire fondre (la neige); **to t. (out),** faire dégeler, décongeler (la viande) (*b*) *vi* (*of snow*) fondre; (*of frozen food*) **to t. (out),** se décongeler; dégeler; *impers* **it's thawing,** ça dégèle; (*of pers*) **to t. (out),** se dégeler. '**thawing** *n* **1.** dégel *m* (d'un cours d'eau); fonte *f* (des neiges) **2.** décongélation *f* (d'aliments congelés).

the [ði:; *unstressed before consonant* ðə; *unstressed before vowel* ði] **I.** *def art* **1.** le, *f* la; (*before vowel or h mute*) l'; *pl* les (*a*) **t. father and (t.) mother,** le père et la mère; **on t. other side,** de l'autre côté; **t. Alps,** les Alpes; **I spoke to t. postman,** j'ai parlé au facteur; **give it to t. woman,** donnez-le à la femme; **he has gone to t. fields,** il est allé aux champs; **t. voice of t. people,** la voix du peuple; **t. roof of t. house,** le toit de la maison; **t. arrival of t. guests,** l'arrivée des invités; **t. Martins,** les Martin; **George t. Sixth,** Georges six; **she's t. most beautiful woman I know,** c'est la plus belle femme que je connaisse; *F:* **well, how's t. throat then?** eh bien, et cette gorge? *P:* **t. wife,** ma femme (*b*) (*with noun in apposition: omitted in Fr*) **Mr Long, t. manager of the firm,** M. Long, directeur de la maison (*c*) **he's not t. person to do that,** ce n'est pas une personne à faire cela; **t. impudence of it!** quelle audace! **he hasn't t. patience to wait,** il n'a pas la patience d'attendre (*d*) **t. beautiful,** le beau; **translated from t. Russian,** traduit du russe; **t. poor,** les pauvres (*e*) *F:* **to have t. measles,** avoir la rougeole (*f*) (*generalizing*) **who invented t. wheel?** qui a inventé la roue? (*g*) **to be paid by t. hour,** être payé à l'heure; **eight apples to t. kilo,** huit pommes au kilo **2.** (*demonstrative force*) ce, cet, *f* cette; *pl* ces; **I was away at t. time,** j'étais absent à cette époque; **I shall see him in t. summer,** je le verrai cet été; **do leave t. child alone!** mais laissez-la donc cette enfant! (*in café*) **and what will t. ladies have?** et ces dames, que prendront-elles? **3.** (*stressed*) [ði:] **he's** *the* **surgeon here,** c'est lui le grand chirurgien ici; **Long's is** *the* **shop for furniture,** la maison Long est la meilleure pour les meubles. **II.** *adv* (*a*) **all t. more, all t. less,** d'autant plus, d'autant moins; **it will be all t. easier for you,** cela vous sera d'autant plus facile (*b*) **t. sooner t. better,** le plus tôt sera le mieux; **t. less said t. better,** moins on en parlera mieux cela vaudra; **t. more t. merrier,** plus on est de fous plus on rit.

theatre, *NAm:* **theater** ['θi:ətər] *n* **1.** (*a*) théâtre *m*; salle *f* de spectacle(s); **to go to the t.,** aller au théâtre; **t. company,** troupe de *f* théâtre (*b*) **the t.,** l'art *m* dramatique; le théâtre **2.** (**lecture**) **t.,** amphithéâtre *m*; *Med:* (**operating**) **t.,** salle *f* d'opération **3. t. of war,** théâtre de la guerre. **'theatregoer,** *NAm:* **'theater-** *n* amateur *m* de théâtre; habitué(e) du théâtre. **the'atrical** *a* **1.** théâtral; **t. company,** troupe de théâtre **2.** (*of behaviour*) théâtral, histrionique. **the'atrically** *adv* **1.** théâtralement **2.** de façon théâtrale. **the'atricals** *npl* **amateur t.,** théâtre d'amateurs.

thee [ðiː] *pers pron, objective case; A: & Poet:* te; (*before vowel sound*) t'; (*stressed*) toi.

theft [θeft] *n* vol *m*; *Jur:* **petty t.,** larcin *m*.

their [ðɛər] *poss a* **1.** (*a*) leur, *pl* leurs; **t. father and mother,** leur père et leur mère; leurs père et mère; **t. eyes are blue,** ils ont les yeux bleus; **they have t. own car, a car of t. own,** ils ont leur propre voiture (*b*) **T. Majesties,** leurs Majestés **2.** (*after indef pron*) *F:* **nobody in t. right mind,** personne jouissant de bon sens. **theirs** *poss pron* le leur, la leur, les leurs; **this house is t.,** cette maison est la leur, est à eux, est à elles, leur appartient; **he's a friend of t.,** c'est un ami à eux, un de leurs amis.

them [ðem] *pers pron pl, objective case* **1.** (*unstressed*) (*a*) (*direct*) les *mf*; (*indirect*) leur *mf*; **I like t.,** je les aime; **I shall tell t. so,** je le leur dirai; **call t.,** appelez-les; **speak to t.,** parlez-leur (*b*) **they took the keys away with t.,** ils ont emporté les clefs avec eux **2.** (*stressed*) eux, *f* elles; **I'm thinking of t.,** c'est à eux, elles, que je pense **3. many of t.,** nombre, beaucoup, d'entre eux; **both of t., the two of t.,** tous les deux; **all of t., every one of t.,** tous, toutes; **every one of t. was killed,** ils ont tous été tués; **give me half of t.,** donnez-m'en la moitié; **neither of t.,** ni l'un ni l'autre; **none of t.,** aucun d'eux; **most of t.,** la plupart d'entre eux; **lay the tables and put some flowers on t.,** préparez les tables et mettez-y des fleurs **4. it's t.!** ce sont eux! c'est eux! **them'selves** *pers pron* (*a*) (*emphatic*) eux-mêmes, elles-mêmes; **they t. are resigned to it,** eux pour leur part, s'y sont résignés (*b*) (*refl*) **they've hurt t.,** ils se sont fait mal (*c*) (*after prep*) **they think of t.,** ils pensent à eux, elles pensent à elles; **all by t.,** tous seuls, toutes seules; **they whispered among t.,** ils chuchotaient entre eux.

theme [θiːm] *n* **1.** sujet *m*, thème *m* **2.** *Mus:* thème, motif *m*; **t. and variations,** air *m* avec variations; **t. song, tune,** chanson principale.

then [ðen] **1.** *adv* (*a*) alors; à ce moment-là; à cette époque; **t. and there,** séance tenante; sur-le-champ; **now and t.,** de temps en temps (*b*) puis, ensuite; **they travelled in France and t. in Spain,** ils voyagèrent en France et ensuite en Espagne; **what t.?** et puis? et (puis) après? (*c*) d'ailleurs; aussi (bien); et puis; **you weren't there, but t. neither was I,** tu n'y étais pas, moi non plus d'ailleurs; **it's beautiful, but t. it is expensive,** c'est beau, mais ça coûte cher aussi **2.** *conj* en ce cas, donc, alors; **well, t. go!** eh bien (alors) partez! **well t., are you coming?** alors, vous venez, vous viendrez? **t. you should have told me,** en ce cas vous auriez dû me le dire; **you knew all the time t.?** vous le saviez donc d'avance? **3.** *n* ce temps-là; cette époque-là; **before t.,** avant cela; **by t. they had gone,** ils étaient déjà partis; **until t.,** jusqu'alors jusque-là; (**ever**) **since t.,** dès lors; depuis ce temps-là; **between now and t.,** d'ici là; **every now and t.,** de temps à autre **4.** *a* **the t. president,** le président d'alors.

thence [ðens] *adv A: & Lit:* de là.

theodolite [θiˈɔdəlait] *n* théodolite *m*.

theology [θiˈɔlədʒi] *n* théologie *f*. **theologian** [θiəˈloudʒiən] *n* théologien *m*. **theo'logical** *a* théologique; **t. college,** séminaire *m*.

theorem [ˈθiərəm] *n* théorème *m*.

theory [ˈθiəri] *n* (*pl* **theories**) théorie *f*; **in t.,** en théorie. **theo'retical** *a* théorique. **theo'retically** *adv* théoriquement. **theore'tician, 'theorist** *n* théoricien, -ienne. **'theorize** *vi* faire de la théorie; se lancer dans des théories.

therapy [ˈθerəpi] *n* (*pl* **therapies**) thérapeutique *f*, thérapie *f*; **occupational t.,** thérapie rééducative; **speech t.,** orthophonie *f*. **thera'peutic** *a* thérapeutique. **thera'peutics** *n* (*with sg const*) thérapeutique *f*. **'therapist** *n* thérapeute *mf*; **occupational t.,** spécialiste *mf* de thérapie rééducative.

there [ðɛər, *unstressed* ðər] **I.** *adv* **1.** (*stressed*) (*a*) là, y; **put it t.,** mettez-le là; **he's still t.,** il est encore là; il y est toujours; **we're t.,** nous voilà arrivés; **who's t.?** qui est là? *F:* **he's not all t.,** il n'a pas toute sa tête; il a un petit grain; **he's all t.,** c'est un malin; **here and t.,** çà et là; **here, t. and everywhere,** un peu partout (*b*) **I'm going t.,** j'y vais; **a hundred kilometres t. and back,** cent kilomètres aller et retour (*c*) (*emphatic*) **that man t.,** cet homme-là; **hurry up t.!** dépêchez-vous là-bas! (*d*) **t. is, t. are,** voilà; **t.'s the bell ringing,** voilà la cloche qui sonne; **t. they are!** les voilà! **there's a dear!** tu seras bien gentil! **t. you are!** (et) voilà! ça y est! **2.** (*unstressed*) (*a*) **t. is, t. are,** il y a; il existe; **t. was once a king,** il était une fois un roi; **there's a page missing,** il manque une page; **there's one slice left,** il reste une tranche; **there's someone at the door,** il y a quelqu'un à la porte (*b*) **t. comes a time when,** il arrive un moment où **3.** (*stressed*) quant à cela; en cela; **there's the difficulty,** c'est là qu'est, voilà, la difficulté; *F:* **t. you have me!** ça, ça me dépasse. **II.** *int* (*stressed*) voilà; **t.** (**you are**)**!** tenez! **t. now!** (i) voilà (ii) allons bon! **t., I told you so!** je vous l'avais pourtant bien dit! **t., take this book,** tenez! prenez ce livre; **t.! (t.!) don't worry!** allons, allons, ne vous inquiétez pas! **I shall do as I like, so t.!** je ferai comme il me plaira, na! **III.** *n* **he left t. last night,** il est parti (de là) hier soir; **in t.,** là-dedans; là; **somewhere round t., near t.,** quelque part par là; **over t.,** là-bas; **under t.,** là-dessous; **up t.,** là-haut. **'thereabouts** *adv* **1.** près de là; dans le voisinage; **somewhere t.,** quelque part par là **2.** à peu près; environ; **it's four o'clock or t.,** il est à peu près quatre heures, il est quatre heures environ. **there'after** *adv* après cela. **there'by** *adv* de ce fait; ainsi. **'therefore** *adv* donc; par conséquent; **it's probable, t., that he will consent,** par conséquent, il est probable qu'il consentira. **there-u'pon** *adv* **t. he left us,** sur ce il nous a quittés.

therm [θəːm] *n Ph: etc:* 100,000 Btu (unités britanniques de chaleur). **thermal** *a* (*of energy, unit*) thermique; (*of springs*) thermal; (*of underwear*) tribo-électrique, en thermolactyl (*Rtm*).

thermodynamic [θəːmoudaiˈnæmik] *a* thermodynamique.

thermometer [θə'mɔmitər] *n* thermomètre *m*.
thermonuclear [θəːmou'njuːkliər] *a* thermonucléaire.
Thermos ['θəːmɔs] *a & n Rtm: (marque déposée désignant les articles fabriqués par Thermos (1925) Limited)* **T. (flask),** thermos *m or f inv*.
thermostat ['θəːməstæt] *n* thermostat *m*. **thermo'static** *a* thermostatique.
thesaurus [θi'sɔːrəs] *n* dictionnaire *m* de synonymes.
these *see* **this.**
thesis ['θiːsis] *n (pl* **theses** ['θiːsiːz]) thèse *f*.
they [ðei] **1.** *pers pron nom pl (a) (unstressed)* ils, *f* elles; **t. are dancing,** ils, elles, dansent; **they are doctors,** ce sont des médecins; **here t. come,** les voici (qui arrivent) *(b) (stressed)* eux, *f* elles; **t. alone,** eux seuls, elles seules; **t. know nothing about it,** quant à eux, ils n'en savent rien; **we are as rich as t. are,** nous sommes aussi riches qu'eux **2.** *indef pron* on; **t. say that,** on dit que; **that's what t. say,** voilà ce qu'on raconte; *F:* **nobody ever admits they're wrong,** on ne veut jamais reconnaître ses torts.
thick [θik] **I.** *a* **(thicker, thickest) 1.** épais; *(of book, thread)* gros; **wall two metres t.,** mur qui a deux mètres d'épaisseur; **t. lipped,** lippu; à grosses lèvres **2.** *(of wheat, forest)* épais, serré, touffu, dru; *(of hair)* abondant, épais; *(of crowd)* compact, serré; **t. beard,** barbe fournie **3.** *(a) (of liquid)* épais, visqueux; *(of mist)* dense, épais; *(of darkness)* profond; **t. mud,** boue grasse; **air t. with smoke,** air épaissi par la fumée *(b) (of voice)* étouffé *(c) F: (of pers)* lourd **4.** *F:* **to be very t. with s.o.,** être très lié avec qn; **they're as t. as thieves,** ils s'entendent comme larrons en foire **5.** *F:* **that's a bit t.!** ça c'est un peu raide, un peu fort! **II.** *n* **1.** *(a)* partie charnue, gras *m* (de la jambe) *(b)* **in the t. of the forest,** au beau milieu de la forêt; **in the t. of it,** en plein dedans; **in the t. of the fight,** au plus gros de la bataille **2. to go through t. and thin for s.o.,** courir tous les risques pour qn; **to stick to s.o. through t. and thin,** rester fidèle à qn à travers toutes les épreuves. **III.** *adv* **1.** en couche épaisse; **snow lay t. on the ground,** une neige épaisse couvrait le sol; **to cut the bread t.,** couper le pain en tranches épaisses; *F:* **to lay it on a bit t.,** exagérer **2.** (pousser) dru; **the blows fell t. and fast,** les coups pleuvaient dru. **'thicken** *v* **1.** *vtr* épaissir; épaissir, lier (une sauce) **2.** *vi (a)* (s')épaissir *(b) (of sauce)* épaissir *(c) (of plot)* se compliquer, se corser. **'thicket** *n* fourré *m*, hallier *m*. **thick-'headed** *a F:* bête; borné. **'thickly** *adv* **1.** en couche épaisse; en tranches épaisses **2.** épais; **the snow fell t.,** la neige tombait dru; **t. wooded,** très boisé **3.** (parler) d'une voix étouffée; *(when drunk)* d'une voix pâteuse. **'thickness** *n* **1.** *(a)* épaisseur *f* (d'un mur); grosseur *f* (des lèvres) *(b)* épaisseur (d'une forêt); abondance *f* (de la chevelure) *(c)* consistance *f* (d'un liquide); épaisseur (du brouillard) *(d)* étouffement *m* (de la voix) **2.** couche *f* (de papier). **thick'set** *a* **1.** *(of hedge)* épais; dru; *(of beard)* fourni **2.** *(of pers)* trapu. **thick'skinned** *a (of pers)* dur, peu sensible.
thief [θiːf] *n (pl* **thieves)** voleur, -euse; **stop t.!** au voleur! **set a t. to catch a t.,** à voleur, voleur et demi. **thieve** *vtr & i* voler **'thieving 1.** *a* voleur, -euse **2.** *n* vol *m*; **petty t.,** larcin *m*.
thigh [θai] *n* cuisse *f*; **t. boots,** cuissardes *fpl*. **'thighbone** *n* fémur *m*.
thimble ['θimbl] *n* dé *m* (à coudre). **'thimbleful** *n* doigt *m* (de cognac).
thin [θin] **I.** *a* **(thinner, thinnest) 1.** *(a) (of paper, slice, etc)* mince; *(of thread)* ténu, fin; *(of fabric)* fin, léger; **to cut the bread in t. slices,** couper le pain en tranches minces *(b) (of pers)* maigre, mince; **long t. fingers,** doigts effilés; **to grow thinner,** maigrir, s'amaigrir; **t. lipped,** aux lèvres minces; **as t. as a rake,** maigre comme un clou **2.** *(of hair)* clairsemé, rare; *(of audience)* clairsemé; **his hair was getting t.,** ses cheveux s'éclaircissaient; **t. on the ground,** peu nombreux **3.** *(of liquid)* peu épais; *(of powder)* fin; *(of blood)* appauvri; *(of voice)* fluet, grêle; **t. soup,** potage clair **4.** *F:* **t. excuse,** maigre, mince, excuse; **my patience is wearing t.,** je suis presque à bout de patience; **to have a t. time (of it),** (i) s'ennuyer (ii) manger de la vache enragée. **II.** *n* **through thick and t.,** à travers toutes les épreuves. **III.** *adv* (étaler) en couche mince; **to cut t.,** couper en tranches minces; *(of wheat)* **t. sown,** clairsemé. **IV.** *vi* **(thinned) 1.** *vtr (a)* **to t. (down),** amincir (qch) *(b)* **to t. (down),** diluer, délayer (la peinture); allonger (une sauce) *(c)* **to t. (out),** éclaircir (les arbres); **to t. out seedlings,** éclaircir des jeunes plants **2.** *vi (of crowd, mist)* **to t. out,** s'éclaircir; **his hair is thinning,** il perd ses cheveux. **'thinly** *adv* **1.** *(a)* en couche mince; en tranches minces *(b)* clair; **t. sown,** clairsemé; **t. populated,** à faible densité de population **2.** à peine; **t. dressed,** (i) légèrement vêtu (ii) insuffisamment vêtu; **t. veiled allusion,** allusion à peine voilée. **'thinner** *n (occ* **thinners)** diluant *m*, dissolvant *m*. **'thinness** *n* **1.** *(a)* minceur *f*; légèreté *f* (d'un tissu) *(b)* maigreur *f*, minceur (d'une personne) **2.** rareté *f* (des cheveux) **3.** fluidité *f* (d'un liquide); raréfaction *f* (de l'air); caractère grêle, fluet (d'une voix). **'thinning** *n (a)* **t. (down),** (i) amincissement *m* (ii) délayage *m*; dilution *f*; **t. agent,** diluant, dissolvant *(b)* **t. (out),** éclaircissement *m*. **thin-'skinned** *a (of pers)* susceptible.
thine [ðain] *A: & Poet:* **1.** *poss pron* le tien, la tienne; *pl* les tiens, les tiennes; **what is mine is t.,** ce qui est à moi est à toi **2.** *poss a* ton, ta, tes.
thing [θiŋ] *n* **1.** *(a)* chose *f*; objet *m*, article *m*; **to go the way of all things,** mourir; **things to be washed,** du linge à laver *(b) F:* **what's that t.?** qu'est-ce que c'est que ce truc-là? *(c)* **tea things,** service *m* à thé; **to wash up the tea things, the dinner things,** faire la vaisselle *(d) pl* affaires *fpl*, vêtements *mpl*, effets *mpl*; **bring along your swimming things,** apportez votre maillot de bain; **to pack up one's things,** faire ses valises; **to put one's things away,** ranger ses affaires *(e) Jur:* **things personal,** biens meubles **2.** être *m*, créature *f*; **poor t.,** le, la, pauvre! **poor little things!** pauvres petits! **she's a dear old t.,** c'est une bonne vieille très sympathique **3.** *(a)* **that was a silly t. to do,** quelle bêtise! **it's a funny t.,** c'est drôle; **how could you do such a t.?** comment avez-vous pu faire une chose pareille? **you take things too seriously,** vous prenez les choses trop au sérieux; **he gets things done,** il est efficace; **to think things over,** (y) réfléchir; **it's just one of those things,** ce sont des choses qui arrivent; **to talk of one t. and another,**

parler de choses et d'autres; **that's (just) the t.**, voilà (exactement) ce qu'il faut; **that's the t. for me!** voilà mon affaire! **the t. is this,** voici ce dont il s'agit; **the t. is, I haven't got any money,** le problème c'est que je n'ai pas d'argent; **the important t. is that,** l'important c'est que; **neither one t. nor the other,** ni l'un ni l'autre; **what with one t. and another,** tant et si bien que; entre une chose et l'autre; **for one t . . ., and for another t.**, d'abord . . . et ensuite; **and another t.**, en plus; **that's quite another t.**, c'est tout autre chose; *F:* **he's onto a good t.**, il est sur un bon filon; **I don't know a t. about chemistry,** je ne comprends rien à la chimie; **it doesn't mean a t. to me,** (i) je n'y comprends rien (ii) je ne m'en souviens pas; **to know a t. or two,** (i) avoir plus d'un tour dans son sac (ii) être bien renseigné; **I could tell you a t. or two,** je pourrais en conter; **first t. in the morning,** (i) très tôt dans la matinée (ii) dès demain matin; **last t. at night,** (très) tard dans la soirée; *F:* **he's got a t. about that,** c'est son idée fixe; **do your own t.**, fais comme il te plaira (*b*) **things are going badly,** les affaires vont mal; **as things are,** dans l'état actuel de choses; **since that is how things are,** puisqu'il en est ainsi; *F:* **how are things? how's things?** (i) comment vont les affaires? (ii) comment (ça) va? **4. the latest t. in shoes,** chaussure(s) dernier cri; **it's the (very) latest t.**, c'est tout ce qu'il y a de plus moderne **5.** *F:* **it's not the done t.**, cela ne se fait pas. **'thingumabob, 'thingumajig, 'thingummy** *n F:* chose *m*, machin *m*, truc *m*.

think [θiŋk] **I.** *n* **to have a (quiet) t.**, réfléchir; *F:* **you've got another t. coming!** tu peux toujours courir! **II.** *v* **(thought** [θɔːt]**)** *vtr & i* **1.** penser **(about, of,** à); **to t. (carefully),** réfléchir; **to t. aloud,** penser tout haut; **to t. hard,** se creuser la tête; *F:* **to t. big,** être ambitieux; **what are you thinking?** à quoi pensez-vous? **I know what you're thinking,** je connais vos pensées; **to act without thinking,** agir sans réfléchir; **t. before you speak,** pesez vos paroles; **give me time to t.**, laissez-moi réfléchir; **his name was—let me t.**, il s'appelait—voyons; **to t. again,** se raviser; **to t. twice before doing sth,** y regarder à deux fois avant de faire qch **2.** songer, s'imaginer, se figurer; **I (really) can't t. why,** je me demande bien pourquoi; **what will people t.?** qu'en dira-t-on? **one would have thought that,** c'était à croire que; **anyone would t. he was asleep,** on dirait qu'il dort; **who'd have thought it?** qui l'aurait dit! **just t.!** songez donc! **to t. he's only ten!** et dire qu'il n'a que dix ans! **3.** (*a*) **I've been thinking that,** l'idée m'est venue que (*b*) **did you t. to bring any money?** avez-vous pensé à apporter de l'argent? **4.** (*a*) **do you t. you could do it?** vous sentez-vous capable de le faire? **it's better, don't you t., to get it over?** il vaut mieux en finir n'est-ce pas? **I thought it was all over,** je croyais que tout était fini; **I thought I heard him,** j'ai cru l'entendre; **I t. she's pretty,** je la trouve jolie; **I thought it difficult,** je l'ai trouvé difficile; **everyone thought he was mad,** on le tenait pour fou; **I rather t. it's going to rain,** j'ai dans l'idée qu'il va pleuvoir; **it is thought that,** on suppose que + *ind*; **I t. so,** je pense que oui; c'est ce qui me semble; **I t. not, I don't t. so,** je pense que non; **I should hardly t. so,** c'est peu probable; **I should t. so!** je crois bien! **I shouldn't t. so,** je ne crois pas; *F:* **that's what** *you* **t.!** tu penses! (*b*) juger, considérer, croire, trouver, penser; **I hardly t. it likely that,** il n'est guère probable que + *sub*; **I thought her a fool,** je l'avais prise pour une sotte; **they are thought to be rich,** ils passent pour (être) riches; **do as you t. best,** faites comme bon vous semble(ra) **5. I little thought I would see him again,** je ne m'attendais guère à le revoir; **I thought as much, I thought so,** je m'y attendais; je m'en doutais (bien). **'thinkable** *a* concevable, imaginable. **think a'bout, 'of** *v ind tr* (*a*) penser à (qn, qch); songer à (qn, qch); **I've thought about your proposal,** j'ai réfléchi à votre proposition; **one can't t. of everything,** on ne saurait penser à tout; **I can't t. of it,** je n'arrive pas à m'en souvenir; **I can't t. of his name,** son nom ne me revient pas; **I can't t. of the right word,** le mot juste m'échappe; **come to t. of it,** à la réflexion; **he can't sleep for thinking about it,** il perd le sommeil à force d'y penser; *F:* il n'en dort pas; **the best thing I can t. of,** ce que je vois de mieux; **that's worth thinking about,** cela mérite réflexion; **what am I thinking of, about?** où ai-je la tête? (*b*) s'imaginer, se figurer; **t. of a number,** pensez à un chiffre; **I thought of him as being tall,** je le voyais grand; *F:* **t. of that! t. of it!** qui l'aurait cru? **t. of it, I'm in love with him,** je l'aime, figure-toi; **when I t. of what might have happened!** quand je pense à ce qui aurait pu arriver! (*c*) **it's not to be thought of,** ce n'est pas à considérer; **to t. of the expense,** regarder à la dépense; **to t. of s.o.'s feelings,** avoir égard aux sentiments de qn (*d*) **to t. of, about, doing sth,** méditer, projeter, de faire qch; penser à faire qch; **I couldn't t. of it!** c'est impossible! il n'en est pas question! (*e*) *vtr* **what do you t. of it, about it?** qu'en pensez-vous? **what do you t. of him?** que penses-tu de lui? **to t. a great deal of oneself,** avoir une haute idée de sa personne; **to t. too much of sth,** attacher trop d'importance à qch; **I told him what I thought of him,** je lui ai dit son fait (*f*) **to t. well of s.o.,** estimer qn; **people t. well of him, he is well thought of,** il est bien vu; **to t. highly of, to t. a lot of,** penser beaucoup de bien de; **to t. better of it,** se raviser; **I don't t. much of it,** ça ne me dit pas grand-chose. **think 'back** *vi* essayer de se souvenir (de qch). **'thinker** *n* penseur, -euse. **'thinking 1.** *a* (*of pers*) intelligent **2.** *n* (*a*) pensée(s) *f(pl)*; opinion *f*; **he did some hard t.**, il a réfléchi profondément (*b*) **to my (way of) t.**, à mon avis; **I hope to bring you round to my way of t.**, j'espère vous amener à mon point de vue. **think 'of** *v ind tr see* **think about. think 'out** *vtr* (*a*) réfléchir sérieusement à, peser (la réponse, etc); **to t. o. a plan,** élaborer un plan; **carefully thought out answer,** réponse bien étudiée; **that wants thinking out,** cela demande mûre réflexion (*b*) **he thinks things out for himself,** il juge des choses par lui-même. **think 'over** *vtr* réfléchir à (une question); **t. it o. (carefully),** réfléchissez-y bien; **on thinking it over,** après réflexion. **think 'through** *vtr* = **think out. think 'up** *vtr* inventer, avoir l'idée de.

third [θɔːd] **1.** *num a* troisième; **t. person, party,** tiers *m*; *Gram:* **in the t. person,** à la troisième personne; **t. party insurance,** assurance au tiers; **T. World,** Tiers-

Monde *m*; **George the T.**, Georges trois; **(on) the t. (of March)**, le trois (mars); **t.-class**, de troisième classe; **t.-rate**, (très) inférieur **2.** *n* (*a*) *Mus:* tierce *f* (*b*) *Sch:* **to get a t. (class degree)** = obtenir une licence avec mention *passable* (*c*) *Aut:* troisième vitesse *f*, troisième *f* **3.** *n* (*fraction*) tiers *m* **4.** *adv* (*in race*) troisième. **'thirdly** *adv* troisièmement.

thirst [θɔːst] **1.** *n* soif *f*; **to quench one's t.**, se désaltérer; **t. for knowledge**, soif de connaissances; **to satisfy one's t. for adventure**, apaiser sa soif d'aventures **2.** *vi* avoir soif (**for**, de); **to t. for blood**, être altéré de sang. **'thirstily** *adv* avidement. **'thirsting** *a* altéré, assoiffé; **t. for blood**, assoiffé, avide, de sang. **'thirsty** *a* **to be, feel, t.**, avoir soif; **to make t.**, donner soif à; *Fig:* **t. for**, assoiffé de (pouvoir, etc); *F:* **this is t. work**, cela donne soif.

thirteen [θɔː'tiːn] *num a & n* treize (*m*); **she's t. (years old)**, elle a treize ans. **thir'teenth 1.** *num a & n* treizième (*m*); **(on) the t. (of May)**, le treize (mai) **2.** *n* (*fraction*) treizième *m*.

thirty ['θɔːti] *num a & n* trente (*m*); **t.-three**, trente-trois; **t.-first**, trente et unième; **about t. people**, une trentaine de personnes; **the thirties**, les années trente. **'thirtieth** *num a & n* trentième (*m*); **(on) the t. (of June)**, le trente (juin).

this [ðis] **I.** *dem pron, pl* **these** [ðiːz] **1.** ceci; ce; **what's t.? what are these?** qu'est-ce que c'est (que ça)? **who's t.?** qui est-ce? **you'll be sorry for t.**, vous le regretterez; **what good is t.?** à quoi cela sert-il? **after t.**, après cela, ensuite, désormais; **it ought to have come before t.**, cela devrait être déjà arrivé; **t. is odd**, c'est curieux; **t. is what he told me**, voici ce qu'il m'a dit; **t. is a free country**, nous sommes dans un pays libre; **t. is Mr Martin**, je vous présente M. Martin; **these are my children**, ce sont mes enfants; **t. is where he lives**, c'est ici qu'il habite; **listen to t.**, écoutez ça; **what's t. (I hear?)**, qu'est-ce que j'apprends? **it was like t.**, voici comment les choses se sont passées; **what's all t.?** qu'est-ce qu'il y a? qu'est-ce qui se passe? **2. will you have t. or that?** voulez-vous ceci ou cela? **to talk of t. and that**, parler de choses et d'autres **3.** celui-ci, *f* celle-ci, *pl* ceux-ci, *f* celles-ci; **I prefer these to those**, je préfère ceux-ci à ceux-là. **II.** *dem a, pl* **these** (*a*) ce, (*before vowel or h mute*) cet, *f* cette, *pl* ces; (*for emphasis*) ce . . . -ci; **t. book, these books**, ce livre(-ci), ces livres(-ci); **one of these days**, un de ces jours; **in t. day and age**, de nos jours; **by t. time**, à l'heure qu'il est; **to run t. way and that**, courir par ci par là; **for t. reason**, voilà pourquoi; pour cette raison (*b*) *Pej:* **he's one of these artist chaps**, c'est un de ces artistes (*c*) **I've known him t. three years**, je le connais depuis trois ans. **III.** *dem adv* **t. high, as high as t.**, haut comme ça; **t. far**, jusqu'ici, jusque là.

thistle ['θisl] *n Bot:* chardon *m*. **'thistledown** *n* duvet *m* de chardon.

thither ['ðiðər] *adv A: & Lit:* là; y; **to run hither and t.**, courir çà et là.

tho' [ðou] *conj & adv F:* = **though**.

thong [θɔŋ] *n* lanière *f* de cuir.

thorax ['θɔːræks] *n* (*pl* **thoraces**) *Anat:* thorax *m*. **tho'racic** *a* thoracique.

thorn [θɔːn] *n* épine *f*; **a t. in the flesh**, une épine au pied. **'thorny** *a* épineux.

thorough ['θʌrə] *a* (*a*) (*of search*) minutieux; (*of knowledge, examination*) approfondi; (*of work*) consciencieux; **to give a room a t. cleaning**, nettoyer une chambre à fond; **to be t. in one's work**, travailler consciencieusement (*b*) **a t. musician**, un musicien consommé; **a t. republican**, un républicain convaincu; **a t. scoundrel**, un fieffé coquin. **'thoroughbred 1.** *a* (cheval) pur sang *inv*; (chien) de race **2.** *n* (*of horse*) pur-sang *m inv*; animal *m* de race. **'thoroughfare** *n* voie *f* de communication; rue *f*; **public t.**, voie publique; **a main t.**, une des principales artères (d'une ville); *PN:* **no t.**, rue barrée; passage interdit. **'thoroughgoing** *a* (*a*) (*of search, inspection*) minutieux, complet (*b*) (travailleur) consciencieux; (coquin) fieffé. **'thoroughly** *adv* tout à fait; avec minutie; (savoir une langue) parfaitement; (renouveler) entièrement; (nettoyer) à fond. **'thoroughness** *n* perfection *f*, minutie *f* (du travail); profondeur *f*.

those *see* **that.**

thou [ðau] *pers pron A: & B:* tu; (*stressed*) toi.

though [ðou] **1.** *conj* (*a*) **(even) t.**, quoique, bien que + *sub or occ ind*; **I am sorry for him t. he is nothing to me**, je le plains même s'il ne m'est rien; **t. not beautiful, she was attractive**, sans être belle elle était séduisante (*b*) **strange t. it may seem**, si étrange que cela puisse paraître; **even t. you'll laugh at me**, même que vous allez vous moquer de moi (*c*) **as t.**, comme si; **it looks as t. he's gone**, il semble qu'il soit parti; **as t. nothing had happened**, comme si de rien n'était **2.** *adv* (*a*) cependant, pourtant; quand même (*b*) **did he t.!** vraiment! il a dit, fait, cela?

thought[1] [θɔːt] *n* **1.** pensée *f*; **capable of t.**, capable de penser **2.** (*a*) pensée, idée *f*; **happy t.**, heureuse idée; **gloomy thoughts**, pensées sombres; *F:* **a penny for your thoughts**, à quoi pensez-vous? **to read s.o.'s thoughts**, lire dans la pensée de qn; **I can't read your thoughts**, je ne suis pas devin (*b*) **the mere t. of it**, rien que d'y penser; **without (a) t. for**, sans penser à; **he never gave it a single t.**, il n'y a jamais pensé; **I didn't give it another t.**, je n'y ai pas repensé (*c*) *pl* esprit *m*, pensée; **to collect one's thoughts**, rassembler ses idées, ses esprits; **her thoughts were elsewhere**, son esprit était ailleurs **3.** (*a*) **(careful) t.**, réflexion *f*; **lack of t.**, irréflexion *f*; **after much t.**, après mûre réflexion; **he has no t. for others**, il est peu soucieux des autres, il n'a pas de considération pour les autres; **to have second thoughts**, changer d'avis; **on second thoughts**, *NAm:* **on second t.**, à la réflexion, (toute) réflexion faite (*b*) pensées, rêverie *f*, méditation *f*; **lost in t.**, perdu dans ses pensées **4.** (*a*) intention *f*, dessein *m*; **to have thoughts, some t., of doing sth**, songer à faire qch; **you must give up all thought(s) of seeing him**, il faut renoncer à le voir; **it's the t. that counts**, c'est l'intention qui compte (*b*) *O:* **I had no t. of meeting you here**, je ne m'attendais pas à vous rencontrer ici. **'thoughtful** *a* **1.** (*a*) pensif, méditatif, rêveur (*b*) sérieux; réfléchi, prudent **2.** gentil, prévenant; plein d'égards (**of, pour**); **he was t. enough to warn me**, il a eu la gentillesse de m'avertir. **'thoughtfully** *adv* **1.** (*a*) pensivement; d'un air rêveur (*b*) d'une manière réfléchie, prudente

(*a*) jeter (qch) dedans; *Fb:* **to t. in the ball,** remettre le ballon en jeu (*b*)*F:* donner en prime (*c*) intercaler, insérer (une observation); placer (un mot) (*d*) **to t. in one's lot with s.o.,** partager le sort de qn (*e*) **to t. in one's hand, one's cards,** abandonner, quitter, la partie; **to t. in the towel,** (i) *Box:* jeter l'éponge (ii) *Fig:* s'avouer vaincu. **'throw-in** *n Fb:* remise *f* en jeu (du ballon). **throw 'off** *vtr* **1.** (*adv use*) (*a*) jeter (de la vapeur) (*b*) enlever, ôter (ses vêtements); se débarrasser, se défaire, de (qn, qch); abandonner (un déguisement); lever (le masque); guérir (d'un rhume) **2.** (*prep use*) (*a*) **to t. s.o. o. his bicycle,** faire tomber qn de sa bicyclette (*b*) **to t. the dogs o. the scent,** dépister les chiens. **throw 'on** *vtr* enfiler (ses vêtements) à la hâte. **throw 'out** *vtr* (*a*) jeter (qn, qch); se débarrasser de (qch); mettre (qn) à la porte (*b*) répandre, émettre (de la chaleur) (*c*) rejeter, repousser (un projet de loi) (*d*) **to t. o. one's chest,** bomber le torse (*e*) lancer (un défi); émettre (une proposition) (*f*) troubler (un orateur); fausser (les calculs, etc); **to t. s.o. o. in his calculations,** tromper les calculs de qn. **'throwouts** *npl Com:* rebuts *m*. **throw 'over** *vtr* abandonner (un projet); laisser tomber, lâcher, plaquer (un ami). **throw to'gether** *vtr* (*a*) assembler, rassembler (qch) à la hâte; *F:* torcher (un article) (*b*) **chance had thrown them together,** le hasard les avait réunis. **throw 'up** *vtr & i* (*a*) jeter (qch) en l'air (*b*) *F:* vomir, rendre (*c*) lever haut, mettre haut (les mains) (*d*) construire (une maison) à la hâte (*e*) renoncer à, abandonner, laisser tomber (un projet); **to t. everything up,** tout plaquer; **to t. up one's job,** donner sa démission.

thru [θru:] *NAm:* = **through. 'thruway** *n* autoroute *f*.

thrush¹ [θrʌʃ] *n Orn:* grive *f*.

thrush² *n Med:* muguet *m*.

thrust [θrʌst] **1.** *n* (*a*) (*push*) poussée *f*; (*stab*) coup *m*; poids *m* (d'un argument); (*dynamism*) allant *m*; *Fenc:* coup d'estoc; **that was a t. at you,** c'était une attaque à votre adresse (*b*) *MecE: etc:* poussée **2.** *v* (*pt & pp* **thrust**) (*a*) *vtr* pousser; **to t. sth into sth,** enfoncer qch dans qch; **to t. one's hands into one's pockets,** fourrer les mains dans ses poches; **to t. a knife into s.o.'s back,** planter un couteau dans le dos de qn; **to t. sth (up)on s.o.,** imposer qch à qn; **to t. oneself upon s.o.,** s'imposer à qn, chez qn; **to t. (one's way) through the crowd,** se frayer un chemin à travers la foule (*b*) *vi* **to t. at s.o.,** porter un coup de pointe à qn. **'thrust a'side** *vtr* repousser, écarter, (qch) brusquement. **'thrust 'forward** *vtr* pousser (qn, qch) en avant; avancer, tendre, brusquement (la main).

thud [θʌd] **1.** *n* bruit sourd **2.** *vi* (**thudded**) tomber avec un bruit sourd; résonner sourdement.

thug [θʌg] *n* brute *f*; voyou *m*.

thumb [θʌm] **1.** *n* pouce *m*; **he's all thumbs,** il est maladroit de ses mains; **to be under s.o.'s t.,** être sous la domination de qn; **she's got him right under her t.,** elle le fait marcher comme elle veut; **to stick out like a sore t.,** blesser la vue; **it sticks out like a sore t.!** c'est une horreur! *F:* **he gave her the thumbs up sign,** il lui a fait signe que tout allait bien; **t. index,** répertoire à onglets **2.** *vtr* (*a*) **to t. (through) a book,** feuilleter un livre (*b*) **to t. one's nose at s.o.,** faire un pied de nez à qn (*c*) *F:* **to t. a lift, a ride,** faire de l'auto-stop, du stop. **'thumbnail** *n* ongle *m* du pouce; **t. sketch,** croquis *m* sur le vif. **'thumbprint** *n* empreinte *f* de pouce. **'thumbscrew** *n* vis *f* à oreilles, à papillon. **'thumbtack** *n NAm:* (*Br* = **drawing pin**) punaise *f*.

thump [θʌmp] **1.** *n* (*a*) bruit sourd; cognement *m*; **to fall with a t.,** tomber lourdement (*b*) (grand) coup; coup de poing; bourrade *f* **2.** (*a*) *vtr* frapper, cogner sur (qn), bourrer (qn) de coups; taper sur (la table) (*b*) frapper, cogner (**on,** sur); my heart was thumping, mon cœur battait à grands coups. **'thumping** *a F:* **a t. great lie,** un mensonge énorme.

thunder ['θʌndər] **1.** *n* (*a*) tonnerre *m*; **there's t. in the air,** (i) le temps est à l'orage (ii) *Fig:* l'atmosphère est orageuse (*b*) **t. of applause,** tonnerre d'applaudissements **2.** *vtr & i* (*a*) tonner; **it's thundering,** il tonne; **the train thundered past,** le train est passé dans un bruit de tonnerre (*b*) **to t. (out) threats,** proférer des menaces d'une voix tonnante. **'thunderbolt** *n* **1.** (coup *m* de) foudre *f* **2.** *Fig:* coup de tonnerre, nouvelle foudroyante. **'thunderclap** *n* coup de tonnerre. **'thundercloud** *n* nuage orageux. **'thundering** *a* **1.** tonnant; fulminant **2.** *F:* **in a t. rage,** dans une colère épouvantable; **t. great lie,** mensonge énorme. **'thunderous** *a* (*of voice*) tonnant; **t. applause,** tonnerre *m* d'applaudissements. **'thunderstorm** *n* orage *m*. **'thunderstruck** *a* abasourdi, foudroyé. **'thundery** *a* orageux.

Thursday ['θə:zdi] *n* jeudi *m*; **Maundy T.,** jeudi saint.

thus [ðʌs] *adv* **1.** ainsi; de cette façon **2.** ainsi, donc **3. t. far,** jusqu'ici; jusque-là.

thwack [θwæk] *n* coup *m*; claque *f*.

thwart¹ [θwɔ:t] *n* banc *m* de nage (d'une embarcation).

thwart² *vtr* contrecarrer (qn); déjouer (une intrigue, les projets de qn); **to be thwarted,** essuyer un échec.

thy [ðai] *poss a* (**thine** *before a vowel*) *A: & Lit:* ton, *f* ta, *pl* tes.

thyme [taim] *n Bot:* thym *m*.

thyroid ['θairɔid] *a & n Anat:* thyroïde (*f*).

ti [ti:] *n Mus:* si *m*.

tiara [ti'ɑ:rə] *n* diadème *m*.

Tibet [ti'bet] *Prn Geog:* Tibet *m*. **Ti'betan** *a & n* tibétain, -aine.

tibia ['tibiə] *n* (*pl* **tibiae**) *Anat:* tibia *m*.

tic [tik] *n Med:* tic *m*.

tichy ['titʃi] *a* (**-ier, -iest**) *F:* minuscule.

tick¹ [tik] **1.** *n* (*a*) tic-tac *m* (d'une pendule) (*b*) *F:* moment *m*, instant *m*; **half a t.!** un instant! une seconde! **he'll do it in two ticks,** il fera ça en moins de rien (*b*) marque *f*, coche *f*, trait *m*; **to put a t. against a name,** cocher un nom **2.** *v* (*a*) *vi* faire tic-tac; **the minutes are ticking by,** le temps passe; *F:* **I'd like to know what makes him t.,** je voudrais bien savoir ce qui le pousse (*b*) *vtr* cocher (un nom); marquer (une réponse) juste. **'ticker** *n* **1.** *F:* (*a*) montre *f* (*b*) cœur *m* **2. t. tape,** (i) bande *f* (de téléimprimeur) (ii) *US:* (*at parades*) = serpentin *m*. **'ticking¹** *n* **1.** tic-tac *m* (d'une pendule) **2.** *F:* **t. off,** réprimande *f*; **to give s.o. a t. o.,** passer un savon à qn. **tick 'off** *vtr* **1.** cocher (un nom) **2.** *F:* attraper (qn); passer un savon à (qn). **tick 'over** *vi* (*of engine, factory*) tourner au ralenti; **my business is just ticking over,** mes affaires vont doucement. **tick-'tock** *n* tic-tac *m*.

tick² *n Arach:* tique *f*.

tick³ *n F:* crédit *m*; **to buy sth on t.,** acheter qch à crédit.

ticket ['tikit] **1.** *n* (*a*) (*NAm:* = **transportation**) billet *m* (de chemin de fer, de théâtre); ticket *m* (de métro, d'autobus); titre *m* de transport; **left-luggage t., cloakroom t.,** bulletin *m* de consigne; **platform t.,** ticket de quai; **t. collector,** contrôleur, -euse; **t. holder,** personne munie d'un billet; **t. office,** guichet *m*; **season t.,** carte *f* d'abonnement; **season t. holder,** abonné(e); **single t.,** (billet d')aller *m*; **return t.,** (billet d')aller et retour (*b*) (*for library*) carte *f* (*c*) *Aut: F:* **(parking) t.,** contravention *f*, contredanse *f* (*d*) *Com:* **(price) t.,** étiquette *f* (*e*) *Pol: US:* liste *f*; *F:* **the democratic t.,** le programme du parti démocrate (*f*) *P:* **that's the t.!** voilà qui fera l'affaire! à la bonne heure! **2.** *vtr* **(ticketed)** étiqueter (des marchandises).

ticking² ['tikiŋ] *n* toile *f* à matelas.

tickle ['tikl] **1.** *n* chatouillement *m* **2.** *v* (*a*) *vtr* chatouiller; (*of food*) **to t. the palate,** chatouiller le palais; **to t. s.o.'s fancy,** amuser qn; **to be tickled to death, tickled pink, at, by, sth,** (i) s'amuser beaucoup de qch (ii) être ravi de qch (*b*) *vi* **my hand tickles,** la main me démange. **'tickling 1.** *a* qui chatouille **2.** *n* chatouillement *m*. **'ticklish, 'tickly** *a* **(-ier, -iest) 1.** chatouilleux; (toux) d'irritation; (couverture) qui chatouille **2.** (*of pers*) susceptible; (*of task, situation, subject*) délicat.

tidbit ['tidbit] *n NAm:* (*food*) bon morceau; *Fig:* détail croustillant.

tiddler ['tidlər] *n F:* (*a*) petit poisson; *esp* épinoche *f* (*b*) petit enfant; mioche *mf*. **'tiddl(e)y¹** *a* **(-ier, -iest)** minuscule.

tiddl(e)y² ['tidli] *a* **(-ier, -iest)** *F:* ivre, pompette.

tiddlywinks ['tidliwiŋks] *n* jeu *m* de puce.

tide [taid] **1.** *n* marée *f*; **high, low, t.,** marée haute, basse; *Nau: & Fig:* **against the t.,** à contre-courant; **to go with the t.,** suivre le courant; **the t. has turned,** la chance a tourné; **the rising t. of discontent,** la vague de mécontentement **2.** *vtr* **to t. s.o. over,** dépanner qn. **'tidal** *a* **1. t. wave,** (i) raz *m* de marée (ii) *Fig:* vague *f* de fond **2. t. river,** fleuve qui a une marée. **'tidemark** *n* **1.** (*a*) ligne *f* de marée haute (*b*) laisse *f* de haute mer **2.** *Fig: Hum:* ligne de crasse (dans une baignoire). **'tideway** *n* lit *m* de la marée.

tidings ['taidiŋz] *npl Lit:* nouvelles *fpl*.

tidy ['taidi] **I.** *a* **(-ier, -iest) 1.** (*of room*) bien rangé, en (bon) ordre; (*of clothes, looks*) soigné; (*methodical*); ordonné; **to make t.,** ranger **2.** *F:* (*of amount*) joli, bon; **a t. sum,** une somme rondelette. **II.** *n* vide-poches *m inv*; **sink t.,** coin *m* d'évier. **III. 1.** *vtr* ranger; mettre de l'ordre dans (une chambre); **to t. oneself (up),** s'arranger; **to t. one's hair,** s'arranger les cheveux; **to t. (up, away),** ranger (qch) **2.** *vi* **to t. up,** ranger. **'tidily** *adv* proprement; soigneusement; avec soin. **'tidiness** *n* (bon) ordre, propreté *f*; soin *m*.

tie [tai] **I.** *n* **1.** lien *m*; attache *f*; **family ties,** liens de famille; **ties of friendship,** liens d'amitié **2.** lacet *m* (de chaussure) **3.** *Cl:* cravate *f*; **bow t.,** nœud *m* papillon; (*on invitation*) **black t.** = smoking *m* **4.** *NAm: Rail:* (*Br* = **sleeper**) traverse *f* **5.** *Mus:* liaison *f* **6.** (*a*) *Sp:* égalité *f* de points; match nul; **t. breaker,** match de barrage (*b*) *Fb:* **cup t.** = match de championnat (*c*) **the election has ended in a t.,** les candidats ont obtenu un nombre égal de suffrages. **II.** *v* **(tied; tying) 1.** *vtr* (*a*) attacher; lier (qn à qch); *Fig:* **to t. s.o.'s hands,** lier les mains à qn; *Fig:* **to be tied hand and foot,** avoir les mains liées; **to be tied to one's bed,** être cloué au lit (*b*) lier, nouer (un lacet, une ficelle); faire (un nœud, sa cravate); lacer (ses chaussures) (*c*) *Mus:* lier (deux notes) **2.** *vi Sp:* finir à égalité de points; *Fb:* faire match nul; (*in race*) être ex aequo; *Pol:* (*of candidates*) obtenir un nombre égal de suffrages; *Sch:* **to t. for first place,** être premier ex aequo (**with,** avec). **tie 'back** *vtr* retenir (les cheveux) en arrière. **tie 'down** *vtr* (*a*) attacher (qch); immobiliser (qn) (*b*) assujettir (qn) à certaines conditions; **to t. s.o. d. to a date,** obliger qn à accepter une date; **tied down to one's job,** assujetti à ses fonctions. **tie 'in** *vi* (*a*) se rattacher (à qch) (*b*) se rapporter (**with,** à). **'tie-in** *n* rapport *m*; association *f*. **tie 'on** *vtr* attacher (avec une ficelle). **'tie-on** *a* **t.-on label,** étiquette *f* à œillet(s). **'tiepin** *n* épingle *f* de cravate. **tie 'up** *vtr* **1.** (*a*) attacher, ficeler (un paquet); se nouer (les cheveux); bander, panser (un bras blessé) (*b*) attacher (un chien); ligoter (qn) (*c*) *vtr & i* amarrer (un bateau); immobiliser (ses capitaux) (*d*) *F:* **just now I'm tied up,** pour l'instant je suis occupé **2.** *vi* avoir des rapports (avec qch); **we are tied up with another firm,** nous sommes liés avec une autre maison; **that ties up with what I was saying,** cela rejoint ce que je disais. **'tie-up** *n* (*a*) association *f*, rapport *m*, lien *m* (entre deux choses) (*b*) *NAm: F:* (*traffic jam*) bouchon *m*.

tier [tiər] *n Sp: Th:* gradin *m*; (*of cake*) étage *m*; **in tiers,** par étages; en gradins; **to rise in tiers,** s'étager; **four-t. cake,** pièce montée à quatre étages.

tiff [tif] *n* petite querelle; *F:* prise *f* de bec.

tiger ['taigər] *n* tigre *m*; *Bot:* **t. lily,** lis tigré; *Ent:* **t. moth,** écaille *f*.

tight [tait] **I.** *a* **1.** (*of partition*) imperméable (à l'eau, à l'air); (*of ship, container*) étanche; (*of joint*) hermétique **2.** (*a*) (*of cord*) raide, tendu; **to draw a cord t.,** serrer un cordon; **to keep a t. hold over s.o.,** tenir qn serré (*b*) (*of clothes*) ajusté; (*too tight*) (trop) étroit, (trop) serré, étriqué; **skin t.,** collant; **t. shoes,** chaussures trop étroites; **it's a t. squeeze,** il y a juste la place; *F:* **to be in a t., spot, corner,** être dans une situation difficile, une mauvaise passe (*c*) (*of furniture, mortise*) bien ajusté; (*of drawer, lid*) dur; (*of knot, screw*) serré (*d*) **t. schedule,** horaire minuté; **I work to a very t. schedule,** mon temps est très minuté **3.** (*of control*) strict; (*of credit*) serré; *F:* **money's a bit t. with me,** je suis à court d'argent; *F:* **to be t. with one's money,** être avare **4.** *F:* ivre, soûl; **to get t.,** prendre une cuite. **II.** *adv* **1. shut t.,** hermétiquement clos; (yeux) bien fermés **2.** (serrer) fort; **to hold sth t.,** tenir qch serré; **to sit t.,** ne pas bouger; **hold t.!** tenez bon! **to screw a nut t.,** serrer un écrou à bloc. **'tighten** *v* **1.** *vtr* (*a*) **to t. (up),** serrer, resserrer (une vis, un nœud); tendre, raidir (un cordage); *Fig:* **to t. one's belt,** se serrer la ceinture (*b*) **to t. (up) restrictions,** renforcer des restrictions **2.** *vi* (*a*) se (res)serrer; (*of cable*) devenir tendu; se tendre; raidir. (*b*) **to t. up on,** se montrer plus strict à l'égard de. **tight'fisted** *a F:* avare, radin. **tight-'fitting** *a* (*a*) (vêtement) ajusté (*b*) (*of lid*) qui ferme bien, hermétiquement. **'tightly** *adv* (tenir) bien; (serrer) fort; **t. knit,** très uni. **'tightness** *n* (*a*) tension *f* (d'un cordage) *f* (*b*) étroitesse *f* (d'un vêtement) (*c*) *Med:* oppression *f* (de la poitrine) (*d*) rigueur *f.* **'tightrope** *n* corde raide; **t. walker,** funambule *mf.* **tights** *npl Cl:* collant *m*; (*for dancer*) justaucorps *m.* **'tightwad** *n NAm:* grippe-sou *m.*

tigress ['taigrəs] *n* tigresse *f.*

tile [tail] **1.** *n* (*a*) tuile *f* (de toiture); *F:* **to spend a night on the tiles,** traîner dehors toute la nuit (*b*) carreau *m* **2.** *vtr* (*a*) couvrir de tuiles, en tuiles (*b*) carreler (un plancher, un mur). **tiled** *a* **1.** (toit) de tuiles **2.** (sol, mur) carrelé. **'tiling** *n* **1.** (*a*) pose *f* des tuiles (*b*) carrelage *m* **2.** *coll* (*a*) couverture *f* en tuiles (*b*) carreaux *mpl*, carrelage.

till[1] [til] *vtr* cultiver (un champ). **'tilling** *n* culture *f.*

till[2] *n* caisse *f* (enregistreuse); **t. money,** encaisse *f*; *F:* **to be caught with one's hand in the t.,** être surpris la main dans le sac.

till[3] **1.** *prep* (*a*) jusqu'à; **t. now, t. then,** jusqu'ici, jusque-là; **from morning t. night,** du matin au soir (*b*) **not t. Monday,** pas avant lundi; **he won't come t. after dinner,** il ne viendra qu'après le dîner **2.** *conj* (*a*) jusqu'à ce que + *sub*; **t. the doors are shut,** jusqu'à ce que les portes soient fermées; **to laugh t. one cries,** rire aux larmes (*b*) **he won't come t. he's invited,** il ne viendra que lorsqu'il aura été invité.

tiller ['tilər] *n Nau:* barre franche (de direction).

tilt [tilt] **1.** *n* (*a*) inclinaison *f*, pente *f* (*b*) **(at) full t.,** à toute vitesse, à fond de train; **to run full t. into sth,** donner en plein contre qch **2.** *v* (*a*) *vi* **to t. (up),** s'incliner; pencher; **to t. backwards, forwards,** incliner vers l'arrière, vers l'avant; **to t. over,** (i) se pencher, s'incliner (ii) (*of table*) se renverser (*b*) *vtr* pencher, incliner; rabattre (son chapeau) **(over one's eyes,** sur les yeux); **to t. one's chair back,** se balancer sur sa chaise.

timber ['timbər] *n* **1.** (*a*) bois *m* (de construction); **t. merchant,** marchand de bois (*b*) (*trees*) arbres *mpl* **2. (piece of) t.,** poutre *f*, madrier *m.* **'timbered** *a* (maison) en bois; (*of land*) boisé; **half t.,** à colombage. **'timberyard** *n* entrepôt *m* de bois.

time [taim] **I.** *n* **1.** temps *m*; **t. will tell,** qui vivra verra; **in (the course of) t., with (the passage of) t., as t. goes on, by,** avec le temps; à la longue; **race against t.,** course contre la montre **2.** (*a*) **in a short t.,** en peu de temps; sous peu; **in three weeks' t.,** dans trois semaines; **in no t. (at all), in next to no t.,** en un rien de temps, en moins de rien; **within the required t.,** dans le délai prescrit; **to take a long t. over sth,** mettre longtemps à faire qch; **for some t. (to come),** pendant quelque temps; **for some t. (past),** depuis quelque temps; **I haven't seen him for a long t.,** il y a longtemps que je ne l'ai pas vu; **a short t.,** peu de temps, un petit moment; **a short t. after,** peu (de temps) après; **after a t.,** au bout d'un certain temps; **after a long t.,** longtemps après; **he's taking a long t.!** il prend son temps! **some of the t.,** une partie du temps; **most of the t.,** la plupart du temps; **all the t.,** tout le temps; **all this t.,** pendant tout ce temps; *Sp:* **to keep the t.,** chronométrer; *Cin:* **running t.,** durée *f* de projection (*b*) *El:* **t. switch,** minuterie *f*; **t. bomb,** bombe à retardement; *Phot:* **t. exposure,** pose *f* **3.** (*a*) **my t. is my own,** je suis libre de mon temps; **when I have the t.,** quand j'aurais le temps; **to have t. on one's hands,** avoir du temps à perdre; **t. off,** du temps libre; *F:* **I've no t. for him,** il m'embête; **to play for t.,** chercher à gagner du temps; **you've plenty,** *F:* **heaps, of t.,** vous avez tout le temps qu'il vous faut; **there's no t. to lose,** il n'y a pas de temps à perdre; **to waste t.,** perdre du temps; **to make up for lost t.,** rattraper le temps perdu; **to lose no t. in doing sth,** s'empresser de faire qch; **to make t.,** trouver le temps **(to do sth,** pour faire qch); **it takes t.,** cela prend du temps; **to take one's t. over sth,** mettre le temps (qu'il faut) à faire qch; **take your t.,** prenez votre temps; **time's up!** c'est l'heure! (*in pub*) **t., gentlemen, please!** on ferme! *Fb: etc:* **to play extra t.,** jouer les prolongations *fpl* (*b*) *F:* **to do t.,** faire de la prison; **if I had my t. over again,** si j'avais à recommencer ma vie **4.** (*a*) époque *f*; **sign of the times,** signe *m* des temps; **in former times,** autrefois; dans le temps; **in times to come,** à l'avenir; **in my t.,** de mon temps (*b*) **to be ahead of one's t.,** être en avance sur son temps; **to move with the times,** être à la page; **to be behind the times,** être en retard sur son siècle **5.** (*a*) moment *m*; **for the t. being,** pour le moment; **I was away at the t.,** j'étais absent à ce moment-là, à cette époque; **at that t.,** en ce temps-là; **at the present t.,** à l'heure actuelle; actuellement; **at a given t.,** à un moment donné; **at the t. fixed,** à l'heure convenue; **at one t.,** à un moment donné; **at one t. it was different,** autrefois il n'en était pas ainsi; **at no t.,** jamais; à aucun moment; **at times,** par moments, parfois; **at all times,** (i) toujours (ii) à n'importe quel moment; **between times,** entre temps; **at various times,** à diverses reprises; **(at) any t. (you like),** n'importe quand; quand vous voudrez; **if at any t.,** si à l'occasion; **he may turn up at any t.,** il peut arriver d'un moment à l'autre; **some t. or other,** un jour ou l'autre; **some t. next month,** dans le courant du mois prochain; **this t. tomorrow,** demain à cette heure-ci, à la même heure; **by the t. I got there,** le temps que j'arrive; **from t. to t.,** de temps en temps; **from that t. (onwards),** dès lors; à partir de ce moment-là; **at the right t.,** en temps utile; **we shall see when the t. comes,** nous verrons (cela) le moment venu; **now's the t. to,** c'est le (bon) moment de; **to choose one's t.,** choisir son heure; **this is no t., this is not the t. to,** ce n'est pas le moment de (*b*) **all in good t.,** chaque chose en son temps; **in his own good t.,** à son heure **6.** (*a*) heure *f*; **summer t.,** l'heure d'été; **Greenwich Mean T.,** l'heure de Greenwich; **t. zone,** fuseau *m* horaire (*b*) **what's the t.?** quelle heure est-il? **what t. do you make it?** quelle heure avez-vous? **the right, exact t.,** l'heure exacte; **to look at the t.,** regarder sa montre; **watch that keeps (good) t., that loses t.,**

montre qui est toujours à l'heure, qui retarde; *WTel::* **t. signal,** signal horaire; *F:* **to pass the t. of day with s.o.,** échanger quelques mots avec qn; **at this t. of day,** à cette heure de la journée; **t. limit,** délai *m* (*c*) **dinner t.,** l'heure du dîner; **on t.,** à l'heure; **to be ahead of, behind, t.,** être en avance, en retard; **I was just in t.,** je suis arrivé juste à temps; **in good t.,** (i) à temps (ii) de bonne heure; **it's t. we left,** il est temps de partir; *F:* **it's high t.! and about t. too!** c'est pas trop tôt! (*d*) **t. of the year,** époque de l'année; saison *f*; **at my t. of life,** à mon âge (*e*) **to die before one's t.,** mourir avant l'âge, prématurément; **his t. had not yet come,** son heure n'était pas encore venue **7.** *Ind:* (*a*) **t. clock,** pendule de pointage; **t. sheet,** feuille de présence (*b*) **t. and motion study,** étude des cadences **8.** *F:* **we had a good, nice, t.,** on s'est bien amusé; **to have a bad t., a rough t. (of it),** (i) en voir de dures (ii) passer un mauvais quart d'heure; **to give s.o. a rough t.,** en faire voir de dures à qn; **to have a hard t. doing,** avoir du mal à faire **9.** fois *f*; **(the) next t.,** la prochaine fois; **(the) last t.,** la dernière fois; **several times over,** (faire qch) à plusieurs reprises; plusieurs fois; **four times running,** quatre fois de suite; **t. and t. again, t. after t.,** à maintes reprises; maintes et maintes fois; **he gets it every t.,** il réussit à chaque coup; **two things at a t.,** deux choses à la fois; **to run upstairs four at a t.,** monter l'escalier quatre à quatre; **for weeks at a t.,** des semaines durant; **£6 a t.,** £6 chaque fois; **four times as big,** quatre fois plus grand; **ten times ten,** dix fois dix **10.** *adv phr* (*a*) **at the same t.,** en même temps (**as,** que); (faire deux choses) à la fois (*b*) **at the same t. you mustn't forget that,** d'autre part il ne faut pas oublier que **11.** (*a*) *Mus:* **t. value,** valeur *f* (d'une note) (*b*) *Mus:* mesure *f*; **triple t.,** mesure à trois temps; **t. signature,** fraction *f* indiquant la mesure; **to beat t.,** battre la mesure; **in strict t.,** en mesure; **to keep t.,** jouer, chanter, en mesure (*c*) *Mus:* tempo *m*; *Gym:* **in quick t.,** au pas accéléré **12.** *F:* **the big t.,** le haut de l'échelle; **big-t. operator,** gros trafiquant; **small-t. crook,** petit escroc. **II.** *vtr* **1.** (*a*) prévoir (un projet) (*b*) **to t. a blow, a remark,** choisir le moment de porter un coup, de placer un mot; (*of remark*) **well-timed,** opportun, à propos; **ill-timed,** inopportun, mal à propos (*c*) régler (une horloge) (*d*) *Aut: etc:* régler (l'allumage); mettre (le moteur) au point **2.** minuter, calculer la durée de (émission, opération) **3.** (*a*) **to t. how long it takes s.o. to do sth,** mesurer le temps que quelqu'un met à faire qch (*b*) *Sp:* chronométrer (une course, un coureur); **timed race,** course contre la montre. **'time-consuming** *a* qui prend du temps. **time-'honoured** *a* consacré (par l'usage). **'timekeeper** *n* **1.** *Sp:* chronométreur *m* **2. to be a good t.,** être toujours à l'heure. **'timeless** *a* éternel. **'timeliness** *n* à-propos *m*. **'timely** *a* opportun, à propos. **'timepiece** *n* pendule *f*; montre *f*. **'timer** *n* *Cu:* minuteur *m*, compte-minutes *m inv*; sablier *m*; (*on machine*) minuteur; *El:* minuterie *f*. **'time(-)saving 1.** *a* qui permet de gagner du temps **2.** *n* gain *m* de temps. **'timeserver** *n* opportuniste *mf*. **'timetable** *n* **1.** horaire *m*; indicateur *m* (des chemins de fer) **2.** *Sch:* emploi *m* du temps. **'timework** *n* *Ind:* travail *m* à l'heure. **'timing** *n* **1.** *Aut: etc:* (*a*) réglage *m* (de l'allumage) (*b*) distribution *f* **2.** (*a*) *Sp:* chronométrage *m* (*b*) minutage *m* (d'une opération) **3.** (*a*) **error of t.,** mauvais calcul; erreur de jugement (*b*) rythme *m* (d'un mouvement) **4. t. mechanism,** mouvement *m* d'horlogerie (d'une bombe); *El:* minuteur *m*.

timid ['timid] *a* timide; timoré, peureux, craintif. **ti'midity** *n* timidité *f*. **'timidly** *adv* timidement, craintivement.

timorous ['timərəs] *a* timoré, timide.

timpani ['timpəni] *npl Mus:* timbales *fpl*.

tin [tin] **1.** *n* (*a*) étain *m* (*b*) (*tin-plate*) fer-blanc *m*; **t. mug,** timbale *f*; *Mil: etc:* **t. hat,** casque *m*; **t. soldier,** soldat *m* de plomb; **t. whistle,** flageolet *m* (*c*) tôle *f* (*d*) **cake t.,** moule *m* à gâteaux; tourtière *f* (*e*) boîte *f* (de conserves); **t. can,** boîte (en fer-blanc); **t. of sardines,** boîte de sardines; **t. opener,** ouvre-boîtes *m inv* **2.** *vtr* **(tinned)** (*a*) étamer (*b*) mettre (des sardines) en conserve. **'tinfoil** *n* papier *m* d'aluminium, papier alu. **'tinned** *a* en boîte; **t. foods,** conserves *fpl*. **'tinny** *a* (goût, son) métallique; (machine, véhicule), de mauvaise qualité. **'tinplate** *n* fer-blanc *m*. **'tinpot** *a* *F:* qui ne vaut pas grand-chose. **'tintack** *n* semence *f*; clou *m* de tapissier.

tinder ['tindər] *n* mèche *f* de briquet; amadou *m*.

ting-a-ling ['tiŋəliŋ] *n & adv* drelin drelin (*m*).

tinge [tin(d)ʒ] **1.** *n* teinte *f*, nuance *f* **2.** *vtr* teinter, nuancer. **tinged** *a* **t. with,** teinté de; *Fig:* empreint de (jalousie, etc.)

tingle ['tiŋgl] **1.** *n* (*a*) **I have a t. in my ears,** j'ai les oreilles qui tintent (*b*) picotement *m*, fourmillement *m* **2.** *vi* (*a*) (*of ears*) tinter (*b*) picoter; **my hand tingles,** j'ai des picotements dans la main; **her cheeks tingled with the cold,** le froid lui piquait les joues. **'tingling 1.** *a* (*a*) (oreilles) qui tintent (*b*) **t. sensation,** (sensation *f* de) picotement **2.** *n* = **tingle 1.**

tinker ['tiŋkər] **1.** *n* (*a*) rétameur, étameur, ambulant (*b*) romanichel *m* **2.** *vi* **to t. (about) with,** bricoler. **'tinkering** *n* bricolage *m*, rafistolage *m*.

tinkle ['tiŋkl] **1.** *n* tintement *m*; *F:* **I'll give you a t.,** je vous passerai un coup de fil **2.** (*a*) *vi* tinter (*b*) *vtr* faire tinter. **'tinkling** *n* tintement *m*.

tinsel ['tins(ə)l] *n* (*decoration*) clinquant *m*, guirlandes *fpl* de Noël.

tint [tint] **1.** *n* teinte *f*, nuance *f*; (*for hair*) shampooing colorant **2.** *vtr* teinter, colorer; **to get one's hair tinted,** se faire faire un shampooing colorant.

tiny ['taini] *a* minuscule; **a t. bit,** un tout petit peu.

tip¹ [tip] **1.** *n* (*a*) bout *m*, extrémité *f*; pointe *f*; **to have sth on the t. of one's tongue,** avoir qch sur le bout de la langue; **asparagus tips,** pointes d'asperge (*b*) (*of walking stick*) bout ferré; embout *m*; (*of billiard cue*) procédé *m* **2.** *vtr* **(tipped)** mettre un bout à (qch); embouter (une canne). **'tipped** *a* **gold-t.,** à bout doré; **(filter) t. cigarettes,** cigarettes (à bout) filtre. **'tiptoe 1.** *n & adv* **(on) t.,** sur la pointe des pieds **2.** *vi* marcher sur la pointe des pieds; **to t. in, out,** entrer, sortir, sur la pointe des pieds. **'tiptop** *a* de premier ordre; excellent.

tip² **I.** *n* **1.** pente *f*, inclinaison *f* **2.** pourboire *m*; **the t. is included,** le service est compris **3.** conseil *m*; *Sp: etc:* tuyau *m*; **if you take my t.,** si vous voulez bien me croire; **to give s.o. a t.**, tuyauter, renseigner, qn **4. (rubbish) t.**, décharge *f* (publique); dépotoir *m*. **II.** *v* **(tipped) 1.** *vtr* (*a*) **to t. over**, renverser (qch); chavirer (un canot); **to t. up**, relever (un strapontin); faire basculer (une charrette); **to t. (out)**, déverser, décharger (**into**, dans); **to t. sth into sth**, verser qch dans qch; **to t. rubbish**, déposer des ordures (*b*) **to t. (up, over)**, pencher, incliner (*c*) donner un pourboire à (qn) (*d*) tuyauter (qn); donner un tuyau à (qn); **to t. a horse (to win)**, donner un cheval gagnant; *F:* **he's widely tipped for the job**, on lui donne toutes les chances pour le poste; **to t. off**, (i) donner un tuyau à (ii) prévenir (la police) **2.** *vi* **to t. (up, over)**, pencher, basculer; (*of boat*) **to t. over**, chavirer. **'tipper** *n* **t. (truck, lorry)**, camion *m* à benne (basculante). **'tipping** *n* **1.** (*a*) inclinaison *f* (*b*) **t. over**, renversement *m*; chavirement *m* (d'un canot) (*c*) basculage *m* (*d*) déversement *m*; *PN:* **no t.**, défense de déposer des ordures **2.** pourboires *mpl*; distribution *f* de pourboires **3.** *Sp: etc:* tuyautage *m*. **'tip-off** *n* tuyau *m*; **to get a t.-o.**, se faire tuyauter. **'tipster** *n Turf:* pronostiqueur *m*. **'tip-up** *a* (charrette) à bascule; **t.-up seat**, strapontin *m*.

tipple ['tipl] *F:* **1.** *n* boisson *f* alcoolisée; **what's your t.?** qu'est-ce que vous voulez boire? **2** *vi* picoler. **'tippler** *n* picoleur, -euse.

tipsy ['tipsi] *a* **(-ier, -iest)** gris, ivre; *F:* pompette; **to get t.**, se griser. **'tipsiness** *n* (légère) ivresse.

tirade [tai'reid] *n* tirade *f*; diatribe *f*.

tire[1] ['taiər] **1.** *vtr* fatiguer, lasser; **to t. s.o. out**, épuiser **2.** *vi* se fatiguer, se lasser (**of s.o., sth**, de qn, qch); **he never tires of telling me**, il ne se lasse pas de me le dire. **'tired** *a* (*a*) fatigué; **to get t.**, se fatiguer; **she was t. out**, elle n'en pouvait plus de fatigue; *F:* **you make me t.**, tu m'embêtes (*b*) **to be t. of sth**, en avoir assez de qch; **t. of arguing, he agreed**, de guerre lasse, il a donné son consentement. **'tiredness** *n* fatigue *f*, lassitude *f*. **'tireless** *a* infatigable, inlassable. **'tirelessly** *adv* infatigablement, inlassablement. **'tiresome** *a* **1.** (discours) ennuyeux **2.** exaspérant; (*of child*) assommant; **how t.!** que c'est assommant! **'tiring** *a* fatigant.

tire[2] *n NAm:* = **tyre.**

tissue ['tisju:] *n* (*a*) *Bot:* tissu *m*; *Fig:* **t. of lies**, tissu de mensonges (*b*) mouchoir *m* en papier, kleenex *m* (*Rtm*); **t. (paper)**, papier de soie.

tit[1] [tit] *n Orn:* (*also* **titmouse**) mésange *f*.

tit[2] *n* **t. for tat**, donnant donnant; œil pour œil, dent pour dent; **to give t. for tat**, rendre coup pour coup.

tit[3] *n P:* (*a*) bout *m* de sein (*b*) sein *m*, nichon *m*.

titanic [tai'tænik] *a* titanesque.

titbit ['titbit] *n* bon morceau; *Fig:* détail croustillant.

titillate ['titileit] *vtr* titiller, exciter. **titi'llation** *n* titillation *f*

title ['taitl] **1.** *n* (*a*) **t. (of nobility)**, titre *m* de noblesse; **to have a t.**, être titré (*b*) *Sp:* **to hold the t.**, détenir le titre (de champion); **t. holder**, détenteur, -trice, du titre (*c*) titre (d'un livre, d'un tableau, etc); **t. page**, (page de) titre; *Th: Cin:* **t. role**, rôle principal; *Cin:* **credit titles**, générique *m* (*d*) **t. to property**, titre de propriété; **t. deed**, titre de propriété **2.** *vtr* intituler, titrer (un film). **'titled** *a* titré.

titter ['titər] **1.** *n* (*a*) rire étouffé (*b*) petit rire nerveux, bête **2** *vi* (*a*) avoir un petit rire étouffé (*b*) rire nerveusement, bêtement.

tittle-tattle ['titltætl] *n* potins *mpl*, cancans *mpl*, commérages *mpl*.

titular ['titjulər] *a* titulaire; (*of function*) nominal.

tizzy ['tizi] *n* (*pl* **tizzies**) **to be in a t.**, être dans tous ses états; ne pas savoir où donner de la tête.

TNT *abbr Exp: trinitrotoluene*, TNT *m*.

to [tu:; *unstressed before consonant* tə; *unstressed before vowel* tu] **I.** *prep* à **1.** (*a*) **what school do you go to?** à quelle école allez-vous? **I'm off to Paris**, je pars pour Paris; **he went to France, to Japan, to the U.S.A.**, il est allé en France, au Japon, aux États-Unis; **she came home to her family**, elle est rentrée auprès de sa famille; **I'm going to the grocer's**, je vais chez l'épicier; **from town to town**, de ville en ville; **to town**, en ville; **the train to**, le train pour; **flights to America**, vols à destination de l'Amérique (*b*) **the road to London**, la route de Londres; **journey to Paris**, voyage à Paris; **the shortest way to the station**, le plus court chemin pour aller à la gare; **to bed!** (i) je vais me coucher (ii) allez vous coucher! **2.** vers, à; **to the east**, vers l'est; **to the right**, à droite; *PN:* **to the trains**, accès *m* aux quais **3. elbow to elbow**, coude à coude; **I told him so to his face**, je le lui ai dit en face; **to clasp s.o. to one's heart**, serrer qn sur son cœur; **to fall to the ground**, tomber à, par, terre **4.** (*a*) **from morning to night**, du matin au soir; **from day to day**, de jour en jour; d'un jour à l'autre; **from bad to worse**, de mal en pis (*b*) **ten (minutes) to six**, six heures moins dix **5.** (*a*) **soaked to the skin**, trempé jusqu'aux os; **to this day**, jusqu'à ce jour; **moved to tears**, ému jusqu'aux larmes; **fight to the death**, bataille à mort (*b*) **generous to a fault**, généreux à l'excès; **accurate to a millimetre**, exact à un millimètre près; **a year to the day**, un an jour pour jour **6.** (*a*) **to this end**, à cet effet, dans ce but; **to sit down to dinner**, se mettre à table (pour dîner); **to come to s.o.'s help**, venir à l'aide de qn (*b*) **to my despair**, à mon grand désespoir; **to everyone's surprise**, à la surprise de tous **7.** en; **to run to seed**, monter en graine; **to put to flight**, mettre en fuite; **to pull to pieces**, mettre en pièces **8. to sing sth to the tune of**, chanter qch sur l'air de **9. heir to an estate**, héritier d'une propriété; **secretary to the manager**, secrétaire du directeur; **ambassador to the king**, ambassadeur auprès du roi; **apprentice to a joiner**, apprenti chez un menuisier; **the key to the door**, la clef de la porte **10.** (*a*) **compared to this one**, comparé à celui-ci; **that's nothing to what I've seen**, cela n'est rien à côté de ce que j'ai vu (*b*) **six votes to four**, six voix contre quatre; **three (goals) to two**, trois (buts) à deux; **to bet ten to one**, parier dix contre un (*c*) **one person to a room**, une personne par chambre **11. to all appearances**, selon les apparences; **to write to s.o.'s dictation**, écrire sous la dictée de qn; **not to my taste**, pas à mon goût; **to the best of my recollection**, autant que je m'en souvienne **12. to drink to s.o.**, boire à la santé de qn **13. what did he say to my suggestion?** qu'est-ce qu'il a dit de ma proposition? **that's all there is to it**, c'est tout ce qu'il y a à dire; c'est tout; **there's nothing to it**, c'est simple comme bonjour; ce n'est rien **14.** (*a*) **to give sth to s.o.**, donner qch à qn; **what's that to you?**

qu'est-ce que cela vous fait? **to keep sth to oneself,** garder qch pour soi (*b*) envers, pour; **kind to,** gentil envers, avec, pour; **he has been a father to me,** il a été comme un père pour moi (*c*) **known to the ancients,** connu des anciens; **used to doing sth,** accoutumé à faire qch. **II.** (*with the inf*) **1.** (*a*) pour; **he came to help me,** il est venu (pour) m'aider; **so to speak,** pour ainsi dire (*b*) **happy to do it,** heureux de le faire; **ready to listen,** prêt à écouter; **old enough to go to school,** d'âge à aller à l'école; **good to eat,** bon à manger; **too hot to drink,** trop chaud pour qu'on puisse le boire (*c*) **to look at her you wouldn't imagine that,** à la voir on ne s'imaginerait pas que; **he woke to find the lamp still burning,** en s'éveillant il trouva la lampe encore allumée; **he left the house never to return,** il quitta la maison pour n'y plus revenir **2.** (*a*) **to have a great deal to do,** avoir beaucoup à faire; **there was not a sound to be heard,** on n'entendait pas le moindre bruit; **nothing to speak of,** rien qui vaille la peine d'en parler; **the first to complain,** le premier à se plaindre (*b*) **tendency to do sth,** tendance à faire qch; **this is the time to do it,** c'est le moment de le faire **3. to lie is shameful,** il est honteux de mentir; **it's better to do nothing,** il vaut mieux ne rien faire; **to learn to do sth,** apprendre à faire qch **4.** (*inf in finite clause*) **I want him to do it,** je veux qu'il le fasse; **you'd like it to be true,** vous voudriez bien que cela soit vrai **5. fifty employees are to go,** cinquante employés vont être licenciés **6. I didn't want to go but I had to,** je ne voulais pas y aller mais il a bien fallu; **you ought to,** vous devriez le faire; **I want to,** je voudrais bien; j'ai envie de le faire: **she tried to,** elle a essayé **7. wife-to-be, mother-to-be,** future femme, future mère. **III.** *adv* (*stressed*) **1.** (*a*) **to come to,** reprendre connaissance (*b*) **to pull the door to,** fermer la porte **2. to go to and fro,** aller et venir; faire la navette; **movement to and fro,** (mouvement de) va-et-vient *m inv*. **to-'do** *n* remue-ménage *m*; **what a to-do!** quelle affaire! quelle histoire! **toing and 'froing** *n* va-et-vient *m inv*.

toad [toud] *n* **1.** (*a*) crapaud *m* (*b*) *F:* sale type *m* **2.** *Cu:* **t. in the hole,** saucisses cuites au four dans de la pâte à crêpes. **'toadstool** *n* champignon *m* (vénéneux). **'toady 1.** *n* flagorneur, -euse **2.** *vi* **to t. to s.o.,** flagorner qn. **'toadying** *n* flagornerie *f*.

toast [toust] **1.** *n* (*a*) pain grillé, toast *m*; **piece of toast,** toast, rôtie *f*; **t. rack,** porte-toast *m inv*; **anchovies on t.,** anchois sur canapé (*b*) toast; **to give, propose, a t.,** porter un toast à qn; boire à la santé de qn **2.** *v* (*a*) *vtr & i* (faire) griller (*b*) *vtr* porter un toast à (qn); boire à la santé de (qn); arroser (un succès, etc). **'toaster** *n* grille-pain *m inv*.

tobacco [tə'bækou] *n* (*pl* **tobaccos**) tabac *m*; **t. pouch,** blague *f* à tabac. **to'bacconist** *n* buraliste *mf*, marchand *m* de tabac; **tobacconist's (shop),** (bureau *m* de) tabac.

toboggan [tə'bɔgən] **1.** *n* toboggan *m*, luge *f*; **t. run,** piste de toboggan **2.** *vi* faire du toboggan, de la luge.

tocsin ['tɔksin] *n* tocsin *m*.

today [tə'dei] *adv & n* aujourd'hui (*m*); **t. week,** d'aujourd'hui en huit; **today's paper,** le journal d'aujourd'hui; *Fig:* **here t. and gone tomorrow,** ça va, ça vient; **the young people of t.,** les jeunes d'aujourd'hui.

toddle ['tɔdl] **1.** *n* pas chancelant (d'un enfant) **2.** *vi* marcher à petits pas (chancelants); trottiner; **to t. along,** suivre son petit bonhomme de chemin; *F: Hum:* **to t. off,** se sauver. **'toddler** *n* enfant *mf* qui commence à marcher; **the toddlers,** les tout petits.

toddy ['tɔdi] *n* (*pl* **toddies**) **(hot) t.,** grog *m*.

toe [tou] **1.** *n* (*a*) orteil *m*; doigt *m* de pied; **big t.,** gros orteil; **from top to t.,** de la tête aux pieds; **to be on one's toes,** être vigilant; **to tread on s.o.'s toes,** marcher sur les pieds de qn (*b*) bout *m*, pointe *f* (de chaussure) **2.** *vtr Fig:* **to t. the line,** se conformer; **to t. the party line,** respecter la ligne du parti. **'toecap** *n* bout renforcé (de chaussure). **'toeclip** *n Cy:* cale-pied *m*. **'toenail** *n* ongle *m* d'orteil.

toffee ['tɔfi] *n* caramel *m* (dur); **t. apple,** pomme d'amour; *F:* **he can't sing for t.,** il ne sait pas chanter du tout.

tog [tɔg] *vtr & i* **(togged)** *F:* **to t. (oneself) up,** s'attifer; **all togged up,** en grand tralala. **togs** *npl F:* nippes *fpl*.

together [tə'geðər] *adv* (*a*) ensemble; **to go t., to belong t.,** aller ensemble; **t. with,** avec; en même temps que (*b*) **to bring t.,** rassembler, réunir (*c*) **to act t.,** agir de concert; **all t.,** tout le monde ensemble; tous à la fois; **all t. now!** tous en chœur! (*d*) **for hours t.,** des heures durant; **for months t.,** pendant des mois entiers. **to'getherness** *n* camaraderie *f*; intimité *f* (d'un couple).

toggle ['tɔgl] *n Cl:* olive *f*, bouton *m* (de duffel-coat).

toil [tɔil] **1.** *n* travail dur, pénible; labeur *m*, peine *f* **2.** *vi* travailler dur, peiner; **to t. up a hill,** gravir péniblement une colline.

toilet ['tɔilit] *n* **1.** toilette *f*; **t. case,** trousse, nécessaire, de toilette; **t. soap, water,** savon, eau, de toilette **2.** (*lavatory*) toilettes *fpl*, cabinets *mpl*; **t. bowl, seat,** cuvette *f*, siège *m*, des cabinets; **t. paper,** papier *m* hygiénique; **t. roll,** rouleau de papier hygiénique. **'toiletries** *npl* articles *mpl* de toilette.

token ['touk(ə)n] *n* **1.** indication *f*, marque *f*, témoignage *m*; **as a t. of respect,** en signe, comme marque, de respect; **by this t., by the same t.,** (i) donc; d'ailleurs (ii) de même; **t. strike,** grève symbolique **2.** (*a*) jeton *m* (*b*) bon *m*; **gift t.,** chèque-cadeau *m*; **book t.,** chèque-livre *m*; **record t.,** chèque-disque *m*.

told *see* **tell.**

Toledo [tə'leidou] *Prn Geog:* Tolède.

tolerate ['tɔləreit] *vtr* tolérer, supporter (la douleur); **I can't t. noise,** je ne supporte pas le bruit. **'tolerable** *a* (*a*) tolérable, supportable (*b*) passable; assez bon. **'tolerably** *adv* passablement; **I'm t. well,** je me porte assez bien. **'tolerance** *n* tolérance *f*. **'tolerant** *a* tolérant (**of,** à l'égard de). **'tolerantly** *adv* avec tolérance. **tole'ration** *n* tolérance *f*.

toll¹ [toul] *n* **1.** péage *m*; **t. bridge, t. motorway,** pont, autoroute, à péage **2.** (*of disease, etc*) **to take its t.,** (i) faire beaucoup de victimes (ii) laisser ses traces (**on s.o.,** sur qn); **the death t.,** le nombre de morts, le bilan en vies humaines. **'tollfree** *a NAm: Tp:* **t. number,** numéro vert.

toll² **1.** *vtr* (*a*) tinter, sonner (une cloche) (*b*) (*of bell*) sonner (l'heure); **to t. s.o.'s death,** sonner le glas pour la mort de qn **2.** *vi* (*of bell*) sonner. **'tolling** *n* (*a*) tintement *m* (de cloche) (*b*) glas *m*.

Tom [tɔm] **1.** *Prnm F:* **any T, Dick or Harry,** le premier venu; n'importe qui **2.** *n* **t. (cat),** matou *m*.

tomahawk ['tɔməhɔ:k] *n* hache *f* de guerre (des Amérindiens); tomahawk *m*.

tomato [tə'mɑ:tou, *NAm:* -'mei-] *n* (*pl* **tomatoes**) tomate *f*; **t. sauce,** sauce tomate.

tomb [tu:m] *n* tombe *f*; tombeau *m*. **'tombstone** *n* pierre tombale.

tombola [tɔm'boulə] *n* (*pl* **tombolas**) tombola *f*.

tomboy ['tɔmbɔi] *nf* garçon manqué.

tome [toum] *n* tome *m*; gros volume.

tomfool ['tɔm'fu:l] *a F:* idiot, absurde; **t. scheme,** projet insensé. **tom'foolery** *n F:* bêtise(s) *f*(*pl*); niaiserie(s) *f*(*pl*).

tommygun ['tɔmigʌn] *n* mitraillette *f*.

tommyrot ['tɔmirɔt] *n F:* bêtises *fpl*.

tomorrow [tə'mɔrou] *adv & n* demain (*m*); **t. night,** demain soir; **t. week,** (de) demain en huit; **the day after t.,** après-demain.

tomtom ['tɔmtɔm] *n* tam-tam *m*.

ton [tʌn] *n* **1.** tonne *f* (*Br* = 1016 kg, *NAm:* = 907 kg); **metric t.,** tonne (métrique) (= 1000 kg); *F:* **there's tons of it,** il y en a des tonnes; **this suitcase weighs a t.,** cette valise est rudement lourde **2.** *Nau:* **register t.,** tonneau *m*; **t. of displacement,** tonne de déplacement.

tonality [tou'næliti] *n* tonalité *f*. **'tonal** *a* tonal.

tone [toun] **I.** *n* **1.** son *m*, sonorité; *f*; timbre *m* (de la voix, d'un instrument de musique); *Rec:* **t. control,** bouton de tonalité *f*; *Tp:* **ringing t.,** tonalité d'appel **2.** (*a*) ton *m*, voix *f*; intonation *f*; **t. of voice,** accent *m*; **don't speak to me in that t. of voice!** ne me parlez pas sur ce ton! **in low tones,** à voix basse; **to set the t.,** donner le ton (*b*) *Fin:* **the t. of the market,** l'allure *f* du marché (*c*) *Med:* tonus *m* (des muscles) **3.** ton, nuance *f* (d'une couleur); *Mus:* ton. **II.** *vi* **to t. in with sth,** s'harmoniser avec qch. **tone-'deaf** *a* atteint d'amusie; **he's t. d.,** il n'a pas d'oreille. **tone 'down** *vtr* atténuer (une expression). **'toneless** *a* **t. voice,** voix blanche. **'tonelessly** *adv* d'une voix blanche. **tone 'up** *vtr* tonifier (les muscles).

tongs [tɔŋz] *npl* **(pair of) t.,** pinces *fpl*; **(fire) t.,** pincettes *fpl*; **sugar t.,** pince à sucre; **curling t.,** fer *m* à friser.

tongue [tʌŋ] *n* **1.** (*a*) langue *f*; **to put one's t. out at s.o.,** tirer la langue à qn; **to have one's t. hanging out,** tirer la langue; avoir soif (*b*) **to have a glib t.,** avoir la langue bien pendue; **to find one's t.,** retrouver la parole; **to keep a civil t. in one's head,** rester courtois; **t. in cheek,** ironique(ment); **t. twister,** mot *m*, expression *f*, imprononçable **2.** langue, idiome *m* (d'un peuple) **3.** langue (de terre, de feu); patte *f*, languette *f* (de chaussure); battant *m* (de cloche). **'tongue-tied** *a* muet (et gêné).

tonic ['tɔnik] **1.** *a* tonique; **t. water** *n* **t.,** eau tonique; **gin and t.,** gin-tonic *m* **2.** *n* (*a*) *Med:* tonique *m*, fortifiant *m* (*b*) *Mus:* tonique *f*.

tonight [tə'nait] *adv & n* ce soir; cette nuit.

tonne [tʌn] *n* (*metric*) tonne *f*. **'tonnage** *n* tonnage *m*.

tonsil ['tɔns(i)l] *n* amygdale *f*. **tonsi'llectomy** *n* opération *f*, ablation *f*, des amygdales. **tonsi'llitis** *n Med:* angine *f*; amygdalite *f*.

tonsure ['tɔnʃər] **1.** *n* tonsure *f* **2.** *vtr* tonsurer.

too [tu:] *adv* **1.** trop, par trop; **t. many people,** trop de gens; **to work t. hard,** trop travailler; **t. much money,** trop d'argent; **ten pounds t. much,** dix livres de trop; **this job's t. much for me,** ce travail est au-dessus de mes forces; **I've listened to him for t. long,** je l'ai trop écouté; **I know him all t. well,** je ne le connais que trop; **you're t. kind,** vous êtes trop gentil; **he's not t. well,** il ne va pas très bien **2.** aussi; également; **I want some t.,** il m'en faut également; moi aussi il m'en faut **3.** d'ailleurs; de plus; en outre; **30° in the shade, and in September t.,** 30° à l'ombre et en septembre en plus.

took *see* **take.**

tool [tu:l] **1.** *n* (*a*) outil *m*; instrument *m*; **garden(ing) tools,** outils de jardinage (*b*) instrument *m*; **to make a t. of s.o.,** se servir de qn; **he was a mere t. in their hands,** il était devenu leur créature (*c*) **you have to learn the tools of your trade,** on ne peut pratiquer un métier sans apprentissage **2.** *vtr* ciseler (le cuir); **tooled leather,** cuir repoussé. **'toolbag** *n* trousse *f* à outils. **'toolbox** *n* boîte *f* à outils. **'tooling** *n* ciselage *m*. **'toolkit** *n* trousse *f* à outils. **'toolmaker** *n* outilleur *m*. **'toolshed** *n* remise *f*; cabane *f* à outils.

toot [tu:t] *vtr & i Aut:* **to t. (the horn),** klaxonner.

tooth [tu:θ] *n* (*pl* **teeth** [ti:θ]) **1.** dent *f*; **milk, first, t.,** dent de lait; **front t.,** dent de devant; **back t.,** molaire *f*; **set of teeth,** denture *f*, dentition *f*; **(set of) false teeth,** dentier *m*; **t. decay,** carie *f* dentaire; **t. powder,** poudre *f* dentifrice; **to cut one's teeth,** faire, percer, ses dents; **to have a t. out,** se faire arracher une dent; **to have a sweet t.,** aimer les sucreries; **in the teeth of all opposition,** en dépit de toute opposition; **to show one's teeth,** montrer les dents; **to fight t. and nail,** se battre avec acharnement; **to get one's teeth into sth,** s'acharner à faire qch; **to set one's teeth,** serrer les dents; *F:* **long in the t.,** chenu, vieux; **I'm fed up to the (back) teeth with it,** j'en ai (plus que) ras le bol **2.** dent (de scie); **teeth of a wheel,** denture. **'toothache** *n* mal *m*, rage *f*, de dents; **to have t.,** avoir mal aux dents. **'toothbrush** *n* brosse *f* à dents. **'toothcomb** *n* peigne fin; **to go through sth with a fine t.,** passer qch au peigne fin, au crible. **toothed** *a* **t. wheel,** roue dentée. **'toothless** *n* sans dent(s); édenté. **'toothpaste** *n* (pâte *f*) dentifrice (*m*). **'toothpick** *n* cure-dent *m*. **'toothy** *a* (**-ier, -iest**) à dents saillantes.

tootle ['tu:tl] *vi* **to t. along,** suivre son petit bonhomme de chemin.

top[1] [tɔp] **I.** *n* **1.** haut *m*, sommet *m*, cime *f*, faîte *m* (d'une montagne, d'un arbre); **at the t. of the tree,** (i) en haut de l'arbre (ii) *Fig:* au premier rang de sa profession; **from t. to bottom,** de haut en bas; de fond en comble; **from t. to toe,** de la tête aux pieds; (*in bus*) **on t.,** en haut; **put it on t. of the other one,** mettez-le par-dessus l'autre; **to come out on t.,** avoir le dessus; **things are getting on t. of him,** il est dépassé; il ne s'en sort pas; **on t. of,** sur; **on t. of the one he's already got,** en plus de celui qu'il a déjà; **on t. of it all,** et pour comble, et en plus de tout cela; **to feel on t. of the world,** se sentir en pleine forme **2.**

surface *f*; dessus *m* (d'une table); impériale *f* (d'un autobus); **t. of the milk,** crème (séparée du lait) **3.** (*a*) dessus *m* (d'une boîte); toit *m* (d'une voiture); couvercle *m* (d'une casserole); bouchon *m* (d'une bouteille, d'un tube); capuchon *m* (de stylo); *F:* **to blow one's t.,** s'emporter (*b*) *Cl:* haut *m;* **pyjama t.,** veste *f* de pyjama **4.** tête *f* (d'une liste); tête, haut (d'une page) **5.** haut bout (de la table); **at the t. of the street,** au bout de la rue; *Sch:* **he's t. of the class,** c'est le premier de la classe; *F:* **he's the tops!** il est champion! *F:* **to say sth off the t. of one's head,** dire qch sans en être certain **6. to shout at the t. of one's voice,** crier à tue-tête; **to be on t. of one's form,** être en pleine forme **7. turnip tops,** fanes *f* de navets **8.** *Nau:* hune *f* **9.** (*circus*) **the big t.,** le chapiteau. **II.** *a* **1.** supérieur; du dessus, du haut, d'en haut; **t. floor, t. storey,** dernier étage; **t. hat,** (chapeau *m*) haut-de-forme *m*; **t. speed,** vitesse maximale; **at t. speed,** à toute vitesse; *F:* **to be t. dog,** avoir le dessus; *Mus:* **the t. notes,** les notes hautes; *Aut:* **in t. gear,** en quatrième, cinquième, (vitesse); *Adm:* **t. secret,** ultra-secret; **to feel on t. form,** se sentir en pleine forme **2.** premier, principal; **t. people,** personnalités *fpl*; l'élite *f*; *Sch:* **t. pupil,** premier, -ière, de la classe; **he got the t. mark, he came t., in history,** il a obtenu la meilleure note en histoire; **the world's t. ten players,** les dix meilleurs joueurs du monde; *Com:* **the t. ten** = le palmarès (de la chanson). **III.** *vtr* **(topped) 1.** écimer, étêter (un arbre); **to t. and tail gooseberries,** éplucher des groseilles à maquereau **2.** surmonter, couronner, coiffer **(with,** de); *Cu:* garnir (un dessert) **(with,** de); *Cu:* **topped with,** nappé de; **and to t. it all,** et pour comble **3.** dépasser, surpasser (qch); **to t. s.o. by a head,** dépasser qn de la tête **4. to t. a list,** être à la tête d'une liste **5.** *Golf:* calotter (la balle). **'topcoat** *n* **1.** *Cl:* pardessus *m* **2.** *Paint:* couche *f* de finition. **top-'flight** *a F:* excellent. **top-'heavy** *a* trop lourd du haut. **'topknot** *n* petit chignon. **'topless** *a* (danseuse) aux seins nus; (costume) sans haut; **t. swimsuit,** monokini *m*. **top-'level** *a* (réunion, discussion) au sommet. **'topmost** *a* le plus haut; le plus élevé. **top-'notch** *a F:* excellent. **'top 'off** *vtr* terminer **(with,** par). **'topping** *n* **1.** écimage *m* (d'un arbre) **2.** *Cu:* garniture *f* (pour un dessert); **vanilla t.,** crème à la vanille. **top-'ranking** *a* haut placé. **'topside** *n Cu:* gîte *m* à la noix. **'topsoil** *n Agr:* couche *f* arable. **top 'up** *vtr* **to t. up,** remplir (de nouveau) (un verre); rajouter (du café, de l'huile, etc); *F:* **let me t. you up,** encore un peu? *Aut:* **to t. up the battery,** rajouter de l'eau. **'top-up** *n* (remplissage *m* d')appoint *m*.

top² *n* toupie *f*.

topaz ['toupæz] *n* topaze *f*.

topic ['tɔpik] *n* matière *f* (d'une discussion); sujet *m*, thème *m* (d'une conversation). **'topical** *a* d'actualité. **topi'cality** *n* actualité *f*.

topography [tɔ'pɔgrəfi] *n* (*pl* **topographies**) topographie *f*. **topo'graphic(al)** *a* topographique.

topple ['tɔpl] **1.** *vi* **to t. (down, over),** tomber, s'écrouler, culbuter, dégringoler **2.** *vtr* **to t. sth over,** faire tomber, faire dégringoler, qch; renverser (un gouvernement).

topsy-turvy [tɔpsi'tə:vi] *a & adv* sens dessus dessous; **the whole world's (turned) t.-t.,** c'est le monde à l'envers; **everything's t.-t.,** tout est en désarroi.

torch [tɔ:tʃ] *n* **1.** torche *f*, flambeau *m* **2. (electric) t.,** (*NAm:* = **flashlight**) lampe *f* électrique, de poche. **'torchlight** *n* **by t.,** à la lumière des flambeaux; **t. procession,** retraite *f* aux flambeaux.

tore *see* **tear² II.**

torment 1. ['tɔ:ment] *n* tourment *m*, torture *f*, supplice *m*; **he suffered torments,** il souffrait le martyre; **to be in t.,** être au supplice **2.** [tɔ:'ment] *vtr* (*a*) tourmenter, torturer (qn); **tormented by remorse,** en proie aux remords (*b*) agacer, taquiner, harceler (qn, un animal).

torn *see* **tear² II.**

tornado [tɔ:'neidou] *n* (*pl* **tornadoes**) tornade *f*.

torpedo [tɔ:'pi:dou] **1.** *n* (*pl* **torpedoes**) torpille *f*; **t. tube,** (tube *m*) lance-torpille(s) (*m*); **t. boat,** torpilleur *m* **2.** *vtr* torpiller.

torpid ['tɔ:pid] *a* engourdi, torpide. **'torpor** *n* engourdissement *m*, torpeur *f*.

torque [tɔ:k] *n Mec: Ph:* moment *m* de torsion.

torrent ['tɔrənt] *n* torrent *m*; (*of rain*) **to fall in torrents,** tomber à torrents, à verse; **t. of abuse,** torrent d'injures. **to'rrential** *a* torrentiel; **t. rain,** pluie diluvienne.

torrid ['tɔrid] *a* (*of climate, etc*) torride; (*of love affair, etc*) brûlant, passionné.

torsion ['tɔ:ʃn] *n Mec: etc:* torsion *f*.

torso ['tɔ:sou] *n* (*pl* **torsos**) torse *m*.

tortoise ['tɔ:təs] *n* tortue *f*. **'tortoiseshell** *a* (*of comb, etc*) en écaille; (*of spectacles*) à monture d'écaille.

tortuous ['tɔ:tjuəs] *a* tortueux.

torture ['tɔ:tʃər] **1.** *n* torture *f*, tourment *m*, supplice *m* **2.** *vtr* torturer (qn); mettre (qn) à la torture, au supplice; **tortured by remorse,** tenaillé par le remords. **'torturer** *n* (*a*) tortionnaire *m* (*b*) *Hist:* bourreau *m*.

Tory ['tɔ:ri] **1.** *n* tory *m* **2.** *a* tory *inv*.

toss [tɔs] **I.** *n* **1.** (*a*) lancée *f*, lancement *m* (d'une balle) (*b*) **t. (of a coin),** coup *m* de pile ou face; *Sp:* tirage *m* au sort; **to win, lose, the t.,** gagner, perdre, à pile ou face; *Sp:* gagner, perdre, le tirage au sort **2. t. of the head,** mouvement brusque *m* de la tête **3. to take a t.,** faire une chute (de cheval). **II.** *v* **(tossed) 1.** *vtr* (*a*) lancer, jeter (une balle) en l'air; (*of bull*) lancer (qn) en l'air; (*of horse*) désarçonner (son cavalier); **to t. sth to s.o.,** jeter qch à qn; **to t. s.o. in a blanket,** faire sauter qn dans une couverture; **to t. the salad,** mélanger la salade (*b*) **to t. a coin,** jouer à pile ou face; *vi* **to t. for sth,** jouer qch à pile ou face; **who's paying?—let's t. for it,** qui est-ce qui paye? jouons à pile ou face (et le perdant payera) (*c*) **to t. back one's head,** rejeter la tête en arrière (*d*) agiter, secouer, ballotter; **to be tossed about,** être ballotté **2.** *vi* (*a*) **to t. and turn, to t. (about) in bed,** se tourner et se retourner dans son lit (*b*) (*of ship*) **to pitch and t.,** tanguer (*c*) (*of waves*) s'agiter. **'tossing** *n* **1.** lancement *m* en l'air **2.** agitation *f*, ballottement *m*. **toss 'off** *vtr* avaler d'un trait (un verre de vin); expédier (un travail); écrire (un article) au pied levé. **'toss-up** *n* **1.** coup *m* de pile ou face **2.** *F:* **it's a t.-up whether he leaves or stays,** il y a autant de chances pour qu'il parte ou pour qu'il reste.

tot¹ [tɔt] *n* **1. (tiny) t.**, tout(e) petit(e) enfant **2.** goutte *f*, petit verre (de whisky).

tot² *v* **(totted)** *vtr* **to t. up**, additionner; faire le total; **to t. up expenses**, faire le compte des dépenses.

total ['tout(ə)l] **1.** *a & n* (*a*) *a* total, global; **t. amount**, somme totale, globale; **the t. sales**, le total des ventes; **they were in t. ignorance of it**, ils l'ignoraient complètement; **t. failure**, échec complet (*b*) *n* total *m*; montant *m*; tout *m*; **in t.**, au total; **grand t.**, total général; **sum t.**, somme totale; **the t. amounts to £100**, la somme s'élève à £100 **2.** *vtr & i* **(totalled,** *NAm:* **totaled)** (*a*) additionner (les dépenses); totaliser (*b*) **to t. (up to) £100**, s'élever à £100, faire £100 en tout. **totali'tarian** *a & n* totalitaire (*mf*). **totali'tarianism** *n* totalitarisme *m*. **to'tality** *n* totalité *f*. **'totally** *adv* totalement, entièrement, complètement.

tote¹ [tout] *n Sp: F:* pari mutuel.

tote² *vtr* porter (un revolver).

totem ['toutəm] *n* totem *m*; **t. pole**, mât totémique.

totter ['tɔtər] *vi* **1.** (*of pers*) chanceler; **to t. in**, entrer d'un pas chancelant **2.** (*of building*) menacer ruine; chanceler, branler. **'tottering** *a* chancelant; **t. steps**, pas chancelants, pas mal assurés.

toucan ['tu:kæn] *n Orn:* toucan *m*.

touch [tʌtʃ] **I.** *n* **1.** toucher *m*, contact *m*; **I felt a t. on my arm**, je sentis qu'on me touchait le bras **2.** (*sense*) toucher; tact *m*; **soft, hard, to the t.**, mou, dur, au toucher; **to know sth by the t.**, reconnaître qch au toucher; **the cold t. of marble**, le contact froid du marbre **3.** (*a*) léger coup (*b*) touche *f* (de pinceau); coup (de crayon); **to add a few touches to a picture**, faire quelques retouches à un tableau; **to put the finishing touch(es), to add the final t., to sth**, mettre la dernière touche à qch **4.** (*a*) **he's lost his t.**, il a perdu la main; **this room needs a woman's t.**, il manque une touche féminine dans cette pièce (*b*) *Mus:* toucher; **to have a light t. on the piano**, avoir un toucher délicat **5. t. of garlic**, pointe *f* d'ail; **t. of rouge**, soupçon *m* de rouge; **a t. of bitterness**, une nuance d'amertume; **there's a t. of colour in her cheeks**, ses joues ont pris un peu de couleur; **t. of originality**, note *f* d'originalité; **t. of flu**, petite grippe **6.** contact; **to be in t. with**, être en contact avec (qn); être au courant de (événements); **to get in t. with s.o.**, joindre, contacter, qn; se mettre en contact, prendre contact, avec qn; **to get in t. with the police**, se mettre en communication avec la police; **I'll be in t.**, je vous ferai signe; **to put s.o. in t. with s.o.**, mettre qn en rapport avec qn; **to be out of t. with**, ne plus être en contact avec (qn); ne plus être au courant de (qch); **I've lost t. with him**, je l'ai perdu de vue **7.** *Fb: etc:* touche; **kick into t.**, envoi *m* en touche. **II.** *v* **1.** *vtr* (*a*) toucher; effleurer; **to t. sth with one's finger**, toucher qch du doigt; **to t. s.o. on the shoulder**, toucher qn à l'épaule; **to t. one's hat**, porter, mettre, la main à son chapeau; *F:* **t. wood!** touchons du bois! **I wouldn't t. it with a barge pole**, je n'y toucherais pas avec des pincettes; (*of ship*) **to t. the bottom**, *vi* **to t.**, toucher le fond; toucher (*b*) **his garden touches mine**, son jardin touche au mien, le mien (*c*) faire jouer (un ressort); **he touched the bell**, il a appuyé sur le bouton de la sonnette (*d*) *v ind tr* **to t. on a subject**, toucher à un sujet (*e*) toucher, atteindre; *Fig:* (*equal*) égaler; **the law can't t. him**, la loi ne peut rien contre lui; **the curtains t. the floor**, les rideaux descendent jusqu'au plancher; **nobody can t. him in comedy**, personne ne joue la comédie aussi bien (que lui) (*f*) **I never t. wine**, je ne bois jamais de vin; **I never t. the stuff**, je n'en bois jamais (*g*) toucher, émouvoir, attendrir (qn); **to be touched by s.o.'s kindness**, être touché de la bonté de qn; **to t. s.o. to the quick**, toucher qn au vif (*h*) toucher, regarder (qn); **the question touches you closely**, la question vous touche de près; **flowers touched by the frost**, fleurs atteintes par la gelée **2.** *vi* (*of pers, thgs*) se toucher; être, venir, en contact; **don't t.!** ne, n'y, touche pas! **he's always touching**, c'est un touche-à-tout. **touch and 'go** *n F:* douteux; **it was t. and go whether we would catch the train**, nous avons failli manquer le train; **it was t. and go with him**, il revient de loin; **a t.-and-go affair**, une affaire très risquée. **touch 'down 1.** *vtr & i Rugby Fb:* toucher dans les buts **2.** *vi Av:* atterrir. **'touchdown** *n Av:* atterrissage *m*. **touched** *a* touché (**by**, de); *F:* toqué, timbré. **'touchiness** *n* susceptibilité *f*, irascibilité *f*. **'touching 1.** *a* touchant, émouvant, attendrissant **2.** *prep* concernant. **'touchingly** *adv* d'une manière touchante. **'touchline** *n Fb: etc:* (ligne *f* de) touche *f*. **touch 'off** *vtr* décharger (un canon); faire partir, faire exploser (une mine). **'touch-type** *vi* taper au toucher. **touch 'up** *vtr* retoucher (un tableau); rafraîchir (les couleurs de qch). **'touchy** *a* susceptible, ombrageux, irascible; **he's very t.**, il se froisse, s'offusque, pour un rien.

tough [tʌf] **I.** *a* **1.** dur, résistant; **t. meat**, viande coriace **2.** (*of pers*) fort, solide; *F:* **a t. guy**, un dur **3.** (*of pers*) raide, inflexible; (*of businessman*) coriace; (*relentless*) acharné; *F:* **he's a t. customer**, il n'est pas commode; c'est un dur à cuire; **to get t. with s.o.**, se montrer dur envers qn **4.** *F:* (*a*) **t. job**, tâche dure, difficile (*b*) **t. luck**, pas de veine! **that's t.!** c'est vache! **to have a t. time**, en voir de dures. **II.** *n F:* dur *m*. **'toughen 1.** *vtr* (*a*) durcir (*b*) endurcir (qn) **2.** *vi* (*a*) durcir (*b*) (*of pers*) s'endurcir. **'toughly** *adv* **1.** durement **2.** avec acharnement; vigoureusement. **'toughness** *n* **1.** dureté *f*; résistance *f* **2.** (*a*) force *f*, solidité *f* (*b*) résistance à la fatigue **3.** inflexibilité *f* **4.** difficulté *f* (d'un travail).

toupee, toupet ['tu:pei] *n* postiche *m*.

tour ['tuər] **1.** *n* (*a*) voyage *m*; (*on bicycle, foot*) randonnée *f*; (*by artist, team, etc*) tournée *f*; **on t.**, en voyage; en tournée; **conducted, guided, t.**, (i) voyage organisé (ii) (*in museum*) visite guidée; **package t.**, voyage organisé; **to go on a world t.**, faire le tour du monde (*b*) **t. of inspection**, tournée d'inspection; **t. of duty**, (i) tour *m* de service (ii) journée *f* (de travail). **2.** *vtr & i* (*a*) **to t. a country**, visiter un pays; voyager dans un pays; **to go touring**, faire du tourisme (*b*) (*of artist, etc*) être, partir, en tournée. **'tourer** *n* voiture *f* de tourisme. **'touring 1.** *a* **t. car**, voiture de tourisme; **touring company**, troupe en tournée **2.** *n* tourisme *m*; **to go t.**, faire du tourisme. **'tourism** *n* tourisme. **'tourist** *n* touriste *mf*; **t. agency**, agence, bureau, de tourisme; **t. centre**, centre, ville, touristique; **the t. trade**, le tourisme; **t. class**, classe touriste; **t. office**, syndicat *m* d'initiative. **'touristy** *a Pej: F:* (trop) touristique.

tournament ['tuənəmənt] *n Sp: Hist:* tournoi *m*.

tourniquet ['tuənikei] *n Med:* tourniquet *m*, garrot *m*.

tousle ['tauzl] *vtr* ébouriffer (les cheveux); **tousled hair,** cheveux ébouriffés.

tout [taut] **1.** *n* (*a*) (*for hotels*) rabatteur *m*; (*for insurance companies*) démarcheur, -euse; (*for shops*) racoleur, -euse; **ticket t.,** revendeur, -euse, de billets (à la sauvette) (*b*) (**racing**) **t.,** pronostiqueur *m*; donneur *m*, de tuyaux **2.** *vi & tr* revendre (des billets) (à la sauvette); **to t. for custom,** racoler des clients; **to t. a product,** faire l'article d'un produit.

tow¹ [tou] **1.** *n* (*a*) **to take a car in t.,** prendre une voiture en remorque; **to be taken in t.,** se mettre à la remorque; *F:* **he always has his family in t.,** il trimbale toujours sa famille avec lui; *Aut:* **on t.,** en remorque; **t. bar,** timon *m* de remorque (*b*) *Aut:* **we can give you a t.,** nous pouvons vous remorquer; *NAm:* **t. truck,** dépanneuse *f* **2.** *vtr* remorquer (un navire, une voiture); tracter (une caravane, une remorque); touer (un chaland); (*from towpath*) haler (un chaland); **my car's been towed away by the police,** la police a emmené ma voiture à la fourrière. **'towboat** *n* remorqueur *m*. **'towing** *n* remorque *f*, remorquage *m*; touage *m*; (*from towpath*) halage *m*. **'towline, 'towrope** *n* (câble *m* de) remorque *f*. **'towpath** *n* chemin *m* de halage.

tow² *n* étoupe (blanche); filasse *f*. **tow-'headed** *a* aux cheveux (blond) filasse.

toward(s) [tə'wɔːd(z), *NAm:* tɔːd(z)] *prep* **1.** vers; du côté de; **he came t. me,** il est venu vers moi **2.** envers, à l'égard de (qn); **his feelings t. me,** ses sentiments envers moi; ses sentiments à mon égard **3.** pour; **money, t.,** de l'argent pour (acheter); **to save t. sth,** économiser pour qch; **I'd like to give something t. it,** je voudrais apporter ma contribution **4.** vers, sur; **t. noon,** vers midi; **t. the end of the week,** en fin de semaine; **t. the end of his life,** sur la fin de sa vie.

towel ['tauəl] **1.** *n* (*a*) serviette *f* (de toilette); essuie-mains *m inv*; (*for dishes*) torchon *m*; **roller t.,** serviette sans fin (pour rouleau); **t. rail,** porte-serviettes *m inv* (*b*) **sanitary t.,** serviette hygiénique, périodique **2.** *vtr* (**towelled,** *NAm:* **toweled**) **to t. (s.o.) (dry),** essuyer, frotter, (qn) avec une serviette. **'towelling,** *NAm:* **'toweling** *n* tissu-éponge *m*; *NAm:* (**kitchen**) **t.,** essuie-tout *m inv*.

tower ['tauər] **1.** *n* tour *f*; **church t.,** clocher *m*; **water t.,** château *m* d'eau; *Av:* **control t.,** tour de contrôle; *Nau:* (*on submarine*) **conning t.,** kiosque *m*; **t. block,** tour, immeuble *m*; **he's a t. of strength,** c'est un puissant secours **2.** *vi* (*of building*) s'élever très haut; **to t. over, above (sth),** dominer (qch). **'towering** *a* **1.** (*a*) très haut, très élevé (*b*) imposant **2. in a t. rage,** au paroxysme de la colère.

town [taun] *n* **1.** ville *f*; **country t.,** bourg *m*; **county t.** = chef-lieu *m* (de département); *F:* **to go out on the t.,** faire la bombe; **t. centre,** centre-ville *m*; **t. clerk,** secrétaire *mf* de mairie; **t. council,** conseil municipal; **t. hall,** hôtel de ville; mairie *f* **2. in t., (in)to t.,** en ville; **out of t.,** en province; **he's out of t.,** il est en voyage; *F:* **to go to t.,** (i) bien s'amuser (ii) dépenser sans compter **3. t. planning,** urbanisme *m*; **t. planner,** urbaniste *mf*. **'townsfolk** *npl* citadins *m*. **'township** *n* (*in South Africa*) (ville *f* de) banlieue noire. **'townsman,** *f* **-woman** *n* (*pl* **-men, -women**) habitant, -ante, de la ville; citadin, -ine. **'townspeople** *npl* habitants *mpl* de la ville; citadins *mpl*.

toxic ['tɔksik] *a Med:* toxique. **to'xaemia,** *NAm:* **to'xemia** *n* toxémie *f*. **toxi'cologist** *n* toxicologue *mf*. **toxi'cology** *n* toxicologie *f*. **'toxin** *n* toxine *f*.

toy [tɔi] **1.** *n* jouet *m*, *F:* joujou *m*; **soft t.,** (jouet en) peluche *f*; **t. trumpet,** trompette d'enfant; **t. car, train,** voiture *f*, train *m*, miniature; **t. poodle,** caniche nain **2.** *vi* **to t. with sth,** s'amuser, jouer, avec qch; **to t. with one's food,** manger du bout des dents; **to t. with an idea,** caresser une idée. **'toyshop** *n* magasin *m* de jouets.

trace¹ [treis] **I.** *n* **1.** (*usu pl*) trace(s) *f*(*pl*) (de qn, d'un animal); empreinte *f* (d'un animal) **2.** (*a*) trace, vestige *m*; **they could find no t. of him,** on n'a pas pu retrouver sa trace; **there's no t. of it,** il n'en reste pas trace; **to vanish, disappear, without (a) t.,** disparaître sans laisser de traces (*b*) quantité *f* minime; soupçon *m*; **without a t. of jealousy,** sans la moindre jalousie. **II.** *vtr* **1.** tracer (un plan) **2.** (*a*) faire le tracé de (un plan) (*b*) (*with tracing paper*) (dé)calquer (un dessin) **3.** retrouver (la trace de), dépister; suivre la piste de; **he has been traced to Paris,** on a suivi sa piste jusqu'à Paris; **to t. lost goods,** recouvrer des objets perdus **4.** retrouver les vestiges de (un ancien édifice); retrouver (une influence); retracer; **he traces his family back to the Crusades,** il fait remonter sa famille jusqu'aux croisades; **to t. an event back to its source,** remonter à l'origine d'un événement. **'tracer** *n* **1.** traceur *m* (radioactif) **2.** *Mil:* **t. bullet,** (balle) traçante *f*. **'tracery** *n* réseau *m* (de rosace). **'tracing** *n* **1.** calquage *m*; **t. paper,** papier-calque *m inv* **2.** calque *m*.

trace² *n Harn:* trait *m*; (*of pers*) **to kick over the traces,** (i) s'insurger (ii) s'émanciper.

trachea [trə'kiːə] *n* (*pl* **tracheae** [-'kiːiː]) *Anat:* trachée *f*.

track [træk] **1.** *n* (*a*) trace(s) *f*(*pl*), piste *f* (de qn, d'une bête); sillon *m* (d'une roue); trajectoire *f* (d'une balle, d'une fusée); **to follow in s.o.'s tracks,** suivre, marcher sur, les traces de qn; **to be on s.o.'s t.,** être sur la piste de qn; **to be on the right t.,** être sur la bonne voie, piste; **to be on the wrong t.,** faire fausse route; **to keep t. of s.o.,** suivre les progrès de qn; **to lose t. of,** perdre (qn) de vue; perdre le fil de (argument); **to throw s.o. off the t.,** dépister qn; *F:* **to make tracks,** se sauver; **to stop in one's tracks,** s'arrêter net (*b*) piste, chemin *m*, sentier *m*; **mule t.,** sentier muletier; **cycle t.,** piste cyclable; (**racing**) **t.,** piste; **t. event,** épreuve *f* sur piste; **t. racing,** courses sur piste; **motor-racing t.,** autodrome *m*; (*of pers, firm, etc*) **t. record,** antécédents *mpl* (*c*) *Rail:* voie (ferrée); **the train left the t.,** le train a déraillé (*d*) *Rec:* plage *f* (de disque); piste (de magnétophone); **sound t.,** piste sonore (*e*) *Veh:* chenille *f* (*d*) *NAm: Sch:* classe *f* (de niveau) **2.** *vtr* suivre (une bête) à la piste; traquer (un malfaiteur); suivre la trajectoire de (comète). **track 'down** *vtr* traquer (le gibier, un criminel); retrouver, dépister (qch). **tracked** *a* (véhicule) chenillé. **'tracker** *n* traqueur *m* (de gibier); **t. dog,** chien policier. **'tracking** *n* **1.** poursuite *f* (d'un animal, de qn) à la piste; **t. (down),** dépistage *m* (du gibier, d'un criminel) **2. t. station,** station de dépistage. **'tracksuit** *n* *Sp:* survêtement *m*.

tract[1] [trækt] *n* **1.** étendue *f* (de pays) **2.** *Anat:* appareil *m* (respiratoire), conduit vocal.

tract[2] *n* brochure *f*; tract *m*.

tractable ['træktəbl] *a* (*of pers, character*) docile; traitable.

traction ['trækʃ(ə)n] *n* traction *f*; **t. engine,** tracteur *m*; locomobile *f*; *Rail:* **t. wheels,** roues motrices.

tractor ['træktər] *n* tracteur *m*.

trade [treid] **I.** *n* **1.** (*a*) commerce *m*; métier *m*; **to carry on a t.,** exercer un métier; **he's a carpenter by t.,** il est charpentier de son métier; **everyone to his t.,** chacun son métier (*b*) (corps de) métier; **the building t.,** le bâtiment; **the printing t.,** l'imprimerie *f*; **to be in the t.,** être du métier; **t. name,** (i) (*product*) appellation commerciale (ii) (*firm*) raison commerciale; **t. price,** prix de (demi-)gros; **t. secret,** secret de fabrication; **t. discount,** remise *f*; **t. barrier,** barrière douanière (*c*) **t. union,** syndicat *m*; **to form a t. union,** se syndiquer; **t. unionism,** syndicalisme *m*; **t. unionist,** syndicaliste *mf* **2.** (*a*) commerce, négoce *m*, affaires *fpl*; (*exchange*) échange *m*; **to be in the t.,** être dans le commerce; **he's doing a roaring t.,** il fait des affaires en or (*b*) **t. winds,** (vents) alizés (*mpl*) (*c*) **illicit t.,** trafic *m*. **II.** *v* **1.** *vi* (*a*) faire du commerce (**with,** avec); faire le commerce, le négoce (**in,** de) (*b*) **to t. on s.o.'s ignorance,** exploiter, tirer profit de, l'ignorance de qn **2.** *vtr* **to t. sth for sth,** échanger, troquer, qch contre qch. **'trade 'in** *vtr* faire reprendre qch; **I'm trading in my old car for a new one,** j'échange ma vieille voiture contre une neuve. **'trade-in** *n* reprise *f*. **'trademark** *n* marque *f* de fabrique; **(registered) t.,** marque déposée. **'trade-off** *n* échange *m*. **'trader** *n* négociant, -ante; commerçant, -ante; marchand, -ande; **(street) t.,** vendeur, -euse, de rue. **'tradesman** *nm* (*pl* **-men**) commerçant. **'trading 1.** *n* commerce *m*, négoce *m* **2.** *a* (*of activity, port, etc*) commercial; (*of nation*) commerçant; **t. stamp,** timbre-prime *m*; **t. estate,** zone industrielle.

tradition [trə'diʃ(ə)n] *n* tradition *f*; **according to t.,** selon la tradition. **tra'ditional** *a* traditionnel. **tra'ditionally** *adv* traditionnellement.

traffic ['træfik] **I.** *n* **1.** (*trade*) trafic *m*; *Pej:* **drug t.,** trafic des stupéfiants **2.** (*a*) circulation *f*; **road t.,** circulation routière; **busy, heavy, t.,** circulation intense, beaucoup de circulation; (*vehicles*) **heavy t.,** poids lourds; **t. jam,** embouteillage *m*; bouchon *m*; *NAm:* **t. circle,** (*Br* = **roundabout**) rond-point *m*; **t. island,** refuge *m*; **t. lights, signals,** feux *mpl* (de signalisation); (*when red*) feu *m* rouge; **t. sign,** panneau *m* de signalisation; **t. warden,** contractuel(le) (*b*) *Nau:* trafic; **ocean t.,** navigation *f* au long cours (*c*) **rail t.,** trafic ferroviaire; **goods, passenger, t.,** trafic marchandises, voyageurs **II.** *vi* *Pej:* **to t. in sth,** trafiquer en, faire le trafic de, qch. **'trafficker** *n* *Pej:* trafiquant, -ante (**in,** de, en).

tragedy ['trædʒidi] *n* (*pl* **tragedies**) tragédie *f*; **the t. of his death,** sa mort tragique. **'tragic** *a* tragique; **t. actor, actress,** tragédien, -ienne; *F:* **to put on a t. act,** jouer la comédie. **'tragically** *adv* tragiquement; **to take things t.,** prendre les choses au tragique.

trail [treil] **I.** *n* **1.** traînée *f* (de fumée, de sang, de poudre, etc) **2.** (*a*) piste *f*, trace *f* (d'une bête, de qn); **to pick up the t.,** retrouver la trace; **false t.,** fausse piste; **to be on s.o.'s t.,** être sur la piste de qn; **in its t.,** dans son sillage (*b*) sentier *m*. **II.** *v* **1.** *vtr* (*a*) **to t. sth (along),** traîner qch après soi; (*of car*) tracter (une caravane); **to t. one's dress in the dust,** traîner sa robe dans la poussière (*b*) suivre (la piste de), traquer (une bête, un criminel) **2.** *vi* (*a*) traîner; **your dress is trailing on the ground,** votre robe traîne (par terre) (*b*) (*of pers*) **to t. along,** se traîner; **to t. behind,** traîner (derrière les autres); *Fig:* être en retard sur les autres; **her voice trailed away, off,** sa voix s'estompa (*c*) (*of plant*) ramper. **'trailblazer** *n* pionnier, -ière. **'trailer** *n* **1.** *Aut:* remorque *f*; *NAm:* caravane *f* **2.** *Cin:* bande *f* annonce. **'trailing** *a* traînant; (*of plant*) rampant.

train [trein] **I.** *n* **1.** traîne *f* (d'une robe) **2.** train *m*, convoi *m* (de wagons); *Fig:* (*procession*) file *f*; suite *f* (d'événements); **t. of thought,** fil *m* des pensées **3.** *Rail:* (*a*) train; **main line t.,** train de grande ligne; **through t.,** train direct; **slow t.,** train omnibus; **fast t.,** (train) rapide (*m*); **express t.,** train express; **relief t.,** train supplémentaire; **to travel by t.,** voyager en train, par le train; *PN:* **to the trains,** accès *m* aux quais; **t. spotter,** personne qui observe les trains (pour repérer les différents modèles); **t. set,** train électrique (*b*) rame *f* (de métro) (*c*) **t. ferry,** ferry (-boat) *m* (*d*) *F:* **to ride the gravy t.,** se la couler douce. **II.** *v* **1.** *vtr* (*a*) former, instruire (qn); dresser (un animal); exercer (l'oreille, les yeux); *Sp:* entraîner (qn); *Hort:* palisser (un arbre fruitier); **to t. s.o. for sth, to do sth,** exercer qn à qch, à faire qch; **to t. oneself to do,** s'entraîner à faire (*b*) pointer (un canon); braquer (une lunette) (**on,** sur) **2.** *vi* recevoir une formation (**as a doctor, etc,** de médecin, etc); *Sp:* s'entraîner. **trained** *a* qualifié; (soldat) instruit; (chien) dressé; (œil, etc) exercé; *Sp:* (coureur) entraîné; **t. nurse,** infirmière diplômée; **she's not t.,** elle n'a reçu aucune formation professionnelle. **trai'nee** *a & n* stagiaire (*mf*). **'trainer** *n* **1.** dresseur *m* (d'animaux) **2.** *Sp:* entraîneur *m* **3.** (*shoe*) chaussure *f* de sport. **'training** *n* **1.** (*a*) éducation *f*, instruction *f*; formation *f*; **physical t.,** éducation physique; **he has received a good t.,** il a fait un bon apprentissage; **t. centre,** centre de formation; **(teachers') t. college,** école normale; **to acquire a business t.,** se former aux affaires (*b*) **military t.,** dressage *m*; **t. ship,** navire-école *m* militaire (*c*) *Sp:* entraînement *m*; **to be in t.,** s'entraîner (*d*) dressage (d'un animal) **2.** palissage *m* (d'un arbre fruitier).

traipse [treips] *vi* *F:* traîner les pieds; **to t. (about, around),** se balader.

trait [treit] *n* trait *m* (de caractère).

traitor ['treitər] *n* traître *m*; **to turn t.,** passer à l'ennemi; se vendre; **to be a t. to (one's country),** trahir (sa patrie). **'traitress** *nf* traîtresse.

trajectory [trə'dʒektəri] *n* trajectoire *f*.

tram(car) ['træmkɑːr] *n* (*NAm:* = **streetcar**) tram-

(way) *m*. **'tramline** *n* **1.** ligne de tram(way) **2.** **tramlines,** (i) voie *f* de tram(way) (ii) *Ten:* couloir *m*.

tramp [træmp] **I.** *n* **1.** (bruit *m* de) pas lourds **2.** (*hike*) randonnée *f* **3.** (*pers*) (*a*) clochard, -arde; chemineau *m*, vagabond, -onde (*b*) *NAm: Pej:* traînée *f* **4.** *Nau:* **t. (steamer),** tramp *m*. **II.** *v* **1.** *vi* marcher d'un pas lourd **2.** *vi* **to t. on sth,** piétiner, écraser, qch **3.** *vi* & *tr* (*a*) marcher à pied; **to t. the country,** parcourir le pays à pied (*b*) vagabonder; **to t. the streets,** battre le pavé.

trample ['træmpl] **1.** *vi* **to t. on s.o., sth,** piétiner, écraser, qn, qch; **to t. on s.o.'s feelings,** bafouer les sentiments de qn **2.** *vtr* (*a*) **to t. sth (underfoot),** piétiner qch, fouler qch aux pieds; **to t. down the grass,** fouler l'herbe; **he was trampled to death,** il a été écrasé par la foule (*b*) piétiner (le sol). **'trampling** *n* piétinement *m*; bruit *m* de pas.

trampoline [træmpə'li:n] *n Gym:* trempoline *m*.

trance [trɑ:ns] *n* **1.** *Med:* extase *f* **2.** **(hypnotic) t.,** transe *f*; **to fall into a t.,** entrer en transe.

tranquil ['træŋkwil] *a* tranquille; serein; calme. **tran'quillity,** *NAm:* **tran'quility** *n* tranquillité *f*, calme *m*, sérénité *f*. **'tranquillize,** *NAm:* **'tranquilize** *vtr* tranquilliser, calmer, apaiser. **'tranquillizer,** *NAm:* **'tranquilizer** *n Med:* tranquillisant *m*, calmant *m*.

trans- [træns, trænz] *pref* trans-. **trans'alpine** *a* transalpin. **transat'lantic** *a* transatlantique. **transconti'nental** *a* transcontinental. **trans-'sexual** *a* trans-sexuel.

transact [trænz'ækt] *vtr* **to t. business with s.o.,** faire des affaires avec qn; traiter une affaire. **trans'action** *n St Exch:* transaction *f*; opération (bancaire, etc); **cash t.,** opération au comptant; **the t. of business,** la conduite des affaires.

transcend [træns'end] *vtr* **1.** transcender **2.** surpasser (qn). **trans'cendent** *a* transcendant. **transcen'dental** *a* transcendantal.

transcribe [træns'kraib] *vtr* transcrire. **'transcript, trans'cription** *n* transcription *f*.

transect [træn'sekt] *vtr* couper transversalement.

transept ['trænsept] *n Arch:* transept *m*.

transfer I. *n* ['trænsfɜ:r] **1.** (*a*) transfert *m* **(to,** à); déplacement *m*, mutation *f* (d'un fonctionnaire); *Pol:* passation *f* (du pouvoir); **bank, credit, t.,** virement *m* (bancaire); **t. of funds,** virement de fonds **2.** décalcomanie *f*. **II.** *v* [træns'fɜ:r] **(transferred) 1.** *vtr* (*a*) transférer **(to,** à); déplacer (un fonctionnaire); muter (un militaire); *Pol:* faire passer (le pouvoir) **(to,** à); **to t. the charges,** téléphoner en PCV; **transfer(red) charge call,** communication en PCV (*b*) *Bank:* virer (une somme) (*c*) décalquer (un dessin); *Phot:* reporter **2.** *vi* être transféré **(to,** a). **trans'ferable** *a* transmissible; (*on ticket*) **not t.,** strictement personnel.

transfigure [træns'figər] *vtr* transfigurer. **transfigu'ration** *n* transfiguration *f*.

transfix [træns'fiks] *vtr* transpercer (qn, qch); **transfixed with fear,** cloué au sol par la peur.

transform [træns'fɔ:m] *vtr* transformer; **to be transformed into,** se transformer en. **transfor'mation** *n* transformation *f*. **trans'former** *n El:* transformateur *m*.

transfuse [træns'fju:z] *vtr Med:* transfuser, faire une transfusion. **trans'fusion** *n* transfusion *f*; **(blood) t.,** transfusion (sanguine).

transgress [træns'gres] *vtr* & *i* transgresser; pécher. **trans'gressor** *n* transgresseur *m*; pécheur, *f* pécheresse.

tranship [træn'ʃip] *vtr* transborder (des voyageurs).

transient ['trænziənt] *a* transitoire; (bonheur) passager; (beauté) éphémère.

transistor [træn'zistər] *n Elcs:* transistor *m*; **t. (radio),** transistor. **tran'sistorize** *vtr* transistoriser.

transit ['trænzit] *n* **1.** transport *m* (de marchandises); **goods lost in t.,** marchandises perdues en cours de route **2.** transit *m*; **in t.,** en transit; **t. duty,** droit *m* de transit. **tran'sition** *n* transition *f*. **tran'sitional** *a* de transition, transitoire.

transitive ['trænzitiv] *a* & *n* transitif (*m*).

transitory ['trænzitəri] *a* transitoire, passager, éphémère.

translate [træn'sleit] **1.** *vtr* traduire **(from,** de; **into,** en); **the word is translated by,** le mot se traduit par **2.** *vi* (*pers*) traduire; **it won't t.,** c'est intraduisible. **tran'slatable** *a* traduisible. **tran'slation** *n* traduction *f*; *Sch:* version *f*. **tran'slator** *n* traducteur, -trice.

transliteration [trænzlitə'reiʃən] *n* translit(t)ération *f*.

translucence [trænz'lu:səns] *n* translucidité *f*. **trans'lucent** *a* translucide.

transmit [trænz'mit] *v* **(transmitted)** (*a*) *vtr* transmettre (*b*) *vtr* & *i WTel: TV:* émettre. **trans'missible** *a* transmissible. **trans'mission** *n* transmission *f*; *WTel: TV:* émission *f*; *Aut:* **t. shaft,** arbre de transmission. **trans'mitter** *n WTel: TV:* émetteur *m*.

transmute [trænz'mju:t] *vtr* transformer, changer **(into,** en); transmuer.

transom ['trænsəm] *n* traverse *f*, linteau *m* (de fenêtre).

transparent [træns'pærənt] *a* **1.** transparent; (eau) limpide **2.** clair, qui saute aux yeux. **trans'parency** *n* **1.** transparence *f* **2.** *Phot:* diapositive *f*.

transpire [træns'paiər] *vi* (*a*) transpirer (*b*) (*of secret, etc*) s'ébruiter; *F:* (*happen*) arriver; **it transpired that,** il s'est avéré que. **transpi'ration** *n* transpiration *f*.

transplant 1. *n* ['trænsplɑ:nt] *Surg:* greffe *f*, transplantation *f*; **heart t.,** greffe du cœur; **t. patient,** greffé, -ée (cardiaque, etc) **2.** *vtr* [træns'plɑ:nt] (*a*) *Hort:* transplanter, repiquer (des plants) (*b*) *Surg:* greffer, transplanter (un organe).

transport 1. *n* ['trænspɔ:t] (*a*) transport *m* (de marchandises, de voyageurs); **public t.,** les transports en commun; **road, rail, t.,** transport routier, ferroviaire; **t. café,** routier *m* (*b*) moyen *m* de transport; *Navy:* transport; **t. aircraft,** avion de transport; *F:* **do you have t.? have you got t.?** êtes-vous motorisé? (*c*) transport (de joie) **2.** *vtr* [træns'pɔ:t] *vtr* (*a*) transporter (des marchandises, des voyageurs) (*b*) **to be transported with joy,** être transporté de joie. **transpor'tation** *n* (*a*) (i) transport *m* (ii) moyen *m* de transport (*b*) *NAm:*

Rail: (*Br* = **ticket**) billet *m*, titre *m* de transport. **trans'porter** *n* transporteur *m*; **car t.**, camion *m*, wagon *m*, transporteur de voitures; **t. bridge,** (pont) transbordeur *m*.

transpose [træns'pouz] *vtr* transposer. **transpo'sition** *n* transposition *f*.

trans-ship [træn(z)'ʃip] = **tranship.**

transubstantiation [trænsəbstænʃi'eiʃn] *n* transsubstantiation *f*.

transverse ['trænzvə:s] *a* transversal. **trans'versely** *adv* transversalement.

transvestite [trænz'vestait] *n* travesti *m*.

trap [træp] **I.** *n* **1.** (*a*) piège *m*; **to set a t.**, dresser, tendre, un piège; **to catch (an animal) in a t.**, prendre (une bête) au piège; **caught like a rat in a t.**, fait comme un rat (*b*) piège, ruse *f*; **police t.**, (i) souricière *f* (ii) *Aut:* zone *f* de contrôle de vitesse; **he fell into a t.**, il s'est laissé prendre **2.** (*a*) **t. door,** trappe *f* (*b*) *P:* **shut your t.!** (ferme) ta gueule! **II.** *vtr* **(trapped)** (*a*) prendre (une bête) au piège; piéger; coincer, bloquer; **to t. one's finger in the door,** se coincer le doigt dans la porte; **trapped by the snow,** bloqué par la neige; **trapped by the flames,** cerné par les flammes (*b*) tendre des pièges (*c*) *vi Can:* trapper. **'trapper** *n* trappeur *m*. **'trapshooting** *n Sp:* ball-trap *m*.

trapeze [trə'pi:z] *n* trapèze *m*; **t. artist,** trapéziste *mf*.

trappings ['træpiŋz] *npl* signes extérieurs.

Trappist ['træpist] *a & n Ecc:* trappiste (*m*).

trash [træʃ] *n* (*a*) chose(s) *f(pl)* sans valeur; camelote *f*; saleté(s) *f(pl)*; *NAm:* ordures *fpl*, déchets *mpl* (*b*) mauvaise littérature (*c*) **to talk a lot of t.**, dire des sottises (*d*) *NAm:* (*people*) racaille *f*. **'trashcan** *n NAm:* poubelle *f*. **'trashy** *a* sans valeur, de camelote.

trauma ['trɔ:mə] *n* (*pl* **traumas, traumata**) *Psy:* traumatisme *m*; *Med:* (*wound*) trauma *m*. **trau'matic** *a Psy:* traumatisant; *Med:* traumatique. **'traumatism** *n* traumatisme *m*.

travel ['træv(ə)l] **I.** *n* (*a*) voyages *mpl*; **t. agency, agent,** agence, agent, de voyages; **t. brochure,** dépliant *m* touristique (*b*) **is he still on his travels?** est-il toujours en voyage? **II.** *v* **(travelled,** *NAm:* **traveled) 1.** *vi* (*a*) voyager; faire des voyages; **he is travelling,** il est en voyage; **to t. round the world,** faire le tour du monde; **to t. through a region,** parcourir une région; **distance travelled,** distance parcourue (*b*) aller, se déplacer; (*of news*) circuler, se répandre; **the train was travelling at 150km an hour,** le train allait à 150km à l'heure (*c*) **to t. (for a firm),** voyager (pour une maison); représenter une maison **2.** *vtr* parcourir (une distance, un pays). **'travelator** *n* trottoir roulant. **'travelled** *a* **to be well, widely, t.**, avoir beaucoup voyagé. **'traveller,** *NAm:* **'traveler** *n* **1.** voyageur, -euse; **fellow t.**, compagnon de voyage, de route; **traveller's cheque,** *NAm:* **traveler's check,** chèque de voyage **2. (commercial) t.**, représentant *m* (de commerce). **'travelling,** *NAm:* **'traveling 1.** *a* (*a*) (cirque, musicien) ambulant; **t. salesman,** représentant *m* (de commerce) (*b*) (grue) mobile **2.** *n* voyages *mpl*; **t. bag,** sac de voyage; **t. expenses,** frais de déplacement; **t. scholarship,** bourse de voyage. **'travelogue,** *NAm:* **'travelog** *n* récit *m* de voyages. **'travelsick** *a* **to be t.-s.**, avoir le mal de la route, de l'air. **'travel-'sickness** *n* mal *m* de la route, de l'air.

traverse ['trævəs, trə'və:s] **1.** *n Mount:* (i) traverse *f* (ii) traversée *f* **2.** *v* (*a*) *vtr* traverser, passer à travers (une région); passer (la mer) (*b*) *vi Mount:* prendre une traverse.

travesty ['trævisti] *n* (*pl* **travesties**) parodie *f*.

travolator ['trævəleitər] *n* trottoir roulant.

trawl [trɔ:l] **1.** *n* **t. (net),** chalut *m*, traille *f* **2.** *v* (*a*) *vi* pêcher au chalut; chaluter (*b*) *vtr* prendre (le poisson) au chalut. **'trawler** *n* chalutier *m*. **'trawling** *n* pêche *f* au chalut, chalutage *m*.

tray [trei] *n* (*a*) plateau *m* (*b*) casier *m* (d'une malle) (*c*) corbeille *f* (à correspondance). **'traycloth** *n* napperon *m*.

treachery ['tretʃəri] *n* (*pl* **treacheries**) traîtrise *f*. **'treacherous** *a* (*of pers, action*) traître, déloyal; **road conditions are t.**, l'état des routes est dangereux. **'treacherously** *adv* traîtreusement; dangereusement.

treacle ['tri:kl] *n* (*no pl*) mélasse *f*.

tread [tred] **I.** *n* **1.** (*a*) pas *m*; **to walk with measured t.**, marcher à pas mesurés (*b*) bruit *m* de pas **2.** (*a*) giron *m* (de marche d'escalier) (*b*) *Aut:* chape *f* (d'un pneu); **non-skid t.**, roulement antidérapant. **II.** *v* **(trod** [trɔd]; **trodden** ['trɔdn]) **1.** *vi* marcher; poser les pieds; **to t. softly,** marcher doucement, à pas feutrés; **to t. on sth,** (i) marcher sur qch (ii) écraser qch; **to t. carefully, warily,** avancer avec précaution **2.** *vtr* (*a*) parcourir (un chemin); *Fig:* fouler (le sol); **to t. sth under foot,** écraser qch du pied; **to t. sth into a carpet,** étaler qch (avec les pieds) sur un tapis (*b*) **to t. grapes,** fouler la vendange, le raisin; **to t. water,** nager debout. **'treadle** *n* pédale *f*; **t. sewing machine,** machine *f* (à coudre) à pédale. **'treadmill** *n Pej: Fig:* routine *f*.

treason ['tri:z(ə)n] *n Jur:* trahison *f*; **high t.**, haute trahison; lèse-majesté *f*. **'treasonable** *a* séditieux; traître; (acte) de trahison.

treasure ['treʒər] **1.** *n* trésor *m*; **t. hunt,** chasse *f* au trésor; **t. trove,** trésor (découvert par pur hasard); *F:* **my help's a real t.**, ma femme de ménage est une vraie perle **2.** *vtr* (*a*) priser, estimer, tenir (beaucoup) à (qch) (*b*) conserver (qch) (précieusement). **'treasurer** *n* trésorier, -ière. **'treasury** *n* trésor (public); trésorerie *f*; *Pol:* **the T.** = le ministère des Finances; **t. bill,** bon *m* du Trésor.

treat [tri:t] **I.** *n* **1.** (*a*) régal *m* (*b*) *F:* **to stand t.**, payer la tournée; **it's my t.**, c'est ma tournée **2.** plaisir *m* **to give oneself a t.**, faire un petit extra; **to give s.o. a t.**, faire plaisir à qn; **a t. in store,** un plaisir à venir; **it was a t. (for me) to do it,** ça m'a fait plaisir de le faire. **II.** *v* **1.** *vi* (*a*) **to t. with s.o.**, traiter, négocier, avec qn (*b*) **to t. of a subject,** traiter d'un sujet **2.** *vtr* (*a*) traiter; **to t. s.o. well,** bien traiter qn; **to t. s.o., an animal, roughly,** maltraiter qn, un animal; **to t. s.o. with respect,** montrer du respect envers qn; **to t. with care,** prendre soin de; **to t. sth as a joke,** considérer qch comme une plaisanterie (*b*) **to t. s.o. to sth,** offrir qch à qn; **to t. oneself to sth,** s'offrir, se payer, qch; **to t. s.o. to the theatre,** inviter qn au théâtre (*c*) *Med:* traiter, soigner (un malade); **to t. s.o. for rheumatism,** soigner qn pour les rhumatismes; **to be treated in hospital,** recevoir des soins à l'hôpital (*d*) traiter (un métal, un thème). **treatise** ['tri:tiz] *n* traité *m* **(on,** de). **'treatment** *n* **1.** (*a*)

traitement *m* (de qn); **his t. of his friends,** la façon dont il traite ses amis; sa manière d'agir envers ses amis; **rough t.,** mauvais traitements *mpl* (*b*) traitement (d'un sujet) 2. *Med:* traitement; soins médicaux; **patient undergoing t.,** malade en traitement. **'treaty** *n* 1. *Pol:* traité *m*; convention *f* 2. accord *m*, contrat *m*; **to sell by private t.,** vendre (qch) à l'amiable.

treble ['trebl] 1. *a* (*a*) triple (*b*) *Mus:* **t. voice,** (voix de) soprano *m*; **t. clef,** clef de sol 2. *adv* trois fois plus 3. *n* (*a*) triple *m*; **it's t. the price,** c'est le triple du prix (*b*) *Mus:* (*pers, voice*) soprano *m*; **to sing the t.,** chanter le dessus (*c*) *Elcs:* **t. control,** touche *f* de tonalité aiguë 4. *vtr & i* tripler. **'trebly** *adv* trois fois plus.

tree [triː] *n* arbre *m*; **fruit t.,** arbre fruitier; **t. trunk,** tronc d'arbre; **t. house,** cabane construite dans un arbre; **to climb a t.,** grimper sur un arbre; **to be at the top of the t.,** être au haut, au sommet, de l'échelle; **family t.,** arbre généalogique. **'treeless** *a* sans arbres. **'tree-lined** *a* bordé d'arbres. **'treetop** *n* cime *f* (d'un arbre).

trefoil ['trefɔil] *n* trèfle *m*.

trek [trek] 1. *n* voyage (long et pénible); *Sp:* randonnée *f*; *F:* (*distance*) tirée *f*; **it's quite a t.,** c'est bien loin; **day's t.,** étape *f* 2. *vi* (**trekked**) cheminer, voyager (péniblement); *Sp:* faire de la randonnée; *F:* (*go*) traîner.

trellis ['trelis] *n* (*also* **trelliswork**) treillis *m*, treillage *m*.

tremble ['trembl] 1. *n* tremblement *m*; (*in voice*) tremblotement *m*; *F:* **to be all of a t.,** être tout tremblant; trembloter 2. *vi* trembler, vibrer; frissonner; frémir. **'trembling** 1. *a* tremblant, tremblotant 2. *n* tremblement *m*; tremblotement *m*; **in fear and t.,** tout tremblant. **'tremolo** *n* (*pl* **-os**) *Mus:* trémolo *m*. **'tremor** *n* tremblement *m*; **(earth) t.,** secousse *f* (sismique). **'tremulous** *a* tremblotant, frémissant; timide; **t. voice,** voix chevrotante. **'tremulously** *adv* en tremblant; timidement.

tremendous [tri'mendəs] *a* 1. terrible 2. *F:* immense, énorme; (*wonderful*) formidable, terrible; **a t. lot of,** une quantité énorme de; **a t. crowd,** un monde fou; **t. success,** succès fou. **tre'mendously** *adv* terriblement, extrêmement, énormément.

trench [tren(t)ʃ] 1. *n* (*pl* **trenches**) tranchée *f*, fossé *m* 2. *vtr* creuser un fossé, une tranchée, dans (le sol). **'trenchcoat** *n* trench-coat *m*.

trenchant ['tren(t)ʃənt] *a* (ton) incisif; (*of reply*) mordant.

trend [trend] *n* tendance *f* (**towards,** à); **the t.,** la mode; **to set a, the, t.,** donner le ton, lancer une, la, mode. **'trendsetter** *n* lanceur, -euse, de modes; personne *f* qui donne le ton. **'trendy** *a F:* à la mode; dans le vent; (*of clothes*) dernier cri.

trepidation [trepi'deiʃ(ə)n] *n* inquiétude; émoi *m*.

trespass ['trespəs] *vi* s'introduire sans autorisation (**on, upon,** dans); *PN:* **no trespassing,** entrée interdite. **'trespasser** *n* intrus, -use; *PN:* **trespassers will be prosecuted,** défense d'entrer sous peine d'amende.

tresses ['tresiz] *npl Lit:* chevelure *f*.

trestle ['tresl] *n* tréteau *m*, chevalet *m*; **t. table,** table à tréteaux.

trial ['traiəl] *n* 1. *Jur:* procès *m*; jugement *m*; **to bring s.o. to t., to put s.o. on t.,** juger qn; **to go, be, on t., to stand t.,** passer en jugement; **t. by jury,** jugement par jury; **famous trials,** causes *f* célèbres 2. (*a*) essai *m*; épreuve *f*; **t. of strength,** épreuve de force, *Sp.* **t. (game),** match de sélection (*b*) **to give sth a t.,** faire l'essai de qch; **on t.,** à l'essai; **by t. and error,** par tâtonnements; **t. offer,** offre d'essai; *Com:* **t. order,** commande d'essai; **t. run,** (i) *Aut:* essai sur route (ii) période *f* d'essai (*c*) (*usu pl*) concours *m* (de chiens de berger) 3. (*ordeal*) épreuve; peine *f*; **he's a great t. to his parents,** il fait le martyre de ses parents.

triangle ['traiæŋgl] *n* triangle *m*; *NAm: Mth:* (*set-square*) équerre *f*. **tri'angular** *a* triangulaire.

tribe [traib] *n* tribu *f*. **'tribal** *a* de tribu; (système) tribal; **t. warfare,** guerre tribale. **'tribesman** *n* (*pl* **-men**) membre *m* de la tribu.

tribulations [tribju'leiʃənz] *npl* **(trials and) t.,** tribulations *fpl*.

tribunal [trai'bjuːn(ə)l] *n* commission *f*, tribunal *m*; *Mil:* tribunal.

tribute ['tribjuːt] *n* 1. tribut *m*; **to pay t.,** payer tribut (**to,** à) 2. tribut, hommage *m*; **to pay (a) t. to s.o.,** rendre hommage à qn; **floral tributes,** gerbes *f* et couronnes *f* (de fleurs). **'tributary** 1. *a* tributaire 2. *n* affluent *m* (d'un fleuve).

trice [trais] *n* **in a t.,** en un clin d'œil, en moins de rien.

triceps ['traiseps] *n Anat:* triceps *m*.

trick [trik] I. *n* 1. (*a*) tour *m*, ruse *f*; supercherie *f* (*b*) farce *f*, tour; **to play a t. on s.o.,** jouer un tour à qn; **my eyes have been playing tricks on me,** j'ai dû avoir la berlue; **he's been up to his tricks again,** il a encore fait des siennes (*c*) astuce *f*, truc *m*; **the tricks of the trade,** les ficelles, les astuces, du métier; **t. of the light,** illusion *f* d'optique; **he knows a t. or two, all the tricks,** il est roublard; **that should do the t.,** ça fera l'affaire; *Phot: Cin:* **t. photography,** truquage *m*, trucage *m*; **t. photo,** photo truquée; **t. question,** question-piège *f* (*d*) tour d'adresse; **card t.,** tour de cartes; **conjuring t.,** tour de prestidigitation, de passe-passe; *F:* **the whole bag of tricks,** tout le bataclan; **he doesn't miss a t.,** rien ne lui échappe; *F:* **how's tricks?** (i) comment vas-tu? (ii) quoi de neuf? 2. manie *f*, tic *m*, habitude *f*; **he has a t. of arriving just when we're about to eat,** il a le don d'arriver juste au moment où nous nous mettons à table 3. *Cards:* levée *f*; **to take a t.,** faire une levée, un pli. II. *vtr* tromper, attraper, duper (qn); mystifier (qn); **I've been tricked,** je me suis fait avoir; **to t. s.o. into doing sth,** amener qn à faire qch par la ruse; **to t. s.o. out of sth,** escroquer qch à qn. **'trickery** *n* tricherie *f*; fraude *f*, supercherie *f*; ruse *f*. **'trickiness** *n* complication *f*, délicatesse *f* (d'un mécanisme, d'une situation). **'trickster** *n* escroc *m*; filou *m*. **'tricky** *a* 1. rusé, astucieux; *F:* **he's a t. customer,** c'est un rusé 2. difficile, délicat; **a t. situation,** une situation délicate.

trickle ['trikl] 1. *n* (*a*) filet *m* (d'eau); **there was a steady t. of people,** les gens arrivaient en petit nombre mais régulièrement; **sales were down to a t.,** il n'y avait presque plus de ventes (*b*) *El:* **t. charger,** chargeur à régime lent 2. *vi* (*a*) dégouliner, couler (lentement); **water was trickling down the wall,** l'eau

dégoulinait le long du mur; **tears trickled down her cheeks,** les larmes coulaient le long de ses joues; (*of letters, people, etc*) **to t. in,** arriver en petit nombre; **the news is trickling through,** on commence à recevoir peu à peu des nouvelles (*b*) **the ball trickled into the hole,** la balle a roulé tout doucement dans le trou. **'trickling** *n* dégoulinément *m*; écoulement *m* (lent).

tricolour ['trikələr] *n* drapeau tricolore (français).

tricycle ['traisikl] *n* tricycle *m*.

trident ['traidənt] *n* trident *m*.

tried *see* **try II.**

trier ['traiər] *n F:* **he's a t.,** il est persévérant.

trifle ['traifl] **1.** *n* (*a*) bagatelle *f*, vétille *f*; **to quarrel over a t.,** se quereller pour un oui, pour un non (*b*) petite somme d'argent; **it was sold for a mere t.,** on l'a vendu pour une somme dérisoire (*c*) **a t.,** un tout petit peu; un soupçon; **a t. too wide,** un peu, un tantinet, trop large (*d*) *Cu:* diplomate *m* **2.** *vi* (*a*) jouer, badiner (**with,** avec); **he's not a man to be trifled with,** on ne plaisante pas avec lui (*b*) **to t. with sth,** manier (qch); jouer avec (les sentiments de qn) (*c*) s'amuser; s'occuper à des riens. **'trifling 1.** *a* insignifiant; peu important; **t. incidents,** menus incidents **2.** *n* (*a*) badinage *m* (*b*) gaspillage *m* du temps (en futilités).

trigger ['trigər] **1.** *n* (*a*) poussoir *m* à ressort; **t. action,** déclenchement *m* (*b*) (*of firearm*) détente *f*; gâchette *f*; *F:* **to be t. happy,** avoir la gâchette facile **2.** *vtr* **to t. (off),** déclencher, provoquer (une explosion, une révolution).

trigonometry [trigə'nɔmitri] *n* trigonométrie *f*.

trill [tril] **1.** *n* (*a*) *Mus:* trille *m* (*b*) consonne roulée **2.** *v* (*a*) *vi Mus:* faire des trilles (*b*) *vtr Mus:* triller (une note); **trilled consonant,** consonne roulée.

trillion ['triliən] *n* (i) trillion *m* (10^{18}) (ii) *NAm:* billion *m* (10^{12}).

trilogy ['trilədʒi] *n* trilogie *f*.

trim [trim] **I.** *n* **1. in good t.,** (i) en bon ordre (ii) (*of pers*) en bonne santé; en forme; **everything was in perfect t.,** tout était en parfait état **2.** (*a*) *Nau:* assiette *f*; *Av:* équilibrage *m*; **in t., out of t.,** équilibré, non équilibré (*b*) *Nau:* orientation *f* (des voiles) **3.** légère coupe; coupe *f* de rafraîchissement (de cheveux); **to have a t.,** se faire rafraîchir les cheveux **4.** (*on garment*) garniture *f*; *Aut:* garnitures *fpl*; **the car has a red interior t.,** la voiture a un intérieur rouge. **II.** *a* soigné, net; svelte; **a t. figure,** une taille fine; **a t. little garden,** un petit jardin coquet, net. **III.** *vtr* **(trimmed) 1.** tailler (une haie); rafraîchir (la barbe); couper (légèrement); rogner (un ongle, un bord, les tranches d'un livre); rafraîchir (les cheveux); **to t. a lamp,** moucher, tailler, une lampe; *Cu:* **to t. meat,** parer la viande; **to t. off the fat,** enlever le gras **2.** *Nau:* orienter (les voiles) **3.** *Cl:* orner, garnir (**with,** de); décorer (un arbre de Noël); **trimmed with lace,** garni de dentelles. **'trimming** *n* **1.** taille *f* (d'une haie); ébarbage *m* (des tranches d'un livre) **2. trimmings,** garniture(s) *f* (*pl*); *Fig:* accessoires *mpl*; *Cu: F:* **the (usual) trimmings,** accompagnements *mpl*, garniture (d'un plat).

trimaran ['traimərӕn] *n Nau:* trimaran *m*.

Trinidad ['trinidӕd] *Prn Geog:* (île *f* de) Trinidad, (île de) la Trinité.

Trinity ['triniti] *n* la (sainte) Trinité; **T. Sunday,** (fête *f* de) la Trinité.

trinket ['triŋkit] *n* (*a*) colifichet *m*; breloque *f* (*b*) bibelot *m*.

trio ['tri:ou] *n* (*pl* **trios**) trio *m*.

trip [trip] **I.** *n* **1.** voyage *m*; (*outing*) excursion *f*; **to take a t. to,** aller à; **the t. takes two hours,** on fait le trajet en deux heures; **round t.,** voyage d'aller et retour; **he does three trips to Ireland a month,** il va en Irlande trois fois par mois; **we'll have to have another t. to the doctor,** il faudra retourner chez le médecin **2.** (*drugs*) voyage, trip *m* **3.** faux pas. **II.** *v* **(tripped) 1.** *vi* (*a*) **to t. (along),** marcher d'un pas léger (*b*) **to t. (over, up),** trébucher; **to t. over sth,** trébucher contre qch (*c*) **to t. up,** se tromper (*d*) *P:* (*drugs*) faire un trip **2.** *vtr* **to t. s.o. (up),** (i) faire un croche-pied à qn; (*of obstacle*) faire trébucher qn (ii) prendre qn en défaut, en erreur. **'tripper** *n* touriste *mf*; excursionniste *mf*; **they're day trippers,** ils sont venus passer la journée. **'tripwire** *n* fil *m* de détente.

tripe [traip] *n* (*a*) *Cu:* tripes *fpl* (*b*) bêtises *fpl*.

triple ['tripl] **1.** *a* triple; trois fois plus; *Mus:* **t. time,** mesure ternaire, à trois temps **2.** *n* triple *m* **3.** *vtr & i* tripler. **'triplets** *npl* triplés, -ées. **'triplicate** *n* triple *m*; triplicata *m*; **in t.,** en trois exemplaires. **'triply** *adv* triplement.

tripod ['traipɔd] *n* trépied *m*.

tripos ['traipɔs] *n Sch:* = licence *f* ès lettres, ès sciences (à Cambridge).

triptych ['triptik] *n Art:* triptyque *m*.

trite [trait] *a* banal; (sujet) rebattu; **t. remarks,** lieux communs. **'tritely** *adv* banalement. **'triteness** *n* banalité *f*.

triumph ['traiəmf] **1.** *n* (*a*) triomphe *m*, succès *m* (*b*) air *m*, sentiment *m*, de triomphe; jubilation *f*; **he came home in t.,** il est rentré chez lui en triomphe **2.** *vi* triompher; **to t. over s.o.,** triompher de qn; l'emporter sur qn. **triumphal** [-'ʌmf(ə)l] *a* triomphal. **tri'umphant** *a* (*of team, army, etc*) triomphant; (*of success, return, etc*) triomphal. **tri'umphantly** *adv* triomphalement.

trivia ['triviə] *npl* vétilles *fpl*, futilités *fpl*. **'trivial** *a* (*a*) insignifiant; sans importance; **t. offence,** peccadille *f* (*b*) banal. **trivi'ality** *n* (*a*) insignifiance *f* (*b*) banalité *f* (*c*) **to talk trivialities,** dire des banalités.

trod, trodden *see* **tread II.**

trolley ['trɔli] *n* (*a*) chariot *m*; (*two-wheeled*) diable *m*; *Rail:* **luggage t.,** chariot à bagages (*b*) (*for shopping*) poussette *f* (de marché); (*in supermarket*) chariot, caddie *m* (*Rtm*); **(tea) t.,** table roulante; (*for tea urn*) chariot (*c*) (*trolleybus*) trolley *m*; *NAm;* **t. (car),** tramway *m*. **'trolleybus** *n* trolleybus *m*.

trollop ['trɔləp] *nf* putain *f*.

trombone [trɔm'boun] *n Mus:* trombone *m*.

troop [tru:p] **I.** *n* **1.** bande *f* (de personnes) **2.** *Mil:* (*a*) troupe *f*; **the troops,** les troupes, la troupe; **t. train,** train militaire; **t. carrier,** (i) véhicule blindé de transport *m* de personnel (ii) avion de transport de troupes (*b*) (*unit*) peloton *m* (de cavalerie) **3.** *Scout:* troupe. **II.** *v* **1.** *vi* **to t. up,** s'assembler, s'attrouper; **to t. in, out, off,** entrer, sortir, partir, en masse **2.** *vtr Mil:* **to t. the colour,** présenter le drapeau. **'troop-**

er *n Mil:* soldat *m* de la cavalerie; *NAm:* **(state) t.,** membre *m* de la police montée; *F:* **to swear like a t.,** jurer comme un charretier. **'trooping** *n Mil:* **t. the colour,** le salut du drapeau. **'troopship** *n* transport *m* de troupes.

trophy ['troufi] *n* trophée *m*.

tropic ['trɔpik] *n Geog:* tropique *m*; **the T. of Cancer, of Capricorn,** le tropique du cancer, du capricorne (*b*) **the tropics,** les tropiques; **in the tropics,** sous les tropiques. **'tropical** *a* (climat) tropical; (maladie) des tropiques.

trot [trɔt] **1.** *n* trot *m*; **to set off at a t.,** partir au trot; **to break into a t.,** prendre le trot; **they've had 5 wins on the t.,** ils ont gagné 5 fois de suite; *F:* **to keep s.o. on the t.,** ne laisser aucun repos à qn **2.** *vi* **(trotted)** (*of horse*) trotter, aller au trot; (*of pers*) trotter, courir; *F: Hum:* **to t. off, along,** se sauver; **she trotted round to the butcher,** elle a fait un saut chez le boucher; **to t. in,** entrer au trot. **'trot 'out** *vtr* faire étalage de (ses connaissances); débiter (des excuses). **'trotter** *n* **1.** (*horse*) trotteur, -euse **2.** *Cu:* **sheep's, pigs', trotters,** pieds *m* de mouton, de porc. **'trotting** *n* **t. race,** course de trot.

trouble ['trʌbl] **I.** *n* **1.** (*a*) peine *f*, chagrin *m*; malheur *m*; **his troubles are over,** il est au bout de ses malheurs (*b*) ennui *m*, difficulté *f*; **money troubles,** soucis *mpl* d'argent; **what's the t.?** qu'est-ce qu'il y a? **the t. is that,** l'ennui, la difficulté, c'est que; **you'll have t. with him,** il va vous causer des ennuis, il vous donnera du fil à retordre (*c*) **to get into t.,** s'attirer des ennuis; **to get into t. with the police,** avoir des ennuis avec la police; **to get s.o. into t.,** créer des ennuis à qn; **to get s.o. out of t.,** tirer qn d'affaire; **he's asking for t.,** il se prépare des ennuis (*d*) **to make t.,** semer la discorde; **there's going to be t.,** il y aura du grabuge, du vilain (*e*) (*social unrest, etc*) **trouble(s),** troubles *mpl*; **there was t. in the streets,** il y a eu des désordres dans la rue; **t. spot,** point chaud; **labour troubles,** conflits ouvriers (*f*) *Med:* troubles; **stomach t.,** troubles digestifs; **to have heart t.,** être malade du cœur; **I have back t.,** je souffre du dos (*g*) problème *m*; **a spot of t.,** un petit problème; *Aut:* **engine t.,** panne de moteur; **t.-free journey,** voyage sans incidents **2.** dérangement *m*; peine; **to take the t. to do sth, to go to the t. of doing sth,** prendre, se donner, la peine de faire qch, se donner le mal de faire qch; **it's not worth the t.,** ce n'est pas la peine; **to give oneself a lot of t.,** se donner beaucoup de mal, de peine; **nothing is too much t. for him,** rien ne lui coûte; **it's no t.!** ce n'est rien! **I didn't put her to any t.,** je ne l'ai pas dérangée. **II.** *v* **1.** *vtr* (*a*) peiner, affliger, tourmenter, chagriner (qn); inquiéter, ennuyer, préoccuper (qn); **to be troubled about s.o.,** s'inquiéter au sujet de qn; **that doesn't t. him much,** cela ne le préoccupe guère; ça lui donne fort peu de soucis (*b*) **my arm troubles me,** mon bras me fait mal (*c*) déranger, ennuyer, incommoder, gêner (qn); **I'm sorry to t. you,** excusez-moi de vous déranger; **I won't t. you with the details,** je vous fais grâce des détails; **may I t. you to shut the door?** cela vous dérangerait(-il) de fermer la porte? **2.** *vi* (*a*) s'inquiéter **(about,** de, au sujet de); **without troubling about the consequences,** sans s'inquiéter des conséquences (*b*) se déranger, se mettre en peine; **don't t. to write,** ne vous donnez pas la peine d'écrire; **don't t. (yourself)! you needn't t. (yourself)!** ne vous dérangez pas! **'troubled** *a* **1.** (*of liquid*) trouble; **to fish in t. waters,** pêcher en eau trouble **2.** (*a*) inquiet, agité; **t. sleep,** sommeil agité (*b*) *Pol: Hist:* **t. period,** période agitée. **'troublemaker** *n* fauteur *m* de troubles; provocateur, -trice. **'troubleshooter** *n* dépanneur *m*, expert *m*; *Pol: Ind:* conciliateur, -trice. **'troublesome** *a* ennuyeux, gênant; (enfant) énervant; (rival) gênant; (toux) pénible; (jambe, etc) qui fait mal.

trough [trɔf] *n* **1. (feeding) t.,** auge *f*, mangeoire *f*; **drinking t.,** abreuvoir *m* **2. t. of the sea,** creux *m* de la lame **3.** *Meteor:* **t. of low pressure,** dépression *f*.

trounce [trauns] *vtr* (*defeat*) écraser.

troupe [tru:p] *n Th:* troupe *f*.

trousers ['trauzəz] *npl* **(pair of) t.,** pantalon *m*; **short t.,** culottes *fpl* courtes; **t. suit,** tailleur-pantalon *m*; *F:* **she wears the t.,** c'est elle qui porte la culotte.

trousseau ['tru:sou] *n* (*pl* **trousseaus, -eaux**) trousseau *m* (d'une mariée).

trout [traut] *n* (*inv in pl*) *Ich:* truite *f*; **salmon t.,** truite saumonée; **t. fishing,** pêche à la truite; **t. stream,** ruisseau à truites.

trowel ['trau(ə)l] *n* **1.** truelle *f*; *F:* **to lay it on with a t.,** exagérer; y aller un peu fort **2.** *Hort:* déplantoir *m*.

truant ['tru:ənt] *n* (*pupil, shirker*) absentéiste *mf*; **to play t.,** faire l'école buissonnière; sécher les cours. **'truancy** *n* absentéisme *m*.

truce [tru:s] *n* trêve *f*; **to call a t.,** faire trêve.

truck¹ [trʌk] *n* **1. I have no t. with him,** (i) je n'ai pas affaire à lui (ii) je n'ai rien à faire avec lui **2.** *NAm:* produits *mpl* maraîchers; **t. farmer,** maraîcher, -ère.

truck² **I.** *n* **1.** (*a*) (*two-wheeled*) diable *m*; (*four-wheeled*) chariot *m*; **fork-lift t.,** chariot élévateur à fourche (*b*) *NAm: Aut:* (*Br* = **lorry**) camion *m*; **delivery t.,** camionnette *f*; (*restaurant*) **t. stop,** routier *m* **2.** *Rail:* wagon *m* plat; **cattle t.,** fourgon *m* à bestiaux **II.** *vtr esp NAm:* camionner (des marchandises). **'truckdriver,** *n NAm:* camionneur *m*; (*long-distance*) routier *m*. **'trucker** *n NAm:* (*haulier*) transporteur routier; (*driver*) camionneur, routier. **'trucking** *n NAm:* camionnage *m*. **'truckload** *n NAm:* **a t. of fruit,** un camion de fruits.

truculence ['trʌkjuləns] *n* agressivité *f*. **'truculent** *a* agressif. **'truculently** *adv* avec agressivité.

trudge [trʌdʒ] **1.** *n* marche *f* pénible **2.** *vi* **to t. (along),** marcher lourdement, d'un pas pesant.

true [tru:] **I.** *a* **1.** vrai; exact; **t. adventures,** aventures vécues; **that's t.!** c'est juste! c'est bien vrai! **to come t.,** se réaliser; (*of argument, etc*) **to hold t.,** valoir **(for,** pour); **this also holds t. for,** il en est de même pour; **t. to life,** conforme à la réalité; *F:* **too t.!** ah, ça oui! **2.** véritable; vrai; réel; **t. repentance,** repentir sincère; **to get a t. idea of the situation,** se faire une idée juste de la situation **3.** *MecE: etc:* juste, droit; **to make a piece t.,** ajuster une pièce; **the table isn't t.,** la table n'est pas d'aplomb **4.** fidèle, loyal **(to,** à); **to be t. to oneself,** ne pas se démentir; **to be t. to one's promise,** rester fidèle à sa promesse **5.** (*of voice, instrument*) juste. **II.** *adv* (chanter, viser) juste;

(*of wheel*) **to run t.,** tourner rond; **the wheel is not running t.,** la roue est désaxée. **III.** *n* **out of t.,** hors d'aplomb; (*of beam*) tordu, dénivelé; (*of wheel*) voilé, décentré, désaxé; **to run out of t.,** (i) se décentrer (ii) être décentré; tourner à faux; ne pas tourner rond. **'truism** *n* lapalissade *f*. **'truly** *adv* **1.** (*a*) vraiment, véritablement; **I am t. grateful,** je vous suis sincèrement reconnaissant (*b*) *Corr:* **yours t.** = veuillez agréer l'expression de mes sentiments distingués **2.** en vérité; à vrai dire; *F:* **(really and) t.?** vrai de vrai? **3.** (servir qn) fidèlement, loyalement **4.** vraiment, justement; **well and t.,** bel et bien.

truffle ['trʌfl] *n* truffe *f*.

trump [trʌmp] **1.** *n Cards:* **t. (card),** atout *m*; **to play trumps,** jouer atout; **spades are trumps,** c'est pique atout; **no trumps,** sans atout; *Fig:* **to play one's t. card,** jouer son atout; *F:* **he always turns up trumps,** (i) la chance le favorise (ii) on peut toujours compter sur lui **2.** *vtr* (*a*) *Cards:* couper (une carte); *vi* jouer atout (*b*) **to t. up an excuse,** inventer une excuse; **to t. up a charge,** inventer une accusation (contre qn).

trumpet ['trʌmpit] **1.** *n* trompette *f*; *Mil:* **t. major,** trompette-major *m*; **t. player,** trompettiste *mf* **2.** *vi* **(trumpeted)** (*a*) sonner de la trompette (*b*) (*of elephant*) barrir. **'trumpeter** *n* (*a*) *Mil:* trompette *m* (*b*) (*by profession*) trompettiste *mf*. **'trumpeting** *n* (*a*) sonnerie *f* de trompette (*b*) (*of elephant*) barrissement *m*.

truncate [trʌŋ'keit] *vtr* tronquer (un texte).

truncheon ['trʌn(t)ʃən] *n* bâton *m* (d'agent de police); matraque *f*.

trundle ['trʌndl] **1.** *vtr* pousser (qch) bruyamment **2.** *vi* **to t. along,** rouler bruyamment.

trunk [trʌŋk] *n* **1.** (*a*) tronc *m* (d'arbre) (*b*) tronc (du corps) (*c*) **t. road,** route nationale; *Rail:* **t. line,** grande ligne (*d*) *Tp:* **t. call,** communication interurbaine **2.** (*a*) malle *f* (*b*) *NAm: Aut:* (*Br* = **boot**) coffre *m*, malle (arrière) **3.** trompe *f* (d'éléphant) **4.** *Cl:* **(swimming) trunks,** slip *m*, caleçon *m*, de bain.

truss [trʌs] **I.** *n* **1.** (*a*) botte *f* (de foin) (*b*) touffe *f*, grappe *f* (de fleurs) **2.** ferme *f* (de comble, de pont); armature *f* (de poutre); **t. girder,** poutre armée **3.** *Med:* bandage *m* herniaire. **II.** *vtr Cu:* trousser, brider (une volaille); **to t. s.o. (up),** ligoter qn.

trust [trʌst] **I.** *n* **1.** confiance *f* (**in,** en); **to put one's t. in s.o., sth,** faire confiance à qn, qch; **to have t. in,** avoir confiance en; **to take sth on t.,** croire (qn) sur parole; accepter qch de confiance **2.** espérance *f*, espoir *m* **3.** (*a*) responsabilité *f*; **position of t.,** poste de confiance; **breach of t.,** abus de confiance (*b*) **he committed it to my t.,** il l'a confié à ma garde **4.** *Jur:* fidéicommis *m*; **to hold sth in t.,** tenir qch par fidéicommis **5.** *Fin:* trust *m*. **II.** *v* **1.** *vtr* (*a*) avoir confiance en, se fier à (qn, un jugement); se fier à (un instinct, etc); **he's not to be trusted,** on ne peut pas se fier à lui; **to t. s.o. with sth, to t. sth to s.o.,** confier qch à qn; **to t. s.o. to do sth,** compter sur qn pour faire qch; *F:* **t. him (to say that)!** c'est bien de lui! **I couldn't t. myself to speak,** j'étais trop ému pour me risquer à rien dire; *F:* **she won't t. him out of her sight,** elle le surveille tout le temps (*b*) *Com: F:* faire crédit à (un client) (*c*) espérer (que + *ind*); **I t. he will come,** j'espère (bien) qu'il viendra **2.** *vi* (*a*) se confier (**in,** en); se fier (**in,** à); avoir confiance (**in,** en) (*b*) **to t. to sth,** mettre ses espérances, son espoir, en qch; **to t. to luck, to chance,** se fier au hasard. **'trusted** *a* (personne) de confiance; **(tried and) t.,** (ami, remède) éprouvé. **trus'tee** *n Jur:* **1.** fidéicommissaire *m*; mandataire *mf* **2.** administrateur, -trice (d'une institution); **board of trustees,** conseil *m* d'administration. **'trustful, 'trusting** *a* plein de confiance; confiant. **'trustfully, 'trustingly** *adv* avec confiance. **'trustworthiness** *n* **1.** (*of pers*) loyauté *f*, honnêteté *f* **2.** crédibilité *f*, véracité *f* (d'un témoignage). **'trustworthy** *a* **1.** (*of pers*) sûr, digne de confiance; loyal; honnête; irrécusable; **a t. person,** une personne de confiance **2.** (renseignement) sûr; (témoignage) irrécusable.

truth [tru:θ] *n* (*pl* **truths** [tru:ðz]) vérité *f*; **the t. is, to tell the t., I forgot,** pour dire la vérité, à vrai dire, j'ai oublié; *F:* **the honest t.,** la vérité vraie; **there's some t. in what you say,** il y a du vrai dans ce que vous dites; *Jur:* **the t., the whole t., and nothing but the t.,** la vérité, toute la vérité, rien que la vérité; **to tell s.o. a few home truths,** dire ses quatre vérités à qn. **'truthful** *a* **1.** (*of pers*) sincère **2.** (témoignage) véridique, vrai; (portrait) fidèle. **'truthfully** *adv* **1.** sincèrement **2.** fidèlement. **'truthfulness** *n* véracité *f*; sincérité *f*; fidélité *f* (d'un portrait).

try [trai] **I.** *n* (*a*) essai *m*, tentative *f*; **to have a t. at (doing) sth,** essayer de faire qch; **let's have a t.!** essayons toujours! **at the first t.,** du premier coup (*b*) *Rugby Fb:* essai; **to score, to convert, a t.,** marquer, transformer, un essai (en but). **II.** *v* (*pt & pp* **tried**) **1.** *vtr* (*a*) éprouver (qn); mettre (qn, qch) à l'épreuve (*b*) *Lit:* affliger (qn); **sorely tried,** durement éprouvé (*c*) **to t. one's eyes,** se fatiguer les yeux (*d*) essayer; faire l'essai de (qch); **to t. a dish,** goûter (à) un plat (*e*) *Jur:* juger (une cause, un accusé) (*f*) essayer, tenter; **to t. one's hand at,** s'essayer à; **to t. one's luck,** tenter sa chance; **to t. one's strength against s.o.,** se mesurer avec qn; **to t. the door,** essayer d'ouvrir la porte (*g*) **to t. to do, t. and do, sth,** tâcher, essayer, de faire qch; **he tried his hardest to save them,** il a fait tout son possible pour les sauver; **she tried hard to keep back her tears,** elle a fait de grands efforts pour retenir ses larmes; **it's worth trying,** cela vaut la peine d'essayer **2.** *vi* (*a*) faire un effort, des efforts; **to t. hard,** faire un gros effort; **to t. again,** faire une nouvelle tentative; **t. again!** essaye encore une fois! (*b*) **to t. for (sth),** tâcher d'obtenir (qch); poser sa candidature à (un emploi). **tried** *a* **well t.,** éprouvé; qui a fait ses preuves. **'trying** *a* **1.** difficile, dur, pénible, éprouvant **2.** vexant; contrariant; agaçant; **he's very t.,** il est insupportable. **try 'on** *vtr* **1.** essayer (un vêtement, etc) **2. to t. it on with s.o.,** bluffer qn; essayer de voir jusqu'où on peut aller avec qn; **he's just trying it on,** il fait le malin. **'try-on** *n F:* bluff *m*. **try 'out** *vtr* essayer (une voiture, une méthode, etc); mettre à l'essai (un employé, etc). **'tryout** *n* essai *m*.

tsar [tsɑ:r] *n* tsar *m*. **tsa'rina** *nf* tsarine.

tsetse ['tsetsi] *n Ent:* **t. (fly),** (mouche *f*) tsétsé *f*.

TT *abbr* **1.** *teetotal(ler)* **2.** *tuberculin tested.*

tub [tʌb] *n* **1.** (*a*) baquet *m*, cuve *f*; bac *m* (à fleurs) (*b*) baquet (à lessive); (*in washing machine*) cuve (*c*) (*for ice cream, etc*) pot *m* **2.** (*a*) baignoire *f* (*b*) tub *m* **3.** *Nau: F:* **old t.**, vieux rafiot. **'tubby** *a F:* (*of pers*) dodu, boulot.

tuba ['tju:bə] *n Mus:* tuba *m.*

tube [tju:b] *n* **1.** (*a*) tube *m* (*b*) **(inner) t.**, chambre *f* à air (d'un pneu) (*c*) *Ch:* **test t.**, éprouvette *f* (*d*) *Rail: F:* (*in London*) **the t.**, le métro; **t. station,** station de métro **2.** *Anat:* tube; canal; **Fallopian t.**, trompe *f* de Fallope **3.** *NAm: F:* **the t.**, la télé. **'tubing** *n* tubes *mpl*; **rubber t.**, tube, tuyau, en caoutchouc. **'tubular** *a* tubulaire.

tuber ['tju:bər] *n Bot:* tubercule *m.* **'tubercle** *n Med:* tubercule *m.* **tu'bercular** *a* tuberculeux. **tu'berculin** *n Med:* tuberculine *f*; **t. tested milk** = lait cru certifié. **tubercu'losis** *n Med:* tuberculose *f.* **tu'berculous** *a Med:* tuberculeux.

TUC *abbr Trades Union Congress.*

tuck [tʌk] **1.** *n* (*a*) (petit) pli; rempli *m* (*b*) *Sch: F:* friandises *fpl* **2.** *vtr* (*a*) faire des plis à (une jupe) (*b*) replier; serrer, mettre; **to t. one's legs under one,** replier les jambes sous soi; **she tucked her arm in mine,** elle a passé son bras sous le mien; **to t. a blanket round s.o.**, envelopper qn d'une couverture; **to t. one's shirt into one's trousers,** rentrer sa chemise dans son pantalon; **to t. sth away,** ranger qch; cacher qch. **'tuckbox** *n* (*pl* **-boxes**) *Sch:* boîte *f* à provisions. **'tuck 'in 1.** *vtr* (*a*) rentrer (sa chemise); **to t. in the bedclothes,** border le lit (*b*) **to t. s.o. in,** border qn (dans son lit) **2.** *vi F:* bien bouffer; **t. in!** allez-y! mangez! **'tuck-in** *n F:* **to have a good t.-in,** s'envoyer un bon repas; bien bouffer. **tuck 'into** *vtr F:* **to t. i. a meal,** attaquer un repas. **'tuckshop** *n Sch:* boutique *f* à provisions. **tuck 'up** *vtr* (*a*) remonter (sa jupe) (*b*) border (qn) (dans son lit).

Tuesday ['tju:zdi] *n* mardi *m*; **Shrove T.**, mardi gras.

tuft [tʌft] *n* touffe *f* (d'herbe, de plumes, de cheveux); huppe *f* (d'un oiseau). **'tufted** *a Orn:* huppé.

tug [tʌg] **I.** *n* **1. to give sth a t.**, tirer (sur) qch; **to give a good t.**, tirer fort; **he gave a t. at the bell,** il a tiré (sur) la sonnette; **I felt a t. at my sleeve,** j'ai senti qu'on me tirait par la manche; **t. of war,** (i) *Sp:* lutte *f* de traction à la corde (ii) *Fig:* lutte acharnée et prolongée **2.** *Nau:* remorqueur *m.* **II.** *v* **1.** *vtr & i* **(tugged)** tirer (fort); **to t. at, on, sth,** tirer sur qch **2.** *vtr Nau:* remorquer. **'tugboat** *n Nau:* remorqueur *m.*

tuition [tju(:)'iʃən] *n* enseignement *m*; **private t.**, leçons particulières; cours particuliers; **t. fees,** frais *mpl* de scolarité.

tulip ['tju:lip] *n Bot:* tulipe *f.*

tulle [tju:l] *n Tex:* tulle *m.*

tumble ['tʌmbl] **I.** *n* **1.** (*a*) dégringolade *f*, culbute *f*, chute *f*; **to take a t.**, faire une chute (*b*) **t. drier,** sèche-linge *m inv* **2.** culbute (d'acrobate). **II.** *v* **1.** *vi* (*a*) **to t. (down, over),** dégringoler; tomber (par terre); faire une chute; culbuter, faire la culbute; (*backwards*) tomber à la renverse; **building that is tumbling down,** édifice qui s'écroule, qui tombe en ruine (*b*) **to t. about,** s'agiter (*c*) **to t. into bed, to t. out of bed,** se jeter dans son lit; bondir hors de son lit; **to t. out,** tomber (de la voiture, par la fenêtre); **they were tumbling over one another,** ils se bousculaient (*d*) (*of acrobat*) faire des culbutes (*e*) *F:* **to t. to sth,** réaliser qch **2.** *vtr* **to t. sth down, over,** culbuter, renverser, faire tomber, qch. **'tumbledown** *a* croulant, délabré. **tumble-dry** *vtr* sécher au sèche-linge. **'tumbler** *n* **1.** gobelet *m* **2. t. (drier),** sèche-linge *m inv.*

tummy ['tʌmi] *n* (*pl* **tummies**) *F:* ventre *m*; **t. ache,** mal de ventre.

tumour, *NAm:* **tumor** ['tju:mər] *n Med:* tumeur *f.*

tumult ['tju:mʌlt] *n* tumulte *m.* **tu'multuous** *a* tumultueux. **tu'multuously** *adv* tumultueusement.

tumulus ['tju:mjuləs] *n* (*pl* **tumuli** [-lai]) tumulus *m.*

tun [tʌn] *n* tonneau *m*, fût *m.*

tuna ['tju:nə] *n* (*no pl*) *Ich:* **t. (fish),** thon *m.*

tundra ['tʌndrə] *n Geog:* toundra *f.*

tune [tju:n] **I.** *n* **1.** air *m* (de musique); *F:* **give us a t.!** jouez-nous un air! faites-nous un peu de musique! *Fig:* **to call the t.**, donner la note; **to change one's t.**, changer de ton; **to be fined to the t. of £50,** avoir une amende de £50 **2.** *Mus:* accord *m*; **the piano is in t., out of t.**, le piano est accordé, désaccordé; **to be out of t.**, détonner; **to sing in t., out of t.**, chanter juste, faux **3.** accord, harmonie *f*; **to be in t. with one's surroundings,** être en accord avec son milieu. **II.** *vtr & i* **1. to t. (up),** accorder (un instrument); (*of orchestra*) **to t. up,** s'accorder **2.** *WTel: TV:* **to t. in (to),** se mettre à l'écoute de, écouter; **to be tuned (in) to,** être à l'écoute de **3.** *Aut:* **to t. (up),** régler, mettre au point (un moteur); (*of engine*) **to be tuned up,** être au point. **'tuneful** *a* mélodieux, harmonieux. **'tunefully** *adv* mélodieusement, harmonieusement. **'tuneless** *a* discordant; sans mélodie. **'tuner** *n* **1. (piano) t.**, accordeur *m* (de pianos) **2.** *WTel:* tuner *m*, syntoniseur *m.* **'tuning** *n* **1.** *Mus:* accord; **t. fork,** diapason *m* **2.** *Aut:* **t. (up),** réglage *m*, mise *f* au point (du moteur) **3.** *WTel:* **t. (in),** réglage; **t. knob,** bouton de réglage.

tungsten ['tʌŋstən] *n* tungstène *m.*

tunic ['tju:nik] *n* tunique *f.*

Tunisia [tju:'nizjə] *Prn Geog:* Tunisie *f.* **Tu'nisian** *a & n* tunisien, -ienne (*mf*).

tunnel ['tʌn(ə)l] **1.** *n* tunnel *m*; (*in mine, dug by mole*) galerie *f*; **to drive a t. through a mountain,** percer un tunnel dans une montagne **2.** *vtr & i* **(tunnelled,** *NAm:* **tunneled) to t. (through) a mountain,** percer un tunnel dans une montagne; **to t. in, out,** entrer, sortir en creusant un tunnel. **'tunnelling** *n* percement *m* d'un tunnel.

tunny ['tʌni] *n* (*no pl*) *Ich:* **t. (fish),** thon *m.*

turban ['tə:bən] *n Cl:* turban *m.*

turbid ['tə:bid] *a* (liquide) trouble.

turbine ['tə:bain, *NAm:* 'tə:bin] *n* turbine *f.*

turbo- ['tə:bou] *pref* turbo-. **'turbojet** *n* turboréacteur *m*; avion *m* à turboréacteur. **'turboprop** *n* turbopropulseur *m*; avion *m* à turbopropulseur.

turbot ['tə:bət] *n Ich:* turbot *m.*

turbulent ['tə:bjulənt] *a* turbulent. **'turbulence** *n Ph: Av:* turbulences *fpl.*

tureen [tju'ri:n, tə'ri:n] *n* **(soup) t.**, soupière *f.*

turf [tə:f] **I.** *n* (*pl* **turves, turfs**) **1.** (*a*) (i) gazon *m* (ii) motte *f* de gazon (*b*) (*in Ireland*) tourbe *f* **2.** *Rac:* **the t.**, le turf; **t. accountant,** bookmaker *m.* **II.** *vtr* **1. to t. (over),** gazonner (un terrain) **2.** *F:* **to t. s.o. out,** jeter, flanquer, qn dehors, à la porte.

turgid ['tɜːdʒid] *a* (*of style, language*) boursouflé.

Turkey¹ ['tɜːki] *Prn Geog:* Turquie *f.* **Turk** *n* Turc, *f* Turque. **'Turkish 1.** *a* turc; de Turquie; **T. bath,** bain turc; **T. towel,** serviette éponge; **T. delight,** (rahat-)loukoum *m* **2.** *n Ling:* turc *m.*

turkey² *n* **1.** *Orn:* **t. (cock),** dindon *m*; (*hen*) dinde *f* **2.** *Cu:* dinde, dindonneau *m.*

turmeric ['tɜːmərik] *n Bot: Cu:* curcuma *m*; safran *m* des Indes.

turmoil ['tɜːmɔil] *n* confusion *f*, trouble *m*; **in t.,** en ébullition.

turn [tɜːn] **I.** *n* **1.** tour *m*, révolution *f* (d'une roue); **to give sth a t.,** tourner qch (une fois); **meat done to a t.,** viande cuite à point **2.** (*a*) tournant *m*; **(sharp) t.,** virage *m*; **no right, left, t.,** défense de tourner à droite, à gauche; **U t.,** demi-tour *m*; **three-point t.,** demi-tour en trois manœuvres; **at every t.,** à tout bout de champ; **twists and turns,** tours *mpl* et détours *mpl* (*b*) tournure *f* (des affaires); **to take a tragic t.,** tourner au tragique; **to take a t. for the better,** s'améliorer; prendre meilleure tournure; **the patient has taken a t. for the worse,** le malade a empiré (*c*) **t. of the tide,** étale *m*; renversement *m* de la marée (*d*) *Med:* crise *f*; *Psy:* choc *m*; **she had one of her turns,** elle a eu une de ses crises, une de ses attaques **3. to take a t. in the garden,** faire un tour dans le jardin **4.** (*a*) tour (de rôle); **it's your t.,** c'est votre tour; c'est à vous (de jouer); **in t.,** à tour de rôle; **in (one's) t.,** à son tour; **t. and t. about,** chacun son tour; **to speak out of t.,** parler mal à propos; **to take turns with s.o.,** relayer qn; **they take it in turns,** ils se relaient; **by turns,** tour à tour (*b*) *Th:* numéro *m* (de music-hall) **5.** (*a*) **to do s.o. a good t.,** rendre service à qn; **to do s.o. a bad t.,** jouer un mauvais tour à qn; *Prov:* **one good t. deserves another,** un service en vaut un autre (*b*) intention *f*; **it will serve my t.,** cela fera mon affaire (pour le moment) **6.** (*a*) **humorous t. of mind,** esprit humoristique (*b*) **t. of phrase,** tour, tournure (de phrase) (*c*) **the t. of the century,** le début du siècle **7.** tour (d'une corde). **II.** *v* **1.** *vtr* (*a*) (faire) tourner (une roue); **to t. the key in the lock,** donner un tour de clef dans la serrure; **to t. the gas low,** mettre le gaz en veilleuse (*b*) **to t. (over) a page,** tourner une page; **to t. a garment inside out,** retourner un vêtement; **to t. everything upside down,** mettre tout sens dessus dessous; **without turning a hair,** sans sourciller, sans broncher; **onions t. my stomach,** les oignons m'écœurent, me soulèvent le cœur (*c*) **to t. aside a blow,** détourner un coup; **to t. the conversation,** détourner la conversation; **to t. one's thoughts to,** tourner ses pensées vers (*d*) (re)tourner (la tête); diriger (les yeux) **(towards,** vers); **t. your face this way,** tournez-vous, regardez, de ce côté; **to t. sth on s.o.,** braquer qch sur qn (*e*) **he turns everyone against him,** il se met tout le monde à dos; **they turned his argument against him,** ils ont retourné son argument contre lui (*f*) **to t. the corner,** tourner le coin; **he has turned forty,** il a quarante ans passés, il a passé la quarantaine; **it's turned seven,** il est sept heures passées (*g*) changer, convertir, transformer **(into,** en); **his love turned to hate,** son amour s'est transformé en haine; **to t. a theatre into a cinema,** convertir un théâtre en cinéma; **the heat has turned the milk sour,** la chaleur a fait tourner le lait; **to t. sth red,** rougir qch; **autumn turns the leaves yellow,** l'automne jaunit, fait jaunir, les feuilles; **success has turned his head,** le succès lui a tourné la tête (*h*) tourner, façonner au tour (un pied de table); **well turned sentence,** phrase bien tournée **2.** *vi* (*a*) tourner; **the wheel turns,** la roue tourne; **my head's turning,** la tête me tourne (*b*) **to toss and t.,** se tourner et se retourner (dans son lit); **to t. upside down,** se retourner (*c*) se tourner, se retourner **(towards,** vers); **he turned to look at the view,** il s'est retourné pour regarder la vue; *Mil:* **right t.!** à droite...droite! (*d*) tourner, se diriger; **to t. to the left,** tourner, prendre, à gauche; **the wind is turning,** le vent change; **to t. to another subject,** passer à, se tourner vers, une autre question; **to t. to the dictionary,** consulter le dictionnaire; **I don't know which way to t.,** je ne sais où donner de la tête; **I didn't know who to t. to,** je ne savais pas à qui m'adresser (*e*) **the tide is turning,** la marée change; **his luck has turned,** sa chance a tourné (*f*) **to t. against s.o.,** se retourner contre qn (*g*) se changer, se transformer **(into,** en); **it's turning to rain,** le temps se met à la pluie; **everything he touches turns to gold,** tout ce qu'il touche se change en or; **the milk has turned (sour),** le lait a tourné; **the leaves are beginning to t.,** les feuilles commencent à jaunir; **he turned red,** il a rougi; **to t. socialist,** devenir socialiste. **turn a'round** *vi* (*of pers*) se retourner. **turn a'way 1.** *vtr* (*a*) détourner (les yeux) (*b*) détourner, écarter (*c*) renvoyer (qn) **2.** *vi* détourner les yeux, se détourner; **to t. a. from s.o.,** (i) tourner le dos à qn (ii) abandonner qn. **turn 'back 1.** *vtr* (*a*) renvoyer (qn) (*b*) reculer (une pendule) (*c*) replier (une page); rabattre (son col) **2.** *vi* retourner, revenir (sur ses pas); rebrousser chemin. **'turncoat** *n* renégat, -ate. **turn 'down** *vtr* (*a*) rabattre; corner (la page d'un livre); **to t. d. the bed(clothes),** ouvrir le lit (*b*) baisser (le gaz, la radio) (*c*) **to t. d. a candidate, an offer,** refuser un candidat, une offre; *F:* **she turned me down flat,** elle m'a refusé catégoriquement. **turn 'in 1.** *vtr* (*a*) **to t. one's toes in,** tourner les pieds en dedans (*b*) rendre, rapporter (qch) (*c*) *F:* quitter (son emploi) (*d*) *F:* livrer (qn) (à la police) **2.** *vi* (*a*) **his toes t. in,** il a les pieds tournés en dedans (*b*) *F:* se coucher. **'turning** *n* **1.** (*a*) mouvement giratoire; rotation *f* (*b*) changement *m* de direction; **t. point,** tournant *m*, moment décisif; **at the t. point of his career,** au tournant de sa carrière **2.** (*street*) petite rue; tournant *m* (d'une route); coude *m*; virage *m*; **take the first t. to the right,** prenez la première (rue, route) à droite. **'turnkey** *a* (*of factory, etc*) clés en main. **turn 'off 1.** *vtr* (*a*) fermer, couper (l'eau, le gaz); éteindre (la lumière, la radio, etc); fermer (un robinet); arrêter (une machine) (*b*) *F:* **he turns me off,** il me dégoûte **2.** *vi* (*a*) (*in vehicle*) tourner (à droite, à gauche) (*b*) **to t. o. the main road,** quitter la grande route. **'turn-off** *n* **1.** embranchement *m* **2.** *F:* **it's a right t.!** c'est vraiment dégoûtant! **turn 'on 1.** *vtr* (*a*) ouvrir (l'eau, le gaz, un robinet); mettre, allumer (la radio, etc); mettre en marche (une machine); **shall I t. on the light?** voulez-vous que j'allume? (*b*) *F:* (*sexually*) **to t. s.o. on,** exciter qn; **that really turns me on,** ça me fait quelque chose **2.** *vi* **to t. on s.o.,** attaquer qn; se retourner contre qn. **turn 'out 1.** *vtr* (*a*) mettre (qn) dehors, à la porte; évincer, chasser (un locataire) (*b*) mettre (le bétail) au vert (*c*) vider (ses poches); **to t. o. a drawer,** (i) vider (ii) mettre de l'ordre dans, un tiroir; **to t. o. a room,** nettoyer une pièce à fond (*d*) *Cu:* démouler (une crème) (*e*) produire, fabriquer (des marchandises); **turned out by the dozen,** confectionnés à la douzaine (*f*) (*of pers*) **well turned out,** élégant, soigné (*g*) **to t. o. the light,** éteindre (la lumière) (*h*) **to t. one's toes o.,** tourner les pieds en dehors **2.** *vi* (*a*) venir, sortir; **they turned out to see him,** ils sont venus pour le voir (*b*) se passer; **things have turned out well,** les choses ont bien tourné, ont réussi; **it will t. o. all right,** cela s'arrangera; **as it turned out,** en l'occurrence; **the weather has turned out fine,** le temps s'est mis au beau; **it turns out that,** il s'avère que, il se trouve que. **'turnout** *n* **1.** assemblée *f*, assistance *f*; (*at polls*) participation *f*; **there was a large t.,** il y avait beaucoup de monde, il y avait foule **2.** nettoyage *m* à fond (d'une pièce). **turn 'over 1.** *vtr* (*a*) retourner (qch); tourner (une page); **to t. o. the pages of a book,** feuilleter un livre; **please t. o.,** tournez s'il vous plaît; **to t. (sth) o. in one's mind,** ruminer (une idée); retourner (un projet) dans sa tête (*b*) **to t. sth o. to s.o.,** remettre qch entre les mains de qn **2.** *vi* (*of vehicle, pers, etc*) se retourner; (*of engine*) tourner au ralenti; (*of car*) **to t. right o.,** capoter. **'turnover** *n* (*a*) *Com:* chiffre *m* d'affaires; *Com:* rotation *f* (du stock); **quick t. of goods,** écoulement *m* rapide de marchandises; **staff t.,** la rotation du personnel (*b*) *Cu:* **apple t.,** chausson *m* (aux pommes). **'turnpike** *n NAm:* autoroute *f* à péage. **turn 'round 1.** *vtr* retourner; faire faire demi-tour à (un véhicule) **2.** *vi* (*a*) tourner; (*of crane*) virer, pivoter; **to t. r. and round,** tournoyer (*b*) (*of pers*) se retourner; faire volte-face; **t. r. and let me see your face,** tournez-vous que je voie votre visage. **'turnstile** *n* tourniquet *m*. **'turntable** *n* **1.** *Rail:* plaque tournante **2.** *Rec:* platine *f*. **turn 'up 1.** *vtr* (*a*) remonter (son col); retrousser (ses manches); **turned-up nose,** nez retroussé; **to t. up one's nose at sth,** renifler sur qch (*b*) retourner (le sol, une carte); déterrer (un trésor); dénicher (qch) (*c*) trouver, se reporter à (une citation) (*d*) *P:* **t. it up!** la ferme! (*e*) mettre plus fort (la radio, le gaz, etc) **2.** *vi* (*a*) se replier; **her nose turns up,** elle a le nez retroussé (*b*) **the ace of clubs turned up,** l'as de trèfle est sorti (*c*) arriver; (*be found*) être (re)trouvé; **he'll t. up one of these days,** il reparaîtra un de ces jours; **something is sure to t. up,** il se présentera sûrement une occasion; **till something better turns up,** en attendant mieux. **'turnup** *n* (*a*) revers *m* (d'un pantalon) (*b*) *Cards:* retourne *f*; *F:* **that's a t. (for the book)!** ça c'est une sacrée surprise!

turnip ['tə:nip] *n* navet *m*.

turpentine ['tə:p(ə)ntain] *n* (*F:* **turps**) térébenthine *f*.

turquoise ['tə:kwɔiz] **1.** *n* turquoise *f* **2.** *a & n* **t. (blue),** turquoise (*m*) *inv*.

turret ['tʌrit] *n* tourelle *f*.

turtle ['tə:tl] *n* tortue *f* de mer; *NAm:* (*Br* = **tortoise**) tortue; **t. soup,** consommé *m* à la tortue; (*of boat*) **to turn t.,** chavirer. **'turtledove** *n Orn:* tourterelle *f*. **'turtleneck** *n* col roulé; **t. sweater,** pull *m* à col roulé.

Tuscany ['tʌskəni] *Prn Geog:* Toscane *f*.

tusk [tʌsk] *n* défense *f* (d'éléphant, de sanglier).

tussle ['tʌsl] **1.** *n* lutte *f*, bagarre *f*, mêlée *f*, corps-à-corps *m inv*; **to have a t.,** en venir aux mains (avec qn) **2.** *vi* lutter (avec qn); **to t. over sth,** se disputer qch.

tussock ['tʌsək] *n* touffe *f* d'herbe.

tut [tʌt] *int* **t. (t.)!** allons donc!

tutor ['tju:tər] **1.** *n* précepteur, -trice; *Sch:* directeur, -trice, d'études; *NAm: Sch:* assistant, -ante **2.** *vtr* donner des cours particuliers à. **tu'torial** *n Sch:* travaux dirigés.

tuxedo [tʌk'si:dou] *n* (*pl* **tuxedos**) *Cl: NAm:* (*Br* = **dinner jacket**) smoking *m*.

TV [ti:'vi:] *n* télé *f*.

twaddle ['twɔdl] *n F:* fadaises *fpl*.

twang [twæŋ] **1.** *n* (*a*) son vibrant (*b*) **(nasal) t.,** nasillement *m*; **to speak with a t.,** parler du nez; nasiller **2.** *v* (*a*) *vtr* pincer les cordes de (instrument); **to t. a guitar,** pincer de la guitare (*b*) *vi Mus:* (*of string*) vibrer.

tweak [twi:k] *vtr* pincer; tirer, tordre; **to t. a boy's ears,** tirer les oreilles à un gamin.

twee [twi:] *a F: Pej:* **it's a bit t.,** c'est un peu maniéré.

tweed [twi:d] *n* **1.** tweed *m*, cheviotte écossaise **2.** *pl Cl:* **tweeds,** complet *m*, costume *m*, de tweed.

tweet [twi:t] **1.** *n* pépiement *m*; gazouillement *m* **2.** *vi* (*of bird*) pépier; gazouiller.

tweezers ['twi:zəz] *npl* pince *f* (à épiler).

twelve [twelv] *num a & n* douze (*m*); **t. o'clock,** (i) midi *m* (ii) minuit *m*. **twelfth** *num a & n* douzième (*m*); **Louis the T.,** Louis douze; **T. Night,** le jour, la fête, des Rois.

twenty ['twenti] *num a & n* vingt (*m*); **t.-one,** vingt et un; **t.-two,** vingt-deux; **t.-first,** vingt et unième; **(on) the t.-first of May,** le vingt et un mai; **about t. people,** une vingtaine de gens; **the twenties,** les années vingt. **'twentieth** *num a & n* vingtième (*mf*); **(on) the t. of June,** le vingt juin.

twerp [twə:p] *n P:* andouille *f*, cretin, -ine.

twice [twais] *adv* deux fois; **t. as big,** deux fois plus grand (que qch); **he's t. as old as I am, t. my age,** il a deux fois mon âge; **t. over,** à deux reprises; **t. monthly,** deux fois par mois; **to think t. about doing sth,** y regarder à deux fois, hésiter, avant de faire qch; **he didn't have to be asked t.,** il ne se fit pas prier.

twiddle ['twidl] *vtr & i* **to t. (with) sth,** jouer avec, tripoter, qch; **to t. one's thumbs,** se tourner les pouces.

twig¹ [twig] *n* brindille *f*.

twig² *vtr* **(twigged)** *F:* comprendre, saisir, piger.

twilight ['twailait] (*a*) *n* crépuscule *m*; demi-jour *m*; aube naissante; **in the (evening) t.,** au crépuscule; entre chien et loup (*b*) *a* crépusculaire.

twill [twil] *n Tex:* (tissu) sergé (*m*).

twin [twin] **1.** *a & n* (*a*) jumeau *m*, jumelle *f*; **identical t.,** vrai jumeau; **t. brother, t. sister,** frère jumeau, sœur jumelle (*b*) *n* **t. beds,** lits jumeaux; **t.-engined aircraft,** bimoteur *m* **2.** *vtr* **(twinned)** jumeler; **t. town,** ville jumelée. **'twinning** *n* jumelage *m* (de deux villes).

twine [twain] **1.** *n* ficelle *f* **2.** *v* (*a*) *vtr* tordre, tortiller (des fils); entrelacer (une guirlande); **to t. sth round sth,** enrouler qch autour de qch (*b*) *vi* **to t. round sth,** s'enrouler, s'enlacer, autour de qch.

twinge [twin(d)ʒ] *n* (*a*) **t. (of pain),** élancement *m* (*b*) **t. of remorse,** pincement *m* de remords; **t. of conscience,** remords *m* (de conscience); **to feel a t. of sadness,** avoir un pincement au cœur.

twinkle ['twiŋkl] **1.** *n* (*a*) scintillement *m* (des étoiles) (*b*) pétillement *m* (des yeux); **in a t.,** en un clin d'œil **2.** *vi* (*a*) scintiller (*b*) (*of eyes*) **to t. with mischief,** pétiller de malice. **'twinkling 1.** *a* scintillant; pétillant **2.** *n* scintillement *m*; **in the t. of an eye,** en un clin d'œil.

twirl [twəːl] **1.** *n* (*a*) tournoiement *m*; (*of dancer*) pirouette *f* (*b*) volute *f* (de fumée); (*in writing*) fioriture *f* **2.** *v* (*a*) *vtr* **to t. (round),** (i) faire tournoyer; faire des moulinets avec (sa canne) (ii) tortiller (sa moustache) (*b*) *vi* **to t. (round)** tournoyer; (*of dancer*) pirouetter.

twirp [twəːp] *n* = **twerp.**

twist [twist] **I.** *n* **1.** (*a*) fil *m* retors; cordon *m*; cordonnet *m* (*b*) torsade *f*, tortillon *m* (de cheveux); tortillon, cornet *m* (de papier) (*c*) **t. of tobacco,** rouleau *m* de tabac; **add a t. of lemon,** ajoutez un zeste de citron **2.** (*a*) torsion *f*; **to give one's ankle a t.,** se fouler la cheville (*b*) **with a t. of the wrist,** d'un tour de poignet (*c*) *Danc:* twist *m* **3.** (*a*) (*in road*) tournant *m*; (*in rope*) entortillement *m*; **twists and turns,** tours et détours; **a road full of twists** une route qui fait des zigzags (*b*) *F:* **to go round the t.,** devenir dingue, cinglé **4.** perversion *f* (d'esprit); (*in story*) coup *m* de théâtre; (*in event*) tournure *f*. **II.** *v* **1.** *vtr* (*a*) tordre; entortiller; tourner (un bouton); **to t. together,** torsader, câbler (des fils); **to t. sth round sth,** enrouler qch autour de qch; *F:* **she can t. him round her little finger,** elle le mène par le bout du nez (*b*) **to t. one's ankle,** se fouler la cheville; **to t. s.o.'s arm,** (i) tordre le bras à qn (ii) *Fig:* forcer la main à qn (*c*) dénaturer (les paroles de qn); déformer (le sens de qch, la vérité) **2.** *vi* (*a*) (*of worm*) se tordre, se tortiller (*b*) s'entortiller (**round sth,** autour de qch); (*of smoke*) former des volutes (*c*) **to get all twisted (up),** s'entortiller (*d*) (*of road, river*) **to t. (and turn),** serpenter (*e*) *Danc:* twister. **'twisted** *a* (*a*) tordu, tors; (fil) retors (*b*) (*distorted*) tordu; (*of tree*) tortueux (*c*) (*of meaning, truth*) perverti, déformé; **t. mind,** esprit tordu. **'twister** *n* (*a*) **tongue t.,** mot *m*, expression *f*, imprononçable (*b*) *F:* escroc *m*. **'twisting** *a* (sentier) tortueux. **twist 'off** *vtr* enlever en dévissant, en tordant. **twist 'round** *vi* (*of pers*) se retourner.

twit[1] [twit] *n F:* andouille *f*, imbécile *mf*.

twit[2] *vtr* **(twitted)** taquiner (qn) (**about,** à propos de).

twitch [twitʃ] **I.** *n* (*pl* **twitches**) **1.** secousse *f*; petit coup sec **2.** crispation nerveuse (des mains); mouvement convulsif; (*facial*) tic *m*. **II.** *v* **1.** *vtr* (*a*) tirer vivement; donner une secousse à (qch) (*b*) contracter (ses traits); crisper (les mains); (*of cat*) **to t. its tail,** faire de petits mouvements de la queue **2.** *vi* (*of pers*) avoir un tic; (*of muscle*) se convulser; (*of face*) se contracter nerveusement; (*of eyelids*) clignoter; (*of hands*) se crisper nerveusement; **his face twitches,** il a un tic.

twitter ['twitər] **1.** *n* (*a*) gazouillement *m*, gazouillis *m* (*b*) *F:* **to be all of a t.,** être dans tous ses états **2.** *vi* (*of bird*) pépier, gazouiller. **'twittering** *n* gazouillement.

two [tuː] *num a & n* deux (*m*); **to break sth in t.,** casser qch en deux; **the t. of us, we t.,** nous deux; **to come in t. by t., t. and t., in twos,** entrer deux par deux; *Fig:* **to put t. and t. together,** tirer ses conclusions (après avoir rapproché les faits); **that makes t. of us,** c'est aussi mon cas; et moi aussi; **to have t. of everything,** avoir tout en double; **to be in t. minds about sth,** être indécis sur qch; **mother of t.,** mère de deux enfants. **'two-cycle** *n NAm:* = **'two-stroke. 'two-edged** *a* (épée, argument) à deux tranchants, à double tranchant. **'two-faced** *a* hypocrite. **'twofold 1.** *a* double **2.** *adv* doublement; **to increase t.,** doubler. **two-'legged** [-'legid] *a* bipède. **'two-piece** *a & n Cl:* **t.-p. (suit),** (*man's*) deux-pièce *m inv*; (*woman's*) tailleur *m*. **'two-pin** *a El:* **t.-p. plug,** prise *f* à deux fiches. **'two-ply** *a* (laine) deux fils. **two-'seater** *n* avion *m*, voiture *f*, à deux places. **'twosome** *n* partie *f* à deux joueurs; couple *m* (d'amis); **in a t.,** à deux. **'two-stroke** *n* **t.-s. (engine),** deux-temps *m inv*; **t.-s. (mixture),** mélange *m* (pour moteur) à deux-temps. **'two-time** *vtr esp NAm:* tromper (qn). **'two-way** *a* (rue) à double sens; (trafic) dans les deux sens; *El:* (commutateur) à deux directions; **t.-w. radio,** émetteur-récepteur *m*. **two-'wheeler** *n* deux-roues *m inv*.

tycoon [tai'kuːn] *n Com: Ind:* magnat *m*.

tyke [taik] *n F:* vilain chien; cabot *m*.

type [taip] **I.** *n* **1.** (*example, pers*) type *m*; (*sort*) genre *m*, sorte *f*, type; **people of every t.,** des gens de toutes sortes; **blood t.,** groupe sanguin; *F:* **she's not my t.,** ce n'est pas mon genre; *F:* **he's an odd t.,** il est bizarre **2.** *Typ:* caractères *mpl*; **to set t.,** composer; **in large, small, t.,** en gros, en petits, caractères. **II.** *vtr* **1.** *Med:* déterminer le groupe (sanguin) **2.** taper (à la machine); dactylographier; **to t. out, up (a letter),** taper (une lettre) (à la machine). **'typecast** *vtr Th: Cin:* donner toujours les mêmes rôles à (un acteur). **'typeface** *n* œil *m* (de caractère). **'typescript** *n* manuscrit dactylographié. **'typeset** *vtr* composer. **'typesetter** *n* compositeur, -trice. **'typesetting** *n* composition *f*. **'typewriter** *n* machine *f* à écrire. **'typewriting** *n* dactylographie *f*. **'typewritten** *n* (document) dactylographié, tapé à la machine. **'typing** *n* dactylo(graphie) *f*; **a page of t.,** une page dactylographiée; **t. error,** faute de frappe; **t. paper,** papier *m* machine; **t. pool,** pool *m* de dactylos. **'typist** *n* dactylo *mf*; **audio t.,** dactylo au magnétophone. **ty'pography** *n* typographie *f*.

typhoid ['taifɔid] *n Med:* **t. (fever),** typhoïde *f*.

typhoon [tai'fuːn] *n Meteor:* typhon *m*.

typhus ['taifəs] *n Med:* typhus *m*.

typical ['tipik(ə)l] *a* typique (**of,** de); habituel; **the t. Frenchman,** le Français type; **with t. charm he said,** avec son charme habituel il a dit; **that's t. (of him),** c'est bien lui. **'typically** *adv* d'une manière typique; typiquement; comme d'habitude. **'typify** *vtr* (*a*) représenter (qch) (*b*) être typique de (qch).

tyranny ['tirəni] *n* (*pl* **tyrannies**) tyrannie *f*. **ty'rannical** *a* tyrannique. **ty'rannically** *adv* tyranniquement. ˈ**tyrannize** *vtr & i* faire le tyran; **to t. (over) s.o.,** tyranniser qn. **tyrant** [ˈtaiərənt] *n* tyran *m.*

tyre [ˈtaiər] *n* (*NAm:* = **tire**) *Aut:* pneu *m*; **radial t.,** pneu à carcasse radiale, *F:* radial *m*; **t. pressure,** pression de gonflage *m*; **t. lever,** démonte-pneu *m.*

tyro [ˈtaiərou] *n* (*pl* **tyros**) novice *mf*; débutant, -ante.

Tyrol (the) [ðətiˈroul] *Prn Geog:* le Tyrol. **Tyrolean** [tirəˈliːən] *a* tyrolien, -ienne.

tzar, tzarina [tsɑr, tsɑːˈriːnə] *see* **tsar, tsarina.**

U

U, u [ju:] *n* (la lettre) U, u *m*; **U and non-U**, le distingué et le commun; **U-turn**, *Aut:* demi-tour *m*; *Fig: Pej:* volte-face *f inv*; **no U-turns**, demi-tour interdit; *Cin:* U **(film)**, (film) pour tout le monde.

ubiquitous [ju:'bikwitəs] *a* omniprésent. **u'biquity** *n* ubiquité *f*.

udder ['ʌdər] *n* mamelle *f*, pis *m* (de vache).

UFO ['ju:fou, ju:ef'ou] *abbr unidentified flying object*, OVNI.

Uganda [ju:'gændə] *Prn Geog:* Ouganda *m*.

ugh [uχ] *int* pouah! beurk!

ugly ['ʌgli] *a* **(uglier, ugliest)** (*a*) laid; **u. as sin**, laid comme un pou; **to grow u.**, (s')enlaidir; **u. duckling**, vilain petit canard; *F:* **u. customer**, sale type (*b*) (*unpleasant*) vilain; (incident) regrettable; **u. rumour**, bruit sinistre. **'ugliness** *n* laideur *f*.

UHF *abbr ultra-high frequency*.

UHT *abbr ultra-heat treatment*.

UK *abbr United Kingdom*.

ulcer ['ʌlsər] *n* ulcère *m*. **'ulcerate** *vtr & i* (s')ulcérer. **ulce'ration** *n* ulcération *f*. **'ulcerous** *a* ulcéreux.

ullage ['ʌlidʒ] *n Winem:* creux *m* du tonneau.

ulna ['ʌlnə] *n Anat:* cubitus *m*.

Ulster ['ʌlstər] *Prn Geog:* (i) Ulster *m* (ii) Irlande *f* du Nord.

ulterior [ʌl'tiəriər] *a* **1.** ultérieur **2. u. motive**, arrière-pensée *f*.

ultimate ['ʌltimət] **1.** *a* ultime; définitif; fondamental; (*of authority*) suprême; **u. purpose**, but ultime, final; **u. decision**, décision définitive **2.** *n* (*a*) **the u.**, l'absolu *m* (*b*) **the u. in luxury**, le summum de luxe; **the u. in vulgarity**, le comble de la vulgarité. **'ultimately** *adv* à la fin; en fin de compte; finalement; à une date ultérieure. **ulti'matum** *n* ultimatum *m*.

ultra- ['ʌltrə] *pref* ultra-; **u.-short waves**, ondes ultra-courtes. **ultra'fashionable** *a* du tout dernier cri, ultra-chic. **ultra'high** *a* **u. frequency**, très haute fréquence. **ultralight** *n* **u. (aircraft)**, ultra-léger motorisé, ULM *m*. **ultrama'rine** *a & n* (bleu *m* d')outremer *m inv*. **ultra'modern** *a* ultramoderne. **ultra'sensitive** *a* ultrasensible. **ultra'short** *a* ultracourt. **ultra'sonic** *a* ultrasonique. **ultra'violet** *a* ultraviolet.

umber ['ʌmbər] *n* (terre *f* d')ombre *f*.

umbilical [ʌm'bilikl] *a* **u. cord**, cordon ombilical.

umbrage ['ʌmbridʒ] *n* **to take u.**, s'offenser, se froisser (**at sth**, de qch).

umbrella [ʌm'brelə] *n* parapluie *m*; (*of jellyfish*) ombrelle *f*; **beach u.**, parasol *m*; **u. stand**, porte-parapluies *m inv*; *Bot:* **u. pine**, pin parasol; *Av:* **air u.**, ombrelle de protection aérienne, parapluie aérien.

umlaut ['umlaut] *n Ling:* tréma *m*.

umpire ['ʌmpaiər] **I.** *n* arbitre *m*, juge *m*. **II. 1.** *vtr* arbitrer (un match) **2.** *vi* être l'arbitre. **'umpiring** *n* arbitrage *m*.

umpteen [ʌmp'ti:n] *a F:* je ne sais combien de; des tas de (livres). **ump'teenth** *a* énième.

un- [ʌn] *prep* in-, peu, non, sans.

UN *abbr United Nations*.

unabashed [ʌnə'bæʃt] *a* nullement déconcerté.

unabated [ʌnə'beitid] *a* aussi fort qu'avant.

unable [ʌn'eibl] *a* incapable; **to be u. to do sth**, être dans l'impossibilité de faire qch; **u. to speak**, incapable de parler; **we are u. to help you**, nous ne sommes pas en mesure de vous aider; nous ne pouvons pas vous aider.

unabridged [ʌnə'bridʒd] *a* non abrégé; intégral; **u. edition**, édition intégrale.

unacceptable [ʌnək'septəbl] *a* inacceptable; (théorie) irrecevable; (conduite) inadmissible.

unaccommodating [ʌnə'kɔmədeitiŋ] *a* peu accommodant; désobligeant.

unaccompanied [ʌnə'kʌmpənid] *a* **1.** non accompagné, seul **2.** *Mus:* sans accompagnement; **sonata for u. violin**, sonate pour violon seul.

unaccountable [ʌnə'kauntəbl] *a* (*a*) (phénomène) inexplicable (*b*) (conduite) bizarre. **una'ccountably** *adv* inexplicablement. **una'ccounted** *a* **five passengers are (still) u. for**, cinq passagers restent introuvables; **two books are still u. for**, il manque toujours deux livres.

unaccustomed [ʌnə'kʌstəmd] *a* inaccoutumé, inhabituel; **to be u. to sth**, ne pas être habitué à qch.

unacknowledged [ʌnək'nɔlidʒd] *a* (*of letter, etc*) resté sans réponse.

unacquainted [ʌnə'kweintid] *a* **to be u. with (s.o., sth)**, ne pas connaître (qn); ignorer (un fait).

unadorned [ʌnə'dɔ:nd] *a* sans ornement; (*of truth*) tout nu.

unadulterated [ʌnə'dʌltəreitid] *a* pur; sans mélange; (vin) non frelaté.

unaffected [ʌnə'fektid] *a* **1.** (*a*) sans affectation; (joie, douleur) sincère (*b*) naturel, simple; (style) sans recherche (*c*) (*of pers*) sans affectation, sans pose **2.** (*of pers*) impassible, insensible **(by sth**, à qch) **3.** inaltérable **(by air, by water**, à l'air, à l'eau). **una'ffectedly** *adv* sans affectation; sincèrement; naturellement; simplement.

unafraid [ʌnə'freid] *a* sans peur, qui n'a pas peur.

unaided [ʌn'eidid] *a* sans aide; **he can walk u. now**, il peut marcher tout seul maintenant.

unalloyed [ʌnə'lɔid] *a* (métal) pur, sans alliage; (bonheur) parfait.

unalterable [ʌn'ɔ:ltərəbl] *a* immuable, invariable. **un'altered** *a* toujours le même; inchangé.

unambiguous [ʌnæm'bigjuəs] *a* non équivoque; (réponse) sans ambiguïté. **unam'biguously** *adv* sans ambiguïté.

unambitious [ʌnæm'biʃəs] *a* **1.** sans ambition; peu ambitieux **2.** (projet) modeste.

un-American [ʌnə'merikən] *a* antiaméricain.

unanimity [ju:nə'nimiti] *n* unanimité *f*. **u'nanimous** *a* unanime; (vote) à l'unanimité. **u'nanimously** *adv* à l'unanimité.

unannounced [ʌnə'naunst] *a* **he came in u.,** il est entré sans se faire annoncer.

unanswerable [ʌn'ɑ:nsərəbl] *a* (argument) irréfutable; **u. question,** question à laquelle on ne peut pas répondre. **un'answered** *a* **1.** (*of letter*) (i) sans réponse (ii) à répondre **2.** (argument) irréfuté.

unappealing [ʌnə'pi:liŋ] *a* peu attrayant.

unappetizing [ʌn'æpitaiziŋ] *a* peu appétissant.

unappreciated [ʌnə'pri:ʃieitid] *a* peu apprécié; peu estimé.

unapproachable [ʌnə'proutʃəbl] *a* inabordable, inaccessible; (*of pers*) inabordable.

unarmed [ʌn'ɑ:md] *a* (*of pers*) non armé; (combat) à mains nues.

unashamed [ʌnə'ʃeimd] *a* éhonté; **she's u. about it,** elle n'en a pas honte. **una'shamedly** [-idli] *adv* sans vergogne.

unasked [ʌn'ɑ:skt] *a* (faire qch) spontanément, sans y être invité.

unassailable [ʌnə'seiləbl] *a* (*of argument, etc*) inattaquable.

unassisted [ʌnə'sistid] *a* sans aide.

unassuming [ʌnə'sju:miŋ] *a* sans prétention(s); modeste.

unattached [ʌnə'tætʃt] *a* (*independent, not married*) libre.

unattainable [ʌnə'teinəbl] *a* inaccessible (**by,** à).

unattended [ʌnə'tendid] *a* (*a*) seul; sans escorte (*b*) (*car, shop*) sans surveillance; (*luggage*) abandonné; **u. to,** négligé.

unattractive [ʌnə'træktiv] *a* (*of idea, appearance, etc*) peu attrayant; (*of pers*) peu sympathique; (*ugly*) laid.

unauthorized [ʌn'ɔ:θəraizd] *a* non autorisé.

unavailable [ʌnə'veiləbl] *a* (article) épuisé; (*of pers, funds*) indisponible.

unavailing [ʌnə'veiliŋ] *a* inutile; vain.

unavoidable [ʌnə'vɔidəbl] *a* inévitable. **una'voidably** *adv* inévitablement; **u. detained,** retenu pour une raison indépendante de sa volonté.

unaware [ʌnə'wɛər] *a* ignorant, pas au courant (**of sth,** de qch); **to be u. of sth,** ignorer qch. **una'wares** *adv* **to catch s.o. u.,** prendre qn au dépourvu.

unbalanced [ʌn'bælənst] *a* déséquilibré.

unbaptized [ʌnbæp'taizd] *a* non baptisé.

unbearable [ʌn'bɛərəbl] *a* insupportable, intolérable; **u. pain,** douleur atroce. **un'bearably** *adv* insupportablement.

unbeatable [ʌn'bi:təbl] *a* imbattable. **un'beaten** *a* (joueur) invaincu; (record) non battu.

unbecoming [ʌnbi'kʌmiŋ] *a* **1.** peu convenable **2.** (*of garment*) peu seyant.

unbeknown(st) [ʌnbi'noun(st)] *adv* **u. to anyone,** (faire qch) à l'insu de tous.

unbelievable [ʌnbi'li:vəbl] *a* incroyable. **unbe'lievably** *adv* incroyablement. **unbe'liever** *n* incrédule *mf*. **unbe'lieving** *a* incrédule.

unbend [ʌn'bend] *v* (**unbent**) **1.** *vtr* redresser (un tuyau); déplier (la jambe) **2.** *vi* se détendre. **un'bending** *a* inflexible, intransigeant.

unbias(s)ed [ʌn'baiəst] *a* impartial; neutre; sans parti pris.

unbidden [ʌn'bidn] *a* sans y avoir été invité.

unbleached [ʌn'bli:tʃt] *a* écru.

unblemished [ʌn'blemiʃt] *a* sans défaut; (réputation) sans tache.

unblock [ʌn'blɔk] *vtr* dégager (un passage); déboucher (un tuyau).

unblushing [ʌn'blʌʃiŋ] *a* sans vergogne; éhonté. **un'blushingly** *adv* (*a*) sans rougir (*b*) sans vergogne.

unbolt [ʌn'boult] *vtr* déverrouiller (une porte).

unborn [ʌn'bɔ:n] *a* (enfant) à naître.

unbounded [ʌn'baundid] *a* sans bornes; illimité; **u. ambition,** ambition démesurée.

unbreakable [ʌn'breikəbl] *a* incassable.

unbridled [ʌn'braidld] *a* (*of passion*) débridé.

unbroken [ʌn'brouk(ə)n] *a* **1.** (*a*) non brisé, non cassé (*b*) intact (*c*) (*of rule*) toujours observé; (*of promise*) inviolé; *Sp:* **u. record,** record non battu (*d*) (*of silence*) ininterrompu, continu; **u. sheet of ice,** nappe de glace continue **2.** (*a*) (cheval) non rompu, non dressé (*b*) **u. spirit,** esprit insoumis.

unburden [ʌn'bə:d(ə)n] *vtr* **to u. the mind,** soulager l'esprit; **to u. oneself,** s'épancher (**to,** auprès de, avec).

unbusinesslike [ʌn'biznislaik] *a* (*a*) (*of pers*) peu commerçant; qui n'a pas le sens des affaires (*b*) (procédé) irrégulier; **to be u.,** manquer de méthode.

unbutton [ʌn'bʌt(ə)n] *vtr* déboutonner.

uncalled-for [ʌn'kɔ:ldfɔ:r] *a* (*of remark*) déplacé; (*of rebuke*) injustifié.

uncanny [ʌn'kæni] *a* mystérieux, étrange; (bruit) inquiétant.

uncared-for [ʌn'kɛədfɔ:r] *a* peu soigné; négligé; (enfant) délaissé; (jardin) à l'abandon.

uncarpeted [ʌn'kɑ:pitid] *a* sans tapis, sans moquette.

unceasing [ʌn'si:siŋ] *a* (*a*) incessant, continu (*b*) (travail) assidu; (effort) soutenu. **un'ceasingly** *adv* sans cesse.

unceremonious ['ʌnseri'mouniəs] *a* (*of pers*) sans façon, sans gêne. **uncere'moniously** *adv* sans façons; sans ménagement; brusquement.

uncertain [ʌn'sə:t(ə)n] *a* **1.** (*a*) incertain; (*of time, amount*) indéterminé (*b*) (résultat) douteux; **it's u. whether, that,** il n'est pas certain que (+ *sub*); **it's u. who will win,** on ne sait pas au juste qui gagnera **2.** (*a*) mal assuré; (avenir) incertain; **u. temper,** humeur inégale; **in no u. terms,** sans mâcher les mots (*b*) **to be u. of, about, sth,** être incertain de qch; **to be u. what to do,** hésiter sur le parti à prendre. **un'certainly** *adv* d'une façon incertaine. **un'certainty** *n* incertitude *f*; **to remove any u.,** pour dissiper toute équivoque.

unchallengeable [ʌn'tʃælindʒəbl] *a* incontestable. **un'challenged** *a* (droit) incontesté; **to let (sth) pass u.,** ne pas relever (une affirmation); ne pas récuser (un témoignage).

unchangeable [ʌn'tʃein(d)ʒəbl] *a* immuable, inchangeable. **un'changed** *a* inchangé, immuable. **un'changing** *a* invariable, immuable.

uncharitable [ʌn'tʃæritəbl] *a* peu charitable.

uncharted [ʌn'tʃɑ:tid] *a* inexploré.

unchecked [ʌn'tʃekt] *a* **1.** (passion) sans frein;

(colère) non contenue; **to advance u.**, avancer sans rencontrer d'opposition **2.** non vérifié; non relu.

unchristian [ʌn'kristjən] *a* peu chrétien.

uncivil [ʌn'sivəl] *a* impoli, incivil.

uncivilized [ʌn'sivilaizd] *a* peu civilisé, barbare; **u. hour,** heure indue.

unclaimed [ʌn'kleimd] *a* non réclamé; **u. right,** droit non revendiqué.

unclassified [ʌn'klæsifaid] *a* non (classé) secret.

uncle ['ʌŋkl] *n* oncle *m*.

unclean [ʌn'kli:n] *a* **1.** impur **2.** malpropre.

unclear [ʌn'kliər] *a* (*of meaning*) qui n'est pas clair; (*of result*) incertain; **it's u. whether . . .,** on ne sait pas très bien si. . . .

unclouded [ʌn'klaudid] *a* (*of sky*) sans nuages; (*of vision*) clair; (*of liquid*) limpide.

uncoil [ʌn'kɔil] **1.** *vtr* dérouler **2.** *vi & pr* (*of snake, rope*) **to u. (itself),** se dérouler.

uncollected [ʌnkə'lektid] *a* (*of luggage*) non réclamé; (*of tax*) non perçu.

uncoloured [ʌn'kʌləd] *a* (*a*) non coloré; **u. account,** rapport impartial (de qch) (*b*) incolore.

uncombed [ʌn'koumd] *a* (*of hair*) non peigné, mal peigné, ébouriffé.

uncomfortable [ʌn'kʌmftəbl] *a* **1.** inconfortable, peu confortable; incommode; (vêtement) gênant; (*of heat, experience*) désagréable; **this is a very u. armchair,** on est très mal (assis) dans ce fauteuil **2. to make things u. for s.o.,** créer des ennuis à qn **3.** (*of feeling*) troublant; **to feel u.,** être mal à l'aise; se sentir gêné; **to be, feel, u. about sth,** se sentir inquiet au sujet de qch. **un'comfortably** *adv* **1.** peu confortablement **2. the enemy were u. near,** la proximité de l'ennemi était inquiétante.

uncommitted [ʌnkə'mitid] *a* (*of pers*) non engagé; libre; indépendant; *Pol:* neutraliste, non aligné.

uncommon [ʌn'kɔmən] *a* rare; (mot) peu usité; **not u.,** assez fréquent. **un'commonly** *adv* extraordinairement; **u. good,** excellent; **not u.,** assez souvent.

uncommunicative [ʌnkə'mju:nikətiv] *a* peu communicatif; renfermé, taciturne.

uncomplaining [ʌnkəm'pleiniŋ] *a* patient, résigné. **uncom'plainingly** *adv* sans se plaindre.

uncomplicated [ʌn'kɔmplikeitid] *a* peu compliqué, simple.

uncomplimentary [ʌnkɔmpli'ment(ə)ri] *a* peu flatteur.

uncompromising [ʌn'kɔmprəmaiziŋ] *a* intransigeant; **u. honesty,** honnêteté absolue.

unconcealed [ʌnkən'si:ld] *a* non dissimulé.

unconcern [ʌnkən'sə:n] *n* insouciance *f*; indifférence *f*. **uncon'cerned** *a* (*a*) insouciant, indifférent (*b*) (*not anxious*) imperturbable. **uncon'cernedly** [-idli] *adv* d'un air indifférent; imperturbablement.

unconditional [ʌnkən'diʃənəl] *a* inconditionnel; (soumission) sans condition. **uncon'ditionally** *adv* inconditionnellement; sans condition.

unconfirmed [ʌnkən'fə:md] *a* non confirmé.

uncongenial [ʌnkən'dʒi:niəl] *a* (*of pers*) antipathique, peu sympathique; (travail) peu agréable.

unconnected [ʌnkə'nektid] *a* sans rapport (**with,** avec); **the two events are quite u.,** les deux événements n'ont aucun rapport entre eux.

unconscionable [ʌn'kɔnʃənəbl] *a* déraisonnable, excessif.

unconscious [ʌn'kɔnʃəs] **1.** *a* (*a*) inconscient; **to be u. of sth,** être inconscient de qch (*b*) *Med:* sans connaissance; **to become u.,** perdre connaissance; **to knock s.o. u.,** assommer qn **2.** *n* **the u.,** l'inconscient *m*. **un'consciously** *adv* inconsciemment. **un'consciousness** *n* **1.** inconscience *f* (**of,** de) **2.** évanouissement *m*.

unconsidered [ʌnkən'sidəd] *a* (*of remark*) inconsidéré.

unconstitutional [ʌnkɔnsti'tju:ʃənəl] *a* anticonstitutionnel.

uncontested [ʌnkən'testid] *a* (droit) incontesté; *Pol:* **u. seat,** siège qui n'est pas disputé.

uncontrollable [ʌnkən'trouləbl] *a* (enfant) ingouvernable; (mouvement) irréprimable; (désir) irrésistible; **u. laughter,** rire irrépressible; **fits of u. temper,** violents accès de colère. **uncon'trollably** *adv* irrésistiblement; **she sobbed u.,** elle ne pouvait s'arrêter de sangloter. **uncon'trolled** *a* sans frein; (*of passion*) effréné; (*of inflation*) rampant.

unconventional [ʌnkən'venʃən(ə)l] *a* peu conventionnel; non-conformiste. **uncon'ventionally** *adv* de manière peu conventionnelle.

unconvinced [ʌnkən'vinst] *a* sceptique (**of sth,** à l'égard de qch); **I am still, I remain, u.,** je ne suis toujours pas convaincu. **uncon'vincing** *a* peu convaincant; (excuse) peu vraisemblable. **uncon'vincingly** *adv* d'une manière peu convaincante.

uncooked [ʌn'kukt] *a* (aliment) non cuit, cru.

uncooperative [ʌnkə'ɔprətiv] *a* peu coopératif.

uncork [ʌn'kɔ:k] *vtr* déboucher (une bouteille).

uncorrected [ʌnkə'rektid] *a* (*a*) (*of proof*) non corrigé (*b*) (*of error*) non rectifié; *Ph:* **u. result,** résultat brut.

uncouple [ʌn'kʌpl] *vtr Rail:* dételer (des wagons).

uncouth [ʌn'ku:θ] *a* grossier; fruste.

uncover [ʌn'kʌvər] *vtr* découvrir (qch). **un'covered** *a* mis à découvert; découvert.

uncritical [ʌn'kritik(ə)l] *a* dépourvu de sens critique; sans discernement; (auditoire) peu exigeant.

uncrossed [ʌn'krɔst] *a* (chèque) non barré.

uncrowned [ʌn'kraund] *a* non couronné.

uncrushable [ʌn'krʌʃəbl] *a* (tissu) infroissable.

unction ['ʌŋkʃ(ə)n] *n Ecc:* **extreme u.,** extrême-onction *f*.

unctuous ['ʌŋktʃuəs] *a* onctueux.

uncultivated [ʌn'kʌltiveitid] *a* inculte.

uncurl [ʌn'kə:l] *vtr* défriser (les cheveux); déplier (les jambes).

uncut [ʌn'kʌt] *a* non coupé; (*of hedge*) non taillé; (*of diamond*) brut; (*of edition, film, play*) intégral.

undamaged [ʌn'dæmidʒd] *a* en bon état, non endommagé; (*of reputation*) intact.

undated [ʌn'deitid] *a* non daté; sans date.

undaunted [ʌn'dɔ:ntid] *a* nullement découragé.

undeceive [ʌndi'si:v] *vtr Lit:* désabuser (**of,** de); détromper (qn).

undecided [ʌndi'saidid] *a* indécis, non résolu; (*of pers*) indécis, irrésolu; **I'm u. whether to do it or not,** je n'ai pas décidé si je le ferai ou non.

undefeated [ʌndi'fi:tid] *a* invaincu.

undefended [ʌndi'fendid] *a* (*a*) sans défense (*b*) *Jur:* **u. case,** débats non contentieux.

undefinable [ʌndi'fainəbl] *a* indéfinissable. **unde'fined** *a* (*a*) non défini (*b*) indéterminé; vague.

undelivered [ʌndi'livəd] *a* non livré; **if u. return to sender,** en cas de non-livraison prière de retourner à l'expéditeur.

undemocratic [ʌndemə'krætik] *a* antidémocratique.

undemonstrative [ʌndi'mɔnstrətiv] *a* peu expansif, peu démonstratif; réservé.

undeniable [ʌndi'naiəbl] *a* indéniable, incontestable. **unde'niably** *adv* incontestablement; indiscutablement.

under ['ʌndər] **I.** *prep* **1.** (*a*) sous; au-dessous de; **to swim u. water,** nager sous l'eau; **put it u. there,** mettez-le là-dessous; **u. it,** dessous; **he pulled a stool out from u. the table,** il a tiré un tabouret de sous la table; **to file sth u. 'miscellaneous',** classer qch sous la rubrique 'divers' (*b*) moins de; **salaries u. £5000,** salaires inférieurs à £5000; **he's u. thirty,** il a moins de trente ans; **the u.-thirties,** les moins de trente ans; **children u. ten,** les enfants au-dessous de, de moins de, dix ans; **u. one's breath,** à mi-voix **2.** (*a*) **u. lock and key,** sous clef; **visible u. the microscope,** visible au microscope; **to be u. sentence of death,** être condamné à mort; **to be u. attack,** être attaqué; **u. the circumstances,** dans les circonstances; **u. his father's will,** d'après le testament de son père; **u. this law,** selon cette loi; **I'm u. no obligation to do it,** rien ne m'oblige à le faire (*b*) **he had a hundred men u. him, u. his command,** il avait cent hommes sous ses ordres; **to be u. the authority of,** relever de; **u. government control,** soumis au contrôle de l'État; **u. the influence of alcohol,** *F:* **u. the influence,** sous l'empire de la boisson; **u. Louis XIV,** sous Louis XIV; *F:* **to be u. the doctor,** être sous les ordres du médecin **3. u. discussion, repair,** en discussion, réparation; **u. observation,** (malade) en observation; **question u. examination,** question prise en considération. **II.** *adv* **1.** au-dessous; **to stay u. for 2 minutes,** rester 2 minutes sous l'eau; *F:* **down u.,** aux antipodes **2. to keep a rebellion u.,** mater une rébellion. **under-'age** *a* mineur. **under'arm** *adv* par en-dessous. **'underbelly** *n* **1.** bas-ventre *m* (d'un animal) **2.** point *m* vulnérable. **'underblanket** *n* alaise *f*. **under'capitalized** *a* sous-financé. **'undercarriage** *n Av:* train *m* d'atterrissage. **under'charge 1.** *vtr* ne pas faire payer assez à (qn) **2.** *vi* demander trop peu (**for sth,** pour qch). **'underclothes** *npl*, **'underclothing** *n* sous-vêtements *mpl*; lingerie (féminine). **'undercoat** *n* couche *f* de fond. **under'cooked** *a* pas assez cuit. **under'cover** *a* secret. **'undercurrent** *n* (*a*) (*in sea*) courant (sous-marin) (*b*) **an u. of discontent,** un (fort) mécontentement sous-jacent. **'undercut** *n Cu:* filet *m* (de bœuf). **under'cut** *vtr* (**under'cut; under'cutting**) vendre moins cher que (qn). **underde'veloped** *a Phot:* (cliché) insuffisamment développé; **u. countries,** pays sous-développés. **'underdog** *n* opprimé, -ée; perdant, -ante, probable. **under'done** *a* (*a*) pas assez cuit (*b*) pas trop cuit; (bifteck) saignant. **under-em'ployed** *a* sous-employé. **underesti-mate 1.** *n* [ʌndər'estimət] sous-évaluation *f* **2.** *vtr* [ʌndər'estimeit] sous-estimer. **underex'pose** *vtr* sous-exposer (un film). **underex'posure** *n* sous-exposition *f* (d'un film). **under'fed** *a* sous-alimenté. **'underfelt** *n* thibaude *f* (pour moquette). **'underfloor** *a* **u. heating,** chauffage par le sol. **under'foot** *adv* **the snow crunched u.,** la neige craquait sous les pieds; **to trample sth u.,** fouler qch aux pieds. **'undergardener** *n* aide-jardinier *m*. **'undergarment** *n* sous-vêtement *m*. **under'go** *vtr* (**under'went; under'gone**) subir (un changement, une épreuve); suivre (un traitement). **under'graduate** *n* étudiant, -ante (qui prépare la licence); **u. life,** vie d'étudiant. **underground 1.** *adv* [ʌndə'graund] (*a*) sous terre (*b*) clandestinement, secrètement; **to go u.,** passer dans la clandestinité **2.** *a* ['ʌndəgraund] (*a*) (câble, etc) souterrain (*b*) clandestin **3.** *n* ['ʌndə-] (*a*) *Rail:* métro *m* (*b*) *Pol:* résistance *f*. **'undergrowth** *n* broussailles *fpl*; sous-bois *m*. **under'hand** *a* secret; clandestin; (*of pers*) sournois. **'underlay** *n* thibaude *f* (pour moquette). **under'lie** *vtr* (**under'lain; under'lying**) sous-tendre. **under'line** *vtr* souligner. **'underling** *n* subalterne *m*; subordonné, -ée. **under'lining** *n* soulignement *m*. **under'lying** *a* **1.** au-dessous; (*of rock*) sous-jacent **2.** (principe) fondamental; **u. causes,** raisons profondes (d'un événement). **under'manned** *a* à court de personnel, de main-d'œuvre. **under'mentioned** *a* (mentionné) ci-dessous. **under'mine** *vtr* miner, saper (une muraille, la force, la société, etc); miner (la santé de qn); ébranler (la confiance de qn). **'undermost** *a* le plus bas, la plus basse. **under'neath 1.** *prep* au-dessous de; sous; **from u. sth,** de dessous qch **2.** *adv* (en) dessous; **the book u.,** le livre d'en dessous **3.** *n* dessous *m* **4.** *a* d'en dessous. **under'nourished** *a* sous-alimenté. **under'paid** *a* sous-payé. **'underpants** *npl* (*for men*) slip *m*; (*loose, long*) caleçon *m*. **'underpass** *n* passage souterrain. **under'pay** *vtr* sous-payer. **under'pin** *vtr* (**underpinned**) étayer (un mur, une société). **under'populated** *a* sous-peuplé. **under'priced** *a* **it's u.,** le prix est trop bas, c'est bradé. **under'privileged** *a* défavorisé; économiquement faible; *npl* **the u.,** les économiquement faibles. **under'rate** *vtr* sous-estimer. **'underseal** *vtr Aut:* traiter contre la rouille. **under'secretary** *n* sous-secrétaire *mf*; **permanent u.,** directeur général (d'un ministère). **under'sell** *vtr* (**under'sold**) vendre à meilleur marché, moins cher, que (qn). **under'sexed** *a* de faible libido. **'undershirt** *n NAm:* maillot *m*, tricot *m*, chemise *f*, de corps. **'underside** *n* dessous *m*. **'undersigned** *a* soussigné; **I the u.,** je soussigné(e). **under'sized** *a* trop petit. **'underskirt** *n* jupon *m*. **under'slung** *a Aut:* (châssis) surbaissé. **under'staffed** *a* à court de personnel; **to be u.,** manquer de personnel. **under'state** *vtr* minimiser. **'understatement** *n* **1.** amoindrissement *m* (des faits) **2.** euphémisme *m*; *F:* **that's the u. of the year!** si tu crois que c'est assez dire! **'understudy 1.** *n Th:* doublure *f* **2.** *vtr* doubler (un rôle). **under'take** *vtr* (**under'took; under'taken**) **1.** entreprendre (un voyage) **2.** (*a*) entreprendre (une tâche); assumer (la responsabilité); **to u. to do sth,** se charger de faire qch (*b*) **to u. that,** garantir, assurer, que. **'undertaker** *n* entrepreneur *m* de pompes funèbres; *F:* croque-mort *m*; **the undertaker's,** les pompes funèbres. **undertaking** [ʌndə'teikiŋ] *n* **1.** (*a*) promesse *f*; **to give an u.,** promettre (**that,** que) (*b*) ['ʌndəteikiŋ] métier *m* d'entrepreneur de pompes funèbres **2.** entreprise (commerciale); **it's quite an u.,** c'est toute une affaire. **'undertone** *n* **in an u.,** à mi-voix; *Fig:* **an u. of sadness,** une note de tristesse. **under'value** *vtr* **1.** sous-évaluer, sous-estimer; **it's undervalued at ten pounds,** ça vaut plus que dix livres. **2.** mésestimer (qn, qch). **underwater 1.** *a* ['ʌndəwɔːtər] sous-marin; **u. fishing,** pêche sous-marine **2.** *adv* [ʌndə'wɔːtər] sous l'eau; sous la mer. **'underwear** *n* sous-vêtements *mpl*; lingerie (féminine). **under'weight** *a* (*of pers*) qui ne pèse pas assez; (*of goods*) d'un poids insuffisant. **'underworld 1.** *n* enfers *mpl* **2.** (*a*) *n* (*criminals*) **the u.,** la pègre, le milieu (*b*) *a* du milieu. **'underwrite** *vtr* (**under'wrote; under'written**) *Fin:* garantir (une émission); *Ins:* souscrire (un risque). **'underwriter** *n Fin:* syndicataire *m*; *Ins:* assureur *m*.

understand [ʌndə'stænd] *v* (**under'stood**) **1.** *vtr* (*a*) comprendre; entendre; **I don't u. French,** je ne comprends pas le français; **he understands business matters,** il s'y connaît en affaires; **this sentence can be understood in several ways,** cette phrase peut s'interpréter de plusieurs façons; **to u. each other,** se comprendre; **I can't u. it,** je n'y comprends rien; **(is that) understood?** (c'est bien) compris? **that's easily understood,** cela se comprend facilement (*b*) **to give s.o. to u. sth,** faire comprendre, donner à entendre, qch à qn; **I u. that,** je crois comprendre que, il paraît que; **I u. you're coming to work here,** si j'ai bien compris, vous venez travailler ici; **I u. he'll consent,** je crois savoir qu'il consentira (*c*) *Gram:* sous-entendre (un mot), supposer (une condition); **that's understood,** cela va sans dire **2.** *vi* comprendre; **now I u.!** je comprends! j'y suis maintenant! **you don't u.,** vous n'y êtes pas; **to u. about sth,** comprendre qch. **under'standable** *a* compréhensible; **that's u.,** cela se comprend; c'est (bien) normal. **under'standably** *adv* naturellement. **under'standing 1.** *a* compréhensif **2.** *n* (*a*) entendement *m*, compréhension *f*; intelligence *f*; **lacking in u.,** incompréhensif; **according to my u. of it,** si j'ai bien compris (*b*) accord *m*, entente *f* (*c*) arrangement *m*; **to have an u.,** avoir un arrangement (avec qn); **there's an u. between them,** ils sont d'intelligence; **to come to an u.,** s'accorder, s'entendre (avec qn) (*d*) **on the u. that,** à condition que + *ind* or *sub.* **under'standingly** *adv* avec compréhension.

undeserved [ʌndi'zəːvd] *a* immérité. **unde'servedly** [-idli] *adv* (*a*) à tort; injustement (*b*) sans le mériter. **unde'serving** *a* sans mérite; peu méritoire; **u. of attention,** qui ne mérite pas l'attention.

undesirable [ʌndi'zaiərəbl] **1.** *a* peu souhaitable (**that,** que (+*sub*)); (*of pers*) indésirable **2.** *n* indésirable *mf*.

undetected [ʌndi'tektid] *a* non découvert; **to go u.,** passer inaperçu.

undetermined [ʌndi'təːmind] *a* indéterminé, incertain.

undeterred [ʌndi'təːd] *a* sans se laisser décourager (**by,** par).

undeveloped [ʌndi'veləpt] *a* non développé; **u. land,** terrains inexploités.

undies ['ʌndiz] *npl F:* (*esp for women*) dessous *mpl*.

undigested [ʌnd(a)i'ʒestid] *a* mal digéré; **u. knowledge,** connaissances mal assimilées.

undignified [ʌn'dignifaid] *a* **to be u.,** manquer de dignité.

undiluted [ʌndai'l(j)uːtid] *a* non dilué; non délayé; (vin) pur; (joie) sans mélange.

undiplomatic ['ʌndiplə'mætik] *a* peu diplomatique; (*of pers*) peu diplomate.

undipped [ʌn'dipt] *a Aut:* **to drive with u. headlights,** être en phares; conduire avec les phares allumés.

undischarged [ʌndis'tʃɑːdʒd] *a Jur:* **u. bankrupt,** failli non réhabilité; **u. debt,** dette non acquittée.

undisciplined [ʌn'disiplind] *a* indiscipliné.

undiscovered [ʌndis'kʌvəd] *a* non découvert; (*of country*) inconnu; **to remain u.,** ne pas être découvert.

undiscriminating [ʌndis'krimineitiŋ] *a* sans discernement, qui manque de discernement.

undisguised [ʌndis'gaizd] *a* non déguisé.

undisputed [ʌndis'pjuːtid] *a* incontesté.

undistinguished [ʌndis'tiŋgwiʃt] *a* médiocre; banal; quelconque; (*of appearance*) peu distingué.

undisturbed [ʌndis'təːbd] *a* **1.** (*of pers*) tranquille; (*of sleep*) paisible **2.** (*of peace*) que rien ne vient troubler; **we found everything u.,** rien n'avait été dérangé.

undivided [ʌndi'vaidid] *a* **1.** entier **2.** non partagé; **to give one's u. attention,** donner toute son attention.

undo [ʌn'duː] *vtr* (**undid** [-'did]; **undone** [-'dʌn]) **1.** détruire (une œuvre); réparer (une faute); **you can't u. the past,** ce qui est fait est fait **2.** défaire (un nœud, un paquet); dégrafer, déboutonner (sa robe); détacher, délier (qn, les mains). **un'doing** *n Lit:* ruine *f*, perte *f*; **gambling will be his u.,** le jeu sera sa ruine. **un'done** *a* **1.** défait; **to come u.,** se défaire, se dénouer, se délacer, se découdre, se dégrafer **2.** inaccompli; **to leave the work u.,** ne pas faire le travail, laisser le travail inachevé.

undoubted [ʌn'dautid] *a* (fait) indubitable, incontestable. **un'doubtedly** *adv* indubitablement, incontestablement.

undreamed, undreamt [ʌn'driːmd, ʌn'dremt] *a* **u. of,** (i) insoupçonné (ii) inimaginable.

undress [ʌn'dres] *v* **1.** *vi* se déshabiller **2.** *vtr* déshabiller; **to get undressed,** se déshabiller.

undrinkable [ʌn'driŋkəbl] *a* (*unpleasant*) imbuvable; (*dangerous*) non potable.

undue [ʌn'djuː] *a* (*a*) injuste, injustifiable; **to exert u. influence over s.o.,** faire pression sur qn (*b*) (*of haste*) exagéré, indu; **u. optimism,** optimisme excessif, peu justifié. **un'duly** *adv* **1.** (réclamer) indûment **2.** (*a*) injustement (*b*) excessivement; **u. high price,** prix excessif; **he worries u. about his health,** sa santé le préoccupe trop.

undulate ['ʌndjuleit] *vtr & i* onduler. **'undulating** *a* ondulé, onduleux; (terrain) vallonné. **undu'lation** *n* ondulation *f*; accident *m* de terrain.

undying [ʌn'daiiŋ] *a* immortel; éternel.

unearned [ʌn'ə:nd] *a* **u. income,** rentes *fpl.*
unearth [ʌn'ə:θ] *vtr* déterrer; *Fig:* dénicher, déterrer.
unearthly [ʌn'ə:θli] *a* sinistre, mystérieux; **u. pallor,** pâleur mortelle; **u. light,** lueur sinistre; *F:* **at an u. hour,** à une heure indue; **u. reason,** raison absurde.
uneasy [ʌn'i:zi] *a* (*of peace, situation*) précaire; (*of silence*) gêné; (*of sleep*) agité; **to be, feel, u.,** être mal à l'aise, gêné; être inquiet; **to be u. in one's mind,** ne pas avoir l'esprit tranquille. **un'easily** *adv* d'un air gêné; avec inquiétude; (dormir) d'un sommeil agité. **un'easiness** *n* inquiétude *f.*
uneatable [ʌn'i:təbl] *a* immangeable. **un'eaten** *a* non mangé; **u. food,** restes *mpl.*
uneconomic [ʌni:kə'nɔmik, ʌnek-] *a* **1.** peu économique **2.** (travail) pas rentable. **uneco'nomical** *a* (méthode) peu économique.
uneducated [ʌn'edjukeitid] *a* (*a*) (*of pers*) inculte, sans éducation (*b*) (*of speech, accent*) populaire.
unemotional [ʌni'mouʃənəl] *a* impassible. **une'motionally** *adv* avec impassibilité.
unemployed [ʌnim'plɔid] *a* (*a*) désœuvré (*b*) en chômage, sans travail; *npl* **the u.,** les chômeurs *m.* **unem'ployable** *a* incapable de travailler. **unem'ployment** *n* chômage *m*; **u. benefit,** allocation *f* de chômage.
unending [ʌn'endiŋ] *a* **1.** interminable; sans fin **2.** éternel.
unendurable [ʌnin'djuərəbl] *a* insupportable.
unenterprising [ʌn'entəpraiziŋ] *a* peu entreprenant; qui manque d'initiative; (*of plan*) qui manque d'audace.
unenthusiastic [ʌnenθju:zi'æstik] *a* peu enthousiaste. **unenthusi'astically** *adv* sans enthousiasme.
unenviable [ʌn'enviəbl] *a* peu enviable.
unequal [ʌn'i:kwəl] *a* (*a*) inégal (*b*) **to be u. to the task,** ne pas être à la hauteur de la tâche; **to be u. to doing sth,** ne pas être de force à faire qch. **un'equalled** *a* inégalé; sans égal. **un'equally** *adv* inégalement.
unequivocal [ʌni'kwivəkl] *a* clair, net; sans équivoque. **une'quivocally** *adv* sans équivoque.
unerring [ʌn'ə:riŋ] *a* infaillible, sûr.
UNESCO [ju:'neskou] *abbr United Nations Educational, Scientific and Cultural Organisation.*
unethical [ʌn'eθikl] *a* immoral.
uneven [ʌn'i:v(ə)n] *a* **1.** inégal; rugueux; (terrain) accidenté; **u. temper,** humeur inégale; **u. breathing,** respiration irrégulière **2.** (nombre) impair. **un'evenly** *adv* **1.** inégalement **2.** irrégulièrement. **un'evenness** *n* inégalité *f*; irrégularité *f.*
uneventful [ʌni'ventfəl] *a* sans incident; **u. life,** vie calme, peu mouvementée, sans histoires.
unexceptionable [ʌnik'sepʃ(ə)nəbl] *a* (conduite) irréprochable; (personne) tout à fait convenable.
unexceptional [ʌnik'sepʃənəl] *a* qui n'a rien d'exceptionnel.
unexciting [ʌnik'saitiŋ] *a* insipide; peu passionnant; (vie) monotone.
unexpected [ʌnik'spektid] **1.** *a* (visiteur, résultat) inattendu; (événement) imprévu; (secours) inespéré; **u. meeting,** rencontre inopinée; **it was completely u.,** on ne s'y attendait pas du tout **2.** *n* **the u.,** l'imprévu *m.* **unex'pectedly** *adv* de manière inattendue; inopinément; à l'improviste; subitement; exceptionnellement.
unexplained [ʌnik'spleind] *a* inexpliqué.
unexplored [ʌnik'splɔ:d] *a* (pays) inexploré.
unexposed [ʌnik'spouzd] *a* (film) vierge.
unexpurgated [ʌn'ekspəgeitid] *a* (livre) non expurgé; **u. edition,** édition intégrale.
unfailing [ʌn'feiliŋ] *a* **1.** (moyen) infaillible, sûr; (patience) inlassable, inébranlable; (bonté) inaltérable; (espoir, optimisme) inébranlable **2.** (source) intarissable, inépuisable (**of,** de). **un'failingly** *adv* infailliblement.
unfair [ʌn'fɛər] *a* **1.** (*of pers*) injuste; **to be u. to s.o.,** défavoriser qn; **it's u.!** ce n'est pas juste! **to be put at an u. disadvantage,** être défavorisé, désavantagé **2.** inéquitable; **u. competition,** concurrence déloyale. **un'fairly** *adv* **1.** injustement; **he has been u. treated,** il est (la) victime d'une injustice **2. to act u.,** agir avec mauvaise foi. **un'fairness** *n* **1.** injustice *f* (envers qn); partialité *f* **2.** déloyauté *f*; mauvaise foi.
unfaithful [ʌn'feiθfəl] *a* infidèle (**to,** à).
unfamiliar [ʌnfə'miljər] *a* **1.** peu familier; (visage) inconnu **2.** (*of pers*) **to be u. with sth,** ne pas connaître, mal connaître, qch.
unfashionable [ʌn'fæʃ(ə)nəbl] *a* (*of subject, etc*) démodé; (*of district, etc*) peu chic *inv*, ringard; **it's u. to do,** il n'est pas de bon ton de faire.
unfasten [ʌn'fɑ:sn] *vtr* détacher (qch de qch); défaire (un vêtement, un nœud); ouvrir, déverrouiller (une porte).
unfavourable, *NAm:* **unfavorable** [ʌn'feiv(ə)rəbl] *a* défavorable, peu favorable; (vent) contraire; (critique) adverse; **to show oneself in an u. light,** se montrer sous un jour désavantageux. **un'favourably,** *NAm:* **-'favorably** *adv* défavorablement; **u. disposed towards s.o.,** hostile à qn.
unfeeling [ʌn'fi:liŋ] *a* insensible, impitoyable; (cœur) froid, indifférent. **un'feelingly** *adv* sans pitié; froidement.
unfeigned [ʌn'feind] *a* sincère.
unfeminine [ʌn'feminin] *a* peu féminin.
unfertilized [ʌn'fə:tilaizd] *a* non fécondé.
unfinished [ʌn'finiʃt] *a* (*a*) inachevé; **to have some u. business,** avoir une affaire à régler (*b*) non façonné; mal fini.
unfit [ʌn'fit] *a* (*unwell*) mal fichu; (*unworthy*) indigne (**for sth,** de qch; **to do,** de faire); **u. for human consumption,** impropre à la consommation; **u. for publication,** impubliable; **u. for habitation,** inhabitable; **u. for vehicles,** (chemin) impraticable pour les voitures; (*of pers*) **u. for military service,** inapte au service (militaire); **he's u. to travel,** il n'est pas en état de voyager.
unflagging [ʌn'flægiŋ] *a* (*of zeal*) inlassable; (*of interest*) soutenu.
unflappable [ʌn'flæpəbl] *a F:* imperturbable.
unflattering [ʌn'flæt(ə)riŋ] *a* peu flatteur.
unflinching [ʌn'flin(t)ʃiŋ] *a* stoïque, impassible; intrépide. **un'flinchingly** *adv* sans broncher.
unfold [ʌn'fould] *v* **1.** *vtr* (*a*) déplier, ouvrir (un journal); déployer (les ailes); décroiser (les bras) (*b*)

exposer (un projet); dévoiler (un secret) **2.** *vi* (*of story, view*) se dérouler.

unforeseeable [ʌnfɔː'siːəbl] *a* imprévisible. **unfore'seen** *a* imprévu, inattendu; **unless something u. happens,** sauf imprévu.

unforgettable [ʌnfə'getəbl] *a* inoubliable. **unfor'gotten** *a* inoublié.

unforgivable [ʌnfə'givəbl] *a* impardonnable. **unfor'givably** *adv* **he was u. rude,** son impolitesse est impardonnable. **unfor'giving** *a* implacable, rancunier.

unformed [ʌn'fɔːmd] *a* informe.

unforthcoming [ʌnfɔːθ'kʌmiŋ] *a* réservé; réticent.

unfortunate [ʌn'fɔːtʃənət] **1.** *a* (*a*) malheureux; **to be u.,** ne pas avoir de chance (*b*) (événement) fâcheux; (erreur) regrettable; **in u. circumstances,** dans de tristes circonstances; **it is u. that,** il est malheureux que + *sub*; **how u.!** quel dommage! **un'fortunately** *adv* malheureusement.

unfounded [ʌn'faundid] *a* sans fondement.

unframed [ʌn'freimd] *a* sans cadre.

unfreeze [ʌn'friːz] *v* **(unfroze; unfrozen) 1.** *vtr* (*a*) (faire) dégeler (*b*) débloquer (des crédits) **2.** *vi* (se) dégeler.

unfrequented [ʌnfri'kwentid] *a* peu fréquenté; (endroit) écarté.

unfriendly [ʌn'frendli] *a* peu amical; (action) hostile; (accueil) froid; **u. towards s.o.,** mal disposé pour, envers, qn. **un'friendliness** *n* manque *m* d'amitié; froideur *f* (**towards,** envers); hostilité *f* (**towards,** envers, contre).

unfulfilled [ʌnful'fild] *a* (*of prophesy*) inaccompli; (*of desire*) insatisfait; (*of plan*) non réalisé; (*of prayer*) inexaucé; (*of promise*) non tenu; (*of condition*) non rempli; **to feel u.,** éprouver un sentiment d'insatisfaction.

unfurl [ʌn'fɜːl] *vtr* déployer (un drapeau, etc).

unfurnished [ʌn'fɜːniʃt] *a* non meublé.

ungainly [ʌn'geinli] *a* gauche.

ungenerous [ʌn'dʒenərəs] *a* peu généreux.

ungetatable [ʌnget'ætəbl] *a F:* inaccessible.

ungodly [ʌn'gɔdli] *a* impie; *F:* **at an u. hour,** à une heure indue.

ungovernable [ʌn'gʌv(ə)nəbl] *a* ingouvernable; (désir, passion) irrépressible.

ungracious [ʌn'greiʃəs] *a* peu gracieux; peu aimable; **it would be u. to refuse,** j'aurais mauvaise grâce de refuser. **un'graciously** *adv* de mauvaise grâce. **un'graciousness** *n* mauvaise grâce.

ungrammatical [ʌngrə'mætik(ə)l] *a* non grammatical. **ungra'mmatically** *adv* incorrectement.

ungrateful [ʌn'greitful] *a* ingrat; peu reconnaissant. **un'gratefully** *adv* avec ingratitude.

ungrudging [ʌn'grʌdʒiŋ] *a* donné de bon cœur; (*of praise*) très sincère. **un'grudgingly** *adv* de bon cœur; généreusement.

unguarded [ʌn'gɑːdid] *a* **1.** sans surveillance **2.** (*of remark*) inconsidéré, irréfléchi; **in an u. moment,** dans un moment d'inattention. **un'guardedly** *adv* inconsidérément.

unhampered [ʌn'hæmpəd] *a* libre (de ses mouvements); **u. by rules,** sans être gêné par des règlements.

unhappy [ʌn'hæpi] *a* (*a*) malheureux, triste; **to make s.o. u.,** causer du chagrin à qn; **u. state of affairs,** situation *f* regrettable (*b*) inquiet; **I'm u. about leaving the house empty,** je n'aime pas laisser la maison vide (*c*) **u. with,** mécontent de (*d*) **he's u. about doing it,** ça le dérange de le faire. **un'happily** *adv* (*a*) malheureusement (*b*) tristement (*c*) **they're u. married,** c'est un ménage malheureux. **un'happiness** *n* tristesse *f*.

unharmed [ʌn'hɑːmd] *a* sain et sauf; indemne; intact.

unhealthy [ʌn'helθi] *a* **1.** (*of climate, place, job*) malsain, insalubre **2.** (*a*) (*of pers*) en mauvaise santé; (*of lungs*) malade; **u. complexion,** visage terreux (*b*) **u. influence,** influence malsaine; **u. curiosity,** curiosité morbide. **un'healthiness** *n* **1.** insalubrité (du climat) **2.** mauvaise santé.

unheard [ʌn'hɜːd] *a* **u. of,** inouï, incroyable.

unheated [ʌn'hiːtid] *a* non chauffé.

unheeded [ʌn'hiːdid] *a* négligé; **his warning went u.,** on n'a pas tenu compte de son avertissement.

unhelpful [ʌn'helpfəl] *a* (critique, conseil) peu utile; (*of pers*) peu serviable, peu obligeant; **don't be so u.!** tâche donc un peu de nous aider!

unhesitating [ʌn'heziteitiŋ] *a* qui n'hésite pas; ferme, résolu; (réponse) prompte. **un'hesitatingly** *adv* sans hésiter; sans hésitation.

unhindered [ʌn'hindəd] *a* sans obstacle; **to go u.,** passer librement.

unhinged [ʌn'hindʒd] *a* (*of pers, mind*) déséquilibré.

unhitch [ʌn'hitʃ] *vtr* décrocher (qch).

unholy [ʌn'houli] *a* impie; *F:* **u. row,** boucan *m* de tous les diables.

unhook [ʌn'huk] *vtr* décrocher; dégrafer.

unhoped [ʌn'houpt] *a* **u. for,** inespéré.

unhurried [ʌn'hʌrid] *a* lent; (*of stroll, etc*) fait sans hâte; **in an u. way,** sans se presser.

unhurt [ʌn'hɜːt] *a* indemne; sain et sauf.

unhygienic [ʌnhai'dʒiːnik] *a* pas très hygiénique.

UNICEF ['juːnisef] *abbr United Nations* (*International*) *Children's* (*Emergency*) *Fund.*

unicorn ['juːnikɔːn] *n* licorne *f*.

unidentified [ʌnai'dentifaid] *a* non identifié; **u. flying object,** objet volant non identifié.

unification [juːnifi'keiʃ(ə)n] *n* unification *f*.

uniform ['juːnifɔːm] **1.** *a* uniforme; (*of temperature*) constant **2.** *n* uniforme *m*; **out of u.,** en civil. **'uniformed** *a* en uniforme. **uni'formity** *n* uniformité *f*. **'uniformly** *adv* uniformément.

unify ['juːnifai] *vtr & i* (s')unifier.

unilateral [juːni'læt(ə)rəl] *a* unilatéral. **uni'laterally** *adv* unilatéralement.

unimaginable [ʌni'mædʒinəbl] *a* inimaginable. **uni'maginative** *a* qui manque d'imagination. **uni'maginatively** *adv* sans imagination.

unimpaired [ʌnim'pɛəd] *a* intact; (*of health*) non altéré; (*of force*) non diminué.

unimportant [ʌnim'pɔːt(ə)nt] *a* peu important, sans importance.

unimpressed [ʌnim'prest] *a* peu impressionné (**by,** par).

uninflammable [ʌnin'flæməbl] *a* ininflammable.

uninhabitable [ʌnin'hæbitəbl] *a* inhabitable. **unin'habited** *a* inhabité, désert.

uninhibited [ʌnin'hibitid] *a* sans complexes; (*of emotion*) non refréné.

uninitiated [ʌni'niʃieitid] *n* **the u.**, les profanes *mpl*. les non-initiés *mpl*.

uninjured [ʌn'indʒəd] *a* sans blessure; indemne.

uninspired [ʌnin'spaiəd] *a* qui manque d'inspiration; (style) banal. **unin'spiring** *a* pas très inspirant.

uninsured [ʌnin'ʃuəd] *a* non assuré (**against**, contre).

unintelligent [ʌnin'telidʒənt] *a* inintelligent.

unintelligible [ʌnin'telidʒibl] *a* inintelligible. **unin'telligibly** *adv* inintelligiblement.

unintentional [ʌnin'tenʃ(ə)nəl] *a* involontaire; **it was quite u.**, ce n'était pas fait exprès. **unin'tentionally** *adv* involontairement; sans le faire exprès.

uninterested [ʌn'intristid] *a* indifférent (**in**, à). **un'interesting** *a* sans intérêt; inintéressant; (*of pers*) fastidieux.

uninterrupted [ʌnintə'rʌptid] *a* **1.** ininterrompu **2.** continu; **u. correspondence**, correspondance suivie. **uninte'rruptedly** *adv* sans interruption.

uninvited [ʌnin'vaitid] *a* **to come u.**, venir sans invitation; **u. guest**, visiteur inattendu; **to do sth u.**, faire qch sans y avoir été invité. **unin'viting** *a* (*of appearance*) peu attirant, peu attrayant; (*of food*) peu appétissant.

union ['ju:njən] *n* **1.** (*a*) union *f* (*b*) mariage *m* (*c*) concorde *f*; **in perfect u.**, en parfaite harmonie **2.** (*a*) **the (American) U.**, les États-Unis; **customs u.**, union douanière (*b*) **(trade)**, *NAm:* **labor, u.**, syndicat *m*; **to join a u.**, se syndiquer; **u. member**, syndiqué(e); **non-u. workers**, ouvriers non syndiqués **3. U. Jack**, drapeau *m* britannique. **'unionism** *n* syndicalisme *m*. **'unionist** *n* (*a*) **trade u.**, syndicaliste *mf* (*b*) *Pol:* unioniste *mf*. **'unionize** *vtr* syndiquer.

unique [ju:'ni:k] *a* unique. **u'niquely** *adv* exceptionnellement. **u'niqueness** *n* caractère unique.

unisex ['ju:niseks] *a* unisexe *inv*.

unison ['ju:nisən] *n* **1.** *Mus:* unisson *m*; **in u.**, à l'unisson (**with**, de) **2. to be in u. with s.o.**, être en accord avec qn.

unit ['ju:nit] *n* **1.** unité *f*; *Com:* **u. price**, prix unitaire **2.** (*a*) unité (de longueur, de poids); **standard u.**, module *m*; *Tp:* **u. charge**, taxe unitaire; *Fin:* **monetary u.**, unité monétaire; *Fin:* **u. trust**, fonds commun de placement **3.** (*a*) (*system*) bloc *m*; (*group, team*) groupe *m*; *Med:* **intensive care u.**, service *m* de soins intensifs; **X-ray u.**, service *m* de radiologie (*b*) *Mil:* **fighting u.**, unité combattante (*c*) *MecE:* unité, élément *m*; *Aut:* **motor u.**, bloc-moteur *m*; *Cmptr:* **(visual) display u.**, console *f* de visualisation (*d*) **u. furniture**, mobilier *m* par éléments; **kitchen u.**, élément de cuisine; **hob u.**, table *f* de cuisson.

unite [ju:'nait] **1.** *vtr* (*a*) unir; réunir (qch à qch); allier (qch à qch) (*b*) mettre (les gens) d'accord; unifier (un pays, un parti) **2.** *vi* (*a*) s'unir, s'unifier (**with**, à) (*b*) (*of two or more pers or thgs*) s'unir; se réunir; (*of party*) s'unifier; (*of states*) se confédérer; **to u. against s.o.**, s'unir contre qn; **to u. in doing sth**, se mettre d'accord pour faire qch. **u'nited** *a* uni, unifié; **u. efforts**, efforts conjugués; **to present a u. front**, présenter un front uni; **the U. Kingdom**, le Royaume-Uni; **U. Nations (Organization)** (Organisation *f* des) Nations unies; **the U. States (of America)**, les États-Unis (d'Amérique). **'unity** *n* unité *f*; *Fig:* harmonie *f*; **u. is strength**, l'union fait la force; **in u.**, en harmonie (**with**, avec).

universe ['ju:nivə:s] *n* univers *m*. **uni'versal** *a* universel; **he's a u. favourite**, tout le monde l'aime; *MecE:* **u. joint**, joint universel. **uni'versally** *adv* universellement.

university [ju:ni'və:siti] *n* université *f*; **he's been to u., he's had a u. education**, il a fait des études supérieures; **u. professor**, professeur d'université, de faculté *f*; **u. town**, ville universitaire.

unjust [ʌn'dʒʌst] *a* injuste (**to**, envers, avec, pour); **u. suspicions**, soupçons mal fondés. **unjusti'fiable** *a* injustifiable. **unjusti'fiably** *adv* sans justification. **un'justified** *a* injustifié. **un'justly** *adv* injustement.

unkempt [ʌn'kem(p)t] *a* **1.** (*of hair*) mal peigné; (*of appearance*) négligé **2.** (*of garden*) peu soigné; mal tenu.

unkind [ʌn'kaind] *a* (i) méchant (ii) peu aimable; pas gentil; **that's u. of him**, ce n'est pas gentil de sa part; **he was u. enough to**, il a eu la méchanceté de. **un'kindly** *adv* (i) méchamment (ii) peu aimablement; **don't take it u. if**, ne le prenez pas en mauvaise part si. **un'kindness** *n* manque *m* de gentillesse; méchanceté *f*.

unknown [ʌn'noun] **1.** *a* (*a*) inconnu (**to**, à, de); ignoré (**to**, de); (écrivain) obscur, inconnu; **u. person**, inconnu, -ue; **the U. Soldier**, le Soldat inconnu; **u. to anyone**, à l'insu de tout le monde; **u. to me, he'd left**, il était parti, ce que j'ignorais (*b*) *Mth: & Fig:* **u. quantity**, (quantité) inconnue (*f*) **2.** *n* (*a*) (*pers*) inconnu, -ue (*b*) *Mth: & Fig:* inconnue (*c*) **the u.**, l'inconnu. **un'knowing** *a* ignorant; inconscient (**of**, de). **un'knowingly** *adv* inconsciemment; sans le savoir.

unladen [ʌn'leidn] *a Nau:* sans charge; **u. weight**, poids à vide.

unladylike [ʌn'leidilaik] *a* mal élevé; (*of manners*) peu distingué.

unlawful [ʌn'lɔ:ful] *a* illégal; illicite. **un'lawfully** *adv* illégalement; illicitement.

unleaded [ʌn'ledid] *a* (*of petrol*) sans plomb.

unleash [ʌn'li:ʃ] *vtr* déchaîner (la colère, etc).

unleavened [ʌn'lev(ə)nd] *a* (pain) azyme, sans levain.

unless [ʌn'les] *conj* à moins que + *sub*; **you'll be late u. you leave at once**, vous arriverez trop tard à moins de partir immédiatement; **u. I am mistaken**, si je ne me trompe; **u. I hear to the contrary**, sauf avis contraire.

unlicensed [ʌn'laisənst] *a* non autorisé; illicite; (*of car*) sans vignette; **u. premises**, établissement où la vente des boissons alcooliques n'est pas autorisée.

unlike [ʌn'laik] *a* différent, dissemblable; **he's not u. his sister**, il ressemble assez à sa sœur; **she's very u. her mother**, elle n'est pas du tout comme sa mère; **he, u. his father**, lui, contrairement à, à la différence de, son père; **that was very u. him**, ça ne lui ressemble pas.

unlik(e)able [ʌn'laikəbl] *a* peu sympathique; (*of thg*) peu agréable.

unlikely [ʌn'laikli] *a* **1.** (*a*) improbable, peu probable; (*of explanation*) invraisemblable; **most u.**, fort improbable; **it's not (at all) u.**, cela se pourrait bien;

ments à vent **2.** *vtr* couper la respiration, le souffle, à (qn); **it completely winded me,** ça m'a coupé le souffle. **'windbag** *n F:* orateur verbeux; **he's just a w.,** il parle pour ne rien dire. **'windbreak** *n* brise-vent *m inv.* **'windcheater,** *NAm:* **'windbreaker** *n* blouson *m,* coupe-vent *m inv.* **'windfall** *n* fruit abattu par le vent; *Fig:* aubaine *f;* profit, héritage, inattendu. **'windmill** *n* moulin *m* à vent. **'windpipe** *n Anat:* trachée *f.* **'windproof** *a* à l'épreuve du vent. **'windscreen,** *NAm:* **'windshield** *n Aut:* pare-brise *m inv;* **w. wiper,** essuie-glace *m;* **w. washer,** lave-glace *m.* **'windsock** *n Av:* manche *f* à vent. **'windsurfer** *n* (*a*) planche *f* à voile (*b*) (*pers*) véliplanchiste *mf.* **'windsurfing** *n* **to go w.,** faire de la planche à voile. **'windswept** *a* balayé par les vents; venteux. **'windward 1.** *a & adv* au vent **2.** *n* côté *m* du vent. **'windy** *a* **(-ier, -iest)** venteux, venté; **w. day,** journée de grand vent; **it's w.,** il fait du vent; *F:* (*of pers*) **to be w.,** avoir le trac, la frousse.

wind² [waind] *v* (*pt & pp* **wound** [waund]) **1.** *vi* (*of path, river*) serpenter; **road that winds up, down, the hill,** route qui monte, descend, en serpentant; **the river winds across the plain,** la rivière traverse la plaine en serpentant **2.** *vtr* (*a*) enrouler; *Tex:* dévider (le fil); **to w. wool into a ball,** enrouler la laine en pelote (*b*) remonter (sa montre). **wind 'down** *vi* se détendre. **'winder** *n* remontoir *m* (d'une montre). **'winding 1.** *a* (chemin) sinueux, qui serpente; (route) en lacets; (*of street*) tortueux; (*of staircase*) tournant **2.** *n* (*a*) mouvement sinueux; cours sinueux; replis *mpl* (*b*) *Tex:* bobinage *m;* **w. machine,** bobineuse *f* (*c*) remontage *m* (d'une horloge). **wind 'up 1.** *vtr* (*a*) enrouler (un cordage); remonter (une horloge); hisser (qch au treuil); *F:* (*of pers*) **to be all wound up,** avoir les nerfs en pelote (*b*) terminer (une réunion); *Com:* liquider (une société); régler, clôturer (un compte) **2.** *vi* finir **(doing,** par faire); **the company wound up,** la société s'est mise en liquidation; *F:* **he'll w. up in prison,** il finira en prison; **to w. up with sth,** se retrouver avec qch.

windlass ['windləs] *n* (*pl* **windlasses)** treuil *m.*

window ['windou] *n* (*a*) fenêtre *f;* **to look out of the w.,** regarder par la fenêtre; **to jump out of the w.,** sauter par la fenêtre; **I've broken a w.,** j'ai cassé une vitre, un carreau; **French w.,** porte-fenêtre *f;* **w. seat,** banquette *f* (dans l'embrasure d'une fenêtre); **w. cleaner,** *NAm:* **washer,** laveur, -euse, de carreaux; **w. box,** jardinière *f;* **stained-glass w.,** vitrail *m* (d'église) (*b*) (*in vehicle, train*) vitre *f; Aut:* **rear w.,** lunette *f* arrière; *Rail:* **it is dangerous to lean out of the w.,** il est dangereux de se pencher dehors (*c*) (*of ticket office*) guichet *m* (*d*) (*in shop*) vitrine *f,* devanture *f;* **in the w.,** en vitrine; *F:* **w. shopping,** lèche-vitrines *m;* **to go w. shopping,** faire du lèche-vitrines; **w. dresser,** étalagiste *mf;* **w. dressing,** (i) art *m* de l'étalage (ii) *Fig:* façade *f;* camouflage *m.* **'windowledge, 'windowsill** *n* (*outside*) rebord *m,* (*inside*) appui *m,* de (la) fenêtre. **'windowpane** *n* vitre *f,* carreau *m.*

wine [wain] **1.** *n* vin *m;* **white, red, rosé, w.,** vin blanc, rouge, rosé; **dry, sweet, w.,** vin sec, doux; **sparkling w.,** vin mousseux; **w. production, producing,** viticulture *f;* **w.-producing region,** région viticole; **glass of w.,** verre de vin; **w. bottle, cask,** bouteille *f,* tonneau *m,* à vin; **w. merchant,** négociant en vins; **w. grower,** viticulteur *m;* **w. vinegar,** vinaigre de vin; (*in restaurant*) **w. list,** carte *f* des vins; **w. cellar,** cave *f* (à vin); **w. waiter,** sommelier *m;* **w. taster,** dégustateur, -trice, de vins; **w. tasting,** dégustation *f* de vins **2.** *vtr* **to w. and dine s.o.,** offrir à dîner et à boire à qn. **'wine-coloured,** *NAm:* **-colored** *a* lie-de-vin *inv.* **'wineglass** *n* (*pl* **-es)** verre *m* à vin. **'winegrowing 1.** *n* viticulture *f* **2.** *a* (industrie) viticole. **'winerack** *n* casier *m* à bouteilles.

wing [wiŋ] *n* (*a*) aile *f* (d'oiseau, d'avion); **to take s.o. under one's wing,** prendre qn sous son aile, sous sa protection (*b*) aile (d'un bâtiment); oreillette *f* (d'un fauteuil); *Mil:* escadre (aérienne); **w. commander,** lieutenant-colonel *m; Th:* **the wings,** les coulisses. **winged** *a* ailé. **'winger** *n Sp:* ailier *m.* **'wingless** *a* sans ailes. **'wingspan** *n* envergure *f.*

wink [wiŋk] **1.** *n* clignement *m* de l'œil; clin *m* d'œil; **in a w.,** en un clin d'œil; **with a w.,** en clignant de l'œil; *F:* **to tip s.o. the w.,** avertir qn (en faisant un clin d'œil); *F:* **to have forty winks,** faire un petit somme, une petite sieste; **I didn't sleep a w.,** je n'ai pas fermé l'œil de la nuit **2.** *vi* (*a*) cligner des yeux; **to w. at s.o.,** cligner de l'œil, faire un clin d'œil, à qn (*b*) (*of light*) clignoter. **'winking** *n* clignement *m* de l'œil; **as easy as w.,** simple comme bonjour.

winkle ['wiŋkl] *n Moll:* bigorneau *m.*

winner ['winər] *see* **win.**

winter ['wintər] **1.** *n* hiver *m;* **in (the) w.,** en hiver; **in the w. of 1984,** pendant l'hiver de 1984; **w. clothes,** vêtements *m* d'hiver; **w. sports,** sports *m* d'hiver; **w. resort,** station *f* d'hiver **2.** *vi* hiverner; passer l'hiver **(at,** à). **'wintertime** *n* l'hiver. **'wintry** *a* d'hiver; hivernal; **w. weather,** temps d'hiver; **w. smile,** sourire glacial.

wipe [waip] **1.** *vtr* essuyer (qch); effacer (le tableau); **to w. one's eyes,** s'essuyer les yeux; **to w. one's nose,** se moucher; **to w. the dishes,** essuyer la vaisselle; **to w. sth dry, clean,** bien essuyer qch **2.** *n* coup *m* de torchon, d'éponge; **give it a w.!** essuyez-le un peu! **wipe a'way** *vtr* essuyer (ses larmes). **wipe 'off** *vtr* essuyer. **wipe 'out** *vtr* (*a*) liquider, amortir (une dette) (*b*) anéantir; exterminer (une armée, une famille); *F:* tuer, assassiner (qn). **'wiper** *n* **windscreen,** *NAm:* **windshield, w.,** essuie-glace *m.* **wipe 'up** (*a*) *vtr* enlever (une saleté); essuyer (la vaisselle) (*b*) *vi* essuyer la vaisselle.

wire ['waiər] **1.** *n* (*a*) fil *m* métallique; fil de fer; **copper w.,** fil de laiton; **w. netting, chicken w.,** grillage *m;* **w. brush,** brosse métallique; **barbed w.,** (fil de fer) barbelé (*m*); **w. mattress,** sommier métallique; **telegraph wires,** fils télégraphiques; **w. tapping,** écoute *f* téléphonique; *F:* **to get one's wires crossed,** se tromper; *F:* (*pers*) **a live w.,** une personne dégourdie (*b*) télégramme *m* **2.** *vtr* (*a*) **to w. (up),** faire l'installation électrique de (maison) (*b*) télégraphier à (qn). **'wirecutters** *npl* pince coupante. **'wired** *a* branché; (*of room*) **w. for sound,** sonorisé. **'wireless 1.** *a* sans fil **2.** *a & n* **w. (set),** (poste *m* de) radio *f,* TSF *f;* **by w.,** (envoyer un message) par sans-fil. **'wirepulling** *n F:* intrigues *fpl.* **'wiring** *n* installation *f* électrique. **'wiry** *a* **(-ier, -iest)** (*of hair*) raide, rude; (*of pers*) maigre et nerveux.

wise [waiz] *a* sage; prudent; savant; **the (three) W. Men,** les Rois Mages; **to look w.,** prendre un (petit) air entendu; **to put s.o. w., to be w., to,** mettre qn, être, au courant de; **he's none the wiser for it,** il n'en est pas plus avancé; **to do sth without anyone being any the wiser,** faire qch à l'insu de tout le monde; **say nothing and nobody will be any the wiser,** si tu te tais personne n'en saura rien; **the wisest thing to do is to go,** le plus sage est de partir; *F:* **w. guy,** gros malin. **wisdom** ['wizdəm] *n* sagesse *f*; **w. tooth,** dent *f* de sagesse. **'wisecrack** *n F:* astuce *f*; sarcasme *m*. **'wisely** *adv* sagement; prudemment.

-wise [waiz] *suffix* **money-w., etc,** question argent, etc.

wish [wiʃ] **I.** *v* **1.** *vi* **to w. for sth,** désirer, souhaiter, qch; **to have everything one could w. for,** avoir tout à souhait; **what more could you w. for?** que voudriez-vous de plus? **2.** *vtr* vouloir; **to w. to do sth,** désirer, vouloir, faire qch; **I don't w. you to do it,** je ne veux pas que vous le fassiez; **I w. I were in your place,** je voudrais être à votre place; **I w. I had seen it, him,** j'aurais bien voulu le voir; **I w. he would come!** si seulement il venait! **I w. I hadn't done it,** je regrette de l'avoir fait; **if you w.,** si vous voulez; **I w. I could (do it),** si seulement je pouvais (le faire); *F:* **it's been wished on me,** c'est une chose que je n'ai pas pu refuser; **to w. s.o. well, luck,** souhaiter bonne chance à qn; **to w. s.o. goodnight,** dire bonsoir à qn; souhaiter une bonne nuit à qn; **I w. you a happy New Year,** je vous souhaite une bonne et heureuse année. **II.** *n* (*pl* **wishes**) (*a*) désir *m*; **I haven't the slightest w. to go,** je n'ai aucune envie d'y aller; **everything seems to go according to his wishes,** tout semble lui réussir à souhait; **you shall have your w.,** votre désir sera exaucé; **against my wishes,** contre mon gré (*b*) souhait *m*, vœu *m*; **my best wishes to your mother,** mes amitiés à votre mère; (*on greeting card*) **best wishes,** meilleurs vœux; *Corr:* **(with) best wishes,** amitiés *fpl*, bien amicalement. **'wishbone** *n* bréchet *m* (d'un poulet). **'wishful** *a F:* **that's w. thinking (on your part),** tu te fais des illusions, tu prends tes désirs pour des réalités.

wishy-washy ['wiʃiwɔʃi] *a F:* fade, insipide.

wisp [wisp] *n* brin *m* (de paille); volute *f* (de fumée); fine mèche (de cheveux); **she's a (mere) w. of a girl,** elle est toute menue. **'wispy** *a* (*of grass, hair*) très fin.

wisteria [wi'stiəriə] *n Bot:* glycine *f*.

wistful ['wistful] *a* (regard) mélancolique et rêveur; **w. smile,** sourire (i) désenchanté (ii) pensif. **'wistfully** *adv* avec mélancolie.

wit [wit] *n* (*a*) (*usu pl*) esprit *m*, entendement *m*; intelligence *f*; **to have lost one's wits,** avoir perdu la raison; **to collect one's wits,** se ressaisir; **to have one's wits about one,** avoir toute sa présence d'esprit; **that will sharpen your wits,** cela va vous aiguiser l'intelligence; **to be at one's wits', wit's, end,** ne plus savoir que faire; **to live by one's wits,** vivre d'expédients; **to have a battle of wits,** jouer au plus fin; **he hasn't the wit(s) to see it,** il n'est pas assez intelligent pour s'en apercevoir; **use your wits!** réfléchis un peu! (*b*) vivacité *f* d'esprit; **flash of w.,** trait d'esprit (*c*) (*pers*) homme, femme, d'esprit. **'witticism** *n* bon mot, mot d'esprit. **'wittily** *a* spirituellement; avec esprit. **'wittiness** *n* esprit *m*. **'witty** *a* **(-ier, -iest)** spirituel; plein d'esprit.

witch [witʃ] *n* (*pl* **witches**) sorcière *f*; **w. doctor,** sorcier (guérisseur); *F:* **old w.,** vieille sorcière; *F:* **you little w.!** petite ensorceleuse! **'witchcraft** *n* sorcellerie *f*; magie noire. **'witch-hunt** *n Pol:* chasse *f* aux sorcières.

with [wið] *prep* (*a*) avec; **to work w. s.o.,** travailler avec qn; **he's staying w. friends,** il est chez des amis; **is there someone w. you?** êtes-vous accompagné? **I'll be w. you in a moment, I'll be right w. you,** je suis à vous dans une minute (*b*) **girl w. blue eyes,** jeune fille aux yeux bleus; **child w. a cold,** enfant enrhumé; **w. his hat on,** le chapeau sur la tête; **w. no hat,** sans chapeau; **he came w. his overcoat on,** il est venu en pardessus; **have you a pencil w. you?** avez-vous un crayon sur vous? **w. your intelligence,** intelligent comme vous l'êtes; **to leave a child w. s.o.,** laisser un enfant à la garde de qn; **this decision rests w. you,** c'est à vous de décider (*c*) **w. all his faults,** malgré tous ses défauts (*d*) **to trade w. France,** faire du commerce avec la France; **I have nothing to do w. him,** je n'ai rien à faire avec lui; **I can do nothing w. him,** je ne peux rien en faire; **all's well with him,** il va bien; **to be sincere w. oneself,** être sincère avec soi-même; **she's staying w. me,** elle loge chez moi; **it's a habit w. me,** c'est une habitude chez moi; **I sympathize w. you,** je vous plains sincèrement; **I don't agree w. you,** je ne suis pas de votre avis; **I'm w. you,** (i) je comprends, je te suis (ii) j'en conviens! d'accord! **I am not w. you,** je ne (vous) comprends pas; *F:* **to be w. it,** être dans le vent, à la page (*e*) **w. a cry,** en poussant un cri; **w. these words he left me,** là-dessus, alors, sur ce, il m'a quitté; **to wrestle w. s.o.,** lutter avec qn; **to fight w. s.o.,** se battre contre qn; **to part w. sth,** se défaire de qch (*f*) **to cut sth w. a knife,** couper qch avec un couteau, au couteau; **to walk w. a stick,** marcher avec une canne; **to take sth w. both hands,** prendre qch à deux mains; **w. my own eyes,** de mes propres yeux; **to strike w. all one's might,** frapper de toutes ses forces; **w. pleasure,** avec plaisir; **he's in bed w. flu,** il est retenu au lit avec la grippe; **to tremble w. rage,** trembler de rage; **stiff w. cold,** (*of pers*) gelé jusqu'aux os; (*of hands, feet, etc*) raide de froid; **to be ill w. measles,** avoir la rougeole; **red w. blood,** couvert de sang; **to fill a vase w. water,** remplir un vase d'eau; **it's pouring w. rain,** il pleut à verse (*g*) **to work w. courage,** travailler avec courage; **to receive s.o. w. open arms,** recevoir qn à bras ouverts; **w. all due respect,** avec tout le respect que je vous dois; **w. the object (of),** dans l'intention (de); **I say it w. regret,** je le dis à regret; **w. a few exceptions,** à part quelques exceptions; **down w. the President!** à bas le Président! **to hell w. him!** qu'il aille au diable!

withdraw [wið'drɔ:] **(withdrew** [-dru:]; **withdrawn) 1.** *vtr* (*a*) retirer (sa main); ramener (des troupes) en arrière; **to w. coins from circulation,** retirer des pièces de la circulation; **to w. money from the bank,** retirer une somme d'argent de la banque (*b*) retirer (une offre, une plainte); revenir sur (une promesse); *Com:* **to w. an order,** annuler une commande; *Jur:* **to w. an action,** abandonner un procès **2.** *vi* se retirer **(from,** de); s'éloigner; se replier (sur soi-même); *Mil:* se replier; (*of candidate*) **to w. in favour**

of s.o., se désister en faveur de qn. **with'drawal** *n* retrait *m* (de troupes, d'une somme d'argent, d'une plainte); rétraction *f* (d'une offre); retraite *f*; *Mil:* repli *m* (des troupes); désistement *m* (d'un candidat); **w. symptoms,** (état de) manque *m*; **to suffer from w. symptoms,** être en manque. **with'drawn** *a* (*of pers*) renfermé.

wither ['wiðər] **1.** *vi* (*of plant*) se flétrir, se faner **2.** *vtr* (*a*) flétrir, faner (une plante); ternir (la beauté) (*b*) **to w. s.o. with a look,** foudroyer qn du regard. **'withered** *a* (*a*) (*of plant*) flétri, fané (*b*) **w. arm,** bras atrophié. **'withering 1.** *n* flétrissement *m* **2.** *a* (regard) foudroyant; **w. remark,** remarque cinglante. **'witheringly** *adv* d'un regard foudroyant; d'un ton de mépris.

withhold [wið'hould] *vtr* (*pt & pp* **withheld**) (*a*) refuser (son consentement) (**from,** à); (*b*) différer (une décision) (*c*) cacher (la vérité) (*d*) retenir (un montant d'argent sur un paiement).

within [wið'in] **1.** *adv* à l'intérieur; **from w.,** de l'intérieur **2.** *prep* (*a*) à l'intérieur de, dans; **w. four walls,** entre quatre murs; **w. these four walls,** (soit dit) entre nous; **to keep w. the law,** rester dans les limites de la légalité; **w. the meaning of the act,** selon les prévisions de la loi; **to live w. one's income, one's means,** vivre dans (les limites de) ses moyens; **w. reason,** dans les limites du possible; **weight w. a kilo,** poids à un kilo près (*b*) **w. sight,** en vue; **w. call,** à (la) portée de la voix; **situated w. five kilometres of the town,** situé à moins de cinq kilomètres de la ville; **w. a radius of ten kilometres,** dans un rayon de dix kilomètres; **w. an inch of death,** à deux doigts de la mort; **w. an hour,** dans, avant, une heure; **w. ten days,** dans un délai de dix jours; **w. the week,** avant la fin de la semaine; **w. a month,** (rentrer, etc) avant un mois; (finir qch) en moins d'un mois; (payer) sous un mois; **w. the next five years,** d'ici cinq ans; **w. a short time,** (i) à court délai (ii) peu de temps après; **w. living memory,** de mémoire d'homme.

without [wið'aut] *prep* sans; **w. friends,** sans amis; **to be w. food,** manquer de nourriture; **he arrived w. money or luggage,** il est arrivé sans argent ni bagages; **w. anybody knowing,** sans que personne le sache, à l'insu de tous; **w. looking,** sans regarder; **not w. difficulty,** non sans difficulté; **w. seeing me,** sans me voir; **that goes w. saying,** cela va sans dire; **to go w. sth,** se passer de qch.

withstand [wið'stænd] *vtr* (*pt & pp* **withstood**) résister à (la douleur); supporter (la chaleur); *Mil:* soutenir (une attaque).

witness ['witnis] **I.** *n* (*a*) témoignage *m*; **to bear w. to sth,** témoigner de qch (*b*) (*pers*) témoin *m* (**of an incident,** d'un incident); **to call s.o. as a w.,** citer qn comme témoin; **w. box** = barre *f* des témoins; **w. for the defence, the prosecution,** témoin à décharge, à charge. **II.** *v* **1.** *vtr* (*a*) être (le) témoin de, voir (un incident) (*b*) attester (un acte); certifier (une signature); signer (pour attester l'authenticité de) (document) **2.** *vi* **to w. to sth,** témoigner de qch; **to w. against s.o.,** témoigner contre qn.

wives [waivz] *see* **wife.**

wizard ['wizəd] *n* sorcier *m*; magicien *m*; **a financial w.,** un génie, un as, de la finance.

wizened ['wizənd] *a* desséché, ratatiné; (visage) parcheminé.

wobble ['wɔbl] **1.** *vi* vaciller; (*of table*) branler, boiter; (*of pers*) chanceler; (*of cyclist, pile, etc*) osciller; (*of jelly, leg*) trembler; (*of wheel*) tourner de façon irrégulière **2.** *n* branlement *m*, oscillation *f*; tremblement *m*; *Aut:* **front wheel w.,** shimmy *m*. **'wobbly** *a* branlant, vacillant; (*of chair, etc*) bancal, boiteux; **my legs feel w.,** j'ai les jambes en coton.

woe [wou] *n* malheur *m*, chagrin *m*, peine *f*; **to tell a tale of w.,** faire le récit de ses malheurs. **'woebegone** *a* triste, désolé, abattu. **'woeful** *a* malheureux, triste. **'woefully** *adv* tristement.

woke, woken [wouk, 'woukən] *see* **wake³.**

wolf [wulf] **1.** *n* (*pl* **wolves** [wulvz]) (*a*) loup *m*; **she-w.,** louve *f*; **w. cub,** louveteau *m*; **prairie w.,** coyote *m*; **to cry w.,** crier au loup; **that will keep the w. from the door,** cela vous mettra à l'abri du besoin (*b*) *F:* tombeur *m* (de femmes); **w. whistle,** sifflement admiratif **2.** *vtr* **to w. (down) one's food,** engloutir sa nourriture. **'wolfhound** *n* lévrier *m* d'Irlande. **'wolfish** *a* vorace.

woman ['wumən] *n* (*pl* **women** ['wimin]) femme *f*; **a young w.,** une jeune femme; **an old w.,** une vieille (femme); *Pej:* **the old w.,** ma femme, la bourgeoise; **w. doctor,** femme médecin; **w. drivers,** les femmes au volant; **w. friend,** amie *f*; **w. teacher,** professeur *m* femme; **w. hater,** misogyne *mf*; **Women's Liberation Movement,** *F:* **women's lib,** Mouvement *m* pour la libération de la femme (MLF); **women's magazine,** revue féminine; **women's team,** équipe féminine. **'womanhood** *n* féminité *f*; **to reach w.,** devenir femme. **'womanizer** *n* coureur *m* (de femmes, de jupons). **'womankind** *n coll* les femmes. **'womanly** *a* féminin; **she's so w.,** elle est tellement femme. **'womenfolk** *npl* **my w.,** les femmes de la famille.

womb [wu:m] *n Anat:* utérus *m*; matrice *f*.

won [wʌn] *see* **win 2.**

wonder ['wʌndər] **I.** *n* **1.** merveille *f*, miracle *m*, prodige *m*; **to promise wonders,** promettre monts et merveilles; **to work wonders,** faire des merveilles; **the seven wonders of the world,** les sept merveilles du monde; **a nine days' w.,** la merveille d'un jour; **it's a w. he hasn't lost it,** il est étonnant qu'il ne l'ait pas perdu; **(it's) no w.,** ce n'est pas étonnant **2.** (*a*) étonnement *m*, surprise *f* (*b*) émerveillement *m*; **to fill s.o. with w.,** émerveiller qn. **II.** *v* **1.** *vi* (*a*) s'étonner, s'émerveiller (**at,** de); **I shouldn't w.,** cela ne m'étonnerait pas; **it's not to be wondered at,** cela n'est pas étonnant; **it makes me w.,** cela m'intrigue (*b*) songer (**about,** à) **2.** *vtr* (*a*) s'étonner; **I w. he didn't buy it,** je m'étonne qu'il ne l'ait pas acheté (*b*) se demander; **I w. whether he will come,** je me demande s'il viendra; **I w. why,** je voudrais bien savoir pourquoi; **I w. who invented that,** je suis curieux de savoir qui a inventé ça; **I w. what I should do,** je ne sais pas que faire, ce qu'il faudrait que je fasse. **'wonderful** *a* merveilleux, prodigieux; **w. to relate,** chose étonnante, remarquable; **we had a w. time,** nous nous sommes très bien amusés; **it was w.!** c'était magnifique! **'wonderfully** *adv* merveilleusement; **w. well,** à merveille. **'wondering** *a* songeur; étonné. **'wonderland** *n* pays *m* des merveilles. **'wonderment** *n* étonnement *m*.

wonky ['wɔŋki] *a* (**-ier, -iest**) *F:* (*of table, etc*) bancal; (*of hat, picture*) de travers.

won't ['wount] = **will not** *see* **will III.**

woo [wu:] *vtr* faire la cour à, courtiser (une femme); *Fig:* chercher à plaire à; *Pol:* lancer une offensive de charme en direction de.

wood [wud] *n* (*a*) (*small forest*) bois *m*; **you can't see the w. for the trees,** les arbres empêchent de voir la forêt; on se perd dans les détails; **we're not out of the wood(s) yet,** nous ne sommes pas sortis de l'auberge; **w. anemone,** anémone des bois; **w. pigeon,** (pigeon) ramier *m* (*b*) (*material*) bois; **made of w.,** fait de, en, bois; **w. shavings,** copeaux *m*; **touch w.!** *NAm:* **knock on w.!** touchons du bois! **w. carving, engraving,** sculpture, gravure, sur bois; **w. pulp,** pâte à papier (*c*) *Golf:* bois. **'woodchuck** *n Z:* marmotte *f* d'Amérique. **'woodcock** *n Orn:* bécasse *f.* **'woodcraft** *n NAm:* connaissance *f* de la forêt. **'woodcut** *n* gravure *f* sur bois. **'woodcutter** *n* bûcheron *m.* **'wooded** *a* boisé. **'wooden** *a* (*a*) de bois, en bois (*b*) (*of movement, manner*) raide. **'woodland** *n* région boisée; bois *mpl.* **'woodlouse** *n* (*pl* **-lice**) cloporte *m.* **'woodpecker** *n Orn:* pic *m*; **green w.,** pivert *m.* **'woodshed** *n* bûcher *m*; hangar *m* à bois. **'woodsman** *n* (*pl* **-men**) chasseur *m* (en forêt); forestier *m*, *occ* bûcheron *m.* **'woodwind** *n Mus:* bois *mpl.* **'woodwork** *n* (*a*) travail *m* du bois; menuiserie *f* (*b*) bois travaillé; boiseries *fpl*; menuiserie. **'woodworm** *n* ver *m* (du bois); **this table's got w.,** cette table est vermoulue. **'woody** *a* (*of hill, etc*) boisé; (*of stem, etc*) ligneux.

woof [wuf] (*of dog*) **1.** *n* aboiement *m* **2.** *vi* aboyer.

wool [wul] *n* **1.** laine *f*; **w. cloth,** tissu de laine; **w. dress,** robe de laine; **ball of w.,** pelote de laine; **the w. industry,** l'industrie lainière; **the w. trade,** le commerce des laines; **knitting w.,** laine à tricoter; *F:* **to pull the w. over s.o.'s eyes,** jeter de la poudre aux yeux de qn **2.** pelage *m* (d'animal) **3. steel, wire, w.,** paille *f* de fer. **'woolgathering** *n F:* rêvasserie *f*; **to be w.,** être dans la lune. **'woollen** *a* de laine; **w. goods,** *npl* **woollens,** lainages *mpl*; **the w. industry,** l'industrie lainière. **'woolliness** *n* manque *m* de netteté; imprécision *f* (de raisonnement). **'woolly,** *NAm: also* **wooly 1.** *a* (**-ier, -iest**) (*a*) laineux, de laine (*b*) (*of ideas, plans*) nébuleux, flou, peu net **2.** *n* lainage *m*, tricot *m*; **put on your w.!** mets ton tricot!

word [wə:d] **1.** *n* (*a*) mot *m*; **w. for w.,** (répéter qch) mot pour mot; (traduire qch) mot à mot; **in a w.,** en un mot; bref; **in other words,** en d'autres termes; autrement dit; **I told him in so many words (that),** je lui ai dit très clairement, en termes clairs (que); **bad isn't the w. for it,** mauvais n'est pas assez dire; **words of a song,** paroles *fpl* d'une chanson; **spoken words,** paroles, mots; **w. blindness,** dislexie *f*; **in the words of the poet,** selon le poète; **a man of few words,** un homme qui parle peu; **to call on s.o. to say a few words,** prier qn de prendre la parole; **he didn't say a w.,** il n'a pas soufflé mot; **I can't get a w. out of him,** je ne peux pas le faire parler; **to put sth into words,** exprimer qch; **in so many words,** explicitement; **to put one's w. in,** intervenir; placer son mot; **without a w.,** sans mot dire; **you've taken the words out of my mouth,** c'est justement ce que j'allais dire; **to have the last w.,** avoir le dernier mot; **the last w. in,** le dernier cri en matière de; **he's too stupid for words,** il est d'une bêtise indicible; **words fail me!** j'en perds la parole! **to have a w. with s.o.,** parler à qn; (*advise*) avoir un mot avec qn; **I'd like a w. with you,** j'ai un mot à vous dire; **I'll have a w. with him about it,** je lui en parlerai; **to say a good w. for s.o.,** dire un mot en faveur de qn; *F:* **to have words with s.o.,** se disputer avec qn; **w. of command,** ordre *m*; *Cmptr:* **w. processing,** traitement *m* de texte; **w. processor,** machine *f* de traitement de texte; **by w. of mouth,** de vive voix (*b*) (*message*) avis *m*; nouvelle *f*; **to send w. that,** faire savoir que; **to leave w. that,** dire que; **there's still no w. from her,** nous sommes toujours sans nouvelles d'elle; **w. came (that),** on nous a rapporté (que) (*c*) **to keep one's w.,** tenir (sa) parole; **to break one's w.,** manquer à sa parole; **to take s.o. at his w.,** croire qn sur parole; **you can take my w. for it,** croyez-m'en; je vous en réponds; **I'll take your w. for it,** je vous crois sur parole; **my w.!** tiens! qui l'aurait cru? **2.** *vtr* formuler (qch) par écrit; rédiger (un document, un télégramme); **it might have been differently worded,** on aurait pu l'exprimer en d'autres termes; **well worded,** bien exprimé. **'wordbook** *n* lexique *m*, vocabulaire *m*. **'wordiness** *n* verbosité *f*. **'wording** *n* termes *mpl* (d'un document); langage *m*; choix *m* des termes (d'un article); **your w. is not clear,** vous ne vous exprimez pas clairement. **'wordy** *a* verbeux; prolixe. **word-'perfect** *a* (*of actor*) **to be w.-p.,** savoir son rôle sur le bout du doigt.

wore [wɔ:r] *see* **wear I.**

work [wə:k] **I.** *n* (*a*) travail *m*; **to be at w.,** travailler; **he was hard at w.,** il était en plein travail; **to start w., to set to w.,** se mettre au travail; **the forces at w.,** les forces en jeu (*b*) travail, ouvrage *m*, besogne *f*, tâche *f*; **a piece of w.,** un travail, un ouvrage, une œuvre; *F:* (*pers*) **a nasty piece of w.,** un sale type; **I've so much w. to do,** j'ai tellement (de travail) à faire; **the brandy had done its w.,** l'eau-de-vie avait fait son effet; **to do s.o.'s dirty w.,** faire les sales besognes de qn; **a day's w.,** (le travail d')une journée; **that's a good day's w.,** j'ai bien travaillé aujourd'hui; **it's all in a day's w.,** ça fait partie de ma routine; c'est comme ça tous les jours; **it was thirsty w.,** c'était un travail qui donnait soif; **a heavy w. load,** beaucoup de travail (*c*) ouvrage, œuvre (d'un auteur); tableau *m* (d'un peintre); **the works of Shakespeare,** l'œuvre, les œuvres, de Shakespeare; **a w. of art,** une œuvre d'art; (*charitable acts*) **good works,** bonnes œuvres (*d*) travail, emploi *m*; **office w.,** travail de bureau; **farm w.,** travaux agricoles; **a day off w.,** un jour de congé, de repos; **to be off w.,** ne pas travailler (parce qu'on est malade, etc); **to go to w.,** se rendre au bureau, à l'usine, au travail; *F:* aller au boulot; **to be at w.,** être au bureau, à l'usine; **to be out of w.,** être sans travail, être au, en, chômage; **w. force,** main-d'œuvre *f*; *Mil:* **defensive works,** ouvrages défensifs; **public works,** travaux publics; *PN:* **road works ahead!** travaux! chantier! *F:* **the whole works,** tout le bataclan, tout le tralala! *P:* **to give s.o. the works,** passer qn à tabac (*e*) rouages *mpl*, mécanisme *m*,

wound² [waund] *see* **wind²**.

wove [wouv], **woven** ['wouv(ə)n] *see* **weave I.**

wow [wau] *int F:* (c'est) formidable!

WPC *abbr woman police constable.*

WRAF *abbr Women's Royal Air Force.*

wrangle ['ræŋgl] **1.** *n* dispute *f* **2.** *vi* se disputer.

wrap [ræp] **1.** *vtr* **(wrapped)** envelopper; **to w. sth (up) (in paper),** envelopper qch (dans du papier); **to w. (oneself) up,** se couvrir; s'emmitoufler; **to be wrapped up in one's work,** être entièrement absorbé par son travail; **to be wrapped in mystery,** être entouré, enveloppé, de mystère; **wrapped up in one's thoughts,** plongé dans ses pensées; **to w. sth round sth,** enrouler qch autour de qch; *F:* **he wrapped his car round a tree,** il s'est payé un arbre **2.** *n* (*shawl*) châle *m*; (*cape*) pèlerine *f*; (*rug*) couverture *f*; *NAm:* **plastic w.,** film *m* étirable, scel-o-frais *m* (*Rtm*); *F:* **to keep sth under wraps,** garder qch secret. **'wrap-over,** *esp NAm:* **'wraparound** *a & n Cl:* **w. (skirt),** jupe *f* portefeuille. **'wrapper** *n* papier *m* (de bonbon, etc); jaquette *f*, couverture *f* (d'un livre); bande *f* (de journal). **'wrapping** *n* (*a*) (*action*) emballage *m*; mise *f* en paquet(s); **w. paper,** papier d'emballage; (*b*) (papier, toile *f*, d')emballage; **gift w.,** emballage-cadeau *m*.

wrath [rɔːθ] *n Lit:* courroux *m*, colère *f*.

wreak [riːk] *vtr* **to w. vengeance on,** se venger de; **to w. havoc on,** ravager.

wreath [riːθ] *n* **1.** couronne *f*, guirlande *f* (de fleurs); (*for funeral*) couronne (mortuaire) **2.** *Lit:* volute *f*, panache *m* (de fumée).

wreathe [riːð] *vtr* enguirlander; couronner de fleurs; **face wreathed in smiles,** visage rayonnant; **mountain wreathed in mist,** montagne couronnée de brouillard.

wreck [rek] **1.** *n* (*a*) (*ship*) épave *f*; (*train, etc*) train, etc, accidenté; **the building is a total w.,** le bâtiment n'est qu'une ruine; **my car's a complete w.,** ma voiture est bonne pour la casse; **(human) w.,** épave (humaine), loque humaine; **to be a nervous w.,** être à bout de nerfs (*b*) naufrage *m* (d'un navire); **to be saved from the w.,** échapper au naufrage **2.** *vtr* (*a*) provoquer le naufrage de; **to be wrecked,** faire naufrage (*b*) faire dérailler (un train); démolir, détruire (un bâtiment); faire échouer, saboter (une entreprise); détruire, ruiner, briser (les espérances de qn); briser (un mariage); anéantir (des chances). **'wreckage** *n* épaves *fpl*; débris *mpl*. **wrecked** *a* naufragé; **w. life,** existence brisée. **'wrecker** *n* (*a*) (*of ships*) naufrageur *m*; pilleur *m* d'épaves; (*authorized*) exploiteur *m* d'épaves (*b*) destructeur *m*, démolisseur *m* (de villes, d'une civilisation) (*c*) *NAm: Aut:* (*Br* = **breakdown van**) camion *m* de dépannage; dépanneuse *f*. **'wrecking** *n* destruction *f*; démolition *f*.

wren¹ [ren] *n Orn:* roitelet *m*; **golden-crested w.,** roitelet huppé.

Wren² *nf F:* membre *m* du *Women's Royal Naval Service* (WRNS).

wrench [rentʃ] **1.** *n* (*pl* **wrenches**) (*a*) mouvement (violent) de torsion; **to give sth a w.,** tirer (sur) qch violemment; **to pull sth off with a w.,** arracher qch d'un effort violent; **he gave his ankle a w.,** il s'est donné une entorse (*b*) *Fig:* (*distress*) déchirement *m*; **it will be a w. to leave,** il m'en coûtera de partir (*c*) *Tls:* clef *f* (à écrous); tourne-à-gauche *m inv*; **adjustable w., monkey w.,** clef anglaise, clef à molette **2.** *vtr* tirer sur; tordre; **to w. sth from s.o.,** arracher qch à qn; **to w. oneself free,** se dégager d'une forte secousse; **to w. one's ankle,** se fouler la cheville; **to w. one's shoulder,** se démettre l'épaule.

wrest [rest] *vtr* **to w. sth from s.o.,** arracher qch à qn.

wrestle ['resl] *vi* **to w. with s.o.,** lutter contre qn; **to w. with (sth),** lutter contre (les diffilcultés); résister à (la tentation); se débattre avec (un problème). **'wrestler** *n* lutteur, -euse; catcheur, -euse. **'wrestling** *n Sp:* lutte *f*; **(all-in) w.,** catch *m*.

wretch [retʃ] *n* (*pl* **wretches**) malheureux, -euse; infortuné, -ée; (*rascal*) misérable *mf*; **poor w.,** pauvre diable *m*; **you little w.!** petit fripon! petite friponne! **'wretched** *a* (*a*) (*of pers*) misérable; malheureux; infortuné; **to feel w.,** (*ill*) être mal en train; ne pas être dans son assiette; (*depressed*) avoir le cafard; **to look w.,** avoir l'air malheureux (*b*) affreux; pitoyable; lamentable; maigre (repas): **what w. weather!** quel temps de chien! **where's that w. umbrella?** où est ce maudit parapluie? **what's that w. boy doing?** qu'est-ce qu'il fait, ce maudit garçon? **'wretchedly** *adv* misérablement; **to be w. poor,** être dans la misère; **w. ill,** malade comme un chien. **'wretchedness** *n* misère *f*; tristesse *f*.

wrick [rik] *vtr* **to w. one's neck,** se donner un torticolis; **to w. one's ankle,** se fouler la cheville, se donner une entorse.

wriggle ['rigl] **1.** *vi* **to w. (about),** se tortiller; (*of fish*) frétiller; **stop wriggling,** arrête de gigoter; **to w. out of a difficulty,** se tirer d'une position difficile; **to w. out of a task,** esquiver une tâche; **to try to w. out of it,** chercher à s'esquiver; **to w. through sth,** se faufiler à travers qch (avec difficulté) **2.** *vtr* **to w. one's toes,** remuer, agiter, les orteils; **to w. one's way into sth,** se faufiler, s'insinuer, dans qch. **'wriggling 1.** *n* tortillement *m* **2.** *a* (enfant) remuant.

wring [riŋ] *vtr* **(wrung** [rʌŋ]**)** (*a*) tordre; **to w. (out),** essorer (le linge); faire sortir (l'eau); **to w. the neck of a chicken,** tordre le cou à un poulet; *F:* **I'd like to w. your neck!** tu m'exaspères, à la fin! **to w. one's hands,** se tordre les mains; **to w. s.o.'s hand,** étreindre, serrer fortement, la main de qn (*b*) arracher (un secret) **(out of s.o.,** à qn); extorquer (de l'argent) **(out of s.o.,** à qn). **'wringer** *n DomEc:* essoreuse *f* (à rouleaux). **'wringing** *a* **w. (wet),** (*of clothes*) (trempé) à tordre; (*of pers*) trempé jusqu'aux os.

wrinkle [riŋkl] **I.** *n* (*on face*) ride *f*; (*in cloth, paper*) pli *m*; (*on water*) ondulation *f*, ride. **II.** *v* **1.** *vtr* (*a*) rider (le visage); **to w. one's forehead,** froncer les sourcils (*b*) plisser (le tissu, le papier); froisser, chiffonner (une robe); **her stockings were wrinkled,** ses bas tirebouchonnaient **2.** *vi* se rider; faire des plis.

wrist [rist] *n* poignet *m*. **'wristband** *n* poignet, manchette *f* (de chemise). **'wristbone** *n* os *m* du poignet. **'wristwatch** *n* (*pl* **-es**) montre-bracelet *f*.

writ [rit] *n Jur:* acte *m* judiciaire; mandat *m*; **to serve, issue, a w. against s.o.,** assigner qn (en justice).

write [rait] *v* **(wrote** [rout]; **written** ['ritn]**) 1.** *vtr* (*a*) écrire; **to w. one's name,** écrire son nom; **how is it**

written? comment cela s'écrit-il? **to w. sth down,** inscrire, noter, qch; **paper written all over,** papier couvert d'écriture; **his guilt was written in his eyes,** on lisait dans ses yeux qu'il était coupable (*b*) écrire (une lettre, un roman); rédiger (un article) **2.** *vi* écrire; **he writes for the papers,** il fait du journalisme; **he writes,** il est écrivain; **he writes on, about, gardening,** il écrit des articles sur l'horticulture; **he wrote to me yesterday,** il m'a écrit hier; *F:* **that's nothing to w. home about,** (i) ça n'a rien d'extraordinaire (ii) ça c'est plutôt moche; **I have written to ask him to come,** je lui ai écrit de venir; **w. for our catalogue,** demandez notre catalogue. **write 'back** *vi* répondre. **write 'down** *vtr* mettre par écrit; inscrire, noter (qch). **write 'in 1.** *vi* écrire (**for sth,** pour faire venir qch; **for information,** pour demander des renseignements); demander (un catalogue) **2.** *vtr* insérer (une correction, un mot). **write 'off 1.** *vtr* (*a*) *Fin:* **to w. o. capital,** réduire le capital; amortir du capital (*b*) passer (une dette) aux profits et pertes; **to w. o. so much for wear and tear,** déduire tant pour l'usure; **three machines were written off,** il y a eu trois appareils de détruits **2.** *vi* **to w. o. for,** écrire pour demander (des détails, etc). **'write-off** *n* perte totale; **the car's a w.-o.,** la voiture est bonne pour la casse. **write 'out** *vtr* écrire; recopier. **'writer** *n* écrivain *m*; auteur *m* (**of,** de); **woman w.,** (femme) auteur; **writer's cramp,** crampe des écrivains. **write 'up** *vtr* **1.** (*from notes*) rédiger (un article) **2.** mettre (son agenda) à jour; *Sch:* **w. up your notes,** recopiez vos notes. **'write-up** *n Journ:* compte-rendu *m*; **a good w.-up,** un article élogieux, une bonne critique. **'writing** *n* (*a*) écriture *f*; **to put (down) in w.,** mettre par écrit; **to answer in w.,** répondre par écrit; **some w.,** quelque chose d'écrit; **in his own w.,** écrit de sa main; **w. desk,** secrétaire *m*, bureau *m*; **w. pad,** bloc-notes *m*; bloc *m* de papier à lettres; **w. paper,** papier à lettres; *Fig:* **the w. on the wall,** un avertissement (*b*) (*profession*) métier *m* d'écrivain; (*literature*) littérature *f*; **the art of w.,** l'art d'écrire; **his, her, writings,** ses écrits. **'written** *a* écrit; **w. consent,** consentement par écrit; **w. exam,** écrit *m*.

writhe [raið] *vi* se tordre (**in pain,** de douleur).

WRNS *abbr Women's Royal Naval Service.*

wrong [rɔŋ] **I.** *a* **1.** (*a*) faux, *f* fausse, erroné; (*of answer*) inexact; (terme) impropre, incorrect; **my watch is w.,** ma montre n'est pas à l'heure; (*of pers*) **to be w.,** avoir tort; se tromper; **it's w. to steal, stealing is w.,** c'est mal de voler; **you were w. to leave,** tu as eu tort de partir (*b*) (*of direction, time, etc*) mauvais; **to be in the w. place,** ne pas être à sa place; **to drive on the w. side of the road,** conduire du mauvais côté de la route; *F:* **to get out of bed on the w. side,** se lever du pied gauche; **the w. way round, up,** à l'envers; **the w. side of the material,** l'envers *m* du tissu; **your shirt's the w. side out,** votre chemise est à l'envers; **to stroke a cat the w. way,** caresser un chat à rebrousse-poil; **you're doing it the w. way,** vous vous y prenez mal; (*of food*) **it went down the w. way,** je l'ai, il l'a, etc, avalé de travers; *F:* **to be on the w. side of forty,** avoir (dé)passé la quarantaine (*c*) **I went to the w. house,** je me suis trompé de maison; **that's the w. book,** ce n'est pas le bon livre; **you're the w. man,** tu n'es pas l'homme qu'il faut (**for the job,** pour ce travail); **to be on the w. track,** suivre une mauvaise piste; **to do, say, the w. thing,** commettre un impair; *Tp:* **w. number,** erreur *f* de numéro; faux numéro; *Mus:* **w. note,** fausse note **2. what's w. (with you)?** qu'avez-vous? qu'est-ce qui ne va pas? **what's w. with that?** qu'avez-vous à redire à cela? **what do you find w. with this book?** qu'est-ce que vous reprochez à ce livre? **something's w. (somewhere),** il y a quelque chose qui ne va pas, *F:* qui cloche; **something's w. with the phone,** le téléphone ne marche pas bien; **something's w. with her arm,** elle a quelque chose au bras; **I hope nothing's w.,** j'espère qu'il n'est rien arrivé; **there's nothing w., nothing's w.,** tout va bien; **there's nothing w. with him,** il va bien; **there's nothing w. with it,** ça marche bien. **II** *n* **1.** mal *m*; **to know right from w.,** distinguer le bien et le mal; **two wrongs do not make a right,** deux noirs ne font pas un blanc **2.** tort *m*, injustice *f*; *Jur:* dommage *m*, préjudice *m*; **to be in the w.,** avoir tort; être dans son tort. **III.** *adv* **1.** (*a*) mal; inexactement, incorrectement; **to guess w.,** mal deviner; **you've spelt my name w.,** vous avez mal écrit, orthographié, mon nom (*b*) à tort, à faux; *F:* **you've got me w.,** vous m'avez mal compris **2. to go w.,** (*go the wrong way*) se tromper de chemin; faire fausse route; (*be mistaken*) se tromper; (*of events, plan*) mal tourner; (*of machinery*) tomber en panne; **you can't go w.!** c'est très simple! **everything's going w.,** tout va mal; **our plans went w.,** nos projets sont tombés à l'eau. **IV.** *vtr* (*a*) faire (du) tort à (qn); faire injure à (qn) (*b*) être injuste pour, envers (qn). **'wrongdoer** *n* malfaiteur *m*. **'wrongdoing** *n* mal *m*; *pl* méfaits *mpl*. **'wrongful** *a* injustifié; (*of arrest*) arbitraire; **w. dismissal,** renvoi injustifié (d'un employé). **'wrongfully** *adv* injustement; à tort. **'wrongly** *adv* (*a*) incorrectement (*b*) (soupçonner) à tort; **I've been w. accused,** on m'a accusé injustement; **rightly or w.,** à tort ou à raison (*c*) (*to inform, translate*) mal.

wrote [rout] *see* **write**.

wrought [rɔːt] *a* **w. iron,** fer forgé. **wrought-'iron** *a* en fer forgé.

wrung [rʌŋ] *see* **wring**.

wry [rai] *a* (*of comment*) ironique; **a w. smile,** un petit sourire forcé; **to pull a w. face,** grimacer.

X, x [eks] *n* (la lettre) X, x *m*; **for x number of years,** pendant x années; *Cin:* **X certificate** = interdit aux moins de 18 ans. **'X-ray 1.** *n* rayon *m* X; (*photo*) radio(graphie) *f*; **to have an X-r.,** passer une radio; **X-r. examination,** examen *m* radioscopique; **X-r. treatment,** radiothérapie *f* **2.** *vtr* radiographier (qn); **to be X-rayed,** se faire radiographier, passer une radio.

xenophobia [zenə'foubiə] *n* xénophobie *f*. **'xenophobe** *a & n* xénophobe (*mf*).

Xerox ['ziərɔks] *Rtm:* **1.** *n* photocopie *f* **2.** *vtr* photocopier.

Xmas ['eksməs] *n F:* Noël *m*.

xylophone ['zailəfoun] *n Mus:* xylophone *m*. **xy'lophonist** *n* joueur, -euse, de xylophone.

Y

Y, y [wai] *n* (la lettre) Y, y *m* [igrɛk]; **Y-shaped,** en (forme d')Y; *Cl: Rtm:* **Y-fronts,** slip *m* d'homme.

yacht [jɔt] **1.** *n* yacht *m*; **y. club,** yacht-club *m* **2.** *vi* faire du yachting. **'yachting** *n* yachting *m*; navigation *f* de plaisance. **'yachtsman** *n* (*pl* **-men**) yachtman *m*; plaisancier *m*.

yack(ety-yack) ['jæk(əti'jæk)] *P:* **1.** *n* jacasserie *f* **2.** *vi* jacasser.

yak¹ [jæk] *n Z:* ya(c)k *m*.

yak² *vi P:* jacasser.

yam [jæm] *n Bot:* igname *f*.

yank¹ [jæŋk] *F:* **1.** *n* coup sec, secousse *f*; **give it a y.!** tirez bien fort! **2.** *vtr* tirer d'un coup sec; **to y. out a tooth,** arracher une dent d'un seul coup.

Yank², Yankee ['jæŋk(i)] *n F:* (*a*) *NAm:* habitant, -ante, des États du Nord (*b*) Ricain, -aine, Yankee *mf*; *Pej:* Amerloque *mf*.

yap [jæp] **1.** *n* jappement *m* (d'un chien) **2.** *vi* **(yapped)** (*of dog*) japper; (*of pers*) jacasser. **'yapping 1.** *n* jappement (d'un chien); (*of pers*) jacasserie *f* **2.** *a* jappant.

yard¹ [jɑːd] *n* **1.** *Meas:* yard *m* (= *91,44 cm*); *Can:* verge *f*; **square y.,** yard carré (= $0.765m^2$); **by the y.** = au mètre **2.** *Nau:* vergue *f*. **'yardage** *n* = métrage *m*. **'yardarm** *n Nau:* bout *m* de vergue. **'yardstick** *n* mesure *f*.

yard² *n* (*a*) cour *f* (d'une maison); *NAm:* jardin *m* (à l'arrière d'une maison) (*b*) **New Scotland Y.,** *F:* **the Y.** = la Sûreté (*c*) chantier *m*; dépot *m*; **builder's y.,** chantier de construction; *Rail:* **goods y.,** dépôt de marchandises.

yarn [jɑːn] *n* **1.** *Tex:* fil *m*; filé *m* (de coton) **2.** longue histoire, conte *m*; **to spin a y.,** en conter; raconter une histoire.

yawn [jɔːn] **1.** *n* bâillement *m*; **to give a y.,** bâiller; **to stifle a y.,** étouffer un bâillement **2.** *v* (*a*) *vi* bâiller (*b*) *vtr* **to y. one's head off,** bâiller à se décrocher la mâchoire. **'yawning 1.** *n* bâillement *m* **2.** *a* (*of gulf, etc*) béant.

yeah [yɛə] *adv P:* ouais; *Iron:* **oh y.?** vraiment?

year [jiər] *n* (*a*) an *m*; année *f*; **in the y. 1850,** en (l'an) 1850; **in the y. of our Lord,** en l'an de grâce; **next y.,** l'an prochain; l'année prochaine; **twice a y.,** deux fois par an; **last y.,** l'an dernier; l'année dernière; **a y. ago last March,** il y a eu, il y aura, un an au mois de mars; **to have twenty thousand a y.,** avoir vingt mille livres de revenu par an; **to be ten years old,** avoir dix ans (*b*) **New Y.,** Nouvel An, Nouvelle Année; **New Year's Day,** le jour de l'an; **New Year's Eve,** la Saint-Sylvestre; **to see the New Y. in,** faire la veillée, le réveillon, de la Saint-Sylvestre; **to wish s.o. a happy New Y.,** souhaiter la bonne année à qn (*c*) **calendar y.,** année civile; **leap y.,** année bissextile; **school y.,** année scolaire; **he's in my y.,** il est de ma promotion, c'est un camarade de classe; *Com:* **financial y.,** exercice *m*; **tax y.,** année fiscale; **half y.,** semestre *m*; **to rent sth by the y.,** louer qch à l'année; **from one y. to the next,** d'une année à l'autre; **all the y. round,** tout au long de l'année; **y. in y. out, y. after y.,** d'année en année; **years ago,** il y a bien des années (*d*) **from his earliest years,** dès son plus jeune âge; **old for his years,** (i) plus vieux que son âge (ii) (*of child*) précoce; **he's getting on in years,** il prend de l'âge; il n'est plus jeune; *F:* **I haven't see you for (donkey's) years,** voilà une éternité que je ne vous ai vu; **it takes years off her,** cela la rajeunit. **'yearbook** *n* annuaire *m*. **'yearling** *n* animal *m* d'un an; **y. colt,** poulain d'un an. **year'long** *a* qui dure un an. **'yearly 1.** *a* annuel; (location) à l'année **2.** *adv* annuellement.

yearn [jɔːn] *vi* **to y. for s.o.,** languir après qn; **to y. for sth,** avoir très envie de qch. **'yearning** *n* désir ardent, grande envie **(for,** de); nostalgie *f*.

yeast [jiːst] *n* levure *f*; **brewer's y.,** levure de bière.

yell [jel] **1.** *n* hurlement *m*; **to give a y.,** pousser un hurlement **2.** *vi* **to y. (out),** hurler; **to y. with pain,** hurler de douleur; **to y. at s.o.,** crier après qn.

yellow ['jelou] **1.** *a* (*a*) jaune; **the y. races,** les races jaunes; **y. fever,** fièvre jaune; *Tp:* **y. pages** = annuaire *m* des professions; les pages jaunes (*b*) *F:* (*of pers*) froussard, poltron **2.** *n* jaune *m*; **chrome y.,** jaune de chrome **3.** *vtr & i* jaunir; **papers yellowed with age,** papiers jaunis par le temps. **'yellowhammer** *n Orn:* bruant *m* jaune. **'yellowish** *a* jaunâtre. **'yellowness** *n* teinte *f* jaune (de qch); teint *m* jaune (de qn).

yelp [jelp] **1.** *n* jappement *m*; glapissement *m* **2.** *vi* japper; (*of fox, pers*) glapir. **'yelping 1.** *a* jappant; glapissant **2.** *n* jappement; glapissement.

Yemen (the) [ðə'jemən] *Prn* le Yémen.

yen [jen] *n* grande envie **(for,** de; **to do,** de faire).

yep [jep] *adv NAm: P:* ouais.

yes [jes] **1.** *adv* (*a*) oui; (*contradicting*) si; **to say y.,** dire (que) oui; **to answer y. or no,** répondre par oui ou non; **y., of course,** mais oui, bien sûr (*b*) (*interrogatively*) (i) vraiment? (ii) et puis après? (*c*) *F:* **y. man,** béni-oui-oui *m inv* **2.** *n* oui *m inv*.

yesterday ['jestədei] *adv & n* hier (*m*); **the day before y.,** avant-hier (*m*); **y. week, a week ago y.,** il y a eu hier huit jours; **a week y.,** d'hier en huit; **yesterday's paper,** le journal d'hier; **y. morning, evening,** hier matin, soir; **y. was the tenth,** hier c'était le dix.

yet [jet] **1.** *adv* (*a*) encore; déjà; jusqu'ici; **not y.,** pas encore; **not y. started,** pas même, pas encore, commencé; **it won't happen just y.,** nous n'en sommes pas encore là; **you needn't go just y.,** tu n'as pas besoin de partir tout de suite; **nothing has been done (as) y.,** jusqu'ici, jusqu'à présent, on n'a rien fait (*b*) malgré tout; **he'll win y.,** malgré tout il gagnera (*c*) *esp Lit:* encore; **we have ten minutes y.,** nous avons encore dix minutes; **y. again,** encore une

it's u. to happen, cela ne risque pas d'arriver (*b*) **he's u. to come,** il est peu probable qu'il vienne **2. he's an u. man for the job,** il ne semble pas être fait pour ce travail. **un'likelihood** *n* improbabilité *f*.

unlimited [ʌn'limitid] *a* illimité; sans borne(s).

unlined [ʌn'laind] *a* **1.** sans doublure **2.** (visage) sans rides; (papier) non réglé.

unlisted [ʌn'listid] *a NAm: (of phone number)* (*Br* = **ex-directory**) sur la liste rouge.

unlit [ʌn'lit] *a* non éclairé.

unload [ʌn'loud] *vtr & i* décharger (un bateau, des marchandises, un fusil); *Fig:* se débarrasser, se défaire, de (qch). **un'loaded** *a* **1.** déchargé **2.** non chargé; (fusil) non armé. **un'loading** *n* déchargement *m*.

unlock [ʌn'lɔk] *vtr* **1.** ouvrir (une porte) (avec une clef); **it's unlocked,** ce n'est pas fermé à clef **2.** débloquer (une roue).

unlooked-for [ʌn'luktfɔːr] *a* inattendu.

unloved [ʌn'lʌvd] *a* qui n'est pas aimé.

unlucky [ʌn'lʌki] *a* **1.** malchanceux; **you're u.,** tu n'as pas de chance, de veine; **that's u.,** ce n'est pas de chance **2.** (*of colour, number, etc*) qui porte malheur; **u. star,** étoile maléfique; **it's u.,** ça porte malheur. **un'uckily** *adv* malheureusement. **un'luckiness** *n* manque *m* de chance; *F:* déveine *f*.

unmade [ʌn'meid] *a* (lit) défait.

unmanageable [ʌn'mænidʒəbl] *a* **1.** intraitable; (*of child*) difficile; (*of ship*) difficile à manœuvrer **2.** (*of packet, size*) peu maniable, difficile à manier; (*of hair*) rebelle, difficile à coiffer.

unmanned [ʌn'mænd] *a* (*of ship*) sans équipage; *Space:* **u. flight,** vol inhabité.

unmarked [ʌn'mɑːkt] *a* (*a*) sans marque(s); (*of police car*) banalisé (*b*) (*of essay*) non corrigé.

unmarketable [ʌn'mɑːkitəbl] *a* invendable.

unmarried [ʌn'mærid] *a* célibataire; qui n'est pas marié; **u. mother,** mère célibataire.

unmask [ʌn'mɑːsk] *vtr* démasquer.

unmentionable [ʌn'menʃ(ə)nəbl] *a* (chose) dont il ne faut pas parler; innommable.

unmerciful [ʌn'məːsiful] *a* impitoyable; sans pitié. **un'mercifully** *adv* impitoyablement, sans pitié.

unmethodical [ʌnmi'θɔdik(ə)l] *a* peu méthodique; (*of pers*) qui manque de méthode.

unmistakable [ʌnmis'teikəbl] *a* (*a*) (preuve) indubitable; (sentiment) clair; (différence) marquée (*b*) (*of face, voice, etc*) facilement reconnaissable. **unmis'takably** *adv* sans aucun doute; clairement, nettement.

unmitigated [ʌn'mitigeitid] *a* (*a*) (mal) non mitigé (*b*) véritable; **u. lie,** pur mensonge; **u. disaster,** désastre complet.

unmixed [ʌn'mikst] *a* sans mélange; pur.

unmounted [ʌn'mauntid] *a* (*of gem*) non serti; (*of photo*) non encadré.

unmoved [ʌn'muːvd] *a* impassible; **to be u.,** ne pas être ému (**by,** par); être indifférent (**by,** à); **u. by sth,** nullement ému de, par, qch; **u. by their entreaties,** insensible à leurs prières.

unmusical [ʌn'mjuːzik(ə)l] *a* **1.** peu mélodieux **2.** peu musicien, -ienne.

unnamed [ʌn'neimd] *a* au nom inconnu; anonyme.

unnatural [ʌn'nætʃrəl] *a* (*a*) qui n'est pas naturel; anormal; (*of crime*) contre nature (*b*) (*of style*) qui manque de naturel, artificiel. **un'naturally** *adv* anormalement; de manière peu naturelle; **not u.,** naturellement.

unnecessary [ʌn'nesis(ə)ri] *a* peu, pas, nécessaire; inutile; superflu; **it is u. to say that,** (il est) inutile de dire que. **unnece'ssarily** *adv* inutilement; pour rien.

unnerve [ʌn'nəːv] *vtr* faire perdre son courage, son sang-froid, à (qn); désarçonner, déconcerter (qn). **un'nerving** *a* déconcertant.

unnoticed [ʌn'noutist] *a* inaperçu, inobservé; **to pass u.,** passer inaperçu.

unnumbered [ʌn'nʌmbəd] *a* non numéroté.

UNO *abbr United Nations Organization,* ONU.

unobjectionable [ʌnəb'dʒekʃnəbl] *a* (personne) à qui on ne peut rien reprocher; (chose) à laquelle on ne peut trouver à redire.

unobservant [ʌnəb'zəːvənt] *a* peu observateur. **unob'served** *a* inobservé, inaperçu; **to go out u.,** sortir sans être vu.

unobstructed [ʌnəb'strʌktid] *a* **1.** non bouché, non obstrué; (*of street, view*) dégagé **2.** sans rencontrer d'obstacles.

unobtainable [ʌnəb'teinəbl] *a* impossible à obtenir.

unobtrusive [ʌnəb'truːsiv] *a* discret. **unob'trusively** *adv* discrètement.

unoccupied [ʌn'ɔkjupaid] *a* (*a*) (*of pers*) inoccupé, désœuvré, sans occupation (*b*) inoccupé, inhabité (*c*) (*of seat*) libre, disponible.

unofficial [ʌnə'fiʃ(ə)l] *a* non officiel; (renseignement) officieux; **u. visit,** visite privée; **u. strike,** grève sauvage; **in an u. capacity,** à titre privé, non officiel. **uno'fficially** *adv* à titre officieux.

unopened [ʌn'oupənd] *a* qui n'a pas été ouvert; **u. letter,** lettre non décachetée.

unopposed [ʌnə'pouzd] *a* sans opposition.

unorganized [ʌn'ɔːgənaizd] *a* mal organisé; (*of labour*) inorganisé.

unoriginal [ʌnɔ'ridʒinəl] *a* qui manque d'originalité; peu original.

unorthodox [ʌn'ɔːθədɔks] *a* peu orthodoxe.

unostentatious [ʌnɔstən'teiʃəs] *a* peu fastueux; simple; sans ostentation. **unosten'tatiously** *adv* sans ostentation.

unpack [ʌn'pæk] **1.** *vtr* déballer (des objets); défaire (une valise); **to u. sth from,** sortir qch de **2.** *vi* défaire sa valise; déballer. **un'packing** *n* déballage *m*; **my u. won't take long,** il me faudra peu de temps pour défaire mes valises.

unpaid [ʌn'peid] *a* **1.** (*of pers*) bénévole, non salarié; (*of work*) bénévole, non rétribué; **u. leave,** congé non payé **2.** (*of bill*) impayé; **u. debt,** dette non acquittée.

unpalatable [ʌn'pælətəbl] *a* (*a*) d'un goût désagréable (*b*) (*of truth*) désagréable; déplaisant.

unparalleled [ʌn'pærəleld] *a* incomparable, sans égal.

unpardonable [ʌn'pɑːdnəbl] *a* impardonnable.

unpatriotic [ʌnpætri'ɔtik] *a* (*of pers*) peu patriote; (*of action*) peu patriotique.

unperturbed [ʌnpə'təːbd] *a* (*a*) impassible (*b*) nullement déconcerté.

unpick [ʌn'pik] *vtr* défaire (une couture).

unpin [ʌn'pin] *vtr* **(unpinned)** détacher (qch) **(from,** de).

unplaced [ʌn'pleist] *a* (cheval) non placé; (candidat) non classé.

unplanned [ʌn'plænd] *a* (événement) imprévu; (bébé) non désiré.

unpleasant [ʌn'plez(ə)nt] *a* désagréable, déplaisant; **u. weather,** mauvais temps; **to make u. remarks,** dire des choses désobligeantes. **un'pleasantly** *adv* désagréablement; de façon déplaisante. **un'pleasantness** *n* **1.** caractère *m* désagréable, déplaisant (de qch) **2.** petite querelle; **there'll be some u.,** il va y avoir de la dispute.

unplug [ʌn'plʌg] *vtr* **(unplugged)** *(a) El:* débrancher *(b)* déboucher.

unpolished [ʌn'pɔliʃt] *a* **1.** non poli; mat; (*of stone*) brut; (*of floor*) non ciré, non astiqué; (*of shoes*) non ciré **2.** (*of pers*) rude, fruste.

unpolluted [ʌnpə'l(j)u:tid] *a* non pollué.

unpopular [ʌn'pɔpjulər] *a* impopulaire; **to be u. with,** ne pas plaire à; **to be generally u.,** être mal vu de tous. **unpopularity** [-'læriti] *n* impopularité *f*.

unpractical [ʌn'præktikl] *a* (*of pers*) peu pratique; qui manque de sens pratique.

unprecedented [ʌn'presidentid] *a* sans précédent.

unpredictable [ʌnpri'diktəbl] *a* imprévisible; (*of weather*) incertain.

unprejudiced [ʌn'predʒudist] *a* sans préjugés; impartial.

unprepared [ʌnpri'pɛəd] *a* **1.** non préparé; (discours) improvisé **2. to be u. for sth,** ne pas s'attendre à qch **3.** sans préparation; **to go into sth u.,** se lancer à tête perdue dans qch.

unprepossessing [ʌnpri:pə'zesiŋ] *a* peu avenant.

unpretentious [ʌnpri'tenʃəs] *a* sans prétention(s); modeste.

unprincipled [ʌn'prinsipld] *a* sans principes; sans scrupules.

unprintable [ʌn'printəbl] *a* impubliable; que l'on n'oserait pas répéter.

unproductive [ʌnprə'dʌktiv] *a* improductif.

unprofessional [ʌnprə'feʃ(ə)n(ə)l] *a (a)* **u. conduct,** conduite contraire aux règles de sa profession *(b)* **for an architect he's very u.,** comme architecte il est plutôt amateur.

unprofitable [ʌn'prɔfitəbl] *a* peu lucratif; peu rentable. **un'profitably** *adv* sans profit.

unpromising [ʌn'prɔmisiŋ] *a* peu prometteur.

unpronounceable [ʌnprə'naunsəbl] *a* imprononçable.

unprotected [ʌnprə'tektid] *a* sans protection, sans défense.

unproved, unproven [ʌn'pru:vd, -'prouvən] *a* non prouvé.

unprovided-for [ʌnprə'vaididfɔ:r] *a* (*pers*) sans ressources.

unprovoked [ʌnprə'voukt] *a* non provoqué; fait sans provocation.

unpublished [ʌn'pʌbliʃt] *a* inédit; non publié. **un'publishable** *a* impubliable.

unpunctual [ʌn'pʌŋ(k)tjuəl] *a* inexact; peu ponctuel.

unpunished [ʌn'pʌniʃt] *a* **to go u.,** rester impuni.

unqualified [ʌn'kwɔlifaid] *a* **1.** *(a)* non qualifié; incompétent *(b)* sans diplôme(s), non diplômé; **I'm quite u. to talk about it,** je ne suis nullement qualifié pour en parler **2. u. praise,** éloges sans réserve; **u. success,** succès formidable.

unquestionable [ʌn'kwestʃənəbl] *a* indiscutable; incontestable. **un'questionably** *adv* incontestablement, sans aucun doute. **un'questioned** *a* **1.** (droit) indisputé, incontesté **2. to let a statement pass u.,** laisser passer une affirmation sans la relever. **un'questioning** *a* (obéissance) aveugle; inconditionnel.

unquote ['ʌnkwout] *vi* (*used only in imp*) (*in dictation*) fermez les guillemets; (*in report*) fin *f* de citation.

unravel [ʌn'rævəl] **(unravelled,** *NAm:* **unraveled) 1.** *vtr* effiler, effilocher (un tissu); démêler (des fils); éclaircir (un mystère) **2.** *vi* s'effiler, s'effilocher.

unreadable [ʌn'ri:dəbl] *a* illisible.

unready [ʌn'redi] *a* mal préparé (pour qch). **un'readiness** *n* impréparation *f*.

unreal [ʌn'riəl] *a* irréel. **unrea'listic** *a* peu réaliste. **unre'ality** *n* irréalité *f*.

unreasonable [ʌn'ri:znəbl] *a* **1.** déraisonnable; **don't be u.,** soyez raisonnable **2.** *(a)* (*of demand*) immodéré; (prix) excessif *(b)* **at an u. hour,** à une heure indue. **un'reasonably** *adv* d'une manière peu raisonnable. **un'reasoning** *a* irraisonné.

unrecognizable [ʌn'rekəgnaizəbl] *a* méconnaissable. **un'recognized** *a* (*of talent*) méconnu; (*of government*) non reconnu; **to do sth u.,** faire qch sans être reconnu.

unrecorded [ʌnri'kɔ:did] *a* non enregistré; non mentionné.

unrefined [ʌnri'faind] *a* **1.** brut; non raffiné **2.** (homme) peu raffiné, fruste.

unreformed [ʌnri'fɔ:md] *a* non amendé.

unrehearsed [ʌnri'hə:st] *a* (*of speech*) improvisé; (*of play*) (joué) sans répétition(s).

unrelated [ʌnri'leitid] *a* (*of events*) sans rapport **(to,** avec); (*of pers*) **they are u.,** il n'y a aucun lien de parenté entre eux.

unrelenting [ʌnri'lentiŋ] *a* (*of pers*) implacable **(towards,** à, pour, à l'égard de); (*of effort, persecution*) acharné.

unreliable [ʌnri'laiəbl] *a* (*of pers*) peu sérieux, peu sûr, sur qui on ne peut pas compter; (renseignement) sujet à caution; (résultat) incertain; (*source of information*) douteux; (machine) peu fiable. **unrelia'bility** *n* manque *m* de sérieux (de qn); inexactitude *f* (d'un résultat); manque de fiabilité (d'une machine).

unrelieved [ʌnri'li:vd] *a* (*of pain*) constant; (*of boredom*) mortel; (*of colour*) uniforme.

unremarkable [ʌnri'mɑ:kəbl] *a* médiocre.

unremitting [ʌnri'mitiŋ] *a* sans relâche; infatigable, inlassable.

unrepeatable [ʌnri'pi:təbl] *a (a)* (remarque) qu'on ne peut pas répéter *(b)* (prix) exceptionnel; (offre) unique.

unrepentant [ʌnri'pentənt] *a* impénitent.

unrepresentative [ʌnrepri'zentətiv] *a* peu représentatif.

unrequited [ʌnri'kwaitid] *a* (amour) non partagé.

unreserved [ʌnri'zə:vd] *a* **1.** sans réserve; franc; (*of approval*) entier **2. u. seats,** places non réservées. **unre'servedly** [-idli] *adv* sans réserve.

unresponsive [ʌnri'spɔnsiv] *a* qui ne réagit pas; insensible (to, à).

unrest [ʌn'rest] *n* troubles *mpl*; **social u.**, malaise social; **industrial u.**, agitation ouvrière.

unrestricted [ʌnri'striktid] *a* illimité; (accès) libre.

unrewarded [ʌnri'wɔːdid] *a* sans récompense. **unre'warding** *a* (*a*) peu rémunérateur (*b*) ingrat.

unripe [ʌn'raip] *a* (*of fruit*) vert, qui n'est pas mûr.

unrivalled, *NAm: also* **unrivaled** [ʌn'raivəld] *a* sans rival; incomparable.

unroll [ʌn'roul] **1.** *vtr* dérouler **2.** *vi & pr* se dérouler.

unromantic [ʌnrə'mæntik] *a* peu romantique.

unruffled [ʌn'rʌfld] *a* (*of pers*) calme; (*of hair*) lisse.

unruled [ʌn'ruːld] *a* (*of paper*) uni, non réglé.

unruly [ʌn'ruːli] *a* indiscipliné.

unsaddle [ʌn'sædl] *vtr* desseller (un cheval).

unsafe [ʌn'seif] *a* **1.** dangereux; peu sûr; (*of undertaking*) hasardeux; (*of chair*) peu solide **2.** (*of pers*) en danger, exposé au danger.

unsaid [ʌn'sed] *a* **to leave sth u.**, passer qch sous silence.

unsaleable [ʌn'seiləbl] *a* invendable.

unsalted [ʌn'sɔltəd] *a* non salé; (beurre) frais.

unsatisfactory [ʌnsætis'fækt(ə)ri] *a* peu satisfaisant; qui laisse à désirer; (*of explanation*) peu convaincant. **un'satisfied** *a* **1.** insatisfait; peu satisfait (**with**, de) **2. I'm still u. about it**, je n'en suis pas encore convaincu **3.** (*of appetite*) non rassasié. **un'satisfying** *a* **1.** peu satisfaisant **2.** peu convaincant **3.** (*of meal*) insuffisant.

unsaturated [ʌn'sætʃəreitid] *a Ch:* non saturé.

unsavoury, *NAm:* **unsavory** [ʌn'seivəri] *a* **1.** (goût) désagréable: d'un goût désagréable; **u. smell**, mauvaise odeur **2.** (*of pers, place, etc*) répugnant; (réputation) équivoque.

unscathed [ʌn'skeiθd] *a* indemne.

unscientific [ʌnsaiən'tifik] *a* peu scientifique.

unscramble [ʌn'skræmbl] *vtr* déchiffrer.

unscrew [ʌn'skruː] *vtr & i* (se) dévisser.

unscripted [ʌn'skriptid] *a* sans préparation; improvisé.

unscrupulous [ʌn'skruːpjuləs] *a* peu scrupuleux; sans scrupules. **un'scrupulously** *adv* peu scrupuleusement; sans scrupules. **un'scrupulousness** *n* manque *m* de scrupules.

unseasonable [ʌn'siːz(ə)nəbl] *a* (*of fruit*) hors de saison; **u. weather**, temps qui n'est pas de saison. **un'seasonably** *adv* **u. warm**, chaud pour la saison.

unseasoned [ʌn'siːzənd] *a* **1.** (*of food*) non assaisonné **2.** (*of timber*) vert.

unseat [ʌn'siːt] *vtr* (*of horse*) désarçonner (son cavalier).

unseeded [ʌn'siːdid] *a Ten:* (*of player*) non classé.

unseeing [ʌn'siːiŋ] *a* qui ne voit pas; aveugle. **un'seen** *a* inaperçu; **to do sth u.**, faire qch sans être vu; **u. translation**, *n* **u.**, version *f*.

unseemly [ʌn'siːmli] *a* inconvenant.

unselfconscious [ʌnself'kɔnʃəs] *a* naturel. **unself'consciously** *adv* sans la moindre gêne.

unselfish [ʌn'selfiʃ] *a* (*of pers*) généreux, désintéressé; (motif) désintéressé. **un'selfishly** *adv* généreusement. **un'selfishness** *n* générosité *f*; désintéressement *m*.

unserviceable [ʌn'səːvisəbl] *a* inutilisable; (*of machine*) hors d'usage.

unsettle [ʌn'setl] *vtr* troubler, perturber; ébranler (les idées de qn); troubler le repos de (qn). **un'settled** *a* **1.** perturbé; (pays) troublé; (temps, situation) instable; (esprit) troublé, inquiet; (*in a job*) mal à l'aise **2.** (*a*) (*of question*) indécis (*b*) (*of bill*) impayé, non réglé. **un'settling** *a* troublant, inquiétant.

unshaken [ʌn'ʃeikəbl] *a* inébranlable. **un'shaken** *a* inébranlé, ferme.

unshaved, unshaven [ʌn'ʃeivd, -'ʃeivn] *a* pas rasé.

unshrinkable [ʌn'ʃriŋkəbl] *a* irrétrécissable.

unsightly [ʌn'saitli] *a* laid, disgracieux.

unsigned [ʌn'saind] *a* non signé.

unsinkable [ʌn'siŋkəbl] *a* insubmersible.

unskilled [ʌn'skild] *a* inexpert, inexpérimenté; (*of work*) de manœuvre; *Ind:* **u. labour**, main-d'œuvre non spécialisée; **u. worker**, ouvrier, -ière, non qualifié(e); manœuvre *m*. **un'skilful**, *NAm:* **un'skillful** *a* maladroit; malhabile.

unsociable [ʌn'souʃəbl] *a* insociable. **un'social** *a* insocial; **to work u. hours**, travailler en dehors des heures de bureau.

unsold [ʌn'sould] *a* invendu.

unsolicited [ʌnsə'lisitid] *a* non sollicité; volontaire; (faire qch) spontanément.

unsolved [ʌn'sɔlvd] *a* (problème) non résolu; (mystère) inexpliqué; (crime) dont l'auteur n'est pas connu.

unsophisticated [ʌnsə'fistikeitid] *a* simple.

unsound [ʌn'saund] *a* (*a*) **of u. mind**, qui n'a pas toute sa raison (*b*) (*of timber*) avarié; (*of foundations, bridge*) peu solide; (*of theory*) mal fondé; (*of decision*) peu judicieux; (*of method, investment*) peu sûr; (*of politician*) incompétent.

unsparing [ʌn'speəriŋ] *a* prodigue (**of**, de); **u. in one's efforts**, infatigable; **to be u. of one's strength**, ne pas ménager ses forces. **un'sparingly** *adv* sans ménager ses efforts; généreusement.

unspeakable [ʌn'spiːkəbl] *a* **1.** (douleur) inexprimable; **u. muddle**, désordre sans nom **2.** innommable; **it's u.!** ça n'a pas de nom! **un'speakably** *adv F:* **u. bad**, exécrable.

unspecified [ʌn'spesifaid] *a* indéterminé.

unspoiled, unspoilt [ʌn'spɔild, -'spɔilt] *a* (*a*) intact (*b*) (enfant) qui n'a pas été gâté (*c*) (paysage) qui n'est pas défiguré.

unspoken [ʌn'spoukən] *a* inexprimé; tacite.

unsporting [ʌn'spɔːtiŋ] *a* peu loyal; déloyal.

unstable [ʌn'steibl] *a* instable.

unstamped [ʌn'stæmpt] *a* (*of letter*) non affranchi.

unsteady [ʌn'stedi] *a* (*of table*) instable, peu stable, peu solide, branlant; (*of footsteps*) chancelant; (*of hand, voice*) mal assuré; (*of rhythm*) irrégulier; **to be u. on one's feet**, marcher d'un pas chancelant; tituber. **un'steadily** *adv* (marcher) d'un pas mal assuré, chancelant; (tenir qch) d'une main tremblante. **un'steadiness** *n* instabilité *f*; manque *m* d'aplomb (d'une table); irrégularité *f*.

unstick [ʌn'stik] *vtr* (**unstuck** [-'stʌk]) décoller (qch); **to come unstuck**, (i) se décoller (ii) *F:* (*of plan*) s'effondrer; tomber à l'eau; *F:* **I've come unstuck**, je me suis planté.

unstinting [ʌn'stintiŋ] *a* sans réserve; sans bornes; **u. efforts,** efforts illimités.

unstitch [ʌn'stitʃ] *vtr* dépiquer, découdre (un vêtement); **to come unstitched,** se découdre.

unstoppable [ʌn'stɔpəbl] *a* qu'on ne peut (pas) arrêter.

unstressed [ʌn'strest] *a* inaccentué.

unsubstantiated [ʌnsəb'stænʃieitid] *a* non prouvé; non corroboré.

unsuccessful [ʌnsək'sesful] *a* **1.** (*of effort*) vain, infructueux; (*of application*) non retenu, refusé; **u. attempt,** tentative infructueuse; coup manqué; **it was completely u.,** cela a été un échec total **2.** (*of pers*) qui n'a pas réussi; qui a échoué; **to be u.,** ne pas réussir; (*of book, artist*) ne pas avoir de succès; **u. candidate,** candidat refusé; (*at election*) candidat non élu. **unsu'ccessfully** *adv* sans succès; en vain.

unsuitable [ʌn's(j)u:təbl] *a* **1.** (*of pers*) peu fait (**to, for,** pour); **he's quite u. for the job,** ce n'est pas l'homme qu'il faut pour ce poste **2.** (*of thg*) qui ne convient pas (**for,** à); mal adapté (à); (*of remark*) inconvenant, déplacé; (*of example*) peu approprié; (*of manners, clothes*) peu convenable; (*of time*) inopportun; (*of marriage*) mal assorti; **u. for the occasion,** qui ne convient pas à la circonstance; **to choose an u. time to,** mal choisir le moment de; **film u. for children,** film à déconseiller aux enfants. **unsuita'bility** *n* **1.** inaptitude *f* (de qn à qch) **2.** caractère *m* impropre. **un'suited** *a* **u. to,** impropre à; **they are u. (to each other),** ils ne vont pas ensemble.

unsupported [ʌnsə'pɔ:tid] *a* (*of statement*) sans preuves; (*of pers*) non soutenu; sans soutien financier.

unsure [ʌn'ʃuər] *a* peu sûr, précaire; (*of pers*) incertain (**about,** de); **to be u. of oneself,** manquer de confiance en soi-même.

unsuspected [ʌnsəs'pektid] *a* insoupçonné. **unsus'pecting** *a* qui ne se doute de rien; **naturally u.,** peu soupçonneux.

unsuspicious [ʌnsəs'piʃəs] *a* peu soupçonneux.

unsweetened [ʌn'swi:tnd] *a* non sucré.

unswerving [ʌn'swə:viŋ] *a* inébranlable; constant.

unsympathetic [ʌnsimpə'θetik] *a* incompréhensif; antipathique; **u. to,** indifférent à. **unsympa'thetically** *adv* froidement; avec indifférence.

unsystematic [ʌnsistə'mætik] *a* non systématique; sans méthode. **unsyste'matically** *adv* sans méthode.

untangle [ʌntæŋgl] *vtr* démêler (de la laine).

untapped [ʌn'tæpt] *a* (*of resources*) inexploité.

untaxed [ʌn'tækst] *a* exempt d'impôts; non imposé.

unteachable [ʌn'ti:tʃəbl] *a* à qui l'on ne peut rien apprendre.

untenable [ʌn'tenəbl] *a* (*of theory*) insoutenable; (*of position*) intenable.

untested [ʌn'testid] *a* inéprouvé; qui n'a pas encore été mis à l'épreuve; (*of drug*) non essayé; (*of water*) non analysé.

unthinkable [ʌn'θiŋkəbl] *a* impensable; **it's u. that he should be acquitted,** il est inconcevable qu'il soit acquitté. **un'thinking** *a* étourdi; irréfléchi. **un'thinkingly** *adv* sans réfléchir.

untidy [ʌn'taidi] *a* (*a*) (*of room*) en désordre; mal rangé; (*of hair*) ébouriffé, mal peigné; (*of writing*) brouillon; **u. appearance,** tenue débraillée (*b*) (*of pers*) désordonné. **un'tidily** *adv* sans ordre; sans soin. **un'tidiness** *n* désordre *m*; manque *m* d'ordre, de soin.

untie [ʌn'tai] *v* **(un'tied; un'tying) 1.** *vtr* dénouer (sa ceinture); défaire (un nœud); détacher (un chien); défaire, déficeler (un paquet) **2.** *vi* **to come untied,** se défaire, se dénouer.

until [ʌn'til] **1.** *prep* (*a*) jusqu'à; **u. evening,** jusqu'au soir; **u. now, u. then,** jusqu'ici, jusque-là; **she didn't arrive u. yesterday,** elle n'est arrivée qu'hier (*b*) **not u.,** pas avant; **he won't come u. after dinner,** il ne viendra qu'après le dîner; **I've never seen it u. now,** c'est la première fois que je le vois **2.** *conj* (*a*) jusqu'à ce que + *sub*; **u. he comes,** jusqu'à ce qu'il vienne, en attendant qu'il vienne (*b*) **he won't come u. you invite him,** il ne viendra pas avant d'être invité; **I won't leave him u. he's recovered,** je ne le quitterai pas tant qu'il n'est pas guéri.

untimely [ʌn'taimli] *a* (*a*) (*of death*) prématuré; **to come to an u. end,** mourir avant l'âge (*b*) (*of question, action*) inopportun.

untiring [ʌn'taiəriŋ] *a* infatigable. **un'tiringly** *adv* infatigablement.

untold ['ʌn'tould] *a* (richesse) immense, incalculable; **u. suffering,** souffrances inouïes.

untouchable [ʌn'tʌtʃəbl] *a & n* intouchable (*mf*). **un'touched** *a* **1.** (*a*) non touché; (*of food*) **u. by hand,** non manié (*b*) **he had left the food u.,** il n'avait pas touché à la nourriture **2.** (*pers*) indemne; (*thg*) intact **3.** (*pers*) indifférent, insensible (**by,** à).

untoward [ʌntə'wɔ:d; *NAm:* ʌn'tɔ:d] *a* malencontreux, fâcheux.

untrained [ʌn'treind] *a* qui n'a pas reçu de formation professionnelle; (*of animal*) non dressé; (*of ear*) inexercé.

untranslatable [ʌntræns'leitəbl] *a* intraduisible.

untried [ʌn'traid] *a* qui n'a pas été essayé; qui n'a pas été mis à l'épreuve.

untroubled [ʌn'trʌbəld] *a* calme, tranquille.

untrue [ʌn'tru:] *a* (*of statement*) faux; erroné; (*of pers*) infidèle.

untrustworthy [ʌn'trʌstwə:ði] *a* **1.** (*of pers*) indigne de confiance **2.** (renseignement) douteux, sujet à caution; (témoin) récusable.

untruth [ʌn'tru:θ] *n* contre-vérité *f*. **un'truthful** *a* **1.** (*of pers*) menteur **2.** (*of statement*) mensonger. **un'truthfully** *adv* mensongèrement. **un'truthfulness** *n* **1.** (*of pers*) caractère menteur **2.** fausseté *f* (d'une histoire).

untuned [ʌn'tju:nd] *a Mus:* mal accordé.

untwist [ʌn'twist] *vtr* détordre.

unusable [ʌn'ju:zəbl] *a* inutilisable. **unused** *a* **1.** [ʌn'ju:zd] (*a*) inutilisé; non employé; (bâtiment) désaffecté (*b*) neuf **2.** [ʌn'ju:st] peu habitué (**to,** à); **to be u. to sth,** être peu habitué à qch.

unusual [ʌn'ju:ʒu(ə)l] *a* peu commun; peu ordinaire; exceptionnel; insolite; **that's u.,** (i) cela se fait peu (ii) cela se voit rarement; **nothing u.,** rien d'anormal. **un'usually** *adv* exceptionnellement; rarement; **u. tall,** d'une taille exceptionnelle; **he was u. attentive,** il s'est montré plus attentif que d'habitude.

unutterable [ʌn'ʌtrəbl] *a* inexprimable; *F:* **u. fool,** parfait imbécile.

unvarnished [ʌn'vɑːniʃt] *a* (*of surface*) non verni; (*of truth*) pur et simple.

unvarying [ʌn'vɛəriiŋ] *a* invariable, constant.

unveil [ʌn'veil] *vtr* dévoiler. **un'veiling** *n* inauguration *f* (d'une statue).

unventilated [ʌn'ventileitid] *a* non aéré; sans ventilation.

unvoiced [ʌn'vɔist] *a* (*of vowel, consonant*) sourd; (*of opinion*) inexprimé.

unwanted [ʌn'wɔntid] *a* **1.** (enfant) non désiré **2.** superflu, dont on n'a pas besoin.

unwarranted [ʌn'wɔrəntid] *a* injustifié; **u. remark,** observation déplacée.

unwary [ʌn'wɛəri] *a* imprudent.

unwashed [ʌn'wɔʃt] *a* non lavé.

unwavering [ʌn'weivriŋ] *a* (*of belief, etc*) inébranlable.

unwearying [ʌn'wiəriiŋ] *a* inlassable.

unwelcome [ʌn'welkəm] *a* (*a*) (visiteur) importun; (*of gift, visit*) inopportun (*b*) (*of news*) fâcheux.

unwell [ʌn'wel] *a* indisposé; souffrant.

unwholesome [ʌn'houlsəm] *a* malsain.

unwieldy [ʌn'wiːldi] *a* **1.** (*of pers*) lourd, gauche **2.** difficile à manier; peu maniable; encombrant.

unwilling [ʌn'wiliŋ] *a* de mauvaise volonté; (consentement) donné à contrecœur; (complice) malgré lui; **u. to do sth,** peu disposé à faire qch; **I was u. for my wife to know,** je ne voulais pas que ma femme le sache. **un'willingly** *adv* à contrecœur; de mauvaise grâce. **un'willingness** *n* **1.** mauvaise volonté; mauvaise grâce **2.** manque *m* d'enthousiasme.

unwind [ʌn'waind] *v* (**unwound** [-'waund]) **1.** *vtr* dérouler **2.** *vi* se dérouler; *F:* (*of pers*) décompresser.

unwise [ʌn'waiz] *u* imprudent; peu prudent, peu sage; (*of action*) peu judicieux. **un'wisely** *adv* imprudemment.

unwitting [ʌn'witiŋ] *a* involontaire. **un'wittingly** *adv* involontairement.

unworkable [ʌn'wəːkəbl] *a* (projet) inexécutable, impracticable.

unworldly [ʌn'wəːldli] *a* détaché de ce monde.

unworthy [ʌn'wəːði] *a* **u. of sth,** indigne de qch.

unwrap [ʌn'ræp] *vtr* (**unwrapped**) défaire, ouvrir (un paquet).

unwritten [ʌn'rit(ə)n] *a* qui n'est pas écrit; (*of tradition*) oral; (*of agreement*) verbal, tacite; **u. law,** convention toujours respectée.

unyielding [ʌn'jiːldiŋ] *a* qui ne cède pas; raide, ferme; (*of pers*) inébranlable, inflexible.

unzip [ʌn'zip] *v* (**unzipped**) **1.** *vtr* ouvrir (la fermeture éclair (*Rtm*) de) **2.** *vi F:* **it unzips at the side,** ça s'ouvre sur le côté.

up [ʌp] **I.** *adv* **1.** (*a*) en montant; vers le haut; **to go up,** monter; **my room is three flights up,** ma chambre est au troisième, *NAm:* au quatrième, (étage); **to throw sth up (in the air),** jeter qch en l'air; **all the way up, right up (to the top),** jusqu'au haut (de la colline), jusqu'en haut (de l'escalier); **halfway up,** (jusqu')à mi-hauteur; **to put one's hand up,** lever la main; **hands up!** haut les mains! **to put up the results,** afficher les résultats (*b*) **to walk up and down,** marcher de long en large; **to go up north,** aller dans le nord; **to go up to London,** aller à Londres; **he's going up to Oxford,** il va faire ses études à (l'université d')Oxford (*c*) **from £10 up,** à partir de £10 **2.** (*a*) haut, en haut; **what are you doing up there?** que faites-vous là-haut? **up above,** en haut; **up above sth,** au-dessus de qch; **up on the roof,** sur le toit; **the moon is up,** la lune est levée; **the blinds are up,** on a relevé les stores; **the shops had their shutters up,** les magasins avaient leurs volets mis; **the new building is up,** le nouveau bâtiment est construit; **the river's up,** la rivière est en crue; **the road's always up,** la route est constamment en travaux (*b*) en dessus; **face up,** face en dessus; (*on packing case*) **this side up,** haut; dessus (*c*) **up in London,** à Londres; **up in Yorkshire,** au nord, dans le Yorkshire; **relations up from the country,** parents de province en visite à la ville (*d*) *Sp:* **to be one goal up,** mener par un but; **to be one up on s.o.,** avoir l'avantage sur qn **3.** (*a*) **to go up,** (i) (*of prices*) augmenter (ii) (*of commodity*) subir une hausse; (*of price, level, etc*) **to be up,** être monté (**by,** de); **the thermometer has gone up,** le thermomètre a monté; **business is looking up,** les affaires sont à la hausse; **he's something quite high up in the Civil Service,** il est haut placé dans l'administration (*b*) **to screw up,** visser, serrer (un écrou); **to get up steam,** mettre (la chaudière) sous pression, faire monter la pression; **his blood was up,** il était monté; le sang lui bouillait (*c*) **to be well up in politics,** s'y connaître en politique (*d*) **to speak up,** parler plus fort **4.** (*a*) **put it up against the other one,** mettez-le tout près de l'autre; **lean it up against the wall,** appuyez-le contre le mur (*b*) **to be up against difficulties,** être confronté à, rencontrer, se heurter à, des difficultés; **to be up against it,** être dans le pétrin **5.** (*a*) debout, levé; **to be up late,** (i) veiller tard (ii) se lever tard; **to get up,** se lever; **to be up and about,** être sur pied; **to be up all night,** ne pas se coucher de la nuit; **to stay up,** veiller; **to be up and coming,** être plein d'avenir; promettre bien (*b*) **up (with) the workers!** vive(nt) les travailleurs! **6.** (*a*) **to be up in arms,** se révolter; être en révolte (*b*) *F:* **what's up?** qu'est-ce qu'il y a? qu'est-ce qui se passe? **something's up,** il y a quelque chose (i) qui ne va pas (ii) qui se mijote; **what's up with him?** qu'est-ce qui lui prend? **7. time's up,** il est l'heure (de finir, de fermer); c'est l'heure; **his leave's up,** sa permission est expirée; *F:* **the game's up,** tout est perdu; **it's all up with him,** il est fichu; **I thought it was all up with me,** j'ai cru que ma dernière heure était venue **8.** (*a*) **to go up to s.o.,** s'approcher de, s'avancer vers, qn; **up to the ears in mud,** couvert de boue jusqu'aux oreilles; **where are you up to?** où en êtes-vous (du livre que vous lisez)? (*b*) **up to,** jusqu'à; **up to now, to here,** jusqu'ici; **up until then,** jusqu'alors; **to be up to date,** être à la mode, *F:* à la page; **up to £100 a week,** jusqu'à £100 par semaine (*c*) **to be up to doing,** être de taille à faire; être à même de faire; **to be up to one's job,** être à la hauteur de sa tâche; **he's not up to it,** il n'est pas capable de le faire; **I don't feel up to it,** je ne m'en sens pas le courage, la force; **it's not up to much,** cela ne vaut pas grand-chose (*d*) **what are you up to?** qu'est-ce que vous faites? **he's up to something,** il a quelque chose en tête (*e*) **it's up to him to decide,** c'est à lui de décider; **it's up to you,** ça dépend de toi. **II.** *prep* **1. up a hill,** en haut d'une côte; **to go up the stairs, a hill,** monter l'escalier, une côte; **the cat**

is up the tree, le chat est dans l'arbre; **up a ladder,** sur une échelle **2. up the river,** en amont; **it's up river from here,** c'est en amont d'ici; **to live up the street,** habiter plus loin dans la rue; **to walk up and down the platform,** arpenter le quai. **III.** *a* ascendant, montant; *Rail:* **up line,** voie en direction de Londres, d'un terminus important; **up train,** train montant. **IV.** *n* (*a*) **ups and downs,** (i) ondulations *f* (du terrain) (ii) les hauts et les bas (de la vie) (iii) avatars *mpl* (de la politique); **to have ups and downs,** avoir des hauts et des bas; *attrib* **up-and-down movement,** (i) mouvement de montée et de descente (ii) jeu vertical d'une pièce (*b*) *F:* **to be on the up and up,** être en train de faire son chemin. **V.** *v* **1.** *vtr F:* augmenter; hausser (les prix) **2.** *vi P:* se lever d'un bond; **they upped and went,** sans plus attendre ils sont partis. **up-and-'coming** *a* (jeune homme) plein d'avenir. **'upbeat** *a NAm: F:* optimiste. **'upbringing** *n* éducation *f*; **what sort of (an) u. did he have?** comment a-t-il été élevé? **'upcoming** *a NAm:* imminent. **up'country** *adv esp NAm: Austr:* vers l'intérieur. **up'date** *vtr* mettre à jour. **up'end** *vtr* mettre (qch) debout. **upgrade 1.** ['ʌpgreid] *n* pente ascendante; montée *f* (d'une route); **to be on the u.,** (i) (*of prices*) monter (ii) (*of business*) reprendre **2.** [ʌp'greid] *vtr* (*a*) améliorer (un produit); revaloriser (un poste) (*b*) nommer (qn) à un niveau supérieur; promouvoir (qn). **up-'heaval** *n* **1.** bouleversement *m* **2.** agitation *f* (politique). **uphill 1.** *a* ['ʌphil] (*of road*) montant; (*of struggle*) pénible, difficile **2.** *adv* [ʌp'hil] **to go u.,** monter. **up'hold** *vtr* **(upheld)** maintenir; soutenir (une opinion); prêter son appui à (qn); confirmer (une décision); **to u. the law,** faire observer la loi. **up'holder** *n* défenseur *m* (d'une cause). **up-'holster** *vtr* (i) rembourrer (ii) tapisser, recouvrir (un canapé). **up'holsterer** *n* tapissier *m*. **up-'holstery** *n* (i) réfection *f* de sièges (ii) sièges *mpl* (d'une voiture). **'upkeep** *n* (frais *mpl* d')entretien *m*. **'uplands** *npl* hautes terres. **uplift 1.** *n* ['ʌplift] **(moral) u.,** élévation spirituelle **2.** *vtr* [ʌp'lift] élever (l'âme). **up'lifted** *a* exalté, inspiré. **'upmarket** *a Com:* haut de gamme. **u'pon** *prep* (= **on**) sur; **I came u. it by accident,** je l'ai trouvé par hasard; **you brought it u. yourself,** ne t'en prends qu'à toi-même. **'upper I.** *a* **1.** (*a*) supérieur; (plus) haut; (plus) élevé; de dessus; d'au-dessus; **u. jaw,** mâchoire supérieure; **u. storey,** étage supérieur; *Th:* **u. circle,** deuxième balcon; **temperature in the u. twenties,** température qui dépasse 25° (*b*) **u. reaches,** amont *m* (d'une rivière) **2.** supérieur; **the u. classes,** l'aristocratie *f;* **to get the u. hand,** prendre le dessus; **to let s.o. get the u. hand,** se laisser tyranniser, mener, par qn; *Sch:* **the u. forms,** les grandes classes, les classes supérieures. **II.** *n* empeigne *f*, dessus *m* (d'une chaussure); *F:* **to be down on one's uppers,** être dans la gêne. **upper-'class** *a* aristocratique. **'up-permost 1.** *a* (*a*) le plus haut, le plus élevé (*b*) de la plus grande importance; **to be u.,** (i) être en dessus (ii) *Fig:* tenir le premier rang; prédominer; **the problem u. in my mind,** le problème qui me préoccupe le plus **2.** *adv* (le plus) en dessus; **face u.,** face en dessus. **'uppish, 'uppity** *a F:* présomptueux, arrogant. **'upright I.** *a* **1.** vertical; perpendiculaire; droit; **u. piano,** piano droit; **u. freezer,** congélateur armoire **2.** (*of pers*) droit, juste, honnête. **II.** *adv* droit, debout; (*of pers*) **to stand u.,** se tenir droit; **to set sth u.,** mettre qch debout. **III.** *n* **1.** montant *m* (d'une échelle); *Fb:* **the uprights,** les montants de but **2. u. (piano),** piano droit. **'up-rising** *n* soulèvement *m*; insurrection *f*. **'uproar** *n* tumulte *m*; **the town is in an u.,** la ville est en effervescence. **up'roarious** *a* tumultueux; **u. laughter,** grands éclats de rire. **up'roariously** *adv* tumultueusement; (rire) à gorge déployée; **u. funny,** désopilant. **up'root** *vtr* déraciner (une plante, qn, un mal). **upset I.** ['ʌpset] *n* **1.** renversement *m* (d'une voiture, d'un bateau) **2.** (*a*) désorganisation *f*, bouleversement *m*, désordre *m*, dérangement *m* (*b*) ennui *m*; difficultés *fpl* (*c*) peine *f* (*d*) indisposition *f*; dérangement; **I have a stomach u.,** j'ai l'estomac dérangé. **II.** [ʌp'set] *v* **(upset; upset;** *prp* **upsetting) 1.** *vtr* (*a*) renverser; (faire) chavirer (un bateau) (*b*) désorganiser, bouleverser, déranger (les plans de qn) (*c*) **to u. s.o.,** (i) peiner (ii) vexer (iii) contrarier qn; **the least thing upsets him,** il s'impressionne pour un rien; **don't u. yourself,** ne vous en faites pas (*d*) indisposer (qn); déranger (l'estomac); troubler (la digestion) **2.** *vi* (*of cup*) se renverser; (*of boat*) chavirer. **III.** [ʌp'set] *a* (*a*) contrarié; bouleversé, ému; vexé; **don't get, be, u.,** ne vous en faites pas (*b*) (estomac) dérangé. **up'set-ting** *a* bouleversant, inquiétant. **'upshot** *n* résultat *m*. **upside 'down** *adv phr* (*a*) à l'envers; la tête en bas; **to hold sth u. d.,** tenir qch à l'envers (*b*) en désordre, bouleversé; *Fig:* **to turn everything u. d.,** tout chambouler. **up'stage 1.** (*a*) *n Th:* arrière-scène *f* (*b*) *adv* à l'arrière-scène **2.** *vtr* reléguer (qn) au second plan; souffler la vedette à (qn). **upstairs 1.** *adv* [ʌp'stɛəz] en haut (de l'escalier); **to go u.,** monter (l'escalier) **2.** (*a*) *a* ['ʌpstɛəz] (*of people*) du dessus; (*of room*) d'en haut (*b*) *n* [ʌp'stɛəz] étage. **up'standing** *a* (*a*) droit; bien bâti (*b*) honnête (*c*) (*in court, etc*) **please be u.,** veuillez vous lever. **'upstart** *n Pej:* parvenu, -ue. **upstream 1.** *adv* [ʌp'striːm] (*a*) en amont (*b*) en remontant le courant **2.** *a* ['ʌpstriːm] d'amont. **'upsurge** *n* recrudescence *f* (d'intérêt); poussée *f*, vague *f* (d'enthousiasme); regain *m* (d'activité); accès *m* (de colère). **'upswept** *a Aut: Av:* profilé. **'uptake** *n* **to be quick on the u.,** comprendre vite; **to be slow on the u.,** être dur à la détente. **up'tight** *a F:* tendu; agité; crispé; en colère; **to get u.,** s'énerver. **up-to-'date** *a* très récent; moderne; (*of information*) à jour; (*well informed*) au courant **(on,** de). **up-to-the-'minute** *a* de dernière heure. **'upturn** *n* amélioration *f* **(in,** de); hausse **(in,** de); reprise *f* (économique, etc). **'upturned** *a* (*of nose*) retroussé. **'upward 1.** *a* montant, ascendant; (*of path*) qui monte; **u. movement,** mouvement ascensionnel; **u. trend,** tendance à la hausse **2.** *adv* = **'upwards. 'upwards** *adv* **1.** vers le haut; en montant **2.** en dessus; **to put sth face u.,** mettre qch à l'endroit (sur qch); (*of pers*) **lying face u.,** couché sur le dos **3.** au-dessus; **£100 and u.,** £100 et au-dessus; **u. of fifty,** cinquante et plus; **u. of fifty cows,** plus de cinquante vaches; **children from ten (years) u.,** des enfants à partir de dix ans.

Ural ['juərəl] *Prn Geog:* **the U. (river),** l'Oural *m*; **the U. mountains, the Urals,** les monts Oural, l'Oural.

uranium [ju'reiniəm] *n* uranium *m.*

urban ['ə:bən] *a* urbain; **u. sprawl,** urbanisation incontrôlée. **urbani'zation** *n* urbanisation *f.* **'urbanize** *vtr* urbaniser.

urbane [ə:'bein] *a* courtois, urbain. **ur'banely** *adv* courtoisement; avec urbanité. **ur'banity** *n* urbanité *f*; courtoisie *f.*

urchin ['ə:tʃin] *n* **1.** polisson, -onne, galopin *m*, gamin *m* **2. sea u.,** oursin *m.*

Urdu ['ə:du:] *n Ling:* ourdou *m.*

ureter [ju'ri:tər] *n Anat:* uretère *m.*

urge [ə:dʒ] **I.** *n* forte envie, besoin *m*; **to feel an u. to do sth,** se sentir le besoin de faire qch. **II.** *vtr* **to u. s.o. (on),** encourager qn; **to u. a horse forward, on,** pousser, presser, un cheval; **to u. s.o. to do sth,** conseiller vivement à qn de faire qch; **to u. on a piece of work,** hâter un travail; **to u. that sth should be done,** insister pour que qch soit fait.

urgent ['ə:dʒ(ə)nt] *a* urgent, pressant; (*of tone*) insistant; (*of letter*) urgent; **it's u.,** c'est urgent; **u. need,** besoin pressant; **the matter is u.,** l'affaire presse; c'est urgent; **the doctor had an u. call,** on a appelé le médecin d'urgence; **at their u. request,** à leurs instances pressantes. **'urgency** *n* urgence *f*; insistance *f* (d'une demande, etc); **it's a matter of u.,** il y a urgence. **'urgently** *adv* d'urgence; avec insistance; **a doctor is u. required,** on demande d'urgence un médecin.

urine ['juərin] *n* urine *f.* **urinal** [-'rainəl] *n* urinoir *m.* **'urinary** *a* urinaire. **'urinate** *vi* uriner.

urn [ə:n] *n* urne *f*; **tea u.,** fontaine *f* à thé.

Uruguay ['ju:rəgwai] *Prn Geog:* Uruguay *m.* **Uru'guayan** *a & n* uruguayen, -enne.

us *pers pron, objective case* **1.** (*unstressed*) [əs] nous; **he sees us,** il nous voit; **give us some,** donnez-nous-en; **there are three of us,** nous sommes trois; **we'll take him with us,** nous l'amènerons avec nous **2.** (*stressed*) [ʌs] (*a*) nous; **between them and us,** entre eux et nous; **they can't deceive us women,** on ne peut pas nous tromper, nous autres femmes (*b*) (*after verb* **to be**) **it's us!** c'est nous! **he wouldn't believe it was us,** il ne voulait pas croire que c'était nous **3. let us, let's, eat!** mangeons! *F:* **let's have a look,** laissez-moi regarder.

US(A) *abbr United States* (*of America*).

use I. [ju:s] *n* **1.** (*a*) emploi *m*, usage *m*; utilisation *f*; **I'll find a u. for it,** je trouverai un moyen de m'en servir; **to make u. of sth,** se servir de qch; utiliser, employer, qch; **to make good u. of sth, to put sth to good u.,** faire bon usage de qch; tirer profit de qch; **in u.,** en usage; **word in everyday u.,** mot d'usage courant; **not in u.,** hors d'usage; (mot) désuet; hors de service; **for u. in case of fire,** à employer en cas d'incendie; **ready for u.,** prêt à l'emploi; **directions for u.,** mode *m* d'emploi (*b*) **to improve with u.,** s'améliorer à l'usage **2.** (*a*) jouissance *f*, usage; **he has lost the u. of his left leg,** il a perdu l'usage de la jambe gauche (*b*) **to have the u. of the bathroom,** avoir le droit de se servir de la salle de bain; **I'd like to have the u. of it,** je voudrais pouvoir m'en servir (*c*) *Jur:* usufruit *m* **3.** utilité *f*; **to be of u.,** servir, être utile; **can I be of any u. (to you)?** puis-je vous être utile à quelque chose? **it's of no u. to me,** je n'en ai pas besoin; **it's not much u.,** cela ne sert pas à grand-chose; *F:* **a fat lot of u. that'll be to you!** si tu crois que ça va t'avancer! *F: Iron:* **you're a lot of u.!** je te retiens! **he's no u.,** il est nul; **to have no u. for sth,** n'avoir que faire de qch; **I have no u. for it,** je n'en ai pas l'usage, qu'est-ce que je ferais de ça? *F:* **I've no u. for him,** je ne peux pas le voir; **it was no u.,** c'était inutile; **it's no u. discussing the matter,** (c'est) inutile de discuter la question; **it's no u. crying,** ça ne sert à rien de pleurer; **it's no u.!** impossible! **what's the u. of making plans?** à quoi bon faire des projets? **II.** [ju:z] *vtr* **1.** (*a*) utiliser, employer, se servir de; **are you using this knife?** est-ce que vous vous servez de ce couteau? **u. your head!** ne sois pas si bête! **u. your eyes!** ouvrez les yeux! (*of thg*) **to be used for sth,** servir à qch; **I u. it to clean,** je m'en sers pour nettoyer, ça me sert à nettoyer; **I used the money to rebuild my house,** j'ai utilisé l'argent à reconstruire ma maison; **word no longer used,** mot désuet; **to reserve the right to u. sth,** se réserver l'usage de qch; **I u. that as a hammer,** cela me sert de marteau; **you may u. my name (as a reference),** vous pouvez vous réclamer de moi (*b*) **to u. force,** employer, avoir recours à, la force; **to u. every means (at one's disposal),** employer tous les moyens (à sa disposition); **to u. one's influence,** user de son influence; **to u. discretion,** agir avec discrétion (*c*) *esp NAm: F:* **I could u. some coffee,** je prendrais volontiers du café **2.** (*a*) (bien, mal) agir envers qn; **to u. sth carefully,** traiter qch avec soin; **roughly used,** maltraité (*b*) **I feel I've been used,** j'ai l'impression qu'on s'est tout bonnement servi de moi **3. to u. (up),** épuiser (les vivres); consommer (l'essence, etc); dépenser (l'argent); **it's all used up,** il n'en reste plus; **to u. up the scraps, leftovers,** utiliser, *Cu:* accommoder, les restes **4.** (*as aux past tense*) [ju:st] **as children we used to play together,** quand nous étions enfants nous jouions ensemble; **I used to do it,** j'avais l'habitude de le faire; **things aren't what they used to be,** ce n'est plus comme autrefois; **she used not, usen't, to like him,** autrefois elle ne l'aimait pas. **usable** ['ju:z-] *a* utilisable. **usage** ['ju:s-] *n* **1.** usage *m*, coutume *f* **2.** (*a*) emploi *m*, usage (d'un mot) (*b*) utilisation *f.* **used** *a* **1.** [ju:zd] usé, usagé; (timbre-poste) oblitéré; (nappe) sale; **u. car,** voiture d'occasion; **hardly u.,** presque neuf **2.** [ju:st] **to be u. to sth, to doing sth,** être habitué, accoutumé, à qch, à faire qch; **to get u. to sth,** s'habituer à qch; **I'm not used to it,** je n'en ai pas l'habitude; **you'll get u. to it in time,** vous vous y ferez à la longue. **'useful** *a* utile; pratique; **the book was very u. to me,** ce livre m'a été très utile; **it will come in very u.,** cela sera très utile; **to make oneself u.,** se rendre utile. **'usefully** *adv* utilement. **'usefulness** *n* utilité *f.* **'useless** *a* inutile; (effort) vain; inutilisable; **to be u.,** ne servir à rien; **u. person,** personne nulle, incompétente; *F:* **it's worse than u.,** c'est au-dessous de tout. **'uselessly** *adv* inutilement; en vain. **'uselessness** *n* inutilité *f.* **'user** *n* usager *m* (de la route, etc); utilisateur, -trice (d'un appareil, d'un dictionnaire). **user-'friendly** *a* (*of machine*) convivial. **usual** ['ju:ʒuəl] **1.** *a* habituel, normal; **at the u. time,** à l'heure habituelle; **the u. terms,** les conditions d'usage; **it's u. to pay in advance,** il est d'usage de payer d'avance; **it's the u. practice,** c'est la pratique courante; **it's her u. practice,** c'est son habitude; **earlier than u.,** plus tôt que d'habitude; **as u.,** comme d'habitude; **business as u.,** les affaires continuent, la vente continue **2.** *n F:* (*food, excuse, etc*) **the u.,** la même chose que d'habitude. **'usually** *adv* ordinairement, habituellement; d'ordinaire, d'habitude; **he was more than u. polite,** il s'est montré encore plus poli que d'habitude.

usher ['ʌʃər] **I.** *n* (*a*) *Jur:* huissier *m* (*b*) *Cin: Th:* placeur *m*; (*at wedding*) garçon *m* d'honneur. **II.** (*a*) *vtr* **to u. in,** introduire (qn), faire entrer (qn); *Fig:* inaugurer (une période, etc) (*b*) *vi F:* (*at wedding*) servir de garçon d'honneur. **ushe'rette** *nf Cin: Th:* ouvreuse.

USSR *abbr Union of Soviet Socialist Republics,* URSS.

usurer ['juːʒərər] *n* usurier, -ière. **u'surious** *a* (intérêt) usuraire. **'usury** *n* usure *f.*

usurp [juː'zəːp] *vtr* usurper. **u'surper** *n* usurpateur, -trice. **u'surping** *a* usurpateur.

utensil [ju(ː)'tens(i)l] *n* ustensile *m*; **household, cooking, utensils,** ustensiles de ménage, de cuisine; **set of kitchen utensils,** batterie *f* de cuisine.

uterus ['juːtərəs] *n Anat:* utérus *m.*

utility [juː'tiliti] *n* (*a*) utilité *f*; **u. vehicle,** véhicule utilitaire; **u. room,** pièce réservée à la lessive, au repassage (*b*) **(public) u.,** *NAm:* **utilities,** service public. **utili'tarian** *a* utilitaire. **uti'lizable** *a* utilisable. **utili'zation** *n* utilisation *f*; mise *f* en valeur. **'utilize** *vtr* utiliser, se servir de (qch); tirer profit de, mettre en valeur (qch).

utmost ['ʌtmoust] **1.** *a* extrême, dernier; **the u. ease,** la plus grande facilité; **the u. limit,** la limite extrême; **it is of the u. importance that,** il est extrêmement important que **2.** *n* **to the u.,** le plus possible; **to do one's u.,** faire tout son possible.

utopia [juː'toupiə] *n* utopie *f.* **u'topian** *a* utopique.

utter[1] ['ʌtər] *a* complet, total; absolu; **he's an u. stranger to me,** il m'est complètement inconnu; **it's u. rubbish, nonsense,** c'est complètement absurde; **u. fool,** parfait imbécile; **u. folly,** pure folie; **u. poverty,** misère la plus profonde. **'utterly** *adv* complètement, absolument, tout à fait. **'uttermost** = **utmost.**

utter[2] *vtr* **1.** jeter, pousser (un cri); prononcer, proférer (un mot); lancer (un juron); **he didn't u. a word,** il n'a pas soufflé mot **2.** émettre (de la fausse monnaie).

V

V, v [viː] *n* (la lettre) V, v *m; Cl:* V **neck(ed),** à col en V.

V & A *abbr Victoria and Albert Museum.*

vac [væk] *n Sch: F:* vacances *fpl.*

vacant ['veikənt] *a* **1.** vacant, vide, libre; disponible; **v. site,** *NAm:* **lot,** terrain vague; **v. space,** place vide; **v. room, seat,** chambre, place, libre, inoccupée; *Jur:* (*of house*) **with v. possession,** avec jouissance immédiate; (*of job*) à pourvoir; **situations v.,** offres *fpl* d'emploi(s) **2.** (esprit) inoccupé; (regard) distrait, vague, dans le vide; **v. stare,** air hébété. **'vacancy** *n* **1.** vide *m,* vacuité *f;* **to stare into v.,** regarder dans le vide, dans le vague **2.** poste vacant; (*at hotel*) chambre *f* disponible; **to fill a v.,** pourvoir à un poste; (*at hotel*) **'no vacancies',** 'complet'; **v. exists for a secretary,** on recherche secrétaire. **'vacantly** *adv* (regarder) dans le vide, d'un air distrait. **vacate** [və'keit, *NAm:* 'veikeit], *vtr* (*a*) quitter (un emploi); **to v. office,** donner sa démission (*b*) quitter (une chambre d'hôtel, une maison); *Jur:* **to v. the premises,** vider les lieux. **va'cation 1.** *n* (*a*) *NAm:* vacances *fpl;* **the long v.,** les grandes vacances; **to be on v.,** être en vacances; **to take a v.,** prendre des vacances (*b*) (*also* **va'cating**) évacuation *f* (d'une maison) **2.** *vi NAm:* prendre ses vacances. **va'cationer** *n NAm:* vacancier, -ière.

vaccinate ['væksineit] *vtr* vacciner; **to get vaccinated,** se faire vacciner. **vacci'nation** *n* vaccination *f.* **'vaccine** *n* vaccin *m.*

vacillate ['væsileit] *vi* vaciller; hésiter (entre deux opinions). **'vacillating** *a* vacillant; irrésolu. **vaci'llation** *n* vacillation *f;* hésitation *f.*

vacuum ['vækjuəm] **1.** *n Ph:* vide *m;* **v. pack,** emballage sous vide; **v. cleaner,** aspirateur *m;* **v. flask,** *NAm:* **bottle,** bouteille isolante, thermos *m or f* (*Rtm*) **2.** *vtr* passer (une pièce) à l'aspirateur. **va'cuity** *n* vacuité *f;* vide *m.* **'vacuous** *a* vide d'expression; (observation, rire) bête; (air) hébété; (regard) vide d'expression. **vacuum-'packed** *a* emballé sous vide.

vagabond ['vægəbɔnd] *a & n* vagabond, -onde.

vagary ['veigəri] *n* caprice *m,* fantaisie *f.*

vagina [və'dʒainə] *n Anat:* vagin *m.* **va'ginal** *a Anat:* vaginal; *Med:* **v. douche,** douche vaginale.

vagrant ['veigrənt] *n Jur:* vagabond, -onde. **'vagrancy** *n* vagabondage *m.*

vague [veig] *a* (*of pers, look, answer*) vague; (*of memory*) imprécis; (*of outline*) estompé, flou; (*of colour*) indéterminé; **I haven't the vaguest idea,** je n'en ai pas la moindre idée; **I have a v. idea (that),** il me semble (que); **he was rather v. (about it),** il est resté vague, il n'en était pas certain. **'vaguely** *adv* vaguement. **'vagueness** *n* vague *m,* imprécision *f.*

vain [vein] *a* **1.** (*of promise, pleasure, hope*) vain **2.** (effort) inutile, vain **3.** vaniteux **4. in v.,** en vain; vainement; **we protested in v.,** nous avons eu beau protester; **to labour in v.,** travailler inutilement; **it was all in v.,** c'était peine perdue. **'vainly** *adv* **1.** vainement, en vain; inutilement **2.** avec vanité.

valance ['væləns] *n* frange *f,* bordure *f,* de lit; lambrequin *m* (d'une fenêtre).

valentine ['væləntain] *n* carte *f* de la Saint-Valentin.

valet ['vælei] *n* valet *m* de chambre; (*in hotel*) **v. service,** buanderie *f* et nettoyage *m.*

valiant ['væljənt] *a* vaillant, courageux. **'valiantly** *adv* vaillamment.

valid ['vælid] *a* (contrat) valide, valable; (passeport) valide, en règle; (argument) solide; (excuse) valable; **v. for three months,** bon pour trois mois; **no longer v.,** périmé. **'validate** *vtr* valider. **va'lidity** *n* validité *f* (d'un document); justesse *f* (d'un argument).

valley ['væli] *n* vallée *f;* (*small*) vallon *m;* **the Rhone V.,** la vallée du Rhône.

valour, *NAm:* **valor** ['vælər] *n* bravoure *f.*

value ['væljuː] **1.** *n* (*a*) valeur *f;* (*of object*) **to be of great, little, v.,** valoir cher, valoir peu (cher); **of no v.,** sans valeur; **to set a v. (up)on sth,** évaluer qch; **to set a high v. on sth,** faire grand cas de qch; *Com:* **market v.,** valeur marchande; **increase in v.,** plus-value *f;* **decrease in v.,** moins-value *f;* **v. added tax,** taxe à la valeur ajoutée (*b*) *Com:* **for v. received,** valeur reçue; **v. for money,** rapport *m* qualité-prix; **to get good v. for one's money,** en avoir pour son argent; **this article is very good v.,** cet article est à un prix très avantageux; **it's good v.,** c'est très avantageux **2.** *vtr* (*a*) *Com:* évaluer, estimer, priser (des marchandises); **to get sth valued,** faire expertiser qch (*b*) attacher de la valeur à (qch); estimer (qn); tenir à (la vie). **'valuable 1.** *a* (*of object*) de (grande) valeur; (*of help, time*) précieux; *Jur:* **for a v. consideration,** à titre onéreux **2.** *npl* **valuables,** objets *m* de valeur. **valu'ation** *n* **1.** évaluation *f,* estimation *f;* (*by expert*) expertise *f;* **to make a v.,** faire une expertise; **to get a v. of sth,** faire expertiser qch **2.** valeur estimée; **to take s.o. at his own v.,** estimer qn selon l'opinion qu'il a de lui-même. **'valued** *a* estimé, précieux. **'valueless** *a* sans valeur. **'valuer** *n* commissaire-priseur *m,* expert *m.*

valve [vælv] *n* **1.** soupape *f;* clapet *m;* valve *f* (de pneu); **safety v.,** soupape de sûreté **2.** *Anat:* valvule *f* (du cœur) **3.** *WTel:* lampe *f* **4.** *Mus:* piston *m* (d'un instrument) **5.** *Moll:* valve. **'valvular** *a* valvulaire.

vampire ['væmpaiər] *n* **1.** *Myth:* vampire *m* **2.** *Z:* **v. (bat),** vampire.

van¹ [væn] *n F:* **in the v.,** (gens) d'avant-garde.

van² *n* **1.** *Aut:* camionnette *f;* camion *m* (de déménagement) **2.** *Rail:* fourgon *m;* **luggage v.,** fourgon (à bagages); **guard's v.,** fourgon de queue. **'vanman** *n* (*pl* **-men**) livreur *m.*

vandal ['vænd(ə)l] *n* vandale *mf.* **'vandalism** *n*

vandalisme *m*. '**vandalize** *vtr* saccager, détériorer; **several pictures have been vandalized,** plusieurs tableaux ont été mutilés par des vandales.

vane [vein] *n* (*a*) aile *f* (d'un moulin à vent) (*b*) **(weather) v.,** girouette *f*.

vanguard ['væŋgɑːd] *n* avant-garde *f*.

vanilla [və'nilə] *n* vanille *f*; **v. ice cream,** glace à la vanille; **v. sugar,** sucre vanillé.

vanish ['væniʃ] *vi* disparaître; (*of suspicions*) se dissiper, s'évanouir; (*of difficulties*) s'aplanir; (*of hope*) s'évanouir; *F*: (*of pers*) disparaître; s'éclipser; **to v. into thin air,** se volatiliser. '**vanishing** *n* disparition *f*; **v. point,** point de fuite; **profits have dwindled to v. point,** les bénéfices se sont réduits à néant; **v. trick,** tour de passe-passe; *Toil*: **v. cream,** crème de jour.

vanity ['væniti] *n* vanité *f*; orgueil *m*; **to do sth out of v.,** faire qch par vanité; **v. case,** vanity *m inv*.

vanquish ['væŋkwiʃ] *vtr* vaincre.

vantage ['vɑːntidʒ] *n* **v. point,** (bon) point de vue.

vapid ['væpid] *a* plat, insipide; (style) fade.

vapour, *NAm*: **vapor** ['veipər] *n* vapeur *f*; buée *f* (sur les vitres); *Av*: **v. trail,** traînée *f* de condensation. **vapori'zation** *n* (*a*) vaporisation *f* (*b*) pulvérisation *f* (d'un liquide). '**vaporize** *vtr & i* (*a*) (se) vaporiser (*b*) (*of liquid*) (se) pulvériser. '**vaporizer** *n* (*a*) (*evaporator*) vaporisateur *m* (*b*) atomiseur *m*.

varicose ['værikous] *a Med*: **v. vein,** varice *f*.

varnish ['vɑːniʃ] **1.** *n* vernis *m*; *Toil*: **nail v.,** vernis à ongles; **v. remover,** (i) *Ind*: décapant *m* (ii) *Toil*: dissolvant *m* **2.** *vtr* vernir; vernisser (la poterie). '**varnishing** *n* vernissage *m*.

vary ['vɛəri] *v* (**varied**) **1.** *vtr* varier, diversifier; faire varier; **to v. one's diet, one's reading,** diversifier son régime, ses lectures **2.** *vi* (*a*) varier, changer; être variable (*b*) **to v. from sth,** différer de qch (*c*) différer (d'avis); **on this point historians v.,** sur ce point les historiens ne sont pas d'accord. **varia'bility** *n* variabilité *f*. '**variable 1.** *a* variable; changeant **2.** *n Mth*: variable *f*. '**variance** *n* **to be at v. with s.o.,** être en désaccord avec qn; **authors are at v. about the date,** les auteurs ne sont pas d'accord sur la date (de qch); **theory at v. with the facts,** théorie incompatible avec les faits. '**variant 1.** *a* différent **2.** *n* variante *f*. **vari'ation** *n* **1.** variation *f*, changement *m* **2.** différence *f*, écart *m* (entre deux rapports) **3.** *pl Mus*: variations (**on,** sur). '**varied** *a* varié; divers. '**variegated** *a Bot*: panaché; **to become v.,** (se) panacher. **varie'gation** *n Bot*: panachure *f*. **va'riety** *n* **1.** variété *f*, diversité *f*; **in a v. of ways,** de diverses manières; **for a v. of reasons,** pour diverses, toutes sortes de, raisons; *Com*: **a v. of,** une gamme de; **a large, wide, v. of materials,** un grand choix de tissus **2.** *Bot*: variété (de fleurs) **3.** *Th*: variétés *fpl*; **v. show,** spectacle *m* de variétés; **v. turns,** numéros *mpl* de music-hall **4.** *NAm*: **v. meats** (*Br* = **offal**), abats *mpl*. '**various** *a* **1.** varié, divers; **of v. kinds,** de diverses sortes; **in v. ways,** diversement; **to talk about v. things,** parler de chose(s) et d'autre(s) **2.** différent; plusieurs; **for v. reasons,** pour plusieurs raisons; **at v. times,** à différentes reprises; **on v. occasions,** en diverses occasions. '**variously** *adv* diversement. '**varying** *a* variable, changeant; varié, divers; **with v. results,** avec des résultats divers.

vase [vɑːz, *NAm*: veis] *n* vase *m*; **flower v.,** vase à fleurs.

vasectomy [və'sektəmi] *n Surg*: vasectomie *f*.

Vaseline ['væsəliːn] *n Rtm*: vaseline *f*.

vast [vɑːst] *a* vaste, immense; **his v. knowledge,** l'étendue *f* de ses connaissances; **to spend v. sums,** dépenser énormément d'argent. '**vastness** *n* immensité *f* (de l'océan); amplitude *f* (d'une catastrophe).

vat [væt] *n* cuve *f*; bac *m*. '**vatful** *n* cuvée *f*.

VAT [væt, viːei'tiː] *abbr value added tax,* TVA.

Vatican ['vætikən] *Prn* **the V.,** le Vatican; **V. Council,** Concile *m* du Vatican.

vaudeville ['vɔːdəvil] *n NAm*: *Th*: variétés *fpl*.

vault¹ [vɔːlt] **1.** *n* (*a*) *Arch*: voûte *f* (*b*) (*of bank*) chambre forte, coffres *mpl*; **(wine) v.,** cave *f* (*c*) **family v.,** caveau *m* de famille **2.** *vtr* voûter (une cave). '**vaulted** *a* voûté; en voûte. '**vaulting** *n Arch*: voûte(s).

vault² **1.** *n* saut *m*; **pole v.,** saut à la perche **2.** *vi & tr* **to v. (over) sth,** sauter (un obstacle). '**vaulting** *n Gym*: exercice *m* du saut; voltige *f*; **v. horse,** cheval d'arçon; **pole v.,** saut à la perche.

vaunt [vɔːnt] *vtr* vanter (qch); **our much vaunted justice,** notre justice tant vantée, si célèbre.

VC *abbr Victoria Cross.*

VCR *abbr video cassette recorder,* magnétoscope *m*.

VD *abbr venereal disease.*

VDU *abbr Cmptr: visual display unit.*

veal [viːl] *n Cu*: veau *m*; **v. cutlet,** côte *f* de veau.

veer [viər] *vi* (*a*) (*of wind*) tourner (*b*) (*of ship*) virer (vent arrière); changer de bord; (*of car, road*) virer; **to v. off the road,** quitter la route.

vegan ['viːgən] *n* végétaliste *mf*.

vegetable ['vedʒtəbl] **1.** *a & n Bot*: végétal (*m*) **2.** *n* légume *m*; **early vegetables,** primeurs *f*; **v. dish,** légumier *m*; **v. salad,** macédoine *f* de légumes; **v. garden,** (jardin *m*) potager *m*. **vege'tarian** *a & n* végétarien, -ienne. **vege'tarianism** *n* végétarisme *m*. '**vegetate** *vi Pej*: végéter. **vege'tation** *n* végétation *f*.

vehemence ['viːəməns] *n* véhémence *f*; violence *f*. '**vehement** *a* véhément; violent. '**vehemently** *adv* avec véhémence; violemment.

vehicle ['viːikl] *n* véhicule *m*; *Aut*: **commercial v.,** véhicule utilitaire; **heavy goods v.,** poids lourd. **vehicular** [vi'hikjulər] *a Adm*: **v. traffic,** circulation des voitures.

veil [veil] **1.** *n* voile *m* (de religieuse, de mariée); (*on hat*) voilette *f*; *Ecc*: **to take the v.,** prendre le voile; *Fig*: **to draw a v. over sth,** jeter un voile sur qch **2.** *vtr* voiler; cacher, dissimuler (ses sentiments). '**veiled** *a* voilé; caché, dissimulé; **in thinly v. terms,** en termes à peine voilés.

vein [vein] *n* **1.** *Anat*: veine *f* **2.** *Bot*: *Ent*: nervure *f* (de feuille, d'aile) **3.** *Min*: veine, filon *m* **4.** (*in wood, marble*) veine **5.** *Fig*: (*mood*) esprit *m*; **in melancholy v.,** d'humeur mélancolique; **the poetic v.,** la veine poétique. '**veined** *a* **1.** veiné, à veines **2.** *Bot*: *Ent*: nervuré. **venous** ['viːnəs] *a* (sang, système) veineux.

veldt [velt] *n* veld(t) *m*.

vellum ['veləm] *n* vélin *m*.

velocity [vi'lɔsiti] *n* vélocité *f*.

velour(s) [və'luər] *n Tex:* velours *m* de laine.

velvet ['velvit] *n* velours *m*; **v. coat,** habit de velours; *Fig:* **to be on v.,** jouer sur le, du, velours. **vel-ve'teen** *n* velours de coton. **'velvety** *a* velouté.

venal ['vi:n(ə)l] *a* vénal; mercenaire. **ve'nality** *n* vénalité *f*.

vend [vend] *vtr* (*a*) *Jur:* vendre (*b*) vendre (des journaux, des choses de peu de valeur). **'vending** *n* vente *f*; **v. machine,** distributeur *m* automatique. **'vendor** *n Jur:* vendeur, -euse; **street v.,** marchand, -ande, des quatre saisons; marchand ambulant.

vendetta [ven'detə] *n* vendetta *f*.

veneer [və'niər] **1.** *n* (*a*) placage *m*, revêtement *m* (de bois mince) (*b*) bois *m* de placage (*c*) *Fig:* masque *m*; apparence extérieure; vernis *m* (de connaissances, de politesse) **2.** *vtr* plaquer (le bois).

venerate ['venəreit] *vtr* vénérer. **'venerable** *a* vénérable. **vene'ration** *n* vénération *f* **(for,** pour); **to hold s.o. in v.,** avoir de la vénération pour qn.

venereal [vi'niəriəl] *a Med:* **v. disease,** maladie vénérienne.

Venetian [vi'ni:ʃ(ə)n] *a & n Geog:* vénitien, -ienne; **V. blind,** store vénitien; **V. glass,** verre de Venise.

Venezuela [vene'zweilə] *Prn Geog:* Vénézuéla *m*. **Vene'zuelan** *a & n* vénézuélien, -ienne.

vengeance ['vendʒəns] *n* vengeance *f*; **to take v. on s.o.,** se venger sur, de, qn; **to take v. for sth,** tirer vengeance, se venger, de qch; *F:* **with a v.,** furieusement; pour de bon; (travailler) d'arrache-pied.

venial ['vi:niəl] *a* (péché) véniel; (*of fault*) léger, pardonnable.

Venice ['venis] *Prn* Venise *f*.

venison ['venisn] *n* venaison *f*; **haunch of v.,** quartier de chevreuil.

venom ['venəm] *n* venin *m*. **'venomous** *a* **1.** (*of animal*) venimeux; (*of plant, mushroom*) vénéneux **2.** (*of criticism*) venimeux; **v. tongue,** langue de vipère; mauvaise langue. **'venomously** *adv* d'une manière venimeuse; méchamment.

vent[1] [vent] **1.** *n* (*a*) orifice *m*; évent *m*; cheminée *f* (volcanique); trou *m* (de flûte); **(air) v.,** bouche *f* d'aération (*b*) **to give v. to one's anger,** donner libre cours à sa colère **2.** *vtr* **to v. one's anger on s.o.,** décharger sa colère sur qn.

vent[2] *n Cl:* fente *f* (dans la basque d'un veston).

ventilate ['ventileit] *vtr* **1.** aérer (une chambre); ventiler (un tunnel) **2.** discuter ouvertement, mettre au grand jour (une question). **venti'lation** *n* **1.** aération *f*, aérage *m*, ventilation *f*; *Min:* **v. shaft,** puits *m* d'aérage **2.** mise *f* en discussion publique (d'une question). **'ventilator** *n* ventilateur *m*; soupirail *m* (d'une cave); (*over door*) vasistas *m*; *Aut:* volet *m* d'aération; (*window*) déflecteur *m*.

ventricle ['ventrikl] *n* ventricule *m* (du cœur).

ventriloquist [ven'triləkwist] *n* ventriloque *mf*. **ven'triloquism** *n* ventriloquie *f*.

venture ['ventʃər] **I.** *n* **1.** entreprise (risquée, hasardeuse); **my v. into,** mon incursion *f* dans **2.** *Com:* entreprise (commerciale); **joint v.,** affaire *f* en participation. **II.** *v* **1.** *vtr* (*a*) oser (faire qch); se risquer à (faire qch) (*b*) hasarder (une conjecture) (*c*) hasarder (sa fortune); risquer (sa vie) **2.** *vi* (*a*) **to v. on (doing) sth,** se risquer à faire qch (*b*) **to v. into an unknown country,** s'aventurer en pays inconnu; **to v. out (of doors),** se risquer à, oser, sortir; **to v. too far,** aller trop loin. **'venturesome** *a* **1.** (*of pers*) aventureux, entreprenant **2.** (*of action*) risqué, hasardeux.

venue ['venju:] *n* lieu *m* de rencontre, de rendez-vous; **the v. of the concert is...,** le concert aura lieu à...

Venus ['vi:nəs] *Prnf* Vénus.

veracious [və'reiʃəs] *a* véridique. **ve'raciously** *adv* véridiquement; avec véracité. **ve'racity** *n* véracité *f*.

veranda(h) [və'rændə] *n* véranda *f*.

verb [və:b] *n* verbe *m*. **'verbal** *a* (*a*) verbal; oral; (entente, offre) verbale; (mémoire) auditive (*b*) (traduction) littérale. **'verbalize** *vtr* rendre (une idée) par des mots; s'exprimer verbalement. **'verbally** *adv* verbalement; de vive voix. **ver'batim** *a & adv* mot pour mot; (rapport) textuel.

verbena [və(:)'bi:nə] *n Bot:* verveine *f*.

verbiage ['və(:)biidʒ] *n* verbiage *m*. **verbose** [-'bous] *a* verbeux; diffus, prolixe. **ver'bosely** *adv* avec verbosité. **verbosity** [-'bɔsiti] *n* verbosité *f*, prolixité *f*.

verdict ['və:dikt] *n* **1.** *Jur:* verdict *m*; **to bring in a v. of guilty, not guilty,** prononcer, rendre, un verdict de culpabilité, de non-culpabilité **2.** jugement *m*, décision *f*; **to give one's v. (on, about),** se prononcer (sur).

verdigris ['və:digris] *n* vert-de-gris *m inv*.

verge [və:dʒ] **1.** *n* (*a*) bord *m* (d'un fleuve); orée *f* (d'une forêt); bordure *f* (de gazon); accotement *m*, bord (d'une route); *Aut: PN:* **soft v.,** accotement non stabilisé (*b*) **on the v. of ruin, of tears,** au bord de la ruine, des larmes; **on the v. of a discovery,** à la veille d'une découverte; **on the v. of doing,** sur le point de faire **2.** *vi* **to v. on,** friser, frôler; (*of colour*) tirer sur; **courage verging on foolhardiness,** courage qui confine à, frise, la témérité; **he's verging on forty,** il frise la quarantaine.

verger ['və:dʒər] *n Ecc:* bedeau *m*.

verify ['verifai] *vtr* **(verified) 1.** confirmer (un fait, des soupçons) **2.** vérifier, contrôler (des renseignements, des comptes). **veri'fiable** *a* vérifiable. **verifica'tion** [-fi'keiʃ(ə)n] *n* vérification *f*, contrôle *m*.

verisimilitude [verisi'militju:d] *n* vraisemblance *f*.

veritable ['veritəbl] *a* véritable.

vermicelli [və:mi'tʃeli] *n* vermicelle *m*.

vermilion [və:'miljən] **1.** *n* vermillon *m* **2.** *a* (de) vermillon; vermeil.

vermin ['və:min] *n* **1.** (*body parasites; Pej: people*) vermine *f* **2.** (*animals*) animaux *mpl* nuisibles. **'vermifuge** *a & n* vermifuge (*m*). **'verminous** *a* couvert, grouillant, de vermine.

vermouth ['və:məθ] *n* vermouth *m*.

vernacular [və'nækjulər] **1.** *a* vernaculaire **2.** *n* langue *f* vernaculaire, dialecte *m*.

verruca [ve'ru:kə] *n* (*pl* **verrucae**) verrue *f* plantaire.

versatile ['və:sətail, *NAm:* 'və:sətəl] *a* aux talents variés; (objet, outil) polyvalent; (esprit) souple; **he's v.,** il a des talents variés, il est polyvalent. **versa'tility** *n* souplesse *f*, universalité *f* (d'esprit); adaptabilité *f*; **her v.,** la variété de ses talents.

verse [vəːs] *n* (*a*) vers *m* (de poésie) (*b*) couplet *m* (d'une chanson); strophe *f* (d'un poème) (*c*) verset *m* (de la Bible) (*d*) *coll* vers *mpl*; **in v.**, en vers; **free v.**, vers libres. **versifi'cation** *n* versification *f*. **'versify** *vtr & i* (**versified**) versifier; écrire des vers; mettre (qch) en vers.

versed [vəːst] *a* versé (**in**, dans).

version ['vəːʃ(ə)n] *n* **1.** version *f*, traduction *f* **2.** version (des faits); interprétation *f* (d'un fait); **according to his v.**, selon son dire; d'après lui **3.** modèle *m*; **military v. of an aircraft**, version militaire d'un avion.

versus ['vəːsəs] *Lt prep Jur: Sp:* contre; **Martin v. Thomas**, Martin contre Thomas.

vertebra ['vəːtibrə] *n* (*pl* **vertebrae**) vertèbre *f*. **'vertebral** *a* vertébral. **'vertebrate** *a & n* vertébré (*m*).

vertex ['vəːteks] *n* (*pl* **vertices**) *Anat:* vertex *m*; *Mth:* sommet *m* (d'une courbe).

vertical ['vəːtik(ə)l] **1.** *a* vertical; (falaise) à pic **2.** *n* verticale *f*. **'vertically** *adv* verticalement.

vertigo ['vəːtigou] *n Med:* vertige *m*.

verve [vəːv] *n* fougue *f*, verve *f*, brio *m*.

very ['veri] **I.** *a* **1.** *Lit:* vrai, véritable **2.** (*a*) même; **you're the v. man I wanted to see**, vous êtes justement l'homme que je voulais voir; **come here this v. minute!** venez ici à l'instant! **at that v. moment**, à cet instant même; **this v. day**, aujourd'hui même; **a year ago to the v. day**, il y a un an jour pour jour; **these are his v. words**, ce sont là ses propres paroles (*b*) **at the v. beginning**, tout au commencement; **at the v. end**, tout à la fin; **to the v. end**, jusqu'au bout (*c*) **I shudder at the v. thought of it**, je frémis rien que d'y penser. **II.** *adv* **1.** très, fort, bien; **v. well**, très bien; **v. good**, (i) très bon (ii) très bien, fort bien; **you're not v. polite**, vous êtes peu poli; **it's v. kind of you**, c'est gentil de votre part; **it's not so v. difficult**, ce n'est pas tellement difficile; **so v. little**, si peu; **there's v. little of it**, il y en a très peu; **v. (v.) few**, très (très) peu; **v. much**, beaucoup; **I was v. (much) surprised**, j'en ai été très surpris **2.** (*emphatic*) **the v. first, last**, le tout premier, dernier; **the v. best**, tout ce qu'il y a de meilleur, de mieux; **the v. best of friends**, le meilleur ami du monde; **the v. next day**, dès le lendemain; **at the v. most, least**, tout au plus, au moins; **at the v. latest**, au plus tard; **the v. same**, absolument, exactement, le même; **for your v. own**, pour vous seul.

vespers ['vespəz] *npl Ecc:* vêpres *fpl*.

vessel ['vesl] *n* **1.** récipient *m* **2.** *Nau:* vaisseau *m* **3.** *Anat: Bot:* vaisseau; **blood v.**, vaisseau sanguin.

vest¹ [vest] *n* **1.** *NAm:* (*waistcoat*) gilet *m* **2.** (*for man*) maillot *m*, chemise *f*, de corps; (*for woman*) chemise (américaine); *FrC:* camisole *f*; *Sp:* maillot.

vest² *vtr* **to v. s.o. with authority**, investir qn de l'autorité nécessaire; **authority vested in the people**, l'autorité dont jouit le peuple; **right vested in the Crown**, droit dévolu à la Couronne. **'vested** *a* **v. interests**, droits acquis; **to have a v. interest in a firm**, avoir des capitaux investis dans une entreprise; *Fig:* **she's got a v. interest in**, elle est directment intéressée dans.

vestibule ['vestibjuːl] *n* vestibule *m*.

vestige ['vestidʒ] *n* vestige *m*, trace *f*; **not a v. of common sense**, pas la moindre trace, pas un grain, de bon sens.

vestment ['vestmənt] *n* vêtement *m*; **(church) vestments**, vêtements sacerdotaux. **'vestry** *n* sacristie *f*.

Vesuvius [vi's(j)uːviəs] *Prn Geog:* Vésuve *m*.

vet [vet] **1.** *n* vétérinaire *mf* **2.** *vtr* (**vetted**) (*a*) examiner (qn, une bête) (*b*) revoir, corriger (l'œuvre de qn) (*c*) *Adm:* examiner de près (un document); effectuer un contrôle de sécurité sur (un candidat). **veteri'narian** *n NAm:* vétérinaire *mf*. **'veterinary** *a* vétérinaire; **v. surgeon**, vétérinaire *mf*. **'vetting** *n* examen (médical); contrôle *m* de sécurité (sur un candidat).

vetch [vetʃ] *n Bot:* vesce *f*.

veteran ['vetərən] **1.** *n* vétéran *m*; **(war) v.**, ancien combattant **2.** *a* de vétéran; ancien; de toujours; **he's a v. golfer**, il joue au golf depuis toujours; **v. car**, (i) (*in Eng*) ancêtre *m* (vieille voiture d'avant 1905) (ii) (*international categories*) vétéran *m* (1905–1918).

veto ['viːtou] **1.** *n* (*pl* **vetoes**) veto *m inv*; **to have a v., the right of v.**, avoir le droit de veto **2.** *vtr* mettre, opposer, son veto à (qch).

vex [veks] *vtr* contrarier, fâcher. **vex'ation** *n* (*a*) contrariété *f*, ennui *m* (*b*) dépit *m*. **vex'atious, 'vexing** *a* fâcheux, ennuyeux, contrariant; vexant. **vexed** *a* vexé, contrarié; **v. at sth**, vexé, fâché, de qch; **v. with s.o.**, fâché contre qn; **to be v. with oneself**, s'en vouloir; **v. question**, question souvent controversée.

VHF *abbr very high frequency*, très haute fréquence, THF.

via ['vaiə] *prep* via, par; **to travel v. Calais**, passer par Calais.

viable ['vaiəbl] *a* viable. **via'bility** *n* viabilité *f* (d'une entreprise).

viaduct ['vaiədʌkt] *n* viaduc *m*.

vibrate [vai'breit] **1.** *vi* vibrer; trépider **2.** *vtr* faire vibrer. **vibes** *npl F:* vibrations *fpl*; **the v. are good**, ça marche; ça gaze. **'vibrant** *a* vibrant. **vi'brating** *a* vibrant; (mouvement) vibratoire. **vi'bration** *n* vibration *f*. **vi'brator** *n* (*for massage*) vibromasseur *m*.

viburnum [vai'bəːnəm] *n Bot:* viorne *f*.

vicar ['vikər] *n Ch of Eng:* pasteur *m*; *RCCh:* = curé *m*. **'vicarage** *n Ch of Eng:* presbytère *m*; cure *f*.

vicarious [vi'keəriəs] *a* (*of emotion*) ressenti indirectement; **v. punishment**, châtiment souffert (i) par un autre (ii) pour un autre; **v. pleasure**, plaisir donné par le plaisir d'un autre. **vi'cariously** *adv* indirectement.

vice¹ [vais] *n* **1.** vice *m*; *Adm:* **v. squad**, brigade *f* des mœurs **2.** défaut *m* **3.** vice (d'un cheval).

vice², *NAm:* **vise** [vais] *n Tls:* étau *m*; **bench v.**, étau d'établi.

vice³ ['vaisi] *prep* à la place de (qn); **Mr Martin v. Mr Thomas**, M. Martin qui succède à M. Thomas, démissionnaire.

vice- [vais] *pref* vice-. **vice-'admiral** *n* vice-amiral *m*. **vice-'chairman** *n* vice-président *m*. **vice-'chairmanship** *n* vice-présidence *f*. **vice-'chancellor** *n* **1.** vice-chancelier *m* **2.** président *m* (d'une université). **vice-'consul** *n* vice-consul *m.* **vice-'marshal** *n* **air v.-m.**, général *m* de division aérienne. **vice-'presidency** *n* vice-présidence *f.* **vice-'president** *n* vice-président *m.* **'viceroy** *n* vice-roi *m.*

vice versa [vais(i)'vəːsə] *adv phr* vice versa.

vicinity [vi'siniti] *n* environs *mpl*; voisinage *m*, proximité *f*; abords *mpl*, alentours *mpl* (d'un lieu); **in the v.**, dans le voisinage; **in the v. of**, aux environs de.

vicious ['viʃəs] *a* **1.** vicieux **2.** (*a*) méchant, haineux; **v. criticism**, critique méchante (*b*) brutal, violent (*c*) **it's a v. circle**, c'est un cercle vicieux (*d*) (*of animal*) vicieux. **'viciously** *adv* **1.** vicieusement **2.** méchamment; brutalement. **'viciousness** *n* **1.** nature vicieuse; vice *m* **2.** méchanceté *f*; brutalité *f.*

vicissitudes [vi'sisitjuːdz] *npl* vicissitudes *fpl.*

victim ['viktim] *n* victime *f*; **to be the v. of**, être victime de; **to fall a v. to s.o.'s charm**, succomber au charme de qn; **v. of an accident**, accidenté, -ée. **victimi'zation** *n* persécution *f*; (*after strike*) **no v.!** pas de représailles! **'victimize** *vtr* persécuter (qn).

Vic'torian [vik'tɔːriən] *a & n* victorien, -ienne. **Victori'ana** *npl* antiquités *fpl* de l'ère victorienne.

victory ['viktəri] *n* victoire *f*; **to win a narrow v.**, l'emporter de justesse, d'une courte tête. **'victor** *n* vainqueur *m.* **vic'torious** *a* victorieux; **to be v.**, être victorieux (**in**, à); vaincre qn. **vic'toriously** *adv* victorieusement; en vainqueur.

victuals ['vitlz] *npl* vivres *mpl*; victuailles *fpl.*

video ['vidiou] **1.** *a* vidéo *inv* **2.** *n* **v. (cassette)**, vidéocassette *f*; **v. (recorder)**, **v. cassette recorder**, magnétoscope *m*; **on v.**, sur cassette; **to make a v. of**, faire une cassette de **3.** *vtr* magnétoscoper **'videodisc** *n* vidéodisque *m.* **video'frequency** *n* vidéofréquence *f.* **'videophone** *n* vidéophone *m.* **'videotape 1.** *n* bande *f* vidéo **2.** *vtr* magnétoscoper.

vie [vai] *vi* **(vied, vying) to v. with s.o.**, rivaliser avec qn.

Vienna [vi'enə] *Prn Geog:* Vienne *f.* **Vie'nnese** *a & n* viennois, -oise.

Vietnam [vjet'næm, *NAm:* -'nɑːm] *Prn Geog:* Vietnam *m*, Viêt-nam *m.* **Vietna'mese** *a & n* vietnamien, -ienne.

view [vjuː] **I.** *n* **1.** vue *f*; regard *m*; coup *m* d'œil; **I should like a closer v. of it**, je voudrais l'examiner de plus près; **the collection is on v.**, la collection est exposée; **private v.**, vernissage *m* (d'une exposition de peinture) **2. in v.**, en vue; **in full v. of the crowd**, sous les regards de la foule; **we were in v. of land**, nous étions en vue de la terre; **to come into v.**, apparaître; (*of telescope*) **field of v.**, champ de vision; **angle of v.**, angle de champ *m* **3.** (*prospect*) vue, perspective *f*, panorama *m*; **front v. of the hotel**, l'hôtel vu de face; **you'll get a better v. from here**, vous verrez mieux d'ici; **views of Paris**, vues de Paris; **point of v.**, point de vue; **to keep sth in v.**, ne pas perdre qch de vue **4.** manière *f* de voir; opinion *f*; **to express a v.**, exprimer une opinion; **to take the right v. of sth**, voir juste; **to hold extreme views**, avoir des idées extrémistes; **in my v.**, à mon avis *m*; **to share s.o.'s views**, partager les sentiments de qn **5. in v. of**, étant donné (que), vu (que); **in v. of his being late**, étant donné qu'il était en retard; **in v. of the distance**, vu l'éloignement; **in v. of what happened**, en raison de ce qui est arrivé **6.** vue, intention *f*; **to fall in with s.o.'s views**, entrer dans les vues de qn; **will this meet your views?** cela vous conviendra-t-il? **to have sth in v.**, avoir qch en vue; méditer (un voyage); **whom have you in v.?** à qui pensez-vous? vous avez un candidat (à proposer)? **with this in v.**, à cette fin; **with a v. to doing sth**, afin de faire qch. **II.** *v* **1.** *vtr* (*a*) regarder (qn, qch); examiner (qn, qch); visiter (une maison à vendre); visionner (un film) (*b*) considérer; **I don't v. the thing in that light**, je n'envisage pas la chose ainsi **2.** *vi TV:* regarder la télévision. **'viewer** *n* **1.** spectateur, -trice; *TV:* téléspectateur, -trice **2.** *Phot:* (*for slides*) visionneuse *f.* **'viewfinder** *n Phot:* viseur *m.* **'viewpoint** *n* point *m* de vue.

vigil ['vidʒil] *n* veille *f*; veillée *f* (d'un malade, d'un mort).

vigilance ['vidʒiləns] *n* vigilance *f.* **'vigilant** *a* vigilant, éveillé, alerte. **'vigilantly** *adv* avec vigilance.

vigour, *NAm:* **vigor** ['vigər] *n* vigueur *f*, énergie *f.* **'vigorous** *a* vigoureux, robuste. **'vigorously** *adv* vigoureusement, avec énergie.

vile [vail] *a* **1.** vil, bas, infâme **2.** abominable, exécrable; **v. weather**, sale temps; **v. temper**, humeur massacrante, exécrable. **'vilely** *adv* **1.** vilement; bassement **2.** abominablement. **'vileness** *n* **1.** bassesse *f*, caractère *m* ignoble (de qn, d'un sentiment) **2. the v. of the weather**, le temps abominable.

vilify ['vilifai] *vtr* **(vilified)** diffamer (qn). **vilification** [-fi'keiʃ(ə)n] *n* diffamation *f.*

villa ['vilə] *n* (*a*) villa *f* (*b*) pavillon *m* de banlieue (*c*) grande maison de campagne.

village ['vilidʒ] *n* village *m*; **at the v. grocer's**, chez l'épicier du village; **v. green**, pré communal; **v. inn**, auberge de campagne. **'villager** *n* villageois, -oise.

villain ['vilən] *n* scélérat, -ate; *F:* **you little v.!** oh, le vilain! la vilaine! petit garnement! (*in story, play*) **the v.**, le traître. **'villainous** *a* **1.** vil, infâme. **2.** *F:* **v. weather**, sale temps. **'villainously** *adv* **1.** d'une manière infâme **2.** *F:* exécrablement, abominablement. **'villainy** *n* (*pl* **-ainies**) infamie *f.*

vim [vim] *n F:* vigueur *f*, énergie *f*, entrain *m.*

vindicate ['vindikeit] *vtr* défendre, soutenir (qn); justifier (qn, sa conduite); prouver, maintenir (son dire); **to v. one's rights**, revendiquer ses droits. **vindi'cation** *n* défense *f*, justification *f*; **in v. of sth**, pour justifier qch.

vindictive [vin'diktiv] *a* vindicatif; rancunier. **vin'dictively** *adv* par rancune; par esprit de vengeance. **vin'dictiveness** *n* esprit *m* de vengeance; esprit rancunier.

vine [vain] *n* (*a*) vigne *f*; **v. grower**, viticulteur *m*; vigneron *m*; **v. growing**, viticulture *f*; **v.-growing district, industry**, pays, industrie, vinicole, viticole (*b*) *NAm:* plante grimpante. **'vineleaf** *n* feuille *f* de vigne. **'vinestock** *n* cep *m* de vigne. **vineyard** ['vinjəd] *n* vignoble *m.*

vinegar ['vinigər] *n* vinaigre *m*; **cider, wine v.**, vinaigre de cidre, de vin.

vino ['viːnou] *n F:* vin *m* ordinaire.

vintage ['vintidʒ] *n* **1.** vendanges *fpl*; récolte *f* du raisin **2.** année *f* (de belle récolte); **of the 1973 v.**, de l'année 1973; **v. wine,** vin de grand cru, grand cru; **guaranteed v.**, appellation contrôlée; **v. year,** année de bon vin **3. v. car,** voiture *f* d'époque; **v. film,** film *m* classique; **v. Shaw,** du meilleur Shaw. **'vintner** *n* négociant *m* en vins.

vinyl ['vainil] *n Ch:* vinyle *m*.

viola¹ [vi'oulə] *n Mus:* **1.** alto *m*; **v. (player),** altiste *mf* **2. v. da gamba,** viole *f* de gambe.

viola² ['vaiələ] *n Bot:* pensée *f*.

violate ['vaiəleit] *vtr* violer; manquer à (une règle); enfreindre (la loi). **vio'lation** *n* violation *f*; infraction *f* (à un ordre); **v. of s.o.'s privacy,** intrusion *f* auprès de, chez, qn.

violence ['vaiələns] *n* **1.** violence *f*; intensité *f* (du vent); **to use v.**, user de violence; **to do v. to one's feelings,** se faire violence **2.** *Jur:* **robbery with v.**, vol avec agression; **acts of v.**, voies *f* de fait. **'violent** *a* **1.** violent; *Aut:* **v. braking,** freinage brutal; **to become v.**, s'emporter; **to die a v. death,** mourir de mort violente **2.** (*a*) violent, aigu, fort; **v. dislike,** vive aversion; **in a v. hurry,** extrêmement pressé; **v. cold,** gros rhume (*b*) **v. colour,** couleur criarde, éclatante. **'violently** *adv* **1.** violemment; avec violence **2.** vivement; extrêmement; **to be v. sick,** vomir; **to fall v. in love with s.o.**, tomber follement amoureux, -euse, de qn.

violet ['vaiələt] **1.** *n Bot:* violette *f* **2.** *a & n* (*colour*) violet (*m*).

violin [vaiə'lin] *n* violon *m*; **v. concerto,** concerto *m* pour violon. **vio'linist** *n* violoniste *mf*.

VIP [vi:ai'pi:] *abbr very important person,* personnage *m* de marque.

viper ['vaipər] *n* vipère *f*.

virgin ['və:dʒin] **1.** *n* vierge *f*; **to be a v.**, être vierge; **the Blessed V.**, la Sainte Vierge **2.** *a* vierge; **v. oil,** huile vierge; **v. snow,** neige vierge; **v. forest,** forêt vierge. **'virginal** *a* virginal. **vir'ginity** *n* virginité *f*.

Virginia [və:'dʒiniə] *Prn Geog:* Virginie *f*; *Bot:* **V. creeper,** vigne *f* vierge; **V. (tobacco),** tabac *m* de Virginie; virginie *f*.

Virgo ['və:gou] *Prn Astr:* la Vierge.

virile ['virail, *NAm:* 'virəl] *a* viril, mâle. **vi'rility** *n* virilité *f*.

virtual ['və:tjuəl] *a* en fait; **he's the v. head of the business,** c'est lui le vrai chef de la maison; **this was a v. confession,** en fait, c'était un aveu. **'virtually** *adv* en fait; pratiquement; **I'm v. certain of it,** j'en ai la quasi-certitude; j'en suis pratiquement certain.

virtue ['və:tju:] *n* **1.** vertu *f*; **to make a v. of necessity,** faire de nécessité vertu **2.** qualité *f*, mérite *m*; avantage *m*; **he has many virtues,** il a beaucoup de qualités; **the great v. of the scheme,** le grand avantage du projet; (*of plants*) **healing virtues,** propriétés curatives **3.** *prep phr* **by, in, v. of,** en vertu de; en raison de. **'virtuous** *a* vertueux. **'virtuously** *adv* vertueusement.

virtuoso [və:tju'ouzou] *n* (*pl* **virtuosi**) *Mus:* virtuose *mf*. **virtu'osity** *n* virtuosité *f*.

virulence ['virjuləns] *n* virulence *f*. **'virulent** *a* virulent. **'virulently** *adv* avec virulence.

virus ['vaiərəs] *n* (*pl* **viruses**) *Med:* virus *m*. **'viral** *a* viral.

visa ['vi:zə] **1.** *n* (*on passport, document*) visa *m* **2.** *vtr* (**visaed** ['vi:zəd]) viser; apposer un visa à (un passeport).

vis-à-vis ['vi:zɑ:'vi:] **1.** *n* vis-à-vis *m* **2.** *prep* (*a*) vis-à-vis de (*b*) par rapport à.

viscera ['visərə] *npl* viscères *mpl*. **'visceral** *a* viscéral.

viscosity [vis'kɔsiti] *n* viscosité *f*. **'viscous** *a* visqueux.

viscount ['vaikaunt] *n* vicomte *m*. **'viscountess** *n* vicomtesse *f*.

vise [vais] *n NAm: Tls:* étau *m*.

visible ['vizibl] *a* visible; **to become v.**, apparaître; **with v. satisfaction,** avec une satisfaction évidente; **v. to the naked eye,** visible à l'œil nu. **visi'bility** *n* visibilité *f*; **good, bad, v.**, bonne, mauvaise, visibilité. **'visibly** *adv* visiblement, manifestement; (grandir) à vue d'œil.

vision ['viʒ(ə)n] *n* **1.** (*a*) vision *f*, vue *f*; **field of v.**, champ visuel (*b*) **man of v.**, homme qui voit loin **2.** (*a*) imagination *f*, vision; **visions of wealth,** visions de richesses (*b*) apparition *f*, fantôme *m*; **to see visions,** avoir des visions. **'visionary** *a & n* visionnaire (*mf*).

visit ['vizit] **1.** *n* (*a*) (**social**) **v.**, visite *f*; **to pay s.o. a v.**, faire une visite à qn; *F:* **to pay a v.**, aller faire pipi (*b*) visite, séjour *m*; **to be on a v. to,** *NAm:* **with, friends,** être en visite chez des amis (*c*) (*tour*) visite, tournée *f*; *Ecc:* **pastoral v.**, visite pastorale; **private, official v.**, visite privée, officielle **2.** (*a*) *vtr* rendre visite à (qn); aller voir (qn, qch); visiter (un malade, un endroit) (*stay with*) faire un séjour chez (qn); (*of official*) visiter, inspecter (*b*) *vi* être en visite (*NAm:* **with,** chez). **visi'tation** *n* (*official*) visite d'inspection; (*by bishop*) visite pastorale. **'visiting** **1.** *a* en visite; *Sp:* **v. team,** les visiteurs *m*; **v. professor,** professeur invité; *NAm:* **v. nurse** (*Br* = **district nurse**) infirmière visiteuse **2.** *n* visites *fpl*; **they are not on v. terms,** ils ne se voient pas; (*at hospital*) **v. hours,** heures de visite; **v. card,** carte *f* de visite. **'visitor** *n* (*a*) visiteur, -euse; invité, -ée; (*in hotel*) client, -ente; **visitors' book,** registre *m* des voyageurs; livre *m* d'or; **she's got visitors,** elle a du monde (*b*) **health v.**, infirmière visiteuse.

visor ['vaizər] *n* (*a*) visière *f* (de casque, de casquette) (*b*) **sun v.**, pare-soleil *m inv*.

vista ['vistə] *n* **1.** vue *f* **2. to open up new vistas,** ouvrir de nouvelles perspectives.

visual ['vizju(ə)l] *a* visuel; **v. aid,** support visuel; **v. memory,** mémoire visuelle. **'visualize** *vtr* se représenter; évoquer l'image de; envisager; **I can't v. it,** je n'arrive pas à me le représenter. **'visually** *adv* visuellement.

vital ['vait(ə)l] *a* **1.** vital; essentiel à la vie **2.** essentiel; capital; **question of v. importance,** question d'importance capitale; **it is v. that,** il est indispensable, essentiel, que **3. v. error,** erreur fatale **4.** (*of pers*) plein d'entrain **5. v. statistics,** (i) statistiques *f* démographiques (ii) *F:* mensurations *f* (d'une femme). **vi'tality** *n* vitalité *f*, vigueur *f*; **she's bubbling over with v.**, elle déborde de vie. **'vitally** *adv* extrêmement.

vitamin ['vitəmin, *NAm:* 'vait-] *n* vitamine *f*; **v. deficiency,** carence *f* vitaminique; avitaminose *f*; **with added vitamins,** vitaminé.

vitiate ['viʃieit] *vtr* vicier.

vitreous ['vitriəs] *a* (*a*) vitreux (*b*) *Anat:* **v. body,** corps vitré (de l'œil). **'vitrify** *vtr & i* (**vitrified**) (se) vitrifier.

vitriol ['vitriəl] *n* vitriol *m*. **vitri'olic** *a* (attaque, discours, etc) au vitriol.

vituperation [vitju:pə'reiʃ(ə)n] *n* injures *fpl*, insultes *fpl*, invectives *fpl*. **vi'tuperate 1.** *vtr* injurier **2.** *vi* vitupérer, déblatérer (contre qn, qch).

viva ['vaivə] *n Sch: F: abbr viva voce,* examen oral, oral *m*.

vivacious [vi'veiʃəs] *a* vif, animé, plein d'entrain. **vi'vaciously** *adv* avec enjouement; avec entrain; avec verve. **vi'vacity** *n* vivacité *f*; verve *f*, entrain *m*.

vivid ['vivid] *a* **1.** vif, éclatant; **v. flash of lightning,** éclair aveuglant **2. v. imagination,** imagination vive; **v. description,** description vivante; **v. recollection,** souvenir très net. **'vividly** *adv* **1.** vivement; avec éclat **2.** (décrire qch) de façon vivante; **to remember sth v.,** avoir un vif souvenir de qch. **'vividness** *n* **1.** vivacité *f*, éclat *m* (des couleurs) **2.** vigueur *f*, pittoresque *m* (du style).

viviparous [vi'vipərəs] *a Z:* vivipare.

vivisection [vivi'sekʃ(ə)n] *n* vivisection *f*.

vixen ['viksn] *n* **1.** *Z:* renarde *f* **2.** (*woman*) mégère *f*.

viz [viz] *adv* à savoir; c'est-à-dire.

vizier [vi'ziər] *n Hist:* vizir *m*.

vocabulary [və'kæbjuləri] *n* (*a*) vocabulaire *m* (*b*) lexique *m*.

vocal ['vouk(ə)l] *a* (*a*) vocal; **v. score,** partition *f* de chant; *Anat:* **v. cords,** cordes vocales (*b*) (*outspoken, critical, etc*) qui se fait entendre. **'vocalist** *n* chanteur, -euse. **'vocalize 1.** *vtr Ling:* vocaliser **2.** *vi Mus:* faire des vocalises. **'vocally** *adv* vocalement; oralement.

vocation [və'keiʃ(ə)n] *n* vocation *f*. **vo'cational** *a* **v. training,** enseignement professionnel; **v. guidance,** orientation professionnelle.

vocative ['vɔkətiv] *a & n* vocatif (*m*).

vociferate [və'sifəreit] *vi & tr* vociférer, crier (**against,** contre). **vocife'ration** *n* vociférations *fpl*, cris *mpl*. **vo'ciferous** *a* bruyant, criard. **vo'ciferously** *adv* bruyamment; en vociférant.

vodka ['vɔdkə] *n* vodka *f*.

vogue [voug] *n* vogue *f*; **in v.,** en vogue; **the v. for miniskirts,** la mode des minijupes.

voice [vɔis] **1.** *n* (*a*) voix *f*; **to raise one's v.,** hausser la voix; **to lose one's v.,** avoir une extinction de voix; **in a low v.,** à voix basse; à demi-voix; **in a loud v.,** à voix haute; **at the top of his v.,** à tue-tête; **v. test,** audition *f*; (*of singer*) **in (good) v.,** en voix; **he likes the sound of his own v.,** il aime à s'entendre parler (*b*) voix, suffrage *m*; **we have no v. in the matter,** nous n'avons pas voix au chapitre **2.** *vtr* formuler, exprimer (une opinion); *Ling:* voiser (une consonne). **voice-'activated** *a* (*of machine*) à commande vocale. **'voiceless** *a* sans voix; muet.

void [vɔid] **1.** *a* (*a*) vide (*b*) (*of office*) vacant, inoccupé (*c*) *Jur:* nul; **null and v.,** nul et de nul effet, nul et non avenu (*d*) dépourvu, dénué (**of,** de); **v. of sense,** (projet) dénué de sens **2.** *n* vide *m*; **to fill the v.,** combler le vide.

volatile ['vɔlətail, *NAm:* 'vɔlətl] *a* **1.** *Ch:* volatil **2.** (*of pers*) volatile, changeant; (*of situation*) explosif. **vo'latilize 1.** *vtr Ch:* volatiliser **2.** *vi* se volatiliser.

volcano [vɔl'keinou] *n* (*pl* **volcanoes**) volcan *m*; **active, dormant, extinct, v.,** volcan actif, dormant, éteint. **vol'canic** *a* volcanique.

vole [voul] *n Z:* **(field) v.,** campagnol *m* (des champs); **water v.,** rat *m* d'eau.

volition [və'liʃ(ə)n] *n* volonté *f*; **of one's own v.,** (faire qch) de son propre gré.

volley ['vɔli] **1.** *n* (*a*) volée *f* (de coups); salve *f* (de coups de feu); grêle *f* (de pierres) (*b*) bordée *f* (d'injures) (*c*) *Ten:* (balle prise de) volée **2.** (*a*) *vtr & i Ten:* **to v. (a return),** reprendre une balle de volée; **to half v. a ball,** prendre une balle à la demi-volée (*b*) *vi* (*of guns*) partir ensemble. **'volleyball** *n Sp:* volley(-ball) *m*; **v. player,** volleyeur, -euse.

volt [voult] *n El:* volt *m*. **'voltage** *n* voltage *m*.

voluble ['vɔljubl] *a* (*of speech*) facile, aisé; (*of pers*) **to be v.,** avoir la langue bien pendue; parler avec volubilité. **volu'bility** *n* volubilité *f*. **'volubly** *adv* avec volubilité.

volume ['vɔlju:m] *n* **1.** volume *m*, livre *m*; **v. one,** tome premier; **in two volumes,** (ouvrage) en deux volumes; *F:* **it speaks volumes for him,** cela en dit long en sa faveur **2.** *Ph:* volume; **v. of a reservoir,** cubage *m*, capacité *f*, d'un réservoir **3.** volume (d'un son); ampleur *f* (de la voix); **v. control,** bouton de réglage de volume. **vo'luminous** *a* volumineux.

volunteer [vɔlən'tiːər] **1.** *n* (*a*) *Mil:* volontaire *mf*; **v. army,** armée de volontaires (*b*) volontaire *mf* **2.** (*a*) *vtr* offrir (volontairement, spontanément) ses services; **to v. information,** donner spontanément des renseignements (*b*) *vi* s'offrir (pour une tâche); se proposer (pour qch); *Mil:* s'engager comme volontaire. **'voluntarily** *adv* volontairement, spontanément; bénévolement. **'voluntary** *a* (*a*) volontaire, spontané (*b*) **v. work,** travail *m* bénévole; **v. organization,** organisation *f* bénévole.

voluptuous [və'lʌptjuəs] *a* voluptueux, sensuel. **vo'luptuously** *adv* voluptueusement. **vo'luptuousness** *n* volupté *f*.

vomit ['vɔmit] **1.** *n* vomissure *f*; vomi *m* **2.** *vtr & i* vomir, rendre. **'vomiting** *n* vomissement *m*.

voracious [və'reiʃəs] *a* vorace; **v. appetite,** appétit vorace; **v. reader,** lecteur vorace. **vo'raciously** *adv* avec voracité. **vo'racity** *n* voracité *f*.

vortex ['vɔːteks] *n* (*pl* **vortices**) (*a*) tourbillonnement *m* (d'air); tourbillon *m* (de fumée) (*b*) (*whirlpool*) tourbillon.

votary ['voutəri] *n* fervent, -ente (**of,** de); dévot, -ote.

vote [vout] **I.** *n* **1.** (*a*) vote *m*, scrutin *m*; **to put a question to the v.,** mettre une question aux voix; **to take the v.,** procéder au scrutin; **to win votes,** gagner des voix; **to count the votes,** dépouiller le scrutin (*b*) **(individual) v.,** voix *f*, suffrage *m*; **to have a v.,** avoir le droit de vote; **to give one's v. to s.o.,** donner son vote à qn; **to record one's v.,** voter; **postal v.,** vote par correspondance **2. v. of censure, of no confidence,** motion *f* de censure; **v. of confidence,** vote de confiance; **to carry a v.,** adopter une résolution; **v. of thanks,** discours *m* de remerciement. **II.** *vi & tr* voter; **to v. for a candidate,** voter pour un candidat; **to v. communist,** voter communiste, voter pour les communistes; **to v. s.o. in,** élire qn; **v. for Martin!** votez Martin! **to v. a sum,** voter une somme; **to v.**

s.o., élire qn; **to v. by (a) show of hands,** voter à main levée; **to v. down,** repousser (une motion); *F:* **I v. we go,** je propose que nous y allions. **'voter** *n* électeur, -trice. **'voting** *n* vote *m* (**of,** de); (*polling*) scrutin *m*; **v. paper,** bulletin de vote.

votive ['voutiv] *a* votif; **v. offering,** ex-voto *m inv*.

vouch [vautʃ] *vi* **to v. for the truth of sth,** témoigner de, répondre de, la vérité de qch; **to v. for a fact,** garantir un fait; **to v. for s.o.,** répondre de qn; se porter garant de qn. **'voucher** *n Com:* fiche *f*; bon *m*; **gift v.,** bon d'achat; **luncheon v.,** chèque-repas *m*.

vow [vau] **1.** *n* vœu *m*, serment *m*; **monastic vows,** vœux monastiques; **to take one's vows,** prononcer ses vœux; **to make a v.,** faire un vœu; **to break a v.,** manquer à un vœu **2.** *vtr* jurer; **to v. obedience,** jurer obéissance; **to v. to do,** jurer, fare le vœu, de faire.

vowel ['vauəl] *n* voyelle *f*; **v. sound,** son vocalique.

voyage ['vɔiidʒ] **1.** *n* voyage *m* (par mer); **on the v. out, home,** à l'aller, au retour **2.** *vi* voyager par mer; naviguer. **'voyager** *n* voyageur, -euse, par mer; passager, -ère.

VSOP *abbr* (*of brandy*) *Very Special Old Pale*.

vulcanize ['vʌlkənaiz] *vtr* vulcaniser (le caoutchouc). **vulcani'zation** *n* vulcanisation *f*.

vulgar ['vʌlgər] *a* **1.** vulgaire, commun; **v. display of wealth,** gros luxe de mauvais goût; **v. expressions,** expressions vulgaires; **to make v. remarks,** dire des vulgarités *f* **2.** (*a*) vulgaire; commun; **v. error,** erreur très répandue (*b*) **the v. tongue,** la langue commune, la langue vulgaire (*c*) *Mth:* **v. fraction,** fraction ordinaire. **'vulgarism** *n* expression *f* vulgaire, vulgarisme *m*. **vul'garity** *n* vulgarité *f*, rossièreté *f*, trivialité *f*. **vulgari'zation** *n* vulgarisation *f*. **'vulgarize** *vtr* vulgariser. **'vulgarly** *adv* vulgairement, grossièrement; communément. **'Vulgate** *n* la Vulgate.

vulnerable ['vʌln(ə)rəbl] *a* vulnérable. **vulnera'bility** *n* vulnérabilité *f*.

vulture ['vʌltʃər] *n* vautour *m*.

vulva ['vʌlvə] *n Anat:* vulve *f*.

vying *see* **vie.**

W

W, w ['dʌblju:] *n* (la lettre) W, w *m*.

wacky ['wæki] *a* **(-ier, -iest)** *NAm: F:* farfelu.

wad [wɔd] **1.** *n* (*a*) tampon *m* (d'ouate); bouchon *m* (de paille) (*b*) liasse *f* (de billets de banque, de papiers) **2.** *vtr* **(wadded)** ouater (un vêtement); capitonner (un fauteuil). **'wadding** *n* bourre *f*; ouate *m*; rembourrage *m*.

waddle ['wɔdl] **1.** *n* dandinement *m* **2.** *vi* se dandiner; **to w. along,** marcher, avancer, en se dandinant.

wade [weid] *vi* marcher dans l'eau; **to w. across a stream,** passer un ruisseau à gué; **to w. in,** (i) entrer dans l'eau (ii) *Fig:* intervenir, s'interposer; **to w. through,** patauger dans (la boue); *Fig:* venir péniblement à bout de (courrier, etc); *Fig:* **to w. through a book,** avancer péniblement dans un livre. **'wader** *n* **1.** *Orn:* échassier *m* **2.** *pl* **waders,** bottes *fpl* d'égoutier, de pêcheur; (bottes) cuissardes *fpl*.

wafer ['weifər] *n Cu:* gaufrette *f*; *Ecc:* hostie *f*; **to cut sth w. thin,** couper qch en tranches très minces.

waffle¹ [wɔfl] *n Cu:* gaufre *f*; **w. iron,** gaufrier *m*.

waffle² *F:* **1.** *n* verbiage *m*, blabla *m* **2.** *vi* parler pour ne rien dire, blablater; **he just waffles on,** il parle sans arrêt et pour ne rien dire.

waft [wɔft] *vi* (*of smell, etc*) flotter.

wag [wæg] **I.** *n* (*a*) agitation *f*, frétillement *m* (de la queue); hochement *m* (de la tête); (*of dog*) **with a w. of his tail,** en remuant la queue (*b*) farceur, -euse. **II.** *v* **(wagged) 1.** *vtr* (*of dog*) agiter, remuer (la queue); **to w. one's finger at s.o.,** menacer qn du doigt **2.** *vi* remuer; **his tongue was beginning to w.,** sa langue se déliait; *Pej:* **tongues are wagging,** on en jase, les langues vont bon train; **that'll set people's tongues wagging,** cela va faire parler les gens. **'wagtail** *n Orn:* bergeronnette *f*, hochequeue *m*.

wage [weidʒ] **1.** *n* **wage(s),** salaire *m*, paie *f*; **w. packet,** (enveloppe de) paie; **living w.,** minimum vital; **to earn good wages,** être bien payé; toucher un bon salaire; **w. claim, demand,** revendication salariale; **w. earner,** *NAm:* **w. worker,** (i) salarié, -iée (ii) soutien *m* de famille; **w. freeze,** blocage *m* des salaires; **w. increase, rise,** augmentation *f* de salaire; **minimum w.** = salaire minimum interprofessionnel de croissance (SMIC) **2.** *vtr* mener (une campagne); **to w. war,** faire la guerre **(on,** à).

wager ['weidʒər] **1.** *n* pari *m*; gageure *f* **2.** *vtr* parier; gager.

waggle ['wægl] *vtr & i* (*of dog*) agiter, remuer (la queue); (*of tooth*) (faire) branler; (*of loose screw*) (faire) jouer.

wag(g)on ['wægən] *n* **1.** charrette *f*; chariot *m* **2.** *Rail:* wagon *m* (de marchandises); **covered goods w.,** fourgon *m* **3.** *F:* **to be on the (water) w.,** être au régime sec; **to come off the w.,** se remettre à boire. **'wag(g)oner** *n* charretier *m*, roulier *m*. **'wag(g)onload** *n* (charge *f* de) wagon *m*; charretée *f* (de foin).

waif [weif] *n* (*a*) *Jur:* épave *f* (*b*) **waifs (and strays),** enfants abandonnés.

wail [weil] **1.** *n* (*a*) cri plaintif; plainte *f*, gémissement *m* (*b*) vagissement *m* (de nouveau-né) (*c*) hurlement *m* (de sirène, du vent) **2.** *vi* (*a*) gémir; se plaindre; (*of newborn child*) vagir; (*of siren, wind*) hurler (*b*) **to w. about sth,** se lamenter sur qch. **'wailing 1.** *a* (cri) plaintif; (enfant) qui gémit **2.** *n* plaintes *fpl*; gémissements *mpl*.

wainscot ['weinskət] **1.** *n* lambris *m*; boiseries *fpl* (d'une pièce) **2.** *vtr* **(wainscot(t)ed)** lambrisser. **'wainscot(t)ing** *n* **1.** lambrissage *m* **2.** boiseries *fpl*.

waist [weist] *n* (*of pers, garment*) taille *f*; **w. measurement,** tour *m* de taille; **down, up, to the w.,** jusqu'à la ceinture; **stripped to the w.,** (le) torse nu, nu jusqu'à la ceinture; **to put one's arm round s.o.'s w.,** prendre qn par la taille. **'waistband** *n* ceinture *f* (de jupe). **'waistcoat** *n* gilet *m*. **'waistline** *n* taille *f*; **to watch one's w.,** surveiller sa ligne.

wait [weit] **I.** *v* **1.** *vi* (*a*) attendre; **w. a moment!** attendez un moment! **to w. for s.o., sth,** attendre qn, qch; **what are you waiting for?** qu'attendez-vous? **w. until tomorrow,** attends jusqu'à demain; **I'll w. until he's ready,** j'attendrai qu'il soit prêt; **to keep s.o. waiting,** faire attendre qn; **he didn't w. to be told twice,** on n'a pas dû le lui dire deux fois; *Com:* **repairs while you w.,** réparations à la minute; **w. and see!** attendez voir! **(we must) w. and see,** il n'y a plus qu'à attendre; **I can't w. to do it,** j'ai hâte de le faire; **to w. about (for),** attendre, **to w. behind,** rester (*b*) **to w. (at,** *NAm:* **on, table),** servir à table **2.** *vtr esp NAm F:* **don't w. dinner for me,** ne m'attendez pas pour vous mettre à table. **II.** *n* (*a*) attente *f*; **it was a long w.,** nous avons dû attendre longtemps; **twenty minutes' w. between the two trains,** battement *m* de vingt minutes entre les deux trains (*b*) **to lie in w.,** être à l'affût; **to lie in w. for s.o.,** guetter qn. **'waiter** *n* garçon *m* (de café), serveur *m*; **w.!** garçon! **head w.,** maître *m* d'hôtel; **dumb w.,** monte-plats *m inv*. **'waiting** *n* **1.** attente *f*; *Aut:* **no w.,** arrêt interdit; **w. room,** salle *f* d'attente; **w. list,** liste *f* d'attente **2.** (*in restaurant*) service *m*. **'wait on** *vi* **to w. on s.o.,** servir qn; **to w. on s.o. hand and foot,** être aux petits soins auprès de qn. **'waitress** *n* (*pl* **-es**) serveuse *f*; **w.!** mademoiselle! **wait 'up** *vi* veiller; **to w. up for s.o.,** attendre le retour de qn avant de se coucher; **don't w. up for me,** couchez-vous sans m'attendre; ne m'attendez pas pour vous coucher.

waive [weiv] *vtr* renoncer à, abandonner (ses prétentions); déroger à (un principe); ne pas insister sur (une condition). **'waiver** *n* abandon *m* (d'un droit); dérogation *f*.

wake¹ [weik] *n* (*a*) *Nau:* sillage *m*; **to be in the w. of a ship,** être dans les eaux d'un navire (*b*) *Fig:* **in the w.**

of, dans le sillage de, à la suite de; **to follow in s.o.'s w.,** marcher sur les traces de qn.

wake² *n* **1.** (*Ireland*) veillée *f* mortuaire **2.** (*N. of Eng.*) **wakes week,** la semaine de congé annuel.

wake³ *v* (*pt* **woke** [wouk], **waked** [weikt]; *pp* **woken** ['woukən], **woke, waked**) **1.** *vi* **to w. (up),** se réveiller; **w. up!** (i) réveillez-vous! (ii) *F:* secoue-toi! **he's waking up to the truth,** il prend conscience de la vérité; **to w. up to find oneself famous,** se réveiller célèbre **2.** *vtr* éveiller (un souvenir); **to w. s.o. (up),** réveiller qn; *F:* **he needs something to w. him up,** il lui faut quelque chose pour le secouer; *F:* **it's enough to w. the dead,** c'est (un bruit) à réveiller les morts. **'wakeful** *a* (*a*) éveillé (*b*) sans sommeil; **w. night,** nuit blanche (*c*) vigilant. **'wakefulness** *n* (*a*) insomnie *f* (*b*) vigilance *f*. **'waken 1.** *vtr* (*a*) réveiller (qn) (*b*) éveiller (une émotion) **2.** *vi* se réveiller. **'wakening** *n* réveil *m*. **'wakey** *int F:* **w. (w.)!** debout! réveillez-vous! **'waking** *n* **w. hours,** heures de veille; **to spend one's w. hours working,** passer ses journées à travailler; **between sleeping and w.,** entre la veille et le sommeil.

Wales [weilz] *Prn* pays *m* de Galles; **North W., South W.,** la Galles du Nord, du Sud; **New South W.,** la Nouvelle-Galles du Sud; **the Prince of W.,** le Prince de Galles.

walk [wɔːk] **I.** *v* **1.** *vi* (*a*) marcher; **to w. on all fours,** marcher à quatre pattes; **to w. with a limp,** boiter (en marchant); **to w. in one's sleep,** être somnambule; **I'll w. with you,** je vais vous accompagner; **w.!** ne cours pas! (*b*) (*as opposed to drive*) aller à pied; **to w. home,** rentrer à pied **to w. round the town,** faire le tour de la ville (à pied) (*c*) (*for pleasure*) se promener; faire des promenades (à pied); **I like walking,** j'aime bien me promener **2.** *vtr* faire (une distance) à pied; **to w. the streets,** (par)courir les rues; (*of prostitute*) faire le trottoir; **to w. s.o. off his legs, feet,** épuiser qn à force de le faire marcher; **to w. s.o. to,** accompagner qn à (la gare, etc); **I'll w. you home,** je vous raccompagne à la maison; **to w. a baby, a dog,** promener un bébé, un chien; **to w. the plank,** subir le supplice de la planche; **you can w. it in ten minutes,** vous en avez pour dix minutes à pied. **II.** *n* (*a*) marche *f*, pas *m*; **it's an hour's w. from here,** c'est à une heure de marche d'ici; **it's five minutes' w. (away),** c'est à cinq minutes à pied; **it's only a short walk from here,** on peut facilement s'y rendre à pied (*b*) promenade *f*; (*shorter*) (petit) tour; **to go for a w.,** aller se promener, faire une promenade; **to take s.o. for a w.,** emmener qn se promener; **to take the dog for a w.,** promener le chien; **sponsored w.,** marche entreprise au profit d'une œuvre de bienfaisance (*c*) démarche *f*; **I know him by his w.,** je le reconnais à sa démarche (*d*) allée *f* (de jardin); chemin *m*; avenue *f*; **covered w.,** allée couverte (*e*) **walks of life,** conditions sociales. **'walkabout** *n* bain *m* de foule. **walk a'cross** *vi* **to w. across to speak to s.o.,** traverser (la rue) pour parler à qn. **walk a'way** *vi* s'éloigner, partir; *Sp:* **to w. a. from a competitor,** distancer un concurrent; *F:* **to w. away with sth,** voler, faucher, qch. **'walker** *n* marcheur, -euse; promeneur, -euse; piéton *m*; **he's a good w.,** il est bon marcheur; **he's a fast w.,** il marche vite. **walkie-'talkie** *n* talkie-walkie *m*. **walk 'in** *vi* entrer; **(please) w. in,** entrez sans frapper. **'walking 1.** *n* marche *f* (à pied); promenades *fpl* (à pied); **at a w. pace,** au pas; **w. shoes,** chaussures de marche; **w. stick,** canne *f*; **it's within w. distance,** on peut s'y rendre à pied **2.** *a F:* **he's a w. dictionary,** c'est un dictionnaire ambulant. **walk 'into** *vtr* entrer dans (une pièce); tomber dan (un piège); **to w. i. a wall,** se heurter à, contre, un mur; **I walked into him in the street,** je l'ai rencontré par hasard dans la rue. **'Walkman** *n Rtm:* (*pl* **-mans**) baladeur *m*. **walk 'off 1.** *vi* (*a*) s'éloigner, partir (*b*) *F:* **to w. o. with,** voler, faucher; **to w. o. with the silver,** décamper avec l'argenterie (volée); **he walked off with the first prize,** il a gagné facilement le premier prix **2.** *vtr* **to w. o. one's lunch,** faire une promenade de digestion. **walk 'on** *vi Th:* remplir un rôle de figurant(e). **'walk-on** *n Th:* **w. (part),** (rôle de) figurant(e). **walk 'out** *vi* (*a*) sortir; *F:* **to w. o. on s.o.,** (i) laisser tomber qn (ii) quitter qn en colère (*b*) *Ind:* se mettre en grève. **'walkout** *n Ind:* grève *f* surprise; (*from meeting*) départ *m* (en signe de protestation). **walk 'over** *vi* **to w. o. to s.o.,** s'approcher de qn. **'walkover** *n F:* victoire *f* facile. **walk 'up** *vi* **to w. up to s.o.,** s'avancer vers qn; s'approcher de qn; **to w. up to the fifth floor,** monter (à pied) jusqu'au cinquième (étage), *NAm:* jusqu'au quatrième (étage); **to w. up and down,** (i) monter et descendre (un escalier, une colline) à pied (ii) faire les cent pas. **'walk-up** *a & n NAm:* (immeuble *m*) sans ascenseur. **'walkway** *n esp NAm:* passage *m* (pour piétons); **moving w.,** trottoir roulant.

wall [wɔːl] **1.** *n* (*a*) mur *m*; *Fig:* muraille *f* (de glace); rideau *m* (de fumée); **main walls,** gros murs; **cavity w.,** mur double; **surrounding w.,** mur d'enceinte; **blank w.,** mur plein; **to come up against a blank w.,** se heurter à un mur; **you might just as well talk to a brick w.,** autant vaut parler à un sourd; **walls have ears,** les murs ont des oreilles; **to bang one's head against a brick wall,** se cogner, se taper, la tête contre les murs; *F:* **you're driving me up the wall,** vous allez me rendre fou; **to have one's back to the w.,** être acculé au mur; **the weakest always go to the w.,** le plus faible est toujours battu; **to go to the w.,** (i) succomber, perdre la partie (ii) (*of firm*) faire faillite; **to leave only the bare walls standing,** ne laisser que les quatre murs; **w. painting,** peinture murale; **w. map,** carte murale; **w. clock,** pendule murale (*b*) mur (de Berlin, d'Adrien); **the Great W. of China,** la muraille de Chine; **tariff walls,** barrières douanières (*c*) paroi *f* (d'une cabine, d'un tunnel, de l'estomac, etc); flanc *m* (d'un pneu) **2.** *vtr* **to w. (in),** murer, entourer de murs; **to w. up,** murer (une porte); **walled garden,** jardin entouré de murs; **walled city,** ville fortifiée. **'wallflower** *n Bot:* giroflée *f*; *F:* (*of pers at dance*) **to be a w.,** faire tapisserie. **'wallpaper 1.** *n* papier peint **2.** *vtr* tapisser (une pièce). **'wall-to-'wall** *a* **w.-to-w. carpet(ing),** moquette *f*.

wallaby ['wɔləbi] *n* (*pl* **wallabies**) *Z:* wallaby *m*.

wallet ['wɔlit] *n* portefeuille *m*.

Walloon [wɔ'luːn] **1.** *a* wallon **2.** *n* (*a*) (*pers*) Wallon, -onne (*b*) *Ling:* wallon *m*.

wallop ['wɔləp] *F:* **1.** *n* (*a*) grand coup, fessée *f* (*b*) **down he went with a w.,** et patatras, le voilà par terre! **2.** *vtr* taper sur, rosser (qn). **'walloping** *F:* **1.** *a* énorme; **a w. (great) lie,** un mensonge phénoménal **2.** *n* volée *f* (de coups); rossée *f*, raclée *f*.

wallow ['wɔlou] *vi* (*of animal*) se vautrer, se rouler dans la boue; (*of ship*) être ballotté (par les flots); **to w. in,** se vautrer dans (la boue, le vice, etc); *F:* **to be wallowing in money,** rouler sur l'or; **to w. in self-pity,** s'attendrir sur soi-même.

wally ['wɔli] *n* (*pl* **-ies**) *F:* andouille *f*, imbécile *mf*.

walnut ['wɔ:lnʌt] **1.** *n* (*a*) noix *f* (*b*) **w. (tree),** noyer *m*; **w. oil,** huile de noix; **w. cake,** gâteau aux noix (*c*) (*wood*) noyer **2.** *a* (meuble) de, en, noyer.

walrus ['wɔ:lrəs] *n* (*pl* **walruses**) *Z:* morse *m*; *F:* **w. moustache,** moustache à la gauloise.

waltz [wɔ:ls, *NAm:* wɔlts] **1.** *n* valse *f* **2.** *vi* valser; **to w. in, out, off,** entrer, sortir, partir, d'un pas joyeux.

wan [wɔn] *a* pâle; blême; (*of light*) blafard; **a w. smile,** un pâle sourire.

wand [wɔnd] *n* **1.** baguette *f* magique, de fée **2.** bâton *m* (de commandement); verge *f* (d'huissier).

wander ['wɔndər] **1.** *vi* (*a*) **to w. (about, around),** errer, vagabonder; (*stroll*) flâner; **to let one's thoughts w.,** laisser vagabonder ses pensées; **to w. (away) from, to w. off, the subject,** s'écarter du sujet; **his mind wanders at times,** il est quelquefois distrait; **to w. off,** s'éloigner; **to w. off a path,** s'éloigner du chemin (*b*) (*of pers*) divaguer; radoter **2.** *vtr* **to w. the streets,** errer dans les rues. **'wanderer** *n* vagabond, -onde; **the w. has returned,** notre voyageur nous est revenu. **'wandering 1.** *a* (*a*) errant, vagabond, nomade; **the w. Jew,** le Juif errant (*b*) (esprit) distrait (*c*) (discours) incohérent **2.** *n* (*a*) vagabondages *mpl*; pérégrinations *fpl* (*b*) rêverie *f* (*c*) *Med:* égarement *m* (de l'esprit); divagation *f*. **'wanderlust** *n* la passion des voyages; l'esprit *m* d'aventure.

wane [wein] **1.** *vi* (*of moon, fame, power*) décroître; (*of beauty*) se faner; (*of enthusiasm*) s'attiédir **2.** *n* déclin *m*; **to be on the w.,** décroître, être en déclin. **'waning** *n* déclin.

wangle ['wæŋgl] *F:* **1.** *vtr* se débrouiller pour obtenir (qch); resquiller; **to w. a week's leave,** carotter huit jours de congé **2.** *n* moyen détourné; truc *m*; **the whole thing's a w.,** tout ça, c'est de la resquille, c'est fricoté. **'wangler** *n F:* resquilleur, -euse. **'wangling** *n F:* fricotage *m*; resquille; le système D.

want [wɔnt] **I.** *v* **1.** *vi* manquer (**for sth,** de qch); **to w. for nothing,** ne manquer de rien **2.** *vtr & i* (*a*) (*need*) avoir besoin de (qch); (*ask for*) demander (qch); **he wants rest,** il a besoin de repos; **this work wants a lot of patience,** ce travail exige beaucoup de patience; **you w. to see it!** tu devrais le voir! il faut voir ça! **have you everything you w.?** avez-vous tout ce qu'il vous faut? **I've got all I w.,** (i) j'en ai assez; (ii) j'ai tout ce qu'il me faut; **that's just what I w.,** voilà juste ce qu'il me faut, juste mon affaire; **do you w. a job?** (i) est-ce que tu cherches un emploi? (ii) ça ne te gênerait pas de m'aider? **wanted, a good cook,** on demande une bonne cuisinière; **your hair wants cutting,** vous avez besoin de vous faire couper les cheveux; **it only wants a coat of paint,** il ne manque plus qu'une couche de peinture; *F:* **that wants a bit of doing,** ce n'est pas si facile que ça (*b*) vouloir, désirer; **he knows what he wants,** il sait ce qu'il veut; **how much do you w. for it?** c'est combien? *Iron:* **you don't w. much!** tu n'es pas difficile! **you're wanted (on the phone),** on vous demande (au téléphone); **we're not wanted here,** nous sommes de trop ici; **to be wanted by the police,** être recherché par la police; **I don't w. him,** je n'ai pas besoin de lui; **to w. s.o. (sexually),** désirer qn; **what does he w. with me?** que me veut-il? **I w. to tell you about it,** je voudrais vous en parler; **I w. to see him,** j'ai envie de le voir; **I don't w. to,** je n'en ai pas envie; **I don't w. him to see me,** je ne veux pas qu'il me voie; **I don't w. it known,** je ne veux pas que cela se sache. **II.** *n* **1.** manque *m*; **for w. of,** par manque de; **for w. of time,** faute de temps; **for w. of anything better,** faute de mieux; **for w. of something (better) to do,** par désœuvrement **2.** besoin *m*; **a long-felt w.,** une lacune à combler; *Journ:* **w. ad,** offre *f* d'emploi. **'wanted** *a* (*a*) désiré, voulu; **to feel w.,** sentir qu'on vous aime (*b*) recherché par la police. **'wanting** *a* insuffisant; **to be w.,** faire défaut; **to be w. in intelligence,** manquer d'intelligence.

wanton ['wɔntən] *a* impudique; **w. cruelty,** cruauté gratuite; **w. destruction,** destruction voulue, pour le simple plaisir de détruire. **'wantonly** *adv* (blesser, insulter) sans motif.

war [wɔ:r] **1.** *n* guerre *f*; **total w.,** guerre totale; **civil w.,** guerre civile; **cold w.,** guerre froide; **world w.,** guerre mondiale; **to make, wage, w. on s.o.,** faire la guerre à, contre, qn; **to go to w.,** entrer en guerre; **to go off to w.,** partir pour la guerre; **to be at w.,** être en guerre; **w. of words,** dispute *f*; *F:* **you look as if you've been in the wars,** vous avez l'air de vous être battu; **w. clouds were gathering,** il y avait des menaces de guerre; **w. criminal, wound,** criminel *m*, blessure *f*, de guerre; **w. game,** kriegspiel *m*; jeu *m* de stratégie militaire; **w. correspondent,** correspondant, -ante, de guerre; **w. cry,** cri *m* de guerre; **w. dance,** danse guerrière; **w. grave,** sépulture *f* militaire; **w. widow,** veuve de guerre; **w. cemetery,** cimetière *m* militaire; **w. memorial,** monument *m* aux morts **2.** *vi* (**warred**) faire la guerre (**against sth,** à qch). **'warfare** *n* guerre *f*; **class w.,** la lutte des classes. **'warhead** *n* cône *m* de charge (d'une torpille); ogive *f* (de missile); **nuclear w.,** tête *f* nucléaire. **'warhorse** *n* cheval *m* de bataille; *F:* **an old w.,** (i) un vieux militaire (ii) un vétéran de la politique. **'warlike** *a* (exploit) guerrier. **'warmonger** *n* fauteur *m* de guerre. **'warpaint** *n* **1.** peinture *f* de guerre (des Peaux-Rouges) **2.** *F:* (*of woman*) **to put on the w.,** se maquiller. **'warpath** *n F:* **to be on the w.,** être d'humeur massacrante. **'warring** *a* **w. nations,** nations en guerre. **'warship** *n* navire *m* de guerre. **'wartime** *n* **in w.,** en temps *m* de guerre.

warble ['wɔ:bl] **1.** *vi* (*of bird*) gazouiller **2.** *n* gazouillement *m*; gazouillis *m*. **warbler** *n Orn:* (*a*) bec-fin *m* (*b*) fauvette *f*. **'warbling** *n* gazouillement; gazouillis.

ward [wɔ:d] **I.** *n* **1.** pupille *mf*; *Jur:* **w. in Chancery,** pupille sous tutelle judiciaire **2.** (*a*) salle *f* (d'hôpital); **emergency w.,** salle d'urgence (*b*) quartier *m* (d'une prison) **3.** circonscription électorale. **II.** *vtr* **to w. off a blow,** parer, détourner, un coup; **to w. off an illness,** prévenir une maladie; **to w. off a danger,**

éviter un danger. **'warden** *n* (*a*) directeur, -trice (d'une institution, *NAm:* d'une prison) (*b*) gardien, -ienne (d'un parc) (*c*) **traffic w.,** contractuel, -elle. **'warder** *n*, **'wardress** *n* gardien, -ienne (de prison, de musée). **'wardrobe** *n* (*a*) (*NAm:* = **closet**) (*furniture*) armoire *f*; penderie *f* (*b*) (*clothes*) garde-robe *f*; *Th:* **w. keeper, w. mistress,** costumier, -ière. **'wardroom** *n Navy:* carré *m* des officiers.

ware [wɛər] *n* (*a*) *coll* articles fabriqués; ustensiles *mpl* (en aluminium, etc) (*b*) *pl* marchandises *fpl*; **to boost one's wares,** vanter ses marchandises. **'warehouse** *n* entrepôt *m*; magasin *m*; **bonded w.,** entrepôt en douane. **'warehouseman** *n* (*pl* **-men**) (*a*) magasinier *m* (*b*) garde-magasin *m*.

warm [wɔːm] **I.** *a* (*a*) chaud; **to be w., feel w.,** (i) (*of water*) être chaud (ii) (*of pers*) avoir chaud; **to get w.,** (*of food, water*) chauffer; (*of pers, room, weather*) se réchauffer; **I can't get w.,** je ne peux pas me réchauffer; (*in game*) **you're getting w.,** vous brûlez; **to keep oneself w.,** se tenir au chaud; porter des vêtements chauds; **w. oven,** four moyen; **w. coat,** manteau chaud; (*of weather*) **it's (nice and) w.,** il fait (agréablement) chaud; *Meteor:* **w. front,** front chaud; **the water is just w.,** l'eau est à peine chaude (*b*) chaleureux; **w. welcome,** accueil chaleureux; **w. heart,** cœur généreux, chaud; **it's w. work,** c'est une rude besogne (*c*) (*of colour*) chaud; (*of interior*) accueillant. **II.** *n* **in the w.,** au chaud. **III.** *v* **1.** *vtr* chauffer; **to w. oneself by the fire,** s'asseoir auprès du feu pour se réchauffer; **it warms the heart,** ça réchauffe le cœur **2.** *vi* **to w. to s.o.,** se prendre de sympathie pour qn. **warm-'blooded** *a Z:* à sang chaud. **'warmer** *n* **bottle w.,** chauffe-biberon *m*. **warm-'hearted** *a* chaleureux. **'warming** *n* **w. pan,** bassinoire *f*. **'warmly** *adv* (*a*) (vêtu) chaudement (*b*) (applaudir) chaudement; (remercier qn) chaleureusement; (répondre) vivement, avec chaleur. **warmth** *n* chaleur *f*. **warm 'up** *v* **1.** *vtr* réchauffer (qn, un plat, etc) **2.** *vi* (*of pers, room, engine*) se réchauffer; (*of food, water*) chauffer; (*of discussion*) s'échauffer, s'animer; **the lecturer was warming up to his subject,** le conférencier s'animait peu à peu.

warn [wɔːn] *vtr* avertir; prévenir; **to w. s.o. of a danger,** avertir qn d'un danger; **to w. s.o. against, off, sth,** mettre qn en garde contre qch; **he warned her not to go,** il lui a conseillé fortement de ne pas y aller; **you have been warned!** vous voilà prévenu! **I shan't w. you again,** tenez-vous-le pour dit; **to w. the police,** alerter la police. **'warning 1.** *a* (geste) avertisseur, d'avertissement **2.** *n* avertissement *m*; (*advance notice*) (pré)avis *m*; *Meteor:* avis; **(air-raid) w.,** alerte *f*; **w. device,** avertisseur *m*; **w. light,** voyant lumineux; *Aut:* **hazard w. lights,** feux *mpl* de détresse; **without w.,** sans préavis; sans prévenir; **a word of w.,** une mise en garde; **to give s.o. fair w.,** donner à qn un avertissement formel; **let this be a w. to you,** que cela vous serve de leçon, d'exemple.

warp [wɔːp] **I.** *v* **1.** *vtr* (*a*) gauchir, voiler (le bois, une tôle); fausser, pervertir (l'esprit) (*b*) *Tex:* ourdir (*c*) *Nau:* touer (un navire) **2.** *vi* se déformer; gondoler; (*of timber*) gauchir; (*of wheel*) se voiler; **wood that warps,** bois qui travaille. **II.** *n* **1.** *Tex:* chaîne *f* **2.** *Nau:* amarre *f*; touée *f* **3.** vôilure *f*, courbure *f*, gauchissement *m* (d'une planche). **warped** *a* (*a*) (bois) gondolé, gauchi; (*of wheel*) voilé (*b*) (esprit) tordu; (récit) déformé. **'warping** *n* **1.** (*a*) gauchissement *m* (du bois); gondolage *m* (de la tôle) (*b*) perversion *f* (de l'esprit) **2.** *Tex:* ourdissage *m*.

warrant ['wɔrənt] **1.** *n* (*a*) garantie *f* (*b*) *Jur:* mandat *m*; **a w. for his arrest,** un mandat d'arrêt contre lui; **w. for payment,** ordonnance *f* de paiement; **travel w.,** feuille *f* de route; *Mil* **w. officer** = adjudant *m* **2.** *vtr* (*a*) garantir (qch); **it won't happen again, I w. you!** cela n'arrivera pas deux fois, je vous assure! (*b*) justifier; **nothing can w. such behaviour,** rien ne justifie une pareille conduite. **'warranted** *a Com:* garanti. **'warranty** *n* (*pl* **-ies**) (*a*) autorisation *f*; justification *f* (*b*) garantie *f*.

warren ['wɔrən] *n* **(rabbit) w.,** (i) garenne *f* (ii) dédale *m*, labyrinthe *m* (de ruelles).

warrior ['wɔriər] *n* guerrier, -ière, soldat *m*; **the Unknown W.,** le Soldat inconnu.

Warsaw ['wɔːsɔː] *Prn* Varsovie *f*; **W. Pact,** pacte *m* de Varsovie.

wart [wɔːt] *n* verrue *f*; **to paint s.o. warts and all,** peindre qn sans le flatter. **'warthog** *n Z:* phacochère *m*.

wary ['wɛəri] *a* **(-ier, -iest)** (*a*) prudent, circonspect (*b*) **to be w. of sth, s.o.,** se méfier de qch, qn; **to be w. of doing,** hésiter beaucoup à faire. **'warily** *adv* prudemment, avec précaution. **'wariness** *n* prudence *f*, precaution *f*, circonspection *f*.

was [wɔz, wəz] *see* **be**.

wash [wɔʃ] **I.** *v* **1.** *vtr* (*a*) laver; **to w. one's hands, one's hair,** se laver les mains, la tête; **to w. one's hands of sth,** se laver les mains de qch; **to w. sth in cold water,** laver qch à l'eau froide (*b*) blanchir, lessiver, laver (le linge); **hand w. only,** laver à la main seulement; **to w. away,** faire partir (en lavant); **to w. sth clean,** bien nettoyer qch (en le lavant); (*of sea*) **to w. sth ashore,** rejeter qch sur le rivage; **washed away by the tide,** emporté par la mer; **he was washed overboard,** il a été emporté, enlevé, par une vague **2.** *vi* (*of pers*) se laver; **material that won't w.,** tissu qui ne se lave pas; *F:* **that (story) won't w.!** ça ne prend pas! (*of stain*) **w. away,** partir (au lavage); **the waves were washing over the deck,** les vagues balayaient le pont. **II.** *n* **1.** (*a*) lavage *m*; **to give sth a w.,** laver qch; (*of pers*) **to have a w.,** se laver; faire un brin de toilette (*b*) **I send the sheets to the w.,** j'envoie les draps à la blanchisserie; *F:* **it'll all come out in the w.,** (i) la vérité se saura un jour ou l'autre (ii) ça se tassera **2. colour w.,** badigeon *m* **3.** *Nau:* sillage *m*, remous *m* (d'un navire). **'washable** *a* lavable. **'wash-and-'wear** *a* (chemise) qui ne nécessite aucun repassage. **'washbasin** *n* lavabo *m*. **'washbowl** *n* cuvette *f*; bassine *f*. **'washcloth** *n NAm:* (*Br* = **facecloth**) gant *m* de toilette. **'washday** *n* jour *m* de lessive. **wash 'down** *vtr* (*a*) laver à grande eau (*b*) *F:* **to w. d. one's dinner with a glass of beer,** arroser son dîner d'un verre de bière. **'washdown** *n* toilette *f* rapide; **I'll give the car a w.,** je vais rapidement laver la voiture. **'washer** *n* (*a*) (*pers*) laveur, -euse; **w. up, w. upper,** laveur, -euse, de vaisselle; (*in restaurant*) plongeur, -euse (*b*) *Aut:* **windscreen,** *NAm:* **windshield, w.,** lave-glace *m* (*c*) (*for tap*) rondelle *f*, joint *m*. **'washerwoman** *n* (*pl* **-women**) blanchisseuse *f*. **'washhouse** *n* (*a*) buanderie *f* (*b*) laverie *f* (*c*) lavoir *m*. **'washing** *n* (*a*) lavage *m*; ablutions *fpl* (*b*) lessive *f*, linge *m*; **w. day,** jour de lessive; **w. line,** corde *f* à linge; **w. machine,** machine *f* à laver; lave-linge *m*; **w. powder,** lessive; *Aut:* **w. bay,** installation de lavage. **washing-'up** *n* vaisselle *f*; (*in restaurant*) plonge *f*; **to do the w. up,** faire la vaisselle; **w.-up liquid,** produit *m* pour la vaisselle; **w.-up machine,** lave-vaisselle *m*; **w.-up bowl** (*NAm:* = **dishpan**), bassine *f* (à vaisselle). **'washleather** *n* (peau *f* de) chamois *m*. **wash 'off 1.** *vtr* faire partir (en lavant) **2.** *vi* partir (au lavage). **wash 'out 1.** *vtr* faire partir (une tache) (en lavant); laver (une bassine, etc); **to w. o. a few handkerchiefs,** laver (rapidement) quelques mouchoirs; *F:* **I'm completely washed out,** je suis complètement lessivé; *Sp:* (*of match*) **to be washed out,** être annulé à cause de la pluie **2.** *vi* (*of stain*) partir (au lavage). **'washout** *n F:* (*a*) fiasco *m*; four *m* (*b*) **he's a w.,** c'est un raté, une nullité. **'washrag** *n NAm:* = **washcloth. 'washroom** *n* (*a*) cabinet *m* de toilette (*b*) *NAm:* toilettes *fpl*; **(where is) the w. please?** où sont les toilettes s'il vous plaît? **'washstand** *n* (*a*) table *f* de toilette (*b*) *NAm:* lavabo *m*. **wash 'up** *vtr & i* (*a*) **to w. up (the dishes)** (*NAm:* = **to do the dishes**), faire la vaisselle (*b*) *NAm:* (*Br* = **to have a wash**) (*of pers*) se laver (*c*) (*of sea*) rejeter (qn, qch) sur le rivage; *F:* **to be washed up,** être ruiné, fichu.

wasn't = **was not** *see* **be.**

wasp [wɔsp] *n* guêpe *f*; **wasps' nest,** guêpier *m*. **'waspish** *a F:* irritable; méchant; **w. tone,** ton aigre, irrité.

waste [weist] **1.** *vtr* gaspiller (son argent, la nourriture); laisser passer, perdre (une occasion); **to w. one's time,** perdre son temps; **it's just wasting one's words!** c'est parler en pure perte! **you're wasting your energy,** vous vous dépensez inutilement; **the joke was wasted on him,** il n'a pas compris la plaisanterie; **wasted life,** vie gâchée; **w. not, want not,** qui épargne gagne **2.** *a* **w. land,** (i) terres *fpl* incultes (ii) (*in town*) terrain *m* vague; (*of ground*) **to lie w.,** rester en friche; **to lay w.,** dévaster, ravager (un pays) **3.** *n* (*a*) étendue déserte (*b*) gaspillage *m*; **w. of time,** perte *f* de temps (*c*) déchets *mpl*, rebut *m*; **household w.,** ordures *fpl*; **radioactive w.,** déchets radioactifs; **w. material, products,** déchets; **w. pipe,** tuyau *m* d'évacuation; **w. disposal unit,** broyeur *m* d'ordures. **'wastage** *n* (*a*) pertes *fpl* (*b*) gaspillage *m*. **waste a'way** *vi* dépérir. **'wastebin** *n* poubelle *f*. **'wastebasket** *n NAm:* corbeille *f* à papier. **'wasted** *a* (argent) gaspillé; (temps) perdu; (corps) émacié; **w. effort,** effort inutile, peine perdue. **'wasteful** *a* gaspilleur; prodigue; (*of process*) peu économique; **w. habits,** habitudes de gaspillage. **'wastefully** *adv* avec prodigalité; en pure perte. **'wastefulness** *n* prodigalité *f*; gaspillage *m*. **'wasteland** *n* terre *f* en friche; (*in town*) terrain *m* vague; désert *m*. **waste'paper** *n* vieux papiers; **w. basket, bin,** corbeille *f* à papier. **'waster** *n* **1.** gaspilleur, -euse; **time w.,** personne qui perd son temps; (travail) qui vous fait perdre votre temps **2.** vaurien *m*, propre *m* à rien. **'wasting** *n* gaspillage; **w. (away),** dépérissement *m*.

watch [wɔtʃ] **I.** *n* (*pl* **watches**) **1.** garde *f*; surveillance *f*; **to be on the w.,** guetter; **to be on the w. for s.o.,** guetter qn; **to keep (a) w. on, over, s.o.,** surveiller qn; **to keep w.,** faire le guet; **w. committee,** comité qui veille à l'ordre public (de la commune); **w. tower,** tour *f* d'observation, du guet **2.** *Hist:* **the w.,** la ronde de nuit **3.** *Nau:* (*a*) quart *m*; **to be on w.,** être de quart; **officer of the w.,** officier de quart (*b*) (*men*) bordée *f* **4.** montre *f*; **it's six o'clock by my w.,** il est six heures à ma montre. **II.** *v* **1.** *vtr* (*a*) observer; regarder attentivement; surveiller (qn); faire attention à; **we are being watched,** on nous observe, nous regarde; **to w. the expenses,** regarder à la dépense; **to w. one's step,** (i) prendre garde de ne pas tomber (ii) éviter de faire un faux pas; **w. it!** attention! **w. your head,** attention de ne pas vous cogner la tête; **w. your language,** surveillez votre langage; **w. you don't fall,** prenez garde de ne pas tomber (*b*) regarder; voir; **I watched her working,** je la regardais travailler; **to w. television,** regarder la télévision; **to w. a football match,** assister à un match de football; regarder un match de football à la télévision (*c*) **to w. s.o.'s interests,** veiller aux intérêts de qn **2.** *vi* **to w. (out) for s.o.,** guetter qn; **to w. out,** faire attention **(for,** à); **w. out!** attention! **w. out for X!** gare à X! **to w. over,** surveiller. **'watchdog** *n* chien *m* de garde; *Fig:* gardien, -ienne. **'watcher** *n* **bird w.,** observateur, -trice (des mœurs) des oiseaux. **'watchful** *a* vigilant; alerte; attentif. **'watchfully** *adv* avec vigilance. **'watchfulness** *n* vigilance *f*. **'watching** *n* (*a*) surveillance *f* (*b*) **bird w.,** observation *f* (des mœurs) des oiseaux. **'watchmaker** *n* horloger, -ère. **'watchmaking** *n* horlogerie *f*. **'watchman** *n* (*pl* **-men**) gardien *m*; *Nau:* homme *m* de garde; **night w.,** veilleur *m* de nuit. **'watchstrap** *n* bracelet *m* de montre. **'watchword** *n* mot *m* d'ordre.

water ['wɔːtər] **I.** *n* (*a*) eau *f*; **salt w.,** eau salée; **sea w.,** eau de mer; **fresh w.,** eau douce; (*for drinking*) eau fraîche; **a drink of w.,** un verre d'eau; **drinking w.,** eau potable; **hot, cold, w.,** eau chaude, froide; **hot w. bottle,** bouillotte *f*; *Fig:* (*of theory, etc*) **it doesn't hold w.,** ça ne tient pas debout; **to throw cold w. on a scheme,** décourager un projet; **to have w. laid on,** (i) faire installer (ii) avoir, l'eau courante; **running w.,** eau courante; (*in hotel*) **hot and cold w. in all rooms,** eau courante (chaude et froide) dans toutes les chambres; **to turn on the w.,** ouvrir l'eau; ouvrir le robinet; (*at spa*) **to take the waters,** prendre les eaux; faire une cure; **the waters of a river, of a lake,** les eaux d'une rivière, d'un lac; **on land and w.,** sur terre et sur eau; **by w.,** en bateau; **to be under w.,** être inondé, submergé; **to swim under w.,** nager sous l'eau; **above w.,** à flot; surnageant; **to keep one's head above w.,** (i) se maintenir à la surface (ii) *Fig:* faire face à ses engagements (*c*) **at high, low, w.,** à marée haute, basse; *Fig:* **to be in deep water(s), in hot w.,** être dans le pétrin; *Prov:* **still waters run deep,** il n'y a pire eau que l'eau qui dort; *Med:* **w. on the brain,** hydrocéphalie *f*; **w. on the knee,** épanchement *m* de synovie; **to make, pass, w.,** uriner (*b*) transparence *f*, eau (d'un diamant);

orient *m* (d'une perle); **of the first w.**, de la plus belle eau (*c*) **w. bed**, matelas *m* à eau; **w. biscuit** (*NAm:* = **cracker**), craquelin *m*; **w. cannon**, lance *f* à eau; **w. heater**, chauffe-eau *m inv*; **w. ice**, sorbet *m*; **w. lily**, nénuphar *m*; **w. main**, conduite principale d'eau; **w. pistol**, pistolet *m* à eau; *Sp:* **w. polo**, water-polo *m*; **w. power**, énergie *f* hydraulique; **w. rat**, rat *m* d'eau; **w. rates**, taxes *fpl* sur l'eau; **w. skiing**, ski nautique; **w. softener**, adoucisseur *m* d'eau; **w. supply**, service *m* des eaux (d'une ville); *Geol:* **w. table**, nappe *f* aquifère; **w. tank**, réservoir *m* d'eau; **w. tower**, château d'eau. **II.** *v* **1.** *vtr* (*a*) arroser (son jardin, (*of river*) une région) (*b*) faire boire, abreuver (des bêtes) (*c*) *Tex:* moirer (la soie) **2.** *vi* (*of eyes*) pleurer, larmoyer; **it made his mouth water**, ça lui a fait venir l'eau à la bouche. **'watercolour**, *NAm:* **-color** *n* aquarelle *f*; **watercolours**, couleurs *fpl* pour aquarelle; **to paint in watercolours**, faire de l'aquarelle. **'watercourse** *n* cours *m* d'eau. **'watercress** *n* cresson *m* (de fontaine). **water 'down** *vtr* diluer, délayer (un liquide); couper (le vin) (d'eau); atténuer (une expression); édulcorer (un texte, etc). **'watered** *a Tex:* (soie) moirée. **'waterfall** *n* chute *f* d'eau; cascade *f*. **'waterfowl** *n* (*no pl*) oiseau *m* aquatique; *coll* gibier *m* d'eau; sauvagine *f*. **'waterfront** *n* bord *m* de l'eau, de mer; les quais *m*; *NAm:* **on the w.**, chez les dockers. **'waterhole** *n* (*in desert*) point *m* d'eau. **'watering** *n* (*a*) arrosage *m* (du jardin); **w. can**, arrosoir *m* (*b*) dilution *f* (d'une boisson) (*c*) abreuvage *m* (des bêtes) (*d*) larmoiement *m* (des yeux). **'waterless** *a* sans eau. **'waterline** *n* ligne *f* de flottaison. **'waterlogged** *a* (terrain) délavé. **'watermark** *n* (*a*) filigrane *m* (*b*) *Nau:* laisse *f* de mer. **'watermelon** *n* pastèque *f*. **'waterproof 1.** *a & n Cl:* imperméable (*m*) **2.** *vtr* imperméabiliser. **'watershed** *n Geog:* ligne *f* de partage des eaux; *Fig:* tournant (décisif). **'waterside** *n* bord *m* de l'eau; **along the w.**, le long de la rive. **'waterspout** *n Meteor:* trombe *f*. **'watertight** *a* étanche (à l'eau); **w. regulations**, règlement qui a prévu tous les cas. **'waterway** *n* voie *f* navigable. **'waterworks** *npl* **1.** station *f* hydraulique **2.** *F:* (*a*) **to turn on the w.**, se mettre à pleurer (*b*) **there's something wrong with my w.**, j'ai des ennuis avec mes voies urinaires. **'watery** *a* (*of colour*) délavé; (*of eyes*) larmoyant; (*of soup*) trop liquide.

Waterloo [wɔːtə'luː] *Prn* **the Battle of W.**, la bataille de Waterloo; **to meet one's W.**, arriver à un échec total.

watt [wɔt] *n El:* watt *m*. **'wattage** *n El:* puissance *f*, consommation *f*, en watts.

wave [weiv] **I.** *n* **1.** (*in sea*) vague *f*; *Art:* **new w.**, nouvelle vague; **to come in waves**, arriver par vagues; **w. of enthusiasm**, vague d'enthousiasme **2.** *Ph: WTel:* onde *f*; **long waves**, grandes ondes; **long, medium, short, waves**, ondes longues, moyennes, courtes **3.** ondulation *f* (des cheveux); **to have a natural w. (in one's hair)**, avoir des cheveux qui ondulent naturellement; **permanent w.**, permanente *f* **4.** balancement *m*, ondoiement *m*; **with a w. of his hand**, d'un signe de la main. **II.** *v* **1.** *vi* (*a*) s'agiter; flotter (au vent) (*b*) faire signe (de la main); **to w. to s.o.**, saluer qn de la main; **I waved to him to stop**, je lui ai fait signe d'arrêter (*c*) **my hair waves naturally**, mes cheveux ondulent naturellement **2.** *vtr* (*a*) agiter (le bras, un mouchoir); brandir (une canne, un parapluie); **to w. one's hand**, faire signe de la main; **to w. goodbye to s.o.**, dire au revoir de la main; agiter la main, son mouchoir, en signe d'adieu (*b*) **to w. s.o. on**, faire signe à qn de continuer, d'avancer (*c*) onduler (les cheveux). **wave a'bout, a'round** *vt* agiter (dans tous les sens). **wave a'side** *vtr* écarter (qn) d'un geste; faire signe (à qn) de s'éloigner; **to w. aside an objection**, écarter une objection. **'waveband** *n Ph:* bande *f* de fréquence. **waved** *a* ondulé. **'wavelength** *n Ph:* longueur *f* d'ondes; *Fig:* **we're not on the same w.**, on n'est pas sur la même longueur d'onde. **'wavy** *a* (**ier, -iest**) (*of line*) onduleux; (*of hair, surface*) ondulé.

waver ['weivər] *vi* (*a*) (*of flame*) vaciller, trembloter (*b*) (*of pers*) vaciller, hésiter; (*of courage*) défaillir. **'waverer** *n* indécis, -ise; irrésolu -ue. **'wavering 1.** *a* (*a*) (*of flame*) vacillant, tremblotant (*b*) (*of pers*) irrésolu, hésitant; (*of voice*) tremblotant; défaillant **2.** *n* (*a*) tremblement *m*, vacillement *m* (d'une flamme) (*b*) vacillation *f*, hésitation *f*, irrésolution *f*.

wax¹ [wæks] **1.** *n* cire *f*; (*in ear*) cérumen *m*; fart *m* (pour skis); **w. crayon**, pastel *m*, crayon *m* (de couleur) à la cire; *NAm: Cu:* **w. paper**, papier paraffiné; *Ecc:* **w. taper**, cierge *m*; **w. museum**, musée *m* de cire **2.** *vtr* cirer, encaustiquer (un meuble); farter (des skis); lustrer (une voiture). **'waxbill** *n Orn:* bec-de-cire *m*. **'waxen** *a* cireux; de cire. **'waxing** *n* encaustiquage *m* fartage *m* (des skis); lustrage *m* (d'une voiture). **'waxwing** *n Orn:* jaseur *m*. **'waxwork** *n* figure *f* de cire; **waxworks**, musée *m* de cire. **'waxy** *a* cireux.

wax² *vi* (*a*) (*of moon*) croître; **to w. and wane**, croître et décroître (*b*) *Lit:* **to w. eloquent**, déployer toute son éloquence (en faveur de qch); **to w. lyrical**, se faire lyrique.

way¹ [wei] *n* **1.** (*a*) chemin *m*, route *f*; voie *f*; *Rail:* **the permanent w.**, la voie ferrée; *NAm:* **w. train** (*Br* = **stopping train**), (train *m*) omnibus (*m*); **the w. is clear**, la voie est libre; **over, across, the w.**, de l'autre côté de la route, de la rue; en face; **to give w.**, céder; *Aut:* **to give w.**, céder le passage, la priorité; **to make w. for s.o.**, se ranger, céder le pas à qn (*b*) **by the w.**, à propos; au fait; pendant que j'y pense; dites donc; **by w. of warning**, en guise d'avertissement; **he's by w. of being a socialist**, il est vaguement socialiste **2.** (*a*) **to show s.o. the w.**, montrer la route à qn; **which is the w. to the station?** pouvez-vous m'indiquer le chemin de la gare? **to ask one's w.**, demander son chemin; **to lose one's w.**, se perdre; se tromper de chemin; s'égarer; **to go the wrong w.**, faire fausse route; **to go the shortest w.**, prendre par le plus court; **to know one's w. about**, savoir se débrouiller; **she went by w. of Germany**, elle est passée via, par, l'Allemagne; **the w. there**, l'aller *m*; **the w. back**, le retour; **on the w.**, en cours de route; chemin faisant; **on the w. to**, en route pour; **on the w. home**, en rentrant; en revenant chez moi; **it's on the w. to London**, c'est sur la route de Londres; **there's a baby on the w.**, elle attend un bébé; **I'm on my w.**, (i) j'arrive (ii) je pars; **I must be on my w.**, il faut que je parte; **to go one's**

own w., (i) faire à sa guise (ii) faire bande à part; **to go out of one's w. to do sth,** se donner du mal pour faire qch; **to go out of one's w. to look for difficulties,** rechercher la difficulté; **the village is completely out of the w.,** le village est complètement isolé; *F:* **that's nothing out of the w.!** ça n'a rien d'extraordinaire! *Ecc:* **the W. of the Cross,** le chemin de la Croix; **w. in,** entrée *f*; **w. out,** sortie *f*; **to find a w. out of,** trouver une solution à; **to find one's w. to a place,** parvenir à un endroit; **to make one's w. out, home,** sortir, rentrer; **to make one's w. through a crowd,** se frayer un chemin à travers la foule; **to make one's w. (in the world),** réussir; arriver; **to work one's w. up,** s'élever à force de travailler; **to pay one's w.,** se suffire; **I can't see my w. to doing it now,** je ne vois pas, pour le moment, comment le faire; **to stand, be, in s.o.'s w.,** (i) barrer le passage à qn (ii) gêner qn; **this table is in the w.,** cette table nous gêne, est encombrante; **he's always getting in my w.,** il est toujours à me gêner; **to get out of the w., make w.,** s'écarter; **get out of the, my, w.!** rangez-vous! ôtez-vous du chemin! **to put sth out of the w.,** ranger qch; **I'm trying to keep out of his w.,** j'essaie de l'éviter; **to make w. for s.o.,** faire place à qn; **I'll go part of the w. with you,** je ferai un bout de chemin, une partie du trajet, avec vous; **all the w., the whole w.,** pendant tout le chemin, tout le long du chemin (*b*) distance *f*; **a long w. (away, off),** très loin; **it's a long w. from here,** c'est (très) loin d'ici; **I've a long w. to go,** j'ai beaucoup de chemin à faire; **he'll go a long w.,** il ira loin; il fera son chemin; il réussira; **to know how to make a little go a long w.,** savoir ménager ses sous (*c*) côté *m*, direction *f*; **which w. is the wind blowing?** d'où vient le vent? **this w. out,** (vers la) sortie; **this w. and that,** de-ci, de-là; de tous côtés; **he looked the other w.,** il a détourné la tête, les yeux; **I don't know which w. to turn,** je ne sais pas de quel côté me tourner, me mettre; **if the opportunity comes your w.,** si vous en avez l'occasion; *F:* **down our w.,** chez nous (*d*) sens *m*; **both ways,** dans les deux sens; *F:* **you can't have it both ways,** il faut choisir; **the other w. round,** dans l'autre sens; *F:* **it's the other w. round,** c'est le contraire; **the wrong w.,** à contre-sens; à rebrousse-poil; **the wrong w. up,** dans la mauvaise sens; à l'envers; **the right w. up,** dans le bon sens; **one w. street,** rue à sens unique (*e*) moyen *m*; **to find a w. to do sth,** trouver le moyen de faire qch; *Pol:* **Committee of Ways and Means** = la Commission du Budget (*f*) façon *f*, manière *f*; (*condition*) état *m*; (*habit*) habitude *f*; **(in) this w.,** de cette façon; **in no w.,** en aucune façon; *F:* **no w.!** jamais de la vie! pas question! **he's in no w. to blame,** on ne peut absolument pas l'en blâmer; **in a friendly w.,** en ami; amicalement; **in a big w.,** en grand; **without wishing to criticize it in any w.,** sans vouloir aucunement le critiquer; **to go the right w. about it,** bien s'y prendre; **in one w. or another,** d'une façon ou d'une autre; **there are no two ways about it,** il n'y a pas à discuter; **the w. things are going,** du train où vont les choses; **that's his w.,** il est comme ça; **to my w. of thinking,** selon moi, à mon avis; **our w. of living,** notre façon de vivre; notre genre *m* de vie; **w. of life,** façon de vivre, mode *m* de vie; **the American w. of life,** la vie (à l')américaine; la façon de vivre des Américains; **that's always the w. with him,** il est toujours comme ça; **to do things (in) one's own w.,** faire les choses à sa guise; **to get into the w. of doing sth,** (i) prendre l'habitude de faire qch (ii) apprendre à faire qch; **he's got a w. with him,** il est insinuant; on le suit (en dépit de tout); **he has a w. with children,** il sait prendre les enfants; **one's ways,** ses manières *fpl*; **I know his little ways,** je connais ses petites manies; **to get one's (own) w.,** obtenir ce qu'on veut; **he wants it all his own w.,** il veut n'en faire qu'à sa tête; **he had it all his own w.,** il n'a pas rencontré de résistance; **in a w.,** dans un certain sens; **in many ways,** à bien des égards, à bien des points de vue; **in some ways,** à certains points de vue; **in every w.,** sous tous les rapports, en tous points; à tous les points de vue; **in one w.,** d'un certain point de vue (*g*) cours *m*; **in the ordinary w.,** d'habitude; **in the ordinary w. of business,** au cours des affaires; **things are in a bad w.,** les choses vont mal; **he's in a bad w.,** (i) ses affaires vont mal; il est dans le pétrin (ii) il est bien malade; **the flood is making w.,** l'inondation fait des progrès (*h*) erre *f* (d'un navire); **under w.,** (i) en cours (ii) en route; **ship under w.,** navire en marche, faisant route; **to get under w.,** (*of ships*) appareiller; (*of pers*) se mettre en route; (*of meeting*) commencer; **we must get the work under w.,** il faut faire démarrer le travail. **'wayfarer** *n* voyageur, -euse. **'wayfaring** *n* voyages *mpl*. **way'lay** *vtr* **(way'laid)** attaquer (qn) par surprise, attirer (qn) dans une embuscade; arrêter (qn) au passage. **way-'out** *a* *F:* extraordinaire. **'wayside** *n* **by the w.,** au bord de la route; **to fall by the w.,** rester en chemin; **w. inn,** auberge au bord de la route; **w. flowers,** fleurs qui poussent en bordure de route. **'wayward** *a* (*a*) volontaire, rebelle (*b*) capricieux, fantasque.

way² *adv F:* (= **away**) **it was w. back in 1900,** cela remonte à 1900; **w. behind,** très loin derrière; **w. up the mountain,** tout en haut de la montagne; **w. down in the valley,** en bas dans la vallée; **w. ahead,** très en avance **(of, sur)**; **to be w. out in one's calculations,** faire une grosse erreur dans ses calculs, être loin du compte.

WC [dʌblju:'si:] *n* (*abbr for* **water closet**) w-c *mpl*, waters *mpl*.

we [wi:] *pers pron, nom pl* (*a*) nous; **we were playing,** nous jouions; **here we are!** nous voilà! **we had a wonderful time,** nous nous sommes, on s'est, bien amusé(s) (*b*) (*stressed*) **we are English, they are French,** nous, nous sommes anglais, eux, ils sont français; **you don't think that *we* did it?** vous ne pensez pas que c'est nous qui l'avons fait? **we teachers,** nous autres professeurs (*c*) (*indefinite*) on; nous; **as we say in England,** comme on dit en Angleterre; **we are living in difficult times,** nous vivons dans une période difficile; **we all make mistakes sometimes,** tout le monde peut se tromper.

weak [wi:k] *a* (*a*) faible; (*of health, stomach*) fragile; **to grow w., weaker,** s'affaiblir; **to have a w. heart,** avoir le cœur malade, être cardiaque; **to have w. eyes, eyesight,** avoir la vue faible, une mauvaise vue; *F:* **I feel w. at the knees,** j'ai les jambes comme du coton; **the weaker sex,** le sexe faible; **w. in the**

head, faible d'esprit; **w. character,** caractère *m* faible; **that's his w. side,** c'est son côté faible; **in a w. moment,** dans un moment de faiblesse (*b*) (*of solution*) dilué; (*of petrol*) **w. mixture,** mélange *m* pauvre; **w. tea,** thé léger, faible **to be w. in French,** être faible en français. **'weaken 1.** *vtr* affaiblir; amollir (l'esprit) **2.** *vi* s'affaiblir; faiblir; **his courage weakened,** son courage a fléchi, faibli; **the dollar has weakened,** le dollar a baissé. **'weakening 1.** *a* (*a*) affaiblissant (*b*) faiblissant; qui faiblit **2.** *n* affaiblissement *m*. **weak-'kneed** *a F:* sans caractère; mou. **'weakling** *n* (*a*) mauviette *f* (*b*) (*in character*) faible *mf*. **'weakly 1.** *adv* (*a*) faiblement, sans force (*b*) sans énergie **2.** *a* (**-ier, -iest**) débile, faible (de santé). **weak-'minded** *a* (*a*) faible d'esprit (*b*) indécis, irrésolu. **'weakness** *n* faiblesse *f*; fragilité *f*; **to have a w. for sth, for s.o.,** avoir un faible pour qch, pour qn; **it's one of her weaknesses,** c'est un de ses points faibles. **weak-'willed** *a* faible.

weal [wi:l] *n* marque *f*, zébrure *f*.

wealth [welθ] *n* **1.** richesse(s) *f*(*pl*); **a man of great w.,** un homme très riche **2.** abondance *f*, profusion *f* (de détails). **'wealthy** *a* (**-ier, iest**) riche; **w. heiress,** riche héritière; *n* **the w.,** les riches *mpl*.

wean [wi:n] *vtr* (*a*) sevrer (un nourrisson) (*b*) détacher, détourner (qn) (**from, off,** de). **'weaning** *n* sevrage *m*.

weapon ['wepən] *n* arme *f*. **'weaponry** *n* armements *mpl*.

wear [wɛər] **I.** *v* (**wore** [wɔ:r]; **worn** [wɔ:n]) **1.** *vtr* (*a*) porter (un vêtement); avoir (un sourire, un regard); **he was wearing a hat,** il portait un chapeau; **to w. black,** porter du noir; être en noir; **what shall I w.?** qu'est-ce que je vais mettre? **I've nothing to w.,** je n'ai rien à me mettre, rien de mettable; **he was wearing his slippers,** il était en pantoufles; **to w. one's hair long,** porter les cheveux longs (*b*) user; **to w. holes in sth,** trouer qch (par usure); **to w. oneself to death,** se tuer à force de travail **2.** *vi* faire de l'usage, durer; s'user; (*of garment*) **to w. into holes,** se trouer; **it will w. for ever,** c'est inusable; **to w. well,** (*of material*) faire bon usage; (*of pers*) être bien conservé; **worn at the knees,** usé aux genoux; **to w. thin,** (*of clothes*) être usé, râpé; **my patience is wearing thin,** je suis presque à bout de patience. **II.** *n* (*a*) **men's, sports, w.,** vêtements *mpl* pour hommes, de sport; **dresses for evening w.,** robes de soirée; **shoes that still have some w. in them,** chaussures qui sont encore portables (*b*) (*use*) usage *m*; **w. (and tear),** usure *f*; *Jur:* **fair w. and tear,** usure normale; **to be the worse for w.,** (*of garment*) être usé, défraîchi; *F:* (*of pers*) (*tired*) être éreinté; (*after drinking*) avoir une gueule de bois; **to show signs of w.,** montrer des signes de fatigue. **'wearable** *a* (vêtement) mettable, portable. **wear a'way 1.** *vtr* (*a*) user (un tissu, la patience, etc); **he's worn away to a shadow,** il n'est plus que l'ombre de lui-même (*b*) effacer (une inscription) **2.** *vi* (*a*) s'user (*b*) s'effacer. **wear 'down 1.** *vtr* user; **to w. one's heels d.,** user ses talons; **to w. d. s.o.'s resistance,** user à la longue, épuiser peu à peu, la résistance de qn **2.** *vi* s'user. **'wearer** *n* personne *f* qui porte (un chapeau, etc); **this new style does not suit many wearers,** ce nouveau style est difficile à porter. **'wearing** *a* fatigant, épuisant; **w. day,** journée fatigante, épuisante. **wear 'off** *vi* s'effacer, disparaître; (*of colour, pain*) passer, disparaître; **when the novelty has worn off,** quand l'attrait de la nouveauté aura passé. **wear 'on** *vi* (*of time*) passer; **as the evening wore on,** à mesure que la soirée s'avançait; **as the years wore on,** avec le temps. **wear 'out 1.** *vtr* (*a*) user (un vêtement); **to w. oneself o.,** s'user, s'épuiser; **to be worn out,** (*of garment*) être usé; (*of pers*) être épuisé, éreinté (*b*) épuiser, lasser (la patience de qn) **2.** *vi* (*of clothes, etc*) s'user; (*of patience*) s'épuiser.

weary ['wiəri] (**-ier, -iest**) **I.** *a* **1.** (*tired*) fatigué; las; (*tiring*) fatigant **2.** (*of look, smile*) las; **to grow w. of sth,** se lasser de qch; **to be w. of life,** être dégoûté de la vie. **II.** *v* (**wearied**) **1.** *vi* (*a*) **to w. of,** se lasser de (*b*) trouver le temps long **2.** *vtr* lasser, fatiguer (qn). **'wearily** *adv* d'un air, d'un ton, las, fatigué; avec lassitude; (marcher) péniblement. **'weariness** *n* lassitude *f*, fatigue *f*. **'wearisome** *a*, **'wearying** *a* ennuyeux; fastidieux; *F:* assommant.

weasel ['wi:zəl] *n Z:* belette *f*.

weather ['weðər] **I.** *n* temps *m*; **fine, bad, w.,** beau, mauvais, temps; **in all weathers,** par tous les temps; **in this, such, w.,** par le temps qu'il fait, par un temps pareil; **do you like this very hot w.?** aimez-vous ces grandes chaleurs? **w. permitting,** si le temps le permet; **what's the w. like?** quel temps fait-il? *F:* **to make heavy w. of a job,** compliquer les choses; *Fig:* (*of pers*) **to be under the w.,** être indisposé, patraque; **w. bureau, centre,** bureau météorologique; **w. forecast, report,** prévisions *fpl* météorologiques, météo *f*; **w. ship,** navire-météo *m*; **w. map, chart,** carte météorologique. **II.** *v* **1.** *vtr* (*a*) *Geog:* désagréger, altérer (*b*) *Nau:* **to w. a headland,** doubler un cap (à la voile); **to w. a storm,** (i) essuyer une tempête (ii) (*of pers*) surmonter une crise **2.** *vi* (*a*) (*of rock*) se désagréger, s'altérer (*b*) (*of building*) prendre de la patine; se patiner. **'weather-beaten** *a* battu des vents, par la tempête; (*of pers*) tanné, hâlé, basané. **'weatherboarding** *n* planches *fpl* de recouvrement. **'weathercock** *n* girouette *f*. **'weathered** *a* patiné. **'weathering** *n* (*a*) altération *f*, désagrégation *f* (des roches) (*b*) patine *f*. **'weatherman** *n* (*pl* **-men**) *WTel: TV: F:* Monsieur *m* météo. **'weatherproof** *a* imperméable; étanche. **'weatherstrip** *n* (*for door, window*) calfeutrage *m*.

weave [wi:v] **I.** *v* (**wove** [wouv]; **woven** ['wouv(ə)n]) **1.** *vtr* tisser (un tissu, une intrigue); tresser (une guirlande, un panier); **to w. one's way through the crowd,** se frayer un chemin à travers la foule **2.** *vi Tex:* tisser; **to w. in and out of,** se faufiler entre (les voitures, etc); *F:* **to get weaving,** s'y mettre; **get weaving!** vas-y! grouille-toi! **II.** *n Tex:* (*a*) armure *f* (*b*) tissage *m*. **'weaver** *n* **1.** *Tex:* tisserand, -ande **2. w. (bird),** tisserin *m*. **'weaving** *n* tissage *m*.

web [web] *n* (a) *Tex:* tissu *m*; **w. of lies,** tissu de mensonges; **spider's w.,** toile *f* d'araignée (*b*) palmure *f*, membrane *f* (d'un palmipède). **webbed** *a* palmé; **w. feet,** pieds palmés. **'webbing** *n* (*in chair*) sangles *fpl*. **web-'footed** *a* palmipède, aux pieds palmés.

wed [wed] *v* (*pt & pp* **wed(ded)**) **1.** *vtr* épouser (qn); se marier avec (qn); (*of priest*) marier (un couple); *Fig:* allier (des qualités, etc) (**to**, à); **to be wedded to an idea,** être obstinément attaché à une idée **2.** *vi* se marier. **'wedded** *a* (*of bliss, life*) conjugal. **'wedding** *n* mariage *m*, noce(s) *f*(*pl*); **church w.,** mariage religieux, à l'église; **silver, golden, diamond, w.,** noces d'argent, d'or, de diamant; **w. day,** jour du mariage, des noces; **w. breakfast,** repas de noce; **w. cake,** gâteau de mariage; **w. dress,** robe de mariée; **w. guest,** invité, -ée (à un mariage); **w. march,** marche nuptiale; **w. present,** cadeau de noces, de mariage; **w. ring,** *NAm:* **w. band,** alliance *f*; **w. night,** nuit de noces; **w. list,** liste de mariage; **w. anniversary,** anniversaire de mariage; **w. ceremony,** bénédiction, cérémonie, messe, nuptiale. **'wedlock** *n* **born out of w.,** illégitime.

we'd = **we would** *see* **will III.**

wedge [wedʒ] **1.** *n* (*a*) coin *m* (de serrage); cale *f* (de fixation); **to drive in a w.,** enfoncer un coin; **it's the thin end of the w.,** c'est un premier empiétement (*b*) **w. of cake,** morceau *m* de gâteau (*c*) **w. heel,** semelle compensée **2.** *vtr* (*a*) coincer, assujettir (*b*) caler (un meuble); **to w. a door open,** maintenir une porte ouverte avec une cale (*c*) enclaver, enfoncer, serrer (qch dans qch); **wedged in between two fat women,** coincé, serré, entre deux grosses femmes; **to w. sth in sth,** enfoncer qch dans qch; **to be wedged in,** être coincé.

Wednesday ['wenzdi] *n* mercredi *m*; **Ash W.,** le mercredi des Cendres.

wee[1] [wi:] *a* tout petit; minuscule; **a w. bit,** un tout petit peu.

wee[2] *see* **wee(-wee).**

weed [wi:d] **1.** *n* (*a*) mauvaise herbe (*b*) *F:* (*pers*) mauviette *f* (*c*) *F:* (cigarette *f* de) marijuana *f* **2.** *vtr* sarcler; désherber. **'weeder** *n* (*pers*) sarcleur, -euse; (*tool*) sarcloir *m*. **'weediness** *n F:* maigreur *f*; apparence *f* malingre. **'weeding** *n* sarclage *m*; désherbage *m*. **'weedkiller** *n* herbicide *m*, désherbant *m*. **weed 'out** *vtr* éliminer; rejeter. **'weedy** *a* (**-ier, -iest**) (*a*) couvert de mauvaises herbes (*b*) *F:* (*of pers*) malingre, maigre et chétif.

week [wi:k] *n* (*a*) semaine *f*; **this w.,** cette semaine; **next w.,** la semaine prochaine; **last w.,** la semaine dernière; **in the middle of the w.,** dans le courant de la semaine; **three weeks ago,** il y a trois semaines; **the w. before last,** pas la semaine dernière, celle d'avant; **the w. after next,** pas la semaine prochaine, celle d'après; **w. in w. out,** toutes les semaines; **what day of the w. is it?** quel jour (de la semaine) sommes-nous? **twice a w.,** deux fois par semaine; *P:* **to knock s.o. into the middle of next w.,** donner à qn un fameux coup; **I haven't seen him for, in, weeks,** je ne l'ai pas vu depuis des semaines (*b*) huit jours; **once a w.,** une fois par semaine; tous les huit jours; **he stayed a w. with us,** il a passé huit jours chez nous; **a w. from now, today w.,** d'aujourd'hui en huit; **yesterday w.,** il y a eu hier huit jours; **tomorrow w., a w. tomorrow,** demain en huit; **within the w.,** dans la huitaine; **in a w. or so,** dans une huitaine; **in two weeks' time,** dans quinze jours; *Ind:* **forty-hour w.,** semaine de quarante heures; **what I can't do in the w. I do on Sundays,** ce que je n'arrive pas à faire en semaine je le fais le dimanche. **'weekday** *n* jour *m* ouvrable; jour de semaine; **on weekdays,** en semaine. **week'end** *n* fin *f* de semaine; week-end *m*; **at, on, over, the w.,** ce week-end, pendant le week-end. **'weekly 1.** *a* (salaire) de la semaine; (visite, publication) hebdomadaire **2.** *n* (*magazine*) hebdomadaire *m* **3.** *adv* toutes les semaines, tous les huit jours; **twice w.,** deux fois par semaine.

weep [wi:p] **I.** *v* (**wept** [wept]) **1.** *vi* pleurer; (*of wound*) suinter; **to w. for s.o.,** pleurer qn; **to w. bitterly,** pleurer à chaudes larmes; **to w. for joy,** pleurer de joie; **it's enough to make you w.,** c'est à faire pleurer **2.** *vtr* pleurer (des larmes) **II.** *n* crise *f* de larmes. **'weeping 1.** *a* (enfant) qui pleure; **w. willow,** saule pleureur **2.** *n* pleurs *mpl*; larmes *fpl*. **'weepy** *a F:* larmoyant; **to feel w.,** avoir envie de pleurer.

weevil ['wi:vil] *n Ent:* charançon *m*.

wee(-wee) ['wi:(wi:)] *F:* **1.** *n* pipi *m* **2.** *vi* faire pipi.

weft [weft] *n Tex:* trame *f*.

weigh [wei] **1.** *vtr* (*a*) peser (qch); **to w. sth in one's hand,** soupeser qch; **to w. oneself,** se peser; **to w. the consequences,** calculer les conséquences; **to w. the pros and cons,** peser le pour et le contre (*b*) *Nau:* **to w. anchor,** lever l'ancre; appareiller **2.** *vi* peser, avoir du poids; **to w. heavy, light,** peser lourd, peu; **it weighs 2 kilos,** ça pèse 2 kilos; *F:* **it weighs a ton,** c'est rudement lourd; **it's weighing on my mind,** ça me tracasse. **'weighbridge** *n* pont-bascule *m*. **weigh 'down** *vtr* surcharger; (*bend*) faire plier; **branch weighed down with fruit,** branche surchargée de fruits; **weighed down with sorrow,** accablé de chagrin, de tristesse. **weigh 'in** *vi* (*of jockey, boxer*) se faire peser avant la course, le match. **'weighing** *n* **1.** pesée *f* (de qch); *Turf:* pesage *m*; **w.-in room,** le pesage; **w. enclosure,** (enceinte *f* du) pesage; **w. machine,** balance *f* **2.** *Nau:* levage *m* (de l'ancre); appareillage *m*. **weight 1.** *n* (*a*) poids *m*; **to sell by w.,** vendre au poids; **it's worth its w. in gold,** cela vaut son pesant d'or; (*of pers*) **to put on w.,** grossir; **to lose w.,** maigrir; **to pull one's w.,** faire sa part du travail (*b*) poids, pesanteur *f*, lourdeur *f*; **to try the w. of sth,** soupeser qch; **specific w.,** poids spécifique, volumique; **atomic w.,** poids atomique; **what a w.!** comme c'est lourd! (*c*) **set of weights,** série de poids; **weights and measures,** poids et mesures (*d*) (*for papers*) presse-papiers *m inv* (*e*) charge *f*; **that's a w. off my mind,** voilà qui me soulage (*f*) force *f* (d'un coup) (*g*) importance *f*; **his word carries w.,** sa parole a du poids, de l'autorité; **to throw one's w. around,** faire l'important **2.** *vtr* **to w. (down),** maintenir (un objet léger) avec un poids; **to w. down with,** surcharger de. **'weightiness** *n* **1.** pesanteur *f*, lourdeur *f* (de qch) **2.** importance *f*, force *f* (d'une opinion). **'weighting** *n* (*on salary*) indemnité *f* de résidence. **'weightless** *a* **w. conditions,** état *m* d'apesanteur. **'weightlessness** *n* apesanteur *f*. **'weightlifter** *n* haltérophile *mf*. **'weightlifting** *n* haltérophilie *f*. **'weighty** *a* (**-ier, -iest**) **1.** pesant, lourd **2.** (argument, sujet) de poids. **weigh 'up** *vtr* peser (des marchandises, ses chances, etc).

weir [wiər] *n* **1.** barrage *m* (dans un cours d'eau) **2.** déversoir *m* (d'un étang).

weird [wi(:)əd] *a* (*a*) mystérieux (*b*) bizarre, singulier. **'weirdie** *n F:* excentrique *mf*, drôle *m* de type. **'weirdly** *adv* bizarrement. **'weirdness** *n* (*a*) étrangeté inquiétante (*b*) caractère singulier.

'weirdo, 'weirdy *n F:* excentrique *mf*, drôle *m* de type.

welcome ['welkəm] **1.** *vtr* accueillir; faire bon accueil à; **to w. a piece of news,** se réjouir d'une nouvelle; **I w. you!** je vous souhaite la bienvenue! **2.** *n* (*a*) bienvenue *f*; **to extend a w. to,** souhaiter la bienvenue à; **to overstay one's w.,** lasser l'amabilité de ses hôtes (*b*) accueil *m*; **to have a cold w.,** être reçu froidement **3.** *a* (*a*) **to make s.o. (feel) w.,** faire bon accueil à qn; *int* **w.!** soyez le bienvenu, la bienvenue! **to be w.,** être le, la, bienvenu(e), les bienvenu(e)s; **w. to England!** bienvenue en Angleterre! (*b*) agréable; opportun; **this is w. news,** nous nous réjouissons de cette nouvelle; **a w. change,** un changement bienvenu; **this cheque is most w.,** ce chèque tombe à pic (*c*) **you're w. to try,** libre à vous d'essayer; **you're w. to take, use, my bike,** mon vélo est à ta disposition; *Iron:* **you're w. to it!** grand bien vous fasse! *esp NAm:* (*thanking s.o.*) **you're w.!** il n'y a pas de quoi! **'welcoming** *a* (sourire, etc) accueillant; (discours, mots) d'accueil.

weld [weld] **1.** *vtr* **to w. (together),** souder; *Fig:* unir **2.** *n* soudure *f*. **'welder** *n* (*a*) (*pers*) soudeur *m* (*b*) machine *f* à souder. **'welding** *n* soudage *m*, soudure *f*; **oxyacetylene w.,** soudure autogène; **w. torch,** chalumeau *m*.

welfare ['welfɛər] *n* bien-être *m*; prospérité *f*; santé *f*; aide sociale; **public w.,** le bien public; **social w.,** sécurité sociale; **child w.,** protection *f* de l'enfance; **the w. state,** l'État-providence; **w. work,** assistance sociale.

well¹ [wel] **1.** *n* (*a*) puits *m*; **(oil) w.,** puits de pétrole (*b*) cage *f* (d'un ascenseur) **2.** *vi* **to w. up,** monter; (*of spring*) sourdre.

well² (better; best) I. *adv* **1.** (*a*) bien; **to work w.,** bien travailler; **very w.,** très bien; **to do well,** réussir; (*of sick person*) aller mieux; **you did w. to leave,** vous avez bien fait de partir; **to do as w. as one can,** faire de son mieux; **w. done!** bravo! *F:* **we did ourselves w.!** on s'est bien soigné(s), bien nourri(s)! **he accepted, as w. he might,** il a accepté et rien d'étonnant; **you might just as w. say (that),** autant dire (que); **you could just as w. have stayed,** vous auriez tout aussi bien pu rester; **very w.!** très bien! entendu! (*b*) **we were very w. received,** on nous a fait un bon accueil; **it speaks w. for him,** cela lui fait honneur; **she deserves w. of you,** elle mérite bien votre reconnaissance; **it was w. intended,** c'était fait avec une bonne intention (*c*) **you're w. out of it!** soyez heureux d'en être quitte! **it went off w.,** cela s'est bien passé; **you've come off w.,** vous avez eu de la chance **2.** (*intensive*) **it's w. worth trying,** cela vaut vraiment la peine d'essayer, cela vaut le coup; **w. after six (o'clock),** six heures bien sonnées; **we went on w. into the small hours,** nous avons continué tard dans la nuit; **he's w. over fifty,** il a bien dépassé la cinquantaine; **to be w. up in history, in French,** être calé en histoire, en français **3. pretty w. all of them,** presque tous; *F:* **it serves him jolly w., damn w., right,** il l'a bien mérité **4.** (*a*) **as w.,** aussi; **take me as w.,** emmenez-moi aussi (*b*) **as w. as,** aussi bien que, de même que; **as w. as two cats, he has . . .,** en plus de deux chats, il a . . . **5.** (*a*) **w., as I was telling you,** donc, eh bien, comme je vous disais; **w., and what of it?** eh bien, et après? (*b*) (*expressing astonishment, etc*) **w.!** ça alors! pas possible! **w., it can't be helped!** tant pis! on n'y peut rien! **w., w.!** tiens, tiens! **enormous, w., quite big,** énorme, enfin, assez grand (*c*) **w. then, why worry?** eh bien alors, pourquoi vous faire de la bile? **6.** (*used with participles to form adjectives*) **w.-advised,** sage, prudent, judicieux; **w.-behaved,** (enfant) sage; **w.-built,** solide; **w.-educated,** instruit; cultivé; **w.-fed,** bien nourri; **w.-founded,** bien fondé; *F:* **w.-heeled,** nanti; **w.-informed,** (*of pers*) bien renseigné; (*of newspaper*) bien informé; **w.-kept,** (jardin) bien entretenu; (mains) soignées; (secret) bien gardé; **w.-known,** célèbre, réputé, bien connu; **w.-made,** bien fait, bien fini; **w.-mannered,** poli, bien élevé; **w.-meaning,** bien intentionné; **w.-meant,** fait avec une bonne intention; **w.-nigh,** presque; **w.-off,** aisé, riche; **you don't know when you're w.-off,** vous ne connaissez pas votre bonheur; **w.-read,** instruit, cultivé; **w.-spent,** (temps) bien employé; (argent) dépensé avantageusement; **w.-spoken,** qui a un accent cultivé, qui parle bien; **w.-thought-of,** hautement considéré; **w.-timed,** opportun; bien calculé; **w.-tried,** éprouvé; **w.-trodden,** (chemin) battu; **w.-worn,** (vêtement) usagé; (livre) qui a beaucoup servi; (argument) rebattu. **II.** *a* **1. to be w.,** être bien portant, en bonne santé; **to look w.,** avoir bonne mine; **I'm not w.,** je ne vais pas bien, ne me sens pas bien; **to get w.,** guérir, se rétablir, se remettre; **I don't feel w.,** je ne me sens pas bien; **he's not a w. man,** il est malade **2.** (*a*) **it would be just as w. to do it,** il serait bon de le faire; **it would be just as w. if you came,** il y aurait avantage à ce que vous veniez; **it was just as w. that you were there,** heureusement que vous étiez là (*b*) **all's w. that ends w.,** tout est bien qui finit bien; **all's w.,** tout va bien (*c*) **that's all very w. but . . .,** tout cela est bien joli mais . . .; **it's all very w. for you to say that,** libre à vous de le dire; vous avez beau le dire (mais); **he's all very w. in his way (but),** il n'y a rien à dire contre lui (mais); **w. and good!** soit! bon! **III.** *n* **1.** *pl* **the w. and the sick,** les bien portants et les malades **2. to wish s.o. w.,** vouloir du bien à qn; **I wish him w.,** je lui souhaite bonne chance. **'wellbeing** *n* bien-être *m*. **well-to-'do** *a* riche, aisé. **'well-wisher** *n* ami(e), partisan(e) (de qn, d'une cause); admirateur, -trice.

we'll [wi:l] = **we shall** *see* **shall;** = **we will** *see* **will III.**

Wellington ['weliŋtən] *Prn* **W. boots,** *n* **wellingtons,** *F:* **wellies** ['weliz], bottes *fpl* de caoutchouc.

Welsh [welʃ] **1.** *a* gallois, du Pays de Galles; **W. dresser,** vaisselier *m*; *Cu:* **W. rabbit,** toast *m* au fromage (fondu) **2.** *n* (*a*) *pl* **the W.,** les Gallois (*b*) *Ling:* gallois *m* **3.** *vi* décamper; filer; lever le pied; partir sans payer; **to w. on,** ne pas honorer (une dette, une promesse). **'Welshman** *n* (*pl* **-men**) Gallois *m*. **'Welshwoman** *n* (*pl* **-women**) Galloise *f*.

wench [wentʃ] *n* (*pl* **wenches**) *Hum:* jeune fille *f*.

wend [wend] *vtr* **to w. one's way home,** s'acheminer vers la maison.

went [went] *see* **go 1.**

wept [wept] *see* **weep I.**

were [wə:r] *see* **be.**

we're [wiər] = **we are** *see* **be.**

weren't [wəːnt] = **were not** *see* **be.**

werewolf ['wiəwulf] *n* (*pl* **werewolves** [-wulvz]) loup-garou *m.*

west [west] **1.** *n* (*a*) ouest *m*; **the sun sets in the w.,** le soleil se couche à l'ouest; **to the w. (of),** à l'ouest (de); **house facing the w.,** maison exposée à l'ouest (*b*) *Pol:* **the W.,** l'Occident *m*, l'Ouest; **the Far W.,** les États de l'ouest (des États-Unis) **2.** *a* ouest *inv*; occidental, -aux; **w. coast,** côte *f* ouest; **w. wind,** vent *m* d'ouest; **w. wall,** mur qui fait face à l'ouest, exposé à l'ouest; **W. Berlin,** Berlin Ouest; **the W. Country,** les comtés de l'ouest (de l'Angleterre); **the W. End (of London),** le quartier (chic) du centre-ouest (de Londres); **W. Germany,** Allemagne de l'Ouest; **W. Africa,** Afrique occidentale; **the W. Indies,** les Antilles *fpl*; **W. Indian,** antillais, -aise **3.** *adv* à l'ouest; **to travel w.,** voyager vers l'ouest; *F:* **that's another plate gone w.!** encore une assiette de cassée! **'westbound** *a* (*of carriageway*) ouest *inv*; (*of traffic, train*) en direction de l'ouest. **'westerly 1.** *a* ouest *inv*; (vent) d'ouest; (direction) de l'ouest. **'western 1.** *a* (*of coast*) ouest *inv*; *Pol:* (*of culture*) occidental; **W. Europe,** Europe de l'Ouest; **the w. world,** le monde occidental **2.** *n Cin:* western *m*. **'westerner** *n Pol:* occidental, -ale; *NAm:* habitant(e) des États de l'ouest (des États-Unis). **'westernize** *vtr* occidentaliser. **'westward(s)** *a & adv* vers l'ouest.

wet [wet] **I.** *a* **(wetter; wettest)** (*a*) mouillé; humide; imbibé d'eau; **to get (one's feet) w.,** se mouiller (les pieds); (*of pers*) **to be w. through, soaking w., dripping w.,** être trempé (jusqu'aux os); (*of garment*) **wringing w., soaking w.,** mouillé à tordre; *Fig:* (*pers*) **w. blanket,** rabat-joie *m inv*; **the ink is still w.,** l'encre n'est pas encore sèche; *PN:* **w. paint!** = attention, peinture fraîche! **cheeks w. with tears,** joues baignées de larmes (*b*) **w. weather,** temps humide, pluvieux; **it's going to be w.,** il va pleuvoir; **three w. days,** trois jours de pluie **3.** *F:* **he's a bit w.,** c'est une lavette. **II.** *n* **1.** humidité *f* **2.** pluie *f*; **to go out in the w.,** sortir sous la pluie **3.** *F:* **he's a w.,** c'est une lavette. **III.** *vtr* **(wetted)** mouiller; **to w. oneself, one's pants,** mouiller sa culotte. **'wetness** *n* humidité *f*. **'wetsuit** *n* combinaison *f* de plongée. **'wetting** *n* **to get a w.,** se faire tremper.

we've [wiːv] = **we have** *see* **have.**

whack [(h)wæk] *F:* **1.** *vtr* (*a*) donner un grand coup à; donner une fessée à (un enfant) (*b*) *F:* **I'm completely whacked, I'm whacked (out),** je suis claqué **2.** *n* (*a*) grand coup (de bâton, etc); fessée *f* (*b*) **let's have a w. at it,** essayons le coup (*c*) part *f*, portion *f*, (gros) morceau; **he did, paid, more than his w.,** il a fait, payé, plus que sa part. **'whacking** *F:* **1.** *a* énorme, colossal; **a w. great cabbage,** un chou immense, énorme **2.** *n* grand coup (de bâton, etc); fessée *f*.

whale [(h)weil] **1.** *n Z:* baleine *f*; **w. calf,** baleineau *m* **2.** *F:* **we had a w. of a time,** on s'est drôlement bien amusés **2.** *vi* faire la pêche à la baleine. **'whaleboat** *n* baleinier *m*. **'whalebone** *n* fanon *m* de baleine; baleine (d'un corset). **'whaler** *n* (*a*) (*pers*) baleinier *m*, pêcheur *m* de baleines (*b*) (*ship*) baleinier; baleinière *f*. **'whaling** *n* pêche *f* à la baleine.

wham [(h)wæm] *int* vlan!

wharf [wɔːf] *n* (*pl* **wharves** [wɔːvz], **wharfs**) appontement *m*; débarcadère *m*, embarcadère *m*; quai *m*. **'wharfage** *n* droit *m* de quai.

what [(h)wɔt] **I.** *a* **1.** (*rel*) (ce) que, (ce) qui; **he took away from me w. little I had,** il m'a pris le peu qui me restait; **with w. capital he had,** avec ce qu'il possédait de capital; **I know w. book it is,** je sais quel livre c'est **2.** (*interr*) quel, *f* quelle; **w. book?** quel livre? *F:* **w. one?** lequel? laquelle? **w. time is it?** quelle heure est-il? **w. right has he to do that?** quel droit a-t-il de faire ça? de quel droit fait-il cela? **w. good is this?** à quoi cela sert-il? **w. day of the month is it?** quelle est la date? nous sommes le combien? **3.** (*excl*) **w. an idea!** quelle idée! **w. a pity!** quel dommage! **w. an idiot he is!** qu'il est bête! **w. a lot of people!** que de gens! **II.** *pron* **1.** (*rel*) **w. is done cannot be undone,** ce qui est fait est fait; **w. I need,** ce dont j'ai besoin; **w. I want,** ce que je veux; **w. I like most,** ce que j'aime le plus; **and w. is more,** et qui plus est; **this is w. it's all about,** voilà ce dont il s'agit; **come w. may,** advienne que pourra; **say w. he will,** quoi qu'il dise; il a beau dire; **w. with golf and tennis I haven't much free time,** entre le golf et le tennis il me reste peu de temps libre; *P:* **to give s.o. w. for,** donner une bonne raclée à qn; laver la tête à qn **2.** (*interr*) (*a*) (*direct*) qu'est-ce qui? qu'est-ce? qu'est-ce que c'est? quoi? **w. are you doing here?** qu'est-ce que vous faites ici? **w. is it?** (i) qu'est-ce que c'est? (ii) qu'est-ce qu'il y a? **what's that book?** quel est ce livre? **what's the matter?** qu'y a-t-il? de quoi s'agit-il? qu'est-ce que vous avez? **what's happening?** qu'est-ce qui se passe? **what's his name?** comment s'appelle-t-il? **what's it called?** comment ça s'appelle? **what's that to you?** qu'est-ce que cela peux vous faire? **what's the good, the use?** à quoi bon? **w. can we do?** que faire? **what's the French for** *dog***?** comment dit-on *dog* en français? **what's he like?** comment est-il? **what's it made of?** en quoi est-ce? *F:* c'est en quoi? **w. about me?** et moi? **w. about a game of bridge?** si on faisait une partie de bridge? **w. do you take me for?** pour qui me prenez-vous? **w. about you?** et vous donc? **well, w. about it?** (i) eh bien, quoi? et puis après? (ii) eh bien, qu'en dites-vous? **what's that?** qu'est-ce que c'est que ça? **what's that for?** à quoi cela sert-il? *F:* à quoi ça sert? **w. for?** pourquoi? **w. on earth for?** mais pourquoi donc? *F:* **so w.?** et puis après? alors? **w. did you say?** pardon? *F:* (*when speaker has not heard properly*) **w.?** comment? quoi? **w. of it?** et puis après? qu'est-ce que ça fait? **w. then?** et après? **and w. have you, and w. not,** et je ne sais quoi encore (*b*) (*indirect*) ce qui, ce que; **tell me what's happening,** dites-moi ce qui se passe; **w. happens is . . .,** ce qui se passe c'est que . . .; **I don't know w. to do,** je ne sais pas quoi faire; **I wonder w. he's doing,** je me demande ce qu'il fait; **I'll tell you w., I know w.,** écoute (j'ai une idée); *F:* **he knows what's w.,** il s'y connaît; c'est un malin, un rusé **3.** (*excl*) **w. next!** par exemple! **w. he must have suffered!** ce qu'il a dû souffrir! (*surprise*) **w.!** comment! quoi! **what'ever 1.** *pron* **w. you like,** tout ce que vous voudrez; **w. it may, might, be,** quoi que ce soit; **w. happens,** quoi qu'il arrive; **w. you do,** quoi que tu fasses; **w. is**

important, tout ce qui est important **2.** *a* (*a*) **w. price they are asking,** quel que soit le prix qu'on demande; **at w. time,** quelle que soit l'heure; à n'importe quelle heure; **of w. size,** de n'importe quelle taille; **under any pretext w.,** sous quelque prétexte que ce soit (*b*) **no hope w.,** pas le moindre espoir; **is there any hope w.?** y a-t-il un espoir quelconque? y a-t-il quelque espoir? **nothing w.,** absolument rien, rien du tout; **none w.,** pas un seul. **'whatnot** *n* **1.** *Furn:* étagère *f* **2.** *F:* machin *m*, truc *m*. **'what's-it, 'what's-its (-his, -her) -name** *n*, **'what-d'you-call-it** *n F:* machin *m*, truc *m*; **old Mr What's-his-name,** le père Machin. **whatso'ever** *a & pron* = **whatever.**

wheat [(h)wi:t] *n* blé *m*; froment *m*; **w. germ,** germe *m* de blé. **'wheatmeal** *n* farine *f* de froment. **'wheatsheaf** *n* (*pl* **-sheaves**) gerbe *f* de blé.

wheedle ['(h)wi:dl] *vtr* **to w. s.o. into doing sth,** enjôler qn pour qu'il fasse qch; **to w. sth out of s.o.,** obtenir qch de qn par la flatterie; **to w. money out of s.o.,** soutirer de l'argent à qn. **'wheedling 1.** *a* enjôleur; câlin **2.** *n* cajoleries *fpl*.

wheel [(h)wi:l] *n* (*a*) roue *f*; *Fig:* **there are wheels within wheels,** c'est une affaire compliquée; il y a toutes sortes de forces en jeu; **the wheels of government,** les rouages *m* de l'administration (*b*) *Aut:* **steering w.,** volant *m*; **to take the w.,** *Aut:* prendre le volant; *Nau:* prendre le gouvernail; **at the w.,** au volant; à la barre (*c*) **potter's w.,** tour *m* de potier; *Pyr:* **catherine w.,** soleil *m*, roue à feu. **II.** *v.* **1.** *vtr* (*a*) tourner; faire pivoter (*b*) pousser (une brouette, une bicyclette) **2.** *vi* (*a*) tourner (en rond); tournoyer (*b*) *Mil:* **left w.!** à gauche, marche! **to w. round,** faire demi-tour; se retourner (brusquement) (*c*) *F:* **to w. and deal,** faire des combines. **'wheelbarrow** *n* brouette *f*. **'wheelbase** *n* (*of vehicle*) empattement *m*. **'wheelchair** *n* fauteuil roulant. **'wheeled** *a* (*with adj prefixed*) **two-w.,** à deux roues. **'wheeler** *n* (*with number prefixed*) **three-w., four-w.,** voiture *f* à trois, à quatre, roues. **'wheelwright** *n* charron *m*.

wheeze [(h)wi:z] **1.** *vi* respirer péniblement et bruyamment **2.** *n* (*a*) respiration *f* asthmatique (*b*) *F:* combine *f*. **'wheezy** *a* poussif.

whelk [welk] *n Moll:* buccin *m*.

whelp [(h)welp] **1.** *n* petit *m* (d'un animal); **lion's w.,** lionceau *m* **2.** *vi & tr* (*of lion, dog*) mettre bas.

when [(h)wen] **1.** *interr adv* quand? **w. will you go?** quand partirez-vous? **w. is your birthday?** quelle est la date de votre anniversaire? **w. is the meeting?** quand la réunion aura-t-elle lieu? à quand la réunion? **w. on earth is he going to arrive?** quand donc, quand diable, va-t-il arriver? **since w.?** depuis quand? *F:* (*when pouring drink*) **say w.!** comme ça? **the day w. I first met her,** le jour où je l'ai rencontrée pour la première fois; **at the very time w.,** au moment même où; alors même que; **one day w. I was on duty,** un jour que j'étais de service **2.** *conj* quand, lorsque; **w. I was young,** quand j'étais jeune; **w. he was born,** quand il est né, lors de sa naissance; **w. it's finished,** une fois terminé; **I'll come w. I've finished this work,** je viendrai quand j'aurai terminé ce travail; **w. I saw him, w. I'd seen him, I left,** après l'avoir vu, je suis parti; **when I think of what he said,** quand je pense à ce qu'il a dit; **he walked w. he could have taken the car,** il est allé à pied alors qu'il aurait pu prendre la voiture **3.** *pron* (*interr*) **until w. can you say?** jusqu'à quand pouvez-vous rester? **since w. have you been living in Paris?** depuis quand habitez-vous Paris? **when'ever** *conj & adv* chaque fois que; **I go w. I can,** j'y vais aussi souvent que possible; **come w. you like,** venez quand vous voudrez; venez n'importe quand; **next Monday or w.,** lundi prochain ou n'importe quel jour de la semaine, ou quand vous voulez.

where [(h)wɛər] **1.** *adv* (*interr*) ou? **w. am I?** où suis-je? **tell me w. he is,** dites-moi où il est; **w. have we got to? w. are we up to?** où en sommes-nous? **where's the way out?** où est la sortie? par où sort-on? **w. are you from?** d'où êtes-vous? **w. do you come from?** (i) d'où venez-vous? (ii) de quel pays êtes-vous? **2.** *rel adv & conj* **I shall stay w. I am,** je resterai (là) où je suis; **go w. you like,** allez où vous voulez, voudrez; **that's w. you'll find it,** c'est là que tu le trouveras; **that's w. you are mistaken,** voilà où vous vous trompez; **the house w. he was born,** la maison où, dans laquelle, il est né; sa maison natale; **I can see it from w. we are,** je le vois d'où nous sommes. **'whereabouts 1.** *adv & conj* où; de quel côté; **do you know w. the town hall is?** savez-vous où est, où se trouve, l'hôtel de ville? **2.** *n* **his w.,** l'endroit *m* où il est; **nobody knows his w.,** personne ne sait où il est. **where'as** *conj* (*a*) (*introducing formal statement*) attendu que, vu que, puisque (*b*) alors que, tandis que. **where'by** *adv* par quoi. **'wherefore** *n* **the whys and wherefores,** le pourquoi et le comment. **whereup'on** *adv* sur quoi. **wher'ever** *conj & adv* **w. I go,** partout où j'irai, où que j'aille; **I'll go w. you want me to, w. you like,** j'irai (là) où vous voudrez; **w. you are,** où que vous soyez; **w. they come from,** d'où qu'ils viennent; **at home, in the office or w.,** à la maison, au bureau ou n'importe où. **'wherewithal** [-wiðɔ:l] *n F:* **the w.,** l'argent *m*, le nécessaire; les moyens *m*; **I haven't the w. to buy it,** je n'ai pas de quoi l'acheter.

whet [(h)wet] *vtr* **(whetted) 1.** aiguiser, affûter, affiler, repasser (un outil) **2.** stimuler, aiguiser (l'appétit, le désir); *F:* **to w. one's whistle,** boire un coup; se rincer la dalle. **'whetstone** *n* pierre *f* à aiguiser.

whether ['(h)weðər] *conj* si; **I don't know w. it is true,** je ne sais pas si c'est vrai; **it depends on w. you're in a hurry or not,** cela dépend (de) si vous êtes pressé ou non; **w. he comes or not we'll leave,** qu'il vienne ou non nous allons partir; **w. now or tomorrow,** que ce soit maintenant ou demain.

whey [(h)wei] *n* petit lait; *Com:* lactosérum *m*.

which [(h)witʃ] **1.** *a* (*a*) (*interr*) quel, *f* quelle, *pl* quels, quelles; **w. colour do you like best?** quelle couleur aimez-vous le mieux? **w. way shall we go?** par où irons-nous? quelle route est-ce que nous allons prendre? **w. one?** lequel? laquelle? **w. one of you?** lequel d'entre vous? **I'm going with friends—w. friends?** j'y vais avec des amis—lesquels? (*b*) **in w. case,** auquel cas; **they are coming on June 4th, by w. date we shall be in London,** ils viendront le 4 juin, date à laquelle nous serons à Londres. **II.** *pron* **1. w. (one),** lequel, *f* laquelle, *pl* lesquels, lesquelles; **w. (one) have you chosen?** lequel avez-vous choisi? **w. of**

the dresses did you buy? laquelle des robes avez-vous achetée? **w. of you can answer?** lequel d'entre vous peut répondre? **of w. is he speaking?** duquel parle-t-il? **show me w. (one) is red,** montrez-moi celui, celle, qui est rouge; **tell me w. is w.,** dites-moi comment les distinguer; **I don't mind w.,** cela m'est égal **2.** (*a*) (*rel*) que; qui; **the house w. is to be sold,** la maison qui est à vendre; **the pen w. is on the table,** le stylo qui est sur la table; **books w. I have read,** des livres que j'ai lus; **things w. I need,** des choses dont j'ai besoin (*b*) ce qui; ce que; **he looked like a retired colonel, w. indeed he was,** il avait l'air d'un colonel en retraite, ce qu'il était en effet; **he told me of many things that happened, all of w. were true,** il m'a raconté beaucoup d'incidents qui étaient tous exacts **3.** (*with prep*) **the house of w. I was speaking,** la maison dont, de laquelle, je parlais; **the box in w. I put it,** la boîte dans laquelle je l'ai mis(e); **the countries to w. we are going,** les pays où nous irons, que nous allons visiter; **the hotels at w. we stayed,** les hôtels où nous sommes descendus; **I have nothing with w. to write,** je n'ai pas de quoi écrire; **after w. he went out,** après quoi il est sorti. **which'ever** *rel pron & a* **1.** *pron* celui qui, celui que, n'importe lequel; **w. is best for him,** celui qui, celle qui, ce qui, lui convient le mieux; **take w. (one) you like,** prenez celui, celle, que vous voudrez, n'importe lequel, laquelle **2.** *a* n'importe quel; **take w. book you like,** prenez le livre que vous voudrez; prenez n'importe quel livre; **w. way I turn,** de quelque côté que je me tourne.

whiff [(h)wif] *n* (*a*) bouffée *f* (de fumée, d'air) (*b*) odeur *f*. **'whiffy** *a F:* qui sent mauvais.

while [(h)wail] **1.** *n* **a w.,** un moment, quelque temps; **after a w.,** après quelque temps; **in a little w.,** sous peu; avant peu; **a little w. ago,** il y a peu de temps; **a long w.,** longtemps; **a long w. ago,** il y a longtemps; **for a (short) w.,** pendant quelque temps; pendant un moment; **stay a little w. longer,** restez encore un peu; **a good w., quite a w.,** pas mal de temps; **it will take me quite a long w. to do that,** cela me prendra pas mal de temps, assez longtemps; **all the w.,** tout le temps; **once in a w.,** de temps en temps; de temps à autre; **to be worth one's w.,** valoir la peine; **I'll make it worth your w.,** vous serez bien payé de votre peine; **it's not worth our w. waiting,** cela ne vaut pas la peine, ce n'est pas la peine, d'attendre; **it is perhaps worth w. saying (that),** il vaut peut-être la peine de dire (que) **2.** *vtr* **to w. away the time,** passer le temps **3.** *conj* (*a*) pendant que, tandis que; **w. he was here,** pendant qu'il était ici; **w. (he was) reading he fell asleep,** tout en lisant, il s'est endormi; **w. this was going on,** sur ces entrefaites (*b*) tant que; **w. I live you will not go without anything,** tant que je vivrai vous ne manquerez de rien (*c*) quoique, bien que; **w. I admit that it is difficult,** quoique j'admette, tout en admettant, que c'est difficile (*d*) tandis que; **I was dressed in white, w. my sister wore grey,** j'étais habillée de blanc, tandis que ma sœur portait du gris. **whilst** *conj* = **while 3.**

whim [(h)wim] *n* caprice *m*, fantaisie *f*. **'whimsical** *a* (*a*) (*of pers*) capricieux, fantasque (*b*) (*of look, idea*) bizarre.

whimper ['(h)wimpər] **1.** *vi* pleurnicher, gémir faiblement; (*of dog*) pousser des petits cris plaintifs **2.** *n* pleurnicherie *f*, pleurnichement *m*; faible gémissement *m*; (*of dog*) petit cri plaintif; **without a w.,** sans se plaindre. **'whimpering 1.** *a* pleurnicheur **2.** *n* pleurnichement; pleurnicheries *fpl*; faibles gémissements; (*of dog*) petits cris plaintifs.

whine [(h)wain] **1.** *vi* gémir; (*of child*) pleurnicher; (*of dog*) geindre; *Fig:* (*complain*) se plaindre **2.** *n* gémissement *m*; pleurnichement *m*; geignement *m*; plainte *f*. **'whining 1.** *a* geignant; pleurnicheur; (ton) plaintif **2.** *n* gémissements; plaintes *fpl*.

whinny ['(h)wini] **1.** *vi* **(whinnied)** (*of horse*) hennir **2.** *n* (*pl* **whinnies**) hennissement *m* (de cheval).

whip [(h)wip] **I.** *v* **(whipped) 1.** *vtr* (*a*) fouetter; donner le fouet à (un cheval); *Cu:* battre (des blancs d'œufs); **whipped cream,** crème fouettée, Chantilly (*b*) *Needlw:* surjeter (une couture) (*c*) *F:* (*defeat*) dérouiller **2.** *vi* (*a*) **the rain was whipping against the window panes,** la pluie fouettait, cinglait, les vitres (*b*) **he whipped behind the door,** il s'est jeté derrière la porte. **II.** *n* **1.** fouet *m*; **riding w.,** cravache *f* **2.** *Parl:* (*a*) chef *m* de file, whip *m* (*b*) appel *m* (aux membres d'un parti) **3.** *Cu:* **(lemon) w.** = mousse *f* (au citron). **whip a'way** *vtr* **he whipped it away, out of sight,** il l'a caché d'un mouvement rapide. **'whiphand** *n* **to have the w.,** avoir l'avantage. **'whiplash** *n* mèche *f* de fouet; **tongue like a w.,** langue cinglante. **whip 'off** *vtr* enlever (qch) brusquement. **whip 'out** *vtr* sortir (qch) brusquement (**of, from,** de) **'whipping** *n* **to give a child a w.,** donner le fouet à un enfant; *Cu:* **w. cream,** crème fraîche à fouetter; *Fig:* **w. boy,** bouc *m* émissaire. **whip 'round** *vi* se retourner vivement; **I'll just w. round to the grocer's,** je fais un saut chez l'épicier. **'whip-round** *n F:* collecte *f*. **whip 'up** *vtr* fouetter, battre (des œufs, de la crème); susciter (l'intérêt de qn); *F:* **I'll w. you up sth to eat,** je vais te préparer rapidement qch à manger.

whippet ['(h)wipit] *n* (*dog*) whippet *m*.

whirl [(h)wəːl] **I.** *v* **1.** *vi* (*a*) **to w. (round),** tourbillonner, tournoyer; (*of dancer*) pirouetter; **my head's whirling,** la tête me tourne (*b*) **to w. along,** rouler, filer, à toute vitesse **2.** *vtr* (*a*) (*of wind*) faire tourbillonner, tournoyer (les feuilles mortes) (*b*) **the train whirled us along,** le train nous emportait à toute vitesse. **II.** *n* tourbillon *m*, tourbillonnement *m*, tournoiement *m*; **my head's in a w.,** la tête me tourne. **'whirlpool** *n* tourbillon (d'eau); remous *m*; *NAm:* **w. bath,** bain *m* à remous. **'whirlwind** *n* tourbillon *m* (de vent); trombe *f*; **to come in like a w.,** entrer en trombe, en coup de vent.

whirr [(h)wəːr] **1.** *n* bruissement *m* (d'ailes); ronronnement *m* (de machines, d'une toupie); vrombissement *m* (d'une hélice d'avion) **2** *vi* (*of machine, top*) ronronner; (*of engine*) vrombir.

whisk [(h)wisk] **1.** *vtr* (*a*) (*of cow*) agiter (sa queue) (*b*) **to w. away, off,** enlever (qch) d'un geste rapide, rapidement; emmener (qn) rapidement (*c*) *Cu:* battre (des blancs d'œufs); fouetter (de la crème) **2.** *n* (*a*) coup *m* (de queue) (*b*) (*for dusting*) époussette *f*; **(fly) w.,** chasse-mouches *m inv* (*c*) *Cu:* batteur *m*, fouet *m*.

whiskers ['(h)wiskəz] *npl* moustache(s) *fpl* (d'un animal); (*beard*) barbe *f*; (*moustache*) moustache; **(side) w.,** favoris *mpl*.

whisk(e)y ['(h)wiski] *n* whisky *m*.

whisper ['(h)wispər] **I.** *n* chuchotement *m*; *Fig:* rumeur *f*, bruit *m*; **to speak in a w.**, parler tout bas; *Th:* **stage w.**, aparté *m*. **II.** *v* **1.** *vi* chuchoter; parler bas; **to w. to s.o.**, chuchoter à l'oreille de qn **2.** *vtr* **to w. a word to s.o.**, dire, glisser, un mot à l'oreille de qn; **whispered conversation**, conversation *f* à voix basse; **it is whispered (that)**, le bruit court (que). **'whisperer** *n* chuchoteur, -euse. **'whispering** *n* chuchotement *m*; **w. gallery**, galerie *f* à écho; voûte *f* acoustique; **w. campaign**, campagne sournoise.

whist [(h)wist] *n Cards:* whist *m*; **w. drive**, tournoi *m* de whist.

whistle ['(h)wisl] **I.** *n* sifflement *m*; coup *m* de sifflet; (*object*) sifflet *m*; **to blow a w.**, donner un coup de sifflet; **to give a w.**, siffler. **II.** *v* **1.** *vi* (*a*) siffler; **to w. for one's dog**, siffler son chien; **to w. at a girl**, siffler une fille; *F:* **he can w. for his money!** il peut courir après son argent! (*b*) donner un coup de sifflet; **the bullet whistled past his ear**, il a entendu le sifflement de la balle près de son oreille **2.** *vtr* siffler, siffloter (un air). **'whistler** *n* siffleur, -euse. **'whistle-stop** *n* (*a*) *NAm: Rail:* halte *f* (à arrêt facultatif) (*b*) **w.-s. tour**, tournée (électorale) rapide. **'whistling** *n* sifflement *m*; sifflotement *m*.

whit[1] [(h)wit] *n* brin *m*, iota *m*; **he's not a w. the better for it**, il ne s'en porte aucunement mieux.

Whit[2] **1.** *a* **W. Sunday**, dimanche *m* de Pentecôte; **W. Monday**, lundi *m* de Pentecôte **2.** *n* la Pentecôte.

white ['(h)wait] **1.** *a* blanc, *f* blanche; (cheveux) blancs; (Noël) sous la neige; (gelée) blanche; (sauce) béchamel (*f*); (pain, vin) blanc; **the w. races**, les races blanches; **w. man**, blanc *m*; **w. woman**, blanche *f*; **to go, turn, w.**, blanchir; **as w. as a sheet, as a ghost**, pâle comme un linge, comme la mort; **as w. as snow**, blanc comme (la) neige; **w. with fear**, blanc, blême, de peur; **w. spirit**, white-spirit *m*; **w. coffee**, café au lait; (*in café*) (café) crème *m*; *NAm:* **the W. House**, la Maison Blanche; **w. lie**, pieux mensonge **2.** *n* (*a*) blanc *m*; **dressed in w.**, habillé en, de, blanc (*b*) (*pers*) blanc, *f* blanche (*c*) **w. of egg**, blanc d'œuf; **w. of the eye**, blanc de l'œil. **'whitebait** *n* (*inv in pl*) blanchaille *f*; **a dish of w.**, une friture. **white-'collar** *a* **w.-c. worker**, employé, -ée, de bureau. **white-'haired** *a* aux cheveux blancs. **white-'hot** *a* chauffé à blanc. **'whiten** *vtr* blanchir. **'whiteness** *n* (*a*) blancheur *f* (*b*) pâleur *f*. **'whitethorn** *n* aubépine *f*. **'whitewash** **1.** *n* blanc *m* de chaux; badigeon blanc **2.** *vtr* (*a*) blanchir à la chaux; badigeonner en blanc (*b*) *Fig:* blanchir (qn); justifier (un tort); étouffer (une affaire). **'whitewashing** *n* (*a*) peinture *f* à la chaux; badigeonnage *m* en blanc (*b*) réhabilitation *f* (de qn). **'whitewood** *n* bois blanc.

whiting ['(h)waitiŋ] *n* (*inv in pl*) *Ich:* merlan *m*.

whitlow ['(h)witlou] *n Med:* panaris *m*.

Whitsun(tide) ['(h)witsən(taid)] *n* la Pentecôte.

whittle ['(h)witl] *vtr* **to w. (down)**, tailler (du bois); rogner (la pension de qn, etc).

whiz(z) [(h)wiz] **1.** *vi* (**whizzed**) aller à toute vitesse; (*of bullet*) siffler; **to w. past**, passer à toute vitesse; **to w. through the air**, fendre l'air **2.** *n* sifflement *m* (d'une balle). **'whiz(z)-kid** *n* jeune prodige *m*.

who [huː] *pron* (*subject*) **1.** (*interr*) qui? qui est-ce qui? **w. is that man?** qui, quel, est cet homme? **w. is it? w. is that?** qui est-ce? **w. on earth is it?** qui cela peut-il bien être? **w. found it?** qui l'a trouvé? *F:* **w. does he think he is?** pour qui se prend-il? **who's speaking?** (qui est-ce) qui parle? **w. did you say?** qui ça? **tell me who's w.**, dites moi qui sont tous ces gens-là; *F:* **w. are you looking for?** qui cherchez-vous? **2.** (*rel*) (*a*) qui; **my friend w. came yesterday**, mon ami qui est venu hier; **those w. don't work**, ceux qui ne travaillent pas (*b*) lequel, *f* laquelle, *pl* lesquel(le)s; **this girl's father, w. is very rich**, le père de cette fille, lequel est très riche. **whodunit** [huː'dʌnit] *n F:* (*detective story*) polar *m*. **who'ever** *pron* (*a*) celui qui; quiconque; **w. finds it may keep it**, celui qui le trouvera, quiconque le trouvera, peut le garder (*b*) qui que + *sub*; **w. you are, speak!** qui que vous soyez, parlez! (*c*) **w. she marries will be lucky**, celui qu'elle épousera sera heureux; **w. you like**, qui vous voudrez.

WHO *abbr World Health Organization*, Organisation mondiale de la santé, OMS.

whoa [wou] *int* (*to horse*) ho! holà! *F:* (*to pers*) doucement! attendez!

whole [houl] **1.** *a* intégral, entier; (*intact*) intact; **roasted w.**, rôti entier; **he swallowed it w.**, il l'a avalé tout rond; **the w. apple**, toute la pomme, la pomme (tout) entière; **w. number**, nombre entier; **w. length**, longueur totale; **to tell the w. truth**, dire toute la vérité; **to last a w. week**, durer toute une semaine; **w. families were killed**, des familles entières se sont fait tuer; **the w. time**, tout le temps; **the w. world**, le monde entier; **the w. lot**, le tout; **the w. lot of you**, vous tous **2.** *n* tout *m*, totalité *f*, ensemble *m*; **the w. of the school**, l'école (tout) entière; toute l'école; **the w. of our resources**, la totalité de nos ressources; **as a w.**, dans son ensemble; en totalité; **on the w.**, à tout prendre; en somme; dans l'ensemble. **whole-'hearted** *a*, **whole-'heartedly** *adv* sans réserve. **'wholemeal**, *NAm:* **'wholewheat** *a* (pain) complet; (farine) de son. **'wholesale** **1.** *n* gros *m*; **w. and retail**, gros et détail **2.** *a* (*a*) **w. trade, firm**, commerce *m*, maison *f*, de gros; **w. price**, prix *m* de gros (*b*) **w. slaughter**, tuerie *f* en masse, massacre *m* **3.** *adv* (*in bulk*) en gros; (vendre, acheter) au prix de gros; *Fig:* en masse. **'wholesaler** *n* grossiste *mf*. **'wholly** *adv* (*a*) tout à fait; complètement, entièrement (*b*) intégralement; en totalité; **w. or partly**, en tout ou en partie.

wholesome ['houlsəm] *a* (air, climat, etc) sain.

whom [huːm] *pron* (*object*) **1.** (*interr*) qui? **w. did you see?** qui avez-vous vu? **of w. are you speaking?** de qui parlez-vous? **2.** (*rel*) (*a*) (*direct*) que; **the man w. you saw**, l'homme que vous avez vu (*b*) (*indirect and after prep*) **the friend to w. I lent the book**, l'ami à qui j'ai prêté le livre; **the man of w. I was speaking**, l'homme dont je parlais; **the two officers between w. she was sitting**, les deux officiers entre lesquels elle était assise.

whoop [huːp] **1.** *n* cri *m* (de joie); *Med:* quinte *f* (de la coqueluche) **2.** *vi* pousser des cris (de joie); *Med:* faire la quinte convulsive de la coqueluche; **whooping cough**, coqueluche *f*.

whoopee ['wupiː] **1.** *int* hourra! **2.** *n F:* **to make w.**, faire la noce, la bombe.